国家出版基金项目
NATIONAL PUBLICATION FOUNDATION

大清律例源流辑校

# 钦定大清会典事例（光绪朝）·刑部

上册

陈颐 点校

法律出版社
LAW PRESS·CHINA
北京

**图书在版编目(CIP)数据**

钦定大清会典事例. 光绪朝. 刑部 : 全三册 / 陈颐点校. -- 北京 : 法律出版社, 2022
(大清律例源流辑校)
ISBN 978-7-5197-6953-6

Ⅰ. ①钦… Ⅱ. ①陈… Ⅲ. ①会典-中国-清代②刑部-史料-中国-清代 Ⅳ. ①D691.5

中国版本图书馆 CIP 数据核字(2022)第 134691 号

**钦定大清会典事例(光绪朝)·刑部(全三册)**
**QINDING DAQING HUIDIAN SHILI(GUANGXUCHAO)·XINGBU (QUANSANCE)**

陈 颐 点校

责任编辑 张雪纯 张 岩
装帧设计 李 瞻

**出版发行** 法律出版社
**编辑统筹** 重大项目办公室
**责任校对** 晁明慧
**责任印制** 吕亚莉
**经 销** 新华书店

**开本** 710 毫米×1000 毫米 1/16
**印张** 97.75 **字数** 1916 千
**版本** 2022 年 12 月第 1 版
**印次** 2022 年 12 月第 1 次印刷
**印刷** 北京虎彩文化传播有限公司

地址:北京市丰台区莲花池西里 7 号(100073)
网址:www.lawpress.com.cn
投稿邮箱:info@lawpress.com.cn
举报盗版邮箱:jbwq@lawpress.com.cn
销售电话:010-83938349
客服电话:010-83938350
咨询电话:010-63939796


**书号**:ISBN 978-7-5197-6953-6
**定价(全三册)**:598.00 元
凡购买本社图书,如有印装错误,我社负责退换。电话:010-83938349

# 点校说明

清初典章制度，多承明制。《大清会典》的编纂始自康熙二十三年（1684）。是年五月，康熙皇帝鉴于“条例、事宜多散见于卷牍，在百司既艰于考衷，而兆姓亦无由通晓”，敕命纂修《大清会典》，仿明万历重修《明会典》体例，以官统事，以事隶官，典例合一，于康熙二十九年（1690）成书，凡162卷，载崇德元年（1636）至康熙二十五年（1686）中央五十个文武衙门现行的典章制度。雍正二年（1724）续修《大清会典》，雍正十年（1732）完成，共250卷，续入了康熙二十六年（1687）至雍正五年（1727）典章制度。乾隆十二年（1747），乾隆皇帝“以典例无辨，始命区会典、则例各为之部”，采用“以典为纲，以则例为目”的编纂体例，将原附在《大清会典》之后的事例与《大清会典》分编，乾隆二十九年（1764）成书，计《会典》100卷，《会典则例》180卷，接续雍正六年（1728）至乾隆二十三年（1758）典章制度。始修于嘉庆六年（1801）的嘉庆“会典”，开创了清代“会典”有典、有例、有图的编纂体例。嘉庆二十三年（1818）告成的嘉庆“会典”，包括《大清会典》80卷，《大清会典事例》920卷，《大清会典图》132卷，接续乾隆二十三年（1758）至嘉庆十七年（1812）典章制度。光绪“会典”延续嘉庆“会典”体例，始修于光绪十二年（1886），二十五年（1899）成书，其中《大清会典》100卷，《大清会典事例》1220卷，《大清会典图》270卷，接续嘉庆十八年（1813）至光绪十三年（1887）典章制度，是五朝“会典”中规模最大、内容最完善的一部。① 虽然清代“自中叶以降，苟且成风，政治坠废，章条亦益繁，弊端兹甚，无以挽救覆亡。煌煌巨制，徒成具文而已”，然光绪“会典”为“有清最后之编修，一切制度，燦然大备”，非仅见清代“立国之精神”，②亦为传统中国典章制度之总成。③

会典的性质，在现代学术语境中，不易分类，或也可不必固执于某一类别，尤其在与律例关系的争辩上。在五朝《会典》中，《大清会典（康熙朝）》《大清会典（雍正

---

① 参见（清）伊桑阿等编著：《大清会典（康熙朝）》，关志国、刘宸缨校点，凤凰出版社2016年版，“前言”。

② 中国科学院图书馆整理：《续修四库全书总目提要（稿本）》（第11册），齐鲁书社1996年版，第184页。

③ 2012年，杨一凡、宋北平先生组织整理五朝会典，该项目列入“2010－2020国家古籍整理出版规划项目”，目前已出版《大清会典（康熙朝）》（关志国、刘宸缨校点，凤凰出版社2016年版）、《大清会典（乾隆朝）》（李春光点校，凤凰出版社2018年版）、《大清会典（嘉庆朝）》（王帅一、刘盈皎、王正华校点，凤凰出版社2021年版）。据《大清会典（康熙朝）》“前言”，似乎暂无整理《大清会典事例》《大清会典则例》的计划。

朝)》在“刑部”之下全文收入了《大清律》;《大清会典(乾隆朝)》《大清会典则例(乾隆朝)》则以“已刊刻颁行”诸书“无庸复载”,未收录《大清律例》;《大清会典事例(嘉庆朝)》《大清会典事例(光绪朝)》重新收录了《大清律例》,仍列于“刑部”之下。但《大清会典》《大清会典事例》著录律例的方式与历次大清律内府刻本、武英殿本并不相同。顺治三年(1646)《大清律》、雍正三年(1725)《大清律集解附例》,以及乾隆五年(1740)、乾隆三十三年(1768)、乾隆五十五年(1790)、嘉庆七年(1802)、道光五年(1825)、道光二十七年(1847)、同治九年(1870)各版次《大清律例》皆为现行有效律例条款,而《大清会典》《大清会典事例》著录《大清律例》条款,则如《大清会典(康熙朝)》“凡例”所称,“其间因革损益条例、事宜,载在方册。有可考据者,俱详明纪载”。乾隆朝以后,典、例分纂,“凡庙朝典礼、官司职掌,皆据现在所行直书于典,其沿革损益,详著于例”。[①] 是以嘉庆、光绪两朝《大清会典事例》皆“导流溯源”,详明律例沿革。历朝纂修会典,皆令会典馆纂修各官亲赴皇史宬,详考列朝《实录》,敬谨详阅抄录。是以《大清会典事例》所述律例沿革、历朝事例,所据皆为“非在外臣工所能窥见”之皇家尊藏典册。[②]《大清会典事例》“刑部”所载律例、律例相关事例,皆足以为追溯有清一代法制沿革变迁之基础。

现就点校工作说明如下:

一、《大清会典事例(光绪朝)》有光绪二十五年(1899)年清会典馆石印本,上海商务印书馆光绪三十四年(1908)、宣统元年(1909)、宣统三年(1911)石印本。[③] 本书以光绪二十五年会典馆石印本为底本,主要以《大清会典事例(嘉庆朝)》[④]参校。因《大清会典事例(光绪朝)》系在《大清会典事例(嘉庆朝)》基础上续修而成,其律例文字延续历朝会典、会典事例而来,与武英殿刻《大清律例》各版本内容相同,但个别用字上微有出入,不碍文义,仍沿之不改。

二、原书竖排,现改为简体横排;原文律注、例注、案语皆双行小字,今律注、例注仍采双行小字,按语则改用单行小五号楷体,以便阅读。

三、原文为表示尊崇而使用的抬头格式,无论是空抬、平抬、单抬还是双抬等格式,一律删除;历年事例中直录上谕者(皆顶格行文),则以双引号标明。

四、原文每条律文下不分段,以空心圆圈○分节。其中律文、附律条例、历年事

---

① 《钦定大清会典事例(光绪朝)》卷首李鸿章奏疏,参见本书附录二。

② 《钦定大清会典事例(光绪朝)》卷首李鸿章奏疏,参见本书附录二。

③ 商务印书馆石印本虽称“谨遵原书缩印,合四为一”,“事例”由384册缩减为150册,(《光绪朝新修钦定大清会典事例样本》,上海商务印书馆1908年版),但版式系已重排。会典馆石印本每页10行,行20字;商务印书馆石印本每页分上下两栏,每栏20行,行20字。另外,续修四库全书《钦定大清会典事例》(上海古籍出版社2002年影印本)、中华书局《清会典事例》(中华书局1991年影印本)皆据会典馆石印本影印。

④ 《钦定大清会典事例(嘉庆朝)》(沈云龙主编:“近代中国史料丛刊三编”),台北,文海出版社有限公司1990年版。

例中,以○分节者,则分段,仍保留○号。附律条例中如有增删改并移,原文皆列于一节之内,现仍每一条例皆独立成段。按语亦皆独立成段。

五、原书中繁体字、异体字均改为现代汉语通用规范简化字。[①] 偶有显系误字者,则在正文中径行校正。

六、原书使用年号纪年的,在圆括号(　)内标明公元纪年。

① 个别人名用字,酌情保留原用字。

# 总　　目

**下册**

# 上册详目

## 【名例律】

### 卷七百二十三·刑部一



### 卷七百二十四·刑部二



### 卷七百二十五·刑部三



### 卷七百二十六·刑部四

## 卷七百二十七·刑部五



## 卷七百二十八·刑部六



## 卷七百二十九·刑部七

## 卷七百三十 · 刑部八



## 卷七百三十一 · 刑部九



## 卷七百三十二 · 刑部十



## 卷七百三十三 · 刑部十一



## 卷七百三十四 · 刑部十二

## 卷七百三十五·刑部十三



## 卷七百三十六·刑部十四



## 卷七百三十七·刑部十五



## 卷七百三十八·刑部十六

## 卷七百三十九・刑部十七



## 卷七百四十・刑部十八

## 卷七百四十一·刑部十九



## 卷七百四十二·刑部二十



## 卷七百四十三·刑部二十一



## 卷七百四十四·刑部二十二



## 卷七百四十五·刑部二十三



## 卷七百四十六·刑部二十四



## 【吏　律】

## 【吏律·职制】

## 卷七百四十七·刑部二十五

## 卷七百四十八 · 刑部二十六



## 卷七百四十九 · 刑部二十七

## 【吏律·公式】



## 卷七百五十·刑部二十八



## 卷七百五十一·刑部二十九

## 【户　律】

## 【户律·户役】

### 卷七百五十二·刑部三十



### 卷七百五十三·刑部三十一

## 【户律·田宅】

## 卷七百五十四·刑部三十二



## 卷七百五十五·刑部三十三

## 【户律·婚姻】

## 卷七百五十六·刑部三十四

## 【户律·仓库】

## 卷七百五十七·刑部三十五



## 卷七百五十八·刑部三十六

## 卷七百五十九 · 刑部三十七



## 卷七百六十 · 刑部三十八



## 卷七百六十一 · 刑部三十九

## 【户律·课程】

## 卷七百六十二·刑部四十



## 卷七百六十三·刑部四十一

## 【户律·钱债】

### 卷七百六十四·刑部四十二



## 【户律·市廛】

### 卷七百六十五·刑部四十三

## 【礼　律】

## 【礼律·祭祀】

## 卷七百六十六·刑部四十四



## 【礼律·仪制】

## 卷七百六十七·刑部四十五

## 卷七百六十八·刑部四十六

## 【兵　律】

### 【兵律·宫卫】

### 卷七百六十九·刑部四十七

## 【兵律·军政】

### 卷七百七十·刑部四十八



### 卷七百七十一·刑部四十九



### 卷七百七十二·刑部五十

## 卷七百七十三·刑部五十一



## 【兵律·关津】

## 卷七百七十四·刑部五十二

## 卷七百七十五·刑部五十三



## 卷七百七十六·刑部五十四



## 【兵律·厩牧】

## 卷七百七十七·刑部五十五

## 【兵律·邮驿】

## 卷七百七十八·刑部五十六

# 【名例律】

## 卷七百二十三 · 刑部一

### 名例律　五　刑

#### 五　刑

○笞刑五:笞者,击也,又训为耻。用小竹板。一十,二十,三十,四十,五十。杖刑五:杖重于笞,用大竹板。六十,七十,八十,九十,一百。徒刑五:徒者,奴也,盖奴辱之。一年、杖六十,一年半、杖七十,二年、杖八十,二年半、杖九十,三年、杖一百。流刑三:不忍刑杀,流之远方。二千里、杖一百,二千五百里、杖一百,三千里、杖一百。死刑二:绞,斩。除罪应决不待时外,其余死罪人犯,抚、按审明成招具题,部复奉旨依允监固,务于下次巡按御史再审,分别情实、矜疑两项,奏请定夺。

**谨案**　雍正三年(1725)奏准,原律笞、杖以五折十,现行部例以四折十,并除不及五之零数,故杖一百,止折责四十板,今注明原文下。又巡按御史,顺治十八年(1661)停止,其末节"抚、按审明"等句,亦应删改。因将律文改定。

笞刑五:一十;折四板。二十;除零折五板。三十;除零折一十板。四十;除零折一十五板。五十。折二十板。杖刑五:杖重于笞,用大竹板。六十;除零折二十板。七十;除零折二十五板。八十;除零折三十板。九十;除零折三十五板。一百。折四十板。徒刑五:一年、杖六十;一年半、杖七十;二年、杖八十;二年半、杖九十;三年、杖一百。流刑三:二千里、杖一百;二千五百里、杖一百;三千里、杖一百。死刑二:绞;斩。内外死罪人犯,除应决不待时外,余俱监固,候秋审、朝审,分别情实、缓决、矜疑,奏请定夺。

#### 附律条例

○一、凡笞、杖罪名折责,概用竹板,长五尺五寸。小竹板大头阔一寸五分、小头阔一寸,重不过一斤半。大竹板大头阔二寸、小头阔一寸五分,重不过二斤。其强盗、人命事件,酌用夹棍。

**谨案**　此条康熙八年(1669)议准。

○一、夹棍,中梃木长三尺四寸,两旁木各长三尺,上圆下方,圆头各阔一寸八分,方头各阔二寸,从下量至六寸处,凿成圆窝四个,面方各一寸六分,深各七分。拶指,以五根圆木为之,各长七寸,径圆各四分五厘。其应夹人犯,不得实供,方夹一次;再不实供,许再夹一次。用刑官有任意多用者,该管上司不时察参。倘有徇隐,事发,并交部议处。

**谨案** 此条雍正五年(1727)定,原载"故禁故勘平人"律内。乾隆五年(1740)移此。

**又案** 顺治四年(1647)原定,夹棍上圆径二寸,下方阔二寸二分,所凿圆窝深六分;拶指圆径五分。康熙四十三年(1704)刑部议定,将夹棍方圆各减二分,圆窝改深七分;拶指径圆减去五厘。

○一、凡监禁人犯,止用细链,不用长枷。其应枷号人犯,除律例开载应用重枷枷号者,仍照遵行外,其余枷号俱重二十五斤。

**谨案** 此条雍正三年(1725)定,原载"故禁故勘平人"律内。乾隆五年(1740)修改移此。

一、凡寻常枷号重二十五斤,重枷重三十五斤。枷面各长二尺五寸,阔二尺四寸。至监禁人犯,止用细链,不用长枷。

**谨案** 此条嘉庆十七年(1812)改定。

○一、各省问刑衙门夹棍,州县呈明知府验烙,知府呈明按察司验烙,按察司呈明督抚验烙。其尺寸长短宽窄,俱刻于中梃之上。如有擅用未曾验烙夹棍者,以酷刑题参。

**谨案** 此条乾隆五年(1740)定。

○一、每年正月、六月俱停刑,内外立决重犯俱监固,俟二月初及七月立秋之后正法。其五月内交六月节,及立秋在六月内者,亦停正法。

**谨案** 此条雍正三年(1725)定。

○一、凡民人犯军、流、徒罪者,俱至配所,照应杖之数折责。惟缘坐流罪不加杖。

**谨案** 军、流、徒犯,俱俟到配决杖,系康熙十二年(1673)题准,至乾隆五年(1740)定例,原载"徒流迁徙地方"律后。乾隆五十三年(1788)移附此律。

○一、每年于小满后十日起,至立秋前一日止,如立秋在六月内,以七月初一日为止,将枷责等轻罪人犯照例减等发落,笞罪宽免;监禁重犯,令管狱官量加宽恤;刑部现审案件,审明减等,十日一次汇题,其人犯俱交该旗、该地方官暂行保释,立秋后送部发落。

**谨案** 此条雍正元年(1723)定。乾隆六年(1741)奏准,现审军、流以下,改为按季汇题;其热审之案,即于汇题本内声明。将例内十日汇题之处,照新例改正。

一、热审期内,一应杖责之犯,无论题达重案以及其余事件,统于减等之中,递行八折发落。

**谨案** 此条乾隆二年(1737)定。

一、直省热审之先,审拟具题,到部遇热审者,均减等发落。督抚于热审时审拟减等发落,具题虽过热审之期到部,亦仍行减等发落。其原具题时遇热审,有情罪不符,驳回后具题逾热审者,亦准减等完结。

**谨案** 此条雍正三年(1725)定。

一、直隶各省热审之先,审拟具题到部,而发落在热审期内者,照例减等。若审拟具题虽在热审期内,而发落时已逾热审者,概不减免。

**谨案** 乾隆三十六年(1771)议准,减审减等,总以发落时为准,因改定此条。

一、每年于小满后十日起至立秋前一日止,如立秋在六月内,以七月初一日为止,内外问刑衙门,除窃盗及斗殴伤人罪应杖、笞人犯不准减免,其余罪应杖责人犯,各减一等,递行八折发落,笞罪宽免。如犯案审题在热审之先,而发落在热审期内者,亦照前减免。倘审题虽在热审期内,而发落已逾热审者,概不准其减免。至热审期内监禁重犯,令管狱官量加宽恤。其枷号人犯,俱暂行保释,俟立秋后再行照例减等补枷,满日发落。

**谨案** 此条系乾隆五十三年(1788)将前数条修并。嘉庆六年(1801),于"内外问刑衙门"句下,增入"除窃盗及斗殴伤人罪应杖、笞人犯不准减免外"十九字,下句删"将"字,改"其余"二字,"概不减免"句改为"概不准其减免"。

一、应拟枷号、杖、笞之窃盗及斗殴伤人拟笞之犯,时遇热审,俱不准减免。

**谨案** 此条原例窃盗、斗殴分为两条,载在"加减罪例"律后。乾隆五十三年(1788),并为一条,移附此律。嘉庆六年(1801),查历来办理,并无枷号不准减等之例,删去"枷号"二字,并入前条。

**历年刑制事例**

○顺治元年(1644)谕:"各衙门应责人犯,悉遵用鞭责,不许用杖。"

○又奏准:五刑中死罪居二,曰斩、曰绞。《明律》分别差等,绞、斩互用。我朝法制,罪应死者止用斩刑。嗣后丽重典者,仍分斩、绞,按律引拟。至以板易鞭,尤当酌得其中,定以三鞭准一板。

○三年(1646),除割脚筋法。

○又旧例犯重辟减等者,鞭一百,贯耳鼻。奉旨:"耳鼻在人身最为显著,此刑永革除之。"

○四年(1647),定五刑之制。一曰笞刑,自一十至五十,每十笞为一等,凡五等,用小竹板折责。旗人、旗下家奴犯应笞者,以鞭代之,不折责。二曰杖刑,自六十至一百,每十杖为一等,凡五等,用大竹板折责。凡行杖,不得过百。罪重于杖者枷示,应枷者先枷后责。三曰徒刑,发本省驿递,自一年至三年,每半年为一等,凡五等,各依年限应役,役满回籍。五徒各予以杖,徒一年者杖六十,徒一年半者杖七十,徒二年者杖八十,徒二年半者杖九十,徒三年者杖一百,到配折责。四曰流刑,安置远方,终身不返,分二千里、二千五百里、三千里为三等。三流并杖一百,到配折责,惟缘坐问流者不杖。五曰死刑,曰斩、曰绞,皆有立决、监候之别。五刑之外,有迁徙,离乡土一千里之外安置;有充军,较流为重,凡五等,曰附近,发二千里,曰边卫,初曰沿海,继改边卫,继又改近边。发二千五百里,曰边远,发三千里,曰烟瘴,曰极边烟瘴,初曰永远,今改极边。发四千里,五军并杖一百,到戍所折责;曰边外为民,发边外安置;嗣除边外为民之制。曰杂犯流罪,总徒四年;曰杂犯斩、绞,准徒五年。死刑之最重者为凌迟、为枭示。

○又定狱具之图。一曰板,以竹篦为之,大头径二寸,小头径一寸五分,长五尺五寸,重不得过二斤;一曰枷,以干木为之,长三尺,径二尺九寸,重二十五斤;一曰杻,以干木为之,长一尺六寸,厚一寸;一曰铁索,即钳也,一名鏈。以铁为之,长七尺,重五斤;一曰镣,以铁为之,连环重一斤,徒罪以上用之。命盗重案,供辞不实,男子用夹棍,以梃木三根,中梃木长三尺四寸,旁木各长三尺,上圆径二寸,下方阔二寸二分,自下而上至六寸,于三木四面相合处,各凿圆窝,径一寸六分,深六分;妇人供辞不实,用拶指,以圆木五根为之,各长七寸,径圆各五分。

○十八年(1661)定:审问官有擅用匣床,捕获强盗有妄用脑箍,毛竹连根大板,及竹签、烙铁等刑,肆行酷虐致毙人命者,从重治罪。

○康熙三十七年(1698)奉旨:"各监口有刑具曰大镣,与匣床无异,又短夹棍止长尺许,大枷重百三十斤,瓦样重板,此皆酷虐之刑,着严行禁止。"

○乾隆元年(1736)议准:各旗枷号人犯,例俱发与各门示众,因而设立房屋以为住宿之地,遂有门监之名,实非囹圄可比。无如不肖兵丁,每借防范为名,需索凌虐,弊窦丛生;甚至男女混杂,尤为未便。嗣后枷号人犯,仍照例枷号各门。不必拆毁门监,惟女犯必须另设墙垣房屋。应令提督会同刑部,各委官一员,于各门详加阅看,或于门监之旁添造房屋一二间,或即于现在门监之内量拨一二间,另开门户,专为女犯居住歇宿之所。不许仍同男犯俱禁一处,以致混杂无别。至此等枷号人犯,原非重囚,且系已结之案,应许其跟随亲属一人,在内照管。其看守兵丁,责令该管官弁严加管束,不得任其勒索凌虐。仍令步军提督不时防察,并交都察院照稽察刑部监之例,每月派满、汉御史各一员,往来稽察。倘有不肖兵弁凌虐营私者,即行参究,从重治罪。

○又议准:内外各衙门,所有刑具,因向无稽察之例,各随意制造,故虽定有成式,终难划一。刑部各司刑具,亦系陆续制造,并未较对划一,是以不无轻重长短之殊。雍正十三年(1735)十月内,刑部派委专员,将各司刑具较对改造,始得合式。外省州县,近者相去数十里,远者百余里,各处一方,随意制造。而该管各上司例无考成,亦不特加察核,以致刑具多轻重之异,小民受加等之刑。嗣后刑具,务遵定式,不得滥用短夹棍及大板、重枷。仍令该管道、府,遇赴州县盘查之日,即将所用刑具,详加查验。倘有从前情弊，即照例详揭题参，照擅用非刑例革职。至征比钱粮，本应用小板、轻枷，薄以示惩，下限完粮，即行释放。嗣后有司官员，用大板重枷，将粮户辄行酷责者，该督抚不时察参。

○三年(1738)议准：割脚筋法业经除去，其盛京等处刨参人犯，罪应割断两只脚筋者，亦议准改为杖一百、流三千里，遵行在案。惟川贩案内窝隐以及护送之人，尚有问拟割脚筋之例，自应一律奏明停止。嗣后川贩案内窝隐、护送为首之人，罪应割断两只脚筋者，援照刨参案内改准定例，杖一百、流三千里；为从罪应割断一只脚筋者，照减一等例，杖一百、徒三年；仍刺字。

○五年(1740)议准：向例直隶各省问刑衙门，将某案某人因何事用夹刑及用刑次数，逐细填注簿内，于年终缴送督抚衙门查阅。若有滥用夹棍及用多报少情弊，查出指参，照例议处。嗣后每案招解之时，务令将夹讯叙明，照例年终造册，申送督抚查核。

○三十六年(1771)谕："刑部律例内有边外为民条款，与现在断狱事宜不甚允协，着该部另行定例具奏，钦此。"遵旨议定：原例所开情罪相同，而分别军、民定拟者，将为"民"字样删除，一体改发充军。

○嘉庆四年(1799)谕："外省地方私设班馆及自新所，曾降严旨饬禁。至刑具等项，皆系按刑部制度，官为印烙颁发，有一定尺寸式样。若私创刑具，任用非法，例干严禁。苏州有新造小夹棍等名目，湖北又有数十余斤之大锁，非私造而何？况官设刑具，原视犯者情罪之轻重，分别责罚。即施之邪教，亦应概用官刑，何况审办寻常案件。自设非刑，任情妄逞，借严峻之法，济贪酷之私。此而不严行查禁，何以肃吏治而服民心。着通谕各直省督抚，严饬所属，嗣后一切刑具，皆用官定尺寸颁发印烙。如有私自创设刑具，非决滥用者，即行严参治罪，决不宽贷。"

○十二年谕(1807)："汪镛奏《请禁止非刑》一折，据称'各省问刑衙门于例定刑具外，往往私造刑具。如木棒棰一物，敲内外脚踝，动至数十击或百余击不等，以致骨节损折，殊属违例'等语，所奏甚是。地方官审办案件，所用刑具，轻重大小，俱有一定程序，理应出以慎重。何得制造非刑，恣为残酷。今汪镛所见地方官制造木棒棰一物，敲击内外脚踝，往往动余百十，甚至骨折，是三木之外，竟有可以便其锻炼者。倘审非正犯，而两足已成废弃，小民并未犯法，业经贻累终身，于心何忍。汪镛折内称始于捕役拷讯贼犯，而现在伊于往德州审案时，即亲见地方官预备此项刑具。看来不止捕役私用，即官员等亦未必不视为常刑，恣其酷暴。试思所讯即确系贼犯，亦有官设刑具，何得恣意妄为，毫无恻隐。地方官于捕役私拷贼犯，不能严查惩办，转复尤而效之，是诚何心？且恐外省私设刑具，尚不止于此，不可不严加饬禁。通谕各省大小问刑衙门，如有似此滥置非刑，速行除毁，违者以违制论。其捕役违例擅拷，尤当认真访查，有犯必惩，不可稍涉宽纵。倘再任听捕役私设刑具，地方官查禁不严，着该上司据实参处，以儆残虐，用副朕矜慎庶狱至意。"

○十五年(1810)谕:“本日吏部具题,议处顺天府南路同知窦景燕,于详审案犯辄用非刑,照例议以革职等因。详阅本内,该部所引例文称‘官员将人犯除夹棍、拶指之外,另用非刑者,革职;跪链、压膝等刑者,降一级调用’等语,因思内外问刑衙门,承审案犯,原应虚衷研鞫,不得专事刑求。然遇有狡猾之犯,不肯供吐实情,承问官不应遽用刑夹,亦不能不量加惩究。或拧耳跪链,或继以压膝,借以得情定案,尚不致伤其肢体。究非同木架撑执,或悬吊敲踝,及针刺手指等非刑可比也。若承问官审讯各犯,于案情未定之时,既不能遽得确情,而一经拧耳压膝,即例有应得处分,则凡属问刑各员,竟无不干吏议者。似此名实不符,殊不足以昭平允。所有承审案犯各员非刑一条,应如何酌中之处,着该部详议具奏。钦此。”遵旨议准:嗣后问刑各衙门,应用刑具,除例载夹棍、拶指、枷号、竹板遵照定式外,其拧耳、跪链、压膝及掌责等刑,系审理案件时不得不酌量施用,应与例载各刑具照常行用。其有将无辜干连之人滥行拷讯,及将应行审讯之犯恣意凌虐,致毙人命者,仍行参处。至非刑名目,现在钦奉谕旨指出之木架撑执、悬吊敲踝、针刺手指,并例载申禁之小夹棍、木棒棰、连根带须竹板、联枷等项,及例禁所不及赅载,一切任意私设者,均属非刑,仍应严行禁止。

○十六年(1811)谕:“给事中陆言奏《请敕禁非刑》一折,所奏甚是。问刑衙门遇有应加刑鞫之处,本有一定制度。若私造非刑,任意残酷,必至损折肢体,戕害性命,殊失国家钦恤之意。折内所称鹦哥架、天平架等名目,皆非刑典所应有,必系外省州县任意创为,因而相习成风。该给事中谅非凭虚臆说,着各省督抚严行饬禁。如有此等刑具,概令毁除。倘嗣后再有私行造用者,立即参办,以儆残酷。”

○又谕:“勒保奏‘查明刑部枷号重轻尺寸,俱符定例。惟遵照定例尺寸,枷面较大,板片较薄,不能坚固’等语。刑部枷号,因旧例尺寸较大,以符二十五斤之数,则板片厚不及一寸,木插厚仅三四分,难以经久,枷号封条亦易破裂。且犯人两手不能及口,难于饮食,自应量为变通。着照勒保等所议,将枷号即定为长二尺五寸、阔二尺四寸,总以例载二十五斤为准。刑部即纂入则例,并将现有枷号,悉照新定尺寸更正,以归划一。”

○十七年(1812)谕:“国家谳狱用刑,自有常法。即使狱囚狡不吐实,不得不加以刑讯,如轻则施以棰楚,重则威以三木,皆系古有其制,至今颁为令典。若擅用非刑,则具供成招,实难保无畏刑诬服之事。前经屡次降旨饬谕,而外省酷暴之习,仍未尽除。如现在直隶又有汪应钤擅用木架熬审毙命之案,不可不加以申禁。嗣后着各督抚严查所属,如有私造非刑问狱者,即指名参处。虽用以成招定案,案非诬罔,除将本案拟结外,其承审滥刑之罪,仍一并附参示惩。”

○又复准:嗣后凡例内应用重枷枷号者,应于寻常枷号斤数上酌加十斤,计重三十五斤。其枷面止于加厚,而宽大悉照寻常枷号尺寸,长二尺五寸、阔二尺四寸为度。

**历年热审事例**

○顺治八年(1651)谕:"天时向热,宜行热审之例。令刑部通察刑狱、五城司坊、顺天府京县,察监犯有无干牵连者,即日释放;笞、杖、徒、流,次第减免;死罪情可矜疑者,奏请定夺。"

○十年(1653)定:每年小满后,三法司会审现监人犯,笞罪释放,徒、流以下减等发落,重囚可矜疑者,请旨定夺。直隶及各省,岁一举行。

○十四年(1657)复准:热审之例,定于小满后十日举行。在京者,照常题明审理。其直隶各省远近不一,停其具题,行咨该督抚,即查照定例举行。

○十八年(1661)定:停热审减等之例。

○康熙七年(1668)定:内外问刑衙门,复照旧行热审之例。

○八年(1669)复准:直隶各省具题事件,除实犯死罪外,所有减等各犯,遇热审,俱行减等。

○又题准:流徙宁古塔、尚阳堡人犯,遇热审,俱照例减等。

○九年(1670)题准:军罪人犯,遇热审,亦照例减等。军、流、徒、杖等犯,于热审之前已经具题,未曾奉旨发落者,遇热审,仍照例减等发落。

○又题准:承问官将应减等人犯,遗漏未经减等者,罚俸一年,转详之司、道罚俸六月,督抚罚俸三月。

○十年(1671)复准:直省督抚在热审之先具题到部之案,遇热审,仍行减等发落。其在热审时具题之案,虽过热审之期到部者,亦仍减等发落。

○十一年(1672)题准:运军犯徒罪责四十板发遣者,遇热审,减等责三十五板,并妻发二千里内卫充军。

○十三年(1674)题准:各案于原具题时遇热审,因情罪不符,驳查后逾热审之期题复者,仍减等完结。

○十五年(1676)题准:叛案牵连流犯,遇热审不准减等。

○十八年(1679)议定:凡拟定安插乌拉、奉天人犯,遇热审免责,仍行发遣。

○二十年(1681)题准:侵盗钱粮拟流之犯,遇热审不减等。

○二十二年(1683)议准:承问官将贪婪官员故意迟延,以待热审者,题参议处,本犯亦不准减等。

○二十五年(1686)谕:"狱讼重情,关系民命。今天气炎热,恐有情可末减者,淹毙囹圄。朕心不忍,特遣部院大臣会同三法司,将已结重案,详加审鞫。有罪可矜疑者,即察明具奏,毋令淹毙。"

○又谕:"天气炎热,罪犯减等发落,内外原属一体。着各省督抚将已结案内现在监禁者,逐一详审。果可矜疑,开明具奏,三法司复核,照例减等。"

○三十年(1691)议准:每年热审减等事件,如遇七月立秋,即以立秋前一日为限。其六月立秋之年,仍遵旧例,以六月底为限。

○三十一年(1692)题准:本年四月初五日小满,六月二十五日立秋,照例于小满后十日为始,至立秋前一日止,一应现审在监人犯,俱当遵旨详审。充军、流、徙、徒、杖等罪,减等发落,笞罪豁免。重囚内有可矜疑者,请旨定夺。仍将结过数目,缮写具奏。嗣后每年俱照此例通行。

○三十二年(1693)谕:"照依往年热审,特遣大臣将在狱重犯,除十恶外,并现审拿禁人犯,审理减等。其杖罪等犯,应释放即行释放。"

○四十三年(1704)谕:"热审谓之慎刑。夫刑在平时,亦宜加慎,何必因热而始慎也。如谓热审减等,于犯人有益,则于原审时即以减等议之,岂不更有益乎?且犯人苦热犹可,而苦寒更甚,热既宜审,则寒亦宜审。既多此一事,而不肖官员,遂欲延至热审,故意迟玩。热审应否停止,九卿议奏。钦此。"遵旨议准:热审之例,永行停止。

○五十三年(1714)谕:"朕避暑口外,驻跸山庄,素称清凉之地,还觉烦蒸,想京师必然更甚。朕时以民生疾苦为念,今天下承平,农商乐业,惟有罪之人,拘系囹圄,身被枷锁,当兹盛暑,恐致疾疫。轸念及此,不胜恻然。应将监禁罪囚,少加宽恤,狱中多置冰水以解郁暑。其九门锁禁人犯,毋论奉旨,亦着减其锁条。至一应枷号人犯,限期未满者,暂行释放,俟出暑时仍照限补枷。"

○五十四年(1715)谕:"今年之热,不减去年,将罪人照去年例行。"

○五十五年(1716)谕:"热河地方凉爽,未觉甚热。但今日阅内报,六月初二日甚属溽暑,从此必至大热,宜照先年将犯人宽放。"

○雍正元年(1723)谕:"热审减等,国朝旧有成例。盖念时当盛暑,囹圄之地,倍加炎蒸,笞、杖所加,更为酷烈,故特与减等,以昭法外之仁。迨后日久弊生,罪人妄希巧脱,胥吏因缘为奸,故延日期,致逃法网。是以停止热审减等之例,以杜弊端。我圣祖仁皇帝如天好生,凡阅谳章,哀矜详慎,秋审决囚,屡行停止。至每岁夏月,必特沛恩纶,监候者宽其刑具,枷责者缓至秋凉。虽停热审之例,仍寓减等之心,恩至渥也。朕仰体圣慈,时深轸恤。嗣后每遇热审之期,仍复减等旧例。其监禁重犯,亦量加宽恤。至情罪可疑及牵连待质人等,暂予保释,俟秋后再行拘禁。凡内外谳狱衙门,一体详慎遵行,庶几刑期无刑之意。其有故意迟延,仍蹈前弊,希图漏网者,除本犯不准减等外,官吏严加议罪。"

○又议准:凡军、流、徒罪,并旗人犯军、流、徒罪折枷号者,俱不准减等。其犯枷、杖等轻罪人犯,会同三法司仍照例减等发落,笞罪宽免。监禁重犯,严令提牢官员,量加宽恤。至部内现审案件,审明减等,十日一次汇题。其人犯俱交该旗、地方官暂行保释,俟六月底送部发落。如斩、绞重犯内,或有情罪可矜可疑者,刑部会同都察院、大理寺另行请旨。倘内外谳狱衙门,有故意迟延,恣行奸弊,或人犯妄希巧脱者,除本犯不准减等外,其因缘作弊之官吏,严加治罪。

○二年(1724)谕:"嗣后凡盗犯热审,不必减等。"

○乾隆二年(1737)谕:“向来每年热审之时,凡应杖责者有八折之例,内外通行。本年福建巡抚卢焯条陈热审事宜,经刑部议称‘律文无八折之条,地方有司或将笞杖之罪,概行八折,则轻重混淆,未为允当。嗣后每遇热审之期,将一切案件,应行减等宽免之处,务令划一,遵照定例,不必复行八折’等语。朕思小民之犯杖责者,其罪本轻,而盛暑之中,量减其敲扑之数,乃国家宽恤之仁。八折之例,由来已久,不当以有司之偶然奉行不善,而轻为改易者。着刑部另行妥议具奏。”

○十七年(1752)谕:“热审减等,向例以立秋日为止。立秋在六月内者,以七月朔日为止。今岁天气炎蒸,其热审减等,着展至处暑日为止。”

○又谕:“热审减等之期,已经展至处暑日为止。但目今雨泽尚未沾足,着刑部仍行减等,俟雨足后再照旧办理。”

○二十一年(1756)谕:“步军统领衙门奏‘刑部现行则例内开,枷号人犯,例应冬令暂行保出,俟春令补行枷号。但步军统领衙门枷号人犯,好事者甚众,时值岁暮,易于滋事,请仍照例枷号示众’等语。从前枷号人犯,惟于热审时暂行保出,并未有冬令亦行保出之例。此等滋事不法之徒,乘时责惩,则人始知儆惧。若市恩姑容,实为养奸纵恶,大非国家明罚敕法之道。刑部即欲援例定拟,亦当专折奏请,不意遽行编入律例,实属不合。刑部堂官,着照瞻徇例,严加察议具奏。枷号人犯,仍照旧例办理。”

○光绪十一年(1885)奏准:嗣后凡系由流三千里加一等者,均改发极边足四千里充军。

# 卷七百二十四·刑部二

## 名例律 赎刑

**赎　刑** 五刑中俱有应赎之款，附列于此，以便引用。

○纳赎；无力依律决配，有力照律纳赎。收赎；老幼、废疾、天文生及妇人折杖，照律收赎。赎罪。官员正妻，及例难的决，并妇人有力者，照律赎罪。

**附律条例**

○一、凡军民诸色人役，及舍余、总小旗，审有力者，与文武官吏、举人、监生、生员、冠带官、知印吏、承差、阴阳生、医生、老人、舍人，不分笞、杖、徒、流、杂犯死罪，俱令运炭、运灰、运砖、纳米、纳料等项赎罪。若官吏人等例该革去职役，与舍余、总小旗、军民人役审无力者，笞、杖罪的决，徒、流、杂犯死罪，各做工、摆站、哨瞭、发充仪从，情重者煎盐、炒铁，死罪五年，流罪四年，徒罪照徒年限。其在京军丁人等无差占者，与例难的决之人，笞、杖亦令做工。

**谨案**　此条系原例。

一、凡军民诸色人役审有力者，与举人、监生、生员、冠带官、知印吏、承差、阴阳生、医生、老人、舍人，不分笞、杖、徒、流、杂犯死罪，应准赎者，俱照《有力稍有力图》内数目折银纳赎。若举、监、生员人等例该除名革役，罪不应赎者，与军民人等罪应赎而审无力者，笞、杖、徒、流、杂犯死罪，俱照律的决发落。

**谨案**　雍正三年(1725)奏准，舍余、总小旗，今无此职名。其文武官犯罪，俱以罚俸、降级等项处分，并纳赎及运炭、运灰、做工等项，今已不行，俱照有力、稍有力纳赎。因改定此条。

一、凡军民诸色人役审有力者，与举人、监生、生员、冠带官，不分笞、杖、徒、流、杂犯死罪，应准纳赎。若举、监、生员人等例该除名革役，罪不应赎者，与军民人等罪应赎而审无力者，笞、杖、徒、流、杂犯死罪，俱照律的决发落。

**谨案**　乾隆五年(1740)奏准，今无老人、舍人名色。其知印吏、承差、阴阳生俱系衙役，律例内无纳赎之条。至官医生虽非衙役，而未有职衔，亦包在军民诸色人役之内。因改定此条。

一、凡进士、举人、贡监生及一切有顶戴官，有犯笞、杖轻罪，照律纳赎。罪止杖一百者，分别咨参除名。徒、流以上，照例发配。

**谨案** 嘉庆六年(1801)奏准,军民诸色人役,有犯笞、杖、徒、流、杂犯死罪,现行律例俱的决发落,并无应准纳赎之例。至举人、监生、冠带官犯该杖一百以下者,照律纳赎;杖一百者,斥革;徒、流以上,照律发配,并无徒、流、杂犯死罪,准其纳赎之例。若生员犯该笞、杖者,例内另有罪止戒饬,移会该教官照例发落之条,不在纳赎之列。"生员"二字应删,并添入"进士、贡生"二项,"冠带官"改为"一切有顶戴官"。复改定此条。

一、凡进士、举人、贡监生员及一切有顶戴官,有犯笞、杖轻罪,照例纳赎。罪止杖一百者,分别咨参除名,所得杖罪免其发落。徒、流以上,照例发配。至生监犯罪,除应杖一百,及徒、流以上,并速议速题案内,无论笞、杖,均于办结后知照礼部外,其寻常律应纳赎之生监,应否褫革开复,会同礼部办理。

**谨案** 此条道光元年(1821)增定。十四年(1834)以既经参革除名,所得杖罪,自不在重科之列,奏明于"咨参除名"下,添"所得杖罪,免其发落"八字。

○一、太常寺厨役,但系讦告词讼,及因人连累,问该笞、杖罪名者,纳赎,仍送本寺着役;徒罪以上,及奸、盗、诈伪并有误供祀等项,不分轻重,俱的决,改拨光禄寺应役。

**谨案** 此条系原例。乾隆五年(1740),于"讦告词讼"句下,增"过误犯罪"四字。

○一、凡在京在外运炭、纳米赎罪等项囚犯,监追两月之上,如果贫难,改拟做工、摆站、的决等项发落。若军职监追三月之上,及守卫上值旗军人等,纳银赎罪,监追一月之上,各不完者,俱先发还职着役,扣俸粮月粮,准抵完官。其一应纳纸囚犯,追至三月不能完者,放免。

**谨案** 此条系原例。雍正三年(1725)奏准,今罪犯应赎而情愿赎者,方准折赎,并无监追不完改拟做工及扣除俸粮之处,例文删。

○一、在外军卫、有司但有差遣,及供送人来京,犯罪,无力者,笞、杖的决;徒罪以上,递回原籍。官司各照彼中事例发落。照本犯原籍地方发配事例。

**谨案** 此条系原例。乾隆五年(1740)奏准,例内所称"供送来京之人",乃指舍人、舍余等而言,今无此等名色;而衙役犯法,又无纳赎之例,此条删。

○一、赎罪囚犯,除在京已有旧例外,其在外审有力、稍有力二项,俱照原行则例拟断,不许妄引别例,致有轻重。若妇人审有力,与命妇、军职正妻,及例难的决之人赎罪者,笞、杖每一十,折赎银一钱;其老幼、废疾及妇人、天文生余罪收赎者,每笞、杖一十,各赎银七厘五毫。

**谨案** 此条系原例。雍正三年(1725)奏准,今赎罪不分在京、在外,文武官员妻,俱属一体,将例文内"除在京已有旧例外,其在外"十一字删去,"军职正妻"改为"官员正妻"。

一、妇人审有力,与命妇、官员正妻,及例难的决之人赎罪者,笞、杖每一十,折赎银一钱;其老幼、废疾及妇人、天文生余罪收赎者,每笞、杖一十,各赎银七厘五毫。

**谨案** 乾隆五年(1740),查现无原行之例,将前例删节。至三十二年(1767),因妇人决杖收赎及老疾等余罪收赎银数,俱载《纳赎图》内,将此条删除。

○一、凡文武官革职有余罪,及革职后另有笞、杖、徒、流、杂犯死罪,俱照《有力图》内数目纳赎。不能纳赎者,照无力的决发落。其贪赃官役,概不准纳赎。

**谨案** 此条雍正三年(1725)定。

一、凡文武官犯罪,本案革职,其笞、杖轻罪,毋庸纳赎。若革职后另犯笞、杖罪者,照律纳赎。徒、流、军、遣,依例发配。有呈请赎罪者,刑部核其情节,奏明请旨定夺。其贪赃官役,概不准纳赎。

**谨案** 嘉庆六年(1801),查文武官犯私罪,杖一百、革职。若本案犯该革职,其笞、杖余罪,系轻罪不议,毋庸纳赎。如革职后另犯笞、杖,自应照例纳赎。其罪至徒、流以上者,俱照律发配,不准纳赎。若呈请赎罪者,请旨定夺。其应纳之银,亦不照《有力图》内数目。因改定此条。

一、凡文武官犯罪,本案革职,其笞、杖轻罪,毋庸纳赎。若革职后,另犯笞、杖罪者,照律纳赎。徒、流、军、遣,依例发配。有呈请赎罪者,刑部核其情节,分别准赎、不准赎二项拟定,奏明请旨,不得以"可否"字样双请入奏。其贪赃官役,概不准纳赎。

**谨案** 此条道光四年(1824)遵旨改定。于"核其情节"下增"分别准赎、不准赎二项拟定"十一字,于"请旨"下删去"定夺"二字,并增"不得以'可否'字样双请入奏"十一字。

○一、生员不守学规,好讼多事者,俱斥革,按律发落,不准纳赎。

**谨案** 此条嘉庆二十年(1815)遵旨定。

○一、凡官员有先参婪赃,及借名耗费等项,加派入己,革职提问者,如审无婪赃,止拟挪用钱粮、因公科敛、坐赃致罪,除革职外,其徒、杖等罪,纳赎俱免。如别案革职者,仍照例纳赎。

**谨案** 此条雍正三年(1725)定。

一、凡官员有先参婪赃,革职提问者,如审无婪赃入己,止拟因公挪用、因公科敛致罪,则除革职外,余罪纳赎俱免。如别案革职者,仍照例纳赎。

**谨案** 此条乾隆五年(1740)改定。

一、凡官员有先参婪赃,革职提问者,如审无婪赃入己,止拟因公挪用、因公科敛及坐赃致罪,犯该杖一百者,革职;徒、流、军罪,依例决配。如罪在杖一百以下者,依文武官犯私罪律,交部议处,分别降罚。其先经革职之处,准予开复。

**谨案** 此条嘉庆六年(1801)改定。

○一、凡律例开明准纳赎、不准纳赎者,仍照旧遵行外,其律例内未经开载者,问刑官临时详审情罪,应准纳赎者,听其纳赎,不应准纳赎者,照律的决发落。如承问官滥准纳赎,并多取肥己者,交部议处。

**谨案** 此条雍正三年(1725)定。乾隆三十二年(1767)改为"滥准纳赎者,交部议处;多取肥己者,计赃科罪"。

〇一、妇女犯奸,杖罪的决,枷罪收赎。

**谨案** 此条乾隆五年(1740)定。

〇一、凡皇陵祠祭署奉祀祀丞、太常寺典簿、神乐观提点、协律郎、赞礼郎、司乐等官,并乐舞生,及养牲官军,有犯奸、盗、诈伪、失误供祀,并一应赃私罪名,官及乐舞生各罢黜,仍照律发落,军发原伍。若讦告词讼,及因人连累,并一应公错,犯该笞、杖者,纳赎;徒罪以上不碍行止者,运炭等项,各还职着役。

**谨案** 此条系原例。雍正三年(1725)奏准,陵寝今无祠祭署,惟各坛有之,"皇陵"二字改为"各坛";太常寺典簿,非道官,例与京官同,故删去;养牲所军并无原伍,"仍照例发落,军发原伍"九字改为"军革役,仍照例发落";徒罪以上,亦无运炭等项例,"其犯该笞、杖者"以下二十五字改为"照例纳赎"。又此条原载"职官有犯"律下,乾隆五年(1740)移附此律。

〇一、僧道官有犯,系京官,具奏提问;在外,依律径自提问。受财枉法满数,亦问充军。及僧道有犯奸、盗、诈伪,逞私争讼,怙终故犯,并一应赃私罪名,有玷清规,妨碍行止,俱发还俗。若犯公事失错,因人连累,及过误致罪,于行止戒规无碍者,悉令运炭、纳米等项,各还职为僧、为道。

**谨案** 此条系原例。雍正三年(1725)奏准,今僧道官有犯,不论在京、在外,一体提问,将"系京官,具奏提问;在外"九字删;又枉法赃满数充军,今不用此例,将"满数,亦问充军"六字改为"亦计赃问罪";"俱发还俗"四字改为"究出俗家姓名,责令还俗,仍依律例科断";"运炭、纳米等项"六字,改为"纳赎"。

一、僧道官有犯,径自提问。及僧、道有犯奸、盗、诈伪,并一应赃私罪名,责令还俗,仍依律例科断。其公事失误,因人连累,及过误致罪者,悉准纳赎,各还职为僧、为道。

**谨案** 此条乾隆五年(1740)改定。

**又案** 原载"职官有犯"律下,乾隆五年(1740)移附此律。

〇一、妇人有犯奸、盗、不孝,并审无力,与乐妇,各依律决罚。其余有犯笞、杖,并徒、流、杂犯死罪该决杖一百者,审有力,与命妇、军职正妻,俱令纳赎。

**谨案** 此条系原例。雍正三年(1725)奏准,今无乐妇,"与乐妇"三字删;充军一体纳赎,"徒、流"下增"充军"二字;军职久经裁革,改为"官员正妻"。

**又案** 原载"工乐户及妇人犯罪"律下,嘉庆六年(1801)移附此律,复删"审无力""审有力"二句。

**历年事例**

〇天命六年(1621)谕:"凡有武功授职者,必行间获罪,乃革其官。或他事获罪,勿议革,俾自赎。”

〇又定:有罪之人,修盖城楼,准其赎罪。

〇顺治十二年(1655)复准:犯人赎罪,春秋二季,照律例纳银;秋冬二季,令有司收银,照时价籴谷存仓。年底将收纳罪银,并籴谷数目,汇造清册,报户部、刑部查核。

〇又复准:道、府、州、县折赎银两,设立循环簿,逐件登报布政司,汇报督抚积银备赈,岁底汇报户部稽察。

〇又题准:文武官员有犯,除实犯死罪外,余罪俱准折赎。衙蠹犯罪者,不准折赎。

〇十五年(1658)复准:直省大小衙门赃赎银两,逐项造册,送按察司按季清查。有隐漏不报者,计赃论罪。倘该司通同容隐者,该抚按指名题参,一并治罪。

〇十六年(1659)复准:在京军民人等,犯流罪以上,及奸、盗、强盗、知情故纵罪囚、以卑犯尊、衙蠹犯赃等罪,仍不准收赎外,其犯徒罪以下,有力者,俱照律例分别收赎。旗下妇女,除犯奸、盗、逃走等情的决外,余罪亦准照例收赎。

〇又题准:赎锾定数,杖一百者折银三十五两,杖九十者折银三十一两二钱五分,杖八十者折银二十七两五钱,杖七十者折银二十三两七钱五分,杖六十者折银二十两。

〇十八年(1661)题准:官员人等,有犯流、徒、籍没等罪,情愿修造城楼,营建赎罪者,呈明该原问衙门,预为启奏,下工部查议,奏闻请定夺。

〇又定:官员仍听折赎。其无力小民犯杖罪者,即着的决,不必折赎。

〇又议定:官民人等,犯杖六十、徒一年者,折银二十三两七钱五分;杖七十、徒一年半者,折银二十九两三钱七分五厘;杖八十、徒二年者,折银三十五两;杖九十、徒二年半者,折银四十两六钱二分五厘;杖一百、徒三年者,折银四十六两二钱五分;杖一百、流罪准徒四年者,折银五十两;杂犯死罪准徒五年者,折银五十三两七钱五分。

〇又议准:凡赎锾由督、抚、按批行者,承问官通详,互相稽核解部。司、道、府、州、县官自理赎锾,亦全数报部备赈。

〇康熙二年(1663)题准:犯人有愿认工赎罪者,呈明刑部,移咨工部,会同将犯人情罪、修建工程查核,情罪与工程相符,奏闻请建造。

〇又定:内外官员革职后犯杖罪者,仍准折赎。

〇六年(1667)复准:旗下人犯罪,有力情愿折赎者,照民人例一体折赎。无力者,仍的决。

〇七年(1668)复准:州县自理赎锾,岁底造册申报按察司查核;按察司自理赎锾,岁底申报督抚查核;该督抚于岁底汇造清册,报部查核。倘有折多报少、隐漏等弊,该督抚查明,具题治罪。凡罚赎之人姓名及罚数,承审各官明晰出示晓谕。如有隐漏，以贪赃治罪。

〇十一年(1672)复准：律例内开载未尽折赎之条，问刑官临时详审情罪，应准折赎而自愿者，准其折赎，有不应准者，仍的决。如滥准折赎，并多取肥己者，该督抚指名纠参。

〇十六年(1677)议准：有出征之处杀人，奉旨免死者，鞭一百，照律追埋葬银二十两，给付死者之家，将枷号两月存案，令军前效力赎罪。如效力有据，及身受重伤者，免其枷号。若不行效力者，出兵回日，仍行枷号，将妻子、家产、人口，一并发与辛者库。其口外蒙古等有犯，亦鞭一百，以追银二十两折牲口一九，给付死者之家，令军前效力赎罪。如效力有据，及身受重伤者，免其折枷号牲口三九。若不行效力者，仍追牲口三九，给付死者之家；妻子、家产、人口，一并给予该管之主为奴。至赎罪人犯之效力与否，该将军并该管官登记明白，俟出兵回日，送部查议。

〇十九年(1680)议准：革职处分等官，及各项人犯，有愿认修葺京都城楼、公署，及仓库、牌楼赎罪者，除十恶等实犯死罪，奸细、光棍、诬告、叛逆、放火等罪，不准认赎外，其余斩、绞重罪，并充军、流、徒人犯，具呈工部，查核情罪轻重与例相符，具题定限修理，完日免罪。

〇又题准：认工复职赎罪人员，将原估银两定限赴工部交纳，差各部贤能司官修理。其赎罪人犯，有保官者，即令出监，依限上纳。过限不完，将保官一并参究。无保官者，仍令寄监，定限上纳。过限不完，题参照原拟治罪。其认工交银者，随到即收，不得借端留难措勒。

〇雍正十二年(1734)议准：凡犯罪例不准纳赎而情有可原者，其捐赎之数，斩、绞罪，三品以上官一万二千两，四品官五千两，五六品官四千两，七品以下官及进士、举人二千五百两，贡、监、生员二千两，平人一千二百两；军、流罪，各减十分之四；徒罪以下，各减十分之六；枷号、杖责，照徒罪捐赎。

〇乾隆元年(1736)谕："赎罪一条，原系古人金作赎刑之义。况在内由部臣奏请，在外由督抚奏请，皆属斟酌情罪有可原者，方准纳赎，其事尚属可行。嗣后将赎罪一条，仍照旧例办理。"

〇二年(1737)复准：例载妇女犯奸，杖罪的决，枷罪准其收赎。查《纳赎图》内，并未定有枷号如何收赎之文。惟"名例·犯罪免发遣"条内，"徒一年者枷号二十日，每等递加五日"等语，则枷号三十日者应折徒二年。查徒五年俱包杖在内，今于徒二年内，除包杖八十应折银六分外，其徒二年者止应赎银一钱六分五厘。妇人犯奸，既决杖一百，其枷号一月，应照徒二年除包杖八十折银六分外止应收赎银一钱六分五厘。至于亲属犯奸，应枷号四十日者，除决杖一百折银七分五厘外，应照徒三年收赎银二钱二分五厘。其和同诱拐犯奸，应枷号两月者，除决杖外，应照流三千里收赎银三钱七分五厘。

〇九年(1744)议准：嗣后文武职官，有实犯奸、赃、十恶、不孝等罪，律应的决者，照旧的决。其准枉法、准不枉法论等赃,律应纳赎者,仍照原律纳赎,免其的决。

○又定:凡赎罪之案,每银一两,改折稻谷二石,核算收纳。

○又议准:嗣后命案死罪人犯,有呈请捐赎,情罪尚有可原,奏准赎罪者,照免死减流人犯追埋葬银二十两例,倍追银四十两,给付尸亲收领。

○十七年(1752)议准:嗣后除律应纳赎、收赎之罪,仍各照例办理,及犯该枷号、杖责者,照徒罪捐赎外,其例应杖、笞的决人犯,情有可赎者,酌议分杖为一等、笞为一等。如贡、监生犯杖罪者,捐谷四百石,纳银二百两;笞罪捐谷二百石,纳银一百两。平人犯杖罪者,捐谷二百石,纳银一百两;笞罪捐谷一百石,纳银五十两。再赎罪条内,凡有职官员,俱得一律援赎。其赎锾之多寡,俱视其品级之高下,分别等差。若贡、监生以上,不按次递增,仍属无所区别。应请三品以上官犯革职后,有余罪例不纳赎者,如犯该杖罪者,捐谷二千四百石,纳银一千二百两;犯该笞罪者,捐谷一千二百石,纳银六百两。四品官犯该杖罪者,捐谷二千石,纳银一千两;犯该笞罪者,捐谷一千石,纳银五百两。五六品官犯该杖罪者,捐谷一千六百石,纳银八百两;犯该笞罪者,捐谷八百石,纳银四百两。七品以下及进士、举人犯该杖罪者,捐谷一千二百石,纳银六百两;犯该笞罪者,捐谷六百石,纳银三百两。笞、杖人犯,原系轻罪,在京令具呈刑部查办,按季汇题,银两咨付户部查收;其外省笞、杖赎罪人犯,令各地方官将犯罪情节,并可原应赎缘由,详报督抚核办,限一月之内,银谷缴储仓库,准其免罪。如系题结之案,附疏声明。若事由外结,咨报户、刑二部,由部造册,按季汇题。

○二十三年(1758)谕:"刑部议驳御史叶启丰所奏斩绞捐赎之例应请删除,以《虞书》金作赎刑,《吕刑》大辟疑赦为训。不知《虞书》原引而未发,而《吕刑》则穆王耄荒时所为也。欲准赎罪,止系可缓之类。然能赎与否,终视乎有力、无力。该御史所言,未尝不是。朕不能附该部之强词夺理也。着将斩、绞缓决各犯纳赎之例,永行停止。俟遇有恩赦减等,其惮于远行者,再准收赎,而赎锾则仍照原拟罪名,不得照减等之罪。如此则犯死罪者,贫富一律,不能幸逃法纪。而既减等以后,有力者得免远徙,无力者莫可尤人,然亦幸庆再生。其著为令。"

○二十七年(1762)议准:开例捐纳,户部设有饭食银两。捐文职属吏部,捐武职属兵部,该二部亦得饭食银两。又兵部武职请领札付,工部水利工程,国子监贡监请领监照,俱经奏准缴纳公费银两在案。刑部有犯罪捐赎一条,在外督抚具奏,在内具呈到部,酌量情节,奏请上裁。奉旨准赎之后,勒限一月交银。如限内不完,本犯不准赎罪外,将具呈家属,照本犯罪减三等治罪。嗣后具呈之日,除例不准赎者毋庸议外,余俱先行派委司员验明银两,始行具奏。迨奉旨准赎,即给予执照,令赴户部交纳。请领执照时,照吏、户、兵、工等部扣缴公费之例,令其每两出公费银五分,交与刑部收库,以备每年一切公项帮贴之用。其由外省督抚奏请,刑部核复奏准之案,令于本省交银时,亦按每两五分之数,一并交纳,俟解送饭银之便,搭解到部。

○三十年(1765)议准:枷、杖罪犯,例应外结。其于结案后,有情愿捐赎者,直省督抚,或将原案抄录附咨送部核复,或止将事由咨部,并不将原案抄咨,办理殊未划一。嗣后外结枷、杖以下人犯,如有情愿捐赎者,即将该犯原案,全行抄录,附咨送部核复,以免延滞。

〇三十一年(1766)议准:平常军、流人犯捐赎之例,未到配者捐银七百二十两,已到配者捐银六百两,其中虽有分别。而到配之军、流官犯,则于乾隆二十一年(1756)奏明仍照原官品级银数捐赎,并不以到配议减。至斩、绞各犯捐赎之例,久经停止。前奉恩旨,遇有恩赦减等者,再准收赎,系属格外皇仁。是以此等人犯,如有情愿捐赎者,无论已、未到配,亦仍照原拟罪名银数捐赎。

〇四十九年(1784)奏准:刑部办理赎罪各案,俱专折奏请核定。至情罪较重,未能准赎,向例即由刑部议驳,未经与准赎各犯,一体奏明。嗣后除笞、杖人犯,照旧办理,并由各省具奏交部核议之案,仍逐案奏复外,其外遣、军、流以下罪犯,在部呈请赎罪者,俱开明案情,分别似应准赎、似不应准赎两项,按月汇奏。如一月仅止一件,归入下月汇奏。

〇嘉庆六年(1801)议准:前代官员犯罪,无论笞、杖、徒、流、杂犯死罪,但有力者俱准纳赎,无力的决发配。至国朝康熙年间,始分别情罪,或准纳赎,或不准纳赎,定例遵行。查例载"挪移库银五千两以下者,照律杂犯流罪总徒四年;五千两以上至一万两者,实杖一百、流三千里,不准折赎;二万两者,发近边充军;二万两以上者,斩监候",又律载"有司官吏人等,非奉上司明文,因公擅自科敛所属财物,虽不入己,杖六十;赃重者,坐赃论。入己者,并计赃以枉法论"各等语,是因公挪用、因公科敛之案,俱有治罪明文,未便仍照旧例准其纳赎,因奏明于例内改定。

〇十四年(1809)奏:殴毙婢女,革职拟徒,前任编修汪庚呈请赎罪。奉旨:"汪庚鞭殴十岁婢女致毙,情殊残忍,特以主仆名分,罪止杖徒。兹呈请赎罪,若准令纳赎,则官员恣行酷暴者无所惩戒。汪庚着不准其赎罪。"

〇又谕:"禄康等奏《山东济南府国子监学正衔姚万清等联名呈请捐输银两,代原任济南府知府张鹏昇赎罪》一折。张鹏昇前于济南府任内,请动公项,供应广兴,旋即归款。前经审明定案,革职遣戍,实属罪所应得。该府绅士,以张鹏昇在任时,惠政甚多,且母老无子,情愿捐银代赎。呈明该省巡抚,未经批准,所办甚是。兹复来京赴步军统领衙门呈恳代奏,此事不可行。前次安徽怀远等县士民,曾有代参令沙琛吁恳缴银赎罪之案。沙琛获罪之由,止系因署霍邱县任内,承审重案不实,尚属公罪。且知县职分较小,尚可免其纳赎,予以恩施。张鹏昇以方面大员,于济南府任内,请动公项,供应广兴,其罪属私,非沙琛可比。现在遣戍吉林,将来效力数年,或可释回,亦当恩出自上。若据该绅士等恳请代为赎罪,是地方大员获戾者,皆得因士民吁请,纳锾免罪,此风断不可开。所有姚万清等呈恳之处,着不准,即饬令回籍。"

〇十七年(1812)谕:"邹炳泰等奏《武清县民人姚翰清等一百余人公递呈词,为已革发遣知县孙峨褒捐赀赎罪》一折。本日朕召见邹炳泰等,并据面奏,伊等于接收呈词后,传集该乡民等详细询问,佥称‘孙峨褒居官清正,爱民有素。兹闻其获罪远戍,不忍坐视,是以捐赀代为赎罪。其情词出于至诚’等语。孙峨褒任武清县任内,克孚舆论。阅呈内胪举各事迹,该乡民等同声爱戴,似无虚捏情事。但该革令犯事缘由,系因县民高六毒毙韩贵兴一案,初验本无错误,继因审无确供,详请复检,致为仵作张宽及伊门丁、书吏串通受贿蒙蔽,该革令被欺枉听,部议褫革发遣,实系罪有应得。着邹炳泰等传到该乡民等,明白晓谕。以伊等同心好义,感戴去任之官,其意亦属可嘉。惟孙峨褒平素官声虽好,而断狱错误,则朝廷执法惩辜,不能宽宥。若竟徇所请,此后官员获罪者,或诡托效尤,其弊亦不可不防。令该乡民等将代孙峨褒赎罪银二千两,即行领回,勿许渎恳。至孙峨褒获罪遣戍,并无贪酷情弊。其详请复检,亦尚有慎重民命之心。将来到戍三年期满,该管大臣奏请,朕核其案情,亦必降旨释回。兹念其平日居官尚好,着加恩于到戍一年半即予释放回籍。国法民情,并行不悖,该乡民等亦当共知感激。若再行妄诉,即当治以应得之罪。”

○二十年(1815)谕:“陈预奏《审拟民人李其言控案》一折。此案李其言之父李应昌,原控县书李振甲等偷盗仓米等情。系因生员傅焯先声言李振甲等如非偷米,何必连夜搬运,次日又向生员朱芹昌告述。李应昌、朱芹昌先后具呈赴控,而李应昌旋即在押病故,其子李其言复控诉不休。是傅焯多言肇衅,朱芹昌轻听妄控,均属不安本分,有玷学校。该抚将傅焯、朱芹昌拟以杖责,仍请照例纳赎,未免轻纵。傅焯、朱芹昌俱着斥革,按律发落。嗣后生员不守学规,好讼多事者,均照此案办理。”

○道光四年(1824)谕:“侯际清以拟流官犯在刑部衙门呈请赎罪。尚书韩崶在部最久,于刑名尤为谙练。乃办理奏稿时,既核其情节较重,仍以可否准赎双请,殊属取巧含混。现据托津等讯明,韩崶实无听嘱受贿情事。惟失察官吏舞弊得赃,及嗣子知情,亲戚撞骗;且案内获咎司员恩德等,皆系保列一等之人,盛思道又系韩崶于上年滥行保留,种种昏愦。即照托津等所拟,从重发往军台,本属咎有应得。姑念韩崶年近七十,着从宽免其发遣,加恩在万年吉地工程处效力赎罪。已革刑部郎中恩德与董椿等商办赎罪,收受不枉法赃一百二十两以上,若仅照例问拟绞候,勒限完赃,减等发落,尚属轻纵。着于完赃后,从重发往伊犁效力赎罪。已革郎中盛思道,为侯际清商办赎罪,先后撞骗多赃,到案后复任意狡展诬赖,情殊险诈可恶,着从重发往伊犁效力赎罪。已革通判董椿,指官撞骗银两,数至盈千,到案后复不据实供吐,狡赖诬扳,情尤谲诈,着枷号两个月,满日发近边充军。已革道员惠丰,讯未嘱托重喜,惟谎言回复惠林,究有不合,着开复原官,交吏部照例议处。其漏查红供,并失察官吏得赃之刑部堂官、前任科布多参赞大臣那彦宝,及两次画稿之盛京刑部侍郎海龄、江苏巡抚韩文绮、候补主事张映汉,俱着交部严加议处。致任大学士戴均元、陕甘总督那彦成,于八月内双请奏稿未能查出弊端,亦属疏漏,俱着交部议处。原任道员德恩、左江道重伦、河北道邹锡淳,于吴光斗等藏匿红供,未经查出,并失察书吏舞弊,及同官得赃,俱着交部严加议处。嗣后刑部办理赎罪案件,着仍照乾隆四十八年(1783)原议章程,分别准赎、不准赎二项,奏明请旨核定。不得以‘可否’字样双请入奏,以免歧误。”

○二十三年(1843)谕:“布彦泰等奏《废员文冲呈请赎罪》一折。文冲前在河督任内疏防漫口,糜帑殃民,厥咎甚重。所有该废员呈请赎罪之处,着不准行。”

○咸丰元年(1851)谕:“前据骆秉璋奏湖北汉阳府属士民程瑞凯等,呈请捐赀助饷,代已革发遣新疆之前任湖南长宝道杨炳堃赎罪,当降旨交程矞采访察具奏。兹据查明,该士民等同心爱戴,系属实情。惟该革员前次获咎情节较重,且此端一开,将来发遣人员,恐不免有授意饰词,希图邀恩情事。所有该士民等呈请代杨炳堃赎罪之处,着不准行。”

# 卷七百二十五·刑部三

## 名例律 十 恶 八 议 应议者犯罪

### 十 恶

○一曰谋反；谓谋危社稷。二曰谋大逆；谓谋毁宗庙、山陵及宫阙。三曰谋叛；谓谋背本国，潜从他国。四曰恶逆；谓殴及谋杀祖父母、父母，夫之祖父母、父母；杀伯叔父母、姑、兄姊、外祖父母及夫者。**谨案** 原注此下有"祖父母、父母，但谋但殴即坐。伯叔以下，须据杀讫方入恶逆，若谋而未杀，自当不睦之条。盖恶逆者，常赦不原，不睦则会赦原宥"四十九字，乾隆五年(1740)删。五曰不道；谓杀一家非死罪三人，及支解人，若采生折割、造畜蛊毒魇魅。六曰大不敬；谓盗大祀神御之物、乘舆服御物，盗及伪造御宝，合和御药误不依本方及封题错误，若造御膳误犯食禁，御幸舟船误不坚固。七曰不孝；谓告言、咒骂祖父母、父母，夫之祖父母、父母；及祖父母、父母在，别籍异财，若奉养有缺；居父母丧，身自嫁娶，若作乐，释服从吉；闻祖父母、父母丧，匿不举哀；诈称祖父母、父母死。八曰不睦；谓谋杀及卖缌麻以上亲，殴、告夫及大功以上尊长、小功尊属。九曰不义；谓部民杀本属知府、知州、知县，军士杀本管官，吏卒杀本部五品以上长官，若杀见受业师，及闻夫丧匿不举哀，若作乐，释服从吉，及改嫁。**谨案** "本管官"，原注作"本管指挥、千户、百户"，雍正三年(1725)改。十曰内乱。谓奸小功以上亲、祖父妾，及与和者。

### 八 议

一曰议亲；谓皇家袒免以上亲，及太皇太后、皇太后缌麻以上亲，皇后小功以上亲，皇太子妃大功以上亲。二曰议故；谓皇家故旧之人，素得侍见，特蒙恩待日久者。三曰议功；谓能斩馘夺旗，摧锋万里，或率众来归，宁济一时，或开拓疆宇，有大勋劳，铭功太常者。四曰议贤；谓有大德行之贤人君子，其言行可以为法则者。五曰议能；谓有大才业，能整军旅，治政事，为帝王之良辅佐。**谨案** "为帝王之良辅佐"，原注作"为帝王之辅佐，人伦之师范"，雍正三年(1725)奉旨改。六曰议勤；谓有大将吏谨守官职，早夜奉公，或出使远方，经涉艰难，有大勤劳者。七曰议贵；谓爵一品，及文武职事官三品以上、散官二品以上者。八曰议宾。谓承先代之后为国宾者。

#### 历年事例

○雍正六年(1728)谕："朕览律例旧文，于'名例'内载有'八议'之条，其辞曰'议亲、议故、议功、议贤、议能、议勤、议贵、议宾'，此历代相沿之文，其来已久。我朝律例，于此条虽仍载其文，而实未尝照此例行者，盖有深意存焉，不可不察。载而未用之故，亦不可不明也。夫刑罚之设，所以奉天罚罪，乃天下之至公至平，无容意为轻重者也。若于亲、故、功、贤等人之有罪者，故为屈法以示优容，则是可意为低昂，而律非一定者矣，尚可谓之公平乎？且亲、故、功、贤等人，或以效力宣劳，为朝廷所倚眷，或以勋门戚畹，为国家所优崇。其人既异于常人，则尤当制节谨度，秉礼守义，以为士民之倡率。乃不知自爱而致罹于法，是其违理道而蹈愆尤，非蚩蚩之氓无知误犯者可比也。倘执法者又曲为之宥，何以惩恶而劝善乎？如所犯之罪，果出于无心，而情有可原，则为之临时酌量，特与加恩，亦未为不可。若欲著为律，是于亲、故、功、贤等人未有过之先，即以不肖之人待之。名为从厚，其实乃出于至薄也。且使恃有八议之条，或任意为非，漫无顾忌，必有自干大法而不可止者。是又以宽宥之虚文，而转陷之于罪戾。姑息之爱，尤不可以为优恤矣。今修辑律例各条，俱务详加斟酌，以期至当。惟此八议之条，若概为删去，恐人不知其非理而害法，故仍令载入。特为颁示谕旨，俾天下晓然于此律之不可为训，而亲、故人等，亦各知儆惕而重犯法，是则朕钦恤之至意也。"

### 应议者犯罪

凡八议者犯罪，开具所犯事情。实封奏闻取旨，不许擅自勾问。若奉旨推问者，开具所犯罪名及应议之状，先奏请议，议定，将议过缘由，奏闻，取自上裁。其犯十恶者，实封奏闻，依律议拟，不用此律。十恶或专主谋反、叛逆言，非也。盖十恶之人，悖伦逆天，蔑礼贼义，乃王法所必诛。故特表之，以严其禁。

#### 附律条例

〇一、凡有在京勋戚，用强兜揽钱粮，侵欺及骗害纳户者，事发参究，将应得禄粮价银扣除，完官、给主。事毕，方许照旧关支。

**谨案** 此条系原例。雍正三年(1725)奏准，今勋戚有犯前罪，俱按情罪轻重，照律定拟，并无扣除禄粮价银完官给主之处，此条删。

〇一、三品以上大员革职拿问，不得遽用刑夹。有不得不刑讯之事，请旨遵行。

**谨案** 此条雍正十三年(1735)定。

〇一、凡已革宗室之红带、已革觉罗之紫带，犯事治罪，与旗人无异，交刑部照旗人例枷号锁禁完结。

**谨案** 此条乾隆四年(1739)定。

〇一、凡应八议之人，问鞫不加拷讯，皆据各证定罪。

**谨案** 此条乾隆五年(1740)定。嘉庆六年(1801)奏准，"刑律·断狱·老幼不拷讯"律内，已有此语，此条删。

〇一、凡宗室、觉罗犯罪时系黄、红带者，依宗室觉罗例办理。若系蓝带及不系带者，即照常人例治罪。

**谨案** 此条乾隆三十八年(1773)定。

〇一、凡宗室有犯圈禁之罪者，即行革去顶戴。

**谨案** 此条乾隆四十八年(1783)定。

○一、凡宗室犯案到官,该管衙门先讯取大概情形,罪在军、流以上者,随时具奏。如在徒、杖以下,咨送宗人府,会同刑部审明,照例定拟。罪应拟徒者,归入刑部按季汇题;罪应笞、杖者,即照例完结,均毋庸具奏。若到官时未经具奏之案,审明后罪在军、流以上者,仍奏明请旨。

**谨案** 此条嘉庆十三年(1808)定。

○一、宗室缘事发遣,遇赦减释,如系由盛京释回者,即令回京。若由吉林、黑龙江释回者,即令其在盛京移居宗室公所,酌给房屋居住。

**谨案** 此条嘉庆十九年(1814)遵旨定。

○一、宗室犯事到官,无论承审者何官,俱先将该宗室摘去顶戴,与平民一体长跪听审。俟结案时,如实系无干,仍分别奏咨,给还顶戴。

**谨案** 此条嘉庆二十四年(1819)遵旨定。

○一、凡宗室觉罗妇女,出名具控案件,除系呈送忤逆,照例讯办外,其余概不准理。如有擅受,照例参处。倘实有冤抑,许令成丁弟兄子侄,或母家至戚抱告。无亲丁者,令其家人抱告,官为审理。如审系虚诬,罪坐抱告之人。若妇女自行出名刁控,或令人抱告后,复自行赴案逞刁,及拟结后渎控者,无论所控曲直,均照违制律治罪。有夫男者,罪坐夫男;无夫男者,罪坐本身,折罚钱粮。

**谨案** 此条道光六年(1826)定。

○一、凡宗室、觉罗,除犯笞、杖、枷,及初犯军、流、徒,或再犯徒罪,或先经犯徒,后犯流罪,仍由宗人府照例分别折罚、责打、圈禁外,如有二次犯流,或一次犯徒,一次犯军,或三次犯徒者,均拟实发盛京;如二次犯徒,一次犯流,或一次犯流,一次犯军者,均拟实发吉林;如二次犯军,或三次犯流,或犯至遣戍之罪者,均拟实发黑龙江。若宗室酿成命案,按律应拟斩、绞监候者,宗人府会同刑部,先行革去宗室顶戴,照平人一律问拟斩、绞,分别实、缓,仍由宗人府进呈黄册。

**谨案** 此条道光五年(1825)定。

○一、凡宗室、觉罗人等告讦之案,察其事不干己,显系诈骗不遂者,所控事件,立案不行,仍将该原告咨送宗人府,照违制律杖一百,实行重责四十板。如妄捏干己情由耸准,追提集人证质审,仍系讹诈不遂,串结捏控者,将该原告先行摘去顶戴,严行审讯,并究追主使、教诱之犯。倘狡辩不承,先行板责讯问。审系控款虚诬,罪应斩、绞者,照例请旨办理,其余无论诈赃多寡,已未入手,但经商谋捏控,不分首从,俱实发吉林安置,到配重责四十板。主使、教诱及助势之犯,无论军民,不分首从,先行枷号三个月,满日俱发近边充军;旗人有犯,销除旗档,照民人一律办理。其或所控得实,但审因串诈不遂,捏情图准者,亦照此例定拟。不准以事出有因,量为援减。

**谨案** 此条道光九年(1829)遵旨定。

〇一、已革宗室之红带、已革觉罗之紫带,除有犯习教等重情,另行奏明办理外,其有犯寻常杖、枷、徒、流、军及斩、绞等罪,交刑部照旗人例一体科断。应销档者免其销档,仍准系本身带子。

**谨案** 此条道光十九年(1839)改定。

〇一、宗室、觉罗及王公有吸食鸦片烟者,拟绞监候,由宗人府会同刑部进呈黄册。

**谨案** 此条道光十九年(1839)定。

**历年事例**

〇雍正十年(1732)议准:发遣黑龙江地方之觉罗等,子孙生育甚蕃,有在彼披甲者,历年久远,觉罗等之子孙,或致难于查考。嗣后觉罗等有应行佥妻发遣者,俱免其发遣,永远拘禁于该旗高墙之内。

〇十二年(1734)谕:"向来定例,宗室犯枷责罪者,俱准折赎,觉罗犯枷责罪,照平人例完结。朕思觉罗亦系宗室,悉照平人例处分,则宗室、觉罗迥然各异,而与平人绝无辨别。又宗室犯枷责罪者,如概令折赎,伊等亦不知儆惧。嗣后宗室、觉罗若犯枷责之罪,应酌其罪犯轻重,即在宗人府,或拘禁,或锁禁,分别年限,期满释放,以抵其罪。庶觉罗处分,与平人有别,而宗室亦知儆戒。其如何酌量罪犯轻重,分定年限之处,着宗人府会同该部定议具奏。钦此。"遵旨议定:有职宗室、觉罗,嗣后犯笞、杖罪者,仍照定例会同各该部降罚治罪。其闲散宗室、觉罗,嗣后有犯鞭、笞罪者,分别鞭、笞之数,革去每月应领钱粮,以抵其罪。笞一十、二十者,革钱粮一月;三十者,两月;四十者,三月;五十者,四月;至鞭六十者,六月;七十者,七月;八十者,八月;九十者,十月;一百者,一年。若犯徒罪者,均照八旗人等折枷号日期,分别拘禁。枷号二十日者,在宗人府拘禁四十日;二十五日者,拘禁五十日;三十日者,拘禁六十日;三十五日者,拘禁七十日;四十日者,拘禁八十日。其犯军、流等罪者,悉照旗人军、流应折枷号日期,在宗人府锁禁。统俟满日释放,以抵其罪。

〇十三年(1735)谕:"古者刑不上大夫,盖以维国体而励臣节。国体不维,则无尊卑上下之分;臣节不励,则大臣拥高爵大官,而有徒隶无耻之心。此贾谊所以谆切辨论也。朕欲风励天下,使人各自爱,共敦节行,尤宜自大臣始。大臣有不自爱者,朕仍设廉耻以养之,庶几动其天良,激励鼓舞。嗣后三品以上大员,身罹罪谴,即奉旨革职拿问者,法司亦不得遽加刑讯。如有不得不用者,亦必请旨。将此永著为例。"

〇乾隆元年(1736)议准:嗣后觉罗有犯斩、绞之罪者,仍入会审档册,以便复审。除此内如有可疑可矜,减等不致于死者,仍照原奏办理外,如果系情实,仍禁高墙,听候刑部具奏各犯情罪时,缮入情实罪犯觉罗之名次具奏。奉旨予勾时,亦照宗室例交本族人等即行办理。

○二十一年(1756)谕:"将军清保将询问宗室长智戳伤民人宋天祥身死缘由具奏。宗室分极贵重,迥非常人可比,理宜整饬行止,顾惜体面。似此卑污有玷宗室之人,应较常人加倍治罪,方属允协。着交清保将长智带子褫去,拿送来京,交宗人府请旨。仍晓谕彼处宗室等,今因长智不顾体面,玷辱宗室,戳伤人命,将伊拿送京城治罪。嗣后有似此者,俱如此办理。汝等俱系宗室,果能爱重行止,守分安常,朕必矜悯施恩。其行止卑贱,不思上进之人,既有玷宗室,复有何爱惜之处,朕必从重治罪,断不姑息。汝等惟以长智为戒,各思己身尊重,守分而行,切不可入于恶习。将此旨详悉晓谕,令其遵行。"

○三十八年谕:"嗣后宗室、觉罗,若原束黄、红带被人殴伤,仍旧照例办理。若不束带被人殴伤,即照平人例办理。"

○四十八年,刑部审奏,宗室明定听信伯父家奴杨天保之言,将应行入官绝产买充业主,希图得利,问拟满徒,于宗人府空房圈禁一年等因。奉旨:"明定贪利妄控,实属不知自爱。若仅照例圈禁一年,无以示儆,明定着革去顶戴。嗣后宗室有似此犯圈禁之罪者,即着革去顶戴。著为令。"

○嘉庆十三年(1808)谕:"嗣后关涉宗室事件,着管理宗人府王、贝勒等,会同步军统领衙门,将案犯何条应即具奏,何条应按月汇奏;其有情节较轻,即可移咨宗人府照例惩处,毋庸奏闻,妥议章程具奏。当经宗人府等衙门酌议奏准,知照刑部,纂为定例。"

○十九年谕:"宗室普庭准其减等,令回至盛京,在该处移居宗室公所,酌给房屋居住。嗣后缘事发遣宗室,其由盛京释回者,即令回京;由吉林、黑龙江释回者,即令在盛京居住。著为令。"

○二十四年谕:"近来宗室中,屡有不顾行检、干犯法纪之人,叠经训诫,总未悛改。推原其故,皆因宗室犯事到官,向不跪讯,遂有所恃而不知畏惮。伊等既如此不知自重,朕挽除颓习,亦不能再援议亲之典。嗣后宗室犯事到案,无论承审者何官,俱先将该宗室摘去顶戴,与平民一体长跪听审。俟结案时,如实系无干,仍奏明给还顶戴。似此稍示裁抑,庶共知戒惧,可冀犯法者日少也。"

○道光五年(1825)议奏:嗣后宗室、觉罗犯笞、杖罪者,除无心诖误,仍照例折罚养赡外,其审系不安本分者,按其应得笞、杖罪名,在宗人府实行责打,不准折罚钱粮。其犯枷罪者,一日折圈二日,仍加责二十板,不准减圈禁日期。至初次犯徒、流、军罪者,仍按所得罪名,照旧按数折责,不得因加责而减圈。其二次犯徒罪者,即加等照流三千里之例,加责三十板外,仍折圈二年。其有一次犯徒,一次犯流罪者,即加等照极边烟瘴充军之例,加责四十板外,仍折圈三年。其有二次犯流,及一次犯徒、一次犯军,或三次犯徒者,均拟实发盛京。其有二次犯徒,一次犯流、一次犯军者,均拟实发吉林。其有二次犯军,三次犯流者,均拟实发黑龙江。其犯至遣戍罪者,亦拟实发黑龙江。如有酿成命案者,宗人府会同刑部,先行革去宗室,照平人一律问拟斩、绞，分别实、缓，由刑部进呈黄册。至兵民商贾，被宗室扰害讹诈，有显迹见证可凭，并不据实呈控，如审系凭空被诈，畏事隐忍，被诈之人并无应得罪名者，应毋庸议。如系作奸犯科，致被宗室讹诈，又不据实呈控，审实各视其应得罪名加一等。至主使宗室讹诈者，仍照教诱宗室为非，及计赃各本律例，从重科断。一并纂入则例。奉谕："向例宗室犯罪，止分别折罚、圈禁。惟法轻则日久生玩，必应严定律令，庶辟以止辟，多所保全。嗣后犯笞、杖、军、流、徒等罪，审系不安本分者，即照此次议定科条，分别加责定发。如有酿成命案，先行革去宗室，照平人一律问拟斩、绞，分别实、缓。其进呈黄册，仍着由宗人府办理，以示区别。至被诈之人，不据实呈诉者，按其有无应得罪名，分别办理。即着纂入则例，永远遵行。"

○九年(1829)谕："朕因宗室近来积习，往往以不干己事具控，借端讹诈，降旨令军机大臣会同宗人府、刑部酌议条例具奏。兹据查明定例，分别从严酌议。嗣后宗室、觉罗人等告讦之案，察其事不干己，显系诈骗不遂者，该管衙门立案不行，仍将该原告咨送宗人府，照违制律杖一百，实行重责四十板。如敢妄捏干己情由耸准，及至提集人证质审，仍系讹诈不遂，串结捏控者，即将该原告先行摘去顶戴，严行审讯，并追究主使、教诱之犯。倘狡辩不承，照例先行板责讯问。审系控款虚诬，除坐诬罪应斩、绞者，仍照向例请旨办理外，其余诬控之案，无论诈赃多寡，已未入手，但经商谋捏控，不分首从，俱实发吉林安置，到配仍重责四十板，以示惩儆。其主使、教诱以及添威助势之犯，无分军民人等，不分首从，均照例发近边充军，仍先加枷号三个月，满日再行发遣。系旗人照例销除旗档，一律办理。即使所控得实，但因串诈不遂，捏情图准者，亦即照此例定拟。不准以事出有因，量为援减。着宗人府、刑部即各纂入例册，永远遵行。"

○十九年(1839)谕："宗人府奏《销除旗档之红带子、紫带子，犯系寻常罪名，请毋庸革去带子》一折，又另片奏'道光五年(1825)会议宗室事宜，有酿成命案革去宗室之条，与从前例意不符，请改为革去宗室顶戴'等语，着宗人府会同刑部，悉心妥议，明定章程具奏。至此次因案销档之红带子讷尔和，着仍准其系束红带，照例办理。"

# 卷七百二十六·刑部四

## 名例律 应议者之父祖有犯 职官有犯 军官有犯 文武官犯公罪 文武官犯私罪

### 应议者之父祖有犯

凡应八议者之祖父母、父母、妻及子孙犯罪，实封奏闻取旨，不许擅自勾问。若奉旨推问者，开具所犯及应议之状，先奏请议，议定奏闻，取自上裁。若皇亲国戚及功臣八议之中，亲与功为最重。之外祖父母、伯叔父母、姑、兄弟姊妹、女婿、兄弟之子，若四五品文武官之父母、妻未受封者。及应合袭荫子孙犯罪，从有司依律追问，议拟奏闻，取自上裁。其始虽不必参提，其终亦不许擅决，犹有体恤之意也。其犯十恶、反逆缘坐及奸盗杀人、受财枉法者，许径决断，不用此取旨及奏裁之律。其余亲属、奴仆、管庄佃甲，倚势虐害良民，凌犯官府者，事发听所在官司径自提问，加常人罪一等。非倚势而犯，不得概行加等。止坐犯人，不必追究其本主，不在上请之律。若各衙门追问之际，占吝不发者，并听当该官司实封奏闻区处。谓有人于本管衙门告发，差人勾问，其皇亲国戚及功臣占吝不发出官者，并听当该官司实封奏闻区处。

#### 附律条例

〇一、凡满洲、蒙古、汉军官员军民人等，除谋为叛逆，杀祖父母、父母、亲伯叔、兄，及杀一家非死罪三人外，凡犯死罪者，察其父、祖，并亲伯叔、兄弟，及其子孙阵亡者，准免死一次。本身出征负有重伤，军前效力有据者，亦准免死一次。

**谨案** 此条顺治十二年（1655）定例，原载“犯罪免发遣”律内。乾隆五年（1740），移附此律。

一、响马强盗，虽曾出征负有重伤，及军前效力有据，并父、祖、伯叔、兄弟、子孙阵亡，不得免议。

一、打死人命，虽已身出征负有重伤，及军前效力有据，仍照律拟罪。

一、杀人重犯，应拟死罪者，如伊祖、父、伯叔、兄弟、子孙阵亡，仍于本内叙明阵亡情由具题。

一、强盗案内有护军、披甲、闲散人等应正法者，如伊祖、父、伯叔、兄弟、子孙阵亡，并自身负有重伤，及军前效力有据，仍于本内叙明阵亡效力情由具题。

**谨案** 此四条，系顺治、康熙年间钦奉谕旨及题准事件，乾隆五年（1740）纂为定例。

一、凡满洲、蒙古、汉军、绿营官员军民人等，有犯死罪，除十恶、侵盗钱粮、枉法不枉法赃、强盗、放火、发冢、诈伪、故出入人罪、谋故杀各项重罪外，其寻常斗殴，及非常赦所不原各项死罪，察其祖、父及子孙阵亡者，准将阵亡确实事迹，随本声叙。

一、凡犯该死罪，如有祖、父及子孙阵亡者，于本内声明。优免一人一次后，俱不准再行声请。

一、各犯祖、父人等阵亡，在内由刑部，在外由该督抚，于取供定罪后，即移咨八旗、兵部，查取确实简明事迹，声叙入本，恭候钦定。

**谨案** 此三条，乾隆三十二年(1767)奏准改定，将前五条旧例删除。

**又案** 第三条"声叙入本"下，四十二年(1777)增"于秋审时"四字。

一、凡满洲、蒙古、汉军、绿营官员军民人等，有犯死罪，除十恶、侵盗钱粮、枉法不枉法赃、强盗、放火、发冢、诈伪、故出入人罪、谋故杀各项重罪外，其寻常斗殴，及非常赦所不原各项死罪，察有父、祖、子孙阵亡者，在内由刑部，在外由该督抚，于取供定罪后，即移咨八旗、兵部，查取确实简明事迹，声叙入本，于秋审时恭候钦定。倘蒙圣恩优免一人一次后，俱不准再行声请。

**谨案** 此条系乾隆五十三年(1788)，将三十二年(1767)所定三条修并。

○一、凡先系应议以后革职者之子孙犯罪，径自提问发落。

**谨案** 此条雍正三年(1725)定。

**历年事例**

○天命六年(1621)谕："凡遇应死、应笞、应罚之罪，必追论其功。如系勤劳有功之人，则当死者赎、当罚者免、当笞者戒饬而释之，功罪令其相准。"

○顺治十二年(1655)复准：旗下满洲、蒙古、汉军官员，除谋为反叛，杀亲祖父母、父母、伯叔、兄，杀一家非死罪三人外，其余有犯死罪者，查伊亲祖父、父、伯叔、兄弟及其子孙有阵亡之功者，准免死一次。伊身出征负有重伤，军前效力有据者，亦免死一次。

○十四年(1657)谕："凡强盗犯罪重大，虽有祖父、父、伯叔、兄弟阵亡之功者，难以免死。嗣后强盗重罪，不得援此议免。"

○十八年(1661)谕："向来死罪重犯，因有论功免死之例，以致恶人希图幸免，临阵退缩，杀人劫财，恣肆愈多。以后死罪犯人，不得论功议免，着照其应得之罪议拟具题，请旨定夺。"

○康熙七年(1668)定：凡死罪重犯，论功议免，着照原定例行。

○十年(1671)题准：论功之例，不分旗下官员军民人等，一体照定例行。

○十七年(1678)议准：凡打死人命罪犯，虽于出征时负有重伤，军前效力有据，仍照律拟定死罪。若有在出征之处犯此等罪者，令取供拘禁，俟同师旋之日，送部审结。

○二十一年(1682)谕:“嗣后杀人重犯,如有亲祖父、父、伯叔、兄弟阵亡者,止叙明情由,仍议死罪,不得论功议免。”

○二十六年(1687)谕:“嗣后强盗案内有护军、披甲、闲散人应正法者,着查其祖父、父辈阵亡,并自身效力之处,缮写奏折,附入本内具题。”

○四十五年(1706)复准:凡经恩赐祭葬之子孙,难荫出身之人,不可使宗祀断绝。如审拟大辟,家无次丁,应缓决,令其妻妾入禁相聚,生有子息,再行正法。

○乾隆二十一年(1756)谕:“本年秋审册内应拟情实之官犯纪朴,刑部以伊兄阵亡,例准免死一次,据情声请。免死之例,乃国家优恤死绥之典,正寓激厉戎行之意。若事关军旅,亦可援此滥邀,则阵亡之家,因有此例,将临阵脱逃者,竟置之宽典,不顾军务之贻误,有是理耶?且恃此而敢于犯法,将谋故杀人皆可不问,揆之定例之意,果如是乎?今纪朴有心迟误军需,法无可贷,岂得与寻常监候之案,一例办理,该部援例声请之处非是。嗣后酌量情罪请旨,不得一概援例请宽。将此通行传谕知之。”

○二十九年(1764)谕:“刑部所进情实官犯本内,将齐凌扎布出兵得功,及雯基曾祖阵亡之处,照例入于情实册内声叙,甚属非是。齐凌扎布之祖父,从前若有阵亡者,朕不得而知。今伊本身之事,则西陲用兵始末,朕日夜筹划,何事朕不熟悉。又岂待部中按例问之该旗,该旗按例咨达部中,部中又代为按例声叙乎?况声叙者止应阵亡之子孙,非指本身,即例亦不合也。且舒赫德独非在军前办事,归而又在军机处行走之人乎,其知齐凌扎布之事,应比该旗大臣为尤详,何待咨问,甚可笑也。若夫齐凌扎布之在和阗时,曾与噶布舒各守一城。乃遇逆回抢劫,不能力行拒守,遽弃城而出,视噶布舒之坚持不去者,岂可同日而语。使律以守土死绥之义,不特无功,且当有罪,特原其兵力本单,是以不复深加责备,均从在事优叙。此事在他人或未稔知,若舒赫德亦岂能以不知自解乎。即以犯人祖父阵亡例当声叙而言,其中情罪亦各自不同。如存德以斗杀之案,本无谋故别情,故历年秋审,谅其祖父阵亡之劳,未予勾决。至雯基以知府侵税数至万余,若竟以先世阵亡幸免,又何以处同案无可声叙之书敏乎?国家纵有原功免死之条,亦惟先论其犯案本非重大,特贷其子孙之一死则可。脱以其祖父一经阵亡,而凡属后裔,均可世世屈法从事,是以褒忠之过,适为诱人犯法之阶矣。且该犯即与声叙之例允符,亦当由部臣咨查事迹,列入本后,候朕定夺。设因该犯子孙具呈恳求,即为具奏,其别无亲属申诉之犯,又将任其挂漏,可乎?于政体亦深为未协。再绿营将弁中,有曾经效命疆场,如豆斌、高天喜等为国宣劳,其功既有足嘉,朝廷初无歧视。子孙遇有罪犯,非常赦所不原,亦当并蒙矜恤。今此例但行于八旗,亦非一视同仁之意也。嗣后遇有此等罪犯,在八旗,则由刑部先咨本旗及兵部确查事迹,在外绿、旗,则由督抚于审拟定案之始,查明该犯祖父阵亡事实,列入秋审册内,以凭核定。着该部分析规条,一一定议具奏,并将此宣谕各旗及内外问刑衙门知之。”

## 职官有犯

凡京官及在外五品以上官有犯，奏闻请旨，不许擅问。六品以下，听分巡御史、按察司并分司取问明白，议拟奏闻区处。若府、州、县官犯罪，所辖上司不得擅自勾问，止许开具所犯事由，实封奏闻。若许准推问，依律议拟回奏，候委官审实，方许判决。其犯应该笞决、罚俸、收赎、纪录者，不在奏请之限。若所属官府、州、县。被本管上司非理凌虐，亦听开具实迹，实封径自陈奏。

**谨案**　雍正三年(1725)奏准，今官员为寻常小事，应传问者传问，应题参者，不拘大小俱行题参。罚俸等罪，一概具题结案。见任官员，并无收赎及纪录之处。又律文内言"属官"兼京外言，小注"府、州、县"三字应删。因将律文改定。

凡在京在外大小官员有犯公私罪名，所司开具事由，实封奏闻请旨，不许擅自勾问。指所犯事重者言。若事轻传问，不在此限。若许准推问，依律议拟，奏闻区处。仍候复准，方许判决。若所属官被本管上司非理凌虐，亦听开具凌虐实迹，实封径自陈奏。其被参后将原参上司列款首告者，不准行，仍治罪。

### 附律条例

〇一、文武职官有犯，众证明白，奏请提问者，文职行令住俸，武职候参提明文到日住俸，俱不许管事。问结之日，犯该公罪准补支，私罪不准补支。其有因事罚俸，任内未满升迁者，仍于新任内住支扣补。

〇一、文武职官犯该充军、为民、枷号，与军民罪同者，照例拟断。应奏请者，具奏发落。

**谨案**　此二条俱系原例。雍正三年(1725)奏准，官员犯该提问者，并无准补支俸之处。革职交刑部者，一应罪名，俱具题结案。二例俱删。

〇一、云、贵军职及文职五品以上官，并各处大小土官，犯该笞、杖罪名，不必奏提，有俸者照罪罚俸，无俸者罚米。其徒、流以上情重者，仍旧奏提。

**谨案**　此条系原例。雍正三年(1725)奏准，云、贵文武官有犯，与各省官员一体参处，其土官照流官定例一体处分，因将例文改定。

一、各处大小土官有犯，俱照流官例一体处分。但土官例不食俸，如有应罚俸、降俸、降职等事，俱按品级照流官俸罚米，每俸银一两，罚米一石。其徒、流以上情重者，仍依律科断。

**谨案**　乾隆五年(1740)奏准，例内"一体处分"等语，文类《处分则例》；"情重"二字，本无指实，易致高下其手，复将例文删辑。

一、各处大小土官有犯，徒、流以上，依律科断。其杖罪以下，交部议处。

〇一、荫生，及恩、拔、岁、副贡监生，有应题参处分者，听各衙门题参外，其例监生有事故应黜革者，不必题参，咨报国子监，国子监察明黜革，知照礼部。

**谨案**　此条雍正三年(1725)定。

一、文武生员犯该徒、流以上等罪,地方官一面详请斥革,一面即以到官之日扣限审讯,不必俟学政批回,始行究报。其情罪本轻,罪止戒饬者,审明移会该学教官照例发落,详报学政查核。贡、监生有犯同。

**谨案** 此条乾隆二十四年(1759)定。三十二年(1767)奏准,贡监生有犯,固不必题参。惟荫生有犯,仍应题参。因于此条例首,加"荫生有犯,应题参处分者,听各衙门题参"三句。

○一、除入伍给札官员有犯,照定例处分外,给札归农有职衔之人,若恣肆虐民,占人庐舍,夺人土田,扰害地方者,令该督抚掣回官札,照民例治罪。

**谨案** 此条雍正三年(1725)定。

一、给札归农之人,若恣肆虐民,占人庐舍,夺人土田,扰害地方者,该督抚掣回官札,照民例治罪。其入伍给札者,有犯交部议处。

**谨案** 此条系乾隆五年(1740)改定。三十二年(1767)奏准,今无给札归农、入伍给札之例,此条删。

○一、文职道府以上,武职副将以上,有犯公私罪名,应审讯者,仍照例题参,奉到谕旨,再行提讯。其余文武各员,于题参之日,即将应质人犯,拘齐审究。如督抚同驻省分,一面具题,一面行知应承审衙门即行提讯。

**谨案** 此条系乾隆十八年(1753)定。

○一、凡参革发审之案,查明被参之人,如系同知、游击以下等官,遴委知府审理;系道府、副将等官,遴委道员审理。统令就近提齐款证,秉公确讯。其案内牵连、被害之人,无关轻重者,该道、府审明录供之后,即分别保释。止将重罪要犯带至省内,由司复勘,解院审拟完结。

**谨案** 此条系乾隆二十六年(1761)定。

○一、凡被参革职讯问之员,审系无辜,即以开复定拟,不得称已经革职毋庸议题复。其原参重罪审虚,尚有轻罪应以降级、罚俸归结者,开复原职,再按所犯分别降罚。

**谨案** 此条系雍正八年(1730)钦奉谕旨,乾隆五年(1740)恭纂为例,原载"断狱"门"辨明冤枉"律后。嘉庆六年(1801),移附此律。

○一、盛京居住满洲、蒙古、汉军文武官员,除因公诖误获罪者,仍准本地方居住外,若犯系侵盗、亏欠钱粮,及奸贪、讹诈等事降革者,均连其家属拨发各省满洲驻防,交该管官严加管束。

**谨案** 此条道光二十五年(1845)遵旨定。

### 历年事例

○顺治十年(1653)定:凡官员有犯贪恶重大事情,应发刑部审问者,在部守候,不必锁拿送问。审有实据,奏请处分。

○康熙九年(1670)题准:凡官员为事听理,不候问结,即回原籍者,罚俸六月。承审官将听审官员人犯,不候结案,听其回籍者,亦照此例议处。

○十年(1671)定:文武官员犯罪,锁禁锁拿,永行禁止。

○雍正四年(1726)复准:凡参劾人员,蒙恩宽宥,仍加录用者,若不实心报效,又被参劾,加倍治罪。

○八年(1730)谕:"凡官员等始初被参革职发审,及审系全虚,例应准其开复。该部往往但免其罪,而以已经革职毋庸议复奏。此乃含糊归结,非情理之正。朕于江西高安县知县郑勋之案,曾降谕旨,再于湖广粮道张廷枢等案内屡降谕旨矣。又有原参重罪审虚,而该员尚有轻罪,应以降级、罚俸归结者,则应开复其官,按其所犯,与以降级、罚俸之处分,方于情法允协。"

○乾隆四年(1739)议准:生员除遇有过愆,止应戒饬者,地方官应照例不得擅行杖责,必会同教官戒饬外,其有肆行不法等事,应令地方官一面查拿,一面申详该督抚、学政革退衣顶,候该督抚批示审理。如或地方官挟私妄报,经该督抚查出,将地方官照例分别参处。如果系生员等恃衿横行,即应严审按律定拟,毋得将地方官一概参揭。

○十八年(1753)谕:"各省承审参案,前已饬部严立限期。但督抚题参属员,即款迹昭著,不过摘印看守,必俟奉到部文,始行提讯。若云、贵等远省,往返已逾数月,是于未起限之先,已稽延半载。且从来督抚参员,断无悬拟被屈,不令审究之理。是参则必革,昭雪须俟审明,自以速审速结为是,然大员或虑体制攸存。嗣后文职道府以上、武职副将以上,仍照旧例于题参得旨部文到日,再行提讯,部文亦着速行。其余文武官员,于具题日即将案内应质人犯,拘齐审究。如督抚同驻省分,一面具题,一面行知承审衙门照例提审。庶是非早辨,案牍易清。著为令。"

○嘉庆十九年(1814)谕:"御史孙世昌奏《问刑衙门议拟官员罪名,不得遽请枷示》一折。国家制官刑以儆有位,官吏犯法,削除爵秩,其伏辜与齐民等。然刑律中亦稍示区别,荷校之罚,本非一概而施。其有情罪较重者,皆由特旨加以示惩。至问刑衙门科断官员罪名,则当遵照定律问拟,不得于法外滥议加刑。奏上时,权衡出自上裁。若高杞问拟吴邦墉一案,其罪名不在定律之内者,原非臣下所当援引也。"

### 军官有犯

凡军官犯罪,从本管衙门开具事由,申呈兵部奏闻,请旨取问。若六部、察院、按察司并分司及有司见问公事,但有干连军官,及承告军官不公不法等事,须要密切实封奏闻,不许擅自勾问。若奉旨推问,除笞罪收赎,明白回奏,杖罪以上,须要论功定议,请旨区处。其管军衙门首领官有犯,不在此限。

**附律条例**

〇一、在京在外大小军职,问革见任带俸差操者,俱不许管军管事。若在外犯该充军降调者,奏行兵部施行。其余照例发落。

〇一、凡军职并土官有犯强盗、人命等项实犯死罪者,先行该管衙门拘系,备由奏提。若军职有犯别项罪名,散行拘审,果有干碍,然后参提。若问发守哨立功,未满再犯者,径自提问。其致仕优给、退职借职、笃疾残疾者,止参提,不论功定议。

〇一、军职被告,若不奉养继祖母、继母,及殴本宗大功以上尊长、小功尊属,并殴伤外祖父母及妻之父母者,俱要行勘明白,方许论罪。

〇一、军职强盗自首免罪,及犯该充军,遇蒙恩宥者,俱不得复还原职,发本卫所,随舍余食粮差操。仍候身故之日,保送应袭之人,赴部袭替。

**谨案** 雍正三年(1725)奏准,军职系明时卫所世职之官,其叙用、处分,俱与一切职官有别,国初间有存者。今各卫所武职官员,皆由武途出身,升迁及犯罪问拟,文武一例,与军职绝不相同。此律例俱删。

## 文武官犯公罪

凡内外大小军民衙门官吏犯公罪该笞者,官收赎,吏每季类决,不必附过。杖罪以上,明立文案,每年一考,纪录罪名。九年一次,通考所犯次数重轻,以凭黜陟。

**谨案** 雍正五年(1727)奏准,今无纳银收赎、纪录通考之事,应将降罚等例,照律文笞、杖数目,定处分轻重之差,因改定律文。

凡内外大小文武官犯公罪该笞者,一十,罚俸一月;二十、三十,各递加一月;四十、五十,各递加三月。四十,罚六月;五十,罚九月。该杖者,六十,罚俸一年;七十,降一级;八十,降二级;九十,降三级,俱留任;一百,降四级调用。如吏、兵二部处分例应降级、革职带罪留任者,仍照例留任。吏典犯者,笞、杖决讫,仍留役。

**附律条例**

〇一、休职病故旗员,未完罚俸银两,无俸可扣者,照外省官员之例,概予免追。如本身系世袭官职,及休职有俸者,仍照数扣抵。

**谨案** 此条雍正十二年(1734)定。

## 文武官犯私罪

凡文武官犯私罪,笞四十以下,附过还职;五十,解见任别叙;杖六十,降一等;七十,降二等;八十,降三等;九十,降四等,俱解见任。流官于杂职内叙用,杂职于边远叙用。杖一百者,罢职不叙。若军官有犯私罪,该笞者,附过收赎;杖罪,解见任降等叙用;该罢职不叙者,降充总旗;该徒、流者,照依地里远近,发各卫充军。若建立事功,不次擢用。若未入流品官及吏典有犯私罪,笞四十者,附过各还职役;五十,罢见役别叙;杖罪,并罢职役不叙。

**谨案** 雍正五年(1727),查今文武官员一体议处,律文应改。并照律内笞、杖数目,定降罚处分轻重之差。因奏准改定律文。

凡内外大小文武官犯私罪,该笞者,一十,罚俸两月;二十,罚俸三月;三十、四十、五十,各递加三月。三十罚六月,四十罚九月,五十罚一年。该杖者,六十,降一级;七十,降二级;八十,降三级;九十,降四级,俱调用;一百,革职离任。犯赃者不在此限。吏典犯者,杖六十以上罢役。

**附律条例**

〇一、凡外任各官,遇有钱粮、刑名事件,应行降调、革职者,该督抚题参时,即行摘印,委员署理。俟部复奉旨定案之日,再行开缺。若有旨宽免者,仍准复还原任。

**谨案** 此条系原例。

一、凡外任各官,遇有钱粮、刑名事件,应行革职者,该督抚题参,即行摘印,委员署理。俟奉旨之日,再行开缺。若有奉旨宽宥者,仍准复还原任。

**谨案** 乾隆五年(1740)奏准,督抚题参各案,如系例应降调之员,俱不先摘印。其例应革职者,奉旨之日,即行开缺。因改定此条。

# 卷七百二十七·刑部五

## 名例律 军官军人犯罪免徒流 犯罪免发遣 军籍有犯

### 军官军人犯罪免徒流

凡军官、军人犯罪，律该徒、流者，各决杖一百，徒五等，皆发二千里内卫分充军；流三等，照依地里远近，发各卫充军；该发边远充军者，照律发遣，并免刺字。若军丁、军吏及校尉犯罪，俱准军人拟断，亦免徒、流、刺字。军丁，谓军官、军人、余丁。军吏，谓入伍请粮军人，能识字选充军吏者，犯罪与军人同。若有系各处吏员，发充请俸司吏者，与府州县司吏一体科断。

**谨案** 雍正三年(1725)奏准，各卫所军官，非皆军籍。即军人犯罪，亦应分别轻重，徒罪五等皆发二千里充军，亦未允协。军人犯盗，今不准免刺字。律名、律文俱应删改。又旗下人犯徒、流等罪，准折枷号，与此律意相符，另立一律于此律之前。因将此条律名，改为"军籍有犯"。其增定旗人犯罪之律曰"犯罪免发遣"，列于"军籍有犯"律前。

### 犯罪免发遣

凡旗下人犯罪，笞、杖各照数鞭责，军、流、徒免发遣，分别枷号。徒一年者，枷号二十日，每等递加五日。总徒、准徒，亦递加五日。流二千里者，枷号五十日，每等亦递加五日。充军附近者，枷号七十日；边卫者，七十五日；边远、极边、烟瘴、沿海、边外者，俱八十日；永远者，九十日。

**谨案** 乾隆五年(1740)，因永远充军已改为极边烟瘴，将律文后二句，改为"边远、沿海、边外者，八十日；极边烟瘴者，九十日"。

#### 附律条例

〇一、凡移来盛京、新满洲等若有犯法者，该将军照新满洲例办理。如过五年，仍照旧人治罪。

**谨案** 此条雍正三年(1725)定。

〇一、八旗若有给赏、治罪之事，各该旗送至当月旗传知各旗；各部院衙门遇有旗人给赏、治罪事件，亦行文当月旗传谕八旗，俱交与参、佐领，将给赏、治罪、禁止之故，尽行晓谕兵丁。

**谨案** 此条系雍正五年(1727)专为晓谕各旗兵丁而设。乾隆五年(1740)删。

○一、盛京居住满洲、蒙古、汉军文武官员,除因公诖误获罪,仍准本地居住外,其犯侵盗、亏欠钱粮,及奸贪、讹诈之事,革职者,酌其所犯事由,或令归旗来京,或发往各省满洲驻防之处安插。

○一、盛京旗人官员犯罪,除发遣外,其革职、枷责案件,完结之后,俱勒限送部。或留京当差,或发往满洲兵丁驻防处当差,刑部具奏,请旨定夺。

**谨案** 此二条俱雍正五年(1727)定。乾隆五年(1740),查业经革职及枷责之后,已属无罪之人,若仍送部分发当差,则与罪应发遣者无别,因奏准删除。

○一、各旗开档家奴犯罪,如有父母老疾,例应留养者,一体准其留养。

○一、八旗远年丁册有名,即系盛京带来奴仆,直省本无籍贯;其带地投充者,亦历年久远,虽有籍贯,难以稽查。两项应仍遵定例,止准开入旗档,不得放出为民。

○一、八旗奴仆,放出为民,未经入籍,及入籍在乾隆元年(1736)以后之户,应令归旗,作为原主名下开户壮丁。至于设法赎身之户,例应作为开户壮丁者,其经议结之案,毋庸置议外,其未结之案,或系自备身价赎身,或亲戚代为赎身者,均应归原主佐领下开户。若实在用价契买,随又交价赎出者,均应在买主名下作为开户。如经开户壮丁给价买出者,伊等原非另户正身,其名下不便复有开户之人,应仍归原主佐领下作为开户。

**谨案** 此三条均系乾隆二十一年(1756)以前,八旗开户未经放出为民之旧例。三十二年(1767)奏准删除。

○一、问拟旗人罪名,务详核案情。如实系寡廉鲜耻,有玷旗籍者,无论满洲、蒙古、汉军,均削去本身户籍,依律发遣,仍逐案声明请旨。其余寻常犯罪,及因公事获谴者,仍照例折枷、鞭责完结。

**谨案** 此条系乾隆三十二年(1767)定。

一、内务府所属庄头、鹰户、海户人等,如犯军、遣、流、徒等罪,俱照民人一例定拟,不得与在城居住当差之旗人一体折枷完结。

**谨案** 此条系乾隆三十七年(1772)定。

一、凡在京满洲、蒙古、汉军,及外省驻防食粮当差者,如犯军、遣、流、徒等罪,仍照例折枷发落。其余居住庄屯旗人,及各处庄头驻防之无差使者,军、遣、流、徒,俱照民人一例办理。

**谨案** 此条系乾隆四十二年(1777)定。嗣于五十二年(1787)奏准,盛京、吉林等处旗人,散于四乡。差使限于定额,不能人人挑补。其屯居无差使者,并非游惰偷安。偶尔有犯,即与寡廉鲜耻者一例实发,似无区别。酌请将东三省旗人,除实系寡廉鲜耻,有玷旗籍者,始行实发外,其屯居无差使者有犯,仍折枷、鞭责。又查各省驻防旗人,差使亦有定额,与东三省屯居无差使者事理相同,未便因其未经食粮当差,即与民人一例实发。五十三年(1788),因将以上三条删改并纂一条。

一、在京满洲、蒙古、汉军，及外省驻防并盛京、吉林等处屯居之无差使旗人，如实系寡廉鲜耻，有玷旗籍者，均削去本身户籍，依律发遣，仍逐案声明请旨。如寻常犯该军、遣、流、徒、笞、杖等罪，仍照例折枷、鞭责发落。至内务府所属庄头、鹰户、海户人等，及附京居住庄屯旗人、王公各处庄头，有犯军、遣、流、徒等罪，俱照民人一例定拟。

○一、凡旗人殴死有服卑幼，罪应杖流折枷者，除依律定拟外，仍酌量情罪，请旨定夺，不得概入汇题。其有情节惨忍者，发往拉林、阿尔楚喀，不准枷责完结。旗员中如有诬告讹诈，行同无赖，不顾行止者，亦如之。

**谨案** 此条乾隆二十一年(1756)定。三十二年(1767)，将“发往拉林、阿尔楚喀”句，改为“发往黑龙江三姓等处”。

○一、凡八旗满洲、蒙古、汉军奴仆犯军、流等罪，除已经入籍为民者，照民人办理外，其盛京带来，并带地投充，远年擒获，及白契、印契所买，若经赎身归入佐领下开户者，均照旗人正身之例，一体折枷、鞭责。其设法赎身，并未报明旗、部之人，无论伊主曾否收得身价，仍作为原主户下家奴，有犯军、流等罪，仍照例问发。

**谨案** 此条乾隆十三年(1748)定。

一、凡八旗满洲、蒙古、汉军奴仆犯军、流等罪，除已经入籍为民者，照民人办理外，其现在旗下家奴犯军、流等罪，俱依例酌发驻防为奴，不准折枷。犯该徒罪者，汉军奴仆，照民人例问拟实徒，徒满之后，仍押解回旗，交与伊主服役管束；其满洲、蒙古奴仆，照旗下正身例，折枷、鞭责发落。至设法赎身，并未报明旗、部之人，无论伊主曾否收得身价，仍作为原主户下家奴，有犯军、流等罪，仍照例问发。

**谨案** 嘉庆六年(1801)，查旧例旗下家奴犯徒罪者，照正身例枷责发落。乾隆二十八年(1763)定满洲、蒙古家奴，仍照旧例；汉军家奴，犯徒罪者，问拟实徒。前例均未及。又八旗开户，已于乾隆二十一年(1756)奉旨放出为民。因奏准改定此条。

○一、凡旗人窝窃、窝娼、窝赌，及诬告讹诈，行同无赖，不顾行止，并棍徒扰害、教诱宗室为非、造卖赌具、代贼销赃、行使假银、捏造假契、描画钱票、一切诓骗诈欺取财、以窃盗论、准窃盗论，及犯诱拐、强奸、亲属相奸者，均销除本身旗档，各照民人一例办理。犯该徒、流、军、遣者，分别发配，不准折枷。至八旗满洲、蒙古奴仆有犯，罪应军、流者，依例发驻防为奴；徒罪以下，照民人问拟。徒满释回，仍交与伊主服役管束，毋庸销除册档。

**谨案** 此条道光五年(1825)定。

**历年事例**

○国初定：旗下人有犯，俱用鞭责。

○顺治元年(1644)定：悉遵旧例，仍不许用杖。

○八年(1651)谕：“自府佐领下至亲王、郡王、贝勒、贝子、公、侯、伯诸臣等，若有投充之人生事害民者，本主及该佐领果系知情，问连坐之罪，除本犯正法外，妻孥家产，尽行入官。若本主不知情，投充之人罪不至死者，本犯及妻孥不必断出。至各该地方官，遇投充之人犯罪，与属民一体究治。”

〇十二年(1655)复准：凡畿辅缉获强盗，系旗下人，解部审理。

〇十三年(1656)题准：凡旗下人犯军罪者，枷号三月；流罪，枷号两月；徒罪，枷号一月，仍责以应得鞭数。

〇十五年(1658)题准：凡旗下投充人等，有犯强盗者，令该抚、按亲审具题解部，即缮绿头牌请旨正法。其余犯罪，仍令解部审理。

〇又定：镶黄等三旗有籍没家产者，具题交与内该管衙门。

〇十八年(1661)复准：除五旗重犯籍没家产，俱交各该都统、副都统拨给本旗外，其三旗重犯籍没家产，免交内该管衙门，交与该都统、副都统等请旨拨给。

〇又议定：旗下人犯徒一年者，枷号二十日；徒一年半者，枷号二十五日；徒二年者，枷号一月；徒二年半者，枷号三十五日；徒三年者，枷号四十日。若犯流二千里者，枷号五十日；二千五百里者，枷号五十五日；三千里者，枷号两月。军罪仍枷号三月。杂犯死罪准徒五年者，枷号三月十五日。

〇康熙七年(1668)复准：凡犯军机籍没家产者，除妾婢外，仍给予人口三双、牛马各三匹，并器械等件。

〇八年(1669)题准：凡有投充及卖身之人，代亲属控告者，概不准理。其卖身旗下之后，将以前为民之事控告者，亦不准理。

〇十二年(1673)题准：凡德州、昌平等城，盛京、宁古塔、山海关等处，驻防官兵、闲散人，及内府、各王、贝勒、贝子、公等下人，并八旗屯领催所管之人，有生事扰害者，将该管各员役，俱照旗下人为盗处分之例治罪。

〇十六年(1677)议准：凡旗下人犯入官之罪者，俱入各旗辛者库。其辛者库人犯入官之罪者，枷责完结。

〇又题准：凡旗下人在出征之处杀人，奉旨免死者，鞭一百，照例追埋葬银二十两，给付死者之家，其枷号两月存案，令军前效力赎罪。详见五刑赎罪图。

〇十七年(1678)议准：在外汉军文武官员，有降调革职、缘事解任、裁缺候补者，任内事务交明，即带家口回旗。如有恋旧任地方，或在别处居住者，查系革职之员，从重治罪，有官者革职治罪。本旗佐领、骁骑校不行查报，一人者降一级，二人者降二级，俱留任；三人以上者，革职；领催从重治罪。参领不行查报，一二人者罚俸一年，三四人者降一级，五六人以上者降二级，十人以上者降三级，俱留任。都统、副都统不行查报，一二人者罚俸三月，三四人者罚俸六月，五六人者罚俸九月，七八人以上者罚俸一年，十五人以上者降一级留任。

〇十八年(1679)议准：内府人及诸王、贝勒、贝子、大臣家人，在外指称网利，干预词讼，肆行非法。有司不敢犯其锋，反行财贿。此等事犯，将行贿之官革职。其主知情使去者,系官亦革职;内府、王、贝勒等家下该管官,知而使去者革职;王以下、宗室以上,知情使去者,交宗人府从重议处。使去之人,枷号三月,鞭一百。若伊主不知,私自去者,照光棍例处决。

○十九年(1680)议准:旗下人私往平民地方,借端挟诈,嘱托行私,犯扰民等弊者,系平人,枷号三月,鞭一百;系官革职,鞭一百,不许折赎。失察之佐领,罚俸三月;骁骑校,罚俸六月;领催,鞭八十。若将家仆明知差去者,系平人鞭一百,系官革职。差去之家仆,枷号一月,鞭一百。其有取债探亲事犯者,系平人鞭一百,系官革职。失察之佐领,罚俸一月;骁骑校,罚俸三月;领催,鞭五十。若将家仆明知差去者,系平人鞭八十,系官罚俸一年,差去之家仆亦鞭八十。至庄屯居住之人并家仆,有私自出境犯此等事者,佐领、骁骑校、领催及本主俱免罪,将屯领催照领催例治罪。

○二十年(1681)定:凡三旗之内佐领及八旗内,有刁恶棍徒,非法横行,诈害良民者,该旗都统、副都统、参领、佐领等,严查送部,即行奏闻,发往宁古塔、乌拉地方。

○二十一年(1682)议准:凡直省驻防旗人,有犯串结土棍,放债盘利,开赌囮骗,准折子女,强买市肆,擅砍树木,闹市辱官等罪者,照情罪轻重,依律例定罪。其犯至枷号三月、鞭一百之罪者,将该管骁骑校、防御、佐领,各降二级调用;驻防协领、管旗参领,各降一级留任;将军、副都统,各罚俸一年。驻防协领、管旗参领以下,骁骑校以上官员,本身自犯此等罪者,俱革职;该管将军、副都统,各降一级留任。此等事情,令该督抚查参。督抚不行查参者,各降一级留任。

○二十二年(1683)议准:旗下家人、庄头等倚势害民,霸占子女,无故将良民捆打致死,把持衙门,事发者,系内府人,将该管官降一级留任;系王及贝勒、贝子、公等家下人,将管理家务官各降一级留任;系民公、侯、伯、大臣官员等家下人,将本主各降一级留任;系平人,鞭一百。

○又议准:卖身旗下之人,原有房田,守分度日,于地方人民无扰者,许令居住原处。其原无房田者,俱令伊主收回。若凶恶之徒,虽有房田,倚仗卖身旗下,恣意横行,或把持衙门,奸淫赌博,捏盗勾逃,讦讼作证,诈害百姓者,地方官申解该抚,即拿送部,照律例拟罪,不许仍在原处居住。若容留犯罪之人仍居原处者,其主系官,降一级留任;系平人,鞭一百;家仆枷号一月、鞭一百。两邻、地方知情不首者,各责三十板。州县、卫所官不行查逐,罚俸一年;该道并兼辖武官,罚俸六月;巡抚、提镇,罚俸三月;同城知府照州县例,不同城知府照道员例处分。

○又定:凡卖身之人,曾经犯罪处分,或现有犯法事情,卖身旗下,希图幸免者,从重治罪。买主知情,一并从重治罪。

○二十二年(1683)题准:旗下应正法人犯,已解到部者,停其绿头牌请旨,即行正法。

○二十四年(1685)题准:旗下人犯强盗之罪,停其解部,即在彼处正法。

○二十六年(1687)题准:旗人于某省犯罪定拟重辟者,不必解部,俱着于彼处正法。

○二十九年(1690)议准:枷号旗下人犯,停其置放本旗门上,将各旗互相转放,令城门尉、城门校、千总、领催、披甲人等,详验加封收受。或枷具宽松,封皮折皱,可脱出者,即时禀明,换枷封固。发门之后,该部仍派满汉官员调旗巡查。如将犯人枷号松脱散放者,将该城门尉、城门校、千总、领催、披甲人等,并犯人,听该部照所犯之事,从重治罪。若巡查官员明知不行禀首者,亦并交与该部议处。

○二十九年(1690)谕:"外藩蒙古,因盗抢牛马牲畜杀死人命,照强盗例枭示。"

○四十年(1701)谕:"护军、兵卒人等,以小刀刺人者甚多。嗣后倘有此事,革去护军、兵卒,永不许食钱粮。"

○四十一年(1702)谕:"口外地方,有杀人偷马事发,由各该处奏闻,在外审理,即于彼处正法。"

○四十六年(1707)谕:"嗣后旗人在伊犯事之省应行正法人内,有满洲及另户之人,仍令解部。"

○四十七年(1708)谕:"嗣后护军、骁骑,有酒醉持刀自刺逃亡者,系护军,则交该管统领,系小校骁骑,则交该都统、副都统,会同刑部,若饮酒则与何人饮酒,逃窜则因何故逃窜,花费则向何处花费,严行夹讯,根究原由,惩创其罪。"

○又复准:嗣后行凶发遣之人,从发遣处逃回,未犯罪者,仍照原定例完结;犯罪者,不论罪之轻重,将伊原罪查出,递发该将军,在众人前即行正法。

○又复准:凡旗下另户满洲致死另户满洲,该旗具题,照例立决。

○五十一年(1712)谕:"嗣后旗下有杀人之案,将管属官员一并议处。"

○又议准:满洲与另户人互相殴死,将护军、统领罚俸三月,参领罚俸六月,佐领、护军校、骁骑校各罚俸一年,小领催、族长各鞭八十。

○五十五年(1716)题准:旗人送家人吃酒行凶发遣者,具呈该都统,查明实系主仆,送部发遣。

○雍正元年(1723)议准:凡旗人送家奴吃酒行凶发遣者,令该都统确查,用印文送部。如将应行发遣之人,该旗故为留难,不行送部者,许伊主赴部具呈,审明发遣。将留难官员,交与该部查议。

○又议准:各旗送部发遣家奴,须审明果有吃酒行凶实据,方照例发遣。若伊主行止不端,欲行占夺家奴妻女,捏词送部者,不准发遣,交与该佐领,将伊妻室子女转卖,身价给主。倘被卖之后,捏告原主,希图报复者,仍照诬告家长律治罪。

○二年(1724)议准:各处治罪抄家入辛者库人口内,有满、汉、蒙古、高丽官员匠役人等,留分管佐领下。不应留在分管佐领下之汉人家奴,拨给官庄。

○又谕:"嗣后满洲有罪至割懒筋者,仍另行具奏。"

○三年(1725)议准:嗣后旗人殴雇工人因而致死者,枷号六十日,鞭一百。

○四年(1726)议准:嗣后满洲杀死满洲,按其所犯谋、故、斗殴情罪,分别定拟。

应拟斩监候者,定为立斩;拟绞监候者,定为立绞;仍交与本旗正法。

○又议准:嗣后旗人所犯徒罪,仍照旧例准折枷号、鞭责完结。有犯军、流罪者,若系满洲、蒙古,暂停议遣,仍照例治罪;若系汉军,暨辛者库、内府佐领、旗鼓佐领官员,及闲散人等,按所犯流罪远近,照律定发各省州县地方安置。应发边远、边卫充军者,亦按其所犯照律编发;应发极边及烟瘴充军者,俱酌发云南、贵州、四川、广西地方。各该地方官,将所发人犯记明档案,仍于发遣到日,报明该督抚,咨部存查。凡发遣之犯,其妻室幼子无可依存,欲随往者,照例听其随往。若犯人身故,伊妻子愿携骸骨回旗者,具呈该管官,查明家口数目报部,押令归旗。如军、流、发遣人犯内,有祖父母、父母年老残疾,家无以次成丁者,照例具题,准其存留养亲,仍照例枷号、鞭责。若旗人家奴犯军、流罪者,发于遣所,令该督抚酌发有驻汛弁兵之处,给予兵丁为奴,俱止将其本身发遣。若发遣处将犯人疏脱者,该管官照军流人犯脱逃例议处;有受贿纵放者,照主守故纵受财律治罪。此军、流人犯内,有汉仗弓马好,或伊祖、父阵亡有战功,伊本身有战功,该旗大臣查明咨部,陈奏请旨。若准免发遣,则按其应流二千里折枷号五十日者,增枷六十五日;应流二千五百里折枷号五十五日者,增枷七十日;应流三千里折枷号六十日者,增枷七十五日;军罪应折枷号三月者,增枷一百一十日。京师八旗,以四年(1726)十月为始;各省驻防处,行文以五年(1727)正月为始。

○五年(1727)谕:"家主打死奴仆,有出于故杀者,有因奴仆获罪而殴打致死者,其父母妻子,自应分别安顿,岂得一例变价。嗣后故杀奴仆者,其被杀奴仆之亲属,愿投何人,应听其自便。着定例具奏。钦此。"遵旨议准:嗣后八旗官员平人,将奴仆非故杀责打身死者,家主仍照例治罪。被杀奴仆之父母妻子,情愿仍在伊主家者,听其存留。若不情愿者,仍交与该管处变价给主。如有故意殴杀奴仆者,家主仍照例治罪。其被杀奴仆之亲属,悉行开放,系旗人,听其在旗投主,系民人,放出为民,各听其自便,不得仍令伊主追取身价。

○又谕:"家人被家主打死,其家人之父母妻子,理应放出,听其投身他姓,不当交旗变价,给还原主。将此永著为例,一体遵行。"

○又议准:满洲兵丁,因不服教训杀死该管官者,将动手之人拟斩立决,将伊妻子发黑龙江。其平素不行管束之该佐领、骁骑校等,罚俸二年;该管参领,罚俸一年;该管大臣,罚俸半年;领催、族长等,鞭一百。若族长内系职官者,亦罚俸二年。

○又谕:"向来另户之人犯罪发遣,俱不为奴。但另户亦有不同。其中有行同奴仆,卑污下贱者;亦有原系家下奴仆,开户而为另户者。若发遣远方,不令人管束,又致生事。如实在满洲另户,断无犯此等罪之人。嗣后除满洲正身之另户外,如此等有犯罪发遣者,该部酌量,应给披甲之人为奴为当。着定议具奏。钦此。"遵旨议准:嗣后有犯发遣之罪者,刑部即行文该旗。查明该犯若系实在满洲正身另户之人,仍照旧例遵行外,其平日有卑污下贱,行同奴仆者,或原系奴仆开户为另户者,该旗据实分析出具印文,保送到部,刑部分别定拟,给予披甲之人为奴。至稽查另户之人,行文该旗,如有越三日不查明送部,即将该管官照例参处。

〇乾隆元年(1736)谕:"八旗大臣,有教育旗人之责,本应将该管官兵不时教训,令各循分守法,不得滋事。近闻八旗人等,每遇年节,有在街市纵酒妄为者。此皆由八旗大臣等,平时并不留心教管,遇此不肖之徒,又不拿获惩治。肆意妄为,成何体统。着交八旗大臣,将如何严查管束之处,详议具奏。钦此。"遵旨议准:嗣后旗人有纵酒骚扰街市者,令堆拨官弁就近拿送。官则查参,交部治罪;兵丁则就其情由轻重,分别惩治。

〇又谕:"刑部将宁古塔、黑龙江等处发遣当差人犯,可否援奉恩诏,分别情罪轻重,令其回京之处请旨。朕思此等人犯,皆系从前获罪发遣日久,在京未必仍有产业。若令回京,恐伊等别无生计,反滋事端。尔部详查各犯情罪,如所犯尚轻可以回京者,仍行各将军询明该犯有情愿回京者,令其回京。其不愿者,该将军另行报部。"

〇二年(1737)谕:"满洲杀死满洲,即行正法。当日设法稍严,使人不敢轻犯,原属保全之意。今满洲生齿日繁,且知遵守法度,相残之事甚少。旧定旗、民条例,未免轻重悬殊,所当随时更定,酌议划一。着九卿会同八旗都统详确定议具奏。钦此。"遵旨议准:嗣后旗人遇有命案,仍依律分别斗殴、谋杀,定拟绞、斩监候。其有服制者,照服制科断。永著为例。

〇三年(1738)奏准:旗人犯死罪,非常赦所不原,而家无以次成丁者,亦照民人之例,准其留养。

〇十四年(1749)谕:"八旗满洲互相杀伤案件,向例俱从斩决。至雍正年间,仍按律以谋杀、斗殴分别斩、绞,亦即行正法。自朕御极之后,以旗、民条例轻重悬殊,特谕九卿、八旗会同定议,一切命案俱着监候。至秋审时,苟非谋、故重情,概为缓决。但思立法之道,与其狎而易犯,不若使知所畏而不敢蹈。向来立法从严,具有深意。惟是旗、民事例既经划一,今又改从斩决旧制,朕心有所不忍。嗣后满洲与满洲殴杀案件,着于秋审时俱入情实,庶旗人咸知儆惕,不犯有司。着八旗都统通传知悉,务使各该旗人等,惜身畏法,不罹罪谴,以副朕好生之至意。"

〇十九年(1754)谕:"旗人犯杖、流等罪,例应枷责发落。在公署及过误,自可照例完结。至关人命,即当核其轻重。七克登布以酒醉细故,遂凶殴服孙九格致死,殊属惨忍,着发往拉林、阿尔楚喀。嗣后似此案件,该部照律定拟外,仍酌量情罪,请旨定夺,不必概入汇题。"

〇二十七年(1762)谕:"从前定例,旗人犯军、流、徒罪均准枷责发落者,原因国初满洲习俗淳朴,自宜格外培养。近来八旗生齿日繁,殊失国初浑厚之风。伊等每以铨补外任,希图便安,几与汉人无别。独至获罪应遣,则过于区别,亦非大公之道。至于汉军原系汉人,凡得缺升转,均属一体并用,更毋庸另立科条。嗣后凡满洲有犯军、流、遣罪,如系寻常事故,仍照旧例枷责完结。倘有寡廉鲜耻之徒,自应削去户籍,依律发遣。其汉军人犯,无论军、流、徒罪,俱斥令为民,照所犯定例发遣,不必准折枷责。著为例。”

○二十八年(1763)议准:汉军正身犯徒、流罪者,已改不准折枷。家奴折枷号之例,亦应改不准折枷。实徒满日,仍归旗管束。

○三十一年(1766)谕:“向来八旗遇有徒、流罪名,均以枷责发落。嗣因旗人渐染恶习,竟有甘为败类者,曾降旨令将旗人流、徒案件,满洲则按其情罪、公私、轻重,分别问遣、折抵;汉军则均斥令为民,照所犯定例发遣。原以示之惩儆,用挽颓风。此专指情罪重大者而言,非谓寻常事件,亦不加区别也。至包衣汉军,则皆系内府世仆,向无出旗为民之例,与八旗汉军又自有别,尤不应混行援例。嗣后问拟旗人罪名,务详犯案情节。如实系寡廉鲜耻,有玷旗籍者,不但汉军当斥令为民,依律发遣,即满洲亦当削其名籍,投畀远方。其余寻常罪犯及因公获谴者,无论满洲、汉军,仍照定例折枷、鞭责完结。如此则旗人益当知所劝惩,而赦罚亦昭平允。”

○三十五年(1770)谕:“鹰户人等,虽隶内府旗籍,而散处近京各州县,实与民人无异。若犯事到官,不当与在城居住当差之旗人一例问拟。嗣后内务府所属庄头、鹰户、海户人等,如犯军、遣、流、徒等罪,俱照民人一例定拟。”

○三十九年(1774)谕:“嗣后除京城之满洲、蒙古、汉军现食钱粮当差服役之人,及外省驻防之食钱粮当差者,如犯流、徒等罪,仍照旧鞭责发落外,其余居住庄屯旗人,及各处庄头,并驻防之无差使者,其流、徒罪名,俱照民人一例发遣。著为例。”

○四十八年(1783)奏准:向例旗人犯逃在一月外者,发遣黑龙江等处当差,如怙恶不悛,销去旗档,改发云贵两广边远地方。其犯抢窃应刺字者,新例销去旗档,以民人例办理。惟此等匪徒,往往有因窃而逃,或逃后行窃,同时并发者,若以民人例计赃治罪,有止徒、杖者,转得因销去旗籍,而免犯逃发遣之罪,似不足以示惩创。嗣后满洲、蒙古正身,有二罪并发者,核其抢窃赃数在流、徒以下,律应刺字者,无论逃在一月内外,俱照旗人逃走发遣当差在配怙恶不悛例,改发云贵两广边远地方,令地方官与民人一体严加约束。至汉军正身,但有犯应刺字者,亦照新例销除旗档,其逃窃治罪之处,另有专条,仍照本律定拟。

○五十八年(1793)谕:“蒋兆奎奏《查明秋审人犯拟议错误》一折。初阅奏折,以为必系罪名出入,定拟错误。及阅其所奏,乃系布兰殴毙济成一案,‘因布兰与济成同系正蓝旗,误以被殴之蒙古济成亦属满洲,照例拟入情实。今查系错误,应改为缓决,请与按察使祖之望一并交部议处’等语。所奏不特拘泥,竟成笑柄矣。向来定例,满洲杀死满洲,例文本未妥协,自应以旗人杀死旗人载入例条。则蒙古、汉军,皆可包括。况此例不过严禁旗人相杀之意,虽入情实,数年以来,朕酌其情不至勾,改为监候者甚多。今该抚误会例意,以被殴之济成系属蒙古,误拟情实,请改为缓决。试思八旗俱有蒙古、汉军,岂蒙古、汉军独非旗人,而满洲杀死蒙古、汉军,竟可毋庸抵偿?如是异视,岂公道乎。”

## 军籍有犯

○凡军籍人犯罪，该徒、流者，各依所犯杖数决讫。徒五等，依律发配，徒限满者，仍发回原卫所；并所隶州县。流三等，照依地里远近发直省卫所并所隶州县附籍；犯该充军者，依律发遣。

**谨案** 乾隆五年(1740)奏准，本朝卫所改隶州县者甚多，原律不注“并所隶州县”字，今增。又“附籍”下原律有“佥差”二字，系前代之例，今军籍与民籍无异，并非别有差役，二字删。

### 附律条例

○一、军职有犯监守、常人盗，受财枉法满数，律该斩、绞罪者，俱发边方立功，五年满日还职，仍于原卫所带俸差操。若监守、常人盗，受财枉法不满数，与吓诈、求索、科敛、诓骗等项计赃满数，问该流罪，减至杖一百、徒三年者，俱运炭、纳米等项，完日还职，带俸差操。其减至杖九十、徒二年半以下，与别项罪犯，俱照常发落，原系管事者照旧管事，原系带俸者照旧带俸。若犯前项流罪，遇例通减二等，至杖九十、徒二年半者，仍带俸差操。

○一、军职犯该窃盗、掏摸、盗官畜产、白昼抢夺，并纵容抑勒女及妻妾、子孙之妇妾与人通奸，或典与人，及奸内外有服亲属、同僚部军妻女，一应行止有亏，败伦伤化者，俱问革，随本卫所舍余食粮差操。

○一、军职宿娼，及和娶乐人为妻妾，与盗娶有夫之妻者，俱问调别卫，带俸差操。

○一、在京兵部选差官舍，押解充军犯人，若受财卖放，犯该枉法绞罪者，官发立功，满日还职，调外卫带俸差操；徒罪以下，照徒年限立功，满日还职，带俸差操。舍人抵充军役，候拿获替放。中间又犯奸淫囚犯妇女者，官发守哨，满日革职，随本卫所舍余食粮差操；舍人枷号三月发遣。若酷害军犯，搜检财物，纵不脱放，各问罪，官调外卫，舍人发外卫充军。其该府原选差掌印首领官吏，参究治罪。

○一、武职有犯容止僧尼在家与人奸宿者，公、侯、伯问拟住俸闲住，都指挥、指挥、千百户、镇抚住俸闲住。若有犯挟妓饮酒者，公、侯、伯罚俸一年，不许侍卫；管军管事以下，革去现任管事，带俸差操；原系带俸者，常参带俸。

○一、凡由将军历升千、百户，犯该徒罪以上，行止有亏者，革去现任，冠带闲住。

○一、凡各卫所舍人、舍余、总小旗，犯该笞、杖罪名，有力运炭、纳米等项外，无力的决。其操备舍余、勇士人等犯前罪者，有力俱令纳赎，若无力，的决发落。

○一、銮仪卫总小旗并将军、校尉，犯该一应奸、盗、抢夺、诓骗、恐吓、求索、枉法、不枉法等项罪名，但系行止有亏者，俱各调卫，总小旗仍充原役，将军、校尉各充军。其户内人丁有犯，不在此例。

○一、凡銮仪卫旗、校、军士，在逃一年之内者，听其首告，初犯复役，再犯调卫充军。其有侵欺、拐骗,及为事避难等弊,各从重科断。若一年之内曾经造册清勾者,不准首补,另勾户丁补役。

○一、沿边沿海旗军、舍余,犯该监守常人盗、窃盗、掏摸、抢夺至徒罪以上者,俱送总兵官处,查拨缺人墩台守哨,年限满日疏放。若总兵官截杀等项不在,就行本处巡抚、巡按或分巡官一体查拨,仍行总兵官处知会。其别项徒罪以上者,有力纳米等项,无力巡哨。

○一、凡军职犯该立功,如有力者,许纳米,每年一十石,边方准折杂粮一十五石,完日免立功,发回原卫所闲住。待年限满日,方许带俸。

○一、凡应解军丁,除实犯死罪外,若犯监守常人盗、窃盗、掏摸、抢夺至徒罪以上者,牢固钉解,该卫收伍,转发守哨,年限满日着役。其犯别项徒罪以上,俱止杖一百,解发着役。

**谨案** 以上十二条,均系原例。雍正三年(1725)奏准,军卫世职久裁,旗员武职处分定例,与此绝不相符,俱删。

○一、凡卫所屯丁居住州县地方者,遇有命、盗等案,该州县一面移会卫所,一面严行查拿。限满无获,该督抚题参疏防承缉,将州县官与卫所官一并列参,照例议处。如卫所官弁,因州县既有责成,以致徇庇屯丁,故意推诿者,许承审官揭报该督抚题参,照例议处。

**谨案** 此条系原例。事系官员处分,应归吏部,乾隆五年(1740)删。

**历年事例**

○顺治十二年(1655)复准:校尉犯事,不得径行拘提,应咨銮仪卫关取。

# 卷七百二十八·刑部六

## 名例律 犯罪得累减 以理去官 无官犯罪 除名当差 流囚家属

### 犯罪得累减

〇凡一人犯罪，应减者，若为从减，谓共犯罪以造意者为首，随从者减一等。自首减，谓犯法知人欲告而自首者，听减二等。故失减，谓吏典故出人罪，放而还获，止减一等；首领官不知情，以失论，失出减五等，比吏典又减一等，通减七等。公罪递减之类，谓同僚犯公罪失于入者，吏典减三等，若未决放，又减一等，通减四等；首领官减五等，佐贰官减六等，长官减七等之类。并得累减。如此之类，俱得累减科断。

**谨案** 雍正三年(1725)奏准，"故失减"注内"比吏典又减一等"下，增"还获又减一等"六字。

### 以理去官 以理，谓以正道理而去，非有别项事故者。

〇凡任满得代、改除、致仕等官，与现任同；谓不因犯罪而解任者，若沙汰冗员、裁革衙门之类。虽为事解任、降等，不追诰命者，并与现任同。封赠官与其子孙正官同。其妇人犯夫及义绝不改嫁者，亲子有官，一体封赠。得与其子之官品同。谓妇人虽与夫家义绝，及夫在被出，其子有官者，得与其子之官品同，为母子无绝道故也。此等之人犯罪者，并依职官犯罪律拟断。应请旨者请旨，应径问者径问，一如职官之法。惟致仕、封赠官犯赃，并与无禄人同科。

**谨案** 乾隆五年(1740)，将注内"惟致仕、封赠官犯赃"二句删去，纂入例中。

#### 附律条例

〇一、子孙缘事革职，其父、祖诰敕不追夺者，仍与正官同。若致仕及封赠官犯赃，与无禄人同科。

**谨案** 此条乾隆五年(1740)定。

### 无官犯罪

〇凡无官犯罪，有官事发，公罪亦得收赎、纪录。卑官犯罪，迁官事发，在任犯罪，去任事发，迁官者，谓改除及差委权摄邻近官司得代。去任者，谓考满、丁忧、致仕之类。公罪笞以下勿论，杖以上纪录通考。为事黜革，笞、杖以上皆勿论。若事干埋没钱粮、遗失官物，罪虽纪录勿论，事须追究明白。但犯一应私罪，并论如律。其吏典有犯公私罪名，亦依上拟断。

**谨案** 雍正三年(1725)奏准,今官员有犯,并无纪录候九年通考之例,将"公罪亦得收赎、纪录"八字,改为"公罪笞、杖以上,俱依律纳赎";"纪录通考"四字,改为"依律科断";"罪虽纪录勿论"六字,改为"虽系公罪"。至乾隆五年(1740),查"文武官犯公罪"律文,已改为分别降罚,并定有处分则例。凡应行降罚者,罪至杖一百而止。其杖一百之上,则应革职。如革职之外有余罪,并非公罪律文所能赅。至吏典犯罪科断,在"文武官犯私罪"律内开载甚明,不得云"依上拟断"。因奏准改定律文。

凡无官犯罪,有官事发,所犯公罪笞、杖以上,俱依律纳赎。卑官犯罪,迁官事发,在任犯罪,去任考满丁忧致仕之类。事发,公罪笞、杖以下,依律降罚;杖一百以上,依律科断。本案黜革,笞、杖以上,折赎俱免。若事干埋没钱粮、遗失官物,虽系公罪,事须追究明白。应赔偿者赔偿,应还官者还官。但犯一应私罪,并论如律。其吏典有犯公私罪名,各依本律科断。

### 附律条例

〇一、舍人、舍余无官犯罪,有官事发,若犯该杂犯死罪,运炭、纳米等项,完日还职,仍发原卫所带俸差操。若犯该流罪减至杖一百、徒三年者,俱令运炭、纳米等项,还职,原管事者照旧管事,原带俸者照旧带俸。其犯该窃盗、掏摸、盗官畜产、白昼抢夺,及一应奸罪,行止有亏,败伦伤化者,俱问革,随本卫所舍余食粮差操。

**谨案** 此条系原例。雍正三年(1725)奏准,今无舍人、舍余,亦无运炭、纳米、带俸差操等例,此条删。

〇一、无官犯赃,有官事发,照有官参提,以无禄人科断。有官时犯赃,黜革后事发,不必参提,以有禄人科断。

**谨案** 此条系乾隆五年(1740)定。

## 除名当差

〇凡职兼文武。官犯私罪,罢职不叙,追夺诰、敕。除名削去仕籍。者,官阶、勋爵皆除。僧、道犯罪,曾经决罚者,追收度牒。并令还俗。职官、僧道之原籍。军、民、匠、灶,各从本色,发还原籍当差。

**谨案** 乾隆五年(1740),于"官爵皆除"下,增注"不该追夺诰、敕者,不在此限";又以今无匠籍,删除"匠"字,改为"军、民、灶户"。

### 附律条例

〇一、凡失陷城池,行间获罪,及贪赃革职各官,封赠俱行追夺。其别项革职者,免追。

**谨案** 此条雍正三年(1725)定,原文末句"其因公诖误革职者,免追"。乾隆五年(1740),以"因公诖误"四字,义未赅括,改为"别项"二字。

〇一、僧人犯该斩、绞、发遣、军、流、充徒、枷号等罪，勒令永远还俗。其释放回籍者，亦不许复为僧人。

**谨案** 此条雍正五年(1727)定。乾隆五年(1740)奏准，僧、道勒令还俗，律文已备，此条删。

〇一、凡知县以上及佐贰、杂职等官，因贪赃枉法革职者，任内有降罚案件，照例仍追编俸外，如佐杂等官，实系因公诖误，无论任内降罚案件多寡，所有食过编俸，一概免其追赔。

**谨案** 此条乾隆五年(1740)定。

## 流囚家属

〇凡犯流者，妻妾从之，父、祖、子孙欲随者听。迁徙安置人随行家口妻妾、父、祖、子孙。亦准此。若流徙人正犯身死，家口虽经附入配所之籍，愿还乡者放还。其谋反叛逆，及造畜蛊毒，若采生折割人，杀一家三人，此等人恶极祸延，虽会赦犹流者，指家口。即使正犯身死，不得如前无罪之家属可还原籍也。家口不在听还之律。

**乾隆五年(1740)谨案** 前代各项军犯，俱另有事例，故此律但言流罪。今军罪但别其籍贯，并无另有差徭及勾丁补伍之例，实与流罪无别。因奏明于"愿还乡者放还"句下，增注"军犯亦准此"五字，并将"杀一家三人"及"会赦犹流者"句下二注均删。

### 附律条例

〇一、叛逆案内奉特旨免死，佥妻发遣，给予盛京、宁古塔等处新满洲为奴者，永不许赎身。律应籍没家产者，仍行籍没。

**谨案** 此条系乾隆五年(1740)遵照康熙二十三年(1684)谕旨定例。嘉庆十七年(1812)，调剂黑龙江等处遣犯，将大逆缘坐一条，已改发新疆给官兵为奴。至缘坐妇女给功臣家为奴，并遣犯不准赎身，及籍没家产，均各有专条。此条删。

〇一、凡军、流、徒犯，俱开明籍贯、年岁，行文发遣。军、流犯之妻及有子愿随者，亦开明年岁发遣。其直隶各省解部人犯，照例造册送部。如系旗人，并开明旗色、佐领。

**谨案** 此条雍正三年(1725)定。

一、凡军、流、徒犯，俱开明籍贯、年岁，行文配所。其军、流犯之妻及有子愿随者，亦开明年岁。若解部发遣人犯，造册送部。如系旗人，并开明旗色、佐领。

**谨案** 乾隆五年(1740)，查发遣者乃专指外遣而言，与军、流、徒犯不同。再直省惟发遣人犯，始应解部。因改定此条。

〇一、凡永远军犯，身死无子，仅存妻室，欲回原籍者，察明报部，准其回籍。

**谨案** 此条雍正三年(1725)定。乾隆五年(1740),以现无勾丁补伍之例,军犯身死有子者,亦在听还之列,因奏准删除。

○一、军、流人犯身故,除妻、子不愿回籍,并会赦不准放还外,其余令该地方官给咨回籍。若妇人无子及子幼者,咨明本省督抚,令本犯亲戚领回原籍。仍令原配地方官,将回籍妻、子,每名每日给米一升,计其程途远近,先行按数折给,年终于司库公项银两内请领。仍将给过人口、米石,造册送刑部,转咨户部核销。

**谨案** 此条雍正三年(1725)定。其给予口粮之处,系乾隆元年(1736)定例,于乾隆五年(1740)并为一例。

一、内地军、流人犯身故,除妻、子不愿回籍,并会赦不准放还外,其余令该地方官给咨回籍。若妇人无子及子幼者,咨明本省督抚,令本犯亲戚领回原籍,不准官为咨送。

**谨案** 乾隆三十二年(1767),查新例佥妻人犯,情愿携带子女,官为咨送者,惟发往乌鲁木齐一项。其余内地人犯妻、子,概不咨送。因将前例删改。

○一、凡律应定拟佥遣之犯,承审官于审讯时,即讯取本犯确供,将伊妻姓氏、年貌,即于招详内声明。如无妻室,即取具邻族甘结,加具印结,随招申送。若系隔属隔省,一面于招内申报,一面移查原籍取结,俟结到之日,即行加结申送,不得俟结案后再行查佥。如有因妻患病留养,将本犯先行发遣者,俟伊妻病痊补送时,令伊亲属随同差役解赴遣所,交与本犯收领。若伊妻年过六十以上,并原系有疾不能随行,及患病留养后成笃废,不能补解者,该地方官取具邻族甘结,加具印结,申详上司。各上司行文本犯遣所,俾令知之。其有应行报部者,报部查核。倘有捏结情弊,将具结之邻族,照军流人犯捏报留养例杖一百,犯妻立即补解。其不行详察之地方官,并转详之上司,交部分别议处。

**谨案** 此条乾隆元年(1736)定。乾隆四十二年(1777),以军流人犯捏结留养之邻族,业已改拟罪名,未便比照;又乾隆三十一年(1766)奏准,一切案件,不必于文外复取印结,因将例内"照军流人犯捏报留养例"十字,并"加具印结"字样,均行删去。

○一、军、流、发遣人犯,到配后生长子孙,本犯在日,其子孙如欲往他处耕种、贸易,呈明该管衙门,听其自便。至配所生长之女,本犯或许嫁他处,或寄养与人,亦听其自便。

○一、赏旗为奴人犯之在籍子孙,有前往遣所省视,及随往之子孙,原不在佥遣之内,欲行回归,即赴该管衙门报名,给予印票,准其回归。仍将随往子孙回归之处,照例报部。本犯之主,不得挟势羁留。倘有刁留计陷不得回归者,将本主照存养良家男女为奴婢律治罪,该管官一并交部议处。

**谨案** 此二条俱乾隆七年(1742)定。

○一、八旗发遣人犯内,如抢夺杀人下手为从者,窃盗临时拒捕杀人为从者,窃盗三犯计赃五十两以下至三十两者，旗人三犯窃盗折枷后又犯窃计赃五十两以下者，拦路截袋挖越仓墙偷米不至死罪者，偷采人参人至百名以上参至五百两以上为从者，凶徒生事行凶者，诱拐妇人子女被诱之人不知情及迷拐幼小子女为从者，伙众开窑诱取妇人子女藏匿勒卖为从者，图财害命不行而分赃及伤人未死不加功而已得财者，伙众抢去良人子弟强行鸡奸之余犯问拟发遣者，凶徒图财放火因而焚压致毙人命情有可原者，强奸十二岁以下幼女未成者，指称鸡奸诬告人致死罪未决者，此等情重各犯，在遣所病故，所有妻、子，概不准携骸回旗。其余本犯身故，妻、子情愿携骸回籍者，该管将军详叙原案情罪，咨部核议办理。

**谨案** 此条乾隆二十年(1755)定。三十六年(1771)将例内“人至百名以上参至五百两以上”二语，改为“人至四十名以上参至五十两以上”。嘉庆六年(1801)奏准，遣犯妻、子不准携骸回旗，固为惩创匪类起见。但本犯既经身死，国法已伸，若不准携骸回旗，究非罪人不孥之义。且一应斩、绞人犯，正法后俱准在本籍埋葬，而罪止发遣之骸骨，转不得一体还乡，亦未允协。再例内抢窃等项，系寡廉鲜耻，例应销除旗档，照民人一体办理，已无佥妻发遣之例。此条删。

○一、蒙古人犯，例应佥遣之妻、子，其随从本夫者，照例交与河南、山东驿地当差。如本犯已经正法，其妻、子单行发遣者，将该犯等酌发云南省驻防兵丁为奴。至佥解递送之处，悉照应缘坐犯属之例办理。

**谨案** 此条乾隆二十九年(1764)定。

○一、发往乌鲁木齐等处人犯，如果悔过悛改，视其原犯情罪轻重，定限或三年或五年，编入该处民户册内，给予地亩，令其耕种纳粮。其未经到配，本犯中途病故，跟随妻、子，或因到配已近，不愿回籍，或子已年长，堪胜力作，情愿到配为民者，令地方官讯明，仍行发往，即入于各该处民籍安插耕种，不必令其为奴。如有寡妻弱子，不任力作，或自愿回籍者，该地方官照例递回原籍。至已经到配年限未满以前，本犯身故者，其妻、子即照年限已满例，准入民籍，一体安插，不必复令为奴。

**谨案** 此条乾隆三十二年(1767)定。五十三年(1788)，查遣犯限年为民之处，应入“徒流迁徙地方”门，将此条“如果悔过”至“耕种纳粮”一段删去。

○一、凡发遣哈密所属塔尔纳沁、蔡巴什湖两处种地人犯，照乌鲁木齐、伊犁之例，按其原犯轻重，分别定限，三年、五年无过者，办事大臣查明，奏请为民，就近发拨安西、宜禾等州县地方管束，仍造册报部。其改拨为民之后，如有脱逃为匪情事，仍照新疆在配遣犯一例问拟。

**谨案** 此条乾隆四十二年(1777)定。嗣于五十三年(1788)奏准，安西州已改归内地，未便将外遣人犯拨入为民。宜禾虽近哈密，亦系乌鲁木齐所属。乌鲁木齐等处遣犯，已于“徒流迁徙地方”门内，定有分别十年、五年后种地为民之例。此条业已不用，今删。

○一、凡实犯大逆之子孙缘坐发遣为奴者，虽系职官及举贡生监，应与强盗免死减等发遣为奴人犯,俱不准出户。倘逢恩赦,亦不得与寻常为奴遣犯一体办理。

**谨案** 此条乾隆四十二年(1777)定。

○一、满洲、蒙古、汉军发往新疆人犯,除罪犯寡廉鲜耻,削去旗籍者,应照民人一体办理外,其余发往种地当差之犯,系满洲、蒙古旗人,如原犯军、流者,定限三年;免死减等者,定限五年,果能改过安分,即交伊犁驻防处所,归入各旗挑补驻防兵丁当差。系汉军人犯,照民人分定年限,入于彼处绿营当差食粮。此等人犯,如情愿迎取妻子家口者,该管大臣移咨该旗,咨送兵部,官为资送。

**谨案** 此条乾隆三十二年(1767)定。三十七年(1772)奏准,将例内"归入各旗挑补驻防兵丁"之处,改为"准入本地丁册挑选钱粮当差"。

一、满洲、蒙古、汉军发往新疆当差人犯,如有情愿随带妻室家口者,官为资送,到配后不得同罪犯一例羁管。

**谨案** 嘉庆六年(1801),查食粮当差应入"徒流迁徙地方"门内。其迎取妻室一节,仍列本门。惟到配迎取,虽官为资送,亦多未便,莫若令于起程时自行随带。因将前例改定。

○一、旗人发遣家奴,如有同妻、子一并送部发遣者,其妻、子一体赏给兵丁为奴。

**谨案** 此条乾隆二十九年(1764)定。

一、凡旗下家奴酗酒行凶,经本主报明该旗送部发遣之犯,所有妻室,俱一体发遣,不必官为资送。其有年老、残废,及力不能随带者,或令于亲属依栖,或听本妇另嫁,不准仍留原主处服役。

**谨案** 此条乾隆三十七年(1772)定。

一、旗下家奴酗酒行凶,经本主报明该旗送部发遣之犯,所有妻室、子女,俱一体发遣,赏给兵丁为奴。其有年老、残废,及子女幼小不能随带者,或令于亲属依栖,或听本妇另嫁,不准仍留原主处服役。

**谨案** 乾隆五十三年(1788),将前二条修并。嘉庆六年(1801),复查本犯官为资送,妻、子若不官为资送,势必不能带往,删去"不必官为资送"句,改定此条。

○一、凡发遣当差人犯之妻、子,原系随往遣所者,如本犯身故,妻、子情愿携骸回籍,该管官查明确实,令其回籍。其力不能来者,俱入本处档内,令其披甲。若系奉旨发遣,或部议佥遣,及发遣打牲乌拉人犯身故,其妻、子有愿携骸回籍者,令该将军、督抚按情罪之轻重,分别具奏,请旨遵行。

**谨案** 此条乾隆五年(1740)定。

一、旗、民发遣人犯,如系奉特旨着佥妻、子,及例应佥妻者,听遣所该管官司同本犯一例管束。本犯身故后,有情愿携骸回归者,该将军等照例查奏,准其回旗、回籍。若非特旨佥遣及例应佥遣之家属,则本非罪犯,各该衙门于起解文内,务将"随往"字样注明,遣所该管官记档安插,毋得概同本犯一例羁管。有愿回旗、回籍,及本犯身故后情愿携骸回归者,即准回归报部,不在奏请之例。倘该管各官,故为留难刁蹬,不行奏报,及失于查察者,交部分别议处。

**谨案** 此条乾隆七年(1742)定。

一、旗、民发遣人犯,系奉特旨着佥妻、子,及例应佥妻者,听遣所该管官同本犯一例管束。本犯身故后,有情愿携骸回归者,该将军等照例咨部,准其回旗、回籍。若非特旨佥遣及例应佥遣之家属,原系随往遣所,本非罪犯,各该衙门于起解文内,务将"随往"字样注明,遣所该管官记档安插,毋得概同本犯一例羁管。有愿回旗、回籍,及本犯身故后,有情愿携骸回归者,即准回归,咨部存案。其力不能来者,系旗人,入于本处档内,令其披甲;系民人,安插为民。日后力能回归,仍各听其便。倘该管各官故为留难刁蹬,不行咨报,及失于查察者,交部分别议处。

**谨案** 嘉庆六年(1801),查乾隆六十年(1795)议准,寻常事件,改奏为咨,前条"照例具奏"句应改为"照例咨部"。又旗人固应令其披甲,民人应安插为民。因将前二条修并,改定此条。

○一、凡罪应缘坐,及造畜蛊毒、采生折割人、杀一家非死罪三人等项犯属,仍照例佥发外,其余一应军、流、遣犯家属,俱毋庸佥配。如有情愿随带者,听其自便,不得官为资送。

**谨案** 此条乾隆二十四年(1759)定。

一、例应发往乌鲁木齐等处人犯内,除伊妻实系残废、笃疾,或年逾六十,及该犯父母老病应留侍养者,取具地方官切实印结,准其免佥外,其余一概佥妻发配。如有情愿携带子女者,一体官为资送。其军、流内改发乌鲁木齐等处人犯,有情愿携带妻、子者,亦一并官为资送。

**谨案** 此条乾隆三十一年(1766)定。

一、凡罪应缘坐,及造畜蛊毒、采生折割人、杀一家非死罪三人等项犯属,仍照例佥发外,其余一应军、流、遣犯,及应发乌鲁木齐等处人犯家属,均毋庸佥配。如有情愿随带妻室子女者,听其自便,不得官为资送。

**谨案** 嘉庆四年(1799)奏准,应发新疆人犯佥妻发配,本为充实新疆起见,并非罪及妻孥。迄今三十余年,新疆等处生齿日增。边陲之土地,既不虑屯种乏人,则无罪之妻孥,自不必牵连发配。况逐案佥妻,在原配既多取结之繁,而沿途亦滋资送之扰。嗣后不论该犯有无父母,伊妻是否笃疾,均不得佥妻发配。其有情愿随带者,仍各听其随带,毋庸官为资送。嘉庆六年(1801),因将前二条删并,改定此条。

○一、缘坐案内例应佥遣伊犁等处为奴人犯,在配所生之女,及妇女本身犯罪发遣为奴,单身到配者,俱准其各就该处择配。永远不准回籍之遣犯,仍令各将所配,自行报明该管官存案。其余寻常遣犯,在籍随往及在配所生之女,除力能回籍,各听其便外,或遇无力不能回籍,查明原依本主者,听本主择配,依本犯者,听本犯择配,亦令报明存案,不得官为经理。

**谨案** 此条嘉庆六年(1801)定。

○一、遣犯除有妻室者例应佥发外,至遣犯之子,如愿随者听。其不愿随者,不得同妻佥发。若妻已故有子女,无论子女愿随与否,止将该犯改发内地。不得因既有子女,同有妻之犯佥发外地。

○一、除强盗减等及情罪重大佥妻发遣外,其他军、流人犯,如父母年已衰迈,家无次丁,愿留其妻侍养父母者,取具地方官印结,咨部免佥。

○一、军、流人犯,除律应缘坐,并免死减等盗犯,及强窃盗之罪应军、流者,仍照例佥妻外,其余军、流各犯,俱免佥妻。若本人情愿携带,及妻愿随者听,不必差押。其讯无妻室者,即据供为定,于定案时申报该上司,察核报部。

○一、凡略诱略卖、采生折割、药术迷人、放火发冢、兴贩硝磺、伪造印信、盐枭矿徒、私销私铸案犯,及凶恶棍徒扰害良民罪拟军、流各犯,悉佥妻充配。若伊妻实系老疾难行,及该犯父母老病应留妻侍养者,取结准其免佥。其余军、流各犯,仍照旧例行。

○一、免死减等强盗,不论有无妻室,俱照例解部发遣宁古塔等处为奴。其别项发遣人犯,未经到部,及到部之时,妻室病故,将该犯递回原籍,改发烟瘴。其已由刑部咨送兵部转发者,以山海关为界,如解至关外妻室病故,地方官一面竟行发遣,一面申报刑部;如在关内妻室病故,一面申报刑部,一面递回原籍,照例改发。

**谨案** 以上五条均系军、流、遣犯佥遣旧例,乾隆三十二年(1767)奏明删去。

**历年事例**

○顺治十五年(1658)题准:凡旗下流徙人犯在配所身死者,将家属解京,交伊等亲族收管。

○十八年(1661)谕:"凡续解流犯妻子,有亲戚人等随送助给者听。仍严禁押解官兵,不得横肆扰害。"

○康熙二年(1663)定:凡流徙衙役,将其妻及未分家之子,一并流徙。

○又定:流徙人犯,将妻室一并流徙。无妻室者,取该管官印结缴部。如有隐漏等情,事发议处。

○三年(1664)议准:凡流徙人犯身死,其妻有子有仆,或无子有仆者,仍流徙。如无子无仆,或有乳子无仆者,俱免流徙。若发遣之时,其妻家冀免并流,致死伊婿者,以谋杀人律罪之。恶棍觊觎其妻,设谋行害者,照光棍例立斩。地方官将流罪犯人,称系死逃隐匿者,题参重处。

○四年(1665)谕:"流徙人犯,原令夫妻完聚,一并发遣,其妻、子原系无罪。以后除反叛重案连坐及干连人犯,仍照前旨遵行外,其余流犯身死,妻、子俱免流徙。"

○又谕:"凡流犯除反叛案内干连者,妻、子一并发遣。其余应流徙之人,止佥妻发遣。"

○十二年(1673)议准:叛案牵连流犯身故,其妻、子亦免流徙。

○十八年(1679)议定:凡军罪及免死拟流人犯,皆佥妻及未分家之子,交户部安插。如分家之子有情愿随去者听。

○二十年(1681)复准:反案牵连流犯身故,其妻有子者仍流徙,无子者亦免流徙。

○又钦奉恩诏:"流徙人犯在配所身死,其妻、子有愿携骸骨回籍者,该地方官报部,准其各回原籍。"

○二十三年(1684)谕:"凡犯重罪免死,给予盛京、宁古塔等处新满洲为奴者,止并妻发去,仍籍没家产。此等犯重罪给予为奴者,永不许赎身。"

○二十六年(1687)复准:一应查提审拟流犯之妻,将犯人先发顺天府羁候,行文该地方官查取妻室。俟解到之日,发顺天府,夫妻一同发遣。

○二十七年(1688)题准:凡流徙罪犯,本身已死,妻、子免其佥解。

○三十九年(1700)议准:一应问拟充军人犯,照例咨送兵部,转发顺天府羁候,比依流犯,俟查提妻室到日,一同发遣。

○又议准:一应军、流人犯,于原籍查提妻室。若延捱时日,至热审之期解送者,不准减等。

○四十一年(1702)议准:各省民人在京犯罪拟流,并免死减等之流犯,有应追银两、佥妻者,顺天府即转发原籍该地方官,追完埋葬银两,佥妻,俱照各省例发遣之地发遣,仍将发遣原由报顺天府存案,所追银两解部,分别给付尸亲、各原主。如有故违定限,及解役中途疏纵、需索凌虐情弊,该抚即行题参。各该犯内如无妻室、无银可追者,仍照例顺天府定地发遣。

○四十五年(1706)议准:凡各省民人在别省犯罪拟流,并免死减等流犯,或犯罪处不能完埋葬银者,均照例解回原籍追银,佥妻发遣。

○乾隆元年(1736)奏准:查雍正十三年(1735)十一月二十一日赦诏内开,"军、流人犯,有本人身故,而妻、子愿回本籍者,着该管官查明,一面报部,一面即令回籍,不得留难。永著为例",又定例"凡流犯身故,除妻、子不愿回籍,并会赦不准放还外,其余令该地方官咨明各本省巡抚,令本犯亲戚领回原籍",是军、流人犯身故,如愿回籍,地方官一面查明申报上司咨部,一面即令亲属领回原籍,并无逐程拨解之例。近见各省办理已故军流人犯妻、子回籍,悉系拨役逐程递解。如有丁男亲属,尚可作伴同行,倘系单身妇女、年老者跋涉长途,需人扶掖,年少者孤身露处,风化攸关。且短解到县,有散寄女监,有官媒看管,寄监难免拘收之累,看押必开掯索之端。且孤身少妇,每日与差役为伍,同行共住,颇多未便。嗣后军、流人犯身故,除会赦不准放还,并伊妻、子不愿回籍者,毋庸置议外,其情愿回籍之军流人犯妻、子,饬令各该地方官,一面查明如有丁壮亲戚,酌拨口粮,给文领赍自行回籍,一面报明上司咨部存案。如系孤身犯妇,或止有幼子并无亲戚者,即行详报督抚,移咨本省,饬令原籍亲族人等,前赴配所,领文带回,毋庸逐程拨差押解。所有沿途口粮,按其道里远近发给,统照支给囚粮之例,造册详销。

○八年(1743)议准:例内一应军、流人犯,妻妾随从佥遣者,立法之意,原为全其夫妇,免致拆离,亦使该犯到配,得有家室可恋,不致逃亡,非因妻妾亦有罪谴也。本年四月内刑部议准,嗣后除缘坐犯属,原系有罪之人,及强窃案内免死减等并罪应军、流者,俱仍严查佥发外,其他军、流等犯,如本夫情愿携带妻妾,或其夫不愿而妻妾愿从者,或本夫愿带妻妾,而妻妾背义不从者,俱行佥发,不准推故规避。如无以上情节,概令免佥,亦不得妄提并解。是平常军流妻妾不愿携带者,既已免其同遣,则情愿随从,自无顶替之事。惟是免死减等、缘坐应流等犯,例应佥妻发遣者,其中或有不愿随从之人,亦断非验看两手箕斗,即可以永除顶替之弊。况手上箕斗,原属微茫,虽本夫亦不能尽悉。若止令胥役人等,执持细看,不惟近于玩亵,保无从中需索、随口捏报之弊?且查现行颁发律内,并无验看箕斗明文。嗣后凡属军、流妻室,有愿从者,不必拘唤到官验看。止令本夫开具年貌,同往遣所。至例应妻室同遣者,饬令该州县取具本夫开报妻室年貌、有无疤痣,并该犯之亲族、邻佑人等甘结,验明造册发遣,仍加具印结送部备查。

○九年(1744)议准:乾隆八年(1743)议定,除律载缘坐犯属,原系有罪之人,及强窃盗案内免死减等并罪应军、流者,俱仍严查佥发外,其他军、流等犯,如果本夫情愿携带妻室,或其夫不愿而妻妾愿从者,或本夫情愿携带,妻妾背义不愿从夫者,俱行佥发,不准托故规避。如无以上情节,概令免佥,亦不得妄提并解。今查外省承办此等案件,虽该犯称系无妻,犹必将邻里、亲族查取供结入招;虽该犯称系不愿携带妻妾,犹必将无辜妇女提讯亲供声叙。倘事隶隔属,更须往返移查。文案空繁,累延滋甚。嗣后除缘坐犯属,及强窃盗家属,例应佥遣者,仍严查佥发外,其他军、流等犯,止讯本夫。如情愿带往者,令其开具年貌,一同佥发。其妻妾果有背义不从,必须该犯亲告,方准提解。如本夫已供不愿携带,悉听自便。其本夫不愿而妻妾愿随者,报明地方官造册,一体随行,毋庸预先特提妻妾讯问。其讯系无妻者,即据供为定,毋庸另行取结。

○三十二年(1767)议准:军、流人犯身故者,除妻、子不愿回籍,并情罪重大,会赦不准放还外,其余应令回籍,原有定例。但发遣乌鲁木齐、新疆等处给予兵丁为奴之犯,原与内地军流人犯不同,新例俱令佥带妻、子,定以年限,查无过犯,准其入籍为民,本属国家矜恤罪囚,以资边疆户役之至意。此等遣犯,如年限已满,业经准入民籍之后,本犯身故,其妻、子既入籍为民,自应照例办理,毋庸另为置议,至未满例限以前,如有本犯身故者,若照旧例将其妻、子递解回籍,则官有往返迎接之烦,其妻、子亦有跋涉道路之苦,且殊非新疆地方孳生户口之意。请将此等妻、子,即照年限已满例,准入民籍,一体安插,不必复令为奴。至本犯未抵遣所,中途病故,与已经抵配安置者不同,其妻、子自应酌加区别。嗣后未到配所,本犯身故之妻、子,其有到配已近，妻子因离家穹远不愿回籍，或子已年长，堪任力作，自愿到配为民者，令地方官讯明，仍令发往，即入于各该处民籍安插耕种，不必令其为奴。如有寡妻弱子，不任力作，或自愿回籍者，应令地方官照例递回原籍。

○三十七年(1772)谕："向来旗下家奴，有酗酒行凶者，一经本主报明该旗，即送部发遣。其妻室有年老、残疾及不愿随带者，俱不同发，定例未为周密。家奴犯法，其妻亦属有罪之人，自当一体发遣。其中果有实不能随带者，或令于亲属依栖，或听本妇另嫁，自不便仍留服役，以杜嫌疑。嗣后该部、旗遇有发遣家奴之案，俱照此办理。著为例。"

○四十年(1775)，盛京将军奏逆犯吕留良之孙吕懿兼等违例捐监一案。奉旨："前谕令将发遣之曾为职官，及举贡生监出身者，免其为奴，于戍所另编入旗出户当差，系指寻常为奴遣犯而言。其真正叛逆，及强盗免死减等人犯，原旨即在开除不办之列。若吕留良子孙，系大逆重犯缘坐，即属反叛，岂可援轻罪有职人员，概免为奴出户，致令逆恶余孽，仍得窜籍良民，实不足以示惩创而申法纪，交刑部存记。嗣后办理此等大逆缘坐之案，不特举贡生监不应减免，即官职甚大者，既为逆犯子孙，罪在不赦，亦不当复为区别。"

○又议准：遣犯随带之妻，与发往为奴者不同，被主殴死，虽例内向无专条，但若跟随伊夫，在主家倚食多年者，即与雇工人无异，应比照殴雇工人致死例拟徒三年，折枷号四十日、鞭一百；若随带之妻，有自行谋生，不在主家倚食者，系属平人，应以凡论，不得概与雇工人同科。

○四十一年(1776)议准：发配妇女，在配准其改适，律例并未著有明文。其有孤寡无依，难以全生者，不便准其择配土著乡农，止应于在配军、流人犯内，任其嫁娶。如有子女，亦听其随带抚育。

# 卷七百二十九·刑部七

## 名例律 常赦所不原一

### 常赦所不原一

凡犯十恶、杀人、盗系官财物，及强盗、窃盗、放火、发冢、受枉法不枉法赃、诈伪、犯奸、略人略卖、和诱人口，若奸党，及谗言左使杀人、故出入人罪，若知情故纵、听行藏匿引送、说事过钱之类，一应实犯，皆有心故犯。虽会赦并不原宥。其过误犯罪，谓过失杀伤人、失火，及误毁遗失官物之类。及因人连累致罪，谓因别人犯罪连累以得罪者，如人犯罪，失觉察，关防，钤束，及干连听使之类。若官吏有犯公罪，谓官吏人等，因公事得罪，及失出入人罪，若文书迟错之罪，皆无心误犯。并从赦宥。其赦书临时钦定实犯等罪名特赐宥免，谓赦书不言常赦所不原，临时定立罪名宽宥者，特从赦原。及虽不全免，减降从轻者，谓降死从流、流从徒、徒从杖之类。不在此限。谓皆不在常赦所不原之限。

### 附律条例

〇一、以赦前事告言人罪者，以其罪罪之。若干系钱粮、户婚、田土等项，罪虽遇赦宽免，事须究问明白。应追取者仍行追取，应改正者仍行改正。

**谨案** 此条系原例，载在"赦前断罪不当"条下。乾隆五年(1740)移入此门，并于"究问明白"下增注。

〇一、文职官吏、举人、监生、生员、冠带官、义官、知印，及承差阴阳生、医生，但有职役者，犯赃、犯奸，并一应行止有亏，俱发为民。行止有亏事例，散见诸条。

一、文武官吏人等犯罪，例该革去职役者，遇赦取问明白，罪虽宥免，仍革去职役，各察发当差。例该革去职役，指犯赃、犯奸并行止有亏者言。

**谨案** 此二条均系原例。乾隆五年(1740)，删去"义官、知印"以下名色，及"行止有亏""察发当差"等句，并为一条，载在"文武官犯私罪"律后。

一、文武官员、举人、监生、生员，及吏典、兵役，但有职役之人，犯奸、盗、诈伪，并一应赃私罪名，遇赦取问明白，罪虽宥免，仍革去职役。

**谨案** 嘉庆六年(1801)移附此律，又删去"冠带官"及"俱发为民"字样，改定此条。

〇一、在京在外问拟一应徒罪，俱免杖。其已徒而又犯徒，该决讫所犯杖数，总徒四年者，在京遇热审，在外遇五年审录，俱减一年。若诬告平人死罪未决，杖一百、流三千里加役三年律,比照已徒而又犯徒总徒四年者,虽遇例不减。

**谨案** 此条系原例,载在“徒流人又犯罪”律后。

一、凡在京在外已徒而又犯徒,总徒四年者,遇例如恩赦、热审之类。减等,俱减一年。若诬告平人死罪未决,应杖一百、流三千里加役三年者,遇例减等,减为总徒四年;若再遇例,仍准减一年。

**谨案** 此条雍正三年(1725)改定。

一、凡在京在外已徒而又犯徒,律应总徒四年,及原犯总徒四年、准徒五年者,若遇赦减等,俱减一年。其诬告平人死罪未决,应杖一百、流三千里加徒役三年者,若遇赦减等,减为总徒四年;若再遇赦,仍准再减一年。

**谨案** 此条乾隆五年(1740)增改。三十三年(1768),又将“遇例”“例”字,改为“赦”字。嘉庆六年(1801)移附此律。

一、凡在京在外已徒而又犯徒,律应总徒四年,及原犯总徒四年、准徒五年者,若遇赦减等,俱减一年。其诬告平人死罪未决,应杖一百、流三千里加徒役三年者,如徒役未满,遇赦减等,减为总徒四年;若再遇赦,仍准再减一年。如已到流配,所加徒役已满者,即照寻常流犯减为徒三年。

**谨案** 此条嘉庆十六年(1811)增改。

○一凡关系军机、兵饷重大事务,俱不准援赦宽免。

**谨案** 此条雍正三年(1725)定。乾隆五年(1740),删“重大”二字,又以钱粮拨充兵饷者甚多,亏欠在一万两以下,俱不在不赦之内,此条盖专指行间兵饷,因于例后注“关系行间兵饷者乃坐”九字。

○一、凡杀死本宗缌麻以上尊长及外姻小功尊属者,俱不准援赦。

**谨案** 此条雍正三年(1725)定。

○一、诬告叛逆,被诬之人已决者,诬告之人拟斩立决;被诬之人未决者,拟斩监候,不准援赦。俱不及妻子家产。

**谨案** 此条雍正三年(1725)定。

一、捕役诬拿良民及曾经犯窃之人,威逼承认,除被诬罪名,遇赦尚准援免者,其反坐之番役,亦得援赦免罪外,若将平民及犯窃之轻罪人犯,逼认为谋杀、故杀、强盗者,将捕役照例充军,遇赦不准援免。

**谨案** 此条乾隆五年(1740)定。嘉庆六年(1801),因前条分别“已决”“未决”等语,应载“诬告”门,将前条已决一层删去,与后条并为一条。

一、诬告叛逆未决,应斩监候者,不准援赦。又捕役诬拿良民及曾经犯窃之人,威逼承认,除被诬罪名,遇赦尚准援免者,其反坐捕役,亦得援赦免罪外,若将平民及犯窃之轻罪人犯,逼认为谋杀、故杀、强盗者,将捕役照例充军,遇赦不准援免。

○一、凡侵盗仓库钱粮入己,数在一千两以上,拟斩监候之犯,遇赦准予援免。如数逾一万两以上者,不准援免。

**谨案** 此条雍正五年(1727)定,原载“监守自盗仓库钱粮”律后,例末尚有“文武官员犯侵盗者,俱免刺字”二句。嘉庆六年(1801)移载此律,惟删去末二句,仍归侵盗本条。

○一、凡遇恩诏内开有军、流俱免之条,其和同诱拐案内,系民人改发烟瘴少轻地方者,既准宽免,系旗下家人于诱拐案内发遣为奴人犯,亦许一体援免。

**谨案** 此条乾隆五年(1740)定。

○一、直省地方,偶值雨泽愆期,应请清理刑狱者,除徒、流等罪外,其各案内牵连待质,及笞、杖内情有可原者,该督抚一面酌量分别减免省释,一面奏闻。

**谨案** 此条乾隆八年(1743)定。

○一、凡察哈尔蒙古及札萨克地方,偷窃四项牲畜,罪应发遣贼犯,遇赦俱不准减等。

**谨案** 此条乾隆五十三年(1788)定。

○一、凡触犯祖父母、父母发遣人犯,遇赦查询伊祖父母、父母,如愿令其回籍者,始准减免。

**谨案** 此条乾隆六十年(1795)定。

一、凡触犯祖父母、父母发遣之犯,遇赦查询伊祖父母、父母,如愿令其回籍者,始准减免。倘释回后再有触犯,复经祖父母、父母呈送,民人发往黑龙江给披甲人为奴,旗人枷号两月,仍发黑龙江当差。

**谨案** 此条嘉庆六年(1801)增定。

一、凡触犯祖父母、父母发遣之犯,遇赦查询伊祖父母、父母愿令回家,如恩赦准其免罪者,即准释放。若止准减等者,仍行减徒。其所减徒罪,照亲老留养之例,枷号一月,满日释放,毋庸充配。若释放后再有触犯,复经祖父母、父母呈送,民人发往黑龙江给披甲人为奴,旗人枷号两月,仍发黑龙江当差。

**谨案** 此条嘉庆十三年(1808)增定。十七年(1812)奏准,释回再犯之民人,改发新疆给官兵为奴。道光六年(1826),调剂新疆遣犯,改为枷号两月,发云贵两广极边烟瘴充军。二十四年(1844),调剂内地军犯,改归原例。

○一、凡宗室、觉罗及旗人、民人,触犯祖父母、父母,呈送发遣、圈禁之犯,除恭逢恩赦,仍遵定例查询办理外,若遇有犯亲病故,许令亲属呈报各该旗、籍,咨明宗人府,并行知配所督抚、将军,查核原案,止系一时偶有触犯,尚无怙终屡犯重情,并查看本犯果有闻丧哀痛迫切情状,如系宗室、觉罗,由宗人府奏请释放;如系旗人、民人,由各督抚、将军咨报刑部核明,奏请释放。若本系桀骜性成,屡次触忤干犯,致被呈送发遣,情节较重之犯,俱不准释回。

**谨案** 此条嘉庆十七年(1812)定。道光二十三年(1843),于“若本系桀骜”句上,增“如在逃被获,讯明实因思亲起见,又有闻丧哀痛情状者,即免其逃罪,仍发原配安置,不准释回。其逃回后自行投首,及亲属代首者,遇有犯亲病故,准其察看情形，如实系闻丧哀痛，免其发回原配，仍照不应重律杖八十”共十三句。

○一、凡传习白阳、白莲、八卦、红阳等项邪教，为首之犯，无论罪名轻重，恭逢恩赦，不准查办，并逐案声明“遇赦不赦”字样。其为从之犯，亦俱不准援减。

**谨案** 此条道光十二年(1832)遵旨定。

**历年事例**

○天命十年(1625)，颁诏大赦：“自死罪以下，咸赦除之。”

○崇德元年(1636)，颁诏大赦：“除十恶外，咸赦除之。有以赦前事首告者，反坐。”

○二年(1637)颁赦：“除十恶外，一切诖误、小窃盗、隐匿，咸宥释之。”

○五年(1640)，特旨赦死罪以下。

○七年(1642)谕：“尔等众犯，有应罪至死者，有应责应罚者，朕因行祈祷，皆释尔罪，其各改过自新。”

○八年(1643)特旨：“自大辟以下，咸赦除之。”

○顺治元年(1644)，钦奉恩诏：“赦死罪以下。”

○八年(1651)谕：“大贪罪至死者，遇赦不宥。”

○九年(1652)复准：督抚承问叩阍事件，有情罪重大，不在赦例者，依限审结。其余轻罪，与赦例相符者，即行释放，汇题销案。

○十三年(1656)，钦奉恩诏：“除十恶及受赃官吏、盗欠钱粮员役不赦外，其余死罪皆减一等；军罪以下，咸赦除之。在京朝审候决重犯，及直省秋决重犯，皆与减等发落。”

○十四年(1657)谕：“今岁自春入夏，连月不雨，三农失望。朕夙夜儆惕，默思其故，必由刑狱未清，无辜冤抑，以致上干天和，膏泽不降。特遣内阁大臣会同刑部，将现在狱犯，无论已结未结，逐加详审。其有无知而罹法网，小过而陷重辟者，即与察核奏闻。务使情法允协，有枉必申，以昭朕祈天恤民之至意。”

○十五年(1658)，钦奉恩诏：“除十恶死罪不赦外，其余死罪以下，咸赦宥之。”

○康熙元年(1662)，钦奉恩诏：“凡罪不论已结及现在告发者，但系元年(1662)以前事，悉赦之。”

○又定：凡谋杀、故杀案内干连人犯，自军、流以下，徒、杖以上，俱照律例拟罪，不得援赦。

○十七年(1678)复准：隐匿籍没入官人口财物，在赦后发觉者，不准援赦。

○二十一年(1682)谕：“山海关以外及宁古塔等处，官吏军民人等，除十恶死罪不赦外，其余已结未结一切死罪，皆减等发落；军、流以下，悉予赦免。”

○二十五年(1686)谕：“明罚敕法，国宪不可以已。虽尝屡行矜恤，绝去烦苛。终思尚德缓刑，乃为至治之极轨。自康熙元年(1662)，中外臣民，习染浇风，奸贪诈伪,顽钝者恬弗知耻,狡黠者罔不畏法,以致是非乖缪,纲纪陵夷。朕亲政后,洞悉奸弊,加意厘剔,务使骫律干纪之众,人无遁情,法无旁贷,庶几禁遏顽豪,杜塞侥幸。近见罹罪罟者渐少,但革面未能革心,止因法令严密,辄思苟免。苟免之心切,则弥缝之弊深,巧伪滋多,亦未可定。今欲崇尚德化,务存惇大,一切令之自新。除前经审拟完结各案,及关系工程、钱粮不议外,一应枉法得赃行贿与受人员,仍革职免拟重辟,照例追赃。其未经发觉者,悉予宽免。有以谕前事参讦者,概不准。自谕以后,中外臣民,须洗心易虑,省改前非,守法奉公,敦励廉耻,以副朕使人寡过之至意。"

○三十五年(1696)复准:秋审减等安插尚阳堡等处人犯,既免死减等,与减降从轻之律相符,应援赦宽免。

○三十八年(1699)谕:"朕爱养生民,慎重刑狱。凡有奏谳,时示矜全。兹銮舆南巡,见沿途老稚男妇,环跪欢迎,心甚嘉悦。念此编氓,皆吾赤子。原期生聚教训,共底善良。其或陷于刑章,致困囹圄,改过无路,恻然伤之。所经过山东、江南两省,现在监禁人犯,除十恶死罪并官吏犯赃不宥外,其余自康熙三十八年(1699)三月二十六日以前,死罪及军、流、徒罪以下,已结未结,悉着宽释。此朝廷巡幸所至,欲使并生之至意,可通行晓谕,咸悉朕怀。"

○又谕:"朕巡视东南,行次浙省,留跸数日,以慰喁喁奏请之情。独念获罪人犯,身淹刑狱,一干法网,无由自新。兹乘舆经临,恻然矜悯,用沛好生之泽,聿示格外之仁。该省各属地方,有罪犯现在监禁者,令照山东、江南例,一体赦免。"

○四十二年(1703)复准:赦书一到,火速奉行。如不肖官将军、流、徒犯,故意迟延,诈取银两者,上司官查出,题参重处。若上司徇情不参,一并交与该部严行议处。

○四十五年(1706)谕:"刑部缓决人犯,至三四次者,免死减等。"

○五十四年(1715)复准:劈鞘盗课分用银两之犯,不准援赦。

○五十五年(1716)奉旨:"刑部缓决人犯,长系囹圄,殊属可悯。令九卿会同按其年分久远,情属可矜者,分别奏明减等。"

○五十七年(1718)谕:"各省缓决人犯,分别减等。"

○六十一年(1722),诏赦天下。

○又谕:"恩诏内赦罪一款,非朕本心,徒为恶人侥幸,于事有何裨益。但朕即位之初,诸臣援例陈请,不得不允奏施行。凡此罪人,皆因其自取之罪,并非强治其罪也。此番援赦豁免人等,俱宜详记档案。如既赦之后,仍不改恶,干犯法纪,务将伊等前罪加倍罪之。着详悉晓谕,并行文各省,一体遵行。"

○雍正元年(1723),诏赦天下。

○十三年(1735),钦奉恩诏,大赦天下。

○又奉旨:"现今所犯罪重并拖欠银两数多之人,因遇恩诏,尚邀豁免。其从前拖欠银两之人,若以既入辛者库,已经结案,遂不得入于赦免之例,实属可悯。着交与内务府、刑部，将一应不能完交钱粮已入辛者库，及犯罪入辛者库人等，原案情由，并伊等祖、父原系何人之处，皆着查明具奏。再从前汉人犯罪，入旗、入辛者库，安插庄屯者，亦令查明，一并具奏。”

〇又钦奉恩诏：“从前发往各处安置人员，查有情罪尚轻，在外已过三年，能安静悔过者，具奏请旨。又军、流人犯，有本人身故，其妻、子愿回本籍者，着该管官核明报部，即令回籍，不得留难。永著为令。”

〇又钦奉恩诏：“除十恶不赦外，犯法妇人，尽行赦免。”

〇乾隆元年(1736)谕：“明罚敕法，国之大典。而肆赦所加，原以昭法外之仁也。恩诏之颁，期以息事宁人，使远迩咸知，迁善改过，共为良民，以成太平之治。乃闻各直省于一切案件，仍行提审驳审，严刑酷夹，恣意株连。使无辜之人，困于囹圄，细微之事，刻为锻炼，含冤称屈，所在多有。夫罪名未定，案情未协，或有仍须详审者。但既非犯在不赦，则断谳亦易成招。若使合于赦款之人，不得即邀赦免之泽，而以酷刑毙命，或因拖累破家，则后即审明援赦，亦已无及。是朝廷已生全之，有司故戕害之。藐视功令，残虐民生，莫此为甚。且颁诏之后，已逾半年，而题结、咨结、批结之案，尚属寥寥，迟玩已极。着刑部即行令各该督抚，速行严饬各属，立即详慎查明，逐一详报，归结省释。如有仍前滥刑扰累，及耽延滋弊，以阻抑国家德意者，一经查出，罪有攸归，断不轻贷。即刑部所有案件，亦应速为剖析，勿致沉搁，以副朕哀矜庶狱之意。”

〇又谕：“伦达礼奏《请定遇赦人犯再犯罪名条例》一折。从前遇赦免罪人犯，如再犯法纪，加倍治罪之旨，系恐其再犯，所以使之知儆，勉为良民耳。如必交刑部另定一遇赦免罪人再犯加倍治罪之例，是必其再犯也，朕何忍如此薄待吾民乎。即据所定，亦不能尽情尽法，毋枉毋纵也。且头绪纷繁，亦难划一。此事惟在地方大吏，善为开导，必使遇赦之人，群闻朕旨，知有所感，而不忍为非，知有所惧，而不敢犯法，则善矣。即有一二再犯之人，亦应量其情罪，哀矜弗喜。岂可概定一律，以待人之再犯乎。伦达礼此奏着发回。该部即行文各省督抚，将朕此谕遍行晓谕，咸使闻知。”

〇二年(1737)，钦奉恩诏：“现在定议，军、流、徒罪人犯，未至配所者，概予宽免。”

〇又议奏：将从前不能完纳钱粮入辛者库，并安插屯庄，及犯罪入辛者库之本身及妻、子等各案情，查明具奏。奉旨：“将伊等本身及伊等妻室子孙，皆从宽准其释归旗、籍。”

〇又复准：从前八旗满洲及内务府五旗、王公府属满洲，凡因罪给予公主、郡主之人，查其案情轻重，并将伊等祖、父及本身有无效力之处，查明具奏，请旨赦令回旗。

〇又钦奉恩诏：“汉军犯军、流罪者，已照旧例以枷责完结。其从前发遣在配者，该部按其情罪,具奏请旨。又军、流人犯已到配所者,向例遇赦不准放回。今特加恩,此等人犯内,除情罪重大,及免死减等,实系凶恶棍徒外,其余因事议遣,在配已过三年,安静悔过,情愿回籍者,该督抚具奏请旨,准其回籍。”

○又谕:“从前发遣各处之人,其情罪尚轻者,先于恩诏内,令该管官具奏请旨。其情罪较重者,原无赦回之例。今朕思未经赦回之犯,其中有年逾七十,虽原案较重,而年已衰老,且在外年久,国法已伸,仍留遣所,情亦可悯。着该管官核明,除强窃行凶等重罪外,其余各犯,有年老在七十以上者,将所犯情罪,具奏请旨。再军、流人犯,本身已故,其妻、子准其回籍,已于恩诏内著为定例。今朕思从前发遣在外安置及当差之犯,虽情罪较重,然本身已故,其妻、子原系连坐之人,着各该管官核明,报部奏闻,准其回籍。”

○又谕:“雨泽愆期,恐有滞狱。前已降旨刑部,将牵连待质人犯,及枷责轻罪,悉行核明省释。至于雍正十三年(1735)两次恩诏后,仍行监禁者,原系不应赦免之人。上年秋审时,已令九卿、科道等,将康熙五十二年(1713)至雍正三年(1725)以前不赦之案,复加分别减等,其雍正四年(1726)以后十三年以前,所有不赦各案,其中有介于疑似,及屡经秋审缓决之犯,或尚有可矜,亦未可定。着总理事务王大臣,会同刑部,将秋审、朝审招册,详加复勘。如果有一线可原,应行减等,即酌定请旨。”

○五年(1740)谕:“现今雨泽愆期,朕宵旰忧劳,无时或释。因思清理刑狱,亦感召天和之一端。尔部现在监禁人犯,内有一线可原者,着大学士、军机大臣等,会同尔部,分别具奏,候朕降旨。其轻罪人犯,有应减等者,亦着具奏减等,速行发落。”

○七年(1742)谕:“数月以来,雨泽稀少。朕宵旰靡宁,虔诚祈祷,虽得微雨,未为沾足。从前因天时亢旱,曾降旨清理刑狱。今着刑部将在部各案,内有牵连待质者,有轻罪情可矜原者,或应省释,或应末减,会同都察院、大理寺,悉心详核,妥议具奏。至于直隶、山东、河南三省,目下雨旸不均,亦着照此例行。嗣后各省,凡遇灾眚之年,着该抚将清理刑狱之处,奏闻请旨。”

○又谕:“今年上下两江被水情形,非常年可比。朕宵旰焦劳,凡极抚绥之道,亦屡经筹划矣。今又思《周礼》荒政,载有缓刑之条,是举行矜恤之典,亦感召和气之一端。现在江苏、安徽两省,秋审人犯中,有情有可原,当在矜疑之列者,或多年缓决,不至正法,久系囹圄者,皆应减等完结,以示因灾恤刑之意。着大学士会同刑部,详阅招册,分别妥拟具奏。”

○十年(1745)谕:“京师三月以来,雨泽愆期。今麦秋已届,未沛甘霖,仰望心切,朕已降旨虔诚祈祷。因思清理刑狱,亦祈求雨泽之一端。着刑部堂官,将徒、杖以下等犯,核明情罪,或应释放,或应减等,即行具奏。其寻常案件,亦速为完结,毋得牵连稽延。并行令直督,一例办理。”

○十一年(1746)谕:“古帝王治天下之道,以省刑薄赋为先。朕临御以来,爱育黎庶,惟日孜孜,于兹十年矣。仰荷天祖眷佑,海宇乂安,万民乐业。朕心庆慰,特沛旷典，与民休息。上年夏月颁发谕旨，将天下正赋，普免一周，是闾阎已均被惠泽矣。惟念各省获罪之犯，于上年勾到之后，现在羁禁囹圄者。虽伊等孽由自作，法无可宽，而其中情事不同，轻重亦有差别。国家赦宥之典，或因行庆施惠，或因水旱为忧，间一举行。今朕哀矜庶狱，不忍令其淹滞圜扉。所有刑部及各省已经结案监禁人犯，除情罪重大，及常赦不原者，毋庸办理外，其余着大学士会同刑部，酌量分别，请旨减等发落。其军、流、徒、杖以下，一并分析减等完结。俾伊等同沾肆赦之恩，勉图自新之路，以副朕协中钦恤本怀。"

○又谕："朕特行赦宥之典，将刑部及各省已经结案人犯，令大学士会同该部，酌量案情，请旨分别减等发落。军、流、徒罪以下人犯，一并分析减等完结。后经大学士等，将已经定案者，分别办理。其各省审题案件经法司衙门驳诘，尚未题复者，凡自乾隆十一年(1746)正月初三日以前羁禁人犯，仍准于该督抚定案之日，分别减等。惟是外省人犯，该督抚审题，法司指驳者，既得邀恩，而在外督抚指驳未结者，其犯罪羁禁年月，同在恩旨以前，亦应一体沾恩。着将在外督抚指驳，未结各案，及恩旨以前，已经督抚定案，尚未题达者，自乾隆十一年(1746)正月初三日以前，并令刑部核明，仍着大学士会同该部，分别减免请旨。其各省所有尚未具题之案，着该督抚于题本内，将事在恩旨以前之处声明，法司随本分别请旨。"

○又谕："朕此次西巡，舆跸所经，兵民欢庆。惟念圜扉之中，不得一体沾恩，朕心深为恻然。着将直隶、山西二省本年正月初三日恩旨以后，所有军、流以下人犯，令该督抚分别情罪，请旨减等发落。"

○十五年(1750)，钦奉恩诏："秋审缓决五次以上人犯，量予减等。犯法妇女，除十恶不赦外，其余概予赦免。现在监候质审干连人等，准予保释。"

○又谕："朕今岁初次巡幸豫省，銮舆所过，既已叠沛恩施。惟是薄赋省刑，事宜并举。所有河南省军、流以下罪犯，着查明减等发落。用昭庆典，俾予自新。"

○十九年(1754)谕："仰惟列祖创业东土，光启万年景运，山陵永峙，福佑灵长。我皇祖圣祖仁皇帝三诣陪京，躬亲展谒，礼成行庆，典册昭垂。朕寅绍丕基，时深景慕。缅自乾隆八年(1743)秋瞻仰桥山，迄今已逾十载。追远之诚，常如一日。本年七月，恭奉皇太后安舆，由热河起銮，取道吉林，巡历辽沈。车驾所至，兵民各安本业，风俗淳朴，辇路欢迎，扶携恐后，具著忠爱悃忱。仰见先泽留贻，久而益懋，朕心深用欣慰。兹于九月初五等日，谒祭三陵，大礼告成，宜敷恺泽。其将奉天所属府、州、县，乾隆十九年(1754)地丁正项钱粮，通行蠲免。经过地方，前旨所免十分之三，及被水地亩，应蠲钱粮，仍于明年应征额内补行豁除。自山海关以外，及宁古塔等处，官吏军民人等，除十恶死罪外，其余已结未结一应死罪，皆着减等发落；军、流以下，悉予宽免。凡我留都士庶，尚其敬念根本重地，益务敦庞，毋忘先民矩矱，共享升平之福，永承乐利之庥，用称朕嘉惠优恤至意。"

○二十年(1755)，钦奉恩诏："除谋杀、故杀外，如原无仇隙，偶因一时忿激，相殴伤重致死者,将凶犯免死,决杖一百,照例追银四十两,给死者家属。军、流以下人犯,概予减等。除十恶不赦外,犯法妇人,尽行赦免。现在内外监候质审及干连人等,概予释放。"

○二十一年(1756)谕:"朕今岁前诣山东省方观民,恩膏叠沛。而有罪者不获自新,朕甚悯焉。其将山东一省现在军、流以下人犯,悉予减等发落。"

○二十二年(1757)谕:"江、浙二省谳狱滋繁。朕巡省所至,覃布恩膏,黎庶均沾,闾阎恺乐。而有罪之人,囹圄桎梏,实由自取,亦何恤焉。但念狱一成而不变,其中奸民之犯法者固多,而无知误蹈之人,亦所时有。况未抵于重辟,尚可望其自新,用播德音,以符宽大。所有江苏、安徽、浙江等属军、流以下人犯,俱着加恩,各予减等发落。"

○二十三年(1758)谕:"京师三月以前,连得雨泽,麦秋可望丰稔。入夏以来,虽得有微雨,未能沾透,麦秋分数颇减。而大田此时业已播种,待泽甚殷。朕心深切轸念,已降旨令该部虔申祈祷。因思清理刑狱,亦祈求雨泽之一端。着刑部堂官,照乾隆十年(1745)、十五年(1750)之例,将徒、杖以下等罪,查明情节,或应释放,或应减等者,即行具奏。其寻常案件,亦着速为完结,毋得稽延滋累。并行令直督一体办理。"

○二十四年(1759)谕:"京师三月以来,雨泽稀少,直属地方,亦未得透雨,朕心深切轸念。因思清理刑狱,亦祈求雨泽之一端。着刑部堂官将徒、杖以下等罪,查明情节,或应释放、减等者,即行具奏发落。其寻常案件,亦着速为完结,毋得稽延滋累。并行令直隶总督一体办理。"

○又钦奉恩诏:"流徙人犯,在流徙处所身故,其妻、子愿回籍者,该地方官查明报部,准其回籍。现在军、流以下人犯,概予减等发落。"

○二十六年(1761)谕:"今岁恭逢皇太后七旬万寿,所有庆典,次第举行。现在刑部办理秋审案件内缓决人犯,其罪不至情实,而亦难遽从矜减者,阅时既久,淹系遂多,应酌量查办,以清谳牍。该部将朝审、秋审各犯缓决至三次以上者,核其情罪,分别请旨,减等发落,用昭推广慈恩矜恤祥刑至意。"

○二十七年(1762)谕:"朕稽古省方,乘春布令。而清理庶狱,矜恤尤深。用沛德音,式昭庆典。所有江苏、安徽、浙江三省军、流以下人犯,俱着加恩减等发落。凡亲民之吏,其谆切诰诫,俾知改过自新,共享太平之福。"

○三十年(1765)谕:"朕时巡江浙,清跸所经,恩膏叠沛。军民士庶,无不抃舞胪欢。而清理庶狱,亦矜恤所宜逮。着将江苏、安徽、浙江三省军、流以下人犯,俱加恩各予减等发落。俾得改过自新,勉为良善,共享太平之福。"

○三十二年(1767)谕:"此次巡幸天津,闿泽覃敷,俾群黎各得其所。而清理庶狱,予以自新,亦恩施所宜逮。所有直隶省军、流以下人犯,着该督饬属查核案情,分别减等发落。"

# 卷七百三十·刑部八

## 名例律 常赦所不原二

**常赦所不原二**

○乾隆三十五年(1770)谕:"朕恭奉慈军,巡莅天津,闿泽覃敷,俾群黎各得其所。而清理庶狱,予以自新,亦恩施所宜逮。所有直隶省军、流以下人犯,着该督饬属查核案情,分别减等发落。"

○又谕:"京师自入夏以来,得雨尚未深透,业经降旨设坛祈祷。因思清理庶狱,亦祈求雨泽之一端。着刑部堂官查明军、流以下等罪情节,分别减等发落。其因事牵涉拘系质讯者,亦着速予省释。至寻常案件,并着即为完结,毋得稽延滋累。"

○三十六年(1771)谕:"京师及近畿,春膏未渥。入夏以来,得雨亦未深透。现在将届芒种,高下田亩,待泽维殷,业经降旨设坛祈祷。因思清理庶狱,亦足感致甘霖。着刑部堂官查明军、流以下等罪情节,分别减等发落。其因事牵涉拘系质讯者,亦速行讯明省释。至寻常案件,并着即为完结,均毋得稽延留滞。"

○又谕:"昨以京师及近畿甘霖未沛,农田待泽甚殷,因命刑部将军、流以下等罪分别减等发落。今思秋审人犯,尚有曾经三次缓决者,其情罪俱尚可原。今岁恭逢万寿庆典,此等人犯,亦当在恩诏宽减之列,又何必令其久系囹圄。着刑部堂官将秋审缓决三次人犯,逐一查明,酌量所犯情节,分别减等具奏。"

○又谕:"山东省军、流以下人犯,悉予减等发落。"

○三十八年(1773)谕:"朕恭奉皇太后慈舆,巡莅天津,阅视河工水利。因思清理庶狱,予以自新,亦恩施所宜逮。所有直隶省军、流以下人犯,着该督饬属查核案情,分别减等发落。"

○三十九年(1774)谕:"京师及近畿地方,春霖未获优沾,入夏以来,尚未得有透雨,现在虔申祈祷。因思清理庶狱,亦足感沛甘膏。着刑部堂官查明军、流以下等罪情节,分别减等发落。其因事牵涉拘系候质者,亦速行讯明省释。至寻常案件,即为完结,毋得稽延留滞。其直隶省一体遵照查办。"

○四十一年(1776)谕:"兹当金川全境荡平,告功孔庙,跸途所经之地,业已叠沛恩施。第念武功耆定,兵气永销,并宜式措祥刑,益敷恺泽。所有直隶省现在军、流以下人犯,着加恩悉予减等发落,用昭行庆肆眚之至意。"

○又谕:“朕因金川扫穴擒渠,告功阙里,恭奉圣母慈辇,瞻礼岱庙,迓福祝厘。宜益溥浩荡之恩,以广慈庆。着将山东省军、流以下人犯,照例减等发落,用昭钦恤推恩至意。”

○又钦奉恩诏:“直隶、山东军、流以下人犯,业经跸路经由,降旨减等发落。其在京刑部及各省军、流以下人犯,并着加恩,概予减等发落。流徙人犯,在流徙处所身故,其妻、子情愿回籍者,该地方官报明该部,准其各回原籍。满兵跟役脱逃,如无偷窃军械、马匹等项情事,着照前降宽免余丁谕旨,交部一体核拟发遣。”

○四十二年(1777),钦奉恩诏:“在京及各省军、流以下人犯,分别减等发落。”

○四十三年(1778)谕:“前经降旨,直省军、流人犯内已过十年者,查明省释回籍。今自乾隆十一年(1746)查办之后,历时已久,各省到配人犯,所积渐多,自应再沛恩施,用昭矜恤。况近年以来,屡命将秋、朝谳缓决至三次各犯概予减等,而此项军、流人犯,其从前情罪本属稍轻,转未得仰邀旷典,亦属可悯。着交各省督抚查明各该地方,从前军、流人犯内已过十年,安分守法,别无过犯者,分别咨部,照十一年之例核拟,奏请省释。其有在配年久,自能谋生,不愿回籍者,仍听其自便。”

○又谕:“京师及畿辅春膏未渥,昨虽有微雨,不成分寸。现在已交夏令,高下田亩,待泽维殷。因思清理庶狱,亦足感召天和。着刑部堂官查明军、流以下等罪,分别减等发落。其因事牵涉拘系质讯者,亦速行讯明省释。至寻常案件,并着即为完结,毋得稽延留滞。直隶省并一体遵照办理。”

○又谕:“河南省开封、彰德、卫辉、怀庆、河南五府属,今春雨泽愆期,设坛祈祷,尚未据报得有透雨,朕心深为廑念。因思清理庶狱,亦感召天和之一端。着该抚将开封等五府属所有军、流以下人犯,查明分别减等发落。其因事牵连拘系者,亦即审明省释。至寻常案件,并着速为完结,毋得稍有稽延。以期甘膏早沛。”

○又谕:“前因河南开封等五府属雨泽愆期,麦田被旱,曾经降旨将该五府军、流以下人犯,分别减等发落,以冀仰邀天泽。但思归德、陈州等府,虽先后据报得雨,其余各府州属,尚未普沾。且同在一省之中,恩宜遍逮。着该抚查明河南通省军、流以下等罪,一体分别减等发落。其因事牵涉拘系质讯者,亦速讯明省释。至寻常案件,并着即为完结。俾庶狱无滞,速召和甘。”

○又谕:“盛京等处俗厚风淳,狱讼衰息。惟因五方杂处,良莠不齐,其无知而蹈法网者,亦复不免。朕恭谒祖陵,礼成行庆,业经叠沛恩膏,并宜式措祥刑,益敷恺泽。所有奉天、吉林、黑龙江等处军民人等,除十恶死罪及秋审情实各犯外,其余已结未结一应死罪,俱着减等发落。军、流以下,悉予宽免。”

○四十五年(1780)钦奉恩诏:“各直省军、流以下人犯,俱着减等发落。”

○又谕:“朕銮辂时巡,乘春行庆。而清理庶狱,矜恤尤深。用沛德音,式敷恺泽。所有江苏、安徽、浙江三省恩诏后军、流以下人犯,俱着加恩,各予减等发落。”

○四十八年(1783)谕:“三月二十八日京师及近畿得雨后,近已弥月。虽屡降微雨,总未优沾。现在时交芒种,朕心望泽孔殷。因思清理庶狱,或可感召甘膏。着刑部堂官查明军、流以下罪名情节,分别减等发落。其因事牵涉拘系候质者,亦速行讯明省释。至寻常案件,并着即行完结,毋得稽延留滞。其直隶省并交该督一体遵照办理。"

○又谕:"朕恭谒祖陵,礼成行庆,并宜式措祥刑,益敷恺泽。所有奉天、吉林、黑龙江等处军民人等,除十恶死罪及秋审情实各犯外,其余已结未结一应死罪,俱着减等发落。军、流以下,悉予宽免。"

○又谕:"朕清跸巡方,顺时行庆。而矜恤庶狱,廑念尤深。宜沛德音,用敷恺泽。江苏、安徽、浙江三省军、流以下人犯,俱着加恩,各予减等发落。"

○又谕:"朕巡幸江浙,庆典覃敷,于庶狱尤深矜恤。业已降旨照历次南巡之例,将江、浙二省军、流人犯减等发落。但念山东、直隶二省,现在缺雨,农田望泽维殷。清理庶狱,亦可感召。所有该省军、流以下人犯,亦一体加恩,各予减等发落。用普恩施,以期甘霖速沛。"

○五十年(1785),钦奉恩诏:"直省军、流以下人犯,俱着减等发落。"

○又谕:"本年举行千叟宴盛典,官民耆老,咸得普被恩施,用彰锡福。其直省军、流以下人犯,亦于恩诏内概予减等发落。惟罪犯斩、绞,情节不致予勾,或本拟缓决者,俱应牢固监禁,该犯等因身罹重辟,虽年已老迈,仍不免羁禁囹圄,未得一体邀恩,朕心深用恻然。着刑部堂官于朝审、秋审情实未勾,并原拟缓决斩、绞人犯内,详加查核。除近年新事及年未七十者,仍牢固监禁外,其余年七十以上,未经予勾,及本拟缓决之犯,着加恩分别减免释放。"

○五十三年(1788)谕:"京师于三月二十日得雨后,至今半月有余,未经续得透雨。现在大田播种之际,朕心望泽甚殷。因思清理庶狱,或可感召甘膏。着刑部堂官查明徒罪以下各案犯情节较轻者,分别减等发落。其因事牵涉拘系候质者,亦速行讯明省释。至寻常案件,并着即行完结,毋得稽延留滞。"

○五十五年(1790),钦奉恩诏:"各省监禁人犯,着将上年秋、朝审缓决至三次各犯,仍照节次查办之例,查明所犯情节,分别减等发落。其缓决一二次人犯内,案情本轻,可予矜原者,亦着该部查明,请旨定夺。现犯军、流以下人犯,俱着减等发落。在配军、流人犯,已过十年,安分守法,别无过犯者,着各督抚分别咨部,查照向例核拟,奏请省释。"

○五十六年(1791)谕:"京师自三月得有膏雨以后,近畿一带,业据奏报普沾渥泽。京城一月以来,虽间有微雨,未得深透。现届大田播种之际,望泽甚殷。因思清理庶狱,或可感召甘霖。着刑部堂官查明徒罪以下各案犯情节轻者,分别减等发落。其因事牵涉拘系候质者,亦速行审明省释。至寻常案件,并着即行完结,毋得稽迟。"

○五十七年(1792)谕:"京师自本年二月以来,虽经节次得雨,总未沾足。现届麦苗长发之际,望泽甚殷。因思清理庶狱,或可感召甘霖。着刑部堂官查明徒罪以下各案情罪较轻者,分别减等发落。其因事牵涉拘系候质者,速行讯释。寻常案件,亦着即行完结。"

○又谕:"京师自春徂夏,总未得有透雨。朕斋心虔祷,望云瞻礼,宵旰靡宁。节经降旨屡沛恩施,以期感召甘和,渥沾澍泽。旬日以来,尚在盼雨未得,朕心实增焦切。因思近年来台湾海洋盗氛甚炽,曾谕该省督抚从重示惩,原期禁戢凶暴,以安良善。乃积年附近海洋省分,督抚等奏报拿获洋盗,多系一面奏闻,一面即行正法。虽属辟以止辟之意,第恐所获之犯,未必尽系正盗。甚至愚民重利轻生,顶凶认盗,而正盗转至远扬。又或奸民因仇诬指,其中或有冤抑,亦未可知。殊非朕靖盗安民之本意。各省用刑失当,虽距辇毂甚远,然皆朕率土之民。京师缺雨,或由此乎?朕子惠元元,远近岂有歧视。此后台湾地方拿获盗犯,该督抚审明后,如果系首盗,自应即行正法,以儆凶顽。若止系随从伙党,及把风、接赃等犯,仍按照常例,分别办理。其附近海洋及各直省,凡遇命、盗等案,俱应细心研讯,务期情真罪当,按例办理,不得有意从严,株连拖累。此系朕吁天祈泽、夙夜焦劳之极思,各督抚等尚其敬体朕意,详慎庶狱,以期共迓祥和,庶冀甘霖速沛。"

○五十八年(1793)谕:"热河自七月初八日得雨以后,旬余未经续沛浓膏,连日暑气郁蒸,京城想必更甚。虽现在庄稼将次刈获,直隶、山东各省,已据奏报丰收。即雨泽稍缺,于农田固无妨碍。但目下业已过处暑出伏,而烦歊未退,恐民间不免有蕴蒸致疾之处,朕心望泽孔殷。因思清理庶狱,可期感召甘霖。着刑部堂官查明徒罪以下各案情罪较轻者,分别减等发落。其缘事牵涉拘系候质者,亦速行讯明省释。至寻常案件,并着即行完结,毋得稽滞。以迓甘和。"

○又谕:"京师入冬以来,尚未得有雪泽。允宜清理庶狱,感召天和。所有朝审、秋审情实未勾已过三次各犯,着加恩改入缓决。其由实改缓已过三次人犯,及原拟缓决已过一二次者,俱着该部查明各案所犯情节,分别减等发落。"

○五十九年(1794)谕:"热河自六月下旬雨后晴霁,暑气郁蒸,京城自必更甚,恐民间不免有蕴蒸致疾之处。其缘事拘系囹圄者,尤可矜悯,自宜清理庶狱,以期纳爽延庥。着刑部查明徒罪以下,分别减等发落。其缘事牵涉拘系候质者,速行讯明省释。寻常案件,即行完结,毋得稽延。其承德府所属监禁各犯,并着一体查明,就近具报军机大臣,分别核办。"

○又谕:"热河旬余以来,晴霁积久,暑气薰蒸,已命军机大臣,将承德府所属监禁各犯,减等发落矣。因思京城虽已得雨,而当此暑伏之际,其缘事拘系羁禁囹圄者,殊堪矜悯。且清理庶狱,亦足以感召甘霖。着刑部堂官查明徒罪以下者,分别减等发落,以示体恤。"

○嘉庆元年(1796),钦奉恩诏:"官吏兵民人等有犯,除谋反叛逆、子孙谋杀祖父母父母、内乱、妻妾杀夫、奴婢杀家长、杀一家非死罪三人、采生折割人、谋杀故杀真正人命、蛊毒魇魅毒药杀人、强盗、妖言、十恶等真正死罪不赦外,军机获罪、隐匿逃人亦不赦外，其余自嘉庆元年（1796）正月初一日以前，已发觉未发觉、已结未结者，咸赦除之。有以赦前事告讦者，以其罪罪之。各省军、流人犯，查明到配三年，实在安静守法，及年逾七十者，释放回籍。”

〇二年（1797）谕：“本年春雨频沾，麦苗正长发茂盛。立夏后又得雨一次，虽尚可接润，但又逾旬日，未经续获透雨。农田不无望泽，朕心深为廑切。着该部照例设坛，虔诚祈祷，以期渥沛甘膏。再清理庶狱，亦足感召和甘。并着刑部查明各省军、流以下各案，分别减等发落。其因事牵涉拘系候质者，亦速行讯明省释。至寻常案件，并着即行完结，毋得稽延。以迓庥和而昭敷锡。钦此。”遵旨奏准：各省已未起解，及在配军、遣、流、徒各犯，均分别减等发落。该督抚照例于一月内，将军、流、遣犯汇疏具题，徒犯咨部核复。

〇三年（1798）谕：“本年二月以来，虽得有雨泽，究欠沾足。现交立夏，麦苗长发，大田播种，尤须膏泽。业已设坛虔祷，甘膏未沛。因思清理庶狱，足以感召和甘。着刑部查明各省军、流各案，分别减等发落。其因事牵涉拘系候质者，亦速行讯明省释。以迓庥和而祈渥泽。钦此。”遵旨奏准：新疆、黑龙江军台官、常各犯，一并核办，分别减等。

〇四年（1799），钦奉恩诏：“现在内外监候质审及干连人等，俱着准其保释。军、流人犯，有本人身故，其妻、子情愿回籍者，该管官报明该部，准令各回原籍。”

〇又奉恩诏：“直省军、流以下人犯，分别减等发落。”

〇五年（1800）谕：“本年入春以来，雨泽较少。今已立夏，麦苗正资长发，而时雨尚稽。农田望泽维殷，朕心深为廑切。着该部照例设坛祈祷，以期渥沛浓膏。再朕思清理庶狱，亦足以感召和甘。着刑部查明各省军、流以下各案，及在配者，分别减等发落。其因事牵涉拘系候质各犯，亦速行讯明省释。至寻常案件，并着即行完结，毋得稽迟。”

〇又谕：“前因立夏以后，时雨尚稽，农田望泽甚殷，业经降旨清理庶狱，令刑部将各省军、流以下各案，及在配者，分别减等。今又思刑部及各省监狱内，尚有永远监禁，并永远枷号各犯，亦宜推广仁施，一体查办。着刑部查明各原案，摘叙事由，开单进呈，候朕酌量加恩，以期甘霖渥沛。”

〇又谕：“入春以来，雨泽较少。立夏后仍未得甘霖，农田望泽维殷。朕心深为焦切，业经降旨将各省军、流以下各案分别减等，其刑部及各省永远监禁人犯，亦曾一体查办，而时雨尚稽。寸衷悚惕，反复思维，惟有渥沛恩施，庶可仰祈昊贶。因思从前办理重案，如甘肃捏灾冒赈，及各省亏空仓库，废弛地方，贪黩赃私各案，其犯官尚有久禁囹圄，及各员子孙释放回籍后，仍不准当差应试之人，又发遣新疆比照大逆缘坐人犯，上年已降恩旨，分别情罪，准令释放，而各该处官、常人犯，尚有在配年久，永远不准释回者，俱着刑部详悉查明事由，分别开单进呈，候朕酌量加恩。以期敬迓庥和，速敷澍泽。”

○又谕:“本年春夏以来,雨泽愆期,节经降旨加恩。本日仰邀昊贶,甘雨应时,尤当渥沛恩膏,用昭翕应。除将昨降恩旨仍查核加恩外,并将宗人府永远圈禁人员,及发往军台效力年久之人,一并查明请旨办理。以示敬迓天和、恩施无已至意。”

○六年(1801)谕:“御史郑敏行奏《请定触犯父母发遣人犯不准援赦之例》一折。此等遣犯,向例皆不准援赦。嗣于乾隆六十年(1795)查办发遣人犯,钦奉皇考高宗纯皇帝特旨,如查询伊祖父母、父母愿令其回籍者,即准释回。敬绎圣意,子孙违犯教令,其祖父母、父母送官发遣,或系出于一时气忿,及至子孙远戍,后来未必不心存系念。是以皇考特谕有仍愿子孙回家者,准其援赦,系曲体天下为祖父母、父母者之心,并非于曾犯忤逆之人稍有宽宥,自当永远遵行。乃该御史折内,称彼时皇考因次年即值归政之期,法外施仁,尤属措词失体。我皇考矜慎庶狱,六十年如一日。此事特溥如天之仁,推而及于庶民爱子之至情,于归政何涉?该御史辄冒昧摭陈乎?至该御史既知以孝治天下,岂有皇考钦定例条轻言更易之理。所有触犯父母发遣人犯,如遇恩赦,传询各犯祖父母、父母,有愿伊子孙回家者,仍钦遵皇考谕旨,准其释回,以符孝治天下之义。倘赦回后再有忤逆情事,一经呈告,即当加倍治罪。至前定父母已故,准令释回条例,系彼时军机大臣所议,原未允协。忤逆发遣之人,若谓伊父母已故,不致再有忤逆情事,即准释回,殊非情理。况该犯于亲在时,既敢于违犯,失其欢心,又安望其依恋墟墓之诚耶?此一条着即删去,仍遵例不赦。”

○又钦奉恩诏:“除十恶及谋故杀不赦外,犯法妇人,尽予赦免。”

○又谕:“京师自本月初旬连日大雨,永定河决口四处,中顶、南顶及南苑一带,俱经淹浸。犹幸决口处,尚距卢沟桥南五六里。若再向北冲决,则京城及圆明园皆被水患。是上天于降灾示警之中,仍寓仁爱垂慈之意。叩感之余,朕心益深兢惕。向来偶遇雨泽愆期,清理庶狱,以冀感召和甘。因思旱潦同一灾祲,此次雨水连绵,居民屋宇,多有淹浸,而囹圄之中,蒸湿尤甚,殊堪悯恻。着刑部查明各省军、流以下各案,无论已结未结、在配在途,概行分别减等发落。其因事牵涉拘系候质各犯,亦速行讯明省释。至寻常案件,并着即行完结,毋得稍迟。”

○十年(1805),钦奉恩诏:“奉天、吉林、黑龙江等处,除十恶死罪不赦外,凡已结正未结正死罪,俱着减等。其军、流、徒、杖等罪,俱着宽释。”

○十一年(1806)谕:“钦恤庶狱,仁政所先。溯查乾隆十一年(1746),皇考高宗纯皇帝曾大沛恩慈,特颁省刑谕旨。朕仰承皇考付托之重,自嘉庆元年(1796)授玺大廷,敬聆训政,迨四年亲政后,恪遵成宪,夙夜孜孜,以爱育黎元为念。适值剿办三省邪匪,廓除净尽,嘉与薄海苍生,共享升平,休养生息。此实仰赖昊苍眷佑,列圣贻庥,俾臻康乂。兹当纪年开秩,着加恩遵照乾隆十一年(1746)之例,所有刑部及各省已经结案监禁人犯,除情罪重大,及常赦所不原者,毋庸查办外,其余着大学士会同刑部酌量案情轻重,分别请旨减等发落。其军、流、徒、杖以下人犯,一并分析减等完结。俾沾贯宥之恩,勉图自新之路,以副朕锡福兆民至意。”

〇十二年(1807)谕:“京师入春以来,雨泽稀少。近日设坛祈祷,仍未普沛甘膏。宵旰焦思,时深殷盼。朕惟清理庶狱,亦感召和甘之一端。向来军、流以下人犯,间予减等发落。但积贼窝匪,若概行赦贯释回,该匪等未必革面洗心,仍为地方之害。且上年恩旨,各省办理减等,现在查办尚未全竣。今因京畿望泽,再沛恩施。除积贼人犯不必查办,并各省军、流以下人犯,此次毋庸一律办理外,着刑部将直隶一省及部中审拟军、流等罪,已未到配官、常各犯,详查案情。择其情稍可原者,无论远年近年,迅即开单具奏,候朕量加宽宥。其因事牵涉拘系候质各犯,亦速行讯明省释。至寻常案件,亦着即行完结,毋得稍滞。庶几祥和翕应,速沛甘霖。”

〇十三年(1808)谕:“朕此次巡莅天津,庆泽覃敷,俾群黎咸沾惠恺。因思清理庶狱,予以自新,亦恩施所宜逮。所有直隶省军、流以下人犯,着该督饬属查核案情,分别减等发落。”

〇十四年(1809)钦奉恩诏:“各省军、流以下人犯,俱着减等发落。”

〇又议准:凡因触犯问拟军罪,在配脱逃被获,例应加等改发之犯,即查询犯亲,愿令回籍,按照军犯脱逃遇赦得免逃罪之例,止准免其逃罪,仍应发原配充军,不得与在配未脱逃人犯一律减徒。但此等人犯,本系伊祖父母、父母呈请发遣,既经遇赦查询,愿令回籍,若仍令羁留军配,不得遂其乌私,殊非曲体为人父母者望子之心。查军、流、徒事同一例,自应与触犯发遣应准减徒之犯,均照亲老留养例,免其刺字,枷号四十日,满日交与犯亲领回管束。如犯亲不愿领回,或业已物故,即应刺字改发,不准免其逃罪。

〇十六年(1811)谕:“朕此次西巡,驻跸五台,闾泽覃敷,同沾渥惠。因思清理庶狱,予以自新,亦恩施所宜逮。着加恩将山西省军、流以下人犯,分别情节,减等发落。”

〇又谕:“直隶军、流以下人犯,亦着加恩,交该督分别情罪,减等发落。”

〇又谕:“近以京畿望泽孔殷,设坛祈祷,尚未渥沛甘膏。豫、东二省疆吏,亦均奏报缺雨。朕心深为焦急。因思清理庶狱,亦感召和甘之一端。着刑部即将部中审拟军、流以下官常各犯,分别奏明减等办理。其因事牵涉拘系候质各犯,速即审明省释。寻常案件,亦着速行完结,毋得稽滞。其豫、东二省,并着一体遵照办理。”

〇又谕:“刑部具奏《京城普被甘霖,遵例停止军流减等》一折。前因京畿一带雨泽稀少,豫、东二省亦俱奏报缺雨,降旨交刑部清理庶狱,将军、流以下各犯分别减等,并着豫、东二省一体遵照办理,以冀感召祥和,甘膏速沛。本月十三日以后,连次得雨,四野均沾。朕于二十二日躬诣三坛报祀,仍复默吁神庥。旋即阴云密布,朕礼成回园。途间大雨滂沱,已极优渥。自昨夜至今,连宵达旦,复廉纤未已。仰见昊慈眷注,诚切感孚,实深钦慰。所有此次减等发落之军、流以下人犯,如照向例即于二十二日停止,尚非朕仰荷天恩、推和布泽之意,着加恩再行展限三日。并着豫、东二省,亦一律遵照,于得雨三日之后停止。嗣后遇有祈祷雨泽,酌减军、流以下案犯,俱着于大沛甘霖三日之后,再行截止。"

○十七年(1812)谕:"富存于上年见另案被母呈送圈禁之人,有呈恳释放者,伊心怀忧闷。自称父母俱故,不能放出,劝慰莫解,因而自戕。阅其情节,亦觉可悯。子于父母,如有干犯重情,早经依律治罪。其偶违教令,经父母一时之怒送官监禁者,情节本属稍差,伊父母呈恳释放,亦尚有不忍遽绝其子之心。设伊父母猝患危疾,及衰老身故,该犯羁身圜土,闻信后漠不关心,是其天良澌灭,无可矜怜。若尚知惓念天亲,哀思悔恨,痛不欲生,竟以无人恳释,因而自戕,或瘐毙图圄,亦无以广法外之仁。着刑部会同宗人府核议,并此外旗人、民人经父母呈送忤逆之犯,其父母因病身故,有情节类此者,应如何讯问本犯,酌理准情,分别应禁应释,详议条款,奏定后载入则例遵行。钦此。"遵旨议准:嗣后呈送发遣、圈禁之犯,除恭逢恩赦,仍遵定例查讯办理外,若遇有犯亲病故,许令亲属呈报各该旗、籍,并行知配所,查核原案。止系一时偶有触犯,尚无怙终屡犯重情,并查看本犯果有闻丧哀痛情状,系宗室、觉罗,由宗人于奏请释放;系旗、民人,由配所咨部核明奏请释放。若情节较重之犯,俱不准释回。

○二十二年(1817)谕:"现在京畿雨泽愆期,着刑部即将部中及直隶省军、流以上人犯,分别奏明减等发落。"

○二十四年(1819),钦奉恩诏:"各省军、流以下人犯,俱着减等发落。"

○二十五年(1820),钦奉恩诏:"官吏兵民人等有犯,除谋反叛逆、子孙谋杀祖父母父母、内乱、妻妾杀夫、奴婢杀家长、杀一家非死罪三人、采生折割人、谋杀故杀真正人命、蛊毒魇魅毒药杀人、强盗、妖言、十恶等真正死罪不赦外,军机获罪、隐匿逃人亦不赦外,其余自嘉庆二十五年(1820)八月二十七日昧爽以前,已发觉未发觉、已结未结者,咸赦除之。有以赦前事告讦者,以其罪罪之。"

○又钦奉恩诏:"各省军、流人犯,查明到配三年,实在安静守法,及年逾七十者,释放回籍。"

○又钦奉恩诏:"现在内外监候质审及干连人等,俱着准其保释。军、流人犯,有本人身故,其妻、子情愿回籍者,该管官报明该部,准令各回原籍。"

○又钦奉恩诏:"除十恶不赦外,犯法妇人,尽行赦免。"

# 卷七百三十一·刑部九

## 名例律　常赦所不原三　流犯在道会赦

**常赦所不原三**

○道光元年(1821),钦奉恩诏:"直省军、流以下人犯,分别减等发落。"

○二年(1822),钦奉恩诏:"犯法妇人,除十恶、谋杀、故杀不赦外,余俱宽免。"

○八年(1828),钦奉恩诏:"在京刑部及各直省军、流以下人犯,并着加恩,概予减等发落。流徙人犯在流徙处所身故,其妻、子情愿回籍者,该地方官报明该部,准其各回原籍。"

○又钦奉恩诏:"满洲兵跟役脱逃,如无偷窃军机、马匹等项情事,着照乾隆年间宽免余丁成案,交部一体核拟发遣。"

○九年(1829),钦奉恩诏:"奉天、吉林、黑龙江等处,除十恶死罪不赦外,其余死罪俱减等,军、流以下宽释。"

○十一年(1831)谕:"朕临御以来,兢兢业业,以爱育黎庶为怀。兹当纪年开秩,寰宇乂安,允宜循照旧章,用宏矜恤。所有刑部及各省已经结案监禁人犯,除情罪重大,及常赦所不原者,毋庸查办外,其余着大学士会同刑部酌量案情轻重,分别请旨减等发落。其军、流、徒、杖以下人犯,一并分析减等发落。"

○十二年(1832),刑部会奏孟六等习教一案。奉旨:"此案孟六先经拜谷老为师,入红阳会,烧香念经,治病传徒。迨谷老病故后,复敢在家供奉飘高老祖图像,聚众拜会,实属目无法纪。着发往乌鲁木齐为奴,遇赦不赦。嗣后各项习教为首人犯,有应行遇赦不赦者,着刑部酌定章程具奏。钦此。"遵旨议奏:查传习邪教,引诱良善,最为风俗人心之害。若犯案到官,予以遣戍,一经遇赦,即准释回,必致故智复萌,潜行煽惑。故历届赦款,俱不准查办,以期净绝根株。惟是向来习教,为首不准援减,俱系临时奏定,例内并无明文。自应明定章程,以昭惩儆。嗣后传习白阳、白莲、八卦、红阳等项邪教为首之犯,无论罪名轻重,恭逢恩赦,不准查办,并逐案声明"遇赦不赦"字样。其为从之犯,亦俱不准援减。

○又谕:"京师入夏以来,雨泽稀少。近设坛祈祷,并亲祀天神坛虔申吁祷,尚未速沛甘霖。宵旰焦思,时深殷盼。朕惟清厘庶狱,亦感召和甘之一端。向来军、流以下人犯,间予减等发落。上年恩旨,各省办理减等。今因京畿望泽,再沛恩施。除积贼人犯不必查办,并各省军、流以下人犯,此次毋庸一律办理外,着刑部将直隶一省及部中审拟军、流等罪,已未到配官、常各犯,详查案情,择其情稍可原者,无论远年近年,迅即开单具奏,候朕量加宽宥。"

○十四年(1834),钦奉恩诏:"除十恶及谋杀、故杀不赦外,犯法妇人,尽予赦免。"

○十六年(1836)谕:"京师上年冬雪稀少,本年春夏得雨,均未沾足。朕宵旰焦思,虔诚默祷,叠经降旨设坛祈雨。复亲诣黑龙潭拈香,午后浓云密布,雨泽应时,朕心实深寅感。惟入土尚未深透,尤冀续沛甘霖。朕惟清厘庶狱,亦足感召和甘。从前雨泽愆期,曾降旨将军、流以下人犯减等发落。兹宜再颁宽典,用广法外之仁。除积贼及各省军、流以下人犯,此次毋庸一律查办外,着刑部即将直隶一省及部中审拟军、流等罪,已未到配官、常各犯,详查原案,无论远年近年,择其情有可原者,开单具奏,候朕量加宽宥。至刑部现在收禁人犯,若因未经定案,久系囹圄,疾病颠连,情殊堪悯,着该部审度案情,立予清理省释。此外寻常案件,并着速行审结,不得迁延羁禁。"

○十八年(1838)谕:"京师入夏以来,雨泽稀少,叠经降旨设坛祈祷。复亲诣黑龙潭拈香,得雨数次,未能沾足。宵旰焦思,时深殷盼。朕惟清厘庶狱,亦足感召和甘。从前京畿雨泽愆期,曾降旨将军、流以下人犯减等发落。兹宜再颁宽典,用广法外之仁。除积贼及各省军、流以下人犯,此次毋庸一律查办外,着刑部即将直隶一省及部中审拟军、流等罪,已未到配官、常各犯,详查原案,无论远年近年,择其情有可原者,开单具奏,候朕量加宽宥。其上年失足脱肩致落亭顶之銮仪卫校尉张士英一犯,姑念事出无心,加恩贷其一死,并减等发落。"

○十九年(1839)谕:"京师入夏以来,雨泽稀少,叠经降旨设坛祈祷。朕亲诣黑龙潭拈香,复于宫内斋心默吁。旋于本月初一日甘澍优沾,入土三寸有余。现在节过夏至,未得续沛甘霖。朕惟清理庶狱,亦足感召和甘。着刑部将直隶一省及部中审拟军、流等罪,已未到配官、常各犯,详查原案,择其情有可原者,开单具奏,候朕量加宽宥。"

○二十五年(1845)谕:"京师入夏以来,雨泽稀少,叠经降旨设坛祈祷。朕亲诣黑龙潭拈香,连旬得雨数次,未能沾足。现已节近夏至,农田待泽孔殷,朕心倍深焦切。因思清理庶狱,亦足感召和甘。着刑部将直隶一省及部中现拟军、流等罪,已未到配官、常各犯,详查原案,择其情有可原者,开单具奏,候朕量加宽宥。"

○又奉旨:"刑部遵旨速议'清理庶狱,由京师推广各省'等语。所有各直省军、流以下人犯,着准其照刑部现定章程,一律查办。"

○二十六年(1846)谕:"御史德奎奏《请清厘庶狱》一折。京师入冬以来,雪泽稀少,叠经降旨祈祷,迄今未得优沾。现节届立春,农田望泽弥殷,朕心尤深焦切。兹据该御史奏请清查直隶一省庶狱,冀得感召和甘。因思直隶各州县得雪未能深透，山东、山西、河南、陕、甘各省，均属苦于干旱之区，自应一律推广。着刑部堂官督饬承审各司员，将现在交部各案，认真细心推鞫。如有冤抑等情，迅即核办。并将直隶、山东、山西、河南、陕西、甘肃各省，及部中现拟军、流等罪，已未到配官、常各犯，详查原案，择其情有可原者，开单具奏，候朕量加宽宥。"

○三十年(1850)，钦奉恩诏："官吏兵民人等有犯，除谋反叛逆、子孙谋杀祖父母父母、内乱、妻妾杀夫、奴婢杀家长、杀一家非死罪三人、采生折割人、谋杀故杀真正人命、蛊毒魇魅毒药杀人、强盗、妖言、十恶等真正死罪不赦外，军务获罪、隐匿逃人亦不赦外，其余自道光三十年(1850)正月二十六日以前，已发觉未发觉、已结未结者，咸赦除之。有以赦前事告讦者，以其罪罪之。"

○又钦奉恩诏："各省军、流人犯，查明到配三年，实在安静守法，及年逾七十者，释放回籍。"

○又钦奉恩诏："在京各省军、流以下人犯，分别减等发落。"

○又钦奉恩诏："现在内外质讯及干连人等，俱着准其保释。军、流人犯，有本人身故，其妻、子情愿回籍者，该管官报明该部，准令各回原籍。"

○咸丰二年(1852)，钦奉恩诏："直省军、流以下人犯，分别减等发落。"

○又钦奉恩诏："除十恶及谋杀、故杀不赦外，犯法妇人，尽予赦免。"

○五年(1855)，钦奉恩诏："在京各省军、流以下人犯，分别减等发落。"

○九年(1859)谕："御史朱梦元奏《冬令旱干，请修人事以迓祥和》一折。本年秋冬以来，雨泽稀少。节逾冬至，未沛祥霙。连日户部衙署及储济仓并遭火患，深宫抚省，儆畏时深。大小臣工，亦宜共加惕厉。至刑部监禁人犯，多有因案牵连，久系囹圄者，以致疾病待毙，情殊可悯。着该部速将现拟军、流等罪官常各犯，查照旧章，奏请减等；徒罪以下，赶紧清理，情轻者取保候讯，无辜者立予省释。着顺天府、五城、直隶总督一体查办，毋得视为具文。"

○十年(1860)，钦奉恩诏："各省监禁人犯，着将上年秋、朝审缓决至三次各犯，仍照节次查办之例，查明所犯情节，分别减等发落。其缓决一二次人犯，内有案情本轻，可予矜原者，亦着该部查明请旨定夺。"

○又钦奉恩诏："各省军、流以下人犯，俱着减等发落。"

○十一年(1861)谕："国家发政施仁，尤在钦恤庶狱。朕自临御以来，兢兢业业，惟愿与吾民同臻上理，而兵戈未息，民困未苏。仰荷天祖付托之重，未尝不刻责自深，恫瘝在抱。上年朕三十庆辰，业经颁诏各省，军、流以下人犯，俱减等发落，并将秋审缓决三次及一二次人犯，分别查办。矜恤之心，内外臣民谅已共喻。粤稽乾隆十一年(1746)、嘉庆十一年(1806)，均特颁省刑谕旨，大沛慈恩；亦越道光十一年(1831)，皇考宣宗成皇帝绍述前徽，复颁行旷典。朕以凉德寅绍丕基，兹当纪年开秩，允宜祗遵成宪，以冀消沴戾而迓祥和。所有刑部及各省已经结案监禁人犯，除情罪重大，及常赦所不原者，毋庸查办外，其余着大学士会同刑部，酌量案情轻重，分别减等,请旨发落。其军、流、徒、杖以下人犯,一并分析减等完结。”

〇又钦奉恩诏:“官吏军民人等有犯,除谋反叛逆、子孙谋杀祖父母父母、内乱、妻妾杀夫、奴婢杀家长、杀一家非死罪三人、采生折割人、谋杀故杀真正人命、蛊毒魇魅毒药杀人、强盗、妖言、十恶等真正死罪不赦外,军务获罪、隐匿逃人亦不赦外,其余自咸丰十一年(1861)十月初九日以前,已发觉未发觉、已结未结者,咸赦除之。有以赦前事告讦者,以其罪罪之。”

〇又钦奉恩诏:“各省军、流人犯,查明到配三年,实在安静守法,及年逾七十者,释放回籍。”

〇又钦奉恩诏:“现在内外监候质审及干连人等,俱着准其保释。军、流人犯,有本人身故,其妻、子情愿回籍者,该管官报明该部,准令各回原籍。”

〇同治元年(1862),钦奉恩诏:“除十恶不赦外,犯法妇人,尽行赦免。”

〇又谕:“前因京师时疫未除,谕令在京问刑各衙门,赶紧清厘庶狱,迅速次第结案。现在星变频仍,上苍垂儆。弭灾之法,尤重恤刑,允宜格外推恩,以承天戒。除上年十月初九日恩诏以前军、流以下各犯,业经分别饬部减等外,其自咸丰十一年(1861)十月初九日恩诏以后,至本年奉旨之日止,着刑部将现审各案,所拟军、流以下等罪官常各犯,无论已结未结、曾否发配,均着查照旧章,一并分别奏请减等。其步军统领衙门、顺天府、五城,及各直省将军、督抚等,均着遵照刑部奏定章程,一体查办。”

〇又钦奉恩诏:“在京各省军、流以下人犯,分别减等发落。”

〇四年(1865)谕:“钦天监监正音德讷奏《清理庶狱,请将情罪较轻之军流人犯,并徒杖各犯,分别减等宽免》一折,着刑部查照向章酌核办理。”

〇十一年(1872)谕:“钦恤庶狱,仁政所先。溯查乾隆十一年(1746)、嘉庆十一年(1806)、道光十一年(1831),均特颁省刑谕旨,大沛恩施;亦越皇考文宗显皇帝绍述前徽,复颁行旷典。朕临御以来,仰承两宫皇太后懿训,夙夜兢兢,以爱育黎元为念。兹当纪年开秩,允宜祗遵成宪,以示矜恤而迓祥和。所有刑部及各省已经结案监禁人犯,除情罪重大,及常赦所不原者,毋庸查办外,其余着大学士会同刑部,酌量案情轻重,分别请旨,减等发落。其军、流、徒、杖以下人犯,一律分析减等完结。”

〇又钦奉恩诏:“除十恶及谋杀、故杀不赦外,犯法妇人,尽予赦免。”

〇又钦奉恩诏:“各处效力赎罪人员,向无定限,多致苦累,殊堪矜悯。着该管官查系已满三年者,声明犯罪缘由,奏请酌量宽免。”

〇十三年(1873)谕:“所有刑部及各省已经结案监禁人犯,除情罪重大,及常赦所不原者,毋庸查办外,其余着军机大臣会同刑部,酌量案情轻重,分别请旨,减等发落。其军、流、徒、杖以下人犯,一并分析减等完结。”

〇光绪二年(1876),钦奉恩诏:“官吏兵民人等有犯,除谋反叛逆、子孙谋杀祖父母父母、内乱、妻妾杀夫、奴婢杀家长、杀一家非死罪三人、采生折割人、谋杀故杀真正人命、蛊毒魇魅毒药杀人、强盗、妖言、十恶等真正死罪不赦外,军务获罪、隐匿逃人亦不赦外,其余自光绪元年(1875)正月二十日以前,已发觉未发觉、已结未结者,咸赦除之。有以赦前事告讦者,以其罪罪之。"

○又钦奉恩诏:"除十恶不赦外,犯法妇女,尽行赦免。"

○又钦奉恩诏:"各处效力赎罪人员,向无定限,多致苦累,殊堪矜悯。着各该管官查系已满三年者,声明犯罪缘由,奏请酌量宽免。"

○七年(1881)谕:"刑部奏《秋审、朝审缓决三次以上人犯,可否援照历届减等成案,准予查办》一折。各省缓决人犯,自同治十一年(1872)暨光绪元年(1875),遇赦援免后,至今又逾数年,较之咸丰六年(1856)暨同治七年(1868)查办人数,及缓决次数,大略相同,自应照例查办,以示矜恤。即着刑部查照历届减等发配章程,缮具条款,请旨办理。"

○又谕:"本年刑部及各省缓决人犯,除三次以上者,业经查办减等外,其未届三次者,应如何酌量减等之处,着交刑部详核案情轻重,分别奏明办理。"

○又奏准:现奉恩旨查办缓决三次人犯,经刑部议定章程,分别准减、不准减,于三月初五日奏准。此等缓决三次准减军、流各犯,人数较多,故按省分远近分单进呈。其实罪名之应减与否,早定于三月初五日奏准章程之时。该犯等复逢五月十四日恩诏,即与羁禁到官在先之军、流犯无异,应照军、流人犯一体查办。

○又钦奉恩诏:"在京及各省军、流以下人犯,分别减等发落。"

○十一年(1885)谕:"钦恤庶狱,仁政所先。粤稽乾隆十一年(1746),高宗纯皇帝特颁省刑谕旨,大沛恩施。溯查嘉庆十一年(1806)、咸丰十一年(1861)、同治十一年(1872),均钦奉纶音,绍述前徽,颁行旷典。朕钦奉慈禧端佑康颐昭豫庄诚皇太后垂帘训政,仰见圣慈惠爱黎元,廑怀宵旰,祗承懿训,勤求治理,惟愿天下乂安,万物得所。兹当纪年开秩,允宜谨循成宪,以示矜恤而迓祥和。所有刑部及各省已经结案监禁人犯,除情罪重大,及常赦所不原者,毋庸查办外,其余着大学士会同刑部,酌量案情轻重,分别请旨,减等发落。其军、流、杖、徒以下人犯,一并分析减等完结。"

○又奏准:向来恩旨查办减等,斩、绞各犯,以招解定案在先为断;遣、军、流、徒各犯,以获犯到案羁禁在先为断。现逢光绪十一年(1885)正月初四日恩旨查办减等,凡斩、绞各犯招解定案在恩旨以前,无论已未具题,以及法司驳查未复,并该督抚驳查未结各案,均予查办。若事犯羁禁在先,而招解结案在后,一概不予查办。其遣、军、流、徒各犯,仍照旧章办理。至刑部现审案内尚未具题斩、绞之犯,如业经法司会审,在恩旨以前者,准其一体查办;若尚未会审,即属未经定案,不准查办,以示限制。

○又奏准:蒙古遣犯,如有在配年限已满,及年老、废疾,恭逢此次恩旨之犯,务须切实详查,迅速咨报刑部暨理藩院,以凭核办。其有逃亡、病故者,亦应一并查明,俾有稽核。

## 流犯在道会赦

○凡流犯在道会赦,赦以奉旨之日为期,必于程限内未至配所会赦者,方准赦回。若虽未至配所,计行程过限者,不得以赦放。恐奸徒有意迁延。谓如流三千里,日行五十里,合该六十日程。未满六十日会赦,不问已行远近,并从赦放。若从起程日至奉旨日,总计有违限者,不在赦限。若在道有故者,不用此律。有故谓如沿途患病,或阻风、被盗,有所在官司保勘文凭者,皆听除去事故日数,不入程限,故云不用此律。若于途中曾在逃,虽在程限内遇赦亦不放免。其逃者身死,所随家口愿还者听。迁徙安置人准此。军罪亦同。其流犯及迁徙安置人已至配所,及犯谋反、叛逆缘坐应流,若造畜蛊毒、采生折割人、杀一家三人,会赦犹流者,并不在赦放之限。其徒犯在道会赦,及已至配所遇赦者,俱行放免。流犯加徒者,亦免加徒。

**谨案** 律名及律文首句,原作"徒流人在道会赦"。雍正三年(1725)奏准,徒犯虽已到配,会赦亦得援免,将"徒"字删去,改为"流犯"。又于"迁徙安置人准此"下,注"军罪亦同"四字。乾隆五年(1740),增注"赦以奉旨之日为期"句、"流犯加徒者,亦免加徒"句。

### 附律条例

○一、凡官员问拟徒罪,不论已未到配,遇赦减免,令各督抚造册咨部汇题存案。其有关人命拟徒常犯,遇赦减等,另册报部核办,不得与寻常徒犯按季册报。

**谨案** 此条乾隆四十一年(1776)定。

○一、凡在京八旗兵丁、闲散人等,因犯逃罪,及别项罪名,发遣黑龙江等处当差者,如在途遇赦回京,仍归入本旗档内严加管束,按期点验,不得听其游荡滋事。如五年后安静改悔,毫无事端,该旗酌其年力,止许以步甲、铁匠等差挑取。如该犯于此五年中怙恶不悛,又生事故,即发往伊犁充当苦差,不许挑取官差,永远不准放回。

**谨案** 此条乾隆四十二年(1777)定。

一、凡在京八旗兵丁、闲散人等,因犯逃罪,及别项罪名,发遣黑龙江、新疆等处当差者,如在途在配遇赦回京,仍归入本旗档内严加管束,即准以步甲等差挑取。倘挑差后怙恶不悛,仍复滋事,及脱逃被获者,即销除旗档,发遣烟瘴地方,照民人一例管束,不准释回。若未经挑差以前,复犯逃罪被获者,仍发黑龙江等处当差;若自行投回,毋论已未挑差,俱照旗人逃走自首例办理。其有犯别项罪名,各照本例科断。

**谨案** 此条嘉庆四年(1799)修改。

### 历年事例

○康熙九年(1670)复准:旗下人犯徒罪,枷号日期未满,遇赦即行释放。其民人犯徒罪已到配所遇赦者,亦照旗下人例免徒释放。

# 卷七百三十二·刑部十

## 名例律 犯罪存留养亲一

### 犯罪存留养亲一

凡犯死罪非常赦不原者，而祖父母、高、曾同。父母老七十以上。疾笃、废。应侍，或老或疾。家无以次成丁十六以上。者，即与独子无异，有司推问明白。开具所犯罪名并应侍缘由奏闻，取自上裁。若犯徒、流而祖父母、父母老疾无人侍养者，止杖一百，余罪收赎，存留养亲。军犯准此。

**附律条例**

〇一、凡犯罪有兄弟俱拟正法者，存留一人养亲。仍照律奏闻，请旨定夺。

**谨案** 此条遵康熙五十年(1711)谕旨定。

〇一、斗殴人命，以伤至数处及金刃致死者为重伤。若伤非金刃而伤止一二处，并戏杀、误杀为轻伤。内有因祖父母、父母老疾应侍，奏闻准其存留养亲者，令该地方官酌量该犯情由轻重，如系有力之家，情重者追银五十两，情轻者追银三十两；如果贫难无力之人，情重者追银二十两，情轻者追银十两，给予死者家属养赡。倘不给银两，将该犯仍照原拟治罪。再该犯情重情轻、有力无力，该抚于应侍疏内先行声明。

**谨案** 此条雍正三年(1725)定。

一、凡斗殴杀人之犯，以伤至数处及金刃致死者为重伤；以伤非金刃又止一二处，并戏杀、误杀为轻伤。如有祖父母、父母老疾应侍者，照例开具所犯情由请旨。如蒙恩准其存留养亲，将该犯照免死流犯例，枷号两月，责四十板。仍令该地方官酌量该犯情由轻重，如系有力之家，情重者追银五十两，情轻者追银三十两；如果贫难无力之人，情重者追银二十两，情轻者追银十两，给予死者家属养赡。该督抚先将该犯情重情轻、有力无力之处，于应侍疏内一并声明，仍照军流留养例，取具邻佑、族长等甘结，并地方官印结报部。倘有知情捏结等弊，照捏报军流留养例，分别议处治罪。

**谨案** 此条系乾隆五年(1740)增改。三十二年(1767)删去“照例开具所犯情由”句，改为“如有祖父母、父母应侍，奉旨准其存留养亲者”。四十二年(1777)，复将“仍照军流留养例”以下，改为“倘有假捏之弊，除本犯仍照原拟外，查报之地方官,及捏结之邻保、族长人等,俱照捏报军流留养例,分别议处、治罪”。

一、凡斗杀案内,有理直伤轻,及戏杀、误杀等案,照例准其留养。如该犯实系理曲,或金刃重伤,及虽非金刃而连殴多伤致死者,此等情重各犯,于定案日俱议以不准留养,该督抚仍将不合例之处附疏声明。至秋审时,查明该犯父母尚在,次丁尚未成立者,于本内声请,九卿核准,另册进呈,恭候命下,将该犯仍照留养例发落。朝审案件,一体遵行。

**谨案** 此条乾隆十四年(1749)定。

一、亲老丁单,及孀妇独子留养之犯,实系戏杀、误杀者,仍照例于题本内声请留养,法司随案核复外,其斗杀之案,无论理直伤轻,或实系理曲,或金刃伤重,或虽非金刃而连殴多伤致死者,该督抚于定案时,止将应侍缘由,于题本内声叙,不必分别“应准”“不应准”字样。俟秋审时,查明该犯父母尚在,次丁尚未成立者,取结报部,刑部会同九卿核拟,入于另册进呈,恭候钦定。朝审案件,一体遵行。

**谨案** 此条乾隆二十七年(1762)改定。

一、孀妇独子,有犯戏杀、误杀等案,如伊母守节已逾二十年者,该督抚查明被杀之人并非孤子,取结声明具题,法司核复,奏请留养。其斗殴杀人者,审无谋、故别情,该犯之母守节已逾二十年,而又年逾五十者,亦准其照例题请,法司核复,夹签入本,恭候钦定。如蒙恩准留养,俱照例枷责,追给埋葬银两。至犯该军、流、徒罪,除奸、盗、诱拐行凶,及有关伦理扰害地方者,照例科断外,其无知误犯者,该督抚查明,将果系独子,及伊母守节已逾二十年之处,声明报部详核,照例分别枷责,仍令按季汇题。

**谨案** 此条乾隆十一年(1746)定。

一、孀妇独子,有犯戏杀、误杀等案,如伊母守节已逾二十年者,该督抚查明被杀之人并非孤子,取结声明具题,法司核复,奏请留养。其斗殴杀人者,审无谋、故别情,该犯之母守节已逾二十年,而又年逾五十者,定案时亦准将应侍缘由,于本内声叙。至犯该军、流、徒罪,除奸、盗、诱拐行凶,及有关伦理扰害地方者,照例科断外,其无知误犯者,该督抚查明,将果系独子,及伊母守节已逾二十年之处,声明报部详核,照例分别枷责,仍令按季汇题。

**谨案** 此条乾隆三十二年(1767)改定。

一、戏杀、误杀之案,有亲老丁单,及孀妇独子,伊母守节已逾二十年者,该督抚查明,取结申明具题,法司随案核复,声请留养。其斗杀之案,审无谋、故别情,如有祖父母、父母老疾应侍,及其母守节已逾二十年,而又年逾五十者,无论理直伤轻,或实系理曲,或金刃重伤,或虽非金刃而连殴多伤致死者,该督抚于定案时,止将应侍缘由声明,不必分别“应准”“不应准”字样,统俟秋审时,查明该犯父母尚在,次丁尚未成立者,取结报部,刑部会同九卿核复,入于另册进呈,恭候钦定。朝审案件,一体遵行。

一、凡斗殴及戏、误杀人之犯，奉旨准其存留养亲者，将该犯枷号两月，责四十板，仍令该地方官酌量该犯情由轻重，以伤至数处及金刃致死者为重伤，以伤非金刃又止一二处，并戏杀、误杀为轻伤。如系有力之家，情重者追银五十两，情轻者追银三十两；如果贫难无力之人，情重者追银二十两，情轻者追银十两，给予死者家属养赡。该督抚先将该犯情重情轻、有力无力之处，于应侍疏内一并声明。倘有假捏情弊，除本犯仍照原拟外，查报之地方官，及捏结之邻保、族长人等，俱照捏报军流留养例，分别议处、治罪。

**谨案** 此二条，系乾隆五十三年(1788)将前数条修并。

一、夫殴妻致死，并无故杀别情者，果系父母已故，家无承祀之人，承审官据实查明，取具邻保、族长甘结，并地方官印结，将应行承祀缘由，于疏内声明请旨。如蒙圣恩俞允，将该犯枷号两月，责四十板，准其存留承祀。倘有捏称家无承祀之人，希图脱罪者，将本犯照律治罪；承审、出结各官及邻保人等，照例分别议处、治罪。

**谨案** 此条雍正十一年(1733)定。

一、夫殴妻致死，并无故杀别情者，果系父母已故，家无承祀之人，承审官据实查明，取具邻保、族长甘结，该督抚定案时，止将应行承祀之处于疏内声明，统俟秋审时取结报部，刑部会同九卿核拟，另册进呈，恭候钦定。如准其承祀，将该犯枷号两月，责四十板，存留承祀。至原题时亲老丁单声请留养之犯，遇有父母先存后故，与承祀之例相符者，亦俟秋审时确查取结，另行报部，九卿一体核拟具题。倘有捏称家无承祀之人，希图脱罪者，将本犯照律治罪；承审、取结各官及邻保人等，照例分别议处、治罪。

**谨案** 此条乾隆三十三年(1768)改定。

一、戏杀、误杀、擅杀、斗杀情轻，及无关人命，应拟死罪人犯，核其情节，秋审应入缓决可矜者，及仅止语言调戏，并无手足勾引，致本妇羞忿自尽之案，如有祖父母、父母老疾应侍，及孀妇独子，伊母守节已逾二十年者，该督抚查取各结，声明具题，法司随案核复，声请留养。其斗杀案内情节介在实缓之间者，该督抚于定案时，将应侍缘由声明，俟秋审时，该督抚再行查明取结报部，刑部会同九卿核定，入于另册进呈，恭候钦定。至夫殴妻致死，并无故杀别情，应行承祀之案，亦照斗杀例，分别情罪轻重办理。朝审案件，一体遵行。

**谨案** 此条嘉庆四年(1799)改定。

一、戏杀、误杀、擅杀、斗杀情轻，及无关人命，应拟死罪等项，应入缓决可矜人犯，定案时，犯亲年岁不符，原题内未经声明应侍，秋审后，核其祖父母、父母现已老疾，孀妇守节年分均已符合，或成招时家有次丁，嗣经身故，及被杀之家，先有父母，嗣已物故，与留养之例相符者，由各督抚查明，随时随案具题，刑部核明题复，准其留养。

**谨案** 嘉庆六年(1801)，查留养人犯，有成招时与例未符，原题内未经声叙者，向来均俟秋审缓决、奉旨减等后查办。嗣经奏准,已入缓决尚未减等之犯,无论入审次数,但核与留养之例相符者,准其随时随案声请。因改定此条。

一、戏杀、误杀、擅杀、斗杀情轻,及救亲情切,伤止一二处各犯,核其情节,秋审应入可矜之案,如有祖父母、父母老疾应侍,及孀妇独子,伊母守节已逾二十年者,该督抚查取各结,声明具题,法司随案核复,声请留养。其余各案,应俟秋审时分别实缓,该督抚于定案时,止将应侍缘由声明,不必分别"应准""不应准"字样,统俟秋审时取结报部,刑部会同九卿核定,入于另册进呈,恭候钦定。至夫殴妻致死,并无故杀别情,应行留养承祀之案,亦照斗杀例,分别情罪轻重办理。朝审案件,一体遵行。

一、凡戏杀、误杀、擅杀、斗杀情轻,及救亲情切,伤止一二处各犯,如定案时犯亲年岁不符,原题内未经声明应侍,秋审后,核其祖父母、父母现已老疾,孀妇守节年分均已符合,或成招时家有次丁,嗣经身故,及被杀之家,先有父母,嗣已亡故,与留养之例相符,由各督抚查明,已入秋审缓决可矜者,随时随案具题,刑部核明题复,准其留养。其未入秋审各案,应拟可矜者,亦准其随时查办;应缓决者,照例俟秋审时,取结报部办理。

**谨案** 此二条,嘉庆六年(1801)改定。

一、误杀秋审缓决一次例准减等之案,并戏杀、擅杀、斗杀情轻,及救亲情切,伤止一二处各犯,核其情节,秋审时应入可矜者,如有祖父母、父母老疾应侍,及孀妇独子,伊母守节已逾二十年,该督抚查取各结,声明具题,法司随案核复,声请留养。其余各案,秋审并非应入可矜,并误杀缓决一次不准减等者,该督抚于定案时,止将应侍缘由声明,不必分别"应准""不应准"字样,统俟秋审时取结报部,刑部会同九卿核定,入于另册进呈,恭候钦定。至夫殴妻致死,并无故杀别情,应行留养承祀之案,亦照斗杀例,分别情罪轻重办理。朝审案件,一体遵行。

一、凡误杀、戏杀、擅杀、斗杀情轻,及救亲情切,伤止一二处各犯,如定案时犯亲年岁不符,原题内未经声明应侍,秋审后,核其祖父母、父母现已老疾,孀妇守节年分均已符合,或成招时家有次丁,嗣经身故,及被杀之家,先有父母,嗣已物故,与留养之例相符,由该督抚查明,已入秋审缓决可矜者,随时随案具题,刑部核明题复,准其留养。其未入秋审各案,如戏杀、擅杀、斗杀应拟可矜,及误杀例准缓决一次减等者,亦准其随时查办。如误杀不准一次减等之案,及戏杀、擅杀、斗杀应拟缓决者,照例俟秋审时取结报部办理。如系擅杀,仍照例毋庸查被杀之家有无父母。

**谨案** 嘉庆十一年(1806)议准,例载误杀应入缓决之案,秋审一次之后,奏明减为杖一百、流三千里。如所杀系其人之祖父母、父母、伯叔父母、妻、兄弟、子孙、在室女者,俱俟查办缓决时,再行照例办理。是误杀一项,缓决一次之后,既有准减、不准减之分,则亲老丁单应否随案留养,亦应分别办理。因改定此二条。

一、凡斗杀命案,于相验时,即将凶犯有无祖父母、父母老疾,及该犯是否独子,讯证明确,一并详报。定案时,如应留养,再行取结。若到案时非例应留养之人,及成招时其祖父母、父母已成老疾，或兄弟子侄死亡，仍一体援例留养。

**谨案** 此条乾隆十年(1745)定。

一、亲老丁单声请留养之案，除戏杀、误杀及斗杀情轻，或斗杀情节稍重，审无谋、故别情，应俟秋审时核办者，仍照定例分别办理外，其谋杀、故杀及连毙二命，秋审时应入情实无疑之案，定案时虽系亲老丁单，毋庸声明应侍缘由。

**谨案** 此条嘉庆五年(1800)定。

一、凡人命案件，于相验时，即将凶犯之亲有无老疾，该犯是否独子，讯证明确，一并详报。定案时，系戏杀，及误杀秋审缓决一次例准减等之案，并擅杀、斗杀情轻，及救亲情切、伤止一二处各犯，核其情节，秋审时应入可矜者，如有祖父母、父母老疾应侍，及孀妇独子，伊母守节已逾二十年者，或到案时非例应留养之人，追成招时，其祖父母、父母已成老疾，兄弟子侄死亡者，该督抚查取各结，声明具题，法司随案核复，声请留养。其余各案，秋审并非应入可矜，并误杀缓决一次例不准减等者，该督抚于定案时，止将应侍缘由声明，不必分别"应准""不应准"字样，统俟秋审时取结报部，刑部会同九卿核定，入于另册进呈，恭候钦定。其谋、故杀及连毙二命，秋审应入情实无疑之案，虽亲老丁单，毋庸声请留养。至夫致死妻，应行留养承祀之案，无论殴杀、故杀，统于秋审时取结，分别情罪轻重办理。朝审案件，一体遵行。

一、凡戏杀、误杀、擅杀、斗杀情轻，及救亲情切、伤止一二处各犯，如定案时犯亲年岁不符，原题内未经声明应侍，秋审后核其祖父母、父母现已老疾，孀妇守节年分均已符合，或成招时家有次丁，嗣经身故，及被杀之家，先有父母，嗣已物故，与留养之例相符，由各督抚查明，已入秋审缓决可矜者，随时随案具题，刑部核明题复，准其留养。其未入秋审各案，如擅杀、斗杀应拟可矜，戏杀及误杀例准缓决一次减等者，亦准其随时查办。如误杀不准一次减等之案，及擅杀、斗杀应拟缓决者，照例俟秋审时取结报部办理。如系擅杀，仍照例毋庸查被杀之家有无父母。

**谨案** 此二条，系嘉庆十六年(1811)改并。十九年(1814)查擅杀、斗杀应入可矜者，俱准随案声请留养。其夫殴、故杀妻之案，有死系骂詈翁姑、不孝有据者，例内未经申明，秋审应入可矜，准其随案声请留养承祀。系属挂漏，是以增定。又原文守节之母下有"已逾"二字，道光十二年(1832)以守节之母，甫届二十年，即准留养，因删去；并于"无论殴杀、故杀"下，增入"如核其情节，秋审应入可矜者，亦准随案声请。其余"二十字。

○一、凡部内题结军、流、徒犯，及免死流犯，发遣以前，告称祖父母、父母老疾，家无以次成丁者，如属大、宛二县民人，该县出结，府尹确察报部；如属五城民人，掌印兵马司指挥出结，巡城御史确察报部；如属外省民人，州县官出结，司、道、府官转详督抚，督抚确察报部。军、流、徒犯，照数决杖，余罪收赎；免死流犯，枷号两月，杖一百，俱准存留养亲。人犯在外省者，不必解部，该督抚照此例发落。若有捏出印结，及受贿事发者，从重论。失察者，交该部议处。其乡约、地保、总甲、十家长、两邻内,有徇庇假捏出结者,杖一百;受财出结者,杖一百、徒三年。若地方官出结后,上司复令察出,或原官察出,及乡约人等首送者,除本犯仍行发遣外,官员及乡约人等俱免议。其在外人犯,咨解到部之后告留养者不准。

**谨案** 此条雍正三年(1725)定。

一、凡部内题结军、流、徒犯,及免死流犯,未经发配以前,告称祖父母、父母老疾,家无以次成丁者,如属大、宛二县民人,该县出结,府尹确察报部;如属五城民人,掌印兵马司指挥出结,巡城御史确察报部;如属外省民人,州县出结,督抚确察报部。军、流、徒犯,照数决杖,徒罪枷号一月,军、流枷号四十日,免死流犯枷号两月,俱准存留养亲。其各省题结人犯,不必解部,该督抚照此例发落。若知情捏出印结,以故出论。如有受贿情弊,以枉法论。失察者,交该部议处。其邻保、族长等内有假捏出结者,杖一百;受财出结者,以枉法从重论。若地方官出结后,上司复令察出,或原官察出,及乡约人等首送者,除本犯仍行发配外,官员及邻保人等俱免议。其在外人犯,咨解到部之后告留养者不准。

**谨案** 此条系乾隆五年(1740)改定。三十八年(1773)将"假捏出结者"下"杖一百"句,改为"照证佐不言实情减本犯罪二等律治罪"。

一、凡军、流、徒犯,审系奸、盗、诱拐行凶,及有关伦理扰害地方者,虽遇亲老丁单,概不准留养。

**谨案** 此条系乾隆二十一年(1756)定。

一、凡审办军、流、徒罪之案,无论应否留养,俱照命案之例,于到案日,讯明本犯有无祖父母、父母、兄弟、子孙,及年岁若干,于供内叙明存案。如定案之初,不遵例取具有无祖父母、父母各供者,承审之员,照军流等犯未经审出实情例议处。

**谨案** 此条乾隆四十五年(1780)定。

一、凡部内题结军、流、徒犯,及免死流犯,未经发配以前,告称祖父母、父母老疾应侍,及其母系属孀妇,守节已逾二十年,家无以次成丁者,如属大、宛二县民人,该县查明,府尹确察报部;如属五城民人,兵马司掌印指挥查明,巡城御史确察报部;如属外省民人,州县官查明,督抚确察报部。军、流、徒犯,照数决杖,徒犯枷号一月,军、流枷号四十日,免死流犯枷号两月,俱准存留养亲。其各省人犯,该督抚照此确查办理。若军、流、徒犯内,有犯奸、强盗、积匪猾贼、诱拐,及有关伦理,并凶徒扰害地方者,不准留养。

一、军、流、徒犯,若非独子,地方官知情捏报,以故出论;如有受贿情弊,以枉法论。失察者,交部议处。其邻保、族长人等有假捏出结者,照证佐不言实情减本犯罪二等律治罪;受财者,以枉法从重论。若地方官查报后,复将假捏情弊自行查明,或上司复饬察出,及邻保人等自行首送者,除本犯仍行发配外,官员及邻保人等俱免罪。其在外人犯,咨解到部之后始告留养者,不准查办。至定案之初,不遵例取具有无祖父母、父母、兄弟、子孙及年岁若干确供者,承审之员,照军流等犯未经审出实情例议处。

**谨案** 此二条,系乾隆五十三年(1788)将前三条修并。嘉庆六年(1801),删去第二条内人犯到部不准告养数句。于第一条"该督抚确查办理"句下,增"若在外人犯,咨解到部之后始告留养者,取具该犯确供,一面解配,一面行查原籍督抚",及"人犯甫经到配,告称留养者,该配所一面收管,一面行查。如果例应留养,取结报部,将该犯解籍留养。原审官,照军流等犯未经审出实情例议处"九十一字,其"若军、流、徒犯内"以下三十四字删。

○一、杀人之犯,有奏请存留养亲者,查明被杀之人有无父母、是否独子,于本内声明。如被杀之人亦系独子,亲老无人奉侍,则杀人之犯不准留养。

**谨案** 此条雍正三年(1725)遵旨定。

一、擅杀罪人之案,与斗杀致毙平人者有间,如有亲老丁单应行留养者,该督抚照例取结送部核办,毋庸查被杀之人有无父母、是否独子。

**谨案** 此条系乾隆五十四年(1789)定。

一、杀人之犯,有奏请存留养亲者,查明被杀之人有无父母、是否独子,于本内声明。如被杀之人亦系独子,亲老无人奉侍,[①]则杀人之犯不准留养。若被杀之人,无姓名、籍贯可以关查者,仍准其声请留养。至擅杀罪人之案,与殴毙平人者不同,如有亲老应侍,照例声请,毋庸查被杀之家有无父母、是否独子。

**谨案** 此条系嘉庆六年(1801)将前二条修并。

一、杀人之犯,有秋审应入缓决应准存留养亲者,查明被杀之人有无父母、是否独子,于本内声明。如被杀之人亦系独子,但其亲尚在,无人奉侍,不论老疾与否,杀人之犯皆不准留养。若被杀之人,平日游荡离乡,弃亲不顾,或因不供养赡,不听教训,为父母所摈逐,及无姓名、籍贯可以关查者,仍准声请留养。至擅杀罪人之案,与殴毙平民不同,如有亲老应侍,照例声请,毋庸查被杀之家有无父母、是否独子。

**谨案** 此条嘉庆二十四年(1819)增修。道光四年(1824),因被杀者之父母虽未老疾,但现在别无次丁,即属无人奉侍,原例内"被杀之人亦系独子,亲老无人奉侍"等语,尚未明晰,是以改定。

○一、凡旗人犯斩、绞、外遣等罪,例合留养承祀者,照民人一体留养承祀。

**谨案** 此条乾隆三年(1738)定。嘉庆六年(1801)增"承祀"二字。

○一、殴胞兄及大功、小功尊长致死,应拟斩决人犯,有奏请留养承祀者,改为拟斩监候。遇秋审、朝审时,该督抚并承审衙门,先期查明该犯父母是否尚存、其子已未成丁,取具印结,逐一声明,拟以缓决。九卿会审,另册进呈,恭候钦定。

**谨案** 此条乾隆八年(1743)定。

一、弟殴胞兄致死,援例承祀,改拟斩监候,于秋审、朝审时另册进呈。蒙恩减等

---

① "奉侍"原文作"奉祀",据《钦定大清会典事例(嘉庆朝)》改。

者,杖一百、流三千里,不准折枷责完结。

**谨案** 此条乾隆十一年(1746)定。

一、凡弟杀胞兄,及殴杀大功以下尊长者,皆按律定拟,概不准声请留养承祀。若按其所犯情节实可矜悯者,该督抚于疏内叙明,恭候钦定。至夫殴妻致死应留养承祀之案,仍照定例遵行。

**谨案** 此条乾隆十三年(1748)定。三十七年(1772)因殴妻致死另有专条,此处删去。

一、凡卑幼殴死本宗期、功尊长者,皆按律定拟,概不得声请留养承祀。若按其所犯情节实可矜悯者,该督抚于疏内声明,恭候钦定。至殴死本宗缌麻、外姻功缌尊长,如有亲老丁单,应行留养,统俟秋审时,取结分别办理。

**谨案** 此条嘉庆十六年(1811)修改。

一、凡卑幼殴死本宗期、功尊长,定案时皆按律问拟,概不准声请留养。其有所犯情节,实可矜悯,奉旨改为斩监候者,统俟秋审二次蒙恩免勾,奏明改入缓决之后,由该督抚查明该犯应侍缘由,于秋审时,取结报部核办。至殴死本宗缌麻、外姻功缌尊长,如有亲老丁单,应行留养,均俟秋审时,取结分别办理。

**谨案** 此条道光十五年(1835),因卑幼殴死本宗期、功尊长,虽情节实可矜悯,惟服制攸关,未便于定案时遽准声请留养,致较寻常斩、绞人犯办理转轻,是以改定。

○一、凡因诬告拟流加徒之犯,除被诬罪名应准留养者,仍照定例遵行外,如诬告人谋、故杀,及为强盗等罪,以致被诬良民久淹狱底,身受刑讯,荡产破家,追审明反坐者,依律问发,不准留养。

**谨案** 此条乾隆十四年(1749)定。

○一、凡留养之犯,在他省获罪,审系游荡他乡,远离父母,即属忘亲不孝之人,虽与例相符,不准留养。若系官役奉差,客商贸易,确实有据,及两省地界毗连,相距在数十里以内者,该督抚于定案时察核明确,附疏声明,仍按情罪轻重,照旧划一定拟。

**谨案** 此条系乾隆十七年(1752)定。

一、凡曾经忤逆犯案,及素习匪类,为父母所摈逐者,虽遇亲老丁单,概不准留养。

**谨案** 此条系乾隆二十一年(1756)定。

一、凡曾经触犯父母犯案,并素习匪类,为父母所摈逐,及在他省获罪,审系游荡他乡,远离父母者,俱属忘亲不孝之人,概不准留养。若系官役奉差,客商贸易,在外寄资养亲,确有实据者,及两省地界毗连,相距在数十里以内者,该督抚于定案时察核明确,按其情罪轻重,照例将应侍缘由,于题咨内声叙。

**谨案** 此条系乾隆五十三年(1788)将上二条修并。嘉庆元年(1796),"忤逆"二字改为"触犯"。

# 卷七百三十三·刑部十一

## 名例律　犯罪存留养亲二

**犯罪存留养亲二**

〇一、凡问拟死罪人犯，因亲老丁单，照例留养，发落之后有干犯，无论轻重罪名，即照现犯之罪按律定拟，不准复请留养。

**谨案**　此条乾隆二十一年(1756)定。五十三年(1788)，将“干犯”二字，改为“并不安分守法，别生事端”十字。

一、凡斗杀等案，及殴妻致死之犯，奉旨准其留养承祀者，将该犯枷号两月，责四十板。斗杀等案，追银二十两，给死者家属养赡。至殴妻致死，原题时亲老丁单，声请留养，遇有父母先存后故，与承祀之例相符者，各督抚于秋审时查明取结，另行报部，九卿一体核拟具题。倘有假捏等弊，除本犯仍照原拟，不准留养承祀外，查报之地方官，及捏结之邻保、族长等，俱照捏报军流留养例，分别议处、治罪。若留养承祀之后，如有不安分守法，别生事端者，无论罪名轻重，即照现犯之罪按律定议，不准复行声请。

**谨案**　此条系嘉庆六年(1801)，将乾隆五十三年(1788)所定例内“枷责”“追银”等语，及三十三年(1768)所定“夫殴妻死”条内“父母先存后故，与承祀之例相符”等语，并入前条纂定。

〇一、凡独子留养之案，如该犯本有兄弟并侄出继，可以归宗者，及本犯身为人后，所后之家可以另继者，概不得以留养声请。若该犯之兄弟与侄出继，所后之家无可另继之人，不可归宗，及本犯所后之家无可另继者，仍准其声请留养。

**谨案**　此条前半不准留养，系乾隆三十二年(1767)定，后半系嘉庆六年(1801)增辑。

一、凡军、流人犯，有兄弟并侄出继可以归宗者，仍照定例不准声请留养外，其徒罪人犯，兄弟并侄出继者，毋庸令其归宗，概准声请留养。

**谨案**　此条嘉庆四年(1799)定。

一、凡死罪及军、流、遣犯独子留养之案，如该犯本有兄弟并侄出继，可以归宗者，及本犯身为人后，所后之家可另继者，概不得以留养声请。若该犯之兄弟与侄出继所后之家，无可另继之人，不可归宗，及本犯所后之家无可另继者，仍准其声请留养。其徒罪人犯,兄弟并侄出继,毋庸令其归宗,及本犯身为人后,毋庸另继,概准声请留养。

**谨案** 此条嘉庆十六年(1811)将前二条修并。

○一、遣犯内,强盗窝主造意不行,又不分赃者;旗下正身犯积匪者;拿获逃人,不将实在窝留之人供出,再行妄扳者;发遣云贵两广烟瘴偷刨人参人犯,在配脱逃者;盛京旗下家奴为匪,逃走至二次者;派往各省驻防满洲兵丁,临行及中途脱逃者;用药迷人,甫经学习,即行败露者;用药迷人,已经得财为从者;用药迷人,被迷之人当时知觉,未经受累者;闽省不法棍徒,引诱偷渡之人,包揽过台,中途谋害人未死同谋者;应发极边烟瘴罪人,事发在逃,被获时有拒捕者;开窑诱取妇人子女勒卖为从者;永远枷号人犯,已逾十年,原拟死罪,并应发新疆、黑龙江者;大伙枭徒拒捕伤差案内之灶丁、窝家;及军营脱逃兵丁,在军务未竣以前投首者;军营脱逃余丁被获者;聚众夺犯杀差案内,随同拒捕,未经殴人成伤者;川省匪徒在野拦抢,四人至九人,未经伤人者;台湾无藉游民凶恶不法,犯该徒罪以上情重者;贼犯犯罪事发,抗拒杀差案内为从,在场助势者;罪囚越狱脱逃,三人以上,原犯徒罪为从,及杖、笞为首,并一二人,原犯军、流为从,及徒罪为首者;幕友、长随、书役等倚官妄为,累及本官,罪应军、流以上,与同罪者;新疆兵丁、跟役,如有酗酒滋事,互相调发者;行窃军犯,在配复行窃者;抢夺金刃伤人及折伤,下手为从者;积匪猾贼,及窝留者;回民犯窃,结伙三人以上,执持绳鞭器械者;开棺见尸二次为从者;引诱包揽偷渡过台,招集男妇至三十人以上者;军、流、徒犯内强盗,并有关伦理,及凶徒扰害地方,罪应发遣者,俱不准声请留养。

一、抢、窃满贯拟绞,秋审缓决一次者;窃盗三犯,赃至五十两以上拟绞,秋审缓决一次者;三次犯窃,计赃五十两以下至三十两,及三十两以下至十两者;窃赃数多,罪应满流者;抢夺伤人,伤非金刃,伤轻平复者;窃盗临时拒捕,伤非金刃,伤轻平复者;发掘他人坟冢见棺椁为首,及开棺见尸为从者;内地民人在新疆犯至军、流,互相调发者;调奸未成,和息后因人耻笑,复追悔抱忿自尽,致死二命者;行营金刃伤人者;川省匪徒在野拦抢,十人以上,被胁随行者;凶徒因事忿争,执持军器殴人至笃疾者;伙众抢去良人子弟,强行鸡奸之余犯,问拟发遣者;并军、流、徒犯内,造卖贩卖赌具、诱拐,及各项情轻人犯,果于未经发配,及甫经到配以前,告称有祖父母、父母老疾应侍,与例相符,准其留养一次,照例枷责,分别刺字,详记档案。若留养之后,复犯军、遣、流、徒等罪,概不准再行留养。

**谨案** 此二条,俱嘉庆六年(1801)定。查嘉庆三年(1798)奏准,将"强盗窝主"等项二十五条情节较重者,不准留养;"抢、窃满贯"等项二十二条情节较轻者,准其留养。至嘉庆六年(1801)定例时,于不准留养款内,将"知情诱拐者""旗人犯罪发遣赦回,已挑差使,又生事故者""洋盗案内被胁服役者"三条删去,增入"行窃军犯在配复行窃者""抢夺金刃伤人及折伤,下手为从者""积匪猾贼及窝留者""回民犯窃,结伙三人以上,执持绳鞭器械者”“开棺见尸二次为从者”“引诱包揽偷渡过台,招集男妇至三十人以上者”六条。于准留养条内,增入“知情诱拐”一条,将“旗人逃走,在一月以内自行投回,及拿获者”一条删去。又改入不准留养六条。嘉庆十六年(1811),又于不准留养条款内,删去“旗下正身犯积匪者”一条,增入“蠹役诈赃十两以上者”“积惯讼棍罪应拟军者”二条。

一、遣犯内,强盗窝主,造意不行,又不分赃者;拿获逃人,不将实在窝留之人指出,再行妄扳者;发遣云贵两广烟瘴偷刨人参人犯,在配脱逃者;盛京旗下家奴为匪,逃走至二次者;派往各省驻防满洲兵丁,临行及中途脱逃者;用药迷人,甫经学习,即行败露者;用药迷人,已经得财为从者;用药迷人,被迷之人当时知觉,未经受累者;闽省不法棍徒,引诱偷渡之人,包揽过台,中途谋害人未死同谋者;应发极边烟瘴罪人,事发在逃,被获时有拒捕者;开窑诱取妇人子女勒卖为从者;永远枷号人犯,已逾十年,原拟死罪,应发遣充军者;大伙枭徒拒捕伤差案内之灶丁、窝家;及军营脱逃兵丁,在军务未竣以前投首者;军营脱逃余丁被获者;聚众夺犯杀差案内,随同拒捕,未经殴人成伤者;川省匪徒在野拦抢,四人至九人,未经伤人者;台湾无藉游民,凶恶不法,犯该徒罪以上情重者;贼犯犯罪事发,抗拒杀差案内为从,在场助势者;罪囚越狱脱逃,三人以上,原犯徒罪为从,及杖、笞为首,并一二人,原犯军、流为从,及徒罪为首者;幕友、长随、书役等倚官妄为,累及本官,罪应军、流以上,与同罪者;新疆兵丁跟役,如有酗酒滋事,互相调发者;行窃军犯,在配复行窃者;抢夺金刃伤人及折伤,下手为从者;积匪猾贼,及窝留者;回民犯窃,结伙三人以上,执持绳鞭器械者;开棺见尸二次为从者;引诱包揽偷渡过台,招集男妇至三十人以上者;蠹役诈赃十两以上者;积惯讼棍罪应拟军者;鸦片烟案犯,问拟流罪以上者;军、流、徒犯内强盗,并有关伦理,及凶徒扰害地方,罪应发遣者,俱不准声请留养。

**谨案** 此条道光十年(1830)、十九年(1839)两次增改。“不分赃者”句下,删原有“旗下正身犯积匪者”八字;“应发新疆、黑龙江者”八字,改“应发遣充军者”六字;“三十人以上者”句下,增入“蠹役诈赃至流罪以上者”三十字。同治九年(1870),将“鸦片烟案犯,问拟流罪以上者”句节删。

〇一、凡军务未竣以前自首逃兵内,如实系因病落后,并非无故脱逃,而其父兄曾经殁于王事,又亲老家无次丁者,准其留养。其无故脱逃,续经拿获者,虽有父兄殁于王事,仍不准其留养。

**谨案** 此条系嘉庆六年(1801)定。

〇一、尊长故杀卑幼之案,如有亲老丁单,定案时于疏内声明,俟秋审时取结报部,分别情罪轻重办理。

**谨案** 此条嘉庆十一年(1806)定。

〇一、各衙门差役犯案,除因公致罪,及因人连累,或寻常过犯,并无倚势滋扰情事,遇有亲老丁单,仍准查办留养外,其余概不准声请留养。

**谨案** 此条道光十七年(1837)增定。

**历年事例**

○康熙四年(1665)谕:"凡犯死罪,非常赦所不原者,有祖父母、父母老疾应侍,家无以次成丁者,开具所犯罪名奏闻,取自上裁。律文所有者,着照律行。其犯赃等罪流徙人犯,有祖父母、父母老疾无人侍养者,取地方官印结,或照律存留养亲,或仍应流徙,请旨定夺。"

○十年(1671)议准:凡拟军罪之犯,果有祖父母、父母老疾,家无以次成丁者,责四十板,将军罪照依流罪收赎,准其存留养亲。

○十二年(1673)题准:凡免死拟罪人犯,有告称祖父母、父母老疾无依,家无以次成丁者,移文该地方官查取印结,照旗下人例枷号两月,责四十板,准其存留养亲。若地方官不行详查,结报不实者,议处。

○十四年(1675)题准:凡已经具题案内,干连军、流、徒罪犯人,若有准其存留养亲者,不必具题,照例发落。

○十八年(1679)题准:凡内外问拟军、流,及免死减等犯人,有乡约、地方、十家长、两邻假捏出结,存留养亲者,乡约、地方,各责四十板;十家长并两邻,徒三年,到配所责四十板。

○又复准:地方官将存留养亲人犯假捏出结者,降二级调用;转详上司,罚俸一年;具题督抚,罚俸六月。如系受贿出结者,革职提问;转详上司,降三级调用;督抚,降一级留任。

○二十一年(1682)复准:凡总甲、衙役,受流犯财物,通同说事,假捏出结者,俱照两邻出结之例,徒三年,到配所责四十板。其不受财出结者,仍责四十板。

○二十六年(1687)题准:军、流人犯发遣时,有控告存留养亲者,该督抚严行确查,并取该管官印结,或应具题,或应咨部,俱照例准其存留。若有假捏情弊,该督抚并地方官,俱交与该部照例议处。其人犯咨解到部之后,如有控告年老残疾,及无以次成丁者,仍不准行。

○二十九年(1690)议准:军、流人犯,有祖父母、父母告称老疾无依,家无以次成丁者,系大、宛二县所属,停其副指挥、吏目具结送部,令大、宛二县具结,申送府尹、治中,治中出结,府尹确查转送;如五城所属,亦停其副指挥、吏目具结送部,令掌印兵马司出结,该城御史确查转送;外省,令知府、知州出结,司、道官确查,申详督抚严察转送。若有以次成丁而谎出印结,有受贿发觉者,从重议处。若有失查之处发觉者,将不行确查各官,俱照例处分,本犯仍行发遣。

○四十二年(1703)谕:"凡罪犯存留养亲,必其亲系无罪可悯之人,方可奏请。若其亲系有罪之人,不可引留养例。"

○四十三年(1704)复准:凡罪犯之父年五十岁以上,应不准留养。但委系废疾,家无次丁,应照例将罪犯枷号两月,仍准留养。

○五十年(1711),礼部会奏朝鲜国人杀害上国人等因具题。奉旨:"这事情依议。前审事旗员奏'朝鲜国罪犯内,有亲兄弟三四人'等语。本朝例兄弟俱拟正法者,存留一人养亲。这案罪犯若有亲兄弟三四人,亦着照此例存留一人养亲。将此交部咨行朝鲜国王。"

○五十五年(1716)复准:安插奉天人犯,祖父母、父母老疾,家无次丁者,不准留养。

○雍正二年(1724)谕:"例内虽有父母年老、家无次丁应存留养之条。但凶徒恃此有意伤人,殊未可定。已死之人,亦属可矜。嗣后如此类存留养亲之人,视其所犯罪之轻重,作何多派出银两给予死者之家,若不给予,仍照原拟治罪之处,着刑部定例议奏。"

○又谕:"杀人之犯,因伊亲老又家无次丁,即奏请免死留养。然亦须查明被杀之人有无父母、是否独子。若系亲老,又系独子,一旦被杀身死,以致亲老无人养赡,而杀人之人,反得免死留养,殊与情理未协。着行文直省各督抚,嗣后如奏请杀人之犯存留养亲者,将被杀之人有无父母及以次成丁之处,一并查明,于本内声明具奏。"

○三年(1725)谕:"斗殴杀人,本应抵偿。其奏准存留养亲,追给埋葬银两,乃法外之仁。但既俱免其抵偿,自应照数追给,以恤死者之家。若止存给付之名,而无收受之实,是不但于情理未协,而于法律亦未为允当。嗣后一应追给埋葬银两之案,务必交与该管地方官,实在照数追出,给付死者之家,然后将该犯释放,报部存案。若不行照数给付者,必将该犯仍行监追。倘并未追给而捏称给付,即将该犯释放者,告发之日,将该管地方官一并从重议处。着详察定例议奏。钦此。"遵旨议准:嗣后遇有此等案件,着该地方官照数追出,给付死者之家,取具的属收领,然后将该犯释放。徒、杖细事,俱报部存案。若不行给付,将该犯系管押者仍行管押,监禁者仍行监禁,勒限追给。如未给付而捏称给付,并无的属收领而捏称收领,即将本犯妄行释放者,告发之日,犯人本罪不准援免,地方官一并从重议处。

○四年(1726),刑部议复吕高戳死胞兄一案。奉旨:"一家兄弟二人,弟殴兄至死而父母尚存,则有家无次丁、存留养亲之请。倘父母已故而弟杀其兄,已无请留养亲之人,一死一抵,必致绝其祖宗禋祀,此处甚宜留意。若因争夺财产,或另有情由,又当别论。吕高殴死其兄,其家中有无承祀之人,交与该部察明具奏。嗣后应如何定例之处,着九卿确议具奏。钦此。"遵旨议准:除有父母之人,弟杀胞兄,家无次丁,照律存留养亲外,其无父兄,或因争夺财产,或另有情由致死,并家有承祀之人者,仍照律定拟。如非争夺财产,并无别情,或系一时争角互殴,将胞兄致死,而父母已故,别无兄弟,又家无承祀之人,应令该地方官据实查明,取具邻佑、阖族、保长并地方官印甘各结,将该犯情罪,于疏内声明请旨。如蒙圣恩准其承祀,将该犯免死减等,枷号三月,责四十板,存留承祀。若死者与凶手已经分家,各有产业,令地方官查明死者应嗣亲支,令其立嗣。日后凶手生子,不得与立嗣之人争产。如无应嗣之人,死者遗有妻女,即给予妻女养赡。俟死者之妻死女嫁后,将产业给予族中公祠主祭之人,留作祭祀公用。若死者与凶手,尚未分居,将产业酌量以十分之二给予凶手。如恃有存留之例,捏称家无承祀,并隐讳别情,以图开脱该犯者,或经查出,或被旁人首告,将该犯仍照律治罪;其承审各官,俱照故出人罪律,交与吏部议处;将出结之乡约人等,俱照例责四十板;十家长并邻、族之人,徒三年,到配所责四十板。

〇六年(1728)谕:"据李卫奏'诸暨县民章王相,致死无服族叔章简恒,章王相之母,年五十七岁,与年老应侍之例未符,但系青年早寡,全赖章王相侍养,可否准予留养,出自圣恩'等语。章简恒之侄章佳生,担水经过章王相之门,王相索饮,佳生不与,王相之母王氏出言呵骂,佳生亦即回骂。王氏遂往诉伊叔简恒之家,两相争角。简恒将王氏揪发揿打,王相奔往,拾取铁锄,殴伤简恒脑后殒命。夫索水不与,其事甚小,而王相母子遂寻闹忿争。是起衅者,实王相母子也。王相殴打族叔,以卑凌尊,而又用铁锄凶恶之器,非手足木械可比,其情实无可原。况伊母未及应侍之年,但以守寡之故,遂另开留养之条,而宽其杀叔之罪,恐天下凶暴之徒,仗母氏之居孀,而逞好勇斗狠之习者不少矣。所奏不合,着严饬行。章王相照例拟绞,着监候秋后处决。"

〇又谕:"向来定例,斩、绞等犯,非常赦所不原者,其父母年至七十,家无次丁,始将应否留养之处,开明罪犯情由,请旨定夺,此乃法外之仁也。然亦必本犯之罪有可原,其父母之情有可悯,然后准其留养。从前鹤六斤之案,其父母年未七十,而李绂违例两请,法司议复时,即照李绂两请具奏。朕以被殴之人,系抽风身死,情罪尚轻,姑从宽典,准其留养,并非著为定例也。今宜兆熊等将柳文保殴死柳满福之案,援引鹤六斤之案,两请具题,该部理应严行驳诘,按律定拟,方为平允。今德明、黄国材等,仍照宜兆熊等两请议复,伊等之意,不过欲自沽宽大之虚名,而不顾国家之宪典。殊不知将实在有罪之人,枉法纵释,并不受囹圄之拘禁,使死者含冤,生者抱痛,积孽亦已深矣。而欲以此邀福于冥冥之中,有此天理乎?且定例父母七十,方行两请。是合例之人,尚须酌其情罪之轻重而从宽。今若又开未及七十留养之例,将来各省效尤,凡父母现存之人,皆可援以为请,而斗殴杀伤拟抵者无几矣。凶暴之徒,必致肆行无忌,何以示惩,甚为人心风俗之患。司刑宪者亦曾思及此乎?若情罪可轻,该督抚即当据实陈奏,朕自揆情度理,开恩宽宥,何得强引留养,以开枉法之端。"

〇十一年(1733)谕:"独子留养之条,乃国家法外之仁。而凶恶之徒,往往恃有恩例,肆意妄行。或众人共殴,而推诿于一人,或一人独承,以脱众人之罪。在无识之有司,又以姑息为宽大,迁就具狱。种种弊端,难以悉数。是以每年奏请独子留养之案甚多。凡杀人者抵偿,乃天理人情之正。或其中情有可原,而曲从宽典,此又体古帝王罪疑惟轻之意。随时酌量者,若不论情罪轻重,而但以独子概令从宽,已非情理之当,况其间未必尽系独子乎。有罪之人,侥幸漏网,恐成长奸之渐。但定例已久,朕不便遽行改易,且不教而杀,有所不忍。着通行晓谕内外军民人等,已身既为独子,更当思念父母无依,谨身奉法,以远刑辟。若好勇斗狠,怙恶不悛,数年之后,独子伤人之案,仍复不减,朕惟有执法抵罪,以惩凶顽,不能曲为宽假也。此旨着通行宣布,务令远乡僻壤之人,咸使闻知。"

○乾隆十三年(1748)议准:嗣后除夫殴妻致死,并无故杀及可恶别情者,仍照例准其存留承祀外,至弟杀胞兄,与殴杀大功以下尊长者,一经有犯,皆按律定拟,概不准声明独子,援请承祀。并关系服制一切留养之例,亦悉行删除。若其中实有万不得已情由,应行临时酌量者,各该督抚于疏末据实声明,恭候钦定。

○十七年(1752)谕:"嗣后凡例应留养之犯,必查明现在本籍者,方准援请。若在他省获罪,即属忘亲不孝之人,虽与例相符,该部亦应不准其留养。"

○十九年(1754)谕:"从前各省寻常斗殴情罪稍重之案,经部定议不准留养。后因此等人犯,秋审时原不至入情实,徒使淹禁囹圄,而穷老孤孀,无所倚赖,于乾隆十五年(1750)特颁谕旨,令该督抚秋审时另册办理。但十五年以前,此等亲老丁单之犯,间有原题内未经声叙者,遂不得一例邀恩,情亦可悯。着该部传谕各该督抚,将从前虽未附疏声明,确有成招原案可凭者,据实查明,准其一体入于另册,量予末减,以示矜恤。"

○三十三年(1768)议准:殴妻致死之案,其例应留养者,俟秋审时查办;例应承祀者,即于疏内声明。查承祀较之父母现存赖以侍养者,势可从缓,乃得随疏题请开释,未免迟速不同。嗣后例应承祀之犯,照留养例于本内声叙,统俟秋审时核拟。

○嘉庆五年(1800)谕:"刑部奏《逃兵孙有可否准其留养》一折。军营逃兵,在军务未竣以前投首,拟发遣罪者,原不应准其留养。惟念孙有因染患疥疮,行走落后,逃回畏罪自首,且该犯之母曹氏,现年七十一岁,伊胞兄孙斌,先经阵亡,该犯兄弟二人,均未娶妻生子,家无次丁,茕孀孤苦,殊堪悯恻,着加恩准其留养。嗣后军务未竣以前自首逃兵内,如实系因病落后,并非无故脱逃,而其父兄曾经殁于王事,又亲老家无次丁者,均着照此案孙有之例,准其留养。其无故脱逃,续经拿获者,虽有父兄殁于王事,仍不准其留养。著为令。"

○六年(1801)谕:"朕思律内有承祀、留养两条,原系法外施仁,必须核其情罪甚轻,始可量加末减。于施惠之中,仍不失惩恶之意,方足以昭平允。若不论罪案轻重,止因家无次丁,概准承祀、留养,则凶恶之徒,谂知律有明条,自恃身系丁单,有犯不死,竟至逞凶肆恶,是承祀、留养,非以施仁,适以长奸,转以诱人犯法,岂国家矜慎用刑之道。盖法律务在持平,生者固当加之矜恤,死者尤不可令其含冤。倘情真罪当,必为宽宥,如世俗鄙论所云救生不救死之说,以为积阴功,试思死者含冤莫伸,损伤阴德,孰大乎是?嗣后问刑衙门,总当详慎折衷,勿存从宽从严之见。遇有关承祀、留养者,尤当核其所犯情罪果有可原,再行查明实在别无次丁,或有子息而尚未成丁,与定例相符,量为定拟。庶几无枉无纵,刑协于中,共襄明允之治。钦此。"遵旨议准:死罪人犯存留养亲,原系圣朝法外之仁。乾隆十六年(1751)定例,斗杀案内理直伤轻,及戏杀、误杀等项,如系亲老丁单,俱准其随案声请留养。三十一年(1766)议定,仅准将戏杀、误杀之案,于本内声请留养。其斗杀之案,无论情节轻重,概俟秋审时取结报部,会核进呈。嘉庆四年(1799),刑部议请酌复旧章,将戏杀、误杀、斗杀情轻应入缓决可矜者,以及擅杀罪人,并无关人命应拟死罪人犯,与仅止语言调戏致本妇羞忿自尽之案,如系亲老丁单,孀妇独子,一体随本声请,准其留养。迩年以来,俱系遵照办理。惟是条例一成不变,案情百出不穷。即斗杀之案,情节亦属轻重不一,凡有一线可原者,均可入于缓决。若定案时俱准其随本声请留养,既恐因一事宽严之互异,致各有轻重之不齐。且此等斗杀人犯,好勇斗狠,本与戏杀、误杀情近过失者不同。而无关人命,如抢窃丢包、用药迷拐、略卖子女,及语言调戏致本妇羞忿自尽等类,秋审时尚有应入情实者。诚恐外省误会例意,办理参差,若逐案分别准驳,殊觉事涉纷繁。如概准其随案留养,在无知愚民,不知留养为格外仁施,或转恃身系单丁,以身试法,洵如圣谕,非以施仁,适以长奸,实非明刑弼教之道。查死罪人犯,得以随本声请留养者,原以所犯情节较轻,本在可矜悯之列。如必俟秋审时核准,在本犯监禁逾时,罪所应得,而其老病之亲,桑榆暮景,诚恐伊子未出囹圄,而其亲已不及待。是以随本声请,俾令早为侍养,实为推广皇仁起见。至于斗殴杀人之犯,既已好斗忘亲,自当令其居幽悔罪。即谓拘系逾时,应侍之父母恐不及待,查定案以至秋谳,远者不过经年,近者止于数月,并非长羁久系。况死者之父母,既已永断奉养,而生者之父母,不过暂缺岁时,揆之情理,亦所当然。至罪犯应死,无关人命,及语言调戏致本妇羞忿自尽各案,有应实应缓之分,易启畸轻畸重之弊,尤不应准其随本声请留养。嗣后亲老丁单留养之案,除实系戏杀、误杀、擅杀,以及斗杀之案,或死由自跌自溺,毫无斗狠情形,并救亲情切,伤止一二处,均系秋审时应入可矜者,俱准其随本声请留养外,其余概不准随案声请。俱令该督抚于定案时,止将应侍缘由,于本内声叙,不必分别"应准""不应准"字样。统俟秋审时,取结报部,刑部会同九卿核议,另册进呈。如此明立章程,庶愚民不致有所恃以玩法,而办理可归划一,立法亦为协中矣。

# 卷七百三十四·刑部十二

## 名例律 天文生有犯 工乐户及妇人犯罪 徒流人又犯罪 老小废疾收赎 犯罪时未老疾

### 天文生有犯

凡钦天监天文生，习业已成，明于测验推步之法，自能专其事者，犯流及徒，各决杖一百，余罪收赎。仍令在监习业。犯谋反、叛逆缘坐应流，及造畜蛊毒、采生折割人、杀一家三人家口会赦犹流，及犯斗殴杀人、监守常人盗、窃盗、掏摸、抢夺，编配、刺字，与常人一体科断，不在留监习业之限。

**谨案** 乾隆五年（1740），以军、流同例，于“流”字上增“军”字。

**又案** 此条律文，原载“工乐户及妇人犯罪”律内，雍正三年（1725）分出，另为一条。

### 附律条例

○一、凡钦天监官为事，请旨提问，与职官一例问断。该为民者，送监仍充天文生身役；该徒、流、充军者，备由奏请定夺。其有不由天文生出身者，悉照例革职发遣。

**谨案** 此条系原例。

○一、养象军奴，犯该杂犯死罪，无力做工，徒、流罪决杖一百，俱住支月粮，各照年限常川养象，满日仍旧食粮养象；笞、杖的决。

**谨案** 此条系原例，载在“军籍有犯”律后。雍正三年（1725），以赎罪做工等例已裁，删去“无力做工”四字。乾隆五年（1740）移附此律。

### 工乐户及妇人犯罪

凡工匠、乐户犯徒罪者，五徒并依杖数决讫，留住衙门照徒年限拘役。住支月粮。其斗殴伤人，及监守常人盗、窃盗、掏摸、抢夺，发配、刺字，与常人一体科断，不在留住拘役之限。其妇人犯罪应决杖者，奸罪去衣留裈受刑，余罪单衣决罚，皆免刺字；若犯徒、流者，决杖一百，余罪收赎。

**谨案** 原文“工匠、乐户犯流罪”，雍正三年（1725）奏准，流罪不应概准留住拘役，改为徒罪，并增注。

**附律条例**

〇一、内府匠作,犯该监守常人盗、窃盗、掏摸、抢夺者,俱问罪,送工部做工、炒铁等项。其余有犯徒、流罪者,拘役住支月粮;笞、杖准令纳赎。

〇一、在京军民各色匠役,犯该杂犯死罪,无力做工,徒、流罪拘役,俱住支月粮,笞、杖纳赎,或的决。若犯窃盗、掏摸、抢夺一应情重者,亦拟炒铁等项发落,不在拘役之限。民匠仍刺字充徹。

〇一、在京工部各色作头,犯该杂犯死罪,无力做工,与侵盗、诓骗、受财枉法徒罪以上者,依律拘役,满日俱革去作头,止当本等匠役。若累犯不悛,情犯重者,监候奏请发落。杖罪以下,与别项罪犯,拘役满日,仍当作头。

〇一、太常寺、光禄寺厨役,私自逃回原籍潜住,许里甲人等首告,到部不许津贴盘缠。若在原籍途中,及到部挟诈诓骗告害人者,问罪立案不行。逃回至三次以上者,问发边外为民。

〇一、乐户杂犯死罪,无力做工,流罪依律决杖一百,拘役四年;徒、杖、笞罪,俱不的决,止依拘役满日着役。若犯窃盗、掏摸、抢夺等项,亦刺字充徹。

**谨案** 以上五条,均系原例。雍正三年(1725)奏准,匠作等役犯罪,俱与常人一体照律科断,无做工、拘役等例,五条俱删。

〇一、各处乐工,纵容女子擅入王府,及容留贝勒、贝子、公在家行奸,并军民、旗校人等,与贝勒、贝子、公赌博,诓哄财物,及擅入府内教诱为非者,俱问发边卫充军,该管色长革役。

**谨案** 此条系原例。雍正三年(1725)奏准,今各省俱无在官乐工。顺治十六年(1659)裁革女乐后,京城教坊司并无女子,将"纵容女子擅入王府"一段删去。其赌博一节,删改移附"杂犯·赌博"律后。

〇一、和声署官俳,精选乐工,演习听用。若乐工投托势要,挟制官俳,及抗拒不服拘唤者,听申礼部送问,就于本司门首枷号一月发落。若官俳徇私听嘱,放富差贫,纵容四外逃躲者,参究治罪,革去职役。

**谨案** 此条系原例。

## 徒流人又犯罪

凡犯罪已发未论决又犯罪者,从重科断。已徒已流而又犯罪者,依律再科后犯之罪。不在从重科断之限。其重犯流者,三流并决杖一百,于配所拘役四年。若徒而又犯徒者,依后所犯杖数、该徒年限议拟明白,照数决讫,仍令应役,通前亦总不得过四年。谓先犯徒三年,已役一年,又犯徒三年者,止加杖一百、徒一年之类,则总徒不得过四年。三流虽并杖一百,俱役四年,若先犯徒,年未满者,亦止总役四年。其徒、流人又犯杖罪以下者,亦各依后犯笞、杖数决之。充军又犯罪,及重犯军罪,俱与流罪同科,仍旧应役。其应加杖者,亦如之。谓天文生、工乐户及妇人犯者,亦依律科断之,重犯徒、流,或拘役,或收赎,亦总不得过四年;重犯笞、杖,亦照数决之。

**谨案** 律文"其重犯流者"下,本有"依留住法"四字,雍正三年(1725)删。又于

"依数决之"下，增注"充军又犯罪"以下十六字，末节小注"工乐户"上增"天文生"三字。乾隆五年(1740)，查重犯军罪，已包在又犯罪之内。工乐户有犯五徒，各依杖的决，并不与天文生俱系加杖。且惟徒罪照依原限留役，流罪原不在其内。至于徒罪不得过四年，及笞杖的决之处，已包在依律科断之中。因于律文"各依数决之"下，改注云"充军又犯罪，亦准此"；"其有加杖者，亦如之"下，改注云"谓天文生及妇人犯者，亦依律科之"。

**附律条例**

〇一、先犯杂犯死罪，运炭、纳米等项未完，及做工等项未满，又犯杂犯死罪者，决杖一百。除杖过数目，准银七分五厘，再收赎银四钱五分。又犯徒、流、笞、杖罪者，决其应得杖数，五徒三流，各依律收赎银数，仍照先拟发落。若三次俱犯杂犯死罪者，奏请定夺。

**谨案** 此条系原例。雍正三年(1725)将"运炭、纳米等项未完"及"做工等项未满"二句，改为"纳赎未完，及准徒年限未满"。

〇一、先犯徒罪、流罪，运炭、做工等项未曾完满，又犯杂犯死罪，除去先犯罪名，止拟后犯死罪，运炭、做工等项。若又犯徒、流罪者，依已徒而又犯徒，将所犯杖数，或的决，或纳银，仍总徒不得过四年。又犯笞、杖者，将后犯笞、杖，或的决，或纳银，仍照先拟发落。

**谨案** 雍正三年(1725)将"运炭、做工等项未曾完满"十字，改为"纳赎未完"四字；下"运炭、做工等项"六字，改为"纳赎充徒"四字。下条同。

〇一、先犯笞、杖，运炭、做工等项曾完满，又犯杂犯死罪，除去先犯罪名，止拟后犯死罪，运炭、做工等项。又犯徒、流罪，将先犯罪名，或纳银，或的决，止拟后犯徒、流。又犯笞、杖罪等者，从先发落；轻重不等者，从重发落，余罪俱照前纳银、的决。

**谨案** 此二条均系原例。雍正三年(1725)改定。乾隆五年(1740)删除。

〇一、旗下另户人等，因犯逃人匪类及别项罪名，发遣黑龙江等处，并奉天、宁古塔、黑龙江等处旗人，发遣各处驻防当差者，三年后果能悔罪改过，即入本地丁册，择其善者挑选匠役、披甲，给予钱粮。三年内不行改过，及已过三年造入丁册后复行犯罪者，即改发云南等省。奉天、宁古塔、黑龙江等处人犯，解送刑部转发；其各省驻防人犯，就近移交该省督抚解往应发省分充配，该将军于汇题一年内收到人犯数目本内一并汇题。至奉旨发遣旗下另户内，如有行凶为匪者，该将军另行请旨办理。

**谨案** 此条原载《督捕则例》。乾隆三十七年(1772)移附此律，添入"并奉天、宁古塔、黑龙江等处旗人，发遣各省驻防当差者"二语。嘉庆十一年(1806)，又于"复行犯罪"句下，增"销除旗档"句。

〇一、凡宁古塔、黑龙江充发人犯，在配所杀人者，仍由部具题，行文该将军，于众人前即行正法。

**谨案** 此条雍正三年(1725)定。

一、免死减等，发遣宁古塔、黑龙江等处盗犯，在配所杀人者，该将军咨报刑部，查明原案，仍照原犯之罪，定拟斩决具题，行文该将军，于众人前即行正法。若平常发遣人犯，在配所杀人者，仍分别谋、故、斗殴，按律定拟。

**谨案** 此条系乾隆五年(1740)改定。

一、免死减等发遣盗犯，除在配所杀人，及为强盗，并逃走后复犯行凶为匪者，仍照定例遵行外，其在配犯该斩、绞监候者，拟斩立决；犯该徒罪以上者，拟斩监候；犯该笞、杖者，枷号三月，鞭一百。

**谨案** 此条乾隆五年(1740)定。

一、免死减等发遣宁古塔、黑龙江等处盗犯，除脱逃被获，仍照定例斩决外，如在配所杀人，及犯别项无关人命罪应斩、绞监候者，该将军咨报刑部，查明原案，定拟斩决具题，行文该将军，于众人前即行正法。犯该徒罪以上者，拟斩监候；犯该笞、杖者，枷号三月，鞭一百。至平常发遣人犯，在配杀人，仍分别谋、故、斗殴，按律定拟。

**谨案** 此条系乾隆五十三年(1788)修并。嘉庆十七年(1812)，调剂黑龙江遣犯，奏准将免死减等强盗改发新疆给官兵为奴，于此条"宁古塔"上增"新疆"二字。又新疆遇斩、绞案件，向俱专折具奏，例内"该将军咨报刑部"句，改为"该将军等分别奏咨报部"。

一、免死减等发遣新疆、宁古塔、黑龙江等处盗犯，除脱逃被获，仍照定例斩决外，如在配所杀人，及犯别项无关人命罪应斩、绞监候者，该将军等奏咨到部，刑部查明原案，定拟斩决，分别题奏，行文该将军，于众人前即行正法。犯该徒罪以上者，拟斩监候；犯该笞、杖者，枷号三月，鞭一百。至平常发遣人犯，在配杀人，仍分别谋、故、斗殴，按律定拟。如犯该遣罪者，在配所枷号六月；犯该军、流者，枷号三月；犯该徒罪者，枷号两月，俱鞭一百。犯该笞、杖者，各照应得之数，鞭责发落。

**谨案** 此条道光十五年(1835)，因原例于平常遣犯在配复犯军、遣以下罪名，未经议及，增入"如犯该遣罪"至"鞭责发落"五十三字。

○一、凡发遣人犯，配定名数，分起解送。如案内人犯众多，至五名以上者，每五名作一起，先后解送。至起解时，务必严加锁铐。倘解役人等受贿开放者，计赃照枉法加倍治罪。若转解之该地方官，因前途未曾锁铐，不复行查，听其散行，将该地方官与前途未曾锁铐官，均按罪犯轻重，照不加肘锁脱逃例，分别议处。如解犯于经过处所，辱官诈财、生事不法者，无论满汉官员军民人等，该地方官即行羁禁严审，通详该上司核明题参，将不法解犯，即于经过处所，正法示众。倘州县官隐匿不报，或已申报而府、道不行揭报，督抚不行题参者，俱交部照例分别议处。

**谨案** 此条雍正三年(1725)定。

一、凡发遣人犯，酌定名数，分起解送。如案内人犯众多，至五名以上者，每五名作一起，先后解送。至起解时，务必如法锁铐，将年貌、锁铐填注批内。接递官亦必按批验明锁铐完全，于批内注明"完全"字样，钤盖印信，转递前途。倘解役人等有受贿开放者，计赃照枉法律治罪。若转解之该地方官，因前途未曾锁铐，不复行查，不补加锁铐，听其散行，将该地方官与前途未曾锁铐官，均按罪犯轻重，交部分别议处。如该犯于经过处所，辱官诈财、生事不法者，无论满汉军民，如系原拟斩罪免死减等人犯，该地方官即行羁禁严审，通详该上司核明具题，将不法解犯，即于经过处所，照原犯斩罪正法示众。倘州县官隐匿不报，及该管上司不行转揭题参者，交部照例分别议处。如系平常发遣人犯，俱照徒流人又犯罪律分别治罪。

**谨案** 此条系乾隆五年(1740)增定。

一、发遣人犯，于经过处所，辱官诈财、生事不法者，无论满汉军民，如系原拟斩罪免死减等人犯，该地方官即行羁禁严审，通详该上司核明具题，将不法解犯，即于经过处所，照原犯斩罪正法示众。倘州县官隐匿不报，或该上司不行转揭题参者，俱交部照例分别议处。如系平常发遣人犯，俱照徒流人又犯罪律分别治罪。

**谨案** 嘉庆六年(1801)奏明，起解人犯，应归"徒流迁徙"门，将前例删存此条。

〇一、充发烟瘴军、流人犯，不论旗、民，倘于经过州县及安插地方，或凌虐需索，行凶生事，造作谣言，以及不服管束、肆行不法者，本管兵役，即禀明该地方官，详报督抚具题，将该犯照发遣人犯沿途辱官诈财生事拟斩立决例，于本处即行正法。倘解送之时，安插之所，不服拘管，或因约束过严，以致轻生毙命者，该督抚查明果无凌虐、逼勒致死情节，取具印甘各结送部，将该地方官吏人等概行免议。如该地方文武官弁徇情故纵，隐匿不报，及疏防脱逃者，分别议处。押解兵役人等徇情故纵者，照与囚同罪律治罪；如疏防脱逃，照疏脱发遣黑龙江人犯例治罪。若受财者，计赃以枉法从重论。此等发遣人犯，若果能在彼处地方安静奉法，无一毫妄行之处，过三年后，着该地方官详报督抚具奏请旨。

**谨案** 此条雍正七年(1729)定，系专为特旨发往烟瘴地方人犯而设。若例应发遣烟瘴之犯，即遇赦亦不准放还，毋庸三年奏请。乾隆五年(1740)，将此例删除。

〇一、发遣吉林、黑龙江等处免死盗犯，在配偷窃官粮，计赃八十两以上者，为首拟斩立决。其不及八十两，并为从之犯，仍各照本例问拟。

**谨案** 此条嘉庆十九年(1814)定。

〇一、回民因行窃、窝窃发遣，复在配行窃，初犯枷号二年，再犯枷号三年，三犯即永远枷号。若在逃行窃被获，亦递回配所，照此例办理。倘计赃逾贯，及行窃时另犯应死罪名，仍各从其重者论，秋审概入情实。拟枷人犯，有年限者，满日俱鞭一百，遇赦俱不准援减。

**谨案** 此条嘉庆二十年(1815)定。

〇一、发遣黑龙江等处为奴人犯，有被伊主图占其妻女，因而致毙者，将伊主照故杀奴婢例治罪。倘为奴人犯，有诬捏挟制伊主者，照诬告家长律治罪。

**谨案** 此条乾隆元年(1736)定。

〇一、窃盗问拟军、流、徒罪,到配后除犯一切寻常案件,及所犯罪重者,仍各照律办理外,其有在配在逃行窃,不论次数、赃数,徒罪复犯者,拟以满流;流罪复犯者,改发云贵两广极边烟瘴充军;军罪复犯者,亦改发云贵两广极边烟瘴充军。如有脱逃被获,照新疆人犯脱逃例,请旨即行正法,不得与徒流改发人犯一体办理。

**谨案** 此条系乾隆二十八年(1763)定。四十二年(1777)奏明,例内"军罪复犯"等语,系指新疆改发内地之情重窃盗而言,今新疆改发内地十六项人犯,业已另立专条,毋庸复载,谨将例文"军罪复犯"以下删去。

一、寻常窃盗问拟军、流、徒罪到配后,除犯非偷窃,及所犯罪重者,仍各照律例办理外,其有在配在逃行窃,审系一二次,赃未至满贯者,徒罪复犯,拟以满流;军、流复犯,俱改发云贵两广极边烟瘴充军。若犯至三次者,照积匪猾贼例拟遣。计赃满贯者,仍照律拟绞监候。

**谨案** 此条系嘉庆六年(1801)改定。

一、寻常窃盗问拟军、流、徒罪到配后,除犯非偷窃,及所犯罪重者,仍各照律例办理外,其有在配在逃行窃,审系一二次,赃未至满贯者,徒罪复犯,拟以满流;军、流复犯,俱改发云贵两广极边烟瘴充军。若犯至三次者,徒罪复犯,亦改发云贵两广极边烟瘴充军;军、流复犯,发遣新疆,酌拨种地当差。计赃满贯者,仍照律拟绞监候。

**谨案** 此条道光二十四年(1844)因原例"若犯至三次者,照积匪猾贼例拟遣"二语,系指积猾旧例本应外遣而言,今积猾已改为云贵两广极边烟瘴充军,则照积猾者亦止应改发极边烟瘴,与上文军、流复犯一二次者,既无轻重之分,且并未分别原犯军、流、徒罪,亦嫌疏漏,是以改定。

〇一、军犯在配复犯徒罪者,分别枷号。徒一年者,于配所枷号一月,每等递加五日。复犯军、流罪者,均照逃军枷号调发之例,一体办理。

**谨案** 此条乾隆三十二年(1767)定。

一、军犯在配复犯徒罪者,分别枷号。徒一年者,于配所枷号一月,每等递加五日。复犯流罪,及复犯军罪,轻于原犯罪名,或与原犯罪名相等者,即照原犯罪名加等调发;若复犯军罪,重于原犯罪名者,即照复犯罪名加等调发;各加枷号一月。罪至极边烟瘴者,发遣新疆,酌拨种地当差。

**谨案** 此条道光十五年(1835),因原例军犯在配复犯军、流罪者,均照逃军一体办理,其在配复犯罪名重于原犯者,未经议及,是以增定。彼时正在调剂新疆遣犯,将复犯至极边烟瘴应发新疆者,改发云贵两广极边烟瘴充军,加枷号三月。二十四年(1844),新疆遣犯,照旧发往,仍复原例。

〇一、凡改发极边烟瘴充军之窃盗,在配复犯行窃,如审系一时掏摸,计赃无几,及偷摘蔬果罪止杖责者,即于遣所枷号三月。计赃复犯徒罪者,枷号一年;复犯流罪者,枷号二年;复犯军罪者,枷号三年。令该地方官按月点卯验封,发市示众。若计赃满贯,复犯死罪者,拟以绞决。

**谨案** 此条乾隆三十六年(1771)定。

一、改发极边烟瘴充军之窃盗,在配复犯行窃,计赃满贯者,仍照寻常窃盗问拟军流人犯复窃满贯例,拟绞监候。若在配复窃,赃未满贯,审系一时掏摸,计赃无几,及偷摘蔬果罪止杖责者,即于配所枷号三月。计赃复犯徒罪者,枷号一年;复犯流罪者,枷号二年;复犯军罪者,枷号三年。令地方官按月点卯验封,发市示众。若在逃复窃,赃未满贯,应仍依烟瘴人犯脱逃例,改发新疆拨种地当差。倘发遣后复犯行窃,即照军犯在配复窃例,分别办理。

**谨案** 此条道光二十五年(1845),因原例"发极边烟瘴之窃盗,在配复窃,计赃满贯,拟以绞决"等语,系照军犯逃脱正法例参定。惟此例早经删除,未便相沿,是以改定,并增入"如在逃复窃"至"分别办理"五十字。

○一、闽省沿海府属,如有金刃伤人问拟杖徒之犯,或在配所,或徒满回籍,仍执持金刃伤人者,俱发近边充军。

**谨案** 此条乾隆三十六年(1771)定。

○一、发遣黑龙江等处为奴人犯,行窃犯案在三次以下者,仍照本例办理外,如有在配行窃犯案至四次者,即拟以永远枷号,遇赦不准援免。

**谨案** 此条乾隆四十五年(1780)定。

一、发遣黑龙江等处为奴人犯,在配行窃,初犯者,在配所枷号一年;再犯者,枷号二年;三犯者,枷号三年。至四犯者,即拟以永远枷号,遇赦不准援免。

**谨案** 此条嘉庆六年(1801)改定。十七年(1812),于"黑龙江"上增"新疆"二字。

○一、乌鲁木齐地方遣犯,如有在配滋事犯法,及乘间脱逃,并逃后另犯不法情事,除罪应斩、绞者,仍照例办理外,其因罪无可加,例止枷责之犯,核其所犯事由,如系军、流、徒罪,系带铁杆二年;如系笞、杖等罪,系带铁杆一年。果能安分,限满开释,仍令分别当差、为奴。倘释放仍不悛改,再系一年。如怙恶不悛,即令永远系带。地方官每办一案,报明将军、都统按季汇册咨部,开释时亦报部查核。如有挟嫌诬陷,及徇隐不报者,照例办理。

**谨案** 此条咸丰元年(1851)定。

### 历年事例

○雍正五年(1727)议准:嗣后凡问拟徒罪人犯,除顺天府所属州县民人,仍送该府尹衙门发配外,其余各省民人,俱递回各该督抚衙门,照伊原籍应发地方发配充徒。俟年限满日,交与原籍地方官安插管束,不许再来京城。如有私自再来者,拿获之日,将该犯枷号一月,责四十板,仍行递回,其该管地方官照定例议处。仍令五城、大宛二县并巡捕营,不时严行查拿。倘奉行不力,以致各该管地方,仍有容留潜住者,发觉,将该管地方官交与该部议处;总甲、人役并容留之房主,俱照不应重律杖八十,折责三十板。如有旗人容留居住者,将容留之房主,若系另户并伊族长,若系家人并伊家主,各鞭八十;该佐领、骁骑校交与该部议处,领催鞭八十。

○又谕:"嗣后徒犯限满回籍,交与地方官严行管束,不许出境。倘有私自出境,及在本地生事者,地方官查明,即将该犯拟流远省。如该地方官管束不严,听其出境生事,严加处分。"

○又议准:嗣后解犯生事,地方官有隐匿不报者,降二级调用;该管上司失察者,罚俸一年。若地方官已经申报,而该管司、道、府不行揭报,督抚不行题参者,将司、道、府降二级调用,督抚降一级调用,其申报之州县免议。

○六年(1728)谕:"免死发遣为奴之犯,皆系秉性凶恶之徒。发遣之后,怙恶不悛者多,往往在外恣意妄行,不服管束,伊主亦无如之何。此等皆系已犯应死之罪,格外恩免之人。嗣后若仍有凶暴者,不论有应死不应死之罪,伊主便置之于死,将伊主不必治罪,但将实在情节,报明该管官员咨部存案。其发遣当差之犯,若不守法度,被该管官打死者,亦将该管官免其议处,但将情由报部存案。再徒犯与平人斗殴被打身死者,将平人治罪之处,从宽减等。如此则凶恶之徒,有所畏惧,自然改过迁善,不敢为非矣。着将此通行各处晓谕,咸使闻知。"

○七年(1729)谕:"八旗包衣发遣重罪钦犯,一到外省,众人不知其来历,认为朝廷得力之人。又见伊等妄自尊大,遂群相畏惧,避其凶焰。又恐加以管束,而悍恶之徒,或致轻生拼命,则不免受其拖累。于是隐忍应付,任其需索使令,容其狂悖乖张,以致凶犯益得肆行无忌。嗣后除徒罪轻犯外,其充发烟瘴军、流人犯,倘于经过州县,及安插地方,或凌虐解役,需索驿站,或行凶生事,造作谣言,不安本分,不守规条,着本管解役,即禀明地方有司,详报督抚,据实具题,于本处即行正法。倘解送之时,安插之所,犯人不服拘管,或因约束过严,以致轻生毙命者,亦该犯自速其辜,将地方官吏人等,概免究问。倘有徇情故纵,或疏防脱逃者,亦当从重处分,着该部定议具奏。若此等发遣人犯,果能在彼地方安静奉法,无一毫妄行之处,三年之后,着该地方官详报督抚奏闻。候朕视其情罪之轻重,酌予以赦宥之恩。着将此旨通行各省督抚,转饬所属文武大小官弁,咸使知悉,并出示晓谕各犯知之。"

○乾隆二十八年(1763)议准:贼犯怙终,宜从重治罪。而徒犯与军、流,当有区别。嗣后在配行窃者,不论到官次数、赃之多寡,徒犯拟以满流,流犯照积匪猾贼例,改发云贵两广烟瘴充军,军犯发伊犁等处与种地兵丁为奴。

○嘉庆十九年(1814)谕:"刑部议复吉林偷窃官豆遣犯萧亚升照原拟斩罪请旨即行正法,所议未为允当。萧亚升以免死发遣盗犯,起意行窃官仓豆石,固属藐法。但所窃豆石,仅止十两以上,为数无几,若拟斩决即行正法,设遇赃物倍多逾贯者,又将加以何罪。萧亚升一犯,仍照免死减等发遣盗犯在配犯该徒罪以上拟斩监候本例,与刘老二、陈山等二犯,均着斩监候,秋后处决。嗣后免死发遣盗犯,在配为首窃盗官粮,计赃在八十两以上者,拟以斩决。其不及八十两者,俱不得加重问拟。"

〇二十年(1815)谕:“豢贼肆窃之回民,发遣到配后,若复潜逃回籍,必故态复萌,仍为地方之害,着交配所该管官严加管束。如在配脱逃,应如何加重定罪,其失察之该管官,应如何从重议处之处,着该部酌议条例具奏。”

## 老小废疾收赎

〇凡年七十以上,十五以下,及废疾,瞎一目、折一肢之类。犯流罪以下,收赎。其犯死罪,及犯谋反、叛逆缘坐应流,若造畜蛊毒、采生折割人、杀一家三人家口会赦犹流者,不用此律。其余侵损于人一应罪名,并听收赎。犯该充军者,亦照流罪收赎。八十以上,十岁以下,及笃疾,瞎两目、折两肢之类。犯杀人谋、故、斗殴。应死一应斩、绞。者,议拟奏闻,犯反逆者,不用此律。取自上裁;盗及伤人罪不至死者,亦收赎;谓既侵损于人,故不许全免,亦令其收赎。余皆勿论。谓除杀人应死者上请,盗及伤人者收赎之外,其余有犯,皆不坐罪。九十以上,七岁以下,虽有死罪不加刑。九十以上犯反逆者,不用此律。其有人教令,坐其教令者。若有赃应偿,受赃者偿之。谓九十以上、七岁以下之人,皆少智力。若有教令之人,罪坐教令之人。或盗财物,旁人受而将用,受用者偿之。若老小自用,还着老小之人追征。

### 附律条例

〇一、凡老幼及废疾犯罪,律该收赎者,若例该枷号,一体放免,照常发落。

**谨案** 此条系原例。乾隆五年(1740)奏准,照常发落者,盖前代有运炭、纳米之例,今已裁革,改为“应得杖罪,仍令收赎”。

〇一、军职犯该杂犯死罪,若年七十以上、十五以下,及废疾,并例该革职者,俱运炭、纳米等项发落,免发立功。

**谨案** 此条系原例。雍正三年(1725)奏准,今老幼废疾例应收赎者,文武一体,无运炭、纳米等项。其应革职者,即行参革,亦不准收赎。此条删。

〇一、年七十以上、十五以下,及废疾,犯该充军者,准照流罪收赎,免其发遣。若有壮丁教令者,止依律坐罪。其实犯死罪,例该永远充军者,不准收赎。

**谨案** 此条系原例。雍正三年(1725)增“照流罪”三字。乾隆五年(1740)奏明,军、流收赎,已见律注;壮丁坐罪,与律不符;且今无永远充军之例,此条删。

〇一、凡盗案知情分赃之犯,虽年过七十以外,亦不准援赦折赎。

**谨案** 此条系雍正三年(1725)定。乾隆五年(1740)奏明,赦款俱临时钦定,知情分赃之犯,究非真盗可比,亦应准赎,此条删。

〇一、内外现审人犯,若有老小废疾,俱照律完结外,其直隶各省审拟具题案内人犯,果有老小废疾者,该督抚察明,取地方官印结具题,照律收赎,人犯不必解部。如实非老小废疾,徇情题免,事发者,将出结转详官并督抚交该部议处。其到部人犯,有告称年老及在中途成废疾者,察非故延违限,实系老疾,亦得收赎。

**谨案** 此条雍正三年(1725)定。乾隆五年(1740)于“现审人犯”下,增“不应具题者”句,删去“人犯不必解部”及“察非违限”二句。

○一、教令七岁小儿殴打父母者,坐教令者以殴凡人之罪。教令九十老人故杀子孙者,亦坐教令者以杀凡人之罪。

**谨案** 此条乾隆五年(1740)定。

○一、每年秋审人犯,其犯罪时年十五岁以下,及现在年逾七十,经九卿拟以可矜,蒙恩宥免减流者,俱准其收赎。朝审亦照此例。

**谨案** 此条乾隆五年(1740)定。

○一、凡瞎一目之人,有犯军、流、徒、杖等罪,俱不得以废疾论赎。若殴人瞎一目者,仍照律科罪。

**谨案** 此条乾隆十年(1745)定。

○一、凡年七十以上、十五以下,及废疾,犯流罪以下者,准其收赎一次,详记档案。若收赎之后,复行犯罪,除因人连累、过误入罪者,仍准其照例收赎外,如系有心再犯,即各照应得罪名,按律充配,不准再行收赎。

**谨案** 此条乾隆二十四年(1759)定,原载“老幼不拷讯”律后。乾隆五十三年(1788),移入此门。

○一、凡笃疾杀人,罪犯应死者,实系斗杀及戏杀、误杀,方准依律奏闻,取自上裁。其蓄意谋害,及有心故杀者,俱依律拟罪,不准声请。

**谨案** 此条乾隆三十九年(1774)定。

一、凡笃疾犯一应死罪,各照本律本例问拟,毋庸随案声请,俱入于秋审,分别实缓办理。其缓决之犯,俟查办减等时,核其情节应减军、流者,再行依律收赎。

**谨案** 此条系嘉庆八年(1803)遵旨改定。

○一、十岁以下斗殴毙命之案,如死者长于凶犯四岁以上,准其依律声请;若所长止三岁以下,一例拟绞监候,不得概行双请。至十五岁以下,被长欺侮殴毙人命之案,确查死者年岁,亦系长于凶犯四岁以上,而又理曲逞凶,或无心戏杀者,方准援照丁乞三仔之例声请,恭候钦定。

**谨案** 此条系乾隆四十四年(1779)遵旨议定。嘉庆十一年(1806),于例文起处,增“七岁以下致毙人命之案,准其依律声请免罪”二句。

○一、各直省审理年老废疾翻控之案,实系挟嫌挟忿,图诈图赖,或恃系老疾,自行翻控,审明实系虚诬,罪应军、流以上者,即行实发,一概不准收赎。倘讯明实因尊长被害,并痛子情切,怀疑具控,及听从主使出名诬控,到官后供出主使之人,俱准其收赎一次。若不将主使之人供明,不准收赎。

**谨案** 此条嘉庆二十三年(1818)定。

**历年事例**

○康熙十二年(1673)题准:直省人犯,已经咨解到部,告称年老残疾,概不准行。

○雍正三年(1725)谕:"嗣后年逾七十之人,有罪犯发遣者,着另行具奏。"

○十年(1732),刑部议复丁乞三仔殴死丁狗子一案。奉旨:"丁乞三仔年仅十四,为已死丁狗子欺凌,拾石回掷,适伤殒命,情有可原,着从宽发落。"

○乾隆十年(1745)议准:废疾之中,折一手、一足之类,举动行走,均不便利,犯法尚少。独有瞎一目之徒,虽五官不全,而瞻视行动,皆与常人无殊,好勇斗狠,穿窬不法,亦与常人无异。一遇犯案到官,得以照废疾律定拟收赎。若辈遂以鞭扑不加,远戍可免,益为得计,径肆行无忌矣。近日案件,有一人于数月之内,而犯旗逃四次,又行窃四次,皆于律文逐案分别准予免罪收赎。以此而推,虽再犯数百次,亦终底于收赎而已。若不奏请改正,则矜恤适以长奸,殊非刑期无刑之意。嗣后除老幼暨折一肢之废疾,仍照律收赎,毋庸置议外,其瞎一目者,不得以废疾论。有犯军、流、徒、杖等罪,皆照所犯罪名充配、的决,仍于"名例·老幼废疾"条内,删去"瞎一目"三字。再"斗殴"律内载"折跌人肢体及瞎一目"者,小注云"皆成废疾,杖一百、徒三年"等语,盖以坏人面目,与折人手足,厥罪维均,皆满拟城旦,应仍照律办理,但小注"皆成废疾"四字,并即移于"折跌人肢体"一句之下,庶犯罪者不致侥幸漏网,而律法亦为平允矣。

○十九年(1754),刑部题湖北安陆县民吴太安起意将伊故甥尹辉宸妻吴氏改嫁,吴氏不从,又令尹辉先强抢送至陈长纶家,吴氏坚不成婚,投缳殒命,吴太安应发边卫充军,年逾七旬,照例收赎一案。奉旨:"吴氏矢志守节,吴太安起意改嫁,又令尹辉先强抢背送,以致投缳。则吴氏之死,实吴太安威逼所致,岂得以年逾七旬,照例收赎?夫收赎固属定例,亦眚灾之谓耳。若不问所犯轻重,一胥吏察例奉行足矣。拘牵墨守,何以慰幽魂而发潜德。此本着发还另议。嗣后有似此者,当按其情罪核实请旨。"

○四十四年(1779),四川总督题刘縻子殴伤李子相身死一案,刑部照拟核复具题。奉旨:"刑部进呈殴伤李子相身死之刘縻子拟绞监候,声明年仅九岁,可否减等请旨一本,固属照例办理。但所指十岁以下犯杀人应死者,或系被杀之人,较伊年长,强弱不同,如丁乞三仔之案,自可量从末减。今刘縻子所殴李子相,同系九岁。且刘縻子因索讨胡豆不给,致将李子相殴跌,其理亦曲。若第因其年幼,辄行免死,岂为情法之平。况九岁幼童,即能殴毙人命,其赋性凶悍可知,尤不宜遽为矜宥。向因戏杀之案,曾谕令刑部将该犯监禁数年,再议减等,以消其桀骜不驯之气。此等幼童,自当仿照办理。且拟以应绞监候,原不入于情实,数年后仍可减等,何必亟于宽贷乎。嗣后遇有十岁以下殴毙之案,如死者长于该犯四岁以上者,仍照例声明双请。若所长止三岁以下,则年齿相若,不得谓死者恃长欺凌,或齿小者转较性暴力强,亦情事所有。纵不令其实抵,而监禁数年,亦不为过。着刑部将此例另行定议具奏,刘縻子即照新例行。"

○嘉庆八年(1803)谕:"刑部具题彭启良等行窃黄文盛家银物赃逾满贯一案,因彭启良系属瘫痪,定拟绞候,请旨减等拟流,仍行收赎。所办太觉轻纵。此案彭启良系首先造意行窃,复窝留分赃,数逾满贯。即因伊素患瘫病,亦止可稍为轻减。若竟由死罪减流,又复准其收赎,未免失之太宽。恐嗣后身有笃疾之人,恃有宽典,均得肆意妄行,冒干法纪。并恐将来贼犯中起意行窃者,捏称系笃疾之人为首,既可照例减等收赎,而本犯转得幸逃法网,适足启推卸之渐。着大学士、九卿将笃疾之人犯如何量减罪名,予以限制,推广律文,悉心妥议具奏。"

○十一年(1806),山东巡抚题杜七推跌阎狗垫伤身死一案。刑部查律载"十岁以下犯杀人应免死者,拟议奏闻,取自上裁。七岁以下,犯死罪不加刑"等语,是七岁以下犯死罪,与十岁以下杀人,律内原有差等。条例统言十岁以下,而于七岁以下杀人作何办理之处,未经分别指出。遍查刑部向无办过七岁幼童杀人之案,杜七一犯,应否准其依律免罪,抑或照乾隆四十四年(1779)刘縻子九岁杀人之案,监禁数年之处,奏请定夺,并请增纂入例,永远遵行等因。奉旨:"此案杜七年甫七岁,因七岁之阎狗计乞蛄虫不允,被殴回推,垫伤殒命。是杜七委系无心戏伤,与该部所引乾隆年间刘縻子九岁杀人之案,因索胡豆不给逞凶殴毙人命应行监禁者,情节不同。即伊二人年已及岁,亦仅科以缓决,况杜七与阎狗俱在龆龄,自应量加矜宥。杜七一犯,着加恩准其一律免罪。"

## 犯罪时未老疾

凡犯罪时虽未老疾,而事发时老疾者,依老疾论。谓如六十九以下犯罪,年七十事发,或无疾时犯罪,有废疾后事发,得依老疾收赎;或七十九以下犯死罪,八十事发,或废疾时犯罪,笃疾时事发,得入上请;八十九犯死罪,九十事发,得入勿论之类。若在徒年限内老疾,亦如之。谓如六十九以下徒役三年,役限未满,年入七十,或入徒时无病,徒役年限内成废疾,并听准老疾收赎。以徒一年三百六十日为率,验该杖、徒若干,应赎银若干,俱照例折役收赎。犯罪时幼小,事发时长大,依幼小论。谓如七岁犯死罪,八岁事发,勿论;十岁杀人,十一岁事发,仍得上请;十五岁时作贼,十六岁事发,仍以赎论。

# 卷七百三十五·刑部十三

## 名例律　给没赃物一

### 给没赃物一

○凡彼此俱罪之赃，谓犯受财枉法、不枉法，计赃为罪者。及犯禁之物，谓如应禁兵器及禁书之类。则入官。若取与不和，用强生事，逼取求索之赃，并还主。谓恐吓诈欺、强买卖有余利、科敛及求索之类。其犯罪应合籍没财产，赦书到后，罪人虽在赦前决讫，而家产未曾抄札入官者，并从赦免。其已抄札入官守掌，及犯谋反、叛逆者，财产与缘坐家口不分已未入官，并不放免。若除谋反、谋叛外。罪未处决，籍没之物虽已送官，但未经分配与人守掌者，犹为未入。其缘坐应流人及本犯家口，虽已入官，若罪人遇赦得免罪者，亦从免放。若以赃入罪，正赃现在者，还官、主。谓官物还官，私物还主。又若本赃是驴，转易得马，及马生驹、羊生羔，畜产蕃息，皆为见在。其赃已费用者，若犯人身死毋征，别犯身死者亦同。若不因赃罪而犯别罪，亦有应追财物，如埋葬银两之类，余皆征之。若计雇工赁钱私役弓兵、私借官车船之类。为赃者，死亦毋征。其估赃者，皆据犯处地方。当时犯时。中等物价，估计定罪。若计雇工钱者，一人一日，为铜钱六十文。其牛、马、驼、骡、驴、车、船、碾磨、店舍之类，照依犯时雇工赁值。计算定罪、追还。赁钱虽多，各不得过其本价。谓船价值铜钱一十两，却不得追赁值一十一两之类。其赃罚金银，并照犯人原供成色，从实追征，入官给主。若已费用不存者，追征足色。谓人原盗或取受正赃，金银使用不存者，并追足色。

**谨案**　雍正三年（1725），将注内“计赃为罪者”五字，改为“计赃，与受同罪者”；律文内“雇工钱”改为“雇工银”，“铜钱六十文”改为“银八分五厘五毫”。

### 附律条例

○一、在京在外问过囚犯，但有还官赃物值银一十两以上，监追年久，及入官赃二十两以上、给主赃三十两以上，监追一年之上，不能完纳者，果全无家产，或变卖已尽，及产虽未尽，止系不堪无人承买者，各勘实，具本犯情罪轻重、监追年月久近、赃数多寡，奏请定夺。若不及前数，及埋葬银监追一年之上，勘实全无家产者，俱免追，各依原拟发落。

**谨案**　此条系原例。

一、在京在外问过囚犯，但有还官赃物值银一十两以上，及入官赃二十两以上、给主赃三十两以上，监追一年之上，勘实力不能完者，开具本犯情罪轻重、监追年月久近、赃数多寡,每于岁底汇题,请旨定夺。若不及前数,监追一年之上,勘实力不能完者,俱免追,各照拟发落。

**谨案** 此条乾隆五年(1740)删改。其"及埋葬银"四字,系五十三年(1788)删。

一、在京在外应行追赃人犯,除监守盗及抢夺、窃盗之赃,并过失杀人应追埋葬银两,仍照各本例分别办理外,但有还官赃物值银十两以上,着监追半年。勘实力不能完者,开具本犯情罪轻重、监追年月久近、赃数多寡,按季汇题,请旨定夺。其入官赃二十两以上、给主赃三十两以上,亦着监追半年;不及前数,着监追三月。勘实力不能完,俱免着追,一面取结请豁,一面定地解配发落,毋庸听候部复。其应监追半年者,除人犯先行发落外,在内由刑部,在外由督抚,仍各于岁底汇题一次。

**谨案** 此条道光十二年(1832)改定。

○一、凡犯侵欺、枉法充军追赃人犯,所在官司,务严限监追。若至一年以上,先将正犯发遣,仍拘的亲家属监追。如无的亲家属,仍将正犯监追。敢有纵令倩人代监,及挨至年远,辄称家产尽绝,希图赦免者,各治以罪。

**谨案** 此条系原例。雍正三年(1725)奏准,侵欺、枉法等赃,俱勒限变产完纳,或着落妻子,或将妻子入官,不用监追一年以上,方行发遣,仍监追的亲家属之例,此条删。

○一、军官、旗军但有监追入官、还官、给主赃物,值银十两以下,半年之上不能完纳者,将犯人先发,立功、纳赎等项各完满日,还职着役,仍将各人俸粮、月粮,照赃数扣除入官、还官、给主。

**谨案** 此条系原例。雍正三年(1725)奏准,凡有应追银两者,军民一体,不用立功还职及扣除俸粮之例,此条删。

○一、问刑衙门以赃入罪,若奏行《时估则例》开载未尽,及虽系开载而货物不等,难照原估者,仍照时值拟断。

**谨案** 此条系原例,载在"五刑"律后。雍正三年(1725),移附此律。乾隆五年(1740)奏明,《时估则例》并未载入律中,且律称"估赃"者,皆据犯处当时中等物价估计定罪,原属允协,此条删。

○一、凡州县自理赎锾,岁底造册申报按察司;布、按自理赎锾,岁底册报督抚;督抚岁底汇造清册,题报刑部察核。其承问各官,应开明罚赎人姓名及所罚数目,晓示各该地方。如有以多报少及隐漏者,督抚参奏,以贪赃治罪。

○一、凡八旗应入官之人,令入各旗辛者库。其内务府佐领人送入官者,亦照此律入辛者库。辛者库人犯入官之罪者,照流罪折枷责结案。

○一、凡官役犯赃案内,有亏短价值等项,追给原主。其诈骗、逼勒者,被害人自行首告,亦追给原主。督抚、科道参发者,概追入官。

**谨案** 此三条,均系雍正三年(1725)定。

○一、追比贪赃、侵挪银两,限一年追完。若违限不完者,将承追、督催官员照例议处,犯人枷号两月、鞭一百。若限内该旗保送家产尽绝,该部察核,应豁免者豁免;应入官者,察取本犯及妻并未分家之子人口、家产入官;承追、督催各官免议。至保送之后,如有隐匿家产事发者,该都统、副都统、参领、佐领、骁骑校,俱交该部照例议处,领催鞭一百;本犯如系重罪现在监禁者,免枷责,余俱枷号三月、鞭一百。如都统、副都统、参领察出者,佐领、骁骑校仍交部议处,领催鞭一百。如佐领、骁骑校、领催察出者,承追、督催各官俱免议,本犯仍照前治罪。如本犯自首,则本犯及承追、督催各官,俱免议。以上所隐及所首财产俱入官。若承追、督催各官,有扶同受贿隐匿者,事发照律从重治罪。至归旗人员内有应追赃者,限五个月内,该督抚察明家产人口,造册并人解部,转交该旗追赃。其任所有无私置房产,再限地方官六个月察明。结报后有隐匿发觉者,照例议处。

**谨案** 此条雍正三年(1725)定。

一、归旗人员内有应追赃者,限五个月内,该督抚察明家产人口,造册并人解部,转交该旗追赃。其任所有无私置房产,再限地方官六个月察明。结报后有隐匿发觉者,交部议处。

**谨案** 乾隆五年(1740),以前例所称,或业经改定,或载入别条,均应删除,惟将归旗人员交旗追赃之处,立为专条。

○一、凡应籍没家产者,照律遵行。惟军机犯罪,于所籍没家产内除妾婢外,照依兵丁例,仍给器械及人口三对、马三匹、牛三头。

**谨案** 此条雍正三年(1725)定。乾隆五年(1740)奏明,军机犯罪,律内并无籍没家产之条,所称除妾婢外,给予人口、马、牛者,自指本犯已经免罪者而言。夫本犯既已免罪,则入官之家口,及未入官之财产,按律俱在赦免之列。但给人口三对、马三匹、牛三头,与律不符。且所籍没家产内,如无人口、马、牛,岂又另行给予乎? 此条删。

○一、凡仓库银谷,督抚、司、道、知府,年底以实在无欠申报,保题后有亏空,知府即行报参者,免其分赔。如不行报参,别经发觉者,先着落亏空官追取。若亏空官家产尽绝者,着落保题之上司官均行赔补。至起解银两及漕粮等项,如有亏空者,将解官、运官审明追取。如家产尽绝,亦着落该管上司官均行赔补。若有借端需索等弊,亦许下属官通报参究治罪。

**谨案** 此条雍正三年(1725)定。乾隆五年(1740),查雍正六年(1728)奏定,挪移之案,其知府通同徇隐,及明知亏空不行报参反为设方弥补之巡抚、司、道,方令分赔。如系侵欺,免其分赔。此条删。

○一、凡各省赃罚、赎锾、私盐变价等项银两起解者,免其具批刑科,仍照例具批刑部,限文到三日内即行查收。倘书役人等指称估验、挂号等项名色勒索,及棍徒包揽代交,俱从重治罪,系官交与吏部严行议处。再各省解官不亲身到部投批,寻觅包揽之人,迟延生事,刑部指名题参,交与该部严查议处。

**谨案** 此条雍正三年(1725)定。乾隆五年(1740),查雍正十二年(1734)奏准,将直隶赃罚等项,径解户部,此条删。

○一、凡直隶各省,八旗满洲、蒙古、汉军,行追赃罚、侵挪等项银两谷石,该督抚将追完库存银两,于本年内解部。如不起解,刑部将承追、督催各官,并出结之布政司等官题参,从重治罪。其各省督抚、各旗都统,务于年底将已未完数目,备造清册二本,奏闻送部查核。如逾限不完,及不造册具题,将怠玩各官送参,交与该部查议。若督抚、都统徇庇属员,不行送参,该部将该督抚、都统指名题参。

**谨案** 此条雍正三年(1725)定。乾隆五年(1740),查例无将承追等官治罪之条,应载吏、兵二部处分则例,此条删。

○一、亏空、贪赃官吏,一应追赔银两,该督抚委清查官产之员会同地方官,令本犯家属将田房、什物呈明时价,当堂公同确估,详登册记,申报上司,仍令本犯家属眼同售卖完项。如有侵渔、需索等弊,许该犯家属并买主首告,将侵渔、需索之官吏,照侵盗钱粮及受枉法赃律治罪。

○一、田房产业,一经入官,即令本犯家属将契券呈堂出业,该管官眼同原主秉公估定,开明价值,出示速售。有愿买者,即给予印照,不许原主勒索找价,仍令买主出具并无假冒影射甘结存卷。如该管官纵容原主据占影射,将据占之家属、影射之父兄,俱照隐瞒入官财物律,坐赃治罪;该管官并该上司,俱照例分别议处。如并无影射等弊,首告之人捏词陷害,按律反坐。至所典房地及质当物件,勒限令原主取赎,归还原本。如逾限不赎,即开明原本价值,出示招卖。

○一、八旗催追侵贪银两,如逾限不完,将伊家产变价交官。若承变限满,尚无售主,照亏欠之数,将家产估价入官抵项。其家产不能抵完者,该参、佐领等据实呈报管旗都统等具奏,将本犯交部照原拟发落,现在家产尽行入官。

**谨案** 此三条均雍正七年(1729)定。

○一、亏空、贪赃官吏应追银两,先行勒限严追。如逾限无完,应查报家产者,该管地方官,令本犯家属将田房产业呈缴典买原契,确估价值,申报上司变卖完项。地方官吏如有将入官田房私租于人,将租息入己者,依守掌在官财物律治罪,照数追赔。至田房产业入官之后,出示招变,有愿买者,即给予印照,不许原主勒索找价。如系典当房地,按其价值数目,照变产之例,分别勒限,令原主取赎。如逾限不赎,即开明原典当价值,出示招卖。

**谨案** 此条系乾隆五年(1740),将前三条修并。因亏空之项,先应勒限严追,如逾限无完,始行查产还项。原例未将限满查产之后声明,此条已为分析。进呈后,遵旨照旧分列三条,将此条删除。

○一、地方官吏有将入官田房私租于人者,除照数追赔外,仍照侵盗钱粮例治罪。其未经定例以前,官吏有私租之处,免其治罪,按年照数赔补。其一应变卖什物,俱勒限一年,眼同本犯家属照数变卖。如逾限未变,器皿衣服,仍于本地方勒变;

一应金银珠玉等物，兑明分两数目，造具清册，眼同本犯家属封固，出具并无更换印甘各结，解交藩库，遇有便员附搭解部，转交崇文门变价。若有窃换等弊，许家人及旁人首告，加倍追赔，仍照侵盗钱粮例治罪。

**谨案** 此条雍正七年(1729)定。乾隆四十二年(1777)，将“其未经定例以前”四句节删，“印甘各结”下增“具文”二字。

○一、应变田房产业，估价一千两以上，限一年变完。其僻小州县，有一千两以上之产，及通都大邑，价值数千两以上者，令该督抚酌量分作二年或三年完解。其分作二年者，先交价银一半；分作三年者，先交价银三分之一，即令售主管业。其余银两，于该年限内交清，给予印照。该管官先将分年完解之处，详明上司咨部；所收银两，逐年解交藩库，出具库收，送部查核。如完解不及该年分数，及二年、三年以后不完者，将地方官查参，交部按年分别议处。若于一年限内追完，及全完数千两以上者，交部分别议叙。

**谨案** 此条雍正七年(1729)定。已入《吏部处分则例》，乾隆五年(1740)删。

○一、刑部凡有应交司坊官承追赃银及变产等案，俱行文都察院札行该城御史，转交司坊官办理。如逾限追变不完，该城御史即将司坊职名，呈报都察院题参，交部议处。

**谨案** 此条雍正十二年(1734)定，专为参处司坊官承追不力而设，无关刑例。乾隆五年(1740)删。

○一、断付死者之财产，遇赦不得免追。

**谨案** 此条乾隆五年(1740)定。

○一、刑部现审案内，凡行追赃罚、赃变、赃赎银两，承追各官，俱各定限一年追完。如逾限不行追交，该部即行查参，将承追各官照例议处。

**谨案** 此条乾隆十年(1745)定。

○一、刑部现审案内，违例入官住房、铺面、各项房屋，于定案后径咨户部办理，刑部毋庸估变。

**谨案** 此条道光五年(1825)定。

○一、凡追赃人犯，除侵贪官吏仍照例限监追外，其抢夺、窃盗之赃，着地方官于定案之日，严行比追。如果力不能完，即将本犯治罪，随时取结详报，分别题咨豁免。

**谨案** 此条乾隆二十年(1755)定。

○一、州县有盗劫库项，除失事之员照数补还者，毋庸另议外，或本人身故产绝，力难完缴者，即照州县亏空之例，令该管上司分赔。

**谨案** 此条乾隆二十五年(1760)定。

○一、参革汉军官员，有应完款项，俱照定限着追。如为数多者，酌量展限完纳。如逾限不完，即将该员解旗治罪。

**谨案** 此条系乾隆二十七年(1762)遵旨定例。

○一、凡命案内减等发落人犯,应追埋葬银两,勒限三月追完。有物产可抵者,亦着于限内变交。如审系十分贫难者,量追一半,给付尸亲收领。若限满勘实力不能完,将该犯即行发配,一面取具地邻、亲族甘结,该地方官详请督抚核实咨请豁免。如有隐匿发觉者,地邻人等均照不应重律治罪,地方官照例议处。

**谨案** 此条系乾隆二十八年(1763)定。道光十二年(1832),因疏通滞狱,改"勒限三个月追完"为"勒限一个月追完"。

○一、缘事获罪,应行查抄资产,而兄弟未经分产者,将所有产业查明,按其兄弟人数,分股计算。如家产值银十万,兄弟五人,每股应得二万,止将本犯名下应得一股入官,其余兄弟名下应得者,概行给予。

**谨案** 此条乾隆五十三年(1788)遵旨定例。

○一、凡内外官员名下应追因公核减借欠等项,及该员本系分赔、代赔,经地方官查明结报家产尽绝无力完缴者,俱照例题豁,毋庸再于同案各员名下摊追。

**谨案** 此条乾隆五十年(1785)遵旨定例。

○一、窃盗各案,查出盗贼名下资财什物,俱给事主收领。其盗劫之案,有已经获犯,而原赃未能起获,数在一百两以内者,着落地方官罚赔;如数百两至千两以上者,令地方官罚赔十之一二。

**谨案** 此条乾隆六十年(1795)遵旨定例。

○一、窃盗案内无主赃物,及一切不应给主之赃,如系金珠、人参等物,交内务府;银钱及铜铁铅锡等项,有关鼓铸者,交户部;硫磺、焰硝及砖石、木植等物,有关营造者,交工部;洋药及盐、酒等项,有关税务者,交崇文门。其余器皿、衣饰及马骡牲畜,一应杂货,均行文都察院札行该城御史,督同司坊官当堂估值变价,交户部汇题,并将变价数目,报都察院及刑部查核。倘有弊混及变价不完,由该御史查参。

**谨案** 此条同治九年(1870)定。

○一、盗劫之案,查出盗犯名下资财什物,俱给事主收领。其有已经获犯,而原赃未能起获,数在一百两以内者,着落地方官罚赔;如数百两至千两以上者,令地方官罚赔十分之一二。寻常窃案,不在此例。

**谨案** 此条嘉庆六年(1801)改定。

### 历年事例

○顺治九年(1652)议准:凡赃罚银,刑部按季造册咨送户部,专官管理,稽察完欠。直隶责成道员及推官,各省责成按察司及推官,统计历年未完赃罚变价等银,立限严催。逾限不完,照分数议处,每年察参一次。

○十二年(1655)议准:赃罚变价,承追推官、州县官估勘不实者,各降职一级分赔。

○康熙元年(1662)谕:"凡应追赃罪等项银两年久不完者,该管官察明果系家产尽绝,即行具题,将本犯入官,不必复行追银。”

○又题准:欠赃正犯身故,家产尽绝者,赃银免追,妻亦免入官。

○四年(1665)复准:凡赃罪流、徒、笞、杖等犯,若因家产尽绝,即令入官,较之原罪反重。仍照原罪的决,免其入官。

○又复准:凡贪官蠹役赃罚银,果家产尽绝不能完纳,在赦前者,免其入官;在赦后者,仍将本犯入官。

○五年(1666)复准:凡侵盗钱粮赃重罪至死者,照例正法,所侵钱粮,勒限一年追完。如不完,将妻及未分家之子,并家口、财产入官。其流罪以下所侵钱粮,限六个月追完。如不完,将本犯并妻及未分家之子流徙上阳堡,家口、财产变价入官。若此等人犯遇赦免罪追赃者,亦限一年追完。如限内不能完者,将本犯及妻并未分家之子,仍分别入官、流徙。

○六年(1667)题准:推官已经奉裁,赃罚银责成知府管理。

○十二年(1673)复准:凡追比侵盗钱粮犯人赃私,如果家产尽绝不能完纳,该督抚取结具题,免其追赃,并免其入官、流徙。若家产未尽,徇庇捏结者,从重议处。其追赃限期,俱改限一年。

○十四年(1675)复准:凡应追赃银,在直省者,该督抚责令府、州、县官严追;在旗下者,该都统、副都统责令佐领、骁骑校等严追。如承追官迟延以致逾限不完者,督抚、都统、副都统题参,送部议处。不行题参送部者,一并议处。

○又议准:经征经催赃赎钱粮,初参,州县官欠不及一分者,停升督催;欠一分者罚俸六月,欠二分者罚俸一年;欠三分者降俸一级,欠四分者降俸二级;欠五分者降职一级,欠六分者降职二级,欠七分者降职三级,欠八分者降职四级,俱带罪督催,完日开复;欠九分、十分者,革职。司、道、府、直隶州官,欠不及一分者,停升督催;欠一分者罚俸三月,欠二分者罚俸六月,欠三分者罚俸一年;欠四分者降俸一级,欠五分者降俸二级;欠六分者降职一级,欠七分者降职二级,欠八分者降职三级,欠九分者降职四级,俱带罪督催,完日开复;欠十分者,革职。巡抚,欠不及一分者,停升督催;欠一、二分者罚俸三月,欠三分者罚俸六月,欠四分者罚俸一年;欠五分者降俸一级,欠六分者降俸二级;欠七分者降职一级,欠八分以上者降职二级,俱带罪督催,完日开复。署印官,欠不及一分者,免议;欠一、二分者罚俸三月,欠三、四分者罚俸六月,欠五、六分者罚俸九月,欠七、八分者罚俸一年;欠九分、十分者,降一级调用。署印不及一月者,免议。参后,州县官限一年内全完,司、道、府、直隶州官限一年半。如不完,原欠不及一分者,罚俸一年;欠一、二分者降三级调用,欠三、四分者降四级调用,欠五、六分者降五级调用;欠七、八分者,革职。巡抚限二年全完。如不完,原欠不及一分者,罚俸一年;欠一、二分者降二级调用,欠三、四分者降三级调用,欠五、六分者降四级调用,欠七、八分者降五级调用;欠九分、十分者,革职。接征、接催官,以到任日为始,州县官限一年催完,司、道、府、直隶州官限一年半,巡抚限二年。如不能完,各照初参例处分。

〇又议准:侵盗钱粮官役,仍以命下之日为始,限一年追完。如不完,将本犯及妻、未分家之子,并家口、财产,入官、流徙。其旗下人亦照此例,流罪准折枷号、鞭责。至官役贪赃银两应追入官者,亦照侵欺钱粮例遵行。承追官将犯人可变之家产,不行折变,或值多变少,或有需索掯勒等情,在外该督抚,旗下该都统、副都统,指名题参,从重议处。

〇十五年(1676)议准:凡侵盗钱粮人犯,家产未尽,地方官徇庇捏结者,降四级调用,转详官降二级调用,督抚降一级留任。

〇二十五年(1686)议准:凡官役赃罚、侵欺、挪移等项钱粮,系刑部题复审拟应追者,俱令刑部行追。将追完银两,岁底汇送户部入库收储。

〇三十九年(1700)议准:嗣后一应钱粮米石,如有亏空,着落亏空官员追取。再有实系家产尽绝不能完纳者,保题之日,着落岁底以实系现在申报之上司追完。

〇四十年(1701)复准:各省承审之案,俱扣除封印日期;承追之案,不扣除封印日期。

〇四十三年(1704)议准:嗣后凡一应钱粮米石,亏空在三十九年(1700)定例以前者,止着落亏空官员追完,免其上司分赔。若亏空钱粮米石,虽在三十九年定例以前,而事发在三十九年以后者,如亏空官员家产尽绝,保题之日,仍应着落彼时岁底盘查,捏报保题银米实系现在之上司各官名下分赔。

〇四十六年(1707)议准:凡有管民地方官员,借用官银不能依限还完者,该督抚题参,令其离任,限一年还完开复。若逾限不能还完,革职。旗员交与该旗催令还完,汉官交与该督抚催令还完。

〇四十七年(1708)题准:凡代赔正项钱粮,俱不准十年续完。

〇又复准:行追官员借欠官库银两,文职不完者离任,武职留任还完。

# 卷七百三十六·刑部十四

## 名例律 给没赃物二

**给没赃物二**

○康熙五十一年(1712)议准:外省知州知县,如有亏欠钱粮,该督抚审明,即着落该犯家产变赔。如系旗员,该督抚勒限查明家口,备造清册,取具该地方官不致容隐遗漏印结解部,刑部按册交与该旗查追。倘有不肖问官,以侵欺审作挪移,或将伊任所家产吓索殆尽,并听该犯任意将奴仆放出为民,及私自藏匿者,将承问、吓索、出结、造册各官,并失察各上司,一并题参,从重治罪。至该犯有无房地、家口,该旗自应严查追变。如有在屯庄偷卖房地,谎称借贷亲戚者,一经发觉,将该管官亦照例题参,从重治罪。

○五十三年(1714)议准:嗣后追赔赃银及分赔等项,文到之日,定限一年,斩、绞等犯,将侵盗赃银通完,比免死减等例,再减一等;军、流等犯俱免罪。追完三百两以上,承追官每案纪录一次;督催知府、直隶州,每三案纪录一次;道员,每五案纪录一次;督、抚、布、按,每十案纪录一次。不完,承追官罚俸一年;督催知府、直隶州,罚俸六月;司、道、督、抚,罚俸三月。再限一年追完,死罪、军、流等犯减等。若不完,军、流充配,死罪监追。承追官降一级留任,督催知府、直隶州罚俸一年,司、道、督、抚罚俸六月。再限一年,着落妻、子追赔。限内能追完,承追官开复。若不完,承追官调用,督催知府、直隶州降一级留任,司、道、督、抚罚俸一年。如果家产尽绝,保题豁免。倘题后另有财产、人口入官,出结官革职,督催知府、直隶州降二级调用,司、道降一级留任,督、抚罚俸一年。所欠银米,出结官赔补。武职官,照文官例议处。其交旗死罪人犯仍监候,军、流等犯暂停枷责,限一年通完,免其枷责。佐领、骁骑校,每案纪录一次;参领,三案纪录一次;都统、副都统,十案纪录一次。若不完,将犯人枷责,佐领、骁骑校罚俸一年,参领罚俸六月,都统、副都统罚俸三月。再限一年不完,佐领、骁骑校降一级留任,参领罚俸一年,都统、副都统罚俸六月。再限一年追完,佐领、骁骑校开复;不完,佐领、骁骑校降二级调用,参领降一级留任,都统、副都统罚俸一年。犯人内实系家产尽绝,保题豁免。题后有财产、人口,佐领、骁骑校革职,参领降二级调用,都统、副都统罚俸一年,财产入官,银米着落佐领、骁骑校赔补。又承追官不着落犯人妻、子,将亲族滥行追赔者,革职。其历年行追银两米谷,文到之日,照现议例扣限追赔。

○又谕:“该管上司官员,如有逼勒出结之事,属官不行出首者,着从重治罪。”

○五十五年(1716)题准:亏空、赃赎等项银两,云南等七省,照旧例留充兵饷,俟岁底造册报部查核;直隶、江南、浙江、湖广、江西、河南、山东、山西各省,停其陆续汇解,各省于岁底将追得银两,汇齐解送刑部确查,交送户部。倘一年内追得银两,或借端推诿不解者,查明题参治罪。

○五十七年(1718)议准:大、宛二县,五方杂处,各省寄籍者多。且二县事务繁冗,将承追、督催各案,俱仍照旧例处分。拖欠银米谷石之人,仍照部内所定,限内全完者,或减等,或免罪。不完者,照原拟即行治罪之例遵行。如该县不着力行追,徇情推诿,一并从重治罪,将犯人不行赔还之项,俱着该县赔还。

○又议准:入官财产,该督抚照例勒限追取。若希图本身轻脱,将无干之人,肆行诬赖者,从重治罪,仍着落伊身追取。承追官徇庇正犯,拖累无干者,亦交该部严加议处。

○五十九年(1720)议准:嗣后承追不及一千两者,仍照部定三年之例参处外,一千两至五千两者,以五年为期,每年每案追完二分,五年之内十分全完,免其处分,仍予纪录二次。完不及二分者,初参,降俸一级;二参,罚俸一年;三参降一级,四参又降一级,俱留任,带罪承追。五年限满,全完开复;如不完,照所降之级调用。五千两以上者,亦以一分为率,勒限五年,初参不完,降俸二级;二次不完,罚俸一年;三次不完降一级,四次不完又降一级。五年限满,如能完至七分者,准其开复,另行按年起限承追。如完不及一分,照所降之二级调用。接任官,以接任之日起限承追。如能一年限内全完一千两以上者,准加一级;追完五千两以上者,准加二级;追完一万两以上者,准加三级。此等加级,如遇别案承追应降调者,准其抵销。如能限内一年追完一万五千两以上者,交与吏部以应升之缺即用。督催各官,如不及一千两者,亦仍照部定三年之例参处外,一千两至五千两以上者,每案勒限五年,分数督催。递年完至二分者,免其处分。完不及二分者,知府、直隶州,每案初参罚俸六月,二参罚俸九月,三参罚俸一年;四参,降一级留任,俱令督催。五年限内,全完开复;如不完,降二级留任。督、抚、司、道,初参罚俸三月,二参罚俸六月,三参罚俸九月,四参罚俸一年。五年限满无完,降一级留任,仍令按年起限督催,全完开复。至在外催追武职官员,及在京交与八旗之案,俱照此例议处,余俱照吏、户、兵、刑四部从前所定之例遵行。

○又议准:亏空粮米,责成粮道督催;亏空盐课,责成盐道督催。其守巡道员,免其并参。

○六十一年(1722)题准:嗣后历年追完赃库银两,于本年内,务须汇行解部。如仍不起解,将承追、督催各官,并出结之布政司,查明题参,俱交该部从重治罪。

○又题准:直隶各省、八旗,行追赃罚、侵挪等项银米谷石,一年追完若干、未完若干,备造清册二本,该抚、八旗都统、副都统等,于岁底查明具题。

○雍正元年(1723)议准:赦前侵挪、亏空官员,援宥免罪,仍行监禁严追。果能三年内全完者,免罪释放;如三年不完,仍行监追。此内果有家产尽绝,不能全完,令该管官保题,交与该部详查,援引恩诏具题豁免。如该犯别有隐匿家产,查出入官,该管保题各官,一并从重治罪。

○又议准:直省承追、督催官员,如系离署出口办理军需者,应委员署理,以专责成。若在署兼理军需者,不得借军需名色,推卸承追不力处分。

○二年(1724)议准:凡亏空贪黩之员,在伊亲友伙计家,寄顿财物生理者,事发后,若三个月内首告,免其治罪,将寄顿之赃,补还亏空等项。若不行出首,将寄顿财物之人,照隐匿入官财产律,计赃从重治罪,将寄顿之赃补还亏空外,仍将家产一并搜查入官。若挟仇妄首者,审实,照讹诈例治罪。

○又奏准:各省解交刑部赃罚银两到时,即换咨交送户部收明,知会刑部。其刑部案内入官物件应变价者,十两以上,交崇文门监督变价交户部;不及十两之物,该司官与库官公估变价。其银存储刑部库内,积至万两,造册具题解户部。

○三年(1725)议准:自雍正四年(1726)为始,凡有州县亏空,该督抚审结具题时,将该管上司应否分赔之处,俱行查明,一并具题。若不声明具题,即将该督抚交吏部照徇庇例议处。

○五年(1727)谕:"嗣后有变产还项,较原参之数浮多者,俱应议还本人。永为定例。"

○又谕:"嗣后交完银两应减等发落之人,其银两全完时,即行具奏请旨。"

○又议准:除侵盗、亏空仍照定例外,其分年追赔拖欠各项银两,以一年为一限,计应追之数,均分三限,务令按限交完。现任职员,初限不完者,解任,令同二限银两带罪完纳。如照数全完,准以原官补用。若二限内仅完初限银两者,仍带罪追比。或初限、二限均不能完,革去职衔,同三限银两一并严追。此三限内,止完一限者,仍革职严追;或完两限者,复其职衔带罪完纳。能照数全完者,准其开复补用。倘三限均不能完,则交刑部治罪。所欠银两,于家属名下严追。至无禄人等,初限不完,监禁,令同二限银两一并追比。如照数全完,暂予释放。若仅完初限银两,二限未能全完者,仍监禁追比。或初限、二限均不能完,令该旗、该地方官将财产查封,同三限银两,一并严追。此三限内,止完一限者,暂免其变产。或完两限者,将本身释放,财产仍行封守。能照数全完者,本身释放免罪,财产给还。倘三限俱不能完,即将财产入官变卖,本身交刑部治罪。至追比之项有分二年者,一年不完,照初限例处分;二年俱不完,即照三限例治罪。倘二年内完一年之数者,再限一年,仍不能完,或完不足数者,即行治罪。

○六年(1728)谕:"据镶蓝旗汉军都统等,将许煓供出一应借伊银两人等开录具奏。大凡此等追比之事,亦当量其情事。若果借券中有凭据者,尚可令其赔还。再如上司官员挟制勒索者,此系干犯国家贪婪之项,亦属理应追比。至若并无文券、中保,止据一面之词,遽令着落赔还,深为悖谬。许煓先经供出沈廷正收伊银两,及行询问,而许煓之挟仇畏刑诬赖情节,一一显露。不但此一端也。其曾因亲友情谊馈送数十百金者,若照伊所供着落赔偿,其中或遇外任人员,虽实未收受,一不承认,势必至于来京对质,彼稍有余力之人,谁肯为此数十百金来京质审,无可奈何,止得承认赔偿。则是科敛众人之银钱,代此等贪婪犯官赔垫,是属何心,此乃断不可行之事。八旗内如有类此事件,既无借券、中保,捏称欠伊银两,开录具呈者,断不可准。彼既拖欠银两不能完纳,自有彼应得之罪也。着通行晓谕八旗大臣。"

○乾隆元年(1736)奏准:查仓库钱粮,关系国帑,如有侵挪、亏空等项,定议之后,勒限追补,仍于各旗、籍任所严行查变。果至家产全无,该管官查明出结,该督抚等核实具题,准其豁免。倘有隐匿,察出着落分赔。定例最为周密。间有准其开欠抵补者,必实系本人无可着追,所开确凿有据。其人又力能偿还者,方可追抵补苴。原非著为成例也。有等不肖之员,平日任意侵吞帑项,及至问罪着追,将所有赀财藏匿寄顿,乃混开欠项,竟至盈千累万,或指称向时借贷,或捏报馈送抽丰。阅其开抵之数,几浮应追之项,实皆纸上空言,毫无影响。地方有司,因畏惧考成,利其开抵以缓处分,每有指引该犯导令开报者;又有任听胥吏夤缘为奸,串通开报,蒙混准追者;甚至有承追之官,受贿徇情,将本犯捏称家产尽绝,特于案外牵累无干,妄以欠项图饱欲壑者,舞弊丛奸,不可胜数。而无端受开之身家,遭其牵累者,不知凡几矣。况如借贷之说,犹或事属有因。至若馈送一项,必实系上司勒索馈献,有干功令者,方宜照数追抵。如止因亲友馈送,以及过客抽丰,皆出应酬私谊,岂容开欠官追。且所开既非一人,行查辄连数省,往返文移,徒滋案牍,而于国帑究无裨益。嗣后亏空人员,务须按照定例严行查追。如实系家产尽绝,查明确实者,准其照例豁免,不许混开借欠等项,希图搪抵,反得借端隐匿,脱身事外。其果有借欠可抵者,必实系近年债负,确有原借券约、中保可凭,被开之人又力能交纳者,当堂取具切供,方准追抵。其将年远无凭书札记簿指为欠项,混请开抵者,概不准行。地方有司,如有因嘱托徇情,听从开欠,妄拿无辜追比,照故勘平人律治罪;受贿得赃者,计赃以枉法从重论。该管上司,照不据实查报例,知府、直隶州降二级调用,司、道降一级调用。其因避处分指引开欠者,承追官照借端将亲族滥行着落追赔例革职;该管上司,照失于查察例,知府、直隶州降一级留任,司、道罚俸一年。如任其朦胧开报,混行追抵者,承追官照不行确查例,降一级调用;该管上司,照据详转报例,知府、直隶州罚俸一年,司、道罚俸六月。至于亲友馈送、抽丰之类,既无契券可凭,又无中保作据,概停开报。如此则不特混行开抵之弊可除,株连拖累之患得息,而亏空人员,不敢狡思脱卸,于着追帑项,亦不为无裨。

○二十七年(1762)谕:"参革海州知州邬承显之子邬图麟等久未归旗一案,经该旗参奏,降旨令陈宏谋明白回奏。今据复奏'邬承显任内有应追赃项未完,着落伊子等缴还,是以未即回旗。再邬德麟已入含山县籍,家口仍留福建旧任。邬图麟等并请改入河南孟县民籍'等语,似此逗遛规避,实乃汉军敝习,不可不亟为整顿。伊等既任外官罢职,如有未完之项,自应勒限速完。实系无力追缴,即当归旗按律治罪。何得任其迁延在外,借设措告贷之名,任意游荡抽丰,驯致滋生事端,何所不有。况该旗已经咨催,饰词延玩,此在民人,犹不可为训,何况身为旗人者乎。即以情愿改归民籍而言,现在著有定例,并未稍为禁阻,第伊等或呈请于并无追项之前,或声明于完欠回旗之后,皆属可行。若借此巧为趋避,悬帑项而废官方,此风断不可长。嗣后外省参革汉军人员,有应完款项者,着于定限内催追。为数过多,酌量展限完纳。逾限不完,即将该员等解旗治罪。此案陈宏谋既未准其改籍,并将邬德麟等押解回旗,该旗可即遵旨办理。将来有似此者,均照此例行。"

○又议准:嗣后一切命案内,有减等发落应追埋葬银两之犯,俱勒限三月,将埋葬银两照数追完。如审系十分贫难,照例量追一半,给付尸亲收领。或本犯尚有物产可抵,即令于三月限内,速行变交,毋许借端逗遛。若限满勘实力不能完者,一面将该犯发配,一面取具地邻、亲族供结,州县官加具印结,详请督抚核实,咨请豁免。倘豁免之后,如有赀财隐匿,或经查出,或被尸亲告发,将出结之地邻人等,均照不应重律治罪;加结之州县官,照不行查明给结例,罚俸一年。

○三十九年(1774)谕:"前因内外各官员名下有摊赔、代赔银两,及八旗、绿营兵丁内有祖父应赔银两,于子孙所得饷银内坐扣者。此项银两,究属因公,特令军机大臣查明未完数目,酌量加恩。兹据分别开单具奏,内已经离任各员应赔银两,据报家产尽绝及无可着追者,七十一案,共未完银十七万四千九百余两;八旗、绿营兵丁应行坐扣饷银者,七十八案,计应扣银十九万三百余两。又原任都统索诺木策凌等大员六员,共未完十九万七千七十余两,因已经治罪查抄,无力完缴,一并开单请旨。朕详加披阅,此等应赔银两,有关帑项,本应着落照数完缴。第念各员等缘事降革离任后,业据各该旗、籍结报家产尽绝,并查明无力完缴;而兵丁等所得饷银,为数有限,若再行坐扣,未免生计拮据。其另单所开之原任大员六员,俱治罪查抄,无可着追。着将查出各该员名下未完应赔银两,及兵丁应扣饷项,共银五十五万九千八百余两,一并加恩概行豁免,以示朕格外施仁、曲加优恤至意。嗣后因公核减借欠等项,及该员本系分赔、代赔,地方官查明,结报家产尽绝、无力完缴者,并着照例题豁,毋庸再于同案各员名下摊追,用溥恩施而昭体恤。"

○四十九年(1784),广西巡抚奏永安州知州叶道和与岑照科场舞弊,藐法营私,请将叶道和家产查抄入官一案。钦奉谕旨:"嗣后如有缘事获罪,应行查抄,而兄弟未经分产者,着将所有产业,按其兄弟人数,分股计算。如家产值银十万,兄弟五人,每股应得二万,止将本犯名下应得一股入官。其余兄弟名下应得者,概行给予,以昭平允。所有叶道和一案,即照此办理。并著为令。"

○五十五年(1790),直隶总督奏盗犯马一等行劫路泰隆钱铺,该省办理迟延一案。钦奉谕旨:“嗣后各省盗案,如原赃未能起获,即着该管地方官罚赔。”

〇五十六年(1791),两广总督奏,盗犯未获,先令州县罚赔赃银,恐狡狯事主,任意浮报赃数,图得便宜,而不肖州县规避罚赔,必有抑勒事主讳盗,及删减赃数情弊。钦奉谕旨:“止将已经获盗而原赃未能起获者,令该管官罚赔。其正犯尚未缉获,赃数无从审明者,毋庸罚赔。”

〇五十九年(1794)谕:“刑部奏直隶省拿获盗犯曹先等分别斩枭一案。杨际春、陈祥生主仆二人,均被车夫吴洛全等谋害,殊堪怜悯。所失银两,于获犯后经官追起,亦属有名无实。所有吴洛全车辆、马匹,即应一并给予事主家属领回,该部何必按例称变价入官。该督原请将车辆、马匹入官之处,办理亦觉鄙吝。嗣后凡有窃盗各案,其查出盗贼名下资财什物,俱给予事主收领,不必入官。著为令。”

〇又谕:“前经降旨,各省盗案,如原赃未能起获,即着该管地方官罚赔。嗣恐正盗未获,先令州县赔出赃银,地方官规避罚赔,必有讳盗灭赃情弊。复降旨嗣后遇有盗案,即应严缉正盗,审明赃数,查追给主。如已经获盗而原赃不能起获,仍着该管官罚赔示惩。原因地方官平时既不能实力巡查,及遇有盗案,又不肯认真缉捕,以致小民被盗,赃项久悬,终归无着。若事主系殷商大贾,即盗赃无获,生计尚可不致竭蹶。如系中人小户,惟仗经纪营生,一经被劫,即为数无多,已足罄其家产。是以罚令地方官赔缴,以示惩儆。但近据吉庆拿获盗犯常二等一案,未起赃银四百余两,着令该县赔缴,尚属力所能办。至如本月书麟、奇丰额所奏尹二等一案,赃数至一千九百余两。又查前据郭世勋奏,梁亚容赃数多至万余。若亦责成该处州县按数赔给,其势必至日久悬宕。而闾阎小民,以盗赃未获,岂敢向地方官索赔。甚至不肖州县,或以罚赔盗赃为名,采买科派,及需索盐当陋规。在被劫小民,仍不能得获原赃;地方良善,徒滋扰累;而不肖州县,转得为肥橐之计,岂不有名无实。嗣后遇有盗案,该督抚总当严督所属实力缉捕,务得原赃,即时起获,速给事主。其盗犯行劫之后,众人俵分,如遇赃数较多者,每犯俱可分银数百金,一时岂能费用荡尽。若将盗犯立时缉获,原无难起赃给主。即有业经花费者,亦必为数有限,责令地方官赔给,自属易办。如盗犯实已远扬,不能立时起获,而赃数又复较多,该督抚等即当核其缉盗勤惰,分别赃数责令着赔。总之有治人,无治法,惟在该督抚随时整饬,核实办理,庶州县等知所劝惩,而被盗小民不致拖延受累,方为妥善。”

〇五十八年(1793)谕:“盗赃多至盈千累万,若概令地方官赔给,不特州县力有不能,必至有名无实,且恐启刁民捏报赃数之渐。况遇盗之家,如系中人小户,惟仗经纪营生,一经被劫,虽为数无多,已足罄其家产。至赃数较多者,事主必系殷实大贾,即盗赃无获,生计尚不至拮据。嗣后除赃数一百两以内者,仍着该管官罚赔外,如数百两至千两以上者,应令该管官罚赔十分之一二。”

# 卷七百三十七·刑部十五

## 名例律　犯罪自首　二罪俱发以重论　犯罪共逃　同僚犯公罪

### 犯罪自首

凡犯罪未发而自首者，免其罪，若有赃者，其罪虽免，犹征正赃。谓如枉法、不枉法赃，征入官。用强生事，逼取、诈欺、科敛、求索之类，及强窃盗赃，征给主。其轻罪虽发，因首重罪者，免其重罪。谓如窃盗事发，自首又曾私铸铜钱，得免铸钱之罪，止科窃盗罪。若因问被告之事而别言余罪者，亦如上科之。止科见问罪名，免其余罪。谓因犯私盐事发被问，不加拷讯，又自别言曾窃盗牛，又曾诈欺人财物，止科私盐之罪，余罪俱得免之类。其犯人虽不自首，遣人代首，若于法得相容隐者之亲属为之首，及彼此诘发，互相告言，各听如罪人身自首法。皆得免罪。其遣人代首者，谓如甲犯罪遣乙代首，不限亲疏，亦同自首免罪。若于法得兼容隐者为首，谓同居及大功以上亲，若奴婢、雇工人为家长首，及相告言者，皆与罪人自首同得免罪。卑幼告言尊长，尊长依自首律免罪，卑幼以干犯名义律科断。若自首不实及不尽者，重情首作轻情，多赃首作少赃，以不实不尽之罪罪之；自首赃数不尽者，止计不尽之数科之。至死者，听减一等。其知人欲告及逃如逃避山泽之类。叛是叛去本国之类。而自首者，减罪二等坐之。其逃叛者，虽不自首，能还归本所者，减罪二等。其损伤于人，因犯杀伤于人而自首者，得免所因之罪，仍从杀伤法。本过失者，听从本法。损伤于物不可赔偿，谓如弃毁印信、官文书、应禁兵器及禁书之类。私家既不合有，是不可偿之物，不准首。若本物见在首者，听同首法免罪。事发在逃，已被囚禁越狱在逃者，虽不得首所犯之罪，但既出首，得减逃走之罪二等，正罪不减。若逃在未经到官之先者，本无加罪，仍得减本罪二等。若私越度关，及奸者，并不在自首之律。若强窃盗、诈欺取人财物，而于事主处首服，及受人枉法、不枉法赃，悔过回付还主者，与经官司自首同，皆得免罪。若知人欲告，而于财主处首还者，亦得减罪二等。其强、窃盗若能捕获同伴解官者，亦得免罪，又依常人一体给赏。强、窃盗自首免罪后，再犯者不准首。

**谨案**　律文“若私越度关，及奸”下，有“并私习天文”五字，雍正三年(1725)删。

#### 附律条例

〇一、在监重囚，有因变逸出，旋即投归者，除不准自首之犯，仍照原拟治罪外，余俱免死，杖一百发落。其自行越狱，及看守通同贿纵者，虽投归，不在此例。

**谨案**　此条乾隆五年(1740)遵照顺治十七年(1660)谕旨纂定则例。

一、在监斩、绞重囚，及遣、军、流、徒人犯，如有因变逸出，自行投归者，除谋反、叛逆之犯，仍照原拟治罪，不准自首外，余俱照原犯罪名，各减一等发落。若被拿获者，仍照原犯罪名定拟。其自行越狱，及看守通同贿纵者，虽自行投首，仍照各本律例问拟。

**谨案** 嘉庆六年(1801)奏明,剿办教匪以来,外省监犯,往往因变逸出,自行投回,均奉旨减等发落,并不依原例办理。且越狱之犯,投归者自应分别减等,拿获者仍当治以原罪。因改定此条。

〇一、被掳从贼,不忘故土,乘间来归者,俱着免罪。

**谨案** 此条系乾隆五年(1740)遵照顺治十八年(1661)谕旨纂定。

〇一、凡遇强盗,系亲属首告到官,审其聚众不及十人,及止行劫一次者,依律免罪、减等,拟断发落。若聚众至十人,及行劫累次者,系大功以上亲属首告,发附近;小功以下亲属首告,发边卫,各充军。其亲属本身被劫,因而告诉到官者,依亲属相盗律科罪,不在此例。

**谨案** 此系原例。

一、凡遇强盗,系律得容隐之亲属首告到官,同自首法照例拟断。其亲属本身被劫,因而告诉到官者,依亲属相盗律科罪,不在此例。

**谨案** 乾隆三十二年(1767),查强盗自首,并无分别聚众多寡之例。至行劫次数,及伤人未伤人、情节轻重,各有专例。因改定此条。

〇一、窃盗自首不实不尽,及知人欲告,而于财主处首还,律该减等拟罪者,俱免刺。

**谨案** 此条系原例。

〇一、偷采人参,率领头目及财主,闻拿投部者,不准首,仍拟绞监候。若事未发而自首者,照犯罪自首律发落。自首不实不尽者,亦照律治罪。

**谨案** 此条雍正三年(1725)定。乾隆五年(1740)奏明,伤人强盗罪应斩决,尚无事发不准首之例。今偷采人参等犯,罪止拟绞,不应闻拿不准投首。此条删。

〇一、凡强盗虽自行投首,伊主仍照例治罪。

**谨案** 此条雍正三年(1725)定。乾隆五年(1740)奏明,盗犯尚准自首,而伊主反不得免罪,似未允协,此条删。

〇一、凡强盗行劫数家,而止首一家者,发黑龙江给新满洲披甲之人为奴。

**谨案** 此条雍正三年(1725)定。

一、凡强盗行劫数家,而止首一家者,除所劫数家内,有系盗首及杀死人命、奸人妻女、烧人房屋等项,例不准自首者,仍分别定拟外,如俱系例准自首之罪,将本犯免死,发黑龙江给新满洲披甲之人为奴者,照徒流迁徙地方条下发遣之例问发。

**谨案** 此条系乾隆五年(1740)改定。五十三年(1788)删除。

〇一、强盗殴伤事主,伤非金刃,而所伤又轻,旋经平复者,系伙盗,仍准自首,发边卫充军。若事主伤重,虽幸未死,其伤人之伙盗,仍拟正法。

**谨案** 此条雍正三年(1725)定。乾隆五年(1740)并入“自首强盗”条内,移附“强盗”律后,将此条删除。

〇一、强盗为首并窝线,于未经到官之先,自行陈首,请旨酌其情节,量从宽减。

若跟随为盗，并未伤人之犯，自行出首，将伊应得之罪，悉行宽免。

**谨案** 此条雍正六年(1728)定。乾隆三十二年(1767)，删去盗首、窝线，将“跟随为盗”以下辑为专条，移归“强盗”例内。

○一、不论强、窃盗犯，有捕役带同投首者，除本犯不准宽减外，仍将捕役严行审究。倘有教令及贿求故捏情弊，将捕役照受财故纵律治罪。

**谨案** 此条雍正七年(1729)定。原“照知人犯罪事发藏匿在家律治罪”，乾隆五年(1740)，改“照受财故纵律”。

○一、强盗同居之父、兄、伯叔与弟，明知为匪，或分受赃物者，许其据实出首，均准免罪，本犯亦得照律减免发落。

**谨案** 此条系雍正七年(1729)定。

○一、积惯屡次行劫盗犯之妻、子，并同居父、兄、伯叔与弟，如果据实出首，准其免罪，将盗犯减等发落。如不行出首，一经发觉，俱照窝藏强盗坐家分赃律，发边卫充军。如盗犯有妻无子者，将伊妻照入监探视例枷号，不准收赎。

**谨案** 此条雍正七年(1729)定。乾隆五年(1740)删。

○一、一人越狱，半年内自行投首者，仍照原拟罪名完结。如同伙越狱多人，有一人于限内投首，供出同伙，于半年内尽行拿获者，将自行投首之犯，照原罪减一等发落。倘供出之同伙内，尚有一二人未获者，亦仍照原拟罪名完结。如系有服亲属拿首者，亦照本犯自首之例分别完结。

**谨案** 此条雍正七年(1729)定，原载“狱囚脱监及反狱在逃”律内。乾隆五十三年(1788)，移入此门。

○一、八旗、各省犯罪人内，除拟斩、绞人犯外，如果有家产，情愿往种地处所，自备资斧效力者，各该处保送刑部，刑部将犯罪缘由分析明白，具奏请旨。俟派出时，量伊等所犯之罪，如何交粮赎罪之处，另行议奏。

**谨案** 此条系雍正十年(1732)因出兵而设。乾隆五年(1740)删。

○一、小功、缌麻亲首告，得减罪三等；无服之亲，减一等。其谋反、叛逆未行，如亲属首告，或捕送到官者，正犯俱同自首律免罪；若已行者，正犯不免，其余缘坐人，亦同自首律免罪。

**谨案** 此条系乾隆五年(1740)定。

○一、由死罪减为发遣盗犯，在配及中途脱逃被获，例应即行正法者，如有畏罪投回，并该犯之父兄赴官禀首拿获，俱准其从宽免死，仍发原配地方。若准免一次之后，复敢脱逃，虽自行投回，及父兄再为首告，亦不准宽免。

**谨案** 此条系乾隆三十七年(1772)遵旨定例。原例首句但言“发遣军犯”，查寻常军犯脱逃，例系加等调发。其新疆遣犯，亦于嘉庆四年(1799)奏明不在正法之例。惟盗犯由死罪减发黑龙江等处者，脱逃被获，始应正法。嘉庆六年(1801)，因将首句改正。十六年(1811)奏明，于“发遣盗犯”下，增“并用药迷窃案内发遣人犯"句。

○一、闻拿投首之犯,除律不准首,及强盗自首例有正条外,其余一切罪犯,俱于本罪上减一等科断。

**谨案** 此条乾隆三十八年(1773)定。

○一、凡诱拐不知情妇人子女首从各犯,除自为妻妾,或典卖与人,已被奸污者,不准自首外,其甫经诱拐,尚未奸污,亦未典卖与人,即经悔过自首,被诱之人,即时给亲完聚者,将自首之犯,照例减二等发落。若将被诱之人,典卖与人,现无下落,诱拐之犯自首者,仍各按例拟罪监禁。自投首到官之日起,三年限满,被诱之人仍无下落,或限内虽经查获,已被奸污者,即将原获拟绞候之犯,入于秋审办理;原拟流罪之犯,即行定地发配。倘能限内查获,未被奸污,给亲完聚者,各于原犯罪名上减一等发落。

**谨案** 此条嘉庆二十五年(1820)定。

○一、鸦片烟案内人犯,如有事未发而自首,及闻拿投首者,各照律例分别免罪减等。首后复犯,加一等治罪,不准再首。

**谨案** 此条道光十九年(1839)定。

**历年事例**

○顺治四年(1647)定:凡曾经为盗之人,无论犯罪轻重,有能赴所在官司,或径赴兵部,将正贼姓名及居住地方,详细陈首者,除本身免罪外,仍将贼赃酌议给赏。如胁从多人,同心归正,首告贼渠者,罪止贼渠,来首人悉免究治,仍以贼渠赃物分赏。

○十七年(1660)谕:"据奏徐元善寇乱纵出,贼去遵法投监,情有可矜,着免流徒,杖一百发落。以后重囚,有这等因变逸出投归者,俱免死照此发落。永著为例。其自行越狱及看守通同贿纵者,不在此例。"

○十八年(1661)谕刑部:"近览尔部章奏徐胜等一案,因其被掳下海,旋经投归,仍按律治罪。但念此辈先虽经从贼,乃能不忘故土,乘间来归,徐胜等已有旨免罪,以后凡有这等投诚者,俱着免罪。"

○又题准:凡山林有名大盗,率众投首来归者,本犯免罪,其余贼犯免死,系旗下人鞭一百,系民责四十板。

○康熙十年(1671)复准:凡强盗首后再犯又首者,照律不准自首,治以强盗之罪。

○二十三年(1684)议准:强盗杀人,除下手主谋者不准自首外,若未曾下手杀人自首者,将本犯监候,俟拿获同伙之人,审明果无下手主谋情由,准免死,发遣边卫充军。

○二十八年(1689)题准:凡事发后查拿时自首之强盗内,如有伤人不死者,照律拟戍;如不曾伤人者,照知人欲告而自首减二等律拟徒。

〇三十年(1691)复准:强盗未经放火及奸污妇女,则与不曾伤人之盗无异,如未发投首,照事未发自首免罪;事已发投首,照知人欲告自首减二等杖徒。

〇四十四年(1705)复准:凡自首强盗,行劫数家而止首出一案者,俱免死,发黑龙江给予新满洲披甲之人为奴。

〇雍正三年(1725)议准:嗣后如窃盗已经改过,被伙盗仍行挟制,令其入伙行窃,不愿同行,将挟制情由即行自首者,免其前罪。若伙贼自行偷窃,事发之日,诬扳挟制不从之人为同伙者,将诬扳之人,照诬告律加一等治罪。如被逼已经入伙行窃,即能抱赃出首者,亦应免罪。至于强逼同窃,从之恐罹法网,不从又虑扳害,将强逼之人杀死,而未经出首者,事发之日,该地方官查明,果系同伙犯窃,有案可据,并有挟制实情者,将杀人之人,照例免死减等,杖一百、流三千里;如将强逼之人杀死之后,即能自首者,照知人欲告而自首者减罪二等,杖一百、徒三年,各追埋葬银两。以上减流、减徒之犯,发配之后,盗心复萌,又行偷窃者,查明原案所犯之罪治之。若有别故杀人,牵引窃案投首者,仍照杀人律定拟。其强盗案内,若本系良民,被积盗挟制入伙,虽同行并未得赃,将挟制之人杀死,随行自首者,应比照罪人本犯应死之罪而擅杀律杖一百;若被挟入伙,虽同行并未得赃,将挟制之人杀死,未经出首者,止照强盗已行而不得财律,杖一百、流三千里,不得更拟杀人之罪。至强、窃盗案内,将同伙之人谋死灭口,或夺分赃物因而致死者,仍照律定拟,不得滥行减等。倘承审官不行审出实情,滥行开脱,以致凶犯漏网者,将承审官照故出人罪例议处。

〇四年(1726)议准:嗣后凡属员有以财行求上司保送题升,并大计军政卓异荐举者,如受财之上司,果于事后据实尽首者,免其治罪,并免追赃,止治以财行求并说事过钱人之罪。如以财行求之属员,有于事后据实出首者,免其治罪,于受财之上司照原赃数加倍追给,止治受财及说事过钱人之罪。若说事过钱之人据实首明者,免其追赃治罪,仍将与、受之赃追出,赏给一半,止治与、受人之罪。至有赃多首少者,仍照律以不实不尽科之。其有赃少首多者,以讹诈律治罪。倘有怙恶不悛,仍复匿不首明者,一经发觉,计赃照律加倍治罪。

〇乾隆三十七年(1772)谕:"据徐绩奏'军犯李作良自配逃回利津原籍,经该犯之父李海赴县首禀,例应如罪人自首免罪。但该犯屡犯窃案,在配又不能安分,殊属玩法,仍拟斩决'等语。此等军犯逃回原籍,自属怙过不悛之徒,本无足惜。但既经伊父首禀,于律既有如罪人自首之条,自可量从末减。李作良着从宽免死,仍发原配地方。嗣后有似此者,俱照此例行。但因首告而贷死,已属法外之仁,止可一次。若到配后仍不知惩艾,复敢脱逃,虽有父兄等再为首告,亦不准其宽减,于情法更为允协。著为令。"

〇嘉庆二年(1797),四川总督奏,贼匪攻犯东乡县时,斩犯符曰学等三名,及绞犯杨思进,逃出监禁,自行投回,可否量予末减。奉旨:"符曰学等既无从逆情事,又不借此远扬,尚属畏法,自应加恩减等发落。"

○三年(1798),湖北巡抚题,绞犯胡荣富因教匪窜扰郧西,将监犯逼胁裹逃,该犯乘空逃出大营投首。奉旨:"胡荣富尚知畏法,自应量予减等。"

○又谕:"息县逆匪劫出监犯孙仁、周秉义二名,除孙仁业经砍毙外,周秉义一犯,即着一面正法。其余监犯胡仁荣等十二名,不肯从贼,尚知守法,着分别减等发落。"

## 二罪俱发以重论

凡二罪以上俱发,以重者论。罪各等者,从一科断。若一罪先发,已经论决,余罪后发,其轻若等勿论,重者更论之,通计前所论决之罪以充后发之数。谓如二次犯窃盗,一次先发,计赃一十两,已杖七十;一次后发,计赃四十两,该杖一百,合贴杖三十。如有禄人节次受人枉法赃四十两,内二十两先发,已杖六十、徒一年;二十两后发,合并取前赃通计四十两,更科全罪徒三年。不枉法赃及坐赃,不通计全科。其应赃入官、物赔偿、盗刺字、官罢职罪止者,罪虽勿论,或重科,或从一,仍各尽本法。谓一人犯数罪,如枉法、不枉法赃合入官,毁伤物合赔偿,窃盗合刺字,职官私罪杖一百以上合罢职,无禄人不枉法赃一百二十两以上罪止杖一百、流三千里之类,各尽本法拟断。

### 附律条例

○一、凡因犯遇蒙恩例通减二等者,罪虽遇例减等,若律应仍尽本法,及例该充军为民、立功调卫等项者,仍依律例一体拟断发遣。如窃盗、抢夺等项仍须刺字,枉法、不枉法等赃仍须入官,故云"仍尽本法"。

**谨案** 此条系原例,载在"五刑"律后。

一、凡因犯遇蒙恩例通减二等者,罪虽遇例减等,若律应仍尽本法者,仍依律一体拟断。如枉法、不枉法等赃仍须入官,故云"仍尽本法"。

**谨案** 此条系雍正三年(1725)将前例删改,移附此律。乾隆五年(1740),以通减二等之例已裁,所称"仍尽本法",已见律文,将此条删除。

○一、凡人命案件,按律不应拟抵,罪止军、流、徒人犯,如家长、有服亲属,强奸奴仆、雇工人妻女未成,致令羞忿自尽,罪应拟军;向有人居止宅舍放弹射箭,因而致死,罪应拟流;和奸之案,奸妇因奸情败露,羞忿自尽,及窝弓不立望杆因而致死,并擅杀奸盗罪人,罪应拟徒之类。除致死二命照律从一科断外,如至三命者,于应得军、流、徒本罪上各加一等;三命以上者,按照致死人数递加一等,罪止发遣黑龙江,不得加入于死。若致死三命以上,例有专条者,各照定例办理。如威逼人致死非一家三命以上者,发近边充军之类。至过失杀人之案,仍照律收赎。杀至数命者,按死者名数,各追银十二两四钱二分,给各亲属收领,毋庸加等治罪。至此等案件,必须详细研鞫。若核其案情近于过失而情节较重,或耳目所可及、思虑所可到,并非初无害人之意者,应仍照例分别定拟,不得滥引过失杀律收赎。

**谨案** 此条嘉庆六年(1801)定。十七年(1812)因调剂黑龙江遣犯,将"发遣黑龙江"改为"发遣新疆酌拨种地当差"。道光六年(1826),新疆遣犯拥挤,改为"实发云贵两广极边烟瘴充军"。二十四年(1844)仍改归新疆。

○一、身犯二罪俱应斩决者,加拟枭示。

**谨案** 此条嘉庆十一年(1806)遵旨定例。

一、身犯两项罪名，援引各律各例俱应斩决者，加拟枭示。如既犯轮奸已成为首，又犯强盗入室搜赃，同时并发之类。若身犯二罪应拟斩决，系同一律例，并非两项罪名者，毋庸枭示。如强盗入室搜赃，虽行劫已至数次，同时并发，仍拟斩决之类。

**谨案** 此条系嘉庆十六年(1811)增定。

○一、凡两犯凌迟重罪者，于处决时加割刀数。

**谨案** 此条系嘉庆十六年(1811)定。

### 历年事例

○雍正二年(1724)谕："嗣后具题案内官员人等，有一人于两案犯罪，而前案罪轻，先行题结，俟后案审明从重归结者，至后案从重题结之日，仍将前案所拟轻罪叙入，然后就本案所犯重罪按律定拟。如前案已拟重罪，后案之罪轻于前案者，至后案题结之日，亦必将前案重罪声明，仍归前案定拟。如有数案犯罪者，亦必将各案所拟应得之罪，俱简明叙入最后题结本章内。"

○三年(1725)谕："嗣后枷责之犯，奉旨改为发遣者，律不重科，俱免其枷责之罪。若有情罪可恶，虽令发遣，仍应枷责者，临时请旨。"

○嘉庆九年(1804)谕："此案缪细妹因殴小功服兄缪三康致死，律应斩决，又致母黄氏畏累自缢，例应照本犯罪名拟以立决。该犯身兼二罪，问拟斩决，已无可复加。但该犯只科殴死服兄之罪，已应斩决。又因逞忿累及所生，不可不量加严办，以昭区别。缪细妹着即行处斩，仍于犯事地方枭示，俾乡愚触目咸知儆戒。嗣后有身犯二罪俱应斩决者，均加拟枭示。着刑部纂入律例，用示明刑弼教至意。"

○十一年(1806)谕："本日陕西巡抚董教增奏《因奸谋死本夫及伊姑二命，奸夫、奸妇分别凌迟、斩决》一折，已批交该部知道矣。此案黄宋氏商同奸夫勒毙本夫，后因伊姑查问伊子下落，复商同将伊姑勒毙。似此凶淫之案，实属目不忍睹，可谓人心灭绝，全无伦理。该抚以黄宋氏蔑伦淫恶，二罪相等，从一科断，依因奸杀死亲夫者凌迟处死，自系照例办理。但该犯妇两犯凌迟处死之罪，因法无可加，仍照因奸杀死本夫之条定拟，尚觉情浮于法。着刑部悉心详拟，嗣后有似此两犯凌迟重罪者，于凌迟内酌定如何予以寸磔以示区别之处，具奏载入例册。其奸夫如有商同谋死本夫，复杀死奸妇期亲以上尊长者，着立斩、枭示。"

## 犯罪共逃

凡犯罪共逃亡，其轻罪囚，能捕获重罪囚而首告，及轻重罪相等，但获一半以上首告者，皆免其罪。以上指自犯者言。谓同犯罪事发，或各犯罪事发而共逃者，若流罪囚能捕死罪囚、徒罪囚能捕流罪囚首告；又如五人共犯罪在逃，内一人能捕二人而首告之类，皆得免罪。若损伤人及奸者不免，仍依常法。其因他人犯罪连累致罪而正犯罪人自死者，连累人听减本罪二等。以下指因人连累而言，谓因别人犯罪，连累以得罪者,如藏匿引送资给罪人,及保勘、供证不实,或失觉察、关防、钤束、听使之类。其罪人非被刑役而自死者,又听减罪二等。若罪人自首告,得免。及遇赦原免,或蒙特恩减罪、收赎者,连累人亦准罪人原免、减等、赎罪法。谓因罪人连累以得罪,若罪人在后自首告,或遇恩赦全免,或蒙特恩减一等、二等,或罚赎之类,被累人本罪,亦各依法全免、减等、收赎。

### 同僚犯公罪

凡同僚犯公罪者,谓同僚官吏连署文案,判断公事差错而无私曲者。并以吏典为首,首领官减吏典一等,佐贰官减首领官一等,长官减佐贰官一等。官内如有缺员,亦依四等递减科罪。本衙门所注官吏无四等者,止准见设员数递减。若同僚官一人有私,自依故出入人罪论;其余不知情者,止依失出入人罪论。谓如同僚连署文案官吏五人,若一人有私,自依故出入人罪论;其余四人虽连署文案,不知有私者,止依失出入人罪论。仍依四等递减科罪。若下司申上司,事有差误,上司不觉失错准行者,各递减下司官吏罪二等;谓如县申州、州申府、府申布政司之类。若上司行下,事有差误,而所属依错施行者,各递减上司官吏罪三等;谓如布政司行府、府行州、州行县之类。亦各以吏典为首。首领、佐贰、长官依上减之。

# 卷七百三十八 · 刑部十六

## 名例律

公事失错　共犯罪分首从　犯罪事发在逃　亲属相为容隐　吏卒犯死罪　处决叛军　杀害军人　在京犯罪军民

### 公事失错

凡官吏公事失错，自觉举者免罪。其同僚官吏同署文案，法应连坐者，一人自觉举，余人皆免罪。谓缘公事致罪而无私曲者，事若未发露，但同僚判署文案官吏一人能检举改正者，彼此俱无罪责。其断罪失错于人已行论决者，仍从失入人罪论，不用此律。谓死罪及笞、杖已决讫，流罪已至配所，徒罪已应役，此等并为已行论决。官司虽自检举，皆不免罪，各依失入人罪律减三等，及官吏等级递减科之，故云不用此律。其失出人罪，虽已决放，若未发露能自检举贴断者，皆得免其失错之罪。其官文书稽程官应连坐者，一人自觉举，余人亦免罪，承行主典之吏不免。谓文案小事五日程、中事十日程、大事二十日程，此外不了，是名稽程。官人自检举者，并得全免。惟当该吏典不免。若主典自举者，并减二等。谓当该吏典自检举者，皆得减罪二等。官全免。

### 共犯罪分首从

凡共犯罪者，以先造意一人为首，依律断拟。随从者减一等。若一家人共犯，止坐尊长。若尊长年八十以上及笃疾，归罪于共犯罪以次尊长。如无以次尊长，方坐卑幼。谓如尊长与卑幼共犯罪，不论造意，独坐尊长，卑幼无罪，以尊长有专制之义也。如尊长年八十以上及笃疾，于例不坐罪，即以共犯罪次长者当罪。又如妇人尊长与男夫卑幼同犯，虽妇人为首，仍独坐男夫。侵损于人者，以凡人首从论。造意为首，随从为从。侵谓窃盗财物，损谓斗殴杀伤之类。如父子合家同犯，并依凡人首从之法。为其侵损于人，是以不独坐尊长。若共犯罪而首从本罪各别者，各依本律首从论。仍以一人坐以首罪，余人坐以从罪。谓如甲引他人共殴亲兄，甲依弟殴兄杖九十、徒二年半，他人依凡人斗殴论笞二十；又如卑幼引外人盗己家财物一十两，卑幼以私擅用财加二等笞四十，外人依凡盗从论杖六十之类。若本条言皆者，罪无首从；不言皆者，依首从法。其同犯擅入皇城、宫殿等门，及同私越度关，若同避役在逃，及同犯奸者，律虽不言皆，亦无首从。谓各自身犯，是以亦无首从，皆以正犯科罪。

**谨案**　窃盗一两至一十两杖七十。为从应杖六十。原注讹为杖七十。乾隆五年（1740）改正。

#### 附律条例

○一、凡父兄子弟共犯奸、盗、杀伤等案，如子弟起意，父兄同行助势，除律应不分首从，及其父兄犯该斩、绞死罪者，仍按其所犯本罪定拟外，余俱视其本犯科条加一等治罪，概不得引用“为从”字样。

**谨案** 此条乾隆四十二年(1777)遵旨定例。

**历年事例**

○乾隆七年(1742),大学士等议奏,律设大法,轻重期协于至公。罪有殊科,彼此不容以私贷。是以梁吉翂乞代父命,武帝虽行宽宥,而未闻著于令甲。汉陈元于尹次当死,兄初请代,议欲活次。应劭驳之,谓杀无罪之初,活当死之次,此谓求生,非谓代死。诚以按律拟狱,各从所犯断决。不得开代罪之端,因私情而挠国宪也。若夫一家共犯,罪坐尊长,盖尊长有督率之责。父兄之教不先,则子弟之率不谨。是以定为罪首,而卑幼免坐者,法统于所尊,罪不容以并论也。今据刑部奏称,“徐天爵与伊子七十儿同造赌具,应照不论造意独坐尊长之律,坐以发遣为奴。复据七十儿之呈,情愿代父受罪,请将七十儿发遣,徐天爵免罪”等语。查此案情节,徐天爵之母年逾七十,仅有一子,闻其遣戍,昼夜悲啼。七十儿既不忍伤祖母之心,复不忍伊父独罹罪谴,吁请身代。伊父既得免于远戍,而祖母复得资其奉养,情殊可原。且徐天爵所犯,并无侵损于人,似可准行。但查康熙五十一年(1712)镶蓝旗人乌尔衮因伊父固尔哈缘事革职,照例枷责充发。有祖母年九十岁,别无侍养之人,叩阍请代充发,俟祖母身故再议发遣。奉旨:“固尔哈免其枷责,留养伊母,俟母故后照例发遣。”钦遵在案。是既准其留养以遂私情,仍又发遣以昭国宪,仰见圣祖仁皇帝仁至义尽,情法兼伸。今徐天爵此案,与乌尔衮情事相同。或将七十儿发遣,将徐天爵免罪;或将徐天爵暂停发遣,交与该旗,俟伊母故后送部发遣,应俟谕旨遵行。至该部所请“嗣后如有父子共犯罪,按律应坐其父而子愿代者,酌其情罪轻重,果无侵损于人,将代罪情由奏明请旨”等语,伏思一家同犯罪名,父兄按律科罪,子弟独脱然法外,稍有人心,必当怵然难安。况既无侵损于人,愿以身代父兄,犹知孝弟之义,应如所请办理。如子弟身本无罪,及有罪而有侵损于人者,并不得援引为例,妄行渎请。则孝弟之情义伸,而国家之宪章亦肃。奉旨:“依议。徐天爵着照固尔哈之例,暂停发遣。”

○四十年(1775),江苏巡抚审题宿迁县民刘俊强抢良家之女奸占为妻,将刘俊之父刘殿臣照为从律拟以杖流。奉旨:“明刑所以弼教,岂有坐父兄为子弟从犯之理。此风化所系,谳狱者不可掉以轻心。夫父兄之教不先,已难辞不能约束之咎。今明知其子强暴横行,反亲往增势以成其恶。此即败类之尤,不可不示惩儆。而律以为从,则断不可。着刑部按本犯科条,分别定罪。”

**犯罪事发在逃**

凡二人共犯罪而有一人在逃,现获者称逃者为首,更无人证佐,则但据其所称决其从罪。后获逃者称前获之人为首,鞫问是实,还将前人依首论,通计前决之罪,以充后问之数。若犯罪事发而在逃者,众证明白,或系为首;或系为从,即同狱成,将来照提到官,止以原招决之,不须对问。仍加逃罪二等。逃在未经到官之先者不坐。

**附律条例**

〇一、凡免死发遣奉天、黑龙江、宁古塔、西安、荆州、杭州、成都等处人犯，在逃潜匿者，被获之日，照例于发遣处即行止法。其平常发遣人犯，逃走后有行凶为匪者，亦照例于发遣处即行正法；如无行凶为匪之事，于发遣处枷号两月，鞭一百，仍交与该管处严行管束。若各该处旗下家人私自逃走者，加逃罪一等治罪；有为匪之处，从重归结。各该将军仍将发遣人犯，并旗下家人，私自逃走者，俱照例每月造册咨部，年底汇奏。刑部会同兵部复核，将已获几名、未获几名，或并无脱逃，或脱逃后尽数全获，逐一分析具题，恭候钦定赏罚施行。

**谨案** 此条系雍正五年(1727)定。

一、各处将军，每年派官二员、骁骑校二员，带领领催、兵丁专缉逃人。除明知故纵、受贿卖放者，交部治罪外，其不实力缉拿者，另委能员追缉。仍将发遣人犯，并八旗家人私自逃走者，每月造册报部。每于岁底，将已获几名、未获几名，或并无脱逃，或脱逃后尽数全获，应行议处、议叙之处，逐一分析，汇行具奏，刑部会同兵部核复具题，恭候钦定。

**谨案** 此条乾隆五年(1740)改定。嘉庆六年(1801)于“逐一分析”下，改“咨报军机处、兵刑二部，均限于十二月初旬咨齐，以凭核复具题，恭候钦定”。

〇一、凡负罪潜逃之犯被获者，除笞、杖等罪仍照例遵行外，犯该徒一年者，加倍徒二年；徒一年半者，徒三年；徒二年者，流二千里；徒二年半者，流二千五百里；徒三年者，流三千里；流二千里、流二千五百里者，加等发边卫充军；流三千里及发边卫充军者，拟绞监候；该绞监候者立绞，该斩监候者立斩。其知情藏匿罪人者，照本犯原罪治罪，虽官员不准折赎。如窝藏之家出首，免其坐罪。本犯自行出首者，免其加罪，止照原犯之罪科断。倘窝家与本犯朋比不行出首，除本犯及窝家照定例治罪外，将该管保长、甲长、地方，及知情紧邻，俱杖八十。该地方官稽查不力者，交部议处。如有属员藏匿罪人，该管上司不行纠参者，亦交部议处。

**谨案** 此条雍正五年(1727)定。

一、凡该斩、绞之犯，事发到官，负罪潜逃被获，如原犯情罪重大，至秋审时无可宽缓者，改为立决；若原犯情罪尚有可原，仍照本罪拟为监候。其知情藏匿罪人者，照律治罪。知情邻保、甲长，俱杖八十。该地方官稽查不力者，交部议处。如有属员藏匿罪人，该管上司不行纠参，亦交部议处。

**谨案** 乾隆五年(1740)议准，加不至死，古今通例。今自徒罪以上俱行加倍，且加至立决者，乃一时特为加严之条。其斩、绞改为立决之处，已于雍正七年(1729)定例，秋审无可宽缓者，方改立决。至“加倍”字样，奉旨不许擅用。因将前条改定。

〇一、凡有关人命应拟斩、绞各犯，脱逃二三年后就获，如谋杀、故杀及拒捕杀人等类情重之犯，幸稽显戮者，各依原犯科条，应监候者俱改为立决；寻常命案，仍照本律本例拟以监候。其无关人命应拟死罪各犯，俱随案酌核情节，分别定拟。

**谨案**　此条系乾隆四十年(1775)遵旨议定,并将应改立决条款酌拟进呈。

一、凡有关人命应拟斩、绞各犯,脱逃二三年后就获,如谋杀、故杀及拒捕杀人等类情重之犯,幸稽显戮者,各依原犯科条,应监候者俱改为立决;寻常命案,仍照本律本例拟以监候。其无关人命应拟死罪各犯,俱随案酌核情节,分别定拟。其知情藏匿罪人者,照例治罪。知情之邻保、甲长,俱杖八十。该地方官稽查不力者,交部议处。若有属员藏匿罪人,该管上司不行纠参者,亦交部议处。

**谨案**　此条系乾隆五十三年(1788)将前二条修并。

○一、内外文武职官,负罪逃窜,一经拿获,除罪应斩决、绞决者,毋庸另议外,其犯该监候者,俱改为立决;犯该军、流以下者,无论本罪轻重,一经脱逃被获,俱改为拟绞监候,秋审时,将原犯情罪声明具奏。

**谨案**　此条系乾隆二十八年(1763)遵旨议定。六十年(1795)于"文武职官"上增"现任"二字。

一、内外现任文武职官,除擅离职役,查明尚非实在脱逃者,仍照本律本例办理外,如负罪潜逃,一经拿获,罪应斩决、绞决者,毋庸另议;其犯该监候者,俱改为立决;犯该军、流以下者,无论本罪轻重,一经脱逃被获,俱改为拟绞监候,秋审时,将原犯情罪声明具奏。如无故私自逃走被获者,发黑龙江当差。一年限内自行投回,减一等,杖一百、徒三年,加枷号两月;逾限投回,不准减等。

**谨案**　此条嘉庆十三年(1808)改定。

○一、凡人命、抢窃等案正犯在逃未获,为从应斩、绞监候人犯,按例拟罪,入于秋审分别情实、缓决办理,毋庸监候待质。应缓决者,俟查办减等时,如系应行减等人犯,即照所减之遣、军、流罪,按例限监禁待质。十年限满,正犯无获,照例分别发配。或限内遇赦累减,再照所递减罪名按限查办。情实未勾者,亦俟改入缓决准减之后,一例办理。

**谨案**　此条嘉庆十九年(1814)定。

○一、办理抢夺及拒捕并共殴、窃盗等案,现获之犯称逃者为首,如现获多于逸犯,供证确凿,以及逸犯虽多,而现获二三人,系先后拿获,或虽同时并获,经隔别研讯,实系逃者为首,或事主、尸亲、旁人指证有据者,即依律先决从罪,毋庸监候待质。若案内人数众多,仅获一二名,无事主、尸亲、证佐指认者,将现获之犯,按例拟罪监禁,俟逸犯就获后质讯明确,定地起解。

**谨案**　此条系嘉庆元年(1796)遵旨定例。

○一、内外问刑衙门审办案件,除本犯事发在逃,众证明白,仍照律即同狱成外,如犯未逃走,鞫狱官详别讯问,务得输服供词,毋得节引众证明白即同狱成之律,遽请定案。其有实在刁健坚不承招者,如犯该徒罪以上,仍具众证情状,奏请定夺,不得率行咨结;杖、笞以下,系本应具奏之案,照例奏请。其寻常咨行事件,如果讯无屈抑,经该督抚亲提审究,实系逞刁狡执,意存拖累者,即具众证情状,咨部完结。

**谨案**　此条嘉庆十九年(1814)定。道光十年(1830)增"如犯该徒罪以上"句，并"杖、笞以下"至"咨部完结"五十七字。

○一、人命、抢窃及拒捕、共殴等案，正犯在逃未获，案内牵连余犯，审系无干，即行省释，不准滥行监候待质。若现获之犯，称逃者为首，如现获多于逸犯，供证确凿，以及逸犯虽多，而现获之犯，系先后拿获，或虽同时并获，经隔别研讯，实系逃者为首，或事主、尸亲、旁人指证有据者，即依律先决从罪，毋庸监候待质。若案内人数众多，仅获一二名，无事主、尸亲、证佐指认者，即将现获之犯，按例拟罪监禁，俟逸犯就获后质讯明确，定地起解。倘正犯日久无获，为从监候待质人犯，除强盗案件，不应宽释外，其余人命等案，如原拟遣、军、流罪已过十年，徒罪已过五年，杖罪已过三年，并未拟定罪名之人已过二年者，该督抚陆续查明咨部核复。应遣、军、流、徒者，照原拟罪名，即行发配；应杖罪，及并未拟定罪名之人，取具的保释放在外，俟缉获正犯之日，再行质审。倘释放后私自逃匿，保人各照不应轻律笞四十。本犯获日，杖罪人犯，照原拟杖罪加枷号一月；并未拟定罪名之人，照不应重律杖八十。若监候年限内恭遇恩赦，如在逃本犯拿获时例得减免者，待质之犯，准其即行查办省释。

**谨案**　此条嘉庆十九年(1814)因本门与"淹禁"门重出，是以修并，将"淹禁"门内一条删除。道光十九年(1839)，增入未定罪名人犯一层。

**历年事例**

○雍正七年(1729)谕："凡拟罪潜逃之犯，应绞者改为立绞，应斩者改为立斩，必看该犯本案情罪可恶，至秋审时无可宽缓，而又有脱逃之罪，方改为即行正法，以惩凶顽。若本来所犯情罪尚有可原，或因愚昧无知，或因不知新定之例，一时起意惧罪潜逃，此等之人，当仍照本罪拟为监候。着三法司通行各直省督抚一体遵行。此本定拟立绞之苏英，乃因斗殴起衅，非谋、故可比。且伊被苏仍将殴打情急，还殴毙命，情罪尚轻。苏英着改为应绞监候，秋后处决。"

○乾隆二十八年(1763)，刑部议复参革卫千总朱振清侵用旗丁银米畏罪脱逃一案，将朱振清依平人犯罪脱逃例，于本罪上加二等具奏。奉旨："职官与常人地分迥殊。常人因逃加等示惩，于法已足。若既身叨一命，即不得借口不知功令，其愧惧当万倍常人。即有大戾，亦惟束身归罪而已。乃竟悍然窜迹，藐视刑章。若不分别差等，俾共知儆惕，则君子怀刑之义何在？嗣后职官犯罪脱逃，应准情定律，比照平人加重治罪。"

○四十年(1775)，刑部议复山东巡抚审题刨坟人犯王学孔、敖子明，逃后二三年被获，将王学孔等改拟立决一案。奉旨："凡有重罪应入情实人犯，二三年后就获，应改立决，原指谋、故杀等犯情罪重大者而言。此等刨坟人犯，无人命可偿，入于本年情实足矣，有何不可待而改为立决乎？嗣后脱逃二三年就获人犯，何项应改立决，何项仍应监候，着刑部酌定条例具奏。钦此。"遵旨议定：斩监候改立决条款、谋杀人造意者。○故杀人者。○犯罪拒捕杀人者。○兴贩私盐拒捕杀人者。○军士殴本管官死者。○吏卒殴本部五六品长官及佐贰官、首领官死者。○所统属官殴长官死者。○军民人等殴死在京现任官者。○殴宗室、觉罗死者。○殴死内外缌麻尊长者。○殴外姻小功尊长死者。○听从下手殴本宗大功、小功兄姊,尊长仅令殴打,辄叠殴多伤至死者。○妻妾殴夫之期亲尊长死者。○妻妾殴夫之大功、小功尊长死者。○奴婢殴家长缌麻、小功、大功亲死者。○雇工人殴家长期亲,若外祖父母,及缌麻、小功、大功亲死者。○文武生员,武断乡曲,欺压平民,其人不敢与争,旁人不敢劝阻,将人殴打死者。○与人斗殴后,迁怒于其父母,毒殴致毙者。○杀内外功服、缌麻及族中奴仆一家三人者。○尊长率领家人打夺罪人,致家人杀人者。○官司差人追征钱粮,勾摄公事,而殴死差人者。○死囚令人自杀,子孙于祖父母、父母,及奴婢、雇工人于家长,听从下手者。○图财害命未得财,杀人为首者。○图财害命不加功而得财者。○庸医因事故用药杀人者。○诬良为强窃盗,拷打致死者。○诬窃为盗,拷打至毙者。○番役诬陷无辜,妄用脑箍及竹签、烙铁等刑致毙人命者。○捕役受贿将罪人致死为首者。○狱卒受贿谋死本犯为首者。○私放囚人逃走因而杀人者。○诬告平民,拖累致死三人以上者。○诬告人斩罪,所诬之人已决者。○因奸盗而威逼人致死者。○豪强凶恶之徒,因事威逼平民自尽一家三命以上者。○用威力强行绑去,及设方略诱往四方贩卖,将被拐之人伤害致死为从者。○略卖良人因而杀人者。○强夺良家妻女,已被奸污,妻女自尽者。○强奸未遂,将本妇殴伤,越数日后因伤身死者。○强奸既成,本妇羞忿自尽者。○强奸既成,其夫与父母、亲属羞忿自尽者。○强奸内外缌麻以上亲,及缌麻以上亲之妻,妻前夫之女,同母异父姊妹未成,本妇羞忿自尽者。○纵容妻妾与人通奸,因别情将奸夫奸妇一齐杀死者。○坐粮厅及各仓书役人等,向关米之人勒索,因而打死人命者。○出哨兵弁见船覆溺,阻挠不救,致淹毙人命,为首阻救之人。○出哨兵弁遇商船遭风覆溺,人尚未死,不速救护,止顾捞抢财物,以致商民淹毙,为从之兵丁及在船将备,虽不同谋而分赃者。○黔楚红苗仇忿抢夺杀人,聚众不及五十人为首,及聚众至百人杀人为从下手者。○贵州地方,有外来流棍勾通本地棍徒,将荒村居住民苗人户杀害人命,掳其妇人子女计图贩卖,不论已卖未卖、曾否出境案内,有迫胁同行,在场未经下手者。○发遣当差为奴之犯,杀死伊管主一家三人并三人以上,其不知情之子孙。绞监候改立决条款。诬告人绞罪,所诬之人已决者。○诬窃为盗,吓诈逼认,因而致死二命者。○捏造奸赃款迹,写揭字帖,及编造歌谣,挟仇污蔑,致被诬之人忿激自尽者。○狱卒以金刃及他物与囚,致囚杀人者。○狱卒凌虐罪囚,克减衣粮,因而致死者。○狱卒受贿谋死本犯,为从加功者。○衙役恐吓索诈,致毙人命者。○捕役受人贿嘱,将罪人致死,从而加功者。○挟仇放火,因而杀人,及有焚压致死之为从,商谋下手燃火者。○斗殴连毙二命者。○好斗凶徒见人斗殴,辄约伙寻衅,将人父母殴毙为从者。○因事逼迫期亲尊长致死者。○军民人等因事逼迫本管官致死为首者。○因事威逼平民自尽一家二命及三命而非一家者。○继母因奸将前妻子女致死灭口,致令伊夫绝嗣者。○喇嘛、和尚等强奸致死人命为从者。○兵民聚众十人以下兴贩私盐,拒捕杀人为从下手者。○黔楚红苗仇忿抢夺,聚众至五十人,杀人为从下手者。以上各项人犯,情罪较重,如事发在逃二三年被获,即改为立决。

**谨案** 嘉庆六年(1801),查“绞监候改立决条款”内,“继母因奸将前妻子女致死灭口”一条,于嘉庆四年(1799)奏准,亲母因奸谋死子女灭口者拟绞监候,不论其夫是否绝嗣,入于缓决,永远监禁;嫡母、嗣母、继母因奸谋杀子女灭口者,嫡母拟绞监候,嗣母、继母拟斩监候,若其夫绝嗣,俱入于秋审情实;若未致绝嗣者,入于缓决,永远监禁等因在案。今将因奸致死子女致夫绝嗣之嗣母、继母,添入“斩监候改立决”条内;于“绞监候改立决”条内,“继母”改为“嫡母”。

○嘉庆元年(1796)谕:“广东巡抚朱珪奏审拟李达洪等纠众抢夺拒伤事主一案。向来各省遇有纠众抢夺及共谋共殴等案,于获犯后,如遇有首犯在逃者,俱系先将为从各犯按例拟结发落,其为首之犯于获日另结。但伙众之案,人数众多,各犯到案后,明知起意为首及动手伤人罪所不赦,恃有在逃之人,往往推诿卸罪,避重就轻。及至逸犯就获,而已结之犯,业经流徙,又无从到案质讯。殊非核实定谳之道。嗣后各省办理此等案件,于获犯审讯时,遇有首犯在逃,即将从犯按例拟罪监禁,俟逸犯就获后,质讯明确,再行定地起解。如此办理,庶凶徒无从狡展,而案情不致枉纵。”

## 亲属相为容隐

凡同居,同谓同村共居亲属,不限籍之同异,虽无服者亦是。若大功以上亲,谓另居大功以上亲属,系服重。及外祖父母、外孙、妻之父母、女婿，若孙之妇、夫之兄弟，及兄弟妻，系恩重。有罪彼此相为容隐。奴婢、雇工人。义重。为家长隐者，皆勿论。家长不得为奴婢、雇工人隐者，义当治其罪也。若漏泄其事，及通报消息，致令罪人隐匿逃避者，以其于法得相容隐，亦不坐。谓有得相容隐之亲属犯罪，官司追捕，因而漏泄其事，及暗地通报消息与罪人，使令隐避逃走，故亦不坐。其小功以下相容隐，及漏泄其事者，减凡人三等；无服之亲，减一等。谓另居小功以下亲属。若犯谋叛以上者，不用此律。谓虽有服亲属，犯谋反、谋大逆、谋叛，但容隐不首者，依律科罪，故云不用此律。

**附律条例**

○一、父为母所杀，其子隐忍，于破案后始行供明者，照不应重律杖八十。如经官审讯，犹复隐忍不言者，照违制律杖一百。若母为父所杀，其子仍听依律容隐免科。

**谨案** 此条乾隆五十三年(1788)遵旨定例。

**历年事例**

○乾隆五十三年(1788)谕："刑部题复四川省冯龚氏殴伤伊夫冯青身死，将冯龚氏问拟斩决一本。冯龚氏着即处斩。至此案冯青之子冯克应，于伊母冯龚氏在途殴伤伊夫殒命时，因取火转回瞥见，当即哭喊。龚氏吓勿声张，令其一同潜逃。该部以冯克应业经该督审明，不知父母争殴，是以未及往救，请免置议。人子之于父母，原有容隐之例。但父之于母，尊亲虽属相等，然父为子纲、夫为妻纲。《礼经》有母出与庙绝之文，是人子之于父母，恩同而分则有间。设为人子者，遇有父殴母致死之事，自当隐忍不言，原可免其科罪；若其父被母殴死，即迫于母命，当时未敢声张，至经官审讯时，自应据实诉出，方为处人伦之变而不失其正。此等纲常大义，虽乡僻蚩氓未能通晓，但准情断狱，不可不示以等差，折衷至当。此案冯克应于伊父被伊母殴死，到案时如即行供出实情，自可免议。倘并未供明前项案情，皆系审讯冯龚氏而得，冯克应即不得为无罪，亦应酌加薄罚，以示人道大伦。该督原题及部议，皆于此处未经声叙明晰。着刑部遵旨行文驳饬，令该督将冯克应到案曾否即行供出之处讯明，复到再行核办。"

## 吏卒犯死罪

凡在外各衙门吏典、祇候、禁子，有犯死罪，从各衙门长官鞫问明白，不须申禀，依律处决，然后具由申报本管上司，转达刑部，奏闻知会。

**谨案** 雍正三年(1725)奏准，今吏役、军民人等有犯死罪，一例问拟核复，候旨处决，不用此律，删。

## 处决叛军

凡边境重地城池，若有军人谋叛，守御官捕获到官，显迹、证佐明白，鞫问招承，行移都指挥使司委官审问无冤,随即依律处治,具由申达兵部衙门,奏闻知会。若有布政司、按察司去处,公同审问处治。如在军前有谋叛能,临阵擒杀者,事既显明,机系呼吸。不在此委审、公审之限。事后亦须奏闻。

**谨案** 雍正三年(1725),将"行移都指挥使司委官"九字,改为"申报督抚、提镇"六字;"申达兵部衙门"以下二十六字,改为"奏闻"二字。

## 杀害军人

凡杀死军人者,依律处死,仍将正犯人余丁抵数充军。

### 附律条例

○一、凡谋、故杀死总小旗者,正犯抵死,旗役仍令本户余丁补当。若无本户余丁,勾取犯人户内壮丁抵充军数。

**谨案** 雍正三年(1725)奏准,今谋、故、斗殴杀人,不论军民,止将正犯抵死,被杀者虽系军人,并无将正犯余丁抵充军数之事,律、例俱删。

## 在京犯罪军民

凡在京军民,若犯杖八十以上者,军发外卫充军,民发别郡为民。

**谨案** 雍正三年(1725)奏准,今在京军、民有犯,俱照本律科断,不用此律,删。

# 卷七百三十九·刑部十七

## 名例律　化外人有犯　本条别有罪名　加减罪例　称乘舆车驾　称期亲祖父母　称与同罪　称监临主守

### 化外人有犯

凡化外来降人犯罪者，并依律拟断。隶理藩院者，仍照原定蒙古例。

**谨案**　原律止上二句，下二句系雍正三年(1725)奉御批增定。

#### 附律条例

○一、蒙古案件有送部审理者，即移会理藩院衙门，将通晓蒙古言语司官派出一员，带领通事赴刑部公同审理。除内地八旗蒙古应依律定拟者，会审官不必列衔外，其隶在理藩院，应照蒙古例科断者，会审官一体列衔。如朝审案内遇有蒙古人犯，知会理藩院堂官到班会审，遇有照蒙古例治罪者，亦一体列衔。

**谨案**　此条雍正十一年(1733)定。原例未及应否列衔之处，乾隆五年(1740)增。

○一、青海蒙古人有犯死罪应正法者，照旧例在西宁监禁。其偷窃牲畜例应拟绞解京监候之犯，俟部复后，解赴甘肃按察使衙门监禁，于秋审时将该犯情罪入于该省招册，咨送三法司查核。

**谨案**　此条乾隆五年(1740)定。

○一、蒙古与民人交涉之案，凡遇斗殴、拒捕等事，该地方官与旗员会讯明确，如蒙古在内地犯事者，照刑律办理；如民人在蒙古地方犯事者，即照蒙古例办理。

**谨案**　此条乾隆二十六年(1761)定。

○一、蒙古地方抢劫案件，如俱系蒙古人，专用蒙古例；俱系民人，专用刑律。如蒙古与民人伙同抢劫，核其罪名，蒙古例重于刑律者，蒙古与民人俱照蒙古例问拟；刑律重于蒙古例者，蒙古与民人俱照刑律问拟。

**谨案**　此条嘉庆二十三年(1818)遵旨定。

○一、热河承德府所属地方，遇有抢夺之案，如事主系蒙古人，不论贼犯是民人是蒙古，专用蒙古例；如事主系民人，不论贼犯是民人是蒙古，专用刑律。倘有同时并发之案，如事主一系蒙古、一系民人，即计所失之赃，如蒙古所失赃重，照蒙古例问拟;民人所失赃重,照刑律科断。

**谨案** 此条道光二十九年(1849)定。

**历年事例**

○康熙四十年(1701)复准:熟苗、生苗若有伤害人者,熟苗照民例治罪,生苗仍照苗人例治罪。

○四十四年(1705)复准:苗民犯轻罪者,听土官自行发落外,若杀死人命、强盗掳掠及捉拿人口索银勒赎等情,被害之苗,赴道、厅衙门控告,责令土官将犯苗拿解,照律例从重治罪。藏匿不送者,将土官照例严加议处。

○又复准:嗣后如有仍前伏草捉人,枷肘在巢勒银取赎者,土官将犯罪之苗解送道、厅审理。初次有犯,为首者拟斩监候;为从俱枷号三月、责四十板,臂膊刺字。如再犯者,不分首从,皆斩立决;内有初犯者,仍分别首从议罪。其有土哨奸民勾通取利者,审系造意为首,不分初次、再犯,拟斩立决;若通同附和,希图取利,加枷号两月,责四十板,佥妻发边外为民。其该管土官虽不知情,平日不严行约束所致,有一起,土知府罚俸三月,百户、寨长各罚俸六月;二起,土知府罚俸半年,百户、寨长各罚俸一年;有三起者,土知府罚俸一年,百户、寨长俱革职。若该管土官知情不行禁止者,俱革职,不准折赎,责四十板。若系教令或通同取利者,革职,不准折赎,枷号三月。

○又复准:两省相接之苗,有冤抑之事,令其赴两厅控告,两厅会同土官审明发落。如有仍前杀抢者,令土官将犯罪之苗,拿赴两厅审明,俱照白昼抢夺律治罪,免其刺字,照旗下人枷号、杖责。若聚众不及五十人,亦无杀死人命,止伤人不死者,将为首枷号两月、责四十板,为从各枷号一月、责三十板;如有杀死人命者,将为首之人拟斩监候,下手之人各枷号三月、责四十板,为从各枷号四十日、责四十板。若聚众至五十人者,虽无杀死人命,将为首之人拟斩监候,为从各枷号五十日、责四十板;如有杀死人命者,将为首之人拟斩立决,下手之人俱拟绞监候,其余为从各枷号两月、责四十板。若聚众至百人者,虽无杀死人命,将为首之人拟斩立决,为从者各枷号两月、责四十板;如有杀死人命者,将为首拟斩立决、枭示,下手之人俱拟斩监候,其余为从各枷号三月、责四十板。其所抢人畜等物,俱勒令给还原主。其该管各官虽不知情,平日不严行约束,以致众苗互相构衅,若不及五十人者,将土知府、知州罚俸三月,百户、寨长罚俸六月;若聚众五十人者,将土知府、知州罚俸半年,百户、寨长各罚俸一年;若聚众至百人者,将土知府、知州各罚俸一年,百户、寨长均革职;若聚众百人以上者,将土知府、知州革职,百户、寨长俱革职,不准折赎,责四十板。若该管官知情不行禁止,革职,不准折赎,枷号一月、责四十板。若系教令或通同希图分财物者,俱照为首之犯一体治罪。

○乾隆二十五年(1760)谕:“舒赫德奏‘拿获阿克苏盗马回人拜密尔咱,因系积匪，照回人旧例斩决、枭示’等语。回地新经平定，拿获匪犯，自应从重办理。但内地或间有无耻兵丁、仆役等偷盗回人马匹，若仍照内地之律完结，非所以昭平允。着传谕办理回部事务大臣等，嗣后回人盗本处及内地人马匹，及内地人盗回人马匹，俱照回疆例办理。”

○嘉庆十九年(1814)谕：“本日署乌鲁木齐都统刘芬奏审办客民萧生云妒奸杀死二命一案，折内将奸妇卜罗叙称达妇，殊属粗率。‘达妇’二字，从未载入爰书，刘芬不学无术，着交部察议。并通谕内外问刑衙门，永不准用此等字。”

○又谕：“果勒丰阿奏《审拟纠众抢劫伤毙事主贼犯分别办理》一折，已交刑部速议具奏矣。折内因系蒙古人，擅写‘蒙贼’二字，太不成话。直省办理窃盗案件，但声明某省某府州县人，并未与贼犯姓名之上，冠以某省字样。蒙古地方亦有部落，遇有贼犯，声叙系某部落之人，案情自明。果勒丰阿不晓文义，冒昧擅写，实属谬误，着交宗人府议处。并着饬知刑部、理藩院，嗣后蒙古案件，如有用此等字样者，即将原奏、咨之人查明参处。”

○二十三年(1818)谕：“刑部奏蒙古抢劫之案，有民人在内者，请先令承审官分别是劫是抢，照刑律强盗各条及抢夺、拦抢各条分别治罪。似此引例纷繁，转致淆混。正所谓科条既备，民多伪态，无所措手足矣。嗣后蒙古地方抢劫案件，如俱系蒙古人，专用蒙古例；俱系民人，专用刑律。如蒙古与民人伙同抢劫，核其罪名，蒙古例重于刑律者，蒙古与民人，俱照蒙古例问拟；刑律重于蒙古例者，蒙古与民人，俱照刑律问拟。著为令。”

## 本条别有罪名

凡本条自有罪名，与名例罪不同者，依本条科断。若本条虽有罪名，其心有所规避，罪重者，又不泥于本条。自从所规避之重罪论。其本应罪重而犯时不知者，依凡人论；谓如叔侄别处生长，素不相识，侄打叔伤，官司推问，始知是叔，止依凡人斗法。又知别处窃盗，偷得大祀神御之物，如此之类，并是犯时不知，止依凡论，同常盗之律。本应轻者，听从本法。谓如父不识子，殴打之后，方始得知，止依打子之法，不可以凡殴论。

## 加减罪例

凡称加者，就本罪上加重。谓如人犯笞四十，加一等，即坐笞五十；或犯杖一百，加一等，则加徒减杖，即坐杖六十、徒一年；或犯杖六十、徒一年，加一等，即坐杖七十、徒一年半；或犯杖一百、徒三年，加一等，即坐杖一百、流二千里；或犯杖一百、流二千里。加一等，即坐杖一百、流二千五百里之类。称减者，就本罪上减轻。谓如人犯笞五十，减一等，即坐笞四十；或犯杖六十、徒一年，减一等，即坐杖一百；或犯杖一百、徒三年，减一等，即坐杖九十、徒二年半之类。惟二死、三流，各同为一减。二死谓绞、斩，三流谓流二千里、二千五百里、三千里，各同为一减。如犯死罪减一等，即坐流三千里；减二等，即坐徒三年。犯流三千里者，减一等，亦坐徒三年。加者，数满乃坐。谓如赃加至四十两，纵至三十九两九钱九分，虽少一分，亦不得科四十两罪之类。又加罪止于杖一百、流三千里，不得加至于死。本条加入死者，依本条。加入绞者，不加至斩。

**附律条例**

○一、在京法司每年热审,以命下之日为始,至六月杪止,其在外五年审录,以恤刑官入境日为始,出境日止,杂犯准徒五年者,减去一等,徒、杖以下俱减等,枷号并笞罪俱释放,悉遵照敕旨行。

**谨案** 此条系原例。雍正三年(1725)奏准,今五年审录例停止,此条删。

○一、承问官将赃银挪移赦前赦后之处,照吏部所定赃银私自改删之例革职。如承审迟延及延挨热审减等等弊,该部查出,将该管各官,照违限月日按月处分,犯人不准减等。

○一、凡安插奉天等处并发遣、军、流等犯,俱以部文到日为始,定限两个月,自该省起解,每日限五十里。如起解违限,虽遇热审,俱不准减等,将起解之地方官,照违限例议处。解役在途故意迟延逾限者,严加治罪。犯人在途患病,许具呈该地方官,取具印结到部,查明果非托故延挨,仍照例减等。

○一、侵盗钱粮拟徒后,因限内未完照例拟流之犯,遇热审不准减等。

**谨案** 以上三条,俱雍正三年(1725)定例。乾隆五年(1740)删。

○一、凡例应枷责之犯,奉旨改为发遣者,俱免其枷责之罪。

**谨案** 此条系乾隆五年(1740)遵照雍正三年(1725)谕旨纂定。

○一、议处、议罪,俱照本条律例定拟。其有情罪重大,应从重定拟者,必折衷于法之至平至允,援引比照,不得擅用"加倍"字样。

**谨案** 此条雍正八年(1730)遵旨定例。

○一、审拟罪名,俱各照本条律例问拟,不得擅用"不足蔽辜""无以示惩""从重加等"及"加数"等,并"虽""但"字样抑扬文法。其案情错出,律无正条,罪应流、徒以上者,应折衷至当,援引他律他例比附酌核,以归平允。其应具题者,于疏内声明,恭候圣裁。至律例内如拒捕、脱逃等项,载明照本罪加等者,仍各遵照办理。

**谨案** 此条嘉庆四年(1799)遵旨议定。

一、审拟罪名,除奉特旨发遣黑龙江、新疆等处外,其余罪应军、流、徒、杖人犯,悉照本条律例问拟,不得用"不足蔽辜"、"无以示惩"、"从重加等"及"加数"等字样,擅拟改发新疆等处,并不准用"虽""但"字样抑扬文法。其案情错出,律无正条,应折衷至当,援引他律他例比附酌核;或实在案情重大,罪浮于法,仍按本律例拟罪,均于疏内声明,恭候圣裁。至律例内如拒捕、脱逃等项,载明照本罪加等者,仍各遵照办理。

**谨案** 此条嘉庆十七年(1812)因黑龙江等处遣犯拥挤改定。

**历年事例**

○雍正八年(1730)谕:"向因各省员缺需人,朕于部选之外,特旨命往甚多。恐其中贤愚不等,或有倚恃特用,而生纵逸恣肆之心者;又或该管上司不知朕心,以其为特用之员,而存瞻徇姑容之见。是以曾有特用人员深负朕恩则加倍治罪之旨,盖欲其知所儆惕以图上进也。然必其所犯之罪,果系贪婪不法,不可宽宥,方行加倍惩治。非谓因公诖误,一切参罚案件,皆以其为特用之员,而概行加倍也。从前屡降谕旨甚明。而近来该部及各省督抚,尚有不问事之轻重,而概以加倍议罪者,甚非朕立法之本意。至于盗案、越狱,亦曾有加倍治罪之旨。盖因朕整饬吏治,于地方事务不许隐匿,是以有司不敢讳盗讳命,每有案件,即行详报。以至监禁之犯,未免较多,而奸宄凶恶之徒,往往乘间越狱,冀脱重罪。又有罪不至于死,亦乘机越逃者,尤为逞奸玩法,藐视宪典。是以有加倍治罪之条,以惩顽慝。又恐罪犯等不知此例,误蹈重辟,特令各地方官刊刻木榜,置于狱中,使身系囹圄之人,莫不知悉,免致一时误犯。以上加倍治罪二条,系朕曾经降旨者。乃内而法司,外而督抚,往往比照此例以加倍定拟具题。又有于本犯罪名,舍其重罪,而就其所犯之轻罪议以加倍,而抵之于死者,尤非平允之道。且国家法令科条,原有一定而不可易。其有应行从重者,亦必待朕酌其情罪,特颁谕旨。此'加倍'二字,非臣工所可擅定者也。嗣后凡有议处、议罪之条,俱应照本律定拟。其有负恩犯法,情罪重大,应从重定拟者,必须折衷于法之至平至允,不得擅用'加倍'字样,开蒙混苛刻之端,负朕立法牖民儆省防闲之至意。"

○嘉庆四年(1799)谕:"本日召见刑部侍郎熊枚,谕以刑名事务。向来刑部引律例断狱,于本律之外,多有'不足蔽辜''无以示惩'及'从重定拟'等字样,所办实未允协。罪名大小,律有明条,自当勘核案情,援引确当。务使法足蔽辜,不致畸重畸轻,方为用法之平。今既引本律,又称'不足蔽辜''从重定拟',并有加至数等者,是仍不按律办理,又安用律例为耶?如案情内情节较重者,朕自可随案酌定。总之'不足蔽辜'之语,非执法之官所宜出。嗣后问刑衙门,俱应确遵宪典,专引本律,不得于律外又称'不足蔽辜'及'从重'字样。即'虽'字、'但'字抑扬文法,亦不准用。上谳后,经朕阅看案情,或可酌加增减者,亦不治以失出失入之咎,用副朕矜慎庶狱至意。其应如何按律科断以归划一之处,着军机大臣会同刑部悉心定拟具奏。"

## 称乘舆车驾

凡律中所称乘舆车驾及御者,如御物、御膳所、御在所之类,自天子言之。而太皇太后、皇太后、皇后并同。称制者,自圣旨言之。而太皇太后、皇太后、皇太子令并同。有犯毁失制书、盗及诈为制书、擅入宫殿门之类,皆当一体科罪。

## 称期亲祖父母

凡律称期亲及称祖父母者,曾、高同。称孙者,曾、元同。嫡孙承祖,与父母同。缘坐者,各从祖孙本法。其嫡母、继母、慈母、养母,皆服三年丧,有犯与亲母律同。改嫁、义绝,及殴杀子孙,不与亲母同。称子者,男、女同。缘坐者,女不同。

## 称与同罪

凡律称与同罪者,谓被累人与正犯同罪,其情轻。止坐其罪;正犯至死者,同罪者减一等,罪止杖一百、流三千里,正犯应刺,同罪者免刺。故曰不在刺字、斩、绞之律。若受财故纵与同罪者,其情重。全科。至死者绞。其故纵谋反、叛逆者,皆依本律。凡称同罪者,至死减一等;称罪同者,至死不减等。称准枉法论、准盗论之类,事相类而情轻。但准其罪,亦罪止杖一百、流三千里,并免刺字。称以枉法论及以盗论之类,事相等而情并重。皆与正犯同;刺字、绞、斩,皆依本律科断。然所得同者律耳。若律外引例充军、为民等项,则又不得而同焉。

### 附律条例

○一、凡受财故纵与囚同罪人犯,该凌迟、斩、绞,依律罪止拟绞者,俱要固监缓决,候逃囚得获审豁。其卖放充军人犯者,即抵充军役。若系永远,同罪者止终本身,仍勾原犯应替子孙补伍。

**谨案** 此条系原例。乾隆五年(1740)删去"卖放充军"以下,于"审豁"下,增注"仍依本律科其减等受财枉法从重之罪"。嘉庆六年(1801),查重犯在监及解审脱逃,审系禁卒、解役贿纵者,即全科所纵囚罪,并无审豁之例,此条删。

○一、奸徒得受正凶贿赂,挺身到官顶认,致脱本犯罪名者,不计赃数多寡,俱照本犯徒、流、斩、绞之罪,一例全科。其行贿之本犯,除罪应立决者,毋庸另议外,其原犯应入情实者,拟为立决;应入缓决者,秋审时拟入情实;如原犯军、流等罪,照军流脱逃改调例,从重治罪;徒、杖以下,按律各加一等。代为说合过钱者减一等,不计赃科罪。如有子犯罪而父代认,其子除罪应立决者,毋庸另议外,如犯应斩候、绞候者,俱拟以立决;军、流、徒、杖,各照例递加。

**谨案** 此条系乾隆二十九年(1764)定。

一、奸徒得受正凶贿赂,挺身到官顶认,致脱本犯罪名者,不计赃数多寡,俱照本犯徒、流、斩、绞之罪,一例全科。若正凶放而还获,及逃囚自死者,顶凶之犯,照本罪减一等问拟。其行贿之本犯,除应立决者,毋庸另议外,其原犯应入情实者,拟为立决;应入缓决者,秋审时拟入情实;如原犯军、流等罪,照军流脱逃改调例,加等调发;徒、杖以下,按律各加一等。代为说合过钱者减一等,不计赃科罪。教诱顶凶者,照教诱人犯法律,与犯人同罪。如有子犯罪而父代认,其子除罪应立决者,毋庸另议外,如犯应斩候、绞候者,俱拟以立决;军、流、徒罪,各照例递加。

**谨案** 此条嘉庆六年(1801)改定。十九年(1814)移附"有事以财请求"门内修并。

### 历年事例

○乾隆二十九年(1764)议准:凡有受贿顶凶之案,悉照本犯斩、绞之罪,一律全科;应拟军、流以下者,即照军、流等罪一律科断。此系专指平人贿买顶凶而言。至父子之间,伦常所系,乃有子杀人而父代子认凶者,虽多由其父爱子情切,而为子者居然从命,竟得脱身事外,使其父无辜入于死罪,蔑伦残忍,实为天理所难容,人心所共愤,自当从重严定科条,以彰国宪。但律例向无明文,而罪名之差等有别,若概照谋杀父母已行律斩决,未免漫无区别。嗣后如有子犯罪而父认凶者,即照本犯所犯罪名科断。除原犯斩决、绞决者,毋庸置议外,其本犯斩候者,其子即拟以斩决;本犯绞候者,其子即拟以绞决;军、流、徒、杖,各照例递加。

〇四十八年(1783)谕:"刑部核拟徐刚殴伤张文耀身死一案,率照云南巡抚刘秉恬拟将顶凶之唐二照本犯绞罪全科,其正凶之弟徐三,系踏伤田内豆苗起衅之犯,恐到官连累,许给银两,央求唐二顶凶,该部亦照依说合人减等拟以杖流,所办殊欠平允。盖从中说合,系指案内本无关涉,徒与犯人通信说合之人而言。若徐三一犯,本系正凶胞弟,且事因伊起,又系伊觌面贿嘱舞弊,其中并无另有辗转为之说合之人,何得比照说合人减等之例,仅拟杖流。刑部率行照复,误矣。着将徐三一犯,暂行拟绞监候。俟拿获徐刚到案,审明正凶及起意央求顶凶情节,另行定拟具奏。至唐二贪贿顶凶,罪由自取。刑部于顶凶之犯,向皆入情实,无所分别,亦属疏漏。因思顶凶者,其本案亦自有轻重,如谋逆、强盗、谋故、斗殴,本属不同,其应如何分别条款,着另行详议具奏。钦此。"遵旨议准:嗣后本犯有服亲属,肇衅起意,贿嘱顶凶,希图免累,本犯并不知情者,暂拟绞监候,俟拿获正凶,另行定拟。至受贿顶凶之犯,从前止计赃科罪。嗣因此等暋不畏死之徒,贪利冒认,反使正凶脱累,死者含冤。是以乾隆二十七年(1762)议定,凡得受贿赂,顶认正凶,无论成招与否,均不计赃数多寡,即照禁卒解役贿纵罪囚例,按本犯斩、绞之罪,一律全科。夫贪冒之徒,受贿顶替,较正凶之殴死人命,复又贿人顶替,贾祸他人者,自属有间。其谋逆、强盗,罪干凌迟、斩枭、决不待时者,顶凶之犯,应照本犯一律全科。即谋、故等案,本例应拟监候者,其情罪重大,亦属显然。正凶若复行贿顶凶,按例即应改为立决。若贪贿之徒,胆敢惟利是趋,挺身代罪,舍命而不顾,将何事不可为。秋审时,亦当仍照旧例入于情实。至斗殴等项案内,贪财顶认,虽同一欺公枉法,而正凶原犯之轻重不同,顶替之情事各殊。若一概入于情实,诚如圣谕无所分别。嗣后斗殴等项案内,如行贿之正凶,原犯理曲情凶,应入情实,照例改为立决,以及受贿顶凶之人,或本系在场帮殴,以刃伤人,并助殴伤多伤重,又或受贿赃至满贯,种种以身试法,无可宽宥者,仍列入情实,以示惩儆。其行贿之正凶,原犯情节本应缓决,照例改为情实者,受贿顶替之犯,或仅止事后贪贿顶认,并无别项情事,赃数亦属无多,正凶又未漏网,此等案犯,实属冥顽无知,情节稍轻,俱酌议缓决,以示一线可原之意。

## 称监临主守

凡[律]称监临者,内外诸司统摄所属,有文案相关涉,及(别处驻扎衙门带管兵粮、水利之类,)虽非所管百姓,但有事在手者,即为监临。称主守者,内外各衙门该管文案吏典,专主掌其事,及守掌仓库、狱囚、杂物之类,官吏、库子、斗级、攒拦、禁子并为主守。其职虽非统属,但临时差遣管领提调者,亦是监临主守。

# 卷七百四十·刑部十八

## 名例律 称日者以百刻 称道士女冠 断罪依新颁律 断罪无正条

### 称日者以百刻 今《宪书》每日计九十六刻。

〇凡律称一日者，以百刻。犯罪违律，计数满乃坐。计工者，从朝至暮。不以百刻为限。称一年者，以三百六十日。如秋粮违限，虽三百五十九日，亦不得为一年。称人年者，以籍为定。谓称人年纪，以附籍年甲为准。称众者，三人以上。称谋者，二人以上。谋状显迹明白者，虽一人同二人之法。

#### 历年事例

〇嘉庆十一年(1806)，刑部议驳直隶总督奏新安县民谢张来谋杀现年十一未足十整岁之冯九儿问拟斩决一案。查律载"称一年者，以三百六十日"，注云"如秋粮违限，虽三百五十九日，亦不得为一年"，又"称人年者，以籍为定"，注云，"谓称人年纪，以附籍年甲为准"，又雍正三年(1725)《钦定大清律解》内载，"计年论罪者，如追赃缉盗之类，不满日者，不得以限满论。计年齿论罪者，如老幼收赎、存留养亲之类，恐其增减捏报，故以附籍入册之年岁为准"各等语，是三百六十日为一年之律，系专指各项限期而言。若称人年纪，则止以年甲为准。律文既云"称一年者，以三百六十日"，又云"称人年者，以籍为定"，可见以三百六十日为一年者，不称人年纪；称人年者，不以三百六十日。两律分载详明，援引不容牵混。该督将三百六十日为一年期限之律，指为称人年纪，实属误会。至七十以上十五以下犯罪收赎，亦应以现在犯事年岁为准，不得扣算生年月日等因具奏。奉旨："部驳甚是。律载三百六十日为一年之文，系专指各项限期而言。若称人年纪，则止以年甲为准。两律分载详明，不容牵混。如计年论罪之案，于定律之外，复扣算生年月日，易启犯供欺饰，及官吏高下其手之弊。温承惠误会律意，其所引嘉庆七年(1802)饶阳县民刘虎谋杀旧案，系从前办理错误，不得援引比照。嗣后遇有计年论罪之案，仍照旧例以年甲为准，用昭划一。"

### 称道士女冠

凡律称道士、女冠者，僧、尼同。如道士、女冠犯奸，加凡人罪二等，僧、尼亦然。若于其受业师，与伯叔父母同；

如俗人骂伯叔父母,杖六十、徒一年,道、冠、僧、尼骂师罪同。受业师,谓于寺观之内亲承经教合为师主者。其于弟子,与兄弟之子同。如俗人殴杀兄弟之子,杖一百、徒三年,道、冠、僧、尼殴杀弟子同罪。

## 断罪依新颁律

凡律自颁降日为始,若犯在已前者,并依新律拟断。如犯事在未经定例之先,仍依律及已行之例定拟。其定例内有限以年月者,俱以限定年月为断。若例应轻者,照新例遵行。

### 附律条例

○一、律例申明颁布之后,凡问刑衙门,敢有恣任喜怒,引拟失当,或移情就例,故入人罪,苛刻显著者,各依故失出入律坐罪。其因而致死人命者,除律应抵死外,其余俱问革职。

**谨案** 此条系原例。

一、律例颁布之后,凡问刑衙门,敢有恣任喜怒,引拟失当,或移情就例,故入人罪,苛刻显著者,各依故失出入律坐罪。

**谨案** 此条系乾隆五年(1740)改定。

### 历年事例

○顺治元年(1644)定:问刑衙门,准依明律治罪。先是国初律令,重罪有斩刑,轻罪用鞭责。至是始有用明律之制。

○又奏准:故明律令,当斟酌损益,刊定成书,俾中外知所遵守。

○又奉旨:"法司会同廷臣,详绎明律,参酌时宜,详议允当,以便裁定成书,颁布天下。"

○二年(1645)奉旨:"令修律官参酌满汉条例,分别轻重差等,汇集进呈。"

○四年(1647),律书名曰《大清律集解附例》,御制序文,颁行天下。计书十卷,共四百五十八条。律编为六,曰吏律、户律、礼律、兵律、刑律、工律。总律之大凡,别为一编,曰名例律。其目首列律母八字之义。一曰以。以者,与实犯同。谓如监守贸易官物,无异正盗,故以枉法论、以盗论,并除名、刺字,罪至斩、绞,并全科。二曰准。准者,与实犯有间。谓如准枉法、准盗论,但准其罪,不在除名、刺字之例,罪止杖一百、流三千里。三曰皆。皆者,不分首从,一等科罪。谓如监临、主守、职役同情盗所监守官物,并赃满数皆斩之类。四曰各。各者,彼此同科此罪。谓如各色人匠拨赴内府工作,若不亲自应役,雇人冒名代替,及代替之人各杖一百之类。五曰其。其者,变于先意。谓如论八议罪犯,先奏请议,其犯十恶不用此律之类。六曰及。及者,因类而推。谓如彼此俱罪之赃,及应禁之物则入官之类。七曰即。即者,意尽而复明。谓如犯罪事发在逃者,众证明白,即同狱成之类。八曰若。若者,文虽殊而会上意。谓如犯罪未老疾,事发时老疾,以老疾论。若在徒年限内老疾者,亦如之之类。

○十一年(1654)奏准:刑法禁于已然之后,而教谕弭于未然之前。请敕法司仿古《大诰》之制,将国家用刑款件,择其重大者,编缉成书,布告天下。

○十二年(1655)谕:“帝王以德化民,以刑辅治,故律例最宜详慎。苟轻重失宜,则官胥得以任意出入,欲政平讼理,其道无由。朕览谳奏本章,引用律例,每有未协。尔部速将满汉文律缮写进呈,朕将详览更定,颁示遵行。”

○十七年(1660),校订律例,以盛京定例,及屡奉上谕,并刑部衙门定例,分析应入律各款,缮满汉文册进呈。

○康熙六年(1667)奉旨:“刑部酌定现行则例,详细分款,陆续进览。”

○九年(1670),刑部将律例翻译清书进呈。

○又谕:“国家设立法制,原以禁暴止奸,安全良善。故律例繁简,因时制宜,总期合于古帝王钦恤民命之意。向因人心滋伪,轻视法网,强暴之徒,凌虐小民。故于定律之外,复严设条例。俾其畏而知儆,免罹刑辟。乃近来犯法者多,奸宄未见少止。人命关系重大,朕心恻然。其定律之外,所有条例,如罪不至死而新例议死,或情罪原轻而新例过严者,应去应存,着九卿、詹事、科道会同详加酌定议奏。钦此。”遵旨将更改条例缮册,奏准刊刻通行,名曰《现行则例》。

○二十八年(1689)奏准:律例一书,有仍袭前代旧文,而于本朝法制绝不相蒙者,如郡王、将军、中尉亲自赴京者罪;如京操、官轮、操军失于赴京者罪;如近京民户孳生牧养,如校尉缉事察访,皆属前代弊政,久革不行。如安乐、自在等州,非现在流犯之地;如炒铁、运砖等事,非现在徒犯之役;如吏典犯辟,长官处决,然后报部;如在京军民犯杖,军发别卫,民发别郡;如诡寄田地,全家抄没;如误伤致死,责赔一人之类,现今明载律文,实非通行令甲,所当删定改正,以成善本。应请敕下三法司诸臣会同详核,将律例之分别者合之,新旧之不符者通之,轻重之可疑者酌之,务期尽善。然后刊刻全书,勒成定本,颁示中外,永远遵守。

○三十四年(1695)定:刑部《现行则例》,分别加载律内,有清、汉文义互相参差者,通加改正;或罪有本律,而例系重复者,即行删除;或名目字款,旧有今无,及旧无今有者,酌量增删;或一款应分两条,或数条同属一款者,悉与分并;其今虽不行,而宜备参考者,仍照例附载,以备比引考证;别部事例,间有与律义相合者,亦照刑部现行例采入。如律例内有应具题请旨者,俟别题请旨。至于律文仿自《唐律》,辞简义赅,诚恐讲晰未明,易至讹舛。特为汇集众说,于每篇正文后增出总注,疏解律义,期于明白晓畅,使人易知。今酌定名例四十六条,谨录清、汉文各六本进呈。

○三十六年(1697)奉旨:“新纂律书‘名例’,朕已览阅。奏闻后又有更改处,发回刑部,将更改之处增入,着九卿详阅具奏。”

○四十六年(1707),辑成《大清律例》四十二本,眷缮清、汉文进呈。

○雍正元年(1723)奏准:自康熙四十七年(1708)起,至六十一年(1722)止,现在遵行定例一百十有五条。内有应删应改者,令律例馆总裁速行审定,并前纂成四十二本,一并交与九卿互相参酌,考订划一,誊缮进呈。

○三年(1725)谕:“朕自临御以来,钦恤刑狱。每遇法司奏谳,必再三复核,惟恐稍有未协。又念律例一书,为用刑之本,其中条例繁多,若不校订划一,有司援引断狱,得以意为轻重,贻误匪小,特命纂修官克期告竣。今据将所纂全稿进呈,朕逐一详览。其有应行驳正者,已一一批示。但明刑所以弼教,关系甚大。着九卿会同细看,务期斟酌尽善,以副朕慎重刑名之意。”

○是年(1725),颁行《大清律集解附例》,凡三十卷,通计律文四百三十六条。律有总注,或标举大意,或逐节分疏,或释正文而兼及小注,或诠本条而旁通别义,异同条贯,眉目井然。律后附例,共八百二十四条。分为三项,曰原例,系历代相沿旧例,凡三百二十一条;曰增例,系康熙年间现行例,凡二百九十九条;曰钦定例,系钦奉上谕及内外臣工条奏,凡二百有四条。

○十三年(1735)谕:“国家刑罚禁令之设,所以诘奸除暴,惩贪黜邪,以端风俗,以肃官方也。然宽严之用,又必因乎其时。从前朕见人情浅薄,官吏营私,相习成风,罔知省改,势不得不惩治整理,以诫将来。今人心共知儆惕矣。凡各衙门条例,有从前本严,而朕改易从宽者,此乃从前部臣定议未协,朕与廷臣悉心斟酌,而后更定以垂永久者,应照更定之例行。若从前之例本宽,而朕改易从严者,此乃整饬人心风俗之计,原欲暂行于一时,俟诸弊革除之后,仍可酌复旧章,此朕之本意也。向后遇此等事件,则再加斟酌,若有应照旧例者,仍照旧例行。”

○乾隆元年(1736)奏准:世宗宪皇帝遗诏,惓惓于条例之宽严,有宜再加斟酌之训谕。原例、增例、钦定例三项,自刊刻后至今,前例又多酌改。恐内外问刑官援引舛错,吏胥因得高下其手,应请特简大臣为总裁官,将所刊刻律例,并自刊刻后至今通行各例,统加检核。有宜因时变通,如先经定例而后已改易者,或前例未协而未经改定者,应作何斟酌损益,宽严得中,逐一缕析条分,务期平允。其应删除者即行删除,应增入者即行增入,应更正者即行更正,应仍照旧例行者,亦即酌复旧章。除律文、律注仍旧外,其刊入之例,必将某条附载某律之处,确切不移,务使宏纲细目,折衷尽善。纂辑成书,恭请钦定,刊刻颁行。

○又复准:纂修律例,必详慎无遗,而后可垂永久。督抚、臬司等各有刑名之责,其轻重详略之间,倘有所见,据实敷陈,敕交该馆以资采择。

○五年(1740),颁行《大清律例》,凡四十七卷。律文四百三十六条,悉仍旧本。删律总注,其注内有于律义有所发明,实可补律之所不逮者,则竟别立一条,著为成例。附例千有四十二条,以次附列,删原例、增例各名目。

○又奏准:乾隆四年(1739)十二月以前之例,已经逐条奏准通行。其乾隆五年(1740)以后例,依乾隆元年(1736)奏准,嗣后有陆续增修之处,仍定限三年一次编辑,附律例之后,颁行直省。永著为例。

○六年(1741)谕:“律例一书,原系提纲挈领,立为章程,俾刑名衙门有所遵守。至于情伪无穷,而律条有限,原有不能纤悉必到、全然赅括之势。惟在司刑者体察案情,随时详酌,期于无枉无纵则可。不可以一人一事,而顿改成法也。本朝《大清律》周详明备,近年以来,又命大臣等斟酌重修,朕详加厘定,现在刊刻颁行。而新到任之臬司、科道等,条陈律款者,尚属纷纷。至于奉天府丞,竟奏请酌改三条。夫已定之宪章,欲以一人之臆见,妄思变易,究竟不能尽民间之情弊。而朝更夕改,徒有乖于政体。嗣后毋得轻议纷更。如果所言实属有当,该部亦止可议载册籍,不得擅改成书。”

○八年(1743)奏准:流分三等,原以道里之远近,制情罪之重轻。而“名例”所载,独定于陕西、山东、浙江、四川、广东、广西、福建七省。今军犯俱系各省通发,流犯亦应一体办理。谨案舆图及《军卫道里表》,所载道里远近,分别三等,不拘从前所定七省,详加酌定。将某省某府属流犯,应流二千里、二千五百里、三千里者,发何省何府属安置,逐省逐府,详细开载,纂定《三流道里表》,并将五年以后续纂例三十条,分门编辑,均缮册恭呈御览,颁发遵行。

○十一年(1746)奏准:刑部律例,虽奏明三年一次纂修,而三年内或酌改无多,不必拘定三年之限,以五年为期,纂修一次。

○十二年(1747)奏准:向例续增条例,定限三年一次编辑。应将乾隆八年(1743)以后钦奉谕旨,及内外臣工陈奏准行各条,按律目分门附入,共续增例四十九条。其律例全书内,间有辞意不甚明晰,今酌改者十二条;已经奏准删改者四条;刊刻讹错,应改正者五条。至条奏内有止系申明禁令,及虽经议准,今细加察核,有难以遵循,毋庸编辑者,共十四条。均缮册进呈。再乾隆十一年(1746)奏准,律例馆续增条例,定以五年一次编辑。此次开馆,在未经议奏之先,下届编辑,应照定例遵行。

○十六年(1751)奏准:刑部律例,奏明五年纂修一次。今计十一年(1746)至十六年,已届五年。请将应纂为定例者参考编辑,凡续增例六十五条,修并例一条。

○二十一年(1756)奏准:律例自乾隆十六年(1751)纂辑后,所有应纂条例,俱按律目分编,共续纂例五十三条。其全书内已有现行新例,而陈例应删除者,及文义未甚明晰,校勘更定者,共十六条。至条奏止系申明禁令,及虽经议复准行,而与律例无涉,毋庸纂辑者,共十二条。

○二十六年(1761)奏准:律例自乾隆二十一年(1756)至二十六年,已届五年。所奉谕旨及议准条奏,应纂为例者,参考编辑,凡续纂一百三条,修改四条,删除一条。

○二十七年(1762)谕:“国家设定律例,历经斟酌损益,条分缕析,已属周详。近来各省臬司新任,辄于律令内摭拾一二,奏请增改。其中固有旧例于情事未尽赅括,应随时酌量变通者,即未能通彻律意,或就一时之见,率请更易者,亦复不少。在该部不过因陈奏之间,尚近情理,难于概行议驳。而其实多设科条,徒尘案牍。既无当于政简刑清,转滋窒碍难行之道。不知刑名案件,情伪微暧,变幻百出。若事事曲为逆亿,虽日定一例,岂能遍给乎。惟在司刑宪者,临时详察案情,参酌令典,期于平允协中。设徒鰓鰓然各逞己见,议改议增,适以变旧章而滋纷扰,于谳狱之道,有何裨益。着将此传谕中外问刑衙门知之。"

○三十二年(1767)奏准:律例全书,自乾隆五年(1740)至今二十余载,虽经五次修辑,止就现定新例依类编入。其从前旧例与新例不合之处,俱未增删改并。所有历年钦奉上谕,及议准条奏,并吏、户、礼、兵、工等部议准,有与刑名交涉者,应详加核纂,以归划一。除照例纂辑修改节删,即于各条下"谨案"语内声明外,如于罪名适轻适重,遇有增改之处,黏签进呈,恭候钦定。凡续纂一百四十五条,修改八十九条,删除五十六条。并请将前次续纂,及此次编辑各条,及总类,均按照律目,归入全书,以便引用。

○三十七年(1772)奏准:开馆纂修律例,将新旧例文逐一比较,详加参考,酌量修改。其旧例内有业已奏准不行,与新例全不符合者,酌拟删除,以归划一。除续纂新例,及修改旧例内增删字句无多者,即于本条"谨案"语内声明,毋庸装叙原例外,其有罪名轻重,新旧不符,增删过多者,谨先叙原例,次列修改本条。仍于各条之首,分别黏签进呈,恭候钦定。凡续纂七十三条,修改四十四条,删除九条。

○四十三年(1778)奏准:乾隆三十三年(1768)纂修律例,至今已届十载,其间修辑一次,止就现定新例依类编辑。从前旧例,俱未厘定删改。或有新旧不符,及辞意重复,并文义未甚明晰者,详加参考酌量,分别续纂、改修,与纂修《督捕则例》,并毋庸纂辑及删除条例,缮册敬呈御览。凡续纂九十一条,修改五十三条,删除六条。

○四十八年(1783)奏准:纂修条例,将四十三年(1778)以后钦奉上谕及条奏,应纂为例者,依类编辑,恭呈御览,颁发遵行。凡续纂六十一条,修改五条,修并九条,删除二条。

○四十九年(1784)奏准:《三流道里表》一书,自乾隆八年(1743)纂辑告成,至二十年(1755)复经修定,迄今二十余年,未加重辑。我朝幅员广辟,为从古所未有。数十年间,增辟新置之府、州、县,既为旧表所未备;各省府、厅、州、县,裁并、增设,改名、改属,与旧表多有未符;且核原书内所分里数,与现在所行程途,亦未尽吻合,里数远近稍有参差,罪名即关出入。今将原表内各府州三等流犯应发道里,按照各督抚等造报里数,详确查核。其与原表符合者,仍依旧编发;未符者,核实更正。并将此次奏修原委,及历年奏准停发省分,并均匀酌发事件,酌定凡例十四条,列于卷首,以备各省问刑衙门查核。

○五十三年(1788)奏准:律例全书,自乾隆六年(1741)后,四十余年,未经重刻,应将现在删并各条,同旧存全例,重加编辑,另为刊刻。其旧板存储刑部库内,以备稽考,随详加复核。除奏准为例各条按类编辑外,其有前后未能赅括,罪名轻重失平者;亦有此条例文,援引别条治罪,而别条业已停止,以致此条无从援引者;又有数条同属一类,或一事分隶各门;及从前定例尚未允协者,分别续纂、修改、删除名目,于各条之下逐加案语。凡续纂五十二条,修改五十七条,修并一百一条,删除三十二条,黏签进呈御览后,刊刻颁发。

○六十年(1795)奏准:将五十三年(1788)以后全部条例,逐一比较。其中有罪名轻重新旧不符者,俱详加参考,酌量修改。如增删字句无多者,即于本条"案语"内分析陈明。统缮成帙,敬呈御览,颁发通行。凡续纂四十四条,修改十四条,修并五条。

○嘉庆六年(1801)奏准:刑部先经奏明开馆纂修律例及《督捕则例》,凡钦奉谕旨,及议准条奏,除申明例禁,无关罪名出入者,毋庸编辑外,其有关罪名轻重,应行添改,及旧例与新例未符,此条与彼条未协,应修应删者,均照奏定章程,分别修改、修并、续纂、删除各项名目,黏签开列本例之首,并逐条加具案语。有原例者,先叙原例于前,次叙新例于后,以期眉目分明。谨将修辑例文及毋庸编辑各条,缮册恭呈钦定。凡续纂六十一条,修改一百七十一条,修并一百四十九条,删除二十一条。通共律文四百三十六条,附例一千六百三条,《督捕例》一百十条,通行内外问刑衙门遵照。

○十一年(1806)奏准:嘉庆六年(1801)以后钦奉上谕,及议准内外臣工条奏,有关罪名轻重,应行添改,及旧例与新例未符,应修应删者,悉行参考,均照历次章程,分为修改、修并、续纂、删除各名目,及毋庸编辑各条,缮册敬呈御览。凡续纂二十五条,修改五十五条,修并四条,删除一条,刊刻通行。

○十五年(1810)奏准:自嘉庆十一年(1806)以后钦奉谕旨,及议准内外臣工条奏,除止系申明例禁,无关议拟罪名者,毋庸编辑外,其有关罪名轻重,应行添改,及旧例与新例未符,应修应删者,悉心参考,均照历次奏定章程,分为修改、修并、移改、续纂、删除各名目,开列本例之首,黏贴黄签,并逐条加具案语,分析陈明。有原例者,先叙原例于前,次列新例于后,以期眉目清楚。谨将修辑例文,缮写成帙,敬呈御览。凡续纂三十九条,修改五十一条,修并七条,删除一条,移改二条。恭候命下,刊刻颁行。

○十九年(1814)奏准:自十五年(1810)以后钦奉谕旨,及议准内外臣工条奏,除止系申明例禁,无关议拟罪名者,毋庸编辑外,其有关罪名轻重,应纂辑为例,并旧例内有应行添改者,悉心参考,均照历次奏定章程,分为修改、修并、移并、续纂、删除各名目,开列本例之首,黏贴黄签,并逐条加具案语,分析陈明。有原例者,先叙原例于前,次列新例于后,以期眉目分明。谨将修辑例文,缮写成帙,敬呈御览。凡续纂四十五条,修改一百零五条,修并二条,删除二条,移并二条。恭候命下,刊刻颁行。

○道光元年(1821)奏准:嘉庆二十年(1815)以后钦奉上谕,及议准内外臣工条奏,有关罪名轻重,应行纂辑为例,及旧例与新例未符,应修应删者,悉心参考,俱照历次章程,分为修改、修并、移改、续纂、删除各名目,除由吉林、黑龙江改发新疆、内地,及由新疆、回疆改发内地各项,现于应修例内逐条修改,因止系调发地方,并未更改罪名,毋庸列入黄册外,谨将修辑例文,及毋庸编辑各条,一并缮册,敬呈御览。凡续纂五十三条,修改六十三条,修并二条,移改一条,删除一条,刊刻通行。

○五年(1825)奏准:纂修条例,将二年(1822)以后钦奉上谕及条奏,应纂为例者,依类编辑,恭呈御览,颁发遵行。凡续纂三十条,修改五十六条,移改一条,删除二条。

○十年(1830)奏准:纂修条例,将六年(1826)以后钦奉上谕及条奏,应纂为例者,依类编辑,恭呈御览,颁发遵行。凡续纂十九条,修改七十二条,修并三条,移并一条,删除一条。

○十五年(1835)奏准:纂修条例,将十一年(1831)以后钦奉上谕及条奏,应纂为例者,依类编辑,恭呈御览,颁发遵行。凡续纂二十八条,修改四十五条,修并一条,移改一条,删除四条。

○二十年(1840)奏准:纂修条例,将十六年(1836)以后钦奉上谕及条奏,应纂为例者,依类编辑,恭呈御览,颁发遵行。凡续纂三十条,修改二十一条,删除一条。

○二十五年(1845)奏准:纂修条例,将二十一年(1841)以后钦奉上谕及条奏,应纂为例者,依类编辑,恭呈御览,颁发遵行。凡续纂二十二条,修改二十五条,移并一条,移改一条,删除四十条。

○咸丰二年(1852)奏准:纂修条例,将道光二十六年(1846)以后钦奉上谕及条奏,应纂为例者,依类编辑,恭呈御览,颁发遵行。凡续纂十九条,修改五十三条,修并二条,移改二条,删除二条。

○同治九年(1870)奏准:纂修条例,将咸丰三年(1853)以后钦奉上谕及条奏,应纂为例者,依类编辑,恭呈御览,颁发遵行。凡续纂五十六条,修改四十五条,修并一条,移改一条,删除二十三条。

## 断罪无正条

凡律令该载不尽事理,若断罪无正条者,援引他律比附,应加应减,定拟罪名,申该上司议定奏闻。若辄断决,致罪有出入,以故失论。

**谨案** 原律"定拟罪名"下,有"转达刑部"四字,雍正三年(1725)删。

### 附律条例

○一、引用律例,如律内数事共一条,全引恐有不合者,许其止引所犯本罪。若一条断一事,不得任意删减,以致罪有出入。其律例无可引用,援引别例比附者,刑部会同三法司,公同议定罪名,于疏内声明,律无正条,今比照某律某例科断,或比照某律某例加一等、减一等科断,详细奏明,恭候谕旨遵行。若律例本有正条,承审官任意删减,以致情罪不符,及故意出入人罪,不行引用正条,比照别例,以致可轻可重者，该堂官查出，即将承审之司员指名题参，书吏严拿究审，各按本律治罪。其应会三法司定拟者，若刑部引例不确，许院、寺自行查明律例改正。倘院、寺驳改犹未允协，三法司堂官会同妥议。如院、寺扶同蒙混，或草率疏忽，别经发觉，将院、寺官员，一并交部议处。

**谨案** 此条雍正十一年(1733)定。

# 卷七百四十一 · 刑部十九

## 名例律 徒流迁徙地方一

### 徒流迁徙地方一

凡徒役，各照所徒年限，并以到配所之日为始。发盐场者，每日煎盐三斤；发铁冶者，每日炒铁三斤，另项结课。江南布政司府分，江南发山东盐场，江北发河间盐场；福建布政司府分，发两淮盐场；浙江布政司府分，发山东盐场；江西布政司府分，发泰安、莱芜等处铁冶；湖广布政司府分，发广东海北盐场；河南布政司府分，发浙东盐场；山东布政司府分，发浙东盐场；山西布政司府分，发巩昌铁冶；直隶府分，发平阳铁冶；陕西布政司府分，发大宁、绵州盐井；广西布政司府分，发两淮盐场；广东布政司府分，发浙西盐场；海北、海南府分，发进贤、新喻铁冶；四川布政司府分，发黄梅、兴国铁冶。流三等，照依地里远近，定发各处荒芜及滨海州县安置。江南布政司府分，流陕西；福建布政司府分，流山东、直隶；浙江布政司府分，流山东、直隶；江西布政司府分，流广西；湖广布政司府分，流山东；河南布政司府分，流福建；山东布政司府分，流福建；山西布政司府分，流福建；直隶府分，流福建；陕西布政司府分，流福建；广西布政司府分，流广东；广东布政司府分，流福建；四川布政司府分，流广西。

**谨案** 雍正三年(1725)奏准，今各省惟云南有煎盐、熬铅二项，余俱发本省驿递。又今在京人民犯流者发陕西，无发福建。又直隶畿辅之地，不应安置流犯。又流罪三等，以远近为轻重，律内道里，亦不相符。因将律文改定。

凡徒役，各照应徒年限，并以到配所之日为始，限满释放。流犯，照依本省地方，计所犯应流道里，定发各处荒芜及滨海州县安置。应迁徙者，迁离乡土一千里外。徒五等，发本省驿递。流三等，直隶布政司府分，流陕西；江南布政司府分，流陕西；安徽布政司府分，流山东；山东布政司府分，流浙江；山西布政司府分，流陕西；河南布政司府分，流浙江；陕西布政司府分，流山东；甘肃布政司府分，流四川；浙江布政司府分，流山东；江西布政司府分，流广西；湖北布政司府分，流山东；湖南布政司府分，流四川；福建布政司府分，流广东；广东布政司府分，流福建；广西布政司府分，流广东；四川布政司府分，流广西；贵州布政司府分，流四川；云南布政司府分，流四川。

### 附律条例

○一、凡军、流及外遣人犯，十月至正月终，及六月，俱停其发遣，余月照常发遣。

**谨案** 此条系乾隆五年(1740)遵奉康熙九年(1670)谕旨纂定。

一、凡军、流人犯,隆冬停其发遣。惟广东、福建冬月常暖,其彼此应流人犯,照常发遣。

**谨案** 此条雍正三年(1725)定。

一、各省军民人犯,除广东起解福建,冬月照常发遣外,其他省人犯,在本地未经起解者,仍照例停遣。若已至中途,初冬十月,经过州县,照常接递,至十一月初一日,方准停遣,俟次年春融转解。如抵配所不远,本犯情愿前进者,将不停遣缘由,移咨前途州县,一体接递,仍报明刑部。其从配所逃回被获者,照逃人之例,分别刺字,押解原发配所,照例治罪,不准停遣。

**谨案** 此条雍正七年(1729)定。

一、广东、福建军、流人犯,亦准照各省之例,隆冬停遣。

**谨案** 此条乾隆三年(1738)定。

一、军、流人犯,在本地未起解者,遇隆冬及六月,仍照例停遣。若已至中途,初冬十月,经过州县,照常接递,至十一月初一日,方准停遣,俟次年春融时转解。如遇六月,亦准停遣。倘抵配不远,本犯情愿前进者,将不行停遣缘由,移咨前途州县,一体接递,仍报刑部。其从配所脱逃被获者,分别刺字、押解,应发原配者,仍发原配,应改调者改调,虽遇隆冬盛暑,不准停遣。

**谨案** 此条系乾隆十六年(1751)将雍正七年(1729)及乾隆三年(1738)所定三条修并。

一、各省民人,在外犯该徒罪,例应递回原籍发配者,如遇隆冬盛暑,除抵籍不远仍递解外,其离原籍一千里外者,亦照军流例停解。

**谨案** 此条乾隆十年(1745)定。

一、发遣乌鲁木齐等处人犯,解至陕省,虽遇隆冬盛暑,不准停遣。

**谨案** 此条乾隆二十六年(1761)定。

一、直省军、流、遣犯,除盛暑停遣,及遇隆冬发往西北各省地方亦照例停遣外,其发往东南省分,有情愿赴配者,取具本犯确供,一体起解,其不愿者听。惟云南省并无盛暑严寒,各省解往军、流、遣犯,虽遇隆冬六月,不必停遣。

**谨案** 此条乾隆二十八年(1763)定。

一、新疆改发内地人犯,仍照发遣新疆人犯例,隆冬盛暑,不准停遣。

**谨案** 此条乾隆三十二年(1767)定。

一、直省军、流、遣犯,未起解者,十月至正月终,及六月,俱停其发遣。若已至中途,初冬十月,经过州县,照常接递,至十一月初一日,方准停遣,俟次年春融转解。如遇六月,照前停遣。倘抵配不远,并发往东南省分各项人犯,有情愿前进赴配者,取具本犯确供,一体起解,并将不行停遣缘由,移咨前途接递,仍报刑部。惟云南省并无盛暑严寒,各省解往军、流、遣犯,不必停遣。至军、流、遣犯在配脱逃,例应解回原配,及改调他省,并应发伊犁、乌鲁木齐等处,或由新疆改发内地人犯,虽遇隆冬盛暑,均一例不准停遣。其民人在外省犯徒,例应递回原籍发配之犯,若离籍在一千里外者,时遇隆冬,亦准停解。其起解及接递州县,如有将应行停解之犯而不行停解,及将不应停解之犯擅行停解者,均交吏部照例议处。

**谨案** 乾隆五十三年(1788),将以上各条修并,并增入接递州县处分,纂定此条。

一、直省军、流、遣犯,及实发新疆,并由新疆条款改发内地人犯,未起解者,十月至正月终,及六月,俱停其发遣。若已至中途,初冬十月,经过州县,照常接递,至十一月初一日,方准停遣,俟次年二月转解。如遇六月,照前停遣。倘抵配不远,并发往东南省分各项人犯,有情愿前进赴配者,取具本犯确供,一体起解,并将不行停遣缘由,移咨前途接递,仍报刑部。惟云南省并无盛暑严寒,各省解往军、流、遣犯,已入该省边境者,不必停遣;其起解之时,有情愿前进者,亦照解往东南省分之例办理。其军、流、遣犯在配脱逃,例应解回原配,及改调他省者,虽遇隆冬盛暑,不准停遣。其民人在外省犯徒,例应递回原籍发配之犯,若离籍在一千里外者,时遇隆冬盛暑,亦准停解。其起解及接递州县,如有将应行停解之犯而不停解,及将不应停解之犯擅行停解者,均交吏部照例议处。

**谨案** 嘉庆六年(1801)议准,指发云南人犯,必已入该省边境者,方不停遣。其实发新疆,及由新疆改发内地者,一体准其停遣。改定此条。

〇一、凡下五旗包衣人,经该王门上送部发遣者,由部核准,即咨送该王门上,转发打牲乌拉。其因公事犯罪应发遣者,仍配发黑龙江等处。

**谨案** 此条雍正二年(1724)定。嘉庆十一年(1806),将"咨送该王门上"改为"咨送兵部"。

〇一、凡各省民人,在京犯该应流,并免死减等流犯,如无妻室,及无应追埋葬银两者,顺天府定地发遣。如有妻室,及应追银两,顺天府转发原籍地方,令其追银、佥妻,各照本省所定应流地方发遣;追完银两解部,分别给主。别省有犯,亦照此例科断。

**谨案** 此条雍正三年(1725)定。乾隆五年(1740),将"发遣"改为"发配","别省有犯"四字改为"不在本籍者"。嗣于二十四年(1759)停止佥妻之例,将例内分别有无妻室四字删去。

一、凡各省流寓之人,犯徒罪者,即在所犯地方充徒;犯流者,仍依本省应发地方问拟。

**谨案** 此条乾隆五年(1740)定。

一、直隶各省,凡遇流寓之人于该省犯流者,若计本犯原籍应流之地,即系该犯流寓之所,令该督抚按所犯应流道里远近,分别改发。

**谨案** 此条乾隆七年(1742)定。

一、凡各省民人,在别省犯该军、流,并免死减等之犯,除供有妻室例应佥遣,并情愿还乡转递,及本犯有应追银两者,仍照例解回原籍佥遣外,其供无妻室,或虽有妻室而不愿携往,及赃项已经追完者,承审官即按本犯原籍应流、应充军地方,起解发遣。

**谨案** 此条乾隆九年(1744)定。二十七年(1762),增入原籍无产不必解回一层,删去佥妻一层。

一、各省民人流寓在京在外,犯该军、流、徒罪,并免死减等之犯,其有应追银两,讯明本犯原籍有产可赔者,移查明确,将该犯解回原籍追银,完交后照应配地方发配;将所完银两移交犯事地方,分别给主。如无应追银两,或赃项已经追完,及移查原籍并无产业者,徒犯,即在犯事地方定地充徒;军、流人犯,于犯事地方按本犯原籍应配地方,起解发配。若计原籍应配之地,即系该犯流寓之所,令各该督抚按所犯应流、应充军道里远近,分别改发,仍回避原籍相近之地。

**谨案** 此条系乾隆五十三年(1788)将前数条修并。

○一、奉天、宁古塔、黑龙江等处,有犯枷责、发遣者,令该将军等查明,或系实在满洲另户正身,或虽系另户,而行同奴仆、卑污下贱者,或系奴仆开户而为另户者,逐一声明送部,照例枷责,满日咨送兵部,将实在满洲另户正身,发西安、荆州、杭州、成都等处满洲驻防之省城当差;若另户而行同奴仆,并奴仆开户者,俱发西安等处满洲驻防之兵丁为奴。其同案之犯,不得同发一处。

**谨案** 此条系雍正三年(1725)定。乾隆元年(1736)议准,另户免其为奴,将例内"或虽系另户,而行同奴仆、卑污下贱者"句、"另户而行同奴仆"句,均删去。二十七年(1762),因兵部奏准各省驻防轮流编发,复将例文改定。

一、奉天、宁古塔、黑龙江等处,有犯枷责、发遣者,令该将军等查明,或系另户满洲,或系奴仆,逐一声明送部,照例枷责,满日咨送兵部,将另户满洲,发直隶、江宁、山西、山东、河南、甘肃、西安、宁夏、凉州、荆州、杭州、成都、福建、广东等处满洲驻防之省城当差;若奴仆,亦发直隶等省给满洲驻防之兵丁为奴。其同案之犯,不得共发一处。

○一、凡土司有犯徒罪以下者,仍照例遵行外,其改土为流之土司,本犯系斩、绞者,仍于各本省分别正法、监候,其家口应迁于远省者,系云南,迁往江宁;系贵州,迁往山东;系广西,迁往山西;系湖南,迁往陕西;系四川,迁往浙江,在于各该省城安插。如犯军、流罪者,其土司并家口应迁于近省安插。系云南、四川,迁往江西;系贵州、广西,迁往安庆;系湖南,迁往河南,在于省城及驻扎提督地方分发安插。该地方文武各官不时稽查,毋许生事扰民出境。如疏纵土司本犯及疏脱家口者,交部分别议处。其犯应迁之土司及伊家口,该督抚确查人数多寡,每亲丁十口,带奴婢四名,造具清册,一并移送安插之省,仍具册,并取该地方官并无隐漏印结,咨报刑部。其安插地方,每十口拨给官房五间、官地五十亩,俾得存养获所,官地照例输课。于每年封印前,将安插人口,及所给房产数目,造册送户部查核。

**谨案** 此条系雍正三年(1725)遵旨议定。乾隆五年(1740),节删重复,定为此条。

〇一、各旗将家奴吃酒行凶送部发遣者,令该旗都统确查,用印文送部发遣。如将应行发遣之奴,该旗故为留难,不行送部者,许伊主赴部递呈。该部审明,应行发遣者发遣,将留难官员交部查议。至于行止不端之人,欲行占夺家人妻女,捏以吃酒行凶送部者,不准发遣,交与该佐领,将伊妻室子女转卖,身价给主。倘被卖之后,捏告原主,希图报复者,仍照诬告家长律,从重治罪。其各省将军处有送家奴吃酒行凶发遣者,该将军审明,照此遵行。

**谨案** 此条雍正三年(1725)定。乾隆五年(1740),删"从重"二字。

〇一、凡免死强盗、三次窃盗、诱卖人口、私铸制钱、偷挖人参,并行凶等犯,应发黑龙江等处者,除另户外,其民人及奴仆,即将所犯罪由,于左右面上分刺满汉字样发遣,仍照例分别枷责。若从发处逃回者,亦照此例刺发。

**谨案** 此条雍正三年(1725)定。乾隆五年(1740),查刺字之例,俱分见于各条并"起除刺字"律后,此条删。

〇一、云南徒罪人犯,发本省多罗松林等十二驿摆站。罪重者,迤东各府人犯,发诺邓等井煎盐;迤西各府人犯,发固旧等厂熬铅。

**谨案** 此条雍正三年(1725)定。原文本有"发遣人犯,年底造册报部"二语,乾隆五年(1740)删去。嗣于五十二年(1787)奏准,云南徒犯,于通省州县内,不拘有无驿站,均匀酌配,业经纂有新例,此条删。

〇一、内务府庄头犯法,应行发遣者,俱给披甲人为奴。

**谨案** 此条雍正六年(1728)定。查内务府庄头,亦系正身,应免为奴,乾隆五年(1740)删。

〇一、自京城发往将军处罪人,由刑部上锁,送至将军处,将锁令便员带回,交与刑部。

**谨案** 此条雍正六年(1728)定。乾隆五年(1740),查非治罪条款,奏明删除。

〇一、凡发遣人犯,酌定名数,分起解送。如案内人犯众多,至五名以上者,每五名作一起,先后解送。至起解时,务必如法锁铐,将年貌、锁铐填注批内。接递官必按批验明锁铐完全,于批内注明"完全"字样,钤盖印信,转递前途。倘解役人等有受贿开放者,计赃照枉法律治罪。若转解之地方官,因前途未曾锁铐,不复行查补加锁铐,听其散行,将该地方官与前途未曾锁铐官,均按罪犯轻重,交部分别议处。

**谨案** 此条系乾隆五年(1740),将雍正三年(1725)、九年(1731)所定之例,并为一条。后半尚有"解犯于经过处所生事不法,即于所在地方正法示众"一节,原载"徒流人又犯罪"律后。嘉庆六年(1801),以前半系发遣起解章程,移附此律;其后半自为一条,仍载彼律。

〇一、凡应行发往查克拜达里克人犯内，强盗减等发遣，及盐案内佥妻充军，并八旗拨给披甲为奴者，俱发往齐齐哈尔等处垦种地亩。

**谨案** 此条雍正十一年(1733)定，后经屡改。乾隆五年(1740)，奏明删除。

〇一、发往广西当差人犯，分发平乐、梧州、南宁、柳州等府，郁林、宾州二州各协营，入伍充军。

**谨案** 此条雍正十一年(1733)定，专为刨参人犯应发烟瘴者而设，系该省分发各属之例，毋庸通行直省。乾隆五年(1740)，奏明删除。

〇一、发往查克拜达里克人犯，俱发往鄂尔坤种地。

〇一、满洲、汉军应发遣之人，俱不必发往查克拜达里克等处种地，仍照旧例发往黑龙江。

**谨案** 此二条俱雍正十一年(1733)定，乾隆五年(1740)删。

〇一、分发流犯，如计算该犯原籍府属至分流省分，有未及应流里数者，将该犯分拨远处之府属安插；如已逾应流里数者，即于本省府属内，计道里足数之地方安插。

**谨案** 此条雍正十二年(1734)定。嗣于乾隆四十九年(1784)，业将《三流道里表》内各府、州三等流犯，按照远近里数，编定应发省分，校订成书，奏明遵照，此条删。

〇一、广东、福建，浙江沿海温、台、宁波等处之人，在本籍地方曾任守备、千、把等官，有犯军、流、徒、杖，应发别省入伍者，如祖父母、父母老疾应侍，准其照例留养。如再不法生事，照原拟之罪加等惩治。其非亲老丁单者，军、流等罪，仍行发往。若因奸盗不孝，诬良为盗，窝赌聚赌，生事扰民，受贿纵盗，嗜酒骄悍，犯该徒、杖、笞罪者，俱于本罪完结之日，查明家口，押发原定省分入伍食粮。倘仍前生事不法，照该犯原犯之罪加等惩治。其余犯别样徒、杖、笞罪者，移行该犯之原任上司，查明驯良顽悍。将顽悍者，仍照原定省分押发入伍；驯良者，照文职废员例，交与地方官约束。再有过犯，亦以原拟之罪加等惩治。如有年逾六十，衰老病废者，免其押发，该地方官取具保结，不时约束。如再生事不法，加等治罪。其缘事革追，赃不入己，事由人致，平日谨慎小心，一时误犯，情有可原者，即于本地方安插。若此内有年力精壮，弓马可观者，准其于本省三百里外之营分，入伍食粮。倘再生事不法，加等治罪。其该营官及原任上司，如有徇情挟私，或以顽悍为驯良、以驯良为顽悍，并捏称衰老病废、弓马可观者，除该弁仍分别良悍照例发落外，将出结之该管官交部议处。如受财、索诈，计赃以枉法治罪。

**谨案** 此条系雍正十二年(1734)定，乃专为广东等处废弁而设，并非直省通行之例。乾隆五年(1740)删。

〇一、发遣人犯，暂停发齐齐哈尔、黑龙江等处，俱着发三姓地方，赏给一千兵丁为奴。

**谨案** 此条雍正十三年(1735)定,已于乾隆元年(1736)分别旗人、民人,另行改定。五年(1740)奏明删除。

○一、汉人犯该发遣者,如系举贡生监,及曾为职官之人,俱酌发云贵两广烟瘴少轻地方,交与地方官管束。

**谨案** 此条系乾隆元年(1736)遵旨定例。

**又案** 乾隆二十四年(1759)奏定,川省地虽近边,并非烟瘴,且有啯噜子一项素不安分,未便将匪徒发往。嗣后四川一省,停止发遣,所有例内"云贵川广"字样,一体改为"云贵两广"。

一、曾为职官,及举贡生监人等,有犯发遣者,引例时不得加以"为奴"字样。

**谨案** 此条乾隆元年(1736)遵旨定例,原载"断罪不当"律后。嘉庆六年(1801),移并此门。

一、改发乌鲁木齐等处种地人犯,如旗人另户正身曾任职官,及民人举监生员以上,并职官子弟,俱发往当差;余俱给予种地兵丁为奴。

**谨案** 此条乾隆二十三年(1758)定。

一、进士、举贡生员、监生犯事,如止系寻常过犯,不致行止败类者,仍照旧例办理外,若系党恶窝匪,卑污下贱,罪应发遣黑龙江等处者,俱照平人一例问拟,改发为奴。

**谨案** 此条乾隆五十七年(1792)遵旨定例。

一、曾为职官,及进士、举贡生员、监生,并职官子弟,犯该发遣者,俱酌发烟瘴少轻地方。其实发乌鲁木齐、黑龙江等处者,如止系寻常过犯,不致行止败类者,发往当差;若系党恶窝匪,卑污下贱,罪应发遣者,无论进士、举贡生监并职官子弟,俱照平人一例发遣为奴。

**谨案** 此条系嘉庆六年(1801)将前数条删并定例。

一、曾为职官,及进士、举贡生员、监生,并职官子弟,犯该发遣乌鲁木齐、黑龙江等处,如止系寻常过犯,不致行止败类者,发往当差;其应发驻防者,亦改发乌鲁木齐当差。若系党恶窝匪,卑污下贱者,俱照平人一例发遣为奴。

**谨案** 此条嘉庆十七年(1812)奏准改定。

○一、犯军、流罪之土司,例发近省安插者,本犯身故,或无子,及虽有子而幼小者,其妻、子许回籍。

**谨案** 此条乾隆五年(1740)定,原载"流囚家属"门。嘉庆六年(1801),移附此律。

一、各省迁徙土司,若本犯身故,该管地方,即行文原籍督抚,将该犯家口应否回籍之处,酌量奏闻,请旨定夺。

**谨案** 此条系乾隆十年(1745)遵旨定例。

一、各省迁徙土司,若本犯身故,该管地方,即行文原籍督抚,将该犯家口应否回籍之处，酌量奏闻，请旨定夺。其本犯身故无子，及虽有子而幼小者，其妻、子并许回籍，不在此例。

**谨案** 嘉庆六年(1801)。将前二条修并此条。

○一、凡土蛮猺獞苗人仇杀劫掳，及聚众捉人勒禁者，所犯系死罪，将本犯正法，一应家口、父母、兄弟、子侄，俱令迁徙；如系军、流等罪，将本犯照例枷责，仍同家口、父母、兄弟、子侄一并迁徙。系流官所辖者，发六百里外之土司安插；系土司所辖者，发六百里外之营县安插。其凶恶未甚者，初犯，照例枷责，姑免迁徙。若仍不改恶，将本人仍照原拟枷责，亲属家口亦迁徙别地安插。仍严饬文武官稽查约束，出具印结并年貌清册，于年底报部。如安插十年后，果能改恶迁善，有情愿回籍者，查明咨部，准予回籍。若本犯并各家口，仍在安插地方行凶生事，照已徒已流而又犯罪律，再科后犯之罪。倘地方官不尽心约束，以致疏脱者，即将该管文武各官，照例参处。其本犯审无别情，照例治以逃罪。如有生事不法情由，照平常遣犯逃后为匪例，分别治罪。至蛮獞头目犯法，必根究勾引之人，审明确实，照诱人犯法律，加等治罪，遇赦不宥。失察勾引之地方官，交部议处。

**谨案** 此条乾隆五年(1740)定。

○一、旗人犯该发遣者，分发黑龙江、宁古塔、吉林乌喇等处当差。旗人家奴，暂发三姓地方，给予八姓一千兵丁为奴。俟数满一千之后，仍发遣黑龙江等处为奴。若民人犯该发遣案内，强盗免死减等者，行劫数家止首一家者，伙盗供出首盗即时拿获者，窃盗临时拒捕杀人为从者，偷盗坟墓二次者，民人谎称卖身在旗者，民人谎称八旗逃人者，民人假称逃人具告行诈者，民人卖逃买逃者，如查有妻室，俱佥发宁古塔、黑龙江等处，分给披甲之人为奴。其查无妻室者，如系强盗免死及窝留强盗三人以上之犯，分发云贵川广极边烟瘴地方；其余查无妻室，并别项遣犯之有妻室者，俱分发云贵川广烟瘴少轻地方；均交与地方官严行管束，仍照例分别刺字。如有逃走为匪及生事不法者，俱照发遣黑龙江等处之例，分别治罪。

**谨案** 此条乾隆五年(1740)定。

一、旗人犯该发遣者，分发黑龙江、宁古塔、吉林乌喇等处当差。旗人家奴，发遣黑龙江等处为奴。若民人犯该发遣案内，民人谎称卖身在旗者，民人谎称八旗逃人者，民人假称逃人具告行诈者，民人卖逃买逃者，俱发宁古塔、黑龙江等处，分给披甲之人为奴；窝留强盗三人以上者，发云贵两广极边烟瘴地方；其行劫数家止首一家者，窃盗临时拒捕杀人为从者，并别项遣犯，俱改发云贵两广烟瘴少轻地方，交与地方官严行管束；仍照例分别刺字。如有逃走为匪及生事不法者，俱照发遣黑龙江等处之例，分别治罪。

**谨案** 此条系乾隆三十二年(1767)改定。

一、八旗逃人匪类犯该发遣者，令黑龙江、吉林、宁古塔将军，酌量各该处所属地方大小，分发安插，严行约束。如有不知改悔，即照例报部，改发云贵两广等处。仍将每年有无改发之处,于年终汇奏。至民人有犯外遣内,如强盗免死减等者,强盗已行而不得财者,开窑诱取妇人子女勒卖为从者,造谶纬妖书传惑人不及众者,师巫假降邪神并一应左道异端之术煽惑人民为从者,聚众十人以上带有军器兴贩私盐拒捕伤一人为从下手者,叛案缘坐应给兵丁为奴者,均照例解部,发黑龙江等处给予披甲人为奴;余俱改发云南等省烟瘴地方管束。

**谨案** 此条乾隆二十四年(1759)定。三十二年(1767),于"发遣黑龙江等处"下,增"给予披甲人为奴"句;将原例内"照名例改发云南等省"句,删去"照名例"三字;又"兴贩私盐"款内,原例"伤人为从"四字,改为"伤一人为从下手"。

一、改发乌鲁木齐等处人犯,如旗人曾任职官及另户正身,俱发往当差。

**谨案** 此条乾隆二十三年(1758)定。嘉庆六年(1801),将以上数条删并,分别旗、民,定为两条。

一、八旗另户正身及曾为职官,发遣黑龙江、吉林及乌鲁木齐等处者俱当差;系家奴,发遣为奴。至八旗逃人匪类,发遣黑龙江、吉林、宁古塔者,令该将军酌量各该处所属地方大小,分发安插,严行约束。如有不知改悔,即销除旗档,照例报部,改发云贵两广等处,令地方官与民人一体严加管束。仍将每年有无改发之处,于年终咨报军机处、刑部,会核汇奏。

**谨案** 此即嘉庆六年(1801)分辑旗人发遣之例,原文未及"销除旗档"一节。嘉庆十一年(1806),查照《督捕则例》,于"照例报部"上,增"销除旗档"句;又于"改发云贵两广等省"下,增"令地方官与民人一体严加管束"句。

一、民人犯该发遣案内,强盗免死减等者,强盗已行而不得财伤人为从及未伤人为首者,造谶纬妖书传用惑人不及众者,师巫假降邪神并一应左道异端之术煽惑人民为从者,聚众十人以上带有军器兴贩私盐拒捕伤一人为从下手者,谎称卖身在旗者,谎称八旗逃人者,假称旗人具告行诈者,卖逃买逃者,俱发黑龙江、吉林等处,给披甲之人为奴;叛案缘坐者,发黑龙江、吉林等处当差;俱照例分别刺字。

**谨案** 此即嘉庆六年(1801)分辑民人发遣之例。原文无"伤人为从及未伤人为首"二句,又将"叛案缘坐"列入为奴之内,均于嘉庆十一年(1806),查照各本门定例增改。十七年(1812),调剂黑龙江、吉林等处遣犯,此条各项,已议准改发新疆及各省驻防、四省烟瘴等处。

〇一、直隶、江南、浙江、江西、湖广、福建、山东、山西、河南、陕西人犯,应发黑龙江等处者,俱发四川、广东、广西、云南、贵州烟瘴地方;其云、贵、川、广五省人犯,应发黑龙江等处者,照《军卫道里表》内所编极边地方足四千里佥发。

**谨案** 此条乾隆五年(1740)定,三十七年(1772)删。

〇一、除强盗减等及情罪重大之犯佥妻发遣外,其他军、流人犯,如父母现已衰迈,家无次丁,愿留其妻侍养父母者,取具地方官印结,咨部免佥。

**谨案** 此条乾隆五年(1740)定,移入"流囚家属"门内。三十二年(1767)删。

〇一、免死减等强盗，不论有无妻室，俱照例解部，发遣宁古塔等处为奴。其别项发遣人犯，未经到部，及到部之日，妻室病故，将该犯递回原籍，改发烟瘴。其已由刑部咨送兵部转发者，以山海关为界，如解至关外，妻室病故，地方官一面竟行发遣，一面申报刑部；如在关内，妻室病故，一面申报刑部，一面递回原籍，照例发落。

**谨案** 此条乾隆七年（1742）定。

〇一、文武员弁犯徒，及总徒四年、准徒五年者，即在犯事地方定驿发配，俟年限满日释放回籍。其有应折枷号、鞭责者，仍照例办理。

**谨案** 此条乾隆十年（1745）定。

〇一、凡直省内有苗民杂处之地，发到军、流等犯，令解巡抚衙门，就地方情形通融派拨，不得与苗民聚处，致生事端。

**谨案** 此条乾隆十二年（1747）定。

一、起解军、流人犯，除应遣府、州，仍照《军流道里表》指定发解外，其府、州所属之州、县，听督抚查明各该地方在配军、流多寡，均匀发配。至广东琼、连二属，俱照四川、湖南有苗省分之例，令巡抚酌量派拨。其改发广东烟瘴少轻人犯，不必拘定东莞、香山等二十县，亦俱解赴巡抚衙门，酌量地方分拨。各省有烟瘴者，均照此例。

**谨案** 此条乾隆二十二年（1757）定。

一、凡各省发遣广西军、流等犯，统于民官所属州县内，照该犯应配道里酌量安置，不得拨发土司所属地方。

**谨案** 此条乾隆十二年（1747）定。原例尚有"至太平府之宁明州，庆远府之东兰州，镇安府之天保县、归顺州、奉议州，五处烟瘴极重，免其分拨安置"等语，嗣于二十九年（1764），据广西按察使奏称，宁明、东兰等处，烟瘴比前较轻，所有军、流等犯，请一体分发，因将此数语删去。

一、各省佥发军、流人犯，俱按照道里表内应发省分，照改发遣犯之例，毋庸指定府、州，悉解巡抚衙门，听该抚按其所犯罪名，仿照《军流道里表》，酌量州县大小远近，均匀拨发。起解省分，将解发军、流人犯，于起解之先，预行咨明该抚，先期定地，饬知入境首站州县，随到随发。其解犯兵牌内，填明"解赴某省，入境首站某州县，遵照定地，转解配所投收申缴"字样。

**谨案** 此条乾隆四十二年（1777）定。

一、各省佥发军、流人犯，除广西土司所属地方，不得拨发安置，并广东琼、连二属，及四川、湖南有苗民州县，令解巡抚衙门，就地方情形通融派拨，不得与苗民聚处外，余俱按照《军流道里表》内应发省分，毋庸指定府、州，悉听该省督抚按其所犯罪名，查照《军流道里表》，酌量州县大小远近，在配军、流多寡，均匀拨发。起解省分，预行咨明应发省分督抚，先期定地，饬知入境首站州县，随到随发。其解犯兵牌内，填明"解赴某省，入境首站某州县，遵照定地，转解配所投收申缴"字样。

**谨案** 此条系乾隆五十三年（1788）将前四条删并。又以烟瘴少轻人犯，业于三十七年(1772)奏准,改发四千里;且新疆条款,另有改发烟瘴人犯,解交各省巡抚酌拨安置之例,因将首条"烟瘴少轻"一层删去。

○一、奉天所属民人,有犯军、流、徒罪者,俱照各省民人犯罪例,一体问发,不准折枷完结。

**谨案** 此条乾隆十六年(1751)定。"军、流、徒罪"下,本有"及边外为民"五字,乾隆三十六年(1771)奏准,将例内"边外为民"字样,均行删去。

○一、四川省所属之宁远府、茂州、雅州、龙安府、酉阳州、叙永厅,湖南省所属之永顺县、靖州、城步县、江华县、永明县、道州、辰州府、沅州府等处,均系苗民杂处之地,各省有应发军、流等犯,令其解至督抚衙门,就地方情形通融派拨,不得与苗民聚处,致生事端。其非附近苗疆之府、州,仍照《军流道里表》指定地方,径解该府、州转发。

**谨案** 乾隆十二年(1747)议准,各省军流人犯,俱交该督抚酌拨安置,不得与苗民杂处,致生事端,业于本门著有定例。此条系乾隆十八(1753)、十九(1754)等年,偶因该二省条奏所及,定为此例。后因刊发《三流五军道里表》,于各省有苗民处所,详悉声明,遇有应发人犯,自可查照办理,毋庸设为条例。将此条删除。

○一、部发外遣人犯,该将军于黑龙江、吉林宁古塔、三姓等处,均匀发遣,分别安插,仍于年底将三处安插人犯名数汇奏。

**谨案** 此条乾隆二十二年(1757)定。五十四年(1789),遵旨议令新疆并黑龙江、吉林等处将军、都统,于年终将本年发到之犯,同积年到配之犯,共计现存若干,详晰声叙,汇奏一次等因,并入此条。

一、发遣伊犁、乌鲁木齐,并吉林、黑龙江等处人犯,该将军、都统等,务酌量所属各地方大小,均匀派拨,分别安插。于每年十月截数,将该处一年内发到遣犯名数,同积年问发到配遣犯,现存共计若干名,并该处安插遣犯有无脱逃,及已未督获各数目,详细声叙,咨报军机处、刑部。均限十二月初旬咨齐,照例汇奏。

**谨案** 乾隆五十九年(1794)奉旨,各省汇查遣犯,每年于十月截数,咨报军机处、刑部等因,嘉庆六年(1801)改定此条。

○一、捕役豢贼三名至五名者,偷窃拟绞缓决三次以上者,私铸铅钱不及十千者,积匪猾贼为害地方者,俱发云贵两广极边烟瘴充军,交地方官严行管束。

**谨案** 此条乾隆二十四年(1759)定。三十二年(1767),查捕役豢贼,已归刑律本条;抢窃、积猾,前条已载;私铸一项,改发黑龙江,此条删。

○一、凡苗疆地方,如军、流、徒、遣等犯内,民人有捏称土苗,希图折枷免徒者,事发之日,除按本律治罪外,仍先于本地方枷号一月,再行充发。其捏结之邻保人等,审明有无贿纵、徇隐,分别治罪。失察官员,即视本犯之罪分别察议。

**谨案** 此条乾隆二十五年(1760)定。嗣于二十八年(1763)奏准,将犯该斩、绞者,亦令承审官于定案时查取保邻甘结存案,因增叙例中。

一、凡苗疆地方，如军、流、徒、遣等犯内，民人有捏称土苗，希图折枷免徒者，事发之日，除按其本律治罪外，仍先于本地方枷号一月，再行充发。其捏结之邻保人等，照证佐不言实情律，减囚罪二等科断；受贿重者，计赃以枉法论。如犯该斩、绞者，亦令承审官于定案时，查取邻保切实甘结存案。如有捏结，亦照例分别治罪。其失察官员，俱视本犯之罪分别察议。

**谨案** 嘉庆六年(1801)，将捏结邻保治罪之处，增入例内，改定此条。

○一、发往伊犁、乌鲁木齐等处为奴人犯，令该管大臣均匀酌拨，与察哈尔兵丁及种地兵丁为奴。如察哈尔兵丁系永远屯驻者，发给人犯，即永远为奴。其种地兵丁给予为奴人犯，如在乌鲁木齐以内者，听陕甘总督酌量分发；在乌鲁木齐以外者，听伊犁、乌鲁木齐大臣酌量分发。俱于派拨之时，令该管官将某犯给予某营兵丁之处，详记档案。至换班时，交代与接班兵丁为奴。或该兵丁等撤回内地，及调往他所，并无接班之人，亦令该管官将该犯等另行拨给附近种地兵丁，随同力作。

**谨案** 乾隆二十七年(1762)奉旨，发遣伊犁及乌鲁木齐等处人犯，定例止有"发给种地兵丁为奴"字样。至已到配所，给予何项兵丁，及作何分别办理之处，从前未经议及，着军机大臣会同该部另行定议具奏。因议定此条。

○一、云南、贵州苗人，犯该徒、流、军、遣，仍照旧例枷责完结。其情节较重，或再犯不悛，将本犯照例折枷后，仍同家口各就土流所辖，一并迁徙安插。至苗人中有剃发衣冠，与民人无别者，犯罪到官，悉照民例治罪。

**谨案** 此条乾隆二十九年(1764)定。

# 卷七百四十二·刑部二十

## 名例律 徒流迁徙地方二

### 徒流迁徙地方二

〇一、乌鲁木齐安插兵民，犯该徒罪者，照犯罪免发遣折枷例，加一等折枷，免其充徒，系民，仍令种地，系兵，交地方官指给地亩，耕种纳粮；犯该军、流罪者，除照例折枷外，仍留乌鲁木齐，照发来种地之人犯，分给屯乡，与种地兵丁一体种地纳粮。倘犯该军、流者，复有滋事、脱逃等情，枷号两月，改给乌鲁木齐种地兵丁为奴。如换班绿旗兵丁犯该徒罪者，不必发往内地，仍留乌鲁木齐，不给口粮，在种地处效力，照应徒年限扣算，满日发回；犯该军、流罪者，仍照例案其应配军、流地方，配发内地。至贸易商民，犯该军、流罪，俱解往内地照例办理。

**谨案** 此条乾隆二十八年(1763)定。

一、凡内地民人，于新疆地方犯至军、流之罪，如在乌鲁木齐一带者，即发往伊犁等处；其在伊犁一带者，即发往乌什、叶尔羌等处；而在乌什各城者，亦发往伊犁等处。并视其情罪，量为酌定，轻者发各处编管，重者给额鲁特及回人为奴。

**谨案** 此条乾隆三十六年(1771)遵旨定例。

一、乌鲁木齐等处安插兵民，犯军、流者，除照例折责外，仍留乌鲁木齐，照发往种地人犯，分给屯乡，与种地兵丁一体种地纳粮。倘复有滋事、脱逃等情，枷号两月，改给乌鲁木齐兵丁为奴。犯该徒罪者，照犯罪免发遣折枷例，加一等折枷，免其充徒，系民，仍令种地，系兵，交地方官指给地亩，耕种纳粮。其换班绿旗兵丁，及内地贸易商民，于新疆地方犯至军、流之罪，如在乌鲁木齐一带者，即发往伊犁等处；其在伊犁一带者，即发往乌什、叶尔羌等处；而在乌什各城者，亦发往伊犁等处。并视其情罪，量为酌定，轻者发各处编管，重者交与该将军等，在驻防官兵内拣选力能管束之人，赏给为奴。若犯该徒罪者，系换班绿旗兵丁，仍留该处，不给口粮，在种地处效力，照应徒年限扣算，满日再行发回；系内地民人，仍解回内地，照例办理。

**谨案** 乾隆五十三年(1788)将上二条修并，改定此条。道光六年(1826)，调剂新疆遣犯，删“如在乌鲁木齐一带者”至“赏给为奴”八十九字。

〇一、新疆各城驻扎官员兵丁跟役内，如有酗酒滋事者，即由彼处发往伊犁等处，给予兵丁、额鲁特为奴。如在回人各城内，即彼此易地调发，与回人为奴。若发遣之后,仍不悛改,即行正法。

**谨案** 此条乾隆二十八年(1763)定。

一、新疆各城驻扎官员兵丁跟役内,如有酗酒滋事,如在乌鲁木齐一带者,即发往伊犁等处;其在伊犁一带者,即发往乌什、叶尔羌等处;而在乌什、叶尔羌者,亦发于伊犁等处,交与该将军等,在驻防官兵内拣选力能管束之人,赏给为奴。若发遣之后,仍不悛改,即行正法。

**谨案** 此条乾隆五十三年(1788)改定。嘉庆四年(1799),将"即行正法"句,改为"在配所用重枷枷号三月、杖一百发落"。

一、新疆各城驻扎官员兵丁之跟役,如有酗酒滋事,在乌鲁木齐一带者,发往伊犁等处;在伊犁一带者,发乌什、叶尔羌等处;在乌什各城者,发伊犁等处,交与该将军等,在驻防官兵内拣选力能管束之人,赏给为奴。若发遣之后,仍不悛改,复行酗酒者,在配所用重枷枷号三月、杖一百发落。至新疆等处绿营兵丁,有犯吃酒行凶,如平日安分,偶尔醉闹,尚无凶恶情状者,该将军、都统等自行责革。若屡次酗酒行凶、怙恶不悛者,审明属实,即照跟役酗酒滋事例拟发,视其情罪轻重,量为酌定,轻者当差,重者给官兵为奴。

**谨案** 此条道光五年(1825)因酗酒滋事调发为奴,本专指跟役而言,原例"官员兵丁跟役内"字样,系连贯而下,易致误会,是以改定,将"内"字节删,于"兵丁"下添"之"字;并增入绿营兵丁照办一层。

○一、各处永远枷号人犯,于枷示已逾十年后,即咨明刑部汇题,分别发遣。若该犯原拟本系死罪,并应发新疆者,发往伊犁;如原拟系应发黑龙江等处者,发往乌鲁木齐;其原拟军、流以下者,发往黑龙江等处,分别旗、民,当差、为奴。如系新疆地方犯事者,即照新疆等处之例办理。俱令配所各官,严加管束。倘在配在途乘间脱逃,俱用重枷枷号三月、杖一百发落。若犯行凶扰害情事,仍按其所犯之罪,照例问拟。

**谨案** 此条乾隆五十一年(1786)定,原文"脱逃及行凶扰害,俱即行正法"。嘉庆四年(1799)奏准,照黑龙江之例,除免死减发逃犯仍正法外,其余脱逃被获,枷责示惩,因改定此例。

一、各处永远枷号人犯,于枷示已逾十年后,即咨明刑部汇题,分别发遣。若该犯原拟本系死罪,并应发新疆者,发往伊犁;如原拟系应发黑龙江等处者,发往乌鲁木齐;其原拟军、流以下者,旗人发往黑龙江等处当差,民人实发云贵两广极边烟瘴充军。如系新疆地方犯事者,即照新疆等处互相调发之例办理。俱令配所各官,严加管束。倘在配在途乘间脱逃,除发烟瘴人犯照例加等改发外,余俱应重枷枷号三月、杖一百发落。若犯行凶扰害情事,仍按其所犯之罪,照例问拟。

**谨案** 此条嘉庆二十五年(1820)停发黑龙江遣犯,将黑龙江为奴之永远枷号已逾十年,原拟军、流以下,改为"实发云贵两广极边烟瘴充军"。道光六年(1826),调剂新疆遣犯,将永远枷号人犯枷示已逾十年,原拟死罪并应发新疆者,发往伊犁;原拟系应发黑龙江等处者,发往乌鲁木齐一条,改发云贵两广极边烟瘴充军;其原拟军、流以下民人实发云贵两广极边烟瘴充军一条,改发极边足四千里充军;并将烟瘴人犯在逃加等改发,改为仍发原配。二十四年(1844),新疆遣犯及云贵两广充军之犯,照旧发往,仍复原例。

一、发往乌鲁木齐等处人犯,如果悔过悛改,视其原犯情罪轻重,定限或三年或五年,编入该处民户册内,给予地亩,令其耕种纳粮。其未经到配,本犯中途病故,跟随妻、子,或因到配已近,不愿回籍,或子已年长,堪胜力作,情愿到配为民者,该地方官讯明,仍行发往,即入于各该处民籍安插耕种,不必令其为奴。有寡妻弱子,不任力作,自愿回籍者,该地方官照例递回原籍。至已经到配,年限未满以前,本犯身故者,其妻、子即照年限已满例,准入民籍,一体安插,不必复令为奴。

**谨案** 此条乾隆三十一年(1766)定,原载"流囚家属"律后。五十三年(1788)以遣犯限年为民,与律义未协,将"如果悔过"至"耕种纳粮"一节,移附此门。

一、发往伊犁、乌鲁木齐等处为奴遣犯,如在配安分,已逾十年,止令其永远种地,不得令其为民;若发往当差遣犯,果能悔过悛改,定限五年,编入该处民户册内,给予地亩,令其耕种纳粮,俱不准回籍。其有到配后呈请愿入铅、铁等厂效力捐资者,先将缘事案由咨部核复,方准入厂。设日后怠惰滋事,随时惩治逐出。若果能始终实心悔过,系当差人犯,入厂五年期满,准其为民,再效力十年,准其回籍;如系为奴人犯,入厂五年期满,止准为民,改入该处民户册内,不准回籍。

**谨案** 此条乾隆五十三年(1788)遵旨定例。

一、发往伊犁、乌鲁木齐等处为奴遣犯,呈请愿入铅、铁等厂效力者,除奉特旨发遣,及有关大逆缘坐发遣人犯,不许做工帮捐外,其余不论罪由轻重,咨部记档。五年期满为民后,有仍愿留厂效力者,再行细核原犯罪由,罪重者不准留厂;罪轻者报部核复,再加至十二年,如果始终效力奋勉,准其回籍。

**谨案** 此条乾隆六十年(1795)定。

一、民人发往伊犁、乌鲁木齐等处为奴遣犯,如在配安分已逾十年者,止令永远种地,不准为民;若发往当差遣犯,果能悔过悛改,定限五年,编入该处民户册内,给地耕种纳粮,俱不准回籍。其有到配后呈请愿入铅、铁等厂效力捐资者,除奉特旨发遣为奴,及有关大逆缘坐发遣为奴人犯,不准做工帮捐外,其余无论当差、为奴,罪由轻重,咨部记档,准其入厂。设日久怠惰滋事,随时惩治逐出。若果能始终实心悔过,入厂五年期满,俱准其为民,改入该处民户册内。查系当差人犯,再效力十年,准其回籍。为奴人犯,详核原犯罪由,罪重者不准留厂;罪轻者报部核复,再加十二年,如果始终效力奋勉,准其回籍。

**谨案** 此条嘉庆六年(1801)将前数条修并。十一年(1806)又于"大逆缘坐发遣为奴"下,添入"叛案干连、邪教会匪及台湾聚众抢夺杀人放火为从各项"。

〇一、凡由新疆条款改发云贵两广烟瘴地方人犯,无论在四千里内外,均编发有烟瘴省分安置。其籍隶烟瘴之云南、贵州、广东、广西四省,应发烟瘴人犯,应于隔远烟瘴省分调发,广东省与云南省互调,广西省与贵州省互调。至不足四千里邻近烟瘴之湖南、福建、四川三省应发烟瘴人犯,湖南省发往云南,福建省发往贵州,四川省发往广东。其余各省有距烟瘴省分较远者,如奉天府属应发烟瘴人犯,编发广西、贵州二省;甘肃之甘州、凉州、西宁、安西、宁夏等府,及肃州各属,应发烟瘴人犯,编发云南、贵州二省,均解交各该巡抚衙门酌发安置。

**谨案** 此条乾隆三十二年(1767)定。原文首句系"凡各省应发烟瘴地方人犯",嗣于三十七年(1772)奏准,惟新疆改发内地人犯,仍发云贵两广烟瘴地方,其余本例应发烟瘴人犯,均以极边足四千里为限,因将首句改定。

〇一、发遣巴里坤及乌鲁木齐等处逃犯,经原籍及路过省分盘获者,移讯明确,即由各省督抚自行奏闻,于拿获处所正法示众。

**谨案** 此条系乾隆二十六年(1761)遵旨定例。

一、发遣乌鲁木齐等处人犯,如有越狱脱逃,照遣所及中途脱逃例,拿获之日,请旨即行正法。

**谨案** 此条系乾隆三十一年(1766)遵旨定例。

一、三次犯窃,计赃五十两以下至三十两者;抢窃满贯拟绞,秋审缓决一次者;窃盗三犯,赃至五十两拟绞,秋审缓决一次者;积匪猾贼,并回民犯窃,结伙三人以上,及执持绳鞭器械者;发遣云贵两广烟瘴之刨参人犯,在配脱逃者,仍照原例所定地方发遣。强盗窝主,造意不行,又不分赃者;窃盗临时拒捕,伤非金刃,伤轻平复者;抢夺伤人为从者;发掘他人坟冢,见棺椁为首,及开棺见尸为从者;窃赃数多,罪应满流者;三次犯窃,计赃三十两以下至十两者;前项人犯,从前照原例应配地方充发,在配为匪脱逃者;杀一家非死罪三人之妻、子,并未同谋加功者,俱照原例所定地方各加一等改发。行窃军犯,在配复行窃者,改发极边烟瘴充军。奸妇抑媳同陷邪淫,致媳情急自尽者;盛京旗下家奴为匪,逃走至二次者,俱酌发驻防兵丁为奴。此等人犯,如有脱逃被获,将该犯请旨即行正法。

**谨案** 此条乾隆三十二年(1767)定。各项人犯系由新疆改发内地,是以脱逃为匪治罪独重。三十七年(1772),于例首添"原例应发内地改发新疆人犯内"十三字,又将"加一等改发"句改为"俱照本例加等改定地方充发"。四十二年(1777),将"抢夺伤人为从者",改为"抢夺金刃伤人及折伤,下手为从者"。

一、窃盗满贯拟绞,秋审缓决一次者;窃盗三次,赃至五十两拟绞,秋审缓决一次者;积匪猾贼,并回民犯窃,结伙三人以上,及执持绳鞭器械者;行窃军犯,在配复行窃者;奸妇抑媳同陷邪淫,致媳情急自尽者;盛京旗下家奴为匪,逃走犯至二次者;发遣云贵两广之刨参人犯,在配脱逃者;三次犯窃,计赃五十两以下至三十两者,俱发往伊犁、乌鲁木齐等处给予兵丁为奴。其窃赃数多,罪应满流者;三次犯窃,计赃三十两以下至十两者;抢夺金刃伤人及折伤,下手为从者;杀一家非死罪三人之妻、子,并未同谋加功者;发掘他人坟冢,见棺椁为首,及开棺见尸为从者;强盗窝主,造意不行,又不分赃者;抢夺伤人,伤非金刃,伤轻平复,为首者;窃盗临时拒捕,伤非金刃,伤轻平复者;前项人犯,从前已照原例应配地方充发,在配为匪脱逃者,俱发往伊犁、乌鲁木齐等处酌拨种地当差。以上各项人犯,如有老疾残废,及年逾五十不能耕作之人,仍照原例办理,余俱照例佥妻遣发。如起解在途,并到配之后,有脱逃及不服拘管者,获日请旨即行正法。其寻常过犯,酌量严行惩治。

**谨案** 乾隆四十四年(1779),巴里坤屯田缺额,议准将前例十六项人犯仍发新疆,视其情节轻重,分别种地、为奴。嗣经奏准,抢夺满贯缓决一次之犯不准减等,又抢夺伤人伤非金刃伤轻平复为首者,亦发新疆种地,因纂定此条。

一、凶徒因事忿争,执持军器,殴人至笃疾者;偷盗围场木植、牲畜,犯至三次者;旗下正身,犯积匪者;拿获逃人,不将实在窝留之人指出,再行妄扳者;移居拉林闲散满洲,有犯二次逃走,尚未出境者;派往各省驻防满洲兵丁,临行及中途脱逃者,除老疾残废,及年逾五十不能耕种之人,仍照原例办理外,余均佥妻改发乌鲁木齐等处,照本例分别当差、为奴。如起解在途,并到配之后,有脱逃及不服拘管者,获日请旨即行正法。其寻常过犯,酌量严行惩治。

**谨案** 应发新疆人犯,原定系二十二项。乾隆三十二年(1767)奏准,将十六项改发内地,此六项仍发乌鲁木齐等处为奴。四十二年(1777),查移居拉林及各省驻防二项,《督捕则例》均系发往当差,不应列为奴之内,因改定此条。

一、凶徒因事忿争,执持军器,殴人至笃疾者;偷盗围场木植、牲畜,犯至三次者;旗下正身,犯积匪者;拿获逃人,不将实在窝留之人指出,再行妄扳者;发遣云贵两广烟瘴刨参人犯,在配脱逃者;奸妇抑媳同陷邪淫,致媳情急自尽者;盛京旗下家奴,为匪逃走,犯至二次者,发往伊犁、乌鲁木齐等处为奴。其移居拉林闲散满洲,有犯二次逃走,尚未出境者;派往各省驻防满洲兵丁,临行及中途脱逃者;强盗窝主,造意不行,又不分赃者;杀一家非死罪三人之妻、子,并未同谋加功者,发往伊犁、乌鲁木齐等处酌派种地当差。以上各项人犯,除老疾残废,及年逾五十不能耕作之人,仍各照原例办理,毋庸拟发新疆,余俱照例面刺"外遣"字样,佥妻遣发。如有在配在途越狱脱逃,并不服拘管者,获日移讯明确,将该犯即于拿获处所,请旨即行正法。其寻常过犯,酌量严行惩治。

一、停发新疆改发内地人犯,如窃盗满贯拟绞,秋审缓决一次者;窃盗三犯,赃至五十两以上,秋审缓决一次者;积匪猾贼;回民犯窃,结伙三人以上,执持绳鞭器械者;行窃军犯,在配复行窃者;三次犯窃,计赃五十两以下至三十两,并三十两以下至十两者;窃赃数多,罪应满流者;抢夺金刃伤人及折伤,下手为从者;发掘他人坟冢,见棺椁为首,及开棺见尸为从者;抢夺伤人,伤非金刃,伤轻平复,为首者;窃盗临时拒捕,伤非金刃,伤轻平复者;前项人犯,从前已照原例应配地方充发,在配为匪脱逃者,以上各项人犯,除老疾残废,及年逾五十者,仍各照原例所定地方充发,不在改遣之例外,余俱各照本例,加等改定地方充发,面刺"改遣"字样。如有在配在途及越狱脱逃,仍照新疆遣犯脱逃例,一体正法。

**谨案** 此二条系乾隆四十八年(1783),新疆遣犯过多,奏请停发,部议除从前原发新疆并未改遣之六项人犯仍行发往外,其从前改发内地之十六项,及四十七年(1782)增入一项,共十七项内,情节尚非积匪凶徒、约束较易者五项,仍发新疆,其余十二项改发内地。五十三年(1788),因将发新疆十一项纂为一条,改发内地十二项纂为一条。

一、凶徒因事忿争,执持军器,殴人至笃疾者;拿获逃人,不将实在窝留之人指出,再行妄扳者;发遣云贵两广烟瘴刨参人犯,在配脱逃者;奸妇抑媳同陷邪淫,致媳情急自尽者;盛京旗下家奴为匪逃走,犯至二次者,发往伊犁、乌鲁木齐等处为奴。其移居拉林闲散满洲,有犯二次逃走,尚未出境者;派往各省驻防满洲兵丁,临行及中途脱逃者;强盗窝主,造意不行,又不分赃者;积匪猾贼窃盗临时拒捕,伤非金刃,伤轻平复者;抢夺伤人,伤非金刃,伤轻平复,为首者;发掘他人坟冢,见棺椁为首,及开棺见尸为从者;回民行窃,结伙三人以上,执持绳鞭器械者;抢夺金刃伤人及折伤,下手为从者;偷盗围场木植、牲畜,犯至三次者,俱发往伊犁、乌鲁木齐等处酌拨种地当差。杀一家非死罪三人之妻、子,并未同谋加功者,发往伊犁、乌鲁木齐等处安插。以上各犯,除年逾五十,不能耕作之人,仍各照原例办理,毋庸拟发新疆外,余俱照例面刺"外遣"字样,毋庸佥妻遣发。如有情愿携带者,不准官为资送。倘在配在途脱逃,并不服拘管者,获日在配所用重枷枷号三月、杖一百折责发落,毋庸即行正法。若越狱脱逃,仍照军流越狱本例办理。

一、停发新疆改发内地人犯,如窃盗满贯拟绞,秋审缓决一次者;窃盗三次,赃至五十两以上,秋审缓决一次者;行窃军犯,在配复行窃者;三次犯窃,计赃五十两以下至三十两,并三十两以下至十两者;窃赃数多,罪应满流者;前项人犯,从前已照原例应配地方充发,在配为匪脱逃者,以上各项人犯,俱各照本例改定地方充发,面刺"改发"字样。如有在配在途脱逃,照本例加二等调发。

**谨案** 此二条系嘉庆四年(1799),伊犁各厂做工人少,奏请将停发十二项人犯仍行发往。部议酌定六项发往,其余六项仍发内地。并声明此等人犯,嗣后脱逃被获,均枷责发落,毋庸正法。六年(1801),因将为奴、种地、安插各项,依近年奏准之例移改,仍照前分别外遣、内发,列为两条。

一、凶徒因事忿争,执持军器,殴人至笃疾者;拿获逃人,不将实在窝留之人指出,再行妄扳者;发遣云贵两广烟瘴刨参人犯,在配脱逃者;奸妇抑媳同陷邪淫,致媳情急自尽者;盛京旗下家奴为匪逃走,犯至二次者;偷窃围场木植、牲畜,三犯及三犯以上者,发往伊犁、乌鲁木齐等处为奴。其移居拉林闲散满洲,有犯二次逃走,尚未出境者;派往各省驻防满洲兵丁,临行及中途脱逃者;强盗窝主,造意不行,又不分赃者;偷盗围场木植、牲畜,再犯者,俱发往伊犁乌鲁木齐等处,酌拨种地当差。杀一家非死罪三人之妻、子,并未同谋加功者,发往伊犁、乌鲁木齐等处安插。以上各项人犯,除年逾五十,不能耕作之人,仍各照原例办理,毋庸拟发新疆外,余俱照例面刺“外遣”字样,毋庸佥妻遣发。如有情愿携带者,不准官为资送。倘在配在途脱逃,并不服拘管者,获日在配所用重枷枷号三月、杖一百折责发落,毋庸即行正法。若越狱脱逃,仍照军流越狱本例办理。

一、停发新疆改发内地人犯,如窃盗满贯拟绞,秋审缓决一次者;窃盗三犯,赃至五十两以上,秋审缓决一次者;行窃军犯,在配复行窃者;三次犯窃,计赃五十两以下至三十两,并三十两以下至十两者;窃赃数多,罪应满流者;积匪猾贼窃盗临时拒捕,伤非金刃,伤轻平复者;抢夺伤人,伤非金刃,伤轻平复,为首者;发掘他人坟冢,见棺椁为首,及开棺见尸为从者;回民行窃,结伙三人以上,执持绳鞭器械者;抢夺金刃伤人及折伤,下手为从者;前项人犯,从前已照原例应发地方充发,在配为匪脱逃者,以上各项人犯,俱各照本例改定地方充发,面刺“改发”字样。如有在配在途脱逃,照本例加二等调发。

**谨案** 嘉庆十年(1805)议准。将“积匪猾贼”等六项,仍发内地。十一年(1806),因移改项款,照前列为两条。又偷盗围场木植、牲畜,嘉庆九年(1804)奏准,再犯发往种地,三犯以上发往为奴,亦于例内遵改。十五年(1810)议准,将偷窃围场人犯计赃分等,因于前条为奴项内,改为“偷盗围场木植一千斤以上、牲畜三十只以上者”;当差项内,改为“偷盗围场木植八百斤以上、牲畜二十只以上者”。

○一、伊犁、乌鲁木齐等处地方,除奉特旨发往,及例应发遣为奴、种地人犯,仍照旧发往外,其例应发往当差人犯,均停其发往,各按所犯情罪,如情节稍轻者,改发云贵两广极边烟瘴充军;情节较重者,发往黑龙江等处充当苦差。至问刑衙门,临时酌其情罪,有应加等问拟人犯,除职官有犯军、流、徒罪,核其情节较重,仍随时酌量请旨发往新疆效力赎罪外,其余寻常军、流等犯,如果情罪较重,本例不足蔽辜,应行加等问拟者,亦令加至黑龙江等处为止,毋庸议发新疆。

**谨案** 此条乾隆三十六年(1771)定。

○一、伊犁、乌鲁木齐等处地方,奉特旨发往,并职官有犯军、流、徒罪,核其情节较重,随时酌量请旨发往当差效力,并本例载明应行发遣为奴、种地人犯,仍照旧发往外,其余寻常军、流等犯,核其情节,有较浮于本罪者,各按三流五军之例,以次加等递发;如情重军、流,照例加等不足蔽辜,实应从重发遣者,俱毋庸改发新疆,即发往吉林、黑龙江将军所属各地方,均匀派拨,分别当差、为奴。倘有脱逃及行凶为匪情事,各照本例分别惩治。

**谨案** 此条乾隆五十四年(1789)遵旨定例。

○一、凡兵丁、闲散人等,犯该军、流,因情重改发新疆,不准回籍者,即于拟罪折内声明。

**谨案** 此条乾隆四十年(1775)定。

○一、凡罪应发遣者,除本例应发新疆,及免死减等,仍照例问发外,如所犯情节较重,仅按本律问拟杖、徒、军、流,不足示惩者,应照本罪定律加一等问拟。不得有意从重,越等增加。

**谨案** 此条乾隆五十九年(1794)遵旨定例。以上四条,因嘉庆四年(1799)奉有“不得律外加重”之旨,奏明删除。

○一、凡新疆条款内改发云贵两广烟瘴地方人犯,仍照旧例实发烟瘴外,其本例应发四省烟瘴地方充军人犯,均以极边四千里为限,按照《五军道里表》内应发省分,解交巡抚衙门均匀酌发,充当苦差,照例分别刺字。如有脱逃,亦各照本例分别治罪。

**谨案** 此条乾隆三十七年(1772)定。原文有“及名例内由黑龙江改发四省烟瘴”句,嘉庆六年(1801),以黑龙江改发烟瘴,已有专条,将此句删去。

○一、满洲、蒙古、汉军发往新疆人犯,除罪犯寡廉鲜耻削去旗籍者,应照民人一体办理外,其余发往种地、当差之犯,系满洲、蒙古旗人,如原犯军、流者,定限三年;免死减等者,定限五年,果能改过安分,即交伊犁驻防处所,编入本地丁册,挑补驻防兵丁,食粮当差。系汉军人犯,照民人分定年限,入于彼处绿营食粮。

**谨案** 此条乾隆三十七年(1772)定,原载“流囚家属”律后。嘉庆六年(1801),将原例内限年食粮之处,分纂此条,移付本律。

○一、发乌鲁木齐等处效力赎罪人员,如所犯仅止革职及杖徒等罪,到戍后已满三年,仍听该将军及各该处办事大臣照例具奏。若原犯军、流加等改发者,定限十年具奏一次。其应否准令回籍之处,恭候钦定。

**谨案** 此条系乾隆三十八年(1773)遵旨定例。

一、发乌鲁木齐等处效力赎罪人员,若原犯军、流,因情节较重,从重改发新疆者,十年期满,该将军遵例奏闻,将该犯解交陕甘总督,查明该犯原籍,按五军三流道里,指定应配地方,即转解该省,交该督抚酌量安插。遇有恩赦,该督抚再行遵旨奏请释回。至旗人犯该军、流,从重改发新疆之犯,十年期满,该将军遵例奏闻,将该犯解交刑部,按照该犯应得军、流罪名,照例分别折枷,满日鞭责释放。

**谨案** 此条系乾隆四十八年(1783)遵旨定例。

一、发遣伊犁、乌鲁木齐等处当差效力官犯,年满具奏。奉旨再留几年者,俟所留年限满日,即行照例释回,不必复奏。

**谨案** 此条乾隆五十八年(1793)遵旨定例。

一、发遣新疆效力官犯,如从前所犯仅止革职,及由徒、杖等罪加重发往新疆者,到戍后已满三年,听该将军及各该处办事大臣具奏。奉旨准其释回者,即令回旗、回籍。若原犯军、流,从前加重改发新疆者,定限十年期满,该将军等遵例奏闻。如蒙允准,亦即令各回旗、籍,毋庸仍照原犯军、流再行发配。若三年、十年期满具奏,奉旨再留几年者,俟所留年限满日,即行照例释回,不必复奏。至官员、军民人等有犯军、流等罪,即照本律定拟,不得以“情节较重”字样,擅议改发新疆。

**谨案** 嘉庆四年(1799)奏准,官民犯军、流等罪,照律定拟请旨,不得以“情重”字样,擅议改发。其从前改发新疆各犯,十年期满,即遵例奏请释回,毋庸仍照原犯军、流发配。六年(1801),因将前数条修并此条。十一年(1806)奏准,将黑龙江、吉林等处官犯,亦照新疆办理,增入例内。

一、发遣新疆及黑龙江、吉林等处效力官犯,如从前所犯仅止革职,及由徒、杖等罪加重发遣者,到戍后已满三年,听该将军、都统及各该处办事大臣具奏。奉旨准其释回者,即令回旗、回籍。若原犯军、流,从前加重改发者,定限十年期满,该将军等遵例奏闻。如蒙允准,亦即令各回旗、籍,毋庸仍照原犯军、流再行发配。若三年、十年期满具奏,奉旨再留几年者,俟所留年限满日,即行照例释回,不必复奏。

**谨案** 此条嘉庆十九年(1814),因原例末节“官员、军民人等有犯军、流等罪,即照本例定拟,不得以‘情节较重’字样,擅拟改发”等语,已详于“加减罪例”内,是以节删。

〇一、派往乌鲁木齐、伊犁等处换班种地满汉屯兵,遇有脱逃,除依现行之例,按照初次、二次,投回、拿获,分别办理外,从新留屯五年,折磨差使。如果别无过犯,该处办事大臣查明,准其回籍。

**谨案** 此条乾隆四十年(1775)定。

〇一、凡生事之额鲁特犯该发遣者,俱停发伊犁,解京转发烟瘴地方充军。

**谨案** 此条乾隆四十二年(1777)遵旨定例。

〇一、凡新疆及内地,遇有为奴之额鲁特酗酒滋事,俱发往烟瘴地方,交与该营、镇、协,在兵丁内拣选力能管束之人,赏给为奴,严加约束。

**谨案** 此条系乾隆四十三年(1778)定。

一、新疆及内地遇有为奴之额鲁特、土尔扈特、布鲁特回子等酗酒生事,犯该发遣者,俱发往烟瘴地方。如系新疆犯事,解交陕甘总督定地转发;若在内地有犯,即由该督抚定地解往。俱交与该营、镇、协,在兵丁内拣选力能管束之人,赏给为奴,严加管束。

**谨案** 此条系乾隆五十三年(1788)将前二条修并。

〇一、犯罪发往伊犁等处人犯,如年老力衰,不能耕种纳粮者,令该将军等酌量该犯年力应当差使,责令承充,官给予半分口粮,以资养赡,仍令该管处管束。

**谨案** 此条乾隆四十二年(1777)定。

〇一、凡发遣乌鲁木齐、伊犁为奴人犯,在铅、铁两厂打矿挖采,果能实心出力,例应五年为民者,准其减去二年;三年为民者,减去一年;永远当苦差者,五年后即准为民,均免其挖采。若为奴人犯,业已为民,及当差、种地之人,有情愿在厂效力帮贴,实心出力者,定限八年,该处大臣,查其所犯原案尚属较轻,叙明情由奏闻。应否发回原籍之处，恭候钦定。

**谨案** 此条乾隆四十二年(1777)定，五十三年(1788)删。

○一、各省邪教为从之犯，罪应拟军，及照名例发遣者，俱改发云贵两广烟瘴地方充军。其云贵两广四省邪教从犯，发往四川、福建两省安插。此等人犯内，如有情节较重者，各于到配后再加枷号六月。所有奉天、吉林、伊犁、乌鲁木齐各处，均停止编发。

**谨案** 此条乾隆四十六年(1781)奉旨议定。嘉庆六年(1801)，因邪教为从，已于乾隆五十六年(1791)改发黑龙江，此条删。

○一、奉天省应发黑龙江等处人犯，即由盛京刑部、奉天府，按照人数多寡，定地刺字，径交盛京兵部发遣，毋庸解赴在京刑部转发。

**谨案** 此条乾隆四十七年(1782)定。

一、奉天省应发黑龙江等处人犯，即由盛京刑部、奉天府，按照人数多寡，定地刺字，径交盛京兵部发遣。至外省应发黑龙江等处人犯，该督抚饬属径行解往，均毋庸解赴在京刑部转发。

**谨案** 此条嘉庆二年(1797)增定。

○一、赏给为奴人犯内，除例应赏给功臣之人外，其发往驻防各省者，俱赏给彼处官兵为奴。其赏给将军、副都统之处，永行停止。

**谨案** 此条乾隆四十八年(1783)定。

一、赏给为奴人犯，除例应赏给功臣之人外，其发往黑龙江、吉林及各省驻防为奴者，先尽未有遣奴之官员分给，每员不得过二名；再尽未有遣奴之兵丁分给，每兵止给一名。其赏给将军、副都统之处，永行停止。

**谨案** 此条嘉庆十九年(1814)改定。

○一、应发各省驻防给官员兵丁为奴之犯，仍由兵部核计该犯原籍及犯事地方道里，俱在四千里以外，均匀酌发。

**谨案** 此条咸丰元年(1851)定。

○一、回民除犯该寻常军、流，尚无凶恶情状者，仍按表酌发外，如有结伙三人以上，执持凶器伤人，并抢夺数在三人以下，审有纠谋持械逞凶情状者，俱实发云贵两广极边烟瘴充军。至籍隶烟瘴之云贵两广四省回民，如犯前项凶殴、纠抢等情，仍照定例于隔远烟瘴省分互相调发。俱不得编发甘肃等省回民聚集之地。

**谨案** 此条乾隆五十二年(1787)定。

○一、徒罪人犯，该督抚于通省州县内，不拘有无驿站，核计道里远近，酌量人数多寡，均匀酌派，交各州县严行管束。俟徒限满日，释放回籍安插。

**谨案** 乾隆五十二年(1787)，刑部核复云南巡抚奏，云南徒犯，不必拘定多罗松林等十二驿安置，改于通省州县内均匀酌配，并通行各省，一体遵照，因定此例。

一、民人在京犯该徒罪者，顺天府尹务于离京五百里州县定地充配。至外省徒罪人犯,该督抚于通省州县内,核计道里远近,酌量人数多寡,均匀酌派。俱不拘有无驿站,交各州县严行管束。俟徒限满日,释放回籍安插。

**谨案** 此条嘉庆六年(1801)增定。

# 卷七百四十三·刑部二十一

## 名例律 徒流迁徙地方三

### 徒流迁徙地方三

〇一、发往伊犁、乌鲁木齐等处遣犯，如在配安分，复能将该处脱逃遣犯拿获者，除逃遣照例办理外，其获犯之遣犯，无论当差、为奴，不拘年限，准为彼处之民，不准回籍。若为民后，又能拿获逃人，即准其回籍。其在厂在配年满为民遣犯，有能拿获逃遣者，亦准回籍。倘逃犯力壮，一人不能缉拿者，止许添一人帮拿，概不得过二人。

**谨案** 此条系乾隆五十三年(1788)遵旨定例。

〇一、新疆、乌鲁木齐等处在配遣犯，令该管官将每遣犯十名，酌设散遣头一名，每散遣头十名，酌设总遣头一名，即于在配各遣犯内选择充当，责令管束，并令各总遣头出具连环保结互保。遇有遣犯脱逃，除主守之兵丁，及专管之员弁，仍照例办理外，即将应管之散遣头，亦照主使之例，一体问拟，总遣头酌减一等治罪；如散遣头有脱逃情事，即将应管之总遣头，亦照主守例治罪；倘总遣头有脱逃情事，即将互保之总遣头，亦各照主守例治罪。如其所管遣犯，三年内并无一人脱逃滋事者，散遣头准在该处为民；如散遣头三年内并无一名脱逃滋事，总遣头准在该处为民。总遣头或有事故，即在散遣头内挑充。该遣头等如有故意凌虐情事，即严行惩治。并将总、散遣头及所管遣犯，俱造具花名清册，报明将军、都统，并送部备核。

**谨案** 此条咸丰元年(1851)定。

〇一、在京满洲另户旗人，于逃走后，甘心下贱，受雇佣工，不顾颜面者，即销除旗档，发遣黑龙江等处严加管束，毋庸派拨当差，转令得食饷养赡。其逃后讯无受雇佣工、甘心下贱情事者，仍依本例办理。

**谨案** 此条系乾隆五十五年(1790)遵旨定例。

〇一、应发黑龙江等处条例内，如用药迷人，已经得财，为从者；闽省不法棍徒，引诱偷渡之人包揽过台，中途谋害人未死，为从同谋者；应发极边烟瘴罪人，事发在逃，被获时有拒捕者；伙众抢去良人子弟强行鸡奸之余犯，问拟发遣者；开窑诱取妇人子女勒卖为从者，俱改发回城喀什噶尔、乌什、叶尔羌、阿克苏、和阗等处，先尽大小伯克酌给为奴，再分给力能管束之回子，俱面刺“外遣”字样。如有不服管教，及脱逃被获者，除用药迷人得财为从一项，系照强盗免死减等仍应正法外，其余各条人犯,俱在配用重枷枷号三月、杖一百,给主严加管束。仍将一年内发到人犯若干、现存若干名,于年终咨报军机处、刑部,汇开清单具奏。

**谨案** 此条乾隆五十六年(1791)定。原文年终汇奏,乾隆六十年(1795)改为咨报。原文"不服管教,打死无论",及"脱逃被获,即行正法"之处,于嘉庆四年(1799)奏准改定。

一、应发黑龙江等处条例内,如邪教为从者;听从入西洋教,不知悛改者;造妖书妖言传用惑人,不及众者,俱改发新疆给额鲁特为奴。强盗免死减等者;强盗已行而不得财,伤人为从,及未伤人为首者;响马强盗,伤人未得财为从,及未得财又未伤人为首者;洋盗案内,被胁接赃一次者;洋盗案内,接赃二次投首者;老瓜贼内,跟随学习技艺,未同行者;大逆缘坐男犯十六岁以上者;叛逆案内,被胁入伙,悔罪投首者;台湾游民,犷悍凶恶,肆行不法,犯该徒、流以上情重者;豫省南阳、汝宁、陈州、光州,及安徽颍州府所属各地方,凶徒结伙十人以上,执持凶器,无论曾否伤人者;子孙犯奸盗,致纵容之父母自尽者;触犯父母充军释回后,复行触犯者;察哈尔等处牧丁偷卖牲畜,及宰食,并作为私产者;偷参为从人犯;诬扳良民为财主及头目者;发功臣家为奴人犯,伊主不能养赡者,俱改发新疆给官兵为奴。因抢问拟极边烟瘴充军人犯,在配在逃,复犯抢夺者;因抢问拟军、流、徒罪,在配在逃,复抢至三次者;因抢问拟军、流、徒罪释回,复抢至五次者;抢夺初犯至八次者;免死减军人犯三次逃走者;极边烟瘴充军人犯脱逃者;人命案内按律不应拟抵,如致死三命以上,按照致死人数,由极边烟瘴递加者,俱改发新疆酌拨种地当差。杀一家三四命案内,凶犯之子年十六岁以上者,改发新疆安插。民人谎称卖身在旗者;谎称八旗逃人者;假称逃人具告行诈者;卖逃买逃者;无主认领逃人,入官给兵丁为奴,再逃至三次者;旗下家人谎称民人,卖身逃走已至三次者;旗下家人三次逃走者;旗下家奴吃酒行凶者;旗下家奴犯凶恶棍徒者;旗下家奴偷窃进仓米石者;旗下家奴用铜铁锡铅药煮伪造假银者;随围奴仆逃走投回,伊主不愿领回者;遣犯杀死伊主案内之该犯妻妾,及子孙年未及岁者;民人杀死奴仆非死罪三人者;经纪铺户人等搀和私钱行使,及收买剪边钱搀和货卖,数至十千以上者,俱改发各省驻防给官员、兵丁为奴,仍由兵部核计该犯原籍及犯事地方道里,俱在四千里以外驻防省分,均匀酌发。聚众十人以上,带有军器,兴贩私盐,拒捕伤一人为从下手,及拒捕不曾伤人为首者;回空粮船夹带私盐,闯闸闯关拒捕案内,下手伤人为从,及拒捕不伤人为首者;盗期亲尊长未殡未埋尸柩,开棺见尸者;发掘期亲尊长坟冢,见棺椁为首,及发掘期、功、缌麻尊长坟冢,开棺见尸为从者;未伤人之盗首,闻拿投首者;窝家、盗线,闻拿投首者;曾经伤人,及行劫二次以上之伙盗,闻拿投首者;伙盗能将盗首逃匿地方供出,一年限内拿获者;图财害命不行而分赃,及伤人未死已得财,从而加功,伤非金刃又非折伤者;附京地方有窝藏偷窃马匹,开设马窑子宰剥者,俱改为实发云贵两广极边烟瘴地方充军。粮船丁舵将白土搀入漕粮百石以上者;粮船舵工侵米五石以上,累丁代完者;在滇省沿边关隘私贩碧霞玐等物，共伙数在一二十人以上为从，及数在四人以上不及十人为首者；结伙盘踞，重利收当军器者；白役诈赃逼命案内，正役知情同行在场帮索，及虽不同行而主使诈赃者，俱改发极边足四千里充军。以上改发新疆人犯，均面刺"外遣"二字；改发驻防及内地充军者，除未伤人盗首闻拿投首、窝家盗线闻拿投首、曾经伤人及行劫二次以上之伙盗闻拿投首、伙盗供出盗首逃匿地方一年限内拿获四项，脱逃被获系例应正法者，俱面刺"改遣"二字外，余俱面刺"改发"二字。有应刺事由者，仍刺事由。

一、应发黑龙江等处条例内，如用药迷人已经得财为从者；闽省不法棍徒，引诱偷渡之人包揽过台，中途谋害人未死为从同谋者；应发极边烟瘴罪人，事发在逃，被获时有拒捕者；伙众抢去良人子弟强行鸡奸之余犯问拟发遣者；开窑诱取妇人子女勒卖为从者；伙众强抢犯奸妇女已成为首者；轮奸妇女未成为首者；轮奸犯奸妇女已成为首者；轮奸案内同谋未经同奸之余犯；强奸犯奸妇女已成，致本妇羞岔自尽者；强奸十二岁以下幼女幼童未成者；奴及雇工人调奸家长之母未成者，俱改发回城酌给大小伯克今裁。及力能管束之回子为奴，面刺"外遣"字样。如有不服管教及脱逃被获者，除用药迷人得财为从一项，系照强盗免死减等仍应正法外，其余各条人犯，俱在配用重枷枷号三月，杖一百，给主严加管束。仍将一年内发到人犯若干、现存若干名，于年终咨报军机处、刑部，汇开清单具奏。

**谨案** 嘉庆十七年(1812)，调剂黑龙江吉林等处遣犯，先后奏准将例应发遣黑龙江、吉林等处，并奏准拟发黑龙江等处，共七十三条，内除回民犯罪应发回疆，及新疆地方回子犯罪应调发回疆等项，共十条，仍发黑龙江等处外，其余均改发新疆等处，因定此二条。

一、应发黑龙江等处条例内，如用药迷人，已经得财为从者；应发极边烟瘴罪人，事发在逃，被获时有拒捕者，俱改发新疆给官兵为奴，面刺"外遣"字样。如有不服管教及脱逃被获者，除用药迷人得财为从一项，系照强盗免死减等仍应正法外，应发极边烟瘴被获拒捕一项，在配用重枷枷号三个月、杖一百，给主严加管束。仍将一年内发到人犯若干名、现存若干名，于年终咨报军机处、刑部，汇开清单具奏。其闽省不法棍徒，引诱偷渡之人包揽过台，中途谋害人未死，为从同谋者；伙众抢去良人子弟强行鸡奸之余犯，问拟发遣者；开窑诱取妇人子女勒卖为从者；伙众强抢犯奸妇女已成为首者；轮奸良人妇女未成为首者；轮奸犯奸妇女已成为首者；轮奸良人妇女已成案内余犯，同谋未经同奸者；强奸犯奸妇女已成，致本妇羞忿自尽者；强奸十二岁以下幼女幼童未成者；奴及雇工人调奸家长之母与妻女未成者，共十条，俱仍复旧例，发往黑龙江给披甲人为奴，照例刺字。

**谨案** 此条嘉庆二十二年(1817)，因停发回疆改发内地，将用药迷人得财为从，及应发极边烟瘴罪人在逃被获时有拒捕二条，俱仍发回城为奴；其闽省不法棍徒以下十条，俱改发云贵两广极边烟瘴地方充军。道光六年(1826)，调剂新疆遣犯，将应发极边烟瘴罪人在逃被获拒捕,并轮奸妇女未成为首,及轮奸案内余犯,共三条,改发云贵两广极边烟瘴充军。十四年(1834),将轮奸妇女未成为首,及轮奸案内余犯二项,俱改发极边足四千里充军。二十四年(1844),新疆及四省人犯,照旧发往,仍将二项改发云贵两广。咸丰元年(1851),因回城为奴人犯,易于脱逃,将用药迷人得财为从,及应发极边烟瘴罪人在逃被获拒捕二条,改发新疆给官兵为奴;其闽省不法棍徒以下十条,仍复旧例,发往黑龙江给披甲人为奴。同治九年(1870),调剂黑龙江等处遣犯,酌议分别改发,将此例删除。

一、停发新疆改发内地人犯,如窃盗满贯拟绞,秋审缓决一次者;窃盗三犯,赃至五十两以上,秋审缓决一次者;行窃军犯,在配复行窃者;三次犯窃,计赃五十两以下至三十两,并三十两以下至十两者;窃赃数多,罪应满流者;积匪猾贼窃盗临时拒捕,伤非金刀,伤轻平复者;抢夺伤人,伤非金刃,伤轻平复者;发掘他人坟冢,见棺椁为首,及开棺见尸为从者;回民行窃,结伙三人以上,执持绳鞭器械者;抢夺金刃伤人及折伤,下手为从者;子孙犯奸盗,致纵容之父母自尽者;察哈尔等处牧丁,偷卖牲畜,及宰食,并作为私产者;偷参为从人犯,诬扳良民为财主及头目者;发功臣家为奴人犯,伊主不能养赡者;杀一家三四命以上案内凶犯之子,年十六岁以上,实无同谋加功者;夺犯杀差案内,随同拒捕,未经殴人成伤者;贼犯杀死捕役案内,未经帮殴成伤者;调奸未成,和息后因人耻笑,其夫与父母、亲属及本妇,复追悔自尽,致死二命者;凶徒因事忿争,执持军器,殴人至笃疾者;强盗、窝主,造意不行,又不分赃者;杀一家三四命以上案内,凶犯之妻女,实无同谋加功,并被杀之家未至绝嗣,凶犯之子年在十五岁以下者;奸妇抑媳同陷邪淫,致媳情急自尽者;盛京旗下家奴为匪,逃走至二次者;前项人犯,从前已照原例应配地方充发,在配为匪脱逃者,以上二十六项人犯,俱各照本例改定地方充发,面刺"改发"字样,应刺事由者,仍刺事由。如有在配在途脱逃,照本例加二等调发。

**谨案** 此条嘉庆二十四年(1819),将应发黑龙江等处改发新疆例内,摘出"子孙犯奸盗,致纵容之父母自尽"等五条;又于原发新疆各例内,摘出"夺犯杀差案内,随同拒捕,未经殴人成伤"等三条,暨由内地改发新疆例内,摘出"凶徒因事忿争,执持军器,殴人致笃疾"等五条,俱改发内地,增入此例。道光九年(1829),于"杀一家三四命以上案内,凶犯之妻女,实无同谋加功"下,增入"被杀之家未至绝嗣,凶犯之子"十三字。

一、应发黑龙江等处,及停发新疆改发内地条例内,如白阳各项邪教,从犯年未逾六十,及虽逾六十而有传徒情事者;听从入西洋教,不知悛改者;造妖书妖言传用惑人,不及众者,共三条,俱改发回城给大小伯克(今裁)及力能管束之回子为奴。强盗免死减等者;强盗已行而不得财,伤人为从,及未伤人为首者;响马强盗伤人未得财为从,及未得财又未伤人为首者;洋盗案内,被胁接赃一次者;洋盗案内,接赃二次投首者;老瓜贼内,跟随学习技艺,未同行者,共六条,俱改发新疆给官兵为奴。民人谎称卖身在旗者；谎称八旗逃人者；假称逃人具告行诈者；卖逃买逃者；无主领认逃人，入官给兵丁为奴，再逃至三次者；旗下家人谎称民人，卖身逃走已至三次者；旗下家人三次逃走者；旗下家奴吃酒行凶者；旗下家奴犯凶恶棍徒者；旗下家奴偷窃进仓米石者；旗下家奴用铜铁锡铅药煮伪造假银者；随围奴仆逃走投回，伊主不愿领回者；遣犯杀死伊主案内之该犯妻妾，及子孙年未及岁者；民人杀死奴仆非死罪三人者；经纪铺户人等搀和私钱行使，及收买剪边钱搀和货卖，数至十千以上者；内廷太监买食鸦片烟者，共十六条，俱改发各省驻防给官员兵丁为奴，仍由兵部核计该犯原籍及犯事地方道里，俱在四千里以外驻防省分，均匀酌发。聚众十人以上，带有军器，兴贩私盐，拒捕伤一人为从下手，及拒捕不曾伤人为首者；回空粮船挟带私盐，闯闸闯关拒捕案内，为从下手伤人，及拒捕不伤人为首者；盗期亲尊长未殡未埋尸柩，开棺见尸者；发掘期亲尊长坟冢，见棺椁为首，及发掘期、功、缌麻尊长坟冢，开棺见尸为从者；未伤人之盗首，闻拿投首者；窝家、盗线闻拿投首者；曾经伤人及行劫二次以上之伙盗，闻拿投首者；伙盗能将盗首逃匿地方供出，一年限内拿获者；图财害命，不行而分赃，及伤人未死，已得财从而加功，伤非金刃又非折伤者；附京地方有窝藏偷窃马匹，开设马窑子宰剥者；白阳各项邪教从犯，尚未传徒，而又年逾六十者；回民抢夺，结伙在三人以上者；回民犯罪应发回城，及新疆地方回民犯罪应调发回疆者；军犯在配，遣人呈递封章，告言人罪者；军犯将呈词封固投递，挟制接收官员原封入奏者；新疆地方偷窃金砂为首者；决堤过水，浸损漂没人田产财物，为首者；永远枷号已逾十年，原拟军、流以下者；花户已经斥革，复在现充花户身后影射，向关米人勒索得财，计赃在十两以上者；子孙平治祖坟，并奴仆、雇工人平治家长坟一冢者，杖一百、徒三年，每一冢加一等，应加至遣罪者；台湾游民犷悍凶恶，肆行不法，犯该徒、流以上情重者；豫省南阳、汝宁、陈州、光州，及安徽颍州府所属各地方，凶徒结伙十人以上，执持凶器，无论曾否伤人者；触犯祖父母、父母充军释回后，复行触犯者；极边烟瘴充军人犯，在配遣人呈递封章，条陈事务者；控诉事件，口称必须面见皇上始行申诉，虽未呈递封章，即照呈递封章本例加一等，罪应极边烟瘴充军者；回民窝窃，罪应极边烟瘴者；由黑龙江、吉林减回内地充军拟流之盗犯，在配脱逃，于五日内拿获者；因抢问拟极边烟瘴充军人犯，在配在逃复犯抢夺者；因抢问拟军、流、徒罪，在配在逃复抢至三次者；因抢问拟军、流、徒罪释回，复抢至五次者；抢夺初犯至八次者；免死减军人犯，三次逃走者；极边烟瘴充军人犯脱逃者；人命案内按律不应拟抵，罪止军、流、徒人犯，如致死三命以上，按照致死人数，由极边烟瘴递加者；发遣云贵两广烟瘴刨参人犯，在配脱逃者，共三十五条，俱改发云贵两广极边烟瘴地方充军。粮船丁舵将白土搀入漕粮百石以上者；粮船舵工侵米五石以上，累丁代完者；在滇省沿边关隘私贩碧霞玭等物，共伙数在一二十人以上为从，及数在四人以上不及十人为首者；结伙盘踞，重利收当军器者；白役诈赃逼命案内，正役知情同行，在场帮索，及虽不同行，而主使诈赃者；大逆缘坐男犯十六岁以上者；叛逆案内，被胁入伙，悔罪投首者；私铸铜铅钱不及十千之匠人及为首者;私铸铜钱十千以上,或不及十千而私铸不止一次为从,及知情买使者;叛案缘坐者;偷盗围场牲畜再犯、三犯,及虽系初犯,而木植至五百斤以上、牲畜至十只者,共十一条,俱改发极边足四千里充军。以上改发新疆人犯,均面刺"外遣"二字;改发驻防及内地充军者,除未伤人盗首闻拿投首、窝家盗线闻拿投首、曾经伤人及行劫二次以上之伙盗闻拿投首、伙盗供出盗首逃匿地方一年限内拿获四项,脱逃被获系例应正法者,俱面刺"改遣"二字外,余俱面刺"改发"二字。有应刺事由者,仍刺事由。

**谨案** 此条嘉庆二十四年(1819)改定。道光十四年(1834),因改发地方各本例内,已经分析载明,"名例"内毋庸复载,是以删除。

一、逃人续供之窝家,提来审问,又属诬扳,如年力强壮者,改发乌鲁木齐等处分别种地、为奴。移住拉林闲散满洲,有犯二次逃走者,发往伊犁等处充当折磨差使。派往各省驻防满洲兵丁,临行及中途脱逃被获者,发往伊犁充当步甲苦差。俱照例面刺"外遣"字样,毋庸佥妻遣发。如有情愿携带者,不准官为资送。倘在配在途脱逃,并不服拘管者,获日,在配所用重枷枷号三月、杖一百,折责发落,毋庸即行正法。若越狱脱逃,仍照军、流越狱本例办理。

**谨案** 此条嘉庆二十四年(1819),由原例内摘出凶徒、逃人、参犯、奸妇、盛京旗奴五条,改发内地。道光六年(1826),调剂新疆遣犯,又将原例内自"凶徒"至"偷打围场牲畜二十只以上"各条均摘出,另载"停发新疆改发内地"条内。十四年(1834),又查照《督捕例》,将"逃人诬扳窝家"一项,仍改归本条。

一、例内应发云贵两广极边烟瘴各条,如异姓结拜弟兄案内,闻拿投首,及事未发而自首各犯,减免后复犯结拜,罪应极边烟瘴充军者;未伤人之首盗及伙盗,曾经伤人,并行劫二次以上,闻拿投首者;首犯脱逃,伙盗供出逃匿所在,限内拿获,将供出之伙盗照例免死者;因抢问拟军罪,在配在逃复犯抢夺,如本系极边烟瘴人犯有犯者;回民结伙抢夺,问拟极边烟瘴充军人犯,脱逃被获者;窝留积匪,造意同行分赃代卖,问拟军罪人犯,脱逃被获者;回民窝窃,罪应极边烟瘴者;军民人等呈递封章,挟制入奏,所控虚诬,核其诬告本罪应拟烟瘴充军者;负罪人犯,呈递封章奏告人罪,原犯军罪者;问拟笞、杖、枷责递籍及无罪递籍管束之犯,复又脱逃,呈递封章原犯烟瘴充军,及原犯遣罪改发烟瘴者;控诉事件,口称必须面见皇上始行申诉,于呈递封章本例上加等,罪应烟瘴充军者;军、流人犯在配,遣人呈递封章条陈事务,原犯极边烟瘴,及原犯遣罪改发极边烟瘴者;罪人事发在逃,被获拒捕,本罪犯该烟瘴者;窃盗、抢夺被事主扭获图脱,用刀自割发辫、襟带,以致误伤事主,例应斩候者;极边烟瘴军犯脱逃者;发遣极边烟瘴刨参人犯脱逃者;改发云贵两广充军四项盗犯,如系在附近暂避,或偶有事故未向看役告知,实非逃走者;免死减军人犯在配脱逃至三次者,共十八条,仍照例实发四省外,其余各项应发云贵两广极边烟瘴人犯,无论例内载明"改发""实发",均以极边足四千里为限,面刺"烟瘴改发"四字。遇有脱逃,即照烟瘴人犯脱逃例治罪。

**谨案** 道光十七年(1837),因滇省军犯拥挤,将情重十八条,仍实发四省烟瘴,其余无论改发、实发,俱以极边足四千里为限。二十四年(1844),调剂贵州军犯,将由新疆改发内地各条,照旧发往新疆,其四省烟瘴人犯,亦一体实发,因将此条删除。

一、应行发遣黑龙江、吉林等处人犯,除宗室、觉罗、太监,并八旗另户正身,各省驻防正身旗人,及民人曾为职官,暨举贡生员、监生,或职官子第等项,仍照原例发往,其前项内应发新疆、乌鲁木齐等处者,亦改发黑龙江、吉林等处,分别当差、为奴,交该将军均匀酌拨安插。其余应发黑龙江为奴条例内,如闽省不法棍徒,私充客头包揽过台,引诱偷渡之人,中途谋害未死,为从同谋者;伙众将良人子弟抢去强行鸡奸余犯,拟遣者;开窑诱取妇人子女勒卖为从者;伙众强抢犯奸妇女已成为首者;强奸犯奸妇女已成,致本妇羞愧自尽者;轮奸良人妇女已成案内余犯,同谋未经同奸者;因而杀死本妇,同谋并未下手又未同奸者;致本妇自尽,同谋未经同奸者;轮奸良人妇女未成为首者;因而杀死本妇,为从未经下手者;致本妇自尽为从者;轮奸犯奸妇女已成为首者;因而杀死本妇,同奸并未下手者;致本妇自尽,为从同奸者;轮奸犯奸妇女未成,因而杀死本妇,系殴杀帮同下手者;致本妇自尽为首者;强奸十二岁以下幼女幼童未成者;奴及雇工人调奸家长之母与妻女未成者,共十八条,俱改为实发云贵两广极边烟瘴充军,毋庸以足四千里为限,面刺"改发"二字。如在配脱逃被获,用重枷枷号三月。倘在配滋事,及逃后行凶为匪,并拿获时有拒捕者,俱照平常遣犯治罪。

**谨案** 同治九年(1870),因调剂黑龙江、吉林遣犯,改定此例。

一、应发驻防为奴人犯,除例内载明各条外,其随征兵丁,在军营私自潜逃,分别军务已未告竣投首,及患病受伤迷失路径,查非有心脱逃,在军务告成后拿获者;随征跟随余丁,偷窃马匹、军器及衣服、银两潜逃投首,照兵丁投首按军务已未告竣分别问拟者;触犯祖父母、父母发遣,免罪释回后再有触犯,复经呈送者;反逆案内,其子孙无论已未成丁,实系不知谋情者;其余律应缘坐男犯,并非逆犯子孙,年在十六岁以上者;私铸铜钱十千以上,或不及十千而私铸不止一次为从,及知情买使者;私铸铜钱不及十千匠人及为首者;熔化些须铅斤,铸钱不及十千匠人及为首者,共八条,俱改发驻防给官兵为奴,面刺"改发"二字。如有不服伊主管束,及脱逃滋事,仍按遣犯本例问拟。

一、应发新疆及回城、乌鲁木齐等处条例内,如一切左道异端,煽惑人民为从者;传习白阳、白莲、八卦等邪教案内为从,年未逾六十,及年逾六十而有传徒情事者;造谶纬妖书妖言传用惑人,不及众者;用药迷人,甫经学习,虽已合药,即行败露,或被迷人知觉未受累者;各项教会名目,并无传习咒语,但供有飘高老祖及拜师授徒者;用药迷人已经得财,其余为从者;老瓜贼内传授技艺,跟随学习之人未同行者;用药及一切邪术,迷拐幼小子女为从者,共八条,均暂行监禁,俟新疆道路疏通,再行照例发往。其强盗及响马强盗伤人未得财,为从者;未得财又未伤人,为首者;强盗伤人,伤轻平复,事未发自首,及行劫数家止首一家者;洋盗案内投回自首,照强盗自首问拟发遣者;拿获盗犯之眼线,曾为伙盗悔罪,五日内指获同伴者;船户、店家,图财害命,同谋不行,事后分赃者;聚众不及十人,数在三人以上,持械抢夺为从者;纠众发冢起棺索财取赎,跟随同行在场瞭望,及未得财为从者;共谋为盗,因患病及别故不行,事后分赃者;强盗窝主,造意不行又不分赃,及存留二人者;窝线不上盗又未得财,但为贼探听事主消息,通线引路者,共十一条,俱改发极边烟瘴充军,仍以足四千里为限,到配后锁带铁杆、石礅二年。四川等省匪徒,在场市人烟凑集之所横行抢劫,纠伙不及五人者;在野拦抢,四人以上至九人者;粮船水手抢夺案内,杀人未经帮殴成伤,及聚众互殴,藏有火枪、抬枪者;山东省匪犯聚众持械,结捻、结幅,抢夺得赃,数至四十人以上,被胁同行,及四十人以下十人以上为从,并聚众抢夺未得财者;捉人勒赎,将被捉之人拒杀、殴杀,为从帮殴,伤非金刃又非折伤者;将被捉之人帮同凌虐,及虽无凌虐而助势逼勒,致令自尽者;聚众拒杀兵役为从,伤非金刃又非折伤者;伤人未死为从,刃伤及折伤以上者;审无凌虐重情,止图利关禁勒赎为首者;洋盗案内,知情接买盗赃三次以上者;豫省并安徽等处凶徒结伙,聚众十人以上,执持器械,无论曾否伤人者;聚众十人以上抢夺,被胁同行者;广东省匪徒,捏造图记、纸单名色,伙众三人以上,带有鸟枪、刀械,未得财为首,并未带鸟枪、刀械,亦未恃强掳掠,但系吓诈得财为首,及为从二次,并二次以上者;广东、广西二省奸徒,窝藏匪类,关禁勒赎者,共十四条,亦照前改发,到配后锁带铁杆、石礅一年。如有在配滋事犯法,及乘间脱逃,在逃后另犯不法情事,除强盗等项例应正法,及另犯事应斩、绞者,照例办理外,其因罪无可加,例止枷责之犯,即照乌鲁木齐地方遣犯例,核其所犯事由,如系军、流、徒罪,锁带铁杆、石礅二年;如系笞、杖等罪,锁带铁杆、石礅一年。果能安分,限满开释,交地方官严加管束。释放后仍不悛改,再行锁带一年。倘仍怙恶不悛,即令永远锁带。此外例内载明应发新疆、乌鲁木齐等处者,俱改发极边足四千里充军。系酌拨种地当差人犯,到配后加枷号三月;系为奴人犯,到配后加枷号六月。其原例应加枷号者,仍递加枷号。如在配脱逃被获,为奴人犯,用重枷枷号三月;当差人犯,亦加枷号三月。倘在配滋事,及逃后行凶为匪,并拿获时有拒捕者,俱照平常遣犯治罪。以上各犯,应刺字者,如系强盗等项脱逃例应正法者,面刺"改遣"二字,余俱刺"改发"二字。俟新疆道路疏通,再行查明分别核办。

**谨案** 同治九年(1870),因应发驻防遣犯过多,新疆道路梗阻,分别改发,定此二条。

○一、邪教案内为从应行发遣之犯,改发黑龙江给索伦、达呼尔为奴。

**谨案** 邪教从犯,乾隆五十六年(1791)奏准发回疆为奴。六十年(1795)奉旨改发黑龙江,着嗣后均照此办理,因改定是条。嗣于嘉庆十七年(1812),调剂吉林、黑龙江等处遣犯,议准将此项改发新疆给额鲁特为奴。

〇一、八旗及各省驻防正身旗人，有犯吃酒行凶者，如系平日安分，偶尔醉闹，并无凶恶情状，该将军、都统按例自行责惩。若屡次酗酒行凶滋事，怙恶不悛者，该管佐领呈报该将军、都统查明滋事实迹，送部审实，再行发遣当差。如违例任意擅送，及借端陷害者，将呈送不实之该管各官，交部议处。

**谨案** 此条嘉庆四年(1799)定。咸丰二年(1852)，于原例"发遣"下，增入"吉林、黑龙江等处"七字。

〇一、发遣新疆废员，派令管理铅、铁等厂，该将军、都统等详核案情轻重，摘叙原犯罪由，报部核复。情罪较重者，不准管理；其情节较轻之员，准其管理。俟两年期满，如果妥协，除原犯徒、杖例止三年奏请者，毋庸置议外，其原犯军、流例应十年奏请者，准其于十年之内酌减三年，奏闻请旨。如蒙允准，即令各回旗、籍。

**谨案** 此条嘉庆八年(1803)定。

〇一、凡内地回民犯罪应发回疆，及回民在新疆地方犯至军、流，例应调发回疆者，俱发黑龙江等处为奴。

**谨案** 此条嘉庆十一年(1806)定。二十五年(1820)，调剂黑龙江遣犯，改为"俱实发云贵两广极边烟瘴充军"。

〇一、发遣回疆各犯，除仅止在配不服拘管者，即令该管大臣酌量惩治外，若实系在配酗酒滋事，怙恶不悛，难于约束者，改发巴里坤充当折磨差使。如改发之后复行滋事，初犯枷号三月，再犯枷号一年，三犯永远枷号。

**谨案** 此条嘉庆十一年(1806)定。

〇一、发遣回城为奴人犯，先行酌给印房各章京、笔帖式等役使。该章京等于卸任时列入交代，不准携回本旗。俟拨给章京等足敷役使，再分给大小伯克(今裁)。为奴，毋庸分给小回子，以免拖累。

**谨案** 此条道光八年(1828)定。

〇一、发往军台效力废员，三年期满，台费全数缴完者，由军台都统抄录获罪原案，具奏请旨。如不能完缴台费者，文职州县以上、武职都司以上，均由兵部行文各旗、籍、任所。查明委系赤贫，具结到部，兵部知照军台都统。该都统即抄录获罪原案，并声明无力完缴台费缘由，具奏请旨。如有隐匿、寄顿情弊，发往乌鲁木齐永远充当苦差。其文职佐杂、武职守备以下各员弁，不能完缴台费者，于期满之日，例应杖一百、徒三年，仍令该都统抄录获罪原案，声明不能完缴台费，例应改拟杖徒缘由，具奏请旨。此内有仰邀特旨释回者，兵部行文该都统，将其释回。其照例改为杖徒者，行文该都统，将旗员解交刑部，照例办理；汉员解交该原籍督抚，定驿充徒。

**谨案** 此条嘉庆十二年(1807)定。道光八年(1828)，于"并声明无力完缴台费"下，增入"将该废员再行留台五年"十字；于"缘由，具奏请旨"下，增入"如能于留台五年限内完结者，准该都统随时具奏，请旨释回"二十四字。

〇一、发往热河之员,于解到日,即由该副都统奏明,派在何处当差。至三年期满,亦分别具奏请旨。若有事故者,随时附奏。

**谨案** 此条嘉庆十五年(1810)定。道光二十四年(1844),删去“副”字。

# 卷七百四十四·刑部二十二

## 名例律 徒流迁徙地方四

### 徒流迁徙地方四

**历年事例**

○顺治十二年(1655)题准:一应流犯,俱照律例所定地方发遣。其解部流徙者,改流尚阳堡。

○十四年(1657)议定:凡卖钱经纪铺户,兴贩搀和私钱者,流徙尚阳堡。

○十六年(1659)谕:“贪官赃至十两者,流徙席北地方。”

○十七年(1660)题准:席北系边外之地,以后流徙席北者,俱改流宁古塔。

○十八年(1661)定:凡反叛案内应流人犯,俱流徙宁古塔。

○康熙五年(1666)复准:侵欺钱粮婪赃衙役遇赦援免后,仍入衙门应役者,除死罪外,流徙宁古塔。

○九年(1670)谕:“刑部等衙门向来定例,流徙尚阳堡、宁古塔等处人犯,六月、十二月不行发遣,其余月分俱发。今思十月至正月终,俱属寒冷之时,流人多有贫者,衣装单薄,无以御寒。以罪不至死之人,冻毙道途,殊为可悯。以后流徙尚阳堡、宁古塔人犯,十月至正月终,及六月,俱停其发遣,余月照常发遣。”

○十七年(1678)复准:凡隐匿入官人口至五名、财物至五百两者,流徙宁古塔。

○十八年(1679)议定:凡军罪及免死拟流人犯,俱安插于乌拉地方。其照常流犯,安插于奉天地方。

○十九年(1680)议准:凡贪赃官役免死减等发落者,照例安插于乌拉地方。罪不至死而拟流者,流徙尚阳堡。

○二十一年(1682)谕刑部:“顷者逆寇歼灭,海宇荡平,朕躬诣盛京,展谒永陵、福陵、昭陵以告成功。因而巡行边塞,咨询民间疾苦。东至乌拉地方,见其风气严寒,由内地发遣安插人犯,水土不习,难以资生。念此辈虽干宪典,但既经免死,原欲令其生全。若仍投界穷荒,终归踣毙,殊非法外宽宥之初念,朕心深为不忍。以后免死减等人犯,俱着发往尚阳堡安插。其发往尚阳堡人犯,改发辽阳安插。至于反叛案内应流人犯,仍发乌拉地方,令其当差,不必与新披甲之人为奴。以昭朕轸恤民隐、哀矜保全之意。尔部即遵谕行。”

○又题准:凡民人假称逃人具告行诈者,发宁古塔与穷披甲之人为奴。

○二十三年(1684)题准:凡三次逃人,三次窃盗,免死减等发落,及诱卖人口,药饼迷拐,各为从,并和同被诱知情,及人牙子,应拟流徙者,俱改宁古塔与穷披甲之人为奴。

○二十三年(1684)谕:“凡充军、流徙犯人,于隆冬严寒时发遣,在途苦累。嗣后隆冬时,停其发遣。”

○又定:凡犯重罪免死,给予盛京、宁古塔等处新满洲为奴者,并妻发去,不许赎身,仍籍没其家产。

○又题准:凡诬陷平民为盗吓诈银两者,比照窃盗三犯免死完结例,发与宁古塔穷披甲之人为奴。

○又定:凡系发给新满洲为奴人犯,禁其赎出为民。

○二十六年(1687)恩诏:“凡解部及递解外省各项犯人,应按程给予口粮,毋致饥毙。”

○又议准:递解人犯中途患病者,原解即报该地方官,亲身验明,出具印结。如取结后死者,其官役免议。若未取患病印结,途中死一二名者,将佥差之官罚俸一年,解役徒三年,至配所责四十板;死三四名者,佥差之官降一级留任,解役流三千里,至配所责四十板。

○又议准:凡解役将犯人恣意凌虐掯勒拷打致死者,该地方官申报督抚,照律从重治罪。

○又议准:凡解役伙同逃人,沿途抢夺,扰害良民者,以光棍例治罪。如有解役教唆人犯抢夺者,亦照此例治罪。

○二十八年(1689)题准:免死减等发与新满洲为奴为额丁,并免死发往之另户人,若仍不改恶,为盗或逃走者,该将军于众恶之前,即行正法。仍将情罪缘由,年底汇奏。

○又谕:“流徙人犯,遇有势力者,每羁禁不严。及至发遣,又辗转迁延。其贫困之人,无力营求者,即肆行凌虐,滨于死亡。向来此等情弊甚多。嗣后如遇有势力之人,即行发遣。其有贫困之人,毋许凌虐致毙。着户、刑二部堂官,不时详加稽察。如有前项,立行指参,从重治罪。”

○二十九年(1690)议准:凡流徙官员,遇寒暑发遣,俟命下三日内,分送户部、兵部、顺天府等衙门,限十五日内,令其束装,即行发遣。若限内不行发遣者,将迟延官员交部议处。

○三十一年(1692)复准:免死减等发往黑龙江为奴之犯,令该将军酌量均分,给予新旧满洲及达古里穷披甲之人为奴。

○又谕:“此后发黑龙江罪人,及发为奴罪人,或留黑龙江,或安插墨尔根,着该将军酌量料理。”

○三十六年(1697)议准:犯人中途患病,情有可悯,即令该地方官医治,仍毋误递解。

○四十年(1701)题准:甘肃地方起解免死减等及军、流人犯,照逃人例递解。

○四十一年(1702)议准:黑龙江、宁古塔等处将军、捕牲总管等,将免死发遣人犯,每月收领者若干、逃走者若干、拿获者若干、未获者若干,查明造册咨部,至年底将总数令该将军开明具奏,该部勘对。若将发遣人犯逃走一名者,伊主系官罚俸三月,平人鞭五十;至二三名者,计人数加罪。一年内逃至五名者,该管佐领、骁骑校各罚俸一月,领催各鞭三十;至十名者,协领罚俸一月,佐领、骁骑校各罚俸三月,领催各鞭五十;至二十名者,将该将军、副都统等各罚俸一月,协领罚俸三月,佐领、骁骑校各罚俸六月,领催各鞭八十;至三十名者,将该将军、副都统等各罚俸三月,协领罚俸六月,佐领、骁骑校各罚俸一年,领催各鞭一百;逃走至四十名以上者,将该将军、副都统等各罚俸六月,协领罚俸一年,佐领、骁骑校各降一级、罚俸一年,领催各枷号二十日、鞭一百。捕牲总管照协领治罪,翼长照佐领治罪。其发遣人犯逃走,若拿获时有拒捕者,即行正法。其和同诱卖人口发遣者,逃回并无行凶之处,仍照例完结。若逃回又拐卖人口,或为窃盗等事发觉,部内查明,发与该将军,亦照新例即行正法。

○又谕:“嗣后免死人犯,仍俱发黑龙江。如逃回获住,严加重处,面上刺字。”

○四十四年(1705)题准:凡发回原籍安插并军、流等犯,有中途患病者,照逃人例,地方官留养医治。内有随行亲属,亦准存留。俟病痊起解,仍将患病日期报部。如不行留养医治,以致病故者,地方官交与吏部议处。

○四十五年(1706)复准:湖广、福建、江南、陕西、贵州、广东等省,免死减等及军、流各犯,俱照逃人例递解。

○四十六年(1707)复准:顺天、浙江、江西、河南等省,免死减等及军、流各犯,俱照逃人例递解。

○四十七年(1708)复准:云南、山西、广西、山东、四川等省,免死减等及军、流各犯,俱照逃人例递解。

○四十八年(1709)复准:充发人犯,仍不改恶,在配所又打死人,应在众人前即行正法。

○五十一年(1712)复准:嗣后免死减等盗犯起解,时值隆冬,应照军流人犯停遣之例,准其停遣。解至中途,时值封印,准其暂为留养,于次年开印后再行转解。

○五十二年(1713)谕:“此后发遣人犯,俱发在三姓地方。”

○雍正二年(1724)议准:嗣后除五旗该管门上送部发遣者,仍照旧例咨送该王门上转发捕牲乌拉外,其五旗王府、佐领下人因公事犯罪,俱停其送该管门上发捕牲乌拉,均改发三姓地方当差。若情罪稍轻者,酌量发黑龙江等处。

○又议准:嗣后发遣三姓地方人犯,若新编佐领内披甲人有愿领者,仍行给予。

如无人愿领,即令分发各处散住人户为奴,查明某头目下某人领去,注册。

○又议准:直隶、山西、河南、山东、陕西五省连家属发遣之人,除盗贼外,有能种地者,前往布隆吉尔地方,令其种地。地方官动用正项钱粮,采买籽种、牛只等项,给予耕种之人。三年以后,照例交纳粮草。

○三年(1725)议准:嗣后免死发遣人犯,如仍不改恶,该将军务将所犯情由审明,照例定拟,先行具题请旨,再将该犯正法。

○又议准:嗣后应发遣三姓地方人犯,暂停发三姓地方,即发遣吉林乌拉、宁古塔、伯都讷等三处。人犯发遣到日,该将军、副都统等查明,或给当差之人,或赏给穷披甲之人,即照例安插。该旗参领、佐领、骁骑校等查明,或不肖之徒,混行索取银两,将人犯私放变卖,令其赎身等弊,即从重治罪。若该管官不行严查,被别人首出,该将军等将该管官指名题参,从重治罪。

○四年(1726)议准:嗣后偷刨人参应拟发遣之犯,俱行解部。若系满洲、蒙古,发往江宁、荆州、西安、杭州、成都等处,有满洲驻防之省城当苦差;若系汉人,佥妻发往广东、广西等处地方当差;若系汉军,发往广西、云南、贵州等处烟瘴地方当差。

○五年(1727)刑部议奏,云南镇沅府土知府刁瀚,奸占民妻,强夺田地,凶淫贪劣,应拟绞监候。镇沅地方,已经改土为流,应将刁瀚家口迁往省城,无留土属滋事。奉旨:“所称刁瀚家口迁往省城之处,朕思伊之家口,若仍留本省,管束太严,则伊等不得其所;若令疏放,恐又复生事犯法。刁瀚之家口,着迁住江宁省城,令该督酌量安顿,务令得所。凡有改土为流之土司,其迁移何处,及如何量给房产,俾得存养之处,着九卿酌量该土司所犯罪案,分别详议具奏。”

○九年(1731)谕:“查克拜达里克等处发遣人犯,俱着从宽免罪,即令充为绿旗兵丁,给予粮饷,在彼效力。年过六十以上者,情愿当兵,在彼居住者,留作兵丁。其并无妻、子,已过六旬,愿回内地者,俟城工告竣,夫役回来时,将伊等由驿站从容发回,各归本籍。”

○十年(1732)谕:“向来偷挖人参之犯,若满洲、蒙古,则发往江宁、荆州等有满洲兵驻防之省城当差;若系汉人、汉军,则发往广东、广西、云、贵烟瘴地方当差。近闻发往广东人犯,例在崖州、陵水等处。此地水土最为恶毒,易染疾病,每多伤损。朕思此等不良之辈,虽孽由自作,然其情罪,较之盗犯尚觉稍轻。即发遣之本意,亦欲全其性命也。今因水土不服,以致伤生,亦可悯恻。若将此等人犯,改发沿海一带卫所,入伍充军,俾得保全躯命,似亦法外之仁。着广东督抚会同按察使即行确查,定议具奏。其广西、云、贵等省,若地方风土有与此相类者,亦着该督抚将如何改发之处,妥议具奏。”

○又谕:“从前应行发遣黑龙江等处罪犯,改发查克拜达里克等处,令其开垦耕种。后伊等在彼甚不得力,是以停其改发,仍令照前发遣黑龙江、三姓等地方。上年贼人窥伺查克拜达里克时,彼地所有罪人,跟随官兵守护城垣,竭力捍御,甚属可悯。

朕已加恩除其罪名,令充绿旗兵丁,入伍效力。续据顺承亲王等奏称,伊等深知感戴朕恩,共思黾勉。可见有罪之人,予以自新之路,可以望其致恶从善。若发往黑龙江、三姓诸处,不过终身为人奴仆而已。朕意嗣后将发往黑龙江等处人犯,改发于北路军营附近可耕之地,令其开垦效力。在伊身可以努力自新,而于屯种亦属有益。其如何遣发安置之处,尔等详议具奏。钦此。"遵旨议准:嗣后此等人犯,改于军营附近之处,一切衣食,照康熙五十八年(1719)酌定条例,自该处给发,由京城派弁兵递送军前。该犯在途有妄行不法、逋逃拒捕者,即于本处立斩。

○十一年(1733)谕:"凡有罪人犯应行发遣黑龙江者,前经办理军机大臣等,议令改发查克拜达里克等处种地,效力赎罪,已降旨允行在案。朕思满洲、汉军人等,不谙耕种之事,若发往查克拜达里克,甚属无益。目今伊等尚未起身,着仍照旧例发往黑龙江等处。向后满洲、汉军应行发遣之人,俱照此办理。"

○十三年(1735)谕:"嗣后发遣人犯,有应发宁古塔等处者,皆改发三姓地方,给予八姓一千兵丁为奴。计一千人足数之后,再行请旨。"

○乾隆元年(1736)谕:"黑龙江、宁古塔、吉林乌拉等处地方,若概将犯人发遣,则该处聚集匪类多人,恐本处之人渐染恶习,有关风俗。朕意嗣后如满洲有犯法应发遣者,仍发黑龙江等处;其汉人犯发遣之罪者,应改发于各省烟瘴地方。着总理事务王大臣会同刑部议奏。"

○又谕:"发给黑龙江、宁古塔等处兵丁为奴之犯,闻各处兵丁等,竟有图占该犯妻女,不遂所欲,因而毙其性命者,情甚可恶。现在为奴人犯内,有曾为职官及举贡生监者,一概免其为奴。嗣后职官、举贡生监等有罪应发遣者,不得加以'为奴'字样。如何分别定例治罪之处,该部详议具奏。"

○二年(1737)谕:"凡外遣人犯,近日改发烟瘴地方者,原因此等恶人,不宜在盛京等处,使满洲直朴之习有所渐染也。但伊等原系发与口外驻防兵丁为奴之犯,闻彼地兵丁,有借以使用颇得其力者。且内地军、流人犯太多,地方官亦难管束。应将作何按其情罪分别内地、外地遣发之处,妥议具奏。钦此。"遵旨议准:各项发遣为奴之民人,律例载有三十余条。其情罪轻重,不甚悬殊。但就其中力堪使用,于口外兵丁有益者,量为酌定。嗣后民人内有犯强盗免死减等者;强盗行劫数家,而止首一家者;伙盗供出首盗,即时拿获者;窃盗拒捕杀人为从者;偷刨坟墓二次者;谎称卖身旗下者;民人谎称旗下逃人者;民人假称逃人,具告行诈者;民人卖逃买逃者,以上九项遣犯,查明有妻室子女,照旧例佥发宁古塔、黑龙江等处给披甲人为奴。如无妻室子女者,伊等无家可恋,只身易逃,难于使用。应将此等无妻子之遣犯,并其余各项遣犯,悉照乾隆元年(1736)定例,改发云、贵、四川、两广等省,分别极边烟瘴与烟瘴少轻地方,交地方官严行管束。

○三年(1738)议准:窝盗三人以上之遣犯,应照九项情重遣犯例,有妻室者,改发宁古塔、黑龙江等处,给披甲人为奴;无妻室者,酌发云贵川广极边烟瘴地方,严行管束。

○十年(1745)谕:"各省土司获罪,减等迁徙内地,本人身故之后,有准其家口回籍之例。朕思此等桀骜性成,干犯法纪,国家念其冥顽无知,迁徙内地,以保全之。本犯虽故,其家口染习旧俗,未必尽能革面革心。倘回籍之后,野性难驯,故态复发,仍复罹于法网,非始终保全之意也。嗣后各省迁徙土司身故之后,家口应否回籍之处,着行文原籍督抚,酌量夷情,奏闻请旨。永著为例。"

○又议准:地方无能有司,遇有流犯到配,不思设法安顿,又恐兔脱,致罹参罚。遂发给地保,按照里甲都图分派,挨户轮养,即责令看守。在有罪之流犯,公然安坐传食;无罪之贫民,无故为其鱼肉,小民甚为苦累。应行令各省督抚严饬州县,遇有流犯到配,即令分别安置,务遵从前原议,妥协办理。如有仍前分派轮养、苦累小民者,即行参处。

○又议准:向来甘省官员犯徒罪者,俱照各省流寓人犯徒例,即在所犯地方充徒。而各省官员犯徒,则有递回原籍定地发配者。办理既不划一。且递回原籍充徒,止该地方官与行文之上司,知其犯罪事由,其余各官俱不能知。惟于犯事地方充徒,上下同僚,触目儆心,俱知惧惮。嗣后各省俱划一办理。

○二十二年(1757)议准:发往黑龙江、吉林等处民人内,应给兵丁为奴者,仍照例发往外,凡发往安插民犯,停其发往吉林等处,俱照旧例发往云南等省。其旗人匪类,并旗人殴死有服卑幼,情节惨忍,旧例发往拉林、阿尔楚喀者,及旗员中诬告讹诈、行同无赖者,均改发黑龙江、三姓等处充当苦差。

○二十三年(1758)奏准:嗣后盗贼、抢夺、挖坟应拟军、流人犯,不分有无妻室,概发巴里坤,于新辟夷疆,并安西回目札萨克公额敏和卓部落迁空沙地等处,指一屯垦地亩,另名圈卡,令其耕种。其前已配到各处军、流等犯,除年久安静有业者,照常安插外,无业少壮,曾有过犯者,一并改发种地,交驻防将军管辖。此外情罪重大军、流各犯,一体办理。

○又议准:军、流、遣犯内,如造谶纬妖书传用惑人,不及众者;师巫假降邪神,并一应左道异端之术,煽惑人民,为从者;军民吏卒殴伤本管官者;采生折割人已行而未伤人,为从者;谋叛未行,为从者;逃避山林不服追呼,为从者;凶徒因事忿争,执持军器,殴人至笃疾者;放火故烧人空闲房屋及田场积聚之物者;聚众十人以上,带有军器兴贩私盐,拒捕伤人,为从者;开窑诱取妇人子女勒卖,为从者;强盗免死减等,强盗已行而不得财者;强盗窝主,造意不行,又不分赃者;窃盗临时拒捕,伤非金刃,伤轻平复者;积匪猾贼抢夺伤人为从者;捕役豢贼一二名至五名者;发掘他人坟冢,见棺椁为首,及开棺见尸为从者;窃赃数多,罪应满流,及三次犯窃罪应充军者,以上各项,除实系老弱残疾,不能耕作之人,毋庸改发外,余均发往巴里坤等处种地管束。此外寻常军犯案内,有情节较重者,随时酌量请旨改发。至于现在各省已经到配之军、流、遣犯内,如有怙终不悛,为匪脱逃者,亦照此办理。此等应行发往种地人犯内,有到配之后,不服拘管潜逃被获者,请旨即行正法。其寻常过犯,酌量严行惩治,以示炯戒。至各犯应佥妻室,及有情愿留养父母,并妻室患病难以带往者,各照定例查办。又定例军、遣罪犯,向俱解部转发。今发往巴里坤各犯,应听各省定案报部核复之后,即由本地佥差起解甘肃巡抚衙门,毋庸送部,以免往返疏脱之虞。再查巴里坤等处,边疆重地,此等匪徒发往耕种,必须安置得宜,人地适均,方能经久无弊。应请敕交办理耕种事务大臣,会同陕甘总督,详加查勘,因其地势,相其土宜,酌量情形,可以安置若干人犯,以及到配之后,如何区别编管,如何设法稽查,沿途作何分别起数佥差解送,并所需口粮、耕具,作何动项资给之处,悉心筹划。务使镇抚要地,生殖渐丰,驻扎军兵,役使有赖。则莠民处置得宜,而荒服皆成乐利矣。

○又谕:"发遣巴里坤种地人犯,本系情罪重大应死之人,因有一线可原,未即置之于死,其实与黑龙江等处为奴人犯无异。不过因西陲平定,是以发往巴里坤等处,给屯田绿旗兵为奴耳。而办理此事者,不知命意所在,以致辗转筹划,甚欲分屯筑堡,为之计长久、定世业,如良民之抚摩而惟恐不至,岂不轻重倒置之甚耶。此从前定议时,未经特行指出'发与兵丁为奴'字样,仅将此例入屯种事宜各条内,原未甚明晰。无怪外省之拘泥,瞻前顾后,觉为万难办理之事也。着再详细传谕黄廷桂,俾得知所从事。但此时屯种一事,现须由近及远,人犯亦未便遽行远发。着酌量将此等遣犯,先赏给安西绿营兵丁为奴;俟安西赏足后,再行赏给哈密绿营兵为奴;过二三年后,以次再及于巴里坤、乌鲁木齐等处。伊等如安分则已,倘或滋事不法,及私行逃窜,一经拿获,即行正法。若有逃回内地者,肃州乃系要路,断不能潜越。该督并当留心盘诘拿获,亦即于该处正法。总之此等原系匪类,免死发遣,已属宽典,毋庸多为顾虑也。"

○又奏准:粤西天时温暖,每年七月交秋,炎热更甚,十月亦不为寒。本省军、流、外遣各犯,当温暖可行。照例停遣,尚无妨碍。若七月炎暑起解,不免多病。嗣后粤西军、流、遣犯,七月内亦暂停遣,俟八月初起解。至隆冬停遣之例,十月尚可前进,不必拘泥定限,可酌减一月,于十一月再为停遣。

○二十四年(1759)议准:军、流、外遣人犯,向例于发解时,将事由、年貌、疤痣、箕斗开载批牌,沿途点验,以防顶替脱逃。其徒罪人犯,以及递籍发落安插管束之犯,批解文内,止开明事由、年岁及有无锁铐字样,其疤痣、箕斗,向例俱不详载。但查徒罪等犯,其中亦有准徒、加徒情罪较重之案。至解籍发落管束者,情罪虽轻,第物情叵测,或有无赖奸民,在籍曾犯重罪,改捏姓名,出外为匪,惧抵籍破案,因而中途贿役,雇倩顶替,到籍贿保,希图蒙混者。若将此等人犯年貌、箕斗详查开载,则沿途地方官按牌查对,雇替之弊,计无所施。设有脱逃,即可查照原文年貌迅速缉拿,亦属剔弊防范之一法。嗣后徒罪人犯,及自内部外省解回发落管束之犯,统照现在军、流人犯之例,于批解长文内载叙事由,并开明该犯年貌、疤痣、箕斗,以备查核。

○二十六年(1761)谕:"前因甘省军务未竣,且岁事尚属歉收,所有免死减等发往巴里坤安插之犯,暂行停止,以免兵役押解及沿途口食之繁。今大功已经告成,该省年谷时熟,新疆屯田,收获亦为充裕,自应仍照前例所发。俾投诸远方者,既得力耕自给;而腹地匪类,亦可日就减少,不致渐染居民,此举实为两得。惟从前所议条例,为数稍多。着军机大臣会同刑部堂官,详核各犯案情,酌量删减,著为定则,奏请通行。"

○又谕:"据明德奏《嗣后巴里坤逃犯,请于拿获本省地方审明正法,不必远解甘省》一折,所奏甚是。前于直省方观承折奏拿获巴里坤逃犯王登山一案,曾经降旨令就本处正法,不必再行解甘。而各省办理,尚未划一。此等匪徒,原属去死一间之人,乃复悍然脱逃,晉不畏死,即解至甘省,亦法无可缓。而长途解送,易致疏虞,且徒滋兵役派拨往返之烦。嗣后凡有发遣巴里坤等处逃犯,原籍及路过省分盘获者,一经移讯明确,即由各省督抚自行奏闻,于拿获处所正法示众。"

○又奏准:各省发遣巴里坤等处人犯,向俱解甘肃巡抚衙门定地分发。因从前原议由近及远,是以乾隆二十四年(1759)各省解到遣犯,俱分发巴里坤、哈密、安西三处在案。兹将从前发遣人犯通行确查,巴里坤、哈密、安西三处遣犯及随行妻子,除逃亡、死故外,现在尚有一千四百六十九名口,内巴里坤六百二十二名口、哈密三百四十名口、安西五百七名口。今若将解到遣犯,仍分发巴里坤等三处,不惟拥挤过多,该管员弁难以稽查。且安西、哈密并无屯田可耕,俱系赏兵为奴。现在安西标兵,不日移扎巴里坤,而哈密防兵,目下已多裁汰。兵数既已减少,遣犯似难再发。其巴里坤虽有屯田,气候寒冷,屯田无多,种获之粮亦少,官兵口粮不敷,尚需他处挽运接济。虽遣犯自食其力,而初到遣所,未经种获以前,尚应资给口粮,动用拨运粮石,殊觉糜费。查辟展、乌鲁木齐屯田,上年收获颇丰,余粮甚多,即现在拨运巴里坤、哈密,一时亦不能用完。如将解到遣犯,停其分发巴里坤、哈密、安西等处,俱酌发辟展、乌鲁木齐屯所。此二处地土肥沃,渠水充畅,各犯到配之后,即令分派各屯,照例给予口粮,随同兵丁协力耕作,既于屯务有裨,而遣犯亦各得其所。伏读乾隆二十三年(1758)原奉上谕,即有安西等处赏足后,以次再及于乌鲁木齐等处。仰见睿虑精详,至为周洽。今巴里坤等三处各有遣犯三百余名口至五六百余名口不等,为数已多。所有现在各省解到遣犯,应俱分发辟展、乌鲁木齐,视该二处屯田之多寡,酌量分发。俟此二处遣犯发足之日,随时酌议,另行请旨办理。至沿途解送遣犯,除内地至哈密,由甘肃巡抚衙门给发护牌,派拨兵役按程递解外,其自哈密至辟展,交与哈密大臣派兵押送;自辟展至乌鲁木齐,交与辟展大臣派兵押送。如此则于新疆屯务既属有益,而哈密、安西不至办理掣肘,巴里坤粮石,亦无糜费之虞。

○又议准:从前递解遣犯,屡有脱逃。缘甘省地广站长,州县之有监狱者,即行收禁,其余各站,皆系住宿坊店,易致脱逃。今于沿途各驿,酌添闲房二三间,作为监房。遣犯一到,即行收禁,令在驿书役协同看守。其有营汛处所,即令该员弁巡查。如有疏虞,照州县例参处。

〇又奏准:辟展地方,田土较少,将来各省发遣人犯正多,未便仍与乌鲁木齐一体分发。查乌鲁木齐除本屯外,原有昌吉、罗克伦二屯,且明年于乌鲁木齐以西玛纳斯等处,又设三屯,地宽兵多,易为防范。嗣后遣犯,概停分发辟展,俱解乌鲁木齐酌量安插。

〇二十九年(1764)奏准:各省遣犯、军流人犯,俱照道里表内注定安置地方佥发。查豫省各府州,现在安置数十名至一二百名不等,惟卫辉、光州二属独无。军卫表内虽载湖北安陆、甘肃平凉、广西庆远军、流应配卫辉,而从未发到;三流表并未载及。至光州则二表俱不载。当系安陆等三府犯案本少,抑因道里不符应配之数?嗣后各省解到军、流人犯,由巡抚衙门核明,如应佥之处犯数过多,而与卫、光相去不远者,即匀拨二属安置,庶不致集聚滋事。

〇又谕:"据富僧阿奏称'发到黑龙江给予旗人为奴人犯,所有随带妻、子,部文内止称将本犯赏给兵丁为奴,并无一并为奴字样,是以未将伊等妻子办理为奴,俱听另居度日。现在伊等妻、子,并无管束养育之人,不但易致为匪,即伊等之夫,牵连室家,于各该主家,亦不能安心服役。请将现在发到,并嗣后有原主将妻、子一并送部发遣者,俱给兵丁为奴,严加管束,不致滋生事端'等语,所奏是。此项发遣旗人家奴,俱系不肖匪徒,既经发遣赏给兵丁为奴,其妻、子若无人管束,听其另居,于理不合。该部不过拘泥佥遣与不佥遣之条耳。着照富僧阿所奏,除将现在发到为奴之妻、子,一并给予原赏之人为奴外,嗣后旗人发遣家奴,如有同妻、子一并送部发遣者,俱着一体赏给兵丁为奴。著为令。"

〇又谕:"嗣后武职一品大臣、文职二品以上大臣,获罪发往伊犁、叶尔羌等处效力自赎者,三年届满,不必具奏。其武职二品以下、文职三品以下人员,三年期满之时,仍照例请旨。"

〇三十一年(1766)谕:"向来发遣新疆各犯,有在遣所及中途脱逃者,拿获之日,即于该处正法。其已经问拟尚未起解之犯,在途脱逃,向未立有明条。兹据浙江巡抚熊学鹏奏嘉善县问拟发遣乌鲁木齐人犯陈阿祥,在监乘间逃窜,情节可恶,已传谕该抚即照遣所脱逃之例办理矣。此等人犯,本系身获重罪,发遣以贷其死,一经兔脱,已应速正刑章。而问遣候解之犯,情罪即与彼无异,乃当身系囹圄,辄敢藐法潜逃,是较之在遣所脱逃者,又多一越狱之罪,岂复可稍稽宪典。且已至新疆及解在中途者,虽欲逃回本籍,而道路辽隔,势尚难于远遁。若羁囚候遣之时,未离乡土,该犯等私图窜逸回家,事尤便易。从前外省遇有此等案件,率援军流脱逃旧例,照常科罪。法轻易犯,转致凶狡之徒,无所畏忌,幸逃法网。此而不严行惩创,何以使若辈知所儆惧乎。嗣后各省如有此等逃犯,俱照新定浙省之例办理。着于各督抚奏事之便传谕知之。"

〇又议准:发遣乌鲁木齐人犯有家属者,查系原犯死罪减等发遣者,定限五年,原犯军、流改发,及种地当差者,定限三年,如果并无过犯,编入民册,将伊等安插于昌邑、河东现有之旧堡,指给地亩耕种。此内除原有马匹、农具者,仍交伊等需用外,若从前并未领得,或领过而年久残缺者,亦照奏准数目补行给予。至造房银两,及口粮、耔种等项,俱照移居民人减半给予。其借给之项,与民人一体分年交回。令于种地次年纳粮,其额数亦与民人一体,每亩八升。若三年、五年限满不悛改者,即停入民册。或编册后复行犯法者,不得与良民一体从轻办理。视其所犯,应正法者即行正法,应重惩者即行重惩。至添设卫所,需用官员,彼处现有道员、同知、通判及提标绿营员弁,即令拣选千、把总一员专管,令同知、通判兼辖,道员总辖。俟人数渐增,必须添官管辖之时,再行酌量办理。

○又议准:发遣新疆人犯,俱属情罪重大。其中遇有别故,地方官自应即速备文关会,以凭查核。嗣后各省凡有发遣新疆人犯,中途遇有患病留养及病故等项事故,即令沿途该地方官另补印文,随犯申解陕甘总督衙门以凭查核,并于护牌内写明事故钤印,以杜沿途抽匿、遗失等弊。

○又议准:发遣新疆人犯,沿途递解,理宜慎重严密。若每站更换刑具,易启沿途州县互相推诿之弊。且恐刑具不全,致滋疏脱。应令各省起首发解州县,将链、锁、铐、镣制备完全坚固,严加扭锁,注明"长行刑具,沿途并不更换"字样。如有长途辗转稍有缺损之处,即令接替之州县随时抽换,毋得推诿。

○光绪十三年(1887)奏准:新疆军务平靖,邪教、会匪各犯,强令归农,无裨屯政。所有应发回城为奴遣犯内,一切左道异端,煽惑人民为从者;传习白阳、白莲、八卦等邪教案内为从,年未逾六十,及年逾六十而有传徒情事者;造谶纬妖书妖言传用惑人,不及众者;用药迷人,甫经学习,虽已合药,即行败露,或被迷人知觉未受累者;各项教会名目,并无传习咒语,但供有飘高老祖及拜师授徒者;用药迷人已经得财,其余为从者;老瓜贼内,传授技艺,跟随学习之人,未同行者;用药及一切邪术,迷拐幼小子女,为从者,等八条,均仿照免死强盗章程,自定案时起,监禁二十年,限满后改发极边烟瘴充军,以足四千里为限,到配锁带铁杆、石礅二年。其从前此等监禁并比照定拟各犯,查明已及二十年者,即照现定章程改发。俟新疆地方大定,能以安插此项遣犯,再行规复旧制。

# 卷七百四十五·刑部二十三

## 名例律 *徒流迁徙地方五*

### 徒流迁徙地方五

○乾隆三十二年(1767)谕:"向来发遣新疆人犯,有中途窜逸者,除将该犯缉获正法外,其疏纵之差役,例应问拟绞候。一年不获,请旨正法。此等兵役管解重犯,胆敢怠玩疏纵,以致兔脱远扬,不可不严示儆戒。所有新疆要犯脱逃之案,除审系有心贿纵,仍照与囚同罪例定拟,其余应问绞候监禁一年之兵役内,为首情重者,着改发伊犁等处。既足以昭创惩,而若辈又皆年力强壮,堪资力作之人,非若积匪猾贼等类,反教人为匪可比,其于屯田垦辟自属有益。嗣后由新疆改发烟瘴及黑龙江等处人犯,如有脱逃者,既照新疆例拿获正法,其疏纵兵役,亦着照新定发往伊犁等处之例办理。其余为从情轻之兵役,仍以杖流问拟。至此等改发人犯,情罪重大,本属去死一间,今虽仍发内地,其佥解当与新疆遣犯一体严密。着各督抚严饬所属文武员弁,并当遴选妥干兵役,小心管押,毋令稍有疏虞,致罹法网。"

○又谕:"发往伊犁给额鲁特为奴人犯,着分给该处察哈尔及驻防满洲官兵为奴。"

○又奏准:各省应解湖南省军、流人犯,除永顺府属之永顺、龙山、保靖、桑植四县,辰州府属乾州、永绥、凤凰三厅,本无安置军、流,仍循其旧外,其现在停发军、流之苗疆各属内,永州府属之江华县,宝庆府属之城步县,沅州府属之芷江县,靖州本州暨所属绥宁、通道二县,共六处,均系苗疆紧要之区,应仍停其发往。至辰州府属之沅陵、泸溪、辰溪、溆浦四县,永州府属之道州、永明二州县,沅州府属之黔阳、麻阳二县,靖州属之会同县,共九处,虽俱邻近苗疆,尚非沿途要地,应将各省解到军、流,仍行发往安置。饬令该地方官严为稽查,实力防范,毋致滋事。再地近苗疆,原与腹地有别,若各省径照道里表指定处所发往,恐一时遣发过多,或致聚集人众,究与地方未便。所有各省应发辰、沅、靖三府州所属之沅陵等七县军、流,仍令解交巡抚衙门,核明各属安插数目,斟酌派拨。其永州府属之道州、永明二处,应遣军、流,仍照向例径解永州府,与所属一体酌拨。

○又奏准:例载极边充军者,发四千里,烟瘴充军亦四千里。如无烟瘴地方,以极边为烟瘴。查烟瘴地方,止有广东、广西、云南、贵州四省。因例以四千里为限,是以该四省遇有遣犯,皆声明不足四千里改发极边。嗣经乾隆二十八年(1763)议准,应发烟瘴人犯,不必拘泥里数,均于隔远本籍之烟瘴省分互相递发。此专指广东等四省而言。其邻近烟瘴之湖南、福建、四川,亦系不足四千里,应一体更正。烟瘴充军,原属去死一间之犯,与问拟极边者,轻重有别。若拘泥里数,改发极边,是转减轻一等。且所谓极边者,不过扣足四千里而止。湖南、福建、四川编发极边,多系江南、山西等省。是使应发烟瘴之人,转得徙居善地,于律义未合。嗣后凡系烟瘴人犯,无论四千里内外,总于有烟瘴省分安置,将不足四千里改发极边之例停止。

○三十六年(1771)谕:"据宝麟奏'民人岳生梅,在哈尔沙尔地方,因刘士彦索债争闹,用所佩小刀,扎伤刘士彦耳轮等三处,伤痕限内平复,请将岳生梅从重定拟,枷号三月,满日解交山西巡抚,定地流三千里'等语,所办未为允协。新疆安设耕屯,一切均宜整肃。民兵等设有过犯,本不当与内地同科。岳生梅虽系自往营生,但既前至新疆,理宜守法安分。乃因口角细故,辄以金刃伤人,即属斗狠生事之辈。宝麟将该犯问拟流罪,仍请交山西定地。名为加重,而实予从宽,岂足以示惩儆。况内地情罪过重之犯,俱发新疆,今以内地民人在新疆犯法,转得令其复还中土,何以准情法之平。嗣后除发遣新疆人犯,在配所滋事不法者,仍按定例从重分别定拟外,其有内地民人,于新疆地方犯至军、流之罪,如在乌鲁木齐一带者,即发往伊犁等处;其在伊犁一带者,即发往乌什、叶尔羌等处;而在乌什各城者,亦发往伊犁等处。并视其情罪,量为酌定,轻者发各处安插编管,重者给额鲁特及回人为奴。如此明示区别,庶众人共知炯戒,而立法更为详妥。将此谕令刑部,并通行新疆各处办事大臣等知之。"

○三十七年(1772)议准:查发遣军犯旧例,"极边、烟瘴,俱发四千里。如无烟瘴地方,即以极边为烟瘴",又"犯该烟瘴人犯,若离家四千里外并无烟瘴,即发极边充军"等语。嗣于乾隆三十二年(1767),经兵部奏明,应发烟瘴军犯,向例俱定里数改发极边,与烟瘴罪名本义未协,因将不足四千里改为极边之例,永行停止在案。但问拟发遣军犯,悉属凶恶匪徒,烟瘴地方,仅止云、贵、两广,而该四省所属州县,又不尽皆烟瘴。以十余省匪徒,若拘泥烟瘴字样发遣,自不免有群聚之虞。前据各直省因所属安插军、流,渐次壅积,请于通省州县,按地方大小,均匀派拨,陆续奏准遵行。是安插军、流之例,既已变通办理,则云、贵、两广,俱系边远省分,更不便拘泥烟瘴字样,致令匪徒日积日多,以滋事端。但查应发四省人犯,其中情罪轻重,各有不同。若概行改发极边,又无所区别。酌议将从前新疆条款内改发四省烟瘴地方者,此等人犯,情罪既属较重,为数亦已无多,应仍照旧例发遣,面刺"改遣"二字。如有脱逃被获,即照新疆脱逃例正法。其余本例应发烟瘴,及"名例"改发四省烟瘴人犯,应以极边足四千里为限,按《五军道里表》内应发省分,解交巡抚衙门均匀酌发,充当苦差,面刺"烟瘴改发"字样。如有脱逃,仍照烟瘴人犯脱逃例,分别治罪。

○又议准:乾隆三十年(1765)奏准,旗下另户人等,因犯逃人匪类,及别项罪名,发遣黑龙江等处者，三年后果能悔罪改过，即入本地丁册，择其善者，挑选匠役、披甲，给予钱粮。三年内不行改过，及已过三年，造入丁册后复行犯罪者，即解送刑部改发云南等省。仍于年终将复犯改发数目，于汇题一年内收到人犯数目本内，一并汇题。至奉旨发遣旗下另户内，如有行凶为匪者，该将军另行请旨办理等因在案。再查"名例"内，凡旗人犯该发遣者，发黑龙江等处当差；奉天等处旗人，犯该发遣者，俱发各省驻防当差。今发遣黑龙江等处之旗人，既已奏准三年改过编入丁册，则奉天等处发往驻防当差之旗人，若果悔罪安分，自与发遣黑龙江当差者事同一例，似应一体办理。嗣后凡发往各处驻防当差另户旗人，果能三年后悔罪改过，即照发遣黑龙江之例，编入本地丁册，择其善者，挑选披甲，给予钱粮。如三年内不行改过，及已过三年，造入丁册后复行犯罪者，亦照发遣黑龙江人犯改发之例办理。并令于年终将编入丁册暨复犯改发数目，于收到人犯数目本内，一并汇题。至奉旨发遣另户内，如有行凶为匪者，仍令该将军另行请旨办理。再发遣新疆当差旗人，前经乌鲁木齐办事大臣奏准，原犯军、流者定限三年，免死减等者定限五年，果能改过安分，即交伊犁驻防处所，归入各旗，挑补驻防兵丁当差。惟编入丁册之处，未经议及。嗣后凡犯该军、流等罪，发往新疆当差旗人，亦照黑龙江等处之例，一体准入本地丁册，挑选食粮当差。

〇三十八年(1773)谕："改遣新疆人犯内情罪较重者，从前概定三年期满之例，原未允协。今刑部请照军、流永戍，于法固属得平。第念新疆究与内地不同，若永远不准放还，又觉过重。但三年为期太速，且不当与情轻人犯，漫无区别。嗣后有重罪改遣新疆人犯，到戍后如果奋勉自效，已及十年者，着加恩准该将军及各办事大臣等援引此旨，奏闻一次。其应否准令回籍之处，临时候朕酌夺。著为令。"

〇三十九年(1774)议准：查新疆改发内地十六项人犯，其中情罪轻重不同，故定例远近不一。惟回民结伙三人以上，积匪猾贼，并三次犯窃计赃五十两以下至三十两，抢窃满贯拟绞缓决一次，窃盗三犯赃至五十两拟绞缓决一次，及行窃军犯在配复犯行窃等六条，情罪尤重，俱发云贵两广极边烟瘴地方充军。此等犯内有老疾残废，及年逾五十者，仍与别项改发人犯，一体免刺"改遣"字样。盖缘从前初定改遣新疆条例之时，凡有年力衰败不任耕作者，俱免其实发。是以积匪等人犯，亦仍照原例办理，并非轻减其罪，竟等于寻常应发四省人犯也。且三十七年(1772)因烟瘴地方人犯日众，酌议指明新疆款内改发四省烟瘴者，情罪俱属较重，为数亦自无多，应仍照旧发遣，其余本例应发烟瘴，及"名例"改发烟瘴等项，均以极边足四千里为限，业经奏准通行在案。是回民结伙三人以上等六条，即系原议指明之新疆改发四省烟瘴人犯，自应仍俱照旧发遣，与别项本例、"名例"应发四省，改发足四千里者不同。此案回民李桂，既系结伙三人行窃之犯，则改发四省烟瘴，系其正条。因其年逾五十，免刺"改遣"字样，较之五十以下人犯，已属轻减。若因从前不任耕作之人，曾准其停发新疆，随为牵引比附，将新疆改发款内应发烟瘴六项人犯，俱与本例、"名例"应发四省者一体改发四千里,殊与前议不符。查近来各省办理此等案犯,因新例通行未久,多致不能划一。相应通行各省督抚,嗣后新疆改发款内,遇有回民结伙三人以上等六项应发四省烟瘴人犯,老幼残疾,及年逾五十者,虽免刺"改遣"字样,俱应仍依原罪,实发云贵两广,划一办理。

○四十年(1775)议准:例载"新疆改发内地人犯,面刺'改遣'二字。如犯事到官,年在五十以上,及成残废者,仍照本例刺字"等语,虽无年正五十者作何办理明文,惟查"犯罪时未老疾"律注内,载"如六十九犯罪,七十事发,得收赎"等语,则年正五十人犯,自可援照办理。

○又议准:由兵丁、闲散等项发往人犯,向例按其情罪轻重,分别三年、五年,询明愿接眷属者,即令其在伊犁充当兵丁;不愿接眷者,即发往塔尔巴哈台,入于换防兵丁数内,给予盐菜口粮,不给钱粮,永远当兵,从无准其回籍之事。但不明立章程,恐日后办理或有歧误。嗣后凡有兵丁、闲散等项,原犯军、流改发新疆之犯,刑部于拟罪折内,声明永远不准回籍,行文该处大臣,照依向例分别办理。

○四十一年(1776),乌什办事大臣奏噶岱墨特所买家奴额鲁特生事不法,请发伊犁。奉旨:"伊犁系额鲁特原籍,若发遣伊犁,与发遣原籍无异,着解京发烟瘴地方。嗣后照此办理。"

○四十七年(1782)谕:"要俊卿一犯,本拟按律杖流,因情节较重,改发新疆。今年满释回,则较原拟流罪不准限年回籍者转轻。嗣后凡遇此等情节可恶发往新疆之犯,年满时,仍将该犯发交应配地方安插。遇有恩赦,再令回籍。"

○五十一年(1786)议准:永远枷号人犯,其所犯情罪,非系凶恶棍徒,扰害闾阎,即属无耻莠民,有关风化,是以不计罪之轻重,概以永远枷号示惩。数十年来,每月支给口粮,且需官兵昼夜严密看守,稍有不周,难免滋生事端。查此等人犯,既已枷示多年,若久令安食糜费,转无以蔽厥辜。自应投畀远方,使身受磨折,方足以儆凶顽而昭国宪。惟各犯原犯罪名,轻重不同,一概拟遣,未免无所区别。应将枷示已逾十年之犯,其原拟死罪,并发遣新疆,情节较重者,发往伊犁等处;原拟发黑龙江等处者,发往乌鲁木齐;原拟军、流以下者,发往黑龙江等处。其拟发新疆各犯,如当日犯事时,系在伊犁、乌鲁木齐等处者,互相调发。分别旗、民,当差、为奴。旗人原拟销去旗档者,照民人例为奴。令配所官员,加意稽察管束。倘有在中途配所脱逃,及滋事扰害者,无论发遣新疆及黑龙江等处,俱即行正法,以示惩儆。并通行各省,嗣后遇有永远枷号人犯,均照此例办理。

○又谕:"石二等系获罪遣犯,不但在配所知罪安居,尚欲奋勉赎罪,将在逃遣犯徐四拿获,则与衙役拿获犯人者不同。奎林等虽已赏赐,尚不足以示鼓舞。着询问石二、莫绍仁,伊等愿入彼处民籍,即着赦罪,入彼处民籍;愿回本籍,即着全回本籍。如再有似此者,即著为令。"

○五十二年(1787),伊犁将军奏遣犯于观彩等,拿获逃遣张添喜正法,于观彩等可否令其回籍。又遣犯石凤等，听从畏罪自缢之张凤智，拿获逃遣王巴儿，并不即时送官，商串无干多人，贿嘱帮拿，冀图回籍等因。奉旨："览奎林等奏，审出拿获逃犯一人，而匿不详报，以致卖与欲回原籍无干之人。如此舞弊，无非仰赖朕有恩旨，以图侥幸回籍，实所不免。因一无用逃人，岂可致令重犯多人得侥幸乎。将此通行新疆将军、大臣等，嗣后如遇拿获逃人之犯，不拘年限，准为彼处之民，不准回籍。如已为民人后，又拿获逃人，再遵从前所降谕旨，准回原籍。即缉获逃人，一人拿获，自属当然。倘或逃人力壮，一人不能缉获，再添一人帮拿尚可。若因循渐久，一人拿获，而妄报会同数人拿获，以图侥幸，此风断不可长。嗣后概不准过二人。著为令。"

〇又谕："据伊桑阿等奏'请发遣哈密屯田为奴罪犯王尽忠等，已逾十年，俟再满五年，准其为民'等语，甚属错谬。王尽忠等七犯，俱系进剿逆匪王伦，从军畏惧逃散者，情殊可恨。免其死罪，仅予发遣，已属侥幸之至。若因发遣之地，伊主不能管束，令其种地尚可。如拘定数年之后准其为民，即可与常犯无异，实不足以示儆。嗣后凡遇发遣为奴之犯，种地尚可，不必令其为民。"

〇五十三年(1788)谕："据尚安奏'将发遣乌鲁木齐、巴里坤、古城等处给满洲兵丁为奴之遣犯，额鲁特、土尔扈特、布鲁特回子等，请发烟瘴地方'等语，尚安所奏尚是。乌鲁木齐等处，即系蒙古地方，去伊犁回子各城，及土尔扈特游牧处，亦甚不远。额鲁特、土尔扈特回子等犯罪，若发乌鲁木齐、巴里坤、古城等处，与满洲兵丁为奴，则与伊本处相近，不止由山谷易于逃逸，亦不足以示儆蒙古、回子人等。今将乌鲁木齐等处所有鄂毕特等十七人，即照尚安所奏，着解送陕甘总督，拟定地方，改发烟瘴。嗣后再有此等应发乌鲁木齐等处之额鲁特、土尔扈特回子、布鲁特等遣犯，俱着照此分发内地。"

〇又议准：嗣后凡寻常军犯，及由流加发军犯，脱逃被获，应由配所计程定地发配之犯，如表内配所应发近边、边远地方，与该犯原籍相近，他无可以改发者，即加一等改发，应近边者以边远计发，应边远者以极边计发，均以距原籍四千里为限。庶足以回避原籍之地，不致欲远转近。其应该枷号、杖责之罪，及将来再有脱逃，改发黑龙江给予披甲人为奴之处，仍依定例，从本罪科断。

〇五十四年(1789)谕："前经刑部以新疆遣犯众多，奏请少发，现在定拟发遣各犯，已俱照此办理矣。但外省审办案件，有减死一等重犯，以及问拟军、流人犯，情节较重不足蔽辜，从重办理者，仍多奏请发往新疆、伊犁等处。此等凶恶匪徒，同在一处，聚集成群，难保无纠约滋事之患。且年复一年，人数日益众多，于该处地方及约束收管，均有未便。嗣后应问拟发遣各要犯，分往吉林打牲乌拉，及黑龙江之索伦、达呼尔、珲春等处，俾凶徒不致日聚日多，方为妥协。着刑部堂官酌定章程具奏，即行文各直省，令其一体遵照。"

〇又谕："昆英系旗人正身，不知自爱，乃因伊叔萨克进布责打，即行逃走，在京城内外逐日短雇当闲，二年有余。又复逃至山东，实属下贱，不顾颜面。昆英着销去旗档,发往配所。该犯习于下流,到该处后,即可听其自便,亦不值复令当差,反得养赡。嗣后刑部遇有此等案件,即照此办理。"

○又议准:铁厂之设,原以济屯田农具之用。旧例于遣犯内,择年力精壮者二百名,以一百五十人挖铁,五十名种地,供挖铁人犯口粮。至一切杂费,于遣犯内酌募有力者,每年捐资三十两,以供厂费,定以年限,与挖铁、种地各犯,一体咨部,分别为民、回籍。惟是开厂之初,捐资人犯,约有百余人,或七八十人,每年除用外尚有赢余。至四十八年(1783)后,其能捐银者仅十余人,或七八人不等,不敷所用。嗣后不必拘定三十两之数,或二十两,或十余两,俱准其呈报。并拣派效力废员一人明白勤慎者,令专管厂务二年。所有遣犯捐资不敷,责令该员捐垫。如办理妥协,年满时,将其出力之处,具奏请旨。至向例遣犯捐资三十两者,满十五年,咨部分别为民、回籍。今仍照向定年限外,其二十两者,酌加一年;十余两者,酌加二年。统计年满能始终奋勉,方准回籍。其为奴人犯,止准为民,不准回籍。

○五十六年(1791)谕:"刑部《议复江苏省拿获盗犯谢鸿仪等分别治罪》一折,'案内孙元梅,以监生窝顿私盐至四千斤以上,恃符庇匪,未便因其系属监生,免其为奴,应将该犯发黑龙江给披甲人为奴'等语,所奏是,已依议行矣。该部议重,原系遵朕谕令改者。向来监生犯事,罪应发遣者,例止发往当差,与平人为奴者不同,定例本未允协。监生捐衔者多,即实在监生,既名列成均,理宜畏法自爱,若以定例改宽,辄敢恃符玩法,较之无知愚民,尤为不肖。且此已犯罪斥革,即与平人无异,岂得因其原属监生,即免为奴,致滋轻纵。嗣后监生犯事,有似此情罪较重者,俱照平人一律办理。至在籍候选之进士、举人,及其余举贡生员,皆属身列衣冠,名登黉序。若能安分守法,立品读书,为小民倡率,原当加以礼貌,别于齐民。倘恃符纵肆,自蹈刑宪,是即不知君子怀刑之义,为士林所不齿。免其加倍治罪,已属法外施仁。转复较平人从轻定拟,何以明刑弼教。嗣后进士、举贡生员等,如止系寻常过犯,不致行止败类者,仍照旧例办理。若系党恶窝匪,卑污下贱者,着照平人之例问拟,以示惩儆。"

○五十八年(1793)谕:"据尚安奏称《发遣乌鲁木齐充当苦差效力候补原任都司陈士份、原任把总杨飞鹏,俱三年期满》一折,业经批交再留三年矣。其从前发遣此等人员,年满具奏,再留几年。如复留年限期满,仍具奏一次,徒滋烦琐。嗣后发遣伊犁、乌鲁木齐等处此等人犯,年限期满具奏,再留几年,所留年限期满,不必复奏,即着照例释回。著为令。"

○五十九年(1794)谕:"前因发遣各处官犯,久留边地,特降旨令军机大臣会同该部查明各犯原案,分别情节轻重、年分久暂,定立条例,妥议具奏。今又思不特官犯为然,即常犯内获罪较重,按律发遣新疆,及免死减等者,固属罪所应得,而其中有所犯本罪止于杖徒、军、流,经该部及各省督抚,于核办时从重问拟新疆等处者,亦复不少。以致节年发遣之犯,日积日多,新疆难以安插,因而改发黑龙江及各回疆等处。似此有加无减，设黑龙江等处，复有人满之患，又将安插何处耶？殊非矜恤之义。现在春膏未溥，正应省刑慎罚，以期感召和甘。嗣后该部及各督抚办理此等案件，除罪应发遣新疆，及免死减等，仍照例办理外，如所犯情节较重，仅按本律问拟杖徒、军、流不足示惩者，亦止应照本罪定律加一等问拟，不得有意从重，越等加增，以昭平允。钦此。”遵旨议定：新疆各案人犯，请按原犯军、流、杖徒罪内，情节尚轻，年久者，依次递减，予杖徒完结；年浅者，俟满三年，按原罪递减。情节略重者，仍留三年，限满后按原罪递减。其并无原拟罪名，径发新疆者，核其年分、情节，照军、流、杖徒重罪发遣人犯例，一体分限减等。其新疆情节较重各犯官，自不应复行录用。惟情节尚不甚重者，请再留戍所三年，分别减等。该将军等遇有需员差委，先尽此项官犯内，择才具堪用者挑补。至吉林、黑龙江等处人犯，向无效力释回之例，应并核其情节可原者，入新疆各犯单内，酌减完结。其军台各犯，俟年满交清台费，准报部存案，释回旗、籍。未满年限，力能捐赎者听。曾任州县以上等官，效力年满，咨查原籍实在无力完缴，亦准释回；佐杂微员，及武职守备以下，不能交清台费者，即于年满酌改徒罪发落。

# 卷七百四十六·刑部二十四

## 名例律 *徒流迁徙地方六　充军地方*

### 徒流迁徙地方六

○嘉庆四年(1799)议准:发遣新疆人犯脱逃正法之例,原为边地甫经戡定,不得不从严惩治。今新疆久隶版图,沾濡圣化,已与内地无异。发往人犯,与发遣黑龙江等处情罪相同。查发黑龙江等处各条,除强盗免死减等,系由重减轻之犯,如有脱逃,例应正法外,其余例应发往,及由轻加重改发者,如有脱逃,例止枷号,俱不正法。嗣后发遣新疆人犯脱逃,亦照黑龙江之例,由死罪减发者,仍行正法;其余遣犯被获,即在配所用重枷枷号三月,杖责管束。

○六年(1801)议准:伊犁厂局船工,现乏人役使,将应发回疆五项人犯,并乌鲁木齐等处遣犯,洋盗案内在外瞭望接递赃物,例应发往黑龙江打牲索伦、达呼尔为奴盗犯,一并发往伊犁,照例分别当差、为奴。

○八年(1803)奏准:应发回城五项人犯,照例发遣回城给伯克为奴。其例发新疆人犯,行令陕甘总督照例均匀酌拨,毋庸专发伊犁。至洋盗案内各犯,亦照旧例发遣黑龙江等处为奴。再伊犁等处遣犯,自嘉庆四年(1799)后,所有办理章程,两次奏请更易。此等遣犯,时多时寡,应令该将军酌量各该处人数,随时酌拨调剂,以免屡次更易成例。

○十年(1805)谕:“近年来闽、广等省案犯发吉林安插者,有三百余名,闻黑龙江较此更多。此等人犯,均系犷悍无赖之徒,到配后无人管束,又无口食,三五成群,易于滋事。安插各犯,自因其原犯罪案,比之为奴各犯较轻,是以量为末减。但为奴之犯,各有本主约束,给予口食,转可相安。至安插各处之犯,若因其无人管束,概令为奴,则竟与缘坐家属等项免死减等重犯,一律办理,未免太无区别。若任其散处,则此等匪徒,既无随时禁辖之人,又复穷苦乏食,必致聚而为匪,滋生事端。且每年发遣人犯,愈积愈多,亦属不成事体。着刑部详查旧时例案,悉心筹酌,将此项人犯如何位置,如何管束,俾糊口有资,共知畏法,可期行之永久,妥议章程具奏。钦此。”遵旨议定:此项安插人犯,均系闽、广添弟会匪案内听从被胁,并未转纠伙党,于首犯死罪上减等拟流,照叛案干连流徙乌拉地方例,发遣吉林之犯,不便与寻常军、流人犯散置内地,而究非大逆缘坐免死减等可比,亦不便概令为奴。向来安置外遣人犯,除吉林、黑龙江外,惟新疆各处,幅员最为广阔,当差、种地,在在需人。莫若将从前酌拨新疆之积匪猾贼、窃盗临时拒捕伤非金刃伤轻平复者、抢夺伤人伤非金刃伤轻平复者、发掘他人坟冢见棺椁为首及开棺见尸为从者、回民行窃结伙三人以上执持绳鞭器械者、抢夺金刃伤人及折伤下手为从者六项,仍照旧例改发内地;将会匪一项,全行发往新疆安插。

○十一年(1806)谕:"向来免死改遣吉林、黑龙江及伊犁、乌鲁木齐等处人犯,为常赦所不原者,终身不能援减释回。此等案犯,率皆桀骜不驯之徒,历年遣发,日聚日多。该犯自知永无生还之望,愍不知畏,转于配所三五成群,或犯法滋事,或脱身潜逃,均所不免。因思各该犯内,情罪亦有不同。除特旨发遣不准减免各犯外,其余照例改遣之犯,莫若定以到配年限、本犯年岁为断。伊等到配年久,渐加约束,即素性犷悍,而垂老余生,谅不至如少年好勇斗狠之习,似可量加贳宥,予以自新。着刑部堂官检核例案,参勘情罪,将此等人犯,如何定立限期,分别减等,或改发内地,或释回原籍,俾归平允之处,悉心妥议具奏,以示朕法外施仁至意。"

○十五年(1810)谕:"向来发往伊犁、乌鲁木齐等处废员,到戍时,均由该处将军、都统奏闻。三年届期,并将该员当差勤慎与否,奏明请旨。遇有事故,亦随时具奏。惟发往热河之员,向俱无人管理。嗣后着交热河副都统,遇有发往之员到日,即行奏明派在何处当差。至三年期满,亦分别具奏请旨。其有事故者,随时附奏。著为令。"

○十七年(1812)谕:"东三省为我朝龙兴之地。因吉林、黑龙江二处地气苦寒,从前定例,将获罪人犯,发往该处给兵丁等为奴者,彼时人数有限,到配后尚易于管束。近缘广东、福建等省,办理洋盗、会匪等案,将伙犯情重者,俱照拟发往,人数积至数千名以外。该处兵丁岁支钱粮,本有定额,止敷养赡身家。今发给为奴者日增日众,责令收养,其生计必愈形苦累。且该处习尚淳朴,此等为奴人犯,大率皆凶狡性成,百千群聚,故习未悛,甚或渐染风俗。于根本重地,尤属非宜,甚有关系。着刑部即速详查该二处现在业经到配为奴之犯,共有若干。此内核其在彼年久者,量减军、流,分别改发烟瘴、极边等处。其到配未久,未便减等者,即着改发新疆。并着改定条例,嗣后各省案犯,有例应发遣该二处为奴者,量予区别,酌留数条。其余洋盗、会匪人数较多之案,均酌拟改发新疆及烟瘴等处。奏明条款,纂入律例遵行。"

○道光元年(1821)谕:"方受畴奏'邪教案内留于本境永远枷号人犯,请即行解配'等语。邪教案内应行发遣人犯,留于本境枷示,原以化诲愚蒙,俾知儆戒。今本犯既不知改悔,匪徒复踵习其教,自不若投之遐荒,免滋煽惑。着即照该督所议,咎明、李老和二犯仍照刑部原议,一并解发回城为奴。嗣后拿获邪教案犯,审明应发遣者,均即行解配。其有情节较重者,发往配所永远枷号,毋庸留于犯事地方监禁枷示,以消萌孽。"

○八年(1828)谕:"曹振镛等《核议兵部奏军台效力废员无力完缴台费,请照旧例办理》一折。嗣后坐台废员,三年期满,无力措缴台费,曾任州县、都司以上者,着照乾隆五十四年(1789)旧例,由部行令该旗、籍详查结报,并无捏饰,将该废员再留台五年,始准释回。如能于留台五年限内设措完缴,亦准该都统随时具奏,请旨释回。其县丞、守备以下坐台废员,无力缴费,仍着于三年期满时,照例改拟杖徒完结。至兵部所请免其余罪之处,着毋庸议。"

○又谕:"那彦成等奏《回疆遣犯请给章京衙门服役》一折。向来发遣回城人犯,例给伯克回子为奴。近因渐积渐多,回子难于管束。且各城印房等处章京、笔帖式役使乏人,着照所请,嗣后发给回城为奴之犯,准其酌量拨给印房各章京、笔帖式等供役。该章京等卸任之时,列入交代,不准携回本旗。俟拨给各章京衙门足敷役使,再分给大小伯克为奴,毋庸分给小回子,以免拖累。着该部载入条例,通行各直省,及回疆各城大臣,一律遵照办理。"

○二十四年(1844)谕:"军机大臣会同刑部议奏'贵州军犯拥挤,酌减调剂'等语。新疆遣犯改发内地,恐人数众多,不特约束难周,且于民风大有关碍。非若新疆地方辽阔,外遣人犯,易于安插。所有旧时改发内地各条,着仍照旧例发往新疆,交该将军设法妥为安插,并严饬所属认真查核,严加管束,毋令滋生事端,俾期积久无弊。"

○光绪二年(1876)议准:定例回民结伙抢夺,及持械凶殴,俱实发四省烟瘴,不得编发甘省回民聚集之地,原系杜渐防微。按四省烟瘴,云、贵二省,甫经平定,云南尤属汉回杂处之区,均未便遽行安插回犯。嗣后各省结伙行窃之回犯,照本例改发两广地方。其非情重回犯,仍按表办理,不得概行发往。

○七年(1881)题准:伙盗供获首盗减发为奴章程,系在十一项强盗到配后锁带铁杆石礅名例之后,未经增入。然同一强盗拟遣为奴改军之犯,未便办理两歧。嗣后此项人犯,改发极边烟瘴充军,仍以足四千里为限,到配锁带铁杆、石礅二年。

○十年(1884)奏准:嗣后秋审减等之犯,佥同妻室子女,发配新疆,助兴屯政。其车辆、口粮,一并由沿途地方官拨护资送。并将罪至军、流以上官犯,照旧发往,按屯拨给地亩,令其督办开垦。如率作勤奋,有耕地多而收获广者,由该管大臣随时奏明,分别减、释。

○十一年(1885)奏准:前因军、流、徒犯配逃日众,奏令各省督抚就地方情形妥筹安插。兹据直隶等省所议,统加详核,直隶、热河、奉天等省,向不安插军、流,止有徒犯;热河徒犯,均发内地;吉林、黑龙江从前遣犯最多,后经停止,惟旗人及宗室有犯,俱照例发往,每年亦不多见,约束甚易。该处及奉天徒犯报逃者少,且向有口粮,谋生亦易,核与江苏、安徽、湖广、山东、山西等省所奏徒犯情形相同,俱可毋庸另筹。直隶徒犯,较他省多至数倍,其报逃者,亦倍于他省,且多系抢窃、游惰等犯。据该督奏称,嗣后收入自新所,责令学习织带、编筐等项手艺,自可照办。仍饬令各该州县认真稽查,毋得徒托空言,有名无实。河南、甘肃二省,则以命案各犯,给资营生当差;抢劫各犯,收入自新所、军流所看管。河南省并称,一二年后察其情形,再一体安顿,甘肃似亦可仿照行之。四川省则拟设徒流所,令各犯学艺谋生,与直隶用意相合。河南、甘肃,既同设有专所,与其徒加看管,似不如亦责令学习手艺,则各犯勤而习劳,迁善更易。山东、山西二省,则按军、流各犯原案轻重,分别营生、当差。贵州、陕西、云南、安徽、福建、浙江、广东七省,则以老病者入养济院,余或给资营生,或随同捕盗屯边,均系按地方情形办理。安徽并称年终造册,归臬司汇查,更属周密,各省似皆可仿行。湖南、湖北二省,则拟令应役充夫及捕盗立功。至甘肃省所称"检查犯册,未见配所有家而逃者。如寻常命案情有可原者,拟令携带家口充役营生"等语,系属安插军、流第一良法。惟佥妻之例,久经停止,一旦遽行议复,不特地方官沿途资送,需费浩繁,即各犯家室,亦未必尽愿到配。似不如于定案之时,询明各犯是否情愿携带家室,如有愿带而无力者,地方官可量为资送,以示体恤,其不愿者听,庶情法两得其便。应由各该督抚按照所奏,自行定立详细章程,饬属认真整顿。仍照安徽、四川等省所议,饬令各该州县将逃犯数目,按季造册详报,由该督抚年终咨部查考。

○又奏准:秋审免死准减人犯,发往新疆助兴屯田,各省合计不下数千人。再加佥同之妻室子女,数已逾万。沿途地方支应不易,防范难周。且新疆屯政,甫经举办,一旦发往多人,亦虑急难安插。查陕甘、山西、四川,距新疆道里均不甚远,其直隶、山东、河南,虽距彼稍远,而风土情形,尚不甚悬殊,先尽此七省人犯,陆续发往。其余各省,仍照军、流成例定地发配。如果数年后该处屯田大兴,耕作需人,再行奏请酌量添发。

○十三年(1887)议准:甘肃新疆巡抚奏,新疆助垦人犯,到配酌量户口,分拨各厅、县安插。有室家者,拨给地亩,俾安耕作;老弱不能力耕者,于各衙门分派役使,或给资本贸易。至各犯佥同妻子改发新疆,原期室家相聚,既可尽力农耕,生齿日繁,并可渐臻富庶。若大半令其只身前往,于兴屯实边,仍属毫无裨益。应令直隶等七省起解各犯,凡有室家者,概行佥同起解,不得任其借词支饰,率免佥发。其实系只身人犯,在途既易滋事端,到配亦难安耕作,仍应按表定发内地,毋庸再发新疆,以省烦扰。至此项改发新疆人犯,原与实在遣犯不同,钱粮全完之年,即准入籍为民。

○十五年(1889)奏准:嗣后新疆等处效力官犯,凡事犯在恩诏以前,除已满三年者,仍钦遵恩诏办理外,如到配未满三年,亦准一体查办。令该将军等汇册咨部,由刑部核其情罪较轻者,扣满三年,准令释回。其情罪稍重者,或酌留一二年再行释回。至事犯在恩诏以后各官犯,应仍照例定年限,俟期满后再行核办。不得以该废员等效力空词,率行奏请减释,以符旧制。

○十六年(1890)奏准:恭逢恩诏查办已满三年各官犯,由刑部核明情罪,分别准免、不准免,开单具奏请旨。凡在不准援免之列者,皆系情罪较重,仍照例定十年限满,方准奏请,以符旧制。

○又议准：直隶、山东、山西、河南、四川、陕西、甘肃七省免死减等各犯，佥同妻室子女，发往新疆助兴屯政，无论是否已满升科年限，钱粮全征与否，凡到配在十五年(1889)三月十六日恩诏以前者，即准一体免罪，入籍为民，遇事照平民办理。

## 充军地方

凡问该充军者，附近发二千里，边卫发二千五百里，边远发三千里，极边、烟瘴俱发四千里。如无烟瘴地方，即以极边为烟瘴，定卫发遣充军。人犯在京，兵部定卫；在外，巡抚定卫，仍抄招知会兵部。其问该边外为民者，抄招解送户部编发。

**谨案** 雍正三年(1725)，删改原例一条，定此律文。

直隶布政司府分，发山东、附近。山西、附近、边卫。江南、附近、边卫、边远。湖广、附近、边卫、边远。陕西、附近、边卫、边远、极边。浙江、边卫、边远、极边。江西、极边。广东烟瘴。卫所；江南布政司府分，发湖广、附近。山东、附近、边卫。浙江、附近、边卫。陕西、附近、边卫、边远、极边。直隶、附近、边卫、边远。山西、边卫、极边。广东边远、极边、烟瘴。卫所；山东布政司府分，发登州府、附近。直隶、附近、边卫。江南、附近、边卫、边远。山西、附近、边卫、边远。浙江、附近、边卫、边远、极边。陕西、边卫、边远、极边。广东烟瘴。卫所；山西布政司府分，发山东、附近、边卫。江南、附近、边卫、边远。陕西、附近、边卫、边远、极边。湖广、附近、边卫、边远、极边。浙江、边远、极边。江西、边远。广东极边、烟瘴。卫所；河南布政司府分，发山东、附近。山西、附近、边卫。湖广、附近、边卫。直隶、附近。江南、附近、边卫、边远、极边。陕西、附近、边卫、边远、极边。浙江、附近、边卫、边远、极边。广东边远、极边、烟瘴。卫所；陕西布政司府分，发宁夏卫、河州卫、附近。直隶、附近。山西、附近。本都行都司、附近、边卫、边远。山东、附近、边卫、边远、极边。湖广、附近、边卫、边远、极边。江南、边卫、边远、极边。广东边远、极边、烟瘴。卫所；浙江布政司府分，发江南、附近、边卫、边远。山东、附近、边卫、边远。湖广、附近、边卫、边远。直隶、边卫、边远、极边。山西、极边。陕西、极边。广东烟瘴。卫所；江西布政司府分，发山东、附近。浙江、附近。湖广、附近、边卫。广东、附近、边卫、边远。直隶、边卫、边远、极边。山西、极边。陕西、极边。四川极边。卫所；湖广布政司府分，发襄阳府、附近。江西、附近、边卫。浙江、附近、边卫、边远。四川、附近、边远。江南、附近、边卫、边远、极边。山西、附近、边卫、边远、极边。陕西、附近、边卫、边远、极边。直隶、边卫、边远。广东附近、边卫、边远、极边、烟瘴。卫所；福建布政司府分，发浙江、附近。江西、附近。江南、附近、边卫、边远。广东、附近、边卫、边远。湖广、附近、极边。山东、边卫、边远、极边。直隶、边远、极边。四川极边。卫所；广东布政司府分，发潮州府、附近。湖广、附近、边卫、边远、极边。山西、极边。四川、极边。山东极边。卫所；广西布政司府分，发江西、附近、边卫、边远。湖广、附近、边卫、边远。四川、边卫、边远、极边。山西、极边。陕西、极边。浙江、极边。广东附近、边卫、边远、极边、烟瘴。卫所；四川布政司府分，发越巂卫、附近。陕西、附近、边卫、边远、极边。湖广、附近、边卫、边远、极边。江南、边卫、边远、极边。山西、极边。浙江、极边。广东边卫、边远、极边、烟瘴。卫所；贵州布政司府分，发四川、附近。江西、附近、边卫。湖广、附近、边卫。陕西、附近、边卫、边远、极边。江南、边卫、边远、极边。浙江、边卫、边远、极边。山西、极边。广东附近、边卫、边远、极边、烟瘴。卫所；云南布政司府分，发广东、附近、边卫、边远、极边、烟瘴。湖广、边卫、边远。陕西、边远、极边。江西极边。卫所。

**谨案** 原律目为“边远充军”，律文云，“江南布政司府分，江南发直隶永平卫、山西都指挥使司、陕西都指挥使司所辖兰州卫、河州卫；江北发广东都指挥使司所辖海南卫、四川都指挥使司所辖贵州卫、雅州千户所。福建布政司府分，发直隶永平卫。浙江布政司府分，发直隶永平卫。江西布政司府分，发山西都指挥使司。湖广布政司府分，发山西都指挥使司。河南布政司府分，发广西都指挥使司所辖南宁卫、太平千户所。山西布政司府分，发广东都指挥使司所辖海南卫。山东布政司府分，发广东都指挥使司所辖海南卫。直隶府分，发广西都指挥使司所辖南宁卫、太平千户所。陕西布政司府分，发广西都指挥使司所辖南宁卫、太平千户所。广西布政司府分，发陕西都指挥使司所辖兰州卫、河州卫。广东布政司府分，发山西行都指挥使司。四川布政司府分，发广西都指挥使司所辖南宁卫、太平千户所”。雍正三年(1725)，核准道里远近，改定此律。乾隆三十六年(1771)奏准，今卫所专司挽运漕粮，并不收管军犯，将“边卫”充军改为“近边”充军，律内“定卫”改为“定地”。其直隶等处发配人犯，原文系发各省卫所，今将“卫所”二字改为“地方”。又烟瘴不足四千里改发极边之例，乾隆三十二年(1767)停止。边外为民之例，三十六年(1771)删除，三十七年(1772)因将“如无烟瘴地方”二句及“问该边外为民”二句删去。

**附律条例**

〇一、凡问该充军者，在京，行兵部定卫。在外，系巡抚有行者，巡抚定卫；巡按有行者，巡按定卫；其所属自问者，有巡抚处，申呈巡抚，无巡抚处，巡按定拨。仍抄招行兵部知会。其问该边外为民者，亦抄招送户部编发。

**谨案** 此条系原例。雍正三年(1725)删改，定为律文。

〇一、凡永远充军，或奉有特旨处发叛逆家属子孙，止于本犯所遗亲枝内勾补，尽绝即与开豁。若未经发遣，在监病故，免其勾补。其实犯死罪免死充军者，以着伍后所生子孙替役，不许行勾原籍子孙。已前勾补过者，不得混行告脱。其余杂犯死罪并徒、流等罪，照例充军及边外为民者，俱止终本身。

**谨案** 此条系原例。雍正三年(1725)，因现今无勾补之例，奏明删除。

〇一、凡问发充军及边外为民者，免其运炭、纳米等项，并律该决杖，就拘当房家小，起发随往，其余人口，存留原籍，办纳粮差。若发边卫充军者，原系边卫发极边，原系极边常川守哨。其无“极边”字样者，远不过三千里，程限不过一二月。发边外为民者，原系边外并边境民人，发别处极边。前二项人犯，虽有共犯，本例不言不分首从者，仍依首从法科断，为从者照常发落。

**谨案** 此条系原例。

〇一、凡问发边外为民者，佥妻起发。如原系边外并边境人民，俱发别处边外。

**谨案** 此条雍正三年(1725)删改。乾隆三十六年(1771)，停止边外为民之例，将此条删除。

〇一、凡充军及边外为民人犯,属军卫者,军卫佥解;属有司者,有司佥解。

**谨案** 此条系原例。"属有司者"二句,雍正三年(1725)增。乾隆三十二年(1767),以卫所既不管军犯,均归有司起发,毋庸分别定例,此条删。

〇一、各省充军人犯,除发现在各卫所外,其有应发之卫所已改设州县者,亦照旧发边,仍注军籍当差,以该州县为专管,该府为统辖。如有脱逃疏纵,将该府、州、县职名查参。

**谨案** 此条雍正三年(1725)定。

一、凡各省充军人犯,该州县仍注军籍当差,以该州县为专管,该府为统辖。如有脱逃疏纵,将该府、州、县职名题参。

**谨案** 此条乾隆三十三年(1768)改定。

〇一、奉天、直隶,不便安插军、流罪犯。嗣后各省军、流,均按照《五军道里表》及《三流道里表》,分别等次,改发别省。其应发奉天、直隶府州等处,永行停止。

**谨案** 此条乾隆二十一年(1756)定。

〇一、犯该边卫永远充军者,改为边远充军;犯该边远永远充军者,改为烟瘴充军。若犯该离家四千里外并无烟瘴,即发极边充军。犯该极边烟瘴永远充军者,亦止发极边烟瘴充军。

**谨案** 此条雍正十一年(1733)定,为欲改永远充军之例而设。乾隆五年(1740)修改,定为此条。三十二年(1767),以永远充军之例既裁,将此条删除。

〇一、贪赃官役,应发尚阳堡、辽阳者,改发川、陕边省,令该督抚查照原罪,定地远近,安插为民。其衙门蠹役,恐吓索诈十两以上,例发奉天安插者,改为边卫充军。官船户私铸钱文,夹带移往他处,例发辽阳安插者,改为杖一百、流三千里。无票出口例发辽阳安插者,改为杖一百、流三千里。

**谨案** 乾隆五年(1740),将例内应发尚阳堡、辽阳、奉天等处者,议准并改内地军、流,此系其总例。因既于各本条改正,毋庸列入例册,将此条删除。

# 【吏　律】

## 【吏律·职制】

## 卷七百四十七·刑部二十五

**吏律·职制**　官员袭荫　大臣专擅选官　文官不许封公侯
选用军职　滥设官吏

### 官员袭荫

凡文武官员应合袭荫职事，并令嫡长子孙袭荫。如嫡长子孙有故，嫡次子孙袭荫。若无嫡次子孙，方许庶长子孙袭荫。如无庶出子孙，许令弟侄应合承继者袭荫。若庶出子孙及弟侄，不依次序，搀越袭荫者，杖一百、徒三年。其军官子孙年幼，未能承袭者，申闻朝廷，纪录姓名，关请俸给，优赡其家。候年一十六岁，方令袭职，管军办事。如委绝嗣无可承袭者，亦令本人妻小，依律关请俸给，养赡终身。若将异姓外人乞养为子，瞒昧官府，诈冒承袭者，乞养子杖一百，发边远充军，本家所关俸给，截日住罢。他人教令者，并与犯人同罪。若当该官司知（其搀越诈冒之罪）而听行，与同罪。不知者不坐。

**谨案**　雍正三年（1725）奏准：今承袭世职，俱凭本族及该管官保送该部，奏请承袭给俸。若年幼者，候年一十八岁，方令上朝应公役。律文"军官子孙"以下至"管军办事"等句，改为"其子孙应承袭者，移文奏请承袭支俸。如所袭子孙年幼，候年一十八岁，方预朝参公役"。

### 附律条例

〇一、武职有因年远及典刑等项，例不应袭，而有嫡子孙弟侄者，给予冠带操备，月支米一石。有功，照舍人例升赏。

〇一、武职降调充军，本身再不准袭。

〇一、降级官现在，而子孙愿就现降职事者，准令袭。逃官不知去向三年者，亦准袭。被告脱逃，该徒以上问革为民者，至六十，仍许袭。

○一、旁支承袭例。如高、曾祖原系功升总小旗,以后从曾伯叔祖或从伯叔祖、堂伯叔又立功升官者,指挥革,袭试百户;千户革,袭署百户,子孙准承袭。百户革,充冠带总旗一辈,子孙止替旗役。其试职署职,如无军功,虽遇例不许实授。若高、曾祖不系功升旗役者,旁支子孙。不准承袭。

○一、武职为人命典刑充军者,子孙袭调别卫;为事脱逃革职者,子孙仍照旧例袭职。

○一、应袭舍人犯劫盗者,弟侄照祖职降一等承袭。该优给者依此例。

○一、军职犯知强盗后分赃满数充军者,子孙袭职或优给,俱于应袭职事上降三级。

○一、军职袭替,有不由军功,例该减革,却行捏奏,兵部官吏阻坏选法者,问调边卫带俸差操。

○一、军官子孙告要袭替,移文保勘,如云南、贵州、四川、广东、广西、福建、江西、浙江十五年之外,直隶、江南、湖广、陕西、河南、山东、山西、辽东十二年之外,人、文不曾到部者,不准袭替,发原卫所随舍余食粮差操。中间果因追征钱粮未完、缘事提问未结及年幼例不应袭,以完事出幼之日为始,亦照前云南等处十五年、直隶等处十二年之内,但有抚、按官给予明文,及限内告有执照者,照旧袭替。若都司本卫所官勒措财物,故意刁难,不与保送者,问发带俸差操。

○一、保到军职应袭儿男弟侄,但有姻族并无干人,奏告奸生、乞养、伦序不明等情,已经勘明缴报兵部,原告又行捏词奏告者,问罪,属军卫者调边卫差操,属有司者发边外为民,应袭者即以入选,原词立案不行。

○一、官军军丁,有将户内弟侄子孙过房与人,或被官豪势要和买,改易姓名者,不分年岁远近,许其取赎归宗听继。若占吝不发者,所在官司追究治罪。其诱买各边军丁者,问发极边卫分充军。

○一、军职犯该侵盗钱粮问拟永远军罪,例应次房子孙承袭者,除正犯现在及有子孙,务要追赃完日,方许保送得袭之人承袭。若正犯故绝,遗有该追钱粮,准令得袭之人,先行承袭,扣俸还官。若赃银至数百两、米数百石以上,扣至十年犹不能完者,余赃应否开豁,抚、按官勘明,奏请定夺。

○一、各处保送卫所袭替军职,务要严加查核。但系管运,曾经漕司参提,应追完官入官赃银,或挂欠京通仓库各项钱粮,或犯该充军降级,曾经完结,果无违碍,方许保送。如有朦胧保送者,掌印官及首先出结之人问罪,带俸差操。有赃,以枉法从重论。承袭之人,照旧监追。完日,降一级承袭。其有不系充军降级,勘产尽绝,不能办纳者,许其先行袭替,扣俸还官。

**谨案** 以上十三条均系原例。雍正三年(1725)以军职业已裁汰,此例亦删。

○一、武臣在任亡故,及征伤失陷者,自指挥至所镇抚,妻并给米五石终身。无子孙者,亦如之。为事亡故,无承袭者,不给。

**谨案** 此条系原例。

一、武臣出征受伤者,分别等第给赏;阵亡者,按品予恤,并给世职。

**谨案** 此条雍正三年(1725)改定。

○一、武职守城失机,贻患边方者,及武职临阵退怯,至所部失陷二十人者,并不准袭。有犯不孝致典刑者,取祖父次子孙承继袭职,本犯子孙不许。

**谨案** 此条系原例。雍正三年(1725),删去“至所部失陷二十人”句,改为“武职守城失机,贻患边方,及武职临阵退怯者”。乾隆五年(1740),又删去“承继”二字。

○一、世职有犯人命、失机、强盗,实犯死罪及免死充军者,不分已决、已遣、监故,并强盗脱逃自缢,子孙俱不准承袭。

**谨案** 此条系原例。乾隆五年(1740)于末二句删去“强盗”二字,子孙上增“本犯”二字。

○一、故官子女幼者,给全俸,女出嫁住支;父母老者,给全俸终身。

**谨案** 此条系原例。

一、世职官亡故,户无承袭,而其父母年老者,给半俸终身。

**谨案** 此条雍正三年(1725)改定。

一、凡世职官员物故,无应袭之人,官册注销者,其妻给半俸终身。无妻,查原立职之官有亲生母,亦给半俸。如原立职之官无母,而袭职之官,或亲母或继母在者,亦给半俸终身。

**谨案** 此条雍正五年(1727)定。

一、世职官亡故,户无承袭,其父母继母、生母。在者,给半俸终身。

一、世职官物故,无应袭之人,官册注销者,如无父母,其妻亦给半俸终身。无妻者,查原立职之官,有亲生母,亦给半俸。

**谨案** 此二条系乾隆五年(1740)将前二条改定。

○一、凡世职年老,户无承袭者,支全俸优给。袭职之员未及年岁者,支给半俸。

**谨案** 年老给全俸系原例。未及岁者给半俸,系雍正五年(1727)定例。乾隆五年(1740)并为一条。

○一、凡世职将乞养异姓与抱养族属疏远之人,用财买嘱冒袭,及受财将官职卖与同姓或异姓人冒袭,已经到部袭过者,冒袭之人并保勘之官罢职,其世职永不得袭。保勘官,以受财首先出与保结者为坐。连名保结者,俱依律减等科断。有赃者,并以枉法论。若朦胧保送违碍子孙弟侄者,俱照常发落。其异姓冒袭之人,比照乞养子冒袭律,发边远充军。

**谨案** 此条系原例。原文“揭黄永不得袭”,雍正五年(1727)将“揭黄”二字改为“其世职”三字。“连名保结”上,原文有“卫所并都司掌印、佥书官”十字,雍正五年(1727)删。

〇一、应袭之人,若父现在诈称死亡,冒袭官职者,发近边充军。候父故之日,许令以次儿男承袭。如无以次儿男,令次房子孙承袭。

**谨案** 此条系原例。首句本系"应袭舍人",雍正三年(1725)以现无舍人名色,改"舍"字为"之"字。原文"事发问罪,调边卫充军",雍正三年(1725)改"调"字为"发"字;乾隆三十二年(1767)以后,例内"边卫充军"均改"近边充军",并删"事发问罪"四字。

〇一、凡袭职官员获罪革职者,其世职与亲兄弟承袭。如无亲兄弟,将世职注销。虽原立职之人,有别派子孙,亦不准袭。

**谨案** 此条雍正五年(1727)定。

一、凡世袭官员,如有因罪革退,例不准本犯子孙承袭者,其世职与亲兄弟承袭。若无亲兄弟,即袭与兄弟之子孙。若无亲兄弟及兄弟之子孙,竟至除革者,无论官之大小,俱将原立勋绩之处,与被罪原由。及原立官之子孙,一并查明,请旨定夺。

**谨案** 此条系乾隆五年(1740)遵照雍正二年(1724)谕旨。将前例改定。

〇一、各处土官袭替,其通事人等,及各处逃流军囚客人等,有拨置土官亲族不该承袭之人,争袭劫夺仇杀者,俱发极边烟瘴地面充军。

**谨案** 此条系原例。乾隆五年(1740)将第二句改为"其通事及诸凡色目人等"。

〇一、凡土官袭职,由司府州邻具印甘各结,并土司亲供宗图,及原领号纸,详送督抚具题袭替。若应袭之人未满十五岁者,许令本族土舍护理印务,俟岁满日具题承袭。如有事故迟误,年久方告袭者,宗图、号纸有据,亦准袭替。

〇一、凡土官故绝无子,许弟承袭。如无子弟,而其妻或婿为其下信服者,许令一人袭替。

〇一、凡土舍嫡妻护印,止令地方官查明,出具合例印烙咨部,准其护印。

**谨案** 以上三条均系雍正五年(1727)定。

〇一、凡土官病故,该督抚于题报之时,即查明应袭之人,取具宗图册结、邻封甘结并原领号纸,限六个月内具题承袭。其未经具题之先,亦即令应袭之人,照署事官例用印管事。地方官如有勒措沉搁留难者,将该管上司均交部议处。其支庶子弟中有驯谨能办事者,俱许本土官详报督抚具题请旨,酌量给予职衔,令其分管地方事务。其所授职衔,视本土官降二等。文职,如本土官系知府,则所分者给予通判衔;系通判,则所分者给予县丞衔。武职,如本土官系指挥使,则所分者给予指挥佥事衔;系指挥佥事,则所分者给予正千户衔。照土官承袭之例,一体颁给敕印、号纸。其所管地方,视本土官多不过三分之一,少则五分之一。此后如再有子孙可分者,亦再许其详报督抚具题请旨,照例分管地方,再降一等给予职衔、印信、号纸。

**谨案** 此条雍正五年(1727)定。"未经具题之先"上,原文有"土官病故之后"句;"交部议处",原文系"照违限例议处",均于乾隆五年(1740)删改。

〇一、校尉事故，必须册籍有名亲生儿男弟侄替补。若官旗将别姓朦胧诈冒替补者问罪，官旗调外卫带俸食粮差操，冒替者亦调卫充军。

**谨案** 此条系原例。

一、銮仪卫校尉缺出，于现役校尉亲生儿男弟侄内，选择堪用者替补。如校尉子弟不足，移文五城，将身家殷实民人保送选补。其养象校尉缺出，即以所生儿男替补。有朦胧冒替者，俱问罪，以违制论。

**谨案** 此条雍正三年(1725)改定。

〇一、文武官员，例应请封一代。有愿以本身及妻诰封移封祖父母者，皆准移封。

〇一、八九品官，止封本身。有愿移封父母者，准其父母并封。教授照知县例封文林郎，并封一代。学正、教谕，照县丞例封修职郎；训导照主簿例封登仕郎，俱封本身。有愿移封者，亦准其父母并封。其八九品官之母，封为八品孺人、九品孺人。凡有三母者，继母、生母与嫡母，准一并封赠。

**谨案** 以上二条，俱系雍正五年(1727)定。封赠条目，于律例无涉，且不全备，乾隆五年(1740)删。

## 大臣专擅选官

凡除授官员，兼文武应选者。须从朝廷选用。若大臣专擅选用者，斩。监候。若大臣亲戚，非科贡应选等项系不应选者，非奉特旨，不许除授官职。违者，罪亦如之。受选除者俱免坐。其现任在朝官员，面谕差遣及改除，外职。不问远近，托故不行者，并杖一百，罢职不叙。

### 附律条例

〇一、内外管属衙门官吏，有系父子兄弟叔侄者，皆须从官卑者回避。

**谨案** 此条系原例。乾隆五年(1740)，以官员回避应载《铨选则例》，与律例无涉，删。

〇一、文武职官人等，不由铨选推举，径自朦胧奏请，希求进用，夤缘奔竞，阻坏选法者，俱问罪，黜革为民。

**谨案** 此条雍正三年(1725)定。

一、文武职官人等，不由铨选推举，径自朦胧奏请，希求进用者，依假以上书希求选用律，杖一百。如夤缘奔竞，阻坏选法者，有财，依以财行求，计赃治罪；无财，依违制律，杖一百。

**谨案** 此条嘉庆十五年(1810)改定。

## 文官不许封公侯

凡文官非有大功勋于国家，而所司朦胧奏请，辄封公侯爵者，当该官吏及受封之人皆斩。监候。其生前出将入相,能除大患,尽忠报国者,同开国功勋一体封侯谥公,不用此律。生受爵禄曰封。死赐褒赠曰谥。

## 选用军职

凡守御去处,千户、百户、镇抚有阙,一具阙本实封御前开拆,一行都指挥使司转达兵部奏闻,取自上裁选用。若先行委人权管,希望实授者,当该管吏各杖一百,罢职役充军。若选用总旗,须于戳过铁枪人内委用。其小旗从便选充,不拘此律。若承委人系望实授者,照夤缘奔竞事例,降调带俸差操。

### 附律条例

○一、兵部将所属官员通行考选,每卫,不限指挥使、同知、佥事共三员,卫镇抚一员。如无镇抚,选相应千户署管。每所,不拘正、副千户一员,百户十员,专管军政。俱限年二十五岁以上、五十岁以下。有六十岁以上精力未衰者,验实存留。现任不敷,许选别卫。先尽现任,次带俸。后遇在外五年之期,在京亦复举行。江南卫所照例。其终身带俸官,除犯贪淫,五年之后能改过自新者,巡抚、巡按官保用。

○一、军政急缺,在外从巡抚、巡按定委奏保,在京从各卫军政首领保举。系亲军者,在京兵部复勘定夺。不拘五年后,犯贪淫等罪,连坐举主。

○一、江南各卫所军政员缺,不许以千户署卫事、百户署所事。漕运有缺,亦行江南该衙门照军政事例选补,不许坐名行取掌印佐贰官员代替。

○一、文武官员军民人等,有谙晓兵法,谋勇过人,弓马熟娴者,并许保举。试中者,无官授以冠带,有官仍旧职,拨团营操练听调。边方举者,就各边操备。其有才兼文武,堪为大将,而耻于自进者,各举所知。

○一、跟随出征将官头目,不分有无职役人等,若非奏带,不许报功。果系奏带获功,该升职役,止合注于本管衙门,不许希求注于銮仪卫。违者,该升职役俱革罢。扶同勘报者,参究治罪。若文武职官人等,不由铨选推举,竟自朦胧奏请,希求进用,夤缘奔竞,乞恩传奉等项,阻坏选法者,俱问罪。武职降级调卫,旗军舍余发边卫,俱带俸食粮差操;文职,黜退为民。

○一、军职五年一次考选。现任管军管事,若营求嘱托者,就指名黜退,永令带俸差操。其刁泼之徒,不得与选。辄生事端,教唆陷害已选官员者问罪,不分官军,俱调边卫带俸食粮差操。

**谨案** 雍正三年(1725)奏准:今无军卫世职,其旗员武弁选用之法,俱与此绝不相符,律文、例文俱删。

## 滥设官吏

凡内外各衙门,官有额定员数,而多添设者,当该官吏,指典选者。一人,杖一百;每三人,加一等,罪止杖一百、徒三年。若受赃,计赃以枉法从重论。若吏典、知印及承差、祇候、禁子、弓兵人等,额外滥充者,杖一百、迁徙。比流减半,准徒二年。容留一人,正官笞六十,首领笞三十,吏笞四十;每三人,各加一等,并罪止杖一百;罪坐所由。容留之人不坐。其罢闲官吏,在外干预官事,结揽写发文案,把持官府,蠹政害民者,并杖八十。于犯人名下追银二十两,付告人充赏。有所规避者,从重论。若官府税粮由帖、户口籍册雇募攒写者,勿论。

**附律条例**

〇一、内外大小衙门,拨到吏典,照缺收参。若旧吏索要顶头钱者,事发问罪,不分得财多寡,俱照行止有亏事例,革役为民。

**谨案** 此条系原例。雍正三年(1725)将"拨到"二字改为"考取","收参"二字改为"补用"。

一、内外大小衙门,考取吏典,照缺补用。若旧吏索顶头钱者,事发计赃准不枉法论,革役为民。

**谨案** 此条乾隆五年(1740)改定。

〇一、吏典撒泼抗拒,诬告本管官员,及犯诓骗诈欺恐吓取财,未得、入己,并偷盗自首者,俱照律问拟,发原籍为民。

**谨案** 此条系原例。

〇一、京官假托雇役名色,受财卖放办事吏典者,官以赃论,吏发原籍为民。若吏典恃顽,私自在逃一年以上者,亦问发为民。

**谨案** 此条系原例。雍正三年(1725)以官员受财各有本律,吏典在逃即行革役,此例删。

〇一、在京大小衙门当该吏典,有患病一月者,勘实,就将该支俸粮截日住支,名缺行移吏部拨补。待病痊日,仍送原役衙门收候参补。若有奸懒托故以图改拨者,问发原籍为民。

**谨案** 此条系原例。雍正三年(1725)以吏典不支俸粮,亦无因病革退、病痊参补之例,删。

〇一、府州县额设祇候、禁子、弓兵,于该纳税粮三石之下二石之上户内差点。除税粮外,与免杂泛差役。毋得将粮多上户差占。

**谨案** 此条系原例。乾隆五年(1740)以今府州县无祇候名目,其禁子、弓兵均系照例召募投充,并无按照税粮差点之例,亦无优免杂泛差役之处,删。

〇一、各处司府、州县、卫所等衙门,主文、书算、快手、皂隶、总甲、门禁、库子人等,久恋衙门,说事过钱,把持官府,飞诡税粮,起灭词讼,陷害良善,及卖放强盗,诬执平民为从,事发,有显迹情重者,旗军问发边卫,民并军丁发附近,俱充军;情轻者,问罪枷号一月。纵容官员,作罢软黜退。失觉察者,照常发落。若各乡里飞诡税粮二百石以上者,亦问发边卫充军。

**谨案** 此条系原例。雍正三年(1725)将"旗军问发边卫,民并军丁发附近,俱充军"句,改为"军民俱问发附近充军"。乾隆五年(1740)以例内所指各款,已分见各律,毋庸复出,删。

○一、坐粮厅所属八行运役及仓役名缺,责令通州知州佥选诚实良民应役。如保送旗人及民人,以一身而充两三役者,仓场侍郎、巡仓御史察出题参,知州交部议处,该役及保结之人杖八十、徒二年。

**谨案** 此条雍正三年(1725)定。

○一、直省大小衙门经制书吏,即在现充书识内,择勤慎能办事之人,核实取结承充。倘有悬挂空名,并不亲身着役,将本人照吏典人等额外滥充律治罪,该本管官照例议处。

**谨案** 此条乾隆五年(1740)定。

**历年事例**

○康熙十二年(1673)复准:凡白役随正身衙役吓诈,未经查出之官,罚俸六月。又官员于定数外留用白役,承票差遣,累民婪赃者,照失察衙役犯赃例议处。若正役犯赃事发,官员饰称白役,自图脱卸失察之罪者,革职。

○又题准:凡衙门供役,止许正身。有私用白役者,将正身及白役俱杖一百,革役。其白役犯赃,正身知情同行者,照衙役犯赃例治罪,不知情不同行者不坐。

○又复准:白役犯赃,正身虽不同行,亦照亲身犯赃例治罪。

○十八年(1679)复准:凡督抚、司道衙门,各照定额供役,不许多设。司道互相揭报,督抚亦互相纠举。徇庇者,科道据实纠参,治以纵蠹殃民之罪。

○又议准:凡蠹役害民,司、道、府、州、县不行举报,督、抚不行访拿,别经发觉者,徇庇之司、道、府、州、县等官降二级调用,不题参之督、抚罚俸一年。至访拿衙蠹并赃私数目,年底造册题报。

○雍正五年(1727)议准:凡直省书役年满缺出,遵例召募,务查该役本籍本姓,取具邻佑亲族连名保结及地方官印结,方准着役。有暗行顶买索取税银者,缺主,照枉法受财律计赃定拟,至八十两者绞;顶缺之人,照以财行求律,至五百两者,杖一百、徒三年;出结人等,依不应重律,杖八十;该管官员及督抚,俱交部分别议处。其年满考职时,于移咨内填写"并无假姓冒籍"字样,吏部方准收考。若有冒籍冒名等弊,事发者,革去职衔,杖一百。不能稽查之该管等官,俱照失察例议处。至衙门一切案件,若书吏定稿,以致高下其手,驳诘不已,有赃者照枉法律科罪,无赃者杖八十、革役,该管官并督抚亦交部分别议处。

○乾隆二十九年(1764)议准:捕役之设,原以缉匪安良,而其作奸犯科者,每即为良善之害。故律例所载,如借端索诈、诬拿私拷以及豢贼分赃等弊,所以治捕役之罪者最严，而失察徇纵之本管官，处分亦綦重，立法本极周详。惟是捕役之充补，止凭州县官之召募，该上司衙门，并无册档可稽。遇有捕役生事扰民，不肖有司，往往巧避处分，或指现役为已革，或捏正身为假充，蒙混申报。上司因其更替靡常，无凭稽查。遂致州县易售其欺诈，庇役长奸，为害匪浅。嗣后各省州县额设捕役，令该管道府存查。如有事故革除、召募顶补之处，亦令随时详报备案，不得过十日之限。倘遇捕役有犯，各该上司按册可稽，州县官不能巧为开脱以避处分，而捕役亦渐知敛戢。

# 卷七百四十八·刑部二十六

## 吏律·职制　信牌　贡举非其人　举用有过官吏　擅离职役

### 信　牌

凡府、州、县,置立信牌,拘提人犯、催督公事,量地远近,定立程限,随事销缴。违者,指差人违牌限,一日笞一十,每一日加一等,罪止笞四十。若府、州、县官遇有催办事件,不行依律发遣信牌,辄亲下所属坐守催并者,杖一百。所属,指州县乡村言。其点视桥梁圩岸、驿传递铺、踏勘灾伤、检尸、捕贼、抄札之类,不在此限。

#### 附律条例

〇一、道府以上官员,凡关系叛逆、军需、驿递公文等紧要重大事情,照例差人外,其余细事,止许行牌催提。如违例差遣人役者,督抚指名题参。徇情不参者,事发一并议处。其督抚于平常细事,差役害民者,亦交部议处。

**谨案**　此条雍正三年(1725)定。

〇一、州县大小案件,凡有差票,务须随时缴销。如遇封印而案未完结,于封印时将票暂行缴销,俟开印差拘,另行给票。违者,将州县官分别议处。

**谨案**　此条乾隆二十八年(1763)定。

### 贡举非其人

凡贡举非其人,及才堪时用,应贡举而不贡举者,计其妄举与不举人数,一人杖八十,每二人加一等,罪止杖一百。所举之人知情,与同罪,不知者不坐。若主司考试艺业技能,而故不以实者,可取者置之下等,不可取者反置之上等,减二等。若贡举、考试,失者,各减三等。受赃,俱以枉法从重论。

#### 附律条例

〇一、乡、会试考试官、同考官及应试举子,有交通嘱托、贿买关节等弊,问实斩决。

**谨案**　此条系乾隆五年(1740)遵照顺治十五年(1658)谕旨恭纂为例。

〇一、岁贡生员起送到部,遇有事故,不许补贡。其在家或中途事故者,勘明,准令次考补贡。若丁忧及患病,勘明,仍补该年之贡。如托故延至三年之外者,亦不准收。有司朦胧送补者,各治罪。

**谨案** 此条系原例。雍正三年(1725)将“起送”二字改“册报”,“在家或中途”句改“未经报部,遇有事故”。

一、岁贡生员册报到部,遇有事故,不许补贡。其未经报部,遇有事故,勘明,准令次考补贡。若丁忧及患病,勘明,仍补该年之贡。如托故延至三年之外者,亦不准收。有司朦胧送补者,各杖一百;受赃者,俱以枉法从其重者论。

**谨案** 此条嘉庆六年(1801)改定。

○一、应试举监生儒及官吏人等,但有怀挟文字、银两,并越舍与人换写文字者,拿送法司问罪,仍枷号一月,满日发为民。其旗军、夫匠人等,受财代替夹带传递及纵容不举察捉拿者,旗军调边卫食粮差操,夫匠发边外为民。官纵容者,罚俸一年,受财以枉法论。若冒顶正军入场看守,属军卫者发边卫,属有司者发附近,俱充军。其武场有犯怀挟等弊,俱照此例拟断。

**谨案** 此条系原例。雍正三年(1725)将“旗军”二字改“军役”,“旗军”至“夫匠”十一字、“若冒顶正军”至“俱充军”二十六字,均删。乾隆五年(1740)删去“拿送法司问罪”六字,于“满日”下增“杖一百”三字,“罚俸一年”改为“交部议处”。

一、应试举监生儒及官吏人等,但有怀挟文字、银两,当场搜出者,枷号一月,满日杖一百,革去职役。其越舍与人换写文字,或临时换卷,并用财雇倩夹带传递,与夫匠、军役人等受财代替夹带传递,及知情不举察捉拿者,俱发近边充军。若计赃重于本罪者,从重科断。官纵容者,交部议处,受财者以枉法论。其武场有犯怀挟等弊,俱照此例拟断。

**谨案** 此条乾隆三十七年(1772)改定。

○一、广西、云贵、湖广、四川等处,但有冒籍生员食粮起贡,及买到土人倒过所司起送公文,顶名赴吏部投考者,俱发边外为民。卖与者,行移所在官司追赃问罪。若已受赃,依律问以诈假官死罪,卖者发边卫充军。其提调经该官吏朦胧起送者,各治罪。

**谨案** 此条系原例。雍正三年(1725)以已见诈假官律,删。

○一、生员有犯该发充军者,廪膳免追廪米。若犯受赃、奸盗、冒籍、宿娼、居丧娶妻妾事理重者,直隶、江南发充国子监膳夫,各布政司充邻近儒学膳夫、斋夫,满日原籍为民,廪膳仍追廪米。

**谨案** 此条系原例。雍正三年(1725)以生员犯罪应褫革问罪者,俱按律问拟,不发充膳夫,例文删。

○一、监生、生员撒泼嗜酒,挟制师长,不守监规、学规者,问发充吏。挟妓赌博,出入官府,起灭词讼,说事过钱,包揽物料等项者,问发为民。

**谨案** 此条系原例。雍正三年(1725)删。

○一、生员考试不谙文理者,廪膳十年以上发附近,六年以上发本处,增广十年以上发本处,俱充吏,六年以上为民。未及六年者,量加决罚。生员争贡及越诉者,俱充吏。

**谨案** 此条系原例。

一、凡生员考试不谙文理者,入学六年以上黜退,未及六年者发社。

**谨案** 此条雍正三年(1725)删改。乾隆五年(1740)查与律例无涉,删。

○一、凡学臣考试,如提调官通同作弊,及引诱为非者,同学臣一并革职提问。其学臣暗通关节,私鬻名器,提调官虽无通同引诱情弊,而防范不严者,交部议处。学臣应用员役,倘有招摇撞骗及受贿传递等弊,提调官不行访拿究治者,亦交部议处。若学臣操守清廉,杜绝情弊,而提调官不得遂其引诱,反行挟制把持者,该学臣即行指参,审实,将提调官照贪官例治罪。

**谨案** 此条系雍正五年(1727)定。原文防范不严者"照溺职例革职"、不行访拿究治者"照失察衙役犯赃例议处",均于乾隆五年(1740)改"交部议处"。

○一、凡考试官毫无情弊,下第诸生不安义命,逞忿混行搅闹者,照假以建言为由挟制官府污人名节报复私仇例,发附近充军。

**谨案** 此条系原例。"假以建言为由"以下,原文系"照光棍例治罪",乾隆五年(1740)改。续经删去,惟存"发附近充军"五字。

○一、官生录科,该学政瞻徇情面,滥行录送,如官卷内有文理荒谬,幸邀科第者,发觉之日,将送考官一并严加议处。

**谨案** 此条雍正五年(1727)定。

○一、考职贡监生,如有包揽代作等弊,察出提究。若监试御史隐匿瞻徇,照例议处。其假冒顶替者,本犯照诈假官律治罪;互结监生,照知情诈假官律治罪;出结之官,照例议处。若身故未经缴照者,限四个月,准家属自首。如逾限不首,查出严行治罪。该地方官于已革已故未经缴照之人,徇隐故纵,不严行追缴,事发之日,照例议处。其先经考职,未经拣选,复行顶名重考,希图引见者,许出结、互结人员首告,将本犯照律治罪。如知情不举,将出结、互结人员,一并严加治罪。

**谨案** 此条系雍正八年(1730)定。

一、考职贡监生,如有包揽代作等弊,察出提究。若监试御史隐匿瞻徇,照例议处。其假冒顶替者,本犯照诈假官律治罪;互结监生,照知情诈假官律治罪;出结之官,照例议处。若身故未经缴照者,限四个月,准家属自首。如逾限不首,查出审有转卖、顶替别情,照诈假官律治罪,计赃重者,以枉法论。若审系偶尔遗忘,并无别故,当官销毁,免其治罪。该地方官于已革已故未经缴照之人,徇隐故纵,不严行追缴,致滋事故者,事发之日,照例议处。

**谨案** 此条嘉庆六年(1801)改定。

**历年事例**

○顺治十五年(1658)谕:"朝廷举人材,科目最重。必主考、同考官皆正直无私,而后真才始得。昨因乡试贿赂公行,情罪重大,已将李振邺、田耜等特置重辟,家产籍没。会试大典,尤当慎重。考试官、同考试官及天下举人,若不洗涤肺肠,痛绝情弊,不重名器,不惜身命,仍敢交通嘱托、贿买关节等弊,或被发觉,或经科道指参,即将作弊人等,俱照李振邺、田耜等重行治罪,决不姑贷。尔部即刊刻榜文,通行严饬,使知朕取士厘奸至意。"

○十七年(1660)题准:凡房官作弊,听主考纠参。若主考通同作弊,内许监试御史、外许抚按纠参。其抚按所取帘官有作弊者,将抚按一并治罪。

○康熙二十四年(1685)复准:各项监生,除恩荫、恩拔、岁副监生应处分者,仍行题参外,其捐纳监生有事故应黜革者,不必题参,咨行国子监查明黜革。

○雍正四年(1726)议准:文武生员,除事关切己及未分家之父兄,许其出名告理外,如代人具控作证者,该地方官申详学臣,褫革之后,始行审理曲直。至告给衣顶,必限十科之外,或实系年老病废,及进学时年已衰迈者,该教官出具印结,具详学臣核验准给。如给衣顶后,有包揽词讼者,加倍治罪,将出结之教官及学臣交部查议。至捐纳贡监,妄为生事,应行褫革者,地方官申报督抚、学臣。其事属督抚者,移咨学臣,事属学臣者,移咨督抚,一面褫革,一面报部。年底仍将审明缘由,造册送部查核。其考职吏员,倚恃护符,作奸犯科者,该地方官申报上司,转详督抚,咨部革去职衔,照所犯罪名更加凡人一等治罪。

○乾隆三十二年(1767)议准:学校贵得真才,条例特严顶替。父子兄弟顶名代考,虽与凡人行贿雇倩不同,而骫法作奸,实较诸凡人尤难究察。律难曲宥,法在必惩。且身为父兄,不能督率子弟奉公守法,已有约束不严之罪,况相为代考。未便转予从宽,应照凡人枪倩例一体治罪。

○五十七年(1792)谕:"江西省兴国县童生刘昌新雇倩枪手入场代考一案,前据护抚托伦定拟具奏时,以伊父刘世亮询不知情,应免置议,显系曲为开脱。而代倩之黄超扬,即系刘昌新之师,仅照寻常枪手科罪,殊未允协。经朕看出,降旨指驳,并发交新任巡抚陈淮严切复究。今据该抚审明刘昌新倩伊师黄超扬入场代作一事,曾向伊父刘世亮告知,刘世亮为子功名念切,辄行允听,黄起扬恐与刘昌新年岁不符,入场查出,将须剃去各情节,果不出朕之所料。黄超扬身为人师,乃贪利代倩,剃须入场,实属无耻之尤,此而仅照寻常枪手问拟充军,其何以端师范而正人心。黄超扬着照该抚所拟,改发黑龙江给披甲人为奴,以示惩儆。刘世亮不能教子以正,转听允作弊,本当照拟发遣,姑念该犯年已八十,不忍以子之故而治其父罪,着从宽准其加倍捐赎。"

**举用有过官吏**

凡官吏曾经断罪,罢职役不叙者,诸衙门不许朦胧保举。违者,举官及匿过之人,各杖一百,罢职役不叙。受赃,俱以枉法从重论。若将帅异才,不系贪污、规避而罢闲者,有司保勘明白,亦得举用。

**附律条例**

〇一、文职官员、举贡官恩、援例监生,并省祭、知印、承差人等,曾经考察论核罢黜,及为事问革、年老事故,例不入选者,若买求官吏,增减年岁,改洗文卷,隐匿公私过名,或诈作丁忧起复,以图选用,事发问罪,吏部门首枷号一月,已除授者发边卫,未除授者发附近,各充军终身。其起送官吏,不分军卫、有司,亦发附近充军。若不知情,止是失于觉察者,照常发落。

**谨案** 此条系原例。雍正三年(1725)以现无省祭名色,二字删,"知印"改为"吏员","亦发附近充军"下添"赃重者,从重论"。乾隆五年(1740),又删"官恩援例"四字及"年老事故"四字。

〇一、凡衙役犯侵盗钱粮、婪索等罪,遇赦豁免后,复入原衙门及别衙门应役者,除死罪外,本犯并妻流徙宁古塔。该管官知情故纵,及督抚不即纠察者,俱交该部议处。

**谨案** 此条雍正三年(1725)定。

一、凡衙役犯侵盗钱粮、婪索等罪,遇赦豁免后,复入原衙门及别衙门应役者,杖一百、徒三年。该管官知情故纵,及督抚不即纠参者,俱交该部议处。

**谨案** 此条乾隆五年(1740)改定。

〇一、凡部院衙门书办,或因有疾,或因不谙文移,退役之后,倘有更名重役者,杖一百,革役。

**谨案** 此条雍正三年(1725)定。原文系"问拟杖一百、徒三年",乾隆五年(1740)改。

〇一、府、州、县书役,责成道员,如无道员,责成按察司,专管稽查。凡书役投充,务查该役的名,取具并无重役、冒充亲供互结,该地方官加具印结,送该管稽察衙门,方准着役。每于年底,该役出具并无过犯连名互结,本管官加具印结,申送该管衙门稽察。司、道仍不时清查。倘有役满不退者,该役杖一百、徒三年,互结人等杖八十,均革役。或招摇撞骗、包揽词讼、侵盗钱粮者,按律治罪。府、州、县及专管司、道不行查出,俱交部分别议处。其司、道、盐道关差书役,责成督抚稽察,督抚及总河、总漕、盐院书役,令其自行稽查。如失察者,均照司道例处分。若书办指官撞骗,招摇作弊,本官庇护者,许赴该管稽察衙门控告,事实按律治罪。

**谨案** 此条雍正三年(1725)定。

一、凡在外各衙门书役投充,务查该役的名,取具并无重役、冒充亲供互结,行查本籍地方,该地方官加具印结申送,方准着役。倘有役满不退者,杖一百,革役。本管官不行查出,交部议处。

**谨案** 此条乾隆五年(1740)删改。

〇一、大计之年,杂职内果有才能杰出,操守卓越,能办地方事务,盗息民安,督抚开具事实,造册送部院考核,准其卓异。

〇一、凡参劾人员,引见时宽宥,仍加录用者,若不实心报效,又被参劾,加倍治罪。

**谨案** 以上二条,俱雍正三年(1725)定。乾隆五年(1740)查大计卓异,与律例无涉,又凡属职员,皆当实心报效,不因被参重用,始应儆惕。二条均删。

〇一、凡文武各官,于署任内事犯贪劣怠玩者,加倍治罪。其委署之上司,如自行纠参者,免其处分外,倘有上司徇隐私人,容隐劣员,或自护其短,不行参奏,于他处发觉时,将委署之上司,照例议处。

**谨案** 此条雍正六年(1728)定。查官员贪劣怠玩者,理当治罪,不应于署任独加,乾隆五年(1740)删。

〇一、保举贤良方正出身人员,如犯贪酷不法等事,除犯死罪仍按律定拟外,罪应笞、杖、徒、流者,于本罪上按其等次递加。如罪应满流者,加等发附近充军;罪应附近充军,加等发边远充军;罪应边远充军,加等发极边烟瘴充军;罪应极边烟瘴充军,加等发黑龙江等处当差。其原保之州县等官,亦加等议处。

**谨案** 此条雍正十二年(1734)定。查职官无论出身,既受国恩,分应报效,如罹参处,俱当按律定拟,不应于此特为加等,乾隆五年(1740)删。

〇一、各衙门书役,有犯侵盗钱粮、婪赃等罪,邀赦豁免后,重行应役者,除原犯赃十两以上仍照例定拟外,其原犯赃十两以下者,照安插奉天例,并妻安插奉天。若挂名旷役者,照吏典擅离职役因而在逃律,杖一百,罢役。该管官照例分别议处。

**谨案** 此条雍正十二年(1734)就前例重加分析。乾隆五年(1740)既改前例,将此条删除。

〇一、各部院衙门经承书吏所雇贴写,该管司官开明伊等姓名、年貌、籍贯,取具该经承保结,移付司务厅注册。倘遇驱逐、辞去,即移付司务厅除名。如有捏报诡名,经承扶同保结,察出照重役例治罪。其有负罪潜逃者,着落保结之经承,立限捕获,亦照律治罪。

**谨案** 此条雍正十二年(1734)定。

〇一、凡在京各衙门书吏缺出,应募投充者,取具同乡书吏保结,该衙门于十日内照保结所开籍贯、住址、三代姓氏咨行吏部,转行各省,取具印甘各结。顺天限四十日,直隶、山东、河南、山西、奉天限三个月,江苏、安徽、陕甘、湖南、湖北、浙江、江西限四个月,云贵、川广、福建限六个月,咨送到部,准其着役。该地方官吏有勒索、迟延等弊,分别处分治罪。本非大、宛两县籍贯,捏称土著之民,地方官朦胧出结,该吏及承行吏典严加治罪,地方官交部议处。

**谨案** 此条乾隆元年(1736)定。

〇一、京城文武地方各官,务将所属地方实力稽查,凡系无业游棍,及役满书办,尽行驱逐回籍。并令科道留心察访,如有潜住京城者,即交该城御史押逐回籍,仍取具该地方文武各官及总甲人等印甘各结,报明都察院、顺天府、提督、各该管衙门。如有查报不实,及借端生事之处,将该地方文武各官送部议处,总甲人等交该地方官治罪。其回籍之日,行文本籍地方官严行管束。如有从本籍来京者,将本籍地方官交部议处,仍于年终取具在京该地方官并无隐漏印甘各结,报明都察院、顺天府、提督、各衙门存查。如出结之后,仍有潜藏逗遛之处,一经发觉,将年终出结之官交部议处。

**谨案** 此条乾隆元年(1736)定。

○一、凡各部院衙门役满书吏,籍隶大、宛二县者,令该县将年貌、住址、坟墓,造册申送都察院,令该城御史按册确查。其非实在大、宛籍贯者,一概逐回。倘留京城,照年满书役冒籍冒名例,杖一百,勒令回籍。如有包揽招摇等弊,按律治罪。其混行造册之该县知县、不行查出之该城御史,交部议处。若因犯有事故,押逐回籍,行文本籍地方官严行管束。如有仍来京者,将本籍地方官交部议处。其无业游民,曾经犯罪,亦令京城文武地方各官实力稽查,押逐回籍,交与该地方官严行管束。

**谨案** 雍正十二年(1734)定例。书办役满,籍隶大、宛二县,有坟墓、房屋可据者,许其居住。其非实在籍贯者,一概逐回。乾隆五年(1740)因增入前例,改定此条。

○一、部院各衙门书吏,从前未经犯案,例应回籍者,潜匿京师,拿获之日,即递回原籍。其从前犯事递回原籍,今又私自来京,虽未经犯案,即应查拿,枷号一月,责四十板。其有再来犯案,罪止杖笞者,仍从重照例枷责;所犯重于枷责者,照本犯应得之罪加一等治罪,仍递回原籍,交地方官严行管束。其疏纵之地方官,交部议处。

**谨案** 此条系乾隆五年(1740)定。

一、褫革监生,有易名复捐者,除将复捐监生革退,追夺执照外,仍照违制律治罪。伊等犯事到官,一面追照缴销。一面即行审拟。

**谨案** 此条乾隆八年(1743)定。

### 擅离职役

凡官内外文武。吏典吏。无患病、公差之故擅离职役者,笞四十。各留职役。若避难如避难解之钱粮、难捕之盗贼有干系者。因而在逃者,杖一百,罢职役不叙。所避事重者,各从重论。如文官随军供给粮饷,避难在逃,以致临敌缺乏;武官已承调遣,避难在逃,以致失误军机。若无所避而弃印在逃,则止罢职。其在官如巡风官吏、火夫之类。应值不值、应宿不宿,各笞二十。若主守常川看守。仓库、务场、狱囚、杂物之类,应值不值、应宿不宿者,各笞四十。俱就无失事者言耳。若仓吏不值宿而失火,库子不值宿而失盗,禁子不值宿而失囚之类,自有本律科罪。

### 附律条例

○一、监生不分在监在历,私逃回籍三个月之上,发回原学肄业;半年以上,问革为民。

**谨案** 此条系原例。乾隆五年(1740)查前代监生,有分拨各衙门历事之例,故有在历名目。又监生在监有积分等例,积至十分,即许铨选。故发回肄业,即为惩创之条。又不许无故告假,故私回者问革为民。今无此等事例,此条删。

○一、监生不分在监在历,及各衙门办事官吏承差,皆不许倩人代替,违者俱问罪,照行止有亏事例,问革为民。其代替者别有职役,一体问革。

**谨案** 此条系原例。乾隆五年(1740),将首句改为"监生在监肄业",又删"照行止有亏事例"句。

一、监生在监肄业,及各衙门办事官吏承差,皆不许倩人代替,违者俱杖一百,黜革。代替者别有职役,一体问革。

**谨案** 此条嘉庆六年(1801)改定。

○一、外任旗员子弟,归旗后有因事告假,与例相符者,该旗酌量给假,仍分别省份远近,定限给以执照,令其依限回旗,并咨部行文该省,按限催令归旗。如有借端逗遛,照违制律治罪。

**谨案** 此条雍正十三年(1735)定。

# 卷七百四十九·刑部二十七

## 吏律·职制 官员赴任过限 无故不朝参公座 擅勾属官 官吏给由 奸党 交结近侍官员 上言大臣德政

### 官员赴任过限

凡已除官员,在京者以除授日为始,在外者以领吏部所给照会日为始,各依已定程限赴任。若无故过限者,一日笞一十,每十日加一等,罪止杖八十,赎。并附过还职。若代官已到,旧官各照已定限期,交割户口、钱粮、刑名等项,及应有卷宗、籍册完备。无故十日之外不离任所者,依赴任过限论,减二等。亦附过还职。其中途阻风、被盗、患病、丧事,不能前进者,听于所在官司给凭,以备照勘。若有规避,诈冒不实者,从重论。当该官司扶同保勘者。罪同。

**谨案** 雍正三年(1725)奏准:今现任官员无纳赎附过还职例,"附过还职"四字改为"留任"。小注"赎"字、"亦附过还职"五字俱删。再武官亦给限票,将律文"吏部所给照会"句,改为"该部所给文凭限票","所在官司给凭""凭"字改为"结"字。

### 附律条例

〇一、升除出外文职,已经领敕领凭,若无故迁延至半年之上,不辞朝出城者,参提,依违制律问罪。若已辞出城,复入城潜住者,交部议处。

**谨案** 此条系原例。参提下本无"依违制律"四字,又例末原文系"改降别用",均乾隆五年(1740)增改。

〇一、凡官员赴任,两司、方面、行太仆苑马寺卿、少卿,及盐运司、府州县正官,除原定朱限外,有违至一月以上,问罪;三月以上,送部别用;半年以上,罢职。内外凡领札凭官员,及佐贰、首领、杂职等官,违限一月以上,问罪;半年以上,降级别用;八个月以上,罢职。虽有中途患帖,并不准理。其进表朝觐、给由公差等项复任官员违限者,各照前例拟断。

**谨案** 此条系原例。雍正三年(1725),以赴任违限,俱一体处分,无论官分别轻重之事;行太仆寺卿等官,久经裁缺;朝觐之例,亦已停止,例文删。

〇一、凡官员领凭后,都察院转行五城严查。如有藏住躲匿,不依限赴任者,报部题参。

**谨案** 此条雍正五年(1727)定。逾限题参,前条已备,乾隆五年(1740)删。

〇一、参将以下各官,概不准给假治丧葬亲。或果系独子,家无以次成丁,并所驻防守营汛,非属紧要地方,许督抚、提镇取具印甘各结,酌量假限。近者不过六个月,远者不过十个月以上,该督抚、提镇临时酌定,一并声明,请旨定夺。再于所给定限之外,或有借端称病,迟延逗遛,不即回任者,照例议处。

**谨案** 此条雍正五年(1727)定。乾隆五年(1740)删。

一、外任汉军官员,有升转来京,及年老有病、降级革职应归旗者,务于定限之内起程,照依各省远近程途定限。大路有驿站者,每日令行一站,僻路无驿站者,每日行五十里。自伊本任地方,扣定起程到京日期,咨报该部该旗。如有无故不速起程,或已起程,中途逗遛,或在别处居住,而不进京,或本身进京,而令家口在别处居住者,即令该地方官详报督抚题参革职,交刑部治罪;已革职者,交刑部从重治罪。如该地方官不行详报,该督抚不行题参,经该部该旗查出,或科道纠参,将该地方官并督抚照定例议处。至该员已经起程,该地方官不行申报,或已申报,而督抚、提镇不行咨明该部该旗,以致逗遛生事者,一经发觉,亦照容留之例议处。

**谨案** 此条雍正五年(1727)定。

一、外任汉军官员,有升转来京,及年老有病、降级革职归旗者,务于定限之内起程。令该督抚、提镇,照依各省远近,大路有驿站者,日行一站,僻路无驿站者,日行五十里,酌定到京期限,咨报该部该旗。其中途阻风、被盗、患病、丧事不能前进,仍照律听其于所在官司给状,以备照勘外,如有无故不速起程,或已起程,中途逗遛,或在别处居住,或本身进京,而令家口在别处居住者,督抚、提镇题参,交部均照违制律治罪。地方官不行详报,督抚、提镇不行题参,交部议处。或已经起程,地方官不行申报,督抚、提镇不行咨明该部该旗,以致沿途逗遛生事者,亦交部议处。或革职免罪人员,别无未清事件,亦遵照此例,给咨催令回旗,免其沿途押解。

**谨案** 此条乾隆五年(1740)改定。

〇一、凡汉官革职离任者,交代完日,即令起程,不得过五个月之限,京官限一月内起程。该督抚、五城司坊官,将起程日期报部,并知会原籍地方官。仍照旗员回旗例,自本任地方起至伊原籍,照驿数、里数计算,扣定到籍日期。到籍之日,该督抚将并无违限之处,报部查核。倘违限不即起程,及逗遛中途,并违限一月以上者,都察院并该督抚题参到日,照议处旗员例,将该员交刑部分别治罪。该管官徇情容留,及他省官员,听革职人员遨游境内,或潜住京师,五城司坊、专汛武官不行查出驱逐,俱照容留旗员例议处。其有冤抑欲赴都察院具呈申理者,应赴本地方官具呈,详请督抚给咨来京。事竣之日,都察院转行五城司坊官发回原籍,仍知会原籍地方官。如借端留滞,照例治罪。五城司坊官徇情容留者,亦照例议处。

**谨案** 此条雍正五年(1727)定。

一、汉官革职离任,交代完日,即令起程,不得过五个月之限。该督抚将起程日期报部,并知会原籍地方官。倘违限不即起程,一月以上,照旧官十日之内不离任所律治罪。该管及地方官不行查出,交部议处。革职免罪人员,亦令按限起程,免其请咨押解。其有冤抑欲赴都察院具呈申理者,地方官给咨来京。事竣之日,发回本籍。如借端留滞,照例治罪。五城司坊官徇情容留,交部议处。

一、京官革职,曾经问有罪名者,限一月内起程。五城司坊官,将起程日期报部,并知会原籍地方官。倘违限不即起程,一月以上,照例治罪。五城司坊官及地方官不行查出,亦交部议处。

**谨案** 此二条乾隆五年(1740)将前条改定。道光二十四年(1844),将前条"十日之内"句改为"十日之外"。

○一、旗员枷号者,按其逗遛年月之多寡,以为枷号之期。若逗遛一年,即枷号一年。倘另有生事犯法之处,从重归结。

**谨案** 此条雍正七年(1729)定。乾隆五年(1740)删。

## 无故不朝参公座

凡大小官员,无故在内不朝参,在内不言公座署事,重朝参也。在外不公座署事,及官吏给假限满,无故不还职役者,一日笞一十,每三日加一等,各罪止杖八十,并留职役。

**谨案** 原律文"杖八十"下,系"并附过还职",雍正三年(1725)改。

### 附律条例

○一、凡京官养病到家调理痊可,即便依期听用。若有托故延住三年之外,起送赴部者,照例革职。若到部虽在三年之外,起文尚在三年之内,照例具由,奏请定夺。

**谨案** 此条系原例。雍正三年(1725)奏准:病痊赴补,并不勒定限期,此条删。

○一、在京现任官员,并办事进士,乞恩养病者,行原衙门勘实具奏,请旨放回。病痊之日,赴部听用,仍行巡按御史并按察司查勘。其在外方面有司官员,不许养病。

**谨案** 此条系原例。

一、在京现任官员告假养病者,各衙门勘实,咨行该部具奏,请旨解任。病痊之日,赴部补用。其在外司、道以下官员,果系实病,督抚察勘奏请。

**谨案** 此条雍正三年(1725)改定。

一、外官告病,督抚查明确实具题,令其回籍。调理痊可,有情愿起用者,于本省起文,赴部引见,仍以原缺补用。

**谨案** 此条雍正五年(1727)定。

一、道、府、州、县等官,除实在老病者,督抚于疏内声明,准其休致。如有一时患病,而平日居官尚好,于地方有益者,将该员才堪办事之处声明,准其回籍。俟病愈,令原籍咨部引见,仍以原缺补用。

**谨案** 此条雍正六年(1728)定。乾隆五年(1740),因以上三条并无拟罪条款,删。

### 历年事例

○雍正五年(1727)谕:“定例凡在京各部院官员,因病告假,回籍调理者,病痊之日,仍以原衙门补用。至在外各官,一经告病,即令休致,所以防不肖有司之托病规避也。夫外官有地方之责,果系患病不能办理事务,自应呈请离任。但病痊之日,格于成例,虽有才具优长之员,不得起用,殊为可惜。从前有府县官员告病者,朕降旨调来引见,见其才尚可用,即命医调治痊可,仍行补用。诚以人才难得,虽片长薄技,不忍弃置也。嗣后外官告病者,着督抚查明确实具题,令其回籍。调治痊可,有情愿起用者,于本籍起文,赴部引见,仍以原缺补用。如此则可以杜规避之端,而人才亦不至沦弃矣。”

○六年(1728)谕:“据李卫奏称‘候补知县李宏汧先经委署余杭县试用,才具尚属有余,续经改署桐庐县事,办事颇知黾勉。今因患病,相应勒令休致’等语。夫平常无能之员,因患病休致,固不足惜,若系可以办事之员,因一时患病,遂令休致,便至放废终身,岂不可惜,况今已有外官病痊起用原缺之例。嗣后道、府、州、县等官内,除实在老病,不能供职外,其有一时患病,而平日居官尚好,于地方有益者,着该督抚酌量奏闻解任,给假调理。俟病愈之后,仍复补用。如此则人材不致弃置,而事务亦不致废弛。着该部定议具奏。”

## 擅勾属官

凡上司催会公事,立文案定期限,或遣牌,或差人,行移所属衙门督并。完报。如有迟错,依律论其稽迟违错之罪。若擅勾属官,拘唤吏典听事,及差占司狱、各州县首领官,因而妨废公务者,上司官吏笞四十。若属官承顺逢迎,及差拨刑名赴上司听事者,罪亦如之。其有必合追对刑名、查勘钱粮、监督造作重事,方许勾问,事毕随即发落。无故稽留三日者,笞二十,每三日加一等,罪止笞五十。勾问,谓勾问其事情,非勾拘问罪也。若问罪,则名例明开上司不许径自勾问矣。

**谨案** 原文“差占推官、司狱”,雍正三年(1725)奏准删去“推官”二字。

### 附律条例

○一、抚按按临之处,其都司、布政司、按察司,及卫所、府州县官,相见之后,各回衙门办事。每日不许伺候作揖,及早晚听事。遇有事务,许唤首领官吏抄案,或佐贰一员前来发落,不许辄唤正官。或有合令正佐官计议事务,或正佐官自来禀白者,不在此例。按察司官分巡同,都司、布政司所至亦同。违者,从风宪官举劾。

**谨案** 此条系原例。雍正三年(1725)奏准改“抚按”为“督抚”,“按察司官分巡”以下十二字为“司、道”二字。乾隆五年(1740),以此条止有举劾,并无应定罪名,与律例无涉,删。

### 官吏给由

凡各衙门官吏给由到吏部,限五日付勘完备,以凭类选铨注。若不即付勘完备者,迟一日,吏典笞一十,每一日加一等,罪止笞四十;首领官减一等。若公私过名隐漏不报者,以所隐之罪坐之。若罚赎记过者,亦各以所罚所记之罪坐之。若报重罪为轻罪者,坐以所剩罪。当该官司扶同隐漏者,与同罪。承报而差漏,及上司失于查照者,并以失错漏报卷宗科断。其漏附行止者,一人至三人,吏典笞一十,每三人加一等,罪止笞四十。若有增减月日,更易姓名,改换出身,蔽匿过名者,并杖一百,罢职役不叙。有所规避及受赃者,各从重论。

#### 附律条例

〇一、在京官满后三月,无故不给由者,参问,公差准理。

〇一、在外有司府州县官三年考满,将本官任内行过事迹,保勘核实明白,出给纸牌,攒造事迹功业文册、纪功文簿、称臣佥名,交付本官亲赍给由。如县官给由到州,州官当面察其言行、办事勤惰,从实考核“称职”“平常”“不称职”词语。州官给由到府,府官给由到布政司如之。以上俱从按察司官核考,仍将考核词语呈部。直隶府州县官考核,本部复考类奏,俱以九年通考黜陟。其云南有司官员,任满给由,一体考核,不称职者黜降。原系边方,具奏复任,九年通考。

〇一、在外起送考满官,俱要各上司查勘明白,一一具结。如无一处印信保结者,行查。

〇一、内外杂职官,三年给由。无私过,未入流升从九品,从九品升正九品。税课司局及河泊所、仓库官,先于户部查理岁课,军器、织染、杂造等局官,送工部查理造作花销明白,送部通类具奏。其仓官收粮不及千石者,本等用。亏折赔纳足备者,照依品级降用。其有杖、笞者,本等用。但犯赃私,并私罪曾经杖断,未入流降边远,从九品降未入流。不识字者,本等用。如有学无成效及罢闲生员,除授杂职者,犯赃私杖罪,发在京衙门书写。

〇一、官员三年任满给由,以领文日为始,若到部过限四个月之上,送问;一年之上,发回致仕。其九年任满者,一年之上,送问;二年之上,发回致仕。虽有事故,并不准理。若九年已满,托故在任久住,不行赴部,及不申缺者,参提究问,就彼革职回籍,冠带闲住。

〇一、在外吏典,除役内丁忧,及人多缺少,在官服役听参外,若一考满后,不行转参,两考满后,不行给由,辗转捏故在役管事,或歇役三年之上,就彼问发为民。中间虽有事故,亦不准理。其故违收参起送官吏,参究治罪。若两考役满,接丧丁忧服满，迁延三年之上，不行起复者，亦发为民。其未及三年者，果有事故实迹，各该衙门保结起送，吏部查照定夺。虽在三年之内起送，过限到部者，送问重历。重历即纳旷。

〇一、考满各府管粮，及州县掌印管粮官，查勘任内经手钱粮，不分起存，系布政司者，布政司类造，系直隶者，府州类造。内有起解司、府、州存库听候总运，并遇革职减免者，俱明白填写，给付赍投吏部。先行户部，将循环并岁报文册，查对完足，回报吏部，准令给由。未完，仍发回任追补，经该官吏参问。若将行复遇科派，势难卒完，及原非旧额，或有蠲免者，俱准给由。果有别项贤能，不待考满，推升行取者，照前查有拖欠，追完方许离任。

**谨案** 雍正三年(1725)奏准：今无考满给由之事，此律例俱删。

## 奸 党

凡奸邪将不该死之人进谗言左使杀人不由正理，借引别事，以激怒人主，杀其人以快己意者斩。监候。若犯罪律该处死，其大臣小官，巧言谏免，暗邀市恩以结人心者亦斩。监候。若在朝官员，交结朋党，紊乱朝政者，凡朋党官员，皆斩，监候。妻子为奴，财产入官。若刑部及大小各衙门官吏，不执法律，听从上司指奸臣主使，出入已决放人罪者，罪亦如之。若有不避权势，明具实迹，亲赴御前，执法陈诉者，罪坐奸臣。言告之人，虽业已听从，致罪有出入，亦得与免本罪，仍将犯人财产，均给若止一人陈奏，全给。充赏，有官者升二等，无官者量予一官。或不愿官者，赏银二千两。

## 交结近侍官员

凡诸衙门官吏，若与内官及近侍人员，互相交结，漏泄机密事情，夤缘作弊，而扶同奏启以图乘机迎合者，皆斩，监候。妻子流二千里安置。此亦奸党一节，但漏泄较紊乱少轻，故止流而安置其妻子，不籍没其家产。若止亲故往来，无夤缘等弊，不用此律。

### 附律条例

〇一、凡罢闲官吏，在京潜住，有擅出入禁门交结者，各门仔细盘诘，拿送该法司着实究问，发烟瘴地面永远充军。

**谨案** 此条系原例。

一、罢闲官吏，在京潜住，有擅出入禁门交结者，各门盘结，拿送法司问实，发烟瘴地面充军。

**谨案** 此条乾隆五年(1740)改定。

〇一、各旗王公所属人员，除服官在京者，如遇年节生辰，仍准其向各门往来外，其现居外任，因事来京者，概不许于本管王公处谒见通问。违者，本人从重治罪，该王公亦一体惩治。

**谨案** 此条系乾隆三十四年(1769)遵旨定例。

一、各旗王公所属人员,除服官在京者,如遇年节生辰,仍准其向各府往来外,其现居外任,因事来京者,概不许于本管王公处谒见通问。违者,杖一百发落。如有夤缘馈送等弊,计赃从其重者论。该管王公容令谒见者,交宗人府照违制律议处。若私通书信,有所求索借贷,及先自馈遗,希图厚报者,交宗人府计赃治罪。

**谨案** 此条系嘉庆六年(1801)改定。

### 历年事例

○康熙十八年(1679)议准:内外官员,除至亲平常往来外,凡补授督、抚、司、道官,于赴任之时,谒见在京大臣各官,及自任所差人问候,或令在京子弟提塘往来行走者,将督、抚、司、道,并不行出首之大臣各官,俱革职。至督、抚、司、道家人子弟提塘,往大臣各官家人处行走,其主知情者,革职,家人免坐;其主不知情者,降二级,将两家之家人俱正法;提塘有职者革职,无职者照家人例正法。其在京大臣各官,拜见督、抚、司、道,荐引幕宾,赠送仆从,馈遗礼物,或差人到督、抚、司、道任所者,将大臣各官,及不行举出之督、抚、司、道,俱革职。如督、抚、司、道,向在京大臣各官,因事营求,有所馈送者,将与受之人俱革职拿问。至地方官吏,有滥征苛派,馈送大臣官员者,与受之人,亦革职提问。

○乾隆三十四年(1769)谕:“各旗王公所属人员,服官在内者,向遇年节生辰,一赴本门叩谒,尚属分所当然。若伊等既在外任,则均有当官公事,其迹易涉嫌疑,各宜自知引避。前以诸王公等于所属外任人员,每多需索,曾降旨严切申禁。比来诸王公颇知奉法自爱,不敢逾闲,而此等因公赴京人员,尚多照常问谒。虽现在不致有结纳逢迎之事,但恐日久因循,王公等或罔知顾忌。谒见之不已,必且托其购办器物,购办之不已,必且从而关说事端,甚至忘公徇私。习成流弊,其所系于官守朝常者甚大。用是明晰诰诫,为之杜渐防微,亦正所以先事保全之也。昨于行在召见永定河道满保,奏称伊系四阿哥属下人,应往叩谒。朕思令行自近,自当举一以例其余。嗣后各王公属下人等,惟京员向各门往来,仍照旧不禁外,其有现居外任职官,因事来京者,概不许于本管王公处谒见通问,以清弊源。著为令。倘仍不知省改,或久而复沿故辙,一经发觉,除本人从重治罪外,其本管王公等,亦一体惩治,必不稍为宽贷。”

### 上言大臣德政

凡诸衙门官吏及士庶人等,若有上言宰执执政大臣美政才德者,非图引用,便系报私。即是奸党。务要鞫问穷究所以阿附大臣来历明白,犯人连名上言,止坐为首者。处斩,监候。妻子为奴,财产入官。若宰执大臣知情,与同罪。不知者不坐。大臣知情与同罪,亦依名例至死减一等法,杖一百、流三千里,不追及妻子、财产。

**谨案** 《笺释》及《雍正会典》,此律注末均有"若系应议大臣,请旨定夺"二语。

**附律条例**

〇一、督抚等官,或升任、更调、降谪、丁忧离任,而地方百姓赴京保留控告者,不准行,将来告之人,交与该部治罪。若下属交结上官,派敛资斧,驱民献媚,或本官留恋地方,授之意指,借公行私,事发得实,亦交该部从重治罪。

**谨案** 此条雍正三年(1725)定。

**历年事例**

〇雍正三年(1725)谕:"凡官员离任,每有地方士民保留。如果该员在任实有政绩,惠泽在人,爱戴出于至诚,理应赴上司具呈陈请。即或清正廉干之官,冤抑被劾,百姓为之抱屈者,亦可赴阙申理。乃迩来积习,无论官员贤否,及离任之有无冤抑,概借保留为名,竟不呈明上司,辄鸣锣聚众,擅行罢市,显然挟制。其中买嘱招摇,种种弊端,皆于地方生事。如果保留尽系真情,何以升任官员,不闻有人爱戴者耶?此乃刁风恶习,例所严禁,断不可纵容使长。嗣后官员离任,士民有擅行鸣锣聚众罢市者,除将刁恶之人,分别首从从重治罪外,其被保之员,即系好官,然既买嘱百姓,亦必严加治罪,以儆刁风。"

# 【吏律·公式】

## 吏律·公式 讲读律令 制书有违 弃毁制书印信 上书奏事犯讳

### 讲读律令

凡国家律令，参酌事情轻重，定立罪名，颁行天下，永为遵守。百司官吏，务须熟读，讲明律意，剖决事务。每遇年终，在内从察院，在外从分巡御史、提刑按察司官，按治去处考校。若有不能讲解，不晓律意者，初犯，罚俸钱一月；再犯，笞四十附过；三犯，于本衙门递降叙用。其百工伎艺诸色人等，有能熟读讲解，通晓律意者，若犯过失，及因人连累致罪，不问轻重，并免一次。其事干谋反、叛逆者，不用此律。若官吏人等挟诈欺公，妄生异议，擅为更改，变乱成法即律令。者，斩。监候。

**谨案** 雍正三年(1725)奏准：今无察院、按察司年底考校之事，律文“在内从察院”至“按治去处考校”二十四字改为“在内在外，各从上司官考校”。其处分律文，“初犯”至“递降叙用”二十四字改为“官罚俸一月，吏笞四十”。

### 附律条例

一、各衙门应行律例，各宜留心讲解。内官即交各部院堂官考校；外官则交于各省督抚，饬令各该府州就近考校，将曾否通晓之处，详明督抚。于属员因公进见之时，留心考试。每于岁底，将内外各官通晓律例者，咨明吏部注册。遇有升迁之时，注明“能晓律例”以示鼓励。其不能讲解者，交部议处。至于各衙门吏典，即交与该管官岁底考核。如有通晓律例者，役满咨部考职之日，即于咨内声明，卷面印“一、通晓律例”字样，酌量优取。如有不能讲解者，照律治罪。

**谨案** 此条雍正十一年(1733)定。乾隆五年(1740)删。

### 历年事例

○顺治十二年(1655)奏准：明罚敕法，使民知而不敢犯。今天下各衙门，止有律书一部，小民不得与闻，故犯法者众。令督抚将刑律有关于民者，摘而刻之，有司于春秋暇日为之讲说，并令学官常为士子讲习。

○雍正二年(1724)谕：“朕披览奏章，其中人命案件，如故杀、谋杀者尚少，而以斗殴伤人者甚多。或因口角相争，或因微物起衅，挥拳操戈，一时殒命。及至抵罪，虽悔何追。此皆由于愚贱乡民，不知法律，因一朝之忿，贻身命之忧，言之可为悯恻。古人有月吉读法之典，圣祖仁皇帝上谕内，有读法律以儆愚顽之条，盖欲使民知法之不可犯，律之无可宽，畏惧猛省，迁善而远过也。但法律包举甚广，一时难以遍谕。今将《大清律》内所载'斗杀''人命'等律，逐条摘出，疏解详明。尔部可通行各省，令地方有司刊刻散布于大小乡村，处处张挂，风雨损坏，仍复再颁，俾知斗殴之律，尚然如此，则故杀、谋杀，罪更可知。父兄子弟，互相讲论，时存提撕儆惕之念。"

○三年(1725)议准：嗣后年底，刑部堂官传集满汉司员，将律例内酌量摘出一条，令将此条律文，背写完全。考试分别上中下三等，开列名次奏闻。

○乾隆十年(1745)议准：律法之制死刑，乃因其罪犯重大，故置之重典。诛死者于前，所以戒生者于后。枭獍怙恶之徒，有心故犯，愍不畏死，即置之于法，亦不足惜。倘愚民无知，偶尔一念之差，遂至身罹重罪，论其所犯，则法属难宽，迹其所由，则情实可悯。亲民之官，与其当事而得情哀矜，何如先事而宣讲化导。各州县朔望，于在城公所，宣讲圣谕，又设有约正值月，令于各乡公所，宣讲圣谕，以晓庶民。仍令直省督抚，将谋故斗杀、刨坟、奸盗等类，及事关伦常风化，并就各地方风俗所易犯、法律所必惩者，谆恳明切，刊刷告示，每年分发所属州县，转饬各乡约正值月，于每月朔望宣讲圣谕之后，务必实心宣谕劝诫，使之家喻户晓，戒惧常存。地方有司，不得视为具文，大小乡村，均有约正经管，穷乡僻壤，无知愚民，亦皆得时闻劝诫。于风俗人心，均有裨益。

## 制书有违 天子之言曰制，书则载其言者，如诏、敕、谕、敕之类。若奏准施行者，不在此内。

凡奉制书有所施行，而故违不行者，杖一百。违皇太子令旨者，同罪。

**谨案** 乾隆十八年(1753)会典馆进呈纂修《詹事府事例》，多沿袭旧文，奉谕着该总裁官改正。此条系《嘉庆重修会典事例》补入者。

失错旨意者，减三等。其稽缓制书及皇太子令旨者，一日笞五十，每一日加一等，罪止杖一百。

**谨案** 原文"同罪"下有"违亲王令者，杖九十"句，"杖一百"下有"稽缓亲王令者，各减一等"句，雍正三年(1725)奉御批删除。

### 附律条例

○一、每年十月三十日，恭逢世宗宪皇帝万寿圣节，前后九日内不理刑名；自十月初十日至十一月初十日，此三十日不行刑。

**谨案** 此条雍正五年(1727)定。乾隆五年(1740)奏准万寿圣节，通行遵奉，似非律例之所应载，谨删。

○一、各省解送物件，及修筑工程，不许插上用黄旗。各省大小衙门所属官弁，其一应灯笼，止许写本人职衔，书役人等，写某衙门某科字样，并不许冒借本管职衔。

如违,以违制论。

**谨案** 此条雍正十一年(1733)定。乾隆五年(1740)删。

## 弃毁制书印信

凡故意弃毁制书,及各衙门印信者,斩。监候。若弃毁官文书者,杖一百。有所规避者,从重论。事干军机、钱粮者,绞。监候。事干军机,恐致失误,故虽无钱粮亦绞。若侵欺钱粮,弃毁欲图规避,以致临敌告乏,故罪亦同科。当该官吏知而不举,与犯人同罪,至死减一等。不知者不坐。误毁者,各减三等,其因水火、盗贼毁失有显迹者,不坐。若遗失制书、圣旨、印信者,杖九十、徒二年半。若官文书,杖七十;事干军机、钱粮者,杖九十、徒二年半。俱停俸责寻,三十日得见者免罪。限外不获,依上科罪。若主守官物,遗失簿书,以致钱粮数目错乱者,杖八十。亦住俸责寻。限内得见者,亦免罪。其各衙门吏典役满替代者,明立案验,将原管文卷,交付接管之人。违而不立案交付者,杖旧吏八十。首领官吏,不候吏典交割,扶同给照起送吏役者,罪亦如之。

**谨案** 原文起处云"凡弃毁制书,及起马御宝圣旨、起船符验,若各衙门印信,及夜巡铜牌者",中云"若遗失制书、圣旨、符验、印信、巡牌者",结处"扶同给照"作"扶同给由"。又"御宝圣旨"下,有"谓兵部起铺马脚力必关领内府御宝圣旨是也"十九字小注。均雍正三年(1725)删改。

### 附律条例

〇一、部院各衙门案卷,专责满汉司员,躬亲检点,记明号件,小心收存。若遇迁转,将一切经管卷案,逐件交代,出具并无遗失甘结存案。倘不肖官吏,通同作弊,盗取改易者,俱照弃毁文书律问罪。有所规避,从重论。

**谨案** 此条雍正三年(1725)定。乾隆五年(1740)删。

〇一、缘事降调及病故之员,凡有从前未缴朱批奏折,令本身及家属呈明本省督抚、本旗都统代缴。倘有隐匿收存者,一经发觉,从重治罪。赏给西洋锁匙折匣,亦令缴进。至于恩赐御书诗字,除因公诖误及休致降调人员外,若干犯法纪,例应追夺诰命之员,将御书一并追缴。

**谨案** 此条雍正十一年(1733)定。乾隆五年(1740)因赏给西洋折匣,系一时特恩,不必纂入条例,至"追缴御书",应移入名例"以理去官"条下,将例文后半删去。

一、缘事降调及病故之员,凡有从前未缴朱批奏折,令本身及家属呈明本省督抚、本旗都统代缴。倘有隐匿收存者,一经发觉,降调之本身,交部议处,故员之家属,照违制律杖一百,系官亦交部议处,仍令呈缴。

**谨案** 嘉庆六年(1801),查本身与家属,未便一体议处,因改定此条。

○一、刑部安徽、江西、福建、广东、山西、河南、贵州、云南等八司，每司分管一旗。凡八旗送部事件，及左右司所办奏过各案，俟各司办理完结之后，即将清汉稿抄录核对清楚，钤盖印信，移付该管旗分之司，具稿呈堂，加谨收存。其八旗一应条奏定例，并刑部通行八旗各案，以及八旗咨报咨查案件，俱令专管之司，照旗分办稿存案。如该司官吏，将收存档案册籍，不加谨封固，致有遗失者，即将该司官题参，书吏严加治罪。

**谨案** 此条雍正十二年(1734)定。系各司职掌，与律例无涉。至遗失档案，律有治罪明文，乾隆五年(1740)删。

○一、大小衙门，将奉行条例，汇齐造册，于新旧交盘之时，一体交盘。如有遗漏，将典吏照遗失官文书律治罪，该管官交部议处。

**谨案** 此条乾隆五年(1740)定。

○一、凡将诰命旧轴售卖及转卖者，照违制律治罪。

**谨案** 此条乾隆十年(1745)定。

○一、凡直省州县交代时，将任内自行审理户婚、田土、钱债等项案件，粘连卷宗，钤盖印信，造入交盘册内。仍汇录印簿，摘取事由，照依年月，编号登记，注明经承姓名，随同卷宗交代。并将历任递交之案，一并检齐，加具并无藏匿抽改甘结，交代接任之员，报明上司查核。倘有不肖胥吏，不行查明交代，照不将文卷交代接管之人律杖八十。其有乘机隐匿添改作弊等情，照盗取卷案改易例治罪，受财者以枉法从重论。将失察之该管官，照失于查察例，罚俸一年。

**谨案** 此条乾隆十一年(1746)定。

一、凡各省州县，无论正、署，俱于离任时，将任内自行审理户婚、田土、钱债等项，一切已结卷宗，及犯证呈状、供词，均于接缝处钤印，照依年月，编号登记，注明经承姓名，造册交代。并将历任递交之案，一并检齐，加具并无藏匿抽改甘结，交代接任之员，报明上司查核。其未结各案，分别内结外结，及上司批审、邻省咨查，并自理各项，俱开注事由、月日，造册交代。接任官限一月按册查核。如并无隐匿遗漏，即出具印结，照造款册，由府核明加结，详赍巡道、臬司存核查催。臬司查明，仍将印结移送藩司，入于交代案内汇详。府州交代，一例办理。倘有不肖书吏，不行查明交代者，杖八十。其有乘机隐匿添改作弊等情，各按其所作之弊，悉照本条治罪，受财者以枉法从重论。其州县官失察，及造册迟延、遗漏隐匿，并希图省事，或卷不粘连，或粘连不用印，以致胥吏乘机舞弊者，该管上司查参，照例分别议处。

**谨案** 此条乾隆三十二年(1767)定。咸丰二年(1852)，于"照造款册"句下增入"由知府、直隶州知州"数字，改"府州交代"句为"知府、直隶州交代，亦照此办理"。

○一、各省臬司交代，无论正、署离任时，将一应卷宗，及自理词讼，毋论已结未结，俱造册钤印封固，移交后任。其接任臬司，将交代清楚情由，自行陈奏，一面具结详明督抚报部。并将在班书吏,加紧防闲,不许借端出署。如有迟延蒙混,即行严究。如因离任事故不及亲办者,责成首领官关防造册封卷呈办。其道、府、厅员一切卷宗,各照州县钤印造册交代例,报明上司存案。

**谨案** 此条乾隆二十九年(1764)定。

### 历年事例

○雍正七年(1729)谕:"嗣后各部院衙门存贮档案之处,应委笔帖式等官,轮班值宿巡查,以防疏失。至于内阁本章,及各衙门档案,皆应于正本之外,立一副本,另行收贮,以备查对之用。如本章正本系红字批发,副本则批墨存案。其他档案之副本,或另有钤记以分别之。如此则虽一时遗失残缺,仍有副本可查。不但于公事有益,且可以杜奸胥猾吏隐藏改换之弊。"

○乾隆二十九年(1764)议准:嗣后州县凡一切自理词讼,审断之后,即令该吏将通案犯证呈状、口供、勘语,即日粘连成帙,于接缝处所钤印。遇交代时,汇录印簿,摘叙事由,照依年月,编号登记,注明经承姓名,加具并无藏匿抽改甘结,造入交盘册内交代,仍报明上司存案。倘该州县希图省事,或卷不粘连,或粘而不用印,一经上司查出,或他事发觉,即将该州县题参,将不粘连卷宗之员,照遗失官文书例,降一级留任。其已粘连而不钤印者,照漏用印信例,罚俸一年。倘因不粘连卷宗,以致抽匿改抹滋事舞弊者,将不粘连钤印之官,照失察书吏舞文弄法例,降二级调用。

## 上书奏事犯讳

凡上书若奏事,误犯御名及庙讳者,杖八十。余文书误犯者,笞四十。若为名字触犯者,误非一时,且为人唤。杖一百。其所犯御名及庙讳声音相似,字样各别,及有二字止犯一字者,皆不坐罪。若上书及奏事错误,当言原免而言不免、相反之甚。当言千石而言十石相悬之甚。之类,有害于事者,杖六十。申六部错误有害于事者,笞四十。其余衙门文书错误者,笞二十。若所申虽有错误,而文案可行,不害于事者,勿论。

# 卷七百五十·刑部二十八

## 吏律·公式 事应奏不奏 出使不复命 官文书稽程一

### 事应奏不奏

凡应议之人有犯，应请旨而不请旨，及应论功上议而不上议，(即便拿问发落者，)当该官吏照杂犯律处绞。若文武职官有犯，应奏请而不奏请者，杖一百。有所规避，(如怀挟故勘出入人罪之类，)从重论。若军务、钱粮、选法、制度、刑名、死罪、灾异，及事应奏而不奏者，杖八十；应申上而不申上者，笞四十。若(应议之人，及文武官犯罪，并军务等事，)已奏已申，不待回报而辄施行者，并同不奏不申之罪。(至死减一等。)其(各衙门)合奏公事，须要依律定拟，(罪名。)具写奏本。其奏事及当该官吏佥书姓名，(现今奏本吏不佥名。)明白奏闻。若(官吏)有规避，(将所奏内)增减紧关情节，朦胧奏准，(未行者以奏事不实论。)施行以后，因事发露，虽经年远，鞫问明白，斩。(监候。非军务、钱粮，酌情减等。)若于亲临上司官处禀议公事，必先随事详陈可否，定拟禀说。若准拟者，(方行)上司置立印署文簿，附写(所议之事)略节缘由，令首领官吏书名画字，以凭稽考。若将不合行事务，(不曾禀上司，)妄作禀准，及窥伺(上司)公务冗并，乘时朦胧禀说，(致官不及详察，误准)施行者，依诈传各衙门官员言语律科罪。有所规避者，从重论。(诈传官员言语本罪，详见诈伪律。)

**谨案** 原文首句云"凡军官犯罪"，第二节首句云"若文职有犯"，均雍正三年(1725)改。

#### 附律条例

〇一、州县官将小民疾苦之情，不行详报上司，使民无可控诉者，革职，永不叙用。若已经详报，而上司不接准题达者，将上司革职。至于赈济被灾之民，以及蠲免钱粮，州县官有侵蚀肥己等弊，致民不沾实惠者，照贪官例，革职拿问。督抚、布政使、道府等官不行稽察者，俱革职。

**谨案** 此条雍正三年(1725)定。

〇一、凡州县官将小民疾苦之情，不行详报上司，使民无可控诉者，革职，永不叙用。若已经详报，而上司不接准题达者，革职。

**谨案** 乾隆五年(1740)将前例赈灾一节移入户律，删辑此条。

○一、刑部凡有科抄到部,除题参官员,非关审拟案件,听吏、兵二部主稿定议,并奉旨该部知道事件,及命盗等案内,正犯已死,余犯罪止杖笞者,毋庸题复外,其有题参官员发审,经该督抚审拟具题,奉旨该部议奏之案,无论事之大小轻重,俱行核拟具题。

**谨案** 此条雍正十二年(1734)定。乾隆五年(1740),因交部议奏之案俱系核拟具题,遵行已久,不必另立条款,删。

○一、各省学臣发审事件,一面发提调官讯问,一面咨明督抚稽察,提调等官仍具文通报。除例应枷责完结者,听提调官随时发落,报明学臣、督抚、藩臬销案外,其枷责以上罪名,俱照例拟议,报明学臣,详解藩臬核转,由督抚分别批结咨题。如提调等官奉到学臣批檄,不行通报,即罪无出入,亦交部议处。

**谨案** 此条乾隆二十四年(1759)定。

○一、都察院、步军统领衙门,遇有各省呈控之案,俱不准驳斥。先向原告详讯,其实系冤抑难申,情词真切,及地方官审断不公,草率办结,并官吏营私骫法,确凿有据,及案情较重者,即行具奏。如讯供与原呈迥异,或系包揽代诉,被人挑唆,情节显有不实,及原告未经在本省赴案成招,挟嫌倾陷,借端拖累,应咨回本省审办之案,亦于一月或二月,视控案之多寡,汇奏一次,并将各案情节,于折内分析注明。如距京较近省份,将原告暂交刑部散禁,提本省全案卷宗,细加查核,再行分别酌办。倘有案情较重,不即具奏,仅咨回本省办理者,各堂官交部严加议处。

**谨案** 此条嘉庆十五年(1810)定。

**历年事例**

○雍正三年(1725)议准:外省人命案件,拟以军、流等罪,咨部完结者,俱驳令具题。嗣后不行具题者,将该督抚查议。

○乾隆四年(1739)奏准:嗣后除人命、强盗情罪重大案内,例应发黑龙江、宁古塔等处者,应仍令各督抚特疏具题外,其余因事拟遣,一切军、流等案,如果案犯情节显明,别无疑窦者,俱照诬告反坐等项之例,令各督抚迅速审拟,咨部完结,统于岁底汇题。仍将各案原招,造册送部查核。

○四十六年(1781)谕:"嗣后除寻常逃犯,仍照例咨部转行通缉外,如遇有命盗免死减等人犯,在配脱逃,情罪较重者,即一面饬属通缉,咨部存案,一面奏闻。"

○五十三年(1788)议准:嗣后除有关人命拟徒,及命案内续获拟徒余犯,均于专案咨部后,入于军流本内,年终一并汇题外,其无关人命罪止拟徒之犯,虽系专案咨部,亦毋庸入于汇题,以免淆混。

○五十八年(1793)谕:"刑部核拟安徽省民人徐惟川戳死徐友举、徐友良二命,改题具奏一案,已照所拟将徐惟川斩决矣。此等杀死一家二命之案,情节甚重,该抚于审明定拟后,自应专折具奏。乃仅照寻常命案具题,使重犯有稽显戮,殊未允协。

嗣后各省督抚,除寻常命案仍照例具题外,如有杀死二命以上重案,俱着专折具奏,以昭慎重。"

○五十九年(1794)谕:"杀死一家二命之案,各省向系具题。近因其情节可恶,未便照寻常命案办理,致凶犯日久稽诛,是以令各该督抚专折具奏。今思此等杀死数命之案,所犯情罪,亦有不同。嗣后各省如遇有杀死一家三命以上,及杀死非一家四命以上之案,仍着专折具奏。其杀死一家二命,及非一家三命者,该督抚等但应速行具题。于题到时,内阁即票核拟速奏签进呈,交法司速议具题,亦不致久稽显戮。"

○嘉庆四年(1799)谕:"向来各省民人赴都察院、步军统领衙门呈控案件,该衙门有具折奏闻者,有咨回各该省督抚审办者,亦有径行驳斥者,办理之法有三。似此则伊等准驳,竟可意为高下。现当广开言路,明目达聪,原俾下情无不上达,若将具控之案,擅自驳斥,设控告该省督抚贪黩不职,及关涉权要等事,或瞻徇情面,压搁不办,恐启贿嘱消弭之渐,所关匪小。嗣后都察院、步军统领衙门,遇有各省呈控之案,俱不准驳斥。其案情较重者,自应即行具奏。即有应行咨回本省审办之案,亦应于一月或两月,视控案之多寡,汇奏一次,并将各案情节,于折内分析注明,候朕批阅。倘有案情较重,不即具奏,仅咨回本省办理者,经朕看出,必将各堂官交部严加议处。著为令。"

○十二年(1807)谕:"近来讼狱繁多,固缘地方官办理不能持平,又复听断不勤,以致日久延玩,激成上控。而讼师土棍,所在皆有,往往将毫不干己之事,从中唆使,代作呈词,甚或从中渔利,包揽具控。又或于地方官审案未定之先,情虚畏审,来京呈控。且有结案时本无枉纵,亦俱妄思翻控,希冀幸免者。其间情伪甚多,岂能以一面之词,遽行凭信。自应查明虚实,分别核办。嗣后都察院、步军统领衙门于接受呈词时,着先向原告逐款详讯。除实系冤抑难伸,情词真切,及地方官审断不公,草率办结,并官吏营私骫法,确凿有据者,仍当立时奏闻,另候办理,毋庸压搁外,如所讯之供,竟与原呈迥异,或系包揽代诉,被人挑唆,其情节显有不实,及原告未经在本省赴案质讯,录供成招,不免有挟嫌倾陷,借端拖累情事,着照周廷栋所请,咨回本省核办。仍交该衙门按期严催,开单汇奏。其距京较近省份,并着照周廷栋所请,先将原告暂交刑部散禁,提取本省全案卷宗,细加核阅,再行分别核办。"

○十三年(1808)谕:"向来杀死一家数命之案,自三命以上,则专折具奏,其杀死二命,则概行题本。第如四川杜芝洪、江西巫辰俚两案,不过因钱债、奸情,辄戕人父子、母子二命,其凶恶情节,与寻常杀死一家非死罪二命者不同。今一概具题,未免无所区别。且阅题本内犯事日期,杜芝洪系上年十一月之事,巫辰俚系上年九月之事。今经刑部题复后,再行知各该省,其往返几及一年。设该犯等或在监病毙,转得幸逃显戮,殊非情法之平。嗣后有似此杀死一家亲属二命,而情节较重,例应斩枭者,俱应改题为奏。其非亲属二命者,仍可照旧具题。着刑部将杀死一家二命之案,分析亲疏、轻重、斗殴谋故情节,将何项应题,何项应奏,妥议章程具奏,再降谕旨。"

〇又谕:“嗣后有卑幼谋杀尊长重情,例应斩枭者,外省应改题为奏。着刑部将此一条,一并妥议具奏。钦此。”遵旨议准:卑幼因图财、强奸谋杀尊长,及谋故杀一家二命,死系父祖子孙,并服属期亲以上,罪应斩枭各犯,俱改题为奏。并罪应凌迟处死之案,其情较斩枭为尤重,亦应一体专折具奏。

〇十七年(1812)谕:“直省命盗案件,各督抚有专折具奏者。经朕详核,其中有批交该部速议之件,原因案犯情罪重大,不容稽诛,是以定限于五日内复奏。乃近日各省专奏案件,阅其情节,有尽可照例具题之案,而该督抚亦改题为奏者。限期既迫,部臣不能详悉复核,设有疏率,流弊滋甚,殊非慎重民命之道。着交刑部,将命盗各案详悉区分,定为何者应题,何者应奏,酌议条款奏准后,行知各督抚永远遵行。如定例后,督抚仍有任意迟速,题奏混淆者,即着该部查参,以归划一。钦此。”遵旨酌议条款:如谋反、大逆但共谋者,谋杀祖父母、父母者,妻妾谋杀夫之祖父母、父母者,妻妾谋杀故夫祖父母、父母者,杀一家非死罪三人及支解人为首者,谋杀期亲尊长外祖父母者,情可矜悯,准夹签声明之案,仍专本具题。采生折割人为首者,子孙殴死祖父母、父母者,纠众行劫在狱罪囚持械拒杀官弁为首及下手杀官者,尊长谋占家产、图袭官职杀功缌卑幼一家三人者,发遣当差为奴之犯杀死伊管主一家三人者,罪囚由监内结伙反狱持械拒伤官弁为首及下手杀官者,妻妾因与有服亲属通奸同谋杀死亲夫者,若与平人通奸谋杀,仍专本具题。卑幼图财、强奸谋杀尊长者,杀一家非死罪二人如死系父祖子孙及服属期亲者,强盗会匪及强盗拒杀官差罪应斩枭者,凡十六条,俱应专折具奏。其余寻常罪应凌迟、斩枭、斩决之案,仍专本具题等因。奏奉谕旨:“本日刑部议奏酌定命盗各案应题应奏条款一折。所议俱是,依议行。直省命盗重案,应题应奏,本有一定章程。嘉庆十三年(1808),复经饬交刑部酌定条款,纂入则例。乃近日各督抚,仍系意为迟速,于寻常命盗案件,亦多改题为奏,以致刑部速议案件,日见增多,限期迫促。若察核未周,流弊滋甚。即如本日衡龄具奏山西保德州民人王恒心图财谋杀幼孩王丑人子一案,系谋杀无服族孙,照谋杀十岁以下幼孩例,问拟斩枭,本系例应具题之案,该抚业经专奏,仍批交刑部速议。自此次刑部议定条款,着通行各省,一体遵照。嗣后各督抚于命盗重案专奏者,于折尾声明此案系援照刑部议定应奏某条,例得专折陈奏。朕批交议时,该部察核与原定条款相符,即行议复。倘有强行比附,率意改题为奏者,该部即行参奏驳回,仍令照例具题,以符定制。”

〇道光二十八年(1848)谕:“嗣后文职自知县以上、武职自守备以上,如有自尽之案,该督抚即行专折奏闻,以昭慎重。”

## 出使不复命

凡奉制书出使,使事已完,不复命,干预他事者,与使事绝无关涉。杖一百。各衙门出使,题奏精微批文及札付者。使事已完,不复命,干预他事者,所干预系常事,杖七十;军情重事,杖一百。若使事未完,越理理不当为。

犯分，分不得为。侵人职掌行事者，笞五十。若回还后三日不缴纳圣旨制、敕者，杖六十，每二日加一等，罪止杖一百；不缴纳符验者，笞四十，每三日加一等，罪止杖八十。若或使事有乖，或圣旨、符验有损失之类，有所规避不复命、不缴纳者，各从重论。

## 官文书稽程一

凡官文书稽程一日者，吏典笞一十，三日加一等，罪止笞四十。首领官各减一等。首领官，吏典之头目。凡言首领，正官、佐贰不坐。若各衙门上司遇有所属申禀公事，随即详议可否，明白定夺批示回报。若当该上司官吏不与果决，含糊行移，上下互相推调，以致耽误公事者，上司官吏杖八十。其所属下司将可行事件，不行区处，无疑而作疑申禀者，下司官吏罪亦如之。

### 附律条例

〇一、内外衙门公事，小事五日程，中事十日程，大事二十日程，并要限内完结。若事干外郡官司关追会审，或踏勘田土者，不拘常限。

**谨案** 此条系原例。本作“中事七日程，大事十日程”。又“关追会审”四字原作“追会”。均雍正五年(1727)改。

〇一、部院衙门一切应行事件，俱于到司五日之内行文，其有讹误舛错之处，将专管值日之满汉司官，交部议处。如遗漏未行，或迟延日久，将满汉司官，交部分别议处。

**谨案** 此条雍正八年(1730)定。

〇一、各衙门胥吏，有将新到文书迟误一二日，旧存案卷遗漏一二件者，酌其情罪，量加责惩。若迟误五日以上、遗漏五件以上者，查无舞文作弊等情，分别轻重杖责、革役。如有私行删改涂注，及将紧要事件违误限期，索诈撞骗婪赃等弊，拿送刑部严审，照招摇撞骗例从重治罪。

**谨案** 此条雍正十年(1732)定。乾隆五年(1740)，因例内所列已见各律，不必另立条款，奏明删除。

〇一、部院各衙门，接到清字文移，笔帖式详细译汉，不过三日。其译汉呈堂日期，并译汉之笔帖式，及查核之满司官，俱于堂行簿内注明。如有逾限者，将该管司官、笔帖式记过。若事关紧要，任意耽延者，分别参处。

**谨案** 此条雍正十二年(1734)定。乾隆五年(1740)，查迟延违误，定有处分，毋庸于译汉另立一例，删。

〇一、刑部应会三法司书题事件，将稿面钤盖司印，注明缘由，付督催所汇齐，转交大值日司分用印文，移送法司衙门书题，限五日内亦用印文送回。如稿内有酌议改易之处，即将应酌议改易之处，用印文声明缘由，亦于五日内送回刑部查核定议。

刑部仍用印文,将应否改易之处声明,再行会送法司衙门。

**谨案** 此条雍正十二年(1734)定,原文"限十日内送回"。乾隆十四年(1749)奏准:各衙门会稿,定限五日。将此条"十"字改为"五"字。嘉庆二十四年(1819),因原例五日,定限太促,俱改为八日。

○一、凡州县官承审案件,或正犯,或紧要证佐,染患沉疴,即将患病日期详报,俟该犯病愈之日起解。其患病日期,准于原限内扣除。府州、司道审转之时,或遇犯证患病,亦准报明扣除。若带病起解,以致中途病毙,照解犯中途患病不行留养例交部议处。若无故迟延,捏报患病,希图扣限,及上司徇隐,并交部议处。

**谨案** 此条乾隆元年(1736)定。

○一、监犯患病,除轻病旬日即痊,毋庸展限外,如遇病果沉重,州县将病起病痊月日,及医生医方,先后具文通报,成招时出具甘结附送,令该管府州于审转时查察,加结转送,准其扣展一月。倘系假病借延,立即揭参。知府州扶同加结,院、司察出,将府州一并开参。

**谨案** 乾隆二十一年(1756)奏准:案犯患病,一月内不能报痊,方准展限。统计前后,总不得过三月。至二十三年(1758)奏准:监犯病即沉重,亦无必待三月取供之理。嗣后犯病无论司、府、州、县,止许展限一月,所有统限三月之例删除。因改定此条。

一、州县官承审案件,或正犯或紧要证佐患病,除轻病旬日即痊者,毋庸扣展外,如遇病果沉重,州县将病起病痊月日,及医生医方,先后具文通报,成招时出具甘结附送,令该管府州于审转时查察,加结转送。如府、州、司、道审转之时,或遇犯证患病,亦准报明扣除。但病限毋论司、府、州、县,俱准其扣展一月。若带病起解,以致中途病毙,照解犯中途患病不行留养例议处。倘系州县捏报,假病借延,立即揭参。府州扶同加结,院、司察出,将府州一并开参。如审转之府、州、司、道,无故迟延,捏报患病,希图扣限,及上司徇隐,并交部议处。

**谨案** 此条系乾隆五十三年(1788)将前二条修并。

○一、凡各州县承审案件,案犯偶患轻病,委员验实,责令上紧医痊,随愈随解,不准扣限。其病势果重,验报确实,即将起病日期,连结详报,务于一月内医痊审解。如仍不能报痊,方准验实展限。统计前后,总不得过三月限期。倘承审官有捏报借延者,该督抚即行严参。同委验官及扶同徇隐之上司,一并照例分别议处。

**谨案** 此条乾隆二十一年(1756)定。

一、案内要犯要证,如果患病沉重,势难鞫讯起解者,该管上司委正印官确验,将所患何病,具结申报,方准展限。每案统计病限,总不得过一月。如有犯多之案,不能依限痊愈者,该督抚委官确验情形,酌量限期,奏闻请旨定夺。如有捏报及扶同出结者,严参议处。

**谨案** 此条乾隆二十三年(1758)定,原载"刑律·告状不受理"门。三十二年

(1767)移附此律。因犯病限期,业经纂有新例,将此二条均删。

○一、凡刑部衙门寻常移咨外省案件,如行查家产、关提人犯,俱以文到之日为始,依限查复。于复文内将何日接到部咨,有无逾限之处,随案声明。倘一时未得清晰,必须辗转咨查,不能依限查复者,亦即声请展限。如逾限不完,又不声明缘由,经部行催之后,即行查参,将承办之州县,及各该上司,俱交部议处。

○一、凡州县承审命案,详请检验,上司并未批驳者,仍按限审解外,其有屡次驳查,后经批准,迟延有因之案,该督抚据实声明报部,准其另行扣限。如有捏饰,照例严参。

**谨案** 以上二条,均乾隆十一年(1746)定。

○一、凡各部院事件,在本部题结者,吏、礼、兵、工部及各衙门,俱定限二十日;户、刑二部,定限三十日。行查会稿,系吏、礼、兵、工及各衙门主稿者,定限四十日;户、刑二部,定限五十日。内所会各衙门,各定限五日;户、刑二部,各定限十日。逾限即行参处。

**谨案** 此条系乾隆十六年(1751)遵旨定例。

○一、凡各省报部难结事件,如通缉已届四十年者,即行查销,毋庸列入汇奏。倘后经缉获,仍行质明办理。

**谨案** 此条系乾隆三十七年(1772)定。

○一、刑部议复斩绞监候本章,于科抄到部之日为始,仍照定例限八十日内具题。其立决本,限七十日内具题。有行查会议事故,亦仍照例扣限。每日呈进决本,不得过八件,务须按日均匀搭配。如遇科抄到部拥挤之时,临时奏明酌量加增。其科抄到部月日,并是否依限具题,统于本尾逐一声明。倘有逾限,随本附参。

**谨案** 此条嘉庆二十年(1815)遵旨议定。

○一、各处专咨报部,由刑部改题之案,如系汉字咨文到部者,以文到之日为始,斩绞监候案件,限九十日具题,立决案件,限八十日具题;系清文咨部者,监候案件,加译汉限期二十日,立决案件,加译汉限期十日;有行查会议事故,亦照科抄本章之例扣限。仍将咨文到部月日,及是否依限具题,统于本尾逐一声明。倘有逾限,随本附参。

**谨案** 此条道光十四年(1834)定。

# 卷七百五十一 · 刑部二十九

## 吏律 · 公式

官文书稽程二　照刷文卷　磨勘卷宗　同僚代判署文案　增减官文书　封掌印信　漏使印信　擅用调兵印信

### 官文书稽程二

#### 历年事例

○顺治十二年(1655)复准:凡直省刑狱案件,倘有耽延,督抚即行指参。仍于年底将已决未决钦件数目,并稽迟缘由,开册咨送三法司查核。

○康熙元年(1662)题准:凡承审钦件限期,专责督抚。有违限者,将督抚计月处分,不许分坐道府等官。如有等候提拿犯证,或因隔省行查,限内实难完结者,承问官将情由申详督抚,该督抚题请展限。如承问官将易结之事,迟延不结,或将难结情由,不预行申报者,听督抚题参,将承问官罚俸一年。

○二十二年(1683)议准:直省人命事件,改限六个月审结。逾限不结,不及一月者,承问官罚俸三月;一月以上者,罚俸一年。

○三十二年(1693)谕:"嗣后将刑部议结细事,照热审减等例,十日一次汇写具题。其具题时,着将到部之日、审起完结之日,俱行写出。"

○三十六年(1697)议准:问刑官员审理盗案,供证既明,可结不结,逾限至一年以上者,照无故迟延之例,严加议处。

○四十年(1701)议准:各府州县人命案件,六个月限满照例题参后,又于四个月限内不行完结,复参迟延者,照题定易结不结之例,将承审各官革职,并将督催之臬司、刑名巡道及承催道员,各降三级调用。如承审官或为势压,或以贿嘱,故为延缓,听讼不平,锻炼失实等项,该督抚严查题参。

○四十四年(1705)议准:旗民互告事件,承审官限一月完结。有提人、行查之处,以人、文到部之日扣限。

○四十六年(1707)谕:"嗣后各省一应钦件,交与某官审理,及已完未完,该督抚四季奏闻。如部发案件,其已完未完,亦着本部查明,四季奏闻。"

○四十八年(1709)谕:"应结之事,即当议结。不必数驳,致增事端。"

○五十三年(1714)议准:现禁审理人犯,每月一次奏闻。即于各犯名下,将所犯事由、到监月日,并未完情由,逐一注明。至行提人犯逾限不送、行查事件耽延不复者,照例题参。

○六十一年(1722)议准:各省钦件部件,停其四季造册启奏,俱照部内定限完结。若将易结之案,迟滞不完者,令该衙门查参。

○雍正二年(1724)复准:凡参承审迟延,原审官初次限满,已经参过迟延,其在二限之内,承审官遇有升任降革,或因公他往,委署及新任之员接审者,即于接审日算起,准其展限四个月。如限内仍不审结,该督抚即将易结不结情由,查明题参。

○四年(1726)议准:嗣后凡州县承审钦部命盗等案,审转造报事件,申详道、府、司、州者,俱用副详申报督、抚。如有驳回之件,即将驳查缘由,并驳回月日,开明具报。倘有苛驳、索诈、推卸情弊,应令该督、抚查明,将该上司各官题参,照易结不结例议处。倘该督抚徇隐不揭,或被旁人首告,或被科道纠参,将该督、抚亦照徇庇例议处。

○五年(1727)议准:嗣后刑部行提人犯,行令八旗、内务府、五城、顺天府,务照定例,于文到之日,即行查送过部。如人犯或有他故,即行报明。如有越三日不送到部,并不报明不到情由,即将该管官照例参处。其刑部各司提人,于行文之日,即开明人犯旗分、姓名,知会司务,令登记号簿,于三日内按簿查唤。倘人犯已到,而胥役人等勒索不行放入者,该司务察出,即行呈堂,照例严加治罪。如该司务徇隐不究,经受勒之人告发,将该司务一并照例参处。

○又谕:"嗣后凡有缉拿人犯之处,各该衙门即速行文,不得稽迟时刻。倘文到之日,彼处奉行不力,以致兔脱,责有攸归。着将此旨内外通行。"

○乾隆十四年(1749)奉旨:"向来所定会议限期,虽视部文繁简。但尚有过多之处,以致诸多迟缓。着军机大臣另行详议具奏。钦此。"遵旨议奏:查定例各部科抄咨呈事件,在本部题复者,正限十日,余限十日。行查会稿各部院衙门者,正限三十日,余限十五日。户、刑二部,各加十日,限二十日者,余限二十日;限四十日者,亦余限二十日。俱现在遵行。嗣后各部院衙门事件,正限十日者,减余限五日,共限十五日;正限二十日者,正限、余限各减五日,共限三十日;正限三十日者,减正限十日,连余限十五日,共三十五日;正限四十日者,减正限十日,再减余限五日,共四十五日。倘再有逾限不结之案,即按例查参议处等因具奏。奉旨:"此所议各部院议复限期,因向来定有正限,又有余限,是以照例酌减。朕思正限、余限,名虽不同,其实则在余限内完结者,与未出正限之案,一例免议。而各部院办理案件,又少肯在正限内赶办完结。则又何必多设名目,列为章程。非所谓政尚简要也。嗣后各部事件,在本部题结者,吏、礼、兵、工等部及各衙门,俱定限二十日;户、刑二部,定限三十日。行查会稿,系吏、礼、兵、工及各衙门主稿者,定限四十日;户、刑二部,定限五十日。内所会各衙门,各定限五日;户、刑二部,各定限十日。逾限即行参处。如此限期既归划一,不致怠玩逾时,亦不致草率了事。各部院大臣,其务靖共率属,体时亮天工之意,以副咸厘庶绩之治。”

○嘉庆二十年(1815)谕:“本日报到,各衙门俱有题本,惟刑部无具题之件。询因本月二十七日系至圣先师诞辰,二十八日系庚辰干支,是以发报时未将刑名本章递进等语。各衙门随报题奏事件,自应以朕批阅之日为准。乃该部援照向例不理刑名日期,即于是日不将具题之本送阅,甚属非是。在京刑部堂官,俱着察议。嗣后凡巡幸之时,在京问刑衙门,如遇不理刑名之日,应题应奏事件,总以递至行在进呈日期为准,毋得拘泥在京发递之日,致有舛误。”

○又谕:“嗣后该部送阁进呈本章,立决本每日不得过八件。”

○又谕:“向来祈雨祈雪期内,俱不进立决本章。但祈雨祈雪,原为京畿附近而设,非概为直省致祈也。嗣后祈雨祈雪期内,若立决人犯,应在京处决者,着毋庸具奏。如系应在外省处决者,则奉旨之后,行文该省,计奉到时已相距日久,俱照常进本。著为令。再刑部议复立决本章期限,亦觉太宽。着刑部酌议量减具奏,候旨遵行。”

○又奉旨:“向来刑部届秋审时,因呈递黄册,遂将各项本章,减数呈递。黄册于进呈后留中,朕不时披览,与每日阅看本章,两不相妨。嗣后秋审时,刑部各项本章,着照常呈递,毋庸减数。至每年开印后三日,刑部向不进本。着减去一日,于开印后第三日进纸张本,第四、第五日进轻罪本,以后陆续如数呈进。其斋戒祭祀、月朔日忌,并各项应行回避,不进刑本及不进决本日期,亦应酌减。着刑部查明,开单具奏,候旨遵行。”

○二十一年(1816)奉旨:“刑部查明不进刑名本及不进决本日期,开单呈览。嗣后册封妃嫔日,及朝审勾到日,俱准进刑名本。祭先蚕坛日,准进立决本。自小暑节至立秋日止,不进现审立决本。自大暑节至立秋日,再停进直隶、山东、山西、河南、盛京五省立决本。余均照旧例行。”

### 照刷文卷

凡照刷有司有印信衙门文卷,可完不完,迟一宗二宗,吏典笞一十;三宗至五宗,笞二十;每五宗加一等,罪止笞四十。府州县首领官,及仓库、务场、局所、河泊等官,非吏典可比。各减一等。失错漏使印信、不签姓名之类。及漏报卷宗本多,而不送照刷。一宗,吏典笞二十;二宗三宗,笞三十;每三宗加一等,罪止笞五十。府州县首领官,及仓库、务场、局所、河泊等官,各减一等。其府州县正官巡检,非首领官之比。一宗至五宗,罚俸一月;每五宗加一等,罚止三月。若文卷刷出,钱粮埋没、刑名违枉等事,有所规避者,各从重论。

**谨案** 原文“罚俸一十日;每五宗加一等,罚止一月”,雍正三年(1725)改。又原注“钱粮”下“不见下落”四字、“刑名”下“不依正律”四字,乾隆五年(1740)删。

**附律条例**

○一、部院各衙门，每月将未结科抄事件，造册公送六科。科抄并见理事件，造册咨送各道，勘对限期，有迟延违误者参处。

**谨案** 此条雍正三年(1725)定。

一、各部院衙门，每月将已结未结科抄事件，造册分送六科。科抄并见理事件，造册分送各道，勘对限期。其各部注销会稿事件，即于注销册内，将会稿衙门定议日期，逐一详开，移会科道查核，倘有迟延违限者察参。

**谨案** 此条乾隆五年(1740)改定。

○一、在京各衙门，凡关系钱粮、刑名案件，每年八月内汇造印册送京畿道刷卷，有迟误者察参。

**谨案** 此条雍正三年(1725)定。

○一、各省汇题事件，统限开印后两月具题。如有迟延，刑部随本查参，交部议处。

**谨案** 此条乾隆二十三年(1758)定。

○一、各省汇奏事件，该督抚于发折后，将具奏日期报部存案备查。其应于年内具奏者，近省定于十二月初十日以内奏到，远省定于二十日以内奏到，总不得过封印日期。其应于开印后具奏者，不得迟至二月。如有逾限，将该督抚交部察议。

**谨案** 此条乾隆四十二年(1777)定。

○一、各省汇奏事件，该督抚于每年十月截数咨报各部及军机处，均限十二月初间咨齐，即由军机大臣会同该部汇开清单，于年底先行具奏，仍交部分别核议，照例具题。如该督抚等逾限不报，交部察议。

**谨案** 此条嘉庆六年(1801)改定。

○一、各省军、流人犯，定地发配，及到配安置，俱专咨报部。仍于年终逐案摘叙简明事由，并声明何司案呈，分别汇册报部。

**谨案** 此条嘉庆二十四年(1819)定。

○一、各省军、流人犯，定地发配，及到配安置，俱声明何司案呈，专咨报部。

**谨案** 此条道光四年(1824)改定。

**历年事例**

○雍正元年(1723)谕："直省命盗案件，主稿虽则刑部，然必由三法司等衙门公同确勘画题，方行请旨。今刑部议复被盗疏防，及人命失察等案，有该督抚未将所属地方官弁报参者，刑部于具题完结本尾声明，行令查参到日再议。嗣经该督抚有照例补参，亦有援案请免者，止用咨复，刑部再不具题，又不照会都察院、大理寺衙门。是以部中奸猾胥吏，得以操纵其事，暗地招摇。有部费者，则为援引轻例，且有竟将咨文沉匿，日久潜消者。如无部费，虽督抚声明在所可宽，不准邀免，欺隐蒙混，事同议异。敕下刑部,嗣后凡三法司会议案件,本尾带及行令补参者,督抚咨复刑部,其或处分,或宽免,作何完结之后,令刑部知会画题衙门,公同刷卷。如此则胥役不得萌遈故智,上下其手矣。"

○五年(1727)议准:嗣后刑部现审事件,令承审司官,每于月底将所审案件,逐案开具简明略节,并监犯名数、收监日期,造具清册。其有行提应质人犯等项,不能依限完结者,将缘由一并造入册内,呈堂查核。若有滥行监禁,及无故迟延不结者,即将该司官指名题参,照例议处。若刑部不行题参,或被科道纠参,或别经发觉者,将堂官一并议处。其直省问刑各衙门,亦于每月一体造具清册,呈报督抚查核。如有滥禁等弊,即行题参议处。倘督抚不行题参,别经发觉,将督抚一并议处。

○嘉庆二十四年(1819)谕:"御史蒋云宽奏申明减等章程一折。各省军、流人犯,遇有减等恩旨,该督抚等自应迅速办理。乃近日外省办理迟延,且有遗漏,殊乖矜恤之意。此次恩诏内查办减等,着各督抚、将军、都统、府尹等饬属查明,按限造册报部,并声明接奉部文日期。倘逾定限,该部照例查参,仍令各督抚等取具各属并无遗漏印结报部备查。再各省军、流人犯,定地发配,及到配安置,向来均不报部。遇有别案牵涉,辗转行查,徒延时日。嗣后俱着专咨报部,年终仍造册汇报,以凭稽核。"

○道光二年(1822)谕:"御史朱为弼奏请饬删各部册籍一折。各直省汇送六部册籍,日积日多,往往名实不符,俱成具文,无关政要。而胥吏等乘机舞弊,转致难于稽查。自应酌加删减,以归简易。着六部堂官,各将外省造送该衙门册籍,逐一查明,分别应存应删,悉心妥议,开单奏明请旨。"

○光绪七年(1881)谕:"刑部奏各省军流徒人犯请仍复年终汇报旧例一折。各省军、流、徒人犯,向系年终汇报,嗣经停止。现在查办减等,散漫无稽。各省未经造报者甚多,殊属迟延。且恐有遗漏情事,非所以溥仁施而昭周密。其有因案牵涉之犯,亦以辗转行查,办理需时。嗣后着各省督抚、将军、都统、府尹等,仍照旧例,将遣、军、流犯定地发配,及到配安置,除专咨报部外,均于年终逐案摘叙事由,并声明何司案呈,造册汇报。徒罪人犯,一体办理。该部即纂入例册遵行。并着各该省查照本年六月部定章程,迅即备录各犯案由,分别官常犯、准减不准减,造册声叙名口总数,赶紧题咨报部。其已报各省有应行补报之犯,亦着一体迅速造报,毋再稽延。"

○九年(1883)议准:各省京控之案,从前系由都察院会同步军统领衙门,每年两次将咨交未结各案,汇开清单奏催。近来仅据步军统领衙门,每两月将京控咨交数目具奏,知照刑部转行各该省遵照。其都察院京控之案,并不知照刑部,即无从稽核。近年各省办理京控案件,有将已未完结数目,及未能审结缘由,每年分两次汇奏者,亦有并不具奏者,殊不划一。请饬各省督抚、将军、都统、府尹,查明京控交审案件,无论奏咨,每年将已未完结数目,分两次汇开清单具奏,以归划一。并摘录案由,注明交审月日,及将未结各案因何未能审结缘由,于每年两次复奏时,详细声明,分咨刑部。至都察院及步军统领衙门每年接收京控之案,无论奏咨交审,均一律开单咨部,以凭稽核。

### 磨勘卷宗

凡照磨所官磨勘出各衙门未完文卷,曾经布政司、按察司照刷驳问迟错,经隔一季之后,钱粮不行征追足备者,提调掌印官吏以未足之数十分为率,一分笞五十,每一分加一等,罪止杖一百。刑名、造作等事,可完而不完,应改正而不改正者,过一季,笞四十,一季后,每一月加一等,罪止杖八十。受财者,计赃以枉法从重论。若有隐漏已照刷过卷宗,不报磨勘者,一宗笞四十,每一宗加一等,罪止杖八十;事干钱粮者,一宗杖八十,每一宗加一等,罪止杖一百;有所规避者,从重论。若官吏文书内或有稽迟未行,或有差错未改,闻知事发,将吊查,旋补文案,未完将作已完,未改正捏作已改正,以避迟错者,钱粮计所增数,以虚出通关论;刑名等事,以增减官文书论。同僚若本管上司,知而不举,及扶同旋补作弊者同罪。不知情,及不同署文案者,不坐。

**谨案** 原文"布政司"三字作"监察御史",雍正三年(1725)改。

### 同僚代判署文案

凡应行上下官文书,而同僚官代判判日。署书名画押。者,杖八十。若因遗失同僚经手文案,而代为判署以补卷宗者,加一等。若于内事情有增减出入罪重者,从重论。

#### 附律条例

〇一、各部司员,有偷安偏执,故意推诿不行画押者,该堂官即指名题参。其实有患病、事故告假者,免其议处。若堂官徇情枉法,逼勒画押,该司员密揭都察院,将该堂官指名题参。如有挟嫌诬告情弊,将该司员照例治罪。

〇一、刑部遇有三法司会勘案件,即知会都察院、大理寺堂官,带同属员,至刑部衙门秉公会审,定案画题。倘饰词推故,竟无堂官到部者,即将该院、寺堂官交部议处。

**谨案** 以上二条,系雍正十一年(1733)定。

〇一、各省承办参案,无论侵贪挪移,以及滥刑枉法等项,俱由臬司主稿,会同藩司审勘,招解督抚衙门复审。倘藩司以事非己责,并不实心会鞫,或臬司因主稿在己,偏执自是,以致罪有出入者,该督抚即行查参,交部分别议处。

**谨案** 此条系乾隆二十九年(1764)定。

### 增减官文书

凡增减官文书内情节字样者,杖六十。若有所规避,而增减者,杖罪以上,至徒、流,各加规避本罪二等,罪止杖一百、流三千里。未施行者,于加罪上各减一等。规避死罪者,依常律。其当该官吏自有所避之罪增减原定文案者,罪与规避同。若增减以避迟错者,笞四十。若行移文书,误将军马、钱粮、刑名重事紧关字样,传写失错,而洗补改正者,吏典笞三十。首领官失于对同,减一等。若洗改而有干碍调拨军马,及供给边方军需钱粮数目者,首领官、吏典,皆杖八十。若有规避故改补者,以增减官文书论。各加本罪二等。未施行者,各于规避加罪上减一等。若因改补而官司涉疑,有碍应付,或至调拨军马不敷、供给钱粮不足,因而失误军机者,无问故失,并斩。监候。以该吏为首。若首领及承发吏,杖一百、流三千里。若非军马、钱粮、刑名等事文书,而无规避,及常行字样偶然误写者,皆勿论。

### 封掌印信

凡内外各衙门印信,长官收掌,同僚佐贰官,用纸于印面上封记,俱各画字。若同僚佐贰官公差事故,许首领官封印。违者杖一百。

### 漏使印信

凡各衙门行移出外文书,漏使印信者,当该吏典、对同首领官并承发,各杖六十。全不用印者,各杖八十。若漏印及全不用印之公文,干碍调拨军马、供给边方军需钱粮者,各杖一百。因其漏使不用,所司疑虑不即调拨供给,而失误军机者,斩。监候。亦以当该吏为首。经管首领官并承发,止坐杖一百、流三千里。若倒用印信者,照漏用律杖六十。

#### 附律条例

〇一、各部院稿案,有应行添改之处,俱用印钤盖。如有疏忽,照例参处。

〇一、奏销册内钱粮总数,遗漏印信,及有洗补添注字样,造册之员,交部议处;其缮册书吏,按律治罪。

**谨案** 以上二条,均系雍正十一年(1733)定。

〇一、陵寝重地,采办祭品,及一切有关钱粮行文出境等事,俱具稿呈堂,钤盖堂印咨行。

**谨案** 此条系乾隆四十五年(1780)定。

#### 历年事例

〇乾隆六年(1741)议准:嗣后各直省文武大小衙门,凡一切差票,俱令钤盖印信。如无印信衙门,即用钤记。所有朱标小票衔单,永行禁止。仍令该管上司不时查察。倘有仍用无印小票衔单,即行揭报题参,将出票之员,照移行文书遗漏钤盖印信例,罚俸一年。

〇又议准:各衙门无印之票,允宜禁止。而印票不销,蠹役舞弊,吓骗乡愚,流毒更甚于无印。除胥役差票未销,借端讹诈,扰害乡民者,照律治罪,毋庸更为定例外,其该管上司不实力稽查，以致衙役持票恐吓乡愚犯赃者，将该管官照失察衙役犯赃定例处分。其衙役虽未犯赃，但将应销差票，迟延不销，该管官照事件迟延例分别议处。

### 擅用调兵印信

凡统兵将军，及各处提督、总兵官印信，除调度军马，办集军务，行移公文用使外，若擅出批帖，假公营私，及为凭照防送物货图免税者，首领官吏各杖一百，罢役不叙；罪其不能禀阻。正官奏闻区处。

**谨案** 原文首句，系“凡总兵、将军及各处都指挥使司”，雍正三年(1725)改。

**附律条例**

〇一、各省文武大小官员，有以官印用于私书手本者，从重治罪。

**谨案** 此条雍正五年(1727)定。

〇一、凡各省文武大小官员，有以官印用于私书者，照违制律治罪。有所求为，从重论。

**谨案** 此条乾隆五年(1740)改定。

# 【户　律】

## 【户律·户役】

## 卷七百五十二·刑部三十

### 户律·户役　脱漏户口　人户以籍为定　私创庵院及私度僧道

**脱漏户口**

凡一家口户，全不附籍，若有田应出赋役者，家长杖一百；若系无田不应出赋役者，杖八十；准附籍有赋照赋，无赋照丁，当差。若将他家人隐蔽在户不另报，立籍，及相冒合户附籍，他户，有赋役者，本户家长亦杖一百；无赋役者，亦杖八十。若将内外另居亲属隐蔽在户不报，及相冒合户附籍者，各减二等。所隐之人，并与同罪，改正立户，别籍当差。其同宗伯叔弟侄及婿，自来不曾分居者，不在此断罪改正之限。其见在官役使办事者，虽脱户，然有役在身，有名在官，止依漏口法。若曾立有户，隐漏自己成丁十六岁以上，人口不附籍，及增减年状，妄作老幼废疾，以免差役者，一口至三口，家长杖六十，每三口加一等，罪止杖一百；不成丁，三口至五口，笞四十，每五口加一等，罪止杖七十；所隐人口入籍、成丁者当差。若隐蔽他人丁口不附籍者，罪亦如之。所隐之人与同罪，发还本户，附籍当差。若里长失于取勘，致有脱户者，一户至五户，笞五十，每五户加一等，罪止杖一百；漏口者，一口至十口，笞三十，每十口加一等，罪止笞五十。本县提调正官、首领官吏失于取勘，致有脱户者，十户笞四十，每十户加一等，罪止杖八十；漏口者，十口笞二十，每三十口加一等，罪止笞四十。知情者，并与犯人同罪。受财者，计赃以枉法从重论。若官吏曾经三次立案取勘，已责里长文状，叮咛省谕者，事发罪坐里长。如里长、官吏，知其脱漏之情，而故纵不问者，则里长、官吏，与脱漏户口之人同罪。若有受财者，并计赃以枉法从重论。

**附律条例**

○一、直隶各省编审，察出增益人丁实数，缮册奏闻，名为《盛世滋生户口册》。其征收钱粮，但据康熙五十年（1711）丁册，定为常额。续生人丁，遵康熙五十二年

(1713)三月十八日恩诏,永不加赋。如额征丁粮数内有开除者,即将各该省新增人丁补足额数。至新增人丁,倘不据实开报,或有私派钱粮,及造册之时,借端需索,该督抚严查题参。

**谨案** 此条雍正三年(1725)定。现行例内"续生人丁"下,删去"遵康熙五十二年三月十八日恩诏"十四字。

○一、八旗凡遇比丁之年,各该旗务将所有丁册,逐一严查。如有漏隐,即据实报出,补行造册送部。如该旗不行详查,经部察出,即交部查议。

**谨案** 此条系雍正十二年(1734)定。

**历年事例**

○雍正五年(1727)议准:广东省山多田少,无田耕种穷民,赶山搭寮,取香砍柴烧炭等项,令各州县每寮给牌。遇有迁徙消长,赴县添除。违者,寮长照脱漏户口律治罪。倘窝藏奸宄,勾通匪类,寮长不报官究治,或被旁人首告者,照总甲容留棍徒例治罪。各寮长将此人等查出,即行报官者,免其治罪。至入山之穷民,如不赴官报明,搭寮居住,种麻种靛者,照盗耕田亩律治罪。其山主不经官验准,私自批佃搭寮者,照违令律治罪。文武各官,漫不经心约束,以致窝藏奸宄,勾通匪类,经督抚题参,照溺职例处分。

## 人户以籍为定

凡军民驿灶医卜工乐诸色人户,并以原报册籍为定。若诈冒脱免,避重就轻者,杖八十。其官司妄准脱免,及变乱改军为民、改民为匠。版籍者,罪同。军民人等,各改正当差。若诈称各卫军人,不当军民差役者,杖一百,发边远充军。

**附律条例**

○一、各处卫所官军人等及灶户置买民田,一体坐派粮差。若不纳粮当差,致累里长包赔者,俱问罪,其田入官。

**谨案** 此条系原例。首句本系"各处卫所及护卫、仪卫司官军、舍余人等",雍正三年(1725)奏准,今无护卫、仪卫司舍余,此七字删。

一、各处卫所官军人等及灶户置买民田,一体坐派粮差。若不纳粮当差,致累里长包赔者,查系欺隐田亩,及典买不过割者,各按本律定拟,其田入官。若无欺隐等情,止系不纳粮当差,照收粮违限律治罪。

**谨案** 此条系嘉庆六年(1801)改定。

○一、军户子孙,畏惧军役,另开户籍,或于别府州县入赘、寄籍等项,及至原卫发册清勾,买嘱原籍官吏、里书人等,捏作丁尽户绝回申者,俱问罪,正犯发烟瘴地面,里书人等发附近卫所,俱充军。官吏参究治罪。

**谨案** 此条系原例。雍正三年(1725)删"畏惧军役"四字、"等项,及至原卫发册清勾"十字。乾隆五年(1740),查今无军户子孙勾丁补户之例,奏明删除。

〇一、康熙六十一年(1722)以前,各旗白契所买之人,俱不准赎身。若有逃走者,准递逃牌。雍正元年(1723)以后,白契所买单身及带有妻室子女之人,俱准赎身。若买主配给妻室者,不准赎身。未经卖身之先,或已定亲未娶,问女家情愿,方许配合,不情愿者听。

**谨案** 此条雍正三年(1725)定。嗣于雍正十三年(1735)议准:凡雍正十二年(1734)以前白契所买之人,一体不准赎身,逃者准递逃牌。乾隆五年(1740),因将首句改为"雍正十三年以前",中间改为"乾隆元年(1736)以后"。

〇一、各省乐籍,并浙省惰民丐户,皆令确查削籍,改业为良。若土豪地棍,仍前逼勒凌辱,及自甘污贱者,依律治罪。其地方官奉行不力者,该督抚查参,照例议处。

**谨案** 此条雍正三年(1725)定。

〇一、归流苗蛮族类,逐一编造户口册籍,分清住址,管辖者不许移居混迹。倘有事犯,即在该地方衙门跟究。如该管官不加详察,仍听苗蛮居住混杂者,照例议处。

**谨案** 此条雍正六年(1728)定。乾隆五年(1740)奏准:苗蛮宜随时处置,定为成例,恐反有窒碍难行之处,此条删。

〇一、旗下奴仆,或借别旗名色买赎,或自行赎身,旗、民两处,俱无姓氏者,察出即令归旗。其有跟随家主出差外任,私有蓄积,钻营势力,欺压本主赎身者,自康熙五十二年(1713)恩诏以后,虽在民籍,查明强压情实,亦令归旗。若果系数辈出力之人,伊主念其勤劳,情愿听其赎身为民,本旗、户部有档案可稽,州县地方有册籍可据,为民者仍归民籍,旧主子孙,不得借端控告。其有投充之人,私自为民,后经发觉,将同族之人,诬扳为同祖,或本主因家奴之同族,少有产业,诬告投充之子孙者,审明,将诬扳诬告之人,从重治罪。

**谨案** 此条雍正十二年(1734)定。

一、旗下奴仆,若果系数辈出力之人,伊主念其勤劳,情愿听其赎身为民,本旗、户部有档案可稽,州县地方有册籍可据,为民者仍归民籍,旧主子孙,不得借端控告。其有投充之本身,私自为民,别经发觉,将伊家同族之良民,诬指为同祖,希图陷害者,或本主因家奴之同族,少有产业,诬告投充之子孙者,审明,将诬扳诬告之人,照冒认良民为奴婢律治罪。

**谨案** 此条乾隆三十二年(1767)改定。本系"照诬良为贱律",五十三年(1788),因诬良为贱律无明文,改"照冒认良民为奴婢律"。

〇一、乾隆元年(1736)以后放出,捏称元年以前,私自营求,入于民籍者,察出,将该户交刑部照例治罪,仍令归旗,作为本主户下家人。其不行详查之参、佐领,及蒙混收入民籍之地方官，一并交部议处。

**谨案** 此条乾隆二年(1737)定。

〇一、乾隆元年(1736)以后，白契所买之人，未入丁册者，准照例赎身为民。其乾隆元年(1736)以前，白契所买之人，既准作为印契，仍照例在本主户下，挑取步甲等缺。俟三辈后著有劳绩，本主情愿放出为民者，呈明本旗，咨报户部，册档有伊祖父姓名者，亦准放出为民。仍行文该地方官查明注册。止许耕作营生，不准考试。

**谨案** 此条乾隆三年(1738)定。

一、乾隆元年(1736)以后，白契所买之人，未入丁册者，准照例赎身为民。其乾隆元年(1736)以前，白契所买之人，既准作为印契，仍照例在本主户下，挑取步甲等缺。俟三辈后著有劳绩，本主情愿放出为民者，呈明本旗，咨部存案；若汉人，则令本主报明本籍地方官，咨部存案。俟部核复，准入民籍。此等旗民放出家奴，系曾经服役之本身，及在主家所养之子孙，止许耕作营生，不许考试出仕。其入籍后所生之子孙，准其与平民一例应考出仕，京官不得至京堂，外官不得至三品。

**谨案** 此条系乾隆五十三年(1788)遵旨改定。

一、乾隆元年(1736)以后，白契所买之人，未入丁册者，准照例赎身为民。其乾隆元年(1736)以前，白契所买之人，既准作为印契，仍照例在本主户下，挑取步甲等缺。俟三辈后著有劳绩，本主情愿放出为民者，旗人则取具本主甘结，加具参、佐领图结，由旗咨部存案；汉人则取具本主甘结，报明本籍地方官，咨部存案。俟部核复，准入民籍。此等旗民放出家奴，止许耕作营生，不许考试出仕。其放出入籍三代后所生之子孙，准其与平民一例应试出仕，京官不得至京堂，外官不得至三品。其虽经放出，未经呈报者，应自报官存案之日起限。

**谨案** 此条嘉庆十一年(1806)改定。

〇一、远年印契所买奴仆之中，如内有实系民人印契卖与旗人，契内尚有籍贯可查，照乾隆元年(1736)以前白契所买家人之例，三辈后准其为民。仍将伊等祖父姓名、籍贯，一体造册，咨送户部查核。

〇一、驻防旗人，置买本地家奴，本主因其不堪驱使，情愿准其赎身者，亦准放出为民。

〇一、凡八旗绝户家奴，如无族人可归者，无论家下陈人、契买奴仆，俱准其在于本佐领下开户，责令看守伊主坟墓。其中如果有年力精壮，尚可当差者，在于本佐领下披步甲当差。如内有乾隆元年(1736)以后白契所买奴仆，情愿赎身为民者，照例赎身。其身价银两，照绝户财产入官例办理。

**谨案** 乾隆三十二年(1767)，将“准其在于本佐领下开户”句改为“令本佐领造入原主户下”。

〇一、凡民人之子，既经给予旗下家人为嗣，即与家人无异，应造入伊主户下，以备稽查。

**谨案** 以上四条,均系乾隆五年(1740)定例。

○一、发遣赏给各省驻防兵丁为奴人犯,除照例不准赎身,及不准典卖与别境旗人外,其实有应卖事故,欲行典卖者,报明该管官,酌量准其典卖与本处旗人为奴。如遇有逃走为匪等事,即将典买之人,照例治罪,原主不坐。如卖与民人,并别境旗人为奴者,杖一百,追价入官。

**谨案** 此条乾隆五年(1740)定。嘉庆六年(1801)增入"为奴人犯,令将军、都统等另赏本处兵丁为奴,不准给原主领回"一节。

一、发遣赏给黑龙江、新疆等处及各省驻防官兵为奴人犯,并无应卖事故,辄私行典卖,及得财放赎者,系官革职,兵丁枷号两月、鞭一百,追价入官。专管各官,交部议处。其实有应卖事故,欲行典卖者,报明该管官,酌量准其典卖与本处旗人为奴。如遇有逃走为匪等事,即将典买之人,照例治罪,原主不坐。如卖与民人,并别境旗人为奴者,原主杖一百,亦追价入官,其人犯令该将军、都统另行赏给本处兵丁为奴,不准给原主领回。

**谨案** 此条系嘉庆十五年(1810)增定。十八年(1813)于原例"交部议处"下增入"其用财赎身之遣犯,枷号一年、鞭一百,仍交原主管束"四句,改末句"兵丁"二字为"官兵"。

○一、凡另户人之妻,因夫亡改嫁与另户,并嫁与户下家人,其前夫所生之子,原系另户,应准其随母改适。俟抚养成丁,仍归本宗。如子母不忍分离,两家情愿倚依者,准其倚依,仍将本人造入生父本宗丁册。如有民间子弟,自幼随母改嫁与另户旗人,应照户口不清例,另行记档。其有家人之子,随母嫁与另户,以及民间之子,随母改适于户下家人者,统于户部造报声明。嗣后遇有随母改嫁人等,该参、佐领即时确查,报明都统存案,仍于编审三年丁册内注明,咨报户部查核。至从前另户旗人之子,自幼给予旗下正身,及户下家人抚养,呈请归宗者,该旗查明情实,取具两姓族长族人保结,各该参、佐领印结,咨送户部存案,准其归宗。

**谨案** 此条乾隆五年(1740)定。

一、凡另户人之妻,因夫亡改嫁与另户,并嫁与户下家人,其前夫所生之子,原系另户,应准其随母改适。俟抚养成丁,仍归本宗。如子母不忍分离,两家情愿倚依者,准其倚依,仍将本人造入生父本宗丁册。至从前另户旗人之子,自幼给予旗下正身,及户下家人抚养,呈请归宗者,该旗查明情实,取具两姓族长族人保结,并各该参、佐领印结,咨送户部存案,准其归宗。

**谨案** 乾隆二十四年(1759),八旗开户放出为民。三十二年(1767)因改定此条。嘉庆六年(1801),查与户部现例不符,且并无定罪之处,将此例删除。

○一、八旗远年丁册有名者,即系盛京带来奴仆,直省本无籍贯。其带地投充者,亦历年久远,虽有籍贯,难以稽查。两项应仍遵照定例,止准开入旗档,不得放出为民。

〇一、凡八旗奴仆，放出为民，未经入籍，及入籍在乾隆元年(1736)以后之户，应令归旗，作为原主名下开户壮丁。至于设法赎身之户，例应作为开户壮丁者，其已经议结之案，毋庸置议外，其未结之案，或其自备身价赎身，或亲戚代为赎身者，均应归原主佐领下，作为开户。若有实在用价契买，随又交价赎出者，均应在买主佐领下，作为开户。如经开户壮丁，给价买出者，伊等原非另户正身，其名下不便复有开户之人，仍应归原主佐领下，作为开户。

**谨案** 以上二条，乾隆五年(1740)定例。均于二十四年(1759)户部奏准，将开户放出为民例删除。

〇一、八旗从前投充，及乾隆元年(1736)以前契买家奴，果原系灶户，祖父姓名、籍贯，确有证据，令该大使查明，出具印甘各结，详报该管上司核明，行文该处查提，准其放出归灶。仍将卖身之人，枷号三月；引进保人，枷号两月，各责四十板，追取原价给主。其并非灶丁，指称灶丁，抗违家主者，杖一百，仍行给主。

**谨案** 此条乾隆六年(1741)定。

〇一、应试童生，如诡捏数名，或顶名入场，希图幸进者，照诈冒律杖八十。保结之廪生知情者，同罪。

**谨案** 此条乾隆八年(1743)定。

〇一、顺天府考试审音之时，究出冒籍情弊，将本生及廪保，俱照变乱版籍律仗八十，廪保仍革去衣顶。知县、教官，如审音不实，滥行申送，俱照徇庇例，交部议处；受财者，计赃从重论。

**谨案** 此条乾隆十年(1745)定。

〇一、凡八旗汉军人等，愿在外省居住者，报明该旗，并呈明督抚，不拘远近，任其随便散处。即令所隶州县，与民人一体编查保甲，所在督抚，咨明该旗，每年汇奏一次，以便稽查。务令安静营生，不得强横生事。其有作奸犯科，及一切户婚、田土、命盗案件，俱归所隶州县审办。遇有失察之案，将该州县一例参处。各州县与理事同知、通判，同驻一城者，令其会同审理。如驻非同城，即责令该州县自行审办。罪止枷、杖、笞责者，详报该管上司批结，照民人一体杖责发落，毋庸仍解理事同知、通判鞭责；犯该徒罪以上者，详解该管上司，分别题咨报部，均移咨该旗都统查照。其住居附京之满洲、蒙古旗人有犯，仍照旗人犯罪各本律例办理。

**谨案** 此条乾隆十二年(1747)，遵旨定例。嘉庆十八年(1813)，于原例"强横生事"下增入"其有作奸犯科"一百六十五字，于"随便散处"下增入"即令所隶州县"十五字。

〇一、八旗开户人等，如系累代出力家奴，经本主呈明令其开户，及根底不清，旗、民两无可考，应另记档案者，此项人丁，本无过犯，应准放入民籍。其本主得银放出，潜入民籍，或抱养子弟，指称归宗，私入民籍者，仍治以不行呈明之罪，令其各归民籍。至指借他人名色，代为认买，私自出旗，或带地投充之人，将子孙改姓潜入民籍者,照例治罪,仍断还原主。若有钻营势力,欺压孤幼,赎身为民者,倍追身价,给还原主,将人口赏给外省驻防将军、都统等为奴。

**谨案** 此条系乾隆二十四年(1759)定。五十三年(1788),将原例“根底不清”五句删去,改末句“将军、都统等”五字为“赏给外省驻防兵丁”为奴。

○一、凡八旗白契所买家奴,如本主不能养赡,或念有微劳,情愿令其赎身者,仍准赎身外,如本主不愿,概不准赎。其有酗酒、干犯、拐带、逃走等情,俱照红契家人,一例治罪。如有钻营势力,倚强赎身者,仍照定例办理。

**谨案** 此条乾隆二十五年(1760)定。

○一、凡籍隶顺天府大、宛两县人员出仕时,取具同乡京官印结者,各宜细心察核。如有混冒出结,除照例议罪外,遇有承追无着之项,即于定例后出结官名下追赔。

**谨案** 此条系乾隆四十二年(1777)遵旨定例。

○一、凡织造、税务监督等衙门收用长随,倘有心存怨望,有意陷主于过者,该监督即就近交地方官衙门,严加惩治。其才具庸劣,不堪驱使者,止准该管官驱逐。如长随等任意去留,无故潜投他处者,即照旗下逃奴之例办理。

**谨案** 此条乾隆四十七年(1782)定。

○一、军、流人犯之子孙,系本籍所生,随往配所者,该地方官查明年岁,填注文批,递交配所验明立案。倘在籍并无亲子,或有继嗣,准将继子随配。若到配后复生有亲子,即将其所继之子,查明原籍,确有亲属可倚,勒令归宗。如并无亲属,始准与到配后所生之子,一体入于军籍。至本犯原籍子嗣数人,不愿俱赴配所,分别去留。已留本籍者,不得复于配所入籍应试;已随配所入籍者,不准复回原籍考试。其军、流随配入籍之子孙,统俟十年限满后,由配所督抚将入籍缘由,报部查核。如有捏混及跨考两籍者,本犯及子孙按律治罪,府、州、县交部议处。

**谨案** 此条乾隆五十二年(1787)定。

○一、娼优隶卒,及其子孙,概不准入考、捐监。如有变易姓名,蒙混应试、报捐者,除斥革外,照违制律杖一百。若将良民诬指为娼优隶卒,希图倾陷拖累者,各按诬告律治罪。

**谨案** 此条乾隆五十三年(1788)定。

○一、内务府承领官地庄头,及王公户下由内务府拨出之庄头,旗档有名者,归入汉军考试,旗档无名者,归入民籍考试。其八旗户下带地投充庄头,无论旗档有名无名,均不准应试出仕。

**谨案** 此条嘉庆十一年(1806)定。

一、安徽省徽州、宁国、池州三府,民间世仆,如现在主家服役者,应俟放出三代后,所生子孙,方准报捐、考试。若早经放出,并非现在服役豢养,及现不与奴仆为婚者,虽曾葬田主之山,佃田主之田,均一体开豁为良。已历三代者,即准其报捐、考试。

**谨案** 此条嘉庆十五年(1810)遵旨定例。

一、先经习教人犯,除自行呈首免罪,及坐功运气、茹素讽经,尚非实犯邪教外,其实因习教犯案,罪在徒、流以上者,查明其子孙,实未入教,即以本犯之子为始,三辈后,所生之子孙,始准考试、报捐。其应行入考、报捐之人,先行呈明地方官,取具邻族甘结,详报督抚,咨部查核。倘有蒙混应考、报捐者,以违制论。至习教复又从逆各犯子孙,永远不准考试、报捐。

**谨案** 此条嘉庆二十二年(1817)定。

一、凡八旗满洲、蒙古闲散旗人告假,无论前往何处,俱令报明佐领,告知参领注册,由该佐领给予图记,即准出外营生。或因年久愿入民籍者,呈明该地方官,准其改入民籍。若有作奸犯科,悉照民人例问拟。

**谨案** 此条道光五年(1825)定。

**历年事例**

○雍正五年(1727)议准:凡汉人家生奴仆,印契所买奴仆,并雍正五年(1727)以前白契所买,及投靠养育年久,或婢女招配,生有子息者,俱系家奴,世世子孙,永远服役,婚配俱由家主,仍造册报官存案。嗣后凡婢女招配,并投靠及买奴仆,俱写文契,报明本地方官,钤盖印信。如有事犯,验明官册印契,照例治罪。其奴仆诽谤家长,并雇工人骂家长,与官员平人殴杀奴仆,并教令过失杀及殴杀雇工人等款,俱有律例,应照满洲主仆论。至不遵约束,傲慢顽梗,酗酒生事者,照满洲家人吃酒行凶例,面上刺字,流二千里,交与该地方官,令其永远当苦差。有背主逃匿者,照满洲家人逃走例,折责四十板,面上刺字,交与本主,仍行存案。容留窝藏者,照窝藏逃人例治罪。如典当雇工,限内逃匿者,照满洲白契所买家人逃走例,责三十板,亦交与本主。若典当立有文券,议有年限,不遵约束,傲慢酗酒生事者,听伊主酌量惩治。若与家长抗拒殴骂者,照律治罪。再隶身门下为长随者,有犯,亦照典当雇工人治罪。

○乾隆二年(1737)议准:乾隆元年(1736)以前放出为民之户,其有未经呈报旗、部者,该旗查明,果系数辈出力,伊主念其勤劳,情愿放出,编入民籍年久,地方官有册可据者,一并准其为民。如系借名设法赎身,私入民籍,伊主既经得过身价银两,应令归旗,作为开户壮丁。倘有不肖奸户,实系乾隆元年以后放出,捏称乾隆元年以前放出,私自营求,入于民籍,希图牵混者,察出,将该户交刑部照例治罪,仍令归旗,作为本主户下家人。其不行详查之参、佐领,以及蒙混收入民籍之地方官,一并交部议处。至嗣后旗下家奴,果系伊主念其数辈出力,勤劳年久,情愿准其赎身,放出为民,务照定例呈明本旗,报明户部,转行地方官收入民籍。如有私自放出,并不呈旗咨部,行知该地方官,入籍为民者,地方官即查明呈报,将本主照例治罪。

○十二年(1747)谕:"朕因八旗汉军人等,生聚日繁,家计未裕。于乾隆七年(1742),特颁谕旨,自从龙人员子孙外,愿改归民籍,移居外省者,准其具呈本管官查奏。旋据汉军都统等分别办理允行在案。朕观汉军人等,或祖父曾经外任,置立房产,或有亲族在外,依倚资生,及以手艺潜往直隶及各省居住者,颇自不少。而按之功令,究属违例。伊等潜居于外,于心亦自不安。朕思与其违例潜居,孰若听从其便,亦可各自谋生。嗣后八旗汉军人等,愿在外省居住者,在京报明该旗,在外呈明督抚,不拘远近,任其随便散处,该督抚咨明该旗,每年汇奏一次,以便稽查。务令安静营生,毋得强横生事。如此则于功令不相妨碍,伊等安居乐业,生计有资矣。"

○三十八年(1773)奉旨:"据顺天府奏《各省咨追核减应赔未完银两请分别查办》一折,内称'无从着追各案,多系寄籍人员。因无踪迹可寻,以致久悬案牍。若令承追各员赔补,不免偏枯。似应着落从前冒昧出结之官,较为平允'等语。但事隔多年,且系向来陋习,此奏追赔之处,着宽免。至冒昧出结之员,虽不能追究于已往,而无不可防杜于将来。从前顺天籍贯官员,视出结为无关重轻,往往不加确核,以致寄籍纷纷,习焉不察。即如吏部带领引见中,多有籍隶顺天,而声口显系南音者。虽有印结,大率具文了事。似此积弊相沿,非特承追时之浮踪无定,悬案难稽,而籍贯混淆,亦乖戒欺核实之道。嗣后凡顺天籍贯人员出仕时,取有同乡京官印结者,各宜细心察核。苟非真知灼见,不得滥行出结。此次降旨后,若有仍前混冒者,除照例治罪外,遇有承追无着之项,即照此奏,于出结官名下追赔。着顺天府通行严饬遵照。"

○四十八年(1783)谕:"向来满汉官员人等家奴,在本主家服役三代,实在出力者,原有准其放出之例。此项人等,既经明立章程,于录用之中,仍令有所限制。嗣后此等旗民家奴,合例后经该家主放出者,满洲令该家主于本旗报明咨部存案,汉人则令家主于本籍地方官报明咨部存案,准其与平民一例应考出仕,但京官不得至京堂,外官不得至三品,以示限制。著为令。"

○嘉庆十四年(1809)谕:"礼部议复董教增奏《远年世仆请分别开豁》一折,所议尚未允协。安徽省徽州、宁国、池州三府,向有世仆名目。查其典身、卖身文契,率称遗失无存。考其服役出户年份,亦俱无从指实。特遇其有捐监、应考等事,则以分别良贱为词讦控。而被控之家,户族蕃衍,又不肯悉甘污贱。案牍繁滋,互相仇恨。允宜核实持平,以端风化。前据董教增奏,世仆惟以现在是否服役为断。现在服役者,如主家放出,三代后所生子孙,方准捐考。若事在前代,即曾经葬田主之山,佃田主之田,而出户已百余年及数百年者,一体开豁为良。立论甚为允当。今礼部议令自国初以后,虽现在不与奴仆为婚,并未报官存案者,令地方官随案查明,以立案之日起限,俟三代后所生子孙,方准捐考。恐纷纷查办,胥吏从中措勒,转滋流弊。着仍照董教增所奏,该处世仆名分,统以现在是否服役为断,以示限制。若年远文契无可考据,并非现在服役豢养者,虽曾葬田主之山,佃田主之田,着一体开豁为良,以清流品。"

○十八年(1813)奉旨:"据富俊等'拿获给黑龙江披甲法依巴尔为奴之逃犯史

国润,审系伊家主法依巴尔得财,令其赎身,请将法伊巴尔枷号两个月、鞭一百'等语。披甲人法伊巴尔着照所请办理,该管官员着交部议处。但此项发遣为奴之人,原系免死减等重犯,所以给兵丁为奴者,特令充当折罪差使,向例不准赎身。如任令赎身,听其到处游荡,反得侥幸,竟成无罪之人,尚复成何事体。且该家主业经究办,而此等玩法行贿赎身之犯,亦当治以应得之罪。史国润着枷号一年、杖一百,仍交法伊巴尔领回,折磨使用。"

○又奉旨:"八旗汉军,在屯居住者,散处于直隶各州县,距京较远。该管佐领等,例不准离城远出,势难查察。而该州县又以汉军等身系旗人,向不归其管辖。遂致此项旗人,任其作奸犯科,毫无约束。不可不更定章程,以专责成。着直隶总督通饬该州县,嗣后屯居汉军旗人,一切户婚、田土事件,俱归所隶州县,一体管理。若仍前诿卸,遇有失察之案,将该州县一例参处。并着八旗汉军都统,传知所属屯居旗人,嗣后均各安静守法,听所管州县官约束。设有抗违,从重治罪。现在直隶省编查保甲,即令将屯居汉军,与民人一体编查。"

## 私创庵院及私度僧道

凡寺观庵院,除现在处所先年额设。外,不许私自创建增置。违者杖一百,僧道还俗,发边远充军,尼僧女冠,入官为奴。基地、材料入官。若僧道不给度牒,私自簪剃者,杖八十。若有家长,家长当罪。寺观住持及受业师私度者,与同罪,并还俗。入籍、当差。

### 附律条例

○一、僧道擅收徒弟,不给度牒,及民间子弟,户内不及三丁,或在十六以上而出家者,俱枷号一月,并罪坐所由。僧道官及住持,知而不举者,各罢职、还俗。

**谨案** 此条系原例。乾隆五年(1740),以首二句与律文同意,删去。

○一、僧道犯罪,虽未给度牒,悉照僧道科断。该还俗者,查发各原籍当差。若仍于原寺观庵院,或他寺观庵院潜住者,并枷号一月,照旧还俗。其僧道官及住持,知而不举者,各治以罪。

**谨案** 此条系原例。乾隆五年(1740),将"未给度牒"改为"漏给度牒","知而不举者"下增"照违令律"四字。

一、僧道犯罪,该还俗者,查发各原籍安插。若仍于原寺观庵院,或他寺观庵院潜住者,并枷号一月,照旧还俗。其僧道官及住持,知而不举者,照违令律治罪。

**谨案** 乾隆三十九年(1774)奏准,僧道停给度牒。四十二年(1777),改定此条。

○一、凡僧道犯法,问拟斩绞免死减等发遣,及军流充徒、枷号等罪者,俱勒令永远还俗。至遣戍之所,令该管官严行稽查,其释回者,亦令地方官严行稽查,不许复为僧道。

**谨案** 此条雍正五年(1727)定。乾隆五年(1740),以“除名当差”律内,已有“僧道并令还俗”之文,将此条删除。

○一、民间有愿创造寺观神祠者,呈明该督抚具题奉旨,方许营建。若不俟题请,擅行兴造者,依违制律论。

**谨案** 此条系雍正十三年(1735)遵旨定例。

○一、由礼部颁发度牒,给在京及各省僧纲司等。如情愿出家之人,必须给予度牒,方准披剃。仍饬地方官严查。僧官胥吏,毋得借端需索,扰累僧徒。违者从重治罪。

**谨案** 此条雍正十三年(1735)定。

○一、僧道凡有事故,将原领牒照追出汇缴,毋许改名更替。如有暗行隐匿,及私相授受者,僧道照违制律治罪,僧道官斥革还俗,地方官照失察例处分。

**谨案** 此条乾隆三年(1738)定。四十二年(1777),因度牒业已停给,以上二条均删。

○一、现在应付、火居等项僧道,止于优给本身牒照,不准招受生徒。其合例应招生徒之僧道,所有许其招受之人,即于伊师原发牒照上,注明年貌籍贯、簪剃年月,伊师身故之日,即为本人之牒照,不必另行给发。该州县岁底汇报,该抚随五年审丁之期,另具清册报部。如所招之人,身犯奸盗重罪,除将伊师牒照内名字除去外,伊师亦不准再行续招。如所招之人,无罪犯而病故者,准另招一人为徒,亦于牒照内注明身故续招缘由。其牒照有水火、盗贼、遗失等情,准其呈明地方官,咨部另给。

一、僧道年逾四十,方准招受生徒一人。如有年未四十,即行招受,及招受不止一人者,照违令律笞五十。僧道官容隐者,罪同。地方官不行查明,交部照例议处。所招生徒,勒令还俗。

**谨案** 此二条均系乾隆三年(1738)定。

一、现在应付、火居等项僧道,不准滥受生徒。其年逾四十者,方准招徒一人。若所招之人,无罪犯而病故者,准其另招一人为徒。如有年未四十,即行招受,不止一人者,照违令律笞五十。若招受之人,身犯奸盗重罪,伊师亦不准再行续招。其有复行续招者,亦照违令律治罪。僧道官容隐者,罪同。地方官不行查明,交部照例议处。所招生徒,俱勒令还俗。

**谨案** 此条系乾隆五十三年(1788)将前二条改并。

○一、僧道如有为匪不法等事,责令僧纲道纪等司,随时举报。倘瞻徇故纵,别经发觉,犯系逆案者,将该管僧纲道纪,照知情故纵逆犯本律,分别已行未行定罪。若止失于觉察者,照不应重律杖八十。

**谨案** 此条乾隆十八年(1753)定。

○一、凡僧道停止给发度牒。其从前领过牒照各僧道,遇有事故,仍将原领牒照追出,于岁底汇缴,至选充僧纲道纪。令地方官查明僧道中之实在焚修戒法严明者,具结呈报上司,咨部给照充补。如僧道官犯事,将结送官交部察议。

**谨案** 此条乾隆四十二年(1777)定。

**历年事例**

○天聪五年(1631)题准:凡违法擅为喇嘛,及私建寺庙者,治罪。若已经呈明礼部者,酌议准行。

○崇德八年(1643)谕:“除部册纪载寺庙外,有不遵禁约,新行创建修整者,治以重罪。其该管佐领、领催亦罪之。”

○康熙六年(1667)议准:凡喇嘛将家人及私收人为班第,并隐留部册无名之喇嘛者,喇嘛处绞,家产籍没,总管大喇嘛罚牲三九,札萨克喇嘛罚牲二九,得木齐等罚牲一九入官,俱革所管之职。旗下官员人等,隐留私自行走之喇嘛、班第,及将家人送与喇嘛为班第者,系官议革,系平人处死;该管都统、副都统、参领罚俸一年,佐领、骁骑校革任,领催鞭一百;罚本犯银五十两给出首之人;家人出首者,准其离主;班第入官。蒙古部落人等,隐留私自行走之喇嘛、班第,及将家人与属下人送与喇嘛为班第者,王、贝勒各罚马一百匹,贝子、公各罚马七十匹,台吉、塔布囊各罚马五十匹,都统罚牲三九,副都统罚牲二九,参领罚牲一九,佐领、骁骑校革职,系平人处死;其该管之王、贝勒各罚马七十匹,贝子、公各罚马五十匹,台吉、塔布囊各罚马三十匹,都统、副都统各罚牲三九,参领、佐领各罚牲二九,骁骑校罚牲一九、革任,领催鞭一百、革退,十家长鞭一百、家产籍没,以其半入官,半给出首之人;如家人及所属之人出首者,准其离主;班第入官。民人隐留私自行走之喇嘛、班第,阿木道等处喇嘛、班第,及将子弟家人,送与喇嘛为班第者,本犯枷号三月、责四十板,罚银五十两,给出首之人;十家长及两邻,知而不举者,责四十板;该城御史及顺天府府尹,罚俸一年;该管知县并兵马司指挥,革职。寺庙之僧道尼姑,有留隐喇嘛、班第,并阿木道等处喇嘛、班第者,住持之僧道,枷号三月、责四十板,勒令为民;住持之尼姑与所住之喇嘛,俱处绞;同住之僧道尼姑,知而不举者,责四十板为民;罚住持之僧道与同住之尼姑银五十两,给出首之人;该管之僧道录司,罚银一百两入官。如空寺庙中,有喇嘛、班第,及阿木道等处喇嘛、班第居住,被人拿首者,该管僧道录司及专管僧道,罚银一百两,以其半入官,半给出首之人。

○十年(1671)议准:凡隐留阿木道等处喇嘛、班第者,都统、副都统、参领罚俸一年,佐领、骁骑校革职,领催鞭一百。隐留之人,系有职任官,革任;无职任官,革职;系平人,枷号一月、鞭一百。

○二十二年(1683)议准:喇嘛、班第私建寺庙者,照律治罪。

○雍正五年(1727)谕:“僧人皈依释教,自当确守清规,置身方外,始为清净之徒。若干犯王章,身蹈罪戾,已为佛法所不容,何得复称释教,俾得借以为非。嗣后凡僧人犯法,问拟斩绞免死减等发遣、军流充徒枷号等罪者,俱勒令永远还俗。至遣戍之所,令该管官严行稽查。其释罪回籍者,亦令地方官严行稽查,不许复为僧人。著为定例遵行。”

〇十三年(1735)九月谕:“朕观各处地方寺观庙宇甚多,而年久倾圮者,亦复不少。每致栋宇摧颓,佛像露处,雨淋日炙,无人问及。在昔创建寺庙之初心,原以崇佛敬神,广种福田。而乃不能久固,转增亵慢之愆者,皆由寺庙太多太杂。人情喜新厌旧,乐于兴造,而怠于修葺之所致也。着传谕步军统领,及顺天府、五城地方官,并外省督抚,出示晓谕:嗣后官民人等,乐善好施,欲建寺庙,及僧道之发心募化者,惟许将旧寺旧庙,增修加葺,或复整十方之古刹,或缮补功德之专祠。庶令琳宫永焕,庙貌常新,教相增辉,百灵式妥。可以伸虔恪之众志,即以广福庇于生民。至若立愿广大,材力丰盈,特欲兴寺观神祠者,必呈明督抚,具题奉旨,方准营建。若不俟题请,擅为兴造者,必加究治。”

# 卷七百五十三·刑部三十一

## 户律·户役

立嫡子违法　收留迷失子女　赋役不均　丁夫差遣不平
隐蔽差役　禁革主保里长　逃避差役　点差狱卒
私役部民夫匠　别籍异财　卑幼私擅用财　收养孤老

### 立嫡子违法

凡立嫡子违法者，杖八十。其嫡妻年五十以上无子者，得立庶长子。不立长子者，罪亦同。俱改正。若养同宗之人为子，所养父母无子，所生父母有子，而舍去者，杖一百，发付所养父母收管。若所养父母有亲生子，及本生父母无子，欲还者听。其乞养异姓义子，以乱宗族者，杖六十。若以子与异姓人为嗣者，罪同，其子归宗。其遗弃小儿，年三岁以下，虽异姓仍听收养，即从其姓。但不得以无子遂立为嗣。若立嗣虽系同宗，而尊卑失序者，罪亦如之。其子亦归宗，改立应继之人。若庶民之家，存养良家男女为奴婢者，杖一百，即放从良。

**附律条例**

○一、无子者，许令同宗昭穆相当之侄承继。先尽同父周亲，次及大功、小功、缌麻。如俱无，方许择立远房及同姓为嗣。若立嗣之后却生子，其家产与原立子均分。并不许乞养异姓为嗣，以乱宗族。立同姓者，亦不得尊卑失序，以乱昭穆。

**谨案**　此条系原例。乾隆五年(1740)，删“并不许乞养异姓”以下数句。

○一、妇人夫亡无子守志者，合承夫分，须凭族长择昭穆相当之人继嗣。其改嫁者，夫家财产，及原有妆奁，并听前夫之家为主。

○一、无子立嗣，除依律外，若继子不得于所后之亲，听其告官别立。其或择立贤能，及所亲爱者，若于昭穆伦序不失，不许宗族指以次序告争，并官司受理。若义男女婿，为所后之亲喜悦者，听其相为依倚，不许继子并本生父母用计逼逐，仍酌分给财产。若无子之人家贫，听其卖产自赡。

**谨案**　此二条均系原例。

○一、八旗有无嗣之人，请继立异姓亲属为嗣者，务令该旗取具两姓情愿甘结外，并各该管官、参佐领等及族长保结，送部存案，以杜占夺财产之端。如无两姓情愿甘结，不准继立。

**谨案** 此条雍正十二年(1734)定。乾隆五年(1740),查旗人义子见有乾隆三年(1738)定例,此条删。

〇一、凡乞养异姓义子,有情愿归宗者,不许将分得财产,携回本宗。其收养三岁以下遗弃之小儿,仍依律即从其姓,但不得以无子遂立为嗣。仍酌分给财产,俱不必勒令归宗。如有希图赀财,冒认归宗者,照例治罪。

**谨案** 此条乾隆二年(1737)定。

〇一、旗人义子,必该佐领具保,实系自襁褓抚养成丁,以继其后者,准其另记档案。不许将民间成丁子弟,改随本姓。

**谨案** 此条乾隆三年(1738)定。嘉庆六年(1801),因乾隆五十三年(1788)业将旗人乞养异姓为嗣分别拟罪,明著例文,此条删。

〇一、凡八旗无嗣之人,如无同宗及远近族人,昭穆相当,可继为嗣者,除户下家奴,民间子弟,虽与另户族人,分属至亲,不准承继外,其有另户亲属,情愿过继者,取具两姓族长人等并参、佐领印甘各结咨部,准其继立。倘实有同宗可继为嗣,捏称并无族人,蒙混继立异姓者,仍按律治罪。

**谨案** 此条乾隆五年(1740)定。

一、旗人除乞养异姓为子,诈冒荫袭,承受世职者,仍照本例拟发边远充军外,其虽无世职,而诈冒抱养民间子弟、户下家奴子孙为嗣,紊乱旗籍者,将蒙混抱养继立之旗人,及以子与旗人为嗣之人,并知情之义子,俱比照乞养义子诈冒袭荫充军例,减一等,杖一百、徒三年。若有冒食钱粮情事,无论所继者系属异姓旗人、民间子弟、户下家奴,悉照冒支军粮入己,计所冒支之赃,准窃盗律从重科罪,分别旗民办理。其先后领过银米,照数着追。倘本犯力不能完,该旗查明历任参、佐领,各按在任月日分赔,批解户部归款。失察各官,交部议处。

**谨案** 此条乾隆五十三年(1788)改定。

〇一、无子立嗣,若应继之人,平日先有嫌隙,则于昭穆相当亲族内择贤择爱,听从其便。如族中希图财产,勒令承继,或怂恿择继,以致涉讼者,地方官立即惩治。仍将所择贤爱之人,断令立继。其有子婚而故,妇能孀守,已聘未娶,媳能以女身守志,及已婚而故,妇虽未能孀守,但已故之子,业经成立,或子虽未娶,而因出兵阵亡者,俱应为其子立后。若支属内实无昭穆相当可为其子立后之人,而其父又无别子者,应为其父立继,待生孙以嗣应为立后之子。其寻常夭亡未婚之人,不得概为立后。若独子夭亡,而族中又无昭穆相当可为其父立继者,亦准为未婚之子立继。如可继之人,亦系独子,而情属同父周亲,两相情愿者,取具阖族甘结,亦准其承继两房宗祧。

**谨案** 此条系乾隆三十八年(1773)议准条奏,及四十年(1775)钦奉谕旨,并纂为例。

〇一、因争继酿成人命者,凡争产谋继,及扶同争继之房分,均不准其继嗣,应听户族另行公议承立。

**谨案** 此条乾隆四十八年(1783)遵旨定例。

**历年事例**

○乾隆三十八年(1773)议准:凡无子之人,薄有赀产,族党即群起纷争,不夺不餍,或称应继,或称爱继;或应继者本非无子之人所喜悦,执定应继次序,必欲勒令承继;或应继者本无不得于所后之亲,而别房以爱继之说,钻谋怂恿,必欲另为择继;或子属夭亡,并未成婚,亦为议继;或子已成立身故,不为其子立继,反为其父立继;或既为其子立继,又为其父立继;若大宗无子,并无家产,小宗止有一子,即称独子不出继,忍绝大宗;若有家产即非大宗,又称现在虽止一子,将来尚能生子,不妨先行出继;并有大宗无子之人,偏爱远房之侄,不立周亲,致其祖父本有亲子亲孙,转令远支承其禋祀,讦告纠纷,实为人心风俗之害。例云"无子者,许令同宗昭穆相当之侄承继。先尽同父周亲,次及大功、小功、缌麻。如俱无,方许择立远房及同姓为嗣",又云"继子不得于所后之亲,听其告官别立。其或择立贤能,及所亲爱者,于昭穆伦序不失,不许宗族指以次序告理,并官司受理"等语,是应继、爱继两条,定例已极周详,自应按照昭穆次序,择立应继之人或应继之人。系例不出继之独子,或平日先有嫌隙,则择贤择爱,听从其便。至于有子未婚而故,则无后在父,已婚而故,则无后在子。未婚而故者,自当先尽故子同辈中,按照服制次序,仍为其父立继,不必再为幼子立继。若阖族中实无故子同辈,可为其父立继之人,亦得为未婚之子立继。若子已婚而故,其妇又能孀守,并已聘未婚,其媳能以女身守志者,均应为其子立继。即其妇未能孀守,但其子业经成立,亦应为其子立继。再如其子虽未经聘娶,而因出兵阵亡,揆之《礼经》"执干戈以卫社稷,可以弗殇"之义,亦应为之立继,以示体恤。若支属内实无昭穆相当可为其子立继之人,仍应为其父立继。又独子不准出继,例有明条,毋庸拘泥"小宗可绝,大宗不可绝"之语。倘大宗无子,小宗止有独子者,令大宗于同族昭穆相当内,另行议继。设或同族实无相当可继之人,是又不可令大宗绝嗣,俟小宗独子生有二子,过继一子为大宗之孙。倘独子并无所出,或仅生一子,则当于同族孙辈中,过继一孙,以承大宗之祀。如此明立科条,自无控争讦讼之患。应令地方官遍为晓谕,俾民间知所遵循。其仍有图产涉讼,及审结后复驾词上控者,即按律治罪,仍严访讼师衙蠹播弄把持之弊。

○四十年(1775)谕:"户部奏《军营病故乏嗣人员请照阵亡之例准以独子立嗣》一折,已依议行矣。独子不准出继,本非定例。前因太仆寺少卿鲁国华条奏,经部议准行。但立继一事,专为承祧奉养,固当按昭穆之序,亦宜顺孀妇之心。所以例载'嗣子不得于所后之亲,准其另立',实准乎情理之宜也。至独子虽宗支所系,但或其人已死,而其兄弟各有一子,岂忍视其无后?且现存者尚可生育,而死者应予续延。即或兄弟俱已无存,而以一人承两房宗祀,亦未始非从权以合经。又或死者有应袭之职,不幸无嗣,与其拘泥独子之例,求诸远族,何如先尽亲兄弟之子,不问是否独子,令其继袭之为愈乎?嗣后遇有孀妇应行立继之事,除照例按依昭穆伦次相当外,应听孀妇择其属意之人,并问之本房,是否愿继,取有合族甘结,即独子亦准出继。庶穷嫠得以母子相安,而立嗣亦不致以成例阻隔。该部即照此办理。著为令。”

○四十四年(1779)奉旨:“此案曾志广因谋夺继产,将期服胞叔曾生迥用石殴毙,情罪极为可恶,该抚依律拟以凌迟处死,并声明曾文玉无嗣,应听户族另行议立,其二房、三房现因争继酿命,均不准其继立,所议甚是。曾志广着即凌迟处死,余依议。嗣后各省如有似此争继酿命者,并应照此办理。著为令。”

## 收留迷失子女

凡收留良人家迷失道路乡贯子女,不送官司,而卖为奴婢者,杖一百、徒三年;为妻妾、子孙者,杖九十、徒二年半。若得迷失奴婢而卖者,各减良人罪一等。被卖之人不坐,给亲完聚。若收留在逃子女,不送官司而卖为奴婢者,杖九十、徒二年半;为妻妾、子孙者,杖八十、徒二年。若得在逃奴婢而卖者,各减良民罪一等。其被卖在逃之人,又各减一等。若在逃之罪重者,自从重论。其自收留为奴婢、妻妾、子孙者,罪亦如之。暂时隐藏在家者,不送官司并杖八十。若买者及牙保知情,减犯人罪一等,追价入官。不知者俱不坐,追价还主。若冒认良人为奴婢者,杖一百、徒三年;为妻妾、子孙者,杖九十、徒二年半。冒认他人奴婢者,杖一百。

### 附律条例

○一、八旗凡有呈报迷失幼童幼女者,该管官取具本人族长等并无捏饰甘结,照例移咨兵部存案。如有隐匿寄养情弊,将寄养、受寄之人,照隐漏丁口律治罪、改正;族长人等,照里长失于取勘律治罪。

**谨案** 此条雍正十三年(1735)定。

## 赋役不均 赋出于田产,役出于人丁。

凡有司科征税粮,及杂泛差役,各验籍内户口、田粮,定立上中下等第科差。若放富差贫,挪移等则作弊者,许被害贫民赴控该上司,自下而上陈告。当该官吏,各杖一百。改正。若上司不为受理者,杖八十。受财者,兼官吏上司言。计赃以枉法从重论。

### 附律条例

○一、布、按二司分巡分守官,直隶巡按御史,严督府州县掌印正官,审编均徭,从公查照岁额差役,于该年均徭人户丁粮有力之家,止编本等差役,不许分外加增。余剩银两,贫难下户,并逃亡之数,听其空闲,不许征银,及额外滥设听差等项差科。

违者，听抚、按等官纠察问罪，奏请改调。若各官容情不举，各治以罪。

**谨案** 此条系原例。雍正五年(1727)奏准，“布、按二司”至“巡按御史”十五字，改为“督、抚、司、道”，“抚、按等官”，改为“督抚”，“奏请改调”四字删。

一、督、抚、司、道，严督府州县掌印正官，审编均徭，从公查照岁额差役。其丁粮有力之家，止编本等差役，不许分外加增。余剩银两，贫难下户，并逃亡之数，听其空闲，不许征银，及额外滥设听差等项名色扰累。违者，该督抚纠察，将有司官依违制律治罪。上司容情不举，罪同。

**谨案** 此条乾隆五年(1740)改定。

〇一、各省藩司并府州县，如遇各部派到物料，从公斟酌所属大小丰歉，坐派采买。若豪猾规利之徒，买嘱吏书妄禀，编派下属承揽害民者，发附近地方充军。印官听从者，参究治罪。若本无部派物料，而捏称坐派，及明知官收官解，借端生事，扰累地方者，亦照此例治罪。

**谨案** 此条系原例。雍正五年(1727)增删数字，例文至“参究治罪”而止，其“若本无部派物料”以下，系续增之文。

〇一、绅衿除优免本身丁银外，倘借名滥以子孙族户冒入者，该地方官查出，生监申革，职官题参，各杖一百。受财者从重论。如有私立宦儒图户名色包揽诡寄者，照脱漏版籍律治罪，诡寄与受寄者同论。

**谨案** 此条雍正四年(1726)定。

〇一、凡绅衿之家，与齐民一体编次，听保、甲长稽查。违者，照脱户律治罪。地方官徇情不详报者，交部照例议处。至充保长、甲长，并轮值支更、看守等役，绅衿免派，齐民内老疾寡妇之家，子孙尚未成丁者，亦俱免役。

**谨案** 此条雍正五年(1727)定。原文“照徇庇例议处”，乾隆五年(1740)改“交部照例议处”。

〇一、军民年七十以上者，许一丁侍养，免其杂派差役。

**谨案** 此条系乾隆五年(1740)，遵照雍正十三年(1735)恩诏定例。

### 丁夫差遣不平

凡应差丁夫杂(色在官工)匠，而差遣(劳佚)不均平者，一人笞二十；每五人加一等，罪止杖六十。若丁夫杂匠承差，而稽留不着役，及在役日满，而所司不放回者，一日笞一十；每三日加一等，罪止笞五十。

### 隐蔽差役

凡豪民(有力之家，不资工食，)令子孙弟侄跟随官员，隐蔽差役者，家长杖一百；官员容隐者，与同罪，受财者，计赃以枉法从重论；跟随之人，免(杖)罪(附近)充军。其功臣容隐者，照例拟罪,奏请定夺。

**谨案** “其功臣容隐者”下,原文系“初犯免罪附过,再犯住支俸给一半,三犯全不支给,四犯依律论罪”,雍正五年(1727)改。

## 禁革主保里长

凡各处人民,每一百户内议设里长一名、甲首二十名,轮年应役,催办钱粮,勾摄公事。若有妄称主保、小里长、保长、主首(主管甲首。)等项名色,生事扰民者,杖一百、迁徙。(比流减半准徙二年。若无生事扰民实迹,难议迁徙。)其合设耆老,须于本乡年高有德、众所推服人内选充,不许罢闲吏卒及有过之人充应,违者杖六十,(革退。)当该官吏笞四十。(若受财,枉法从重论。)

### 附律条例

○一、直省各府州县编《赋役册》,以一百一十户为里,推丁多者十人为长,余百户为十甲,甲凡十人。岁役里长一人,管摄一里之事。城中曰“坊”,近城曰“厢”,乡里曰“里”。凡十年一周,先后则各以丁数之多寡为次。每里编为一册,册首总为一图。其鳏寡孤独不任役者,则带管于百一十户之外,而列于图后,名曰“畸零”。册成,一本送户部,布政司及府州县各存一本。

**谨案** 此条系原例。原本系“赋役黄册”,雍正三年(1725)因康熙七年(1668)停造黄册,止有报部册籍,将“黄”字删去。

## 逃避差役

凡民户逃往邻境州县,躲避差役者,杖一百,发还原籍当差。其亲管里长、提调官吏故纵,及邻近人户隐蔽在己者,各与同罪。若(邻境)里长知而不逐遣,及原管官司不移文起取,若移文起取,而所在官司占吝不发者,各杖六十。若丁夫杂匠在役,及工乐杂户(谓驿、灶、医、卜等户。)逃者,一日笞一十,每五日加一等,罪止笞五十。提调官吏故纵者,各与同罪;受财者,计赃以枉法从重论;不觉逃者,五人笞二十,每五人加一等,罪止笞四十,不及五名者免罪。(上言躲避邻境,是不全当差役者,故其罪重。此言在役而逃,是犹当差役者,故其罪轻。)

### 附律条例

○一、因兵荒逃避之民,有司多方招抚,仍令附籍复业当差,或年久逃远,府州县造逃户周知文册,备开逃民乡里、姓名,男妇口数,军民匠灶等籍,及遗下田地税粮若干,原籍有无人丁应承粮差,送各处督抚督令复业。其已成家业愿入籍者,给予户由执照,附籍当差。如不自首,虽首而所报人口不尽,或转辗逃移,及窝家不举首者,各杖一百。

**谨案** 此条系原例。“督抚”二字原文系“抚按”，“各杖一百”原文系“俱发附近卫所充军”，均雍正三年(1725)改。

○一、有司委官挨勘流民名籍、男妇大小丁口，排门粉壁，十家编为一甲，互相保识，分属当地里长带管。如或游荡作非，公举治罪。若团住山林湖泺，或投托官豪势要之家藏躲，抗拒官司，不服招抚者，正犯并里老、窝家知而不首及占吝不发者，各依律科。

**谨案** 此条系原例。小注十字，雍正三年(1725)增。

○一、沿边沿海地方军民人等，躲避差役，逃入土夷峒寨海岛潜住，究问情实，俱发边远地方充军。本管里长、管军人知而不首者，各治以罪。有能擒拿送官者，不问汉土军民，量加给赏。

**谨案** 此条系原例。“管军人”三字原文系“总小旗”，雍正三年(1725)改。

**历年事例**

○顺治十六年(1659)复准：凡无籍棍徒，游手好闲之人，不许容留在京。令八旗都统、五城御史，严饬各该管官逐户挨查，驱逐回籍。有违法者，该管官即拿送部，严审定罪。如或徇情容隐，被人拿首，即将该管都统以下、领催以上，分别议处。

○康熙五年(1666)复准：五城司坊及巡捕三营官，各该管地方，有无业游手，来历不明之人，即送该城解回原籍，仍查明犯事离籍情由拟罪。如该管官不行拿送，别经查出者，听该部议处。总甲等并容留居住之房主，俱责三十板。各都统并步兵总尉，严饬各该旗下佐领并各府佐领，责令骁骑校、内管领领催详查佐领下人，有将房屋招人赁住者，查明来历，并有保人，方许居住。若有恶棍，不务本业，生事行诈者，查出送部，审实，依光棍定例治罪。该地方官役不行拿送，别经发觉者，照例分别议处。

○十年(1671)复准：凡无业之人，在街道打手鼓、踢石球者，拿送到部。系旗下人，鞭五十；系民，责二十板。

○雍正五年(1727)议准：各省游荡奸伪之徒，潜来京城，引类呼朋，招摇撞骗，造言生事，哄诱善良，种种不法，肆行无忌，应严加访逐。饬行五城司坊、大宛两县，凡客店之内，俱令各该坊、该县不时稽查，取具并无容留来历不明生事妄行之人甘结。其通衢僻巷，赁屋居住者，亦令房主询明保人来历，并着令两邻稽查。倘有此等游棍，该邻佑房主，协同斥逐，毋得徇情。至于庵观寺庙，该僧纲、道纪二司留心访察，亦取具并无容留甘结，以凭各衙门查问。其该管官仍不时查察。若有徇情及受贿容留者，后经发觉，将本犯按律治罪，并将容留之客店、寺庙及房主，一体连坐。若该管官不行查出，将该管官员照失察例议处。至编户居民，注有常业，其候补候选、读书贸易诸色人等，确有凭据者，毋许驱逐。倘有借端勒索，混扰民人，或经告发，或被查出，照吓诈例治罪。再游手好闲，并无恒业之人，行踪诡秘，往来莫定，应令递回原籍，交与各该管地方官，查明住址安插，不许出境。

○又议准：凡系无业游棍及役满书办，令步军统领、都察院、顺天府严饬所属地方文武各官，将各会馆、庙宇及幽僻胡同等处，实力访察，尽行驱逐回籍，毋许一人潜迹京城。并令六科、各道御史，留心访察，得实，即交该城御史押逐回籍。仍取具在京该地方文武各官，及总甲人等印甘各结，报明都察院、顺天府、提督、各该管衙门存查。如有查报不实，及借端生事之处，一经发觉，将文武各官送部议处，总甲人等交该地方官治罪。其回籍之日，仍行文各地方官严行收管。如仍有从本籍来京者，一经发觉，亦将该地方官交部议处。仍于年底都察院、顺天府、提督取具各该管官并无隐漏印甘各结，备案存查。如出结之后，仍有潜藏逗遛之处，遇有查出以及告发者，将年底出结之官，照失察例议处。

### 点差狱卒

凡各处狱卒，于相应惯熟人内，点差应役，令人代替者，笞四十。

#### 附律条例

○一、刑部南监，招募禁卒六十名，与北监禁卒一体给予工食。倘有勒索吓诈等弊，照枉法赃从重治罪。

**谨案** 此条系雍正十一年(1733)定，特因南监禁卒新给工食而设。乾隆五年(1740)删。

### 私役部民夫匠

凡有司官私役使部民，及监工官私役使夫匠，出百里之外，及久占在家使唤者，有司官使一名笞四十，每五名加一等，罪止杖八十。监工官照名各加二等。私役罪小，误工罪大。每名计一日，追给雇工银八分五厘五毫。若有吉凶，及在家借使杂役者毋论。监工官仍论。其所使人数，不得过五十名，每名不得过三日，违者以私役论。

#### 历年事例

○天聪九年(1635)谕："凡有滥役民夫，致妨农务者，该管佐领、领催等俱治罪。"

### 别籍异财

凡祖父母、父母在，子孙别立户籍、分异财产者，杖一百。须祖父母、父母亲告乃坐。若居父母丧，而兄弟别立户籍、分异财产者，杖八十。须期亲以上尊长亲告乃坐。或奉遗命，不在此律。

**附律条例**

○一、祖父母、父母在者,子孙不许分财异居。此谓分财异居,尚未别立户籍者,有犯亦坐满杖。其父母许令分析者听。

**谨案** 此条系原例。

## 卑幼私擅用财

凡同居卑幼,不由尊长,私擅用本家财物者,十两笞二十,每十两加一等,罪止杖一百。若同居尊长,应分家财不均平者,罪亦如之。

**附律条例**

○一、嫡庶子男,除有官荫袭,先尽嫡长子孙,其分析家财田产,不问妻妾婢生,止依子数均分。奸生之子,依子量与半分。如别无子,立应继之人为嗣,与奸生子均分。无应继之人,方许承继全分。

**谨案** 此条系原例。

○一、户绝财产,果无同宗应继者,所有亲女承受。无女者入官。

**谨案** 此条系原例。

一、户绝财产,果无同宗应继之人,所有亲女承受。无女者,听地方官详明上司,酌拨充公。

**谨案** 乾隆五年(1740),以人亡户绝,非有罪可比,不宜言入官,因改定此条。

## 收养孤老

凡鳏寡孤独,及笃废之人,贫穷无亲族依倚,不能自存,所在官司,应收养而不收养者,杖六十。若应给衣粮,而官吏克减者,以监守自盗论。凡系监守者,不分首从,并赃论。

**附律条例**

○一、鳏寡孤独,每月官给粮米三斗,每岁给绵布一匹,务在存恤。

**谨案** 此条系原例。乾隆五年(1740),以孤贫口粮,按季支给,现有定例,此条删。

○一、直省州县所属养济院,或应添造,或应修盖者,令地方官酌量修造,据实估计,报明督抚,在于司库公用银内拨给。仍不时查勘,遇有渗漏之处,即行粘补完固。倘有升迁事故,造入交代册内,取具印结送部。其正实孤贫,俱令居住院内,每名各给印烙年貌腰牌一面。该州县按季到院,亲身验明腰牌,逐名散给口粮。如至期印官公务无暇,遴委诚实佐贰官代散,加结申报上司,毋许有冒滥扣克情弊。若州县官不实力奉行者,该督抚即行查参,照例议处。

**谨案** 此条雍正十二年(1734)定。

○一、军、流等犯,除年逾六十,不能力食者,照例拨入养济院,按名给予孤贫口粮外,或年未六十而已成笃疾,不能谋生者,亦应一体拨给。其少壮军、流各犯,实系贫穷,又无手艺者,初到配所,按该犯本身及妻室子女,每名每日照孤贫给予口粮。自到配之日起,以一年为止,于各州县存储仓谷项下动用报销。各州县有驿递之处,一切应用人夫,酌派军、流少壮中,无赀财、手艺之犯充当,给予应得工食。无驿递之州县,公用夫役,均合一体充当,逐日给予工价。仍令该督抚照各处现行章程,妥协办理。

○一、京师五城各设栖流所一处,安顿贫病流民。其修理房屋工料,及衣食药饵之资,每年每城动支户部库银二百两备用。如有不敷,许其赴部具领。如或有余,留于下年备用。该城御史,督率司坊等官实心办理。如有虚冒侵蚀等弊,照例交部治罪。

**谨案** 此二条均系雍正十三年(1735)定例。

○一、老人九十以上者,地方官不时存问。其或孤寡,及子孙贫不能养赡者,州县查明赈恤,详报督抚奏闻,动用钱粮,务令得沾实惠。

**谨案** 此条系乾隆五年(1740),遵照雍正元年(1723)谕旨定例。

○一、各省流寓孤贫,如籍隶邻邑,仍照例移送收养外,其在原籍千里以外者,准其动支公项银两,一体收养,年底造册报销。

**谨案** 此条乾隆九年(1744)定。

○一、凡被灾最重地方,饥民出外求食,各督抚善为安辑。俟本地灾祲平复,然后送回。

**谨案** 此条系乾隆十三年(1748)定。

**历年事例**

○康熙十二年(1673)题准:赤子关系人命,抛残有戾天和。凡旗下民人,有贫穷不能抚养其子者,许送育养婴儿之处,听其抚养。如有轻弃道途,致伤生命,及家主逼勒奴仆,抛弃婴儿者,责令八旗佐领、五城御史严行饬禁。

○三十六年(1697)题准:溺女相习成风,着令禁止,违者照律治罪。

○雍正元年(1723)谕:"户部恩赐老人,原为崇年尚齿。而地方赏老人者,每州县动支数千金,司府牧令,上下通同侵扣,吏役复任意需索,老人十不得一,上负旷典,罪不容逭。今饬令督抚严查,务令有司亲自沿乡访察照看,据实造册给发,不许丝毫侵扣。如仍蹈前弊,立即参处。如督抚奉行不谨,朕若访出,必加以失于觉察之罪。再老人九十以上者,州县不时存问。其或鳏寡无子,及子孙贫不能养赡者,督抚以至州县,公同设法恤养,或奏闻动用钱粮,务令得沾实惠。"

○乾隆二十三年(1758)谕:"据秦蕙田奏《请将各省流丐递解回籍》一折。游食穷民,行止无定,探囊胠箧,无所不有。诚使各遣归乡里,编入甲中,严加管束,不致生事,自是清狱讼息事端之良法。但此辈辗转流移,城市村落,所在多有。必一一拘查押送,责成原籍保甲等收管,事理颇属繁琐。且恐沿途办理不善,未免转致滋事。此辈既已流移,随地乞食,原可听其自便。惟是地方官向来积习,往往视为流丐,不加约束。是以若辈无所顾虑,甚至呼朋引类,恣为奸匪。如近日江南颍州民流入楚省,百十为群,行窃拒捕,此皆有司不行弹压所致。夫流丐在境,固不必过为迫逐,亦自当加以管束。与其纷纷移解,责成原籍收管,不若就所在地方,设法查禁,尚属简便易行。嗣后地方官,凡遇流丐在境,务须督率保甲人等,谆切晓谕,仍不时留心察访。如有逞强不法者,即严拿惩治,以儆愚顽。庶于听其营食之中,即寓禁其滋事之意。既不必解送纷繁,亦不致漫无约束矣。直省诸大吏,其董率所属,实力行之,毋得视为具文。”

# 【户律·田宅】

## 卷七百五十四·刑部三十二

### 户律·田宅　欺隐田粮　检踏灾伤田粮

**欺隐田粮**

凡欺隐田粮，全不报户入册，脱漏版籍者，一应钱粮俱被埋没，故计所隐之田，一亩至五亩，笞四十；每五亩加一等，罪止杖一百；其脱漏之田入官，所隐税粮，依亩数、额数、年数，总约其数征纳。若将版籍上自己田土，移丘方圆成丘。换段，丘中所分区段。挪移起科等则，以高作下，减瞒粮额，及诡寄田粮，诡寄，谓诡寄于役过年份，并应免人户册籍。影射脱免自己之差役，并受寄者，罪亦如之，如欺隐田粮之类。其减额、诡寄之田改正，丘段收归本户，起科当差。里长知而不举，与犯人同罪。其还乡复业人民，丁力少而旧田多者，听从尽力耕种，报官入籍，计田纳粮当差。若多余占田而荒芜者，三亩至十亩，笞三十；每十亩加一等，罪止杖八十；其田入官。若丁力多而旧田少者，告官于附近荒田内，验力拨付耕种。

**附律条例**

〇一、凡宗室置买田产，恃强不纳差粮者，有司查实，将管庄人等问罪，仍计算应纳差粮多寡，抵扣禄米。若有司阿纵不举者，听抚、按参奏治罪。

**谨案**　此条系原例。

一、凡宗室置买田产，管庄人恃强不纳差粮者，该管官察实，将管庄人等比依功臣欺隐田土律问罪；宗室知而纵容者，交该衙门察议；仍追征应纳差粮。若该管官阿纵不举者，听督抚参奏，交部议处。

**谨案**　此条雍正三年(1725)改定。惟“比依功臣欺隐田土”句，及“交部议处”四字，系乾隆五年(1740)增改。

〇一、将自己田地，移丘换段，诡寄他人，及洒派等项，事发到官，全家抄没。若不如此，靠损小民。

**谨案**　此条系原例。

一、将自己田地应纳钱粮，洒派别户者，按数计赃以枉法论，田地入官。其洒派钱粮，照年份、亩数追征。

**谨案** 雍正三年(1725)奏准,移丘换段,诡寄他人,正律止于满杖;至洒派一项,律无明文,全家抄没,似乎过重;"靠损"二字不明白,准法平情,应计赃以枉法论,因改定此条。

○一、各处奸顽之徒,将田地诡寄他人名下者,许受寄之家首告,就赏为业。

**谨案** 此条系原例。雍正三年(1725)奏准,受寄则彼此俱有罪,纵首告止应免罪,未便就赏为业,"许"字改"如"字,"就赏为业"改"准免罪"。

○一、各乡里书,飞洒诡寄税粮二百石以上者,问近边充军。

**谨案** 此条原例,系"吏律·滥设官吏"门"各处司府州县"一条例末数语,乾隆五年(1740)摘为专条,移附此律。

○一、官田起科,每亩五升三合五勺,民田每亩三升三合五勺,重租田每亩八升五合五勺,芦地每亩五合三勺四秒,草塌地每亩三合一勺,没官田每亩一斗二升。

**谨案** 此条系原例。雍正三年(1725)奏准,今直省田地高下不同,故田粮轻重不等,其田地科则,具载《赋役全书》,此条删。

○一、州县征收粮米之时,预将各里各甲花户额数的名,填定联三版串,一给纳户执照,一发经承销册,一存州县查对。按户征收,对册完纳,即行截给归农。其未经截给者,即系欠户,该印官查摘追比。若遇有粮无票、有票无粮等情,即系胥吏侵蚀,严比治罪。

**谨案** 此条乾隆五年(1740)定。

### 历年事例

○雍正二年(1724)谕:"直隶各省总督、巡抚,凡百姓完纳钱粮,当令该户亲身投纳,不许里长甲首,巧立名目,希图侵蚀。不肖生员监生,本身田产无多,辄恃一衿,包揽同姓钱粮,自称儒户宦户,每当地丁漕米征收之时,迟延拖欠,有误国课。通都大邑固多,而山僻小县尤甚,该督抚着即严查晓谕,革除儒户宦户名目。如再有抗顽生监,即行重处,毋得姑贷。倘有瞻顾不即革除此弊者,或科道参劾,或被旁人告发,治以重罪。"

## 检踏灾伤田粮

凡部内有水旱霜雹,及蝗蝻为害,一应灾伤(应减免之)田粮,有司官吏,应准告而不即受理,申报(上司亲行)检踏,及本管上司,不与委官复踏者,各杖八十。若初、复检踏,(有司承委)官吏不亲诣田所,及虽诣田所,不为用心从实检踏,止凭里长甲首朦胧供报,中间以熟作荒、以荒作熟,增减分数,通同作弊,瞒官害民者,各杖一百,罢职不叙。若致枉有所征免(有灾伤当免而征曰枉征,无灾伤当征而免曰枉免。)粮数,计赃重者坐赃论。(枉有所征免粮数,自奏准后发觉谓之赃,故罪重于杖一百,并坐赃论。)里长、甲首,各与同罪。受财(官吏、里甲受财检踏,开报不实,以致枉有征免)者,并计赃以枉法从重论。其检踏官吏,及里长、甲首，原未受财，止失于关防，致使荒熟分数有不实者，计不实之田十亩以下免罪；十亩以上至二十亩，笞二十；每二十亩加一等，罪止杖八十。官吏系公罪，俱留职役。若人户将成熟田地，移丘换段，冒告灾伤者，计所冒之田，一亩至五亩，笞四十；每五亩加一等，罪止杖一百；其冒免之田合纳税粮，依额数追征入官。

**谨案** 小注"俱留职役"，原文系"俱纳赎还职役"，雍正三年（1725）改。

**附律条例**

○一、天下有司，凡遇岁饥，先发仓廪赈贷，然后具奏，请旨宽恤。

**谨案** 此条系原例。

○一、凡夏灾不出六月底，秋灾不出九月底，先以被灾情形题报。其被灾分数，限一月内察明续报。逾限者，交该部议处。

**谨案** 此条雍正三年（1725）定。乾隆五年（1740）奏准，勘灾限期定以四十日为限，将"限一月内察明"句改为"按限勘明"。

○一、赈济被灾饥民，以及蠲免钱粮，州县官有侵蚀肥己等弊，致民不沾实惠者，照贪官例革职拿问。督、抚、布政司、道、府等官不行稽察者，俱革职。

**谨案** 此条乾隆五年（1740）定。嘉庆十六年（1811），于"革职拿问"下，增"照侵盗钱粮例治罪"句。

○一、凡地方有蝗蝻生发，捕官不实力协捕，致害禾稼，协捕各官，罚俸一年。该地方官不实力扑灭，借口邻境飞来，希图卸罪者，该抚查明题参，从重治罪。

**谨案** 此条雍正三年（1725）定。

一、各省地方，如有蝗蝻为害，必根究起于何地，其不将蝻子即时扑灭之地方官，革职拿问，并将该督抚严加议处。

**谨案** 此条乾隆初年续定。

一、凡有蝗蝻之处，文武大小官员，率领多人，公同及时捕捉，务期全净。其雇募人夫，计日酌给银数分，以为饭食之资，许其报明督抚，据实销算。果能立时扑灭，督抚具题，照例议叙。如延蔓为害，必根究蝗蝻起于何地，及所到之处，该管地方官玩忽从事者，交部照例治罪，并将该督抚一并议处。

**谨案** 乾隆五年（1740），于前例内增入雍正二年（1724）定例，修改此条。

○一、直省地方，被灾十分者，蠲免钱粮七分，被灾九分者免六分，八分者免四分，七分者免三分，六分者免一分。

**谨案** 此条雍正六年（1728）遵旨定例。

一、直省地方，有被灾五分者，亦蠲免钱粮十分之一，永著为例。

**谨案** 此条乾隆三年（1738）遵旨定例。乾隆十三年（1748），以蠲免钱粮，事隶户部，捏报冒销等弊，亦凭户部核议，毋庸载入刑律，此二条均删。

○一、凡遇蠲免钱粮之年，蠲免十分者，江南、浙江二省，赋重粮多之地，佃户以应纳田主租粮一石，酌减一斗五升；蠲免五分者，每一石减免七升五合。其余赋轻粮少各省蠲免十分者，每石减免五升。照此计算，遍加晓谕。若田主阳奉阴违，照违制律定拟追还。地方官失于觉察者，同罪。

**谨案** 此条雍正八年(1730)定。

一、凡遇蠲免钱粮之年，将所免钱粮，分作十分，以七分免业户，三分免佃户。仍令所在有司，善为劝谕各业户，酌量宽减佃户之租，不必限定分数。若有素封业户，能加惠佃户者，酌量奖赏。其不愿者听。

**谨案** 此条乾隆五年(1740)遵旨改定。

○一、凡有蠲免，俱以奉旨之日为始。其奉旨之后，部文未到之前，有已输在官者，准作次年正赋。永著为令。如官吏蒙混隐匿，即照侵盗钱粮律治罪。

**谨案** 此条系乾隆二年(1737)遵旨定例，原载“收粮违限”条内。乾隆五年(1740)移附此律。

○一、凡开垦水田六年，旱田十年，将届升科之期，该督抚委员复加履亩丈勘。果有坍塌冲涨，或硗确者，概免升科。违者，以官吏不用心从实检踏律治罪。

**谨案** 此条雍正十二年(1734)定。

○一、遇有恩诏豁免钱粮，其漕项、芦课、学租、杂税各项，俱入豁免之例。地方官违者，以违制论。入己者，以侵盗论。

**谨案** 此条系雍正十三年(1735)遵旨定例。

○一、凡被灾地方，米船过关，果系前往售卖，免其纳税，给予印票。责令到境之日，呈送该地方官钤盖印信，回空查销。如有免税米船，偷运别省，并未到被灾地方，先行粜卖者，将宽免之税，加倍追出，仍照违制律治罪。

**谨案** 此条乾隆元年(1736)定。

○一、州县详报被灾情形，查勘分数，遵照题定四十日限期办理。其距省遥远地方，准照交代之例，扣算程途日期。如逾限，照例题参，交部议处。

**谨案** 此条乾隆二年(1737)定。

○一、凡各省地方，被灾不及五分，有奉旨及督抚题请缓征者，于次年麦熟后，止令催征旧欠。其本年钱粮，准于九月后催征。若深冬方得雨雪，及积水退者，缓至次年秋收催征。如被灾八分、九分、十分者，将该年缓征钱粮，俱分作三年带征；被灾五分、六分、七分者，分作二年带征，以纾民力。

**谨案** 此条乾隆三年(1738)定。

○一、凡有歉收之岁，贫士与贫民，一体赈恤。

**谨案** 此条乾隆三年(1738)定。

○一、江海河湖居民，猝被水灾，该地方官一面通报各该管上司，一面赴被灾处所，验看明确，照例酌量赈济，不得濡迟时日。

**谨案** 此条乾隆五年(1740)定。

○一、各直省遇有灾眚之年,该督抚将清理刑狱之处,奏闻请旨。

**谨案** 此条乾隆七年(1742)定。

○一、凡沿河沙洲地亩,被冲坍塌,即令业户报官,勘明注册。遇有淤涨,亦即报官查丈,照原报之数拨补。此外多余涨地,不许霸占。如从前未经报坍,不准拨给。至隔江远户,果系报坍有案,即将多余涨地,秉公拨补。若坍户数多,按照报坍先后,以次照拨。倘补足之外,尚有余地,许召无业穷民认垦,官给印照,仍令各属按数造报。统俟五年大丈,再行履勘,造册送部,以定升除。其报坍报涨,在两县接壤之处者,委员会同两邑地方官据实勘验,秉公拨补。如有私行霸占,将淤洲入官,该户照盗耕官田律治罪。地方官不查丈明确,以致拨补舛错,查出,照官吏不用心从实检踏律分别议处。

**谨案** 此条乾隆十三年(1748)定。

**历年事例**

○康熙十八年(1679)议准:凡赈济灾民,以及蠲免钱粮,有侵蚀肥己,使民不沾实惠者,事发,将州县官照贪官例革职拿问,督、抚、司、道等官不行纠察者,俱革职。

○雍正元年(1723)议奏:蠲免积欠,其芦课、学租等项,与民屯地丁不同,未便概行豁免。奉旨:"此民欠地丁等项银一百三十一万余两,内芦课等项银九万八百余两,虽非恩诏内应行蠲免之项,但历年最久,倘行催征,穷民必致受累,着一并蠲免。"

○六年(1728)谕:"君民上下之间,休戚相同,本属一体。论语曰,'百姓足,君孰与不足'。是民间之生计,即国计也。自古人君,有不恤民之灾、济民之困者,无此情理。而至于歉岁蠲免之数,往往多寡不同者,则时势赢绌为之,出于不得已也。如明洪武时,凡水旱地方,税粮即与蠲免;成化时,凡被灾之地,以十分为率,减免三分;宏治时,全荒者免七分,九分者免六分,以是递减至被荒四分,免一分而止。我朝顺治初年,凡被荒之地,或全免,或免半,或免十分之三,以被灾之轻重,定额数之多寡;顺治十年(1653)议定,被灾八、九、十分者,免十分之三,五、六、七分者,免十分之二,四分者免十分之一;康熙十七年(1678)议准,歉收地方,除五分以下不成灾外,六分者免十分之一,七分、八分者,免十分之二,九分、十分者,免十分之三,此例现在遵行。凡此多寡不同之数,或旋减而旋增,皆因其时势为之,亦非先后互异,意为增损也。尝见地方有司,每不愿蠲免太多者,盖恐蠲赋则并减其耗羡,不利于己耳,此贪吏之见也。朕尝谓若于蠲免之时,有所吝惜,而平日不能禁官吏之侵渔,是将灾黎之脂膏,饱奸贪之欲壑矣。数十年来,虽定三分之例,然圣祖仁皇帝深仁厚泽,爱养斯民,或因偶有水旱,而全蠲本地之租,亦且并无荒歉,而轮免天下之赋,浩荡之恩,不可胜举。而特未曾更改旧例者,盖恐国家经费,或有不敷,故仍存成法,而加恩于常格之外耳。朕即位以来,命怡亲王等管理户部事务,清查亏项,剔除弊端,悉心经理。

数年之中，库帑渐见充裕。以是观之，治赋若得其人，则经费无不敷之事。用沛特恩，将蠲免之例，加增分数，以惠烝黎。其被灾十分者，着免七分，九分者着免六分，八分者着免四分，七分者着免二分，六分者着免一分。将此通行各省知之。"

○又谕："蝗蝻最为田禾之害，然迅加扑灭，犹可以人力胜之。昔我圣祖仁皇帝训饬地方各官，谆谆以捕蝗为急务，其不力者加以处分，无非养民防患之至意。乃州县有司，往往玩忽从事，不肯实心奉行。而小民性耽安逸，惮于捕灭之劳，且愚昧无知，又恐捕扑多人，以致残伤禾黍，瞻顾迟回，不肯尽力。不知蝻子初生，就地扑灭，易于驱除。一或稍懈，听其生翅飞扬，则人力难施，且至蔓延他境，为害不可言矣。前江南总督范时绎折奏，邳州地方，有蝗蝻萌生，朕即谕令竭力扑灭。旋经该督奏闻该地方官已经扑尽，比即批谕范时绎云，'扑灭之说，朕实未信。须令有司实力奉行，无俾遗种，莫被属员蒙蔽'。近闻彼处蝗虫，地方官并未用力扑灭，与朕前旨相符矣。地方官如此怠玩从事，而督抚付之不问。着范时绎查明题参，并将该督抚交部严加议处，以儆怠玩。"

○八年(1730)谕："古称蝗蝻生于水泽之中，乃鱼子变化而成者。是以江南淮扬之州县，地接湖滩，往往易受其害。盖蝗之所生，多因低洼之区，秋雨停集，生长小鱼。交春小鱼生子，水存则仍复为鱼。若值水涸日晒，入夏之后，即化为蝻，不待数日，便能生翅群飞。即被害之家，亦莫知其所自。盖以其地寥廓荒凉，人迹罕至。平时忽而不察，及至鼓翼飞扬，则有难于扑灭之势。此事势之必然，所当防之于早者也。凡直省地方，向来有蝗蝻之害者，该督抚大吏，应转饬有司，通行晓谕附近居民，于大热秋晴之后，周历湖滨洼地，及深山穷谷无人之处，实心实力，审视体察。一有萌动之机，无分多寡，即行翦除消灭。倘民力或有不敷，或禀报该地方官，督率人工，协同助力。更令文武官弁，派出诚实兵役，会同里长耆民等，留心察视，不可疏忽怠玩。如此则人力易施，虫灾可杜，于禾稼大有裨益。但小民愚昧无知，又复苟且慵懒。其晓谕开导，防患于未然者，有司不得辞其责。实心任事之良吏，必不肯于此等事膜外视之也。"

○十三年(1735)十二月谕："蠲免之典，业户邀恩者居多。彼无业贫民，终岁勤动，按产输粮，未被国家之恩泽。欲照所蠲之数，履亩除租，绳以官法，则势有不能。其令所在有司，善为劝谕各业户，酌量宽减佃户之租，不必限定分数。使耕作贫民，有余粮以赡妻子。若有素封之业户，能善体此意，加惠佃户者，则酌量奖赏之。其不愿者听之，亦不得勉强从事。"

○乾隆二年(1737)谕："蠲免钱粮，所以纾民力而惠黎元。或偏灾偶见，尤宜急加宽恤。故《周礼》荒政，以薄征为先。乃不肖州县，一闻蠲免恩旨，往往于部文未到之前，差役四出，昼夜催比，追呼之扰，更甚平时。迨诏旨到日，百姓已完纳过半，朝廷有赐复之恩，而闾阎不得实被其泽。甚至官吏分肥，侵渔中饱。情弊种种，深可痛心。我皇考世宗宪皇帝洞悉其弊，雍正十一年(1733)八月，蠲免甘肃地丁银两，奉旨将已完在官之项,准抵明年正课,此诚万世之良规,所当遵奉者。嗣后凡有蠲免,俱以奉旨之日为始。其奉旨之后,部文未到之前,已有输在官者,准作次年正赋。永著为令。如官吏蒙混隐匿,即照侵盗钱粮律治罪。”

○三年(1738)谕:“各省地方偶有偏灾,朕查蠲免钱粮旧例,被灾十分者,免钱粮十分之三,八分、七分者,免十分之二,六分者免十分之一。雍正年间,我皇考特降谕旨,凡被灾十分者,免钱粮十分之七,九分者免十分之六,八分者免十分之四,七分者免十分之二,六分者免十分之一。实爱养黎元,轸恤民隐之至意也。朕思田禾被灾五分,则收成仅得其半,输将国赋,未免艰难。所当推广皇仁,使被灾较轻之地亩,亦得均沾恩泽者。嗣后着将被灾五分之处,亦准报灾,地方官查勘明确,蠲免钱粮十分之一。永著为令。”

○十七年(1752)谕:“蝗虫害稼最烈。皇考曾特降明旨,地方官不即时扑灭者,革职拿问,督抚严加处分,载在令甲。诚以捕蝗必用人力,人力胜则蝗不成灾。故明示之禁,使知所从事。比者督抚自尊自逸,且畏处分。如方观承、蒋炳者,非朕旨督责,几令捕蝗不力之劣员幸免矣。夫怠人事而损田功,上辜天贶,奈何庇一二不肖劣员,而贻数万户生灵之戚。昔人所谓一家哭何如一路哭者,宁未之闻耶。牧令或委诸业户未报,不恩官以知为名。则所治一州一邑,事无大小,皆所当知。必待受害者呼号始觉,已不称其名而瘝厥官矣。彼即不报,尔何不知察耶?即恐致蹂践,且幸其飞食他境,匿不具报。愚民或有此情,则偿其所损,又有成例,如果明切开导,家喻户晓,民即至愚,岂不计及蝗蝻初生甚微,捕扑不过躏及沟畎陇隙,无难补种,且所失得偿,亦何惮而不报耶?平日不讲求御害之方,临事又不身先督率,徒使粉饰徇隐,民饥罪岁,咎孰大焉。特用申明禁令,各该督抚其严饬所属。敢有怠于奉行,徇纵殃民,必重治其罪。”

○又谕:“蝗蝻贻害农田,捕之宜及早用力。皇考曾特降谕旨,朕申明禁令,已不啻再三。今岁直隶、山东、河南,皆有蝗蝻萌动,经朕严饬该督抚等督捕,始得净尽。昨据高斌奏称,江南丰、沛交界处所,及铜山、萧砀等州县,亦俱有飞蝗来往。夫捕蝗如捕盗,禁于未发,则用力省而种类不至蕃滋。若至傅翼群飞,则所生之地,未早为实力扑捕可知,此固地方官怠玩从事。而督率不先,董戒不力,则该督抚之过也。着将江南督抚交部议处。直、豫蝗蝻,若非朕申谕严切,必且有妨秋稼,不几上负雨旸时若之嘉贶耶?身为司牧,其奚忍坐视以贻民害。着再通行传谕各督抚严饬所属,实力奉行。如再有怠于捕扑,以致飞往他境者,一经奏闻,必当根究生蝗处所,将该地方官从重治罪。”

○嘉庆九年(1804)谕:“前因京城广渠门外及通州等处,间有飞蝗,一面派范建丰前往查勘,一面谕令颜检,将直隶地方,有无蝗蝻滋长之处,详悉查明具奏。旋据该督奏称,均已扑除净尽,并称飞蝗止食青草,不伤禾稼,本不成话。嗣于前月二十九日,朕斋戒进宫,披览章奏,适一飞蝗集于御案,当令捕扑,续经太监等捕获十数个。因思宫禁既有飞入者，则郊原田野，不知更有几何。旋即派卿员四路查勘，并将御制《见蝗叹》及宫内捕得蝗虫，发交颜检阅看，复谕令赶紧饬查。兹据奏驰赴宛平县属之水屯、八角二村，查看该处七八十亩之广，谷粟被伤，均有三四亩。复据大兴、宛平、通州、武清、新城、遵化、任丘、容城、涞水、固安、保定、满城等州县禀报，所属村庄，均有蝻子萌生，现在上紧捕除等语。可见如许州县，均有蝗蝻。若非特派卿员驰勘，经朕再四严饬，颜检仍未必据实直陈。前此所奏，实不免于粉饰。朕勤求治理，以家给人足、时和岁丰为上瑞。至于前史所奏景星庆云之祥，犹皆鄙斥不言。惟于地方水旱虫伤等事，刻深萦廑，宵旰不遑，勤加咨访。祖考付朕天下，惟期丰年为瑞。岂好言灾祲，实以民瘼所关至重。朕早得闻知一日，即可立时办理，俾民早得一日安全。督抚等狃于积习，必不肯据实陈奏，是诚何心？若以隐匿不奏，借此可纾宵旰焦劳。殊不知酿成大患，宵旰焦劳更甚。彼时朕一人承当，隐匿不奏者，转得置身事外。言及此实深畏惧。总之粉饰之习一开，则督抚等惟事敷陈吉语，而属员意存迎合，日久相蒙，必致一切国计民生，概不以实上陈。即如今年直隶麦收，颜检早经奏报十分。夫十分乃系上稔，岂可多得。彼时麦田尚未收割，而奏牍已预为铺张，实未免措词过当。此次蝗蝻萌孽，又不先行入告，直待朕节次垂询，始一一奏闻。计所开村庄有三十余处之多，其中断非尽系降旨查询后具报者。封疆大吏，若事事务求粉饰，其流弊必至于欺罔而后已。颜检奏请交部严加议处，本属咎所应得。姑念该督平素办事尚属认真，着加恩改为交部议处。嗣后惟当痛改前非，实心任事。遇有地方灾歉事务，尤当一面查办，一面据实陈奏。俾闾阎疾苦，不致壅于上闻，方为不负委任。若再有讳匿迟延，经朕查出，必将该督严行惩处，不能曲为宽贷矣。将此通谕中外知之。”

○光绪四年（1878）谕：“御史田翰墀奏《请将侵赈各员严定罪名》一折。赈务动关民命，全在承办各员洁己奉公，妥为经理。如果草率从事，任意侵渔，亟应严行惩办。着该部将各该州县侵吞赈项罪名，从严定拟。其失于觉察者，并着加等处分，以示儆戒。别案不得援以为例。各省疆臣，务当严饬所属簠簋自饬，倍懔刑章。毋谓恩可幸邀，致蹈前项覆辙。钦此。”遵旨议准：嗣后如有官员借灾冒赈，侵吞入己，数在一千两以上者，仍照侵盗钱粮例拟斩监候。其数逾巨万，实在情罪重大者，仍照定例斩监候问拟，由该督抚临时酌量具奏，请旨定夺。其入己之数虽未至千两以上，而巧立名色，任意克扣，及有吏胥串弊绅董分肥情事，即照侵盗钱粮例，计赃应得徒、流等罪上，酌加一等分别办理。虽逢恩赦，不准援免。

# 卷七百五十五·刑部三十三

## 户律·田宅



### 功臣田土

凡功臣之家除拨赐公田外，但有田土，从管庄人尽数报官入籍，纳粮当差。违者，一亩至三亩，杖六十；每三亩加一等，罪止杖一百、徒三年。罪坐管庄之人。其田入官，所隐税粮，依数征纳。若里长及有司官吏踏勘不实，及知而不举者，与同罪。不知者不坐。

#### 附律条例

〇一、公侯禄米，各有等第，皆于官田内拨赐，其佃户仍于有司当差。

〇一、该纳本折佃户，赴本管州县上纳。令各该公侯遣人员赴官关领，不许私自收受。

**谨案**　此二条均系原例。雍正三年(1725)，以现无此例，奏准删除。

### 盗卖田宅

凡盗他人田宅卖、将己不堪田宅换易及冒认，他人田宅作自己者，若虚写价钱实立文契典买，及侵占他人田宅者，田一亩、屋一间以下，笞五十；每田五亩、屋三间加一等，罪止杖八十、徒二年。系官田宅者，各加二等。若强占官民山场湖泊、茶园芦荡及金银铜锡铁冶者，不计亩数。杖一百、流三千里。若将互争不明及他人田产，妄作己业，朦胧投献官豪势要之人，与者、受者，各杖一百、徒三年。盗卖与投献等项田产及盗卖过田价，并各项田产中递年所得花利，各应还官者，还官，应给主者，给主。若功臣有犯者，照律拟罪，奏请定夺。

**谨案**　原文"若功臣初犯，免罪附过；再犯，住支俸给一半；三犯，全不支给；四犯，与庶人同罪"，雍正三年(1725)改。

#### 附律条例

〇一、军民人等，将争竞不明，并卖过及民间起科，僧道将寺观各田地，若子孙将公共祖坟山地，朦胧投献王府，及内外官豪势要之家，私捏文契典卖者，投献之人，问发边卫永远充军，田地给还应得之人及各寺观，坟山地归同宗亲族各管业。其受投献家长，并管庄人，参究治罪。山东、河南及直隶各处空闲地土，俱听民尽力开种，永不起科。若有占夺投献者，悉照前例问发。

**谨案** 此条系原例。雍正三年(1725)奏准，"山东、河南及直隶"七字改为"直隶各省"，"永不起科"四字改为"照年限起科"。乾隆五年(1740)，"问发边卫永远充军"改"问发边远充军"，"及各寺观"下十五字删。

○一、用强占种屯田五十亩以上，不纳籽粒者，问罪，照数追纳完日，官调边卫带俸差操，旗军、军丁人等发边卫充军，民发边外为民。其屯田人等，将屯田典卖与人，至五十亩以上，与典主、买主，各不纳籽粒者，俱照前问发。若不满数，及上纳籽粒不缺，或因无人承种而侵占者，照常发落。管屯等官，不行用心清查者，纠参治罪。

**谨案** 此条系原例。雍正三年(1725)奏准，"官调边卫带俸差操"，今无此例，八字删；"旗军、军丁人等发边卫充军"十一字改为"军发边卫充军"。乾隆三十六年(1771)奏准，军民一体问发，将"军发边卫充军"二句改为"发近边充军"五字。

一、用强占种屯田五十亩以上，不纳籽粒者，照数追纳完日，发近边充军。其屯田人等，将屯田典卖与人，至五十亩以上，典主、买主，各不纳籽粒者，俱照前问发。若数不满五十亩，及上纳籽粒不缺，或因无人承种而侵占者，照侵占官田律治罪；典卖与人者，照盗卖官田律治罪。管屯等官不行用心清查者，参奏，依违制律杖一百。

**谨案** 此条嘉庆六年(1801)改定。

○一、西山一带，密迩京师地方，如有官豪势要之家，私自开窑卖煤、凿山卖石、立厂烧灰者，枷号一月，发近边充军。干碍内外官员，参处提问。

**谨案** 此条系原例。

○一、近边分守、守备、备御，并府、州、县官员，禁约该管官、旗、军、民人等，不许擅自入山，将应禁林木砍伐贩卖。违者，问发南方烟瘴卫所充军。若前项官员有犯，文官革职为民，武官革职差操，镇守并副、参等官有犯，指实参奏。其经过关隘、河道，守把官军容情纵放者，究问治罪。

**谨案** 此条系原例。雍正三年(1725)奏准，"分守、守备、备御"六字改为"分守武职"，"官、旗"二字删。又武官无革职差操例，"文官"至"差操"十二字，改为"俱革职为民"。乾隆五年(1740)，将"南方烟瘴卫所"改为"云贵川广烟瘴稍轻地方"。

一、近边分守武职，并府州县官员，禁约该管军民人等，不许擅自入山，将应禁林木砍伐贩卖。若砍伐已得者，问发云贵两广烟瘴稍轻地方充军；未得者，杖一百、徒三年。若前项官员有犯，俱革职；计赃重者，俱照监守盗律治罪。其经过关隘、河道，守把官军知情纵放者，依知罪人不捕律治罪。分守武职，并府州县官，交部分别议处。

**谨案** 此条嘉庆六年(1801)改定。

○一、各省丈量田亩,及抑勒首报垦田之事,永行停止。违者,以违制律论。

**谨案** 此条雍正十三年(1735)定。

○一、凡子孙盗卖祖遗祀产至五十亩者,照投献捏卖祖坟山地例发边远充军。不及前数,及盗卖义田,应照盗卖官田律治罪。其盗卖历久宗祠,一间以下杖七十,每三间加一等,罪止杖一百、徒三年。以上知情谋买之人,各与犯人同罪。房产收回,给族长收管,卖价入官。不知者不坐。其祀产、义田,令勒石报官,或族党自立议单公据,方准按例治罪。如无公私确据,借端生事者,照诬告律治罪。

**谨案** 此条乾隆二十一年(1756)定。

○一、盛京家奴、庄头人等,如有因伊家主远在京师,私自盗卖所遗田产至五十亩者,均依子孙盗卖祖遗祀产例发边远充军。不及前数者,照盗卖官田律治罪。盗卖房屋,亦照盗卖官宅律科断。谋买之人,与串通说合之中保,均与盗卖之人同罪。房产给还原主,卖价入官。其不知者不坐。倘不肖之徒,借端讹诈,照诬告律治罪。

**谨案** 此条乾隆三十年(1765)定。

○一、凡民人告争坟山,近年者以印契为凭。如系远年之业,须将山地字号、亩数,及库存鳞册,并完粮印串,逐一丈勘查对。果相符合,即断令管业。若勘查不符,又无完粮印串,其所执远年旧契及碑谱等项,均不得执为凭据。即将滥控侵占之人,按律治罪。

**谨案** 此条乾隆三十二年(1767)定。

○一、土目土民,不许私相典买土司田亩。如有违禁不遵者,立即追价入官,田还原主。并将承买之人,比照盗卖他人田亩律,田一亩笞五十,每五亩加一等,罪止杖八十、徒二年。其违例典卖,并倚势抑勒之土司,失察之该管知府,均交部议处。

**谨案** 此条乾隆四十二年(1777)定。

○一、凡租种山地棚民,除同在本山有业之家,公同画押出租者,山主、棚民均免治罪外,若有将公共山场,一家私召异籍之人,搭棚开垦者,即照子孙盗卖祖遗祀产至五十亩例,发边远充军;不及五十亩者,减一等;租价入官。承租之人,不论山数多寡,照强占官民山场律杖一百、流三千里,为从并减一等。父兄子弟同犯,照律罪坐尊长。族长、祠长失于查察,照不应重律科罪。至因召租承租,酿成事端,致有抢夺杀伤者,仍各从其重者论。

**谨案** 此条系嘉庆十二年(1807)定。

○一、黔省汉民,如有强占苗人田产,致令失业酿命之案,俱照棍徒谋害例问拟。其未经酿命者,仍照常例科断。

**谨案** 此条道光十三年(1833)定。

**历年事例**

○雍正六年(1728)谕:"向来各省多有隐匿赋税之地亩。此等情弊,上则有关国课,下则易启争端。且地方一有隐粮漏税之家,则欺凌诈骗之风,不能止息,即本人亦未尝享其利也。数年以来,内外大小臣工,纷纷条奏,以清查为请。朕念清查之举,若行之不善,则民间必受扰累。是以特降谕旨,准其自首。既与一岁之期,又展半年之限。此乃体恤闾阎之至意也。今各省之中,已有陆续奏报者。其或有迟回观望者,皆系该地方大吏有司,不能实力劝导,开示愚蒙,俾小民知奉公大义之所致也。顷闻安徽地方,有丈量田亩之说。朕未有丈量之旨,何以有此讹传?此皆魏廷珍不能训谕所属民人,故不得已为此恐吓之词,以惶惑众心耳。夫丈量乃系必不可行之事。必视乎其人,因乎其地,斟酌万妥,然后举行一二处。如魏廷珍者,岂可举行此事之人耶?若限内首报未尽,不妨再请展限,从容办理。再有逾限不首者,将来自有国法。何必通行丈量,使未曾隐匿之人,亦被扰累耶。安徽一处如此,或他处有似此讹传者,亦未可定。着通行晓谕,其未曾降旨丈量之处,概不得以此恐吓愚民。"

○同治十二年(1873)谕:"德英奏《缕陈东省地方情形请及时整顿》一折。盛京为根本重地,吉林、黑龙江实为陪都藩篱。自招垦荒地以来,藏奸匿匪,盗贼肆行,亟应及时整顿,以重边防。吉林、黑龙江山场荒地,原为旗丁游牧演猎之区。现在良莠杂处,往往有盗匪窝藏其间。虽经德英将呼兰等处开垦之处,奏请停止,而奸民土豪,仍有承揽地亩,转售渔利之事。着该省将军再行认真严禁。并着该部明定章程,将访获钻营地亩之揽头,照依土豪恶棍例从重惩办,并将使费银钱追出充公。其已经开垦之处,该将军等务将户口编册,不时稽查,毋许容留外匪,以清盗源。钦此。"遵旨议准:嗣后吉林、黑龙江山场荒地,如有奸民土豪,仍在各处钻营,希图承揽地亩,转售与人,以渔重利者,一经访获,即照强占官山场不计亩数杖一百流三千里律惩办。为从及承买之人,并减一等。如因承揽转售,别酿事端,仍各从其重者论。并将打点使费银钱追出充公。其已经开垦之处,应由该将军等责成地方官,务将户口编册,不时稽查,仍于年终出具并无私垦印结,通送查考。倘有容留外来匪徒,一经查出,即行严参。

## 任所置买田宅

凡有司官吏,不得于见任处所,置买田宅。违者笞五十,解任,田宅入官。

### 附律条例

○一、各关出差官员,不许携带家眷,多随奴仆,及任所置优买妾。任满回部,未经考核,不许擅买田庄市宅,生息放债。如违,交与该部治罪。衙役人等,除解饷公事外,私自赴京长接,及以缺额借口题请展限者,亦交与该部治罪。

○一、提督、总兵、副将等官,不许在见任地方,置立产业。即丁忧、休致、解退,亦不许入籍居住。或任内置有产业,已经身故,及不能回籍者,该督抚具奏请旨定夺。至参将以下等官,任所置有产业,或本身休致、解任,或已经身故,子孙留住任所,欲入籍者,该地方官报明督抚,准其入籍。

**谨案** 此二条俱系雍正三年(1725)定。

## 典买田宅

凡典买田宅,不税契者,笞五十,仍追契内田宅价钱一半入官。不过割者,一亩至五亩,笞四十;每五亩加一等,罪止杖一百。其不过割之田入官。若将已典卖与人田宅,朦胧重复典卖者,以所得重典卖之价钱计赃,准窃盗论,免刺,追价还后典买之主,田宅从原典买主为业。若重复典买之人及牙保知其重典卖之情者,与犯人同罪,追价入官。不知者不坐。其所典田宅、园林、碾磨等物,年限已满,业主备价取赎,若典主托故不肯放赎者,笞四十。限外递年所得多余花利,追征给主,仍听依原价取赎。其年限虽满,业主无力取赎者,不拘此律。

### 附律条例

〇一、告争家财、田产,但系五年之上,并虽未及五年,验有亲族写立分书已定、出卖文约是实者,断令照旧管业,不许重分、再赎,告词立案不行。

**谨案** 此条系原例。

〇一、卖产立有绝卖文契,并未注有"找贴"字样者,概不准贴赎。如契未载"绝卖"字样,或注定年限回赎者,并听回赎。若卖主无力回赎,许凭中公估找贴一次,另立绝卖契纸。若买主不愿找贴,听其别卖,归还原价。倘已经卖绝,契载确凿,复行告找告赎,及执产动归原先尽亲邻之说,借端掯勒,希图短价者,俱照不应重律治罪。

**谨案** 此条雍正八年(1730)定。嘉庆六年(1801)于"希图短价"下增"并典限未满,而业主强赎"句。

〇一、凡八旗人员,置买产业于各省者,令该员据实首报,交该督抚按其产业之多寡,勒限变价归旗。如有隐匿不首,及首报不实者,该督抚访查题参,将所置产业入官。其隐匿不首者,照侵占田宅律治罪;首报不实者,按不实之数,亦照侵占律治罪。如地方官扶同徇隐,别经发觉者,照例议处。其未经查出之知府,并督、抚、司、道,均照例分别议处。至于查禁以后,仍有违禁置产,私相授受者,照得他人田产朦胧投献官豪势要律,与者、受者,各杖一百、徒三年,产业入官。其托民人出名,诡名寄户者,受托之民人,照里长知情隐瞒入官家产计所隐赃重者坐赃治罪。受财者,以枉法从重论。地方官失于查察者,照例议处。

**谨案** 此条雍正十二年(1734)定。

〇一、八旗官兵人等,有将现银承买入官人口、房产者,即将银两先行交部。俟收明银两,知照到旗之日,两翼给予印信执照,报部入册。如有将俸禄钱粮坐扣抵买者,一面咨部坐扣俸饷,一面将人口、房产给认买人领去。俟俸饷坐扣完日,再行知会两翼，给予执照，报部入册。

**谨案** 此条系雍正十二年(1734)定，原在“任所置买田宅”律内。乾隆五年(1740)，因与律例无涉，拟删，奉旨移附此律。

○一、旗丁有将运田私典于人，及承典者，均照典买官田律计亩治罪，该丁革退，其田追出，交与接运新丁，典价入官。其旗丁出运之年，将运田租与民人，止许得当年租银。如有指称加租，立券预支者，将该丁与出银租田之人，均照典买官田律减二等治罪，租价入官。

**谨案** 此条乾隆五年(1740)定。

○一、凡各省卫所赡运屯田，有典买与民，许照清厘条议，备价回赎。如衙门书识人等，借称族丁管船，侵占屯田，不归船济运者，照侵盗官粮例治罪。若原系民田，与军无涉，该丁捏控者，将该丁责革另佥。该管官弁，不实力稽察，或承查迟延，或互相徇纵，查出，俱交部分别议处。

**谨案** 此条乾隆十二年(1747)定。

○一、凡州县官征收田房税契，照征收钱粮例，别设一柜，令业户亲自赍契投税，该州县即黏司印契尾，给发收执。若业户混交匪人代投，致被假印诓骗者，照不应重律杖八十，责令换契重税。倘州县官不黏司印契尾，侵税入己，照例参追。该管之道、府、直隶州知州，分别失察、徇隐，照例议处。

**谨案** 此条乾隆十六年(1751)定。

○一、嗣后民间置买产业，如系典契，务于契内注明“回赎”字样；如系卖契，亦于契内注明“永不回赎”字样。其自乾隆十八年(1753)定例以前，典卖契载不明之产，如在三十年以内，契无“绝卖”字样者，听其照例分别找赎；若远在三十年以外，契内虽无“绝卖”字样，但未注明回赎者，即以绝产论，概不许找赎。如有混行争告者，均照不应重律治罪。

**谨案** 此条乾隆十八年(1753)定。

○一、凡民间活契典当田房，一概免其纳税。其一切卖契，无论是否杜绝，俱令纳税。其有先典后卖者，典契既不纳税，按照卖契银两实数纳税。如有隐漏者，照律治罪。

○一、民间私顶军田，匿不首报，一亩至五亩笞四十，每五亩加一等，罪止杖一百。

**谨案** 此二条均系乾隆二十四年(1759)定。

○一、旗地、旗房，概不准民人典买。如有设法借名私行典买者，业主、售主，俱照违制律治罪，地亩、房间、价银，一并撤追入官。失察该管官，交部严加议处。至旗人典买有州县印契跟随之民地、民房，或辗转典卖与民人，仍从其便。

**谨案** 此条嘉庆十六年(1811)定。

### 历年事例

○雍正五年(1727)议准:自雍正五年(1727)以后,凡民间置买田房地土,一切税契,务须黏连有布政使所发契尾,州县官钤印,给业户收执。如无契尾者,即照匿税例治罪。其该管州县衙门,将所收税契银两,据实造报。倘仍止用州县印信,不给契尾黏连,及以多报少者,察出,照侵隐钱粮例治罪。

## 盗耕种官民田

凡盗耕种他人田田地土者,不告田主。一亩以下笞三十,每五亩加一等,罪止杖八十;荒田减一等。强者,不由田主。各指熟田、荒田言。加一等。系官者,各通盗耕强耕、荒熟言。又加二等。仍追所得花利官田归官、民田给主。

### 附律条例

○一、近边地土、各营堡草场,界限明白。敢有挪移条款,盗耕草场,及越出边墙界石种田者,依律问拟,追征花利。至报完之日,不分军民,俱发附近地方充军。若有毁坏边墙,私出境外者,枷号三月发落。

**谨案** 此条系原例。原文系"完日,军职降调差操,军民调发卫所充军",雍正三年(1725)改。

## 荒芜田地

凡里长部内已入籍纳粮当差田地,无水旱灾伤之故荒芜,及应课种桑麻之类而不种者,计荒芜、不种之田地,俱以十分为率,一分笞二十,每一分加一等,罪止杖八十。县官各减里长罪二等。长官为首,一分减尽无科,二分方笞一十。加至杖六十,罪止。佐职为从。又减长官一等,二分者减尽无科,三分者方笞二十。加至笞五十,罪止。人户亦计荒芜田地及不种桑麻之类,就本户田地,以五分为率,一分笞二十,每一分加一等;追征合纳税粮还官。应课种桑麻、黄麻、苎麻、棉花、蓝靛、红花之类,各随乡土所宜种植。

### 附律条例

○一、盛京等处庄头,有将额拨官地率请更换,并民人呈请马厂垦种纳租等事者,照违制律治罪。

**谨案** 此条嘉庆九年(1804)遵旨定。

## 弃毁器物稼穑等

凡故意弃毁人器物,及毁伐树木稼穑者,计所弃毁之物,即为赃准窃盗论,照窃盗定罪。免刺。罪止杖一百流、三千里。官物加准窃盗赃上二等。若遗失及误毁官物者，各于官物加二等上减三等。凡弃毁、遗失、误毁，并验数追偿。还官、给主。若遗失、误毁私物者，偿而不坐罪。若毁人坟茔内碑碣石兽者，杖八十；毁人神主者，杖八十。若毁损人房屋墙垣之类者，计合用修造雇工钱坐赃论，一两以下笞二十，罪止杖一百、徒三年。各令修立。官屋加二等。误毁者，但令修立，不坐罪。

**附律条例**

一、凡广收麦石，肆行躧曲，大开烧锅者，杖一百，枷号两月。地方官员失察，交部分别处分。如官吏贿纵等弊，照枉法计赃论罪。

**谨案** 此条乾隆二年(1737)定。

### 擅食田园瓜果

凡于他人田园擅食瓜果之类，坐赃论。计所食之物，价一两以下笞一十，二两笞二十，计两加等，罪止杖六十、徒一年。弃毁者，罪亦如之。其擅将挟去及食之者，系官田园瓜果，若官造酒食者，加二等。照擅食他人罪加二等。主守之人给予，及知而不举者，与同罪。若主守私自将去者，并以监守自盗论。至四十两，问杂犯准徒五年。

### 私借官车船

凡监临主守，将系官车船、店舍、碾磨之类，私自借用，或转借与人，及借之者，各笞五十，验日追雇赁钱入官。不得过本价。若计雇赁钱重于笞五十者，各坐赃论，加一等。

# 【户律·婚姻】

## 卷七百五十六·刑部三十四

**户律·婚姻**



### 男女婚姻

凡男女定婚之初,若或有残废,或疾、病。老幼、庶出、过房、同宗。乞养异姓。者,务要两家明白通知,各从所愿。不愿即止。愿者同媒妁写立婚书,依礼聘嫁。若许嫁女已报婚书,及有私约,谓先已知夫身残疾、老幼、庶养之类。而辄悔者,女家主婚人笞五十。其女归本夫。虽无婚书,但曾受聘财者亦是。若再许他人,未成婚者,女家主婚人杖七十;已成婚者,杖八十。后定娶者男家知情,主婚人与女家同罪,财礼入官。不知者不坐,追还财礼。给后定娶之人。女归前夫。前夫不愿者,倍追财礼给还,其女仍从后夫。男家悔而再聘者,罪亦如之,仍令娶前女,后聘听其别嫁。不追财礼。其未成婚男女有犯奸盗者,男子有犯,听女别嫁;女子有犯,听男别娶。不用此律。若为婚而女家妄冒者,主婚人杖八十,谓如女有残疾,却令姊妹妄冒相见,后却以残疾女成婚之类。追还财礼。男家妄冒者,加一等,谓如与亲男定婚,却与义男成婚;又如男有残疾,却令弟兄妄冒相见,后却以残疾男成婚之类。不追财礼。未成婚者,仍依原定。所妄冒相见之无疾兄弟姊妹及亲生之子为婚。如妄冒相见男女,先已聘许他人,或已经配有室家者,不在仍依原定之限。已成婚者离异。其应为婚者,虽已纳聘财,期约未至,而男家强娶,及期约已至,而女家故违期者,男女主婚人并笞五十。若卑幼或仕宦或买卖在外,其祖父母、父母及伯叔父母、姑、兄姊自卑幼出外之后为定婚,而卑幼不知自娶妻,已成婚者,仍旧为婚;尊长所定之女,听其别嫁。未成婚者,从尊长所定,自定者从其别嫁。违者杖八十。仍改正。

**附律条例**

○一、嫁娶皆由祖父母、父母主婚。祖父母、父母俱无者,从余亲主婚。其夫亡携女适人者,其女从母主婚。若已定婚,未及成婚,而男女或有身故者,不追财礼。

〇一、男女婚姻,各有其时。或有指腹、割衫襟为亲者,并行禁止。

〇一、招婿须凭媒妁明立婚书,开写养老或出舍年限。止有一子者,不许出赘。其招婿养老者,仍立同宗应继者一人,承奉祭祀,家产均分。如未立继身死,从族长依例议立。

**谨案** 以上三条,均系原例。

〇一、凡女家悔盟另许,男家不告官司强抢者,照强娶律减二等。其告官断回前夫,而女家与后夫夺回者,照抢夺律杖一百、徒三年。

**谨案** 此条乾隆五年(1740)定。

## 典雇妻女

凡将妻妾受财（立约出）典、（验日暂）雇与人为妻妾者,（本夫）杖八十。典、雇女者,（父）杖六十。妇、女不坐。若将妻妾妄作姊妹嫁人者,杖一百;妻妾杖八十。知而典妻者,各与同罪,并离异,（女给亲,妻妾归宗。）财礼入官。不知者不坐,追还财礼。（仍离异。）

### 附律条例

〇一、将妻妾作姊妹,及将亲女并姊妹嫁卖与人作妻妾、使女名色,骗财之后,设词托故,公然领去,或瞰起程,中途聚众行凶,邀抢人财者,除实犯死罪外,其余属军卫者发边卫,属有司者发边外为民。媒人知情同罪。

**谨案** 此条系原例。"及将"下原有"拐带不明妇女,或将"八字,"并"字下原有"居丧"二字,"边卫"下原有"充军"二字,"知情同罪"下原有"若妇人有犯,罪坐夫男。若不知情,及无夫男者,止坐本妇,照常发落"二十六字,乾隆五年(1740)删。

一、将妻妾作姊妹,及将亲女并姊妹嫁卖与人作妻妾、使女名色,骗财之后,设词托故,公然领去者,照诓骗例治罪。若瞰起程,中途聚众行凶,邀抢人财者,除实犯死罪外,其余俱发近边充军。媒人知情罪同。

**谨案** 此条乾隆三十七年(1772)改定。

一、将妻妾作姊妹,及将亲女并姊妹嫁卖与人作妻妾、使女名色,骗财之后,设词托故,公然领去者,照诓骗例治罪。若瞰起程,中途聚众行凶,邀抢人财者,除实犯死罪外,余俱发近边充军。媒人同谋邀抢者,罪同。若仅止知情媒合,并未同谋邀抢,照将妻妾作姊妹嫁人律减一等,杖九十。不知者不坐。

**谨案** 此条嘉庆六年(1801)改定。

## 妻妾失序

凡以妻为妾,杖一百。妻在,以妾为妻者,杖九十,并改正。若有妻更娶妻者,杖九十,后娶之妻离异。归宗。

**谨案** 此下原文有“其民年四十以上无子者,方听娶妾,违者笞四十”十九字,又有注“不言离异,听为妾也”八字,乾隆五年(1740)遵旨删去。

## 逐婿嫁女

凡逐已入赘之婿嫁女,或再招婿者,杖一百,其女不坐。如招赘之女通同父母逐婿改嫁者,亦坐杖一百。后婿男家知而娶或后赘者同罪。未成婚者,各减五等,财礼入官。不知者亦不坐。其女断付前夫,出居完聚。

## 居丧嫁娶

凡男女居父母及妻妾居夫丧而身自主婚嫁娶者,杖一百。若男子居父母丧而娶妾,妻、居夫丧女居父母丧而嫁人为妾者,各减二等。若命妇夫亡虽服满再嫁者,罪亦如之,亦如凡妇居丧嫁人者拟断。追夺,敕诰。并离异。知系居丧及命妇而共为婚姻者,主婚人各减五等。财礼入官。不知者不坐。仍离异、追财礼。若居祖父母、伯叔父母、姑、兄姊丧除承重孙外。而嫁娶者,杖八十。不离异。妾不坐。若居父母、舅姑及夫丧而与应嫁娶人主婚者,杖八十。其夫丧服满,妻妾果愿守志,而女之祖父母、父母,及夫家之祖父母、父母强嫁之者,杖八十。期亲加一等,大功以下又加一等。妇人及娶者俱不坐。未成婚者,追归前夫之家,听从守志,追还财礼。已成婚者,给予完聚,财礼入官。

**谨案** 末节系雍正三年(1725)奏准改定。原文“其夫丧服满愿守志,而女之祖父母、父母强嫁之者,杖八十。期亲强嫁者,加二等。妇人不坐,追归前夫之家,听从守志。娶者亦不坐,追还财礼”。其“期亲强嫁者,加二等”句下注云“其夫家之祖父母、父母及期亲强嫁之者,罪亦如之”。

### 附律条例

〇一、妇人夫亡,情愿守志,别无主婚之人,若有用强求娶,逼受聘财,因而致死者,追埋葬银两,发近边充军。

**谨案** 此条系原例,载在“威逼人致死”门内。“因而致死者”下有“依律问罪”四字,乾隆四十二年(1777)删。嘉庆六年(1801)移附此律。

一、孀妇自愿改嫁,翁姑人等主婚受财,而母家统众强抢者,杖八十。其孀妇自愿守志,而母家、夫家抢夺强嫁者,各按服制,照律加三等治罪。其娶主不知情者不坐。知情同抢,照强娶律加三等。未成婚妇女,听回守志。已成婚,而妇不愿合者听。如孀妇不甘失节,因而自尽者,照威逼例充发。其有因抢夺而取去财物及杀伤人者,各照本律从重论。

**谨案** 此条系乾隆五年(1740)定。

一、孀妇自愿改嫁，翁姑人等主婚受财，而母家统众抢夺，杖八十。夫家并无例应主婚之人，母家主婚改嫁，而夫家疏远亲属强抢者，罪亦如之。其孀妇自愿守志，母家、夫家抢夺强嫁，以致被污者，祖父母、父母及夫之祖父母、父母杖八十，期亲尊属尊长杖七十、徒一年半，大功以下尊属尊长杖八十、徒二年，期亲卑幼杖一百、徒三年，大功以下卑幼杖九十、徒二年半。娶主不知情不坐。知情同抢，照强娶笞五十律加三等，杖八十。未致被污者，父母、翁姑、亲属、娶主各减一等。妇女均听回守志。如妇女自愿完聚者，照律听其完聚，财礼入官，亲属照律分别拟杖。若孀妇不甘失节，因而自尽者，不论已未被污，祖父母、父母，夫之祖父母、父母，杖一百、徒三年；期亲尊属尊长杖一百、流二千里，功服杖一百、流二千五百里，缌麻杖一百、流三千里；缌麻卑幼发边远充军，功服发极边充军，期亲拟绞监候。娶主知情同抢，致令自尽者，以为从论，各减亲属罪一等。若妇女自愿完聚，复因他故自尽者，仍按服制照律科以强嫁之罪。不在此例。若妇人情愿守志，别无主婚之人，如有用强求娶，逼受聘财，因而致令自尽者，发近边充军，仍追埋葬银两。其有因抢夺而取去财物及杀伤人者，各照本律从其重者论。

**谨案**　嘉庆六年(1801)，将前二条修并改定此条。

**历年事例**

○康熙十二年(1673)题准：凡妇人夫亡之后，愿守节者听。欲改嫁者，母家给还财礼，准其领回。至家仆亡故，其妇听原主给还财礼领回。若仆有子愿守节者，不许复配与人，亦不准原主领回。违例复配者，妇人断归原主，不追财礼。

### 父母囚禁嫁娶

凡祖父母、父母犯死罪被囚禁，而子孙自嫁娶者，杖八十；若男娶妾、女嫁人为妾者，减二等。其奉囚禁祖父母、父母命，而嫁女娶妻者，不坐。亦不得筵燕。忘其至亲，而任情纵欲，不孝之大者也，当依弃亲之任条下科断杖八十。父母囚禁筵燕，自有本律。

**谨案**　律小注，乾隆五年(1740)删去，改为“违者，依父母囚禁筵燕律杖八十”。

### 同姓为婚 为婚兼妻妾言。礼不娶同姓，所以厚别也。

凡同姓为婚者，主婚与男女各杖六十，离异。妇女归宗，财礼入官。

### 尊卑为婚

凡外姻有服或尊属或卑幼，共为婚姻，及娶同母异父姊妹，若妻前夫之女者，各以亲属相奸论。其父母之姑舅两姨姊妹及姨，若堂姨、母之姑、堂姑、己之堂姨，及再从姨、己之堂外甥女，若女婿之姊妹及子孙妇之姊妹，虽无服，并不得为婚姻。违者，男女各杖一百；若娶己之姑舅两姨姊妹者,虽无尊卑之分,尚有缌麻之服。杖八十;并离异。妇女归宗,财礼入官。

**附律条例**

○一、前夫子女,与后夫子女苟合成婚者,以娶同母异父姊妹律条科断。

**谨案** 此条系原例。

○一、男女亲属尊卑相犯重情,或干有律应离异之人,俱照亲属已定名分,各从本律科断,不得妄生异议,致罪有出入。其间情犯,稍有可疑,揆于法制,似为太重,或于名分不甚有碍者,听各该原问衙门临时斟酌议奏。其姑舅两姨姊妹为婚者,听从民便。

**谨案** 此条"斟酌议奏"以上系原例。"姑舅两姨"二句,雍正八年(1730)定例。乾隆五年(1740)并为一条。

## 娶亲属妻妾

凡娶同宗无服姑侄姊妹之亲,及无服亲之妻者,男女各杖一百。若娶同宗缌麻亲之妻,及舅甥妻,各杖六十、徒一年。小功以上,之妻,各以奸论。自徒三年至斩、绞。若亲之妻曾被出,及已改嫁,而娶为妻妾者,无服之亲不与。各杖八十。若收父、祖妾,及伯叔母者,不问被出、改嫁,各斩。若兄亡收嫂、弟亡收弟妇者,不问被出、改嫁,俱坐。各绞。妾,父祖妾不与。各减妻二等。被出、改嫁者递减之。若原系妻而娶为妾,当从妻论;原系妾而娶为妻,仍从妾减科。若娶同宗缌麻以上姑侄姊妹者,亦各以奸论。除应死外,并离异。

**附律条例**

○一、凡收伯叔兄弟妾者,即照奸伯叔兄弟妾律减妻一等,杖一百、流三千里。

**谨案** 此条系乾隆二十四年(1759)定。

○一、凡嫁娶违律,罪不至死者,仍依旧律定拟。至兄亡收嫂、弟亡收弟妇,罪犯应死之案,除男女私自配合,及先有奸情,后复婚配者,仍照律各拟绞决外,其由父母主婚,男女听从婚配者,即照甘心听从之男女,各拟绞监候,秋审时核其情罪,另行定拟。

**谨案** 此条乾隆五十三年(1788)遵旨定。

一、凡嫁娶违例,罪不至死者,仍依旧律定拟。至兄亡收嫂、弟亡收弟妇,罪犯应死之案,除男女私自配合,及先有奸情,后复配婚者,仍照律各拟绞决外,其实系乡愚不知例禁,曾向亲族、地保告知成婚者,男女各拟绞监候,秋审入于情实。知情不阻之亲族、地保,照不应重律杖八十。如有父母主令婚配,男女仍拟绞监候,秋审时核其情罪,另行定拟。

**谨案** 此条嘉庆十九年(1814)遵旨改定。

**历年事例**

○雍正八年(1730)谕:“冯大儒于兄亡之后,收嫂王氏为妻。后因彼此相闹,冯大儒掌伤王氏,王氏自缢。今将冯大儒照兄亡收嫂律拟绞立决具奏。朕细阅全案,冯大儒之兄冯大任病故之后,遗妻王氏,思招冯大儒为夫。商之夫兄冯大成,暨氏弟王伦悉皆应允。遂写立婚书,而成配偶。迨三月有余之后,彼此口角,致王氏自缢身故,始讼公庭,而治其收嫂之罪。是从前成婚之时,愚民无知,竟不知伦常之重,法律之严,而冒昧为此背理之事。且亲属数人,皆为主婚。公然行之而不以为怪,可见愚民不知条律者众矣。况成婚已数月之久,若非王氏自缢,命案难掩,竟可蒙混不致败露。此苟且之风,所以难挽也,是皆由于地方有司,不能化导于平时,又不将此等关系伦常、干犯重法之事,通行宣谕,使草野之人,知所懔遵,以至罹于大辟,实为可悯。又如赌博乃犯法之事,而隐匿者甚多,及至酿成人命,方始发觉。冯大儒之案,正复类此。其如何使无知之民,家喻户晓,俟明知故犯之后,再按重律治罪,着九卿悉心定议具奏。”

○乾隆四十九年(1784)谕:“刑部题驳奉天府尹定拟高九收弟媳杨氏应行缓决一本,昨已依议行矣。因思高九乱伦之事,由伊父高志礼主婚。刑部查照寻常嫁娶违律,事由主婚,主婚为首,男女为从减等,是以驳令该府尹改拟。但似此乱伦重犯,减等即当拟流。核其情罪,尚不足以昭平允。在刑部堂官,固系按律定拟。而律意亦殊有未尽之处。此案虽由高志礼主婚,但伊子高九何以竟甘心听从,即使平日无奸,其乱伦之罪已不小。况父母无有不爱其子。卑幼犯法,尊长出而承认主婚,其乱伦之男女,遂得均从末减拟流,非所以正伦纪而弼教化也。嗣后有似此事由父母主婚,虽系罪坐主婚,而男女应行减等者,自应仍拟绞候,秋谳时,再核其情节轻重办理。着刑部堂官详晰定拟,增入条例,以副朕明刑弼教之至意。”

○嘉庆十七年(1812)谕:“史灵科收弟妇为妻,按律本应绞决。但律又载奸兄弟妻和者绞决,原以重伦纪而杜邪淫。今该犯收弟妇李氏为妻时,曾与其弟李泳年商明,并告知地保。核其情节,实系乡愚不知例禁,并无先奸后娶情事。若与兄奸弟妇者一律绞决,未免无所区别。史灵科着改为绞监候,入于明年朝审情实。嗣后有似此兄收弟妻,审明实系乡愚无知蹈渎伦之罪者,俱照此案办理。”

**娶部民妇女为妻妾**

凡府州县亲民官任内娶部民妇女为妻妾者,杖八十。若监临内外上司官娶见问为事人妻妾及女为妻妾者,杖一百。女家主婚人并同罪,妻妾仍两离之,女给亲。两离者,不许给予后娶者,亦不给还前夫,令归宗。其女以父母为亲,当归宗。或已有夫,又以夫为亲,当给夫完聚。或财礼入官。恃势强娶者,各加二等。女家不坐,妇还前夫,女给亲。不追财礼。若为子孙、弟侄、家人娶者,或和或强,罪亦如之。男女不坐。若娶为事人妇女,而于事有所枉者,仍以枉法从重论。

## 娶逃走妇女

凡娶自己犯罪已发在官而逃走在外之妇女为妻妾，知逃走之情者与同其所犯之本罪，妇人加逃罪二等，其娶者不加罪。至死者减一等，离异。不知者不坐。若无夫，又会赦免罪者不离。一有不合仍离。

## 强占良家妻女

凡豪强势力之人，强夺良家妻女，奸占为妻妾者，绞；监候。妇女给亲。妇归夫，女归亲。配与子孙、弟侄、家人者，罪归所主亦如之；所配男女不坐。仍离异给亲。

### 附律条例

〇一、强夺良人男女，卖与他人为妻妾，及投献王府，并勋戚势豪之家者，俱比照强夺良家妻女奸占为妻妾绞罪，奏请定夺。

**谨案** 此条系原例。乾隆五年(1740)删去“俱比照”以下，改为“俱拟绞监候”。

一、强夺良家妻女，中途夺回，及尚未奸污者，照已奸占律减一等定拟。若已被奸污而妇女自尽者，照强奸已成本妇羞忿自尽例拟斩监候。未被奸污而自尽者，照强奸未成本妇羞忿自尽例拟绞监候。若强夺良家妻女，其夫或父母、亲属，羞忿自尽者，亦分别已成、未成，照本妇自尽之例问拟。

**谨案** 此条自“定拟”以上，乾隆五年(1740)定。“拟斩监候”以上，乾隆三十二年(1767)增定。“未被”以下，嘉庆十五年(1810)增定。

一、强夺良家妻女，奸占为从之犯，应照为首绞罪减一等，杖一百、流三千里。如被逼诱随行，止于帮同扛抬，照未成婚减绞罪五等，杖七十、徒一年半。其中途夺回，及尚未奸污为从者，审系助势济恶，减为首流罪一等，杖一百、徒三年。如被逼诱随行，止于帮同扛抬，各照不应重律杖八十。

**谨案** 此条系乾隆六年(1741)定。

〇一、疏远亲属，图财强卖妇女者，照例奏请拟绞。倘期功卑幼，谋占资财，贪图聘礼，将伯叔母、姑等尊属，用强抢卖者，拟斩监候。

**谨案** 此条乾隆六年(1741)定。

一、凡谋占资财，贪图聘礼，期功卑幼用强抢卖伯叔母、姑等尊属者，拟斩监候；期功卑幼抢卖兄妻、胞姊，及缌麻卑幼抢卖尊属尊长，并疏远无服亲族抢卖尊长卑幼者，均拟绞监候。如尊属尊长，图财强卖卑幼，系期功，杖一百、流三千里；系缌麻，发附近充军。未成婚者，各减已成婚一等。若中途夺回，及娶主自送回，未被奸污者，均以未成婚论。如妇女不甘失节，因而自尽者，期功以下卑幼，及疏远亲族，仍照本例分别斩、绞监候；缌麻尊属尊长，亦拟绞监候；期功尊属尊长，发近边充军。若已成婚，而妇女因他故自尽者，仍依图财强嫁问拟，不在此例。娶主知情同抢，及用财谋买者，各减正犯罪一等。不知者不坐。

如因家贫不能养赡，或虑不能终守，劝令改嫁，并非图财图产起见，均照强嫁例定拟，不得滥引此例。

**谨案** 此条系嘉庆六年(1801)增定。

○一、凡聚众伙谋抢卖路行妇女，仍照定例分别首从问拟外，其有并非伙众，及抢夺非路行妇女者，均照例拟绞。

**谨案** 此条乾隆六年(1741)定。

一、凡聚众伙谋抢夺路行妇女，或卖，或自为妻妾、奴婢者，审实，不分得财与未得财，为首者斩立决，为从者皆绞监候。知情故买者，减正犯罪一等。不知者不坐。其抢夺人犯之主，知情不首者，照知情故买治罪。该管官员不行严禁查拿者，交部议处；领催、总甲杖八十。

**谨案** 此条系原例，载“白昼抢夺”门，嘉庆六年(1801)移此律。

一、凡聚众伙谋抢夺路行妇女，或卖，或自为妻妾、奴婢者，审实，不分得财与未得财，为首者斩立决，为从者皆绞监候。知情故买者，减正犯罪一等。不知者不坐。其抢夺人犯，如系家奴，伊主知情不首者，照知情故买治罪。该管官员不行严禁查拿者，交部议处；领催、总甲杖八十。其有并非伙众，及抢夺非路行妇女，但强卖与人为妻妾者，均拟绞监候。

**谨案** 此例系嘉庆六年(1801)将前二条修并。

一、凡聚众伙谋抢夺路行妇女，或卖，或自为妻妾、奴婢，及被奸污者，并聚众伙谋，于素无瓜葛之家，入室抢夺妇女，无论曾否媒说。一经抢获出门，即属已成，审实，不分得财与不得财，为首者斩立决，为从者皆绞监候。知情故买者，减正犯罪一等。不知者不坐。图抢入室，未将妇女抢获者，首犯拟绞监候，为从实发极边烟瘴充军。至因伙众抢夺妇女，拒捕杀人者，无论未成已成，下手杀人之犯，斩决、枭示；帮殴成伤从犯，不论手足、他物、金刃，均拟绞监候；其并未帮殴首从各犯，仍分别已未抢获妇女本例问拟。其抢夺人犯，如系家奴，伊主知情不首者，照知情故买治罪。该管官员不行严禁查拿者，交部议处；领催、总甲杖八十。其有并非伙众，但强卖与人为妻妾者，拟绞监候。及于素有瓜葛之家，必实有戚谊者。先经媒说未定，因而纠众强抢者，仍按强夺奸占已未成本律例科断。如有拒捕杀伤人者，照抢夺杀伤人例办理。

**谨案** 此条嘉庆十一年(1806)增定。十九年(1814)因各省抢夺妇女之案，每借词先经媒说，遂于“入室抢夺妇女”句下增注“无论曾否媒说”六字，于“素有瓜葛之家”句下增注“必实有戚谊者，方以瓜葛论”十一字。

○一、凡聚众伙谋抢夺曾经犯奸妇女已成，无论在途在室，首犯发黑龙江给披甲人为奴，为从帮抢者杖一百、流三千里，同谋未经同抢之犯杖一百、徒三年。如图抢未成，首犯杖一百、流三千里，为从帮抢者杖一百、徒三年，同谋未经同抢之犯杖九十、徒二年半。如妇女犯奸后，已经悔过自新，确有证据者，仍以良人妇女论。

**谨案** 此条嘉庆十年(1805)定。十七年(1812)调剂黑龙江等处遣犯，奏定将此项人犯改发回城,给大小伯克及力能管束之回子为奴。二十二年(1817)调剂回疆遣犯,将此项人犯改发云贵两广烟瘴充军。咸丰元年(1851)仍复旧例,发往黑龙江为奴。

○一、凡聚众伙谋抢夺兴贩妇女,已成者,为首拟绞监候,为从实发云贵两广极边烟瘴充军,同谋未经同抢之犯杖一百、流二千里。如图抢未成,为首实发云贵两广极边烟瘴充军,为从杖一百、流三千里,同谋未经同抢之犯杖一百、徒三年。其有并非聚众,但将兴贩妇女抢夺,已成者,为首发极边足四千里充军,为从杖一百、徒三年,同谋未经同抢之犯杖九十、徒二年半。若图抢未成,为首杖一百、徒三年,为从杖九十、徒二年半,同谋未经同抢之犯杖八十、徒二年。如拒捕杀伤兴贩之犯,以凡论。若系本妇及本妇有服亲属,均依罪人拒捕律科断。

**谨案** 此条道光四年(1824)定。

**历年事例**

○顺治十三年(1656)复准:凡就抚贼盗,所有在先掳掠良民妇女,被原夫认识不与者,准向该管官控告,断归原夫。

○乾隆五年(1740)议准:嗣后强夺良家妻女,中途夺回,及尚未奸污者,照已被奸占绞监候律减一等,杖一百、流三千里。若因所定之女病亡残废,辄将女之姊妹用强抢夺,实与豪势之人强夺奸占无异。嗣后如有将所定之女之姊妹,用强抢夺,已被奸占者,依强夺良家妻女奸占为妻妾律拟绞;若中途夺回,及尚未奸污者,亦减一等,杖一百、流三千里。

○嘉庆五年(1800)谕:"刑部《核复屯居汉军庶吉士赵继昌与袁凤瑞之妻袁赵氏通奸,将袁凤瑞诬欠控县,逼令退婚,照依该督原拟将赵继昌发往极边烟瘴地方充军》一折。此案情节,赵继昌认袁赵氏为义女,调戏成奸。迨袁赵氏出嫁后,屡经奸占,甚至捏控袁凤瑞借欠钱文,逼勒退休,收纳为妾。刑部照原议,以袁赵氏先与赵继昌通奸,父母利赀纵容,非良家妇女可比;又赵继昌收纳为妾在袁凤瑞退休之后,亦与强占不同,援照凶恶棍徒生事扰害良人例问拟遣戍。第袁赵氏若果先被伊夫袁凤瑞斥其不端,自行休弃,赵继昌因而买娶为妾,尚得以本非强夺,量为末减。今赵继昌诬陷伊夫袁凤瑞,用计逼勒退休,即与强占无异,拟以烟瘴充军,尚觉法轻情重。赵继昌应即比照强夺良人妻女奸占为妻妾例定拟绞候,入于秋审办理。"

**娶乐人为妻妾**

凡文武官并吏娶乐人妓者。为妻妾者,杖六十,并离异。归宗,不还乐工。财礼入官。若官员子孙应袭荫者。娶者,罪亦如之。注册候荫袭之日,照荫袭本职上降一等叙用。

**谨案** "罪亦如之"下,原文有"附过,候荫袭之日降一等,于边远叙用。其在顺治元年(1644)赦前娶者勿论”等语,雍正三年(1725)奏准删改。

### 僧道娶妻

凡僧道娶妻妾者,杖八十,还俗。女家主婚人同罪。离异。财礼入官。寺观住持知情与同罪。以因人连累,不在还俗之限。不知者不坐。若僧道假托亲属或僮仆为名求娶,而僧道自占者,以奸论。以僧道犯奸加凡人和奸罪二等论。妇女还亲,财礼入官。系强者,以强奸论。

### 良贱为婚姻

凡家长与奴娶良人女为妻者,杖八十。女家主婚人减一等。不知者不坐。其奴自娶者,罪亦如之。家长知情者减二等。因而入籍指家长言。为婢者,杖一百。若妄以奴婢为良人,而与良人为夫妻者,杖九十。妄冒由家长坐家长,由奴婢坐奴婢。各离异改正。谓入籍为婢之女,改正复良。

### 外番色目人婚姻

凡外番色目人,听与中国人为婚姻,务要两相情愿。不许本类自相嫁娶,违者杖八十。不愿为婚姻者,听从本类自相嫁娶,不在禁限。饮食居处,各有本俗,不能相同,故婚姻止听其自便。

**谨案** 雍正三年(1725)奏准:今无此禁例,律文删。

### 出　妻

凡妻于七出无应出之条,及于夫无义绝之状,而擅出之者,杖八十。虽犯七出,无子、淫泆、不事舅姑、多言、盗窃、妒忌、恶疾。有三不去,与更三年丧、前贫贱后富贵、有所娶无所归。而出之者,减二等,追还完聚。若犯义绝,应离而不离者,亦杖八十。若夫妻不相和谐,而两愿离者,不坐。情既已离,难强其合。若夫无愿离之情,妻辄背夫在逃者,杖一百,从夫嫁卖。其妻因逃而辄自改嫁者,绞。监候。其因夫弃逃亡,三年之内,不告官司而逃去者,杖八十。擅自改嫁者杖一百,妾各减二等。有主婚、媒人,有财礼,乃坐。无主婚人,不成婚礼者,以和奸、刁奸论,其妻妾仍从夫嫁卖。若婢背家长在逃者,杖八十;因而改嫁者,杖一百;给还家长。窝主及知情娶者,各与妻妾、奴婢同罪;至死者减一等。财礼入官。不知者,主娶者言。俱不坐。财礼给还。若由妇女之期亲以上尊长主婚改嫁者,罪坐主婚,妻妾止得在逃之罪;余亲主婚者,余亲谓期亲卑幼,及大功以下尊长卑幼主婚改嫁者。事由主婚,主婚为首,男女为从;事由男女,男女为首,主婚为从。至死者,主婚人并减一等。不论期亲以上及余亲,系主婚人皆杖一百、流三千里。

#### 附律条例

〇一、妻犯七出之状,有三不去之理,不得辄绝。犯奸者不在此限。

**谨案** 此条系原例。

○一、期约已至五年,无故不娶,及夫逃亡三年不还者,并听经官告给执照,别行改嫁,亦不追财礼。

**谨案** 此条系原例。“期约已至”四字,雍正三年(1725)增。

### 历年事例

○国初定:凡官员因夫妇不和,欲出其妻,已受封者,先呈明吏部,削去所封,赴刑部呈明,差人押令离异;未受封者,问明情由,系两情愿离者听。若兵民出妻者,任其自便。其中有别项情由,赴部陈告,审理发落。其因夫娶妾而欲求离异者不准,仍听本夫自便。

○康熙十二年(1673)复准:凡官员出受封之妻,先呈明刑部审理。应离异者,呈明吏部,削去所封,听其离异。其夫妻不和,两情愿离者,准照律行。若系三不去者不准。强离者,依律治罪。

○又题准:凡有夫与妻不和离异者,其女现在之衣饰嫁装,凭中给还女家。若两家争斗者,照律治罪。有欲娶妾者听。若托故出妻者,亦依律治罪。

## 嫁娶违律主婚媒人罪

凡嫁娶违律,若由男女之祖父母、父母、伯叔父母、姑、兄姊,及外祖父母主婚者,违律之罪,独坐主婚。男女不坐。余亲主婚者,余亲谓期亲卑幼,及大功以下尊长卑幼主婚者。事由主婚,主婚为首,男女为从;得减一等。事由男女,男女为首,主婚为从。得减一等。至死者,除事由男女,自当依律议死,其由主婚人并减一等。主婚人虽系为首,罪不入于死,故并减一等。男女已科从罪,至死亦是满流,不得于主婚人流罪上再减。其男女被主婚人威逼,事不由己,若男年二十岁以下,及在室之女,虽非威逼,亦独坐主婚,男女俱不坐。不得以首从科之。未成婚者,各减已成婚罪五等。如绞罪减五等,杖七十、徒一年半。余类推减。若媒人知情者,各减男女主婚犯人罪一等。不知者不坐。其违律为婚各条,称离异改正者,虽会赦,但得免罪,犹离异改正。离异者,妇女并归宗。财礼若娶者知情,则不论已未成婚,俱追入官;不知者,则追还主。

### 附律条例

○一、凡绅衿庶民之家,如有将婢女不行婚配,致令孤寡者,照不应重律杖八十。系民的决,绅衿依律纳赎,令其择配。

**谨案** 此条雍正十三年(1735)定。

○一、福建台湾地方民人,不得与番人结亲。违者离异,民人照违制律杖一百,土官、通事减一等,各杖九十。该地方官如有知情故纵,题参交部议处。其从前已娶、生有子嗣者,即安置本地为民,不许往来番社。违者,照不应重律杖八十。

**谨案** 此条乾隆二年(1737)定。

○一、湖南省所属未剃发之苗人,与民人结亲,俱照民俗,以礼婚配。须凭媒妁,写立婚书,仍报明地方官立案稽查。如有奸拐贩卖、嫁妻逐婿等事,悉照民例治罪。其商贾客民,未经入籍苗疆,踪迹无定者,概不许与苗民结亲。如有私相连结滋事者,按例治罪。失察之地方官,照例议处。至溪峒深居苗猺,有愿与民人结亲者,亦听其自便,悉照前例办理。

**谨案** 此条乾隆二十九年(1764)定。

○一、凡嫁娶违律,应行离异者,与其夫及夫之亲属有犯,如系先奸后娶,或私自苟合,或知情买休,虽有媒妁婚书,均依凡人科断。若止同姓及尊卑良贱为婚,或居丧嫁娶,或有妻更娶,或将妻嫁卖,娶者果不知情,实系明媒正娶者,虽律应离异,有犯仍按服制定拟。

**谨案** 此条嘉庆十三年(1808)定。

○一、八旗、内务府三旗人,如将未经挑选之女,许字民人者,将主婚之人,照违制律杖一百。若将已挑选及例不入选之女,许字民人者,照违令律笞五十。其聘娶之民人,一体科罪。

**谨案** 此条道光十九年(1839)定。

**历年事例**

○国初定:凡家仆将女子私嫁与人,不问本主者,鞭一百。不论年分远近,生子与未生子,俱离异,给予本主。

○康熙八年(1669)复准:凡家仆私嫁女子,伊主五年内控告,断归本主,给还聘礼;将聘女之人,仍鞭一百。若过五年者,令偿妇女一口,给予本主,免其离异。如不能偿,仍断令离异;嫁女之人,亦鞭一百。其辛者库人之女,有聘嫁旗下民人者,不论年分远近,概令断回,嫁女之人,照例鞭责,该管佐领免议。

○十二年(1673)题准:凡旗下家仆之女,私嫁与人,过五年者,停其赔偿妇人之例,令给银四十两。如不能给银,仍令离异。其有明知辛者库人之女,及旗下家仆私嫁之情,而说媒聘娶者,俱照不应重律治罪。不知情者不坐。

○二十四年(1685)议准:投充人之女,听其随意聘嫁,永停查点。以前私自聘嫁者,亦免查议。其会计等司所属投充人等之女,亦照此例行。

○嘉庆十三年(1808)议准:婚娶违律,均应离异,而情节各有不同。如系先奸后娶,或私自苟合,或知情买休,律应离异,既非依礼聘娶,即有媒妁婚书,亦不得谓之夫妇。遇有与其夫及亲属杀伤,应依凡人科断。若止系同姓、尊卑、良贱为婚,或居丧嫁娶,或有妻更娶,或将妻嫁卖,娶者果不知情,虽亦律应离异,然既系明媒正娶,婚姻之礼已成,夫妇之分已定,自未便因违例婚娶之轻罪,而置夫妇名分于不论。倘有与亲属相犯,即应照已定名分,各按服制定拟。

# 【户律·仓库】

# 卷七百五十七·刑部三十五

## 户律·仓库 钱法

### 钱法

凡钱法,设立宝源、宝泉等局,鼓铸制钱,内外俱要遵照户部议定数目,一体通行。其民间金银、米麦、布帛诸物价钱,并依时值,听从民便。使用。若阻滞不即行使者,杖六十。其军民之家,私蓄铜器,除镜子、军器及寺观庵院钟磬铙钹外,其余应有废铜,并听赴官卖。每斤官给银七分,增减随时。若私相买卖及收匿在家不赴官者,笞四十。

#### 附律条例

○一、各省开采铜铅,令道员总理,府佐官分理,州县官专管其事。凡产铜铅之处,听民采取,税其二分,造册季报。所剩八分,任民照时价发卖。有坟墓处所,不许采取。如有不得铜铅及不便采取之处,该督抚题明,停其采取。其各州县产铜铅之山,令地主报明采取。地主无力开采,听本州县报明采取。州县无匠役,许于邻近州县雇募,该州县自行稽查。如有别州县民人伙众越境采取,聚至三十人以上,为首者发近边充军,为从枷号三月、杖一百;不及三十名者,为首枷号三月、杖一百,为从满杖。衙役恣意搅扰,致人裹足者,为首枷号两月,发附近充军,为从减一等。

**谨案** 此条雍正五年(1727)定。乾隆五年(1740),于"停其采取"句下,删"道府佐贰官得所税铜铅十万斤以上、州县官得五万斤以上,俱交该部照例分别议叙。若上司诛求逼勒者,事发从重议处"五句;"如有别州县民人"下,增"伙众"二字;"越境采取"下增"聚至三十人以上"四十三字;原文末二句"为首者斩立决,为从绞监候",亦改定。

○一、销毁制钱,地方官严密稽查,毋致潜藏。如怠忽疏纵,不行查出,或被旁人首告,将该地方官革职。至黄铜器皿,除乐器、圆镜、戥子外,其余不准使用。现在所有铜器,悉令交官给价。违者,以私藏禁物律治罪。若铺户人等,制造黄铜新器出卖者,照销毁制钱为从例治罪。

〇一、一品官员之家,器皿许用黄铜,其余概行禁止。如有藏匿私用不肯交官者,以违禁论。

〇一、民间交纳铜器,俱按其斤两,给以颁定价值,不得丝毫扣克,亦不得以重称令其亏折。所买铜器斤两,每年岁底奏闻,其所发价值报部奏销。如有侵蚀、扣克等弊,该督抚即行题参,从重治罪。

〇一、各省民欠,自康熙五十一年(1712)至雍正二年(1724),有至二十万两者,准令欠户交纳黄铜扣抵。其所交熟铜,每斤以一钱一分九厘九毫三丝计算,生铜每斤以九分五厘五毫四丝四忽计算。如有销毁制钱充作废铜者,照律治罪。若地方官有将己资收买黄铜器皿,着解交收铜公所,按生熟铜斤,给予价值。倘有借捐买名色,以贱价收买民间铜器者,该督抚即行题参,交部严加议处。

**谨案** 以上四条。均系雍正五年(1727)定例。乾隆五年(1740),查销毁铸钱,备载"刑律·私铸铜钱"例内,毋庸复出;禁用黄铜器物,已于乾隆二年(1737)停止;至雍正二年(1724)以前民欠,亦经豁免,交铜抵扣之例,业已不行,四条均删。

〇一、各省承办铜斤迟延,照侵欺钱粮律治罪。

**谨案** 此条雍正十年(1732)定。乾隆五年(1740),查自康熙五十五年(1716)至雍正十年(1732),共欠交铜斤六百四十余万斤,因设此例严追,随即奉旨以后照旧办理,非永著为例也,谨删。

〇一、承办铜商逾限并无货物出口,或非采易铜斤之货,严拿究处,着落追赔。其进口之时,或非原出口地方,该汛地方官立速查报,并知照原出口之该汛官弁,勒催起解。倘有侵挪、隐匿之弊,将该商从重治罪。倘办员侵欺扣克,串通蒙混,以致奸商挪新掩旧,督抚据实题参治罪。上司徇隐,一并交部议处。

**谨案** 此条系雍正十一年(1733)定。

〇一、云南等省铜厂,经放预给工本银两,如课长炉户有克扣分肥、侵吞入己情弊,审究确实,即照常人盗仓库钱粮例计赃科罪,将家产查封变估抵补。仍责成该管之员实力稽查。倘该管各员徇隐不究,查出即行指名题参。

**谨案** 此条系乾隆三十七年(1772)定。

〇一、京城铜铺,私造五斤以上铜器售卖者,照收匿废铜不赴官律笞四十。官民人等,除鼎彝乐器等件外,如私藏五斤以上铜器者,系民,与私造同罪;系官,交部照例议处;铜器俱入官。其官员铜器在三斤以上,民人铜器在一斤以上,查出一并入官,免其治罪、议处。倘胥役借端讹诈,照蠹役诈赃例治罪。

**谨案** 此条同治三年(1864)定。

### 历年事例

〇雍正三年(1725)谕:"制钱乃日用之所必需,务使远近流通,始便民用。京师钱局每岁鼓铸,则制钱应日加增。今虽不致缺乏,闻各省未得流布,民用不敷,是必有销毁官钱以为私铸者。且闻湖广、河南等省,私铸之风尤甚。为此特颁谕旨,着直隶及各省督抚,申饬该地方官密访查拿,严行禁止,毋使奸徒漏网。倘稽查稍疏,仍蹈前弊,一经访觉,定将大小官吏分别从重治罪。尔督抚不可视为具文,当实力奉行,严行禁缉可也。私铸治罪之例,当如何严定律条处,着详议具奏。钦此。"遵旨议准:私铸之钱,必借经纪为之兴贩,铺户为之搀和,始得流布。应通行提督五城,大、宛二县,并直隶各省,多张告示,严行晓谕经纪、铺户人等,嗣后私钱不许搀和一文。其从前有收买在家者,准于示到一月内赴官首明,量给官钱半价。将私钱暂行存库,岁底汇报户部,候文销解。若一月后不行出首,仍敢搀和行使,或被该管官员查拿,或被旁人首告,不论钱数多寡,俱发黑龙江给披甲人为奴。至地方文武各官,但能拿获私铸者,不论年月远近,免其处分。即同城各官之处分,亦俱宽免。交界之所,此县拿获,彼县亦免处分。其果能实心查拿者,不论本管地方及别州县,准以拿获之多寡,交部量予议叙。若该地方官仍前怠玩,一经发觉,仍照旧例处分。

〇乾隆三十一年(1766)谕:"据额尔景额等奏'从前叶尔羌每银一两,换普尔钱一百文。自去秋有喀什噶尔、阿克苏、和阗等处商人,携带货物赴叶尔羌贸易,并不购买别物,带钱而回者甚多。故自冬季起,钱价渐昂,每两仅换普尔钱七八十文。现在动用叶尔羌库存钱文,每两合普尔钱九十文,止给官兵,不准奸商窃换,以平市价'等语。着传谕额尔景额:嗣后如有似此故昂钱价牟利匪徒,必须严密查拿,从重治罪。其货物查明入官,以示惩儆。并着通行传谕伊犁各回城将军、大臣等一体遵行,毋得姑息。"

〇嘉庆十六年(1811)谕:"桂芳等奏《滇铜成色低潮请旨饬查》一折。滇省办运京铜,前经该部奏定,自甲子运为始,在滇熔炼纯净,不得搀杂潮砂充数。并錾凿厂名,以凭稽考。今据户部查明,滇省运员荆烜、楼锡裘、李成礼解到铜斤内,各有铁砂潮铜二三万斤不等。此项低铜,系由何厂发运、何员承办?此次该运员等呈出印册内多有旧铜搭配,曾否报部有案?因何不照议熔煎,并錾凿厂名?着伯麟、孙玉庭据实确查明白回奏。如系厂店及领运之员有通同蒙混情弊,该管道府稽查不实,着查明将应行议处、罚赔之处,一并参奏。"

〇道光三年(1823)谕:"御史龚绶奏《请查禁私铜以裕鼓铸》一折。所奏是。铜斤为钱法所关,必须认真整顿。近来滇铜渐形短绌,各省采办不及。本年贵州、湖北先后奏请暂停鼓铸,固由物产丰歉有时,亦由私铜充斥积弊未除之故。如该御史所奏,滇省奸商盘踞各厂,铸铜为锣锅,转发各处行销。每件重三四十斤,形质粗具,谓之锣锅铜。铸器之外,又铸小钱,搀杂使用。各衙门胥役,多与勾通。地方官欲查拿私钱,铺户徒受其累,而奸宄之徒,从无一人获案。自系该省实在情形,不可不严行查禁。着明山等随时严密稽查,通饬文武员弁,严缉私铜。尤在遴委明干厂员,令其平日留心访查。俾奸商咸知敛戢,私铜渐息,则官铜自裕,于各省采办,可期无误。

明山等如能尽心认真查办,俾积年私铸之弊消除,方为不负委任。"

○五年(1825)谕:"御史熊遇泰奏《请严禁销毁制钱铜斤》一折。国家钱法,原期足用阜民。私铸私销,例禁綦严。而私销之弊,较私铸为尤甚。近来京师及各省地方,尚有以私铸查拿破案者,而私销奸徒,从未缉获惩办。如该御史所奏,奸民暗毁制钱,打造铜器。如炭炉一件,自数十斤至百余斤不等,皆以黄铜为之。又有以制钱装入烟煤锅内,煎熬成水,而化绿色颜料者;有以制钱藏入地窖,盐醋浸烂,而成颜料者。是一钱不得一钱之用,徒为奸民射利之资。所言深中时弊。每年钱局按卯鼓铸,而钱不加多,钱价日渐增昂,其弊实由于此。从前康熙、雍正年间屡颁成例,除军器、乐器及民间必用之盆镜刀环等件,在五斤以下者,准其造制,此外一应大小器皿,概不得擅用黄铜,原所以杜私销而裕鼓铸。今则例禁久弛,流弊滋甚。且现值滇南厂铜采运不易,岂可以流通之国宝,任其消耗。着通谕步军统领、顺天府、五城及直省督抚等,务将私销之犯,设法查拿究办,毋稍懈弛。其军民人等应用器具,除现用已成铜器不议外,嗣后制造黄铜器皿,务照成例,概行严禁。如有违禁射利之徒,即行查拿惩治。并饬胥役不得借端滋扰,以杜奸私而维钱法。"

○又谕:"前据御史熊遇泰奏《请严禁销毁制钱铜斤》,当经通谕各衙门严拿私销人犯,并将违禁射利制造铜器之徒,查拿惩治。兹据户部查明倾销制钱一千,仅剩铜四斤有零。成造器皿,必须火耗人工,详细核算,所得不偿所费。至禁铜旧例,原因从前滇铜未旺,是以申令綦严。自乾隆年间,滇铜增至六百余万斤,并准运员将余铜纳税出售,通商便民。加以云南、四川等省厂铜,除抽课外,商人按成售卖,京师市肆收买者,为数不少。是街市铜器,并非出自私销。此时若再行申禁,逐户挨查,事涉琐屑。其制造铜绿,所用亦复无几。纷纷查办,更多滋扰。着通谕步军统领及顺天府、五城暨各直省督抚,除匪徒私销私铸,仍行认真惩办外,其制造器皿,仍听民间自便,毋庸概行查禁,以资阜用而免扰累。"

○十五年(1835)谕:"御史袁文祥奏《厘正钱法以绝弊端》一折。各直省设局鼓铸钱文,并严禁匪徒私铸,厘正钱法,原所以便兵民之用。若如该御史所奏'贵州之贵阳、大定两府钱局,于铸饷钱之余,皆另铸有小钱,号为底火钱,每千约重四五斤不等。民间因其出自官局,公然与饷钱并用,实与私钱混淆莫辨'等语,钱局另铸小钱,直与私钱无异。私铸之弊,何能禁止。贵州钱局如此,他省恐亦难免此弊。着各直省督抚,严饬该管钱局各员严禁炉头、工匠人等,不准另铸底火小钱。如查有此弊,即照私铸例治罪,不得日久视为具文。"

○咸丰元年(1851)谕:"工部钱法堂奏《遵将发下小钱严查复奏》一折。鼓铸制钱,向有定式,岂容偷工减料,致多搀杂。此次发下小钱,是否局炉私铸,现既无凭确查,姑免深究。嗣后该侍郎等验钱时,挑出不合式样小钱,概令回炉重铸,毋许仍前搭放料钱,以除积弊。并着严饬该监督等随时稽查,有犯必惩。如有扶同讳饰,经该侍郎等查出,除将舞弊之炉头、工匠,交刑部治罪外,并将该监督严参惩处。其每月解交部库钱文,着陕西道御史认真抽查。如有搀杂小钱,将该侍郎等一并参处,毋稍徇隐。至户局事同一律,亦着该部侍郎等饬令监督严加厘剔,并着稽查之御史一体抽查。务各实力整顿,以肃圜法而清弊端。”

○三年(1853)谕:“御史福善奏《奸商克扣请旨严禁》一折。现在户部设立官钱铺,兑放八旗兵饷,必须严除积弊,方可取信军民。若如该御史所奏,官钱铺散放兵饷,任意扣折,搀用小钱,并该铺商人强横异常,不准取钱人详细点数等情,殊非设立官铺便民利用之本意。着户部派员实力稽查,官铺商人如有扣折剥削,及搀用小钱情弊,立即严行惩办。并于各官铺出示晓谕,以杜奸欺。倘取钱人等,故意挑斥为难,亦着一并查究。”

○又谕:“前因巡防王大臣等奏请推广铸造大钱,当交户部议奏。兹据该部查照王大臣等所议当千大钱,以重二两为率,以次酌量递减,期于轻重相权,便民利用。着即照部议,所有当千、当五百大钱,均用净铜铸造,务使磨鑢精工,色泽光润,当百、当五十、当十、当五大钱,亦须配铸精良,一律完整,与制钱相辅而行,俾民间咸知宝贵,便于行用。倘制造稍有粗率偷减,着钱法堂侍郎即将炉匠人等严行究办,该管监督、大使各官,一并严参。并着该部通行各直省督抚,均照此次所定分两,一体铸造,以归划一。其民间应纳税课钱文等项,均照部议,准以大钱交纳。其应交银者,并准其按照制钱两串折银一两之数抵交。总期上下相信,出入均平。如有私铸及奸商居奇阻挠者,均按例治以应得之罪。”

○四年(1854)谕:“庆惠、文瑞奏‘采买铜斤,请分别查办’等语。向来偷漏官铜,原干例禁。若如所奏,实系民间旧藏铜器,及商人积蓄,情殷报效者,若概以私铜目之,势必至隐匿不出,转无益于捐买铜斤鼓铸之事。着都察院、步军统领衙门、顺天府按照所奏分别详查,如果商民所呈之铜,并非官物,地方官不得概行禁止,亦不得假手吏役从中讹诈,以杜弊端而裕鼓铸。”

○又谕:“大钱制造之初,民间极知宝贵。嗣因私铸充斥,真伪难分,以致商民猜疑,钱法不免壅滞,兹已降旨停铸当千、当五百大钱。但铸当百以下各项大钱,与制钱相辅而行,轻重相权,均匀搭配,便民利用,必可畅行。惟官局制造若不精良,仍恐私铸得以淆混。着该管钱法各堂官严饬监督司员等督率工匠,所铸当百以下大钱,务须加工磨鑢,色泽光润,俾私铸不能相混,而市侩奸商,亦无所借口。倘查有偷减工料,及搀杂破碎者,即行严参惩处。其奸民私铸及各官局偷漏等弊,仍着步军统领、顺天府、五城严拿务获,按照新例从重治罪。至各直省鼓铸大钱,亦着各该督抚严饬局员认真查验。如有前项弊端,立即查明从重惩办。”

○又谕:“御史伍辅祥奏《钱法新定章程请饬速为晓谕以期疏通》一折。京师粮食最关紧要,据该御史奏称,‘近因京外各处贩卖粮食来京者,不肯使用大钱,致外来粮食日少,粮店纷纷歇业。至钱市以钱买银,大钱制钱,价值悬殊。且天津、通州等处私铸甚多,潜运入京,以致大钱愈贱’各等语。前经叠降谕旨,停铸当千、当五百大钱,其当百以下大钱,饬令通行。已由户部、步军统领衙门、顺天府、五城出示晓谕,京城内外,现已遵行收使。惟京外顺天、直隶所属地方,尚未能一律周知。乡民贩卖粮食来京者,恐仍不免疑虑。以致京师粮店,不能以大钱收买,粮价日昂,于钱法仍有窒碍。着贾桢、李钧、桂良饬令所属,将前奉谕旨,于五城等处遍行晓示,并谕以现铸当百、当五十、当十、当五各项大钱,于便民裕国之计,实属权衡至当,行之永久,决无变更。俾小民知当百以下大钱,可以永远存储,自必争相宝用,远近通行。如粮市经纪,有把持阻挠等弊,即着严拿惩办。务使京师粮食无昂贵之虑,而大钱亦无壅滞。其银市以钱易银,亦着严饬经纪,大钱与制钱均匀配搭,毋许稍分轻重,任意折扺,庶钱价平而百物之价俱平。至私铸罪名,业经加重,仍恐差役等有得钱卖放之弊。着顺天府兼尹府、尹直隶总督饬令所属,于私铸大钱人犯,务应严密查拿,毋任漏网。天津、通州等处私铸甚多,并着严饬各属认真查拿,按律惩办。"

○五年(1855)谕:"惠亲王、恭亲王奕䜣奏《钱法亟宜整顿酌拟章程五条呈览》一折。户、工两局并铁钱局鼓铸当十大钱,凡官收民用,均应恪遵功令,一律行使。近以私铸过多,人怀疑畏。银市奸商,并敢将大钱与制钱各定价值,任意轩轾。兵饷民食攸关,自应亟筹整顿。着照惠亲王等所请,嗣后顺天、直隶、山东、山西等省征收地丁钱粮,凡零星小户,及银钞尾零完纳钱文者,俱准呈交铜铁当十大钱,并铅铁制钱。如官吏书差勒索挑剔,不肯收纳,准该民人控告究办。其余较远省分,以次递推,遵照办理。其民间买卖交易,倘敢听信奸商把持,任意阻挠,初犯者枷号示众,再犯者发极边烟瘴充军,遇赦不赦。其有故意刁难,致大钱买物之价,昂于制钱者,亦即照阻挠治罪。至私铸钱文,本干例禁,尤宜严加惩治。嗣后凡私铸大钱人犯,拿获到官,除将该犯按新定律例讯置重典外,仍将该犯家产入官,并准军民人等首告。诬告者仍反坐。所有一切详细章程,即照所拟。着巡防王大臣、步军统领、顺天府、五城出示晓谕,并着近畿各直省督抚等一体遵行,务期家喻户晓,借导壅滞。至钱文之鼓铸,间有未善,则民间不知宝贵。并着户、工两部钱法堂侍郎,督饬该监督等,将两局当十大钱,加工鼓铸,务使分两均齐,制作精良,以重圜法而裕国用。"

○同治五年(1866)谕:"本日据管理钱法堂事务崇纶、毕道远、毓禄、王发桂奏《遵查户工两局鼓铸情形》各一折,所称'近因滇省铜厂停开,专用收买铜斤,鼓铸钱文,质未纯净,钱形间有参差,工局现年所铸钱数较少'各等语。钱法关系民用,各该管堂官及监督自应认真筹办,以期一律流通。岂可不加意讲求,致启挑剔之渐。办理不善,咎实难辞。所有户、工两部兼管钱法堂事务大臣及宝泉、宝源两局监督,着先行交部分别议处。嗣后该堂官等务当遵循成法,认真督办,期于裕国便民,永无流弊。倘再任意因循,致滋弊窦,定当从重惩处。"

○光绪六年(1880)谕:"户部奏《盘查宝泉局库情形据实复陈并请将亏短钱文之监督等议处书吏审讯》各一折。此次户部盘查宝泉局库,业经该堂官饬属详细查明,所存制钱已穿出六万四千余串。余因钱制轻小,且有锈结情形,难期通用。大致数目尚不悬殊。该堂官公同商酌,饬令中止,办理并无不合。至所短当十大钱,除借支各项,应行扣还,溢支之款,着落赔补外,尚亏短一万四千六百余串,实属不成事体。该监督总司局务,该大使典守库藏,咎实难辞。着将同治九年(1870)盘查该库后历任各该监督、大使,交部先行分别议处;失察之历任钱法堂侍郎,查取职名,交部察议;长叙、宜振亦有失察之咎,一并查议;书吏骆允元着交刑部审办。"

〇十三年(1887),钦奉慈禧端佑康颐昭豫庄诚皇太后懿旨:"户部奏《请于滨临江海各省应解京饷内酌易制钱解存天津备用开单呈览》一折。上年六月间,谕令醇亲王奕譞会同军机大臣、户部、工部将钱法妥为筹议,以期渐复旧制。旋据奏请以三年为期,徐图规复。先令直隶、江苏各督抚添购机器,制造制钱。并饬例应鼓铸制钱各省,一体赶紧开炉铸造。当经照所请行。此系特旨交办之事,宜如何切实举行,俾臻成效。户部为钱法总汇,自应督催各省认真筹办。乃时阅半年,忽称机器制造,工本过巨,京局开鑪,恐滋市井疑虑,而以饬令湖北等省搭解制钱运津备用为请。该部并未向醇亲王奕譞等筹议,辄信外省督抚卸责之词,互相推诿,为此敷衍搪塞之计。规复制钱,仍准搭用当十大钱,前奏声叙甚明。何至一经开鑪,阛阓嚣然,措词尤属失当。近来筹划度支,如开采铜铁等矿,本为天地自然之利,各该督抚往往以事多窒碍,一奏塞责。中外泄沓成风,于因时制宜变通尽利之至计,并不尽心筹划,实力举行。更思借端尝试,预为异日诿卸地步。此等积习,深堪痛恨。总之旧制必宜规复,钱法亟应整顿,前经叠次训谕。该堂官仍不能仰体朝廷裕国便民之意,饰词延宕,实属大负委任。户部堂官均着交部严加议处,原折单掷还。仍着将开炉鼓铸各事宜,迅速另行筹议具奏。限于一年内一体办理就绪,毋再迟延干咎。懔之。"

〇又钦奉慈禧端佑康颐昭豫庄诚皇太后懿旨:"近日京城银价,易钱易票,任意低昂,而物价不减,兵民受累。据户部奏称,'由于民间窃议制钱一出,大钱将废,各铺所开钱票,恐将来亏折,纷纷收回,遂致钱票现钱,价值悬殊'等语。规复制钱,仍准搭用当十大钱,本年正月谕旨甚明,何至民间仍未晓谕。总由奸商从中把持牟利,蛊惑愚民,狡狯情形,实堪痛恨。现今户部拟定章程,将来通行制钱之时,每当十大钱,准折抵制钱二文。官民购买对象,及各行商贾,均照此出入不得稍有参差。其捐项税务,亦照此折抵数目,搭成交收。庶大钱、制钱,相辅而行,不致偏废。所筹各节,均系为便民起见,即着照所议办理。该铺商应各安生业,无虞亏折。所有银价易钱易票,俱当按照市值,统归一律,不得任意涨落,致累闾阎。经此次宣谕后,倘再有奸商播弄取巧,紊乱钱法,一经查出,即着该地方官按律惩办,决不宽贷。"

# 卷七百五十八·刑部三十六

## 户律·仓库 收粮违限 多收税粮斛面 隐匿费用税粮课物 揽纳税粮

### 收粮违限

凡收夏税,(所收小麦)于五月十五日开仓,七月终齐足。秋粮,(所收粮米)十月初一日开仓,十二月终齐足。如早收去处预先收受者,不拘此律。若夏税违限至八月终、秋税违限至次年正月终不足者,其提调部粮官、吏典分催里长。欠粮人户,各以(税粮)十分为率,一分不足者,杖六十,每一分加一等,罪止杖一百。(官吏、里长)受财(而容拖欠)者,计(所受)赃以枉法从重论。(分别受赃、违限轻重。)若违限一年之上不足者,人户、里长杖一百,提调部粮官、吏典照例拟断。

**附律条例**

〇一、势豪大户,无故恃顽,不纳本户秋粮,五十石以上监追,完日发附近;一百石以上发边卫,俱充军。如三月之内能完纳者,照常发落。

**谨案** 此条系原例。乾隆五年(1740)删。

〇一、各处势豪大户,敢有不行运赴官仓,逼军私兑者,比照不纳秋粮事例问拟充军。如掌印管粮官不即申达区处,纵容迟误一百石以上者,提问,住俸一年;二百石以上者,提问,降二级;三百石以上者,比照罢软事例罢黜。

**谨案** 此条系原例。雍正三年(1725)奏准,今无逼军私兑,亦无照石数处分之事,例文删。

〇一、应纳钱粮,以十分为率,欠至四分以下者,举人问革为民;贡监生员并黜革,杖六十。欠至七分以下者,举人问革为民,杖八十;贡监生员黜革,枷号一月、杖一百。欠至十分以下者,举人问革为民,杖一百;贡监生员俱黜革,枷号两月、杖一百。以上俱以次年四月奏销以前为限,不足分数者,照例治罪,仍严催未完之钱粮。其文武进士及在籍有顶戴人员,并与举人同。

**谨案** 此条雍正五年(1727)定。乾隆五年(1740),于"仍严催未完钱粮"句上增"以上俱以次年四月奏销以前为限"三句,于"仍严催未完钱粮"句下增"其文武进士"二句。

○一、凡贡监生员中富生上户,定限五月完半,十月全完。如不能按限清完,务限岁底完足。再分三限严比,以十五日为限。初限比家仆,次限将本身押追,三限不完详革。革后全完,准予开复。中下户贫寒士子,以秋收八月完半,岁底全完。如不能按限清完,再分三限严比,每限十五日。中户务限开岁二月全完,下户务限开岁四月全完。初限、二限不完,提比家仆;三限未清,生监移学押追,贡生州县押追,再限半月。不能全完,即行详革。革后能完足,仍准开复。委系赤贫,而尾欠仅属分厘者,详查明确,概免详革,准于秋收并入限年完半数内,带征完足。

**谨案** 此条雍正九年(1731)定。

一、凡贡监生员中富生上户,定限五月完半,十月全完。如届期不清,再展二月,以岁底全完为率。中下贫生,定限八月完半,岁底全完。如届期不清,中等以开岁二月为率,下等以开岁四月为率,务须全完。如逾限不完,即行详革。革后全完,仍准开复。若委系赤贫无力,而尾欠仅属分厘者,详查明确,暂免详革,准于秋收并入限年完半数内,带征完足。

**谨案** 此条乾隆元年(1736)改定。

○一、运弁以通帮粮米计算,但有挂欠,即革职责惩,发南追比,不完者分别治罪。如欠不及一分,责二十,追完还职,不完满杖;欠至一分,责三十,追完免罪,不完徒一年;欠至二分,责四十,追完免罪,不完徒三年;欠至三分,责六十,追完免罪,不完发附近充军;欠至四分,责八十,追完仍满杖,不完发边远充军;欠至五分,责一百,追完徒一年,不完者绞;欠至六分以上者斩,俱监候,照例以其家产、妻子抵偿。如仍不足,令原佥衙门各官代赔。旗丁以一船粮米计算,但有挂欠,即革运责惩,拿交运官发南追完,不完治罪,俱与运弁同。承追官严加议处。如家产、妻子抵偿不足,令佥丁卫所、粮道及监兑州县各官代赔。至粮船起交足额外,原有余米,听回空时沿途粜卖。

**谨案** 此条雍正五年(1727)定。

一、运弁以通帮粮米计算,但有挂欠,即革职责惩,发南追比,不完者分别治罪。如欠不及一分,笞五十,追完还职,不完满杖;欠至一分,杖六十,追完免罪,不完徒一年;欠至二分,杖七十,追完免罪,不完徒二年;欠至三分,杖八十,追完免罪,不完徒三年;欠至四分,杖九十,追完仍满杖,不完发附近充军;欠至五分,杖一百,追完徒一年,不完者发边远充军;欠至六分者绞,六分以上者斩,俱监候,照例以其家产抵偿。如仍不足,令原佥衙门各官代赔。旗丁以一船粮米计算,但有挂欠,即革运责惩,拿交运官发南追完,不完治罪。其按照分数定罪之处,并与运弁同。承追官严加议处。如家产抵偿不足,令佥丁卫所、粮道各官代赔。至粮船起交足额外,原有余米,听回空时沿途粜卖。

**谨案** 此条乾隆五年(1740)改定。

○一、挂欠漕粮弁丁,照例分别治罪外,所欠粮数,作十分分赔。总漕半分,粮道一分,监兑官半分,押运官半分,运官一分半,佥丁卫所官半分,旗丁五分半。总漕等如限内不完,交部议处。弁丁于限内全完,分别应治罪者治罪,应免议者免议。如不完照例治罪,将不能赔偿米石,仍着总漕等官赔偿。如山东、河南、湖广漕粮十分全完者,粮道加一级;江南、江北、浙江、江西漕粮十分全完者,粮道加二级;各省漕粮十分全完者,总漕加二级。

**谨案** 此条雍正五年(1727)定。乾隆五年(1740),将"如山东、河南、湖广"以下删去。

〇一、同帮运丁,将赤贫无赖之丁混行互结,以致挂欠者,将本丁应赔五分半之内,互结各丁摊赔一分,其余令本丁赔补。

**谨案** 此条系雍正五年(1727)定。

〇一、凡纳粮之户,果能以五月以前依限完半者,则将此户照停忙之例,于开忙后再令完纳。如有顽户抗欠不完,及完不如半限之数,仍照常追征。其州县官亦不得借停忙之名,苟且偷安,或借以沽邀名誉。倘有此等不肖州县,该督抚即指名题参,照惰征例议罪。

**谨案** 此条雍正五年(1727)定。乾隆五年(1740)查五月完半之例,已于雍正十三年(1735)奏准停止,此条删。

〇一、凡兵役有应输之粮,抗顽不纳者,该州县即将未完钱粮数目开明,移令所辖衙门,着本管官弁照数追完,移交州县。如不实力催追完解,即照州县催征钱粮未完分数律议处。其上司书役有抗粮不纳者,该州县一面详报上司,一面严行拘拿,革役追比。如上司有阿庇袒护,州县有瞻徇等弊,均照例议处。

〇一、凡绅衿所欠分数,各州县逐户开出,另册详报,指名题参。无论文武乡绅、进士举人生员并贡监,及有顶戴人员,已任未任,俱按未完分数,已任者革职,未任者革去顶戴衣衿,按例枷责治罪。如州县不行另册详报,别经发觉,交部议处。

**谨案** 此二条均系雍正六年(1728)定例。

### 历年事例

〇雍正七年(1729)谕:"士子读书明理,为庶民坊表。若昧于急公奉法之义,抗粮逋赋,导民为非,其害在于人心风俗,不止亏缺国课而已。是以内外大小臣工,为此条奏者甚多。今经礼部、翰林、詹事、科道等定议,'士子春夏未完之钱粮,分为三限。初限不完,责比家仆;二限不完,发学扑责;三限不完,州县传集教官,当堂扑责。秋冬未完之钱粮,亦分三限。初限不完,发学扑责;二限不完,州县传集教官,当堂扑责;三限不完,详请褫革,严行追比'等语。朕思责革之罪,虽皆本人之自取。然一经笞杖,则难洗终身之辱;一经褫革,则永无上进之阶。诸生纵不自惜其身名,朕则深为诸生悯惜之也。闻各处催征之例不同,有责比催粮之差役者,有扑责欠粮之本身者。现年钱粮,每至十月不完,方将粮户惩责。是五月未曾完半,虽在百姓,未必便行鞭扑,令以此施于士子,似觉稍过。况生监之中,贫富不等。富户故意抗违,实法无可贷,而贫生未能依限,则情尚可原。今应如何分别贫富,使富者不得借口以愆期,贫者得稍纾其力,沾沐朝廷体恤之恩,而国赋又不至于拖欠。大约各省土俗人情,既难齐一,而规条期限,亦未必尽同。着该督抚各就本省情形秉公详察,悉心定议,务期宽严得当,永远可行。倘该督抚内别有所见,可以仰副朕矜怜贫寒之士子,而又惩戒顽富之劣衿者,亦着详细陈奏。”

## 多收税粮斛面

凡各仓（主守官役）收受税粮,听令纳户亲自行概,平斛交收,作（正）数（即以平收者作正数。）支销,依例准除折耗。若仓官、斗级不令纳户行概,踢斛淋尖,多收斛面（在仓）者杖六十。若以（所多收之）附余粮数（总）计赃重（于杖六十）者,坐赃论,罪止杖一百。（此皆就在仓者言。如入己,以监守自盗论。）提调官吏知而不举,与同罪。（多粮给主。）不知者不坐。

### 附律条例

〇一、在京在外并各边一应收放粮草去处,若职官子弟、积年光棍、跟子、买头小脚、歇家、跟官伴当人等,三五成群,抢夺筹斛,占堆行概等项,打搅仓场,及欺凌官攒,或挟诈运纳军民财物者,杖罪以下,于本处仓场门首枷号一月发落;徒罪以上,与再犯杖罪以下,免其枷号,发附近充军。干系内外官员,题参交部议处。

**谨案** 此条系原例。“免其枷号”下,原文“属军卫者发边卫,属有司者发附近,俱充军”,雍正三年(1725)删去,改为“发附近充军”。又结句原文“奏请定夺”,乾隆五年(1740)改为“题参交部议处”。嘉庆十九年(1814),于“议处”下增入“如本犯罪止枷杖者,不行禀举之花户杖八十;犯该军罪者,花户亦杖八十,在该仓门首加枷号一月;均革役”。咸丰二年(1852),因光棍例应斩决,恐致误会,将此例“光棍”字样改为“匪徒”。

〇一、各处仓粮,每石收耗米三升。查盘之时,计守支年分,每石准开耗一升。若三年之外,原收耗粮已减尽,照例于正粮内递开一升,准作耗粮。此外若有侵盗者,方照律例问罪。

**谨案** 此条系原例。

〇一、各仓花户,已经斥革,复在现充花户身后影射把持,向关米之人,勒索得财,计赃一两以下,杖一百、枷号两月;一两至五两,杖一百、徒三年;六两至十两,发边远充军;十两以上,实发云贵两广极边烟瘴充军;赃至一百二十两以上,照指称掣批名色勒索例拟绞监候。为从各减一等。如计赃重于从罪者,仍各从其重者论。亲老丁单,不准留养。若甫经影射办事,尚未得赃,即在该仓门首枷号一月、杖一百。现充花户,有心容隐,朋比为奸者,均革役,与首犯同罪。其篙头、夫役及不应入仓人等,称为花户身后办事,勒索得财者,均照前例问拟。如随同花户及身后办事之人,知情分赃者,亦以为从论。至积年光棍,在仓滋事,仍照打搅仓场本例惩办。

**谨案** 此条嘉庆十九年(1814)定,原系将勒索计赃十两以上发黑龙江为奴。二十五年(1820),调剂黑龙江遣犯,改为"实发云贵两广极边烟瘴充军"。咸丰二年(1852),因光棍例应斩决,恐致误会,将此例"光棍"字改为"匪徒"。

〇一、社仓捐谷,听民自便,不得绳以官法,违者以违制论。

**谨案** 此条系雍正六年(1728)定。

〇一、凡社仓谷石,不遇荒歉,借领者每石收息谷一斗还仓;小歉借动者,免取其息。

**谨案** 此条系雍正七年(1729)定。

**历年事例**

〇雍正七年(1729)谕:"据陕西总督岳钟琪奏称,'前奉恩谕陕属设立社仓一事,于雍正四、五两年司库耗羡银内,发各州县十四万五千八百余两,共采买谷麦三十九万八千七百五十五石零。计州县小者二三千石,大者七八千石,尽足设立社仓。每年借放之本,尚存银八万八千七百余两,分发各处盖造社仓。约以京斗一千石为一社,每社仓一所,不拘房屋间数,总以足贮二千京石为率。请敕下署督臣查郎阿、抚臣武格,于各州县四乡,分社建仓。令同社各村堡之老民,公举仓正、仓副,经管本社仓粮。合计陕属州县,约买粮四十万石,共应建社仓四百余处。务于今岁秋冬办造齐全,将粮石分贮。惟是地方督抚、州县作何举行,则为利为病之分途,专以在官在民为大要。今陕省大僚,皆不知臣原奉恩谕之由,但见从司库发银,既存兢惧之念,又见积贮亏空处分之严例,每遇州县请领社仓银两,抚藩过于慎重,诫谕甚严,州县亦怀贻累之忧,将所领银两,不肯交与仓正、仓副,仍勒令里甲采运。又有令胥役、家人、幕宾收放者,始而勒买,既而勒借。陕省百姓,竟呼此项谷麦为皇粮,不知立社仓之恩意。臣以设立社仓听从民便之语,再四晓告,谆切丁宁,不遗余力。无如大小官员,谓臣言妄无凭据,啧啧訾议。其所以然者,止以因民所利之明诏未颁,是以在官在民之界限不定。伏祈特颁社仓谕旨,交督抚恭录镌石;每一社仓,颁发一本,张挂晓谕。臣又谨拟《社仓条约》,亦请发各社仓,刊刻木榜,竖立仓门,使乡里愚民,人人共晓。则每年收放皆有程序,庶可久而勿替'等语。朕惟国家建立社仓,原令民间自行积贮,以百姓之资粮,济百姓之缓急。其春贷秋偿,及滋生羡息,各社自为经管登记。地方有司,但有稽查之责,不得侵其出纳之权。此社仓之古法也。是以各省有请立社仓者,朕皆令其听从民便,毋得强勒捐输,绳以官法,以致便民之举,转为民累。所以晓谕各省督抚者,不啻至再至三矣。从前岳钟琪在京时,请于通省加二火耗内,应行裁减每两五分之数,且暂行征收,发与民间,采买谷石,分贮社仓。俟采买数足,即行裁减。是于暂收耗羡之中,隐寓劝输之法。实则应行酌减之耗羡,即小民切己之资财。而代民买贮之仓粮，即小民自捐之积贮。此藏富于民之良法，最为切实而易行。是以俞允所请，令其办理。乃陕省官员，不知此项谷石，本系民资；又未识从前岳钟琪奏请之由，以为收贮在官，即是公物，不肯付民经管；而胥吏司其出纳者，遂有勒买勒借之弊。殊非数年以来朕之周咨详画，多方生养斯民之本意矣。今特降谕旨，将朕允从岳钟琪之请，并岳钟琪陈奏原委，明白晓示。着署督查郎阿、巡抚武格，刊石颁布，俾各州县乡村小民，咸知朝廷经营设法之盖藏，实百姓自为敛散之资用。倘地方官有于社仓谷石，创议交官不交百姓，或指称原系公项，预为公事侵挪之地者，俱以扰挠国政、遗误民生论，从重治罪。其岳钟琪所拟《社仓条约》，着户部抄录，交与该督分发各州县，刊刻木榜，于各乡社仓竖立，以为永久程式。”

○乾隆二十五年（1760）谕：“御史朱稽奏‘各省收漕有暗开斛角，密宽斗面，且或置斛不用，专以斗量，又淋尖浮收，至所收已经足额，即令各户折价’等语，已饬部速议，并令该御史指参矣。征收漕粮，向多积弊，屡经降旨厘剔，渐就肃清。如该御史所奏置斛用斗诸弊，或系该上司查察未周，以致不肖州县，乘机舞弊，亦不能保其必无，然各督抚并未见查参一二。至兑漕封仓之后，复行折价，尤属骇闻。如果有之，则营私蠹民，莫此为甚。该督抚自当严参治罪，以示惩创，岂得漫无觉察耶？现在正届收漕之候，着传谕有漕省分督抚，速即留心访查，据实具奏。”

○同治九年（1870）谕：“御史邓庆麟奏‘直隶永平府属抚宁等处所用斗斛，以底作口，恶级奸商，借此从中渔利，请饬查禁’等语。着直隶总督严饬永平府属之抚宁、卢龙等县地方，所用斗斛，务当遵照部颁定式，俾归画一。至各直省如有不遵定制，擅用私斗情弊，并着各该督抚饬属查明，一体严禁。”

## 隐匿费用税粮课物

凡本户自运送本户应纳税粮课物，如蚕丝、铜铁之类。及应追入官之物，已给文送运。而隐匿肥己，私自费用不纳，或诈作水火、盗贼损失，欺罔经收官司者，并计所亏欠物数，为赃，准窃盗论，罪止杖一百、流三千里，免刺。其部运官吏知隐匿、诈妄之情与同罪，不知者不坐。此系公罪，各留职役。若受财故纵，以枉法从重论。小户附搭侵匿者，仍依此律准窃盗。

### 附律条例

○一、石坝、大通桥，设立经纪剥船，转运京仓粮米，仓场及坐粮厅各差妥役沿闸稽查。如剥船回空，搜查无米藏匿者，其掣欠仍责经纪赔补。若船底搜出有米藏匿，即将掣欠之米，令船户代役照数摊赔，枷责革役。其失察之经纪，一并责惩。

**谨案**　此条雍正五年（1727）定。

## 揽纳税粮

凡揽纳他人税粮者，杖六十，着落本犯赴仓照所揽数纳足，再于犯人名下，照所纳数追罚一半入官。

若监临主守官役挟势揽纳者,加罪二等。仍追罚一半入官。其小户畸残田。零零丁不足以成一户。米麦,因便凑数于本里纳粮人户处附纳者,勿论。包揽侵费正数及多科费用,以诓骗论;若侵欺,以监守自盗论。包与者,不应杖罪。

**附律条例**

〇一、凡内府钱粮,及内外仓场粮草、各处军需等项,不拘起运存留,但有包揽诓骗银一百两、粮二百石以上,不行完纳,事发问罪。责限三个月以里完纳者,照常发落。过期不完,尽其财产赔纳,发边卫充军。经年不完者,仍枷号一月,照前发遣。各边武职,主使家人、伴当、跟随交结人员,挟势揽纳作弊者,参问降二级;听使之人,仍照前例问发。

**谨案** 此条系原例。“参问降二级”,雍正三年(1725)改“参问究拟”。乾隆五年(1740),于“边卫充军”下,删去“经年不完者”三句。三十六年(1771),因卫所专司挽运,不收军犯,将“边卫充军”改为“近边充军”。

〇一、内外各处收受草束,若兜揽之徒恃强,将不堪水湿小草充数,嘱托监收官员收受者,拿送问罪,枷在本处仓场门首三月发落。

**谨案** 此条系原例。起处原作“京、通并马房、仓场等处”,雍正三年(1725)奉御批改定。

〇一、各处司、府、州、县,每岁将应解钱粮起数先后,编次在册,务要差委的当人员,依次起解。其兑头、水脚等项,照数交领,不许有分毫侵克。仍将起解日期,预先报部,以凭查催。如有阿徇人情,滥差积年无藉之徒,及捏称把总、杂职、阴阳、省祭等项名色领解,致侵银一千两以上者,降一级;若应解钱粮,不即起解,因而别项挪用一千两以上者,亦降一级;五千两以上者,照不谨事例罢黜。其册报钱粮,已经解出,违限一年以上,不行追取批回者,官住俸,承行该吏革役。若听内外势要官豪揽纳者,问发为民;干碍势豪,参究治罪。

**谨案** 此条系原例。

一、直省巡抚,每岁将应解钱粮起数先后,编次在册,务要差委的当人员,依次起解。其水脚等项,照数交领,不许分毫侵克。仍将起解日期,预先报部,以凭查催。若听内外势要官豪揽交者,问发为民;干碍势豪,参究治罪。

**谨案** 此条雍正三年(1725)改定。乾隆五年(1740),以现今钱粮,皆佥丞、倅等官领批起解,并无揽交等事,此条删。

〇一、在京刁徒光棍,访知铺行但与解户交关价银,辄便邀集党类数十为群,入门嗓闹,指为揽纳,捉要送官。其家畏惧罪名,厚赂买灭,所费钱物,出在解户,以致钱粮累年不完。如有犯者,听经该各衙门拿送,法司查照打搅仓场事例发遣。

**谨案** 此条系原例。原文“听经该及缉事衙门”,雍正三年(1725)改“各衙门”。乾隆五年(1740),以现今钱粮佥员解送,并无解户名目,亦无铺行交关等事,此条删。

〇一、凡贡监生员,包揽钱粮,催收入已,拖欠国课者,不论分数多寡,俱黜革,发黑龙江当差。若包揽入已,拖欠至八十两者,拟绞监候;虽未入已,并无拖欠,亦黜革为民,枷号三月、杖一百;仍照所纳之数,追罚一半入官。至无知愚民,听人揽纳者,杖八十,追包纳之数入官。其不行查出之该管官,交部议处。

**谨案** 此条雍正五年(1727)定。乾隆五年(1740)删。

〇一、州县官于每年十月终,令各乡里书,将所管纳粮名户各名下已完若干、未完若干开送,查对无差,即将完欠细数,分贴各乡里,使小民家喻户晓。倘有与串不符,许即执串具控,免其听人包纳之罪。或有包揽入已,或将应比之户,匿名免追,及胥吏洗补串票,以多报少等弊,查出按律治罪。州县官不将完欠细数,显示于民者,该督抚题参,交部议处。

**谨案** 此条系雍正八年(1730)定。乾隆五年(1740),查州县征收钱粮,自有实征流水等簿,开载详明,小民完粮自有串票可凭,字号细数可对,且一里中花户以千百数,逐日征收,完欠不定,势难开造,此条删。

**历年事例**

〇康熙元年(1662)复准:凡地棍衙蠹,侵蚀漕粮者,道、府、州、县及厅、仓监督等官,据实册报督抚、总督、仓场及巡仓御史题参,若徇纵不报者,事发之日,一并题参议处。

〇四十五年(1706)复准:一应捐纳钱粮,俱令本人亲身赴纳。如有包揽诓骗,以致钱粮亏缺,事发,限三个月内完纳,照常发落;过期不完,发边远充军。

〇嘉庆二十一年(1816)谕:"御史胡承珙奏《请禁书役侵欠钱粮》一折。直省州县征收钱粮,例应当堂给串,以免书役等包揽完纳、侵欺积欠之弊。乃竟有新任州县,私向库书、粮户挪借银两,归还私债,迨至开征时,即将串票交该书吏私征,抵还代借之项。以致书吏侵渔,弊端百出,积欠日多。该御史所奏,系属实在情形。着各督抚督同藩司、道、府等严密访查,如有新任州县,负欠私债,债主随同前往,向库书、粮户,私挪银两还欠者,即行参揭;开征之日,倘听信书役折串包征,亦即据实参办,毋稍徇纵。"

# 卷七百五十九·刑部三十七

## 户律·仓库 虚出通关朱钞

**虚出通关朱钞** 凡钱粮通完，出给印信长单为通关。仓库截收，则暂给红批照票为朱钞。

○凡仓库收受一应系官钱粮等物原数本不足，而监临主守，通同有司提调官吏，虚出通关给发者，计所虚之数，并赃，不分摊各犯。皆以监守自盗论。若委官盘点钱粮，数本不足，扶同监临、提调官。申报足备者，罪亦如之。亦计不足数，以监守自盗论，并赃。受财者计入己赃以枉法从重论。其监守不收本色，诈言奉文，折收财物，虚出朱钞者，亦以监守自盗论。纳户知情，减二等，免刺，原与之赃入官。不知者不坐，其赃还主。通上。同僚知而不举者，与犯人同罪。至死减等。不知及不同署文案者不坐。以失觉察论。

**附律条例**

○一、凡仓库银谷，督、抚、司、道、知府，年底以实在无欠申报，保题后有亏空，知府即行报参者，免其分赔。如不行报参，别经发觉，先着落亏空官追取。若亏空官家产尽绝，着落保题之上司官均行赔补。至起解银两及漕粮等项，如有亏空者，将解官、运官审明追取。如家产尽绝，亦着落该管上司均行赔补。若有借端需索等弊，亦许下属通报，严究治罪。

**谨案** 此条雍正三年(1725)定。原载“给没赃物”律后，乾隆五年(1740)移附此律。

一、凡州县仓库钱粮，责成知府严行盘查，于每年奏销时，出具所管州县仓库实存无亏印结，造册申详保题。仍令不时盘查，一有亏空，无论几时查出，立即列揭请参，免其治罪分赔。如知府通同徇隐，别经发觉，将知府革职离任，先于本犯名下着追。勒限三年，如果家产全无，无力完帑，将未完银米等项，无论侵、挪，俱着落知府独赔。如止盘查不实，不行揭报，审系州县侵欺，将知府照失察侵盗本例议处，免其分赔。审系州县挪移，亦先于本犯名下着追。勒限三年，如果家产全无，无力完帑，将未完银米等项，责令知府分赔一半。如知府查出亏空揭报，司、道不即转揭，及司、道已经转揭，督、抚不即题参，许知府竟揭部、院，将不转不参之督、抚、司、道议处，着令分赔。如督、抚、司、道明知州县亏空，不即报参，反为设法弥补，于本犯勒追限满之日,着落督、抚、司、道分赔,仍交部照例议处。

**谨案** 此条乾隆五年(1740)改定。

〇一、凡州县亏空,审明确系知府徇隐独赔之项,将知府照例革职离任,本犯拟罪监追。勒限一年,令其赔补。无论本犯完补,或知府协同完补,但能于限内全完,系侵欺之项,本犯拟死罪者,照例减二等发落;拟军、流、徒、杖者,照例释免。若系挪移之项,至二万两以上者,本犯照例释免;未至二万两者,本犯照例准其开复。其徇隐之知府,亦照雍正二年(1724)八月内上司与本官一体开复之例,俱准其开复。如一年限内,无论侵欺、挪移,本犯家产不能完补,即将本犯照现在未完之数,治罪发落。其未完银两,尽数着落徇隐之知府,勒限一年完补。若能于限内全完者,准其开复;如限满不完,再限一年完补。若能于二限内赔补全完者,照伊原职降一级调用;如二限内完不足数,再限一年完补。若能于三限内全完者,照伊原职降二级调用。如三限既满之后,徇隐该管之知府,虽照数赔补全完,亦不准其开复。

**谨案** 此条雍正三年(1725)定。

一、凡州县侵挪亏空,审明确系知府徇隐,应着落独赔之项,将徇隐之知府,革职离任。其州县亏空银米,仍依侵挪等赃年限,先于本犯名下,尽数着落严追。一年限内全完,系侵欺之项,本犯拟死罪者,照例减二等发落;拟军、流、徒、杖者,照例释免。若系挪移之项,至二万两以上者,本犯照例释免;未至二万两者,本犯照例准其开复。其徇隐之知府,亦一体准其开复。如二限、三限补完者,本犯照例分别发落。若三年限满不能完足,本犯仍照原拟治罪。查实果系家产全无,无力完帑,将未完银米等项,着落徇隐之知府独赔,勒限一年完补。若能于限内全完,准其开复;限满不完,再限一年完补。若能于二限内赔补全完,照伊原职降一级调用;如二限内完不足数,再限一年完补。若能于三限内全完,照伊原职降二级调用。三限既满之后,虽照数赔补全完,亦不准开复。

**谨案** 此条乾隆五年(1740)改定。嘉庆六年(1801),于"一年限内全完"下,加"除侵盗之案,照监守自盗本例,分别年限还缴数目办理"二十二字。道光二十四年(1844),于"知府"下加"直隶州知州"五字。

〇一、凡州县亏空钱粮,该管知府革职分赔者,亦先在本犯名下,勒限一年追补。限内全完,将本犯分别侵、挪,照例发落开复。如限内本犯止完足一半,或完过一半,例得开复者,仍照例俟知府赔完之日,俱准其开复。如本犯限内全无完补,及完不足一半者,仍照例将本犯监追,照伊原亏空之数,令知府分赔一半。其知府分赔一半银两,勒限一年完补。限内全完,准其开复;如限满不完,再限一年完补。若能于二限内全完者,准其开复,于补官日罚俸一年;如二限内完不足数,再限一年完补。若能于三限内全完者,照伊原职降一级调用。如三次限满不完,及本犯名下应追银两未完者,俱不准开复。未完银两,仍着落伊等名下追赔。

**谨案** 此条雍正三年(1725)定。

一、凡州县挪移亏空，审明系知府不行揭报，应着落分赔之项，将知府革职。其亏空银米，仍依挪移亏空年限，先于本犯名下，尽数着落严追。一年限内全完，将本犯及不行揭报之知府，俱照例准其开复。二限、三限补完，本犯照例分别发落。若三年限满不能完足，本犯仍照原拟治罪。查实果系家产全无，无力完帑，将未完银米等项，着落不行揭报之知府分赔一半；其余一半，入于无着项下完结。其知府分赔一半银两，勒限一年完补。限内全完，准其开复；不完，再限一年完补。若能于二限内全完者，准其开复，于补官日罚俸一年；如二限内完不足数，再限一年完补。若能于三限内全完者，照伊原职降一级调用。如三次限满不完，不准开复，未完银两，仍着落追赔。

**谨案** 此条乾隆五年(1740)改定。①

○一、各省属官亏空，上司明知故纵者，令徇隐之上司，各赔一分。

**谨案** 此条雍正五年(1727)定。

○一、州县亏空钱粮，除因公挪移，知府通同徇隐，及明知州县亏空，不即参揭，反为设法弥补之巡抚、司、道，仍照定例赔补外，其审明实系侵盗，将未行查揭之知府，照失察侵盗本例议处，免其分赔。

**谨案** 此条系雍正六年(1728)定。乾隆五年(1740)并入奏销盘查例内，此条删。

○一、凡新旧交代，如果米谷收存不慎、官物遗失不全，立即揭报题参，于旧官名下着追。如已经后官接受出结，米谷霉变，官物短少，着落接任出结之官，按数赔补。

**谨案** 此条乾隆二年(1737)定。

○一、各府仓库钱粮，于每年奏销时，责成各该道盘查；直隶州钱粮，责成分巡道盘查；粮驿道钱粮，责成布政使盘查；藩库钱粮，该省有总督者，督、抚会同盘查，无总督者，巡抚盘查。其总督有管辖两三省者，或隔二三年，或隔三四年，于题明巡查地方事情之便，会同盘查，出具印结，于奏销本内一并保题。倘有扶同徇隐，及盘查不实，不行揭报，俱照州县仓库例行。如有抑勒挪借滥动，以致亏空者，许据实通详，揭送各部院奏闻，严加议处，责令赔补。

**谨案** 此条乾隆五年(1740)定。

○一、凡顺天府所属二十五州、县、卫钱粮事件，俱令该府尹稽查。仍于报销时，直督会同府尹，互相查核，列衔具题。其督征完欠分数考成，与直督一例办理。

**谨案** 此条系乾隆十三年(1748)遵旨议定。

○一、凡该年奏销钱粮，各上司照例盘查出结外，再将各属现年已征一切正耗杂项钱粮谷价等银，一体清查。如无缺少，一并出具结状，申送督抚查核。如有挪移抵饰，据实揭参。该管上司扶同徇隐，照例参处。其知府有经征之项，盘查道员，亦照

---

① 后文有道光七年(1827)增定条例。

守牧盘查州县之例,一体查办。各省督抚于奏销钱粮清查司库时,将本年新收各项钱粮,一并盘查,声明并无挪新补旧情弊,出结保题。

**谨案** 此条系乾隆十三年(1748)定。

○一、凡各省亏空案件,审系侵贪入己者,本犯无力完交,令该上司等分赔。其挪移及仓谷浥变等项,止将该员拟罪着追,不必概令上司摊赔。

**谨案** 此条系乾隆十六年(1751)遵旨定例。

○一、各省督抚,每于年终将所辖属员内通行查察有无亏空之处,据实汇奏。

**谨案** 此条系乾隆三十二年(1767)遵旨定例。

○一、凡州县挪移亏空,审明系知府、直隶州知州不行揭报,应着落分赔之项,将知府、直隶州知州革职。其亏空银米,仍依挪移亏空年限,先于本犯名下尽数着落严追。一年限内全完,将本犯及不行揭报之知府、直隶州知州,俱照例准其开复。二限、三限补完,本犯照例分别发落。若三年限满不能完足,本犯仍照原拟治罪。查实果系家产全无,无力完帑,将未完银米等项,无论侵、挪,着落不行揭报之知府、直隶州知州分赔五成;其余五成,着落失察道员分赔二成、藩司分赔二成、巡抚分赔一成。其知府、直隶州知州分赔银两,勒限一年完补。限内全完,准其开复;不完,再限一年完补。若能于二限内全完者,准其开复,于补官日罚俸一年;如二限内完不足数,再限一年完补。若能于三限内全完者,照伊原职降一级调用。如三次限满不完,不准开复,未完银两,仍着落追赔。至巡抚、司、道分赔银两,均照代赔例限,按银数多寡,分年完缴。倘有两案着赔,准将前案银两依限缴完,再行续接追缴。

**谨案** 此条道光七年(1827)增定。①

一、凡知府、直隶州知州失察属员亏空,及本犯实系因公挪移者,仍照原例办理外,其知府、直隶州知州通同徇隐,州县侵欺仓库钱粮,着落代赔之项,若三限已满,尚未赔完,该督抚取具家产全无印甘各结保题,即将革职代赔之知府、直隶州知州,按其已未完交分数治罪。以十分为率,如未完之数在五分以内者,杖一百;至六分者,杖六十、徒一年;每一分加一等;十分无完者,杖一百、徒三年;均不准纳赎。如能依限赔完,仍照律准其分别开复、降调。

**谨案** 此条原载"挪移出纳"门内,咸丰二年(1852)移附此门,并于例内各"知府"下均添入"直隶州知州"字样。

### 历年事例

○雍正三年(1725)议准:自雍正四年(1726)为始,凡有州县亏空,该督抚审结具奏时,将该管上司应否分赔处,俱行查明,一并具题。若不声明具题,即将该督抚交与吏部照徇庇例议处。

---

① 原例或为前文乾隆五年(1740)改定条例。

○五年(1727)议准:嗣后借粜仓粮,应将每年春间借出谷石,自秋收之后,勒限征比,务于十月底全数完纳,造具册收送部,年底令知府、直隶州知州亲往盘查。其府州仓谷,责令该管道员盘查,出具印结申报。如逾限不完,或捏造册收,即行揭参议处,在该员名下照数追赔,仍令欠户照数完纳。如系顽绅劣衿、奸牙积蠹,将佃户家人姓名影射,每名借谷四五斗,零星领出入已,积至二三十石者,其绅衿即行黜革,所欠谷石,加倍追还,枷责治罪。其代为造册之乡保地方,严审有无受赃,分别治罪。如该管上司不行揭参,照徇庇例议处。再出粜仓粮之时,严禁囤积。如有奸商势豪串通牙蠹,囤积射利者,该地方官即行访拿,按律治罪。该地方官若不严行查禁,该督抚即指名题参,照溺职例议处。若不肖州县,以粜借为名,掩饰亏空,该督抚即行题参,严审是侵是挪,分别定罪。该管道、府、直隶知州,如有徇庇隐匿,照例议处,将所亏仓谷,着落分赔。如道、府、州已经揭报,而督抚不行题参者,将督抚照徇庇例议处,亦照例分赔。

○乾隆十六年(1751)谕:“正蓝旗议奏《参革桂林府知府张永熹名下应追分赔原任临桂县知县徐上达亏空挪移银两,现无家产,请交广抚于分赔各员名下再为摊赔》一折。向来属员亏空,本人力不能完,责令上司分赔归项,所以惩失察而儆官邪,原系从前旧有之例。朕御极之初,于亏空案内分赔、代赔各项,多从宽宥。地方官不能体朕格外加恩之意,因循故智,近年来转有簠簋不饬,竟将国家帑项,婪归私橐者,此等贪黩之风,不可不力为整顿。是以按照定律,惩一儆百,期于辟以止辟。乃臣工等又不免意涉揣摩,遂将属员亏空之项,概议上司分赔,于政体未为允协。盖上官有察核属员之责,地方官实系侵帑自肥,及因事婪赃者,上司平时漫无觉察,自当按数分赔,以昭惩创。至于挪移、霉烂之款,既非侵贪重案可比,亦寻常牧令所不能免之事,将该员律拟勒追,已足示惩儆。若概令上司分派赔补,揆之情理,殊失其平,非禁戢贪婪之本意。且此等案件,经部臣行令分赔之后,仍不免迁延日久,终以产绝无追,具结请豁,是又有名无实,徒增案牍之烦耳,于事何益。嗣后亏空案件到部,应详加查核。其有实在侵贪入己之劣员,仍令该上司等分赔,不得稍为宽贷。其他如挪移款项,与仓谷浥变等事,止将该员议罪着追,不必概令上司分摊赔补,致滋扰累。朕经理庶务,应宽应严,惟在得乎情理之正,从无畸重畸轻之见存于其间也。特此详谕中外知之。”

○三十二年(1767)谕:“据期成额等查审冯其柘亏空至二万余两之多,李因培授意张宏燧代为弥缝报少,及赫昇额令属员帮同弥补一案,骫法营私,实出情理之外。州县亏空,本有应得之罪。若私自通同帮补,既使劣员幸逃法网,且必复贻累他人。效尤侵蚀,弊将无所底止,深可痛恨。上年山西段成功亏帑累累,各属帮银填补,业经大加惩创,不料未及一年,湖南复有此案。可见外间上下扶同之习,固结不解,各省皆然,吏治尚可问乎!从前州县侵亏挪掩之弊,锢习相沿,经皇考御极,严加整顿,始得肃清。朕方谓谨守成规,即可臻大法小廉之治。而刑法世轻世重,张弛互用,道亦宜然。不意近年藐法欺蒙之案,屡惩屡犯,此未必非因朕三十年来水弱易玩所致。如此则不得不力为整饬,朕亦非不能振纲饬纪者也。督抚为封疆大臣,藩司为钱粮总汇,一省之察吏纠贪,乃其专责,如遇属员侵亏帑项,据实参劾,则属员自必共知顾忌,何难使诸弊澄清。况督抚等皆朕所简畀,深加倚任之人,亦何忍不共励天良,力持公正,而乃专事弥缝,通同徇隐,甘蹈欺罔重罪而不辞,是使朕竟无一可信之大臣,亦伊等不能承受朕恩,享安静无事之福也。试思督抚膺高爵厚禄,待之不为不优,而幸际升平,并无折冲宣力之事,宴然坐享丰盈,其稍可自效者,不过正己率属,共矢洁清,乃尚不思殚竭丹诚,秉公尽职,又安用此督抚为耶?现在已经发觉之案如此,则各省之匿而未发者,大略相同。非朕之必欲逆诈亿不信,实伊等甘于自欺,致不见信于朕耳。此等贪黩欺蒙之弊,天道昭彰,无不自然败露,随时严治,未尝不可肃国典而儆官邪。然与其犯而后惩,莫若先为明切申戒。着传谕各督抚,即就所辖属员内通行查察,将有无亏空,据实保奏。计伊等此次复奏,亦未必遽肯和盘托出。即如前次查复首邑赔垫一事,明知其未可尽信。朕惟将各折批交该部,以待将来证验。此次各省所奏实与不实,朕仍姑不深究。奏牍既陈,祸福惟听其自取。将来或别经犯案,惟于复奏之该督抚是问,毋谓朕言之不预也。嗣后并着于年终将属员有无亏空之处,汇奏一次,以重责成。著为令。”

○嘉庆六年(1801)谕:“张诚基奏《查明通省仓库实数咨部分别追补》一折,所奏大谬,无此办法。各省钱粮仓库,原应存贮充实,不得丝毫短少。设稍有亏缺,该督抚本当据实参办,至于‘弥补’二字,原不可直达朕前,岂可公然咨部办理。近年因直隶差务殷繁,各州县辗转挪垫,以致仓库亏短。事非一时,官非一任,特降旨将亏空各员姑免治罪,分别亏项多寡,予限着追。此乃格外恩施,曾明降谕旨,他省不得援以为例。今张诚基竟欲仿照此案,咨部办理,巧为尝试。试思江西地方安静,年岁屡丰,并未有需费浩繁之处,何以自乾隆四十一年(1776)至嘉庆四年(1799),各州县亏空银数,至八十三万余两之多?张诚基身任江西巡抚,已阅多年,盘查仓库无亏,俱有奏案可据。今乃亏短如许之多,安知非该抚任内各州县任意亏缺,归咎前人,作为历任亏项,思以罚不及众,为属员开脱。而折内尚云不能以咨部为自占地步之计,其谁欺乎?张诚基着传旨严行申饬。各省亏空,朕所以不即严办者,原以各该督抚自顾考成,明知所属仓库短缺,断无不上紧筹办之理。果能不动声色,全数补完,何必因此辄兴大狱。乃各督抚等竟似一经奏明,即有恃无恐,置身事外。上年荆道乾、岳起皆曾以仓库亏短咨部,经部臣具奏,降旨严饬,张诚基岂未之闻乎?今竟敢一面奏闻,一面咨部,岂以如此办理,伊即能幸免罪戾耶?该抚如果欲明办亏空,应即彻底清查,将因何亏短,从前何以不行参奏缘由,和盘托出,据实陈奏,朕不难将该省大小官员一并严办,以儆其余。惟在督抚自行酌量耳。倘或借弥补为名,侵害闾阎,扰累地方,致生事端,亦必先将该抚治罪,再将不肖地方官一体严办,毋谓诰诫之不早也。张诚基原折着掷还,其咨部之案,亦着部臣速行驳回。”

# 卷七百六十·刑部三十八

## 户律·仓库

附余钱粮私下补数　私借钱粮　私借官物
挪移出纳　库秤雇役侵欺　冒支官粮
钱粮互相觉察　仓库不觉被盗

### 附余钱粮私下补数

凡各衙门及仓库，但有附余钱粮，须要尽实报官，明白（立案）正收（簿内，另）作数。（支销。）若监临主守，将增出钱粮，私下销补别项事故亏折之数，瞒官作弊者，（不分首从，）并计赃以监守自盗论。（其亏折追赔还官。）若内库收受金帛，当日交割未完者，（不许带出，）许令附簿寄库。若有余剩之物，本库明白立案正收，开申户部作数。若（解户）朦胧擅将金帛等物出外者，（不分多少，）斩。（杂犯，准徒五年。）守门官失于盘获搜检者，杖一百。（金帛等物追还官。）

**谨案**　原文"内府承运库收受金帛"，雍正三年(1725)改"内库"。"杖一百"下原注"还职，金帛入官"，雍正三年(1725)删"还职"二字，乾隆五年(1740)改"金帛等物追还官"。

### 私借钱粮

凡监临主守，将系官钱粮等物，（乃金帛之类，非下条衣服之属。）私自借用，或转借与人者，虽有文字，（文字兼文约、票批、簿籍。）并计（所借之）赃以监守自盗论。其非监守之人借者，以常人盗仓库钱粮论。（监守坐以自盗，非监守止以常人盗，追出原物还官。）若将自己物件抵换官物者，罪亦如之。（自己物件入官。）

#### 附律条例

〇一、凡管民地方官员，借用官银，初次逾限不能完者，即令离任，限一年还完开复。若限内不完，革职，着落家产还完。旗员交与该旗催追，汉官交与该督抚催追。

〇一、凡州县、卫所亏空钱粮，如果民欠未完捏报全完，或私自借给百姓仓粮，其私借钱粮之员及捏报官员，应照虚出通关朱钞律，计所虚出之数并赃，皆以监守自盗论。其实在民欠民借，仍着落原借欠之人完纳。其挪移钱粮有项可抵者，即令接任官催征补项。若捏报私借挪移之项，该员情愿一年内代民全完者，准其复还原职。

**谨案** 此二条均系雍正三年(1725)定。

○一、府、州、县春间借出仓谷,秋收后勒限征比,务于十月中全完,造具册收,送户部查核。每于年底令知府、直隶州盘查所属州县,令该管道员盘查所属州府,出具印结申报。如逾限不完,或捏造册收,即行揭报议处,在该员名下照数追赔,仍令欠户照数完纳。如顽绅劣衿、奸牙积蠹,将家人佃户影射,借谷入己,积至二三十石者,绅衿即行黜革,一并加倍追还,枷责治罪。其代为造册之乡保地方,有无受赃,分别治罪。如该管上司不行揭参,照例议处。

**谨案** 此条雍正五年(1727)定。①

一、府州县春间借出仓谷,秋收后勒限征比,务于十月中全完,造具册收,送户部查核。如有绅衿及牙行蠹役,将家人佃户姓名影射,零星领出,入己积至二三十石者,绅衿斥革,牙行蠹役枷号一月、责四十板,俱照追入仓。其代为造册之乡保地方,有无受赃,分别治罪。该管上司不行揭参,交部议处。

**谨案** 此条乾隆五年(1740)删改。

○一、亏空人员家产全无,除实系近年债负,原借欠约中保可凭,方准追抵。其有将远年无凭书札、记簿指为欠项,混请开抵者,概不准行。至于亲友馈送抽丰之类,既无契券,又无中保,概停开报。地方有司,如有嘱托徇情,听从开欠,妄拿无辜追比者,照故勘平人律治罪;受贿得赃者,计赃以枉法论。其因规避处分,指引开欠者,承追官照借端将亲族滥行着落追赔例问拟。该管上司,分别交部议处。

**谨案** 此条乾隆元年(1736)定。

一、亏空人员,除查明家产尽数追赔外,如有属员借支借领,及同官挪借,出有印领者,将所有借欠之项,责令追还,以抵该员亏空,仍分别议处。至平日债负,或帮助亲友,及同官私借,虽有文约、书札、记簿,并无印领,止许自行取讨。若混请开抵亏空者,无论远近年分,概不准行,仍将本人照图赖诬扳治罪。地方有司听从开抵,妄拿无辜追比者,照故勘平人律治罪;受贿得赃者,计赃以枉法从重论。其因规避处分,指引开欠者,承追官照借端将亲族滥行着落追赔例问拟。该管上司官,交部分别议处。

**谨案** 此条乾隆五年(1740)改定。

○一、凡遇地方荒歉,借给贫民米石谷麦,或开垦田土,借给牛具籽种,以及一切吏役、兵丁人等办公银两,原系题明咨部,行令出借,倘遇人亡产绝,确查出结,题请豁免。如有捏饰侵渔,以及未经报明私行借动者,即行题参,按律治罪。

○一、凡支销钱粮,均有一定款项额数。如有违例开销,着落擅动滥给之员赔补。倘上司官因为数繁多,一人不能归结,派令属员公捐还项,或逼令接任官按股分赔,将抑勒之上司官照例治罪。

---

① 此条重复。待查。

**谨案** 此二条均系乾隆元年(1736)定。

### 历年事例

○道光十九年(1839)谕:“前因宁夏前锋依克唐阿控告该旗协领等克扣兵饷,牵涉将军和世泰、副都统存华,当派刑部尚书隆文驰往甘肃,会同将军特依顺、副都统恒通严行审讯,究出和世泰、存华有私行借给兵丁库银从中扣留情弊,降旨将和世泰等革职拿问,随据该尚书等讯明侵用银钱赃据,并起获历年实帐,按律分别定拟,复令大学士九卿会同速议。兹据穆彰阿等奏称,‘应如该尚书等所议,将和世泰、存华照例拟斩监候’等语。此案已革将军和世泰、已革副都统存华,俱系朕特加简任,宜何如洁己奉公,督率僚属。乃于署内营造,无论是否办公之所,一律谕令协领等兴修,致协领等借钱垫办,挪动库项,借词接济兵力,扣留归款,办稿阅画;并片传佐领于月放饷银及马料尾零变价内,按名摊扣;又违例接受生辰婚娶银两,辜恩负职,骫法营私,莫此为甚。和世泰以一品大员,曾在内廷行走多年,贪婪无耻,丧尽天良。存华以二品大员,附和婪赃,尤为可恶。核其情节,厥罪惟均。和世泰、存华着照议依监守盗仓库钱粮入己数在一千两以上斩监候例,拟斩监候,交刑部、宗人府勒限一年追赃。如限内全完,即着请旨将和世泰、存华遣戍。倘限满不能全完,即着入于明年秋审情实办理。已革协领兼佐领哈兴阿、富忠、阿玺达、富勒炳阿、倭兴阿,佐领那朗阿、廉明、春格,俱着发往新疆效力赎罪。”

## 私借官物

凡监临主守,将系官什物、衣服、毡褥、器玩之类,私自借用,或转借与人,及借之者,各笞五十;过十日,各计借物坐赃论,减二等。罪止杖八十、徒二年。各追所借还官。若有损失者,依毁失官物律坐罪追赔。有心致损,依弃毁官物,计赃准窃盗论加二等,罪止杖一百、流三千里;误毁及遗失者,减弃毁之罪三等,杖八十、徒二年;并追赔。

## 挪移出纳

凡各衙门收支钱粮等物,已有文案、以备照。勘合,以行移。典守者自合依奉出纳。若监临主守不正收正支,如不依文案、勘合。挪移出纳,还充官用者,并计所挪移之赃,准监守自盗论,罪止杖一百、流三千里,系公罪,免刺。若各衙门不给半印勘合,擅出权宜票帖,关支。或给勘合不立文案放支,及仓库但据权帖不候勘合,或已奉勘合,不附簿放支者,罪亦如之。各衙门及典守者,并计支放之赃,准监守自盗论。其出征镇守军马经过去处,合付行粮草料,明立文案,即时应付,具数开申合干上司准除,不在擅支之限。违而不即应付者,杖六十。

### 附律条例

○一、凡有司私挪钱粮捐升,并为子弟纳职者,将该员照侵欺例治罪,子弟所捐职衔革去。该管上司通同徇隐,勒逼接任收受者,或被纠参,或被首告,将上司交与该部严加议处。缺欠银两,勒限分赔。

**谨案** 此条雍正元年(1723)定,乾隆五年(1740)删。

○一、凡直省各官,应征钱粮,民欠未清,经督抚题请革职留任,以清欠项之员,勒限一年催收。能于限内收补足数者,准其开复。如于留任后一年限满,不能照数催收全完,即行革任,以未完分数,照收粮违限律议罪。督催各官,交部议处。本员留于该处,与新任接催之员,再限一年严催。期满又不能完,即将该员照所议治罪,接征官照例议处。倘实系侵挪,而捏称民欠,该督抚不能觉察,题请革职留任者,一经发觉,审实,将该员即行正法,其题留督抚亦从重治罪。

**谨案** 此条雍正五年(1727)定,乾隆五年(1740)删。

○一、上司逼勒所属,挪移库银,本官自行首告者,审实,上司照贪官例治罪,下属免议。逼勒至死者,家属赴控上司,如不行准理,许赴通政司鼓厅衙门具告。审实,以逼勒至死之上司抵罪,不行准理之上司革职。

**谨案** 此条雍正五年(1727)定。

○一、凡挪移库银数止千百两者,拟杂犯流总徒四年;挪移五千两以上至一万两者,拟实犯杖一百、流三千里,不准折赎;若挪移一万两以上至二万两者,发边卫充军。二万两以上者,虽属挪移,亦照侵盗钱粮例拟斩监候。统限一年,果能尽数全完,俱免罪。若不完,再限一年,追完,减二等发落。二年限满不完,再限一年,追完,减一等发落。若三年限满,不能全完者,除完过若干之外,照现在未完之数治罪。

**谨案** 此条雍正五年(1727)定。乾隆五年(1740),将"数止千百两"五字改为"五千两以下",又"尽数全完,俱免罪"下,增"其未至二万两者,仍照例准其开复"二句。

○一、州县征收钱粮,该知府遴选贤员,同封银柜,每十日、二十日,另委贤员当众拆封起解,仓谷按季盘查。如有徇隐,将该知府并委员照徇庇例议处。其亏空官题参时,一面于任所严追,一面行文原籍,将伊家产严查存案。如任所无完,即变价补完。若承追地方官不行查出,照徇庇例议处。再查其子有出仕者,解任发追。至从前行追之案,其子为官,亦题请离任,不准以过继掩饰。俱俟其父亏空全完之日,准其开复。若接任官于一年内捐补全完,或任内所有养廉填作全完者,交部分别议叙。至知府盘查仓库,州县礼物,永行禁止。如仍馈送而知府收受者,交部严加治罪。

**谨案** 此条雍正五年(1727)定。

一、州县亏空题参时,一面于任所严追,一面行文原籍,将伊家产严查存案。如任所无完,即变价补完。若承追地方官不行查出,交部照例议处。

**谨案** 此条乾隆五年(1740)删定。

○一、除侵盗亏空仍照定例外,其分年追赔拖欠各项银两,以一年为一限,计应追之数，按年均分，务令按限交完。现任职员，初限不完者解任，令同二限银两带罪完纳；如照数全完，准以原官补用。若二限内仅完初限银两者，仍带罪追比；或初限、二限均不能完，革去职衔，同三限银两一并严追。此三限内止完一限之数者，仍革职严追；或完两限之数者，复其职衔，带罪完纳；能照数全完者，准其开复补用。倘三限均不能完，交刑部治罪，所欠银两，于家属名下严追。至无禄人等，初限不完，监禁，令同二限银两一并追比；如照数全完，暂予释放。若仅完初限银两，二限未能全完者，仍监禁追比；或初限、二限均不能完，令该旗、该地方官，将财产查封，同三限银两一并严追。此三限内止完一限之数者，暂免其变产；或完两限之数者，将本身释放，财产仍行封守；或照数全完者，本身释放免罪，财产给还。倘三限均不能完，即将财产入官变卖，本身交刑部治罪。至追比之项，有分二年者，一年不完，照初限例处分；二年俱不完，即照三限例治罪；倘二年内完一年之数者，再限一年，仍不能完，或完不足数者，即行治罪。

**谨案** 此条雍正五年(1727)定。

一、除侵盗亏空仍照定例办理，并户属工程项下应追各款，户部、工部定有专条者，应听各照本例办理外，其追赔拖欠各项银两，如数在三百两以下者，限半年完缴；三百两以上者，限一年完缴；如数在一千两至五千两者，定限四年；五千两以上者，定限五年；均按所定年限，陆续完缴，毋庸拘定每年应完若干。如统限已满，无力完缴，请豁银数在一千以上者，核计已未完数目，即照工程核减银两未完例，交刑部分别治罪；如数不及一千两者，照例请豁，免其治罪。若本身已故，而子孙无力完缴者，亦照例请豁，毋庸治罪。

**谨案** 此条嘉庆七年(1802)改定。

〇一、凡州县亏空仓谷，以谷一石，照银一两定罪。系侵蚀入己者，照侵欺钱粮例拟断；系挪移者，照挪移库银例拟断。其仓谷，令接任官于秋成谷贱时，申详督抚、藩司，酌动何项钱粮，照时价先行买补，该州县出具仓收，道府加结报部。于亏空人员妻子名下勒限一年，将动用银两照数追补还项。如逾限不完，亦照勒追库银例分别治罪。其有仓廒州县，倘因循怠玩，于渗漏处既不黏补，应盖造处又不详请，以致米谷霉烂者革职。动帑买补，勒限一年，照数追赔。如限内不完，照侵蚀钱粮例按数治罪，遇赦不宥。若仓廒既经修理，犹有托名霉烂亏空者，亦照侵蚀例治罪。

**谨案** 此条雍正五年(1727)定。

一、凡州县亏空仓谷，以谷一石，照银五钱定罪。麦、豆、高粱、青稞等杂粮并同。系侵蚀入己者，照侵欺钱粮例拟断；系挪移者，照挪移库银例拟断。其仓谷，令接任官于秋成谷贱时，申详督抚、藩司，酌动何项钱粮，照时价先行买补，该州县出具仓收，道府咸丰二年(1852)增入"直隶州知州"五字。加结报部。于亏空人员及妻子名下勒限一年，将动用银两，照数追补还项。如逾限不完，亦照勒追库银例分别治罪。其有仓廒州县，倘因循怠玩，于渗漏处既不黏补，应盖造处又不详请,以致米谷霉烂者革职。动帑买补,勒限一年,照数追赔。一年限内全完,免罪开复原官;一年以外赔完,免其治罪,不准开复;二年之内不完,照损坏仓库财物律治罪,仍着落家属赔缴。若有将仓谷侵盗入已,捏称霉烂亏空者,仍照侵蚀例治罪。

**谨案** 此条乾隆五年(1740),于"勒限一年,照数追赔"下,系作"如限内不完"六字,无"仍着落家属赔缴"七字,道光六年(1826)增改。

〇一、凡地方有军需公务,督抚不及咨题者,行令该州县垫办,或挪库项,或垫已资,先行详明督抚。办完十日内,即照实价申详。该督抚照时价核减,于文到半月内题报。户部亦于科抄到日,半月内核定议复,行文该布政使,不论库项、已资,即令给发。倘州县申报过限,或督抚题报后期,俱交吏部议处。若该州县报价不实,及督抚不据实核减题报,希图冒销者,户部即行题参,州县照侵欺例治罪,督抚、司道等官俱照徇庇例议处。

**谨案** 此条雍正五年(1727)定。乾隆五年(1740),将例内两处"核减"字俱改为"核实"。

〇一、州县交代,除实在民欠外,将已征钱粮侵蚀亏空,捏称民欠,令后官接受者,后官即揭报该管上司。如该管上司护庇离任之员,及该管府州畏虑分赔,因而抑勒交盘者,被勒之员,直揭部科,代为陈奏。其所揭抑勒之司、道、府、州等官,该督抚据实确审定拟。如有干连督抚,将具揭及亏空之员,押赴来京,交都察院确审,将抑勒之督抚一并从重议处。或系诬捏枉揭,交与刑部治罪。倘前官亏空,后官容隐不报,出结接受,至本身离任,始称前任亏空者,将欠项追赔外,仍治以瞻徇私受之罪。其揭报之员,照例赴部于别省调补。倘调补省份,该管上司因前揭报之故,多方搜求,借端诬陷者,许该员于都察院呈辩。果系冤抑,将该管上司交部议处。如该员借名诬辩者,从重治罪。

**谨案** 此条雍正五年(1727)定。"该管上司"原作"督抚司道"四字,"交与刑部"下有"加倍"二字,其"揭报之员"句下有"调任他省。或该管上司因前揭报之故"二句,末有"于本罪外加倍治罪"一句,乾隆五年(1740)增改。

〇一、各省仓谷,若前官折价存库,新官不得接受交代,仍令前官买谷还仓,督抚上司亦不得徇情宽纵。违者,将该员及该管各官分别治罪。

**谨案** 此条雍正五年(1727)定。

一、各省仓谷,减价平粜,其价值解存司库,或就近之道、府库,至秋收务依原粜之数领价买补。其买补仓谷时价不敷,于本色粜卖赢余银两内动支。倘谷价昂贵,不能于次年买补,声明报部展限。若故意迟延不行买补,以玩视仓储题参。倘遇州县交代,未及秋收买补之期,所存价值无亏,即令新任领买,不得掯勒推诿。违者,将该员及该管各官分别议处。

**谨案** 此条乾隆五年(1740)改定。

○一、凡追赔还官各项银两,有较原参之数浮多者,仍给还本人。

**谨案** 此条雍正五年(1727)定。

○一、凡亏空之案,审出民欠挪垫是实,除将本犯照例议罪外,另限四个月,委员彻底清查,出具并无假捏影射印结,再令接任官认征。如限满不完,将接征官照例参处。其未完民欠银两,仍着落原挪之本犯名下追赔。倘承查之员,仍有通同捏饰、影射情弊,将亏空本犯照侵盗例拟罪,承查出结之员交部议处。未完钱粮,仍令分赔。

**谨案** 此条雍正七年(1729)定。

一、凡亏空之案,审出民欠挪垫是实,除将本犯照例议罪外,另限四个月,委员彻底清查,出具并无假捏影射印结,再令接任官出具认征印结,仍向欠户催征。如限满不完,将接征官照例参处。倘本无实欠,接任官通同捏结,查出,照捏欠之数,与本犯同罪,仍令分赔。

**谨案** 此条乾隆五年(1740)改定。

○一、接任官承查交代,如有亏空,即于具题之日扣限。如有续揭,亦以出咨之日扣限。倘甘受违限处分,摘款先揭,预为三参、五参地步,辗转延挨者,即将该员着落赔补。

**谨案** 此条雍正七年(1729)定。

○一、州县交代,凡有未经买补仓谷,除降革、休致之员,仍留地方协同买补外,其升任、调任、丁忧之员,将原粜谷价交与新任收存,留的属一人,协同新官买补。倘银两亏缺,不敷采买之数,仍着落旧官名下追赔。

**谨案** 此条雍正九年(1731)定,乾隆五年(1740)删。

○一、买补仓谷时价不敷,止许于本色赢余银两内动支买补,不得令各州县通融拨补,亦不得于司库存公项下给发。倘停止拨补之后,谷价昂贵,不能于次年买补,声明缘由,报部展限。若故意迟延不行买补实仓,以玩视仓储题参。

**谨案** 此条乾隆四年(1739)定,五年(1740)并入"各省仓谷"条内,将此条删除。

○一、凡审拟挪移之案,于定案日查明参后完过若干,准予开除,以现在未完之数定拟。

**谨案** 此条乾隆十一年(1746)定。

○一、凡州县官交代,其存仓米谷,除实应出粜存价未买之银,照例准其接收外,如有私行出粜,及仓谷亏缺折银交代者,照例题参,仍留任所按数买补。并令接任之员查明,出具并无粜多报少、粜少报多、折银抵交确实印结申报。违者,一并题参究追。该管上司不能查出,照徇庇例议处。

**谨案** 此条乾隆十二年(1747)定。

○一、凡知府失察属员亏空,及本犯实系因公挪移者,仍照原例办理外,其知府通同徇隐州县侵欺仓库钱粮着落代赔之项,若三限已满,尚未赔完,该督抚取具家产全无印甘各结保题,即将革职代赔之知府,按其已未完交分数治罪。以十分为率,如未完之数在五分以内者,杖一百;至六分者,杖六十、徒一年;每一分加一等;十分无完者,杖一百、徒三年;均不准纳赎。如能依限赔完,仍照例准其分别开复、降调。

**谨案** 此条系乾隆十五年(1750)遵旨议定。

**历年事例**

〇雍正四年(1726)题准:嗣后如系军需挪移,立有文案准销之项,免其议拟。若有不肖官员,借军需名色,希图脱卸重罪,至内有并无文卷及不准销除之项,捏称军需挪用者,仍照律治罪追赔。承审各官,不行详查案卷,任其巧饰,将不应准销银粮即行具题完结者,将原审官从重治罪。其不准销银粮,着落原审官分赔还项。其不行详查之该管各上司,照徇庇例议处。

〇乾隆十二年(1747)谕:"人臣奉公洁己,首重廉隅。贪婪侵盗之员,上侵国帑,下朘民膏,实属法所难宥。是以国家定制,拟以斩绞重辟,使共知儆惕。此纪纲所在,不可不持。皇考世宗宪皇帝惩戒贪墨,执法不少宽贷,维时人心儆畏。迨至雍正八年(1730),因吏治渐已肃清,曾特旨将从前亏空未清之案,查明释放,此其明验也。朕因见近来各省侵贪之案累累,意欲早为整顿,庶其惩一而儆百,不致水懦而宽难,特命大学士等查明原委。雍正年间秋审、朝审案内,侵盗及贪婪各犯,奉旨勾到者八案,拟入情实未经勾到者八案;雍正六年(1728)各省勾到,惟朝审未勾,内有拟入情实者五案;又历年贪婪立决未待秋审者二案。是侵盗贪婪之犯,秋审时原有拟入情实奉旨勾到者。及询以今何以率入缓决,以致人不畏法,侵贪之风日炽,则不能对。盖因例内载有'分年减等,逾限不交,仍照原拟监追'之语,至秋审时概入缓决。外而督抚,内而九卿、法司,习为当然,初不计二限已满。既入秋审,自当处以本罪,岂有虚拟罪名必应缓决之理。即在本犯,亦恃其断不拟入情实,永无正法之日,以致心无顾忌。不知立法减等,原属法外之仁。至限满不完,则是明知不死,更欲保其身家。此等藐法无耻之徒,即应照原拟明正其罪。嗣后此等二限已满照原拟监追之犯,九卿于秋审时,核其情罪应入情实者,即入于情实案内,以彰国法。朕于勾到日再为酌夺。其如何分别酌核之处,着大学士、九卿悉心妥议速奏。"

〇十五年(1750)奉旨:"此本内所议'臧根嵩名下应追亏空银两,经该署抚查明原籍委无产业,照例取结保题,应着落失察之前任府尹霍备追赔还项'等语。向来州县亏空,本犯无力完帑,将徇隐之革职知府勒限赔补。至限满不能全完,例止革职,别无治罪之条。夫已经革职之员,复议革职,不过照例注册,虚文从事耳。此等劣员,在任时既已通同徇隐,代赔时又可任意延挨,帑项虚悬,刑章幸免。凡查察之不严,代赔之不力,未必非此例有以启之也。即如霍备本身应赔银两尚不能完,又何能代赔臧根嵩侵项?该部亦明知霍备力不能完,徒以照例办理完结。部臣托之空言,而朕亦明知托之空言而允之。上下相蒙,成何政体。朕一惟务实,不尚虚文。侵贪之弊，尤不可不亟为整饬。嗣后侵亏案内，应代赔之知府，限满不完作何分别治罪之处，该部另行定拟具奏。”

○十九年(1754)谕：“御史孙汶参奏《私挪库项为子捐官之原任山东济宁州知州王旭昇请旨查办》一折。王旭昇在山东州县任内亏空最多，前经章煦等查参，有旨将该员革职拿问查抄备抵。今据该御史奏伊子王康乂先于本年五月间报捐道员。其捐项如系盗用库银，则是以侵盗为捐纳；如云出自私囊，则岂有家拥余赀，不先补完官帑之理。着户部查明王康乂捐项，如业经上库，即行文山东，将所捐之银，照数在王旭昇亏款内扣抵，将捐照追还注销。如未经上库，即勒令王康乂将捐银照数解东，为伊父抵补亏空。并着户部查明，凡遵新例报捐者，除京官及直省士民外，其外官凡有仓库之责者，或本身捐升，或为子弟报捐，均于收呈后，先行文该省，责令本管上司查明该员经手仓库。如实无亏短，由该管上司出结咨部，准其报捐。设查有亏挪，即据实报明，除不准报捐外，仍照亏空例治罪。该管上司徇私捏混，查出一并严惩。”

○二十年(1755)谕：“庆保奏《审明临桂县历任短交捐款，并挪缺仓库各知县现已赔缴银两，分别定拟》一折。此案临桂县历任知县，短交捐款银两，及应追霉折、盘折仓谷价银，经该抚查明各任知县已未完数目，分别开复追赔，俱着照所议办理。直省仓库钱粮，本应实征实贮，不容丝粟亏短。近年以来，朕为各督抚所蒙，该督抚又为各州县所欺，办理宽缓，以致肆无忌惮，各省亏缺累累，几于百孔千疮，不可究诘。若不严加惩办，何以儆怠除贪。昨已降旨，将山东亏缺各州县银数在一万两以上者，全行革职拿问，解交刑部，分别问拟斩候、斩决，勒限监追。限内全完，贷其一死，永不叙用。逾限不完，即行正法。其废弛贻误之前任山东巡抚吉纶、同兴，藩司朱锡爵，均予谪戍。嗣后直省各州县如有侵蚀钱粮数逾巨万者，该督抚查明参奏，即照新例办理。如该督抚、藩司不认真整饬，徇庇墨吏，废弛地方，即照吉纶等一律发遣，决不宽宥。”

○同治五年(1866)谕：“赵长龄奏‘请严惩州县亏空’等语。近来山西各州县，因亏空后查抄既不认真监追，赁住民房，以致在任时任意奢侈，挪用公项，盈千累万，罔知顾忌，亟应申明成例，以示惩儆。此等恶习，恐不独山西一省为然。即着照赵长龄所请，嗣后遇有交代亏空逾限未交者，一面由司密详请奏，一面即由该督抚密行查封，毋任隐匿寄顿。其例应监追各员，并着各该督抚派员看视进监，不得仍沿旧习。庶各该州县知所儆惕，共勉操持，以重库款而饬吏治。”

### 库秤雇役侵欺

凡仓库、务场、局院库秤、斗级，若雇役之人，受雇役之人，即是主守。或侵欺、或借贷、或移易，二字即抵换也。系官钱粮，并以监守自盗论。若雇主同情分受赃物者，罪亦如之。其知情不曾分赃,而扶同雇役者,以所盗物,捏作现在,申报瞒官,及不首告者,减自盗一等,罪止杖一百。不知者不坐。

**附律条例**

〇一、苏松州县粮重仓多,印官不能兼顾,遴点老成殷实书吏收粮。如有签派匪人,侵蚀漕粮者,书吏照监守自盗律治罪,州县官照溺职例议处,侵蚀米石,即着官役名下严行追补。如粮户私相折银,访获,除银入官充饷,追交应完米石外,量其多寡,分别枷责。至州县收粮,倘有赢余米石,饬令粮道不时盘验,每斛应有余米若干,共余若干,计算明白,存为修仓赈济之用,年底将存储动用数目,造册报部。仍令该抚不时查察,如有扶同徇隐,及各州县借名私加斛面,苦累小民者,即行参究。

**谨案** 此条雍正五年(1727)定。

一、凡粮重仓多州县,印官不能兼顾,遴点老成书吏收粮。如有佥派匪人,侵蚀漕粮者,书吏照监守自盗律治罪,州县官交部议处,侵蚀米石,即着该役名下严行追补。如粮户私行折银,访获,除银入官充饷,追交应完米石外,量其多寡,分别责惩;收银书吏,计赃治罪。

**谨案** 此条乾隆五年(1740)删改。

## 冒支官粮

凡管军官吏,冒支军粮入己者,计所冒支之赃,准窃盗论,取之于军,非取之于官也,故止准窃盗论。若军已逃故,不行扣除而入己者,以常人盗官粮论。若承委放支而冒支者,以监守自盗论。免刺。

**谨案** 原文"管军官吏"下,有"总旗、小旗"四字,雍正三年(1725)删。

**附律条例**

〇一、冒销老民老妇银两自首人员,人亡产绝,着落失察之上司分赔。

**谨案** 此条系雍正七年(1729)定,乾隆五年(1740)删。

**历年事例**

〇乾隆四十二年(1777)谕:"步军统领衙门参奏《管理花儿闸至大通桥北岸上汛之经制外委高起凤,将应管河兵二十名内,自三十八年陆续逃革八名,并未报明,仍按月冒领钱粮,请将高起凤革退外委,交刑部审拟》一折。河兵既有额缺,理应报明该管上司扣除钱粮,另行挑补。乃外委高起凤于所管汛内河兵,自乾隆三十八年(1773)起,陆续逃革八名,均未具报,辄敢任意按月照数冒领兵粮,侵蚀入己,实属目无法纪,自应按律重治其罪。通永道咎固难辞,周元理何竟毫无觉察。至通惠河共设有四汛,今高起凤一汛,既有冒领军粮之事,恐其余三汛,或有似此者,亦未可定。

着传谕周元理即速详细查明,据实复奏,毋稍回护隐饰。”

### 钱粮互相觉察

凡仓库、务场官吏、攒拦、库子、斗级,皆得互相觉察。若知侵欺、盗用、借贷系官钱粮,已出仓库,匿而不举,及故纵者,并与犯人同罪;至死减二等。失觉察者,减三等,罪止杖一百。若官吏虚立文案,挪移出纳,及虚出通关,另有本律。其斗级、库子、拦头不知者不坐。

#### 附律条例

〇一、州县到任,拣选殷实老成书吏二人,充钱粮总吏,该管知府查实准充,通详报部。凡征收银两米石,务要随征随解,加谨收存,不得任本官存留内署。若本官有动用并挪新掩旧等弊,总吏力行禀阻。果能五年内新旧俱无拖欠,咨部以九品杂职即用。倘承顺本官,或巧计欺瞒,致成亏空者,将该吏严加治罪。如审系侵欺,数止一千两以下,本官照监守自盗律拟斩准徒五年者,总吏照杂犯流罪例,杖一百、徒四年;一千两以上,本官照例拟斩监候者,总吏杖一百、流三千里。如系挪移,数止千百两,本官照律总徒四年者,总吏杖一百、徒三年;五千两以上至一万两,本官照例流三千里者,总吏杖一百、流二千五百里;一万两以上至二万两,本官例发边卫充军者,总吏杖一百、流三千里;二万两以上,本官照侵盗钱粮例拟斩者,总吏杖一百,发边卫充军者。总吏监禁,俟本官亏空完日,分别发落。倘本官少有亏空,总吏禀阻不从,许即赴上司衙门据实首明,本官参处,总吏免罪。

**谨案** 此条雍正五年(1727)定,乾隆元年(1736)删除。

〇一、凡侵盗钱粮案内,隐匿、故纵之官吏、攒拦、库子、斗级,于定案时先行决配。如正犯限内完赃,例得减免者,隐匿、故纵各犯,亦于应得本罪上,分别减免。

**谨案** 此条系嘉庆七年(1802)定。

#### 历年事例

〇雍正五年(1727)谕:“凡州县钱粮之亏空,总不出侵欺、挪移二项。当其侵挪之时,官果主之,而经手之经承,自无不知也,乃不及禀阻,且从而怂恿,以便作奸分肥。迨至本官监追,而经承且优游于事外,本官问重罪,而经承仅得不行禀阻之处分。故凡亏空累累,多由于官、吏之相成也。朕意以为经承、库吏经管仓库之人,亦宜重其处分之例,更定以劝惩之法。凡州县官到任,则先拣选殷实老成胥吏二人,以充钱粮总吏,通详报部。凡征收钱粮,即令随征报解,不得存留内署。承办五年,该县无亏空者,即将总吏咨部以九品杂职即用。本官少有亏空,总吏力行禀阻。如不听从,许径赴司院呈明免罪。若该吏不行禀阻,本官亏空纠参,即将经承一同监追,该经承减本官一等治罪。如此则经承有所责成,迫于劝惩,不敢顺从本官,擅动国帑,亦杜绝亏空之一法。”

○乾隆五十四年(1789)谕:“伍拉纳等奏《审明营书盗用钤记,冒领饷银,把总知情朋分,将黄国材拟斩立决,陈得拟绞监候,请旨即行正法》一折。此案营书黄国材胆敢于进剿台湾贼匪之际,乘机盗用钤记,冒领饷银,把总陈得通同容隐,分得银三十两,均属目无法纪,情节实为可恶。闽省营伍废弛已久,而台湾弁兵等庇赌包差得受陋规诸弊,接踵破露,现在正须严加整顿,从重惩治。庶弁兵等知所儆畏,不敢仍前藐玩。今黄国材、陈得二犯,既据该督等审明盗用钤记,冒领饷银,彼此分用属实,自应一面正法,一面奏闻,有何屈彼处?乃伍拉纳等犹待请旨遵行,殊属失之拘泥。伍拉纳、徐嗣曾俱着传旨申饬。”

## 仓库不觉被盗

凡有人(非监守)从仓库中出,守把之人不搜检者,笞二十。因不搜检,以致盗物出仓库而不觉者,减盗罪二等。若夜值更之人不觉盗者,减三等。仓库值宿官攒、斗级、库子(非正值本更。)不觉盗者,减五等,并罪止杖一百。故纵者,各与盗同罪。(至死减一等。)若被强盗者勿论。(互相觉察,与此不觉被盗,官吏皆系公罪,仍留职役;隐匿不举,与此故纵,皆系私罪,各罢职役。)

**谨案** 原注“完日还职役”,雍正三年(1725)改为“仍留职役”。

### 附律条例

○一、内外官库,被窃盗银一千两以上,一月不获,经管该弁并巡捕官,俱各住俸;半年不获,题参议处。被盗二三次者,奏请降调。其该道分巡、分守官参奏议处。不及前数者,俱照常发落。库子尽其财产,均追赔偿,候正赃获日,照数给还。若各官妄拿平人逼认盗贼追赔者,亦依律问罪。(此指被窃盗言,故照数追赔。若强盗,自有勿论律。)

**谨案** 此条系原例。原文“半年不获”下系“提问”二字,“分巡、分守官参奏”下系“罚治”二字,末句系“亦问罪降调”,均雍正三年(1725)改。

○一、将进仓漕粮拦路戳袋,挖越仓墙进仓偷米之盗,例应听刑部查审照律治罪。不至死罪者,若系另户之人,发黑龙江、宁古塔等处披甲当差;若系奴仆及民人,发黑龙江、宁古塔等处给予披甲之人为奴。至裤袄细袋装米偷盗等小贼,拿获,该监督呈报仓场侍郎,即于仓门首枷号四十日,系旗人鞭一百,系民杖一百。

**谨案** 此条雍正三年(1725)定。

一、将进仓漕粮拦路戳袋,挖越仓墙进仓偷米之盗,听刑部查审照例治罪。不至死罪者,系旗下奴仆,发黑龙江、宁古塔等处,给予披甲之人为奴;系民人,发往云贵两广烟瘴少轻地方,严行管束。至裤袄细袋装米偷盗等小贼,拿获,该监督呈报仓场侍郎,即于仓门首枷号四十日,杖一百。旗人有犯,销除旗档,与民人一体问拟。

**谨案** 乾隆元年(1736),将民人改发云贵两广烟瘴少轻地方,严行管束。四十七年(1782)奉旨,旗人犯该刺字者,销除旗档,照民人一体办理。嘉庆六年(1801)改定此条。十八年(1813),调剂黑龙江等处遣犯,将例内“发黑龙江、宁古塔等处,给予披甲人为奴”改为“改发各省驻防官员兵丁为奴”。

**历年事例**

○康熙四十四年(1705)复准:凡漕粮偷米等盗,数满三百两者,将为首之人即行处斩,为从者拟斩监候。不及三百两者,将为首之人拟斩监候;为从者在仓门首枷号三月,另户之人,鞭一百,发黑龙江、宁古塔等处当差,奴仆鞭一百,民责四十板,刺字,发与黑龙江、宁古塔等处新披甲之人为奴。其零星偷米小贼,俱在仓门首枷号三月,旗人鞭一百,民人责四十板。被获盗犯,若系食钱粮之人,将本都统、副都统各罚俸三月,参领罚俸六月,佐领、骁骑校各罚俸一年,领催鞭一百;若闲散人,伊父兄系官罚俸一年,系平人鞭一百;若家下人奴仆,伊主系官罚俸一年,系平人鞭一百,系民将伊父兄责四十板。

○五十三年(1714)题准:仓库人役偷盗仓库钱粮米豆,俱割断两边脚筋。

# 卷七百六十一·刑部三十九

## 户律·仓库



### 守支钱粮及擅开官封

凡仓库官攒、斗级、库子役满得代，不得离去所收钱粮官物，并令守候支放尽绝。若无短少，方许官攒各离职役。斗、库宁家。其有应合相沿交割之物，听提调官吏监临盘点现数，不得指廒指库交割，违者各杖一百。若仓库所收官物有印封记，其主典不请原封官司阅视而擅开者，杖六十。其守支、盘点及擅开各有侵盗等弊者，俱从重论，追赔入官。

**谨案**　原文“方许给由”，雍正三年(1725)将“给由”二字改为“各离职役”。

### 出纳官物有违

凡仓库出纳官物，当出陈物而出新物、则价有多余。应受上物而受下物则价有亏欠。之类，及有司以公用和雇和买，不即给价，若给价有增减不如价值之实者，计通上言。所亏欠当受上物而受下物，及雇、买不即给价，即给价减不以实，各有亏欠之利。及多余当出陈物而出新物，及雇买、给增不以实，各有多余之利。之价，并计所亏欠、所多余坐赃论。以钱粮不系入己，雇、买非充私用，故罪止杖一百、徒三年。赃分还官、给主。若应给俸禄未及期而预给者，罪亦如之。其监临官吏统上论。知而不举，与同罪；不知者不坐。

#### 附律条例

○一、官员、监生、吏典、旗军人等关过俸粮，及预支应得粮米，遇有事故调用等项，五斗以上，失于还官者，事发止问不应，追粮还官；五斗以下，俱免追问。

**谨案**　此条系原例。雍正三年(1725)奏准，今监生、吏典，并不给粮；官员关过俸粮，后遇事故调用者，亦不追还俸粮，此条删。

○一、各省采买一应仓粮谷石，务令州县等官平价采买运仓，不许转发里递派买。至驿递所需草豆，令有驿各官平价采买，亦不得派发里递，苦累小民。应需运价,准令开销。敢有私派勒买,及短给价值,强派强拿民力运送者,坐赃治罪。

**谨案** 此条雍正七年(1729)定。

〇一、凡兵丁生息营运银两,或占百姓行业,或重利放债以为生息者,出纳官吏,照骚扰地方,索借部民财物,计赃科罪。上司失察,交部议处。

**谨案** 此条雍正九年(1731)定。

## 收支留难

凡收受支给官物,其当该官吏,无故(二字重看。)留难刁蹬,不即收支者,一日笞五十,每三日加一等,罪止杖六十、徒一年。守门人留难者,(不放入计日论。)罪亦如之。若领物纳物之人到有先后,主司不依(原到)次序收支者,笞四十。

### 附律条例

〇一、各处司、府、州、县并各钞关解到布绢钱粮等项赴部验文,送甲字等库验收。若有指称权贵名色,掯勒解户,诓诈财物者,听巡视库藏科道官及该部委官拿送法司究问,不分军民匠役,俱发边卫充军。干碍内外官员,一体参奏处治。

**谨案** 此条系原例。雍正三年(1725)奏准,今掯勒解户、诓骗财物,分别轻重问罪,不概发遣;科道亦不巡视库藏,此条删。

〇一、大通桥监督将运进仓内米数,预期行文八仓监督早开仓门,务要本日照数收完。如有至晚收纳不及者,该仓监督亲身查照登簿存仓,次日抽掣收受。违者交该部议处。如运役擅于中途寄放者,照偷盗议罪。

**谨案** 此条雍正三年(1725)定。

〇一、凡钱粮物料等项解送到部,限文到三日内,即行查收,掣给批回。如无故不收完给批者,照律计日治罪。至书役人等,指称估验、掣批、挂号等项费用名色,借端包揽索诈者,许解官解役,即于该衙门首告,送交刑部问实,照衙门蠹役恐吓索诈例,十两以上,并妻安插奉天。赃重者,以枉法从重论,系官革职问罪。该管官失察者,交部议处。如解官预先嘱托,和同行贿,听其包揽者,与受财人一体治罪。

**谨案** 此条雍正三年(1725)定。原文"问实"二字下,系"发边卫充军",乾隆五年(1740)改为"照衙门蠹役"二十字。

一、凡钱粮物料等项解送到部,当该官吏,限文到三日内,即行查收,掣给批回。如无故不收完给批者,照律计日治罪。至书役人等,指称估验、掣批、挂号等项费用名色,借端包揽索诈者,许解官解役,即于该衙门首告,交送刑部治罪。一两以下,杖一百;一两至五两,杖一百、枷号一月;六两至十两,杖一百、徒三年;十两以上,发近边充军;至一百二十两者,拟绞监候。为从分赃,并减一等。系官革职问罪。该管官失察者,交部议处。如解官预先嘱托,和同行贿,听其包揽者,与受财人一体治罪。

**谨案** 此条嘉庆六年(1801)改定。

○一、凡粮船运抵石坝、土坝,限十日内将米起完。如起米违限,以致回空船只守冻者,坐粮厅监督革职。若受财,监督革职,并衙役人等交部从重治罪。仓场侍郎失察者,交该部议处。其漕粮盘坝过闸,运至京、通各仓,晒扬入廒,亦照例限三个月内全完。若石坝、土坝、五闸、大通桥、京通各仓米到,不即令过坝过闸,及于晒扬时掯勒不令入廒者,许运丁首告,将监督等交部严加议处,衙役人等俱交刑部从重治罪。仓场侍郎不行查参,别经发觉,亦交部议处。如坐粮厅及各仓书役人等,向运官运丁指称掣批等项名色勒索者,一两以下,杖六十、徒一年;一两以上,杖一百、徒三年;十两以上,俱佥妻发边卫充军。赃重者,仍从重论。若支放米石搀和沙土者,亦交刑部从重治罪。有向关米之人勒索得财者,俱佥妻发边卫充军;赃重者,各计赃以枉法从重论。因而打死人命者,拟斩监候。关米人等,米色不堪,不行首告,或私给钱者,与、受同科。以上各项,监督失察者,交该部严加议处;知情故纵者,革职从重治罪。失察之仓场侍郎,亦交部议处。

**谨案** 此条雍正三年(1725)定。

一、凡粮船运抵石坝、土坝,限十日内将米起完。如起米违限,以致回空船只守冻者,坐粮厅监督革职。若受财,并衙役人等交刑部治罪。其漕粮运至京、通各仓,若米到不即令过坝过闸,掯勒不令入仓者,许运丁首告,交刑部将衙役人等从重治罪。如坐粮厅及各仓书役人等,向运官运丁指称掣批等项名色勒索者,一两以下,杖六十、徒一年;一两以上,杖一百、徒三年;十两以上,照恐吓索诈例奉天地方安插。赃重者,仍从重论。若支放米石搀和沙土者,亦交刑部从重治罪。有向关米之人勒索得财者,照指称掣批等项名色计赃论罪。因而打死人命者,拟斩监候。关米人等,米色不堪,不行首告,或私给钱者,与、受同科。以上各项,监督失察者,交部严加议处;知情故纵者,革职从重治罪。失察之仓场侍郎,亦交部分别议处。

**谨案** 此条乾隆五年(1740)改定。

一、凡粮船运抵石坝、土坝,限十日内将米起完。如起米违限,以致回空船只守冻者,坐粮厅监督革职。若受财,并衙役人等交刑部计赃依枉法论治罪。其漕粮运至京、通各仓,若米到不即令过坝过闸,掯勒不令入仓者,许运丁首告,将衙役人等交刑部。审系无故留难,依律科断;有赃者,计赃以枉法从其重者论。如坐粮厅及各仓书役人等,向运官运丁指称掣批等项名色勒索者,一两以下,杖一百;一两至五两,杖一百,枷号一月;六两至十两,杖一百、徒三年;十两以上,发近边充军;至一百二十两者,拟绞监候。为从分赃,并减一等。若支放米石搀和沙土者,亦交刑部,照监守自盗律计赃治罪。有向关米之人勒索得财者,照指称掣批等项名色计赃论罪。因而打死人命者,拟斩监候。关米人等,米色不堪,不行首告,或私给钱者,与、受同科。以上各项,监督失察者,交部严加议处;知情故纵者,革职交部治罪。失察之仓场侍郎,亦交部分别议处。

**谨案** 此条嘉庆六年(1801)改定。

〇一、京、通各仓，收米时少进，放米时多出，以致亏空。其亏空米石，着落监督赔六分，书、攒赔二分，头役、花户合赔二分，勒限一年全完。

**谨案** 此条系雍正五年(1727)定，乾隆五年(1740)删。

## 起解金银足色

凡收受纳官诸色课程变卖货物，起解金银，须要足色。如成色不及分数，提调官吏及估计、煎销人匠，各笞四十，着落均赔还官。官有侵欺，问监守盗。知情通同，故不收足色，坐赃论。

## 损坏仓库财物

凡仓库及积聚财物，主守之人，安置不如法，晒晾不以时，致有损坏者，计所损坏之物价坐赃论，罪止杖一百、徒三年。着落均赔还官。若猝遇雨水冲激、失火延烧，若仓库内失火，自依本律杖八十、徒二年。盗贼分强、窃。劫夺，事出不测，而有损失者，委官保勘复实，显迹明白，免罪不赔。其监临主守官吏若将侵欺、借贷、挪移之数，乘其水火、盗贼虚捏文案，及扣换交单籍册，申报瞒官希图幸免本罪者，并计赃以监守自盗论。同僚知而不举者，与同罪；不知者不坐。

### 附律条例

〇一、凡各府、州、县仓廒，俱造入交盘项内。新旧交代，若有本植毁烂，倾圮渗漏，即行揭报，将原任官交部议处。徇情滥受，接任官亦交部议处。其霉烂、亏空谷石，着接任官勒限赔补，不完治罪。

**谨案** 此条雍正六年(1728)定。

## 转解官物

凡各处征收钱帛、买办军需、成造军器等物，所在州县交收，差有职役人员，陆续类解本府。若本府不即交收，差人转解，勒令州县人户就解布政司者，当该提调正官、首领官、吏典，各杖八十。若布政司不即交收，勒令各府就解部者，提调正官、首领官、吏典，罪亦如之。若原行佥定长解，不用此律。其起运前项官物，长押官及解物人，安置不如法，致有损失者，计所损失之物坐赃论，着落均赔还官。若船行猝遇风浪，及外人失火延烧，或盗贼劫夺，事出不测而有损失者，申告所在官司，委官保勘复实，显迹明白，免罪不赔。若有侵欺者，不论有无损失事故，计赃以监守自盗论。若起运官物，不运原本色，而辄赍财货于所纳去处收买纳官者，亦计所买余利为赃以监守自盗论。

**谨案** “勒令各府就解部者”下，原文系“首领官、令典”，雍正三年(1725)加“提调正官”,改“令典”为“吏典”。

**附律条例**

〇一、自天津该运京、通二仓粮储,脚价不敷,许令太仓银库借用。如把总官纵容旗军花费及私下还债,以监守自盗论罪,立功满日,带俸差操。债主以盗官物论罪,势豪官员,奏请发落;家人伴当,发广西烟瘴卫分充军。

**谨案** 此条系原例。雍正三年(1725)奏准,重运额设随漕钱粮,今无太仓借银及带俸差操等例,且“违禁取利”条内已有“举放官军私债”一条,此例删。

〇一、运粮都司卫所把总官,所管船俱以十分为率,若有一半以上违限寄放德州等处,不行到仓者,令漕运都司、都御史提问,降一级,纳米完日,照旧管运;一半以下者,参奏提问。

**谨案** 此条系原例。雍正三年(1725)奏准,今漕运违限,定有按月处分,此条删。

〇一、漕运把总、指挥、千百户等官,索要运军常例,及指以供办等费为由科索,并扣除行月粮与船料等项,值银三十两以上者,问罪,立功五年,满日,降一级,带俸差操;如未及三十两者,止照常科断。其跟官书算人等,指称使用,科索军人财物入己,赃至二十两以上,发边卫充军。

**谨案** 此条系原例。雍正三年(1725)奏准,今无指挥、千百户等官名,且押运官科索及跟役求索者,俱按律计赃问拟,此条删。

〇一、漕运把总、指挥、千百户等官,如有漂流数多,把总三千石,指挥及千户等官同帮领运者一千石,千户五百石,百户、镇抚二百五十石,俱问罪,于现在职级上降一级。有能自备银两,不费别军羡余,当年处补完足者,免其问降。若愿随下年粮运完补,亦准复职。止完一年,准复一级;三年内尽数补完,亦准复原职。

**谨案** 此条系原例。雍正三年(1725)奏准,今漂没船粮,地方官具结题豁,有定例在后,此条删。

〇一、漕运官军,如有水次折乾,沿途盗卖,自度粮米短少,故将船放失漂流,及虽系漂流,损失不多,乘机侵匿,捏作全数,贿嘱有司官吏,扶同奏勘者,前后帮船及地方居民有能觉察告首,督运官查实,给赏轻赍银十两。官军不分赃数多少,俱照例发边卫充军;有司官吏从重问拟。仍行原卫所将失事之人家产变卖抵偿,不许轻扣别军月粮,以长奸恶。前后帮船知而不举,一体连坐。仍于正犯所欠钱粮内,责令帮赔十分之三。

**谨案** 此条系原例。

一、漂没粮船,着落沿途催趱各官及汛地文武官员亲临勘实,各出保结,取具运官结状,该督抚确查具题豁免。如运粮官丁谎报漂没,并故将船放失漂流,及虽系漂流,损失不多,乘机侵盗,至六百石,照例拟斩;不及六百石,照例发边卫永远充军,米石照数赔补。其沿途催趱各官,及汛地文武各官,不亲临确勘的实,遽出保结者,俱革职。该督抚不严察确实,遽行题豁,后诈冒事露者,亦交该部议处。

**谨案** 此条雍正五年(1727)定。

一、漂没船粮,着落沿途催趱各官及汛地文武官员亲临勘实,各出保结,取具运官结状,该督抚确查具题豁免。若漕运官军水次折乾,沿途盗卖,自度粮米短少,故将船放失漂流,及虽系漂流,损失不多,乘机侵匿,捏作全数,贿嘱有司官吏扶同奏勘者,前后帮船及地方居民,有能觉察首告,督运官司查实,给赏轻赍银十两。官军侵盗至六百石者,拟斩;不及六百石者,发边远充军。沿途催趱及汛地文武各官,不亲临确勘的实,遽出保结者,革职。督抚不严察确实,遽行题豁,事发交部议处。所亏米数,仍行原卫所将故失、侵捏之人家产变卖抵偿,不许轻扣别军月粮。前后帮船知而不举,一体连坐。仍于正犯所欠钱粮内,责令帮赔十分之三。

**谨案** 此条系乾隆五年(1740)将前二条修并。

〇一、运粮官员、旗军人等,犯该人命、强盗等项重罪者,官拘系奏提,旗军人等即便提问。其余一切小事,候交粮毕日审结。

〇一、空重漕船,沿途州县卫所,照定限时日,驱令出境。如有违限,将专催、督催、押运、领运官,俱交该部照例分别议处。随帮百总、旗头,违限一次笞五十,二次杖六十,三次杖七十,每一次加一等,罪止杖一百、徒三年。督抚不行查参,照隐匿不参催粮官例议处。设有非常风阻、冰冻浅滞,俱令查实报明,免其议处。

〇一、凡运解饷鞘到汛,不照拨定兵丁名数护送,或兵丁有于中途私回者,解官即报明该督抚题参,将该汛专兼将弁照少拨解役例议处,中途私回之兵丁责革名粮。

**谨案** 以上三条。俱系雍正五年(1727)定。

〇一、粮船到淮,米色霉变,运弁出有米色结状者,亏折之米,着落该帮旗丁赔补;运弁未经出有结状者,着落县、帮各半均赔。

**谨案** 此条雍正六年(1728)定。

〇一、盐课银两,起解京协各饷,所需水脚,向系商人自备应用,并不按站给予夫马供应。每逢起解之期,巡盐御史预先移会前途督抚拨兵护送,务由大路按站而行。夜宿州县,照例拨给人夫巡守。如有疏虞,经过之地方文武各官,照例分赔。如巡盐御史不移会督抚,解官不知会地方官,潜行小路,致有疏失,着落解官名下追赔。解官不能完项,即着差委之上司赔补。

**谨案** 此条雍正六年(1728)定。道光十四年(1834),两"巡盐御史"均改为"该管官"。

〇一、解饷失鞘,地方文员分赔一半,差委不慎之大员分赔三分,解员赔二分。如解员不能赔补,亦着差委之大员赔补。武员照例处分,免其分赔。

**谨案** 此条雍正七年(1729)定。

〇一、卫所运弁正丁,雇觅头船、水手,俱开明姓名、籍贯,各给腰牌。令前后十船,互相稽查,取具正丁甘结,十船连环保结。如一船生事,十船连坐。押运、粮道等官,在途稽查。倘有生事者,会同地方官审讯惩治,仍将生事情由,报明总漕。其未经开兑之先,责成本省巡抚及粮道等官;开运出境之后,责成漕运总督及沿途该管文武等官;到津以后,责成仓场侍郎、坐粮厅,并天津总兵、通州副将,天津、通州府县,各按该管地方,严行稽查。一经事犯,协同押运官立即擒拿,按律惩治。倘押运官弁或有徇纵,地方官不行查拿,该督抚即行题参。除徇纵之押运官照例革职外,其该管道员,及沿途之该管文武官弁,并各处之该管上司,俱分别议处。若申报而各处该管上司不行题参者,照例议处。

**谨案** 此条雍正七年(1729)定。

○一、粮船水手,隐匿腰牌,游荡为匪,及随帮匪徒,伪造腰牌,冒充水手,沿途滋事者,各于应得本罪上加一等定拟。其未经滋事为匪,仅止隐匿及伪造腰牌者,均照违制律杖一百,加枷号一月。

**谨案** 此条道光十六年(1836)定。

○一、委解铜斤,照解饷之例按运更换。如有递年长令管解者,将解员革职,原委之上司交部议处。倘局内书役、炉头人等,于收铜之时任意轻重,及勒索情弊,查明按律治罪。失察之该管官,严加议处。其各省委解颜料等项,亦照此例按批更换。

**谨案** 此条雍正十二年(1734)定。乾隆五年(1740),删去“解员革职”四字。

○一、蓟运回空,有在该地方刨取白土装带,及沿河市镇铺户,有将白土卖与粮船者,如尚无搀和情弊,将铺户、丁舵均枷号一月、杖一百。其已经搀和者,将丁舵杖一百、徒三年。若搀入漕粮至一百石以上者,丁舵发遣。其运弁与押空千总,及不行查禁之蓟州文武官弁,交该部分别议处。

**谨案** 此条乾隆七年(1742)定。嘉庆十七年(1812)调剂黑龙江等处遣犯,改“丁舵发遣”为“发极边足四千里充军”。

○一、粮船被窃,该旗丁呈报本帮运弁,移知该地方官,缉贼追赃。被窃之船,即随帮前行,不必守候。至强劫重案,必须等候待验,该领运官具报,立即会勘,州县立给印票,催趱前行,并将被盗守候缘由,报明漕督及巡漕御史查核。倘有不肖兵役,勒措需索,照在官人役取受有事人财,计赃以枉法科罪。其经过地方,如有强劫之案,该地方文武官弁,俱照城内失事例议处。水手行窃,及帮船被盗,将领运员弁,分别强、窃及抑勒、隐讳,计案分别议处。

**谨案** 此条乾隆二十三年(1758)定。道光二十四年(1844),改“巡漕御史”为“该管官”。

○一、粮船舵工,有侵米至五石以上,累丁代完者,审实,即咨部发遣。

**谨案** 此条乾隆二十四年(1759)定。嘉庆十九年(1814)调剂黑龙江等处遣犯,改“即咨部发遣”五字为“发极边足四千里充军”。

○一、州县起解银两,解役潜行小路,不请拨护者,即未被失,亦照不应重律杖八十。

**谨案** 此条乾隆二十五年(1760)定。

○一、管押饷鞘失事之兵役,如有知情同盗,仍照旧例分别首从定拟外,其违例雇替,托故潜回,无故先后散行者,减首犯罪一等;其依法管解,偶致疏失,审有确据者,减二等治罪。

**谨案** 此条乾隆三十四年(1769)定。

○一、朝鲜国进贡使臣,一抵凤凰城,责令城守尉查明人数,并将携带货物、银两数目,注载册档,听其自择素日信识之商人雇车载运,取具交领呈状备查。仍分析造具细册,呈报将军及该管衙门。沿途派官一员、兵二十名,所至州县,酌派妥役二三十名,护送照料,遇晚巡逻。驿丞按站预报地方旗、民各官,至连界交接,将交接日月,呈报将军等衙门备查。如不行预报,及交接贻误者,均查参分别议处。若朝鲜人众,有不安本分滋生事端者,着落迎送官、通官严加约束,有犯申报查办。如迎送官、通官约束不严,许地方旗、民各官呈报该将军严参议处。朝鲜来使携带银物,交商载运,偶有损伤,着落原商赔还,仍照弃毁官物律治罪。

**谨案** 此条乾隆四十二年(1777)定。

○一、凡粮船在内河失风至三只以上者,运弁、厅员交部分别议处,旗丁各杖一百、枷号一月。如有捏报失风,审实从重定拟。至盛夏之时,倘遇雨水骤发,冲坏数只者,该督及巡漕御史查明实在情形,奏明分别办理。

**谨案** 此条乾隆四十二年(1777)定。道光十四年(1834),删“巡漕御史”四字。

○一、承办铜斤之厂员、运员,不以公事为心,因循怠惰,以致厂铜缺额,运泸逾限者,均革职,发往新疆效力。数年后厂铜日旺,渐有积余,泸店底铜亦日增充裕,遇有天时之不齐,物力之偶绌,间有缺额迟运,为数无几者,户部再行核酌情形,请旨办理。

**谨案** 此条乾隆四十四年(1779)定。

○一、各省应解各部院饭银等项,一面委妥员搭解,亲赴各衙门交纳,一面将银数及解员姓名、起解日期,先行咨部。如限满不接批回,即咨请行查,仍于年终汇咨各部院查核。

**谨案** 此条乾隆五十四年(1789)定。

○一、运粮旗丁,除正项粮米,或因遭风沉失报案有据,或因折耗过多亏短有因,例准挂欠搭解,仍照例办理。及正项漕米交足之后,买米食用,并非回漕者,毋庸治罪外,其实因正项亏短,但经买米回漕,计其所买米数,不及六十石者,杖一百、徒三年;六十石以上者,发边远充军;数满六百石者,拟斩监候。卖米之人,计其所卖之米与同罪,至死者减发极边烟瘴充军。除旗丁所买回漕米石及卖米之人所得米价照追入官外,仍计买米卖米石数,照监守盗本例勒限严追,分别办理。

**谨案** 此条嘉庆十三年(1808)定。

○一、凡丁舵暨经纪人等,将漕米用药灌涨,冀图偷窃,计其所灌之米,不及六十石,杖一百、流三千里;六十石以上至一百石,发极边足四千里充军;一百石以上,发新疆给官兵为奴。如仅止用水灌米,不及一百石,杖一百、徒三年;一百石以上,发极边足四千里充军。为从各犯,均减为首一等。其仅止用水灌涨之犯,除尚堪食用之米不计外,所短之米,均各着追。一年限内,全数完缴,各于本罪上酌量减等发落。

**谨案** 此条道光三十年(1850)定。原文系"将用药灌涨漕米,不及六十石,发附近充军;六十石以上至一百石,实发云贵两广极边烟瘴充军;一百石以上,发新疆给官兵为奴。用水灌涨不及一百石,杖一百、流二千里;一百石以上,实发云贵两广极边烟瘴充军。其用水灌涨之米,除尚堪食用外,所短之米,勒限四个月追赔。限内全完,减等发落;不完,加等治罪",同治七年(1868)改定。

○一、转运漕粮经纪、车户、剥船、驾掌及各项代役,每米百石,掣欠逾额不及五斗,免其责惩外,如逾额至五斗,杖一百、枷号一月;一石至二石,杖六十、徒一年;三石至四石,杖七十、徒一年半;五石至六石,杖八十、徒二年;七石至八石,杖九十、徒二年半;九石至十石以上,杖一百、徒三年。如经纪等运米千石,内逾额至十石以上,亦杖一百、徒三年;三十石以上,杖一百、流二千里;五十石以上,杖一百、流二千五百里;七十石以上,杖一百、流三千里;九十石至一百石以上,发附近充军。一万石内,逾额至百石以上,亦发附近充军;三百石以上,发近边;五百石以上,发边远;七百石以上,发极边足四千里;九百石以上,发云贵两广烟瘴地方,各充军;一千石以上,发往新疆酌拨种地当差。仍先行照数追赔。全完免罪。不完,枷、杖人犯,照拟发落;徒罪以上,照挪移库银例办理。每米一石,作银一两计算。倘有偷窃、盗卖情事,仍从其重者论。

**谨案** 此条同治九年(1870)定。

○一、漕粮起剥转运,如有匪徒沿途滋扰,借端讹诈,并在京、通各仓,结党盘踞把持,积年吃仓分肥者,照打搅仓场例加一等定拟;得赃者,照蠹役诈赃例分别治罪。为从各减一等。计赃重者,仍各从其重者论。

**谨案** 此条同治九年(1870)定。

**历年事例**

○康熙二十二年(1683)奏准:凡大通桥未交米石,不禀官寄仓收存,私自在外寄顿并受寄者,各照不应重律杖八十。该监督官不行查看,任其寄顿者,议处。

○二十五年(1686)议准:凡剥船运米有亏少者,将雇募之运夫治罪,米石令正身船户赔补。违限不完,从重治罪。州县官仍勒定限,将正身船户之家产追赔。如限内不完者,承追官一并参处。至雇募之运夫,有搀和石灰、药水等弊,查审果实者,发宁古塔等处与新披甲之人为奴,米石亦勒限追正身船户之家产赔偿。若剥运米好,运官、旗丁勒掯不收者,从重治罪。

○四十年(1701)议准:收存米谷,挽运江海,遇扬风大雨,漂流并霉烂者,俱系无心所致,该督抚题参,革职离任。限一年之内赔完免罪,复还原职另补。如逾限一年赔完免罪,不准复职。二年之内不完,照例治罪,着落家产追赔。

○四十三年(1704)谕:“漕粮关系重大,嗣后拖欠漕粮官员,即升任,仍发赴总漕,令其赔完。”

### 拟断赃罚不当

○凡拟断赃罚财物,应入官而给主,及应给主而入官者,坐赃论,罪止杖一百。

#### 附律条例

○一、凡查估追变之员,勘报不实,瞻徇延缓,以致帑项悬缺者,着令代赔。若查勘本无不实,催追本无徇纵,止因变抵不敷,以致公帑悬缺,仍在本人名下归结,不得向查估追变之人勒令代赔,违者以违制论。

○一、凡承追各款赃罚银两,着落本犯勒追完结。其有律应身死勿征者,仍照定例免征。至年远赃私,必确查实据,方可着追。不得于本犯之外,混追赔补。违者以违制论。

**谨案** 以上二条,乾隆元年(1736)定。

#### 历年事例

○康熙九年(1670)题准:凡承问官将应追赃银未断追赃,及应给主银两失断给主者,罚俸一年,转详上司官罚俸六月。

○乾隆二十二年(1757)谕:“前因庄有恭在江苏巡抚任内滥行批罚赎罪,已将庄有恭及附和迎合之许松佶、赵酉革职治罪矣。以江苏一省庄有恭一人任内言之,已有数案,则各省督抚,恐亦俱所不免。谓必如庄有恭所办朱聃一案,以缳首重罪,不题不奏,擅行准罚,在各督抚中,自必不敢出此。至严凝裕斗蟋蟀等细微之事,量为批罚完结者,自属势所易行。夫立法所以示惩,应的决者,自应照例的决。州县滥罚,尚所严禁,况于督抚大吏耶?嗣后民间词讼案件,概不得滥行准罚。若果所犯之罪本轻,而为富不仁,情实可恶,则酌量示罚,以充地方桥道、庙宇等工之用,亦尚可准,但须奏明请旨,不许擅自批结,以杜借端影射之弊。此亦肃清吏治之一端也。”

### 守掌在官财物

凡官物当应给付与人,已出仓库而未付给,若私物当供官用,已送在官而未入仓库,均为官物。但有人守掌在官,官司委金守掌之人。若有侵欺、借贷者,并计入己赃以监守自盗论。若非守掌之人侵欺者,依常人盗仓库律论。其有未纳而侵用者,经催里、纳、保、歇,各照隐匿包揽欺官取财科断,不得概用此律。

**附律条例**

〇一、各处卫所管军头目人等,关出粮料、布花等物,若指以公用为由,因而扣减入已,粮料至一百石,大布、棉花、钱帛等物值银三十两以上者,问罪。追赃完日,军职发立功,五年满日,降一级带俸差操;旗军人等,枷号一月,发极边墩台守哨,五年满日疏放。

**谨案** 此条系原例。雍正三年(1725)奏准,今管军官因公科敛入已者以枉法论,不用立功差操例,此条删。

〇一、八旗参领、佐领、骁骑校、领催等,将一切收存公所干系钱粮并交库银两入己,三百两以上者,斩决;百两以上者,绞决;四十两以上者,枷号三月,鞭一百,发黑龙江;十两以上者,枷号三月,鞭一百;十两以下者,枷号两月,鞭八十。入已银两,着将本犯名下家产,严察变价赔还,勒限半年全完。如过限不完者,将家产照例入官。若无产业不能赔补者,将本犯妻子入辛者库。至于此等侵盗之员,该管各上司不行查出者,都统、副都统各降二级、罚俸二年,该上司均革职。其罪犯不能赔完银两,着落该旗都统等赔补。

**谨案** 此条雍正五年(1727)定。

一、凡八旗参领、佐领、骁骑校、领催等,将一切收存公所干系钱粮并交库银两侵蚀者,照监守自盗律例分别问拟。一万两以内,遇赦准其援免;有逾此数,不准宽免。

**谨案** 此条乾隆元年(1736)改定。

〇一、亏空官员查参之后,将房产令该管官照额征租,收存公处。若本人完不足数,将房产及历年所收之租,一并抵补。如欠项已完,将房产租银,一并照数给还。再初查家产时,已将物产照数抵项,若有多余,仍交本人听其变卖。除赔完亏项外,将所余房产,并所得租银,一并给还。

**谨案** 此条雍正七年(1729)定,乾隆五年(1740)删。

〇一、凡办理军需及急切公务,酌留帑项,交与司、道、府库分储,以备应用。其存储府库银两,该管道员不时盘查,如有亏空,立即详参。倘徇隐不报,将该道参处,勒令分赔。司、道库收存银两,督抚盘查,如有徇隐,将督抚议处分赔。

**谨案** 此条雍正十年(1732)定,乾隆五年(1740)删。

**历年事例**

〇乾隆五年(1740)议准:各省赎锾银两,若所存赢余无多,应仍听本省留充下年囚粮、衣药等费。如或累积不解,易起地方官挪移侵隐之弊。嗣后各省赎锾,有递年存积至一千两以上者,应令该督抚解交该部,自不致有滋弊窦。

**隐瞒入官家产**

凡抄没人口、财产,除谋反、谋叛及奸党系在十恶,依律抄没,其余有犯律不该载者，妻子、财产，不在抄没入官之限。违者，依故入人流罪论。抄没尚未入官，作未入官，各减一等。若抄札入官家产，而隐瞒人口不报者，计口以隐瞒丁口论；若隐瞒田土者，计田以欺隐田粮论；若隐瞒财物、房屋、孳畜者，坐赃论，各罪止杖一百，所隐人口、财产并入官。罪坐供报之人。所隐之人口不坐。不加重者，以自己之丁口、财产也。若里长同情隐瞒，及当该官吏知情者，并与同罪。计所隐赃重于杖一百者，坐赃论，全科。受财者，计赃以枉法各从重论。以枉法之重罪论，分有禄、无禄。失觉举者，减供报人三等，罪止笞五十。

**附律条例**

〇一、凡罪犯入官财产，止应着落正犯追取。倘正犯将无干之人肆行诬赖者，从重治罪，仍着落伊身追取。承审、察追各官，如徇庇正犯，拖累无干之人，亦交与该部严加议处。

**谨案** 此条雍正三年（1725）定。

〇一、旗员任所亏空不能完结，回旗时交与地方官查报。如有隐匿，将隐匿财物添补亏空外，照查出数目，着落地方官分赔。

**谨案** 此条雍正七年（1729）定，乾隆五年（1740）删。

〇一、凡欠帑人员，将地亩入官之后，其本人及本人之子孙，概不准其认买。倘有混行承买，将官兵人等，分别议处、治罪。准其承买之该管各官，交部照例议处。

**谨案** 此条雍正十二年（1734）定。

〇一、凡欠帑人员，或因独力难赔，或因产尽无着，遂将分居别业之弟兄亲属、并不知情之亲友旁人，巧借认帮名目，辗转株连，勒令赔补者，将承审、承追各官，均照违制律治罪。

〇一、凡亏空入官房地内，如有坟地及坟园内房屋、看坟人口、祭祀田产，俱给还本人，免其入官变价。

**谨案** 此二条系乾隆元年（1736）定。

〇一、除隐匿挪移案内之家产，仍照隐匿本律治罪外，如隐匿侵盗案内之家产，不论原案未完之数，计所隐匿家产价值之多寡，照坐赃律分别定拟。十两以下笞二十，每十两加一等；一百两杖六十、徒一年，每一百两加一等；五百两至一千两满徒；一千两以上，罪止杖一百、流三千里。系旗人折枷号、鞭责。俱罪坐隐瞒之人。所隐财产，俱行入官。保题各官，照例治罪追赔。

**谨案** 此条乾隆三年（1738）定。

〇一、凡应追官员赃赔各项银两，若原籍、任所，查明财产尽绝，实在无可着追者，取具原籍地方官印结咨部，各归任所加结题请豁免。回旗人员，由本旗确查取结，咨行任所，一体办理。如原籍、任所，或有隐匿寄顿，一经发觉，除财产入官外，出结各员，照例议处分赔，隐寄家属，照律治罪。

**谨案** 此条乾隆十九年(1754)定。

一、凡应追官员赃赔各项银两,若原籍、任所,查明财产尽绝,实在无可着追者,任所官出具切实印结,由原籍加结题请豁免。旗员亦照此由本旗具结,咨部办理。如旗、籍、任所,或有隐匿寄顿,一经发觉,除财产入官外,出结各员,照例议处分赔,隐寄家属,照律治罪。

**谨案** 此条嘉庆六年(1801)改定。

○一、凡一切承追案件,该督抚一面督属严追,一面行查该员历过任所,有无隐寄,毋庸俟本籍无追,始行咨查。其任所地方官,自文到日起,勒限三个月,据实查明,申详督抚,咨明原籍办理,并令该督抚严加督催。如有逾违,照钦部事件迟延例议处。其欠帑官员离任者,或有托故逗遛,即押令回籍着追。

**谨案** 此条乾隆三十七年(1772)定。

**历年事例**

○顺治十五年(1658)题准:凡隐瞒籍没入官财物者,枷号一月、杖一百,流徙宁古塔。隐瞒文约,因而得财者,枷号两月、杖一百。其将犯人银两保放,及交关产业情由而不行举首者,各杖一百。

○康熙二年(1663)题准:凡隐匿入官财物至五百两者,枷号一月、杖一百,流徙宁古塔;四百两者,杖一百、徒三年;三百两者,杖九十、徒二年半;二百两者,杖八十、徒二年;一百两者,杖七十、徒一年半;九十两者,杖六十、徒一年;八十两者,杖一百;七十两者,杖九十;六十两者,杖八十;五十两者,杖七十;四十两以下至一两以上者,俱杖六十。

○九年(1670)题准:凡隐瞒反叛籍没入官人口者,照隐匿入官财物之例,不论男妇大小,五口以上,杖一百,流徙宁古塔;四口,杖一百、徒三年;三口,杖九十、徒二年半;二口,杖八十、徒二年;一口,杖七十、徒一年半。旗下人有犯徒流之罪者,照例分别枷号发落。

○十二年(1673)议准:凡隐匿入官财产,及反叛籍没入官人口者,俱照律行。

○十七年(1678)复准:凡犯隐匿籍没人口财物者,因律内罪轻,奸诡遂多隐匿,嗣后仍照前定例治罪。其在赦后发觉者,不准援免。

○二十年(1681)恩诏:"出首逆本银两者,着永行停止。如有首告之人,即从重治罪。"

# 卷七百六十二·刑部四十

## 户律·课程 盐法一

**盐法一** 一十二条。

○凡犯无引私盐凡有确货即是，不必赃之多少。者，杖一百、徒三年。若带有军器者，加一等；流二千里。盐徒诬指平人者，加三等；流三千里。拒捕者，斩。监候。盐货、车船、头匹并入官。道途引领、秤手牙人及窝藏、盐犯、寄顿盐货者，杖九十、徒二年半；受雇挑担驮载者，与例所谓肩挑背负者不同。杖八十、徒二年。非应捕人告获者，就将所获私盐给付告人充赏。同贩中有一人能自首者免罪，一体给赏。若一人自犯而自首，止免罪不赏，仍追原赃。若私盐事发，止理现获人、盐。如获盐不获人者不追，获人不获盐者不坐。当该官司不许听其辗转攀指，违者，官吏以故入人罪论。谓如人盐同获，止理现发。有确货无犯人者，其盐没官，不须追究。

○凡盐场灶丁人等，除岁办正额盐外，夹带余盐出场，及私煎盐货卖者，同私盐法。该管总催知情故纵，及通同货卖者，与犯人同罪。

**谨案** 原文系"百夫长"三字，雍正五年(1727)奏改"该管总催"。

○凡妇人有犯私盐，若夫在家，或子知情，罪坐夫男。其虽有夫而远出，或有子幼弱，罪坐本妇。决杖一百，余罪收赎。

○凡买食私盐者，杖一百。因而货卖者，杖一百、徒三年。

○凡守御官司，及盐运巡检司巡获私盐，即发有司归勘，原获各衙门不许擅问。若有司官吏通同原获各衙门脱放者，与犯人同罪。受财者，计赃以枉法从其罪之重论。

○凡守御官司，及有司巡检司，设法差人于该管地面，并附场紧关去处，常川巡禁私盐。若有透漏者，关津把截官及所委巡盐人员，初犯笞四十，再犯笞五十，三犯杖六十，公罪。附过还职。若知情故纵，及容令军兵随同贩卖者，与犯人同罪。私罪。受财者，计赃以枉法从重论。其巡获私盐入已不解官者，杖一百、徒三年。若装诬平人，加三等。杖一百、流三千里。

**谨案** “附过还职”四字,雍正三年(1725)奏准改为“并留职役”。又两节“守御官司”至“巡检司”十字,乾隆五年(1740)均改为“管理盐务及有巡缉私盐之责文武各衙门”。

○凡军人有犯私盐,本管千百户有失钤束者,百户初犯笞五十,再犯杖六十,三犯杖七十,减半给俸;千户初犯笞四十,再犯笞五十,三犯杖六十,减半给俸,并附过还职。若知情容纵,及通同贩卖者,与犯人同罪。

**谨案** 雍正三年(1725)奏准,今武职失察私盐,与文职一例处分,亦无“千百户”官名及“减半给俸”之事,此律删。

○凡起运官盐,每引照额定斤数为一袋,并带额定耗盐。经过批验所,依引目数掣挚秤盘,随手取袋,掣其轻重。但有夹带余盐者,同私盐法。若客盐越过批验所,不经掣挚、及引上不使关防者,杖九十,押回逐一盘验。

**谨案** “每引照额定斤数”二句,原文系“每引二百斤为一袋,带耗五斤”,雍正三年(1725)改。

○凡客商贩卖有引官盐,当照引发盐,不许盐与引相离,违者同私盐法。其卖盐了毕,十日之内不缴退引者,笞四十。若将旧引不缴影射盐货者,同私盐法。

○凡起运官盐,并灶户运盐上仓,将带军器,及不用官船起运者,同私盐法。

○凡客商将验过有引官盐搀和沙土货卖者,杖八十。

○凡将有引官盐,不于拘定应该行盐地面发卖,转于别境犯界货卖者,杖一百。知而买食者,杖六十,不知者不坐。其盐入官。

**附律条例**

○一、各边召商上纳粮草,若内外势要官豪家人,开列诡名占窝转卖取利者,俱问发边卫充军。干碍势豪,参究治罪。

**谨案** 此条系原例。雍正三年(1725)奏准,今无召商纳粮草事,例文删。

○一、凡豪强盐徒,聚众至十人以上,撑驾大船,张挂旗号,擅用兵仗响器,拒敌官兵,若杀人及伤三人以上者,比照强盗已行得财律皆斩,为首者仍枭首示众。其虽拒敌,不曾杀伤人,为首者依律处斩,为从者俱发边卫充军。若止十人以下原无兵仗,遇有追捕拒敌因而伤至二人以上者,为首者依律处斩,下手之人比照聚众中途打夺罪人因而伤人律绞,其不曾下手者仍以为从论。若贫难军民将私盐肩挑背负易米度日者,不必禁捕。

**谨案** 此条系原例。

一、凡豪强盐徒,聚众至十人以上,撑驾大船,张挂旗号,擅用兵仗响器,拒敌官兵,若杀伤三人以上者,比照强盗已行得财律皆斩,为首者仍枭首示众;伤二人者,为首斩决,为从绞监候;伤一人者,为首斩监候,为从发边卫充军。其虽拒敌不曾杀伤人者,为首绞监候,为从流三千里。若贫难军民将私盐肩挑背负易米度日者,不必禁捕。

**谨案** 此条乾隆五年(1740)改定。三十二年(1767),将伤一人为从之犯,亦改发黑龙江为奴。

一、大伙枭徒拒捕伤差案内,凡得赃包庇之兵役,俱拟斩监候;私售之灶丁,及窝顿之匪犯,俱发伊犁乌鲁木齐等处为奴。

**谨案** 此条乾隆四十三年(1778)定。

一、凡豪强盐徒,聚众至十人以上,撑驾大船,张挂旗号,擅用兵仗响器,拒敌官兵,若杀人及杀三人以上者,比照强盗已行得财律皆斩,为首者仍枭首示众;伤二人者,为首斩决,为从绞监候;伤一人者,为首斩监候,为从发黑龙江等处给予披甲人为奴。凡得赃包庇之兵役,俱拟斩监候;私售之灶丁,及窝顿之匪犯,俱发伊犁乌鲁木齐等处为奴。其虽拒敌,不曾杀伤,为首绞监候,为从流三千里。若贫难军民将私盐肩挑背负易米度日者,不必禁捕。

**谨案** 此条系嘉庆六年(1801)将前二条修并。十七年(1812)调剂黑龙江遣犯,将例内拒捕伤一人为从,改为实发云贵两广极边烟瘴充军。道光六年(1826)调剂新疆遣犯,将例内发伊犁乌鲁木齐等处为奴之犯,改发云贵两广极边烟瘴充军。二十四年(1844),仍改归伊犁等处。

○一、越境如淮盐越过浙盐地方之类。兴贩官司引盐至三千斤以上者,问发附近卫所充军。原系腹里卫所者,发边卫充军。其客商收买余盐,买求掣挚,至三千斤以上者,亦照前例发遣。经过官司纵放,及地方甲邻里老知而不举,各治以罪。巡捕官员乘机兴贩至三千斤以上,亦照前例问发。须至三千斤。不及三千斤,在本行盐地方,虽越府省,仍依本律。

**谨案** 此条系原例。雍正三年(1725)奏准,今军民犯军罪者,一体发遣,“原系腹里卫所”二句删。

一、越境如淮盐越过浙盐地方之类。兴贩官司引盐至三千斤以上者,问发附近地方充军。其客商收买余盐,买求掣挚,至三千斤以上者,亦照前例发遣。掣验官吏受财,及经过官司纵放,并地方甲邻里老知而不举,各治以罪。掣验官吏受财,依枉法;经过官司、里老、地方、火甲,依知罪人不捕;邻佑,依违制。巡捕官员乘机兴贩至三千斤以上,亦照前例问发。须至三千斤。不及三千斤,在本行盐地方,虽越府省,仍依本律。

**谨案** 此条嘉庆六年(1801)改定。

○一、凡两淮等处运司中盐商人,必须纳过银两纸价,方给引目守支。若先年不曾上纳,故捏守支年久等项虚词奏扰者,依律问罪,仍照各处盐场无藉之徒把持诈害事例发遣。

**谨案** 此条系原例。雍正三年(1725)奏准,商人俱纳课给引,无守支年久之事,例文删。

○一、凡伪造盐引、印信,贿嘱运司、吏书人等,将已故并远年商人名籍、中盐来历填写在引,转卖诓骗财物,为首者依律处斩外,其为从并经纪、牙行、店户,运司、书吏,一应知情人等,但计赃满数应流者,不拘曾否支盐出场,俱发边卫充军。

**谨案** 此条系原例。“计赃满数”下“应流”二字,雍正三年(1725)增。

○一、各盐运司总催名下该管盐课,纳完者方许照名填给通关。若不曾纳课,总催买嘱关吏,并复盘委官,指仓指囤,扶同作弊者,俱问发边卫充军。

**谨案** 此条系原例。

○一、各处盐场无藉之人,号称长布衫、赶船虎、光棍、好汉等项名色,把持官府,诈害客商,犯该徒罪以上,及再犯杖罪以下者,俱发边卫充军。

**谨案** 此条系原例。咸丰二年(1852),因光棍例应斩决,删此二字。

○一、凡兵民聚众十人以上,带有军器,兴贩私盐者,不问曾否拒捕伤人,照强盗已行得财律,皆斩立决。若十人以下拒捕杀人,不论有无军器,为首者斩,下手者绞,俱监候;不曾下手者,发边卫充军。其不带军器,不曾拒捕,不分十人上下,仍照私盐律杖一百、徒三年。若十人以下,虽有军器,不曾拒捕者,亦照私盐带有军器加一等律杖一百、流二千里。其失察文武各官,该督抚题参,俱交该部照例议处。有拿获大伙私贩者,亦着该督抚题明,交与各该部照例议叙。

**谨案** 此条雍正五年(1727)定。

一、凡兵民聚众十人以上,带有军器,兴贩私盐,拒捕杀人,及伤三人以上之案,为首并杀人之犯斩决,伤人之犯斩监候,未曾下手杀伤人者发边卫充军;伤二人者,为首斩,下手者绞,俱监候;伤一人者,为首绞监候,下手者发边卫充军,为从满流。其虽带有军器,不曾拒捕者,为首发边卫充军,为从流二千里。若十人以下拒捕杀人,不论有无军器,为首者斩,下手者绞,俱监候,不曾下手者发边卫充军;伤至二人以上者,为首者斩监候,下手之人绞监候;止伤一人者,为首绞监候,下手之犯杖一百、流三千里,其不曾下手者,仍照本律治罪。其不带军器,不曾拒捕,不分十人上下,仍照私盐律杖一百、徒三年。若十人以下,虽有军器,不曾拒捕,为首亦照私盐带有军器加一等律杖一百、流二千里,为从杖一百、徒三年。其失察文武各官,交部议处。有拿获大伙私贩者,交部议叙。

**谨案** 此条乾隆五年(1740)改定。例内拒捕伤一人下手之犯发边卫充军,已于乾隆二十四年(1759)奏准改发黑龙江给披甲人为奴。

一、凡兵民聚众十人以上,带有军器,兴贩私盐,拒捕杀人,及伤三人以上之案,为首并杀人之犯斩决,伤人之犯斩监候,未曾下手伤人者发近边充军;伤二人者,为首斩,下手者绞,俱监候;伤一人者,为首绞监候,下手者发黑龙江等处给予披甲人为奴;为从俱满流。若拒捕不曾伤人者,为首发黑龙江等处给披甲人为奴,为从满流。其虽带有军器,不曾拒捕者,为首发近边充军,为从流二千里。若十人以下拒捕杀人,不论有无军器,为首者斩,下手者绞,俱监候,不曾下手者发近边充军;伤至二人以上者,为首斩监候,下手之人绞监候;止伤一人者,为首绞监候,下手之犯杖一百、流三千里;其不曾下手者,俱仍照私盐律杖一百、徒三年。若拒捕不曾伤人者,为首杖一百、流三千里,为从照私盐本律拟徒。其不带军器,不曾拒捕,不分十人上下,仍照私盐律杖一百、徒三年。若十人以下,带有军器,不曾拒捕者,为首照私盐拟徒本罪加一等律杖一百、流二千里,为从杖一百、徒三年。其失察文武各官,交部议处。有拿获大伙私贩者,交部议叙。

**谨案** 此条嘉庆六年(1801)改定。十七年(1812)议准,例内应发黑龙江之犯,改发云贵两广极边烟瘴充军。

〇一、凡灶丁贩卖私盐,大使失察者革职,知情者枷号一月发落,不准折赎。该管上司官,俱交该部议处。

**谨案** 此条雍正五年(1727)定。

〇一、凡回空粮船,夹带私盐,闯闸闯关,不服盘查,聚至十人以上,持械拒捕,杀人及伤三人以上者,为首并杀伤人之人拟斩立决,未曾下手杀伤人者发边卫永远充军;其虽拒捕不曾伤人,及十人以下拒捕伤人致死者,为首拟斩监候,为从者发边卫充军。船头、旗丁、头舵人等,虽无夹带私盐,但闯闸闯关者,枷号两月,发边卫充军;随同之旗丁、头舵,照为从例,枷号一月,杖一百、徒三年,不知情不坐。卖私之人及灶丁将盐私卖与粮船者,俱各杖一百、流三千里。窝藏寄顿者,杖一百、徒三年。其虽不闯闸闯关,但夹带私盐,亦照贩私加一等流二千里。兵役受贿纵放者,计赃以枉法从重论。未受贿者,杖一百,革退。贩私地方之专管官,降三级调用;兼辖官,降一级,罚俸一年;押运官,照徇庇例议处;随帮革退。其倚恃粮船闯闸闯关者,押运等官照溺职例革职,随帮责三十板、革退。不服盘查,持械伤人者,押运等官革职,随帮责四十板、革退。倘关闸各官勒索留难,运官呈明督抚参处。

**谨案** 此条雍正五年(1727)定。

一、凡回空粮船,如有夹带私盐,闯闸闯关,不服盘查,聚至十人以上,持械拒捕,杀人及伤三人以上者,为首并杀人之犯拟斩立决,伤人之犯斩监候,未曾下手伤人者发边卫充军;其虽拒捕不曾杀伤人,为首绞监候,为从流三千里。十人以下拒捕杀伤人者,俱照兵民聚众十人以下例分别治罪。头船、旗丁、头舵人等,虽无夹带私盐,但闯闸闯关者,枷号两月,发边卫充军;随同之旗丁、头舵,照为从例,枷号一月,杖一百、徒三年,不知情不坐。卖私之人及灶丁将盐卖与粮船者,各杖一百、流二千里。窝藏寄顿者,杖一百、徒三年。其虽不闯闸闯关,但夹带私盐,亦照贩私加一等流二千里。兵役受贿纵放者,计赃以枉法从重论。未受贿者,杖一百,革退。贩私地方之专管官、兼辖官及押运官,并交部议处;随帮革退。其虽无夹带私盐,倚恃粮船闯闸闯关者,押运等官革职,随帮责三十板、革退。不服盘查,持械伤人者,押运等官革职,随帮责四十板、革退。倘关闸各官勒索留难,运官呈明督抚参处。

**谨案** 此条乾隆五年(1740)改定。

一、凡回空粮船,如有夹带私盐,闯闸闯关,不服盘查,聚至十人以上持械拒捕杀伤人,及拒捕不曾杀伤人,并聚众十人以下拒捕杀伤人,及不曾杀伤人者,俱照兵民聚众十人上下例分别治罪。头船、旗丁、头舵人等,虽无夹带私盐,但闯闸闯关者,枷号两月,发近边充军;随同之旗丁、头舵,枷号一月,杖一百、徒三年,不知情不坐。卖私之人及灶丁将盐私卖与粮船者,各杖一百、流二千里。窝藏寄顿者,杖一百、徒三年。其虽不闯闸闯关,但夹带私盐,亦照贩私加一等流二千里。兵役受贿纵放者,计赃以枉法从重论。未受贿者,杖一百,革退。贩私地方之专管官、兼辖官及押运官,并交部议处;随帮革退。其虽无夹带私盐,倚恃粮船闯闸闯关者,押运等官革职,随帮责三十板、革退。不服盘查,持械伤人者,押运等官革职,随帮责四十板、革退。倘关闸各官勒索留难,运官呈明督抚参处。

**谨案** 此条嘉庆六年(1801)改定。

〇一、凡贩卖私盐案内拟徒之犯,已经发往配所,逃走缉获到案,除去役过日月,面上刺"逃徒"二字,原犯徒一年者,枷号一月,杖八十、徒二年;徒一年半者,枷号三十五日,杖一百、徒三年;徒二年者,枷号四十日,杖一百、流二千里;徒二年半者,枷号四十五日,杖一百、流二千五百里;徒三年者,枷号五十日,杖一百、流三千里。其发往流所又逃走者,面上刺"逃流"二字,枷号两月,照依地里远近改发充军。

〇一、凡贩卖私盐至三千斤以上者,照越境贩盐律发边卫充军。

〇一、盐徒聚众,除十人以上拒捕若杀人及伤三人者,仍照例不分首从皆斩,为首者枭示外,其余十人以上曾否拒捕、有无杀伤之案,亦照强盗例,严刑审究。将法所难宥,情有可原,一一于疏内开明,仍照例定拟斩决具题。大学士会同三法司分别详议,将应正法者正法,应发遣者发遣。

〇一、拿获私盐各官,将所获盐斤尽入己橐,或与各役分肥,并以多报少者,即将该管官弁指名题参革职,计赃以枉法律治罪。其未曾侵匿,不行详究者,照例处分。上司各官知情故纵,及不知情而未经揭参者,照例分别议处。

〇一、州县、场司,设立十家保甲,互相稽察。凡首报私枭者,官为立案。倘日后有挟仇纠党、诬扳报怨之事,加倍治罪。

**谨案** 以上五条,均系雍正六年(1728)定例,乾隆五年(1740)奏准删除。

〇一、凡拿获私贩,务须逐加究讯,买自何地,卖自何人,严缉窝顿之家,将该犯及窝顿之人,一并照兴贩私盐例治罪。若私盐买自场灶,即将该管场司,并沿途失察各官,题参议处。其不行首报之灶丁,均照贩私例治罪。

**谨案** 此条雍正六年(1728)定。

一、拿获贩私盐犯,承审官务须先将买自何人何地以及买盐月日数目究明,提集犯证,并密提炉户、煎盐、火伏、簿扇,查审确实,将卖盐及窝顿之人,均与本犯按照律例一体治罪。若查审无据,即属虚诬,将本犯依律加三等治罪。承审官不能审出诬扳者,交部分别议处。若审出买自场灶,即将该管盐场大使,并沿途失察各员,题参议处。其不行首报之灶丁,均照贩私例治罪。

**谨案** 乾隆三十二年(1767),将二十八年(1763)定例并入前例,改定此条。

〇一、拿获私贩本犯脱逃者,即将脚夫、水手拘拿到案,详究本犯踪迹,勒缉务获,于私贩罪上加倍治罪。并究出售与之人,亦照私贩例治罪。其脚夫、水手,分别治罪。若大伙兴贩,聚众拒捕,及执持器械,杀伤巡役人等脱逃之枭徒,照强盗例勒缉务获,照例定拟。倘有不行擒拿枭犯,故为疏纵情弊,将地方文武各官俱指名题参,从重议处,各役加倍治罪。各上司容隐不参,将专辖之上司照例议处。

**谨案** 此条系雍正六年(1728)定。

一、凡大伙兴贩,聚众拒捕,及执持器械,杀伤巡役人等脱逃之枭徒,照强盗例勒缉。地方文武各员疏纵,及上司容隐不参,交部议处。

**谨案** 此条系乾隆五年(1740)删改。

〇一、拿获私盐,限四个月完结。其案内私盐,交与本处盐商,较时价减十分之一二,立即变价。所获骡马牛驴,如延挨不变,以致倒毙,着落该州县官照中等价值赔补。车船等物,亦照依时价据实变价报部查核。倘有侵渔捏报情弊,并逾限不行完结,及不即变价报解者,将该州县分别议处治罪。

**谨案** 此条系雍正七年(1729)定。乾隆三十七年(1772),将"较时价减十分之一二"句改为"照官盐价值"。

一、拿获私盐,限四个月完结。如人、盐并获者,将所获盐货、车船、头匹等项,全行赏给。如获盐而不获人,确查盐犯实系脱逃者,以一半给赏、一半充公。倘有故纵情事,无论巡役、兵丁,受贿者计赃以枉法从重论;未受贿者,杖一百,革退;所获盐货等项,一概充公,不准赏给。私盐交与本处盐商,照官盐价值,立即变价。骡马牛驴,如延挨不变,以致倒毙,着落该州县官照中等价值赔补。车船等物,亦照依时价据实变价报部查核。倘有侵渔捏报情弊,并逾限不行完结,及不即变价报解者,将该州县分别议处治罪。

**谨案** 此条嘉庆十一年(1806)改定。

〇一、盐船在大江失风失水者,查明准其装盐复运。倘有假捏情弊,以贩私律治罪。

**谨案** 此条系雍正十年(1732)定。

〇一、除行盐地方大伙私贩严加缉究外,其贫难小民,年六十岁以上,十五岁以下,及年虽少壮,身有残疾,并妇女年老孤独无依者,于本州县报明,验实注册,每日赴场买盐四十斤挑卖。止许陆路,不许船装,并越境至别处地方,及一日数次出入。如有违犯,仍分别治罪。

**谨案** 此条系乾隆元年(1736)遵旨定例。

〇一、巡盐兵捕自行夹带私贩,及通同他人运贩者,照私盐加一等治罪。

**谨案** 此条系乾隆五年(1740)定。

○一、凡收买肩贩官盐,越境货卖,审明实非私枭者,除无拒捕情形仍照律例问拟外,其拒捕者,照罪人拒捕律加罪二等。如兴贩本罪应问充军者,仍从重论。如拒捕殴人至折伤以上者绞,杀人者斩,俱监候;为从各减一等。

**谨案** 此条系乾隆七年(1742)定。

○一、盐商雇募巡役,如遇私枭大贩,即飞报营汛协同擒拿。其雇募巡役,不许私带鸟枪,违者照私藏军器律治罪。失察之地方官,交部照例议处。

**谨案** 此条乾隆八年(1743)定。

○一、凡运盐船户,偷窃商盐,整包售卖者,照船户行窃商民例,分别首从计赃科罪,各加枷号两月,仍尽本法刺字。所卖之赃,照追给主。如追不足数,将船变抵。其押运商厮,起意通同盗卖者,依奴仆勾引外人同盗家长财物,计赃递加窃盗一等例治罪。如非起意,止通同偷卖分赃者,依奴仆盗家长财物照窃盗例计赃科断。若商厮稽察不到,被船户乘机盗卖者,照不应重律杖八十。如押运之人,或系该商亲族,仍分别有服无服,照亲属相盗律例科断。

○一、埠头明知船户不良,蒙混揽装,及任意扣克水脚,致船户途间乏用,盗卖商盐者,照写船保载等行恃强代揽勒索使用扰害客商例治罪外,加枷号一月。船户变赔不足之赃,并令代补。如无前项情弊,止于保雇不实者,照不应重律杖八十。

**谨案** 此二条均系乾隆十六年(1751)定例。

○一、贩卖私盐数至三百斤以上,及盘获粮船夹带,讯系大伙兴贩,均即究明买自何处,按律治罪。如不将卖盐人姓名据实供出者,即将该犯于应得本罪上加一等定拟。若向老幼孤独零星收买,数在三百斤以下,实不能供出卖盐人姓名者,仍以本罪科断。如承审各员有心庇纵,含混完结,该管上司不行详揭,一并题参议处。

○一、拿获船载车装马驮私盐,该地方官如不按律治罪,曲为开脱者,该管上司察出,即照故出人罪律,从重参处。

○一、引盐淹消,具报到官,该地方州县官即会同营员查勘确实,限一月内通详。盐道于详到之日起限,半月内核转,以凭饬商补运,限三月内过所运口岸。该盐政仍将淹消补运盐斤数目报部,其沿途督抚及该管盐道、知府随时查察。如有州县、营员扶同商人捏报,及勒索掯搁情弊,即行指名题参,商人照例治罪。

**谨案** 以上三条,均系乾隆三十二年(1767)定例。

○一、江西省行销淮盐各州县,并山西省河东盐池地方,除商雇巡役仍各照例办理,不得擅带鸟枪外,其各派出缉私员弁兵役,准其携带鸟枪,编列字号,官为给发。遇有大伙私枭,抢窃贼匪,持械拒捕者,许令施放鸟枪抵御。登时格杀者,照罪人持仗拒捕登时格杀律勿论。若非格杀,或遇零星小贩,及虽属大伙而非持械拒捕,或缉私兵役所带鸟枪并无官编字号,实系抵御聚众私枭,辄行放枪,致有杀伤者,各依罪人不拒捕而擅杀伤律分别科断。至准带鸟枪之处,一俟枭贩稍戢,即行停止。倘准带鸟枪缉私大员,仍有以力不能擒借口者,即以故纵私盐律从重惩究。其江西省各州县每月应销引盐若干，均分作十分，责令该管道府，将盐快兵丁，按月提比。如月内缉私快兵能拿获大伙私枭两起，及引盐畅销十分以上者，酌量优赏；销至八九分者，免其责罚；如止七分者，笞四十；六分者，笞五十；五分者，杖六十，枷号一月；四分者，杖七十，枷号四十五日；三分者，杖八十，枷号两月；二分者，杖九十，枷号七十五日；满日折责，仍留役。如止销至一分者，杖一百，枷三月，满日折责革役。各该员弁随时稽查约束，如有任听兵役得贿包庇者，即照故纵衙役犯赃例参处。

**谨案** 此条嘉庆二十年(1815)定，道光五年(1825)增定。

○一、凡贩私盐徒，如有略置货物，装点客商，被官兵格伤后，挟制控告者，除聚众贩私杀人，罪犯应死，无可复加外，余于巡获私盐装诬平人满流律上加一等发附近充军。若兴贩本罪已至充军，复行挟制控告者，于犯事地方加枷号一月，满日发配。

**谨案** 此条道光二年(1822)定。

○一、凡盐商雇募巡役，令将姓名报明运司造册送部。如因缉私被盐匪杀伤，或杀伤盐匪者，依贩私拒捕杀伤及擅杀伤罪人各本律例，分别科断。若仅止报县有名，并未详司造册报部者，各以凡斗杀伤及兴贩私盐本律例，从其重者论。

**谨案** 此条道先五年定。

○一、直隶、山东两省盐商雇募巡役，由州县详明运司转报盐院有名者，如因缉拿盐匪致被杀伤，或杀伤盐匪者，各照贩私拒捕杀伤并擅杀伤罪人本律例科断。若仅报州县有名，并未详司报院者，仍各以凡斗杀伤及与贩私盐本律例，从其重者论。俟数年后枭匪稍戢，仍复旧例办理。

**谨案** 此条同治六年(1867)定。

# 卷七百六十三·刑部四十一

## 户律·课程 盐法二 监临势要中盐 阻坏盐法 私茶 私矾 匿税 舶商匿货 人户亏兑课程

### 盐法二

**历年事例**

○顺治四年(1647)定:凡奸民指称投充满洲,率领旗下兵丁,兴贩私盐者,杖八十,其盐斤、银钱、牲口、车辆等物入官。巡缉员役不行缉拿者,治罪。

○康熙五十九年(1720)议准:嗣后盐枭就抚,复行贩私,审实者,将本犯解部,发往和扑多乌兰古木地方。其出结之地方专汛、兼辖及该管各官,俱照例降级议处。

○雍正二年(1724)议准:闽省盐务,发帑在各场煎收,官买官卖,煎贩人等,多给肩引,令其贩卖。凡装载私盐船户,与贩私之人,一体治罪。出首及拿获者给赏,隐匿者治罪。官兵拿获者,并计起数议叙,若有怠玩者参处。

○又议准:闽省盐斤,现交与地方官行运,应将旗兵停其查缉,私盐交与地方官严查。倘有大伙私枭,总督与将军会同拨旗兵协捕。江宁、两浙亦照此例。长江自京口至湖广、江西等省盐,俱出于江海交会之所,大伙私枭,常在此等处所聚集。京口将军管下兵丁,既有船只,应照常派出旗兵,于扬子江之三江口、瓜洲、仪征口,截江巡查。其零星肩负,于民家藏匿者,照常交与地方官查缉。

○又议准:聚集私枭,必有为首之人,地方官不行揭报,事发之时,督抚题参,将匿报各官革职,严加议罪。

○又议准:嗣后有贩私盐枭,由他处入境,巡役缉拿拒捕杀伤盐枭之案,或当场人盐并获,或于疏防限内拿获过半以上者,将事由据实呈报咨部。其疏防余犯,照案缉拿。

○又议准:贫难男妇,借盐资生,肩挑背负,易米度日者,照例免罪,毋许官弁兵役生事扰民。如有积枭借称贫难男妇,将私盐潜行窝顿,兴贩贸易者,令地方官弁及盐政衙门一体稽察,照例从重治罪。

○乾隆元年(1736)谕:"向因各省盐务办理未妥,往往纵放大枭,拘拿小贩,以致滨海近场之穷民,借肩贩以度日糊口者,皆遭不肖官吏兵役之拖累。是以降旨特弛肩挑背负之禁，原以恤养贫民，济其匮乏，并非宽纵匪类，使之作奸犯科也。乃天津一带，无赖棍徒，纠合多人，公然以奉旨为名，肆行不法。总督李卫未奏之先，朕早已闻知。今据李卫陈奏种种弊端，与朕所闻无异。是穷民未必沾恩，而法度废弛，闾阎转受奸民之扰矣。李卫所奏办理之处，宽严得宜，甚属妥协，着照所奏行。畿辅之地如此，外省亦必皆然。其闽粤、山东、江浙等省，如何一体通行之处，着该部即行妥议具奏。"

○嘉庆二十五年(1820)谕："李尧栋奏《审拟贩私聚众拒捕殴伤官役各犯》一折。此案张百桂等各自贩私，经委员带领商役捕拿，起获盐篓，张百桂辄敢起意纠约侯细俫等多人，持械赴店抢取，追经追捕，复敢拒捕，殴伤官役五人，实属目无法纪。该抚将起意为首之张百桂拟以斩决，听纠同往拒伤商役之侯细俫拟以斩候，本属照例办理。但罪应斩决之张百桂，既在监病毙，幸逃显戮，其为从拒捕，罪应斩候之侯细俫一犯，将来秋审时亦必予勾，侯细俫着即行正法，以昭炯戒。余俱照所拟分别完结，并着刑部存记。嗣后凡遇盐枭拒捕及强盗伙劫之案，其罪应斩决之首犯已故，从犯内有罪应斩候者，仍照本律问拟，择其情重者一名，请旨即行正法。若本案仍有斩决之犯，不在此例。"

○道光十一年(1831)谕："嗣后如有拿获贩私舵工水手，即着追究风客住址姓名，拿获到案，按律惩办，舵工水手，免其治罪。若甘心包庇，不肯供指，即比照贩私三百斤以上不供出卖盐人姓名之例，于本罪上加一等治罪。倘系挟嫌诬扳，仍照诬告例加等办理。"

○同治十一年(1872)谕："杨昌浚奏《浙西引地试办限满，销数仍无起色》一折。浙西苏松等四府一州，为浙盐引地，自改复商引以来，试办已逾两年，迄无成效。各州县自宽免督销处分后，遇有枭贩之案，视同隔膜，以致私贩横行，官课益绌，亟应认真整顿，以免积习。嗣后江苏苏、松、常、镇、太五属督销引盐处分，着照例复还，并着曾国藩、何璟严饬地方文武，实力缉私，以卫引地。如敢仍前玩视，及拿获盐犯有意开脱者，即行从严参办。至商巡杀伤枭匪之案，并准援照直隶山东例案，免其议抵。所有耗余加认之数，着暂行宽免，以恤商力。"

○光绪七年(1881)奏准：粤东内河外海，以及行销粤盐各省引地，有大伙私枭，联帮闯越，执持火器军械，开炮拒捕，许令员弁兵勇人等，施放枪炮抵御，登时格杀毋论。其非大伙私匪，及并未执持火器军械拒捕者，止准照案捕拿，分别按办。不得概行施放枪炮，以示区别而防流弊。

### 监临势要中盐

凡监临盐法官吏诡立伪名，及内外权势之人中纳钱粮，于各仓库请买盐引、勘合，支领官盐货卖，侵夺民利者，杖一百、徒三年，盐货入官。盐引、勘合追缴。

## 阻坏盐法

○凡客商赴官中买盐引、勘合,不亲赴场支盐,中途增价转卖,以致转卖日多,中买日少,且诡冒易滋,因而阻坏盐法者,买主、卖主各杖八十,牙保减一等,买主转支之盐货、卖主转卖之价钱并入官。其各行盐地方铺户转买本主之盐而拆卖者,不用此律。

### 历年事例

○康熙二十八年(1689)议准:盐店小票,商店盐丁,概行禁止。若仍擅用,照违禁律治罪。

## 私　茶

凡犯私茶者,同私盐法论罪。如将已批验截角退引,入山影射照出支茶者,以私茶论。凡经过官司一处验过,将引纸截去一角,革重冒之弊也。

### 附律条例

○一、官给茶引,付产茶府州县。凡商人买茶,具数赴官纳银给引,方许出境货卖。每引照茶一百斤。茶不及引者,谓之畸零,别置由帖付之。量地远近,定以程限,于经过地方执照。若茶无由引,及茶、引相离者,听人告捕。其有茶引不相当,或有余茶者,并听拿问。卖茶毕,即以原给由引,赴往卖官司告缴。该府州县,俱各委官一员专理。

○一、私茶有兴贩夹带五百斤者,照现行私盐例,押发充军。

**谨案**　以上二条,均系原例。

○一、凡兴贩私茶,潜往边境,与外国交易,及在腹里,贩卖与来京原例系进贡。回还外国人者,不拘斤数,连知情歇家、牙保,发烟瘴地面充军。其在西宁、甘肃河州、洮州、四川雅州贩卖者,虽不入番,一百斤以上发附近,三百斤以上发边卫,各充军;不及前数者,依律拟断,仍枷号两月。军官、将官纵容弟男子侄、家人军伴人等兴贩,及守备、把关、巡捕等官知情故纵者,各降一级,原卫所带俸差操。失觉察者,照常发落。若守备、把关、巡捕等官,自行兴贩私茶通番者,发边卫;在西宁、甘肃河、洮、雅州,贩卖至三百斤以上者,发附近,各充军。

**谨案**　此条系原例。雍正三年(1725)奏准,"军官、将官"四字改为"文武官员","原卫所带俸差操"七字改为"调用"。

○一、陕西洮州、河州、西宁等处行茶地方,但有冒顶番名,将老弱不堪马二匹以上,中纳支茶者,官军调别处极边卫分带俸食粮差操,民并舍余人等发附近卫分充军,冒支茶斤俱入官。

**谨案** 此条系原例。雍正三年(1725)奏准,“官军”以下十五字改为“官员问罪”,“民并舍余人等”六字改为“军民人等”。乾隆三十二年(1767),因易马事例,已于康熙四十四年(1705)停止,将此条删除。

〇一、做造假茶五百斤以上者,本商并转卖之人,俱问发附近地方充军。若店户窝顿一千斤以上者,亦照例发遣。不及前数者问罪,照常发落。

**谨案** 此条系原例。“俱问发附近”下,有“原系腹里卫所者,发边卫”十字,雍正三年(1725)删。

〇一、甘肃巡抚,现今额颁茶引二万八千七百六十六道,给发商人。每引征茶五篦入官,每年共征十四万三千八百三十篦,每篦折银四钱,该抚造册奏销,户部核明具题。若中马,每好马一匹,给茶十二篦,次马十篦,再次马八篦。所中马匹数目,该抚题报,交与兵部拨解。

**谨案** 此案雍正三年(1725)定。乾隆五年(1740),以原例内并无拟罪之处,宜入《户部则例》,删。

〇一、凡茶商赴楚买茶,应照例每茶一千斤,准带附茶一百四十斤,令产茶地方官给发船票,开明该商引目茶数,不得另给印票收茶。其应行盘查之地方官,悉照引目及正附茶斤验放,不许掯勒留难。如于部引之外,有搭行印票,及附茶不依所定斤数,原例系“正附茶斤外”。多带私茶者,即行查拿,照私盐律治罪。查验地方官故纵失察者,照失察私盐例处分。至五司变卖茶斤,如有地僻引多,壅滞不能行销者,各商具呈该司,详报甘抚,行令往卖司分,照数盘查,听其发卖办课。

**谨案** 此条雍正三年(1725)定。

## 私矾

凡私煎矾货卖者,同私盐法论罪。凡产矾之所,额设矾课,系官主典,给有文凭执照,然后许卖。

## 匿税

凡客商匿税,及卖酒醋之家不纳课程者,笞五十,物货、酒醋一半入官。于入官物内,以十分为率,三分付告人充赏。务官、攒拦自获者不赏。入门不吊引,同匿税法。其造酒醋自用者,不在此限。若买头匹不税契者,罪亦如之。仍于买主名下,追征价钱一半入官。商匠入关门,必先取官置号单,备开货物,凭其吊引,照货起税。

**谨案** 乾隆五年(1740),查物货所赅甚广,不应独举酒醋,又律后小注系为“入门不吊引”句而设,应移附本句,因将律文改定。

凡客商匿税不纳课程者,笞五十,货物一半入官。于入官物内,以十分为率,三分付告人充赏。务官、攒拦自获者不赏。入门不吊引,同匿税法。商匠入关门,必先取官置号单,备开货物,凭其吊引,照货起税。若买头匹不税契者,罪亦如之。仍于买主名下,追征价钱一半入官。

**附律条例**

○一、京城及在外税课司局、批验茶引所,但系纳税去处,皆令客商自纳。若权豪无藉之徒,结党把持,拦截生事,搅扰商税者,徒罪以上,枷号两月,发附近地方充军;杖罪以下,照前枷号发落。

**谨案** 此条系原例。

○一、屯庄居住旗人卖马者,俱令在京上税,方准发卖。其民间马匹,或卖与旗人,或卖与驿站,或兵民互相买卖,俱报明地方官存案。如不上税,及不存案,而私自买卖者,杖一百,价银入官。

**谨案** 此条雍正三年(1725)定。

一、屯庄居住旗人卖马者,俱令在屯庄所隶之州县上税,方准发卖。其民间马匹,或卖与旗人,或卖与驿站,或兵民互相买卖,俱报明地方官上税存案。如不上税、不存案,而私自买卖者,依律治罪,追价一半入官。

**谨案** 此条乾隆五年(1740)改定。

○一、凡民间置买田房产业,概不许用白纸写契。令布政司刊刻契纸并契根,用印给发州县,该州县将契根裁存,契纸发各纸铺,听民间买用。俟立契过户纳税时,即令买主照契填入契根,各盖州县印信,将契纸给纳户收执。契根于解税时,一并解司核对。倘不肖州县,于契根上少填价值税银者,照侵欺钱粮例治罪。若将司颁契纸藏匿不发,或卖完不预行申司颁给,及纵容书役、纸铺昂价累民,并勒索加倍纳税,家人、里书勒取小包,或布政司不即印给,以致州县缺少契纸,并纵容司胥苛索者,该督抚查参,分别议处。若民间故违,仍用白纸写契,将产业价值入官,照匿税律治罪。州县官有将白纸私契用印者,亦照侵欺钱粮例究追。如官民通同作弊,将奉旨后所买田产,倒填以前年月,仍用白纸写契用印者,一体治罪。至活契典业,亦照例俱用契纸。

**谨案** 此条系雍正五年(1727)定。乾隆五年(1740),查布政使刊刻契纸给州县听民间买用之例,已于乾隆元年(1736)停止,例文删。

○一、奉天省军民人等,潜赴边外蒙古地方,兴贩私酒进边,不及百斤,杖九十;一百斤以上,杖一百,枷号一月;二百斤以上,杖六十、徒一年;每百斤加一等,罪止杖一百、流三千里。至沿边三十里以内贫民,肩挑背负,进边售卖,或易钱换物,及自用者,不在禁限,每人仍不得过五十斤。如至五十斤以上,照兴贩例治罪,酒俱变价入官。

○一、奉天省沿边以内店铺,收买零酒,不得过五百斤。倘寄顿至五百斤以上,开给发票,出境渔利者,将店铺照兴贩私酒按斤治罪。

○一、奉天省各处烧锅,轮流值年,准其协同该地方差役,在边内盘查兴贩私酒之人,送官究治。失察旗、民地方官,照失察私入围场例议处。仍究明兴贩之犯,由何边门经过,由何边栅偷越,将该边门章京,照军需铁货私出外境货卖。守把之人知而故纵者,与犯同罪。失于觉察者,官减三等,罪止杖一百;军兵又减一等,罪坐值日者。如该烧锅人并兵役等受贿故纵,及妄拿借端讹诈,计赃以枉法从重论。

○一、奉天省边内烧锅,开写发票卖酒,随粮价高低定值,不准任意增至倍蓰。违者,照违制律治罪。如偷运边酒,影射渔利,照兴贩私酒例加一等治罪。

**谨案** 以上四条,咸丰五年(1855)定。

○一、商贩置办洋药,有心偷漏,影射走私,照违制律杖一百。巡役及各门书役,通同营私卖放者,与同罪;赃重者,计赃以枉法从重论。失察之海巡,照不应重律杖八十。该书役并海巡、巡役,起意诈财纵放,计赃以蠹役恐吓索诈论。如有土棍包揽护送,照揽扰商税例分别治罪。其洋药商人到务报税,如该巡皂有刁难需索情事,照支收官物留难刁蹬律治罪。得赃者,照指称掣批索诈例计赃科罪。

**谨案** 此条同治九年(1870)定。

## 舶商匿货

凡泛海客商舶大船。到岸,即将货物尽实报官抽分。若停藏沿港土商牙侩之家不报者,杖一百。虽供报而不尽实,罪亦如之。不报与报不实之货物并入官。停藏之人同罪。告获者,官给赏银二十两。

### 附律条例

○一、川省米船到夔关之时,即令该府查察,除夹带私盐及违禁等物,按律究拟外,其船只大小,悉照淮关尺寸则例抽报料税。如有别项货物,仍照淮关旧例收纳,统归正项。令该管上司不时稽查。倘有纵容胥役额外需索留难等弊,及米船出川,川省地方有不肖官吏,借给票稽查名色勒索稽留者,俱着该督抚指名题参,从重治罪。

**谨案** 此条雍正五年(1727)定。乾隆五年(1740)奏准,各关收税量头,皆有榷税则例,统不入律;至纵役勒索等弊,不止米船一项,亦不止夔关一处,无庸设立条款,谨删。

## 人户亏兑课程

凡民间周岁额办茶盐商税诸色课程,年终不纳齐足者,计不足之数,以十分为率,一分笞四十,每一分加一等,罪止杖八十,追课纳官。若茶盐运司、盐场茶局,及税务、河泊所等官,不行用心催办课,程,年终比附上年课额亏欠兑缺者,亦以十分论,一分笞五十,每一分加一等,罪止杖一百,所亏课程,着落追补还官。若人户已纳,而官吏人役有隐瞒,不附簿,因而侵欺借用者,并计赃以监守自盗论。

### 附律条例

〇一、盐课钱粮不完者,将经督各官,照分数议处外,其各商名下应完盐课,作为十分,欠不及一分者,责二十板;欠一分者,枷号一月,责二十板;欠二分者,枷号一月半,责二十五板;欠三分者,枷号两月,责三十板;欠四分者,枷号两月半,责三十五板;欠五分者,枷号三月,责四十板。以上欠课各商,题参之日,扣限一个月,全完者免处。如逾限不完,照此例枷责。如于枷限内全完者,释放免责。如枷限满日,仍全不完纳,除杖责外,将该商咨参革退,并带征等项,俱以引窝变抵。欠六分者,将该商杖六十、徒一年,所欠课项,限四个月全完;欠七分者,杖七十、徒一年半,限六个月全完;欠八分者,杖八十、徒二年,限八个月全完;欠九分者,杖九十、徒二年半,限十个月全完;欠十分者,杖一百、徒三年,限一年全完。以上自六分至十分,将该商锁禁,严查家产。如限内全完,革退商人,免其杖、徒。倘逾限不完,即将该商发配。所欠新课带征等项,着落引窝家产变抵。其额征钱粮,果能于岁内如数全完,该御史按其课项多寡,量给花红扁额,以别优劣。

**谨案** 此条旧载"盐法"律内,乾隆五年(1740)移附此律,删去"岁内全完,量给花红"等语。

〇一、管收税课钱粮,倘有隐匿,加倍着追。如接收官不行清查,上司不得转报题参,俱着落分赔。

**谨案** 此条雍正六年(1728)定。

〇一、在京在外官员眷口船只过关,除无货物照常验放,胥吏人等,毋得任意需索外,如有奸牙地棍,假称京员科道名帖,或京员子弟,执持父兄名帖讨关,夹带货物,希图免税者,该管关员即行查拿究治。如该管关员不行详查,及明知瞻徇,照例议处。

**谨案** 此条乾隆五年(1740)定。

〇一、各关经过米豆,应输额税,永行宽免。至各关征收则例,向征船料者,照旧征收;向不征船料者,不得因免米豆税转征船料,并不得借免米豆税之名,将应征货税侵蚀肥己。违者,该管关员参处治罪。

**谨案** 此条乾隆八年(1743)遵旨定例。

### 历年事例

〇乾隆七年(1742)谕:"国家设关榷税,定其则例,详其考核。凡以崇本抑末,载诸会典,着为常经,由来已久。其米豆各项,向因商人贩贱鬻贵,是以照则征输。第思小民朝饔夕飧,惟谷是赖,非他货物可比。关口征纳米税,虽每石所收无几,商人借口额课,势必高抬价值,是取之商者仍出之民也。朕御极以来,直省关税,屡次加恩减免,又恐榷吏额外浮收,刊立科条,多方训饬。每遇地方歉收,天津、临清、浒关、芜湖等关口商贩米船,概给票放行,免其上课,皆以为民食计也。但系特恩间一举行,未能普遍。夫以养民之物而榷之税,转以病民,非朕己饥己溺之怀也。今特降谕旨,将直省各关口所有经过米豆应输额税,悉行宽免,永著为例。俾米谷流通,民食充裕,懋迁有无者,不得借以居奇,小民升斗之给,不致有食贵之虞,以昭朕惠恤黎元之至意。各关口征收则例不一,有征商税者,有征船料者,有商税、船料并征者。今既蠲免米税,其船料一项,若不分析明确,著为规条,恐致混淆滋弊。应如何办理之处,着交该部详查妥议具奏。”

○又谕:“朕爱养黎元,特沛殊恩,将关榷米豆等税悉行蠲免,以为充裕民食之计。但船料一项,议论不一。现发九卿会议,尚未复奏。朕思此事并无难办之处。向征船料者,应照例征收,向不征船料者,岂可因免米豆之税,而转加征船料。着该部即速行文各关知之。”

# 【户律·钱债】

## 卷七百六十四·刑部四十二

### 户律·钱债　违禁取利　费用受寄财产　得遗失物

**违禁取利**

凡私放钱债,及典当财物,每月取利,并不得过三分,年月虽多,不过一本一利,违者笞四十。以余利计赃重于笞四十者,坐赃论,罪止杖一百。若监临官吏于所部内举放钱债、典当财物者,不必多取余利,有犯即杖八十。违禁取利,以余利计赃重于杖八十者,依不枉法论。各主者通算折半科罪。有禄人三十两,无禄人四十两,并杖九十;每十两加一等,罪止杖一百、流三千里。并追余利给主。兼庶民、官吏言。其负欠私债违约不还者,五两以上,违三月笞一十,每一月加一等,罪止笞四十;五十两以上,违三月笞二十,每一月加一等,罪止笞五十;百两以上,违三月笞三十,每一月加一等,罪止杖六十;并追本利给主。若豪势之人,于违约负债者,不告官司,以私债强夺去人孳畜产业者,杖八十。无多取余利,听赎不追。若估所夺畜产之价过于本利者,计多余之物,罪有重于杖八十者,坐赃论,罪止杖一百、徒三年。依多余之数追还。主。若准折人妻妾子女者,杖一百;奸占加一等论。强夺者,加二等;杖七十、徒一年半。因强夺而奸占妇女者绞;监候。所准折、强夺之人口给亲,私债免追。

**谨案**　次节"依不枉法论"下,小注"有禄人三十两"以下数语,及末节"因而奸占妇女","因"字下小注"强夺"二字,俱乾隆五年(1740)增。

**附律条例**

〇一、听选官吏、监生人等借债,与债主及保人同赴任所取偿,至五十两以上者,借者革职,债主及保人各枷号一月发落,债追入官。

**谨案**　此条系原例。

〇一、凡负欠私债,在京不赴法司而赴别衙门,在外不赴军卫有司而越赴巡抚、三司官处告理,及辄具本状奏诉者,俱问罪,立案不行。若本京别衙门听从施行者,一体参究。私债不追。

**谨案**　此条系原例。"巡抚"下有"巡按"二字,雍正三年(1725)删。乾隆五年

(1740)于"问罪"下注"依越诉论"四字。

一、凡负欠私债,在京不赴五城及步军统领衙门而赴部院,在外不赴军卫有司而越赴巡抚、司、道官处告理,及辄具本状奏诉者,俱问罪,依越诉论。立案不行,私债不追。

**谨案** 嘉庆六年(1801),查雍正五年(1727)奏定,凡杖、笞轻罪,五城及步军统领衙门自行完结,若罪重于杖、笞者,送刑部定拟。负欠私债,罪止杖、笞,不应赴法司告理,因改定此条。

〇一、在京兵部并在外巡抚、巡按、按察司官,点视各卫所印信。如有军职将印当钱者,参问,带俸差操。执当之人问罪,枷号一月,债追入官。

**谨案** 此条系原例。雍正三年(1725)奏准,今卫所官管理钱粮、刑名,每日钤印,无质当之理,亦不点视,例文删。

〇一、凡势豪举放私债,交通运粮官,挟势擅拿官军绑打凌辱,将官粮准还私债者,问罪。属军卫者发边远充军,属有司者发边外为民,该管运粮官参究治罪。官粮与军粮不同。官粮者,漕运赴京上纳正粮也。军粮,行、月二粮也。

**谨案** 此条系原例。乾隆五年(1740)将注语移在"官粮"二字下,又于"边外为民"下增注"交通、绑打、准粮三项,有一未合,仍各照例发落"。乾隆三十六年(1771),以此条所开情重罪轻,尚未允协,奏明删除。

〇一、凡举放钱债,买嘱各卫委员擅将欠债军官军人俸粮银物领去者,问拟诈欺。委官问拟受财听嘱罪名。

**谨案** 此条系原例。乾隆五年(1740),查今无各卫委官名色,且嘱托公事,例有专条,此例删。

〇一、内外放债之家,不分文约久近,系在京住坐军匠人等揭借者,止许于原借之人名下索取,不许赴原籍逼扰。如有执当印信、关单、勘合等项公文者,提问,债追入官。

**谨案** 此条系原例。乾隆五年(1740),查今无另设坐京军匠人户,此例删。

〇一、外省驻防旗人,与土棍串党朋奸,举放私债,盘勒重利,开赌囮骗,准折子女,强买市肆,擅砍树木,哄然罢市,辱官害民,种种行恶者,酌所犯情罪轻重,照律例定罪。本犯罪止军罪者,将不行查出之该管骁骑校以上各官,交该部照例分别议处;其驻防协领以下、骁骑校以上官员,本身有犯者,革职;该管之将军、副都统,俱交该部照例议处。督抚不行查出者,亦交部议处。

**谨案** 此条系雍正三年(1725)定。所开不法各项,俱有专条,旗、民有犯,一体科罪,毋庸专为外省驻防定例,乾隆五年(1740)删。

〇一、佐领、骁骑校、领催等,有在本佐领或弟兄佐领下,指扣兵丁钱粮放印子银者,旗人照边卫充军例,枷号三月,鞭一百。伙同放印子银者,照为从杖一百徒三年例,枷号四十日,鞭一百。所得利银,勒追入官。若违限不完者,枷号两月,鞭一百,入辛者库。该参领失于觉察者,交部议处。佐领、骁骑校虽未出本放银,不能禁止他人,反与属下兵丁保借者,革职,该参领交部议处。至佐领、骁骑校、参领等,平时失于觉察,以致该管兵丁,将官钱粮扣还印子银者,俱交部分别议处。

**谨案** 此条雍正五年(1727)定。

一、佐领、骁骑校、领催等,有在本佐领或弟兄佐领下,指扣兵丁钱粮放印子银者,系佐领、骁骑校,照流三千里之例,枷号六十日;系领催,照边卫充军例,枷号七十五日,俱鞭一百。伙同放印子银者,照为从杖一百徒三年例,枷号四十日,鞭一百。所得利银,勒追入官。佐领、骁骑校、领催等,与属下兵丁保借者,革去职役,该参领交部议处。至佐领、骁骑校、参领等,平时失于觉察,以致该管兵丁,将官钱粮扣还印子银者,俱交部分别议处。

**谨案** 此条乾隆五年(1740)改定。

一、凡有民人违禁向八旗官兵放转子、印子、长短钱者,拿送该地方官,亦照旗人例,枷责治罪。其失察之该管文武各官,俱交部分别议处。八旗佐领每月将有无重利放债借债之处,出具印结呈报该参领,参领按季加结,呈报都统查核。

**谨案** 此条雍正十三年(1735)定。

一、民人违禁向八旗兵丁放转子、印子、长短钱扣取钱粮,及旗人举放重债,勒取兵丁钱粮,并非在本佐领下放债者,或经告发,或被兵丁首出,除所欠债目不准给还外,将放债之人照讹诈例从重治罪,欠债之人毋庸治罪。失察之该管文武官,俱交部议处。八旗佐领,每月仍将有无重利放债之人,出具印结,呈报该参领,按季加结,呈报都统查核。

**谨案** 此条乾隆三十二年(1767)改定。

一、八旗领催,代属下兵丁指扣钱粮保借者,照伙同放债人枷号四十日鞭一百例发落。其指米借债之人,照违制律鞭一百。仍将失察之该管各官,交部分别议处。

**谨案** 此条乾隆十七年(1752)定。

一、佐领、骁骑校、领催等,有在本佐领或弟兄佐领下,指扣兵丁钱粮放印子银者,系佐领、骁骑校,照流三千里之例,枷号六十日;系领催,照近边充军例,枷号七十五日,俱鞭一百。伙同放印子银者,照为从杖一百徒三年例,枷号四十日,鞭一百。如非在本佐领下举放重债勒取兵丁钱粮,及民人违禁向八旗兵丁放转子、印子、长短钱扣取钱粮者,照诈欺官私取财律,计所得余利准窃盗论,利银均追入官。佐领、骁骑校、领催等,代属下兵丁指扣钱粮保借者,佐领、骁骑校革职,领催鞭一百,其指米借债之人照违制律鞭一百。自行首出者,免其治罪,所欠账目,并免着追。失察之该管文武各官,俱交部分别议处。八旗佐领,每月仍将有无放债之人,出具印结,呈报该参领,按季加结,呈报都统查核。

**谨案** 此条系嘉庆十六年(1811)将前三条修并改定。

○一、放债之徒,用短票扣折,违例巧取重利者,严拿治罪,其银照例入官。受害之人,许其自首免罪,并免追息。

**谨案** 此条乾隆二十三年(1758)定。

○一、监临官吏,于所部内举放钱债与典当财物者,即非禁外多取余利,亦按其所得月息,照将自己货物散与部民多取价利计赃准不枉法论、强者准枉法论、不枉法各主者折半科罪律,减一等问罪,所得利银,照追入官。至违禁取利,以所得月息,全数科算,准不枉法论,强者准枉法论,并将所得利银追出,余利给主,其余入官。

**谨案** 此条乾隆三十一年(1766)定。

○一、内地民人概不许与土司等交往借债,如有违犯,将放债之民人,照偷越番禁例加等问拟。其借债之土苗,即与同罪。

**谨案** 此条乾隆四十六年(1781)定。

○一、内地汉奸,潜入粤东黎境放债盘剥者,无论多寡,即照私通土苗例,除实犯死罪外,俱问发边远充军。所放之债,不必追偿。

**谨案** 此条嘉庆九年(1804)定。

**历年事例**

○顺治五年(1648)定:凡放债之人,每银一两,止加息三分,不许多索,及息上增息。并不许放债与赴任之官,及外官放债与民。如违,放者、借者俱治重罪。

○康熙八年(1669)题准:凡旗下人在境外放债控告者,概不准行。其境内欠债之人,故意刁蹬者,准行审理。若借债之人已死,无力偿还,虽告亦不准行。

○又题准:凡旗下民人,不许质当兵器,及貂鼠、猞猁狲等衣服,皮端罩、朝衣、金银器皿等物,违者治罪。其收当之人,计赃坐以窃盗罪,免刺,至死者减一等。

○十二年(1673)题准:除兵器不准典当外,其貂鼠、猞猁狲等物,对明各主,方许典当,违者俱照例治罪。

○四十七年(1708)议准:买卖人将远年私债,假名官银捏告,并将无干人捏称借帑,私造文约者,照例治罪。

○又议准:买卖人所放银两,有年远利浮于本者,照律追取一本一利交完。

○雍正五年(1727)谕:"兵丁等吉凶事,俱有恩赏银两,尽可以完伊等之事,乃仍卖粮米还人印子银两,将还过本利银两,俱着追取,赏给拿获之旗员、披甲人等。嗣后系何人拿获,即以赏给拿获之人。再若有七八人将粮米全卖借印子银者,伊等内凡有一人出首,将伊等所借未还之银已还之银俱追出,遵旨赏给实心出首之人。佐领、骁骑校,系专理佐领事务之人,伊将一佐领下事不能查察,应革退。将买钱粮米放印子银两之人,如何治罪之处,俱定议具奏。钦此。"遵旨议准:嗣后违禁图利,将兵丁粮米贱买,又放印子、转子重取利息者,枷号三月,鞭一百,并妻子俱发黑龙江给穷披甲为奴。佐领、骁骑校革职。作保之骁骑校、领催,俱各革退,鞭一百。违禁卖粮米借重利印子、转子银两之人,鞭八十。所卖粮米价银,并所借印子、转子未还已还之银,俱一并追出,分为二分,一分赏拿获之旗员,一分赏披甲人等。

○又议准:凡旗人在佐领下违禁放印子银,扣除钱粮,将多得重利,勒追入官。若违限不完者,枷号两月,鞭一百,入辛者库。

○乾隆七年(1742)议准:嗣后如有佐领、骁骑校、领催等,盘剥该管兵丁放印子银者,枷责,仍勒银入官外,其止系重利放债者,不论旗、民,依违禁取利本律治罪。如借债人首告,究讯明确,按照律例定拟。又民人违禁向八旗官兵放转子、印子、长短钱,并交通领催、兵丁扣取钱粮者,照领催枷号七十五日之例减等枷号四十日。如旗人有举放重债,勒取兵粮,并不在本佐领下者,亦照民人减等枷责例。

○五十年(1785)谕:"前因山西民人刘姓等重扣放债索欠逼毙黄陂县典史任朝恩一案,已降旨将刘姓等严究办理矣。前开康熙、雍正年间,外官借债,即有以八当十之事,已觉甚奇,今竟至有三扣、四扣者,尤出情理之外。且向来文武官员出京赴任,均有在部借支养廉之例。自道府、副将以至微末员弁,准借银数,自千两至百十两不等,已属优厚。此项银两,因恐需次人员资斧缺乏,是以准其借支,原系格外体恤。在各该员果能自行撙节,已足敷用。若任意花费,正复何所底止。而市井牟利之徒,因得以重扣挟制,甚至随赴任所,肆意索偿,逼毙官吏,已非一案,实属不成事体。嗣后赴任各官,务宜各知自爱,谨守节用,毋堕市侩奸计之中。若有不肖之员,不知节俭,甘为所愚,仍向若辈借用银两,亦难禁止,但总不准放债之人,随往任所。并令各该督抚严行查察。如有潜赴该员任所追索者,准该员即行呈明上司,按律究办。倘隐忍不言,即至被逼索酿成事端,亦不官为办理。庶可杜市侩刁风,而不肖无耻之员,亦知所儆戒。"

## 费用受寄财产

凡受寄他人财物、畜产而辄费用者,坐赃论,以坐赃致罪律,减一等;罪止杖九十、徒二年半。诈言死失者,准窃盗论减一等;罪止杖一百、徒三年。免刺。并追物还主。其被水火盗贼费失,及畜产病死有显迹者勿论。若受寄财畜而隐匿不认,依诓骗律。如以产业转寄他人户下,而为所卖失,自有诡寄盗卖本条。

### 附律条例

○一、亲属费用受寄财物,并与凡人一体科罪,追物还主,不必论服制递减。

**谨案** 此条系原例。

一、亲属费用受寄财物,大功以上及外祖父母得相容隐之亲属,追物给主,不坐罪;小功减三等,缌麻减二等,无服之亲减一等,俱追物还主。

**谨案** 雍正三年(1725)奏准,亲属相盗得按服制减等,而费用受寄财物反不按服制递减,殊未允协,因改定此条。

○一、凡典商收当货物,自行失火烧毁者,以值十当五,照原典价值计算,作为准数;邻火延烧者,酌减十分之二;按月扣除利息,照数赔偿。其米麦、豆石、棉花等粗重之物,典当一年为满者,统以贯三计算,照原典价值,给还十分之三;邻火延烧者,减去原典价值二分,以减剩八分之数,给还十分之三,均不扣除利息。至染铺被焚,即着开单呈报地方官,逐一估计。如系自行失火者,饬令照估赔还十分之五;邻火延烧者,饬赔十分之三,均于一月内给主具领。其未被焚烧及搬出各物,仍听当主、染主照号取赎。倘奸商店伙人等,于失火时有贪利隐匿、乘机盗卖等弊,即照所隐之物,按所值银数,计赃准窃盗论,追出原物给主。若止以自己失火为邻火延烧,希图短赔偿值者,即计其短赔之值为赃,准窃盗为从论,分别治罪。如典商、染铺及店伙人等,图盗货物,或先有亏短因而放火故烧者,即照放火故烧自己房屋盗取财物及凶徒图财放火故烧人房屋各本律例,从重问拟。

**谨案** 此条原载"失火"门内。道光二十三年(1843)增入染店一项。二十四年(1844)修并,移入此门。

〇一、典铺被窃,无论衣服、米豆、丝棉、木器、书画,以及金银珠玉、铜铁铅锡各货,概照当本银一两再赔一两;如系被劫,照当本银一两再赔五钱,均扣除失事日以前应得利息。如赔还之后,起获原赃,即给予典主领回变卖,不准原主再行取赎。染铺被窃,照地方官估报赃数,酌赔十分之五;如系被劫,酌赔十分之三,均令于一月内给主收领。如赔赃之后,起获原赃,给予该铺具领,由地方官出示晓谕,令原主归还所得赔赃之资,将原物领回。仍查明已染未染,分别付给染价。倘奸商店伙人等,于失事后有贪利隐匿、乘机盗卖等弊,即照所隐之物,按所值银数,计赃准窃盗论。若止以窃报强,希图短赔价值者,即计其短赔之值为赃,准窃盗为从论,分别治罪。

**谨案** 此条道光二十四年(1844)定。

### 得遗失物

凡得遗失之物,限五日内送官。官物(尽数)还官,私物召人识认。于内一半给予得物人充赏,一半给还失物人。如三十日内无人识认者全给。(五日)限外不送官者,官物坐赃论;(罪止杖一百、徒三年。追物还官。)私物减(坐赃)二等,其物一半入官,一半给主。(若无主,全入官。)若于官私地内掘得埋藏(无主)之物者,并听收用。若有古器、钟鼎、符印、异常之物,(非民间所宜有者,)限三十日内送官。违者杖八十,其物入官。

#### 附律条例

〇一、凡官民人等,不许将金银埋藏地内。如被他人掘获,将金银追出,充地方赈恤穷民之用,不准给主。其以金银殉葬者,一并禁止。

〇一、官民人等,若将数千金及一二万金,埋藏于室庐之内或墙壁之间,不致将来迷失者,准其收藏。若将数万金置之隐僻深潜不应埋藏之处,准人首告,差官查验。如果地方、银数相符,将一半赏给首告之人,一半为赈济穷民之用。如首告不符,或挟仇报复,或图利诈骗,以致生事拖累扰害善良者,从重治罪。

**谨案** 以上二条系雍正五年(1727)定例,乾隆五年(1740)以无关律例删。

**历年事例**

○雍正五年(1727)谕:"天地生财,原以济生民之用,贵乎流转于宇宙之间。故失之于此,得之于彼。流通转移,各受其益。此即裒多益寡、酌盈剂虚之道也。乃愚昧无知之人,不明此义,惟恐积之不固,秘之不深,将白银或以万计,或以数十万计,埋藏地中,多方掩盖。其始不欲令人知之,则其所以藏之者甚密。迨岁月久远,更无有知之者,而此银遂致迷失。是锱铢而积之,什袭而藏之者,竟归于乌有,亦惑之甚者矣。或有时被他人掘取,旁观忮妒,每致纷争角狱,因而受累招尤,岂非埋藏者实贻之害乎!况地中多藏一金,民间即少一金之用,不可以不察也。似此等藏银者,大抵皆愚昧无知之流。向来既未曾禁止,又无人明白开导,是以迷而不悟,自谓得计而不知非。朕为爱养生民计,欲使财宝流通,彼此得其利济。其在乡村之间,虑有窃盗之患,或以金银藏于墙壁及坑之中,尚在显浅之处,不致迷失。若深藏于地中者,将来岁月既久,子孙亦不知踪迹,弃置土壤,深为可惜。其作何晓谕、劝戒、禁止之处,着会议具奏。钦此。"遵旨议准:嗣后有将金银埋藏地中者,事露之日,将所藏金银充地方赈恤穷民之用。其或被他人偷掘,缉获之日,将金银追出,不准给还原主,亦充地方赈恤穷民之用。

# 【户律·市廛】

## 卷七百六十五·刑部四十三

### 户律·市廛 私充牙行埠头　市司评物价　把持行市　私造斛斗秤尺　器用布绢不如法

**私充牙行埠头**

凡城市乡村诸色牙行，及船之埠头，并选有抵业人户充应，官给印信文簿，附写逐月所至客商船户住贯姓名、路引字号、物货数目，每月赴官查照。其来历、引货。若不由官选，私充者，杖六十，所得牙钱入官。官牙、埠头容隐者，笞五十，各革去。

**附律条例**

〇一、凡客店，每月置店簿一本，在内赴兵马司、在外赴有司署押讫，逐日附写到店客商姓名人数、起程月日，各赴所司查照。如有客商病死，所遗财物，别无家人亲属者，官为见数，移招召其父兄子弟或已故之人嫡妻，识认给还。一年后无识认者入官。

**谨案**　此条系原例。

〇一、旗民遇有丧葬，听凭本家之便，雇人抬送，不许仵作私分地界，霸占扛抬，分外多取雇值。如有恃强搀夺，不容本家雇人者，立拿枷号两月，杖一百。

**谨案**　此条系雍正三年(1725)定。“多取雇值”下有“地方官严行查禁”句，乾隆五年(1740)删。

〇一、在京各牙行领帖开张，照五年编审例，清查换帖。若有棍徒顶冒朋充，巧立名色，霸开总行，逼勒商人不许别投，拖欠客本，久占累商者，问罪，枷号一月，发附近充军。地方官通同徇纵者，一并参处。

**谨案**　此条雍正三年(1725)定。“棍徒”原作“光棍”，咸丰二年(1852)因光棍例应斩决，恐致误会，改为“棍徒”。

〇一、私立水窝之人，照把持行市律治罪。该地甲役通同容隐不报者，笞五十。地方官不行严禁，交部议处。

○一、五城地方，开设猪圈之家，借养猪名色，勒措猪客，需索银钱者，计赃论罪。若用强霸占，不容他人生理，照把持行市律杖八十。

**谨案** 以上二条，系雍正八年(1730)、十二年(1734)饬令五城地方官遵行申禁，俱属把持行市之一端，乾隆五年(1740)删。

○一、京城一切无帖铺户，如有私分地界，不令旁人附近开张，及将地界议价若干，方许承顶，至发卖酒斤等项货物车户，设立名牌，独自包揽，不令他人揽运，违禁把持者，枷号两月，杖一百。

**谨案** 此条系雍正十三年(1735)定。

○一、各处关口地方，有土棍人等，开立写船保载等行，合伙朋充，盘踞上下，遇有重载雇觅小船起剥，辄敢恃强代揽，勒索使用，以致扰累客商者，该管地方官查拿，照牙行及无藉之徒用强邀截客货例，枷号一月，杖八十。

**谨案** 此条雍正十三年(1735)定。"地方官查拿"下原文作"按律治罪"四字，乾隆二十一年(1756)删，增"照牙行"至"杖八十"二十二字。

○一、各衙门胥役，有更名捏姓兼充牙行者，照更名重役例杖一百，革退。如有诓骗客货，累商久候，照棍徒顶冒朋充霸开总行例，枷号一月，发附近充军。若该地方官失于觉察，及有意徇纵，交部分别议处；受财故纵，以枉法从重论。

**谨案** 此条乾隆五年(1740)定。"棍徒"二字，原文作"光棍"，咸丰二年(1852)改。

### 历年事例

○雍正十三年(1735)谕："闻江南淮安板闸地方，有土棍人等，开立写船保载等行，由该县滥请司帖，合伙朋充，为客商之扰累，曾经该关差追帖禁止，而土棍等仍改易姓名，盘踞淮关上下。凡南河、北河、西河三路豆米货船内，有重载至关口，雇觅小船起剥者，土棍等辄恃强代雇，任意勒索使用，不餍不休，客商甚为苦累，每每观望不前。此朕得之传闻者，着督抚再行确查。倘果有此等情弊，即严惩禁止，毋得视为具文。嗣后布政司衙门，亦不得滥给牙帖。若他处关口有似此作弊者，着该管督抚一体查禁。

### 市司评物价

凡诸物，牙行人评估物价，或以贵为贱。或以贱，为贵。令价不平者，计所增减之价坐赃论。一两以下笞二十，罪止杖一百、徒三年。入己者，准窃盗论，查律坐罪。免刺。其为以赃入罪之罪人估赃增减不实，致罪有轻重者，以故出入人罪论。若未决放，减一等。受财受赃犯之财，估价轻，受事主之财，估价重。者，计赃以枉法从重论。无禄人查律治罪。

**附律条例**

〇一、五城平粜米石时，如有贩卖收买官米十石以下者，将贩卖之人，在于该厂地方枷号一月，杖一百；收买铺户，照不应重律杖八十；米石仍交厂另行粜卖。至十石以上者，从重治罪。

**谨案** 此条乾隆四十年(1775)定。

一、五城平粜米石时，如有贩卖收买官米十石以下者，将贩卖之人，在于该厂地方枷号一月，杖一百；收买铺户，照不应重律杖八十；米石仍交该厂另行粜卖。至十石以上者，贩卖之人，枷号两月，杖一百，铺户杖九十。如所得余利，计赃重于本罪者，计赃治罪。各铺户所存米麦杂粮等项，每种不得过一百六十石。逾数囤积居奇者，照违制律治罪。若非囤积居奇，系流通粜卖者，无论米石多寡，俱听其自便，不在定限一百六十石之例。其收买各仓土米黑豆，不在此例。

**谨案** 嘉庆五年(1800)奏准，铺户所存米麦杂粮等项，每种不得过八十石；其收买各仓土米黑豆，不在此例。六年(1801)奉旨，将八十石改为一百六十石。又议准收买十石以上者，枷号两月。所得余利，赃重者从重论。十一年(1806)因将前例修改，定为此例。

〇一、京城粗米，概不准贩运出城。如有违例私运出城者，除讯有回漕情事，即照回漕定例办理外，若讯无回漕情事，实系仅图买回食用，或转卖渔利者，一石以内，即照违制律杖一百；一石以上，杖一百，枷号一月；十石以上，杖一百，枷号两月；二十石以上，杖六十、徒一年；三十石以上，杖七十、徒一年半；四十石以上，杖八十、徒二年；五十石以上，杖九十、徒二年半；六十石以上，杖一百、徒三年；一百石以上，发附近充军；五百石以上，枷号两月，发边远充军；一千石以上，枷号三月，发极边足四千里充军。至乡民有进城买细米食用者，一石以内，准其出城；一石以上，即行严禁。如有逾额贩运，照违制律杖一百。若一年之内，偷运细米出城，至百石以上者，枷号两月；五百石以上者，枷号两月，发近边充军；一千石以上者，枷号三月，发边远充军。米石变价入官。各门兵丁失于觉察者，如运米本犯罪止徒、杖，兵丁笞五十；运米本犯罪应拟军，兵丁杖一百。失察之官弁交部分别议处。知情故纵者，与同罪；受财者，计赃以枉法从重论。

**谨案** 此条嘉庆十九年(1814)定。道光十四年(1834)，因例内粗米止称"概不准贩运出城"，未经拟定罪名，是以增定。

一、滨临水次各铺户，向粮船承买余米时，由该管官出示晓谕，无论米数多寡，均饬令于次年南粮未经北上三个月以前，一律碾细，不准借词延宕。届期，仍由该管上司密派员役，分赴各处确查。倘仍有收存粗米，讯明业经旗丁买米回漕者，即照回漕例分别定拟。如尚未售卖，存米不及六十石者，照回漕例减一等，杖九十、徒二年半；六十石以上者，杖一百、徒三年；至六百石者，发边远充军。仍均起米入官。

**谨案** 此条道光二十一年(1841)遵旨议定。

### 历年事例

○嘉庆十九年(1814)奉旨:“王三一年之内,偷运米一千一百余石,着杖一百,枷号三个月,发边远充军。李五一年之内,偷运米九百余石,着杖一百,枷号两个月,发近边充军。嗣后一年之内,偷运米至一千石以上、五百石以上者,即照此例分别办理。”

○道光二十一年(1841)奏准:粮船余米,准其售卖,以体恤各旗丁,裕近京民食。该铺户承卖,在坐粮厅投税。惟不准存留粗米,次年卖与旗丁回漕。

○又奉旨:“嗣后滨临水次铺户,如准买余米之后,查出存贮粗米过十石者,作何办理,该部妥议章程具奏。钦此。”遵旨议奏:嗣后滨临水次各铺户,向粮船承买余米时,由该管官出示晓谕,无论米数多寡,均饬令于次年南粮未经北上三个月以前,一律碾细,不准借词延宕。届期,仍由该管上司密派贤员干役,分赴各处确查。倘有收存粗米,未经碾细,如讯明业经旗丁买米回漕者,即照回漕例分别问拟。如尚未售卖,数在六十石以下者,照回漕例减一等,杖九十、徒二年半;六十石以上者,杖一百、徒三年;数满六百石者,发边远充军。均仍起米入官。

## 把持行市

凡买卖诸物,两不和同,而把持行市,专取其利,及贩鬻之徒,通同牙行,共为奸计,卖己之物以贱为贵,买人之物以贵为贱者,杖八十。若见人有所买卖,在旁混以己物高下比价,以相惑乱而取利者,虽情非把持,笞四十。若已得利物,计赃重于杖八十、笞四十者,准窃盗论,免刺。赃轻者仍以本罪科之。

### 附律条例

○一、凡外国人朝贡到京,会同馆开市五日。各铺行人等,将不系应禁之物入馆,两平交易。染作、布绢等项,立限交还。如赊买及故意拖延骗勒远人,至起程日不能清还者,照诓骗律治罪,仍于馆门首枷号一月。若不依期日,及诱引远人潜入人家,私相交易者,私货各入官,铺行人等以违制论,照前枷号。

**谨案** 此条系原例。原文系“骗勒远人久候不得起程者,问罪”,嘉庆六年(1801)改,又于“铺行人等”下增“以违制论”四字。

○一、甘肃西宁等处,遇有番夷到来,本都司委官关防督查,听与军民人等两平交易。若势豪之家,主使弟男子侄、家人头目人等,将远人好马奇货包收,逼令减价,以贱易贵,致将粗重货物并瘦损头畜拘收,取觅用钱,方许买卖者,听主使之人,问附近卫分充军。干碍势豪,及委官知而不举,通同分利者,参问治罪。

**谨案** 此条系原例。雍正三年(1725)奏准,“本都司”三字改为“所在该管官司”。

一、甘肃西宁等处,遇有番夷到来,所在该管官司关防督查,听与军民人等两平交易。若势豪之家,主使弟男子侄家人等,将远人好马奇货包收,逼令减价,以贱易贵,及将一切货物、头畜拘收,取觅用钱,方许买卖者,主使之人,问发附近地方充军;听使之人,减主使一等。委官知而不举,通同分利者,参问治罪。

**谨案** 此条乾隆五年(1740)改定。

○一、各处客商辐辏去处,若牙行及无藉之徒用强邀截客货者,不论有无诓赊货物,问罪,俱枷号一月。如有诓赊货物,仍监追完足发落。在追比年久,无从赔还,累死客商,属军卫者发边卫,属有司者发附近,俱充军。

**谨案** 此条系原例。雍正三年(1725)奏准,私债无监追之例,应改为"追比";"属军卫者"至"充军"十七字,改为"发附近充军"。

○一、杨村、蔡村、河西务等处,如有用强拦截民运粮船,在家包雇车辆,逼勒多出脚钱者,问追给主,仍发边卫充军。

**谨案** 此条原因前明民运漕粮,易受沿途措勒,故设此例。乾隆五年(1740)奏准,现今并无民运,此条删。

○一、凡捏称皇店,在于京城内外等处邀截客商,掯勒财物者,俱拿送法司问罪,就于害人处所枷号三月,发极边卫分永远充军。

**谨案** 此条系原例。雍正三年(1725)奏准,明代有皇店名色,国初已裁,此例删。

○一、凡旗下人将在京马匹贩至外省发卖者,贩子处绞,说合牙人,不分旗民,减一等科罪。该管佐领、骁骑校、领催,及该管五城司坊等官,不行严拿禁止,被旁人拿获者,将该管官交部议处,领催鞭八十。系旗下家仆,罪坐伊主,鞭一百。被旁人拿首者,于贩子名下追银十两充赏。

**谨案** 此条雍正三年(1725)定。乾隆五年(1740)奏准,各省提镇等衙门采买马匹,例由兵部给票,马贩承买,关口盘验放行。凡将无引马骡冒渡关津,及将马牛等物私出外境货卖者,查兵律业有治罪明文,毋庸另立例款,此条删。

○一、凡内府人员家人,及内外王、贝勒、贝子、公、大臣、官员家人,领本生理,霸占要地关津,倚势欺凌,不令商民贸易者,事发,将倚势欺凌之人,在犯事处所,即行出斩示众。如民人借贷王以下大臣官员银两,指名贸易,霸占要地关津,恃强贻累地方者,亦照此例治罪。又内府人员家人,及王以下大臣官员家人,指名倚势,网收市利,挟制有司,干预词讼,肆行非法,该主遣去者,本犯枷号三月,鞭一百;本犯私去者,照光棍例治罪。内外王、贝勒、贝子、公失察者,俱交该衙门照例议处,管理家务官革职;大臣、官员失察者,亦俱革职。不行查拿之该地方文武官,交该部议处。

**谨案** 此条雍正三年(1725)定。乾隆五年(1740)奏准,将前后两处"王、贝勒"上"内外"二字删;倚势欺凌之人,改为"拟斩监候"。

○一、汉番交界之处,每月定场期三次,并令公平交易,该管衙门选差兵役稽查。

如有强买强卖及短少价值者,照把持行市律治罪,仍追原价。兵役借端勒掯者,照衙门人役恐吓索诈例计赃治罪。如有私入夷穴交易者,照私与外国人交通买卖例分别治罪。不严行约束之地方官及该管上司,并交部议处。

**谨案** 此条雍正六年(1728)定。乾隆二十九年(1764)奏准,民苗现许结亲、往来交易,所有设立场市限期交易之例,应行停止。三十二年(1767),因将此例删除。

○一、大小衙门公私所需货物,务照市价公平交易,不得充用牙行,纵役私取。即有差办,必须秉公提取,毋许借端需索。如有纵役失察,交部分别议处。其衙役照牙行及无藉之徒用强邀截客货者不论有无诓赊货物例,枷号一月,杖八十。如赃至三十五两者,照枉法赃问拟。所得赃私货物,分别给主、入官。

**谨案** 此条乾隆元年(1736)定。

○一、牙行侵欠控追之案,审系设计诓骗,侵吞入己者,照诓骗本律计赃治罪,一百二十两以上,问拟满流,追赃给主。若系分散客店,牙行并无中饱者,一千两以下,照例勒追,一年不完,依负欠私债律治罪;一千两以上,监禁严追,一年不完,于负欠私债律上加三等,杖九十;所欠之银,仍追给主。承追之员,按月册报巡道稽查。逾限不给者,巡道按册提比。如怠忽从事,拖延累商者,该巡道据实揭参,照事件迟延例议处;有意徇纵者,照徇情例降二级调用;如有受财故纵者,计赃从重以枉法论。

**谨案** 此条乾隆二十三年(1758)定。

○一、粮船雇觅短纤,如有棍徒勒价聚众攒殴等事,押运员弁,拿交地方官审实,将为首及下手伤人之犯俱问发边卫充军,余俱杖一百、枷号两月,于河岸示众。

**谨案** 此条乾隆二十九年(1764)定。

○一、京城官地井水,不许挑水之人把持多家,任意增长价值,及作为世业,私相售卖。违者许该户呈首,将把持挑水之人,照把持行市律治罪。

**谨案** 此条乾隆三十五年(1770)定。

### 历年事例

○顺治元年(1644)定:凡占踞市行,与民争利,亏损税额者,定置重典。

○十七年(1660)议准:凡豪强满洲,霸占市井贸易,及满洲家人强买市物者,该城御史查参重处。

○康熙六年(1667)议准:凡在外王、公、将军、文武官员家人,有霸占要地关津,用强贸易,欺压诈害商民者,事发,在原犯之处枷号三月,系民责四十板,系旗下鞭一百。其主系王,罚银一万两;系公,罚银五千两,管理家务官俱革职;系将军、都统、护军统领、副都统及督抚、提镇、文武官员,俱革职。其该汛文武各官不行查获者,各降一级调用。如兵民商人,指称王、公、文武官员之名,强行欺压者,为首之人,照光棍例治罪,货物入官。此等事发,委官稽查,徇庇不据实回报者,俱革职。

○十八年(1679)议准:凡内务府佐领,以及内外王、贝勒、贝子、公、大臣、官员家人，有领本霸占要地关津，不令商民贸易，倚势欺凌者，事发，在原犯处所立斩。若系内务府佐领下人，将该管官革职；系宗室王以下公以上家人，亲王罚银一万两，郡王罚银五千两，贝勒罚银二千五百两，贝子罚银一千三百两，公罚银七百两，仍交与宗人府从重议处，其管理家务官俱革职；若系在外王等家人，亲王罚银一万两，降为郡王、贝勒、贝子，请旨定夺，郡王、贝勒、贝子罚银五千两，降为公，管理家务官俱革职；若系大臣、官员家人，伊主俱革职。其霸占欺民之人，汛地文武各官不查拿者，俱革职。至于王以下大臣各官，将资本借贷民人，指称贸易，霸占要地关津，倚势贻累地方者，亦照此例治罪。

○乾隆三年(1738)奏准：奸猾铺户，动辄纠集党类，敛分齐行，名曰公议行规，定价值若干、平色若干，少有贬价售卖者，众铺家探知，同声附和，罚备酒席，需索多金。通行直省有司，多方晓谕，严加禁止。如奉文后尚有齐行长价等弊，地方官确行查究，分别首从，照把持行市律加等治罪。如地方官役，有借端扰累行户者，该督抚亦即严行查参。

**私造斛斗秤尺**

凡私造斛斗、秤尺不平，在市行使，及将官降斛斗、秤尺作弊增减者，杖六十，工匠同罪。若官降不如法者，(官吏、工匠)杖七十。提调官失于较勘者，减(原置官吏工匠罪)一等，知情与同罪。其在市行使斛斗、秤尺虽平，而不经官司较勘烙印者，(即系私造，)笞四十。若仓库官吏，私自增减官降斛斗、秤尺，收支官物而不平(纳以所增，出以所减。)者，杖一百，以所增减物计赃重(于杖一百)者，坐赃论。因而得(所增减之)物入己者，以监守自盗论；(并赃，不分首从，查律科断。)工匠杖八十。监临官知而不举者，与犯人同罪；失觉察者，减三等，罪止杖一百。

**器用布绢不如法**

凡民间造器用之物，不牢固正实，及绢布之属，纰薄短狭而卖者，各笞五十。

**谨案** “各笞五十”下，原文有“其物入官”四字，乾隆五年(1740)删。

# 【礼　律】

# 【礼律 · 祭祀】

# 卷七百六十六 · 刑部四十四

**礼律 · 祭祀**　祭享　毁大祀丘坛　致祭祀典神祇　历代帝王陵寝　亵渎神明　禁止师巫邪术

## 祭　享

凡天、地、社稷大祀及庙享，所司（太常寺将祭则先致斋，将斋则先誓戒，将戒则先告示。）不将祭祀日期预先告示诸衙门（知会）者，笞五十。因（不告示）而失误行事者，杖一百。其已承告示而失误者，罪坐失误之人。（亦杖一百。）若（传制与百官斋戒，）百官已受誓戒，而吊丧问疾、判署刑杀文书及与筵燕者，皆罚俸钱一月。其（所司）知（百官）有缌麻以上丧，或曾经杖罪，遣充执事，及令陪祀者，罪同。不知者不坐。若有丧、有过不自言者，罪亦如之。其已受誓戒人员，散斋（于外，）不宿净室，致斋（于内，）不宿本司者，并罚俸钱一月。若大祀牲牢、玉帛、黍稷之属不如法者，笞五十；一事缺少者，杖八十；一座全缺者，杖一百。若奉大祀（在涤之）牺牲，主司（牺牲所官。）喂养不如法，致有瘦损者，一牲笞四十，每一牲加一等，罪止杖八十；因而致死者加一等。中祀有犯者罪同。（余条准此。）

**谨案**　"不宿净室下"，原文有"罚俸钱半月"五字。雍正三年(1725)奏准，今无罚俸半月之例，因删去，于下文"罚俸钱一月"上加"并"字。

### 附律条例

〇一、凡郊祀，斋戒前二日，太常寺官宿于本司，次日具本奏闻，致斋三日。次日进铜人，传制谕文武官斋戒，不饮酒，不食葱韭薤蒜，不问病，不吊丧，不听乐，不理刑，不与妻妾同处。定斋戒日期，文武百官先沐浴更衣，本衙门宿歇，次日听誓戒毕，致斋三日。宗庙社稷，亦致斋三日，惟不誓戒。

〇一、大祀，前三月以牺牲付牺牲所涤治如法；中祀，前三十日涤之；小祀，前十日涤之。大祀，祭天、地、太社、太稷也；庙享，祭太庙、山陵也；中祀，如朝日夕月、风云雷雨、岳镇海渎，及历代帝王、先师、先农、关帝、文昌、旗纛等神；小祀，谓凡载在祀典诸神。惟帝王陵寝及孔子庙，则传制特遣。

**谨案** 以上二条均系原例。咸丰年间，升关帝、文昌为中祀，今补入。

〇一、每年三月十八日，恭逢圣祖仁皇帝万寿圣节，凡内外文武官员及军民人等，俱应虔诚斋戒，不理刑名，禁止屠宰。

〇一、每年八月二十七日，恭值至圣先师孔子诞辰，内外文武各官以及军民人等，应致斋一日，不理刑名，禁止屠宰。

**谨案** 以上二条，系雍正五年(1727)定例。乾隆五年(1740)，以律例内毋庸登录，奏准删除。

〇一、凡陪祭致斋各官，不理刑名，不办事，不燕会，不听音乐，不入内寝，不问疾，不吊丧，不饮酒，不食葱韭薤蒜，不祈祷，不报祭，不祭墓。

**谨案** 此条系雍正十二年(1734)定。乾隆五年(1740)，因与前条重复，删。

## 毁大祀丘坛

凡大祀丘坛而毁损者，不论故、误，杖一百，流二千里。壝门减二等。杖九十、徒二年半。若弃毁大祀神御兼太庙之物者，杖一百，徒三年。虽轻必坐。遗失及误毁者，各减三等。杖七十、徒一年半。如价值重者，以毁弃官物科。

### 附律条例

〇一、天、地坛内，纵放牲畜作践，及私种耤田外余地，并夺取耤田禾稗者，俱问违制杖一百，牲畜入官，犯人枷号一月发落。

**谨案** 此条系原例。

〇一、八旗大臣，将本旗官员职名，书写传牌，挨次递交。每十日，责成一人会同太常寺官，前往天坛严查。有放鹰打枪、成群饮酒游戏者，即行严拿交部，照违制律治罪。

**谨案** 此条系雍正五年(1727)定例。

## 致祭祀典神祇

凡各府州县社稷、山川、风云雷雨等神，及境内先代圣帝明王、忠臣烈士，载在祀典，应合致祭神祇，所在有司，置立牌面，开写神号、祭祀日期，于洁净处常川悬挂，依时致祭。至期失误祭祀者，所司官吏杖一百。其不当奉祀之神非祀典所载。而致祭者，杖八十。

## 历代帝王陵寝

凡历代帝王陵寝,及忠臣烈士、先圣先贤坟墓,所在有司当加护守,不许于上樵采耕种及牧放牛羊等畜,违者杖八十。

**谨案** “先圣先贤”四字,雍正三年(1725)奏准改在“忠臣烈士”上。

## 亵渎神明

凡私家告天拜斗,焚烧夜香,燃点天灯、告天。七灯,拜斗。亵渎神明者,杖八十。妇女有犯,罪坐家长。若僧道修斋设醮而拜奏青词表文,及祈禳火灾者,同罪,还俗。重在拜奏。若止修斋祈禳而不拜奏青词表文者不禁。若有官及军民之家,纵令妻女于寺观神庙烧香者,笞四十。罪坐夫男。无夫男者,罪坐本妇。其寺观神庙住持及守门之人,不为禁止者,与同罪。

### 附律条例

○一、凡僧道军民人等,于各寺观神庙刁奸妇女,因而引诱逃走,或诓骗财物者,问各杖一百,奸夫发三千里充军,奸妇入官为婢,财物照追给主。若军民人等,纵令妇女于寺观神庙有犯者,杖七十,枷号一月发落。

**谨案** 此条系原例。乾隆五年(1740),删“奸妇入官为婢”句。

一、凡僧道军民人等,于各寺观庵院神庙刁奸妇女,除将妇女引诱逃走,仍按照和诱知情,分别首从,拟以军、徒外,其因刁奸而又诓骗财物者,不计赃数多寡,为首之奸夫发边远充军,为从者减等满徒。俱仍尽犯奸本法,先于寺观庵院庙门首分别枷号,满日照拟发配,财物照追给主。犯奸之妇女,仍依本例科罪。若军民人等,纵令妇女于寺观神庙与人通奸,杖九十,枷号一月发落。

**谨案** 此条乾隆五十三年(1788)改定。

○一、凡各省有迎神赛会者,照师巫邪术例,将为首之人从重治罪。其有男女嬉游花费者,照治家不严例,罪坐家长。

**谨案** 此条雍正三年(1725)定。乾隆五年(1740),查迎神赛会,下条另有正律;男女嬉游花费,已有罪坐纵令之律,此条删。

### 历年事例

○天聪五年(1631)谕:“凡喇嘛、班第,居城外清净寺庙焚修,不许容留妇人,违者勒令还俗。其有施斋于喇嘛、班第者,许令男人馈送本寺。若妇人私邀喇嘛、班第到家者,以奸论罪。家人出首者,准其离主。”

○顺治十八年(1661)题准:凡妇女不许私入寺庙烧香,违者治以奸罪。旁人能缉首者,罚本犯银十两给之。

○康熙六年(1667)议准:喇嘛所住寺庙,若容留妇女行走者,将喇嘛、班第鞭一百。其妇之夫系官,罚俸一年;系平人,夫妇各鞭一百。若喇嘛、班第有私往妇女家过宿者,喇嘛、班第与本妇俱处绞。该管之大喇嘛,罚牲三九;札萨克喇嘛,罚牲二九;得木齐等,罚牲一九入官。其不禀明大喇嘛,于所往处过宿者,革除喇嘛、班第入官。留宿之人,系官罚俸一年,系平人鞭一百。

〇十二年(1673)议准:凡丈夫出外,妇人私请喇嘛、班第到家者,照不应重律杖八十。若禀过该佐领、骁骑校请来者,无罪。其妇人私入寺庙烧香者,照律治罪。拿首之人,照例给赏。若家仆出首者,照首主例治罪。

## 禁止师巫邪术

凡师巫假降邪神,书符咒水,扶鸾祷圣,自号端公、太保、师婆,名色,及妄称弥勒佛、白莲社、明尊教、白云宗等会,一应左道异端之术,或隐藏图像,烧香集众,夜聚晓散,佯修善事,煽惑人民,为首者绞,监候。为从者各杖一百、流三千里。若军民装扮神像,鸣锣击鼓,迎神赛会者,杖一百,罪坐为首之人。里长知而不首者,各笞四十。其民间春秋义社,以行祈报者,不在此限。

### 附律条例

〇一、各处官吏、军民、僧道人等,来京妄称谙晓扶鸾祷圣,书符咒水,一切左道异端邪术,煽惑人民,为从者,及称烧炼丹药,出入内外官家,或擅入皇城,夤缘作弊,希求进用,属军卫者,发边卫充军,属有司者,发边外为民。若容留潜住,及荐举引用,邻甲知情不举,并皇城各门守卫官军不行关防搜拿者,参究治罪。

**谨案** 此条系原例。乾隆三十六年(1771),将"属军卫者"四句改为"发近边充军",又增"若事关重大,临时酌量办理"二句。

〇一、凡左道惑众之人,或烧香集徒,夜聚晓散,为从者,及称为善友,求讨布施,至十人以上,并军民人等,不问来历,窝藏接引,或寺观住持容留披剃冠簪,探听境内事情,若审实探听军情,以奸细论。及被诱军民舍与应禁铁器等项,事发,属军卫者,发边卫充军,属有司者,发边外为民。

**谨案** 此条系原例。

一、凡左道惑众之人,或烧香集徒,夜聚晓散,为从者,发边远充军。若称为善友,求讨布施,至十人以上,并军民等不问来历,窝藏接引,或寺观住持容留披剃冠簪者,发近边充军。

**谨案** 此条乾隆三十六年(1771)改定。

一、各处官吏军民僧道人等,妄称谙晓扶鸾祷圣,书符咒水,或烧香集徒,夜聚晓散,并捏造经咒邪术,传徒敛钱,一切左道异端,煽惑人民,为从者,发往回城,给大小伯克及力能管束之回子为奴。其称为善友,求讨布施,至十人以上者,或称烧炼丹药,出入内外官家,或擅入皇城,夤缘作弊,希求进用者,并军民人等寺观住持,不问来历,窝藏接引,容留披剃冠簪,至十人以上者,俱发近边充军。若不及十人,容留潜住,荐举引用,及邻甲知情不举,并皇城各门官卫官军不行关防搜拿者,各照违制律治罪。如事关重大,临时酌量办理。至于守业良民,讽念佛经,茹素邀福,并无学习邪教,捏造经咒,传徒敛钱惑众者,不得滥用此例。

**谨案** 此条嘉庆六年(1801)将上二条修并改定。邪教为从者,原作"发往黑龙江,给索伦达呼尔为奴",十七年(1812)奏准,邪教为从者,改发新疆给额鲁特为奴。二十年(1815),复改为"发往回城,给大小伯克及力能管束之回子为奴"。

〇一、凡传习白阳、白莲、八卦等邪教,习念荒诞不经咒语,拜师传徒惑众者,为首拟绞立决;为从年未逾六十,及虽逾六十而有传徒情事,俱改发回城,给大小伯克及力能管束之回子为奴。如被诱学习,尚未传徒,而又年逾六十以上者,改发云贵两广烟瘴地方充军。旗人销除旗档,与民人一律办理。至红阳教及各项教会名目,并无传习咒语,但供有飘高老祖及拜师授徒者,发往乌鲁木齐,分别旗、民,当差、为奴。其虽未传徒,或曾供奉飘高老祖及收藏经卷者,俱发边远充军。坐功运气者,杖八十。如有具结改悔,赴官投首者,准其免罪,地方官开造名册,申送臬司衙门存案,倘再有传习邪教情事,即按例加一等治罪,若拿获到案。始行改悔者,各照所犯之罪问拟,不准宽免,如讯明实止茹素烧香,讽念佛经,止图邀福,并未拜师传徒,亦不知邪教名目者,免议。

**谨案** 此条嘉庆十八年(1813)定。二十四年(1819),因调剂回疆遣犯,将被诱学习并未传徒而又年逾六十者,改发云贵两广烟瘴地方充军,并增入具结改悔及拿获始行改悔二层。

〇一、各项邪教案内,应行发遣回城人犯有情节较重者,发往配所永远枷号。

**谨案** 此条嘉庆二十四年(1819)定。

〇一、邪教惑众,照律治罪外,如该地方官不行严禁,在京五城御史、在外督抚,徇庇不行纠参,一并交部议处。旁人出首者,于各犯名下,并追银二十两充赏。如系应捕之人拿获者,追银十两充赏。

**谨案** 此条系雍正三年(1725)定例。

〇一、熟习符咒,不畏刑罚,不敬官长,作奸犯科,惑世诬民者,照光棍例,为首者立斩,为从者概拟绞监候,秋后处决。

**谨案** 此条雍正七年(1729)定。乾隆五年(1740),查熟习符咒、不畏刑罚、惑世诬民等项,即系以邪术架刑及私相传习之属,应照雍正十一年(1733)定例遵行,毋庸复载,此条删。

〇一、私习罗教为首者,照左道异端煽惑人民律拟绞监候。不行查报之邻佑、总甲人等,均照律各笞四十。其不行严查之地方官,交部议处。

**谨案** 此条系雍正十一年(1733)定例。乾隆五年(1740),因律文"左道异端"

所包甚广，罗教特其一，非通行例删。

○一、凡有奸匪之徒，将各种避刑邪术私相传习者，为首教授之人拟绞监候，为从学习之人杖一百、流三千里。若事犯到官，本犯以邪术架刑者，照规避本罪律递加二等，罪止杖一百、流三千里；其犯该绞、斩者，仍照本罪科断。至事犯到官，本犯雇人作法架刑者，亦照以邪术架刑例治罪，并究出代为架刑之人，照诈教诱人犯法与犯人同罪律，至死减一等，得赃，照枉法从重论。保甲、邻里知而容隐不首者，照知而不首本律笞四十。地方官不行查拿者，照例议处。

**谨案** 此条系雍正十一年(1733)定例。

○一、私刻地亩经及占验推测妄诞不经之书，售卖图利，及将旧有书板藏匿，不行销毁者，俱照违制律治罪。

**谨案** 此条系乾隆九年(1744)定例。

○一、各省遇有兴立邪教、哄诱愚民事件，该州县立赴搜讯，据实通禀，听院司按核情罪轻重，分别办理。倘有讳匿，辄自完结，别经发觉，除有化大为小、曲法轻纵别情，严参惩治外，即罪止枷责，案无出入，亦照讳窃例，从重加等议处。

**谨案** 此条系乾隆四十六年(1781)定例。

**历年事例**

○天聪五年(1631)谕："凡巫觋星士妄言吉凶，蛊惑妇女，诱取财物者，必杀无赦。该管佐领、领催及本主，各坐应得之罪。其信用之人亦坐罪。"

○崇德七年(1642)谕："凡老少男妇，有为善友惑世诬民者，永行禁止。如不遵禁约，必杀无赦。该管各佐领、领催及各主不行查究者，一例治罪。"

○顺治六年(1649)定：凡僧道巫觋之流，妄行法术，蛊惑愚众者，治以重罪。

○十三年(1656)谕："凡左道惑众，如无为、白莲、闻香等教名色，起会结党，迷诱无知小民，殊可痛恨。今后再有踵行邪教聚会烧香敛钱号佛等事，在京着五城御史及地方官，在外着督抚司道有司等官，设法缉拿，穷究奸状，于定例外加等治罪。"

○十八年定(1661)：凡无名巫觋私自跳神者，杖一百。因而致人于死者，处死。

○康熙元年(1662)题准：人有邪病，请巫觋道士医治者，须禀明都统，用印文报部，准其医治。违者，巫觋道士正法外，请治之人，亦治以罪。

○五年(1666)复准：凡邪教惑众，在京行五城御史，在外行督抚，转行文武各地方官严禁查拿。如不行查察，督抚等徇庇不参，事发，在内，该管官每案罚俸三月；在外，州县官降二级调用，督抚罚俸一年。

○七年(1668)复准：凡邪教惑众者，照律遵行。其地方各官，仍照例一并治罪。

○十二年(1673)题准：凡端公道士，私行跳神医人者，免死，杖一百。虽曾禀过礼部，有作为异端，跳神医治，致人于死者，照斗殴杀人律拟罪。其私请之人，系官议处，系平人照违令律治罪。

○十八年(1679)议准:凡迎神进香,鸣锣击鼓,肆行无忌者,为首之人,照邪教惑众律拟绞监候,秋后处决;为从之人,枷号三月,系旗下鞭一百,系民责四十板,俱不准折赎。该管官不行查拿,事发,系旗下人,将佐领、骁骑校、步军校,系民,将司坊官、府州县,系兵,将守备、把总,每案罚俸半年;领催鞭八十,总甲责三十板;其参领、副尉、五城御史、布按司道、副将、参将、游击,每案罚俸三月;步军统领、总尉、总督、巡抚、提督、总兵官,每案罚俸两月;若系内务府佐领下人,该管官照参领、佐领、骁骑校、领催例治罪;若系僧道,将该管僧道官革职,责二十板,僧录、道录司官革职。

○五十七年(1718)议准:名处邪教,令该督抚严行禁止。若地方官不行严查,或别处发觉者,将地方官及该督抚一并严行查议。

○嘉庆十八年(1813)奏:办理邪教,总以有无传习经咒、供奉邪神、拜授师徒为断。至白阳教,即系白莲教及八卦教之别名,最足为害。嗣后为首,照左道异端煽惑人民律拟绞监候,为从发新疆给额鲁特为奴,旗人销除旗档,与民人一律办理。至红阳教及各项教会名目,并无传习咒语,但供有飘高老祖及拜师授徒者,发往乌鲁木齐,分别旗、民,当差、为奴。其虽未传徒,或曾供奉飘高老祖及收藏经卷者,发边远充军。至坐功运气,虽非邪教,亦比照故自伤残律杖八十。若讯明实止茹素烧香,讽念佛经,止图邀福,并未拜师传徒,亦不知邪教名目者,方予免议。奉旨:“嗣后审办白阳、白莲、八卦等邪教,凡传徒为首者,定拟绞决;其红阳等及各项教会名目,即照刑部所议办理。”

○二十一年(1816)奉旨:“嗣后各直省遇有倡立邪教惑众骗钱案内应行发遣之犯,着该督抚于审明定案时,酌留一二名,于该省犯事地方,永远枷号示众。”

○又谕:“孙玉庭等奏《传习牛八邪教案犯先后赴官投具悔结恳请免罪》一折。湖北省传习牛八教之邵元胜等,经地方官宣谕开道,具结改悔,投案者共有三百六十四名。湖北一省如此,可见各省传习邪教者,尚复不少。乡民妄听邪说,信从入教,本应治罪,但人数过多。愚民无知,一时被诱,若不予以自新之路,朕心实所不忍。惟是此内真心改悔者,固不乏人。恐亦有希图免罪,暂时投首者。阅时既久,难保其不故智复萌。应酌定条例,以示儆戒。着阮元、张映汉饬令该地方官,将此次具结改悔之人,再行晓谕。以该犯等本系有罪之人,现奉恩旨准予自新,系属法外施仁。若改悔之后,又复习教,则是怙恶不悛,定当加等治罪。责令各出具再犯习教情愿加等治罪甘结,方准免罪。该地方官仍将具结之人,开造名册,申送臬司衙门存案。倘将来册内之人,再有传习邪教者,一经访获,即将该犯按律加一等治罪。各直省俱照此一律办理。”

○二十二年(1817)谕:“徐炘奏《查明各属首悔茹素念经男妇取结释宁》一折,所办失之宽纵。习教之犯,准令自首免罪,原因其真心悔悟,投首到官,呈缴经像,方予以自新之路。该护抚折内所奏,如蒲城等县监生王瑞朋等均系自行投案,呈缴经像,具结改悔。其蒲城等县民人魏景昌等、凤县等县民人杨得才等,则皆系访查拿获到案,始自称改悔者。此等入教莠民,平日甘心邪慝,迨被获畏罪,借口改悔,冀图一时苟免,释放后仍将故智复萌。该护抚概予释免,殊觉漫无区别。徐炘着传旨申饬。除案内自首之王瑞朋等,俱准免罪释宁外,其拿获之魏景昌等十四名、杨得才等四名口,仍各照所犯之罪分别问拟,不准宽免。嗣后各直省查审邪教改悔之案,俱着照此分别办理。"

○道光元年(1821)谕:"方受畴奏'邪教案内留于本境永远枷号人犯,请即行解配'等语。邪教案内应行发遣人犯,留于本境枷示,原以化诲愚蒙,俾知儆戒。今本犯既不知改悔,匪徒复踵习其教,自不若投之遐荒,免滋煽惑。着即照该督所议,咎明李老和二犯,仍照刑部原拟,一并解发回城为奴。嗣后拿获邪教案犯,审明应发遣者,均即行解配。其有情节较重者,发往配所,永远枷号。毋庸留于犯事地方监禁枷示,以消萌孽。"

○十二年(1832)谕:"此案尹老须即尹资源,接管刘功离卦教,自称南阳佛,创立朝考等场、黑风等劫名目,神奇其说,煽惑至数千人之多,勾结至三省之远,狂悖已极。尹老须即尹资源,着即凌迟处死,仍传首犯事地方,以昭炯戒。尹明仁听从伊父习教多年,实属世济其恶,尹明仁着即处斩。韩老吉、萧滋依议应斩,着监候入于本年朝审情实办理。其失察之地方官,及查办不实各员,着吏部查取职名,分别议处。"

# 【礼律 · 仪制】

## 卷七百六十七 · 刑部四十五

**礼律 · 仪制** 合和御药　乘舆服御物　收藏禁书及私习天文　御赐衣物　失误朝贺　失仪　奏对失序　朝见留难　上书陈言　现任官辄自立碑　禁止迎送　公差人员欺凌长官

### 合和御药

凡合和御药，误不依对症本方，及封题错误，经手医人杖一百。料理拣择误不精者，杖六十。若造御膳误犯食禁，厨子杖一百。若饮食之物不洁净者，杖八十，拣择误不精者，杖六十。御药、御膳不品尝者，笞五十。监临提调官，各减医人、厨子罪二等。若监临提调官及厨子人等，误将杂药至造御膳处所者，杖一百。所将杂药，就令自吃。御膳所厨子人等有犯，监临提调官知而不奏者，门官及守卫官失于搜检者，与犯人同罪，并临时奏闻区处。

**谨案**　“厨子人等”以下十六字，雍正三年(1725)奉御批增。

#### 附律条例

○一、医官就内局修制药饵，本院官诊视，调服御药，参看校同，会近臣就内局合药，将药贴连名封记，具本开写本方药性、治证之法，于日月之下，医官、近臣书名以进。置簿书，进药奏本既具，随即附簿年月下书名，近臣收掌，以凭稽考。煎调御药，本院官与近臣监视，二服合为一服。俟熟分为二器，其一器御医先尝，次院判，次近臣；其一器进御。

**谨案**　此条系原例。“进药奏本”上，有“用尚方司印合缝”七字，雍正三年(1725)删。

### 乘舆服御物

凡乘舆服御物，主守之人收藏、修整不如法者，杖六十。进御差失者，进所不当进，笞四十。其车马之属不调习、驾驭之具不坚完者，杖八十。若主守之人，将乘舆服御物私自借用，或转借与人，及借之者，各杖一百、徒三年。若弃毁者，罪亦如之。平时怠玩，不行看守，遗失及误毁者，各减三等。若御幸舟船误不坚固者，工匠杖一百。若不整顿修饰，及在船篙棹之属缺少者，杖六十，并罪坐所由。经手造作之人，并主守之人，监临提调官，各减工匠罪二等，并临时奏闻区处。

### 收藏禁书及私习天文

凡私家收藏天象器物、如璇玑、玉衡、浑天仪之类。天文推步测验之书占休咎。图谶图象谶纬之书推治乱。应禁之书，及绘画历代帝王图象、金玉符玺等物不首官者，杖一百。若不系天文生，私习天文者，罪亦如之。并于犯人名下追银一十两，给付告人充赏。器物等项，并追入官。私习之人，术业已成，决讫，送钦天监充天文生。

**谨案** 雍正二年(1724)奏准，私习天文之禁已除，将律目“及私习天文”五字、律文“若私习天文者”二句删去。

#### 历年事例

○康熙二十三年(1684)议准：凡习学天文之人及算法仪器，不必禁止。若有妄言祸福，煽惑愚人者，仍照律拟罪。

### 御赐衣服

凡御赐百官衣物，使臣不行亲送，转付他人给予者，杖一百，罢职不叙。

### 失误朝贺

凡朝贺及迎接诏书，所司不预先告示者，笞四十。其已承告示而失误者，罪亦如之。

#### 附律条例

○一、朝贺听诏进表，入班之际，偶值雨雪，许便服行礼。

**谨案** 此条系原例。乾隆五年(1740)删。

○一、盛京大政殿，专派官兵看守。其每月朝期，如有怠惰偷安者，指名题参。

**谨案** 此条系雍正十三年(1735)定例，乾隆五年(1740)删。

### 失 仪

凡陪助祭祀及谒拜园陵，若朝会，行礼差错及失仪者，罚俸钱半月。其纠仪官应纠举而不纠者，罪同。

**谨案** “罚俸钱半月”,雍正三年(1725)改“罚俸一月”。

## 附律条例

○一、朝参近侍病嗽者,许即退班。或一时眩晕,及感疾不能侍立者,许同列官掖出。

**谨案** 此条系原例。

○一、凡坛庙祭祀,及圣驾出入,并升殿之日,派委司官及步军校严加巡察。有厮役肆行喊叫、冲突拥挤者,拿送该部杖一百,其主管五十;寻常朝会日犯者,杖六十,其主管三十;系官俱交该部议处。若在内执事人并大臣侍卫跟役犯者,交与该管大臣衙门治罪。

**谨案** 此条系雍正三年(1725)定例。

○一、凡遇升殿及常朝日期,令监礼之礼部司官,一体查收职名。如有应行题参者,即指名题参。如该司官怠忽瞻徇,交部议处。

**谨案** 此条系雍正十二年(1734)定例,乾隆五年(1740)删。

## 奏对失序

凡在朝侍从官员,特承顾问,官高者先行回奏,卑者以次进对。若先后失序者,各罚俸钱半月。

**谨案** 结句“罚俸钱半月”,雍正三年(1725)改“罚俸一月”。

## 朝见留难

凡司仪礼官,将应朝见官员人等,托故留难阻当不即引见者,审实留难之故,得情,方斩。监候。大臣知而不问,与罪同。不知者不坐。

## 上书陈言

凡国家政令得失,军民利病,一切兴利除害之事,并从六部官面奏区处。及听监察御史、提刑按察官各陈所见,直言无隐。若内外大小官员,但有本衙门不便事件,许令明白条陈,实封进呈,取自上裁。若知而不言,苟延岁月者,在内从监察御史,在外从按察使纠察。犯者以事应奏不奏论。若百工技艺之人,应有可言之事,亦许直至御前奏闻。其言可用,即付所司施行。各衙门但有阻当者,鞫问明白,阻当之故,方斩。其陈言事理,并要直言简易。每事各开前件,不许虚饰繁文。若纵横之徒,假以上书巧言令色希求进用者,杖一百。若称诉冤枉,于军民官司借用印信封皮入递者,及借与者,皆斩。杂犯。

**谨案** 雍正五年(1727)奏准,“听监察御史、提刑按察官”十字改“科道、督抚”,

“明白条陈”下添“合题奏之本管官”七字，“在内从监察御史，在外从按察司”改“在内从科道，在外从督抚”，“若百工”以下四十四字删。

### 附律条例

〇一、内外大小衙门官员，但有不公不法等事，在内从台省、在外从督抚纠举。须要明著年月，指陈实迹，明白具奏。若系机密重事，实封御前开拆。并不许虚文泛言。若挟私搜求细事，及纠言不实者，抵罪。惟生员不许一言建白，违者革黜，以违制论。

**谨案** 此条系原例。原文“在外从按察司”，雍正三年(1725)改。

〇一、各处断发充军及安置人等，不许进言。其所管卫所官员，毋得容许。

**谨案** 此条系原例。雍正三年(1725)删“卫所”二字。乾隆五年(1740)删。

### 历年事例

〇康熙四年(1665)复准：凡劣衿奸民，妄言国家政事，假公济私，希图录用者，照律治罪。

〇十二年(1673)题准：生员越关赴京，在各衙门谎捏控告，或跪牌渎奏者，所告不准，革去生员，照违制律杖一百。

〇道光元年(1821)谕：“本日有兵部笔帖式和书在乾清门呈递奏折，自陈管见五条。朝廷设官分职，定有等差，不容越分言事。其末职下僚，如有确知利弊，及冤抑求伸者，或在都察院申诉，或在本衙门呈递，该堂官亦断不敢壅于上闻。若不论品秩崇卑，纷纷竞赴宫门建言奏事，尚复成何体制。此次笔帖式和书所递条陈，尚无悖谬之处，但违例擅递奏章，着交刑部治以应得之咎。”

## 现任官辄自立碑

凡现任官实无政迹，于所部内辄自立碑建祠者，杖一百。若遣人妄称己善，申请于上而为之立碑建祠者，杖八十。受遣之人，各减一等。碑祠拆毁。

### 历年事例

〇康熙四十二年(1703)题准：官员保留陋弊，着严行禁革。

〇乾隆四十九年(1784)谕：“据福康安奏《灵台县知县武粤生到任三年，并无善政，强令百姓制造衣伞，以致远近沸腾，声名狼藉，请旨革职提审》一折，已批该部知道矣。地方官在任，百姓制造万民衣伞致送，并离任脱靴等事，最为陋习。雍正年间，久经饬禁。即或居官清正，虽出自百姓情愿，尚应禁拒。乃该县武粤生强令制造，以致远近沸腾，声名狼藉，尤属卑鄙不堪。着交福康安提集犯证质审，定拟具奏。

近闻各省督抚有未经去任,而德政碑早已建竖辕门者。此不过属员强令百姓敛资勒石,借以为献媚逢迎之具。于吏治官方,大有关系。夫地方官果有惠政及民,去任后闾阎系恋,自必舆颂流传,口碑载道。若其人并不留心民事,贪鄙不职,即使穹碑林立,百姓将指而唾骂之。是不足以为去思之荣,竟足以为子孙之辱,又何能欺世盗名,逃众人之公议耶。嗣后着通行饬禁。即制造衣伞、脱靴等事,亦一并禁止。其各省地方,无论大小文武各官,现有去思、德政等碑,俱着查明扑毁。该督抚务须实力查办,毋得视为具文,致蹈阳奉阴违之咎,并着每年年终奏闻。"

○嘉庆七年(1802)谕:"御史朱绂奏《请宽地方官去思碑例禁》一折,所见甚属非是。守令职司民牧,分应廉洁自矢,抚字为怀。果有善政及民,自必口碑载道,阅久流传,原不假区区制衣勒碣,粉饰虚声。世宗宪皇帝屡申饬禁,意在崇实黜浮,使人皆尽心实政。若如该御史所奏,专以外饰之繁文,验在官之贤否。如从前甘省即有抑勒部民制造衣伞之事,亦岂尽足凭耶?总之地方官惟在悃愊无华,实至者名自归。上年直隶省知县朱杰、钱桂,因尽心赈务,惠逮闾阎,及缘事去官,百姓等爱戴恳留,奏闻后均经格外加恩。朕亦何尝不以舆论之公,奖循良之绩。但不必特宽例禁,致开沽名饰誉之端。且各省从前去思、德政等碑,俱经扑毁,又岂有复令建立之理。朱绂不晓事体,着将原折掷还。"

## 禁止迎送

凡上司官,及奉朝命使客经过,若监察御史、按察司官出巡按治,而所在各衙门官吏出郭迎送者,杖九十。其容令迎送不举问者,罪亦如之。

**谨案** 雍正三年(1725)奏准,今无"监察御史、按察司官出巡按治"之例,此十三字删。

### 附律条例

○一、文武官员出入,应合开道而自不开道,致令应避官员不曾回避者,不问。若因而生事者,止问上官。

○一、军民人等,于街市遇见官员引导经过,即须下马躲避,不许冲突,违者笞五十。

**谨案** 以上二条均系原例。

○一、凡书役迎接新官,在交界处所等候,呈送须知册籍,其余书役概令随印交代。并将头接、二接、三接陋习,严行禁止。如有约结多人,执批远迎者,照律治罪。

**谨案** 此条系乾隆五年(1740)定例。

○一、属员与上司亲戚子侄,有乘便夤缘、因事贿嘱者,按律分别革职治罪。上司之子侄亲戚有官职者,经过属员境内,拜候往来,属员供应馈送,均照不应重律降三级调用;无官职者,照不应重律杖八十。该上司自行查出参处者,免议;漫无觉察者，照约束不严例，降一级调用；知而不举，照徇庇例，降三级调用。如有夤缘贿嘱等事通同徇纵者，一并分别革职治罪。

**谨案** 此条系乾隆二十六年（1761）定例。

〇一、上司入城，凡文武属员，止许出城三里迎送。如不入城，在境内经过处所迎送。倘迎送必至交界，或因事营求，或乘便贿赂，将属员革职拿问。如止出界迎送，无营求、贿赂等情，照擅离职役律议处。如上司有必欲迎送，致属员畏其威势，至交界迎送者，倘有勒索情弊，将上司革职提问；如止令迎送，无勒索情弊，照例议处；地方官俱免议。

**谨案** 此条系雍正七年（1729）定。

〇一、凡提镇赴任，所属将弁，于是日迎接，除跟役外，其司事兵丁不得过十名，出城不得过五里。其副、参、游击等官赴任，本标员弁，于是日迎接，除跟役外，司事兵丁不得过五名，出城不得过三里。从境内经过者，止许在本营汛地经过处所迎送。如属员多带兵丁，越境远迎，及上司容令远迎，并不行揭报者，俱交部照律议处。

**谨案** 此条雍正十三年（1735）定。

### 历年事例

〇乾隆元年（1736）议准：律载凡上司官及使客经过，而所在各衙门官吏出郭迎送者，杖九十，是郭之内或听之也。又定例，凡有上司入城，止许三里迎送，是宽以三里之程，导之迎送也。又定例，如不入城，从境内经过者，许在经过处迎送，是假以境内经过之便，导之迎送也。奔竞陋习，作法于严，犹恐日久废弛。宽以三里之程，则迤逦至五里十里，谁踵其后而查之？假以境内经过之便，大县至数十百里外，尚在境内，孰指其非而劾之？嗣后上司经过地方，遵律概不许出郭迎送，违者参处。

## 公差人员欺凌长官

凡公差人员，（如历事、监生、办事官之类。）在外不循礼法，（言语傲慢，）欺凌守御官及知府、知州者，杖六十，附过还役，历过俸月不准。若校尉有犯，杖七十；祗候、禁子有犯，杖八十。

**谨案** 雍正三年（1725）奏准，今公差无用监生、办事官之事，小注删；"知州"下增"知县"二字；今无"附过还役，历过俸月不准"之例，此十字删。

### 附律条例

〇一、公堂乃民人仰瞻之所。如奴仆、皂隶人等，入正门，驰当道，坐公座，（杖七十、徒一年半。）官吏不行举觉，（杖七十，免徒。）吏员、承差人等敢有如此者，（加一等。）若六部、都察院、在京诸衙门，及驾前校尉、力士、旗军、行人等，非捧制书，止收批差，敢有似前越礼犯分者，许所在官长实封入递。除奉朝廷差委各处取招行断外，其布政司至州县等衙门，毋得辄差吏员皂隶人等于各衙门取招行断,违者事犯同罪。

**谨案** 此条系原例。

一、公堂系民人仰瞻之所。如奴仆、皂隶人等入正门,驰当道,坐公座者,杖七十、徒一年半,吏员、承差人等加一等。若六部、都察院、在京各衙门人役,接奉批差,敢有似前越礼犯分者,许所在官长实封参奏,照例治罪。

**谨案** 雍正三年(1725)奏准,今无在京衙役奉制差遣之例,亦无力士等项名色,因改定此条。"实封参奏"下,原有"除奉朝廷差委各处取招行断外,其督抚以下以至州县等衙门,毋得辄差吏书、皂隶人等,于各衙门取招行断,违者事犯同罪"五十三字,乾隆五年(1740)删去,改"照例治罪"四字。

**历年事例**

○康熙八年(1669)复准:凡剿逆军需、驿递公文关系重要者,照常差遣外,其平常小事,不许差役催提。若仍前擅差扰害者,督抚指名题参。如督抚徇庇,事发一并议处。

○十二年(1673)题准:直省督抚有平常小事,差役害民,经科道纠参,或部内查出者,议处。

○二十二年(1683)议准:凡督抚以下道府以上官员,除紧要事情照例差人外,其余细事,止许行牌催提,不许擅差人役,违者议处。

# 卷七百六十八·刑部四十六

## 礼律·仪制 服舍违式 僧道拜父母 失占天象 术士妄言祸福 匿父母夫丧 弃亲之任 丧葬 乡饮酒礼

### 服舍违式

凡官民房舍、车服、器物之类，各有等第。若违式僭用，有官者杖一百，罢职不叙，军官降充总旗。无官者笞五十，罪坐家长。工匠并笞五十。违式之物，责令改正。工匠自首免罪，不给赏。若僭用违禁龙凤纹者，官民各杖一百、徒三年。官罢职不叙。工匠杖一百，连家小起发赴京，籍充局匠。违禁之物并入官。首告者，官给赏银五十两。若工匠能自首者免罪，一体给赏。

**谨案** 雍正三年(1725)奏准，删小注"军官降充总旗"六字；"工匠杖一百"下，删"连家小起发赴京，籍充局匠"十一字。

### 附律条例

〇一、顺治二年(1645)定：公侯文武各官，应用帽顶束带，及生儒衣帽，照品级次第，详考国制，参酌时宜，拟为十三等，通行内外文武各衙门，如式遵用，以辨等威。官员越品僭用，及民间违禁擅用者，重治不宥。其应用东珠者，重不得过三分。如用三分以上，即同违式论。公，起花金帽顶，上衔红宝石一大颗，中嵌东珠三颗；带用圆玉版四块，四围金镶，中镶绿松子石一颗。一品、侯、伯，起花金帽顶，上衔红宝石一大颗，中嵌东珠一颗；带用方玉版四块，四围金镶，中镶红宝石一颗。二品，起花金帽顶，上衔红宝石一大颗，中嵌小红宝石一颗；带用起花金圆版四块，中镶红宝石一颗。三品，起花金帽顶，上衔红宝石一大颗，中嵌小蓝宝石一颗；带用起花金圆版四块。四品，起花金帽顶，上衔蓝宝石一大颗，中嵌小蓝宝石一颗；带用起花金圆版四块，银镶边。五品，起花金帽顶，上衔水晶一大颗，中嵌小蓝宝石一颗；带用素金圆版四块，银镶边。六品，起花金帽顶，上衔水晶一大颗；带用圆玳瑁版四块，银镶边。七品，起花金帽顶，中嵌小蓝宝石一颗；带用素银版四块。八品，起花金帽顶；带用明羊角圆版四块，银镶。九品、杂职，起花银帽顶；带用乌角圆版四块，银镶。举人，金雀帽顶，高二寸；带同八品；青袍蓝边，披领同。生员，银雀帽顶，高三寸；带同九品；蓝袍青边，披领同。外郎、耆老，乌角葫芦顶，衣及披领皆纯青。

**谨案** 此条系原例。雍正三年(1725)，查顶戴品式，顺治八年(1651)、九年

(1652)与康熙元年(1662)、三年(1664)屡加更定,今现在定制,与前所载不符;且补服亦宜开载,因将例文改定。

一、公、侯、伯,俱起花金帽顶,上衔红宝石一大颗,公中嵌东珠四颗,侯中嵌东珠三颗,伯中嵌东珠二颗;带俱用圆玉版四块,四围金镶,公中嵌猫睛一颗,侯中嵌绿松子石一颗,伯中嵌红宝石一颗,俱四爪蟒补服。一品起花金帽顶,上衔红宝石一大颗,中嵌东珠一颗;带用方玉版四块,四围金镶,中嵌红宝石一颗;文职仙鹤补服,武职麒麟补服。二品,起花金帽顶,上衔红宝石一大颗,中嵌小红宝石一颗;带用起花金圆版四块,中镶红宝石一颗;文职锦鸡补服,武职狮子补服。三品,起花金帽顶,上衔红宝石一大颗,中嵌小蓝宝石一颗;带用起花金圆版四块;文职孔雀补服,武职豹补服。四品,起花金帽顶,上衔蓝宝石一大颗,中嵌小蓝宝石一颗;带用起花金圆版四块,银镶边;文职云雁补服,武职虎补服。五品,起花金帽顶,上衔水晶一大颗,中嵌小蓝宝石一颗;带用素金圆版四块,银镶边;文职白鹇补服,武职熊补服。六品,起花金帽顶,上衔水晶一大颗;带用圆玳瑁版四块,银镶边;文职鹭鸶补服,武职彪补服。七品,起花金帽顶,上嵌小蓝宝石一颗;带用素银圆版四块;文职鸂鶒补服,武职补服与六品同。八品,起花金帽顶;带用明羊角圆版四块,银镶边;文职鹌鹑补服,武职犀牛补服。九品及杂职官,起花银帽顶;带用乌角圆版四块,银镶边;文职练雀补服,武职海马补服。都察院、按察司等官不论品级,俱獬豸补服;其朝服披肩接袖,俱许用妆缎、蟒缎。举人,金雀帽顶,高二寸;带同八品;青袍蓝边,披领同。生员,银雀帽顶,高二寸;带同九品;蓝袍青边,披领同。外郎,锡葫芦顶;衣及披领皆纯青。耆老,不用披领,余与外郎同。

**谨案** 乾隆五年(1740),查各官帽顶,雍正八年(1730)复加更定。又都察院都事、经历、笔帖式,按察使、经历、照磨等官,补服各照本身品级,不得滥用獬豸。因复将例文改定。

一、公侯文武各官,应用帽顶束带,及生儒衣帽,照品级次第,不许僭越。官员越品僭用,及民间违禁擅用者,照律治罪。凡应用东珠,重不得过三分。如用三分以上,即同违式。公、侯、伯,起花金帽顶,上衔红宝石一大颗,公中嵌东珠四颗,侯中嵌东珠三颗,伯中嵌东珠二颗;带俱用圆玉版四块,四围金镶,公中嵌猫睛一颗,侯中嵌绿松子石一颗,伯中嵌红宝石一颗;俱四爪蟒补服。一品,起花金帽顶,上衔红宝石一大颗,中嵌东珠一颗;带用方玉版四块,四围金镶,中嵌红宝石一颗;文职仙鹤补服,武职麒麟补服。二品,起花金帽顶,上衔起花珊瑚一大颗,中嵌小红宝石一颗;带用起花金圆版四块,中嵌红宝石一颗;文职锦鸡补服,武职狮子补服。三品,起花金帽顶,上衔蓝宝石一大颗,中嵌小红宝石一颗;带用起花金圆版四块;文职孔雀补服,武职豹补服。四品,起花金帽顶,上衔青金石一大颗,中嵌小蓝宝石一颗;带用起花金圆版四块,银镶边;文职云雁补服,武职虎补服。五品,起花金帽顶,上衔水晶一大颗,中嵌小蓝宝石一颗;带用素金圆版四块,银镶边;文职白鹇补服,武职熊补服。六品,起花金帽顶,上衔砗磲一大颗,中嵌小蓝宝石一颗;带用玳瑁圆版四块,银镶边;文职鹭鸶补服,武职彪补服。七品,起花金帽顶,上衔素金,中嵌小水晶一颗;带用素银圆版四块,文职鸂鶒补服,武职补服与六品同。八品,起花金帽顶,带用明羊角圆版四块,银镶边;文职鹌鹑补服,武职犀牛补服。九品及杂职,起花银帽顶,带用乌角圆版四块,银镶边;文职练雀补服,武职海马补服。在京都察院、在外按察使等官,俱獬豸补服;其朝服披领接袖,俱用妆缎、蟒缎。都察院都事、经历、笔帖式,按察使经历、照磨等官,补服各照本身品级,不得滥用獬豸。举人、官生、贡监生,金雀顶,高二寸;带同八品;青袍蓝边,披领同。生员,银雀顶,高二寸;带同九品;蓝袍青边,披领同。外郎,锡葫芦顶,衣及披领皆纯青。耆老,用锡顶,不用披领;余与外郎同。

○一、服舍鞍马,贵贱各有等第。上可以兼下,下不可以僭上。官员任满致仕,与现任同。其父祖有官身没,非犯除名不叙,子孙许居其房舍,用其衣服车马。其御赐者,及军官军人服色,不在禁例。

**谨案** 此条系原例。雍正三年(1725)奏准,"服舍鞍马"改为"房舍、车马、衣服等物";"其父祖有官"至末四十一字,改为"父祖有官身没,曾经犯罪者,除房舍仍许子孙居住,其车马、衣服等物,父祖既与无罪者有别,则子孙概不得用"。

○一、房舍并不得施用重栱重檐,楼房不在重檐之限。职官一品、二品,厅房七间九架,屋脊许用花样兽吻,梁栋、斗栱、檐桷,彩色绘饰,正门三间五架,门用绿油,兽面铜环。三品至五品,厅房五间七架,许用兽吻,梁栋、斗栱、檐桷,青碧绘饰,正门三间三架,门用黑油,兽面摆锡环。六品至九品,厅房三间七架,梁栋止用土黄刷饰,正门一间三架,门用黑油铁环。庶民所居堂舍,不过三间五架,不用斗栱彩色雕饰。

○一、庶民男女衣服,并不得僭用金绣,许用纻丝、绫罗、绸绢、素纱。妇人金首饰一件,金耳环一对,余止用银翠。不得制造花样金线妆饰。

○一、车舆不得雕饰龙凤纹。职官一品至三品,许用闲金妆饰,银螭绣带青幔。四品五品,素狮头绣带青幔。六品至九品,用素云头素带青幔。轿子比同车制。庶民车用黑油齐头平顶皂幔,轿子比同车制,并不许用云头。

○一、帐幔并不许用赭黄龙凤纹。职官一品至三品,许用金花刺绣纱罗。四品、五品,刺绣纱罗。六品以下,许用素纱罗。庶民用纱绢。

**谨案** 以上四条,均系原例。

○一、伞盖。职官一品、二品,银葫芦,茶褐罗表红里;三品、四品,红葫芦,茶褐罗表红里,以上皆三檐。五品,红葫芦,茶罗表红里;六品以下,惟用青绢,皆重檐。雨伞用油绢。庶民不得用罗绢凉伞,许用油纸雨伞。

**谨案** 此条系原例。

一、伞盖。职官一品、二品,银葫芦,杏黄罗表红里;三品、四品,红葫芦,杏黄罗表红里,皆三檐。佥事道亦同。五品,红葫芦,蓝罗表红里;六品以下八品以上,惟用蓝绢,皆重檐。雨伞通用油绢。庶民不得用罗绢凉伞,许用油纸雨伞。

**谨案** 此条雍正三年(1725)改定。道光十四年(1834),删小注"佥事道亦同"五字。

〇一、鞍辔并不许雕饰龙凤纹。

〇一、器皿不许造龙凤纹。

〇一、坟茔石兽。职官一品,茔地九十步,坟高一丈八尺;二品,茔地八十步,坟高一丈四尺;三品,茔地七十步,坟高一丈二尺,以上石兽并六。四品,茔地六十步;五品,茔地五十步;坟高八尺,以上石兽并四。六品,茔地四十步;七品以下,二十步;坟高六尺。以上发步,皆从茔心各数至边。五品以上,许用碑,龟趺螭首;六品以下,许用碣,方趺圆首。庶人茔地九步,穿心一十八步,止用圹志。

〇一、品官服色、鞍辔等物,除官府应用之家,许令织造外,其私下与不应用之家制造者,工匠依律治罪。

**谨案** 以上四条,俱系原例。

〇一、军民僧道人等,服饰器用,俱有定制。若常服言常服,则大服不禁。僭用锦绮、纻丝、绫罗、彩绣,器物用戗金、描金,酒器纯用言纯用,若止用一件,不禁。金银,及将大红销金制为帐幔被褥之类,妇女僭用金绣闪色衣服、金宝首饰、镯钏,言金宝,则止用金饰,无珠宝不禁。及用珍珠缘缀衣履,并结成补子、盖额、缨络等件,娼妓僭用金首饰、镯钏者,事发俱问以应得之罪,服饰、器用等物并追入官。妇女罪坐家长。

**谨案** 此条系原例。乾隆五年(1740),删"娼妓"以下十字,"俱问以应得之罪"改为"俱照律治罪"。

〇一、奴仆准用纺丝、绢绸、绵绸、茧绸、毛褐、屯绢、葛苎、梭布、貉皮、羊皮。其缎纱及各样细毛,俱不许用。长随亦照奴仆服饰。违者照律治罪。

**谨案** 此条乾隆五年(1740)定。

一、奴仆、优伶、皂隶,准用绵绸、茧绸、毛褐、葛苎、梭布、貉皮、羊皮。其纺丝、绢绸、缎纱、绫罗及各样细毛,俱不许用。长随亦照奴仆服饰。违者照律治罪。

**谨案** 此条嘉庆十六年(1811)改定。

〇一、官吏军民人等,若有僭用玄、黄、紫三色,及蟒龙、飞鱼、斗牛,器皿僭用朱、红、黄颜色,及亲王法物者,俱比照僭用龙凤纹律拟断。服色、器皿,追收入官。

**谨案** 此条系原例。雍正三年(1725)奏准,今不禁用元色,删去"元"字。

〇一、凡官民人等用线缨者,笞五十。

**谨案** 此条系原例。

〇一、黄色、秋香色、五爪龙缎、立龙缎团补服,及四爪暗蟒之四团补、八团补缎纱,官民不许穿用。其大臣官员,有特赐五爪龙衣服及缎匹,无论色样,俱许穿用。若颁赐五爪龙缎、立龙缎,挑去一爪穿用。若官员军民人等违例滥用者,系官革职,平人枷号一月、杖一百。失察官交部议处。衣服入官。

**谨案** 此条系雍正三年(1725)定例。

○一、平时所戴暖帽、凉帽,亲王世子、郡王长子、贝勒、贝子、入八分公,俱用红宝石顶;未入八分公、固伦额驸、和硕公主额驸、民公侯伯、镇国将军、和硕额驸及一品大臣,俱用珊瑚顶;辅国将军、奉国将军、多罗额驸,二品、三品大臣官员,俱用起花珊瑚顶;奉恩将军、固山额驸及四品官,俱用青金石顶;五品、六品,俱用水晶石顶;七品以下及进士、举人、贡生,俱用金顶;生员、监生,俱用银顶。候补、候选,与现任同。

**谨案** 此条雍正五年(1727)定。

一、凡平时所戴暖帽、凉帽,亲王世子、郡王长子、贝勒、贝子、入八分公,俱用红宝石顶;未入八分公、固伦额驸、和硕公主额驸、民公侯伯、镇国将军、和硕额驸及一品大臣,俱用珊瑚顶;辅国将军及二品官,俱用起花珊瑚顶;奉国将军及三品官,俱用蓝宝石顶或用蓝色明玻璃;奉恩将军及四品官,俱用青金石顶或用蓝色涅玻璃;五品官,用水晶顶或用白色明玻璃;六品官,用砗磲顶或用白色涅玻璃;七品官,用素金顶;八品官,用起花金顶;九品官,用起花银顶;未入流与九品同。候补、候选,与现任同。凡九品之读祝、赞礼、鸣赞、序班,俱用八品起花金顶。进士、举人、贡生,俱用金顶;生员、监生,俱用银顶。

**谨案** 此条雍正八年(1730)改定。

○一、三品以下官员,概不得僭用红色雨衣、雨帽,违者照违制论。

**谨案** 此条乾隆五年(1740)定。

一、文武官员应用雨衣、雨帽,除二品以上,仍照旧例戴用大红,三品亦准用大红雨帽。四品、五品、六品,用红顶黑镶边雨帽;七品、八品、九品,及有顶戴人员,俱用黑顶红镶边雨帽。其内廷行走之员,仍照旧不论品级,雨帽俱戴大红。无论油帽、毡帽,一色服用。僭用者,照违制论。

**谨案** 此条乾隆三十三年(1768)改定。

○一、督抚、提镇相见,务遵《会典》所载仪制。倘有违例者,一同治罪。至属员谒见上司,遇穿公服之日,止用补服,不许擅用朝衣,违者重处。

**谨案** 此条雍正五年(1727)定,乾隆五年(1740)删。

○一、在籍候选吏员,有僭穿补服干谒地方官者,照违制律治罪。

**谨案** 此条乾隆十年(1745)定。

### 历年事例

○顺治十年(1653)谕:"汉人冠服体制,务照满式。如有参差者,以违制究罪。"

○十八年(1661)议定:凡官民等擅用黄色、秋香色,并以线为帽缨者,俱笞五十。

○康熙十八年(1679)议准:凡家仆,止许用绫、绢、纺丝、绵绸、茧绸、褐、葛布、夏布、狐皮、沙狐皮、貉皮、羊皮等物;帽及围领,许用染黄鼠皮、狐皮、沙狐皮;其腰刀、靴,不许镶绿皮;腰刀、腰带、撒袋、鞦、辔等物,不许用金。其妻亦照其夫服用。若越分服用者,系旗下人,枷号两月,鞭一百;系民,枷号两月,责四十板;违禁之物入官。其主系官,罚俸一年;系平人,鞭八十;系民,责三十板。该管官不行查拿,旁人有能拿送者,现获之物,即给拿获人充赏,失察之佐领、骁骑校,每事罚俸三月,领催鞭五十。地方官失察者,亦照例每事罚俸三月,总甲责二十板。

## 僧道拜父母

凡僧、尼、道士、女冠,并令拜父母,祭祀祖先。本宗亲属在内,丧服等第,谓斩衰、期功、缌麻之类。皆与常人同。违者杖一百,还俗。若僧道衣服,止许用䌷绢布匹,不得用纻丝绫罗。违者笞五十,还俗,衣服入官。其袈裟、道服,不在禁限。

## 失占天象

凡天文如日月、五纬、二十八宿之属。垂象,如日重轮,及日月珥蚀、景星、彗孛之类。钦天监官失于占候奏闻者,杖六十。

### 附律条例

○一、占候天象,钦天监设观星台,令天文生分班昼夜观望。或有变异,开具揭帖呈堂上官。当奏闻者,随即具奏。

**谨案** 此条系原例。

## 术士妄言祸福

凡阴阳术士,不许于大小文武官员家妄言国家祸福,违者杖一百。其依经推算星命卜课,不在禁限。

### 附律条例

○一、习天文之人,若妄言祸福,煽惑人民者,照律治罪。

**谨案** 此条系雍正三年(1725)定例。原载“禁止师巫邪术”门内,嘉庆六年(1801)移附此律。

## 匿父母夫丧

凡闻父母若嫡孙承重,与父母同。及夫之丧,匿不举哀者,杖六十、徒一年。若丧制未终,释服从吉,忘哀作乐,及参与筵燕者,杖八十。若闻期亲尊长丧,匿不举哀者,亦杖八十。若丧制未终,释服从吉者,杖六十。若官吏父母死应丁忧,诈称祖父母、伯叔、姑、兄姊之丧不丁忧者,杖一百,罢职役不叙。若父母现在,无丧诈称有丧,或父母已殒,旧丧诈称新丧者,与不丁忧罪同。有规避者,从其重者论。若丧制未终,冒哀从仕者,杖八十。亦罢职。其当该官司知而听行，各与同罪。不知者不坐。其仕宦远方丁忧者，以闻丧月日为始。夺情起复者，不拘此律。

**附律条例**

〇一、内外官吏人等，例合丁忧者，务要经由本部。京官，具奏关给内府孝字号勘合；吏典人等，札付顺天府给引照回。在外官吏人等，移文知会所在官司给引回还。及移文原籍官司体勘明白，开写是否承重祖父母及嫡亲父母，取具官吏、里邻人等结状回报。如有诈冒，就便解部查实。仍以闻丧月日为始，不计闰，二十七个月，服满起复。若有过期不行，移文催取过部，果无事故，在家迁延者，咨送法司问罪。

**谨案**　此条系原例。

一、内外官员，例合守制者，在内经由该部具题，关给执照；在外经由该抚照例题咨，回籍守制。京官取具同乡官印结，外官取具原籍地方官印甘各结，将承重祖父母，及嫡亲父母，与为所后父母，例应守制，开明呈报。如有诈冒，照律例治罪。俱以闻丧月日为始。在外旗员丁忧，以赴部验到日为始。不计闰，二十七个月，服满起复。若服满果无事故，在家迁延者，交该部照例议处。

**谨案**　此条雍正三年（1725）改定。乾隆元年（1736）吏部议准，外任旗员丁忧，亦以闻讣之日为始，将此条"在外旗员"二语节删。

〇一、官吏丁忧，除公罪不问外，其犯赃罪及系官钱粮，依例勾问。

**谨案**　此条系原例。

〇一、文职官吏人等，若将远年亡过父母，诈作新丧者，问发为民。若父母现在，诈称死亡者，发边外独石等处充军。其父母丧，计原籍程途，每千里限五十日，过限匿不举哀、不离职役者，俱发边外为民。

**谨案**　此条系原例。雍正三年（1725）奏准，今依律断罪，不用此例，删。

〇一、凡在籍新选县丞、杂职等官，于领凭之时，有呈报丁忧、终养等情，该地方官确查，出具印结，报部开缺。倘报部之后，有假捏等弊，别经发觉者，将捏报之员，照规避例革职，出结之地方官参处，承办之经承照不首告律杖一百。至州同、州判，在部投供候选，及县丞、杂职等官，因事离任，赴部另补者，如掣签之后，呈报丁忧，务令取具同乡京官印结，呈明吏部开缺，仍行原籍地方官查明，出具印结报部存案。倘地方官并不确查，任听书吏蒙混作弊，事发，将本员并出结之同乡京官，及该地方官吏，俱照例议处治罪。

**谨案**　此条系雍正八年（1730）定例。乾隆五年（1740）删。

〇一、凡文武生员及举贡监生，遇本生父母之丧，期年内不许应岁、科两考及乡、会二试。其童生，亦不许应府州县及院试。有隐匿不报，蒙混干进者，事发，照匿丧例治罪。

**谨案**　此条系雍正十三年（1735）定例。

一、凡内外大小官员,遇父之生母病故,父已先故,又无父之同母伯叔,及父同母伯父之子,准其回籍治丧。其本身出继为人后者,遇本生父母之丧,令其回籍守制。除路程外,俱定限一年,限满咨部赴补。其匿丧不报,及无丧诈称有丧、旧丧诈称新丧规避者,革职。若文武生童及举贡监生,遇生祖母并本生父母之丧,例应治丧及守制者,期年内俱不许应试。有隐匿不报,蒙混干进者,事发,照匿丧律治罪。其月课等试无关功名弃取者,不在此例。

**谨案** 此条嘉庆六年(1801)增改。

○一、凡官员出继为人后者,于起文赴部选补之时,即将本生三代姓氏、存殁,一并开列。选补之后,即行知照该省。如有出仕之后,始行出继、归宗者,即着该员取具本旗、原籍印结,详报咨部,改正三代。倘有临时先谋出继、归宗,预为匿丧恋职地步者,一经发觉,将本官照匿丧例革职,不准原宥。扶同出结之旗、籍各官,俱交该部照例议处。其扶同具结之邻族,照不应重律杖八十。

**谨案** 此条系乾隆二年(1737)定例。

### 历年事例

○乾隆二年(1737)议准:嗣后内外大小官员出继为人后者,遇本生父母亡故,概令回籍治丧。除路程外,定限一年,限满起文赴补。其在京各官,取具同乡官印结。中书以上等官,呈明到部具题;其余各官,呈明注册。在外各官,取具原籍印结。知县以上等官,督抚具题;其余各官,咨部注册。又在京候补、在外试用等官,遇有本生父母之丧,亦令取结具呈,回籍治丧。一年限满,起文赴部补用。如有匿丧不报,以及无丧诈称有丧、旧丧诈称新丧规避者,照律例分别治罪。

## 弃亲之任

凡祖父母、父母年八十以上,及笃疾,别无以次侍丁,而弃亲之任,及妄称祖父母、父母老疾,求归入侍者,并杖八十。弃亲者令归养,候亲终服阕降用。求归者照旧供职。若祖父母、父母及夫犯死罪,现被囚禁,而筵燕作乐者,罪亦如之。筵燕不必本家,并他家在内。

### 附律条例

○一、官员祖父母、父母及年七十,果无以次人丁,自愿离职侍养者听。亲终服满,方许求叙。

**谨案** 此条系原例。

一、凡官员祖父母、父母年七十以上,而子男俱仕在外,户无以次人丁者,许回籍侍养。虽有兄弟,而笃疾不能侍奉,及母老虽有兄弟而同父异母者,亦俱准侍养。其父母至八十以上,虽家有次丁,而请归养者,亦听。

**谨案** 此条雍正三年(1725)定。

一、凡应补、应选人员,有亲老情愿终养者,于本省起文时,即具呈该地方官,转详咨部,在籍终养。若现任官员,有父母衰疾,迎养维艰,详请终养者,必历俸三年后,该督抚查明该员政务并无怠忽,仓谷钱粮并无亏空,取结具题,照例准其回籍终养。其或从前家有次丁,出仕后兄弟忽遭事故,无人奉侍者,该督抚取具原籍地方官印结具题,不拘年限,准其回籍终养。如历俸未满三年,亲年虽老,兄弟别无事故,妄请终养者,俱照规避例革职。

**谨案** 此条雍正五年(1727)定。

一、凡应补、应选人员,有亲老情愿终养者,于本省起文时,即具呈该地方官,转详咨部,在籍终养。若现任官员祖父母、父母年七十以上,家无次丁者,或有兄弟而笃疾不能侍养,及母老虽有兄弟而同父异母者,其父母年至八十以上,虽家有次丁,愿请终养者,或出仕后兄弟忽遭事故,无人奉侍者,均不拘历俸三年之限,该督抚查明该员仓谷钱粮并无亏空,任内并无诖误,取具印结具题,俱准其回籍终养。候亲终服满之日,该督抚给咨赴部铨选。如有捏报借名诡避者,发觉之日,将呈请终养之员,按律究拟,并将出结各官,一并参处。

**谨案** 此条系乾隆元年(1736)将上三条并改定例。嘉庆六年(1801),于"无人奉侍者"句下,增"或继父母已故,其本生父母老病,愿请终养者"三句。

## 丧 葬 职官、庶民,三月而葬。

凡有尊卑丧之家,必须依礼定限安葬。若惑于风水,及托故停柩在家,经年暴露不葬者,杖八十。若弃毁死尸,又有本律。其从尊长遗言,将尸烧化,及弃置水中者,杖一百。从卑幼,并减二等。若亡没远方,子孙不能归葬而烧化者,听从其便。其居丧之家,修斋设醮,若男女混杂,所重在此。饮酒食肉者,家长杖八十。僧、道同罪,还俗。

### 附律条例

○一、蒙古丧葬,不许火化。除远乡贫人,不能扶柩归里,不得已携骨归葬者,姑听不禁外,其余有犯,按律治罪。族长及佐领等隐匿不报,一并处分。

**谨案** 此条系雍正十三年(1735)定例。

一、旗、民丧葬,概不许火化。除远乡贫人,不能扶柩归里,不得已携骨归葬者,姑听不禁外,其余有犯,照违制律治罪。族长及佐领等隐匿不报,照不应轻律,分别鞭责、议处。

**谨案** 此条乾隆二十一年(1756)改定。

○一、民间遇有丧葬之事,不许聚集演戏,以及扮演杂剧等类,违者按律究处。

**谨案** 此条雍正十二年(1734)定。

一、民间丧葬之事,凡有用丝竹管弦演唱佛戏之处,该地方官严行禁止,违者照违制律治罪。

**谨案** 此条乾隆元年(1736)定。

一、民间丧葬之事,凡有聚集演戏,及扮演杂剧等类,或用丝竹管弦演唱佛戏者,该地方官严行禁止,违者照违制律治罪。

**谨案** 此条嘉庆元年(1796)修并。

### 历年事例

○雍正五年(1727)谕:"金银殉葬,尤属愚昧之极,毫无益于死者,而徒起小人觊觎之心,百余年尚不免偷掘之事。此其于理不顺,于事非宜,更不待智者而后知矣。满洲从无有金银殉葬者,汉人则间有之。着通行晓谕劝导,俾此后官民人等,毋为此无益有害之事。"

## 乡饮酒礼

凡乡党叙齿,及乡饮酒礼,已有定式,违者笞五十。乡党叙齿,自平时行坐而言。乡饮酒礼。自会饮礼仪而言。

### 附律条例

○一、乡党叙齿。士农工商人等,平居相见,及岁时燕会,揖拜之礼,幼者先施;坐次之例,长者居上。如佃户见田主,不论齿叙,并行以少事长之礼。若亲属,不拘主佃,止行亲属礼。

**谨案** 此条系原例。

○一、乡饮坐次,以高年有德者居于上,高年笃实者并之,以次叙齿而列。其有曾违条犯法之人,列于外坐。同类者成席,不许干预善良之席。主者若不分别,致使贵贱混淆,或察知,或坐中人发觉,主者坐以违制。奸顽不由其主,紊乱正席,全家发边外安插。

**谨案** 此条系原例。原文"全家移出化外",雍正三年(1725)改为"发边外安插"。

一、乡饮坐叙,高年有德者居于上,高年笃实者并之,以次序齿而列。其有曾违条犯法之人,列于外坐。不许紊越正席,违者照违制论。主席者若不分别,致使良莠混淆,或察知,或坐中人发觉,依律科罪。

**谨案** 此条乾隆五年(1740)改定。

### 历年事例

○乾隆二年(1737)议准:嗣后乡饮酒礼,酒席坐次,悉依定式陈设,并刊刻礼节,临期分给宾僎、执事人等,遵照行礼。其应读律令,即开载于礼节之后,令读者照例讲读。其在省会,令督抚委大员稽查监看;其各府州县,亦令该地方官实心奉行。如有违条越礼者,依律惩治。所举宾僎,务择齿德兼优、允协乡评之人。如地方官所举冒滥,题参议处。如所举得人,而不法之徒,借端生事,需索讹诈,即予严行究治。

# 【兵　律】

## 【兵律·宫卫】

## 卷七百六十九·刑部四十七

### 兵律·宫卫



**太庙门擅入**

凡无故擅入太庙门及山陵兆域门者，杖一百；太社门，杖九十。但至门未过门限者，各减一等。守卫官故纵者，各与犯人同罪；失觉察者，减三等。

**宫殿门擅入**

凡擅入紫禁城、午门、东华、西华、神武门及禁苑者，各杖一百；擅入宫殿门，杖六十、徒一年；擅入御膳所及御在所者，绞。监候。未过门限者，各减一等。称御者，太皇太后、皇太后、皇后并同。若无门籍冒他人名籍而入者，兼已入、未过。罪亦如之。其应在宫殿宿值之人，未著门籍而入，或当下值而辄入，及宿次未到虽应入，班次未到，越次而辄宿者，各笞四十。若不系宿卫应值合带兵仗之人，但持寸刃入宫殿门内者，绞。监候。不言未入门限者，以须入门内乃坐。入紫禁城门内者，杖一百，发边远充军。门官及宿卫官军故纵者，各与犯人同罪。至死减一等。失觉察者，官减三等，罪止杖一百；军又减一等；并罪坐值日者。通指官与军言。余条准此。

**附律条例**

〇一、太监等进殿当差，如遗金刃之物未经带出者，枷号一年，满日责四十板，罚当下贱差使。如遗失零星物件,交总管责四十板,仍在本处当差。

**谨案** 此条系嘉庆十三年(1808)定。

○一、绣漪桥以北昆明湖内,除官民人等擅入游玩,及故纵、失察之官军,照擅入紫禁城禁苑律分别治罪外,如有溺毙人命,即将本段堆拨值班弁兵杖一百、枷号一月,左右附近二所堆拨值班弁兵杖八十、枷号二十日。若赴溺之人,被弁兵即时拿获,或于溺水时捞救得生,弁兵免其治罪,将赴溺之人严行审讯。仅止因贫因病,并无别故,枷号半年、杖一百,发往伊犁当差。如另有重情,仍各依本律例从其重者论。

**谨案** 此条嘉庆十八年(1813)定。道光六年(1826)调剂新疆遣犯,将例内"发往伊犁当差"改"发极边足四千里充军"。二十四年(1844),仍改复原例。

**历年事例**

○嘉庆十三年(1808)谕:"本日据总管内务府大臣苏楞额等《审拟保合太和太监徐存误遗小刀在殿,请将该太监照但持寸刃入宫殿门拟绞监候》一折,所拟未免过重。律载持刃入宫殿门即拟以绞监候者,原指无故持刃入殿,或假装疯病,或酒醉持刀肆闹者而言。若太监等进内当差,岂能不带小刀预备差使?若一概即行拟绞,未免无所区别。惟是该太监当差事毕退出之后,不但金刃之物,不应留于殿内,即寻常之物,亦不应遗失。自应立定专条,以便援引。嗣后太监等进殿当差,如遗金刃之物,未经带出,着枷号一年,满日责四十板,罚当下贱差使;如遗零星物件,交总管责四十板,仍在本处当差。永著为例。所有此次遗失金刃在殿之太监徐存,加恩即照新例办理。"

## 宿卫守卫人私自代替

凡宫禁宿卫,及紫禁城皇城门守卫人,应值不值者笞四十。以应宿卫、守卫人下值之人私自代替,及替之人,各杖六十。以不系宿卫、守卫人冒名私自代替,及替之人,各杖一百。官员各加一等。若在值而逃者,罪亦如之。应值不值之罪,官员加等。京城门减一等,各处城门又减一等。亲管头目知而故纵者,各与犯人同罪;失觉察者减三等。有故而赴所管告知者不坐。

**谨案** "紫禁城"三字,雍正三年(1725)增。又原文"不系宿卫"上有"别卫"二字,小注内"官员"二字系"百户以上"四字,雍正三年(1725),以现今宿卫兵无卫籍,且无百户官名,奏准删改。

**附律条例**

○一、皇城各门各铺上值守卫,该管官旗钤束不严,及容情故放所管军人离值,点视不到,十名以上者,各杖一百,指挥降千户,千户降百户,卫镇抚降所镇抚,百户及所镇抚各降总旗,总旗降小旗,小旗降军,俱调边卫带俸食粮差操。若受财卖放者,不分人赃多寡,问罪亦照前降调。其或各卫昼夜轮流点城官员,但受财卖放者,一体参问降调。若止是巡点不严,以致军士不全,问罪还职。其各该值宿官旗军人点视不到,一二次者送问,三次以上者,问发边卫差操。

**谨案** 此条系原例。雍正三年(1725)奏准,今无指挥等官名,受赃者依律问罪,不止降调,亦无带俸差操之例,奏准删。

## 从驾稽违

凡应扈从车驾之人,违原定之期不到,及从而先回还者,一日笞四十,每三日加一等,罪止杖一百。职官有犯,各加一等。罪止杖六十、徒一年。若从车驾行而逃者,杖一百,发边远充军。职官有犯,绞。监候。亲管头目故纵不到、先回、在逃者,各与犯人同罪。至死减一等。失觉察者减三等,罪止杖一百。

**谨案** “职官有犯”,原文系“百户以上”,雍正三年(1725)改。

### 附律条例

〇一、凡八旗正身随车驾行而脱逃者,发黑龙江等处当差。官马盘费,照数追缴。

**谨案** 此条系乾隆十八年(1753)定例。

## 直行御道

凡午门外御道至御桥,除侍卫官军导从车驾出入,许于东西两旁行走外,其余文武百官、军民人等,非侍卫导从,无故于上直行,及辄度御桥者,杖八十。若于宫殿中直行御道者,杖一百。守卫官故纵者,各与犯人同罪,失觉察者减三等。若于御道桥横过,系一时经行者,不在禁限。在外衙门龙亭仪仗已设而直行者,亦准此律科断。

**谨案** “在外衙门”等语,系乾隆五年(1740)增注。

### 附律条例

〇一、凡至下马牌不下而竟过者,笞五十。看守人役失于防范者,笞四十。

**谨案** 此条系雍正五年(1727)定例。

〇一、凡遇祭祀日期,随圣驾前引后扈之大臣及侍卫,并有执事官员、拜唐阿等,于午门外骑马前去时,头等大臣令跟役三人,二等大臣令跟役二人,三等以下侍卫官员及拜唐阿等俱令跟役一人,骑马行走。其无执事人等,俱不许骑马。如有多带跟役前行,无执事人等妄乱行走,除即行赶逐外,仍将多带跟役行走、并不应行走官员指名参奏，照违制律治罪。

**谨案** 此条系乾隆三十四年(1769)定例。“指名参奏”下“照违制律”四字，系嘉庆六年(1801)增。

### 历年事例

○顺治初定：凡至下马牌处骑马竟过者，鞭五十。看人不知者，责二十七鞭。

### 内府工作人匠替役

凡诸色当班工匠、辨验货物各行人役差拨赴内府及内库工作，若不亲身关牌入内应役，雇人冒己名关牌私自代替，及替之人，各杖一百，雇工钱入官。

**谨案** 内库原作承运库，雍正三年(1725)改，又注关牌原有并字，乾隆五年(1740)删。

### 宫殿造作罢不出

凡宫殿内造作，所管司具工匠姓名，报所入处门官及守卫官，就于所入门首，逐一点姓名。视，形貌。放入工作。至申时分，仍须相视形貌，照数点出。其不出者，绞。监候。监工及提调内监、门官、守卫官军点视，如原入名数短少，就便搜捉，随即奏闻。知而不举者，与犯人同罪。至死减一等。失觉察者减三等，罪止杖一百。

**谨案** “内监”原作“内使监官”，雍正三年(1725)改。

### 辄出入宫殿门

凡应出宫殿，如差遣、给假等项。而门籍已除，辄留不出，及应入值之人被告劾，已有公文禁止，籍虽未除，辄入宫殿者，各杖一百。昼禁。若宿卫人已被奏劾者，本管司先收其兵仗，违者罪亦如之。若于宫殿门虽有籍，应值至夜皆不得出入。若入者杖一百，出者杖八十。无籍夜入者加二等。若夜持仗入殿门者绞。监候。入宫门亦坐。此夜禁，比昼加谨。

**谨案** “凡应出宫殿”下，注内原有“凡下值”三字，乾隆五年(1740)删。第三节注原作“虽应值之人”五字，在“至夜”二字之下，今止用“应值”二字，移注“至夜”之上。

### 关防内使出入

凡内监并奉御内使，但遇出外，各守门官须要收留本人在身关防牌面，于门簿上印记姓名及牌面字号明白，附写前去某处、干办是何事务。其门官与守卫官军，搜检沿身别无夹带,官私器物,方许放出。回还一体搜检,给牌入内,以凭逐月稽考出外次数。但有搜出应干杂药,就令带药之人自吃。若有出入不服搜检者,杖一百,发附近充军。若非奉旨,私将兵器带进入紫禁城内者,杖一百,发边远充军;将入宫殿门内者,绞。其值日守门官及守卫官失于搜检者,与犯人同罪。至死减一等。内使例不拟充军,惟此须依本律。

**谨案** “内监”原作“内使监官”,“紫禁城”原作“皇城”。“凡”字下小注原有“各库、局、司有印署衙门之”十字,“凭”下原注“该监”二字,雍正三年(1725)删。又“奉御内使”下注“长随大驾者也”六字,乾隆五年(1740)删;于“不服搜检者,杖一百”下,增注“发附近”三字。

### 历年事例

○康熙二十九年(1690)题准:凡太监在紫禁城内持金刃自伤者,拟斩立决;在紫禁城外因公事持金刃抹脖自伤者,拟斩监候,秋后处决。

○三十六年(1697)谕:“太监系内廷执役之人,所关之处甚大。嗣后太监内有逃出在外行诈者,俱照光棍例议罪。”

### 向宫殿射箭

凡向太庙及宫殿射箭、放弹、投砖石者,绞;监候。向太社杖一百,流三千里。须箭石可及乃坐之,若远不能及者勿论。但伤人者,斩。监候。则杀人者可知。若箭石不及,致伤外人者,不用此律。

### 宿卫人兵仗

凡宿卫人兵仗不离身,违者笞四十。辄暂离应值职掌处所,笞五十。别处宿,经宿之离。杖六十。官员各加一等。亲管头目知而不举者,与犯人同罪;失觉察者,减三等。

**谨案** 原文“百户以上”各加一等,雍正三年(1725)改“官员”。

### 禁经断人充宿卫

凡在京城犯罪被极刑之家,同居人口,不论亲属。所司随即迁发别郡住坐。其本犯异居亲属人等,并一应有犯笞、杖,曾经同决断之人,并不得入充近侍及宫禁宿卫,守把皇城、京城门禁。若隐匿前项情由,朦胧充当者,斩。监候。其当该官司不为用心详审,或听人嘱托,及受财容令充当者,罪同。斩监候。并究嘱托人。若极刑亲属及经断人奉有特旨选充,曾经具由复奏,明立文案者,所选之人及官司,不在此限。

### 冲突仪仗 凡车驾行幸之处,其前列者为仪仗。仪仗之内,即为禁地。

凡车驾行处,除近侍及宿卫护驾官军外,其余军民,并须回避,冲入仪仗内者绞。

系杂犯，准徒五年。若在郊野之外，一时不能回避者，听俯伏道旁，以待驾过。其随行文武百官，非奉宣唤，无故辄入仪仗内者，杖一百。典仗护卫官军故纵者，与犯人同罪；不觉者，减三等。若有申诉冤抑者，止许于仗外俯伏以听。若冲入仪仗内，而所诉事不实者绞。系杂犯，准徒五年。得实者免罪。军民之家纵放牲畜，若守卫不备，因而冲突仪仗者，守卫人杖八十；冲入紫禁城门内者，守卫人杖一百。其纵畜之家，并以不应重律论罪。

**附律条例**

○一、圣驾出郊，冲突仪仗，妄行奏诉者，追究主使、教唆、捏写本状之人，俱问罪，各杖一百，发近边充军。所奏情词，不分虚实，立案不行。

**谨案** 此条系原例。

**历年事例**

○崇德八年(1643)题准：凡有冲突仪仗者，治以死罪。

○顺治十一年(1654)复准：凡擅入午门、长安等门内叫诉冤枉者，照律拟罪。

○康熙八年(1669)谕："凡在行幸之处跪告发部者，若不审明虚实，即照律治罪，恐有冤枉。以后着将所告之事审明，虚者责四十板，免充军。"

○又谕："近见恶棍，多以小事捏称重大，陷害善良，或受人雇托，擅入禁地行幸之所喊告。及交部院审理，并无冤枉，反将良民株连受累，以后着严行禁止。如仍前渎告者，不准行，着照律治罪。"

○嘉庆十九年(1814)奉旨："此案宝义于本营官兵接驾时，突出道旁，呈递书本，几至御马惊逸，刑部照冲突仪仗例，拟发驻防当差，无以儆众。宝义着先在本营枷号一个月，满日同伊眷属俱发往热河，作为该处驻防闲散，交该都统等严加管束。如三年无过，准挑给兵丁差使，总不准拣选官职。嗣后八旗兵丁，如有冲突仪仗者，均着照此例办理。"

○道光九年(1829)谕："奕灏奏《审明叩阍之兵丁按律定拟》一折。此案英文保意欲讨垦牧马官厂，又希冀承领他人牙帖，辄敢具呈在道旁叩阍，实属不安本分，胆大妄为。着交锦州副都统在该处枷号一个月，满日发往外省驻防当差。嗣后八旗兵丁，如有冲突仪仗者，着照此例办理。"

## 行宫营门

凡行宫外营门、次营门，与紫禁城门同，若有擅入者，杖一百。内营牙帐门，与宫殿门同，擅入者，杖六十、徒一年。

**谨案** "紫禁城"原作"皇城"，雍正三年(1725)改。

## 越　城

凡越皇城者，绞。监候。越京城者，杖一百、流三千里。越各府州县镇城者，杖一百。越官府公廨墙垣者，杖八十。越而未过者，各减一等。若有所规避者，各从其重者论。

### 附律条例

〇一、各门亲戚、书吏人等，游船演戏，夜半方归，擅叫禁门者，照越府州县城律杖一百。

**谨案** 此条系雍正七年(1729)定。

〇一、京城该班兵丁，如取用什物，不由马道行走，乘便由城上縋取者，照违制律杖一百，加枷号一月。该管员弁疏于觉察，交部议处。

**谨案** 此条嘉庆十六年(1811)定。

## 门禁锁钥

凡各处城门应闭而误不下锁者，杖八十；非时擅开闭者，杖一百。京城门各加一等。其有公务急速，非时开闭者，不在此限。若皇城门应闭而误不下锁者，杖一百，发边远充军；非时擅开闭者，绞。监候。其有旨开闭者勿论。

## 悬带关防牌面

凡朝参文武官及内官，悬带牙牌、铁牌。厨子、校尉入内，各带铜、木牌面。如有遗失，官照品罚银，未入流罚一两，九品罚二两，至一品递罚止十两。厨子、校尉罚。一两。若有拾得随即报官者，将各人该罚银充赏。有牌不带，无牌辄入内者，杖八十。借者及借与人者，杖一百。事有规避者，从重论。隐藏者，杖一百、徒三年。首告者于犯人名下追罚银充赏。诈带朝参，及在外诈称官员名号有所求为者，绞；伪造者，斩。首告者，于犯人名下追银照品加二等。充赏。

**谨案** 此条系原律。雍正三年(1725)奏准，官员不带牙牌，且“关防内使出入”律内，载有“于门簿上印记姓名及牌面字号”之语，律文删。

### 附律条例

〇一、凡各卫值宿军职使令上值军人，内官使令上值校尉，各悬带铜牌出百里之外，营干私事者，参问奏请，军职降一级，调边远卫分带俸差操，内官发充净军，军人、校尉俱发边卫充军。若由各官挟势逼勒者，军人、校尉照常发落。不应杖罪发落。

**谨案** 此条系原例。雍正三年(1725)奏准，今无卫军值宿及内监发充净军之例，删。

# 【兵律·军政】

## 卷七百七十·刑部四十八

**兵律·军政** 擅调官军　申报军务　飞报军情　漏泄军情大事　边境申索军需　失误军事　从征违期　军人替役　主将不固守

### 擅调官军

凡将帅部领军马守御城池及屯驻边镇，若所管地方，遇有报到草贼生发，即时差人体探缓急声息。（果实，）须先申报本管上司，转达朝廷，奏闻恭候圣旨，调遣官军征讨。若无警急，不先申上司，虽已申上司不待回报，辄于所属擅调军马，及所属擅发与者，（将领、属）各杖一百，罢职，发边远充军。其暴兵猝至，欲来攻袭，及城镇屯聚军马之处，或有（内贼作）反（作）叛，或贼有内应，事有警急，及路程遥远（难候申文待报）者，并听从便火速调拨（所属）军马，乘机剿捕。若贼寇滋蔓，应合会（兵剿）捕者，邻近官军，虽非所属，亦得（行文）调拨策应，（其将领官并策应官）并即申报本管上司，转达朝廷知会。若不即调遣会合，或不即申报上司，及邻近官军（已奉调遣）不即发兵策应者，（将领与邻近官）并与擅调发罪同。（亦各杖一百，发边远充军。）其上司及（典兵）大臣，将文书调遣将士、提拨军马者，（文书内）非奉圣旨，不得擅离汛地。若（守御、屯驻）军官有（奏文）改除别职，或犯罪（奏文）取发，如（文内）无奏奉圣旨，亦不许擅动。违者，（兼上数事。）罪亦如之。

**谨案**　前两"圣旨"上原有"御宝"二字。雍正三年(1725)奏准，今颁发圣旨，无概用御宝之例，两处"御宝"二字均删。又"邻近官军"原作"邻近卫所"，亦雍正三年(1725)改。

### 申报军务

凡将帅参随统兵官征进，如统兵官分调攻取城寨，克平之后，随将捷音差人飞报统兵官，转行兵部，统兵官另具奏本，实封御前。若贼人数多，出没不常，如所领军人不敷，须要速申统兵官添拨军马，设策剿捕。不速飞申者，从统兵官量事轻重治罪。

至失误军机,自依常律。若有来降之人,即便送赴统兵官,转达朝廷区处。其贪取来降人财物,因而杀伤其人,及中途逼勒逃窜者,斩。监候。若无杀伤、逼勒,止依吓骗律科。

**谨案** “统兵官”原作“总兵官”,雍正三年(1725)改。“飞报”下原作“一申总兵官,一行兵部另具奏本”,改为“飞报统兵官,转行兵部,统兵官另具奏本”。

### 历年事例

○天聪三年(1629)谕:“凡掠取归降财物者,擅杀降民者,死。”

○崇德二年(1637)谕:“凡有劫掠降民者,该管官、领催俱治罪。劫掠之人,置之重典,为首者斩以徇。”

## 飞报军情

凡飞报军情,在外府州,即差人申督、抚、布政司、按察司、本道,并本省将军、提镇;其守御官差人各申督、抚,暨本管将军、提镇。督、抚、将军、提镇得报,差人一行移兵部,一具实封御前。若互相知会,隐匿不速奏闻者,杖一百,罢职不叙。因而失误军机者,斩。监候。

**谨案** “督抚”下原有“按”字,雍正三年(1725)奏准,今无巡按,将三处“按”字删去;“将军”原作“都指挥使司”,亦因无官改;又于“得报”二字上,增“将军、提镇”四字。

## 漏泄军情大事

凡闻知朝廷,及统兵将军调兵讨袭外番,及收捕反逆贼徒,机密大事,而辄漏泄于敌人者,斩。监候。若边将报到军情重事报于朝廷。而漏泄以致传闻敌人者,杖一百、徒三年。二项犯人,若有心泄于敌人,作奸细论。仍以先传说者为首。传至者为从,减一等。若私开官司文书印封看视者,杖六十。事干军情重事者,以漏泄论。为首杖一百、徒三年,从减等。若近侍官员漏泄机密重事不专指军情,凡国家之机密重要皆是。于人者,斩;监候。常事杖一百,罢职不叙。

**谨案** “统兵”原作“总兵”,雍正三年(1725)改。

### 附律条例

○一、在京在外军民人等,与朝贡外国人私通往来,投托拨置害人,因而透漏事情者,俱问发边卫充军。通事并伴送人等,系官革职为民。

**谨案** 此条“充军”下原有“军职调边卫带俸差操”句,“伴送人等”下原有“系军职者,从军职例”句,雍正三年(1725)奏准,今无军职,俱删。“系官”原作“系文职”,亦雍正三年(1725)改。

○一、凡督抚、提镇关涉紧要陈奏本章,及移咨部院紧要事件,并拿获人犯之案,将封面用“密封”字样封固投递。通政司收到密封副本,堂官亲拆,另存档案,仍封固收存。各部院收到密封揭帖文移,该堂官亲拆,面交司官密行收存,谨慎办理。其在京各部院文移咨呈及知照各省文书,有紧要事件,亦必密封递发。督抚、提镇接到部院密封文书,务须亲拆收存。其各省督抚、提镇以至州县来往公文,亦将紧要事件密封投递,本官亲拆收存,不得令吏胥经手。倘有未经上达,先已传播,及缉拿之犯闻风远扬等事,查究根由,分别议处。如将应密之事并不密封,及收受承办衙门不行谨慎,以致漏泄者,将封发、收受承办官查参。事理重者,照红本不谨慎收存例;事理轻者,照不应轻律,各议处。如收存之处及投递之前,提塘及衙役人率将密封事件,私开窃视,以致漏泄者,杖六十;事重者,为首杖一百、徒三年;为从减一等治罪。仍令科道不时稽查。如不行查出纠参,别经发觉者,将该管科道一并交部,照奉旨事情未到部先抄传例议处。

**谨案** 此条雍正五年(1727)定。

一、内外衙门办理紧要事件,俱密封投递,本官亲拆收存,不得令吏胥经手。倘有密封章奏,未经上达,先已传播,及缉拿之犯闻风远扬等事,查究根由,分别议处。如将应密之事并不密封,及收受承办衙门不行谨慎,以致漏泄者,将封发收受承办官查参,交部分别议处。如封存之处及投递之前,提塘及衙役人等将密封事件,私开窃视,以致漏泄者,杖六十;事重者,为首杖一百、徒三年;为从减一等治罪。仍令科道不时稽查。如不行查参,别经发觉者,将该管科道一并交部议处。

**谨案** 此条乾隆五年(1740)改定。

○一、凡平常事件,虽非密封,但未经御览批发之本章,刊刻传播,概行严禁。如提塘与各衙门书办彼此勾通,本章一到,即抄写刊刻图利者,将买抄之报房,卖抄之书办,亦俱照漏泄密封事件例治罪。其捏造讹言刊刻者,杖一百、流二千里。若有招摇诈骗情弊,犯该徒罪以上,不分首从,俱发边卫充军。该管官失于觉察,该科道不行查参,均交部亦照例议处。

**谨案** 此条雍正五年(1727)定。“议处”下原有“其红本科抄,遍传天下。承办官详细校对,敬谨奉行。如有增减错漏者,查出交部照错误本章例议处”一节,乾隆五年(1740)删。

## 边境申索军需

凡守边将领,但有缺乏取索军器、钱粮等物,须要差人一行布政司,一行申督、抚、将军、提镇,再差人转行合干部分,及具缺少应用奏本实封御前。其公文若到该部,须要随即将所申事情奏闻区处,发遣差来人回还。若稽缓不即奏闻,及边将于各处衙门不行依式申报者,并杖一百,罢职不叙。因不申奏以致临敌缺乏,而失误军机者,斩。监候。

**谨案** “一行申督、抚、将军、提镇”二句，原作“一行都指挥使司，再差人转行合干部分”，系雍正三年(1725)改。

### 失误军事

凡临军征讨，有司应合供给军器、行粮、草料。若有征解，违期不完者，当该官吏各杖一百，罪坐所由。或上司移文稽迟，或下司征解不完，各坐所由。若临敌有司违期不至而缺乏，及领兵官已承上司调遣，而逗遛观望，不依期进兵策应，若军中承差告报会军日期而违限，因而失误军机者，并斩。监候。

### 从征违期

凡官军已承调遣，临当征讨，行师已有起程日期，而稽留不进者，一日杖七十，每三日加一等；若故自伤残，及诈为疾患之类，以避征役者，各加一等，计日坐之。并罪止杖一百，仍发出征。若伤残至不堪出征，仍选本户壮丁充补，令其出征。若军临敌境，托故违期，一日不至者杖一百，不必失误军机。三日不至者斩。监候。统兵官竟行军法。若能立功赎罪者，从统兵官区处。

**谨案** “官军”原作“军官军人”四字，“统兵官”原作“总兵官”，小注“仍选本户壮丁充补，令其出征”原作“选丁拨补，仍拘本户壮丁”十字，雍正三年(1725)奏改。

#### 附律条例

〇一、凡官兵从征，无故起程违期者，官革职，兵杖一百，仍发出征。在外违期者，官革职拿问，兵杖一百，将所俘获人口入官。出征处所兵丁，藐视该管官，干犯号令，违法乱行者，将为首之人正法，为从者俱枷号三月、杖一百，该管官仍交该部议处。

**谨案** 此条雍正三年(1725)定。

### 军人替役

凡军人已遣不亲出征，雇倩人冒名代替者，替身杖八十，正身杖一百，依旧着伍。仍发出征。若守御城池军人，雇人冒名代替者，各减二等。其出征、守御军人子孙弟侄，及同居少壮亲属，非由雇倩。自愿代替者听。若果有老弱残疾，不堪征守者，赴本管官司陈告，验实，与免军身。若医工承差关领官药，随军征进，转雇庸医冒名代替者，本身及替身各杖八十，庸医所得雇工钱入官。

**谨案** “杖八十”下原有“收籍充军”四字，“依旧着伍”原作“依旧充军”，雍正三年(1725)删改。

**附律条例**

〇一、各处备兵贴守，其把总等官纵容舍余人等代替正军者，正军问调沿海卫分，舍余人等就收该卫充军，把总等官参问治罪。

〇一、在京在外各都司、卫所解到新军，官吏旗甲，附写名数，半月内帮支月粮，各照地方借房安插，存恤三个月，方许送营差操。如有指称使用等项名色，勒要财物，逼索在逃者，不问指挥、千百户、镇抚，俱照卖放正军事例，计一年之内所逃人数多寡，降级充军拟断。若不及数，及不曾得财者，照常发落，军拘补伍。如无逼累等情，逃军依律科断。

〇一、京卫及在外卫所解到新军，以投文日为始，不过十日，将收管批回，给付长解。若刁蹬留难者，该吏、军吏、总小旗提问，卫所掌印并本管官，不拘曾否得财，参问带俸差操。

**谨案** 以上三条均系原例，雍正三年(1725)删除。

〇一、凡兵丁不亲出征，以奴仆代替，及行间放拨瞭瞧等处，以奴仆代替者，兵杖七十，奴仆入官。如打围放马及看守京城周围处所，以奴仆代替者，兵杖一百，奴仆免入官。

**谨案** 此条系雍正三年(1725)定例。

## 主将不固守

凡守边将帅，被贼攻围城寨，不行固守而辄弃去，及平时守备不设，为贼所掩袭，因此弃守无备而失陷城寨者，斩。监候。若官兵与贼临境，其望高巡哨之人失于飞报，以致陷城损军者，亦斩。监候。若主将懈于守备，及哨望失于飞报，不曾陷城失军，止被贼侵入境内掳掠人民者，杖一百，发边远充军。其官军临阵先退，及围困敌城而逃者，斩。监候。

**附律条例**

〇一、失误军机，除律有正条者，拟议监候奏请外，若是贼拥大众入寇，官军猝遇交锋，损伤被掳数十人以上，不曾亏损大众，或贼众入境掳杀军民数十人以上，不曾掳去大众，或被贼白昼籢夜突入境内，掳掠头畜衣粮数多，不曾杀掳军民者，俱问守备不设被贼侵入境内掳掠人民本律，发边远充军。若是交锋入境，损伤掳杀四五人，抢去头畜衣粮不多者，亦问前罪。以上各项内情轻律重，有碍发落者，备由奏请处置。其有被贼入境，将侦探军役及飞报声息等项公差官军人等，一时杀伤捉去，事出不测者，俱问不应杖罪，留任。或境外被贼杀掳侦探军役，非智力所能防范者，免其问罪。

**谨案** 此条系原例。“留任”原作“还职”，“侦探军役”原作“爪探夜不收”，后改定。

○一、凡沿边、沿海及腹里府州县,与卫所同住一城,及卫所自住一城者,若遇边警及盗贼生发攻围,不行固守而辄弃去,及守备不设,被贼攻陷城池,劫杀焚烧者,卫所掌印与专一捕盗官俱比照守边将帅失陷城寨者律斩;府州县掌印并捕盗官,与卫所同住一城,及设有守备官驻扎本城者,俱比照守边将帅被贼侵入境内掳掠人民律发边远充军;其兵备守巡官驻扎本城者,罢职为民。若非驻扎处所,兵备守巡及守备官,俱降三级调用。若府州县原无设有卫所,但有专城之责者,不论边腹,遇前项失事,掌印捕盗官照前律处斩,兵备守城官亦照前罢职降调。其有两县同住一城,及府州县佐贰、首领,但分有守城汛地,各以贼从所管城分进入坐罪。若无城池,与虽有城池,被贼潜隐设计越入劫盗,随即逃散,不系失陷者,止以失盗论,俱不得引用此例。

**谨案** 此条系原例。

一、凡沿边、沿海及腹里府州县,与武职官同住一城者,若遇边警及盗贼生发攻围,不行固守而辄弃去,及守备不设,被贼攻陷城池,劫杀焚烧者,除武职官比照守边将帅失陷城寨者律拟斩监候外,其府州县掌印并捕盗官,俱比照守边将帅被贼侵入境内掳掠人民者律,发边远充军;其守巡道官,交部照例分别议处提问。若有两县同住一城,专管官分有守城汛地,各以贼从所管城分进入坐罪。若无城池,与虽有城池,被贼潜隐设计越入劫盗,随即逃散,不系失陷者,止以失盗论,俱不得引用此例。

**谨案** 此条雍正三年(1725)改定。"交部照例分别议处提问"原作"驻扎本城者,罢职为民。若非驻扎处所,止降三级调用",乾隆五年(1740)改。

一、凡沿边、沿海及腹里州县,与武职同城,若遇边警及盗贼生发攻围,不行固守而辄弃去,及守备不设,被贼攻陷城池,劫杀焚烧者,除专城武职照本律拟斩监候外,其守土州县,亦照守边将帅失陷城寨律拟斩监候;其同城之知府及捕盗官,比照守边将帅被贼侵入境内掳掠人民律,发边远充军;统辖、兼辖各官,交部分别议处。若有两县同住一城,专管官分有守城汛地,各以贼所进入地方坐罪。若无城池,与虽有城池,被贼潜隐设计越入劫盗,随即逃散,不系失陷者,止以失盗论,俱不得引用此例。

**谨案** 此条乾隆三十九年(1774)遵旨改定。

○一、凡各边及腹里地面遇贼入境,若有杀掳男妇十名口以上、牲畜三十头只以上,不行开报者,军民职官问罪,降一级;加前数一倍者,降二级;加二倍者,降三级,甚者罢职。其上司及总兵等官知情扶同,事发参究治罪。

**谨案** 此条系原例。雍正三年(1725)奏准,守汛文武官讳盗不报者即革职,此条删。

○一、凡统兵将帅玩视军务,苟图安逸,故意迁延,不将实在情形具奏,贻误军机者;又凡将帅因私忿媢嫉,推诿牵制,以致糜饷老师,贻误军机者;又凡身为主帅不能克敌,转布流言,摇惑众心,借以倾陷他人,致误军机者,均属有心贻误,应拟斩立决。

**谨案** 此条系乾隆十三年(1748)遵旨定例。

○一、凡失守城池之案，如系兵饷充足，不行固守，一闻贼警，弃城先逃者，将专城武职及守土州县，均按本例拟斩监候，请旨即行正法；同城知府，亦从重拟斩监候；捕盗官及统辖、兼辖各官，仍照例分别办理。倘非兵饷充足，弃城先逃，仍按本例科断。

○一、防守要隘文武员弁，若带兵无多，仓猝遇贼，寡不敌众，因而失守要隘者，照同城捕盗官失守城池拟军例，从重发往新疆效力赎罪。倘统带重兵，畏葸巧避，失守要隘者，照守边将帅失陷城寨律，拟斩监候。

**谨案** 以上二条，咸丰三年(1853)定。

○一、各省督、抚、提镇，如遇省城及驻扎地方，盗贼生发，不行固守，闻警先逃者，均照失陷城寨本律拟斩监候。声明情罪重大，应即行处决，仍请旨定夺。倘有必须于军前正法者，应请旨即行在军前正法。如有必须严讯情节再行定罪者，仍拿问解京审讯。其寻常失守一城一寨，并无闻警先逃情事，仍照各本律办理。

**谨案** 此条同治元年(1862)定。

○一、失守城池，该督抚立即参奏，将守土州县及专城武职，均革职治罪，不得以功过相抵免议。如有可原情节，或甫经到任，不及设防，或被围日久，粮尽援绝，或失守后一月内，督率乡团，随同官兵将城池克复者，于斩监候罪上量减一等治罪。若甫经到任，及被围日久，于失守后一月内随同克复，或非甫经到任，及被围日久，但于失守时身受重伤，或一月内自行收复城池者，于减等拟军罪上，再减一等治罪。其实因兵单力竭，身受重伤，而又能督率兵勇，于一月内自行收复，及随同克复者，革职，免其治罪。若克复城池在一月以外，及克复并非本处城池，概不准随案声请减免。其减等议罪及免罪各员弁，如果素得民心，循声卓著，及克敌陷阵，屡著战功，仍准酌量奏请留营效力，再得劳绩，方准免罪，均由刑部专案知照吏、兵二部存记。若失守而未经参办，或议罪而并未奏留员弁，仍不准胪列后来劳绩，率行奏请免罪开复。至失守之同城知府及捕盗官，如身受重伤，或一月内随同克复城池，亦准叙明可原情节，应拟斩监候者量予减等，应拟军者革职免罪。其并未随同克复城池，亦未身受重伤，但系甫经到任，及被围日久，止准于军罪上量减一等，不得概请免罪。如系平日官声素好，及战功卓著之员，亦准奏请留营效力，再得劳绩，方准免罪。

**谨案** 此条同治五年(1866)定。

**历年事例**

○天聪六年(1632)谕："凡遇敌临阵擅自退缩者，贝勒等夺其部众，兵丁处死，妻子没为奴。"

○乾隆十三年(1748)谕："军旅乃国家第一重务，军法从事，成例綦严。今查律本内玩寇老师，有心贻误，竟无正条。非所以慎重军务，儆戒失律也。夫科场作弊，尚即正典刑，若以行军相较，孰为轻重？自应稽查旧案，明著刑章，俾众知畏法，方能鼓勇用命。此非朕欲用重典,实昭示出师武臣,肃纪律而励勇敢,辟以止辟之义。现在纂修《会典》,着军机大臣会同该部详酌定拟具奏,以便载入。"

○十七年(1752)奉旨:"姜顺龙身为监司,当擒捕贼匪之时,该督委以总统重任,乃逗遛观望,托词推诿,以致首逆远扬,法司照统兵将帅玩视军务苟图安逸迁延贻误例,拟以斩决,洵所应得。但此案纵恶养奸,皆由于知县冯孙龙一人,业已置之重辟以示炯戒。姜顺龙虽罪无可辞,而于此条定例之后,尚属初犯,特为法外施仁,免死发往军台效力。嗣后有似此者,必当按例即行正法。"

○三十九年(1774)议奏:山东省失察逆匪王伦之文武各员案内,将不能保御城池之阳谷县知县张克绅,照例拟发边远充军。钦奉谕旨:"张克绅系守土之员,非典史微员可比。贼至不能保御城池,当与把总同罪。张克绅着改照守边将帅失陷城寨律,拟斩监候。"

○同治元年(1862)谕:"前据大学士会同刑部定拟何桂清罪名,以情节较重,请于斩监候律上,从重拟以斩立决。当因何桂清曾任一品大员,复谕大学士、六部、九卿、翰、詹、科、道将何桂清各供,并给事中郭祥瑞、谢增等请将何桂清速正典刑各折,再行会议,以期众议佥同。兹据大学士桂良等公同会议,请仍照原议,将何桂清比照守边将帅被贼攻围不行固守而辄弃去因而失陷城寨者斩监候律上,从重拟以斩立决。并据大学士衔礼部尚书祁寯藻等奏各折,以'刑部原奏即称遍查刑律,如临阵先退、弃城而逃、失陷城寨等条,均罪至斩候而止,明知舍此本律,不能改引,又云情罪较重,拟以斩决。是为拟加非律,非臣下所得擅请'等语。此案何桂清以总督大员,驻扎常州。当丹阳失守,贼氛紧逼,节节退避,以致苏、常、松、太各府州全省相继沦陷。且于革职拿问之后,辗转借故逗遛,两载延不赴部,苟且偷生,罔顾法纪。迹其罪状昭著,若文宗显皇帝当日因其情浮于罪,将其正法军前,中外臣民,当无异议。惟现已拿解来京,且叠经廷臣等会同刑部定拟罪名,自应按律科断,即不必于律外施刑,以昭公允。何桂清着仍照本律改为斩监候,归入朝审情实,秋后处决。此系为查照定律,详慎用刑起见,非谓何桂清情有可原,将来可从末减,致蹈轻纵也。"

# 卷七百七十一·刑部四十九

## 兵律·军政 纵军掳掠 不操练军士 激变良民 私卖战马

### 纵军掳掠

凡守边将领非奉调遣，私自使令军人，于未附外境掳掠人口财物者，将领杖一百，罢职充军；所部听使军官及总旗，递减一等；并罪坐所由。使令之人。小旗、军人不坐。若军人不曾经由本管头目使令私出外境掳掠者，为首杖一百，为从杖九十；因掳掠而伤外境人，为首者斩，监候。为从杖一百；其掳掠伤人为从，并不伤人首从，俱发边远充军。若本管头目钤束不严，杖六十，附过还职。其边境城邑有贼出没，乘机领兵攻取者，不在此限。若于已附地面掳掠者，不分首从皆斩。监候。本管头目钤束不严，杖八十，附过还职。其将领知军人私出外境，及已附地面掳掠之情故纵者，各与犯人同罪。至死减一等。

**谨案** 雍正三年(1725)奏准，守卫将帅即奉调遣，亦不应掳掠，"非奉调遣"四字删；"罢职充军"句，于充军上增注"发附近"三字；"总旗"改"管队"，"小旗"二字删；"附过还职"均改"留任"。

### 附律条例

〇一、轮操军人军丁，沿途劫夺人财，杀伤人命，占夺车船，作践田禾等项，许被害之人，赴所在官司具告，拿解兵部，转送法司究问。除实犯死罪外，徒罪以上，俱调发边卫充军。其管操指挥、千百户等官，往回不许与军相离。若不行钤束，并故纵劫夺杀人等项者，参问调卫。

**谨案** 此条系原例。雍正三年(1725)奏准，今兵丁无远出轮操之事，如犯劫夺等罪，各有本例，此条删。

〇一、土官土舍，纵容本管土民头目为盗，聚至百人，杀掳男妇二十名口以上者，问罪，降一级。加前数一倍者，奏请革职，另推土人信服亲支土舍袭替。若未动官军，随即擒获解官者，准免本罪。

**谨案** 此条系原例。乾隆五年(1740)查与现例不符，奏准删除。

〇一、凡领兵王、贝勒、将军，借追贼为名，烧毁良民庐舍，掳掠子女财物者，领兵将军、参赞大臣及营总等，俱革职；系王、贝勒，交宗人府从重治罪；参领以下官免议。

若分兵征进,有犯前项罪名者,统兵将领,及分管两翼官,并管领旗分官,俱革职。至于官员兵丁,一二人私自焚掠者,系官,革职;系护军、领催、兵丁,鞭一百;系厮役,正法。若厮役之主知情者,鞭一百,系官革职;不知情,降二级。所管参领以下之官员各降四级,营总降二级。其抢掠携带男妇人口,仍追出给还完聚。若该督抚隐匿不行题参,别经发觉者,该督抚俱行革职。

**谨案** 此条雍正五年(1727)定。

一、凡领兵王、贝勒、将军,借追贼为名,烧毁良民庐舍,掳掠子女财物者,领兵将军、参赞大臣及营总等,俱交部议处;系王贝勒,交宗人府从重治罪;参领以下官免议。若分兵征进,有犯前项罪名者,统兵将领,及分管两翼官,并管领旗分官,俱交部议处。至于官员兵丁,一二人私自焚掠者,系官,交部议处;系护军、领催、兵丁,鞭一百;系厮役,正法。若厮役之主知情者,鞭一百;系官,交部分别议处。所管参领以下官员及营总,均交部议处。其抢掠携带男妇人口,仍追出给还完聚。若该督抚隐匿不行题参,别经发觉者,该督抚一并议处。

**谨案** 此条乾隆五年(1740)改定。

〇一、调台兵丁,及台湾催饷社丁,如借端需索,扰害番社,依吓诈例计赃从重论。无赃者,照不应重律杖八十,革退。该管官徇隐失察,交部分别议处。

**谨案** 此条乾隆五年(1740)定。

〇一、凡出征官员兵丁,除有不遵纪律,欺压良民,肆行掳掠子女者,仍按律治罪外,其于凯旋回营之日,沿途遇有良民子女,并非逃失,该官兵等强行携带者,照已附地面掳掠人口律治罪;若携带逃失良民子女,照收留迷失子女律治罪。其携带人口,有亲属者,追出给还完聚;无亲属者,交地方官妥为抚恤。如有携带逆犯家属例应缘坐者,除该家属仍照例缘坐外,该官兵等讯明,知系逆犯家属,即照知情藏匿罪人律治罪;若讯不知情,及携带不应缘坐之逆犯家属,均仍以携带逃失子女论。跟役等有犯,照兵丁一律办理。领兵之该管官、跟役之家长,知情故纵者,与同罪;失察者,官员交部分别议处,兵丁鞭责发落。能自查出究办者,免议。若出征官兵于经过地方,私自典买人口,均照不应重律,系兵杖八十,系官交部议处。失察各官,照例减等议处。典买人口,追出入官。

**谨案** 此条嘉庆十九年(1814)定。

## 历年事例

〇天聪三年(1629)谕:"凡违令淫人妇女者,斩。毁庐舍祠宇,及离大纛入村落私掠者,鞭一百。若都统、参领、佐领不行严禁,一并治罪。"

〇六年(1632)谕:"军行所至,有离人夫妇及淫人妇女者死。擅杀不拒敌之人及掠人衣服者,将所得之物赏给首告之人,仍行鞭责。"

〇雍正五年(1727)谕:"内地居民,受地方官苛索,便于申诉,故易至于败露。若苗蛮黎獞等僻处外地，知识庸愚，倘加凌虐，更可悯恻。应严定处分以示惩戒，不当照内地之例。嗣后此等外地之人，并改土归流地方，如该管官员有差遣兵役骚扰逼勒等情，其治罪之处，当加于内地一等。”

○道光十三年(1833)谕：“程祖洛奏《请将纵容弁兵勒索滋事之游击庚音保等分别革审》一折。此案征调剿捕台匪之福宁营兵，内有驻防宁德县兵，定期不行，需索轿价银两。该管游击庚音保开送清单，索用轿夫多名，该县照单付给；该兵丁等又讹抢林世通盐馆，及民人黄连清、张宜等家钱物，并将哨捕林东海殴伤；管领千总李祥福索借番银二十圆，又与管领把总张世泰纵兵勒索；把总阮飞凤并非管领之弁，率以该县未备扛夫，请改行期，又于兵丁讹抢等情代为支饰。庚音保系统辖大员，不知严加约束，任令滋事，转以该县迟误军行为词，实属荒谬。所有福宁镇标右营游击庚音保、千总李祥福、把总张世泰、阮飞凤俱着革职，交魏元烺提集全案人证卷宗，秉公审办。”

## 不操练军士

凡各处守御官，不守纪律，不操练军士，及城池不完、衣甲器杖不整者，初犯，杖八十，附过还职；再犯，杖一百，指挥使降充同知，同知降充佥事，佥事降充千户，千户降充百户，百户降充总旗，总旗降充小旗，小旗降充军役，并发边远守御。若堤备不严，抚驭无方，致有所部军人反叛者，亲管指挥、千百户、镇抚，各杖一百，追夺诰敕，发边远充军；若弃城而逃者，斩。

**谨案** 雍正三年(1725)，删“附过还职”四字并“指挥使”以下至“发边远守御”四十九字，其“亲管指挥、千百户、镇抚”九字改为“该管官”。

### 附律条例

○一、各边关堡墩台等项守备去处，若官军用钱买闲者，官员问罪，调极边卫分守御；旗、军人等，发沿边枷号一月，常参守御。若原在关营官军，逃回原籍潜住，及架炮夜不收，守墩军人，黉夜回家，轮班不去者，俱照前项调卫，枷号守哨发落。

**谨案** 此条系原例。雍正三年(1725)节删，止存“架炮夜不收”以下，又删“俱照前项调卫”六字。乾隆五年(1740)，将末句改为“在守哨处枷号一月发落”。

○一、各卫所京操官员，故行构讼，不肯赴操者，除犯该死罪，并立功降调罪名，另行更替外，其余听掌印官申呈巡抚、巡按衙门，锁项差人解兵部发操。若有抗违不服，或挟私排陷者，参奏，问调边卫带俸差操。掌印官纵容不举，参究治罪。

**谨案** 此条系原例。雍正三年(1725)奏准，今无卫所京操之事，删。

## 激变良民

凡(有司)牧民之官，(平日)失于抚字，又非法行事，(使之不堪，)激变良民，因而聚众反叛，失陷城池者,斩。监候。止反叛而城池未陷者,依守御官抚绥无方致军人反叛,按充军律奏请。

**附律条例**

○一、山陕刁恶顽梗之辈,假地方公事,强行出头,逼勒平民,约会抗粮,聚众联谋,敛钱构讼,抗官塞署;或有冤抑,不于上司控告,擅自聚众至四五十人者,地方官与同城武职,无论是非曲直,拿解审究。为首者,照光棍例拟斩立决;为从,拟绞监候;其逼勒同行之人,各杖一百。承审官若不将实在为首之人拟罪,混行指人为首者,革职,从重治罪。其同城专管武职不行擒拿,及该地方文职不能弹压抚恤者,俱革职。该管之文武上司官,徇庇不即申报,该督抚、提镇不行题参者,俱交该部照例议处。

一、福建地方,如有借事聚众罢市、罢考、打官等事,均照山陕题定光棍之例,分别治罪。其不行查拿之文武官弁,亦俱照例议处。

**谨案** 以上二条,均系雍正三年(1725)定例。

一、凡直省刁民,因事哄堂塞署,逞凶殴官,聚众至四五十人者,为首依律斩决,仍照强盗杀人例枭示;其同谋聚众,转相纠约,下手殴官者,虽属为从,其同恶相济,审与首犯无异,亦应照光棍例拟斩立决;其余从犯,照例拟绞监候;被胁同行者,照例各杖一百。如遇此等案件,该督抚先将实在情形奏闻,严饬所属立拿正犯,速讯明确,分别究拟。如实系首恶通案渠魁,该督抚一面具题,一面将首犯于该地方即行斩枭,并将犯事缘由及正法人犯姓名,刻示遍贴城乡,俾愚民咸知儆惕。如承审官不将首犯究出,混指他人为首,因而坐罪,及差役诬拿平人,株连无干,滥行问拟者,严参治罪;将该督抚一并交部严加议处。

**谨案** 此条系乾隆十三年(1748)遵旨定。

一、各直省刁民,假地方公事,强行出头,逼勒平民,约会抗粮,聚众联谋,敛钱构讼,及因事哄堂塞署,罢考罢市,逞凶殴官,并或果有冤抑,不于上司控告,擅自聚众至四五十人者,为首斩决枭示;其同谋聚众,转相纠约,下手殴官者,虽属为从,但同恶相济,与首犯无异,亦拟斩立决;其余从犯,俱拟绞监候;被胁同行者,各杖一百。如遇此等案件,该督抚先将实在情形奏闻,严饬所属立拿正犯,速讯明确,分别究拟。如实系首恶通案渠魁,该督抚一面具题,一面将首犯于该地方即行斩枭,并将犯事缘由及正法人犯姓名,刻示遍贴城乡晓谕。若承审官不将实在为首之人究出拟罪,混行指人为首,因而坐罪,并差役诬拿平人,株连无干,滥行问拟者,严参治罪;该督抚一并交部严加议处。至刁民滋事,其同城武职不行擒拿,及该地方文职不能弹压抚恤者,俱革职。该管之文武上司官,徇庇不即申报,该督抚提镇不行题参,俱交部议处。

**谨案** 此条系乾隆五十三年(1788),将上三条修并。

一、直省刁民,假地方公事,强行出头,逼勒平民,约会抗粮,聚众联谋,敛钱构讼,及借事罢考罢市,或果有冤抑,不于上司控告,擅自聚众至四五十人,尚无哄堂塞署,并未殴官者,照光棍例为首拟斩立决,为从拟绞监候。如哄堂塞署,逞凶殴官,为首斩决枭示;其同谋聚众,转相纠约,下手殴官者,拟斩立决;其余从犯,拟绞监候;被胁同行者,各杖一百。若遇此等案件,该督抚先将实在情形奏闻,严饬所属立拿正犯,速讯明确,分别究拟。如实系首恶通案渠魁,例应斩枭者,该督抚一面具题,一面将首犯于该地方即行正法,并将犯事缘由及正法人犯姓名,刻示遍贴城乡晓谕。若承审官不将实在为首之人究出拟罪,混行指人为首,因而坐罪,并差役诬拿平人,株连无干,滥行问拟者,严参治罪;该督抚一并交部严加议处。至刁民滋事,其同城武职不行擒拿,及该地方文职不能弹压抚恤者,俱革职。该管之文武上司官徇庇不即申报,该督抚、提镇不行题参,俱交部议处。

**谨案** 嘉庆十六年(1811),查此条原系三条,因哄堂殴官之犯,较之抗粮构讼、罢考罢市者,情罪尤重,是以将首犯拟以斩枭,为从者分别斩决、绞候,以示区别;乾隆五十三年(1788)并为一条,未经分析,遂以抗粮聚众等罪止斩决之犯,与哄堂殴官等同拟斩枭,殊未允协,因仍照旧例分别定拟,改辑此条。

〇一、凡刁恶之徒,聚众抗官,地方文武员弁,即带领兵壮迅往扑捉。如稍有迟延者,即照定例严议。其扑捉之时,该犯即俯首伏罪,不敢抗拒,应分别末减。如该犯等持仗抗拒,许文武官带同兵壮,持械擒拿。若聚众之犯,并未执有器械,文武官纵令兵壮杀伤者,严加议处。

**谨案** 此条系乾隆十一年(1746)定例。

**历年事例**

〇乾隆元年(1736)议准:凡学臣考试地方,如有奸棍聚众生事,凌胁官长等情,学臣系封锁衙门,内外隔绝,无由缉禁,该提调及地方官,并驻防武职等官,立即协拿,务获审究,查照例内开载福建地方借事聚众罢市罢考打官等事俱照山陕题定光棍之例,分别首从治罪。若提调及地方官,事前不能预先钤止,事后又不严拿,及批审之后,徒以一二软弱无辜抵塞结案者,听督抚、学臣据实题参,交吏部严加议处,武职交兵部议处。其廪保不加详慎,滥保匪人,以致场内生事者,将该生褫革。

〇十三年(1748)谕:"据署江苏巡抚安宁奏称,'苏、松产米州县,因地方米价渐昂,私禁不许贩米出境,因而阻截客船。至四月间松江青浦县,乃有刁民阻遏米客,打坏行家房屋器物。该县及营汛往查,俱被抛石掷打,致伤县役及把总头颅之事,现经缉犯严究'等语。刁民聚众抗官,大干法纪,最为地方恶习,不可不亟加整顿。前因山西有万泉、安邑之案,及河南、安徽、福建等省,或抢赈闹官,或邪匪勾结,往往群聚抗违,逞凶滋事,曾屡饬地方官严究重处,并通行降旨晓谕,所期安静奉法。而愚民动辄汹涌喧哗,甚至殴官伤役,骄悍之风,竟成锢习。揆厥由来,总因朕保赤心殷,伊等有恃无恐。虽有严究重惩之谕,并未专设科条,是以无所畏惮。且地方少有水旱,有司匿灾不报者,朕必重其处分,而抚绥乏术者,督抚亦必加参处。刁民缘此挟制官长,不但不知敬畏,一若地方官之去留,可操之由己。不知朕所矜怜者,颠连而无告者也。善良自好之人也,是宜加恩保护,至于聚众抗官,目无国宪,乃王法之所必诛,岂可稍为姑息。唯当下立置重典,则不逞之辈,触目儆心,懔然知不可犯。向来审解成招,监禁候旨,往返经时,即将首犯弃市,不过与寻常案件等,其当场伙众,久散归农,转以逞快一时为得计,全无动色相戒之意,何以儆顽梗而戢刁风?从来诘奸乃以禁暴。皇考时,因直隶地方劫盗案多,定为不分首从皆斩之例,二十年来,强劫渐少,后乃复照旧例办理。又皇祖时,因旗人屡有斗殴仇杀之案,定为满洲殴杀满洲立即处斩之例,其后此风遂息,因即仍照旧例。可见明罚敕法,全在因时制宜。而辟以止辟,乃帝王经世之大用。此等直省刁风,聚众抗官要犯,作何令其儆戒不敢干犯法纪之处,着该部另行严切定例具奏,此朕刑期无刑不得已之苦衷。将来革薄从忠,刁风丕变,再行酌定另降谕旨。"

○二十九年(1764)谕:"提督李勋奏《新宁县民刘周祐等控告书役舞弊,经府发县锁禁,致街民散帖罢市》一折。此等投散匿名揭帖,纠众罢市,实属莠民刁悍之尤,为从来所仅见。非按律重惩,何以靖人心而肃法纪。第核折内前后情节,刘周祐控告书役,其事即干连本县,为知府者,即当亲提审究,或别委他县查讯,庶为秉公合理。乃该署府王锡蕃仍交发本县办理,而该县李鹏渊因商议调处,甚将原告禁押,置其事于不问。则府之庇县,与县之庇役,固不问可知。其实无以折服众心,致起事端,是固地方官之不能辞咎者。向来外省抗官之案,虽事涉有司,应行参处,亦必首惩纠众之人。而于官员应得处分,不即汲汲究治,诚虑匪徒因此长胆,不可不防其渐也。今该府、县等即心存袒护,而措置乖方,是先不能守其正己临民之本,又岂可与仅系稽查不力弹压不严者,竟予一律议处?使复持缓治之议,有意为之姑息,将穷檐冤抑,终无上闻,覆盆尚可言耶?然小民畏官奉法,自属闾阎常分。果因吏蠹而控之府,又何难以受府县之覆护摧折而上控督抚乎?岂得因一朝挟忿,胆敢醵金闭户,公然藐视王章。国家三尺具在,又岂能以一二有司之不职,遽为刁顽曲贷哉?朕治官莅民,事无巨细,皆详悉权衡,折衷至当,不使稍有畸重畸轻之弊。此案所有投帖罢市各情节,着该督抚即行确究首从,按法定拟。其王锡蕃、李鹏渊等,亦着查明参处,以昭平允。"

## 私卖战马

凡军人出征,获到敌人马匹,须要尽数报官。若私下货卖与常人者,杖一百;军官私卖者,罪同,罢职充军;买者笞四十,马匹价钱并入官。若出征军官、军人买者勿论。卖者追价入官,仍科罪。

**谨案** 雍正三年(1725)奏准,既云"罪同",当科杖一百,不便又坐"充军",二字删。

**附律条例**

〇一、凡披甲随围,将肥官马偷卖,到家交瘦马者,照窃盗例治罪。

**谨案** 此条雍正三年(1725)定。

〇一、民人出口私贩骟马,在三十匹以下者,照违制律杖一百;三十匹以上至四十匹,加枷号一月;四十匹以上至五十匹,加枷号两月;五十匹以上,杖六十、徒一年,每十匹加一等,罪止杖一百、徒三年;所贩马匹入官。

**谨案** 此条道光二年(1822)定。

# 卷七百七十二·刑部五十

## 兵律·军政 私卖军器　毁弃军器　私藏应禁军器　纵放军人歇役　公侯私役官军

### 私卖军器

凡军人将自己关给衣甲、刀枪、旗帜一应军器，私下货卖与常人者，杖一百，发边远充军；军官私卖者，罪同，罢职，附近充军；买者笞四十。其间有应禁军器，民间不宜私有而买者，以私有论，一件杖八十，每一件加一等，罪止杖一百、流三千里。所买军器、不论应禁与否。及所得价钱并入官。官军买者勿论。卖者仍坐罪，追价入官。

### 附律条例

〇一、军人军官私当关给衣甲、旗帜、应禁军器，照私卖律减一等，杖一百、徒三年。至收当之人，照私有军器律减一等，杖七十；每一件加一等，罪止杖一百、徒三年；军器、当本照例入官。其非应禁者，不在此限。失察之地方、将领各官，交部议处。

**谨案** 此条系乾隆二十六年(1761)定例。三十七年(1772)，于“罪止杖一百、徒三年”下，增“如有结伙盘踞，加倍重利收当军器者，枷号三月，发黑龙江等处为奴”二十七字。嘉庆十七年(1812)，调剂黑龙江等处遣犯，将“发黑龙江”改为“发极边足四千里充军”。

### 历年事例

〇康熙二十五年(1686)复准：凡边界地方，有奸徒私将军器卖与土司番蛮之人者，不论官民兵丁，俱杖一百，发边远充军。该管官知情故纵者，与军民一例治罪。不知情者，州县官、武职专汛官，俱降四级调用；道府、武职兼辖官，俱降二级留任；该管总兵官，降一级留任；督抚、提督，各罚俸一年。

〇雍正三年(1725)议准：嗣后弓箭、盔甲等物，如遇查验时全无者，虽报有家人携带逃走之处，亦照私卖军器例治罪。

〇道光十年(1830)谕：“官兵进征所用军器，至凯旋时，应责令带回验明收贮。乃该兵丁等间有私将器械，就地售卖获利，并不携带回营，实属大干法纪。回疆地方人心易动，若将内地坚利军器，售给该处，必至私藏渐多；且恐牟利商人，私带出卡转售，各外夷均得仿照制造，尤有关系，不可不防其流弊。着长龄等饬知带兵各员，严行晓谕该兵丁等，于凯撤时，务将所用军器，逐件验明。如查有私售者，即行严究治罪。”

## 毁弃军器

凡将领关拨一应军器，出征守御事讫，停留不收回纳还官者，以事讫之日为始，十日杖六十，每十日加一等，罪止杖一百。若将领征守事讫，将军器辄弃毁者，一件杖八十，每一件加一等；二十件以上，斩。监候。遗失及误毁者，各减三等。军人各又减一等。并验毁失之数追赔。还官。其曾经战阵而有损失者，不坐不赔。

**谨案** “军人各又减一等”，乾隆五年（1740）于“军人”下增注“弃毁、遗误”四字。

### 附律条例

〇一、凡看守城池、仓库、街道等处兵丁，遗失本身器械者，杖七十。

〇一、箭上不书姓名，及书他人姓名者，杖八十。

**谨案** 以上二条，系雍正三年（1725）定例。

## 私藏应禁军器

凡民间私有人马甲傍牌、火筒火炮、旗纛号带之类应禁军器者，一件杖八十，每一件加一等；私造者，加私有罪一等；各罪止杖一百、流三千里。非全成不堪用。者，并勿论，许令纳官。其弓箭枪刀弩，及鱼叉禾叉，不在禁限。

### 附律条例

〇一、私铸红衣等大小炮位者，不论官员军民人等，及铸炮匠役，一并处斩，妻子、家产入官。铸炮处所邻佑、房主、里长等，俱拟绞监候。专管文武官革职，兼辖文武官及该督抚、提镇，俱交该部议处。

**谨案** 此条系雍正三年（1725）定例。嘉庆十六年（1811），查私铸炮位系比照叛逆科断，“妻子”下增“给付功臣之家为奴”八字。

一、私铸红衣等大小炮位及抬枪者，不论官员军民人等，及铸造匠役，一并处斩，妻子给付功臣之家为奴，家产入官。铸造处所邻佑、房主、里长等知情不首者，俱拟绞监候。专管文武官革职，兼辖文武官及该督抚、提镇，俱交该部议处。其私藏炮位及抬枪之犯，除讯有不法重情，仍照各律例从重定拟外，如讯无别情，仅止私藏者，即于私铸罪上减一等，杖一百、流三千里。失察之地方官，交部分别议处。

**谨案** 此条道光十四年（1834），增入“私铸抬枪”，并“私藏炮位及抬枪”各犯罪名。咸丰二年(1852),于"邻佑、房主、里长"下增"知情不首"四字。

○一、凡私放鸟枪者,官则参处,平人严行治罪。其兵丁止令白昼演放。若遇盗贼放鸟枪者,免其治罪。

一、凡私造鸟枪发卖者,杖一百。该管官不行查出,罚俸一年。如兵丁有借查鸟枪名色扰民者,该管官一并议罪。其商人有必欲用鸟枪者,预先呈报该管官验明,止许长一尺五寸,上刻姓名、地方。如无姓名、越尺寸者,照私造例治罪。

**谨案** 此二条系雍正三年(1725)定例。

一、各处乡村及商民防御盗贼猛兽应用鸟枪,俱照营兵鸟枪尺寸制造,上刻姓名,具呈该地方官编号登册,以备稽察。如有不报官私造者,杖一百。该管官不行查出,交部议处。如兵丁有借查鸟枪名色扰民者,该管官一并议罪。倘有因争斗,擅将鸟枪私放伤人者,照执持金刃连戳伤人例,旗人发往宁古塔,民人配发云贵川广烟瘴稍轻地方,交该地方官严加管束。

**谨案** 此条系乾隆五年(1740),将前二条改并。

一、各处乡村及商民防御盗贼猛兽应用鸟枪,俱照营兵鸟枪尺寸制造,上刻姓名,具呈该地方官编号登册,以备稽查。如有不报官私造者,杖一百。该管官不行查出,交部议处。如兵丁有借查鸟枪名色扰民者,该管官一并议罪。倘有因争斗擅将鸟枪私放伤人者,旗人发往宁古塔,民人发往云贵两广烟瘴稍轻地方,交该地方官严加管束;杀人者,以故杀论。如有私造竹铳,及用竹铳杀伤人者,俱照鸟枪例治罪。私藏者,亦照私藏军器律治罪。地方官失于觉察,亦照鸟枪例议处。

**谨案** 此条系乾隆三十二年(1767)增定。

一、各省深山邃谷及附近山居驱逐猛兽,并甘肃兰州等府属与番回错处毗连各居民,应需鸟枪守御者,务须报明该地方官详查明确。实在必需,准其仍照营兵鸟枪尺寸制造,上刻姓名,编号立册,按季查点。如有不报官私造者,杖一百。该管官不行查出,交部议处。如兵丁有借查鸟枪名色扰民者,该管官一并议罪。至私造竹铳,即照鸟枪例治罪。私藏者,亦照私藏军器律,一件杖八十,每一件加一等治罪。地方官失于觉察,亦照鸟枪例议处。

**谨案** 此条乾隆五十三年(1788)改定。

一、各省深山邃谷及附近山居驱逐猛兽,并甘肃兰州等府属与番回错处毗连各居民,及滨海地方,应需鸟枪守御者,务须报明该地方官详查明确。实在必需,准其仍照营兵鸟枪尺寸制造,上刻姓名,编号立册,按季查点。如有不报官私造者,杖一百,枷号两月;私藏者,杖九十,枷号一月;仍各照律每一件加一等,罪止杖一百、流三千里。该管地保失察私造者,杖一百,革役;如系知情故纵,加枷号一月。该管官不行查出,交部议处。如兵丁有借查鸟枪名色扰民者,该管官一并议罪。至私造、私藏竹铳,及失察、故纵之地保,俱照鸟枪例治罪。地方官失于觉察,亦照鸟枪例议处。

**谨案** 此条道光二年(1822),于"各居民"下,增"及滨海地方"五字;并将私造、私藏,分别加以枷号。十四年(1834),将私藏鸟枪例内"杖八十"罪名改为"杖九十"。

〇一、苗猓蛮户俱不许带刀出入,及私藏违禁等物,违者照民间私有应禁军器律治罪。该管头目人等知而不报者,杖一百。地方文武官弁失察,照例议处。

**谨案** 此条系雍正六年(1728)定例。

〇一、官员出差赴任回籍,及商民出外贸易等事,如有携带军器途中防护者,在京取具兵部印票,在外取具该差遣衙门及该地方官印票,注明所带件数,以备出城沿途照验。仍知会所到地方,限一月缴销。如隐匿原票不缴者,照违令律治罪。

**谨案** 此条系雍正十二年(1734)定例。

〇一、台湾民人停止制造鸟枪,违者照例治罪。

**谨案** 此条系乾隆二年(1737)定例。

〇一、内地私贩硫磺五十斤、焰硝一百斤以上者,杖一百、徒三年。窝藏囤贩,及知情卖与私贩者,俱照私贩例治罪。囤积未曾兴贩者,减私贩罪一等。硝磺俱入官。邻保知情不首,杖一百;不知情者,杖八十。挑夫船户知情不首,减本犯罪二等;知情分赃者,与犯人同罪,赃重以枉法从重论。首报者除免罪外,仍向本犯名下,照所获硝磺入官价值,另追给赏。如合成火药卖与盐徒者,发近边充军。其出产硝磺本省银匠、药铺需用硝磺,每次不许过十斤,令其呈明地方官批限,买完缴销,违者以私囤论罪。

**谨案** 此条系乾隆五年(1740)定例。

一、内地民人窝囤兴贩硫磺,数在十斤以下,杖一百;十斤以上者,杖六十、徒一年;二十斤以上者,按照五徒以次递加;五十斤以上者,杖一百、流二千里;八十斤以上者,杖一百、流二千五百里;一百斤者,杖一百、流三千里;多至百斤以上者,发近边充军。若囤积未曾兴贩,减兴贩罪一等。焰硝每二斤作硫磺一斤科断。硝磺入官。邻保知情不首,杖一百;不知情,杖八十。挑夫船户知情不首,减本犯罪二等;知情分赃,与犯人同罪,赃重以枉法从重论。首报者除免罪外,仍向本犯名下,照所获硝磺入官价值,另追给赏。如合成火药卖与盐徒者,不问斤数多寡,发近边充军。其出产硝磺本省银匠、药铺、染坊需用硝磺,每次不许过十斤,令其呈明地方官批限,买完将批缴销,违者以私囤论罪。

**谨案** 此条咸丰二年(1852)改定,并于窝囤上增入"煎挖"一项。同治九年(1870),因此项人犯,另设专条,删去本条"煎挖"二字。

〇一、四川、云南、贵州所产黑铅,除由官采办外,其余无论在厂在店,一律严禁出境。如违例私运,照窝囤兴贩硫磺例治罪。兵役知情徇隐,减犯人罪一等;受财故纵,与犯人同罪,赃重者,以枉法从重论。倘有济匪情事,以通贼论。仍须人铅并获乃坐。

**谨案** 此条咸丰五年(1855)定。

〇一、内地奸民,在产硝磺地方私行煎挖,无论已未兴贩,照台湾之例科断,十斤以下,杖一百,刺字;十斤以上,杖六十、徒一年,每十斤加一等;百斤以上,及合成火药在十斤以下者,发近边充军;三百斤以上,及合成火药在十斤以上者,照私铸红衣等大小炮位例处斩,妻子缘坐,财产入官。如将硝磺济匪,以通贼论。知情故纵,及隐匿不首,并与犯同罪,至死减一等。俟军务完竣,仍照旧例办理。

**谨案** 此条同治元年(1862)定。

〇一、京城制造花爆之家,于地方保甲门牌内,注明"业花爆"字样,止准售卖花爆,不准售卖火药。如违例售卖火药,数不足十斤者,笞五十;十斤,杖六十,每十斤加一等;至五十斤以上者,杖一百、徒三年。其应需硝磺,如不由官行官店承买者,照私囤例治罪。

**谨案** 此条道光十七年(1837)定。

〇一、民间如有私造竹铳者,照私造鸟枪例杖一百;私藏竹铳者,照私藏军器律杖八十;每一件加一等。因争斗而点放伤人者,照鸟枪伤人例,发云贵两广烟瘴稍轻地方,交该地方官严行管束;点放杀人者,照故杀人律,拟斩监候。地方官失于觉察,照失察鸟枪例议处。

**谨案** 此条系乾隆二十四年(1759)定例,已于三十二年[①](1767)并入私藏鸟枪例内。

〇一、凡民间如有私制藤牌者,照私制鸟枪例杖一百。失察之地方文武官,亦照失察私藏鸟枪例议处。

**谨案** 此条系乾隆三十九年(1774)定。道光五年(1825),因私造鸟枪,现行例已重于杖一百,删"照私制鸟枪例"六字。

### 历年事例

〇雍正九年(1731)议准:鸟枪一项,禁例甚严。但广省之琼州,孤悬海岛,外与交趾连界,内与黎人错处,居民多借鸟枪以为防御之具,未便照内地一例收缴。所有民间现存之鸟枪,令报明地方官注册。并令地方官严饬保甲,于十家牌内开明数目,一户止许藏枪一杆,其余交官收存。如违禁多藏,察出照例治罪。至斗殴、抢窃案内执有鸟枪者,本罪应拟绞监候,不可再行加等者,仍照例定拟外,其徒罪以下,俱各本罪加二等发落。如有将鸟枪资助盗贼者,与本盗一例同科。该地方官有失于觉察及讳饰等情,照例降调。

〇又议准:粤东山海交错,民俗刁悍,其猺獞黎峒等处,倘有殷实商民需用鸟枪者,请照琼州定例,止于长一尺五寸,家置一杆,赴官报明,凿字备用。所有从前私藏违式鸟枪,限六个月悉令缴官,违者照私藏应禁军器律治罪。其命盗案内有执用违

---

① 原文作"二十二年",误。

式鸟枪及未经凿字者,将失察之地方官议处。倘该管官希图隐讳,不行叙入,察出照讳盗例议处。

○道光二年(1822)谕:“孙玉庭奏《立限收缴私造鸟枪并申明禁例酌宽处分》一折。民间私藏鸟枪,恐致日久贻患,自应加以重惩,俾知儆畏。惟是积习相沿,一旦搜拿治罪,不免有滋扰累。至地方官顾虑处分,转恐心存讳匿。着通谕各省出示晓谕:凡民间家有抬枪、鸟枪、火器者,予限半年,准其赴官呈缴给价。如逾限不缴,除贩私及逞凶斗狠,仍按律加重治罪外,其但止私造私藏,一经查获,着于按律拟杖之外,私造者加枷号两个月,私藏者加枷号一个月,以示惩儆。地方官虽平时失察,如能遇案查拿,连械起获惩办,着即免其议处,并着该部于例内添注。其原例内‘应备不应备’字样,即应节删。至近山滨海地方,必应存留鸟枪守御者,报明地方官,于枪械上錾刻姓名,编号立册存案。地方官能于半年限内收缴净尽,并着各该督抚核实记功注册,量予鼓励。”

○十年(1830)谕:“御史慕维德奏《请严禁民间私藏火器》一折。民间私藏抬枪、鸟枪等项,前经降旨通谕各省出示晓谕,予限呈缴。如逾限不缴,将私造私藏之犯,于按律拟杖外,分别枷号。兹据该御史奏‘日久玩生,近时民间私藏者在在皆有,而江南凤、颍、淮、徐一带为尤甚。即如本年七月霍邱县汉回械斗,皆系用抬枪对放轰毙。其礼拜寺、房屋,亦系抬枪、鸟枪连环轰焚。又沿江一带盐枭出没,亦皆恃有火器’等语。抬枪、鸟枪,查禁已久。鸟枪尚可借口守御,器小易藏,至抬枪乃阵前应用,且为器长大。若如该御史所奏,一村之地私藏,竟可对放连环,平日地方官所司何事?积习相沿,恐不独江南为然,必应严行查禁。着申谕各省督抚严饬所属,出示晓谕:凡有私藏火器者,仍予限半年,勒令缴官。倘有逾限不缴,日后发觉者,照旧例加等治罪,失察官亦加等议处。至抬枪更非民间应有,如有私造私藏者,照私铸私藏炮位例治罪,失察官亦照失察私铸私藏炮位例议处。至江南凤、颍、淮、徐,毗连河南光州一带,凡有演习刀枪长杆者,亦应一体严禁。着责成该地方官晓谕查拿,该督抚等务当饬属认真查办,不许扰累闾阎。总期加意整顿,俾强悍知所儆畏。如日久视为具文,仍致有名无实,一经发觉,必将该督抚严惩不贷。”

○十五年(1835)谕:“潘世恩等奏《遵旨筹议查禁鸟枪》一折。奉天围场,屡有奸民偷越,并敢私放鸟枪拒捕,前据盛京将军奕经等会同筹议严定章程,开单呈览,当交军机大臣议奏。兹据奏称:沿边围场,地面广阔,向设有边栅卡伦,稽查巡察,立法已为周密。近来奸匪偷越之案,层见叠出,请照该将军等所议各条,严定章程,以除积弊。此等匪徒,私携鸟枪,偷入围场,毫无忌惮,必应严密周防,令行禁止,庶围场日就肃清。着将民间私藏鸟枪例禁,严切申明,谕令界内正项旗人家,有无字号鸟枪者,报明该管官给予执照,錾刻旗分佐领花名。其民人并杂项壮丁家有收藏鸟枪者,给限三个月,自首缴官,免其治罪;限外不缴,一经查出,均着照例加等治罪。并着各该界官,按季加具并无私藏鸟枪查缴净尽印结,呈报备核。如有失察私打鸟枪贼犯,即将边门章京、该管旗民地方官,一并参处毋贷。”

〇三十年(1850)谕:“练兵以火器为重,弭盗以禁火器为先。私造私藏,例禁至为周密。惟地方官平日疏于稽察,浸至编号立册,视为具文。即非滨海近山,亦多擅制。甚至不逞之徒,收藏日众,转滋事端。于绥辑地方,大有关系。着各省督抚严饬所属,认真查禁。如有私藏私铸,即照例惩办,毋得日久生懈。”

〇光绪元年(1875)奏准:嗣后拿获私贩洋炮之案,应于私铸大小炮位处斩例上,酌减为发新疆给官兵为奴,仍照例改发极边足四千里充军,到配加枷号六月。贩卖洋枪,照私造鸟枪例,枷号两月,杖一百;每一件加一等,罪止杖一百、流三千里。贩卖洋药、洋砂、铜帽,即照内地民人窝囤兴贩硫磺例,分别斤数多寡定拟。倘有济匪情事,均以通贼论。至近山滨海地方,存备洋枪守御者,亦应照鸟枪例,必须报明地方官,錾刻姓名,编号立案。如有私藏,照藏鸟枪例,按件治罪。仍严禁不许借端搜拿,致滋扰累。

〇十三年(1887)奏准:大小铺户,不准售卖洋枪。凡民间私藏洋枪者,许令纳官,免其治罪。

## 纵放军人歇役

凡管军百户及总旗、小旗、军吏,纵放军人出百里之外买卖,或私种田土,或隐占在己使唤,空歇军役者,一名杖八十,每三名加一等,罪止杖一百、罢职充军。若受财卖放者,以枉法从重论。所隐军人,并杖八十。若私使出境,因而致死,或被贼拘执者,杖一百,罢职发边远充军;至三名者,绞。本管官吏知情容隐,不行举问,及虚作逃亡,扶同报官者,与犯人同罪。至死减一等。若小旗、总旗、百户纵放军人,其本管指挥、千户、镇抚、当该首领官吏,知情故纵,或容隐不行举问,及指挥、千户、镇抚故纵军人,其百户、总旗、小旗知而不首告者,罪亦如之。若钤束不严,致有违犯,及失于觉举者,小旗名下一名,总旗名下五名,百户名下十名,千户名下五十名,各笞四十;小旗名下二名,总旗名下十名,百户名下二十名,千户名下一百名者,各笞五十,并附过还职;不及数者不坐。若军官私家役使军人,不曾隐占歇役者,一名笞四十,每五名加一等,罪止杖八十;并每名计一日追雇工银八分五厘五毫入官。若有吉凶借使者勿论。

**谨案** 雍正三年(1725)奏准,律内武职名目,与现行不符,将律文改定。

凡管军千总、把总及管队军吏,纵放军人出百里之外买卖,或私种田土,或隐占在己使唤,空歇军役不行操备者,计所纵放及隐占之军数,一名杖八十,每三名加一等,罪止杖一百、罢职。若受财卖放者,以枉法从重论。所隐纵放、隐占、卖放各项。军人,并杖八十。若私使出境,因而致死,或被贼拘执者,杖一百,罢职发边远充军;至三名者,绞。监候。本营专管官吏知情容隐,不行举问,及虚作逃亡,扶同报官者,与犯人同罪。至死减一等。若管队、把总、千总纵放军人，其本营专管官吏知情故纵，或容隐不行举问，及本营专管官故纵军人，其千总、把总、管队知而不首告者，罪亦如之。私使出境而不首告者，同罪。若钤束不严，原无纵放、私使之情。致有违犯，或出百里，或出外境，私自歇役。及原无知情容隐，止失觉举者，管队名下一名，把总名下五名，千总名下十名，本营专管官名下五十名，各笞四十；管队名下二名，把总名下十名，千总名下二十名，本营专管官名下一百名，各笞五十，并留任；不及数者不坐。若武职官私家役使军人，不曾隐占歇役妨废操备者，一名笞四十，每五名加一等，罪止杖八十；并每名计一日追雇工银八分五厘五毫入官。若有吉凶借使者勿论。

**谨案** 乾隆五年(1740)，将"与罪人同罪"下小注"至死减一等"五字，改为"罪止杖一百，发边远充军"。

**附律条例**

〇一、围子手，并皇城内外守卫军士，及红盔将军，下班之日，其本管官员及守门把总、指挥等官，不许擅拨与人做工等项役使，违者参问。虽不系自己占用，亦照私役军人事例发落。

**谨案** 此条系原例。雍正三年(1725)奏准：今无围子手、红盔将军及指挥等官，且军士下班，皆不许私役，不独看守皇城内外军士，将"一、围子手"至"把总、指挥等官"三十七字，改为"一、凡军士下班，其本管官员"。

一、凡军士下班之日，其本管官员擅拨与人做工等项役使，照私役军人本律发落。

**谨案** 此条乾隆五年(1740)改定。

〇一、凡各处镇守总兵官，跟随军伴二十四名，协守副总兵二十名，游击将军、分守参将十八名，守备官十二名，都指挥六名，指挥四名，千百户、镇抚二名，不管事者一名。但有额外多占正军至五名、余丁至六名以上，俱问罪降一级；正军六名以上、余丁十名以上，降二级；正军十名以上、余丁二十名以上，止于降三级。其卖放军人包纳月钱者，正军五名至十名、余丁六名至二十名，俱问罪，照前分等降级；若正军至二十名以上、余丁至三十名以上，俱罢职发边卫充军。其役占、卖放纪录幼军者，照余丁例；役占、卖放备边壮勇者，照正军例，各拟断。律七名以上充军，例止降级，有犯者宜从例。

**谨案** 此条系原例。雍正三年(1725)奏准：今无按官大小派军跟随之例，其隐占及卖放包纳月钱者，俱依律治罪；且无纪录幼军、备边壮勇等名，例文删。

〇一、军职卖放并役占军人，二罪俱发，其卖放已至十名以上，役占不及数者，依卖放例罢职充军；役占至十名以上，卖放不及数者，依役占例降三级；卖放、役占俱至十名以上者，从重发落；俱不及十名者，并数通论降级。役占军人五名，又占余丁十名，及包纳月钱满数者，从重降级，仍发立功，满日照所降品级，于原卫所带俸差操。

**谨案** 此条系原例。雍正三年(1725)奏准：今卖放及包纳月钱，俱依律计赃科罪,如二罪俱发,从其重者论,已详名例,且无立功及带俸差操之例,删。

### 公侯私役官军

凡公侯非奉特旨,不得私自呼唤各卫军官军人前去役使。违者,初犯、再犯免罪附过;三犯,准免死一次。其军官军人听从,及不出征时,辄于公侯之家门首伺立者,军官各杖一百,罢职发边远充军,军人同罪。若伯爵及旗校有犯,亦准此律奏请。

**谨案** 雍正三年(1725)奏准:"各卫"二字,"附过"二字,俱删;"军官军人"四字,二处俱改为"官军";"准免死一次"五字,改为"奏请区处";"军官各杖一百"句,"军"字删;小注内"及旗校"三字删。

# 卷七百七十三·刑部五十一

## 兵律·军政　从征守御官军逃　优恤军属　夜禁

### 从征守御官军逃

凡军官军人从军征讨，私逃还家，及逃往他所者，初犯，杖一百，仍发出征；再犯者绞。知情窝藏者，杖一百，充军；里长知而不首者，杖一百。若军还而先归者，减五等；因而在逃者，杖八十。若在京各卫军人在逃者，初犯，杖九十，发附近卫分充军；各处守御城池军人在逃者，初犯，杖八十，仍发本卫充军；再犯，并杖一百，俱发边远充军；三犯者绞。知情窝藏者，与犯人同罪，罪止杖一百、充军；里长知而不首者，各减窝藏二等。本管头目知情故纵者，各与同罪，罪止杖一百，罢职，附近充军。其在逃官军，一百日内，能自出官首告者，免罪；若在限外自首者，减罪二等。但于随处官司首告者，皆得准理。准免罪及减罪二等。若各卫军人转投别卫充军者，同逃军论。其亲管头目，不行用心钤束，致有军人在逃，小旗名下逃去五名者，降充军人。总旗名下逃去二十五名者，降充小旗。百户名下逃去一十名者，减俸一石；二十名者，减俸二石；三十名者，减俸三石；四十名者，减俸四石；逃至五十名者，追夺，降充总旗。千户名下逃去一百名者，减俸一石；二百名者，减俸二石；三百名者，减俸三石；四百名者，减俸四石；逃至五百名者，降充百户。不追封诰。其官军多者，各验人数折算，减俸、降级，不及数者不坐。若有病亡、残疾、提拨等项事故者，不在此限。

**谨案**　此系原律文。

凡官军已承调遣从军征讨，私逃还家，及逃往他所者，初犯，杖一百，仍发出征；再犯者绞。监候。知在逃之情窝藏者，不问初犯再犯，杖一百，充军；原籍及他所之里长知而不首者，杖一百。若征讨事毕军还，官军不同振旅而先归者，减在逃五等；因而在逃者，杖八十。若在京军人逃者，初犯，杖九十；各处守御城池军人逃者，初犯，杖八十，俱发充伍；再犯，不问京外，并杖一百，俱发边远充军；三犯者绞。监候。知在逃之情窝藏者，与犯人同罪，罪止杖一百，充附近军；不在边远、处绞之限。里长知而不首者，各减窝藏二等；从杖罪减科，罪止杖八十。其从征军与守御军，本管头目知情故纵者，各随所犯次数与同罪，罪止杖一百，罢职，附近充军。其征、守在逃官军，自逃日为始，一百日内，能自出官首告者，不问初犯再犯，免罪；若在限外自首者，减二等；但于随处官司首告者，皆得准理。准免罪及减罪二等。若各营军人不着本伍,转投别营当军者,同逃军论。或初犯再犯,皆依上文律科断。

**谨案** 此系雍正三年(1725)改定律文。

**附律条例**

〇一、军官军人遇有征调,点选已定,至期起程。不问已未关给赏赐,若有避难在逃者,依律问断。其征期已过,送兵部编发宣府、独石等处沿边墩台哨瞭半年,满日放回原卫,还职着役。若仍发出征及哨瞭在逃者,依从征私逃再犯者律处绞。

**谨案** 此条系原例。雍正三年(1725)奏准:官军征调违期治罪之处,前律开载甚明,今无送兵部发沿边哨瞭之例,删。

〇一、轮操官军,逃在京城内外潜住,初犯打七十,再犯打一百,送操事例发落。官旗无力纳赎者,就在原问衙门单衣决打。若逃回原籍原卫者,以越关论。其在逃三次者,不问革前革后,各免决打纳赎,京卫调外卫,外卫调边卫,俱带俸食粮差操。

**谨案** 此条系原例。雍正三年(1725)奏准:今无轮操、送操等例,删。

〇一、随征兵丁自军前逃回,照官军从军征讨私逃再犯律拟绞监候。其跟随之奴仆、雇工,有偷窃马匹、器械逃回者,照窃盗满贯律拟绞监候。其不曾偷盗马匹、器械之奴仆逃回者,拿送墩门,俟大兵凯旋之日,询问伊主情愿领回者,鞭一百,刺字,取具保结具领;不愿领回者,发黑龙江等处给披甲之人为奴。其不曾偷盗马匹、器械之雇工逃回者,如所雇系旗下家奴,枷号三月,鞭一百,刺字,交还本主;如所雇系民人,刺字,解回原籍,杖一百,徒三年;仍向各犯家属及中保人等,追出原雇价值给还原主。

**谨案** 此条雍正十年(1732)定。

一、随征兵丁自军前逃回者,拟斩立决。其跟随之奴仆、雇工,有偷盗马匹、军器及衣服、银两潜逃者,亦拟斩立决。并令步军统领及沿途各督抚严行缉拿,获日即于本地正法。其不曾偷盗马匹、器械之奴仆、雇工,仍照定例治罪。

**谨案** 此条乾隆十九年(1754)遵旨改定。

一、随征兵丁自军前逃回者,拟斩立决。其跟随之奴仆、雇工,有偷盗马匹、军器及衣服、银两潜逃者,亦拟斩立决。并令步军统领及沿途各督抚严行缉拿,获日即于本地方正法。其不曾偷盗马匹、器械之奴仆逃回者,拿送墩门,俟大兵凯旋之日,讯问伊主情愿领回者,鞭一百,刺字,取具保结给领;不愿领回者,发黑龙江等处给披甲之人为奴。不曾偷盗马匹、器械之雇工逃回者,如所雇系旗下家奴,枷号三月,鞭一百,刺字,交还本主;如所雇系民人,刺字,解回原籍,杖一百、徒三年。仍向各犯家属及中保人等,追出原雇价值给还原主。

**谨案** 此条乾隆三十二年(1767)将前二条删并。

一、军营逃脱兵丁,在军务未竣以前投首者,发往乌鲁木齐等处给种地兵丁为奴。如再脱逃,拿获即行正法。若在军务告成以后投首者,不得复援此例。

一、凡军营脱逃余丁,在军务未竣以前拿获者,问拟斩罪,牢固监候,俟大功告竣后通行确查,将附近新疆陕、甘二省之人改发云贵两广极边烟瘴充军;其余各省,俱发伊犁、乌鲁木齐酌量安插,面刺"脱逃余丁"字样。若在配复逃,请旨即行正法。其自行投首,并笃疾者,杖一百、流三千里。

**谨案** 此二条系乾隆四十一年(1776)遵旨定例。

一、随征兵丁自军营脱逃被获者,拟斩立决。其在军务未竣以前投首者,发往乌鲁木齐等处给种地兵丁为奴。如再脱逃,拿获即行正法。若在军务告成以后投首者,即照随征兵丁脱逃例拟斩立决。其应照金川逃兵投首发遣新疆之处,临时具奏。至跟随之余丁,有偷盗马匹、军器及衣服、银两潜逃者,亦拟斩立决。其有投首,按军务已未告竣分别问拟。其不曾偷盗马匹、器械潜逃之余丁,在军务未竣以前拿获者,问拟斩罪,牢固监候,俟大功告成,通行确查,将附近新疆陕、甘二省之人,改发云贵两广极边烟瘴充军;其余各省,俱发伊犁、乌鲁木齐酌量安插。若在配复逃,请旨即行正法。如在军务告竣以后拿获者,亦照此分别省份改发之例办理。其自行投首,并笃疾者,杖一百、流三千里。仍向各犯家属及中保人等,追出原雇价值,给还原主。

**谨案** 此条系乾隆五十三年(1788)将前条改并,并将四十六年(1781)钦奉谕旨纂入。

一、随征兵丁自军营脱逃被获者,拟斩立决。其在军务未竣以前投首者,发往乌鲁木齐等处给种地兵丁为奴。如在配脱逃被获,用重枷枷号三月,杖责管束。若在军务告成以后投首者,照随征兵丁脱逃例拟斩立决,仍援照金川逃兵投首发遣新疆之例,临时奏请定夺。免死减发者,如再由配所脱逃,请旨即行正法。至跟随之余丁,有偷盗马匹、军器及衣服、银两潜逃者,亦拟斩立决。其有投首,亦照兵丁投首,按军务已未告竣分别问拟。其无偷盗情事,仅止潜逃之余丁,无论军务已未告竣,拿获者,系附近新疆陕、甘二省之人,改发云贵两广极边烟瘴充军;其余各省,俱发伊犁、乌鲁木齐酌量安插。若在配脱逃,亦用重枷枷号三月,杖责管束。其自行投首,并笃疾者,无论军务已未告竣,俱杖一百、流三千里。仍向各犯家属及中保人等,追出原雇价值给还原主。

**谨案** 此条嘉庆六年(1801)改定。

一、随征兵丁在军营私自潜逃,众供确凿,拿获之后,审讯明确,无可支饰者,拟斩立决。其在军务未竣以前投首者,发往乌鲁木齐等处给种地兵丁为奴。如在配脱逃被获,用重枷枷号三月,杖责管束。若在军务告成以后投首者,依随征兵丁脱逃例拟斩立决,仍援照金川逃兵投首发遣新疆之例,临时奏请定夺。免死减发者,如再由配所脱逃,请旨即行正法。至在途患病,及打仗受伤,或迷失路径,与落后有因,查非有心脱逃,若在军务未竣以前投首者,即照自首例免罪;拿获者,杖一百、徒三年。在军务告成之后投首者,亦杖一百、徒三年;拿获者,发乌鲁木齐等处为奴。在配脱逃被获,仍杖责管束。至跟随之余丁,有偷盗马匹、军器及衣服、银两潜逃者,亦拟斩立决。如有投首,亦照兵丁投首,按军务已未告竣分别问拟。其无偷盗情事,仅止有心脱逃之余丁,无论军务已未告竣,拿获者,系附近新疆陕、甘二省之人,改发云贵两广极边烟瘴充军;其余各省,俱发伊犁、乌鲁木齐酌量安插。在配脱逃被获,亦照前枷责管束。其自行投首,并笃疾者,无论军务已未告竣,俱杖一百、流三千里。如落后有因,无论军务已未告竣,投首者免罪,拿获者杖一百、枷号一月。仍向各犯家属及中保人等,追出原雇价值给还原主。

**谨案** 此条嘉庆十一年(1806)遵旨改定。

一、将弁在营潜逃者,严拿正法。随征兵丁,无论协勦邻封及备防本省,有私逃者,领兵将弁即将姓名、数目,知照该兵丁本营及原籍一体严拿。获日审讯明确,拟斩立决。其在军务未竣以前投首者,改发各省驻防给官兵为奴。如在配脱逃被获,用重枷枷号三月,杖责管束。若在军务告成以后投首者,依随征兵丁脱逃例拟斩立决,仍援引金川逃兵投首发遣新疆例,奏请定夺。免死减发者,亦改发驻防给官兵为奴。如再脱逃,请旨即行正法。至在逃患病,及打仗受伤,或迷失路径,与落后有因,并非有心脱逃,若在军务未竣以前投首,照自首律免罪;被获者,杖一百、徒三年。在军务告成以后投首,亦杖一百、徒三年;被获仍枷责管束。其跟随余丁,有偷盗马匹、军器、衣服、银两潜逃者,亦拟斩立决。如有投首,照兵丁投首,按军务已未告竣,分别问拟。其并无偷盗情事,有心脱逃之余丁,无论军务已未告竣,被获者,俱改发极边足四千里充军,到配加枷号三月。在配脱逃被获,亦照前枷责管束。其自行投首,并笃疾者,无论军务已未告竣,俱杖一百、流三千里。如落后有因,无论军务已未告竣,投首者免罪,被获者杖一百、枷号一月。仍向犯属及中保人追原雇价值给主。勇丁脱逃,亦照兵丁例一例办理。至驻防官兵私逃,应销除本身旗档。如落后有因,并非有心脱逃,免其销档。溃散兵丁,一概不准收标。该管将弁知情容隐,任令冒饷,或该兵丁逃后改易姓名,蒙混入营食饷者,除本犯治罪外,知情容隐及失察该管将弁,均交部分别议处。

**谨案** 此条道光六年(1826),调剂新疆遣犯,将例内发伊犁、乌鲁木齐等处,俱改“发极边足四千里充军”。二十四年(1844),新疆遣犯照旧发往,仍复原例。同治九年(1870),于例首增入“将弁在营潜逃者,严拿正法”二句;其随征兵丁原例应发乌鲁木齐者,俱改“发各省驻防”;于免罪减发下,增“亦改发各省驻防给官兵为奴”句;跟随余丁原例应发云贵两广及伊犁乌鲁木齐者,俱“改发极边足四千里充军,到配加枷号三月”;并于“追原雇价值给主”下,增“勇丁脱逃”至“交部分别议处”一百零五字。

〇一、军前逃回跟役,除拟绞人犯外,其应拟枷责等犯,俱从驿站步行解至鄂尔坤,同犯人种地纳粮。

**谨案** 此条系雍正十一年(1733)定。乾隆五年(1740),仍照雍正十年(1732)定例办理,将此条奏明删除。

○一、广东省盗贼投抚分发入伍壮丁，初犯脱逃，如原犯之罪在军、流以上，俱面刺“逃丁”字样，佥妻酌发云贵川广极边地方足四千里，交地方官严行管束；若在徒、杖以下者，照流犯在配脱逃例，枷号两月，责四十板，加徒役三年。其邻族、保甲知情容隐者，照犯人原犯罪减一等治罪。

**谨案** 此条系雍正十二年(1734)定例，乾隆五十三年(1788)奏准删除。

○一、各处守御兵丁，有拐带饷米、马匹脱逃者，计赃照常人盗官物律加一等治罪；如拐带同营饷银，计赃照窃盗加一等治罪。所拐带饷米等项，仍向该犯家属名下照数追赔，知情容留之人同罪。

**谨案** 此条雍正十二年(1734)议准，乾隆五年(1740)修改定例。

○一、旗丁不拘重运、回空，如有无故潜逃，弃船中途不顾者，照守御官军在逃律治罪，仍于面上刺“逃丁”二字。

**谨案** 此条系乾隆五年(1740)定例。

○一、凡驻防兵丁逃走，除照例报部外，该驻防处开明逃人年貌，知照该犯本旗，及沿途有满洲兵丁处所，并附近省份，一体严拿。其窝家人等及失察各官，均照例究治。

**谨案** 此条系乾隆八年(1743)定例。

○一、京外在伍兵丁脱逃，俱杖一百，枷号一月示众，永远不准入伍。

**谨案** 此条系乾隆三十八年(1773)遵旨定例。

一、京外在伍兵丁脱逃，该营立即通移各标、协、营一体严拿，定限一百日，实力严缉务获。其有自知畏悔，于限内投回者，杖一百，枷号一月，不准入伍，免其刺字。若被缉获及逾限投回者，除枷责、不准入伍外，俱照例刺字。

**谨案** 此条乾隆三十三年(1768)增定。

○一、派往伊犁等处换防种地之满汉各项兵丁，遇有中途及在原派地方逃回者，一经拿获，即行正法。如有自行投回者，枷号两月，鞭一百，交与该管严行约束，充当苦差。

**谨案** 此条系乾隆三十二年(1767)遵旨定例。

一、派在伊犁等处换防种地之满汉各项兵丁，初次犯逃，自行投回者，枷号三月，满日鞭责，交该管官严行管束；如被拿获，用重枷枷号五月，痛加责惩折磨差使。若逃走二次，及在原派处所曾经犯逃，移徙伊犁之后，复行逃走者，自行投回，俱用重枷枷号五月，痛加责惩折磨差使；如被拿获者，即行正法。

**谨案** 此条系乾隆三十三年(1768)改定。

**历年事例**

○顺治十三年(1656)议准：凡随征军士私自逃回者，鞭一百，递发军前，二次者正法。

〇乾隆十九年(1754)谕:“现今派往西北两路进剿兵丁,于明春陆续自京起程。每兵二名带跟役一名,恐有中途逃回者,该兵丁等既按途前进,断无逗遛缉捕之暇,是应责成各该地方官,着步军统领及沿途各督抚,先期派定捕役兵弁,随营防护,留心查缉。如有携带军器及衣服、银两潜逃者,获日以军法从事,即行正法,并于沿途张示晓谕,并令领兵大臣官员等勤加查察。其有兵丁、跟役私逃者,即令交派出之捕役上紧严缉,一面报部汇奏。倘不能严速缉获,定将该督抚从重治罪。”

〇三十一年(1766)谕:“据明瑞等奏称‘凉州镶白旗满洲佛灵佐领下闲散富亮由本省脱逃二次,闻彼处兵丁移驻伊犁,自行投回,跟随伊兄前至伊犁,若将富亮照例发黑龙江,转至发遣内地,若令充当步甲,又觉侥幸,请将富亮加枷号两月、鞭一百,交与该管官严行约束,充当苦差’等语。明瑞等此奏亦是,富亮着即照所奏办理。但伊犁系新设驻防之处,非内地可比,法必从严,而后众知儆惧,可免妄行逃避之事。嗣后伊犁驻防兵丁内如有逃避者,一经拿获,即行正法,不必拟以发遣。著为例。”

〇四十一年(1776)谕:“从前据刑部议复文绶审拟投首逃兵彭士仁、汪国才照例即行斩决一案。朕以此等逃兵,如在军务未竣以前,闻拿投首,其人尚知畏法。若系大功告竣以后,明知不复用兵,始行投首,不可不申明军律,俾营伍共知儆戒。因谕令文绶查明该二犯投到日期,据实奏闻。今据复称‘查明彭士仁系于上年十月十二日在铜梁县投到,汪国才于上年十一月初十日在巴县投到’等语。此等兵丁在军营潜行脱逃,原系法无可逭,但既查明该二犯俱系军务未竣以前自行投首,尚属心存畏法,较之撤兵以后,妄冀幸免,始行投到者,究属有间,尚可格外施恩,于万无可贷之中,宥其一死。着交刑部仍照从前例减等发落。其大功告竣以后投首者,不得援此例。”

〇又谕:“从前调派各省官兵,其余丁有脱逃者,缉获之日,令各该督抚将该犯问拟死罪,牢固监禁。原以军兴之际,余丁虽非正兵,乃敢任意脱逃,不可不严示惩儆。今大功既已告竣,若仍前牢固监禁,该犯等转得坐食囚粮,甚属无谓。着交刑部通查各案,将该犯等或改发伊犁等处,或发往烟瘴,分别安插,酌量定拟,汇折具奏。嗣后如有续获者,即照新定之例办理。”

〇四十二年(1777)谕:“嗣后如遇军营有逃兵之事,着统兵大员每月汇奏一次,以便严迅缉究,用昭炯戒。著为令。”

〇四十六年(1781)谕:“从前进剿金川,所调各省绿营官兵,多有在军营潜逃者,节经降旨饬令各省督抚严拿,奏请正法,以重军法,儆将来也。现经文绶奏到川省未获逃兵七百二十一名之多。但事隔多年,一经拿获,即予骈诛,朕心亦有不忍。兹特网开一面,嗣后此等未获逃兵,如有自行投首者,着加恩免其死罪,发遣伊犁等处。此实朕法外之仁,如尚有潜行窜匿,不肯投首者,若经地方官盘获,仍当即行正法,断不稍存末减。各该督抚等俱仰体朕意,明切晓谕,查照道里远近,分立限期,务使穷乡僻壤,家喻户晓,副朕仁义兼尽之至意。”

○嘉庆七年(1802)谕:“向来军营带兵人员,于所辖官兵有脱逃情事,处分綦重。此次剿办教匪,将届七年,官兵跋涉险阻,昼夜奔驰,异常辛苦。此内私自潜逃者,固所不免,但亦有因受伤患病,不能随队行走,以致中途落后,因伤病身故,或遇贼戕害等情,皆不可知。并有该管之员,派兵寻觅,而寻觅之兵,又因他故,久无下落。此与实在潜逃者,其情迥异。若因粮缺虚悬无着,即以脱逃具报,辄将该管之员,照失察逃兵例一律惩治,则罣议者多,未免漫无区别。现在大功将蒇,各路官兵,均次第凯旋,着额勒登保查明各营内无着兵丁,或实系携带物件,私自潜逃,众证确凿,或拿获之后,审讯明确,无可支饰者,自应将该逃兵照律办理,其专兼管辖之官弁等,亦属咎无可宽,均着交部查议;如该兵丁等实系落后有因,不及归伍,查无有心脱逃情节,均可毋庸深究,其该管各员应得失察处分,均着加恩宽免。其虚悬名粮,即一面先行募补,以实兵额。”

○道光二十二年(1842)谕:“奕山等奏查明前任提督关天培阵亡时,兵丁散走情形。设兵所以卫民,必期有勇知方。近日海疆防守官兵,奋勇杀贼者,固不乏人。至于临阵退避,见贼先逃,以致主帅阵亡,汛地失守,此种失律士卒,不难悉数骈诛。因念罪有首从,不忍概予诛夷,特命将军、督抚等将首先溃散之犯,严查惩办。该将军、督抚等身膺重寄,具有天良,自应将实在情形,迅速复奏,候朕酌量情节,法所难宥者,立正刑章,情有可原者,量从末减,庶于严申纪律之中,仍寓钦恤慎刑之意。乃本日奕山等奏‘关天培在靖远炮台阵亡,兵众同时逃走,并无确切证据’等语。郭标等五名,既据何居桐指出,即应亲提研讯,方可得有实据。乃直至该把总畏罪自尽,始行亲提,以至恃无质证,率即拟结,仅请将郭标等五名革伍责惩,殊属轻纵。所有逃散之兵丁郭标、欧振彪、唐成恩、吴就棻、苏胜亮,均着发往新疆充当苦差,以示惩儆。”

○咸丰五年(1855)议定:嗣后除将弁在营潜逃者,仍钦遵前奉谕旨拿获正法外,其随征兵丁,无论协剿邻封及备防本省,有私自潜逃者,该领兵将弁即将逃兵姓名、数目,立即知照该兵丁本营及原籍地方,一体严拿。拿获之日,仍照定例讯明。无可支饰者,拟斩立决;自行投首,及落后有因,非有心脱逃,拿获及投首者,亦按例分别已未告成定拟。至随征余丁有脱逃者,仍照例分别有无偷盗情事科断。惟勇丁脱逃,例无治罪明文,应照逃兵例一律办理。其例内应发乌鲁木齐等处为奴者,照刑部奏定章程,改发各省驻防给官兵为奴;应发乌鲁木齐等处安插者,改发极边足四千里充军,到配加枷号三月。

○又议准:在营私逃,查系有心脱逃者,自应销除本身旗档,其子孙不在销档之列。如落后有因,并非有心脱逃者,仍毋庸销除旗档。

○又议准:兵丁既经溃散,其平时毫无纪律,已可概见,应与私自潜逃被获者,一概不准收标,于宽宥之中,仍寓严惩之意。该管将弁有知系逃兵,有心容隐,任令冒领粮饷者,除本犯照例治罪外,仍将知情容隐及失察之该管将弁,交部分别议处。

○同治八年(1869)谕:“崇实、吴棠奏‘果后后军勇丁溃散,现筹遣散’等语。刘岳曙所部勇丁,因派赴云南省垣会剿,辄借欠饷为名,逃走八百余人,现已行抵威宁州城外驻扎。此次勇丁溃散,该营官等有无激变情事,着崇实、吴棠严查惩办。勇丁不服调度,竟敢相率溃逃,此风断不可长。着即饬令刘岳曙查拿起意首犯,从严惩治;其余勇丁,即行设法遣散,毋任别滋事端。”

## 优恤军属

凡阵亡病故官军回乡,家属应给行粮脚力,经过有司不即应付者,以家属到日为始,迟一日笞二十,每三日加一等,罪止笞五十。

### 附律条例

○一、凡八旗阵亡人等妻室内,查有无子嗣,或子嗣稚幼,又无家人食粮者,伊夫原系职官,给原官一半俸禄米石;如系兵丁,给食一半钱粮米石。若阵亡之人并无妻室,其父母别无子嗣,又无钱粮可依赖为生者,亦照此例行。

**谨案** 此条系乾隆五年(1740)定。

## 夜　禁

凡京城夜禁,一更三点,钟声已静,之后。五更三点,钟声未动,之先。犯者笞三十;二更、三更、四更犯者,笞五十。外郡城镇各减一等。其京城、外郡因公务急速,军民之家,有疾病、生产、死丧,不在禁限。其暮钟未静,晓钟已动,巡夜人等故将行人拘留,诬执犯夜者,抵罪。若犯夜拒捕,及打夺者,杖一百;因而殴巡夜人至折伤以上者绞,监候。死者斩。监候。拒捕者,指犯夜人;打夺者,旁人也。

**谨案** 乾隆五年(1740)增注“若巡夜人诬执犯夜,因而拒捕互殴至死者,以凡斗殴论”二十二字。

### 附律条例

○一、凡八旗兵丁无故在城外夜宿者,杖八十。

**谨案** 此条雍正三年(1725)定。

### 历年事例

○同治元年(1862)谕:“步军统领衙门奏《酌拟下夜缉盗章程》各折、片。京师为辇毂重地,近时抢劫盗案,层见叠出,捕务实属废弛。兹据瑞常等酌拟下夜章程,并请严定缉捕处分,着即照议办理。所有该衙门旧有及新挑技勇兵,着准其暂停派往堆拨,责令管理四场章京等管带,于皇城内外八旗地面,轮班下夜,认真巡缉。遇有明火聚众抢劫盗匪，务即拿获，不准疏脱。倘敢拒捕，准其格杀勿论。如查有居民铺户聚集多人，吸烟聚赌，及三五成群，夜游街巷者，立即拿获究办。并责成两翼翼尉督饬，与各旗固山达、步军校所带下夜步甲，一体巡逻。仍查照向章，申明夜禁，以符定制。该兵丁等果能实力巡查，捕获盗犯，除官给重赏外，准其将尤为出力者，格外超拔。该管带章京等，准其于定案时，立即酌量保奏。倘有怠惰疏防等弊，即着将下夜巡缉之章京，及该地面官等，从严参办。其外城以及各城门关厢集镇，并着责成巡捕五营将弁，督率兵丁，按照现拟章程，酌量分起，各按所管地面，会同本汛团防，访查缉捕，不准疏懈。其一切赏罚，均着照皇城内外八旗地面，一律办理。至两翼翼尉及巡捕营将弁等，倘敢狃于积习，不知振作，于现拟章程，阳奉阴违，意存掣肘，一经查出，即着步军统领等从严参革。其各官厅办事人等，如查有把持地面，徇情受贿，容留盗匪，暗通信息，借端讹诈等弊，刻即解交刑部治罪。若系该翼尉等自行查出者，免其参处。别经发觉者，即将该翼尉等随案解任，一并交刑部严行究办。”

# 【兵律·关津】

## 卷七百七十四·刑部五十二

### 兵律·关津　私越冒度关津　诈冒给路引　关津留难　递送逃军妻女出城　盘诘奸细

#### 私越冒度关津

凡无文引私度关津者，杖八十。若关不由门，津不由渡，别从间道而越度者，杖九十。若越度缘边关塞者，杖一百、徒三年。因而潜出交通外境者，绞。监候。守把之人知而故纵者，同罪；至死减一等。失于盘诘者，官各减三等，罪止杖一百，军兵又减一等，并罪坐值日者。若有文引冒他人名度关津者，杖八十。家人相冒者，罪坐家长。守把之人知情与同罪，不知者不坐。其将无引马骡私度冒度关津者，杖六十；越度，杖七十。私度，谓人有引马骡无引；冒度，谓马骡冒他人引上马骡毛色齿岁；越度，谓人由关津，马骡不由关津而度。

#### 附律条例

〇一、官吏、旗校、舍余、军民人等，有因为事问发为民、充军，或罢职冠带闲住，与降调出外，各来京潜住者，问拟明白，除充军并发边外为民照逃例改发外，文官降调者、革职冠带闲住，闲住者发原籍为民；为民者，改发边外为民；武官带俸者，革职，随舍余食粮差操；原随舍余食粮差操者，发边卫差操。其知情容留潜住之人，各治以罪。

**谨案**　此条系原例。雍正三年(1725)，因军、流等犯在逃，各有正律，革职官员不许潜住他处，另有定例，此条删。

〇一、关隘引送边外边卫逃军过关，并守把盘诘之人卖放者，俱问发边卫充军。

**谨案**　此条系原例。雍正三年(1725)，因卫所军犯在逃，依军犯逃回律科罪，卖放者应计赃坐罪，此条删。

〇一、凡湖广沿边苗民，俱以塘汛为界，民人责令有司详查，苗人责令游巡官员详查。民人无故擅入苗地，照私越冒度关津律，杖一百、徒三年；苗人无故擅入民地，亦照民律充徒。该管各官失于觉察,照奸细出入境内不能查获例议处,该管上司亦照例议处。

**谨案** 此条系雍正三年(1725)纂定。

一、凡湖广沿边苗民,俱以塘汛为界,民人责令有司详查,苗人责令游巡官员详查。若民人无故擅入苗地,照越度缘边关塞律,杖一百、徒三年;苗人无故擅入民地,亦照民律充徒。该管各官失于觉察,及该管上司一并交部议处。

**谨案** 此条乾隆五年(1740)改定。三十二年(1767)因禁止民苗往来交易之例已于二十九年(1764)停止,此条删。

○一、凡雇倩口内之人,往口外种地及砍木烧炭者,户、工二部照例给票出口,回日仍查收。无票之人,令各处查拿。若捏称雅图沟、波罗河屯等处砍木烧炭名色,起票前往,而将票转卖与人,及买者,一并拿送该部治罪。

**谨案** 此条系雍正三年(1725)定例。乾隆五年(1740),删"雅图沟"以下九字,于"砍木烧炭"上增"种地"二字。

一、凡雇倩口内之人,往口外种地及砍木烧炭者,户、工二部照例给票出口,回日仍查收。无票之人,令各处查拿。若捏称种地及砍木烧炭名色,起票前往,而将票与人,及受者,并杖八十;受财者,计赃以枉法从其重者论。

**谨案** 此条嘉庆六年(1801)改定。

○一、凡民人无票私出口外者,杖一百,并妻发往山海关外辽阳等处安插。

**谨案** 此条系雍正三年(1725)定例。

一、凡缘边关口,如有来历不明,无印票可验者,不许私放出口。每季将出口人数造册,取具并无匪类出口印甘各结申报。倘守口官不验明印票,及私受贿赂混行出入,该管官查出,即行详报该管将军、督抚、提镇题参,交部严行治罪。若该管将军、督抚、提镇通同徇庇,不行查参,及稽查不严,以致匪类越境生事者,一并从重议处。

**谨案** 此条系雍正五年(1727)定例,旧载"私出外境"条下,乾隆五年(1740)移附此律。

一、凡民人无票私出口外者,杖一百、流三千里。乾隆五年(1740)修例时,仍照雍正三年(1725)原定例文。其"流三千里"字样,系续经改定。缘边关口,每季将出入人数造册,取具并无匪类出口印甘各结申报。倘守口官不验明印票,及贿纵出入,该管官查出,即行详报该管将军、督抚、提镇题参,交部严行治罪。若该管将军、督抚、提镇通同徇庇,不行查参,及稽查不严,以致匪类越境生事者,一并从重议处。

**谨案** 此条系乾隆五年(1740)将前二条修并。

○一、凡土官土人,如有差遣公务应赴外省者,呈明本管官,转报督抚给咨,并知会所往省份督抚,令事竣勒限毋许逗遛,仍知照本省督抚。倘不请咨牌,私出外省,土官革职,土人照无引私度关津律杖八十,递回。如潜往他省生事为匪,别经发觉,除实犯死罪外,徒罪以上,俱照军人私出外境掳掠不分首从发边远充军律递回,照例枷责,同家口父母兄弟子侄一并迁徙安插。其不行管束之该管官,及失于察报之外省地方官,均交部议处。

**谨案** 此条系雍正十三年(1735)定例。

〇一、缘边关口,有熟识路径奸徒,引领游民私自偷越,或受贿引送夹带违禁货物之人出口者,除将偷越及夹带本犯,各照律分别治罪外,其引送之人,如审系仅图微利并无别情者,照违制律杖一百,加枷号一月,交该管官严行管束;如偷越之人出口别有奸谋,该犯明知引送,婪索多赃,照守把之人知情故纵律治罪。兵弁失于查拿,照例参处。

**谨案** 此条系乾隆十六年(1751)定例。

〇一、指引逃匪偷越出口之犯,如实系不知逃匪情由,仅止私行引送者,仍照违制律问拟外,若明知逃匪故行引送者,照故纵律与犯人同罪;至再犯、三犯者,各按本罪以次递加;得财故纵者,计赃从重论。

**谨案** 此条系乾隆二十九年(1764)定例。

〇一、东三省出口之人,若将在京所买奴婢,不照例当官立契,载入口票,私带出境,该守关兵弁即时拿送刑部,如讯系拐卖,即照拐卖例分别治罪;如无拐卖情事,将不行当官立契载入口票之人,照冒度关津律治罪。

**谨案** 此条系乾隆三十三年(1768)定例。

〇一、凡山东民人前赴奉天,除各项贸易船只,并只身带有本钱货物贸易者,查明系往何处,贸易何物,确有凭据,仍准地方官给票出口,毋庸禁止外,其有借称寻亲觅食出口前赴奉天,并无确据者,地方官概不许给票。如不查明确实,滥行给票放行,致有私刨樵采,及邪教煽惑等事,别经发觉,将给票之地方官,照滥行出结例议处。

**谨案** 此条系乾隆四十二年(1777)定例。

〇一、凡滇省永昌、顺宁二府以外沿边关隘,禁止私贩碧霞玉、翡翠玉、葱玉、鱼、盐、棉花等物。如拿获私贩之人,审讯明确,共伙人数在一二十人以上,为首者拟绞立决;为从,及数在四人以上不及十人者,俱发遣黑龙江等处;若止三人以下者,佥妻流徙三千里安置。如有因私贩透漏消息者,审实,无论人数多寡,请旨即行正法。关口员弁,或有失察、故纵情弊,查出分别从重治罪。

**谨案** 此条系乾隆四十二年(1777)定例。嘉庆十七年(1812),将此项发遣黑龙江等处人犯,改发极边足四千里充军。咸丰二年(1852),将"佥妻"九字改为"杖一百、流三千里",并于"透漏"下增"军情"二字。

〇一、东三省身任京员,及在京当差者,置买家奴,于当官立契时,俱询明卖身之人,或止愿在京服役,或情愿日后随回东省,俱当官载于契纸。若止愿在京服役,伊主回家时,听其另行投主,交还身价。若情愿日后随去者,伊主回家时,报明本旗,咨行该省将军存记，止许永远役使，不许转卖图利。如违，俱按兴贩人口例治罪。仍令该将军每年将有无转卖图利之处，年终咨报刑部备查。

**谨案** 此条系乾隆四十二年(1777)定例。

○一、吉林地方卡伦外，毋许流民居住。若军民人等私赴卡伦者，发云贵两广烟瘴稍轻地方充军。该将军令守卡各官随时严察，三个月更换，交代时，出具并无流民潜住甘结，呈报将军衙门查核，仍按季选派协领等官复查。如守卡各员，不实力奉行，严参治罪。并令该将军随时密查，每届年终核实具奏。

**谨案** 此条道光九年(1829)定。

### 历年事例

○乾隆二十五年(1760)议准：民苗结亲，原系例禁。前经奏准，永顺一府及永绥、绥宁各苗，俱令与内地兵民结姻。其乾凤一厅，并靖州、通道等处，仍照例禁止。惟苗峒僻处深山，服饰风俗，究与民人有别。情愿婚姻者，大率游手无赖之民，利其产业。而苗性贪得财礼，借其力作。久之情意不投，每滋讼狱。且恐奸民借口姻亲，出入苗地，勾结成衅。嗣后概行禁止。其现在已婚已娶者，饬令娶回，不许赘居苗寨。如奉禁后，仍有违例结亲，及无故擅入苗地者，按例治罪。失察之地方官，照例参处。

○嘉庆十五年(1810)谕："赛冲阿等奏《查办吉林长春两厅流民》一折，据称'吉林厅查出新来流民一千四百五十九户，长春厅查出新来流民六千九百五十三户'等语。流民出口，节经降旨查禁，各该管官总未实力奉行。以致每查办一次，辄增出新来流民数千户之多。总以该流民等业已聚族相安，骤难驱逐为词，仍予入册安插。再届查办复然。是查办流民一节，竟成具文。试思此等流民多至数千户，岂一时所能聚集？该地方官果能于入境之始，认真稽查，何难即时驱逐？且各该流民经过关隘处所，若守口员弁果能严密稽查，何能携族偷渡？各该管官种种废弛，于此可见。除此次吉林、长春两厅查出流民，姑照所请入册安置外，嗣后责成该将军等，督率厅员实力查禁，毋许再增添流民一户。如再有续至流民，讯系从何关口经过者，将该守口官参处。"

○道光四年(1824)谕："冰岭一路，向为南北通衢，其阿克苏所属西南巧塔尔达坂，及赛哩木所属之阿尔通霍什，均为赴伊犁捷径，着概行封禁，以杜弊端。并着酌派本城官兵数十名，分拨设卡，严察偷渡，以稽茶叶、大黄之出入。倘封禁之后，有私贩经由，即行严拿治罪。并着伊犁将军由北路派拨员弁设卡盘查，毋稍疏懈。"

○六年(1826)谕："富俊奏《流民搬移净尽》一折。吉林潜居流民，前已有六百余户，陆续迁移，分散居住。兹据该将军奏，舒兰等六处流民三百余户，业已依限全行搬进卡伦以内。着该将军饬令各该处各卡伦，随时严察，按三个月更换时，互相稽查，各出具卡伦外并无一户流民居住甘结，以备查核，仍按季派协领等官往查。如敢阳奉阴违,即行严参治罪。并着出示晓谕军民人等,以后如有私越卡伦以外者,立即拿获惩办,毋稍宽贷。该将军仍随时密加访查,每届年终,据实具奏一次。"

○八年(1828)谕:"博启图奏《查明围场情形并请添设卡伦严定章程》一折。吉林围场,与奉天围场地界毗连之处,及该围场要隘处所,据该将军逐细详查,尚无偷挖鹿窖,及偷牲踪迹。惟卡伦间均有车辙,难辨新旧,原设封堆,亦多参差不齐,疏密不一。封堆以外,均有旗、民居住,村落甚多,难免潜入偷牲砍木情弊。若不严定章程,认真整顿,积弊安能尽除。着照所请,于卡伦相距较远之二道沟、康家口子、锡伯霍落地方,准其添设卡伦三处,共设卡伦十四处,俾查缉易于周密。其按月拨派卡伦值班兵五名,不敷稽查,并准其每卡增添兵五名、官一员。每日以兵六名,分两路巡查,至适中木桩处兑换木牌。见有潜入偷窃踪迹,即严追务获。余俱留卡防守。此项官兵,仍归管围协领管理,以专责成。从前围场添设翼长二员,专司查缉,嗣因开缺,并未补派。着仍照前议,于佐领内遴委二员,专司督缉。其原设纛章京一员,亦令同翼长等按月轮流,一体查访。仍责令管围协领随时稽查。如该章京、翼长等查缉疏懈,该协领不据实禀揭,即当一律严参。至原设封堆,有疏密参差之处,着严饬管围协领等官,带同旗、民界官,各分段落,将封堆增补高大齐全,各相距五十步,易于瞭望。其间私越封堆之田,无论旗、民,悉令距封堆五十步外,方准垦种。其各卡伦间出入车辙,亦责成管围协领等官,督令旗、民界官锄垫平坦。如再有车迹,即将该卡伦官兵,及管围场各官参办。该将军务督饬该员等认真严查,毋得有名无实,日久懈弛,重干咎戾。"

○又谕:"屠之申奏《遵旨筹议查禁流民出口》一折。着照该护督所议,严饬守关各员,谨遵定例查验。持有执照者,始准放行。并通饬各该州县于所属地方,无论村乡僻壤,遍行出示晓谕民人,不可轻去其乡。仍剀切声明关禁甚严,毋得懵然前往,徒劳往返。倘该州县晓谕未能周悉,该民人仍或私行偷越,出关时经守关各员查出,系属何州县民人,即将该地方官惩处不贷。其有呈请出口执照者,除实系贸易探亲,同行止一二人者,照例发给外,凡携带妻子迁移家属出口,概不得妄行给照。州县既不滥行给照,关口必须验照放行,毋稍疏纵。至天津宁河各海口,出洋船只舵、水人等,均有定例名数,给发票照,查验放行。并着奉天等处海口营县,凡遇船只收口,逐加查验。如有无照流民,即行严拿治罪。该护督务当遵照奏定章程,饬属认真办理,不可视为具文,日久生玩。"

○咸丰五年(1855)谕:"怡良等奏'请申明定例,严饬沿海地方,不准私船出海'等语。广东潮州等府人民繁庶,素性犷悍,其失业游民,每多觅食外省,千百成群。近年以来,以充当潮勇为名,纷纷航海,由乍浦、上海等处登岸。其中良莠不齐,往往聚众滋事。本年苏州地方,即有抢夺行李之案。虽将该犯马泳风等拿获正法,而现在寄食游民,尚复不少。着该督等严饬地方官查明此项广勇内,有并非官雇,不受约束,或私贩违禁货物,不安本分者,责成地方各官,督同会馆董事清查惩办。并着沿海督抚各饬所属，于海船出洋时，务须悉遵旧例给予执照，将在船商民年貌、籍贯注明。如有人照不符，及照外夹带，即行查拿治罪。并不准私造船只，渡载人口货物。责成守口员弁挂号验照。如有无照人民私自渡海者，除将偷渡人船照例办理外，并将失察私造船只之地方官、查验不力之守口员弁，严参惩办。得贿故纵者，从重治罪。"

〇同治十一年(1872)谕："嗣后各路统兵大臣，遇有差委员弁，着即申明纪律，严加约束。所给执照，务将勇丁、马匹及所携带枪械数目，并应需车辆若干，以及程途期限，详细开明。经过驿站暨关津隘口，均令呈验放行。如有不遵盘诘，及骚扰、逾限情弊，准由地方官查拿，随时禀报督抚奏明惩办。至各营中记名提镇之员，除统帅外，其余在营差遣者，如有奉差经过驿站关津，均着恪遵功令，听受地方官稽查。概不准多带勇丁，滥索车马，尤不准夹带货物，私载妇女。如敢故违，即由各该地方官禀明严参，从重究办。各路统兵大臣，务当严申军律，饬令各差官一体遵照，毋得自蹈愆尤。"

## 诈冒给路引

凡不应给路引之人，谓配遣囚徒安置家口之类。而给引，及军诈谓民、民诈谓军，若冒名告给引，及以所给引转与他人者，并杖八十。若于经过官司停止去处倒换给路引，及官豪势要之人，嘱托军民衙门，擅给批帖，影射人货出入者，各杖一百。若官吏、人匠供送文引年深，于原任、原役衙门告给新引，照身回还者，不在此限。当该官吏听从及知情给予者，指上三件。并同罪。若不从及不知者，不坐。若巡检司越分给引者，罪亦如之。依听从知情律。其应给衙门不立文案，空押路引私填与人者，杖一百、徒三年。受财者，分有禄、无禄。计赃以枉法。及有所规避者，或贩禁货通番，或避罪犯出境。各从重论。

**谨案** 原文尚有末节云，"若军民出百里之外，不给引者，军以逃军论，民以私度关津论"，雍正三年(1725)删。

### 历年事例

〇康熙五年(1666)题准：凡官员有给军流人犯出关印文，或给执照者，降四级调用。

## 关津留难

凡关津往来船只，守把之人，不即盘诘验文引放行，无故阻当者，一日笞二十，每一日加一等，罪止笞五十。坐值日。若取财者，照在官人役取受有事人财例，以枉法计赃科罪。若官豪势要之人，乘船经过关津，不服盘验者，杖一百。若撑驾渡船梢水，如遇风浪险恶，不许摆渡，违者笞四十。若不顾风浪，故行开船，至中流停船勒要船钱者，杖八十；因而杀伤人者，以故杀死伤未死论。或不曾勒要船钱,止是不顾风浪,因而沉溺杀伤人者,以过失科断。

## 递送逃军妻女出城

凡在京守御官军,递送逃军妻女出京城者,绞;杂民犯者,杖一百。若各处守御城池及屯田官军,递送逃军妻女出城者,杖一百,发边远充军;民犯者,杖八十。受财者,计赃以枉法从重论。分有禄人、无禄人。其逃军买求者,罪同。守门之人知情故纵者,与犯人同罪。失于盘诘者,官减三等,罪止杖一百;军人又减一等。若递送非逃军妻女出城者,如犯罪取发而妻女私还原籍之类,但不系逃者皆是。杖八十。有所规避者,如刁奸、诱卖,或犯罪法应缘坐。从重论。依送令隐避从重论。

**谨案** "发边远充军",雍正三年(1725)改"徒三年";"与犯人同罪"下,原文有小注"至死减一等"五字,雍正三年(1725)删。乾隆五年(1740),于"逃军买求者"同罪句下,增注"若逃罪重者,仍从本罪论"十字。

## 盘诘奸细

凡缘边关塞,及腹里地面,但有境内奸细,走透消息于外人,及境外奸细,入境内探听事情者,盘获到官,须要鞫问接引入内起谋出外之人,得实,不分首从皆斩。监候。经过去处守把之人,知而故纵,及隐匿不首者,并与犯人同罪。至死减一等。失于盘诘者,官杖一百,军兵杖九十。罪坐值日者。

### 附律条例

○一、交结外国,互相买卖借贷,诓骗财物,引惹边衅,及潜住苗寨,教诱为乱,如打劫民财,以强盗分别。贻患地方者,除实犯死罪如越边关出外境,将人口军器出境,卖与硝磺之类。外,俱问发边卫永远充军。

**谨案** 此条系原例。乾隆五年(1740),于"交结外国"下加"及私通土苗"句,"边卫永远充军"改为"边远充军"。

○一、沿边关塞及腹里地面盘诘奸细处所,有归复乡土人口,被获到官,查审明白,即照例起送。有妄作奸细希图冒功者,以故入人罪论。若实系奸细,能首降者,亦一体给赏安插。

**谨案** 此条系原例。乾隆五年(1740),将"即照例起送"句改为"即行起送归籍"。

○一、凡州县城乡,十户立一牌头,十牌立一甲头,十甲立一保长。户给印票一张,书写姓名、丁数,出则注明所往,入则稽其所来。其客店亦令各立一簿,每夜宿客姓名几人,行李牲口几何,作何生理,往来何处,逐一登记明白。至于寺观,亦分给印牌,上写僧道口数、姓名,稽查出入。如有虚文应事,徒委捕官吏胥需索扰害者,该上司查参治罪。

**谨案** 此条系雍正三年(1725)定例。

○一、凡盘获形迹可疑之船,货物、人数,不符税单、牌票者,限三日内查明。果系商船,即速放行,如系贼船,交与地方官治罪。如巡缉官兵以贼船作为商船释放者,照讳盗例治罪;以商船作为贼船扰害者,照诬良为盗例治罪。索取财物者拿问。该管上司,查出免其议处,失察照例治罪。

**谨案** 此条系雍正三年(1725)定例。乾隆五年(1740),改为"交与地方官审鞫,有无行劫,按律例分别治罪",删去"查出免其议处"六字,末句改为"照例议处"。

○一、沿柳条边之蒙古地方,有内地民人种地居住者,交与札萨克等,十家内设立一长,逐户严察,不许无事闲人存留,令札萨克着落十家长取具保结。如民人内有隐匿内地逃人者,着该札萨克查拿,将逃人一并送部。其逃人照定例治罪,将容留隐匿逃人之民人,亦交与该部治罪。

**谨案** 此条雍正三年(1725)定。

一、沿柳条边之蒙古地方,有内地民人种地居住者,交与札萨克等,十家内设立一长,逐户严察,不许闲人存留,取具十家长保结。如民人内有隐匿内地逃人者,着该札萨克将逃人与隐匿逃人之民人,一并查拿解部治罪。

**谨案** 此条乾隆五年(1740)删改。

○一、发遣人犯,或有混入边地贸易、割草人中,偷行渡河,逃入蒙古境内者。应令汛渡弁兵,将贸易、割草之人,于去时登记人数,回时仍查原数。若人数短少,显有脱逃隐匿,即行文知会蒙古。若有闲荡游手久留不归之人,即系脱逃凶犯,当即查送该处,照本犯原罪分别治罪。倘仍有弁兵不行稽查,疏纵脱逃,漫无觉察者,将汛渡弁员照失察例议处,兵照失于盘诘例治罪。蒙古既知系内地脱逃之犯,仍容留隐匿者,将蒙古照窝藏逃人例治罪。

**谨案** 此条雍正三年(1725)定。

一、沿边近蒙古地方,令汛渡弁兵,将贸易、割草人,于去时登记人数,回时照数稽查。如有发遣人犯,混入逃匿,即行文知会蒙古,拿送该处,照本犯原罪分别治罪。倘弁兵疏纵脱逃,漫无觉察,将弁员交部议处,兵照失于盘诘例治罪。若蒙古知系内地逃犯,仍容留隐匿者,照窝藏逃人例治罪。

**谨案** 此条乾隆五年(1740)删改。

○一、广东省山多田少,无田耕种穷民,赴山搭寮,取香、砍柴、烧炭等项,令各州县每寮给牌。遇有迁徙消长,赴县添除。违者,寮长照脱漏户口律治罪。倘窝藏奸宄,勾通匪类,寮长不报官究治,或被旁人首告者,照总甲容留棍徒例治罪。各寮长将此等人查出即行报官者,免其治罪。至入山之穷民,如不赴官报明,搭寮居住,种麻种靛者,照盗耕田亩律治罪。其山主不经官验准,私令批佃搭寮种麻种靛者,照违令律治罪。山主经官验准者,免其治罪。若文武各官漫不经心约束,以致窝藏奸宄、勾通匪类,经督抚题参者,照溺职例革职。

**谨案** 此条雍正三年(1725)定。

一、广东省穷民赶山搭寮,取香、砍柴、烧炭、种麻、种靛等项,令各州县每寮给牌。遇有迁徙消长,赴县添除。违者,寮长照脱漏户口例治罪。倘窝藏奸宄,勾通匪类,寮长不报官究治,或被旁人首告者,照总甲容留棍徒例治罪。如有不赴官报明,径自搭寮居住者,照盗耕田亩律治罪。山主不经官验准,私令批佃搭寮者,照违令律治罪。若文武各官漫不约束,以致藏奸,该督抚即行题参,交部议处。

**谨案** 此条乾隆五年(1740)删改。

〇一、浙江、江西、福建等省棚民,在山种麻种靛、开炉扇铁、造纸做菰等项,责成山地主并保甲长出具保结,造册送该州县官,照保甲之例,每年按户编查,并酌拨官弁防守。该州县官于农隙时,务会同该营汛逐棚查点,毋得懈弛。如有窝匪、奸盗等事,山地主并保甲长不行首告,照连坐律治罪;该管官失察,交部议处。

**谨案** 此条系雍正三年(1725)定例。

〇一、滇省与外夷商贩,江西、湖广人为多,尤宜严禁。永昌府有潞江一处,顺宁府有缅宁一处,俱为通达各边总汇之区,应派妥干员弁专司稽查。遇有江楚客民,驱令归回。其向来居住近边之人,地方官照内地保甲之例,编造寄籍册档,登记年貌,互相保结,严禁与附近摆夷结亲。如有进关、回籍等事,俱用互结保明,官给印票,关口照验放行,回滇时照验放出。若无印票,不准放行。守关员弁,如有混放偷漏情事,查明参处。其永昌、腾越、顺宁、缅宁、南甸、龙陵一带,所有本籍民人保甲,亦一体严为稽核,毋许江楚客民混匿,违者从严惩治。至缅匪需用之黄丝等货,概不许贩至潞江、缅宁隘口。如有私贩出关者,货物入官,本犯究处。

**谨案** 此条系乾隆四十二年(1777)定例。续将"缅宁"二字俱改为"猛缅","其永昌、腾越、顺宁"七字改为"其顺宁、永昌、腾越"。

〇一、凡有外国人等私越边境,无论是否贼匪,守卡官员即行擒拿。有将军、参赞驻扎者,报明将军、参赞;有督抚驻扎者,报明督抚,听候办理。如守卡官员任意贿纵,查出即行正法。其该管之将军、参赞、督抚等不遵照妥办,亦一并从重治罪。

**谨案** 此条系乾隆四十八年(1783)遵旨定例。

〇一、洋面山岛,不许民人搭盖房屋居住,令该镇将督同弁兵,于出洋会哨时,奋勇搜捕。见有在海岛内搭盖房屋者,除有为匪实迹,各照定例拿究办理。即未为匪,所有房屋亦立即烧毁。仍于岁底将各海岛有无建房屋居住,及人数多寡之处,咨报军机处、兵刑二部查明汇奏。

**谨案** 此条系乾隆六十年(1795)定。

〇一、盛京地方,遇有匪徒越边偷运米石,接济山犯,未至一石,照违制律杖一百;至一石者,杖六十、徒一年,每一石加一等;五石以上,拟杖一百、流三千里。倘有运送杂粮、吃食、货物等项,计其驮载之马,每马一匹,作米五斗,照偷运米石之数,一律办理。若仅止背负运送者,仍照违制律杖一百。

**谨案** 此条道光二十九年(1849)定。

**历年事例**

○康熙十四年(1675)议准:凡奸细放火凶徒,专责步兵、五城、三营、大、宛二县严拿。有能拿获一名者,将拿送之官纪录一次;至五名者,加一级;十名者,不论俸满即升。拿获之人,照所获犯人,每名赏银二十两。除专责缉拿官员人等外,其余官员人等,有能拿获一名者,官加一级;至五名者,不论俸满即升。平人照所获人犯,每名赏银五十两。此给赏之银,户部给发。其该汛地各官,不能查拿,被别汛官员拿获者,降四级调用,该上司降二级调用。若将平人挟仇拿送者,照诬告律拟罪。

○乾隆三十三年(1768)谕:"方世儁奏麻哈州属民人擅入苗硐散卖布照一案,办理迅速,已饬部将该抚、提督分别议叙矣。苗人生性愚蠢,非有汉奸引诱,决不敢滋生事端。此案捏造逆词,散布惑众,既讯系乐平司民人杨国臣、贵定县文生韦学文等起意,此辈实汉奸之尤,不可不从重治罪。至买照苗人,皆系昏昧无知,被其愚诱,止须杖责以示儆,不必按律拟罪。并于发落时晓谕苗人等,此乃朕法外之仁,特从宽典,使伊等知所感畏。"

○五十二年(1787)谕:"复兴等奏'审讯由边卡入境,偷窃牲畜之乌梁海贼犯,分别拟罪。并将私行寝息之驻卡侍卫台吉等,分别枷责及交部议处'等语。此案复兴等如此轻拟完结,实属错谬。设立卡座,派令侍卫驻扎,原为稽察行人,防范贼盗,地方与军营何异?今该处贼人数次往来,窃去许多牲畜,该侍卫即获重罪。乃德永并不呈报该管大臣,竟敢私罚牲畜,侵蚀寝息,甚属胆大。复兴等仅将德永革职枷责完结,所奏殊为妄诞。德永着即处绞,为众示儆。同德永侵蚀息事之台吉桑济札布、桑济策楞,着拟绞,解部另行请旨办理。其额布肯、哈噶鼐、阿尔奇齐、巴布什、鄂尔古库、巴禄寨、叶旬、达什、查汗等,尚未侵蚀入已,但私同寝息,已属失查,着即照复兴等所奏行。再复兴等奏,杜尔伯特亲王车凌乌巴什,给予德永回书,亦属不合,并请交部议处。车凌乌巴什系愚蠢蒙古,伊何能想到必须呈报将军、大臣?此事如果系伊起意,先欲寝息,给德永书信,朕必将伊一并从重治罪。今车凌乌巴什仅给回书,尚属无罪,车凌乌巴什着加恩免其议处。总管达什查知此事,即行呈报办理,尚属可嘉,岂有反行议处之理。达什着宽免,仍发赏大缎二匹,以示奖励。总管巴尔克,去年前往木兰,此事与伊无干,亦毋庸交部。复兴、阿克东阿办理此事,甚属懦弱错谬,着传旨严行申饬外,仍交部严加议处。复兴等接奉此旨,于驻卡侍卫官员等,逐一严禁,嗣后各以德永为戒。即通行新疆将军、大臣等,传知所有边卡地方一体严慎遵行,并晓示京城三旗侍卫知之。"

○五十四年(1789)议奏:海洋盗犯出没之所,设法禁止,严行稽查。令该镇将等于巡缉时,见有在海岛搭盖房屋者,立即烧毁。奉旨:"依议速行。其各海岛有无建房居住,及人数多寡,着各督抚于岁终具折奏闻。”

○嘉庆十二年(1807)谕:“汉人私入番地,来往勾结,甚且透漏内地消息,指示内地路径,其酿患不可胜言。嗣后非但通事人等,不准私入番地,即内地民人,凡有通晓番语者,私自潜往,即系汉奸,亦当普行禁止,以杜勾结。”

○咸丰三年(1853)谕:“联顺奏《请严禁流民整饬地方》一折。据称‘京城街市穷民,多有外省口音,各城外有用小车推载行李,沿途乞食者,难免奸宄溷迹。并闻中营石窝村,现有盘获湖北民人之案’等语。现在贼匪窜扰南省,难民流离失所,经过地方,该督抚等自应设法抚绥,早为资遣。若任其转徙无归,人数众多,即恐有奸徒溷迹其中,别生事端。畿辅重地,尤宜整肃,不可不严加查察,以诘奸慝而恤穷黎。嗣后外省流民,一入直隶省交界,即着该督饬令地方官随时资遣,令回本籍。其现在京城内外流民,着步军统领、顺天府、五城一体稽查,妥为安插,或设法遣归,不得互相推诿,听其流徙。倘有形迹可疑之人,一经盘获,即着严行究办,毋稍疏纵。”

○四年(1854)谕:“嗣后遇有匪徒潜匿及奸细勾结重案,无论被人控告,或被邻境查拿,本地方官审有确据,即行申详严办者,准将应得处分奏请免议。其本地方官自行访拿首要逆匪及通贼奸细,实有劳绩可称者,并准其酌量鼓励。倘事前既不能查察,事发到官,又复畏难徇隐,即立予革职,治以应得之罪,决不宽贷。”

# 卷七百七十五·刑部五十三

## 兵律·关津　私出外境及违禁下海一

### 私出外境及违禁下海一

凡将马牛、军需、铁货、未成军器。铜钱、缎匹、绸绢、丝绵私出外境货卖及下海者，杖一百。受雇挑担驮载之人减一等。物货、船车并入官。于内以十分为率，三分付告人充赏。若将人口、军器出境及下海者，绞。监候。因而走泄事情者，斩。监候。其拘该官司及守把之人，通同夹带，或知而故纵者，与犯人同罪；至死减等。失觉察者，官减三等，罪止杖一百，军兵又减一等。罪坐值日者。若守把之人受财，以枉法论。

**谨案**　“拘该官司”四字，雍正三年(1725)奉御批改为“该拘束官司”。

**附律条例**

○一、各边将官并管军头目，私役及军民人等私出境外钓豹、捕鹿、砍木、掘鼠等项，并把守之人知情故纵，该管里老、官旗、军吏扶同隐蔽者，除实犯死罪外，其余俱调发烟瘴地面，民人、里老为民，军丁充军，官旗、军吏带俸食粮差操。

**谨案**　此条系原例。雍正三年(1725)奏准：“官旗”二字改为“兵目”，“其余俱调发”以下至末二十九字改为“其余俱发烟瘴地面，民发为民，军发充军”。乾隆三十七年(1772)，以私度缘边关塞及潜出外境俱有治罪专条，将此例奏准删除。

○一、凡守把海防武职官员，有犯听受通番土俗哪哒报水分利、金银货物等项，值银百两以上，名为买港，许令船货私入，串通交易，贻害地方，及引惹番贼海寇出没，戕杀居民，除实犯死罪外，其余问受财枉法罪名，俱发边卫永远充军。

**谨案**　此条系原例。雍正三年(1725)，删“问受财枉法罪名”七字。

一、凡守把海防武职官员，有犯听受外番金银货物等项，值银百两以上，许令船货私入，串通交易，贻害地方，及引惹番贼海寇出没，戕杀居民，除实犯死罪外，其余俱发边远充军。

**谨案**　此条乾隆五年(1740)改定。

○一、会同馆内外四邻军民人等，代替外国人收买违禁货物者，问罪枷号一月，发边卫充军。

**谨案** 此条系原例,旧载“户律·把持行市”条下,嘉庆十六年(1811)移并此门。

一、凡外国贡船到岸,未曾报官盘验,先行接买番货,及为外国收买违禁货物者,俱发边卫充军。

一、凡官员、军民人等,私将应禁军器,卖与进贡外国图利者,比依将军器出境因而走泄事情律处斩,为从者发边卫充军。

**谨案** 此二条均系原例。

一、凡外国差使臣人等赴京朝贡,官员与军民人等交易,止许光素纻丝、绢布衣服等件,不许买黄、紫、黑、皂大花西番莲缎匹及史书,不许将一应兵器并违禁铜铁等物私易,违者处以极刑。

**谨案** 此条系原例。雍正三年(1725)将及“史书”至“处以极刑”二十五字改为“并不得收买史书,及一应违禁兵器、焰硝、牛角、铜铁等物。如有将违禁兵器等物图利卖与外国人者,比照私将军器出境因而走泄事情律,为首者枭首示众”。

**又案** 原载“户律·把持行市”条下,乾隆五年(1740)移附此律。

一、凡外国差使臣人等朝贡到京,与军民人等交易,止许光素纻丝、绢布衣服等件,不许买黄、紫、黑、皂大花西番莲缎匹,并不得收买史书,及一应违禁军器、硝磺、牛角、铜铁等物。如有将违禁货物,图利卖与进贡外国者,为首依私将应禁军器出境因而走泄事情律斩监候,为从发边卫充军。

**谨案** 此条系乾隆五年(1740)改定。

一、各处地方,如遇外国人入贡,经过驿递,即便察照勘合应付,不许容令买卖,连日支应,违者按律治罪。若街市铺行人等,私与外国人交通买卖者,货物入官,犯人问罪,枷号一月发落。货物若不系违禁,引违制;若系禁货,引为外国收买违禁货物例发边卫充军。

**谨案** 此条系原例,旧载“邮驿·多支廪给”条下。嘉庆十六年(1811)节录“街市铺行人等”以下并入此门例内,其“按律治罪”以上仍隶彼门。

一、凡外国贡船到岸,未曾报官盘验,先行接买番货,并外国人入贡经过地方,街市铺行人等,私与外国人交通买卖,如所买卖货物不系违禁者,均照违制律杖一百,枷号一月,货物入官。如所买卖系违禁货物,并会同馆内外四邻及军民人等,代替外国人收买违禁货物者,俱枷号一月,发近边充军。若外国差使臣人等朝贡到京,与军民人等交易,止许光素纻丝绢布衣服等件,不许买黄、紫、黑、皂大花西番莲缎匹,并不得收买史书。违者,将卖给之人,照代为收买违禁货物例枷号一月,发近边充军。如有将一应违禁军器、硝磺、牛角、铜铁等物,图利卖与进贡外国者,为首依将应禁军器出境因而走泄事情律斩监候,为从发近边充军。

**谨案** 嘉庆十六年(1811)将上五条修改,并为此条。

○一、凡沿海去处下海船只,除有号票文引许令出洋外,若奸豪势要及军民人等,擅造二桅以上违式大船,将带违禁货物下海,前往番国买卖,潜通海贼,同谋结聚，及为向导劫掠良民者，正犯比照谋叛已行律处斩，仍枭首示众，全家发边卫充军。其打造前项海船，卖与外国图利者，比照私将应禁军器下海因而走泄事情律，为首者处斩，为从者发边卫充军。若止将大船雇与下海之人，分取番货，及虽不曾造有大船，但纠通下海之人接买番货，与探听下海之人番货到来，私买贩卖苏木、胡椒至一千斤以上者，俱发边卫充军，番货并入官。其小民撑使单桅小船，给有执照，于海边近处捕鱼打柴，巡捕官不许扰害。

**谨案** 此条系原例。

一、凡沿海地方，奸豪势要及军民人等，私造海船，将带违禁货物下海，前往番国买卖，潜通海贼，同谋结聚，及为向导劫掠良民者，正犯比照谋叛已行律处斩、枭示，全家发边卫充军。其打造海船卖与外国图利者，造船人与卖船之人，为首者立斩，为从者发边卫充军。若将船只雇与下海之人分取番货，及纠通下海之人私行接买番货，与探听下海之人番货到来，私买贩卖苏木、胡椒至一千斤以上者，俱发边卫充军，番货并入官。

**谨案** 此条乾隆五年(1740)改定。嘉庆六年(1801)，查新例比照反逆之案，家属概免缘坐，将“全家发边卫充军”句改为“其父兄伯叔与弟知情分赃，杖一百、流三千里。如不知情之父兄，仍照不能禁约子弟为盗例杖一百”。

○一、私自贩卖硫磺五十斤、焰硝一百斤以上者问罪，硝磺入官。卖与外国及边海贼寇者，不拘多寡，比照私将军器出境因而走泄事情律，为首者处斩，为从者俱发边卫充军。若合成火药卖与盐徒者，亦问发边卫充军。两邻知而不举者，各治以罪。

**谨案** 此条系原例。乾隆五年(1740)以商渔船夹带硝磺接济外洋及内地私贩硝磺俱有新例，将“合成火药卖与盐徒”一段并入新例，移于“收藏应禁军器”门内，此条删。

○一、各边夜不收出境探听贼情，若与贼人私擅交易货物者，除实犯死罪外，其余问调广西烟瘴地面卫所食粮差操。

**谨案** 此条系原例。雍正三年(1725)将首二句改为“一、各边兵役出境巡察，或探听贼情”，末二句改为“其余问发烟瘴地面充军”。

○一、奸商贩卖军器与土司番蛮者，杖一百，发边远充军。该管官知情故纵者，罪同。不知情者，道府、州县官，及武职专管、兼辖官，并该管督抚、提镇，俱交该部照例分别议处。

**谨案** 此条雍正五年(1727)定。

○一、商渔船只，不分单桅双桅，悉从民便。造船时，呈报州县官，查取澳甲、户族、里长、邻佑保结，方准成造。完日报官，亲验给照，开明在船人年貌、籍贯，并商船所带器械件数，以便汛口查验。若商渔船内夹带违禁硝磺、钉铁、樟板等物接济外洋者，船户以通贼论斩。舵工、水手知情同罪，不知情者皆杖八十、徒二年。原保结之人，皆杖一百、徒三年。若船主在籍，而船只出洋有事，并责问船主。承察取结之该地方官,及汛口盘查之文武官,俱革职。卖放者,革职,流二千里。其税关衙门,先验地方官印照,然后给牌。有妄给者,亦照地方官例议处。若汛口之盘察挂号文武各官,有勒索疏纵者,亦交与该部议处。

**谨案** 此条雍正五年(1727)定。乾隆五年(1740)于“器械件数”下,增“及船内备用铁钉等物数目”十一字。

○一、船只出洋,十船编为一甲,取具连环保结。一船为非,余船并坐。余船能将为非船户首捕到官者,免其坐罪。初出口时,必于汛口挂号,将所有船照,呈送地方官或营官验明,填注月日,盖印放行。入口时,呈验亦如之。总计经过省份,一省必挂一号。回籍时,仍于本籍印官处送照查验,违者治罪。如有不由各汛偷越外洋者,船户、舵工人等,并富民谋利自造商船租与他人,及租之者,俱各杖一百,枷号三月。失察及知情之该管各官,俱交该部议处。

**谨案** 此条系雍正五年(1727)定例。

○一、凡商渔船只,分别书刻字样。其营船,刊刻某营第几号哨船。舵工、水手人等,俱各给予腰牌,开明姓名、年貌、籍贯。如船无字号,人有可疑,即严加究治。至渔船出洋,不许装载米酒,进口,不许装载货物,违者严加治罪。其守口之文武各官不行盘查,照奸船出入海口例处分。

**谨案** 此条雍正五年(1727)定。末句乾隆五年(1740)改为“照例议处”。

○一、凡沿海船只,在朝鲜国境界渔采及私行越江者,被朝鲜国人捕送,为首发边远充军,从犯减一等。该地方官员交部察议。

**谨案** 此条雍正五年(1727)定。原文“捕送”下有“严行治罪”四字,无“为首”至“减一等”十二字。

○一、凡盗贼前往朝鲜国劫掠者,该国王即行追拿杀戮,生擒解送。若飘风船只人内,有无票妄行生事者,该国王即照伊律惩戒治罪。倘有匪类越境生事,而朝鲜不能擒获以致漏网,该国王将伊国防汛之员题参治罪,该王一并交部议处。

**谨案** 此条雍正五年(1727)定。

一、凡盗贼前往朝鲜国劫掠者,该国王即行追拿杀戮,生擒解送。其飘风船只人内,实系有票并未生事者,照例送回。若无票匪类妄行生事,该国王即照伊律审拟,咨部具题请旨完结。倘伊国防汛之员不能擒获,题参治罪,该国王一并交部议处。

**谨案** 此条系乾隆五年(1740)修改。

○一、兴贩鸦片烟,照收买违禁货物例枷号一月,发近边充军。如私开鸦片烟馆,引诱良家子弟者,照邪教惑众律拟绞监候,为从杖一百、流三千里。船户、地保、邻佑人等,俱杖一百、徒三年。如兵役人等借端需索,计赃照枉法律治罪。失察之汛口地方文武各官,并不行监察之海关监督,均交部严加议处。

**谨案** 此条雍正七年(1729)定。

○一、沿海奸徒,开设窑口,勾通外夷潜买鸦片烟土入口,囤积发卖图利,为首拟斩立决，恭请王命先行正法，仍传首海口地方悬竿示众；为从同谋，及接引护送之犯，并知情受雇之船户，均拟绞监候，房屋、船只，一律入官。失察员弁，交部议处。

〇一、沿海员弁兵丁人等，收受窑口财物，纵放烟土入口，无论赃数多寡，概拟绞立决。其未经得贿，但知情徇纵，或漏信致令脱逃，俱发往新疆地方，系官弁充当苦差，兵丁为奴。如讯不知情，止系失于觉察者，兵丁杖一百、徒三年，文武员弁及失察之海关监督，交部议处。

〇一、沿海奸徒，贪利寄囤夷船鸦片烟土者，照开设窑口从犯治罪。其寻常兴贩烟土案内知情受寄之犯，减首犯一等治罪。

〇一、粤东洋商，与夷人贸易往来，均令遵照住澳住行一定期限，于卖货完竣后，即行起程。逾限羁留者，照违制律杖一百。如查有囤积鸦片烟情弊，照例治罪，房屋查抄入官。

〇一、洋船进口，有无夹带鸦片烟土，责成海关监督严饬胥吏人等，认真检查。如有知情纵放、得贿包庇，并徇隐偷漏等弊，从严惩处。

〇一、各省拿获贩卖鸦片烟人犯，应根究何处购买，何人经手，何人包庇护送，并由何处海口上岸，及经过何处地方，分别受贿知情与不知情，照例惩办议处。

〇一、夷人带有鸦片烟来内地图卖者，为首拟斩立决，为从同谋者绞立决。由该督抚审明确系正犯，并无替冒情弊，即交地方官督同该夷头目，将各犯分别正法。起获烟土，全行销毁。同船知情之犯，由该督抚酌量惩治，所带货物，概行入官。

〇一、伊犁等处，卡外贸易夷人，如有明知例禁，合伙兴贩鸦片烟土入卡售卖渔利者，即照例分别首从，问拟斩、绞立决。若仅止零星夹带，又讯系无知误犯者，应由该将军酌量枷号示惩。至内地奸民，有向夷人接买鸦片烟土，囤积发卖，及知情寄囤夷人烟土者，审实，均照开设窑口例分别办理。失察之该管官弁兵役人等，照例严参惩办。

**谨案** 以上八条，俱系道光十九年（1839）定，同治九年（1870）删除。

〇一、沿海一应采捕及内河通海之各色小船，地方官取具澳甲、邻佑甘结，一体印烙编号，给票查验。如有私造、私卖及偷越出口者，俱照违禁例治罪。甲邻不行呈报，一体连坐。倘船只有被贼押坐出洋者，立即报官，将船号姓名移知营汛缉究。容隐不首，日后发觉，以接济洋盗治罪。其呈报遭风船只，必查讯实据，方准销号。捏报者，即行究治。

〇一、沿边沿海地方，有将黄金贩卖出洋者，照铁货铜钱等物私出外境下海律治罪。

〇一、台湾流寓之民，凡无妻室者，应逐令过水，交原籍收管。其有妻子、田产者，如犯歃血订盟诱番杀人、捏造匿名揭帖、强盗窝家、造卖赌具，应拟斩、绞、军、流等条，除本犯依律例定拟外，此内为从罪轻之人，并教唆之讼师，均应审明逐令过水。其越界生事之汉奸，如在生番地方谋占番田，并勾串棍徒包揽偷渡，及贩卖鸦片烟者,亦分别治罪,逐令过水。

**谨案** 以上三条,雍正八年(1730)定。

〇一、附近苗疆五百里以内民人,煎挖、窝囤、兴贩硝磺事发,如在十斤以下,杖一百;其十斤以上者,杖六十、徒一年;二十斤以上者,按照五徒以次递加;五十斤以上者,杖一百、流二千里;八十斤以上者,杖一百、流二千五百里;一百斤者,杖一百、流三千里;多至百斤以上者,照合成火药卖与盐徒例,发近边充军。若囤积未曾兴贩,减私贩罪一等。焰硝每二斤,作硫磺一斤科断。邻保、挑夫、船户,照例分别发落。其该地银匠、药铺、染房需用硝磺,地方官照例给批定限,每次不得过五斤,违者治罪。

〇一、洋船挂验出口之时,该汛弁详细验明,押交前途各汛押送,俟放洋后方许回汛。如船户有违禁揽载偷渡者,一经拿获,即严行究拟。兵役按拿获偷渡人犯名数给赏,十名以上,各赏银二两;每过十名,递加二两;至五十名以上,各赏银十两,即于该船户名下追出充用。倘不实力查拿,以致疏脱十名以上者,兵役各责二十板;每过十名,加责十板;至四十名以上,各责四十板,革役;五十名以上,枷号一月发落。专管、兼辖官,分别议处。其洋船回时,如有照外多载,或顶充偷渡,又潜匿不回等弊,船户、舵水,俱照窝藏盗贼例治罪。出结之族邻、行保,杖一百、徒三年。承查出结及汛口盘查各员,交部议处。有赃革职,杖一百、流二千里,仍计赃从重论。如出洋之人,果有病故等情,令同往之人及船户、舵水具结存案。

**谨案** 以上二条,雍正十二年(1734)定。

〇一、在番居住闽人,实系康熙五十六年(1717)以前出洋者,令各船户出具保结,准其搭船回籍,交地方官给伊亲族领回,取具保结存案。如在番回籍之人,查有捏混顶冒,显非善良者,充发烟瘴地方。至定例之后,仍有托故不归,复偷渡私回者,一经拿获,即行请旨正法。

**谨案** 此条乾隆元年(1736)定。

〇一、奸徒偷运米谷,潜出外洋,接济奸匪者,拟绞立决。若止将米谷偷运出口图利,并无接济奸匪情弊者,米过一百石,发近边充军;一百石以下,杖一百、徒三年;不及十石者,枷号一月,杖一百。为从,及船户知情不首告者,各减一等。谷每二石,作米一石科断。以上船只、货物俱入官。汛口文武各官失察、故纵,交部照例分别议罪。

**谨案** 此条乾隆元年(1736)定。

一、凡将豆麦杂粮偷运出洋,接济奸匪者,照偷运米谷例拟绞立决。如止图渔利,并无接济奸匪情事,计所偷运石数,照二谷一米之例,分别科断。其为从及知情不首之船户,亦照米石例减等问拟。船只、货物入官。失察各官,照例议处。

**谨案** 此条乾隆十三年(1748)定。

一、奸徒将米谷豆麦杂粮偷运外洋,接济奸匪者,拟绞立决。若止图渔利,并无接济奸匪情弊者，米过一百石，发近边充军；一百石以下，杖一百、徒三年；不及十石者，枷号一月，杖一百。为从，及知情不首之船户，各减一等。谷及豆麦杂粮，每二石作米一石科断。船只、货物入官。汛口文武各官，分别失察、故纵，照例议处治罪。

**谨案** 此条乾隆五十三年（1788）修并。

一、奸徒将米谷豆麦杂粮偷运外洋，接济奸匪者，拟绞立决。如止图渔利，并无接济奸匪情弊者，米过一百石，发近边充军；一百石以下，杖一百、徒三年；不及十石者，枷号一月，杖一百。为从，及知情不首之船户，各减一等。谷及豆麦杂粮，每二石作米一石科断。所有奸徒偷运米石及船只、货物，俱给拿获之员弁充赏。失察之汛口文武各官，照例议处。如有得贿故纵者，即行参革，以枉法计赃治罪。倘有不肖员弁，奉委之后，并不亲身出口，及妄拿商船额带食米讹诈者，一体严参。其有得赃者，照恐吓取财律治罪。

**谨案** 此条乾隆六十年（1795）增定。

○一、凡民人偷越定界，私入台湾番境者，杖一百。如近番处所，偷越深山，抽藤、钓鹿、伐木、采棕等项，杖一百、徒三年。其本管头目钤束不严，杖八十；乡保、社长，各减一等。巡查不力之值日兵役，杖一百。如有贿纵，计赃从重论。

**谨案** 此条乾隆二年（1737）定。

○一、往返外夷之大洋船，准其携带炮位。每船炮不得过二门，火药不得过三十斤。其鸟枪、弓箭、腰刀等项，亦仍准携带。至制炮之时，该船户呈报地方官给照，赴官局制造，完日官验，凿船户籍贯、姓名及制造年月字样，仍于县照内注明所带炮位轻重大小，以备关口官弁盘验，回日即行缴库，开船再领。倘遭风沉失，令船户、客商具结，报明所在地方官，免其治罪。如船只无恙，妄称沉失，查究照接济外洋例治罪。

**谨案** 此条乾隆二年（1737）定。

○一、出海樵采船只，每船准带食锅一口外，每名许携斧斤一把，在船人数，不得过十人，俱注明照内，出入查验。若有夹带出口，及进口缺少，即行严究治罪。

**谨案** 此条乾隆五年（1740）定。

○一、闽省不法棍徒，如有充作客头，在沿海地方引诱偷渡之人，包揽过台，索取银两，用小船载出澳口，复上大船者，为首发边卫充军；为从，及澳甲、地保、船户、舵工人等知而不举者，俱杖一百、徒三年，均不准折赎。其偷渡之人，照私渡关津律杖八十，递回原籍。倘奸徒中途有谋害情事，人已被害身死者，将谋害之人，不分首从，俱照江洋行劫大盗例，拟斩立决、枭示。如被害未死，将为首者比照强盗伤人例，拟斩立决；同谋之人，照未伤人之伙盗免死减等例，发云贵两广极边烟瘴地方，交与该地方官严行管束；虽未同谋下手，但同船知情不首告者，杖一百、徒三年。若有船户私揽无照之人偷载过台，及将哨船偷载图利者，俱照此例分别治罪。至拿获偷渡人犯，讯明从何处开船，将失察奸船及隐匿不报之文武官弁，交部分别议处。

**谨案** 此条乾隆五年(1740)定。其被害未死为从之犯,于乾隆八年(1743)改发宁古塔等处给披甲人为奴。

一、闽省不法棍徒,如有充作客头,在沿海地方引诱偷渡之人,包揽过台,索取银两,用小船载出澳口,复上大船者,为首发近边充军;为从,及澳甲、地保、舵工人等知而不举者,杖一百、徒三年。遇有拿获揽载偷渡船只,将搭载大船及雇倩小船各船户,俱照客头例,分别首从治罪,船只变价充公。出具连环互结之船户,并原保、澳甲,及开张歇寓之人,知情容隐者,俱杖一百,枷号一月。均不准折赎。其偷渡之人,照私渡关津律,杖八十,递回原籍。若将哨船偷载图利者,亦照此例分别治罪。倘奸徒中途有谋害情事,人已被害身死者,将同谋之人,不分首从,俱照江洋行劫大盗例,拟斩立决、枭示。如被害未死,将为首者比照强盗伤人例,拟斩立决;同谋之人,照未伤人之伙盗免死减等例,发宁古塔等处,给披甲人为奴;虽未同谋下手,但同船知情不首告者,杖一百、徒三年。至拿获偷渡人犯,讯明从何处开船,将失察奸船及隐匿不报之文武官弁,交部分别议处。

**谨案** 此条乾隆三十七年(1772)改定。五十六年(1791)奏准,此项同谋之犯改发回城为奴,已于嘉庆六年(1801)将例文遵改。二十二年(1817)调剂新疆遣犯,将例内发回城为奴改发云贵两广极边烟瘴充军。咸丰二年(1852),改为发往黑龙江为奴。

○一、奸民图利,将废铁、铁货潜出边境及海洋货卖,一百斤以下者,杖一百、徒三年;一百斤以上,及舟车捆载者,发边卫充军。若卖与外国及海边贼寇者,照将军器出境下海律绞监候。关隘官弁徇私故纵,照律议罪。如内地货卖,官弁兵役借端索诈,计赃治罪。其汉夷船只,有将铁锅出洋货卖者,亦照此例行。至商船每日煮食之锅,照旧置用,官吏不得借端勒索滋扰。

**谨案** 此条乾隆五年(1740)定。

一、凡商民出洋,将红黄铜器、铜斤私贩各洋货卖图利,为首者,照奸民图利将废铁铁货潜出海洋货卖例,一百斤以下者,杖一百、徒三年;一百斤以上,发边卫充军;为从及船户各减一等;货物、铜斤、船只入官。其关汛文武员弁失察、故纵、卖放者,分别治罪。

**谨案** 此条乾隆十四年(1749)定。

一、商民图利,将废铁、铁货及红黄铜器、铜斤私贩海洋货卖,一百斤以下者,杖一百、徒三年;一百斤以上,及舟车捆载者,发近边充军。若发废铁、铁货卖与外国及海边贼寇者,照将军器出境下海律拟绞监候,为从及船户各减一等。货物、铜铁、船只入官。关津文武官弁失察、故纵,分别议处治罪。如内地货卖,官弁兵役借端索诈,计赃治罪。其汉夷船只,有将铁锅出洋货卖者,亦照此例行。至商船每日煮食之锅,照旧置用,官吏不得借端勒索滋扰。

**谨案** 此条系乾隆五十三年(1788)将上二条修并。

○一、内地奸民，有摹造洋板销化白银，仿铸洋钱图利者，一经当场拿获，如数在一百圆以上者，发近边充军；一百圆以下，杖一百、徒三年；不及十圆者，枷号一月，杖一百。为从各减一等。

**谨案** 此条道光十三年(1833)定。

# 卷七百七十六·刑部五十四

## 兵律·关津　私出外境及违禁下海二　私役官兵

**私出外境及违禁下海二**

○一、黄金白银违例出洋，如白银数在一百两以上者，发近边充军；一百两以下，杖一百、徒三年；不及十两者，枷号一月，杖一百。为从及知情不首之船户，各减一等。至黄金每两作白银十两科断。失察、贿纵之汛口文武各官，俱照失察贿纵米谷例惩办。

**谨案**　此条道光十三年(1833)定。

○一、商人收买铁斤，除近苗产铁处所，令呈明该地方官外，内地兴贩，悉从民便。若在沿海地方递运铁斤，交卖商渔船只，为首照将军器出境下海律绞监候，为从杖一百、流三千里。船户、挑夫，减本犯罪二等。

**谨案**　此条乾隆五年(1740)定。

一、商民收买铁斤，除近苗产铁处所，令呈明地方官外，其内地兴贩，悉从民便。若沿海地方商民图利，将铁斤及废铁、铁货，并红黄铜器、铜斤，私贩递运海洋，交卖商渔船只，一百斤以下者，杖一百、徒三年；一百斤以上及舟车捆载者，发近边充军；为从各减一等。若将前项铜铁等货，卖与外国及海边贼寇者，照将军器出境下海律拟绞监候，为从杖一百、流三千里。船户、挑夫，各减本犯罪二等。货物、铜铁、船只入官。关汛文武官弁失察、故纵，分别议处治罪。如内地货卖，官弁兵役借端索诈，计赃治罪。其汉夷船只，有将铁锅出洋货卖者，亦照此例行。至商船每日煮食之锅，照旧置用，官吏不得借端勒索滋扰。

**谨案**　嘉庆六年(1801)，将上二条改并此条。

○一、奉天锦、复、雄、盖四城，俱系海疆，嗣后无论天津、山东等处商船，俱着于设有官兵处所停泊上岸，以便稽查，仍饬轮班兵役严行访查。如拿获无票船只私渡民人者，船户、民人，俱照越渡缘边关塞律治罪，船只入官。若有票商船私带票内无名之人，查出，将本人照私渡关津律治罪，递回原籍；船户照违制律治罪，船只免其入官。

**谨案**　此条乾隆十二年(1747)定。

○一、山海关所属冷口迤东一带，与奉天锦州、复州、盖平三州县，及盖平县界内之熊岳城，并宁海县，皆近接海洋，除奸民私贩钢铁递运海洋，交卖商渔船只，分别斤数照例问拟外，其近边州县内地商民，若因打造农具买运钢铁出口，一百斤以内者，准其买运，令该商民呈明运往境内何处，该地方官填给印照，呈递守口员弁查验放行。如查有额外携带，及无照夹带不成器皿之铁，并非递运海洋，亦非卖与商渔船只，至五十斤者，将铁入官，照不应重律杖八十；一百斤以外者，于沿海地方商民将铁递运海洋交卖商渔船只一百斤以上军罪例上减一等，杖一百、徒三年。守口员弁，有借端需索者，参处治罪。

**谨案** 此条道光五年（1825）定。

○一、凡商人有携带引茶货物在喀什噶尔等处，与私越进卡之布鲁特等易换货物，或相买卖者，除违禁军器、硝磺实犯死罪外，余俱发边远充军。如系私茶，即照兴贩私茶与外国交易例，发烟瘴充军。知情容留之歇家，说合之牙保，各与本犯同罪。货物入官。如商人携货私越卡外，及越卡进内交易之布鲁特，俱发云贵两广烟瘴充军。

**谨案** 此条道光十年（1830）定。

○一、凡台湾流寓之人，如有过犯，罪止杖、笞以下，查有妻室、田产者，照常发落，免其驱逐。至犯该徒罪以上，及奸、盗、诈伪，恃强生事，扰累地方者，审明之日，一概押回原籍治罪，不许再行越渡。承审各官不行递逐，容留在台者，该督抚查参，交部分别议处。

**谨案** 此条乾隆十六年（1751）定。

○一、丝斤违例出洋，过一百斤，照米石出洋例，发近边充军；不及百斤者，杖一百、徒三年；不及十斤者，枷号一月，杖一百。为从，及船户知情不首告者，各减一等。船只、货物入官。其违例偷漏绸缎绵绢等物，按照丝斤分两多寡，分别治罪。失察之汛口文武各官，并照失察米石出洋例分别议处。

**谨案** 此条乾隆二十四年（1759）定。

○一、台湾地方拿获番割，除实犯死罪外，但经讯有散发改装擅娶生番妇女情事，即照台湾无藉游民犷悍不法犯该徒罪以上例，酌量情节轻重，分别充军。其仅擅娶生番妇女，并无散发改装情事者，杖一百、徒三年。

○一、台湾奸民，私煎硝磺，无论已未兴贩，如数在十斤以下者，杖一百，刺字，逐令过水；十斤以上，杖六十、徒一年，每十斤加一等；多至百斤以上，及合成火药在十斤以下者，发近边充军；多至三百斤以上，及合成火药至十斤以上者，照私铸红衣等大小炮位例处斩，妻子缘坐，财产入官。如将硝磺与生番交易货物，及偷漏出海者，均以通贼论。总董、牌甲、邻佑、挑夫、船户知情不举者，连坐。失察各官照例议处，自行拿获者免议。

**谨案** 以上二条，道光十四年（1834）定。

○一、沿海采捕出洋船只，务将本船作何生业贸易，于照内详细填注。俟到口上岸之日,稽查官弁,令将货物核对,除与原照相符者即行放进外,若货物与照内不符,即时盘诘。如系来历不明,移交地方官审鞫。或来历有因,亦详记档簿。遇洋面报有失事,地方官即开具失单,关查各口。设有被窃日期,并所失货物,与档簿相符者,立即根究严拿。仍饬兵役人等,不得借端索诈措留,影射滋事。如有失察、故纵,及扰累无辜情弊,各照讳盗诬良例,分别治罪。

**谨案** 此条乾隆二十五年(1760)定。

〇一、出洋船只,除商船仍将在船舵、水人等并填给照外,其渔船,止将船主年貌、姓名、籍贯,及作何生业,开填入照。并将船甲字号,大书深刻于桅篷船傍,出口时责成守口员弁,将该船前往何处、作何生业,并在船舵水年貌、姓名、籍贯,逐一查填照后,钤盖印戳,并将所填人数照登号簿。遇有一船为匪,按簿查缉。倘州县官将照给予匪人,及汛口文武员弁查填不实,均交部分别议处。

〇一、租赁船只出洋为匪之案,除犯该徒罪以下船主不知情者,仍照自造商船租与他人例杖一百、枷号三月外,其犯该流罪以上者,船主虽不知情,照夹带违禁货物接济外洋原保结之人治罪例杖一百、徒三年,船只入官充赏,失察地方官照例议处。如船主实有事故,不能亲自出洋,别令亲属押驾,许赴地方官呈明取结,将亲属开填入照,方许出洋。如未呈明,以顶冒论罪。

〇一、海关各口,如遇往洋船只倒换照票,务须查验人数,登填簿籍,钤盖印戳,始准放行。进口时,责成该委员吏役稽查。其有人照不符,船货互异,即送地方官审究。如失于查察,致匪船滥出滥入,审明系何处口岸,有委员者,将该委员照例议处;无委员者,将该吏役责革,加枷号一月;并将失察之该管官交部议处。倘关口员役借端需索,照例分别参处治罪。

〇一、内洋失事,仍照例文武带同事主会勘外,如外洋失事,听事主于随风飘泊进口处,带同舵水,赴所在文武衙门呈报。该衙门即讯明由何处放洋,行至被劫处所,约有里数若干,即将事主开报赃物,报明各该管印官。该文武印官查照洋图,定为何州县营汛所辖,飞关所辖州县,会营差缉。事主即予省释,毋庸候勘。至详报督抚衙门,无论内外洋失事,以事主报到三日内出详驰递,以便据报行查海关各口,将税簿、赃单互相较核。有货物相符者,即将盗船伙党姓名呈报关拿。至守口员弁,倘有规避处分,互相推卸,或指使捏报他界者,将推诿员弁交部照例议处。其稽察关口员役,如于未接文檄之先,能查出匪船拿获禀报者,分别议叙,吏役酌量给赏。如奉到文檄,能按照单簿据实查出,飞移所在地方,将盗犯拿获者,免其处分。

**谨案** 以上四条,均系乾隆三十二年(1767)定例。

一、内洋失事,仍照例文武官带同事主会勘外,如外洋失事,听事主于随风飘泊进口处,带同舵水,赴所在文武衙门呈报。该衙门接据报呈,以事主所指被劫地方为准。倘事主不能指实地名,即将洋图令其指认。如在本县该管洋面被劫者,即行差缉,一面移会交界县分,一体缉拿;如所报系在邻县,或邻省洋面被劫者,该县一面缉拿,一面将报呈飞移失事地方,并详报该督抚分别咨行,毋庸传同事主会勘。仍令该督抚严饬所属,不分畛域,实力奉行。地方文武官,倘有借词推诿,或令事主改换报呈,或令盗犯捏供别处者,照规避例参革究办。至详报督抚衙门,无论内外洋失事,以事主报到三日内出详驰递,以便据报行查海关各口,将税簿、赃单,互相较核。有货物相符者,即将盗船伙党姓名呈报关拿。若守口员弁,有规避处分,互相推卸,或指使捏报他界者,将推诿员弁交部照例议处。其稽察关口员役,如于未接文檄之先,能查出匪船拿获禀报者,分别议叙,吏役酌量给赏。如奉到文檄,能按照单簿据实查出,飞移所在地方,将盗犯拿获者,免其处分。

**谨案** 此条道光八年(1828)改定。

○一、拿获偷渡过台客民,如尚在陆路客店道路未登舟以前,客头、船户、客民俱照本例减一等发落。如已登舟,无分大船小船、已未出口,将客头、船户、客民即照偷渡本例治罪。若不法客头、船户内,有积惯在于沿海村镇引诱包揽,招集男妇老幼数至三十人以上者,无论已未登舟,一经拿获,即将客头、船户年力强壮者,发遣新疆给种地兵丁为奴;年老残废者,改发极边烟瘴充军。至拿获偷渡客民,务须严究沿海陆路在何村镇客店会集,将该处兵役、澳甲、地保、客店究明。如止于失察,兵役杖一百,澳甲、地保、客店人等杖七十;如有贿纵情弊,计赃从重论。兵役、澳甲人等,能于客店聚集时拿获,及首报偷渡客民者,虽在本汛,亦按照拿获偷渡客民,计名给赏。若将并非偷渡之人辄行妄拿,图功邀赏,及挟嫌吓诈情事,仍各照本例分别从重治罪。

**谨案** 此条乾隆三十五年(1770)定。道光六年(1826),调剂新疆遣犯,将例内引诱包揽之客头、船户,俱改发极边足四千里充军。二十四年(1844),新疆遣犯,照旧发往,仍复原例。

○一、东省登、莱等处有票船只,如有夹带无照流民私渡奉天者,将船户照无票船只夹带流民例量减一等,杖九十、徒二年半,船只入官。若船户不能亲身出洋,别令亲属押驾,已经报官不给票者,将押驾之人即照船户例治罪,船只入官。

**谨案** 此条乾隆四十二年(1777)定。

○一、沿海各省商渔船只,地方官给发照票,于舵工、水手人等年貌项下添注箕斗,令守口员弁查验。如人数与照内不符,及年貌、箕斗不合者,将船扣留,移交地方官查明严办。其有捏称照票遗失,或称存留在家者,即审明实无为匪情事,亦照违制律治罪,船只入官。其水手人等,或在洋患病,临时雇觅别船水手,准该船户于收口时,出具保结呈报该管官员,于新雇水手年貌之下,亦填注箕斗。仍验明同船之人,每名箕斗皆属相符,方准具保。若有病故淹毙,即令同船之人出具切实甘结。如有无故不回者,准令地、邻出首。倘获破盗案内有同票之人,将出结之船户、水手,及原出甘结又不禀首之地、邻,一并分别治罪。如守口弁兵不实力稽查,私行卖放,一经发觉,审明该犯于何年月日,在何处口岸透漏出口,即将该弁兵治罪。不行觉查之上司,从重议处。如系自行查出者,免议。

**谨案** 此条乾隆六十年(1795)定。

〇一、商民等偷越生番地界者,杖一百。偷越深山伐木等项,杖一百、徒三年。致启边衅,或教诱为乱,贻害地方者,除实犯死罪外,问发边远充军。

**谨案** 此条嘉庆十年(1805)定。

**历年事例**

〇顺治十三年(1656)谕:"海氛未靖,必有奸民暗通线索,资以粮物。若不立法严禁,何由廓清。今后凡有商民船只私自下海,将粮食、货物等项与逆贼贸易者,不论官民,俱奏闻处斩,货物入官。本犯家产,尽给告发之人。其该管地方文武各官不行盘缉,皆革职从重治罪。地方保甲不行举首,皆处死。凡沿海地方口子,处处严防,不许片帆入口,一贼登岸。如有疏虞,专汛各官,即以军法从事;督抚、提镇并议罪。"

〇十八年(1661)题准:福建、浙江、江南三省所禁沿海境界,凡有官员兵民违禁出界贸易,及盖房居住、耕种田地者,不论官民,俱以通贼论处斩,货物、家产俱给讦告之人。该管文武官不能查获,俱革职,从重治罪。地方保甲知情不首者,处绞。其违禁出境之人,审明系何地方出口,将守口官兵知情者,以同谋论,立斩;不知情者,从重治罪。

〇康熙四年(1665)题准:青、登、莱沿海等处居民准令捕鱼外,若有借端捕鱼,在沿海贸易,通贼来往者,照先定例处分。

〇六年(1667)议准:兵民违禁出海,文武各官该管汛地拿获者免罪,将别汛出口之人查缉十名以上者,纪录一次;百名以上者,加一级。督抚所属地方,有奸民违禁出海,不行查获,事发之日,将总督降二级留任,巡抚降一级留任。至于督抚、提镇、副将、道府所辖兵民,有将违禁出海之人拿获者,统辖各官均免议。

〇七年(1668)议定:凡官兵民人,有犯违禁出海贸易等罪者,照例拟罪外,其地方甲长同谋故纵者处斩,知情不首者绞,不知情者杖一百、流三千里。该管文职不知情者,州县官革职,永不叙用;府道官各降三级调用;巡抚降一级留任。

〇九年(1670)题准:凡官兵拿获出海贸易者,将货物、家产一半给赏,一半入官。若遇赦免罪,免其入官,仍将一半给拿获之人。

〇十四年(1675)复准:贩卖硝磺者,俱令呈明出产地方,取领府州县官印票,于经过府州县关津隘口,将印票呈明各官,填注"验讫"字样,用关防印记放行。若无印票,出境卖与贼寇者,照卖与外国边海贼寇律,为首者处斩,为从者俱责四十板、发边卫充军;其在内地私行贩卖者,照合成火药卖与盐徒律发边卫充军。若府州县及关津各官不行查获,被别处盘诘者,该督抚将疏纵各官题参治罪。督抚不行查参,一并议罪。

○十五年(1676)议准:凡奸商自逆贼接壤处所,将硫磺、焰硝、盐斤、布匹等货贩卖与贼者,不论官兵民人,俱照通贼例立斩,妻子、家口入官。该管官员及兵丁、衙役知情故纵者,以同谋论,俱处斩。其不知情者,文职州县官、武职专汛官俱革职,将守汛兵丁治罪;文职府道官、武职兼辖官,俱降三级调用;该管总兵官,降二级留任;总督、巡抚、提督,各降一级留任。若该汛文武各官,将由本汛贩卖之人盘获者,免罪议叙,十名以上者,纪录一次;二十名以上者,纪录二次;三十名以上者,纪录三次;四十名以上者,纪录四次;五十名以上者,加一级;百名以上者,加二级。其不系本汛,于别汛盘获十名以下者,纪录一次;十名以上者,加一级;二十名以上者,加二级;三十名以上者,加三级;四十名以上者,加四级;五十名以上者,不论俸满即升;一百名以上者,越升即用。拿获贩卖之兵民,将所获货物尽行给赏。至盘获一人供出伙党者,该管官即应免议。若诬拿良民者,照律反坐。

○二十三年(1684)议准:出海贸易之禁已开,其先定处分之例、拿获奸民议叙之条,俱行停止。凡直隶、山东、江南、浙江等省民人,情愿在海上贸易捕鱼者,许令乘载五百石以下船只,往来行走。仍于各口出入之处,预行禀明该地方官,登记名姓,取具保结,给发印票。令防守官员验票点数,准其出入。如有打造双桅五百石以上违式船只出海者,不论官兵民人,俱发边卫充军。该管文武官员,及地方甲长同谋打造者,徒三年;明知打造不行举首者,官革职,兵民杖一百。

○又议准:凡违禁将硫磺、焰硝、军器等物,私载在船,出洋贸易者,仍照律治罪。其防守该管官员知情故纵者,亦照律处分。

○雍正二年(1724)议准:山海等关,若有搜查不力,以致私带人参、珠子过关者,该管官照失察例降三级调用,巡查人等照不应重律杖八十。明知故纵者,该管官革职,巡查人等杖一百、枷号一月;受贿卖放者,计赃以枉法从重论。

○六年(1728)谕:"查康熙五十六年(1717)禁止南洋贸易案内,经九卿议定,嗣后如有出洋之人留在外国者,该督抚行文外国,将留下之人令其解回,即行正法。后经施世骠题请,蒙圣祖仁皇帝特恩,令康熙五十六年(1717)以前出洋之人,俱载回原籍。随于五十九年(1720)内,福建、浙江等省,奏报出洋回籍之人将及二千名,嗣后则再无奏报回籍之事。是五十六年(1717)以前出洋之人,其愿回籍者,皆已陆续返棹,而彼地存留不归者,皆甘心异域,及五十六年(1717)以后违禁偷往之人矣。因今洋禁新开,禁约不可不严,以免内地民人贪利飘流之渐。其从前逗遛外洋及违禁偷往之人,不准回籍。"

○又议准:洋船出入海口,必按定期限,方易稽查。嗣后每年出口船只,应令于四月内造报;入口船只,于九月内造报。如入口之船,有番帐未清不便即回者,准俟来年六七月间回港。有遭风飘泊他省者,准取具该地方官印结赍回。有舟行被溺,无凭查据者,饬取飘回余人、邻船客商等确供详核。倘故意迟延,并徇私捏报,即行分别究处。至每船应酌带米石,暹罗大船三百石,中船二百石;噶喇巴大船二百五十石,中船二百石;吕宋等处大船二百石,中船一百石;埭仔等处大船、中船各一百石。如有偷漏,以接济外洋例论罪。再出洋之船,动经数月,油钉、棕麻等物,酌量许带,仍注明数目,以凭查验。

○九年(1731)议准:天生五材,铁居其一。用以备军资而造器物,所系綦重。向例铁货不许私出外境,而废铁不在禁例。近闻射利之徒,专收废铁熔化,运至近边近海地方货卖,此风渐不可长。请嗣后有将废铁潜出边境及海洋货卖者,照越贩硝磺之律科断,以除奸弊。

○又谕:"据广东布政使杨永斌奏称,'铁器一项,所关綦重。不许出境货卖,律有明条。粤东出产铁锅,凡洋船货买,历来禁止。乃夷船出口,所买铁锅,有自一百连至二三百连,甚至五百连、一千连者。查铁锅一连,约重二十斤。若一船带至五百连、千连,即无虑一二万斤。计算每年出洋之铁,为数甚多,诚有关系。嗣后请照废铁之例一体严禁,违者该商船户人等,即照例治罪;官役通同徇纵,亦照徇纵废铁例议处。凡遇洋船出口,仍交与海关监督一体稽察。至于商船每日煮食之锅,应照旧置用,官役不得借端勒索滋扰。如此则外洋之铁,不致日积日多,于防奸杜弊之道,似有裨益。至煮食器具,铜锅、砂锅,俱属可用,非必尽需铁锅,亦无不便外夷之处。于朝廷柔远人之德意,原无违碍'等语。铁斤不许出洋,例有明禁。而广东夷船,每年收买铁锅甚多,则与禁铁出洋之功令不符矣。杨永斌所奏甚是。嗣后稽察、禁止,及官员处分、商人船户治罪之处,悉照所请行。倘地方官弁视为具文,奉行不力,经朕访闻,或别经发觉,定行从重议处。粤东既行查禁,则他省洋船出口之处,亦当一体遵行。着该部通行晓谕,永著为例。"

○乾隆三十四年(1769)谕:"高晋等奏审拟蒋士达等捏造海粮假票一案,已批交三法司核议速奏矣。此等匪徒,造票煽惑愚民,实属不法。一经访获,自应按例定拟,以示惩创。但江苏地面,何以多有此等犯案,屡惩不悛,皆由该地方官平时不能善为教导所致。海票之说,本属荒唐。究所从来,大约起于明末倭船混行之时,借端煽诱,容或有之。本朝百余年来,时际升平,海疆宁谧,各处口岸肃清,惟有名可考之洋行估船,往来贸易,此外从无形迹可疑船只,敢于阑入海口,安得有散卖米票之事。不过地方一二奸徒,意图哄骗财物,愍不畏死,覆辙相仍,甘蹈法网。而愚民人贫智短,一闻少出钱文,即可重获利息,辄不察事之虚实,被其煽惑。曾不思出银五钱,经年即得十六两之利,相去不止三十倍,乃情理所必无,且又不问海洋何故有如许银米散给贫民。而所卖之票,又止系寻常图记。其为无稽作伪,更属显然。稍一寻思,断不致堕其诡术。在奸民罔顾法纪,造票骗钱,无不即时败露,立置重典,自作之孽,毫无足惜。而百姓等代为散布,及买受票张,一经发觉,重则遣、流,轻亦不能免于枷、杖。未来之利,既不可得,且与其空费银钱,复遭刑责,何如安贫守分,共为谨愿良民,常享太平之福乎。所属地方官,若以此出示晓谕,令其简明易解,或于巡查保甲时,每见村农野老,随处提撕,并令各保正广为宣布,使穷乡僻壤,皆得共喻共闻。小民纵极愚蒙,自无不懔然省悟,不得为人诱惑。奸民即欲复萌故智,见无可欺愚,其风自息。此亦正本澄源之一法也。着传谕高晋,通饬各属实力奉行,毋得仅以具文塞责。"

○五十七年(1792)议准:民间需用硫磺,若照定例由县详府,由府详司,辗转耽延,实属于民不便。嗣后每年由布政使衙门预印空数印票,给发每州县各十张。如有商贩请领,查明实系铺店应用,即取具确切保结,一面由县填数给发,一面申报藩司备案。倘有指称铺户应用,捏领照票,赴外兴贩者,除本犯治罪外,将率行给票之州县一面查参治罪。如实系铺户应用,州县吏役刁难需索,一经告发,亦即从重究治。

○又议准:嗣后商渔各船照票内,舵工、水手各年貌项下,将本人箕斗验明添注,均于进口出口时按名查验,一有不符,即行跟究。倘有捏称照票遗失,或称存留家内者,除讯系盗匪假冒从严问拟外,如审明实无为匪情事,亦治以违例之罪,并将船只入官,以为照票不随本船者儆。至于水手人等在洋患病,临时雇觅别船水手相帮者,亦属事所恒有。准令该船户于收口时,即行出具保结,呈报该管官员,于新雇水手年貌之下,亦注明箕斗,以防牵混。但须验明同船之人,每名箕斗皆属相符,方准具保。如此立定章程,则船户有箕斗为凭,盗匪即无从假冒,于防盗之法,较为严密。

○六十年(1795)谕:"向来台湾拿获偷渡人犯,将首犯拟遣,并在海口枷号,俟续有拿获人犯枷示后,再行释枷发遣。此等偷渡为首之犯,既经问拟发遣,若俟续有获犯,始行释枷佥解,设日久无获,将待至何时为止?转不足以示惩儆,未为允协。嗣后台湾拿获偷渡为首之犯,着枷号海口半年,满日即行发遣。"

○道光十年(1830)奉旨:"回疆现当严禁浩罕通商之际,该部将私越该处货物入边及违禁易茶酌定专条。着照所议,嗣后商人有携带引茶、货物,在喀什噶尔等处,与私越进卡之布鲁特等易换货物,或相买卖者,除违禁军器实犯死罪外,余俱照私通土苗互相买卖例发边远充军;如系私茶,即照私茶与外国人交易例发烟瘴地方充军。知情容留之歇家、说合之牙保,各与本犯同罪。货物入官。如商人携货私越开齐,照奏定章程,发云贵两广烟瘴地方充军。该部即纂入则例,永远遵行。"

○光绪元年(1875)谕:"沈葆桢等奏《台湾后山亟须耕垦请开旧禁》一折。福建台湾全岛,自隶版图以来,因后山各番社习俗异宜,曾禁内地民人渡台及私入番境,以杜滋生事端。现经沈葆桢等将后山地面,设法开辟,旷土亟须招垦,一切规制,自宜因时变通。所有从前不准内地民人渡台各例禁,着悉予开除;其贩买铁、竹两项,并着一律弛禁,以广招徕。"

## 私役官兵

凡私事役使弓兵者,一人笞四十,每三人加一等,罪止杖八十;每名计役过一日追雇工银八分五厘五毫入官。当该官司应付役使者同罪,罪坐所由。应付之官吏。

# 【兵律·厩牧】

## 卷七百七十七·刑部五十五

**兵律·厩牧**



### 牧养畜产不如法

凡牧养官马、牛、驼、骡、驴、羊,并以一百头为率,若死者、损者、失者,各从实开报。死者即时将皮张、鬃尾入官,牛筋、角、皮张亦入官。其管牧牧长、牧副,每马、牛、驼一头各笞三十,每三头加一等;过杖一百,每十头加一等,罪止杖一百、徒三年。羊减马三等,四头笞一十,每三头加一等;过杖一百,每十头加一等,罪止杖七十、徒一年半。骡、驴减马牛驼二等,一头笞一十,每三头加一等;过杖一百,每十头加一等,罪止杖八十、徒二年。若胎生不及时日而死者,灰腌,看视明白,不坐;若失去,赔偿;损伤不堪用,减死者一等坐罪。其死损数目,并不准除。

**谨案**　“灰腌”下,雍正三年(1725)增“并年老而自死者”七字。

#### 附律条例

〇一、凡太仆寺所属十四牧监、九十八群,专一提调牧养孳生马、骡、驴、牛。其养户俱系近京民人,或五户、十户共养一匹。若人户不行用心孳牧,致有亏欠倒毙,就便着令买补还官。每岁将上年所生马驹,起解赴京调拨。本寺每遇年底比较,或群监官员怠惰,或人户奸顽,致有马匹瘦损亏欠数多,一律坐罪。

**谨案**　此条系原例。雍正三年(1725)奏准,今官马不令近京民人牧养,删。

〇一、口外骟骒马匹,如有倒毙,将皮张令沿途地方官员,按站解送太仆寺查验数目,咨送工部拣选留用。其朽烂破坏者,变价送户部。

**谨案**　此条雍正三年(1725)定。乾隆五年(1740),以查验皮张,应归户、工二部则例,删。

〇一、解送军营马匹倒毙，其分起解送之文武各员，照军营赔补马匹之数，每百匹准其倒毙三匹。如倒毙三匹以上至二十匹者，交部照例分别议处；二十匹以上者，杖一百；三十匹以上者，杖六十、徒一年；三十五匹以上者，杖七十、徒一年半；四十匹以上者，杖八十、徒二年；四十五匹以上者，杖九十、徒二年半；五十匹以上者，杖一百、徒三年。如有盗卖别情，从重治罪。至总理督解之员，合其督解总数，按其倒毙多寡，亦即照此分别议处治罪。

**谨案** 此条系乾隆三十六年(1771)遵旨议定。嘉庆六年(1801)，将“从重治罪”句改为“计赃以监守自盗论”；其“总理督解之员”，于例末增“若知盗卖之情而故纵者，罪同”。

**历年事例**

〇乾隆三十六年(1771)谕：“兵部前次议处解马倒毙各官一案。马之驸解马一千有余，倒毙八十余匹，为数虽不及十分之一，但其人本平常，是以照议革职。至周承谟管解营马三千余匹，竟倒毙至一千一百九匹之多，较马之驸数甚悬绝，革职之外，自应治其余罪，以示惩儆。旧例所定倒毙六十匹以上，不计多寡，概予革职而止，实未平允。着军机大臣会同该部，另行按所解马成数分析定例具奏。”

## 孳生马匹

凡牧长管领骒马一百匹为一群，每年孳生驹一百匹。若一年之内，止有驹八十匹者，笞五十；七十匹者，杖六十。都群所官，不为用心提调者，(致孳生不及数，)各减三等；太仆寺官，又减都群所官罪二等。

**谨案** 雍正三年(1725)于每年下增“三群”二字，“都群所官”改为“典牧官”。

**附律条例**

〇一、太仆寺少卿二员，一巡视京营及各边骑操马匹，一巡视顺天府所属寄牧马匹；寺丞一十二员，一管顺天府所属寄牧马匹，其余分管京卫及保定等府孳牧寄操马匹。

**谨案** 此条系原例。雍正三年(1725)奏准，今太仆寺不出巡，寺丞缺裁，畿内亦无寄养马匹，此例删。

〇一、凡把总等官，克减官马草料，计赃满例发边卫立功，满日就彼带俸。盗卖者，发瞭哨；卖至料豆十石以上者，充军。管领纵容盗卖，发边卫立功，满日就彼带俸。买者问罪。

**谨案** 此条系原例。雍正三年(1725)奏准，今官员克减草粮者，以监守自盗论，此例删。

〇一、凡上驷院、太仆寺所管游牧马群，每三年整顿一次。不论骒马、儿马、马驹，每三匹内合算当孳生马一匹。除合算正额外，多孳生一百六十匹以上者，为头等；八十匹以上者，为二等；一匹以上者，为三等，牧长、牧副分别给赏。若合算正额内少孳生五十匹以下者，牧长罚马五匹，牧副各笞四十；一百匹以下者，牧长罚马七匹，牧副各笞五十；一百匹以上者，牧长罚马九匹，牧副各杖六十。骟马群倒毙少者赏，多者罚，相半者免议；赏罚之数，视骒马群第三等例。其各马群赏罚相半者，总管官免议，赏多者按群给赏，罚多者按群受罚。

**谨案** 此条雍正三年(1725)定。

### 验畜产不以实

凡官司相验分拣相验其美恶，而分别拣选，以定高下。官马、牛、驼、骡、驴，不以美恶之实者，一头笞四十，每三头加一等，罪止杖一百；验羊不以实，减三等。若因验畜不实而价有增减者，计所增亏官。减损民。价坐赃论；入己者，以监守自盗论。各从重科断。不实罪重，从不实坐赃；自盗罪重，从自盗坐赃。

#### 附律条例

〇一、大同三路官旗、舍人、军民人等将不堪马匹，通同光棍引赴该管官处，及管军头目收买私马，诡令伴当人等出名，情属各守备等官，俵与军士，通同兽医作弊，多支官银者，俱问罪。官旗、军人，调别处极边卫所，带俸食粮差操；民并舍余人等，俱发附近充军；引领光棍，并作弊兽医，及诡名伴当人等，各枷号一月发落。干碍内外官员，奏请提问。

**谨案** 此条系原例。雍正三年(1725)奏准，今无大同三路收买马匹之事，此条删。

〇一、州县起解备用马匹，各要经由该管官验中起解。若有马贩交通官吏、兽医人等，兜揽作弊者，问罪，枷号一月，发边卫充军。

**谨案** 此条系原例。“边卫充军”下，原文尚有“再犯、累犯者，枷号一个月，发极边卫分充军”十七字。

### 养疗瘦病畜产不如法

凡养疗瘦病官马、牛、驼、骡、驴不如法，无论头数，笞三十；因而致死者，一头笞四十，每三头加一等，罪止杖一百。羊减三等。

### 乘官畜脊破领穿

凡官马、牛、驼、骡、驴，乘驾不如法，而致脊破领穿疮围绕三寸者，笞二十；五寸以上，笞五十。并坐乘驾之人。若牧养瘦者，计百头为率，十头瘦者，牧养人及牧长、牧副各笞二十,每十头加一等,罪止杖一百。羊减三等。典牧所官各随所管牧长多少,通计科罪。太仆寺官各减典牧所官罪三等。

**谨案** 雍正三年(1725)奏准。今无典牧所衙门,"所"字删。乾隆五年(1740),于"通计科罪"下增注"亦以十分为率"六字。

### 附律条例

○一、下班官军,将原领马匹,兑与见操缺马官军领骑喂养。若有擅骑回卫者,问罪,罚马一匹,解兵部给操,其原领马匹倒失者追赔。

**谨案** 此条系原例。雍正三年(1725)奏准,今无下班兵丁骑官马回卫之事,此条删。

○一、车驾行幸,所需马匹车辆,及校尉等所乘马匹,俱令该管执事人员亲身关领,严行约束。若校尉、当差人役、赶车步军,将马匹不按时饮水喂草,私自滥行驰骤,或在沿途,或到处所,倒毙走失者,各杖一百;蹼病损伤者,减二等。

**谨案** 此条雍正五年(1727)定。

### 历年事例

○康熙十六年(1677)题准:凡恭遇行幸,应用车马,及校尉所骑马匹,俱交与该执事及领去官员,严饬校尉、步兵及当差人役,令其按时喂养,毋得滥行骑骋。如有倒失一二匹者,将该执事领去官员罚俸六月;五匹以下者,罚俸一年;八匹以下者,降一级留任;十一匹以下者,降二级调用;十四匹以下者,降三级调用;十七匹以下者,降四级调用;十八匹以上者,革职;校尉、步兵、当差人役鞭一百。其马匹蹼病损伤者,五匹以下,将该执事领去官员罚俸六月;十匹以下者,罚俸一年;十五匹以下者,降一级留任;二十匹以下者,降二级调用;二十五匹以下者,降三级调用;三十匹以下者,降四级调用;三十一匹以上者,革职;校尉、步兵、当差人等鞭八十。至随驾内阁中书、钦天监、太医院等官,将所骑马匹蹼病损伤一二匹者,罚俸六月;三四匹者,罚俸一年。倒失一二匹者,亦罚俸一年;三四匹者,降一级留任。以上马匹倒、伤等项,如该管官员情愿赔补者,免其处分。

## 官马不调习

凡牧马之官,听乘官马,而不调习者,一匹笞二十,每五匹加一等,罪止杖八十。

## 宰杀马牛

凡私宰自己马、牛者,杖一百;驼、骡、驴,杖八十;筋、角、皮张入官。误杀及病死者不坐。若故杀他人马、牛者,杖七十、徒一年半;驼、骡、驴,杖一百。官畜产同。若计赃重于本罪者,准盗论。追价给主。系官者,准常人盗官物断罪,并免刺。若伤而不死,不堪乘用,及杀猪、羊等畜者,计杀伤所减之价,亦准盗论,各追赔所减价钱。完官、给主。价不减者,笞三十。其误杀伤者不坐罪,但追赔减价。为从者,故杀伤各减一等。官物不分首从。若故杀缌麻以上亲马、牛、驼、骡、驴者,与本主私宰罪同;追价赔主。杀猪、羊等畜者,计减价坐赃论,罪止杖八十。其误杀及故伤者俱不坐,但各追赔减价。若官私畜产毁食官私之物,因而杀伤者,各减故杀伤三等,追赔所减价;还畜主。畜主赔偿所毁食之物。还官、主。若故放官私畜产损食官私物者,笞三十,计所食之赃重于本罪者坐赃论;罪止杖一百、徒三年。失防者,减二等,各赔所损物。还官主。若官畜产失防毁食官物者,止坐其罪,不在赔偿之限。若畜产欲触抵踢咬人,登时杀伤者不坐罪,亦不赔偿。兼官私。

**附律条例**

〇一、凡宰杀耕牛,并私开圈店,及知情贩卖牛只与宰杀者,俱问罪,枷号一月发落。再犯、累犯者,免其枷号,发附近卫充军。若盗而宰杀,及货卖者,不分初犯再犯,枷号一月,照前发遣。

**谨案** 此条系原例。

一、盗牛一只,枷号一月,杖八十;二只,枷号三十五日,杖九十;三只,枷号四十日,杖一百;四只,枷号四十日,杖六十、徒一年;五只,枷号四十日,杖八十、徒二年;五只以上者,枷号四十日,杖一百、徒三年;再犯者,杖一百、流三千里;累犯者,发边卫充军;仍俱照窃盗律刺字。十只以上,绞监候。窝家知情分赃者同罪,不分赃者杖一百。若窝窃牛之犯至三人、牛至五只者,杖一百、徒三年;若人至五人、牛至十只者,发边卫充军。其宰杀耕牛,私开圈店,及贩卖与宰杀之人,初犯,俱枷号两月,杖一百;再犯,发附近;累犯,发边卫,俱充军。盗杀及盗卖者,初犯,枷号一月,发附近;再犯,枷号一月,发边卫;累犯,枷号一月,发烟瘴地方,各充军。杀自己牛者,计只照盗牛例治罪。故杀他人牛者,仍照律杖七十、徒一年半。若计只重于本罪者,亦照盗牛例治罪,俱免刺,罪止杖一百、流三千里。其残老病死者毋论。

**谨案** 此条雍正五年(1727)遵《钦定盗牛则例》改定。

一、宰杀耕牛,并私开圈店,及贩卖与宰杀之人,初犯,俱枷号两月,杖一百。若计只重于本罪者,照盗牛例治罪。再犯,发附近充军。杀自己牛者,枷号一月,杖八十。故杀他人牛者,杖七十、徒一年半。若计只重于本罪者,均照盗牛例治罪,免刺,罪止杖一百、流三千里。其残老病死者毋论。

**谨案** 乾隆五年(1740),将盗牛及盗杀盗卖之例,俱移入"刑律·盗马牛畜产"条下;又宰杀、贩卖,删去累犯一层。二十一年(1756),将宰杀、贩卖之初犯,亦增入"计只重于本罪"一层,改定此条。

一、凡失察私宰耕牛之地方官，照失察宰杀马匹例，交部分别议处。若能拿获究治者，免其处分。

**谨案** 此条乾隆十三年(1748)定。

一、凡宰杀耕牛，私开圈店，及贩卖与宰杀之人，初犯，俱枷号两月，杖一百。若计只重于本罪者，照盗牛例治罪，免刺，罪止杖一百、流三千里。再犯，发附近充军。杀自己牛者，枷号一月，杖八十，其残老病死者毋论。失察私宰之地方官，照失察宰杀马匹例，分别议处。若能拿获究治，免其处分。

**谨案** 此条乾隆五十三年(1788)修并。

○一、凡屠户将堪用牲畜买去宰杀者，虽经上税，仍照故杀他人驼骡律杖一百。若将窃盗所偷堪用牲畜，不上税买去宰杀者，与窃盗一体治罪。

**谨案** 此条系雍正五年(1727)定。嘉庆十六年(1811)于"一体治罪"下，增"如窃盗罪名轻于宰杀者，仍从重依宰杀本例问拟，免刺，不得以盗杀论"二十八字。

○一、宰杀堪用马一二匹者，枷号四十日，责四十板；三四匹者，杖六十、徒一年；五匹以上，每马四匹，递加一等；至三十匹，杖一百、流三千里；三十匹以上，系旗人，发黑龙江当差，系民人，发云贵川广烟瘴稍轻地方，交与地方官严行管束。牙行及卖马之人知情者，照数各减宰马人罪一等；至三十匹以上者，均发附近充军。其徒罪以下再犯，及知情卖与者，俱不计匹数，均发边卫充军。失察之地方官，按数分别议处。

**谨案** 此条雍正九年(1731)定。

一、开设汤锅，宰杀堪用马一二匹者，枷号四十日，责四十板；三四匹者，杖六十、徒一年；五匹以上，每马四匹，递加一等；至三十匹者，杖一百、流三千里；三十匹以上者，发云贵两广烟瘴稍轻地方，交与地方官严行管束。若旗人有犯，亦计匹论罪，一匹至四匹者，俱枷号四十日；五匹以上，每四匹递加一等，加枷号五日；至三十匹以上者，发黑龙江当差。牙行及卖马之人知情者，照数各减宰马之人罪一等；至三十匹以上者，均发附近充军。其徒罪以下再犯及知情卖与者，俱不计匹数，均发边卫充军。失察之地方官，按数分别议处。

**谨案** 此条乾隆十六年(1751)改定。

○一、附京州县及京汛地方，有马窑子宰剥马匹者，发往黑龙江给索伦兵丁为奴。失察之官弁，照例议处。

**谨案** 此条乾隆二十二年(1757)定。

一、附京州县及京汛地方，有窝藏偷窃马匹开设马窑子宰剥者，发往黑龙江给索伦兵丁为奴。失察之官弁，照例议处。

**谨案** 此条乾隆五十三年(1788)改定。嘉庆十七年(1812)，将"发往黑龙江"句改为"实发云贵两广极边烟瘴充军"。

### 历年事例

○国初定：凡盗宰驼马牲畜者，于犯人名下追价银、罪银，以一分入官，一分给失主,一分给出首之人,仍各赔偿牲畜。

○康熙三十一年(1692)谕:"以后一应马匹,不许宰杀货卖,着永行禁止,交与步军统领、五城严察。如有杀马卖者,拿送刑部,从重议罪。"

## 畜产咬踢人

凡马、牛及犬有触抵踢咬人,而畜主记号拴系不如法,若有狂犬不杀者,笞四十;因而杀伤人者,以过失论。各准斗殴杀伤,收赎给主。若故放令杀伤人者,减斗殴杀伤一等。亲属有犯者,依尊卑相殴杀伤律。其受雇医疗畜产,无制控之术,及无故人自触之而被杀伤者,不坐罪。若故放犬令杀伤他人畜产者,各笞四十,追赔所减价钱。给主。

## 隐匿孳生官畜产

凡牧养系官马、骡、驴等畜,所得孳生,限十日内报官。若限外隐匿不报,计所隐匿之价为赃准窃盗论。止杖一百、流三千里。因而盗卖,或将不堪孳生抵换者,并以监守自盗论罪。不分首从。并赃至四十两,杂犯斩。其都群所、太仆寺官,知情不举,与犯人同罪,不知者俱不坐。买主知情,以故买盗赃科,匿卖抵换之物还官。

**谨案** 雍正三年(1725)奏准,"都群所"改为"典牧官"。

### 附律条例

○一、凡盗卖官马者,追罚马二匹。知情和买牙保、邻人,各罚马一匹。宰杀及盗卖官驴者,俱照此例。首告,于犯人名下追银马三两,骡二两,驴一两。充赏。凡巡马官,每三月一换。

**谨案** 此条系原例。雍正三年(1725)奏准,今有犯盗卖及宰杀官马者,俱应按律计赃,以常人盗官物论,无不论马数,于犯人名下罚马一匹二匹之例;首告给赏之例亦停,此条删。

○一、凡寄养马,除年老外,其余作践成疾不堪给军者,原领人户追罚银二两。盗卖三匹以上者,充军。知情和卖者,民发摆站,军发边方瞭哨。

**谨案** 此条系原例。雍正三年(1725)奏准,今无寄养马匹之事,此条删。

○一、凡印烙马匹,民马照旧印左,给军则印右。如京营边关马无右印,即系盗买民间官马,追究问罪。

**谨案** 此条系原例。雍正三年(1725)奏准,今官马用旗色印烙,不用此例,删。

○一、凡屯庄居住旗人庄头畜养马匹,各用该旗印烙。无印烙者,察出将马入官,养马之人杖一百。屯领催不行察出者,笞五十,首报免罪。

○一、口外马群内马匹,盗卖抵换,照监守自盗律科罪。若将有太仆寺满字印烙马匹,明知故买者,与犯人同罪。

**谨案** 以上二条，系雍正三年(1725)定例。

## 私借官畜产

凡监临官吏主守，之人。将系官马、牛、驼、骡、驴私自借用，或转借与人，及借之者，不论久近多寡，各笞五十，验计借过日期追雇赁钱入官。若计雇赁钱重于笞五十者，各坐赃论，加一等。雇钱不得过其本价。官畜死，依毁弃官物。在场牵去，依常人盗。

**谨案** 律后小注二十四字，雍正三年(1725)增。

### 附律条例

〇一、在京坐营管操内外官，并把总以下官，若将马匹私占骑用，及拨与人骑坐，至五匹者，降一级；六匹以上，降二级。其各边分守、守备、把总、管队等官，将骑操并驿传走递官马，擅拨与人骑坐，及私用伺侯等项，亦照前例问拟。

**谨案** 此条系原例。雍正三年(1725)奏准，今无坐营管操官员名色，删。

〇一、官军将所领官马，耕田走驿、驮载物件，及雇与人骑坐，问罪，俱罚马一匹。

**谨案** 此条系原例。雍正三年(1725)奏准，今无问罪复罚马之例，此条删。

## 公使人等索借马匹

凡公使人等承差经过去处，除应付脚力外，索借有司官马匹骑坐者，杖六十；驴、骡，笞五十。官吏应付者，各减一等，罪坐所由。应付之人。

# 【兵律·邮驿】

## 卷七百七十八·刑部五十六

**兵律·邮驿** 递送公文　邀取实封公文　铺舍损坏　私役铺兵　驿使稽程　多乘驿马　多支廪给　文书应给驿而不给　公事应行稽程　占宿驿舍上房　乘驿马赍私物　私役民夫抬轿　病故官家属还乡　承差转雇寄人　乘官畜产车船附私物　私借驿马

### 递送公文

凡铺兵递送公文,昼夜须行三百里。稽留三刻,笞二十;每三刻加一等,罪止笞五十。其公文到铺,不问角数多少,铺司须要随即付籍遣兵递送,不许等待后来文书,违者铺司笞二十。其铺兵递送公文,若磨擦及破坏封皮,不动原封者,一角笞二十,每三角加一等,罪止杖六十。若损坏公文,不动原封者,一角笞四十,每二角加一等,罪止杖八十。若沉匿公文,及拆动原封者,一角杖六十,每一角加一等,罪止杖一百。若事干军情机密文书,与漏泄不同。不拘角数,即杖一百。有所规避而沉、拆者,各从重论。规避罪重,从规避;沉、拆罪重,问沉、拆。其铺司不告举者,与犯人同罪。若已告举,而所在官司不即受理施行者,各减犯人罪二等。其各县铺长,专一于该管铺分往来巡视;提调官吏,每月一次亲临各铺刷勘。若有奸弊失于检举者,通计公文稽留及磨擦破坏封皮,不动原封十件以上,铺长笞四十,提调吏典笞三十,官笞二十;若损坏及沉匿公文,若拆动原封者,铺长与铺兵同罪,提调吏典减一等,官又减一等。府州提调官吏失于检举者,各递减一等。

**附律条例**

〇一、无印信文字,不许入递。

**谨案**　此条系原例。

〇一、各省驿站递送公文,令管站官各立印信、号簿。上站号簿,用下站官印,于每月底彼此移明查考。倘有沉匿、稽延等情,即行详报该管上司据实题参,不得故为容隐。其沉匿平常公文一角者,马夫照律杖六十,每一角加一等,罪止杖一百;提调吏典减一等,官又减一等。若事干军情机密文书而沉匿者,不拘角数,马夫杖六十、徒一年,提调吏典杖一百、革役,司驿官革职。如有所规避者,各从其罪之重者论。

**谨案** 此条雍正五年(1727)定。乾隆五年(1740),以沉匿公文论杖,律文已详,将例文删定。

一、各省驿站递送公文,令管站官各立印信、号簿。上站号簿,用下站官印,于每月底彼此移明查考。倘有沉匿、稽延等情,即行详报该管上司据实题参,不得故为容隐。其沉匿平常公文,马夫照铺兵律治罪,提调官吏依律递减。若事干军情机密文书而沉匿者,不计角数,马夫杖六十、徒一年,提调吏典杖一百、革役,司驿官革职。如有所规避者,从重论。

〇一、马上飞递公文,如有遗失,除将马夫照例治罪外,该地方官一面详报该管上司,一面径报原发衙门,查核补给。

**谨案** 此条乾隆二十二年(1757)定。

〇一、凡军台文报,如有将报匣夹板及兵部加封事件,擅敢拆动,以致漏泄事情者,该管大臣立即查究。供证明确,无论官兵马夫,即按军法从事。其专管台站之文武员弁,革职拿问;管辖台站大员,交部议处。至军营来往文移札禀,有关军需粮饷、调遣兵马及升调参革官员等项,发递时,俱用钉封,钤盖印信。如台站书吏人等私自拆阅者,查出究明,问拟满流;台站官弁,交部分别议处。

**谨案** 此条乾隆三十九年(1774)定。

〇一、刑部咨行各省立决人犯公文,俱钉封严固,封面注明件数,并"由马上飞递"字样,派笔帖式一员,送交兵部,加封发驿驰递。

**谨案** 此条乾隆四十九年(1784)定。

**历年事例**

〇乾隆二十三年(1758)议准:查本部一应公文,均关紧要。遇有遗失,如俟地方官报明该抚,转饬在京提塘,查明原衙门,始行补发,必致辗转迟误。嗣后凡本部给发公文,应令该提塘另立号簿,并另行包封,注明号件,沿途登记清单。如有遗失,该地方官即查明上铺发文原册,亦照遗失马上飞递之例,一面详报该管上司,一面径报本部查核补给,始免迟滞遗误。

〇二十四年(1759)议准:嗣后如有遗失本部公文,遵照本部前行办理外,其州县附近巡抚衙门者,即具详巡抚咨部,并报明总督查考;如附近总督衙门,即详请总督核咨,并报明巡抚查考。如此州县报部之外,复有督抚核咨稽查,庶不致沿途耽搁。其遗失公文,得以速行补给。

〇二十九年(1764)议准:向来各部院衙门封印后,遇有紧要之件,俱于正月十六日汇送拆阅,仍佥开印日期,陆续预为办稿,于开印后行文,原不致有迟误。但此等寻常文移,与其汇存提塘署内,于开印前数日汇送,莫若随时投收,于公事尤为周密。嗣后封印期内,各省递到公文,毋拘紧要事件及寻常文册,俱令各该提塘照常随时投递。况各部院衙门封印后,原有当月司员,及各司轮流值日司员,所有一切文移,俟当堂拆阅后,仍照旧佥定开印日期发司,酌量以次办理。如此则紧要之事,即已随时趱办,而寻常事件,亦可次第查案办稿,更属从容。

○四十九年(1784)议准:刑部咨行各省决囚公文,向例除秋审勾到及议复奏折,并由题本改奏案件,俱钉封派笔帖式赍交兵部,封面开明马上飞递外,其余具题立决案件,亦用钉封,与各项不钉封公文,均送交兵部,由兵部转发提塘递送。其非应由驿驰递事件,不得擅动驿马。历久遵行在案。惟各省应拟立决罪囚,以及应入情实重犯,现俱改禁省监,非从前散在各州县可比。此等罪犯,皆属决不待时,既经奉旨处决,自宜速正典刑。若仍由提塘转递,未免迟缓,且恐日久渐滋沉搁漏泄之弊,自不若由驿驰送,较为严密迅速。嗣后除常行公文,仍照旧制送交兵部转发提塘递送外,其一应立决人犯咨文,俱钉封严固,封面注明件数,并"由马上飞递"字样,派笔帖式送交兵部加封发驿。计一年立决重案,不过在三百件以外,驿站尚不致过于劳疲,而要件可免稽迟泄漏之患。

### 邀取实封公文

凡在外大小各衙门官,但有入递进呈实封公文至御前,下司被上司非理凌虐,亦许据实封奏。而上司官令人于中途急递铺邀截取回者,不拘远近,从本铺铺司、铺兵赴所在官司告举,随即申呈上司转达该部,追究邀截之情得实,斩。监候。邀截进表文比此。其铺司、铺兵容隐不告举者,各杖一百。若已告举,而所在官司不即受理施行者,罪亦如之。若邀取实封至六部、察院公文者,各减二等。下司畏上司劾奏而邀取者比此。

**谨案** "转达该部"句下,雍正三年(1725)增"奏闻"二字。

### 铺舍损坏

凡急递铺舍损坏,不为修理,什物不完、铺兵数少,不为补置,及令老弱之人当役者,铺长笞五十,有司提调官吏各笞四十。

#### 附律条例

○一、急递铺,每一十五里设置一所。每铺设铺兵四名、铺司一名,于附近有丁力粮近一石之上二石之下者点充。须要少壮正身,与免杂泛差役。每铺置备各项什物,十二时轮日晷牌子一个、红绰屑一座,并牌额铺册二本。上司行下一本,各府申上一本。遇夜,常明灯烛。铺兵每名合备什物,夹板一副,铃襻一副,缨枪一副,油绢三尺,软绢包袱一条,箬帽、蓑衣各一件,红闷棍一条,回册一本。

**谨案** 此条系原例。

## 私役铺兵

凡各衙门一应公差人员，于经过所在，不许差使铺兵挑送官物及私己行李，违者笞四十，每名计一日追雇工银八分五厘五毫入官。

## 驿使稽程

凡出使驰驿违限，常事，一日笞二十，每三日加一等，罪止杖六十；军情重事加三等。因而失误军机者，斩。监候。若各驿官故将好马藏匿，及推故不即应付，以致违限者，对问明白，即以前应得笞、杖、斩罪坐驿官。其遇水涨路道阻碍经行者，不坐。若驿使承受官司文书，误不依原行题写所在公干去处，错去他所而违限者，减二等；四日笞一十，每三日加一等，罪止笞四十。事干军务者不减。若由原行公文题写错者，罪坐题写之人，驿使不坐。

### 附律条例

○一、各王府公差人员，但系寻常事务，及各王礼节往来，不许驰驿。有擅应付及假以军情为由驰驿者，处死。

**谨案** 此条系原例。雍正三年(1725)奏准，今无勘合、火牌者，皆不得驰驿，此条删。

○一、直隶、江南、山东等处各属马驿佥到马头，情愿雇募土民代役者听。若用强包揽者问罪，旗军发边卫，民并军丁人等发附近，俱充军。其有光棍交通包揽之徒，将正身姓名捏写虚约，投托官豪勋戚之家，前去原籍，妄拿正身家属逼勒取财者，所在官司，应提问者提问，应奏请者将人员羁留，奏请提问，俱照前例充军。该管官司坐视纵容者，参究治罪。光棍妄拿逼勒，问恐吓诈欺罪律。

**谨案** 此条系原例。雍正三年(1725)奏准，今无各属佥解马头之事，此条删。

○一、会同馆夫供役三年，转发该管官司收当民差，另佥解补，不许过役更易姓名，捏故佥补。违者，官吏一体坐罪。若五年以上不行替役，及近馆无藉军民人等，用强揽当者，俱问发边卫充军。

**谨案** 此条系原例。雍正三年(1725)奏准，今会同馆夫役召募充当，不拘年限，此条删。

○一、各处水马驿递运所夫役、巡检司弓兵，若有用强包揽，不容正身着役，多取工钱害人，搅扰衙门者，问罪，不分军民，俱发附近充军。其官吏通同纵容者，各治以罪。若不曾用强多取工钱者，不在此例。多取工钱问求索，计赃以不枉法论。

**谨案** 此条系原例。“问罪”下，本系“旗军调发边卫，民并军丁人等发附近，俱充军",雍正三年(1725)改。

一、各铺司兵,若有无藉之徒,不容正身应当,用强包揽,多取工钱,致将公文稽迟沉匿等项,问罪,不分军民,俱发附近充军。其提调官、该吏、铺长,各治以罪。

**谨案** 此条系"递送公文"门内原例。"问罪"下原文,与上条同,亦雍正三年(1725)改。乾隆五十三年(1788)移附此律。

一、各处水马驿递运所夫役、铺兵及巡检司弓兵,若有用强包揽,不容正身着役,多取工钱,致将公文稽迟沉匿,及搅扰衙门者,发附近充军。其官吏、铺长通同纵容者,各治以违制罪;失于察觉者,交部议处。若不曾用强多取工钱者,不在此例。多取工钱问求索,计赃以不枉法论。

**谨案** 此条系乾隆五十三年(1788)将上二条修并。

○一、凡赍奏不骑驿马,违限十日以内者,免罪;十日以外,系常事笞三十,密事笞四十。

**谨案** 此条系雍正五年(1727)定例。

○一、凡官员因军务差遣,及自军前赴京赍奏军情,倘经过地方,不照依勘合、火牌、粮单,随即供应驿马廪给,不为预备公馆,以致迟误者,按迟误事情巨细,将本城长官及所派催办驿马粮饷官,俱题参,交部察议拟罪。若长官他出,不在本城而有迟误者,其委托怠玩,亦不得免罪,仍交部察议。

**谨案** 此条系乾隆五年(1740)定例。

## 多乘驿马

凡出使人员,应乘驿船驿马数外,多乘一船一马者,杖八十,每一船一马加一等。若应乘驴而乘马,及应乘中等下等马而勒要上等马者,杖七十。因而殴伤驿官者,各加一等。至折齿以上,依斗殴论。若驿官容情应付者,各减犯人罪一等。其应乘上等马而驿官却与中等下等马者,罪坐驿官。本驿如无上等马者毋论。若出使人员枉道驰驿,及经驿不换船马者,杖六十。因而走死驿马者,加一等,追价马匹还官。其事非警急不曾枉道,而走死驿马者,偿而不坐。若军情警急,及前驿无船马倒换者,不坐不偿。亦究不倒换缘由。

### 附律条例

○一、凡指称勋戚、文武大臣、近侍官员姻党族属家人名目,虚张声势,扰害经过军卫有司驿递衙门,占宿公馆,索取人夫、马匹、车辆、财物等项,及奸徒诈称势要衙门,乘坐黑楼等船只,悬挂牌面,希图免税,诓骗违法者,徒罪以上,俱于所犯地方枷号一月,发边卫充军;杖罪以下,枷号一月发落。索取财物,问求索;希图免税,问匿税;诓骗违法,问诈称现任官家人于所部内得财。

**谨案** 此条系原例。

一、勘合之外，如敢多给一夫一马，许前途州县，据实揭报都察院纠参。倘容情不揭，别经揭报，一并治罪。其差使至境，硬派民间牲口者，从重治罪。

**谨案** 此条系雍正元年(1723)定例。

一、勘合之外，多给一夫一马，许前途州县，据实揭报都察院纠参。倘容情不揭，别经揭报，一并治罪。其差使至境，硬派民间牲口者，照违例妄索民夫例，该管官揭报，督抚题参，审明后分别议处、治罪。

**谨案** 此条系嘉庆六年(1801)改定。

〇一、凡驰驿官员纵容差官、跟役，殴骂驿官、驿夫，或并无急务，走死驿马，并额马既足，故行越站，以及索诈财物者，该地方官、驿官，一面申详上司，一面具报该部察究得实，官员革职，差官人等拿送刑部从重治罪。若无勘合、火牌，谎称公差，支取夫马船只，及索诈财物者，亦俱拿送刑部从重治罪。其不照依所定程途，枉道扰驿者，系官交该部议处，差役杖一百。

**谨案** 此条雍正三年(1725)定。

〇一、水驿一应船差，如有派拨埠头，扣克官价入已者，计赃照侵盗钱粮例问拟。各衙门乡亲来往，并书吏人等滥捉民船，辄用旗枪、灯笼假借本管官官衔者，照无官而详称有官律杖一百、徒三年。

**谨案** 此条雍正七年(1729)定。

### 历年事例

〇雍正元年(1723)谕："查驿站关系重大，经朕屡加严谕。然其间积弊，难以尽诘。有在官之累，有在民之累。如直隶、山西，差徭更为浩繁，虽驿马足数，亦供应不敷。乃内而兵部，外而驿道，于给发马匹时，官吏通同受贿，往往所给浮于勘合之数。且行李辎重，皆令驿卒乘马背负，多至八九人不等。所到州县，以见马换马，向有旧例，不敢诘问。至督抚、提镇经过之处，更惟命是从。嗣后照勘合之外，有敢多给一夫一马者，许前途州县，即据实揭报都察院，以听纠参。如甲县容情不揭，而被乙县揭报者，并甲县一并治罪。其督抚、提镇骚扰驿递者，皆照此例。庶稍苏在官之累。至若河南、山东诸省，离京稍远，谓耳目易欺，每驿额设马匹，不过十存三四，其草料工食，仍照旧开销，且逐年详报倒毙，侵蚀买补之价。差使一至，则照里科派，将民间耕种牲口，硬遣当差，令其自备物料，跟随守候。种种累民，尤属不法。着该地方督抚，将所有驿站，逐一彻底清查，缺额者勒限补买。至派借民间牲口，尤当勒石永禁，违者即从重治罪。"

## 多支廪给

凡出使人员，多支领廪给者，计赃以不枉法论。分有禄、无禄。当该官吏与者减一等。强取者,以枉法论,官吏不坐。(多支口粮比此。)

### 附律条例

〇一、各处地方,如遇外国人入贡,经过驿递,即便查照勘合应付,不许容令买卖,连日支应,违者按律治罪。

**谨案** 此条系原例。本系"违者重治",乾隆五年(1740)改。

**又案** "违者重治"下,原文尚有"街市铺行人等,与外国交通买卖,分别治罪"一节,嘉庆十六年(1811)移并"私出外境"例内。

## 文书应给驿而不给

凡朝廷调遣军马,及报警急军务至边将,若边将及各衙门飞报军情诣朝廷(实封)文书,故不遣使给驿(而入递)者,杖一百。因而失误军机者,斩。(监候。)若进贺表笺,及赈救饥荒,申报灾异,取索军需之类,重事,故不遣使给驿者,杖八十。(失误军机仍从重论。)若常事不应给驿而故给驿者,笞四十。

## 公事应行稽程

凡公事有应起解官物、囚徒、畜产,差人管送而辄稽留,及(一切公)事有期限而违者,一日笞二十,每三日加一等,罪止笞五十。若起解军需、随征供给,而管送(兼稽留)违限者,各加二等,罪止杖一百。以致临敌缺乏,失误军机者,斩。(监候。)若承差人误不依题写去处,错去他所,以致违限者,减(本罪)二等;事干军务者不减。(或笞,或杖,或斩,照前科罪。)若由公文题写错(而违限)者,罪坐题写之人,承差人不坐。

### 附律条例

〇一、夫役、工匠人等,遇有紧要差使传集公所,立待应用。如不遵官长约束,为匪不法,逞刁挟制,因而率众扬散以到误差,审明为首者拟斩监候,为从俱枷号一月、杖一百。倘系偶尔违禁,干犯赌博、斗殴等事,并未挟制官长、扬散误差者,仍按本律治罪。

**谨案** 此条乾隆三年(1738)定。

## 占宿驿舍上房

凡公差人员,出外干办公事,占宿驿舍正厅上房者,笞三十。(正厅上房待品官上客。)

## 乘驿马赍私物

凡出使人员，应乘驿马，除随身衣服器仗外，赍带私物者，十斤杖六十，每十斤加一等，罪止杖一百；驿驴减一等；所带私物入官。致死驿马者，依本律。

### 附律条例

〇一、奉差员役至头站时，该驿员即将应背之包，称准斤数，开明印单，递送前途。其每夜住宿之站，该驿员详加查估。如果照例装载，即于印单填写"某站验明并无重包"字样。日间所过驿站，验单应付。如前站徇隐重包，经后站察出详报，该差员役，照律治罪；徇隐驿员，一并议处。

**谨案** 此条雍正十三年(1735)定。

〇一、积惯渔利奸商，寄托年班、进京回子夹带私货者，除数在五百斤以内，仍照旧例分别拟杖外，如数在六百斤，杖六十、徒一年，每百斤加一等，罪止杖一百、流三千里，货物照律入官。

**谨案** 此条嘉庆二十一年(1816)定。

## 私役民夫抬轿

凡各衙门官吏及出使人员，役使人民抬轿者，杖六十。有司应付者，减一等。若豪富庶民之家，役使谓不给雇钱而势使之也。佃客抬轿者，罪亦如之。每名，计一日追给雇工银八分五厘五毫。其民间出钱雇工者，不在此限。

**谨案** 乾隆五年(1740)于"豪富之家"下，小注"不给雇钱，以势"六字，其"役使"下原注十字删。

### 附律条例

〇一、凡内务府官员执事之人，及各部院衙门官员人等，并无印信凭据，诈欺索取民夫等项，该地方官即行拘拿，一面申报该督抚具题，一面申报该部。审实，系官革职，系领催、执事人等，拿送刑部从重治罪。拿首之地方官，照出首私牌例，于应升之缺即升。

**谨案** 此条雍正三年(1725)定。乾隆五年(1740)，将"照出首私牌例"以下十三字，改为"交部议叙"。

〇一、凡兵部勘合，钦差大臣及督抚入境、学差试差、知府下县盘查，及他员奉督抚差委盘查者，准其动用民夫，其余概不准用。倘有违例妄索者，该管官即行揭报督抚题参。若该管官违例滥应，发觉之日，照例治罪。

**谨案** 此条雍正六年(1728)定。

**历年事例**

〇雍正六年(1728)谕:“各省所设驿站夫役,原以预备公事之用。国家岁费帑金,本欲使州县无赔累之苦,民间无差派之扰,官民并受其福也。但闻各省往来人员,有不应用驿夫而擅自动用者,该管之人,或畏其威势而不敢不应,或迫于情面而不得不应。积习相沿,骤难禁止,地方夫役,并受扰累,重负朕加惠官民之至意。嗣后惟兵部勘合,钦差大臣及督抚入境、学差试差,或知府下县盘查,及他员奉督抚差委盘查者,准其动用夫役,其余概不准动用。倘有违例妄索者,着该管官即行揭报督抚题参。若该管官违例滥应,发觉之日,照例治罪。着各省管理驿站之道员,不时查察。倘有徇隐,一并处分。”

## 病故官家属还乡

凡军民官在任以理病故,家属无力不能还乡者,所在官司差人管领,应付车船夫马、脚力,随程验所有家口,官给行粮,递送还乡。违而不送者,杖六十。

**附律条例**

〇一、县丞以下等官,参革离任,或告病身故,实系穷苦不能回籍者,该督抚于存公项内,酌给还乡路费,每年造册报销。

**谨案** 此条乾隆元年(1736)定。

**历年事例**

〇乾隆元年(1736)谕:“向来各直省县丞、主簿、典史、巡检等微员,革职解任,或告病身故,无力回籍者,令该督抚设法料理,俾得早还故土,此国家轸恤下僚之至意也。在督抚办理此事,自应妥议捐助,俾穷员家口得沾恩泽。乃闻各省督抚,吝惜己资,而于通省各微员俸银、养廉内扣除,以为资助之用。夫微员俸少禄薄,岂可再行扣减,大于情理未协。嗣后微员离任身故,实系穷苦不能回籍者,着该督抚于存公项内,酌量赏给还乡路费,每年造册报销,不得派及现任之微员。将此通行各省,一体遵照办理。”

## 承差转雇寄人

凡承差起解官物、囚徒、畜产,不亲管送,而雇人、寄人代领送者,杖六十。因而损失官物、畜产及失囚者,依本律各从重论。损失重问损失,轻则仍科雇寄。受雇、受寄人,各减承差人一等。其同差人自相替者、放者,各笞四十。取财者,承替取放者贴解之物。计赃以不枉法论。若事有损失者,亦依损失官物及失囚律追断,不在减等之限。若侵欺、故纵,各依本律。替者有犯,管送人不知情不坐。

留任”。

一、漕运船只,除运军自带土宜货物外,若附搭客商势要人等,酒面糯米、花草、竹木板片、器皿货物者,将本船运军并附载人员依律治罪,货物入官。其押运官有犯,交部议处。附载人员依违制。运军与运官有赃问枉法,无赃止问违制。

**谨案** 此条乾隆五年(1740)改定。

〇一、黄船附搭客货及夹带私物者,小甲客商人等,俱问发极边卫分永远充军,货物入官。若客商人等,止是空身附搭者,亦连小甲俱发附近充军。其马快船只附搭客货及夹带私物者,小甲客商人等,俱发边卫充军,货物亦入官。若客商人等止是空身附搭者,照常发落。

**谨案** 此条系原例。雍正三年(1725)奏准。今黄快船只,俱系应差官船,有装载私物者,依正律科断,此条删。

〇一、沿河一带,升除、外任及内外公差官员,若有乘坐在官船只,一事。兴贩私盐,二事。起拨人夫,三事。并带去无藉之徒,辱骂锁绑官吏,勒要银两者,督抚、巡河、巡盐、管河、管闸等官,即便拿问。干碍应奏官员,奏请提问。其军卫有司、驿递衙门,若有惧势应付者,参究治罪。三事不备,不引此例;止犯一事,依本律论。

**谨案** 此条系原例。原文“省亲、省祭、丁忧起复,并升除、外任”,又“乘坐马快船只”,又“巡抚、巡按、巡河、巡盐”,均雍正三年(1725)删改。

## 私借驿马

凡驿官将驿马私自借用,或转借与人,及借之者,各杖八十。驿驴减一等。验计日追雇赁钱入官。若计雇赁钱重于私借之罪者,各坐赃论,加二等。

**附律条例**

○一、起解人犯，每名选差的役二名管押，兵丁二名护送。若兵役派不足数，及雇人代解，许兵役互相禀报本管官，知会原派衙门查究补派。若兵役知而不举，将兵役及承派之书吏、弓兵，俱杖一百，革役。其经由前途文武各官，按批查点，有缺少及代解等弊，即详报督抚，将原派官弁参处。其缺少、顶替之兵役，照承差起解囚徒雇人代送律杖六十，革役。如前途各官隐匿不报，别经发觉，题参议处。

**谨案** 此条雍正八年(1730)定。

## 乘官畜产车船附私物

凡因公差应乘官马、牛、驼、骡、驴者，各衙门自拨官马不得驰驿而行者。除随身衣仗外，私驮物不得过十斤，违者，五斤笞一十，每十斤加一等，罪止杖六十。不在乘驿马之条。其乘船、车者，私载物不得过三十斤，违者，十斤笞一十，每二十斤加一等，罪止杖七十。家人、随从者不坐。若受寄私载他人物者，寄物之人同罪，其物并入官。当该官司知而容纵者，与同罪，不知者不坐。若应合递运家小如阵亡、病故官军，及军民官在任以理病故。者，虽有私带物件，不在此限。

**附律条例**

○一、运军土宜，每船许带六十石。沿途过浅盘剥，责令旗军自备脚价。例外多带者，照数入官。监兑、粮储等官，水次先行搜检，督押粮道及府佐官员沿途稽查。经过仪征、淮安、天津等处，听趱运镇道官盘诘。经盘官员徇情卖法，一并参治。多带问违制，徇情卖法问听从嘱托事已施行，受财问枉法，出钱之人问行求。

**谨案** 此条系原例。原文"督押司道"，又"经过仪征听趱运御史盘诘，淮安、天津听理刑主事、兵备道盘诘"，均雍正三年(1725)改。又查原文例末，尚有"其余衙门，俱免投文盘诘"二句，亦雍正三年(1725)删。

一、漕船旗丁，每船准带土宜一百石；头舵二人，每人准带三石；水手无论人数，准其共带二十石。其回空船只舵、水人等，准带梨枣六十石。沿途过浅盘剥，责令自备脚价。例外多带者，照数入官。监兑、粮储等官，水次先行搜检，督押粮道及府佐官员，沿途稽查。经过仪征、淮安、天津等处，听趱运镇道官盘诘。经盘官员徇情卖法，一并参治。多带问违制，徇情卖法问听从嘱托事已施行，受财问枉法，出钱之人问行求。

**谨案** 此条系乾隆五年(1740)增定。

○一、漕运船只，除运军自带土宜货物外，若附搭客商势要人等，酒面糯米、花草、竹木板片、器皿货物者，将本船运军并附载人员参问发落，货物入官。其把总等官有犯，降一级留任。民运船不在此例。运军并附载人员依违制。运军与把总等官，有赃问枉法，无赃止问违制。

**谨案** 此条系原例。原文"降一级回卫带俸差操"，雍正三年(1725)改"降一级

国家出版基金项目
NATIONAL PUBLICATION FOUNDATION

大清律例源流辑校

# 钦定大清会典事例（光绪朝）·刑部

中册

陈颐 点校

法律出版社
LAW PRESS·CHINA
北京

# 总　　目

**上册**



**中册**

# 中册详目

## 【刑　律】

### 【刑律·贼盗】

### 卷七百七十九·刑部五十七



### 卷七百八十·刑部五十八

## 卷七百八十一·刑部五十九



## 卷七百八十二·刑部六十



## 卷七百八十三·刑部六十一



## 卷七百八十四·刑部六十二



## 卷七百八十五·刑部六十三



## 卷七百八十六·刑部六十四



## 卷七百八十七·刑部六十五

## 卷七百八十八 · 刑部六十六



## 卷七百八十九 · 刑部六十七



## 卷七百九十 · 刑部六十八



## 卷七百九十一 · 刑部六十九



## 卷七百九十二 · 刑部七十



## 卷七百九十三 · 刑部七十一

## 卷七百九十四·刑部七十二



## 卷七百九十五·刑部七十三



## 卷七百九十六·刑部七十四



## 卷七百九十七·刑部七十五



## 卷七百九十八·刑部七十六

## 卷七百九十九·刑部七十七



## 【刑律·人命】

## 卷八百·刑部七十八



## 卷八百一·刑部七十九



## 卷八百二·刑部八十

## 卷八百三·刑部八十一



## 卷八百四·刑部八十二



## 卷八百五·刑部八十三

## 卷八百六·刑部八十四



## 【刑律·斗殴】

## 卷八百七·刑部八十五



## 卷八百八·刑部八十六

## 卷八百九·刑部八十七



## 卷八百十·刑部八十八



## 卷八百十一·刑部八十九



## 卷八百十二·刑部九十

## 卷八百十三·刑部九十一



## 卷八百十四·刑部九十二



## 【刑律·骂詈】

## 【刑律·诉讼】

### 卷八百十五·刑部九十三



### 卷八百十六·刑部九十四



### 卷八百十七·刑部九十五



### 卷八百十八·刑部九十六



### 卷八百十九·刑部九十七

## 【刑律・受赃】

### 卷八百二十・刑部九十八



### 卷八百二十一・刑部九十九

## 【刑律·诈伪】

## 卷八百二十二·刑部一百



## 卷八百二十三·刑部一百一

## 卷八百二十四 · 刑部一百二



## 【刑律 · 犯奸】

## 卷八百二十五 · 刑部一百三

## 【刑律·杂犯】

## 卷八百二十六·刑部一百四



## 卷八百二十七·刑部一百五



## 卷八百二十八·刑部一百六



## 卷八百二十九·刑部一百七

## 【刑律·捕亡】

## 卷八百三十·刑部一百八



## 卷八百三十一·刑部一百九



## 卷八百三十二·刑部一百十



## 卷八百三十三·刑部一百十一

## 卷八百三十四·刑部一百十二



## 卷八百三十五·刑部一百十三



## 卷八百三十六·刑部一百十四



## 卷八百三十七·刑部一百十五

# 【刑 律】

# 【刑律·贼盗】

## 卷七百七十九·刑部五十七

### 刑律·贼盗 谋反大逆 谋叛

#### 谋反大逆

凡谋反（谓谋危社稷。）及大逆，（谓谋毁宗庙、山陵及宫阙。）但共谋者，不分首从，（已未行，）皆凌迟处死；（正犯之）祖父、父、子、孙、兄弟，及同居之人，（如本族无服亲属及外祖父、妻父、女婿之类。）不分异姓，及（正犯之期亲）伯叔父、兄弟之子，不限（已未析居，）籍之同异，（男）年十六以上，不论笃疾废疾，皆斩；其（男）十五以下，及（正犯之）母、女、妻妾、姊妹，若子之妻妾，给付功臣之家为奴；（正犯）财产入官。若女（兼姊妹。）许嫁已定，归其夫；（正犯）子孙过房与人，及（正犯之）聘妻未成者，俱不追坐。（上止坐正犯兄弟之子，不及其孙。余律文不载，并不得株连。）知情故纵、隐藏者，斩。有能捕获（正犯）者，民授以民官，军授以军职，（量功授职。）仍将犯人财产全给充赏。知而首告，官为捕获者，止给财产。（虽无故纵，但）不首者，杖一百、流三千里。（未行而亲属告捕到官，正犯与缘坐人俱同自首免；已行，惟正犯不免，余免。非亲属首捕，虽未行，仍依律坐。）

#### 附律条例

○一、凡反逆案内干连流犯，并妻、子俱流徙乌拉地方。如本犯身故，有子者其妻仍同流，无子者免流。

**谨案** 此条康熙二十一年（1682）定。

一、反逆案内律应缘坐男犯，除十六岁以上，仍照律办理外，如犯事时年未及岁并不知者，送交内务府阉割，派在外围当差，不许日久渐移内围。其年在十岁以下者，牢固监禁，俟至十一岁时，解京送内务府办理。

**谨案** 此条乾隆五十六年（1791）遵旨定例。

一、反逆案内律应缘坐男犯，十六岁以上者，发往黑龙江给索伦达呼尔为奴；其缘坐妇女,及男年十岁以下,交值年旗酌给有力之满洲、蒙古、汉军大臣,文职三品、武职二品以上官员为奴;如在十一岁以上、十五岁以下者,牢固监禁,俟成丁时,发往伊犁、乌鲁木齐等处安插,令该将军等严加管束。其知情不首干连人犯,仍依律拟流。

**谨案** 此条系嘉庆六年(1801)修并。十七年(1812)将发黑龙江句,改为"发新疆给官兵为奴"。

一、反逆案内律应问拟凌迟之犯,其子孙讯明实系不知谋逆情事者,无论已未成丁,均解交内务府阉割,发往新疆等处给官兵为奴;如年在十岁以下者,牢固监禁,俟年届十一岁时,再行解交内务府照例办理。内务府大臣,遇有解到阉割人犯,即遴派司员认真看验,并出具无弊切结,送交刑部,再行复验。如有情弊,即行奏参。务须查验明确,再交兵部发往新疆给官兵为奴。至其余律应缘坐男犯,并非逆犯子孙,年在十六岁以上者,发往新疆等处给官兵为奴;如年在十五岁以下者,牢固监禁,俟成丁时,再行发遣。缘坐妇女,发各省驻防给官员兵丁为奴。其知情不首干连人犯,仍依律拟流。

**谨案** 道光六年(1826),调剂新疆遣犯,将原例发新疆及发遣伊犁、乌鲁木齐,俱改发极边足四千里充军。十三年(1833)将不知情之逆犯子孙,无论已未成丁,均分别年岁加以阉割,发往新疆等处给官兵为奴;其律应缘坐之非逆犯子孙,亦分别年岁发新疆为奴;缘坐妇女,俱改发各省驻防为奴。

○一、除反逆正案之亲属,仍照律缘坐外,其有人本愚妄,或希图诓骗财物,兴立邪教名目,或挟仇恨编造邪说,煽惑人心,种种情罪可恶,比照反逆定罪之案,若该犯之父,实不知情,并不同居,无从觉察,审有实据者,将本犯之父,照谋叛之犯父母流二千里律,改为流三千里安置;其比照反逆缘坐之祖父及伯叔,亦一体确审,分析减流。

**谨案** 此条系乾隆三十四年(1769)奉旨议定。

一、凡兴立邪教,及挟仇编造邪说、煽惑人心等项,照大逆定罪之案,若本犯之祖父、父母,讯明实不知情者,概予省释。

**谨案** 此条系乾隆四十六年(1781)奉旨著为令。

一、除实犯反逆案内之亲属,仍照律缘坐外,其有人本愚妄,或希图诓骗财物,兴立邪教,及挟仇编造邪说,煽惑人心,比照反逆定罪之案,若本犯之祖父、父母及期亲伯叔,审系知情者,仍照例办理;其讯明实不知情,即概予省释,不必依律缘坐。

**谨案** 此系乾隆五十三年(1788)将上二条修并,并遵照四十四年(1779)谕旨,增入期亲伯叔一层。

一、奸徒怀挟私嫌,将谋逆重情,捏造匿名揭帖,冀图诬陷之案,除本犯按律问拟外,其中应行缘坐人犯内,如有即系被该逆犯倾陷之人,即行省释,不得以缘坐律问拟。

**谨案** 此条系乾隆四十二年(1777)遵旨议定。

一、除实犯反逆及纠众戕官反狱、倡立邪教传徒惑众滋事案内之亲属,仍照律缘坐外,其有人本愚妄,书词狂悖,或希图诓骗财物,兴立邪教,尚未传徒惑众,及编造邪说,尚未煽惑人心,并奸徒怀挟私嫌,将谋逆重情,捏造匿名揭帖,冀图诬陷,比照反逆及谋叛定罪之案,正犯照律办理,其家属一概免其缘坐。

**谨案** 嘉庆六年(1801),因嘉庆四年(1799)奉旨,比照反逆之案,家属概免缘坐,将前二条改并定为此条。

○一、反逆缘坐案内给功臣为奴人犯,除有脱逃、干犯别情,照例从重办理外,其有伊主呈明不能养赡,讯无别情者,发黑龙江给披甲人为奴。

**谨案** 此条系乾隆五十九年(1794)议定。嘉庆十七年(1812),将此项人犯改发新疆给官兵为奴。二十二年(1817),调剂新疆遣犯,改发各省驻防为奴。

**历年事例**

○雍正元年(1723)谕:"刑部议奏'台湾叛贼郑文远等家口应分别定罪'等语。凡谋反大逆,以及谋叛重罪,均无可宥,按律凌迟处死;正犯之祖、父、子、孙、兄弟,及同居之人期亲伯叔父、兄弟之子,不限已未析居,男十六以上,不论笃疾、废疾,皆斩。但此案事起仓卒,远隔海洋,亲属人等,有身在台湾者,亦有身在内地者,若概从诛戮,情堪悯恻。除身在台湾者,依律正法外,其内地者,从宽免死,解部给予功臣之家为奴。该督抚逐一详查,应行正法者正法,应行解部者解部。"

○乾隆三十四年(1769)谕:"本日勾到河南省情实招册内有徐庚一犯,因伊子徐国泰兴立邪教,照大逆缘坐律问拟斩决,改为监候。核之原案,该犯本不知情,特缘伊子坐罪,是以停其予勾。但思向来办理逆案内,凡缘坐各犯,秋审时经九卿、法司均照例列入情实,而朕悉准罪人不孥之义,并予从宽免勾,固属法外施仁。然其中酌理准情,亦当有所区别。如逆犯家属内,所有兄弟妻子,自当按律缘坐,至本犯之父,则更较别项亲属不同。设使于伊子肆行悖逆之事,原系知情,是该犯之父教子不轨,即属逆案正犯,不得谓之缘坐。倘伊子所犯,平时实不知情,及并未同居,无从觉察者,事发之日,遽行因子及亲,一概坐以大辟,于情既觉可悯,于义尤属未协。嗣后遇有此等逆案家属,应照大逆缘坐律治罪,而该犯之父实不知情者,应如何酌量定拟,明著为令,俾可永远遵循,着大学士、九卿会同该部悉心详议具奏。"

○四十二年(1777),广东巡抚审奏郑会通案内牵告之兄弟郑会寅等五犯,照律缘坐,拟以斩决。奉旨:"应行缘坐人犯内,如郑会寅、郑会礼、郑会衷、郑阿拱、郑阿果,即系该逆犯挟嫌诬控之人,今其事幸得昭雪,而转以其为逆犯兄弟之故,一一罹于重辟。该犯虽身膺显戮,而其意中所本欲倾诬者,亦不能免。俾无赖之徒,竟得拚一死以遂其所愿,未为平允。且该逆犯既忍以大逆诬其兄弟,则其蔑视天显,恩义早绝,更何必因其谊属期亲,概从缘坐。此案除逆犯郑会通之妻、子,仍照大逆缘坐律定拟外,其本被该逆犯倾陷之郑会寅等,着与无干人众,一并省释,三法司即遵照核办。"

○四十四年(1779),核复山西巡抚审奏赵廷杰案内,犯父赵武观、胞伯赵三槐,依律缘坐,拟以斩决。奉旨:"赵廷杰着即凌迟处死。伊父赵武观,按律固应缘坐,但赵武观因知其子素性不良,将该犯逐出另住,情尚可原。朕亦不忍因其子犯大逆,罪及其父,赵武观着加恩免其治罪。伊父既经从宽,所有伊母成氏,并着免其给付功臣之家为奴。其胞伯赵三槐,亦着加恩宽免。"

○四十六年(1781),江西巡抚审奏廖景泮案内,犯父廖秀科,依律缘坐,拟以斩决。奉旨:"廖景泮之父廖秀科一犯,该部拟以缘坐,固属照例办理。但向来缘坐之犯,无不加恩改为监候,以示罪人不孥之义。况其父祖,尤非兄弟子孙可比。此案廖秀科讯非知情纵容,着加恩免其治罪,概予省释,不必缘坐。著为令。"

○五十六年(1791),福建巡抚审题逆犯何东山之侄何适,依律问拟斩决一案。奉旨:"何适系逆犯何东山之侄,虽例应缘坐,但何东山从逆时,何适年幼逃避,并不知情,尚可从宽,何适着免其治罪,送内务府照例办理。嗣后逆犯家属,年未及岁者,均着照此办理。"

○嘉庆元年(1796)谕:"向来刑部定拟大逆缘坐等犯请旨斩决者,皆改为监候,秋审时率免其予勾。原以案犯如编造逆词等事,其父兄子弟情尚可原,是以宽其一线。至如现在湖北邪教,乃公然造反重案,该匪等纠集多人,肆行劫掠,甚至戕官攻城,与官兵公然抗拒,实为大逆不法已极。无论其父兄子弟,皆当概予骈诛,方足以彰国宪。但因其子不法,而遽置其父于重辟,朕心究有所不忍,有违以孝治天下之意。所有此案向文魁、张成勋、张成荣、张成瑶、真大贵,皆系逆犯弟兄,着即处斩。其逆犯之父向朝德、张文学、真典章,俱从宽改为应斩监候,永远牢固监禁,遇赦不赦。嗣后湖北逆匪案内例应缘坐人犯,俱照此办理,以示朕法外施仁、明刑敦孝至意。"

○二年(1797),河南巡抚审题逆犯张云路等家属分别定拟一案。奉旨:"向来大逆缘坐人犯,刑部等衙门按例定拟斩决者,俱从宽改为监候。但此等人犯,久禁囹圄,难免亲戚往视,别滋事端。所有从前及嗣后大逆缘坐之犯,俱着发往黑龙江给索伦达呼尔为奴。既可免各省监狱防范之烦,而该犯等发往为奴,又不至日久复生萌孽。此案缘坐人犯张亥等,即照此办理。"

○四年(1799)谕:"向来大逆缘坐人犯,按律办理,原以其实犯叛逆,自应申明宪典,用示惩创。至比照大逆缘坐人犯,则与实犯者不同。即如从前徐述夔、王锡侯,皆因其著作狂悖,将家属子孙,俱照大逆缘坐定拟。殊不知文字诗句,原可意为轩轾。况此等人犯,生长本朝,自其祖父高曾,仰沐深仁厚泽,已百数十余年,岂复系怀胜国,而挟仇抵隙者。遂不免借词挟制,指摘疵瑕,是偶以笔墨之不检,至与叛逆同科。既开告讦之端,殊失情法之当。着交刑部,除实犯大逆应行缘坐人犯,毋庸查办外，凡比照大逆人犯，其家属子孙，或已经发遣，或尚禁囹圄，即详晰查明，注写案由，开单具奏。钦此。”遵旨议准：凡书词狂悖，干犯庙讳，比照大逆及谋叛并诬告叛逆之案，除正犯照律办理外，其家属一概免其缘坐。

○道光十三年(1833)谕：“刑部奏《请酌改逆案缘坐犯属条例》一折，所奏未能允协。此等叛逆，荼毒一方，并有官员亲属全家被害者，实属罪大恶极。其子孙不概予骈诛，贷其一死，已属宽之又宽。若如刑部所议，到配后禁其婚娶，不过徒托空言，有名无实，必致孽种潜生，殊非所以示惩创。再向来缘坐成丁之犯，发往新疆给官兵为奴，而年未及岁者，加以阉割，办理亦属两歧。其应如何划一立定章程之处，着该部再行妥议具奏。钦此。”遵旨议准：嗣后反逆案内，律应问拟凌迟之犯，其子孙讯明实系不知谋逆情事者，无论已未成丁，均解交内务府阉割，发往新疆等处给官兵为奴。其年在十岁以下者，令该省牢固监禁，俟年届十一岁时，再行解交内务府照例办理。至其余律应缘坐男犯，并非逆犯之子孙，年在十六岁以上者，发往新疆等处给官兵为奴；如年在十五岁以下者，均令该省牢固监禁，俟年届成丁时，再行发遣。其缘坐妇女，仍酌发各省驻防给官员兵丁为奴等因具奏。奉旨：“刑部复奏办理逆案缘坐犯属。嗣后反逆案内，律应问拟凌迟之犯，其子孙讯明实系不知谋逆情事者，无论已未成丁，均着照乾隆五十四年(1789)阉割之例，解交内务府阉割，发往新疆等处，给官兵为奴；其年在十岁以下者，令该省牢固监禁，俟年届十一岁时，解交内务府照例办理。并着内务府大臣，遇解到阉割人犯，即遴派司员认真验看，并出具无弊保证，送交刑部。刑部堂官于该犯送交后，即派司员再行复验，如有情弊，即回堂奏参。总须查验明确，再交兵部发往新疆给官兵为奴。并着内务府、刑部存记，遇修例时纂入则例。”

## 谋　叛

凡谋叛，(谓谋背本国，潜从他国。)但共谋者，不分首从皆斩；妻妾子女，给付功臣之家为奴；财产并入官。(姊妹不坐。)女许嫁已定，子孙过房与人，聘妻未成者，俱不坐。父母、祖、孙、兄弟，不限籍之同异，皆流二千里安置。(余俱不坐。)知情故纵、隐藏者绞。有能告捕者，将犯人财产全给充赏。知(已行)而不首者，杖一百、流三千里。若谋而未行，为首者绞，为从者，(不分多少，)皆杖一百、流三千里。知(未行)而不首者，杖一百、徒三年。(未行则事尚隐秘，故不言故纵、隐藏。)若逃避山泽，不服追唤者，(或避差，或犯罪，负固不服，非暂逃比。)以谋叛未行论；(依前分首从。)其拒敌官兵者，以谋叛已行论。(依前不分首从律。以上二条，未行时事属隐秘，须审实乃坐。)

### 附律条例

○一、就抚盗贼，有为盗时掳掠妇女，若原夫及其父母期亲认识，而坚执不与者，听赴官司告理,将妇女断归完聚。女已配合,不愿还者,听。

**谨案** 此条雍正三年(1725)定。

○一、如有潜匿山林有名大盗投归者,准其免罪。

**谨案** 此条雍正三年(1725)定,原载"名例·犯罪自首"律后。乾隆五年(1740),移入此门。五十三年(1788)议准,今无就抚盗贼名色,强盗投首,应分别应准不应准办理,以上二条均删。

○一、凡叛犯之孙,如有年幼,不便与父母拆离流徙者,一并交与该管衙门。

**谨案** 此条雍正三年(1725)定。乾隆五年(1740),于"该管衙门"下,增"令其亲属收养"六字。

一、叛案内干连流犯,流徙乌拉地方,如本犯身故,妻子免流。

**谨案** 此条雍正三年(1725)定。

一、叛案内缘坐流犯,流徙乌拉地方,令其当差,不必给予披甲人为奴。如本犯未经到配以前身故,妻子免流。至叛犯之孙,如有年幼,不便与父母拆离流徙者,听其母随带抚养。

**谨案** 此条系嘉庆六年(1801),将上二条修并。

一、叛案内律应缘坐流犯,改发新疆酌拨种地当差。如本犯未经到配以前身故,妻子免遣。至叛犯之孙,如有年幼,不便与父母拆离者,听其母随带抚养。

**谨案** 嘉庆二十五年(1820),将原例流徙乌拉地方当差,改发新疆酌拨种地当差。道光六年(1826)调剂新疆遣犯,改发极边足四千里充军。二十四年(1844),新疆遣犯,照旧发往,改定此例。

○一、凡审拟叛案,如果谋叛情实,在本省者,取本犯确实口供,原籍住址,将该犯父母、祖、孙、兄弟、妻妾、子女、家属财产,俱察明严行看守,详开数目具题;如系隔省,确取本犯口供,行文该地方官严拿看守。有隐漏者,该督抚即将该管官指名题参,以凭议处。

○一、叛逆旗下人口,照例交与该管衙门,其民人叛犯之奴仆,交与户部入官。

**谨案** 以上二条,均系雍正三年(1725)定例。

○一、凡异姓人歃血订盟焚表,结拜弟兄,不分人数多寡,照谋叛未行律,为首者拟绞监候;其无歃血盟誓焚表事情,止结拜弟兄,为首者杖一百;为从者各减一等。

**谨案** 此条雍正三年(1725)定。

一、凡异姓人,但有歃血订盟焚表结拜兄弟者,照谋叛未行律,为首者拟绞监候,为从减一等。若聚众至二十人以上,为首者拟绞立决,为从者发云贵两广极边烟瘴充军。其无歃血盟誓焚表事情,止序齿结拜弟兄,聚众至四十人以上,为首者拟绞监候,为从减一等;若年少居首,并非依齿序列,即属匪党渠魁,首犯拟绞立决,为从发云贵两广极边烟瘴充军。如序齿结拜,数在四十人以下、二十人以上,为首者杖一百、流三千里;不及二十人者,杖一百,枷号两月;为从各减一等。

**谨案** 此条乾隆三十九年(1774)改定。

一、凡异姓人,但有歃血订盟焚表结拜弟兄者,照谋叛未行律,为首者拟绞监候,为从减一等;若聚众至二十人以上,为首者拟绞立决,为从者发云贵两广极边烟瘴充军。其无歃血盟誓焚表事情,止序齿结拜弟兄,聚众至四十人以上,为首者拟绞监候;四十人以下、二十人以上,为首者杖一百、流三千里;不及二十人,为首者杖一百、枷号两月;为从各减一等。若年少居首,并非依齿序列,即属匪党渠魁,聚众至四十人以上者,首犯拟绞立决,为从发云贵两广极边烟瘴充军;未及四十人者,为首拟绞监候,为从杖一百、流三千里。

**谨案** 此条嘉庆八年(1803)改定。

一、闽省民人,除歃血订盟焚表结拜弟兄,仍照定例拟以绞候,其有抗官拒捕、持械格斗等情,无论人数多寡,审实,各按本罪分别首从,拟以斩、绞外,若有结会树党,阴作记认,鱼肉乡民,凌弱暴寡者,亦不论人数多寡,审实,将为首者照凶恶棍徒例,发云贵两广极边烟瘴充军,为从减一等;被诱入伙者,杖一百、枷号两月;各衙门兵丁胥役入伙者,照为首例问拟。乡保地方,明知不首,或借端诬告者,照例分别治罪。该管文武各官,失于觉察,及捕获之后,有心开脱,均照例参处。若止系乡民酬社赛神,偶然洽比,事竣即散者,不在此例。

**谨案** 此条系乾隆二十九年(1764)定例。

一、凡异姓人,但有歃血订盟焚表结拜弟兄者,照谋叛未行律,为首拟绞监候,为从减一等。若聚众至二十人以上,为首者拟绞立决,为从者发云贵两广极边烟瘴充军。其无歃血盟誓焚表事情,止序齿结拜弟兄,聚众至四十人以上,为首拟绞监候;四十人以下、二十人以上,为首者杖一百、流三千里;不及二十人,为首者杖一百、枷号两月;为从各减一等。若年少居首,并非依齿序列,即属匪党渠魁,聚众至四十人以上者,首犯拟绞立决,为从发云贵两广极边烟瘴充军;未及四十人者,为首拟绞监候,为从杖一百、流三千里。其有抗官拒捕、持械格斗等情,无论人数多寡,审实,各按本罪分别首从,拟以斩、绞。若结会树党,阴作记认,鱼肉乡民,凌弱暴寡者,亦不论人数多寡,将为首照凶恶棍徒例发云贵两广极边烟瘴充军,为从减一等;被诱入伙者,杖一百、枷号两月;各衙门兵丁胥役入伙者,照为首例问拟。乡保地方,明知不首,或借端诬告者,照例分别治罪。该管文武各官失于觉察,及捕获之后,有心开脱,均照例参处。若止系乡民酬社赛神,偶然洽比,事竣即散者,不在此例。

**谨案** 此条系嘉庆十六年(1811),将前二条修并。

一、凡异姓人,但有歃血订盟焚表结拜弟兄者,照谋叛未行律,为首者拟绞监候,为从减一等;若聚众至二十人以上,为首者拟绞立决,为从者发云贵两广极边烟瘴充军。其无歃血盟誓焚表事情,止序齿结拜弟兄,聚众至四十人以上,为首者拟绞监候;四十人以下、二十人以上,为首者杖一百、流三千里;不及二十人,为首者杖一百、枷号两月;为从各减一等。若年少居首,并非依齿序列,即属匪党渠魁,聚众至四十人以上者,首犯拟绞立决,为从发云贵两广极边烟瘴充军;未及四十人者,为首拟绞监候,为从杖一百、流三千里。其有抗官拒捕、持械格斗等情,无论人数多寡,各按本罪,分别首从,拟以斩、绞。如为从各犯内,审明实系良民被胁,勉从结拜,并无抗官拒捕等事者,应于为从各本罪上再减一等。仅止畏累出钱,未经随同结拜者,照违制律杖一百。其闻拿投首,及事未发而自首者,各照律例分别减免。倘减免之后,复犯结拜,不许再首,均于应拟本罪上酌予加等,应绞决者改拟斩决,应绞候者改为绞决,应发极边烟瘴充军者改发新疆酌拨种地当差,应满流者改为附近充军,应满徒以下亦各递加一等治罪。其自首免罪各犯,由县造具姓名、住址清册,责成保甲、族长严行稽查约束,仍将保人姓名登记册内。如有再犯,即将保甲、族长,拟杖一百。至结会树党,阴作记认,鱼肉乡民,凌弱暴寡者,亦不论人数多寡,审实,将为首者照凶恶棍徒例,发极边足四千里充军,为从减一等;被诱入伙者,杖一百、枷号两个月。各衙门兵丁胥役,随同结会树党、凌弱暴寡者,照为首例,与起意纠结之犯,一体拟军。乡保地方明知不首,或借端诬告者,照例分别治罪。该管文武各官,失于觉察,及捕获之后,有心开脱,均照例参处。若止系乡民酬社赛神,偶然洽比,事竣即散者,不在此例。

**谨案** 此条嘉庆十七年(1812)增定。道光五年(1825),因原例内各衙门兵丁胥役入伙照为首例问拟,恐与例首歃血订盟等项首犯罪应拟绞者相混,于"胥役"下增"随同结会树党、凌弱暴寡者"十一字,将"照为首例问拟"一句改为"与起意纠结之犯,一体拟军",并将凶恶棍徒,改照现行例拟发极边足四千里充军。六年(1826),调剂新疆遣犯,将例内"发新疆酌拨种地当差"之犯,改发云贵两广极边烟瘴充军,到配加枷号三个月。二十四年(1844),新疆遣犯,照旧发往,仍复原例。

〇一、凡不逞之徒,歃血订盟,转相结连土豪市棍、衙役兵丁,彼倡此应,为害良民,据邻佑乡保首告,地方官如不准理,又不缉拿,惟图掩饰,或至蜂起为盗,抄掠横行,将不行准理又不缉拿之地方文武各官革职,从重治罪。其平日失察,首告之后,不自隐讳,即能擒获之地方官,免其议处。至乡保邻佑,知情不首告者,亦从重治罪。如旁人确知首告者,该地方官酌量赏给。倘借端妄告,仍照诬告律治罪。

**谨案** 此条雍正三年(1725)定。乾隆五年(1740),于"地方文武各官"上,删"不行准理又不缉拿之"九字。

〇一、谋叛案内,被胁入伙,并无随同焚汛戕官、抗拒官兵情事,一闻查拿,悔罪自行投出者,发往黑龙江给披甲人为奴。

**谨案** 此条嘉庆五年(1800)遵旨定例。十七年(1812),将此项人犯,改发新疆给官兵为奴。道光六年(1826),调剂新疆遣犯,将例内应发新疆者,改发极边足四千里充军。二十四年(1844),新疆遣犯,照旧发往,仍复原例。

〇一、台湾不法匪徒,潜谋纠结,复兴天地会名目,抢劫拒捕者,首犯与曾经纠人及情愿入伙、希图抢劫之犯,俱拟斩立决。其并未转纠党羽,或听诱被胁,而素非良善者,俱拟绞立决。俟数年后此风渐息,仍照旧例办理。

**谨案** 此条系乾隆五十七年(1792)定例。

一、闽、粤等省不法匪徒,潜谋纠结,复兴天地会名目,抢劫拒捕者,首犯与曾经纠人及情愿入伙、希图抢劫之犯,俱拟斩立决。其并未转纠党羽,或听诱被胁,而素非良善者,俱拟绞立决。如平日并无为匪,仅止一时随同入会者,俱发新疆酌拨种地当差。俟数年后此风渐息,仍照旧例办理。

**谨案** 此条嘉庆十六年(1811)改定。

○一、凡内地汉、回,在回疆地方,如有甘心剃发,从夷助逆者,照谋叛不分首从律拟斩立决。若系被胁剃发,并无随同焚汛戕官、抗拒官兵情事,后经悔罪投回者,实发云贵两广极边烟瘴充军。如有擅娶回妇者,到配加枷号一年。其并未剃发从逆,止于擅娶回妇者,杖一百、流二千里,各解回内地,按籍发配,所娶回妇离异。

**谨案** 此条道光九年(1829)定。

○一、滇省匪徒,结拜弟兄,除罪应徒、流以上各犯,仍照例办理外,其但系依齿序列,不及二十人,罪止枷杖者,于本地方锁系铁杆一年,限满开释,照例枷责,交保管束。如不悛改,再系一年。倘始终怙恶不悛,即照棍徒扰害例,严行办理。地方官每办一案,报明督抚、臬司按季汇册咨部,开释时亦报部查核。俟数年后此风稍息,仍循旧例办理。

**谨案** 此条咸丰元年(1851)定。

**历年事例**

○康熙三年(1664)复准:凡审定情实叛犯,在本省者,查明家属财产,父母、祖、孙、兄弟、妻妾、子女看守具题;系隔省者,取本犯确供,一面具题,一面行令该地方官,将本犯家属财产、父母、祖、孙、兄弟、妻妾、子女确查看守,照依复咨具题。如有隐漏情弊,该督抚指名参处。

○又题准:凡拨给叛逆家属,有私卖私赎者,事发之日,系官革职,系旗下人枷号两月、鞭一百,系民杖一百、流三千里,人与价俱入官。其盛京、宁古塔驿站等处,有私卖私赎者,将专管官并领催从重议罪。

○又题准:反叛情罪重大,其许聘之女及姊妹俱入官,旗下有犯,亦照此例。

○四年(1665)复准:反叛已许聘之女及姊妹,俱免入官,仍照律取该管官印结,并两邻甘结,归与原夫。

○二十一年(1682)谕:"反叛案内应流人犯,仍发乌拉地方,令其当差,不必给新披甲人为奴,以昭朕轸恤民隐、哀矜保全之意。"

○二十三年(1684)题准:凡应流宁古塔叛逆家口,若系十四岁以下,及不堪流徙者,即随其父母一并交与内务府。

○三十一年(1692)谕:"嗣后逆属妇女,出嫁年久生子,着停其解送,仍给予完聚,一概不必行察。"

○乾隆十八年(1753)谕:"据班第奏《增城逆犯王亮臣等家产,估变银四千余两,为善后案内衙署兵房之用》一折。叛产入官,即以充善后公用,自应如此办理。但叛逆重罪,大抵无藉之徒,借此哄诱愚民,诓骗财物,或因饥寒切身,迫于万不得已,乃铤而走险。今逆犯田产,既有四千余两,以十人之产计之,尚可为温饱之家,何至相率作贼耶?此案办理固无可疑,而案犯挟仇诬扳,承审官以事关重大,不敢遽为昭雪,而波及无辜,亦事之所有,惟在该督抚等详细体察耳。封疆大吏,除暴安民,是其专责。倘有叛案,断不可不办。朕非恶闻其事,特以案情既重,承办官员,尤宜加意详慎。若意在诛求,而或不免株累,则于整顿地方之道,失之远矣。近来江、广、闽、粤,皆有此等案件,阅班第折,因念及此,可通行传谕各督抚知之。"

○十九年(1754)谕:"卫哲治奏广东四会县所拾李捷三逆禀一案,'由肇罗道抄写逆词,关移邻省,辗转接递,恐启滋事之端'等语。此案粤省旋已缉获捏造之杨德、陈瑞翎等,奏明照例杖毙。该地方官于初发觉时,即关移邻省密为踪迹。但不应将逆词抄写知会,以致各营县驿辗转接递,致滋传播。而获犯后,亦应知照原行该衙门销案。此乃粤东办理疏忽,卫哲治此奏,亦有所见。可即饬知各属将原抄销毁,并传谕各督抚:似此愚民诪张为幻,原属常有之事。嗣后止将原词抄录呈览,毋庸该督抚添入'大逆不道、令人发指'等虚词。其应缉重犯,止将事由及捏造名姓,密行移知各处,一体访缉。不得抄写书词,遍为接递。然不可因有此旨,矫枉过正,或致故纵,或致隐匿不奏。发觉之后,惟该督抚是问。"

○二十年(1755)谕:"据富勒赫奏称,'徐州府萧山地方,有顺刀会名色,每逢庙会集场,压宝打架,酗酒诱赌。前在河南布政使任内,永城县有此会名,严加查禁。今徐州与永城接壤,又有此会,明系豫省窜入'等语。徐属民情强悍,匪案素多,又与豫省接壤,犬牙相错之处,尤易藏奸。如富勒赫所奏顺刀会一案,虽经该县拿获,审无结党聚众实迹,然非严行查禁,则棍徒积聚曰多,深足为地方之害。而地方官奉行故事,以为出境即可卸责,遂至此省严禁,即潜匿邻疆,辗转蔓延,岂能杜绝净尽。语云,'萌芽不折,将寻斧柯',[①]奸匪潜滋,慎毋轻忽。可传谕江苏、安徽、河南各督抚,严饬所属,将顺刀会匪徒,两省关会,协力查缉,务尽根株,不得稍存彼此。嗣后有此等案犯,均如此办理。倘仍分畛域,任匪犯出境藏匿,以致漏网后,在他省生事发觉者,朕必于该督抚是问。"

○三十六年(1771)谕:"前据富明安等奏明湖北京山县逆犯严金龙纠众不法一案,竟敢于私制衣帽,设立伪号伪官,图劫仓库,是其谋反之迹,已属昭著,实为罪大恶极。今该督审拟续获逆党严在和等,将案内缘坐之严喜儿,仅照谋叛亲属律发功臣之家为奴,所拟殊未允协,已据三法司另行改拟矣。向来谋叛、谋反,律文各有专

---

① 贾谊:《新书·审微》作"萌芽不伐,且折斧柯"。

条。盖谋叛乃指谋背本国、潜从他国者而言,其情罪较谋反迥别,是以问拟缘坐,亦轻重不同。且谋叛之条,原系沿用旧律。方今天下一家,岂复有此国彼国,可以叛往之处?又岂严金龙之显然谋反者,所得比附乎?今该督以首恶胞侄严喜儿,仅照谋叛家属问拟,必系胥吏人等,瞻徇同乡,因而避重就轻,以逞高下其手之计,而幕宾无识,亦遂以多活数囚,妄谓可积阴德。此种锢习,最为可恨。富明安于刑名律例,原未谙习,但不细检律条,确切比拟,亦属疏略,现已传旨申饬。至于奏谳重案,乃臬司专责,何竟率意拟转,不加详核,以致轻重失当乎!所有湖北按察使刘秉愉,着交部察议。"

○嘉庆五年(1800),台湾镇总兵奏拿获叛案陈锡宗等分别办理一案。奉旨:"爱新泰等奏《续拿获盐水港滋事匪犯并闻拿投出匪伙审明办理》一折。此案结会纠众、戕官焚汛之匪目胡杜猴等四犯,及听纠随从滋事,节次打仗之匪伙胡登元等五十三犯,俱续经拿获,爱新泰等于审明后,即将各犯按律定以凌迟斩决,分别正法,传首枭示,所办甚是。其悔罪投出之谢琦等六名,爱新泰等因例无自首减等之文,仍将谢崎[1]等牢固监禁,请旨定夺一节。谢崎等既系被胁入伙,并无随同焚汛戕官、抗拒官兵情事,一闻查拿,即悔罪自行投出,与甘心从逆者有间,自可贷其一死,着发往黑龙江等处,给披甲人为奴。嗣后遇有投出之犯,并即着照此办理,毋庸再行请旨。"

○八年(1803)谕:"玉德等奏《拿获听纠入会各犯审明办理》一折。此案结会为匪,系在逃之颜和尚起意为首,南靖县役黄昆、王崇与余朗等,俱听从入伙,同拜颜和尚为师。嗣颜和尚叠犯抢劫,屡经县府查拿,黄昆、王崇俱代为探信,以致颜和尚脱逃,未能就获。现经该督等将黄昆、王崇二犯,依左道惑人为首例拟绞候。此等在官人役,本有缉捕邪匪之责,乃胆敢听纠入会,及事发后,又复透漏消息,致令首犯疏脱,实属藐法,黄昆、王崇均着即处绞。该督等应明白晓谕,嗣后办理此等案件,除寻常为从之犯,仍照例拟遣外,如有衙役听纠入会,并私相通信者,俱着照黄昆王崇之例,立予缳首,庶足儆奸蠹而靖地方。"

○光绪十三年(1887)奏准:嗣后陕西省签匪、会匪,起意为首,纠结入伙至数十百人之多,情同叛逆,及抢劫拒捕、互相仇杀,抢夺奸拐妇女,暨令伙党在外丢包讹诈,坐地分赃,并为从曾经纠结数十百人、情愿入伙、希图抢劫之犯,审明确实,即行就地正法,传首犯事地方悬杆示众,仍按季汇奏一次。其甫经起意,纠结人数无多,又仅止绺窃,并无抢夺等项重情首从各犯,及被诱、被胁各犯,俱按其所犯情罪,分别以大链锁系巨石。罪应军、流者,不拘年限。如军罪已过十年,流罪已过八年,果能悔罪自新,并未滋事,又有地方公正绅耆、亲族人等保领,取具切结,准其释放。如不能改悔,又无保领,即永远锁系。其罪应拟徒者,锁系巨石五年;罪应枷、杖者,锁系巨石三年,限满亦准保释。若释放后复敢结党滋事,或于锁系限内潜逃,原犯军、流

---

① 原件谢琦、谢崎并出,待查。

者,拿获即行正法;原犯徒罪以下,拿获递加锁系二年。如再不知改悔,仍复勾结为害,三犯拿获,即行正法。地方官每办一案,仍报明查核,按季汇报。此项锁系各犯,徒罪以上,各于右面分别深刺"签匪""会匪"字样;杖罪以下,于右小臂刺字。其有再犯者,徒罪以下,各于左面再行刺字。

# 卷七百八十·刑部五十八

## 刑律·贼盗

造妖书妖言　盗大祀神御物　盗制书　盗印信　盗内府财物　盗城门钥　盗军器　盗园陵树木

### 造妖书妖言

凡造谶纬、妖书、妖言,及传用惑众者,皆斩。监候。被惑人不坐。不及众者,流三千里。合依量情分坐。若他人传造私有妖书,隐藏不送官者,杖一百、徒三年。

### 附律条例

○一、凡妄布邪言,书写张帖,煽惑人心者,交与步军统领、五城、顺天府不时严拿,为首者斩立决,为从者皆斩监候。

**谨案**　此条雍正三年(1725)定。乾隆五年(1740),删"交与步军统领、五城、顺天府不时严拿"句。

一、凡有狂妄之徒,因事造言,捏成歌曲,沿街唱和,及以鄙俚亵嫚之词,刊刻传播者,内外各地方官即时察拿,坐以不应重罪。若系妖言惑众,仍照律科断。

**谨案**　此条雍正三年(1725)定。

一、凡妄布邪言,书写张帖,煽惑人心,为首者皆斩立决,为从者皆斩监候。若造谶纬、妖书、妖言,传用惑人,不及众者,发往黑龙江等处给披甲人为奴。至狂妄之徒,因事造言,捏成歌曲,沿街唱和,及以鄙俚亵嫚之词,刊刻传播者,内外各地方官即时察拿,审非妖言惑众者,坐以不应重罪。

**谨案**　此条系嘉庆六年(1801),将前二条增删修并。十七年(1812)将例内发黑龙江之犯,改发新疆给额鲁特为奴。二十年(1815),又将发新疆给额鲁特为奴,改发回城给大小伯克及力能管束之回子为奴。

○一、凡坊肆市卖一应淫词小说,在内交与八旗都统、都察院、顺天府,在外交督抚等,转行所属官弁严禁,务搜板书,尽行销毁。有仍行造作刊刻者,系官革职,军民杖一百、流三千里;市卖者,杖一百、徒三年;买看者,杖一百。该管官弁,不行查出者,交与该部,按次数分别议处,仍不准借端出首讹诈。

○一、各省抄房,在京探听事件,捏造言语,录报各处者,系官革职,系军民杖一百、流三千里。该管官不行查出者,交与该部按次数分别议处。其在京贵近大臣家人子弟,倘有滥交匪类,前项事发者,将家人子弟,并不行约束之家主,并照例议处治罪。

**谨案** 以上二条,均雍正三年(1725)定例。

### 历年事例

○崇德元年(1636)谕:“凡有传布讹言者,处死。”

○康熙十六年(1677)题准:凡捏造俚歌,刊刻传颂,沿衔唱和者,内外地方官,即时查拿,照不应重律治罪。若系妖言惑众等词,照律议罪。

○十八年(1679)议准:凡妄说讹言,书写张贴,煽动人心,为首者立斩,为从者俱拟斩监候。

## 盗大祀神御物

凡盗大祀神祇御用祭器、帷帐等物,及盗飨荐、玉帛、牲牢、馔具之属者,皆斩。不分首从、监守常人。谓已在殿内及已至祭所而盗者。其祭器、品物未进神御,及营造未成,若已奉祭讫之物,及其余官物,虽大祀所用,非应荐之物。皆杖一百、徒三年。若计赃重于本罪杖一百、徒三年者,各加盗罪一等,谓监守、常人盗者,各加监守、常人盗罪一等。至杂犯绞、斩,不加。并刺字。

## 盗制书

凡盗制书者,若非御宝原书,止抄行者,以官文书论。皆斩。不分首从。盗各衙门官文书者,皆杖一百,刺字。若有所规避者,或侵欺钱粮,或受财买求之类。从重论。事干系军机之钱粮者,皆绞。监候。不分首从。

**谨案** 原文“制书”下,有“及起马御宝圣旨、起船符验”十一字,雍正三年(1725)删。

## 盗印信

凡盗各衙门印信者,不分首从,皆斩。监候。又伪造印信时宪书条例云,钦给关防,与印信同。盗关防印记者,皆杖一百,刺字。

**谨案** 原文“各衙门印信”下有“及夜巡铜牌”五字,“及”字下小注“皇城、京城”四字。雍正三年(1725)奏准,今夜禁定例,一应看守皇城、京城,皆该管官亲身巡察,并不用夜巡铜牌,应将“及夜巡铜牌”五字并小注俱删。

## 盗内府财物

凡盗内府财物者,皆斩。杂犯。凡盗即坐,不论多寡,不分首从。若财物未进库,止依盗官物论。“内府”字要详。

**谨案** 原注“若未进库,止依常人盗。‘内库’字要详”。雍正三年(1725)奏准,此律兼监守、常人而言,小注语意未明,改为“若财物未进库,止依盗官物论”;又“内库”二字,应照律文改为“内府”。

**附律条例**

〇一、凡盗内府财物,系御宝、乘舆服御物者,仍作实犯死罪。其余监守盗银三十两、钱帛等物值银三十两以上,常人盗银六十两、钱帛等物值银六十两以上,俱问发边卫永远充军。内员同。

**谨案** 此条系原例。原文无“御宝”字,雍正三年(1725)增。乾隆五年(1740),将“边卫永远充军”,改为“边远充军”。

一、凡盗内府财物,系杂犯及监守常人盗、窃盗、掏摸、抢夺等项,但三次者,不分所犯各别、曾否刺字、革前革后,俱得并论,比照窃盗三犯律处绞,奏请定夺。

**谨案** 此条系原例。

一、凡盗内府财物,系杂犯及监守常人盗、窃盗、掏摸,但三次者,俱得并论,比照窃盗三犯律处绞,仍分别恩赦前后论。

**谨案** 此条雍正三年(1725)改定。

一、凡盗内府财物、御宝、乘舆服御物者,俱作实犯死罪。其余监守、常人盗仓库银两、钱帛等物,俱照盗仓库钱粮各本例定拟。

**谨案** 此条乾隆五十三年(1788),将前条删并。

一、凡盗内府财物,系御宝、乘舆服御物者,俱作实犯死罪。其余银两、钱帛等物,分别监守、常人,照盗仓库钱粮各本例定拟。

**谨案** 此条嘉庆十九年(1814)因查内府财物并非悉储仓库之中,原例但称“盗仓库银两、钱帛等物”,尚未赅括,是以改定。

〇一、凡偷窃大内及圆明园、避暑山庄、静寄山庄、清漪园、静明园、静宜园、西苑、南苑等处乘舆服物者,照律不分首从,拟斩立决。至偷窃各省行宫乘舆服物,为首者拟绞监候,为从者发云贵两广极边烟瘴充军。其偷窃行宫内该班官员人等财物,仍照偷窃衙署例问拟。若遇圣驾临幸之时,有犯偷窃行宫物件者,仍依偷窃大内服物例治罪。

**谨案** 此条系嘉庆四年(1799)遵旨定例。

〇一、行窃紫禁城内该班官员人等财物,不计赃数人数,照偷窃衙署拟军例上加一等,发新疆酌拨种地当差,赃重者仍从重论。如临时被拿拒捕杀人者,不论金刃、他物、手足,均拟斩立决。金刃伤人者,拟斩监候;他物伤人,及执持金刃未伤人者,拟绞监候;手足伤人,并执持器械非金刃,亦未伤人者,发新疆给官兵为奴。其寻常斗殴,仍分别金刃、他物、手足,及杀伤本例问拟。

**谨案** 此条系同治元年(1862)定。

### 历年事例

〇康熙二十六年(1687)谕:“此后拿获窃盗金银器皿者,照律计银数目治罪。”

〇三十二年(1693)议准:凡相近内地,看守仓库,并公所仓库之官员兵丁,拿获窃盗者,官员纪录一次,兵丁向贼犯追银二两充赏。看守此等处官员兵丁,非系专责拿贼之人,不照贼数,止照拿获次数,纪录、充赏。

〇嘉庆四年(1799)谕:“胡季堂奏‘张猛等在济尔哈朗图行宫偷窃帘刷、挖单等物,请照盗内府财物系乘舆服御物者不分首从俱拟斩立决之例,将张猛、宋泳德俱拟应斩立决’等语,殊属过当。若如大内、圆明园、避暑山庄、静寄山庄、清漪园、静明园、静宜园、西苑、南苑等处,自当按此律办。至济尔哈朗图行宫,距京甚远,不但非大内可比,且较之岁时临幸之园亭等处,亦有不同。况所窃帘刷等物,亦非乘舆服御之件,若概拟以斩决,假如偷窃大内等处物件者,其罪又何以加。且各省行宫甚多,又岂得尽照大内之例办理乎。嗣后遇有此等偷窃各省行宫之犯,较偷窃衙署者,固应加等问拟,但竟援照盗内府财物之律,不分首从,定以斩决,未免无所区别。所有张猛、宋泳德二犯,应行改拟罪名,及此后遇有此等偷窃行宫案犯,应如何定拟之处,俱着刑部详悉妥议具奏。”

〇咸丰十一年(1861),朝审周幅僖等。奉旨:“该太监等陆续偷窃,虽自四月,惟六七两月,乘时携取,情殊可恶,即予骈诛,亦无不可。况系寝殿,并非库与仓所可同日而语。从前乾隆年间,太监寻常犯窃,尚有杖毙者。国史则例,信而有征。今乃狃于积习,从宽定拟,不知是何意见,总缘事事不肯虚心推究。内府爰书,堪作笑谈。若皆似此有心见好,怨又何归。所有此案之周幅僖、谢汶至,均着改为绞监候,秋后处决。”

### 盗城门钥

凡盗京城门钥,皆(不分首从。)杖一百、流三千里;(杂犯。)盗府州县镇城关门钥,皆杖一百、徒三年;盗仓库门(内外各衙门)等钥,皆杖一百;并刺字。(盗皇城门钥,律无文,当以盗内府物论。)

**谨案** 乾隆五年(1740),增注“盗监狱门钥,比仓库”八字。

### 盗军器

凡盗(人关领在家)军器者,(如衣甲、枪刀、弓箭之类。)计赃以凡盗论。若盗(民间)应禁军器者,(如人马甲、旁牌、火筒、火炮、旗纛、号带之类。)与(事主已得)私有(之)罪同。若行军之所,及宿卫军人相盗入己者,准凡盗论;(若不入己,)还充官用者,各减二等。

### 附律条例

〇一、拿获偷盗军器之犯,除犯该流、绞者,仍依律办理外,其犯该徒、杖者,照窃盗赃加一等治罪，仍于犯事处，加枷号一月。其当买军器之人，减本犯罪一等发落。

**谨案** 此条乾隆二十五年(1760)定。

### 盗园陵树木

凡盗园陵内树木者，皆不分首从。杖一百、徒三年。若盗他人坟茔内树木者，首杖八十。从减一等。若计入己赃重于徒杖本罪者，各加盗罪一等。各加监守、常人窃盗罪一等。若未驮载，仍以毁论。

**附律条例**

○一、车马过陵者，及守陵官民入陵者，百步外下马。违者以大不敬论，杖一百。

**谨案** 此条系原例，本无“杖一百”三字。雍正三年(1725)奏准：例以大不敬论者一，无罪名，查“名例·大不敬”条，下注斩者三、杖一百者四，此应杖一百，例文末添“杖一百”三字。

○一、凡山前山后，各有禁限。若有盗砍树株者，验实桩楂，比照盗大祀神御物律斩，奏请定夺，为从者发边卫充军。取土取石，开窑烧造，放火烧山者，俱照前拟断。

**谨案** 此条系原例。“照前拟断”句，乾隆五年(1740)，改为“照律分别首从拟断”。

一、凡山前山后，各有禁限。若有盗砍红桩、白桩以内树株者，验实桩楂，比照盗大祀神御物律斩，为从者发近边充军。如在青桩以内白桩以外盗砍木植者，为首发极边足四千里充军，为从杖一百徒三年，计赃重者从重论。其在白桩以外青桩以内，取土取石，设窑烧炭，放火烧山者，亦照盗砍木植例，首犯拟斩立决，为从发近边充军。如采樵枝叶者，仍照旧例，毋庸禁止。

**谨案** 此条嘉庆六年(1801)改定。

一、凡山前山后，各有禁限。如红桩以内，盗砍树株，取土取石，开窑烧造，放火烧山者，比照盗大祀神御物律斩，奏请定夺，为从者发近边充军。若红桩以外白桩以内，除采樵枝叶，仍照旧例毋庸禁止，并民间修理房茔，取土刨坑不及丈余，取用山上浮石长不及丈，及砍取自种私树者，一概不禁外，其有盗砍官树，开山取石，掘地成壕，开窑烧造，放火烧山者，即照红桩以内减一等，为首问发近边充军，从犯杖一百、徒三年；如在白桩以外青桩以内有犯，为首杖一百、徒三年，从犯减一等，杖九十、徒二年半；计赃重于徒罪者，加一等。

**谨案** 此条嘉庆十一年(1806)改定。

一、凡山前山后，各有禁限。如红桩以内，盗砍树株，取土取石，开窑烧造，放火烧山者，比照盗大祀神御物律斩，奏请定夺，为从者发近边充军。若红桩以外、官山界限以内，除采樵枝叶，仍照旧例毋庸禁止，并民间修理房茔，取土刨坑不及丈余，取用山上浮石长不及丈,及砍取自种私树者,一概不禁外,其有盗砍官树,开山采石,掘地成壕,开窑烧造,放火烧山,在红桩以外、白桩以内者,即照红桩以内减一等,为首问发近边充军,从犯杖一百、徒三年;如在白桩以外、青桩以内者,为首杖一百、徒三年,从犯减一等,杖九十、徒二年半;如在青桩以外、官山以内者,为首杖九十、徒二年半,从犯减一等,杖八十、徒二年;计赃重于徒罪者,各减一等。官山界址在二十里以外,即以二十里为限;若在二十里以内,即以官山所止之处为限。弁兵受贿故纵,如本犯罪应军、徒者,与囚同罪,赃重者,计赃以枉法从重论;本犯罪应斩决者,将该弁兵拟以绞决。其未经得贿,潜通信息,致犯逃避,本犯罪应军、徒者,亦与囚同罪;本犯罪应斩决者,将该弁兵等减发极边烟瘴充军。仅止疏于防范者,兵丁杖一百,官弁交部议处。

**谨案** 此条道光二年(1822)遵旨增定。

○一、私入红桩火道以内偷打牲畜,为首于附近犯事地方枷号两月,满日改发极边烟瘴充军,为从枷号一月,杖一百、徒三年。其因起意在内偷牲,遗失火种,以致延烧草木者,于附近犯事地方枷号两月,满日发新疆酌拨种地当差,为从枷号一月,杖一百、徒三年。如延烧殿宇墙垣,为首拟绞监候,为从杖一百、流三千里。

**谨案** 此条道光五年(1825)定。六年(1826)因调剂新疆遣犯,将应发极边烟瘴充军者,改发极边足四千里充军;应发新疆酌拨种地当差者,改发极边烟瘴充军。二十四年(1844)仍复原例。

○一、凡旗民人等,在红桩以内偷挖人参,至五十两以上,为首比照盗大祀神御物律斩,奏请定夺,为从发新疆给兵丁为奴;二十两以上,为首发新疆给兵丁为奴,为从杖一百、流三千里;十两以上,为首实发云贵两广烟瘴地方充军,为从杖一百、流二千里;十两以下,为首发近边充军,为从杖一百、徒三年。在红桩以外、白桩以内偷挖人参,至五十两以上者,为首拟绞监候,为从发近边充军;二十两以上,为首实发云贵两广烟瘴充军,为从杖一百、流二千里;十两以上,为首发近边充军,十两以下,为首杖一百、流三千里,为从俱杖一百、徒三年。在白桩以外、青桩以内偷挖者,照偷刨山场人参例分别治罪。未得参者,各于已得例上减一等。知情贩卖者,减私挖罪一等,不知者不坐。得参人犯,首从俱刺"盗官参"三字;未得参及贩卖者,俱免刺字;参物入官。旗人有犯,销除旗档,照民人一律办理。弁兵受贿故纵,本犯罪不应死者,与犯人同罪,赃重者,计赃以枉法从重论;本犯罪应斩决者,为首之弁兵拟绞立决,本犯罪应绞候者,该弁兵发新疆分别当差为奴。其止疏于防范者,兵丁杖一百,官弁交部议处。

**谨案** 此条道光八年(1828)定。

○一、凡在陵寝围墙以内盗砍树木枝杈,为首者先于犯事地方枷号两月,发近边充军;其无围墙之处,如在红桩以内盗砍者,即照围墙以内科罪。若在红桩以外、白桩以内盗砍者,为首杖一百、徒三年;如在白桩以外、青桩以内,为首杖一百;均枷号一月。如在青桩以外、官山以内，为首杖一百。为从各犯，俱于首犯罪上各减一等问拟。其围墙以外，并无白桩、青桩者，均照官山以内办理。弁兵受贿故纵，及潜通消息致犯逃避者，各与囚同罪。

**谨案** 此条道光二十七年(1847)定。

○一、凡子孙将祖父坟园树木砍伐盗卖者，照违令律治罪；奴仆盗卖者，计赃加窃盗一等治罪。盗他人坟园树木者，计赃准窃盗论。其盗卖坟茔之房屋、碑石、砖瓦、木植等项，均照此例治罪。私砍树木等物，分别入官、给主。

**谨案** 此条系康熙五十七年(1718)议准，乾隆五年(1740)定例。嗣于乾隆二十(1755)及二十八(1763)等年另定新例，将此条声请删除。

一、凡子孙将祖父坟茔树木私自砍卖者，一株至十株，杖一百、枷号三月；十株以上者，系旗人发宁古塔当差，系民发边远充军；奴仆盗卖者罪同。盗他人坟树者，杖一百、枷号一月。其知情盗买坟树之人，均照盗他人坟树例治罪，不知者不坐。盗卖坟茔、房屋、碑石、砖瓦、木植者，计赃准窃盗论；奴仆盗卖，计赃加窃盗罪一等。知情盗买，减盗卖罪一等；树木等物，分别入官、给主。

**谨案** 此条系乾隆二十年(1755)定例。

一、凡子孙将祖父坟茔树木私自砍卖者，一株至十株，杖一百、枷号三月，计赃重者，准窃盗从重论；十株以上者，系旗人发宁古塔当差，系民发边远充军；看坟人等及奴仆盗卖者罪同。盗他人坟树者，杖一百、枷号一月；计赃重者，照本律加窃盗罪一等。其知情盗买坟树之人，均照盗他人坟树例治罪，不知者不坐。盗卖坟茔之房屋、碑石、砖瓦、木植者，子孙、奴仆并准窃盗加一等，他人计赃准窃盗论。知情盗买者，减盗卖罪一等；树木等物，分别入官、给主。

**谨案** 此条乾隆三十二年(1767)改定。

一、凡子孙将祖父坟茔树木私自砍卖者，一株至十株，杖一百、枷号三月，计赃重者，准窃盗从重论；十株以上者，系旗人发宁古塔当差，系民发边远充军。若系枯干树木，不行报官，私自砍卖者，照不应重律杖八十。看坟人等及奴仆盗卖者罪同。盗他人坟树者，杖一百、枷号一月，计赃重者，照本律加窃盗罪一等。其知情盗买坟树之人，均照盗他人坟树例治罪，不知者不坐。盗卖坟茔之房屋、碑石、砖瓦、木植者，子孙、奴仆计赃并准窃盗罪加一等，他人计赃准窃盗论。知情盗买者，减盗卖罪一等；树木等物，分别入官、给主。

**谨案** 此条乾隆四十二年(1777)改定。

一、奸徒私买他人坟茔树木者，无论株数，及已伐未伐，初犯杖一百、枷号一月，再犯杖一百、枷号三月，至三次者发边卫充军。

**谨案** 此条系乾隆二十四年(1759)定例。

一、盗砍他人坟树，除犯案仅止一二次，所窃数无多者，仍照本例拟以枷责外，如犯案至三次者，即照窃盗三犯本律，计赃分别拟以流、遣。其纠党成群，旬日之间，叠次窃砍至六次以上,而树数又在二三十株以上,情同积匪者,无论从前曾否犯案,即照积匪猾贼例拟遣。如连日窃砍在三次以上,而始犯案者,照积匪例量减拟徒。仍各按窃盗本律刺字。

**谨案** 此条系乾隆四十五年(1780)定例。

一、凡子孙将祖父坟茔前列成行树木及坟旁散树高大株颗,私自砍卖者,一株至十株,杖一百、枷号三月,计赃重者,准窃盗加一等,从其重者论;十株以上者,系旗人发吉林当差,系民发边远充军。如坟旁散树,并非高大株颗,止问不应重杖。若系枯干树木,不行报官,私自砍卖者,照不应重律杖八十。看坟人等及奴仆盗卖者罪同。盗卖坟茔之房屋、碑石、砖瓦、木植者,子孙、奴仆计赃并准窃盗罪加一等。

一、盗砍他人坟树,计赃一两以下者,初犯杖一百、枷号一月,再犯杖一百、枷号三月,计赃重者,照本律加窃盗罪一等;犯案至三次者,即照窃盗三犯本律,计赃分别拟以流、遣。其纠党成群,旬日之间,窃砍至六次以上,而统计树数,又在三十株以上,情同积匪者,无论从前曾否犯案,即照积匪猾贼例拟遣;如在六次以下、三次以上,树数在三十株以下、十株以上者,照积匪例量减拟徒。仍各按窃盗本例刺字。其窃砍止一二次者,从一科断,照前例问拟枷、杖。盗卖他人坟茔之房屋、碑石、砖瓦、木植者,计赃准窃盗论,免刺。

一、奸徒知情私买坟茔树木者,系子孙盗卖,其私买者,减子孙盗卖罪一等;若系他人盗卖者,其私买人犯,无论株数,已伐者,初犯杖一百、枷号一月,再犯杖一百、枷号三月;犯至三次者,照窃盗三犯例杖一百、流三千里;为从者减一等;未伐者,又各减一等。不知情者不坐。其私买坟茔之房屋、碑石、砖瓦、木植者,均减盗卖罪一等;树木等物,分别入官、给主。

**谨案** 此三条,系嘉庆六年(1801)将前例修改分定。

一、凡子孙将祖父坟茔前列成行树木及坟旁散树高大株颗,私自砍卖者,一株至五株,杖一百、枷号一月;六株至十株,杖一百、枷号两月;十一株至二十株,杖一百、徒三年。系旗人,徒罪折枷,共枷号三月。计赃重者,准窃盗加一等,从其重者论。二十株以上者,旗人发吉林当差,民人发边远充军。如坟旁散树,并非高大株颗,止问不应重杖。若系枯干树木,不行报官,私自砍卖者,照不应重律杖八十。看坟人等及奴仆盗卖者罪同。盗卖坟茔之房屋、碑石、砖瓦、木植者,子孙、奴仆计赃并准窃盗罪加一等。

**谨案** 此条道光五年(1825)奏准:旗人犯窃,照民人一例问拟,将原例内旗人"徒罪折枷"及"发吉林当差"二层节删。

一、盗砍他人坟树,计赃一两以下者,初犯杖一百、枷号一月,再犯杖一百、枷号三月,计赃重者,照本律加窃盗罪一等;至三次者,即照窃盗三犯本例,计赃分别拟以军、流、绞监候。其纠党成群,旬日之间,窃砍至六次以上,而统计树数,又在三十株以上,情同积匪者,无论从前曾否犯案,即照积匪猾贼例拟军;如在六次以下、三次以上,树数在三十株以下、十株以上者,照积匪例量减拟徒。仍各按窃盗本例刺字。其窃砍止一二次者，从一科断，照前例问拟杖、枷。盗卖他人坟茔之房屋、碑石、砖瓦、木植者，计赃准窃盗论，免刺。

**谨案** 此二条，系嘉庆十六年(1811)修改。十九年(1814)，因原例初犯上载有“计赃一两以下”之文，若谓一两至四十两之案，恐致援引失当，因删此六字，而改“计赃重者”句，为计赃重于满杖者。

**历年事例**

○乾隆二十年(1755)奏准：嗣后子孙砍伐坟茔树木，一株至十株者，杖一百、枷号三月；十株以上，即行充发。奴仆盗卖者罪同。盗他人坟园树木者，杖一百、枷号一月。

○二十一年(1756)议准：嗣后祖宗祀产，倘有不肖子孙投献势要，私捏典卖，及富室强宗谋吞肥产，贪图风水，知情受献受买，各至五十亩以上者，悉依投献捏卖祖坟山地原例问发充军，田产收回，卖价入官。不及前数者，即照盗卖官田律治罪。其盗卖历久宗祠者，亦应计间数一体办理。若盗卖义田，自应与祀产量为区别，仍照例依盗卖官田律治罪，罪止杖一百、徒三年。以上谋买之人，各与同罪，不知情者不坐。不必照盗砍坟园树木计数加罪例，更立科条。再祀产、义田，有力之家，听其自行勒石，报官存案。即田数无几，亦必族党自立议单公据，以为有犯者定断之凭。倘公私并无确据，借端生事者，即照诬告律治罪。

○二十九年(1764)议准：嗣后受人房地居种，代其看守坟茔，盗卖树木多株者，改照奴仆盗卖家主坟园树木十株以上例发遣。

○道光二年(1822)谕：“刑部奏‘酌议风水重地，青桩外官山界内盗伐树株，及弁兵疏防贿纵罪名’各条。官山界址，道里远近不同，自应仿照白桩青桩旧制，立定界限，俾附近居民，不致再有误犯。至弁兵专司防守，亦宜明定科条。着照所议，嗣后如在青桩以外官山界内，有盗砍官树，开山采石，掘地成壕，开窑烧造，放火烧山者，均照青桩内于犯满徒罪上减一等，杖九十、徒二年半，从犯再减一等，计赃重于徒罪者加一等。其砍取自种私树，及采樵枝叶，并取土取石者，一概毋庸禁止，仍照青桩以内，计长不得逾丈。如官山界址在二十里以外，即以二十里为限；若在二十里以内，即以官山所止之处为限。弁兵等受贿故纵者，如贼犯罪应军、徒，即将该弁兵等照与囚同罪律分别问拟，赃重者，计赃以枉法从重论；若贼犯罪应斩决，即将该弁兵等拟以绞决。未经得贿，潜通消息致贼犯逃避者，贼犯罪应军、徒，即将该弁兵等与囚同科；如贼犯罪应斩决者，将该弁兵等减发极边烟瘴充军。仅止疏于防范者，兵丁杖一百，官弁交部议处。该部即行知陵寝衙门暨直隶总督，一体遵照。”

# 卷七百八十一·刑部五十九

## 刑律·贼盗 监守自盗仓库钱粮

### 监守自盗仓库钱粮

凡监临主守自盗仓库钱粮等物，不分首从，并赃论罪，并赃，谓如十人节次共盗官银四十两，虽各分四两入己，通算作一处，十人各得四十两，罪皆斩；若十人共盗五两，皆杖一百之类。三犯者绞，问实犯。并于右小臂膊上刺"盗官银/物/粮"三字。每字各方一寸五分，每画各阔一分五厘，上不过肘，下不过腕。余条准此。一两以下杖八十，一两以上至二两五钱杖九十，五两杖一百，七两五钱杖六十、徒一年，一十两杖七十、徒一年半，一十二两五钱杖八十、徒二年，一十五两杖九十、徒二年半，一十七两五钱杖一百、徒三年，二十两杖一百、流二千里，二十五两杖一百、流二千五百里，三十两杖一百、流三千里，杂犯三流，总徒四年。四十两斩。杂犯，徒五年。

**谨案** "杂犯三流，总徒四年"八字，系雍正三年(1725)增注。

### 附律条例

〇一、凡仓库钱粮，若宣府，大同，甘肃宁夏、榆林，辽东，四川建昌、松潘，广西，贵州，并各沿边沿海去处，有监守盗粮四十石、草八百束、银二十两，钱帛等物值银二十两以上；常人盗粮八十石、草一千六百束、银四十两，钱帛等物值银四十两以上，俱问发边卫永远充军。在京各衙门，及漕运，并京、通、临、淮、徐、德六仓，有监守盗粮六十石、草一千二百束、银三十两，钱帛等物值银三十两以上；常人盗粮一百二十石、草二千四百束、银六十两，钱帛等物值银六十两以上，亦照前拟充军。其余腹里，但系抚、按等官查盘去处，有监守盗粮一百石、草二千束、银五十两，钱帛等物值银五十两以上；常人盗粮二百石、草四千束、银一百两，钱帛等物值银一百两以上，亦照前拟充军。以上人犯，俱依律并赃论罪。仍各计入己之赃数满，方照前拟断。不及数者，照常发落。若正犯逃故者，于同爨家属名下追赔，不许滥及各居亲属。其各处征收在官应该起解钱粮，有侵盗者，俱照腹里例拟断。

一、凡沿边沿海钱粮，有侵盗银二百两、粮四百石、草八千束，钱帛等物值银二百两以上；漕运钱粮，有侵盗银三百两、粮六百石以上，俱照本律仍作实犯死罪，系监守盗者斩，系常人盗者绞，奏请定夺。

**谨案** 此二条均系原例。雍正三年(1725)奏准：凡侵盗钱粮，止分别监守、常人,计赃入己数目科罪,并不因地方而殊。即侵盗正犯逃故,应着落妻子者,着落妻子追赔,并无与同爨家属名下追赔之例。今将两条内与现行例不符之处删去,惟将监守、常人分作二条,一入本律后,一移入常人盗律后。

一、凡漕运粮米,监守盗六十石入己者,发边卫永远充军;入己数满六百石者,拟斩监候。

○一、侵盗、挪移等赃,一年内全完,将死罪人犯,比免死减等例,再减一等发落;军、流、徒罪等犯免罪。追完三百两以上者,承追、督催等官,计案议叙;若不完,交部分别议处,俱带罪督催。犯人暂停治罪,再限一年追赔。完者,死罪人犯,免死减等发落;军、流、徒罪,亦减等发落。若不完,军、流、徒罪犯人即行充配,死罪照原拟监追。承追及督催等官,再交部分别议处。仍再限一年,着落犯人妻及未分家之子追赔。限内照数能完,承追官开复;不完,承追官照所降之级调用,督催等官又交部分别议处。其接任承追、督催等官,照到任之日扣限。如果家产尽绝,正犯身死,及妻子不能赔补,地方官取具印甘各结,申详督抚,保题豁免结案。倘保题后,别有田产、钱财、人口发觉者,尽行入官,将承追、出结官革职,所欠赃银米谷着落追赔;督催等官,亦交部分别议处。再在外承追、督催武职,俱照文职例议处。至交旗行追人犯到部,暂停枷责。亦限一年通完,免其枷责,佐领、骁骑校照外省承追官例,参领照知府例,都统、副都统照督抚例,各交部分别议叙。若不完,将犯人枷责,佐领、骁骑校、参领、都统、副都统各交部分别议处,着落犯人妻并未分家之子再限一年赔完,将佐领、骁骑校所降之级开复。仍不完,又交部分别议处。如实系家产尽绝,不能赔完,该佐领、骁骑校、参领保送,都统、副都统保题豁免。倘保题后有家产、人口可以赔补者,查出尽行入官,将保送之佐领、骁骑校革职,所欠银米俱着落赔补;都统、副都统、参领,一并革职。至一应赃私,查果家产尽绝,力不能完者,概予豁免,不得株连亲族。倘滥行着落亲族追赔,将承追官革职。其该管上司,如有逼迫出结之事,属官不行出首,从重治罪。

**谨案** 此条雍正三年(1725)定。

一、凡侵盗、挪移应追之赃,一年内全完,将死罪人犯,比免死减等例,再减一等发落;军、流、徒罪等犯免罪。若不完,犯人暂停治罪,再限一年追赔。完者,死罪人犯,免死减等发落;军、流、徒罪,亦减等发落。若不完,军、流、徒罪犯人即行充配,死罪照原拟监追。仍再限一年,着落妻子名下追赔。如果家产全无,不能赔补,在旗佐领、骁骑校,在外地方官,取具印甘各结,申报都统、督抚保题豁免。倘结案后,别有田产、人口发觉,尽行入官,将承追、出结各官革职,所欠赃银米谷着落赔补;督催等官,照例议处。内外承追、督催武职,俱照文职例议处。再一应赃私,查果家产全无,力不能完者,概予豁免,不得株连亲族。倘滥行着落亲族追赔,将承追官革职。其该管上司,如有逼迫出结之事,属员不行出首,从重治罪。

**谨案** 此条乾隆五年(1740)删改。

一、凡侵盗应追之赃,着落犯人妻及未分家之子名下追赔。如果家产全无,不能赔补,在旗参佐领、骁骑校,在外地方官,取具甘结,申报都统、督抚保题豁免结案。倘结案后,别有田产、人口发觉者,尽行入官,将承追、申报各官革职,所欠赃银米谷着落赔补;督催等官,照例议处。内外承追、督催武职,俱照文职例议处。再一应赃私,查果家产全无,力不能完者,概予豁免,不得株连亲族。倘滥行着落亲族追赔,将承追官革职。其该管上司,如有逼迫申报、取具甘结之事,属官不行出首,从重治罪。

**谨案** 乾隆三十二年(1767),将前例内完赃减等处节删。四十二年(1777)又删"印甘各结"等句,改为此条。

○一、漕、白二粮过淮以后,责令该管道、府、州、县往来巡察。有盗卖盗买之人,拿获即各枷号一月,粮米仍交本船,米价入官充饷。运弁俟回南日,听总漕捆打四十。如地方官失察者,交该部议处。

**谨案** 此条雍正三年(1725)定。

一、漕、白二粮过淮,责令该管道、府、州、县往来巡察。如有将行月粮米,私自盗卖盗买者,拿获各枷号一月。若有一人盗买,及一帮盗卖,数至百石以上者,将为首之人枷号两月,折责四十板,粮米仍交本船,米价入官。其失察盗卖之运弁,如米数不及五十石者,将该弁即于仓场衙门捆打四十;数至五十石以上者,降一级调用;百石以上,降二级调用;二百石以上,革职。

**谨案** 此条乾隆十七年(1752)改定。嘉庆十一年(1806),于例末增入前条"如地方官失察者"二句。

○一、侵盗钱粮、挪移亏空监追等犯,遇恩赦,仍行监禁严追。有能三年内全完,免罪释放。果系家产尽绝,不能完纳者,令各该管处查明保题,交部详查。与恩赦相符者,具题豁免。如该犯别有隐匿家产,被旁人告发,其隐匿之家产俱行入官,该管保题上司一并从重治罪。

**谨案** 此条系雍正三年(1725)定。乾隆五年(1740),因已定一万两以下准其援赦之例,且隐匿家产,别有专条,此条删。

○一、凡侵盗钱粮入己,自一千两以下者,仍照监守自盗律拟斩,准徒五年;数满一千两以上者,拟斩监候;遇赦不准援免。其侵欺银两,着落妻子名下照追入官。至如一人名下,有侵欺,又有挪移者,无论挪移、侵欺之案并发,及侵欺之案先发,挪移之案后发,均着勒限一年,令其先完挪移之项,后完侵欺之项。若完挪移数内,完足侵欺之数,其余侵欺、挪移之数,委属力不能限内全完者,暂停正法,仍再勒限监追。此等亏空之案,该督抚务宜秉公确审,固不可以挪为侵,使人冤抑。其有以侵为挪,及非实在力量不足者,该督抚扶同徇庇,借端巧为开脱,若被人首告,或经指参,将该督抚交部严加议处。

**谨案** 此条系雍正三年(1725)定。乾隆五年(1740),将分别一千两上下治罪之处删去。三十二年(1767),因完赃免罪之例已停,将此条删除。

○一、凡侵盗仓库钱粮入己，数在一千两以上者，拟斩监候。

**谨案** 此条雍正五年(1727)定。

一、完赃减免之犯，如又犯赃，俱在本罪上加一等治罪。

**谨案** 此条雍正十三年(1735)定。

一、凡亏空钱粮，除因公挪移及仓谷霉浥等案，仍照旧例办理外，其实系亏空入己者，虽于限内完赃，俱不准减等。

**谨案** 此条系乾隆二十三年(1758)遵旨定例。

一、监守盗仓库钱粮，除审非入己者，各照本条律例定拟外，其入己在一百两以下至四十两者，仍照本律问拟准徒五年，其自一百两以上至三百三十两，杖一百、流二千里；至六百六十两，杖一百、流二千五百里；至一千两，杖一百、流三千里。

**谨案** 此条乾隆三十一年(1766)定。

一、监守盗仓库钱粮，除审非入己者，各照挪移本条律例定拟外，其入已数在一百两以下至四十两者，仍照本律问拟准徒五年，其自一百两以上至三百三十两，杖一百、流二千里；至六百六十两，杖一百、流二千五百里；至一千两，杖一百、流三千里；一千两以上者，拟斩监候。勒限一年追完。如限内全完，死罪减二等发落，流、徒以下免罪；若不完，再限一年勒追。全完者，死罪及流、徒以下，各减一等发落；如不完，流、徒以下即行发配，死罪人犯监禁，均再限一年，着落犯人妻及未分家之子名下追赔。三年限外不完，死罪人犯永远监禁；全完者，奏明请旨，均照二年全完减罪一等之例办理。至本犯身死，实无家产可以完交者，照例取结豁免。其完赃减免之犯，如再犯赃，俱在本罪上加一等治罪。文武官员犯侵盗者，俱免刺字。

**谨案** 此条嘉庆四年(1799)遵旨议准，将前数条并改定例。

○一、凡监临主守侵盗仓库钱粮，不分腹里、沿边、沿海，但入已数满三百两者，拟斩监候；不满三百两者，照正律并赃拟罪。文武官员犯侵盗者，俱免刺。

**谨案** 此条雍正六年(1728)定。

一、凡侵盗仓库钱粮入已，数在一千两以下者，仍照本律拟斩杂犯、准徒五年；一千两以上者，拟斩监候，遇赦准予援免；如数逾一万两以上者，不准援免。文武官员犯侵盗者，俱免刺。

**谨案** 此条乾隆五年(1740)遵照雍正十三年(1735)九月谕旨改定。嘉庆六年(1801)，查系遇赦分别准免不准免章程，应移载"常赦所不原"门。惟官员免刺，已并入四年(1799)改定完赃免罪条内，此条删。

○一、凡侵盗钱粮人犯，三年限满，仍不全完者，照现在未完之数，应正法者，即行正法，应发配者，即行发配。其未完银两，着落伊子孙的族监追。仍按年数追完，免其治罪。如限满未完，实系家产无可追变者，该地方官出具印甘各结，该督抚保题到日，将该犯照八旗承追拖欠钱粮例枷号两月，折责发落。仍令该地方官严行管束，不许移居他处。如地方官徇纵迁移，除本犯照隐匿入官财物治罪外，将徇纵之员及隐匿之地方官,俱交部严加议处。其代为置产、寄顿人等,并照隐匿入官财物律治罪。

**谨案** 此条系雍正六年(1728)定。乾隆五年(1740),查已分见各条,毋庸复载,删。

○一、凡八旗侵盗案内,有无力完帑,并无隐匿情弊者,将本犯仍归原罪完结外,妻子等免其治罪。如有隐匿情弊,仍照雍正七年(1729)定例,并依侵盗本条则例,分别数目。其未完之数,在一千两以上,本犯现在拟斩监禁者,将伊妻并未分家之子入辛者库;数在一千两以下者,将隐匿之人枷号三月发落。若系挪移等项,仍照隐匿本律治罪。所隐财产,俱行入官。该管、保题各官,亦俱照旧例治罪追赔。

**谨案** 此条乾隆二年(1737)定。嗣经遵旨议定,无论满汉,如有隐匿侵盗家产者,计所隐价值,分别徒、流定拟,已纂入"户律·隐瞒入官家产"条下,此条删。

○一、小船人户,受雇偷载漕粮盗卖者,将船户照漕白二粮过淮后盗卖盗买枷号一月例,减二等发落。其漕船头舵,明知旗丁盗卖,不据实举首者,俱照不应重律杖八十;受财,计赃从重论。

**谨案** 此条系乾隆三年(1738)定例。

○一、经纪花户,并车户、船户驾掌代役人等,凡有监守之责,窃盗漕仓粮米入己,数满六百石,拟斩监候;一百石,拟绞监候;六十石以上,实发云贵两广极边烟瘴充军;二十石以上,杖一百、流三千里;十石以上,杖一百、徒三年;五石以上,杖八十、徒二年;不及五石,杖六十、徒一年,俱限四个月勒追。全完,应斩候者减为附近充军,应绞候者减为杖一百、流三千里,应军、流者减二等发落,应徒者免罪。不完,再限四个月勒追。全完,应斩候者减为边远充军,应绞候者减为近边充军,军、流以下,于原犯罪上减一等发落。逾限不完,徒罪及军、流罪即行发配;死罪人犯,计不完之数,六百石者,入于秋审情实办理,一百石以上及不及一百石者,均入于秋审缓决;再限四个月勒追。限外不完,永远监禁;全完者,原拟斩候之犯发遣新疆酌拨种地当差,原拟绞候之犯实发云贵两广极边烟瘴充军。其驾掌人等,如有盗卖官船板木者,照盗卖漕粮例,分别计赃治罪。至押运漕粮官弁旗丁,及各直省仓粮,有犯监守自盗者,仍各照本律例问拟。

**谨案** 此条同治七年(1868)定。

○一、凡侵贪之案,如该员身故,审明实系侵盗库帑,图饱私橐者,即将伊子监追。

**谨案** 此条系乾隆十二年(1747)遵旨定例。

### 历年事例

○乾隆三年(1738)谕:"向来满汉亏空钱粮,分别侵、挪情罪,及亏空多寡之数,拟定罪名,勒限追赔。如果无力完帑者,该管官具结保题豁免,仍照原拟治罪。满汉原属一体办理。后因清查八旗亏空，曾经部议，将无力完帑者，于原拟之外，加重治罪。乾隆二年(1737)，该部奏请，朕因其罪属重科，特行改定，仍照旧例办理。惟豁免之后，有查出隐匿者，旗人则分别侵、挪定罪，而汉人则一概从杖一百之本律，不但满汉轻重不同，且侵、挪亦无分别，尚属未协，该部妥议具奏。"

○十二年(1747)奉旨："州县官侵蚀仓库，非因公挪用可比。此等贪劣之员，多有身故事发，以后不过于家属名下勒限着追。迁延一二年，率以家产全无，保题豁免。且并有父没而子乘机盗帑，移罪于父，己仍得坐拥厚资者。殊无以儆贪风。夫父子一身也，子代父罪，亦理之宜。嗣后侵贪之案，如该员身故，审明实系侵盗库帑者，即将伊子监追。著为例。"

○二十三年(1758)谕："兵部奏《原任道员钮嗣昌坐台期满》一折。该犯以方面大员，侵亏库项仓储，入己至一万余两，问拟斩候，徒因限内完赃，减等发往军台效力。此虽向例，但思侵亏仓库钱粮入己，限内完赃，准予减等之例，实属未协。苟其因公挪移，尚可曲谅，若监守自盗，肆行无忌，则寡廉鲜耻，败乱官方已甚，岂可以其赃完限内，遂从末减耶！且律令之设，原以防奸，非以计帑。或谓不予减等，则孰肯完赃？是视帑项为重，而弼教为轻也。且此未必不出于文吏之口，有是迁就之辞，益肆无忌之行。使人果知犯法在所不赦，孰肯以身试法，其所全者当更多耳。嗣后除因公挪移，及仓粮霉浥，情有可原等案，仍照旧例外，所有实系侵亏入己者，限内完赃减等之例，着永行停止。"

○嘉庆四年(1799)议准：嗣后凡侵盗钱粮，数在四十两，并三百三十两，以至一千两以上者，悉依律例分别拟以徒、流、斩候，仍遵照旧例勒限一年。如限内全完，死罪照免死减等人犯再减一等，流、徒以下免罪。若不完，再限一年勒追。全完者，死罪及流、徒以下，各减一等发落。如不完，流、徒以下即行发配，死罪人犯监禁，均再限一年，着落犯人妻子名下着追。三年限内不完，死罪人犯永远监禁；全完者奏明请旨，亦照二年全完减死罪一等之例。至本犯身死，实无家产可以完交者，照例取结豁免。其限内完赃不准减等之例，应请删除。

○道光十三年(1833)谕："此案库丁戴云峰因解官并不眼同交兑，起意虚立印付侵盗饷银，继因奎秀等恐亏库项未允，该犯辄敢饰词怂恿，以致阿成等舞弊得赃，实为此案罪魁，藐法已极。此而不严行惩办，何以儆奸蠹而肃纪纲。戴云峰着即处斩。已革给事中阿成，听信戴云峰等虚出通关，截留侵饷，得受赃银一千两之多。该革员身任查库御史，职司风宪，盘点是其专责，乃舞弊即系查弊之人，尤出情理之外，阿成着即处绞。"

○又谕："本日朝审勾到情实官犯内奎秀、福英阿一起，常犯库书史禹亭一起，法无可宽，均已予勾处决矣。此案奎秀、福英阿身任库官，均有监临之责，听信戴云峰等虚出通关，截留侵蚀，各分用银一千两；库书史禹亭胆敢勾串官吏舞弊婪赃，刑部定案时，有'完赃不准免罪'字样，不得不执法惩治，以儆贪邪。前经刑部奏，该犯等均于定案后陆续完缴赃银。彼时若不准其呈缴,恐预先泄漏风声,因而畏罪自戕,转致幸逃法网,是以未经驳斥。第法不可废,不能以业已完赃,稍从末减。今各该犯均已明正典刑,所有奎秀、福英阿、史禹亭完缴赃银,均着掷还交其家属领回。”

○咸丰八年(1858)谕:“御前大臣、军机大臣会同刑部《议复陕西官钱铺局委员舞弊罪名》一折。各省设立官钱铺局,原以军务未竣,借资协济。派委管理各员,宜如何激发天良,实心经理。此案陕西官钱局委员已革知县李应诏、已革未入流李洵,于官局铁钱,匿报至七万余串,李洵复亏短铁炭本钱五万余串之多;官钱铺委员已革知县郭廷椿、管理铺事已革未入流王迎科,挪移官项,伙开私铺,以致亏欠银钱,数逾巨万,均属营私骩法,丧心昧良。据曾望颜讯明照监守自盗例,从重问拟,尚觉情浮于法。李应诏、李洵、郭廷椿、王迎科均着照载垣等所请,于应得斩监候罪上,从重即行处斩,以昭炯戒。撤任陕西布政使司徒照之家人黄君任,串通委员,朋比分肥,致令肆意侵挪,毫无忌惮,若仅从重拟遣,尚属轻纵,亦着照载垣等所请,改为绞监候,入于本年秋审情实办理。丁忧湖北知县李应诰、管事人路万太,明知委员匿扣局钱,听从指使,狼狈为奸,均应从重惩办。李应诰着照议改为革职,发往新疆效力赎罪,路万太着照例改为杖一百、流三千里。候补府照磨刘克健,续派在局学习,不能查出弊端,又未将委员等不容查阅之处据实禀明,着即革职。至司徒照以藩司大员,摈斥道府,独任私人,可恶已极。于李应诏等通同黄君任种种舞弊,三年之久,岂能毫无觉察。直至曾望颜查出弊端,始以风闻详禀。虽未讯出受赃入己情事,谓非自图立足,其谁信耶?本应即照甘省成案,立正典刑。姑念其人本平庸,稍予末减,司徒照着革职,发往新疆充当苦差。所有李应诏、李洵、郭廷椿、王迎科、黄君任等五人应完赔项,均由司徒照名下追缴,勒限一年,就近完清,再行发遣。逾限不完,即行送部监追。其管理宝陕局之历任盐法道,及官钱铺造册列衔之历任西安府知府,并承审此案之现任西安府知府沈寿嵩,既据曾望颜声明于局铺事件,向未与闻,恳请免议,所有失察处分,均着免其查议。嗣后无论京外,有似此案情罪俱重者,必应从严惩办,立予正法,着追赔项。俾现在京外局号大员、委员、吏胥等早知儆戒,或自顾身家者,不敢泯尽天良,将此通谕知之。”

○十年(1860)议准:经纪、船户,偷盗漕粮入己,数在六十石以上者,首犯斩监候,秋审入于情实,为从各犯发云贵两广极边烟瘴充军;六十石以下、二十石以上,首犯绞监候,秋审入于情实,为从各犯发边远充军;二十石以下,首犯发新疆给官兵为奴,遇赦不赦,为从各犯发近边充军。以上各项人犯,所有家产,俱抄没入官。

○同治七年(1868)议准:嗣后经纪花户,并车户、船户驾掌代役人等,凡有监守之责者,窃盗漕米,一百石入己者,拟绞监候;六百石者,拟斩监候;六十石以上,实发云贵两广极边烟瘴充军;二十石以上,杖一百、流三千里;十石以上,杖一百、徒三年;五石以上,杖八十、徒二年;不及五石,杖六十、徒一年,俱勒限四个月追完。限内全完,应斩候者减发附近充军,应绞候者减为杖一百、流三千里,应军、流者减二等发落,应徒者免罪。若不完,再限四个月勒追。全完,应斩候者减发边远充军,应绞候者减发近边充军,军、流以下于原犯罪名减一等发落。逾限不完,徒罪及军、流罪即行发配;死罪人犯,计其不完之数,在六百石者,入于秋审情实办理,一百石以上及不及一百石者,均入于秋审缓决;再限四个月追赔。限外不完,永远监禁;全完者,原拟斩候之犯发遣新疆酌拨种地当差,原拟绞候之犯实发云贵两广极边烟瘴充军。至并无监守之责,有犯偷窃漕仓粮米,数在一百石以上者,俱照常人盗漕粮例拟绞监候,入于秋审情实;一百石以下,于发极边烟瘴军罪上,加等发遣新疆酌拨种地当差。从犯,均于本罪上加等定拟。

○光绪九年(1883)谕:"继格、孙毓汶奏《剥船户盗米一案遵照部议并酌拟变通办法》一折。剥船户偷盗米石,亏短正供,积蠹已深,自应从严惩办以昭儆戒。着照所请,将盗米六十石以上弃船逃走之尹占升,定为绞监候;自获案之日起,按照例限追赃,分别办理。盗米三四十石之杨兴荣等九犯,照例科罪,分限追赃。如两限不完例应发配者,酌予监禁勒追。必须全数完缴,再行减等发落。军、流以下人犯,均不准查办留养。倘有全船盗卖,情罪重大,及拒捕逞凶人犯,即着奏请正法。"

# 卷七百八十二·刑部六十

## 刑律·贼盗 常人盗仓库钱粮

### 常人盗仓库钱粮

凡常人不系监守外皆是。盗仓库自仓库盗出者坐。钱粮等物，发觉而不得财，杖六十；从减一等。但得财者，不分首从，并赃论罪，并赃同前。并于右小臂膊上刺"盗官银/粮/物"三字。一两以下，杖七十；一两以上至五两，杖八十；一十两，杖九十；一十五两，杖一百；二十两，杖六十、徒一年；二十五两，杖七十、徒一年半；三十两，杖八十、徒二年；三十五两，杖九十、徒二年半；四十两，杖一百、徒三年；四十五两，杖一百、流二千里；五十两，杖一百、流二千五百里；五十五两，杖一百、流三千里。杂犯三流，总徒四年。八十两，绞。杂犯，徒五年。其监守值宿之人，以不觉察科罪。

**谨案** "杂犯三流，总徒四年"八字，雍正三年(1725)增注。

**附律条例**

〇一、监守、常人盗、侵欺人犯，但有赃至二十两以上者，限一月，二百两以上者，限三月，果能尽数通完，照本律发落；实犯死罪者，减等免死充军。充军以下，俱减一等。如过期不完，各依本等律例，从重定拟。

**谨案** 此条系原例。雍正五年(1727)奏准：尽数通完，照本律发落，及过期不完，从重定拟，俱与现行例不符，删。

〇一、凡漕运粮米，常人盗一百二十石入己者，发边远充军；入已数满六百石者，拟绞监候。

**谨案** 此条系雍正三年(1725)将监守盗门内原例改定移此。

一、盗窃漕运粮米，数至一百石以上者，拟绞监候；其一百石以下，即照盗仓库钱粮一百两以下例办理。

**谨案** 此条乾隆五十三年(1788)改定。

〇一、凡常人盗仓库钱粮，不分腹里、沿边、沿海，但入已数满三百两者，拟绞监候；不满三百两者，照正律并赃拟罪。

**谨案** 此条雍正三年(1725)定。乾隆五十三年(1788)，查与现行一百两以上拟绞监候、一百两以下发极边烟瘴之例不符，删。

〇一、窃盗鞘饷，自一两至八十两，仍照常人盗仓库钱粮计赃科断，若盗至一百两以上者，拟绞监候。

**谨案** 此条雍正七年(1729)定。

一、凡窃匪之徒，穿穴壁封，盗去仓库钱粮，除赃止八十两，仍照本律并赃拟罪外，其有盗至八十两以上至八十五两，拟杖一百、流二千里；九十两者，杖一百、流二千五百里；九十五两，杖一百、流三千里；数至一百两以上者，照偷窃鞘饷例拟绞监候。俱以实犯论罪。

**谨案** 此条乾隆十四年(1749)定。

一、窃盗仓库钱粮，未经得财者，为首杖一百、徒三年，为从减一等，杖九十、徒二年半。但经得财之首犯，除赃至一百两以上，仍照例拟绞外，其一百两以下，不分赃数多寡，俱发云贵两广极边烟瘴充军；为从者，一两至八十两，准徒五年，八十五两至一百两，分别拟流。

**谨案** 此条乾隆二十八年(1763)定。

一、凡窃匪之徒，穿穴壁封，窃盗库储银钱、仓储漕粮，未经得财者，为首杖一百、徒三年，为从依律减一等。但经得财之首犯，数至一百两以上者，拟绞监候，其一百两以下，不分赃数多寡，发云贵两广极边烟瘴充军；为从者，一两至八十两，准徒五年，八十五两，杖一百、流二千里，九十两，杖一百、流二千五百里，九十五两至一百两以上，俱杖一百、流三千里。其窃盗饷鞘银两，即照窃盗仓库钱粮，分别已未得财，各按首从一例科罪。

**谨案** 此条系乾隆五十三年(1788)，将前三条改并。

〇一、常人盗仓库钱粮罪应拟绞者，入于秋审情实。

**谨案** 此条系乾隆二十九年(1764)定例，专为秋审定拟情实而设。三十二年(1767)奏明，"应入情实"字样，毋庸载入例册，将常人盗仓库钱粮、继母故杀夫前妻之子、蒙古偷盗四项牲畜十匹以上、偷窃衙署服物、私铸钱文十千以上、强奸未成，及但经调戏本妇羞忿自尽、满洲杀死满洲、械斗各毙一命、侵蚀钱粮，及枉法赃，凡有"秋审情实"字样者，于例内悉行删除，仍详记档册，遵照办理。此条删。

〇一、京城守城兵丁，由城上钓掮偷窃仓米，未经得赃者，为首杖一百、流三千里，为从减一等，俱免刺；系旗人，折枷发落。其得赃至一百石以上者，首犯拟绞立决，为从发新疆给官兵为奴；一百石以下，首犯发新疆给官兵为奴，为从杖一百、流三千里，俱照例刺字，旗人销除旗档。其常人串通兵丁，由城上钓掮偷窃仓米者，罪亦如之。如该班官员，有故纵、徇隐等事，即照例与常人同罪。若止疏于查察，及旷班不值者，交部分别严加议处。

**谨案** 此条系嘉庆十六年(1811)议定。其一百石以上之从犯及一百石以下之首犯，原议发黑龙江为奴，十七年(1812)改发新疆。道光五年(1825)，将原例"系旗人"下"折枷发落"四字，改为"销除旗档"。六年(1826)因调剂新疆遣犯，将例内应发新疆者,俱改发极边足四千里充军。二十四年(1844),新疆遣犯,照旧发往,仍复原例。

○一、除经纪、花户、车户人等监守自盗漕粮,各照本例分别问拟外,至并无监守之责,有犯偷窃漕粮,数至一百石以上,俱照常人盗漕粮例拟绞监候,秋审入于情实;一百石以下,于发极边烟瘴军罪上,加等发遣新疆酌拨种地当差;从犯,均于本罪上加一等。其非转运京、通漕米,及各直省仓粮被窃,仍各照本例分别办理。

**谨案** 此条同治七年(1868)定。

**历年事例**

○顺治七年(1650)定:凡钱粮款项隐匿欺蒙,被人告发,审系果实者,杀无赦。仍行籍没人口入官,家产充告发之赏。

○康熙三年(1664)议准:凡侵盗腹里钱粮并库银,至二百两以上,不论内外,俱照侵盗沿边沿海钱粮律,拟以应斩立决。不至二百两者,仍照律行。

○六年(1667)题准:凡侵盗腹里钱粮二百两以上,比照侵盗沿边沿海钱粮正律,拟死监候。

○八年(1669)题准:凡衙役侵盗仓库钱粮者,照前定例一体遵行。

○十年(1671)复准:除盗漕粮仍照律遵行外,凡盗钱粮,不分腹里、沿边、沿海,至三百两者,拟绞监候;不至三百两者,仍照律治罪。

○又复准:监守自盗仓库钱粮四十两,并常人盗八十两者,照律斩、绞拟罪,准徒五年;监守自盗二十两以上,常人盗四十五两以上者,拟流,总徒四年;盗三百两以上,仍照律拟斩。

○又题准:侵盗钱粮入己,数满三百两者,照例拟斩;不及三百两者,照监守自盗正律,并赃拟罪。

○十四年(1675)复准:凡官员侵盗钱粮,免其刺字。

○二十七年(1688)议准:嗣后司库交代钱粮时,如有侵欺、亏欠等弊,将隐匿不参之督抚革职。如督抚有侵取入己之处,照侵欺例从重治罪。

○六十一年(1722)十二月谕:"自古惟正之供,所以储军国之需。当治平无事之暇日,必使仓库充足,斯可有备无患。皇考躬行节俭,裕国爱民,六十余年以来,蠲租赐复,殆无虚日,休养生息之恩至矣。而近日道府州县亏空钱粮者,正复不少。揆厥所由,或系上司勒索,或系自己侵渔,岂皆因公挪用?皇考好生如天,不忍即正典刑。故伊等每恃宽容,毫无畏惧,恣意亏空,动辄盈千累万。督抚明知其弊,曲相容隐。及至万难掩饰之时,又往往改侵欺为挪移,勒限追补,视为故事,而全完者绝少。迁延数载,但存追比虚名,究竟全无着落。新任之人,上司逼受前任交盘,彼既畏大吏之势,虽有亏空,不得不受。又因以启效尤之心,遂借此挟制上司,不得不为之隐讳,任意侵蚀。辗转相因,亏空愈甚,库藏全虚。一旦地方或有急需,不能支应,关系匪浅。朕深悉此弊，本应即行彻底清查，重加惩治，但念已成积习，姑从宽典。除陕西省外，限以三年，各省督抚，将所属钱粮，严行稽查。凡有亏空，无论已经参出及未经参出者，三年之内，务期如数补足，毋得苛派民间，毋得借端遮饰。如限满不完，定行从重治罪。三年补完之后，若再有亏空者，决不宽贷。其亏空之项，除被上司勒索，及因公挪移者，分别处分外，其实在侵欺入己者，确审具奏，即行正法。倘仍徇私容隐，或经朕访闻得实，或被科道纠参，将督抚一并从重治罪。即如山东藩库亏空至数十万，虽以俸工抵补为名，实不能不取之民间，额外加派。山东如此，他省可知。以小民之膏血，为官府之补苴，地方安得不重困乎！既亏国帑，复累民生，大负皇考爱养元元之至意，此朕所断断不能姑容者。前日恩诏中，内阁引例开列，有豁免亏空一条，朕未曾允行，诚恐开贪吏侥幸之端，而于民间究无裨益也。至于署印之官，更为紧要，必须慎重简择。谚云，'署印如行劫'，皇考每言及此，未尝不痛恨之。盖署印之人，始而百计钻营，既而视如传舍，故肆意贪婪，图饱欲壑，或取媚上官，供其索取，贻害小民，尤非浅鲜。其于前任亏空，视作泛常，接受交盘，复转授新任，苟且因循，亏空之弊，终不能清。嗣后如察出此等情弊，必将委署之上司，与署印之员，一并加倍治罪，决不宽贷。尔部可即传谕各省督抚。"

○雍正二年(1724)议准：嗣后凡亏空贪黩之员，事发之前，在伊亲友伙计家寄顿财物生理者，事发之后，若三月内首出，免其治罪，将寄顿之赃，补还亏空等项。若不行出首，或别经发觉，将寄顿财物之人，照隐匿入官财产律计赃从重治罪。将寄顿之赃，补还亏空外，仍将家产一并搜查入官。若挟仇妄首者，审实，照讹诈例治罪。

○五年(1727)谕："向来内外文武官员，亏空甚多。我圣祖仁皇帝深知其弊，屡降谕旨，谆谆戒饬，止以圣心仁慈宽大，不忍加诛，冀其悛改。乃伊等不知感戴天恩，反至肆行无忌，日积月累，亏空之数愈多。朕即位以来，念此亏空之项，关系国帑，朕为天下主，岂能以国家一定之经费，任贪官污吏之侵渔，令小人藐视国法可乎？且闻贪婪之员，平日侵蚀国帑，而于被参之后，则将所有赀财，或隐藏于衙署，或送归于乡里，或分寄于宗族亲党之家。及接任查出亏空，则故作贫窭之状，希冀迁延数年，援家产尽绝之例，以图豁免。此种伎俩，朕知之甚悉。而内外臣工，条陈此事者亦甚多。是以朕从众所奏，将被参亏空之员，搜查其宦囊家产，并及其寄放之处。盖不欲使贪污之辈，盗国帑，剥民膏，以饱囊橐也。此辈本有应死之罪，但朕念弊端已久，相习成风，若遽然按律治罪，则诛戮者众，几乎不教而杀，固心有所不忍，若仍任其温饱，朕心又所不甘，故令其完补亏项，而复全其身命，此朕仁育义正用中之大道。而无知小人，妄以为严刻，乃坐井观天之辈，亦无足论也。朕意原欲暂行二三年，俟天下咸闻朕谕共知朕心之时，若有再犯者，则按法律治罪。今已晓谕四年，不得谓之不教而杀矣。上年已令九卿酌定条例，向后倘有侵欺、亏空之员，则按所定之例治罪，有应正法者，即照例正法。其搜查宦囊家产，并追及于寄放宗族亲党之处，应不必行矣。自此谕下之日，俱着停止。伊等若知朕化导保全之恩，尽洗从前侵克之弊，实伊等之福，亦朕之所深望。若仍执迷不悟，顾赀财而不惜身命，亦其自取，不足悯恻。”

○乾隆六年（1741）谕：“定例文武官员犯侵贪等罪者，于限内完赃，俱减一等发落。近来侵贪之案渐多，照例减等，便可结案。此辈既属贪官，除参款之外，必有未尽败露之赃私，完赃之后，仍得饱其囊橐，殊不足以惩儆。着尚书讷亲、来保将乾隆元年（1736）以来侵贪各案人员，实系贪婪入己，情罪较重者，秉公查明，分别奏闻，陆续发往军营效力，以为黩货营私者之戒。嗣后官员有犯侵贪等案者，亦照此办理。钦此。”遵旨议定：嗣后官员有犯侵贪等案，凡原拟斩、绞，于题结之后，有以限内完赃，援例请减者，令刑部查明。如果系贪婪入己，情罪较重之犯，即于题请减等本内，另将该犯贪婪情罪、应发军台效力之处，声明加签请旨。查减等之犯，系侵盗者，限内完赃，减二等应徒；系婪赃者，限内完赃，减一等应流；旗人分别折枷号、鞭责。其徒犯定有年限，限满即得回籍，自应改发军台效力。至流犯虽系永远在配，而定例亦准援赎，照例交纳赎银，即可免罪，今改发军台，令其效力赎罪，益可以惩贪墨。至旗人犯该流、徒，应折枷责者，亦应一例停其枷责，改发军台。但流、徒本罪，既有轻重，其坐台效力，亦宜稍加区别。应将问徒之犯，坐台三年，果无贻误，准其免罪，回籍、回旗；其问流者，于坐台三年报满之日，令该管官将该参员如何效力、应否宽免之处，奏闻请旨。如有贻误，即行严参治罪。若刑部加签具奏，有宽免坐台者，仍各照减等之罪发落。再贪婪人员，发往军台效力，有于完赃之后，实系无力坐台者，若径行发往，恐误台务，应准其呈明，令该旗都统、该省督抚秉公确查，取具该管各官印甘各结，据实保题，请旨免其发往。其未经发落之犯，仍各照减等之罪发落。倘该参员尚有隐匿赃私，而该旗、省遽为朦胧保题者，一经发觉，除将该参员严加治罪外，其保题出结各官，俱交部照例严加议处。

○十二年（1747）谕：“人臣奉公洁己，首重廉隅。贪婪侵盗之员，上侵国帑，下朘民膏，实属法所难宥。是以国家定制，拟以斩、绞重辟，使共知儆惕。此纪纲所在，不可不严。皇考世宗宪皇帝惩戒贪墨，执法不少宽贷，维时人心儆畏。迨至雍正八年（1730），因吏治渐已肃清，曾特旨将从前亏空未清之案，查明释放，此系明验也。朕因见近来各省侵贪之案累累，意欲早为整顿，庶其惩一而儆百，不致水懦而宽难，特命大学士等查明原委。雍正年间，秋审、朝审案内，侵盗及贪婪各犯奉旨勾决者八案，拟入情实、未经勾决者八案；雍正八年（1730），各省勾到，惟朝审未勾，内有拟入情实者五案；又历年贪婪立决未待秋审者二案。是侵盗贪婪之犯，秋审时原有拟入情实，奉旨勾到者，及询以今何以率入缓决，以致人不畏法，侵贪之风日炽，则不能对。盖因例内载有‘分年减等，逾限不完，仍照原拟监追’之语，至秋审时概入缓决，外而督抚，内而九卿法司，习为当然。初不计二限已满，既入秋审，自当处以本罪，岂有虚拟罪名，必应缓决之理。即在本犯，亦恃其断不拟入情实，永无正法之日，以致心无顾忌。不知立限减等，原属法外施仁。至限满不完，则是明知不死，更欲保其身家。此等藐法无耻之徒，即应照原拟明正典刑。嗣后此等二限已满，照原拟监追之犯，九卿于秋审时，核其情罪应入情实者，即入于情实案内，以彰国法。朕于勾到日，再为酌夺。其如何分别酌核之处，着大学士、九卿悉心妥议速奏。钦此。"遵旨议定：嗣后侵贪案犯，二限已满，察其获罪之由，如系动用杂项，及挪移核减，一应着赔，作为侵欺，并收受借贷等款，问拟贪婪。迨监追后，多方设措，急图完公者，酌拟缓决。至于以身试法，种种赃私，盈千累万，及监追限满，侵蚀未完尚在一千两以上，贪婪未完尚在八千两以上者，是其未完之数，适与原拟应得之罪相符，即入于情实，请旨勾到，以昭国法。

〇又谕："朕因各省侵贪案件累累，意欲惩一儆百，以息贪风。大学士及该部，并未详查立法本意。盖悬度朕意止于恶侵，而不知朕意实在于惩贪。夫侵盗之与贪婪似乎有间，而不知服官守职者，孰无畏惧之心，必不敢先亏库帑。至于藐视国课，恣意侵渔，则下之苞苴鱼肉，更复何所顾忌，必至朘民自润，贻害无穷。故天下庸有贪而不侵者，必无侵而不贪者。严侵盗正以惩贪婪，此整纲敕法之要道也。及再三降旨晓谕，令大学士、九卿等详悉酌议，于秋审时应情实者，入于情实。乃今陕西省勾到情实案内，即有李铭盘、吴浩、丁菜三案，此又矫枉过正，惟旨是从，而三案未必皆当勾决也。此中亦有必无可贷者，但今当定议之始，向来因陋就简，常入缓决之人，即以情实正法，所谓不教而杀，朕不为也。着于法外施仁，暂行停勾，再予一年之限，或尚能悔悟完项，自赎其罪，以邀宽典。如仍复玩视国法，必予勾以正其罪。朕用法从无假借，而必准情酌理，允协厥中，以归至当。着通行各省督抚共悉此意。"

〇十四年(1749)议准：嗣后常人盗仓库钱粮，除赃止八十两者，仍照正律并赃拟罪外，其有盗至八十两以上至八十五两者，拟杖一百、流二千里；九十两，杖一百、流二千五百里；九十五两，杖一百、流三千里；满一百两以上者，照偷盗鞘饷之例拟绞监侯，俱问实犯。

〇十六年(1751)谕："今日刑部查奏秋朝审内侵盗钱粮官犯陆开江等各案，将着该上司分赔情由叙入，殊属错误。朕于侵盗劣员，定以重辟，严申限期者，原以儆贪邪而肃法纪，初不为钱粮起见，前经屡降谕旨。其定例上司分赔，不过因其瞻徇属员，不早觉察，以致属员恣行侵盗耳。若谓帑项有着，可将本犯拟入缓决，则平日视官帑如己资，肆意縻费，至定罪之后，恃有上司代为完项，借以迁延岁月，幸逃刑戮，劣员更无所畏惧，且使各省转滋分赔着追之案，益觉纷繁。是国家以钱粮为重，人命为轻矣，殊未喻朕辟以止辟本意。且帑项有着无着，自属农部职掌。法司谳决案内，止应于本犯限内完否，定其罪名，毋庸牵涉办理。刑名大臣等其共悉朕意。"

〇又议准：嗣后每年秋审侵盗之案，仍照例按限定拟。如情罪有与陆开江等相类者，虽限内俱拟情实，刑部于勾到时，将未经满限之处，另行声明，请旨定夺。并令直省督抚，于所属侵盗各犯，初入秋审，即将限期起止、扣算月日，详细开明，以便临审时九卿、科道、詹事公同查核。

〇十七年(1752)议准：嗣后拿获运丁在途盗卖米石，审系正项钱粮，应照监守本条从重治罪外,其有将行月粮米,零星盗卖盗买,着仍照旧例枷号一月发落。若有一人盗买,及一帮盗卖,数至百石以上者,应将盗买及一帮内盗卖为首之人,于旧例枷号一月外,再枷号一月、折责四十板,粮米仍交本船,米价入官充饷。

〇又议准:嗣后帮丁头伍复行派敛,将已裁陋例,私自婪收,或于定数之外,多行勒索者,令各帮运丁于经管衙门呈控,审究的实,将勒索之头伍,计赃分别首从定拟。若犯该徒罪以上者,俱照指称衙门打点使用名色诓骗财物例,不分首从,发边卫充军,情重者仍枷号两月发遣。若官弁、兵役受贿,责令该管上司,即将该官弁指名题参,革职审拟,计赃以枉法论。督运、经催员弁,故纵、失察,亦责令该管上司,分别查参,照例议处。或军丁挟嫌捏控者,照诬告律分别加等治罪。

# 卷七百八十三·刑部六十一

## 刑律·赋盗 强盗一

### 强盗一

凡强盗已行而不得财者，皆杖一百、流三千里；但得财者，不分首从皆斩。虽不分赃亦坐。若以药迷人图财者罪同。但得财皆斩。若窃盗临时有拒捕及杀伤人者皆斩。监候。得财、不得财皆斩。须看"临时"二字。因盗而奸者，罪亦如之。不论成奸与否，不分首从。共盗之人，不曾助力，不知拒捕杀伤人及奸情者，审确止依窃盗论。分首从，得财不得财。其窃盗事主知觉，弃财逃走，事主追逐，因而拒捕者，自依罪人拒捕律科罪。于窃盗不得财本罪上加一等，杖七十；殴人至折伤以上绞，杀人者斩；为从各减一等。凡强盗自首不实不尽，止宜以名例自首律内至死减等科之，不可以不应从重科断。窃盗伤人自首者，但免其盗罪，仍以斗殴伤人律论。

### 附律条例

〇一、强盗杀人，放火烧人房屋，奸污人妻女，打劫牢狱、仓库，及干系城池、衙门，并积至百人以上，不分曾否得财，俱照得财律斩，随即奏请审决枭示。若止伤人而未得财，比照抢夺伤人律科断。凡六项有一于此，即引枭示，随犯摘引所犯之事。

**谨案** 此条系原例。首句本作"强盗杀伤人"，雍正三年(1725)奏准，删去"伤"字。嘉庆六年(1801)增定，若止伤人而未得财，首犯斩监候，为从发黑龙江为奴；如未得财又未伤人，首犯发黑龙江为奴，为从杖一百、流三千里。十七年(1812)，调剂黑龙江遣犯，将发黑龙江为奴者，俱改发新疆给官兵为奴。

〇一、爬越入城行劫，罪应斩决者，加以枭示。失察越城之官员、兵丁，分别参处、责革。

**谨案** 此条嘉庆二十一年(1816)定。

〇一、凡响马强盗，执有弓矢军器，白日邀劫道路，赃证明白者，俱不分人数多寡、曾否伤人，依律处决，于行劫处枭首示众。如伤人不得财，依白昼抢夺伤人斩。其江洋行劫大盗，俱照此例立斩枭示。

**谨案** 响马强盗一节，系原例；江洋大盗一节，系雍正五年(1727)定例。乾隆五年(1740)，并为一条。嘉庆六年(1801)，又于"枭首示众"句下改注云，"如伤人不得财,首犯斩监候,为从发黑龙江为奴;如未得财又未伤人,首犯发黑龙江为奴,从犯杖一百、流三千里"。十七年(1812),调剂黑龙江遣犯,将发黑龙江为奴者,俱改发新疆给官兵为奴。

〇一、凡强盗必须审有赃证明确,及系当时现获者,照例即决。如赃迹未明,招扳续缉,涉于疑似者,不妨再审。其问刑衙门,如遇鞫审强盗,务要审有赃证,方拟不时处决。或有被获之时,伙贼供证明白,年久无获,赃亦花费,伙贼已决无证者,俱引监候处决。

**谨案** 此条系原例。雍正三年(1725)奏准,此条末节,"或有被获之时"以下语意未明,应照三法司题定之例,改"或有续获强盗,无自认口供,赃迹未明,涉于疑似,伙盗已决无证者,俱引监候处决"。

一、凡问刑衙门鞫审强盗,赃证明确者,照例即决。如赃迹未明,招扳续缉,涉于疑似者,不妨再审。或有续获强盗,无自认口供,赃迹未明,伙盗已决无证者,俱引监候处决。

**谨案** 此条乾隆五年(1740)删改。

〇一、凡捕获强盗,不许私下擅自拷打,俱送问刑衙门,务要推究得实。若徇情扶同,致有冤枉,一体治罪。

**谨案** 此条系原例。雍正三年(1725)奏准,现行定例,私拷取供,官参役处。凡承问官初审之时,即有先验有无伤痕之例,开招必载"并无私拷伤痕"字样。例文不详,今增删改定。

一、凡强盗重案,交与印官审鞫,不许捕官私行审讯、番捕等役私拷取供。违者,捕官参处,番役等于本衙门首枷号一月、杖一百,革役。如得财及诬陷无辜者,从重科罪。其承问官于初审之时,即先验有无伤痕。若果无伤,必于招内开明"并无私拷伤痕"字样。若疏忽不开,扶同隐讳,及纵容捕官私审者,即将印官题参,交部议处。

〇一、凡常人捕获强盗一名、窃盗二名,各赏银二十两。强盗五名以上、窃盗十名以上,各与一官;名数不及,折算赏银。应捕人不在此限。强窃盗赃,止追正赃给主,无主者没官。若诸色人典当收买盗贼赃物,不知情者勿论,止追原赃,其价于犯人名下追征给主。

**谨案** 此条系原例。

一、凡强盗行劫,邻佑知而不协拿者,杖八十。如邻佑,或常人,或失主家人,拿获强盗一名者,官给赏银二十两,多者照数给赏。受伤者移送兵部验明等第,照另户及家仆军伤例,将无主马匹等物变价给赏;其在外者,以各州县审结无主赃物变给。如营汛防守官兵捕贼受伤者,照绿旗阵伤例分别给赏;被伤身亡者,亦照绿旗阵亡例,分别给予身价银两。

**谨案** 雍正三年(1725),以捕获强盗并无给官之事,奏准将原例增删,改定此条。

○一、凡强盗,除杀死人命、奸人妻女、烧人房屋,罪犯深重,不准自首外,其余虽曾伤人,随即平复不死者,亦姑准自首,照凶徒执持凶器伤人例,问发边卫充军。其放火烧人空房及田场积聚之物,依律问流。若计所烧之物重于本罪者,亦止照放火延烧例,俱发边卫充军。

**谨案** 此条系原例。

一、凡强盗,除杀死人命、奸人妻女、烧人房屋,罪犯深重,不准自首外,其余虽曾伤人,随即平复,亦姑准自首,照凶徒执持凶器伤人例,问发边卫充军。其放火烧人空房及田场积聚之物者,依律问流。若计所烧之物重于本罪者,发边卫充军。若事主伤重,虽幸未死,不准自首。

**谨案** 此条乾隆五年(1740)改定。三十二年(1767),将"其余"二字改为"其伙盗"。

一、跟随为盗,并未伤人之犯,自行出首,将伊应得之罪,悉行宽免。

**谨案** 此条系雍正六年(1728)定。原文尚有"盗首窝线自首,量从宽减"等语,乾隆三十二年(1767)删去。

一、伙盗除行劫一二次者,于事未发之先,尽行首出,仍照律免罪外,如行劫三次以上者,事未发而自首,照未伤人之盗首事未发自首例,佥妻发边卫充军;若闻拿投首,亦照未伤人之盗首闻拿投首例,佥妻发黑龙江等处为奴。

**谨案** 此条系乾隆九年(1744)定。

一、伙盗除行劫一次者,于事未发之先,自行首出,仍照律免罪外,如行劫二次者,事未发而自首,照未伤人之盗首事未发自首例,发近边充军;若闻拿投首,亦照未伤人之盗首闻拿投首例,发黑龙江等处给披甲人为奴。

**谨案** 此条乾隆三十二年(1767)改定。

一、伤人伙盗自首,即照未伤人盗首自首之例;如事未发自首者,即照本例拟军。遇有脱逃,拿获加等调发。如系闻拿投首者,发遣黑龙江等处给披甲人为奴。遇有脱逃,获日请旨即行正法。

**谨案** 此条乾隆四十四年(1779)定。以上四条,原载"犯罪自首"律后,乾隆五十三年(1788)移并此门。

一、凡未伤人之盗首,能于未发之时自首者,发边卫充军。至闻拿投首,与悔过自首者不同,照情有可原之例发遣。窝家、盗线,如有自首,及闻拿投首者,亦照未伤人之盗首,分别充军、发遣。

**谨案** 此条乾隆四年(1739)定。

一、强盗为首伤人,伤轻平复,自行投首者,拟斩监候,不得遽请减等。其余自首条款,照定例遵行。

**谨案** 此条乾隆二十六年(1761)定。

一、凡强盗,除杀死人命、奸人妻女、烧人房屋,罪犯深重,及殴事主至折伤以上,首伙各犯,俱不准自首外,其伤人首盗,伤轻平复,无论事未发而自首,及闻拿投首者,俱拟斩监候。未伤人之首盗,能于事未发时自首者,发近边充军;如系闻拿投首,照情有可原例,发遣黑龙江等处给披甲人为奴。至未伤人之伙盗,行劫仅止一次,事未发而自首者,照律免罪;如系闻拿投首,于情有可原发遣本罪上减一等,杖一百、徒三年。若伙盗曾经伤人,及行劫二次以上,事未发而自首,发近边充军;如系闻拿投首,照情有可原例发遣。窝家、盗线,如有自首及闻拿投首者,即照未伤人之盗首,分别充军、发遣。以上各犯,遇有脱逃被获,军罪加等调发;其减发黑龙江者,请旨即行正法。其放火烧人空房及田场积聚等物之强盗自首,依放火故烧本律拟流。若计所烧之物重于本罪者,发近边充军。

**谨案** 此条系乾隆五十三年(1788)将上六条修并。

一、凡强盗,除杀死人命、奸人妻女、烧人房屋,罪犯深重,及殴事主至折伤以上,首伙各犯,俱不准自首外,其伤人首伙各盗,伤轻平复,如事未发而自首,及强盗行劫数家,止首一家者,均发遣新疆给官兵为奴;系闻拿投首者,拟斩监候。未伤人之首伙各盗,及窝家、盗线,事未发而自首者,杖一百、流三千里;闻拿投首者,实发云贵两广极边烟瘴充军,面刺"改遣"二字。以上各犯,如将所得之赃悉数投报,及到官后追赔给主者,方准以自首论。若赃未投报,亦未追赔给主,不得以自首论。遇有脱逃被获,新疆遣犯及实发云贵两广人犯,均照例即行正法,流犯仍加等调发。至放火烧人空房及田场积聚等物之强盗自首,依放火故烧本律拟流。若计所烧之物重于本罪者,发近边充军。

**谨案** 嘉庆十九年(1814),调剂黑龙江遣犯,将拟发黑龙江之犯,改发云贵两广极边烟瘴充军。道光十四年(1834),因此等遣犯脱逃例应正法,于充军下增"面刺'改遣'二字"。同治九年(1870),因强盗行劫数家止首一家,原例拟军,而伤人首盗未发自首,仍拟斩候,殊未平允;又首伙盗犯,按律同一斩决,是以不论首伙,均核其曾否伤人及自首之先后,分别定拟;并将强盗行劫数家止首一家之例修改,并入此条。

〇一、贼犯除有心放火,图窃财物,延烧事主毙命者,仍照例依强盗分别问拟斩决、斩枭外,如因遗落火煤,或因拨门不开,燃烧门闩板壁,或用火烧照亮,窃取财物,致火起延烧,不期烧毙事主一二命及三命而非一家者,俱照因盗威逼人致死律拟斩监候;若烧毙一家三命者,拟斩立决;三命以上,加以枭示。

**谨案** 此条道光三年(1823)定。

〇一、强窃盗再犯,及侵损于人,不准首。家人共盗,以凡人首从论。

**谨案** 此条系原例。雍正三年(1725)删去"及侵损于人"五字。乾隆五十三年(1788)奏准,此条已详"名例·犯罪自首"等律注,毋庸另立一例,删。

〇一、强盗内有老瓜贼一种,甚为凶恶,或在客店内,用闷香、药面等物迷人取财,或五更早起,在路将同行客人杀害。此种凶徒,拿获之日,务必究缉同伙,照强盗得财律,不分首从皆斩。

一、凡老瓜贼、强盗等犯拿获时,研审曾在某省州县行劫有案,将盗犯不得解往他省,仍于被获处监禁,关会行劫各案确实口供具题,于监禁处即行正法。仍知照他省原行劫之处张挂告示,谕众知之。

**谨案** 此二条均雍正五年(1727)定。

一、贼盗内有老瓜贼,或在客店内,用闷香、药面等物迷人取财,或五更早起,在路将同行客人杀害。此种凶徒,拿获之日,务必究缉同伙,并研审有无别处行劫犯案,将该犯不得解往他处,于被获处监禁。俟关会行劫各案确实口供到日,审明具题,即于监禁处照强盗得财律,不分首从皆斩。仍知照原行劫之处张挂告示,谕众知之。

**谨案** 乾隆五年(1740),将上二条并为此条。

○一、事主报盗,止许到官听审一次、认赃一次。所认赃物,即给主回家,不许往返拖累。违者,将承审官严加议处。

**谨案** 此条雍正五年(1727)定。

○一、事主呈报盗案失单,须逐细开明报官,不准续行补报。至所失赃物,必须地方官差捕役眼同起认。如捕役私起赃物,或借名寻赃,逐店搜察,或嘱贼诬扳,指称收顿,或将贼犯己物作赃,或买物栽赃,或混认瞒赃等弊,事发,除捕役照律例从重问拟外,其承问官不严禁详审、该督抚不严饬题参者,一并交部议处。

**谨案** 此条雍正五年(1727)定。

一、事主呈报盗案失单,须逐细开明。如赃物繁多,一时失记,准于五日内续报。该地方官将原报、续报缘由,于招内声明。至获盗起赃,必须差委捕员眼同起认。如捕役私起赃物,或借名寻赃,逐店搜察,或嘱贼诬扳,指称收顿,或将贼犯己物作赃,或买物栽赃,或混认瞒赃等弊,事发,除捕役照律例从重问拟外,其承问官不严禁详审、该督抚不严饬题参者,一并交部议处。

**谨案** 此条系乾隆五年(1740),将雍正十二年(1734)所定"开报失单,一时失记,准五日内续报"之例,并入前条增定。

○一、凡以窃为盗,并无被劫,谎称被劫报官者,杖一百。

一、事主呈报盗情,不许虚诬捏饰。倘有以奸报盗者,照不应重律杖八十。以人命、斗殴等事报盗者,其本身无罪,照以窃为强例杖一百。有应得之罪,本罪重者,照本罪治罪;本罪轻者,加一等治罪。若奸棍豪绅,凭空捏报盗劫,借以陷害平人、讹诈印捕官役者,照诬告人死罪未决律问遣。其甲长、邻佑,有扶同捏报者,各照事主减一等治罪。

**谨案** 此二条俱系雍正五年(1727)定。

一、事主呈报盗情,不许虚诬捏饰。倘有并无被劫而谎称被劫,及以窃为强、以奸为盗者,俱杖一百。以人命、斗殴等事报盗者,其本身无罪,亦杖一百。若本有应得之罪,重者照本罪从重问拟;本罪轻者,加一等治罪。若奸棍豪绅,凭空捏报盗劫,借以陷害平人、讹诈印捕官役者,照诬告人死罪未决律问遣。甲长、邻佑扶同者,各照事主减一等治罪。

**谨案** 此条乾隆五年(1740)修并。嘉庆十九年(1814),将"诬告人死罪未决律"下,增入"杖一百、流三千里,加徒役"十字,去"问遣"二字。

○一、地方文武官员,因畏疏防承缉处分,恐吓事主,抑勒讳盗,或改强为窃者,均照讳盗例革职,承行书办杖一百。若抑勒苦累事主致死者,除革职外,照故勘平人致死律治罪。该管司、道、府、厅、州不行查报,督抚不行查参者,俱交部照例议处。

**谨案** 此条雍正五年(1727)定。

一、地方文武官员,因畏疏防承缉处分,恐吓事主,抑勒讳盗,或改强为窃者,均照讳盗例革职,承行书办杖一百。若抑勒苦累事主致死,或刑伤至笃废者,除革职外,照故勘平人律治罪。该管司、道、府、厅、州不行查报,督抚不行查参者,俱交部照例议处。如有奸民以窃报强,挟制官长,希图诬良索诈者,许州县官详明督抚,另委别州县查讯,照例办理。

**谨案** 此条乾隆三十七年(1772)增定。

○一、凡投首之贼,借追赃名色,将平人捏称同伙,或挟仇扳害,或索诈财物,不分首从、得财与未得财,皆斩立决。

**谨案** 此条雍正五年(1727)定。

○一、凡拿获盗犯到案,即行严讯。如有行劫别案,该地方官务详细讯明行劫几次、所得何赃,取具确供申报,并行文被盗之府州县,查讯彼此供同,毋庸对质者,应即正法。不得因别案未结,仍行监禁。若别案应拟斩枭示,重于本案者,仍听彼案审明归结。如供出行劫之别案伙盗未获一人,必须监候待质者,该督抚于疏内声明,将该犯提解省城,严行监禁。俟彼案获有伙盗,对质明确,题请正法。如别州县有指已正法之盗作为首盗,或盗数未足,作为伙盗,希图销案者,该督抚题参,从重议处。至地方官员遇有行查盗犯口供,不即详细讯明关复,以致各案不能完结者,该督抚题参,照易结不结例议处。

一、获盗到案时,扳出伙盗,有别处地方已经审实定罪者,行文取供,两处供同,即行定案,不必提审对质。如两案犯罪轻重相等,及彼案罪轻、此案罪重者,即于被获本案归结。如果被获本案罪轻而彼案罪重,应正法者,既将供情关会明确,亦即于被获处监禁,候彼案命下之日正法。若其间必须解质,该州县详明各该管上司,严押解质,该上司勒限质明,从重归结。

**谨案** 此二条俱系雍正五年(1727)定例。

一、凡拿获盗犯到案,即行严讯。如有行劫别案,讯明次数并所得赃物,取具确供申报,行文被盗之州县,查讯供词,彼此相同,毋庸对质者,即行定案,不必往返提讯。倘有供出别案之伙盗未获一人,必须待质者,承审官于文内声明,该督抚亦于疏内声明。俟彼案获有伙盗,质对明确,题请正法。若与原获之州县情罪相等者,即于本处完结。如此案罪轻,彼案罪重者,详明各上司,将该犯押解,交与重罪处严行监禁,审明归结。如别州县有指已正法之盗作为首盗,或盗数未足,作为伙盗,希图销案,及州县彼此行查盗犯口供,不即详细讯明关复,以致案件不能完结者,该督抚查明题参,交部分别议处。

**谨案** 此条乾隆五年(1740)删并。

一、凡拿获盗犯到案,即行严讯。如有供出行劫别案,讯明次数、赃物,取具确供。其在本省他邑者,即行通详督抚。无论他邑有无拿获盗犯,总于赃物查起、事主认领之后,提解来省,并案审拟具题,将该犯即行正法。若系供出邻省之案,其伙盗已获者,应令该督抚关查明确,首从绝无疑义者,详悉声明,题请即行正法。如邻省伙犯未获,现获之犯,或任意抵赖,系彼案盗首而供为同伙,将来后获之犯,或本系盗首,因同伙已经正法,转推已决者为首犯,不无避重就轻之弊。应令各督抚详加研鞫,务得实情。其无前项情弊者,不必虚拟罪名,另案具题,即于本案声明,题请正法。倘行查被盗之州县,有指已正法之盗作为首盗,或盗数未足,作为伙盗,希图销案,及州县彼此行查盗犯口供,不即详细讯明关复,以致案件不能完结者,该督抚查明题参,交部分别议处。

**谨案** 此条乾隆三十二年(1767)改定。

○一、强盗重案,除定例所载杀人、放火、奸人妻女、打劫牢狱仓库、干系城池衙门、并积至百人以上,及响马强盗、江洋大盗、老瓜贼,仍照定例遵行外,其余盗劫之案,各该督抚严行究审,将法所难宥及情有可原者,一一分析,于疏内声明,大学士会同三法司详议,将法所难宥者正法,情有可原者发遣。

**谨案** 康熙五十四年(1715)奉旨:“凡强盗重案,着大学士会同三法司,将各案内造意为首及杀伤人者一二人正法,余俱照例减等发遣。”雍正五年(1727)遵旨议准:分别法所难宥、情有可原办理。乾隆五年(1740)定为此条。嘉庆十九年(1814),于“情有可原者发遣”下,增“新疆给官兵为奴”句。咸丰五年(1855),严定盗劫之案,均依本律问拟,不得以情有可原量减,删除此条。

○一、凡强盗初到案时,审明伙盗几人、赃数若干。起有赃物,经事主确认,即按律定拟。如系窃贼,审明行窃几次,并事主初供是否满贯。但搜有正赃,不待追比全完,即分别定拟。若原赃花费,将本犯并窝家家产,追变赔偿。如事主有冒开赃物,审出杖八十。其盗贼供出所卖赃物之处,如有伊亲党并胥捕借端吓诈者,计赃准窃盗论,加一等治罪。

一、凡伙盗数目,以初获强盗所供为确。初招既定,不许续扳。

**谨案** 此二条均系雍正五年(1727)定例。

一、凡强盗初到案时,审明伙盗、赃数。及起有赃物,经事主确认,即按律定罪。其伙盗数目,以初获强盗所供为确。初招既定,不许续扳。如系窃贼,审明行窃次数,并事主初供。但搜有正赃,即分别定拟。若原赃花费,照例追变赔偿。如事主冒开赃物,杖八十。其盗贼供出卖赃之处,如有伊亲党并胥役人等借端吓诈者,计赃加窃盗一等治罪。

**谨案** 此条系乾隆五年(1740)将上二条修并。

○一、强盗除杀人、放火等六项外,若造意为首之盗脱逃,将伙盗监禁,令其供出首盗逃匿处所,限一年之内缉获。倘限内不获,将各盗照律题结。如供出首盗所在,即时拿获者,将供出之伙盗免死,发黑龙江给披甲人为奴。

**谨案** 此条雍正五年(1727)定。

一、造意为首之盗脱逃,如有伙盗供出逃匿所在,限一年之内缉获。限内不获,将各盗照律题结。如限内拿获者,将供出之伙盗,照例免死,分别发遣。若系例应免死减等之伙盗,供出首盗逃匿所在,即行拿获者,改拟杖一百、流三千里。

**谨案** 此条乾隆五年(1740)改定。三十二年(1767)于"逃匿所在"下增"确实地方"四字,"分别发遣"改为"发遣黑龙江等处为奴"。

○一、旗下人在直省有犯强盗等项罪名,定拟重辟者,即在彼处正法。内有满洲及另户人,仍行解部。解到,缮写绿头牌奏闻处决。其余有犯,俱解部审理。

○一、凡各省驻防,及昌平、德州等处驻防旗下兵丁,有为盗者,将军以下及城守尉、防守尉等官,俱交部照例议处,若该管官察获者免议。其兵丁之家人,有为盗者,一名以上,本主鞭一百;三名以上,枷号一月、鞭一百。该管各官,交部照例议处;将军、副都统、城守尉、防守尉免议。如将军以下,驻防官员家人有为盗者,本主交部照例议处,该管各官俱免议。

○一、事主呈报强劫盗案到官,该管印官,不论远近,无分风雨,立即会同营汛武弁,赴事主家查勘前后出入情形,有无撞门毁户、遗下器械油捻之类,及事主有无拷燎、捆札伤痕,并讯地邻、更夫、救护人等,有无见闻影响,当场讯取确供,填注通报文内,详明该管各上司。倘印官不亲诣查验,捏饰填报,照溺职例议处。该管道、府、直隶州不揭报者,均照徇庇例议处。如印官公出,佐贰、捕官,一面会同汛弁查验,先行缉捕,一面申请邻邑印官复加查验,据实申报。倘邻邑印官,推诿不即赴验,或将未曾目见之情形,附会佐贰、捕官,捏作亲验者,将邻邑印官,照徇庇例议处。

○一、外地人民行商过客有失事者,责令居停,或令船户与事主,一同据实报官,地方官即亲诣查验,严缉务获,追赃给主。倘商民有捏报等情,及地方官有隐讳抑勒,不行亲验等弊,俱照前例分别议处治罪。

**谨案** 以上四条,均系雍正五年(1727)定例。乾隆五年(1740)删。

○一、凡盗犯到案,审实者,即将盗犯家产封记,候题结之日,将盗犯家产变赔。如该犯之父、兄弟、伯叔知情分赃者,审明治罪,着落伊等名下追赔。倘有并无家产,以及外来之人,无从封记开报者,将案内各盗之家产,除应赔本身赃物外,或有余剩,概行变价代赔。其有窝家之案,仍照例将窝家之财产,一并赔补。取具事主领状报部。倘有将无干之亲族,及并未分赃之亲属,株连赔累者,该督抚查出,即行题参,交部议处。

**谨案** 此条系雍正七年(1729)定例,原载"给没赃物"律后。乾隆五十三年(1788)移附此律。

一、强盗窃贼现获之赃,各令事主认领外,如不足原失之数,将无主赃物赔补,余剩者入官。如仍不足,将盗犯家产变价赔偿。若诸色人典当收买盗贼赃物,不知情者勿论,止追原赃,其价于犯人名下追征给主。

**谨案** 窝盗止追正赃及收卖盗赃不知情一条,系原例。现赃不足、变产赔偿一条,系雍正五年(1727)增定。乾隆五年(1740)并辑此条。

一、强窃盗贼到案审实,先将各犯家产封记。其有现获之赃,各令事主认领。如不足原失之数,将同时所起无主赃物赔补,余剩者入官。如仍不足,再将盗犯家产变价。如该犯之父、兄、伯叔知情分赃,并另有窝家者,审明治罪,着落伊等名下追赔。倘案内各盗,或有并无家产,以及外来之人,无从封记开报者,将案内盗犯及窝家有家产者,除应赔本身赃物外,或有余剩,概行变价代赔。若诸色人典当收买赃物,不知情者勿论,止追原赃,其价于犯人名下追征给主。倘有将无干亲族,及并未分赃之亲属,株连赔累,该督抚查参议处。

**谨案** 此条系乾隆五十三年(1788),将上二条修并。

一、凡盗犯到案审实,先将各犯家产封记,候题结之日,将盗犯家产变赔。如该犯之父、兄弟、伯叔知情分赃,并另有窝家者,审明治罪,亦着落伊等名下追赔。倘案内各盗,或有并无家产,以及外来之人,无从封记开报者,将案内盗犯及窝家有家产者,除应赔本身赃物外,或有余剩,概行变价代赔。倘有将无干亲族,及并未分赃之亲属,株连赔累,该督抚查参议处。

一、强窃盗贼现获之赃,各令事主认领外,如强盗赃不足原失之数,将无主赃物赔补,余剩者入官。如仍不足,将盗犯家产变价赔偿。若诸色人典当收买盗赃及窃赃,不知情者勿论,止追原赃,其价于犯人名下追征给主。

**谨案** 嘉庆六年(1801),查封记家产及着落父兄、窝家追赔,系专指强盗而言,窃盗未便一概办理,乾隆五十三年(1788)修并之条未曾分析,恐易牵混,因将前例仍行分别定此二条。

〇一、凡强盗诬扳良民,除首盗杀人,及伤人伙盗,并行劫三次者,俱例应正法,毋庸加等外,其未伤人之伙盗,加等照伤人例,拟斩立决。

**谨案** 此条系雍正七年(1729)定。

〇一、凡行劫二次之伙盗,又每案内各转纠三人以上,及帮助捆殴、按捺事主、逼索财物者,无论伤人不伤人,并不得以情有可原,循例奏请。

**谨案** 此条系乾隆五年(1740)定。乾隆三十二年(1767)奏准,诬扳、纠伙等项,各有专条,二例均删。

○一、凡窃盗等事,责令该地保、营汛兵丁,分报各衙门文武员弁,协力追拿。如地保、汛兵,通同隐匿不报,及地保已报文职,而汛兵不报武弁,或汛兵已报武弁,而地保不报文职者,均照强盗窝主之邻佑知而不首例,杖一百。若首报迟延,照牌头曾首告而甲长不行转报例杖八十。

**谨案** 此条雍正八年(1730)定。道光十四年(1834),于"地保不报文职"下,删"照强盗窝主之邻佑知而不首例"十三字,并于"首报迟延"下,删"照牌头曾首告而甲长不行转报例"十四字。

# 卷七百八十四·刑部六十二

## 刑律·贼盗 强盗二

### 强盗二

○一、捕役为盗，虽非造意为首，均照造意为首律拟斩立决。其失察之该管官，交部议处。如该管官逼勒改供，或捏称革役，该管上司不能查出，一并交部照例议处。如捕役与巨盗交结往来，奉差缉拿，走漏消息，及非伊承缉之案，漏信脱逃者，不分曾否得财，均照本犯之罪治罪。

**谨案** 此条雍正九年（1731）定。

一、承缉盗案汛兵，有审系分赃通贼者，均与盗贼同科，至死减一等。若知情故纵者，照窝主知情存留例分别治罪。如并不知情，止系查缉不力者，照不应重律科断。

**谨案** 此条乾隆元年（1736）定。三十二年（1767），以汛兵通贼与捕役为盗，情罪相等，不应末减，删去“至死减一等”句。

一、捕役及防守墩卡并承缉盗案汛兵为盗，虽非造意为首，均照造意为首律拟斩立决。其失察之该管官，交部议处。如该管官逼勒改供，或捏称革役，该管上司不能查出，一并交部照例议处。如捕役、汛兵，分赃通贼，及与巨盗交结往来，奉差缉拿，走漏消息，及非伊承缉之案，漏信脱逃者，不分曾否得财，均照本犯之罪治罪。若知情故纵者，照窝主知情存留例分别治罪。如并不知情，止系查缉不力者，照不应重律科断。

**谨案** 此条嘉庆六年（1801）修并。

一、捕役及防守墩卡或承缉盗案汛兵，并各营兵丁为盗，虽非造意为首，均照造意为首律拟斩立决。如捕役、兵丁等起意为首，斩决枭示，为从者仍拟斩决。其有情节重大，非寻常行劫可比者，该督抚仍酌量案情，分别枭示。其失察之该管官，交部议处。如该管官逼勒改供，或捏称革役，该管上司不能查出，一并交部照例议处。如捕役、兵丁，分赃通贼，及与巨盗交结往来，奉差缉拿，走漏消息，及非伊承缉之案，漏信脱逃者，不分曾否得财，均照本犯之罪治罪。若知情故纵者，照窝主知情存留例分别治罪。如并不知情，止系查缉不力者，照不应重律科断。

**谨案** 此条嘉庆十一年（1806）增定。咸丰五年（1855），删“虽非造意为首”六字,于例末增入“至书差人等,临时得赃卖放,亦照本犯一体治罪”十九字。

〇一、川省差役,每有于奉票承缉盗贼暨传证、起赃等事,辄即聚众多人,执持军火器械,明目张胆,直入人家,掳捉人畜,攫掠资财,名曰“扫通”。无论有无牌票,均从严照强盗定律,但得财者不分首从皆斩;同行助恶之犯,俱照强盗新例问拟。有情节重大者,加以枭示。兵丁有犯,均照差役一律拟断。

**谨案** 此条咸丰八年(1858)定。

〇一、强盗同居父兄、伯叔与弟,其有知情而又分赃者,如强盗问拟斩决,减一等,杖一百、流三千里;如问拟发遣,亦减一等,杖一百、徒三年。其虽经得财,而实系不知情者,照本犯之罪减二等发落。父兄不能禁约子弟为盗者,杖一百。

**谨案** 此条雍正十二年(1734)定。

〇一、凡窃盗临时拒捕,为首杀人者,照强盗律拟斩立决;为从者,照发黑龙江等处之例,刺面分别发遣。其伤人未死者,首犯拟斩监候,为从者刺面发边卫充军。若伤非金刃,又伤轻平复,并拒捕不伤人者,首犯发边卫充军,为从及自首者杖一百、徒三年。

**谨案** 此条乾隆元年(1736)定。

一、窃盗临时拒捕,为首杀人者,照强盗律拟斩立决;为从者,应发遣吉林乌拉、伯都讷、宁古塔等处给披甲人为奴,照名例改遣之例问发。其伤人未死,如刃伤及折伤以上者,首犯拟斩监候,为从发近边充军。若临时拒捕,伤非金刃,又伤轻平复之首犯,改发边远充军;拒捕不伤人之首犯,发近边充军;为从及自首者,杖一百、徒三年。

**谨案** 此条系乾隆四十三年(1778)改定。

一、窃盗弃财逃走,事主追逐,如有逞凶执持金刃戳伤事主者,照罪人殴所捕人至折伤以上律拟绞监候。

**谨案** 此条乾隆七年(1742)定。

一、凡窃盗临时拒捕杀人,及弃财逃走,事主追逐,因而拒捕杀人案内,为从帮同下手有伤者,不论他物、金刃,俱拟绞监候。其从犯虽曾拒捕,或亦执仗,而未经殴人成伤,及拒捕另伤一人者,仍各照本律例分别办理。

**谨案** 此条乾隆四十八年(1783)定。

一、窃盗临时拒捕,为首杀人者,拟斩立决;为从帮同下手有伤者,不论他物、金刃,俱拟绞监候,拒捕未经帮殴成伤者,发极边足四千里充军。其伤人未死,如刃伤及折伤以上者,首犯拟斩监候,为从发近边充军。若临时拒捕,伤非金刃,伤轻平复之首犯,发边远充军;拒捕不伤人之首犯,发近边充军;为从各杖一百、徒三年。

一、窃盗弃财逃走,及未经得财逃走,事主追逐,因而拒捕杀人者,首犯拟斩监候;为从帮同下手有伤者,不论他物、金刃,俱拟绞监候;其虽曾拒捕,或亦持仗,而未经帮殴成伤者,应减首犯一等,杖一百、流三千里。若伤人未死,如刃伤及折伤以上者，首犯拟绞监候，从犯亦减等拟流；若伤非金刃，伤轻平复，并拒捕无伤者，仍依罪人拒捕本律科断。

**谨案** 此二条，系乾隆五十三年（1788）将前数条修改，分列两条，载在“窃盗”律后。

一、窃盗临时盗所拒捕，护赃、护伙者皆是。及虽未得财，而未离盗所，逞凶拒捕，或虽离盗所，而临时护赃格斗，已离盗所护伙者，不在此例。杀人者，不论所杀系事主、邻佑，将为首者拟斩立决。为从帮殴，如刃伤及他物、手足至折伤以上者，俱拟绞监候；伤非金刃，又非折伤者，发云贵两广极边烟瘴充军；拒捕未经帮殴成伤者，发极边足四千里充军。其伤人未死，如刃伤及折伤以上者，首犯拟斩监候，为从发近边充军。若伤非金刃，伤轻平复，首犯改发伊犁等处酌拨当差，如年在五十以上，发近边充军；拒捕未经成伤者，首犯发近边充军；为从各杖一百、徒三年。如被事主事后搜捕，起意拒捕者，仍依罪人拒捕本律，分别杀伤科断。

**谨案** 嘉庆十年（1805），调剂吉林等处安插人犯，议准将例内伤非金刃、伤轻平复之首犯，改发边远充军；年在五十以上，仍发近边充军。

一、窃盗弃财逃走，与未经得财逃走，被事主追逐拒捕，或伙贼携赃先遁，后逃之贼，被追拒捕，及已经逃走，因见伙犯被获，帮护拒捕，因而杀人者，首犯俱拟斩监候。为从帮殴，如刃伤，及手足、他物至折伤以上者，俱拟绞监候；伤非金刃，又非折伤者，发附近充军；未经帮殴成伤者，杖一百、流三千里。其伤人未死，如刃伤及折伤以上者，首犯拟绞监候，从犯减等拟流。若伤非金刃，伤轻平复，并拒捕未经成伤者，及事后追捕，有拒捕杀伤者，仍各依罪人拒捕本律科断。如逃走并未弃财，仍以临时护赃格斗论。

**谨案** 此二条，系嘉庆六年（1801）复将上二条修改，移附本律。

〇一、凡强盗行劫，被事主殴打情极格杀事主之犯，仍照强盗得财律拟斩立决，免其枭示。

**谨案** 此条系乾隆元年（1736）定，五年（1740）奏准删除。

〇一、凡情有可原之伙盗内，如果年止十五岁以下，审明实系被人诱胁，随行上盗者，无论分赃与不分赃，俱问拟满徒，不准收赎。

**谨案** 此条乾隆四年（1739）定。

〇一、强盗案内，有知而不首，或强逼为盗，临时逃避，行劫后众盗分与赃物以塞其口者，照知强窃盗之后分赃律科断，不得概拟窝主分赃不行之罪。

**谨案** 此条乾隆五年（1740）定。

一、强盗案内，有知而不首，或强逼为盗，临时逃避，行劫后分与赃物以塞其口，与知强盗后而分所盗之赃在一百两以下者，俱照共谋为盗临时畏惧不行事后分赃例减一等，杖一百、徒三年。如所分赃至一百两以上，按准窃盗为从律递加一等定拟；一百二十两以上，仍照例发近边充军。

**谨案** 此条同治七年(1868)增改。

○一、老瓜贼内,审有传授技艺,在家分赃者,照强盗窝主造意身虽不行但分赃者斩律,拟斩立决。其跟随学习之人,虽未同行,俱照情有可原强盗例免死发遣。如无学习确证,不过仅与贼往来熟识,应照知情不首律杖一百,仍令点卯充警。

**谨案** 此条乾隆六年(1741)定。

一、老瓜贼内,传授技艺,在家分赃者,照强盗窝主造意身虽不行但分赃律,拟斩立决。其跟随学习之人,虽未同行,俱发遣新疆给官兵为奴。如无学习确证,仅止与贼往来熟识,照知情不首律杖一百。

**谨案** 嘉庆十九年(1814),因原例"照情有可原强盗例免死发遣",并未指明地方,增"发遣新疆给官兵为奴"。咸丰五年(1855),严定盗劫之案均依强盗本律问拟,不得以情有可原量减,删去"照情有可原强盗例免死"十字。

○一、强盗案内免死减等发遣为奴之犯,如果在配安分敛迹,或伊主图占其妻女,或平人有意欺凌,将本犯致毙者,将伊主及平人照例治罪。如该犯怙恶不悛,或不服伊主管束,或无故欺凌平人,经伊主及平人殴打毙命,将伊主免其治罪,平人照本例减一等治罪。

**谨案** 此条乾隆九年(1744)定。

○一、寻常盗劫未经伤人之伙犯,如曾经转纠党羽,持火执械,涂脸入室,助势搜赃,架押事主送路,到案诬扳良民,并犯案已至二次,及滨海沿江行劫客船者,一经得财,俱拟斩立决,不得以情有可原声请。其止在外瞭望,接递财物,并未入室搜赃,并被人诱胁随行,及年岁尚未成丁,或行劫止此一次,并无凶恶情状者,仍以情有可原,免死发遣。倘地方有司有心姑息,曲为开脱,督抚据实题参,交部严加议处。

**谨案** 此条乾隆二十六年(1761)定。四十二年(1777)将"犯案二次"改"行劫二次"。嘉庆六年(1801),删"及年岁尚未成丁"句。

一、寻常盗劫未经伤人之伙犯,如曾经转纠党羽,持火执械,涂脸入室,助势搜赃,架押事主送路,到官诬扳良民,并行劫已至二次,及滨海沿江行劫,过船搜赃,一经得财,俱拟斩立决,不得以情有可原声请。其止在外瞭望,接递财物,并未入室搜赃,并被胁随行上盗,或行劫止此一次,并无凶恶情状者,仍以情有可原,免死发遣。倘地方官有心姑息,曲为开脱,该督抚据实题参,交部严加议处。

**谨案** 此条嘉庆十一年(1806)改定。十九年(1814),因"情有可原,免死发遣"并未指出地方,增"发遣新疆给官兵为奴"句。

一、盗劫之案,依强盗已行但得财者不分首从皆斩律,俱拟斩立决。把风、接赃等犯,虽未分赃,亦系同恶相济,照为首一律问拟,不得以情有可原,量为末减。倘地方官另设名目,曲为开脱,照讳盗例参处。

**谨案** 此条咸丰五年(1855)改定。

○一、各省拿获盗犯,供出他省曾犯行劫者,不论罪轻罪重,研讯明确,毋庸解往质审。其邻省地方官,自行盘获别省盗犯,及协同失事地方差役缉捕拿获者,均令在拿获地方严行监禁,详讯供词,备移被盗省份,查明案情赃证确实,即由拿获省份定拟,题请正法。仍知照本省,将拿获正法缘由,在失事地方,张挂告示,明白晓谕。如果赃迹未明,或失事地方有伙盗待质,必须移解者,拿获省份,遴派文武官各一员,带领解役、兵丁,亲身管押解送。仍预先知会前途经由地方,一体遴派员弁,挑拨兵役,接递管解,遇夜寄监收禁。其道远州县,不及收监者,即令该地方官,预期选拨干役,前赴住宿处所,传齐地保,知会营汛,随同押解官弁,锁锢防范。倘不小心管解,致犯脱逃,即将各役严审,有无贿纵情弊,照例从重治罪,官员交部严加议处。

**谨案** 此条系乾隆二十九年(1764)遵旨议定。

〇一、满洲旗人有犯盗劫之案,俱照强盗本律定拟,不得以情有可原声请。

**谨案** 此条系乾隆三十五年(1770)遵旨定例。

〇一、凡用药迷人图财案内,有首先传授药方与人,以致转授贻害者,虽未同行分赃,亦拟斩监候,永远监禁。

**谨案** 此条系乾隆三十八年(1773)定例。

一、凡用药迷人已经得财之案,将起意为首,及下手用药迷人,并迷窃已至二次,及首先传授药方之犯,均照强盗律拟斩立决;其为从者,俱照强盗免死减等例,发黑龙江等处给披甲人为奴。其有人已被迷,经他人救醒,虽未得财,将首先传授药方,转传贻害,及下手用药迷人之犯,均拟斩监候,入于秋审情实。若甫经学习,虽已合药,即行败露,或被迷之人,当时知觉,未经受累者,均发往伊犁等处为奴。倘到配之后,故智复萌,将药方传授与人,及复行迷窃,并脱逃者,请旨即行正法。其案内随行为从之犯,仍各依"名例"定拟。

**谨案** 此条乾隆五十三年(1788)遵旨改定。嗣于五十六年(1791)议准,用药迷人为从,改发回城为奴;又"名例"随行为从减一等。嘉庆六年(1801)因改定例文云,"其为从者,俱改发回城为奴";末二句云,"其案内随行为从之犯,仍各减一等定拟"。咸丰元年(1851),因回疆地接番夷,恐遣犯私出卡伦,别滋流弊,将"改发回城为奴"句,为"改发新疆"。

〇一、用药及一切邪术迷拐幼小子女,如人药并获,即比照用药迷人已经得财例,将起意为首,及下手用药迷人,并迷拐为从已至二次,及首先传授药方之犯,均照强盗律拟斩立决;其余为从,均发新疆给官兵为奴。其或药已丢弃,无从起获,必须供证确凿,实系迷拐有据,方照此例办理。若药未起获,又无确据,仍照寻常诱拐例,分别知情不知情科断。

**谨案** 此条同治三年(1864)定。

〇一、凡盗首伤人逃逸后,若能捕获他盗,解官投首,照伤人盗犯自首拟军例减一等,杖一百、徒三年。

**谨案** 此条乾隆三十八年(1773)定,原载"犯罪自首"律后。五十三年(1788)

移入此门,将"伤人盗犯"字改为"伤人伙盗"。

一、强盗首伙各犯,于事未发觉,及五日以内,果能悔罪捕获他盗及同伴,解官投首者,系伤人盗犯,于遣罪上减一等,拟杖一百、徒三年;未伤人盗犯,照律免罪。若在五日以外,或闻拿将他盗及同伴捕获,解官投首者,系伤人盗犯,于斩罪上减一等,杖一百、流三千里;未伤人盗犯,杖一百、徒三年。至拿获盗犯之眼线,如曾为伙盗,悔罪将同伴指获,致被供出者,如在五日以外,照伤人首盗闻拿投首例拟斩监候;若犯事之后,五日以内,指获同伴,旋被供出获案,审明同伙,确有实据者,照强盗免死减等例,发遣新疆给官兵为奴。若并无同伙确据,审系盗犯挟恨诬扳,即予免究。

**谨案** 嘉庆十九年(1814),因调剂黑龙江遣犯,将"造意为首之盗脱逃"一条原例内,"拟发黑龙江等处为奴"改为"实发云贵两广极边烟瘴充军"。道光十四年(1834),因此等军犯脱逃被获,例应正法,于充军下增"面刺'改遣'二字"。同治九年(1870),与"盗首伤人逃逸"之条修并为一,改定此例。

〇一、凡审题窃盗等案,如另案内尚有别犯,应拟斩、绞重罪者,仍照例分案具题外,如止一人应拟斩、绞,两案罪名相同,例应从一科断者,归于一案内声叙明晰具题,其另案即咨部完结。如有余犯问拟军、流等罪者,亦随咨案办结。

**谨案** 此条乾隆四十年(1775)定。

〇一、强盗引线,除盗首先已立意欲劫其家,仅止听从引路者,仍照例以从盗论罪外,如首盗并无立意欲劫之家,其事主姓名、行劫道路,悉由引线指出,又经分得赃物者,虽未同行,即与盗首一体拟罪,不得以情有可原声请。

**谨案** 此条系乾隆四十年(1775)遵旨定例。

〇一、粤东拿获强盗,除窃盗临时行强,抢窃拒捕伤人,或被人诱胁随行,及年幼尚未成丁,并纠伙不及十人,俱仍照旧办理外,如出劫洋面,或在陆路谋劫,纠伙至十人以上,无论犯次多寡、曾否入室搜赃,均不得以情有可原声请。

**谨案** 此条系乾隆四十五年(1780)定。嘉庆六年(1801),该省因盗风渐减,奏请仍照旧例,分别法无可贷、情有可原办理,此条删。

〇一、粤东内河盗劫,除寻常行劫仅止一二次,伙众不及四十人,并无拜会及别项重情,仍照例具题外,如行劫伙众四十人以上,或不及四十人,而有拜会结盟,拒伤事主,夺犯伤差,假冒职官,或行劫三次以上,或脱逃二三年后就获各犯,应斩决者,均加枭示,恭请王命,先行正法。

**谨案** 此条嘉庆十六年(1811)定。

〇一、洋盗案内,如系被胁在船,止为盗匪服役,并未随行上盗者,发往回疆为奴。其虽经上盗,仅止在外瞭望,接递财物,并无助势搜赃情事者,改发黑龙江给打牲索伦达呼尔为奴。

**谨案** 此条乾隆六十年(1795)定。

一、洋盗案内接赃、瞭望之犯,照首盗一例斩枭,不得以被胁及情有可原声请。

如投回自首，照强盗自首例分别定拟。此外实在情有可原，如十五岁以下，被人诱胁随行上盗，仍照本例问拟。

**谨案** 此条嘉庆十七年(1812)调剂黑龙江遣犯，将原例拟发黑龙江给打牲索伦达呼尔为奴之犯，俱改发新疆给官兵为奴。咸丰五年(1855)，盗案俱照本律例问拟，不得以被胁及情有可原声请，是以改定。

一、洋盗案内，如系被胁在船，止为盗匪服役，或事后被诱上船，及被胁鸡奸，并未随行上盗者，自行投首，照律免罪；如被拿获者，均杖一百、徒三年。年未及岁者，仍照律收赎。如已经在盗所，自行逃回，欲行投首，尚未到官，即被拿获者，仍同自首免罪。若已经到家，并不到官呈首，旋被拿获者，不得同自首论。其虽经上盗，仅止在外瞭望，接递财物，并无助势搜赃情事者，改发黑龙江给打牲索伦达呼尔为奴。

**谨案** 此条嘉庆六年(1801)修改。十八年(1813)，因调剂黑龙江遣犯，将原例在外瞭望拟发黑龙江人犯，改发新疆。咸丰五年(1855)，严定洋盗案内接赃瞭望之犯，俱照首盗一例斩枭，不得以情有可原声请，将例末"其虽经上盗"以下三十九字删去。

○一、窃盗拒捕，刃伤事主，罪应拟绞之犯，如闻拿畏惧，将原赃送还事主，确有证据者，准其照闻拿投首例，量减拟流。若止系一面之词，别无证据，仍依例拟绞监候，秋审时入于缓决。

**谨案** 此条嘉庆四年(1799)遵旨定例。

○一、强盗行劫数家，止首一家者，发极边足四千里充军。如脱逃被获，照例加等调发。

**谨案** 此条嘉庆六年(1801)定。

○一、因窃盗而强奸人妇女，凡已成者，拟斩立决；同谋未经同奸，及奸而未成者，皆斩监候。共盗之人不知奸情者，审确止依窃盗论。

**谨案** 此条嘉庆六年(1801)定。十六年(1811)，遵旨将原例斩候改为绞候。

○一、洋盗案内，除被胁接赃、瞭望仅止一次者，照例发黑龙江给打牲索伦达呼尔为奴外，其有接赃、瞭望已至二次者，即照二次以上例斩决、枭示，不应声明"被胁"字样。如投回自首者，尚知畏法，仍照接赃一次例，改发索伦达呼尔为奴。

**谨案** 此条嘉庆六年(1801)定。

○一、凡行劫漕船盗犯，审系法无可贷者，斩决、枭示。

**谨案** 此条系嘉庆八年(1803)遵旨定例。

○一、凡强盗案内，情有可原发遣之犯，如脱逃例应正法者，定案时均声明"免死减等"字样。

**谨案** 此条嘉庆八年(1803)定。

○一、盗犯明知官帑，纠伙行劫，但经得财，将起意为首，及随同上盗者，拟斩立决、枭示；其在外瞭望、接赃，并未上盗之犯，俱拟斩监候，秋审入于情实。若不知系属官帑，仍以寻常盗案论。

**谨案** 此条嘉庆十九年(1814)定。

○一、恭遇圣驾驻跸圆明园及巡幸之处,若有匪徒偷窃附近仓廒官廨,拒伤官弁兵丁者,如相距宫墙在一里以内,刃伤及折伤以上之首犯,斩立决,为从发伊犁给官兵为奴;伤非金刃,伤轻平复之首犯,发伊犁给官兵为奴,为从杖一百、流三千里。如在一里以外三里以内,刃伤及折伤以上之首犯,绞立决,为从杖一百、流三千里;伤非金刃,伤轻平复之首犯,杖一百、流三千里,为从杖一百、徒三年。其行窃之罪,有重于流、徒者,各于本例上加拒捕罪二等。若拒捕杀死官弁兵丁者,无论一里三里以内,首犯斩决、枭示。为从帮殴,如刃伤及折伤者,绞立决;伤非金刃,又非折伤者,绞监候;未经帮殴者,发伊犁给官兵为奴。如值圣驾不驻跸之日,仍照本例行。

**谨案** 此条嘉庆十九年(1814)定。道光六年(1826),调剂新疆遣犯,将例内发伊犁为奴,俱改发极边足四千里充军。二十四年(1844),新疆遣犯,照旧发往,仍复原例。

○一、粮船水手行劫杀人,不分人数多寡、曾否得财,俱拟斩立决、枭示,恭请王命,先行正法。其抢夺案内下手杀人之犯,亦照行劫杀人例,正法、枭示。为从帮殴,如刃伤及手足、他物至折伤以上者,俱拟绞立决;伤非金刃,又非折伤者,拟绞监候;未经帮殴成伤者,发新疆给官兵为奴。其寻常挟仇谋故杀者,均拟斩立决。若审无谋故重情,但经聚众互殴,即照广东等省械斗仇杀例一体惩办。其藏有火枪、抬枪者,虽未点放伤人,拟发新疆给官兵为奴。以上各犯,被获时有恃众持械拒捕伤人者,除原犯斩枭,罪无可加外,罪应斩决者,均加拟枭示,恭请王命,先行正法;罪应绞决者,改为斩决;应绞候者,改为绞决;应发遣者,改为绞候。若拒捕杀人为首,无论罪名轻重,均拟斩立决、枭示,恭请王命,先行正法;为从帮同拒捕之犯,即照拒捕伤人,一例科断。至粮船经过地方,游帮匪徒,有抢劫杀人,及被获时拒捕杀伤人者,均照粮船水手抢劫拒捕例办理。其执持凶器,未经滋事者,即照执持凶器未伤人杖一百例上加一等,杖六十、徒一年。仍责成该管粮道总运官,督率运弁,日夜稽查。于泊船时依地方保甲之法,逐细按册点验。其有并无腰牌者,立即会同地方营汛拿获,审明分别惩办。旗丁、头舵,如遇有形迹可疑之人,容隐不报者,一并治罪。该帮弁意存玩纵,从严参处。

**谨案** 此条道光十六年(1836)定。

○一、山东省拿获匪犯,审有执持器械、结捻结幅情事,如系强劫得赃者,仍照强盗本律问拟,将案内法无可贷、罪应斩决之首从各犯,加拟枭示;行劫未得财者,仍照定例科断。若执持凶器,聚众抢夺得赃,不论赃数多寡,数至四十人以上,为首照强盗律拟斩立决,为从拟绞监候,被胁同行者发遣新疆给官兵为奴;四十人以下十人以上,为首拟斩立决,为从发新疆给官兵为奴;五人以上,首犯亦照前拟遣,为从各犯俱实发云贵两广极边烟瘴充军。计赃逾贯,及另有拽刀等项名目者,各照本律例从其重者论。其执有军器,聚众抢夺,未经得财,如聚众在四十人以下,及十人以上,即比照强盗未得财例，首犯发新疆给官兵为奴，从犯杖一百、流三千里；五人以上，首犯拟杖一百、流三千里，从犯杖一百、徒三年。其案内造意之捻首、幅首，身虽不行，但经伙犯抢夺，即按人数多寡，照为首例问拟。如抢劫未经结捻、结幅，并聚众未及五人，尚未滋事者，仍各照本律本例问拟。若问拟遣军人犯，脱逃回籍，复行入捻、入幅抢夺，或向原拿兵役，寻衅报复，除实犯死罪外，余俱拟绞监候。倘数年后此风稍息，奏明仍照旧例办理。

**谨案** 此条道光二十五年(1845)定。

〇一、广东、广西二省强劫盗犯，如有行劫后，因赃不满欲，复将事主人等掟回勒索者，无论所纠人数多寡，及行劫次数，为首之犯，拟斩立决、枭示，恭请王命，先行正法；其案内从犯，仍按强盗本律科断。

**谨案** 此条道光二十五年(1845)定，原系专指广东而言。咸丰三年(1853)，增入广西一层。

〇一、京城大、宛两县，并五城所属地方，盗劫之案，一经审实，照律斩决，仍加枭示，于犯事地方，悬竿示众，以昭炯戒。俟数年后盗风稍息，奏明仍复旧例办理。

〇一、京城盗案，除徒手行强，当被拿获，暨未得财又未伤人者，仍照旧例办理外，如有持火执械、入室威吓、掷物打人重情，虽未得财伤人，凶恶情形，业经昭著，即将为首之犯拟绞监候，为从发云贵两广极边烟瘴充军。俟数年后盗风稍息，奏明仍复旧例办理。

**谨案** 以上二条俱咸丰二年(1852)定。

# 卷七百八十五·刑部六十三

## 刑律·贼盗 强盗三

### 强盗三

#### 历年事例

○顺治四年(1647)议定:常人捕获强盗,将现获赃银,赏给十分之一,不得过一百两。如无赃物,酌量官给赏银,不得过二十两。若拒捕对敌受伤,验看伤痕等第,照兵部定例给赏。

○六年(1649)定:凡家仆为盗行劫者处死,将其自置妻子、财物,尽入官。系旗下人,赏给本旗穷丁;各府下者,听各主发落。其本主给付者,不必入官。

○十年(1653)复准:强盗止追正赃给主。其有伤人而复劫其财者,将其家产追赔失主,余免入官。

○十三年(1656)谕:"畿辅地方,土贼充斥,拿获者多系旗下之人,此皆各旗该管官督察怠玩所致。其查某都统者若干、某参领者若干、某佐领者若干,视数多寡,将该管官分别议处。如该管官及领催隐讳不首,从重治罪。"

○十八年(1661)议定:强盗赔偿赃物,应将在外抢劫财物、所娶妻妾,并自置物件,尽数赔偿失主。如不足者,将案内房户强盗妻子变价赔偿。其有主之强盗,不在此例。

○康熙三年(1664)题准:家仆为贼,自娶买之妻,追赔失主。

○十二年(1673)题准:家仆为强贼者,将伊自置奴仆、财物,尽行赔偿所劫之数。如不足者,将案内无主赃物赔补。倘仍不足,将贼犯自买之妻,变价赔偿。其本身自娶之妻,免其变价。至另户强盗赔偿赃物,将伊强劫财物、所娶之妻及家产、奴仆等物,尽行变价赔偿。如不足,将案内无主入官之赃,变价赔补,其原定妻子变价之例应停止。

○又题准:旗下另户之人,在外行劫被获者,每一佐领下,有一二人行劫者,佐领罚俸一月,骁骑校罚俸两月,领催鞭五十;三四人者,佐领罚俸两月,骁骑校罚俸三月,领催鞭七十;五六人者,佐领罚俸六月,骁骑校罚俸一年,领催鞭八十;七人至十人者,佐领罚俸一年,骁骑校革职,领催鞭一百;十人以上者,佐领、骁骑校、领催俱从重治罪。其佐领、骁骑校出征及奉差在外,俱免议。将护军校并该管各项匠役,有顶戴头目,俱照骁骑校例议处;系平人,照领催例治罪。其差遣在外之人行劫者,将该管头目等,照佐领、骁骑校例,分别议处。至内府管领,并各王、贝勒、贝子、公等府管领屯、领催长,及八旗屯领催等该管人役有犯,将内府管领、各王府管领,照骁骑校例议处;贝勒、贝子、公等府管领屯、领催长、屯领催等,俱照领催例治罪。其在京旗下官员人等家仆有犯,本主系官,照骁骑校例处分;系平人,照领催例治罪。在外驻防官员,并披甲家下人为盗者,其本主亦照此例处分,该管官员、头目俱免议。一年内每佐领下有为盗十人以上者,将佐领降一级、罚俸一年,骁骑校革职,领催鞭一百;二十人以上者,将佐领革去职任,骁骑校革职、鞭一百折赎,领催鞭一百、革退。

○十六年(1677)题准:昌平州等十二城、德州等四城兵丁,有一二名为盗者,将该管防御罚俸一年,防守尉罚俸九月;三四名者,该管防御降一级调用,防守尉罚俸一年;五六名者,该管防御降二级调用,防守尉降一级调用;十名以上者,该管防御革职,防守尉降二级调用。若甲兵之家仆为盗,一二名者,本主鞭一百,三四名以上者,枷号一月、鞭一百,该管防御罚俸六月,防守尉罚俸三月。若官员之家仆为盗,一二名者,将官员罚俸一年;三四名者,降一级调用;五六名以上者,降二级调用;十名以上者,革职。其奉天、宁古塔、江宁、西安、杭州、京口等外省兵丁,及各官之家人为盗者,俱照此例处分。兵丁之家人为盗者,将本主严行治罪;该管官、协领,俱照此例行。其将军、副都统,系总管兵马之官应免议。若将军、副都统、驻防协领等家人为盗,俱照各官家人为盗例处分;佐领、防御、骁骑校,各照城守防御处分;驻防协领、管旗参领,照防守尉处分。至统辖将军、副都统等本管兵丁,有一二三人为盗者,罚俸三月;四五六人者,罚俸六月;七人以上者,罚俸九月;十一人以上者,罚俸一年;十六人以上者,降一级留任;二十一人以上者,降二级留任;三十一人以上者,降三级调用。如该管官员将盗犯自行查获者,俱免议。

○又议准:强盗自行投首者,止免本人之罪。其本主未经查出,仍照例治罪。

○十七年(1678)议准:坟园住居另户之人,为盗窝、盗者,将该管官俱照定例处分。其家奴为盗窝、盗者,本主系官,照骁骑校例处分;系平人,照领催例治罪;该管官员免议。

○又议准:在屯强盗事犯,该管屯领催虽系另庄居住,不行严查,仍照例鞭五十。

○十九年(1680)题准:审拟强盗,已经供出失主,及招认伙贼之数明确者,即行归结,不许续行妄扳拖累。

○二十六年(1687)谕:“嗣后强盗案内,有护军、披甲、闲散人正法者,着查其祖、父阵亡,并自身效力之处,缮写折子,夹在本内具题。”

○二十九年(1690)议准:凡常人,或邻佑,或失主家人,拿获强盗一名,赏银二十两。又能多拿者,照数给赏。其贼犯拒捕,拿获之人被伤者,另户之人,照军伤,头等伤赏银五十两,二等伤四十两,三等伤三十两,四等伤二十两,五等伤十两。若系家人,亦照军伤,头等伤赏银二十一两,二等伤十四两,三等伤七两,四等伤四两,五等伤二两。所赏银之处,交与兵部分别伤等,将兵部无主马匹等件变价给赏。在外者,将各州县审结无主之赃等物变价给赏。

〇三十一年(1692)复准:凡上盗年未及岁,被诱同行,赃无入己者,免死减等,杖一百、流三千里。

〇三十三年(1694)议准:嗣后内外官兵,擒拿盗贼,被伤致死者,照兵部定例内阵亡死难例给赏;中伤者,照绿旗阵伤例给赏。

〇三十五年(1696)复准:强盗遗火焚人房屋,与放火有间,免其枭示。

〇三十六年(1697)议准:一切盗案,获盗日期,应备载疏内,以凭细核。如不行开载,照不写失事地方官职名申报之例,罚俸一年。

〇四十二年(1703)议准:直隶各省强盗案件,定拟具题,于贴黄本内,务将动手伤人、捆缚火炙之强盗姓名,并用何器械之处,详细分析声明。

〇四十五年(1706)复准:续获强盗,无自认口供,赃迹未明,涉于疑似者,仍监候待质。

〇四十六年(1707)议准:嗣后如案内已获盗犯,赃证明确,不速行完结,任意迟延者,应照人命定例,将承审官及该管上司议处。其盗案内如果有赃证未明,尚须质审者,该督抚另行题明。

〇四十七年(1708)复准:弭盗良法,无如保甲,宜仿古法而用以变通。一州一县城关各若干户,四乡村落各若干户,户给印信纸牌一纸,书写姓名、丁男口数于上。出则注明所往,入则稽其所来。面生可疑之人,非盘诘的确,不许容留,违者治罪。十户立一牌头,十牌立一甲头,十甲立一保长。若村庄人少,户不及数,即就其少数编之。无事递相稽查,有事互相救应。保长、牌头、甲头,不得借端鱼肉众户,违者治罪。凡道路客店,令其各立一簿。每夜宿客姓氏几人、行李牲口几何,并何生业、往来何处,须一一登记明白,违者治罪。凡有寺庙,不得开除,亦分给纸牌,上写僧道口数、姓名,稽查出入,一如绅民。每月底,保长出具无事甘结,报明州县,季底加具印结,报明道、府,年底报明院、司。道、府按册检阅,不得疏漏。如虚文应事,或徒委捕官吏胥,致有需索扰害者,该上司查明题参,从重议处。

〇五十年(1711)议准:强盗行劫粮船者,关系重大,比照响马律枭首、示众。

〇又议准:凡捕役拿盗到官,必须询明拿盗根由,叙入招详。该督抚亲审时,并询捕役确供,核明题报。如有不肖官员,诬良为盗者,将捕役官员,照例从重治罪。

〇雍正元年(1723)题准:凡强盗案件内,造意为首及杀人者,照律正法外,其伤人之盗,亦应与杀人同论罪。以伤人之时,其心原不顾事主之生死。若伤非金刃而伤轻平复者,其盗仍准自首,照凶徒执持凶器伤人例,拟边卫充军。若系金刃而所伤重,虽未死,其盗不准首减,仍拟正法。

〇又议准:州县捕役,能尽心访缉,经年无有失事,其能拿获别案大盗者,由本失事之地方官,每一起赏银五十两。其地方素无盗案者,以三年无事,照此给赏。

○又议准:通州、卢沟、黄村、沙河,设捕盗同知,并设千、把总各一员,马兵八十名,步兵二十名。伊等系微末武弁,无可降调,应于失盗日即住俸停升。每盗一起不获,重责二十棍,全获日始准开复。若能拿获别案盗犯,亦照捕役例给赏。或能严饬该汛防守地方,三年不致失事,或三年之内,凡有失盗,俱能全获,该抚查明具题,将千、把总不论俸满,以应升之缺即用。

○又议准:拿获大伙盗贼,仍照定例议叙给赏外,嗣后若邻境他省文武官,有能拿获别案内首盗,质审明确者,该地方文武官各加一级,兵役由巡抚酌量给赏,武职统辖官捐给。若拿获失事州县案内伙盗者,每二名纪录一次;兵役缉获伙盗,每二名给予半赏。

○又议准:凡强盗自首,虽免枭决,仍与充发。嗣后拿获伙盗,有供出首盗,即行拿获者,全免其罪。若不在伙内之人,首出盗首,即行拿获者,地方官从优给赏。

○又议准:不肖捕役贪图奖赏,将良民诬指为盗者,照律发边卫永远充军。州县官员不行详审,失于觉察者,照溺职例革职。

○又议准:州县官员,能于每案全获强盗者,应每案纪录一次,余处仍照定例遵行。

○又议准:嗣后州县捕役,募定名数,遇有盗贼,责令缉获。每一案之盗,于例限一年之内拿获过半,免其治罪。其不及半者,一名笞三十,按名叠加。限满仍不及半者,杖八十;其总不获者满杖。俱仍令缉拿,按限比较。若先曾拿盗记功,准其折赎。

○又议准:承缉各官,务期必获盗首。如限内不获盗首,虽获盗过半,于免罪之外,仍罚俸一年;二限内不获盗首者,罚俸二年;三限不获盗首者,降一级调用。如盗首果系病故在某处者,必须查验供认实据,方准免其处分。若有假借别州县所获之盗,指为本案盗首,别州县亦扶同搪塞,或先报以盗首脱逃,后经审出仍在该地方隐匿,或捏报盗首病故后,于别案发觉者,将从前假借扶同、隐匿捏报之该地方文武各官,照讳盗例革职。

○又议准:各省州县,务于本衙门额设工食内,每捕役一名,将他役工食,量为并给,使其养赡充裕。若拿获盗首者,令州县官从优给赏。如盗首不获,将承缉捕役家口监禁勒比。

○又议准:为盗之人,必有行劫多家者。若别州县盗案内,审出该犯行劫情由,起获实赃,方准于别案分别盗首伙盗完结。若无实赃,惟于初获到案时,即讯明曾经行劫某处、同伙几人、共劫几次。审拟定案以后,不许听其任意狡供。倘续获之贼,所供出之案,仍应行查,亦以初供为定。如不肖州县贿买如此之供,辗转行查,希图销案,照易结不结例治罪。

○又谕:"朕惟靖盗所以安民,而欲靖盗必须严讳盗之处分,并正窃盗之刑法。州县有司,因畏盗案参处,往往讳盗不报,或以强为窃,或以多为少,或贿嘱事主,通同隐匿,以致盗贼肆无忌惮。定例讳盗处分,不为不严,无如督抚等官,全无觉察,殊负朕保爱良民之至意。且窃贼虽非强劫,然行窃日久,必致伙劫,所以律载窃盗三犯即绞。立法之意,原在防微杜渐。今各直省窃盗,依律究拟者绝少,盗案之多,实由于此。如何使有司不敢讳盗,并如何重惩窃盗之处,该部详议具奏。"

○二年(1724)议准:窃盗拒捕杀人,定例咨行各省,虽有部文到省定限,但文到之日,未必即能遍行晓谕。今云南、贵州、四川、广东、广西、福建等远省,以八个月为期;盛京、江南、江西、湖广、陕西、河南,以六个月为期;山东、山西、直隶,以四个月为期,过其月日,有犯窃盗拒捕杀人者,照依定例具拟。

○又议准:审理盗案,以获盗初供为主。初到案时,即问明伙盗若干、窝主何人,其中造谋及知情不知情、分赃不分赃。再于各盗名下,即问明曾经行劫几案、所劫何处、同伙何人、所分何赃、有无现存,俱一一取具确供申报,并即行查被盗之各府州县。此后有陆续扳出,与供出某案者,一概不与准行。

○又题准:盗案内有数盗下手,伤及事主几人者,须分别其盗执何器械、打伤事主某人某处,讯供详细,开载看语,方可定拟。

○又谕:"向来盗案有滚案之弊。强盗被获审实定罪者,于别府州县或邻省未结案内,贿嘱他盗,供称同伙,州县官即关提质审,一案甫毕,一案复起,名曰'滚案'。辗转相连,动历年岁。或更中途脱逃,遂使已结之案,终归未结。劫杀大盗,借此支延,无所畏惧,而州县转喜此等供扳,可为获盗过半之地,附会了事。此弊不除,无以锄莠安良。尔部定例议奏。钦此。"遵旨议准:盗犯被获审实之后,陆续狡供,又于某案行劫者,概不准行。至于扳出伙盗之中,在别处已经审实定罪,不必提审对质,但行文关取口供,查两案轻重,从重归结,以杜借案迁延、脱逃等弊。

○又议准:讳盗不报,州县革职。道、府、同知、通判失察者,降二级调用;徇庇者,降三级调用。州县既经揭报,而上司不行转报者,降四级调用。州县以强为窃、以多为少,上司不行详查,遽行转报,及解审时不能审出者,亦降三级调用。若督抚失察,降一级留任。其兼辖武官,亦照文职例议处。至例载窃犯三次者绞、赃至一百二十两以上者绞,嗣后不照赃究拟,或于初犯再犯时,不依律刺字,以致累犯者,亦照失出例议处。

○三年(1725)议准:嗣后如有地方官借端吓阻事主者,核实题参,照讳盗例革职。其有失察书役需索,及拖累事主者,一并题参,从重议处。若事主有以窃报强,挟制官府,妄行控告者,亦查明治罪,以遏刁风。

○又议准:强盗案内,若本系良民,被积盗挟制入伙,虽经同行,并未得赃,将挟制之人杀死,续行自首者,杖一百;其未经自首者,杖一百、流三千里,不得更拟杀人之罪。至强盗将同伙之人谋死灭口,或因夺分赃物致死者,仍照律严行定拟,不得滥行减等。倘承审官不行审出实情,滥行开脱,以致凶徒漏网者,照故出人罪例议处。

○四年(1726)谕:"直隶畿辅重地,理宜整肃,乃近来盗案较他省居多。定例内强盗不分首从皆斩,立法甚严。当年圣祖仁皇帝法外施仁,凡有盗案,令大学士会同三法司核拟,止将为首起意并伤人之犯拟斩,余俱减等发落。乃不法之徒,不思感激,愈肆玩法,甚属可恶。自雍正五年(1727)正月初一日为始,直隶盗案事发,仍照旧例不分首从皆斩。直隶盗贼,不尽系直隶之人,多由各省匪类,聚集土盗。着行文各省督抚,出示遍行晓谕,使皆知所畏惧,毋致自投法网。如此于弭盗似有裨益。"

○又谕:"弭盗之法,莫良于保甲。朕自御极以来,屡颁谕旨,必期实力奉行。乃地方官惮其烦难,视为故套,奉行不实,稽查不严。又有借称村落畸零,难编保甲。至各边省,更借称土苗杂处,不便比照内地者。此甚不然。村庄虽小,即数家亦可编为一甲;熟苗熟獞,即可编入齐民。苟有实心,自有实效。嗣后督抚及州县以上各官,不实力奉行者,作何严加处分;保正、甲长及同甲之人,能据实举首者,作何奖赏,隐匿者作何分别治罪;其各省通行文到半年以内,被举盗犯,可否照家长自首之例,暂治以轻罪;举首之盗,倘有从前未经发觉之案,地方官可否从轻处分,以免瞻徇畏缩,着九卿详议具奏。钦此。"遵旨议定:嗣后保甲编排,十户立一牌头,十牌立一甲长,十甲立一保正。每户给印信纸牌一张,书写姓名、丁男户口于上。偶有出入,必使注明,不许容留面生可疑之人。若村落畸零,户不及数,即就其少数编之。至熟苗熟獞,已经向化,原可编入齐民,应令地方官一体编排保甲。地方官有不实力奉行,不能稽察盗贼,或别经发觉,或经科道纠参,将专管州县官,照不能查缉奸民例,降二级调用;兼辖官系同城降一级调用,不同城降一级留任;统辖官降一级照旧管事。如上司揭报题参者,免议。

○五年(1727)议准:嗣后盗案,自州县以及巡抚,务令严行究审。将法所难宥及情有可原者,一一分析,于疏内开明,照律不分首从,定拟斩决,具题。大学士会同三法司,仍照从前分别详议,将应正法者正法,应发遣者分发内地三千里,拨给驿站及营兵差使。

○又谕:"弭盗安民,乃为治之首务。但缉盗之例,最难于斟酌尽善,行之无弊。如立法稍严,似可以防盗犯漏网之虞,杜地方官隐讳不报之患。然上司督责州县,州县督责捕役,按期处分,勒限责比,若过于迫切,恐人多顾惜考成,巧图脱卸,势必有诬陷冤滥之事。如立法稍宽,似可设法缉捕,免累无辜。然又恐州县视同膜外,漫不经心,捕役玩法养奸,盗风愈炽。此缉盗设法之难也。至于失事之家,往往亦有张大其辞,或以少为多,以窃为强,甚至扳害平人,挟其私忿,胁制官长,任意肆行,此又报盗之弊也。以上种种情形,朕虽知之甚悉,时时筹划于怀,而未得尽善之道。今览河东总督折奏,其言甚为明晰。且现今豫省地方,有全无影响而捏报被盗者,有别因事故而托称盗案者,有以窃为强,欲快其挟制之私者,有以口角微嫌,遂报盗案,欲逞其刁诬之计者,此皆现在凿凿可据之事。既有如此恶习,法当严加禁止。但思若严报盗,刁诬者固知敛迹,恐谨良者必致不敢报盗矣。朕实难之。夫为民害者莫甚于盗,则为治者莫切于弭盗。弭盗之法,贵于至公至平,确当不易。宽严轻重之间,皆须斟酌得宜,无丝毫偏僻之处。则盗犯不能漏网,平民不致拖累,官吏皆尽缉盗之责,而不敢任意轻重以失实,事主得申被盗之苦,而不敢借端生事以滋扰。如此匪类方知儆惧,而良民悉得宁居,于吏治民生乃有裨益。大学士会同九卿、科道、部曹曾经外任年久者,悉心酌议,务期妥协。并将河东总督折奏事宜,详议具奏。钦此。"遵旨议准:如无知愚民,以奸报盗,情可原者,照不应重律杖八十。如以人命、斗殴等事,捏报为盗,其本身无罪者,杖一百;若本身自有应得之罪者,本罪属重,照本罪治罪,本罪属轻,即于本罪上加等治罪。若奸棍豪绅,凭空捏报强劫,借以诬陷平人为盗,讹诈印捕官役,照诬告人死罪未决律问遣。再强盗明火执械,甲邻无不知觉。旧例地方失事,甲长、邻佑与事主一同报官。如有捏报情弊,应将甲邻照事主各减一等治罪。至失主已报到官,而有司抑勒讳盗,或改强为窃者,一经发觉,除照定例将地方官革职外,仍将该吏严加治罪。若抑勒苦累事主致死者,除革职外,照故勘平人致死律治罪。该管司、道、府、厅及直隶州不行查报,各降三级调用;督抚不行查参,各降一级留任。又凡呈报强劫盗案,责令州县印官,不论远近,无分风雨,立即会同营汛,飞赴事主之家,查验前后出入情形,有无撞门毁户,有无遗下器械、油捻之类,事主有无拷燎捆扎伤痕,并讯地邻、更夫、救护人等,有无见闻影响,当场讯取确供,俱填注通报文内。如州县官不亲诣查验,或竟将不曾目见之情形,捏作亲验填报,将州县官照溺职例革职。该管官不揭者,照徇庇例议处。若正印官公出,即令佐贰官并捕官,会同营汛,星速代验。如验看不实,亦照正印官处分。至于外地人民,行商过客,有失事者,亦应责令居停,或令船户与事主一同据实报官,地方官亦即亲身飞赴查验情形,严缉务获,追赃给主。倘民人有捏报等情,及地方官有隐讳抑勒与不行查验等弊,俱照前议分别治罪。

○又议准:初报盗劫,如遇印官公出,佐贰、捕官,一面会同汛弁查验,先行缉捕,一面申请邻邑印官复加查验,据实申报。倘邻邑印官推诿不即赴验,或将未曾目见之情形,附会佐贰、捕官捏作亲验者,将邻邑印官降三级调用。至地方文武官员,因畏疏防承缉处分,恐吓事主,抑勒改供者,照讳盗例革职;承行书办,杖一百,折责四十板。

○又谕:"嗣后凡系强盗拒捕,将官兵伤死之案,除同伙伤人之时,该犯不在一处者,仍照例议罪外,其同在一处,或三五成群,虽非下手之人,既在旁目睹,即系同恶共济,法在难宥,应照旧例皆即行斩决。着各省督抚,将此通行晓谕,务令悉使闻知。向来各省督抚,于命盗案件,或称酒后杀伤,或称饥寒所迫,以种种套语,巧为开释,是皆妇寺之仁,而未闻圣贤之义。夫酗酒之徒,已非善良,况恃酒致伤人命,更属凶残。今不因酗酒而加其罪,反因酗酒而宽其罪,不但非化民成俗之道,且恐奸恶之徒,借曲蘖迷心之名,以肆其凶暴杀人之计。盖刑罚宽严之间,一不得当,其流弊固无穷也。至迫于饥寒之说,在老弱之人,容或有之。然老弱之人,虽迫于饥寒,亦不能为盗贼。其为盗贼者,必系年力强壮之人。既系年力强壮,则耕种佣工,何事不可以资生糊口。而乃丧心灭理，甘蹈刑戮而不惜乎。盖良善之人，虽遇饥寒，而亦断不为盗。凶恶之人，不必饥寒而后为盗。其理显而易明。其以为盗由于饥寒者，乃盗贼巧于避罪之辞。而不能化民成俗之庸劣有司，亦遂以此借口，欲轻己身之罪。凡为封疆大臣者，岂可不察情理，而亦存此庸劣之见，姑息以养奸乎。朕代天以出治，督抚受职以理民，凶暴在所当惩，良善在所当恤，所谓天命天讨也。一夫不获其所，实吾君臣之责。倘无辜之民，不能保护而安全之，而使之有转徙流亡者，此必水旱之不时，积贮之未备，地理之未兴，科派苦累之未革。实朕与该督抚经理失宜，而使斯民罹于困厄也。清夜扪心，应何如之抱惭负疚。若坐视百千良善之失所，而不生恻隐之心，而转于凶暴殃民之盗贼，加之怜悯，欲枉法以保全之，岂非赏罚颠倒，重负父母斯民之责耶？朕儆惕之切，无一时或释于怀。愿天下督抚臣工，咸体斯意。"

〇又谕："嗣后凡系盗案贼犯，无论年过七十以外，俱不准援赦折赎。著为定例。"

〇六年(1728)谕："为治莫要于安民，安民莫急于弭盗，诚以盗贼者民生之大害。奸宄一日不除，则善良一日不获宁居也。朕夙夜孜孜，勤求治理，无时不以安辑万姓为念。岂忍沽宽大之虚名，姑息养奸，以贻害吾善良之赤子乎。迩者各省文武大吏，亦知仰体朕怀，严缉盗贼之踪迹，穷治盗贼之根株。如浙江总督李卫、江南总督范时绎，将数十年之大盗积贼，悉心拿获。而究问从前，则供出劫财害命之案，不可胜数。似此狡狯渠魁，尚不能逃于法网，则凡为盗贼之人，其可不知悔惧乎。朕念为盗贼者，前此之愚顽，皆自陷于死而不知，而今此之穷蹙，又将冀于生而不得。辗转思维，深为不忍。因是特颁训谕，指示迷途，而望其自新，欲其悛改，朕心亦良苦矣。凡为盗贼者皆吾民也。为吾民则保护之惟恐其不周，为盗贼则惩治之惟恐其不速。尔等试思之，同生天壤之间，同处升平之世，乃不肯为国家爱养之良民，而甘为国家诛殛之匪类，岂非自作之孽，更复何所归咎乎！而为盗贼者，每借口于饥寒所迫，计出无聊。夫虑饥寒者，谋生之心也，而为盗贼者，取死之道也。以求生之心，而趋必死之路，虽在下愚，不应出此。凡能为盗贼之人，必非老弱残废之辈可知矣。有可用之膂力，有可用之心思，若务农耕种、负贩佣工，即可为糊口之计，或入营食粮，当差效力，且可为上进之阶。宇宙间谋生之人，百千万亿，而谋生之策，亦甚多端。奈何不效法众人之所为，而作此丧心昧理，违条犯法，至恶至险之事乎。盖由此辈或游手好闲，安于逸乐，或赌博纵饮，荡费家资，或好勇斗狠，习于为非。一旦困乏穷苦，利欲熏心，遂生杀害劫夺之念。以为昏夜之间，无人识认，未必即被拘执而受刑戮也。不知一案败露，则众案皆难掩藏；一人被擒，则伙党皆难隐匿。往事俱在，岂不闻之乎！且各人赀财，皆有定分，岂有他人之财，可以强夺而能安享者乎！生死至重，人命关天，岂有他人之命，可以伤害而不抵偿者乎！明有国法，幽有鬼神，宪典常刑之必无可宥，循环报应之必无可逃。是知杀人者即尔等之自杀其身，夺人者即尔等之自夺其食也。盗贼若肯为善良，必不致于饥寒而死。以视盗贼之身首异处，肆于市曹，桎梏囹圄,伤残肢体,父母妻子,迁徙流离。闻者见者,皆切齿痛恨,果何得而何失,孰危而孰安乎?谚语云,蝼蚁尚且贪生。若辈以强健有用之身,甘心显戮,污秽贱辱,名为凶徒。是人之智,并蝼蚁之不如,岂不大可悲乎。朕心恶此辈之肆行不法,又深悯此辈之愚昧无知。恐从前曾经为盗贼之人,自觉罪戾难逭,追悔不及,徒甘诛死而无自新之路,为此详加训谕,特施法外之仁,许其自首免罪。凡各省盗贼,未经缉获到官者,其中为首造意及伤害人命之犯,若自行陈首,朕酌其情稍可原者,量从宽减。若被人引诱迫胁跟随为盗之犯,自行出首,则将伊应得之罪,悉行宽宥。俾得改除旧恶,永为良民,受国家惠养之泽。倘仍前执迷不悟,希图幸免,是若辈罪孽深重,无福受朝廷之殊恩,朕亦无如之何矣。若此旨既到之后,而为盗贼者不行自首,其有已经自首免罪之后,而复为盗贼者,定行加重治罪。倘有不肖官员,因盗案不结,有碍考成,贿买无赖之人,冒认为盗,自行出首,以图销案者,一经查出,将贿买之官,及代认之人,俱照强盗例即行正法。着在京在外之地方大吏,通行所属,俾远乡僻壤之民共知之。"

○又谕:"闻卦子匪类,隶籍于江南之庐凤及河南、山东、直隶、山陕地方,其男妇皆习拳棒技艺,携带马骡,遨游各省。每遇人烟稠密之地,则以技艺图取钱米。及至孤村独舍,行旅单身,则恣意抢夺,与盗贼无异。自康熙五十四年(1715)陈四一案之后,已经严禁。然伊等虽不敢游荡远行,而在本省往来者,尚未止息。且有别托名色,而其实仍是卦子之肆害藏奸者。如陕西永寿县一案,则公然持械拒捕,抢夺贼犯,其肆行不法可知。又闻汉中府盘获挈家游荡之男女数十口,现在审讯。嗣后着各该地方官悉心稽查,倘有此等匪类,潜匿境内,即着查出押解回籍,取具收管,编入保甲。如在外别有伙盗不法情事,仍按律治罪。倘容留之地方,不行查出,或已经解回之后,纵令再出者,将该管官严加处分。"

○十一年(1733)谕:"向来直隶盗案,往往多于他省。朕以畿辅重地,理宜倍加清肃。乃宵小肆行如此,不得不严加惩创,以示儆戒。是以预先屡次晓谕,然后定例,于雍正八年(1730)为始,将伙盗不分首从,皆行正法。此朕辟以止辟,不得已之苦心也。近年以来,直隶盗案较前减少,是小人颇知畏法,朕仍可遵奉皇考格外施仁之意,从宽办理矣。着将直隶盗案,仿照各省,分别法无可贷、情有可原,定拟具奏。倘奸民玩法,日后盗案复多,朕必仍照不分首从皆斩之例行。若各省盗案有多加于平日者,亦照不分首从之例行。着各该督抚地方有司通行晓谕,务使远乡僻壤之民共知之。"

# 卷七百八十六·刑部六十四

## 刑律·贼盗 强盗四

### 强盗四

#### 历年事例

乾隆二年(1737)议准:嗣后盗案内下手捆缚及架送事主之犯,仍拟以法所难宥,不得以其并未伤人,概从轻拟。

○三年(1738)议准:嗣后凡强盗案件,解审抚臬衙门时,令抚臬逐加究诘,反复研讯,酌年月之久近、道里之远迩,自一案以至数案赃证有据者,即遵照定例正法。其无干证实据者,即细加推鞫,不得混行定拟。再缉拿盗犯,限满无获,州县官明知非本案正犯,互相交结,借盗销案者,将原案之州县及邻邑嘱托之印官,俱照讳盗例革职。道、府等官扶同徇隐,不行揭报,照讳盗上司例,降三级调用。如捕役串通盗犯,教供妄认,州县失于觉察,不将串通情由审出者,照失于查察例,罚俸一年;教供之捕役,照诬指良民为盗发边卫永远充军例降一等,杖一百、徒三年;如有贿买情弊,以枉法论,从重治罪。

○四年(1739)议准:嗣后凡声明情有可原之伙盗内,如果年止十五以下,审明实系被人诱胁,随从上盗者,无论分赃与不分赃,俱问拟满流,不准收赎。

○又议准:办理强盗案件,遇有放火杀人、烧人房屋、奸污人妻女者,或系盗首下手行凶,即将盗首拟以斩枭;如系伙盗下手,行凶之伙盗,并造意纠约以致伙盗杀人放火奸淫之盗首,拟斩、枭示;其有以手足、他物殴伤事主一二处,本不致于毙命,后经别盗杀死,或殴伤致死者,将先殴轻伤之伙盗,止拟斩决,免其枭示;至于随行附和,并未下手伤人之伙盗,仍应将法所难宥及情有可原两项,分别定拟斩决具题。

○六年(1741)奏准:老瓜贼阴毒险狠,甚于他盗,踪迹诡秘,亦甚于他盗,盖其习于盗也。或父兄子弟及同村之人,转相传授,技艺精熟,则散布各省。各省之为老瓜贼者,均属一气联络,唇齿相依。其出而为盗也,同伙皆扮作客商,杂入往来行旅中。瞷有携赀孤客,则令一贼与之同宿,极其款洽,谓之说客。有一行客,则有一贼为说客。若有两行客,即有两贼为说客。又有同伙贼徒,依附随行,谓之打帮。阴相订定行事处所,打帮伙贼中先往刨坑,至期则说客诱令行客早行。将抵刨坑之处,打帮伙贼乘行客不备,上前抱住,说客即出袖中绳索,套勒行客,谓之上线。背负十余步,即已殒命。及抵坑所,复出刀截其肚腹,谓之放气,防其复活也。埋掩之后,尽取资囊而遁。往来行旅,是其纠伙行凶之时;昏夜荒村,是其上盗伤人之地。既无邻佑地保,纵严保甲之法,而莫能及。又无事主控捕,纵有发觉之案,而贼已遁。所以此等凶贼,直隶等省结联党伙甚众,行之甚久,败露擒获者甚少。嗣后令直隶各省地方,实力严查保甲,访拿瓜贼。如地方官有拿获一名者,照拿获邻境盗首例分别议叙。倘本地方官不能拿获,经犯事地方及别州县拿获,或指名赴本地方关拿者,将该地方官照不实力编排保甲稽查盗贼例议处。其老瓜贼本处地保、邻佑人等,均有稽查奸匪之责。是否知情,承审官必须关查确讯。如有知情容留,不预为禀究者,应照容留外省流棍例发边卫充军;若非知情容留,实系平时失于查察者,亦各照不应重律杖八十。至跟随学习,尚未同行之人,此等恶徒,虽不便概与伙党同科,但现在之学习,即将来之贼魁,若不严加惩创,无以绝其种类。应令该地方官于获犯到案日,先讯其伙党,并即严究跟随学习之人,按名搜捕,不使漏网。除伙党遵照定例治罪外,跟随学习之人,俱照情有可原之强盗,免死发遣。如审无学习之确证,不过仅与贼犯往来熟识,知而不首者,应照知情不首律杖一百。此等与贼往来之人,定非良善,应照窃盗例,令其点卯充警,不许其远离。再老瓜贼之同居伯叔、兄弟,有能自首者,应照强盗例免其治罪;知情纵容者,事发之日,亦照强盗条例,减本犯罪一等,杖一百、流三千里;若传授技艺,因而在家分赃者,应照强盗窝主造意身虽不行但分赃者斩律,亦拟斩立决。再拿获瓜贼,必究其某省系某某等家居住窝藏,谋劫某案之后,窝顿某人家内,一一究出,擒拿到案,审明是否同伙,抑系窝家,分别从重治罪,毋使漏网。倘承问官草率结案,不究出窝家者,照盗案删去窝家例议处。

○二十三年(1758)议准:嗣后粮船经过汛地,除窃案照例办理外,如有强劫之案,将文武员弁,俱照城内失事例,初参,住俸,勒限一年缉拿;二参,降一级调用。又漕船水手,其中多系积贼。各弁因旗丁不肯报盗,处分无由及身,遂不实力驱逐。嗣后除为盗之水手,仍照定例分别强、窃办理外,其领运员弁,如遇水手为盗,仍照兵丁犯窃该管官约束不严降一级调用例议处。若系行窃之案,一经发觉,将领运员弁,一案罚俸三月。如有数案,照案递加。又粮艘积习,止顾本船,邻船有警,即听闻亦不敢救护,恐其衔恨报复。而领运之弁,亦委靡偷安,不知实力防护,应令帮船空重千总轮流守望。如帮内再有被盗之事,将领运之弁,强案每案罚俸一年,窃案每案罚俸三月。倘运弁抑勒隐讳,分别强、窃,从重议处。又粮船禁带军器,应准空重千总各带鸟枪一杆,以资巡守。由该漕督编列字号,责令空重千总自行收存,以备稽查。如私行多带,仍照旧例议处。

○二十九年(1764)谕:"据方观承奏《安肃县谢昌言拿获山东贼犯马三丑,请解赴山东安徽质讯定案》一折。此等积案行劫重犯,事连数省,固应随案移解质审。但以狡狯性成之犯,又明知法在不原,其诡计图脱,势将何所不至。若因隔省长途往来跋涉,解役日久懈弛,尤易起疏虞之渐。向来办理,殊未详密。嗣后若遇此等重案人犯,经别省拿获,其案情有可行文关白本省完结者,自应将该犯即就所获省份正法。或其中有必应解质情由,宜作何设法,令交涉省份彼此递接防闲,及慎简员役以重其事,毋得但任解差奉行具文,致滋贻误之处,该部详细定拟具奏。"

○三十五年(1770)谕:"刑部等衙门《题复盛京刑部侍郎朝铨等审拟齐了其等行劫花义相家》一本。该侍郎等原拟以法所难宥之齐了其、戚七里请照律正法,而以递送财物、把风之苏撤拉克契、小胖老各、即拉得力、郭七等为情有可原,请免死发遣。经部改拟削去户籍,发乌鲁木齐等处为奴。虽系按例核拟,于情法尚未允协。该犯等身系旗人,乃竟甘心为盗,实属从来未有,阅之不胜骇愕。岂得仅照寻常盗案,为之差等科罪。况强盗已行得财,律皆拟斩,原属不分首从。经我皇祖圣祖仁皇帝法外施仁,分别情有可原,一律量为末减。此以加之民人犯法,尚可悯其愚氓无知。若我满洲素风淳朴,今以百余年来未有之事,而忽见此下流败类,实为之愧愤难释。即我八旗闻之,亦当切齿痛心。安得不力挽浇风,大加惩创。我皇考世宗宪皇帝常以旗人杀死旗人,情罪最为可恶,特命秋审时入于情实予勾,用昭炯戒。自后斗狠之风,因之敛戢。今该犯等不知顾惜颜面,畏法自爱,至于身犯盗案。毋论原拟不足蔽辜,即部议削籍改遣新疆为奴,亦不足以示儆。此本着交刑部另行定拟,会同法司核议具奏。并将朕明罚敕法,正所以保全爱护满洲臣仆之苦心,通谕八旗知之。"

○四十年(1775):刑部审拟杨玉等行窃郭全家一案。钦遵谕旨:"将告知郭全家有钱、指引道路、分得赃物之刘四,改拟斩决。"寻议称"例载窝线同行上盗得财者,照强盗律定拟;如不上盗,又未得赃,但为贼探听事主消息,通线引路者,照强盗窝主不行又不分赃律杖一百、流三千里;又律载窝主若不造意,但行而不分赃,及分赃而不行,减造意一等,仍以为从论;又律载盗劫伙犯,并未入室搜赃,行劫止此一次者,仍以情有可原免死发遣"各等语。向来办理通线引路业经得财盗犯,若讯非造意之人,俱照为从伙盗,按其曾否入室搜赃,及行劫次数,分别定拟。但思指引道路之犯,若起意首盗,先已立意欲劫其家,该犯不过听从引路,自应仍以从盗论罪。如为首盗犯并不知何家可劫,其事主姓名、行劫道路,悉由该犯指出,又复分得赃物,则其情罪与盗首无异。若因非首先造意,即与从犯一例问拟,殊觉情重法轻。自应与首盗一例同科,庶轻重适平,而办理益昭详慎。

○四十八年(1783)谕:"用药迷人之案,如人已被迷,虽经他人救醒,而用药者本有杀人之心,自应将该犯问拟实斩,入于秋审情实。若甫经学习,虽已合药,即行败露,或被迷之人知觉,未经受累,即发往伊犁给额鲁特为奴。着刑部分别核办具奏。"

○五十二年(1787):议复广东拿获洋盗王马成等一案。因值台匪滋事,正整饬海疆之时,将情有可原之郭韦及年未及岁之陈螺、纪优三犯,拟以斩枭具奏。奉旨:"改为应斩监候,秋后处决。俟满三年,再行照例分别发遣完结。"

○五十七年(1792)谕:"伍拉纳奏《审明拿获行劫浙省外委陈学明巡船首伙洋

盗》及《续获闽浙二省海洋各案逸盗,并被诱逼胁窝留销赃等犯,分别正法定拟》二折,俱批交三法司核拟速奏矣。此二案内有被诱逼胁并未随同上盗之犯,该督照粤省王马成案内陈螺之例,拟斩监候,俟满三年,再行发遣回疆给回子为奴,固属遵例办理。但海洋行劫盗犯,情罪较重,非内河、陆路可比。此等匪徒,既经被诱在船,随同出洋,听从盗匪指使,为其煮饭,即非善类。若拟斩监禁,三年后再发回疆,仍恐复行为匪滋事。且回疆渐多发遣之恶人,亦非善事。嗣后凡江洋大盗案内情有可原之犯,及被诱在船日久,为盗匪服役者,竟当问拟斩候,永远监禁,以示惩儆。其内河、陆路盗案,仍照旧例办理。"

○嘉庆四年(1799)谕:"此案赵兴文听从商密行窃崔玉占家,商密携赃逃跑,赵兴文被崔玉占追赶抱住,情急图脱,遂拔佩刀将崔玉占连扎,脱身逃走,因崔玉占之父上前帮捕,又复刀扎崔治倒地。虽伤俱平复,然以窃盗临时拒捕,刃伤事主父子二人,情节已属凶横,与寻常为从者不同。商密一犯,在逃未获,则赵兴文所供为首起意,及商密将原赃送至事主家隔墙撩还之语,亦无证据,恐系避重卸罪。且赵兴文无自首情事,屡经犯窃。今遽以一面之语,量减定拟,未为平允。赵兴文着改为应绞,入于缓决。着刑部纂入例内。嗣后内外问刑衙门,遇有似此案件,即遵照新例办理。"

○八年(1803)奉旨:"此案葛子富等行窃薛锦魁漕船,临时行强。刑部将为首起意,并入船搜赃、殴伤事主之葛子富,问拟斩决题复,本属按律办理。但漕船装载粮石,系属官物,即与仓库衙门无异。该犯等胆敢强劫在船事主,实属藐法。葛子富着即处斩、枭示。嗣后遇有此等行劫漕船之案,审系法无可贷者,均照此办理。"

○又谕:"寻常盗劫案犯,定例如入室助势搜赃等项,均予斩决;其止在外瞭望,接递财物,并未入室搜赃者,声明情有可原,免死发遣。是办理盗案,总以入室不入室为断。此案黄老九如果心怀畏惧,或在外接赃,自可量予宽宥,今已随同入室,其非畏惧可知。乃该抚以其有实在害怕未拿物件之供,辄照情有可原办理。是于入室之盗犯,复有搜赃与否之别,既与成例不符。且恐凶狡匪徒,知入室而不搜赃,可邀末减,必致将劫掠财物,授递他人,伊转得以并未搜赃,饰词幸免,殊非明刑戢暴之意。嗣后外省办理盗案,仍当按照定例问拟,不得以入室未经搜赃,遽请援减,致有轻纵。"

○十二年(1807)谕:"御史陈兰畴奏《请严饬州县讳盗恶习,以除匪类而安良民》一折,所奏甚是。民间呈报盗案,地方官虑干处分,往往恐吓事主,抑令报窃,或勒改呈词,或逼递悔状。间有报案,或因供证未确,情节稍歧,先将事主多方苦累。其派出捕役,并不上紧缉拿正犯,转先向事主之家,诛求无已,索取酒食,讲说规礼,一切盘缠花费,无一不取给于事主。小民计算呈控到官,为费不赀,辄相率隐忍不报。可见胥役之为害,甚于盗贼。而地方官置若罔闻,一任胥役横索,贻害无穷。无怪盗风愈炽,而上控之案愈多也。向例事主报盗,止许听审一次,认赃一次,法禁綦严。乃地方官纵役殃民，一至于此。着行令各督抚申明定例：嗣后凡遇民间盗案，地方官躧看明确，立时缉办。如有讳盗不报者，即当严参治罪。俾知失察之咎轻，而讳饰之罚重，庶可挽回锢习。其捕役人等，尤当严禁需索事主，勒限缉拿，速为断结，毋任往返拖累。倘仍有讳盗勒改呈词，故勘事主，或任听胥役等恣意勒索等事，一经告发，或被参奏，必将地方官从严惩治。其该管上司，亦一体交部严议，决不姑贷。”

○十九年(1814)谕：“台斐音奏《审拟行劫官银盗犯》一折。向来盗劫之案，其仅止听从接赃，及在外把风瞭望者，俱声明情有可原，部议免死减等发遣。此案曾保荣等，明知饷船停泊河干，起意纠劫，大胆藐法，非寻常盗犯可比。除盗首曾保荣，伙盗刘瑞、关兴友、朱胜茂、黄亚长分别戮尸斩枭外，许亚崧、黄亚芬、萧达元、萧亚七四犯，虽仅止接赃瞭望，未经上船肆掠，其情无可原，不准减等，俱着斩监候，秋审时入于情实。嗣后如有明知官帑敢行盗劫者，俱着照此例办理。”

○二十一年(1816)奉旨：“此案魏粹一犯，与伙盗共二十二人，乘夜爬进漳浦县城，行劫蔡本猷当铺，入室搜赃，罪应斩决。该犯爬越进城，较白昼混入城门，及行劫后越城逃出者，尤为藐法。魏粹着即处斩，仍枭首示众，以儆凶顽。嗣后有爬越入城行劫，罪应斩决者，俱着照此例加以枭示。其失察此案夤夜入城之官员兵丁，并着查明分别参处、责革。”

○咸丰二年(1852)议准：嗣后京城大、宛两县，并五城所属地方，盗劫之案，一经审实，将法无可贷之犯，照律斩决，仍加枭示，于犯事地方悬竿示众，以昭炯戒。又京畿重地，胆敢肆意劫掠，本属藐法。其中徒手行强，尚无凶恶重情，当被拿获，既未得财，又未伤人者，仍照旧例办理。如有持火执械，入室威吓，掷物打人重情，虽未得财伤人，而凶恶情形，业经昭著，即将为首之犯拟绞监候，为从者发云贵两广极边烟瘴充军。俟数年后盗风稍息，奏明仍复旧例办理。

○五年(1855)谕：“嗣后凡遇盗劫之案，仍依强盗已行但得财者不分首从皆斩本律，俱拟斩决。其中把风、接赃等犯，虽未分赃，亦系同恶相济，着照为首之罪，一律问拟。此外实有情有可原之犯，如年止十五岁以下，实系被人诱胁随行上盗者，仍照本例问拟。”

○光绪五年(1879)奏准：刑部旧例内载，“伙盗供出首盗所在确实地方，一年之内拿获者，将供出之伙盗照例免死，减发云贵两广极边烟瘴充军。若系例应减等之盗犯，改拟杖一百、流三千里”，又“盗首伤人逃逸，若能捕获他盗解官投首者，照伤人伙盗自首例，减为杖一百、徒三年”，嗣于同治九年(1870)，将此两条修并，改为“强盗首伙各犯，于事未发觉，及五日以内，若能捕获他盗及同伴解官投首者，系伤人盗犯，杖一百、徒三年；未伤人盗犯免罪。若在五日以外，及闻拿捕获他盗及同伴投首者，系伤人盗犯，减为杖一百、流三千里；未伤人盗犯，减为杖一百、徒三年”。而八九年来办理京外各盗案，从未见有捕获投首之犯。诚以事未发觉，莫不存幸免之心，及至被获供出，亦无免死之望。所以忍死隐瞒，案难全获。是严于现犯而疏于逸犯，非所以清盗源也。惟盗案现无减等之例,供出亦与捕获有差,遽减军、流,似觉轻纵;而定限一年,为时过久,又恐妄供捏指,借此稽延,尤不可不防其弊。嗣后凡伙盗被获,供出首盗逃所,于定案之前拿获者,系曾经伤人伤轻平复之犯,减为斩监候,秋审入于缓决;如系未经伤人之犯,减为发遣新疆给官兵为奴。其首盗供获伙盗,及伙盗供获伙盗者,均拟以斩监候,秋审时核其情节,分别实缓。至现例首伙各盗,于事未发觉及五日内,捕获他盗及同伴投首者,仍遵例分别已未伤人,拟徒、免罪;其五日以外至一月内,或闻拿捕获投首,分别曾否伤人,亦遵例减流、减徒。至拿获盗犯之眼线,曾犯盗案悔罪,将同伴指获,致被供出者,无论首伙,如在五日外一月以内,照强盗免死例,发遣新疆给官兵为奴;若在五日以内,于斩罪上减一等,拟以杖一百、流三千里。倘原伙较多,果能获犯三名以上者,准其再减一等。

○十三年(1887)奏准:嗣后直隶省遇有强劫,及窃盗临时行强,并结伙十人以上抢夺之案,但有一人执持鸟枪、洋枪在场者,不论曾否伤人,不分首从,均拟斩立决、枭示。其结伙三人以上抢夺案内,执持鸟枪、洋枪之人,系首犯,亦拟斩立决、枭示;系从犯,拟斩立决,伤人者仍加枭示。未经持鸟枪、洋枪者,仍照向例办理。若窃贼施放鸟枪、洋枪拒捕,一经成伤,无论护赃、护伙图脱,及临时事后,所伤是否事主,为首并帮同放枪拒捕之犯,皆拟斩监候,秋审入于情实;杀人者,俱拟斩立决、枭示。寻常行窃及抢夺仅止一二人,但系执持鸟枪、洋枪之犯,虽未拒捕,均发极边充军。

○又奏准:嗣后陕西省强盗窝主造意分赃,及顿户兴贩诱取妇女藏匿勒卖为首之犯,均暂行按照就地正法章程办理。

○十四年(1888)奏准:嗣后伙盗被获,供出首盗逃所,于四个月限内拿获,系旧例法无可贷之犯,减为斩监候,秋审入于缓决;系情有可原之犯,减发新疆给官兵为奴。其伙盗能将全案首伙供出,于限内尽行指获,系法无可贷者,减为杖一百、流三千里;情有可原者,减为杖一百、徒三年。如供获伙盗在一半以上,并首盗能将全案伙犯供出,于限内指获,均减为斩监候,秋审时核其情节,分别实缓。若伙盗供获伙盗不及一半,及首盗供获伙盗虽在一半以上,并拿获已逾四个月限外者,俱仍照律定拟,不准轻减。以上各犯,均须到案后当堂供出,按名指获,方准以供获论。如私向捕役告知,指拿到官,不得以供获论。其余仍照例章办理。

○又奏准:嗣后遇有强劫得财之案,如事犯在此次恩诏以前者,悉照定律不分首从皆斩,无论有无执持火器,概免加拟枭示;若事犯在恩赦以后者,仍照新定章程科断。

# 卷七百八十七·刑部六十五

## 刑律·贼盗 劫囚 白昼抢夺一

### 劫 囚

〇凡劫囚者，不分首从，皆斩。监候。但劫即坐，不须得囚。若私窃放囚人逃走者，与囚同罪；至死者减一等。虽有服亲属，与常人同。窃而未得囚者，减囚二等。因而伤人者，绞；监候。杀人者，斩。监候。虽杀伤被窃之囚，亦坐前罪。不问得囚与未得囚。为从，各减一等。承窃囚与窃而未得二项。若官司差人追征钱粮，勾摄公事，及捕获罪人，聚众中途打夺者，首杖一百、流三千里；因而伤差人者，绞。监候。杀人及聚至十人，九人而下，止依前聚众科断。为首者斩，监候。下手致命者绞。监候。为从，各减一等。其率领家人随从打夺者，止坐尊长。若家人亦曾伤人者，仍以凡人首从论。家长坐斩，为从坐流。不言杀人者，举轻以赅重也。其不于中途而在家打夺者，若打夺之人，原非所勾捕之人，依威力于私家拷打律，主使人殴者，依主使律；若原系所勾捕之人自行殴打，在有罪者依罪人拒捕律，无罪者依拒殴追摄人律。

**附律条例**

〇一、凡官司差人追征钱粮，勾摄公事，并捕获罪人，但聚众至十人以上，中途打夺，为从者，如系亲属并同居家人，照常发落；若系异姓，同恶相济，及槌师打手，俱发边卫充军。

**谨案** 此条系原例。

一、官司差人捕获罪人，如有尊长率领卑幼，及家长率领奴仆、雇工，殴差夺犯，并杀死差役案内，随从之卑幼、奴仆、雇工，虽未伤人，但经在场助势者，即照凡人为从论，分别科罪。

**谨案** 乾隆五十三年(1788)改定此条，将原例删除。道光元年(1821)，于“随从之卑幼、奴仆、雇工”下，改为“曾经杀伤人者，照律依为从拟杖一百、流三千里；在场助势，并未伤人者，杖一百、徒三年”。七年(1827)，于“徒三年”下，增入“若杀死差役，非一家二命，及二命以上，案内为从下手致死之卑幼、奴仆、雇工，俱拟绞监候；帮殴伤轻者，杖一百、流三千里；在场助势，并未伤人者，杖一百、徒三年”六十二字。

〇一、凡行劫在狱罪囚，不论有无得囚、有无伤人，将为首之人，拟斩立决；有伤人者，将伤人之伙犯，亦拟斩决；有杀人者，将为首之人及伙犯，俱拟枭示；其余为从未经杀人伤人者，仍依律拟斩监候。其在中途打夺罪囚，因而杀人者，为首斩决，下手致命者绞决,余仍照律分别坐罪。

**谨案** 此条系雍正七年(1729)定例。乾隆四十二年(1777),于"行劫"下添"在狱"二字。

〇一、纠众行劫在狱罪囚,如有持械拒杀官弁者,将为首及为从杀官之犯,比照谋反大逆律凌迟处死,本犯之妻子照律缘坐。子年十六以上者,拟斩立决;十六以下,同该犯之妻妾,俱给付功臣为奴。至下手帮殴有伤之人,拟斩、枭示;随同余犯,俱拟斩决。若拒伤官弁,及杀死役卒者,为首并预谋助殴之伙犯,俱拟斩决、枭示。其止伤役卒者,将为首及帮殴有伤之伙犯,俱拟斩立决;随同助势,虽未伤人,亦拟斩监候,秋审时入于情实。若并未伤人,将起意劫狱之首犯,拟斩立决;为从者,俱拟斩监候,秋审时入于情实。

**谨案** 此条乾隆五十三年(1788)遵旨改定。嗣于嘉庆四年(1799)奏准,比照大逆之案,妻子毋庸缘坐,将例内缘坐一节删去。十七年(1812),查谋反律内,反狱戕官之案,亲属照律缘坐,因于四年(1799)改定例内,将"凌迟处死"句下,复增"亲属缘坐"四字。

〇一、官司差人捕获罪人,有聚众中途打夺,殴差致死者,为首斩决,为从下手致命者绞决。其伤差未致死者,首犯仍照律拟绞监候;但经聚众夺犯,虽未伤人,首犯亦照因而伤人律从重拟绞;余仍照律分别坐罪。若数年后此风稍息,请旨仍复旧律遵行。其非聚众,及不于中途打夺者,各照本律、注分别办理。

**谨案** 此条系乾隆十八年(1753)遵旨定例。

一、官司差人捕获罪人,有聚众中途打夺,殴差致死,为首者,不论曾否下手,拟斩立决。为从,下手致命伤重致死者绞决;帮殴有伤者,不论他物、金刃,拟绞监候;随同拒捕未经殴人成伤之犯,俱发伊犁给兵丁为奴。其伤差未致死者,首犯仍照律拟绞监候。但经聚众夺犯,虽未伤人,首犯亦照因而伤人律从重拟绞,为从之犯仍照律坐罪。若数年后此风稍息,请旨仍复旧律遵行。其非聚众,及不于中途打夺者,各照本律、注分别办理。

**谨案** 此条乾隆五十一年(1786)改定。嘉庆二十二年(1817),调剂伊犁遣犯,将原例"俱发伊犁给官兵为奴"句改为"改发极边足四千里充军"。道光十二年(1832),因查不于中途打夺之案,捕亡门内有例可循,打夺而非聚众,又有治罪专条,原例注"其非聚众,及不于中途打夺者,各照本律、注分别办理"二十一字,系属赘文,因节删。

〇一、官司差人捕获罪人,有仅止一二人中途打夺者,无论有无伤差,为首者均杖一百、流三千里,为从减一等。若殴差至死,即照聚众打夺杀人本律分别治罪。

**谨案** 此条道光十二年(1832)定。

〇一、官司勾摄罪人,已在该犯家拿获,如有为首纠谋,聚至三人以上,持械打夺伤差者,即照中途夺犯例,分别杀伤治罪。若并未纠约聚众,实系一时争斗拒殴,致有杀伤，仍照各本律定拟。其非本案罪犯，及非所勾捕之人，无论在途在家，俱以凡斗论。差人借端滋扰，照例从重治罪，地方官交部议处。

**谨案** 此条道光十四年(1834)，由“应捕人追捕罪人”门移附此门内。

### 历年事例

○乾隆十八年(1753)谕：“闽、粤等省民俗刁悍，官司差捕罪人，动辄聚众殴夺，而定例止坐首犯。其未经伤人者，即首犯亦罪不致死；附和之徒，俱得递从末减。故愚民无所惕畏，罹法者众，而各省近来效尤者亦多。从前康熙年间，因直省盗案甚多，特严不分首从皆斩例，而盗风遂戢。嗣后各省有殴差夺犯致毙人命者，俱着不分首从，即行正法；其但经聚众夺犯，无论曾否殴伤差役，即照因而伤人律从重拟绞。若数年后，此等案件，渐就减少，再为酌量降旨，仍复旧例。该督抚可通知所属，严切晓谕。俾愚顽咸知奉法，不犯有司，亦辟以止辟之道也。”

○五十一年(1786)，湖北巡抚奏贼犯拒捕杀差案内，为从未伤人之犯，改拟发伊犁为奴。奉旨：“向例凡拒捕为从者，俱于首犯斩罪上减一等，拟以杖流。但为从之犯，虽同一拒捕，而事主之与官差，究有区别。如犯罪事发，业经官司差人拘捕，该犯仍敢藐法抗拒，较之事主追逐，临时抵拒者，情罪较重。若概以为从并未伤人，一例减流，不足以儆凶顽而昭法纪。嗣后抗拒官差，为从者即照此案定拟，其余仍照旧例办理。著为令。”

○五十三年(1788)奉旨：“监禁之犯，刨挖壁洞，爬越围墙，止系侥幸苟免性命，与公然逞凶，杀伤禁卒，纠伙冲逃者有间。前刑部所定之例，于在监脱逃人犯，止有越狱之条。而于越狱人犯，与反狱、劫狱，并未分析。条例本未周到，该部应如何酌核情罪，分别定拟之处，悉心妥议具奏。”

○道光七年(1827)奏准：嗣后尊长率领卑幼，家长率领奴仆、雇工，夺犯杀差之案，除止毙一命者，仍照本律本例问拟外，其有致死差役非一家二命，及二命以上者，为首之尊长、家长，仍照律拟斩监候；为从下手致命之卑幼、奴仆、雇工，俱各拟绞监候。其帮殴伤轻，及随同助势，未经伤人者，仍照致毙一命之例，分别拟以流、徒。

### 白昼抢夺一 (人少而无凶器，抢夺也；人多而有凶器，强劫也。)

○凡白昼抢夺人财物者，(不计赃。)杖一百、徒三年。计赃(并赃论。)重者，加窃盗罪二等。(罪止杖一百、流三千里。)伤人者，(首)斩。(监候。)为从，各减(为首)一等。并于右小臂膊上刺“抢夺”二字。若因失火，及行船遭风着浅，而乘时抢夺人财物，及拆毁船只者，罪亦如之。(亦如抢夺科罪。)其本与人斗殴，或勾捕罪人，因而窃取财物者，计赃以窃盗论；因而夺去者，加二等，罪止杖一百、流三千里；并免刺。若(窃、夺)有杀伤者，各从故斗论。(其人不敢与争，而杀之曰故，与争而杀之曰殴。)

**附律条例**

〇一、凡问白昼抢夺,要先明事犯根由,然后揆情剖决。在白昼为抢夺,在夜间为窃盗。在途截抢者,虽昏夜仍问抢夺,止去"白昼"二字。若抢夺不得财,及所夺之物即还事主,俱问不应。如强割田禾,依抢夺科之。探知窃盗人财,而于中途抢去,准窃盗论;系强盗赃,止问不应。若见分而夺,问盗后分赃。其亲属无抢夺之文,比依恐吓科断。

**谨案** 此条系原例。原文"探知窃盗人财,而于中途抢去,问抢夺",雍正三年(1725),以抢去窃盗人财,即问抢夺,是抢夺窃盗之赃者重于窃盗赃轻者之本罪,且与抢夺平人财物者无别,因改"准窃盗论"。

〇一、凡号称喇嘛等项名色,白昼在街撒泼,口称圣号,及总甲、快手、应捕人等,指以巡捕、勾摄为由,各殴打平人,抢夺财物者,除实犯死罪外,犯该徒罪以上,不分人多人少,若初犯一次,属军卫者,发边卫充军,属有司者,发边外为民;虽系初犯,若节次抢夺,及再犯、累犯笞杖以上者,俱发原抢夺地方枷号一月,照前发遣。若里老邻佑,知而不举,所在官司,纵容不问者,各治以罪。里老邻佑,依同行知有谋害而不救阻律杖一百;官司照故出人罪律科断。

**谨案** 此条系原例。雍正三年(1725),增小注二十九字。乾隆五年(1740),删"号称喇嘛"以下十九字。

一、凡总甲、快手、应捕人等,指以巡捕、勾摄为由,殴打平人,抢夺财物者,除实犯死罪外,犯该徒罪以上,不分人多人少,若初犯一次,发边远充军;节次抢夺,犯该笞、杖以上者,俱发原抢夺地方枷号两月,照前发遣。里老邻佑,知而不举,所在官司,纵容不问者,各治以罪。里老邻佑,依同行知有谋害而不救阻律杖一百;官司照故出人罪律科断。

**谨案** 此条乾隆三十七年(1772)改定。嘉庆六年(1801),删"犯该笞、杖以上"句"节次抢夺"四字,改为"再犯"二字。

〇一、凡白昼抢夺,三犯者,拟绞立决。如抢夺、窃盗各不及三次,免其并拟,各照所犯之罪发落。

**谨案** 此条雍正三年(1725)定。

一、凡白昼抢夺,三犯者,拟绞立决。如不及三犯,照所犯之罪发落。若因抢夺问拟军、流、徒罪,在配在逃,复犯抢夺,无论纠抢、伙抢、独抢,曾否得免并计,如本系云贵两广极边烟瘴人犯,有犯即发新疆酌拨种地当差。其余原犯军、流、徒罪,复抢一二次者,实发云贵两广极边烟瘴充军;三次以上,发新疆酌拨种地当差。其抢夺问拟军、流、徒罪,释回后,复犯抢夺三次以上,实发云贵两广极边烟瘴充军;五次以上,发新疆酌拨种地当差。如抢夺初犯五次以上,实发云贵两广极边烟瘴充军;八次以上,发新疆酌拨种地当差。若按次各不及前数者,均依本律办理。倘为首赃至一百二十两以上,仍照例拟绞监候。至抢、窃同时并发之案,除抢多窃少,不得以窃作抢并拟,各从重者论外,如系窃多抢少,即应将抢夺并计,照纠窃次数科罪。

**谨案** 此条嘉庆十六年(1811)议定。咸丰二年(1852),于"释回后,复犯抢夺"下,增入"一二次,赃未满贯者,发往极边足四千里充军"十八字。

〇一、凡黔、楚两省相接红苗,彼此仇忿,聚众抢夺者,照抢夺律治罪。人数不及五十名,伤人为首者,枷号两月,为从者一月;杀人者,斩监候,下手者枷号三月,为从者四十日。聚至五十人者,虽不杀人,为首者亦斩监候,为从者枷号五十日;杀人者,斩决,下手之人绞监候,为从者各枷号两月。聚至百人者,虽不杀人,为首者斩决,为从者各枷号两月;杀人者,斩决、枭示,下手之人俱斩监候,为从者各枷号三月。所抢人畜财物,追还给主。

〇一、凡苗人犯抢夺,该管上官约束不严,俱交部议。若至百人以上,土司、府州革职;百户、寨长罢职役、满杖;知情故纵者革职,枷号一月;俱不准折赎。若教令指使,或通同图利者,照为首例治罪。

〇一、凡粮船水手,伙众十人以上,执持器械抢夺,为首照强盗律治罪,为从减一等。如十人以下,又无器械者,照抢夺律治罪。出结之旗丁、头舵拿送者免罪。如容隐不首,及徇庇不拿者,照强盗窝主律分别治罪。

**谨案** 以上三条均系雍正三年(1725)定例。

〇一、凡白昼抢夺杀人者,照窃盗拒捕杀人例拟斩立决。其抢夺伤人者,仍照本律科断。

**谨案** 此条雍正三年(1725)定。

一、凡白昼抢夺杀人者,照窃盗拒捕杀人例,拟斩立决;下手为从之犯,照窃盗拒捕杀人为从人犯发黑龙江等处之例,分别发遣。其抢夺伤人首犯,仍照本律科断;下手为从者,亦照窃盗拒捕伤人为从例,发边卫充军。俱仍照例面上刺"凶犯"二字。若伤非金刃,又伤轻平复者,照窃盗拒捕例,为首者发边卫充军,为从及自首者,杖一百、徒三年。其抢夺、窃盗杀伤之案,以下手伤人者为首,在场助力者为从;其不曾助力者,仍照抢夺、窃盗本律首从论。伤有多处者,以致命伤重者为首;致命伤多者,以后下手者为首;其致命伤重,不知孰为先后者,以初动手者为首。

**谨案** 此条乾隆五年(1740)增定。

一、凡白昼抢夺杀人,拟斩立决;下手为从之犯,应给吉林、乌拉等处者,依名例改遣之例问发。其抢夺金刃伤人,及折伤为首之犯,仍照本律拟斩监候;下手为从,及伤非金刃,又伤轻平复之首犯,均改边远充军,面上各刺"凶犯"二字;为从,及自首者,杖一百、徒三年。

**谨案** 此条乾隆三十二年(1767)删定。

一、凡白昼抢夺杀人案内,为从帮同下手有伤者,不论他物、金刃,拟绞监候。其从犯虽曾拒捕,或亦持杖,而未经殴人成伤,及拒捕另伤一人者,仍照本律例办理。

**谨案** 此条乾隆四十八年(1783)定。

一、凡白昼抢夺杀人者,拟斩立决;为从帮同下手有伤,不论他物、金刃,拟绞监候;未经帮殴成伤者,发极边足四千里充军。其伤人未死,如刃伤及折伤,为首之犯,仍照本律拟斩监候;下手为从者,改发边远充军。伤非金刃,又伤轻平复之首犯,改发极边烟瘴充军;为从,杖一百、徒三年。各照本例刺字。

**谨案** 此条乾隆五十三年(1788)删并。六十年(1795),于"改发极边烟瘴充军"下,增入"拒捕不伤人之首犯,发近边充军"二句;"为从"下,增"各"字。

一、凡白昼抢夺杀人者,拟斩立决;为从帮殴,如刃伤,及手足、他物至折伤以上者,俱拟绞监候;伤非金刃,又非折伤者,发云贵两广极边烟瘴充军;未经帮殴成伤者,发极边足四千里充军。其伤人未死,如刃伤,及折伤以上者,首犯仍照本律拟斩监候;为从,及伤非金刃,伤轻平复之首犯,俱改发伊犁等处酌拨当差。年在五十以上,刃伤及折伤为从,仍照原例发近边充军;伤非金刃,伤轻平复为首,发边远充军。拒捕未经成伤之首犯,发近边充军;为从,各杖一百、徒三年。俱照本例刺字。

**谨案** 此条嘉庆六年(1801)改定。十一年(1806),将刃伤及折伤之从犯、伤非金刃伤轻平复之首犯,仍改发内地,例文改照前条,仍注"年在五十以上"数语。

○一、恶徒伙众,将良人子弟抢去,强行鸡奸,为首者斩决,为从者绞监候。和同者,照律拟罪。

**谨案** 此条系雍正三年(1725)定。乾隆五年(1740),查犯奸律内,有雍正十二年(1734)所定一条,较为详备,此条删。

○一、凡赐燕处混行抢夺食物者,比照盗内府财物律治罪,伊主照家仆为盗例治罪。

**谨案** 此条系雍正三年(1725)定。乾隆五年(1740),以抢夺食物,事出偶然,毋庸著为成例,删。

○一、凡出哨兵弁,如遇商船在洋遭风,尚未覆溺,及着浅不致覆溺,不为救护,反抢取财物,拆毁船只者,照江洋大盗例,不分首从,斩决枭示。如遭风覆溺,人尚未死,不速救护,止顾捞抢财物,以致商民淹毙者,将为首之兵丁,照抢夺杀人律拟斩立决,为从照伤人律拟斩监候。所抢财物,照追给主。如不足数,将犯人家产变赔。在船将备,如同谋抢夺,虽兵丁为首,该弁亦照为首兵丁例治罪;虽不同谋而分赃者,以为从论;若实系不能约束,并无通同分肥情弊,照例议处。如见船覆溺,虽抢取货物,伤人未致毙命者,不计赃,为首杖一百、流三千里,为从减一等。若商船失风被溺,商民俱已救援得生,因而捞抢财物者,兵丁照抢夺本律杖一百、徒三年,计赃重者,从重问拟;该管员弁,照钤束不严例议处。如淹毙人命在先,弁兵见有漂失无主船货,捞抢入已不报者,照得遗失官物坐赃论。如见船覆溺,阻挠不救,以致毙人命者,为首阻救之人,照故杀律拟斩监候;为从,照知人谋害他人不即救护律杖一百;官弁题参革职,兵丁革除名粮。如有凶恶之徒,明知事犯重罪,在外洋无人处所,故将商人全杀灭口,图绝告发者,无论官兵,但系在船同谋,均照强盗杀人律,不分首从拟斩、枭示。以上弁兵，除应斩决不准自首外，其余事未发觉而自首，杖一百、徒三年；流罪以下，概准宽免；仍追赃给主。如有误坐同船，并未分赃之人，能据实首报，除免罪外，仍酌量赏给。其哨船未出口之前，取同船兵丁不致抢物为匪连名甘结，令在船将弁加结，申送该管上司存案。巡哨回日，仍取同船兵丁甘结，转送该管上司。其上司如不系同船，失于觉察，或通同庇匿，及地方州县，若据难民呈报，不即查明转详，反行抑讳，及道府不行查报，督抚提镇不行查参者，均照例议处。再营汛弁兵，如有能竭力救护失风人船，不私取丝毫货物者，该管官据实申报督抚、提镇，按次纪功，照例议叙。倘弁兵因救护商人，或致受伤、被溺，详报督抚，查明优恤。其边海居民，以及采捕各船户，如有乘危抢夺者，均照抢夺本律治罪。有能救援商船，不取财物者，该督抚亦酌量给赏。

**谨案** 此条雍正九年(1731)定。

一、大江洋海，遇有商船遭风着浅，乘机抢夺者，除有杀伤，仍照定例问拟外，其但经得财，并未伤人，罪应杖、徒者，将首从人犯，各照本律加一等治罪。

**谨案** 此条乾隆二十六年(1761)定。嘉庆六年(1801)，将此二条修改，分列三条。

一、凡大江洋海，出哨官弁兵丁，如遇遭风商船，尚未覆溺，及着浅不致覆溺，不为救护，反抢取财物，拆毁船只者，照江洋大盗例，不分首从，斩决、枭示。如遭风覆溺，人尚未死，不速救援，止顾捞抢财物，以致商民淹毙者，为首照抢夺杀人律斩立决，为从照抢夺伤人律斩监候。如见船覆溺，抢取财物，伤人未致毙命，如刃伤及折伤以上者，斩监候；伤非金刃，伤轻平复者，发伊犁等处当差；未伤人者，为首照抢夺律加一等，杖一百、流二千里，为从杖一百、徒三年；赃逾贯者，绞监候。如有凶恶之徒，明知事犯重罪，在外洋无人处所，故将商人全杀灭口，图绝告发者，但系同谋，均照强盗杀人律斩决、枭示。如见船覆溺，并未抢取货物，但阻挠不救，以致商民淹毙者，为首照故杀律斩监候，为从照知人谋害他人不即救护律杖一百，官弁题参革职，兵丁革除名粮。如淹死人命在先，弁兵见有漂失无主船货，捞抢入己者，照得遗失官物坐赃论罪。

**谨案** 嘉庆十一年(1806)，将例内“发伊犁等处当差”句，改为“发极边烟瘴充军；年在五十以上，发近边充军”；又于“兵丁革除名粮”下，增“均折责发落”五字。

一、大江洋海出哨兵弁，乘危捞抢之案，所抢财物，照追给主。如不足数，将首犯家产变赔。无主赃物入官。其在船将备，如同谋抢夺，虽兵丁为首，该弁亦照为首例治罪；其不同谋而分赃者，以为从论；若实系不能约束，并无同谋分赃情弊，照钤束不严例议处。以上弁兵，除应斩决及枭示者，不准自首外，其应斩候、绞候者，若事未发觉而自首，杖一百、徒三年；军、流以下，概准宽免。如系闻拿投首，应斩候、绞候者，杖一百、流三千里；军罪以下，减二等发落。仍追赃给主。如有误坐同船，并未分赃之人，能据实首报，除免罪外，仍酌量给赏。其哨船未出口之前，取同船兵丁不致抢物为匪连名甘结,令在船将弁加结,申送该管上司存案。巡哨回日,仍取同船兵丁甘结,转送该管上司。其上司如不系同船,失于觉察,或通同庇匿,及地方州县,若据难民呈报,不即查明转详,反行抑讳,及道府不行查报,督抚、提镇不行查参者,均照例议处。再营汛弁兵,如能竭力救护失风人船,不私取丝毫货物者,该管官据实申报督抚、提镇,按次记功,照例议叙。倘弁兵因救援商人,或致受伤、被溺,详报督抚,查明优恤。

一、凡边海居民,以及采捕各船户,如有乘危抢夺,但经得财,并未伤人者,均照抢夺本律加一等,杖一百、流三千里,为从各杖一百、徒三年。若抢取货物,拆毁船只,致商民淹毙,或伤人未致毙命者,俱照前例分别治罪。若能救援商船,不取财物者,该督抚亦酌量给赏。

〇一、湖广、四川等省有名溜子、页子贼船,哄载行商,行至无人处所,诱勒赌博,搜劫银钱,复将凶械逐客上岸者,照强盗不分首从律,拟斩立决。若有杀伤人者,照江洋行劫例,斩决、枭示;情有可原者,减等发落。若止哄载诱赌,赢去银钱,尽留货物,将人送至孤岸者,照无藉之徒诱引生事绑缚平民胁骗财物律,不分首从,枷号一月,发烟瘴充军。船户同伙分赃,亦照此例。若非同伙,并未分赃,照窝赌例枷号三月、杖一百,所得银钱,照追入官。至川江放飞棍徒,乘驾小船,哄载行商,至滩凶水急之处,恐吓行商,登岸挽纤,截断缠缆,船流无踪,取其货物行李者,照抢夺例,分别首从,计赃加窃盗罪二等。若有持械逐客者,亦照盗案律治罪。其沿江地方官,仍照例取具船户、两邻甘结,给发印票,编定号数,书刻船户姓名。违者拿获,将船变价入官,船户照无引私盐律拟徒。如州县官滥给印票,官役借查编名色,致累船户者,该管上司题参议处;衙役人等,计赃治罪。

**谨案** 此条系雍正十年(1732)定。乾隆五年(1740),查此等案件,均有定例可按照问拟,毋庸另立例款,删。

# 卷七百八十八·刑部六十六

## 刑律·贼盗 白昼抢夺二

### 白昼抢夺二

○一、凡白昼抢夺人财物，至一百二十两以上者，照窃盗满贯律，拟绞监候。

○一、江南省通州崇明、昭文沙民，伙众争地，除不持器械争夺，及聚众不及四五十人者，照侵占他人田宅律科断，如系执持器械，及聚众四五十人，有抗官重情者，照光棍例，为首者拟斩立决，为从者拟绞监候，逼勒同行之人各杖一百。

**谨案** 以上二条，俱系雍正十二年(1734)定例。

一、白昼抢夺人财物，除赃在七十两以下者，仍依律拟以满徒外，其赃至八十两以上，即按律递加窃盗罪二等，罪止杖一百、流三千里；一百二十两以上者，仍照窃盗满贯律，拟绞监侯。

**谨案** 此条嘉庆二十四年(1819)增定。

○直省不法之徒，如乘地方歉收，伙众抢夺，扰害善良，挟制官长，或因赈贷稍迟，抢夺村市，喧闹公堂，及怀挟私愤，纠众罢市辱官者，俱照光棍例治罪。若该地方官营私怠玩，激成事端，及兵弁不实力缉拿，一并题参议处。

**谨案** 此条乾隆十一年(1746)定。

○苗人聚众至百人以上，烧村劫杀，抢掳妇女，拿获讯明，将造意首恶之人，即在犯事地方斩决、枭示。其为从内，如系下手杀人放火、抢掳妇人者，俱拟斩立决；若止附和随行，在场助势，照红苗聚众例枷号三月；临时胁从者，枷号一月。至寻常盗劫抢夺，仍照内地抢夺例完结。其有掳掠妇女勒赎尚未奸污者，仍照苗人伏草捉人勒赎定拟。

**谨案** 此条系乾隆九年(1744)定。

○一、苗人聚众烧劫抢掳之案，其例应正法人犯之家口、父母、兄弟、子侄，并案内军、流等罪例应折枷责之犯，及该犯之家口、父母、兄弟、子侄，俱查明发六百里外营县安插。胁从之人，免其迁徙。

**谨案** 此条系乾隆九年(1744)定例。五十三年(1788)，查“徒流迁徙地方”门内，有土蛮土司猺獞仇杀劫掳一条，事例相同，因于彼条添“苗人”二字，将此条删除。

○一、凡台湾盗劫之案，罪应斩决者，照江洋大盗例斩决、枭示。他如聚众散札竖旌，妄布邪言，书写张帖，煽惑人心，抢夺杀人放火，光棍抢夺路行妇女强奸致死，劫囚越狱，与番人彼此仇忿，聚众抢夺杀人等案内，造意为首，罪应立决者，均照黔楚两省例斩决、枭示，正法后即传首原犯地方示众。其附和为从之犯，不得援引此例。仍于各审案后附疏声明。

**谨案** 此条乾隆十四年(1749)定。

○一、被灾地方饥民爬抢，若并无器械，人数无多，实系是抢非强者，仍照抢夺例问拟。如有纠伙持械，按捺事主，搜劫多赃者，照强盗例科断。其实因灾荒饥饿，见有粮食，伙众爬抢，希冀苟延旦夕，并无攫取别赃者，该督抚酌量情形，请旨定夺。

**谨案** 此条乾隆二十三年(1758)定。

一、饥民爬抢，除纠伙执持军器刀械，威吓按捺事主，搜劫多赃者，仍照强盗本律科断外，如有聚众十人以上至数十人，执持木棍等项，爬抢粮食，并无攫取别赃者，为首拟斩监候，为从发新疆给官兵为奴；如十人以下，持械爬抢者，为首发新疆给官兵为奴，为从减一等。其徒手并未持械者，仍照抢夺本律科断。

**谨案** 咸丰八年(1858)，因原例仅称"酌量情形，请旨定夺"，并无作何治罪明文，增定此条。

○一、川省嘓匪，纠伙五人以上，在于场市人烟凑集之所，横行抢劫者，不论曾否得财，为首照光棍例拟斩立决，为从同抢者俱拟绞监候。若拒捕夺犯，杀伤兵役并事主、场众者，审明首犯，即行正法、枭示；在场加功及助势者，俱拟绞立决；同谋抢夺，而拒捕夺犯之时并未在场者，仍照光棍为徒本例，拟绞监候。其在野拦抢止二三人者，分别首从，犯该徒罪以上，俱发云贵两广极边烟瘴地方严行管束。

**谨案** 此条乾隆二十六年(1761)定。三十二年(1767)，将"分别首从，犯该徒罪以上"二句，改为"除实犯死罪外，犯该徒罪以上，不分首从"。五十三年(1788)，将"嘓匪"二字改为"匪徒"。

○一、川省匪徒在野拦抢，未经伤人之案，除数在三人以下者，仍照旧例发烟瘴充军外，如四人以上至九人者，不分首从，改发伊犁给额鲁特为奴，均面刺"外遣"。如有脱逃，拿获即行正法。但伤人者，即将伤人之犯拟绞监候。若数至十人以上，无论伤人与否，为首拟斩立决，为从拟绞监候，被胁同行者发遣为奴。其中倘有杀人、夺犯、伤差等事，有一于此，即照场市抢劫之例，将首伙多犯，分别斩枭、绞决、监候。匪犯父兄、牌甲，俱依盗案例，查明是否知情分赃，或止失于觉察，分别惩处。

**谨案** 此条乾隆四十八年(1783)定。五十三年(1788)，于"不分首从"下，改为"俱改发伊犁分给该处察哈尔及驻防官兵为奴"，删去"面刺'外遣'"以下三句。其"即将伤人之犯拟绞监候"句，嘉庆十一年(1806)改为"如刃伤，及折伤以上，拟斩监候；伤非金刃，伤轻平复，拟绞监候"。

一、川省匪徒，并河南、安徽、湖北等三省交界地方，及山东之兖州、沂州、曹州三府，江苏之淮安、徐州、海州三府州，如有红胡子、白撞手、拽刀手等名目，在于场市人烟凑集之所，横行抢劫，纠伙不及五人者，不分首从，俱改发伊犁，分给该处察哈尔及驻防满洲官兵为奴。但伤人者，如刃伤及折伤以上，拟斩监候；伤非金刃，伤轻平复，拟绞监候。有拒捕杀人者，将为首杀人之犯拟斩立决；为从帮殴，刃伤，及折伤以上者，拟斩监候；伤非金刃，又非折伤者，拟绞监候；未经帮殴成伤者，发往伊犁为奴。如纠伙五人以上，无论曾否得财，为首照光棍例拟斩立决，为从同抢者俱拟绞监候。若拒捕夺犯，杀伤兵役并事主及在场之人者，审明首犯，即行正法、枭示；在场加功及助势者，俱拟绞立决；同谋抢夺，而拒捕夺犯之时并未在场者，仍照光棍为从本例拟绞监候。以上各匪犯父兄、牌甲，俱依盗案例，查明是否知情分赃，或止失于觉察，分别惩处。

一、川省匪徒，并河南、安徽、湖北等三省交界地方，及山东之兖州、沂州、曹州三府，江苏之淮安、徐州、海州三府州，如有红胡子、白撞手、拽刀手等名目，在野拦抢，未经伤人之案，除实犯死罪外，数止二三人者，犯该徒罪以上，不分首从，俱发云贵两广极边烟瘴地方充军；如四人以上至九人者，不分首从，俱改发伊犁，分给该处察哈尔及驻防满洲官兵为奴。但伤人者，如刃伤，及折伤以上，拟斩监候；伤非金刃，伤轻平复，拟绞监候。有拒捕杀人者，将为首杀人之犯拟斩立决；为从帮殴，刃伤，及折伤以上者，拟斩监候；伤非金刃，又非折伤者，拟绞监候；未经帮殴成伤者，发往伊犁为奴。若数至十人以上，无论伤人与否，为首拟斩立决，为从拟绞监候，被胁同行者发乌鲁木齐给官兵为奴。倘有杀人、夺犯、伤差等事，有一于此，即将为首之犯正法、枭示；在场加功及助势者，俱拟绞立决；同谋抢夺，而拒捕夺犯之时并未在场者，拟绞监候。以上各匪犯父兄、牌甲，俱依盗案例，查明是否知情分赃，或止失于觉察，分别惩处。

**谨案** 此二条，嘉庆二十年(1815)遵旨将河南等省各项名色匪徒悉照川省办理，并将抢劫场市，纠伙不及五人者，加重惩办，声明两案情事相类，改并为一。道光六年(1826)，调剂新疆遣犯，将原例发伊犁、乌鲁木齐为奴者，俱改发云贵两广极边烟瘴充军；发云贵两广极边烟瘴充军者，改发极边足四千里充军。十四年(1834)，将"数在三人以下"改为"数止二三人"。二十四年(1844)，新疆及四省烟瘴，照旧发往，仍复旧例。咸丰二年(1852)，因场市抢劫与在野拦抢，情罪较别，仍查照原例，分为二条，并各增入"有拒捕杀人者"五十九字。

○一、凡抢夺财物，除抢掠田野谷麦蔬果，与饥民爬抢，及十人以下，又无凶器者，仍依抢夺本律科断外，如有聚至十人以上，及虽不满十人，但经执持器械，倚强肆掠，果有凶暴众著情事者，均照粮船水手之例，分别首从定拟。

**谨案** 此条乾隆二十八年(1763)定。

○一、新疆地方兵丁、跟役，如有白昼抢夺杀人及为强盗等事，该办事大臣审实，一面奏闻，一面即行正法。

**谨案** 此条乾隆三十二年(1767)奉旨著为例。

○一、凡抢夺、窃盗杀伤之案,以下手伤人者为首,在场助力者为从。不曾助力者,仍照抢夺窃盗本律首从论。伤有多处者,以致命伤重者为首;致命伤多者,以后下手者为首;其致命伤重,不知孰为先后者,以初动手者为首。

**谨案** 此即乾隆五年(1740)所定"抢夺杀伤人"条内例文,三十二年(1767)录为专条。

一、抢夺、窃盗杀人之案,如数人共杀一人,无论金刃、他物、手足,以致命重伤者为首;在场助力,或致命而非重伤,或重伤而非致命者,以为从论。如俱系致命重伤,以金刃者为首,手足、他物为从。如俱系金刃,及俱系他物、手足,致命重伤无可区别者,有主使,以主使者为首,下手者为从;无主使,以先下手者为首,后下手者为从。其同案抢窃,不知拒捕情事者,仍各照抢夺、窃盗本律首从论。

**谨案** 此条嘉庆六年(1801)增定。

○一、凡回民抢夺,结伙在三人以上者,不分首从,俱发黑龙江等处给兵丁为奴。如有脱逃被获,请旨即行正法。如数在三人以下,审有纠谋持械逞凶情形者,发极边烟瘴充军。若止一时乘间徒手攫取,尚无逞凶情状者,仍照抢夺律拟徒。

**谨案** 此条乾隆三十八年(1773)定。嘉庆六年(1801),将"请旨即行正法"句改为"用重枷枷号三月,杖责管束"。

一、凡回民抢夺,结伙在三人以上,不分首从,俱实发云贵两广极边烟瘴充军。如有脱逃被获,改发新疆给官兵为奴,仍回避回疆附近地方。如数在二人以下,审有纠谋持械逞强情形者,亦照前拟军。若止一时乘间徒手攫取,尚无逞凶情状者,仍照抢夺本律拟徒。

**谨案** 此条嘉庆二十五年(1820),因停发黑龙江遣犯,将原例"发黑龙江"句改为"实发云贵两广极边烟瘴充军",并将"用重枷枷号三月,杖责管束"二句改为"发新疆给官兵为奴"。道光六年(1826),调剂新疆遣犯,将"发新疆给官兵为奴"句,仍改发四省烟瘴充军、到配加枷号三月。二十四年(1844),新疆遣犯,照旧发往,仍复此例。

○一、凡因失火而乘机抢夺,除有杀伤及计赃重者,仍照定例问拟外,其但经得财,罪应拟以杖、徒者,俱照本例加一等治罪,将为首之犯杖一百、流二千里,为从者杖一百、徒三年,均于面上刺"抢夺"二字。

**谨案** 此条乾隆四十四年(1779)定。

○一、抢窃拒伤事主伤轻平复之案,如两人同场拒伤一人,一系他物,一系金刃,无论先后下手,以金刃伤者为首;如金刃伤轻,他物伤重而未致折伤者,仍以金刃伤者为首;如一系刃伤,一系他物折伤,刃伤重以刃伤为首,折伤重以折伤为首,刃伤与折伤俱重,无可区别者,以先下手者为首;若俱系金刃,或俱系他物,以致命重伤为首;如俱系致命重伤,或俱系他物折伤,亦以先下手者为首。若两人共拒一人,系各自拒伤,并不同场者,即各科各罪,各以为首论。

**谨案** 此条嘉庆五年(1800)定。

○一、奉天地方，遇有匪徒纠伙抢夺财物之案，如数在十人以上，或虽不及十人而人数已在三人以上，但经执持器械，倚强肆掠，凶暴众著者，即照粮船水手抢夺之例，为首依强盗律拟斩立决，为从俱实发云贵两广极边烟瘴充军。其结伙不及三人，但有持械威吓事主情事者，除实犯死罪外，其余不分首从，亦俱发云贵两广极边烟瘴充军，面刺"抢夺"二字。若仅止一二人出其不意，乘便攫取财物，并无持械威吓事主情事者，仍照抢夺本律例科断。倘数年后此风稍息，奏明仍复旧例办理。

**谨案** 此条道光二十四年(1844)增定。同治九年(1870)，将"遇有匪徒"以下八十四字，改为"匪徒纠伙抢夺，不论人数多寡、曾否伤人，但有一人执持鸟枪抢夺者，不分首从，照响马强盗例拟斩立决、枭示。其执持寻常器械抢夺者，分别是否十人及三人以上，并有无倚强肆掠情形，按照抢夺本例科断"八十一字，删"出其不意"四字，"仍照抢夺本律例科断"句改为"仍照本律问拟"。

○一、凡湖北省匪徒抢夺之案，除实系寻常抢夺，仍照定例办理外，如聚众至十人以上，及虽不满十人，但有执持器械，入室吓禁事主，搜劫财物情事，无论是否白昼昏夜，悉照强盗本律本例，分别法所难宥、情有可原定拟。如在江河湖港，亦无论是否白昼昏夜，事主行船泊船，悉照沿江滨海行劫之例分别定拟。俟数年后该省盗风稍息，仍复旧例办理。

**谨案** 此条咸丰元年(1851)定。

○一、抢夺洋药，仍照抢夺本律例科断。如系漏税之物，于本罪上酌减一等。

**谨案** 此条咸丰九年(1859)定。

○一、事主闻警逃避，乘间抢夺无人看守空室财物，如仅止一二人，并未持械者，照抢夺律问拟；若伙众三人以上持械者，照抢夺律加等问拟。倘事主及雇工人等往捕，护赃护伙持械格斗有杀伤者，照强盗律治罪。邻佑人等往捕，有拒捕者，照抢夺拒捕，分别杀伤科断。

**谨案** 此条咸丰十一年(1861)定。

○一、抢夺之案，如有结伙骑马持械，并聚众十人以上，倚强肆掠凶暴众著者，无论白昼昏夜，及在途在野、江河湖港，均仍照强盗本律，不分首从，一概拟斩。其有实在被胁同行者，发遣新疆给官兵为奴。聚众不及十人，而人数已在三人以上，但经执持器械，威吓事主，及捆缚按捺，并将事主殴伤者，为首及在场威吓动手之犯，亦照强盗律拟斩立决，为从仅止随同在场并未动手之犯，均发遣新疆给官兵为奴。结伙仅止二人，但有持械威吓事主情事，及虽未持械，而结伙已至十人以上者，首犯实发云贵两广极边烟瘴充军，从犯杖一百、流三千里。结伙不及十人，俱系徒手抢夺者，首犯杖一百、流三千里，从犯杖一百、徒三年；数在三人以下者，仍照抢夺各本律例定拟。至回民结伙抢夺，及四川等省匪徒抢夺，例有专条者，仍与此例相比，从其重者论。

**谨案** 此条同治九年(1870)定。

**历年事例**

○顺治十三年(1656)题准:凡犯白昼抢夺者,民人依律问罪,旗下人枷号一月、鞭一百。初犯者,刺一臂;再犯者,又刺一臂;三犯者,不分旗下、民人,拟绞立决。

○康熙三年(1664)题准:凡家仆犯白昼抢夺,应赔赃物,俱照依窃盗赔赃之例,一体遵行。

○十年(1671)复准:凡白昼抢夺三次者,将伊主父兄,系官议处,系旗下鞭五十,系民责二十板。

○十一年(1672)议准:白昼抢夺至二次者,将伊主父兄,照前定例治罪。

○三十九年(1700)复准:斗殴人命,未经告官,尸亲统众先抄凶身之家,该地方官按律究拟。

○五十五年(1716)复准:凡地方米价腾贵,为首写帖知会众人,将稻谷抢夺,应佥妻送部,照例刺字,发三姓等处给予披甲之人为奴。

○乾隆二十三年(1758)议准:贼匪中有丢包一项,纠约伙伴,瞰知孤单行客,带有资财,先令甲贼与客结伴偕行,乙贼预取碎石土块等项,假作银包,弃置路旁。迨甲贼与客同至瞥见,以路遗银两,诱同行客拾取。乙贼旋向寻问,甲贼谬称未拾,乙贼声言搜查。甲贼遂取自己与行客衣囊给付查看,暗将假包掉换真银,付还行客先行。及至查出假包,而各贼已先后遁逸。此等贼匪,情状险狡,谋骗不遂,即加强夺。其流即为老瓜贼类,最为行旅之害。嗣后拿获丢包贼犯,审实,均照白昼抢夺人财物律,分别治罪、刺字。行令地方文武员弁,选差兵役,留心查缉,遇有丢包贼匪,即行拿解究治。事主具报到官,正犯未获者,先行通详勒缉,不得隐讳。倘有赃至满贯,及拒捕杀伤人者,亦照抢夺等案扣限查参。

○又议准:嗣后川省啯匪,有犯轮奸之案,审实,俱照强盗律,不分首从皆斩。其同行未经成奸者,仍依轮奸定例,拟绞监候。有轮奸而致杀死人命者,无论成奸与否,俱照强盗杀人例,奏请斩决、枭示。啯噜抢夺,有纠伙五人以上,在于场市人烟凑集之所,横行抢劫者,不论曾否得财,为首者照光棍例拟斩立决,为从同抢者俱拟绞监候。若拒捕凶犯,杀伤兵役及事主、场众者,首犯一面审题,一面即行正法、枭示;为从在场加功,及虽未下手伤人,在旁助势济恶者,俱斩立决;同谋抢夺,而拒捕夺犯之时并不在场者,仍照光棍为从本例拟绞监候。至啯匪抢夺,如止二三人于旷野拦抢者,若仅照寻常律例办理,无以示儆,应分别首从,该徒罪以上者,俱改发巴里坤等处种地。其啯匪潜逃附近省份,仍结党为害地方,干犯前项不法情事者,审明之日,即照新定条例,一体严行惩治。

○二十六年(1761)议准:沿江乘危抢夺之案,向例杖一百、徒三年,为从各减一等,未足示惩。嗣后除有杀伤照例问拟外,其但经得财未伤人者,首犯杖一百、流三千里，为从满徒。边海有犯，亦照此办理。

○二十七年(1762)议准：嗣后除抢掠田野谷麦蔬果，与饥民爬抢，及十人以下又无凶器者，仍依抢夺本律科断外，如有聚至十人以上，及虽不满十人，但执持器械，倚强肆掠，果有凶暴众著情事者，均照粮船水手之例，分别首从问拟。

○嘉庆五年(1800)，广西巡抚审题黄亚和陈云通抢夺蒙上起银两，同时拒伤事主，并请酌定抢窃拒伤事主，按照下手先后，分别首从一案。经刑部议称："抢窃伤人，总视下手之重轻，以定罪名之首从。盖同一拒捕，而伤有金刃、他物，及致命、不致命之不同。如两贼共拒一人，若俱系金刃，或俱系他物，则无论先后下手，自应以致命伤重者为首；如一系金刃，一系他物，亦应无论先后，以金刃为首。盖他物非折伤，罪不致死，金刃则伤及即坐死罪。故即使金刃伤轻，他物伤重而未至折伤者，亦仍以金刃伤者为首。惟两人俱系致命重伤，无轻重可分者，始以初下手之人为首。并非不论伤之轻重，概以先下手者为首，后下手者为从也。此案前据该抚以陈云通系用扁挑首先下手以为首论，将刃伤事主之黄亚和金刃伤为从例拟军。经本部以陈云通系属他物，黄亚和系属金刃，自应以刃伤者为首。若如该抚所拟，是使刃伤事主之犯，其罪转轻于他物拒伤之人，未为平允，驳令另行按例定拟。"今据该抚将黄亚和改依刃伤为首例斩候，应如所题办理。至陈云通如并未同场，系各拒各捕，自应以伤非金刃为首，发伊犁充当苦差。今陈云通与黄亚和同场拒捕，应于黄亚和刃伤为首罪上，照下手为从原例发边远充军。至该抚议称"如一人被贼用他物拒至折伤，又被另贼用金刃拒伤之案，若各照为首论，是一事而骈斩两人，似未允协。请仍按下手先后，分别首从问拟"等语。查各科各罪，均以为首论，系指两贼共拒一人并不同场者而言。若在场同拒者，如折伤重，则以折伤者为首；刃伤重，则以刃伤者为首；折伤与刃伤俱重，无可区别者，以先下手之人为首，断无一事而骈斩两人之理。若不论刃伤、折伤，孰轻孰重，概以下手先后分别首从，设先下手之犯伤轻于后下手之人，势必伤轻者为首，而伤重者转以为从末减，殊属倒置。因申明例义，立为专条，通行遵守。

○咸丰三年(1853)谕："奕兴奏'奉天抢劫案件，请仍照旧例办理'等语。抢劫巨案，定例綦严。自道光年间，有奉天匪徒抢夺分别治罪专条，以致该地方办理此等重案，不复援引旧例。该犯等恃无重罪，结伙横行，日甚一日。若仅照首犯拟斩、从犯概行发遣之条，实不足以儆凶暴而安善良。该将军所奏，与朕前次批示，适相符合。嗣后奉天地方，凡遇匪徒纠抢之案，着仍照旧例，不论人数多寡、曾否伤人，但有执持鸟枪，抢夺财物者，即应不分首从，问拟斩决、枭示。著为令。"

○光绪十三年(1887)议准：直隶省遇有结伙十人以上抢夺之案，但有一人执持鸟枪、洋枪者，不论曾否伤人，不分首从，均拟斩立决、枭示。其结伙三人以上抢夺案内，执持鸟枪、洋枪之人，系首犯亦拟斩立决、枭示，系从犯拟斩立决，伤人者仍加枭示。未经持鸟枪、洋枪者，仍照向例办理。寻常抢夺仅止一二人，但系执持鸟枪、洋枪之犯，虽未拒捕，均发极边充军。

# 卷七百八十九·刑部六十七

## 刑律·贼盗 窃盗一

### 窃盗一

凡窃盗已行而不得财，笞五十，免刺；但得财，不论分赃、不分赃，以一主为重，并赃论罪；为从者各指上得财不得财言。减一等。以一主为重，谓如盗得二家财物，从一家赃多者科罪。并赃论，谓如十人共盗得一家财物，计赃四十两，虽各分得四两，通算作一处，其十人各得四十两之罪，造意者为首，该杖一百，余人为从，各减一等，止杖九十之类。余条准此。初犯，并于右小臂膊上刺“窃盗”二字；再犯，刺左小臂膊；三犯者绞。监候。以曾经刺字为坐。若军人为盗，或窃或掏摸，赃至一百二十两者，虽免刺字，三犯立有文案明白。一体处绞。掏摸者罪同。一两以下，杖六十；一两以上至一十两，杖七十；二十两，杖八十；三十两，杖九十；四十两，杖一百；五十两，杖六十、徒一年；六十两，杖七十、徒一年半；七十两，杖八十、徒二年；八十两，杖九十、徒二年半；九十两，杖一百、徒三年；一百两，杖一百、流二千里；一百一十两，杖一百、流二千五百里；一百二十两，杖一百、流三千里；一百二十两以上，绞。监候。三犯，不论赃数，绞。监候。

**谨案** 雍正三年(1725)奏准，今兵丁犯窃盗，俱刺字，将“若军人为盗”至“一体处绞”并注俱删。

### 附律条例

○一、凡遇三犯窃盗，中有赃数不多，或在赦前一次、赦后二次，或赦前二次、赦后一次者，并入矜疑辩问疏内，参酌奏请改遣。

**谨案** 此条系原例。

一、凡遇三次窃盗，中有赃数不多者，入矜疑疏内，奏请改遣。

**谨案** 此条雍正三年(1725)改定。

○一、凡三次窃盗，免死减等发落者，不分旗、民，概发宁古塔与穷披甲人为奴。旗人止发本身，民人并妻发遣。

**谨案** 此条雍正三年(1725)定。乾隆五年(1740)，以三犯窃盗，计赃分别发遣，雍正十三年(1735)已有定例，此二条奏准删除。

○一、凡三犯窃盗拟绞，如有一二次在赦前者，停其具题，部内完结。旗下人军罪折枷号后，再犯三次者，仍绞；一二次者，止照常发落。

**谨案** 此条系雍正三年(1725)定。乾隆五年(1740),查与现行定例不符,奏准删除。

〇一、凡窃盗停其臂膊刺字,明刺面上。另户人仍于臂膊上刺字。

一、凡另户兵丁、奴仆、披甲人、另户当差人为窃盗或抢夺,及奴仆盗家长,亦俱刺字。

**谨案** 以上二条系雍正三年(1725)定。

一、窃盗审系奴仆,照旗下奴仆例刺面。其余审系初犯,罪止杖责者,照原例于右小臂膊刺字;再犯,照例左面刺字。

**谨案** 此条系乾隆六年(1741)定。

一、凡另户兵丁、当差人及奴仆为窃盗或抢夺,并奴仆盗家长者,俱刺字,另户人刺臂膊,奴仆刺面,其余平民刺面上。如初犯罪止杖责者,照例于右小臂膊刺字;再犯者,左面刺字。

**谨案** 此条系乾隆三十二年(1767),将上三条修并。

一、凡直隶各省窃盗初犯者,俱照例刺字,不得以赃少罪轻免刺。其应遣者,俱发极边卫分充军。除问拟徒、流外,其余刺责发落者,交与保甲收管。该地方官仍不时查点,毋许出境。

**谨案** 此条系雍正三年(1725)定。

一、凡行在有拿获窃盗,罪应杖、笞者,不分旗、民,俱枷号一月,满日杖一百,旗人鞭一百;徒罪以上者,系民仍照律例定拟。若旗人应折枷号者,系徒一年,折枷三十日,每等各依应徒年限,递加五日;流罪二千里者,折枷六十日,亦每等递加五日。满贯仍拟绞监候。旗奴徒罪者,照旗人定拟;流罪以上,照例科断。其偷窃马骡三头以上,仍照定例问拟;二匹以下,罪止杖责者,加枷号两月。

**谨案** 此条系乾隆十六年(1751)定。

一、凡贼犯交保管束之后,不加禁约,致该犯复出为匪,或在本地行窃者,除原保系父兄子弟人等,仍照强盗案内,分别是否知情分赃究拟外,其余俱按贼人所犯轻重,如罪止杖、笞者,将原保人照不应轻律笞四十;徒罪以上者,照不应重律杖八十;知情故纵者,比照窝主不行又不分赃为从论律科罪,免刺;受财者,以枉法从重论。

**谨案** 此条系乾隆二十四年(1759)定。

一、窃盗再犯,计赃罪应杖、刺者,如犯该杖六十者,加枷号二十日;杖七十者,加枷号二十五日;杖八十者,加枷号三十日;杖九十者,加枷号三十五日;杖一百者,加枷号四十日。其旗人再犯,罪应拟徒折枷者,统于应加枷号四十日之外,再加一等。

**谨案** 此条系乾隆二十五年(1760)定。

一、窃盗再犯,计赃罪应杖六十者,加枷号二十日;杖七十者,加枷号二十五日;杖八十者,加枷号三十日;杖九十者,加枷号三十五日;杖一百者,加枷号四十日,俱交保管束。倘不加禁约,致复行为窃,除原保系父兄子弟人等,仍令别知情分赃究拟外,其余俱按贼人所犯,罪应杖、笞者,将原保笞四十;徒罪以上者,原保杖八十;知情故纵者,比照窝主不行又不分赃为从论科罪,免刺;受财者,以枉法从重论。至有拿获窃盗,罪应杖、笞者,枷号一月,满日杖一百;徒罪以上,仍照本律定拟。

**谨案** 乾隆五十三年(1788),将上五条删并,改定此条。

〇一、凡窃盗、抢夺、掏摸等犯,遇赦俱免刺字。

**谨案** 此条雍正三年(1725)定。

一、凡窃盗遇赦得免并计之后,再行犯窃,复遇恩诏,后犯案到官,审系再犯、三犯,俱按照初次恩诏后所犯次数并计,照律科罪。

**谨案** 此条乾隆三十六年(1771)定。

一、窃盗、抢夺、掏摸等犯,事犯到官,应将从前犯案次数,并计科罪。若遇恩赦,其从前所犯原案,咸予蠲除,免其并计,并免刺字,有犯仍以初犯论。如得免并计之后,再行犯窃,复遇恩赦,后犯案到官,审系再犯、三犯,俱按照初次恩赦后所犯次数并计,照律科罪。若遇清理庶狱恩旨,免罪不免刺者,仍行并计,按照从前次数定拟。

**谨案** 嘉庆六年(1801),将上二条修并,定为此条。

〇一、凡三次窃盗,与赃至一百二十两以上者,并依律拟绞;初犯、再犯,依律刺字。如州县官拟罪不照赃、初犯再犯不刺字、三犯不拟绞,擅自轻纵者,该督抚题参,均照失察例议处。

**谨案** 此条雍正三年(1725)定。乾隆五年(1740),以所列例款,各有专条,州县处分,应归吏部,此条奏准删除。

〇一、凡窃盗已经改过,仍挟制行窃,将挟制情由自首,并被逼入伙,能抱赃出首者,俱免罪。如伙贼自行偷窃,事发诬扳者,照诬告律加一等治罪。若强逼同窃,将强逼人杀死,未首事发,地方官查明,果有挟制实情,减罪一等,杖一百、流三千里;其自首者,减罪二等,杖一百、徒三年;各追埋葬银两。若减等流、徒人犯,于配所复行窃盗者,照原案所犯科罪。其有别故杀人,牵引窃案投首者,仍照杀人律定拟。如系良民被挟入伙同行,并未得财,将挟制人杀死自首者,照罪人本犯应死而擅杀律杖一百;若未首,照已行不得财律杖一百、流三千里。至欲图灭口,及夺分赃物,因而谋杀同伙者,仍照律问拟。倘承审官不审出实情,滥行开脱,以致凶犯漏网者,照故出人罪例议处。

**谨案** 此条雍正三年(1725)定。乾隆五年(1740)奏准删除。

〇一、凡捕役行窃,除计赃分首从,照常人拟罪外,各加枷号两月。

**谨案** 此条系雍正三年(1725)定。

一、凡捕役勾通窃贼,坐地分赃,豢窃一二名者,照常人窃盗治罪外,加枷号三个月;至三四名者,杖一百、流三千里;五名以上者,发边卫充军。如勾通积匪猾贼一二名者,发附近充军;三四名者,发边远充军;五名以上,发极边烟瘴地方充军。倘地方官平时不能稽察,或知风查拿,不加严究,止以借端责革,照不实力奉行稽查盗贼例交部议处。

**谨案** 此条乾隆九年(1744)定。二十四年(1759)奏准,捕役豢窃一二名至五名者,均发云贵两广极边烟瘴充军,交与地方官严行管束。

一、捕役行窃,除计赃罪应拟绞者,仍照寻常窃盗定拟外,其余计赃罪应军、流、徒、杖之案,无论首从,各加枷号两个月。如勾通窃贼,坐地分赃,豢窃一二名至五名者,改发云贵两广极边烟瘴地方充军。倘地方官平时不行稽察,或知风查拿,不加严究,止以借端责革,照不实力奉行稽查盗贼例交部议处。

**谨案** 此条乾隆五十三年(1788)并改。

〇一、积匪猾贼,为害地方,审实不论曾否刺字,该督抚照发遣之例,发边卫充军,仍于岁底汇题。其余窃盗,仍照律以曾经刺字为坐,分明次数治罪。

**谨案** 此条雍正七年(1729)定。乾隆三十二年(1767)奏准,积匪猾贼,改发云贵等省极边烟瘴充军,并删去"仍于岁底汇题"句。五十三年(1788),复删"其余窃盗"以下数句。

一、办理积匪猾贼之案,如系因窃拟流、拟徒,逃回、释回,仍不悛改,复连窃至三案以上,又初犯、再犯之贼,如纠伙连次叠窃至六案以上,并虽未纠伙,而叠窃在八案以上者,均照积匪猾贼例拟遣。其并未纠伙,窃案数少,而情节有类于积猾者,即照积匪猾贼例量减一等,拟以满徒。其三犯及计赃重者,仍按本例从重论。

**谨案** 此条乾隆四十五年(1780)定。嘉庆六年(1801),将上二条修改分析,定为三条。

一、积匪猾贼,为害地方,审实,不论曾否刺字,发伊犁等处酌拨当差。如年在五十以上者,仍发云贵两广极边烟瘴充军。

**谨案** 嘉庆十年(1805)议准,积匪猾贼一项,仍发内地,将此条改照乾隆五十三年(1788)所定例文。

一、窃盗于得免并计之后,因窃问拟军、流、徒罪,在配释回,复行犯窃,如止一二次同时并发者,按照得免并计后犯窃到官次数,分别初犯、再犯、三犯科罪。若不知悛改,连窃三次以上,同时并发者,照积匪猾贼例定拟。

一、未经得免并计之犯,因窃问拟军、流、徒罪,在配释回,不知悛改,如为首纠伙叠窃至四次以上,或虽未纠伙,而被纠叠窃及独窃至六次以上者,及初犯、再犯之贼,为首纠窃在六次以上,或未纠伙,而被纠叠窃及独窃至八次以上者,均照积匪猾贼例拟遣。其并未纠伙,行窃数少,而情节有类于积猾者,即照积匪猾贼例量减一等,拟以满徒。其三犯及计赃重者,仍按本例从其重者论。

**谨案** 嘉庆十年(1805),将"拟遣"字改为"拟军"。

一、未经得免并计之犯,因窃问拟军、流、徒罪,在配释回,不知悛改,如为首纠伙叠窃至四次,或虽未纠伙,而被纠叠窃及独窃至六次者,并初犯、再犯之贼,为首纠窃至六次,或未纠伙,而被纠叠窃及独窃至八次者,均照积匪猾贼例拟军。其未经得免并计之犯,因窃问拟军、流、徒罪,在配释回,为首纠窃三次,或被纠叠窃及独窃四次,并初犯、再犯之贼,为首纠窃四次,或被纠叠窃及独窃六次,同时并发者,均照积匪猾贼例量减一等,拟以满徒。其三犯及计赃重者,仍按各本例从其重者论。

**谨案** 此条嘉庆十九年(1814)因原例于积匪量减一项,统言情类积猾,并未指定次数,是以增定;并于各次数句中,删去"以上"等字。

〇一、凡窃盗赃至满贯拟绞,及应拟徒、流者,其同居父、兄、伯叔与弟,知情而又分赃者,照本犯之罪减二等;虽经得财,而实系不知情者,减三等。如该犯罪止杖、刺,其同居父、兄、伯叔与弟,知情而不分赃,及不知情而分赃者,亦各照本犯罪递减发落。父兄不能禁约子弟为窃盗者,笞四十。

**谨案** 此条系雍正十年(1732)定例。

一、凡窃盗同居父、兄、伯叔与弟,知情而又分赃者,照本犯之罪减二等;虽经得财,而实系不知情者,减三等。父兄不能禁约子弟窃盗者,笞四十。

**谨案** 此条乾隆十六年(1751)删改。

〇一、凡窃盗被获,将无辜良民,妄行扳害者,审系初次为匪,畏罪混扳,计赃一两至四十两,罪应拟杖者,俱加等徒三年;五十两至九十两,罪应拟徒者,俱发边卫充军。如系积匪猾盗,有意陷人,故为扳害,一两至九十两,罪应杖、徒者,发边卫充军;一百两至一百二十两,罪应拟流者,拟绞监候;一百二十两以上,罪应拟绞者,拟斩监候。其一两以下,仍照平人诬告律治罪。如到案即将同伙、赃数,确实供明,并案内各犯,指拿全获,并不诬扳良民者,较本犯赃数应得之罪,递减一等发落。

**谨案** 此条系雍正十一年(1733)定。乾隆五年(1740),以窃盗妄扳良民,即照诬告律定罪,不必另立例款,此条奏准删除。

〇一、五城、两县及三营、内务府捕役,拿获窃贼者,俱限即日禀报本管官。如晚间拿获,限次早禀报该管官。讯明被窃情由,将事主年貌、姓名、住址,及所失赃物,详记档案。即令事主在家,不必一同解送该管上司衙门。如赃物现获,即出示令事主认领。倘不法捕役,违限不行呈报,任意勒索事主,许事主赴都察院呈告,将捕役照恐吓取财例治罪。其该管官有失于觉察,及任意纵容者,交部分别议处。

**谨案** 此条系雍正十一年(1733)定例。

〇一、凡窃盗三人以下,手持兵器行窃者,虽不得财,杖六十、徒一年;得财一两以下,计赃递加一等,仍至满贯,方拟绞罪。其中有不持兵器者,仍照本律科断。如伙众四人以上,虽不得财,亦无器械,为首者徒一年,为从各杖一百;得财一两以下,亦计赃以次递加,至流三千里,为首发边卫充军,为从仍流三千里。伙众六人以上,不论曾否得财,首从并徒三年;计赃重于徒三年者,为首流三千里,为从各减一等;赃至满贯,为首者绞,为从者发边卫充军。十人以上,不分首从,发边远充军;赃满贯者仍绞。

**谨案** 此条系雍正十二年(1734)定例。乾隆五年(1740),查窃盗自应计赃科罪,不必论人数多寡、曾否持械,此条奏准删除。

〇一、凡兵丁为窃,移回本营,令该管官捆打,插箭游营,仍送有司收管,照捕役行窃例按罪发落。该管武弁及承审文官有意开脱者,各照例议处。

**谨案** 此条系雍正十三年(1735)定例。

〇一、山东省地方豢窃兵役,或坐地分赃,或得受月规,一经审实,俱于应得各本罪上加一等定拟。俟该省盗风稍息,再奏明复归旧例。

**谨案** 此条嘉庆二十五年(1820)议定。

一、凡捕役、兵丁、地保等项在官人役,有稽查缉捕之责者,除为匪及窝匪本罪应拟斩、绞、外遣,各照本律本例定拟外,如自行犯窃,罪应军、流、徒、杖,无论首从,各加枷号两个月,兵丁仍插箭游营。若勾通豢养窃贼,及抢劫各匪,坐地分赃,或受贿包庇窝家者,俱实发云贵两广极边烟瘴充军。倘地方员弁,平时不行稽察,或知风查拿,有意开脱,不加严究,止以借端责革,照不实力奉行稽察贼盗例交部议处。至别项在官人役,无缉捕稽察之责者,如串通窝顿窃匪,贻害地方,亦各于应得本罪上加一等治罪。

**谨案** 此条道光七年(1827),将"盗贼窝主"门内,"山东省地保及在官人役窝贼分赃"一条,与上"捕役兵丁犯窃",并"山东省地方豢窃"各条,修并为一,因此改定。

〇一、窃盗三犯,除赃至五十两以上,照律拟绞外,其五十两以下至三十两者,照发黑龙江等处之例,分别发遣;三十两以下至十两以上者,发边卫充军;如银不及十两,钱不及十千者,俱杖一百、流三千里。

**谨案** 此条系雍正十三年(1735)定,原文"五十两以下至三十两者,发鄂尔昆种地"。乾隆五年(1740),查自大兵撤回,种地之例已停,将例文改定。

一、窃盗三犯,除赃至五十两以上者,照律拟绞外,其五十两以下至三十两应发黑龙江当差者,照名例改遣之例问发;三十两以下至十两以上者,改发边远充军;如银不及十两,钱不及十千者,杖一百、流三千里。

**谨案** 此条乾隆三十二年(1767)改定。五十三年(1788),将"应发黑龙江"二句,改为"发云贵两广极边烟瘴充军"。

〇一、凡店家、船户、脚夫、车夫,有行窃商民,及纠合匪类,窃赃朋分者,除分别首从,计赃照常人科断外,仍照捕役行窃例各加枷号两月。

**谨案** 此条系乾隆二年(1737)定例。"脚夫、车夫"四字,嘉庆十三年(1808)增。

〇一、窃盗三犯,应按其第三犯窃赃多寡,照定例分别军、流、遣、绞,毋庸将从前初犯、再犯业已治罪之赃通算,以致罪有重科。

**谨案** 此条系乾隆八年(1743)定。

〇一、随驾官员之跟役,携带伊主或他人马骡什物逃走,及行窃者,照出兵例加等治罪。其在逃之跟役,令各该关津严行查拿。如失察过关,将该汛官兵,照失察逃人例加等治罪。

**谨案** 此条系乾隆八年(1743)定例。

一、随驾官员之跟役,无论奴仆、雇工,如有偷盗马匹、器械逃回者,拟绞监候。其不曾偷盗马匹、器械逃回之奴仆、雇工,照随征之奴仆雇工不曾偷盗马匹器械逃回例,分别问拟。在逃跟役,令各该关津严行查拿。如失察过关,将该汛官兵,照失察逃人例加等治罪。

**谨案** 此条乾隆三十二年(1767)修改。

一、随驾官员之跟役,无论奴仆、雇工,如有偷盗马匹、器械逃回者,拟绞监候。其不曾偷盗马匹、器械逃回之跟役,系奴仆,讯问伊主情愿领回者,鞭一百,刺字,给主领回,不愿领回者,发黑龙江等处给披甲人为奴;如系雇工,其所雇系旗下家奴,枷号三月,鞭一百,刺字,交还本主,如所雇系民人,刺字,解回原籍,杖一百、徒三年。仍向各犯家属,及中保人等,追出原雇价值,给还原主。至在逃跟役,令各该关津严行查拿。如失察过关,将该汛官兵,照失察逃人例加等治罪。

**谨案** 此条乾隆五十三年(1788)改定。嘉庆十八年(1813),将原例"发黑龙江等处给披甲人为奴",改为"发各省驻防给官兵为奴"。

〇一、凡旗人及旗下家奴,肆行偷窃,犯罪至发遣以上者,将失察旗人为窃之该管官,及失察家奴为窃之家主,俱照旗人为盗例交部分别议处。若能于事未发觉之前,自行查出送部治罪者,免议。

**谨案** 此条系乾隆十四年(1749)遵旨议定。

〇一、直省州县,拿获窃盗到案,取具确供,计赃在五十两以上者,即同捕官带同捕役,搜验原赃,给主收领;如赃在四十两以下,捕官带同捕役,前往搜验。如州县捕官,听捕役私自搜赃,以致中饱者,除捕役与窃盗同科外,将该州县捕官,照失察捕役为盗例议处。

**谨案** 此条系乾隆十九年(1754)定例。

〇一、凡外国进贡使臣到京之时,即令该地方官兵,在各馆门首严加巡查。如遇有偷窃外使人犯,一经拿获,除赃重者仍照律办理外,其罪应杖、刺者,加枷号一月,枷满之日,照例发落。如外使报窃而赃犯无获,将巡查之兵役杖一百,该地方官交部议处。

**谨案** 此条乾隆二十一年(1756)定。

〇一、凡奸匪伙众丢包,诓取财物,照白昼抢夺人财物律治罪,刺字。赃至一百二十两以上,拟绞监候。如有拒捕杀伤人者,亦照贼犯抢窃之例,将地方官扣限查参。

**谨案** 此条乾隆二十三年(1758)定。

〇一、贼匪偷窃衙署,除系仓库钱粮,仍照定例严行治罪外,若偷窃在署服物,不论初犯、再犯,及赃数多寡,俱照积匪猾贼例,改发云贵两广极边烟瘴地方充军。如赃至一百二十两以上,及三犯赃至五十两以上,律应拟绞者,俱入于秋审情实。

**谨案** 此条乾隆二十四年(1759)定。三十二年(1767)奏准,将"赃至一百二十两以上"数句删去。

一、贼匪偷窃衙署服物,除罪应拟绞,依律定拟外,其余不论初犯、再犯,及赃数多寡,俱改发云贵两广极边烟瘴地方充军。若已行而未得财者,照盗仓库钱粮未得财例,杖一百、徒三年。仍分别首从问拟。

**谨案** 此条乾隆三十七年(1772)增定。

〇一、回民行窃,除赃数满贯,罪无可加,及无伙众持械情状者,均照律办理外,其结伙三人以上,及执持绳鞭器械者,均不分首从,不计赃数次数,改发云贵两广极边烟瘴充军。

**谨案** 此条乾隆二十七年(1762)定。此项人犯,嗣经改发新疆。乾隆三十二年(1767),复发内地,例文仍用此条,惟加"改发"字样。

一、回民行窃,除赃数满贯,罪无可加,及无伙众持械情状者,均照律办理外,其结伙三人以上,执持绳鞭器械者,均不分首从,不计赃数次数,改发伊犁等处酌拨当差。如年在五十以上,发云贵两广极边烟瘴充军。若结伙虽在三人以上,而俱徒手行窃,并无执持绳鞭器械者,于遣罪上减一等,杖一百、徒三年。结伙十人以上者,虽无执持绳鞭器械,而但行窃者,仍照三人以上执持绳鞭器械之例拟遣。

**谨案** 此条嘉庆六年(1801)增改。至十年(1805)调剂吉林等处安插人犯,议将此项仍发内地,例文"不计赃数次数"下,止用"改发云贵两广极边烟瘴充军"句。

一、回民行窃,除赃数满贯,罪无可加,及无伙众持械情状者,均照律办理外,其结伙三人以上,但有一人执持器械,无论绳鞭、小刀、棍棒,俱不分首从,不计赃数次数,改发云贵两广极边烟瘴充军。若结伙虽在三人以上,而俱徒手行窃者,于军罪上减一等,杖一百、徒三年。结伙十人以上,虽无执持器械,而但行窃者,仍照三人以上执持器械之例拟军。如行窃未得财,各于军、徒罪上减一等问拟。

**谨案** 此条道光五年(1825)将原例增改。

〇一、各省营镇,责成将备,督率兵弁,侦缉贼匪。其缉获之贼,送县审究。如贼犯到县狡供翻异,许会同原获营员质审。如系良民被诬,并无赃证,兵丁营员,照例分别议处治罪。若地方官果能将捕役豢纵之处,审查究拟,免其失察处分。仍将获贼之弁兵,计赃案多寡,分别奖励。

**谨案** 此条系乾隆二十八年(1763)遵旨定例。

〇一、窃赃数多,罪应满流者,改发附近充军。

**谨案** 此条乾隆三十二年(1767)定。

〇一、凡旗人另户、正身窃盗三犯,除计赃在五十两以上,仍照例拟绞外,如在五十两以下者,分别赃数,销去旗档,照民人一体问拟,按月汇奏。

〇一、旗下正身,审系积匪猾贼,销去旗档,均照民人例,于面上刺字,发乌鲁木齐等处给予兵丁为奴。在京由刑部开具所犯事由,按月汇奏;在外令该省定拟,报部核实,亦按月汇奏。

**谨案** 此二条系乾隆三十二年(1767)定例。五十三年(1788),以现已奉旨,旗人一经犯窃,即销档、刺字,与民人一体办理,并奏准按季汇题,此二条删除。

○一、拿获窃盗,承审官即行严讯,除赃至满贯,及三犯计赃五十两以上,律应拟绞者,俱即归犯事地方完结外,若审出多案,应照积匪猾贼例拟遣者,其供出邻省邻邑之案,承审官即行备文,专差关查。若赃证俱属相符,毫无疑义,即令拿获地方迅速办结,毋庸将人犯再行关解别境。倘或赃供不符,首从各别,必应质讯,或邻境拿获人众,势须移少就多者,承审官即将必应移解质审缘由,详明各该上司,佥差妥役,将犯移解邻邑,从重归结。如有借端推诿,及删减案情,希图就事完结者,即将原审之州县官分别参处。

**谨案** 此条系乾隆三十三年(1768)定例。

○一、窃盗逃走,事主仓皇追捕,失足身死,及失财窘迫,因而自尽者,除有拒斗情事,及赃银数多,并积匪三犯等项,仍照律例从重治罪外,如审无拒斗情形,赃少罪轻,不至满徒者,将贼犯照因奸酿命例,杖一百、徒三年。

**谨案** 此条乾隆三十五年(1770)定。

一、窃盗逃走,事主仓皇追捕,失足身死,及失财窘迫,因而自尽者,除拒捕伤人,及赃银数多,并积匪三犯等项,罪在满徒以上,仍照律例从重治罪外,如赃少罪轻,不至满徒者,将贼犯照因奸酿命例,杖一百、徒三年。

**谨案** 此条嘉庆十九年(1814)将原例删改。

○一、朝鲜使臣来京,其随带货物银两,遇有偷窃,将该管地方官及护送官,均照饷鞘被失例严加议处。所失银物,着落地方官并统辖、专管之各上司,按股赔还。仍缉拿偷窃之人,照行窃饷鞘例,计赃从重科断,追赃入官。如来使人等,有借词妄报,滋生事端情弊,由礼部行知该国王一体治罪。

**谨案** 此条乾隆四十二年(1777)定。

○一、赴新疆偷贩玉石者,一经查获,即照窃盗例计赃论罪,满贯者拟绞监候。

**谨案** 此条乾隆四十三年(1778)定。嗣于嘉庆四年(1799)奏准弛禁,将此条删除。

○一、两广、两湖及云南等省,凡有匪徒明知窃情,并不帮同鸣官,及表里为奸,逼令事主出钱赎赃,俾贼匪获利,以致肆无忌惮,深为民害者,照为贼探听事主消息,通线引路者,照窃盗窝主不行又不分赃杖流律,减一等,杖一百、徒三年。如有贪图分肥,但经得财者,不论多寡,即照强盗窝主律,杖一百、流三千里。

**谨案** 此条乾隆四十五年(1780)定。

○一、凡旗人犯罪,例应刺字者,即销除旗档,照民人一例按季汇题。

**谨案** 此条系乾隆四十七年(1782)遵旨定例。

# 卷七百九十·刑部六十八

## 刑律·贼盗 窃盗二

**窃盗二**

一、凡旗人犯罪例应刺字者，即销除旗档，照民人一例办理。若旗人行窃，有情同积匪，及赃逾满贯者，该犯子孙，一并销除旗档，各令为民。除满贯之案，于题本内声明外，余均按季汇题。

**谨案** 此条乾隆五十七年(1792)遵旨增定。

一、旗人初次犯窃，即销除旗档，除犯该徒罪以上者，即照民人一体刺字发配外，如罪止笞、杖者，照律科罪，免其刺字。后再行窃，依民人以初犯论。其有情同积匪，及赃逾满贯者，该犯子孙，一并销除旗档，各令为民。除满贯之案，于题本内声明外，余俱按季汇题。

**谨案** 此条道光五年(1825)改定。

○一、凡现任官员，奉差出使，赴任赴省，及接送眷属，乘坐船只，住宿公馆，被窃财物，除赃逾满贯，仍依例定拟外，其余各计赃照寻常窃盗例加一等，分别首从治罪。若寓居里巷民房，及租赁寺观店铺，与齐民杂处，贼匪无从辨识，乘间偷窃者，仍依寻常窃盗例办理。

**谨案** 此条乾隆五十三年(1788)定。

○一、窃盗恭遇恩诏，得免并计后，三犯拟流，复遇恩赦，累减释放，如再犯窃，仍以三犯科断。

**谨案** 此条嘉庆六年(1801)定。

○一、川省及陕、甘二省附近川境之汉中、兴安、商州三府州属，西安、凤翔两府属之孝义、宁陕、盩厔、鄠县、蓝田、宝鸡、陇州各厅州县，暨巩昌府属之洮州、岷州、西和，并秦州、阶州及所属之秦安、清水、徽县、礼县、两当、文县、成县、三岔、白马关各厅州县，如有窃匪携带刀械绺窃之案，除犯该徒罪以上，及初犯赃轻，并无纠伙带刀情事者，仍照本律本例定拟外，其纠伙绺窃赃轻，而讯系再犯，并带有刀械者，枷号三个月，满日责四十板，系带铁杆三年；如未纠伙，或纠伙而讯系初犯，带有刀械者，枷号两个月，满日责四十板，系带铁杆二年；其并未窃物分赃，而随行服役，及带刀到处游荡者，枷号一个月，满日责四十板，系带铁杆一年；释放时，仍照例分别刺字、免刺。

该州县每办一案,即报明臬司、督抚,按季汇册报部。限满开释铁杆时,亦报部查核。倘该匪徒于限满开释后,仍复犯案,即加重惩办。

**谨案** 此条嘉庆十九年(1814)定。

一、四川、陕西,及甘省附近川境巩昌府属之洮州、岷州、西和,并秦州、阶州及所属秦安、清水、徽县、礼县、两当、文县、成县、三岔、白马关各厅州县匪徒,携带刀械绺窃之案,如结伙三人以上,绺窃赃轻,及结伙不及三人,而讯系再犯,带有刀械,按窃盗本例应拟徒罪者,枷号三个月,满日责四十板,系带铁杆、石礅二年;应拟杖罪者,枷号两个月,满日责四十板,系带铁杆、石礅二年。其并未窃物分赃,而随行服役,及带刀到处游荡者,枷号一个月,满日责四十板,系带铁杆、石礅一年。释放时,仍照例分别刺字、免刺。如不知悛改,复敢带杆滋扰,或毁杆潜逃,持以逞凶拒捕,除实犯死罪外,其余罪应军、流者,均于本罪上加一等,仍加枷号两个月;罪应拟徒者,以大链锁系巨石五年;罪应拟杖者,锁系巨石三年。限满果能悔罪自新,或有亲族乡邻甘结保领,地方官查实,随时开释详报。倘释放后复敢带刀逞凶,讹诈绺窃,即锁系巨石,不拘限期。仍令该州县报明院、司查核,按季汇册报部。如有妄拿无辜,锁系巨石者,该管上司访察严参。俟数年后此风稍息,仍复旧例办理。

**谨案** 此条同治九年(1870)将原例"汉中"至"陇州各厅州县"一节删去;于系带铁杆外,加系石礅;并于"分别刺字、免刺"下,增"如不知悛改"至"不拘限期"一百三十七字;复将"限满释回"至"加重惩办"一节,改为"如有妄拿无辜"至例末三十三字。

○一、山东一省窃贼,除赃数满贯,罪无可加,及行窃仅止一二人,仍照旧例办理外,其窃贼结伙在三人以上,执持绳鞭及刀凿棍棒等器械者,不分首从、赃数、次数,俱发云贵两广极边烟瘴充军;三人以上,徒手行窃者,于军罪上减一等杖一百、徒三年;若结伙至十人以上,虽徒手亦照三人以上执持绳鞭器械之例办理。俟该省盗贼之风稍息,再行奏明,仍归旧例。

**谨案** 此条嘉庆二十三年(1818)定。道光七年(1827),山东省窃贼另立专条,将此例删除。

一、山东省窃贼,如有携带铁枪、流星、刀剑等物,及倚众叠窃,并凶横拒捕伤人,本罪止于枷、杖者,酌加锁带铁杆、石礅一二年。如能悔罪自新,或有亲族乡邻保领者,地方官查实,随时释放,仍令该州县报明院、司察考。至安徽省罪止枷、杖情节较重之窃盗,亦照此例加系铁杆。倘数年后此风稍息,奏明仍照旧例办理。

**谨案** 此条即道光七年(1827)删除前例时另立之条。二十五年(1845),增入安徽省一层。

○一、直隶省寻常窃盗,除计赃、计次罪应遣、军、流、徒,并初犯行窃不及四次,再犯不及三次,罪止杖、枷,讯无结伙携带凶器刀械者,仍各依本律例问拟外,如初犯、再犯,纠伙四名以下,并带器械者,各于所犯本罪上加枷号一个月;如初犯行窃四次以上，再犯三次以上，结伙已有四名，并持有凶器刀械，计赃罪止杖、枷者，于责刺后加系铁杆一枝，以四十斤为度，定限一年释放；如初犯系带铁杆，限满释放后，再行犯窃，计赃罪止杖、枷者，仍系带铁杆一年释放；若抢窃犯案拟徒，于到配折责后，锁带铁杆，徒限届满，开释递籍。如在配脱逃被获，讯无行凶为匪，仍发原配，从新拘役，锁带铁杆。其因抢窃拟徒，限满释回后，复行犯窃，罪止杖、枷者，无论次数，有无结伙携械，于责刺后系带铁杆二年释放。倘不悛改，滋生事端，再系一年释放。此后盗风稍息，奏明仍照旧例办理。

**谨案**　此条道光六年(1826)定。

〇一、湖南、湖北两省抢窃及兴贩私盐各犯，并福建、广东二省抢窃匪徒，除罪应军、流以上者，仍按本律本例定拟外，如罪应拟徒之犯，应刺字者先行刺字，毋庸解配，在籍锁带铁杆、石礅五年，湖南、湖北、闽省各犯，罪应拟杖者，亦锁带铁杆、石礅三年；广东省拟杖以下人犯，毋庸锁带。限满开释，分别杖责。如湖南、湖北、闽省各犯，释放后复行犯案，并广东省抢窃匪徒，释后复犯，罪止拟徒者，即于锁带铁杆、石礅年限上递加二年。若犯案三次者，即按例从重问拟。至云南省纠窃不及四次，罪止枷、杖之犯，亦于本地方系带铁杆一年，限满开释，分别枷责，交保管束。如不知悛改，再系一年。倘始终怙恶不悛，即照棍徒扰害例分别严办。该州县每办一案，即录叙全案供招，报明督抚、臬司，按季汇册咨部。如同案人犯，有问拟军、流以上者，仍专案分别题咨。均于限满开释时，报部查核。若该州县任听书役舞弊蒙混，妄及无辜，从严参究。俟数年后此风稍息，仍照旧例办理。

**谨案**　此条道光七年(1827)定，系专指湖北襄阳府属凶徒而言。十九年(1839)，改为湖南、湖北两省通例。二十四年(1844)，将闽省抢窃匪徒应拟徒、杖人犯，悉照湖南等省办理，因由“恐吓取财”门内移改此门。二十七年(1847)，增入广东省。咸丰元年(1851)，增入云南省。

〇一、寻常窃盗，除并无伙众持械，及虽伙众持械，而赃至满贯，罪无可加，或犯该军、流、发遣者，均仍照律例办理外，其有纠伙十人以上，但有一人执持器械者，不计赃数、次数，为首之犯实发云贵两广极边烟瘴充军，为从杖一百、徒三年；若纠伙十人以上，并未持械，及纠伙三人以上，但有一人持械者，不计赃数、次数，为首之犯杖一百、徒三年，为从杖九十、徒二年半。如行窃未得财，各于军、徒罪上递减一等问拟。俟数年后此风稍息，奏明仍复旧例。

**谨案**　此条咸丰元年(1851)定。

## 历年事例

〇顺治四年(1647)定：窃盗赃至一百二十两者，绞监候。

〇十三年(1656)题准：窃盗照律刺字，三犯者绞监候，秋后处决。

〇康熙三年(1664)题准：凡家仆窃盗赃物，限一月追完。若不能完者，责令伊主代赔。如伊主不能代赔者，将本犯并妻子听各主估价变卖赔偿，余剩者给本主，不足者伊主免赔。其窃盗已犯死罪者,将伊自置衣物赔偿。如本犯别无财物,伊主亦免代赔。至满洲另户之人,所盗赃物数多,不能追赔,及满洲仆人赃多,伊主又不能赔者,查失主系本旗下,即将贼犯并妻子估价赔偿;系别旗下,或系民人者,将贼犯并妻子在本旗变卖,赔给失主。其民人窃盗财物,不能追赔者,将本身并妻子估价各给失主。白昼抢夺之贼,亦照此例。

〇五年(1666)题准:凡八旗大臣及官员人等家仆、雇工人,将本主财物,私自偷盗,或串通外人偷盗,或家仆、雇工人自相偷盗,得财者俱照凡人窃盗律,计赃刺字拟罪。赃至一百二十两者,拟绞监候。不得财者,照律治罪。民人犯者,仍照律行。

〇八年(1669)题准:凡窃盗折军罪枷号完结之后,再犯三次者拟绞,一二次者照常完结。

〇十年(1671)复准:窃盗三犯之伊主父兄,系官议处,系旗下鞭五十,系民责二十板。

〇十一年(1672)议准:窃盗犯至二次者,伊主父兄,照前定例治罪。其司坊、巡捕营、步军校等,在该汛自行拿送,或别汛官拿送者免议。若被他人拿送者,将失察之专汛官罚俸三月,兼辖官罚俸一月,步军校等亦照此例;值日番役、兵丁责二十板,步兵、领催、兵丁鞭五十。

〇又议准:窃盗赃至一百二十两者,杖一百、流三千里;一百二十两以上,拟绞监候,秋后处决。其家仆、雇工人盗家长财物者,旗下、民人,不便互异,俱照律一体拟罪。

〇又议准:窃盗三次者,照律拟绞监候。若窃盗二次,抢夺一次,或抢夺二次,窃盗一次者,免其并拟,各照所犯之罪发落。

〇十二年(1673)题准:凡旗下民人、家仆所窃赃物,将伊自置物件赔偿。其另户旗下民人,尽其家产变价赔补。若果家产尽绝,不能赔偿,该管官出具印结免追。其窃盗本身并妻子变价赔偿,及令伊主代赔之例,俱停止。若该管官徇庇出结者议处。其犯抢夺之赃,亦照此例。

〇十九年(1680)题准:凡窃盗赃数不满一两者,免刑审。其拿获之兵丁,及查缉之步军校,亦不赏银记档。

〇四十八年(1709)谕:"嗣后两次窃盗,俱发往黑龙江,应当差者着当差,应给穷披甲为奴者,着给予为奴。"

〇又刑部将窃贼二小子拒捕戳伤步兵等因具题。奉旨:"二小子依议应绞,着监候秋后处决。步兵黑子擒贼被戳,若伤痕平复当得差,着照例赏赉;若身已残疾,不能当差,着给予半分身价。嗣后以此为例。"

〇五十二年(1713)复准:凡拿获皇城内、畅春园周围偷窃之抢夺盗犯,并出名凶狠可恶之贼,提督衙门将两腿懒筋割断。拿获皇城内外爬房、逾墙、挖孔偷窃,撬开门板进内偷窃马、骡、牛、驴等贼,割断一边懒筋。其年未及岁并年迈在道路街衢抽取零星物件细贼,责惩夹刺存案。仍不悛改,三次被获者,亦割断一边懒筋。窝主知情,留一二贼照常治罪,留三贼发遣。其热河及跟随围场抽取零星物者,俱割断一边懒筋。偷牛、骡、驴等物,并白昼抢夺之贼,割断两边懒筋,系民,交与五城递回原籍。另户、护军、披甲,提督会同该旗等奏闻,再行割筋。其京城外别府州县窃盗、抢夺贼犯,仍照律治罪。

○雍正二年(1724),定停止割筋例。

○五年(1727)谕:"嗣后窃贼拒捕杀人者,着三法司酌量情罪轻重,分别斩、绞定拟具奏。"

○七年(1729)议准:贼盗为害,全在窝家。旧例窝家两邻,俱有杖责之条,而同居亲族,未经定拟治罪,殊为遗漏。嗣后强窃窝家同居之父、兄、伯叔与弟,除自首免究外,其知情不首者,分别拟杖,以示儆惩。

○又议准:各省积匪猾贼,为害最重。嗣后凡遇缉获审实,不论曾否刺字,俱照应发遣之例,发边卫充军。

○又议准:旧例盗贼同居父兄等,不知情分赃者,俱照斩绞之犯减等拟流,似属可矜。嗣后除强盗为首伤人问拟斩决者,其同居亲属照例杖流外,其系伙盗未曾伤人,行劫未至三次,问拟发遣者,亲属请减等杖徒;窃盗满贯拟绞,并罪止流、徒、杖责者,亲属各减二等发落。永著为例。

○九年(1731)谕:"凡窃盗满贯者,定例拟绞监候。此等贼犯,论其情罪,无可矜原。而每年秋审之时,按律又不至于处决,是以往往监禁多年,不行结案。即该犯有悔过改恶之心,亦无自新之路。着刑部将各省此等贼犯,已经监禁三年者,一一查出,酌其情罪,或应释放,或应减等发落,并日后再有过犯,如何从重治罪之处,一并定议具奏。"

○十一年(1733)议准:步军统领及顺天府、五城各衙门,嗣后遇有拿获窃贼事件,限令捕役人等,即日禀报,各该管官讯明被窃情由,详报上司,不许将事主一同解送。俟讯获赃、贼时,传令事主认领。其窃贼应行发保者发保,应行解部者解部。倘捕役违限不报,任意勒索事主,许事主赴都察院呈告,将捕役照恐吓取财例治罪。该管官失于觉察,及任意徇纵者,分别严加议处。

○十二年(1734)议准:直省窃盗之案,宜分别伙党之多寡,并有无执持器械,以定情罪。嗣后三人以下,手持兵器行窃者,虽不得财,即杖六十、徒一年;得财一两以下,递加一等,至满贯论绞;其中有不持兵器者,仍照本律科断。四人以上,虽不得财,亦无器械,为首者徒一年,为从者各杖一百;得财一两以下,以次递加,为首者发边卫充军,为从者流三千里。若伙众至六人以上,不论曾否得财,首、从并徒三年;计赃重于徒三年者,为首者流三千里,为从者各减一等;赃至满贯,为首者绞,为从者发边卫充军。至十人以上,不分首从,并发边远充军,赃满贯者仍绞。再窃盗至十人以上,地方官有疏防讳匿等案,俱照强盗例处分。

○十三年(1735)议准:嗣后窃盗三犯,除五十两以上,应照例拟绞外,五十两以下至三十两者,俱发鄂尔昆种地;三十两以下至十两以上者,改发边卫充军。如银数不及十两,钱不及十千者,俱照诓骗财物无多之例,杖一百、流三千里。

○乾隆十年(1745)奏准:例载行窃二次者,罪止杖刺,多不知戒。嗣后于杖刺外,令带枷悬铃充儆。三年无犯,释除铃、枷,仍照常点卯。再三年无过,即开除卯册,赏给资本营生。再犯照例分别绞、流。至市村攫白之徒,又为窃贼之渐;而闯棍一种,霸占地方,亦与攫窃相为表里,应一并造册立案,交巡典、乡耆、保正约束稽查。如有违犯,即照本罪加倍治罪。

○十四年(1749)谕:"此次永远枷号,并发遣之窃盗内,有旗人、内务府人及家奴人等。是皆由该管官员,与伊等家主,平素失于约束之所致。着将该管官及伊等家主,俱交部察议。嗣后旗人及家奴内有为窃盗,罪至发遣以上者,即将该管官及伊等家主交部察议。永著为例。"

○二十六年(1761)议准:窃盗原系计赃定罪,数有多寡,即于罪名亦有出入。而各省窃钱之案,有每钱一千,作银一两者,亦有按照时价,每钱一千,作银一两一二钱者,办理向未划一。律例所载,如窃盗三犯,及给没赃物、伪造印信、诓骗财物各条内,以银十两钱十千,或银不及十两钱不及十千兼提并举者,不一而足。每钱一千,作银一两,例文已极明晓。向来外省题咨案件,部复计赃科罪,俱以每钱一千作银一两,划一办理,从未有照各省时价,核银计赃,以致参差互异,罪有出入者。至外省地方有司不谙定例,拘于市值钱数,合银科罪,办理不一,应令该上司随时驳改,以免参差。

○二十八年(1763)谕:"陈宏谋奏《营兵获贼,恐有到县翻供情弊,请令原获官员会质》一折,所见实切事理。地方文武,均有缉匪之责。乃州县捕役中之狡猾者,平时以豢贼为故智。或经弁兵首先躧获,既不利于己,而有司等亦以非获自捕役,未免心存畛域,辄于送审之时,任其狡展,巧为开脱。外省积习相沿,已非一日。若遇有翻供之案,令州县官移询原获弁兵,据实确讯,诡计自无可施。而营伍缉捕,责成更专,于民生自有裨益。着照所请行。"

○三十五年(1770)议准:衙署重地行窃,未经得财之贼,律无专条,比照盗仓库钱粮未经得财杖一百、徒三年律,分别首从问拟。再小民以银物为性命,或因捕贼仓皇,失足身死,或因窃窘急,自寻短见,虽审无拒斗之情,而事主本无罪之人,因此致死,仅将贼犯杖刺,不足示儆,应照因奸酿命律杖一百、徒三年。

○四十七年(1782),步军统领衙门奏拿获积匪程老一案。奉旨:"嗣后旗人如有犯该刺字者,着销除旗档,照民人一例办理。"

○四十九年(1784)议准:例载"窃盗遇赦得免并计之后,再行犯窃,复遇恩诏后犯案到官,审系再犯、三犯,俱按照初次恩诏后所犯次数并计,照律科罪"等语,盖窃盗止准免其并计一次,若赦后三犯,再逢恩赦,自不准再行免其并计,并无流罪不准减徒之例。此案朱阿贵、李幅生于初次行窃，援赦得免并计之后，复行窃二次，此次行窃，已属三犯，自不应再免其并计，应计赃罪拟满流。但事犯到官，在本年二月二十三日，恭逢江浙三省军流人犯减等发落恩旨以前，应仍照例准其减徒，仍行刺面。如徒满后复行犯窃，仍计赃照三犯例治罪。

○五十年(1785)议准：犯罪遇赦，不在不原之列者，虽例得减免，而情节有轻重，则须临时酌量。如现在窃盗得免并计之后，复犯到官，虽得减免，而其中有积匪拟遣，或有积匪量减拟徒者，因其情节较重，俱不准其减等。此等窃盗得免并计之后，三犯拟流，遇赦减徒人犯，将来复犯，即照三犯定拟。设或再遇恩赦，则屡犯不逞，即在情节较重之列，自应照不准再免并计之例，亦不准其再为减等。

○五十七年(1792)，绥远城将军奏张连陞勾引旗人赓依纳等偷窃伊主银两逾贯一案。奉旨："满洲行窃为匪，实属不肖，无耻已极，玷辱满洲颜面。嗣后如有旗人行窃，除将该犯照例治罪外，其子孙俱着销除旗档，令其为民。著为令。"

○嘉庆四年(1799)，刑部具奏《请弛私卖玉石例禁》一折。奉旨："叶尔羌、和阗等处出产玉石，向听民间售卖，并无例禁明文。因高朴串通商贩采买玉石案内，始行定例。凡私赴新疆偷贩玉石，即照窃盗例计赃论罪，原非旧例所有，况仍有偷盗货卖者。今查前案，因此拖累多人，朕心殊为不忍。着照刑部议，嗣后贩卖新疆玉石，无论已未成器者，概免治罪。其从前办过贩玉案内各犯，准报部核释。"

○又谕："据刑部题复山东省赵兴文行窃图脱拒伤事主于绞罪上量减一等问拟杖流一案。此案赵兴文听从商密行窃崔玉占家，商密携赃逃跑，赵兴文被崔玉占追赶抱住，情急图脱，遂拔佩刀将崔玉占连扎，脱身逃走。因崔玉占之父崔治上前帮捕，又复刀扎崔治倒地。虽伤俱平复，然以窃贼临时拒捕，刃伤事主父子二人，情节已属凶横，与寻常为首者不同。商密一犯，在逃未获，则赵兴文所供为首起意，及令商密将原赃送至事主家隔墙撩还之语，亦无证据，恐系避重卸罪。且赵兴文又无自首情事，屡经犯窃。今遽以一面之词，量减定拟，未为平允。赵兴文着改为应绞监候，入于缓决。"

○十六年(1811)谕："常明奏请将川省绺匪，严加惩创。据称该省'从前办理绺窃之案，除绺窃至五六次者，比照积匪猾贼减等拟徒，仍奏明照该省惩治匪徒例，按依徒限，系带铁杆示儆。其寻常罪止笞、杖之绺匪，止照例发落。请嗣后除徒罪以上，及初犯赃轻，并无纠伙带刀之绺匪，仍照例问拟，其纠伙绺窃，有赃轻而讯系再犯，并带有刀械者，枷号三月，满日折责，加系带铁杆三年；如未纠伙，或纠伙而讯系初犯，带有刀械者，枷号三月，满日折责，加系带铁杆二年；其未窃物分赃，而随行服役，及带刀到处游荡者，枷号一月，满日折责，加系带铁杆一年。释放时，仍照例分别刺字、免刺'各等语。川省无藉贫民，动辄携带小刀，四出游荡，乘机肆窃，或聚集一处行凶，酿成抢夺巨案，自应从重惩治，俾知儆畏。即着照该督所奏，按绺窃次数，及有无纠众、带刀，分别枷号、系带铁杆年分办理。惟各州县获犯惩办，当有所查考。

着该州县每办一案,即报明臬司、总督,由总督汇册报部。限满开释铁杆时,亦报部查办。庶不致州县官任意常年系禁,而匪徒倘于限满开释后仍复犯案即加重惩办,部中亦可稽查。”

○道光元年(1821)谕:“刑部等衙门‘核拟曾三行窃刃伤事主一案,请酌改科条’等语。此案湖南湘乡县贼犯曾三于已经脱逃后,被事主追获,情急图脱,自割发辫,误行划伤事主。核其情节,本无拒捕之心,若依拒捕刃伤例问拟绞候,未免情轻法重。曾三一犯,着照议于绞罪例上,量减为极边烟瘴充军,定地发配,折责安置。余俱照所议行,并着刑部于修例时纂入例册,永远遵行,以昭平允。”

○六年(1826)谕:“那彦成奏《请严窃盗治罪之例》一折。直隶界连豫东,幅员辽阔,匪徒出没,近来各属报窃之案日多,甚至抢劫横行。且有犯窃拟徒,限满释回,旋复为盗者,被获半多旧匪。该督请援照四川啯匪、江苏徐淮匪徒之例,分别惩治,以挽颓风。着照所请,嗣后直隶除寻常窃盗,计赃计次,罪应军、遣、流、徒,仍各依本例问拟外,其行窃初犯不及四次,再犯不及三次,罪止杖枷,讯无结伙携带凶器刀械,仍着照例定拟,如有纠伙四名以下,并带器械者,均于所犯本罪之外,着加枷号一个月;至行窃初犯四次以上,再犯三次以上,结伙已有四名,并持凶器刀械,计赃科罪,亦止杖枷者,于责刺后着加系带铁杆一枝,以四十斤为度,定限一年释放。其因窃拟徒,限满释回,复犯罪止杖枷,无论次数并有无结伙、携械,于责刺后着加系带铁杆一枝,定限二年释放。倘仍不知悛改,滋生事端,再系一年。如限满释放后,仍复犯案,即着加重严办。此系因时制宜,量加惩创,俾宵小咸知儆畏。如此后盗风少息,该督察看情形,奏请仍照旧例办理。”

# 卷七百九十一·刑部六十九

## 刑律·贼盗 盗马牛畜产

### 盗马牛畜产

○凡盗民间马、牛、驴、骡、猪、羊、鸡、犬、鹅、鸭者，并计所值之赃，以窃盗论。若盗官畜产者，以常人盗官物论。若盗马、牛兼官私言。而杀者，不计赃，即杖一百、徒三年；驴、骡，杖七十、徒一年半；若计赃并从已杀计赃。重于徒三年、徒一年半本罪者，各加盗窃盗、常人盗。罪一等。

**附律条例**

○一、凡盗御用马匹者，问罪，枷号三月，发边卫充军。若将自己及他人骑操官马盗卖者，枷号一月发落；盗至三匹以上，及再犯不拘匹数，俱免枷号，属军卫者发边卫，属有司者发附近卫所，各充军；五匹以上，属军卫者发极边卫，属有司者发边卫，各永远充军。若养马人户盗卖官马至三匹以上，亦问发附近充军。

**谨案** 此条系原例。雍正三年(1725)奏准，今军民一体科断，将"属军卫者发边卫"至"各充军"十九字，改为"发附近卫所充军"；"属军卫者发极边卫"至"各永远充军"二十字，改为"发边卫充军"。

○一、将自己及他人骑操官马盗卖者，枷号一月发落；盗至三匹以上，及再犯者，不拘匹数，俱免枷号，发附近地方各充军；五匹以上者，发边远充军。若养马人户盗卖官马至三匹以上者，亦问发附近充军。

**谨案** 以上二条例文，原例系属一条。嘉庆十八年(1813)遵旨修改分定。

○一、凡盗御用郭什哈马者，首犯拟绞立决，从犯拟绞监候；不论已宰未宰，均照此例办理。盗多罗马者，枷号六月，发边远充军；盗驽马者，枷号三月，发近边充军。牧马官兵盗卖者罪同。

○一、凡冒领太仆寺官马至三匹者，问罪，于本寺门首枷号一月，发边卫充军。若家长令家人冒领三匹，不分首从，俱问常人盗官物罪，家长引例，家人不引。

**谨案** 此条系原例。

○一、凡偷盗马二匹以下，仍以窃盗论。三匹以上，杖一百、流三千里；十匹以上，不分首从皆绞监候。窝主及牧马人役自行盗卖者，罪亦如之。

**谨案** 此条雍正一年定,专指偷盗官马。乾隆五年(1740),于"马"字上增"官"字。五十三年(1788),以例文"仍以窃盗论",与盗官畜产之律不符,改为"仍以常人盗官物计赃论"。

一、偷盗官马二匹以下,仍以常人盗官物计赃论,三匹以上,杖一百、流三千里;十匹以上,为首者拟绞监候,为从者发云贵两广烟瘴地方充军;二十匹以上者,不分首从拟绞监候。窝主及牧马人役自行盗卖者,罪亦如之。

**谨案** 此条咸丰二年(1852)将原例"十匹以上,不分首从"改为"分别首从,拟以绞候、充军",至二十匹以上,仍不分首从拟绞监候。

○一、盗牛一只,枷号一月,杖八十;二只,枷号三十五日,杖九十;三只,枷号四十日,杖一百;四只,枷号四十日,杖六十、徒一年;五只,枷号四十日,杖八十、徒二年;五只以上者,枷号四十日,杖一百、徒三年。再犯者,杖一百、流三千里。累犯者,发边卫充军。俱照窃盗律刺字。十只以上者,绞监候。窝家知情分赃者同罪,不分赃者杖一百。若知情窝窃牛之犯至三人,牛至五只者,杖一百、徒三年;若人至五人,牛至十只者,发边卫充军。盗杀及盗卖者,初犯枷号一月发附近,再犯枷号一月发边卫,累犯枷号一月发烟瘴地方,各充军。

**谨案** 此条系雍正五年(1727)钦定盗牛则例,原载"兵律·宰杀马牛"例内,与"私开圈店"等项同条。乾隆五年(1740)分出,移载此门,其"私开圈店"以下,仍隶彼条。

一、凡盗牛一只,枷号一月,杖八十;二只,枷号三十五日,杖九十;三只,枷号四十日,杖一百;四只,枷号四十日,杖六十、徒一年;五只,枷号四十日,杖八十、徒二年;五只以上,枷号四十日,杖一百、徒三年;十只以上,杖一百、流三千里。盗杀及盗卖者,枷号一月,发附近充军。俱照窃盗例刺字。其窝家知情分赃者,与盗同罪;知情不分赃者,杖一百。

**谨案** 此条乾隆五年(1740)奏准删改。十六年(1751),又删盗卖一层。

一、凡盗牛一只,枷号一月,杖八十;二只,枷号三十五日,杖九十;三只,枷号四十日,杖一百;四只,枷号四十日,杖六十、徒一年;五只,枷号四十日,杖八十、徒二年;五只以上者,枷号四十日,杖一百、徒三年;十只以上,杖一百、流三千里;二十只以上,不计赃数多寡,拟绞监候。其虽在二十只以下,除计赃轻者分别枷杖、徒、流外,如计赃至一百二十两以上,仍照律拟绞监候。盗杀者,枷号一月,发附近充军。俱照窃盗例刺字。其窝家知情分赃者,与盗同罪;知情不分赃者,杖一百。

**谨案** 此条乾隆三十六年(1771)增定。

○一、驻扎外边官兵及跟役等,有偷盗蒙古马匹者,审实即在本处正法。其蒙古偷盗官兵马匹,或官兵等自相偷盗马匹,仍照旧例行。

**谨案** 此条系雍正十三年(1735)遵旨定例。

○一、偷窃马匹案件,除外藩蒙古仍照理藩院蒙古律拟罪外,其察哈尔蒙古有犯偷窃马匹之案,审明如系盗民间马匹者,依律计赃以窃盗论;如系盗御马,及盗太仆寺等处官马者,亦仍照律例治罪。

**谨案** 此条系乾隆五年(1740)定。

○一、凡民人在蒙古地方偷窃四项牲畜者,俱照蒙古例,为首拟绞监候,抄没家产,遇秋审一体折枷;为从鞭一百,罚三九牲畜;俱免其刺字。

一、凡打牲索伦在蒙古地方偷窃四项牲畜者,照蒙古例,分别首从定拟。

一、凡呼伦贝尔旗分另户,在札萨克蒙古游牧居住者,偷窃四项牲畜,俱照蒙古例分别首从定拟。

**谨案** 此三条均系乾隆十四年(1749)定。

一、蒙古人等,除抢夺四项牲畜杀人及伤人者,仍照旧例办理外,如偷窃四项牲畜,满十匹以上者,首犯拟绞监候,秋审时入于情实;六匹至九匹者,发云贵两广烟瘴地方;三匹至五匹者,发湖广、福建、江西、浙江、江南等处,一二匹者,发山东、河南等处,俱交驿地当苦差。其民人在蒙古地方偷窃九匹以下者,俱照此例分别充军。为从人犯,仍照定例遵行。至圣驾行围巡幸地方,如有偷窃马匹者,不分蒙古、民人,五匹以上,拟绞立决;三匹至四匹者,即发云贵两广烟瘴地方,一二匹者,发湖广、福建、江西、浙江、江南等处充军,俱交驿地当苦差。为从及知情故买者,系民人,减本犯一等,系蒙古,仍照蒙古例办理。

**谨案** 此条系乾隆二十四年(1759)定。三十二年(1767),删去"秋审时入于情实"句。

一、凡民人在蒙古地方偷窃四项牲畜者,俱照蒙古例,不分首从,十匹以上,拟绞监候,抄没家产,遇秋审减等,一体折枷;九匹以下者,亦一体分别充军;俱免其刺字。

一、凡打牲索伦在蒙古地方偷窃牲畜者,照蒙古例,不分首从定拟。

一、凡呼伦贝尔旗分另户,在札萨克蒙古游牧居住者,偷窃四项牲畜,俱照蒙古例,不分首从定拟。

一、蒙古人等,除抢夺四项牲畜杀人及伤人者,仍照旧例办理外,如偷窃四项牲畜,均不分首从,满十匹以上者,拟绞监候;六匹至九匹者,发云贵两广烟瘴地方,三匹至五匹者,发湖广、福建、江西、浙江、江南等处,一二匹者,发山东、河南等处,俱交驿地当苦差。

**谨案** 此四条,系乾隆四十二年(1777)遵旨改定,并将第四条内"行围地方"以下,分出另载。

一、民人、蒙古、番子偷窃四项牲畜,以蒙古内地界址为断。如在内地犯窃,即照刑律计赃分别首从办理。若民人及打牲索伦、呼伦贝尔旗分另户,在蒙古地方,并青海、鄂尔多斯、阿拉善毗连之番地,以及青海等处蒙古、番子,互相偷窃者,俱照蒙古例分别定拟。仍各按窃盗本例刺字。

一、新降之土尔扈特、杜尔伯特、额鲁特、和硕特、辉特、乌梁海六项蒙古人等,除在札萨克察哈尔等处游牧居住者,仍照内地蒙古核计匹数多寡,分别首从定拟外,如偷窃新疆地方居住之前项土尔扈特人等四项牲畜,均不分首从,数满十匹以上者,拟绞监候,秋审入于情实;六匹至九匹者,发云贵两广烟瘴地方,三匹至五匹者,发湖广、福建、江西、浙江、江南等处,一二匹者,发山东、河南等处,俱交驿地充当苦差。羊只系属小畜,以羊四只作牛马驼一只,计算科罪。

一、偷窃蒙古牛、马、驼、羊四项牲畜,每羊四只,作牛马驼一只计算。如数至三十匹以上者,不分首从,拟绞监候,秋审时俱拟入情实。其为从未经同行,仅于窃后分赃者,减发云贵两广烟瘴地方。二十匹以上者,首从俱拟绞监候,秋审时,将为首者入于情实;为从同窃分赃者,入于缓决;其虽曾共谋,未经同行,仅于窃后分赃者,减发湖广、福建等处。十匹以上者,首犯拟绞监候,秋审时入于情实;为从同窃分赃者,发云贵两广烟瘴地方;其虽曾共谋,未经同行,仅于窃后分赃者,减发山东、河南等处。六匹至九匹者,首犯发云贵两广烟瘴地方;为从同窃分赃者,发湖广、福建、江西、浙江、江南;其虽曾共谋,未经同行,仅于窃后分赃者,鞭一百。三匹至五匹者,首犯发湖广、福建、江西、浙江、江南;为从同窃分赃者,发山东、河南;其虽曾共谋,未经同行,仅于窃后分赃者,鞭一百。一二匹者,首犯发山东、河南;为从同窃分赃者,鞭一百;其虽曾共谋,未经同行,仅于窃后分赃者,鞭九十。窃羊不及四只者,首犯鞭一百;为从同窃分赃者,鞭九十;其虽曾共谋,未经同行,仅于窃后分赃者,鞭八十。以上首从各犯,罪应发遣者,俱交驿地充当苦差;罪应鞭责者,蒙古照拟鞭责,民人折责发落。

**谨案** 此三条,系乾隆五十三年(1788)将前四条修改分定。

一、偷窃蒙古牛、马、驼、羊四项牲畜,每羊四只,作牛马驼一只计算。如数在三十匹以上者,不分首从,拟绞监候,秋审时,将首犯拟入情实;从犯俱拟缓决,秋审减等时,发遣云贵两广烟瘴地方;其为从未经同行,仅于窃后分赃者,减发云贵两广烟瘴地方。二十匹以上者,首从俱拟绞监候,秋审时,将首犯入于情实;为从同窃分赃者,入于缓决,秋审减等时,减发山东、河南等处;其虽曾共谋,未经同行,仅于窃后分赃者,减发湖广、福建等处。十匹以上者,首犯拟绞监候,秋审时入于缓决,减等时,减发云贵两广烟瘴地方;为从同窃分赃者,发云贵两广烟瘴地方;其虽曾共谋,未经同行,仅于窃后分赃者,减发山东、河南等处。六匹至九匹者,首犯发云贵两广烟瘴地方;为从同窃分赃者,发湖广、福建、江西、浙江、江南;其虽曾共谋,未经同行,仅于窃后分赃者,鞭一百。三匹至五匹者,首犯发湖广、福建、江西、浙江、江南;为从同窃分赃者,发山东、河南;其虽曾共谋,未经同行,仅于窃后分赃者,鞭一百。一二匹者,首犯发山东、河南;为从同窃分赃者,鞭一百;其虽曾共谋,未经同行,仅于窃后分赃者,鞭九十。窃羊不及四只者,首犯鞭一百;为从同窃分赃者,鞭九十;其虽曾共谋,未经同行,仅于窃后分赃者,鞭八十。以上应行发遣及减发各犯,俱交驿地充当苦差,毋庸佥妻发配;应鞭责者,蒙古照拟鞭责,民人折责发落。其蒙古地方强劫什物案内,抢有四项牲畜,在十匹以上者,分别首从,照蒙古则例治罪。

**谨案** 此条道光二年(1822)改定。五年(1825),理藩院奏改"抢夺牲畜在十匹以上并纠伙至十人以上"条例,因于"民人折责发落"句下,增入"其蒙古地方强劫什物"至例末三十四字。

一、新降之土尔扈特、杜尔伯特、额鲁特、和硕特、辉特、乌梁海六项蒙古人等,除在札萨克察哈尔等处游牧居住者,仍照内地蒙古核计匹数多寡,分别首从定拟外,如边陲及新疆地方居住之前项土尔扈特人等,偷窃四项牲畜,数满十匹以上者,首犯拟绞立决,从犯拟绞监候,秋审入于情实;十匹以下,俱不分首从,六匹至九匹者,发云贵两广烟瘴地方,三匹至五匹者,发湖广、福建、江西、浙江、江南等处,一二匹者,发山东、河南等处,俱交与驿地充当苦差。羊只系属小畜,以羊四只作牛马驼一只,计算科罪。

**谨案** 此条系嘉庆四年(1799),遵旨将五十三年(1788)之例改定。

一、新降之土尔扈特、杜尔伯特、额鲁特、和硕特、辉特、乌梁海六项蒙古人等,在札萨克察哈尔及边陲新疆地方,偷窃四项牲畜,俱照偷窃蒙古牲畜例,核计匹数多寡,分别首从治罪。

**谨案** 此条系嘉庆十一年(1806),查照乾隆五十一年(1786)谕旨改定。

〇一、右卫地方八旗官兵所养官马、驼只被窃拿获,除贼犯照偷窃蒙古四项牲畜新例办理外,其窃盗之家主,无论闲散、兵丁,如有知情纵容及分赃情事,依律治罪,系官员咨部查议。

**谨案** 此条系乾隆二十五年(1760)定。

〇一、蒙古偷窃四项牲畜为从之犯,俱就近交与地方官监禁。所罚三九牲畜,勒限一年照追给主。如依限完交者,免其鞭责;完交一半以上者,鞭一百完结。若全数无完者,停其罚取,照例发往山东、河南等处,交与驿站当差。原窃牲畜无存,不能赔偿者,着落该管台吉及该管官员,照数赔还。

**谨案** 此条系乾隆二十九年(1764)定。嗣于乾隆四十二年(1777),奉有"不分首从,按律定拟"之旨,将此条删除。

〇一、奉天遇有偷窃马匹案件,民人俱照盗牛及宰杀例分别治罪,旗人盗窃牛马不及十匹者,按律科罪,仍折枷完结;至十匹以上及盗杀者,照定例枷号,其应得军、流等罪,俱拟实遣,不准折枷,咨送兵部,酌拨驻防省城,分别当差、为奴。

**谨案** 此条系乾隆二十七年(1762)定。

〇一、奉天旗、民人等偷窃马匹案件,俱照盗牛及宰杀例分别治罪,旗人销除旗档,与民人一例科断,不准折枷。

**谨案** 此条嘉庆十九年(1814),遵乾隆四十七年(1782)谕旨改定。

〇一、圣驾行围巡幸地方,如有偷窃马匹者,不分蒙古、民人,五匹以上,拟绞立决;三匹至四匹者,即发云贵、两广烟瘴地方,一二匹者,发湖广、福建、江西、浙江、江南等处充军,俱交驿地当苦差;为从及知情故买者,系民人,减本犯一等,系蒙古,仍照蒙古例办理。

**谨案** 此条系乾隆二十四年(1759)定例,本在“偷窃蒙古四项牲畜”例内。四十二年(1777)分出,列为专条。

○一、蒙古偷窃牲畜贼犯,一年内行窃二次者,俱核计拟罪;已过一年者,仍从一科断。其一年内行窃二次,内有一次为首,有一次为从,或偷窃二次以上,数次为首、数次为从之犯,均以赃多之案为主,为首各案赃多,将为从之赃并入,以为首论;为从各案赃多,将为首之赃并入,以为从论;如首从各案赃数相等者,并计以为首论。其并计首从各案赃数,至十匹以上,应依为首拟绞者,内有为从之赃,与实犯十四为首者有间,秋审时应入缓决;至三十匹以上,仍不分首从拟绞,入于情实。

**谨案** 此条系乾隆五十九年(1794),遵照五十四年(1789)谕旨议定。

一、蒙古偷窃牲畜之案,如一年内行窃二三次以上,同时并发者,仍照刑律以一主为重,从一科断,毋庸核计拟罪。

**谨案** 此条嘉庆五年(1800)奏准改定。

○一、察哈尔等处牧厂,如有偷卖在官牲畜,及宰食,并作为私产者,系官革职,发往黑龙江等处当差;系牧丁,不分首从,佥妻发往黑龙江等处给兵丁为奴。若至十匹以上者,照窃盗官马例,不分首从皆绞监候。知情故买者,系民人,减本犯罪一等,系蒙古,照蒙古例办理。不知者不坐。

**谨案** 此条嘉庆六年(1801)定。十七年(1812),将牧丁改为“佥妻发新疆给官兵为奴”。

一、察哈尔等处,如有偷卖在官牲畜,及宰食,并作为私产者,系官革职,发往黑龙江等处当差;系牧丁,不分首从,改发云贵两广极边烟瘴充军。若至十匹以上者,为首之犯,拟绞监候;为从分赃之犯,实发云贵两广极边烟瘴充军。如至二十匹以上者,不分首从,俱绞监候。知情故买者,系民人,减本犯罪一等,系蒙古,照蒙古例办理。不知者不坐。

**谨案** 此条嘉庆二十二年(1817)调剂新疆遣犯,将原例拟发新疆给官兵为奴,改发云贵两广极边烟瘴充军。咸丰二年(1852),将“佥妻”二字节删,并将“若至十匹以上,不分首从皆绞”句,改为“分别首从,拟以绞候充军。至二十匹以上,仍不分首从,问拟绞候”。

○一、民人在蒙古地方行窃民人牲畜之案,仍照盗马牛畜产本律本例办理,不得照蒙古例科断。

**谨案** 此条道光十九年(1839)定。

**历年事例**

○雍正十三年(1735)二月谕:“官兵驻扎外边,原为防卫蒙古而设。若偷盗蒙古马匹，是不能防卫而转行戕害，应加重惩，以儆将来。嗣后官兵及跟役等，有偷盗蒙古马匹者，一经审讯确实，即在本地方正法。着该管大臣官员，将此旨通行晓谕，务令人人知悉。文到三月之后，照此例遵行。至蒙古偷盗官兵马匹，或官兵等自相偷盗者，仍照旧例行。”

○乾隆元年(1736)议准：查律载“盗民间牛马，计赃以窃盗论；一百二十两以上绞监候”等语，又原例内“凡盗御马者，枷号两月，发边卫充军。若将自己及他人骑操官马盗卖者，枷号一月发落；盗至三匹以上及再犯者，不拘匹数，俱免枷号，发附近卫所充军；五匹以上者，发边卫永远充军。若养马人户盗卖官马至二匹以上，亦发附近充军。冒领太仆寺官马至三四匹者，于本寺门首枷号一月，发边卫充军”，又增例内“偷盗马三匹以上者，杖一百、流三千里；十匹以上，不分首从，皆绞监候。窝主及牧马人役自行盗卖者，罪亦如之”等语，又理藩院蒙古例内“凡偷窃人家马、驼、牛、羊四畜，一人偷窃者，无论主仆拟绞；二人偷窃，一人拟绞；三人偷窃者，二人拟绞；伙众偷窃者，为首二人拟绞；其余为从之人，鞭一百、罚三九牲口”等语。检查从前承办察哈尔蒙古偷窃马匹案件，有照理藩院蒙古例治罪者，亦有照刑例治罪者，办理殊未划一。查察哈尔原属内八旗管辖，与外蒙古不同，若一概照蒙古例治罪，似未允协。嗣后除外藩蒙古仍照理藩院蒙古例拟罪外，其察哈尔蒙古有犯偷窃马匹之案，审明如系盗民间马匹者，依律计赃以窃盗论。如系盗御马，及盗太仆寺等处官马者，仍照增例治罪。

○四十二年(1777)奏：乌里雅苏台将军巴图等，审奏民人何成礼嘱令蒙古果木布多尔济盗马，果木布多尔济遣达什盗得马十三匹，将达什照为首例拟绞，果木布多尔济、何成礼照为从例鞭一百、罚三九牲畜一案。奉旨：“塞外蒙古人等，专赖牲畜为生，与内地不同，理应从严。着交该部将何成礼、果木布多尔济、达什不分首从，按律定拟具奏。嗣后蒙古地方，遇有盗窃马匹牲畜之事，俱照此办理。”

○五十一年(1786)谕：“新疆土尔扈特、杜尔伯特、和硕特，俱系新投之人，住处亦远，非旧蒙古可比，偷马十匹以上，应照旧例严办。俟至二十余年，伊等亦与旧蒙古相同，迨至其时，再照新例办理。”

○五十四年，理藩院议复乌里雅苏台将军庆桂，审奏蒙古贼犯萨都克等，两次偷窃马匹十四匹，依刑律从一科断，照偷窃牲畜七匹例发云南贵州一案。奉旨：“嗣后凡偷窃牲畜贼犯，审明一年内行窃二次者，俱核计拟罪。已过一年者，俱从一科断。”

○嘉庆四年(1799)奉旨：“据绵佐、宜绵奏‘偷窃杜尔伯特马匹之乌梁海推栋济克、果栋拜俱拟绞监候秋后处决’等语，乌梁海推栋济克，胆敢起意纠合果栋拜，入卡伦偷窃杜尔伯特马十二匹，实属不法可恶。绵佐等惟拟监候，秋审时入于情实，固属照例办理，然于边陲究不足以示儆。推栋济克，系起意为首之犯，着即行处绞，以示儆戒。其从贼果栋拜，着拟绞监候，秋审时入于情实。嗣后边陲如有此等偷窃情事，将似此行窃贼犯，即拟绞决，从贼拟以监候，秋审时入于情实。著为例。”

○十八年(1813)奉旨:“刑部酌定偷盗御厩马匹罪名,请将盗窃郭什哈马者,增入盗内府财物条例内,与乘舆服物一并照例不分首从,拟斩立决;盗窃多罗马、驽马者,俱枷号三个月,发近边充军。所议仍有未详。郭什哈马预备上乘,究系马匹,与乘舆服物不同。即多罗马,亦与驽马有别。嗣后遇有盗窃郭什哈马者,为首之犯,拟绞立决,从犯拟绞监候,并注明不论已宰未宰,照此例办理。盗窃多罗马者,枷号六个月,发边远充军;盗窃驽马者,枷号三个月,发近边充军。该部即载入则例,永远遵行。”

# 卷七百九十二·刑部七十

## 刑律·贼盗 盗田野谷麦一

### 盗田野谷麦一

〇凡盗田野谷麦菜果,及无人看守器物谓原不设守及不待守之物。者,并计赃准窃盗论,免刺。若山野柴草、木石之类,他人已用工力砍伐积聚而擅取者,罪亦如之。如柴草、木石虽离本处,未驮载间,依不得财笞五十。合上条有拒捕,依罪人拒捕。

**附律条例**

〇一、凡盗掘金、银、铜、锡、水银等矿砂,每金砂一斤,折银二钱五分;银砂一斤,折银五分;铜、锡、水银等砂一斤,折银一分二厘五毫,俱计赃准窃盗论。若在山洞捉获,持仗拒捕者,不论人数、砂数多寡,及初犯、再犯,俱发边远充军;若杀伤人,为首者照窃盗拒捕杀伤人律斩。不曾拒捕,若聚至三十人以上者,不论砂数多寡,及初犯、再犯,为首发边卫充军,为从枷号三月,照窃盗罪发落。若不曾拒捕,又人数不及三十名者,为首初犯枷号三月,照窃盗罪发落,再犯亦发边卫充军;为从者,止照窃盗罪发落。非山洞捉获,止系私家收藏、道路背负者,惟据现获论罪,不许巡捕人员逼令辗转扳指,违者参究治罪。

**谨案** 此条系原例。

一、盗掘金、银、铜、锡、水银等矿砂,每金砂一斤,折银二钱五分;银砂一斤,折银五分;铜、锡、水银等砂一斤,折银一分二厘五毫,俱计赃准窃盗论。若在山洞捉获,持仗拒捕,伤非金刃,伤轻平复者,不论人数、砂数多寡,及初犯、再犯,俱发边远充军;若杀人,及刃伤、折伤,为首者照窃盗拒捕杀伤人律斩,为从并减一等。不曾拒捕,若聚至三十人以上者,不论砂数多寡,及初犯、再犯,为首发近边充军,为从枷号三月,照窃盗罪发落。若不曾拒捕,又人数不及三十名者,为首初犯,枷号三月,照窃盗罪发落,再犯亦发近边充军;为从者,止照窃盗罪发落。非山洞捉获,止是私家收藏、道路背负者,惟据现获论罪,不许巡捕人员逼令辗转扳指,违者参究治罪。

**谨案** 此条道光十九年(1839)于原例"山洞捉获,持仗拒捕"句下,增入"伤非金刃,伤轻平复"一层;又于杀伤人为首句内,分别刃伤、折伤,为从并减一等;边卫军俱改为近边军。

○一、在热河承德府所属地方,偷挖金、银矿砂,无论人数、砂数多寡,为首俱枷号三月,系民人实发云贵两广极边烟瘴充军,系蒙古人发四省驿站当差;为从,系民人枷号三月,解回内地,杖一百、徒三年,系蒙古人枷号三月,调发邻盟,严加管束。如被获时有拒捕杀伤人者,仍照盗掘矿砂本例分别科断。其得钱招留之蒙古地主,与首犯同罪。地方官不行严拿者,交部议处。

**谨案** 此条道光十九年(1839)定,咸丰二年(1852)修改。

○一、山海等关,如有搜获人参、珠子,巡查人等,户部按数给赏,该管官,兵部按数议叙。若有搜查不力,以致私带过关者,该管官照失察例议处,巡查人等照不应重律治罪。明知故纵者,该管官革职,巡查人等杖一百、枷号一月。受贿故卖放者,计赃以枉法从重论。

**谨案** 此条系雍正三年(1725)定。

一、山海等关巡查人员,如有搜获人参、珠子,巡查人等,户部按数给赏,该管官,兵部议叙。如有搜查不力,以致私带过关者,将该管官照失察例议处,巡查人等照不应重律治罪。明知故纵者,该管官革职,巡查人等枷号一月、杖一百。受贿卖放者,计赃以枉法从重发落。其失察偷出边关刨参至一百名者,领催、披甲人等鞭五十;至二百名者,鞭一百;至五百名以上者,枷号一月、鞭一百。该守御官,亦按失察名数,分别议处。如有自行拿获者免议。

**谨案** 此条乾隆五年(1740)增定。嘉庆六年(1801)删去"巡查人等,户部按数给赏"句。

○一、产矿山场,山主违禁勾引矿徒潜行偷挖者,照矿徒之例,以为首论。若系约练勾引接济伙同分利者,照引领私盐律,杖九十、徒二年半;得财者,计赃准窃盗从重论。如因官兵往拿,漏信使逃,及阴令拒捕者,俱照官司追捕罪人而泄漏其事者,减罪人所犯罪一等律治罪。保甲、地邻知情容隐不报者,均照强盗窝主之邻佑知而不首例杖一百发落。

**谨案** 此条系雍正九年(1731)定。

○一、刨参官商,私刻小票,影射私参,照私贩人参例分别治罪。

**谨案** 此条乾隆十年(1745)定。

○一、凡领票刨参人夫,例给鸟枪,应查明人数多寡,批给鸟枪,填明票上,出口验放,回山查核。违例私带者,照商民应用鸟枪不报官私造例杖一百。其将鸟枪转给售卖刨参之人者,比照军人将军器私卖与人发边远充军律减一等,杖一百、徒三年。该管官不行查出,交部议处。

○一、凡索伦达呼尔越界至松阿里乌拉地方打牲滋事者,令该将军查拿,分别治罪。其有私带米粮等物,卖给刨参之人者,照无引私盐律,计米数多寡,分别定拟。吉林地方,有越界私带米粮情事,饬令吉林将军一体查拿,照例定拟。

**谨案** 以上二条,均系乾隆十一年(1746)定。

○一、凡三姓、珲春等处商人官兵，领票赴宁古塔、船厂地方购买物件，令其报官给票，开明数目。有违禁携带米石什物，卖与刨参之人，易换人参者，该将军查明，米不及五十石，什物值银不及五十两，俱照无引私盐律杖一百、徒三年。若逾前数者，俱照越境兴贩盐斤至三千斤以上例，发附近充军。旗人及官兵有犯，加民人一等治罪。其巡绰官兵知情故纵，与本犯同罪；得赃者，计赃以枉法从重论。失察官，交部议处；兵丁，照山海关搜查参珠不力例治罪。其明知偷刨奸匪，而容隐在家不即举报者，照知人犯罪藏匿在家不告捕者减罪人一等律治罪。

**谨案** 此条乾隆十年(1745)定。

一、凡三姓、珲春等处商人官兵，领票赴宁古塔、船厂地方购买物件，令其报官给票，开明数目。有违禁携带米石什物，易换人参及貂皮，于未经交官以前私行换买者，该将军查明，米不及五十石，什物值银不及五十两者，杖一百、徒三年。逾前数者，发云贵两广烟瘴地方安置。旗人及官兵有犯，各加民人罪一等。其巡绰官兵知情故纵，与本犯同罪；得赃者，计赃以枉法从重论。失察者，官交部议处；兵丁，照山海关搜查参珠不力例治罪。其明知偷刨奸匪，而容隐在家不即举报者，照知人犯罪藏匿在家不告捕者减罪人一等律治罪。

**谨案** 此条乾隆六十年(1795)遵旨改定。

○一、旗、民人等偷刨人参，人至百名以上，参至五百两以上者，为首之财主，及率领之头目，并容留之窝家，俱拟绞监候。为从，系民人，发云贵川广烟瘴地方；系旗人，发打牲乌拉，查明正身、家仆，分别当差、为奴；均照窃盗例，分别刺字。所获牲畜等物，给付拿获之人充赏，参入官。拟绞人犯遇赦减等，亦照为从例发遣。其未得参者各减一等。如人自一二名至十名，参自一二两至十两者，财主、头目，系民人，杖一百、徒三年；系旗人，枷号四十日、鞭一百。人数至二十名，参数至五十两者，财主、头目，系民人，发遣云贵川广烟瘴稍轻地方；系旗人，发打牲乌拉。刨参未得，人自一二名至十名者，杖八十、徒二年；数至二十名者，杖一百、徒三年；系旗人，各照例折枷鞭责发落；为从者各减一等。容留之家罪同。其并无财主，实系一时乌合，各出资本者，按人数、参数，已得、未得，各照财主例减罪二等科断。代为运送米石者，亦如之。贩参人犯拿获时，查明参数，照财主头目偷刨人参例减一等治罪。至刨参人犯内有家奴，讯系伊主知情故纵者，将伊主杖八十，系官交部议处，不知者不坐。其潜匿禁山刨参人犯，被获治罪，递回旗、籍后复逃往禁山者，各于应得本罪上加一等问拟；若系旗奴开户人等，即发拉林给种地人为奴。将疏纵之该管官交部议处。

**谨案** 此条系乾隆二十一年(1756)定。

一、凡旗、民人等偷刨人参，人至四十名以上，参至五十两以上者，为首之财主，及率领之头目，并容留之窝家，俱拟绞监候。为从，系民人，发云贵两广烟瘴地方；系旗人，销去旗档，同民人一体发遣；系旗人家奴，发驻防兵丁为奴；均于面上刺字。所获牲畜等物，给付拿获之人充赏，参入官。拟绞人犯遇赦减等者，亦照为从例发遣。

其未得参者各减一等。贩参人犯拿获时,查明参数,照财主头目偷刨人参例减一等治罪,免其刺字。至刨参人内有家奴,讯系伊主知情故纵者,将伊主杖八十,系官交部议处,不知者不坐。其潜匿禁山刨参人犯,被获治罪,递回旗、籍后复逃往禁山者,各于应得本罪上加一等问拟;若系旗下家奴,即发黑龙江等处给予披甲人为奴。疏纵之该管官,交部议处。

**谨案** 此条乾隆三十二年(1767)修改。其人数改为四十名以上,参数改为五十两以上,系三十六年(1771)奏准。

一、凡拿获刨参贼犯,严审明确。如有身充财主,雇人刨采,及积年在外逗遛已过三冬者,不论参数多寡,俱发云贵两广烟瘴地方管束。若并无财主,系一时乌合,各出资本,及受雇偷采,或只身潜往,得参者,均杖一百、流三千里;未得者,杖一百、徒三年。代为运送米石者亦如之。旗人有犯,同民人一体办理,犯应军流者,销去旗档。系旗下家奴,发驻防兵丁为奴。

**谨案** 此条系乾隆二十四年(1759)定。

一、凡拿获刨参贼犯,严审明确。如有身充财主,雇人刨采,及积年在外逗遛已过三冬者,不论参数多寡,俱发云贵两广烟瘴地方管束。若并无财主,实系一时乌合,各出资本,及受雇偷采,或只身潜往,得参者,均杖一百、流三千里;未得参者,杖一百、徒三年。代为运送米石者亦如之。旗人有犯该军、流者,销去旗档,照民人一体问拟;犯该拟徒者,免其充配,折枷号二月,责令各该管官严加管束,除八旗正身兵丁不准再食钱粮外,其余壮丁各色人等,仍令各当本身差徭。至折枷之后如再犯,不分刨参已得未得,俱销去旗档,问拟附近充军;旗下家奴,俱发驻防兵丁为奴。

**谨案** 此条系乾隆三十七年(1772)改定。

一、凡旗、民人等偷刨人参,如有身充财主雇人刨采,及积年在外逗遛已过三冬,人数未及四十名,参数未至五十两者,俱发云贵两广烟瘴地方管束。若人至四十名以上,参至五十两以上,为首之财主,及率领之头目,并容留之窝家,俱拟绞监候;为从,发云贵两广烟瘴地方。所获牲畜等物,给拿获牲畜之人充赏,参入官。拟绞人犯遇赦减等者,亦照为从例发遣。其未得参者各减一等。如并无财主,实系一时乌合,各出资本,及受雇偷采,或只身潜往,得参者,俱按其得参数目,一两以下,杖六十、徒一年;一两以上至五两,杖七十、徒一年半;一十两,杖八十、徒二年;一十五两,杖九十、徒二年半;二十两,杖一百、徒三年;二十两以上至三十两,杖一百、流二千里;每十两递加一等,罪止杖一百、流三千里。为从,及未得参者,各减一等。代为运送米石者,杖一百。私贩,照私刨人犯减一等治罪。得参人犯,首从照例刺字;未得参及私贩人犯,俱免刺字。刨参案内有犯军、流者,如系旗人,销去旗档,照民人一体办理;犯该拟徒者,旗人免其充配,折加枷号二月,责令各该管官严加管束,除八旗正身兵丁不准再食钱粮外,其余壮丁各色人等,仍令各当本身差徭。若旗下家奴,犯该军、流者,发驻防兵丁为奴,徒罪照例折枷。伊主知情故纵者,杖八十,系官交部议处，不知者不坐。其潜匿禁山刨参人犯，被获治罪，递回旗、籍后复逃往禁山者，及旗人折枷之后，如有再犯，不分刨参已得未得，销去旗档，与民人俱发附近充军；旗下家奴，发往驻防给兵丁为奴。

**谨案** 此条系嘉庆六年(1801)修并。

一、旗、民人等偷刨人参，如有身充财主，雇人刨采，及积年在外逗遛已过三冬，人数未及四十名，参数未至五十两者，俱发云贵两广烟瘴地方管束。若人至四十名以上，参至五十两以上，为首之财主，及率领之头目，并容留之窝家，俱拟绞监候；为从，发云贵两广烟瘴地方。所获牲畜等物，给付拿获之人充赏，参入官。拟绞人犯遇赦减等者，亦照为从例发遣。其未得参者各减一等。如并无财主，实系一时乌合，各出资本，及受雇偷采，或只身潜往，得参者，俱按其得参数目，一两以下，杖六十、徒一年；一两以上至五两，杖七十、徒一年半；一十两，杖八十、徒二年；一十五两，杖九十、徒二年半；二十两，杖一百、徒三年；二十两以上至三十两，杖一百、流二十里；每十两递加一等，罪止杖一百、流三千里。为从，及未得参者，各减一等。代为运送米石者，杖一百。私贩，照私刨人犯减一等治罪。得参人犯，首从照例刺字；未得参及私贩人犯，俱免刺字。刨参案内有犯军、流、徒罪者，系旗人，销去旗档，照民人一体问拟。若旗下家奴有犯罪应军、流者，发驻防给兵丁为奴；徒罪照例发配，限满释回，仍交主家服役。如伊主知情故纵者，杖八十，系官交部议处，不知者不坐。其潜匿禁山刨参，被获拟徒人犯，限满释回，复行逃往禁山刨参者，不分已得未得，俱发附近充军；旗下家奴，发往驻防给兵丁为奴。

**谨案** 此条道光五年(1825)改定。

〇一、潜入南苑窃取草束等物者，不分首从，俱杖一百、徒三年。

**谨案** 此条乾隆二十九年(1764)定。

一、拿获围场内贼犯，如系偷采菜蔬及割草之人，初犯枷号一月，再犯枷号二月，三犯枷号三月发落。若盗砍木植，偷打牲畜，审系初次、二次，发乌鲁木齐等处种地；犯至三次者，发乌鲁木齐给兵丁为奴。打牲、砍木未得人犯，均照已得遣罪减一等，杖一百、徒三年。再犯即未得畜、木，亦与已得者同拟外遣。若止偷窃野鸡，并无鸟枪器械者，即在拿获地方责惩完结。

**谨案** 此条乾隆三十一年(1766)定。

一、盛京围场内，有私入打枪放狗，惊散牲畜者，不论次数，系旗人，发遣各驻防省城当差，家奴发遣为奴，民人发附近充军。其私入采取蘑菇，砍伐木植者，拟以满徒，分别旗、民办理。起获鸟枪入官，牲畜、器物赏给原拿之人。失察私入之该管员弁，查明边界，照例参处。

**谨案** 此条乾隆三十九年(1774)定。

一、私入围场，偷采菜蔬蘑菇，及割草，或砍取柴枝者，初犯枷号一月，再犯枷号二月，三犯枷号三月发落。若盗砍木植，偷打牲畜已得者，不计赃数，初次枷号三月，二次杖一百、徒三年;系旗人,仍枷号三月、鞭一百。犯至三次者,旗、民俱发往乌鲁木齐等处种地。如打枪放狗,仅止惊散牲畜而未得,及盗砍木植未得者,各减已得一等。为从,亦各减一等。枷号三月、两月者,减等递减一月,枷号一月者,减为二十日。起获鸟枪入官,牲畜、器物给原拿之人。失察私入之该管官弁,查明边界,交部议处。若止偷窃野鸡,并无鸟枪器械者,杖八十。其潜入南苑窃取草束等物,及打牲砍木人犯,俱照围场例,一体分别办理。

**谨案** 嘉庆六年(1801)将上三条修改,并为此条。

一、私入围场,偷采菜蔬蘑菇,及割草砍取柴枝者,初犯枷号一月,再犯枷号两月,三犯枷号三月发落,均免其刺字。若盗砍木植,偷打牲畜已得者,俱不计赃数,审系初犯,杖一百、徒三年;再犯,发乌鲁木齐等处种地;三犯及三犯以上,发乌鲁木齐等处给兵丁为奴。为从,减为首一等。均照例面刺"盗围场"字样。旗人有犯,销除旗档,照民人一体办理。如打枪放狗,仅止惊散牲畜,及盗砍木植未得之犯,各减已得一等,免刺;旗人,免其销除旗档。围场看守之满洲、蒙古兵丁有犯,俱先插箭游示,枷号两月;绿营兵丁有犯,俱先插箭游示,免其枷号,仍各按次数分别徒、遣办理。枷号三月、二月者,减等递减一月;枷号一月者,减为二十日。起获鸟枪入官,牲畜等物赏给原拿之人。并令看守卡伦员弁轮班值日,于所管地面周历巡查,将有无贼犯入围偷窃之处,按月出具切实甘结,报明该总管查核。如有疏纵隐匿,别经发觉,审系受贿故纵者,员弁、兵丁,均计赃以枉法从重论;未受贿者,员弁交部严加议处,兵丁杖一百革退。若止系失于觉察,员弁交部议处;兵丁初犯笞四十,再犯笞五十,三犯杖六十,并免革役。该总管每于五月内,将该围场员弁结报之处,据实汇折具奏。倘奏报不实,交部议处。若止偷窃野鸡,并无鸟枪器械者,杖八十。其潜入南苑窃取草束等物,及打牲砍木人犯,俱照围场例,一体分别办理。

**谨案** 此条嘉庆十一年(1806)改定。

一、直隶承德府属,私入围场偷打姓畜、砍伐木植之犯,如罪应徒、遣者,由该总管解交在京刑部审拟发配,仍于年终汇奏;其罪应枷号者,专咨报部,即在犯事地方发落,毋庸解部,仍于年终将拿获枷号人犯数目,汇册咨部存案。

**谨案** 此条系嘉庆六年(1801)遵照乾隆十二年(1747)谕旨议定。

一、直隶承德府属,私入围场偷打牲畜、砍伐木植之犯,就近解交承德府,限五日会审明确。如罪应徒、遣者,由该府径解在京刑部审拟发配,仍于年终汇奏;其罪应枷号者,专咨报部,即在犯事地方发落,毋庸解部,仍于年终将拿获枷号人犯数目,汇册咨部存案。

**谨案** 此条嘉定十一年增定。

一、私入围场,偷采菜蔬蘑菇,及割草,或砍取柴枝者,初犯枷号一月,再犯枷号两月,三犯枷号三月发落,均免刺字。若盗砍木植数十斤至一百斤,偷打牲畜一只至五只,俱杖一百、徒三年;如木植至百斤以上,牲畜至五只以上者,枷号一月,杖一百、徒三年;木植至五百斤以上,牲畜至十只以上,俱杖一百、流三千里;木植至八百斤以上,牲畜至二十只以上,俱发乌鲁木齐等处种地;木植至一千斤以上,牲畜至三十只以上,俱发乌鲁木齐等处给兵丁为奴。为从,各减为首一等。无论初犯、再犯、三犯,均面刺"盗围场"字样。旗人有犯,销除旗档,照民人一体办理。至察哈尔及札萨克旗下蒙古,私入围场盗砍木植数十斤至一百斤,偷打牲畜一只至五只,俱枷号两月、鞭一百;如木植至一百斤以上,牲畜至五只以上者,枷号三月、鞭一百;木植至五百斤以上,牲畜至十只以上,发遣河南、山东;木植至八百斤以上,牲畜至二十只以上,发遣湖广、福建、江西、浙江、江南;木植至一千斤以上,牲畜至三十只以上,发遣云贵两广;俱交驿充当苦差。为从,各减一等。如打枪放狗,仅止惊散牲畜,及盗砍木植未得之犯,各减已得一等,免刺;旗人,免其销除旗档。围场看守之满洲、蒙古兵丁有犯,俱先插箭游示,枷号两月;绿营兵丁有犯,俱先插箭游示,免其枷号,仍各按斤数、只数办理。枷号三月、两月者,减等递减一月;枷号一月者,减为二十日。失察私入围场偷窃之该管地方文武各官,并察哈尔佐领、捕盗官,及蒙古札萨克等,交部分别议处。及折罚牲畜、起获鸟枪入官,牲畜、器物赏给原拿之人。有连获大起者,交该管官记功奖励。一面仍向获犯研讯,由何处卡隘偷入。审系员弁、兵丁受贿故纵者,均计赃以枉法从重论;未受贿者,员弁交部严议,兵丁杖一百、革退。若止系失于觉察,员弁交部议处;兵丁初犯笞四十,再犯笞五十,三犯杖六十,并免革役。每月责令看卡员弁,将有无贼犯偷入围场之处,出结具报该总管,每年于五月内据实汇折具奏。倘该员弁所报不实,交部议处。热河都统亦于每年六月间据实具奏。如查明该总管所奏不实,即行参办。若止偷窃野鸡,并无鸟枪器械者,杖八十。其潜入南苑窃取草束等物,及打牲、砍木人犯,俱照围场例,一体分别办理。

一、私入围场偷打牲畜、砍伐木植之犯,无论枷、杖、徒、流、发遣,均在犯事地方审拟发落起解,毋庸解部转发,仍专咨报部。其罪应徒、流、发遣者,令热河都统年终汇奏;罪止枷号人犯,年终汇册咨部存案。

**谨案** 此二条系嘉庆十五年(1810)改定。

# 卷七百九十三 · 刑部七十一

## 刑律 · 贼盗 盗田野谷麦二

**盗田野谷麦二**

一、凡私入木兰等处围场及南苑，偷窃菜蔬、柴草、野鸡等项者，初犯枷号一月，再犯枷号两月，三犯枷号三月，满日各杖一百发落。若盗砍木植、偷打牲畜，及刨挖鹿窖，初犯杖一百、徒三年；再犯及虽系初犯，而偷窃木植至五百斤以上，牲畜至十只以上，或身为财主雇倩多人者，俱改发极边足四千里充军；三犯者，发新疆等处种地。为从，及偷窃未得者，各减一等；贩卖者又减一等。旗人有犯，销除旗档，照民人一律办理。围场看守兵丁有犯，俱先插箭游示，加一等治罪。至察哈尔及札萨克旗下蒙古，私入围场偷窃，亦照此例一律问拟。蒙古人犯应拟徒罪者，照例折枷；应充军者，发遣湖广、福建、江西、浙江、江南；应拟遣者，发遣云贵两广；俱交驿充当苦差。以上各项人犯，无论初犯、再犯、三犯，均面刺"盗围场"字样；偷盗未得之犯，均面刺"私入围场"字样。其枷号三月、两月者，减等递减一月；枷号一月者，改减为二十日。失察私入围场偷窃之该管地方文武各官，并察哈尔佐领、捕盗官，及蒙古札萨克等，交部分别议处及折罚牲畜。起获鸟枪入官，牲畜、器物赏给原拿之人。有连获大起者，交该管官记功奖励。一面仍向获犯研讯，由何处卡隘偷入。审系员弁兵丁受贿故纵者，与犯同罪；赃重者，计赃以枉法从重论。若止失于觉察，员弁交部议处，兵丁杖一百，再犯折责革伍。每月责令看卡员弁，将有无贼犯偷入围场之处，出结具报该总管，每年于五月内据实汇折具奏。倘该员弁所报不实，交部议处。热河都统亦于每年六月间据实具奏。如查明该总管所奏不实，即行参办。

**谨案** 此条嘉庆二十三年(1818)并道光元年(1821)、七年(1827)、二十四年(1844)遵旨节次改定。

○一、领票工人内，如有偷窃领票商人之参者，照刨参已得例，不论参数多寡，俱杖一百、流三千里，仍于面上刺"窃盗"字，追赃给主。

**谨案** 此条乾隆二十八年(1763)定。

一、领票工人内，如有偷窃领票商人之参者，照刨参已得例，按照得参数目分别徒、流，仍于面上刺"窃盗"字，追赃给主。

**谨案** 此条嘉庆六年(1801)改定。

〇一、打珠人等私藏珠子不行交官者，拿获，不论珠数多寡、分两轻重，俱杖一百、流三千里；旗人销去旗档，同民人一体发遣。总领打珠之骁骑校并总管翼长，均交部分别议处。

〇一、盛京各处山场，商人领票砍伐木植，如有夹带偷砍果松者，按照株数多寡定罪。砍至数十根者笞五十，百根者杖六十，每百根加一等，罪止杖一百、徒三年。所砍木植，变价入官。

**谨案** 以上二条，均系乾隆三十年(1765)定。

〇一、旗、民越度禁约山河偷采人参，已得者，财主及率领头目绞监候。为从，系在京旗下另户，发盛京当差，系家人，止发本身；系内地民人，佥妻俱发乌拉、宁古塔给穷披甲人为奴；系包衣佐领下另户，交该管官责令打牲，系家人，给予打牲人为奴；若盛京等处旗下另户，发黑龙江当差，家人，给黑龙江穷披甲为奴，并发驿站；系盛京等处包衣佐领下另户，解京入辛者库当差，家人，给辛者库穷披甲人为奴；系盛京等处民人，佥妻发黑龙江分拨驿站。其刨参免死减等人犯，亦照为从例发落。牲畜等物付拿获人充赏，人参入官。家仆有犯，其主知而不遣去者，杖八十；知而巧供不知者，杖一百；系官交部议处；不知者不坐。未得参者，财主及率领头目，系旗人，枷号两月、鞭一百；系盛京及内地民人，俱枷号一月、杖一百，并妻送户部入官；为从者，各枷号一月、杖一百。

〇一、凡财主及率领头目，一人名下，所放之人至百名以上，所收之参至五百两以上者，仍照例拟绞监候。所放之人不满百名，所收之参不满五百两者，杖一百、流三千里。一二人刨参，所得人参不及十两者，交与盛京刑部，系旗下，鞭一百；系民，杖一百，递回原籍。

**谨案** 以上二条。均系雍正三年(1725)定。

一、旗、民越度禁约山河，偷采人参，已得者，财主及率领头目，一人名下，所放之人至百名以上，所收之参至五百两以上，为首拟绞监候，为从照例发遣。其刨参免死减等人犯，亦照为从例发落。所放之人不满百名，所收之参不满五十两者，为首杖一百、流三千里，为从减一等，杖一百、徒三年；旗人及奉天民人，俱照例枷号折责发落；分别刺字。牲畜等物，付拿获人充赏，人参入官。家奴有犯，其主知而不遣去者，杖八十；知而巧供不知者，杖一百；系官交部议处；不知者不坐。若未得参者，财主及率领头目，系旗人，枷号二月、鞭一百；系盛京及内地民人，俱枷号一月、杖一百，并妻送户部入官；为从，枷号一月、杖一百。若一二人刨参，所得不至十两，交与盛京刑部，系旗人，鞭一百，系民人，杖一百，仍照例刺字。如一二人刨参未得者，减二等，系旗人，鞭八十，系民人，杖八十，递回原籍，免刺。

**谨案** 此条系乾隆五年(1740)将上二条修并。

〇一、偷刨人参应拟发遣之犯，系满洲、蒙古，发江宁、荆州、西安、杭州、成都等处满洲驻防省城当差；民人，佥妻发广东、广西等处烟瘴地方当差；系汉军，发广西、云南、贵州等处烟瘴地方当差。

**谨案** 此条雍正三年(1725)定。

一、偷刨人参应拟发遣之犯,系满洲、蒙古,发江宁、荆州、西安、杭州、成都等处满洲驻防当苦差;系民人,佥妻发广东沿海及广西水土平和地方当差;系汉军,发广西、云南、贵州等处各水土平和地方当差。其宁古塔等处拿获刨参人犯,一经审明,按律定拟,即径解各犯原籍,交与该督抚分别佥遣,定驿充徒,免其解部,仍于年底汇题。

**谨案** 此条乾隆五年(1740)遵照雍正十年(1732)谕旨改定。

〇一、凡拿获贩参之犯,所贩之参至五百两以上者,照偷刨人参五百两以上绞监候例减一等拟流;不满五百两者,照偷刨不满五百两杖一百流三千里例减一等拟徒;不满十两者,照一二人刨参不满十两杖一百例减一等杖九十;均免刺字。

**谨案** 此条乾隆三年(1738)定。

〇一、旗、民越度禁约山河,偷采人参,除财主、头目所放之人至百名以上,所收之参五百两以上者,照例拟绞,及未得参而人至百名以上,财主、头目照例枷责,并妻入官外,如所放人自一二名至十名,所收参自一二两至十两,杖六十、徒一年;人以十名递加,参以五十两递加,分别拟以徒、流;人加至八十名以上,参加至三百五十两以上,仍拟满流。至于并无财主、头目,审系一时乌合,各出资本,参系自得者,除一二人至未满十名,参不满十两,仍照律拟以满杖外,人自十名至三十名,参自十两至不满百两,为首,比财主、头目各减一等;人至三十名以上,参至百两以上,为首,照财主、头目定拟;为从,各减一等;未得参各减二等;俱免刺。仍分别旗、民,照例折责发落。外省流民,无论人数、参数,已得未得,俱照例递回原籍。倘有人多参少、参多人少者,各从其少者治罪。再刨参已得首犯,系正身照例免刺,系开户俱刺臂,家奴照常刺面。

**谨案** 此条乾隆七年(1742)定。

〇一、凡旗下另户、正身,潜匿禁山过冬刨参,照不分已未得参杖一百例,加一等治罪。其审有人数过于本罪者,照定例以次递加,仍免刺。其民人、旗奴及开户人等,除照例治罪外,无论已未得参,俱刺面。民人交地方官严行管束,如再逃往禁山,亦加一等治罪,将该管官交部议处;系旗奴、开户等,拨发拉林给予移居种地之满洲人为奴。

**谨案** 此条乾隆十一年(1746)定。

〇一、凡旗、民人等刨参初犯,人数未满十名,参数未满十两者,枷号一月、杖一百;未得参,及运送米石者,俱枷号二十五日、杖一百,递回原旗、籍管束。再犯得参者,杖八十、徒二年;未得参,及运送米石者,俱杖七十、徒一年半,分别旗、民发落。

**谨案** 此条乾隆十四年(1749)定。

**又案** 乾隆三十二年(1767)奏准,刨参人犯,分别人数、参数、已得未得及财主、头目、窝家并贩参人犯治罪，自徒、流、军、遣以至绞罪，例内俱已详载，将以上六条删除。

〇一、刨参人夫，不往所指山林刨采，或将票张卖放别路飞扬者，除交官参外，余剩俱令入官，仍杖一百、枷号一月。

〇一、私刨人参贼犯，在山林僻壤庄屯潜踪盘踞，该处保正、甲长，如有飞包过付，窝藏黑人，不行首报，除窝家照例治罪外，保正、甲长，如审系知情不首，照保甲知有为盗窝盗之人瞻徇隐匿例杖八十，加枷号一月；如不知情，照牌头所管内有为盗之人虽不知情而失察例笞四十。

〇一、渔利之徒，潜踪山林，收买参秧栽种，及贪利之人，私行入山，偷刨参秧货卖，一经拿获，均照偷刨私卖收买私参例，一体治罪。

**谨案** 以上三条，均系乾隆四十二年(1777)定。

〇一、盛京威远堡南至凤凰城边外山谷围场处所，拿获偷伐木植人犯，审明果系身为财主，雇倩多人伐木属实者，杖一百、流三千里；若无财主，一时会合，各出本钱，并雇人偷伐木植，越度边关隘口者，杖一百、徒三年。

**谨案** 此条系乾隆四十五年(1780)定。

一、盛京威远堡南至凤凰城边外山谷附近围场处所，拿获偷伐木植、偷打鹿只人犯，审实果系身为财主，雇倩多人者，杖一百、流三千里；若无财主，一时会合，各出本钱，并雇人偷伐木植、偷打鹿只，越度边关隘口者，杖一百、徒三年；为从，及贩卖，并偷窃未得者，各减为首及已得一等。如系刨挖鹿窖者，首从各于前例流、徒罪上加一等治罪。分别面刺"偷窃木植牲畜"字样，未得者免刺。再犯者，各于本罪上加一等治罪。其越边偷窃柴草、野鸡等项，初犯枷号一月，再犯枷号两月，三犯枷号三月，满日各杖一百；为从，及偷窃未得者，各减为首及已得一等；俱免刺；并递回原籍，严加管束。倘于递籍后，复行出边偷窃者，即在犯事地方枷号两月，杖六十、徒一年。如再有犯，以次递加。其因偷窃未得递籍管束，复有越边偷窃者，仍照初犯例枷号一月、杖一百，递籍严加管束。淘挖金砂之犯，本例罪重者，仍从重定拟；若罪名较轻，即照此一体办理。至失察之地方各官，交部议处。

**谨案** 此条道光七年(1827)于"偷伐木植"句下，增"偷打鹿只"一层；并于"杖一百、徒三年"下，增"为从"至"俱免刺"一百二十七字。二十六年(1846)复于"俱免刺"下，增"并递回原籍"至"交部议处"一百二十二字。

〇一、民间农田，除江河川泽，及公共塘堰沟渠，或虽非公共，而向系通融灌溉者，不在例禁外，如有各自费用工力，挑筑池塘渠堰等项，蓄水以备灌田，明有界限，而他人擅自窃放以灌己田者，按其所灌田禾亩数，照侵占他人田一亩以下笞五十，每五亩加一等，罪止杖八十、徒二年。有拒捕者，依罪人拒捕科断。如有被应捕之人追捕杀伤者，各依擅杀伤罪人问拟。

**谨案** 此条系乾隆五十二年(1787)定。

一、民间农田,如有于已业地内费用工力,挑筑池塘潴蓄之水,已经业主车戽入田封堵,而他人擅自窃放以灌己田者,无论黑夜白日,按其所灌田禾亩数,照侵占他人田一亩以下笞五十,每五亩加一等,罪止杖八十、徒二年。有拒捕者,依律以罪人拒捕科断。如有被应捕之人杀伤者,各依擅杀伤罪人问拟。若于公共江河川泽沟渎筑成渠堰,占为已业,或于公共地内挑筑池塘,及虽系已业,尚未车戽入田者,俱不得滥引此例。有杀伤者,仍各分别谋、故、斗殴定拟。

**谨案** 此条系嘉庆六年(1801)改定。

一、民间农田,如有于已业地内费用工力,挑筑池塘潴蓄之水,无论业主已未车戽入田,而他人擅自窃取以灌己田者,不问黑夜白日,按其所灌田禾亩数,照侵占他人田一亩以下笞五十,每五亩加一等,罪止杖八十、徒二年。有拒捕者,依律以罪人拒捕科断。如有被应捕之人杀伤者,各依擅杀伤罪人问拟。若于公共江河川泽沟渎筑成渠堰,及于公共地内挑筑池塘,占为已业者,俱不得滥引此例。如有杀伤,仍各分别谋、故、斗殴定拟。

**谨案** 此条嘉庆十一年(1806)改定。

○一、盛京各城守尉,边门及卡伦官兵,在边外拿获偷砍私运木植人犯,其车马器物,俱赏给原拿之人。如仅止拿获车马等物,而借称人犯逃逸者,除审明有无受贿故纵,按例治罪外,仍将所获物件入官。若拿获人犯并无器物者,该将军自行酌量赏给。

**谨案** 此条嘉庆九年(1804)定。

○一、在新疆地方偷挖金砂,无论人数、砂数多寡,为首枷号三月,发黑龙江等处给官员兵丁为奴;为从枷号三月,解回内地,杖一百、徒三年。

**谨案** 此条嘉庆十五年(1810)定。

一、在新疆地方偷挖金砂,无论人数、砂数多寡,为首枷号三月,实发云贵两广极边烟瘴充军;为从枷号三月,解回内地,杖一百、徒三年。

**谨案** 此条嘉庆二十五年(1820)调剂黑龙江遣犯,将原例"发黑龙江等处给官员兵丁为奴",改"实发云贵两广极边烟瘴充军"。

○一、在口外出钱雇人刨挖黄芪首犯,除有拒捕、夺犯等情,仍按罪人拒捕及夺犯殴差各本律本例分别定拟外,如所雇人数未及十名者,照违制律杖一百;十人以上,加枷号两月;五十人以上,杖六十、徒一年;每十人加一等,以次递加,罪止杖一百、徒三年;为从各减一等。受雇挖芪之人,照不应重律杖八十,递籍管束。至该处囤积黄芪首犯,数至十斤以上者,亦照违制律杖一百;五十斤以上者,加枷号两月;百斤以上,杖六十、徒一年;每百斤加一等,以次递加,罪止杖一百、徒三年;为从,亦各减一等;黄芪入官。至无业贫民,零星挖有黄芪进口售卖,每次人数不得过十名,每人携带不得过十斤,违者以私贩论。仍责成守口员役,及各口关隘官弁,实力稽查。倘有贿纵情弊,查出按例究办。

**谨案** 此条系嘉庆十六年(1811)定。

**历年事例**

○雍正元年(1723)议准:偷刨人参已得之犯,若在宁古塔拿获者,令钦差办事官员,与船厂将军等会同审结;若在盛京地方拿获者,令盛京刑部会同奉天将军等审结汇题。

○又议准:偷刨人参未得之犯,亦照刨参已得之例,在各本处审结汇题。

○十年(1732)谕:"刨人参发往广东人犯,例在崖州等处,水土最为恶毒。北方之人,到此易染疾病,每多伤损,亦可悯恻。若将此等人犯,改发沿海一带卫所,入伍充军,俾得保全躯命,似亦法外之仁。着广东督抚定拟。其广西、云南等省,亦着该督抚将如何改发之处,妥议具奏。"

○乾隆三年(1738)议准:凡拿获贩参之犯,所贩之参至五百两以上者,照偷刨人参五百两以上绞监候例减一等拟流;所贩之参不满五百两者,照偷刨人参不满五百两杖一百流三千里例减一等拟徒;其不满十两者,照一二人刨参不满十两杖一百例减一等杖九十;均免刺字。

○十二年(1747)谕:"从前拿获偷入围场射猎樵采之人,由该总管送部治罪。后因设立地方官,将此等人犯停止送部,即交地方官办理。但禁约围场,究与地方无涉。嗣后如有斗殴、词讼等事,照例令地方官办理完结。倘围场内有人偷入射猎樵采等事,该总管拿获时,仍照旧例送部治罪,即交地方官转行解部,岁底该总管将拿获数目报部汇查。"

○五十八年(1793),吉林将军奏民人换买赫哲貂皮一案。奉旨:"据恒秀奏'审明韩祥生、项如宾偷换赫哲貂皮一案,请将韩祥生等枷号两月、杖责,逐出境外'等语。民人韩祥生等,胆敢预在赫哲等来路偷换貂皮,甚属不法。若仅逐出境外,亦不过出吉林边外而已。吉林境外,非盛京即黑龙江地方,仍不免在此二处有偷换貂皮、人参之事。韩祥生、项如宾,均着枷号两月、杖一百,发遣烟瘴地方,以示儆戒。嗣后似此者,俱照此办理。"

○嘉庆十五年(1810)谕:"此等人犯,潜入围场,于牲兽、木植私行偷窃,并窃取茸角,不可不严行禁止。该犯等多系围场外附近居民及蒙古人等,该管官若查察严密,自不致奸民屡干例禁。嗣后拿获此等人犯,如审系附近围场外居民,将该管厅、县议处;如系蒙古,将该管札萨克议处。其如何立定处分,着原议军机大臣,会同该衙门详议具奏。"

○二十三年(1818)谕:"富俊等奏《拿获私入围场人犯,请照旧例刺字》一折。围场偷窃牲兽树木者,例应刺字;其偷窃柴蔬等物,例止枷、杖,免其刺字。近日奸徒,私入围场,率以采菜为词,屡犯不悛。着照该将军所奏,嗣后拿获私入围场人犯,审明或打枪放狗,或采菜砍木,除照例分别拟罪外,不论首从,已得赃者,皆面刺'盗围场'字;未得赃者,皆面刺'私入围场'字。如有再犯,易于辨识。木兰私入围场者,亦照此例一律办理。"

○道光元年(1821)谕:"庆惠奏《围场偷打牲畜罪名,请照旧例问拟》一折。木兰围场中偷打牲畜及偷砍木植罪名,屡经奏改。兹据庆惠奏,偷畜与偷木情同事异,一概计赃定罪,未免无所区别。着照所请,除盗砍木植,仍照现例分别赃数定拟外,其偷打牲畜之犯,改照嘉庆九年(1804)旧例,不论赃数,初犯杖一百、徒三年,再犯发新疆等处种地,三犯发新疆等处给兵丁为奴。旗人犯者,销除旗档,照民人一律办理。蒙古人犯者,初次照现例枷责,再犯、三犯,亦照旗、民一体治罪。均面刺'盗围场'字样。为从及未得赃者,各减一等。刑部即载入则例遵行。"

○七年(1827)谕:"奕灏奏《查明围场情形,请更定私入围场偷牲伐木条例》一折。私入围场旧例,罪名本重,嗣因从轻改定,奸匪毫无忌惮。着刑部将越边私入围场、参山,偷牲砍树,及刨挖鹿窖、贩卖茸角各犯,应如何严定科条,悉心妥议具奏。"

○二十六年(1846)谕:"奕湘等奏'请将越边各犯递籍严管'等语。奉天越边各犯,多系山东、直隶流民,迁寓沿边一带,乘间潜越。种种偷盗,虽经拿获惩办,罪止杖、枷。一经发落,仍复出边偷窃,情殊可恨。所有此次拿获越边各犯,枷满折责后,均着递回原籍,交该管州县等严加收管。倘递回后,仍敢出边偷窃,甚至有再犯、三犯者,应如何加等治罪,及各该州县等于流民收管后,仍复潜逃出边滋事,毫无觉察者,应如何予以处分之处,着该部妥议具奏。"

# 卷七百九十四·刑部七十二

## 刑律·贼盗 亲属相盗 恐吓取财

### 亲属相盗

○凡各居本宗、外姻亲属，相盗兼后尊长、卑幼二款。财物者，期亲减凡人五等，大功减四等，小功减三等，缌麻减二等，无服之亲减一等，并免刺。若盗有首从，而服属不同，各依本服降减科断。为从又各减一等。若行强盗者，尊长犯卑幼，亦依强盗已行而得财、不得财，各依上减罪；卑幼犯尊长，以凡人论。不在减等之限。若有杀伤者，总承上窃、盗二项。各以杀伤尊长、卑幼本律，从其重者论。若同居卑幼，将引若将引各居亲属同盗，其人亦依本服降减，又减为从一等科之。如卑幼自盗，止依擅用，不必加。他人，盗己家财物者，卑幼依私擅用财物论，加二等，罪止杖一百；他人兼首从言。减凡盗罪一等；免刺。若有杀伤者，自依杀伤尊长、卑幼本律科罪。他人纵不知情，亦依强盗得财、不得财论。若他人杀伤人者，卑幼纵不知情，亦依杀伤尊长、卑幼本律，仍以私擅用加罪及杀伤罪权之，从其重者论。其同居奴婢、雇工人，盗家长财物，及自相盗者，首减凡盗罪一等，免刺。为从又减一等。被盗之家亲属告发，并论如律，不在名例得相容隐之列。

**附律条例**

○一、同居卑幼，将引他人强劫己家财物，依各居亲属行强盗卑幼犯尊长以凡人论斩，奏请定夺。

**谨案** 此条系原例。

○一、凡奴仆偷盗家长财物者，照窃盗律计赃治罪。若起意勾引外人，同盗家长财物者，将起意之奴仆，计赃递加窃盗一等治罪；至一百二十两以上者，仍照律拟绞监候，不准援赦；三百两以上者，照监守自盗例拟斩监候，亦不准援免。被勾之外人，仍照窃盗律分别定拟。

**谨案** 此条雍正六年(1728)定。

一、凡奴仆偷盗家长财物者，照窃盗律计赃治罪。若起意勾引外人，同盗家长财物者，将起意之奴仆，计赃递加窃盗一等治罪；至一百二十两以上者，仍照律拟绞监候。被勾引之外人，仍照窃盗律分别定拟。雇工人盗家长财物，亦照窃盗计赃治罪。

**谨案** 此条乾隆五年(1740)改定。

○一、凡亲属相盗,除本宗五服以外,俱照无服之亲定拟外,其外姻尊长亲属相盗,惟律图内载明者,方准照律减等,此外不得滥引。

**谨案** 此条乾隆十三年(1748)定。

○一、凡奴仆、雇工人,强劫家长财物,及勾引外人,同劫家长财物者,悉照凡人强盗律定拟。其有杀伤家长者,仍依律从重论。

**谨案** 此条乾隆十九年(1754)定。

○一、各居亲属,相盗财物,除因尊长膜视卑幼,素无周恤,致被卑幼窃其财物者,仍各按服制,照旧律分别减等办理外,若尊长素有周恤,或托管田产、经理财物,卑幼不安本分,肆窃肥己,贻累尊长受害者,系有服亲属,各照减等本律递加一等治罪;系无服之亲,即以凡人窃盗计赃科断,至满贯者拟绞监候,秋审时入于缓决。俟缓决三次后,遇有恩旨,再行减发充军。

**谨案** 此条系乾隆五十八年(1793)遵旨议定。

一、各居无服亲属,除平日膜视,并无周恤,致相盗财物者,照律减等办理外,若素有周恤,或托管田产、经理财物,不安本分,肆窃肥己,贻累受害者,即以凡人窃盗计赃科断,仍照律免刺。至满贯者,尊长照律杖一百、流三千里;卑幼拟绞监候,缓决一次后,照例减发。

**谨案** 此条嘉庆六年(1801)改定。

○一、亲属相盗杀伤之案,除卑幼行强盗,及尊长放火强劫图奸谋杀卑幼,不论有无服制,均以凡论外,如尊长强、窃盗卑幼财物,及卑幼窃盗尊长财物,致有杀伤者,尊长犯卑幼,各就服制中杀伤卑幼及亲属相盗各本律相比,从其重者论;卑幼犯尊长,以凡盗杀伤之罪与服制杀伤之罪,从其重者论。

**谨案** 此条嘉庆元年(1796)定。

一、亲属相盗杀伤之案,除卑幼行强盗,及尊长放火强劫图奸谋杀卑幼,不论有无服制,各以凡论外,如期服以下至无服尊长,强、窃盗及抢夺卑幼财物,杀伤卑幼者,各就服制中杀伤卑幼,及同姓亲属相殴,并亲属相盗各本律相比,从其重者论;卑幼窃盗及抢夺尊长财物,杀伤尊长者,以凡盗杀伤之罪,与服制杀伤,及同姓亲属相殴各本律相比,从其重者论。若期服以下至无服尊长,强、窃盗及抢夺卑幼财物,并卑幼窃盗及抢夺尊长财物,杀伤并无尊卑名分之人,如兄弟妻及无名分雇工人之类。亦各就亲属杀伤,及凡斗杀伤,并亲属相盗各本律相比,从其重者论。其因抢窃亲属财物,被尊长、卑幼,及并无尊卑名分之人杀伤者,亦各依服制杀伤,及同姓亲属相殴,并凡斗杀伤各本律问拟。均不得照凡人擅杀伤科断。

**谨案** 此条道光五年(1825)、十四年(1834)两次改定。

## 历年事例

○雍正六年(1728)谕:"刑部议奏江西信丰县民殷志素家仆殷来福仔伙同邱文

远等偷窃伊主财物一案，殷来福仔依奴婢盗家长财物减凡盗一等律，免刺佥流。查律内监守自盗，并赃论罪，是较平常窃盗拟罪较重。今奴婢盗家长财物，与监守自盗官物者，情罪相等，岂盗官物者应从重，而盗家长财物者，便可从轻乎？况殷来福仔起意勾引外人同盗伊主财物，情罪尤属可恶。部议引减等之律定拟，尤属未协。嗣后奴婢盗家长财物，应如何定例之处，该部详议具奏。钦此。"遵旨议奏：向例奴婢偷盗家长财物，罪止于流，是以勾引伙窃，奸奴罔知儆惧。嗣后奴婢自行偷窃家长财物者，请照窃盗律分别赃数定拟，不准减等，仍行刺字。其奴婢起意勾引外人同伙窃者，照凡窃盗律分别赃数递加一等治罪；赃数满贯至一百二十两以上者，照律拟绞监候；三百两以上者，照监守自盗三百两例拟斩监候；俱不准援赦。其被勾引之外人，仍照窃盗律分别定拟。

○乾隆十三年(1748)议准：在本家五服以外者，皆为袒免之亲，自应均照无服亲属定拟。若外姻亲属，原与同姓有分，既为律图所不载，即毋庸更为置议。嗣后遇有此等案件，除本宗五服以外俱照无服之亲定拟外，其外姻尊卑亲属相盗，惟律图内载明"无服"字样者，方准照律减等，此外不得一概援引。

○五十八年(1793)谕："律设大法，理顺人情。亲属相盗，较之寻常窃盗得邀末减者，原因孝友睦姻任恤之道，本应赒急。如果嫡近卑幼，贫乏不能自存，而尊长置之膜外，其卑幼因而窃取财物者，律以亲属相盗免议之例，情属可原，自应末减其罪。今陶仁广系陶宇春无服侄孙，支属甚远。陶宇春令其在典管理首饰，并非素无照应者可比。乃陶仁广辄敢窃取金珠银两，潜逃楚省，以致同典商伙周记爽及伊胞兄陶仁庆，均被严刑。况村镇典铺，赀本不过千余金，而陶仁广所窃，估赃竟至三百余两，致累陶宇春照数赔补，又遭讼累。中人之产，不因此而荡尽耶。此而尚得照律减流，其何以惩窃盗而安善良。嗣后亲属相盗，五服以内者，自应照律末减，其五服以外而赃数逾贯者，仍应按律问拟绞候。但念其究属本支，秋审时入于免勾，情理实当。所有陶仁广一犯，即应照此办理。盖明刑所以弼教，朕之所以从严办理者，正恐愚民无知，恃有亲属议减之条，肆意攘窃。如陶仁广赃数逾贯，累及尊长受刑，并至破家，不得不加重惩治，以维持孝友睦姻任恤之道。而定拟绞罪，秋审时复予免勾，是于惩创奸宄之中，仍不失孝友睦姻任恤之义，庶情法两得其平。着刑部即将期、功、缌麻以及无服相盗之案，另行分别等差，并按照赃数，妥议具奏。不得仍照旧例，概予减等免议。"

**恐吓取财**

○凡恐吓取人财者，计赃准窃盗论加一等，以一主为重，并赃分首从。其未得财者，亦准窃盗不得财罪上加等。免刺。若期亲以下自相恐吓者，卑幼犯尊长，以凡人论；计赃准窃盗加一等。尊长犯卑幼，亦依亲属相盗律递减科罪。期亲亦减凡人恐吓五等。须于窃盗加一等上减之。

**附律条例**

○一、监临恐吓所部取财者,准枉法论。

一、知人犯罪而恐吓取财者,计赃以枉法论。

**谨案** 此二条均系原例。

一、监临恐吓所部取财,准枉法论。平人知人犯罪而恐吓取财者,以枉法论。

**谨案** 此条乾隆五年(1740)修并。十六年(1751)查知人犯罪一层,亦系指监临官吏,将"平人"二字改为"若"字。

○一、凡恶棍设法索诈官民,或张贴揭帖,或控告各衙门,或勒写借约,吓诈取财,或因斗殴,纠众系颈,谎言欠债,逼写文券,或因诈财不遂,竟行殴毙,此等情罪重大实在光棍事发者,不分曾否得财,为首者斩立决,为从者俱绞监候。其犯人家主、父兄,各笞五十,系官交该部议处。如家主、父兄首者免罪,犯人仍照例治罪。

**谨案** 此条雍正三年(1725)定。其"情罪重大"四字,系乾隆五十年(1785)增。

○一、凡在内太监逃出索诈者,俱照光棍例治罪。

**谨案** 此条雍正三年(1725)定。

○一、凡苗人有伏草捉人,横加枷肘,勒银取赎者,初犯,为首者斩监候,为从者俱伽号三月,臂膊刺字;再犯者,不分首从,皆斩立决。其有土哨奸民勾通取利,造意者,不分初犯、再犯,并斩立决;附和者,各枷号两月,佥妻发边外为民。该管土官虽不知情,亦按起数交该部议;知情故纵者,革职,杖一百;若教令指使,或和同取利者,革职,枷号三月;俱不准折赎。

**谨案** 此条雍正三年(1725)定。"佥妻发边外为民"句,乾隆三十六年(1771)改为"发边远充军"。

○一、凡八旗内有凶恶光棍好斗之徒,生事行凶,无故扰害良民者,该都统等严察送部,发往宁古塔、乌拉地方。其官员有犯,该部奏闻发遣。

**谨案** 此条雍正三年(1725)定。乾隆十六年(1751),节去"该都统等严察送部"八字,于"地方"句下增入"分别当差为奴"六字。

○一、凡凶恶棍徒屡次生事行凶,无故扰害良民,人所共知,确有实据者,若正身旗人,及旗下家奴有犯,发往黑龙江等处分别当差、为奴;民人有犯,发极边足四千里安置。如平日并无凶恶实迹,偶然挟诈逞凶,及屡次借端索借,赃数无多,尚非实在凶恶者,仍照所犯之罪,各依本律本例定拟,不得滥引此例。

**谨案** 此条嘉庆六年(1801)改定。十六年(1811)于"极边足四千里安置"下,增注"凡系一时一事,实在情凶势恶者,亦照例拟发"三句。十七年(1812)将例内旗下家奴应发黑龙江为奴者,改发各省驻防给官员兵丁为奴。道光五年(1825),节删"若正身旗人"至"民人有犯"二十九字。

○一、凡旗、民结伙,指称隐匿逃人,索诈财物者,不分曾否得财,为首者斩决,为从者俱绞候。

**谨案** 此条雍正三年(1725)定。

一、凡旗、民结伙,指称隐匿逃人,索诈财物者,不分曾否得财,为首者照凶恶棍徒生事扰害例发遣,为从者俱减一等。

**谨案** 嘉庆六年(1801),查照《督捕则例》内乾隆八年(1743)奏准借逃报仇之例,改定此条。

〇一、凡附近番苗地方吏民人等,擅入苗境,借差欺凌,或强奸妇女,或抢劫财物,以及讹诈不遂,聚众凶殴,杀死人命等案,将所犯查照定例,如原系斩决、绞决之犯,审实具题,俟命下之日,将该犯押赴犯事处所正法;其例应斩候、绞候者,审系借差欺凌等项,实在情重,应将监候改为立决,亦于题复之日,押赴原犯地方正法。至寻常案件,虽系民苗交涉,审无前项情节,仍照定例拟罪。至秋审时有情实勾决之犯,亦于原犯苗地正法,仍将该犯从重治罪正法情由张挂告示,通行晓谕。该管官员,有纵差骚扰,激动番蛮者,仍援照引惹边衅例治罪。若止于失察,交部议处。

**谨案** 此条乾隆十四年(1749)定。

〇一、凡台湾无籍游民,犷悍凶恶,肆行不法,犯该死罪者,即照光棍例拟斩立决;犯该徒、流以上者,照棍徒生事扰害例发极边足四千里充军,仍酌其情罪较重者,改发新疆及黑龙江等处为奴。审系被诱随行,犯止枷、杖者,一概逐回原籍,严加管束。

**谨案** 此条乾隆五十三年(1788)定。嘉庆十七年(1812),将"改发新疆及黑龙江等处为奴"句改为"改发新疆给官兵为奴"。道光六年(1826),调剂新疆遣犯,将"改发新疆给官兵为奴"句改为"改发云贵两广极边烟瘴充军"。二十四年(1844),新疆遣犯,照旧发往,仍复原例。

〇一、凡刁徒无端肇衅,平空讹诈,欺压乡愚,致被诈之人因而自尽者,拟绞监候,秋审时分别情节轻重,入于情实、缓决;拷打致死者,拟斩监候,秋审时入于情实;为从各减一等。其事出有因,并非无端肇衅者,不得滥引此例。

**谨案** 此条嘉庆九年(1804)定。

〇一、凡刁徒吓诈逼命之案,如讯明死者实系奸盗等项,及一切作奸犯科,有干例议之人,致被借端讹诈,虽非凶犯干己事情,究属事出有因,为首之犯,应于绞罪上量减一等,杖一百、流三千里,为从者杖一百、徒三年。若凶犯所借之事,在死者本无罪可科,或虽曾实有过犯,而凶犯另捏别项虚情讹诈者,均属无端肇衅,仍照例分别首从问拟绞候、满流,不得率予量减。

**谨案** 此条道光二十年(1840)定。

〇一、捉人勒赎之案,除用强掳捉,胁逼上盗,应依强盗律斩决,或被捉之人,因病身死,应依威力制缚及主使各本律本例拟绞外,如有将被捉之人,拒伤身死,或于掳捉后谋、故、殴杀者,首犯俱拟斩立决;为从谋杀加功者,拟绞监候;不加功者,实发云贵两广极边烟瘴充军;若系拒杀、殴杀为从帮殴,如刃伤及手足、他物至折伤以上者,俱拟绞监侯;伤非金刃,又非折伤者,发新疆给官兵为奴;未经帮殴成伤者,实发云贵两广极边烟瘴充军。如有将被捉之人,任意凌虐,或虽无凌虐,而致被捉之人情急自尽者,为首之犯,俱照苗人伏草捉人横加枷肘例拟斩监候;为从帮同凌虐,及虽无凌虐,而助势逼勒,致令自尽者,俱发遣新疆给官兵为奴;若仅止听从掳捉关禁勒赎,尚无助势逼勒情事,均实发云贵两广极边烟瘴充军。至审无凌虐重情,止图获利关禁勒赎,为首亦发遣新疆给官兵为奴,为从之犯俱发极边足四千里充军。其因细故逞忿,并非图利勒赎,止于关禁数日,迨服礼后即行放回者,为首杖一百、徒三年,为从减一等。如有聚众拒杀兵役者,首犯拟斩立决;为从帮殴,如刃伤及手足、他物至折伤以上者,俱拟绞监候;伤非金刃,又非折伤者,发新疆给官兵为奴。其伤人未死,如刃伤及折伤以上者,首犯拟斩监候,为从发新疆给官兵为奴。勒赎本罪已至斩决者,加拟枭示;已至斩、绞监候者,加拟立决。若并未聚众拒捕,及伤非金刃、折伤者,仍各照罪人拒捕律加本罪二等;罪已至遣无可复加者,到配后加枷号三月。

**谨案** 此条嘉庆二十五年(1820)定,原专指广东、福建两省而言。道光三年(1823)、十四年(1834)、二十四年(1844)历次增定,改为各省通例。

○一、广东省沿海地方,如有匪徒捏造图记纸单,作为打单名色,伙众吓诈商民,虽一时一事,实系情凶势恶者,不计赃数,为首照凶恶棍徒生事行凶无故扰害良人例,发极边足四千里充军;为从一次者,杖一百、徒三年,为从至二次及二次以上者,亦照棍徒扰害例拟军;俱面刺“打单匪犯”四字。若并无图记纸单,亦未伙众,仅凭口说,借端讹索,尚无凶恶情形者,为首杖一百、徒三年,为从减一等,杖九十、徒二年半。其有另犯抢劫、勒赎者,仍各照本律本例,从其重者论。

**谨案** 此条道光四年(1824)定。

○一、江苏省徐州、淮安、海州三府州,及山东兖州、沂州、曹州三府,河南汝宁、陈州、光州三府州,并安徽、陕西二省所属匪徒,如有佩带凶器刀械,挟诈逞凶,罪止枷、杖者,拿获到案,各于枷、杖后锁系铁杆一枝一年,改悔释放。若不悛改,再系一年。如敢带杆滋扰,或毁杆潜逃,持以逞凶拒捕,罪应拟徒者,锁系巨石五年;应拟杖者,锁系巨石三年。限满果能悔罪自新,或有亲族乡邻甘结保领,地方官查实,随时开释详报。倘始终怙恶,按其情节,照棍徒屡次行凶扰害例分别严办。

**谨案** 此条道光六年(1826)定,彼时安徽匪徒,原专指颍州、凤阳、泗州所属而言。十二年(1832)增入陕西省所属匪徒。二十五年(1845)节删“颍州、凤阳、泗州”字样,改为“安徽、陕西二省所属匪徒”。同治九年(1870),增入锁系巨石一层。

○一、贵州省匪徒,如有帽顶、大五、小五等名号,除犯该死罪者,仍照各本律本例问拟外,其犯该军、流、徒罪者,无论为首为从,各于所犯本罪上加一等治罪。罪止枷、杖者,于枷责后锁系铁杆一枝。如闻拿投首,及事未发而自首者,照例分别减免。倘减免后复犯,不准再首,各于所犯本罪上加一等治罪。军、流、徒罪,分别发配安置。仅止杖责者,仍系带铁杆。若平日虽无犯法实迹,而系横行乡曲,有帽顶、大五、小五名目者，亦锁系铁杆。俱定限一年释放。至滇省匪徒，如仅止偶然挟诈逞凶，罪止枷、杖，并虽无犯法实迹，而平日佩带凶器刀械，游历城乡之犯，亦系带铁杆一年。以上各省匪徒，系杆限满开释，分别枷责，交保管束。如不知悛改，再系一年。倘始终怙恶，即照棍徒扰害例分别严办。乡保等挟嫌诬指，或兵役受贿徇纵，一体加等治罪。该州县每办一案，报明臬司、督抚，按季汇册报部。限满开释时，亦报部查核。其审无前项名目者，各依本律例科断。

**谨案** 此条道光七年(1827)议定。咸丰元年(1851)，增入滇省匪徒一层。

○一、安徽省拿获水烟箱主匪徒，除审有抢劫、杀伤、强奸、拐卖等情，各照本律例从重定拟外，其但经携带烟童，或与鸡奸，或纵令卖奸，或遇事挺身架护者，俱发极边足四千里充军。卖烟伙党，审系一时被胁，免其治罪。若自甘下贱，助势济恶者，杖一百、徒三年。年未及岁，仍依律收赎。地方官自行访获究办，免议。倘被告发，或经上司访闻饬拿，始行破案者，交部议处。

**谨案** 此条道光七年(1827)定。

○一、陕西省所属匪徒，如结伙三人以上，挟诈逞凶，但有一人执持器械伤人，除实犯死罪外，其余不分首从，俱发极边足四千里充军；如聚众至十人以上，执持器械，无论曾否伤人，不分首从，俱发极边烟瘴充军。其有因挟诈不遂，或被人控告，纠众报复，竟行殴毙，均拟斩立决。其寻常斗殴，不在此例。俟数年后此风稍息，仍照旧例办理。

**谨案** 此条道光十七年(1837)定。

○一、盛京地方，如有外来棍徒，勾结旗民，或投托宗室觉罗，聚至三人以上，横河拦绠，诈索扰累，肆行抢夺者，除实犯死罪外，其余无论赃数、次数，不分首从，俱照棍徒扰害例发极边足四千里安置，面刺“烟瘴改发”四字。如并未聚众，及虽经聚众，但在河沟道口，借搭桥为名，把持地方，向过往车辆，任意讹索，并无横河拦绠、肆行抢夺重情者，为首亦照棍徒扰害例拟军，为从各犯俱杖一百、徒三年。旗人有犯，销除本身旗档，与民人一体办理。知情护庇、主使之宗室觉罗，实发黑龙江严加管束。俟数年后此风稍息，奏明仍照旧例办理。

**谨案** 此条道光二十一年(1841)定。

○一、江西省南安、赣州、宁都三府州所属匪徒，如有拜会、抢劫、讹诈等案，除实犯死罪，及本罪已至外遣为奴，罪无可加，均各照例办理外，其余军、流以下各犯，均于应得本罪上加一等定拟。至广东省匪徒，偷入广西省勾结土匪，有犯拜会、抢劫、讹诈等案，罪在军、流以下者，亦照此例加等办理。俟数年后此风稍息，再行奏明仍复旧例。

**谨案** 此条道光二十三年(1843)定。

○一、山东、安徽两省匪徒，如有结捻、结幅，聚众至四十人以上，带有军器，在市镇集场人烟稠密处所，窥视殷实人家铺户，强当讹索得财，不论赃数多寡，首犯拟绞立决;四十人以下十人以上,首犯拟绞监候;为从均发新疆酌拨种地当差;如数在五人以上,首犯亦发新疆种地当差,为从俱拟发极边足四千里充军。若聚众四十人以上,及十人以上,讹索强当未经得财者,首犯拟发极边足四千里充军,从犯杖一百、徒三年;五人以上,首犯杖一百、徒三年,从犯杖九十、徒二年半。其造意之捻首、幅首,身虽不行,但经伙犯讹索强当,即按人数多寡,照为首例问拟。其未经结捻、结幅,并聚众未及五人,尚未滋事者,仍照各本律本例问拟。若问拟遣、军人犯,脱逃回籍,复行入捻、入幅,讹索强当,或向原拿兵役寻衅报复,除实犯死罪外,余俱拟绞监候。俟数年后此风稍息,奏明仍复旧例办理。

**谨案** 此条道光二十五年(1845)定,原专指山东匪徒而言。咸丰二年(1852),改为山东、安徽两省通例。

○一、广东、广西二省捉人勒赎之案,如被捉数在三人以上,及掳捉已至三次以上,同时并发者,除被胁同行,或本罪已至斩决,无可复加外,其余罪应斩、绞监候者,加拟立决;罪应遣、军者,加拟绞监候;罪应拟徒者,发极边足四千里充军。如被捉仅止一二人,及捉人仅止一二次,仍照本例办理。俟数年后此风稍息,奏明仍复旧例办理。

○一、广东、广西二省掳捉匪犯,如有将十五岁以下幼童捉回勒赎者,除所犯本罪已至斩决,无可复加外,其余罪应斩、绞监候者,加拟立决;罪应遣、军者,加拟绞监候;罪应拟徒者,发极边足四千里充军。俟数年后此风稍息,奏明仍复旧例办理。

**谨案** 以上二条俱道光二十五年(1845)定,原专指广东而言。咸丰三年(1853),增入"广西"省字样。

○一、各省匪徒捉人勒赎之案,如有将妇女捉回关禁勒赎者,即以抢夺妇女及掳捉勒赎各本例相比,从其重者论。

**谨案** 此条道光二十五年(1845)定。

○一、广东省凶恶棍徒,及打单吓诈各犯,除罪应军、流以上者,仍按本例定拟外,如棍徒为从,或量减,及打单为从一次,罪应拟徒之犯,应刺字者,先行刺字,毋庸解配,在籍锁带铁杆、石墩五年,限满开释,分别杖责。其棍徒为从或量减之犯,倘开释后复犯,罪止拟徒者,即于锁带铁杆、石墩年限上递加二年。若打单吓诈为从二次之犯,即按例从重问拟。该州县每办一案,即录叙全案供招,报明督抚、臬司,按季汇册咨部。如同案人犯,有问拟军、流以上者,仍专案分别题咨。均于限满开释时报部查核。若该州县任听书役舞弊蒙混,妄及无辜,从严参究。俟数年后此风稍息,仍照旧例办理。

**谨案** 此条道光二十七年(1847)定。

○一、广东、广西二省捉人勒赎之案,如审无凌虐重情,止图获利关禁勒赎,除赃未逾贯,首犯仍照例拟遣外,其勒赎得赃,数至一百二十两以上,首犯照抢夺满贯例拟绞监候,从犯仍发极边足四千里充军。

**谨案** 此条咸丰三年(1853)定。

○一、拿获绰号棍徒,如系屡次行凶滋事,即照棍徒扰害例发极边足四千里安置。凡系一时一事,确有凶恶实迹,亦照例拟发。若非屡次行凶滋事扰害,于军罪上量减科断。倘并无滋事实迹,止有绰号,酌量科以不应重律杖八十,加枷号一个月。此等绰号棍徒,止准地方官弁访拿,不许讦告。有讦告者,均不准理。

**谨案** 此条同治二年(1863)定。

○一、广东省匪徒,捏造图记纸单,作为打单名色,伙众三人以上,带有鸟枪刀械,无论有无恃强掳掠,但得财者,照强盗本律问拟;拒捕杀人者,加以枭示。未得财者,为首发新疆给官兵为奴,为从杖一百、流三千里。如三人以上,并未带有鸟枪刀械,亦未恃强掳掠,但系吓诈得财,无论赃数多寡,为首,及为从二次并二次以上,俱发新疆给官兵为奴;为从一次,杖一百、流三千里。其案内造意之首犯,身虽不行,但经伙众打单吓诈,即分别人数多寡、有无器械,并曾否掳掠、是否得财,各照为首例问拟。若并无图记纸单,亦未伙众,仅凭口说借端讹索者,为首杖一百、徒三年,为从减一等。至遣、军人犯脱逃回籍,复行打单吓诈,或向原拿兵役寻衅报复,除实犯死罪外,余俱拟绞监候。其另犯抢劫、勒赎,仍照本例,从其重者论。俟数年后此风稍息,奏明仍照旧例办理。

**谨案** 此条同治九年(1870)增定。

**历年事例**

○顺治十三年(1656)议准:凡恶棍设法索诈内外官民,或书张揭帖,或声言控告,或勒写契约,逼取财物,或斗殴拴拿处害者,不分得财与未得财,为首者立绞。为从者,系民,责四十板,发边卫充军;系旗下人,枷号三月、鞭一百。其满洲家人,私往民间结伙三人以上,指称隐匿逃人索诈财物者,亦照此例分别首从治罪。如止一二人者,俱依为从例拟罪。

○十八年(1661)定:京师重大之地,有恶棍挟诈官民,肆行扰害者,俱照强盗例治罪。

○又复准:光棍在外事犯,潜匿来京,声言吓诈者,许地方官差人赴京擒拿。

○康熙七年(1668)复准:光棍审实者,照顺治十三年(1656)题定条例治罪。

○十二年(1673)复准:恶棍勒写文约,吓诈财物,聚众殴打致死人命,审有实据,为首者立斩,为从助殴伤重者拟绞监候,余仍照光棍为从例治罪。其家主、父兄,系旗下人,鞭五十;系民,责二十板;系官议处。其家主、父兄出首者免议,本犯仍照例治罪。

○十五年(1676)议定:光棍事犯,不分首从、得财与未得财,俱拟斩立决。旗下、民人,指称隐匿逃人索诈财物者,亦照此定例治罪。

○十九年(1680)议准:恶棍事犯,不分得财与未得财,为首者立斩,为从者俱拟绞监候,秋后处决。旗下、民人结伙指称隐匿逃人索诈财物者,亦照此例治罪。

○二十一年(1682)题准:民人假称逃人具告行诈者,照督捕定例治罪,停其具题,即行发落。

○二十三年(1684)题准:凡诬陷平民为盗,吓诈银两者,比照窃盗三犯免死完结例,各枷号三月,发与宁古塔穷披甲之人为奴。系旗下人,鞭一百,将本身发遣;系民,责四十板,同妻一并发遣。银两俱追入官。

○五十二年(1713)题准:奸民挟持官长,诬害良民捏名控告者,照例治罪。若上司因控告而吓诈所属财物,或所欲未遂,而阴嘱刁民控告者,该督抚严查参究。

○六十年(1721)题准:捏造无影之言,妄行讹诈银两,发和扑多乌兰古木地方。系民,佥妻发遣。

○道光六年(1826)谕:"陶澍奏《请严惩刀械匪徒》一折。江苏省徐、邳、淮、海一带,与皖、豫、山东境壤毗连,匪徒出没,每以佩刀执械为能。始则三五成群,借端吓诈,继则肆意横行,凶抢仇杀,最为地方之害。兹据该抚以此等佩执凶器匪徒,偶然挟诈逞凶,平日又无犯法实迹,照本例仅止枷、杖,既未便照拽刀匪徒结伙抢夺及棍徒生事行凶之例强相比附。而责释之后,故智顿萌,转以轻于尝试,长其犯法之心。援照四川、广东惩办绺匪棍徒之例,锁系铁杆,以期小惩大戒。着照所请,嗣后江苏徐、淮、海三属匪徒,如有佩带凶器刀械挟诈逞凶者,一经拿获,每名系铁杆一枝,重四十斤为度,定限一年。果能改悔自新,即予释放。若不悛改,再系一年。倘仍始终怙恶,即按其情节,照棍徒屡次扰害行凶例,分别从严究办。其接近江苏之山东兖、沂、曹三府,河南汝、陈、光等府州,安徽颍、凤、泗三属,民情强悍,地界相连,并着一体仿照办理,以挽颓风而安良善。"

○七年(1827)谕:"嵩溥奏《酌议办理匪徒章程》一折,着照所议。嗣后黔省办理抢窃等案,如有帽顶、大五、小五名号,除犯该死罪,仍照例从重科断外,其犯该军、流、徒罪,无论为首为从,均于本罪上加一等治罪。若罪止枷、杖,着于枷责后,锁系铁杆一枝。其有闻拿投首,及事未发而自首者,照例分别减免。倘免后复犯,不准再首,各于所犯本罪上加一等。军、流、徒犯,分别发配安置;杖罪折责发落,仍系带铁杆。若平日无犯法实迹,而横行乡曲,有帽顶、大五、小五名目,照例仅予加责,不足示惩。着每名锁系铁杆一枝,定限一年,如能改悔,准予释放。若不悛改,再系一年。倘始终怙恶,即照棍徒扰害例分别严办。如乡保等挟嫌诬指,兵役受贿徇纵,着一并加等治罪。仍令该地方官,每办系带铁杆一案,报明臬司、督抚,并按季报部查核。"

○十四年(1834)议复:江西南安、赣州两府所属地方,如有匪徒拜会,并抢劫讹诈,及捆人勒赎等案,除实犯死罪,并外遣为奴,及捆人勒赎已照闽粤之例问拟,罪无可加,仍照旧例办理外,其余案内应拟充军、流、徒等犯,均于各本罪上酌加一等定拟。奉旨:"江西南安、赣州二府所属厅县,界连闽粤,民情犷悍,前经该抚以该地方拜会、抢劫、讹诈、逞凶之案,层见叠出,请加重治罪,当交刑部速议。兹据议如所奏办理。着照所议,嗣后南安、赣州二府所属地方,如有拜会、抢劫、讹诈等案,除实犯死罪,及外遣为奴,罪无可加,并捆人勒赎已照闽粤二省之例问拟,仍各照旧例办理外,其余军、流以下各犯,均于本罪上加一等定拟,以示惩儆。俟数年后此风稍息,再行奏复旧例。"

○咸丰八年(1858)谕:"前据英桂等奏参河南林县脱逃遣犯张抡沅改名投效得官,辄敢因差潜回原籍,私设公案,责打乡约,拒捕伤差,当降旨令英桂等讯明正法。兹据瑛棨奏审明定拟,即将该犯照光棍为首例斩决。军营投效之人,不尽知其来历,但能奋勉立功,原不究其既往。若如此等凶徒,滋扰地方,目无法纪,岂得因其曾有军功,曲从宽贷。嗣后各直省遇有借差回籍倚官滋事不受地方官约束者,无论曾在军营出力,得有保举人员,着该将军、督抚一体严拿,查讯明确,按律严办,以儆效尤。"

○光绪九年(1883)奏准:湖南衡州府耒阳县境,煤窿大小有数百处。窿户用有管水夫之头人,名曰"水承行",多系近地奸民充当。并串同地痞,设立青龙会,积成巨款,局赌卖烟,诱骗穷民,堕其术中,因而重利盘剥。又商串酒馆饭店,故昂其值,恣意取盈。迨穷民负欠累累,逼令卖身入窿。其人无钱还债,不得已饮泣允从。又有平空哄骗强捉客民之事。水承行筑有土室,幽暗深邃,挨窿处仅留一窦,出入启闭,由水承行主之,名曰"设鼓"。将诱买哄骗强捉之人,关禁鼓内,名曰"水虾蟆",剥脱衣履,专令轮班车水,昼夜不休,饥寒不恤。春间停工,水虾蟆幸而苟延无恙,水承行仍将其留禁鼓内,以备将来车水,名曰"养老米"。每年任意折磨,以致毙命者十居七八。若必待殴打致毙,方照斗杀问拟,则实抵者百不获一,无以杜残杀之渐。嗣后耒阳县开采煤窿,令将佣工人等姓名、籍贯、来去缘由,十日一报,由该县按时稽查。该窿户不将各项工人开报,照脱漏户口律治罪。其经管水承行之人,如有设鼓及创立水虾蟆、养老米等名目,诓诱穷民作工,不容脱身,未致毙命者,照凶恶棍徒例定拟;如将工作之人,不加体恤,任意凌虐,以致毙命者,即照威力制缚因而致死律拟绞监候。若无前项情事,但将工作患病之人,不为医治,及病故不即报官者,照夫匠在工役之所有病官司不给医药救疗,及地界内有死人不申报官司辄移他处律,分别治罪。其有平空强捉客民关禁入窿,即照捉人勒赎例,分别首从科断。别省煤窿,有似此情形者,亦查照办理。

○又奏准:查现行例内棍徒扰害,分别首从问拟军、徒,系指寻常逞凶讹诈者而言。至京城为畿辅重地,竟有无赖之棍徒,倚恃宗室觉罗为护符,胆敢勾结到处扰害,或借端挟诈,或结伙混殴,逞凶伤人,实较寻常滋扰之案,情节为重,自未便拘泥成例,致涉轻纵。嗣后京城棍徒勾结宗室觉罗,借端挟诈,并聚众持械混殴逞凶伤人之案,即照棍徒扰害例,不分首从,均发极边足四千里充军安置。窝藏之犯,亦应按律科断。其宗室觉罗有犯,应由宗人府酌核定拟。

○十年(1884)奏准:迩来京城恶棍,日见其多,竟有倚恃宗室觉罗,彼此勾结,到处扰害,或借端挟诈,或结伙打降,或拜盟习教,甚至白昼于通衢纠众持械,逞凶拒捕,即尽法惩治,不过问拟军戍。而此辈狡猾性成,往往甫经到配,即潜逃来京,复蹈故辙。虽经步军统领等衙门奏定《积匪脱逃解交直隶总督转发府县暂行监禁章程》,然逃案日众,若尽系禁于直隶各府县,恐积久监狱不免拥挤。嗣后京城不法棍徒,情节较重之案,刑部随案声明,到配后即于配所监禁。俟十年后由有狱官察看情形,如实知改悔,再予查办。

○十三年(1887)奏准:直隶总督奏,“定例广东、广西匪徒,如有将十五岁以下幼童掳回勒赎,罪应斩、绞监候者,加拟立决;罪应遣、军者,加拟绞监候;罪应拟徒者,发极边足四千里充军。又该二省掳人勒赎之案,如被掳数在三人以上,及掳掳已至三次以上,同时并发,除被胁同行,或本罪已至斩决,无可复加外,其罪应斩、绞监候者,加拟立决;罪应遣、军者,加拟绞监候;罪应拟徒者,发极边足四千里充军。又如审无凌虐重情,止图获利,关禁勒赎,赃至一百二十两以上者,首犯照抢夺满贯例拟绞监候。此例本为两广匪徒而设,其余并无掳掳幼孩,及计赃、计次、计人数,作何治罪明文。惟近来直属时有幼孩被掳,及掳掳多人多次,并赃逾满贯案件,仅照寻常止图获利关禁勒赎之例拟以遣、军,实觉情浮于法。”经刑部查,掳人勒赎匪徒,向惟沿海地方此风最炽,他省尚不多见。乃近来直隶地方,此等掳掳幼孩,及掳掳多人多次,并赃逾满贯案件,亦复层见叠出,大为闾阎之害。嗣后掳人勒赎之案,除被掳并非幼孩,及掳掳不及三人、未至三次,并赃未满贯者,仍照向例办理外,如有将十五岁以下幼孩掳回勒赎,并被掳数在三人以上,及掳掳已至三次以上,同时并发,暨计赃在一百二十两以上者,均照两广之例办理。

○十五年(1889)议准:嗣后拿获匪徒,送部审实。如系暗结党援,诓人于家,拘禁勒赎,仍照定例分别首从严办。若系借端讹诈,局骗财物,即照棍徒新章,不分首从均发极边足四千里充军,并随案声明到配后即于配所监禁,俟十年后再予查办。其访获匪徒并无犯案确据,毋庸概行永远监禁,以免冤滥而重刑章。

# 卷七百九十五·刑部七十三

## 刑律·贼盗　诈欺官私取财　略人略卖人

### 诈欺官私取财

凡用计诈伪欺瞒官私以取财物者，并计诈欺之赃准窃盗论，免刺。若期亲以下，不论尊长卑幼、同居各居。自相诈欺者，亦依亲属相盗律递减科罪。若监临主守诈欺同监守之人取所监守之物者，系官物，以监守自盗论；未得者，减二等。若冒认及诓赚、局骗、拐带人财物者，亦计赃准窃盗论，系亲属，亦论服递减。免刺。

### 附律条例

〇一、凡诓骗听选官吏，及举人、监生、生员人等财物，指称买官买缺，及买求中式等项，俱问罪，不分首从，于该衙门门首枷号三月，发烟瘴地面充军。其央挽营干致被诓骗者，免其枷号，亦照前发遣。

**谨案**　此条系原例。

一、凡诓骗听选官吏，及举人、监生、生员人等财物，指称买官买缺，及买求中式等项，除诓骗已成照例治罪外，其诓骗未成，财未接受，罪应满徒者，加枷号两月；但经口许，罪止杖责者，加枷号一月，分别发落。被骗者，仍照例治罪，免其枷号。

**谨案**　此条系乾隆八年（1743）定。

一、凡诓骗听选官吏，及举人、监生、生员人等财物，指称买官买缺，及买求中式等项，如诓骗已成，不分首从，于该衙门门首枷号三月，发烟瘴地方充军。其央挽营干致被诓骗者，免其枷号，亦照前发遣。若诓骗未成，财未接受，罪应满徒者，加枷号两月；但经口许，罪止杖责者，加枷号一月，分别发落。被骗者，仍照例治罪，免其枷号。

**谨案**　此条乾隆三十二年（1767）修并。

一、凡指称买官买缺，或称规避处分，及买求中式等项，诓骗听选并应议官吏，及举人、监生、生员人等财物，如诓骗已成，财已入手，无论赃数多寡，不分首从，于该衙门门首枷号三月，发烟瘴地面充军。其央挽营干致被诓骗者，免其枷号，亦照前发遣。若诓骗未成，议有定数，财未接受，应于军罪上减一等，杖一百、徒三年，加枷号两月;被骗者杖一百,免其枷号。但经口许,并未议有定数者,杖一百,加枷号一月;被骗者杖八十,免其枷号。若甫被诓骗,即行首送者,诓骗之人,照恐吓未得财律,准窃盗论,加一等治罪;被骗者免议。

**谨案** 此条嘉庆六年(1801)增定。

〇一、凡指称内外大小官员名头,及各衙门打点使用名色,诓骗财物,计赃犯该徒罪以上者,俱不分首从,发边卫充军;情重者,仍枷号两月发遣。如亲属指官诓骗,止依期亲以下诈欺律,不可引例。

**谨案** 此条系原例。

〇一、学臣考试,有积惯随棚代考之枪手,察出审实,枷号三月,发烟瘴地面充军。其雇倩枪手之人,及包揽之人,并与枪手同罪。知情保结之廪生杖一百;窝留之家,不知情者,照不应重律治罪;倘有别情,从重科断;有赃计赃,以枉法从重论。

**谨案** 此条雍正十三年(1735)定。

〇一、漕粮起运,头帮军伍,将已裁陋规,复行派敛,私自婪收,或于定数之外多行勒索者,令各帮军丁于经管衙门呈控,将勒索之头伍,计赃分别首从定拟。犯该徒罪以上者,俱照指称衙门打点使用名色诓骗财物例,不分首从,发边卫充军;情重者,加枷号两月。其官弁兵役受贿,责令该管上司参革究审,计赃以枉法论。运丁挟嫌捏控,照诬告律治罪。

**谨案** 此条乾隆二十年(1755)定。

〇一、生童考试,如有积惯棍徒,捏称给予字眼记认,诓骗财物者,不论有无立约封银,及口许虚赃,俱照撞骗已成例,枷号三月,发烟瘴地面充军;被骗生童,杖一百、徒三年。若仅用虚词诓骗,事属未成,罪止杖责者,仍照定例加枷号一月,分别发落;被骗者,仍照例治罪,免其枷号。

**谨案** 此条乾隆二十四年(1759)定。

〇一、代倩枪手,以已成未成为断。如场外经提调访拿,或被生童禀首者,为未成;如已顶名入场,无论当时被获,事后发觉,俱为已成。未成者,除审系积惯随棚,仍照定例问拟外,若仅立有文约而赃未入手,枪手与本童,均照诓骗未成财未接受罪应满徒者加枷号两月;但经口许,罪止杖责者,加枷号一月,分别发落之例治罪。其已成者,不分有无立约,及口许虚赃,俱照诓骗已成例,枷号三月,发烟瘴地面充军。雇倩之生童与同罪。若生童实系被人撞骗,赃止口许,情罪稍轻者,照诓骗未成财未接受例杖一百、徒三年。

**谨案** 此条乾隆三十二年(1767)定。

〇一、京城钱铺,无论新开旧设,均令五家联名互保,报明地方官存案。如将兑换现银票存钱文侵蚀,并因存借银两,聚积益多,遂萌奸计,藏匿现银,开门逃走者,立即拘拿送部监禁;一面将寓所资财及原籍家产,分别行文查封。仍押追在京家属,勒限两月，将侵蚀藏匿银钱，全数开发完竣。其起意关闭之犯，枷号两月，杖一百，折责释放。若逾限不完，由部审实，无论财主、管事人及铺伙侵吞赔折，统计未还藏匿及侵蚀票存钱文原兑现银，数在一百二十两以下者，照诓骗财物律计赃准窃盗论罪；至一百二十两，发附近充军；一百二十两以上至三百三十两，发近边；六百六十两，发边远；一千两，发极边足四千里充军；一千两以上，发遣黑龙江安置当差；一万两以上，拟绞监候；均勒限一年追赔。限内全完，枷责释放；不完，再限一年追赔。全完，死罪减二等定拟，军、流以下，仍枷责发落；若不完，军、流以下人犯即行发配，死罪人犯再限一年追赔。不完，即行永远监禁。所欠银钱，勒令互保之四家均匀给限代发，免其治罪。仍咨行本犯原籍，于家属名下追偿。如四家不愿代发，或限满代发未完，拘拿送部，照准窃盗为从律减一等，杖一百、徒三年。其互保代还银钱，如本犯于监禁及到配后给还四家者，军、流以下，即行释放；死罪人犯，仍减二等发落。若五家同时关闭，一并拘拿押追，照前治罪；未还银两及票存钱文，仍于各犯家属名下严追给领。地方文武官，遇有关闭钱铺，不行严拿，致令远扬，严参交部议处。

**谨案**　此条道光五年（1825）定。同治八年（1869），于“严追给领”下，增入“并将不行严拿之地方官，及取结不慎之大兴、宛平两县知县，交部严加议处”三十二字。

〇一、京城钱铺关闭，如有包揽票存钱文，折扣开发者，无论旗、民，及在官人役，审实，照棍徒生事行凶例治罪，仍将并不查拿之地方官交部议处。如有通同作弊，包揽折扣者，与犯同罪；受财者，计赃以枉法论。其有借名取钱，踹毁门窗，抢取什物者，照抢夺例治罪。至开设钱铺，先由大兴、宛平两县知县查明，确系殷实，取具保结，详报顺天府，移咨步军统领衙门，准其开设。倘该铺关闭逃跑，将取结不慎之知县，交部严加议处。如不经两县申转，私行开设，一经该协副尉等拿获，即将该铺财主及铺伙均照违制律治罪，并将铺本一并入官。倘该协副尉不能先事查拿，别经发觉，将该协副尉等交兵部分别议处。

**谨案**　此条道光十一年（1831）定。同治九年（1870），增入“如有通同作弊”至“以枉法论”二十四字，删去“其有”句中“存钱之家”四字，取结不慎之知县“交部议处”改为“交部严加议处”。

〇一、内地商民，与外夷交易买卖，如有负欠潜逃，诓骗财物者，计赃犯该徒罪以上，枷号三月，发附近充军；杖罪以下，枷号两月，杖一百、徒三年。

**谨案**　此条道光十四年（1834）定。

〇一、奸民卖空买空，设局诱人，赌赛市价长落，其卖空者，照用计诈欺局骗财物律计赃准窃盗论，罪止杖一百、流三千里；买空之犯，照为从律减一等。

**谨案**　此条咸丰七年（1857）定。

〇一、京城街市未挂钱幌，假称金店参店，借名烟铺布铺，换银出票，并无联名保结，一经关闭，应勒限开发票存完竣，以后不准私自出票。如违，照私自开设例惩办。若不依限开发完竣，照侵蚀票存钱文例科断。

○一、京城钱铺,以五百一十一家作为定额,不准再增。如有私自开设者,照违制律治罪。

○一、道光十年(1830)以前,京城短保钱铺,仍责令觅保补送。如短保并不补送,一经关闭,不能开发,照有保钱铺加一等治罪。

**谨案** 以上三条俱同治九年(1870)定。

### 历年事例

○顺治十六年(1659)复准:凡衙役指称代纳银两,巧为骗诈良民者,照衙役犯赃例治罪。

○道光二年(1822)谕:"嗣后凡有钱铺关闭,诓骗者照例监追,逃跑者照盗贼例拿办。"

## 略人略卖人

凡设方略而诱取良人为奴婢。及略卖良人与人为奴婢者,皆不分首从,未卖,杖一百、流三千里;为妻妾子孙者,造意,杖一百、徒三年。因诱卖不从,而伤被略之人者,绞;监候。杀人者,斩。监候。为从各减一等。被略之人不坐,给亲完聚。若假以乞养、过房为名,买良家子女转卖者,罪亦如之。不得引例。若买来长成而卖者,难同此律。若和同相诱取在己。及两相情愿卖良人为奴婢者,杖一百、徒三年;为妻妾子孙者,杖九十、徒二年半。被诱之人减一等。仍改正给亲。未卖者,各减已卖一等。十岁以下,虽和,亦同略诱法。被诱略者不坐。若略卖和诱他人奴婢者,各减略卖和诱良人罪一等。若略卖子孙为奴婢者,杖八十;弟妹及侄、侄孙、外孙,若己之妾、子孙之妇者,杖八十、徒二年;略卖子孙之妾减二等;同堂弟妹、堂侄及侄孙者,杖九十、徒二年半。和卖者,减略卖一等;未卖者,又减已卖一等。被卖卑幼虽和同,以听从家长,不坐,给亲完聚。其和、略卖妻为婢,及卖大功以下尊卑亲为奴婢者,各从凡人和略法。若受寄所卖人口之窝主及买者知情,并与犯人同罪;至死减一等。牙保各减犯人一等,并追价入官。不知者俱不坐,追价还主。

### 附律条例

○一、将腹里人口,用强略卖与境外土官土人峒寨去处图利,除杀伤人律该处死外,若未曾杀伤人,比依将人口出境律绞。为从者,文官问革,武官调烟瘴地面卫分带俸差操;军民人等,发边卫永远充军;原系边卫者,改发极边卫充军。

**谨案** 此条系原例。雍正三年(1725)奏准,凡用强略卖为从者,俱发宁古塔为奴,无分别问革、充军之例,此条"为从者"至"充军"四十三字删。

○一、凡设方略而诱取良人,与略卖良人子女,不分已卖未卖,俱问发边卫充军;

若略卖至三口以上，及再犯者，用一百斤枷枷号一月，照前发遣；三犯者，不分革前革后，发极边卫分永远充军。其窝主与买主，并牙保人等知情者，各依律治罪。妇人有犯，罪坐夫男。若不知情及无夫男者，止坐本妇，照常发落。

**谨案** 此条系原例。雍正三年(1725)奏准，今略卖子女者，俱以被略之人知情不知情分别拟绞、发遣为奴，与此例不符，删。

○一、凡人虽知拐带情由，并无和同诱拐、分受财物，暂容留数日者，不分旗、民，俱枷号两月。

一、凡诱取妇人子女，或典卖，或为妻妾子孙者，不分良人奴婢、已卖未卖，但诱取者，被诱之人若不知情，为首者绞监候，被诱之人不坐。若以药饼迷幼小子女，及一切邪术拐诱子女，为首者绞立决；其为从及和诱知情之人，律应流、徒者，俱发宁古塔给予穷披甲人为奴。若系旗人，止将本身发遣；系民，并妻发遣。有服亲属犯者，仍依本律服制科罪。妇人有犯，罪坐夫男。夫男不知情，及无夫男者，仍坐本妇。

**谨案** 此二条系雍正三年(1725)定。

一、凡诱拐妇人子女，或典卖，或为妻妾子孙者，不分良人奴婢、已卖未卖，但诱取者，被诱之人若不知情，为首者绞监候，被诱之人不坐。若以药饼及一切邪术迷拐幼小子女，为首绞立决，为从者照发黑龙江等处之例分别发遣。其和诱知情，为首者照例发遣，为从及被诱之人俱减等满徒。若虽知拐带情由，并无和同诱拐、分受赃物，暂容留数日者，不分旗、民，俱枷号两月发落。有服亲属犯者，仍各照本律科断。妇人有犯，罪坐夫男。夫男不知情，及无夫男者，仍坐本妇。决杖一百，余罪收赎。

**谨案** 此条乾隆五年(1740)将上二条修并增改。

一、凡诱拐妇人子女，或典卖，或为妻妾子孙者，不分良人奴婢、已卖未卖，但诱取者，被诱之人若不知情，为首者拟绞监候，被诱之人不坐。若以药饼及一切邪术迷拐幼小子女，为首者立绞，为从发极边足四千里充军。其和诱知情之人，为首者亦照前拟军，为从及被诱之人俱减等满徒。若虽知拐带情由，并无和同诱拐、分受赃物，暂容留数日者，不分旗、民，俱枷号两月发落。有服亲属犯者，分别有无奸情，照例科断。妇人有犯，罪坐夫男。夫男不知情，及无夫男者，仍坐本妇，照律收赎。

**谨案** 此条嘉庆六年(1801)修改。十一年(1806)，于"为首者拟绞监候"下，增"为从杖一百、流三千里"句。咸丰八年(1858)，于"被诱之人不坐"句下，增入"如被拐被逼成奸亦不坐"十字。

○一、盛京、乌拉等处居住之人买人，仍照例用印行买外，若不详询来历，混买人者，系另户，连妻子发往江宁、杭州披甲；系家人，止将本人发往江宁、杭州给穷披甲之人为奴。

**谨案** 此条雍正三年(1725)定。

○一、凡外省民人，有买贵州穷民子女者，令报明地方官用印准买，但一人不许买至四五人带往外省，仍令各州县约立官媒。凡买卖男妇人口，凭官媒询明来历，定价立契,开载姓名住址、男女年庚,送官钤印。该地方官预给循环印簿,将经手买卖之人登簿,按月缴换稽查。倘契中无官媒花押,及数过三人者,即究其略卖之罪。倘官媒通同棍徒兴贩,及不送官印契者,俱照例治罪。至来历分明而官媒揹索,许即告官惩治。如地方官不行查明,将苗民男妇用印卖与川贩者,照例议处。至印买苗口以后,给予路照,填注姓名年貌,关汛员弁验明放行。如有兵役留难勒索,及受贿纵放者,俱照律治罪,该管员弁分别议处。

**谨案** 此条乾隆五年(1740)定。

○一、贵州地方,有外省流棍,勾通本地玩法之徒,将民间子女拐去四川、湖广贩卖,甚将荒村居住之人硬行绑去贩卖,为首者照聚众抢夺路行妇女例立斩,在犯事地方正法,为从者俱拟绞监候。

**谨案** 此条雍正二年(1724)定。

一、贵州地方,有外来流棍,勾通本地棍徒,将民间子女拐去四川等省贩卖,甚将荒村居住之人硬行绑去贩卖,为首者照聚众抢夺路行妇女例立斩,在犯事地方正法,为从者俱拟绞监候。如有致死人命者,其为从之犯,俱照略人略卖人因而杀人为首斩监候律定拟。如地方该管员弁知情故纵者,照例议处。乡保、汛兵盘查不力,杖八十,革役;知情故纵者,杖一百;得财卖放者,以枉法从重论,罪止杖一百、流三千里。云南、四川所属地方,如有拐贩捆掳等犯,亦照贵州之例行。其一年限内拿获兴贩棍徒,并不能拿获之文武员弁,均按人数分别议处、议叙。

**谨案** 此条乾隆五年(1740)增定。

一、凡贵州地方,有外来流棍,勾通本地棍徒,将荒村居住民苗人户杀害人命,掳其妇人子女,计图贩卖者,不论已卖未卖、曾否出境,俱照强盗得财律,不分首从皆斩、枭示。其有迫胁同行,并在场未经下手,情尚可原者,于疏内声明,减为拟斩监候,请旨定夺。至杀一家三人以上者,仍从重定拟。其用威力强行绑去,及设方略诱往四川贩卖,不论已卖未卖、曾否出境,为首者拟斩立决,为从者拟绞监候。其有将被拐之人伤害致死者,除为首斩决外,为从者拟斩监候。若审无威力捆缚及设计强卖,实系和同诱拐往川者,不论已卖未卖,但起行在途,为首者拟绞监候,为从者杖一百、流三千里,被诱之人仍照例拟徒。其窝隐川贩在家,果有指引杀人捆掳,及勾通略诱和诱子女藏匿递卖者,审实,各与首犯罪同;其无指引勾串等情,但窝隐护送分赃,与仅知情窝留而未分赃者,仍照旧例分别定拟。云南、四川所属地方,如有拐贩捆掳等犯,亦照贵州之例行。其一年限内拿获兴贩棍徒,并不能拿获之文武员弁,均按人数分别议叙、议处。

**谨案** 此条系乾隆十二年(1747)将乾隆五年(1740)一条修改,并入乾隆三年(1738)所定"窝隐川贩"例文。其"云南、四川所属地方"以下,十二年(1747)原例不载,又系续行增入。

○一、凡伙众开窑,诱取妇人子女藏匿勒卖事发者,不分良人奴婢、已卖未卖,审系开窑情实,为首者照光棍例拟斩立决,为从发回城等处为奴。

**谨案** 此条雍正三年(1725)定。原文为从发宁古塔给穷披甲为奴,后照名例改遣。乾隆二十四年(1759),改发黑龙江等处为奴。五十六年(1791)奏准,将此项人犯,改发回城等处为奴。嘉庆二十二年(1817),调剂回疆遣犯,将原例"为从发回城等处为奴",改为"改发云贵两广烟瘴地方充军"。咸丰二年(1852),酌复旧例,发黑龙江为奴。

○一、凡诱拐人口为首拟绞人犯,若奉旨免死减等发落,应发宁古塔给穷披甲之人为奴者,照名例改遣之例问发。

**谨案** 此条雍正三年(1725)定。原文无末句,系乾隆五年(1740)增入。五十三年(1788)查此项人犯,嗣经改发烟瘴,二十六年(1761)改发新疆,三十六年(1771)又改发黑龙江,所云"照名例改遣之例",久经停止,此条删。

○一、凡收留迷失子女不报,及诱拐人犯,各衙门番捕不行查拿,经他处缉获,将番捕照缉盗逾限律责处;知而不拿者,照应捕人知罪人所在而不捕律,减罪人罪一等发落。该管官按窝留、诱拐人数分别议处。其直隶各省之地方、保甲人等,如见外来之人,带有幼童幼女,行走住宿,形迹可疑者,盘诘得实,即行捕治。倘有疏纵,经别处拿获,供出容留地方,将容留之家照知情容留拐带例惩治,地方、保甲照窝藏逃人例治罪,该地方官亦照例议处。如有借稽查名色讹诈生事者,均照讹诈例治罪。

**谨案** 此条雍正十三年(1735)定。

○一、凡窝隐川贩,果有指引、捆拐、藏匿、递卖确据者,审实,照开窑为首例,同川贩首犯皆斩立决,在犯事地方正法。其无指引、捆拐、递卖情事,但窝隐、护送、分赃者,不论赃数,不分首从,俱发边卫充军。其止知情窝留,未经分赃者,无论人数多寡,为首者杖一百、流三千里,为从杖一百、徒三年。其邻佑知而不首者,杖一百。

**谨案** 此条乾隆三年(1738)定。

○一、略卖海外番仔之内地民人,不分首从,杖一百、流三千里。俟有便船,仍令带回安插。文武官稽查不力,照外国之人私自进口不行查报,交部分别议处;得赃者,以枉法治罪。

**谨案** 此条乾隆五年(1740)定。

○一、贵州、云南、四川地方民人,诱拐本地子女,在本省售卖,审无勾通外省流棍情事,仍照诱拐妇人子女本例分别定拟。如捆绑本地子女,在本地售卖,为首拟斩监候,为从发边卫充军。

**谨案** 此条乾隆六年(1741)定。

○一、凡流棍贩卖贵州苗人,除本犯照例治罪外,其知情故买者,照违制律杖一百,仍将苗人给亲收领。

**谨案** 此条乾隆十二年(1747)定。

○一、奴及雇工略卖家长之妻女及子者,照卑幼强抢期亲尊属嫁卖例斩监候。

其因略卖而又犯杀伤、奸淫等罪,仍各照本律,分别斩决、凌迟,从重科罪。至略卖家长之期功以下亲属,仍照例拟绞;和者发遣。

**谨案** 此条乾隆二十四年(1759)定。道光五年(1825),将原例“和者发遣”句,增为“改发云贵两广极边烟瘴充军”。

○一、兴贩妇人子女,转卖与他人为奴婢者,照略卖良人为奴婢律,杖一百、流三千里;若转卖与他人为妻妾子孙,亦照略卖良人为妻妾子孙律,杖一百、徒三年。地方官匿不申报,别经发觉,交部议处。

**谨案** 此条乾隆二十四年(1759)定。

一、兴贩妇人子女,转卖与他人为奴婢者,杖一百、流三千里;若转卖与他人为妻妾子孙,杖一百、徒三年;为从各减一等。地方官匿不申报,别经发觉,交部议处。

**谨案** 此条嘉庆六年(1801)改定。

○一、凡诱拐内外大功以下缌麻以上亲及亲之妻,审无奸情者,仍依和、略卖大功以下尊卑亲本律,分别拟以杖、徒。若因奸而拐,及因拐而和奸,概照凡人诱拐例拟军。至诱拐缌麻以上亲之妾,毋论曾否通奸,亦概以凡人例定拟。

**谨案** 此条乾隆五十三年(1788)定。

一、和诱、略卖期亲卑幼,依律分别拟徒外,若略卖期亲尊长,照卑幼强抢期亲尊属嫁卖例拟斩监候;和者减一等,杖一百、流三千里。如因和诱而奸,仍依律各斩立决。

一、诱拐内外大功以下缌麻以上亲及亲之妻,审无奸情者,仍依和、略卖大功以下尊卑亲本律,分别和、略,拟以徒、流。若因奸而拐,及因拐而和奸,除从祖祖母、祖姑、从祖伯叔母、从祖伯叔姑、从父姊妹、母之姊妹,及兄弟妻、兄弟子妻者,各依律绞决外,余俱照凡人诱拐例拟军。至诱拐期亲以下缌麻以上亲之妾,毋论曾否通奸,概依凡人诱拐例定拟。惟奸父祖妾者,依律斩决,不在此例,诱拐者仍以凡论,略诱者绞候,和诱者发遣。

**谨案** 此二条嘉庆六年(1801)增修。

○一、凡奸夫诱拐奸妇之案,除本夫不知奸情,及虽知奸情而迫于奸夫之强悍不能禁绝,并非有心纵容者,奸夫仍依和诱知情为首例拟军,奸妇减等满徒。若系本夫纵容抑勒妻妾与人通奸,致被拐逃者,奸夫于军罪上减一等,杖一百、徒三年;奸妇及为从之犯再减一等,杖九十、徒二年半。本夫本妇之祖父母、父母,纵容抑勒通奸者,亦照此例办理。

**谨案** 此条道光二年(1822)定。

○一、凡将受寄他人十岁以下子女,卖为奴婢者,发极边足四千里充军;卖为子孙者,杖一百、徒三年;为从各减一等。若将受寄他人十一岁以上子女,和同卖为奴婢、子孙者,分别首从各递减一等。子女不知情者,仍照前例问拟。被卖之人俱不坐,给亲属领回。知情故买者,减本犯罪一等,不知者不坐。

**谨案** 此条道光三年(1823)定。

○一、内地奸民,及在洋行充当通事、买办,设计诱骗愚民,雇与洋人承工,其受雇之人,并非情甘出口,因被拐卖威逼,致父子兄弟离散者,不论所拐系男妇子女,及良人奴婢,已卖未卖,曾否上船出洋,及有无借洋人为护符,但系诱拐已成,为首斩立决,为从绞立决。该地方官获犯审实,一面按约照会外国领事官,将被拐之人立即释放送回;一面录取犯供解审,该督抚提勘后先行正法,按三月汇奏一次,仍逐案备招咨部。其华民情甘出口,在外国所属各处承工者,仍准其立约赴通商各口下船。

**谨案** 此条同治三年(1864)定。

**历年事例**

○顺治九年(1652)谕:"有市棍不守本分贸易,瞒哄无知,私禁土窖,因而外贩人口者,或将旗下妇女圈哄贩卖者,或掠卖民间子女者,更有强悍棍徒,托卖身为名,得银伙分者,恶弊滋害,着严行禁止。如故违发觉,治以重罪。"

○康熙六年(1667)谕:"凡抢夺妇女,拐骗幼子,此等光棍,严行五城、巡捕营、步军副尉等查拿。除本犯从重治罪外,系旗下人,将佐领及伊主一并治罪。如所属地方不行查拿,被旁人拿获者,该管巡缉官亦治罪。"

○又议准:凡聚众抢夺路行妇女,及以药饼扑项邪术迷拐男妇子女,或卖,或自为奴婢者,审实,凡伙谋之人,照光棍例俱拟斩立决。买者知情,减正犯一等,旗下人枷号两月、鞭一百,民人责四十板、流三千里,不知情者不坐。其正犯之主,知情不首者,系官革职,系旗人枷号两月、鞭一百,系民人责四十板、流三千里。将失察之领催鞭八十,总甲责三十板,五城坊官罚俸一年,司官罚俸六月;在外州县捕官罚俸一年,印官罚俸六月,知府捕厅罚俸三月。其八旗佐领、骁骑校,并府佐领、内管领、步军副尉、步军校、巡捕营官不行察拿,于该营汛内事发者,一并议处。

○十年(1671)复准:凡聚众抢夺路行妇女,照光棍例,不论得财与未得财,为首者立绞;为从者,系民责四十板、发边卫充军,系旗下枷号三月、鞭一百。

○十二年(1673)题准:凡以扑项药饼邪术迷拐男妇子女者,俱照设方略诱取良人为奴婢及略卖良人与人为奴婢之例行。

○十五年(1676)题准:凡聚众抢夺路行妇女,或卖,或自为奴婢者,照光棍例,不分首从、得财与未得财,皆斩。

○十六年(1677)题准:凡诱取他人子女典卖或为妻妾等事者,不分良人奴婢、已卖未卖,为首者立绞;为从者,旗下人枷号两月、鞭一百,民人杖一百、流三千里。如止一人者,照为首例立绞。被诱之人系和同者,照为从例治罪,不系和同者不坐。典买之人不知情免罪,追价给还。其以药饼扑项邪术迷拐男妇子女者,亦照此例。

○十九年(1680)议准:凡诱取不知情之人口者,为首之人拟绞监候,为从者照例治罪。如被诱之人知情和同者,仍照律行。其聚众抢夺路行妇女,照光棍例,为首者立斩,为从者俱拟绞监候,秋后处决。

○二十一年(1682)题准:凡有略卖人口者,顿于窑子、老虎洞等处,地方官知情故纵者,革职治罪;不知情失于觉察者,革职。该管上司官,俱降三级调用。

○二十二年(1683)议准:旗下人将诱来人口隐藏在家贩卖,本佐领、骁骑校、领催知而不首者,佐领、骁骑校俱革职,领催枷号一月、鞭一百。失察者,佐领罚俸一月,骁骑校罚俸三月,领催鞭五十。伊主知而不首者,系平人,枷号一月、鞭一百;系官革职。失察者,系平人鞭五十,系官罚俸三月。若各该管之人拿首,或犯人自行投首者,该管官并本主俱免议。如城内之民事犯,将五城该管官议处;其城外看庄家人事犯,本主亦照此例议处;在屯内住者,将屯领催照佐领下领催例治罪。

○又题准:凡诱卖人口,除为首及被诱不知情者,仍照例治罪外,其为从,并药饼迷拐子女各为从,及和同被诱知情之人应拟流徙者,不分旗下、民人,一概发宁古塔给予穷披甲之人为奴。系旗下人,止将本身发遣;系民,妻、子一并发遣。

○二十三年(1684)定:五城御史、巡捕三营及步军统领等,将私设窑子诱拐人口犯人严行查拿,务尽其类,以靖地方。若不行查拿,别经发觉者,照钱局官员处分例议罪。不得借查拿为名,妄扰良民。

○乾隆二年(1737)议准:嗣后黔省棍徒,掠取人口,勾串贩卖,地方该管员弁,倘有知情故纵情弊,该督抚、提镇访察指参,照拐带男妇知情不举例革职。至乡保、汛兵懈于盘查,及得钱卖放,审明如系盘查不力,并无故纵受财情弊,将乡保、汛兵照不应重律杖八十、革役。倘系知情故纵,审无受财情事,将乡保、汛兵照知而不首律杖一百;如有受财者,以枉法从重论,罪止杖一百、流三千里。

○六年(1741)议准:嗣后除外省流棍,勾通本地玩法之徒,将民间子女拐去川、广贩卖,或硬行绑去贩卖,及本地之人将本省人口,拐捆赴川、广等省贩卖,仍照定例分别首从定拟斩决、绞候外,至若本省民人,有诱拐本地人口,在本省地方售卖者,审无勾通川贩情事,仍照诱取妇人子女本例。被诱之人若未知情,为首者拟绞监候,为从及和诱知情之人发遣。如系本省之人,捆绑本地子女在本地售卖,较之诱拐人口者情罪稍重,虽未伤人,但既捆其人,复卖其身,即与伤人者无异,此等人犯,为首者照抢夺伤人例拟斩监候,为从者分别发边卫充军。

○十二年(1747)议准:嗣后贵州地方,有外来流棍,勾通本地棍徒,将荒村居住苗民人等,或杀害人命,掳其妇人子女,计图贩卖者,无论已卖未卖、曾否出境,俱照强盗得财,不分首从皆斩、枭示。其中有迫胁同行,并在场未经下手,情尚可原者,于疏内声明,减为拟斩监候,请旨定夺。至杀一家三人以上者,仍从重依杀一家非死罪三人律定拟。其用威力强行绑去,及用方略诱往四川等省贩卖,不论已卖未卖、曾否出境,为首者拟斩立决,在犯事地方正法,为从者拟绞监候。其有将被拐之人伤害致死者,除为首斩决外,为从者拟斩监候。若审无威力捆绑及设计强卖,实系和同诱拐往川者,不论已卖未卖,但起行在途,为首者拟绞监候,为从者杖一百、流三千里,被诱之人仍照例拟徒。至窝隐川贩在家,果有指引杀人捆掳,及勾通略诱、和诱子女藏匿、递卖者,审实,各与首犯罪同。其无指引勾串等情,但窝隐、护送分赃,与仅知情而未分赃者,仍照旧例分别定拟。

○十七年(1752)议准:"名例·犯罪自首"律,载"逃者虽不自首,能归还本所者,减二等"等语,系指本犯逃走后复还本所者而言。若拐逃之后,旋即送至他处,令人寄信伊夫领回,虽与本犯逃走后归还本所之律未符,然与竟行拐去远扬无踪者有间,应将拐逃者照和诱知情为首例量减一等,杖一百、徒三年,即行发配。

○咸丰八年(1858)奏准:诱拐不知情之例,载明被诱之人不坐。至拐后有奸,被奸之人不得以和论,仍应照例文不坐,以归划一。

○同治三年(1864)奏准:诱卖人口出洋之华人,如有诱卖实据,无论曾否威逼、是否拐骗,为首者斩立决,为从者绞立决。若被获之后,敢借洋人为护符者,准地方官权宜办理,将该犯先行正法。

○五年(1866)谕:"瑞麟等奏'拐卖人口出洋之奸徒,请于审明后即行正法'等语,所见甚是。此等奸徒,以诱拐人口出洋为渔利之计,其情罪实为可恶。着即照该督等所拟,于审明后,为首斩决,为从绞决,由该督抚提勘后即行正决,以挽颓风。仍着将决过人犯,三个月汇奏一次,以凭查核。"

○十一年(1872)奏准:嗣后遇有诱拐幼童案件,无论是否卖与洋人,并所拐幼孩能否即时承工,但卖与外来海洋船只,借口做工,果系诱拐已成,审实,应照前例分别斩、绞,先行正法。如中国之水手人等,勾串贩卖,亦分别首从严办。其情甘出口承工者,仍照约毫无禁阻。寻常拐卖人口,非卖与海洋船只,仍照常例科断。

○又奏准:嗣后诱拐人口出洋,无论已成未成,被诱之人,如非情甘出口者,仍照定例,为首斩立决,为从绞立决。若和诱华民出洋,雇与洋人承工,不分男女、良贱、已卖未卖,曾否上船,但系诱拐已成,被诱之人实系情甘出口者,即照将人口出境绞监候律,将为首者拟绞监候,秋后处决,为从杖一百、流三千里。至被诱之人,情甘出口,无非往外洋贸易,其被匪徒引诱,情节不无可原,应免置议。

○光绪十年(1884)议准:湖北省囤卖妇女,于湖河港汊中,停舟以待,遇有妇女误坐其船,则载之远扬。夫男同行,多被戕害。又有逼勒本夫嫁卖,妇女一入其手,逼奸逼嫁,俯首相从,否则逞其凶焰,加以凌虐。似此淫恶不法,为害地方,实较诸寻常抢夺诱卖妇女之案,情节为重,为首之犯,均照强盗及窝盗例拟斩立决,就地正法。

○十一年(1885)奏准:嗣后江苏省刁恶妇女,如有白蚂蚁名号,开设花烟馆,诱取良家妇女,除讯有串通土棍,伙众开窑,藏匿勒卖,及设计诱拐,本妇不知情者,分别按例拟以斩、绞外,如有诱拐犯该军、流者,比照京城奸媒例,实发驻防为奴。其诱取并非良妇,止系开设花烟馆,窝娼渔利者,即分别月日经久,及是否再犯,照例拟以枷、杖、徒、流。倘拟流收赎后复犯,亦即实发驻防为奴,不准收赎。并查明如家有夫男,照例坐罪。

# 卷七百九十六·刑部七十四

## 刑律·贼盗 发冢一

### 发冢一

〇凡发掘他人坟冢见棺椁者，杖一百、流三千里；已开棺椁见尸者，绞；监候。发而未至棺椁者，杖一百、徒三年。招魂而葬亦是。为从减一等。若年远冢先穿陷，及未殡埋而盗尸柩尸在柩未殡，或在殡未埋。者，杖九十、徒二年半；开棺椁见尸者，亦绞。杂犯。其盗取器物、砖石者，计赃准凡盗论，免刺。若卑幼发五服以内尊长坟冢者，同凡人论；开棺椁见尸者，斩。监候。若弃尸卖坟地者，罪亦如之。买地人、牙保知情者，各杖八十，追价入官，地归同宗亲属；不知者不坐。若尊长发五服以内卑幼坟冢，开棺椁见尸者，缌麻，杖一百、徒三年；小功以上，各递减一等；祖父母、父母发子孙坟冢，开棺椁见尸者，杖八十。其有故而依礼迁葬者，尊长卑幼俱不坐。若残毁他人死尸，及弃尸水中者，各杖一百、流三千里。谓死尸在家，或在野未殡葬，将尸焚烧残毁之类。若已殡葬者，自依发冢开棺椁见尸律从重论。若毁弃缌麻以上尊长未葬死尸者，斩；监候。弃他人及尊长而不失其尸，及毁而但髡发若伤者，各减一等；凡人减流一等，卑幼减斩一等。毁弃缌麻以上卑幼死尸，各依凡人毁弃，依服制递减一等；毁弃子孙死尸者，杖八十。其子孙毁弃祖父母、父母，及奴婢、雇工人毁弃家长死尸者，不论残失与否，斩。监候。律不载妻妾毁弃夫尸，有犯，依缌麻以上尊长律奏请。若穿地得无主死尸，不即掩埋者，杖八十。若于他人坟墓，为熏狐狸因而烧棺椁者，杖八十、徒二年；烧尸者，杖一百、徒三年。缌麻以上尊长，各递加一等。烧棺椁者，各加为杖九十、徒二年半；烧尸者，递加为杖一百、流二千里。不可依服属各递加，致反重于祖父母父母也。卑幼各因其服，依凡人递减一等。若子孙于祖父母、父母，及奴婢、雇工人于家长坟墓熏狐狸者，杖一百；烧棺椁者，杖一百、徒三年；烧尸者，绞。监候。平治他人坟墓为田园者，虽未见棺椁，杖一百。仍令改正。于有主坟地内盗葬者，杖八十，勒限移葬。若将尊长坟冢平治作地，得财卖人，止问诓骗人财，不可作弃尸卖坟地断，计赃轻者，仍杖一百。买主知情，则坐不应重律，追价入官；不知情，追价还主。若地界内有死人，里长、地邻不申报官司检验，而辄移他处及埋藏者，杖八十；以致失尸者，首杖一百；残毁及弃尸水中者，首杖六十、徒一年；残弃之人，仍作流罪。弃而不失，及髡发若伤者，各减一等；杖一百。若邻里自行残毁，仍坐流罪。因而盗取衣服者，计赃准窃盗论，免刺。

**附律条例**

○一、凡发掘贝勒、贝子、公、夫人等,及历代帝王、名臣先贤坟墓,开棺为从,与发见棺椁为首者,俱发边卫;发见棺椁为从,与发而未至棺椁为首,及发常人冢开棺见尸为从,与发见棺椁为首者,俱发附近充军。如有纠众发冢起棺,索财取赎者,比依强盗得财律,不分首从皆斩。

**谨案** 此条系原例。

一、凡发掘贝勒、贝子、公、夫人等坟冢,开棺椁见尸者,为首斩立决,为从皆绞立决;见棺者,为首绞立决,为从皆绞监候;未至棺者,为首绞监候,为从皆佥妻发边卫永远充军。如有发掘历代帝王陵寝、先贤名臣及前代藩王坟墓者,俱照此例治罪。所掘金银,交与该抚饬令地方官修葺坟冢,其玉带、珠宝等物仍置冢内。

**谨案** 雍正三年(1725)将原例前段修改,定为此条。后段"发常人冢"以下,分出另为一条。乾隆五年(1740),将"为从皆佥妻发边卫永远充军"句,改为"为从佥妻发边远充军"。二十四年(1759),又删"佥妻"二字。

一、凡发掘贝勒、贝子、公、夫人等坟冢,开棺椁见尸者,为首斩立决、枭示,为从皆绞立决;见棺者,为首绞立决,为从皆绞监候;未至棺者,为首绞监候,为从发边远充军。如有发掘历代帝王陵寝,及《会典》内有从祀名位之先贤名臣,并前代分藩亲王,或递相承袭分藩亲王坟墓者,俱照此例治罪。若发掘前代分封郡王及追封藩王坟墓者,除犯至死罪,仍照发掘常人坟冢例定拟外,余各于发掘常人坟冢本罪上加一等治罪。以上所掘金银,交与该督抚饬令地方官修葺坟冢,其玉带、珠宝等物仍置冢内。

**谨案** 此条道光二年(1822)增定。同治四年(1865),又于"为首斩立决"下,增入"枭首"二字。

○一、凡发掘常人坟冢,开棺见尸为从,与发见棺椁为首者,俱发附近充军。如有纠众发冢起棺,索财取赎者,比依强盗得财律,不分首从皆斩。

**谨案** 此条系雍正三年(1725)从原例分出。

一、凡偷刨坟墓为从之犯,开棺三次,及至三次以外者,审实有赃证次数确据、事主告发实情,照三犯窃盗律拟绞监候;二次者,发烟瘴充军;一次者,仍照例发附近充军。

**谨案** 此条雍正十三年(1735)定。两条内发附近充军之犯,于乾隆二十三年(1758)改发新疆。三十二年(1767)仍发内地,照原例加一等发边卫充军。

一、发掘常人坟冢,见棺椁为首,与开棺见尸为从,一次者,俱改发边卫充军;开棺见尸为从,二次者,实发烟瘴充军;如有脱逃被获,俱请旨即行正法。若为从开棺三次,及至三次以外,审有赃证次数确据、事主告发实情者,照窃盗三犯律拟绞监候。如有纠众发冢起棺,索财取赎者,比依强盗得财律,不分首从皆斩。

**谨案** 此条乾隆三十二年(1767)将上二条修并。

一、发掘常人坟冢,见棺椁为首,与开棺见尸为从,一次者,发附近充军;二次者,实发烟瘴充军。如年在五十以下者,俱改发伊犁等处酌拨当差。如有脱逃被获,在配所用重枷枷号三月,杖责管束。若为从开棺三次,及至三次以外,审有赃证次数确据、事主告发实情者,照窃盗三犯律拟绞监候。其发冢见棺,锯缝凿孔,抽取衣物首饰,并非显露尸身者,发近边充军,为从减一等。如有纠众发冢起棺,索财取赎者,比依强盗得财律,不分首从皆斩。

**谨案** 此条嘉庆六年(1801)改定。

一、发掘常人坟冢,见棺椁为首,与开棺见尸为从,一次者,俱改发近边充军;开棺见尸为从,二次者,实发烟瘴充军。如年在五十以上,见棺椁为首,与开棺见尸为从,一次者,发附近充军;开棺见尸为从,二次者,仍发烟瘴充军。若为从开棺三次,及至三次以外,审有赃证次数确据、事主告发实情者,照窃盗三犯律拟绞监候。为从三次,审系帮同开棺,秋审入于情实;仅止在坟外瞭望,入于缓决。至三次以外,虽止瞭望,俱拟情实。其发冢见棺,锯缝凿孔,抽取衣物首饰,并非显露尸身者,发近边充军,为从减一等。如有纠众发冢起棺,索财取赎者,比依强盗得财律,不分首从皆斩。

**谨案** 此条嘉庆十一年(1806)改定。

一、发掘常人坟冢,见棺椁为首,与开棺见尸为从,一次者,俱改发近边充军;开棺见尸为从,二次者,实发烟瘴充军。如年在五十以上,见棺椁为首,与开棺见尸为从,一次者,发附近充军;开棺见尸为从,二次者,仍发烟瘴充军。若为从开棺三次,及至三次以外,均以见一尸为一次,不得以同时同地连发多冢者作一次论。审有赃证次数确据、事主告发实情者,照窃盗三犯律拟绞监候。为从三次,审系帮同开棺,秋审入于情实;仅止在坟外瞭望,入于缓决。至三次以外,虽止瞭望,俱拟情实。其发冢见棺,锯缝凿孔,抽取衣物首饰,并非显露尸身者,发近边充军,为从减一等。

**谨案** 此条嘉庆十八年(1813)改定,将原例"纠众发冢起棺"一段,分出另为一条。二十一年(1816),复将"见棺椁为首"至"实发烟瘴充军"一段,改为"见棺椁为首者,改发近边充军;为从者,杖一百、徒三年。开棺见尸为从,一次者亦改发近边充军,二次者实发烟瘴充军";将末段"并非显露尸身"以下,改为"并非显露尸身,为首一二次者,发近边充军;三次者,发边远充军;四次及四次以上者,照积匪猾贼例发极边烟瘴充军。为从一二次者,杖一百、徒三年;三次者,照杂犯流罪总徒四年;四次五次者,发边远充军;六次及六次以上者,发极边烟瘴充军"。

一、发掘常人坟冢,开棺见尸,为首者,拟斩立决;为从,无论次数,俱拟绞监候。其发冢见棺,锯缝凿孔,抽取衣饰,尚未显露尸身,为首拟绞立决,为从俱拟绞监候。发冢开棺见尸为从,帮同下手开棺者,不论次数,秋审俱入情实;在外瞭望一二次者,入于缓决,三次及三次以上者,入于情实。其发冢见棺,锯缝凿孔为从,帮同凿棺锯棺,三次及三次以上者,入于情实,一二次者,入于缓决;在外瞭望,六次者,入于情实,一次至五次者,入于缓决。至发掘常人坟冢,见棺椁为首者,改发近边充军;年在五十以上,发附近充军;为从者,杖一百、徒三年。

**谨案** 此条同治四年(1865)改定。光绪十二年(1886),复将为从罪名,改为"开棺见尸为从,无论是否帮同下手,在外瞭望,均入于秋审情实。锯缝凿孔为从,但经帮同凿锯,不论次数,并在外瞭望已至三次以上者,俱入情实;其瞭望仅止一二次者,入于缓决"。

○一、凡奴婢、雇工人发掘家长坟冢,见棺椁者,为首绞立决,为从绞监候;开棺椁见尸者,为首斩立决,为从斩监候;毁弃、抛撒死尸者,不分首从,皆斩立决。子孙犯者,俱照此例科断。

**谨案** 此条雍正三年(1725)定。

一、凡奴婢、雇工人发掘家长坟冢,已行未见棺者,为首拟绞监候,为从发边卫充军;见棺椁者,为首绞立决,为从绞监候;开棺椁见尸者,为首斩立决,为从斩监候;毁弃、抛撒死尸者,不分首从,皆斩立决。子孙犯者,俱照此例科断。

**谨案** 此条乾隆五年(1740)增定。三十二年(1767)改"边卫"为"近边"二字。

一、凡奴婢、雇工人发掘家长坟冢,已行未见棺椁者,为首拟绞监候,为从发近边充军;见棺椁者,为首绞立决,为从绞监候;开棺见尸者,为首斩立决,为从斩监候;毁弃、抛撒死尸者,不分首从,皆斩立决。如有家长、尊卑亲属或外人,为首为从,分别服制、凡人,各以首从论。

**谨案** 嘉庆六年(1801),将子孙发掘父祖坟冢,另立专条。十一年(1806),因将前例改定。同治四年(1865),于"斩立决"下俱增入"枭示"二字。

○一、民人除无故挖焚已葬尸棺者,仍照例治罪外,其因争坟阻葬,开棺易罐,埋藏占葬者,亦照开棺见尸、残毁死尸各本律治罪。若以他骨暗埋,预立封堆,伪说荫基,审系恃强占葬者,照强占官民山场律治罪;审系私自偷埋者,照于有主坟地内偷葬律治罪;其侵犯他人坟冢者,照发掘他人坟冢律治罪。如果审系地师教诱,将教诱之地师,均照诈教诱人犯法律分别治罪。若地方官隐讳宽纵,不实力查究,照例参处。

**谨案** 此条雍正十三年(1735)定。

○一、凡贪人吉壤,将远年之坟盗发者,子孙告发,审有确据,将盗发之人,依开棺见尸律拟绞监候。如非其子孙,又非实有确据之前人古冢,但因有土墩,见人埋葬,辄称伊远祖坟墓,勾引匪类,伙告伙证,陷害无辜,审明,将为首者照诬告人死罪未决律杖一百、流三千里,为从各照诬告为从律科断。若实系本人远祖之坟,被人发掘盗葬,因将所盗葬之棺,发掘抛弃者,照祖父母父母被杀子孙不告官司而擅杀行凶人律,杖六十。若盗葬者,并无发掘等情,止在切近坟旁盗葬,而本家辄行发掘者,应照地界内有死人不告官司而辄移他处律科断;如有毁弃尸骸,照地界内有死人而移尸毁弃律科断;盗葬之人,仍照本律杖八十,责令迁移。若非系坟地,止在田地场园内盗葬,而地主发掘之者,除开棺见尸,仍照律拟绞外,其不开棺见尸者,各照本律减一等科断;其盗葬之人,照本律减二等杖六十,亦责令迁移。如两造本系亲属,其所侵损之坟冢、尸骸,与本人皆有服制者,各照律内服制科断。

**谨案** 此条雍正十三年(1735)定。乾隆五十三年(1788),查照五十年(1785)奏准新例,将此条修改,分列二条。

一、贪人吉壤,将远年之坟盗发者,子孙告发,审有确据,将盗发之人,依开棺见尸律拟绞监候。如非其子孙,又非实有确据之前人古冢,但因有土墩,见人埋葬,辄称伊远祖坟墓,勾引匪类,伙告伙证,陷害无辜,审明,将为首者照诬告人死罪未决律杖一百、流三千里,为从各照诬告为从律科断。若实系本人远祖之坟,被人发掘盗葬,因将所盗葬之棺,发掘抛弃者,照祖父母父母被杀子孙不告官司而擅杀行凶人律,杖六十。若盗葬者,并无发掘等情,止在切近坟旁盗葬,而本家辄行发掘者,应照地界内有死人不报官司而辄移他处律科断;如有毁弃尸骸,照地界内有死人而移尸毁弃律科断。若非系坟地,止在田地场园内盗葬,而地主发掘,开棺见尸,仍照律拟绞。其不开棺见尸者,各照本律减一等治罪。如两造本系亲属,其所侵损之坟冢、棺椁、尸骸,与本身皆有服制者,各照律内服制科断。

一、凡盗葬之人,除侵犯他人坟冢,发掘开棺见尸者,仍各按照律例治罪外,如因盗葬后,被地主发掘弃毁,无论所葬系尊长及卑幼尸柩,俱照强占官民山场律杖一百、流三千里。如于有主坟地,及切近坟旁盗葬,尚无侵犯,致被地主发掘等情者,照强占山场满流律量减一等,杖一百、徒三年。若止于田园山场内盗葬者,照强占山场满流律量减二等,杖九十、徒二年半。仍勒限一月,押令犯属迁移。逾限不迁,即将犯属枷示,候迁移日释放。其唆令盗葬之地师、讼师,与本犯一体治罪。

〇一、盗未殡尸柩,及发年久穿陷之冢,未开棺椁者,杖一百、徒三年;如开棺见尸一次者,为首发边远充军;二次者,发极边烟瘴充军;三次者,绞。为从一次者,仍照杂犯流罪总徒四年;二次者,发边远充军;三次者,发极边烟瘴充军;三次以上者,亦绞。

**谨案** 此条系乾隆五年(1740)定。十六年(1751),照律注于“未殡”下增“未埋”二字。

一、盗未殡未埋尸柩,及发年久穿陷之冢,未开棺椁者,杖一百、徒三年;为从,杖九十、徒二年半。如开棺见尸为首,一次者,发边远充军;二次者,发极边烟瘴充军;三次者,绞。为从,一次者,仍照杂犯流罪总徒四年;二次者,发边远充军;三次者,发极边烟瘴充军;三次以上者,亦绞。

**谨案** 此条嘉庆二十一年(1816)增定。

〇一、凡愚民惑于风水,擅称洗筋、检筋名色,将已葬父母及五服以内尊长骸骨,发掘检视,占验吉凶者,均照服制以毁弃坐罪;帮同洗检之人,俱以为从论。地保扶同隐匿,照知人谋害他人不即阻首律杖一百。若有故而以礼迁葬,仍照律勿论。

**谨案** 此条乾隆十一年(1746)定。

〇一、凡殴、故杀人案内,凶犯起意埋尸灭迹,其听从抬埋之人,如审系在场帮殴有伤律应满杖者,照弃尸不失律杖一百、徒三年;其在场并未伤人,止于听从抬埋,照里长地邻弃尸为首律杖六十、徒一年。若受雇抬埋,并不知情,及因格捕奸盗致死例不抵命之人,因而私埋等案,仍照地界内有死人不报官司而辄移藏律拟杖。

**谨案** 此条乾隆四十一年(1776)定。

一、凡殴、故杀人案内,凶犯起意残毁死尸及弃尸水中,其听从抬弃之人,无论在场有无伤人,俱照弃尸为从律杖一百、徒三年;若埋尸灭迹,其听从抬埋之人,审系在场帮殴有伤律应满杖者,亦杖一百、徒三年;其在场并未伤人,止于听从抬埋者,照里长地邻弃尸律杖六十、徒一年。如案内余人,起意毁弃及埋尸灭迹,仍照弃尸为首律,杖一百、流三千里。不失尸者,各减一等。若受雇抬埋,并不知情,及因格捕奸盗致死例不抵命之人,因而私埋等案,仍照地界内有死人不报官司而辄移藏律杖八十,不失尸者减一等。

**谨案** 此条嘉庆六年(1801)增定。

一、窃劫之犯,如有在湖河舟次格斗致毙,尸堕水中,漂流不获,及山谷险隘,猝然御暴,尸沉涧溪,本无毁弃之情者,仍依格杀本律科断,毋庸牵引弃尸之律。若系在家黄夜格捕,致死奸盗之犯,或在旷野道途,格杀拒捕盗贼,罪本不应拟抵,将尸毁弃掩埋、移投坑井者,照地界内有死人不报官司私自掩埋律杖八十;因而遗失者,照地界内有死人移置他所以致失尸律杖一百。如有格杀之后,怀挟仇恨,逞凶残毁,投弃水火,割剥损伤者,仍照毁弃死尸本律科罪。其随同协捕共殴之余人,有犯弃毁、移埋等项,俱照此例分别办理。

**谨案** 此条乾隆二十七年(1762)定。其"随同协捕"一节,三十二年(1767)增。嘉庆十六年(1811),将前条"及因格捕奸盗致死例不抵命之人,因而私埋等案"句删去,改此条例首一字为"至"字,并为一条。

〇一、凡子孙发掘祖父母、父母坟冢,均不分首从,已行未见棺椁者,皆绞立决;见棺椁者,皆斩立决;开棺见尸,并毁弃尸骸者,皆凌迟处死。如有尊长卑幼或外人,为首为从,分别服制、凡人,各以首从论。

**谨案** 此条嘉庆六年(1801)遵旨议定。

一、子孙发掘祖父母、父母坟冢,均不分首从,已行未见棺椁者,皆绞立决;见棺椁者,皆斩立决;开棺见尸,并毁弃尸骸者,皆凌迟处死。若开棺见尸至三冢者,除正犯凌迟处死外,其子俱发往伊犁当差。如有尊长卑幼或外人,为首为从,分别服制、凡人,各以首从论。

**谨案** 此条嘉庆十五年(1810)遵旨增定。道光六年(1826),将"发往伊犁当差",改为"改发极边足四千里充军"。二十四年(1844),仍发新疆。

〇一、凡指称旱魃,刨坟毁尸,为首者,照发冢开棺见尸律拟绞监候。如讯明实无嫌隙,秋审入于缓决;若审有挟仇泄忿情事,秋审入于情实。为从帮同刨毁者,改发近边充军;年在五十以上,仍发附近充军。其仅止听从同行,并未动手者,杖一百、徒三年。

**谨案** 此条嘉庆九年(1804)遵旨议定。原议"帮同刨毁者,附近充军;年五十以下,伊犁当差",十年(1805)改定此文。

○一、子孙因贫,盗祖父母、父母未殡未埋尸柩,不分首从,开棺见尸者,皆斩立决。如未开棺椁,事属已行,确有显据者,皆绞立决。如有尊长卑幼或外人,为首为从,分别服制、凡人,各以首从论。

**谨案** 此条嘉庆十三年(1808)定。十九年(1814)删例首"因贫"二字。

○一、有服卑幼盗尊长未殡未埋尸柩,未开棺椁者,为首,期亲卑幼发极边烟瘴充军,功、缌卑幼发边远充军;为从,期亲卑幼发边远充军,功、缌卑幼发近边充军。开棺见尸者,为首,期亲卑幼发黑龙江等处为奴,功、缌卑幼发极边烟瘴充军;为从,期亲卑幼发极边烟瘴充军,功、缌卑幼发边远充军。如有尊长或外人,为首为从,分别服制、凡人,各以首从论。

**谨案** 此条嘉庆十三年(1808)定。及下条内应发黑龙江之犯,嘉庆十七年(1812),均改为"实发云贵两广极边烟瘴充军";其应发极边烟瘴之犯,改发极边足四千里充军。

○一、有服卑幼发掘尊长坟冢,未见棺椁者,为首,期亲卑幼发极边烟瘴充军,功、缌卑幼发边远充军;为从,期亲卑幼发边远充军,功、缌卑幼发近边充军。见棺椁者,为首,期亲卑幼发黑龙江等处为奴,功、缌卑幼发极边烟瘴充军;为从,期亲卑幼发极边烟瘴充军,功、缌卑幼发边远充军。开棺见尸者,为首之卑幼,无论期亲、功缌,均拟斩监候;为从之卑幼,均发黑龙江等处为奴。如有尊长或外人,为首为从,分别服制、凡人,各以首从论。

**谨案** 此条系嘉庆十三年(1808)定。

一、有服卑幼,发掘尊长坟冢,未见棺椁者,为首,期亲卑幼发极边足四千里充军,功、缌卑幼发边远充军;为从,期亲卑幼发边远充军,功、缌卑幼发近边充军。见棺椁者,为首,期亲卑幼实发云贵两广极边烟瘴充军,功、缌卑幼发极边足四千里充军;为从,期亲卑幼发极边足四千里充军,功、缌卑幼发边远充军。如有尊长或外人,为首为从,分别服制、凡人,各以首从论。开棺见尸,并锯缝凿孔,首从之卑幼,无论期亲、功缌,照常人一例问拟。

**谨案** 此条同治四年(1865)改定。

# 卷七百九十七 · 刑部七十五

## 刑律 · 贼盗 发冢二

**发冢二**

〇一、有服尊长盗卑幼未殡未埋尸柩，开棺见尸者，缌麻尊长为首，依发卑幼坟冢开棺见尸杖一百徒三年律减一等；未开棺椁者，再减一等。如系小功以上尊长为首，各依律以次递减。为从之尊长，亦各按服制减为首之罪一等。如有卑幼或外人，为首为从，分别服制、凡人，各以首从论。

**谨案** 此条嘉庆十六年(1811)定。

〇一、纠众发冢起棺，索财取赎，已经得财者，比依强盗得财不分首从皆斩律，拟斩立决。仍令各该督抚严行究审，将起意及为从下手发掘扛抬棺木之犯，照强盗法所难宥例声请正法；仅止跟随同行在场瞭望之犯，照情有可原发遣例，发新疆给官兵为奴。其未经得财者，首犯，仍比依强盗得财律拟斩立决；从犯，俱比照强盗情有可原例发遣。

**谨案** 此条嘉庆十八年(1813)从“发掘常人坟冢”例内分出增定。

一、纠众发冢起棺，索财取赎，已得财者，将起意及为从下手发掘扛抬棺木之犯，比依强盗得财律，不分首从，皆斩立决；跟随同行在场瞭望之犯，发新疆给官兵为奴。其未经得财者，首犯，仍比依强盗得财律斩立决；从犯，俱发新疆给官兵为奴。如发冢后将尸骨抛弃道路，并将控告人杀害者，亦照强盗得财律，不分首从，皆斩立决。

**谨案** 此条同治四年(1865)改定。

〇一、平治他人坟墓为田园，未见棺椁，止一冢者，仍照律杖一百。如平治多冢，每三冢加一等，罪止杖一百、徒三年。卑幼于尊长有犯，缌麻、功服，各加凡人一等，期亲又加一等。若子孙平治祖坟，并奴仆、雇工平治家长坟，一冢者，杖一百、徒三年，每一冢加一等；仍照加不至死之例，加至实发云贵两广极边烟瘴充军为止。其因平治而盗卖坟地得财者，均按律计赃准窃盗论加一等；赃轻者，各加平治罪一等。知情谋买者，悉与犯人同罪，不知者不坐。如因平治而强占或盗卖，计亩数多，按例应拟徒、流、充军，以至因平治而见棺见尸，并弃毁尸骸，按例应拟军、遣、斩、绞、凌迟者，仍照各本例，从其重者论。其子孙因贫卖地，留坟祭扫，并未平治，又非盗卖者，不在此例。

**谨案** 此条嘉庆二十二年(1817)定。原议前段加等,系加至遣罪为止,二十五年(1820)改定。

○一、奴仆、雇工人盗家长未殡未埋尸柩,未开棺椁,事属已行,确有显迹者,照发冢已行未见棺例,为首绞监候,为从发近边充军;开棺见尸者,照发冢见棺椁例,为首绞立决,为从绞监候。其毁弃、抛撒死尸者,仍照旧例不分首从,皆斩立决。

**谨案** 此条乾隆六年(1741)议准,嘉庆二十二年(1817)纂定。

○一、盗未殡未埋尸柩,锯缝凿孔,为首一二次者,杖一百、徒三年;三次者,照杂犯流罪总徒四年;四次五次者,发边远充军;六次及六次以上,发极边烟瘴充军。为从一二次者,杖九十、徒二年半;三次者,杖一百、徒三年;四次五次者,总徒四年;六次七次者,发边远充军;八次及八次以上者,发极边烟瘴充军。

○一、发掘坟冢并盗未殡未埋尸柩,无论已开棺未开棺,及锯缝凿孔等项人犯,各按其所犯本条之罪,分别首从,并计科断。如一人叠窃,有首有从,则视其为首次数与为从次数、罪名相比,从其重者论。若为首各次,并计罪轻,准其将为首次数,归入为从次数内并计科罪。不得以为从次数,作为为首次数并计,亦不得以盗未殡未埋尸柩及锯缝凿孔之案,归入发冢见棺及开棺见尸案内,并计次数治罪。

○一、受雇看守坟墓,并无主仆名分之人,如有发冢及盗未殡未埋尸柩,并锯缝凿孔,与未开棺椁者,或自行盗发,或听从外人盗发,除死罪无可复加外,犯该军、流以下等罪,悉照凡人首从各本律例上加一等问拟。

**谨案** 以上三条俱嘉庆二十四年(1819)定。

○一、夫毁弃妻尸者,比依尊长毁弃期亲卑幼死尸律,于凡人杖流上递减四等,杖七十、徒一年半;不失尸,及毁而但髡发若伤者,再减一等,杖六十、徒一年。

**谨案** 此条道光五年(1825)定。

○一、凡发掘坟冢,及锯缝凿孔偷窃之案,但经得财,俱核计所得之赃,照窃盗赃科断。如计赃轻于本罪者,仍依本例定拟;若计赃重于本罪者,即从重治罪。

**谨案** 此条咸丰二年(1852)定。

### 历年事例

○乾隆元年(1736)奏准:查律载"凡发掘坟冢开棺见尸者,绞监候。卑幼发尊长坟冢开棺见尸者,斩监候。奴婢、雇工人发掘家长坟冢开棺见尸者,为首者斩立决,为从者斩监候"等语,立法未始不严。而发冢之事,所在皆有。盖缘民间营造坟墓,多系山乡僻壤,人迹稀少之区。以故宵小之徒,辄敢恣行开棺。但发掘坟墓,断非一手一足所能举行。地方官诚能严加缉捕,穷究党羽,务将凶犯明正典刑,则此等盗犯,自必畏法潜踪,不敢肆行无忌。乃民间发冢之案,往往弋获者少,总因盗贼虽有治罪之条,而地方官向无议处之例,是以视同膜外,一任凶犯远扬。查人命盗案,凡承缉、接缉之官,如凶犯、盗贼限满不获,均已严定处分。今发冢之案,独无承缉、接缉处分,遂不免有膜视玩纵之弊,实于地方大有未便。嗣后凡地方遇有发冢案件,一经事主报官,地方官即验明通报,照依命案缉凶之例,扣限一年缉获。如逾限不获,将承缉官照命案缉凶不力例罚俸一年。倘隐忍不报,照讳命例议处。其接缉之官逾限不获,亦照接缉命案之例议处。如接缉之官,能将前任未获之犯缉获者,交部议叙。

○六年(1741)议准:查律载“凡发掘人坟冢见棺椁者,杖一百、流三千里;已开棺椁见尸者,绞监候;发而未至棺椁者,杖一百、徒三年。若年远冢先穿陷,及未殡埋而盗尸柩者,杖九十、徒二年半;开棺见尸者,亦绞。杂犯,准徒五年。其盗取器物、砖石者,计赃准凡盗论,免刺”,又例载“奴婢、雇工人发掘家长坟冢见棺椁者,为首绞立决,为从绞监候;开棺椁见尸者,为首斩立决,为从斩监候”,又新定例载“发掘家长坟冢已行而未见棺者,绞监候”等语,是凡人发掘坟冢,及未殡埋而盗尸柩,分别见棺、见尸轻重,定拟固属周详。但细绎律注内云“尸在柩未殡,在殡未埋”,乃专指在家,或暂停他所,未经砌有砖石者言也。其砌有砖石等类,瘗于野而藏之,往往迟至三五年及二三年者,则已有丘墓之形,而实未埋于土,是为浮厝。若有盗此等棺柩,较之坟冢则情轻,比之未殡埋则情重,律内并未分析注明作何治罪之条。嗣后盗开凡人浮厝见棺椁者,照发掘他人坟冢见棺椁律减一等,徒三年;盗开凡人浮厝见尸者,照发掘他人坟冢见尸减一等,杖一百、流三千里;为从再各减一等。倘浮厝业已倾圮坍塌,有偷盗棺外器物者,仍照盗取器物砖石之律治罪,庶于情法益为妥协。再凡人盗开浮厝与发掘坟冢,既以轻重分别,则奴婢、雇工人盗开家长浮厝,与发掘家长坟冢,亦应有差等之分。嗣后凡奴婢、雇工人盗开家长浮厝见棺椁者,为首绞监候,为从杖一百、流三千里;开棺椁见尸者,为首绞立决,为从绞监候;其毁弃、抛撒死尸者,仍照原例,不分首从,皆斩立决。至停柩在家,或在野,未砌砖石,有偷盗棺外器物者,仍照律定拟,不在此例。

○十六年(1751)议准:据江苏巡抚题,“金坛县民吴惠忠因贫难度,割孩尸之头,往丁仁琳家恐吓借贷一案。情罪虽属可恶,但非例载实在光棍之条。该抚以残毁尸骸,俨同戮尸,摘引光棍例,将吴惠忠拟以斩决,与例不符。若照开棺见尸拟绞,揆其情罪,又觉稍轻。查例内律无正条,比照某律某例加一等减一等科断,详细奏明,恭候谕旨遵行”等语,吴惠忠应照开棺见尸律量加改为拟斩监候,秋后处决。

○五十一年(1786)议准:查律载“于有主坟地内盗葬,杖八十”,又例载“在切近坟旁盗葬,而本家辄行发掘者,应照地界内有死人不报官司而辄移他处律科断;如有弃毁尸骸,照地界内有死人而移尸弃毁律科断;盗葬之人,止照本律杖八十。若非系坟地,止在田地场园内盗葬,而地主发掘者,除开棺见尸,仍照律拟绞外,其不开棺见尸者,各照本律减一等科断。其盗葬之人,亦止照本律减二等杖六十。私自偷埋,侵犯他人坟冢者,照发掘他人坟冢律治罪”各等语。例意原以有主坟地被人盗葬,地主自可告官勒迁,乃辄逞忿发掘弃毁,残及枯骨,是以定例从严。而于盗葬之人,向不论其有无致被发掘,俱照本律拟以杖责,原例实未允协。查地主残毁尸棺,皆系盗葬者惑于风水,谋人吉壤构衅所致。则盗葬之人,既致所亲棺骸于暴露,又转罹地主于罪戾,实为首祸之人,自应从重治罪。嗣后盗葬之人,其有侵犯他人坟冢,或致见棺见尸者,仍各按照律例治罪外,如止于他人田园山场内盗葬者,即照强占官民山场杖一百流三千里律量减二等,杖九十、徒二年半;如于有主坟地内切近坟旁盗葬,尚未侵犯坟冢,致见棺见尸情重者,即照强占官民山场杖一百流三千里律量减一等,杖一百、徒三年。勒限一月,押令犯属迁移。逾限不迁,即将犯属枷示,俟迁移日释放。倘盗葬后被地主发掘弃毁尸骸,及开棺见尸者,除地主仍照例分别治罪外,盗葬之人,无论所葬尊长及卑幼尸柩,俱照强占官民山场律杖一百、流三千里。其地师、讼师,如审有唆令盗葬情事,即与本犯一体治罪。

○嘉庆六年(1801)谕:"刑部议复四川省具题崇宁县民黄万烦,盗开伊母尸棺,剥取衣服,并毁弃死尸,拟斩立决一本。阅其情节,实属穷凶极恶。黄万烦于伊母罗氏,生前不能侍奉,致令依靠次子黄万烜居住。及至黄罗氏殁后,黄万烦忍于开棺剥取尸衣,致将伊母右手曲脉拧落。又挟嫌诬害王文彩,将伊母尸手丢弃王文彩田内,希图拖累泄忿。忍心害理,残恶已极。该督等比照奴婢雇工毁弃抛撒家长死尸不分首从皆斩立决例拟斩立决,实为纰谬错误。人子之于父母,其恩谊迥非奴婢、雇工之于家长可比。设该犯于伊母生前毁折肢体,应得何罪?岂有如此极恶逆犯,仅予斩决之理。黄万烦着即凌迟处死。并着刑部载入律例。"

○九年(1804),山东巡抚奏高密县民仲二等,捏称李宪德尸成旱魃,纠众刨毁一案,将仲二于发冢开棺见尸律上量减,发伊犁当差。奉旨:"旱魃之名,见于《大雅》。后世稗乘相传,遂以为僵尸岁久,即为旱魃,其说本属不经。而乡曲小民,惑于传播之言,每有刨坟烧尸之事。即如此案仲二等与李诒迁并无仇隙,止因时届亢旱,见伊父李宪德坟土潮润,疑为尸成旱魃,遂至纠众刨坟,钩出尸身。以其皮肉未腐,辄称实系旱魃,相率击打烧毁,情节殊为惨酷。夫旱熯乃系天行,岂朽胔残骸所能为虐。而蚩氓无识,妄谓除魃遂可弭灾。若不严设例禁,任听乡愚刨坟击打,甚至不肖匪徒,挟仇残忍,于风俗人心,大有关系。着该部悉心酌核,纂缉例条。嗣后遇有此等指称旱魃刨坟毁尸之案,即应照开棺见尸律,分别首从科罪。如讯系实无嫌隙者,其应绞首犯,尚可予以缓决。若讯有挟仇泄忿情事,即应入于情实办理。"

○十五(1810)年,刑部具奏审拟吕祥刨挖祖坟开棺见尸一案。奉旨:"此案吕祥因贫起意,先后发掘伊高祖之祖吕承科、高祖之父吕九思并伊高祖之弟吕犹龙坟冢,开棺盗取金银器物,卖钱花用。实属残忍蔑伦,竟非人类,着即照所拟凌迟处死。并查明该犯如有子嗣,即着发往伊犁。嗣后如有似此刨掘祖父母坟墓至三冢者,该犯照例凌迟外,其子嗣均即行发遣。著为令。"

○道光五年(1825)议准:嗣后如有母舅发掘甥媳坟冢者,即照发掘缌麻卑幼坟冢律问拟。

○同治四年(1865)谕:"御史佛尔国春奏《请将盗墓人犯照明火盗犯一律治罪》一折,'前因于凌辰等奏,近来盗墓贼犯,扰害无忌。曾经叠降谕旨,以该犯等情节凶残,甚于明火,谕令刑部会同都察院、大理寺,将该犯等罪名从重定拟具奏。兹据该御史奏称,近闻刑部遇有此等案件,仅于应得罪名上,议加一等治罪,不肯比照明火重案,一律斩枭。恐一分首从,该犯等难免贿通衙署人役,避重就轻。请饬该衙门悉心核议,无论开棺见尸,锯缝凿孔,及已获未结各犯,均照明火劫夺例,不分首从,一律拟以斩枭,庶可惩一儆百'各等语,即着刑部会同都察院、大理寺,汇入于凌辰等所奏各折,一并核议具奏,不得拘泥成例,稍涉轻纵,致滋流弊。钦此。"遵旨议准:同一发冢,而其间或系常人,或系家长,或系祖父母、父母,及贝子、贝勒等项,所发之冢既异,且或锯缝凿孔,或开棺见尸,或起棺索财取赎,发冢之情节亦殊,故自军、流、斩、绞以至凌迟,各视其分谊之亲疏贵贱,及情节之重轻,以为等差。盖律例乃天下之大法,使人知尊卑贵贱,懔然不容或紊,此明刑弼教之意也。如将盗墓各犯,比照强盗,不分首从问拟,此等凶恶之徒,即尽法惩治,亦不足惜。惟查律例辑注云"在野之坟,虽发掘开棺,不得同于强盗;已死之人,虽残毁弃置,不得同于谋杀",前人立论,自为允当。况本例内发掘家长坟冢,毁弃、抛撒死尸,及发掘祖父母、父母坟冢,均系不分首从。若发掘常人坟冢,即不分首从,设有发掘祖父母、父母、家长坟冢,并起棺索财取赎,情节尤重者,转致无可复加。惟近来发冢案件,层见叠出。该犯等结伙成群,殃及枯骨,肆行无忌,诚不可不严加惩创。嗣后发掘常人坟冢,开棺见尸,为首者,从重拟斩立决;为从无论次数,俱拟绞监候。其发冢见棺,锯缝凿孔,抽取衣饰,虽未显露尸身,亦应从重将为首之犯,不论次数,拟绞立决,为从者俱拟绞监候。至发掘常人坟冢,开棺见尸,为首之犯,既从重定拟骈首,其奴婢、雇工人发掘家长坟冢,开棺见尸为首,并抛撒死尸首从各犯,及发掘贝勒、贝子、公、夫人等坟冢,开棺见尸,为首之犯,未便无所区别,应各于斩决本罪上,从重加拟枭示。惟发掘公主之女坟墓,例无作何治罪明文。查公主之女,并无品级,现在发掘常人坟冢,开棺见尸,及锯缝凿孔,罪至斩、绞立决,嗣后发掘公主之女坟墓,即照发掘常人坟冢例从重治罪。再发冢之犯,流播浮言,如有控告者,必将坟内尸骨,撒弃道路,并将控告人杀死。此等情节,实属凶暴众著。嗣后发掘坟冢后,将尸骨抛弃道路,并将控告人杀害者,即照发冢起棺索财取赎之例,比依强盗得财本律,不分首从拟立决。

○五年(1866)议准:刑部向办秋审,凡例系由轻加重者,为从之犯,多入缓决。发冢案内开棺见尸,为从三次者,原例罪止拟军,三次及三次以外者,始问拟绞候;锯缝凿孔,为从一二三次,罪止拟徒,四次及六次者,始分别拟军。现在新定章程,为从之犯,不论次数,俱问绞候,本系由轻加重。惟当严惩盗贼之际,未便一概入缓,自应分别轻重,酌定实缓章程,以持情法之平。嗣后发冢开棺见尸,为从帮同下手者,不论次数,俱入情实;在外瞭望一二次者,入于缓决,三次及三次以上者,入于情实。其锯缝凿孔,为从帮同下手三次,及三次以上者,入于情实,一二次入于缓决;在外瞭望六次者,入于情实,一次至五次者,入于缓决。

○光绪十二年(1886)议准:发冢之犯,类皆积匪猾贼,到案狡供避就,是其惯技。其开棺见尸,与锯缝凿孔,情形显不相同,尚可就事主报案,地方官勘验形迹,讯办罪名,无所推诿,即犯未全获,诿诸在逃为首,亦所不免,而罪已至死,据供定拟,亦不致失于轻纵。独为从各犯,本系帮同下手,每称仅止在外瞭望,下手及瞭望,至三次应实者,乃供认仅止一二次;在外瞭望,至六次应实者,又供认仅止四五次。定案时既不能监候待质,即不能不照例入缓。一经查办,减发充军,势必故智复萌,潜逃来京,仍行刨挖。是死罪转成虚设,而宵小反恃为得计,自应于发冢次数上再行加严,以期辟以止辟。嗣后发掘坟冢,除为首罪名,均至斩、绞立决,无可再加,仍照例遵行外,其开棺见尸,为从拟绞之犯,无论是否帮同下手、在外瞭望,均入于秋审情实。锯缝凿孔为从,但经帮同凿锯,不论次数,并在外瞭望已至三次以上者,俱入情实;其瞭望仅止一二次者,入于缓决。

# 卷七百九十八·刑部七十六

## 刑律·贼盗 夜无故入人家　盗贼窝主

### 夜无故入人家

凡夜无故入人家内者,杖八十。主家登时杀死者毋论。其已就拘执而擅杀伤者,减斗杀伤罪二等;至死者,杖一百、徒三年。

### 附律条例

〇一、凡黑夜偷窃,或白日入人家内偷窃财物,被事主殴打致死者,仍照律拟徒。若非黑夜,又未入人家内,止在旷野白日,摘取苜蓿、野菜等类,不得滥引夜无故入人家律。

**谨案**　此条雍正三年(1725)定。

一、凡黑夜偷窃,或白日入人家内偷窃财物,被事主殴打至死,比照夜无故入人家已就拘执而擅杀至死律,杖一百、徒三年。若非黑夜,又未入人家内,止在旷野白日摘取蔬果等类,俱不得滥引此例。

**谨案**　此条乾隆五年(1740)改定。

〇一、贼犯持仗拒捕,为捕者格杀,不问事主、邻佑,俱照律毋论。如有携赃逃遁,邻佑人等直前追捕,仓猝殴毙,或贼势强横,不能力擒送官,以致殴打戕命者,照事主殴打至死减斗杀罪二等例,杖一百、徒三年。若业已拿获,辄复叠殴,或捕人多于贼犯,倚众共殴,及恃强逞凶致毙者,仍照罪人不拒捕而擅杀律拟绞监候;共殴之余人,仍照律杖一百。

**谨案**　此条乾隆二十五年(1760)定,原载"罪人拒捕"律后。嘉庆六年(1801),移并此门。

一、凡事主奴仆、雇工皆是。因贼犯黑夜偷窃,或白日入人家内院内偷窃财物,并市野偷窃有人看守财物,除贼犯持仗拒捕,被捕者登时格杀,仍依律毋论外,凡刀械、石块,皆是持仗。事在顷刻,势出仓猝,谓之登时。抵格而杀,谓之格杀。若非格杀,但系登时追捕殴打至死者,不问是否已离盗所、捕者人数多寡、贼犯已未得财,俱杖一百、徒三年,余人杖八十。若贼犯已被殴跌倒地,及已就拘获,辄复叠殴致毙,或事后殴打至死者,均照擅杀罪人律拟绞监候,余人杖一百。

一、邻佑人等,因贼犯黑夜偷窃,或白日入人家内院内偷窃,携赃逃遁,直前追捕,或贼势强横,不能力擒送官,登时仓猝殴毙者,杖一百、徒三年,余人杖八十。若贼已弃赃,及未得财,辄复捕殴致毙,并已被殴跌倒地,及就拘获后辄复叠殴,又捕人多于贼犯,倚众共殴致毙者,仍照擅杀罪人律拟绞监候,余人杖一百。其贼犯持仗拒捕登时格杀者,亦毋论。

一、贼犯旷野白日盗田园谷麦蔬果、柴草木石等类,及无人看守器物,被事主、邻佑殴打至死者,不问是否登时,各照擅杀罪人律拟绞监候。其贼犯持仗拒捕登时格杀者,仍毋论。

**谨案** 此三条,系嘉庆六年(1801)将前例修改分列。

一、凡事主(奴仆、雇工皆是。)因贼犯黑夜偷窃,或白日入人家内院内偷窃财物,并市野偷窃有人看守器物,登时追捕殴打至死者,不问是否已离盗所、捕者人数多寡、贼犯已未得财,俱杖一百、徒三年,余人杖八十。若贼犯已被殴跌倒地,及已就拘获,辄复叠殴致毙,或事后殴打至死者,均照擅杀罪人律拟绞监候。其旷野白日偷窃无人看守器物,殴打至死者,不问是否登时,亦照擅杀罪人律拟绞监候,余人均杖一百。如贼犯持仗拒捕,被捕者登时格杀,仍依律毋论。

一、贼犯旷野白日盗田园谷麦蔬果、柴草木石等类,被事主、邻佑殴打至死者,不问是否登时、有无看守,各照擅杀罪人律拟绞监候。其贼犯持仗拒捕登时格杀者,仍毋论。

**谨案** 此二条,系嘉庆十一年(1806)改定。

### 历年事例

○道光十年(1830)议准:嗣后捕贼之案,但经倒地及已就拘执,叠殴致死,无论伤痕先后轻重,即应依例拟绞,不得照登时殴打至死之例拟徒。

○十三年(1833)议准:嗣后有事主登时追捕贼犯,致贼犯失跌落河溺毙,或失跌致毙者,均照囚逃走捕者逐而杀之勿论例勿论。

## 盗贼窝主

凡强盗窝主造意,身虽不(同)行,但分赃者,斩;(若行,则不问分赃不分赃,只依行而得财者不分首从皆斩。若不知盗情,只是暂时停歇者,止问不应。)若不(同)行,又不分赃者,杖一百、流三千里。共谋(其窝主不曾造谋,但与贼人共知谋情。)者,行而不分赃,及分赃而不行,皆斩;若不行又不分赃者,杖一百。窃盗窝主造意,身虽不行,但分赃者,为首论;若不行又不分赃者,为从论。(减一等。)以临时主意上盗者为首,其(窝主若不造意,而但)为从者,行而不分赃,及分赃而不行,(减造意一等。)仍为从论;若不行又不分赃,笞四十。若本不同谋,(偶然)相遇共(为强、窃)盗,(其强盗固不分首从,若窃盗,则)以临时主意上盗者为首,余为从论。其知人略卖、和诱人,及强、窃盗后而分(所卖、所盗)赃者,计所分赃准窃盗为从论,免刺。若知强、窃盗赃而故买者,计所买物坐赃论。知而寄藏者,减故买一等,各罪止杖一百。其不知情误买及受寄者,俱不坐。

**附律条例**

〇一、凡推鞫窝主窝藏分赃人犯,必须审有造意共谋实情,方许以窝主律论斩。若止是勾引容留,往来住宿,并无造意共谋情状者,但当以窝藏例发遣,毋得附会文致,概坐窝主之罪。

〇一、各处大户家人佃仆,结构为盗,杀官劫库劫狱放火,许大户即送官追问。若大户知情故纵,除实犯死罪外,杖、徒、流罪,俱发附近充军。

**谨案** 原文"属军卫者发边卫,属有司者发附近,各充军",雍正三年(1725)改"俱发附近充军"。

〇一、凡皇亲功臣管庄家仆佃户人等,及诸色军民大户,勾引来历不明之人,窝藏强盗二名以上、窃盗五名以上,坐家分赃者,俱问发边卫充军。若有造意共谋之情者,各依律从重科断。干碍皇亲功臣者,参究治罪。

**谨案** 乾隆三十二年(1767),改"边卫"为"近边"二字。

〇一、凡各处无藉之徒,引贼劫掠以复私仇,探报消息,致贼逃窜者,照奸细律处斩,枭首示众。

〇一、知强、窃盗赃而接买受寄,若马骡等畜至二头匹以上、银货坐赃至满数者,俱问罪,不分初犯、再犯,枷号一月发落;若三犯以上,不拘赃数多寡,与知强盗后而分赃至满数者,俱免枷号,发边卫充军。接买盗赃至八十两为满数,受寄盗赃至一百两为满数,盗后分赃至一百二十两以上为满数。

**谨案** 以上五条,俱系原例。乾隆三十二年(1767)改"边卫"为"近边"二字。

一、知窃盗赃而接买受寄,若马骡等畜至二头匹以上、银货坐赃至满数者,俱问罪,不分初犯、再犯,枷号一月发落;若三犯以上,不分赃数多寡,俱免枷号,发近边充军。

**谨案** 咸丰十一年(1861),将知强盗后而分赃,并知而寄藏及代为销赃者,改为"无论已未满数,发新疆给官兵为奴,遇赦不赦";知强盗赃而故买者,改为"无论赃数多寡,均杖一百、流三千里"。同治七年(1868),将知强盗后分赃一项,修并"强盗"门"知而不首"条内;故买、寄藏、销赃三项,分出另为一条,因改定此例。

〇一、凡强盗窝主之邻佑,知而不首者,杖一百。

**谨案** 此条雍正五年(1727)定。

〇一、编排保甲保正、甲长、牌头,须选勤慎练达之人点充,如豪横之徒,藉名武断,该管官严查究革,从重治罪。果实力查访盗贼,据实举报,照捕役获盗过半以上例,按名给赏。倘知有为盗、窝盗之人,瞻徇隐匿者,杖八十;如系窃盗,分别贼情轻重惩治。若牌头于保正、甲长处举报,而不行转报者,甲长照牌头减一等,保正减二等发落,牌头免坐。其一切户婚田土,不得问及保甲,惟人命重情,取问地邻、保甲。赌博为盗贼渊薮,仍令同盗贼一并查举。再地方有堡子、村庄,聚族满百人以上,保甲不能编查,选族中有品望者立为族正。若有匪类,令其举报。倘徇情容隐,照保甲一体治罪。

**谨案** 此条本系两条,均雍正五年(1727)定,乾隆五年(1740)删并一条。

○一、凡来历不明游荡奸伪之徒,潜居京城,令五城司坊,大、宛两县,不时稽查。客店、庵院,取具并无容留甘结,以凭各衙门查阅。赁房居住者,令房主询明保人来历,并着两邻稽查。倘有此等游棍,协同斥逐。若徇情受贿容留者,除本犯照律治罪,递回原籍外,其容留之客店寺庙住持房主,一并惩治。该管官不行查出,照例议处。至编户居民,住有常业,及候补候选、读书贸易诸色人等,确有凭据者,毋许驱逐。倘有借端勒索,混扰良民者,照吓诈例治罪。

**谨案** 此条雍正五年(1727)定例。乾隆五年(1740)节删字句,定为此条。

○一、强盗窝主,虽不行,又不分赃,但知情存留一人者,杖一百、徒三年;存留二人者,杖一百、流三千里;存留三人以上者,充发三姓地方,遇赦不准援免。

**谨案** 此条雍正五年(1727)定。乾隆五年(1740),查充发三姓之例已停,改为"照发黑龙江等处之例分别发遣",并删"遇赦不准援免"句。

一、强盗窝主造意不行又不分赃者,改发附近充军。

**谨案** 此条乾隆三十二年(1767)定。

一、强盗窝主造意不行又不分赃者,发附近充军。若非造意又不同行分赃,但知情存留一人者,杖一百、徒三年;存留二人者,杖一百、流三千里;存留三人以上者,发极边足四千里充军。

**谨案** 此条乾隆五十三年(1788)修并。

一、强盗窝主造意不行又不分赃者,改发乌鲁木齐等处当差。如年逾五十,不能耕作者,杖一百、流三千里。若非造意,又不同行分赃,但知情存留一人者,杖一百、徒三年;存留二人者,杖一百、流三千里;存留三人以上者,发极边足四千里充军。

**谨案** 嘉庆六年(1801),查窝主造意不行又不分赃律应满流之犯,于乾隆二十三年(1758)改发新疆;三十二年(1767)仍发内地,照原律加一等,故改为"附近充军";四十四年(1779)仍发新疆,惟年逾五十不能耕作之人本不发新疆者,仍照原律满流,因将例文改定。

一、强盗窝主造意不行又不分赃者,改发附近充军。如年逾五十,杖一百、流三千里。若并非造意又不同行分赃,但知情存留一人者,杖一百、徒三年;存留二人者,杖一百、流三千里;存留三人以上者,发极边足四千里充军。

**谨案** 此条嘉庆二十二年(1817)改定。

一、强盗窝主造意不行又不分赃者,改发极边足四千里充军。若非造意,又不同行分赃,但知情存留一人者,杖一百、徒三年;存留二人者,杖一百、流三千里;存留三人以上者，亦发极边足四千里充军。

**谨案** 此条道光九年(1829)改定。咸丰十一年(1861)，改为"凡窝藏强盗之家，虽非造意，亦不同行分赃，但知系强盗而窝藏，不论窝藏人数多寡，照强盗窝主问拟斩决。其暂时存留者，仍照旧例核办。至窝留持械抢夺倚强肆掠案犯，亦照此办理"。

一、强盗窝主造意不行又不分赃，改发新疆给官兵为奴。若非造意，又不同行分赃，但知情存留一人，发近边充军；存留二人，亦发新疆给官兵为奴；存留三人以上，于发遣处加枷号三月；五人以上，加枷号六月。如知情而又分赃，无论存留人数多寡，仍照窝主律斩。

**谨案** 此条同治七年(1868)改定。

〇一、凡窝线同行上盗得财者，仍照强盗律定拟外，如不上盗，又未得财，但为贼探听事主消息、通线引路者，应照强盗窝主不行又不分赃律，杖一百、流三千里。

**谨案** 此条雍正六年(1728)定。

一、凡窝线同行上盗得财者，仍照强盗律定拟。如不上盗，又未得财，但为贼探听事主消息、通线引路，照强盗窝主造意不行又不分赃，改发新疆给官兵为奴。

**谨案** 咸丰十一年(1861)，将强盗不上盗不得财，但为贼探听事主消息、通线引路，亦照强盗窝主问拟斩决。同治七年(1868)，改定此例。

〇一、强盗窝家之同居父兄伯叔与弟自首者，照例免罪，本犯减等发落。其知情而又分赃，各照强、窃盗为从例，减一等治罪。父兄不能禁约子弟窝盗者，各照强、窃盗父兄论。

**谨案** 此条雍正七年(1729)定。嘉庆六年(1801)，查强盗父兄自首，本犯得分别减免，此窝主不应仅称"减等"，将"本犯减等发落"句，改为"本犯照强盗父兄自首例，分别发落"。

〇一、容留外省流棍者，照勾引来历不明之人例，发边卫充军。

**谨案** 此条雍正七年(1729)定。乾隆三十二年(1767)，改"边卫"为"近边"二字。

〇一、牌头所管内有为盗之人，虽不知情而失察，坐以不应轻律，笞四十；甲长、保正，递减科罪。

**谨案** 此条乾隆五年(1740)定。

〇一、老瓜贼，本处邻佑、地保有知情容留者，发边卫充军。若非知情容留，止系失于稽察，各照不应重律杖八十。其邻佑、地保，及兵役、平民，能侦知瓜贼行踪，赴地方官密禀，该地方官即行严拿，不许指出首人姓名。俟拿获瓜贼审实，将首人给赏。如瓜贼将首人扳害，立案不行。首获之贼系首犯，赏银五十两；系伙犯，赏银二十五两；首获多者，按名给赏；在充公银两内动支。有挟嫌诬首情弊，仍照诬告例治罪。

**谨案** 此条乾隆八年(1743)定。三十二年(1767),改“边卫”为“近边”二字。

〇一、窝留积匪之家,果系造意及同行分赃代卖,即照本犯一例发遣。其未经造意,又不同行,但经窝留分得些微财物,或止代为卖赃者,均减本犯一等治罪。至窝藏回民行窃犯至遣戍者,亦照窝藏积匪例分别治罪。

**谨案** 此条乾隆二十七年(1762)定。

一、窝留积匪之家,果系造意及同行分赃代卖,即照本犯一例改发极边烟瘴充军,并于面上刺“改遣”二字。如有脱逃被获,即照积匪脱逃例办理。其未经造意,又不同行,但经窝留分得些微财物,或止代为卖赃者,均减本犯一等治罪。至窝藏回民行窃犯至遣戍者,亦照窝藏积匪例分别治罪。

**谨案** 此条乾隆三十七年(1772)增定。嘉庆六年(1801),删“即照本犯一例”六字;并于“面上刺‘改遣’二字”句,改为“面刺‘改发’”;“即照积匪逃脱例办理”句,改为“改发黑龙江等处给披甲人为奴”。十七年(1812),又改为“改发新疆酌拨种地当差”。道光六年(1826),又改为“改发云贵两广极边烟瘴充军,到配加枷号三月”。二十四年(1844),仍发新疆,删改为“改发新疆给官兵为奴”十一字。①

〇一、凡造意分赃之窝主,不得照窃盗律以一主为重,应统计各主之赃,数在一百二十两以上者,拟绞监候;其在一百二十两以下,亦统计各赃科罪。

**谨案** 此条乾隆三十五年(1770)定。

〇一、漕船被盗,船户、舵工人等,除勾留容隐分赃,仍照例治罪外,如失事时有频呼不应,不力为救护者,分别强、窃,照窝主不行不分赃例,各减一等治罪。失察之该管员弁,分别议处。其有拿获别帮盗首及窃盗积案巨窝者,交部分别议叙。

**谨案** 此条乾隆三十八年(1773)定。

〇一、洋盗案内知情接买盗赃之犯,不论赃数多寡,一次,杖一百、徒三年;二次,发近边充军;三次以上,发新疆给官兵为奴。

**谨案** 此条嘉庆十八年(1813)定。

〇一、回民窝窃罪应极边烟瘴者,改发新疆给官兵为奴。

**谨案** 此条嘉庆二十年(1815)定。原议发黑龙江,二十五年(1820)改发新疆。道光六年(1826),改为“改发云贵两广极边烟瘴充军,到配加枷号三月”。二十四年(1844),仍发新疆。

〇一、山东一省,除窝窃未及三名,仍照旧例办理外,其窝窃三名以上,坐地分赃,及代变赃物者,发近边充军;五名以上者,即发云贵两广极边烟瘴充军。地保及在官人役,有窝贼分赃者,悉照捕役豢窃例办理。俟该省盗贼之风稍息,再行奏明复归旧例。

---

① 此处所谓“十一字”实则9字。查道光二十五年(1845)、同治九年(1870)《大清律例》,俱作“即改发新疆酌拨种地当差”11字。

**谨案** 此条嘉庆二十三年(1818)定。

一、顺天府五城及直隶、山东二省,窝藏窃盗一二名者,杖一百、徒三年;窝藏窃盗三名以上及强盗一名者,俱发近边充军;窝藏窃盗五名以上及强盗二名以上者,实发云贵两广极边烟瘴充军。窝留积匪之家,无论贼犯在彼行窃与否,但经知情窝留者,亦实发云贵两广极边烟瘴充军。其应拟死罪者,仍各从其重者论。俟盗风稍息,奏明复归旧例。

**谨案** 此条道光九年(1829)改定。二十四年(1844),将窝藏强盗二名以上者,改发新疆给官兵为奴。咸丰十一年(1861),改为"但知系强盗而窝藏,不论窝藏人数多寡,问拟斩决"。

一、顺天府五城及直隶、山东二省,窝藏窃盗一二名者,杖一百、徒三年;三名以上者,发近边充军;五名以上者,实发云贵两广极边烟瘴充军。窝留积匪之家,无论贼犯在彼行窃与否,但经知情窝留,亦实发云贵两广极边烟瘴充军。若罪应拟死,仍各从其重者论。

**谨案** 同治七年(1868),将窝藏强盗罪名,修并于"强盗窝主造意不行又不分赃"条内,因改定此例。

○一、凡曾任职官,及在籍职官,窝藏窃盗、强盗,按平民窝主本律本例罪应斩决者,加拟枭示;罪应绞候者,加拟绞立决;罪应徒、流、充军者,概行发遣黑龙江当差。

**谨案** 此条嘉庆二十三年(1818)定。

○一、西宁地方拿获私歇家,除审有不法重情,实犯死罪外,其但在山僻小路,经年累月,开设私歇家者,为首,照私通土苗例,发边远充军;为从,杖一百、徒三年。

**谨案** 此条道光二年(1822)遵旨定。

○一、广东、广西二省,如有不法奸徒,窝藏匪类,掳人关禁勒赎,坐地分赃者,无论曾否得赃,及所掳人数,并次数多寡,但经造意,虽未同行,即照苗人伏草掳人案内土哨奸民勾通取利造意例,拟斩立决;虽未造意,但经事前同谋者,即分别有无凌虐及致令自尽各情,照掳人首犯分别拟以斩候、发遣。若先未造意同谋,仅止事后窝留,关禁勒赎,如掳人首犯罪应斩绞者,窝留之犯,发遣新疆给官兵为奴;罪应拟遣者,发极边足四千里充军。倘由本犯自行关禁勒赎,别无窝家者,仍按本例从其重者论。本犯父兄,究明曾否分赃,照盗案例分别发落。邻佑、牌保,除受贿包庇从重定拟外,若止知情不首,亦照盗案例分别责惩。窝留关禁之房屋,如系房主知情者,房屋一并入官。倘数年后此风稍息,仍随时奏明,酌量办理。

**谨案** 此条道光二十五年(1845)定。原议专指广东一省,咸丰三年(1853),增入广西省。

○一、山东省匪徒,有窝留捻、幅匪犯者,无论有无同行,但其窝留之犯,曾经抢夺讹索、强当滋事者,窝主悉照首犯一例治罪。倘数年后此风稍息,奏明仍照旧例办理。

**谨案** 此条道光二十五年(1845)定。

○一、强盗案内知情买赃之犯,照洋盗例,分别次数定拟。其知而寄藏,及代为销赃者,一次,杖八十、徒二年;二次,杖九十、徒二年半;三次以上,杖一百、徒三年。

**谨案** 此条本在知窃盗赃而接买受寄一条之内,同治七年(1868)分出增定。

**历年事例**

○顺治九年(1652)题准:倾销匠艺,有通同熔化偷盗之物者,与本贼一体治罪。

○十八年(1661)议准:职官有拿获大盗窝主者,督抚具题,吏部注册纪录;拿获小盗窝主,该督抚酌量奖赏。

○康熙十二年(1673)题准:匠艺将他人盗来之金银器皿容隐倾销者,减窃盗一等拟罪。

○三十三年(1694)复准:窝藏强盗窝主之邻佑,知盗情由,不行首告者,仍照例责四十板。如无窝盗之处,挟仇妄报者,依诬告律治罪。

○雍正四年(1726)议准:嗣后承缉各官,于获盗初审之时,如实无窝主,即于招内声明,毋得诬扳良民。其讯明盗犯有窝家者,于获盗过半之内,务获盗首,并获窝家,始准免议。如年限内止获盗首,并伙贼过半而窝家无获者,将地方各官亦照不获盗首例议处。若实有窝家之案,地方官畏避不获之处分,因将窝家删去,及上司审出者,将该地方官照讳盗例处分。

○又议准:嗣后该村地保,如有懈于稽查,或畏威不举,失察窝家者,亦应照两邻容留盗贼不行出首例责四十板。其地保、两邻,果于未事之先,循例举报,审实时,该地方官应酌量给赏,以示奖励。倘敢挟仇诬首,照律治罪。

○又议准:嗣后分赃之窝家,所有财产房屋,亦应照例变价赔偿。至窝主之妻,审实与盗贼相通者,即将其妻变卖,亦赔事主所失之赃。

○道光二年(1822)谕:"陕甘总督奏清厘河南番族并河北番贼情形,另片奏汉奸私歇例无明文。着照所请,嗣后西宁地方拿获私歇家,除审有不法重情,实犯死罪外,其但在山僻小路,经年累月,开设私歇家者,将为首之犯,照私通土苗例拟发边远充军;为从之犯,拟杖一百、徒三年。所有现获各犯,即照此例严办。"

○同治七年(1868)议准:嗣后强盗窝主造意不行又不分赃者,改发新疆给官兵为奴。若非造意,又不同行分赃,但知情存留一人者,发近边充军;存留二人者,亦发新疆给官兵为奴;存留三人以上者,于发遣配所加枷号三月;五人以上者,加枷号六月。如知情而又分赃,无论存留人数多寡,仍按窝主律拟斩。其窝线同行上盗得财者,仍照强盗律定拟外,如不上盗,又未得财,但为贼探听事主消息、通线引路者,照强盗窝主不行又不分赃律,加发新疆给官兵为奴。

○十一年(1872),奉天府府尹奏州县剿捕马贼情形。奉谕:"盗贼所至,必有巢穴及零星窝藏之家。近来承审人员,往往止图速结,不复深求,以致窝家多未破获。

嗣后除孤村旅店，僻壤农家，畏其凶横，强行食宿者，照常免罪外，其余无论曾否造意，有无同行，但知系贼匪而窝留分赃者，即照强盗窝主拟斩立决。若并未分赃，仅知情容留，或受托寄顿，及代为销售者，不论人数赃数，均发新疆给官兵为奴，遇赦不赦。旗人有犯，销除旗档，一体实发。”

〇又议准：吉林、黑龙江，与奉省毗连，此等匪徒，东拿西窜，难保不潜伏该处，自应将窝藏之犯，一律严惩。嗣后吉林、黑龙江地方，如有窝留马贼，知情分赃，及容留受托寄顿，并代为销售之案，其应拟罪名，即照奉天省奏定章程一例办理。

# 卷七百九十九·刑部七十七

## 刑律·贼盗 共谋为盗 公取窃取皆为盗 起除刺字

### 共谋为盗 此条专为共谋而临时不行者言。

凡共谋为强盗,数内一人临时不行,而行者却为窃盗,此共谋而不行者曾分赃,但系造意者,即为窃盗首;果系余人,并为窃盗从。若不分赃,但系造意者,即为窃盗从;果系余人,并笞五十。必查以临时主意上盗者为窃盗首,其共谋为窃盗,数内一人临时不行,而行者为强盗,其不行之人,系造意者曾分赃,知情不知情,并为窃盗首;系造意者但不分赃,及系余人而曾分赃,俱为窃盗从。以临时主意及共为强盗者,不分首从论。

**附律条例**

○一、共谋为强盗,伙犯临时畏惧不行,而行者仍为强盗,其不行之犯,但事后分得赃物者,杖一百、徒三年;不分赃者,杖一百。

**谨案** 此条嘉庆六年(1801)定。

一、共谋为强盗,伙犯临时畏惧不行,而行者仍为强盗,其不行之犯,但事后分得赃物者,杖一百、徒三年;不分赃者,杖一百。如因患病及别故不行,事后分赃者,杖一百、流三千里;不分赃者,杖一百、徒三年。

**谨案** 此条嘉庆十九年(1814)增定。

一、共谋为强盗,伙犯临时畏惧不行,而行者仍为强盗,其不行之犯,但事后分赃者,杖一百、流二千里,赃重者仍从重论;不分赃者,杖一百。如因患病及别故不行,事后分赃者,发新疆给官兵为奴;不分赃者,杖一百、徒三年。

**谨案** 此条同治七年(1868)改定。

**历年事例**

○道光元年(1821)议准:共谋为盗,临时不行,事后又不分赃之犯,毋庸刺字。

○咸丰三年(1853)议准:向来办理同谋为盗在途看船之犯,如泊船之所,距上盗之所在一二里外,离事主住处较远,既未随同上盗,则与把风接赃者情稍有间,是以俱比照共谋为盗别故不行之例问拟满流。倘泊船之处,距盗所不过咫尺,劫出盗赃,竟可接收者，即与把风接赃无异，仍应照例拟遣，以示限制。

### 公取窃取皆为盗

凡盗，公取、窃取皆为盗。公取，谓行盗之人，公然而取其财，如强盗、抢夺；窃取，谓潜形隐面，私窃取其财，如窃盗、掏摸，皆名为盗。器物、钱帛以下兼官、私言。之类，须移徙已离盗所；方谓之盗。珠玉、宝货之类，据入手隐藏，纵在盗所未将行，亦是。为盗。其木石重器，非人力所胜，虽移本处，未驮载间，犹未成盗。不得以盗论。马、牛、驼、骡之类，须出阑圈；鹰、犬之类，须专制在己，乃成为盗。若盗马一匹，别有马随，不合并计为罪。若盗其母而子随者，皆并计为罪。此条乃以上盗贼诸条之通例。未成盗而有显迹证见者，依已行而未得财科断；已成盗者，依律以得财科断。

### 起除刺字

凡盗贼曾经刺字者，俱发原籍收充警迹。该徒者役满充警，该流者于流所充警。若有起除原刺字样者，杖六十，补刺。收充警迹，谓充巡警之役，以踪迹盗贼之徒。警迹之人，俱有册籍，故曰收充。若非应起除，而私自用药或火炙去原刺面膊上字样者，虽不为盗，亦杖六十，补刺原刺字样。

#### 附律条例

〇一、凡窃盗等犯，有自行用药销毁面膊上所刺之字者，枷号三月、杖一百，补刺。代毁之人，枷号两月，杖一百。

**谨案** 此条雍正三年(1725)定。

〇一、凡强盗、人命重犯，督抚审结，果系赃实盗确，并拒捕杀人窃盗，及律应斩决盗案，一面具题，即将该犯面上刺“强盗”二字。如内有监候待质者，于一边面上刺“待质”二字；命案斩决等犯，亦即刺“凶犯”二字。仍将已经刺字之处，俱于本内声明。其命案斩、绞监候等犯，情重难宥者，该督抚将应行刺字之处，本内声明，俟奉旨之日，刺字、监候。其戏杀、误杀、斗殴杀俱免刺。直省等处，如遇面刺“强盗”“凶犯”“待质”等字样者，即擒拿送官。

**谨案** 此条雍正三年(1725)定。

一、凡强盗、人命重犯，拒捕杀人窃盗，并律应斩决，以及命案内斩、绞监候等犯，情重难宥者，该督抚俱于具题之日，交按察使衙门先行刺字，然后递回犯事地方监禁。如系强盗，面上刺“强盗”二字；命案斩、绞等犯，面上刺“凶犯”二字。仍将已经刺字之处，于本内声明。其戏杀、误杀、斗殴杀，俱免刺。直省等处，如遇面刺“强盗”“凶犯”等字样者，即擒拿送官。

**谨案** 此条乾隆三十二年(1767)改定。

〇一、凡窃盗刺字发落之后，责令充当巡警。如实能改过，缉盗数多者，准其起除刺字,复为良民,该地方官编入保甲,听其各谋生理。

**谨案** 此条乾隆五年(1740)定。

一、窃盗刺字发落之后,责令充当巡警。如实能改悔,历二三年无过,又经缉获强盗二名以上或窃盗五名以上者,准其起除刺字,复为良民,该地方官编入保甲,听其各谋生理。若不系盗犯,不准滥行缉拿。

**谨案** 此条道光十八年(1838)改定。

○一、偷刨人参之犯,向例左右面刺字者,今改照窃盗例,初犯刺右面,再犯刺左面。

**谨案** 此条乾隆五年(1740)定。

一、偷刨人参之犯,计赃应拟满杖者,照窃盗例,初犯刺臂,再犯刺面。如在徒、流以上,仍依旧例,初犯刺右面,再犯刺左面。

**谨案** 此条嘉庆六年(1801)改定。

○一、发遣人犯,如从前面上原刺之字,与现犯事由相同者,毋庸重复叠刺。倘现犯事由各别,仍于左面上另行刺字。

**谨案** 此条乾隆二十七年(1762)定。

○一、发掘坟冢,除冢先穿陷,及止盗坟冢上砖石器物者,仍照律免刺外,若开棺见尸,及发冢见棺,为首者均于面上刺"发冢"字;其发冢见棺为从,与未见棺,罪在军、流以下者,初犯刺臂,再犯刺面。其盗未殡未埋尸柩者,刺"盗棺"字。

**谨案** 此条乾隆二十七年(1762)定,原载"发冢"律内。五十三年(1788),移附此律。

一、发掘坟冢,除冢先穿陷,及止盗坟冢上砖石器物者,仍照律免刺外,若开棺见尸,及发冢见棺,与发而未见棺者,首从俱面刺"发冢"字。其盗未殡未埋尸柩者,面刺"盗棺"字。

**谨案** 此条嘉庆六年(1801)改定。

○一、应发乌鲁木齐等处人犯,除例应刺明事由者,仍照例刺发外,其凶徒执持军器殴人至笃疾,以及军流人犯内有情罪较重,改发乌鲁木齐等处者,即令起解省份,于该犯右面刺"外遣"二字,解赴甘省酌量分发,补刺地名。

**谨案** 此条乾隆二十八年(1763)定。嘉庆六年(1801),将"以及军流"以下二十八字,改为"等项例不应刺事由"八字。

一、应发乌鲁木齐等处人犯,除例应刺明事由者,仍照例刺发外,其例不应刺事由者,即令起解省份,于该犯右面刺"外遣"二字,解赴甘省酌量分发,补刺地名。

**谨案** 此条嘉庆二十二年(1817)改定。

○一、新疆改发内地人犯,面上刺"改遣"二字。如应刺事由者,并刺事由。

**谨案** 此条乾隆三十二年(1767)定。

一、新疆改发内地人犯,面上刺"改遣"二字。应刺事由者,并刺事由。若犯事到官,年在五十以上、十五以下,及成残废者,毋庸刺"改遣"字,应刺事由者,仍刺事由。

**谨案** 乾隆三十七年(1772),于前例内增"若犯事到官,年在五十以上及成残废者,仍照本例刺字"等句。四十二年(1777)增修此条。嗣于四十四年(1779),将改发内地人犯仍发新疆,此条已奏请删除。四十八年(1783),复酌拟十二项人犯改发内地,此条仍纂列例册。

一、新疆改发内地人犯,面上刺"改发"二字。如应刺事由者,并刺事由。若犯事到官,年在七十以上、十五以下,及成残废者,仍照律收赎,毋庸刺字。

**谨案** 此条嘉庆六年(1801)改定。

〇一、凡回民行窃,分别初犯、再犯,于臂膊、面上概刺"回贼"二字。如结伙三人以上,及执持绳鞭器械,例应改发者,仍再刺"改遣"二字。

**谨案** 此条乾隆三十三年(1768)议准。嘉庆四年(1799),此项人犯仍发新疆,将例内"改遣"二字改为"外遣"。

一、凡回民行窃,分别初犯、再犯,于臂膊、面上概刺"窃贼"二字。

**谨案** 嘉庆十年(1805),将回民结伙持械窃犯仍发内地,并奉旨"回贼"字改为"窃贼",十六年(1811)删定此条。

〇一、拿获无赖匪徒,串党驾船,设局揽载容商勾诱赌博之犯,审明,无论初犯、再犯,不计次数,概于定案时左面刺"诱赌匪犯"四字。

**谨案** 此条乾隆三十六年(1771)定。

〇一、由烟瘴改发极边人犯,面上刺"烟瘴改发"四字。

〇一、蠹役犯赃,除照例分别赃数治罪外,无论首从,徒罪以下,以"蠹犯"二字刺臂,流罪以上刺面。白役有犯,一体办理。倘犯赃刺字后,仍盘踞衙门充当者,照更名重役例治罪。如有私毁刺字者,即照窃盗销毁刺字例治罪。若定案时,将应刺之犯不行刺字,及刺字后仍无觉察,滥准充当者,该管官交部议处。

**谨案** 以上二条,系乾隆三十七年(1772)定。

〇一、京外在伍兵丁脱逃被获,及逾限投回者,面上俱刺"逃兵"二字。

**谨案** 此条乾隆三十三年(1768)定。

一、京外在伍兵丁脱逃被获,及逾限投回者,面上俱刺"逃兵"二字。其军营脱逃之余丁,面上刺"脱逃余丁"四字。

**谨案** 脱逃余丁刺字,系乾隆四十一年(1776)定例,原在"兵律·从征守御官军逃"门内。五十三年(1788),修并移改,增定此条。

〇一、台湾无藉游民,除犯该徒、流以上,仍照定例办理外,若犯止枷、杖,例应逐回原籍管束者,面刺"逐水"字样。

**谨案** 此条乾隆五十三年(1788)定。

〇一、奴仆为窃盗,或抢夺,并盗家长财物,俱刺面。其余平民犯抢夺刺面。如系窃盗,初犯罪止杖责者,照律于右小臂膊刺字;再犯,左面刺字。不得以赃少罪轻免刺。

**谨案** 此条乾隆五十三年(1788)将旧例修并,于“窃盗”门内移归此律。

一、奴仆为窃盗,或抢夺,并盗家长财物,俱刺面。其余平民犯抢夺,及窃盗初犯,计赃在徒罪以上者刺面;如窃盗初犯罪止杖责者,照律于右小臂膊刺字;再犯,左面刺字。不得以赃少罪轻免刺。

**谨案** 此条系嘉庆六年(1801)修改。

○一、凡监守、常人盗仓库钱粮,及抢夺,并一切犯罪应刺事由之犯,如畏罪自首者,各照律例分别减等科断,均免其刺字。惟强盗自首例应外遣者,仍刺地名,不刺事由。

**谨案** 此条嘉庆五年(1800)定。

○一、粮船水手聚众滋事,罪应徒、流者,俱刺“不法水手”四字。如罪止杖、笞人犯,递回原籍,交地方官严查管束,毋庸刺字。

**谨案** 此条嘉庆七年(1802)定。

○一、举贡生监犯罪,例应刺字者,除所犯系党恶窝匪、卑污下贱,仍行刺字外,若止系寻常过犯,不至行止败类者,免其刺字。

**谨案** 此条嘉庆十六年(1811)定。

○一、凡蒙古、民人、番子人等,有犯抢劫之案,应照蒙古例定拟者,均面刺“抢劫”二字。其蒙古发遣人犯,在配脱逃,面刺“逃遣”二字。至蒙古免死减军人犯,在配脱逃,面刺“逃军”二字。

**谨案** 此条嘉庆二十五年(1820)定。

○一、兴贩硝磺,犯该徒罪以上者,左面刺“硝犯”二字;罪止拟杖者,右臂刺“硝犯”二字。

**谨案** 此条同治元年(1862)定。

**历年事例**

○康熙三十四年(1695)议准:擅将家人刺字者,民,照违制律杖一百;官,照例折赎。

○雍正二年(1724)谕刑部:“近闻刺字人犯,私自销毁者甚多,即属怙终不悛之明证。且此等必有用药代为销毁者。嗣后如有私毁刺字之人,理应审明。若系本身私毁者,本律杖六十、补刺,似属太轻,作何重治其罪,其代为销毁者,将代毁之人一并作何治罪之处,着妥议定例具奏。钦此。”遵旨议准:嗣后窃盗等犯销毁刺字者,照例枷责、补刺,并用药代毁之人,一并枷责。

○五年(1727)议准:凡直隶各省窃盗初犯者,皆照例刺字,不得以赃少罪轻遂免刺。其应遣者,俱发极边卫充军。除问拟徒、流外,其余刺责发落者,交与保甲收管,地方官不时查照,毋许出境。

○七年(1729)议准:发遣黑龙江等处遣犯,左面刺事由清汉字样,右面刺地名清汉字样。

○又议准：窃盗一项，如三犯赃数不多应改遣者，其初次、二次已经刺有罪由事样，未免字迹太多，其罪由毋庸再刺，止于右面刺应发地名。

○乾隆十年(1745)议准：民人有犯和诱知情，该改发烟瘴少轻地方条下，并未注明"刺字"字样。现今各省咨报，以及本部现审和诱知情各案，有刺字者，亦有不行刺字者，办理殊未划一。嗣后遇有和诱知情案件，俱照新例划一办理，免其刺字，并通行各督抚一体遵行。

○二十三年(1758)议准：改遣人犯，向例俱刺地名。今改发巴里坤等犯，皆系情罪较重，自应一例刺发。至该犯原犯罪名，本条例有刺字，即照例将事由刺于左面；其例内并无刺字者，照例毋庸刺字。

○二十四年(1759)议准：改发巴里坤条例内，强盗窝主造意不行又不分赃一条，此项人犯，原即在强盗律内，应明刺"强盗"二字；其抢夺伤人之犯，俱刺"凶犯"二字；其抢夺未伤人计赃罪应满流之犯，与窃赃数多罪应满流者，情罪相等，自应一体改发，仍于面上照律刺"抢夺"字样。

○二十七年(1762)议准：查律载"监守盗、常人盗、窃盗、抢夺、掏摸等项，各如其所犯刺字"，又例载"军民犯窃罪止折杖者，初次刺臂，再犯刺面"，盖刻其肤而涅之，使不得自列于齐民，而乘间疏脱，差役易于侦缉。若发掘坟冢、攫取财物条例，原各依强、窃盗分别治罪。而刨坟为从者，又按其所犯次数加等治罪，自应均照窃盗例分别刺字。第发掘坟冢，重在见棺见尸，初不计赃数多寡定罪。若专就发冢为从而盗取财物者，始行刺字，犹为不备。嗣后除冢先穿陷及盗坟冢上砖石器物者，仍照律免刺外，其发掘坟冢开棺见尸者，于面上刺"发冢"字样；为从，及发冢见棺，与未见棺，罪在军、流以下者，初次刺臂，再犯刺面。其盗未殡未埋尸棺者，刺"盗棺"字亦如之。

○又议准：嗣后应发巴里坤人犯，除例应刺明事由者，仍照例刺发外，其凶徒执持军器殴人至笃疾，以及军流人犯内情罪较重改发巴里坤等处者，例俱止刺地名，不刺明事由。若俟到甘后定地刺字，诚恐中途不无疏脱。应即令起解省份，于该犯右面先刺"外遣"二字，然后解赴甘省，酌量分发，补刺地名。则押解在途，既有刺字形迹，兵役易于防范，并可除买嘱顶替之弊。即或间有疏虞，差役无难识辨，亦易于侦缉矣。

○三十二年(1767)议准：改发内地人犯，止刺汉字，毋庸兼刺清字。

○四十二年(1777)议准：拟遣之军营脱逃余丁，面上刺字，系因再有脱逃例应正法，便于查究起见。而拟流余丁，即有脱逃，不在应行正法之列，毋庸刺字。

○四十四年(1779)议准：查罪犯刺字之处，均系律例内明载有"刺字"字样者，始应遵照刺字。如抢、窃、发冢、窝盗等项罪犯，有杖、徒、军、流之不同，而本例皆应刺字。盖此等匪徒，易蹈故智。一经明刺事由，使众共知晓，便于防范也。又如死罪内，惟强盗及拒捕杀人等犯，例应先行刺字。若寻常斗殴、戏误杀人案件，即例免刺字。是同一死罪，而有应刺不应刺之各殊。今查烟瘴改发极边之犯，恐与新疆改发内地及本例应发极边者,易相牵混,特刺“烟瘴改发”字样,以示区别,并非本例应刺事由者可比。至忤逆拟军一项,虽系实发烟瘴,既与新疆改遣内地者不同,又与烟瘴发极边人犯各异,故原定条例内,并无刺字之文,自应照例毋庸刺字。

○四十八年(1783)议准:营兵、保甲诈赃,与蠹役有间,均免刺字。

○又议准:抢、窃等犯,私自销毁刺字,遇赦宽免,查其所毁之字,将来复犯应得并计者,仍行补刺。其例免并计者,毋庸补刺。

○五十三年(1788)议准:抢夺案内斩、绞等犯,面上刺“凶犯”二字;至军、遣人犯,仍刺抢夺事由。

○嘉庆四年(1799)议准:发遣吉林、宁古塔等处人犯,均刺“吉林”清汉字样。

○五年(1800)议准:寻常遣犯脱逃被获,例无刺字明文。嗣后洋盗案内问拟发遣之犯,在配脱逃被获,除甘心从盗发遣者,仍照免死盗犯例正法外,其有并非甘心从盗,实系掳捉过船,逼令入伙,随同上盗发遣者,即照平常发遣人犯脱逃被获例,递回原遣处枷责管束,毋庸刺字。

○十六年(1811)议准:乾隆十五年(1750)奏定京师年幼窃匪章程,内载十三岁以上犯窃,初犯笞责、免刺,再犯杖责、刺臂;犯该徒、流以上,照例以成丁之年为始,计算问罪充发。是既称成丁之年为始,则未成丁所犯之案,自不在并计之列。故自奏定章程,迄今数十余年,凡十三岁至十五岁犯窃之案,再犯、三犯,均杖责、刺臂;即四犯、五犯,亦系刺臂。盖窃盗刺字,有关并计,年未及岁犯窃,既不并计,即可毋庸分别再犯、三犯刺面,用示矜恤幼稚之意。

○十九年(1814)议准:窃盗计赃拟绞秋审缓决减军之犯,左面刺“窃盗”二字,右面刺“改发”二字。

○又议准:嗣后由黑龙江、吉林改发新疆回城各犯,面刺“外遣”二字。由黑龙江、吉林改发极边烟瘴人犯内未伤人盗首闻拿投首者、窝家盗线闻拿投首者,又曾经伤人及行劫二次以上之伙盗闻拿投首者,又伙盗供出盗首所在一年限内拿获者,脱逃被获均应正法,面刺“改遣”二字。其余改发极边烟瘴各项,并改发足四千里人犯,均一体面刺“改发”二字。有应刺事由者,仍刺事由。

○又议准:窃盗刺字,原以分别次数。其有关并计者,自应仍刺“窃盗”字样。如系逃流逃军复窃,赃未满贯,其罪止于加等调发,无关并计,止应按照寻常逃军逃流加等调发之例,分别刺字,毋庸重刺事由。

○又议准:强盗情有可原免死发遣之犯,左面刺“强盗”清汉各二字,右面刺“外遣”清汉各二字。

○二十年(1815)议准:凡有因窃拟徒人犯,在配在逃复窃,赃未至满贯者,毋庸重刺事由。

○二十五年(1820)议准:例称销毁刺字拟以枷杖,系指不应起除之字,自行销毁,仍应补刺者而言。至遇赦减罪,例应官为起除之字,有犯自行销毁者,止可酌量责惩,不依销毁刺字本例科断。

〇道光四年(1824)议准:异姓人序齿结拜弟兄,聚众至四十人以下二十人以上,为首杖一百、流三千里。此项流犯,本条例内及“起除刺字”门内,均无刺字明文,不得率予刺字。

〇六年(1826)议准:斗杀外姻缌麻尊长,与命案内谋故拟斩、情重难宥者不同,毋庸刺字。

〇又议准:窃盗系罔顾行止,是以正身旗人犯窃,有玷旗籍,罪止杖、笞,即应销档,但免刺字。至王府属下包衣,究与正身旗人不同,初次犯窃,未便照正身销除旗档,亦未便与民人犯窃一律刺字,应毋庸销除旗档,仍免其刺字。

〇七年(1827)议准:回民结伙三人以上,执持凶器殴人者,实发云贵两广极边烟瘴充军,毋庸刺字。

〇又议准:山东窃贼,结伙三人持械行凶之犯,如在配脱逃被获,仍发原配安置,毋庸加等调发,并免枷号、刺字。

〇十年(1830)议准:外遣改发之犯,均刺地名、事由,原期与齐民有别,易于稽察,立法极为周密。惟缘坐、被胁发遣人犯,例无刺字明文。兹伊犁将军,请将逆回案内发遣伊犁为奴男犯,亦照例分别刺字。应将缘坐、被胁为奴各犯,均于左面补刺“缘坐”或“被胁”字样,右面刺“伊犁”二字,以便识别。

〇十一年(1831)议准:逆回案内缘坐幼男,因其年太幼稚,故同母发遣,至十三岁再行改拨。自应俟改拨之时,再行刺字。

〇十四年(1834)议准:应发黑龙江等处及停发新疆改发内地各犯,遇有脱逃,向系照寻常军流人犯脱逃一例办理者,毋庸面刺“改发”二字。

〇十七年(1837)议准:缘坐逆犯,左面刺“缘坐”二字,右面刺“伊犁”二字,系指逆案回犯实发伊犁者而言。如系发驻防为奴,自毋庸另刺地名,应于左面刺“缘坐”二字,以便识别。

〇十八年(1838)议准:祖父母父母呈首子孙恳求发遣一项人犯,以不得于亲发遣,本无事由可刺。因调剂云南省军犯纂定新例,凡应实发云贵两广极边烟瘴充军,如盗犯投首等类,共十八条,其余各项应发四省烟瘴人犯,无论例内载明改发、实发,均以极边足四千里为限,面刺“烟瘴改发”四字,奏请通行遵办。此项人犯,系民人应发极边烟瘴充军者,即在新例其余各项之内,自可遵循办理。若旗人有犯拟遣,例不销档,向不与寻常遣犯一例刺字。嗣后凡有触犯被呈发遣之犯,系民人,右面刺“烟瘴改发”四字;系旗人,毋庸刺字。

〇二十年(1840)议准:本夫捉奸杀死犯奸有服尊长之案,若非登时,又非奸所,如系本宗期、功尊长,均照卑幼故杀尊长本律拟斩立决。此项人犯,例得夹签减流,与情重斩绞人犯应行刺字者不同,毋庸先行刺字。

〇又议准:窃盗并计以刺字为坐。而三犯窃盗,律例均无作何刺字明文。细绎例意,窃盗并计,至三犯而止。三犯计赃问拟军、流后复犯行窃,其科罪别有专条。是三犯毋庸重刺,律例虽未明言,其意已可概见。检查成案,有三犯刺右面式样,惟例无明文。且三犯刺字,无关并计。嗣后窃盗初犯、再犯,既经分别刺字之后,三犯时即按照事由相同毋庸重刺之例办理。于窃盗之并计,既无格碍,揆之律例三犯不言刺字之意,亦觉相符,办理庶归划一。

○同治十一年(1872)议准:本年正月初四日,钦奉恩旨查办斩绞及军流以下人犯,照咸丰十一年(1861)章程办理。惟窃盗一项,其情节有初犯、再犯、三犯之不同,其罪名亦有免并计、不免并计之各异。向来历届钦奉恩诏查办,有免罪不免刺者,有罪、刺俱免者,并有将前刺之字酌拟起除者。现在窃盗罪名,较前加重,减等条款,亦较前从严,则分别免刺、不免刺,即未便仍照旧章办理,以致轻重未能划一,自应明定章程,俾昭遵守。

一、初次行窃,罪应拟杖,到官在恩旨以前,免其杖罪,并免刺字。后再犯窃,仍以初犯论。

一、初次行窃拟徒例准减等之犯,到官在恩旨以前,应准减杖,并免刺字。如再有犯,亦以初犯论。

一、初次行窃拟徒,恭逢恩旨释回,准其起除刺字。后再犯窃,亦以初犯论。

一、初犯行窃已经论决,此次复犯行窃,罪在杖、徒以下者,此指例准减等之徒罪而言。不准减者,不在其内。到官在恩旨以前,徒罪准其减杖,枷杖即予援免,均并免刺字。业已减免一次,前刺之字,不准起除。后再有犯,仍以再犯论。

一、赦前行窃,已经论决,赦后复犯,应准免并计一次。系三犯者,科以再犯;系再犯者,科以初犯。前刺之字,均毋庸起除。

一、赦前二次犯窃,已经论决,此次复犯行窃,罪在军、流以上者,无论到官在恩旨前后,均应不准援减;前刺之字,亦均不准起除。

以上六系,系按照近年严惩窃盗条例,并参用从前旧章拟定。

一、赦前行窃,赦后事发到官者,仍应照例刺字。

一、赦前行窃,尚未到官,赦后复窃,同时并发,自应前后并计科罪。将来有犯,仍以未经得免并计论。

一、贼犯销毁刺字,拒伤捕人,例应加等拟以徒、流者,虽到官在恩旨以前,仍补刺销毁之字。

一、犯窃拟绞,遇赦减发极边烟瘴充军者,仍应照例刺字。

以上四条,系道光十一年(1831)章程,仍照旧办理。

一、再犯、三犯之贼,到官在恩旨以前,核其现犯之罪,不准减等,或准减而到官在恩旨以后,仍应刺字者,无论从前所犯应否准减,原刺之字概不准起除。若现犯之罪,虽准减免,此次既免罪免刺,其前刺之字,亦不准起除。

一、因窃拟徒例准减等之犯,在配在途脱逃,应免缉拿及仅拟杖责者,准其起除刺字。其不准减等军、流、徒犯脱逃,例应仍发原配及从新拘役者,止免刺“逃军”等字样,前刺之字,俱毋庸起除。

一、窃盗犯案,到官在本年恩旨以前,若未经遇赦得免并计,今犯窃到官,按现犯罪名应准减免者,概免刺字。如从前犯窃,业经遇赦得免并计,此次罪虽减免,仍应照例刺字;将来再犯时,即不得免其并计。

以上三条,系道光十一年(1831)旧章,酌量改定。

○光绪十三年(1887)议准:陕西省签匪、会匪罪应锁系之犯,限满释放,故态复萌,迨经拿获,是否著名积匪、他处曾否犯案,无从究诘。嗣后此项锁系各犯,徒罪以上,各于右面分别深刺“签匪”“会匪”字样;杖罪以下,于右臂刺字。其有再犯者,徒罪以下,各于左面再行刺字。

# 【刑律·人命】

## 卷八百·刑部七十八

### 刑律·人命 谋杀人 谋杀制使及本管长官 谋杀祖父母父母

**谋杀人**

凡谋或谋诸心，或谋诸人。杀人造意者，斩；监候。从而加功者，绞；监候。不加功者，杖一百、流三千里。杀讫乃坐。若未曾杀讫，而邂逅身死，止依同谋共殴人科断。若伤而不死，造意者，绞；监候。从而加功者，杖一百、流三千里；不加功者，杖一百、徒三年。若谋而已行，未曾伤人者，造意为首者，杖一百、徒三年；为从者，同谋同行，各杖一百。但同谋者，虽不同行，皆坐。其造意者，通承已杀、已伤、已行三项。身虽不行，仍为首论。从者不行，减行而不加功者一等。若因而得财者，同强盗不分首从论皆斩。行而不分赃，及不行又不分赃，皆仍依谋杀论。

**附律条例**

〇一、凡勘问谋杀人犯，果有诡计阴谋者，方以造意论斩；下手助殴者，方以加功论绞；谋而已行，人赃现获者，方与强盗同辟。毋得据一言为造谋，指助势为加功，坐虚赃为得财，一概拟死，致伤多命；亦不得以被逼勉从，及尚未成伤，将加功之犯率行量减。

**谨案** 此条系原例。道光五年(1825)，因助殴伤重者方以加功论绞，恐启助殴伤轻者狡避之渐，是以删改，并增入“亦不得以被逼勉从”二十二字。

〇一、凡谋财害命，照律拟斩立决外，其有因他事杀人后，偶见财物，因而取去者，必审其行凶挟何仇隙，有何证据，果系初无图财之心，杀人后见有随身衣物银钱，为数无多，乘便取去者，将所得之财，倍追给主，仍各依本律科断。若杀人后掠取家财，并知有藏蓄而取去者，审得实情，仍同强盗论罪。

**谨案** 此条雍正二年(1724)定。乾隆五年(1740)，删去“为数无多”四字。

〇一、凡谋杀人已行，其人知觉奔逃，或跌失或堕水等项，虽未受伤，因谋杀奔脱，死于他所者，造意者满流，为从满杖。若其人迫于凶悍，当时失跌身死，原谋拟绞监候,为从者杖一百、流三千里。

**谨案** 此条乾隆五年(1740)定。原文“死于他所者”下,有“照律内邂逅身死,依同谋共殴人科断”二句,无“造意者满流”二句。

○一、凡图财害命,应分别曾否得财定拟。其得财而杀死人命者,首犯与从而加功者,俱拟斩立决;不加功者,拟斩监候;不行而分赃者,照强盗免死减等例问发。伤人未死而已得财者,首犯拟斩立决;从而加功者,拟斩监候;不加功者,亦照例问发;不行而分赃者,杖一百流、三千里。如未得财杀人为首者,拟斩监候;伤人为首者,拟绞监候;其为从加功、不加功者,俱分别递减。

**谨案** 此条乾隆三年(1738)定。五十三年(1788),改不行而分赃者,“改发黑龙江等处给披甲人为奴”;下文不加功者,“亦改发黑龙江等处为奴”。

一、凡图财害命,应分别曾否得财定拟。其得财而杀死人命者,首犯与从而加功者,俱拟斩立决;不加功者,拟斩监候;不行而分赃者,改发黑龙江等处给披甲人为奴。伤人未死而已得财者,首犯拟斩立决;从而加功者,拟斩监候;不加功者,亦改发黑龙江等处为奴;不行而分赃者,杖一百、流三千里。如未得财,杀人为首者,拟斩监候;从而加功者,拟绞监候;不加功者,杖一百、流三千里。未得财,伤人为首者,拟绞监候;从而加功者,杖一百、流三千里;不加功者,杖一百、徒三年。

**谨案** 此条嘉庆六年(1801)修改。

一、凡图财害命,得财而杀死人命者,首犯与从而加功者,俱拟斩决;不加功者,拟斩监候;不行而分赃者,改发黑龙江等处给披甲人为奴。未得财,杀人为首者,拟斩监候;从而加功者,拟绞监候;不加功者,杖一百、流三千里。伤人未死而已得财者,首犯拟斩监候;从而加功,如刃伤及折伤以上者,拟绞监候;伤非金刃,又非折伤者,发黑龙江等处给披甲人为奴;不加功者,杖一百、流三千里;不行而分赃者,杖一百、徒三年。未得财伤人为首者,拟绞监候;从而加功者,杖一百、流三千里;不加功者,杖一百、徒三年。

**谨案** 此条系嘉庆十年(1805)遵旨改定。十七年(1812),调剂黑龙江遣犯,将原例“发黑龙江等处给披甲人为奴”句,改为“改发云贵两广极边烟瘴充军”。

○一、苗人有图财害命之案,均照强盗杀人斩决枭示例办理。

**谨案** 此条乾隆二十九年(1764)定。

○一、台湾等处商船图财害命之案,均照苗人图财害命例,拟斩立决、枭示,与命盗案内例应斩枭之犯,均传首厦门示众。仍将犯罪事由,榜贴原犯地方。

**谨案** 此条乾隆五十一年(1786)定。

○一、船户、店家图财害命,为害行旅,照强盗得财不分首从律皆斩;为首之犯,仍加枭示;同谋不行,事后分赃者,发遣新疆给官兵为奴。至杀人未得财,及伤人未死,并常人图财害命,仍照本律办理。

**谨案** 此条同治五年(1866)定。

〇一、凡僧人逞凶,谋、故惨杀十二岁以下幼孩者,拟斩立决。其余寻常谋、故杀之案,仍照本律办理。

**谨案** 此条系乾隆四十二年(1777)遵旨议定。

〇一、凡谋杀幼孩之案,除年在十岁以上者,仍照例办理外,如有将未至十岁之幼孩,逞忿谋杀者,首犯拟斩立决;从而加功之犯,拟绞立决;其从而不加功者,仍照本律杖一百、流三千里。

**谨案** 此条系乾隆五十三年(1788)遵旨定例。

一、凡谋杀幼孩之案,除年在十一岁以上者,仍照例办理外,如有将十岁以下之幼孩,逞忿谋杀者,首犯拟斩立决;若系图财,或有因奸情事,加以枭示;从而加功之犯,俱拟绞立决;其从而不加功者,俱仍照本律,杖一百、流三千里。

**谨案** 此条系嘉庆十四年(1809)遵旨增定。十七年(1812),将原例"年在十岁以上"句,改为"年在十一岁以上者";"未至十岁之幼孩"句,改为"十岁以下幼孩"。

〇一、有服卑幼,图财谋杀尊长尊属,各按服制,依律分别凌迟、斩决,均枭首示众。

**谨案** 此条系嘉庆五年(1800)遵旨议定。

**历年事例**

〇康熙二十六年(1687)议准:谋杀人得财,其父兄自首者,照自首律内因犯杀伤于人而自首得免所因之罪,仍从故杀治罪。

〇又复准:继母因奸谋杀前妻之女,应比照故杀妻前夫之子以凡人论斩监候律。

〇五十九年(1720)复准:图财已经谋杀而复苏者,依谋杀人因而得财同强盗论皆斩律,拟斩立决。

〇雍正三年(1725)议准:嗣后人命案件,拟以军、流等罪,咨请完结者,俱令具题。有不行具题者,将该督抚查议。

〇乾隆四十二年(1777)谕:"僧人界安将十一岁幼徒韩二娃用绳拴吊,叠殴立毙,甚至其父韩贵珑跪地求饶,亦置不理。其凶狠惨毒,情罪甚为可恶。该部仅照故杀律拟以斩候,尚未为允。僧人出家持律,原不应身犯杀戒。是以每年秋审时,遇有僧人殴毙人命者,概予勾决,以示惩儆。今界安因其徒年幼贪顽,辄恃醉逞忿,顿起杀机,立置之死,是界安既犯王章,又破佛律,非常人斗殴故杀者可比,岂可令其久稽显戮。着交该部另行妥议定例具奏,此案即照新例办理。"

〇五十一年(1786):刑部议复四川总督题民妇杨张氏因与周万金通奸,被年甫八岁之李么儿窥破,致死灭口,将该氏拟斩监候,入于本年秋审情实等因具题。奉旨:"杨张氏着即处斩。嗣后有谋死幼孩年在十岁以上者,仍照向例办理。其在十岁以下者,即照此案问拟立决。"

〇又五十三年(1788):刑部核复河南巡抚题陈文彩等谋杀八岁幼孩单香移尸图

诈钱文一案,将起意为首之陈文彩,依例拟以斩决;从而加功之陈安,拟绞监候;从而不加功之马利,拟以满流等因具题。奉旨:"单香年仅八岁,该犯等辄忍于同谋勒毙,情殊凶狠。嗣后谋杀十岁以下幼孩案件,除为首之犯定拟斩决外,其从而加功者,问拟绞决。如其未加功,仍照旧例。此案陈安着即处绞。"

○嘉庆二年(1797)谕:"本日阅四川省情实人犯招册内,廖氏与滕义怀通奸,因庶长子周应鹤防范严密,该氏商同奸夫将周应鹤杀毙一起,将廖氏依嫡母因奸故杀庶子,其夫不至绝嗣,拟以绞候永远监禁;又殷氏因与周三耀通奸,将伊子勒毙一起,将殷氏依亲母因奸故杀子女例拟绞,因伊夫业经绝嗣,入于秋审情实,固属按例办理。但细核前起案情,廖氏与滕义怀通奸,被周应鹤撞破,以颜面攸关,遂尔隐忍。该氏恋奸情密,因伊子防范严密,不能续旧,遂起意商令奸夫滕义怀在墙下撒土,该氏诡称有贼,喊令周应鹤往视,滕义怀即用刀将周应鹤立时戳毙。是其子尚有爱父之心,而此妇淫邪乃忘其夫,残忍不仁,实出情理之外。妇道以节义为重,若身犯奸淫,罔顾廉耻,甚至因伊子碍眼,杀以灭口,是于夫妇之伦既乖,即于母子之恩已绝,无论准以母出庙绝之义,即不得复拘泥其夫有无子嗣成例,分别办理。况嫡母之于其子,本非所生,与亲母究觉有间。若于此不大为之防,则淫邪之妇,恃有名分,恋奸逞杀,实不足以维风化而饬纲常。嗣后妇人因他故起衅故杀其子者,自当仍照旧例办理外,其因奸杀子者,无论嫡母、亲母、继母、嗣母,俱照例分别斩、绞,不论其夫有无子嗣,皆入于秋审情实办理。其永远监禁之条,即着删除。此案廖氏已饬照此旨改拟,以示防维名节、惩创邪淫至意。著为令。"

○五年(1800)谕:"刑部具题山东民人王狗谋杀林氏一本。王狗系林氏缌麻服侄,因借钱不与,将林氏用铁镢砍伤,攫取柜内京钱十千。刑部依谋杀缌麻以上尊长拟斩立决,固属照例办理。但此案王狗因借钱不与,辄起意致死攫钱,即系图财害命。向来图财害命之犯,俱按律拟以斩决。该犯系属服侄,伦纪攸关,与寻常因财起意谋杀者不同,王狗着即处决、枭示。嗣后遇有此等谋财害命,有关服制者,即着照此办理。"

○十年(1805)谕:"本日三法司具题议复四川省遂宁县民人陈贵图财戳伤唐明一案,将陈贵照依图财伤人未死而已得财者例,拟斩立决。阅其情节,该犯见唐明带有钱文,起意致死,其为图财害命,固属情真罪当。但其拔刀向戳时,止伤唐明咽喉等处,并未致死,现在伤已平复。因思人命至重,凡定拟罪名,自应以致死不致死分别轻重,用昭详慎。从前办过成案,如图财致死人命得财者,定拟斩决;即图财致死二命者,亦不过加以枭示。今陈贵一犯,虽已得财,究系伤人未死,若一律科以斩决,揆之情法,尚未平允。着刑部堂官将图财致死人命已得财者,及致死人命而未得财者,并图财伤人未死而已得财者,及伤人未死并未得财者,详查律例,并从前办过成案,参酌折衷,如何分别定罪之处,悉心妥议具奏。"

○十四年(1809)奉旨:"此案谢文彪窃取年甫七岁之幼孩张狗儿项带银圈,恐其回家告知败露,即将张狗儿拉至河边,揿按水中溺毙,残忍已极。该部拟以斩决,法无可加。但此等凶恶之徒,应予以枭示,俾众共知儆惕。谢文彪着即处决、枭示。嗣后如有谋毙十岁以下幼孩之案,或系图财,或有因奸情事,俱着斩决、枭示,并着刑部纂入则例。"

## 谋杀制使及本管长官

凡奉制命出使,而所在官吏谋杀,及部民谋杀本属知府、知州、知县,军士谋杀本管官,若吏卒谋杀本部五品以上长官,已行未伤者,首杖一百、流三千里;已伤者,首绞;流、绞俱不言皆,则为从各减等。官吏谋杀监候,余皆决不待时。下斩同。已杀者,皆斩。其从而不加功,与不行者,及谋杀六品以下长官,并府州县佐贰、首领官,本条俱不载,各依凡人谋杀论。

**谨案** 原文"军士谋杀本管指挥、千户、百户",雍正三年(1725),以指挥等官已裁,改为"本管官"。乾隆五年(1740),删注内"本条俱不载"五字,改为"其非本属、本管、本部者"九字。

### 历年事例

〇嘉庆二十年(1815)谕:"晋昌等奏《审明已革佐领乌尔图伙同贼犯谋杀防御海宁阿从严定拟》一折。此案于上年十月内,据晋昌等奏,坐卡章京捏禀舞弊等情。朕即以贼犯黄幅有偷砍木植,乌尔图既系知情,其所报海宁阿患病外出,不知去向,焉知非卡员等伙同作弊,海宁阿一人独不肯染指,致遭戕害,与从前王伸汉谋死李毓昌情事相类,当饬该将军等务查海宁阿实在下落,毋任稍有枉纵。续据该将军等讯出海宁阿于乌尔图私带贼犯,曾有欲行禀揭之事。乌尔图到案,供词犹复狡展。复经朕降旨将晋昌等审办此案失之宽缓,严行申饬。兹据该将军等,讯明乌尔图于上年派充坐卡总巡,行至叆阳边门,即商同黄幅有私带贼犯樊十等出边打牲,并私挖人参。出边后,坐卡防御海宁阿,屡向不依,又将乌尔图纵令出边之黄幅有、张得占等拿获,不允赎放。乌尔图遂与樊十商同诱令海宁阿同赴江边钓鱼,乘其不备,樊十点枪将海宁阿立时打毙,卓青阿、黄幅有帮同抬尸抛弃江中灭迹。其与王伸汉谋害李毓昌一案,情节相似,体骨漂流,更为惨酷,果不出朕所料,可见听讼必须细心。设竟如晋昌等初奏,颟顸率结,使正凶漏网,奇冤莫雪,成何事体。乌尔图身系职官,伙同贼犯越边偷窃,业已行同盗贼,又因海宁阿持正不依,遂商同致毙;樊十本系贼犯,手戕职官,该二犯情罪重大,俱着即行处斩。于行刑时,先行重责四十板,樊十并着枭首江干示众。乌尔图之子,不论几人,俱着发往伊犁以示重惩。黄幅有先有划破海宁阿脚心之语,已有谋害之心;卓青阿虽曾将人命事大之言,向乌尔图劝阻,然仍持竿赚海宁阿至江边钓鱼,后复帮同弃尸,该二犯均属同谋加功,依律问拟绞监候,赶入本年秋审情实。"

## 谋杀祖父母父母

凡谋杀祖父母、父母,及期亲尊长、外祖父母,夫,夫之祖父母、父母,已行不问已伤未伤。者,预谋之子孙,不分首从,皆斩;已杀者,皆凌迟处死。监故在狱者,仍戮其尸。其为从有服属不同,自依缌麻以上律论;有凡人自依凡论。凡谋杀服属皆仿此。谋杀缌麻以上尊长,已行者,首杖一百、流二千里;为从杖一百、徒三年。已伤者,首绞;为从加功、不加功,并同凡论。已杀者,皆斩。不问首从。其尊长谋杀本宗及外姻卑幼,已行者,各依故杀罪减二等;已伤者,减一等;已杀者,依故杀法。依故杀法者,谓各依斗殴条内尊长故杀卑幼律问罪。为从者,各依服属科断。若奴婢及雇工人谋杀家长,及家长之期亲、外祖父母,若缌麻以上亲者,兼尊卑言。统主人服属尊卑之亲。罪与子孙同。谓与子孙谋杀祖父母、父母,及期亲尊长、外祖父母,缌麻以上尊长同。若已转卖,依良贱相殴论。

**谨案** 注内"监故在狱者,仍戮其尸"句、"为从者,各依服属科断"句、"统主人服属尊卑之亲"句,俱乾隆五年(1740)增;末节原注系"若已转卖,当同凡论",乾隆五年(1740)改为"依良贱相殴论"。

### 附律条例

〇一、凡子孙谋杀祖父母、父母者,巡按御史会审情实,即单详到院,院、寺即行单奏。决单到日,御史即便处决。如有监故在狱者,仍戮其尸。

**谨案** 此条系原例。

一、凡子孙谋杀祖父母、父母者,法司核复具题,奉旨即行处决。如有监故在狱者,仍戮其尸。

**谨案** 此条雍正三年(1725)改定。乾隆五年(1740)删除,其"监故在狱者"二句,移注律内。

〇一、官民之家,凡雇倩工作之人,立有文券,议有年限者,以雇工人论。止是短雇月日,受值不多者,依凡论。其财买义男,如恩养年久,配有室家者,照例同子孙论。如恩养未久,不曾配合者,士庶之家,依雇工人论;缙绅之家,比照奴婢论。从谋故杀、殴、骂凌迟斩绞各条科断。

**谨案** 此条雍正三年(1725)定。

一、官民之家,凡雇倩工作之人,立有文券,议有年限者,依雇工人论。止是短雇月日,受值不多者,依凡论。其财买养男,并同子孙论。

**谨案** 此条乾隆五年(1740)改定。五十三年(1788)删除。

〇一、尊长谋杀卑幼,除为首之尊长,仍依故杀法,分别已行、已伤、已杀定拟外,其为从加功之尊长,各按服制,亦分别已行、已伤、已杀三项,各依为首之罪减一等;若同行不加功,及同谋不同行,又各减一等。为从系凡人,仍照凡人谋杀为从科断。

**谨案** 此条乾隆六年(1741)定。

〇一、本宗尊长,起意谋杀卑幼,罪应绞候之犯,如与死者之子,商同谋杀,致其子罪干凌迟者,将起意之犯,拟绞立决。

**谨案** 此条嘉庆二十五年(1820)定。

○一、凡尊长故杀卑幼案内,如有与人通奸,因媳碍眼,抑令同陷邪淫,不从,商谋致死灭口者,俱照平人谋杀之律,分别首从,拟以斩、绞监候。

**谨案** 此条系乾隆三十七年(1772)遵旨定例。

○一、凡子孙谋杀祖父母、父母案内,如有旁人同谋助逆加功者,拟绞立决。

**谨案** 此条系乾隆三十九年(1774)遵旨定例。

○一、凡夫谋杀妻之案,系本夫起意者,仍照律办理外,如系他人起意,本夫仅止听从加功者,于绞罪上减一等,杖一百、流三千里。

**谨案** 此条系乾隆四十七年(1782)定。

○一、凡姑谋杀子妇之案,除伊媳实犯殴、詈等罪,仍照本律定拟外,如仅止出言顶撞,辄蓄意谋杀,情节凶残显著者,即发往伊犁给兵丁为奴。

**谨案** 此条系乾隆五十三年(1788)遵旨定例。其应发额鲁特人犯,五十二年(1787)奉旨改给伊犁兵丁为奴,因将例文遵改。道光六年(1826),调剂新疆遣犯,将原例"发往伊犁给兵丁为奴"句,改为"改发各省驻防为奴"。

○一、谋杀期亲尊长,正犯罪应凌迟者,为从加功之犯,拟以绞候,请旨即行正法;不加功者,仍按律科断。如为从系有服亲属,各按尊卑服制本律定拟。

**谨案** 此条系嘉庆六年(1801)遵旨定例。

**历年事例**

○乾隆四年(1739)议准:继母将前母之子有意谋杀者,自应遵照旧例,将继母之子拟绞。如殴伤虽重,并无欲杀之心,将继母之子杖一百、流三千里。如肆行凌虐,以致自尽者,又与故杀、殴杀有间,将继母之子杖一百、徒三年。

○二十六年(1761)谕:"据常钧奏《亳州因疯弑母之姜会监毙戮尸,并请划一办理》一折,所见甚是。向来各省间遇此等事件,有奏明请旨正法者,亦有径自杖毙,不以上闻者。殊不知似此蔑伦孽恶之人,虽为沴气所偶钟,然以天下之大,生民之众,即有之何足为讳。是奏闻正法,原属办理之正。特恐候旨治罪,时日未免有稽。其中或因病瘐死,或畏法自戕,即致幸逃显戮,又于宪典未协。嗣后各州县设遇有此等事,禀明督抚,一经查实,即照常钧所奏,在省城者,即请出王命,在外属者,即委员赍令箭前往,将该犯立行按法凌迟处死,一面具折奏闻。其或案情另有别项牵涉,仍行照例查办。"

○二十九年(1764)谕:"前经降旨,各省遇有子孙蔑伦重案,令各该督抚于审拟定案后,一面奏闻,即一面正法,原因该犯情罪重大,不便稍稽显戮。但事关重辟,其中情伪多端,亦不应轻率完结。即如广东遂溪县监生梁朝举殴死陈国英之母张氏一案,初经该县管唯木,妄断尸子陈国英弑母,录供详报。及至该督苏昌委员复审,始究出梁朝举自行殴死，狡称陈国英搭毙实情，幸而狱无枉纵。若非悉心研鞫，遽尔加之寸磔，即使事后别经访出，而其人已罹极典，岂不竟抱奇冤莫白耶。嗣后各省如遇此等重案，不可不倍加详慎。该督抚等务须亲提人犯，再三确审，以成信谳，毋得仅凭州县供详，致滋冤抑。该部遵谕速行。”

〇三十六年（1771）谕：“刑部等衙门《议复河南巡抚何煟审拟林朱氏与林朝富通奸商谋买药毒死伊媳黄氏》一本，将林朝富照该抚所拟，定以斩候，系属按律定拟；其林朱氏拟发伊犁等处给额鲁特兵丁为奴之处，虽比该抚原拟发驻防兵丁为奴，稍为加重，而核其情罪，实不足以蔽辜。凡故杀子孙定例，原以子孙先有违犯，或因其不肖，一时忿激所致，是以照例科断。若其中别有因事起意致死，情节较重，已不得复援寻常尊卑长幼之律定罪，从前是以改拟发遣为奴，成案具在。若林朱氏因与林朝富通奸，为伊媳黄氏撞见，始则欲污之以塞口，见黄氏不从，复虑其碍眼，商谋药死，其廉耻尽丧，居心惨毒，姑媳之恩，至此已绝。不但无长幼名分可言，又岂可仅照发遣完案。俾得腼颜存活，使伦常风化之大闲，罔知惩创，而贞坚之烈妇，无人抵命，含冤地下，将明刑弼教之谓何。嗣后凡遇尊长故杀卑幼案件内，有似此败伦伤化、恩义已绝之罪犯，纵不至立行正法，亦应照平人谋杀之律定拟监候，秋审时入于情实，以儆无良而昭法纪。着将此通谕中外问刑衙门知之。所有林朱氏一案，即着三法司照此改拟，具题完结。”

〇四十九年（1784）谕：“据熊学鹏奏‘审拟民犯李老闷，因行窃败露，与苏观谋死伊母梁氏，移尸谋赖一案，已将李老闷照例即行凌迟示众，并声明同谋之苏观，律止拟绞监候，但该犯助逆灭伦，非寻常谋杀人加功者可比，请将苏观即行绞决’等语，办理甚是。灭伦重犯，为覆载所不容，其寸磔固不宜少缓。而案内同谋之人，忍助逆子，以戕害其亲，彼岂无父母乎，即与枭獍无异，亦当诛不待时。乃向来于此等罪犯，概不立案定拟，故于同谋加功之犯，亦无专条。今于逆恶凶犯，必令明正刑诛，以快人心而申法纪。惟同谋加功者，尚未议及。若仅照寻常谋杀之律，定拟绞候，实不足以蔽辜。此案苏观始则教令该犯李老闷寻用毒药，继复怂恿助逆，殴毙其母，情罪实为可恶。熊学鹏请改绞决，应如所奏办理。但此案情罪，各省或有相类者，亦未可定，若不明立科条，恐援拟参差，未为允协。嗣后如有此等加功之犯，均照此案定拟。该部即纂入例款遵行。”

〇四十八年（1783）奉旨：“此案姚氏、贾年姐，俱依拟应绞，着监候秋后处决。至老王邢氏与小王邢氏，分属姑媳，该部核复照尊长谋杀卑幼律问拟杖流，不准折赎，固属照例办理。但核其情节，尚未允协。姑之与媳，究与亲生子女之于父母不同。若平日不遵教训，或有忤逆情形，自应管教责处，然亦不得任意凌虐，恣行残忍。今小王邢氏因体弱不能工作，尚无大过，乃老王邢氏因其出言顶撞，蓄意谋害，辄用盐卤向灌，并用刀撬落门牙，凶残已极。若不严加惩儆，则凡为姑者，不论其媳有无忤逆，竟恃尊长名分，肆意谋杀，到官问拟，又得幸邀宽减，此风亦不可长。老王邢氏，罪虽不至论抵，然仅问拟杖流，不足蔽辜。老王邢氏着改发伊犁给额鲁特为奴，以示惩儆。如此准情定罪，则凡为尊长者，皆知慈爱，而为卑幼者，更得尽其孝敬，庶不致恩义尽泯，亦明刑弼教之一端也。嗣后如有此等案件，即着照此办理。”

○五十九年（1794）谕：“本日刑部等衙门，将乳母徐许氏压扪幼孩身死一案，问拟绞候，固属照例办理，已照签发下矣。但似此乳母压死幼孩之案，如讯系所乳幼孩之外，别有子嗣，而压扪致死，又实出于无心，自应照旧问拟，临时尚可免勾。若其家止此幼孩一线，别无他子，此等蠢愚乳母，不知小心抚养，竟至压扪身死，甚且挟嫌怀怨，有心致毙，以致其家因此绝嗣，不可不分别核办。嗣后凡遇此等案件，若乳母压死之幼孩，讯系独子，以致其家绝嗣，即使出于无心，亦应入于秋审情实办理，以昭平允。”

○嘉庆十年（1805）谕：“嗣后内外问刑衙门，遇谋杀人罪应拟斩命案，其听从加功之犯，自应仍按律拟以绞候。若所谋命之人，系属期亲尊长，本犯罪应立磔，则加功从犯，如仅拟绞候，未足以儆凶暴，着定拟绞候，请旨即行正法。”

○十四年（1809）谕：“李祥、顾祥、马连升俱着凌迟处死，包祥着即处斩。李祥等三犯均谋害伊主，而李祥于伊主李毓昌查出王伸汉冒赈欲禀藩司之处，先行密告包祥转告王伸汉。迨包祥与王伸汉谋害伊主，亦先与李祥密商，该犯首先应允，商同顾祥、马连升一同下手。是李祥一犯，尤为此案紧要渠魁。着派刑部司官一员，将该犯解赴山东，沿途饬令地方官多派兵役防范。到山东后，交该抚转饬登州府知府押至李毓昌坟前，先刑夹一次，再行处死，仍着摘心致祭，以泄愤恨。包祥首先设计，狠毒已极，着先刑夹一次，再行处斩。顾祥、马连升二犯，着各重责四十板，再行处死。派刑部堂官秦瀛押赴市曹，监视行刑。”

○十八年（1813）谕：“同兴奏《请严定逆伦重案之该管府州县及上司处分》一折。向来逆伦之犯，该管地方各官未经定有处分。原因此等人犯，凶恶性成，本无人理，惟有随案惩办，以彰国法。若多设科条，严定处分，该管各官惧干吏议，或相率讳匿，不行究办，或捏饰情节，避重就轻，止图规避处分，转使枭獍之徒，幸逃法网，殊不足以昭宪典而快人心。各省盗案，地方官即往往虑有处分，致多讳匿者。现在此等逆伦之案，各直省奏办较多，亦因该管各官无所顾虑，是以认真查办。若更改旧章，添设条目，名为综核，实滋流弊。该抚所奏系属偏见，甚乖立法之意，着毋庸议。即所称亲族、邻保人等，遇有偶然触犯父母之事，许其呈首一节，亦恐乡曲小民，纷纷挟嫌诬捏，致滋烦扰，其端断不可开，亦着毋庸置议。至所奏逆伦重犯，请押赴犯事地方正法，俾众触目儆心，事尚可行，着照所请办理。”

○二十一年（1816）谕：“此案王阿保年甫十二，因伊父王大才犯奸被缚，吓逼该犯代割咽喉，装伤搪抵。该犯不从，劝令伊父割断缚绳逃走。伊父不肯，并以回家处死之言吓逼，该犯始掐起喉下浮皮，用刀划破，伤本轻微。迨王大才因该犯收禁，应拟重罪，悔恨自戳毙命。是王大才之死，由于自戕，并非该犯划伤所致，其情节稍有可原。王阿保着改为斩监候,入于秋审服制情实办理。"

〇又谕:"律设大法,案关伦纪,法司不能不依律拟罪。而情节重轻,其间实大有区别。朕斟酌权衡,则必使归于至当。此案宝瑛听从伊母,连伊子三人,一并投河自尽。伊母淹毙,而宝瑛被救得生。刑部将该犯问拟斩决,法固如是。惟朕详阅案情,宝瑛于母老刘氏素无违悖情事。老刘氏因续娶媳小刘氏疯病,不能料理家务,贫难过活,起意自尽。宝瑛再三劝解不从,因以情愿同死之言答复。是宝瑛不愿独生,实有以身殉母之意。次早伊母携孙出门,伊虑及追往,伊母诳称闲游。至晚伊母执意投河,宝瑛又跪地哀求,伊母声言再向阻挡,即系不愿同死,挥之使去,宝瑛不敢分辩,甘心拌命。其三人手腕,亦系老刘氏自行拴系。是宝瑛以身从死,实属计无复之,情实可悯。至汛兵捞救后,三人中惟宝瑛一人得生,转在意料之外。推原宝瑛当日从死之心,实为无罪。宝瑛不必问拟斩决,着即释放,听其依守伊母坟墓,永不准挑取差使。至小刘氏虽系疯病无知,但伊姑老刘氏及幼子图搭布两命之死,实由伊所致,小刘氏应照疯病杀人例,问拟斩监候,永远监禁。"

〇二十五年(1820)谕:"成格奏《审办逆伦重犯》一折。此案王步云因胞弟王步义酗酒滋事,不服劝诫,肆言詈骂,起意勒毙,向王步义之子王承彩相商,王承彩听从,帮同揿按。该抚于审明后,业经恭请王命,将王承彩凌迟处死,将王步云依律拟绞监候。核其情节,王步云起意致死伊弟,若与他人同谋,则故杀期亲弟妹,罪止绞候。今该犯与子谋父,既毙其弟,复陷其侄以凌迟重罪,情殊凶恶,王步云着即行绞决。嗣后遇有案情似此者,俱照此例办理。"

〇道光二十一年(1841)谕:"此案陕西耀州民人乔中和因行窃无力赔赃,致母姚氏投窑自尽,讯系该犯知情扶送。经刑部援照成案,请旨改为斩立决。姑念该犯当伊母逼令送往时,曾向哭阻,尚可稍从末减。乔中和着改为斩监候,秋后处决。"

〇又奉旨:"昨因陕西民人乔中和当伊母起意投窑自尽,逼令送往,该犯曾向哭阻,并邀伊母舅排解。迨因被逼扶送,旋即释手,较之从前倪胜儿、蔡允光之案,并无加功怂恿情事,情节稍轻,是以改为斩监候。倘因此次奉有酌减谕旨,将来各省办理此等案件,率听案犯添捏情节,狡供避就,大非朕执两用中之意。嗣后内外问刑各衙门,务须虚衷研鞫,详核案情,照例办理。不得援引乔中和之案,有意开脱,以致逆伦重犯,幸稽显戮。庶于罪疑惟轻之中,仍不失明刑弼教之意。"

# 卷八百一·刑部七十九

## 刑律·人命 杀死奸夫一

### 杀死奸夫一

凡妻妾与人通奸，而本夫于奸所亲获奸夫、奸妇登时杀死者，勿论。若止杀死奸夫者，奸妇依和奸律断罪，入官为奴。或调戏未成奸，或虽成奸已就拘执，或非奸所捕获，皆不得拘此律。其妻妾因奸同谋杀死亲夫者，凌迟处死；奸夫处斩。监候。若奸夫自杀其夫者，奸妇虽不知情，绞。监候。

**谨案** 乾隆五年(1740)，将“入官为奴”句改为“当官嫁卖，身价入官”。

#### 附律条例

○一、本夫拘执奸夫奸妇而殴杀者，比照夜无故入人家已就拘执而擅杀致死律条。

**谨案** 此条系原例。

一、奸夫已就拘执而殴杀，或虽在奸所捉获，非登时而杀，并须引夜无故入人家已就拘执而擅杀至死律。

**谨案** 此条雍正三年(1725)改定。

一、凡奸夫已离奸所，本夫登时逐至门外杀之，止依不应杖；非登时，依不拒捕而杀。

**谨案** 此条雍正三年(1725)改定。

一、本夫及应许捉奸之亲属，除奸所捉奸非登时而杀，仍照夜无故入人家内例拟以杖徒外，其有捉奸已离奸所，非登时杀死不拒捕奸夫者，照罪人不拒捕及已就拘执而擅杀律，拟绞监候。虽系捕获奸夫，又因他故致毙者，仍依谋、故论。至于已经犯奸有据，又复逞凶拒捕，虽非登时，俱依罪人拒捕科断。

**谨案** 此条乾隆二十七年(1762)定。

一、本夫于奸所登时杀死奸夫者，照律勿论。其有奸夫已离奸所，本夫登时逐至门外杀之者，照不应重律杖八十。若于奸所获奸，非登时而杀，并依夜无故入人家已就拘执而擅杀律，杖一百、徒三年。如捉奸已离奸所，非登时杀死不拒捕奸夫者，照罪人不拒捕及已就拘执而擅杀律，拟绞监候。若虽系捕获奸夫，或因他故致毙者，仍以谋、故论。至于已经犯奸有据，又复逞凶拒捕，虽非登时，俱依罪人拒捕科断。

**谨案** 此条系乾隆五十三年(1788)将上三条修并。

○一、登时奸所获奸,止杀奸妇,或非奸所,奸夫已去,将奸妇逼供而杀,俱依殴妻致死律。

**谨案** 此条雍正三年(1725)定。

一、凡指称奸所获奸,奸夫逃脱,止将奸妇杀死者,若审无确据,仍依律拟绞外,如本夫于奸所获奸,一时气忿,将奸妇殴死,奸夫当时脱逃,后被拿获到官,审明奸情是实,奸夫供认不讳者,将奸夫拟绞监候,本夫杖八十。

**谨案** 此条雍正五年(1727)定。

一、非奸所获奸,将奸妇逼供而杀,审无奸情确据者,依殴妻至死论。如本夫登时奸所获奸,将奸妇杀死,奸夫当时脱逃,后被拿获到官,审明奸情是实,奸夫供认不讳者,将奸夫拟绞监候,本夫杖八十。其非奸所获奸,或闻奸数日,杀死奸妇,奸夫到官供认不讳,确有实据者,将本夫照已就拘执而擅杀律拟徒,奸夫仍科奸罪。

**谨案** 乾隆五年(1740)将上二条修并,增定此条。三十二年(1767),改末句为"奸夫杖一百、徒三年"。

一、奸所获奸,非登时将奸妇杀死,奸夫到官供认不讳,确有实据,将奸夫拟杖一百、流三千里,本夫杖一百。

**谨案** 此条道光四年(1824)增定。

○一、奸夫自杀夫之父母,以便往来,奸妇虽不知情亦绞。

**谨案** 此条嘉庆十九年(1814),因"子妇犯奸致未纵容之夫父母被杀"例载"子孙违犯教令"门内,罪应绞决,此例无关引用,是以连注删除。

○一、奸妇自杀其夫,奸夫果不知情,止科奸罪。

**谨案** 此上二条,均雍正三年(1725)定。

○一、外人或非应捕人有杀伤者,并依斗杀伤论。

**谨案** 此条雍正三年(1725)定。乾隆五年(1740),将"非应捕人"句改为"非应许捉奸之人"。

一、凡非应许捉奸之人有杀伤者,并依斗杀伤论。如为本夫及有服亲属纠往捉奸,杀伤奸夫,无论是否登时,俱照擅杀伤罪人科断。

**谨案** 此条嘉庆十六年(1811)修改。

一、凡非应许捉奸之人有杀伤者,各依谋、故、斗杀伤论。如为本夫本妇之有服亲属纠往捉奸,杀死奸夫暨图奸、强奸未成罪人者,无论是否登时,俱照擅杀罪人律拟绞监候。若止殴伤者,非折伤勿论;折伤以上,仍以斗伤定拟。

**谨案** 此条嘉庆十九年(1814)于原例"斗杀伤"上增"谋、故"二字。道光四年(1824)增改。

○一、本夫之兄弟及有服亲属,或同居人,或应捕人,皆许捉奸。其妇人之父母、伯叔、兄弟、姊妹、外祖父母捕奸杀伤奸夫者,与本夫同。但卑幼不得杀尊长,犯则依故杀伯叔母姑兄姊律科罪。尊长杀卑幼,照服制轻重科罪。

**谨案** 此条雍正三年(1725)定。

一、本夫之兄弟及有服亲属,皆许捉奸。如有登时杀伤者,并依已就拘执而擅杀伤律;若非登时杀伤,依斗杀伤论。其妇人之父母、伯叔、姑、兄弟、姊妹、外祖父母捕奸杀伤奸夫者,与本夫同。但卑幼不得杀尊长,犯则依故杀伯叔母姑兄姊律科罪。尊长杀卑幼,照服制轻重科罪。

**谨案** 此条乾隆五年(1740)改定。

一、本夫本妇之伯叔、兄弟及有服亲属,皆许捉奸。如登时杀死奸夫奸妇者,并依夜无故入人家已就拘执而擅杀律科罪,伤者勿论;若非登时,以斗杀论。但卑幼不得杀尊长,杀则依殴故杀尊长本律定拟,法司核拟时,按其情节,夹签请旨。尊长杀卑幼,照服制轻重科罪。

**谨案** 此条乾隆二十一年(1756)改定。

一、本夫本妇之伯叔、兄弟及有服亲属,皆许捉奸。如有登时杀死奸夫及奸妇者,并依夜无故入人家已就拘执而擅杀律杖一百、徒三年,伤者勿论;非登时而杀,依擅杀罪人律拟绞监候。若捕获奸夫,或因他故致毙者,仍以谋、故论。如犯奸有据,奸夫逞凶拒捕,虽非登时,俱依罪人拒捕科断。至卑幼不得杀尊长,杀则依殴故杀尊长本律定拟,法司核拟时,按其情节,夹签请旨。尊长杀卑幼,无论谋、故,悉按服制轻重,以斗杀科罪。

**谨案** 此条乾隆五十三年(1788)改定。

一、本夫本妇有服亲属捉奸杀死奸夫、奸妇者,除所杀系平人,及有服尊长,俱仍照例办理外,如所杀系卑幼,非登时而杀,无论谋、故,各按服制于殴杀卑幼本律例上减一等。系奸所登时,按其殴杀本罪在满徒以上者,即于捉奸杀死凡人满徒上减一等;如殴杀本罪亦止满徒,应递减二等定拟。

**谨案** 此条乾隆六十年(1795)改定。

一、本夫本妇之伯叔、兄弟及有服亲属,皆许捉奸。如有登时杀死奸夫及奸妇者,并依夜无故入人家已就拘执而擅杀律杖一百、徒三年,伤者勿论;非登时而杀,依擅杀罪人律拟绞监候。若捕获奸夫,或因他故致毙者,仍以谋、故论。如犯奸有据,奸夫逞凶拒捕,虽非登时,俱依罪人拒捕科断。

一、本夫本妇之有服亲属捉奸,杀死犯奸尊长之案,除犯时不知,依凡人一例问拟,及止殴伤者,均照律勿论外,如杀死本宗期、功尊长,无论是否登时,皆照卑幼殴故杀期功尊长本律拟罪,法司夹签声明,奉旨敕下九卿核拟量从末减者,期亲及本宗大功、小功,均减为拟斩监候。若杀系本宗缌麻,及外姻功、缌尊长,亦仍照殴故杀本律拟罪,法司于核拟时,如系登时杀死者,亦夹签声明,奉旨敕下九卿核拟,减为杖一百、流三千里;若杀非登时,各依本律核拟,毋庸夹签声明。

**谨案** 此条道光十四年(1834)因杀奸例应分别是否奸所登时定拟。原例称"犯时不知，及止殴伤，均照律勿论”，未为允协，于“犯时不知”下增入“依凡人一例问拟”句。

一、本夫本妇之有服亲属捉奸，杀死犯奸卑幼之案，如非登时而杀，无论谋、故，各按服制于殴杀卑幼本律例上减一等。如杀系登时，按其殴杀本罪在满徒以上者，即于捉奸杀死凡人满徒上减一等；如殴杀本罪亦止满徒，应递减二等定拟。

**谨案** 此三条系嘉庆六年(1801)修改分定。

○一、凡奸夫自杀其夫，奸妇虽不知情，而当时喊救，与事后即行首告，将奸夫指拿到官，尚有不忍致死其夫之心者，仍照本律定拟，该督抚于疏内声明，法司核拟时夹签请旨。

**谨案** 此条系乾隆四十二年(1777)遵照雍正三年(1725)谕旨定例。

○一、奸夫奔走良久，或赶至中途，或闻奸次日，追而杀之，并依故杀。

**谨案** 此条雍正三年(1725)定。乾隆五年(1740)，查杀非登时照不拒捕而杀科断，例有明文，此条删。

○一、弟见兄妻与人行奸，赶上杀死奸夫，依罪人不拒捕而杀。

**谨案** 此条雍正三年(1725)定。乾隆五年(1740)，于有服亲属捉奸条内，分别登时、非登时，酌量科拟，本夫兄弟捉奸杀伤，皆可引用，此条删。

○一、因奸谋杀本夫，伤而不死，奸妇依谋杀夫已行斩；奸夫依谋杀人伤而不死从而加功满流，若系造意，依造意绞。

**谨案** 此条雍正三年(1725)定。乾隆五十三年(1788)，查已详“谋杀祖父母父母”及“谋杀人”律内，此条删。

○一、叔嫂通奸有指实，本夫得知，不于奸所而杀二命，依本犯应死而擅杀。

**谨案** 此条雍正三年(1725)定。乾隆五年(1740)，以杀既不于奸所，但云有指实，恐启捏证诬陷之端，此条删。

○一、凡奸夫同谋杀死亲夫，复行设计谋娶奸妇为妻妾者，拟斩立决。

**谨案** 此条雍正五年(1727)定。

一、奸夫同谋杀死亲夫，系奸夫起意者，将奸夫拟斩立决。如谋杀亲夫之后，复将奸妇拐逃，或为妻妾，或得银嫁卖，并拐逃幼小子女卖与他人为奴婢者，亦均拟斩立决。

**谨案** 此条系雍正七年(1729)增定。乾隆十六年(1751)，于例后增注“本夫纵奸者，不用此例”九字。

一、凡奸夫起意杀死亲夫之案，除奸妇分别有无知情、同谋，照例办理外，奸夫俱拟斩立决。如奸夫虽未起意，而同谋杀死亲夫之后，复将奸妇拐逃，或为妻妾，或得银嫁卖，并拐逃幼小子女卖与他人为奴婢者，亦均斩决。本夫纵奸者，不用此例。

**谨案** 此条系乾隆六十年(1795)遵照五十七年(1792)谕旨改定。

○一、亲属相奸，罪止杖徒及律应监候者，如奸夫将本夫杀死，或与奸妇商通谋死者,奸妇依律问拟,奸夫拟斩立决。

**谨案** 此条雍正十二年(1734)定。

〇一、凡因奸同谋杀死亲夫,除本夫不知奸情,及虽知奸情,而迫于奸夫之强悍,不能报复,并非有心纵奸者,奸妇仍照律凌迟处死外,若本夫纵容抑勒妻妾与人通奸,审有确据,人所共知者,或被妻妾起意谋杀,或奸夫起意,系知情同谋,奸妇皆拟斩立决,奸夫仍照律拟斩监候。其纵容抑勒妻妾与人通奸,审有确据,人所共知者,如因别情,将奸夫奸妇一齐杀死,虽于奸所登时,仍依故杀论。若本夫先经纵容抑勒妻妾与人通奸,复因索诈不遂,杀死奸妇者,将本夫依殴妻致死律拟绞监候。

**谨案** 此条雍正十二年(1734)定。

一、本夫纵容及抑勒妻妾与人通奸,后奸夫自杀其夫,奸妇果不知情,仍依纵容抑勒本条科断,不在拟绞之限。

**谨案** 此条乾隆八年(1743)定。

一、纵容妻妾与人通奸,被奸夫奸妇商同谋杀,伤而未死,将奸妇拟斩监候,造意之奸夫照谋杀人伤而不死律拟绞监候。

**谨案** 此条乾隆三十二年(1767)定。四十二年(1777)于"奸夫"上加"造意"字。

一、凡以妻卖奸之夫故杀妻,以凡论。其寻常知情纵容,非本夫起意卖奸者,仍悉依律例办理。

**谨案** 此条系乾隆四十二年(1777)奉旨改定,原载"斗殴"门"妻妾殴夫"律下。乾隆五十三年(1788),移并此门。

一、凡因奸同谋杀死亲夫,除本夫不知奸情,及虽知奸情,而迫于奸夫之强悍,不能报复,并非有心纵容者,奸妇仍照律凌迟处死外,若本夫纵容抑勒妻妾与人通奸,审有确据,人所共知者,或被妻妾起意谋杀,或奸夫起意,系知情同谋,奸妇皆拟斩立决,奸夫拟斩监候;伤而未死,奸妇拟斩监候,奸夫仍照谋杀人伤而未死律,分别造意加功与不加功定拟。若奸夫自杀其夫,奸妇果不知情,仍依纵容抑勒本条科断。其纵奸之本夫,因别情将奸夫、奸妇一齐杀死,虽于奸所登时,仍依故杀论。若本夫抑勒卖奸故杀妻者,以凡论。其寻常知情纵容,非本夫起意卖奸,后因索诈不遂,杀死奸妇者,仍依殴妻至死律拟绞监候。

**谨案** 此条乾隆五十三年(1788)将上四条修改,并为一条。

〇一、奸夫起意商同奸妇谋杀本夫,复杀死奸妇期亲以上尊长者,奸妇仍照律凌迟处死外,奸夫拟斩立决、枭示。如奸夫听从奸妇,并纠其子谋杀本夫,陷人母子均罹寸磔者,奸夫拟斩立决;若系奸夫起意,加拟枭示。

**谨案** 此条嘉庆十八年(1813)遵旨定。

〇一、凡奸夫并无谋杀本夫之心,其因本夫捉奸,奸夫情急拒捕,奸妇已经逃避,或本夫追逐,奸夫已离奸所,拒捕杀死本夫,奸妇并未在场,及虽在场而当时喊救,与事后即行首告,并因别事起衅,与奸无涉者,奸妇仍止科奸罪外,其奸夫临时拒捕,奸妇在场并不喊阻救护,而事后又不首告者,应照奸夫自杀其夫奸妇虽不知情律拟绞监候。

**谨案** 此条乾隆十四年(1749)定。

○一、有服尊长奸卑幼之妇,本夫捉奸杀死奸夫,除犯时不知,照律勿论外,其于奸所亲获奸夫奸妇,登时杀死者,及非登时又非奸所,或已就拘执而杀者,皆照卑幼殴故杀尊长本律治罪,该督抚于疏内声明,法司核拟时夹签请旨。伤者均勿论。

**谨案** 乾隆六年(1741)奏准本夫捉奸杀死尊长之案,临时酌量,奏请钦定。至二十一年(1756)议定此条。

一、凡有服尊长奸卑幼之妇,本夫捉奸杀死奸夫者,仍照律拟罪,法司夹签声明,奉旨敕下九卿定拟。刑部会同九卿核议量从末减者,如系期亲,改为拟斩监候;功服,减为杖一百、流三千里。若系缌麻尊长,亦仍照殴故本律拟罪,法司于核拟时夹签声明,量减为杖一百、流二千里,恭候钦定。

**谨案** 此条乾隆三十四年(1769)定。五十三年(1788)与二十一年(1756)所定并为一条。

一、本夫本妇有服亲属捉奸杀死卑幼之案,如杀奸之尊长即系本夫,并依本夫杀死奸夫例分别减等、勿论。

**谨案** 此条乾隆六十年(1795)定。

一、本夫捉奸,杀死犯奸有服尊长之案,除犯时不知,依凡人一例定拟,及止殴伤者,均照律勿论外,其于奸所亲获奸夫奸妇,登时杀死者,或奸所而非登时,及非登时又非奸所,或已就拘执而杀,如系期、功尊长,皆照卑幼殴故杀尊长本律拟罪,法司夹签声明。奉旨敕下九卿核拟量从末减者,期亲减为拟斩监候,功服减为杖一百、流三千里。若杀系本宗缌麻及外姻功、缌尊长,亦仍照殴故本律拟罪,法司于核拟时随本声明,量减为杖一百、流二千里,恭候钦定。

**谨案** 嘉庆十六年(1811),将"缌麻尊长"四字改为"本宗缌麻及外姻功、缌尊长"。道光十四年(1834),于"犯时不知"下,增"依凡人一例定拟"句。

一、本夫捉奸,杀死犯奸有服卑幼之案,除犯奸卑幼罪犯应死,或卑幼犯奸罪不应死,而杀系奸所登时者,均予勿论外,如卑幼犯奸罪不应死,本夫于奸所获奸,非登时而杀者,于常人满徒上减二等,杖八十、徒二年。如捉奸已离奸所,非登时而杀者,于常人绞候上减二等,杖一百、徒三年;若按其殴杀卑幼本罪止应拟流者,应再减一等。

**谨案** 此二条系嘉庆六年(1801),将前数条本夫捉奸杀死尊长卑幼之例,修改分定。十四年(1809),于"徒三年"下,增入"若按其殴杀卑幼本罪止应拟流者,应再减一等"十九字。

○一、本夫登时捉奸,误杀旁人,奸夫当时脱逃者,除本夫照例定拟外,将奸夫杖一百、流三千里,奸妇当官嫁卖。其亲属捉奸误杀旁人,仍照定例科断。

**谨案** 此条乾隆二十五年(1760)定。

一、本夫登时捉奸,误杀旁人,奸夫当时脱逃者,除本夫照误杀旁人律拟绞监候外,将奸夫杖一百、流三千里。其亲属捉奸误杀旁人,照误杀律科断,奸夫止科奸罪。

**谨案** 此条嘉庆六年(1801)改定。

〇一、凡聘定未婚之妻与人通奸,本夫闻知往捉,将奸夫杀死,审明奸情属实,除已离奸所,非登时杀死不拒捕奸夫者,仍照例拟绞外,其登时杀死,及登时逐至门外杀之者,俱照本夫杀死已就拘执之奸夫,引夜无故入人家已就拘执而擅杀律拟徒例拟徒;其虽在奸所捉获,非登时而杀者,即照本夫杀死已就拘执之奸夫满徒例加一等,杖一百、流二千里;如奸夫逞凶拒捕,为本夫格杀,照应捕之人擒拿罪人格斗致死律勿论。

**谨案** 此条乾隆三十四年(1769)定。

一、与人聘定未婚之妻通奸,起意杀死其夫者,照奸夫起意杀死亲夫例拟斩立决;如系为从同谋,仍照同谋杀死亲夫律拟斩监候。若奸夫虽未起意,而同谋杀死未婚夫之后,复将奸妇娶为妻妾,或拐逃嫁卖者,亦照例斩决。

一、聘定未婚妻,因奸起意杀死本夫,应照妻妾因奸同谋杀死亲夫律凌迟处死;如并未起意,但知情同谋者,即于凌迟处死律上量减为斩立决。若奸夫自杀其夫,未婚妻果不知情,即于奸妇不知情绞监候律上减为杖一百、流三千里。倘实有不忍致死其夫之心,事由奸妇破案者,再于流罪上减为杖一百、徒三年。至童养未婚妻,因奸谋杀本夫,应悉照谋杀亲夫各本律定拟。

**谨案** 此二条均系道光二十三年(1843)定。

〇一、凡男子拒奸杀人之案,除事后指奸并无实据者,仍照谋、故、斗杀本律定拟外,如当场见证确凿,及死者生供有据,或尸亲供认可凭者,照斗杀律减一等,拟杖一百、流三千里,奏请定夺。

**谨案** 此条乾隆四十二年(1777)定。

一、凡男子拒奸杀人之案,除死者与凶犯年岁相当,或仅大三五岁,事后指奸并无实据者,仍照谋、故、斗杀定拟外,如死者年长凶手十岁以外,而又当场见证确凿,及死者生供有据,或尸亲供认可凭者,无论谋、故、斗殴,俱照斗杀律减一等,拟杖一百、流三千里,奏请定夺。

**谨案** 此条乾隆四十八年(1783)遵旨改定。

一、男子拒奸杀人,除死者年长凶手十岁以外,而又当场供证确凿,及生供足据者,依例拟流。其年岁相当,又系事后指奸无据者,仍照谋、故、斗杀本律定拟外,如死者虽无生供,而年长凶手十岁以外,确系拒奸起衅,别无他故者,或年长凶手虽不及十岁,而拒奸供证可凭,及图奸生供可据者,无论谋、故、斗杀,均照擅杀罪人律拟绞监候。

**谨案** 此条乾隆六十年(1795)定。

一、男子拒奸杀人,除死者与凶犯年岁相当,或仅大三五岁,事后指奸无据者,仍当照谋、故、斗杀本律定拟外,如死者年长凶手十岁以外,而又当场供证确凿,及死者生供足据,或尸亲供认可凭者,无论谋、故、斗殴,俱照斗杀律减一等,杖一百、流三千里,奏请定夺。如死者虽无生供,而年长凶手十岁以外,确系拒奸起衅,别无他故者,或年长凶手虽不及十岁,而拒奸供证可凭,及图奸生供可据者,无论谋、故、斗杀,均照擅杀罪人律拟绞监候。

**谨案** 此条嘉庆六年(1801)修并。

一、男子拒奸杀人,如死者年长凶手十岁以外,而又当场供证确凿,及死者生供足据,或尸亲供认可凭,三项兼备,无论谋、故、斗杀,凶手年在十五岁以下,登时杀死者勿论;非登时而杀,杖一百,照律收赎。年在十六岁以上,登时杀死者,杖一百、徒三年;非登时而杀,杖一百、流三千里。至死者虽无生供,而年长凶犯十岁以外,确系拒奸起衅,别无他故,或年长凶犯虽不及十岁,而拒奸供证确凿,及死者生供足据,或尸亲供认可凭,三项中有一于此,凶犯年在十五岁以下,登时杀死,杖一百、徒三年;非登时而杀,杖八十、流三千里,俱依律收赎。年在十六岁以上,无论登时与否,均照擅杀罪人律拟绞监候。如死者与凶犯年岁相当,或仅大三五岁,审系因他故致毙人命,捏供拒奸狡饰者,仍分别谋、故、斗杀,各照本律定拟;秋审实缓,亦照常办理。若供系拒奸,并无证佐及死者生供,审无起衅别情,仍按谋、故、斗杀各本律定拟,秋审俱入于缓决。至先被鸡奸,后经悔过拒绝,确有证据,复被逼奸,将奸匪杀死者,无论谋、故、斗杀,不问凶犯与死者年岁若干,悉照擅杀罪人律拟绞监候。其因他故致毙者,仍依谋、故、斗杀各本律问拟。

**谨案** 此条道光三年(1823)修改。四年(1824),增入悔过拒奸一层。

○一、凡奸情确凿,本夫及应许捉奸亲属起意杀死奸夫案内,其听从加功者,无论应许捉奸之亲属及不应捉奸之外人,审明实系激于义忿,悉照共殴余人律杖一百。如有挟嫌妒奸谋故别情,乘机杀害,图泄私忿者,仍照谋、故本律问拟。

**谨案** 此条乾隆四十五年(1780)定。

# 卷八百二·刑部八十

## 刑律·人命 杀死奸夫二

**杀死奸夫二**

〇一、凡妇女拒奸杀死奸夫之案,如和奸之后,本妇悔过拒绝,确有证据,后被逼奸,将奸夫杀死者,照擅杀罪人律减一等,杖一百、流三千里。其因贪利与之通奸,后以无力资助,拒殴致毙,或先经和奸,后复与他人通奸情密,因而拒绝殴毙者,仍各依谋、故、斗殴等本律定拟。

**谨案** 此条乾隆四十八年(1783)定。

〇一、妇女拒奸杀人之案,审有确据,登时杀死者,无论所杀系强奸、调奸罪人,本妇均勿论。若捆缚复殴,或按倒叠殴,杀非登时者,所杀系调奸罪人,即照擅杀罪人律减一等,杖一百、流三千里;所杀系强奸罪人,再减一等,杖一百、徒三年;均照律收赎。

**谨案** 此条嘉庆二十四年(1819)定。

〇一、凡母犯奸淫,其子实系激于义忿,非奸所登时将奸夫杀死,父母因奸情败露,忿愧自尽者,即照罪人不拒捕而擅杀绞监候本例问拟,不得概拟立决。

**谨案** 此条乾隆四十八年(1783)定。

〇一、凡妾因奸商同奸夫谋杀正妻,比照奴仆谋杀家长律凌迟处死;若谋杀伤而不死,或已行而未伤,俱比照奴仆谋杀家长已行不论已伤未伤律拟斩立决。奸夫仍分别曾否起意同谋,各照本律办理。至妾若非因奸起衅,殴、故杀正妻,仍照律科断。

**谨案** 此条系乾隆五十二年(1787)遵旨议定。

〇一、凡本夫本妇之父母,如有捉奸杀死奸夫、奸妇,其应拟罪名,悉与本夫同科。倘死系有服尊长,仍按本律拟罪,亦照本夫之例,一体夹签声明,分别递减。

**谨案** 此条乾隆五十三年(1788)定。

一、凡本夫本妇之祖父母、父母,如有捉奸杀死奸夫者,其应拟罪名,悉与本夫同科;若止杀奸妇者,不必科以罪名。倘被杀奸夫,系有服尊长,仍按本律拟罪,亦照本夫之例,一体夹签声明,分别递减。

**谨案** 此条嘉庆六年(1801)遵照二年(1797)谕旨改定。

〇一、凡卑幼因图奸有服亲属,被尊长忿激致死,审有确据,无论谋、故,悉照罪人已就拘执及不拒捕而擅杀律以斗杀论,各按服制定拟。至在场帮殴有伤之犯,除系死者有服卑幼,仍依谋、故、斗杀服制本律科断外,其余无论凡人尊长,概照殴杀余人律定拟。

**谨案** 此条乾隆五十三年(1788)定。

一、凡卑幼因图奸有服亲属,被尊长忿激致死,审有确据,无论谋、故,悉照擅杀罪人,各按服制,于殴杀卑幼本律例上减一等定拟。至为从在场帮殴有伤之犯,除系死者有服卑幼,仍照卑幼不得杀尊长之例,依殴、故杀尊长本律定拟,法司核拟时,夹签请旨办理外,其余无论凡人尊长,概照斗杀余人律定拟。

**谨案** 此条乾隆五十六年(1791)改定。

○一、本夫本妇之有服亲属捉奸,登时杀死奸妇者,奸夫拟杖一百、流三千里;如非登时而杀,将奸夫杖一百、徒三年。其杀奸之亲属,止杀奸夫,不杀奸妇者,仍依登时、非登时各本律分别定拟,奸妇仍止科奸罪。

**谨案** 此条乾隆五十九年(1794)定。

○一、本夫捉奸止杀奸夫,案内之奸妇,除本律载明当官嫁卖、身价入官者,仍依律办理外,其余条例内不言当官嫁卖者,均给予本夫及亲属领回,听其去留。

**谨案** 此条乾隆六十年(1795)定。

○一、凡因奸谋杀本夫之案,除奸妇及起意之奸夫,照例办理外,其为从加功之人,如亦系奸夫,仍拟斩监候;若系平人,照凡人谋杀加功律拟绞监候。

**谨案** 此条嘉庆二年(1797)定。

○一、凡本夫及有服亲属杀奸之案,如奸所获奸,忿激即时殴毙者,以登时论;若非奸所而捕殴致毙,及虽在奸所而非即时殴毙,或捆殴致死者,俱以非登时论。

○一、凡童养未婚之妻,与人通奸,本夫之祖父母、父母并有服亲属捉奸,杀死奸夫、奸妇者,均照已婚妻例问拟。

○一、有服尊长强奸卑幼之妇未成,被本夫本妇忿激致毙,系本宗期、功卑幼,罪应斩决者,无论登时、事后,均照殴死尊长情轻之例,夹签声明;如系本宗缌麻、外姻功缌卑幼,除事后殴毙,仍照殴故杀尊长本律问拟斩候外,若登时忿激致毙,定案时依律问拟,法司核拟,随案减为杖一百、流三千里。

**谨案** 此上三条,均系嘉庆六年(1801)定。

○一、凡尊长强奸卑幼之妇未成,被本夫有服亲属,登时忿激致毙,系缌麻卑幼,定案时依律问拟,法司核拟夹签声明,奉旨敕下九卿核拟,减为杖一百、发近边充军;若杀非登时,仍照殴故杀本律问拟,毋庸声请。如系期、功卑幼,无论是否登时,各按服制拟罪,夹签声明,奉旨敕下九卿核拟,减为拟斩监候。

**谨案** 此条嘉庆十三年(1808)定。

○一、凡本夫及有服亲属,杀死图奸未成罪人,无论登时、事后,俱照擅杀律拟绞监候。

**谨案** 此条嘉庆十六年(1811)定。

〇一、本夫杀死强奸未成罪人,如系登时忿激致毙者,即照本夫奸所登时杀死奸夫例勿论;若追逐殴打致毙,及虽在登时,系捆殴致毙者,即照奸所获奸非登时而杀例杖一百、徒三年;系事后寻殴致毙者,仍照擅杀罪人律拟绞监候。

**谨案** 此条道光二十五年(1845)定。

〇一、妇女被人调戏,其本夫及有服亲属,擅杀调戏罪人,应拟绞抵者,如本妇畏累自尽,将擅杀之犯减一等,杖一百、流三千里。

**谨案** 此条嘉庆五年(1800)定,原载"斗殴"及"故杀"律内。十六年(1811)移附此律。

一、妇女被人调戏,或与人通奸,其本夫及有服亲属,擅杀调戏罪人及奸夫,应拟绞抵者,如本妇、奸妇畏累自尽,将擅杀之犯减一等,杖一百、流三千里。

**谨案** 此条嘉庆十六年(1811)增定。

**历年事例**

〇雍正三年(1725)谕:"奸夫杀死亲夫,奸妇虽不知情,而亲夫之死,实由其已经失节,与人通奸之故,拟以绞罪,此律固不可改。但本妇一闻奸夫杀害本夫,即行喊叫,将奸夫指拿,尚有不忍致死其夫之心,犹属可悯。若将此等妇人按律拟罪,而必致之死,恐将来有犯此等情事之人,畏法律之严,反隐匿而不肯自行出首。嗣后如有此等情事,仍照律定拟,加签呈览。"

〇乾隆二十五年(1760)议准:例载"本夫于奸所当时将奸妇杀死,审明奸情是实,奸夫拟绞,本夫杖八十"等语,诚以本夫之杀,激于义忿,奸妇之死,由于被奸,故特宽本夫之罪,而以奸夫拟抵也。至捉奸误杀旁人,虽与杀死奸妇不同,但无辜者既被误杀,捉奸者又罹重罪,而造祸之奸夫,止科奸罪完结,情法尚未平允。设本夫捉奸之时,适有亲属闻声劝助,黑暗之中,或转身之际,倏至其前,本夫及例得捉奸人等,误认为奸夫,致伤毙命者,自应将脱逃之奸夫,比照本夫登时杀死奸妇,将奸夫拟绞例减一等拟流,不得仅以奸罪从宽完结。第查杀奸义忿,定例止许本夫,其有服亲属,但准捉奸,不准杀奸。盖以人类不齐,亲疏有异,而情伪万变,恐转启挟私妄杀之端。其有误杀,未便与本夫一体问拟,致于定例有违,且恐复滋他弊。嗣后本夫登时捉奸误杀旁人者,除本夫照例定拟外,所有脱逃之奸夫拿获,审实,例应止科奸罪者,改为杖一百、流三千里,奸妇照例当官嫁卖。其捉奸亲属误杀旁人,仍照各定例科断。

〇又议准:因奸谋杀亲夫之罪,律例所载,除系奸夫起意,及将奸妇并幼小子女拐逃者,将奸夫拟斩立决外,其系妇女起意,及奸夫自杀其夫,并本夫纵容通奸谋害者,将奸夫拟斩监候。此等人犯,于秋审时无不拟入情实,请旨勾决,以儆淫凶。惟是审题结案,部复到日,或已逾秋审之期,势必迟至次年,或致有兔脱瘐毙,幸免显戮,无以示儆,而被杀者未免含冤莫伸。嗣后凡有此等案犯,律应监候,已经审实具题,如四月以内,部文到省,该督抚即赶入本年秋审情实;或五月以后至七月以内奉旨者,刑部即归入各该省秋审册内,由九卿会勘拟以情实,请旨勾决,不必复行取具各该督抚勘语。其案内如有从犯,仍照例入于次年秋审。再凡遇停止勾决之年,刑部将此等案犯,照聚众辱官等案,一并开具事由,另行请旨正法。

○四十二年(1777)谕:"刑部核拟张二即张丕林扎死伊妻徐氏一案,照夫故杀妻律问以绞候,所拟尚未允协。此案张二携妻徐氏卖奸,潘三时往奸宿,索钱争殴,经官责逐。张二计欲躲避,因徐氏不允,辄起杀机,夺刀扎毙。是张二甘心将徐氏卖奸,其夫妇之义早绝,乃复逞凶戕命,自当与凡人故杀同科。犹之妻妾因奸谋杀本夫者,律应凌迟,若因本夫纵容抑勒其妻妾与人通奸,罪止斩决,则纵奸之本夫复杀其妻,即不得与寻常夫故杀妻律拟断。盖其夫纵妻卖奸,已属不知羞愧,又忍而致之于死,情更凶恶。若复拘夫妇名义,稍从末减,何以励廉耻而维风化乎。着刑部将此例另行斟酌改定。所有张二一案,即着照新例定拟具奏。"

○四十三年(1778),云南巡抚题文山县民申张保,因高应美与其母胡氏有奸,用言阻止,辄被嗔骂,并拾石向掷,申张保回殴高应美致死,致其父申茂盛、母胡民忿愧,先后服毒身死,将申张保拟以绞决一案。奉旨:"申张保之殴死高应美,实出于义忿,殊堪矜悯。而申茂盛、胡氏之死,由于奸情败露,忿愧轻生,并非申张保贻累。若亦予以立决,未得事理之平。但非奸所杀死奸夫,自不能免罪,拟以绞候亦足矣。交九卿会同该部另行妥酌定例具奏。嗣后如遇有此等案情,即照此例办理。"

○四十八年(1783)谕:"本日勾到奉天省秋审情实人犯,内张成功搭死訾明玉,及姜连殴死吴麻子二案,俱因拒奸起衅致死,问拟斩候,自应入于情实。但核其情罪,究因訾明玉、吴麻子欲行鸡奸,该犯等一时气忿所致。而图奸既无死者生前确供,又无旁人见证,仅据该犯一面之词,指称图奸,罪疑惟轻,是以免其勾决。此等案犯,指奸既属无凭,而杀命究难逭罪,不得以此次未勾,将来即可改缓。所有张成功、姜连二犯,每年秋审时仍着入于情实。此朕斟酌情罪,以期协中之意,着刑部存记。嗣后遇有此等案件,均照此办理。至各省有似此拒奸杀命之案,该地方官审讯时,必须将凶手与死者年齿,详细核对。如死者年长于凶手十岁以外,则欺其稚弱,图奸自属情理。若死者与凶手年岁相当,或仅大三五岁,安知非凶手图奸不遂,因而致死灭口,恃无证见,图赖死者,希冀卸罪乎。因勾奉天秋审有此二案,恐各省亦有似此者,特明晰宣谕内外问刑衙门,一体留心谳狱,以期无枉无纵而昭平允。"

○五十二年(1787)谕:"此案孔胡氏因奸谋死正妻孔孙氏,按律问拟凌迟处死,孔二牛照奸夫同谋起意拟斩立决,固属情真罪当。但孔胡氏并非谋死伊夫孔衍江,而本内所引律例,系照妻妾因奸同谋杀死亲夫律,援照未为允当,自应即将奴仆杀家长律比照引用。据部称此等妾谋正妻致死之案,律内向无专条,现在刑部修纂例条,着将此一条拟议增入。"

○五十七年(1792)谕:“本日刑部具题因奸谋死本夫两案。一系山西省赵希元子,因与张崔氏通奸情热,起意商同奸妇张崔氏谋勒本夫张杨宝子身死,张崔氏听从下手,该部照原拟将张崔氏凌迟处死,赵希元子拟斩立决。一系河南省熊在法与胡氏通奸,熊在法起意图娶,用言试探,经胡氏斥骂,熊在法将余夭毒害,胡氏闻知,即将奸情实告伊姑,指拿到官,该部照原拟将熊在法拟斩监候,声明胡氏尚有不忍致死其夫之心,按律拟绞监候,例应减等发落。此两条同系奸夫起意谋死本夫,其赵希元子一案,因奸妇张崔氏知情同谋毙命,将张崔氏问拟凌迟,赵希元子亦问拟斩决,盖以赵希元子既杀本夫于非命,又陷奸妇于极刑,自应如此定拟。至熊在法图娶胡氏,毒死本夫余夭,其因奸谋杀本夫,与赵希元子一案情罪相同,特因胡氏一闻熊在法图娶之语,即行斥詈,及余夭被毒身死,又复即告知伊姑指拿到官,尚有不忍致死其夫之心,是以援例减等,而奸夫熊在法则淫凶已极,于法实无可宽。且揆之情理,奸夫与奸妇商同谋死本夫者,因彼此恋奸情热,本夫之死,当出同谋。若奸夫一人起意,奸妇既未知情,及用言试探,又复詈骂不从,其本夫之死,实系奸夫一人主谋,较之商同谋杀者,其情更为淫恶,原不应照寻常谋故之案,定拟斩候。乃该部于赵希元子因本妇知情,将奸夫问拟斩决,于熊在法一犯,因本妇不忍致死其夫,即将奸夫问拟斩候。同系因奸起意谋杀之案,轻重两歧,殊未平允。嗣后该部遇有此等因奸谋死本夫,系奸夫起意者,除将奸妇分别知情与不知情,仍照旧例办理外,其奸夫当照起意之例,问拟斩立决,以儆淫凶。此案熊在法即照此办理。除将原拟改签批发外,将此通谕知之。”

○嘉庆二年(1797),四川总督题周俸瀍奸拐李世楷之女同逃,被李世楷拿获,登时殴伤李二姐身死一案,将周俸瀍比照本夫登时奸所获奸将奸妇杀死,审明奸情属实,将奸夫拟绞例拟绞监候,李世楷比照本夫杖八十例杖八十等因。奉旨:“父母殴毙无辜子女,予以杖罪,尚为慎重人命起见。今李二姐既系犯奸,即属有罪之人,李世楷将伊女殴毙,系出于义忿,尚有何罪。虽所拟杖罪,声明遇赦援免,但究不应以杖罪科断。嗣后遇有似此情节者,其父母竟不必科以罪名。并着刑部将此例删除,以昭平允。”

○七年(1802)奉旨:“此案张自重因齐月先强奸伊母李氏,经李氏抵拒喊叫,齐月先跑走后,李氏向伊子张自重哭诉,张自重气忿,携取棒槌赶往殴打齐月先,致伤臁肕骨折,越二十七日殒命。该抚将该犯援照新例拟绞监候,声请留养具题,刑部照拟核复,固属按例办理。但细阅案情,张自重因亲母被辱,向其哭诉,为人子者自当激于义忿,赶往殴打,较之本夫捉奸,其情更为急切。且该犯赶殴时,所携止系棒槌,并非金刃凶器。其致死之由,实与救母情切者无异。若竟按杀非登时擅杀例拟绞,于情罪究未允协。张自重着仍照旧例改为杖一百、徒三年。该犯系孀妇独子,准其照例留养。嗣后凡遇此等情节案件,俱着照此核办。”

○又谕:“刑部议驳直隶省具题史八因史黑强奸伊妻未成,殴伤史黑身死一案,将原拟流罪，改照擅杀罪人例，将史八问拟绞候一本。细核此案情节，史八因史黑强奸伊妻未成，往找史黑未遇。嗣史黑持枪赴史八门首辱骂，史八用棍将枪格落，叠殴史黑殒命。该督将史八量减拟流，与例未符。经部臣以史黑所执之枪，已被该犯格落，追殴伤倒地，又有史博闻在旁助殴，史八等不难将史黑拘送，乃辄殴致毙，实为擅杀，将史八依例改拟绞候，固为允协。但死者始则强奸妇女，继则持枪登门辱骂，有欲杀史八强占伊妻之语，淫凶已极，史八激于义忿，将史黑殴毙，其情尚有可原，将来核办秋审时，着归入可矜。"

○十八年(1813)谕："同兴奏《审明蔑伦重犯分别办理》一折。向来奸夫同谋致死本夫者，均问拟斩监候，秋审时亦必予勾。此案丁光位因奸辄听从奸妇文李氏，并纠其子将本夫文四箴谋毒勒死，陷人母子均罹寸磔，实属淫凶已极。该抚仅照奸夫同谋杀本夫律，问拟斩候，请旨正法，殊属拘泥。丁光位着即处斩。嗣后有似此情罪之犯，即着定拟斩决办理。"

○二十四年(1819)奏准：嗣后妇女拒奸杀人之案，登时杀死者，无论所杀系强奸、调奸罪人，本妇均勿论。如捆缚复殴，或按倒叠殴，杀非登时者，所杀系调奸罪人，即照擅杀罪人律减一等，杖一百、流三千里；杀系强奸罪人，再减一等，杖一百、徒三年；均照例收赎。仍令承审官于报案后，严讯邻佑及同居人确供确据，务得实情，毋任串词捏饰，避重就轻。所有李何氏一案，死系图奸罪人，杀非登时，业据讯明该氏同院居住之郑登富在场目击，供证确凿，并无起衅别情，应即改照新例，于擅杀罪人绞监候律上减一等，杖一百、流三千里，系妇人照律收赎。奉旨："明刑所以弼教。妇女首重名节，旧例妇女和奸，悔过拒绝，复被逼奸，将奸夫杀死者，均照擅杀罪人律减一等拟以杖流。其未经和奸，因拒奸擅杀罪人之妇女，转科以绞候，于情法本未平允。此案李何氏因拒奸杀死周得佶，刑部照绞候拟复，大理寺于会议时签商议减，所议甚是。刑部堂官，亦即详酌奏改条例，所办亦是，着依议纂入例册。其李何氏一案，即照新例办理。至大理寺堂官，系何人首先倡议签商，着据实奏明，交部议叙，不得以公同看出含混具奏。"

○又谕："此案申姚氏因与王二小通奸情热，辄听其劝诱，商同谋毒本夫，虽后萌悔心，夺弃毒面，将伊夫灌救得生。然王二小所给信末，该犯妇既经携回下入面内，已有致死其夫之心。该督原咨将该犯妇及王二小俱拟减流，实属轻纵。刑部驳令更正，所办甚是。申姚氏依拟应斩，王二小依拟应绞，俱着监候，秋后处决。原拟错误之臬司，着查明交部议处。总督方受畴据详率咨，着交部察议。"

○又谕："刑部奏遵旨议复安徽民人宋志忠因奸谋杀未婚本夫罪名，并将酌议条例，开单请旨，着刑部再行核议具奏。钦此。"遵旨议准：宋志忠与查六寿聘定未婚妻朋氏通奸，图取为妻，独自起意谋杀查六寿身死。此等奸夫，律例并无治罪明文。遍查历年成案，如彦太等四案，俱照起意谋杀亲夫例拟斩立决；钱亥瀣等六案，俱照同谋杀死亲夫例拟斩监候。援引既涉两歧，折衷应归一是。嗣后如有奸夫因奸起意杀死未婚夫之案,即照奸夫起意杀死亲夫例拟斩立决。所有宋志忠一犯,应仍照前议,即行正法。再此外如有奸夫听从谋杀未婚夫,较造意者情节稍轻,向系照律斩候,自应遵照办理。若同谋杀死未婚夫之后,另有拐娶、嫁卖各情,其情既重,其法亦不容轻,仍应照同谋杀死亲夫之后复将奸妇拐逃或为妻妾得银嫁卖之例,问拟斩决。至未婚妻因奸杀死本夫,检查成案,如吴大女等二案,俱系因奸起意杀死未婚夫,问拟凌迟处死;望兰大一案,则系外省问拟斩决,经部改拟凌迟。比类参观,则未婚妻起意杀死本夫,拟以凌迟处死,情真罪当。惟仅止知情同谋,其情较起意稍轻,自应量予末减,拟以斩决。且未婚妻谋杀各条,既与已婚者有别,则奸夫自杀其夫,奸妇果不知情,自应于绞候律上量减拟流。如事后首告,尚有不忍致死之心,又应于流罪上递减为徒。庶比成案之止科奸罪者,较为允当。至童养妻虽未成婚,而礼重见舅姑,故可与已婚并论。检查从前成案,童养妻杀死本夫,及奸夫自杀其夫,奸妇虽不知情,均照已婚妻例办理,以后仍应照办。

# 卷八百三·刑部八十一

## 刑律·人命 谋杀故夫父母 杀一家三命

### 谋杀故夫父母

凡改嫁妻妾谋杀故夫之祖父母、父母者，并与谋杀见奉舅姑罪同。若妻妾被出，不用此律。若舅姑谋杀已故子孙改嫁妻妾，依故杀律，已行减二等，已伤减一等。若奴婢不言雇工人，举重以见义。谋杀旧家长者，以凡人论。谓将自己奴婢转卖他人者，皆同凡人论。余条准此。赎身奴婢，主仆恩义犹存，如有谋杀旧家长者，仍依谋杀家长律科断。

**谨案** 注内“赎身奴婢”以下数语，系乾隆五年(1740)增。

### 杀一家三命

凡杀谓谋杀、故杀、放火行盗而杀。一家谓同居，虽奴婢、雇工人皆是；或不同居，果系本宗五服至亲亦是。非实犯死罪三人，及支解活人者，但一人即坐，虽有罪亦坐，不必非死罪三人也。为首之人，凌迟处死，财产断付死者之家，妻、子不言女，不在缘坐之限。流二千里；为从加功者斩。财产、妻、子，不在断付、应流之限。不加功者，依谋杀人律减等。若将一家三人，先后杀死，则通论。若本谋杀一人，而行者杀三人，不行之人，造意者斩；非造意者，以从者不行，减行者一等论；仍以临时主意杀三人者为首。

**谨案** 原注无“谓谋杀、故杀、放火行盗而杀”十一字；其“本宗五服”四字，原注系“父子兄弟”，乾隆十六年(1751)增改。

#### 附律条例

○一、凡杀一家非死罪三人，及支解人，为首监故者，将财产断付被杀之家，妻、子流二千里，仍剉碎死尸，枭首示众。

**谨案** 此条系原例。乾隆三十二年(1767)奏准，将杀一家三人之妻子改发附近充军，已有专条。例内“妻、子流二千里句”删。

○一、支解人，如殴杀、故杀人后，欲求避罪，割碎死尸，弃置埋没，原无支解之心，各以殴、故杀论。若本欲支解其人，行凶时势力不遂，乃先杀讫，随又支解，恶状昭著者，以支解论。俱奏请定夺。

**谨案** 此条系原例。

○一、杀死人命罪干斩决之犯，如有将尸身支解，情节凶残者，加拟枭示。

**谨案** 此条嘉庆二十二年(1817)遵旨定。

○一、谋、故、斗殴杀人，罪止斩、绞监候之犯，若于杀人后挟忿逞凶，将尸头四肢,全行割落,及剖腹取脏掷弃者,俱各照本律例拟罪,请旨即行正法。

**谨案** 此条道光八年(1828)定。

〇一、本宗及外姻尊长,杀缌麻、小功、大功卑幼一家非死罪主、仆、雇工三人者,俱斩决。杀期服卑幼一家主、仆、雇工三人者,绞决;若三人内有功服、缌麻卑幼者,仍从杀功服、缌麻卑幼三人斩决。至杀一家三命,分均卑幼,内有一人按服制律应同凡论者,斩决、枭示。如谋占家产,图袭官职,杀期服卑幼一家三人者,斩决;杀大功、小功、缌麻卑幼一家三人者,凌迟处死。仍各将犯人财产,断付被杀之家。

**谨案** 此条雍正五年(1727)定。乾隆三十二年(1767),增入"仍各将犯人"至"之家"十三字。嘉庆十一年(1806),增入"至杀一家三命"至"枭示"二十七字。

〇一、凡杀死同主雇工,复杀死雇主,至三命者,如内有雇主二命,仍分别有无主仆名分,各照凡人谋、故、斗杀一家二命及杀死家长本律本例问拟。若杀死同主雇工及雇主各一命者,不得以一家二命论,仍从一科断。

**谨案** 此条道光二年(1822)定。

〇一、杀死功服、缌麻卑幼一家非死罪二命者,俱问拟绞决,奏请定夺。仍查明该犯财产,酌断一半,给付死者之家。

**谨案** 此条乾隆四年(1739)定。其断付财产,系三十二年(1767)增。

〇一、聚众共殴,原无必杀之心,而乱殴一家三命至死者,将率先聚众之人,不问共殴与否,斩决;为从下手伤重至死者,绞候。

**谨案** 此条乾隆五年(1740)定。

一、殴死一家二命,及殴死三命而非一家者,俱拟绞立决。

**谨案** 此条乾隆二十年(1755)定。

一、聚众共殴,原无必杀之心,而殴死一家三命,及三命以上者,将率先聚众之人,不问共殴与否,拟斩立决;为从下手伤重至死者,拟绞监候。其共殴致死一家二命者,将率先聚众之人,不问共殴与否,拟绞立决;为从下手伤重至死者,杖一百、流三千里。若斗杀之案,殴死一家三命,及三命以上者,拟斩立决;殴死一家二命,或三命而非一家者,拟绞立决。

**谨案** 此条嘉庆六年(1801)定。九年(1804),查为从下手伤重致死二命者,仅止拟流,较之致死一命应拟绞抵者转轻,且死者二命,而抵者仅原谋一人,殊未平允,因题准将"杖一百、流三千里"改为"拟绞监候"。

〇一、杀一家非死罪二人,及杀三人而非一家者,与谋杀一人之情罪较重,应拟斩决,奏请定夺。

**谨案** 此条乾隆五年(1740)定。

一、凡杀一家非死罪二人,及杀三人而非一家者,为首之人,除照例拟以斩决,奏请定夺外,将杀一家二命之犯财产查明,酌断一半,给付死者之家;其杀三人而非一家,内有二人仍系一家者,亦酌断一半,给付被杀二命之家。倘为首之犯监故,财产仍行断给。若系殴死一家二命,原无必杀之心者,不得援引此例。

**谨案** 此条乾隆二十八年(1763)定。

一、凡杀一家非死罪二人,及杀三人而非一家者,与本欲谋杀一人而行者杀三人案内造意不行之犯,俱拟斩立决,奏请定夺。将杀一家二命之犯财产查明,酌断一半,给付死者之家;其杀三人而非一家,内有二人仍系一家者,亦酌断一半,给付被杀二命之家。倘为首之犯监故,财产仍行断给。若系殴死一家二命,原无必杀之心者,不得滥引此例。

**谨案** 此条系乾隆五十三年(1788)将上二条修并。

一、凡杀一家非死罪二人,及杀三人而非一家,内二人仍系一家者,拟斩立决、枭示,酌断财产一半,给被杀二命之家养赡。倘本犯监故,财产仍行断给。如致死一家二命,系一故一斗者,及杀三命而非一家者,与本欲谋杀一人而行者杀三人案内造意不行之犯,俱拟斩立决,奏请定夺,毋庸断给财产。

**谨案** 此条系嘉庆十一年(1806)遵旨修改。

○一、谋、故杀一家非死罪四命以上,致令绝嗣者,凶犯拟以凌迟处死,凶犯之子无论年岁大小,概拟斩决,妻女改发伊犁给额鲁特为奴。若死者尚有子嗣,即将凶犯之子,俱拟斩监候,妻女给死者之家为奴。如本家不能管养,不愿收领者,亦改发伊犁给额鲁特为奴。

**谨案** 此条系乾隆四十一年(1776)遵旨议定。

一、谋、故杀一家非死罪四命以上,致令绝嗣之案,凶犯依律凌迟处死外,仍按其所杀人数,将凶犯父子照数抵罪。其子无论年岁大小,概拟斩立决。其有浮于所杀之数,或一人,或二人者,均以其幼者,同妻女改发伊犁给额鲁特为奴。若死者尚有子嗣,将凶犯之子,亦按其所杀之数,俱拟斩监候。如年在十一岁以上者,入于秋审办理;十岁以下者,俱永远监禁,虽遇赦不准减释。其有浮于所杀之数者,亦以其幼者,同妻女给死者之家为奴。如本家不能管养,不愿收领者,亦改发伊犁给额鲁特为奴。

**谨案** 此条乾隆四十四年(1779)遵旨改定。五十二年(1787),给额鲁特人犯遵旨改给伊犁官兵,将例内"给额鲁特为奴"字样均改为"给伊犁官兵为奴"。

一、凡杀一家非死罪三人之妻、子,同谋加功,有别项情罪者,仍照本律定拟外,其实未同谋加功者,俱改发附近充军。

**谨案** 杀一家三命正犯之妻、子,律止满流。乾隆二十三年(1758),奏明改发新疆。三十二年(1767),仍发内地,较原例加一等,发附近充军,定为此条。

一、杀一家非死罪三命以上之案,不拘死者之家是否绝嗣,凶犯依律拟以凌迟处死。凶犯之子,除同谋加功,及有别项情罪者,仍照本律定拟外,其实无同谋加功者,无论年岁大小,俱送交内务府一体阉割。如年在十岁以下,俱牢固监禁,俟年至十一岁时,再行解京办理。凶犯之妻女,给死者之家为奴。如本家不能管养,不愿领回者,改发伊犁给官兵为奴。

**谨案** 此条乾隆五十五年(1790)遵旨改定。

一、杀一家非死罪三四命以上者,凶犯依律凌迟处死。不拘死者之家是否绝嗣,凶犯之子,除同谋加功,及有别项情罪者,仍照本律定拟外,其实无同谋加功者,无论年岁大小,俱送交内务府一体阉割。年在十五岁以下者,派在外围当差,不许日久渐移内围。若年在十六岁以上,俟阉割后,发遣黑龙江给索伦达呼尔为奴。至年在十岁以下者,牢固监禁,俟年至十一岁时,再行解京交内务府办理。凶犯之妻女,给死者之家为奴。如本家不能管养,不愿领回者,改发伊犁给官兵为奴。

**谨案** 此条乾隆五十八年(1793)增定。

一、杀一家非死罪三四命以上者,凶犯依律凌迟处死。不拘死者之家是否绝嗣,凶犯之子,除同谋加功,及有别项情罪者,仍照本律定拟外,其实无同谋加功者,如年在十六岁以上,发遣黑龙江给索伦达呼尔为奴;年在十五岁以下者,与凶犯之妻女,改发伊犁等处安插。如凶犯妻已故,其年在十五岁以下之子,暂行监禁,俟成丁时,再行发往新疆安插。女已许嫁者,照律归其夫家,不必缘坐。若凶犯之妻已故,其女年在十五岁以下者,给其亲属领回,不必发遣。

**谨案** 嘉庆四年(1799),刑部将大逆缘坐子孙阉割之例奏准停止,其杀一家三四命凶犯之子亦毋庸阉割,均发黑龙江等处,仍按年岁分别办理,因于六年(1801)改定此条。十七年(1812),调剂黑龙江等处遣犯,将例内"发黑龙江为奴"之处删去,改为"其实无同谋加功者,与凶犯之妻女,俱改发伊犁等处安插"。

一、杀一家非死罪三四命以上者,凶犯依律凌迟处死。凶犯之子,除同谋加功,及有别项情罪者,仍照本律定拟外,其实无同谋加功,查明被杀之家未至绝嗣者,凶犯之子,年在十六岁以上,改发极边足四千里安置;年在十五岁以下,与凶犯之妻女,俱改发附近充军地方安置。若被杀之家实系绝嗣,将凶犯之子年未及岁者,送交内务府阉割,奏明请旨分赏;十六岁以上者,仍照前例发极边足四千里安置。

**谨案** 此条嘉庆二十二年(1817),调剂伊犁遣犯,将原例内凶犯之子"实无同谋加功者,与凶犯之妻女,俱发伊犁等处安插",改为分别犯子年岁,"发极边足四千里安置"及与妻女"俱改发附近充军"。道光八年(1828),遵旨查照旧例,将被杀绝嗣案内凶犯之子年未及岁者,改为送交内务府阉割。

○一、为父报仇,除因忿逞凶,临时连杀一家三命者,仍照律例定拟外,如起意将杀父之人杀死,后被死者家属经见,虑其报官,复行杀害,致杀一家三命以上者,必究明报仇情节,杀非同时,与临时逞凶连杀数命者有间,将该犯拟斩立决,妻、子免其缘坐。

**谨案** 此条嘉庆六年(1801)遵旨定例。

○一、凡杀一家三命以上凶犯,审明后依律定罪,一面奏闻,一面恭请王命先行正法。

**谨案** 此条乾隆六十年(1795)遵照五十五年(1790)谕旨定例。

○一、家长杀奴仆非死罪三人者,官员、旗人,发黑龙江当差;民人,发驻防给官员兵丁为奴。被杀人父母妻子,悉放为民。若杀期亲奴仆一家三人者,绞候;杀内外大功、小功、缌麻及族中奴仆一家三人者,俱斩候。

○一、凡发遣当差为奴之犯,杀死伊管主一家三人,并三人以上者,除正犯凌迟处死外,其知情之子孙,拟斩立决;不知情者,拟绞监候。若子孙年未及岁,并凶犯之妻妾,俱发驻防给官员兵丁为奴。

**谨案** 此二条均乾隆五年(1740)定。嘉庆十八年(1813)调剂黑龙江遣犯,将原例拟发黑龙江之犯,除官员、旗人外,余俱改发驻防为奴。

○一、凡谋、故杀缌麻尊长一家二命,斩决、枭示。殴死缌麻尊长一家二命,拟斩立决。

**谨案** 此条系嘉庆十六年(1811)定。

○一、凡谋、故杀人,而误杀旁人二三命,除非一家者,仍从一科断,照故杀本律拟斩监候外,如系一家二命,拟以斩决,免其枭示;三命以上,拟以斩枭;俱毋庸酌断财产。

**谨案** 此条嘉庆十七年(1812)定。

○一、谋杀人,而误杀其人之祖父母、父母、妻女、子孙,一家二命及三命以上,除首犯仍照误杀旁人一家二命及三命以上本律,分别问拟斩决、斩枭外,其为从,下手伤重致死,及知情卖药者,如误杀一家二命,及三命而非一家者,发往新疆当差;三命以上者,发往新疆给官兵为奴。

**谨案** 此条嘉庆二十年(1815)定。道光六年(1826)调剂新疆遣犯,将例内应发新疆之犯,改发极边足四千里充军。二十四年(1844),新疆遣犯,照旧发往,仍复原例。

**历年事例**

○乾隆四十一年(1776)谕:"据杨景素奏《审拟王之彬挟仇连杀董长海、王三麻子等六命,将王之彬依律凌迟处死,妻刘氏、子王小雨改发伊犁为奴等因》一折,览奏深为骇异。王之彬因挟董长海、王三麻子挑拨微嫌,辄持刀将董长海及王三麻子夫妇子女同时扎死,连毙六命,凶恶惨毒,实属从来所罕有。然按律不过凌迟处死,实觉罪浮于法。至伊妻刘氏、子王小雨,虽该抚从重拟发伊犁,给予种地兵丁为奴,尚不足以蔽其辜。夫王三麻子全家俱被杀害,而凶犯之子,尚令幸生人世,以延其后,岂为情法之平。若云王小雨年仅十岁,则该犯所杀之王四妮、王五妮,皆孩稚无知,尚未至十岁,一旦尽遭惨死,何独凶犯之子,转因其幼而矜原之乎?且此等凶恶之徒,为戾气所钟,不应复留余孽。即伊四岁之幼女王三姐,亦不宜轻宥。如查明被杀之家,尚有子嗣,即将凶犯妻刘氏与其幼女,一并赏给死者家为奴;若现已无人,即发往伊犁给予额鲁特为奴。此案即着行在刑部速行核拟具奏。至刑部律例所载,惟及杀一家非死罪三命而止,至于全家被杀多人之犯,作何加重,未经议及。此等凶徒,明知法止及其身,或自拚一死,逞其残忍,杀害过多,以绝人之嗣,而其妻子仍得幸免,于天理人情,实未允协。朕非欲改用重典,但为民除害,不得不因事严防,俾凶暴奸徒,见法网严峻,杀人多者,其妻孥亦不能保,庶可稍知敛戢,是即辟以止辟之义。其应如何增改律例,并着刑部妥议具奏。"

○四十四年(1779)奉旨:"此案余膺杀害熊士顺一家四命,而余膺及其子余世聪等分别凌迟、斩决者,共有五犯。拟抵之人,浮于所杀之数,亦觉稍过。所有余膺之子余世聪、余世华、余世闰,着照原拟斩决,其幼子余世荣,着从宽免死,同凶犯之妻丁氏,发往伊犁给额鲁特为奴。并着刑部嗣后如有杀一家四命以上之案,按其所杀之数,将凶犯父子,照数定罪,俾多寡相当。其有浮于所杀之数,或一人或两人者,均以其幼者照此办理。著为例。"

○又秋审人犯内,湖广省王成砍杀江文珍等一家六命,其子王喜娃应行缘坐,年仅十岁;山东省冯吉杀死冯文炜一家六命,其子冯大甫年仅六岁,冯二甫年仅二岁,刑部俱拟情实。奉旨:"嗣后有此等凶犯缘坐之子,年在十一岁以上者,仍照现行之例办理,如在十岁以下者,俱着问拟斩候,永远监禁,虽遇赦不准减释,令其老死囹圄。著为令。"

○五十四年(1789),河南巡抚题张文义杀死范守用之子范狗等一家三命,并砍伤范守用长子范造伤未痊愈一案。奉旨:"向来杀死一家三命以上之案,将其子嗣俱照例分别办理。今彼既杀其三子,俱绝嗣,其一仅存者,生死且未可定,而亦无嗣。此等凶残之犯,既绝人之嗣,不可复令其有嗣,自当不留遗孽,方足蔽辜。嗣后凡杀死一家三四命以上者,不拘死者之家是否绝嗣,其凶犯之子,无论年岁大小,俱着送交内务府一体阉割,以示惩创。"

○五十五年(1790)奉旨:"惠龄奏审拟昌邑县民人隋必巘杀死无服族叔隋有喜等一家六命之案,已批交三法司核议速奏矣。此等凶犯,不法已极,照例问拟凌迟,即行一面奏闻,一面恭请王命,先行正法。若照寻常案件之例,等候部议,设或疏于防范,越狱脱逃,或竟染患病症,瘐死狱中,使凶犯幸逃显戮。且百姓日久,或不知为何事。惠龄审拟隋必巘一案,不即正法,殊属拘泥,着传旨申饬。此等凶徒害民,众证可据,岂尚虑及地方官冤彼乎。嗣后各直省,凡杀死一家三命以上凶犯,审明后均着即行正法,以儆凶残。"

○嘉庆四年(1799)奉旨:"刑部具题议复陕西省民人曹得华谋杀陈东海一家三命,将曹得华定拟凌迟一案。详核案情,曹得华因伊父曹金陵,系被陈东海斗殴杀死,陈东海拟抵,减等遇赦。释回后,曹得华蓄意报仇,商同苏良陇等,将陈东海连戳毙命。陈东海之母吴氏,携孙陈黑子,探听陈东海下落,从曹得华门首经过。曹得华瞥见,虑其查出报官,复商同苏良陇,将陈吴氏、陈黑子砍殴滚沟,同时殒命。此案曹得华为父报仇，若仅将陈东海杀死而止，则照律定拟，尚可入于缓决，永远监禁。今因杀死仇人之母子，总计一家三命，问拟凌迟，固属按例办理。惟是曹得华究有为父报仇情节，且杀毙陈东海后，若因忿逞凶，复找寻至陈东海家内，将伊母伊子一同杀害，自应照杀一家非死罪三人律定拟。今因陈吴氏、陈黑子在伊门首经过，致被瞥见，恐查询陈东海下落，以致报官，遂行杀害，则与临时逞凶连杀数命者，究属有间。以为父报仇之犯，杀毙三命，固未便宽纵，但有此情节，杀非同时，遂致处以极刑，亦觉过当。曹得华着从宽改依斩立决，即行处斩，其家属并免发遣。着刑部将此纂入例内。嗣后内外问刑衙门，遇有似此案件，即遵照新例办理。"

〇十一年（1806）奉旨："此案牛新胞弟牛华，因听其妻荣氏挑唆，吵逼分家，并欲牛新连夜出屋，因此肇衅。是牛华本属不悌之人，牛新怀恨挟嫌，计图泄忿，先将其胞弟牛华砍毙，又砍其胞弟之妻荣氏毙命，继又砍其胞侄牛三儿毙命。复因邻人杨妮子闻喊趋至，恐难脱身，起意一并砍毙。牛新砍毙多命，凶横已极，问以凌迟，尚何足惜。惟所杀一家三人，分均卑幼，若即照杀一家非死罪三人律凌迟处死，设所杀三命中，有该犯尊长在内，其罪亦难以复加，且与实在杀死凡人一家三命者有别，牛新着改为斩决、枭示。至牛新既不应问以凌迟，则伊妻亦不应缘坐。嗣后有杀死一家三命之案，其被杀之人，分均卑幼者，应即照此办理。着刑部纂入则例。"

〇又谕："向来办理命案，如杀死一家二命，均系斗杀者，拟绞立决；其一故一斗者，照例问拟斩候。原以斗杀在轻罪不议之条，故仍照故杀律从一科断。嗣经将一故一斗之案，议改绞决，奏准通行。盖以绞罪虽轻于斩罪，立决实重于监候。但思故杀一命者，罪应斩候，而一故一斗多毙一命之犯，虽即予缳首，而转得全尸，且与斗杀一家二命问拟绞决者，无所区别，不足以昭平允；若竟问斩决，又与故杀一家二命者，同一科断，亦非情法之平。着刑部堂官，悉心参酌，将故杀一家二命，斗杀一家二命，及一故一斗杀死一家二命之案，权衡轻重，如何分别定拟折衷尽善之处，详细妥议具奏。"

〇道光九年（1829）谕："刑部复奏安徽省回民李大本等，于郭六争卖私盐，互斗伤毙六命。内马六一犯，于各尸身弃入水中时，起意将刘大和头颅、四肢割落，剖取肠脏并弃水中，情节极为残忍。若仍照原题拟以绞候，实属情浮于法。检查条例内，殴、故杀人后，复挟忿逞凶，似此情节者，未经议及。兹另行酌议条例，奏明更正。马六一犯，着即改为绞立决。嗣后谋、故及斗殴杀人之犯，罪止斩、绞监候者，若于杀人后，复挟忿逞凶，割落尸头四肢，并剖腹取脏掷弃者，俱各照本律例拟罪，请旨即行正法。"

# 卷八百四·刑部八十二

## 刑律·人命　采生折割人　造畜蛊毒杀人　斗殴及故杀人

### 采生折割人

○凡采生折割人者，兼已杀及已伤言。首凌迟处死，财产断付死者之家，妻、子及同居家口，虽不知情，并流二千里安置；采生折割人是一事，谓取生人耳目脏腑之类，而折割其肢体也，此与支解事同。但支解者止欲杀其人而已，此则杀人而为妖术以惑人，故又特重之。为从加功者斩。财产、家口，不在断付、应流之限。不加功者，依谋杀人律减等。若已行而未曾伤人者，首亦斩，妻、子流二千里；财产及同居家口，不在断付、应流之限。为从加功者杖一百、流三千里。不加功者，亦减一等。里长知而不举者，杖一百，不知者不坐。告获者，官给赏银二十两。

#### 附律条例

○一、凡采生折割等人，如有亲属首告，或捕送到官，应如反逆律，已行者，正犯不免，其缘坐之妻、子及同居家口，得同自首律免罪。

**谨案**　此条乾隆五年(1740)定。三十二年(1767)，删“应如反逆律”五字。

### 造畜蛊毒杀人

○凡置造藏畜蛊毒堪以杀人，及教令人造畜者，并坐斩；不必用以杀人。造畜者不问已未杀人，财产入官，妻、子及同居家口，虽不知情，并流二千里安置。教令者之财产、妻、子等，不在此限。若以蛊毒毒同居人，其被毒之人父母、妻妾、子孙，不知造蛊情者，不在流远之限。若系知情，虽被毒仍缘坐。若里长知而不举者，各杖一百，不知者不坐。告获者，官给赏银二十两。若造魇魅符书咒诅，欲以杀人者，凡人子孙、奴婢、雇工人，尊长、卑幼，各以谋杀已行未伤论；因而致死者，各依本谋杀法；欲止令人疾苦无杀人之心者，减谋杀已行未伤二等。其子孙于祖父母、父母，不言妻妾于夫之祖父母、父母，举子孙以见义。奴婢、雇工人于家长者，各不减。仍以谋杀已行论斩。若用毒药杀人者，斩；监候。或药而不死，依谋杀已伤律绞。买而未用者，杖一百、徒三年。知情卖药者，与犯人同罪，至死减等。不知者不坐。

#### 附律条例

○一、诸色铺户人等，货卖砒霜、信石，审系知情故卖者，仍照律与犯人同罪外，若不究明来历，但贪利混卖，致成人命者，虽不知情，亦将货卖之人，照不应重律杖八十。

**谨案** 此条乾隆三十年(1765)定。

一、凡以毒药毒鼠毒兽误毙人命之案，如置药饵之处，人所罕到，或置放喂食牲畜处所，不期杀人，实系耳目思虑所不及者，依过失杀人律收赎；若在人常经过处所置放，因而杀人者，依无故向有人居止宅舍放弹射箭律，杖一百、流三千里，仍追给埋葬银一十两。

**谨案** 此条嘉庆四年(1799)定。

### 斗殴及故杀人 (独殴曰殴，有从为同谋共殴。临时有意欲杀，非人所知曰故。共殴者惟不及知，仍止为同谋共殴，此故杀所以与殴同条，而与谋有分。)

凡斗殴杀人者，不问手足、他物、金刃，并绞；(监候。)故杀者，斩。(监候。)若同谋共殴人，因而致死者，以致命伤为重，下手(致命伤重)者，绞；(监候。)原谋者，(不问共殴与否，)杖一百、流三千里；余人，(不曾下手致命，又非原谋。)各杖一百。(各兼人数多寡及伤之轻重言。)

**附律条例**

〇一、凡同谋共殴人，除下手致命伤重者，依律处绞外，其共殴之人，审系执持枪刀等项凶器，亦有致命伤痕者，发边卫充军。

一、凡同谋共殴人犯，除下手者拟绞外，必实系造意首祸之人，方以原谋拟流；殴有重伤，而又持有凶器者，方以合例发遣。其但曾与谋而未造意，并有重伤而无凶器、有凶器而无重伤者，毋得概拟流戍。

**谨案** 此二条均系原例。

一、凡同谋共殴人，除下手致命伤重者，依律处绞外，其共殴之人，审系执持枪刀等项凶器伤人者，发近边充军。

一、凡同谋共殴人犯，除下手者拟绞外，必实系造意首祸之人，方以原谋拟流。其但曾与谋而未造意者，毋得概拟流罪。

**谨案** 嘉庆十六年(1811)，查"斗殴"例载"凶徒执持凶器，但伤人者，发近边充军"，是无论伤之重轻，即拟军罪。上二条一称执持凶器而有致命伤痕者方拟军，一称殴有重伤而又执持凶器者方以合例发遣，与"斗殴"例不符，因改定此二条。

〇一、凡审共殴下手拟绞人犯，果于未决之前，遇有原谋助殴重伤之人，监毙在狱，与解审中途因而病故者，准其抵命。若系配发事结之后，在家病亡者，不得滥改抵偿，仍将下手之人，依律处决。

**谨案** 此条系原例。乾隆五年(1740)，于"准其抵命"下，增"下手之人，减等拟流"二句。三十二年(1767)，于"原谋"下增"及"字。

一、凡审共殴内，下手应拟绞抵人犯，果于未经到官之前，遇有原谋及共殴余人内,殴有致死重伤之人,实因本案畏罪自尽,及到官以后未结之前,监毙在狱,与解审中途因而病故者,准其抵命,将下手应绞之人,减等拟流。若系配发事结之后身故,及事前在家病亡,或因他故自尽,与本案全无干涉者,不得滥引此例,仍将下手之人,依律拟抵。

**谨案** 此条嘉庆六年(1801)修改。

○一、凡审理命案,一人独殴人致死,无论致命不致命,皆拟抵偿。若两人共殴人致死,则以顶心、囟门、太阳穴、耳窍、咽喉、胸膛、两乳、心坎、肚腹、脐肚、两胁、肾囊、脑后、耳根、脊背、脊膂、两后胁、腰眼并顶心之偏左偏右、额颅、额角为致命论抵。

**谨案** 此条雍正三年(1725)定。

○一、凡同谋共殴人伤皆致命,如当时身死,则以后下手重者当其重罪;若当时未死,而过后身死者,当究明何伤致死,以伤重者坐罪。若原谋共殴,亦有致命伤,又以原谋为首。至乱殴不知先后轻重者,有原谋,则坐原谋为首;无原谋,则坐初斗者为首。

**谨案** 此条乾隆五年(1740)定。

一、凡同谋共殴人伤皆致命,如当时身死,则以后下手重者当其重罪;若当时未死,而过后身死者,当究明何伤致死,以伤重者坐罪。若原谋共殴,亦有致命重伤,以原谋为首;如致命伤轻,则以殴有致命重伤之人拟抵,原谋仍照律拟流。至乱殴不知先后轻重者,有原谋,则坐原谋为首;无原谋,则坐初斗者为首。

**谨案** 此条系乾隆四十二年(1777)增定。

○一、文武生员,除谋、故杀人,及戏杀、误杀、过失杀、斗殴杀伤人者,仍照律治罪外,如有武断乡曲,倚仗衣顶横行欺压平民,其人不敢与争,旁人不敢劝阻,将人殴打致死者,审实,从重拟斩监候。

**谨案** 此条雍正三年(1725)定。

一、文武生员乡绅,及一切土豪势恶、无赖棍徒,除谋、故杀人,及戏杀、误杀、过失杀、斗殴杀伤人者,仍照律治罪外,如有倚仗衣顶及势力,武断乡曲,或凭空诈赖,逞凶横行,欺压平民,其人不敢与争,旁人不敢劝阻,将人殴打致死者,拟斩监候。若受害人有杀伤者,以擅杀伤罪人律科断。

**谨案** 此条嘉庆六年(1801)修改。

○一、凡凶徒好斗生事,见他人斗殴,与己毫无干涉,辄敢约伙寻衅,迁怒于其父母,毒殴致毙者,照光棍例分别首从治罪。其本身与人斗殴之后,仍寻殴报复,而迁怒于其父母,毒殴致毙者,拟斩监候。

**谨案** 此条系乾隆五年(1740)遵奉雍正五年(1727)谕旨定例。

○一、两家互殴致毙人命,除尊卑服制,及死者多寡不同,或故杀、斗杀,情罪不等,仍照本律定拟外,其两家各毙一命,将应拟抵人犯免死,减等发边卫充军。

**谨案** 此条乾隆五年(1740)定。十六年(1751)于"各毙一命"下,增"果各系凶手本宗亲属”句。

一、凡两家互殴致毙人命，除尊卑服制，及死者多寡不同，或故杀、斗杀，情罪不等，仍照本律定拟外，其两家各毙一命，果系凶手本宗有服亲属，将应拟抵人犯免死，减等发近边充军。若原殴伤轻不至于死，越十日后因风身死，及保辜正限外余限内身死者，于本罪上再减一等，杖一百、徒三年。如有服亲属内，有一不同居共财者，各于犯人名下，追银二十两，给付死者之家。若两家凶手，与死者均系同居亲属，毋庸追埋。

**谨案** 此条嘉庆六年(1801)增定。十九年(1814)于“徒三年”句下，增入“如有服亲属”至“毋庸追埋”四十九字。

○一、两家互殴致死一命，其律应拟抵之正凶，当被死者无服亲属殴死，将殴死凶手之人杖一百、流三千里；如被死者有服亲属殴死，照此例再减一等，将殴死凶手之人杖一百、徒三年；仍各追埋葬银二十两，给付尸亲收领。其各毙一命，将应抵人犯免死减罪之案，除均系同居亲属，毋庸追埋外，或一家被杀之人，与减军之犯，有不同居共财者，各于犯人名下，追银二十两，给付死者家属。

**谨案** 此条乾隆二十六年(1761)定。嘉庆十九年(1814)，因殴死致毙一命凶犯应行追埋外，复搀入各毙一命案内免死减军人犯，分别是否同居追埋，系属牵混，将“其各毙一命”下六十四字俱删去，“给付尸亲收领”句改为“给付被杀凶手之家”。

○一、凡犯死罪监候人犯，在监复行凶致死人命者，照前后所犯斩、绞罪名，从重拟以立决。

**谨案** 此条系乾隆二十一年(1756)著为定例。

一○、凡与人斗殴，而误杀其人祖孙父子，均依斗杀律科罪。

**谨案** 此条系乾隆二十四年(1759)定。

一、凡与人斗殴，而误杀其人之祖父母、父母、妻、女、子孙，均依斗杀律科罪。

**谨案** 此条乾隆四十八年(1783)增定。

一、凡谋、故、斗殴，而误杀其人之祖父母、父母、妻、女、子孙，均依谋、故、斗殴各本律科罪。

**谨案** 此条嘉庆十九年(1814)于“斗殴”“斗杀”上各增“谋、故”二字。二十四年(1819)，移附“戏杀误杀过失杀伤人”门。

○一、十岁以下幼孩，因救护父母，被凶犯立时毙命者，照谋杀十岁以下幼孩例，拟斩立决。

**谨案** 此条嘉庆二十一年(1816)遵旨定。

○一、凡因争斗擅将鸟枪、竹铳施放杀人者，以故杀论；伤人者，旗人发宁古塔等处，民人发云贵两广烟瘴稍轻地方充军。

**谨案** 因“争斗施放鸟枪伤人”例，乾隆五年(1740)定。施放竹铳伤人，照鸟枪例，杀人者以故杀论，系乾隆二十四年(1759)定。原载“私藏应禁军器”例“各处乡村及商民防御盗贼猛兽”条内,乾隆五十三年(1788)分出列为专条,仍附此律。

〇一、凡纠众互殴,数在五人以上,致毙二命三命案内,例止拟杖之余人,如有辗转纠人助势,及执持金刃器械伤人者,比照原谋满流律减一等,杖一百、徒三年。若猝遇在场帮护,审非预纠械斗,及互斗止毙一命之余人,有执持凶器及金刃伤人者,各照凶器金刃伤人本律定拟,其余仍照余人科断。

**谨案** 此条乾隆四十一年(1776)定。

一、凡纠众互殴,致毙二三命以上案内执持金刃器械伤人之余人,除实系被纠之人,及纠众不及五人者,仍各依本例问拟外,如有辗转纠人,数至五人以上者,无论其曾伤人与否,即照原谋例杖一百、流三千里。若猝遇在场帮护,审非预纠械斗,及互斗止毙一命之余人,有执持凶器及金刃伤人者,各照凶器及金刃伤人本律本例定拟,其余仍照余人科断。

**谨案** 此条乾隆六十年(1795)修改。嘉庆十六年(1811),于“杖一百、流三千里”下,增注“如系凶器伤人,仍照本律拟军”十二字。

〇一、凡同谋共殴人致死,如死者非其所谋殴之人,除本犯依斗杀律绞候外,其起意纠殴之犯,仍照原谋本律,杖一百、流三千里。

**谨案** 此条嘉庆五年(1800)定。

一、凡同谋共殴人致死,如被纠之人,殴死其所谋殴者之父母、兄弟、妻、女、子孙及有服亲属,除下手致死之犯,各按本律例拟抵外,其起意纠殴之犯,不问共殴与否,仍照原谋律杖一百、流三千里。如殴死非其所谋殴之人,亦非所谋殴者之父母、兄弟、妻、女、子孙及有服亲属,将起意纠殴之犯,不问共殴与否,照原谋律减一等,杖一百、徒三年。

**谨案** 此条嘉庆十一年(1806)修改。

〇一、凡同谋共殴,致毙二命非一家者,将原谋从一科断,拟以满流。如原谋在监在途病故,及因本案畏罪自尽,准其抵命,将下手应绞之犯,一体减等拟流。若致毙非一家三四命以上者,原谋照例按致死人数以次加等问拟,下手致死之犯,均各照例拟抵。即原谋在监在途病故,及畏罪自尽,其下手应抵之犯,概不准减等。

**谨案** 此条嘉庆五年(1800)定。

〇一、共殴之案,除致毙一二命,遇有原谋及助殴伤重之余人监毙在狱,与解审中途病故,或因本案畏罪自尽,仍照例准其抵命,将下手应绞之犯减等拟流外,其余谋、故杀人,火器杀人,威力主使制缚,并有关尊长尊属服制之案,悉照本律本例拟抵,不得率请减等。

**谨案** 此条嘉庆二十二年(1817)定。

〇一、凡疑贼致毙人命之案,悉照谋、故、斗杀、共殴及威力制缚主使各本律例定拟。

**谨案** 此条嘉庆十六年(1811)定。道光六年(1826),移附“诬告”门。

○一、广东、福建、广西、江西、湖南、浙江等六省纠众互殴之案，除寻常共殴、谋殴，虽人数众多，并非械斗，及台湾械斗之案，仍各照旧例办理外，如审系预先敛费，约期械斗仇杀，纠众至一二十人以上，致毙彼造四命以上者，主谋纠斗之首犯拟绞立决；三十人以上，致毙彼造四命以上，或不及三十人，而致毙彼造十命以上，首犯拟斩立决；四十人以上，致毙彼造十命以上，或不及四十人，而致毙彼造二十命以上，首犯拟斩立决、枭示。如所纠人数虽多，致毙彼造一命，首犯发极边足四千里充军；二命者，实发云贵两广极边烟瘴充军；三命者，发遣新疆给官兵为奴。若致毙彼造一家二三命，主谋纠斗之首犯，例应分别斩、绞立决者，各从其重者论。其随从下手伤重致死，应行拟抵者，均依本律例拟抵；伤人及未伤人者，亦各按本律例分别治罪。至彼造仓猝邀人抵御，并非有心械斗者，仍照共殴本例科罪。地方官不将主谋首犯，审出究办，及有心回护，将械斗之案，分案办理，该督抚严参，照官司出入人罪例议处治罪。

○一、广东、福建二省械斗案内，如有将宗祠田谷贿买顶凶，构衅械斗者，于审明后，除主谋买凶之犯严究定拟外，查明该族祠产，酌留祀田数十亩，以资祭费，其余田亩及所存银钱，按族支分散。若族长、乡约不能指出敛财买凶之人者，族长照共殴原谋例拟以杖流，按致死人数，每一人加一等，罪止发遣新疆为奴；乡约于杖六十、徒一年上，每一人加一等，罪止杖一百、徒三年。

**谨案** 此二条俱道光二年(1822)定。六年(1826)调剂新疆遣犯，将械斗案内纠众致毙彼造一命之首犯，改发近边充军；二命者，改发边远充军；三命者，改发极边足四千里充军。不能指出敛钱买凶之族长，按致死人数加等，罪止改发极边烟瘴充军。二十四年(1844)，新疆遣犯，照旧发往，仍复原例。

○一、广东省纠众谋殴，致毙人命之案，原谋应按致毙彼造人数，分别照例治罪。倘纠往之人，但被彼造致毙者，无论人数多寡，及彼造有无原谋，将此造起意纠往之人，照沿江滨海持枪执棍混行斗殴首犯杖流例，拟杖一百、流三千里。

**谨案** 此条道光三年(1823)定。

○一、凡斗殴之案，除追殴致被追之人失跌身死，并先殴伤人，致被殴之人回扑失跌身死，及虽未殴伤人，因被揪扭挣脱，致令跌毙者，均仍照例拟绞外，如殴伤人后跑走，被殴之人追赶，自行失跌身死，及彼此揪扭，于松放之后，复自行向人扑殴，因凶犯闪避，失跌身死者，均于斗杀绞监候律上减一等，杖一百、流三千里。若仅止口角骂詈，并无揪扭情事，因向人赶殴，自行失跌身死，及被死者扑殴闪避，致令自行失跌身死者，均照不应重律杖八十。

**谨案** 此条咸丰五年(1855)定。十年(1860)，于例首"失跌身死"下，增"并先殴伤人"至"致令跌毙者"三十三字；中间"失跌身死"下，增"及彼此揪扭"至"失跌身死者"二十七字；例末"失跌身死"下，增"及被死者扑殴"至"失跌身死者"十七字。

### 历年事例

○雍正五年(1727)，刑部审题陈中甲等一案。奉旨："刘福荣打阎喜儿，与陈中甲毫无干涉。且被殴之阎喜儿,并无怨怒报复之意。乃陈中甲好斗生事,邀约李锁住同往寻殴,因未遇刘福荣,辄迁怒于伊父刘万良,毒殴致死。似此强横凶恶,明系光棍,该部援引最后下手律拟绞监候,甚属不合,着另议具奏。凡人[①]谁无父母,乃因与人子弟斗殴,遂迁怒所生,至于殒命,恶俗残忍至此。若不严加惩治,以儆凶顽,无以敦厚风化。其应如何定拟之处,着九卿详细会议具奏。"

○乾隆七年(1742)议准:查律注,偶然因事忿争,两相斗殴,原无欲杀之心者,则为殴杀;若于斗殴时忽起杀心,欲致人于死,则为故杀。是殴杀、故杀之分,止论有心与无心也。如挟势制缚,又以枪刀汤火等物,非刑拷烙,至毙人命者,此等命案,虽非当时杀讫,但明知非刑必致毙命,而乃任意横加,不顾其人之生死,则存心欲杀,已属显然。嗣后问刑衙门,遇有此等命案,无论凡人、主仆,务必详究实情,按照律例妥拟定案,毋得以死非当时,概以殴杀遽为宽减。

○五十八年(1793),福建巡抚题许皆因奸拒捕,殴伤无服族叔许巧身死,在监复殴死廖瑛一案,奉旨:"许皆因奸拒捕,殴伤许巧身死,本属应斩之犯。乃复在监殴死廖瑛,凶恶已极。虽应归案从重完结,然此等凶徒,屡毙人命,实王法所不容。例载免死减等人犯,复行凶为匪者,照原拟斩、绞罪名,即行正法。许皆若照常一例监候,于情法未为允协,着改为斩决。嗣后有似此已犯死罪,复行凶致毙人命者,俱着照此加等定拟。"

○嘉庆十九年(1814)谕:"御史蔡炯奏《请禁粤民制造竹铳以弭凶斗》一折,所奏非是。直省鞫审命案,分别谋、故、斗杀,其致命之伤,则有火器、金刃、他物、手足之不同。谳狱时但准情援律,定拟罪名。其杀人器具,不能强为厉禁。若谓竹铳可以杀人,禁民制造,凡民间日用金木器物,何一不可戕命,岂将概登例禁?其手足伤人者,又将何法以治之耶?况增一禁令,适为胥役增一讹索贿纵之门,于戢暴惩凶,毫无裨益。至该御史所称'竹铳毙命之案,招册内不得声叙希图吓退等词'。火器杀人,刑部均拟情实,秋审时亦必予勾。其希图吓退,乃案情所时有,并不以此加之宽宥。招册据情声叙,岂可概事删除。该御史此奏,所谓因噎废食,着毋庸议。"

○二十一年(1816)谕:"本日朕阅河南秋审情实人犯册内,有卢得才一起。该犯在李全铺内学习染匠,因遗失账本,被李全撵逐,该犯往向李全之母李朱氏诉说。适李朱氏之女韩李氏,携带四岁幼子韩令子归宁。该犯向李朱氏诉说,李朱氏及斥其非。维时韩李氏适赴邻舍闲谈,韩令子在旁。该犯拾取菜刀,砍伤李朱氏倒地。正欲逃逸,韩令子拉住衣服,喊叫杀人。该犯即将韩令子推跌,连砍毙命。韩令子年甫四岁,见李朱氏被砍倒地,即能拉衣喊叫,护其所亲,其情甚为可悯。该犯辄将幼孩立时砍毙,实属凶恶异常。本日刑部具题江苏省程忝谋财搭死幼孩陶招观一案,依

① 此处原件有缺漏,据钦定四库全书《世宗宪皇帝上谕内阁》卷六十九(雍正六年五月)补入"最后下手"至"凡人"20字。

谋杀十岁以下幼孩例拟斩立决，此案卢得才因韩令子救护李朱氏立毙四岁幼孩，其情节不轻于程忝一案，卢得才着改为斩立决。嗣后如有十岁以下幼孩，因救护父母，被凶犯立时毙命者，俱照此例办理。”

○光绪十三年(1887)奏准：嗣后纠众互殴致毙多命，及聚众共殴致死一家三命，及三命以上各案内，为从下手伤重致死者，系火器杀人，均照故杀律问拟斩候。

# 卷八百五·刑部八十三

## 刑律·人命

屏去人服食　戏杀误杀过失杀伤人　夫殴死有罪妻妾杀子孙及奴婢图赖人　弓箭伤人　车马杀伤人　庸医杀伤人　窝弓杀伤人

### 屏去人服食

○凡以他物一应能伤人之物。置人耳鼻及孔窍中,若故屏去人服用饮食之物,而伤人者,不问伤之轻重,杖八十;谓寒月脱去人衣服、饥渴之人绝其饮食、登高乘马私去梯辔之类。致成残废疾者,杖一百、徒三年;令至笃疾者,杖一百、流三千里,将犯人财产一半,给付笃疾之人养赡;至死者,绞。监候。若故用蛇蝎毒蛊咬伤人者,以斗殴伤论;验伤之轻重。如轻则笞四十,至笃疾亦给财产。因而致死者,斩。监候。

### 戏杀误杀过失杀伤人

○凡因戏以堪杀人之事为戏,如比较拳棒之类。而杀伤人,及因斗殴而误杀伤旁人者,各以斗杀伤论。死者并绞,伤者验轻重坐罪。其谋杀、故杀人而误杀旁人者,以故杀论。死者处斩。不言伤,仍以斗殴论。若知津河水深泥淖而诈称平浅,及桥梁渡船朽漏不堪渡人而诈称牢固,诳令人过渡,以致陷溺死伤者,与戏杀相等。亦以斗杀伤论。若过失杀伤人者,较戏杀愈轻。各准斗杀伤罪,依律收赎,给付其被杀伤之家。过失,谓耳目所不及,思虑所不到。如弹射禽兽、因事投掷砖瓦,不期而杀人者;或因升高险足有蹉跌,累及同伴;或驾船使风,乘马惊走,驰车下坡,势不能止;或共举重物,力不能制,损及同举物者。凡初无害人之意,而偶致杀伤人者,皆准斗杀伤人罪,依律收赎,给付被杀、被伤之家,以为营葬及医药之资。

#### 附律条例

○一、应该偿命罪囚,遇蒙赦宥,俱追银二十两,给付被杀家属。如果十分贫难者,量追一半。

**谨案**　此条系原例。

○一、收赎过失杀人绞罪,与被杀之家营葬,折银十二两四钱二分。

**谨案**　此条系原例。乾隆五年(1740),增注“其过失伤人收赎银两数目,另载图内”二句。

○一、凡捕役拿贼,与贼格斗,而误杀无干之人者,仍照过失杀人律,于犯人名下,追银十二两四钱二分,给付死者之家。

〇一、凡各项埋葬银两,地方官照数追给,取具嫡属收领,然后将该犯释放,报部存案。若不给付,该犯系管押者仍管押,系监禁者仍监禁,勒限追给。如捏称给付,将本犯释放者,告发之日,本犯不准援免,地方官从重议处。

〇一、疯病杀人者,从犯人名下追取埋葬银十二两四钱二分,给付死者之家。

**谨案** 以上三条,均系雍正五年(1727)定例。咸丰二年(1852),因疯犯如不痊愈,即应永远锁锢,自不必追取收赎银两,业于"疯病杀人"条内修改明晰,将此例删除。

〇一、凡因戏而误杀旁人者,照因斗殴而误杀旁人律减一等,杖一百、流三千里,仍追埋葬银二十两。

**谨案** 此条系雍正十三年(1735)定例。

一、凡因戏而误杀旁人者,以戏杀论,拟绞监候。

**谨案** 此条乾隆三十七年(1772)遵旨改定。

〇一、各省及八旗,凡有疯病之人,其亲属、邻佑人等,即报明地方官、该佐领处,令伊亲属锁锢看守。如无亲属,即令邻佑、乡约、地方、族长人等严行看守。倘容隐不报,不行看守,以致疯病之人自杀者,照不应重律杖八十;致杀他人者,照知人谋害他人不即阻当首报律杖一百。如亲属、邻佑人等已经报明,而该地方、佐领各官,不严饬看守,以致自杀及致杀他人者,俱交部议处。

**谨案** 此条乾隆五年(1740)定。

一、疯病之人,其亲属、邻佑人等容隐不报,不行看守,以致疯病之人自杀者,照不应重律杖八十;致杀他人者,照知人谋害他人不即阻当首报律杖一百。如亲属、邻佑人等已经报明,而该管官不严饬看守,以致自杀及致杀他人者,俱交部议处。

**谨案** 此条乾隆三十二年(1767)删改。

〇一、卑幼误杀尊长,如已经干犯尊长,又与他人斗殴,因而误中者,仍照卑幼殴尊长本律定拟。其实无干犯尊长情节,尊长倏至其前,因而误中至死者,小功以下尊长,仍引误杀律论以绞候;大功以上尊长,即引殴杀律论以斩决。仍将致误情由、可否末减之处声明,请旨定夺。

**谨案** 此条乾隆六年(1741)定。嗣经奏准,误杀尊长之案,止于本内详叙情由,不准两请,将此条删除。

〇一、子孙过失杀祖父母、父母,及子孙之妇过失杀夫之祖父母、父母,定案时仍照本例问拟绞决。法司核其情节,实系耳目所不及、思虑所不到,与律注相符者,准将可原情节,照服制情轻之例,夹签声明,恭候钦定,改为拟绞监候。至妻妾过失杀夫、奴婢过失杀家长,亦照此例办理。

**谨案** 此条原载"殴祖父母父母"门内,道光六年(1826)移附此例。二十四年(1844),于"子孙过失杀祖父母、父母"下,增"及子孙之妇过失杀夫之祖父母、父母"

十五字。

○一、凡妇人殴伤本夫致死,罪干斩决之案,审系疯发无知,或系误伤,及情有可悯者,该督抚按律例定拟,于案内将并非有心干犯各情节,分析叙明。法司会同核复,援引嘉庆十一年(1806)段李氏案内所奉谕旨具题,仍照本条拟罪,毋庸夹签。内阁核明,于本内夹叙说帖,票拟九卿议奏,及依议斩决双签进呈,恭候钦定。

**谨案** 此条咸丰二年(1852)定。

○一、凡因殴子而误伤旁人致死者,杖一百、流三千里。因谋杀子而误杀旁人,发近边充军。其因殴子及谋杀子而误杀有服卑幼者,各于殴、故杀卑幼本律上减一等。若误杀有服尊长者,仍依殴、故杀尊长及误杀尊长各本律本例问拟。

**谨案** 此条道光四年(1824)定。

○一、命案内死罪人犯,有奏准赎罪者,追埋葬银四十两,给尸亲收领。

**谨案** 此条乾隆九年(1744)定。

○一、疯病杀人之犯,照例收赎,仍行监禁。俟痊愈之后,以期年为断,如果并不举发,饬交亲属领回防范。

**谨案** 此条乾隆十九年(1754)定。嗣于三十二年(1767)奏定新例,将此条删除。

○一、疯病之人,如家有严密房屋可以锁锢、的当亲属可以管束,及妇女患疯者,俱报官交与亲属看守,令地方官亲发锁铐,严行封锢。如亲属锁禁不严,致有杀人者,将亲属照例严加治罪。如果痊愈不发,报官验明,取具族长、地邻甘结,始准开放。如不行报官,及私启锁封者,照例治罪。若并无亲属,又无房屋者,即于报明之日,令该管官验讯明确,将疯病之人,严加锁锢监禁,具详立案。如果监禁之后,疯病并不举发,俟数年后诊验情形,再行酌量详请开释,领回防范。若曾经杀人者,除照例收赎外,即令永远锁锢。虽或痊愈,不准释放。如锁禁不严,以致疯犯在监扰累狱囚者,将管狱、有狱官严加参处,狱卒照例严加治罪。地方官遇有疯病杀人之案,呈报到官,务取被杀之事主切实供词,并取邻佑、地方确实供结,该管官详加验讯。如有假疯妄报,除凶犯即行按律治罪外,将知情捏报之地方、邻佑、亲属人等,照隐匿罪人知情者减罪人一等律问拟。

**谨案** 此条乾隆三十二年(1767)定。咸丰二年(1852),于"领回防范"句下,增入"若曾经杀人之犯,到案始终疯迷,不能取供者,即行严加锁锢监禁,不必追取收赎银两。如二三年内偶有病愈者,令该地方官讯取供招,出结转详,照复审供吐明晰之犯,依斗杀律拟绞监候,入于秋审缓决。遇有查办死罪减等恩旨,与复审供吐明晰之犯,一体查办。如不痊愈,即永远锁锢,虽遇恩旨,不准查办"一百二十字,删"若曾经杀人者"五句。

○一、围场内射兽兵丁,因射兽而伤平人致死者,照比较拳棒戏杀律拟绞监候,仍追银给付死者之家。如系前锋、护军、亲军、领催及甲兵等,追给银一百两;系跟役,追给银五十两。若伤而未死,前锋等项及甲兵,头等伤者将本犯鞭一百、罚银四十两,二等伤者鞭八十、罚银三十两,三等伤者鞭七十、罚银二十两;如系跟役,所罚银数,各减十两;给予被伤之人。

**谨案** 此条系乾隆三十九年(1774)遵旨议定。

○一、凡民人捕猎,遇有私放枪箭,打射禽兽,不期杀人者,比照捕户于深山旷野安置窝弓不立望竿因而伤人致死律,杖一百、徒三年,仍追埋葬银十两,给予死者之家。

**谨案** 此条乾隆三十九年(1774)定。

一、凡民人于深山旷野捕猎,施放枪箭,打射禽兽,不期杀人者,比照捕户于深山旷野安置窝弓不立望竿因而伤人致死律,杖一百、徒三年。若向城市及有人居止宅舍,施放枪箭,打射禽兽,不期杀伤人者,仍依弓箭杀伤人本律科断。各追埋葬银一十两,给予死者之家。

**谨案** 此条嘉庆六年(1801)增定。

○一、疯病连杀平人二命以上者,拟绞监候。

**谨案** 此条乾隆四十一年(1776)定。

○一、凡过失杀人,应追埋葬银两之犯,如有力不能交,咨请豁免者,免其着追,将该犯照不应重律杖责发落。

**谨案** 此条乾隆六十年(1795)定。

○一、疯犯杀人,永远锁锢。若亲老丁单,例应留养承祀者,如病果痊愈,令地方官诊验明确,加结具题核释。仍责成地方官,饬交犯属领回,严加防范。倘复病发滋事,亲属照例治罪,本犯永远监禁,不准释放;出结之地方官,照例议处。

**谨案** 此条嘉庆六年(1801)定。

○一、谋杀人而误杀旁人之案,如系造意之犯下手致死者,照故杀律拟斩监候;为从不加功者,照余人律杖一百;加功者,杖一百、流三千里,伤罪重于满流者,仍依本殴伤律定拟。若为从之犯下手致死者,系手足、他物、金刃,照同谋共殴下手伤重致死律拟绞监候;系火器及毒药者,仍照本例拟斩监候;其造意之犯,照原谋拟流律加一等,发附近充军。

**谨案** 此条嘉庆六年(1801)定。

○一、谋杀人以致下手之犯误杀旁人,将造意之犯拟斩监候;下手伤重致死者,杖一百、流三千里;余人杖一百。若执持凶器,伤罪重于满流者,从其重者论。如下手之犯,另挟他嫌,乘机杀害,并非失误者,审实,将下手之犯,照谋杀人本律拟斩监候;其造意之犯,照谋杀人未伤律拟徒。

**谨案** 前条黄册进呈后,经御史签出,奉旨交部妥议,改定此条。嗣于嘉庆六年(1801),查照嘉庆五年(1800)议准,凡用毒药谋杀人而误杀旁人案内知情买药者,照谋杀人从而不加功律拟以满流,于此条"下手伤重致死"下,增"及知情买药"

五字。

○一、凡谋、故、斗殴而误杀其人之祖父母、父母、妻、女、子孙一命,均依谋、故、斗杀各本律科罪。其因谋杀人而误杀一命案内从犯,杖一百、流三千里。

**谨案** 此条原载“斗殴及故杀人”门内,嘉庆二十四年(1819),移附此例,并增入“误杀一命案内从犯”一层。

○一、凡疯病杀人之案,总以先经报官有案为据。如诊验该犯始终疯病,语无伦次者,仍照定例永远锁锢。若因一时陡患疯病,猝不及报,以致杀人,旋经痊愈,或到案时虽验系疯迷,迨复审时供吐明晰者,该州县官审明,即讯取尸亲切实甘结,叙详咨部,方准拟以斗杀。如无报案,又无尸亲切结,即确究实情,仍按谋杀各本律定拟。至所杀系有服卑幼罪不至死者,不得以病已痊愈,即行发配,仍依疯病杀人例永远锁锢。

**谨案** 此条嘉庆十一年(1806)定。

一、疯病杀人,问拟死罪,免勾永远监禁之犯,病愈后遇有恩旨,例得查办释放者,除所杀系平人,仍照旧办理外,若卑幼致死尊长及妻致死夫,关系服制者,仍永远监禁,不准释放。

**谨案** 此条系嘉庆十三年(1808)遵旨定例。

一、凡疯病杀人,问拟斩、绞监候之犯,除死系期、功尊长尊属,及连杀平人二命,应入情实各犯,毋庸查办外,其余应入缓决人犯,如果到案后病已痊愈,监禁至五年不复举发,遇有亲老丁单,或父母已故,家无次丁,该管官饬取印甘各结,题请留养承祀。倘释放后复行滋事,将出结之地方官,并邻、族人等,分别议处惩治,本犯仍永远监禁,虽或痊愈,不准再予释放。

**谨案** 此条嘉庆十六年(1811)定。

一、疯病杀人,除平人一命,仍照例分别办理外,若致毙平人非一家二命者,拟绞监候,秋审酌入缓决。其连杀平人非一家三命以上,及杀死一家二命者,均拟绞监候;杀死一家三命以上者,拟斩监候;秋审俱入于情实。倘审系装捏疯迷,仍按谋、故、斗杀一家二三命各本例问拟。

一、因疯致毙期、功尊长尊属一命,或尊长尊属一家二命,内一命系凶犯有服卑幼,律不应抵,或于致毙尊长尊属之外,复另毙平人一命,俱仍按致死期功尊长尊属本律问拟,准其比引情轻之例,夹签声请,候旨定夺。若致毙期、功尊长尊属一家二命,或二命非一家,但均属期、功尊长尊属,或一家二命,内一命分属卑幼,而罪应绞抵,或于致毙尊长尊属之外,复另毙平人二命,无论是否一家,俱按律拟斩立决,不准夹签声请。

一、凡疯病杀人,问拟斩、绞监候之犯,除死系期、功尊长尊属,并连毙平人一家二命,及三命而非一家,应入情实各犯,毋庸查办外,其余应入缓决人犯,如果到案后病愈,监禁至五年后不复举发,遇有亲老丁单,或父母已故,家无次丁,该管官取具印甘各结,题请留养承祀。倘释放后复行滋事,将出结之地方官,并邻、族人等,分别议处惩治,本犯仍永远监禁,虽病愈不准再予释放。

**谨案** 以上三条,系因疯杀人分别治罪通例。道光四年(1824),将第一条改为因疯杀死一命,仍照例办理;二命以上,分别人数及是否一家,拟以绞、斩,秋审俱入于情实。第二条道光二十五年(1845)定,原系将因疯致毙期、功尊长尊属一命,复另毙平人一命,及二命非一家者,俱比引服制情轻例夹签声请;另毙旁人一家二命,及三命而非一家者,始按律斩决,不准声请。咸丰八年(1858),查因疯连毙二命,秋审入实勾决,而连毙三命内有尊长尊属一命者,反得比例夹签,秋审免勾,轻重未协,是以将前二条改定。同治九年(1870),将第三条内连杀平人二命应入情实句,查照前二条现行例修改。

**历年事例**

○国初定:凡过失杀伤人者,鞭一百,赔人一口。

○顺治五年(1648)定:凡与人斗殴误伤致死者,责四十板,赔人一口。其素有仇怨,因而斗杀者,仍依本律审拟,请旨定夺。

○康熙三年(1664)题准:凡旗下过失杀伤人者,仍照例鞭责、赔人。其民人有犯,责四十板,追银四十两,给付被杀之家。或民人过失杀伤旗下人,或旗下过失杀伤民人,俱照此例。

○四年(1665)题准:凡斗死、殴打死人命,遇赦免死发落者,追银四十两,给付死者之家。如本犯自称不能给银,情愿与死者之家为奴者,即将本人给予为奴。

○六年(1667)议准:凡捕役误杀无干之人者,照过失杀伤人治罪,于赎罪银两内取银四十两,给被杀之家。

○又题准:凡疯病杀伤人者免议。

○七年(1668)复准:过失杀伤人者,停其追银、赔人之例,仍照律追营葬银十二两四钱二分,给被杀之家。

○八年(1669)题准:凡疯病杀人者,从本犯名下,追埋葬银十二两四钱二分,给予被杀之家。

○十年(1671)题准:凡殴死人命罪犯已经宥免者,停其赔人、给银四十两之例,仍照律追银二十两,给付被杀家属。

○又题准:捕役误杀无干之人,停其追银四十两之例,于本犯名下追银十二两四钱二分,给予被杀之家。

○二十八年(1689)复准:假装疯病杀人者,审讯明白,或系谋杀、故杀、斗殴杀人,各依本律治罪。如无疯病而杀人,或证佐之人说称实有疯病者,审无同谋受贿情弊,各照本律治罪。

○又复准:疯病之人,应令父祖、叔伯、兄弟或子侄亲属之嫡者防守。如无此等亲属,令邻佑、乡约、地方防守。如有疏纵以致杀人者,照不应重律杖八十。

〇乾隆三十五年(1770),乌鲁木齐办事大臣审奏杨奉隆与杨元戏耍,误伤李刚身死一案。奉旨:"戏杀与斗杀,所因纵有不同,至于误杀旁人,则情罪本无区别。今斗殴误杀之例,既问拟绞候,而因戏误杀者,何以独得减等拟流。从前定例,原未允协,着刑部另行改拟具奏。"

〇三十九年(1774)谕:"昨日围场内有虎枪护军,因射牲失手,误伤围场蒙古兵之事,已交行在刑部问拟。若所射之蒙古,竟因伤而死,其情甚为可悯,而射人之护军,情罪较重,乃刑律于此事向无专条。而兵部'畋猎'例载'凡人用箭伤平人者,分别鞭责,追银给予被射之人',即因而致死者,仅追银两,鞭一百,亦不拟抵。围场向用此条,揆之情理,未为允协。此等虽伤出无心,但其人因伤致毙。人命攸关,岂可仅以罚责完结。而围场内控弦驰射,乃得心应手之事,殊非刑律过失杀所云耳目心思所不及者可比。若不另立科条,则随手施放,误杀误伤者,尚知所惩儆乎。即如刑律'戏杀'条下,载'比较拳棒之类伤人死者,以斗杀伤拟绞',自可为此事比例。若伤而未死,又当别有等差。其应如何分别定罪之处,着军机大臣定拟具奏。"

〇嘉庆七年(1802)谕:"勒保奏《寨民误杀探事营弁兵勇分别办理》一折。寨民刘伯茂等,因该寨曾被贼匪假充官兵,在彼杀害,后见探事之外委杨仕龙带同兵勇,行经该寨,疑其亦系贼匪,将杨仕龙等捆缚,领众护解送官。有附近寨民蒋老九指为是贼非兵,时值前路讹传贼警,刘伯茂虑被抢劫,起意将杨仕龙首先戳毙,并喝令寨众李国文等,将各兵勇一并杀死。刘伯茂擅杀多命,蒋老九一言肇衅,酿成重案,均属罪无可逭。勒保于审明后,将该二犯即行处斩,并将首级传示各营兵勇,所办甚是。至为从之李国文等,自因寨首刘伯茂当场喝令,一时共信为贼,且见刘伯茂业将杨仕龙先行戳毙,遂尔不暇致详,一齐动手,是李国文等并无挟仇故杀情事。勒保将该犯等拟斩,并请即行正法,所拟未免过当。该犯等误听人言,帮同杀贼,其本心尚有可原。若皆立予骈诛,情罪未为允协。且被害之弁勇等,虽系死于众手,亦必赍恨于刘伯茂、蒋老九二人。今该二犯既经伏罪,已慰死者之心。所有李国文、刘基功、刘三仁、刘学长、黄大义、黄大朋、何大良、刘良耀、刘三任、李三仁、刘上富、蒋老满十二犯,俱着改为斩监候,入于本年秋审情实办理。"

〇十三年(1808)谕:"向来疯病杀人问拟情实之案,念其病发无知,均予免勾,照例永远监禁,将来病愈之后,遇有恩旨,例得查办释放,其中亦应有区别。嗣后除因疯致死常人,仍照旧例办理外,其有卑幼因疯致死尊长,及妻致死夫,关系服制,列于情实者,即从宽免勾,将来病愈后遇有恩旨,亦仍着永远监禁,不准释放。著为令。"

〇十六年(1811)谕:"御史刘彬士奏本年秋审,有安徽省戏杀绞犯二起,均系出于无心,应依过失杀人律办理,并引据律条及旧案开单呈览。朕详加披阅,缪二一犯,因被徐从峰走至背后,戏将该犯右臂膊扭转,口称能挣脱始算本事,该犯答以何难,即站起用左胳肘往后一耸,适伤徐从峰胸膛殒命;李松一犯,因与杨顺一同拾粪,该犯蹲地,杨顺从背后用两手戏揿两肩,身向前扑,问其能站起否,该犯以何能揿住为答,即将身挣起,因挣势过猛,致头颅碰伤杨顺心坎倒地殒命。核其情节,俱无争斗形状,亦无有心致伤情事,该御史援引从前王学溥与谢潜修戏要致谢潜修跌毙,及陈阿住与方官森戏要致方官森淹毙二案比较。该二案均系死者自行失足致毙,与缪二、李松碰伤人命者,情节不同。惟所引祝兴发抛刀演试,无暇旁顾,致碰伤姚元宝身死一案,从前刑部曾依过失杀律拟罪。祝兴发以金刃过失杀人,尚从轻拟,则缪二、李松二犯以过失杀拟罪,尚非宽纵。缪二、李松,俱着照该御史所奏,依过失杀人律改拟。嗣后如有情节似此者,该部俱核照办理。"

○道光二十六年(1846)谕:"刑部奏'请将因疯杀人始终疯迷之犯,酌议查办章程'等语,着大学士九卿会议具奏。钦此。"遵旨议准:嗣后遇有始终疯迷人犯,定案时即照例严行锁锢监禁,不必照过失杀人例先追收赎银两。如监禁二三年内,偶有病愈者,即令该地方官讯取供招,照复审供吐明晰之犯,依斗杀律拟绞监候,入于秋审缓决办理。遇有查办死罪减等恩旨,与复审供吐明晰之犯,一体查办。如不痊愈,即行永远监禁,虽遇恩旨,不准查办。

○咸丰八年(1858)谕:"刑部奏'酌拟因疯毙命罪名,请改归划一'等语。向来因疯连毙人命案犯,系平人非一家二命者,俱拟绞监候,入于情实。而致毙期、功尊长尊属一命,另毙平人一命者,向援服制之例,夹签声请。虽绞、斩轻重不同,而一勾一免,殊不平允。至连毙三命,内有期、功尊长尊属一命者,亦俱援引服制之例夹签,更觉宽纵。着照该部所请,嗣后此项人犯,除连杀平人非一家三命,或一家二命者,仍照例入于情实,致毙服制一命,复另毙平人一命者,仍照例夹签声请外,所有因疯致毙平人非一家二命之犯,着改入缓决办理,以昭划一而示持平。其致毙期、功尊长尊属一命,另毙平人二命之犯,无论是否一家,俱着按律拟斩立决,毋庸夹签声请,以重人命。其本年秋审案内张怀一犯,即着改入缓决办理。"

### 夫殴死有罪妻妾

凡妻妾因殴骂夫之祖父母、父母,而夫(不告官)擅杀死者,杖一百。若夫殴骂妻妾,因而自尽身死者勿论。(祖父母、父母亲告乃坐。若祖父母、父母已亡,或妻有他罪不至死,而夫擅杀,仍绞。)

**谨案** 乾隆五年(1740),将小注"祖父母、父母亲告乃坐"九字,移于"杖一百"下。

#### 附律条例

○一、妻与夫角口,以致妻自缢,无伤痕者毋庸议。若殴有重伤缢死者,其夫杖八十。

**谨案** 此条雍正三年(1725)定。

〇一、凡妻妾无罪,被殴致折伤以上者,虽有自尽实迹,仍依夫殴妻妾致折伤本律科断。

**谨案** 此条乾隆九年(1744)定。

### 杀子孙及奴婢图赖人

凡祖父母、父母故杀子孙,及家长故杀奴婢,图赖人者,杖七十、徒一年半。若子孙将已死祖父母、父母,奴婢、雇工人将家长身尸未葬图赖人者,杖一百、徒三年;将期亲尊长,杖八十、徒二年;将大功、小功、缌麻,各递减一等。若尊长将已死卑幼及他人身尸图赖人者,杖八十。以上俱指未告官言。其告官者,随所告轻重,并以诬告平人律反坐论罪。若因图赖而诈取财物者,计赃准窃盗论;抢去财物者,准白昼抢夺论;免刺。各从重科断。图赖罪重,依图赖论;诈取、抢夺罪重,依诈取、抢夺论。

**附律条例**

〇一、有服亲属,互相以尸图赖者,依干名犯义律。

〇一、妻将夫尸图赖人者,依卑幼将期亲尊长图赖人律。若夫将妻尸图赖人者,依不应重律。其告官司、诈财、抢夺者,依本律科断。

**谨案** 以上二条,均系原例。

〇一、将父母尸身装点伤痕图赖他人,无论金刃、手足、他物,成伤者,俱拟斩立决。

**谨案** 此条嘉庆二十一年(1816)遵旨定。

〇一、故杀妾,及弟、妹、子孙、侄、侄孙,与子孙之妇,图赖人者,俱问罪,属军卫者发边卫,属有司者发附近,各充军。

**谨案** 此条系原例。雍正三年(1725)奏准,令军民一体科断,将"属军卫者"以下十七字,改为"发附近充军"。乾隆五年(1740),因乾隆元年(1736)奉旨定例,故杀弟妹者俱拟绞监候,删去例内"弟、妹"二字。

一、故杀妾,及子孙、侄、侄孙,与子孙之妇,图赖人者,无论图赖系凡人及尊卑亲属,俱发附近充军。

**谨案** 嘉庆六年(1801)奏准,故杀卑幼图赖人之案,或所图赖者系卑幼,外省遂依尊长诬告卑幼定拟,殊非例意,因增无论"凡人及尊卑亲属"句。

〇一、凡旗人自缢、抹脖、投井身死等事,部内官员已检验尸伤,令其抬送者,恶棍或将棺材拦阻,乱行吵闹,或打坏棺材,将尸抬去,勒措行诈,该堆子、该门之人,拿解刑部,或受害之人首告者,从重惩治。若该堆子、该门该班官兵,知而不拿,将兵治罪外,官交与该部议处。

**谨案** 此条雍正五年(1727)定。

一、无赖凶棍,遇有自尽之案,冒认尸亲,混行吵闹殴打,或将棺材拦阻打坏,抬去尸首,勒措行诈者,均杖一百,枷号两月。若该管地方兵役,知而不拿者,各照不应重律治罪。

**谨案** 此条乾隆二年(1737)改定。

○一、凡兄及伯叔谋夺族人财产,故杀弟侄图赖,致被诈之家,复有殴、故杀尊长,酿成立决重案者,除罪犯应死,悉照各本例定拟外,其罪应军、流者,即照兄及伯叔因争夺弟侄财产故行杀害例,拟绞监候。至被诈之家财产,或无人承管,不得以争夺者之家继嗣承受。

**谨案** 此条系乾隆五十年(1785)遵旨议定。

○一、尊长殴死卑幼,其因家务及卑幼有过者,仍照律科断外,或因已身犯罪,或与他人有嫌,将期亲卑幼殴死,以脱卸己罪,及诬赖他人者,拟绞监候。若已死卑幼之父母妻子,无人养赡,将该犯财产断给一半,以为养赡之资。

**谨案** 此条雍正六年(1728)定。乾隆五年(1740),查已有故杀卑幼图赖问拟充军之条,可以援断,此条所称挟嫌卸罪,情节不甚悬殊,毋庸从重科拟,删。

**历年事例**

○雍正六年(1728)谕:"魏华音将亲侄魏樟茂勒死,诬告魏月音打死,以为图诈之计,该抚及法司俱引故杀侄律完结。夫尊长致死卑幼,而律例内定罪从轻者,原为伦常名分起见也。今魏华音因已身犯偷割稻谷之罪,恐被告发,乃极细事,遂将已故胞兄之独子年仅十三岁者,于昏夜勒死,以为诬告图赖之计。似此凶恶惨毒之人,已在伦常之外,安得尚论尊卑长幼之名分乎。向来定例,未曾详加分析,似未甚协。朕意凡因家务及卑幼有过而致死者,仍照旧例,其将卑幼致死,以脱卸己罪,及诬赖他人者,应另定治罪之条,正所以重伦常而厚风俗。着九卿详悉定议具奏。"

○乾隆五十年(1785),湖南巡抚题乾州厅苗民张应琳商同张田氏谋死侄女张躲女,图赖张学能,致张学能谋死堂伯母张章氏,互相图赖一案。奉旨:"嗣后除寻常谋死卑幼,希图诈赖,不致被诈之家,又酿成人命者,自应照旧例办理外,其有被诈之家,因其谋死卑幼,复酿成人命,一死一抵,如此案者,则图诈之犯,即使所杀系属卑幼,亦未便仅照向例拟遣。其应如何改拟绞候之处,着刑部另行定拟,载入则例遵行。"

○嘉庆二十一年(1816)谕:"先福奏审拟残伤父尸图赖人之民人潘春芳一案,因例无专条,比照诬告他人谋害致父母尸身经官蒸检者斩监候例,拟斩监候,请旨即行正法。残伤父母尸身图陷害人,比之诬告人致父母尸身经官蒸检者,情罪较重。嗣后着刑部定为专条,凡将父母尸身装点伤痕图赖他人,无论金刃、手足、他物,成伤者,俱斩立决。此案潘春芳一犯,即照此例即行正法。"

## 弓箭伤人

○凡无故向城市及有人居住宅舍,放弹射箭,投掷砖石者,虽不伤人,笞四十;伤人者,减凡斗伤一等;虽至笃疾,不在断付家产之限。因而致死者,杖一百、流三千里。若所伤系亲属,依名例律。本应重罪,而犯时不知者,依凡人论;本应轻者,听从本法;仍追给埋葬银一十两。

### 附律条例

○一、凡用鸟枪、竹铳,向城市及有人居止宅舍施放者,虽不伤人,笞四十;误伤人者,减汤火伤人律一等;因而致死者,杖一百、流三千里。若在深山旷野施放,误伤人者,减汤火伤人律二等;因而致死者,杖一百、徒三年。皆追征埋葬银一十两。

**谨案** 此条嘉庆六年(1801)定。

## 车马杀伤人

○凡无故于街市镇店驰骤车马,因而伤人者,减凡斗伤一等;致死者,杖一百、流三千里。若无故于乡村无人旷野地内驰骤,因而伤人不致死者不论。致死者,杖一百。以上所犯,并追埋葬银一十两。若因公务急速而驰骤杀伤人者,以过失论。依律收赎,给付其家。

### 附律条例

○一、凡骑马碰伤人,除依律拟断外,仍将所骑之马,给予被碰之人。若被碰之人身死,其马入官。

**谨案** 此条雍正三年(1725)定。

## 庸医杀伤人

○凡庸医为人用药、针刺,误不如本方,因而致死者,责令别医辨验药饵、穴道,如无故害之情者,以过失杀人论,依律收赎,给付其家。不许行医。若故违本方,乃以诈心疗人疾病,而增轻作重,乘危以取财物者,计赃准窃盗论;因而致死,及因事私有所谋害,故用反症之药杀人者,斩。监候。

### 附律条例

○一、凡端公、道士,作为异端法术,医人致死者,照斗杀律治罪。

**谨案** 此条雍正三年(1725)定。原载"礼律·禁止师巫邪术"例内,嘉庆六年(1801)移附此律。

一、凡端公、道士,及一切人等,作为异端法术,如圆光、画符等类。医人致死者,照斗杀律拟绞监候;未致死者,杖一百、流三千里;为从各减一等。

**谨案** 嘉庆六年(1801)奏准,此等托异术为人治病,与左道惑众者迥别,因载在

“师巫邪术”门，外省往往误会，将圆光、画符之类，比依左道惑众定拟，为从亦问发充军，殊未允协，因增定比条。

## 窝弓杀伤人

凡打捕户，于深山旷野猛兽往来去处，穿作坑阱，及安置窝弓，不立望竿，及抹眉小索者，虽未伤人，亦笞四十；以致伤人者，减斗殴伤二等；因而致死者，杖一百、徒三年，追征埋葬银一十两。若非深山旷野，致杀伤人者，从弓箭杀伤论。

# 卷八百六·刑部八十四

## 刑律·人命　威逼人致死　尊长为人杀私和　同行知有谋害

### 威逼人致死

凡因事户婚、田土、钱债之类。威逼人致自尽死者，审犯人必有可畏之威。杖一百。若官吏、公使人等，非因公务而威逼平民致死者，罪同。以上二项，并追埋葬银一十两。给付死者之家。若卑幼因事逼迫期亲尊长致死者，绞；监候。大功以下，递减一等。若因行奸为盗而威逼人致死者，斩。监候。奸不论已成与未成，盗不论得财与不得财。

**谨案**　原文"威逼期亲尊长"，乾隆三十七年(1772)奏明改为"因事逼迫"。

#### 附律条例

○一、凡因事用强殴打威逼人致死，果有致命重伤，及成残废、笃疾者，虽有自尽实迹，依律追给埋葬银两，发边卫充军。

**谨案**　此条系原例。

一、凡因事用强殴打威逼人致死，果有致命重伤，及成残废、笃疾者，虽有自尽实迹，依律追给埋葬银两，发近边充军；其致命而非重伤，及重伤而非致命之处者，追给埋葬银两，杖一百、徒三年；如非致命而又非重伤者，杖六十、徒一年。若逼迫尊长致令自尽之案，除期亲卑幼，刃伤尊长尊属，及折肢，若瞎其一目，并功服卑幼，殴伤尊长尊属至笃疾者，仍依律绞决外，若殴有致命重伤，未成残废者，缌麻卑幼，照凡人加一等，发边远充军，功服卑幼发极边充军，期亲卑幼仍照逼迫本律绞监候；其致命而非重伤，或重伤而非致命之处者，期服卑幼仍照逼迫本律绞监候，功服发边远充军，缌麻发近边充军；如非致命，又非重伤，期亲卑幼仍照逼迫本律绞监候，功服以下卑幼各于逼迫尊长亲属致死本律上加一等治罪。尊长犯卑幼，各按服制照律科其伤罪。

**谨案**　此条嘉庆六年(1801)增定。道光六年(1826)，于"徒三年"句下，增入"如非致命"至"徒一年"十六字；"功服"下删"照前例减一等"六字；"缌麻发近边充军"下，增入"如非致命"至"加一等治罪"二十八字。

○一、凡因事威逼人致死一家二命，及非一家但至三命以上者，发边卫充军；若一家三命以上，发边卫永远充军；仍依律各追给埋葬银两。

**谨案** 此条系原例。

一、豪强凶恶之徒，恃财倚势，因事威逼，挟制窘辱，令平民冤苦无申，情极自尽，致死一家三命以上者，拟斩监候；致死一家二命，及非一家但至三命以上者，拟绞监候。如无前项情节，仍照例分别拟军。

**谨案** 此条系乾隆三十六年(1771)奏定。

○一、凡军民人等，因事威逼本管官致死，为首者，比依威逼期亲尊长致死律绞；为从者，枷号半年，发边卫充军。

**谨案** 此条系原例。乾隆五年(1740)，"枷号半年"改"枷号三月"。三十七年(1772)，"威逼"改"逼迫"。

○一、凡奉差员役，执持勘合、火牌，照数支取，而该地方官不能措办，因而自尽者，勿论。若奉差员役，额外需索，逼死印官者，审实，依威逼致死律，杖一百加徒三年。若有受贿实迹，仍依枉法从重论。

**谨案** 此条雍正五年(1727)定。

○一、凡子孙威逼祖父母父母、妻妾威逼夫之祖父母父母致死者，俱比依殴者律斩。其妻妾威逼夫致死者，比依妻殴夫至笃疾律绞。俱奏请定夺。

**谨案** 此条系原例。

一、凡子孙不孝，致祖父母、父母自尽之案，如审有触忤、干犯情节，以致忿激轻生、窘迫自尽者，即拟以斩决。其本无触忤情节，但其行为违犯教令，以致抱忿轻生自尽者，拟以绞候。妻妾于夫之祖父母、父母有犯，罪同。若妻妾逼夫致死者，比依妻殴夫致笃疾者律拟绞。奏请定夺。

**谨案** 此条乾隆三十七年(1772)修改。四十五年(1780)，遵旨将妻妾逼夫致死改拟绞决，另立专条，于此条内节删。

一、妻妾逼迫夫致死者，拟绞立决。

**谨案** 此条系乾隆四十五年(1780)于"子孙不孝"例内分出。

一、妻妾悍泼，逼迫其夫致死者，拟绞立决。若衅起口角，事涉微细，并无逼迫情状，其夫轻生自尽者，照子孙违犯教令致父母轻生自尽例，拟绞监候。

**谨案** 此条嘉庆六年(1801)改定。

○一、凡因奸威逼人致死人犯，务要审有挟制窘辱情状，其死者无论本妇、本夫、父母、亲属，奸夫亦以威逼拟斩。若和奸纵容，而本妇、本夫愧迫自尽，或妻妾自逼死其夫，或父母、夫自逼死其妻、女，或奸妇以别事致死其夫，与奸夫无干者，毋得概坐因奸威逼之条。

**谨案** 此条系原例。

一、凡强奸人妻女，其夫与父母、亲属闻声赴救，奸夫逞凶拒捕，立时杀死其夫与父母、亲属者，照定例拟斩立决。若强奸既成，其夫与父母、亲属羞忿自尽，仍照威逼致死本律,拟斩监候。至强奸未成,或但经调戏,其夫与父母、亲属羞忿自尽者,俱拟绞监候。

一、凡有因强奸将本妇立时杀死者,拟斩立决。若强奸既成,本妇羞忿自尽者,仍照因奸威逼致死律,拟斩监候;至强奸未成,或但经调戏,本妇羞忿自尽者,拟绞监候;秋审时俱拟情实。

**谨案** 此二条均系雍正十一年(1733)定。乾隆五年(1740),将次条"俱拟情实"句,改为"分别情实、缓决,奏请定夺"。

一、凡有因强奸将本妇立时杀死者,拟斩立决。若强奸既成,本妇羞忿自尽者,仍照因奸威逼致死律,拟斩监候;至强奸未成,或但经调戏,本妇羞忿自尽者,俱拟绞监候。秋审时间拟情实,免勾一次之后,下年改为缓决。如遇停勾之年入情实者,下年不得即改缓决。

**谨案** 此条系乾隆三十二年(1767),遵照乾隆七年(1742)谕旨改定。三十七年(1772),因三十二(1767)年奏准例内"情实"字样概行删去,遵将此条"秋审时"以下数句节删。其因强奸将本妇立时杀死拟斩立决一层,又于四十二年(1777)分出,列为专条,移载"犯奸"例内。

一、凡强奸未遂,将本妇殴伤,越数日后因本伤身死者,照因奸威逼人致死律,拟斩监候。

**谨案** 此条乾隆三年(1738)定。

一、因强奸将本妇立时杀死者,拟斩立决;强奸未遂,将本妇殴伤,越数日后因本伤身死者,照因奸威逼致死律,拟斩监候。若强奸人妻女,其夫与父母、亲属闻声赴救,奸夫逞凶拒捕,立时杀死者,俱拟斩立决;若殴伤,越数日后因本伤身死者,亦照因奸威逼致死律,拟斩监候。至强奸已成,其夫与父母、亲属及本妇羞忿自尽者,拟斩监候;如强奸未成,或但经调戏,其夫与父母、亲属及本妇羞忿自尽者,俱拟绞监候。

**谨案** 此条,乾隆五十三年(1788)将上数条修并增定。

一、强奸已成,将本妇杀死者,斩决、枭示;强奸未成,将本妇立时杀死者,拟斩立决;将本妇殴伤,越数日后因本伤身死者,照因奸威逼致死律,拟斩监候。若强奸人妻女,其夫与父母、亲属闻声赴救,奸夫逞凶拒捕,立时杀死者,俱拟斩立决;若殴伤,越数日后因本伤身死者,亦照因奸威逼致死律,拟斩监候。至强奸已成,其夫与父母、亲属及本妇羞忿自尽者,拟斩监候;如强奸未成,或但经调戏,其夫与父母、亲属及本妇羞忿自尽者,俱拟绞监候。

**谨案** 此条嘉庆十一年(1806)遵旨增定。

○一、强奸内外缌麻以上亲,及缌麻以上亲之妻,若妻前夫之女,同母异父姊妹,未成,本妇羞忿自尽者,俱拟斩监候;其强奸已成,本妇羞忿自尽者,俱拟斩立决。

**谨案** 此条雍正十二年(1734)定。

一、强奸内外缌麻以上亲，及缌麻以上亲之妻，若妻前夫之女，同母异父姊妹，未成，或但经调戏，其夫与父母、亲属及本妇羞忿自尽者，俱拟斩监候；如强奸已成，其夫与父母、亲属及本妇羞忿自尽者，俱拟斩立决。

**谨案** 此条嘉庆十六年(1811)增定。

○一、妇人因奸有孕，畏人知觉，与奸夫商谋用药打胎，以致堕胎身死者，奸夫比照以毒药杀人知情卖药者至死减一等律，杖一百、流三千里。若有服制名分，本罪重于流者，仍照本律从重科断。如奸妇自倩他人买药，奸夫果不知情，止科奸罪。

**谨案** 此条乾隆五年(1740)定。

○一、凡村野愚民，本无图奸之心，又无手足勾引、挟制窘辱情状，不过出语亵狎，本妇一闻秽语，即便轻生，照强奸未成本妇羞忿自尽例减一等，杖一百、流三千里。

**谨案** 此条乾隆五年(1740)定。

○一、凡和奸之案，奸妇因奸情败露，羞愧自尽者，奸夫杖一百、徒三年。亲属相奸，奸夫按奸罪应发附近充军者，如奸妇因奸情败露，羞愧自尽，奸夫于奸罪上加一等，发近边充军。

**谨案** 此条乾隆二十八年(1763)定。道光九年(1829)，于“徒三年”下，增入亲属相奸一层。

○一、奸夫、奸妇，商谋同死，若已将奸妇致死，奸夫并无自戕伤痕、同死确据者，审明或系谋、故，或系斗杀，核其实在情节，各按本律，拟以斩、绞。不得因有同死之供，稍为宽贷。若奸夫与奸妇因奸情败露，商谋同死，奸妇当即殒命，奸夫业经自戕，因人救阻，医治伤痊，实有确据者，将奸夫减斗杀罪一等，杖一百、流三千里。如另有拐逃及别项情节，临时酌量从重定拟。

**谨案** 此条乾隆二十九年(1764)定。

○一、妇女与人通奸，本夫与父母并未纵容，一经见闻，杀奸不遂，因而羞忿自尽者，将奸妇拟绞监候，奸夫杖一百、徒三年。若本夫与父母纵容通奸，后因奸情败露，愧迫自尽者，奸夫奸妇，止科奸罪。

**谨案** 此条乾隆三十年(1765)定。

一、妇女与人通奸，致并未纵容之父母，一经见闻，杀奸不遂，羞忿自尽者，无论出嫁在室，俱拟绞立决；其本夫并未纵容，一经见闻，杀奸不遂，因而羞忿自尽者，奸妇拟绞监候；奸夫俱杖一百、徒三年。若父母纵容通奸，后因奸情败露，愧迫自尽者，妇女实发驻防给兵丁为奴，奸夫止科奸罪。本夫纵容通奸，后因奸情败露，愧迫自尽者，奸夫、奸妇，止科奸罪。如父母、本夫虽知奸情，而迫于奸夫之强悍，不能报复，并非有心纵容者，奸夫、奸妇，仍照并未纵容之例科断。

**谨案** 此条嘉庆十一年(1806)改定。

○一、凡调奸妇女未成，业经和息之后，如有因人耻笑，其夫与父母、亲属及本妇复追悔抱忿自尽,致死二命者,将调奸之犯,发往乌鲁木齐等处充当苦差。

**谨案** 此条乾隆四十八年(1783)遵旨定例。嘉庆六年(1801),增"若致死一命者,杖一百、流三千里"。道光元年(1821),调剂新疆遣犯,将原例"发往乌鲁木齐等处充当苦差"改为"改发边远充军"。

○一、凡妇女因人亵语戏谑,羞忿自尽之案,如系并无他故,辄以戏言觌面相狎者,即照但经调戏本妇羞忿自尽例,拟绞监候。其因他事与妇女口角,彼此詈骂,妇女一闻秽语,气忿轻生,以及并未与妇女觌面相谑,止与其夫及亲属互相戏谑,妇女听闻秽语,羞忿自尽者,仍照例杖一百、流三千里。

**谨案** 此条乾隆五十年(1785)定。

○一、因事与妇人口角,秽语村辱,以致本妇气忿轻生,又致其夫痛妻自尽者,拟绞监候,入于秋审缓决。

○一、因奸威逼人致死一家三命者,拟斩立决。

**谨案** 此二条,俱嘉庆二十年(1815)遵旨定。

○一、妇女令媳卖奸不从,折磨殴逼,致媳情急自尽者,拟绞监候。若奸妇抑媳同陷邪淫,致媳情急自尽者,实发伊犁、乌鲁木齐等处为奴。

**谨案** 此条系嘉庆六年(1801),将乾隆五十七年(1792)钦奉谕旨,增入"名例"内"奸妇抑媳同陷邪淫"一条,并纂为例。道光元年(1821),将原例"实发伊犁、乌鲁木齐等处为奴"改为"改发各省驻防为奴"。

○一、奸淫之徒,先与其姑通奸,因被其媳窥破碍眼,即听从奸妇,图奸其媳,不从,致被其姑毒殴自尽者,除奸妇仍发各省驻防为奴外,将图奸酿命之犯拟绞监候,秋审入于情实。

**谨案** 此条嘉庆二十一年(1816)遵旨定。

○一、强奸本宗缌麻以上亲,及强奸缌麻以上亲之妻,未成,将本妇杀死者,分别服制,拟以凌迟、斩决,仍枭示;系外姻亲属,免其枭示。

**谨案** 此条嘉庆七年(1802)遵旨定。咸丰二年(1852),因系专指强奸未成而言,恐有将强奸外姻服亲已成杀死本妇之犯,亦免其枭示,致较凡人强奸已成杀死本妇例应斩枭,科罪转轻者,因于"缌麻以上亲之妻"句下,增入"未成"二字。

○一、强奸不从,主使本夫,将本妇殴死,主使之人拟斩立决,本夫拟绞监候。

**谨案** 此条系嘉庆十六年(1811)遵旨定例。

○一、强奸犯奸妇女已成,将本妇立时杀死者,拟斩立决;致本妇羞愧自尽者,发黑龙江给兵丁为奴。如强奸犯奸妇女未成,将本妇立时杀死者,拟斩监候,秋审入于情实;致本妇羞愧自尽者,杖一百、流三千里。若妇女犯奸后,已经悔过自新,确有证据者,仍以良人妇女论。

**谨案** 此条嘉庆十六年(1811)定。十七年(1812),调剂黑龙江遣犯,将原例发黑龙江者,改发回城为奴。二十二年(1817),复因调剂回疆遣犯,改发云贵两广烟瘴充军。咸丰元年(1851),仍复原例。

**历年事例**

○康熙四十六年(1707)议准:衙役诈赃,逼死人命,应比照奸徒串结衙门人役陷害良善诈骗财物者枷号两月发落律,仍追埋葬银四十两,给付死者之家。

○雍正十一年(1733)谕:"凡因奸致死本妇者,向来律无正条,俱引因奸威逼人致死之例拟斩监候,秋后处决。但其间情事不同。如系强奸既成,本妇羞忿自尽者,拟以斩候,固属恰当。若强奸不遂,将本妇立时杀死,如此淫凶之犯,非立决不足以蔽其辜。至于强奸未成,或但经调戏,本妇即羞忿自尽者,非引照拟抵,固无以慰贞魂,而一概拟斩监候,又觉未为平允,应拟绞监候。至秋审时,将监候人犯,俱以情实请旨。如此庶为轻重得宜。"

○十二年(1734)议准:凡因奸致死人命,分别已、未成奸定例。惟伤人未死者,例内未经议及。嗣后除强奸妇女,止以手足行强者,已成、未成,仍照凡奸本律,如因强奸,执持金刃凶器戳伤本妇,及拒捕致伤旁人,已成奸者,拟斩监候;未成奸者,拟绞监候。

○又议准:凡亲属因奸致死,律内无分别已成未成之例。嗣后如有强奸内外缌麻以上亲,及缌麻以上亲之妻,若妻前夫之女,同母异父姊妹,未成,本妇羞忿自尽者,俱拟斩监候;其强奸已成,本妇羞忿自尽者,俱拟斩立决。

○乾隆七年(1742)谕:"从来节烈之妇,祀于其乡,所以旌善端化,树之风声也。刑以弼教,其致死本妇之犯,法无可贷。是以乾隆五年(1740)秋审萧充一案,该抚拟以情实,九卿改为缓决,朕曾降旨申饬。盖以烈妇之死,由于该犯之调戏。若将该犯轻入缓决,非所以重名教而端民俗也。今值九卿秋审之时,其在萧充以前定为缓决之案,俱系九卿集议,经朕览阅降旨者,此番毋庸改为情实;其在乾隆五年(1740)以后,此等案件,各省督抚多入于情实之列,九卿执法,自不得轻纵。但强奸未成,本妇因调戏而羞忿自尽者,其中情形不一、朕办理勾到之时,自有权衡。如果一线可原,仍当免勾。既经一次勾到之后,下年即可改为缓决。如系停止勾到之年入情实者,不得即改为缓决。将此传谕九卿知之。"

○十年(1745)议准:嗣后凡图奸未成者,即于三日内,将该犯枷责,以平本妇羞忿,不致轻生,该犯亦可免抵偿。此等案件,固无许乡保闻风禀报。但本家投明,乡保不即禀者,照窃盗等事甲长不行转报例治罪。乡保已禀,而该州县不即审理,致本妇怀忿自尽者,照违令律参处。再端方妇女,多畏到官抛头露面,往往因此反致戕生。应令地方官虚衷详审,毋得滥拘。并出示晓谕,凡遇调奸情事,即令报官审理,慎勿轻生。

○四十五年(1780)谕:"刑部议驳原任江苏巡抚吴坛审题倪顾氏逼迫伊夫倪玉自尽身死一案,该抚将倪顾氏照逼夫致死例拟绞监候,与例不符,应将倪顾氏照殴夫至笃疾绞决律拟绞立决一本。部驳甚是,已如所议行矣。妇之于夫,犹臣之于君、子之于父,同列三纲,所关綦重。律载人子违犯教令,致父母自尽者,皆处以立绞,岂妇之于夫,竟可从轻。今乃逼迫其夫致令自尽,此等泼悍之妇,尚可令其偷生人世乎。此案倪顾氏薄待倪玉前妻之子,致相吵闹,已失妇道。嗣倪玉见伊子常受单寒,欲给钱营生,顾氏又与争殴。以致倪玉气忿情极,自缢殒命。凶悍如此,该抚仅拟绞候,岂明刑弼教之意乎。律既载妻殴夫至笃疾者绞决,本属允当,乃例又载妻妾逼迫夫致死者,比依妻殴夫至笃疾律拟绞奏请定夺之条,以致引用牵混,殊未妥协。着交刑部将此例另行妥议,改正通行。"

○四十六年(1781),广西巡抚题,陈正仁调戏唐惠志之妻陈氏,贿和后,因被村童耻笑,追悔抱忿,夫妇先后服毒身死,将陈正仁依威逼致死例拟军。经刑部题驳,改拟绞监候。奉旨:"此案虽致死二命,但究系和息一月之后。若定拟绞候,情殊可悯;如改拟充军,则又系致死二命,未免稍失之宽。陈正仁着改发乌鲁木齐充当苦差。嗣后遇有此等案件,即照此问拟。著为令。"

○五十六年(1791),河南巡抚题,陈张氏与王杰通奸被拐,致伊父张起羞忿自尽,将陈张氏依例拟绞监候一案。奉旨:"陈张氏与王杰通奸,致伊父张起羞忿自尽,该抚因系已嫁之女,问拟绞监候,刑部已照拟核复,固属照例办理。但张起之死,由于伊女陈张氏与人通奸所致,与子孙因奸因盗致祖父母、父母忧忿自尽者,情罪相同,自应一律问拟绞决。夫服制以已嫁未嫁分轻重尚可,若一关父母之生死,则不可如寻常罪犯,照出嫁降服之例,稍从轻减也。且明刑所以弼教,父母天伦,不得因已未出嫁,遂有区别。设使已嫁之女,致死父母,岂可免其凌迟,概从宽典耶?嗣后妇女与人通奸,致父母羞忿自尽者,无论已嫁、在室之女,俱着问拟绞立决。交刑部纂入例册。"

○五十七年(1792),湖北巡抚题,张周氏逼媳冯氏卖奸不从,致冯氏自缢身死,将张周氏拟发伊犁为奴一案。奉旨:"据福宁题报应城县民妇张周氏逼媳冯氏卖奸不从,自缢身死,将张周氏照奸妇抑媳同陷邪淫致媳情急自尽例,发伊犁、乌鲁木齐等处给兵丁为奴一本。朕办理庶狱,于翁姑致死子媳之案,无论其本有违犯教令,训戒不悛,以致毙命,及伊媳并无过犯,而翁姑性暴,致毙其命者,其翁姑俱不加以重罪,原以谊属尊长,无抵偿卑幼之理。况系自缢身死,本不应将其姑抵罪。但此案张周氏逼令伊媳冯氏卖奸图利,因冯氏坚执不从,时加折磨,并殴伤左右胳肘,致冯氏被逼情急,投缳自尽,情节实属可恶。为翁姑者当教训其媳,勉以贞洁自矢,方不愧为尊长之道。今张周氏欲令伊媳卖奸,已属无耻,及因其守节不从,辄关禁楼房,不给饮食,挫磨殴逼,以致毙命,殊出情理之外。是其恩义已绝,即当以凡论,与寻常尊长致死卑幼者不同。此而不严加惩治,何以风节烈而儆淫凶。除冯氏照例交部旌表外,张周氏着改为绞监候,入于本年情实办理。嗣后各省如有似此情节者,俱照此办理。庶使淫恶无耻之徒,知所儆畏,以示明刑弼教之意。"

○嘉庆六年(1801),四川总督题,长寿县民杨文仲强奸缌麻弟妻杨黄氏不从,戳伤黄氏身死,将杨文仲照凡人强奸将本妇立时杀死例拟斩立决一案。奉旨:"此案杨文仲强奸缌麻服弟杨文榜之妻黄氏不从,将黄氏戳伤身死,刑部因例无明文,即照凡人强奸将本妇立时杀死例定拟斩决。但思该犯与杨文榜,系缌麻兄弟,若同凡人一律定拟,未免无所区别。杨文仲着即处斩、枭示,以昭炯戒。并载入刑部则例。"

○七年(1802),山东巡抚题,黄县民刘发图奸甥媳陈刘氏不从,将陈刘氏搭死,刘发依例拟斩立决,声明该犯系属外姻,与本宗稍异,应否照杨文仲之例枭示。经刑部议以十恶内乱,系指本宗而言,外姻不在其内。该犯因奸杀死甥妻,被杀之刘氏,系属外姻,究与本宗不同,业经照例拟以斩决,应否免其枭示之处,恭候钦定。奉旨:"刘发着即处斩,免其枭示。"

○又谕:"福昌等奏《审拟革职京口副都统阿玉什因奸酿命请发新疆效力》一折。此案阿玉什与家人王添幅之妻乔氏通奸,经王添幅撞遇,一时气忿,当将乔氏扎毙。若依平人奸所获奸,将奸妇杀死本例,奸夫应拟绞候。今王添幅系阿玉什契买家奴,虽与平人有别,而阿玉什身为二品大员,辄与仆妇通奸,无耻已极,且复酿成人命,即照平人例问拟,予以缳首,亦属罪所应得。但细阅供单,姑念阿玉什之父伊陞阿,前在伊犁军营阵亡,伊母孀居守节,情殊可悯。阿玉什着即照福昌等所拟发往新疆效力赎罪,此系格外施恩。嗣后如有大员不顾廉耻,与仆妇通奸酿命者,竟当照平人一例定拟。"

○八年(1803),山东巡抚题,临邑县民许挨子强奸于孟氏已成,勒死孟氏灭口,依例拟斩主决一案。奉旨:"此案许挨子强奸于孟氏已成,因该氏哭骂,恐其回家诉说败露,将该氏登时勒死,经刑部等衙门核复拟以斩决,固属照例办理。但该犯强奸于孟氏已成,复行致死灭口,淫凶已极。若与强奸未成将本妇杀死者,一律问拟斩决,未免无所区别。许挨子着即斩决、枭示。嗣后办理强奸杀死本妇之案,除强奸未成杀死本妇者,仍照旧例斩决外,如强奸已成,将本妇杀死者,即问拟斩枭。著为令。"

○十年(1805)谕:"本日朕阅刑部呈进嘉庆九年(1804)河南省秋审情实册内,有赵芳因强奸胡向氏不从,主使本夫胡约将胡向氏殴伤身死。此案赵芳与胡约之母赵氏通奸,又因见胡约之妻向氏少艾,起意强奸不从,该犯因胡约向伊取钱,即主使将向氏殴逼,向氏仍不依允,该犯喝令胡约殴伤致毙,实属乱人伦纪,淫凶不法。问拟斩候,入于情实,尚觉罪浮于法。至胡约一犯,先经赵芳与伊母赵氏通奸,因利其资助,并未阻止,已属丧良蔑理。迨赵芳见伊妻向氏少艾,欲图奸宿,嘱令劝诱。向氏坚执不从,正为胡约谨守闺门。乃该犯辄令赵芳至房,乘向氏睡卧在床,自行按住,令赵芳强奸,无耻已极。嗣该犯又因向赵芳取钱应用,遂听从主使,殴逼向氏与赵芳奸宿。向氏仍不依允,该犯顺拾木桌腿殴伤其左右胳肘。复经赵芳喝令殴伤其左耳根,以致殒命。逼奸故杀,实非人类。赵芳着即行处斩。胡约现在流徙何处,着行知该省地方,即将该犯于配所绞决。嗣后问刑衙门,遇有似此案件,即将本夫问拟绞候,不得仍照凡人同谋共殴律分别首从定拟,以昭平允而维风教。”

○二十年(1815)谕:“刑部具题四川民人李潮敦比照因事威逼人致死一家二命例拟发近边充军一本,朕详加酌核。章有富之妻章王氏,向李潮敦地内寻割猪草,彼此争闹,李潮敦以秽言向辱,章王氏哭泣回家,气忿自缢。伊夫章有富痛妻忧忿,旋亦投缳。此案李潮敦秽语村辱,致章王氏气忿轻生,按例罪止满流。惟章有富自尽,亦由痛妻所致。是因该犯一言,使伊夫妇二人,先后殒命,其情罪较重。该部比照威逼人致死一家二命例,问拟充军,所拟尚轻。李潮敦着照手足勾引例,改为绞监候,归入秋审缓决。嗣后遇有情节相同之案,俱照此办理。着刑部载入则例遵行。”

○又谕:“此案郑源挟制逼奸高殿元之妻耿氏,致高殿元夫妻被逼难堪,不敢控告,先将幼女住妮掐毙,写立冤状,分揣怀内,一同自缢殒命,情殊凶惨。郑源着即处斩。嗣后如有似此因奸威逼致死一家三命者,毋庸定拟斩监候,即照此案定拟斩决。着刑部载入例册遵行。”

○二十一年(1816)谕:“明刑所以弼教。此案郎复兴与王李氏通奸,经王李氏之媳香儿窥破,李氏欲抑令香儿同陷邪淫,与郎复兴相商。郎复兴以香儿性姓傲,止好先向探试之言回复。嗣李氏令香儿与郎复兴斟酒,香儿不从,李氏将香儿毒殴,致香儿服卤自尽。详核案情,郎复兴既有先向试探之言,是已有图奸香儿之心,以致酿成命案,即同羞忿自尽。李氏例不拟抵,实发新疆为奴。若照部议将郎复兴减为杖流,出于何典,实属疏纵。香儿贞烈捐躯,竟无抵命之人,殊不足以惩奸邪而维风化。郎复兴着改为绞监候,入于朝审情实办理。嗣后有案情似此者,均照此例问拟。”

○光绪七年(1881)议准:河南巡抚咨,兰仪县民张二黑图奸王管氏未成,拒伤氏翁王泳聚身死一案,以图奸杀死本夫亲属,宜与强奸者稍示区别。经刑部查强奸杀人例文,系雍正十一年(1733)及乾隆三年(1738)纂定,止言强奸,未及图奸、调奸。道光三年(1823)因该省请示,始定有图奸、调奸拒捕之例,而亦止言伤人。至杀人应如何治罪,例内仍未议及。检查历年成案,有照犯罪拒捕杀人拟斩监候者,亦有比照强奸立时杀人拟斩立决者。伏思图奸杀人,与强奸杀人,虽同一因奸毙命,惟图奸者轻止语言调戏,重亦不过手足勾引,视强奸者之悍然无忌,肆行淫暴,情形既大不相侔,断罪即难归一致。况奸夫拒捕刃伤应捉奸之人例应绞候,拒杀本夫及应捉奸之人例应斩候,从不问拟立决。若将图奸、调奸拒捕杀人概照强奸例问拟斩决,是伤人既较奸夫科罪为轻,而杀人独较奸夫科罪为重,不特彼此参差,亦与刃伤本例互相抵牾。嗣后图奸、调奸未成罪人,杀死本妇,及拒捕杀死其夫与父母并有服亲属,无论立时及越数日,俱照犯罪拒捕杀所捕人律拟斩监候。张二黑一犯,行令该抚遵照办理。

**尊长为人杀私和**

○凡祖父母、父母,及夫,若家长,为人所杀,而子孙、妻妾、奴婢、雇工人私和者,杖一百、徒三年。期亲尊长被杀，而卑幼私和者，杖八十、徒二年；大功以下，各递减一等。其卑幼被杀，而尊长私和者，各依服制减卑幼一等。若妻妾、子孙，及子孙之妇，奴婢、雇工人，被杀，而祖父母、父母、夫、家长私和者，杖八十；受财者，计赃准窃盗论，从重科断。私和就各该抵命者言。赃追入官。常人为他人私和人命者，杖六十。受财，准枉法论。

附律条例

〇一、凡尸亲人等私和人命，未经得财者，仍照律议拟外，如有受财者，俱计赃准枉法论，从重定罪。

**谨案** 此条乾隆二十八年（1763）定。

一、凡尸亲人等私和人命，除未经得财者，仍照律议拟外，如有受财者，俱计赃准枉法论，从重定罪。若祖父母、父母被杀，子孙受赃私和者，无论赃数多寡，俱拟杖一百、流三千里。

**谨案** 此条乾隆三十七年（1772）增定。

一、凡尸亲人等私和人命，除未经得财者，仍照律议拟外，如尸亲期服以下亲属，受财私和，及凶犯期服以下亲属，用财行求者，俱计赃准枉法论，分别定罪。其祖父母、父母被杀，子孙受贿私和者，无论赃数多寡，俱拟杖一百、流三千里。若子孙被杀，祖父母、父母受贿私和，无论赃数多寡，俱杖一百。其以财行求者，如亦系凶犯之祖父母、父母，无论受财者系被杀之尊长、卑幼，亦不计赃，拟杖一百。若凶犯罪止军、流者，以财行求之祖父母、父母，减一等，杖九十；罪止拟徒者，减二等，杖八十。说事过钱者，各减受财人罪一等。

**谨案** 此条嘉庆六年（1801）增定。

一、凡尸亲人等私和人命，除未经得财者，仍照律议拟外，如尸亲期服以下亲属，受财私和，及凶犯期服以下亲属，用财行求者，俱计赃准枉法论，分别定罪。其祖父母、父母，及夫，若家长，被杀，子孙及妻妾、奴婢、雇工人受贿私和者，无论赃数多寡，俱拟杖一百、流三千里。若子孙及妻妾、奴婢、雇工人被杀，祖父母、父母、夫、家长受贿私和，无论赃数多寡，俱杖一百。其以贿行求者，如亦系凶犯之祖父母、父母、夫、家长，无论受财者系被杀之尊长、卑幼，亦不计赃，拟杖一百。若凶犯罪止军、流者，以财行求之祖父母、父母、夫、家长，减一等，杖九十；罪止拟徒者，减二等，杖八十。说事过钱者，各减受财人罪一等。

**谨案** 此条嘉庆十一年（1806）增定。

一、凡尸亲人等私和人命，除未经得财，或赃罪较轻，仍照例议拟外，如尸亲期服以下亲属，受财私和者，俱计赃准枉法从重论。其祖父母、父母，及夫，若家长被杀，子孙及妻妾、奴婢、雇工人受贿私和者，无论赃数多寡，俱杖一百、流三千里。若子孙及妻妾、奴婢、雇工人被杀，祖父母、父母、夫、家长受贿私和，无论赃数多寡，俱杖一百。其以财行求者,如系凶犯之缌麻以上有服亲属,及家长、奴婢、雇工人,均不计赃数,杖一百。若凶犯罪止军、流者,以财行求之亲属等,各杖九十;罪止拟徒者,各杖八十。说事过钱者,各减受财人罪一等。

**谨案** 此条道光四年(1824)改定。

### 同行知有谋害

凡知同伴人欲行谋害他人,不即阻当救护,及被害之后,不首告者,杖一百。

# 【刑律·斗殴】

## 卷八百七·刑部八十五

### 刑律·斗殴 斗 殴

**斗 殴** 相争为斗，相打为殴。

○凡斗殴，与人相争。以手足殴人不成伤者，笞二十；但殴即坐。成伤，及以他物殴人不成伤者，笞三十；他物殴人成伤者，笞四十。所殴之皮肤青赤而肿者为伤。非手足者，其余所执皆为他物，即持兵不用刃持其背柄以殴人。亦是。他物拔发方寸以上，笞五十。若殴人血从耳目中出，及内损其脏腑而吐血者，杖八十。若止皮破血流及鼻孔出血者，仍以成伤论。以秽物污人头面者，情固有重于伤，所以罪亦如之。杖八十。折人一齿，及手足一指，眇人一目，尚能小视，犹未至瞎。抉毁人耳鼻，若破伤人骨，及用汤火、铜铁汁伤人者，杖一百。以秽物灌入人口鼻内者，罪亦如之。杖一百。折二齿、二指以上，及尽髡去发者，杖六十、徒一年。髡发不尽，仍堪为髻者，止依拔发方寸以上论。折人肋，眇人两目，堕人胎，及刃伤人者，杖八十、徒二年。堕胎者，谓辜内子死，及胎九十日之外成形者即坐。若子死辜外，及堕胎九十日之内者，仍从本殴伤法论，不坐堕胎之罪。折跌人肢手、足。体，腰、项。及瞎人一目者，皆成废疾。杖一百、徒三年。瞎人两目，折人两肢，损人两事以上，二事如瞎一目又折一肢之类。及因旧患令至笃疾，若断人舌，令人全不能说话。及毁败人阴阳者，以致不能生育。并杖一百、流三千里；仍将犯人财产一半，断付被伤笃疾之人养赡。若将妇人非理毁坏者，止科其罪，以不妨生育，不在断付财产一半之限。同谋共殴伤人者，各以下手伤重者为重罪。原谋或不曾下手，或虽殴而伤轻，减伤重者一等。凡斗殴不下手伤人者毋论。惟殴杀人以不劝阻为罪，若同谋殴人至死，虽不下手，及同行知谋，不行救阻者，各依本律并杖一百。如共殴人伤皆致命，以最后下手重者当其重罪。如乱殴不知先后轻重者，或二人共打一人，其伤同处，或二人同时各瞎人一目，并须以原谋为首，余人为从；若无原谋，以先殴人为首。

若因斗互相殴伤者，各验其伤之轻重定罪。后下手理直者，减本等罪二等；至死，及殴兄姊、伯叔依本律定拟，虽后下手理直者不减。如甲乙互相斗殴，甲被瞎一目，乙被折一齿，则甲伤为重，坐乙以杖一百、徒三年；乙被伤轻，当坐甲以杖一百。若甲系后下手而又理直，则于杖一百上减二等，止杖八十；乙后下手理直，则于杖一百、徒三年上减二等，止杖八十、徒二年。或至笃疾，仍断财养赡。若殴人至死，自当抵命。

**附律条例**

○一、凶徒因事忿争，执持刀、枪、弓箭、铜铁锏、剑、鞭、斧、扒头、流星、骨朵、麦穗、秤锤凶器,但伤人及误伤旁人,与凡剜瞎人眼睛、折跌人肢体、全抉人耳鼻口唇、断人舌、毁败人阴阳者,俱发边卫充军。若聚众执持凶器伤人,及围绕人房屋,抢检家财,弃毁物件,奸淫妇女,除实犯死罪外,徒罪以上,不分首从,发边卫永远充军。

**谨案** 此条系原例。

一、凡凶徒执持刀枪凶器杀人者,依律问拟外,伤人者,杖一百,发边卫永远充军;虽执持凶器,尚未伤人者,杖一百;执凶器自伤者,杖一百。其伤人之犯,有能首先拿获者,官给赏银十五两;其次协拿者,给赏银十两;再次协拿者,给赏银五两。未伤人者,不在给赏之限。其捕拿受伤之人,除官给赏银外,仍验伤痕等第,于犯人名下追给伤银。若果有疯疾,依过失伤人律收赎,将赎银给被伤之人。

**谨案** 此条系雍正三年(1725)增定。

一、凶徒因事忿争,执持刀、枪、弓箭、铜铁锏、剑、鞭、斧、扒头、流星、骨朵、麦穗、秤锤凶器,但伤人及误伤旁人,与凡剜人眼睛、折跌人肢体、全抉人耳鼻口唇、断人舌、毁败人阴阳者,俱发边卫充军。若聚众执持凶器伤人,及围绕房屋,抢检家财,弃毁器物,奸淫妇女,除实犯死罪外,徒罪以上,不分首从,发边远充军;执持凶器而未伤人者,杖一百;执凶器自伤者,亦杖一百。其伤人之犯,有能首先拿获者,官给赏银十五两;其次协拿者,给赏银十两;再次协拿者,给赏银五两。未伤人者,不在给赏之限。其捕拿受伤之人,除官给赏银外,仍验伤痕等第,于犯人名下追给伤银。倘有疯疾,依过失伤人律收赎,将赎银给付被伤之人。

**谨案** 此条系乾隆五年(1740)修并。

一、凶徒因事忿争,执持凶器殴人至笃疾,应发边卫充军者,如年力犹壮,佥妻改发乌鲁木齐等处为奴。

**谨案** 此条乾隆三十一年(1766)定。

一、不法匪徒,因事忿争,执持库刀、梭标,及骗鸡尾、黄鳝尾、鲫鱼背、海蚌等刀,扑刀、顺刀,但凡非民间常用之刀,伤人者,俱照凶器伤人例,发近边充军。如系民间常用之镰刀、菜刀、小刀等器,不在此限。

**谨案** 库刀伤人照凶器例,系乾隆二十年(1755)定。梭标伤人照凶器例,系三十二年(1767)定。骗鸡尾等刀伤人照库刀例,系四十七年(1782)定。五十三年(1788)修并此条。

一、凶徒因事忿争,执持腰刀、铁枪、弓箭,并铜铁锏、剑、鞭、钺、斧、扒头、流星、骨朵、麦穗等项凶器,及库刀、梭标,骗鸡尾、黄鳝尾、鲫鱼背、海蚌等刀,扑刀、顺刀,并凡非民间常用之刀,但伤人及误伤旁人者,俱发近边充军。如系民间常用之镰刀、菜刀、小刀、柴斧等器,不在此限。若殴人至笃疾者,改发伊犁、乌鲁木齐等处为奴。如年在五十以上不胜力作者,仍发近边充军。若聚众执持凶器伤人,及围绕房屋,抢检家财,弃毁器物,奸淫妇女,除实犯死罪外,徒罪以上,不分首从,发边远充军;虽执持凶器而未伤人者,杖一百;执凶器自伤者，亦杖一百。其伤人之犯，有能首先拿获者，官给赏银十五两；其次协拿者，给赏银十两；再次协拿者，给赏银五两。未伤人者，不在给赏之限。若因捕拿而受伤者，除官给赏银外，仍验伤痕等第，于犯人名下追给伤银。若果有疯疾，依过失伤人律收赎，将赎银给付被伤之人。

**谨案** 嘉庆二十二年（1817），将“改发伊犁、乌鲁木齐等处为奴”句改为“改发边远充军”，删“不胜力作者”五字。

一、凶徒因事忿争，剜瞎人眼睛，故折人肢体，全抉人耳鼻口唇，若非剜瞎、故折、全抉者，照律科罪，不得引例。及断人舌，毁败人阴阳者，发近边充军。

**谨案** 嘉庆六年（1801）将以上数条增删修并，定此二条。

○一、护军兵丁，及食粮当差人役，若执持金刃伤人或自伤者，除革役照律例问拟外，永不准食粮。闲散人有犯，立案永不准食粮充役。

**谨案** 此条雍正三年（1725）定。

○一、凡在逃太监，在外滋事，除犯谋、故、斗杀等案，仍照各本律例分别问拟外，但有执持金刃伤人，确有实据者，发黑龙江给官兵为奴，遇赦不赦。

**谨案** 此条道光二十八年（1848）定。

○一、无赖凶徒，聚众行恶，无故将人抬去混行殴打，为首者杖一百、徒三年，为从者皆杖一百。若有勒写借约，张贴揭帖诈财，及事理重者，仍照律例从重科罪。

**谨案** 此条雍正三年（1725）定。乾隆五年（1740），查所列各款，已见“威力制缚人”及“光棍”条内，此系重出，删。

○一、凡执持金刃，将人连戳伤重者，不论旗、民，俱发宁古塔。

**谨案** 此条雍正三年（1725）定。乾隆五年（1740），查连戳伤重，可包举于“执持凶器伤人”例内，删。

○一、夺获凶器伤人之犯，照执持凶器伤人军罪上量减一等，杖一百、徒三年。

**谨案** 此条嘉庆二十二年（1817）定。

○一、广东省斗殴案内，有刃伤人杖八十、徒二年者，又凶徒执持凶器未伤人杖一百者，人命案内，有共殴人执凶器而无致命重伤照余人律杖一百者，俱应于本罪上加一等定拟。

**谨案** 此条系雍正九年（1731）定。因其时粤东斗殴之案，往往用刀枪、马叉等器械，故设为此条，随时惩创，非永著为例也。乾隆五年（1740）奏准删除。

○一、沿江滨海，有持枪执棍，混行斗殴，将两造为首及鸣锣聚众之犯，杖一百、流三千里；伤人之犯，杖一百、徒三年；其附和未伤人者，各枷号一月，责四十板。

**谨案** 此条乾隆五年（1740）定。

○一、凡回民结伙三人以上，执持凶器殴人之案，除致毙人命罪应拟抵之犯，仍照民人定拟外，其余纠伙共殴之犯，发云贵两广极边烟瘴充军。如结伙虽在三人以上,而俱徒手争殴,并无执持凶器者,于军罪上减一等,杖一百、徒三年。结伙在十人以上,虽无执持凶器而但殴伤人者,仍照三人以上执持凶器之例定拟。

**谨案** 此条乾隆四十二年(1777)定。

一、凡回民结伙三人以上,执持器械殴人之案,除致毙人命罪应拟抵之犯,仍照民人定拟外,其余纠伙共殴之犯,但有一人执持器械者,不分首从,发云贵两广极边烟瘴充军。如结伙虽在三人以上,而俱徒手争殴,并无执持器械者,均各于军罪上减一等,杖一百、徒三年。结伙在十人以上,虽无执持器械而但殴伤人者,仍照三人以上执持器械之例定拟。

**谨案** 此条道光元年(1821)于例首"结伙"上增"预谋"字,于例末增"若衅起一时,猝然争斗,并非预谋结伙逞凶者,仍各按其所犯本罪定拟,不得牵引此例"五句。五年(1825)因各省往往拘泥原例凶器字,将执特小刀、棍棒者量减拟徒,是以仿照"回民行窃"及"豫省等处凶徒"例删改。

○一、天津锅伙匪徒聚众数十人,及百人以上,执持火器、军械杀伤人命,或聚众抢掠,扰害商民,审明后就地正法。如被获时持仗拒捕者,照格杀律毋论。其结伙三人以上,但有一人执持器械伤人,除致毙人命罪应拟抵之犯照旧办理外,余俱不分首从,实发云贵两广极边烟瘴充军。若结伙虽在三人以上,而俱徒手并无器械,于军罪上减一等,杖一百、徒三年。结伙在十人以上,虽无器械,但殴伤人者,仍照三人以上执持器械例定拟。其非锅伙斗殴之案,不得援引此例。俟数年后此风稍息,仍照旧例办理。此等案犯,应照罪应军流窃案,解府审明,详司核请咨部,毋庸解省审勘,以免疏失。其斩、绞重犯,仍照例解勘。

**谨案** 此条咸丰九年(1859)定。

○一、行营地方,如有金刃伤人者,先行插箭,随营示众。如被伤之人限内因伤身死,即于该处斩决。如伤轻平复,发往伊犁给额鲁特为奴。

**谨案** 此条系乾隆四十八年(1783)遵旨定例。嘉庆十六年(1811),将行营地方杀伤人之案,分别谋、故、斗殴及地方远近,奏定新例,载入"宫内忿争"例内,此条删。

○一、殴伤奸盗罪人至笃疾者,照例分别定拟,毋庸断付财产养赡。

**谨案** 此条乾隆六十年(1795)定。

一、凡殴伤罪人至笃疾者,各照本例分别毋论及以斗伤并减等问拟,俱毋庸断付财产养赡。

**谨案** 此条道光四年(1824)删定。

○一、凶徒因事忿争,执持凶器伤人,除例载凶器外,其余例未赅载,凡非民间常用之物,均以凶器伤人论。

**谨案** 此条嘉庆十六年(1811)定。

○一、豫省南阳、汝宁、陈州、光州所属州县,及安徽颍州府属,遇有凶徒结伙三人以上,执持凶器伤人之案,除实犯死罪外,其余不分首从,实发云贵两广极边烟瘴充军,佥妻发配。如聚众至十人以上,执持凶器,无论曾否伤人,不分首从,发新疆给官兵为奴。其寻常因事争殴,不在此例。俟数年后此风稍息。仍循旧例办理。

**谨案** 此条嘉庆十七年(1812)定。

一、豫省南阳、汝宁、陈州、归德、光州五府州所属州县,并安徽颍州、凤阳二府所属州县,及庐州府所属之合肥县,遇有凶徒结伙三人以上,但有一人执持器械伤人之案,除实犯死罪外,其余不分首从,实发云贵两广极边烟瘴充军。如聚众至十人以上,执持器械,无论曾否伤人,不分首从,发新疆给官兵为奴。其寻常因事争殴,不在此例。俟数年后此风稍息,仍循旧例办理。

**谨案** 此条道光元年(1821)于"结伙"上增"预谋"字,将"寻常因事争殴,不在此例"二句改为"若衅起一时,猝然争斗,并非预谋结伙逞凶者,仍各按其所犯本罪定拟,不得牵引此例"。五年(1825),因此等匪徒,其预谋逞凶早在结捻之时,不待临时商约,若分别是否预谋,办理诸多格碍,是以改复原例。六年(1826),调剂新疆遣犯,将例发新疆为奴者,改发云贵两广极边烟瘴充军;例发四省烟瘴者,改发极边足四千里充军。十四年(1834)节删原例内"佥妻发配"四字。十六年(1836),于豫省增归德府。二十四年(1844),于安徽增凤阳府及庐州府所属之合肥县,并因新疆遣犯照旧发往,仍复原例。

〇一、回民,并豫省南阳、汝宁、陈州、归德、光州五府州所属州县,及安徽颍州、凤阳二府所属州县,庐州府所属之合肥县凶徒,遇有结伙共殴之案,除所殴系属尊长,仍就服制中杀伤尊长,及回民,并豫省等处凶徒结伙共殴,各查律例相比,从其重者论外,若所殴系属卑幼,即各按服制,于回民并豫省等处凶徒结伙共殴各本例上,依次递减一等科断。其有因卑幼触犯,以理训责者,仍分别服制,各按本律例定拟,不得概援结伙共殴之例。

〇一、各省回民,及豫省南阳、汝宁、陈州、归德、光州五府州所属,并安徽颍州、凤阳二府所属州县,庐州府所属之合肥县凶徒,结伙斗殴之案,有自称枪手受雇帮殴者,除结伙罪在满徒以下,仍按自称枪手本例从重定拟外,如结伙罪应拟军,即于该枪手应得军罪上各加一等。

**谨案** 以上二条,俱道光十二年(1832)定,原指豫省南、汝、陈、光四府州及安徽颍州一府而言。十六年(1836),于豫省增归德府。二十四年(1844),于安徽增凤阳府及庐州府所属之合肥县。

〇一、各省械斗及共殴之案,如有自称枪手受雇在场帮殴者,杖一百、流三千里。其有杀伤人者,仍按各本律例从其重者论。若并未受雇帮殴,但学习枪手已成,确有证据者,杖一百、徒三年。

**谨案** 此条道光十二年(1832)定。

**历年事例**

○国初定:凡人斗殴持刀者,死罪。于行凶杀人时,有能拿获者,除本犯妻子外,将家产尽数给赏。

○顺治十八年(1661)议定:凡拿获持刀行凶之人,停其将家产给赏之例,照兵部定例给赏。若格斗被伤与受伤之人,俱验伤痕等第,于本犯名下各追银两调理。将犯人杖一百,发边卫永远充军。其未伤人者,杖一百。

○康熙十二年(1673)复准:凡人持凶器自伤者,杖一百。棍徒聚众行凶,无故抬人乱打,为首者系民责四十板、徒三年,系旗下人枷号四十日、鞭一百;余人系民责四十板,系旗下人鞭一百。若罪有重于此者,仍照律科罪。

○乾隆十三年(1748)奏准:闽省有无赖奸徒,好勇斗狠,名为闯棍,土豪豢养此辈,以为爪牙者。嗣后凡闯棍犯案,必究明有主谋指使者,即照为首定拟,闯棍照为从定拟。并设族正、约正,责成劝导约束,与械斗一项,一并考核劝惩。

○三十六年(1771)议准:沿海地方,习俗强悍,逞凶斗狠,动辄金刃伤人。及至犯案惩治之后,犹复不知悛改,仍持金刃伤人,酿成人命。未必不因法轻易犯之故,自应与腹内民人稍为区别,始足戢凶暴而惩恶习。嗣后闽省沿海府属,如有金刃伤人之犯,问拟杖徒,或在配所,或徒满回籍,仍执持金刃伤人者,即发近边充军。

○四十一年(1776)议准:嗣后纠众五人以上,致毙二命三命之案,其案内助势例止满杖之余人,如有辗转纠人,及执持金刃器械伤人者,即依原谋满流律为从减一等,杖一百、徒三年,不得概照余人本律仅拟满杖。其余互斗止毙一命,及猝遇在场帮护,审非预纠械斗,并凶器金刃伤人等案,仍悉照旧例办理。

○四十六年(1781)奉旨:"王裕明在行宫处所,辄敢用斧砍伤善德,甚属不法。王裕明不必俟善德保辜限满,即先行插箭,随营示众。如善德限内因伤身死,王裕明即于该处斩决。即使善德伤轻平复,亦应发往伊犁给额鲁特为奴。嗣后如有此等金刃伤人案件,俱着照此办理。"

○咸丰九年(1859)奏准:天津锅伙匪徒,逞凶斗狠,与回民纠殴之案,情势相同。其有聚众数十人,及百人以上,持械伤人,抢劫扰害,即与土匪无异。嗣后天津锅伙匪徒,如有聚众数十人,及百人以上,执持火器、军械杀伤人命,或聚众抢掠,扰害商民,即照拿办土匪之例,审明就地正法。如被获之时,辄敢持仗拒捕,照例格杀毋论。其结伙三人以上,但有一人执持器械伤人,除致毙人命罪应拟抵之犯照旧办理外,其余不分首从,实发云贵两广极边烟瘴充军。如结伙虽在三人以上,而俱徒手争殴,并无执持器械者,于军罪上减等,杖一百、徒三年。结伙在十人以上,虽无执持器械而但殴伤人者,仍照三人以上执持器械之例定拟。其非锅伙斗殴之案,不得援引此例。俟数年后此风稍息,仍照旧例办理。至此等案犯,党羽众多,若解省审勘,或有疏失,应比照罪应军流窃案,解府审明,详司核请咨部,毋庸解省审勘。其斩、绞重犯,仍照例解勘。

○光绪十二年(1886)奏准:直隶省天津地方,民俗强悍,向有无赖匪徒,设立锅伙,纠众械斗,扰害商民,例定锅匪罪名,已属綦严。无如该匪徒凶狡性成,案结发配,往往潜逃。近年以来,咨结各案,起解不过数月,多或一年,配所纷纷咨缉。甚有未及到配,中途早已远扬。即或拿获调发,不久复又逃回。法有所穷,竟不足以示惩儆。嗣后天津锅伙聚众扰害匪犯,除致毙人命罪应拟抵者,仍按例办理外,其余不论有无伤人、首从,罪应拟军及犯该拟徒者,均于审明咨结后,分拨直属州县严行禁锢。毋庸拘定年限,应酌量禁锢。俟数年后察看情形,如果实知改悔,仍行发配,以符定例。此项匪徒,拟请先尽天、河两属,挨次分羁。俟额满即推广别府州县,一体匀拨。每处以两名为度,同案人犯,不准并羁一监。至津邑为锅匪麇聚之区,应毋庸拨发,以免勾结为患。

# 卷八百八·刑部八十六

## 刑律·斗殴

保辜期限　宫内忿争　宗室觉罗以上亲被殴
殴制使及本官长官　佐职统属殴长官
上司官与统属官相殴　九品以上官殴长官
拒殴追摄人

**保辜限期** 保,养也;辜,罪也;保辜,为殴伤人未至死,当官立限以保之。保人之伤,正所以保己之罪也。

○凡保辜者,先验伤之重轻,或手足,或他物,或金刃,各明白立限,责令犯人保辜医治。辜限内皆须因原殴之伤死者,如打人头伤,风从头疮而入,因风致死之类。以斗殴杀人论。绞。其在辜限外,及虽在辜限内,原殴之伤已平复,官司文案明白,被殴之人别因他故死者,谓打人头伤,不因头疮得风,别因他病而死者,是为他故。各从本殴伤法。不在抵命之律。若折伤以上,辜内医治平复者,各减二等。下手理直,减殴伤二等,如辜限内平复,又得减二等,此所谓犯罪得累减也。辜内虽平复,而成残废、笃疾,及辜限满日不平复而死者,各依律全科。全科所殴伤残废、笃疾之罪,虽死亦同伤论。手足及以他物殴伤人者,其伤轻。限二十日;平复。以刃及汤火伤人者,限三十日;折跌肢体,及破骨、堕胎者,无论手足、他物,皆限五十日。

**附律条例**

○一、斗殴伤人,辜限内不平复,延至限外,若手足、他物、金刃及汤火伤限外十日之内,折跌肢体及破骨、堕胎限外二十日之内,果因本伤身死,情正事实者,方拟死罪,奏请定夺,此外一概不许滥拟渎奏。

**谨案** 此条系原例。

○一、凡京城内外及各省州县,遇有斗殴伤重不能动履之人,或具控到官,或经拿获,及巡役、地保人等指报,该管官即行带领仵作,亲往验看,讯取确供,定限保辜,不许扛抬赴验。倘内外该管衙门,遇有伤重不能动履之人,仍令扛抬听候验看者,各该上司察实指参,交部议处。

**谨案** 此条系雍正四年(1726)奉旨议准,乾隆五年(1740)纂为定例。

一、凡京城内外及各省州县,遇有斗殴伤重不能动履之人,或具控到官,或经拿获,及巡役、地保人等指报,该管官即行带领仵作,亲往验看,讯取确供,定限保辜,不许扛抬赴验。如有违例抬验者,将违例抬验之亲属,与不行阻止之地保,各照违令律笞五十。因抬验而致伤生者，各照不应重律杖八十。倘内外该管衙门，遇有伤重不能动履之人，仍令扛抬听候验看者，各该上司察实指参，交部议处。

**谨案** 此条乾隆三十五年(1770)增定。

○一、原殴伤轻，不致于死，越数日后，或因伤风而死，或因他病而死者，将殴打之人免其抵偿，杖一百、流三千里。

**谨案** 此条康熙五十七年(1718)钦奉恩诏，乾隆五年(1740)恭纂为例。

一、原殴伤轻，不致于死者，越数日后，或因伤风身死，将殴打之人免其抵偿，杖一百、流三千里。其因患他病身死，与本伤无涉者，虽在辜限之内，仍依律从本殴伤法。

**谨案** 此条乾隆五年(1740)改定。

一、原殴伤轻，因风身死，除在保辜正限内死者，将殴打之人照例拟流，及在正限后十日外死者，止科伤罪外，其虽过正限，尚在十日之内死者，照殴人至废疾律，杖一百、徒三年。

**谨案** 此条乾隆六年(1741)增定。

一、因风身死之案，除原殴并非致命之处，又非极重之伤，仍照旧例办理外，如当致命之处而伤轻，或伤重而非致命之处，必死在十日以外，方准声请依例改流。其致命重伤，及虽非致命，伤至骨断骨损，即身死在十日以外，均不得援照因风身死之例声请，仍依本律拟以绞抵。

**谨案** 此条乾隆四十四年(1779)定。

一、因风身死之案，除原殴并非致命之处，又非极重之伤，仍照例办理外，如当致命之处而伤轻，或伤重而非致命之处，必死在十日以外，方准声请改流。其致命伤重，及虽非致命，伤至骨损骨断，即死在十日以外，仍依本律拟以绞抵。若已逾正限，尚在余限十日之内死者，照殴人至废疾律杖一百、徒三年。至正限后余限外身死者，止科伤罪。

**谨案** 此条乾隆五十三年(1788)，将乾隆六年(1741)及四十四年(1779)两条修并。

一、凡斗殴之案，如原殴并非致命之处，又非极重之伤，越数日后，因风身死者，将殴打之人免其抵偿，杖一百、流三千里。如当致命之处而伤轻，或伤重而非致命之处，因风身死者，必死在十日以外，方准声请改流。其致命伤重，及虽非致命，伤至骨损骨断，即因风身死在十日以外，仍依本律拟以绞抵。若已逾破骨伤保辜五十日正限，尚在余限二十日之内，因风身死者，照殴人至废疾律杖一百、徒三年。至正限后余限外因风身死者，止科伤罪。其因患他病身死，与本伤无涉者，虽在辜限之内，仍依律从本殴伤法。

**谨案** 此条嘉庆六年(1801)将乾隆五年(1740)及五十三年(1788)两条修改，并为一条。嘉庆十六年(1811)，将“越数日”改为“越五日”，“杖一百、流三千里”下增"若死在五日以内,仍依本律拟绞监候"十五字,"余限二十日之内"句下增"及手足、他物、金刃伤,正限外余限内"十四字。

○一、凡斗殴伤重之人,除附近城郭以及事简州县,照例正印官亲诣验看外,其离城窎远之区及繁冗州县,委系不能逐起验看者,许委佐贰、巡捕等官代往据实验报,仍听州县官定限保辜。倘佐贰、巡捕等官验报不实,照例议处。如州县官怠弛推诿,概委佐贰、巡捕等官代验,致滋扰累捏饰等弊,仍照定例议处。

**谨案** 此条乾隆元年(1736)定。

○一、州县承审斗殴受伤,及畏罪自戕案件,一面拨医调治速痊,一面讯取确供,提集案犯,即行审理完结,不得以伤痊之日起限。如借词扣展,致有迟延拖累者,照例查参议处。

**谨案** 此条乾隆二十六年(1761)定。

○一、同谋共殴之案,如验系伤皆致命者,无论当时、过后身死,将先后下手之犯,一并收禁解审。俟府、司、巡抚审定之后,再行分别交保管束。

**谨案** 此条乾隆二十六年(1761)定。二十七年(1762),查行之一年,并无以余人改作正凶之案,而佥解纷繁,颇多拖累,因奏准删除。

○一、凡僧人逞凶毙命,死由致命重伤者,虽在保辜限外十日之内,不得轻议宽减。

**谨案** 此条系乾隆四十年(1775)遵旨定例。

○一、刃伤人至筋断者,照破骨伤保辜五十日。

**谨案** 此条嘉庆六年(1801)定。

**历年事例**

○雍正四年(1726)谕:"查律载斗殴成伤,定有保辜之限,所以重民命而慎刑罚也。闻京城内外,凡斗殴伤人者,各该地方步军,无分轻重,即将两造并拘。如遇重伤之人,则用板杠抬,先赴该旗协领报验,次赴两翼总尉衙门挂号,然后解送步军统领衙门听审。倘系应行咨部之案,则拖累之日更多。大凡被殴之人,受伤虽重,而生气犹存。一经摇动搬移,失于调理,劳顿风吹,或致殒命。此等命案,虽系恶民好勇斗狠,而亦未必非理问各官懈忽之所致。嗣后凡系斗殴成伤者,应分别伤痕之轻重,不能动履者,禁止搬移,勒令即时加意调治,着理问衙门委官亲诣验看,使被殴之人得以安卧医救,不致误伤性命。其应如何定例通行之处,着三法司详议具奏。"

○乾隆四年(1739)议准:嗣后斗殴保辜案件,令承审各官确验伤痕。如实以刃伤人,应扣限三十日。若虽持金铁等器伤人,未曾用刃,俱依律照他物殴人成伤,扣限二十日。

○二十六年(1761)奏准:查人命律载同谋共殴人因而致死者,以致命伤为重,下手者绞,余人各杖一百。又例载凡同谋共殴人伤皆致命,如当时身死者,究明何伤致死,以伤重者坐罪。律例所载,本属详明。但两人共殴,伤皆致命,一至抵偿,一止杖责,罪名轻重,相去悬殊。历来州县止以一犯解勘,府、司、巡抚,惟凭州县尸格所填伤痕分寸颜色,以定正凶。往往有先下手之伤,较重于后下手之伤者,有先后两伤相等,并有两伤同在一处者。先后止争呼吸,罪名即判死生。其间毫厘千里,司刑者不可不慎。是以此等案件,稍涉疑似,即干驳审。驳后复解,更或支离。上司自必提齐犯证,亲行鞫讯。而州县因断狱律内,又有徒犯以上始行收禁一语,凡遇助殴余人,罪既拟杖,概不收禁,任听取保在外。一闻上司提审之信,保无串通书役及贿嘱狡脱情弊。殊非慎重刑名之道。且州县相沿积习,又率回护初招。在贤能之吏,自能悉心研究,另得实情。而游移浮滑之徒,或偏执己见,或曲护前非,串供率复,断所不免。与其提审于后,孰若并解于前;与其凭一犯到案之供,孰若听两人对质之语。既得依限赶办,不致往返拖延,州县亦不至朦胧审拟,人命更无枉滥。嗣后同谋共殴之余人,除无致命伤者,仍照旧例办理外,如验明伤皆致命者,无论当时身死、过后身死,将先后下手之人,一并收禁解审。俟巡抚审拟定案之后,发回该地方,再行取保听候发落。在该犯业已伤人致命之处,倘无最后下手之伤,安知不因此伤而死。即其暂系囹圄,长途往返,自作之孽,与寻常拖累者不同。如此办理,于律例并无更张,而凶暴之徒知所儆戒,不敢逞凶助殴;府、司、巡抚,更得凭对簿之真情,以成信谳,亦属儆凶慎命之一端。

○四十年(1775)奉旨:"三法司核复僧人悟明扎伤行济身死一本,因在保辜限外,照例减等杖流,所拟未为允协。此案悟明先用刀扎伤行宽,及行济闻喊赶往,悟明复持刀连扎行济顶心、肩背、项颈、咽喉左右多伤,行济旋因咽喉溃烂殒命。其死既由于致命重伤,且逾辜限仅四日,未便照常末减。况悟明系僧人,即应守戒,乃逞凶连扎二人,一死一伤,实为狠恶,仍着问拟绞候,并入于本年秋审情实,以示惩儆。嗣后内外问刑衙门,遇有僧人行凶毙命之案,俱不得轻议宽减。"

○道光五年(1825)奏准:嗣后因争斗擅将鸟枪、竹铳施放杀人,悉照以故杀论本例拟斩监候,入于秋审情实办理,不得仍援成案,照汤火伤保辜以死在限外声请减等。

## 宫内忿争

○凡于宫内忿争者,笞五十;忿争之声彻于御在所,及相殴者,杖一百;折伤以上,加凡斗伤二等;若于临朝之殿内,又递加一等。递加者,如于殿内忿争者,加一等杖六十;其声彻于御在之所及殿内相殴者,加一等杖六十徒一年。至于折伤以上,加宫内折伤之罪一等,又加凡斗伤罪二等,共加三等;虽至笃疾,并罪止杖一百、流三千里。至死者,依常律断。被殴之人,虽至残废、笃疾,仍拟杖一百收赎。笃疾之人,与有罪焉,故不断财产养赡。

## 附律条例

○一、凡太监在紫禁城内持金刃自伤者,斩立决。在紫禁城外皇城内持金刃自伤者，斩监候。

**谨案** 此条雍正三年（1725）定。

〇一、行营地方，管辖声音账房以内，谋、故杀人，及斗殴金刃杀人者，拟斩立决；谋杀人伤而不死，及斗殴手足他物杀人者，拟绞立决；金刃伤人者，发伊犁给驻防官兵为奴；金刃自伤，及手足、他物伤人者，杖一百、流三千里。若在管辖声音账房以外、卡门以内，谋、故杀人，及斗殴金刃杀人者，亦拟斩立决；谋杀人伤而不死，及斗殴手足他物杀人者，拟绞监候，入于情实；金刃伤人者，杖一百、流三千里；金刃自伤，及手足、他物伤人者，杖一百、徒三年。以上除死罪外，犯该遣罪以下者，俱先插箭随营示众。其在卡门以外，谋、故、斗殴杀伤人及自伤者，均照常律办理。

〇一、除太监在紫禁城内外持金刃自伤，分别斩决、监候，仍照旧例办理外，如常人在各处当差，及各官跟役，并内务府各项人役、苑户、钦工匠役等，在紫禁城内，暨圆明园大宫门，大东、大西、大北等门，及西厂等处地方，并各处内围墙以内，谋、故杀人，及斗殴金刃杀人者，拟斩立决；谋杀人伤而不死，及斗殴手足、他物杀人者，拟绞立决；金刃伤人者，发伊犁给驻防官兵为奴；金刃自伤，及手足、他物伤人者，杖一百、流三千里。若在紫禁城午门以外，大清门以内，暨圆明园大宫门，大东、大西、大北等门以外，鹿角木以内，谋、故杀人，及斗殴金刃杀人者，拟斩立决；谋杀人伤而不死，及斗殴手足、他物杀人者，拟绞监候，入于情实；金刃伤人者，杖一百、流三千里；金刃自伤，及手足、他物伤人者，杖一百、徒三年。以上除死罪外，犯该遣罪以下者，俱枷号三月，再行发配。其东安、西安、地安等门以内，及圆明园鹿角木，并各内围墙以外，谋、故、斗殴杀伤人及自伤者，均照常律办理，不得滥引此例。

**谨案** 此二条，系嘉庆十三年（1808）遵旨议定。道光六年（1826），调剂新疆遣犯，将例内发伊犁为奴俱改发极边足四千里充军。二十四年（1844），新疆遣犯，照旧发往，仍复原例。

## 宗室觉罗以上亲被殴

凡宗室、觉罗而殴之者，虽无伤，杖六十、徒一年；伤者，杖八十、徒二年；折伤以上，本罪有重于杖八十、徒二年者，加凡斗二等。止杖一百、徒三年。缌麻以上，兼殴伤言。各递加一等。止杖一百、流三千里，不得加入于死。笃疾者，绞；监候。死者，斩。监候。

**谨案** 此条律目，原系“皇家袒免以上亲被殴”，律文首句“凡皇家袒免亲而殴之者”，乾隆二十九年（1764）奏准改定。

### 附律条例

〇一、凡宗室、觉罗在家安分，有不法之徒借端寻衅者，仍照律治罪外，若甘自菲薄，在街市与人争殴，如宗室、觉罗止折罚钱粮，其相殴者亦系现食钱粮之人，一体折罚定拟，毋庸加等。若无钱粮可罚，即照凡斗办理。

**谨案** 此条系乾隆四十四年(1779)遵旨定例。

○一、凡宗室、觉罗与人争殴之案，除审明宗室、觉罗并未与人争较，而常人寻衅擅殴者，仍照例治罪外，如轻入茶坊酒肆，滋事招侮，或与人斗殴，先行动手殴人者，不论曾否腰系黄、红带子，其相殴之人，即照寻常斗殴一体定拟；其宗室、觉罗应得罪名，刑部按例定拟。犯该军、流、徒罪者，照例锁禁拘禁；犯该笞、杖，应否折罚钱粮之处，交宗人府酌量犯案情节。如情重可恶者，在宗人府实行责打，不准折罚。

**谨案** 此条系乾隆四十三年(1778)遵旨定例。

**历年事例**

○乾隆四十二年(1777)谕："刑部等衙门奏审拟护军蓝翎长博尔洪阿与闲散觉罗德丰互相斗殴一案，尚未平允。博尔洪阿因找寻同旗护军兵保，昏黑中误认德丰为所寻之护军，呼唤老六，并非有心轻视。乃德丰辄与在街争闹互殴，实属多事。刑部等衙门将博尔洪阿照犯时不知之例，与德丰同拟杖责，而一则革去翎长鞭责，一则仅予折罚钱粮，俱照例办理，而轻重悬殊，未为公当。且国家议亲之典，专指宗室、觉罗在家安分，或有不法之徒借端寻衅者而言。若在街市与人争殴，则已自甘菲薄，下同齐民，其拟罪不当复有所区别。或所犯情节不至甚重，尚可毋庸加责治罪，但当使相殴之人，亦就轻律同科，庶不致有所偏倚。若如刑部等所拟，恐宗室、觉罗见有干犯之者，不论事理轻重，先被斥革鞭责，而彼仅折罚月粮，损己少而损人多，自为得计，势必倚恃护符，肆行无忌，转非国家优恤成全之意。此案博尔洪阿毋庸革退鞭责，亦照德丰之例，折罚钱粮八个月，以昭允协。嗣后此等案件，均照此办理。著为令。"

○四十三年(1778)谕："此案刑部、宗人府会审，将宝通、高二，照殴伤觉罗律拟以杖徒，觉罗吓兰太、宝兴，照不应重律拟杖折罚，所办尚未允协。常人殴辱宗室、觉罗，律有专条者，固欲使齐民之不敢轻亵天潢，亦阴示宗室之各当律身自重也。若宗室、觉罗并不与人争较，而常人辄敢殴及，自当照律科罪。若宗室、觉罗先已寻衅殴人，其人因而还手，则是宗室、觉罗不知爱惜，自取其辱，即当以斗殴论，彼此同科，不应更为区别。且宗室、觉罗各有养赡钱粮，尤宜在家安分。若轻入茶坊酒肆，已自失其尊贵体面，本无足惜之人。倘复滋事招侮，行同无赖，又岂可曲加优异乎。至向以曾否拴系黄、红腰带为分，虽亦别嫌明微之意。但恐宗室、觉罗因有此例，转恃黄、红腰带为护符，动辄殴人肆混，毫无顾忌。所为爱之适以害之也。况宗室、觉罗犯该笞、杖者，例当准以折罚钱粮，已存议亲之典，更何必多其条例，导之犯法乎。嗣后审拟此等案件，如宗室、觉罗并未生事，常人擅行殴及者，自当照例以杖、徒问拟。若系宗室、觉罗先行动手者，即照寻常斗殴论。其曾系黄、红腰带与否，竟不必论。庶共知儆畏，各以礼义自闲，期无负朕教诲成全之意。"

## 殴制使及本管长官

凡朝臣奉制命出使，而所在官吏殴之，及部民殴本属知府、知州、知县，军士殴本管指挥、千百户，若吏卒殴本部五品以上长官，杖一百、徒三年；伤者，杖一百、流二千里；折伤者，绞。监候。不言笃疾者，亦止于绞。若吏卒殴六品以下长官，各兼殴与伤及折伤而言。减五品以上罪三等。军、民、吏卒殴佐贰官、首领官，又各递减一等。佐贰官减长官一等，首领减佐贰一等。如军、民、吏卒减三等各罪轻于凡斗，及与凡斗相等，皆谓之减罪轻者，加凡斗兼殴与伤及折伤。一等；笃疾者，绞。监候。死者，不问制使、长官、佐贰、首领，并斩。监候。若流外杂职官及军、民、吏卒，殴非本管三品以上官者，杖八十、徒二年；伤者，杖一百、徒三年；折伤者，杖一百、流二千里。殴伤非本管五品以上官者，减三品以上罪二等。若减罪轻于凡斗伤及殴伤九品以上至六品官者，各加凡斗伤二等。不言折伤、笃疾、至死者，皆以凡斗论。其公使人在外殴打所在有司官者，罪亦如之，亦照殴非本管官之品级科罪。从被殴所属上司拘问。如统属州县官殴知府，固依殴长官本条，减吏卒二等。若上司官小，则依下条上司官与统属官相殴科之。首领殴衙门长官，固依殴长官本条减吏卒二等。若殴本衙门佐贰官，两人品级与下条九品以上官同，则依下条科之；若品级不与下条同，则止依凡斗。如佐贰、首领自相殴，亦同凡斗论罪。

**谨案** “本管指挥、千百户”，雍正三年（1725）改“本管官”。

### 附律条例

〇一、凡因事聚众，将本管官，及公差勘事、催收钱粮等项一应监临官，殴打绑缚者，俱问罪，不分首从，属军卫者，发极边卫分充军；属有司者，发边外为民。若止是殴打，为首者，俱照前充军，为民问发。若是为从与毁骂者，武职并总小旗，俱改调卫所；文职并监生、生员、冠带官、吏典、承差、知印，革去职役为民；军、民、舍余人等，各枷号一月发落。其本管并监临官，与军民人等饮酒、赌博、宿娼，自取凌辱者，不在此例。

**谨案** 此条系原例。雍正三年（1725）奏准，“总小旗”三字改“总队”，“俱改调卫所”五字、“舍余”二字俱删。乾隆五年（1740）删“知印”二字，发落上增“仍照律拟断”五字。至三十六年（1771）奏准，例内所列情节，与奸民因事哄堂塞署、聚众殴官各条相同，仅发充军，与现行之例不符，此条删。

〇一、凡军民人等，殴死在京现任官员，照殴死本管官律拟斩监候。若谋死者，拟斩立决。

〇一、八旗兵丁，并无私仇别故，因管教将本管官戳死者，本犯即行正法，妻子发遣黑龙江，领催、族长各鞭一百。若闲散及护军、披甲人记仇，将该管官动兵刃致伤者，本犯即行正法，妻子免发遣，领催、族长各鞭五十。若杀死者，领催、族长各鞭八十，系官交部议处。其平日不能管教之该管各官，交部分别议处。

**谨案** 以上二条，均系雍正三年（1725）定。

〇一、部民、军士、吏卒犯罪在官，如有不服拘拿，不遵审断，或怀挟私仇，及假地方公事，挺身哄堂逞凶，杀害本官者，拿获之日，无论本官品级及有无谋故，已杀者，不分首从,皆斩立决;已伤者,为首照光棍例斩决,为从下手者绞候。其聚众四五十人者,仍照定例科罪。其于非本属、本管、本部各官有犯,或该管官任意凌虐,及不守官箴自取侮辱者,各按其情罪轻重,临时酌量比引办理。

**谨案** 此条乾隆二十三年(1758)定。

○一、军民人等殴伤本管官及非本管官,如系邂逅干犯,或与军民人等饮酒、赌博、宿娼,自取凌辱者,俱照律例定拟外,其有衅起索欠等事,本非理曲,因而有犯者,各照殴伤应得流、徒原律,酌减二等问罪。其自行取辱之职官,交部议处。

**谨案** 此条系乾隆二十八年(1763)遵旨议定。

一、军民人等殴伤本管官及非本管官,如系邂逅干犯,照律问拟流、徒。或本管官与军民人等饮酒、赌博、宿娼,自取凌辱者,俱照凡斗定拟。其有衅起索欠,本非理曲,因而有犯者,各照殴伤应得流、徒原律,酌减二等问罪。其自行取辱及负欠之职官,交部议处。

**谨案** 此条嘉庆六年(1801)修改。

○一、凡兵丁谋、故杀本管官之案,若兵丁系犯罪之人,而本管官亦系同犯罪者,将该兵丁照例拟斩监候,请旨即行正法。斗殴杀者,仍拟绞监候。如本管官与兵丁一同犯罪,致将兵丁杀死者,仍按凡人谋、故、斗杀各本律科断。

**谨案** 此条系嘉庆十六年(1811)遵旨议定。

**历年事例**

○乾隆二十二年(1757)议准:披甲五十三用刀扎伤该管官塞克图按律斩决一案,刑部具题迟延者,缘例载金刃伤定限保辜。其扎伤本管官者,限内身死,将该犯妻子发遣;限内平复,妻子免遣。欲俟塞克图保辜限满,始行题达。但凶徒用金刃伤本管官者,无论已未身死,均斩决。此等情罪重大之犯,审实即时正法,方足使众儆惧。若迟至数月,日久渐忘,何以昭示国宪。至保辜限,专为该犯妻子发遣、免遣之分,与该犯无涉。乃因辜限未满,转令凶徒得延时日,未免过拘成例。嗣后此等案件,刑部审明日,即将本犯具题正法。于本内声明,俟保辜限满,将该犯妻子照律分别办理。

○二十三年(1758)议准:凡直省部民、军士、吏卒,有犯罪在官,不服拘拿,不遵审断,或怀挟私仇,假地方公事,挺身哄堂济恶,逞凶杀害本官者,拿获之日,凡谋、故及殴,俱不论品级,审明已杀者,不分首从,皆斩立决;已伤者,为首照光棍例斩决,为从下手者绞候。其聚众至四五十人者,仍照定例科罪。

○二十八年(1763)谕:“刑部汇题本内,谢保儿殴伤骑都尉哈福一案,定拟甚属非是。军民殴伤非本管官,原属例应杖徒,然皆指一时邂逅肆殴、以贱犯良者而言。今哈福借谢保儿钱文,屡索不还,则其衅起于哈福,事与寻常因故斗殴无异。乃专以良贱之分,苛核定罪。此端一开,是职官可不偿贫民之债,而平民亦将失赀束手,莫敢谁何,又岂情理所应有。此案着另行定拟,并详定条例具奏。”

○嘉庆十六年(1811)谕:“此案兵丁杨帼俊,因妒奸故杀本管把总李定祥身死。刑部以李定祥自取凌辱,应同凡论,将杨帼俊问拟斩候具题。朕详核案情,杨帼俊、李定祥先后与杨吴氏奸好。是晚杨帼俊正在杨吴氏家奸宿,适李定祥潜往叫门,杨帼俊即以汛官不应与民妇通奸向其挟制,致彼此争骂揪殴。杨帼俊先将李定祥戳伤,自知难免问罪,复恨其夺奸,随起意戳伤李定祥心坎殒命。李定祥系杨帼俊本管营官,如因奸宿民妇,辄将所管兵丁凌辱,以致兵丁气忿争殴致命,则是死者有罪,逞凶者本系无罪之人,应以凡论,但科其故杀之罪。今李定祥、杨帼俊同与杨吴氏通奸,均系有罪之人。杨帼俊因妒奸逞忿,刃毙本官,干名犯义,目无法纪。若竟以凡论,殊觉无所区别。杨帼俊一犯,问拟斩候,秋审情实,亦必予勾,着即行正法。嗣后遇有兵丁故杀本官之案,若兵丁亦系犯罪之人,与本官犯罪同者,着照例问拟斩候,仍请旨即行正法。”

○十九年(1814)谕:“步甲凌柱先因殴死伊妻拟绞援减,今又乘醉逞凶殴伤本管官,情殊凶横。该部拟以发黑龙江充当苦差,先枷号三个月,尚不足示惩。凌柱着永远枷号,常川游示九门儆众。嗣后步甲内有怙恶不悛,逞凶殴本管官者,即照此例办理。”

### 佐职统属殴长官

○凡本衙门首领官及所统属官,殴伤长官者,各减吏卒殴伤长官二等。不言折伤者,若折伤不至笃疾,止以伤论。佐贰官殴长官者,不言伤者,即伤而不至笃疾,止以殴论。又各减首领官之罪二等。若减二等之罪,有轻于凡斗,或与凡斗相等,而减罪轻者,加凡斗一等。为其有统属相临之义。笃疾者,绞;监候。死者,斩。监候。

### 上司官与统属官相殴

凡监临上司之佐贰、首领官,与所统属之下司官品级高者,及与部民有高官而相殴者,并同凡斗论。一以监临之重,一以品级之崇,则不得以下司、部民拘之。若非相统属官品级同,自相殴者,亦同凡斗论。

### 九品以上官殴长官

凡内外九品以上官,殴非本管三品以上之尊官者,不问长官、佐贰,杖六十、徒一年;但殴即坐,虽成伤至内损吐血亦同。折伤以上,及殴伤非本管五品以上,若五品以上殴伤非本管三品以上官者,各加凡斗伤二等。不得加至于死。盖官品相悬,则其罪重,名位相次,则其罪轻,所以办贵贱也。

### 拒殴追摄人

凡官司差人下所属追征钱粮、勾摄公事,而纳户及应办公事人抗拒不服,及殴所差人者,杖八十。

若伤重至内损吐血以上，及所殴差人，或系职官，或系亲属尊长，本犯殴罪重于凡人斗殴者，各于本犯应得重罪上，仍加二等，罪止杖一百、流三千里。至笃疾者，绞；监候。死者，斩。监候。此为纳户及应办公事之人，本非有罪而恃强违命者而言。若税粮违限、公事违错，则系有罪之人，自有罪人拒捕条。

# 卷八百九·刑部八十七

## 刑律·斗殴 殴受业师 威力制缚人 良贱相殴 妻妾殴夫

### 殴受业师

○凡殴受业师者，加凡人二等；死者，斩。凡者，非徒指儒言，百工技艺亦在内。儒师终身如一。其余学未成或易别业，则不坐；如学业已成，罪亦与儒并科。

### 附律条例

○一、凡僧尼谋杀受业师者，照谋杀大功尊长，已杀者斩决，已伤者绞决，已行未伤者流二千里；殴、故杀者，亦照殴故杀大功尊长律斩决。

**谨案** 此条雍正三年(1725)定。

一、凡僧尼道士，如因弟子违犯教令，以理殴责者，照尊长殴卑幼律，非折伤勿论，折伤以上减凡人三等，至死者照殴杀堂侄律杖一百、流三千里。僧尼殴受业师，亦照卑幼殴大功尊长律问拟。若僧尼道士，因奸盗别情谋杀弟子者，无论已伤未伤、已杀未杀，悉照凡人分别定拟。其有挟嫌逞凶故杀弟子，及殴杀内执持金刃凶器，非理扎殴致死者，亦同凡论。匠艺人等致死弟子者，亦如之。

**谨案** 此条乾隆十九年(1754)定。

一、凡谋故杀、殴杀及殴伤受业师者，业儒弟子，照谋、故、殴杀及殴伤期亲尊长律；僧、尼、道士、喇嘛、女冠及匠艺人等，照谋、故、殴杀及殴伤大功尊长律，分别治罪。如因弟子违犯教令，以理殴责，致有杀伤者，儒师照尊长杀伤期亲卑幼律，僧、尼、道士等照尊长杀伤大功卑幼律问拟。若因奸盗别情谋杀弟子者，无论已伤未伤、已杀未杀，悉照凡人分别定拟。其有挟嫌逞凶故杀弟子，及殴杀内执持金刃凶器，非理扎殴致死者，亦同凡论。

**谨案** 此条嘉庆六年(1801)定。

一、凡谋、故、殴杀及殴伤受业师者，业儒弟子，照谋、故、殴杀及殴伤期亲尊长律；僧、尼、道士、喇嘛、女冠及匠艺人等，照谋、故、殴杀及殴伤大功尊长律，分别治罪。如因弟子违犯教令，以理殴责致死者，儒师照尊长殴死期亲卑幼律，杖一百、徒三年；僧、尼、道士、喇嘛、女冠及匠艺人等，照尊长殴死大功卑幼律，拟绞监候。如殴伤弟子，各按殴伤期亲卑幼、大功卑幼本律问拟。若因奸盗别情谋杀弟子者，无论已伤未伤、已杀未杀，悉照凡人分别定拟。其有挟嫌逞凶故杀弟子，及殴杀内执持金刃凶器，非理扎殴致死者，亦同凡论。

**谨案** 此条嘉庆十六年(1811)定。

○一、凡僧尼故杀弟子者，照故杀大功卑幼律拟绞监候。谋杀已行未伤者，依故杀罪减二等；伤而不死者，减一等；已杀者，依故杀律拟绞监候。若止殴伤，亦照殴卑幼非折伤勿论律勿论；折伤以上，减凡人三等；殴死者，照殴杀堂侄律杖一百、流三千里。若僧尼殴受业师至笃疾者，亦照殴大功尊长至笃疾律拟绞监候；伤者，照殴大功尊长律杖八十、徒二年；折伤以上者，加凡斗伤一等定拟。

**谨案** 此条乾隆十三年(1748)定，嗣于乾隆十九年(1754)奏定新例，此条删。

### 历年事例

○康熙二十五年(1686)定：凡僧尼有杀其师者，即处斩；为从者，拟斩监候，秋后处决。

○雍正三年(1725)谕："朕每览刑部所奏罪犯案内，多有僧人不法致干宪典者。为僧无清净心，行凶顽事，则其非僧也必矣。朕尝览释氏之教，虽不足为治世理民之用，而空诸色相，遗弃荣利，有戒定慧之学，有贪嗔痴之戒。为说虽多，总不出乎寡欲、摄心、戒恶、行善四端，为大要也。为其徒者，虽有为禅、为律、为讲、为持诵之不同，然莫不以四端为本。至于混迹僧徒，实乖僧行者，饮酒食肉，肆为不法，有应赴、马流鏖头、挂搭、闯棍、江湖、捏怪、炼魔、泼皮等名色，皆败坏僧教，甘为非法，何得称佛门弟子乎。若概以僧目之，则苗莠弗辨，泾渭莫分矣。朕非为僧人正其名色，盖核名实、辨是非，国家劝惩之法，不可忽也。尔部行文直省，嗣后凡遇缁流犯法，须按是何名色之僧人，入案呈奏，审拟定罪。若既称戒僧，有干犯法纪之事，必严加治罪。"

## 威力制缚人

凡两相争论事理，其曲直听经官陈告，裁决。若豪强之人以威力挟制捆缚人，及于私家拷打监禁者，不问有伤无伤，并杖八十；伤重至内损吐血以上，各验其伤，加凡斗伤二等；因而致死者，绞。监候。若以威力主使他人殴打，而致死伤者，并以主使之人为首，下手之人为从论，减主使一等。

### 附律条例

○一、在京在外无藉之徒，投托势要，作为心腹，诱引生事，绑缚平民，在于私家拷打，胁骗财物者，枷号一月，发烟瘴地面充军，势要知情并坐。诱引依教诱，绑缚拷打依威力，胁骗财物依恐吓，从重科罪。须四事俱全，方引此例。

**谨案** 此条系原例,其小注乾隆五年(1740)增。

○一、旗下家人、庄头等,有在外倚势害民,把持衙门,霸占子女,将良民无故拿至私家捆缚拷打致死者,除本犯照律例从重治罪外,若系内府之人,将该管官交该部议处;系王、贝勒、贝子、公家人,将管理家务官亦交该部议处;系民公、侯、伯、大臣、官员家人,将各主交该部议处;系平人,鞭一百。

**谨案** 此条雍正三年(1725)定。

○一、凡不法绅衿,私置板棍,擅责佃户者,照违制律议处,衿监、吏员,革去衣顶、职衔,杖八十。地方官失察,交部议处。如将佃户妇女占为婢妾者,绞监候。地方官失察徇纵,及该管上司不行揭参者,俱交部分别议处。至有奸顽佃户,拖欠租课,欺慢田主者,杖八十,所欠之租,照数追给田主。

**谨案** 此条雍正三年(1725)定。

一、凡不法绅衿,私置板棍,擅责佃户者,官员照违制律议处,余罪收赎;衿监革去衣顶,杖八十,亦照例准其收赎。如将佃户妇女奸占为婢妾者,绞监候;如无犯奸情事,照略卖良人为妻妾律杖一百、徒三年;妇女给亲完聚。该地方官不预行严禁,及被害之人告理,而不即为查究者,照徇庇例议处。至有奸顽佃户,拖欠租课,欺慢田主者,杖八十,所欠之租,照数追给田主。

**谨案** 此条系乾隆五年(1740)改定。四十二年(1777)于“奸占”上增“强行”二字。

○一、凡主使两人殴一人、数人殴一人,致死者,以下手伤重之人为从,其余皆为余人。若其人自尽,则不可以致死之罪加之,止照所伤拟罪。如有致死重伤,及成残废、笃疾者,依因事用强殴打例,发近边充军。

**谨案** 此条乾隆五年(1740)定。

**良贱相殴**

凡奴婢殴良人(或殴,或伤,或折伤。)者,加凡人一等;至笃疾者,绞;(监候。)死者,斩。(监候。)其良人殴伤他人奴婢(或殴,或伤,或折伤、笃疾。)者,减凡人一等;若死及故杀者,绞。(监候。)若奴婢自相殴伤杀者,各依凡斗伤杀法。相侵财物者,(如盗窃、强夺、诈欺诓骗、恐吓求索之类。)不用此(加减)律。(仍以各条凡殴伤杀法坐之。)若殴(内外)缌麻、小功亲之奴婢,非折伤勿论;至折伤以上,(至笃疾者,)各减殴伤凡人奴婢罪二等;大功(亲之奴婢)减三等;至死者,(不问缌麻、小功、大功,)杖一百、徒三年;故杀者,绞;(监候。)过失杀者,各勿论。若殴(内外)缌麻、小功亲之雇工人,非折伤勿论;至折伤以上,(至笃疾者,)各减凡人罪一等;大功(亲之雇工人)减二等;至死及故杀者,(不问缌麻、小功、大功,)并绞;(监候。)过失杀者,各勿论。(雇倩佣工之人,与有罪缘坐为奴婢者不同,然而有主仆之分,故以家长之服属亲疏论。不言殴期亲雇工人者,下条有家长之期亲若外祖父母殴雇工人律也。若他人雇工者,当以凡论。)

### 附律条例

○一、凡奴仆殴辱职官者,家长笞五十,系官交部议处。

**谨案** 此条雍正三年(1725)定。

○一、凡递回原籍之犯,不思悛改守分,仍在地方生事,与人斗殴,致被殴毙者,如初次递回之人,下手者,各依应得之罪,减一等科罪;二次递回之人,下手者,减二等科罪;三次以上递回之人,下手者,减三等科罪。其殴伤者,下手之人,亦按每递回一次减一等科罪。倘递回人犯,复有行凶为匪等事者,俱加倍治罪。若已改悔守分,而他人或以旧忿私仇擅行殴毙者,仍照律治罪。其递回原籍之后,令该地方官严行管束,每年将递到人犯数目,及有无生事出境之处,出具印甘各结,一并造册报部查核。如有逃脱出境者,按名议处,仍着该地方官勒限一年缉拿。逾限不获者,亦按名分别议处。倘已脱逃,该地方官捏称并未出境,及该管上司知而不举者,俱交部照例议处。

**谨案** 此条雍正三年(1725)定,乾隆五年(1740)删。

### 历年事例

○康熙十五年(1676)议准:官员殴死族人奴婢者,降一级留任;故杀者,降一级调用,追人一口给主;持刃杀死者,革职,鞭一百,折赎。平人殴死族人奴仆,枷号一月,鞭一百;故杀者,枷号两月,鞭一百,追人一口给主;持刃杀死者,枷号三月,鞭一百。

○十八年(1679)议准:官员杀死他人奴仆者,革职,追人一口给故主;故杀者,照律拟绞监候。

○二十一年(1682)议准:官员殴死族人奴仆者,降一级调用;故杀者,降二级调用,追人一口给主;持刃杀死者,革职,鞭一百,折赎。平人殴死族人奴婢者,枷号四十日,鞭一百;故杀及持刃杀死者,枷号三月,鞭一百,追人给主。

## 妻妾殴夫

凡妻殴夫者,但殴即坐。杖一百,夫愿离者听。须夫自告乃坐。至折伤以上,各验其伤之重轻,加凡斗伤三等;至笃疾者,绞;决。死者,斩;决。故杀者,凌迟处死。兼魇魅蛊毒在内。若妾殴夫及正妻者,又各加妻殴夫罪一等;加者,加入于死。但绞不斩。于家长则决,于妻则监候。若笃疾者、死者、故杀者,仍与妻殴夫罪同。其夫殴妻,非折伤勿论。至折伤以上,减凡人二等。须妻自告乃坐。先行审问夫妇,如愿离异者,断罪离异;不愿离异者,验所伤应坐之罪收赎。仍听完聚。至死者,绞。监候。故杀亦绞。殴伤妾至折伤以上,减殴伤妻二等;至死者,杖一百、徒三年。妻殴伤妾,与夫殴妻罪同。亦须妾自告乃坐。过失杀者,各勿论。盖谓其一则分尊可原,一则情亲当矜也。须得过失实情,不实仍各坐本律。夫过失杀其妻妾,及正妻过失杀其妾者,各勿论。若妻妾过失杀其夫、妾过失杀正妻,当用比律过失杀句,不可通承上二条言。若殴妻之父母者,但殴即坐。杖六十、徒一年;折伤以上,各加凡斗伤罪二等;至笃疾者,绞;监候。死者,斩。监候。故杀者亦斩。

**谨案** 末节原文,“若殴妻之父母者,杖一百;折伤以上,各加凡斗伤罪一等”,雍正三年(1725)奏定。

### 附律条例

○一、凡妻殴本夫,如本夫亲告,又复愿离,恩义已绝,应按律的决,不得勒追本夫银两,代妻纳赎。如本夫不愿离异,及正妻殴妾至折伤以上,仍依律科断,概准纳赎。至妾殴夫及正妻,依律分别定拟,杖罪的决,余罪收赎。

**谨案** 此条乾隆七年(1742)定。

○一、妻过失杀其夫、妾过失杀家长,俱比照子孙过失杀祖父母父母律,杖一百、流三千里;妾过失杀正妻,比照过失杀期亲尊长律,杖一百、徒三年;俱决杖一百,余罪收赎。

**谨案** 此条乾隆九年(1744)定。

○一、妻过失杀其夫、妾过失杀家长,依例赎流决杖外,均不许改嫁。其有内外亲属无可依靠,不能存留者,该族保人等呈报地方有司查明,当官嫁配。违者,均照嫁娶违律治罪。

**谨案** 此条乾隆二十六年(1761)定。三十二年(1767)因新例均拟绞立决,此二条应删。惟前条妾过失杀正妻以下,系现行之例,录出列为专条。

○一、妻过失杀其夫、妾过失杀家长者,俱拟绞立决。

○一、妾过失杀正妻,比照过失杀期亲尊长律。杖一百徒三年,决杖一百,余罪收赎。

**谨案** 此二条乾隆三十二年(1767)定,原载“过失杀”例内,嘉庆六年(1801)移归此门。

### 历年事例

○乾隆七年(1742)奏准:妻妾殴夫之条,凡妻殴夫至笃疾者绞,其未至笃疾,则止于赎银;若妾殴夫至眇一目、折一指,亦止于赎银;若妻殴妾至笃疾,如律所称瞎人两目、折人两肢、断人舌、毁人阴阳者,亦止赎银。假如本夫娶妾,其妻乃瞎其两目、折其两肢、断其舌,无所不至,其妾若死,则绞抵矣;又竟不死,依例科断,则将追勒本夫银两,为妻赎罪。若妻殴夫未至笃疾,妾殴夫仅至废疾,依例科断,又将追勒本夫银两,为妻妾赎罪。然则妇人在世,诚可无所不为也。理有所穷,事不可不为改正。查妇人非犯奸、盗、不孝,定例俱得纳赎。是以妻妾殴夫,及妻殴妾,依律科断,势必追取本夫银两,为妻妾赎罪。但妻忍殴夫,实属不义,如果本夫亲告,又复愿离,则恩义已绝,自应按律以惩,不得勒追本夫银两,代为纳赎。若因一时反目,气忿争殴,到官之后,本夫原不愿离,则情犹浃洽,准赎以恤其名节,是律注内情亲当矜之意也。至妻殴妾未至折伤,律俱勿论;折伤以上,始应问拟。盖妻之分尊,与夫为敌体,妾则有服侍之义。若以殴妾之故,竟行的决,则妻受辱,夫亦难安,准赎以全其廉耻,是律注内分尊可原之意也。且妇人赎罪,非出自本夫,又谁为代出者。嗣后妻殴伤本夫而夫愿离者,俱按律的决,不准赎罪。如本夫不愿离异,及正妻殴妾至折伤以上,应仍依例科断,概准纳赎,毋庸更正。若妾殴夫及正妻,以卑幼犯尊,渐不可长,应依律分别定拟杖责的决,余罪收赎。

○光绪十年(1884),盛京将军题张广财故杀妻父郝甸沅身死一案。因郝甸沅乘张广财外出,将其女诓卖,即属有罪之人。张广财虽系郝甸沅缌麻女婿,惟恩义已绝,应同凡论,将张广财依罪人不拒捕而擅杀以斗杀论斗杀者绞律,拟绞监候。经刑部查女婿与妻父,服属缌麻,义绝各依常人论,本为许相告言而设。谓彼此互告,不在干名犯义及自首免罪之列。非谓有犯杀伤,亦可依常人论也,是以斗殴门内并无此语。后来遇有因义绝杀伤之案,往往因情稍可原,即援引此律以凡斗论,不照杀伤妻父科罪,办理已属从宽。至擅杀拟绞各例,系专指平人致毙奸盗等项罪人而言,并无杀死有服尊长以擅杀论之条,亦无与义绝妻父相犯,得照平人擅杀问拟之文,自未便强为比附。今张广财因妻父郝甸沅将伊妻郝氏诓卖后,复逼索休书,是郝甸沅自犯义绝,不得复为张广财之妻父。其被张广财气忿用刀故砍身死,自应仍照凡人故杀本律问拟,方与律意相符。即谓郝甸沅诓卖伊妻,杀由忿激,与寻常故杀之案不同,亦止可于秋审时酌量办理,以示区别。若谓翁婿一经义绝,即属凡人,既同凡论,其为概包杀伤在内,亦可想见。是以许相告言之文,牵入尊卑斗殴之内,已与律义不符。况妻父从妻而有服,夫妻之情尚在,则翁婿之义即不应遽绝。观"逐婿嫁女"律云,其女断付前夫,则无论已未改嫁,均许仍为夫妇可知。又止云出居完聚,而别无他语,则有犯杀伤不得依常人论亦可知。且该犯因妻而抱忿,是仍以死者之女为己妻,并无弃绝之意。乃因妻而戕及其所生,反得原其受辱难堪之情,而曲贷其凶残犯尊之罪,其理安在? 无论以素有名分之尊长与罪人同论,揆之情罪,已觉未能允协。设如张广财逼索休书之时,彼此分争,或致郝甸沅将该犯殴毙,势必照罪人拒捕杀人律科罪,于理更觉难通。再如妻被别项有服亲属诓卖,因而致毙其命,亦可照擅杀定拟否耶? 总之妻被人诓卖,其夫自不能无忿激之情,而女被父嫁卖,其事究不得与奸盗同论。嗣后致毙义绝妻父母以常人论案件,止应按谋、故、斗杀各本律定拟。如情节实有可原,于疏内声明,俟秋审时酌核办理。已有区分,不得再照凡人擅杀科断,以免纷歧而昭限制。

# 卷八百十 · 刑部八十八

## 刑律 · 斗殴 奴婢殴家长

### 奴婢殴家长

凡奴婢殴家长者，有伤、无伤，预殴之奴婢，不分首从，皆斩；杀者，故杀、殴杀，预殴之奴婢，不分首从，皆凌迟处死；过失杀者，绞；监候。过失伤者，杖一百、流三千里。不收赎。若奴婢殴家长之尊卑期亲及外祖父母者，即无伤，亦绞；监候。为从减一等。伤者，预殴之奴婢，不问首从、重轻，皆斩；监候。过失杀者，减殴罪二等；过失伤者，又减一等；故杀者，预殴之奴婢皆凌迟处死。殴家长之缌麻亲，兼内外、尊卑，但殴即坐。虽伤亦杖六十、徒一年；小功，杖七十、徒一年半；大功，杖八十、徒二年。折伤以上，缌麻加殴良人罪一等，小功加二等，大功加三等；加者，加入于死。但绞不斩。一殴一伤，各依本法。死者，预殴奴婢皆斩。故杀亦皆斩监候。若雇工人殴家长，及家长期亲，若外祖父母者，即无伤亦杖一百、徒三年；伤者，不问轻重，杖一百、流三千里；折伤者，绞；监候。死者，斩；殴家长，斩决；殴家长期亲若外祖父母，斩监候。故杀者，凌迟处死。过失杀伤者，各减本杀伤罪二等。殴家长之缌麻亲，杖八十；小功，杖九十；大功，杖一百。伤重至内损吐血以上，缌麻、小功，加凡人罪一等；大功，加二等。罪止杖一百、流三千里。死者，各斩。监候。若奴婢有罪，或奸或盗，凡违法罪过皆是。其家长，及家长之期亲，若外祖父母，不告官司而私自殴杀者，杖一百。无罪而殴杀或故杀者，杖六十、徒一年。当房人口，指奴婢之夫妇子女。悉放从良。奴婢有罪，不言折伤、笃疾者，非至死勿论也。若家长，及家长之期亲，若外祖父母，殴雇工人，不分有罪无罪，非折伤勿论；至折伤以上，减凡人折伤罪三等；因而致死者，杖一百、徒三年；故杀者，绞。监候。若奴婢、雇工人违犯家长及期亲、外祖父母教令，而依法于臀腿受杖去处决罚，邂逅致死，及过失杀者，各勿论。

#### 附律条例

○一、凡官员将奴婢责打身死者，罚俸二年；故杀者，降二级调用；刃杀者，革职，不准折赎，鞭一百。若将族中家仆殴打死者，降二级调用；故杀者，降三级调用；各追人一口给主；刃杀者，革职，不准折赎，鞭一百。殴杀他人奴婢者，革职，追人一口给主；故杀者，依律绞候。平人将奴仆责打身死者，枷号四十日；故杀者，枷号三月；刃杀者，枷号一百零五日；各鞭一百。殴雇工人致死者，枷号六十日、鞭一百；殴族中家仆致死者,枷号两月、鞭一百;若将族中家仆故杀者,枷号一百零五日、鞭一百;刃杀者,发黑龙江当差;仍各追人一口给主。

**谨案** 此条雍正五年(1727)定。

一、凡旗员将奴婢责打身死者,罚俸二年;故杀者,降二级调用;刃杀者,革职,不准折赎,鞭一百。若将族中家仆殴打死者,降二级调用;故杀者,降三级调用;各追人一口给主;刃杀者,革职,不准折赎,鞭一百。殴杀他人奴婢者,革职,追人一口给主;故杀者,依律绞候。平人将奴仆责打身死者,枷号二十日;故杀者,枷号一月;刃杀者,枷号两月;各鞭一百。殴雇工人致死者,枷号四十日、鞭一百;殴族中家仆致死者,枷号两月、鞭一百;若将族中家仆故杀者,枷号三月、鞭一百;刃杀者,发黑龙江当差;仍各追人一口给主。其奴仆违犯教令,而依法决罚,邂逅致死者,仍依律勿论。

**谨案** 此条乾隆五年(1740)改定。

一、凡官员将奴婢责打身死者,罚俸二年;故杀者,降二级调用;刃杀者,革职,不准折赎,杖一百。若将族中奴婢殴打死者,降二级调用;故杀者,降三级调用;各追人一口给主;刃杀者,革职,不准折赎,杖一百。殴杀他人奴婢者,革职,追人一口给主;故杀者,依律绞候。旗人将奴婢责打身死者,枷号二十日;故杀者,枷号一月;刃杀者,枷号两月;各鞭一百。殴雇工人致死者,枷号四十日、鞭一百;殴族中奴婢致死者,枷号两月、鞭一百;若将族中奴婢故杀者,枷号三月、鞭一百;刃杀者,发黑龙江当差;仍各追人一口给主。其奴婢违犯教令,而依法决罚,邂逅致死者,仍依律勿论。

**谨案** 道光十二年(1832)因官员皆应约束奴婢,勿庸区分旗、汉,将例首"旗员"改为"官员",旗员之"鞭一百"俱改为"杖一百","平人"改为"旗人","家仆"改为"奴婢"字。

〇一、凡八旗、官员、平人,将奴仆责打身死及故杀者,仍照例治罪外,其责折被杀奴仆之父母妻子,情愿仍在伊主家者,听其存留;不愿者,交与该管官处,变价给主。如故意殴杀者,其被杀奴婢之亲属,悉行开放,系旗人,听其在旗投主,系民人,放出为民,不得追取身价。

**谨案** 此条雍正五年(1727)定。

一、凡八旗、官员、平人,将奴婢责打身死及故杀者,除照例治罪外,其奴仆之父母妻子,情愿仍在伊主家者,听其存留;不愿者,悉行开放,系旗人,听其在旗投主,系民人,放出为民,不得追收身价。

**谨案** 此条乾隆五年(1740)改定。

一、凡旗民、官员、平人,将奴婢责打身死及故杀者,除照例治罪外,其奴仆之父母妻子,悉行开放,系旗人,听其在旗投主,系民人,放出为民,不得追收身价。

**谨案** 此条系嘉庆六年(1801)遵照乾隆三十七年(1772)谕旨修改。

〇一、凡民人奴仆,背主投营,挟制家主,勒索原契及妻子、财物,不分首从、得财与未得财,皆斩立决。若止背主投营,审无挟制勒索者,枷号四十日、杖一百,交还原主。该营初虽不知,后知而不举发者,交该部议处。

**谨案** 此条雍正五年(1727)定。嘉庆六年(1801)因旗民一体办理,删去"民人"二字。

○一、凡汉人家生奴仆、印契所买奴仆,并雍正五年(1727)以前白契所买,及投靠养育年久,或婢女招配生有子息者,俱系家奴,世世子孙,永远服役,婚配俱由家主,仍造册报官存案。其婢女招配,并投靠,及所买奴仆,俱写立文契,报明本地方官钤盖印信。如有事犯,验明官册、印契,照例治罪。其奴仆诽谤家长,并雇工人骂家长,与官员、平人殴杀奴仆,并教令过失杀及殴杀雇工人等款,俱有律例,应照满洲主仆论。若犯该黑龙江当差者,照名例改遣之例问发。至不遵约束,傲慢顽梗,酗酒生事者,照满洲家人吃酒行凶例,面上刺字,流二千里,交与该地方官,令其永远当苦差。有背主逃匿者,照满洲家人逃走例,折责四十板,面上刺字,交与本主,仍行存案。容留窝藏者,照窝藏逃人例治罪。如典当雇工限内逃匿者,照满洲白契所买家人逃走例,责三十板,亦交与本主。若典当立有文契,议有年限,不遵约束,傲慢酗酒生事者,听伊主酌量惩治。若与家长抗拒殴骂者,照律治罪。再隶身门下为长随者有犯,亦照典当雇工人治罪。

**谨案** 此条雍正五年(1727)定。乾隆四十二年(1777),将雍正"五年"改为"十三年","教令"上增"违犯"二字。四十八年(1783),删去"照满洲白契所买家人逃走例"十二字。

一、旗人故杀白契所买并典当之人,俱照故杀雇工人律,拟绞监候。若殴打死者,照律治罪。

**谨案** 此条雍正五年(1727)定。乾隆四十二年(1777),将"照律治罪"四字,改为"仍分别有罪无罪,照殴死奴婢本律治罪"。

一、凡白契所买,并典当家人,如恩养在三年以上,及一年以外配有妻室者,即同奴仆论。倘甫经典买,或典买未及三年并未配有妻室者,仍分别有罪无罪,照殴死雇工人本律治罪。

**谨案** 此条乾隆五十三年(1788)改定。

一、民人于雍正十三年(1735)以前白契所买家人,照八旗之例,准作为家奴,永远服役。倘伊主殴杀、故杀,俱照红契一例拟断。其乾隆元年(1736)以后,除婢女招配者,亦照旗人配有妻室不准赎身之例作为家奴外,其余白契所买之人,俱以白契定拟。

**谨案** 此条乾隆七年(1742)定。

一、白契所买奴婢,如有杀伤家长及家长缌麻以上亲者,均照红契奴婢一体治罪。家长杀伤奴婢,仍分红、白契办理。

**谨案** 此条乾隆二十四年(1759)定。

一、凡官民之家,除典当家人、隶身长随,仍照定例治罪外,如系车夫、厨役、水火夫、轿夫及一切打杂受雇服役人等，平日起居不敢与共，饮食不敢与同，并不敢尔我相称，素有主仆名分者，无论其有无文契年限，俱以雇工论。若农民佃户、雇倩耕种工作之人，并店铺小郎之类，平日共坐共食，彼此平等相称，不为使唤服役，素无主仆名分者，亦无论其有无文契年限，俱依凡人科断。

**谨案** 此条乾隆五十三年(1788)定。

一、凡民人家生奴仆、印契所买奴仆，并雍正十三年(1735)以前白契所买，及投靠养育年久，或婢女招配生有子息者，俱系家奴，世世子孙，永远服役，婚配俱由家主，仍造册报官存案。其婢女招配，并投靠，及所买奴仆，俱写立文契，报明本地方官钤盖印信。如有干犯家长，及家长杀伤奴仆，验明官册、印契，照奴仆本律治罪。至奴仆不遵约束，傲慢顽梗，酗酒生事者，照满洲家人吃酒行凶例，面上刺字，流二千里，交与该地方官，令其永远当苦差。有背主逃匿者，照满洲家人逃走例，折责四十板，面上刺字，交与本主，仍行存案。容留窝藏者，照窝藏逃人例治罪。

一、白契所买奴婢，如有杀伤家长及杀伤家长缌麻以上亲者，无论年限及已未配有室家，均照奴婢杀伤家长，一体治罪。其家长杀伤白契所买恩养年久、配有室家者，以杀伤奴婢论。若甫经契买，未配室家者，以杀伤雇工人论。至典当家人、隶身长随，若恩养在三年以上，或未及三年配有妻室者，如有杀伤，各依奴婢本律论。倘甫经典买，或典买、隶身未及三年并未配有妻室，及一切车夫、厨役、水火夫、轿夫打杂受雇服役人等，平日起居不敢与共，饮食不敢与同，并不敢尔我相称，素有主仆名分，并无典卖字据者，如有杀伤，各依雇工人本律论。若农民佃户、雇倩耕种工作之人，并店铺小郎之类，平日共坐共食，彼此平等相称，不为使唤服役，素无主仆名分者，如有杀伤，各依凡人科断。至典当雇工人等，议有年限，如限内逃匿者，责三十板，仍交与本主服役。

**谨案** 嘉庆六年(1801)将前数条修并，定此两条。

○一、凡官员之祖母、母、妻殴杀奴婢者，照依夫、子、孙现任品级罚俸。若离任与身故者，仍照原品追俸；革职者，照例收赎。故杀者，照例治罪。

**谨案** 此条雍正五年(1727)定。乾隆五年(1740)查命妇犯罪收赎，“名例”已载，此条删。

○一、凡监生、生员人等，殴杀、故杀、刃杀奴婢者，俱黜革；故杀、刃杀者，杖一百，不准折赎。

**谨案** 此条雍正五年(1727)定。嘉庆六年(1801)查殴故杀奴婢，应分别有罪无罪定拟，无论生监、平民，一律科罪，此条删。

○一、凡家主将奴仆之妻妾行占夺，或图奸不遂，因将奴仆毒殴，或将其妻致死，审明确有实据，及本主自认不讳者，即将伊主不分官员平人，发黑龙江当差。如伊主并无奸占情弊，而奴仆诬陷其主者，仍照干名犯义律，从重治罪。

**谨案** 此条乾隆三年(1738)定。

一、凡家主将红契所买奴婢,及白契典买恩养已久奴仆之妻,妄行占夺,或图奸不遂,因将奴仆毒殴致死,或将其妻致死,审明确有实据,及本主自认不讳者,即将伊主不分官员平人,发黑龙江当差。若所殴奴婢,系白契所买恩养未久者,应照故杀雇工人律,拟绞监候。如伊主并无奸占情弊,而奴仆诬陷其主者,仍照干名犯义律治罪。

**谨案** 此条嘉庆六年(1801)修改。

○一、契买婢女,务照价买家人例,旗人,将文契呈明该管佐领先用图记,自赴税课司验印;民人,将文契报明本地方官钤盖印信。至旗人契买民间婢女,在京具报五城、大宛两县,在外具报该地方官,用印立案。倘有情愿用白契价买者,仍从其便。但遇殴杀、故杀,问刑衙门须验红契、白契分别科断。再旗、民所买婢女,已经配给红契家奴者,准照红契办理。

**谨案** 此条乾隆七年(1742)定。

○一、除典当家人及隶身长随,俱照定例治罪外,其雇倩工作之人,若立有文契年限,及虽无文契,而议有年限,或计工受值,已阅五年以上者,于家长有犯,均依雇工人定拟。其随时短雇,受值无多者,仍同凡论。

**谨案** 此条乾隆二十四年(1759)定。

一、凡官民之家,除典当家人、隶身长随,及立有文契年限之雇工,仍照例定拟外,其余雇工,虽无文契而议有年限,或不立年限而有主仆名分者,如受雇在一年以内,或有寻常干犯,照良贱加等律,再加一等治罪;若受雇在一年以上者,即依雇工人定拟。其犯奸杀、诬告等项重情,即一年以内,亦照雇工人治罪。若止是农民雇倩亲族耕作,店铺小郎,以及随时短雇,并非服役之人,应同凡论。

**谨案** 此条乾隆三十二年(1767)定。五十三年(1788)已定有新例,此二条均删。

○一、旗员殴死赎身及放出奴婢,并该奴婢之子女者,即照殴死族中奴婢降二级调用例,减一等,降一级调用;故杀者,即照故杀族中奴婢例,降三级调用。

**谨案** 此条系乾隆二十八年(1763)遵旨定例。四十二年(1777),于例末增"旗人殴死赎身奴婢者,枷号四十日、鞭一百"十七字。

一、官员殴死赎身及放出奴婢,并该奴婢之子女者,照殴死族中奴婢降二级调用例,减一等,降一级调用;故杀者,照故杀族中奴婢例,降三级调用。旗人殴死赎身奴婢者,枷号四十日、鞭一百。

**谨案** 此条道光十二年(1832)改定。

○一、奴婢殴家长之期亲及外祖父母至死者,皆拟斩立决。

**谨案** 此条乾隆三十年(1765)定。

○一、奴婢过失杀家长者,拟绞立决。

**谨案** 此条乾隆三十七年(1772)定。

○一、凡民人殴死赎身放出奴婢，及该奴婢之子女者，杖一百、徒三年；殴死族中奴婢，杖一百、流三千里。若系官员，亦照旗员之例办理。

**谨案** 此条系乾隆三十八年(1773)定。

一、凡家长及家长之期亲，若外祖父母，殴死赎身奴婢，及该奴婢之子女者，杖一百、徒三年；故杀者，拟绞监候。大功亲属，殴死赎身奴婢者，杖一百、流二千里；小功、缌麻，递加一等；故杀，亦绞监候。殴死赎身奴婢之子女者，以良贱相殴论。若赎身奴婢，干犯家长并家长期服以下亲者，俱依雇工人律科断。赎身奴婢之子女，干犯家长及家长期亲、外祖父母，亦以雇工人论；干犯家长大功以下亲，以良贱相殴论。如家长或家长期服以下亲，殴、故杀放出奴婢，及放出奴婢，干犯家长并家长期服以下亲者，仍依奴婢本律定拟。殴、故杀放出奴婢之子女，或放出奴婢之子女干犯家长及家长期服以下亲者，各依雇工人律科断。其殴杀无服亲属之奴婢，及奴婢之子女者，杖一百、流三千里；故杀，亦绞监候。若已经赎身放出，如有杀伤、干犯，各依良贱相殴本律论；该奴婢之子女，俱以凡论。系官员，照旗员之例办理。

**谨案** 此条乾隆四十二年(1777)增定。道光四年(1824)于原例“无服亲属”上增“族中”二字。十二年(1832)，删“系官员，照旗员之例办理”十字。

○一、凡发遣黑龙江等处为奴人犯，有自行携带之妻、子，跟随本犯在主家倚食服役，被主责打身死者，照殴死雇工人例，拟杖一百、徒三年。其妻、子自行谋生，不随本犯在主家倚食者，仍以凡论。

**谨案** 此条乾隆四十年(1775)定。

○一、凡家长之期亲，因与人通奸，被白契所买婢女窥破，起意致死灭口之案，除婢女年在十五以上，仍照定例办理外，若将未至十五岁之婢女起意致死者，拟绞立决。若系为从，各依本律科断。

**谨案** 此条系乾隆五十二年(1787)遵旨定例。

○一、契买婢女，伊父母兄弟私自拐逃者，照和诱知情发遣例减一等，杖一百、徒三年，其女给主领回。若契买家奴及户下陈人，将女私聘与人，未成婚者，给还本主；已成婚者，追身价银四十两，无力者量追一半给主；其嫁女之人，杖一百、徒三年，满日给主管束。娶主知情与同罪，不知者不坐。

**谨案** 此条嘉庆六年(1801)定。

○一、家长之妾，殴、故杀奴婢之案，除系生有子女者，即照家长之期亲殴故杀奴婢本律分别定拟外，其未生子女之妾，殴死隶身服役之婢女者，杖一百、流三千里；故杀者，拟绞监候。若与家长之众奴婢有犯，并非隶身服役之人，俱以凡论。

○一、雇工人等，干犯旧家长之案，如系因求索不遂，辞出后复借端讹诈，或挟家长撵逐之嫌，寻衅报复，并一切理曲肇衅，在辞工以前者，均即照雇工人干犯家长各本律例分别定拟；其辞出之后，别因他故起衅者，仍以凡人论。

**谨案** 以上二条，俱道光十二年(1832)定。

**历年事例**

○国初定:凡本主私杀家仆者,鞭一百,追人入官。

○康熙三年(1664)题准:凡内务府佐领下并辛者库,有殴死奴仆者,其追赔之人,交该营之主拨给。

○七年(1668)议准:官员殴死奴仆者,罚银七十两;故杀者,罚银一百两;追人入官。平人殴死奴仆者,枷号二十日、鞭一百;故杀者,枷号一月、鞭一百;追人入官。

○十年(1671)议准:官员殴死奴仆者,罚俸九月;故杀者,罚俸一年;追人入官。持刃杀死者,革职。

○十五年(1676)议准:官员殴死奴仆者,罚俸一年;平人持刃杀奴仆者,枷号两月、鞭一百。余如旧。

○二十一年(1682)议准:官员故杀奴仆者,降一级留任;持刃杀死者,革职。平人故杀奴仆者,枷号四十日、鞭一百;持刃杀死者,枷号三月、鞭一百。俱追人入官。

○三十九年(1700)议准:不食俸禄之监生、俊秀人等,将奴仆责打致死者,革职;故意殴杀者,革职,追人一口入官,持刃杀者,革职,杖一百,收赎,仍追人一口入官。

○四十二年(1703)谕:"笔帖式俱系应升司员之人,岂可打死家人,妄行不端之事。嗣后笔帖式等有打死家人妄行不端之事者,着革退。"

○雍正二年(1724)谕:"刑法上关天和,下系民命,实为政治之要。朕御极以来,谳断必加详慎,务期当罪而得其平。惟明克允,所以体天心而重民生也。向来八旗官军人等,待家人过严,微小之失,甚至殴责毙命。奴仆虽贱,彼亦人子,况性命攸关,何得任意荼毒。朕于刑部成狱,除强盗、故杀、谋杀等犯,不得不依律正法,其余罪犯略有可恕者,俱行宽免,从未降旨特杀一人。朕,大君也,有罪者尚不忍轻加刑戮,为臣下者,乃可殴死无辜之奴仆乎。且奴仆奔走服劳,又性多愚暗,易获过愆,全赖上之人矜恤而原宥之。即有酗酒冒犯之处,应加惩治,亦不宜过重,致于死地,以逞一时之愤怒。该部即行文晓谕八旗,嗣后务宜待下以宽,不得擅自殴死家人。凡遇殴毙家人,详其情罪,分作三等定例议奏。钦此。"遵旨议准:凡旗人奴仆违犯教令,家主依法决罚致死,及过失杀者,仍照旧例不论外,其官员违法责打奴仆致死,及持刃杀死者,分三等,定以罚俸、降革、鞭责;平人犯者,分三等鞭责、枷号。至官员、平人有致死族中家仆者,各从重拟。八旗划一遵行。

○乾隆三年(1738)谕:"定例故杀奴仆者,降二级调用。恐不肖官员,恃有职衔,谓打死家人,罪不过降革,且任内有加级、纪录,又可抵免,遂致恣意残害,如释伽保之流,此风断不可长。从前定例尚未明析,即以故杀而论,恶仆逞凶,其主杀之,乃故杀也。今释伽保之因奸毒杀其仆,亦得以故杀论,又岂可同日而语哉。此处着九卿分别详悉定议具奏。钦此。"遵旨议准:家主图奸不遂,毒殴致毙,将伊主不分官员、平人,悉发黑龙江等处当差。至奴婢罪不至死,而起意致毙者,拟以降调,虽有加级,不准抵销。

○七年(1742)议准:刑部办理家长杀奴仆之案,如官员平人、殴杀故杀等项,例应罚俸、降革,及犯该徒罪以上者,俱入汇题;若罪止杖责、枷号,又年老妇人例应收赎者,向由刑部批结发落。与慎重命案之意,尚未允协。嗣后家长杀奴婢,虽罪止杖责、枷号,及例应收赎者,经刑部定拟,除人犯照例先行发落外,仍令按季汇题。

○二十八年(1763)谕:"朕阅刑部汇题本内,有笔帖式宝祥打死赎身家人玉明一案,定拟甚属非是。家主殴死家人,如无别故,不过罪止夺俸。若已赎身,则与现在服役者不同,拟议自当区别,何得概照主仆成例,致情罪不得其平。此案着另行定拟,并详定条例具奏。"

○三十七年(1772)谕:"向来旗下家奴,有酗酒行凶者,一经本主报明,该旗即行送部发遣,其妻室有年老、残疾及不愿随带者,俱不同发,定例未为周密。如近日秦璜即有将发遣家奴之妻留占为妾之事,不可不另定章程,以防陋弊。盖家奴犯法,其妻亦属有罪之人,自当一体发遣。但此等犯罪旗奴,妻室自不值官为咨送。若其中果有实在不能随带者,或令于亲属依栖,或听本妇另嫁,不便仍留服役,以杜嫌疑。嗣后该部、旗遇有发遣家奴之案,俱照此办理。著为例。"

○五十二年(1787),江苏巡抚题,徐二姐与陈七通奸,被伊父白契所买婢女素娟窥破,起意致死灭口,审照故杀雇工律拟绞监候。奉旨:"徐二姐与陈七通奸,恐婢女素娟说破,起意致死灭口,主婢之分已绝。且素娟年止十二,徐二姐乘伊睡熟,用绳收勒毙命,实为淫凶可恶。徐二姐着改为绞决。嗣后遇有奸淫起衅,任意凶残婢女年在十五岁以下者,俱着照此办理。"

○同治九年(1870)奏准:查近年致毙奴婢之案,平人妇女尚少,惟官员之家为多。例内官员致毙奴仆,系应分别殴杀、故杀,拟以罚俸、降革,不与平人一律问拟实徒。官员之妻有犯,应否照官员定拟,例无明文。在官员身列仕版,不能约束妇女,致将婢女虐毙,甚或知情故纵,即予以处分,亦属咎无可辞。惟究与自行犯罪不同,若一例拟以降革,未免无所区别。嗣后官员之家,妇女殴故杀奴婢、雇工人等,除罪应拟抵,及律止拟杖者,仍照本律例定拟外,如罪应徒一年者,即照伊夫及家长品级,罚俸一年;罪应徒三年者,罚俸二年;罪应拟流者,罚俸三年。如家长及夫身故无俸者,仍照原官品级追罚。并追夺本妇诰敕,不准再行蒙混邀请封典。

# 卷八百十一·刑部八十九

## 刑律·斗殴 同姓亲属相殴 殴大功以下尊长

### 同姓亲属相殴

凡同姓亲属相殴，虽五服已尽，而尊卑名分犹存者，尊长犯卑幼减凡斗一等；卑幼犯尊长加一等。不加至死。至死者，无论尊卑长幼，并以凡人论。斗杀者绞，故杀者斩。

### 附律条例

○一、凡同族之中，果有凶悍不法、偷窃奸宄之人，许族人呈明地方官，照所犯本罪依律科断，详记档案。若经官惩治之后，尚复怙恶不悛，准族人公同鸣官，查明从前过犯实迹，将该犯流三千里安置，不许潜回原籍，生事为匪。倘族人不法，事起一时，合族公愤，不及鸣官，处以家法，以致身死，随即报官者，该地方官审明死者所犯劣迹，确有实据，取具里、保、甲长公结，若实有应死之罪，将为首者照罪人应死擅杀律，杖一百；若罪不至死，但素行为通族之所共恶，将为首者照应得之罪减一等，免其拟抵。倘宗族之人捏称怙恶，托名公愤，将族人殴毙者，该地方官审明致死实情，仍照本律科断。

**谨案** 此条系雍正五年(1727)遵旨定例，乾隆五年(1740)奏准删除。

### 历年事例

○雍正五年(1727)谕："从来凶悍之人，偷窃奸宄，怙恶不悛，以致伯叔兄弟等重受其累。其本人所犯之罪，在国法虽未至于死。而其尊长族人，翦除凶恶，训诫子弟，治以家法，至于身死，亦是惩恶防患之道，使不法之子弟，知所儆惧悛改，情非得已，不当按律拟以抵偿。嗣后凡遇凶恶不法之人，经官惩治，怙恶不悛，为合族之所共恶者，准族人鸣之于官，或将伊流徙远方，以除宗族之害，或以家法处治，至于身死，免其抵罪，着定议具奏。"

○乾隆五年(1740)议准：同族之中，果有凶悍不法之徒，族人自应鸣官治罪。乃向例有事起一时，合族公愤，处以家法致死，审明罪人应死不应死，将为首者分别拟杖与减等免抵等语。虽属惩创凶悍、体顺人情之意，但族大人众，贤愚难辨，或以富吝而招众怨，或以刚直而致同仇，或一人煽诱，群相附和，或共挟微嫌，辄图报复，架词串害，往往有之。倘地方官未能深察，难保无冤抑之情。况生杀乃朝廷之大权，如有不法，自应明正刑章，不宜假手族人，以开其隙。所有此条旧例，应请删除。

## 殴大功以下尊长

凡卑幼殴本宗及外姻缌麻兄姊，但殴即坐。杖一百；小功兄姊，杖六十、徒一年；大功兄姊，杖七十、徒一年半。尊属又加一等。折伤以上，各递加凡斗伤一等。罪止杖一百、流三千里。笃疾者，不问大功以下尊属，并绞；死者，斩。绞、斩在本宗小功、大功兄姊及尊属则决，余俱监候。不言故杀者，亦止于斩也。若本宗及外姻尊长殴卑幼，非折伤勿论。至折伤以上，缌麻卑幼减凡人一等，小功卑幼减二等，大功卑幼减三等；至死者，绞。监候。不言故杀者，亦止于绞也。其殴杀同堂大功弟妹、小功堂侄及缌麻侄孙者，杖一百、流三千里。不言笃疾、至死者，罪止此。仍依律给付财产一半养赡。故杀者，绞。监候。不言过失杀者，盖各准本条论赎之法。兄之妻及伯叔母、弟之妻及卑幼之妇，在殴夫亲属律；侄与侄孙，在殴期亲律。

### 附律条例

〇一、殴死同堂大功弟妹、小功堂侄及缌麻侄孙，除照律拟流外，仍断给财产一半养赡。其大功以下尊长殴卑幼至笃疾，均照律断给财产。惟殴尊长至笃疾罪应拟绞者，不在断给财产之内。

**谨案** 此条乾隆八年(1743)定。

〇一、凡听从下手殴本宗小功、大功兄姊及尊属至死者，除实系迫于尊长威吓，勉从下手，邂逅至死者，仍照律减等科断外，若尊长仅令殴打，而辄行叠殴多伤至死者，将下手之犯拟斩监候。

**谨案** 此条乾隆十一年(1746)定。

一、凡听从下手殴本宗小功、大功兄姊及尊属至死者，审系迫于尊长威吓，勉从下手，邂逅至死者，照威力主使律为从减等拟流。若尊长仅令殴打，而辄行叠殴多伤至死者，将下手之犯拟斩监候。至听从下手殴死期亲尊长尊属之案，仍拟斩立决，夹签声请。其听从下手殴死缌麻尊长尊属之案，依律减等拟流。

**谨案** 此条嘉庆六年(1801)增修。十一年(1806)，于"审系迫于尊长"上，增"除主使之尊长，仍各按服制以为首科断外，下手之犯"二十一字。

一、凡听从下手殴本宗小功、大功兄姊及尊属至死者，除主使之尊长，仍各按服制以为首科断外，下手之犯，审系迫于尊长威吓，勉从下手，邂逅至死者，照威力主使律为从减等拟流。若尊长仅令殴打，辄行叠殴多伤至死者，下手之犯拟斩监候。其听从殴死缌麻尊长尊属之案，依律减等拟流。

**谨案** 此条咸丰七年(1857)，因原例内听从下手杀死期亲尊长尊属之案仍拟斩立决、夹签声请一节，系指期尊而言，与大功以下无涉，是以摘出移附"殴期亲尊长"门内。

〇一、凡殴死有服尊长情轻之案,该督抚按律例定拟,止于案内叙明,不得两请。法司会同核复,亦照本条拟罪。其两请旧例,一概停止。若核其情节实可矜悯者,夹签声明,恭候钦定。

**谨案** 此条乾隆十三年(1748)定。

一、凡殴死本宗期、功尊长,罪干斩决之案,如系情轻,该督抚按律例定拟,止于案内叙明,不得两请。法司会同核复,亦照本条拟罪。其两请旧例,一概停止。若核其所犯情节实可矜悯者,夹签声明,恭候钦定。若殴死本宗缌麻及外姻小功、缌麻尊长者,照律拟斩监候,毋庸夹签声明。惟救亲情切,及本夫杀奸殴死缌麻尊长,或殴伤缌麻尊长余限外身死之案,随本声请量减,不在此例。

**谨案** 此条系嘉庆六年(1801)增改。

一、凡殴死本宗期、功尊长,罪干斩决之案,若系情轻,如卑幼实系被殴,情急抵格,无心适伤致毙之类。该督抚按律例定拟,止于案内将并非有心干犯各情节,分析叙明,不得两请。法司会同核复,亦照本例条拟罪,核其所犯情节实可矜悯者,夹签声明,恭候钦定。若与尊长互斗,系有心干犯,殴打致毙者,亦于案内将有心干犯之处,详细叙明,即按律拟以斩决。其殴死本宗缌麻,及外姻小功、缌麻尊长者,照例拟斩监候,毋庸夹签声明。惟救父情切,及本夫杀奸殴死缌麻尊长,或殴伤缌麻尊长余限外身死之案,随本声请量减,不在此例。

**谨案** 此条道光二年(1822),因原例止言情轻及核其情节实可矜悯,并未载明是否有心干犯,以致办理纷歧,是以增定,并于情轻下增注。

〇一、于母党有犯,除亲母、嫡母、本生母党属,仍照服制定拟外,其余均同凡论。

**谨案** 此条乾隆二十一年(1756)定。四十二年(1777)奉旨酌定新例,将此条删除。

一、凡于亲母之父母有犯,仍照本律定拟外,其于在堂继母之父母,庶子嫡母在,于嫡母之父母,庶子于在堂继母之父母,庶子不为父后者,于己母之父母,为人后者,于所后母之父母,及本生母之父母等六项有犯,即照卑幼犯本宗小功尊属律,殴杀,谋、故杀,均拟斩立决;谋杀已行已伤,及斗殴伤者,仍各照本宗服制本律分别定拟。至各项甥舅等有犯,亦俱照外姻尊卑长幼本律治罪。如尊长有于非所自出之外孙及甥等故加凌虐,或至于死,承审官临时权其曲直,按情治罪,不必以服制为限。

**谨案** 此条系乾隆四十二年(1777)遵旨议定。嗣于四十三年(1778),将服制图内庶子不为父后者为己母之父母服一项,注明"若己母系由奴婢家生女收买为妾,及其父母系属贱族者,不在此例"。嘉庆六年(1801),于例内一体增注。

一、凡于亲母之父母有犯,仍照本律定拟外,其于在堂继母之父母,庶子嫡母在,于嫡母之父母,庶子于在堂继母之父母,庶子不为父后者,于己母之父母,若己母系由奴婢家生女收买为妾,及其父母系属贱族者,不在此例。为人后者,于所后母之父母,及本生母之父母,嫁母之父母等七项有犯,即照卑幼犯本宗小功尊属律,殴杀,谋、故杀,均拟斩立决;谋杀已行已伤,及斗殴伤者,亦各照本宗服制本律分别定拟。至亲母、继母等各项甥舅等有犯,俱照外姻尊卑长幼本律治罪。与嫁母之兄弟有犯,以凡论。如尊长有于非所自出之外孙及甥等故加凌虐,或至于死,承审官临时权其曲直,按情治罪,不必以服制为限。

**谨案** 此条嘉庆十七年(1812)增定。

○一、卑幼殴缌麻尊长,于保辜余限外身死,按其所殴伤罪在徒、流以下者,于斩候本律减一等,杖一百、流三千里;其原殴伤重至笃疾者,拟绞监候。殴小功以上尊长,如罪应斩决者,虽死于辜限之外,仍照本律定拟,临时酌量情节,夹签声明。

**谨案** 此条乾隆二十三年(1758)定。

一、卑幼殴伤缌麻尊长,余限内,果因本伤身死,仍拟死罪,奏请定夺。如蒙宽减,减为杖一百、发边远充军。

**谨案** 此条乾隆三十一年(1766)定,原载"保辜限期"门内。四十八年(1783)移附此律。

一、卑幼殴伤缌麻尊长,余限内,果因本伤身死,仍拟死罪,奏请定夺。如蒙宽减,减为杖一百、发边远充军。若在余限外身死,按其所殴伤罪在徒、流以下者,于斩候本罪减一等,杖一百、流三千里;其原殴伤重至笃疾者,拟绞监候。殴小功以上尊长,如罪应斩决者,虽死于余限之外,仍照本律定拟,临时酌量情节,夹签声明。

**谨案** 此条系乾隆四十八年(1783)将上二条修并。

一、卑幼刃伤期亲尊长尊属及外祖父母之案,如衅起挟嫌,有心刃伤者,依律问拟绞决,毋庸声请。若非有心干犯,或系金刃误伤,及情有可悯者,法司核题时,遵照李伦奎案内钦奉谕旨,夹签声明,候旨定夺。

**谨案** 此条乾隆五十七年(1792)遵旨定例。嘉庆六年(1801),增"及外祖父母"五字。原载"殴期亲尊长"门内,十一年(1806)移入此门修改。

一、卑幼殴伤缌麻尊长尊属,余限内,果因本伤身死,仍拟死罪,奏请定夺。如蒙宽减,减为杖一百、发边远充军。若在余限外身死,按其所殴伤罪在徒、流以下者,于斩候本罪上减一等,杖一百、流三千里;其原殴伤重至笃疾者,拟绞监候。殴伤期、功尊长尊属,正、余限内身死者,照旧例办理。其在余限外身死之案,如刃伤期亲尊长尊属,并以手足、他物殴至折肢、瞎目,及殴大功、小功尊长尊属至笃疾者,仍依伤罪本律问拟绞决。讯非有心干犯,或系误伤,及情有可悯者,俱拟绞监候。若系折伤,并手足、他物殴伤,本罪止应徒、流者,既在余限之外因伤毙命,均拟绞监候,秋审时统归服制册内拟入情实。其卑幼刃伤期亲尊长尊属及外祖父母之案,如衅起挟嫌,有心刃伤者,依律问拟绞决。若讯非有心干犯,或系金刃误伤,及情有可悯者,俱拟绞监候。均毋庸夹签声请。

**谨案** 此条系嘉庆十一年(1806)将前二条修并,并遵照七年(1802)谕旨改定。

一、卑幼殴伤缌麻尊长尊属,余限内,果因本伤身死,仍拟死罪,奏请定夺。如蒙宽减,减为杖一百、发边远充军。若在余限外身死,按其所殴伤罪在徒、流以下者,于斩候本罪上减一等,杖一百、流三千里;其原殴伤重至笃疾者,拟绞监候。殴伤功服尊长尊属,正、余限内身死者,照旧办理。其在余限外身死之案,如殴大功、小功尊长尊属至笃疾者,仍依伤罪本律问拟绞决。讯非有心干犯,或系误伤,及情有可悯者,俱拟绞监候。若系折伤,并手足、他物殴伤,本罪止应徒、流者,既在余限之外因伤毙命,均拟绞监候,秋审时统归服制册内拟入情实办理。

**谨案** 此条咸丰二年(1852),因原例正、余限内外身死二节,俱连期尊在内,例末又专指刃伤期尊及外祖父母,分别有心无心办理,与大功以下无涉,是以摘出移附"殴期亲尊长"内。

○一、致死期、功尊长尊属,除与他人斗殴,误伤致毙,或被尊长揪扭,刀械交加,身受多伤,无处躲避,实系徒手抵格适伤致毙,或死者罪犯应死,及淫恶蔑伦,并救亲情切各项情节,仍准夹签外,其余持械抵格,情同互斗,概从本律问拟斩决。不得以被殴抵格、夺刀自戳等词,曲为开脱,夹签声请。

**谨案** 此条咸丰七年(1857)定。

○一、致毙平人一命,复致毙期、功尊属尊长之案,除另毙之命,律不应抵,或例得随本减流,并误杀、擅杀、戏杀、殴死妻及卑幼,暨秋审应入可矜等项,及例内指明被杀之尊属尊长,罪犯应死,淫恶蔑伦,并救亲情切,听从尊长主使殴毙,仍按服制拟罪,准将可原情节夹签声请外,其余另犯谋、故、斗杀,复致毙期、功尊属尊长,虽系误杀情轻,亦不准夹签声请,以重伦常。

**谨案** 此条咸丰八年(1858)定。

○一、卑幼殴死本宗功服尊长尊属之案,于叙案后毋庸添入"诘非有心致死"句,专用"实属有心干犯"勘语,以免牵混。其例内载明情轻,如被殴抵格无心适伤之类,仍于勘语内声明"并非有心干犯",以便分别夹签。

**谨案** 此条咸丰九年(1859)定。

○一、凡有服尊长杀死卑幼,如系谋财害命、强盗放火杀人及图奸谋杀等案,俱照平人一例办理,不得复依服制宽减。其余寻常亲属相盗,及谋、故、殴杀卑幼之案,仍照例定拟。

**谨案** 此条系乾隆四十一年(1776)遵旨议定。

一、凡有服尊长杀死卑幼,如系图谋卑幼财产,杀害卑幼之命,并强盗卑幼赀财,放火杀人,及图奸谋杀等案,悉照平人一例办理,不得复依服制宽减。其余寻常亲属相盗,及因图诈图赖他人财物,谋、故杀死卑幼之案,仍依服制科断。

**谨案** 此条乾隆五十二年(1787)修改。

一、有服尊长杀死卑幼之案,如卑幼并无触犯情节,止因其父兄伯叔平日不肯资助,及相待刻薄,挟有夙嫌,将其年在十二岁以下无辜幼小子嗣弟侄,迁怒故行杀害,图泄私忿者,悉照凡人谋、故杀本律,拟斩监候,不得复依服制科断。其被杀之卑幼,年在十三岁以上者,知识已开,审有触犯别情,并其余谋、故杀卑幼之案,仍照旧例办理。

**谨案** 此条系乾隆五十六年(1791)遵旨议定。以上二条原载“殴期亲尊长”例内,嘉庆六年(1801)移入此门。

一、功服以下尊长杀死卑幼,如系图谋卑幼财产杀害卑幼之命,并强盗卑幼赀财,放火杀人,及图奸谋杀等案,悉照平人谋、故杀律,问拟斩候,不得复依服制宽减。其余寻常亲属相盗,及因图诈图赖他人财物,谋、故杀死卑幼之案,仍依服制科断。

一、功服以下尊长杀死卑幼,因其父兄伯叔素无资助,及相待刻薄,挟有夙嫌,将其十岁以下幼小子女弟侄,迁怒故行杀害,图泄私忿者,悉照凡人谋、故杀本律,拟斩监候,不得复依服制科断。其挟嫌谋杀卑幼年在十一岁以上,并其余谋、故杀卑幼之案,仍照律拟绞监候。

**谨案** 此二条系嘉庆六年(1801)修改。

○一、凡卑幼图奸亲属起衅,故杀有服尊长之案,按其服制,罪应斩决、凌迟无可复加者,于援引服制本律之上,俱声明“卑幼因奸故杀尊长”字样。其有图奸亲属,故杀本宗及外姻有服尊长,按律罪止斩候者,均拟斩立决。

**谨案** 此条系乾隆四十九年(1784)议定。

○一、卑幼殴本宗、外姻缌麻以上尊长,致成笃疾之案,除首犯依律拟绞外,其听从帮殴之犯,如仅止手足他物轻伤仍依为从减等律,问拟满流;如有折伤及刃伤者,发极边烟瘴充军。

**谨案** 此条乾隆六十年(1795)遵旨议定。

一、卑幼共殴本宗、外姻缌麻以上尊长尊属,致成笃疾之案,除首犯分别绞决、绞候外,其听从帮殴之有服卑幼,如仅止手足他物轻伤,不分服之亲疏,仍依为从减等律,问拟满流;若有折伤及刃伤者,发极边烟瘴充军。

**谨案** 此条系嘉庆六年(1801)修改。

○一、凡有服亲属同谋共殴致死之案,除下手伤重之犯,及期服卑幼律应不分首从者,仍各按本律问拟外,其原谋如系缌麻尊长,减凡人一等;期、功尊长,以次递减。若系缌麻卑幼,加凡人一等;大功、小功卑幼,以次递加。

**谨案** 此条嘉庆十六年(1811)定。

○一、凡尊长殴伤卑幼因风身死之案,各按服制,依殴死卑幼本律本例定拟,仍查照凡人斗殴因风身死之例,分别正限、余限,递减科断。

○一、凡尊长殴伤卑幼,保辜正限外、余限内,果因本伤身死,各按服制,于殴死卑幼本律例减一等定拟;罪应绞者,奏请定夺。

**谨案** 此二条嘉庆十六年(1811)定。

**历年事例**

○乾隆二十一年(1756)议准:外祖父母,与本宗期亲尊长无异,母舅两姨,新改小功服制,其有干犯问罪散见于刑律者甚多,但其中有名称同而实不同者。如继母之父母兄弟姊妹,皆外祖父母姨舅也。查律载子孙违犯教令,嫡、继、慈、养母杀者各加一等,致令绝嗣者绞候。又新例,继母非理殴、故杀前妻之子,若现无子嗣,即照律拟绞,于秋审时入情实册内请旨定夺。是继母之不得比于亲母,其义甚明。今设有继母之父母殴、故杀其婿前妻之子,反得减等徒流,则于情法俱乖。但律无明文,将何适从。按《礼记》云,亲母被出,不为其党服,而为继母之党服。若亲母死于室,则为其党服,而不为继母之党服。是母死而父再娶,其继母之父母兄弟姊妹一切皆以凡论,据经可以定例也。查康熙四十一年(1702)四月,刑部议复直抚李光地题宣化府万全县民温生功因父欠粮索讨房契,其父不允相嚷,继母王氏之父王科亦行帮殴,生功情急,用刀扎伤王科肚、膝等处殒命。王科虽系生功继母之父,但例内继母之父母无服,应照凡人论,生功合依斗殴杀人者绞候,奉旨依议在案。此成案又有可稽者,但传抄未广,以致办理未能划一耳。又按外祖父母之名,总之则一、分之则有十三:子为母之父母,一也;前母子为后母之父母,二也;后母之子为前母之父母,三也;庶子为嫡母之父母,四也;庶子为继嫡母之父母,五也;庶子为生母之父母,六也;为人后者为所后母之父母,七也;为人后者为所生母之父母,八也;庶女之子为母之嫡母,九也;庶女之子为母之生母,十也;慈母之子为慈母之父母,十一也;出妻之子为母之父母,十二也;嫁母之子为母之父母,十三也。凡此十三者,其在于古,有服有不服。盖服制之设,有恩合义合之分。亲母之父母,以恩合者也;继母各项,以义合者也。恩无可绝,义有权衡。至于相犯拟罪,则外姻之服,更不得与本宗同论。兄弟之妻,服制小功,而相殴致死,则同凡论是也。今细加酌议,宗无二绝,外氏亦无二绝。嗣后除亲母、嫡母、本生母党属,仍照服制定拟外,其余均同凡论,则法有定衡,而例无歧出矣。

○四十一年(1776)谕:"刑部进呈秋审招册,朕详加披阅,内浙江省僧静峰起意殴死其俗家胞弟周阿毛图赖邢直武等一案,照故杀期亲弟妹律拟绞监候,又江西省郭义焙谋财杀死小功堂侄郭丫头仔一案,照尊长谋杀本宗卑幼已杀者依故杀律拟绞监候。虽皆拟入情实,而所引之律,俱未允协。僧人披剃出家,即不当复论其俗家卑幼,且致死人命,即已犯其杀戒。今静峰因周阿毛痴呆无用,辄行谋死,图赖泄忿,凶残殊甚。彼既不念手足之谊,何得复援尊长之条。刑部所以引此者,因律有为僧于本身亲属有犯,仍按服制定拟等语,遂尔概行比附。殊未思律言有犯,专指尊长而言。如僧人犯其祖父伯叔,自不可因已出家,稍为末减。若卑幼本不可言犯,又安得由犯尊之律,推而下及乎?僧人致死俗家卑幼,断不当复以服制论也。至郭义焙因其六岁幼侄郭丫头仔头戴银项圈,辄行起意扭取,见其哭喊,遂行推跌粪坑溺毙,凶恶残忍,情殊可恶。且该犯意在图财,视伊侄如草芥,盗攫而残其命于死。恩义已绝,又岂可复引谋杀卑幼之条乎?夫尊长之于卑幼,或不遵教诫,或干犯名分,责打致毙,本律原止拟流。若因财产起衅,则不得概用此律。从前曾降谕旨,敕部准情定拟。是以有兄及伯叔因争夺财产将弟侄故行杀害者拟绞监候一条，然此亦第专指寻常索财争产因伤毙命而言。盖弟侄原有赡给尊长之义，故尊长之罪尚属稍轻。若谋财害命，及强盗得财，致死弟侄，更复有何伦理。以及图奸卑幼之妻，复将卑幼谋杀者，此等凶徒，身已蔑伦伤化，定拟时转因伦纪原情，又岂明刑弼教之本意乎。朕办理庶狱，鉴空衡平，轻重悉视其人之自取，而于秋谳大典，披览再三，期于无枉无纵。若此二条旧例，尚未合情理之正。着刑部另行改拟具奏，以昭平允。"

○四十二年(1777)奉旨："刑部核拟直隶省王锦毒死继母王苗氏之母苗赵氏一案，声明该犯与苗赵氏并无服制，改拟斩候，并引例载'母党有犯，除亲母、嫡母、本生母仍照服制定拟外，其余均从凡论'等语，所拟殊未允协。为人后者为所后父母持三年之服，而于本身父母降服期年，即五服之制，亦以所后为准，而于本生皆降一等。是所后之亲属服制，俱较本生为重，何于所后之外姻，独不得比于本生之有服乎？若虑所后之外姻尊长，于甥及外孙，谓非其所自出，故加凌虐，或置于死，自可权其曲直，绳之以法，何必削其服制而为防乎。且如本宗尊长，非理谋杀卑幼，其恩义已绝，即照凡人拟抵，则外姻尊长，亦可援以为例，并不必分所后及本生也。若卑幼敢于谋杀外姻尊长，即为干名犯义，自当一例科断，又岂可强为分别，而于所后之外姻，视本生转为末减乎。况此案王锦因觊继母苗氏改嫁，得以花费家财，而嗔其外祖母苗赵氏从中阻止，遂尔怀忿谋杀。理既甚曲，性复凶顽，其情罪实为可恶。刑部乃因其无服，辄行改拟，岂为情法之平。顷询之刑部堂官，此例系乾隆二十一年(1756)所定。阅其例本，惟事拘牵文义，而揆之天理人情，均未允当，又岂明刑弼教之义。着刑部将此例悉心斟酌更定。所有王锦一案，即照新例另行定拟具奏。钦此。"遵旨详考礼经，稽核宪典，查《仪礼》"为人后者。《传》曰……为所后者之祖、父、母、妻，妻之父、母、昆弟"；汉儒郑康成曰，"子者，如亲子"；《钦定[仪礼]义疏》曰，"所后者妻之父母、昆弟，于所后者为外祖父母及舅，皆如亲子为之服也"，又曰，"所后若有数妻，则以后之之时现在为主，而从服其党，出则不服。有继母则服继母，而从服其党"，又曰，"从服者从亡则已"。是为人后者，为所后母之父母，本有服制，而例内入于从凡之列，揆之情理，诚未允协。今经圣明指出，训示周详，实为千古不易之至论。又《礼经》"小功五月服"内，列有为外祖父母之文。《钦定[仪礼]义疏》云，"外祖父母，有当服者六：子为因母之父母，一也。因母即亲母也。母出为继母之父母，二也。庶子君母在，为君母之父母，三也。君母即嫡母也。庶子为继母之父母，四也。庶子不为父后者为己母之父母，五也。为人后者为所后母之父母，六也"，又云，"继母多则服在堂继母之党。至为人后者为其本生之父母，礼有本生亲属降服一等之文，故不与六者同在小功五月之列"。二十一年(1756)定例所载，"于母党有犯，除亲母、嫡母、本生母党，仍照服制定拟外，其余均照凡论"等语，是于应服之各项外祖父母内，止列亲母、嫡母二项，而以本生外祖父母应行降服者，反得跻于正服。其说不本于经，实多舛漏。今恭绎谕旨，于准情定制之义，睿思精详，衷于至当，按之礼经，正相印合。

嗣后凡为人后者,于本生亲属既属降服,则为所后母之父母,自应与亲母之父母一例持服小功五月。此外为继母之父母等项,应悉照《钦定仪礼义疏》当服六项,一并增入服图。如遇有干犯,即照卑幼犯本宗小功尊属律,殴杀,谋、故杀,均拟斩立决;谋杀已行已伤,及斗殴伤者,俱各按服制分别定拟。至亲母之父母,属毛离里,一脉相承,恩义实为尤重。其干犯之罪,应仍照本律殴死外祖父母者斩,谋、故杀者凌迟处死定拟。再为人后者为本生母之父母,服虽降小功一等,而恩亦较重。其干犯之罪,亦应与犯小功尊属同科。推之各项甥舅等服制,悉按前项增入,照外姻尊卑长幼治罪。如有于非所自出之外孙及甥,故加凌虐,或至于死,临时权其曲直,按情治罪,不必以服制为限。庶礼制悉合经权,宪典益昭明备,于天理人情,皆为允协。

○五十六年(1791)谕:"本日刑部题河南省贾希曾、贾望曾砍伤堂叔贾嵩秀致成笃疾,将贾希曾依殴本宗小功尊属致笃疾者拟以绞决,贾望曾照为从减等律拟流一本。此案贾希曾因向堂叔贾嵩秀借贷不允,挟嫌气忿,唤同胞弟贾望曾先后用刀砍伤贾嵩秀致成笃疾。贾希曾、贾望曾兄弟二人同为贾嵩秀堂侄,虽用刀殴砍,有先后之别,但服制攸关,未可照凡人斗殴分别轻重也。且贾希曾刀砍两伤,贾嵩秀即行走避,贾望曾复叠砍多伤,更不得以下手先后分别首从。刑部虽属照律办理,实未允协,令军机大臣会同刑部酌议具奏。"

○又谕:"本日朕阅山西省情实人犯册内绞犯余文全一起,因恨伊胞叔余发不行周济,起意将其年甫十二之幼子余兴成子致死泄忿,随诓入场内,揪倒在地,用石连殴殒命。又绞犯孙式汉一起,因年甫十岁之小功堂侄孙宽汉子携取所借铁抓欲走,该犯夺抓殴砍孙宽汉子倒地,忆及其父母相待刻薄,顿起杀机,用铁抓连砍殒命。以上二案,刑部均照原拟依尊长谋杀卑幼律问拟绞候,入于情实,办理未为允协。尊长谋杀本宗卑幼,其情节轻重,原有区别。如卑幼果有不安本分下流为匪等情,为尊长者训诲不悛,恐贻羞族党,以致责打殒命,自应按照定律问拟,勾到时尚可不行予勾。若因挟嫌怀忿,辄恃尊长名分,故行殴打致死,甚或觊觎家资,肆意凌虐,殴毙卑幼,且其中绝人子嗣者有之,是其残忍已极,恩义断绝,即当以凡论,不得再援尊长之例按照定拟。今余文全因伊胞叔余发不行资助,辄将大功服弟余兴成子用石殴毙,孙式汉因孙宽汉子携取铁抓夺殴,忆及其父母相待刻薄,顿起杀机,是其致死缘由,实因图泄忿恨于己,惨杀幼孩,情节均属残忍,自应即以凡论。刑部仍照尊长致死卑幼律拟绞,引用例条,未免牵混,殊非弼教明刑之义。嗣后凡遇尊长谋杀本宗卑幼之案,其应如何分别案情拟罪之处,着军机大臣会同刑部悉心定拟具奏。"

○又谕:"向来尊长谋杀本宗卑幼,问拟罪名,虽有定例,但案情轻重不同。如谋财害命,强盗放火杀人,及图奸谋害,并因挟有父兄夙嫌,迁怒无辜幼小子嗣弟侄,故行杀害,以致绝人之嗣,则残忍已极,恩义断绝,自当即照平人科断。此为明刑弼教起见,并非有意从严。是以令军机大臣会同刑部将原定之例,分别妥议具奏。今据准酌案情,增定条例,于情法益昭平允,着依议行。法可定而情不同,仍在该部就事一一准酌办理耳。”

○五十七年(1792),刑部题复安徽省李伦奎刃伤胞兄李登奎一案。奉旨:“李伦奎因胞兄李登奎私挖田埂窃放田水微嫌,两次嚷论。及李登奎持棒向殴,该犯辄用刀抵格,致伤李登奎右腿倒地,实属不法。虽李登奎伤轻平复,刑部照该抚所题依弟刃伤胞兄不论轻重绞决,将李伦奎问拟绞决,所以重伦纪而儆凶顽。向来定例,实为允当。但兄弟争殴致伤,情节不一。似此案李伦奎之衅起挟嫌,有心刃伤胞兄者,自当按律予以立决。若非有心干犯,或系金刃误伤及情有可悯者,着刑部存记,于题复时夹签声明,引此旨候朕酌夺,以昭情法之平。”

○嘉庆七年(1802),安徽巡抚题民人孙登扎伤胞兄孙梅余限外身死,将孙登依律拟斩立决,夹签声请可否将孙登改照刃伤胞兄本律问拟绞决一案。奉旨:“刑部题复安徽省民人孙登扎伤胞兄孙梅余限外身死夹签声请一本,现已依拟将该犯着即处绞矣。向来寻常刃伤各案,如在保辜正、余限外身死者,止科伤罪。至有关服制之案,虽与寻常刃伤案犯不同,但限内外究当示以区别。嗣后遇有卑幼刃伤期亲尊长,在保辜正、余限内身死者,仍照旧办理外,若死在余限之外,即照刃伤本律问拟绞决。其刃伤期亲尊长尊属,律应问拟绞决之犯,如讯非有心干犯,或系金刃误伤及情有可悯者,俱着问拟绞候,均毋庸夹签声请。着刑部纂入例册遵行。”

○光绪五年(1879)谕:“本年秋审河南省李金木,听从图财,谋杀年甫五岁小功服侄,系照平人谋杀律问拟。既经刑部改拟情实,实属法无可贷。惟念该犯系属为从加功,例无明文。衡情定罪,若照平人谋杀加功律,亦应问拟绞候,入于情实。李金木一犯,着即改为绞监候,现届勾到之期,即行处决,毋庸派大员复核。钱宝廉所奏饬议专条之处,着刑部议奏。钦此。”遵旨议准:查律重服制,故以尊杀卑,每从末减。而例杜残杀,故以尊谋卑,亦难概宽。况少小无知之卑幼,并无干犯可言,而为尊长者,乃因财产肆意残杀,其忍心蔑理,已属恩断义绝,故定例照平人谋故杀律问拟斩候,不复以服制宽减。细绎例内“斩候”二字,为首罪名既定,则为从即可类推,惟例内究未议定专条。即如本年秋审河南李金木一起,因图财谋杀年甫五岁小功服侄,下手加功,刑部以例无治罪明文,从严问拟斩候。奉旨照平人谋杀加功律改拟绞候,入于情实。该犯以图谋财物,听旁观之指使,视骨肉如仇雠。如果该犯具有天良,死者谊属至亲,且年甫五龄,外人何敢以惨杀重情,遽向启齿。衡情酌理,照平人拟绞,实属罪所应得。嗣后功服以下尊长,如系外人图财谋杀十岁以下卑幼,下手加功,即照此次钦奉谕旨,按平人谋杀加功律,问拟绞候入实。如系期亲尊长图财,听从外人谋杀十岁以下卑幼,亦照此问拟绞候。惟服制较近,应俟秋审时斟酌办理。其不加功者,无论期、功,俱杖一百、流三千里。

# 卷八百十二·刑部九十

## 刑律·斗殴 殴期亲尊长

### 殴期亲尊长

凡弟妹殴同胞兄姊者，姊妹虽出嫁，兄弟虽为人后降服，其罪亦同。杖九十、徒二年半；伤者，杖一百、徒三年；折伤者，杖一百、流三千里；刃伤，不论轻重。及折肢，若瞎其一目者，绞；以上各依首从法。死者，不分首从，皆斩。若侄殴伯叔父母、姑，是期亲尊属。及外孙殴外祖父母，服虽小功，其恩义与期亲并重。各加殴兄姊罪一等。加者不至于绞。如刃伤、折肢、瞎目者亦绞，至死者亦皆斩。其过失杀伤者，各减本杀伤兄姊，及伯叔父母、姑，外祖父母罪二等。不在收赎之限。故杀者，不分首从，凌迟处死。若卑幼与外人谋、故杀尊属者，外人造意、下手，从而加功、不加功，各依凡人本律科罪，不在皆斩、皆凌迟之限。其期亲兄姊殴杀弟妹，及伯叔、姑殴杀侄并侄孙，若外祖父母殴杀外孙者，杖一百、徒三年；故杀者，杖一百、流二千里。笃疾至折伤以下俱勿论。过失杀者，各勿论。

**谨案** 乾隆五年(1740)查子于母有犯，嫡、继、慈、养皆与亲母同。若母殴杀、故杀其子者，嫡、继、慈、养母各加一等。由此而推，兄姊殴弟妹仍当分别服制定拟，因于注内“其罪亦同”下，增“若出继之兄、出嫁之姊殴弟妹者，依现在服制科断”。三十二年(1767)，并原注三句均删。

### 附律条例

○一、凡卑幼殴期亲尊长，执有刀刃赶杀，情状凶恶者，虽未伤，依律问罪，发边卫充军。

**谨案** 此条系原例。

○一、凡兄与伯叔谋夺弟侄财产、官职等项故行杀害者，问罪，属军卫者，发边卫充军；属有司者，发边外为民；仍断给财产一半与被殴家属养赡。

**谨案** 此条系原例。

一、凡兄及伯叔因争夺弟侄财产、官职，及平素仇隙不睦，有意执持凶器故行杀害者，拟绞监候，仍断给财产一半与被杀家属养赡。如无前项情由，仍照律拟罪。

**谨案** 此条系雍正三年(1725)定。

一、尊长争夺财产故杀弟侄之案，除被杀弟侄年已长成，有与尊长争斗之情者，仍依争夺财产旧例定拟外，如弟侄年在十二岁以下，幼小无知，并无争斗之情，尊长因图占财产，辄行惨杀毒毙者，悉依凡人谋、故杀律，拟斩监候。

**谨案** 此条乾隆五十六年(1791)定。

一、期亲尊长因争夺弟侄财产、官职，及平素仇隙不睦，有意执持凶器故杀弟侄者，如被杀弟侄年在十一岁以上，将故杀之尊长拟绞监候，仍断给财产一半与被杀之家养赡。若弟侄年在十岁以下，幼小无知，尊长因图占财产、官职，挟嫌惨杀毒毙者，悉依凡人谋、故杀律，拟斩监候。如无争夺、挟仇情节，无论年岁，仍照本律定拟。

**谨案** 此条嘉庆六年(1801)修并改定。

○一、凡故杀期亲弟妹，照故杀大功弟妹律，均拟绞监候。其殴期亲弟妹至死者，照本律满徒加一等，杖一百、流二千里。

**谨案** 此条乾隆元年(1736)定。

○一、凡误伤期亲尊长至死，遇有恩赦，准其援免。

**谨案** 此条乾隆元年(1736)定。五年(1740)，查赦款俱临时恭候钦定，非可预拟；且案关伦纪，援免应出特恩，毋庸定为例款，删。

○一、侄殴期亲伯叔至死，该督抚俱依律定拟。如果情有可原者，止将案情声明，法司详核，奏请定夺。倘有滥引旧案两请，该督抚交部议处。

**谨案** 此条乾隆八年(1743)定。四十一年(1776)，殴伤期亲伯叔案内，奉旨照律量减一等声请，改定新例，将此条删除。

○一、弟殴胞兄至死，有应留养承祀者，果系衅起一时，邂逅至死，方准声明题请。若逞凶肆殴，不得滥行援引，仍将不应留养承祀情由声明。

**谨案** 此条乾隆八年(1743)定。九年(1744)议准，例应承祀者减等拟流，佥妻发配，定有新例，将此条删除。

○一、凡被期亲尊长或外祖父母殴至笃疾者，如由卑幼触犯，照律勿论。若卑幼并无干犯，而尊长非理毒殴致成笃疾者，除照律勿论外，仍断给财产一半养赡。

**谨案** 此条乾隆九年(1744)定。

一、尊长殴卑幼，除依理训责，及因事互殴，邂逅致成笃疾者，仍照律勿论外，若挟有嫌隙，故残卑幼致笃疾者，兄姊，照殴死弟妹杖一百流二千里例减一等，杖一百、徒三年；伯叔、姑、外祖父母，照殴死侄、侄孙杖一百徒三年律减一等，杖九十、徒二年半，不准照律勿论。

**谨案** 此条乾隆二十九年(1764)定。

一、内外有服尊长尊属殴卑幼之案，如由卑幼触犯，依理训责，及因事互殴，邂逅致成笃疾者，期亲尊长尊属及外祖父母，照律勿论；大功以下尊长尊属，照律减科，仍断给财产一半养赡。若卑幼并无干犯，尊长挟有嫌隙，非理毒殴，故残卑幼至笃疾者，期亲兄姊及功服尊长尊属，俱杖一百、徒三年；期亲伯叔、姑、外祖父母，杖九十、徒二年半；缌麻尊长尊属，杖一百、流二千里；不准照律科断，仍均断给财产一半养赡。

**谨案** 此条嘉庆六年(1801)修并。

○一、凡卑幼误伤尊长至死,罪干斩决,审非逞凶干犯,仍准叙明可原情节,夹签请旨。其有本犯父母因而自戕殒命者,俱改拟绞决,毋庸量请末减。

**谨案** 此条乾隆十八年(1753)定。

○一、凡胞侄殴伤伯叔之案,审系父母被伯叔殴打垂毙,实系情切救护者,照律拟以杖一百、流二千里,刑部夹签声明,量减一等,奏请定夺。

**谨案** 此条乾隆四十一年(1776)遵旨议定。

一、期亲卑幼殴伤伯叔等尊属,审系父母被伯叔父母、姑、外祖父母殴打,情切救护者,照律拟以杖一百、流二千里,刑部夹签声明,量减一等,奏请定夺。

**谨案** 此条嘉庆六年(1801)修改。

○一、期亲卑幼,听从尊长共殴期亲尊长尊属致死,若主使之尊长,亦系死者之期亲卑幼,如听从其父共殴胞伯,及听从次兄共殴长兄致死之类。律应不分首从者,各依本律问拟。核其情节实可矜悯者,仍援例夹签声请。其听从尊长主使,勉从下手,共殴以次期亲尊长致死,如听从胞伯共殴胞叔,及听从长兄共殴次兄致死之类。系尊长下手伤重致死,卑幼帮殴伤轻,或两卑幼听从尊长主使共殴,内一卑幼伤重致死、一卑幼伤轻,或内有凡人听纠帮殴,系凡人下手伤重致死,承审官悉心研讯,或取有生供,或供证确凿,除下手伤重致死之犯,各照本律本例分别问拟外,下手伤轻之卑幼,依律止科伤罪。如系刃伤、折肢,仍依律例分别问拟绞决、绞候,不得以主使为从,再行减等。

**谨案** 此条道光五年(1825)定。十四年(1834),查期亲卑幼于帮殴有伤后,复目击尊长被殴至死,其情较之仅止殴伤者为重,一律同科,无以示区别。且例繁则趋避愈巧,恐有子侄与弟殴死胞叔、胞兄,其父母、伯叔、胞兄有出而承认主使以脱其罪者,是以另立专条,将此例删除。

一、期亲卑幼,听从尊长主使共殴以次尊长尊属致死之案,讯系迫于尊长威吓,勉从下手,邂逅致死者,仍照本律问拟斩决,法司核拟时夹签声请,恭候钦定。不得将下手伤轻之犯,止科伤罪。如尊长仅令殴打,辄行叠殴多伤至死者,即照本律问拟,不准声请。

**谨案** 此条即道光十四年(1834)删除前条时所定之例。咸丰七年(1857),由"殴大功以下尊长"门"听从下手"条内,摘出"听从殴死期尊"等语别行修改,移附于此。

○一、殴伤期亲尊长尊属及外祖父母,正、余限内身死者,照旧办理。其在余限外身死之案,如系金刃致伤,并以手足、他物殴至折肢、瞎目者,仍依伤罪本律,问拟绞决。讯非有心干犯,或系误伤,及情有可悯者,俱拟绞监候。若系折伤,并手足他物殴伤,本罪止应徒、流者,既在余限之外因伤毙命,均拟绞监候,秋审时,统归服制册内拟入情实。其刃伤及折肢、瞎目伤而未死之案,如衅起挟嫌,有心致伤者,依律问拟绞决。若讯非有心干犯,或系误伤,及情有可悯者,俱拟绞监候。均毋庸夹签声请。

**谨案** 此条原载"殴大功以下尊长"门,与"卑幼殴伤缌尊余限内因伤身死"系属一条,咸丰二年(1852)摘出另行修改,移附此门。

○一、卑幼如因事争斗,有心施放鸟枪、竹铳,致伤期亲尊长尊属及外祖父母者,照刃伤例问拟绞决。若非有心干犯,或系误伤,及情有可悯者,拟绞监候。

**谨案** 此条道光二十五年(1845)定。

○一、凡僧人有犯本家祖父母、父母及有服尊长,仍按服制定拟外,若致死本宗卑幼,无论斗殴、谋、故,俱以凡论。女尼、道士、喇嘛有犯,一例办理。

**谨案** 此条即乾隆四十一年(1776)僧静峰殴死胞弟周阿毛案内,遵旨议定。

一、凡僧尼干犯在家祖父母、父母,及杀伤本宗、外姻有服尊长,各按服制定拟。若杀伤本宗、外姻卑幼,无论斗殴、谋、故,俱以凡论。本宗、外姻尊长卑幼,杀伤出家之亲属,仍各依服制科断。道士、女冠、喇嘛有犯,一例办理。

**谨案** 此条嘉庆六年(1801)增定。

○一、期亲尊长与卑幼争奸互斗,卑幼将尊长刃伤及折肢,罪干立决者,除卑幼依律问拟外,将争奸肇衅之尊长,杖一百、流二千里。如非争奸,仍各依律例本条科断。

**谨案** 此条乾隆五十八年(1793)遵旨议定。

○一、有服尊长杀死有罪卑幼之案,如卑幼果实属罪犯应死者,无论谋、故,为首之尊长俱照擅杀应死罪人律,杖一百;听从下手之犯,无论尊长、凡人,各杖九十。其罪不至死之卑幼,如果训诫不悛,尊长因玷辱祖宗起见,忿激致毙者,无论谋、故,为首之尊长,悉按服制,于殴杀卑幼各本律例上减一等;听从下手之犯,无论尊长、凡人,各依为从余人本罪上减一等定拟。若有假托公忿,报复私仇,及畏累图财,挟嫌贪贿各项情节者,均不得滥引此例。

**谨案** 此条乾隆六十年(1795)定。

一、期亲以下有服尊长,殴死有罪卑幼之案,如卑幼罪犯应死者,为首之尊长,俱照擅杀应死罪人律杖一百;听从下手之犯,无论尊长、凡人,各杖九十。其罪不至死之卑幼,果系积惯匪徒,怙恶不悛,人所共知,确有证据,尊长因玷辱祖宗起见,忿激致毙者,无论谋、故,为首之尊长,悉按服制,于殴杀卑幼各本律上减一等;听从下手之犯,无论尊长、凡人,各依余人律杖一百。若卑幼并无为匪确证,尊长假托公忿,报复私仇,或一时一事,尚非怙恶不悛情节,惨忍致死,及本犯有至亲服属,并未起意致死,被疏远亲属起意致死者,如有祖父母、父母者,期亲以下亲属以疏远论;虽无祖父母、父母,尚有期亲服属者,功缌以下,以疏远论,余仿此。均照谋、故、殴杀卑幼各本律定拟,不得滥引此例。

**谨案** 此条嘉庆六年(1801)增定。

○一、期亲弟妹殴死兄姊之案,如死者淫恶蔑伦,复殴詈父母,经父母喝令殴毙者,定案时仍照律拟罪,法司核拟时,照王仲贵之案,随本改拟杖一百、流三千里,请旨定夺。其殴毙罪犯应死兄姊,与王仲贵案内情节未符者,仍照殴死尊长情轻之例,照律拟罪,夹签声明,不得滥引此例。

**谨案** 此条嘉庆五年(1800)遵旨定例。

**历年事例**

○雍正七年(1729)谕:"廉喜以争路细事,先殴胞兄廉美,则强悍无礼可知。廉美因力不能敌,呼子廉大群相助。廉喜复以木叉殴打廉大群,廉大群以木轴抵格,遂伤伊叔之命。则事出仓猝,无心误伤可知。即廉喜之妻,亦供称并无仇隙、图产等情。且廉美已监禁病故,廉大群着改为应斩,监候秋后处决。"

○又谕:"弟致亲兄于死,若无可原之情,则当按律正法,不应减等发遣。今包普照淫凶蔑伦,怙恶无赖,为通族邻里所共恶。伊弟包禄,年方十六,听从堂兄包佛保指使,其情实可矜原。况包佛保已死,该部将包禄拟照该督所题发遣黑龙江与披甲人为奴,情罪不符。包禄着以枷责完结。"

○十二年(1734)谕:"朕因近日刑部法司,办理刑名案件,轻重失伦者甚多。而交与九卿会议之案,又多以姑息为宽大,潦草议复,而不察其情理之当否。因将此本发与九卿详悉阅看,令其各抒己见,于朕前面奏,以观其识见,便于教导。今日户部尚书庆复等十七人奏称弟殴胞兄致死,法无可贷。礼部尚书三泰,刑部尚书福敏、张照,侍郎王国栋等十二人奏称'元正殴打厚正,厚正走避,元正赶殴,厚正夺棍回抵,出于一时情急。戴氏年老,一孙幼稚,厚正之罪,可以从宽'等语。朕思人心风俗之根本,莫重于伦常。夫以田土细事,而殴胞兄致死,实属人伦之变。若因母老而曲从宽宥,则凡凶恶之人,父母年高,兄弟单少者,皆得肆行无忌,并可置伦常于不问矣,有是理乎!况元正赶殴之时,厚正已夺棍在手,可免乃兄之挞击矣。而乃持棍忿殴,一击而殒乃兄之命,尚得谓之一时情急,出于不得已乎?此等凶暴之徒,枉法容留,适足以为人心风俗之害,尚望其孝养伊母,抚乃兄之幼子,俾其成立耶?福敏、张照、王国栋乃专掌刑名之大臣,而识见卑庸,糊涂姑息,至于如此,不可不加惩儆,着交部严察议奏。蓝厚正照律即行处斩。"

○乾隆元年(1736),刑部议奏张扬成诬指妻徐氏与弟张洪仁通奸杀死张洪仁、徐氏一案。依律兄殴弟故杀者杖一百、流二千里,故杀妻者绞,二罪俱发以重者论,将张扬成拟绞监候。奉旨:"弟乃手足之亲,较妻为重。兄故杀弟,残忍已极。今杀妻拟抵,而杀弟转轻,于情理未协。其如何更定律例之处,着九卿会议具奏。钦此。"遵旨议定:大功、小功、缌麻尊长殴卑幼死者绞,故杀亦绞;殴大功堂弟妹死者杖一百、流三千里,故杀者绞。今请将故杀期亲弟妹,照故杀大功弟妹者律,均拟绞监候。至故杀期亲弟妹,既更定拟绞,则殴期亲弟妹至死者,亦应照本律满徒加一等,杖一百、流二千里。

○五十七年(1792)谕:"刑部议复安徽省民人程光锯殴死胞弟程南运并弟媳汪

氏二命,问拟斩决一本,已照签发下矣。程光锯因胞弟程南运不允借钱,蓄意谋杀,前赴程南运家内,携取柴斧,先将弟妇汪氏砍毙,复将胞弟程南运连砍殒命,挟嫌逞忿,实为残忍已极。该犯因借钱细故,杀死胞弟、弟妇二命,该部照平人科断,依杀一家非死罪二人问拟斩决,其罪已无可复加。核其情节,与前日四川省陈启贤、陈启才杀死胞叔陈公奇并胞叔之妾陈王氏一案,情罪相似。陈启贤等二犯子嗣,已令该督查明年已及岁者永远监禁。今程光锯子嗣,亦应照此办理。但此等罔顾伦常逞凶残杀二命之犯,若将其子嗣永远监禁,转得安坐囹圄,尚不足以示儆。所有此案程光锯之子,并前次四川省陈启贤、陈启才子嗣,俱着发往黑龙江给兵丁为奴,以饬伦纪而儆凶顽。嗣后似此情节残忍者,俱照此酌核办理。"

○五十八年(1793)谕:"刘兆纶为刘乞胞叔,刘喻氏亦系同族侄妇。若因刘乞与刘喻氏通奸,刘兆纶闻知前往斥责,以致被戳,是刘兆纶竟属无罪之人,即杖责亦不应问拟。今该犯已与刘喻氏相约,及至黄昏前往,先有刘乞在彼,遂捏称捉奸,将刘乞殴打,是刘兆纶图奸同族侄妇,行止有亏,而又因妒奸起衅,陷伊侄于立决。刑部遽照该抚所拟,定以杖责,不足蔽辜。刘兆纶虽系刘乞尊长,不至死罪,亦应问拟军、流等罪,方足示惩。着该部即另行定拟具奏。"

○嘉庆四年(1799)谕:"三法司衙门具题浙江省民人汪应凤殴伤胞兄汪应陇身死并声明救母情切一案,内阁票拟斩决及斩候双签请旨,固皆系按例办理。今朕详阅案情,汪应陇因伊母袒护幼子,将应出养赡食谷,不给其母,并出言顶撞。经朱氏嚷骂扭结,汪应陇辄敢将其母推跌压住,用手揿按胸衣,经汪应凤往拉,仍不放手。汪应凤见其母面胀气塞,喊不出声,情急用拳向殴,汪应陇移时殒命。是汪应陇之蔑伦肆逆,殊为凶横可恶。汪应凤往拉不放,见其母面胀气塞,事在危急,用拳向殴,实属出于迫切,以情急救母之人,毙忤逆不孝之犯,固不得以寻常殴死胞兄论。即改拟斩候,亦尚觉情节可悯。汪应凤着免死改为满流,定地发配。且阅案内伊母朱氏尚有二子,亦不至侍养乏人,如此准情酌办,庶足以昭平允而示矜恤。"

○五年(1800),直隶总督审题王仲贵听从伊父王尚才主使,殴伤胞兄王仲香身死一案,照例拟斩立决,夹签声明。奉旨:"刑部题复直隶省民人王仲贵殴伤胞兄王仲香身死一案,声明伦纪攸关,将王仲贵依律拟斩立决。细阅本内情节,王仲香调戏伊弟妻张氏,欲图强奸,已属乱伦伤化。迨经伊父王尚才斥詈不服,将伊父揪倒欲殴,尤属目无伦纪。及伊父王尚才忿极,喝令王仲贵殴打,王仲贵无奈,随用石殴伤王仲香额颅殒命。是王仲香淫凶残忍,种种蔑伦,所犯应死之罪,不一而足。及王尚才喝令王仲贵殴打伊兄,复经王仲贵代为央求,尚有不忍致死其兄之心。因王尚才不允,王仲贵始用石殴伤致毙,迥非逞凶干犯。乃刑部照原题,于奉父命殴死蔑伦之兄者,仍依弟殴兄本律拟斩立决,并声明伦纪攸关,措词不当,殊失情理之平,且与维持风化之义未协。所有王仲贵一犯,着即改为杖一百、流三千里,不必再交九卿核议。嗣后遇有此等死者自犯蔑伦之案,着刑部核议奏明请旨。著为令。钦此。"续经刑部将已未入秋审服制案内,凡殴毙罪犯应死尊长之刘元书等五十一起,开单进呈。奉旨:"前因直隶民人王仲贵殴死蔑伦之兄王仲香,将王仲贵斩决改为杖流,并着刑部遇有此等情节相同之案,核议办理。兹刑部检查案卷内有与王仲贵事同一例之已入秋审缓决、情实刘元书等五十起,未入秋审应拟情实之令狐开保一起,开单进呈,奏请减等。此等服制命案,其死者实系忤亲不孝,或淫乱蔑伦,罪犯应死,若以伦纪攸关,仍将该犯按律问拟,原不足以昭平允。但人心诈伪多端,倘干犯兄长之人,因其兄本犯应死之罪,概予减等,或有父母爱怜少子,遇伤毙兄长之案,装点情节,诿罪于已死之兄,以保全其逞凶之弟,亦不可不防其渐,自应分别办理,俾无枉纵。所有刘元书一犯,因伊母被兄姊忤逆气忿自缢,刘元书痛母情切,致死逼毙伊母罪犯应死之兄姊,且经缓决十一次;其易绍兰、赖瑞珑、林大翊、张潮、岳自强、孟加奇、冀国海、王尔景、黎南山、康珍、耿煊、宋登举、韩治修、佘名高、韩遇盛等共十五犯,与王仲贵之案相同,亦经缓决八次至二次不等,俱着准其减等。其陈义等三十四起,及未入秋审之令狐开保一起,均着交刑部,俟秋审两次免勾改入缓决二三次后,再行请旨减等。"

〇十三年(1808)谕:"据汪志伊等奏《审明因奸致死胞兄人犯恭请王命》一折。此案杨纲通奸亲嫂,致毙兄命,按律本应凌迟。该督等审明后,止应照常请旨正法,何必即请王命。若谋杀期亲尊长之犯,如此办理,与行同枭獍者无所区别。况犯妇邓氏,又请俟部议,办理亦属两歧。现在杨纲一犯,既已凌迟处死,所有罪应绞决之邓氏,亦毋庸再交部议,着即行处绞。嗣后凡遇有关伦纪等案,当按其服制分别核办,不得一律即请王命,以示准情定法至意。"

〇道光九年(1829)奉旨:"刑部议奏云南巡抚伊里布具题恩乐县民李迎灿殴伤胞兄李迎彩身死一案。查核情节,该犯李迎灿与伊兄李迎彩口角争辨,当伊兄扑殴之时,尽可脱身逃避,乃即奋拳殴打。迨后被揪被搭,该犯未受寸伤,辄敢叠肆殴踢,统计伤至九处之多,干犯情形显然。案系互斗,与实在被殴抵格适伤者不同。经该抚将李迎灿按律拟以斩决,仍援例夹签声请,于情罪殊未允协,应即照刑部所议更正,李迎灿着按律问拟斩立决。所有该抚声明并非有心干犯之处,着毋庸议。并着通谕各省督抚:嗣后卑幼殴伤期、功尊长致死罪干斩决之案,除系救亲情切,及殴死罪犯应死之尊长,仍俱照例夹签声请外,如寻常与尊长相殴致死之案,必系实在被殴情急,抵格适伤,情可矜悯者,方准声明'并非有心干犯'字样。若伤多且重,虽被尊长叠殴,抵格致毙,即系互斗,按律拟以斩立决。庶于矜恤之中,不废明刑弼教之义。"

〇二十五年(1845)议复:查例载"卑幼刃伤期亲尊长尊属及外祖父母,如有心刃伤,依例问拟绞决。若讯非有心干犯,或系误伤,及情有可悯者,俱拟绞监候"等语,是卑幼致伤期亲尊长,如系刃伤,均拟死罪。原以金刃为杀人之具,卑幼辄敢持以犯尊,故无论伤之轻重,或与折伤同科。至施放鸟枪、竹铳,致伤期亲尊长,例无明文。

从前各省办理，有比照刃伤及折伤以上问拟死罪者，亦有拘泥伤非金刃，照火器伤人军罪上加等问拟遣戍者。刑部亦因无治罪专条，以致办理未能划一。嗣后卑幼如因争斗，有心施放鸟枪、竹铳，致伤期亲尊长尊属及外祖父母，照刃伤例问拟绞决。若讯非有心干犯，或系误伤，及情有可悯者，即拟绞监候。庶为允协。

# 卷八百十三·刑部九十一

## 刑律·斗殴 殴祖父母父母

### 殴祖父母父母

〇凡子孙殴祖父母、父母，及妻妾殴夫之祖父母、父母者，皆斩；杀者，皆凌迟处死；其为从有服属不同者，自依各条服制科断。过失杀者，杖一百、流三千里；伤者，杖一百、徒三年。俱不在收赎之例。其子孙违犯教令，而祖父母、父母不依法决罚，而横加殴打。非理殴杀者，杖一百；故杀者，无违犯教令之罪为故杀。杖六十、徒一年。嫡、继、慈、养母杀者，终与亲母有间。殴杀、故杀，各加一等。致令绝嗣者，殴杀、故杀，绞。监候。若祖父母、父母，嫡、继、慈、养母非理殴子孙之妇，此“妇”字，乞养者同。及乞养异姓子孙，折伤以下无论。致令废疾者，杖八十；笃疾者，加一等；子孙之妇及乞养子孙，并令归宗。子孙之妇，笃疾者，追还初归嫁妆，仍给养赡银一十两。乞养子孙，笃疾者，拨付合得所分财产养赡。不在给财产一半之限。如无财产，亦量照子孙之妇给银。至死者，各杖一百、徒三年；故杀者，各杖一百、流二千里。其非理殴子孙之妾，各减殴妇罪二等。不在归宗、追给嫁妆、赡银之限。其子孙殴骂祖父母、父母，及妻妾殴骂夫之祖父母、父母，而祖父母、父母，夫之祖父母、父母，因其有罪，殴杀之，若违犯教令，而依法决罚，邂逅致死，及过失杀者，各毋论。

### 附律条例

〇一、继母告子不孝，及伯叔父母、兄姊、伯叔祖，同堂伯叔父母、兄姊，奏告弟侄人等打骂者，俱行拘四邻、亲族人等审勘是实，依律问断。若有诬枉，即与辩理。果有显迹伤痕，输情服罪者，不必行勘。

**谨案** 此条系原例。

〇一、凡义子过房在十五岁以下，恩养年久，或十六以上，曾分有财产，配有室家，若于义父母及义父之祖父母、父母，有犯殴骂、侵盗、恐吓诈欺、诬告等情，即同子孙取问如律。若义父母及义父之祖父母、父母，殴杀、故杀者，并以殴、故杀乞养异姓子孙论。若过房虽在十五以下，恩养未久，或在十六以上，不曾分有财产，配有室家，及于义父之期亲并外祖父母有违犯者，并以雇工人论。义子之妇，亦依前拟岁数，如律科断。其义子后因本宗绝嗣，有故归宗，而义父母与义父之祖父母、父母无义绝之状，原分家产，原配妻室，不曾拘留，遇有违犯，仍以雇工人论；若犯义绝，及夺其财产、妻室，与其余亲属，不分义绝与否，并同凡人论。义绝，如殴义子至笃疾，当令归宗；及有故归宗，而夺其财产、妻室，亦义绝也。

**谨案** 此条系原例。原文"本宗绝嗣"下，有"或应继军伍等项"七字，雍正二年(1725)删。乾隆二十一年(1756)，又于"义父之期亲"下，增"尊长"二字。

一、凡义子过房在十五岁以下，恩养年久，或十六岁以上，曾分有财产，配有室家，若于义父母及义父之祖父母、父母，有犯殴骂、侵盗、恐吓诈欺、诬告等情，即同子孙取问如律。若义父母及义父之祖父母、父母，殴、故杀伤义子者，并以殴、故杀伤乞养异姓子孙论。若过房虽在十五以下，恩养未久，或在十六以上，不曾分有财产，配有室家，有违犯及杀伤者，并以雇工人论。义子之妇，亦依前拟岁数，照本例科断。其义子后因本宗绝嗣，有故归宗，而义父母与义父之祖父母、父母，无义绝之状，原分家产，原配妻室，不曾拘留，遇有违犯，仍以雇工人论。若犯义绝，及夺其财产、妻室，并同凡人论。义绝，如殴义子至笃疾，当令归宗；及有故归宗，而夺其财产、妻室，亦义绝也。义父之期亲尊长并外祖父母，如义子违犯，及杀伤义子者，不论过房年岁，并以雇工人论；义绝者，以凡论。其余亲属，不分义绝与否，并同凡人论。

**谨案** 此条嘉庆六年(1801)修改。

○一、凡父故之后，继母将前母之子，任意凌虐殴杀、故杀者，事发之日，地方官务将情由审实，不必坐其继母以收赎之虚罪，即将继母所生偏爱子议令抵偿，拟绞监候。如私行凌逼，致前妻之子情急自尽者，将继母之子，杖一百、流三千里。若未生有子者，勒令归其母家，不得承受夫家产业。所遗财产，俱归死者之兄弟及死者之子均分。若死者无兄弟亦无子嗣，查明死者应继之人，立嗣承受。至继母之子问拟抵偿，而前后止生二子，各无子嗣，一死一抵，必至绝其宗祀，应照弟殴兄死存留承祀例，将继母所生之子，枷号三月，责四十板，存留承祀。其死者应继一子，将所有家产三分之二令承受，继母之子不得与争。再继母与前子不合，其族长、邻佑人等，当预为劝解，令其相安。如遇凶悍不可化解之继母，即量其财产为之分析另居，免生事端。如继母图占家资，不容分居者，许族长人等禀官剖断。倘族长人等坐视不问，听其继母任意凌虐，致死前母之子者，事发之日，并将坐视之族长、户长，各杖八十。如户长、族长有偏袒不公捏报之处，该地方官讯明，各杖一百。再前母之子，亦有倚恃年长，挟制继母，图占家资，或因定有继母治罪之条，故意不孝其继母者，亦令族长人等鸣官，按律治罪。

**谨案** 此条雍正七年(1729)定。乾隆五年(1740)奏准删除。

○一、凡本宗为人后者之子孙，于本生亲属孝服，止论所后宗支亲属服制。如于本生亲属有犯，俱照所后服制定拟。其异姓义子与伊所生子孙，为本生父母亲属孝服，亦俱不准降等，各项有犯，仍照本宗服制科罪。

**谨案** 此条乾隆二年(1737)定。

○一、凡继母殴、故杀前妻之子，审系平日抚如已出，而其子不孝，经官讯验有据,即照父母殴、故杀子孙律,分别拟以杖、徒,不必援照加等之律。如伊子本无违犯教令,而继母非理殴杀、故杀者,除其夫现有子嗣,仍依律加等定拟外,若现在并无子嗣,即照律拟绞监候,于秋审时将情罪可恶者入情实册内,请旨定夺。

**谨案** 此条乾隆十四年(1749)奉旨议定。三十二年(1767),删"于秋审时"以下数句。

一、凡继母殴、故杀前妻之子,审系平日抚如己出,而其子不孝,经官讯验有据,即照父母殴、故杀子孙律,分别拟以杖、徒,不必援照加等之律。如伊子本无违犯教令,而继母非理殴杀、故杀者,除其夫现有子嗣,仍依律加等定拟外,若现在并无子嗣,即照律拟绞监候,听伊夫另行婚娶。如该犯妇于秋、朝审案内蒙恩免勾,仍行永远监禁,遇赦不准减等。

**谨案** 此条乾隆五十三年(1788)遵旨定例。

一、凡嫡母殴、故杀庶生之子,继母殴、故杀前妻之子,审系平日抚如己出,而其子不孝,经官讯验有据,即照父母殴、故杀子孙律,分别拟以杖、徒,不必援照嫡、继母加亲母一等之律。如伊子本无违犯教令,而嫡母、继母非理殴杀、故杀者,除其夫现有子嗣,仍依律加等定拟外,若现在并无子嗣,俱照律拟绞监候,听伊夫另行婚娶;系殴杀者,嫡母、继母俱拟缓决;如系故杀者,嫡母入于缓决,继母入于情实。至嫡母、继母为己子图占财产、官职,故杀庶生及前妻之子者,俱拟绞监候,嫡母入于缓决,继母入于情实。应入缓决者,永远监禁;应入情实者,如蒙恩免勾,仍行永远监禁,遇赦俱不准减等。

**谨案** 此条嘉庆六年(1801)增定。

○一、为人后者,如于本生祖父母、父母有犯,仍照殴祖父母父母律定罪。其伯叔、兄姊以下,均依律服图降一等科罪。尊长杀伤卑幼同。

**谨案** 此条乾隆二十四年(1759)定。三十二年(1767),于"为人后"下,增"及女之出嫁"五字。

○一、继母因奸将前妻子女致死灭口,如奸夫起意,本妇为从,而其夫尚有子嗣者,仍照谋杀卑幼为从律科断。如审系奸妇起意,本夫已故者,不论有无子嗣,亦照殴、故杀前妻之子致令绝嗣例,拟绞监候。

**谨案** 此条乾隆二十六年(1761)定。

一、继母因奸起意将前妻子女致死灭口者,不论现在有无子嗣,将奸妇拟绞监候。如奸夫起意,本妇为从,而其夫已故,止此一子,致令绝嗣者,亦拟绞监候;若其夫尚有子嗣者,将本妇发往伊犁给兵丁为奴。

**谨案** 此条乾隆四十二年(1777)改定。

一、亲母因奸谋死子女灭口者,不论是否造意,发往伊犁给予兵丁为奴,奸夫仍照律分别治罪。

**谨案** 此条乾隆三十七年(1772)定。

一、因奸将子女致死灭口者,无论是否起意,如系亲母,拟绞监候,不论现在有无子嗣,入于缓决,永远监禁。若系嫡母,拟绞监候;继母、嗣母,拟斩监候。查明其夫止此一子,致令绝嗣者,俱入于秋审情实;若未致绝嗣者,入于缓决,永远监禁。至姑因奸将媳致死灭口者,如系亲姑、嫡姑,拟绞监候;若系继姑,拟斩监候;均入于缓决,永远监禁。奸夫仍分别造意、加功,照律治罪。

**谨案** 嘉庆六年(1801),将前例修改,并为一条。十六年(1811),于首句"因奸"下,删"起意"二字,下加"无论是否起意"句。道光二年(1822),于原例末"奸夫"二句上,增入"至姑因奸"三十八字。

〇一、子孙过失杀祖父母、父母者,拟绞立决。

**谨案** 此条系乾隆二十八年(1763)遵旨议定。

一、子孙过失杀祖父母、父母,及子孙之妇过失杀夫之祖父母、父母者,俱拟绞立决。

**谨案** 此条道光二十四年(1844)增定。

一、子孙过失杀祖父母、父母之案,定案时,仍照本例问拟绞决。法司核其情节,凡弹射禽兽,投掷砖瓦,除耳目所可及者,毋庸夹签声明外,如投掷隔于墙壁,弹射障于林木,以及驾船乘马、升高举重,实系力不能施,势难自主,与耳目不及、思虑不到之律注相符者,准将可原情节,照服制情轻之例,夹签声明,恭候钦定。如蒙圣恩准其减等,再减为杖一百、流三千里。至妻妾过失杀夫、奴婢过失杀家长,亦照此例办理。

**谨案** 此条嘉庆五年(1800)改定。

一、子孙过失杀祖父母、父母之案,定案时,仍照本例问拟绞决。法司核其情节,实系耳目所不及、思虑所不到,与律注相符者,准将可原情节,照服制情轻之例,夹签声明,恭候钦定,改为拟绞监候。至妻妾过失杀夫、奴婢过失杀家长,亦照此例办理。

**谨案** 此条嘉庆十一年(1806)改定。道光六年(1826),移附"戏杀误杀过失杀伤人"门。

〇一、凡子孙殴祖父母、父母案件,审无别情,无论伤之轻重,即行奏请斩决。如其祖父母、父母因伤身死,将该犯锉尸示众。

**谨案** 此条系乾隆四十八年(1783)遵旨定例。

〇一、子孙误伤祖父母、父母致死,律应凌迟处死者,仍照本律定拟,援引白鹏鹤案内钦奉谕旨及陇阿候案内钦奉谕旨,恭候钦定。其误伤祖父母、父母,律应斩决者,仍照本律定拟,援引樊魁案内钦奉谕旨,恭候钦定。至误杀、误伤夫之祖父母、父母者,亦照此例办理。

**谨案** 此条道光二年(1822)定。

〇一、子妇殴毙翁姑之案,如犯夫有匿报贿和情事,拟绞立决。其仅止不能管教其妻,实无别情者,将犯夫于犯妇凌迟处所,先重责四十板,看视伊妻受刑后,于犯事地方枷号一月,满日仍重责四十板发落。

**谨案** 此条嘉庆十五年(1810)遵旨定例。

〇一、子妇拒奸殴伤伊翁之案,审明实系猝遭强暴,情急势危,仓猝捍拒,或伊翁到官供认不讳,或亲串邻佑指出素日淫恶实迹,或同室之人确有见闻证据,毫无疑义者,仍依殴夫之父母本律定拟。刑部核复时,恭录邢杰案内谕旨,将应否免罪释放之处,奏请定夺。倘系有心干犯,事后装点捏饰,并无确切证据,或设计诱陷伊翁,因而致伤者,仍照本律定拟,不得滥引此例。

**谨案** 此条嘉庆十七年(1812)遵旨议定。

一、子妇拒奸殴毙伊翁之案,如果实系猝遭强暴,情急势危,仓猝捍拒,确有证据,毫无疑义者,仍照殴夫之父母本律定拟。刑部核复时,援引林谢氏成案,将可否改为斩监候之处,奏请定夺。若系有心干犯,事后装点捏饰,并无确切证据,或设计诱陷伊翁,因而致死,及事后殴毙,并非仓猝捍拒致死者,仍照本律定拟,不得滥引此例。

**谨案** 此条道光九年(1829)定。

**历年事例**

〇雍正六年(1728)谕:"此本内引雍正元年(1723)马洪望救父殴死马兆六,将马洪望减等一案所降谕旨,'嗣后人命案内,有此等情由可矜者,仍援例两请'等语。当年降旨时,原有'再或有子之人与人角口,故意令伊子将人殴死者,岂可减等,此风断不可长。着将朕旨全抄,通行各督抚'等语。此数语应当全载本中,方与朕用法务期平允之意相符。今此本未将此旨全载,甚属疏漏。又雍正五年(1727)曾降谕旨,'李绂审拟杨四殴死马顺一案,公然以杨四护父,强引郑雄护母之例,欲将杨四之罪宽宥。夫杀人者死,律有明条,大臣惟当叙明情由,以待朕之酌量。若似李绂之枉法市恩,则是朕之法外施仁,偶然原情宽宥之处,臣工皆强为比照题请,以济其市恩行惠卑鄙之私,而用法不得其平矣'。此旨亦因护父护母而发,皆朕慎重刑罚,惟恐宽严失中之苦心。凡遇此等案件,该部及该督抚等,应将前后旨意一并载入,则情理方为周备,不至偏轻。此本着添写具奏,并通行各省督抚,嗣后一体遵行。"

〇七年(1729)谕:"李大保因继母李氏平日相待甚薄,适因争夺酒壶,将李氏带仆于地。李氏声言送官究治,李大保忿惧交加,辄欲自尽,于是先将一妻两子用刀抹死。其杀妻之罪,虽无可逭,而其起衅之处,则尚有因。常见继母之于前母之子,其相待之刻,有在寻常情理之外者。夫子之于继母,其奉养承顺,服制礼节,一切与本生之母无异,此伦常之道也。则为继母者,亦当视如亲生,顾复抚养,乃为交尽其道。乃有一等妇人,悍恶性成,不明大义,常存分别之心,偏爱其所生之子,而薄待前母之子。若己未有子者,又或怀嫉妒之念,而憎恶前母之子,或显加之以凌虐,或阴中之以计谋,以致其子不得其死,甚且至于绝其夫之宗祀而不恤。是不但母子之恩已绝,并视其夫如仇雠矣。向以名分所在,故律无拟抵之条。事既出于情理之外,所当酌量立法,以防人伦之变。朕意若继母于前母之子,有凌逼谋害等情,至于身死者,将情由审讯确实,以其所生之子,议令抵偿。若继母未生子者,则令归其母家,不得承受夫家产业。如此庶使秉性凶悍、不顾大义之妇人,有所儆戒,消其残忍之心,而保全其母子之恩谊,似属有益。着九卿悉心详议具奏。"

○乾隆十四年(1749)谕:"广东南海县民刘德满继妻关氏捺死前妻之子刘应周,致令伊夫绝嗣一案,着九卿大学士定议具奏。钦此。"遵旨议定:子果不孝,原可告官治罪。继母岂得重于嫡母,反宽其拟绞之条。除殴杀、故杀未致绝嗣者,仍止照律加等问拟外,如已致令绝嗣,诚如圣谕,天理人情,毫无可恕。律以绞候,立法极平。既审明现在别无子嗣,自不必复计及后此之续娶生育。于秋审时情罪可恶者,即入情实册内,请旨正法,实本天理以肃刑章。法未加重,而律愈详明。斯惨毒自息,而人伦益厚矣。

○二十四年(1759)议准:律书有服亲属,皆以服制定罪,本宗依本宗之服,出继依所降之服。故"名例"首列服图,于本宗五服之外,特标出为人后者为本生亲属服制皆降一等之文,而不复另载为人后者于本生亲属有犯作何治罪科条。盖以服定则罪定,毋庸复赘也。自律注于"殴期亲尊长"条内注云,"兄弟虽为人后,姊妹虽出嫁降服,其罪亦同",于"殴大功以下尊长"条内又注云,"族兄出继,族姊出嫁,不作无服"等语,此二条于期亲但言兄姊而不及伯叔,于大功以下又但言缌麻兄姊而不及大小功尊长、缌麻尊属,措辞既不该备,律条又无明文,引用遂多疑义。有谓不降兄姊而降伯叔者,有谓不降缌麻而降大小功者,有谓伯叔较兄姊为尊,大小功较缌麻为近,皆属不应降者,议论纷歧,问刑衙门,致鲜依据。今细考服图,详参全律,法律之与服制,条理井然。为人后者,于所后之伯叔、兄姊,既各准本宗期、功、缌麻制服,如有干犯,按照服制议罪,不得减而从轻;于本生伯叔、兄姊,已各降一等制服,如有干犯,自照所降之服论罪,不得加而从重。宗无二统,法不两科,义极明显。且即以定罪之轻重而论,殴期亲尊长死者斩决,降一等为大功,殴死者亦斩决,其罪同;大功降为小功,殴小功尊长死者亦斩决,其罪同。惟小功降为缌麻则斩候,缌麻降为袒免则绞候;谋、故杀期亲尊长者,降凌迟为立斩,似乎微有不同。而其明正典刑,敦伦饬纪之大义,未尝不昭然并著也。他如服轻而罪重者,祖父母服止期年,而与父母同;外祖父母服止小功,而与期服伯叔同。则从轻从重,律文各有明条,亦已详载。是为人后者,于本生伯叔父母、姑及兄姊有犯,悉依所降服制论罪,准之于礼而礼无不合,按之于律而律无不明。所谓疑似参差,昧于引用,不特罪名有关出入,且开高下其手之渐者,并非律书之有疏漏,实皆此二条注语生其窒碍也。嗣后为人后者,如于本生祖父母、父母有犯,仍照律殴祖父母父母条定罪,不与期亲尊长同科;其伯叔、兄姊以下,均依律以所降之服科罪。尊长之于卑幼亦如之。毋庸另议专条。律注二则,均行删去。则律书之正义聿昭,亲亲之等杀允协。一切疑似参差之见,可以尽除。引用划一,官吏无能高下其手,伦纪叙而刑宪章矣。

〇二十八年(1763)谕:"明德审拟洪洞县民郑凌放枪捕贼,致伤继母身死一案,拟以凌迟具题。三法司以本内所叙情形,'事由捕贼,放枪时,适伊母在房靠窗窥瞷,枪砂散开,误伤殒命。黑夜之中,实属思虑所不及,核其情法,尚属两歧,驳令该抚另审妥拟'等语,拟议尚未尽允协。夫所谓过失杀者,其在平人固无可议,即以一家尊长而论,亦止于伯叔、兄姊,尚可量从末减。若子孙之于祖父母、父母,即使实出无心,原情定拟,试问为子若孙者,尚何心偷生视息,腼颜自立于人世乎。春秋许世子止之义,深可味也。但究系犯时不知,准情酌理,自当免其凌迟,已属宽典。即定以缳首,立置于法,庶为平允。着刑部另将律文斟酌定议,奏准颁行。至此案郑凌致死继母陈氏,放枪虽由捕贼,然既系继母,又同院居住,岂不知伊母卧房所在,辄向放枪致死,尤不当令其苟活人世,致乖伦理。着三法司核拟具奏。"

〇四十八年(1783)谕:"昨刑部奏《殴伤亲母之张朝元一犯按律问拟斩决》一折,已依议行矣。此等蔑伦逆犯,行同枭獍。该部于审明后,即应奏请正法。使悖逆伦理之人,知殴伤伊母,即决不待时,庶足以昭惩儆。乃刑部定拟折内,称'饬令伊母养伤平复,再提该犯严加审讯'等语。在刑部之意,以为设或其母因伤身死,即当问拟凌迟。殊不知斩决、凌迟,同为一死。该部拘泥律文,致令凶逆之徒,得稽显戮。而无知者且以为未必即死,是不孝犯法者,无所儆畏,未始非此等迟回妇寺之仁之见有以酿成也。嗣后遇有子殴父母案件,毋论伤之轻重,该部于审明后,即行奏请斩决。设或其母因伤身死,自应将该犯锉尸示众,亦与凌迟等耳。将此通谕内外问刑衙门一体遵照。著为令。"

〇五十三年(1788)谕:"刑部核题四川省孔张氏推跌前妻之子孔文元落河身死一案,将孔张氏照继母殴杀前妻之子,其夫现无子嗣律,拟绞监候,已依议行矣。谋杀幼孩之案,若在他人,即立置重辟。因有继母名分,是以定例止拟绞监候。将来办理秋审时,若将该犯予勾,则孔张氏系孔文元继母,乃为其子抵偿,于名分究有关碍。然一经免勾,数年后,仍得照例减等收赎,与其夫完聚生子,安享家产。是使凶悍之妇,竟得遂其谋占之私,亦不足示惩儆而全幼稚。着交刑部查明,凡有此等继母殴杀前妻幼子者,虽经免勾之后,仍永远监禁,遇赦不赦,听伊夫另行婚娶。所有孔张氏一案,即照此办理。著为例。"

〇嘉庆五年(1800),巡视南城御史移送崔三与伊父崔立成锯解木板,因木身倒地,压伤伊父身死一案。经刑部议称:子孙过失杀祖父母、父母,按律原拟杖一百、流三千里。嗣于乾隆二十八年(1763)郑凌案内,钦奉谕旨,改拟绞决,著为定例,颁行在案。嘉庆四年(1799),刑部核拟直隶民妇张周氏用信石拌饭毒鼠,致伊夫误食身死一案,因其时奉有谕旨,凡一切案件,毋庸律外加重,查张周氏之致死伊夫,究系出于无心,请将该氏改照本律满流,并请将子孙过失杀祖父母父母、妾与奴婢过失杀家长,均照旧律办理,亦奏准通行在案。案"过失杀人"律注云,"过失谓耳目所不及、思虑所不到。如弹射禽兽,因事投掷砖瓦,不期而杀人,或因升高陟险,足有蹉跌,累及同伴,或驾船驶风,乘马惊走,驰车下坡,势不能止,或共举重物,力不能制,凡初无害人之意,而偶致杀人者,皆准斗杀罪依律收赎"等语。向来办理过失杀人之案,俱以律注为断,平人律得收赎。而子孙之于父祖,则律应满流,固较平人为重。但伦纪攸关,自应将其过失情形,再为详加区别。窃思弹射禽兽、投掷砖瓦二项,本系可以杀伤人之事,又出自其人之手,其势究能自主。如在平人,尚可因不期而杀,原情宽贷,若因而戕及祖父母、父母,即使出于无心,而为子若孙者,亦复何颜偷生视息于人世。即如郑凌之案,鸟枪本系可以杀人之物,而放枪又出自该犯之手,钦遵圣谕,免其凌迟而定以绞决,诚属仁至义尽。至律注所云"升高陟险,驾船驶风,乘马驰车,势不能止,共举重物,力不能制"之类,则由地势、风力、车马惊驰、重物难举所致,均系猝不及防,人力难施,实有不能自主之势,核与弹射、投掷之物在其手而致伤其亲者,情节有间。此案崔三与伊父对面锯解木板,木身摇动,兼因风势吹猛,将支架小木滑脱,致大木倒压伊父身上,受伤身死。在该犯与伊父锯木之时,其意之所注,止在所锯之大木,而不能顾及支撑之小木猝然滑脱,核与律注耳目不及、思虑不到之义,正相符合。惟刑部为执法之官,凡有关于名教之案,不能不抑情就法。至恩出自上,非臣下所敢擅专。若将崔三照上年奏准改归原律,遽由问刑衙门拟以杖流,揆之名分,究有未妥。查向来服制攸关,例应立决,而情节较轻之案,俱系按律定罪,仍将其可原情节,夹签声明,恭候钦定,此案亦应遵照办理。因酌拟例条,奏蒙俞允,纂入例册通行。

○七年(1802)谕:"晋昌奏《审拟邢杰强奸子妇邢吴氏未成,被邢吴氏咬落唇皮,将邢吴氏照律拟斩,请旨定夺》一折。此案邢杰蔑伦行强,翁媳之义已绝。邢吴氏系属妇女,猝遭强暴,情急咬落伊翁唇皮,其情节断非装点,与无故干犯尊长者迥别。邢吴氏应照律毋论,免其治罪。"

○十一年(1806)奏准:过失杀人,非意料所及,在平人律得收赎。至子孙之于父祖,虽杀出无心,究由防备不谨所致,是以定例改拟绞决。其情可矜悯者,仍准夹签声明。惟是伦纪攸关,若因杀由过失,遽得声请减流,不惟妇女照律收赎,竟得脱然无罪,即丁男问拟实发,亦属宽纵。且与服制情轻之案,夹签声请,由立决改为监候者,办理亦觉参差。应将例内声请减流之处,改为拟绞监候。其妻妾过失杀夫、奴婢过失杀家长,亦照此办理。

○十五年(1810),江西巡抚奏张杨氏殴伤伊翁张昆予身死一案。奉旨:"此案张杨氏殴毙伊翁,凶逆蔑伦,该抚于审明后恭请王命,将该犯妇凌迟处死,系属按律办理。至伊夫张青辉,经该抚讯无纵妻违忤情事,是日亦未在家,惟平日不能化导其妻,酿成其妻凶恶,实有应得之罪,亦应引例案酌拟,候朕核定。今该抚折内,率请将该犯枷号一月,满日重责四十板,止系出自意见,并不引载例文,未免轻纵。着刑部详查律例定拟具奏。如例无明文,并着通查成案,比照定拟,奏闻请旨。钦此。"当经刑部查子媳殴毙翁姑之案,犯夫例无治罪专条。检查嘉庆五年(1800)审奏高傅氏殴伤伊翁高大身死一案,将犯夫高奇山拟重责四十板,奉旨"高奇山一犯,虽于伊妻素日悍泼,顶撞伊父,屡经殴责,但该犯平日果能教导其妻,亦何至凶恶至此。且伊妻既经屡责不悛,亦早应休出。是该犯平日徇纵其妻,致酿此案,仅责四十板,尚不足示惩。高奇山着于高傅氏凌迟处所重责四十板,看视伊妻受刑后,于犯事地方枷号一月,满日仍重责四十板,以为纵妻不孝者戒。钦此";又八年(1803),贵州巡抚题李周氏咬伤伊姑李熊氏,致令忿激自缢,犯夫李绍燮出银贿嘱乡约等匿报,将李绍燮依故纵罪囚情重全科致死律拟绞监候一案,奉旨"李绍燮素知伊妻赋性强悍,不能管教,致伊母常被触忤,已属有亏子道。迨伊母被周氏咬伤手背,忿激自尽,该犯复希图隐瞒,竟将母棺殓。并于邻人傅明、乡约莫士汉等查知后,贿银累累,求为寝息。其昵爱忘仇,尤为罪无可逭。李绍燮着即行处绞。钦此",钦遵各在案。张青辉一犯,虽讯无纵妻违忤情事,惟平日不能化导其妻,致酿逆伦重案,则与高奇山情事相类。该犯既未于杨氏正法时先行重责,自应酌加重惩。将张青辉枷号两月,满日重责四十板。并声请嗣后子媳殴毙翁姑之案,如犯夫有匿报贿和情事者,应照李绍燮一案定拟;其仅止不能管教其妻,实无别情者,即照高奇山一案治罪。

○十八年(1813)谕:"白鹏鹤因向伊嫂白葛氏借取灯油不给,出街嚷骂。葛氏赶出理论,白鹏鹤拾块向掷。不期伊母白王氏出劝,以致误伤殒命。与斗殴误杀者不同,将白鹏鹤改为斩立决。嗣后有案情似此者,即照此问拟。"

○二十一年(1816)谕:"此案樊魁因伊弟樊元窃取铜壶争吵,经伊母王氏向樊元训斥不服。该犯听闻斥骂,樊元赶出嚷闹,该犯顺用菜刀吓砍,其母用右手将刀夺去,因刀刃向左,自行划伤左胳肘。据伊母供称平日孝顺,其伤由自划,该犯并无忤逆情形。樊魁改为斩监候。"

○道光二年(1822)谕:"明山奏《审拟误伤祖母重犯》一折。此案陇阿候与余茂胜口角争殴,误伤祖母阿潮奶身死。该抚因例无专条,请依孙殴祖父母杀者律,凌迟处死。伦纪攸关,固当加重定拟。但误伤究与殴杀者有间,朕准情酌理,陇阿候着改为斩立决。嗣后遇有误伤祖父母致死之案,即照此问拟。"

○又谕:"嵩孚奏《知县因逆伦重犯患病绝食援案杖毙》一折。广东新宁县民伍荣奕,用石块将伊母伍李氏殴伤毙命,合浦县民韩莼青,将伊母韩冯氏用柴斧连砍毙命,此等逆伦重犯,自应解省审讯,明正典刑,岂可使枭獍之徒,幸逃显戮。该二县知县,辄因该犯等病饿危笃,距省穹远,援案杖毙,殊属不合。新宁县知县江涵暾、合浦县知县倪丰,均着交部议处。嗣后各省遇有逆伦之案,该地方官务将要犯小心防范,解省审鞫,照例办理,不准率行由县杖毙,以彰宪典。"

○十年(1830),刑部核复陕西巡抚鄂山奏民妇林谢氏被伊翁林帼亨强奸不从,将其茎物割落,因伤身死,审将林谢氏依律凌迟处死,声明林帼亨乱伦强奸子媳,割由情急,与无故逞凶干犯者不同,援案声明奏请定夺。奉旨:"林谢氏着改为斩监候。

余依议。”

○又议准：嗣后子妇拒奸殴毙伊翁之案，如果实系猝遭强暴，情急势危，仓猝捍拒，确有证据，毫无疑义者，仍照殴夫之父母本律定拟。核复时援引林谢氏成案，将可否改为斩候之处，奏请定夺。若系有心干犯，事后装点捏饰，并无确切证据，或设计诱陷伊翁，因而致死，及事后殴毙，并非仓猝捍拒致死者，仍照本律定拟，不得滥引此例。

○光绪九年(1883)奏准：查姑媳名分綦严，如果其媳不遵教训，原可责处。是以律内姑杀媳无论谋、故，均拟流收赎。自乾隆四十八年(1783)直隶老王邢氏谋死伊媳小王邢氏一案，钦奉谕旨，始定有实发之例。然尔时止论谋杀，其故杀者，则仍照律拟流收赎。伏思过门童养之媳，或因父母已故，或因家贫无力养赡，送至夫家。俟及岁后再行成婚，情形本属可悯。为翁姑者，自当怜其孤苦，格外矜恤，方不失为尊长之道。乃日久厌恶心生，凌虐折挫，无复人理，甚至起意毒殴致毙。迨犯案到官，因姑媳名分已定，不过虚拟罪名，照律收赎。有治罪之名，无治罪之实，以致毫无畏忌。嗣后姑故杀子媳之案，除年在十六岁以上，仍照例准其收赎外，如有将十五岁以下童养幼媳，非理凌虐，逞忿故杀，情节残忍者，照律拟罪，酌予监禁三年。限满由有狱、管狱官察看情形，实知改悔，据实结报，即予释放。倘在监复行滋事，犯该笞、杖者，仍准收赎；犯该徒罪以上，加监禁半年；犯军、流以上，加监禁一年，再行释放。若官吏、狱卒故意凌虐，照凌虐罪囚例加等治罪。

# 卷八百十四·刑部九十二

## 刑律·斗殴　妻妾与夫亲属相殴　殴妻前夫之子　妻妾殴故夫父母　父祖被殴

### 妻妾与夫亲属相殴

○凡妻妾殴夫之期亲以下缌麻以上（本宗、外姻）尊长，与夫殴同罪；（或殴或伤或折伤，各以夫之服制科断。其有与夫同绞罪者，仍照依名例至死减一等，杖一百、流三千里。）至死者，各斩。（监候。缌麻亲兼妾殴妻之父母在内。此不言故杀者，其罪亦止于斩也。不言殴夫之同姓无服亲属者，以凡人论。）若妻殴伤卑属，与夫殴同；（各以夫殴服制科断。）至死者，绞。（监候。此夫之缌麻、小功、大功卑属也，虽夫之堂侄、侄孙及小功侄孙亦是。）若殴杀夫之兄弟子，杖一百、流三千里；（不得同夫拟徒。）故杀者，绞。（监候。不得同夫拟流。）妾犯者，各从凡斗法。（不言夫之自期以下弟妹者，殴夫之弟妹，但减凡一等，则此当以凡论。）若（期亲以下缌麻以上）尊长殴伤卑幼之妇，减凡人一等，妾又减一等；至死者，（不拘妻妾，）绞。（监候。故杀亦绞。）若弟妹殴兄之妻，加殴凡人一等。（其不言妻殴夫兄之妻者，与夫殴同。）若兄姊殴弟之妻，及妻殴夫之弟妹及夫弟之妻，各减凡人一等。若殴妾者，各又减（殴妻）一等。（不言妻殴夫兄之妾者，亦与夫殴同。不言弟妹殴兄之妾及殴大功以下兄弟妻妾者，皆以凡人论。）其殴姊妹之夫、妻之兄弟，及妻殴夫之姊妹夫者，（有亲无服，皆为同辈。）以凡斗论。若妾犯者，各加（夫殴、妻殴）一等。（加不至于绞。）若妾殴夫之妾子，减凡人二等；（以其近于子也。）殴妻之子，以凡人论。（所以别妻之子于妾子也。）若妻之子殴伤父妾，加凡人一等；（所以尊父也。）妾子殴伤父妾，又加二等。（为其近于母也。共加凡人三等，不加至于绞。）至死者，各以凡人论。（此通承本节弟妹殴兄之妻以下而言也。死者绞，故杀者斩。）

### 附律条例

○一、妻之子及妾之子，殴伤生有子女之庶母，仍依律分别科断外，如殴至死者，拟斩监候；其谋、故杀死，亦拟斩监候，于秋审时酌量情罪，分别定拟。

**谨案**　此条乾隆三十年(1765)定。

一、妻之子殴伤生有子女之庶母者，照弟妹殴兄姊律杖九十、徒二年半。妾之子殴伤庶母者，加二等。如殴至死者，俱拟斩监候。其谋、故杀死，亦拟斩监候。于秋审时酌量情罪，分别定拟。

**谨案**　此条道光四年(1824)因原例仅称“妻之子及妾之子殴伤庶母，依律分别科断”，并未指明依何律治罪，办理恐致舛错，是以改定。

○一、嫡孙、众孙殴伤庶祖母者，照殴伤庶母例减一等科断；至死者，拟绞监候；

谋、故杀者,拟斩监候,秋审时酌量情节办理。若庶祖母殴杀嫡孙、众孙者,仍同凡论。

**谨案** 此条乾隆三十九年(1774)定。

**历年事例**

○同治十年(1871),直隶总督题王必俭摔跌兼祧胞叔王重义之妾赵氏身死一案,以王必俭系大宗子兼祧小宗,按照礼部议定通行,止能为王重义服期,赵氏并无服制。该氏虽生有一女,第究与生有子女之本生父妾不同,将王必俭比依妻之子殴死父妾以凡人论,斗杀者绞律,拟绞监候。经刑部查"服制图"并无兼祧子为兼祧父妾作何持服,刑律内亦无兼祧子殴死兼祧父妾作何治罪明文。若谓王必俭仅为赵氏家长服期,王重义不得为王必俭之父,照殴死期亲尊属之妾,竟当以凡斗论绞;若谓服虽从杀,父名未改,按殴死生有子女之庶母,则当拟斩。应由礼部查明,大宗子兼祧小宗,与兼祧父妾有无服制,有犯,应否照殴死庶母分别有无子女治罪,抑或照殴死期亲尊属之妾办理。礼部以王必俭明系兼祧,按定例两房分祧之孙,父卒,孙承重,俱为祖父母服斩衰三年。孙既有重之可承,则兼祧者已全乎为子。王重义既非期亲尊属可比,赵氏即非期亲尊属之妾可比。如照殴死生有子女之庶母定拟,王必俭系属大宗,按长房独子出继次房大宗为重之例,王必俭仅止为王重义服期,则赵氏自不得照庶母杖期之例持服。若照妻之子殴死父妾定拟,赵氏已生有一女,又不得拟之父妾。惟详查例案,究无大宗兼祧小宗为兼祧父妾作何持服明文。所有此案罪名,应由刑部自行酌办。复经刑部以服制攸关之案,必先定服制,乃可科以罪名。经礼部奏称,古无所谓兼祧,乾隆四十年(1775)钦奉特旨,准以独子兼承两房宗祧,于是始定兼祧之例。道光九年(1829)增议两祧服制,兼祧庶母,未经议及。虽独子、众子为庶母齐衰、杖期,例有明文,然止就本支定制,不及旁支,是以侄于伯叔庶母例均无服。兼祧者以本支兼承旁支,若照独子、众子之例,为兼祧庶母服期,则嫌于本支无别;若照侄之例,为兼祧庶母无服,又无解于兼祧之义。查定例孙为祖父母服期,为庶祖母服小功。道光九年(1829),议准两房分祧之孙,应从正服,是照例应各为祖父母服期,即应各为庶祖母服小功。兼祧之子,拟即照定制为兼祧父母服期,为兼祧庶母持服小功。其以大宗子兼祧小宗,与以小宗子兼祧大宗者,均以大宗为重,于大宗庶母持服期年,于小宗庶母持服小功等因。奉旨依议。复经刑部查,王必俭因与兼祧胞叔之妾王赵氏口角揪扭,辄将王赵氏摔碰致伤身死,若照殴死庶母例拟斩,似与本支无所区别;如照殴死伯叔庶母例定拟,该犯究系兼祧之子,又与旁支迥不相同。且赵氏既生有一女,尤不得以妾论。现既奏明将大宗子兼祧小宗,援照孙为庶祖母服小功之例,为兼祧小宗庶母持服小功,是服制既与庶祖母相等,则干犯罪名,应即比照殴庶祖母至死例科断。王必俭应比依殴庶祖母至死者拟绞监候例,拟绞监候,秋后处决。嗣后遇有此等案件,一体遵照办理。

○光绪十年(1884)议准:御史汪鉴奏,直隶民人王必俭为庶母正服杖期,比照通礼正服降一等之文,应为赵氏降服大功。礼部比例孙为庶祖母服小功,与道光四年(1824)钦定凡降服均照本服降一等之例相背,应请厘正。经刑部查王必俭为赵氏所持系属义服,与由正服降等之例,并无干涉。至此等服制,无论大功、小功,殴死罪止绞候,谋、故亦罪止斩候,与干犯本宗功服尊长问拟立决之例,亦属不同。该御史斤斤于大功、小功之分,而于罪名则毫无出入也。旋经礼部奏定,嗣后兼祧小宗庶母病故,即照庶母期年正服降服大功。

## 殴妻前夫之子

○凡殴妻前夫之子者,谓先曾同居,今不同居者。其殴伤、折伤,减凡人一等;同居者,又减一等。至死者,绞。监候。若殴继父者,亦谓先曾同居,今不同居者。杖六十、徒一年;折伤以上,加凡斗伤一等;同居者,又加一等。至笃疾,罪止杖一百、流三千里,不加于死,仍给财产一半养赡。至死者,斩。监候。其故杀及自来不曾同居者,不问父殴子、子殴父。各以凡人论。

## 妻妾殴故夫父母

○凡妻妾夫亡改嫁,殴故夫之祖父母、父母者,并与殴舅姑罪同。其旧舅姑殴已故子孙改嫁妻妾者,亦与殴子孙妇同。妻妾被出,不用此律,义已绝也。若奴婢殴旧家长,及家长殴旧奴婢者,各以凡人论。此亦自转卖与人者言之。奴婢赎身,不用此律,义未绝也。

## 父祖被殴

○凡祖父母、父母为人所殴,子孙即时少迟即以斗殴论。救护而还殴,行凶之人,非折伤毋论。至折伤以上,减凡斗三等。虽笃疾,亦得减流三千里为徒二年。至死者,依常律。若祖父母、父母为人所杀,而子孙不告官,擅杀行凶人者,杖六十,其即时杀死者毋论。少迟即以擅杀论。若与祖父母、父母同谋共殴人,自依凡人首从法。又祖父母、父母被有服亲属殴打,止宜救解,不得还殴。若有还殴者,仍依服制科罪。父、祖外其余亲属人等被人杀,而擅杀行凶人,审无别项情故,依罪人本犯应死而擅杀律杖一百。

### 附律条例

○一、人命案内,如有救父情切,因而殴死人者,于疏内声明,援例两请,候旨定夺。其或有子之人与人角口,故令伊子将人殴死者,仍照律科罪,不得概议减等。

**谨案** 此条雍正五年(1727)定。

一、人命案内,如有父母被人殴打,实系事在危急,伊子救护情切,因而殴死人者,于疏内声明,援例两请,候旨定夺。其或有子之人与人角口,故令伊子将人殴死者,仍照律科罪,不得概议减等。

**谨案** 此条乾隆五年(1740)改定。

一、人命案内,如有父母被人殴打,实系事在危急,伊子救护情切,因而殴死人者,于疏内声明,援例两请,候旨定夺。其或有子之人与人角口,主令伊子将人殴打致死,或父母与人寻衅斗殴,其子踵至助势,共殴毙命,仍照律科罪,不得概议减等。

**谨案** 此条系乾隆三十八年(1773)奉旨增定。

一、人命案内,如有祖父母、父母及夫被人殴打,实系事在危急,其子孙及妻救护情切,因而殴死人者,于疏内声明,分别减等,援例两请,候旨定夺。其或祖父母、父母及夫与人角口,主令子孙及妻将人殴打致死,或祖父母、父母及夫先与人寻衅,其子孙及妻踵至助势,共殴毙命,俱仍照各本律科断,不得援危急救护之例,概拟减等。

**谨案** 此条乾隆六十年(1795)奉旨增定。

〇一、凡祖父母、父母为人所杀,本犯拟抵后,或遇恩遇赦免死,而子孙报仇,将本犯仍复擅杀者,杖一百、流三千里。

**谨案** 此条雍正五年(1727)定。

一、祖父母、父母为人所杀,凶犯当时脱逃,未经到官,后被死者子孙撞遇杀死者,照擅杀应死罪人律杖一百。其凶犯虽经到官拟抵,或于遇赦减等发配后,辄敢潜逃回籍,致被死者子孙擅杀者,仍照旧例杖一百、流三千里。若本犯拟抵后,援例减等问拟军、流,遇赦释回者,国法已伸,不当为仇。如有子孙仍敢复仇杀害者,仍照谋、故杀本律定拟,入于缓决,永远监禁。至释回之犯,复向死者子孙寻衅争斗,或用言讥诮,有心欺凌,确有实据者,即属怙恶不悛,死者子孙忿激难堪,因而起意复仇致毙者,仍于谋、故杀本律上减一等,拟以杖一百、流三千里。

**谨案** 此条乾隆五十八年(1793)议定。嘉庆六年(1801),删“仍照旧例”四字。咸丰二年(1852),增“至释回之犯”以下七十二字。

〇一、祖父母、父母被本宗缌麻尊长及外姻小功、缌麻尊长殴打,实系事在危急,卑幼情切救护,因而殴死尊长者,于疏内声明,减为杖一百、发边远充军,照例两请,候旨定夺。若并非事在危急,仍照律拟罪,秋审时核其情节,入于缓决,不得滥引此例。

**谨案** 此条系嘉庆六年(1801)遵旨定。

一、祖父母、父母被本宗缌麻尊长及外姻小功、缌麻尊长殴打,实系事在危急,卑幼情切救护,因而殴死尊长者,于疏内声明,减为杖一百、发边远充军,照例两请,候旨定夺。若并非事在危急,仍照律拟罪,秋审时核其情节,入于缓决。至父母被卑幼殴打,实系事在危急,救护情切,因而殴死卑幼,罪应绞候者,于疏内声明,减为杖一百、流三千里,候旨定夺。如殴杀卑幼,罪不应抵者,各于殴杀卑幼本律上减一等,仍断给财产一半养赡。若并非事在危急,仍照殴杀卑幼各本律问拟,均不得滥引此例。

**谨案** 此条道光三年(1823)增定。

〇一、救亲殴毙人命之案,除听从父母主令将人殴死,或父母先与人寻衅,助势共殴,及理曲肇衅,累父母被殴,已复逞凶致毙人命者,虽死系犯亲卑幼,父母业经受伤,应仍将凶犯各照本律定拟,不准声请减等外,若无前项情节,确因救亲起衅,如死者系犯亲本宗、外姻有服卑幼,先将尊长殴伤,其子目击父母受伤,情急救护,将其致毙,不论是否实系事在危急,及有无互殴情形,定案时仍照本律定拟,援引孟传冉案内钦奉谕旨,声明照例两请,候旨定夺。其并非犯亲卑幼,及父母并未受伤之案,应仍分别是否事在危急,照例定拟。如案系谋、故杀,及火器杀人,并死系凶犯有服尊长,虽衅起救亲,均仍各照本律问拟,不得援例声请。

**谨案** 此条咸丰十一年(1861)定。

**历年事例**

○乾隆三十八年(1773)谕:"昨据刑部题复巴延三审拟李治国扎伤石通致死一案,以该犯救母情切,照例两请减等,并声明独子家无次丁,例得留养。核其情节,李治国因伊母高氏,被同母异父之石通拉走,擦伤手腕、脊背,李治国恐母年老伤重,用刀吓扎,以致石通殒命,实系救母情急,已照议减等发落矣。例载救亲情切一条,原因父母被人殴打,势在危急,伊子闻声救护,实有迫不得已情状,因致伤人,其情实有可原。是以向例准于疏内声明,两请候旨。若其父母与人寻衅斗殴,其子踵至从而加功,致毙人命,是父子逞凶共殴,并非情殷救护,岂可不严究实情,照律论抵。若复巧为援引开脱,竟使济恶重犯,幸逃法网,何以昭敕法之平。又独子养亲一条,定例必先查核死者并非独子,而凶犯实在家无次丁,方准声请。然亦须核其情节本轻,又毫无别故者,始可照例援请。至其中案情稍重,虽经声请不准留养者,前经朕以此等尚非谋故重情、常赦不原,曾降旨俟其拘系经年,驯其桀骜之气,量为末减,亦不必于定案时将命案正犯,遽行开释。是于明慎用刑之中,更寓法外施仁之意。第恐愚民无知,恃有留养之例,凡系独子,动辄轻身斗狠,易罹法网。是随案办理留养,非惟无益而且害之。与其急于纵释而民轻犯法,何如稍加慎重之转得矜全乎。嗣后内外问刑衙门遇此两项案情,务须确核罪由,审酌至当,妥协办理。毋得意存姑息,以副明允协中之意。"

○四十二年(1777)谕:"此案沈万良之父沈三行窃拒捕,原系有罪之人。被事主王廷修知觉,赶殴致毙。王廷修照黑夜偷窃被事主殴打致死例拟徒,本案已经完结,法非应抵,义不当仇。乃伊子沈万良,忽于十余年后,复将已伏罪之王廷修乘机杀害。该督援照子孙报仇之例,拟以杖流,经部议驳甚是。从前各省办理复仇之案,如广东省曾士标殴死曾会昌,律拟斩候,而曾会昌之子曾朝宗,复戳死曾士标之子曾亚一,律拟斩决。朕特明降谕旨,改为绞决。又河南省智洪义,因父智顺被赵二殴死,赵二问拟绞候,智洪义借言报复,辄杀其子赵仓,律拟斩候,九卿阁臣于勾到招册内夹签声明。又经朕明降谕旨,通谕问刑衙门,以我朝明罚敕法,审慎周详,生杀悉由谳司,岂容一介不逞之徒,私行报复。况国法既彰,则私恨已泄,仇杀之端,断不可启。训示最为明晰。即子孙复仇之例,若因伊父死于非命,而凶手竟得漏网,冤无可伸,其复仇犹为有说。今沈三原系罪人,王廷修又已伏罪结案,则国法已伸,王廷修即属无罪之人。乃沈万良复逞凶故杀,即应照故杀问拟。若如该督所拟杖流,将来此风一开,谁非人子,皆得挟其私忿,借口复仇,逞凶挠法,何所底止,岂辟以止辟之义耶?周元理引律不当,着饬行。此案着照部议,交周元理另行照律改拟具题。并将此通谕问刑衙门知之。"

〇五十八年(1793)谕:"刑部具题议驳陕西省赵宗乾殴死赵秕麦改拟斩候一本。此案赵宗乾因伊父赵大典,被赵秕麦扎死,拟绞减流,释放回籍,触起前忿,将赵秕麦致死。向来子报父仇之案,情节不一。倘有凶手漏网,冤无可伸者,其复仇原属可原。今赵秕麦前已问拟绞候,国法既伸,止因遇赦减流,十年无过,释回原籍,并非幸逃法网。是揆之公义,已不当再挟私仇。若概如赵宗乾之逞私图报,则赵秕麦之子,又将为父复仇。此风一开,谁非人子,皆得挟其私忿,借口报复,势必仇杀相寻,伊于何底。赵宗乾自应照部驳定拟斩候。第念该犯究因报复父仇起见,竟予勾决,究觉有所不忍。若仍得援例减等释放,又恐被仇之家,往来寻觅,逞凶报复,转非辟以止辟之义。其在未经奉旨以前者,仍照旧例办理外,赵宗乾着入于缓决,永远牢固监禁。嗣后各省遇有此等案件,俱着照此办理。"

〇五十九年(1794)谕:"刑部题复云南省李氏戳伤李文有身死一本。阅其情节,李文有与大功堂弟李文玉彼此角口,将锄头砍伤李文玉左太阳等处,昏晕倒地。李文玉之妻李氏,看见伊夫晕死,一时悲忿,顺用剪刀戳伤李文有胸膛等处,伤重殒命。是李氏之戳毙李文有,实由于救夫情切。而向来办理此等案件,仍依律拟以斩候。揆诸情理,殊未允协。夫明刑所以弼教,而教莫大于纲常。妻之于夫,何异子于父母。身为人妻,目击其夫被殴危急,而安坐不救,所谓纲常者安在?乃律例所载,止有救父母情切,声明请旨减等之条,而救夫情切者,未经著有成例,未免疏漏。李氏着即照救父母情切之例,酌予减等。并着刑部将此等案件,一并分别议减,载入例册,以示朕详慎庶狱、扶持名教至意。"

〇嘉庆四年(1799)谕:"刑部核拟河南省郝和尚殴伤伊缌麻服叔郝太花身死一案。因该犯情切救母,并非逞凶干犯,于本内声明请旨。内阁亦即票拟双签,并夹片声叙。此案郝和尚因伊母郝徐氏与郝太花争詈起衅,郝徐氏被郝太花推跌,并用木橛向殴,郝和尚自应上前救护。但郝太花所持木橛,业被郝和尚夺回,则郝太花已系徒手,并非事在危急。郝和尚乃又用木橛回殴,以致伤重殒命,自应照律定拟,又何得以救母情切,即照该抚原拟声请减等,转失平允。郝和尚着按例应斩监候,秋后处决,届时入于缓决。嗣后遇有此等案情,皆应照例定拟,毋庸于本内声明,内阁亦毋庸再用夹片。"

〇咸丰九年(1859)谕:"山东情实招册孟传冉一犯,因朱胜溪乘醉寻衅,将其妻父即该犯之父孟毓峰扎伤。是死者已犯有服尊长,该犯回归救护,将朱胜溪用枪扎伤致死。是其救父情切,事在危急,不得以伤多且重,入于情实。孟传冉着即照例减等,以昭平允。”

○十一年(1861)议准:嗣后救亲致毙人命之案,除父母主令其子将人殴死,或先与人寻衅,其子踵至助势,共殴毙命,或凶犯理曲肇衅,累父母被殴,已复逞凶毙命各项,虽死系犯亲卑幼,父母业经受伤,应仍将凶犯各照本律定拟,不准声请减等外,若并无前项情节,确因救亲起衅,如死者系犯亲本宗、外姻有服卑幼,先将尊长殴伤,其子目击父母受伤,情急救护,将其致毙,不论是否实系事在危急,及有无互殴情形,定案时仍照本律定拟,援引孟传冉案内钦奉谕旨,声明照例两请,候旨定夺。其并非犯亲卑幼,凶犯因见父母受伤,救护起衅者,不论伤痕多寡、是否互斗,俱照本律拟绞监候,秋审时酌入可矜。至父母并未受伤之案,应仍分别是否事在危急,及伤痕多寡、有无互斗,悉照定例及向办章程定拟。如案系谋、故杀,及火器杀人者,虽衅起救亲,均仍各照本律问拟,不得援以为例。

# 【刑律 · 骂詈】

**刑律 · 骂詈** 骂人　骂制使及本管长官　佐职统属骂长官　奴婢骂家长　骂尊长　骂祖父母父母　妻妾骂夫期亲尊长　妻妾骂故夫父母

## 骂　人

○凡骂人者，笞一十。互相骂者，各笞一十。

### 历年事例

○康熙六十一年(1722)十二月谕："看得八旗官员，将所属兵民人等，开口辱骂及人父母，此等恶俗，甚不可开。先经朕皇考不时教训，毋得骂人父母。此等恶俗，屡经奉旨，官兵即有不是，止可责及本身，岂可骂人父母。将此概行传示。如仍前不改，骂及人之父母者，即行回明该管大臣，令其参处。再宫内太监等，亦常骂人父母。此后太监等在街道处混行骂人者，令其重打，捆绑交与首领太监。将此概传。仍传示提督，交与内务府大臣，传示内里首领太监，各行晓谕，永行禁止骂人父母。"

## 骂制使及本管长官

凡奉制命出使而官吏骂之者，及部民骂本属知府、知州、知县，军士骂本管官，若吏卒骂本部五品以上长官，杖一百。若吏卒骂六品以下长官，各（指六品至杂职。各于杖一百上）减三等。（军、民、吏卒）骂（本属、本管、本部之）佐贰官、首领官，又各递减一等。并亲闻乃坐。

**谨案**　"本管官"三字，原作"本管指挥、千户、百户"，雍正三年(1725)改。

### 附律条例

○一、凡毁骂公、侯、驸马、伯，及京省文职三品以上、武职二品以上官，问罪，枷号一月发落。

**谨案**　此条系原例。"武职二品以上"六字，雍正三年(1725)增。"问罪"二字，乾隆五年(1740)改为"杖一百"。

○一、凡在长安门外等处妄叫冤枉，辱骂原问官者，问罪，用一百斤枷枷号一月发落。妇人有犯，罪坐夫男。若不知情，及无夫男者，止坐本妇，照常发落。

**谨案** 此条系原例。“问罪”二字,乾隆五年(1740)改为“杖一百”。嘉庆十七年(1812)奏准,凡例内应用重枷者,于寻常枷号斤数上酌加十斤,因将此条“用一百斤枷”改为“用重枷”。

## 佐职统属骂长官

凡首领官及统属官骂五品以上长官,杖八十;若骂六品以下长官,减三等。笞五十。佐贰官骂长官者,又各减二等。五品以上杖六十;六品以下笞三十。并亲闻乃坐。

## 奴婢骂家长

凡奴婢骂家长者,绞;监候。骂家长之期亲及外祖父母者,杖八十、徒二年;大功,杖八十;小功,杖七十;缌麻,杖六十。若雇工人骂家长者,杖八十、徒二年;骂家长期亲及外祖父母,杖一百;大功,杖六十;小功,笞五十;缌麻,笞四十。并亲告乃坐。以分相临,恐有谗闲之言,故须亲闻。以情相与,或有容隐之意,故须亲告。

## 骂尊长

凡骂内外缌麻兄姊,笞五十;小功兄姊,杖六十;大功兄姊,杖七十;尊属,兼缌麻、小功、大功。各加一等。若骂期亲同胞兄姊者,杖一百。伯叔父母、姑、外祖父母,各加骂兄姊一等。并须亲告乃坐。弟骂兄妻,比照殴律,加凡人一等。

**谨案** “弟骂兄妻”数句,系乾隆五年(1740)增注。

## 骂祖父母父母

凡骂祖父母、父母,及妻妾骂夫之祖父母、父母者,并绞。须亲告乃坐。

### 附律条例

○一、凡毁骂祖父母、父母,及夫之祖父母、父母,告息词者,奏请定夺。再犯者,虽有息词,不与准理。若祖父母、父母听信后妻爱子蛊惑,谋袭官职、争夺财产等项,捏告打骂者,究问明白,不拘所犯次数,亦与办理。

**谨案** 此条系原例。

## 妻妾骂夫期亲尊长

凡妻妾骂夫之期亲以下、缌麻以上内外尊长,与夫骂罪同。妾骂夫者,杖八十。妾骂妻者,罪亦如之。若骂妻之父母者,杖六十。并须亲告乃坐。律无妻骂夫之条者,以闺门敌体之义恕之也。若犯,拟不应笞罪可也。

## 妻妾骂故夫父母

凡妻妾夫亡改嫁,其义未绝。骂故夫之祖父母、父母者,并与骂舅姑罪同。案妻若夫在被出,与夫义绝,及姑、妇俱改嫁者,不用此律。又子孙之妇守志在室,而骂已改嫁之亲姑者,与骂夫期亲尊属同。若嫡、继、慈、养母已嫁,不在骂姑之例。若奴婢转卖与人,其义已绝。骂旧家长者,以凡人论。其赎身奴婢骂旧家长者,仍依骂家长本律论。

**谨案** “其赎身奴婢”数句,系乾隆五年(1740)增注。

# 【刑律·诉讼】

## 卷八百十五·刑部九十三

## 刑律·诉讼 越诉一

**越诉一**

凡军民词讼，皆须自下而上陈告。若越本管官司，辄赴上司称诉者，即实亦笞五十。须本管官司不受理，或受理而亏枉者，方赴上司陈告。若迎车驾及击登闻鼓申诉而不实者，杖一百。所诬不实之事重于杖一百者，从诬告重罪论。得实者免罪。若冲突仪仗，自有本律。

**附律条例**

○一、擅入午门、长安等门叫诉冤枉，奉旨勘问得实者，问罪枷号一月。若涉虚者，杖一百，发边远卫分充军。其临时奉旨止将犯人拿问者，所诉情词，不分虚实，立案不行，仍将本犯枷号一月发落。

**谨案** 此条系原例。

一、擅入午门、长安等门叫诉冤枉，奉旨勘问得实者，枷号一月，满日杖一百。若涉虚者，杖一百，发边远地方充军。其临时奉旨止拿犯人治罪者，所诉情词，不分虚实，立案不行，仍将本犯枷号一月发落。

**谨案** 此条乾隆五年(1740)改定。

○一、凡假以建言为由，挟制官府，及将暧昧不明奸赃事情，污人名节，报复私仇者，俱问罪，文官革职为民，武官革职差操；旗军人等发边卫，民发附近，俱充军。其有曾经法司并抚、按等衙门问断明白，意图翻异，辄于登闻鼓下及长安左右门等处自刎、自缢，撒泼喧呼者，拿送法司，追究教唆主使之人，从重问拟。

**谨案** 此条系原例。雍正三年(1725)奏准，"俱问罪"至"俱充军"二十九字，改为"文武官俱革职，军民人等皆发附近充军"，又"抚、按"二字改"督抚"，"从重问拟"四字改为"俱杖一百、徒三年"。

一、凡假以建言为由，挟制官府，及将暧昧不明奸赃事情，污人名节，报复私仇者，文武官俱革职，军民人等皆发附近充军。其有曾经法司、督抚等衙门问断明白，意图翻异,辄于登闻鼓下及长安左右门等处自刎、自缢,撒泼喧呼者,拿送法司,追究教唆主使之人,俱杖一百、徒三年。其因小事纠集多人,越墙进院,突入鼓厅,妄行击鼓谎告者,将首犯亦照此例治罪,余人各减一等发落。如有捏开大款,欲思报复,并将已经法司、督抚衙门断明事件,意图翻异,聚众击鼓者,将首犯照擅入午门长安等门叫诉冤枉例,发边远地方充军,余人亦各减一等发落。如究出教令主事之人,身虽不行,亦照首犯治罪。

**谨案** 此条系乾隆五年(1740)查照雍正八年(1730)奏准鼓厅定例,并入前条增定。

一、凡假以建言为由,挟制官府,及将暧昧不明奸赃事情,污人名节,报复私仇者,文武官俱革职,军民人等俱发附近充军。其有曾经法司、督抚衙门问断明白,意图翻异,辄于登闻鼓下及长安左右门等处自刎、自缢,撒泼喧呼者,或因小事纠集多人,越墙进院,突入鼓厅,妄行击鼓谎告者,拿送法司,追究主使教唆之人,与首犯俱杖一百、徒三年,余人各减一等。如有捏开大款,欲思报复,并将已经法司、督抚衙门断明事件,意图翻异,聚众击鼓者,将首犯照擅入午门、长安等门叫诉冤枉例,发边远地方充军,余人亦各减一等发落。如究出教令出使之人,身虽不行,亦照首犯治罪。倘诬告之罪,有重于本罪者,从其重者论。

**谨案** 此条嘉庆十六年(1811)修改。

○一、各省军民人等赴京控诉事件,如有在刑部、都察院、步军统领各衙门前,故自伤残者,拿获严追主使教唆之人,与自伤未死之本犯,均照于登闻鼓下及长安左右门自刎自缢例,减一等,杖九十、徒二年半,余人再减一等。如自戕之犯身死,亦究明主使教唆及预谋各犯,分别治罪。倘诬告之罪有重于本罪者,仍各从其重者论。

**谨案** 此条道光二年(1822)增定。

○一、曾经考察、考核、被劾人员,若怀挟私忿,妄捏摭拾经该官员别项赃私,不干已事,奏告以图报复者,不分现任、致仕、闲住,文官问发为民,武官问革差操。奏告情词,不问虚实,立案不行。

**谨案** 此条系原例。雍正三年(1725)奏准,"致仕、闲住"四字改为"去任","文官问发为民,武官问革差操"十二字改为"文武官俱革职为民,已革者问罪"。乾隆五年(1740)删"妄捏"二字。

○一、江西等处客人,在于各处买卖生理,若有负欠钱债等项事情,止许于所在官司陈告,提问发落。若有蓦越赴京奏告者,问罪递回。奏告情词,不问虚实,立案不行。

**谨案** 此条系原例。"江西等处客人"六字,雍正三年(1725)改"直省客商"。

○一、军民人等干已词讼,若无故不行亲赍,并隐下壮丁,故令老幼残疾、妇女家人抱赍奏诉者,俱各立案不行,仍提本身或壮丁问罪。

**谨案** 此条系原例。

〇一、凡蓦越赴京及赴巡抚、巡按、按察司官处，各奏告叛逆等项机密重事不实，并全诬十人以上，属军卫者，发边卫充军；属有司者，发边远为民。

**谨案** 此条系原例。雍正三年（1725）奏准，"巡抚、巡按"四字改为"督抚"；其诬告叛逆，反坐罪重，不得一律充军，"叛逆等项"四字删。

一、凡蓦越赴京及赴督抚、按察司官处，各奏告机密重事不实，并全诬十人以上者，发边远充军。如有干系重大事情，临时酌量办理。

**谨案** 此条乾隆三十七年（1772）修改。

〇一、在外刁徒，身背黄袱，头插黄旗，口称奏诉，直入衙门挟制官吏者，所在官司就拿送问。若系干己事情，及有冤枉者，照常发落。不系干己事情，别无冤枉，并追究主使之人，一体问罪，属军卫者，俱发边卫充军；属有司者，俱发边外为民。

**谨案** 此条系原例。

一、在外刁徒，身背黄袱，头插黄旗，口称奏诉，直入衙门挟制官吏者，所在官司就拿送问。若系干己事情，及有冤枉者，照例审断，仍治以不应重罪。其不干己事情，别无冤枉，并追究主使之人，一体问罪，俱发近边充军。

**谨案** 此条乾隆三十七年（1772）改定。

〇一、旗军有欲陈告运官不法事情者，许候粮运过淮，并完粮回南之日，赴漕司告理。如赴别衙门挟告诈财者，听把总官即拿送问。犯该徒罪以上，调发边卫充军，另拘户丁补伍。

**谨案** 此条系原例。"把总官"，雍正三年（1725）改"该管官"，并删"另拘户丁补伍"六字。乾隆五年（1740），查旗军陈告运官，不赴漕司告理而赴别衙门挟告，事类越诉，此条原载"诬告"门，今移于此。

〇一、为事官吏军民人等赴京奏诉一应事情，审系被人奏告，曾经巡抚、巡按或在京法司现问未结者，仍行原问各该衙门并问归结。若曾被人在巡抚、巡按或在京法司具告事发，却又朦胧赴隔别衙门告理，或隐下被人奏告缘由，牵扯别事，赴京奏行别衙门勘问者，查审明白，俱将奏告情词之案不行，仍将犯人转发原问衙门收问归结。若已经巡抚、巡按或在京法司问结发落人犯，赴京奏诉冤枉者，方许改调无碍衙门勘问办理。

**谨案** 此条系原例。三处"巡抚、巡按"字样，雍正三年（1725）均改为"督抚"。

一、为事官吏、生监、军民人等，赴京奏诉一应事情，审系被人奏告，曾经督抚或在京法司现问未结者，仍行原问各该衙门并问归结。若曾被人在督抚或在京法司具告事发，却又朦胧赴别衙门告理，或未经督抚审结，赴京奏诉，希图延宕，或隐下被人奏告缘由，牵扯别事，希图拖累，赴京奏诉请行别衙门勘问者，查审明白，将奏告情词，及审出诬控缘由，连犯人转发原问衙门收问归结，仍治以诬告之罪。若已经督抚或在京法司问结发落人犯，赴京奏诉冤枉者，方许改调无碍衙门勘问办理。

**谨案** 此条嘉庆六年（1801）修改。

〇一、朝觐、听选、给由等项人员,及解送军匠物料、听奏仪宾、会试举人、岁贡生员人等到京,若在京及原籍来京一应亲识闲杂人等,设谋奏告,欺诈吓取财物者,问罪枷号一月发落,原词立案不行。

**谨案** 此条系原例。雍正三年(1725)奏准,"一、朝觐"至"到京"三十四字,改为"一、听选人员及会试举人、贡监生并解送物料人等到京","若在京及原籍来京"八字删。乾隆五年(1740),查恐吓、诈欺,各有治罪本律,且情节不同,无概行枷号一月之理,被诈之人亦不止听选等项,此条删。

〇一、凡土官衙门人等,除叛逆机密并地方重事,许差本等头目赴京奏告外,其余户婚、田土等项,俱先申合干上司听与分理。若不与分理,及阿徇不公,方许差人奏告,给引照回,该管上司从公问断。若有蓦越奏告,及已奏告,文书到后,三月不出官听理,与已问理,不待归结,复行奏告者,原词俱立案不行。其妄捏叛逆重情,全诬十人以上,并教唆、受雇替人妄告,与盗空印纸填砌奏诉者,递发该管衙门,照土俗事例发落。若汉人投入土官地方,冒顶土人亲属、头目名色,代为奏告报仇,占骗财产者,问发边卫充军。

**谨案** 此条系原例。乾隆五年(1740),查土官有机密重事,自有督抚管理,何得擅自赴京奏告。至户婚、田土细事,更无差人奏告之理。此条删。

〇一、凡跪午门、长安等门,及打长安门内石狮鸣冤者,俱照擅入禁门诉冤例治罪。若打正阳门外石狮者,照损坏御桥例治罪。

〇一、凡奸徒身藏金刃,欲行叩阍,擅入午门、长安等门者,不问所告虚实,立案不行,仍杖一百,发边卫充军。若违禁入堂子跪告者,杖一百。

**谨案** 以上二条均系雍正五年(1727)定。

〇一、凡在外州县有事款干碍本官,不便控告,或有冤抑审断不公,须于状内将控过衙门审过情节开载明白,上司官方许受理。若未告州县,及已告州县不候审断越诉者,治罪。上司官违例受理者,亦议处。

**谨案** 此条雍正五年(1727)定。

〇一、文武生员,除事关切己及未分家之父兄,许其出名告理外,如代人具控作证者,令地方官申详学臣褫革之后,始行审理曲直。至告给衣顶,必限十科之外,及实系年老病废,并进学时年已衰迈者,该教官出具印结,具详学臣核验准给。如给衣顶后有抱揽词讼者,加倍治罪,将出结之教官及学臣交部查议。至捐纳贡监妄为生事应行褫革者,地方官申报督抚、学臣。其事属督抚者,移咨学臣;事属学臣者,移咨督抚。一面褫革,一面报部,年底仍将审明缘由造册送部查核。其考职吏员,倚恃护符,作奸犯科者,该地方官申报上司,转详督抚咨部,革去职衔,照所犯罪名,加凡人一等治罪。

**谨案** 此条系雍正五年(1727)定。乾隆五年(1740),查例内各项事理,或业经停止,或无关律例,并已见别条,毋庸复出,删。

〇一、凡车驾行幸瀛台等处,有申诉者,照迎车驾申诉律拟断。车驾出郊行幸,有申诉者,照冲突仪仗律拟断。

**谨案** 此条雍正五年(1727)定。原载"兵律·冲突仪仗"律,乾隆五年(1740)移入此门。

〇一、凡生员越关赴京在各衙门谎捏控告,或跪牌并奏渎者,将所奏告事件不准,仍革去生员,照违制律杖一百。

**谨案** 此条雍正五年(1727)定。嘉庆六年(1801),查生员、民人一体办理,已于前条"官吏、军民人等"例内增入"生监"二字,此条删。

〇一、户婚、田土、钱债、斗殴、赌博等细事,即于事犯地方告理,不得于原告所住之州县呈告。原籍之官,亦不得滥准行关;彼处之官,亦不得据关拘发,违者分别议处。其于事犯之地方官处告准,关提质审,而彼处地方官匿犯不解者,照例参处。

**谨案** 此条雍正六年(1728)定。

〇一、词讼未经该管衙门控告,辄赴控院、司、道、府,如院、司、道、府滥行准理,照例议处。其业经在该管衙门控理,复行上控,先将原告穷诘,果情理近实,始行准理。如审理属虚,除照诬告加等律治罪外,先将该犯枷号一月示众。

**谨案** 此条乾隆六年(1741)奉旨议定。

〇一、外省民人,凡有赴京控诉案件,如州县判断不公,曾赴该管上司暨督抚衙门控诉,仍不准理,或批断失当,又虽未经在督抚处控告有案,而所控案情重大,事属有据者,刑部、都察院等衙门核其情节,奏闻请旨查办。其命、盗等案,事关罪名出入者,即将呈内事理,行知各该督抚秉公查审,分别题咨报部。如地方官审断有案,即提案核夺,或奏或咨,分别办理。若审系刁民希图陷害,捏词妄控,报复私仇,即按律治罪。其仅止户婚、田土细事,则将原呈发还,听其在地方官衙门告理,仍治以越诉之罪。

**谨案** 此条乾隆三十四年(1769)定。

一、外省民人赴京控诉,究问曾否在本省各衙门呈告有案,令其出结。如未经控理,将该犯解回本省,令督抚等秉公审拟题报。其先经历控本省各衙门,已据审结题咨到部,复又来京翻控者,即交刑部将现控呈词核对原案。如所控情事与原案止小有不符,无关罪名轻重者,毋庸再为审理,即将翻控之犯照律治罪。若核与达部案情迥不相符,而又事关重大者,或曾在本省历控,尚未审结报部,虚实难以悬定者,将该犯交刑部暂行监禁,提取该省案卷来京核对质讯,或交该省督抚审办,或请钦派大臣前往,临时酌量请旨查办。如本省未经呈告,捏称已告者,照诬告加等律,再加一等治罪。

**谨案** 此条乾隆六十年(1795)修改。

〇一、八旗人等,如有应告地亩,在该旗佐领处呈递。如该佐领不为查办,许其赴部及步军统领衙门呈递。如有关涉民人事件,即行文严查办理。若违例在地方官滥行呈递者,照违制律从重治罪。该管官员,俱各严行议处。

**谨案** 此条系乾隆四十八年(1783)遵旨定例。

○一、军民人等,遇有冤抑之事,应先赴州县衙门具控。如审断不公,即赴该管上司呈明。若再有屈抑,方准来京呈诉。如未经在本籍地方及该上司先行具控,或现在审办未经结案,遽行来京控告者,交刑部讯明,先治以越诉之罪。

**谨案** 此条系嘉庆五年(1800)遵旨定例。

○一、军民人等控诉事件,俱令向该管官露呈投递。倘敢呈递封章,挟制入奏,无论本人及受雇代递者,接收官员,一面将原封进呈,一面将该犯锁交刑部收禁。如所告得实,本犯系平民,照冲突仪仗妄行奏诉例加一等,发边远充军。如所控虚诬,核其诬告本罪仅止笞、杖、徒者,仍发边远充军,笞、杖罪名到配枷号一月,徒罪枷号两月;如诬告罪应拟流者,发极边足四千里充军;应拟附近、近边、边远、极边充军者,实发云贵两广极边烟瘴地方充军;应拟极边烟瘴充军者,改发新疆充当苦差。如因呈递封章,另犯应死罪名,仍各从其重者论。其受雇代递者,俱照受财雇寄例,发近边充军;赃重者,以枉法从重论。

**谨案** 此条嘉庆十九年(1814)定。道光六年(1826)调剂新疆遣犯,将原拟发新疆当差,改发云贵两广极边烟瘴充军,到配加枷号三月。二十四年(1844),新疆遣犯,照旧发往,仍复原例。

○一、负罪人犯,呈递封章奏告人罪,无论自行投递、遣人投递,及所控是否得实,并将呈词封固投递,挟制入奏者,原犯系应拟笞、杖、枷号、徒罪尚未发落,或徒罪业已发配役限未满者,俱发极边足四千里充军;原犯军、遣、流罪,无论已未到配,三流俱改发云贵两广极边烟瘴充军,仍照名例以极边足四千里为限,军罪实发云贵两广极边烟瘴充军,遣罪在配用重枷枷号一年;原犯斩、绞监候,秋审应入缓决者,改为情实,应入情实者,改为立决;如原犯已至立决,无可复加,仍从原犯罪名科断。倘本案实有屈抑,不赴内外风宪衙门申诉,辄违例递折,除本案准予审理更正外,仍将该犯照冲突仪仗妄行奏诉例,发近边充军。如本案更正之罪,重于近边充军者,加本罪一等调发。如因呈递封章,另犯应死罪名,仍各从其重者论。其受雇代寄者,俱照受财雇寄例,发近边充军;赃重者,以枉法从重论。

**谨案** 此条嘉庆十七年(1812)定。原系将呈递封章原犯军罪者改发黑龙江照例分别当差为奴,是年复将挟制官员原封入奏者,照呈递封章奏告人罪之例治罪。二十五年(1820),停发黑龙江遣犯,将原发黑龙江者,改发云贵两广极边烟瘴充军,并于例内增入“仍照名例以极边足四千里为限”句。

○一、凡呈递封章,系平民仍照原例办理外,如问拟笞、杖、枷责,业已发落递籍,及原犯并无罪名递籍管束之犯,复又脱逃呈递封章者,视其所控虚实,照平民呈递封章例递加一等,原例边远充军者,改发极边足四千里充军;原例极边足四千里充军者,改发极边烟瘴充军;原例极边烟瘴充军者,改发新疆分别当差为奴;原例遣罪者,在配用重枷枷号三月;本例有枷号一月、两月者,各再递加一月。倘另犯应死罪名者,仍各从其重者论。

**谨案** 此条嘉庆二十年(1815)定。道光六年(1826)调剂新疆遣犯,将例发新疆之犯,改发云贵两广极边烟瘴充军,到配加枷号三月。二十四年(1844),新疆遣犯,照旧发往,仍复原例。

〇一、已革兵丁,挟嫌蓦越赴京控告本管官,审系全虚者,枷号三月,杖一百,发烟瘴充军,仍依名例以足四千里为限。

**谨案** 此条嘉庆十九年(1814)遵旨定。

〇一、外省民人赴京控诉之案,已据本省审结题咨到部,复又来京翻控,除所控情事,核对原案相符,或字句小有增减,无关罪名轻重,照例毋庸再为审理,将翻控之犯,仍照原拟治罪外,如案外添捏情节,核与原案不符,仍分别奏咨,发交外省审办。讯明并无屈抑,翻控之犯,如后犯所诬之罪重于原犯者,无论已未决配,悉照后犯罪名,军、流递加一等调发;若后犯轻于原犯之罪,即于原犯罪上加一等;如后犯并原犯罪名,已至遣罪,无可复加,在配所用重枷枷号三月。倘另犯应死罪名,仍各从其重者论。知情受雇来京呈递,审系无干扛帮者,减囚罪一等。

**谨案** 此条嘉庆二十年(1815)定。

〇一、凡遣、军、流犯,及徒罪未满年限,并递籍人犯,私自逃回,如有妄行控诉者,视其应得诬告、翻控各本律例,与脱逃应行加等之罪相比,从其重者论,仍各照原例再加一等。加至遣罪,无可复加,原例重枷枷号三月者,再加枷号三月,共用重枷枷号六月。如另犯应死罪名者,仍各照本律本例科断。

〇一、凡遣、军以下人犯,除在配人犯呈递封章,仍照原例办理外,如由配所潜逃,呈递封章控诉事件,并无屈抑者,照在配呈递封章例,递加一等治罪,原例应发极边足四千里者,改发极边烟瘴充军。遣罪人犯,无可复加,原例在配用重枷枷号一年者,加为枷号一年六个月。如本案实有屈抑,原例应发近边充军者,改发边远充军;原例应加本罪一等者,再递加一等;如已至斩、绞罪名,秋审应缓决者,入于情实,应情实者,改为立决;犯至立决,无可复加,仍照原拟科断。倘另犯应死罪名,仍各从其重者论。

**谨案** 以上二条,俱嘉庆二十年(1815)定。

〇一、凡控诉事件,口称必须面见皇上始行申诉,虽未递有封章,即照呈递封章挟制入奏之例,分别平民,及递籍人犯脱逃,暨负罪遣、军以下人犯在配、在逃,于呈递封章本例上,各加一等科断。罪应边远充军者,改发极边足四千里充军;罪应极边足四千里充军者,改发极边烟瘴充军;罪应极边烟瘴充军者,旗人改发黑龙江当差,民人改发新疆给官兵为奴。其本罪已至发遣,无可复加,应在配所用重枷枷号三月者,再加枷号三月;应枷号一年,暨一年六个月者,各再加枷号六月;如本例有枷号一月、两月、三月者,亦各递加一月。原犯斩、绞监候,改为立决。本罪已至立决,无可复加，仍照本例科断。若呈递封章，口称必须面见皇上始行申诉者，又各递加一等。如诬告叛逆，及干名犯义，罪应死者，仍从重论。

**谨案** 此条嘉庆二十四年(1819)定。道光六年(1826)，调剂新疆遣犯，将例发新疆之民人，改发云贵两广极边烟瘴充军，到配加枷号三月。二十四年(1844)，新疆遣犯，照旧发往，仍复原例。

# 卷八百十六·刑部九十四

## 刑律·诉讼 越诉二 投匿名文书告人罪

### 越诉二

#### 历年事例

〇天命五年(1620)谕:“凡有下情不得上达者,书诉牒悬诸木,朕据其词之颠末,以便审鞫。”随竖二木于门外。

〇崇德八年(1643)题准:凡叩阍者,鞭一百。

〇顺治元年(1644)定:凡斗殴及户婚、田土细事,止就道、府、州、县官听断归结。重大事情,方赴抚、按告理。在京仍投通状,听通政司查实,转送刑部问拟。其五城御史有应受理送问者,方准送问。非系机密重情,入京越诉者,加等反坐。

〇九年(1652)题准:官民告状,不赴该管官及部、院衙门告理,或将已结之案,多添情词,赴御前跪告者,系官,鞭一百,折赎;系旗下人,鞭一百;系民,责四十板。仍审其情词虚实治罪。

〇十三年(1656)谕:“内外官民有冤抑情节,不赴应告衙门陈诉,擅入禁地声冤抹项,捏款越告者,原词概不准行,拿送法司照例从重治罪。”

〇十七年(1660)谕:“民间冤抑事情,自当据实陈告,以求伸理。乃近来刁风日炽,常有持刀抹项,故为情急以图幸准者,深为可恶。以后除所告不准外,本人按法究惩,妻子一并流徙尚阳堡。”

〇十八年(1661)定:凡有冤抑事情,在原问衙门、通政使司及登闻鼓控告,不为审理者,方赴长安门外,将不准官姓名一并叩诉。如不赴原问衙门控告,辄行越诉,及不直陈实情,于原供外捏添款项,审系虚诬者,照原罪外加等治罪。至于果系冤枉,原问衙门、通政使司、登闻鼓不与审理,或审断不明,经别衙门审出,原问官及不准官俱治罪。

〇又定:凡将久定之案渎奏者,除所告不准外,仍加等治罪。

〇康熙二年(1663)复准:凡有教唆捏款嘱人叩阍者,照叩阍人之罪罪之。

〇三年(1664)题准:凡已经叩阍不候审结,复行叩阍者,旗下人,枷号两月、鞭一百;民人,责四十板,流三千里;所控之事不准行。其祖父母、父母、伯叔、兄弟、子孙,及大功以下缌麻以上亲族，并无服兄弟代告者，旗下人，鞭一百；民人，责四十板；所告之事，均不准行。其奸棍代人叩阍者，俱照光棍例，不论曾否得财，处斩立决。

○四年（1665）题准：凡叩阍事情，大功以下缌麻以上亲族代告者，旗下人，枷号四十日，鞭一百；民人，责四十板、徒三年。无服兄弟代告者，旗下人，枷号两月，鞭一百；民人，责四十板，流三千里。所告之事，俱不准行。

○又复准：革职官员及旗下、民人，将审结之案称系冤枉，叩阍审虚者，系旗下人，枷号一月、鞭一百；民人，责四十板，徒一年；革职官员，系旗下人鞭一百，系民责四十板，俱不准折赎。其先经叩阍审虚之事，复行渎叩，所告之状，不与审理，系旗下人，枷号三月，鞭一百；系民，责四十板，发边远卫分充军。

○又复准：凡官民将顺治十七年（1660）以前已结之案，叩阍控告者，俱不准行，仍照例治罪。

○六年（1667）复准：凡跪陵控告者，照初次叩阍例治罪。所告之事，概不准行。

○七年（1668）定：凡内外官民果有冤抑事情，照例于通政司登闻鼓衙门告理。叩阍之例，永远停止。

○又复准：凡有违禁叩阍及跪陵者，俱照律行。

○八年（1669）题准：凡有捏款跪殿前者，照叩阍例治罪。

○九年（1670）定：凡为己事叩阍，审无冤枉者，责四十板。

○二十二年（1683）议准：凡民间词讼，有未告州县，或已告而不候审断，辄行越诉者，治罪。上司官准其越诉者，议处。其州县果有审断不公，颠倒是非，经别衙门审出者，题参严加议处。

○雍正二年（1724）议准：嗣后天安、长安、左、右门等处，凡有打石狮子控告，及持刀抹脖，撒泼喧呼，故为情急以图幸准者，俱将所告之事，不分虚实，概不审理，止讯问旗分佐领及原籍地方，即枷号三月，旗人鞭一百，民人责四十板，发往黑龙江、宁古塔等处，系另户，令其当差；系民及家人，给予披甲人为奴。教唆主使之人，系民，杖一百、徒三年；旗人，枷号四十日，鞭一百。

○八年（1730）议准：从前设立鼓厅衙门，以达民间冤抑，原派科道轮流巡值。嗣因归与通政司管理，未派专员，致有诬妄越诉之人，逾墙混行击鼓。请饬通政司每月派参议一员，轮班掌管。遇有击鼓之人，讯取确供，奏闻请旨。其有因小事突入谎告者，首犯杖一百、徒三年，余人减一等。若捏告大款，欲图泄忿，及将法司已经断明事件，妄图翻案者，首犯发遣边远卫分充军，余人减一等。如有教令主使之人，各照首犯治罪。

○乾隆六年（1741）谕："从来诬告、越诉，最为良民之害。盖一州一县之内，必有一二狡黠之徒，以殷实之家为可扰，稍不遂意，辄寻衅兴讼，且捏造谎词，拖累株连，以泄私忿。更或未控州县，即控道府，未控道府，即控院司，比比若是。为有司者审理词讼，既得其虚诳之情，而不治以诬告之罪；为大吏者滥准词讼，不思上下之体，而但沽肯管事之名。于是刁健之人,以兴讼为得计,而告讦成风,闾阎不胜其扰累,深可痛恨。虽诬告、越诉,律有明条,而实力奉行者少。嗣后州县审理词讼,凡理屈而驾词诬控者,必按律加等治罪。若故行宽纵,经该上司查出,以罢软论。凡未经在下控告者,院、司、道、府不得滥准。其业经在下控理,复行上控者,必其情理近实,先将原告究诘,然后准理。若发审属虚,诬告与越诉,二罪并坐。如此庶刁徒共知敛迹,而良懦小民,均享无事之福矣。其如何酌量定例之处,着刑部妥议具奏。"

〇四十八年(1783)谕:"嗣后旗人若有应告地亩之事,各在该旗佐领处呈递查办。如该佐领不办,在部及提督衙门呈递可也。此内若有关涉民人事件,部内行文严查办理,有何不能明白之处。自此晓谕之后,仍若在地方官滥行呈递者,将违制之人从重治罪外,该管官员,俱各严行议处,断不姑容。将此通谕八旗各营知道。"

〇嘉庆五年(1800)谕:"朕勤求治理,明目达聪。令都察院、步军统领等衙门接到呈词,即行奏明申理,以期民隐上达,不使案情稍有屈抑。但国家设官分职,自有等差。各省民人,遇有冤抑之事,本应先赴州县衙门具控。如审断不公,再赴该管上司呈明。若再有屈抑,方准来京呈诉。但外省由府县而上至督抚,岂无一二公正之员,何至无从昭雪。乃近日来京呈诉之案,殆无虚日。其中多有以闾阎细故,琐屑上控,甚或挟仇图诈,任意株连。并闻有不肖之徒,以不干己事,挺身包揽,纠敛钱文,作为资斧,既遂贪心,复称仗义。此等莠民,平日赋税则任催不纳,词讼则抗断不遵。地方官决狱催科,小施刑罚,辄即捏词上控,希图报复。似此逞刁滋讼,若不稍示限制,于人心风俗,殊有关系。即如闽省械斗,屡禁不悛,粤省抗粮,致将官员乘轿挤碎,皆由民人等不知畏官。即教匪肆逆,固由贪官污吏,酿成事端,亦因不逞之辈,藐视官长而起,岂可不预防其渐。向来民人越诉,定例綦严。而借端倾陷,赴京告诉,律有明禁。嗣后各省军民人等,凡有赴京呈控之案,如果系实在冤枉,曾赴该管上司控诉,仍不准理,或批断失当,及关系官吏骫法营私者,审明得实,自当将原审各员及所控官吏,按律办理。若未经在本籍地方及该上司先行具控,或现在审办未经结案,遽来京控告者,即所告属实,仍当治以越诉之罪。着传知都察院、步军统领等衙门,遇有外省民人来京呈控之案,具奏后交刑部讯明。如系越诉者,即按例先行惩治,再将本案审办。并令各省督抚将赴京控诉之律例,通行刊刷出示,俾刁健之民,知所儆畏。各督抚等于属员中,其声名平常,不孚舆论者,自当严行纠劾,而官声素好,被人诬捏者,亦当善为保全。至小民冤枉,自不可不急为申理。其砌词诬控,挟制官长,拖累善良者,尤不可不大加惩创。庶健讼之风,渐知悛改,民俗可日臻淳厚。"

〇十五年(1810)谕:"嗣后如遇妇女叩阍,审属虚诬者,治以应得之罪,不准收赎。"

〇又谕:"本日都察院奏山东民人张连呈控伊兄张丹被李连成谋财害命不据实申理一案,已有旨交该抚吉纶亲提审办矣。近日各省民人来京控案甚多,皆缘地方官先不据实审办。迨往各该上司衙门控告,而该上司又不皆亲自提审,往往仍批交该府州县审讯。试思该州县既有原审供看在前,即另有冤枉别情,又岂肯自行平反。不过设法弥缝,多方消弭,或监毙灭口,或付之延宕,以致小民负屈莫申,惟有来京赴诉。人但知控案纷纷,刁风日甚,而不知率皆官员之阘冗有以启之也。各督抚经朕简派前往,查察阖省官民,申冤理枉,即系钦差。如果随案亲提,秉公剖断,则百姓岂肯舍本省上司,转远来京师呈控之理。嗣后各省上司,凡遇控案,若在督抚衙门控告,即着督抚亲审;若在臬司衙门控告,即着臬司亲审。如须派员随同研鞫,亦当另行遴派,毋得仍批本属及原审之员,自行复审,致蹈回护之弊。如尚不懔遵,小民等仍来京控告,彼时查明曾在本省控告,系发交原问官审办者,必先将该省不行提审之上司惩治不贷。"

〇十七年(1812)谕:"近日军、流人犯,往往有配所遣人来京呈递封章之事,实为刁诈之尤,不可不严行禁止。罪囚如因本案屈抑,到官申诉,即临刑呼冤,亦所不禁。至呈递封章,条陈利弊,此在平民,尚当治其越职言事之咎。若不法之徒,身犯军、流重罪,正所谓屏界远方,俾不齿于众庶,岂得复听其率意妄陈,希图侥幸。嗣后军、流人犯,有在配所遣人来京呈递封章者,无论所言是非虚实,均应一体治罪。着刑部酌拟罪名,定立专条,奏明载入则例遵行。钦此。"遵旨议准:嗣后发遣军、流人犯,如有在配所遣人呈递封章,条陈事务,无论所言有无可采,原犯军、流,照例加一等调发;原犯遣罪,无可再加,即在配所用重枷枷号六月。若呈递密折,奏告人罪,无论所控是否得实,原犯流罪,改发云贵两广极边烟瘴充军;原犯军罪,改发黑龙江,仍照例分别当差为奴;原犯遣罪,无可再加,即在配所用重枷枷号一年。倘本案实有屈抑,不赴内外风宪衙门申诉,辄违例递折,除本案准予审明更正外,仍将该犯照冲突仪仗妄行奏诉例,发近边充军。如因呈递封章,另犯应死罪名,仍各从其重者论。

〇又谕:"国家明法定制,辨上下,别等威,尊卑之分綦严。定例民间词讼,先赴州县衙门呈控。州县官听断不公,则由府、道、司、院以次申诉。如实有冤抑重情,准于刑部、都察院等衙门呈诉,奏明代为申理,以通下情,以定民志。典至善也。至封章奏事,则各有一定职分。内而九卿、台谏,外而督抚、司道,方准呈递奏章。下至庶尹末僚,尚不得越职言事,况齐民乎。朕广开言路,嘉庆四年(1799),曾有封章言事即以原封呈览之旨,原以在官而言,防壅蔽而达民隐。非谓民间寻常讼狱,及无稽浮言,皆可直达朕前也。乃近日人情险诈万端,于琐屑讼案,不向该管官吏控诉,辄匿名告讦,以期封章上闻。甚至将呈词封固投递,挟制接受官员不敢拆阅,原封入奏。此内罪囚蠹役、厮隶役夫,比比皆是,蔑等冒尊,较之道旁叩阍冲突仪仗者,其情节尤为可恶。若不严设厉禁,其为害于人心风俗者甚大。着交刑部核议,嗣后如有捏称重情封递呈词者,其所控得实,应作何治罪,若所控虚诬,应如何加重治罪,其罪犯封递呈词者,再如何加等治罪,分别拟定条例。奏准后颁发直省,交各督抚分饬所属州县出示广行晓谕。俾愚贱之人,共知儆戒,以惩刁健而肃纪纲。钦此。"遵旨议奏:嗣后军民人等控诉事件,俱令向该管官露呈投递,毋许封固呈递,匿情告讦。倘有愍不畏法之徒,仍敢将呈词封固投递,挟制接收官员不敢拆阅原封入奏者,即令本人开具控情略节,一并进呈。如所开略节,与原呈相符,而所告又得实者,系平民,亦照冲突仪仗妄行奏诉例加一等,发边远充军。若所控虚诬,核其诬告本罪,仅止笞、杖、徒者,仍发边远充军。笞、杖罪名,到配加枷号一月;徒罪,加枷号两月。如诬告罪应拟流者,发极边足四千里充军;应拟附近、近边、边远、极边充军者,实发云贵两广极边烟瘴地方充军;应拟极边烟瘴充军者,改发新疆充当苦差。倘所开略节与原呈不符,除分别所控虚实,照新例治罪外,仍各再加枷号六月。其负罪之犯,或自行封递呈词,或遣人投递封词,告言人罪者,亦令本人开具略节,一并进呈。系死罪人犯,除罪应斩、绞立决者无可复加外,原犯斩、绞监候,秋审时应入缓决者,改为情实,应入情实者,改为立决;原犯军、流、遣罪,无论已未到配,即照本年刑部遵旨议定在配遣军流犯遣人递折奏告人罪之例,分别治罪。如系应拟笞、杖、枷号、徒罪尚未发落,及徒罪业已发配役限未满者,即发极边足四千里充军。其所开略节与原奏不符者,遣罪以下人犯,亦各再加枷号六月。至封递呈词内,或语涉悖逆,或匿名告讦,或诬告人叛逆,及诬告人因而致死等项,应拟死罪者,仍各从其重者论。倘呈递封词之人,不敢开写控情略节,即行掷还,毋庸具奏。如已开具略节,接收官员不为具奏,别经发觉者,即将从前接收不奏之员,照应奏不奏例议处等因具奏。奉旨:“刑部所议令本人将呈控事件开具略节一并进呈一节。奸民巧诈百出,其所开略节,未必皆与封词符合,接受官无从查考,转致案无巨细,悉以上闻,仍不足以杜刁顽而清讼狱。着申谕文武台谏各员,嗣后如有民人呈递封章者,接收之员,一面将所递封章具奏,一面即将该犯锁拿,先行送交刑部押禁,附于折内陈明。朕查阅封章,核其案情轻重,或即照封递呈词新例治罪,或词语悖谬,再加等治罪,交刑部分别惩办。所有刑部前议开呈略节一条,着即删除。”

〇十九年(1814)谕:“此案已革兵丁刘覲潮挟本管都司沈文同革除名粮之嫌,捏造克扣兵饷、偷卖仓粮各重款,来京呈控,现经审系全虚。此等刁风,断不可长。常明仅将刘覲潮照驀越赴京告重事不实例发边远充军,至配所折责安置,尚属轻纵。刘覲潮着加枷号三个月,满日重责四十板,发烟瘴充军。嗣后如革兵控告本官审系全诬者,即照此办理。”

〇二十年(1815)谕:“近日发遣及递籍人犯,往往潜逃滋事,或控诉原案屈抑,或越分呈递封章。即如已革吏目魏秀以职官褫革递籍,乃敢私行来京,在步军统领衙门呈递封口奏章,冀图翻控原案。兹审明该革员所控各情,全属虚诬,并无丝毫屈抑。似此逞刁妄为,非从重问拟,不足以示惩儆。除魏秀照拟枷责发边远充军外,嗣后军、流以下及递籍各犯,如有年限未满,未经释放,私自逃回者,应如何加等治罪,其妄行控诉者,再加一等,呈递封章者,再从重加等,着刑部分别详议具奏。其该管地方官及乡保等漫无约束,任令私自逃回,或知情纵容,亦应加重惩处,着该部分别议奏。”

○二十四年(1819)谕:"御史黄中模奏《请严诬告之禁》一折。近来讦告之风甚炽,架词拖累,陷害无辜,必应立法严惩。着交刑部将诬告人罪者,分别所诬轻重,再行加重定拟条例,以遏刁风。再小民来京控告者,动称必须面见朕躬,始行申诉。堂廉之分甚远,似此罔识尊卑,其情尤为可恶。并着刑部严定科条,即所控得实,亦治以妄越之罪。倘审系虚诬,再加重治罪。奏准后颁发遵行。"

## 投匿名文书告人罪

○凡投贴隐匿自己姓名文书告言人罪者,绞。监候。虽实亦坐。见者即便烧毁。若不烧毁,将送入官司者,杖八十。官司受而为理者,杖一百。被告言者,虽有指实,不坐。若于方投时能连人与文书捉获解官者,官给银一十两充赏。指告者毋论。若诡写他人姓名词帖,讦人阴私陷人,或空纸用印,虚捏他人文书,买属铺兵递送,诈以他人姓名,注附木牌,进入内府,不销名字,陷人得罪者,皆依此律绞。其或系泛常骂詈之语,及虽有匿名文书,尚无投官确据者,不坐此律。

### 附律条例

○一、凡凶恶之徒,不知国家事务,捏造悖谬言词,投贴匿名揭帖者,将投贴之人,及知而不首者,俱拟绞立决。旁人出首者,授以官职,奴仆出首者开户。

**谨案** 此系乾隆五年(1740)遵照康熙十四年(1675)谕旨定例。

一、凡凶恶之徒,不知国家事务,捏造悖谬言词,投贴匿名揭帖者,将投贴之人,拟绞立决。知而不首者,杖一百、流三千里。旁人出首者,授以官职,奴仆出首者开户。捏造寻常谬妄言词,无关国家事务者,依律绞候。

**谨案** 此条嘉庆六年(1801)修改。

○一、凡布散匿名揭帖,及投递部院衙门者,俱不准行。仍将投递之人,拿送刑部,照例治罪。不行拿送者,交该部议处。接受揭帖具题及审理者,革职。若不肖官员,唆使恶棍黏贴揭帖,或令布散投递者,与犯人罪同。如该管官不严加查拿,别有发觉者,将司坊官、专汛把总、步军校及巡城御史、兼辖营官、步军副尉、总尉、统领,俱交该部分别议处;步军营兵及司坊衙役,并枷号三月、杖一百。

**谨案** 此条雍正五年(1727)定。

○一、驻防旗人,与民人奸匪交结,捏写匿名揭帖,倾陷平人者,查获之日,本犯即行正法,父母妻子,俱发黑龙江给披甲人为奴。

**谨案** 此条系乾隆二十三年(1758)遵旨定例。

一、驻防旗人,与民人奸匪交结,起意捏写匿名揭帖,倾陷平人者,拟绞立决;为从民人,杖一百、流三千里。如民人起意为首,仍照律拟绞监候;为从旗人,发遣黑龙江等处当差。

**谨案** 此条嘉庆六年(1801)修改。

○一、匿名揭告之案,须就所递书词字迹辨认,严密缉拿本犯务获,按律惩办。

如本犯未获,毋庸先将被告之人传集羁禁。即有应须待质之人,亦先取保。俟拿获本犯到案后,再行传提质对。

**谨案** 此条嘉庆十三年(1808)遵旨定例。二十四年(1819),因匿名揭帖,一经拾获,即应销毁,是以删除。

〇一、胥役匿名揭告本管官,如所告得实,仍照律拟绞监候;若系诬告,拟绞立决。

**谨案** 此条嘉庆十九年(1814)定。

〇一、凡有拾获匿名揭帖者,即将原帖销毁,不准具奏。惟关系国家重大事务者,密行奏闻,候旨密办。

**谨案** 此条嘉庆二十四年(1819)遵旨定。

**历年事例**

〇顺治十七年(1660)议准:凡有投递匿名揭帖,及张贴揭帖,串通棍徒伙诈者,责成五城御史及该地方官役,严行拿究。除揭帖情由不议外,将犯人照光棍为首例治罪。其容留教唆之人,照光棍为从例治罪。若地方官役徇纵不拿,五城御史查明题参,一并治罪。

〇康熙七年(1668)议准:凡投匿名文书者,仍照律行。

〇十四年(1675)谕:"投贴匿名揭帖,前经严禁甚明。近见凶恶之徒,投贴匿名揭帖者,愈加猖炽。如果有裨国家之事,不妨明白具奏。况且设有通政使司衙门,令其上达。此等凶恶之徒,并不知国家事务,捏造悖谬言词,妄行投贴,大干法纪,理应从重治罪,以惩凶恶之辈。嗣后投贴匿名揭帖事犯者,将投贴之人,及知而不首者,俱着即行处死。若旁人出首者,授以官职;奴仆出首者,即令开户,俾得其所。着即通行晓谕在京官员,并八旗包衣、佐领、辛者库军民人等知悉。"

〇二十一年(1682)议准:凡匿名揭帖,不系两造对理,首告部院衙门及投送者,俱不准行,仍将本犯拿送刑部,照例治罪。不行拿送者,降四级调用;有接受具题审理者,革职。其有不肖官员,唆使劣棍,黏贴揭帖,布散首告者,即照本犯之例治罪。若该管地方官不行查拿,别经发觉,将司坊官、专汛把总等各罚俸一年;御史、兼辖营官,罚俸六月;步军校等,各罚俸一年;副尉,罚俸六月;统领、总尉等,各罚俸三月;看守地方之步军,枷号三月,鞭一百;营兵、司坊衙役,枷号三月,责四十板。

〇嘉庆十三年(1808)谕:"御史李本榆奏《请申明匿名揭帖定例》一折。隐匿姓名文书告言人罪者,律应绞候,立法綦严,原以惩奸宄而杜倾陷。但若将所递书词,不辨情节轻重,一律烧毁,不为管理,是使逞刁挟诈之徒,隐匿姓名,肆意诬告仇扳,转得置身事外,殊不足以示儆。即如谢升诬告本官,黄瑞诬告地方文武各款,经查究缉获后,审系子虚,即将该二犯按律正法。即使匿名书词,所控得实,亦仍将该犯拟以绞候。届时或酌量免勾,亦不能竟行免罪。是查办讦告之事,实欲究治匿名之人,正须就所递书词字迹,辨认访缉,岂可概行焚毁,致启蒙蔽,殊有关系。所奏断不可行。惟应饬役严密缉拿,勒限催比,务令罪人就获,按律惩办,毋任漏网。至所奏刑部现在审办匿名揭帖宋调梅规避仓差一案,原可取保省释。此后匿名揭告之案,本犯未获,毋庸先将被告之人传集羁禁。即有应须待质之处,亦不妨先行取保。俟获犯到案后,再行传提质对,以免拖累。”

○二十四年(1819)谕:“匿名揭告,最为人心风俗之害。其意本因挟有私嫌,借图倾害。一经查办,不特所告之人,枉受污蔑,并波及案外之人,酷遭拖累。以无名之罪语,令官司荼毒平人,而阴谋者乃袖手旁观,以快其私忿,其险恶之情,甚于鬼蜮。律载投隐匿姓名文书告言人罪者绞,见者即为烧毁,若将送入官者杖八十,官司受而为理者杖一百,被告者虽实不坐,立法至为明切。嗣后凡有拾获匿名揭帖者,着即将原帖销毁,不准具奏。惟关系国家重大事务者,密行奏闻,候旨密办。”

# 卷八百十七·刑部九十五

## 刑律·诉讼 告状不受理 听讼回避 诬告一

### 告状不受理

○凡告谋反叛逆，官司不即受理差人掩捕者，虽不失事，杖一百、徒三年；因不受理掩捕，以致聚众作乱，或攻陷城池，及劫掠人民者，官坐斩。监候。若告恶逆，如子孙谋杀祖父母、父母之类。不受理者，杖一百；告杀人及强盗不受理者，杖八十；斗殴、婚姻、田宅等事不受理者，各减犯人罪二等，并罪止杖八十。受被告之财者，计赃以枉法罪与不受理罪从重论。若词讼原告被论即被告。在两处州县者，听原告就被论本管官司告理归结。其各该官司自分彼此，或受人财，推故不受理者，罪亦如之。如上所告事情轻重，及受财枉法从重论。若各部、院、督抚、监察御史、按察使及分司巡历去处，应有词讼，未经本管官司陈告，及虽陈告而本宗公事未结绝者，并听部、院等官置簿立限，发当该官司追问，取具归结缘由勾销。若有迟错，而部、院等官不即举行改正者，与当该官吏同罪。轻者，依官文书稽程十日以上吏典笞四十，重者依不与果决以致耽误公事者杖八十。其已经本管官司陈告，不为受理，及本宗公事已绝，理断不当，称诉冤枉者，各部、院等衙门即便勾问，若推故不受理，及转委有司，或仍发原问官司收问者，依告状不受理律论罪。若本管衙门追问词讼，及大小公事，自行受理，并上司批发。须要就本衙门归结，不得转行批委。致有冤枉扰害。违者，随所告事理轻重以坐其罪。如所言公事合得杖罪，坐以杖罪；合得笞罪，坐以笞罪；死罪已决放者同罪，未决放减等；徒、流罪抵徒、流。

**谨案** “各部院”下“督抚”二字，雍正三年(1725)增定。

### 附律条例

○一、每年自四月初一日至七月三十日，时正农忙，一切民词，除谋反、叛逆、盗贼、人命，及贪赃坏法等重情，照旧受理外，其一应户婚、田土以及斗殴等细事，一概不准受理，自八月初一日以后，方许听断。若农忙期内受理细事者，该督抚指名题参。

**谨案** 此条雍正三年(1725)定。

一、每年自四月初一日至七月三十日，时正农忙，一切民词，除谋反、叛逆、盗贼、人命,及贪赃坏法等重情,并奸牙铺户骗劫客货,查有确据者,俱照常受理外,其一应户婚、田土等细事,一概不准受理,自八月初一日以后,方许听断。若农忙期内受理细事者,该督抚指名题参。

**谨案** 此条乾隆五年(1740)改定。

〇一、各省州县及有刑名之厅卫等官,将每月自理事件,作何审断,与准理、拘提完结之月日,逐件登记,按月造册,申送该府、道、司、督抚查考。其有隐漏装饰,按其干犯,别其轻重,轻则记过,重则题参。如该地方官自理词讼,有任意拖延,使民朝夕听候,以致废时失业,牵连无辜,小事累及妇女,甚至卖妻鬻子者,该管上司即行题参。若上司徇庇不参,或被人首告,或被科道纠参,将该管各上司,一并交与该部从重议处。

**谨案** 此条雍正三年(1725)定。

〇一、州县自行审理一切户婚、田土等项,照在京衙门按月注销之例,设立循环簿,将一月内事件填注簿内,开明已未结缘由,其有应行展限及复审者,亦即于册内注明,于每月底送该管知府、直隶州知州查核,循环轮流注销。其有逾限不结、蒙混遗漏者,详报督抚咨参,各照例分别议处。

**谨案** 此条雍正十二年(1734)定。

〇一、各府州县,审理徒、流、笞、杖人犯,除应行关提质讯者,务申详该上司批准照例展限外,如无关提应质人犯,该州县俱遵照定限完结。倘敢阳奉阴违,或经发觉,或经该上司指参,将承问官交部照例分别议处。

**谨案** 此条乾隆元年(1736)定。

〇一、凡地方官于农忙停讼期内,遇有坟山、地土等项,及自理案件,事关紧要,或证佐人等现非务农,俱仍勘断。

**谨案** 此条乾隆十年(1745)定。二十六年(1761)定有新例,此条删。

〇一、州县审理词讼,遇有两造俱属农民,关系丈量踏勘有妨耕作者,如在农忙期内,准其详明上司照例展限,至八月再行审断。若查勘水利、界址等事,现涉争讼,清理稍迟,必致有妨农务者,即令各州县亲赴该处审断速结,总不得票拘至城,或致守候病农。其余一切呈诉无妨农业之事,照常办理,不准停止。仍令该管巡道严加督察,查核申报。如州县将应行审结之事,借称停讼稽延者,照例据实参处。经管道府如不实力查报,该督抚一并严参议处。

**谨案** 此条乾隆二十六年(1761)定。

〇一、州县自行审理及一切户婚、田土事件,宜责成该管巡道巡历所至,即提该州县词讼号簿,逐一稽核。如有未完,勒限催审,一面开单移司报院,仍令该州县将某人告某人某事、于某日审结,造册报销。如有迟延,即行揭参。其有系积贼、刁棍、衙蠹及胥役弊匿等情,即令巡道亲提究治。知府、直隶州自理词讼,亦如之。如巡道奉行不力,或任意操纵,颠倒是非者,该督抚亦即据实察参,分别议处。

**谨案** 此条乾隆十九年(1754)定。

○一、州县词讼,凡遇隆冬岁暮,俱随时审理,不得照农忙之例,停讼展限。该管巡道严加察核,违者照例揭参。

**谨案** 此条系乾隆二十二年(1757)遵旨定例。

○一、卑幼擅杀期、功尊长,及属下人杀伤本管官,并妻妾谋死亲夫,奴婢殴、故杀家长等案,俱情罪重大,应令承审官于人犯到案之日,上紧鞫讯明确,具详上司审题。不得恃有例限,致稽时日。其孕妇有犯,仍照新例行。

**谨案** 此条系乾隆二十二年(1757)奉旨议定。五十三年(1788),查“捕亡”门“盗贼捕限”条内,载有审限及迟延处分之例,业已分析详备,此条删。

○一、巡道查核州县词讼号簿,如有告到未完之案,号簿未经造入,即系州县匿不造入,任意迁延不结,先提书吏责处,并将州县揭报,督抚分别严参。其有事虽审结,所告断理不公,该道核其情节可疑者,立提案卷查核改正。如审断已属公平,刁民诬捏反告者,亦即予究惩。

**谨案** 此条乾隆二十九年(1764)定。

○一、民间词讼细事,如田亩之界址沟洫、亲属之远近亲疏,许令乡保查明呈报,该州县官务即亲加剖断,不得批令乡保处理完结。如有不经亲审,批发结案者,该管上司即行查参,照例议处。

**谨案** 此条乾隆三十年(1765)定。

○一、刑部除呈请赎罪留养外省题咨到部,及现审在部有案者,俱据呈办理外,其余一切并无原案词讼,均应由都察院、五城、步军统领衙门、顺天府及各旗营接收,分别奏咨,送部审办,概不由刑部接收呈词。至钱债细事、争控地亩,并无罪名可拟各案,仍照例听城坊及地方有司自行审断,毋得概行送部。

**谨案** 此条嘉庆十年(1805)定。

**历年事例**

○康熙七年(1668)复准:上司官批审事件,查案内系何处人,即交该地方官确审申详,毋得改批别地方,以滋迟延拖累。

○二十年(1681)复准:凡有司自四月以后,有受理细事,通贿起灭,及违例用大枷、夹棍追比钱粮惨毙人命者,该督抚严查参究。若督抚徇情不参,受害之人首告,及别有发觉者,一并议处。

○二十二年(1683)议准:督抚等官审察事件,原批某衙门者,即于某衙门完结。如情事未明,即详指批驳。倘仍蒙混,即将承问官题参,方委别官审理。若督抚等官将已明应结之事,故生枝节,屡行批驳,迟延不结者,从重议处。

○五十四年(1715)议准:凡具题大案,府、司审时,如有别情,将情由写入本内。若无别情,但注“府、司供看与州县无异”一语。其送部揭帖,仍将府、司所审口供、看语,送部查核。

○雍正元年(1723)议准:嗣后如有不逞之徒,歃血结盟,转相结连土豪市棍、衙役兵丁,为害良民,据邻佑、乡保首告,地方官如不准理,又不缉拿,或至蜂起为盗,将督抚、地方文武各官据实题参,革职从重治罪。其平时失察,首告之后不自隐讳,即能擒获之地方官,免其议处。至乡保、邻佑知情不行首告者,亦从重治罪。如旁人确知,据实首告者,该地方官从重给赏。借端妄告者,照诬告律治罪。

○乾隆元年(1736)奏准:查准理词状,其间积弊,难以枚举,而最甚者有三。如收一状词,应驳应审,原可三两日即发者,竟有沉搁不批,以致赴告之人守候累月,毫无音信,名曰"内销",其弊一也。批准一状,出票差役拘审,谓之"原差";数日后又差一役,谓之"催差";仍未拘齐,再差一役,名曰"唤差"。一纸状词,三次差役,无论审理与否,而先受扰累不堪,其弊二也。更有准一状词,已经出牌限审,及人犯拘齐,又行改期,以致原、被、词证,守候拖累,差役乘隙吓诈,无所不至。自知日久更难推诿,转批佐贰杂职,名曰"堂词"。于是曲直不辨,是非不分,徇情通贿,完结了事,其弊三也。此等积弊,为害不浅,自应即时剔除。今查定例内,"各省州县及有刑名之厅卫等官,将每月自理事件作何审断,与准理、拘提、完结之月日,逐件登记,按月造册,申送该府、道、司、督抚查考"等语。近见各省地方,凡遇自理词讼,并不申报上司,而该管上司亦无从稽察。嗣后州县等官接收呈词,除命、盗等重情立即讯究详报外,其余一切呈词,统于五日内悉行批发,不得任意迟滞,以及沉搁内销。其准理事件,每事止许一差,限日拘齐,随到随审,不得辗转改期,致滋拖累。至转批佐杂,久经饬禁,应令各该上司留心稽察。如各州县自理事件,沉搁日久,及转批改委者,严行查参。

○四年(1739)议准:嗣后凡有民间远年钱债细事,与侵骗客本者有间,于停讼之时,仍照例不准受理外,其实系奸牙铺户,骗劫客货资本者,地方官受词,确查有据,许其控追比给,以恤远人而惩奸骗。

○十一年(1746)议准:直省问刑各衙门,凡已经题咨之案,本人诉称冤枉,及亲属代诉者,俱细查原案。如明白开具所控情事,核之原审供招,及所送招册翻异悬殊者,或详细勾问,或咨行该省细加研讯,如果系从前锻炼诬服者,立即平情改正,分别题咨,将原问官分别议处。若上司徇庇原问官,及瞻顾从前错误,不为准理,或审出冤诬实情,仍复草率归结,别经发觉,照例以故入人罪论。但人情伪诈百出,容有希图脱罪,即捏开所诬情事,与原审供招尽行翻异者。而讼师乘间教唆主使,或恐吓以取财,或借端以报怨。有司不善体会,转于万无可疑之案,牵连勾问,拖累稽延,使死者衔冤,生者狡脱。而豪胥猾吏,又因缘为奸,害有不可胜言者。是原恐一夫之或冤,而转使无辜者之群受冤也。应令内外问刑衙门悉心详酌,不得以案经议结,概行批驳,亦不得滥准滋累。其已经准理呈词,如审系捏诉,务照诬告律治罪,不可毫为姑纵以启刁风。

○二十二年(1757)谕:“州县为亲民之官。凡遇词讼,自应随时受理,为之剖断曲直,分别完结。使良懦不致冤累,而刁健之徒,亦可知所儆戒。定例每年四月至七月农忙停讼,至于隆冬岁暮,正值农隙,并无停讼之例。乃外省州县,多于仲冬以后,亦悬牌停讼,不收呈词。是通计一年内,理事日甚少。在民淳事简之区,尚恐不能释其争端。若江浙等省讼狱繁多,必至事益壅积。且日久弊生,事外生事,或至酿成人命重案,此岂息事安民之道。嗣后除农忙停讼外,不得再沿隆冬停讼之陋习。应准理者即行准理,应完结者即行完结,以免稽滞。至各省巡道,原有督查讼案之责。分巡所至,并宜严行察核,不得视为具文。务期政平讼理,案牍肃清,以副整饬地方吏治之意。”

○又谕:“三法司议复吴达善审拟吴得受扎伤家长吴映身死一案。该犯以奴仆故杀家长,不法已极,一经审实,即应请旨正法,庶足以儆凶顽而彰国宪。乃必俟病痊起限,迁延半载有余,始行具题,致该犯得以苟延时日。设令畏罪自戕,转得幸逃法网,何以使凶恶之徒,触目儆心,动色相戒耶?向来如卑幼擅杀期亲尊长,属下人扎伤本管官,此等重案,内外问刑衙门,往往办理迟延。屡经严饬,犹然积习未化,殊非辟以止辟之意。嗣后凡有似此情罪重大之犯,审讯明确,即行具题正法,不得借词推迟。其犯罪之孕妇,不在此例。”

○二十九年(1764)议准:查律载“督抚、按察使及分司处词讼,其已经本管官司陈告,不为受理,又理断不当,称诉冤枉者,各衙门即行勾问。若仍发原问官司收问者,依告状不受理律论罪”等语。是民间词讼,州县听断未平,赴诉上司,律内原定有各该上司勾问,不得仍发原问官收问之条。惟是外省积习相沿,每有上司收准呈词,仍批本州县自行审详,即别委他员,亦令原问官会审。在贤明之员,尚能虚衷剖断,果有不合,自必据实改正。其不肖之员,偏执己见,曲护前非,而委问之员,瞻顾同寅,模棱徇隐。不惟冤抑莫申,且转增诬告之罪。即使情真罪当,而屡折于原质之庭,重科于会鞫之地,实不足以服其心。又况健讼者流,借口本官不肯自翻已案,捏款越诉,屡讦不休,殊非清理庶狱之道。查死罪及军、流、徒罪等事,例由州县审明招解府司逐一亲讯明确,分别咨题完结。其中设有冤抑,原可随招申诉,解审之时,就近推勘虚实,驳饬定拟。惟民间户婚田土罪止杖、枷之案,及胥吏蠹役借端讹诈等情,州县不为受理,或审断不平,赴上司控告,在督抚、藩臬驻扎省城,所属州县,道里远近不同,人犯多寡不一,若概令亲提,未免往返拖累。嗣后民间词讼,州县审断之后,复赴督抚、藩臬等衙门具控者,即饬令各本管道、府,按其事之轻重,或亲行集讯,或委员另审,将审拟情由,详明该上司察核。其中稍有疑义,该上司即亲行提审。如赴道、府衙门呈诉者,即行亲审。遇有冤抑者,即为昭雪。如有检验、查勘等事,即遴委贤员,不得仍会同原问官办理。倘有故违成例,仍发原问官收问,或仍令会审者,即行论罪如律。其所委之员,若有瞻徇、听嘱等弊,亦即题参律拟。至刁健之徒,本无冤抑,或因负罪受惩,掩饰己非,捏款诬控,或因斗殴、婚姻、田宅等事,不赴本管官控理,辄赴上司衙门架词妄控者,仍各按律治罪。

### 听讼回避

〇凡官吏于诉讼人内,关有服亲及婚姻之家,若受业师,或旧为上司与本籍官长有司,及素有仇隙之人,并听移文回避。违者,虽罪无增减,笞四十。若罪有增减者,以故出入人罪论。

### 附律条例

〇一、在京巡城满、汉御史承审案件,遇有同旗、同籍之人,满御史应行回避者,会同他城满御史办理;汉御史应行回避者,会同他城汉御史办理;如满、汉御史均应回避,将原案移交他城办理。

**谨案** 此条乾隆五十九年(1794)定。

### 诬告一

凡诬告人笞罪者,加所诬罪二等;流、徒、杖罪,不论已决配未决配,加所诬罪三等,各罪止杖一百、流三千里。不加入于绞。若所诬徒罪人已役、流罪人已配,虽经改正放回,须验其被逮发回之日,于犯人名下追征用过路费给还。被诬之人。若曾经典卖田宅者,着落犯人备价取赎。因而致死随行有服亲属一人者,绞,监候。除偿费赎产外,仍将犯人财产一半付被诬之人。至死罪所诬之人,已决者,依本绞、斩反坐诬告人以死;虽坐死罪,仍令备偿、取赎,断付养赡。未决者,杖一百流、三千里,就于配所加徒役三年。其犯人如果贫乏,无可备偿路费、取赎田宅,亦无财产断付者,止科其罪。其被诬之人诈冒不实,反诬犯人者,亦抵所诬之罪,犯人止反坐本罪。谓被诬之人本不曾致死亲属,诈作致死,或将他人死尸冒作亲属,诬赖犯人者,亦抵绞罪,犯人止反坐诬告本罪,不在加等、备偿路费、取赎田宅、断付财产一半之限。若告二事以上,重事告实,轻事招虚,及数事不一,所犯凡罪同等,但一事告实者皆免罪。名例律罪各等者从一科断,非逐事坐罪也。故告者一事实,即免罪。若告二事以上,轻事告实,重事招虚,或告一事诬轻为重者,除被诬之人应得罪名外,皆为剩罪。皆反坐以所剩。不实之罪。若已论决,不问笞、杖、徒、流,全抵剩罪;未论决,所诬笞、杖收赎,徒、流止杖一百,余罪亦听收赎。谓诬轻为重至徒、流罪者,每徒一等,折杖二十。若从徒入流者,三流并准徒四年,皆以一年为所剩罪,折杖四十。若从近流入至远流者,每流一等,准徒半年为所剩罪,亦各折杖二十。收赎者,谓如告一人二事,一事该笞五十是虚,一事该笞五十是实,即于笞五十上,准告实笞三十外,该剩下告虚笞二十,赎银一分五厘;或告一人一事该杖一百是虚,一事该杖六十是实,即于杖一百上,准告实杖六十外,该剩下告虚杖四十,赎银三分;及告一人一事该杖一百、徒三年是虚,一事该杖八十是实,即于杖一百、徒三年上,准告实杖八十外,该剩下告虚杖二十、徒三年之罪,徒五等该折杖一百,通计杖一百二十,反坐原告人杖一百,余剩杖二十,赎银一分五厘;又如告一人一事该杖一百、流三千里,于内问得止招该杖一百,三流并准徒四年,通计折杖二百四十,准告实杖一百外,反坐原告人杖一百,余剩四十,赎银三分之类。若已论决,并以剩罪全科,不在收赎之限。至死罪而所诬之人已决者,反坐以死;未决者。止杖一百、流三千里。不加役。若律该罪止者,诬告虽多不反坐。谓如告人不枉法赃二百两,一百三十两是实,七十两是虚,依律不枉法赃一百二十两之上罪应监候绞,即免其罪。其告二人以上,但有一人不实者,罪虽轻犹以诬告论。

谓如有人告三人,二人徒罪是实,一人笞罪是虚,仍以一人笞罪上加二等反坐原告之类。若各衙门官进呈实封诬告人,及风宪官挟私弹事有不实者,罪亦如告人笞、杖、徒、流、死全诬者坐之。若诬重反坐及全诬加罪轻不及杖一百、徒三年。者,从上书诈不实论。以杖一百、徒三年科之。若狱囚已招伏罪,本无冤枉,而囚之亲属妄诉者,减囚罪三等,罪止杖一百。若囚已招伏,笞、杖已决、徒流已配,而自妄诉冤枉,摭拾原问官吏过失而告之者,加所诬罪三等,罪止杖一百、流三千里。若在役限内妄诉,当从已徒而又犯徒律。

**附律条例**

〇一、诬告因人而致死,被诬之人委系平人,及因拷禁身死者,比依诬告人因而致死随行有服亲属一人绞罪,奏请定夺。若诬轻为重,及虽全诬平人,却系患病在外身死者,止拟应得罪名发落。

**谨案** 此条系原例。

一、诬告人因而致死,被诬之人委系平人,及因拷禁身死,或将案外之人拖累拷禁致死一二人者,比依诬告人因而致死随行有服亲属一人绞罪,奏请定夺。若诬轻为重,及虽全诬平人,却系患病在外死者,止拟应得罪名发落。

**谨案** 此条系乾隆五年(1740)增修。

一、诬告人因而致死,被诬之人委系平人,及因拷禁身死者,拟绞监候。或将案外之人拖累拷禁致死一二人者,亦拟绞监候。若诬轻为重,及虽全诬平人,却系患病在外身死者,止拟应得罪名发落。

**谨案** 此条乾隆三十二年(1767)改定,续经增入"致死三人以上者,依故杀律拟斩监候"十五字。

〇一、奸徒串结衙门人役,假以上司察访为由,纂集事件,挟制官府,陷害良善,或诈骗财物,或报复私仇,名为窝访者,审实依律问罪,用一百二十斤枷,枷号两月发落;该徒、流者,发边卫充军。

**谨案** 此条系原例。"一百二十斤枷",雍正五年(1727)改"重枷"。

一、奸徒串结衙门人役,假以上司察访为由,纂集事件,挟制官府,陷害良善,或诈骗财物,或报复私仇,名为窝访者,审实依律问罪,用重枷枷号两月发落;该徒、流者,发近边充军。若计赃逾贯,及虽未逾贯,而被诈之人因而自尽者,均拟绞监候。如系拷打致死者,拟斩监候。为从均各减一等。

**谨案** 此条嘉庆六年(1801)增修。

〇一、胥役控告本管官,除实有切己冤抑,及本官有不法等情,既经承行惧被干连者,仍照例办理外,若一经审系诬告,应于常人诬告加等律上再加一等治罪。

**谨案** 此条嘉庆十九年(1814)定。

〇一、无藉棍徒,私自串结,将不干己事捏写本词,声言奏告,诈赃满数者,准窃盗论。赃至一百二十两以上者为满数。不分首从，俱发边卫充军。若妄指宫禁亲藩，诬害平人者，俱枷号三月，照前发遣。

**谨案** 此条系原例。

○一、凡将良民诬指为盗，及寄买贼赃，捉拿拷打，吓诈财物，或以起赃为由，沿房搜检，抢夺财物，淫辱妇女，除实犯死罪外，其余不分首从，俱发边远充军。诬指送官，依诬告论；淫辱妇女，依强奸论。

**谨案** 此条系原例。

一、凡将良民诬指为窃，及寄买贼赃，捉拿拷打，吓诈财物，或以起赃为由，沿房搜检，抢夺财物，淫辱妇女，除实犯死罪外，其余不分首从，俱发边远充军。若诬指为强盗，而有前项拷诈等情节者，俱发极边烟瘴充军。诬指送官，依诬告论；淫辱妇女，以强奸论。

**谨案** 此条乾隆三十七年(1772)增修，原载"恐吓取财"门内。

一、诬告良民为强盗者，发边远充军。

**谨案** 此条即乾隆三十七年(1772)于前条内分出，列为专条，移附本律。

一、凡将良民诬指为窃，称系寄买贼赃，将良民捉拿拷打，吓诈财物，或以起赃为由，沿房搜检，抢夺财物，淫辱妇女，除实犯死罪外，其余不分首从，俱发边远充军。若诬指良民为强盗者，亦发边远充军；其有前项拷诈等情，俱发极边烟瘴充军。诬指送官，依诬告论；淫辱妇女，以强奸论。

**谨案** 此条乾隆五十三年(1788)将前二条移并一条。

○一、凡词状止许一告一诉告，实犯实证，不许波及无辜，及陆续投词，牵连原状内无名之人。如有牵连妇女，另具投词。倘波及无辜者，一概不准，仍从重治罪。承审官于听断时，如供证已确，纵有一二人不到，非系紧要犯证，即据现在人犯成招，不得借端稽延，违者议处。

**谨案** 此条雍正三年(1725)定。

# 卷八百十八·刑部九十六

## 刑律·诉讼 诬告二 派审

**诬告二**

一、凡告言人罪，不即赴审，辄行脱逃者，除将被诬及证佐俱行释放外，脱逃犯人获日，所告之事不与审理，仍以诬告拟罪。

**谨案** 此条雍正三年(1725)定。

一、赴各衙门告言人罪，一经批准，即令原告到案投审。若不即赴审，辄行脱逃，及并无疾病事故，两月不到案听审者，即将被告及证佐俱行释放，其所告之事，不与审理。拿获原告，专治以诬告之罪。

**谨案** 此条乾隆五十四年(1789)增修。

一、赴各衙门告言人罪，一经批准，即令原告到案投审。若不即赴审，辄行脱逃，及并无疾病事故，两月不到案听审者，即将被诬及证佐俱行释放，其所告之事，不与审理。拿获原告，专治以诬告之罪。其情虚逃匿，经差缉始行获案者，再加逃罪二等。

**谨案** 此条嘉庆二十年(1815)增定。

〇一、凡实系切己之事，方许陈告。若将弁克饷，务须营伍管队等头目率领兵丁公同陈告；州县征派，务须里长率领众民公同陈告，方准受理。如违禁将非系公同陈告之事，怀挟私仇，改捏姓名，砌款黏单，牵连罗织，希图准行妄控者，除所告不准外，照律治以诬告之罪。

〇一、偷参为从人犯，诬扳良民为财主及率领头目者，不论旗、民，枷号两月折责，照例发遣。

一、偷参为从人犯，诬扳良民为财主及率领头目者，不论旗、民，枷号两月，改发云贵两广极边烟瘴充军，旗人仍销除旗档。

**谨案** 以上二条均雍正三年(1725)定。此条嘉庆十七年(1812)，调剂黑龙江遣犯，将原例发遣之处改发新疆给官兵为奴，并因外遣例不决杖、旗人偷参例应销档，是以增删。二十三年(1818)，调剂伊犁遣犯，改发云贵两广极边烟瘴充军。

〇一、八旗有将伊祖父时，或系养子，或系分户年久之人，子孙复行混告者，该部题参，系官革职，系平人枷号两月、鞭一百。如有讹诈逼勒等情，被害人告发审实者，照吓诈律治罪。

**谨案** 此条雍正三年(1725)定。

○一、挟仇诬告人谋死人命,致尸遭蒸检,为首者绞候,为从杖一百、流三千里。受嘱妄供之证佐,及捏报之仵作,均杖一百、徒三年。如证佐先行诬诈,后供实情者,杖八十。其官司刑逼招认妄供者,革职;审出实情者,交部议叙。

**谨案** 此条雍正三年(1725)定。

一、挟仇诬告人谋死人命,致尸遭蒸检,为首者绞候,为从杖一百、流三千里。其有审无挟仇,止以误执伤痕诬告蒸检者,为首发近边充军,为从满徒。其官司刑逼招认妄供者,革职;审出实情者,交部议叙。

**谨案** 此条乾隆五年(1740)改定。

○一、诬告叛逆,被诬之人已决者,诬告之人拟斩立决,未决者拟斩监候,俱不及妻子、家产。

**谨案** 此条雍正三年(1725)定,原载"常赦所不原"门。嘉庆六年(1801)移附此律。

○一、番役诬陷无辜,妄用脑箍及竹签、烙铁等刑致毙人命者,以故杀人论。

**谨案** 此条雍正三年(1725)定,原载"常赦所不原"门。乾隆五年(1740)移附此律。

○一、词内干证,令与两造同具甘结。审系虚诬,将不言实情之证佐,按律治罪。若非实系证佐之人挺身硬证者,与诬告人一体治罪,受贼者计赃以枉法从重论。地方官故行开脱者,该督抚提参,交部严加议处。

**谨案** 此条雍正六年(1728)定。

○一、控告人命,如有诬告情弊,即照诬告人死罪未决律治罪,不得听其自行拦息。其间或有误听人言,情急妄告,于未经验尸之先,尽吐实情,自愿认罪,递词求息者,讯明该犯果无贿和等情,照不应重律治罪完结。如有教唆情弊,将教唆之人仍照律治罪。该地方官如有徇私贿纵者,指名题参,照例分别议处。

**谨案** 此条雍正七年(1729)定。

○一、期亲以上尊长,按律不应抵命者,若诬告人谋死人命,致蒸检卑幼身尸,仍照诬告人死罪未决律治罪。其余亲属尊长律有应抵之条者,如诬告谋死人命,致蒸检卑幼之尸,及卑幼诬告,致蒸检尊长之尸,俱照例拟绞监候。

**谨案** 此条雍正九年(1731)定。

一、凡子孙将祖父母、父母死尸,挟仇诬告他人谋杀,致尸遭蒸检者,比照毁弃祖父母父母尸律拟斩监候。其有并非挟仇,止以误执伤痕告官蒸检者,照诬告人死罪未决杖一百流三千里加徒役三年律治罪。

**谨案** 此条乾隆二十六年(1761)定。

一、凡子孙将祖父母、父母死尸,挟仇诬告他人谋害,致尸遭蒸检者,比照毁弃祖父母父母尸律拟斩监候。其有并非挟仇,止以误执伤痕告官蒸检者,照诬告人死罪未决律,杖一百、流三千里,加徒役三年。若期亲以上尊长,按律不应抵命者,诬告人谋死人命,致蒸检卑幼身尸,仍照诬告人死罪未决律治罪。其余亲属尊长律有应抵之条者,如挟仇诬告人谋死人命,致蒸检卑幼之尸,及卑幼诬告,致蒸检尊长之尸,俱拟绞监候。若并非挟仇,止以误执伤痕告官蒸检者,亦照诬告人死罪未决律定拟。

**谨案** 此条乾隆四十八年(1783)修并。

〇一、凡捕役人等奉差缉贼,审非本案正盗,若其人素行不端,或曾经犯窃有案者,将捕役照诬良为盗例减一等,杖一百、徒三年。至其人本系良民,捏称踪迹可疑,素行不轨,妄行拿获,及虽犯窃有案,已改恶为善,确有实据,仍复妄拿,并所获之人,不论平人、窃盗,私行拷打,吓诈财物,逼勒认盗,及所窃盗案已获有正贼,因伙盗未获,将犯有窃案之人,教供诬扳,滥拿充数等弊,俱照诬良为盗例,分别强、窃治罪。

**谨案** 此条雍正十二年(1734)定,原隶"强盗"律。乾隆三十五年(1770)移入此门,增"分别强、窃"四字。

〇一、直省各上司,有恃势抑勒者,许属员详报督抚即行题参。若该督抚徇庇不奏,或自行抑勒者,仍准其直揭部科。该部科查明具奏,将原揭一并行令该督抚据实确查。审实,将该上司交部议处。若属员已知上司访揭题参,即摭砌款迹,捏词诬揭部科者,该部科查明参奏,将该员解任,并将原揭行令该督抚据实确审。如审系诬揭,题参到日,将该员革职。一事审虚,即行反坐。其被参之本罪,轻于所诬之罪者,照诬告律治罪。倘本罪有重于诬告,仍于本罪从重归结。武职悉照文职例行。

**谨案** 此条雍正十三年(1735)定。乾隆三十二年(1767),删去"将原揭一并行令该督抚据实确查"十四字,于"该部科查明具奏"下增"请旨定夺"四字。

一、直省各上司,有恃势抑勒者,许属员详报督抚题参。若督抚徇庇不参,或自行抑勒者,准其直揭部科,奏请定夺。审实,将该上司分别议处。若属员已知上司访揭题参,即摭砌款迹,捏词诬揭部科者,该部科查参,将该员解任,令该督抚确审,系诬揭者革职。一事审虚,即行反坐,于诬告加等例上,再加一等治罪。如被参本罪重于诬告罪者,亦于被参本罪上加一等治罪。武职悉照文职例行。

**谨案** 此条嘉庆二十二年(1817)改定。

〇一、有举首诗文书札悖逆讥刺者,除显有逆迹,仍照律拟罪外,若止是字句失检,涉于疑似,并无确实形迹者,将举首之人,即以所诬之罪依律反坐。承审官不行详察,辄波累株连者,该督抚、科道察出题参,将承审官照故入人罪律,交部议处。

**谨案** 此条乾隆元年(1736)定。

一、有首举诗文书札悖逆者,除显有逆迹,仍照律拟罪外,若止是字句失检,涉于疑似,并无确实悖逆形迹者,将举首之人,即以所诬之罪依律反坐。至死罪者,分别已决未决,照例办理。承审官不行详察,辄波累株连者,该督抚、科道察出题参,将承审官照故入人罪律,交部议处。

**谨案** 此条嘉庆六年(1801)修改。

○一、凡诬窃为盗,拿到案日,验明并无拷逼情事,或该犯自行诬服,并有别故,例应收禁,因而监毙者,将所诬拿之人,杖一百、流三千里。其吓诈逼认,因而致死,及致死二命者,俱照诬告致死律,拟绞监候。拷打致死者,照故杀律,拟斩监候。

**谨案** 此条乾隆元年(1736)定。十六年(1751),于“凡”字下增“捕役”二字,“验明”上增“该地方官”四字,“所诬拿之人”五字改为“诬拿之捕役”。

○一、承审官如有将牵连无辜之词状,混行批准,差役从中勒索,辗转株连者,即将承审官题参,交部议处。其勒索之差役,照违禁律治罪;赃重者,仍照例计赃从重科断。

**谨案** 此条乾隆元年(1736)定。五年(1740),查词状混准及差役勒索,已见各条,此条删。

○一、凡捏造奸赃款迹,写揭字帖,及编造歌谣,挟仇污蔑,以致被诬之人忿激自尽者,照诬告人因而致死随行有服亲属一人例,拟绞监候。其乡曲愚民,因事争角,随口斥辱,并无字迹者,仍各依应得罪名科断。

**谨案** 此条乾隆二十四年(1759)定。乾隆三十二年(1767),改为“照诬告致死例,拟绞监候”。嘉庆六年(1801),于“并无字迹”下,增“及并未编造歌谣”七字。

○一、生员代人扛帮作证,审属虚诬,该地方官立行详请褫革衣顶,照教唆词讼本罪上各加一等治罪。如计赃重于本罪者,以枉法从重论。其讯明事属有因,并非捏词妄证者,亦将该生严加戒饬。倘罔知悛改,复蹈前辙,该教官查明再犯案据,开报劣行,申详学政黜革。

**谨案** 此条乾隆三十六年(1771)定。

○一、凡诬良为窃,吓诈逼认,因而致死,照诬告致死律,拟绞监候。如系因拷打伤重致死者,照故杀律,拟斩监候。

**谨案** 此条乾隆四十六年(1781)定。

○一、凡诬良为窃之案,如拷打致死者,拟斩监候。若诬告到官,或捆缚吓诈逼认,致令自尽者,俱拟绞监候。其止空言捏指,并未诬告到官,亦无捆缚吓诈逼认情事,死由自尽者,杖一百、流三千里。至疑贼致毙人命之案,讯系因伤身死,仍悉照谋、故、斗杀、共殴及威力制缚主使各本律例定拟。其捆缚拷打致令自尽者,杖一百、流三千里。如殴有致命重伤,及成残废、笃疾,虽有自尽实迹,应于因事用强殴打威逼人致死果有致命重伤及成残废笃疾发近边充军例上,加一等发边远充军。若止空言查问,死由自尽者,杖一百、徒三年。

**谨案** 此条道光二年(1822)、六年(1826)移附修并。十二年(1832)因疑贼毙命之案,遇有死由自尽及捆缚拷打致令自尽者,若仅照威逼人致死本律例拟以徒杖,殊觉轻纵,于“制缚主使”下,节删“威逼人致死”五字;于“本律例定拟”下,增入“其捆缚拷打”至例末九十三字。

〇一、凡官民人等告讦之案,察其事不干己,显系诈骗不遂,或因怀挟私仇,以图报复者,内外问刑衙门,不问虚实,俱立案不行。若呈内胪列多款,或涉讼后复告举他事,但择其切已者,准为审理;其不系干己事情,亦俱立案不行。仍各将该原告照违制律杖一百,再加枷号一月,系官革职,已革者与民人一律办理。如敢妄捏干己情事耸准,及至提集人证审办,仍系不干己事者,除诬告反坐罪重者,仍从重定拟外,其余无论所告虚实、诈赃多寡、已未入手,俱不分首从,先在犯事地方枷号三月,满日发近边充军。旗人有犯,销除旗档,一例问发。

**谨案** 此条道光十年(1830)定。

〇一、诬告之案,如有所诬之罪,按例应加枷号者,即将诬告之人,照律按其所诬之笞、杖、徒、流、充军各本罪,分别加等定拟,俱毋庸加以枷号。

**谨案** 此条道光十二年(1832)定。

**历年事例**

〇天命十一年(1626)定:凡有告讦者,所告实,则坐被告之人,虚则反坐。

〇顺治十六年(1659)复准:凡诬告人笞、杖、徒、流等罪,仍照律加等科罪,不准折赎。其诬告叛逆,被诬之人已决者,本犯拟斩立决;若未决者,拟斩监候。其妻子家产,毋得株连。如已告人,不赴审脱逃者,将被诬及证佐俱行释放。本犯获日,不与审理,仍以诬告拟罪。

〇又复准:奸民刁讼,有一词而一时数告,一衙门未结,又赴别衙门陈告者,照不应重律拟罪。其有捏饰重罪,审系告虚者,照光棍为从例治罪。

〇康熙二十二年(1683)议准:凡恶棍包揽词讼,串通官役,捏词诬告者,审实从重治罪。承问官不将诬告恶棍依律例定罪者,严加议处。

〇乾隆元年(1736)议准:士子赋诗作文,或对景言情,或写怀述古,游衍笔墨,畅所欲言,即偶失于检点,原无意于讥刺。无如小人因缘报复,指摘字句,攻讦私书,刻被吹求,遂成疑似,借此影响,陷人悖逆。而地方有司,不细察其中虚实,见事生风,多方穷鞫,波累株连,破家亡命。原情实为可悯,论法亦未得其平。嗣后有举首诗文书札悖逆讥刺者,务令承审各官细心推详。如其语言文义显有悖逆之迹者,仍照律拟罪,遇赦不准援免。若止是诗文书札中字句一时失检,涉于疑似,并无确实形迹者,定将举首之人,即以所诬之罪,依律反坐,以为挟私诬告者戒。其承审官员不行详察,辄波累株连,率皆比附妖言成狱,或被督抚或被科道察出,将承审有司照故入人罪律治罪。

〇又议准:嗣后诬拿窃犯为盗,并无拷打逼诈,病故监外者,仍照例止拟应得罪名。若诬窃为盗,到案日,果系验明并无拷逼情事,或该犯等自行诬服,或有别故例应收禁,因而监毙者,照绞罪减一等,杖一百、流三千里。其拷诈逼认,因而致毙,及致死二命以上者,仍照诬告致死例拟绞监候。非刑拷打致死,及非用非刑而但拷打致死者,俱照故杀律拟斩监候。如此则轻重攸分,而承审各官得以遵奉,办理不致出入。再地方官于人犯到案时,务须详加验讯,一有拷逼痕据,即将快捕照例治罪。若视为具文,止以验无拷打教逼之语申报,后经受害告发,或经上司提验讯明,及别有访闻,即将该州县题参,照徇庇衙役例议处。

〇又议准:嗣后如有雇人诬告者,除受雇人仍照律治罪外,其雇人诬告之人,照设计教诱人犯法与犯法人同罪律,即与受雇诬告之人同罪。

〇三年(1738)议准:谋杀、故杀、强盗等案,俱系情罪重大,不应援赦之犯。如番捕将平民犯窃之轻罪,逼认为谋杀、故杀、强盗者,或经承审官讯出实情,而反坐之番捕,罪止拟军,援赦仍免,立法未免太宽。即酌量加严,照例充军,不准援赦免罪。

〇二十四年(1759)议准:查例载"将暧昧不明奸赃情事,污人名节,报复私仇者,发边卫充军"等语,原指未曾致死人命而言。若因污蔑之故,激成人命,自应比照诬告人因而致死之例,拟以绞抵,岂得与未经致死者,一例科断。嗣后除随口斥辱,并无款迹字帖挟仇污蔑者,仍照定例各依应得罪名科断外,如有假捏奸赃款迹,写揭字帖,及编造歌谣,挟仇污蔑,以致被诬之人忿激自尽者,俱照诬告人因而致死随行有服亲属一人例,拟绞监候。

〇二十六年(1761)议准:例载"挟仇诬告人谋死人命,致尸遭蒸检者,为首绞候,为从杖一百、流三千里。其审无挟仇,止以误执伤痕诬告蒸检者,为首发边卫充军,为从满徒。又诬告谋死人命,致蒸检应抵卑幼之尸,及卑幼诬告致蒸检尊长之尸,俱照例拟绞"各等语,至子孙诬告蒸检祖父母、父母尸作何治罪,例无明文。刑部办理成案,比照弃毁祖父母父母尸律,拟斩监候。夫子孙忍以父、祖死尸诬告蒸检,拟以重辟,诚不为枉。但实有父、祖与人口角斗殴受伤,子孙未经在场目睹,不知其伤之重轻,与致命、不致命之处,或伊父、祖越日身死,为子孙者悲哀愤怨,思欲复仇,因而告官请检。迨至检验,并无致命伤痕,子孙虽不为无罪,然其意实欲雪父祖之冤,别无借尸诬陷之意,与有心诬告惨遭蒸检者迥别。若概议以重辟,势必畏罪饮恨,不敢申雪。查诬告蒸检凡人死尸,例将挟仇诬告与误执伤痕分别治罪。今子孙控告蒸检父、祖死尸,亦应将两项情节,量为区别。如系有意挟仇,则残逆已极,应较凡人加重;若系无心误执,则愚诚可悯,应较凡人稍轻。谨酌拟一条,增入"刑律·诬告"条下。

〇二十九年(1764)奏准:查诬告律内,如所诬并非斩、绞罪名,其被诬本人,因拖累拷禁致死者,律无明文,是以条例内,比依诬告人因而致死随行有服亲属拟绞。但以被诬之人,竟比之随行有服亲属,实未妥协。嗣后改为"诬告因而致死,被诬之人委系平人,及因拷禁身死,或将案外之人拖累拷禁致死一二人者,均拟绞监候",其"比依随行有服亲属"数字,全行删节。

〇四十三年(1778)议奏:河南太康县民妇陈王氏诬告董四谋死伊夫,应照例拟流,不准收赎。奉旨:"此案陈王氏心疑其夫被人谋害,屡行控告,以致尸遭蒸检,其罪固所应得。但究因痛夫情切,意在伸冤,与挟嫌诬告者有间。且一经审明,即俯首认罪,其情尚属可原。陈王氏着加恩准其照例收赎。”

○五十四年(1789)谕:“据奎林奏《审拟刑逼良民为匪之县丞史唤彩》一折,内称‘讯明所诬匪犯简武、李廉二名,实无为匪情事,因被李安喜挟嫌控告,差拿到案。该县丞因循拖延,发原差张连、庄茂管押。简武等并无银钱送给,该差因将简武等用竹根撑开两手,绳吊屋梁,连夜叠加拷打,以致简武等诬认从逆为匪。请将张连、庄茂发往乌鲁木齐给种地兵丁为奴,在台湾枷号半年,满日发遣’等语。张连、庄茂,因本官发交管押之人,恣意需索,已属不法。复敢于严禁班馆之时,将简武等滥行叠加吊打,以致畏刑诬服,拖累良民,情殊可恶。台湾民刁俗悍,若仅如内地案件按照定例办理,不足以儆刁恶而安善良。张连、庄茂,着交地方官,在台湾照样吊打一月,然后枷号半年,满日再行依拟发遣。”

○嘉庆十三年(1808)谕:“莫晋奏《请申明定例严惩诬告》一折,所奏是。定律诬告人罪者,照所诬加等治罪。立法之意,原以刁健之徒,诬陷良善,致使无辜被累,贻患身家。是以审明后,将诬告之人加等问拟,息讼端即以安民也。无如近来外省风气,遇有诬控案件,虽将其险诈情形审讯得实,多不肯按律惩治。推原其故,总缘地方官于控案事件,未能平情确讯,因而为调停迁就之计。不惟不加等定拟,且曲为之说,或以为误听人言,或以为到案旋即供明,从而末减。以致刁恶衿棍,视为得计,讹诈平民,挟制官长。讼狱日繁,大半由此。嗣后大小执法衙门,务当简孚狱讼,于两造曲直,无令稍有隐抑。其架词诬告,或诬轻为重,轻实重虚者,均照本律加等治罪,不得权词开脱,从宽改拟。若原告脱逃,及案未结而越诉者,亦均照定例办理。以儆诬罔而省拖累。然此仍不过于讦讼之徒,遏止其流之一法。若清理讼源,则在地方官公正廉明,勤于听断。凡闾阎一切户婚田土之事,均令曲直分明,各得其理,即险诈之徒,亦无从生心构衅。直省督抚,果能各率所属,虚衷以平案牍,冤抑者立时昭雪,诪张为幻者按律惩治,并严拿讼师,毋使播惑乡愚,断无舍近求远来京妄诉之理。由是词讼日省,革薄还淳,以端人心,以励风俗。朕实有厚望焉。”

○二十一年(1816),刑部核议浙江省民人蒋伯能,因挟无服族弟蒋成之,指斥该犯纵容子侄为匪,欲行逐出宗祠之嫌,又疑其唆使赵麟周等呈告失窃荡鱼,致伊子蒋良秀被拿羁押,胆敢诬首蒋成之,窝藏逆犯朱毛俚在家,并代办粮草器械,图泄私忿。所诬系谋逆重情,与仅止指控隐藏者不同,自应按例问拟。蒋伯能合依诬告叛逆被诬之人未决者斩监候例,拟斩监候,秋后处决。奉旨:“蒋伯能依拟斩监候,着入于本年秋审情实办理。嗣后遇有诬告叛逆人犯,原拟监候者,俱照此例办理。”

○道光六年(1826)奏准:诬窃与疑窃致毙人命之案,定例各有专条。诬窃例内于死者则分别良民、旧匪,于诬者又分别有心、无心,原期缕析条分,便于引用。兹查无心诬窃,与疑窃肇衅各案情节,大抵相同,两例参观,界限殊未明晰。因思此等疑窃案件,除因疑而诬者,仍应照诬窃定拟外,其始终疑窃者,既可谓之为疑,即不得谓之为诬,是无心诬窃一层,应当节删。至所诬之人,果系良民,自较诬指旧匪为重;捕役人等妄拿诬陷,自较平民诬窃为重。此等情节,秋审案内皆可临时酌核,分别办理,毋庸另立章程,定案时亦毋庸预分差等。再诬窃例内,既有拷打伤重字样,则伤轻者又无凭核办,疑窃例内,亦未将威逼自尽者载明,均应酌量修改。并将疑窃毙命例文并为一条,以便遵守。嗣后凡诬良为窃之案,如拷打致死者,俱拟斩监候。如诬告到官,及捆缚吓诈逼认致令自尽者,俱拟绞监候。若止空言捏指,并未诬告到官,亦无捆缚吓诈逼认情事,死由自尽者,杖一百、流三千里。其疑贼致毙人命之案,悉照谋、故、斗杀、共殴及威力制缚主使并威逼人致死各本律例定拟。

○十年(1830)谕:"刑部议奏《御史宋劭谷奏请严定官民借端讹索章程》一折。嗣后官民人等告讦之案,察其事不干己,显系诈骗不遂,或因怀挟私仇,以图报复者,内外问刑衙门,不问虚实,立案不行。及呈内胪列多款,或涉讼后复告举他事,但择其切己者,准为审理;其不系干己情事,亦俱立案不行。仍各将该原告照违制律杖一百,再加枷号一个月,系官革职,已革者与民人一律办理。如敢妄捏干己情事耸准,及至提集人证审办,仍系不干己事者,除诬告反坐罪重者仍从重定拟外,其余无论所告虚实、诈赃多寡、已未入手,俱不分首从,问发近边充军,仍先在犯事地方,枷号三个月示众,满日再行发配。系旗人照例销除旗档,一例问发。该部即纂入例册,永远遵行。"

○光绪十三年(1887)奏准:嗣后遇有控告之案,无论奏咨,均应秉公核办。一经审出虚诬,即按律加等治罪,不准以事出有因,及怀疑所致,暨原告到案即行据实供明,尚非始终狡执等词,曲为开脱。倘地方官仍有狃于积习,含混完结者,该督抚即行严参,交部议处。庶足以儆因循而惩诬奸。

## 派　审

○道光元年(1821)谕:"御史任伯寅奏《陈明刑部派审之弊,请旨饬禁》一折,据称'刑部现审案件,掣签分司后,另派司员会同审讯,往往数人杂坐,各存意见。临审之时,偶有一人未到,彼此拖延。其本司司员,拱手陪坐,转将应办别案,耽搁不问。且派审之员,借端夸耀于外,以致情托贿赂诸弊丛生'等语,所奏自不为无见。但案情情重不一,如果遇重大之案,本司人员,不能审出实情,亦有不能不派员复审之时。嗣后着刑部堂官,于各司所分现审案件,即责成本司悉心审理,不必先行派员会审。如案情疑难,该司不能发奸摘伏,再遴委贤能之员,另行审办。庶本司不能借词推诿,而派审之员,亦不能遇事把持矣。"

# 卷八百十九 · 刑部九十七

## 刑律 · 诉讼

干名犯义　子孙违犯教令　见禁囚不得告举他事
教唆词讼　军民约会词讼　官吏词讼家人诉
诬告充军及迁徙

### 干名犯义

○凡子孙告祖父母、父母，妻妾告夫，及告夫之祖父母、父母者，虽得实，亦杖一百、徒三年。祖父母等，同自首者免罪。但诬告者，不必全诬，但一事诬，即绞。若告期亲尊长、外祖父母，及妾告妻者，虽得实，杖一百；告大功，得实。亦杖九十；告小功，得实，亦杖八十；告缌麻，得实，亦杖七十。其被告期亲、大功尊长，及外祖父母，若妻之父母，及夫之正妻，并同自首免罪；小功、缌麻尊长，得减本罪三等。若诬告罪重于干犯本罪者，各加所诬罪三等。谓止依凡人诬告罪加三等，便不失于轻矣。加罪不入于绞。若徒、流已未决，偿费、赎产、断付、加役，并依诬告本律。若被告无服尊长，减一等。依名例律，其告尊长谋反、大逆、谋叛、窝藏奸细，及嫡母、继母、慈母、所生母杀其父，若所养父母杀其所生父母，及被期亲以下尊长侵夺财产，或殴伤其身，据实应自理诉者，并听卑幼陈告，不在干名犯义之限。其被告之事，各依本律科断，不在干名犯义之限，并同自首免罪之律。被告卑幼同此。又犯奸，及越关，损伤于人于物不可赔偿者亦同。若告卑幼得实，期亲、大功及女婿，亦同自首免罪；小功、缌麻，亦得减本罪三等。诬告者，期亲减所诬罪三等，大功减二等，小功、缌麻减一等。若夫诬告妻，及妻诬告妾，亦减所诬罪三等。被告子孙、妻、妾、外孙及无服之亲，依名例律。若诬卑幼死未决仍依律减等，不作诬轻为重。若奴婢告家长，及家长缌麻以上亲者，与子孙、卑幼同罪。若雇工人告家长，及家长之亲者，各减奴婢罪一等。诬告者不减。又奴婢、雇工人被告得实，不得免罪，以名例不得为容隐故也。其祖父母、父母、外祖父母，诬告子、孙、外孙、子孙之妇妾及己之妾，若奴婢及雇工人者，各勿论。不言妻之父母诬女婿者，在缌麻亲中矣。若女婿与妻父母果有义绝之状，许相告言，各依常人论。义绝之状，谓如身在远方，妻父母将妻改嫁，或赶逐在外，重别招婿，及容止外人通奸；又如女婿殴妻至折伤，抑妻通奸，有妻诈称无妻，欺罔更娶妻，以妻为妾，受财将妻妾典雇，妄作姊妹嫁人之类。

### 附律条例

○一、八旗有将家人为养子分户开户之人，年久值伊原主之子孙庸懦或至绝嗣，伊等自称原为养子，或谎称近族兄弟，反行欺压，希图占产争告者，审明系官革职，枷号一月、鞭八十,平人枷号三月、鞭一百,将养子分户开户之档销毁,仍给予原主子孙为奴。

**谨案** 此条雍正三年(1725)定。

○一、凡家仆告主,除谋反、大逆、谋叛、隐匿奸细,许其首告外,其余一切事情,家仆首告,除所告之事不准行,仍杖一百。

**谨案** 此条雍正三年(1725)定。乾隆五年(1740),查与律文不符,删。

○一、下五旗王府佐领下人等,系累世效力之人,有伊小主无故寻衅、拘羁或发遣,捏造死罪送部者,许被害人妻子赴宗人府或都察院具呈,该衙门奏闻。审明如果冤抑,将被害人咨送内务府,入上三旗内府辛者库,将诬陷之主,酌量事之轻重治罪。如所告尽诬,照诬告家长律加倍治罪。

**谨案** 此条雍正三年(1725)定。乾隆五年(1740)奏准,累世效力之人,年代虽久,主仆名义仍在,果有冤抑,自可在部申诉,未便许其家属呈告;且"加倍"字样,业经奉旨禁用,此条删。

○一、凡奴仆首告家主者,虽所告皆实,亦必将首告之奴仆,仍照律从重治罪。

**谨案** 此条系乾隆五年(1740)遵照雍正十三年(1735)谕旨定例。

○一、凡旗奴告主犯该徒罪者,即于所犯附近地方充配,不准枷责完结。俟徒限满日,照例官卖,将价给还原主。

**谨案** 此条乾隆二十年(1755)定。二十八年(1763)遵旨,"旗奴"二字改为"旗下家奴"。

**历年事例**

○天聪六年(1632)谕:"家仆讦告伊主二事以上,重罪有实据,而轻罪虚者,不以诬告论,准出户。如开列款内,一款有实据者,亦不以诬告论。若各款俱实,原告准出户;各款俱虚,及虚实相半者,原告俱不准出户。讦告二事以上,轻罪有实据,而重罪涉虚,或止告一事,而以轻为重者,除实款应坐外,其诬告之款,反坐原告,不准出户。如子告父、妻告夫、同胞兄弟互相讦告者,系谋反、大逆等事,许其讦告。其余有讦告者,除被告犯罪照常审拟外,原告亦同罪之,不准出户。"

○崇德元年(1636)题准:家仆告主审实者,原告拨与他人为奴。

○康熙十八年(1679)复准:家奴投充营伍,挟制主人,勒索原契、妻子、财产者,照光棍例立斩。若无挟制、勒索等情,止背主投营者,枷号四十日,责四十板,仍还原主。营官知情不发,议处。

○十九年(1680)议准:家仆投营挟制主人者,不分首从、得财未得财,俱立斩。

○雍正十三年(1735)九月谕:"本年恩诏赦款甚多,但奴仆告家主之案,名分攸关,情罪可恶,毋得援恩诏赦免。盖凡官民人等,身蹈过愆,大干功令者,自然不能掩盖,且无人不可举首,断不容奴仆挟制短长,妄行首告,而紊尊卑之定分也。嗣后遇有奴仆首告家主者,虽所告得实,亦必将首告之奴仆,仍照例重治其罪。尔等即交该部通行晓谕,永著为令。”

### 子孙违犯教令

凡子孙违犯祖父母、父母教令,及奉养有缺者,杖一百。谓教令可从而故违,家道堪奉而故缺者。须祖父母、父母亲告乃坐。

#### 附律条例

○一、子贫不能营生养赡其父,致其父自缢死者,子依过失杀父律,杖一百、流三千里。

**谨案** 此条系原例。

一、子贫不能营生养赡父母,因致父母自缢死者,杖一百、流三千里。

**谨案** 此条乾隆三十二年(1767)改定。

○一、凡子孙因奸因盗,以致祖父母、父母忧忿戕生,或畏累自尽者,均照过失杀例治罪。若罪犯应死,及谋、故杀人事情败露,致其祖父母、父母自尽者,即照各本犯罪名,拟以立决。

**谨案** 此条系乾隆三十四年(1769)遵旨议定。

一、凡子孙有犯奸盗,祖父母、父母并未纵容,因伊子孙身犯邪淫,忧忿戕生者,拟绞立决。如祖父母、父母纵容袒护,后经发觉,畏罪自尽者,将犯奸盗之子孙发黑龙江给披甲人为奴。若子孙犯罪应死,及谋、故杀人事情败露,致祖父母、父母自尽者,即照各本犯罪名,拟以立决。

**谨案** 此条嘉庆五年(1800)定。

一、凡子孙有犯奸盗,祖父母、父母并未纵容,因伊子孙身犯邪淫,忧忿戕生者,拟绞立决。如祖父母、父母纵容袒护,后经发觉,畏罪自尽者,将犯奸盗之子孙,发黑龙江给披甲人为奴。其祖父母、父母纵令子孙犯奸犯盗,以致被人殴死,或被谋、故杀害者,将犯奸盗之子孙拟绞监候。若子孙罪犯应死,及谋、故杀人事情败露,致祖父母、父母自尽者,即照本犯罪名,拟以立决。

**谨案** 此条嘉庆九年(1804)遵旨定例。

一、凡子孙有犯奸盗,祖父母、父母并未纵容,因伊子孙身犯邪淫,忧忿戕生,或被人殴死,及谋、故杀害者,均拟绞立决。如祖父母、父母纵容袒护,后经发觉,畏罪自尽者,将犯奸盗之子孙,发黑龙江给披甲人为奴;被人殴死,或谋、故杀害者,将犯奸盗之子孙拟绞监候。如祖父母、父母教令子孙犯奸犯盗,后因发觉,畏罪自尽者,将犯奸盗之子孙杖一百、徒三年;被人殴死,或谋、故杀害者,将犯奸盗之子孙杖一百、流三千里。若子孙罪犯应死,及谋、故杀人事情败露,致祖父母、父母自尽者,即照各本犯罪名,拟以立决。子孙之妇有犯,悉与子孙同科。

**谨案** 此条嘉庆十六年(1811)增修。十七年(1812),将发黑龙江为奴,改发新疆给官兵为奴。二十二年(1815),又改发云贵两广极边烟瘴充军。

○一、凡呈告忤逆之案,除子孙实犯殴詈,罪干重辟,及仅止违犯教令者,仍各依律例分别办理外,其有祖父母、父母呈首子孙,恳求发遣,及屡次违犯,忤逆显然者,即将被呈之子孙发烟瘴地方充军,旗人发黑龙江当差。

**谨案** 此条系乾隆四十二年(1777)遵旨议定。嘉庆元年(1796),将例内"忤逆"字遵旨改为"触犯"。

一、凡呈告触犯之案,除子孙实犯殴詈,罪干重辟,及仅止违犯教令者,仍各依律例分别办理外,其有祖父母、父母呈首子孙,恳求发遣,及屡次违犯、触犯者,即将被呈之子孙实发烟瘴地方充军,旗人发黑龙江当差。如有祖父母、父母将子孙及子孙之妇一并呈送者,将被呈之妇与其夫一并佥发安置。

**谨案** 此条嘉庆十六年(1811)增修。

**历年事例**

○乾隆三十四年(1769)谕:"刑部议复广东省何长子奸污十岁幼女,致已母廖氏服毒身死,比照妇女与人通奸父母羞忿自尽例拟绞;又称二罪相等,从一科断,合依奸十岁以上幼女虽和同强论律拟绞监候一本,拟议甚属错谬。何长子之母廖氏,因伊子奸污幼女事败,潜服毒草殒命,是该犯罪不可逭,全在致母戕生。其奸污幼女一节,转属罪之轻者。该部援此为定罪正条,且比照妇女与人通奸父母羞忿自尽之例拟以绞候。曾不思此例乃指被奸妇女之父母而言,与何长子奸人女而至令已母畏惧自毙者,情事绝不相蒙,何得谬为比附。况定例过失杀父母者,即应绞决。诚以为子而伤亲至死,虽事出无心,亦不可一息偷生人世。若何长子罪案,较之过失杀孰重孰轻,不待再计而决也。明刑所以弼教,此等败伦伤化之徒,不早正刑章,则所谓弼教者安在?且依经定律,其理本属相同。《春秋》著许子止之条,义例具在,特罪其不亲尝药,即难逃一字之诛。刑部堂官中,岂无读书通经义者,何竟漫不思省,而引例纰谬若此耶。即以为该犯之母已死非命,不忍复以其子立置重典,此则不明大义,庸愚姑息之见,司刑者岂宜出此。所有此案定拟失当之刑部堂司各官,着交部严加议处。都察院、大理寺,向惟随众画诺,而退有后言。至此等败伦伤化之事,反置而不问,则何用其会议。亦着交部察议。此本着发还,另行核拟具奏。"

○四十二年(1777)谕:"昨江苏巡抚杨魁题《请将桃源县民孙谋掌殴伊父孙尚文并咬落指节拟以斩决》一疏,已批法司核奏矣。查阅本内孙尚文供'伊子孙谋,平昔不孝,屡次违犯,曾于三十七年(1772)九月禀县枷责'等语,彼时办理殊属非是。该犯孙谋忤逆,既经伊父禀县,即应严行惩治。或发烟瘴,或发他省,使伊父得安居守业,岂可仅以枷责从轻发落。此等不孝之徒,所谓下愚不移,何得留于其家,致日后酿成事端。向来刑部办理呈告忤逆之案,皆按律科罪,即从轻亦拟发遣。此案孙尚文控告伊子时,地方官若照此办理,何致尚留败类,任其回家肆行狂悖。幸而孙尚文被咬未死,设使因伤致毙,或竟有逆伦之事,则是因一时姑息之心,留此枭獍,使得肆毒于其父母。于伦纪风教,大有关系。所有从前办理之府、县,实属疏纵。至臬司刑名总汇,巡抚察吏安民,何俱漫不经心若此。着查明一并交部议处。嗣后各省似此忤逆之案,俱应照例坐以发遣,着交刑部定议具奏。"

〇嘉庆元年(1796)谕:"刑部具题《山西省已结未解军、流各犯分别准免不准免》一本,已依议行矣。惟阅单内所开各犯案内,有'忤逆伊祖及父母拟遣'之语。忤逆之子孙,岂可留之于世,此奏措词殊未妥协。虽旧例忤逆案内,一经祖父母呈送者,均核其所犯情罪,分别定拟。但此等拟军之犯,不过因语言触犯,或违犯教令等条。若果有实犯忤逆情节,岂尚得稍从宽典,仅予军遣?今摘叙案内,概以'忤逆'二字笼统声叙,转似实犯忤逆重罪之条,得邀稍从末减之例。明刑所以弼教,岂可漫无区别。嗣后此等人犯,止应摘叙'违犯''触犯'字样,不得仍前概以'忤逆'二字开写,以示核实定罪、教孝明刑至意。"

〇七年(1802)谕:"三法司衙门《议复湖北省左中义将伊父左士潮存钱员谷,致伊父忿恨自尽,照原拟违犯教令例定以绞候》一本。细核此案情节,左士潮将卖牛钱文,欲行凑买棺木,伊子左中义因先要买谷防饥,经左士潮向阻不听,并将旧存钱文一并买谷,以致左士潮忿恨莫释,投缳殒命。试思制备棺木,原系为子者分应尽心之事。今该犯不但不为伊父早行备办,并将伊父自备买棺钱文,忍心挪用,先买食谷,致伊父抱忿自尽。是其平日必不能孝顺,其非仅一时违犯教令可比,将来核办秋审,亦必予勾。左中义着即行处绞。"

〇九年(1804),湖广总督奏,民人田文潮纵容伊妻邹氏与僧文瑞通奸,复听从文瑞行窃败露被获,致文瑞商同伊妻将伊母佘氏搭毙以图搪抵,将田文潮比例发遣一案。奉旨:"田文潮一犯,始而纵容伊妻与文瑞通奸,已属无耻,继复听从文瑞行窃。伊母之死,实由该犯窃案败露,以致文瑞起意谋命搪抵。该督等拟以发往黑龙江给披甲人为奴,尚觉未协。着刑部详查例案,酌量加罪,另行妥议具奏。钦此。"遵旨议将田文潮改拟绞决,并请嗣后子孙有犯奸盗,致祖父母、父母被人殴死,或被谋、故杀之案,不问是否纵容袒护,均照此办理。又奉旨:"此案僧文瑞图奸邹氏不从,田文潮之母佘氏,与田文潮商量,劝令邹氏与文瑞通奸。是佘氏纵奸图利,实属无耻。迨文瑞商允田文潮,窃得邻村稻谷、衣物,将余赃交佘氏收藏。是畲氏又系纵窃,本有应得之罪,与并未纵容忧忿戕生者迥别。若照部议予以绞决,在田文潮一犯,寡廉鲜耻,死何足惜,设遇子孙有犯奸盗,祖父母、父母实不知情者,其罪何以复加,未免漫无区别。田文潮着改为绞监候,秋后处决。并着刑部纂入条例,嗣后除子孙因犯奸盗,祖父母、父母并未纵容,忧忿戕生者,仍照例拟绞立决。其祖父母、父母纵容袒护,后经发觉,畏罪自尽者,将犯奸盗之子孙发黑龙江给披甲人为奴。其有祖父母、父母纵令子孙犯奸犯盗,以致被人殴死,或被谋、故杀害者,均照此例问拟绞候。"

## 见禁囚不得告举他事

〇凡被囚禁，不得告举他事。其为狱官、狱卒非理凌虐者，听告。若因囚禁被问，更首己之别事，有干连之人，亦合准首，依法推问科断。其年八十以上，十岁以下，及笃疾者，若妇人，除谋反叛逆、子孙不孝，或己身及同居之内为人盗诈侵夺财产，及杀伤之类听告，余并不得告。以其罪得收赎，恐故意诬告害人。官司受而为理者，笞五十。原词立案不行。

### 附律条例

〇一、年老及笃疾之人，除告谋反叛逆及子孙不孝，听自赴官陈告外，其余公事，许令同居亲属通知所告事理的实之人代告。诬告者，罪坐代告之人。

**谨案** 此条系原例。

## 教唆词讼

凡教唆词讼，及为人作词状，增减情罪诬告人者，与犯人同罪。至死者减一等。若受雇诬告人者，与自诬告同。至死者不减等。受财者，计赃以枉法从重论。其见人愚而不能伸冤，教令得实，及为人书写词状而罪无增减者，勿论。奸夫教令奸妇诬告其子不孝，依谋杀人造意律。

### 附律条例

〇一、代人捏写本状，教唆或扛帮赴京，及赴巡抚、巡按并按察司官处，各奏告叛逆等项机密、强盗人命重罪不实，并全诬十人以上者，俱问发边卫充军。

**谨案** 此条系原例。雍正三年(1725)奏准，"巡抚、巡按"四字改为"督抚"，"叛逆等项机密"六字删。

〇一、凡将本状用财雇寄与人赴京奏诉者，并受雇受寄之人，属军卫者，发边卫充军；属有司者，发边外为民；赃重者从重论。其在京匠役人等，并各处因事至京人员，将原籍词讼因便奏告者，各问罪，原词立案不行。

**谨案** 此条系原例，无"赃重者从重论"六字；"在京匠役人等"，原作"在京校尉、军匠、舍余人等"，雍正三年(1725)增改。

一、凡将本状用财雇寄与人赴京奏诉者，并受雇受寄之人，俱发近边充军，赃重者从重论。

**谨案** 此条乾隆三十六年(1771)删改。

〇一、凡民人投充旗下，及卖身后，或代伊亲属具控，或将民籍旧事具控者，概不准理。

**谨案** 此条雍正三年(1725)定。

〇一、凡赴内外问刑衙门控告事情，应写录实情呈诉。若有讼师教唆词讼，及代写词状，增减情罪诬告人，并架词越诉者，令该地方官严拿，照律从重治罪。如徇畏不报,经该上司官访拿者,将该地方官交该部议处。

**谨案** 此条雍正三年(1725)定。乾隆五年(1740),因元年(1736)已定新例,此条删。

○一、内外刑名衙门,务择里民中之诚实识字者,考取代书。凡有呈状,皆令其照本人情词据实誊写,呈后登记代书姓名,该衙门验明,方许收受。如无代书姓名,即严行查究。其有教唆、增减者,照律治罪。

**谨案** 设立代书,雍正七年(1729)定例,专指直省府、州、县。十三年(1735),兼及在京衙门。乾隆五年(1740),并辑此条。

一、凡有控告事件者,其呈词俱责令自作。不能自作者,准其口诉,令书吏及官代书,据其口诉之词,从质书写。如有增减情节者,将代书之人照例治罪。其唆讼棍徒,该管地方官实力查拿,从重究办。

**谨案** 此条嘉庆二十二年(1817)遵旨定。

○一、凡审理诬控案件,不得率听本犯捏称倩过路不识姓名人书写呈词,务须严究代作词状教唆之人,指名查拿,依例治罪。

**谨案** 此条嘉庆十七年(1812)定。

○一、讼师教唆词讼,为害扰民,该地方官不能查拿禁缉者,如止系失于觉察,照例严处;若明知不报,经上司访拿,将该地方官照奸棍不行查拿例,交部议处。

○一、凡雇人诬告者,除受雇之人仍照例治罪外,其雇人诬告之人,照设计教诱人犯法律,与犯法人同罪。

**谨案** 以上二条,均系乾隆元年(1736)定。

○一、坊肆所刊讼师秘本,如《惊天雷》《相角》《法家新书》《刑台秦镜》等,一切构讼之书,尽行查禁销毁,不许售卖。有仍行撰造刻印者,照淫词小说例,杖一百、流三千里。将旧书复行印刊及贩卖者,杖一百、徒三年。买者杖一百。藏匿旧板不行销毁,减印刻一等治罪。藏匿其书,照违制律治罪。其该管失察各官,分别次数交部议处。

**谨案** 此条乾隆七年(1742)定。

○一、审理词讼,究出主唆之人,除情重赃多,实犯死罪,及偶为代作词状,情节不实者,俱各照本律查办外,若系积惯讼棍,串通胥吏,播弄乡愚,恐吓诈财,一经审实,即依棍徒生事扰害例,问发云贵两广极边烟瘴充军。

**谨案** 此条乾隆二十九年(1764)定。

○一、凡钦差驰审重案,如果审出虚诬,除赴京捏控之人,照诬告例治罪外,其有无讼师唆使扛帮情节,原审大臣即就案严行根究,按例分别问拟。失察之地方官,从重议处。如无此种情弊,亦即随案声明。

**谨案** 此条乾隆三十九年(1774)定。

○一、教唆词讼诬告人之案,如原告之人所欲告者本系轻事,而教唆之人起意借端吓诈,平空捏造重情,主令诬告,致毙人命者,及虽未致死人命,而教唆诬告之罪,应反坐流徒、抵充军役者,并以主唆之人为首,听从控告之人为从论。其寻常教唆,不过稍有增减,无关罪名轻重者,仍依教唆各本律例,与犯人同罪。

**谨案** 此条乾隆六十年(1795)定。

一、教唆词讼诬告人之案,如原告之人并未起意诬告,系教唆之人起意主令者,以主唆之人为首,听从诬告之人为从。如本人起意欲告,而教唆之人从旁怂恿者,依律与犯人同罪。有赃者,计赃以枉法从其重论。若仅止从旁谈论是非,并非唆令控告者,科以不应重杖,不得以教唆论。

**谨案** 此条嘉庆六年(1801)改定。

**历年事例**

○康熙二十四年(1685)题准:凡犯人听审时,有闲人随进衙门,扛帮原、被,传递口供,串通作弊者,系官议处;系平人,在本衙门枷责。其看门领催及甲兵皂隶,一并照例枷责。

○三十九年(1700)复准:奸徒包揽词讼,有不由州县,径行奔赴上控者,有已经结案多年,希图翻案者,有污蔑问官,牵告衙役,罗织多人者,此等讼棍,应按光棍例定拟,以儆刁风。

○雍正二年(1724)题准:嗣后刑部大门外,着满汉司务轮班看守,稽查闲人,严究奸徒。各司书办、皂隶,俱腰系木牌,刻写满汉字样姓名。如有奸徒假称书办、皂隶,即行问明。倘有作弊之处,轮班司务呈堂,系官,交与该部议罪;闲散人,在大门外枷号一月,照例鞭责释放。若司务任其出入,交与吏部议处。看门人役,亦照旧例责革。

○乾隆十二年(1747)议准:一应词状,必须代书据实填写,不得假手讼师,定例已属周详。惟是各该衙门或奉行不实,致使讼师、代书串通作弊。一应呈状,虽登代书之名,实出讼师之手,狼狈为奸,势所难免。应通行直省督抚,转饬各属,遵照定例,严禁代书不许将他人写就呈状,擅登姓名。如有讼师教唆、增减,而代书受贿登名者,该衙门即严行究审,除将讼师及告状本犯,各照本律治罪外,代书照在官人役,计赃以枉法从重论。若审无入己赃私,及赃数轻者,仍照教唆增减本律,同讼师一体治罪。

○嘉庆二十二年(1817)谕:"国家勤恤民隐,凡直省讼狱,有冤抑莫伸者,准其来京呈控,代为申理。原恐覆盆之下,日月照临所不及,特以通达下情,开除壅蔽。意至善也。乃人情诪张为幻,或案本细微,而架词耸听,或事皆虚诞,而捏砌重情,以致案牍繁滋,弊端百出。历经刑部奏定,将越诉诬控人犯,于本例加等治罪,又各递加一等,现已无可复加。本日该部议请,嗣后在问刑衙门呈控事件者,令于呈尾将代作之人注明姓名、籍贯、住址,一并传案详讯。一经审属虚诬,将具呈人照例反坐,代作者与犯人同罪。其主唆之人起意者,仍以为首论。或审明另有唆讼别案,即照积惯讼棍例治罪。若呈内不将代作姓名、住址开载,不准收理。集讯时代作之人提传未到,又别无证佐,即将所控立案不行,分别注销。所奏殊未允协,断不可行。具呈之人,知有不写代作人姓名不准收理之例,何难诡托写人,以求准理。又或将素有仇隙者,预为冒写,以图拖累,皆情事所必有。其代作呈词者,案情审实,与伊毫无所益,一经审虚,罪与原告同科,其人岂肯自将姓名载入呈内,势必假捏诡名,脱身事外。及审虚坐诬之时,人本乌有,何从提讯。是科条愈繁,巧诈愈滋,于防伪除奸之道,相去益远,而抱屈衔冤之真情,无处申诉。上干天和,下害民命,朕不忍为也。莫若明白晓谕,俾小民简而易遵。嗣后凡有控告事件者,其呈词俱责令自作。不能自作者,准其口诉,令书吏及官代书,据其口诉之词,从质书写。如有增减情节者,将代书之人照例治罪。其唆讼棍徒,该管地方官实力查拿,从重究办,毋稍轻纵。庶讼源既清,而讦告之风,自可渐息矣。"

### 军民约会词讼

凡军官军民有犯人命,管军衙门约会有司检验归问。若奸盗、诈伪、户婚、田土、斗殴与民相干事务,必须一体约问。与民不相干者,从本管军职衙门自行追问。其有占吝不发,首领官吏,以违令论,各笞五十。若管军官越分辄受民讼者,罪亦如之。

**谨案** 雍正三年(1725),删"军官"二字。

#### 附律条例

〇一、在外军民词讼,除叛逆机密重事,许镇守总兵、参将、守备等官受理外,其余不准滥受,辄行军卫有司问理。其户婚田土、斗殴人命一应词讼,悉赴通政使司,告送法司问理。其在外军卫有司,不系掌印官,不许接受词讼。

**谨案** 此条系原例。

一、在外军民词讼,除叛逆机密重事,许提镇、副参、游守等官接受,会同有司追问外,其余不许滥受。凡户婚田土、斗殴人命一应词讼,悉赴该管衙门告理。军卫有司,不系掌印官,不许接受词讼。

**谨案** 此条雍正三年(1725)改定。

〇一、缉捕官役,惟于京城内外,察访不轨妖言、人命强盗重事,其余军民词讼,及在外事情,俱不许干预。

**谨案** 此条系原例。

〇一、旗人谋、故、斗杀等案,仍照例令地方官会同理事同知审拟外,其自尽人命等案,即令地方官审理。如果情罪已明,供证已确,免其解犯,仍由同知衙门核转。倘恃旗狡赖,不吐实供,将案内无辜牵连人等先行摘释,止将要犯解赴同知衙门审明。如该同知事外苟驳,借应质名色,滥差提扰,该上司立即题参。

**谨案** 此条雍正三年(1725)定。

〇一、凡民人串通旗人代讼投词,违例控告,旗、民俱从重治罪。旗人控告民人,提审时,旗人故意勒措推诿不到官者,所告之事立案不行,仍将原告照诬告例治罪。

**谨案** 此条雍正三年(1725)定。乾隆五年(1740),查代讼投词及原告不到治罪等情,各条已备,此条删。

〇一、凡各省理事厅员,除旗人犯命盗重案,仍照例会同州县审理外,其一切田土、户婚、债负细事,赴本州县呈控审理。曲在民人,照常发落;曲在旗人,录供加看,将案内要犯审解该厅发落。至控告在官人犯,不论原、被,经州县两次拘传,别无他故,抗不到案者,将情虚逃避之犯,严拿治罪。

**谨案** 此条雍正六年(1728)定。

〇一、各处理事同知,遇有逃人案件,并旗人与民人争角等事,俱行审理,不必与旗员会审。

**谨案** 此条雍正七年(1729)定。

〇一、川省泸州土流接壤地方,倘有词讼,照军民约会之例,令该州同与该土司公同核报。

**谨案** 此条雍正八年(1730)定。

〇一、八旗兵丁、闲散、家人等,有应拟笞、杖罪名者,该管章京即照例回堂完结。其主仆相争、控争家产、隐匿入官物件、长幼尊卑彼此相争,及赌博讹诈、擅用禁物、容留贩卖来历不明之人等事,俱由该旗审明,照例完结。此内若有刑讯事件,会同刑部司官,动刑审讯,俟完结之日,行文都察院查核。若有不符之处,即行参奏。如有情重不能即刻完结者,会同该部审拟完结。若关系人命、盗案,及持金刃伤人、干连民人等事,交该部完结。关系别旗之事,会同该旗完结。

**谨案** 此条雍正十一年(1733)定。乾隆五年(1740),查八旗笞杖轻罪,向由该旗完结;其会同刑部审拟之例,业经停止;至命、盗等事,已于雍正十三年(1735)定例,专交刑部办理,此条删。

〇一、八旗案件,俱交刑部办理。该旗有应参奏者,仍行参奏。

**谨案** 此条雍正十三年(1735)定。

**历年事例**

〇雍正十年(1732)议准:奉天地方,旗、民杂处,住址参错。每遇强劫重案,旗员、民官,互相推诿,并无一定责成。嗣后如旗员管辖地内,有民人失事者,将该管旗员查参疏防,限年缉获,民官免其查参,仍令与旗员协缉。其民官管辖之地,有旗人失事者,亦照此例处分。至遇有人命等案,即令旗、民官员会同查验,仍照该管地址,分别议处。

〇乾隆二十五年(1760)奏准:查归化城、归绥道审转命盗各案,如凶盗尸亲、事主均系民人,由七协、通判承审,经同知、归绥道复审,招解臬司,申请抚臣题结。其有蒙古与蒙古交涉命盗案件,由外藩各札萨克派员来城,会同通判,审解同知,转解都统、归绥道会审咨部。若系蒙古与民人交涉命盗案件,通判验报行文外藩该札萨克,申请都统,各委员来城会审,仍经同知转解归绥道,会同都统复审,移解臬司,转解抚臣会同将军、都统题结。凡此案件,例以札萨克委员到齐之日起限。有屡次订期不至,案犯经年久羁,其干连待质之犯,省释无期。更有牵涉二三旗分,或一旗委员未到,又另订期,势不能依限完结。查原定札萨克委员会审之例,原因蒙古不知法律,恐其疑有屈抑,故令会审以服其心。现今各札萨克,无不深晓立法平允,即委员会审之时,亦从无异议。是会审之例,徒致案牍久悬,犯证拖累。嗣后归化城、七协厅,蒙古与蒙古命盗各案,由通判验讯,申请都统,就近派委土默特参、佐领会审咨部。其蒙古与民人交涉之案,亦请都统委参、佐领会审,由抚臣会题。所有各札萨克委员会审之例停止。结案后,仍将审拟定罪之处,由归绥道行文札萨克知照。

○嘉庆十五年(1810)谕:"毓秀奏《热河蒙古民人交涉事件,请由府道核转》一折。向例各省命盗案件,州县招解,由府审转。惟直隶州招解事件,由道审转,统解臬司衙门,加看详由督抚核定。今平泉等州县蒙古民人交涉事件,原奏章程内,未经指定核转之处。着仍照各省核定之例,所有平泉等州县,遇有民人蒙古交涉命盗案件,经州县会同理事司员审拟后,由州县详解承德府,由府详道,加看核转。至承德府所管地方,民人蒙古交涉命盗案件,亦由道加看核转,统解热河都统衙门提讯核定,以昭慎重。"

### 官吏词讼家人诉

○凡官吏有争论婚姻、钱债、田土等事,听令家人告官对理,不许公文行移,违者笞四十。

### 诬告充军及迁徙

凡诬告充军者,民告,抵充军役;军告,发边远充军。若官吏故将平人顶替他人军役者,以故出入人流罪论,杖一百、流三千里。若诬告人说事过钱者,于迁徙比流减半准徒二年上,加所诬罪三等,并入所得笞杖通论。

**谨案** 雍正三年(1725)奏准,诬告人充军者,即应照所诬地里远近抵充军役,不便分别军民,亦不便指定边远;又今无勾补充军之例,则亦无顶替军役之事;又官司出入人流罪,入者杖一百、流三千里,出者减三等,不合指定满流,以当故入军罪之律;又诬告人应迁徙者,不合专指说事过钱,今将律文改定。

凡诬告充军者,照所诬地里远近,抵充军役。若官吏故、失出入人军罪者,以故、失出入人流罪论。若诬告人罪应迁徙者,于比流减半准徒二年上,加所诬罪三等,并入所得杖罪通论。

**谨案** 乾隆五年(1740),于律后增注"凡徒二年者,应杖八十。今加诬告罪三等,流二千里,应得杖一百之罪,并论决之"。

# 【刑律·受赃】

## 卷八百二十·刑部九十八

### 刑律·受赃　官吏受财　坐赃致罪　事后受财

**官吏受财**

凡官吏因枉法、不枉法事受财者，计赃科断。无禄人各减一等。官追夺、除名，吏罢役，赃止一两。俱不叙用。说事过钱者，有禄人减受钱人一等，无禄人减二等，如求索、科敛、吓诈等赃，及事后受财过付者，不用此律。罪止杖一百、徒二年。照迁徙比流减半科断。有赃者，过钱而又受钱。计赃从重论。若赃重从本律。有禄人凡月俸一石以上者。枉法赃各主者，通算全科，谓受有事人财，而曲法处断者。受一人财，固全科，如受十人财，一时事发，通算作一处，亦全科其罪。若犯二事以上，一主先发，已经论决，其他后发，虽轻若等亦并论之。一两以下，杖七十；一两至五两，杖八十；一十两，杖九十；一十五两，杖一百；二十两，杖六十、徒一年；二十五两，杖七十、徒一年半；三十两，杖八十、徒二年；三十五两，杖九十、徒二年半；四十两，杖一百、徒三年；四十五两，杖一百、流二千里；五十两，杖一百、流二千五百里；五十五两，杖一百、流三千里；八十两，实绞。监候。不枉法赃各主者，通算折半科罪，虽受有事人财，判断不为曲法者。如受十人财，一时事发，通算作一处，折半科罪。一主者，亦折半科罪。准半折者皆依此。

**谨案**　此注本有“受一人之财，不半科”语，乾隆五年(1740)删改。

一两以下，杖六十；一两以上至一十两，杖七十；二十两，杖八十；三十两，杖九十；四十两，杖一百；五十两，杖六十、徒一年；六十两，杖七十、徒一年半；七十两，杖八十、徒二年；八十两，杖九十、徒二年半；九十两，杖一百、徒三年；一百两，杖一百、流二千里；一百一十两，杖一百、流二千五百里；一百二十两，杖一百、流三千里；一百二十两以上，实绞。监候。无禄人凡月俸不及一石者。枉法，扶同听行及故纵之类。一百二十两，绞；监候。不枉法，一百二十两以上，罪止杖一百、流三千里。

**附律条例**

○一、凡在官人役，取受有事人财，律无正条者，果于法有枉纵，俱以枉法计赃科罪。若尸亲、邻证等项不系在官人役，取受有事人财，各依本等律条科断，不在枉法之律。

**谨案** 此条系原例。

○一、各部院衙门书办,有辄敢指称部费,招摇撞骗,干犯国宪,非寻常犯赃可比者,发觉审实,即行处斩。为从知情朋分银两之人,照例发往云贵两广烟瘴少轻地方严行管束。

**谨案** 此条系乾隆五年(1740)遵照雍正五年(1727)谕旨定例,其知情分赃之人,本发黑龙江为奴,改照新例发云贵两广烟瘴少轻地方。

○一、县总、里书,如犯赃入已者,照衙役犯赃拟罪,不准折赎。保人、歇家,串通衙门行贿者,照不系在官人役取受有事人财科断。

**谨案** 此条雍正五年(1727)定。嘉庆十六年(1811)删"不准折赎"四字。

○一、凡正身衙役违禁私带白役者,并杖一百,革役。如白役犯赃,照衙役犯赃例治罪。正身衙役知情同行者,与同罪,不知情不同行者不坐。

○一、凡各衙门书吏,如有舞文作弊者,系知法犯法,应照平人加一等治罪。

**谨案** 以上二条均系雍正五年(1727)改。

一、凡各衙门书吏、差役,如有舞文作弊,借案生事扰民者,系知法犯法,俱照平人加一等治罪。受财者,计赃从重论。

**谨案** 此条道光十七年(1837)增定。

○一、司、道、府、州、县等官,不时察访衙蠹,申报该督抚究拟。若该管官员不行察报,经督抚上司访拿,或别经发觉,照徇庇例,交该部议处。如督抚不行访察者,亦交该部议处。其访拿衙蠹并赃私数目,仍应年底造册题报。

**谨案** 此条雍正五年(1727)定。

○一、直省书役年满缺出,遵例召募。务查该役本籍本姓,取具邻佑、亲族连名保结,及地方官印结,方准着役。有暗行顶买,索取租银者,缺主照枉法受财律计赃定拟,至八十两者绞;顶缺之人,照以财行求律,至五百两者杖一百、徒三年;出结人等,依不应重律杖八十;该管官员,依衙役犯赃失于觉察例十两以上者革职。倘该督抚阳奉阴违,照徇庇例议处。其年满考职时,于移咨内,填写"并无假姓冒籍"字样,吏部方准收考。若有冒籍冒名等弊事发者,革去职衔,杖一百。不能稽查之该管等官,俱照失察例,交部议处。至各衙门一切案件,若假手书吏,以致定稿时高下其手,驳诘不已,有赃者,照枉法受财律科罪;无赃者,依不应重律杖八十,革役;该管官员照溺职例议处。如该督抚不行题参,照不参劣员律议处。

**谨案** 此条雍正五年(1727)定。

一、直省书役年满缺出,遵例召募。有暗行顶买,索取租银者,缺主照枉法受财律计赃定拟,至八十两者绞;顶缺之人,照以财行求律,至五百两者杖一百、徒三年;出结人等,依不应重律杖八十;该管官员,交部议处。倘该督抚阳奉阴违,亦照例议处。其年满考职时,务令填写"并无假姓冒籍"字样,方准收考。若有冒籍冒名等弊事发者,革去职衔,杖一百。不能稽查之该管等官,俱交部议处。至各衙门一切案件,若假手书吏,以致定稿时高下其手,驳诘不已,有赃者,照枉法受财律科罪;无赃者,依不应重律杖八十,革役;该管官员,照例议处。如该督抚不行题参,亦交部议处。

**谨案** 此条乾隆五年(1740)改定。

○一、贪赃官役,罪至死而免死减等发落者,并妻及未分家之子,俱发尚阳堡安插。其罪不至死拟流者,发辽阳安插为民。

**谨案** 此条雍正五年(1727)定,乾隆三十七年(1772)删。

○一、凡衙门蠹役,恐吓索诈十两以上者,并妻安插奉天地方居住;至一百二十两者,照枉法拟绞。

**谨案** 此条雍正五年(1727)定。

一、凡衙门蠹役,恐吓索诈十两以上者,并妻安插奉天地方居住;至一百二十两者,照枉法拟绞。其或索诈贫民,致令卖男鬻女者,十两以下,亦照例安插。为从分赃者,不计赃,并杖一百、徒三年。

**谨案** 此条乾隆五年(1740)增修。

一、凡衙门蠹役,恐吓索诈十两以上者,发边卫充军;至一百二十两者,照枉法拟绞。其或索诈贫民,致令卖男鬻女者,十两以下,亦照例充发。为从分赃者,不计赃,并杖一百、徒三年。如有吓诈致毙人命,不论赃数多寡,拟绞监候。

**谨案** 此条乾隆三十二年(1767)增修。

一、内外大小衙门蠹役,恐吓索诈贫民者,计赃一两以下,杖一百;一两至五两,杖一百,加枷号一月;六两至十两,杖一百、徒三年。为从分赃,并减一等。其十两以上,及索诈贫民,致令卖男鬻女,赃在十两以下者,仍照定例遵行。

**谨案** 此条乾隆十七年(1752)定,原载"恐吓取财"门内。四十八年(1783)修并此门。

一、内外大小衙门蠹役,恐吓索诈贫民者,计赃一两以下,杖一百;一两至五两,杖一百,加枷号一月;六两至十两,杖一百、徒三年;为从分赃,并减一等。计赃在十两以上者,发近边充军;至一百二十两者,照枉法拟绞;其或索诈贫民,致令卖男鬻女者,十两以下,亦照例充发;为从分赃者,不计赃,并杖一百、徒三年。如有吓诈致毙人命,不论赃数多寡,拟绞监候。

**谨案** 此条乾隆四十八年(1783)修并。

一、内外大小衙门蠹役,恐吓索诈贫民者,计赃一两以下,杖一百;一两至五两,杖一百,加枷号一月;六两至十两,杖一百、徒三年;计赃在十两以上者,发近边充军;至一百二十两者,照枉法拟绞。为从分赃,并减一等。其或索诈贫民,致令卖男鬻女者,十两以下,亦照例充发;为从分赃者,不计赃,并杖一百、徒三年。如有吓诈致毙人命,不论赃数多寡,拟绞监候;若系拷打身死者,照故杀律拟斩监候;为从并减一等。

**谨案** 此条嘉庆六年(1801)增改。

一、内外大小衙门蠹役,恐吓索诈贫民者,计赃一两以下,杖一百;一两至五两,杖一百,加枷号一月;六两至十两,杖一百、徒三年;十两以上,发近边充军;其因索诈,致令卖男鬻女者,十两以下,亦照例充发;至一百二十两者,照枉法拟绞。为从分赃,并减一等;计赃重于从罪,仍从重论。如吓诈致毙人命,不论赃数多寡、已未入手,拟绞立决;拷打致死,拟斩立决。若死系作奸犯科有干例议之人,系吓逼致自尽者,拟绞监候;拷打致死者,拟斩监候。为从并减一等。

**谨案** 此条咸丰五年(1855)增定。

○一、凡上司经过,属员呈送下程,及供应夫马车辆一切陋规,俱行革除。如属员仍有供应,上司仍有勒索者,俱革职提问。若督抚不行题参,照例议处。其上司随役、家人私自索取,本官不知情者,照例议处。如知情故纵,罪坐本官,照求索所部财物律治罪。其随役、家人,照在官求索无禄人减一等律治罪。并许被索之属员据实详揭。若属员因需索滥行供应,及上司因不迎送供应,别寻他事中伤属员者,将属员及各上司,照例分别议处。

**谨案** 此条雍正七年(1729)定。

○一、吏卒人等,有索诈铺监使费,吓骗财物者,计赃以枉法从重治罪。失察之该管官,照失察衙役犯赃例分别议处。知情故纵者,革职。

**谨案** 此条乾隆元年(1736)定。五年(1740),查官吏受财枉法,及蠹役吓诈,定例已详,此条仅指索诈铺监使费,自可包举各条之内,毋庸另立条款,今删。

○一、督、抚、司、道各上司差役扰害乡民,许州县查拿,并许被害人呈告,将该役照例治罪。

**谨案** 此条乾隆二年(1737)定。

○一、除审无入己坐赃致罪者,果能于限内全完,仍照侵盗挪移亏空钱粮之犯,准其减免外,若官吏因事受财贪婪入己,审明枉法、不枉法,及律载准枉法、不枉法论等赃,果于一年限内全完,死罪照原拟减一等改流,军、流以下各减一等发落。倘限内不完,死罪仍照原拟监追,流罪以下即行发落。其应追赃物,照例勒追完结。

**谨案** 此条乾隆四年(1739)定。三十二年(1767)于"挪移"上删"侵盗"字,"审明"下删"枉法"字。

一、官员婪赃,审系枉法入己者,虽于限内全完,不准减等。其不枉法赃,及准枉法论,并坐赃致罪等项,仍照定例办理。

**谨案** 此条乾隆二十五年(1760)定。

一、官吏婪赃,审系枉法入己者,虽于限内全完,不准减等。如审无入己各赃,并坐赃致罪,果能于限内全完,仍照挪移亏空钱粮之犯,准其减免外,其因事受财入己,审明不枉法,及律载准枉法、不枉法论等赃,果于一年限内全完,死罪减二等发落,流、徒以下免罪。若不完,再限一年勒追。全完者,死罪及流、徒以下,各减一等发落。如不完,流、徒以下即行发配,死罪人犯监禁,均再限一年着追。三年限外不完,死罪人犯,永远监禁;全完者,奏明请旨,均照二年全完减罪一等之例办理。

**谨案** 此条嘉庆十一年(1806)修并改定。

○一、书吏舞文作弊,其知情不首之经承、贴写,俱照本犯罪减一等发落。如有将书吏情弊查出,举首三次者,系书吏,不论已未期满,准其考职即用;如系贴写,准其与期满之书吏一体考职。倘有不肖之徒,希图考职,及怀挟私仇,妄行出首者,照诬告律从重治罪。

**谨案** 此条乾隆五年(1740)定。

○一、白役诈赃逼命之案,除将白役照例拟抵外,如正役知情同行,在场帮索,及正役虽未同行,而主使诈赃者,俱发往黑龙江给披甲人为奴;若正役仅止知情同行,并无吓逼情事者,仍照例杖一百、流三千里。其并未主使诈赃,亦未知情同行,但于事后分赃,即于白役死罪上减二等,杖一百、徒三年;赃多者,计赃从重论。若并未分赃,及白役诈赃并未致毙人命者,仍照私带白役例责革,加枷号两月。

**谨案** 此条乾隆四十三年(1778)定。嘉庆十七年(1812),将发往黑龙江为奴改发极边足四千里充军。

○一、各衙门差役逼毙人命之案,讯无诈赃情事,但经借差倚势,凌虐吓逼,致令忿迫轻生者,为首杖一百、流三千里。其差役子侄亲属,私代办公,逼毙人命,除讯系诈赃起衅,仍照蠹役诈赃毙命例一体问拟外,若非衅起诈赃,为首实发云贵两广极边烟瘴充军。至差役有因索诈不遂,将奉官传唤人犯,私行羁押,拷打凌虐者,为首枷号两月,实发云贵两广极边烟瘴充军;其仅止私行羁押,并无拷打凌虐情事,为首杖一百、徒三年。为从,各减一等。

**谨案** 此条道光十三年(1833)遵旨定。

**历年事例**

○顺治元年(1644)定:凡官吏犯赃审实者,立行处斩。违禁多收钱粮火耗者,即以犯赃论。

○八年(1651)谕:"治国安民,首在惩贪。大贪罪至死者,遇赦不宥。"

○十二年(1655)议准:衙役犯赃一百二十两以上,分别绞、斩;一两以上,俱流徙;一两以下,责四十板,革役。

○又谕:"贪官虽经革职,犹得享用赃资,故贪风不息。今后内外大小贪官,受赃至十两以上者,不分枉法、不枉法,俱籍没家产入官,仍依律定罪。"

○十三年(1656)复准:衙役犯赃,流徙尚阳堡。

○又复准:凡衙役犯赃,本官查出揭报者,免议。若不行揭报,别经告发访闻者,该督、抚、按一并纠参治罪。

○十六年(1659)谕:"贪官赃止十两者,免其籍没,责四十板,流徙席北地方。其应杖责者,不准折赎。"

○康熙九年(1670)题准:凡衙役犯赃,本管官失于觉察,十两以上者,革职;一两以上者,降二级调用;不及一两者,降一级调用。

○十一年(1672)复准:犯赃官役,分别枉法、不枉法,照数多寡轻重拟罪之条,俱仍照律行。

○又复准:在京部院衙门书办,指依本司事犯赃,刑部审实,赃至十两以上者,将该管司官各降一级留任;不及十两者,罚俸一年。无司分衙门书办犯赃,将该管官亦照此例议处。

○十二年(1673)题准:凡贪赃官役流徙、杖罪,俱不准折赎。

○又题准:凡外官有失察衙役犯赃,吏部已经革职者,俱免其拟杖折赎。

○十八年(1679)议定:凡州县等官因听理案件,勒诈人财物者,革职拿问。司、道、府等官知而不行揭报,听督抚题参革职。若已经揭报,督抚不行参奏,降五级调用。

○四十一年(1702)题准:凡贿嘱财物,已经过付,方准出首,即将所首财物,赏给出首之人。

○雍正五年(1727),刑部等衙门议复程如丝案内,书办章孔昭撞骗银两,分别拟罪。奉谕:"朕励精图治,整饬弊端,而胥吏之作奸犯科,尤为严禁。数年以来,颁发谕旨,再三晓谕诫饬,不止三令五申矣。各部院堂官,皆能懔遵朕训,恪勤奉职,而司官等亦知慎守法度,不敢为非。乃书办章孔昭,愍不畏死,辄敢指称部费,招摇撞骗,违背朕旨,干犯国宪,非寻常犯赃可比,应置重典以儆奸蠹。着将章孔昭即行处斩;陶东山、金秉衡、汤福、张盛,既属知情,又朋分银两,俱着发往黑龙江给披甲之人为奴。余依议。着各部院衙门堂官晓谕各该管书办等,嗣后倘不遵朕谕旨,痛改旧习,仍有舞文弄法者,一经发觉,定照章孔昭之例,即行正法,不稍宽贷。"

○八年(1730)谕:"查例载官员失察衙役犯赃十两以上者革职。朕思胥役众多,一官之耳目,难于周遍。倘知而故纵,自当从重处分。如但失于觉察,而即将本官罢黜,则贤员因此诖误者不少矣。情有可原,而处分太重,转易滋隐匿之弊,此则应行变通者。着该部悉心详酌,另行定例具奏。"

○乾隆二十五年(1760)议准:二十三年(1758)钦奉谕旨,"嗣后除因公挪移及仓谷霉浥情有可原等案,仍照旧例外,所有实系侵亏入己者,限内完赃减等之例,着永远停止。钦此"。伏思朘削民膏,与侵亏国帑,同为贪纵骫法,侵盗者既有不宥之例,枉法者犹蒙宽减之名。诚恐嗜利之徒,计图肥己,遇事婪赃,巧于剥取,即经事犯,而以多认少,与受一词,赃数易于全完,仍得以减等幸邀宽典。于立法惩贪之道,未归划一。是以刑部近来办理此等案件,俱于本内议以不准减等,请旨遵行。但未将此例定有明条,贪墨者或犹觊觎万一,应请嗣后除不枉法赃,及准枉法论,并坐赃致罪等项,俱仍照旧例办理外,其实系入己枉法赃者,即使限内全完,仍照原拟治罪,不准减等。所有例内枉法赃限内全完减等之条,永行停止。

〇五十七年(1792)谕:"据吉庆参奏博山县知县武亿,于缉捕事件,任听衙役妄拿平民,滥刑重责,以致拖累无辜,已将武亿革职。蠹役倚官滋事,最为闾阎之害,法禁綦严。但向来蠹役诈赃毙命,以及假差吓骗等项,律有专条,自可按例定拟。其奉有差票而妄行拘拿,别无诈索情事者,未经著有定例。此等衙役,怂恿本官滥行差拘,拖累无辜,及至滋生事端,本官被参降革,而该役等转得置身事外,又于后来官员任内试其伎俩,殊不足以示惩儆。不特衙役为然,即书吏、长随以及幕友,亦往往有愚弄本官,耸令任意妄行,贻误地方。即本官去任,所谓官去吏不去,仍可作弊。此等恶习,不可不加之惩治,使知儆畏。嗣后除书役等诈赃毙命等项,仍按律治罪外,其虽无吓诈等情,而有借势妄为,累及平民,致令本官降革者,所有幕友、书役、长随,应如何酌定治罪之处,着该部详细定议具奏。钦此。"遵旨议准:嗣后地方官有应参降革之案,该督抚先饬该管上司严究幕友、书役、长随等。如有耸恿愚弄情事,即拘拿看守。除舞弊诈赃,及捕役借端诬拿平民,并奉差缉贼混拿充数等款,俱照例办理外,其审无前项情弊,但有倚官滋事,怂令妄为,累及本官者,各按本官降革处分上加一等。本官降一级者,将该犯杖七十;降二级者,杖八十;降三级者,杖九十;降四级者,杖一百;革职者,杖六十、徒一年。如本官罪止拟徒,亦各于本官罪上加一等治罪。籍隶本地者,即交本地方官;外籍者,递回原籍。仍严加管束,不许复充。倘仍潜身该地,欺瞒后任,改易姓名,复充书役及幕友、长随者,应令该督抚详加查察,一经得实,即严参治罪。其本官罪至军、流、外遣者,仍与本官同罪。

〇道光五年(1825)谕:"王鼎等奏《审讯徐倪氏等于犯案后向经手官吏行贿舞弊分别定拟》一折。此案已革德清县知县黄兆蕙,于蔡鸿报案时近在同城,借病推诿,玩视人命,以致尸骨叠遭蒸检,几成冤狱,又于和息时得受贿银一百圆,实属贪劣不职,着从重发往黑龙江充当苦差。已革归安县知县马伯乐,虽讯无婪赃情事,惟首先承审,既未究出实情,又失察伊兄马汝霖及家人、刑仵等诈索多赃,复检验不实,致酿巨案;且于该抚审讯时,谓为非刑锻炼,向副考官投递书信,希图挟制,殊属刁健,着从重发往新疆效力赎罪。已革湖州府知府方士淦,始则任德清县借病推诿,继复听武康县以尸腐为词,不如法相验,种种督率无方,形同木偶;迨委令督同开检,又未能检出伤痕,实属昏愦,着发往军台效力赎罪。已革巡检马汝霖,于家人李明求托时,得受洋钱三百圆,始而不肯成招,继复自行残伤,抗违不到,情殊刁诈,所拟发附近充军,尚觉过轻,着改为边远充军。已革钱塘县典史刘椿,于犯妇徐倪氏在监自尽,虽讯无得贿故纵情弊,惟不加意防范,致淫凶首恶,幸逃显戮,非寻常疏忽可比,所拟杖六十、徒一年,尚觉过轻,着改为杖八十、徒二年。黄兆蕙家人崔涌,为伊本官过付和息赃银,又自得洋银二十圆,仅拟杖责,亦觉轻纵,着改为杖八十、徒二年。署杭州府知府张允垂,失防拟徒人犯在狱自尽,着交部照例议处。所有此案不能审出实情,并失察之历任巡抚、臬司,着查取职名交部议处。"

○十三年(1833)谕:“向例蠹役吓诈,致毙人命,不论赃数多寡,问以绞监候。其差役因公逼毙人命,及差役子侄、亲属私代办公逼毙人命之案,作何治罪,律例并无明文。因思人命至重,必期按律定断,用昭详慎。若以罪无正条,援引比附,恐致畸轻畸重,易启高下其手之弊。内外大小衙门书吏、差役,借称因公,辄自拘押罪人,多方吓逼。倘其人罪不至死,因而毙命,即使讯无得受贿赃,其情甚属可恶。至使吏役、子侄、亲属,本身并未充当,乃私代办公,逼毙人命,更出情理之外,尤属可恶。着刑部详查例案,酌定条款,将来引用时,庶免枉纵。”

○光绪五年(1879)奏准:查州县为亲民之官,差票系本官标发,岂有任令门丁私卖之理。若差票可以私卖,则本官之聋昏瞶可知。虽多立科条,亦复何益。至传人限期,亦难预定,程途有远近水陆之殊,人证有老弱疾病之别。应令各该督抚,严饬州县,凡有传案,于签差之日,即悬牌于各署门首,标明某案于某月某日出票,俾合邑人等共见共闻。倘差役等有捺搁需索等弊,准案内人证随时喊告,即将差役照私行羁押例治罪。如州县官延不牌示,一经查出,立即参处。

## 坐赃致罪

○凡官吏人等,非因枉法、不枉法之事而受人之财,坐赃致罪。各主者,通算折半科罪,与者减五等。谓如被人盗财或殴伤,若赔偿及医药之外因而受财之类。各主者,并通算折半科罪,为两相和同取与,故出钱人,减受钱人罪五等。又如擅科敛财物,或多收少征,如收钱粮税粮斛面,及检踏灾伤田粮,与私造斛斗秤尺各律所载,虽不入己,或造作虚费人工物料之类,凡罪由此赃者,皆名为坐赃致罪。官吏坐赃,若不入己者,拟还职役。出钱人有规避事重者,从重论。一两以下,笞二十;一两以上至十两,笞三十;二十两,笞四十;三十两,笞五十;四十两,杖六十;五十两,杖七十;六十两,杖八十;七十两,杖九十;八十两,杖一百;一百两,杖六十、徒一年;二百两,杖七十、徒一年半;三百两,杖八十、徒二年;四百两,杖九十、徒二年半;五百两,罪止杖一百、徒三年。以坐赃非实赃,故至五百两,罪止徒三年。

### 历年事例

○康熙十二年(1673)题准:凡婪赃官员,审系挪用钱粮,私自加派公用科敛,坐赃致罪革职者,其徒、杖等罪,折赎俱免。

## 事后受财

原在事后,故别于受财律。

○凡官吏有承行之事先不许财,事过之后而受财,事若枉断者,准枉法论;事不枉断者,准不枉法论。无禄人各减有禄人一等,风宪官吏仍加二等。若所枉重者,仍从重论。官吏俱照例为民,但不追夺诰敕。律不言出钱、过钱人之罪,问不应从重可也。

# 卷八百二十一·刑部九十九

## 刑律·受赃



### 官吏听许财物 原未接受，故别于事后受财律。

凡官吏听许财物，虽未接受，事若枉者，准枉法论；事不枉者，准不枉法论；各减受财一等。所枉重者，各从重论。必自其有显迹、有数目者方坐。凡律称准者，至死减一等，虽满数，亦罪止杖一百、流三千里。此条既称准枉法论，又称减一等，假如听许准枉法赃满数至死减一等，杖一百、流三千里，又减一等，杖一百、徒三年，方合律。此正所谓犯罪得累减也。又此明言官吏，则其余虽在官之人，不用此律。

#### 附律条例

〇一、官吏听许财物，依律议罪，不问为民。

**谨案**　此条系原例。雍正三年(1725)删。

〇一、听许财物，若甫经口许，赃无确据，不得概行议追。如所许财物封存他处，或写立议单文券，或交与说事之人，应向许财之人追取入官。若本犯有应得之罪，仍照律科断；如所犯本轻，或本无罪，但许财营求者，止问不应重律。其许过若干，实交若干者，应分别已受未受数目计赃，并所犯情罪，从重科断。已交之赃，在受财人名下着追；未交之财，仍向许财人名下着追。

**谨案**　此条雍正十二年(1734)定。

#### 历年事例

〇康熙二十七年(1688)复准：官员过赃未受，照听许财物律，杖一百、徒三年。

### 有事以财请求

凡诸人有事，以财行求官吏欲得枉法者，计所与财坐赃论。若有避难就易，所枉法之罪重于与财者，从重论。其赃入官。其官吏刁蹬，用强生事，逼抑取受者，出钱人不坐。避难就易，谓避难当之重罪，就易受之轻罪也。若他律避难，则指难解钱粮、难捕盗贼皆是。

**附律条例**

〇一、凡有以财行求及说事过钱者,审实,皆计所与之赃,与受财人同科,仍分有禄、无禄。如抑勒诈索取财者,与财人及说事过钱人俱不坐。至于别项馈送,不系行求,仍照律拟罪。

**谨案** 此条雍正三年(1725)定。

一、凡有以财行求及说事过钱者,审实,皆计所与之赃,与受财人同科。仍分有禄、无禄,有禄人概不减等,无禄人各减一等。其行求说事,过钱之人,如有首从者,为首,照例科断;为从,有禄人听减一等,无禄人听减二等。如抑勒诈索取财者,与财人及说事过钱人俱不坐。至于别项馈送,不系行求,仍照律拟罪。

**谨案** 此条乾隆五年(1740)增修。

〇一、凡属员以财行求上司保送题升,并大计军政卓异荐举者,如受财之上司,果于事后据实尽首者,免其治罪,并免追赃,止治以财行求并说事过钱人之罪。如以财行求之属员,有于事后据实出首者,免其治罪;受财之上司,照原赃数加倍追给,止治受财及说事过钱人之罪。若说事过钱之人据实首明者,免其追赃治罪,仍将与受之赃追出,赏给一半,止治与受人之罪。至有赃多首少者,照不实不尽律科罪;其赃少首多者,以讹诈律治罪。倘复隐匿不首,一经发觉,计赃照律加倍治罪。

**谨案** 此条雍正三年(1725)定。乾隆五年(1740),查或免追赃,或邀给赏,适足开诈欺侥幸之弊,且与律义不符,删。

〇一、凡受贿顶凶之案,除案外之人,得受正凶贿赂,挺身到官顶认,在外省业已招解臬司,在京内现审案件,业经法司会审,已属成招定罪,几致正凶漏网者,仍照顶凶本例分别问拟外,如尚未成招,罪未议定,旋即破案者,行贿之凶犯,仍照原犯罪名问拟,受贿顶认者,计赃以枉法论。至顶凶已经招解之案,如系同案之犯,代认重伤,致脱本犯罪名者,减正犯罪一等定拟。未招解者,仍照原犯本罪科断。受赃重者,以枉法从其重者论。

**谨案** 此条嘉庆五年(1800)定。

一、奸徒得受正凶贿赂,挺身到官顶认,审系案外之人,在外省业已招解臬司,在京业经法司会审,已属成招定罪,几致正凶漏网者,俱照本犯徒、流、斩、绞之罪,一例全科。若正凶放而还获及逃囚自死者,顶凶之犯,照本罪减一等。其行贿本犯,除应立决者,毋庸另议外,原犯应入情实者,拟为立决;应入缓决者,秋审时拟入情实;原犯军、流等罪,照军流脱逃改调例,加等调发;徒、杖以下,按律各加一等。如尚未成招,罪未议定,旋即破案者,行贿凶犯,仍照原犯罪名问拟;受贿顶凶者,减正犯罪二等。至同案之犯,代认重伤,致脱本犯罪名,已招解者,减正犯罪一等;若原犯本罪,重于所减之罪或相等者,各加本罪一等。未招解者,仍照本罪科断。行贿凶犯,均各照原犯罪名定拟。教诱顶凶者,与犯人同罪。计赃重者,行贿、顶凶、教诱各犯,无论案内案外、已未成招,均以枉法赃从其重者论,照例与受同科。说合过钱者,各减顶凶之犯罪一等；受财重者，准枉法赃从重论。如有子犯罪而父代认，其子除罪应立决者，毋庸另议外，如犯应斩、绞监候者，俱拟以立决；军、流、徒罪，各以次递加。

**谨案** 此条原例，一载"名例·称与同罪"门内，一载本门。嘉庆十九年(1814)，因一事分载两门，引断恐致错误，是以修并。

**历年事例**

○顺治元年(1644)定：凡人犯事用贿求免者，枷号、鞭责；受贿之人亦枷号，依盗罪鞭责，财物入官。若本管部内人役馈送礼物，与者、受者俱问罪。

○十四年(1657)定：凡保人、歇家，串通衙役，行贿害民事犯，照衙役一体治罪。

○康熙十二年(1673)题准：保人、歇家，与衙役不同，其犯事治罪，照不系在官人役受有事人财律条科断。

○二十四年(1685)议准：凡有土豪积蠹、绅衿父兄，在衙门左近开店者，严拿照律从重治罪。该管官不行查禁，督抚题参议处。

○嘉庆五年(1800)：湖北巡抚审题李连三等共殴涂存玉身死案内，因李连三贿嘱同案从犯李高惠顶凶，经该知府审明，将李连三依共殴律拟绞监候，声明秋审入于情实；李高惠照受贿顶凶例，与本犯绞罪一律全科，据伊母自首，照律减等拟徒等因。经刑部议称：例载奸徒得受正凶贿赂，挺身到官顶认，致脱本犯罪名者，不计赃数多寡，俱照本犯徒、流、斩、绞一例全科。其行贿之本犯，原犯应入情实者，改为立决；应入缓决者，秋审时入于情实。又罪囚监禁在狱，乘间脱逃，原犯斩、绞监候应入情实者，改为立决；应入缓决者，入于秋审情实各等语。推原例意，诚以行贿买凶之犯，希图漏网，与越狱脱逃无异。故定例比照越狱条例办理，以示惩创。惟是越狱之例，以已经出狱为断，则顶凶之案，亦应以已经招解为断。若尚未招解到司，事尚未成，不在例应加重之列。至受贿顶凶之犯，原指案外之人，贪图贿利，甘心顶认，已经招解定案，致脱本犯罪名者，自应照本犯罪名一律全科。若系案内之人得受贿赂，将轻伤供认重伤，虽案已招解，在本犯仅止避重就轻，尚非脱然事外。在顶凶之犯，仅止移轻作重，较案外人凭空代认者有间，自应减正凶罪一等问拟。未招解者，照原犯本罪科断。得赃重者，计赃以枉法从其重者论。原例未经分析，各省办理，未免参差。即如此案李高惠系案内共殴余人，因得受李连三水田、钱文，代认致命重伤，经县据供详府。旋经李高惠之母赴府首告，审出实情，尚未解司定案。该抚将李高惠依顶凶例全科，因自首照例减二等拟徒，李连三依律拟绞，声明入于秋审情实。是将未经定案之犯，科以已经定案之罪；且以同案代认重伤之人，科以事外顶凶之例，未为允协。自应申明例意，以昭界限。因议将李连三依共殴人致死下手致命伤重者绞律，拟绞监候，其秋审时入于情实之处，毋庸议。李高惠照余人本律，问拟满杖，惟得受李连三水田、钱文，应令该抚照犯时价值，确估计算，按照枉法计赃，从其重者科罪。

## 在官求索借贷人财物

○凡监临官吏挟势,及豪强之人,求索借贷所部财物,并计索借之赃准不枉法论,强者准枉法论,财物给主。无禄人,各减有禄人一等。若将自己物货散与部民,及低价买物多取价利者,并计余利,准不枉法论,强者准枉法论;物货、价钱,并入官、给主。卖物,则物入官,而原得价钱给主;买物,则物给主,而所用之价入官。此下四条,盖指监临官吏,而豪强亦包其中。若于所部内买物,不即支价,及借衣服、器玩之属,各经一月不还者,并坐赃论。仍追物还主。若私借用所部内马牛驼骡驴及车船、碾磨、店舍之类,各验日计雇赁钱,亦坐赃论,追钱给主。计其犯时雇工赁值,虽多不得过其本价。若接受所部内馈送土宜礼物,受者笞四十,与者减一等。若因事在官而受者,计赃以不枉法论。其经过去处供馈饮食及亲故馈送者,不在此限。其出使人于所差去处,求索借贷、卖买多取价利,及受馈送者,并与监临官吏罪同。若去官而受旧部内财物,及求索借贷之属,各减在官时三等。

**附律条例**

○一、文武职官,索取土官、外国、猺獞财物,犯该徒三年以上者,俱发边卫充军。

**谨案** 此条系原例。

○一、云贵、两广、四川、湖广等处流官,擅自科敛土官财物,佥取兵夫,征价入已,强将货物发卖,多取价利,赃至该徒三年以上者,问发附近卫所充军。若卖买不曾用强,及赃数未至满徒者,照行止有亏事例问革。其科敛财物,明白公用,佥取兵夫,不曾征价者,照常发落。

**谨案** 此条系原例,"赃至该徒三年以上"句,原作"各赃至满数,犯该徒三年以上";"赃数未至满徒"句,原作"赃数未满"。雍正三年(1725),以律内非因公科敛财物,有禄人一百二十两以上即拟绞,因将此二句改定。

一、云贵、两广、四川、湖广等处流官,擅自科敛土官财物,佥取兵夫,征价入已,强将货物发卖,多取价利,赃至该徒三年以上,俱发近边充军。若买卖不曾用强,及赃数未至满徒者,按律计赃治罪。其科敛财物,明白公用,佥取兵夫,不曾征价者,照常发落。

**谨案** 此条乾隆五年(1740)改定。

○一、凡各沿边地方,各该镇守总兵、副将、参将、游击、都司、守备、卫所等官,但有科敛军人财物,及扣减月粮,计入己赃至三十两以上,降一级,带俸差操;百两以上,降一级,改调烟瘴地面带俸差操;二百两以上,照前调发充军;三百两以上,亦照前例科断。应改调及充军者,俱发边远卫分。

**谨案** 此条系原例。雍正三年(1725)奏准,今营将各官,如有科敛扣克者,俱革职问罪;入己赃至满数者,即拟绞,不止于降调及军罪,此条删。

○一、凡外任旗员,该旗都统、参领等官,有于出结时勒索重贿,及得缺后要挟求助，或该旗本管王、贝勒及门上人等，有勒取求索等弊，许本官据实密详督抚转奏。倘督抚瞻顾容隐，许本官直揭都察院转为密奏。倘不为奏闻，许各御史据揭密奏。

**谨案** 此条系乾隆五年(1740)遵雍正元年(1723)谕旨定。

○一、苗蛮黎獞等僻处外地之人，并改土归流地方，如该管官员，有差遣兵役骚扰逼勒科派供应等弊，较内地之例，应加倍治罪。若赃不多，犯该杖一百以下者，俱加倍徒一年；犯该徒一年者，加倍徒二年；徒一年半者，加倍徒三年；徒二年者，加倍流二千里；徒二年半者，加倍流二千五百里；徒三年者，加倍流三千里；犯该流二千里及流二千五百里者，俱发边卫充军。若赃数满贯罪止满流者，绞候。其赃银照追入官、给主。虽限内全完，亦不免罪。因而激动番蛮者，照引惹边衅例从重治罪。

**谨案** 此条雍正三年(1725)定。

一、苗蛮黎獞等僻处外地之人，并改土归流地方，如该管官员有差遣兵役骚扰逼勒科派供应等弊，因而激动番蛮者，照引惹边衅例从重治罪。

**谨案** 此条乾隆五年(1740)删定。

○一、改土归流地方，文武各官，如有剥削番苗者，照贪赃例革职，计其赃私，照监临官吏挟势求索借贷所部财物律，分别加倍治罪。该管上司，照不揭劣员例，分别议处。倘因勒索科派激动番苗者，照引惹边衅例，分别从重治罪。

**谨案** 此条雍正六年(1728)定。乾隆五年(1740)，查与前条重复，删。

○一、凡出差巡察之员所到州县地方，如有收受门包，与者照钻营请托例治罪，受者照婪赃纳贿例治罪。该督抚不行查察，交部议处。

**谨案** 此条系乾隆五年(1740)遵照雍正八年(1730)谕旨定例。

○一、各上司如有勒荐幕宾、长随者，许属员揭报，将勒荐之上司照例革职。其幕宾、长随钻营上司引荐，在各衙门舞弊诈财者，计赃以枉法论，幕宾照衙门书吏加等治罪例治罪，长随照衙门蠹役恐吓索诈十两以上例治罪。如钻营引荐，别无情弊，但盘踞属员衙门者，幕宾照书吏年满不退例杖一百、徒三年，长随枷号一月、杖一百，各递回原籍，分别发落。其属员徇隐不揭报者，照例革职。若属员营求上司，因所荐幕宾、长随，有勾通行贿等弊，照例分别议处治罪。

**谨案** 此条雍正十二年(1734)定。

一、各上司如有勒荐长随及幕宾者，许属员揭报，将勒荐之上司照例革职。如长随钻营上司引荐，在各衙门招摇撞骗财物者，照衙门蠹役恐吓索诈十两以上例，计赃治罪。幕宾钻营引荐，事后收受为事人礼物，尚非舞弊诈财者，计赃以不枉法论，照衙门书吏加等例治罪；如倚仗声势，欺压本官，舞弊诈财者，亦照蠹役诈赃例，计赃治罪。如钻营引荐，别无情弊，但盘踞属员衙门者，幕宾照书役年满不退例杖一百，长随枷号一月、杖一百，各递回原籍，分别发落。其属员徇隐不行揭报者，照例革职。若属员营求上司，因所荐幕宾、长随，有勾通行贿等弊，照例分别议处治罪。

**谨案** 此条嘉庆六年(1801)改定。

○一、长随求索吓诈得财舞弊者,照蠹役诈赃例治罪,并照窃盗例,初犯以“赃犯”二字刺臂,再犯刺面。其有索诈婪赃,托故先期预遁,及本官被参后闻风远扬者,拿获之日,照到官后脱逃例,各加二等治罪,仍追原赃。其各衙门现任大小官员,如有收用犯案刺字长随者,交部议处。

**谨案** 此条乾隆二十四年(1759)定。

○一、各省府州县等衙门,除日用零星需用食物,准其于本地方照市价平买外,其余需用布匹绸缎一切货物等项,或由本籍携带,或在邻境买用,毋得于管辖地方滥行赊买。该管上司仍随时稽察,如有仍在本境赊欠等弊,即严参究治。

**谨案** 此条乾隆五十四年(1789)遵旨定例。

**历年事例**

○顺治十三年(1656)谕:“凡属吏借节礼名色,馈送上司、公行贿赂者重治。”

○康熙十七年(1678)议准:凡府、州、县等官,借名拜寿行贺私谒上司,夤缘通贿,事发,将与、受之官俱革职提问。其上司虽未接受,不行举发者,罚俸一年。

○又议准:上司官于所属借贷财物,事发,照贪官例处分。

○十八年(1679)议准:凡有司官供应刍粟物料,不发现银采买,借取于民,或亏短价值者,督抚题参拿问。若督抚徇隐不参,别经发觉,将该管上司各官俱革职拿问,该督抚革职。

○三十七年(1698)复准:州县等官,上司多借访事为名,索取馈遗。嗣后如有此等情弊,许州县官揭报,督抚指名题参。如督抚抑勒徇庇,不行题参,许其开具实迹,实封径达通政司衙门奏闻。事实,将该督抚从重议处。

○雍正元年(1723)谕:“凡旗员为外吏者,每为该旗都统、参领等官所制。自司道以至州县,于将选之时,必勒索重贿,方肯出结咨部。及得缺后,复遣人往其任所,或称平日受恩,勒令酬报,或称家有喜丧等事,缓急求助,或以旧日私事要挟。至五旗诸王不体恤门下人等,分外勒取,或纵门下管事人员肆意贪求,种种勒索,不可枚举。以致该员竭蹶馈送,不能洁己自好。凡亏空公帑,罹罪罢黜者,多由于此。嗣后如有仍蹈前辙,恣意需索等弊,许本官据实密详督抚转奏,督抚即据详密奏。倘督抚瞻顾容隐,即许本官封章密揭都察院转为密奏。倘又不为奏闻,即各御史亦得据揭密奏。务期通达下情,以除积弊。外任旗员,毋得隐忍畏惧,朕不治以干犯举首之罪。”

○八年(1730)谕:“闻钦差巡察等官所到州县地方,向有收受门包之事。凡从京师奉差官员,朕皆给以驿递夫马,并每日供应之费,不使其丝毫取于地方。如果该员有用度不敷之处,该省督抚当据实为之陈奏。不应令其借门包之名,以为将来取巧之渐。如塞楞额之在山东,其明征也。况州县各官所有每年养廉之项,不过足供任所之用,安能有余以为应酬之具。若不早行禁止,必至仍有剥削民膏之患也。着各省督抚通行晓谕所属地方，倘嗣后出差之员仍蹈此习，与者照钻营请托例治罪，受者照婪赃纳贿例治罪。若督抚不行查参，则照失于觉察例处分。又闻外省衙门请换印信，其使费竟至百金或数十金。止因繁费太多，以致州县官员，任印信模糊而不行详请。夫换印乃国家之公事，该管衙门何得视为取利之途。嗣后着严行禁止，不许得受一文。倘有仍前需索或借端稽迟者，经朕访闻，定行从重议处。"

○乾隆五十四年(1789)，刑部审奏山西监生常怀恒，控告直隶宣化县知县王秉正赊欠布银一百七十两不还，将王秉正坐赃革职科罪一案。奉谕："外省大小衙门所有需用零星食物，不能不就近取买。至布匹一项，尚非日用饮食之物可比。若在本境店铺任意赊取，必致绸缎货物，亦一概取之。胥役等乘机滋扰，甚至短发价值，势所必有，殊非整饬官方之道。嗣后各省府州县衙门，除菜蔬油酱食物，准其于本地方照时价平买外，其余需用布匹绸缎一切货物等项，或由本籍携带，或在邻境买用。毋得于管辖地方滥行赊买，致启勒索指价之端。该管上司仍应随时稽察，如有仍在本境赊欠等弊，即行严参究治。著为令。"

**家人求索**

○凡监临官吏家人，兄弟、子侄、奴仆皆是。于所部内取受所求索借贷财物，依不枉法。及役使部民，若买卖多取价利之类，各减本官吏罪二等。分有禄、无禄。须确系求索借贷之项，方可依律减等。若因事受财，仍照官吏受财律定罪，不准减等。若本官吏知情，与同罪，不知者不坐。

**谨案**　注内"兄弟、子侄"句，"须确系求索借贷"以下数句，俱乾隆五年(1740)增。

**附律条例**

○一、执事大臣，不行约束家人，致令私向所管人等往来交结借贷者，一经发觉，将伊主一并治罪。

**谨案**　此条乾隆二十二年(1757)遵旨定例。

**历年事例**

○乾隆二十二年(1757)谕："据刑部奏称'泰陵主事赶福于封印日期内，打伤佛伦家人王洪身死一案，赶福应拟杖一百，交内务府照例办理'等语。佛伦系承办泰陵事务大员，树户即其所管之人。伊果平日严束家人，不令与属下人交结往来，则王洪何至与树户索讨借贷钱文，被主事赶福打死。此显系佛伦平日疏忽，并不约束家人所致，佛伦着交部察议。看来佛伦家人王洪，既与伊主所管之人彼此借贷钱文，则凡有执事大臣之家人，与所属人等彼此交结借贷之处，难保其必无。百弊由此丛生，甚为恶习，应严行禁止。着通行晓谕，嗣后凡有执事大臣，务各约束家人。倘仍有与所管人往来交结借贷者,一经发觉,必从重治罪,断不宽恕。”

### 风宪官吏犯赃

凡风宪官吏受财,及于所按治去处求索借贷人财物,若卖买多取价利,及受馈送之类,各加其余官吏受财以下各款罪二等。加罪不得加至于死。如枉法赃须至八十两方坐绞,不枉法赃须至一百二十两之上方坐绞。风宪吏无禄者,亦就无禄枉法、不枉法本律断。其家人犯赃,亦减本官所加之罪二等。本官知情与同罪,不知者不坐。

**谨案** 乾隆五年(1740),将注内“其家人犯赃”二句,改为“其家人如确系求索借贷,得减本官所加之罪二等。若因事受财,不准减等”。

#### 历年事例

○康熙十七年(1678)议准:凡督抚有私差内司人等借名访察事件,遍历州县,并督抚、两司另开便门,容令所属人员交通出入者,俱革职。其将游客、优伶人等,贻书荐送所属,亦照此议处。

### 因公科敛

凡有司官吏人等,非奉上司明文,因公擅自科敛所属财物,及管军官吏科敛军人钱粮、赏赐者,虽不入己,杖六十,赃重者坐赃论;入己者,并计赃以枉法论。无禄人,减有禄人之罪一等。至一百二十两绞监候。其非因公务,科敛人财物入己者,计赃以不枉法论。无禄人罪止杖一百、流三千里。若馈送人者,虽不入己,罪亦如之。

**谨案** 原文“管军官吏”下,有“总旗、小旗”四字,雍正三年(1725)删。

#### 附律条例

○一、凡京城及外省衙门,不许罚取纸札笔墨、银朱器皿、钱谷银两等项,违者计赃论罪。若有指称修理,不分有无罪犯,用强科罚,米谷至五十石、银至二十两以上,绢帛贵细之物值银二十两以上者,事发,交该部降一级用。

**谨案** 此条系原例。末句原作“事发问罪,起送吏部降一级调用”,雍正三年(1725)改。乾隆五年(1740),复改为“事发,交部照例议处”。

○一、科罚修理,果曾经手,不准花销,照例起送。若自不经手,支销明白,止依科敛律发落。

**谨案** 此条系原例。雍正三年(1725)奏准,上条已有议处之例,此条删。

○一、江南、江西、湖广地方及黄、运两河,遇有公事,该督抚查实,题请定夺,不许辄派商捐。倘地方官有私行勒派者,即行题参治罪。该督抚失于觉察,一并交部议处。

**谨案** 此条雍正十一年(1733)定。

### 历年事例

○康熙三年(1664)议准:凡有司词讼,有借名备赈,罚谷肥私者,该督抚指名参处。如督抚不行题参,被科道纠举者,该督抚及承问各官一并议处。

○又议准:凡有司官借称差使大臣供应,科敛百姓者,照贪官例治罪。督抚、司道等官,俱照失察贪官例处分。

## 克留盗赃

凡巡捕官已获盗贼,克留赃物不解官者,笞四十;入己者,计赃以不枉法论,仍将其所克之赃并解过赃通论盗罪。若军人弓兵有犯者,计赃虽多,罪止杖八十。仍并赃以论盗罪。

### 附律条例

○一、胥捕侵剥盗赃者,计赃照不枉法律从重科断。

**谨案** 此条雍正五年(1727)定。

## 私受公侯财物

凡内外各卫指挥、千百户、镇抚,并总旗、小旗等,不得于私下或明白接受公、侯、伯所与金银、缎匹、衣服、粮米、钱物。若受者,军官杖一百,罢职,发边远充军;总旗、小旗罪同。再犯处死。公侯与者,初犯、再犯免罪附过,三犯准免死一次。若奉命征讨,与者、受者,不在此限。或绞或斩,律无明文。但初犯充军,即流罪也,再犯加至监候绞,以其干系公、侯、伯,应请自上裁。

**谨案** 雍正三年(1725)奏准,将"凡内外各卫"至"小旗等"十八字,改为"凡内外武官";"军官"二字、"总旗、小旗罪同"六字、"附过"二字,俱删;"准免死一次"改为"奏请区处"。

# 【刑律·诈伪】

## 卷八百二十二·刑部一百

### 刑律·诈伪 诈为制书 诈传诏旨 对制上书诈不以实 伪造印信时宪书等 私铸铜钱一

**诈为制书** 诈为，以造作之人为首从坐罪，转相誊写之人非是。

〇凡诈为原无制书，及增减原有者，已施行，不分首从皆斩；监候。未施行者，为首绞，监候。为从者减一等。传写失错者，为首杖一百。为从者减一等。诈为六部、都察院、将军、督抚、提镇、守御紧要隘口衙门文书，套画押字，盗用印信，及将空纸用印者，必盗用印方坐。皆绞；监候。不分首从。未施行者，为首减一等，为从又减一等。诈为察院、布政司、按察司、府、州、县衙门印信文书者，为首杖一百、流三千里；诈为其余衙门印信文书者，为首杖一百、徒三年。为从者减一等。未施行者，各分首从。减一等。若有规避事重于前事者，从重论。如诈为出脱人命，以规避抵偿，当从本律科断之类。其诈为及制书、文书已施行，及制书、文书所至之处，当该官司知而听行，各与同罪，至死减等。不知者不坐。一将印信空纸，捏写他人文书，投递官司害人者，依投匿名文书告言人罪者律；盗用钦给关防，与印信同，有例。

**谨案** 原文"诈为将军、总兵官、六部、都察院、都指挥使司、各卫指挥使司、守御紧要隘口千户所文书"，雍正三年(1725)改。

**附律条例**

〇一、诈为将军、总兵官、六部等衙门文书，依律问断外，若诈为察院、布政司、按察司、府、州、县及其余衙门文书，诓骗科敛财物者，问发边卫充军。

**谨案** 此条系原例。雍正三年(1725)奏准，"将军、总兵官"五字删。

〇一、凡诈为各衙门文书盗用印信者，不分有无押字，依律坐罪。若止套画押字，各就所犯事情轻重，查照本等律条科断。其诈为六部各司、军卫各所文书者，俱与其余衙门同科。

〇一、通政使司、大理寺、盐运司部属各管军所，仍照其余衙门拟断。若情犯深重者，听临时查照比依何衙门，具由奏请定夺。

**谨案** 以上二条。均系原例。

### 诈传诏旨 诈传，以传出之人为首从坐罪，转相传说之人非是。

○凡诈传诏旨自内而出者，为首斩；监候。为从者杖一百、流三千里。诈传皇后懿旨、皇太子令旨者，为首绞。监候。为从者杖一百、流三千里。若诈传一品、二品衙门官言语，于各属衙门分付公事，自有所规避者，为首杖一百、徒三年；三品、四品衙门官言语有所规避者，为首杖一百；五品以下衙门官言语者，杖八十；为从者各减一等。若得财而诈传无碍于法者，计赃以不枉法；因得财诈传而变动事情，枉曲法度者，以枉法；各以枉法、不枉法赃罪，与诈传规避本罪权之，从重论。其诈传诏旨、品官言语所至之处，当该官司知而听行，各与同罪；至死减一等。不知者不坐。若内外各衙门追究钱粮，鞫问刑名公事，当该官吏将奏准合行免追免问事理，妄称奉旨追问者，是亦诈传之罪。斩。监候。

**谨案** 原文"皇太子令旨"下，有"亲王令旨"四字，雍正三年(1725)奉御批删。

### 对制上书诈不以实

凡对制敷陈及奏事有职业该行而启奏者。与上书，不系本职而条陈时务者，诈妄不以实者，杖一百、徒三年。其对奏上书非密谓非谋反、大逆等项。而妄言有密者，加一等。若奉制推按问事，转报上不以实者，杖八十、徒二年。若徇私曲法，而所报不实之事重于杖八十、徒二年者，以出入人罪论。

#### 附律条例

○一、发遣、军、流人犯，在配所遣人呈递封章，条陈事务者，无论所言有无可采，原犯军、流，加一等调发；原犯极边烟瘴充军者，发新疆给官兵为奴；原犯遣罪，在配用重枷枷号六个月。如因呈递封章，另犯应死罪名，仍各从其重者论。其受雇代递之人，照为从律，减本犯罪一等，拟杖一百、徒三年；计赃重者，准窃盗科断。

**谨案** 此条嘉庆十九年(1814)定。二十五年(1820)，停发黑龙江遣犯，于例内调发下，增"原犯极边烟瘴"二句。道光六年(1826)，调剂新疆遣犯，将发新疆者，仍改发云贵两广极边烟瘴充军，在配加枷号三个月，并于"原犯遣罪"下，增"改发云贵两广极边烟瘴充军；在配加枷号三个月者，仍改发云贵两广极边烟瘴充军，在配用重枷再行枷号六个月"。二十四年(1844)，新疆遣犯，照旧发往，仍复此例。

#### 历年事例

○嘉庆十七年(1812)议准：军、流人犯在配所遣人陈递封章，条陈事务，无论所言有无可采，原犯军、流，加一等调发；遣罪无可再加，即在配所枷号六个月。若呈递密折奏告人罪，无论所控是否得实，原犯流罪，改发极边烟瘴充军；原犯军罪，改发黑龙江，仍照例分别当差为奴；原犯遣罪，无可再加，即在配所枷号一年。倘本案实有屈抑，不赴内外风宪衙门申诉，违例递折，除本案准予审明更正外，仍将该犯照冲突仪仗妄行奏诉例,发近边充军。如因呈递封章,另犯应死罪名,仍将从其重者论。

## 伪造印信时宪书等

凡伪造诸衙门印信及时宪书、起船起马符验、茶盐引者,为首雕刻,斩。监候。为从者减一等,杖一百、流三千里。有能告捕者,官给赏银五十两。伪造关防印记者,为首杖一百、徒三年。告捕者,官给赏银三十两。为从及知情行用者,各减一等。"各"字承上二项而言。若造而未成者,首从各又减一等。其当该官司知而听行,与同罪,不知者不坐。印所重者文,若有篆文,虽非铜铸,亦可以假诈行事。故形质相肖而篆文俱全者,谓之伪造。惟有其质而文不全者,方谓之造而未成。至于全无形质,而惟描之于纸者,乃谓之描摹也。

**谨案** 原文"符验"下,有"夜巡铜牌"四字,雍正三年(1725)删。

### 附律条例

〇一、凡盗用总督、巡抚、审录、勘事、提学、兵备、屯田、水利等官钦给关防,俱照各官本衙门印信拟罪。若盗及弃毁、伪造,悉与印信同科。

**谨案** 此条系原例。乾隆五年(1740),删"审录、勘事"四字。

〇一、伪造并盗用通政使司关防印记,及伪印工部批回卖放人匠者,俱问罪,于本衙门首枷号三月发落。

**谨案** 此条系原例。雍正三年(1725)奏准,今伪造通政司印信,与各衙门同;工部匠役皆雇募,无卖放之事,此条删。

〇一、起解军士,捏买伪印批回者,除实犯死罪外,解人发附近,军士调边卫,原系边卫者,调极边卫,各充军。

**谨案** 此条系原例。雍正三年(1725)奏准,今无起解军士之事,此条删。

〇一、凡有伪造诸衙门印信及钦给关防,事关军机、冒支钱粮,假冒官职,大干法纪者,俱拟斩立决,为从者拟绞监候。若非关军机、钱粮、假官等弊,止图诓骗财物,为数多者,俱照律拟斩监候,为从者杖一百、流三千里。若诓骗财物,为数无多,银不及十两,钱不及十千者,为首雕刻者,杖一百、流三千里;为从及知情行用者,各减一等。其伪造关防印记,诓骗财物,为数多者,将为首雕刻之人,发云贵两广烟瘴少轻地方;若为数无多,为首者,仍照律徒三年;为从及知情行用者,各减一等。其造而未成者,又各减一等。若描摹印信行使,诓骗财物,犯该徒罪以上者,问发边远充军。其为数无多,犯该徒罪以下者,各计赃以次递减,四十两,杖一百、徒三年;三十两,杖九十、徒二年半;二十两,杖八十、徒二年;一十两,杖七十、徒一年半;一两以下,杖六十、徒一年。不得财者,罪止杖一百。

**谨案** 此条系雍正五年(1727)遵旨议准。乾隆五年(1740)改为例。

〇一、伪造假印,私收钱粮,积年行使,数满一百两以上者,为首之人,拟斩立决、枭示,其余仍照例治罪。如有代为藏匿印票,不行销毁者,照伪造假银为从例治罪。

**谨案** 此条雍正七年(1729)定。乾隆五年(1740)奏准,侵盗钱粮,已赅于"监守自盗"律内,此专为清查江南积欠钱粮、严惩积蠹而设,原非永为定例,今删。

〇一、凡各衙门吏役,伪造本官印信,诓骗财物,除自己雕刻者,仍照律定拟外,其倩人雕刻,银不及十两、钱不及十千者,俱杖一百、流三千里;若银钱在十两、十千以外,俱问发云贵川广烟瘴少轻地方;其银至五十两以上,拟绞监候。余人仍照旧例科断。

**谨案** 此条雍正十一年(1733)定。乾隆三十二年(1767),查与二十六年(1761)新例不符;且吏役有犯,未便较平人反从轻拟,此条删。

〇一、图利小贩,照官板式样翻刻时宪书发卖,用黄丹涂饰印信之状,并无雕刻、描摹篆文者,依伪造诸衙门印信止图诓骗财物为数无多者为首杖流、为从减等例,分别治罪。

**谨案** 此条乾隆五年(1740)定。十六年(1751),查宪书本无翻刻之禁,删。

〇一、起意伪造假印,除自行雕刻者,仍照律拟斩监候外,其有他人代为雕刻,审系同谋分赃者,将起意之人与雕刻之人,并拟斩监候,为从者减等拟流。若仅受些微价值,代为私雕,并无同谋分赃情事者,以起意之人为首,雕刻之人为从。其诓骗财物,银不及十两、钱不及十千,罪应拟流者,亦将雕刻之人审明是否同谋分赃,分别首从办理。

**谨案** 此条乾隆二十六年(1761)定。

一、伪造假印之案,如起意者自行雕刻,或他人同谋分赃,代为雕刻者,将起意之人与雕刻之人,并以为首论,案内为从者减一等。若仅受些微价值,代为私雕,并无同谋分赃情事者,以起意之人为首,雕刻之人为从,与案内为从者,并减首犯罪一等。

**谨案** 此条嘉庆六年(1801)改定。

〇一、伪造印信之案,如假印形质已具,篆文字体已成,仅止笔画少缺,但经行用得财,为数多者,分别首从,拟以斩候、满流。即为数无多,亦分别首从,照例拟以流、徒。甫经雕刻,尚未行用者,各减得财一等。若篆文笔画,实未齐全,又未诓骗得财,方以造而未成科断。其伪造关防印记者,亦照此分别首从,各按本例办理。

**谨案** 此条嘉庆二十二年(1817)定。

### 历年事例

〇雍正五年(1727),刑部议复广东化州民林邦瑜等伪造茂名县印信一案。奉旨:"刑部议将伪造印信之林邦瑜拟斩立决。查此案内苏文韬用假印偷卖米票,同伙三人,共钱三千一百文,为数无多,非假印得官及大干法纪者可比。从前止议定假印立斩之条,至于作弊之事有大小、所犯之罪有轻重,未曾详细分别,尚未允协。着另行定拟具奏。"

〇嘉庆十一年(1806)谕:"费淳、长麟奏《审讯大概情形,并究出串通舞弊之各州县,请旨革职拿问》一折。据称'司书王丽南等私雕假印舞弊营私一案,查明自嘉庆元年(1796)起,至本年止,地丁耗羡杂款项下,俱有虚收虚抵、重领冒支等弊,计有二十四州县,共侵盗银三十一万六百余两。此内竟有与州县讲明,每虚收重抵冒支银一万两,给予司书及说事人使费银二三千两不等,各州县实省解银六七千两。当经费淳等逐细研鞫,按册核稽,究出串通知情之州县张麟书等十一员。其现任者均经提传质审,各认通同舞弊属实'等语。阅之殊堪骇异,实为我朝未有之事。从前外省不肖官吏,作奸犯科,如甘肃捏灾冒赈之案,最为重大,然止借办赈为名,虚报侵肥。从无有身任州县,与胥吏等勾连一气,公然将正项钱粮,私雕假印,挖改公文,虚捏报解,抵冒分肥,至三十余万两之多。若似此朋比为奸,将各直省应征钱粮,奸胥劣员,得以任意干没,纲纪何在?亟应彻底讯究,加等严行惩办。所有现已究出之知州陈锡珏,知县徐承勋、陈孚、萧泗水、范谷贻、魏廷鉴,均着革职锁拿,同已经参革之知州王盛清、知县任铭献,一并锁拿监禁,交费淳等悉心研审。如有狡展,即当加以刑讯,务得确情,按律加等定拟具奏。该革员等任所、原籍,及病故之知州张麟书、知县邹试、丁履端各原籍赀财,一并严密查抄。并查明该革员等子孙有捐纳官职者,悉予褫革。其讯不知情之各州县,亦尚未可尽信,仍当详加确讯,毋任稍有不实不尽,以成信谳。"

○十二年(1807)谕:"据景安奏《县书私雕假印,诓收花户钱粮契税,现在查办情形,并将捏词具禀及漫无觉察之知县请旨革审》一折。此案武陵县粮书萧嗣陇等,胆敢私刻假印,在于粮串税契,任意盖用,诓骗多银,并将武陵县起解地丁正项钱粮,侵用至二千两之多。用藩司假印,捏造批回,胆大不法,莫此为甚。现据萧嗣陇供认不讳,案情已无不实。但该犯等私刻假印,系在嘉庆九年(1804)冬间,事越两载,盖用必多,其诓骗钱粮税契银两,尚恐不止此数。即州县解司银两,其侵蚀者,亦未必止此一次,且恐此外另有串通作弊之人。案关重大,不可不彻底根究。着该抚亲率两司,严行审讯,据实定拟,以成信谳。武陵县知县周绍莲,虽系亲自访拿破案,但于现充书吏捏称革书,又将革书捏称民人,意存掩饰;其桃源县知县蔡孔易于境内县民私雕假印,毫无觉察,均有应得之咎。周绍莲、蔡孔易俱着革职,交该抚提同案犯,一并审拟具奏。"

○二十二年(1817)议准:嗣后伪造印信之案,如假印形质已具,篆文字体已成,仅止笔画少缺,但经行用得财,为数多者,分别首从,拟以斩候、满流。即为数无多,亦分别首从,照例拟以流、徒。甫经雕刻,尚未行用者,各减得财一等。若篆文笔画,实未齐全,又未诓骗得财,方以造而未成科断。其伪造关防印记者,亦照此分别首从,各按本例办理。

○道光十年(1830)谕:"托津等会同刑部奏《审讯蔡绳祖等私雕假印,伙办假照,将已获案犯先行定拟》一折。此案蔡绳祖、庞瑛、任松宇、刘东昇曾充捐纳房贴写,胆敢雕刻部监假印,私办贡监职衔封典文照,致冒名器,累月经年,得赃难以数计。且敢勾串贴写常醇等偷出稿件，窜改弥缝，藐法作奸，莫此为甚。现经托津等讯明分别定拟，均属法无可贷，原未便稍稽显戮。惟案内尚有应须查讯之处，若将该犯等全行处决，转恐有不实不尽。蔡绳祖、庞瑛先行处斩，派长龄、戴敦元前往监视行刑，并传集六部书吏各数人前往环视，俾共知儆惧。任松宇、刘东昇二犯，着照拟斩决，暂留备质。一俟无可质讯，奏明即予处决。常醇着绞监候，秋后处决，赶入本年朝审情实办理。"

## 私铸铜钱一

○凡私铸铜钱者，绞；监候。匠人罪同；为从及知情买使者，各减一等。告捕者，官给赏银五十两。里长知而不首者，杖一百，不知者不坐。若将时用铜钱剪错薄小，取铜以求利者，杖一百。若以铜、铁、水银伪造金银者，杖一百、徒三年；为从及知情买使者，各减一等。金银成色不足，非系假造，不用此律。

### 附律条例

○一、私铸铜钱为从者，问罪，用一百斤枷枷号一月，民、匠、舍余发附近充军，旗军调发边卫食粮差操。若贩卖行使者，亦枷号一月，照常发落。

○一、伪造假银，及知情买使之人，俱问罪，于本地方枷号一月发落。

**谨案** 以上二条，均系原例。雍正三年(1725)删除。

○一、凡私铸为首及匠人，斩决，家产入官；为从及知情买使者，绞决。房主及邻佑、总甲、十家长，知私铸而不拿获举首者，俱照为从例绞决；不知情者，系旗人鞭一百，系民杖一百，系官降一级留任。该地方官知情任其私铸者，亦照为首例，斩决，家产入官；不知情者，与该管各上司，俱交部分别议处。旁人告捕私铸审实者，官给赏银五十两。官船户夹带私钱者，枷号两月、杖一百，流徙尚阳堡。照例改拨辽阳安插。同船之人，知情不举首者，枷号一月，杖一百、徒二年。押船官知情任其夹带者，革职；不知情者，降三级调用。

**谨案** 此条雍正三年(1725)定。乾隆五年(1740)，将地方官知情任其私铸者改为"斩监候"，其船户夹带"杖一百"下，止用"发辽阳安插"五字。

一、凡毁化制钱，犯人及失察各官，俱依私铸例治罪。

**谨案** 此条雍正三年(1725)定。

一、私铸案内，如系无字砂壳小钱，为首及匠人均拟斩监候。其例应绞决者，改为分别发遣；应发遣者，改为满流；流罪以下，依次递减一等。

**谨案** 此条乾隆六年(1741)定。

一、凡各省拿获私铸之案，不论砂壳铜钱，为首及匠人，俱拟以斩候；为从及知情买使者，俱发遣为奴。如受些微雇值，挑水、打炭、烧火，及停工散局之后，贪其价贱，偶为买使,以及雇工、邻佑、总甲、十家长,知而不拿获举首者,俱照为从遣罪减一等,杖一百、徒三年。其房主人等并不知情,但失于查察者,杖一百。或有空房别舍,误借匪人,一有见闻,立即驱逐,未经首捕者,果系并未在场,亦未受贿容隐,俱以不知情科断。失察各官,交部分别议处。官船户夹带私钱,应照偶为买使例定拟。同船之人,知情不举首者,照不应律治罪;押船官,交部分别议处。若拿获销毁制钱之犯,审实,将为首者斩决,家产入官,为从者绞决,仍令该地方官设法密拿。有能拿获私销者,地方官交部议叙;失察者,地方官及该管上司,交部分别议处。其房主、邻佑、总甲人等,知情受贿代为隐匿者,依为从例治罪;但知情不首告,并未分赃者,照为从减一等,杖一百、流三千里;并未知情,止于失察者,俱杖一百。旁人首捕审实者,官给赏银五十两。至私铸之犯,容有即系私销之人,承审官拿获私铸案犯,必先严究有无销毁情事。倘有私销确据,即照私销例从重治罪。

**谨案** 此条乾隆十四年(1749)定。

一、凡奸民将制钱剪边图利者,审实,即照私销制钱例,分别首从治罪。

**谨案** 此条乾隆十八年(1753)定。

一、私铸铜钱首犯匠人,核其钱数至十千以上,或虽不至十千,而私铸不止一次,后经发觉者,照例拟斩监候;其钱数不及十千者,仍照免死减等例,改发黑龙江等处给披甲人为奴。若铸造未成,畏罪中止者,发云贵两广烟瘴少轻地方,严加管束。

**谨案** 此条乾隆二十三年(1758)定。原例"后经发觉者"下,系"秋审时,俱入情实",三十二年(1767),改为"照例拟斩监候"。其钱不及十千及私铸未成二项,原例俱发四省烟瘴,亦于三十二年(1767)分别改定。

一、方造私铸器具,尚未铸钱,被获审实者,将起意为首并同伙商谋之人,均照伪造印信未成为首律,杖一百、流三千里;凑钱入伙者,照为从减一等律,杖一百、徒三年。该地方官不实力缉拿,别经发觉者,交部议处。

**谨案** 此条雍正十二年(1734)定,原例尚有"房主、邻佑、十家长知情不拿者,杖一百、徒三年,不知情不坐"等语。乾隆二十四年(1759)奏准,私铸未成之首犯,既得减等免死,房主人等,亦应减等定拟。三十二年(1767),因将此条内房主人等删去。

一、凡私铸铜钱未成之房主、邻佑、十家长,知而不拿获举首者,照私铸已成之房主、邻佑、十家长,减二等治罪,杖八十、徒二年,不知情者不坐。其私铸未成案内,有雇令挑水、打炭、烧火之人,亦照已成之受雇人等,减二等治罪。

**谨案** 此条乾隆二十四年(1759)定。

一、凡各省拿获私铸之案,不论砂壳铜钱,核其所铸钱数至十千以上,或虽不及十千,而私铸不止一次,后经发觉者,为首及匠人,俱拟以斩候;为从及知情买使者,俱发黑龙江等处给披甲人为奴。如受些微雇值,挑水打炭,及停工散局之后,贪其价贱,偶为买使者,照为从遣罪减一等,杖一百、徒三年。其铸钱不及十千者,首犯匠人,俱发黑龙江等处给披甲人为奴;为从及知情买使并受雇之犯,各照铸钱十千以上从犯之罪,递减一等。其房主、邻佑、总甲、十家长,知而不拿获举首者,杖一百、徒三年;若并不知情,但失于查察者,杖一百。或有空房别舍,误借匪人,一有见闻,立即驱逐,未经首捕者,果未在场,亦未受贿纵容,俱以不知情科断。官船户夹带私钱者,杖一百、徒三年。同船之人,知情不举首者,杖八十。若私铸未成,畏罪中止者,首犯与匠人,俱改发足四千里充军。仍回避云、贵等省出产铜铅地方。其雇令挑水、打炭、烧火之人,及房主、邻佑、十家长,知而不拿获举首者,俱杖八十、徒二年,不知情者不坐。方造器具,尚未私铸,被获审实者,将起意为首并同伙商谋之人,均杖一百、流三千里;凑钱入伙者,照为从减一等律,杖一百、徒三年。凡失察之该地方官,及押船官,不实力访拿,别经发觉者,交部照例分别议处。

**谨案** 此条嘉庆二十五年(1820),停发黑龙江遣犯,将原例拟发黑龙江者,俱改发新疆给官兵为奴。道光六年(1826),调剂新疆遣犯,将例内应发新疆者,俱改发极边足四千里充军;应发足四千里充军者,改发边远充军。二十四年(1844),新疆遣犯,照旧发往,仍复此例。

一、凡各省拿获销毁制钱,及将制钱剪边图利之犯,审实,将为首者拟以斩决,家产入官,为从者绞决,仍令地方官设法密拿。有能拿获者,地方官交部议叙;失察者,地方官及该管上司,交部分别议处。其房主、邻佑、总甲、十家长等,知情受贿,代为隐匿者,依为从例治罪;但知情不首告,并未分赃者,照为从例减一等,杖一百、流三千里;并未知情,止于失察者,俱杖一百。旁人首捕审实者,官给赏银五十两。至私铸之犯,容有即系私销私剪之人,承审官拿获案犯,必先严究有无销毁、剪边情事。倘有确据,即以私销私剪例从重治罪。

**谨案** 乾隆五十三年(1788),将以上私铸私销各条修并,定此二条。

〇一、凡将前代废钱,搀和行使者,不论钱数多寡,枷号一月,杖一百。

**谨案** 此条雍正三年(1725)定。

一、奸徒假借前代古钱名色,私铸私贩者,照私铸律一体分别治罪。

**谨案** 此条乾隆二十七年(1762)定。

〇一、凡毁化小制钱,为首,即在本处枷号两月,杖一百,发三姓地方给披甲人为奴;为从,在本处枷号一月,杖一百、流三千里。该管地方官知情故纵者,与同罪;不知情者,交该部照例降三级调用。房主及邻佑知情不拿获举首者,照为从例治罪,不知情者杖九十。

**谨案** 此条雍正五年(1727)定。乾隆五年(1740),改为"系旗下家奴,发三姓地方给披甲之人为奴;系民人,发云贵川广烟瘴少轻地方"。二十一年(1756)奏准,毁化制钱,无论大小,均照例一体问拟,此条删。

〇一、凡经纪、铺户人等,搀和私钱行使者,或被该管官员查拿,或被旁人首告,不论钱数多寡,俱发黑龙江给披甲人为奴。

**谨案** 此条雍正五年(1727)定。搀和私钱之犯,乾隆五年(1740)改发云贵两广烟瘴少轻地方。六十年(1795)奉旨,以云贵为小钱渊薮,若将贩卖小钱之犯发往,更便于作奸,着改发回城为奴。嘉庆二年(1797),回疆遣犯过多,奏请将此项人犯仍发黑龙江。十七年(1812),调剂黑龙江等处遣犯,奏准将此项人犯,改发各省驻防给官员兵丁为奴。

一、凡拿获收买私钱及剪边钱,搀和行使并货卖之案,如收买、搀和货卖,均在十千以上者,发各省驻防给官员兵丁为奴;收买在十千以上,搀和货卖不及十千者,于遣罪上减一等,杖一百、徒三年;收买在十千以上,尚未搀和货卖者,再减一等,杖九十、徒二年半;收买及搀和货卖,均不及十千者,枷号一月、杖一百;收买不及十千,尚未搀和货卖者,照不应重律杖八十。

**谨案** 此例原系两条。咸丰元年(1851),因诸色人有犯私钱俱应治罪,未便专指经纪、铺户人等;且私钱、剪边钱,情无二致,未便强为区分,致罪名两歧,是以删改,并为一条。

○一、凡地方文武各官,务宜上下一心,严拿私铸。于山陬水滨人迹罕到,及居民繁庶人烟稠密处所,尤当差委妥练员役,不时察访查拿。

**谨案** 此条雍正三年(1725)定。

一、地方遇有私铸之事,知情故纵者,应从重治罪外,其不知情者,从前虽漫无觉察,今但能拿获,不论年月远近,俱免其处分。文官拿获者,并免同城武职之处分;武弁拿获者,亦免同城文官之处分;交界之所,此县拿获,彼县亦免处分。至果能实心查拿者,不论本管地方及别州县,准以拿获之多寡,交部量予议叙。若该地方官仍前怠玩,不加意缉拿,或系上司查出,或被旁人告发,俱仍照旧例处分。

**谨案** 此条雍正五年(1727)定。

一、凡地方文武各官,严拿私铸,务于山陬水滨人迹罕到,及居民繁庶人烟稠密处所,并宜差委妥练员役,不时察访查拿。如遇有私铸之事,知情故纵者,应照例治罪外,其不知情者,从前虽漫无觉察,今但能拿获,不论年月远近,俱免其处分。文官拿获者,并免同城武职之处分;武弁拿获者,亦免同城文官之处分;交界之所,此县拿获,彼县亦免处分。至果能实心查拿者,不论本管地方及别州县,准以拿获之多寡,交部量予议叙。若该地方官不加意缉拿,或系上司查出,或被旁人告发,俱仍照例处分。

**谨案** 此条系乾隆五年(1740)删并。

# 卷八百二十三·刑部一百一

## 刑律·诈伪 私铸铜钱二

### 私铸铜钱二

〇一、凡用铜、铁、锡、铅药煮伪造假银,不分旗、民,为首者拟绞监候;为从及知情买使者,即在本地方枷号两月,杖一百,系旗下另户,发黑龙江当差,系民及旗下家人,照例俱发黑龙江给披甲人为奴。虽遇恩赦,不准援免。

**谨案** 此条雍正五年(1727)定例。

一、凡用铜、铁、锡、铅药煮伪造假银,或骗人行使发觉,为首者,系旗人另户,枷号两月,鞭一百,发黑龙江当差;系家人,枷号两月,鞭一百,发黑龙江给披甲人为奴;系民,枷号两月,杖一百,发云贵两广烟瘴少轻地方。为从及知情买使者,系旗人,枷号一月、流三千里,折枷号两月、鞭一百;系民,枷号两月,流三千里,至配所杖一百。

**谨案** 此条乾隆五年(1740)改定。嘉庆十七年(1812),调剂黑龙江等处遣犯,将例内旗下家人改发各省驻防给官员兵丁为奴。

一、凡用铜、铁、锡、铅药煮伪造假银,或骗人行使发觉,为首,枷号两月,杖一百,发云贵两广烟瘴少轻地方;为从及知情买使者,枷号两月,流三千里,至配所杖一百。

**谨案** 此条道光五年(1825),因旗人行使假银应销档实发,与旗下家奴,俱有专条,将原例分别旗人及家奴之处节删。

〇一、凡倾造锡锞,充假银货卖者,在本地方枷号一月,杖一百、流三千里。

**谨案** 此条雍正五年(1727)定。乾隆二十一年(1756),查锡锞假银,不过市肆戏玩之物,若用药制造,则有伪造假银例在,此条删。

〇一、凡将银挖孔,倾入铜、铅等物,及用铜、铅等物,倾成锭锞,外用银皮包好,并铜、铅等物,每两内搀和实银二三四五钱不等,伪造银使用者,均照以铜铁水银伪造金银律,分别首从拟徒。

**谨案** 此条雍正五年(1727)定。

〇一、拿获私铸之案,将各犯情由审明,照强盗例,分别法所难宥、情有可原,于疏内声明。三法司详加核复,将法所难宥者照例立决,情有可原者请旨发遣。如受些微雇值,挑水、打炭、烧火,及停工散局之后,贪其价贱,偶为买使者,俱杖一百、流三千里。其有将空房别舍,误借匪人,及有见闻,随即驱逐,未经首捕者,果系并未在场,亦非受贿容隐,杖六十、徒一年。如承审各官,并不严究实情,或移轻就重,草率定案,或移重就轻,故为开脱,该督抚题参,照故出入律治罪。其上司各官通同徇隐者,照例议处。

**谨案** 此条雍正十一年(1733)定。嗣于乾隆十四年(1749),定有分别斩候、发遣新例,此条删。

○一、私铸案内,情有可原免死减等之犯,俱佥妻发黑龙江等处给披甲人为奴。

**谨案** 此条乾隆八年(1743)定。三十二年(1767),查私铸新例并无情有可原免死减等之犯,此条删。

○一、凡经纪、铺户人等,有收买剪边搀和货卖,数至十千以上者,照搀和私钱行使例治罪。其不及十千者,俱枷号一月,杖一百。

○一、拿获私铸,如本犯问拟斩、绞,其知情分利之同居父兄、伯叔与弟,减本犯罪一等,杖一百、流三千里;如本犯问拟发遣,亦减一等,杖一百、徒三年。虽经分利而实系并不知情者,照本犯之罪减二等发落。其父兄不能禁约者,杖一百。有能据实出首准予免罪,本犯仍照律内得相容隐之亲属互相告言各听如罪人本身自首法科断。

**谨案** 以上二条均系雍正十三年(1735)定。

○一、凡将大制钱剪边,打造烟袋等物货卖者,拿获之日,审明剪边器具、合伙之人、打造器皿确实有据者,剪边至十千文以上,为首之人照私铸律拟绞监候,为从杖一百、流三千里。如不及十千文,为首者照毁化小制钱例治罪,为从减一等。其房主、邻甲人等,知情不拿获举首者,俱照为从例拟断。一千文以下者,本犯枷号三月,杖一百。该地方官并各上司不行查拿,俱交部分别议处。

**谨案** 此条雍正十三年(1735)定。乾隆三十二年(1767),查新例剪边图利,照私销拟罪,不用分别钱数定拟绞候、满流之例,删。

○一、私铸铅钱,为首及匠人,俱拟绞监候;为从及知情买使者,各减一等。

**谨案** 此条乾隆八年(1743)定。原例尚有"里长知而不首者,杖一百,不知者不坐"二句,三十二年(1767)删。

一、凡私造铅钱,除伙党鸠工,大炉广铸,至十千以上者,照例定拟外,其熔化些须铅斤,铸钱不及十千者,为首及匠人,俱照免死减等例,发往黑龙江等处给披甲人为奴;为从及知情行使者,以次递减。

**谨案** 此条乾隆九年(1744)定。原例"为首及匠人"句下,系"俱照私铸铜钱情有可原例,于疏内声明,请旨发遣"等语,乾隆三十二年(1767)改。

一、私铸铅钱之案,如有伙众开炉至十千以上者,房主、邻佑、总甲、十家长等知而不首,俱杖八十、徒二年;失于查察者,杖八十。

**谨案** 此条乾隆五十二年(1787)定。

一、凡私铸铅钱,如有伙党鸠工,大炉广铸,至十千以上者,为首及匠人,俱拟绞监候;为从及知情买使者,各减一等,杖一百、流三千里;房主、邻佑、总甲、十家长等知而不首者,俱杖八十、徒二年。其熔化些须铅斤,铸钱不及十千者,为首及匠人,俱发黑龙江等处,给披甲人为奴;为从及知情买使,并房主人等知而不首,各依次递减。若房主人等,仅止失于查察者,俱杖八十。至私铸铅钱未成,将起意为首之犯,杖一百、流三千里;为从及房主人等,仍依次递减科断。

**谨案** 此条系乾隆五十三年(1788)将上三条改并。嘉庆二十五年(1820),停发黑龙江遣犯,将原例拟发黑龙江者,改发新疆给官兵为奴。道光六年(1826),调剂新疆遣犯,改发极边足四千里充军。十二年(1832)于"未成""为从""房主人等"下,增"知而不首"四字;"递减科断"下,增"不知情者不坐"六字。二十四年(1844),新疆遣犯,照旧发往,仍循旧例。

○一、私铸案内,知情租给房屋之房主,照例治罪,房屋入官。

**谨案** 此条咸丰六年(1856)定。

○一、凡销毁钱文之案,除当十铜钱,仍照销毁制钱例定拟外,如有存留各项停用当百、当五十、当五铜钱,当十铁钱,铅铁制钱,并不赴官售卖,辄自销毁者,于私销制钱为首斩决为从绞决例上,酌减一等,为首发边远充军,为从杖一百、流三千里。

**谨案** 此条咸丰八年(1858)定。同治三年(1864),增私销铁制钱一层。

○一、私铸当十铜大钱,照私铸铜钱例分别定拟。如经纪、牙行人等,于交易时,不照钱面数目字样,任意折减,及与铺户人等通同舞弊,减成定价,甚至造言煽诱,抗不收使,将为首阻挠者,杖八十、徒二年,加枷号两月;随同附和者,杖六十、徒一年,加枷号一月;均先于犯事地方枷号示众,满日起解。

**谨案** 此条同治九年(1870)定。

**历年事例**

○康熙四十五年(1706)题准:凡以铜、铁、水银,伪造金银,骗人行使,为首者,系旗下另户人,枷号两月,鞭一百,发黑龙江当差;系旗下家人,枷号两月,鞭一百,发黑龙江给穷披甲人为奴;系民,枷号两月,责四十板,佥妻发黑龙江给穷披甲人为奴。为从及知情买使者,系旗人,枷号一月,流三千里折枷号两月、鞭一百;系民,亦枷号一月,佥妻流三千里,至配所杖一百折责四十板。

○四十七年(1708)谕:"嗣后私铸及贩卖事发,地方文武官员,知情则立斩,家产、人口入官,不知情则革职。司、道官员,事发一起,则降二级;事发两起,则降四级调用。私铸为首之人,及工匠、私贩、买卖为首之人,被获则立斩,家产、人口入官,为从之人则立绞。邻佑、总甲、十家长知情而不擒拿举首,俱照私铸倡首之人治罪。粮船上人私贩被获,亦照此例治罪。管船千总、船头,则立斩,家产、人口入官。总管运船厅官知情,亦照此例治罪,不知情者革职。凡商船、盐船内私装贩卖之人,亦照此例治罪,货物、船只俱入官。粮船过往,取沿途河泊所在地方官员,并无兴贩买卖私钱保结,立刻给付,催赶起行。给此文后,别处搜获船中私钱,何处买钱,即将卖钱地方出结官革职。”

○雍正元年(1723)谕:“伪造假银之人,甚属可恨。此等人犯,治罪之例甚轻。着交与九卿、詹事、科道,另行严加定例议奏。俟命下,通行晓谕直隶各省,自雍正三年(1725)起,照新例拟罪。钦此。”遵旨议准:嗣后若用铜、铁、锡、铅药煮伪造假银,不分旗、民,为首者拟绞监候,为从及知情买使者,即在本地方枷号两月、杖一百,系旗人另户,发往黑龙江当差,系民及旗下家人,俱发黑龙江给披甲之人为奴,虽遇恩赦,不准援免。

○乾隆六年(1741)议准:例载私铸无字砂壳钱文,比照伪造印信未成律减等拟流。奸民恃例禁稍宽,幸重罪可免,贪图微利,转启犯法之端,应从重定拟。但砂壳小钱,并无年号字样,稍与私铸大钱有间,减等拟流,固属太轻,概拟斩决,又觉漫无区别。应将私铸砂壳小钱之犯,为首及匠人,均拟斩监候;其例应绞决者,改照免死减等例,分别发遣;例应发遣者,改为满流;流罪以下,依次递减一等。

○九年(1744)议准:查国初定律,凡私铸铜钱者绞,匠人罪同;为从及知情买使者,各减一等;里长知而不首者,杖一百,不知者不坐。后以不足止奸,递渐加增。至雍正三年(1725)定例,私铸为首及匠人斩决,家产入官;为从及知情买使者绞决;房主、邻佑、总甲、十家长知私铸而不拿获举首者,俱照为从例绞决,不知情者杖一百。后又以例属过严,议照强盗例,分别法无可贷、情有可原。其情有可原者,改为发遣各在案。又乾隆五年(1740)奏准,私铸无字砂钱,为首及匠人拟以斩候;其照私铸应拟绞决者,俱拟发遣;应拟发遣者,改为满流;以次递减。通行在案。查私铸钱文,有关国宝,是以定例綦严。若无字砂钱,虽亦铜质,究与成字钱文不同,是以从前议罪各行递减。今药煮铅钱,较之砂钱,并非铜质,其钱不久颜色脱落,即成无用之物,似与砂钱更属有间。但例内惟有药煮铅银为首拟遣、为从及知情买使者拟流之条,并无私铸铅钱之例。若竟照此例问拟,又似太轻。谨酌议照国初私铸铜钱原律,为首及匠人,拟绞监候;为从及知情买使者,各减一等;里长知而不首者,杖一百,不知者不坐。

○十八年(1753)谕:“从来钱文私销之弊,甚于私铸,是以律载罪名较重。朕前经降旨,令各省督抚实力严查。乃近年来拿获私铸者,尚或有之,拿获私销者殊少。盖因地方官不过奉行故事,私铸易于犯案,而私销非实心访察,难以跟寻,遂致奸徒漏网耳。今日进呈本内,河南巡抚蒋炳题访获私铸究出私销一案,办理甚属可嘉。可见伊于地方诸事,尚属留心。至刑部核复张师载访获剪边私铸一案,该犯等既将制钱剪边改铸,即与私销无异,但此案为首之犯,已归入私铸案内问拟斩候,是以照部议完结。可传谕各督抚,嗣后应饬属详悉确查,严行究审,不特现获盗销之案,固应治以本罪,即私铸之案,或有私销情弊,务须究出实情,按律定拟,不得但以私铸混入结案。”

○又谕："今日进呈刑部《议复河南巡抚蒋炳访获私铸》一本。蒋炳因访获私铸，究出私销，将听从销铸之李绍臣依销毁制钱为从例拟绞立决，所办甚为合宜。从来钱文私销之弊，甚于私铸。然私铸易于发觉，而私销非实心访察，难以跟寻。前经降旨，令各省督抚饬属严查。而近年来拿获私铸，不过就案完结，未能实力跟查，于私铸之中究出私销者。积习因循，徒使奸徒漏网，何以示惩。嗣后各该督抚等，均应照蒋炳所办，严饬各属实力奉行，务使究出销毁确情，按律定拟，不得混行结案。可于伊等奏事之便，再行传谕知之。"

○二十二年(1757)谕："据李侍尧奏'广东行使制钱内，有搀和古钱，并有吴逆之利用昭武、洪化等伪号钱文，请亟为查禁'等语。前代废钱，流传至今，已属无几。该省搀和行使，相沿已久。若尽行查禁，转使吏役得以借端滋扰。如唐、宋、元、明之旧钱，不妨仍听民便。至伪号钱文，则当严行查禁。但办理不善，恐小民无知，以现有钱文，官为收禁，日用无出，情有不愿。着该督抚等出示晓谕，所有利用等伪号钱文，准民间检出，官为收换。如系小钱，则以两钱换制钱一文，小民自当踊跃从事。所换伪钱，即充鼓铸之用。其发兑铺户，则应严禁不得收兑。其如何办理妥协之处，着该督抚等定拟具奏。他省或有似此者，一体传谕知之。"

○五十六年(1791)谕："据长麟奏'访拿收藏小钱之黄甲一犯，讯称此项小钱，从湖北开张缎店之屈恒太、钟嘉茂处得来。查验背面清字，多系宝黔、宝云、宝源字样。现在咨明湖广、云、贵各省确查严办'等语，所办好。小钱搀杂流行，于钱法大有关碍，节经降旨通谕各督抚，一体认真严禁。乃黄甲、屈恒太等，并不遵例缴销，胆敢辗转藏寄。若各省奸商从而效尤，则官为收卖查禁之例，仍属有名无实，不可不严究以绝根株。其小钱背面所铸'宝黔''宝云'字样，自系云、贵二省私铸，由湖广流行到苏。该二省向来有私铸小钱之弊，虽经上年严定章程，通行禁止，而地方官奉行不力，积弊未能一时肃清。着谭尚忠、额勒春严饬所属上紧查拿，勒限呈缴。如再视为具文，该处奸商仍将小钱私行贩卖，一经查出系'宝黔''宝云'字样，惟该省督抚是问。至'宝源'系工部钱局字样，官铸断无此等小钱，想系奸商等见通行钱文内有'宝源'字样，私销仿铸，并着湖广督抚逐一根查，此样小钱，究竟何处私铸，严办示儆。"

○六十年(1795)谕："刑部议核湖广盘获私贩小钱案内通同贩卖之犯，请改为杖一百、流二千里。此等拟流之犯，发配向无一定省分。现在正当肃清钱法、整顿剔除之际，而云、贵、四川、广西等省，向为小钱渊薮，若将此等不法奸民发往，更易作奸牟利。嗣后遇有拿获贩卖小钱，应行拟流之犯，着该部查明向无私铸小钱省分，按照里数酌量发配，以杜奸贩而绝弊端。"

○又议准：小钱照从前定价，每斤给以大钱六十文，无拘钱数多少，准其呈出易换大钱，予以一年之限，令其收买净尽。倘再私行藏匿，不肯呈缴，经官查出，或被旁人告发，即比照经纪铺户收买剪边搀和货卖，分别钱数至十千以上，照搀和私钱行使充军例,量减一等治罪;不及十千者,枷号一个月,杖一百。

○咸丰三年(1853)谕:"刑部奏《请酌定私铸大钱罪名》一折。本年刑部办理王立儿私铸大钱一案,照新定私造官钞章程,拟以斩候,业经照拟允行。如原情定罪,法之必行。现当局铸大钱,胆敢玩法私造,即应立置重刑,亦属罪所应得。但恐承审各员,或因罪名甚重,改拟情节,巧为开脱。是峻法徒为虚设,而藐法奸民,转因此而幸免。嗣后私铸大钱人犯,着即照刑部所请,首犯、匠人,系发新疆给官兵为奴,所有前拟斩候之王立儿等,即着照此办理。至私铸大钱为数较少,或数不及十千,而私铸不止一次者,并着照私铸制钱本例办理。"

○四年(1854)谕:"前因刑部奏私铸大钱人犯定为斩监候,俟秋审时分别酌办。所奏含混,谕令再行核议。兹据该部将问拟斩候各犯,分别情实、缓决定议具奏。现在大钱壅滞,皆由私铸日多。若如该部所议,私铸仅止一次,为数不及十千者,酌入缓决,奸民势必避重就轻,私铸仍难禁绝。嗣后私铸大钱案内为首及匠人问拟斩候之犯,无论钱数、次数,均着入于秋审情实。至案内应拟遣、军、流、徒等犯,均着照该部所议办理。"

○五年(1855)谕:"私铸钱文,本干例禁,尤宜严加惩治。嗣后凡私铸大钱人犯,拿获到官,除将该犯按新定律例议置重典外,仍将该犯家产入官。并准军民人等首告,诬告者仍反坐。"

○又议准:官役人等拿获私铸大钱之案,如有受贿卖放者,即照受财故纵与囚同罪至死者绞律拟绞,仍从重按私铸人犯罪名分别立决、监候。其仅止徇隐包庇,并无受贿卖放情事者,俱按减罪人罪一等律,于私铸大钱斩罪上酌减一等,仍从重发往新疆酌拨种地当差。其挟嫌妄拿,诬告平人,及恐吓索诈,扰害商民者,除罪已至死,无可复加外,其余俱发往新疆给官兵为奴。至奸民知情容隐者,于私铸铜钱知而不首杖一百徒三年例上加一等,拟杖一百、流二千里;知情容隐私铸未成者,即于流罪上减一等,拟杖一百、徒三年。以上各犯,如系在官人役,犯该发遣者,加枷号三个月;犯该军、流者,加枷号两个月;犯该徒罪者,枷号一个月;均先于犯事地方枷号示众,以昭惩儆。

○七年(1857)谕:"私铸大钱罪名,前经从重定拟。着步军统领、顺天府、五城暨直隶总督严饬所属,实力缉拿。如查有私铸匪徒,即照所议,无分首从,均于讯明后就地正法,以儆刁风。甲长、邻居隐瞒不报,分别徒、流治罪。该地方官自行拿获者,于讯办后,由该上司奏请奖叙。如被邻境访拿,即将该地方官从严参处。至捐铜局搭收大钱,前经户部议定章程,每银一两,搭收大钱六百文。其崇文门、左右翼税银,应如何分成搭收当十大钱之处,着该监督等迅速酌核具奏。官民钱铺,如有囤积制钱,收买私铸者,着步军统领、顺天府、五城一体查拿严办。"

○又复准:嗣后私铸案内,无论磨钱、打炭、抽拉风箱,凡罪至拟徒等犯,不准减杖。遇有配逃在恩诏以前者,亦一体缉拿。

○八年(1858)议准:嗣后私铸铅钱与私铸铜铁各钱之犯,不论首从,就地正法。其知情买使,及得受些微雇值挑水、打炭等项人犯,即照私铸铜钱,一并科罪。至私铸铅钱未成之犯,分别首从问拟军、徒。

○九年(1859)奏准:当百、当五十、当五铜钱,当十铁钱,铅制钱等钱文,虽经停用,究系国宝,不容与废铜废铁等类齐观。其销化之人,即使情有可原,亦只应量从末减,拟请于私销制钱为首斩决为从绞决本例,酌减一等,为首者拟发边远充军,为从者杖一百、流三千里,以示惩儆。其私销当十铜钱、铁制钱者,仍照销毁制钱本例定拟,不得开脱避就,致滋轻纵。

# 卷八百二十四·刑部一百二

## 刑律·诈伪

诈假官　诈称内使等官　近侍诈称私行　诈为瑞应　诈病死伤避事　诈教诱人犯法

### 诈假官

○凡伪造凭札诈为假官，及为伪札，或将有故官员文凭而假与人官者，斩。监候。其知情受假官者，杖一百、流三千里，须有札付文凭方坐。但凭札皆系与者所造，故减等。不知者不坐。若无官而不曾假造凭札，但诈称有官，有所求为，或诈称官司差遣而捕人，及诈冒现任官员姓名有所求为者，杖一百、徒三年。以上三项，总重有所求为。若诈称现任官子孙、弟侄、家人、总领，于按临部内，有所求为者，杖一百。为从者，各减一等。若得财者，并计赃各主者，以一主为重。准窃盗免刺。从重论。赃轻，以诈科罪。其当该官司知而听行，与同罪，不知者不坐。

### 附律条例

○一、凡诈冒皇亲族属、姻党、家人，在京在外，巧立名色，挟骗财物，侵占地土，并有禁山场，拦当船只，揹要银两，出入大小衙门，嘱托公事，贩卖制钱、私盐，包揽钱粮，假称织造，私开牙行，擅搭桥梁，侵渔民利者，除实犯死罪外，徒罪以上，俱于所犯地方枷号一月，发边卫充军；杖罪以下，亦枷号一月发落。若被害之人，赴所在官司告诉，不即受理，及虽受理，观望逢迎，不即问断举奏者，各治以罪。此实犯死罪，系诈冒假势凌虐故杀、斗杀、私盐拒捕之类。

**谨案**　此条系原例。乾隆五年(1740)将例末小注，移在“除实犯死罪”句下。

○一、假充大臣及近侍官员家人名目，豪横乡村，生事害民，强占田土房屋，招集流移住种者，许所在官司拿问。犯该徒罪以上者，发边卫充军；杖罪以下，枷号一月发落。

**谨案**　此条系原例。

○一、广西、云南、贵州、湖广、四川等处，但有冒籍生员食粮起贡到部者，问革，发原籍为民。若买到土人倒过所司起送公文，顶名赴部投考者，发边外为民；卖与者，行所在官司追赃治罪。若已受职，比依诈假官律处斩，卖者发边卫充军。经该官吏朦胧起送，各治以罪。

**谨案** 此条系原例。雍正三年(1725)奏准,冒籍起贡,已载“贡举非人”条下。冒籍取中生员,俱行问革,不分别省分远近。“广西”起至“投考者”五十一字,改为“凡买他人起送赴考、赴选之公文,顶名赴部者”。乾隆三十二年(1767),查顶买赴考、赴选公文,俱应照律拟斩,新例与、受同罪,并不减等,此条业已不用,删。

○一、凡各省各营有不食钱粮,假冒营兵生事扰民,及合伙挟制官司,扰害地方者,该地方官审明,分别首从,照光棍例治罪。若系食粮兵丁,亦照此例治罪。如该管专汛官不严行稽查,兼辖、统辖官不专报,提镇不题参,地方文职知情不报,该管道、府不转报,督抚不题参,俱交该部照例分别议处。该督抚、提镇,每年仍具有无此等之人印结,于年终具奏。

**谨案** 此条雍正三年(1725)定。

一、凡各省各营食粮兵丁,并有不食钱粮,假冒营兵,生事扰民,及合伙挟制官司,扰害地方者,该地方官审明,分别首从,各照律例定拟。如该管文武各官不行稽查转报,督抚、提镇不题参,俱交该部照例分别议处。

**谨案** 此条乾隆五年(1740)删改。

○一、凡假冒官职者,发边卫充军,不准援赦。如杂职内有假冒顶替之人,自行出首者,革退回籍,免其治罪。

**谨案** 此条系乾隆五年(1740)遵照雍正六年(1728)谕旨定例。

一、凡杂职内有假冒顶替之人,自行出首者,革退回籍,免其治罪。

**谨案** 乾隆三十三年(1768),查假冒官职发边卫充军,与新例不合,因删定此条。

○一、伪造凭札自为假官者,伪造凭札,并将有故官员凭札卖与他人者,及买受凭札冒名赴任者,俱拟斩监候;知情说合者,杖一百、流三千里。

**谨案** 此条乾隆二十四年(1759)定。

○一、凡无官而诈称有官,并冒称现任官员姓名,并未造有凭札,止于图骗一人、图行一事,犯该徒罪以下者,发边卫充军;犯该军、流、遣罪者,拟绞监候。

○一、假冒顶戴,自称职官,止图乡里光荣,无所求为,亦无凭札者,杖六十、徒一年;假冒生监顶戴者,杖一百。

**谨案** 此二条,均系乾隆二十四年(1759)遵旨议定,嘉庆十六年(1811)并为一条。

○一、凡未经考职书吏冒戴顶帽者,照假冒职官例,杖六十、徒一年。其有犯把持公事别情,仍照本条按例从重究拟。本管官及地方官失于查察,或有意故纵,分别议处。

**谨案** 此条乾隆二十八年(1763)定。

**历年事例**

○康熙九年(1670)题准:凡奸棍私造假印假票,冒称职官,或谎充带翎,假托差使者,所在府、州、县官员不行查拿,各降一级调用。如官员有将此等奸棍给予印结、执照者,事发即行革职。

○雍正六年(1728),吏部议复河道总督齐苏勒具题监生火政升假冒州同一案。奉旨:"监生火政升、陈琦,假冒州同职衔,效力河工,希图补用,今经败露,该部引无官而诈称有官有所求为之例,将火政升、陈琦拟以杖、徒,援赦宽免具题。夫大小官职,皆国家名器所关。假冒之人,欺君罔上,盗窃名器,其罪较十恶不赦者亦不为轻,理应不准援赦。况此等之人,若侥幸得官,是其出身先已不正,何以为地方百姓之表率。且狡诈性成,罔知信义,必至于贪赃坏法,无所不为,其弊不可枚举。若但拟以杖、徒,不足示惩。火政升、陈琦,着发边卫充军,不准援赦。向后除伪造凭札诈为假官等情,仍照定例应斩外,其有假冒官职者,俱照火政升、陈琦之例充发,不准援赦,永远遵行。目今现在各省官员杂职内,若有假冒顶替之人,着本人自行出首,朕开恩免其治罪,但令革退回籍。倘仍复恋职潜藏,不遵旨出首,将来或被究参,或被告发,则于边卫充军之外,加等治罪。着通行直省督抚,遍谕所属文员人等知之。"

○乾隆十六年(1751)谕:"据湖南巡抚杨锡绂折奏,审结假官诓骗之寿抡元一案,内称'寿抡元向曾往来衡州,因其诓骗多事,经地方官先后拿究,递回原籍。复于上年潜至汉口,捏称河员奉委办木,诓骗客民,干谒官长,应照假冒职官例发边卫充军'等语。寿抡元撞骗滋事,积案累累,乃复不知悛改,仍敢假官局骗,恣意妄行。似此稔恶匪徒,情罪甚重,仅予充军,不足蔽辜,着改发吉林乌拉以示惩创。"

○二十四年(1759)谕:"朕阅浙江省秋审招册,有顶冒假官一案。内伪造凭照诱卖之王星瞻,已经拟斩。而受买顶冒之童汝德,仅止拟军,情罪甚未允协。大小职官,均属朝廷名器,此而可假,岂寻常捏冒行私、射利作奸可比。其在设局诱骗者,固属法无可逭,至受买之犯,胆敢知情顶冒,径谒见上官,其弁髦王章,不已甚耶。即如新选典史童汝鹏,实在中途病故,该犯居然张冠李戴,冒其名而赴任,非假官而何。光天化日之下,岂容假官俨居民上,其情较之设局骗财者更可恶也。且律内行贿得赃诸案,并属与、受同科,今乃以名器攸关,似此妄行藐法者,反得曲分轩轾可乎?此案王星瞻系按律定拟,而童汝德拟军,又系用例者,正所以上下其手之捷径也。其如何准情定罪,使权衡悉当,不失名律本意,着刑部详悉定拟具奏。"

○又谕:"昨因浙江省秋审招册内,假官案犯童汝德情罪未协,已降旨交部另行定拟。随检阅本律原文,益觉此案比拟失伦,乃用律者之过,非律之自有疑义也。律文云,凡诈假官、假与人官者斩等语,其义可谓檃括明切。乃自律注日增,而律意转晦。司谳者因注语而误会本律,又辗转而引用他例。遂致强生支节,轻重悬殊。即如诈假官者,即童汝德也;假与人官者,即王星瞻也。今一事两歧,皆因例注滋繁,转易启久吏奸胥高下其手之弊。当纲纪肃清之时,内外问刑官,或不敢假借营私,逞其伎俩。而由此科条疑似,使不肖者得因缘为奸,正复不少,其所关于王章民命者甚巨。然同一假官,其中情状亦自不同。有假充顶戴,止图为乡里光荣者,有冒称职官，而意在图骗一人、图行一事者，并有敢冒名赴任，欲临民用事，如童汝德之藐视宪典者。若非分别等差，精研厘正，则当轻而稍重，如民命何？当重而稍轻，如王章何？其非弼教协中之义均也。朕矜慎庶狱，务在鉴空衡平，从不设畸轻畸重之见，必使捍法之徒，一一适如其所自取，然后罪情无枉，而国法不挠，称物平施，悉归明允。所有本条内应行悉心酌议，俾较然划一之处，刑部一并分别定拟具奏。”

### 诈称内使等官（官与事俱诈。）

〇凡（凭空）诈称内使、（近臣。）内阁、六科、六部、都察院、监察御史、按察司官，在外体察事务，欺诈官府，煽惑人民者，（虽无伪造札付，）斩；（监候。）知情随行者，减一等。（杖一百、流三千里。）其当该官司知而听行，与同罪，（罪止杖一百、流三千里。）不知者不坐。若（本无符验）诈称使臣乘驿者，杖一百、流三千里，为从者减一等。驿官知而应付者，与同罪；不知情，失盘诘者，笞五十。其有符验而应付者不坐。（符验系伪造，有伪造符验律；系盗者，依盗符验律。）

**附律条例**

〇一、凡诈冒内官亲属、家人等项名色，恐吓官司，诓骗财物者，除实犯死罪外，其余枷号一月，发边卫充军。所在官司畏徇故纵，不行擒拿者，各治以罪。（此实犯死罪，如盗或伪造符验，或因吓骗殴、故杀之类。）

**谨案**　此条系原例。乾隆五年（1740），将例后小注，移在“除实犯死罪”句下。

〇一、凡诈充各衙门人役，假以差遣体访事情、缉捕盗贼为由，占宿公馆，妄拿平人，吓取财物，扰害军民者，除实犯死罪外，徒罪以上，枷号一月，发边卫充军；杖罪以下，亦枷号一月发落。所在官司阿从故纵者，各治以罪。（此实犯死罪，或假差遣有伪造印信批文，或以捕盗抢检伤人，或吓骗忿争殴故杀人之类。）

**谨案**　此条系原例。首句系“诈充銮仪卫旗校”，雍正三年（1725）改。乾隆五年（1740），将例后小注，移在“除实犯死罪”句下。

一、棍徒假冒差使名色，搜查客船，俱照诈充各衙门人役假以差遣体访事情妄拿平人吓取财物扰害军民例治罪，犯该徒罪以上者，枷号一月，发边卫充军；杖罪以下，枷号一月发落。其有强劫、拒捕者，并赃至满贯者，照本律从重论。

**谨案**　此条乾隆二十四年（1759）定。

一、凡诈充各衙门差役，假以差遣体访事情、缉捕盗贼为由，占宿公馆，妄拿平人，及搜查客船，吓取财物，扰害军民者，除实犯死罪（或假差遣有伪造印信批文，或以捕盗抢检伤人，或吓骗忿争殴故杀之类。）外，徒罪以上，枷号一月，发近边充军；杖罪以下，亦枷号一月发落。所在官司阿从故纵者，各治以罪。

**谨案** 此条系乾隆五十三年(1788)修并。

一、凡诈充各衙门差役,假以差遣体访事情、缉捕盗贼为由,占宿公馆,妄拿平人,及搜查客船,吓取财物,扰害军民,审系捏造签票,执持锁链,恐吓诈财者,即照蠹役诈赃一例问拟。其未捏有签票,止系口称奉差吓唬者,徒罪以上,枷号一月,发近边充军;杖罪以下,亦枷号一月发落。若计赃逾贯,及虽未逾贯,而被诈之人因而自尽者,均拟绞监候;拷打致死者,拟斩监候。为从各减一等。如假差遣有伪造印信批文,或以捕盗抢检伤人,或吓骗忿争殴故杀人,按律应拟死罪者,仍各从其重者论。所在官司阿从故纵者,各治以罪。

**谨案** 此条系嘉庆六年(1801)增修。

一、凡诈充各衙门差役,假以差遣体访事情、缉捕盗贼为由,占宿公馆,妄拿平人,及搜查客船,吓取财物,扰害军民,犯该徒罪以上者,无论有无签票,枷号一月,发近边充军。若审系捏造签票,执持锁链,所犯本罪未至拟徒,但经恐吓诈财者,即照蠹役诈赃一例问拟,仍各加枷号一月。未经捏有签票,止系口称奉差吓唬者,杖罪以下,亦枷号一月发落。若计赃逾贯,及虽未逾贯,而被诈之人因而自尽者,均拟绞监候;拷打致死者,拟斩监候。为从各减一等。如假差遣有伪造印信批文,或以捕盗抢检伤人,或吓骗忿争殴故杀人,按律应拟死罪者,仍各从其重者论。所在官司阿从故纵者,各治以罪。

**谨案** 此条系嘉庆十一年(1806)修改。

一、凡诈充各衙门差役,假以差遣体访事情、缉捕盗贼为由,占宿公馆,妄拿平人,及搜查客船,吓取财物,扰害军民,犯该徒罪以上者,无论有无签票,枷号一月,发近边充军。若审系捏造签票,执持锁链,所犯本罪,未至拟徒,但经恐吓诈财者,即照蠹役诈赃一例问拟,仍各加枷号一月。未捏有签票,止系口称奉差吓唬者,杖罪以下,亦枷号一月发落。若计赃逾贯,及虽未逾贯,而被诈之人因而自尽者,均拟绞监候;拷打致死,及吓骗忿争殴、故杀被诈之人者,均照罪人杀所捕人律拟斩监候。为从各减一等。如假差遣有伪造印信批文,或以捕盗抢检伤人,按律应拟死罪者,仍各从其重者论。所在官司阿从故纵者,各治以罪。若被诈之人殴死假差者,照擅杀罪人律拟绞监候。至非被诈之人,有与假差谋、故、斗杀者,仍各按本律科断。

**谨案** 此条嘉庆十七年(1812),因原例吓骗殴故杀人律应死罪者,仍从其重者论,若殴杀以凡斗论绞,殊与死由自尽者无所区别,是以改定。并于"各治以罪"下,增入例末三十七字。

## 近侍诈称私行 官实而事诈。

○凡近侍之人,在外诈称私行,体察事务,煽惑人民者,斩。监候。此诈称系本官自诈称,非他人。

## 诈为瑞应

○凡诈为瑞应者,杖六十、徒一年。若有灾祥之类,钦天监官不以实对者,加二等。

### 诈病死伤避事

○凡官吏人等，诈称疾病，临事避难如难解之钱粮、难捕之盗贼之类。者，笞四十；如所避之事重者，杖八十。若犯罪待对，故自伤残者，杖一百；诈死者，杖一百、徒三年；伤残以求免拷讯，诈死以求免出官。所避事重于杖一百及徒三年者，各从重论。如侵盗钱粮，仍从侵盗重者论。若无避罪之情，但以恐吓诈赖人，故自伤残者，杖八十。其受雇倩为人伤残者，与犯人同罪；因而致死者，减斗杀罪一等。若当该官司知而听行，谓知其诈病而准改差、知其自残避罪而准作残疾、知其诈死而准住提。与同罪，不知者不坐。

**附律条例**

○一、各省获罪之犯，报称病故者，着该管官员出具印结，并行文原籍地方官稽查。倘有诈称病故者，分别从重治罪。

**谨案** 此条雍正三年(1725)定。

○一、凡未经到案之犯，报称病故，该抚严饬地方官悉心确查，取具印甘各结报部。倘有捏报等情，日后发觉，定将该地方官与该抚一并严加议处。

**谨案** 此条雍正三年(1725)定。乾隆四十二年(1777)，将“印甘各结”四字改为“甘结”二字。

### 诈教诱人犯法

○凡诸人设计用言，教诱人犯法，及和同共事故诱，令人犯法，却自行捕告，或令人捕告，欲求赏给，或欲陷害人得罪者，皆与犯法之人同罪。罪止杖流。和同令人犯法，看“令”字，还是教诱人而又和同犯法也。若止和同犯法，则宜用自首律。

**附律条例**

○一、游手好闲不务本业之流，自号教师，演弄拳棒教人，及投师学习，并轮叉舞棍，遍游街市，射利惑民者，并严行禁止。如有不遵，一经拿获，将本犯照违制律治罪，仍枷号一月。拿获之衙门，即行发落，递回原籍。如坊店、寺院容留不报，地保人等不行查拿，均照不应重律杖八十。地方文武各官失于觉察，照例议处。

**谨案** 此条系乾隆五年(1740)遵照雍正五年(1727)谕旨定例。

一、游手好闲不务本业之流，自号教师，演弄拳棒教人，及投师学习，并轮叉舞棍，遍游街市，射利惑民者，严行禁止。如有不遵，一经拿获，将本犯杖一百、流三千里；随同学习者，杖一百、徒三年，限满递籍，严加管束。如坊店、寺院容留不报，地保人等不行查拿，均照不应重律杖八十。地方文武各官失于觉察，照例议处。若讯明旧日曾学拳棒,迨奉禁以后,并未辗转教人,亦不游街射利者,免议。

**谨案** 此条嘉庆十八年(1813)改定,并于“照例议处”下,增入例末二十九字。

○一、苗猺狑獞所住地方,如有外来匪徒教诱犯法,即视所犯之人,如罪应拟杖者,将教诱之人,加一等治罪;徒罪以上教诱之人,比照住居苗寨教诱为乱例,问拟边远充军;犯该死罪者,教诱之人,与本犯一例拟以斩、绞,遇赦不宥。失察之地方官,照徇庇例议处;隐讳故纵者,照溺职例革职。

**谨案** 此条乾隆二十五年(1760)定。

○一、凡土官延幕,必将所延之姓名、年籍,通知专辖州县,确加查验。人果端谨,实非流棍,加结通报,方准延入。若知系犯罪之人,私聘入幕,并延请后纵令犯法者,照职官窝匿罪人例革职。如有私聘私就者,即令专辖州县,严加驱逐。若土幕教诱犯法,即视其所犯之轻重,俱照匪徒教诱犯法加等例治罪。败露潜逃,即行指拿重惩。私聘之文武土官,及失察之该管州县,交部分别议处。

**谨案** 此条乾隆三十年(1765)定。

一、凡地方官有被参降革治罪之案,严究幕友、长随、书役等。除犯诈赃、诬拿等项罪有正条者,仍照例办理外,其但系倚官滋事,怂令妄为,累及本官者,各按本官降革处分上加一等。如本官应降一级者,将该犯杖六十;降二级、三级者,以次递加。至革职者,杖六十、徒一年。本官罪应拟徒者,亦各以次递加一等,加至徒三年而止。至总徒、准徒军流以上者,均与同罪。徒罪以下,将该犯递回各原籍,分别充徒管束,永远不准复充。如有犯罪之后,仍潜身该地,欺瞒后任,改易姓名复充者,察实严加治罪。

**谨案** 此条系乾隆五十五年(1790)遵旨改定。

**历年事例**

○雍正五年(1727)谕:“向来外省常有演习拳棒武艺之人,自号教师,召诱徒众,甚有害于民生风俗。此等多系游手好闲不务本业之流,诱惑愚民。而强悍少年,投之学习,废弛营生之道,群居终日,尚气角胜。以至赌博酗酒、斗狠打降之类,往往由此而起。甚且有以行教为名,窥探村庄人家之虚实,因而勾引劫盗窃贼,扰害地方者。况拳棒之技艺,国家无用。若言愚民学习,可以防身御侮,不知学习拳棒者能几人。天下人民,未有尽习拳棒之理。果使人人谨遵国法,为善良,尚廉耻,则盗贼之风尽息,而斗讼之累自消,又何须拳棒以为防乎。若使实有膂力,勇健过人者,何不学习弓马,或就武科考试,或投营伍食粮,为国家效力,以图荣身上进,讵不美乎?岂可私行教习,作为无用,诱惑小民,以为人心风俗之害,甚属无益。着各省督抚转饬地方,将拳棒一事严行禁止。如有仍前敢于自号教师,以演弄拳棒教人,及投师学习者,即行拿究。庶游手浮荡之徒,知所儆惧,好勇斗狠之习,不致渐染,而民俗可归于谨厚矣。”

〇乾隆十二年(1747)议准:凡被参侵贪之员,当摘印之时,即令将平日经手管事之人,开具姓名,交与摘印委员看守,听候提讯。其非经手管事之人,参款无名者,亦不得混行拘押,拖累无辜。倘有事前辞去者,及参后逃走者,若系应质之犯,务须将该犯年貌讯明,一面移咨本籍,一面通咨各省,通缉严拿,毋令漏网。庶狡黠之徒,无所施其伎俩,而案件亦得以速结。再长随人等网利纳贿,该参员既不约束于前,倘复行疏纵于后,如审系有心弊匿,故令远扬,供证明确,毫无疑窦,即将该长随名下应追之项,先着落该参员完赔。其在逃之犯,获日另结。

〇二十二年(1757)谕:"督抚膺封疆重寄,庶务殷繁,不能不借幕友为臂指之助。其所办一切刑名钱谷,即系本地方之事。若令与外人交通,假借事权,招摇撞骗,何所不至。如近日江苏巡抚幕中之王者辅,公然出署乘舆拜客,遂得受所属弁员嘱托舞弊,即其明验。地方公务既为所败,徒令若辈身抵于法,而督抚并受其累,何如早加防闲为得也。嗣后各省督抚,务宜关防扃钥,概不得任幕友出署往来结交,以绝嫌疑而肃官守。若不遵功令者,或被人参奏,或因事败露,必将纵容之督抚治罪。着通行传谕知之。"

〇四十年(1775)谕:"前因御史胡翘元条奏,各衙门延请幕友,恐日久滋弊,定以五年更换,并不准延请本省之人,及邻省五百里以内者。彼时觉所言似尚有理,是以谕令各督抚通行查明,于年终汇奏造报,以备稽考,迄今已阅数年。各该省届期奏报,并未实在查出违例延请,及逾期不行更换之人。可见汇奏一节,不过沿袭具文,仍属有名无实。各省幕友在署帮办事件,原不当令其出外交游结纳,致滋弊端。惟在督抚等董饬所属大小各员,关防严密,随处留心,自不虞其顾私谊而挠公事。若徒定以隔省、限以五年,而不能实力防闲,亦未必即为正本清源之法。且如劣幕徐掌丝、叶本果二案,皆系浙人,而一在楚省,一在滇省,相隔不为不远,仍不免于作奸犯科,可见杜弊不系乎限地。至幕友如果不使交通声气,虽年深亦不至于请托舞文。设或不能远迹避嫌,即年浅亦难保无徇私曲法。且有驯谨之幕,相随日久,尚可资其佽助。若因已满年期,另易生手,诸事未能即谙,而新延之人,亦未必悉皆可信,是防微亦不在乎限年。嗣后着各该督抚实力整饬稽查,如有恶幕招摇生事,及劣员徇纵滥交者,即行严参究治。若督抚袒庇属员,姑容消弭,或经科道参奏,或别经发觉,惟该督抚是问。所有各省年终汇奏幕友之例着停止。仍将此通谕知之。"

〇五十五年(1790)谕:"奎林等奏审拟李同殴死陈诰贿买顶凶一案,已交军机大臣会同法司速议具奏矣。此案李同毙命买凶各情节,业据该县唐时勋审讯得实。因审限已迫,与幕友潘鸿绪商办通报。潘鸿绪起意改作寻常斗殴,从轻完结,图避处分。该县家人知此案改轻,乘机诈骗凶犯李同番银五百圆。是唐时勋之擅改重案情节,几致正凶漏网,翁元之诈骗多赃,身罹重辟,皆由潘鸿绪起意改案所致。今唐时勋已在台湾枷号,满日发往新疆充当苦差,而潘鸿绪系此案罪魁,较唐时勋情节更重,免其正法,已属从轻。若照奎林等所拟,转得于枷满之日,递回原籍,不足蔽辜。

且幕宾等平日高其声价,厚得修脯,庸劣官员,听其愚弄,陷于罪戾,伊等转得置身事外,实属可恶。潘鸿绪着照唐时勋之例,一并发往新疆充当苦差,以为劣幕舞文者戒。嗣后各省劣幕,如有似此主使作弊,本官获罪者,定案时俱着与本官同罪,不得稍从宽减。著为令。"

○五十七年(1792)谕:"据吉庆参奏博山县知县武亿,于缉捕事件,任听衙役妄拿平民,滥行重责,以致拖累无辜,除已降旨将武亿革职外,蠹役倚官滋事,最为闾阎之害,法禁甚严。但向来书役诈赃毙命,以及假差吓骗等项,律有专条,自可按律定拟。其奉差缉而妄行拘拿,别无索诈情事者,未经著有定例。此等衙役,怂恿本官滥行差拘,拖累无辜。及至滋生事端,本官被参降革,而该役等转置身事外,又于后来官员任内试其伎俩,殊不足以示惩儆。不特衙役为然,即书吏、长随以及幕友,亦往往有愚弄本官,耸令任意妄行,贻误地方。即本官去任,所谓官去吏不去,伊仍得作弊。此等恶习,不可不加之惩治,使知儆畏。嗣后除书役等诈赃毙命等项,仍按律治罪外,其虽无吓诈等情,而有借势妄为,累及平民,致本官降革者,所有幕友、书役、长随,应如何酌定治罪之处,着该部详细定拟具奏。所有武亿案内妄拿平民之衙役,即着吉庆照新例办理。"

# 【刑律·犯奸】

## 卷八百二十五·刑部一百三

**刑律·犯奸**　犯奸　纵容妻妾犯奸　亲属相奸　诬执翁奸　奴及雇工人奸家长妻　奸部民妻女　居丧及僧道犯奸　良贱相奸　官吏宿娼　买良为娼

### 犯　奸

○凡和奸，杖八十；有夫者，杖九十。刁奸者，无夫、有夫。杖一百。强奸者，绞；监候。未成者，杖一百、流三千里。凡问强奸，须有强暴之状、妇女不能挣脱之情，亦须有人知闻，及损伤肤体、毁裂衣服之属，方坐绞罪。若以强合，以和成，犹非强也。如一人强捉，一人奸之，行奸人问绞，强捉问未成流罪。又如见妇人与人通奸，见者因而用强奸之，已系犯奸之妇，难以强论，依刁奸律。奸幼女十二岁以下者，虽和同强论。其和奸、刁奸者，男女同罪。奸生男女，责付奸夫收养。奸妇从夫嫁卖，其夫愿留者听。若嫁卖与奸夫者，奸夫、本夫各杖八十，妇人离异归宗，财物入官。强奸者，妇女不坐。若媒合容止人在家通奸者，各减犯人和、刁罪一等。如人犯奸已露而代私和奸事者，各减和、刁、强二等。其非奸所捕获，及指奸者勿论。若奸妇有孕，奸妇虽有据，而奸夫则无凭。罪坐本妇。

### 附律条例

○一、凡职官及军民奸职官妻者，奸夫、奸妇，并绞监候。若职官奸军民妻者，革职，杖一百的决；奸妇枷号一月、杖一百。其军民相奸者，奸夫、奸妇，各枷号一月、杖一百。其奴婢相奸，不分一主各主，及军民与官员军民之妾婢相奸者，奸夫、奸妇，各杖一百。

**谨案**　此条雍正三年（1725）定。

○一、凡有轮奸之案，审实，俱照光棍例，分别首从定拟。

**谨案**　此条雍正三年（1725）定。

一、轮奸良人妇女之案，审实，照光棍例，为首拟斩立决；为从同奸者，拟绞监候；同谋未经同奸余犯，发遣黑龙江给披甲人为奴。若轮奸已经犯奸妇女者，为首发遣黑龙江给披甲人为奴；为从同奸者，杖一百、流三千里；同谋未经犯奸余犯，杖一百、徒三年。如妇女犯奸后已经悔过自新,讯有确证者,仍以良人妇女论。

**谨案** 此条嘉庆六年(1801)增定。

一、轮奸良人妇女已成之案,审实,照光棍例,为首拟斩立决;为从同奸者,拟绞监候;同谋未经同奸余犯,发遣黑龙江给披甲人为奴。若轮奸未成,为首发遣黑龙江给披甲人为奴,为从杖一百、流三千里。轮奸已经犯奸妇女已成者,为首发遣黑龙江给披甲人为奴;为从同奸者,杖一百、流三千里;同谋未经同奸余犯,杖一百、徒三年。未成者,为首杖一百、流三千里,为从杖一百、徒三年。如妇女犯奸后已经悔过自新,讯有确证者,仍以良人妇女论。

**谨案** 此条嘉庆十六年(1811)增定。

一、凡轮奸已成,本妇因而自尽者,除首犯仍照例斩决外,其为从同奸之犯,均拟绞立决。

**谨案** 此条系嘉庆六年(1801)遵旨议定。

一、轮奸良人妇女已成之案,审实,照光棍例,为首拟斩立决;为从同奸者,拟绞监候;同谋未经同奸余犯,发回城给伯克回子为奴。因而杀死本妇者,首犯拟斩立决、枭示;为从同奸又帮同下手者,拟斩立决;同奸而未下手,及下手而未同奸者,均拟绞立决;其同谋而并未下手又未同奸者,发回城给伯克回子为奴。如致本妇自尽者,首犯拟斩立决;为从同奸之犯,均拟绞立决;同谋未经同奸余犯,发回城给伯克回子为奴。若伙谋轮奸未成,审有实据者,为首发回城给伯克回子为奴,为从杖一百、流三千里。因而杀死本妇者,首犯拟斩立决;为从帮同下手者,拟绞立决;未经下手者,发回城给伯克回子为奴。如致本妇自尽者,首犯拟斩监候,为从发回城给伯克回子为奴。

一、轮奸已经犯奸妇女已成者,为首发回城给伯克回子为奴;为从同奸者,杖一百、流三千里;同谋未经同奸余犯,杖一百、徒三年。因而杀死本妇者,首犯拟斩立决;下手为从同奸者拟绞立决,未同奸者绞监候;同奸而未下手者,发回城给伯克回子为奴;并未同奸又未下手者,杖一百、流三千里。如致本妇自尽者,首犯拟绞监候;为从同奸者,发回城给伯克回子为奴;同谋未经同奸余犯,杖一百、流三千里。若轮奸未成,首犯杖一百、流三千里,为从杖一百、徒三年。因而杀死本妇者,首犯拟斩监候;为从除案系谋杀,仍照谋杀本律,分别曾否加功问拟外,如系殴杀,帮同下手者,发回城给伯克回子为奴;未经下手者,杖一百、徒三年。如致本妇自尽者,首犯发回城给伯克回子为奴,为从杖一百、徒三年。如妇女犯奸后已经悔过自新,审有确证者,仍以良人妇女论。

**谨案** 此二条,嘉庆十七年(1812)修改分定。二十二年(1817),将轮奸案内同谋未经下手余犯、轮奸妇女未成及轮奸犯奸妇女已成各首犯发回城为奴者,俱改发云贵两广极边烟瘴充军。道光二年(1822),将二条内原发回城及改发烟瘴者,俱改发足四千里充军。二十四年(1844),仍复原例。咸丰元年(1851),俱改发黑龙江给披甲人为奴。光绪十年(1884),裁回城伯克缺。

○一、凡喇嘛和尚等,有强奸致死人命者,照光棍例,分别首从定拟。

**谨案** 此条系雍正五年(1727)定,原载“威逼人致死”门。乾隆四十二年(1777),移附此例。

○一、强奸妇女,除以手足行强,并未执持凶器伤人者,已成、未成,仍照本律定拟外,其因强奸执持金刃凶器戳伤本妇,及拒捕致伤旁人,已成奸者,拟斩监候;未成奸者,拟绞监候。

**谨案** 此条雍正十二年(1734)定。

一、强奸妇女,除并未伤人者,已成、未成,仍照本律定拟外,其因强奸执持金刃凶器戳伤本妇,及拒捕致伤其夫与父母并有服亲属,已成奸者,拟斩监候;未成奸者,拟绞监候。如伤非金刃凶器,已成奸者,拟绞监候;未成奸者,发边远充军,年在五十以上,发近边充军。

**谨案** 此条嘉庆十一年(1806)修改。

一、强奸妇女,除并未伤人者,已成、未成,仍照本律定拟外,其因强奸执持金刃凶器戳伤本妇,及拒捕致伤其夫与父母并有服亲属,已成奸者,拟斩监候;未成奸者,拟绞监候,如伤非金刃凶器,已成奸者,拟绞监候;未成奸者,发边远充军,年在五十以上,发近边充军。其图奸、调奸妇女未成罪人拒伤本妇,并其夫与父母及有服亲属,如致残废、笃疾罪在满徒以上者,无论金刃、手足、他物,俱照殴所捕人致折伤以上律,拟绞监候;但系刃伤者,发极边足四千里安置;若伤非金刃,仍依罪人拒捕律,于本罪上加二等问拟。

**谨案** 此条道光三年(1823)增定。

○一、恶徒伙众,将良人子弟抢去强行鸡奸者,无论曾否杀人,仍照光棍例,为首者拟斩立决;为从若同奸者,俱拟绞监候;余犯问拟发遣。其虽未伙众,因奸将良人子弟杀死,及将未至十岁之幼童诱去,强行鸡奸者,亦照光棍为首例斩决。如强奸十二岁以下十岁以上幼童者,拟斩监候;和奸者,照奸幼女虽和同强论律,拟绞监候。若止一人强行鸡奸,并未伤人,拟绞监候;如伤人未死,拟斩监候。其强奸未成者,杖一百、流三千里。如和同鸡奸者,照军民相奸例,枷号一月,杖一百。倘有指称鸡奸诬害等弊,审实,依所诬之罪反坐,至死减一等;罪至斩决者,照恶徒生事行凶例发遣。

○一、强奸十二岁以下幼女,因而致死,及将未至十岁之幼女诱去,强行奸污者,照光棍例斩决。其强奸十二岁以下十岁以上幼女者,拟斩监候;和奸者,仍照虽和同强论律,拟绞监候。

**谨案** 以上二条,系雍正十二年(1734)定例。咸丰元年(1851),将案内强行鸡奸之余犯,改发黑龙江给披甲人为奴。

○一、凡调奸、图奸未成者,经本妇告知亲族,乡保即时禀明该地方官,审讯如果有据,即酌其情罪之重轻,分别枷号、杖责,报明上司存案。如本家已经投明乡保,该乡保不即禀官,及禀官不即审理,致本妇怀忿自尽者,将乡保照甲长不行转报窃盗例杖八十,地方官照例议处。

**谨案** 此条乾隆十年(1745)定。

○一、凡奸夫拒捕,刃伤应捉奸之人,照窃盗拒捕殴所捕人至折伤以上者,拟绞监候。纵容抑勒,不用此例。

**谨案** 此条乾隆十二年(1747)定。

○一、凡强奸幼女,除十二岁以下十岁以上,仍照例分别斩候、绞候定拟,其奸未至十岁之幼女,应照定例斩决,不得牵引虽和同强律拟绞监候。

**谨案** 此条系乾隆十三年(1748)定例。五十三年(1788),奏准删除。

○一、凡强奸十二岁以下幼女未成,审有确据者,将该犯发遣黑龙江。

**谨案** 此条乾隆十四年(1749)定。三十二年(1767),于"幼女"下添"幼童"二字。

一、凡强奸十二岁以下幼女、幼童未成,审有确据者,民人发遣黑龙江给披甲人为奴,旗人发黑龙江当差。

**谨案** 此条嘉庆十六年(1811)增定。十七年(1812),将旗人改发回城给大小伯克及力能管束之回子为奴。道光五年(1825),将分别旗人之处节删。咸丰元年(1851),仍改发黑龙江给披甲人为奴。

○一、川省啯匪有犯轮奸之案,审实,照强盗律,不分首从皆斩;其同行未成奸者,仍依轮奸本例,拟绞监候。如因轮奸而杀死人命者,无论成奸与否,俱照强盗杀人例,奏请斩决、枭示。

**谨案** 此条乾隆二十三年(1758)定。

○一、凡强奸杀死妇女及良家子弟,仍按例问拟斩决外,其有先经和奸,后因别故拒绝,致将被奸之人杀死者,俱仍照谋、故、斗殴本律定拟。

**谨案** 此条乾隆四十年(1775)定。

○一、凡妇女与人父子通奸,致其子因奸谋杀其父,酿成逆伦重案者,将犯奸之妇女,实发驻防给兵丁为奴。

**谨案** 此条嘉庆十二年(1807)遵旨议定。

**历年事例**

○康熙元年(1662)题准:凡奸妇有孕犯死罪者,俟生产后处决。

○十八年(1679)议准:凡恶棍伙众,将良家子弟抢去强行鸡奸,为首者立斩,为从者俱拟绞监候。若系和同者,照律治罪。

○三十五年(1696)复准:不肖恶徒,将良人子弟抢去强行鸡奸,为从拟绞监候,亦不准援赦。若系和同者,照常治罪。

〇四十六年(1707)复准:奸幼女,照光棍例拟斩立决。

〇乾隆十四年(1749)议准:律例无强奸幼女未成作何治罪之条,若止依律拟流,不足蔽辜。嗣后凡有强奸十二岁以下幼女未成之案,俱改发黑龙江充当苦差。

〇嘉庆元年(1796)谕:"刑部具题河南省郑路妮语言调戏冯喜成之妻彭氏致彭氏羞忿投井身死一案,因犯事在恩赦以前,照例声请援免。向来各省遇有调戏致本妇自尽案件,皆随案核其情节。如系手足勾引,情近用强者,皆于秋录时即行予勾;其仅止语言调戏者,概免勾决,所以示区别而昭矜恤。但调戏之案,与斗殴不同。犯斗殴者,因事忿争,彼此扭结,互相殴击,或因伤重致毙,其逞凶之犯,亦必受伤,是死者由于互殴而起衅,尚属有因。至调戏之案,则本妇本系安居家内,忽来秽亵之言,致令羞忿难堪,轻生自尽,情节实为可悯。其调奸之犯,虽无强横情状,而因一时邪念之萌,遽陷妇女于死,此而免其拟抵,已属从宽。若因事在赦前,仅按例追缴埋葬银两,即予援免,俾得置身事外;且追埋之银,或得或不得,均不可知,何足以惩凶淫。着刑部即将本年题过此等案件,及此后办理各案,如有似此言语调戏,致本妇自尽者,俱于本内声明,不准援免,仍入于缓决,牢固监禁,届期与减等人犯,一律办理。不得遽行释免,以慰贞魂而申明弼。"

〇二年(1797)谕:"此案周俸瀜奸拐李二姐同逃,被李二姐之父李世楷拿获,登时将李二姐殴毙。该督原题及刑部议复本内,均引本夫奸所杀死奸妇例办理。但父之与夫名分不同,若因例无专条,亦当将比照之处,详晰声叙,何得竟以本夫杀奸之例定拟,殊未明晰。着刑部即将此本援引比照之处,声明更正。至父母殴毙无罪之子女,予以杖罪,尚为慎重人命起见。今李二姐既经犯奸,即系有罪之人,李世楷将伊女殴毙,系出于义愤,尚有何罪。虽所拟杖罪,声明遇赦援免,但究不应以杖罪科断。嗣后遇有似此情节者,其父母竟不必科以罪名。并着刑部将此例删除,以昭明允。"

〇六年(1801),刑部呈进秋审黄册,安徽省有金七孜听从张绍贞轮奸李氏一案,河南省有廉富听从张麦林轮奸孙氏致氏羞忿自尽一案,外省将金七孜、廉富均照轮奸为从例,拟绞监候。钦奉谕旨:"轮奸为从之犯,定例绞候。轮奸致本妇羞忿自尽者,亦拟绞候,似无区别。着刑部堂官查议具奏。钦此。"遵旨复奏,查例载"川省啯匪,因轮奸而杀死人命者,无论成奸与否,俱照强盗杀人例斩决、枭示",又"轮奸良人妇女,照光棍例,为首拟斩立决,为从同奸者拟绞监候"各等语,至轮奸致本妇羞忿自尽之案,例无分别治罪明文。是以各省遇有此等案件,俱照轮奸已成本例,分别首从问拟,刑部亦即随案照复。今若将轮奸酿命各犯,与仅止轮奸未经酿命者,一例定拟,洵如圣谕,无以示区别而昭平允。惟本妇究由自尽,非由被杀,首犯罪至斩决,已无可加,似未便与轮奸杀人首犯一律斩枭,应请仍照原例拟以斩决。其为从各犯,业已成奸,本妇因而自尽,若与仅止轮奸从犯同拟绞候,以致日久稽诛,实不足以昭惩创。应将轮奸致本妇羞忿自尽为从同奸各犯,改拟绞立决,庶奸徒知所儆戒,而立法亦有等差。

○十二年(1807)谕:“马慧裕奏《审明蔑伦助逆首从各犯按例正法》一折。此案吕辉同伊父吕怀南,均与傅张氏通奸。因吕怀南妒奸寻杀,吕辉遂起意纠人将吕怀南谋砍致毙。是吕辉之聚麀蔑伦,皆由于傅张氏起衅。且案内张大金、李恒二犯,因系助逆加功,俱已照例绞决。则傅张氏犯奸之罪,自难援照寻常因奸争妒谋命者比例科断。该抚仅拟依纵容妻妾与人通奸,奸妇杖九十律,的决离异,未免无所区别。其应如何酌定罪名,重加惩办之处,着该部详悉核拟具奏,并着纂入则例。”

○道光三年(1823)谕:“向来图奸未成,刃伤本妇及有服亲属,律例内并无治罪专条。兹据刑部酌拟条例请旨,嗣后图奸、调奸妇女未成罪人,如拒伤本妇,并其夫与父母及有服亲属,除至残废、笃疾罪在满徒以上者,无论金刃他物,俱照殴所捕人至折伤以上律拟绞监候外,其但系刃伤,即照强奸刃伤绞罪上减一等,仍依棍徒生事行凶扰害良人例,发极边足四千里安置;若伤非金刃,仍依罪人拒捕律加本罪二等问拟,以示区别。”

**纵容妻妾犯奸**

凡纵容妻妾与人通奸,本夫、奸夫、奸妇,各杖九十。抑勒妻妾及乞养女与人通奸者,本夫、义父,各杖一百;奸夫,杖八十;妇女不坐,并离异归宗。若纵容抑勒亲女及子孙之妇妾与人通奸者,罪亦如之。若用财买休卖休因而和同娶人妻者,本夫、本妇及买休人,各杖一百;妇人离异归宗,财礼入官。若买休人与妇人用计逼勒本夫休弃,其夫别无卖休之情者,不坐;买休人及本妇,各杖六十、徒一年;妇人余罪收赎,给付本夫,从其嫁卖。妾减一等。媒合人,各减犯人买休及逼勒卖休罪一等。其因奸不陈告而嫁卖与奸夫者,本夫杖一百,奸夫、奸妇各尽本法。

**亲属相奸**

凡奸同宗无服之亲,及无服亲之妻者,各杖一百。强者,奸夫斩监候。奸内外缌麻以上亲,及缌麻以上亲之妻,若妻前夫之女、同母异父姊妹者,各杖一百、徒三年;强者,奸夫斩。监候。若奸从祖祖母、祖姑、从祖伯叔母、从祖伯叔姑、从父姊妹、母之姊妹及兄弟妻、兄弟子妻者,奸夫、奸妇各决绞;惟出嫁祖姑、从祖伯叔姑,监候绞。强者,奸夫决斩。惟强奸小功再从姊妹、堂侄女、侄孙女出嫁降服者,监候斩。若奸妻之亲生母者,以缌麻亲论之太轻,还比依母之姊妹论。若奸父祖妾、伯叔母、姑、姊妹、子孙之妇、兄弟之女者,奸夫、奸妇各决斩。强者,奸夫决斩。凡奸前项亲属,妾各减妻一等;强者,绞。监候。其妇女同坐、不同坐,及未成奸、媒合、纵容等件,各详载犯奸律。惟同宗奸生男女不得混入宗谱,听随便安插。

**谨案** 婿奸妻母,原注比依伯叔母、母之姊妹论。雍正三年(1725),以奸伯叔母者立斩,奸母之姊妹者立绞,罪名不同,因将“母之姊妹”四字删去,以从划一。乾隆五年(1740),查妻母服止缌麻,与伯叔母服制悬绝,改依母之姊妹论。

### 附律条例

〇一、凡亲属犯奸至死罪者,若强奸未成,依律问罪,发边卫充军。

**谨案** 此条系原例。乾隆四十二年(1777),删"依律问罪"四字。

一、凡亲属和奸律应死罪者,若强奸未成,发边远充军;其和奸罪不至死者,若强奸未成,发近边充军。

**谨案** 此条乾隆六十年(1795)改定。

一、凡亲属和奸律应死罪者,若强奸未成,发边远充军;调奸未成,杖一百、流三千里。其和奸罪不至死者,若强奸未成,发近边充军;调奸未成,杖一百、徒三年。

**谨案** 此条嘉庆十六年(1811)增定。

〇一、凡奸内外缌麻以上亲,及缌麻以上亲之妻,若妻前夫之女、同母异父姊妹者,依律拟罪,奸夫发附近卫充军。

**谨案** 此条系原例。

〇一、凡奸同宗无服之亲,及无服亲之妻者,各枷号四十日,杖一百。

**谨案** 此条乾隆元年(1736)定。

### 历年事例

〇嘉庆五年(1800)谕:"此案杨文仲强奸缌麻服弟杨文榜之妻黄氏不从,将黄氏戳伤身死。刑部因例无明文,即照凡人强奸本妇立时杀死例定拟斩决。但思该犯与杨文榜系缌麻兄弟,若同凡人一律定拟,未免无所区别。杨文仲着即处斩、枭示,以昭炯戒,并载入刑部则例。"

## 诬执翁奸

〇凡男妇诬执亲翁及弟妇诬执夫兄欺奸者,斩。监候。强奸子妇未成而妇自尽,照亲属强奸未成例科断。义子诬执义父欺奸,依雇工人诬家长;嫂诬执夫弟,及缌麻以上亲诬执者,俱依诬告。

## 奴及雇工人奸家长妻

〇凡奴及雇工人奸家长妻女者,各斩。决。若奸家长之期亲,若期亲之妻者,绞;监候。妇女减一等。若奸家长之缌麻以上亲,及缌麻以上亲之妻者,各杖一百、流二千里;强者,斩。监候。妾各减一等,强者亦斩。监候。军伴、弓兵、门皂、在官役使之人,俱作雇工人论。

### 附律条例

〇一、凡奴奸家长之妾者,各绞监候。若家长奸家下人有夫之妇者,笞四十,系官交部议处。

**谨案** 此条雍正三年(1725)定。

○一、家长之有服亲属,强奸奴仆、雇工人妻女未成,致令羞忿自尽者,杖一百,发边卫充军。

**谨案** 此条乾隆二十年(1755)定。

○一、凡奴仆及雇工人强奸家长之母与妻女,审有确伤肤体、毁裂衣服,及邻证见闻确据者,无论已未成奸,将奴及雇工人拟斩立决。

**谨案** 此条乾隆五十三年(1788)定。

一、凡奴及雇工人强奸家长之母与妻女,审有损伤肤体、毁裂衣服,及邻证见闻确据者,无论已未成奸,将奴及雇工人拟斩立决。若调奸未成,发黑龙江给披甲人为奴。

**谨案** 此条嘉庆十六年(1811)增定。十七年(1812),将此项调奸之犯,改发回城给大小伯克及力能管束之回子为奴。二十二年(1817),将原例发回城为奴,改发云贵两广烟瘴地方充军。咸丰元年(1851),仍改发黑龙江。

### 历年事例

○康熙元年(1662)题准:凡官员兵丁之侍妾,与本家奴仆通奸者,男女俱立绞。

○七年(1668)复准:将立绞之例改为监候,秋后处决。

## 奸部民妻女

凡军民本管官吏奸所部妻女者,加凡奸罪二等,各罢职役不叙,妇女以凡奸论。若奸囚妇者,杖一百、徒三年,囚妇止坐原犯罪名。若保管在外,仍以奸所部坐之。强者俱绞。

### 附律条例

○一、凡军职及应袭舍人犯奸,除奸所捕获及刁奸坐拟奸罪者,官革职,与舍人俱发本卫,随舍余食粮差操。其指奸及非奸所捕获者,俱照常发落。

**谨案** 此条系原例。雍正三年(1725)奏准,今职官犯奸,现有定例,无军职与舍人俱发本卫食粮差操之例,此条删。

## 居丧及僧道犯奸

凡居父母及夫丧,若僧、尼、道士、女冠,犯奸者,各加凡奸罪二等;相奸之人以凡奸论。强者,奸夫绞监候,妇女不坐。

### 附律条例

○一、僧道官、僧人、道士,有犯挟妓饮酒者,俱问发原籍为民。

**谨案** 此条系原例。雍正三年(1725)奏准改为"俱问违制,发原籍为民"。

○一、僧道不分有无度牒,及尼僧、女冠犯奸者,依律问罪,各于本寺观庵院门首,枷号一月发落。

**谨案** 此条系原例。乾隆二十五年(1760)已定新例,此条删。

○一、僧、道、尼僧、女冠有犯和奸者,于本寺观庵院门首,枷号两月,杖一百。其僧、道奸有夫之妇及刁奸者,照律加二等,分别杖、徒治罪,仍于本寺观庵院门首,各枷号两月。

**谨案** 此条乾隆二十五年(1760)定。

## 良贱相奸

○凡奴奸良人妇女者,加凡奸罪一等。和、刁,俱同。有夫、无夫,如强者,斩。良人奸他人婢者,男、妇各减凡奸一等。奴婢相奸者,以凡奸论。

**谨案** 乾隆五年(1740),于"减凡奸一等"句下,增注"如强者,仍照凡论,拟绞监候。其强奸未成者,俱杖一百、流三千里"。

### 历年事例

○国初定:凡奸有夫之仆妇者,责二十七鞭。

○康熙元年(1662)题准:凡家长奸家下有夫之妇者,照例鞭责;系职官,罚俸一月;妇人免罪。奴婢通奸者,各鞭一百。其官员兵丁之侍婢,与军民人及别家奴仆通奸者,俱各鞭一百。

○十二年(1673)议准:凡奸家下有夫之仆妇者,照不应轻律笞四十。民人有犯,亦照此例。

○二十三年(1684)议准:家主奸家下有夫之妇者,系平人,笞四十;系官,罚俸六月。

## 官吏宿娼

凡文武官吏宿娼者,杖六十。挟妓饮酒,亦坐此律。媒合人减一等。若官员子孙文承荫、武应袭。宿娼者,罪亦如之;附过,候袭荫之日降一等,于边远叙用。

**谨案** 雍正三年(1725)奏准,今无附过降等于边远叙用之例,"附过"至末十五字删。乾隆五年(1740),将注内"文承荫、武应袭"二语,改为"应袭荫"三字。

### 附律条例

○一、监生、生员,撒泼嗜酒,挟制师长,不守监规、学规,及挟妓、赌博,出入官府,起灭词讼,说事过钱,包揽物料等项者,问发为民,各治以应得之罪,得赃者计赃从重论。

**谨案** 此条雍正三年(1725)定。

## 买良为娼

凡娼优乐人,买良人子女为娼优,及娶为妻妾,或乞养为子女者,杖一百。知情嫁卖者同罪;媒合人减一等。财礼入官,子女归宗。

### 附律条例

○一、凡买良家子女作妾,并义女等项名目,纵容抑勒与人通奸者,本夫、义父问罪,于本家门首枷号一月发落。若乐工私买良家之女为娼者,不分买卖、媒合人等,亦问罪,于院门首枷号一月。妇女并发归宗。

**谨案** 此条系原例。

一、凡买良家之女作妾,并义女等项名目,纵容抑勒与人通奸者,本夫、义父问罪,于本家门首枷号一月发落。若有私买良家之女为娼者,枷号三月,杖一百、徒三年。知情卖者与同罪,媒合人减一等。妇女并发归宗。

**谨案** 此条乾隆五年(1740)改定。

一、凡买良家之女作妾,并义女等项名目,纵容抑勒与人通奸者,问罪,于本家门首枷号一月发落。若有私买良家之女为娼者,枷号三月,杖一百、徒三年。知情卖者与同罪,媒合人减一等。其设计诱买良家之子为优者,亦枷号三月,杖一百、徒三年。子女并发归宗。

**谨案** 此条嘉庆十六年(1811)增定。

一、凡纵容抑勒妻妾及亲女、义女、子孙之妇妾等项与人通奸者,除照纵容抑勒犯奸本律治罪外,仍将纵容抑勒之人,在本家门首枷号一月发落;奸夫及妇女俱照律问拟,毋庸枷号。若有私买良家之女为娼,及设计诱买良家之子为优者,俱枷号三月,杖一百、徒三年。知情卖者与同罪,媒合人及串通说合之中保减一等。奸宿者,照抑勒妻女与人通奸奸夫杖八十律拟杖八十。子女不坐,并发归宗。若妇女男子,自行起意为娼为优卖奸者,照军民相奸例,枷号一月,杖一百。宿娼狎优之人,亦照此例同拟杖、枷。

**谨案** 此条咸丰二年(1852)增定。

○一、凡借充人牙,将领卖妇人,逼勒卖奸图利者,枷号三月,杖一百,发三姓地方给披甲人为奴。

**谨案** 此条系原例。

一、凡借充人牙,将领卖妇女,逼勒卖奸图利者,枷号三月,杖一百,发云贵两广烟瘴少轻地方。如虽无局奸图骗情事,但非系当官交领,私具领状,将妇女久养在家,逾限不卖,希图重利者,杖一百。地方官不实力查拿,照例议处。

**谨案** 此条乾隆五年(1740)增定。

○一、凡无藉之徒,及生监、衙役、兵丁,窝顿流娼土妓,引诱局骗,及得受窝顿娼妓之家财物,挺身架护者,均照违制律杖一百,生监革去衣顶,衙役、兵丁不准食粮充役。邻保知情容隐者,坐不应重律。受财者,准枉法论,计赃从重科断。其失察之地方官,交部照例议处。

**谨案** 此条乾隆元年(1736)定。

一、生监、兵役人等,窝顿土娼,诓诱平人,出身架护者,照窝赌例治罪。如系偶然存留,为日无几,枷号三月,杖一百。其窝顿日月经久者,杖一百、徒三年。再犯,杖一百、流三千里。得受娼家财物者,仍准枉法计赃从重论。

**谨案** 此条乾隆二十五年(1760)定。

一、凡无藉之徒,及生监、衙役、兵丁,窝顿流娼土妓,引诱局骗,及得受窝顿娼妓之家财物,挺身架护者,照窝赌例治罪。如系偶然存留,为日无几,枷号三月,杖一百。其窝顿月日经久者,杖一百、徒三年。再犯,杖一百、流三千里。得受娼妓家财物者,仍准枉法计赃从重论。邻保知情容隐者,杖八十;受财者,亦准枉法论,计赃从重科断。其失察之该地方官,交部照例议处。

**谨案** 此条乾隆三十二年(1767)修并。

○一、京城内外,拿获窝娼并开设软棚月日经久之犯,除本犯照例治罪外,其租给房屋之房主,初犯杖八十、徒二年,再犯杖一百、徒三年。知情容留之邻保,杖八十,房屋入官。若甫经窝娼及开设软棚,即被拿获,知情租给之房主杖八十,知情容留之邻保笞四十。若房主、邻保实不知情,不坐,房屋免其入官。如业主所置房屋,交家人经手,有赁给窝娼开设软棚,伊主实不知情者,罪坐经手之人。倘系官房,即将知情租给经手官房之人,亦照前例治罪。

**谨案** 此条嘉庆十六年(1811)遵旨定。

# 【刑律·杂犯】

## 卷八百二十六·刑部一百四

### 刑律·杂犯　拆毁申明亭　夫匠军士病给医药　赌博一

#### 拆毁申明亭

凡拆毁申明亭房屋及毁亭中板榜者，杖一百、流三千里。仍各令修立。

#### 附律条例

○一、凡钦奉教民敕谕，该督抚督率属员缮写刊刻，敬谨悬挂于申明亭，并将旧有一切条约，悉行刊刻大榜晓谕。

**谨案**　此条乾隆九年(1744)定。

#### 历年事例

○乾隆九年(1744)议准：向来府州县设有申明亭，为申明教化之所，刊置教民榜文于内。凡有不孝不悌与一应为恶之人，书姓名于亭，能改过自新者即去之。既彰罚恶之条，复予自新之路，法至善也。律载拆毁申明亭房屋及毁板榜者，杖一百、流三千里，诚以风教所关，非同浅鲜。乃相沿日久，视为具文。现今直省州县向立申明亭处所，或虽有亭而木榜未设者，有仅存基址而房屋倾圮者，更有年久不清，而为胥役民人侵占租赁者。应通行直隶各省督抚，转饬所属，查明现在所有申明亭，俱行修整，将所奉教民圣谕，缮写刊刻，敬谨悬挂，并将旧有一切晓民条约，悉行刊刻木榜，俾郡邑士民瞻仰传诵。其旧有申明亭而现为胥役民人侵占者，查出悉行交官修葺。至原无申明亭之处，及倾圮仅存基址，毋庸糜费重建，应令各该督抚即于该地方城市通衢，可以安置木榜之所，酌量办理。所需修理工料及添设木榜等费，不得任听地方官借端苛派，应令该督抚照例报明户部、工部，核议饬遵。

#### 夫匠军士病给医药

凡军士在镇守之处、丁夫杂匠在工役之所而有疾病，当该镇守、监督官司不为行移所司请给医药救疗者，笞四十；因而致死者，杖八十。若已行移所司，而不差拨良医，及不给对症药饵医治者同罪。

### 赌博一

凡赌博财物者，皆杖八十，所摊在场之财物入官。其开张赌坊之人，虽不与赌列，亦同罪。坊亦入官。止据见发为坐。职官加一等。若赌饮食者勿论。

### 附律条例

〇一、凡赌博人犯，若自来不务生理，专一沿街酗酒撒泼，或曾犯诓骗、窃盗、不孝不悌等项罪名，及开张赌坊者，定为第一等，问罪枷号两月。若平昔不系前项人犯，止是赌博，但有银两、衣服、财物者，定为第二等，问罪枷号一月各发落。若年幼无知，偶被人诱引在内者，定为第三等，照常发落。其职官有犯一等、二等者，奏请问罪，文官革职为民，武官革职，随舍余食粮差操。

**谨案** 此条系原例。雍正三年(1725)奏准，今犯赌博无分等第枷责之例，亦无武官食粮差操之事，此条删。

〇一、军民人等，擅入宗室府内教诱为非，及赌博诓哄财物者，俱问发边卫充军。

**谨案** 此条系原例，其全条载在"名例・工乐户及妇人犯罪"律内。雍正三年(1725)删存此条，移附本律。

〇一、凡赌博，不分兵民，俱枷号两月。开场窝赌及抽头之人，各枷号三月，并杖一百。官员有犯，革职，枷责不准折赎。在场财物入官。奴仆犯者，家主系官，交与该部；系平人，责十板。该管各官不行严查缉拿，别经发觉者，交该部议处；总甲笞五十。若旁人出首，或赌博中人出首者，自首人免罪；仍将在场财物，一半给首人充赏，一半入官。凡以马吊、混江赌博财物者，俱照此例治罪。赌饮食者，坐不应重律，系官交部议处。以上俱拿获牌骰、现发有据者方坐，不许妄扳拖累。

**谨案** 此条雍正三年(1725)定。

一、凡赌博，不分兵民，俱枷号两月，杖一百。偶然会聚开场窝赌，及存留之人抽头无多者，各枷号三月，杖一百。官员有犯，革职，枷责不准折赎。奴仆犯者，家主系官，交与该部；系平人，责十板。该管各官不行严查缉拿，别经发觉者，交部议处；总甲笞五十。若旁人出首，或赌博中人出首者，自首人免罪；仍将在场财物，一半给首人充赏，一半入官。凡以马吊、混江赌博财物者，俱照此例治罪。赌饮食者，坐不应重律。以上俱拿获牌骰、现发有据者方坐，不许妄扳拖累。

**谨案** 此条乾隆五年(1740)改定。

〇一、凡旗人赌钱事发，开场抽头及容留房主，俱照光棍为从例，拟绞监候；赌博之人，枷号两月、鞭一百。如系官员，革职，枷号三月，鞭一百，不准折赎，永不叙用，发令披甲当下贱差役。有世职者,给应袭之人承袭;有世管佐领者,给予兄弟内才能之人承管,俱不得令伊子袭替。如系三品以上官,仍追银二百两;有顶戴官以上,追银一百两;护军、披甲、闲散人,追银四十两,给拿获之人充赏。其失察该管各官,俱交部议处;领催鞭五十;族长鞭二十五,系官亦交部议处。余俱照前例科断。

〇一、凡旗人造卖纸牌、骰子者,照开场抽头存留赌博例,拟绞监候。失察该管各官,亦照失察赌博例治罪。但必有制造牌骰器具,及开铺贩卖确据,方许拿送,不得借端讹诈。

〇一、凡民人造卖纸牌、骰子,为首者,发边卫永远充军;为从及贩卖为首者,杖一百、流二千里;为从贩卖者,杖一百、徒三年。如藏匿赌具器物不行销毁者,照造卖为首例治罪。地方、保甲,知造卖之人不首报者,杖一百。将自己银钱,开场引诱赌博,放头抽头,及开场存留赌博之人,该地方官分别等次,详记档案。初犯开场诱赌放头抽头者,杖一百、徒三年;开场存留赌博者,杖八十、徒二年。再犯者,诱赌之人,杖一百、流三千里;存留赌博之人,杖一百、徒三年。输钱者,据实出首免罪,仍追所输之银钱给还。若官员,无论赌钱、赌饮食等物,有打马吊、斗混江者,俱革职,满杖,枷号两月;上司与属员斗牌掷骰者,亦均革职,满杖,枷号三月;俱永不叙用。如该管上司并督抚容隐属员赌博,及地方官弁疏纵赌博,俱交部严加议处;稽察兵役,亦照例治罪。

**谨案** 以上三条,俱系雍正三年(1725)定例。

〇一、凡旗人将自己银钱,开场诱引赌博,经旬累月,聚集无赖,放头抽头者,初犯发极边烟瘴充军,再犯拟绞监候;容留房主,初犯发边远充军,再犯发极边烟瘴充军;俱照名例折枷月日发落。赌博之人,枷号两月,鞭一百;如系官员,革职,枷号两月,鞭一百,不准折赎,永不叙用。其失察该管各官,俱交部议处;领催鞭五十;族长鞭二十五,系官,亦交部议处。余俱照前例科断。

一、凡民人将自己银钱,开场诱引赌博,经旬累月,聚集无赖,放头抽头者,初犯杖一百、徒三年,再犯杖一百、流三千里;存留赌博之人,初犯杖八十、徒二年,再犯杖一百、徒三年。输钱者,据实出首免罪,仍追所输之钱给还。若官员,无论赌钱、赌饮食等物,有打马吊、斗混江者,俱革职,满杖,枷号两月;上司与属员斗牌掷骰者,亦均革职,满杖,枷号三月;俱永不叙用。如该管上司并督抚容隐属员赌博,及地方官弁疏纵赌博者,俱交部严加议处;稽查兵役,亦照例治罪。

**谨案** 乾隆五年(1740),将旗人赌博例修改,并将民人例内造卖赌具等项,照旗人例分出另立,止将引诱容留及赌博等人治罪之例,分别旗、民,定此二条。

〇一、凡旗人造卖纸牌、骰子,为首者,发极边烟瘴充军;为从及贩卖为首者,发边远充军;为从贩卖者,发边卫充军;俱照名例折枷月日发落。失察该管各官,亦照失察赌博例治罪。但必有制造牌骰器具,及开铺贩卖确据,方许拿送,不得借端讹诈。

**谨案** 此条系乾隆五年(1740),将雍正三年(1725)所定旗人造卖赌具之例修改。

一、旗人造卖赌具为从,及贩卖为首为从者,仍照例办理外,其造卖赌具为首之旗人,系初犯亦照定例发落,若系再犯,除照例发落外,再加枷号一月,俱交该管官严加管束;三犯者,即拟以实遣,不准折枷。系在京八旗、各省驻防旗人,俱照例发遣黑龙江等处当差;系盛京等处旗人,俱照例发遣西安等处驻防当差。该管各官,如有隐匿不报者,交部严加议处。

**谨案** 此条乾隆二十七年(1762)定。

一、旗人造卖纸牌骰子,为首者,发极边烟瘴充军;为从及贩卖为首者,发边远充军;为从贩卖者,发近边充军;俱照名例折枷月日发落。其造卖赌具为首之旗人,若系再犯,除照例发落外,再加枷号一月;三犯者,即拟以实遣,不准折枷。系在京八旗、各省驻防旗人,俱照例发遣黑龙江等处当差;系盛京等处旗人,俱照例发遣西安等处驻防当差。失察之该管各官,照失察赌博例议处。如有隐匿不报者,交部严加议处。但必有制造牌骰器具,及开铺贩卖确据,方许拿送,不得借端讹诈。

**谨案** 此条系乾隆五十三年(1788),将上二条修并。

一、凡旗人将自己银钱,开场诱引赌博,经旬累月,聚集无赖,放头抽头者,初犯发极边烟瘴充军,再犯拟绞监候;容留房主,初犯发边远充军,再犯发极边烟瘴充军;俱照名例折枷月日发落。赌博之人,枷号两月,鞭一百;如系官员,革职,枷号两月,鞭一百,不准折赎,永不叙用。其失察该管各官,俱交部议处;领催鞭五十;族长鞭二十五,系官,亦交部议处。余俱照前例科断。

一、旗人造卖纸牌、骰子,为首者,发极边烟瘴充军;为从及贩卖为首者,发近边充军;俱照名例折枷月日发落。其造卖赌具为首之旗人,若系再犯,除照例发落外,再加枷号一月;三犯者,即拟以实遣,不准折枷。系在京八旗、各省驻防旗人,俱照例发遣黑龙江等处当差;系盛京等处旗人,俱照例发遣西安等处驻防当差。失察之该管各官,照失察赌博例议处。如有隐匿不报者,交部严加议处。但必有制造牌骰器具,及开铺贩卖确据,方许拿送,不得借端讹诈。

**谨案** 以上二条,道光五年(1825),因旗人窝赌及造卖赌具,现例应销除旗档,照民人一体问拟,此二条无关引用,是以俱删除。

○一、民人造卖纸牌、骰子,为首者,发边远充军;为从及贩卖为首者,杖一百、流二千里;为从贩卖者,杖一百、徒三年。如藏匿造赌器具不行销毁者,照贩卖为从例治罪。地方、保甲知造卖之人不首报官者,杖一百。

**谨案** 此条系乾隆五年(1740),于雍正三年(1725)所定民人赌博例内分出。

一、奸民私造赌具,其左右紧邻,有能据实出首,照例给赏。如有通同徇隐,不即举首者,杖一百。若得财,准枉法从重论,罪止杖一百、徒三年;所得之赃,照追入官。若于未获之先,本犯自首,准其免罪,仍详记档案。倘免罪之后,又复造卖,发边远充军。如同居之父兄伯叔等据实出首,本犯亦准免罪。

**谨案** 此条雍正九年(1731)定。

一、经旬累月开场窝赌之左右两邻,如有通同徇隐,不即举首者,照不应重律杖八十。得财者,计赃准窃盗从重论。

**谨案** 此条乾隆二十五年(1760)定。

一、凡民人造卖纸牌、骰子,为首者,发边远充军;为从及贩卖为首者,杖一百、流二千里;贩卖为从者,杖一百、徒三年。如藏匿造赌器具不行销毁者,照贩卖为从例治罪。若于未获之先,本犯自首,准其免罪,仍详记档案。倘免罪之后,又复造卖,发边远充军。如同居之父兄伯叔等据实出首,本犯亦准免罪。地方、保甲知造卖之人不首报者,杖一百。受财者,计赃准枉法从重论,罪止杖一百、流三千里。

一、奸民私造赌具,或经旬累月,开场窝赌,其左右紧邻,有能据实出首,照例给赏。如有通同徇隐,不即举首者,杖一百。若得财,准枉法从重论,罪止杖一百、徒三年;所得之赃,照追入官。

**谨案** 嘉庆十六年(1811)将前三条修并,定此二条。

○一、凡开鹌鹑圈、斗鸡坑、蟋蟀盆并赌斗者,照开场赌博例治罪。其该管官,亦照开场赌博之该管官员例议处。

**谨案** 此条雍正三年(1725)定。乾隆五年(1740),改为"照开场赌博枷责例"。

一、凡压宝诱赌者,将拿盒及同赌之人,悉照开场赌博例治罪。

**谨案** 此条乾隆二十五年(1760)定。

一、凡压宝诱赌,以及开鹌鹑圈、斗鸡坑、蟋蟀盆、赌斗者,将开场及同赌之人,俱照赌博例治罪。其失察之该管官,亦照赌博之该管官员例议处。

**谨案** 此条乾隆五十三年(1788)修并。

○一、京城有犯赌博者,务将何处造卖赌具之人严究治罪,将该管地方官及督抚一并处分。

**谨案** 此条系雍正六年(1728)遵旨定例。

一、八旗、直省拿获赌博,务必穷究牌骰之所由来。如不能究出,或被他处查出,将承审官交部议处。倘将无辜之人,混行入罪,照不能查出造卖牌骰例,加一等治罪。其究出造卖之地方官,交部议叙。或所属地方有造卖之家,未经发觉,能缉拿惩治,亦交部议叙。

**谨案** 此条乾隆五年(1740)增修。

○一、内外大小衙门书役人等,犯聚赌、诱赌等罪,例应枷号两月者,加为枷号三月;例应徒二年者,加为徒二年半;以次递加,罪止边卫充军。其失察并知情隐匿之地方官,及别衙门书役犯赌,已经察出,瞻徇隐匿者,交部分别议处。

**谨案** 此条雍正九年(1731)定。乾隆五年(1740),查书役惟恐吓索诈、招摇撞骗等项,照民人加重,其命盗等案,均照民人定拟,此条赌博加等之例删。

○一、拿获赌博人犯到案，不肯将造卖之人据实供出，即将案内出具牌骰之人，依不应重律杖八十；如系在场赌博人犯，仍照赌博本例，从重治罪。若已将造卖之人供出，该地方官规避失察，朦胧结案，或该犯狡词支饰，承审官不根究实情，后经查出，交部分别议处。

**谨案** 此条雍正十三年(1735)定，原例照贩卖为从定罪。乾隆五年(1740)奏准，改依不应重律问拟。

一、地方官拿获赌博，务向各犯严追赌具来历。如不将造卖之人据实供出，即将出有赌具之人，照贩卖为从例，杖一百、徒三年。

**谨案** 此条乾隆二十五年(1760)定。

一、拿获赌博人犯到案，务向各犯严追赌具来历。如不将造卖之人据实供出，即将出有赌具之人，照贩卖为从例，杖一百、徒三年。若已将造卖之人供出，该地方官规避失察，朦胧结案，或该犯狡词支饰，承审官不根究实情，后经查出，交部分别议处。

**谨案** 此条系乾隆三十二年(1767)修并。

○一、凡文武生员，如有聚赌、诱赌等事，将生员革退，照常人加一等治罪。有造卖赌具者，将生员革退，分别首从，亦照常人加一等治罪。该教官失于觉察，及知而不行举报，分别议处。

**谨案** 此条雍正十三年(1735)定。乾隆五年(1740)，查名例加不至死，今定例初次犯赌及开场诱赌已问拟军流，罪无可加；且文武生员寻常罪犯，已于乾隆二年(1737)奏准免其加等，此条删。

○一、民人开宝诱赌者，其拿盒之人，初犯枷号一月，再犯枷号两月，均责四十板，交乡保收管；压宝之人，各杖一百；在场财物入官。乡保、总甲容隐不报，照不应轻律笞四十；兵役贿纵，计赃治罪。

**谨案** 此条乾隆五年(1740)定。三十二年(1767)，查压宝诱赌，已于二十五年(1760)奏准，悉照开场赌博治罪，此条分别初犯再犯枷杖发落之例删。

○一、凡描画纸牌，照印板造卖之犯减一等治罪。造卖牌骰未成，照造卖已成者减一等治罪。

**谨案** 此条乾隆五年(1740)定。

○一、在京轿夫，有借名依附，潜匿别处开场诱赌，经旬累月者，将为首开场及放赌抽头之犯，发边远充军；同赌之人，俱枷号三月，杖一百，递回原籍拘束。其现用轿夫之王大臣，有轿夫在家赌博，不加约束，及任其居住遥远，开场放赌，将坐轿之本主，照例议处。

**谨案** 此条乾隆二十二年(1757)定。

○一、无赖匪徒，串党驾船，设局揽载客商，勾诱赌博，折没货物，掯留行李者，初犯到案，审系仅止一二次者，照开场诱赌例，杖一百、徒三年；三次以上，及再犯者，发云贵两广极边烟瘴充军,并将首犯先于拿获之沿河码头地方,加枷号一月。其船户知情分赃者,初犯仍照为从论,再犯亦与犯人同罪,船价入官。

**谨案** 此条乾隆二十九年(1764)定。

○一、凡容留制造赌具之房主,除讯不知情,仍照不应重律治罪外,如审系贪得重租,知情包庇,但在一年以外者,将房主与造卖赌具为首之犯,一例问拟,发边远充军。即在一年以内,亦将房主照制造为从及贩卖为首例,杖一百、流二千里。若在半年以内,将房主照贩卖为从例,杖一百、徒三年。倘地方官拿获造卖赌具之犯,不将窝留造卖月日研究明确,从重定拟者,将承审之员,严行参处。

**谨案** 此条乾隆三十四年(1769)定。

○一、凡现任职官,有犯屡次聚赌,加重发往乌鲁木齐等处效力赎罪者,仍先照赌博本例枷号,俟满日再行发往。

**谨案** 此条系乾隆四十年(1775)遵旨定例。

一、凡现任职官,有犯屡次聚赌,及经旬累月开场者,发往乌鲁木齐等处效力赎罪。若偶然犯赌,及聚赌一二次者,仍革职,照例枷责,不准折赎。

**谨案** 此条系嘉庆六年(1801)修改。

○一、凡旗人有邀集抓金钱会者,将起意邀约之人,照违制律杖一百;随同入会者,照为从律减一等,杖九十。失察之该管官,交部查议。

**谨案** 此条乾隆四十年(1775)定。

○一、闽省拿获花会案犯,讯明起意为首者,照造卖赌具例,发边远充军;其伙同开设、辗转纠人之犯,照贩卖赌具为首例,杖一百、流二千里;其在场帮收钱文等犯,均照为从例,杖一百、徒三年;仍各尽赌博本法,于开设花会处,先行枷号两月,满日定地发配。其被诱入会之人,俱枷号三月,杖一百。地保、汛兵若有贿庇情事,即照为首本犯一体问拟;如赃重于本罪者,仍计赃从重论。其知情容隐者,虽无受贿情事,亦科以为从之罪,杖一百、徒三年。若甫经开设,实系失于查察者,比照造卖牌骰之保甲知而不首例,杖一百、革役。失察之文武各官,俱照失察赌具例,交部议处。如匪徒另立名色,诱赌聚众,数在三十人以上,与花会名异而实同者,均照此例办理。

**谨案** 此条乾隆四十四年(1779)定。

○一、京城内外拿获赌博,除讯系偶然聚赌窝赌,存留之人照例治罪,房屋免其入官外,如开场聚赌,经旬累月,其租给房屋棚座之房主、铺户,均照容留旗民开场聚赌定例,分别治罪;邻佑亦按律定拟;房屋、棚座,概行入官。如业主所置房屋,交家人经手,有赁给聚赌,伊主实不知情者,罪坐经手之人。倘系官房,即将知情租给经手官房之人,亦照前例治罪。

**谨案** 此条嘉庆十六年(1811)遵旨定例。

○一、奉天、吉林二省,如有设局放头,开场聚赌,经年累月,以致奸宄托迹,酿成重案,除实犯抢夺、杀人及窝藏强盗,各照本例治罪外,将设局开赌之犯,照棍徒扰害例科断。其寻常赌博,仍照旧例办理。

**谨案** 此条同治四年(1865)定,原系专指吉林而言。六年(1867),增入奉天省。

# 卷八百二十七·刑部一百五

## 刑律·杂犯 赌博二

### 赌博二

#### 历年事例

○顺治初年定:凡犯赌博者,枷号、鞭责。被获财物,一分给首告人充赏,二分入官。

○六年(1649)定:凡旗下官民人等赌博者,严拿治罪;追银十两,给拿首人充赏。该管佐领、领催知而不举者,问罪。

○十一年(1654)复准:凡开立赌场之人,照律枷号两月,系旗下人鞭一百,民人责四十板。赌博之人,枷号八日,照例鞭责,仍追银给赏。

○十五年(1658)复准:凡赌博人犯,系民杖一百、徒三年,系旗下枷号一月、鞭一百。开立赌场之人,系民杖一百、流三千里,系旗下枷号两月、鞭一百。两邻知而不举者,系民责四十板,系旗下鞭一百。五城司坊官不行严拿者,交部议处。

○十八年(1661)复准:凡甲兵在出征处赌博及开场者,俱照例治罪。两邻知而不首者,鞭一百。该管领催,鞭五十。将现获银钱,一分给出首之人,二分入官。

○康熙二年(1663)定:将赌博银钱,一半给予出首之人,一半入官。

○七年(1668)题准:凡招集赌博之人放头抽头者,系旗下枷号两月、鞭一百,系民责四十板、流三千里。官员有犯赌博枷责者,不准折赎。

○又议准:凡赌博之人,系旗下枷号两月、鞭一百,系民责四十板、流三千里。其开场及放头抽头者,系旗下枷号三月、鞭一百,系民责四十板、充军。该管官不行查拿,被人首发,系旗下人犯赌博,将失察之佐领、骁骑校,每一起罚俸一月;每参领下至二起者,参领罚俸一月;每旗下至三起者,该管都统、副都统俱罚俸一月;领催每起鞭五十。民犯赌博,将失察之司坊官,每起罚俸三月;巡城御史至三起者,罚俸三月;总甲每起责二十板。巡捕营兵犯赌博,将失察之把总,每起罚俸三月;游击、参将至二起者,罚俸三月。内佐领下有犯赌博,将失察之佐领、内管领,照在外佐领、骁骑校例处分;领催鞭五十。至家仆有犯赌博,其主系官罚俸一月,系平人责二十五鞭;系汉官罚俸三月,民人责十板;该管员役俱免议。在外屯庄有犯赌博者,将屯领催鞭五十,该管官并领催及本主俱免议。府佐领下人有犯赌博者,该管都统等免议。此等人犯,系应管查拿之人拿送者,俱免议。至失察赌博之领催、屯领催、总甲人等应鞭责者,概不准折赎。

〇十一年(1672)复准:凡以财物打马吊、斗混江者,照赌博例治罪。其赌饮食等物者,照不应重律,系民折责三十板,系旗下鞭八十,系官罚俸一年。俱以现发有据为坐。

〇十二年(1673)题准:民人犯赌博者,照旗下人例,分别枷号、责四十板,免其军、流。

〇十五年(1676)议准:失察赌博之司坊官与把总,照旗下佐领例,每起罚俸一月;二起者,将游击、参将、巡城御史,照参领一体罚俸一月。赌博中人出首者免罪,仍将财物赏给一半。

〇三十年(1691)议准:凡造卖纸牌、骰子,俱严行禁止。京城内现在所有之纸牌、骰子,俱限一月内销毁。其直隶各省,俟文到日,亦限一月内销毁。若有违禁仍然造卖者,地方官查拿,将制造并贩卖之人,俱照存留赌博例,枷号三月,系旗人鞭一百,系民责四十板。该管官不行查拿,亦照不拿赌博例治罪。查拿之时,必有造牌骰子之器、开铺贩卖确据,方许查拿,不得借端讹诈。

〇又议准:凡赌博不自检束,及一应嫁娶、嘉会、丧葬之越分过费者,令八旗都统、副都统、参领、佐领等官,严行查拿,交与该部照定例治罪。若有酗酒无赖者,拿送该都统,传集众人之前惩责。其该管都统、副都统、参领、佐领、骁骑校、领催、族长等,当不时诫训,务令俭约,各安本业勤生理。

〇三十一年(1692)谕:“近见赌博愈盛,如此虽恩养兵丁,未能有益于生计,此皆大臣等管辖不严所致。且大臣内亦有赌博者,既身系大臣,尚行赌博,焉能管辖以下之人。如果自身不赌,严行管查,有何不能之处。钦此。”遵旨议准:赌博开场之人,存留赌博家主,不分官员平人,俱照光棍为从例,拟绞监候。世职承袭、世管佐领,不准与伊子承袭,与兄弟内才能之人管理承袭。犯赌博之大臣,俱革职,枷号三月,不准折赎,永不叙用,着令披甲。其造卖纸牌、骰子者,应照开场抽头之人例,拟绞监候。余俱照定例遵行。

〇三十八年(1699)题准:嗣后拿获一起官员赌博,经刑部审实,系旗员拿获,将旗员纪录一次;番役拿获,将步军统领纪录一次;拿获数次者,照次数纪录。永为定例。

〇雍正二年(1724)议准:嗣后旗下有犯五次赌博,全无发觉者,都统、副都统罚俸一月;参领下有犯三次赌博者,参领罚俸一月;佐领、骁骑校每次罚俸一月;族长系官每次罚俸两月,系平人鞭二十五;领催每次鞭五十。内府佐领下有犯赌博者,内管领、副管领每次罚俸一月;内参领、佐领、骁骑校、领催、族长,亦照在外之参领、佐领、骁骑校、领催、族长,一体治罪。旗下家人犯赌博者,伊主系官罚俸两月,系平人仍鞭二十五,该管官免其议处。在屯居住之人犯赌博者,屯领催仍鞭五十,该管官亦免其议处。如应议处各官有因公他往者,免其议处。若该管官员自行拿获者,亦免议处。至派出查拿赌博之员,职有专责,应仍照旧例每次罚俸一年。其民人、营兵以及在外各州县地方赌博者,该地方文武各官,仍照旧例遵行。

○四年(1726)谕:"赌博最坏人之品行。若下等之人习此,必致聚集匪类,作奸犯科。放辟邪侈之事,多由此而起。若读书居官之人习此,必致废时误事,志气昏浊,何能立品上进。乃向来屡申禁饬,而此风尚未止息,深可痛恨。若不严禁赌具,究不能除赌博之源。京城内外及各省地方官,将纸牌、骰子悉行严禁,不许再卖,违者重治其罪。常有窝赌之家,诱人入门以取其利。嗣后准输钱之人自行出首,免其赌博之罪,仍追所输之银钱还与之。庶使赌博之人,有害而无利,则其风可以止息矣。又见汉军恶习,尝以工于马吊,互相夸尚,且借此为消闲解闷之具。夫既已居官,则应办之事甚多,日夕不遑,尚恐迟误,安有闲工夫为此无益之戏。且闻有上司与属员斗牌为乐者,尤非体统,大玷官箴。嗣后若有官员斗牌、赌博之事,着该上司及该督抚指名题参。至禁止赌博作何定例之处,该部议奏。钦此。"遵旨议准:嗣后造卖纸牌、骰子,为首者发边卫永远充军;为从及贩卖为首者,杖一百、流二千里;为从贩卖者,杖一百、徒三年。已造之赌具,及造赌具之器物,限文到三个月内,悉行销毁。如有藏匿者,查出照造赌具为首例治罪。如该地方、保甲知有造卖赌具之人,不行首报者,杖一百。该地方官不严行查禁,一经发觉,罚俸三月。其开场窝赌抽头者,除旗人并文武官员,俱照旧例遵行外,其汉人有开场窝赌者,不分官员平人,俱杖一百、徒三年。若设计诱人入局,将自己银钱放头抽头以取利者,俱杖一百、流三千里。其输钱之人出首者免罪,仍追所输之物给还。至于打马吊、斗混江,无论赌钱、赌饮食之物,满汉官员犯者,俱革职,永不叙用,仍杖一百,枷号两月,不准折赎。若上司有与属员斗牌、掷骰子为乐者,不分内外文武官员,俱革职,永不叙用,仍杖一百,枷号三月,不准折赎。仍令该上司及该督抚不时查参。如有官员犯赌博之事,徇庇不行题参,一经发觉,将该管上司及督抚俱降三级调用。

○又谕:"嗣后缉拿一切赌博,所获银钱,俱着赏给拿获之人。"

○六年(1728),刑部议复内务府奏拿获董五等违禁造卖赌具分别治罪。奉旨:"董五等系严禁赌博之后,初次犯法者,着宽减其罪,将应行充发者,枷责完结;应行杖流者,杖责完结。该部酌量轻重发落,仍将伊等姓名存记档案。倘再违禁,严加治罪。此本内各犯供称'骰子系本京造卖,纸牌系外省人贩卖'等语,今该部将如何根究造卖赌具之处,并未议及。嗣后京城有犯赌博者,务将何处造卖赌具之人,严行究出治罪,其该管地方官及督抚一并处分。通著为例。"

○七年(1729)谕:"游惰之民,自昔治天下者之所深恶。若好为赌博之人,又不止于游惰而已。荒弃本业,荡费家资,品行日即于卑污,心术日趋于贪诈。父习之则无以训其子,主习之则无以制其奴。斗殴由此而生,争讼由此而起,盗贼由此而多,匪类由此而聚。其为人心风俗之害,诚不可以悉数也。夫凡为不善之事者,虽干犯功令,犹可得微利于一时。而独至赌博,则今日之所得,明日即未必能保。若合一年数月而计之,胜者与负者同归于尽。此天下之人所共知者。而无如邪僻之人,一入其中,即迷而不悟,且甘为下贱而不辞,亦大可悲矣。数年以来,屡次降旨严禁,而此风尚未止息者,则以尚有制造赌具之人,而有司之禁约未曾尽力也。百工技艺之事,可以获利营生者,何事不可为?而乃违禁犯法,制此坏风俗惑人心之具,其罪尚可言乎。尝思赌博之风所以盛行者,父兄为之,子弟在旁见而效之;家主为之,奴仆在旁见而效之。甚至妇人女子,亦沉溺其中而不以为怪。总因习此者多,故从风而靡者众也。假若严行禁止,使人不敢再犯,则日积月累,后生子弟无从而见,即无从而学,此风自然止息,无事条教号令之烦也。凡地方大吏有司,均有化民成俗之责。而乃悠悠忽忽,视为泛常,安辞溺职之咎?今特定本地官员劝惩之法,以清其源。嗣后拿获赌博之人,必穷究赌具之所由来。其制造赌具之家,果审明确有证据出于某县,将该县知县照溺职例革职,知府革职留任,督、抚、司、道等官各降一级留任。如本地有私造赌具之家,而该县能缉拿惩治者,知县着加二级,知府着加一级,督、抚、司、道等官着纪录二次。将此劝惩之法,永著为例,于雍正庚戌年(1730)为始。着该督抚通行晓谕,使城邑乡村及远陬僻壤,咸各闻知。"

○又直隶按察使张灿以严禁跌钱具奏。谕:"赌牌、掷骰,虽为贪钱,然始初多以消遣而渐成者,原系适趣之戏具。至于跌钱以赌输赢,此不过真正好赌棍徒,一时不能遂意,设为此法,暂且为之,日久自然止息,谁肯相率为此无味之戏。况赌法岂止此跌钱也。禁此一端,而下愚不移者又设他法矣。禁款多则繁,繁则难遵。汝等地方大吏,但肯实心奉行,能力禁牌骰二事足矣,何必波及他事也。此皆轻本重末之举,朕所不取。如果牌骰之禁,人人懔遵,则其他游戏之事,止用一张告条,可保其当下不为也。若禁不止,令不行,似此有名无实之禁,便禁千百条,徒滋纷扰,于事何益。若谓轻亵国宝,更属鄙论。较之以钱作毽毛之底,脚踢为戏,又孰轻而孰重也。况钱文乃民用之国宝,朕惟以贤人为宝,余无可宝者。若规避失察赌博之处分,而借不究跌钱之地方官以塞责,便禁跌钱,亦何益之有,此语更属可笑。其平日不能察吏处,昭然自首矣。识见平常,当奋勉学习。况跌钱虽未奉旨明禁,而一切赌具,亦未尝不容汝等禁约也。当禁者,汝自饬属员为之,何必渎奏。"

○九年(1731)谕:"赌博之事,败坏品行,荡费家资,其为害于人心风俗者,不可悉数。欲杜此恶习,则赌具之禁,自不可以不严。朕为此拳拳训饬,至再至三。凡地方大吏有司,有教养斯民之责者,皆当仰体朕心,奉行唯谨,不当视为具文也。京师户口繁多,五方杂处,年来稽查严密,不肖之徒,颇知敛迹。至于外省之稽查,较京师为易,而督抚以至守令,奉行不力。闻省会之地,有公然制造赌具,列诸市肆而不知畏惧者。百姓之藐法若此,则大小官吏能辞溺职之罪乎。步军统领衙门屡次拿获私卖赌具之人,供称贩自外省地方。则外省之疏忽废弛,显有证据矣。赌博难禁,而造卖赌具之禁,尚属易行之事。前年定例,凡失察造卖赌具之知县,照溺职例革职,知府革职留任,督、抚、司、道等官各降一级留任。着该部照朕此旨,再行宣谕。倘嗣后有犯者,必照定例处分,不稍宽贷。"

○十二年(1734)谕:"从前拿获赌具,议叙从优者,原为力禁地方赌风起见。倘该员等但察究数案,为幸叨议叙之举,其余仍怠于稽查,是徒邀国家之恩,而于地方毫无裨益。嗣后所属地方有赌博之事,失于觉察,除照例议处外,将从前议叙之加级、纪录,俱照案销去。永著为例。"

○十三年(1735)谕:"各省拿获赌具,查其制造年月,在半年之内者,大小官员有议叙之例,所以奖励臣工,使之实心禁约赌博也。今朕访闻各省拿获赌具,均称造卖在半年以内。追细心根究,率多不实。盖地方官希冀议叙,未免支饰邀功。即新任、署任,原在半年以内,毋庸支饰,又未免瞻顾前官失察之愆为之改移迁就,不知造卖年月。既属改移,则贩卖之多寡、伙党之有无,何由得实。是其弊更不止于冒叨议叙也。所恃上司稽核精详,庶几功过不爽。然上司例又并得议叙,苟非公正不欺者,势必苟且雷同矣。夫赌博之害,最关风俗人心。澄源端本,则赌具在所必严。计效责功,则劝惩诚难偏废。然州县身任查拿,而上司则不过申严督率,本属分内之事。今因并得议叙之例,转滋徇揑之端,而不能收劝惩之实效。其应作何分别定例之处,着九卿悉心妥议具奏。"

○乾隆五年(1740)议准:造卖赌具,开场诱赌,年来此风渐已稀少。而游手之徒,又创立压宝名色,引诱乡愚。且恃非赌具,竟敢于稠人闹市之中,明目张胆,开宝囮钱,诱致多人,生事滋扰,为害地方,势所必至。查此风到处皆有,屡经严饬查究在案,第未定有治罪之条,而无知玩视者尚多。惟查宝盒,其所剪铜皮纸片,究与赌具有间。而所聚压宝之人,不过偶尔相逢,出钱数文,便可入场,事类跌钱。若竟照赌博例分别治罪,未免过重。嗣后如有开宝诱赌者,将掌盒之人,初犯枷号一月、责四十板,再犯枷号两月、责四十板,交乡保收管;压宝之人,照违制律,各责四十板。止据现发为坐。在场财物入官。乡保、总甲容隐不报,照不应轻笞。兵役贿纵,计赃治罪。

○四十年(1775)谕:"六十七图拉系职官,乃与奎亮等两次聚赌,实属不堪。部议将应行枷责之处,改发乌鲁木齐效力赎罪。虽似从重定拟,而因遣发转得免其枷责,是名为重实则从轻,尚未允协。六十七图拉着仍照例枷责,满时再行发往乌鲁木齐效力赎罪。嗣后凡有此等改拟案件,俱着照此办理。"

○嘉庆十六年(1811)谕:"步军统领衙门奏'请将出租开设赌局之房间棚座入官惩创,并请嗣后明定规条'等语。此等游手匪徒,经年累月,聚赌不散,其房主及搭棚铺户,断无不知,明系将房间、棚座重利出租,知情容隐,不可不一并惩创。但从前既未饬禁,此时亦未便坐罪。姑先酌量薄惩,所有此次聚赌各案之房间、棚座,着概行入官。至此后若再有似此干禁图利者,则不特将房间、棚座入官,并当将房主、铺户,治以应得之罪。其应如何分别治罪之处,着刑部酌拟奏闻,归入条例。如系租住官房,并着内务府将经管官房之人,查明惩治。”

○同治十一年(1872)奏准:嗣后广东省匪徒,开设花会、白鸽票厂案内伙开纠人之犯,但经出有资本,合伙开设者,应一律照首犯均发边远充军。其往城乡分收字标,例应满徒。此等收标之人,每多开有店铺,阳为贸易,阴收字标,应将收标之店铺、房屋查封入官。至地保、汛兵起意纠伙诱赌,即属知法犯法,自应于首犯罪上加等定拟。若并未自行纠伙,仅止得贿包庇,自应照闽省之例,与首犯一体问拟;计赃重于本罪者,仍从重论。此等开设花会赌匪,有供亲老丁单者,如系聚众诱惑多人,不准声请留养。

○光绪二年(1876)奏准:粤东赌博之风,甲于他省。闱姓一项,已钦奉谕旨严行禁革。余如花会一项,则编造花名三十六个,每日止开一名,听人猜买;白鸽标一项,则以千字文内八十字为字母,每日开二十字,听人猜买十字,以定输赢。近来该匪等多方诱赌,愈出愈奇,往往假托房产买卖,开设山标、田标、屋标等项名目,亦在千字文中检取字母,与白鸽标字数,虽有多寡之分,而其听人猜买,则大同小异。又有斗鹌鹑、斗蟋蟀二项,在于荒村僻野,搭盖棚寮,聚众互角胜负,剥削民财,贻害地方,实与花会、白鸽标各项无异。至于摇摊、楂摊、纸牌、竹牌各项赌博,动辄滋生事端,为患亦复不浅。应酌量加重罪名,俾得知所儆戒。嗣后广东省开设闱姓、花会、白鸽标、山标、田标、屋标、斗鹌鹑、斗蟋蟀八项赌博,起意为首之犯,俱实发云贵极边烟瘴充军,仍照名例以足四千里为限;合伙出本之犯,拟发边远充军;帮同收标、收钱等犯,拟以杖一百、徒三年。如日后另有巧立赌博名色者,首从各犯,亦照此例科断。仍各尽赌博本法,先在犯事地方枷号两个月,满日发配。此等徒犯,仿照抢窃计赃计次拟徒之例,毋庸解配,于开赌处所锁带铁杆、石礅五年,限满开释。所有以上八项标厂之地保、汛兵,如有起意纠伙诱赌,或并未纠伙,仅止得规包庇者,仍照前拟分别治罪,赃重者从重论。被诱入会买标之人,均照旧例枷号三个月、杖一百。至摇摊、楂摊赌博之案,但经聚集放头抽头,无论是否经旬累月及银钱多寡,初犯拟杖一百、流三千里,再犯拟发附近充军。存留赌博之人,初犯拟杖一百、徒三年,再犯拟杖一百、流二千里。俟赌风稍息,再行酌办。其赌斗纸牌、竹牌,究系寻常赌博,仍照旧例分别办理。

○七年(1881)奏准:嗣后广东省开设闱姓赌博,除起意为首之犯,仍照前次奏定章程,实发云贵极边烟瘴充军,毋庸再议外,其有但经开设分厂,合伙出本,及在厂帮同收标、收钱等犯,俱照首犯一律拟发云贵极边烟瘴充军,照名例以足四千里为限。仍各尽赌博本法,先在犯事地方枷号两个月,满日定地发配。地保、汛兵,如有起意纠伙,或并未纠伙,仅止得规包庇者,悉照前拟分别治罪,赃重者从重论。被诱买标之人,照旧例枷号三个月、杖一百。其余各项赌博罪名,均照前次奏定章程一律办理。俟数年后此风稍息,仍照旧例拟办。至奸徒趋避之计,层出不穷。此后凡查有与闱姓名异实同者,均应一体比照闱姓例严办。

○八年(1882)奏准:窝赌、窝娼及开设烟馆之案,其房屋应否入官,例内以时之久暂为断。原以经年累月,聚赌窝娼,烟馆聚集多人,尤为盗贼渊薮,故将房屋入官,以杜匪徒潜匿。其误行租给,实不知情,或虽知情,为日无几,若概行入官,转致无所区别,故免其入官。定例本有深意。然房主贪图重租,多系知情容隐。近年烟、赌、娼局,比比皆是,盗窃各案,层见叠出,未必不由于此。及至犯事到官,又恃有偶然开设免其入官之例,以为趋避地步,诚不可不亟加整顿。惟其中亦有实不知情,误招匪人者,若遽将房间查抄入官,致使小民失业,未免过重,自应酌定限制。嗣后凡业主知情,将房屋租给赌局、烟馆、窝娼处所,一经事犯到官,讯系经旬累月,仍照例将房屋入官外,若查明实系甫经窝赌、窝娼、开设烟馆,并非经旬累月,其租给房屋之房主,讯系初犯,宽免入官一次。如再有犯,无论是否知情,及月日久暂,即系故智复萌,概将房屋入官。

○十三年(1887)议准:广西省无业游民,勾结土棍,设局诱赌,有地摊、钱摊、铜盒子、宝添、飞花会等名目,不但废时失业,破产倾家;输极无聊,掳卖人口,谋财劫杀,皆由此起。嗣后广西省无论何项开赌人犯,均照常例加一等治罪。

# 卷八百二十八·刑部一百六

## 刑律·杂犯 烟禁 阉割火者

### 烟 禁

○凡兴贩鸦片烟,照收买违禁货物例,枷号一月,发近边充军。如私开鸦片烟馆,引诱良家子弟者,照邪教惑众律,拟绞监候,为从杖一百、流三千里。船户、地保、邻佑人等,俱杖一百、徒三年。如兵役人等借端需索,计赃照枉法律治罪。失察之汛口地方文武各官,并不行监察之海关监督,均交部严加议处。

**谨案** 此条雍正九年(1731)定。

○一、官员及兵丁吸食洋药,俱拟绞监候;系旗人,销除本身旗档。失察之该管官,均交部议处。

**谨案** 此条嘉庆十八年(1813)定,原系将侍卫、官员等买食鸦片烟者革职,照违制律杖一百,加枷号两个月;军民人等买食者,俱杖一百,枷号一个月。道光十一年(1831),将军民人等买食鸦片烟,改为杖一百,枷号两个月,仍令指出贩卖之人,查拿治罪。如不将贩卖之人指出,即将食烟之人,照贩卖为从例杖徒。职官及在官人役买食,俱加一等治罪。十九年(1839),严禁鸦片烟,将官员、兵民、吏役人等吸食鸦片烟,俱拟绞监候。咸丰九年(1859),将"官员"下"兵民、吏役人等"改为"及兵丁吸食洋药"七字。

○一、太监在宫门及禁门以内吸食鸦片烟者,拟斩监候,家属发往新疆给官兵为奴;失察之总管革职;该处首领,不论知情与否,俱发往黑龙江给官员为奴;同屋太监,均发往打牲乌拉给官员为奴。如系首领吸食,将本管总管革职发遣;其余首领及太监等,俱发吴甸铡草五年。如在外围等处及陵寝当差太监吸食者,均拟绞监候;失察之总管实降二级,首领革职;同屋太监,发吴甸铡草三年。系首领吸食,均照禁门以内例治罪。如有告假在外,或潜住私宅,及在他处吸食者,将首领太监永远枷号。若系首领在私宅吸食,将其家属杖一百、徒三年,房屋入官。他处有容留太监吸食鸦片烟者,加等治罪,房屋一律入官。其王公门上、大臣宅中,及已为民之太监,有吸食鸦片烟者,亦照外围等处例治罪。

**谨案** 此条嘉庆十八年(1813)定,原系将买食鸦片烟之太监,枷号两个月,发黑龙江给官员为奴。二十五年(1820),停发黑龙江遣犯,改发新疆给官兵为奴。道光六年(1826),复改发各省驻防给官兵为奴。十九年(1839)严禁鸦片烟,将吸食之太监,改为绞监候。

○一、内地奸民人等,有栽种罂粟等花收浆,制造鸦片烟土,或熬膏售卖,及兴贩鸦片烟膏、烟土发卖图利者,首从各犯,均拟绞监候。兵役受贿包庇,一体科罪,赃重者计赃以枉法从重论。其知情租给田地、房屋之业主,及知情受雇之船户,在一年以外者,发边远充军;一年以内,杖一百、流二千里;半年以内,杖一百、徒三年;田地、船只、房屋一律入官。有能自行首告,将犯指拿到官者免罪,田地、船只、房屋并免入官。首而无获者,但准免罪,田地、船只、房屋仍行入官。邻佑、地保、牌长知而不首,各杖一百;有赃者,计赃准枉法从重论。其查禁不力,并失察之该管各官,交部议处。

**谨案** 此条嘉庆十八年(1813),将兴贩为从之犯,减为首军罪一等拟徒。道光十年(1830),改照造卖赌具例,为首发边远充军,为从杖一百、流三千里。十九年(1839),严禁鸦片烟,将制造、售卖及兴贩首从各犯,均拟绞监候。咸丰九年(1859)删除。

○一、制造及贩卖鸦片烟器具者,均照卖赌具例,分别首从治罪。失察之该管官,交部议处。

**谨案** 此条道光十一年(1831)定,原系照造卖赌具及贩卖赌具例分别治罪,有将烟具携出修制者,许匠工首告,量予奖赏。道光十九年(1839)改定此例,同治九年(1870)删除。

○一、官员及兵丁买食洋药,家长不能禁约,照不能禁约子弟为窃例治罪。

**谨案** 此条道光十一年(1831)定。同治九年(1870),遵咸丰九年(1859)章程改定。

○一、官员及兵丁吸食洋药,后经改悔,如存留烟灰未毁弃者,杖一百。

**谨案** 此条道光十九年(1839)定。同治九年(1870),遵咸丰九年(1859)章程改定。

○一、栽种罂粟等花,连畦成亩,尚未收浆,制造鸦片烟土,熬膏售卖,及收买烟土、烟膏,尚未售卖贻害者,为首发极边烟瘴充军,为从杖一百、流三千里。

**谨案** 此条道光十四年(1834)定,原系将栽种罂粟等花尚未收浆熬烟,及收买鸦片烟土,尚未熬烟售卖,俱杖一百、徒三年。道光十九年(1839),严禁鸦片烟,改定此例。同治九年(1870)删除。

○一、洋药客商在铺开馆,及别铺并住户开设烟馆,照开场聚赌例治罪。在馆吸食之人,照违制律杖一百。房主知情,将房屋入官,不知者不坐。

**谨案** 道光十九年(1839),严禁鸦片烟,将首从分别拟以绞决、绞候。咸丰九年(1859),洋药奏准纳税,是以改定。

○一、官吏、兵役人等,拿获鸦片案犯,得财卖放者,与本犯一体治罪;赃重者,计赃以枉法从重论。

**历年事例**

○嘉庆十八年(1813)议奏：查兴贩鸦片烟，及私开烟馆引诱良家子弟，均例有治罪专条。至买食鸦片烟之案，因例无明文，向俱照违制律杖一百。法轻易犯，实不足以示惩。自应分别官民，严立科条，俾昭炯戒。应请嗣后侍卫、官员等买食鸦片烟者，即行革职，仍照违制律杖一百，再加枷号两个月；军民人等买食者，俱杖一百，加枷号一个月。其兴贩鸦片烟，及私开烟馆引诱良家子弟者，仍照旧例治罪。兴贩为从之犯，减为首一等，等因具奏。奉旨："刑部议奏侍卫、官员买食鸦片烟者，革职，杖一百，枷号两个月；军民人等杖一百，枷号一个月，均着照所议办理。近日侍卫、官员中，朕风闻即有违禁买食者，姑因事未发觉，免其查究。若不知悛改，将来或经举发，即照新例惩办，不能宽贷。再太监供役内廷，闻亦有买食者，其情节尤为可恶，着总管内务府大臣先通行晓谕。如有违禁故犯者，立行查拿，枷号两个月，发黑龙江给该处官员为奴。"

○道光十年(1830)谕："卢荫溥等奏《议复孙尔准严禁内地种卖鸦片烟章程》一折。前据御史邵正笏奏，近年内地奸民，有种卖鸦片烟之事，降旨令各督抚确查严禁。嗣后孙尔准查明闽浙情形，酌定严议章程，交该部议奏。兹据卢荫溥等核议具奏，请通饬各督抚一体遵照，划一办理。嗣后内地奸民人等，有种卖煎熬鸦片烟者，即照兴贩鸦片烟之例，为首发近边充军，为从杖一百、徒三年。地保受贿故纵，照首犯一体治罪；赃重者，计赃以枉法从重论。其知情容隐，虽未受贿，亦照为从例问拟。所种烟苗拔毁，田地入官。各督抚即责成该管道府，督饬各属，实力查禁。乘抽查保甲之便，于春间赴乡稽查一次，将有无私栽鸦片烟，出具印结，年底由司汇齐咨部。并着各督抚于每年具奏编查保甲折内，一并详晰声叙。如有拔除不尽，仍任流毒地方，即遵照道光三年(1823)部定处分，分别参办，毋稍徇隐。"

○十一年(1831)谕："杨遇春奏遵旨查禁鸦片烟章程，开单具奏。据称甘肃省现在尚无将罂粟花熬烟贩卖之事。其外来商旅夹带偷销，责令各州县严密稽查。一经获犯，根究贩卖来路，暨经过税口，即将失察之州县、故纵之吏胥，严行参惩，不得借端扰累行旅。至制造及贩卖鸦片烟器具者，照赌具之例惩办。其有将烟具携出修制者，许匠工首告，量予奖赏。并出示晓谕，责成家长约束。倘同居子弟有贩卖、买食者，别经发觉，除本犯治罪外，着将家长照不能禁约子弟为窃之例治罪。"

○又奉旨："刑部核议给事中刘光三奏请酌加买食鸦片烟罪名等情，严定条款具奏。着照所请，嗣后军民人等买食鸦片烟者，杖一百，枷号两个月，仍令指出贩卖之人，查拿治罪。如不将贩卖之人指出，即将食烟之人，照贩卖为从例，杖一百、徒三年。职官及在官人役买食者，俱加一等治罪。仍令各该督抚及地方道、府、州、县等官，出具署内并无买食鸦片烟各甘结，于年终汇奏一次。如本官徇隐不究，从严参处。"

○十九年(1839)复准：

一、沿海奸徒,开设窑口,囤积鸦片,首犯拟斩枭;为从同谋及接引护送之犯,并知情受雇船户,拟绞监候。该管官知情故纵者革职,失察者分别议处。

一、沿海员弁、兵丁,受贿故纵,拟绞立决。知情徇纵,俱发往新疆,官弁充当苦差,兵丁为奴。失察者,员弁分别议处,兵丁杖徒。

一、合伙开设窑口,并合伙兴贩者,以造意者为首,余俱以为从论。

一、沿海奸徒寄囤烟土,照开设窑口从犯治罪。

一、官役拿获贩烟吸食之犯,得财卖放者,与犯同罪;赃重者,计赃以枉法从重论。失察之该管官,分别议处。

一、收禁人犯,如有禁卒人等,将鸦片烟私行传递,或为代买者,发极边烟瘴充军。其解递之犯,解役人等,有犯前项情弊,发近边充军。赃重者,计赃以枉法论。失察之该管官,分别议处。

一、兵役匪棍,以查烟为由,肆行抢夺,并挟仇诬赖者,俱发边远充军。赃一百二十两以上者,为首拟绞监候。失察之该管官,分别议处。

一、鸦片案内流罪以上人犯,告称留养者,概不查办。

一、事未发而自首者免罪,闻拿投首者减一等。首后复犯,加一等治罪。

一、吸食之案,止准官弁访拿,不许旁人讦告。

一、开设烟馆,首犯拟绞立决;从犯及知情租屋者,发新疆给官兵为奴。兵役包庇,与犯同罪;有赃计赃,准枉法从重论。失察之该管官,分别议处。

一、栽种罂粟,制造烟土,及贩烟至五百两,或兴贩多次者,首犯拟绞监候,为从发极边烟瘴充军。兴贩一二次,数不足五百两者,为首发新疆给官兵为奴,为从发极边足四千里充军。兵役贿庇,与首犯同罪;赃重者,计赃以枉法从重论。其知情租给房地之业主,受雇之船户,一年以外,发边远充军,一年以内杖流,半年以内杖徒。州县官知情故纵者革职,永不叙用。失察之该管官,分别议处。

一、栽种罂粟,尚未制烟售卖,及收买烟土、烟膏未售卖者,为首发极边烟瘴充军,为从杖流。

一、吸烟人犯,均予限一年六个月。限满不知悛改,无论官民,概拟绞监候。

一、平民吸烟,在一年六个月限内者,拟杖流。如系旗人,销除旗档,一体实发。

一、在官人役并官亲、幕友等,一年六个月内在署吸烟者,照平民加一等治罪。该管官知情故纵者革职,失察者降调。

一、职官吸烟,在一年六个月内者,发新疆充当苦差。

一、兵丁吸烟,在一年六个月内者,发近边充军。该管官知情故纵者革职,失察者分别议处。

一、开设烟馆,栽种罂粟,制烟、兴贩首从各犯,除现拟死罪外,其余俟一年六个月后,均拟绞监候。

一、吸烟人犯,虽经改悔戒绝,但存有烟灰者,杖一百。

一、制卖鸦片烟器具者,照造卖赌具例,分别治罪。失察及拿获之该管官,分别议处议叙。

一、同居子弟有吸烟者,家长照不能禁约子弟为窃例治罪。

一、职官因吸烟发往新疆者,概不准各城大臣因事保奏。

一、宗室、觉罗吸烟者,发往盛京严加管束。如系职官及王公,均革职、革爵,发往盛京,永不叙用。如犯在一年六个月限满后者,照新定章程,加重拟绞监候,宗人府会同刑部恭进黄册请旨。

一、太监内如有从前吸食者,限一个月内自首免罪。再限三个月内,令总管太监认真搜查,如有收藏烟具者,审明从重治罪。如三个月限满,半年以内,有在禁门以内各值房吸食者,均拟绞监候;在外围值房吸食者,枷号六个月,发极边烟瘴永远枷号,遇赦不赦。失察之总管、首领,及同屋太监,奏请分别降革、治罪。如系首领吸食,均照禁门以内新拟罪名办理。失察之本管总管,奏请发遣。究出贩烟之人,若系太监,与吸食之人同罪;若系民人,交刑部加等治罪。至陵寝首领太监等有吸食者,照外围办理。其王公门上,及各大臣宅中之太监等有吸食者,交慎刑司永远枷号不赦。如半年以后,仍有吸食,在宫门以内者,拟斩监候;外围等处,及陵寝当差,并王公门上、大臣宅中,暨已为民太监等,拟绞监候。各项失察处分,仍照前议办理。

一、夷商住澳住行,卖货完竣,即饬遵照定限起程。如逾限久留,照违制律治罪。

一、官兵查拿鸦片烟,遇有大伙拒捕者,准放鸟枪,格杀勿论。

一、销毁烟土,令督抚亲验真伪,以防偷换。

一、沿海各省洋船进口,督抚派公正大员,实力搜查。

一、各省海关监督,于洋船带烟进口,知情纵放者革职,失察者分别议处。

一、各省拿获烟贩,将由何处购买、何人包庇护送,及经过地方,逐一根究,分别惩办。该管官受贿故纵者革职治罪,知情者革职,失察者分别议处。

一、拿获吸烟人犯,承审官徇情开脱,照故出人罪例治罪。

一、吸食已戒,平民例得免罪。惟职官为民表率,如曾经吸食者,均勒令休致。

一、拿获囤积兴贩各犯,无论邻境本境,均准给予议叙,仍分别送部引见。

一、访获吸食者,亦准酌请议叙。

一、在京各衙门及外省督抚,将吸烟之员列入京察卓异,即将原保举官议处。

一、京城地面,五方杂处,稽察尤应严密。应责成步军统领衙门、顺天府、五城,随时访察,仍严禁番役等讹索扰累。

一、各省保甲,饬地方官认真编查。如牌长有受贿、知情等弊,一体惩办。

一、地方官朔望宣讲后,即将吸食鸦片之害,传集众人明白宣示,庶父诫兄勉,咸知自爱。

○咸丰九年(1859)议准:洋药进口销售,收纳税课。

○又奏准:售卖洋货商人,报税出卖。诚恐不肖匪徒,私行开馆,招聚多人,滋生事端。酌拟售卖洋药章程声明,如有开馆聚集者,问系官员、兵丁、太监人等,按照旧例治罪。其售卖洋货商人,仍不准在铺内开馆,招集闲人。别项铺面、住户,一概不准私售、转卖、寄存。如获有此等匪人及商民聚集者,照开局聚赌之例,送部治罪,房间一概入官。

○又议准:所有官员、兵丁、太监,兴贩、收买、吸食洋药,存留烟灰,及不能禁约子弟买食之父兄,失察兵丁之该管官,并失察容留之总管、首领、同房太监,俱仍照定例办理。如系民人,聚集人数至五名以上者,按照赌博例问拟。开馆售卖,照开场诱赌例,分别是否经旬累月问拟,房屋入官。地方匪棍及兵役人等,借查拿为由,肆行抢夺,怀挟私仇,或希图讹诈,栽赃诬赖,及旁人讦告洋药案件,并干名犯义等条,仍照各律例治罪。此外烟案旧例,一并删除。并查崇文门、税务衙门核议,传谕洋药客商,令其编立字号,报明开设洋药货铺,即由此等货铺发卖,仍严谕不准在铺开馆。其余别项铺面、住户,一概不准私售、转卖、寄存,违者仍照前次奏定章程办理。

○同治元年(1862)复准:开设烟馆之人,无论开馆月日久暂,即照开场聚赌例,拟杖一百、徒三年。至原拟在馆吸食之人,必聚至五名以上,始照赌博例问拟枷、杖,其未至五名者,即不科罪,似不足以示惩儆。应请将在馆吸食之人,无论人数多寡,均照违制律杖一百。

○二年(1863)复准:洋药流毒中国,已非一日。前据步军统领衙门奏准,弛其禁令,不加之罪,准其开设铺店,糊口营生,已属朝廷宽大之恩。若再零星小贩,准开烟馆,必至市廛之间,三五成群,俾昼作夜,非特聚集匪类,且恐引诱善良,殊不足彰教化而维风俗。惟洋药既已开禁,原定章程,开设烟馆之房主,无论知情与否,房屋一概入官,办理亦属过当。请嗣后地方民人,仍不准开设烟馆,违者照赌博例治罪。随同吸食,无论人数多寡,照违制律杖一百。房主知情者,房屋入官,不知者不坐。

## 阉割火者

○凡官民之家,不得乞养他人之子阉割火者,惟王家用之。违者杖一百、流三千里,其子给亲。罪其僭分私割也。

### 附律条例

○一、净身人曾经发回,若不候朝廷收取官司明文起送,私自来京图谋进用者,问发边卫充军。

○一、敢有私自净身者,本人并下手之人处斩,全家发边远充军。两邻及歇家不举首者同罪。有司、里老人等,仍要时常访察。但有此等之徒,即行捉拿送官。如或容隐,一体治罪。

○一、民间有四五子以上,愿以一子报官阉割者听,有司造册送部,候收补之日选用。

**谨案** 以上三条均系原例。乾隆五十三年(1788),查私自净身拟斩之例,已于五十一年(1786)奉旨删除;又新例投充太监者,报明有司,阉割后自投内务府验送当差,不必由州县造册送部,此三条业已不用,均删。

〇一、凡诓骗阉割、强勒阉割者,仍照例治罪外,其父母及本身情愿报官阉割者,免其治罪。

**谨案** 此条雍正五年(1727)定。乾隆五年(1740)将"照例治罪"句改为"照私割例治罪"。

一、凡诓骗、强勒阉割者,俱照毁败人阴阳以致不能生育律,杖一百、流三千里,将犯人财产一半,断给被伤之人养赡。至死者,拟斩监候。

**谨案** 此条乾隆五十三年(1788)改定。

一、凡诓骗阉割之案,讯系和诱知情者,为首发近边充军;若系设计略诱,讯明被诱之人并不知情,致被强勒阉割者,即照诱拐子女被诱之人不知情例,将为首之犯拟绞监候;均将犯人财产一半,断给被伤之人养赡;为从者各减一等。如略诱阉割,因伤致死者,为首拟斩监候。其有用药饼,及一切邪术,迷拐阉割者,各依迷拐本例从重论。

**谨案** 此条咸丰二年(1852)增改。

〇一、内务府并诸王、贝勒等门上放出为民之太监,除效力年久,本管、本主保留外,不许仍留京城居住,违者,将容留之人从重治罪;内务府总管、步军统领、巡城御史,一并交部议处。如保留为民之太监,有生事犯法者,将保留之人交部议处。

**谨案** 此条雍正七年(1729)定。

〇一、投充太监,听其报明有司,阉割后,即令其自行投报总管内务府验明,送内当差。仍行文该地方官取结存案,不必由该管州县造册送部。

**谨案** 此条系乾隆四十一年(1776)遵旨定例。

一、投充太监,听其报明有司,阉割后,即令其自行投报总管内务府验明,送内当差,不必由该管州县造册送部。

**谨案** 此条嘉庆二十一年(1816)遵旨节删。

〇一、新进太监,由内务府验明。年在十六岁以下,并未娶有妻室者,交地方、熟火两处首领太监管教。其应学艺者,交各该处首领太监,各派年陈老成之人,作为本管太监,照管衣食,查其行止。如堪供策使,告知总管太监等,分拨各处当差。有不安本分者,该本管太监告知总管太监等交出,与年十六岁以上净身投充之太监,均分给亲王、郡王府内,更换年十六岁以下者选进。该本管及首领太监,若不经心查看,率行分拨,经各该处查出该太监劣迹,将本管及首领太监等交内务府治罪。各该王交进太监时,详加审察,并着落同居之太监出具切实甘结,一并交送。倘换进太监,有疏忽弊混,将王府出结之太监治罪。

**谨案** 此条嘉庆十九年(1814)定。

○一、凡私自净身人犯,刑部于年终将各案开列事由,汇奏一次,请旨分别核办。

**谨案** 此条系乾隆四十四年(1779)遵旨定例。嗣于五十年(1785)奉旨,将私自净身拟斩之例删除;其畏罪阉割、希图漏免者,业经奏定按原犯罪名加一等定拟,毋庸年终汇奏,此条删。

○一、凡私自净身人犯,审明委系贫难度日,别无他故者,照例令其自投内务府验看,派拨当差。如有因伤致死者,将代倩下手之犯,照过失杀人律科断。若系畏罪情急,起意阉割,希图漏免者,除实犯死罪,及例应外遣,无可再加外,余俱按其原犯科条,各加一等定拟。其受雇代倩下手阉割之人,与犯人同罪;因而致死者,减斗杀罪一等。

**谨案** 此条系乾隆五十年(1785)定。

**历年事例**

○乾隆四十一年(1776)谕:"向例太监先由礼部报明记档,再交内务府大臣验看后,分派各处充役。近来报名者甚少,或因部中胥役需索,致伊等观望不前,亦未可定。此例盖沿明季旧习,本朝内廷诸务,既由内务府大臣管辖,其收录太监一节,自应总归内务府大臣划一办理,以专责成。嗣后太监报名,不必仍由礼部。"

○四十四年(1779)谕:"刑部查开私自净身共七案。朕详核案情,其实系贫难度日、私自净身者三案,别无他故,着该部移交内务府充当太监,令其在外围当差。其余四案,均系犯有盗窃等事,畏罪情急,起意阉割者,仍着该部照原拟办理。嗣后并于年终汇奏一次,请旨分别核办。"

○五十年(1785)谕:"向来刑部定律,凡有私自净身人犯,俱问拟斩候。因念此等人犯,大抵因贫所致,是以加恩释放,发在热河当差。现有太监王成一名,朕面加询问,'伊系直隶安肃县民,原报十六岁,实年十三岁。前年因家中贫苦,父母为之净身,问拟斩罪,在县监禁一年,上年始发至热河当差。初次报县时,该县胥役,因向伊父王二格需索,遂捏填王成年十五岁。定拟详报'等语。此事经朕亲问询明,且看其身躯幼小,应对明白,实无虚饰。知县为亲民之官,虽不至昧良舞弊,贪图微利若此。此必胥役、乡约人等,因私自净身,有干例禁,希图讹诈。又缘索诈不遂,为之加增年岁,以入其罪,并将伊父无辜久羁。闻之殊觉恻然。而该县竟漫无觉察,任凭胥吏勒索捏报,种种弊混,亦难辞咎。现因各处当差太监乏人,尚在晓谕招充。且向例太监于投进当差时,止赏给银五两;其每月坐得分例,不过二两。若未经投进之先,胥吏已向其需索,则是得不偿失,谁复肯将其子弟充当太监耶。近日进宫太监短少之故,必由于此。况王成净身时,实年不过十三,自必系父母穷苦无聊,遂尔将伊阉割,与伊何涉,乃拟以大辟,而滋胥役索诈捏饰之端乎?此案着刘峨详查参奏。因思私自净身人犯律拟斩候者,虽为慎重伤身起见。然一经阉割,便成废人,苟非实在穷苦,孰肯甘心出此。今因有此律,而转致吏胥借端勒索,甚至加增年岁,故入其罪。况此辈供奔走扫除之役,自古已然。是宫闱在所必需,而反治之以罪。从前定例,本未允协。所有私自净身问拟斩候一条,竟应删除。并着直隶总督、顺天府尹严饬各属州县,嗣后如有并无他故私自净身者,准其投内务府派拨当差,照例验看。如有他故,内务府大臣再行文问之地方官。不得竟拘其家属,致滋扰累。倘有仍前需索滋扰者,即将该州县等据实参处。其现因私自净身,问拟斩候,已未报解,并在监羁禁未经释放者,亦着刑部同直隶总督查明具奏释放,移送内务府分别派拨当差。"

○嘉庆十九年(1814)谕:"刑部、内务府会奏《太监私自净身》折内,所议新进太监,先令在外围当差一条,尚未妥协。太监等供役内廷,进身时固不可不加以慎重,必须专人管教。俟其少谙规矩,再行分拨各等处当差。嗣后新进太监,着先交地方、熟火两处首领太监。其应学艺者,交各该处首领太监,各派年陈老成之人,作为本管太监,照管衣食,查其行止。如堪供策使,告知总管太监等,分拨各处。如有不安分者,即告知总管太监等交出,照例分给亲、郡王,各该王府太监换进。各该管首领太监,若不经心查看,率行分拨各该处,经各该处查出该太监劣迹,将原管之首领太监等治罪。至太监原籍出结之地方官处分,亦应定以限制。进宫太监,除饮酒、赌钱以及逃走等事免其参处外,设犯罪至军、流以上者,再将滥行出结之各该地方官参处。"

○二十二年(1817)谕:"向例召募太监,取具该地方官印结,殊为具文。嗣后凡召募太监,由内务府验看后,即行交进,不必取具该太监原籍地方官印结。"

# 卷八百二十九·刑部一百七

## 刑律·杂犯　嘱托公事　私和公事　失火　放火故烧人房屋　搬做杂剧　违令　不应为

### 嘱托公事

○凡官吏诸色人等,或为人或为己,曲法嘱托公事者,笞五十,但嘱即坐。不分从不从。当该官吏听从而曲法者与同罪,不从者不坐。若曲法事已施行者,杖一百。其出入所枉之罪重于杖一百者,官吏以故出入人罪论。若为托人及亲属嘱托以致所枉之罪重于笞五十者,减官吏罪三等;自嘱托己事者,加所应坐本罪一等。若监临势要曲法为人嘱托者,杖一百;所枉重于杖一百者,与官吏同故出入人罪;至死者减一等。若曲法受赃者,并计赃通算全科。以枉法论。通上官吏人等嘱托者,及当该官吏并监临势要言之。若不曲法而受赃者,止以不枉法赃论。不曲法又不受赃,则俱不坐。若官吏不避监临势要,将嘱托公事实迹,赴上司首告者,升一等。吏候受官之日,亦升一等。

### 附律条例

○一、民人附合结党,妄预官府之事者,杖一百。如有降调黜革之员,贿嘱百姓保留者,审实,将与、受官民,俱照枉法赃治罪。

**谨案**　此条雍正三年(1725)定。

### 历年事例

○康熙二十五年(1686)谕:"凡有内外闲散官员人等,及民间豪恶党类,并无职任,乃揽说公事,交结衙门,妄行罔诈,贿嘱关通者,发觉之时,从重治罪。"

○二十八年(1689)议准:绅宦监生,倚仗势力,作害地方,骚扰百姓。如霸占田房,强夺妻子,致毙人命,免自己钱粮,令百姓代纳等类。此等恶棍,访确即行题参,照律从重治罪。若州县徇庇不行呈报者,革职;司、道、府不行转详者,同城各降三级调用,不同城各降一级留任;督抚不行题参者,照不行题参大小官员贪婪之例处分。

○二十九年(1690)议准:绅宦、监生、生员等本身及子弟家人,若以私事出入大小衙门,有央求嘱托、诈欺银两等弊,将知情纵使并听行之人,均照律例治罪。

## 私和公事 发觉在官。

○凡私和公事，各随所犯事情轻重，减犯人罪二等，罪止笞五十。若私和人命、奸情，各依本律，不在此止笞五十例。

## 失　火

○凡失火烧自己房屋者，笞四十；延烧官民房屋者，笞五十；因而致伤人命者，不分亲属、凡人，杖一百；但伤人者，不坐致伤罪。其罪止坐所由失火之人。若延烧宗庙及宫阙者，绞；监候。社，减一等。皆以在外延烧言。若于山陵兆域内失火者，虽不延烧，杖八十、徒二年；仍延烧山陵兆域内林木者，杖一百、流二千里。若于官府公廨及仓库内失火者，亦杖八十、徒二年。主守仓库之人，因而侵欺财物者，计赃以监守自盗论。不分首从。其在外失火而延烧者，各减三等。若主守人因而侵欺财物，不在减等之限。若常人因火而盗取，以常人盗论。如仓库内失火者，杖八十、徒二年，比仓库被窃盗库子尽其财产均追赔偿之例。若于仓库及仓廒内燃火者，虽不失火，杖八十。其守卫宫殿及仓库，若掌囚者，但见内外火起，皆不得离所守，违者杖一百。若点放火花爆仗，问违制。

### 附律条例

○一、凡出征行猎处失火者，杖一百。

**谨案**　此条雍正三年(1725)定。

一、凡京城当行失火，除所当货物未被焚烧者，仍按律准其取赎外，其已被烧毁者，俱按票价量减，以七成赔还。倘奸商、店伙人等，有乘机偷盗情弊，审实，照窃盗律治罪。

**谨案**　此条乾隆三十四年(1769)定。

一、凡典商收当货物，自行失火烧毁者，以值十当五，照原典价值计算，作为准数；邻火延烧者，酌减十分之二，按月扣除利息，照数赔偿。其米麦豆石、棉花等粗重之物，典当一年为满者，统以贯三计算，照原典价值，给还十分之三；邻火延烧者，减去原典价值二分，以减剩八分之数，给还十分之三；均不扣除利息。倘奸商、店伙人等，于失火时，将当不及五贵重器物，贪利隐匿，及乘机盗卖情弊，照所隐之物，按所值银数，计赃准窃盗论治罪，追出原物给主。其未被焚烧及搬出各物，仍听当主照号取赎。

**谨案**　此条乾隆四十二年(1777)增修。道光二十四年(1844)，移附“费用受寄财产”门内修并。

○一、失火延烧官民房屋，及官府公廨、仓库失火等案，各照本律笞、杖、充徒定拟，应否赔修，亦照律办理外，失火延烧官民房屋，如数至一百间者，加枷号一月；至二百间者，加枷号两月。若延烧官府公廨、仓库官物，及官民房屋至三百间以上者，加枷号三月；均于失火处所枷示。

**谨案**　此条系嘉庆十一年(1806)遵旨议定。

## 历年事例

○康熙九年(1670)议准:凡官员该管地方有失火延烧房屋者,罚俸三月;延烧文卷、仓廒者,罚俸一年。如将钱粮文册擅藏私家以致焚毁者,降一级调用。

○十五年(1676)议准:凡文武官员,有违禁在紫禁城内及仓库、坛庙等处吃烟者革职;旗下人,枷号两月,鞭一百;民人,责四十板,流三千里。该管官不行捕首者,罚俸六月。宗室、觉罗有犯,交与宗人府议。

○二十二年(1683)议定:五城、巡捕营所属地方,有失火延烧房屋十间以下,即行扑灭者,免议。自十一间以上至三十间者,吏目、守备,罚俸九月;兵马司指挥、参将、游击,罚俸六月;巡城御史,罚俸三月。延烧至三十一间以上者,吏目、守备,罚俸一年;兵马司指挥、参将、游击,罚俸九月;巡城御史,罚俸六月。

○又议准:失火延烧房屋二百间以上者,吏目、守备,降一级调用;兵马司指挥、参将、游击,降一级留任;巡城御史,罚俸一年。延烧四百间以上者,吏目、守备,降二级调用;兵马司指挥、参将、游击,各降一级调用;巡城御史,降一级留任。延烧六百间以上者,吏目、守备,各降三级调用;兵马司指挥、参将、游击,降二级调用;巡城御史,降一级调用。

○二十六年(1687)议准:雇倩之人,失火致烧本主房屋,延烧他人房屋,因而致伤人命者,照房主自己失火律治罪。

○嘉庆十一年(1806)谕:"禄康奏'本月二十三日亥刻,正蓝旗汉军地方民人金瑞烟铺失火,督率官兵前往扑救。因火势往北,延烧东江米巷牌楼一座,并烧毁房屋一百零八间,内烧毁内务府官房四十五间、官厅五间,请分别饬令修理。并将失火延烧之金瑞一犯,照例杖责,加枷号一月,以示惩儆'等语。此次民人金瑞烟铺失火,延烧牌楼,并烧毁官民房屋共计一百余间,禄康请将该铺户于照例杖责外加枷号一月,所议尚未允协。居民等自不小心,以致失火延烧房屋,自当加以惩治。但应核其延烧者,或系官廨官物,或系民房,分别多寡轻重,予以惩处。若因失火之犯,一时延烧房屋较多,即于例外加罪,转似意为轩轻。此等失火延烧之事,向来自办有成案可稽。着刑部详查,酌定罪名轻重,定议具奏。所有金瑞一犯,姑着照禄康所奏办理。"

## 放火故烧人房屋

○凡放火故烧自己房屋者,杖一百;若延烧官民房屋及积聚之物者,杖一百、徒三年;因而盗取财物者,斩;监候。杀伤人者,以故杀伤论。若放火故烧官民房屋,及公廨仓库系官积聚之物者,不分首从,皆斩。监候。须于放火处捕获,有显迹证验明白者,乃坐。其故烧人空闲房屋,及田场积聚之物者,各减一等。并计所烧之物减价,尽犯人财产折锉赔偿,还官、给主。除烧残现在外,其已烧物,令犯人家产折为银数,系一主者全偿;系众主者,计所故烧几处,将家产锉为几分而赔偿之,即官民亦品搭均偿。若家产罄尽者免追。赤贫者止科其罪。若奴婢、雇工人犯者,以凡人论。

**附律条例**

〇一、凡各边仓场，若有故烧系官钱粮草束者，拿问明白，将首犯枭首示众。烧毁之物，先尽犯人家产折铿赔偿。不敷之数，着落经收看守之人照数均赔。

**谨案** 此条系原例。

〇一、凡放火故烧自己房屋，因而延烧官民房屋及积聚之物，与故烧人空闲房屋及田场积聚之物者，俱发边卫充军。

**谨案** 此条系原例。雍正三年(1725)查与律不符，奏准删除。

〇一、凶恶棍徒，纠众商谋，计图得财，放火故烧官民房屋，及公廨仓库系官积聚之物，并街市镇店人居稠密之地，已经延烧抢夺财物者，均照强盗律，不分首从，拟斩立决；杀伤人者枭示；有因焚压致死者，将为首之人枭示。仍照强盗例，将法所难宥、情有可原者，于疏内声明。其本非同伙，借名救火，乘机抢掠财物者，照抢夺例分别治罪。若故烧孤村旷野，并不毗连民居之空闲房屋，及田场积聚之物，均照律科断，为首者仍枷号两月。其恶徒谋财放火，有已经延烧，尚未抢掠财物，又未伤人者，将为首之人拟斩监候；为从商谋下手燃火者，枷号两月，发边卫充军；诱胁同行者，杖一百、徒三年。如谋财放火，随即救熄，尚未延烧，将为首之犯拟绞监候；为从商谋下手燃火者，杖一百、流三千里；诱胁同行者，枷号两月，责四十板。若非图劫财，止因挟仇放火延烧，因而杀人及有焚压致死者，即将为首之犯拟斩立决，为从商谋下手燃火者拟绞监候；其未伤人及伤而不死者，将为首之犯拟斩监候，为从者发边卫充军，诱胁同行者并杖一百、徒三年。如挟仇放火，当被救熄，尚未延烧，为首之犯枷号两月、发边卫充军，为从者枷号三月、杖一百。若地方文武官弁，遇有此等恶徒放火，不即赴援扑灭，协力擒拿，照例议处；地方、保甲人等，一并治罪。

**谨案** 此条雍正七年(1729)定。

一、凶恶棍徒，纠众商谋，计图得财，放火故烧官民房屋，及公廨仓库，或官积聚之物，并街市镇店人居稠密之地，已经延烧，抢夺财物者，均照强盗律，不分首从，拟斩立决；杀伤人者枭示；有因焚压致死者，将为首之人枭示。仍照强盗例，将法所难宥、情有可原者，于疏内声明。若本非同伙，借名救火，乘机抢掠财物者，照抢夺律加一等，分别首从治罪。其恶徒谋财放火，有已经延烧，尚未抢掠财物，又未伤人者，为首拟斩监候；为从商谋下手燃火者，枷号两月，发近边充军；诱胁同行者，杖一百，徒三年。如谋财放火，随即救熄，尚未延烧，为首拟绞监候；为从商谋下手燃火者，杖一百、流三千里；诱胁同行者，枷号两月，责四十板。若并非图财，而怀挟私仇放火延烧，因而杀人及焚压人死者，为首拟斩立决，为从商谋下手燃火者拟绞监候；其未伤人及伤而不死者，为首拟斩监候，为从者发近边充军，诱胁同行者并杖一百、徒三年。如挟仇放火，当被救熄，尚未延烧，为首枷号两月，发近边充军；为从者，枷号三月，杖一百。若图财挟仇，故烧空地闲房，及场园堆积柴草等物者，首犯枷号两月，杖一百、流三千里；如系孤村旷野内，并不毗连民居闲房，及田场积聚之物者，杖一百、徒三年;为从各减一等。当被救熄,尚未延烧者,又各减一等。地方文武官弁,遇有此等恶徒放火,不即赴援扑灭,协力擒拿,照例议处;地方、保甲人等,照不应重律治罪。

**谨案** 此条嘉庆六年(1801)改定。道光六年(1826),将案内从犯原拟"枷号三月,杖一百",改为"枷号两月,杖一百、徒三年"。十年(1830),复将"延烧"二字改为"烧毁"。

○一、挟仇放火,除有心烧死一家三命,或一家二命者,仍各按律例,拟以斩决、凌迟外,其止欲烧毁房屋柴草泄忿,并非有心杀人者,如致死一二命,应照挟仇放火因而杀人及焚压人致死例,首犯拟斩立决,为从商谋下手燃火者拟绞监候;若致死一家三命以上,首犯斩决、枭示,从犯拟绞立决。

**谨案** 此条系嘉庆十三年(1808)奉旨议定。

### 历年事例

○雍正十年(1732)谕:"铁岭城内民房失火,因一时风烈,延烧官署仓廒,事出不意,乃众目共见,非有意捏饰者可比。着格外加恩,照部议免其赔补,不为定例。若官吏等有亏缺粮石等情,而借附近失火乘机作弊者,于赔补粮石、赔修仓廒外,仍从重治罪。"

○嘉庆七年(1802)谕:"此案孙才与药王庙住持道士刘一成口角微嫌,辄敢起意放火延烧庙宇,欲图泄忿,致将庙内所贮宝花焚毁,实属不法。但该犯放火时,若果明知此项存贮宝花,系供献各陵所用,有意燃烧,希图陷刘一成于重辟,是则法无可贷,即照议予以立决,亦属罪所应得。今细阅案情,该犯因刘一成有庙住持,意在焚烧庙宇,使之无处栖身,尚无有心陷害情事。且寻常庙宇内,佛前亦有花供,该犯并不知系供献山陵所用,不过因一时泄忿起见。核其情节,尚有一线可原。孙才着从宽免其即行正法,即照本律应斩监候,秋后处决。仍入于本年秋审情实,以示法外施仁至意。"

○光绪十三年(1887)议准:嗣后奉天省遇有恶徒放火之案,除罪应斩决、斩枭外,其叠次放火为首为从,问拟斩、绞监候,均照例拟罪具奏,请旨即行正法。为从罪应军、流之犯,均从重发往云贵两广极边烟瘴充军。俟数年后此风稍息,应即归复旧制。其仅止一时一事,及谋财尚未烧毁房屋,或误烧他人房屋者,仍照向例办理,不得率行援引,以慎刑章而重民命。

## 搬做杂剧

○凡乐人搬做杂剧戏文,不许装扮历代帝王后妃,及先圣先贤、忠臣烈士神像,违者杖一百。官民之家,容令装扮者,与同罪。其神仙道扮及义夫节妇、孝子顺孙劝人为善者,不在禁限。

**附律条例**

〇一、城市乡村，如有当街搭台悬灯唱演夜戏者，将为首之人，照违制律杖一百，枷号一月。不行查拿之地方、保甲，照不应重律杖八十；不实力奉行之文武各官，交部议处。若乡保人等有借端勒索者，照索诈例治罪。

**谨案** 此条雍正十三年(1735)定。

〇一、凡旗员赴戏园看戏者，照违制律杖一百。失察之该管上司，交部议处。如系闲散世职，将该管都统等交部议处。

**谨案** 此条乾隆四十一年(1776)定。

〇一、凡旗人因贫糊口，登台卖艺，有玷旗籍者，连子孙一并销除旗档，毋庸治罪。该管参、佐领，限三个月内据实报出免议；逾限不报，照例分别议处。

**谨案** 此条道光五年(1825)定。

## 违　令

凡违令者，笞五十。诸令有禁制而律无罪名者。如故违诏旨，坐违制；故违奏准事例，坐违令。

## 不应为

凡不应得为而为之者，笞四十；事理重者，杖八十。律无罪名，所犯事有轻重，各量情而坐之。

# 【刑律·捕亡】

## 卷八百三十·刑部一百八

## 刑律·捕亡 应捕人追捕罪人

### 应捕人追捕罪人

○凡在官应捕人承官差追捕罪人而推故不行，若知罪人所在而不即捕者，减罪人所犯罪一等。以最重之罪人为主减科之。仍戴罪限三十日内，能自捕得一半以上，虽不及一半，但所获者最重，功足赎罪。皆免其罪。虽一人捕得，余人亦同。若于限内虽未及捕获，而罪人已死及自首各尽者，亦免罪；其罪人或死或首，犹有不尽者，止以不尽之人犯罪减等为坐。其非专充应捕人临时差遣者，或推故不行，或知而不捕，各减应捕人罪一等。仍责限获免。其应捕人及非应捕人，有受财故纵者，不给捕限，各与囚之最重者同罪；亦须犯有定案，可与同科。所受之赃重于囚罪者，计赃全科。以无禄人枉法从重论。

### 附律条例

〇一、隔属隔省密拿强盗及人命案内应拟斩绞重犯，有纵令劫夺，及徇庇不解，其该管官题参解任，如在隔省，移咨会参解任，俟获犯审明具题开复。该管之乡地甲邻严拿究治。若本无抢犯、徇庇等弊，而捕役贿纵捏称被劫者，将捕役照诬告律治罪，原参之员即行开复。误听捕役之员，交部议处。

**谨案** 此条雍正六年(1728)定，原载“劫囚”律后。乾隆五年(1740)，移附此律。

〇一、步军统领衙门番役，止许于京城内外五城所属地方缉拿人犯。既经拿获，属提督管辖者，限即日送该管营弁转送提督衙门；属五城管辖者，限即日送该管官转送御史衙门。如稽留数日，始行送官，将番役究明私拷勒索情弊，分别定拟。如有得财纵放，照衙役犯赃例治罪。其地属州县者，行文州县佥差擒捕。或有密拿要犯，州县不能擒捕，必须番役擒捕者，奏闻请旨后行。

**谨案** 此条乾隆元年(1736)定。

〇一、脱逃要犯，务将该犯年貌、籍贯、有无须痣，详细开明，行文通缉。各州县于文到之日,差捕认缉,一面填写印票,分给各乡总甲,遍行访察。如果遍缉无踪,年底出具印甘各结,转详咨部。仍令接缉务获,知照销案。

**谨案** 此条雍正十二年(1734)定。乾隆三十一年(1766)议准,一切案件,不必于文外复取印结,将例内“出具印甘各结”句改为“取具甘结”四字。

○一、缉捕强盗、人命,或关系紧要案内人犯,如有逃逸,一面行文八旗并提督、五城协力缉捕,一面牌行直隶附近京城之涿州、良乡、通州、昌平州、河间等处州县。部文到日,即行捕缉,再行补报督抚。

**谨案** 此条系雍正六年(1728)遵旨定例。

○一、八旗三品以上文武大臣之家人,及王公等之辛者库家人等,有犯命盗重案脱逃者,该衙门查拿之时,即行文知会伊主,协同捕缉。一年限满不获,该衙门即行题参,声明凶犯伊主是何职衔,即将协缉不力之家主,罚俸一年;若系王公等辛者库家人,将办理包衣事务官,罚俸一年;其各该管王、贝勒、贝子、公等,各罚俸一月。未获逃犯,仍照案协同缉拿。

**谨案** 此条雍正七年(1729)定。原因王公等家人或倚庇藏匿,地方官无由缉捕,故特设此例。但旗下三品以上大臣,官非世袭,非比王公家员役众多,势难尽令协同缉捕,并恐地方捕役,反得借以推诿,乾隆五年(1740),因将此例删定。

一、王公等之辛者库家人等,有犯命盗重案脱逃者,该衙门查拿之时,即行文知会伊主,协同捕缉。一年限满不获,将办理包衣事务官,交部议处;其该管王、贝勒、贝子、公等,各罚俸一月。未获逃犯,仍照案协同缉拿。

○一、五城司坊等官,若于途次遇有凶徒不法等事,不论何城,并准当时拘执,录取口供,详解该城御史审讯,一面报明本城御史存案。其有暧昧隐避等事,亦许密详该城御史查拿,仍密详本城存案,造册送院注销。倘该役借端讹诈,驾词妄禀,及司坊官擅作威福,拘拿自审,或纵役滋扰,该御史题参,分别议处、治罪。若押坊捕役,因非本管地方,明知故纵,及有受贿情弊,严加治罪。大、宛二县,亦不论五城及该县所属,遇有凶犯不法等事,亦一体缉拿。

**谨案** 此条雍正十二年(1734)定。

○一、步军统领衙门正身番役,俱照各部院经承、贴写送查之例,将番役年貌、籍贯按季造册,并出具并无白役、圆扁子印结,移送河南道御史考核。倘番役私用白役,别经发觉,将番役及所用白役,照吏典人等额外滥充律治罪。该统领及不行详查之该御史,一并交部议处。至番役缉拿窃盗、斗殴之类,每年预给印票一张,开明款项,发交收执,并将预给印票款项,移明河南道查核。如系提拿审案人犯,务必给予印票,将应拿人犯姓名,逐一开明。有应密拿者,给予密票,亦于票内开明人犯姓名。如无票私拿,即将该番役解送刑部究讯治罪。失察该管官,交部严加议处。

**谨案** 此条乾隆六年(1741)定。嘉庆年间《会典事例》,此下有“官司勾摄罪人”一条。道光四年(1824),改移“刑律·贼盗”门“劫囚”条下。

○一、州县广缉重犯,不得滥给缉票。先将该犯年貌、案由,并差役年貌、籍贯,及所差名数,一面详明督抚,知照各该省,一面改用通关,给予差役携带在身,密行侦缉。如有踪迹,即将通关呈报该地方官,添差拿解。如缉无踪迹,仍投换回文以为凭验。倘有滥给印票,及差人雇倩白役代缉,以及借端勒索,除差人照例治罪外,仍将滥给印票,及佥差不慎之承缉官,照例严加议处。

**谨案** 此条乾隆二十五年(1760)定。道光十二年(1832),因原例止将佥差不慎之承缉官严加议处,其滥给印票之州县未经议及,是以增入"滥给印票"四字。

○一、官役奉公缉捕罪人,除受财故纵,照例与囚同罪外,其未经得贿,潜通信息,致罪人逃避者,如所纵之囚,罪在军、流以下者,亦与囚同科,不准减等;若系斩、绞、外遣等罪,将该犯减发极边烟瘴充军。

**谨案** 此条系乾隆五十八年(1793)遵旨定例。

○一、山东省地方,如有兵役通盗之案,除实犯死罪,无可再加,仍照旧办理外,其罪未至死,各于应得本罪上加一等定拟。若不分赃,不漏信,但知盗窝所在,纵不即捕者,讯出故纵情节,即照寻常强窃盗窝主之例,加一等分别治罪。俟该省盗风稍息,再奏明复归旧例。

**谨案** 此条嘉庆二十五年(1820)定。

○一、各省团练,除奸细、土匪并盗贼,及遇有要犯,经官札令协缉者,准其拿解外,其余逃军、逃流,并一切寻常案犯,仍责成地方官拿解。倘该团练私拿酿命,即照谋、故、斗杀各本律定拟。

**谨案** 此条同治四年(1865)定。

**历年事例**

○雍正六年(1728)谕:"护军吴正额于三月初三日殴毙人命,比时即应行文提督捕缉,今经十日,该旗始具奏行文,怠玩已极。魏腊着交部察议。仍令开具逸犯形貌,行文直隶总督及提督衙门,严行盘缉务获。嗣后凡系奉旨捕缉人犯,及此等殴毙人命,或关系要案人犯内,如有脱逃,着即行文八旗,并提督衙门,及五城察院,令各竭力缉获;并谕直隶总督行文附近京畿之涿州、良乡、通州、昌平、河间等处州县官员,将缉捕人等,派定预备。倘各旗有应捕人犯,部文到日,即行捕缉,一面申报该督。若有应捕人犯,俟行文总督,而总督转行属员,耽延时日,必至有误。着即行文刑部、都察院,一面转行附近州县严行盘缉。其获犯藏匿何地,及容隐情由,一经审出,该旗及地方各官作何处分,其缉获之大臣官员作何议叙之处,该部议奏。"

○又谕:"贼犯蔡三脱逃,该县将捕役张秀家属监比。张秀之兄张公裕缉获蔡三,因蔡三凶悍,张公裕恐其复遁,用麻绳系颈。行至沿河狭路,失足落水,绳緘咽喉殒命,张公裕将尸抛弃隐匿。该抚及部议皆引罪人不拒捕而擅杀之例,将张公裕拟绞具奏。凡捕役借缉盗之名扰害平民,或有诬良为盗、私行拷掠等情,自应从重治罪。若拿获实在盗贼,凶恶难制,不得已而至于殒命者,概引罪人不拒捕而擅杀之例拟绞抵偿,是将有罪之人,与寻常斗殴致死者同一科条,毫无分别。恐捕役畏首畏尾,难于缉贼。且恐匪徒情急,或转有伤害公差之事。此案内贼犯蔡三狡猾已极,张公裕拿获之后,误伤其命,情有可原,但不应弃尸隐匿。然其所以隐匿者,亦以定例抵偿,故畏避重罪而为此耳。嗣后应如何定例,方于情理允协,着九卿详悉定议,将此案一并确议具奏。"

○又谕:"於胜因已获之盗供出滕方叔为同伙,是以将伊擒拿。乃滕方叔持棍殴伤公差,自行奔逸跌伤左膝,於胜等始将伊逼打,以致殒命。此等乃误伤之罪,今该抚及法司,皆以故杀定拟不合。凡捕役拿获实在盗贼,凶悍难制,不得已而至于殒命者,已降旨令九卿详悉定例。此案着三法司另议具奏。"

○十二年(1734)谕:"五城司坊等官,各有管辖之地。越界拿人,固不免滋扰。然路遇斗殴酗酒、拐骗吓诈之徒,若因地非管辖,遂置而不问,以致逃遁无踪,亦非稽察整饬之道。似应不论何地,皆准其拘执,移送该城司坊官,听详该御史审讯发落。至暧昧隐避不法等事,虽访问的确,犹非刻不可缓,则准其密详该城御史查拿,并密详本城御史存案。如此庶无推诿,亦不致搀越。应如何定例饬行之处,着九卿议奏。"

○乾隆元年(1736)奏准:大小案件,止宜着落差捕按拘本犯,不宜旁及无辜,扰害平民。乃各省名为着犯者,若百姓具状,于所开犯证之下,添注"某人着某人要"字样,或批准词状,差役向原告开写犯证住址,注明"某人着某人要"字样,概名曰"着犯"。于是差役择肥而噬,肆意吹求。良善之民,初不知事从何来,犯在何处,而凭空拘系。始而跋涉拖累,继而勒限比追。经年累月,失业废时。或差役弥缝说合,卖甲换乙,则又改砌他人名下。辗转株连,其弊无穷。在地方各官,以为重案着犯,难于轻纵。至其人家破人亡,所着之犯,仍无影响。似此着犯名色,徒滋差役勾串索诈之端,于公务毫无裨益,而累民日甚,应令各该督抚严行禁止。嗣后除犯人有交明乡保、地方看守,或系亲族保领,遇有疏脱者,许其向原乡长、地方及保领之人追要。其余一切词讼,及各项案犯,止许开写本犯名姓、住址,按照缉拿。如有混开"着于某人名下追要"字样,其呈概不准行。如差役私向原告开报,许被害之人禀明,即治以违禁之罪。至于果系窝藏之家,须据实禀官查究。讯系虚诬,原禀反坐。庶株连勒诈之风可息,而无辜被害之弊可除。

○二年(1737)议准:嗣后州县凡盗贼、矿徒、盐枭通报案件,有应开明伙犯数目、姓名、住址、籍贯,及曾否审结,并未获名数,令该州县移知该管汛弁,该汛弁即具文申报提镇,以便责令该管汛弁设法躧缉。

○五年(1740)谕:"弭盗为安民之要务。朕闻各省联界之处,多有积窝巨匪,久惯豢盗殃民。隔省往拿,必须赴地方官挂号添差,稽迟时日。又或地方官不能上紧协拿,以致要犯闻风远遁,盗案久悬不结。向蒙世宗宪皇帝洞悉其弊,特降谕旨,凡地方失事,无论隔府隔省,一面差役执持印票即行密拿,一面移文关会。圣谕煌煌,实为息盗安民之良法。乃近年各省督抚奉行不力,以致被盗之省,办理掣肘。即如豫省近日盗案,于邻省关提查拿者颇多。夫膺牧民之任者,均有弭盗之责,原不容有此疆彼界之分。着嗣后凡有邻省联界地方,积窝逃盗,访实之后,或径行差捕,或知会密拿。庶盗案易结,盗源渐清,而邻境彼此均受其益。如有司等仍以为具文,歧视怠忽,经朕访闻,必于该督抚是问。”

○六年(1741)议准:各省州县捕役,多非良善之辈。若令盘踞一方,分地坐缉,时与彼处匪徒熟识往来,则豢盗纵奸、索费敛财诸弊,皆所不免。诚宜严行禁止,以除积习。但州县所辖地方,城乡辽阔,居民散处,盘奸诘匪,最为紧要,亦不得不责令捕役,分布巡查。若无事之时,概令在衙门供役,不使在外巡访,则于防范地方,严缉匪类之法,不无懈弛,亦有未便。嗣后各省州县捕役,俱不得令其分地坐缉,经年盘踞,致有敛费护匪之事。并行令该督抚严行稽察,倘有仍照从前设立路快、坊快、区捕等项名色,扰累居民者,将该捕照例严惩;违例之该地方官,照例查参。其无事之日,不必概令在衙供役,应听该地方官饬拨分布巡查,毋使懈怠。仍严加约束,频数更替。则捕役既不得久踞一方,作奸串匪,而城乡僻处,巡缉整严,亦不至于有疏盘诘。至各省捕役,不无庇护窃匪,收受年例月规之事。故一遇报窃,差票缉拿,往往朦禀支饰,故意迁延者有之,是以上司定有提比之例。若本官不行严查责究,反以该捕差缉外出为辞,代为申请免比,则捕役玩纵之风,更无忌惮。嗣后州县窃案,如逾限不获,提比衙门,务必按季严查。果有差缉外出者,准其暂免一次。若下次仍无获报,复以免解申请者,该管上司究出捏报情由,将该捕役责革。庇捕之该地方官,即行查参。

○七年(1742)谕:“朕常见各省督抚等奏报查拿盗贼,皆称邻封境上,萑苻潜匿,抢夺横行,而本省则极安静,并无滋事。如江南则指称山东、河南,山东、河南又指称江南、湖广,其他处往往类此。固由于该督抚有互相推诿之心,亦有所属官员,欺诳上司,以卸己责,而盗贼因得以肆志,无所忌惮矣。独不思督抚皆朕简用大臣,当视国事如家事,视邻省如本省,岂可存此疆彼界之心,蹈恕己责人之习。此风不改,国家何所倚赖,伊等又何以副朕委任耶?可即传谕各督抚知之。”

○又谕:“从来苗地匪类,诡名甚多。即如黔粤逆苗石金元、戴老四,乃案内之首犯,一人而有数名,易于蒙混兔脱。今经数省合力查拿,不遗余力,始得正身。似此则为从之党羽,借诡名而漏网者,恐不少矣。着传谕广西、贵州、湖南等省之督抚、提镇,嗣后于始初拿获苗犯之时,将一人几名,详细讯问,开写明白,知会办理此案之邻省员弁,不许稍有隐匿。则彼此易于查察,庶可杜奸宄煽惑之伎俩。”

○十一年(1746)奏准:场灶多有赌博、奸匪、斗殴、打降等事。因大使专理盐务,非同正印,故命盗等重情不令承审。若不许其干预查拿,则商灶凡有作奸犯科,该大使虽深知灼见,亦惟袖手旁观。明知赌博、窝娼、窝匪而不敢拿,目击斗殴、打降、私宰、私铸、犯禁而不能禁,任其酿成大案,罹于法网。往往因奸凶乘机远遁,以致案悬莫结。请嗣后除商灶因命盗、赌博、窝娼、奸拐、匪窃、斗殴、打降、私宰、私铸,以及海洋商渔透漏米盐,一应告发案件,仍归地方官查办,大使不得干预外,其未经告发事件,应准该盐场大使先行申禁约束。一有干犯,立即就近查拿,移解地方官审理。并将拿讯情由,报明运司查核。如或将无干之人,混行捉拿,及有意借端生事,扰害地方,即将该场员严行题参,照例议处。仍令该盐政不时稽察各场员,不得借端生事。再场员应管事件,如有营私扰害,例令地方稽察。则场员与有司,原属一体。场员拿获赌博、奸匪、私宰、犯禁等案,照文武官拿获私铸赌具互免失察例,即免地方官失察处分。

○十六年(1751)谕:"地方官承缉盗案,有获盗过半照例开复之条。各省承缉官员,于将及获半之时,暗使捕役贿嘱别案拿获盗犯,俱认本案伙盗,或认盗首,以符过半之数,邀免处分。查定例虽载假借别案搪塞,照讳盗例议处。而印捕承缉之员,似此假借者不少。此等虽不必另设科条,果使该上司等严为查办,自不致因循成习。朕既闻有此弊,不得不行传谕,着于奏事之便,令该上司等留心查察,务绝弊端。"

○二十二年(1757)奏准:恭遇巡幸,步军统领衙门兵役缉获窃盗,向来即送行在刑部办理。如有发遣,由行在兵部交发地方官。惟二部俱无看守之人,仍须原缉官兵随营押带。查随从兵役,俱系酌量差派,为数无多。如获数犯,即不敷看守。且恐因看守责重,不肯勇往缉捕。请于经过州县日,派佐杂一员、衙役数名,随处交行在刑部,预备接收看守人犯,于缉捕甚有裨益。

○三十一年(1766)谕:"发遣新疆人犯,身获重谴,免死改发。若在遣所脱逃,则情罪实难宽贷,必当缉获正法。恐各犯或有潜回内地者,是以遇有报逃之案,除令该处上紧严拿外,并谕令各督抚于各犯原籍地方,一体严行密缉。今据哈密办事萨瀚等奏到拿获乌鲁木齐逃犯朱国太、傅拉里二名,着即传知山东、江西二省停其躧缉。此等应缉逃遣要犯,各督抚接奉谕旨,自必饬属尽力访拿。既已弋获,即应知照该省销案。则承缉各员,知事皆核实,更不敢玩忽从事。闻各省向来遇有重犯脱逃,亦皆行知邻省协缉,但获犯以后,竟有不复关白者。协缉省分,何由得知,势必徒劳差役侦访。否或视同海捕具文,苟且塞责,于事转无裨益。嗣后凡有通行缉案,当未获时,务须严紧查拿,毋稍玩视。如犯已就获,即彼此互相关会,使缉案不致悬虚,而协捕亦归实际。将此通谕知之。"

○四十四年(1779)议准:定例"各省报部难结事件,如通缉已届四十年者,即行查销,毋庸列入"等语,应令该督抚将通缉之案,逐一查核。除奉文停缉,及通缉已届四十年者,扣除免追,所有现在通缉之案,俱照依部颁册式,于年终报部查核。其奉部通缉别项人犯,及各本省逃凶逃盗各项案件,自应分析年分、名数,登注事由,及已未就获之处,列入汇造通缉册内缉拿,遵照部颁册式,年终报部查核。至各省互相咨缉寻常逃遣,并军流凶盗各项逃案,亦系应行缉拿之犯,应令该督抚将各省互相咨缉之案，另立一册，年底报部查核。庶各项逃犯有无就获之处，便于稽核，而查拿亦无疏漏。

○四十八年（1783）议准：查命案重犯脱逃，所有承缉之州县，先于本境实力查拿，并询明踪迹。无论隔府隔省，差役携带通关，密行侦缉。及至初参限满无获之日，造具事由清册，分咨各省通缉。由近而及远，办理实为周备。但关缉邻省，必先询明该犯，或有亲戚可依，或系旧时来往，始可差役往关。而凶徒既经窜逸，凡有可以潜藏之地，亲邻、保甲，未必周知，即属无从关缉。查命案初参以六个月为限，届时始造年貌、事由清册，申详督抚，转咨各省，恐顽犷之徒，早已乘间远扬。而他省未接通知，各该犯等往来路道，何从一体盘查。且限至半年，为时已久。该犯等远适他方，亦得从容藏匿。及邻省接有咨文缉捕，而藏身既固，更属难于搜获。故虽有通缉之名，并无通缉之实也。窃惟凶犯畏罪潜逃，其行踪诡秘，何所不至，岂复论地之远近。况各省地方官，虽间有留心缉捕，未奉通咨而获破重案者，然不过百分中之一二。是以设为通缉，以绝其逋逃之路。但同一分咨，与其咨缉于后，而致辗转潜逃，何如咨缉于先，而使克期就获。应请嗣后命案内如有凶犯脱逃，该州县审明属实，即于初报时，一面在本地缉拿，一面造具年貌、事由清册，即详请飞咨各省，协同缉捕。不必更俟至六个月初参之后，始行通缉。如此立时四面查拿，不论何处道路关津，俱有捕人稽察，凶犯如敢往来，既不难于弋获。且使凶恶之徒，明知各处截拿，容身无地，更不敢任意逋逃，自可早就擒获。再乾隆三十七年（1772），湖北按察使条奏盗犯脱逃，当即飞咨邻省协缉。经刑部议以“邻省通缉文檄，每多视为具文，而本境承缉官员，因有邻省责成，以致心存怠忽”等语。查地方遇有重案，虽飞咨各省，而承缉之限例綦严。如果逾时不获，本地方官应得处分，断难稍贷，自不敢因详请通缉，稍弛其查拿之责。如此办理，庶于缉捕之法，益为周密。

○五十八年（1793），议复两广总督审奏差役梁姜潜通信息，致逃军黄汉章复逃一案。奉旨：“向来官役追捕罪人，受财故纵者，与囚同罪。若并未得贿，止系泄漏其事，致令罪人逃避者，减罪人罪一等。立法虽有区别，但在官人役，奉公缉捕罪人，胆敢泄漏其事，以致该犯闻信远扬，有稽弋获，情节较重。若因未经受财，得以减罪人之罪一等，则官司人役，无所儆惧，纵囚之案，必致日多。嗣后除受财故纵者，仍照律与囚同罪外，其未经得贿，潜通信息，致罪人逃避，若所纵之囚，罪应斩、绞，即与同科，未免多一死罪之条，自应仍准减等问拟；若所纵之囚，系属军、流以下等罪，竟当与囚同科，不准减等。并著为例。”

○同治四年（1865）奏准：嗣后各省团练，除奸细、土匪、盗贼，及遇有要犯，经官札令协缉者，准其拿解外，其余逃军、逃流，并一切寻常案犯，仍责成地方官役拿办。倘该团练私行拿案，因捕酿命者，即照谋、故、斗杀各本律定拟。

# 卷八百三十一 · 刑部一百九

## 刑律 · 捕亡 罪人拒捕

### 罪人拒捕

○凡犯罪事发而逃走、及犯罪虽不逃走,官司差人追捕,有抗拒不服追捕者,各于本罪上加二等,罪止杖一百、流三千里。本应死者无所加。殴所捕人至折伤以上者,绞;监候。杀所捕人者,斩。监候。为从者各减一等。若罪人持仗拒捕,其捕者格杀之,及在禁或押解已问结之囚逃走,捕者逐而杀之,若因追逐窘迫而自杀者,不分囚罪应死不应死,皆勿论。若囚虽逃走,已就拘执,及罪人虽逃走,不拒捕而追捕之人,恶其逃走,擅杀之,或折伤者,此皆因之不应死者。各以斗杀伤论。若罪人本犯应死之罪而擅杀者,杖一百。以捕亡一时忿激言。若有私谋,另议。

### 附律条例

○一、捕役拿获罪犯,因其凶悍狡猾,设法制缚,误伤其命者,务研审确据。如实系强盗,及凶犯应死之人,将误伤之捕役,照罪人应死而擅杀律,杖一百;如系轻罪不应死之人,将误伤之捕役,照夜无故入人家已就拘执而擅杀律,杖一百、徒三年。若非误伤,仍照本律科断。

**谨案** 此条雍正五年(1727)定。乾隆五年(1740),因律称罪人持仗拒捕,捕者格杀之勿论,例内不言罪犯拒捕,则是已就拘执矣。今又立设法制缚之条,致死者宽以杖徒,将私拷取财受贿阴害等弊,势难保其必无,因将例文改定。

一、凡罪犯业经拿获,捕役借称设法制缚,误伤其命者,仍照已就拘执而杀之律,以斗杀论。倘捕役受人贿嘱,将罪人致死者,照谋杀人首从律治罪。

○一、强盗拒捕杀伤官兵之案,除同伙伤人之时,该犯不在一处者,仍照例治罪外,其同在一处,或三五成群,虽非下手之人,既在旁目睹,即系同恶共济,法所难宽,即行斩决。

**谨案** 此条雍正六年(1728)定。

○一、窃盗拒捕刃伤事主,奸夫拒捕刃伤捉奸之人,依例照折伤以上拟绞外,若伤非事主,并非例得捉奸之人,以及别项罪人拒捕,如殴所捕人至折伤,及残废、笃疾在折伤以上者,方依律拟以绞候。其但系刃伤,仍照律加本罪二等问拟。

**谨案** 此条乾隆二十四年(1759)定。

一、窃盗拒捕刃伤事主,奸夫拒捕刃伤应捉奸之人,及折伤以上,依例分别问拟斩、绞外,若伤非事主,并非例得捉奸之人,以及别项罪人拒捕,如殴所捕人至残废、笃疾,罪在满徒以上者,方依律拟以绞候。其但系刃伤,及刃伤以下,仍照律加本罪二等问拟。

**谨案** 此条嘉庆六年(1801)改定。

一、窃盗拒捕刃伤事主,奸夫拒捕刃伤应捉奸之人,及折伤以上,依例分别问拟斩、绞外,若伤非事主,并非例得捉奸之人,以及别项罪人拒捕,如殴所捕人至残废、笃疾,罪在满徒以上者,方依律拟以绞候。其但系刃伤、火器伤及刃伤以下,仍加本罪二等问拟。若本罪已至拟流,有拒捕者,即按五军外遣,以次递加二等,罪止发往新疆酌拨种地当差。

**谨案** 此条咸丰二年(1852)改定。因折一齿一指,系在刃伤以下,折人肢体,系在刃伤以上。本律所称罪人拒捕,殴人至折伤以上者绞,系统凡系折伤及刃伤者在内。例将别项罪人拒捕,刃伤以下者加本罪二等,系由重改轻,已非律文,而原例犹存"照律"字样,未免含混,是以节删。并增入火器伤及本罪已至拟流二层。

〇一、流罪人犯,越狱脱逃,按律加二等,二千里者,改为三千里;二千五百里者,改为附近充军;三千里者,改发边卫充军;原犯充军者,各以次递加调发;其原犯极边烟瘴充军者,改发黑龙江等处给披甲人为奴。

**谨案** 此条乾隆二十七年(1762)定,原载"狱囚脱监及反狱在逃"律内。二十九年(1764)移此。

一、罪人事发在逃,被获时,如犯该军、流者,均照军流越狱加等例,递加改发。有拒捕者,若本罪已至满流,而拒殴在折伤以下者,照满流人犯越狱例,改发边卫充军;犯该充军者,各以次递加调发;若犯该极边烟瘴充军者,改发黑龙江等处给披甲人为奴。其原犯未至满流者,仍依拒捕律,加罪二等。殴所捕人至折伤以上者,拟绞监候;杀人者,拟斩监候。

**谨案** 此条乾隆二十九年(1764)定。

一、罪人事发在逃,被获时,如犯该军、流者,照本律加逃罪二等。拒捕者,如本罪已至满流,而拒殴在折伤以下者,改发近边充军;犯该充军者,各以次递加调发;若犯该极边烟瘴者,改发黑龙江给披甲人为奴。其原犯未至满流者,仍依拒捕律,加二等。

**谨案** 军流罪犯越狱之例,乾隆五十三年(1788)奉旨酌改,已将二十七年(1762)之例删除。其二十九年(1764)例内,尚有比照军流加等改发等语。五十三年(1788)因改定此条。

一、罪人事发在逃,被获时,如犯该军、流者,照本律加逃罪二等。有拒捕者,如本罪已至满流,而拒殴在折伤以上,照律拟绞监候;折伤以下者,改发近边充军;犯该充军者,各以次递加调发;若犯该极边烟瘴者,改发回疆为奴。其原犯未至满流者,仍依拒捕律,加二等。

**谨案** 乾隆五十六年(1791),将前条发黑龙江人犯,改发回疆。嘉庆六年(1801),并添入"拒殴在折伤以上"一层,改定此条。

一、罪人在逃,除逃在未经到官以前者,仍照律不加逃罪外,如事发已经到官脱逃之犯,被获时,均照本律加逃罪二等;其犯该军、流者,亦递加二等问拟。至此等事发在逃之犯,被获时有拒捕者,如本罪已至满流,而拒殴在折伤以上,或系刃伤及火器伤者,均拟绞监候;折伤以下者,改发近边充军;犯该充军者,各以次递加二等调发;若犯该极边烟瘴者,改发新疆给官兵为奴。其事发到官后在逃,原犯未至满流者,仍依拒捕律,加罪二等;如拒殴在折伤以上,即照别项罪人拒捕例,分别拟罪。

**谨案** 道光六年(1826),调剂新疆遣犯,将原例发回疆为奴改发云贵两广极边烟瘴充军,到配加枷号三月。二十四年(1844),新疆遣犯照旧发往,仍复原例。咸丰元年(1851),将发回城为奴人犯,改发新疆给官兵为奴。二年(1852),于例首增入"逃在未经到官以前"一层,于本罪满流脱逃拒捕者增"刃伤及火器伤"二层,并例末二十一字。

○一、拿获围场内偷打牲口、砍伐木植人等,除照例治罪外,若有缉拿时曾经拒捕,不肯就擒者,先加枷号三月,再行照例发遣乌鲁木齐等处。如敢拒捕,致缉拿之人成伤者,拟绞立决。

**谨案** 此条乾隆四十一年(1776)遵旨议定。

一、拿获围场内偷打牲口、砍伐木植人等,若缉拿时曾经拒捕,不肯就擒者,照拒捕律,加本罪二等问拟。犯至发遣者,先加枷号三月,再行照例发遣。殴所捕人至折伤以上者,拟绞监候;杀人者,拟斩监候。

**谨案** 此条嘉庆六年(1801)改定。

○一、凡贼犯犯罪事发,业经官司差人拘捕,如有藐法抗拒,殴差致死,为首者,仍照本律拟斩监候;为从在场助势济恶之犯,俱改发伊犁给兵丁为奴。其余罪人拒捕杀人之案,仍照旧例办理。

**谨案** 此条系乾隆五十一年(1786)遵旨定例。

一、凡贼犯事发,官司差人拘捕,如有逞凶杀死捕役者,为首拟斩立决;为从在场助势济恶之犯,俱改发伊犁给兵丁为奴。

**谨案** 此条系乾隆五十五年(1790)遵旨改定。

一、凡贼犯事发,官司差人拘捕,如有逞凶杀死捕役者,为首者斩立决;为从帮殴有伤之犯,不论手足、他物、金刃,俱拟绞监候;在场助势济恶未经帮殴成伤之犯,改发伊犁给兵丁为奴。若聚众打夺,仍照聚众中途打夺例问拟。

**谨案** 此条嘉庆十一年(1806)改定。

○一、凡犯罪事发,奉票差拘,及签派看守押解之犯,敢于图脱逞凶,拒杀差役者,俱拟斩立决。其别项罪人拒捕致死平人,仍照各本律例科断。若案内因事牵连,奉票传唤之人,被追情急,拒殴差役适毙者,仍依拒捕追摄本条办理。如衙役非奉官票,或虽经奉票,而有借差吓诈、凌虐罪犯情事,致被殴死者,各照平人谋、故、斗杀本律科罪,均不得以拒捕杀人问拟。

**谨案** 此条系乾隆五十七年(1792)遵旨议定。

一、凡一切犯罪事发,官司差人持票拘捕,及拘获后签派看守押解之犯,如有逞凶拒捕,杀死差役者,为首无论谋、故、殴杀,俱拟斩立决;为从谋杀加功,及殴杀下手伤重致死者,俱拟绞立决;其但系殴杀帮同下手者,不论手足、他物、金刃,拟绞监候;在场助势未经帮殴成伤者,改发极边足四千里充军。若案内因事牵连,奉票传唤之人,被追情急,拒毙差役,以及别项罪人拒捕,并聚众中途打夺,均仍照拒捕追摄、打夺各本律本例科断。如差役非奉官票,或虽经奉票,而有借差吓诈、凌虐罪犯情事,致被殴死者,各照平人谋、故、斗杀本律定拟,均不得以拒捕杀人论。

**谨案** 此条嘉庆二十二年(1817)改定。

〇一、凡凶徒挟仇放火,及实在凶恶棍徒,无故生事行凶扰害,并强奸未成各罪人,被害之人,及本妇有服亲属,登时忿激致死者,均杖一百、徒三年,余人杖八十。如杀非登时,仍照擅杀罪人律拟绞监候,余人杖一百。

**谨案** 此条嘉庆四年(1799)定。

〇一、强奸未成罪人,被本妇之子登时杀死者勿论。若非登时,杖一百、徒三年。

**谨案** 此条嘉庆七年(1802)定。

〇一、图奸未成罪人,被本妇之子登时杀死者,杖一百、徒三年。非登时杀死者,杖一百、流三千里。

**谨案** 此条道光五年(1825)定。

〇一、凡卑幼因奸因盗图脱,拒杀缌麻尊长尊属者,按律问拟斩候,仍请旨即行正法。

**谨案** 此条系嘉庆九年(1804)遵旨定例。

〇一、凡擅伤罪人,除殴非折伤勿论外,如殴至折伤以上,按其擅杀之罪,应以斗杀拟绞者,仍以斗伤定拟;若擅杀之罪,止应拟满徒者,亦减二等科断。

**谨案** 此条嘉庆十一年(1806)定。

〇一、本夫及本夫本妇有服亲属,捉奸殴伤奸夫,或本妇及本夫本妇有服亲属,殴伤图奸、强奸未成罪人,或男子拒奸殴伤奸匪,或事主殴伤贼犯,或被害之人殴伤挟仇放火凶徒及实在凶恶棍徒,至折伤以上者,无论登时、事后,概予勿论。期服以下尊长卑幼,因捉奸、拒奸,或因尊长卑幼强奸、图奸,殴伤尊长卑幼者,悉照此例勿论。此外不得滥引,仍按殴伤尊长卑幼各本律例问拟。其旷野白日盗田野谷麦者,以别项罪人论。其余擅杀伤别项罪人,除殴非折伤勿论外,如殴至折伤以上,按其擅杀之罪,应以斗杀拟绞者,仍以斗伤定拟;若擅杀之罪止应拟满徒者,亦减二等科断。

**谨案** 此条道光四年(1824)改定。

○一、凡擅杀奸盗及别项罪人案内余人，无论谋杀加功，及刃伤、折伤以上，并凶器伤人，悉照共殴余人律杖一百；正犯罪止拟徒者，余人杖八十。如有挟嫌妒奸谋故别情，乘机杀伤，图泄私忿者，仍照谋、故杀，及刃伤、折伤，凶器伤人各本律本例问拟。

**谨案** 此条原载"刑律·人命"门"杀死奸夫"条内。道光五年(1825)，因例文所包者广，不止于奸，移附本条。

○一、窃盗被追拒捕刃伤事主者，窃盗拒捕杀人案内为从帮殴刃伤者，窃盗临时拒捕杀人案内为从帮殴刃伤者，窃盗临时拒捕伤人未死为首刃伤者，奸夫拒捕刃伤应捉奸之人者，罪人事发在逃被获时拒捕本罪已至满流而拒殴在折伤以上者，抢夺杀人案内为从帮殴刃伤者，抢夺伤人未死刃伤为首者，以上各项，除审系有心逞凶拒捕刃伤，仍各照本例分别问拟斩、绞监候外，如实系被事主及应捕之人扭获，情急图脱，用刀自割发辫襟带，以致误伤事主捕人者，各于死罪上酌减一等，应绞候者，减为实发云贵两广极边烟瘴充军；应斩候者，减发新疆给官兵为奴。

**谨案** 此条道光二年(1822)定。六年(1826)，调剂新疆遣犯，将原例发新疆为奴，改发云贵两广极边烟瘴充军，到配加枷号三月。二十四年(1844)，新疆遣犯，照旧发往，仍复原例。同治九年(1870)，因罪人事发在逃被获拒捕在折伤以上者，必本罪已至满流者，方准拟绞，原例未经指明本罪，因增定。

○一、河南南阳、汝宁、陈州、光州四府州所属州县，及安徽省属，捻匪行凶扰害，被害之家，当场致伤及杀死捻匪者，无论是否登时，概予勿论。差役、地保杀死捻匪者，悉杖一百；伤者暨格杀，均勿论。如有挟嫌杀害、借端泄忿情事，仍照谋、故、斗杀各本律治罪。若差保庇护捻匪，不行拘拿，照故纵律与本犯同罪，受财者以贿纵论。其捻匪拒捕杀死应捕之人者，依罪人拒捕杀人律，拟斩监候；伤者但系刃伤及折伤以上，不论是否残废、笃疾，各依殴所捕人至折伤以上律，拟绞监候。俟数年后捻匪敛戢，仍各照旧办理。

**谨案** 此条道光五年(1825)定。

○一、山东捻匪、幅匪强劫、抢夺、讹索扰害，被害之人当场将其杀死者，无论是否登时，概予勿论。兵丁、差役、地保及邻佑应捕人等，杀死捻匪、幅匪者，各照擅杀应死罪人律，杖一百；格杀及伤者，均勿论。如有挟嫌杀害、借端泄忿情事，仍依谋、故、斗杀各本律治罪。若兵役、地保徇庇不拿，与本犯同罪，受财者以贿纵论。其捻匪、幅匪杀伤事主，除强劫、抢夺例有专条外，如讹索不遂，杀伤被害之人，即照抢夺杀伤事主例分别定拟。杀伤兵役人等，仍依罪人拒捕本律科断。倘数年后此风稍息，奏明仍照旧办理。

**谨案** 此条道光二十五年(1845)定。

○一、直隶抢窃案犯拒杀差役之案，除奉票指拿有名者，仍照定例分别斩绞立决、监候外，其捕役奉票指案承缉抢窃各犯者，票内虽未指明姓名，而该犯确系本案正贼;及捕役奉票躧缉盗贼票内,并未指明何案,及各犯姓名者,或遇贼犯正在抢窃,或经事主喊指捕拿,赃证确凿,虽未到官,实属事发;并贼犯先经捕役奉票拿获送官责释有案,并无吓诈凌虐,而该犯挟嫌报复,或纠伙凶殴者,亦属藐法有据,以上三项,凡有杀伤者,各照罪人拒捕本律定拟。若捕殴死者,亦依本律分别擅杀、格杀科断。如伤未至死者,捕役殴伤贼匪,非折伤勿论,折伤以上减二等;贼匪拒伤捕役者,于本罪上加二等治罪。其非奉官票,及奉票而有吓诈凌虐情事者,各照平人谋、故、斗殴杀伤本律科断。俟该省盗风稍息,仍复旧例遵行。

**谨案** 此条道光八年(1828)定。

○一、奸匪抢窃,并罪人事发在逃,犯该满流等犯,如拒捕时有施放鸟枪、竹铳拒伤捕人,按刃伤及折伤本例应拟死罪者,悉照刃伤及折伤以上例,分别问拟斩、绞监候。若犯非奸匪抢窃,并本罪未至满流,或执持系别项凶器者,仍各照本例办理。

**谨案** 此条道光二十五年(1845)定。

○一、凡大伙兴贩鸦片烟,聚众持械拒敌官兵者,准官兵施放鸟枪,格杀勿论。其拒捕之犯,聚至三人以上,执持器械杀人者,为首并杀人之犯,俱拟斩立决,伤人之犯斩监候。若伤人未死,首犯斩监候;为从下手,如刃伤及折伤以上者,绞监候;伤非金刃又非折伤,及在场助势未曾伤人各犯,俱发往新疆给官兵为奴。其聚众持械未经拒捕之首犯,拟绞监候,为从发极边烟瘴充军。从犯内罪不至死者,如讯系业经售卖鸦片烟贻害,仍从重照兴贩本例拟绞。

**谨案** 此条道光十九年(1839)定,咸丰九年(1859)删。

**历年事例**

○乾隆七年(1742)议准:查窃盗弃财逃走,事主追逐,因而拒捕者,依罪人拒捕律科断。而罪人拒捕之条,犯罪逃走,及犯罪虽不逃走,官司差人追捕,有抗拒不服追捕者,于本罪上加二等,罪止满流;殴伤所捕之人,至折伤以上者绞,杀所捕人者斩,俱监候。律之所指,皆实系官司差票应捕之人,若有拒捕,加罪二等;殴至折伤以上,方坐绞候。如非应捕之人,即不用此律。至若事主,虽非官司差人,而盗必应捕,若犯奸而应行捉奸之人,则奸亦必应捉。二者虽非官司,犹官司也。既许其捕,则所捕之盗,有拒捕者,即照此律科断,此律文本意也。惟是折伤以上绞候之条,内有刃伤,应在折伤以上。而历来刑部及内外问刑衙门,惟窃盗拒捕刃伤事主,称为折伤以上,拟绞监候;若拒杀官司差捕,惟实系折伤一齿一指以上,方与拟绞;若系刃伤平复者,则又以律称折伤拟绞,未称刃伤拟绞,止于徒二年上加二等徒三年科断,历来行之已久。虽若高下其手,实属轻重有权。盖言罪人,则所包者众。良民一时过误,即系获罪。譬如骂人者律笞一十,亦是罪人,其一时情迫或致拒捕,顺带小刀戳伤,即拟缳首,实属过重,不比折指毁齿不能平复,是以从轻。至于窃盗因事主知觉,即弃财物逃走,尚有畏惧之心,而无凶暴之状,即因追逐而拒捕,不过欲冀脱身以幸免,故律注止加不得财二等杖七十。若因其追逐,竟敢转身持刃伤人,则强形已露,已非一拳一棒、折人一齿一指之伦。况盗贼之心叵测,多有金刃随带,止依本罪加等满徒,则势必肆行无忌,何以戢盗风而安良善。是以又将刃伤人者,谓在折伤以上,拟以绞候。正《书经》所谓"轻重有权,不必混而一之者也"。各省追逐拒捕伤非金刃之案,自有加等正条,若有照临时拒捕为从伤非金刃例,问拟充军到部者,刑部自应遵照律例,详核定议改正。至刑部议复署贵州督臣张允随题蒙子凡等行窃拒捕戳伤事主戴天俸一案,则又不可以概论。蒙子凡窃盗刃伤事主之案,缘余阿滗等甫经挖洞尚未入室,即为事主戴天俸持棒往击,余阿滗等奔逸,戴天俸赶上,将余阿滗拉倒按住不放,余阿滗图脱,将小刀向戳,戴天俸仍不放手,余阿滗情急喊救,蒙子凡回转,先扯戴天俸之手,总不肯放,蒙子凡始取余阿滗之刀戳伤戴天俸臂膊,戴天俸释手,二贼即逃。余阿滗等并未入室,则未得财可知;事主棒击奔逃,又复追拉倒地,以致二贼先戳其手,继戳其背。是二贼止有求脱之心,并无格斗之意也。且二贼之中,余阿滗已经监毙,若又将为从之蒙子凡拟军,实属过重。是以改照刃伤人徒二年本罪上,加等满徒。此系刑部核案酌情办理,并不敢请著为定例。若拒捕情形,不尽如余阿滗之已经监毙,为从不尽如蒙子凡之情迫可原,则不得概从轻拟也。嗣后各项犯罪拒捕,仍遵照律例分别加等治罪外,其窃盗弃财追逐之案,如有逞凶执持金刃戳伤事主者,应照折伤以上,拟绞监候。其有与余阿滗之案,绝相肖似者,仍以犯罪人拒捕加等科断,不必著为定例。

○四十一年(1776)谕:"围场偷打牲口、砍伐木植人等,胆敢拒捕,情殊可恶。嗣后拿获围场内偷打牲口、砍伐木植人等,仍照旧例治罪外,若有缉拿之时,拒捕不肯就擒者,拿获时着加重治罪。其敢于拒捕致伤缉拿之人者,拿获时着即行正法。钦此。"遵旨议定:偷盗围场之犯,本例已应发新疆,今因拒捕加重,查加罪例不至死,谨拟于遣罪上,先加枷号三月,再行发遣。其拒捕伤人者,即行正法,照拒捕折伤以上拟绞律,定为绞决。

○四十六年(1781)谕:"刑部因经朕看出《核复山西省梁崇禄图奸窦生宜之妻,被窦生宜殴伤身死,将窦生宜援照罪人不拒捕而擅杀律拟绞监候》一本,请另立罪人虽拒捕而并未伤人之例。此案梁崇禄实亦拒捕,但未伤事主。向来办理此等案件,俱有成例可援。如罪人不拒捕而擅杀者,自应照例缓决,数年后遇赦再行减等。若罪人既有拒捕确实证据,致被捕者杀死,则捕者无论已未受伤,均当于本年列入可矜,刑部止须于秋审时就案核办,不必另立科条。窦生宜一案,即照此办理。"

○五十一年(1786),《核复湖北巡抚奏贼犯陈其方等,被县役缉获拒捕杀差案内,帮同拒捕并未伤人律应拟流之从犯郭彦春,改发伊犁给额鲁特为奴》一折,奉旨:"向例凡于拒捕为从者,俱于为首斩罪上减一等问拟杖流。但为从之犯,虽同一拒捕,而事主之与官差,究有区别。如犯罪事发,业经官司差人拘捕,该犯仍敢藐法抗拒,较之事主追逐,临时抵拒者,情罪自为较重。若概以为从并未伤人,一例减流,不足以儆凶顽而昭法纪。嗣后抗拒官差为从者,即照此案定拟,其余仍照旧例办理。著为令。"

○五十五年(1790)谕:"前据伍拉纳奏贼犯陈筥因被差役赵荣侦见擒捕,即拔身带小刀戳伤赵荣身死一案。因该犯藐法逞凶,杀死捕役,若照例问拟斩候,不足蔽辜。降旨令内外问刑衙门,遇有贼犯行凶用刀立毙差役者,俱应请旨即行正法。今阅刑部核题王金玉致死赵康求子一案,依例将王金玉问拟斩决。夫窃盗之于事主,系属平人,尚以临时拒捕致毙,罪应斩决,乃以奉公缉犯官人,贼犯竟敢抗拒戕害,向例仅止问拟斩候,其罪反轻于拒杀平人之条,定拟未为平允,何以昭法纪而儆凶顽。嗣后如有贼犯拒捕逞凶,立时用刀杀毙捕役者,竟当问拟斩决。著为例。"

○五十七年(1792)谕:"刑部题复安徽省奸犯王林远扎伤奸妇夫兄郑瑶典身死,将王林远依罪人拒捕杀所捕人者律拟斩监候;又直隶省贼犯黄昆等殴伤事主杨文德身死,将黄昆照窃盗临时拒捕为首杀人例拟斩立决,二本已照签下矣。又题复山东省民犯刘书图脱拒捕,砸伤捕役乔振绪身死,将刘书依犯罪逃走拒捕杀所捕人律,仅拟斩候,未为允协。黄昆系属贼犯,临时拒捕杀伤事主,自应照例斩决。至王林远与郑瑶典俱系平民,其捉奸被扎身死,将王林远问拟斩候,已足蔽辜。若刘书系殴伤堂嫂拘押候质之犯,乃敢硬自跑走,及经县役堵拿,辄用石向砸,致伤身死。以犯人而拒杀在官人役,一死二伤,岂王林远之拒杀郑瑶典可比,乃仅拟斩候,使之监禁稽诛。从前定例,本未平允,刑部援引定拟,亦未加细酌,以致失当。嗣后除拒杀所捕系属平民者,仍照旧例办理外,其有在官兵役,自应奉票差拘,以及签派看守押解人犯,如无恐吓凌辱索贿情事,犯人敢于图脱殴打致毙者,概不当复拟斩候。其应如何酌行改定之处,着该部悉心妥议具奏。"

○嘉庆四年(1799),山东巡抚审题时元会殴伤放火凶徒刘二身死,时元会依擅杀罪人律拟绞监候一案。经刑部奏称,本年十一月,刑部于福建省黄哑仔殴死窃贼许兴早案内,声请凡事主当时追捕,殴死黑夜偷窃,及白日入人家内院内偷窃财物之贼,既拟满徒,其隔日殴死者,如贼犯已就拘执,及并未拒捕成伤,将事主仍照擅杀罪人律拟绞;如贼犯不服拘执,及虽就拘执,而拒捕成伤者,量减拟流等因奏准在案。此条刘二挟仇放火,罪应拟军,与贼犯乘间鼠窃者,更属为害地方。时元会系被害之人,当时追捕致毙,事在仓猝,情因切己,正与事主当时追捕殴死贼犯情节相仿。若仍照律问拟绞候,以安分守法之良民,为强横不法之凶徒实抵,情法殊未允协。时元会应改照事主当时追捕殴死贼犯例,杖一百、徒三年。再查军、流人犯内,有凶恶棍徒,无故生事行凶,扰害良民拟遣,及强奸未成拟流二项,一则欺凌善良,一则污人名节,均属为害闾阎。今当时殴死挟仇放火之犯,既改拟满徒,则当时殴死无故扰害之凶恶棍徒,及本妇有服亲属当时殴死强奸未成罪人,自应一例拟徒,以昭平允。应请嗣后殴死凶徒挟仇放火,及实在凶恶棍徒无故屡次寻衅扰害,并强奸未成各罪人,被害之人及本妇有服亲属,均照事主例,如登时追捕忿激致死者,均杖一百、徒三年,余人杖八十；如凶徒持仗拒捕成伤，登时格杀者，仍照律勿论；如事已隔日，凶徒业已就拘，及并未拒捕成伤，辄复殴打致毙者，拟绞监候，余人杖一百；其未就拘及被拒殴成伤者，量减一等，杖一百、流三千里，余人杖九十。

○六年(1801)议准：罪人拒捕，殴所捕人至折伤以上者，律应绞监候，系指斗殴律内折人一齿以上而言。查律载折人一齿及手足一指者，杖一百；折二齿二指以上，杖六十、徒一年；刃伤人者，杖八十、徒二年；若折人手足腰项皆成废疾者，杖一百、徒三年；至笃疾者，杖一百、流三千里。凡拒捕殴所捕人成伤之案，如殴成残废、笃疾，自应照律拟绞监候。若仅刃伤以下，折一齿以上，俱照律折伤以上拟绞，未免情轻法重。是以乾隆二十四年(1759)定例，除奸盗罪人，刃伤所捕人，情罪较重，仍照律折伤以上拟绞外，若伤非事主，并非例应捉奸之人，以及别项罪人拒捕，如殴所捕人至残废、笃疾者，方依律拟以绞候；其但系刃伤，仍照律加本罪二等问拟，定例已极平允。惟查别项罪人拒捕例内，尚载有“折伤及折伤以上”数字，恐拘泥例文者，将折人一齿以上律应杖一百者，依殴所捕人至折伤以上律拟绞，而于刃伤律应徒二年者，反依本例加本罪二等问拟，未免轻重倒置。应将例内别项罪人拒捕条内，“折伤及折伤以上”等字删去，改为“殴所捕人至残废、笃疾，罪在满徒以上者，依律拟以绞候”，并于下句“但系刃伤”下，增“及刃伤以下”五字，以免牵混。

○又议准：偷盗围场旧例，无论次数，即行发遣。嗣于嘉庆四年(1799)，刑部《议复盛京刑部奏请私入围场之犯分别治罪》折内，声明嗣后私入围场偷打牲畜、砍伐木植，已得者，初次枷号三月，二次杖一百、徒三年，三次发遣乌鲁木齐等处种地等因，奏准在案。是偷打牲口、砍伐木植之例，已经奏明修改。其拒捕之处，亦应酌复旧例。嗣后此等人犯，有拒捕者，照拒捕本律加本罪二等问拟。犯至发遣者，先加枷号三月，再行发遣。殴所捕人至折伤以上者，绞监候；杀人者，斩监候。

○七年(1802)，直隶总督咨平泉州民人田雪子因石勇强奸伊母李氏未成，登时殴伤石勇身死，该督将田雪子依强奸未成罪人被本妇有服亲属登时忿激致死例拟徒。经刑部查登时杀死强奸未成罪人拟徒之例，系概指亲属而言。至其子于父母，不但非有服亲属可比，且较本夫义忿所激，天性更为迫切。律内本夫奸所获奸，登时杀死奸夫者勿论，若人子登时杀死强奸伊母未成罪人，竟不得原情予以勿论，殊未平允。议请嗣后强奸未成罪人，被本妇之子登时杀死者勿论。若杀非登时，杖一百、徒三年。

○八年(1803)，河南巡抚题贼犯杜老刁行窃图脱，殴伤缌麻服兄杜景华身死，将杜老刁拟斩监候一案。奉旨：“此案杜老刁起意纠约同伙，向缌麻服兄杜景华家行窃，已属不法。迨杜景华追捕时，该犯辄用刀吓戳多伤。复因杜景华扭住不放，情急图脱，将杜景华扎伤右肋倒地殒命，尤属凶恶。刑部问拟斩候，固属按律办理。但该犯先经犯窃，复拒伤缌麻服兄身死，服制攸关，将来秋审时，亦必予勾，毋庸久羁囹圄，杜老刁着即处斩。嗣后刑部遇有此等拒捕毙命，有关缌麻服制之犯，按律问拟斩候,仍请旨即行正法,不必待至秋审办理。著为令。”

○九年(1804),江西巡抚题长宁县民曹炳然与缌麻服兄曹健纯弟妇何氏通奸,拒捕杀死曹健纯,依律拟斩监候一案。经刑部议准,奸盗拒捕,事同一律,曹炳然奸通缌麻服弟妻,复拒捕故杀缌麻服兄,核与杜老刁行窃拒捕,致死缌麻服兄之案,情节尤重,自应钦遵谕旨,将曹炳然按律拟斩监候,请旨即行正法。

○十一年(1806),陕西巡抚咨富平县民韦孝割伤调奸罪人韦秉清脚筋成废一案,将韦孝依平人折跌人肢体律,拟以满徒,经刑部改照本律满徒上减二等咨复。嗣据该抚以擅伤减斗伤罪二等,系专指夜无故入人家奸盗未明者而言。韦孝因韦秉清白日调奸伊媳秦氏,越三日捉获,割断脚筋成废,前照斗伤问拟,部改减二等,事属创始,咨请部示。复经刑部查擅杀罪人之案,研讯明确,实系应行减科,无论黑夜白日,俱可原情酌减。行令嗣后遇有此等之案,总视其所犯之罪,分别定拟。如擅杀罪止拟徒,则擅伤应照斗伤罪减二等;若擅杀应以斗杀律拟绞,则擅伤仍应依斗伤论等因咨复在案。再查擅伤罪人律内,折伤始科伤罪,则殴非折伤,应得勿论。

○道光二年(1822)谕:“刑部等衙门‘核拟曾三行窃刃伤事主一案,请酌改科条’等语。此案湖南湘乡县贼犯曾三,于已经脱逃后,被事主追获,情急图脱,自割发辫,误行划伤事主。核其情节,本无拒捕之心。若依拒捕刃伤例问拟绞候,未免情轻法重。曾三一犯,着照议于绞罪例上,量减为极边烟瘴充军,定地发配,折责安置,余俱照所议行。”

# 卷八百三十二·刑部一百十

## 刑律·捕亡 狱囚脱监及反狱在逃

### 狱囚脱监及反狱在逃

凡犯罪被囚禁而脱监，及解脱自带锁杻越狱在逃者，如犯笞、杖、徒、流，各于本罪上加二等。如因自行脱越而窃放同禁他囚罪重者，与他囚罪重者同罪，并罪止杖一百、流三千里。本犯应死者，依常律。若罪囚反狱在逃者，无论犯人原罪之重轻，但谋助力者，皆斩。监候。同牢囚人不知反情者不坐。

**谨案** 原文解脱自带枷锁。雍正三年(1725)改锁杻。

**附律条例**

〇一、各府州县掌印巡捕官，但有死罪重囚越狱，三名以上，俱住俸带罪勒限缉拿，六名以上调用，十名以上降一级，十五名以上降二级。通限三个月以内，有能尽数拿获者免罪。卫所官遇有失囚，亦照前例。若偶因公事他出，致有疏虞者，减现在主守之人罪各一等。其兵备、守巡官系驻扎处所，失事二次，参奏罚治。抚、按官有隐匿不以实开者，听部院该科参究。

**谨案** 此条系原例。雍正三年(1725)奏准，今重犯越狱，该管官即革职带罪勒限缉拿，无三名以上始行住俸之例，删。

〇一、凡杀人盗犯，及未杀人之首盗，与伤人之伙盗，原拟斩枭及斩决，若越狱脱逃被获者，并于本地方斩决、枭示。其未杀伤人之伙盗，原系拟斩免死发遣之犯，如越狱脱逃被获者，于本地方拟斩立决；若因越狱杀伤兵役者，亦拟斩、枭示。其外省越狱及在途脱逃盗犯，被别省拿获，即令拿获之地方官审报该抚具题，刑部查明原卷奏闻，行令拿获之地方立决；其从部刺字发遣，在途用酒灌醉、用药迷倒解差，乘间远扬者，该地方官报部，亦行令拿获之地方拟斩立决；若因脱逃杀伤兵役者，斩决、枭示。其疏纵之该管官，照例议处。刑书、禁卒有无贿纵，与不严加肘锁，少差兵役，及差非正身，以致中途脱逃者，地方官及兵役照例议处治罪。

**谨案** 此条雍正三年(1725)定。

〇一、各处监狱，俱分建内外两处，强盗并斩、绞重犯，俱禁内监；军流以下，俱禁外监。再另置一室，以禁女犯。

○一、获犯到案,并解审发回之时,州县官当堂细加搜检,有无夹带金刃等物,方许进监。并严禁禁卒,不许将砖石树木、铜铁器皿之类,混行取入。如有买酒入监者,将禁卒严行责治。

**谨案** 以上二条,均系雍正七年(1729)定。

○一、拿获越狱人犯,务究通线与剃头,并代为销毁刺字情弊。通线之人,与囚同罪,至死者拟绞监候;其代为剃头,并销毁刺字之人,俱枷号两月,责四十板。

**谨案** 此条雍正七年(1729)定。原例"代为剃头,并销毁刺字之人,枷号三月",乾隆五年(1740)改照起除刺字律。

○一、监内疏脱立决人犯,禁卒发边卫充军,提牢典史杖一百、徒三年;疏脱监候人犯,禁卒杖一百、流三千里,提牢典史杖九十、徒二年半;疏脱军、流、徒罪人犯,禁卒减囚罪一等,提牢典史减囚罪二等;其受财故纵者,与囚同罪,至死者拟绞监候。如一年之内,能令亲属捕获,或囚已死及自首,仍照律各减囚原罪一等。更夫、民壮,俱枷号两月;如有通同受贿故纵情弊,并计赃从重论。其管狱官及有狱各官,遇有重犯越狱脱逃,管狱官革职拿问,有狱官革职带罪勒限一年督缉,限满不获离任,仍留地方协同接任官缉捕。三年限内全获,给咨送部,请旨开复。如三年限满,或不能全获,交与刑部分别治罪。其例应降调之员,亦留于地方,与接任官协同缉捕。三年限满不获,按其不获名数,分别议处。

**谨案** 此条雍正七年(1729)定。乾隆五年(1740)奏准,"主守不觉失囚"律内,疏脱者减囚罪二等,今例内疏脱立决、监候人犯,即拟军、流,是止减一等。且"不觉失囚"律内,疏脱者减二等;故纵者与囚同罪,至死减等;得财故纵者,以枉法从重论,原分三等。此例止有疏脱及受财故纵之罪,未及故纵而不受财一层。设有此等案件,与受财同科,则无所区别,不与受财同科,则罪无可拟,此条删。

○一、在监斩、绞人犯,如有强横不法及赌博等事,一经审实,即行请旨照原拟正法。如提牢官失于觉察,狱官故为徇隐,交部议处。禁卒知情故纵者,从重治罪。

**谨案** 此条雍正十一年(1733)定。乾隆五年(1740),议以重犯锁铐在监,自非禁卒疏纵,何由强横、赌博。今将犯人照原拟正法,而知情故纵之禁卒,尚未严定罪名。且军、流等犯,亦应增入。因将例文改定。

一、在监斩、绞人犯,如有强横不法及赌博等事,杖一百,仍严加锁铐,俟秋审分别定拟。知情故纵之禁卒,照开局窝赌例,杖一百、徒三年。提牢官失于觉察,狱官故为徇隐,交部分别议处。军、流等犯有犯,亦照此问拟。

○一、斩、绞重犯,如有越狱脱逃,将管狱官及有狱官即时题参,按例分别议处,不得同军、流等犯越狱,按照疏防定例扣参。

**谨案** 此条乾隆二十二年(1757)定。

○一、斩、绞人犯,如有在监年久,自号牢头,串通禁卒捕役,挟制同囚,吓诈财物,教供诬陷,少不遂欲,恣意凌虐,凶恶显著者,审实,即照死罪人犯在监行凶致死人命例,依原犯罪名拟以立决。其寻常过犯,酌量严惩示儆。

**谨案** 此条乾隆二十四年(1759)定。

○一、犯罪囚禁在狱,私纠伙党三人以上,穿穴逾墙,乘禁卒人等一时疏懈,潜行越狱脱逃者,除原犯斩、绞立决,应即正法外,其原犯斩、绞监候人犯,无论首伙,俱改为立决;原犯军、流,律应加二等调发者,俱改为拟绞监候,秋审时为首入于情实,为从入于缓决;原犯徒罪,律应加二等问拟者,为首改为拟绞监候,秋审时入于缓决,为从发往伊犁给兵丁为奴;原犯杖、笞,律应加二等问拟者,为首发往伊犁为奴,为从实发烟瘴充军。若仅止一二人犯,乘间穿穴逾墙,因而脱逃,并无预谋纠伙情事者,原犯斩、绞立决,即行正法;其原犯斩、绞监候,应入情实人犯,毋论首伙,俱改为立决;应入缓决者,入于秋审情实;原犯军、流,律应加等改发者,为首改为拟绞监候,入于缓决,为从发往伊犁给兵丁为奴;原犯徒罪,律应加等问拟者,为首发往伊犁给兵丁为奴,为从实发烟瘴充军;原犯杖、笞,律应加等问拟者,为首改为实发烟瘴充军,为从问拟满流。其盗犯潜行越狱脱逃,仍各按本例定拟。如有劫狱、反狱者,即照劫囚反狱定例办理。

**谨案** 此条道光六年(1826)改定,调剂新疆遣犯,将原发伊犁为奴者,改发云贵两广极边烟瘴充军;原发烟瘴者,改发极边足四千里充军。二十四年(1844),遣、军照旧发往,仍复原例。

○一、罪囚由监内结伙反狱,如有持械杀伤官弁役卒,及并未伤人首从各犯,不论原犯罪名轻重,悉照劫囚分别杀伤一律科罪。

**谨案** 以上二条,系乾隆五十三年(1788)遵旨议定。

○一、羁禁罪应凌迟、斩绞立决、监候重犯,越狱脱逃,将有狱及管狱各官俱参革,留于该地方协缉。十年限满不获,审系禁役贿纵、故纵脱逃者,协缉各官,俱发往军台效力赎罪;若审明禁役并无贿纵、故纵情事,果系依法看守,偶致疏纵脱逃者,协缉各官,拟以杖一百、徒三年。如所限十年期内,该员等能将正犯全行拿获,该督抚给咨送部引见,请旨开复;倘一犯不获,及他人捕获者,仍照例科罪。至军、流等犯越狱脱逃,其有狱、管狱各官,仍照旧例交部分别议处。

**谨案** 重犯越狱,旧例该管官限五年协缉,此条系乾隆五十三年(1788)奉旨改议定例。

一、羁禁罪应凌迟、斩绞立决、监候重犯,越狱脱逃,将有狱及管狱各官,俱照旧例参革,留于该地方协缉。五年限满不获,审系禁役贿纵、故纵脱逃者,协缉各官,俱发往军台效力赎罪;若审明禁役并无贿纵、故纵情事,果系依法看守,偶致疏纵脱逃者,协缉各官,拟以杖一百、徒三年。如所限五年期满,该员等能将正犯全行拿获,该督抚给咨送部引见,请旨开复;倘一犯不获,及他人捕获者,仍照例科罪。至军、流等犯越狱脱逃,及斩绞人犯越狱拿获案内另有军、流人犯未获,其有狱、管狱各官,仍照旧例分别议处。

**谨案** 嘉庆四年(1799),吏部奏准将重犯解审中途脱逃协缉五年之例删除,仍归协缉一年办理,咨称越狱协缉十年之例,亦应更正划一,因仍复协缉五年旧例,改定此条。

一、羁禁罪应凌迟、斩绞立决、监候重犯,越狱脱逃,将管狱官革职拿问。除五日内拿获,革去顶戴,改为革职留任,四年无过,题请开复;四个月限内拿获,即行革职,免其拿问外,如不能拿获,留于地方协缉。五年限满不获,审系禁役贿纵、故纵脱逃者,发往军台效力赎罪;若审明禁役并无贿纵、故纵情事,果系依法看守,偶致疏纵脱逃者,拟以杖一百、徒三年。有狱官暂行革职留任,俟四个月限满不获,仍留任一年督缉。如再不获,按其未获名数,议降议革,留于该地方协同接任官缉捕。五年限内拿获,题请开复。限满不获,查系禁役贿纵、故纵者,无论名数多寡,概行革职,发往军台效力赎罪。若并无贿纵情弊,系降调之员,仍照未获名数,分别降革完结;系革职之员,拟以杖一百、徒三年。至一案内止系一名脱逃者,有狱官革职留任。四个月限满不获,仍留任一年督缉。如再不获,即行革任,留于该地方协缉。五年限内拿获,题请开复。限满不获,审系依法看守,偶致疏纵者,仍以革职完结;系禁役贿纵、故纵者,拟以杖一百、徒三年。倘犯被他人捕获者,仍照例科罪。至军、流等犯越狱脱逃,及斩绞人犯越狱拿获案内另有军、流人犯未获,其有狱、管狱各官,仍照旧例交部分别议处。

**谨案** 此条嘉庆八年(1803)改定。十九年(1814)遵十六年(1811)旨,增管狱官"五日内拿获,革去顶戴,改为革职留任,四年无过,题请开复"一层。

〇一、羁禁罪应凌迟、斩绞立决、监候重犯,越狱脱逃,将有狱、管狱各官革职,留于地方,照例限五年协缉。如于限内拿获他处案犯,并非本案正犯,仍按限协缉。限满无获,照例分别治罪。

**谨案** 此条系乾隆六十年(1795)遵旨定例。

**历年事例**

〇康熙十五年(1676)题准:凡有反叛人犯越狱,不论名数多寡,将狱官革职拿问;该管各官革职,带罪勒限一年督缉。全获者开复,逾限不全获者,即行革职。若系斩绞人犯越狱,不论名数,狱官革职拿问。自一名至五名者,将该管各官革职,带罪照限一年督缉,全获者开复;限外一名不获者降一级,二名者降二级,三名者降三级,四名者降四级,俱调用;五名全不获者革职。六名以上越狱者,亦照例督缉。如限满不获,仍按名数多寡,分别议处。如原参带罪督缉官员,限满降调有抵销留任者,再限一年缉拿。如仍不获,照接缉官例,分别议处,全获者不议叙。至接缉官,亦勒限一年缉拿,能全获者不论俸满即升;一名不获者罚俸三月,二三名者罚俸六月,四五名者罚俸九月,六名以上者罚俸一年,人犯照案缉拿。若军、流、徒、杖、笞等犯越狱者,不论名数,狱官革职。该管各官,自一名至十名者俱住俸,带罪照限一年督缉,全获者开复;逾限不获,一二名照原品调闲散用,三四名者降一级,五六名者降二级,七八名者降三级,九名十名者降四级,俱调用;十一名以上者革职,带罪照限督缉。如限满不获,照例计名数多寡,分别议处。其原参带罪督缉官员,限满降调有抵销留任者,再限一年缉拿。不获者照接缉官例议处,全获者亦不议叙。接缉各官,亦勒限一年督缉,全获者不论俸满即升;一名至四名不获者罚俸三月,五六名者罚俸六月,七八名者罚俸九月,九名十名以上者罚俸一年;未获人犯,照案缉拿。凡署印官有越狱之事者,照现任官例处分。其虚革虚降官员,限内有事故离任者,照离任官例罚俸一年,逃犯责令接管官再限一年缉拿。如能全获者,不论俸满即升;若前官已获一二名,接管官将所余逃犯全获者,不论名数多寡,纪录一次。逾限不获者,仍按罪犯轻重,名数多寡,照接缉官例议处。至于监犯越狱,该管官当时拿获,或穷追自尽者,俱免处分。若将别案缉获贼犯,诈作越狱案内之犯,谎报已获已死者,俱革职;将转详官罚俸一年,具题之该督抚罚俸六月。如该管官将斩绞重犯越狱隐讳不报者,即行革职。该管官因公出境,有反叛人犯越狱者,照承缉官例处分。若系斩绞人犯越狱,初参免其处分,限一年督缉。逾限一二名不获者,罚俸六月,三四名者罚俸一年,五六名者降一级调用,七八名以上者降二级调用。如系军、流、徒、杖、笞等犯越狱,初参免处分,亦限一年督缉。逾限一二名不获者,罚俸三月,三四名者罚俸六月,五六名者罚俸一年,七八名以上者降一级调用。

〇三十年(1691)谕:“越狱已经全获,该管官即行免议。”

〇雍正元年(1723)议准:山海巨盗及斩绞重罪人犯越狱脱逃,将狱官革职拿问;该管官革职,带罪勒限一年督缉,限内全获,准其开复。如逾限一名不获者,降一级调用;二名不获者,降二级调用;如三名不获一名者,革职。至狱卒有受罪人仇家贿嘱,谋死本犯者,依谋杀人首从律治罪。其失察之该管官,交与该部从重议处。再狱官果有堪于荐举者,该管督抚据实题奏,交该部酌加议叙。

〇四年(1726)议准:嗣后凡斩绞重犯越狱,该管官除赴部引见、委解钱粮、调查案件、承办要务等件因公出境,及奉调入闱者,该督抚于疏内声明,吏部仍照因公出境例查议。但此等人犯,理应严加监禁,镣铐牢固。该管官或委署邻邑,或檄调赴省等项公出时,尤当严饬吏卒,委交属员,加谨稽查,小心防守。如有此等公出,而斩绞重犯越狱者,仍照越狱例议处。至军、流、徒罪等犯,该管官员因公出境,一时防检偶疏,或致越狱脱逃,该督抚务将该员于某月日因何事公出何处,逐一声明,仍照因公出境例议处。如有并非因公出境,而捏饰具奏者,将该管上司照徇情例降二级调用,该管有司狱官照规避例革职。

〇又奏准:未杀人之首盗与伤人之伙盗,原拟斩决,若越狱脱逃被获者,照杀人盗犯,于本地方斩决、枭示。其未杀伤人之伙盗,系免死发遣之犯,如越狱脱逃者,照未杀人之首盗,于本地方斩决;若因越狱杀伤兵役者,亦拟斩枭。文武官有能拿获盗犯越狱,及中途脱逃并从遣所逃回者,照拿获名数,分别加级、纪录。

○七年(1729)谕:"监犯脱逃加等治罪之例,着各省督抚转饬所属刊刻木榜,于狱中张示。犯人进监,便令晓谕,庶免不知误犯。其他禁约监犯之条,亦着详明榜示,俾各懔遵,则受刑者不枉矣。"

○又谕:"张大金棍因伊弟张二金棍为盗被获监禁在狱,伊起意为首,纠约多人,打入桃源县监,将张二金棍劫出,并打伤更夫、禁卒人等。似此藐法横行,其罪较强盗有加。查律内强盗打劫牢狱聚至百人以上者斩决、枭示,凡用强劫夺在监在途罪囚者,不分首从皆斩监候。夫劫夺平人之财物,尚拟立决,而劫夺监禁之盗犯,转拟监候,此系律条未协之处。凡为首之盗犯,俱系即行正法,则为首劫狱之人,不应从轻。着九卿详确定议具奏。"

○又谕:"刑部奏称'越狱之犯,半年内自首供出同伙,尽行拿获者,准减罪一等'等语。凡犯人越狱,皆于本罪之外,加倍治罪。此所议减罪一等者,即减其本罪乎,抑减其加倍之罪乎,本内未曾声明,将来难于奉行。至于供出同伙,尽行拿获,则与以减等,倘案内本无同伙,止有一人越狱,于限内自首,又何以处之?若自首而即减其本罪,是因越狱而得利,转开越狱之端,将见犯者愈众矣。又如供出同伙,尽行拿获,减罪一等,倘同伙多人内有一二人未获,又不得邀减等之恩,亦非平情之论。着再加详议具奏。"

○乾隆二十九年(1764)议准:重犯自尽,司狱官例应降调;其已上杻锁者,即得免议。诚恐司狱各官,恃有免议之条,疏于防范。嗣后凌迟、斩、绞重犯,在狱自尽,不论已未杻锁,一例处分,不得幸邀免议,即载入例册遵行。

○四十八年(1783)谕:"何裕城奏'本月二十日奉文处决仪封县盗犯刘刚、王起二名。时有同监盗犯唐二、窦起凤、鹿丕成、赵二及命犯张谋等逞凶拧断锁铐,殴伤禁卒,当经祥符县知县及司狱等,督率兵役拿获勘讯,即将该犯等先行正法示众'等语。此等命盗案犯羁禁在狱,尚敢抗法逞凶,实属愍不畏法,自应即予正法,以儆凶暴,何裕城所办是。近年各省屡奏有监犯越狱之事,现在安徽省王刚等纠伙脱逃至三十七名之多,尤堪骇异。此皆由地方官平日玩视囹圄,毫无防范,督抚等又任听属员层层欺蔽,不加惩饬,以致监禁废弛。但此等斩绞重犯,问罪在狱,其敢于恃强逞凶,结党同逃,固属地方官防范不力所致。而该犯等之玩法越狱,亦因自知罪重,冀借脱逃幸免。殊不知于脱逃之后,断无不按名弋获,立正刑诛。即如现在王刚案内陆续拿获之二十九名,即罪不至死者,亦俱立行正法,加重办理。其当时在监并未同逃之王九、秦四、耿进甫三犯,虽业已情实予勾,念其尚知畏法,加恩免其处决。又如从前山东王伦案内寿张、阳谷等县监犯,无一人逃窜,及上年甘肃苏四十三之事,河州监犯自行投到者,朕俱加恩宽宥,减等发落。则藐法者无不即罹重辟,畏法者无不予以生全,其事明显易晓。着通谕各督抚转饬臬司,将越狱之犯,于拿获后立即正法,及在监守法各犯加恩宽宥之案,详悉开叙,并将此旨榜示监狱,发交各属,通行晓谕重囚。庶伊等知生死攸关,不敢复萌铤而走险之计,亦未始非辟以止辟之道。"

〇六十年(1795),两江总督奏已革铜山县知县佟大有,先后拿获他案首伙各盗,请行宽免一案。奉旨:“据苏凌阿等奏‘已革铜山令佟大有,因疏脱监犯张三参革,留于地方协缉。该参令先后拿获首伙各盗及窃犯多名,所有限满应拟徒罪,可否功过相抵,量予宽免’等语。各省留缉人员,往往于本案正犯,并不认真缉捕,转将他处拿获之犯,作为协缉,希图减罪;该上司亦复瞻徇通融,代为具奏,俾留缉之员,得以免罪释归。此系外省历来陋习,不足以示惩儆。佟大有着展限三年留缉。如能于限内缉获正犯,即予免罪;若再限满无获,仍照原拟问徒,不准减罪。此后各直省留缉人员,除限满无获者,照旧定拟外,其未能缉获正犯,而缉获他处案犯,即着照佟大有之例办理,以昭核实。”

# 卷八百三十三·刑部一百十一

## 刑律·捕亡　徒流人逃一

### 徒流人逃一

凡徒、流、迁徙、充军囚人已到配所，于所役限内而逃者，一日笞五十，每三日加一等，罪止杖一百，仍发配所。其徒囚照依原犯该徒年分从新拘役。役过月日，并不准理。若官司起发已经断决徒、流、迁徙、充军囚徒，未到配所，中途在逃者，其计日论罪亦如配所限内而逃者论之。配所主守及途中押解人不觉失囚者，一名杖六十，每一名加一等，罪止杖一百，皆听一百日内追捕。配所提调官及途中长押官，减主守及押解人罪三等。限内能自捕得，或他人捕得，若囚已死及自首，皆免罪。故纵者，不分官、役，各与囚之徒、流、迁徙、充军同罪；受财者，计所受赃以枉法从重论。赃罪重，以枉法科之；纵罪重，仍以故纵科之。

**谨案**　首句"充军"二字，雍正三年(1725)增。

### 附律条例

○一、积年害民官吏，现在各处军者军、工者工、安置者安置。设若潜地逃回，两邻、亲戚，即当速首拿赴上司，毋得容隐在乡，以为民害。敢有容隐不首者，亦许四邻首。其容隐者，同其罪而迁发之。以本家产业，给赏其首者。

**谨案**　此条系原例，乃明初《大诰》之文。雍正三年(1725)奏准删除。

○一、凡问发充军人犯逃回，原犯实犯死罪免死充军者，照依原问死罪处决。杂犯死罪以下充军者，初犯问罪枷号三月，仍发本卫；再犯枷号三月，调极边卫；若犯至三次，通系着伍以后者，即依守御官军律绞。有一次中途在逃者，即不得绞。其有在逃遇恩赦，不分初犯、再犯，俱免枷号，仍发原卫；三犯亦并论拟绞，奏请定夺。

**谨案**　此条系原例。雍正三年(1725)奏准，军犯已无着伍之例，与守御官军不同，应将"通系着伍以后者，即依守御官军律绞"十五字，改为"通系着军籍以后者绞"。又犯罪俱分别恩赦前后，并论非例，此条"三犯亦并论拟绞，奏请定夺"十一字删。

一、凡问发充军人犯逃回，原犯实犯死罪免死充军者，照免死减等发遣人犯逃回例，分别有无行凶为匪定拟。若系杂犯死罪以下充军者，初犯枷号一月，仍发本卫；再犯枷号两月，调极边卫；若犯至三次者，枷号三月，调发烟瘴充军。其有在逃遇赦者，不分初犯、再犯、三犯，俱免枷号，仍发原卫。

**谨案** 此条乾隆五年(1740)改定。十六年(1751)将“杂犯死罪”以下六字改为“原犯”二字。

一、充军人犯逃回，如原犯实犯死罪免死充军，逃后复行凶为匪者，依免死减等发遣人犯逃后行凶为匪例，照原犯死罪，即行正法。

**谨案** 此条系乾隆三十二年(1767)删改。其军流在逃遇赦一节，摘出另为一条。

一、免死减军人犯，在配脱逃，拿获之日，审无行凶为匪者，初次枷号两月，调发极边充军；二次枷号三月，调发极边烟瘴充军；犯至三次者，改发宁古塔等处当差。

**谨案** 此条乾隆十八年(1753)定。三十二年(1767)，将“当差”二字改为“给披甲人为奴”。

一、原犯实犯死罪免死减军人犯，在配脱逃，复有行凶为匪者，依免死减等发遣人犯逃回行凶为匪例，照原犯死罪，即行正法。如无行凶为匪者，初次枷号两月，无论近边、边远，俱调极边地方充军；二次枷号三月，调极边烟瘴充军；犯至三次者，改发吉林等处给披甲人为奴。

**谨案** 此条系嘉庆六年(1801)将前二条修并。

一、原犯实犯死罪免死减军人犯，在配脱逃，并无行凶为匪者，初次枷号两月，无论近边、边远，俱调发极边地方充军；二次枷号三月，调发极边烟瘴充军；犯至三次者，改发新疆酌拨种地当差。如逃后复有行凶为匪，按其后犯情节，仅止枷、杖者，仍照脱逃本例，加等调发，到配后科以后犯枷、杖之罪；若后犯情节，罪应徒、流以上者，即于逃罪加等调发本例上，再加一等改发；倘后犯之罪，重于改发之罪名者，各从其重者论；仍分别次数，加拟枷号。若后犯已至斩、绞监候罪名，应缓决者，入于情实；应情实者，加拟立决。至强盗自首免死减等充军人犯，在配脱逃，例应正法者，仍照定例办理。

**谨案** 此条嘉庆十七年(1812)调剂吉林遣犯，将原发吉林等处为奴者，改发新疆酌拨种地当差。二十四年(1819)，因免死减军人犯逃后行凶为匪原例，不论后犯情节轻重，概照原犯死罪即行正法，未免太重，改为按其后犯情节，分别加等治罪。后犯罪应斩、绞监候者，始加拟立决。道光六年(1826)，调剂新疆遣犯，将发新疆者改发云贵两广极边烟瘴充军，到配加枷号三个月。二十四年(1844)，新疆遣犯，照旧发往，仍复现例。咸丰二年(1852)，以免死军犯，视邪教案内遣犯为轻，若在逃另犯斩、绞监候，即加拟立决，较邪教遣犯另犯死罪，仍视其应得实、缓分别加严者，科罪转重，尚未平允，因改定。

○一、军、流人犯在逃遇赦，不分初犯、再犯、三犯，俱免枷号，仍发原配。

**谨案** 此条系乾隆三十二年(1767),于原例军犯脱逃条内摘出。嘉庆十六年(1811),因军流脱逃遇赦应否免其调发,应视情罪轻重,分别办理,并非概准援免,复将例文改定。

一、军、流人犯脱逃被获遇赦,核其情节,应准援赦者,不分初犯、再犯、三犯,俱免枷号,仍发原配。如原犯情节较重,不准援赦者,仍按照逃走次数,枷号调发。

〇一、凡行凶发与披甲人为奴之犯,伊主或给亲戚,或亲携来京,或差做买卖来京,永行禁止。若伊主搬移来京,亦留下另给披甲之人为奴。

**谨案** 此条雍正三年(1725)定。

〇一、凡发遣黑龙江、宁古塔等处人犯逃走,若拿获时有拒捕者,即行正法。若逃回又犯拐卖、窃盗、行凶等罪者,审明,即在本地方立行正法。

**谨案** 此条雍正三年(1725)定。

一、凡发遣黑龙江、宁古塔等处人犯逃走,若拿获时有拒捕者,查明该犯系免死减等发遣,或系平常发遣人犯,各照逃走后复行凶为匪例,分别定拟。

**谨案** 此条乾隆五年(1740)改定。嗣因乾隆元年(1736)所定例内业已赅备,将此条删除。

一、免死减等发遣人犯,如不服伊主管束,脱逃后复犯行凶为匪,及拿获时有拒捕者,照原犯死罪,即行正法。如非不服伊主管束,或因思家,或因力难受苦,乘间潜逃,并无行凶为匪拒捕之处,递回发遣,枷号三月,鞭一百。其非免死减等,系平常发遣人犯,如逃走后复行凶为匪,并拿获时拒捕者,即照现在所犯定拟。如犯该斩候者,改为立斩;犯该绞候者,改为立绞;犯该军、流、发遣者,改为绞监候;犯该徒罪者,递回发遣处,枷号三月;罪止笞、杖者,递回发遣处,枷号两月。并无行凶为匪,亦无拒捕者,递回发遣处,枷号一月。俱鞭一百。其例应立决者,拿获之日,令该地方官审明该犯原犯情罪、逃走年月,并分给为奴之旗分佐领及伊主姓名,照例定拟,详报督抚具题。刑部逐一查核确实,会议题复,将该犯即在拿获地方正法,仍行文发遣处出示晓谕。

**谨案** 此条乾隆元年(1736)定。

一、秋审缓决人犯,遇赦免死减等发遣黑龙江者,如不服伊主管束,脱逃后复行凶为匪,及拿获时有拒捕者,照原犯死罪,即行正法。如非不服伊主管束,或因思家,或因力难受苦,乘间潜逃,并无行凶为匪、拒捕之处,递回发遣处,枷号三月,鞭一百。其非秋审案内免死减等,系平常发遣人犯,如逃走后复行凶为匪,并拿获时拒捕者,即照现在所犯定拟。如犯该斩候者,改为立斩;犯该绞候者,改为立绞;犯该军、流、发遣者,改为绞监候;犯该徒罪者,递回发遣处,枷号三月;罪止笞、杖者,递回发遣处,枷号两月。并无行凶为匪,亦无拒捕者,递回发遣处,枷号一月。俱鞭一百。其例应立决者,拿获之日,令地方官审明该犯原犯情罪、逃走年月,并分给为奴之旗分佐领及伊主姓名,照例定拟,详报督抚具题。刑部逐一查核确实,会议题复,将该犯即在拿获地方正法，仍行文发遣处出示晓谕。至军、流人犯脱逃后，行凶杀人为匪，犯该斩、绞者，仍按各本律定拟。应监候者监候，应立决者立决。

**谨案** 此条嘉庆六年(1801)改定。

一、秋审缓决人犯，遇赦免死减等发遣黑龙江等处者，如非不服伊主管束，或因思家，或因力难受苦，乘间脱逃，并无行凶为匪拒捕之处，被获者，五次以内，递回发遣处，枷号三月，投回者免罪；脱逃至五次以外，被获者枷号六月，投回者枷号三月；十次以外，被获者枷号九月，投回者枷号六月；俱鞭一百。若不服伊主管束，脱逃后复行凶为匪，及拿获时有拒捕者，照原犯死罪，即行正法。其非秋审案内免死减等，系平常发遣人犯，在配脱逃，并无行凶为匪，亦无拒捕情事，被获者，五次以内，递回发遣处，枷号一月，投回者免罪；脱逃至五次以外，被获者枷号三月，投回者枷号一月；十次以外，被获者枷号六月，投回者枷号三月；均鞭一百。如逃走复行凶为匪，并拿获时拒捕者，即照现在所犯定拟。如犯该斩、绞监候罪名，应缓决者，入于情实，应情实者，改为立决；犯该军、流、发遣者，改为绞监候；犯该徒者，递回发遣处，枷号三月；罪止笞、杖者，递回发遣处，枷号两月；俱鞭一百。其例应立决者，拿获之日，令该地方官审明该犯原犯情罪、逃走年月，并分给为奴之旗分佐领及伊主姓名，照例定拟，详报督抚具题。刑部逐一查核确实，会议题复，将该犯即在拿获地方正法，仍行文发遣处出示晓谕。至军、流人犯脱逃后，行凶杀人为匪，犯该斩、绞者，仍按各本律定拟。应监候者监候，应立决者立决。

**谨案** 此条嘉庆十九年(1814)遵旨议将脱逃遣犯，分别原犯是否免死，及被获投回五次、十次内外，加拟枷号。咸丰二年(1852)，以平常遣犯，视邪教遣犯为轻，原例将平常遣犯逃走后，犯该斩、绞监候者，俱改立决，较之邪教遣犯在逃另犯斩、绞，仍视其应得实缓分别加严者，科罪转重，因改定。

○一、凡在京问拟徒罪人犯，除顺天府所属民人，仍令府尹发配外，其余各省民人，俱递回各该督抚照依原籍应发地方发配充徒。俟年限满日，交原籍地方官严行管束，不许出境。倘有私自出境，及在本处生事者，即将该犯拟流远省。其管束不严之地方官，交部严加议处。仍令五城，大、宛二县，并巡捕营，严行查拿。倘有匪人容留潜住，发觉者，将该地方官交部议处；总甲、人役，并容留之房主，各依不应重律杖八十。如有旗人容留居住者，将容留之房主，若系另户，并族长，若系家人，并伊主，及领催，各鞭八十；该佐领、骁骑校，交部议处。

**谨案** 此条雍正三年(1725)定。

一、凡在京问拟徒罪人犯，除顺天府所属民人，仍令府尹发配外，其余各省民人，俱递回各该督抚照依原籍应发地方发配充徒。俟年限满日，交原籍地方官管束。若系强、窃盗，及光棍案内之犯，不许出境。倘有私自出境，依不应重律杖八十。其管束不严之地方官，交部议处。仍令五城，大、宛二县，并巡捕营，严行查拿。倘有前项人犯,容留京城潜住,发觉者,将地方官交部议处;总甲、人役,并知情容留之房主,各依不应重律杖八十。如有旗人容留居住,将知情容留之房主,若系另户,并族长,若系家人,并伊主,及领催,各鞭八十;该佐领、骁骑校,交部议处。

**谨案** 乾隆五年(1740)议准,递回徒犯,非外出不能谋生,约束太严,未免阻其生路。除强、窃盗及光棍案内之犯,不许出境外,其余各犯,限满递回,毋庸禁其出外。又递回后在本处生事,仍应视所犯轻重科罪,未便一概问拟远流。因改定此条。

一、凡在京问拟徒罪人犯,除顺天府所属民人,及各省民人无应追银两,毋庸递回原籍着追者,仍令府尹发配外,其余各省民人有应追之项,俱递回各该督抚着追完日,照伊原籍应发地方发配充徒。俟年限满日,交原籍地方官管束。若系强、窃盗,及光棍案内之犯,不许出境。倘有私自出境,依不应重律杖八十,加枷号一月。其管束不严之原籍地方官,交部议处。仍令五城,大、宛二县,并巡捕营,严行查拿。倘有前项人犯,容留京城潜住,发觉者,将地方官交部议处;总甲、人役,并知情容留之房主,各依不应重律杖八十,如有旗人容留居住,将知情容留之房主,若系另户,并族长,若系家人,并伊主,及领催,各鞭八十;该佐领、骁骑校,交部议处。

**谨案** 嘉庆六年(1801),查"名例"徒犯递籍,当分别有无应追银两,以定应否递回,因遵照改定此条。二十四年(1819),以递籍人犯,往往潜逃,或赴京翻控,酌将强窃盗及光棍案内,徒满管束,私自出境者,加枷号一月,因增定。

〇一、在川流民犯罪递回原籍,复逃至川者,如无为匪,照逃人例杖一百,递回原籍。如有为匪,所犯在杖一百以下者,并杖六十、徒一年。如所犯在徒一年以上者,各照所犯之罪,加一等问拟。其递回原籍之时,行文原籍地方官,严行管束。如有复逃入川,及川省该地方官将逃回人犯失察容隐,俱按逃回名数,交部议处。其原籍地保人等,若于该犯出境之时,随即呈报,在一百日限内,或经该管官拿获,或经别处拿获,俱准免罪。逾限不获,将地保照因人连累致罪例,减罪人罪二等发落。倘有知情隐匿者,与犯人同罪,罪止杖一百。受财故纵者,以枉法计赃治罪。其川省之地保人等,如有知情、受贿等弊,亦照原籍地保分别治罪。

**谨案** 此条雍正十三年(1735)定。

〇一、诈为制书、诈传诏旨、伪造印信、谋反、叛逆、强盗、私盐,及左道妖言、妄言煽惑、商渔船夹带违禁物件、谋杀出使官吏、漏泄机密、走透消息、走泄事情、采生折割、毒药杀人、以药迷人等案内,流犯脱逃被获,于本罪上加等拟绞监候。其承缉不力,及拿获之地方官,按初参、二参、三参,及所获人数,分别议处、议叙。其盘获之捕役,每一名给赏银五两。

**谨案** 此条雍正七年(1729)定。嗣于雍正九年(1731),定有分别次数问拟新例,乾隆五年(1740)将此条删除。

〇一、原犯流罪人犯,初次脱逃,枷号一月,责四十板,加徒役三年;二次脱逃者,枷号两月,责四十板,加徒役四年;三次脱逃者,发边卫充军。若系免死减等流犯,初次脱逃者,枷号两月,责四十板,加徒役四年;二次,改发边卫充军;三次,调发极边卫充军。

**谨案** 此条雍正九年(1731)定。乾隆五年(1740)修改。三十二年(1767),因已定不论次数加等改发新例,此条删。

○一、兵役人等押解军、流、徒罪等犯,除依法管解,偶致疏脱者,仍照律治罪外,其违例雇替,托故潜回,或无故先后散行,止任一人押解,致有疏脱者,将押解兵役,照押解在狱罪囚中途不觉失囚律减囚罪二等问拟。

**谨案** 此条乾隆十五年(1750)定。五十三年(1788),因二十九年(1764)已定有新例,载在"主守不觉失囚"律后,此条声请删除。

○一、流犯在配所脱逃,一面移咨原籍地方勒限查拿,一面令配所该管官悬立赏格,勒限一百日严缉。将该犯拿获到案时,先发布政司枷号两月,责四十板,再加徒役三年。其看守之保甲,斥革免罪。逾限不获一名者,将保甲照不应重律杖八十,每一名加一等,罪止杖一百;该管官并兼辖官,俱交该部分别议处。其流犯原籍地方,亦令悬立赏格,勒限严缉。如该犯之族长、保甲、房主、邻佑人等,查出举首免罪。若知情容隐,或经旁人首告,或被别处拿获,将原籍容隐之族长、保甲、房主、邻佑,俱照不应重律杖八十。如原籍地方及别省将该犯拿获,亦解原发配之布政司枷责加徒。

**谨案** 此条系原例。乾隆十六年(1751),查现例逃、流分别次数治罪,初次系枷号一月,将例内"两"字改为"一"字。

一、凡军犯脱逃,勒限严缉。除拿获之日,仍照本例分别定拟外,其失察之该管官,交部照疏脱流犯例议处;看守之保甲,并知情容隐之族长、保甲、房主、邻佑人等,俱照流犯脱逃例治罪。

**谨案** 此条乾隆十九年(1754)定。二十一年(1756)议准,军、流罪等,原可比拟引用。今于前条增出"军罪"字样,则后条毋庸另立。其先发布政司枷号,亦与现例不符。因将例文改定。

一、军、流罪犯在配所脱逃,一面移咨原籍地方勒限缉拿,一面令该管官悬立赏格,勒限一百日严缉。将该犯拿获到案,各照定例分别治罪。其看守之保甲,革役免罪。如逾限不获一名者杖八十,每一名加一等,罪止杖一百。受财故纵者,计赃以枉法论。失察之该管官并兼辖官,交部议处。如该犯逃回原籍,族长、保甲、房主、邻佑人等,察出举首者免罪;知情容隐者,照不应重律杖八十。逃往别处,其隐匿之人,罪亦如之。

**谨案** 乾隆三十二年(1767),以军、流逃回原籍,保、邻容留不首,已另有专条,将例内"该犯逃回原籍"以下删去。

○一、外遣人犯脱逃,各将军一面行文报部,一面即知会各该犯原籍地方,一体查拿。

**谨案** 此条乾隆五年(1740)定。

一、凡新疆改遣重犯,在配所脱逃,咨缉时,即将该犯犯事原案全行抄录,同年貌册一并分咨各直省及盛京、黑龙江、吉林等处将军,一体严缉。获日,查照原案审明办理。

**谨案** 此条乾隆三十九年(1774)定。

一、外遣及新疆改发重犯,在配脱逃,一面行文报部,一面知会各该犯原籍地方,并将该犯犯事原案全行抄录,同年貌册一并分咨各直省督抚及盛京、黑龙江、吉林等处将军,各饬所属,一体严缉。获日,查照原案审明照例办理。

**谨案** 此条乾隆五十三年(1788)修并。

○一、在京问拟笞、杖、枷责递回原籍人犯,有复逃来京者,除初次、二次,本犯仍递回安插,免其治罪,该地方官免其查参。其复逃来京至三次以上,虽审无犯案,亦按其原犯,如系枷责递回,照不应重律杖八十;笞、杖递回,照不应轻律笞四十,仍交该地方官严加管束。有犯案者,从重归结。疏纵之地方官,照例分别议处。

**谨案** 此条乾隆六年(1741)定。四十二年(1777),查乾隆三十八年(1773)议准,递籍人犯,往往潜出为匪生事,地方官借初次、二次例无处分,遂至听其所之,漫无稽察,应请议处治罪等因,复将例文改定。

一、在京问拟笞、杖、枷责递回原籍人犯,取具地方官收管,令该地方官造册,每月朔望点卯。如有私行脱逃来京者,该管官即申报上司及原犯事地方查拿,仍将疏纵之地方官,照各省递回人犯出境生事例议处。如隐匿不报,将地方官照应申不申公罪例议处。其逃犯被获,审有为匪不法者,从重归结。若但经复逃,不论次数,各按其原犯之罪,如系枷责递回,照不应重律杖八十;系笞、杖递回,照不应轻律笞四十,仍交该地方官严加管束。

一、在京问拟枷责、杖、笞递回原籍人犯,取具地方官收管,令该地方官造册,每月朔望点卯。如有私行脱逃来京者,该管官即申报上司及原犯事地方查拿,仍将疏纵之地方官照例议处。如隐匿不报,将地方官查明咨部议处。其逃犯被获,审有为匪不法者,从重归结。若但经复逃来京,不论次数,各按其原犯之罪,如由枷责递回者,即照违制律杖一百;由笞、杖递回者,照不应重律杖八十;其原犯并无罪名者,照不应轻律笞四十;各加枷号一月,满日仍递回原籍,折责发落,严加管束。

**谨案** 此条嘉庆二十四年(1819),因递籍人犯,往往潜逃或赴京翻控,将枷、杖以下由京递回复逃来京者,各按其原犯罪名,分别加重。道光十二年(1832),以原例枷满折责、递籍管束,与毋得先责后解之例未符,因改定。

○一、充军常犯,到配后责令照例当差,不得任其闲散。如有脱逃,系附近充军者,初次,枷号一月,调发边卫;二次,枷号两月,调发边远;三次,枷号三月,调发极边烟瘴。其本犯边卫、边远者,各以次递加调发。至极边烟瘴脱逃者,改发黑龙江等处,给予披甲人为奴。即令拿获之州县,一面收禁,一面关查配所原案,究明有无行凶为匪及脱逃次数,将应行改调之处,申明督抚咨部核议完结,毋庸递回原籍审断。

其尚未到配，中途脱逃，以及流犯三次脱逃，例应改调者，均照此例办理。

**谨案** 此条乾隆二十六年(1761)定。三十二年(1767)，查流犯脱逃，奏准不计次数，加等改发，将例内“以及流犯三次脱逃，例应改调”十二字删去。

一、充军常犯，至配后责令照例当差，不得任其闲散。如有脱逃，系附近充军者，初次，枷号一月，调发近边；二次，枷号两月，调发边远；三次，枷号三月，调发极边足四千里；四次，枷号四月，改发极边烟瘴。其本犯近边、边远、极边足四千里者，各以次递加调发。至烟瘴少轻人犯在配脱逃者，枷号一月，改发极边烟瘴；极边烟瘴脱逃者，改发新疆酌拨种地当差。即令拿获之州县，一面收禁，一面关查配所原案，究明有无行凶为匪及脱逃次数，将应行改调之处，申详督抚咨部核拟完结，毋庸递回原配审断。其尚未到配，中途脱逃，亦照此例办理。

**谨案** 此条原例未及烟瘴少轻人犯。嘉庆十九年(1814)，与烟瘴少轻人犯一条，修并为一。彼时正在调剂黑龙江等处遣犯，将原例发黑龙江为奴，改发新疆酌拨种地当差。道光六年(1826)，调剂新疆遣犯，改发云贵两广极边烟瘴充军，到配加枷号三月。二十四年(1844)，新疆遣犯，照旧发往，仍复原例。咸丰二年(1852)，以原例附近军犯脱逃三次，即发极边烟瘴，越等增加，与本条各项加法互异，因改定。

〇一、递解军、流、徒、遣，及发回原籍收管审讯等犯，务于批文内载叙事由，开明该犯年貌、疤痣、箕斗，令沿途地方查明转递。如有中途雇倩顶替情事，除本犯、解役人等，照例究拟治罪外，将佥差不慎之员，分别议处。如原文内未经开载，将原解之员，照例议处。

**谨案** 此条乾隆二十六年(1761)定。三十七年(1772)，将首句改为“解审命盗重犯，及军、流、徒、遣，并发回原籍收管审讯等犯”，并将“原解之员”改为“遗漏开造之员”。

〇一、发遣云贵两广极边烟瘴刨参人犯，脱逃被获，发往黑龙江等处给予披甲人为奴。

**谨案** 此条系乾隆二十六年(1761)定。

一、发遣云贵两广极边烟瘴刨参人犯，脱逃被获，发往伊犁等处给兵丁为奴。

**谨案** 乾隆二十七年(1762)奏准，刨参人犯，多系盛京等处民人，若因在配脱逃，转得解回犯事地方，既与加等改遣之义不符，且该处出产人参，难保其不复萌故智，请改发乌鲁木齐等处为奴。三十二年(1767)，因新疆遣犯过多，仍将此项人犯发黑龙江。至四十八年(1783)，酌议停止发遣新疆案内，奏明刨参等五项人犯，约束尚易，仍发伊犁等处给兵丁为奴。道光六年(1826)，调剂新疆遣犯，将原例发伊犁为奴，改发云贵两广极边烟瘴充军，到配加枷号三月。二十四年(1844)，新疆遣犯，照旧发往，仍复原例。

〇一、云贵两广烟瘴少轻人犯，在配脱逃者，枷号一月，改发极边烟瘴。极边烟瘴脱逃，即发黑龙江等处为奴。

**谨案** 此条乾隆二十六年(1761)定。

○一、黔省查拿游匪,除斩、绞、军、流,照例办理外,其犯该杖徒者,递回原籍充徒发落。并开明该犯姓名、年貌、籍贯,通饬各属备案,仍令各照定例办理。若本犯回籍之后,复敢潜入黔境,一经拿获,讯无为匪,照逃人例杖一百,递回原籍。如有为匪,犯在杖一百以下者,并杖六十、徒一年;犯在徒一年以上者,各照所犯之罪加一等。其窝留之人,照知人犯罪藏匿律减罪人一等问拟。失于查察之原籍及黔省地保人等,照川省之例,分别知情、受贿等弊,一例治罪。原籍失察脱逃,并黔省失察容留地方文武各官,均照例分别议处。

**谨案** 此条乾隆二十七年(1762)定。

○一、逃回原籍之军、流人犯,本籍地方官于咨缉文到,即传该犯亲属、邻保人等,逐一讯问根由下落。如果未逃回,即取确实供结,详请咨送刑部及配所省分存案。仍令邻保不时侦缉,一经回籍,立即首报。倘容留不行举首,别经发觉,即将房主、邻保,照知情藏匿罪人减罪人一等律,杖一百、徒三年。其虽不容留,但明知不首者,各杖一百。容留之亲属,除祖父、子孙、夫妻、奴仆外,俱照不应重律杖八十,不得援亲属得相容隐之条。若逃往别处,其知情容留,及知而不首之人,罪亦如之。率混详报之地方官,及逃往别处,不行查出之地方官,一并交部分别议处。

**谨案** 此条乾隆二十八年(1763)定。

○一、蒙古发遣人犯,在配脱逃,如系原发山东、河南者,初次,调发福建、湖广等省,加枷号一月,责四十板;二次,调发云贵两广极边烟瘴,加枷号两月,责四十板;三次者,仍发回原调处所,加枷号三月,责四十板。其原发福建、湖广等省者,以次调发极边烟瘴而止。蒙古免死减军在配脱逃者,亦一体加调,仍各分次数枷责、刺字。并令拿获之州县,究明逃后有无行凶为匪,照民人例分别定拟。

**谨案** 此条乾隆二十九年(1764)定。

# 卷八百三十四·刑部一百十二

## 刑律·捕亡 徒流人逃二

**徒流人逃二**

一、蒙古发内地驿站当差人犯，在配脱逃，原发山东、河南者，初次，调发福建、湖广等省，加枷号一月；二次，调发云贵两广极边烟瘴，加枷号两月；三次者，仍发回原调处所，加枷号三月；各责四十板。其原发福建、湖广等省者，以次调发极边烟瘴而止。如系免死减等人犯，在配脱逃，并无行凶为匪者，亦一体加调。若逃后复有行凶为匪，按其后犯情节，仅止枷、杖者，仍照脱逃本例加等调发，到配后科以后犯枷、杖之罪。若后犯情节，罪应徒、流以上者，即于逃罪加等调发本例上，再加一等改发，仍照例至极边烟瘴而止，均各分次数枷责、刺字。倘罪无可加，每一等再加枷号两月。如原犯免死减等之罪，本应外遣，因系蒙古改发内地者，仍依免死遣犯逃回行凶为匪例，照原犯死罪，即行正法。

**谨案** 此条嘉庆二十四年(1819)，将蒙古免死减军人犯，脱逃后行凶为匪，即照民人免死军犯办理，因改定。

〇一、徒犯脱逃，如系在配脱逃被获，仍照律治罪外，其有中途脱逃被获者，各于本罪上递加一等。杖六十、徒一年者，加为杖七十、徒一年半，以次递加。至徒三年者，加为总徒四年；总徒四年者，加为准徒五年；各杖一百。徒五年者，改为杖一百、流二千里。至免死及寻常遣、军、流犯，有尚未到配，中途脱逃者，均即照已经到配脱逃各本例，讯明有无另犯不法别案，分别办理。

**谨案** 此条乾隆三十一年(1766)定。咸丰二年(1852)，增"至免死……未到配，中途脱逃"四十六字。

〇一、原犯流罪人犯，如有中途在配脱逃被获者，俱不计次数，流二千里者，改为二千五百里；二千五百里者，改为三千里；三千里者，改发附近充军；各加枷号两月，责四十板。

一、免死减等流犯，中途在配脱逃被获者，不计次数，即改边卫充军，加枷号两月，责四十板。

**谨案** 此二条均系乾隆三十年(1765)定。三十三年(1768)议准，满流之犯脱逃，改发附近、近边，计程止二千及二千五百里，未免欲重反轻。应就各犯原配地方，定地改发,不得仍从原籍计算。倘原配地方地处边境,改发之所,即系本籍相近之处,又无别处可以改发者,仍从原籍改发。若原籍改发之所,又在原配相近之处,则从拿获地方,定地改发。总使怙恶之犯,终身远离乡土。因将两条例文,俱行改纂。三十七年(1772),删去“不计次数”四字。至五十三年(1788),又奏准表内配所地方,与原籍相近,他无可改发者,即加一等改发,因分原犯流二千里及二千五百里应从原籍计程改发者为一条,原犯流三千里改发附近及免死减流改发近边应由配所改发者为一条。

一、凡流罪人犯,如有中途在配脱逃被获,原犯流二千里者,改为流二千五百里;原犯流二千五百里者,改为流三千里;俱从该犯原籍地方,计程发配,各加枷号两月,责四十板。

一、凡免死减等流犯,中途在配脱逃被获者,改发近边充军,及原犯寻常案内流三千里人犯,中途在配脱逃被获者,改发附近充军,均就其现配地方,计程发配。若表内现配地方应发之所,与该犯原籍相近,而又地处边境,再无别处可以改发者,即加一等改发,各加枷号两月,责四十板。其原犯附近、近边、边远、极边、烟瘴各犯,仍各由原籍以次递加,照例调发。

**谨案** 嘉庆六年(1801)议准,军犯脱逃,例应加等调发者,初次枷号一月,二次枷号两月,三次枷号三月,俱系以次递加。今流犯脱逃,不论次数,俱枷号两月,殊未允协,应照军犯例按次递加,亦俱毋庸加杖,因将前例二条改定。

一、凡流罪人犯,如有中途在配脱逃被获,原犯流二千里者,改为流二千五百里;原犯流二千五百里者,改为流三千里;俱从该犯原籍地方,计程发配,初次枷号一月,二次枷号两月,三次枷号三月,照例改发。

一、凡免死减等流犯,中途在配脱逃被获者,改发近边充军,及原犯寻常案内流三千里人犯,中途在配脱逃被获者,改发附近充军,均就其现配地方,计程发配。若表内现配应发之地,与该犯原籍相近,而又地处边境,再无别处可以改发者,即照表内应发地方,加一等改发,各按照脱逃次数,分别枷号。其原犯附近、近边、边远、极边、烟瘴各犯,仍各由原籍,以次递加,照例调发。

〇一、免死发遣盗犯,在配脱逃者,无论有无行凶为匪,悉照新疆遣犯脱逃例,于拿获之日,请旨即行正法。

**谨案** 此条乾隆三十二年(1767)定。

一、免死发遣盗犯,在配无故脱逃,已逾五日拿获者,无论有无行凶为匪,悉照新疆遣犯脱逃例,请旨即行正法。若于五日内拿获,该管将军、大臣严行确查,如系仅在附近处所,暂行躲避,并未远扬,或遇有事故,未向伊主告假,实非逃走者,声明缘由具奏,请旨定夺。

**谨案** 此条乾隆三十五年(1770)改定。嘉庆六年(1801),又查新疆寻常逃犯,现已奏准止用重枷枷号三月,毋庸正法,因将例内“悉照新疆遣犯脱逃例”句节删。

一、免死减等发遣新疆盗犯，并由黑龙江、吉林减回内地充军拟流之盗犯，及未伤人之首盗闻拿投首，窝家盗线闻拿投首，曾经伤人及行劫二次以上之伙盗闻拿投首，伙盗能将盗首逃匿地方供出一年限内拿获，四项改发云贵两广极边烟瘴充军之犯，如在配无故脱逃，已逾五日拿获者，无论有无行凶为匪，请旨即行正法。若于五日内拿获，该管将军、大臣、督抚严行确审，如系仅在附近处所，暂行躲避，并未远扬，或偶有事故，未向伊主及看役告知，实非逃走者，新疆遣犯，在配所用重枷枷号三月，杖一百，责令伊主严加管束；由黑龙江、吉林减回内地充军拟流，并改发云贵两广充军四项人犯，俱调发新疆给官兵为奴；均毋庸具奏。如再脱逃拿获，奏请即行正法。

**谨案** 此条嘉庆二十一年(1816)遵旨将原例五日内拿获，实非逃走者，改为“仍发原配地方，毋庸奏请定夺”。二十二年(1817)，以“仍发原配”，系指由黑龙江减回内地者而言，并本例免死充军之盗犯，既非由遣犯改回内地，自未便仍发原配。查照现例，将四项改发烟瘴军犯脱逃五日内拿获者，改发新疆为奴。二十五年(1820)，停发黑龙江、吉林遣犯，将应发黑龙江等处原配者，亦改发新疆为奴，因将原发新疆遣犯，增“在配所用重枷枷号三月，杖一百”。道光六年(1826)调剂新疆遣犯，将黑龙江、吉林减回内地之军、流，并四项人犯，俱改发云贵两广极边烟瘴充军，到配加枷号三月。二十四年(1844)，新疆遣犯，照旧发往，仍复原例。

〇一、军、流、徒犯，在配及中途脱逃，主守、押解人等，审无知情贿纵情弊，照例给限追捕。限内能自捕得，准其依律免罪。如系他人捕获，或囚已死及自首，均依失囚律治罪，不准宽免。

**谨案** 此条乾隆三十五年(1770)定。

〇一、各省遣犯脱逃，内有年老者，以年逾七十为准，如在逃时年已六十，勒限十年，年已五十，勒限二十年，逾限未获，即于汇奏通缉案内开除停缉。倘后经缉获，仍照例质明办理。

**谨案** 此条乾隆五十八年(1793)遵旨议定。嘉庆六年(1801)，因年终汇奏事件，已奉旨改奏为咨，将例内“汇奏”字改为“汇咨”。

〇一、洋盗案内，被掳过船，随同上盗，问拟发遣之犯，在配脱逃被获者，查明发遣原案，除被掳后甘心从盗者，仍照免死盗犯例正法外，若并非甘心从盗，实系掳捉过船，逼令入伙上盗者，如脱逃后并无行凶为匪，即照平常发遣人犯脱逃被获例，递回原遣处，枷号一月，鞭一百；如脱逃后行凶为匪，亦照平常发遣人犯逃后行凶为匪例，分别问拟。

**谨案** 此条嘉庆五年(1800)定。

〇一、回民因行窃、窝窃发遣，脱逃被获，并无行凶为匪及拒捕情事者，初次递回配所，用重枷枷号六月，二次枷号九月，三次及三次以外枷号一年。如逃走后复行为匪，并拿获时有拒捕者，除犯该斩、绞监候改为立决，犯该军、流、发遣改为绞候，仍照原例办理外，如犯该徒罪，递回配所，枷号一年；犯该笞、杖，递回配所，枷号九月；满日俱鞭一百,遇赦俱不准援减。

**谨案** 此条嘉庆二十年(1815)遵旨定。

〇一、凡遣、军、流、徒各犯,仅止脱逃者,主守之乡保等,及容留军、流逃犯之房主、邻佑,仍照各本例治罪外,如遣、军、流犯,逃后滋事,主守之乡保等杖一百,每一名加一等,罪止杖一百、徒三年;知情容留之房主、邻佑,照知情藏匿罪人减罪人一等律,再加一等治罪;知而不首者,仍杖一百。其徒犯逃后滋事,失察之乡保等杖八十,每一名加一等,罪止杖八十、徒二年;知情容留之房主、邻佑,照知情藏匿罪人律减本犯罪一等治罪;容留并未滋事之逃徒,照容留滋事逃徒例,再减一等;但知而不首者,各杖八十。受财者,各计赃以枉法从重论。其容留之亲属,除祖父、子孙、夫妻、奴仆外,其余亲属人等,系容留徒罪人犯,照不应轻律笞四十;容留遣、军、流犯,俱照不应重律杖八十。

**谨案** 此条嘉庆二十四年(1819)定。

〇一、传习邪教人犯,除拟发额鲁特为奴各犯,曾奉有谕旨,如在配脱逃被获,即行正法者,应钦遵办理外,其余问拟遣、军、流、徒人犯,若仅止脱逃,并未滋事者,于寻常遣、军、流、徒脱逃加等调发例上,各加一等治罪。如逃后滋事,或另犯重罪,及妄行控诉,呈递封章者,各视寻常逃犯所应得罪名加一等定拟。其遣、军应加枷号者,按照寻常逃犯应得枷号月数,递加一等。如已至斩、绞罪名,应缓决者,入于情实,应情实者,加为立决。犯至立决无可复加者,仍照原例科断。倘另犯应死罪名,仍各从其重者论。其失察容留之人,于常犯脱逃之失察容留例上,分别是否滋事,各加一等惩处。

**谨案** 此条嘉庆二十四年(1819)定。

〇一、由京递籍人犯,脱逃来京,主守之乡保等笞四十;逃后滋事者,乡保等杖六十;每一名加一等,罪止杖一百。知情容留之房主、邻佑,亦照知情藏匿罪人律,减本犯一等治罪。其容留并未滋事之递籍逃犯,照容留滋事递籍逃犯例再减一等。知而不首者,又递减一等。受财者,各计赃以枉法从重论。其容留之亲属,除祖父、子孙、夫妻、奴仆外,其余亲属人等,照不应轻律笞四十。

**谨案** 此条嘉庆二十四年(1819)定,原无"来京"字样;其知而不首者,系各杖六十。道光十二年(1832),以递籍人犯逃至他省,并无应行治罪之例,若无论曾否来京,均将乡保等照例治罪,较之脱逃本犯,办理转严;再知而不首,本较容留为轻,若概杖六十,亦有重于容留之处,均未平允,因改定。

〇一、发遣免死盗犯,如脱逃拿获,例应请旨正法者,于审明后即行正法,毋庸候部核复。

**谨案** 此条同治九年(1870)定。

**历年事例**

〇康熙九年(1670)题准:凡军罪人犯,在配所脱逃者,将该管官罚俸六月,统辖官罚俸三月。军、流、徒罪人犯，私自逃回原籍，地方官不行查出者，罚俸一年。

〇五十二年(1713)谕："凡从发遣处逃回行凶之人，交与该将军正法。来往递送，官兵、驿站受累，嗣后此等人犯，停止发与该将军，在此随即正法。"

〇雍正五年(1727)谕："奉天习俗不好，凡犯罪发遣之人，若发往相近边地，必致逃回，又生事端。嗣后犯法之人，应枷责、发遣者，着解送来京，照例枷责，满日发与西安、荆州等处满洲驻防之兵丁为奴。向来奉天等处发遣人犯，并彼处旗下家人私逃者甚多，该将军等但有缉捕之名，而无其实。嗣后着该将军等，将每年缉获之犯，与未获之犯，于年底报部奏闻，候旨分别赏罚。其从前逃走之犯，着该将军等通行出示晓谕，令其自首。若伊等于雍正六年(1728)五月以前，自行投到，则免其逃走之罪，仍照本罪安插。倘不行自首，被人拿获，则严加治罪。以上数条，着该部定议具奏。钦此。"遵旨议定：奉天等处人犯有应枷责、发遣者，该将军查明送部，照例枷责，满日若系满洲另户正身，给发西安等处驻防当差；其身为奴仆，及奴仆开户而为另户者，发给西安等处驻防兵丁为奴。至奉天、西安等处旗下家人逃走，及发给为奴、当差之人脱逃者，令各该将军年底汇奏。又从前在逃之犯，已奉旨宽限自首。若过限不行投到，获日将减等盗犯，于原发遣处正法；平常发遣之犯，有行凶为匪者，亦于原发遣处正法；如无为匪之处，枷号两月，鞭一百，仍交原发遣处安插。若旗下家人，私自逃走者，加逃罪一等治罪。

〇又议准：嗣后负罪潜逃之犯被获者，犯杖、笞之罪，仍照律遵行外，犯该徒一年者，加倍徒二年；徒一年半者，徒三年；徒二年者，流二千里；徒二年半者，流二千五百里；徒三年者，流三千里；流二千里至二千五百里者，发边卫充军；流三千里及发边卫充军者，拟绞监候；该绞监候者立绞，该斩监候者立斩。

〇十年(1732)谕："据云南巡抚张允随奏称，'昭通镇标汛防千总查出宁古塔逃回人犯戛虐磨奈阿木业者嫩蔑所三名，已历八月，尚未准有部文到滇'等语。此等充发人犯，原系凶恶之徒，因不便仍留内地，故尔投畀遐方。乃发遣之后，不知悛改，复敢潜回生事。而该管官员，又不即时行文捕缉，往往至于兔脱，国法安在？着该部行文宁古塔等处各衙门，嗣后务将遣发人犯，严加管束，不时稽察。倘有私自逃回者，立即报部通行查拿，不得稽迟时日。倘该管地方及该部行文稽迟，查出定行议处。"

〇乾隆二十三年(1758)议准：查拉林逃走人犯，有在盛京等处拿获者，亦有在京暨各省拿获者。嗣后在盛京等处被获之犯，即令该将军等讯明情节，一面奏闻，一面选派干员，就近解送拉林正法示众。其在京暨各直省被获之犯，俱令解部，刑部一面奏闻，一面将该犯严加锁锢，行文该旗都统，拣派才干章京一员，本佐领下领催一名、披甲一名，赴部领解。令该都统即于该旗存公银两内，赏给章京银二十两，领催、披甲银各十两。行文兵部，给予该章京减半驿马；其领催、披甲，即令与犯人同车押送，归途酌给驿马各一匹。至人犯车辆、口粮，沿途护送官兵，兵部仍照例办理。倘有中途疏脱等弊，将派往押解之章京、领催等，严加治罪；护送官兵，分别治罪。其拣派不慎之该都统等,一并交部议处。仍令拉林副都统,遇有此等人犯,即传集众人,令其亲看正法,明白晓谕,俾知儆戒。

○二十五年(1760)议准:查例载"军犯脱逃,附近者,初次枷号一月,调发边卫;二次枷号两月,调发边远;三次枷号三月,调发极边烟瘴。其本犯边卫者,以次递加调发。至极边烟瘴脱逃者,即改发黑龙江等处给披甲人为奴"等语,是拟军之犯,但经脱逃,无分次数,均应改遣。如被拿获,自应即于拿获之处,审详办理。若解回配所,再由配所调遣,无论长途辗转,疏脱堪虞;即使递解无误,而以照例查办之件,无故纡回,俾其终年不结,亦甚非肃清尘案之意。查本例内原载拿获之日,应归各该州县究审,但其是否配所州县,抑系获犯之处,未经指明。是以外省办理,有就获之处,审拟改调者,亦有仍解原配之州县,听其办理者,彼此参差,未能划一,以致动辄稽延,濡滞时日。请嗣后军犯脱逃,被获之州县,将该犯一面收禁,一面关查配所原案情节,究其逃后有无生事行凶,照例核拟,详请咨部调遣,仍行知照配所、原籍。其有递解过境之犯,尚未到配,而中途脱逃,以及流犯三次脱逃,例应改发边卫者,拿获之日,均照此一体办理,不必仍解配所。

○三十一年(1766)谕:伊犁回疆等处,发往人犯,有逃亡者,拿获后始行定拟具奏。未获之先,仅行知各处查拿,并不具奏。此等遣犯,身获重罪,免死发遣,乃怙恶不悛,复行脱逃,情殊可恶。理宜严拿务获,从重治罪。如并不具奏,仅于行文缉拿,恐各处视为具文,必致缉捕不力。着该将军、各处大臣,嗣后遣犯脱逃,如在二十日以内拿获,仍照旧具奏,一面办理。如逾期不获,即行奏闻,候朕降旨。

○三十三年(1768)议准:定例中途、在配脱逃流犯,俱不计次数,原犯流二千里者,改为二千五百里,二千五百里者,改为三千里,已属平允。惟流三千里,改为附近充军;免死减等,亦罪应满流,止改发边卫充军。虽由流改军,已属从重,但附近充军,计程止二千里,边卫充军,计程二千五百里。今以流三千里之犯,因逃加等,反调二千里及二千五百里充军,按道里而论,未免欲重反轻。若以流三千里之犯,一有脱逃,即行改发极边,则更有附近及边卫、边远等军犯,遇有脱逃,递行加等,较之四千里之极边,里数反近,亦未平允。查军、流发配,定例系各从罪人原籍,计程定地,诚不免有相离转近者。嗣后原犯流三千里,及免死减等问流人犯在配脱逃,俱就各该犯现配地方,计程定地,改发充军,不得仍从原籍计算,并回避各犯本省相近之处,使怙恶之犯,终身远离乡井。既于惩创脱逃之法,更为周密,而于军、流加等,亦各不相妨。

○五十年(1785)议准:定例载"旗下另户人等,有犯逃人、匪类,发遣黑龙江等处,并奉天、宁古塔、黑龙江等处旗人,发遣各处驻防当差,复行犯罪者,即送刑部发云南等省"等语,缘发遣黑龙江等处当差旗人复行犯罪者,即解刑部改发云南等省,此条载在《督捕则例》。嗣于乾隆三十七年(1772),刑部具奏奉天等处发往驻防当差之旗人,与发遣黑龙江之犯,事同一律,复行犯罪,亦改发云南等省,当即纂入徒流人复犯罪条内。而解部改发之文，尚仍其旧，未经分别酌定。查黑龙江等处，在京师之东，由黑龙江等处改发云南等省，京师为必经之路，解部转发，事属至便。至各省驻防，改发云南等省，各有相通驿路，原不经过京城。今若拘泥定例，解部转发，不惟往返长途，兵役徒劳解送，且恐稽延时日，凶匪致多疏虞。嗣查乾隆三十七年（1772）定例以来，虽尚无办过各省驻防解部发遣之案，但不明定科条，恐致歧误。除黑龙江等处发遣当差人犯复行犯罪改发者，仍照旧例解送刑部转发外，应请通行各省驻防，所有应改发云南等省之犯，各该将军、都统等接准部复后，即移交该省督抚转发起解，毋庸仍解刑部。

○嘉庆十五年（1810）奉旨："向来寻常发遣人犯，在配脱逃，其经官拿获者，杖一百，枷号一月，仍发原处。其自行投首者，免其枷、杖，发回原处，固属照例办理。但如前日吉林遣犯奇明阿，脱逃至六次之多，屡经拿获投首，仍不悛改。若竟任其自去自来，于罪名毫无增加，何以示儆。嗣后此等人犯，除脱逃在五次以内，仍照旧办理外，其脱逃在五次以外者，拿获之后，应照原罪量予增加。即自行投首者，亦当酌议罪名，示以惩儆。倘竟脱逃至十次以外，则拿获、投首，均应分别加重。着交刑部妥议具奏。钦此。"遵旨议准：嗣后脱逃在五次以内，仍照例被获者枷号一月，投回者免罪；如脱逃在五次以外，被获者枷号三月，投回者枷号一月；至十次以外，被获者枷号六月，投回者枷号三月；均鞭一百，严行管束。

○二十年（1815）谕："此案豢贼肆窃之回民，发遣到配后，若复潜逃回籍，必故智复萌，仍为地方之害，着交配所该管官严加管束。如在配脱逃，应如何加重定罪，其失察之该管官，应如何从重议处之处，着该部酌议条例具奏。此案人犯，即照新例办理。钦此。"遵旨议奏：嗣后回民窝窃，罪应发极边烟瘴者，悉改发黑龙江为奴。失察之该管官，照寻常遣犯脱逃之例加等议处。吏、兵二部划一办理。

○二十一年（1816）谕："张映汉奏'黑龙江减回内地流犯龚亚文在配脱逃，于五日内拿获，讯系附近躲避，尚未出境，遵例请旨定夺'等语。龚亚文着仍发黑龙江为奴。如再脱逃，拿获即行正法。余俱照所拟完结。嗣后凡免死减等发遣盗犯改发者，如在配脱逃，五日限外拿获，仍照例正法。其五日限内拿获，讯明实系附近躲避，并未远扬者，即仍发原配地方，毋庸奏请定夺。著为令。"

○道光二十年（1840）谕："前据刑部议复免死逃遣何洛奉一案，援案请照平常逃遣问拟，降旨令该部核案定拟。兹据奏称'免死盗犯在配脱逃，审照平常逃遣问拟者，有顾守陇等四案。此案何洛奉情节不符，应仍照原拟斩决'等语，何洛奉即照该都统原拟斩决，即行正法。所有办理此案之刑部堂、司各官，该部自请议处之处，着加恩宽免。嗣后新疆地方，遇有免死减等盗犯脱逃之案，仍照向例问拟，不准援照内地之案声请，以杜两歧。"

○又奏定：到配后逃走，及越狱逃走，并定案后起解在途逃走者，均仍于拿获时照例正法。如尚未定案，解审中途脱逃，系应免死拟遣之罪人，于本罪上加逃罪二等,不入于死。

○咸丰五年(1855)谕:“刑部奏‘黑龙江办理在配逃犯杨六一案,与例不符’等语。此等免死发遣盗犯,多系新疆改发,情节较重,又复在配脱逃,实属怙恶不悛。嗣后遇有发遣吉林、黑龙江免死盗犯在配脱逃,一经拿获,着该将军等于审明后即行正法,毋庸候部核复,以儆凶顽。”

○光绪九年(1883)奏准:拿获军、流、徒逃各犯,如系稽惯窃贼,案情较重,或系著名匪棍,以及叠次脱逃者,由刑部定案时,解交直隶总督转发府县监严行禁锢,毋任复出滋事。至拿获叠次逃犯内,有同伙复窃未获之犯,应由各衙门将该犯发交大、宛两县监禁,俟伙贼拿获,饬提质讯。惟大、宛两县监狱,为地无多,此项人犯,步军统领衙门所交,每县各以五名为准;五城所交,每县各以十名为准。如逾此数,即将在先收禁人犯提送刑部,转送直隶总督饬属禁锢,抑或由各衙门提回自行分别发落之处,临时斟酌核办。其寻常初次脱逃,并初次遣犯,仍照例办理。

○十三年(1887)议准:前因新疆甫立行省,地广人稀,议将秋审免死减等人犯,发往助兴屯政。是此等人犯,固与实犯遣罪者不同,然既经改发,亦与内地流犯有异。所有在途、在配脱逃各犯,自未便仍照寻常军、流加等调发,致与定章本意相悖,且使各犯纷纷效尤,脱逃者众,转于屯政有碍。嗣后免死减等发遣新疆在途在配脱逃人犯,照寻常遣犯在配脱逃并无行凶为匪拒捕情事被获五次以内例,仍递回新疆,枷号一月,鞭一百,投回者免罪。中途脱逃,由该省酌量安置;在配脱逃,仍发原配。

# 卷八百三十五·刑部一百十三

## 刑律·捕亡 稽留囚徒 主守不觉失囚 知情藏匿罪人

### 稽留囚徒

凡应徒、流、迁徙、充军囚徒，断决后，当该原问官司限一十日内，如原定法式锁杻，差人管押，牢固关防，发遣所拟地方交割。若限外无故稽留不送者，三日笞二十，每三日加一等，以吏为首科断。罪止杖六十。因稽留而在逃者，就将当该提调官住俸勒限严捕。吏，抵在逃犯人本罪发遣，候捕获犯人到官替役，以囚至配所之日疏放。若邻境官司遇有囚递到稽留不即递送者，罪亦如之。稽留者，验日坐罪；致逃者，抵罪发遣。若发遣之时，提调官吏，不行如法锁杻，以致囚徒中途解脱，自带锁杻在逃者，与押解失囚之人同罪，分别官、吏，罪止杖一百，责限擒捕。并罪坐所由。疏失之人。受财者，计赃以枉法从重论。统承上言。

**谨案** 原文“至日疏放”下有“别叙”二字，“锁杻”俱作“枷杻”，雍正三年(1725)删改。

### 附律条例

〇一、各处有司起解在逃军犯及充军人犯，量地远近，定立程限，责令管送。若长解纵容在家迁延，不即起程，违限一年之上者，解人发附近；正犯原系附近发近边，原系近边发极边地方充军。

**谨案** 此条系“徒流人逃”律后原例。首句“各处官司起解逃军并军丁”，雍正三年(1725)改“在逃军犯”，并移附“兵律·邮驿·公事应行稽程”条后。嘉庆十六年(1811)奏准修改，移附此律。

一、各处有司起解在逃军犯及充军人犯，量地远近，定立程限，责令管送。若长解纵容在家迁延，不即起程，违限一年之上者，解人发附近充军，受财者计赃以枉法从其重者论；正犯原系附近发近边，原系近边发边远，原系边远发极边地方各充军。

**谨案** 此条嘉庆十六年(1811)改定例文。

〇一、凡外遣人犯，务令依限解赴。如有患病应留养者，山海关以内州县，责成直隶总督查察；山海关以外州县，责成盛京将军及奉天府府尹查察。必验明患病确实，具结申请，方准照例留养。如有本系无病，及病已痊愈，率行捏结，及漫无觉察，任其迁延者,即将各该州县及该旗员等严查参处。并饬各属将每年有无患病留养人犯,及已未起解之处,按季报明该督、该府尹,造册报部查核。直省递解人犯,一体照此办理。

**谨案** 此条乾隆二十四年(1759)定。

○一、凡隔省递籍人犯,该州县一面发递,一面关会原籍,并知照经过地方官。无论长解、短解,务遵定例加差转递。各该州县仍于季底将有无递解过某省人犯若干名造册,由府汇详督抚,分咨各省,转行查核,照案咨复。其本省递解人犯,亦责成各州县,彼此关复查结。

**谨案** 此条乾隆二十八年(1763)定。

○一、凡军、流、徒罪,以奉文日为始,定限两个月起解。如实系患病,逾限不能起解,准将缘由详明督抚咨部查核,其病限不得过百日。若过限不行发解者,将州县官,及未经行催之上司,分别议处。

**谨案** 此条乾隆三十七年(1772)定。

一、外省发遣官常各犯,及发往军台效力赎罪废员,与军、流、徒罪人犯,于文到之日,均限一个月即行起解,毋任逗遛,各该督抚将各犯起解月日专咨报部。如有迟逾,即行指参。倘实因患病,逾限不能起解者,地方官验看属实,加具并无捏饰印甘各结,详明督抚起限,亦不得过两个月,该督抚亦即咨部查核。如有假捏,及逾限不行起解者,别经发觉,将该州县及失察各上司,分别交部议处。

**谨案** 此条嘉庆二十四年(1819),于例首"军、流、徒罪"上增入二十字,并因外省遣犯,多有延不起解,将原例定限两个月改为一个月,"不得过百日"改为"不得过两个月",其起解月日,专咨报部,仍逐一分别,年终汇报刑部、兵部备查。道光二年(1822),删减册籍,仍于年终汇报之处节删。

○一、各省递解人犯,如遇前途水阻,及另有事故不能前进,即由附近州县,详报该省督抚,查看情形属实,迅即飞咨邻省截留,不准州县擅自知会。仍饬令最近之州县,将接到人犯,分别监狱大小,酌留一二十名,再令各上站挨次留禁,由该州县开具犯名、事由,申报该省上司,咨报查考。一俟前路疏通,即行起解。如有州县擅用公文私信,知会上站截留,即由该督抚据实严参。

**谨案** 此条道光十二年(1832)定。

○一、凡各省距省窎远之各厅州县,问拟遣、军、流犯,各督抚于出咨后,即令造册先行定地,并发给咨牌。存俟奉到部复,即行佥差起解,不准稍有稽滞。仍将发给咨牌,并起解日期,报部查核。

**谨案** 此条咸丰二年(1852)定。

**历年事例**

○顺治十八年(1661)题准:凡各省审结叛案内流徙入官人口家产,以部文到日为始,限两个月,自该省起解,违限者题参议处。其押解人犯,亦定限起发,迟延者重责革役。

○康熙四年(1665)题准:凡外省拟定军、流人犯,以部咨到日,限一个月起解,仍照律扣定路程。如赃多不完,限内不能解者,听督抚据实题明。若地方官违限不解,押解人役限内不到,听督抚指名参究。

○七年(1668)复准:起解军、流人犯,停其新定一月之限,仍照律行。

○九年(1670)题准:发遣军、流、徒犯,该管官两月内不行起解者,罚俸一年;过一年者,降一级调用。不行催查之上司,罚俸半年。若起解迟延,致人犯毙狱者,降一级调用,上司官罚俸一年。官员将应解人犯,错解别处者,罚俸六月。若将未经题结军、流等犯先行发遣者,降一级留任。

○二十九年(1690)谕:"官员获罪革职,即与民人一体,不必另立限期,仍照现行例行。"

○乾隆八年(1743)议准:查定例流罪以上人犯,府县审明,解司转院;徒罪以下人犯,州县审明,拟议详结,毋庸解司。是犯该徒罪以下,虽非妇女,既经州县审明,尚得拟议详结,毋庸解司转院,以省拖累。况因奸被诱之案,其妇女止应拟徒,而徒罪例得收赎,业经详审明确,犹复解府解省,以致差役凌虐,困顿道途,殊非情理。外省办理此等案件,或将被诱之妇,仍解院司,亦有在府州即行摘释,殊未划一。嗣后一经该州县审明,即交亲属收管,听候发落,毋庸解府解省,各省一体遵行。

○二十三年(1758)谕:"据托恩多复奏'解部遣犯寿抡元,于三月初四日递至武进县,因患病难以起身,饬令上紧医治,于五月二十三日病痊转解'等语。此等解部要犯,自应按程速解,何得听其借端稽迟。于武进一处,即延至两月有余之久,其中不无情弊。且安知其非奉查后,始倒提年月发解耶?着该抚陈宏谋严查据实参奏。嗣后凡遇奉旨提解重犯,务须随到随解,不可因病任其沿途逗遛,以致别有疏虞也。并将此通饬各督抚知之。"

○二十六年(1761)议准:查谳狱不厌周详,而政务期于核实。军、流罪犯,臬司审结之日,例应详报督抚核定,逐案咨部,岁底汇题。其中如有情罪未协,案涉疑似,尚须推鞫者,督抚于详报到日,或驳饬发讯,或亲自提审,原可随时查察,核实妥办。但必一概责令督抚亲审,则一省之中,人命、强盗,以及官员参革究拟等案,不止一端。且省分有繁简之不同,案情亦轻重之不一。使无关紧要,供证明确者,多此一番招解,而于疑难重大之案,必须详究者,或转不能从容研讯,势所不免,殊非核实之道。是以例内原无定有军、流等犯不准解院复审之文,亦无一概解院复审之语,全在督抚因时就事,留心察核,斟酌办理。嗣后各省军、流等犯,臬司审详之日,将人犯暂停发回,候督抚查核。如有应行核讯者,即行就近提讯。其或情罪本轻,供证明确,毫无疑窦者,亦不必概行解送,致有稽迟拖累。

○又议准:递解军、流、遣犯,例应首先起解之地方官,详验年貌、箕斗填注批解,并备短文,以便沿途接解州县验查。今递解人犯,多有文牌内不填年貌、箕斗,及并无清册短文者,有牌册内虽填年貌、箕斗,漏其须痣者,有不行刺字,及止刺一面,与两面俱刺,而牌册内竟不填注者,不一而足。接递州县,如不细加查验,即行转递,恐不无顶冒之弊。若羁留人犯,辗转咨查,又未免稽延时日,均有未协。嗣后将一切军、流、外遣人犯,责令首先起解之地方官,详验年貌、箕斗、痣疤、胡须,暨有无刺字,及所刺何项字样之处,备具清册,逐一注明,并将犯罪事由,缮具短文转递。如有仍前玩视,及失备漏开等情事,查出揭参。

○五十年(1785)议准:各省押解军、流人犯,由州县会同营弁,派拨兵役,协同押解。今发遣黑龙江等处人犯,自通州以东,仅止营兵递送,并不会同地方官添差押解,殊非慎重递解重囚之道。嗣后部发黑龙江等处遣犯,无论当差为奴,均令知会地方官,每犯一人,添差干役二名,协同营弁沿途小心递解,以昭严密。如有疏虞,将地方官役与弁兵一体查参治罪。其他省或有似此止有弁兵管解,不由地方官添差护送者,俱令照此划一办理。

○嘉庆二十年(1815)谕:"向来京城发遣之犯,皆奉旨后即日起解出都。虽大员获罪拟遣者,亦从不敢耽延。乃近日外省发遣人犯,竟有借词迁延,迟至一年半载尚未起解者,殊属怠玩。着兵部、刑部堂官会同查明旧例,如原定例限本宽,即酌改加紧,押令迅速起程。不许借词逗遛,以杜捏饰。"

○二十五年(1820)谕:"成格奏《拟遣官犯,具禀妄控,意存挟制,请旨严惩》一折。向来京中遇有问拟发遣官犯,刑部于奉旨之日,即送交兵部起解。乃外省遣犯,奉到部文后,往往任其逗遛,该犯因得架词翻控,借延时日。此案已革参将布彦图因纵放私盐,拟发新疆呈请留养,及带子赴戍,均与例不符。一经斥驳,即逞刁妄控,计图挟制。复经该抚审明毫无屈抑,布彦图实属刁诈,着加责四十板,即日起解,发往伊犁充当苦差,以示惩儆。嗣后各省拟遣人犯,俱于奉旨之日,即行起解,不准片刻停留。"

○道光十二年(1832)谕:"琦善奏《直省解发各省人犯,请饬湖南等省照依旧章挨次留禁》一折,所奏是。直隶切近京畿,路居四达。所有解发京控原告及军流人犯,必须逐程转递,方不致有拥挤。兹据奏河南安阳等县以冻河漫水,及湖南猺匪滋事,将人犯一并截回。查从前立定章程,各州县如遇水阻,即飞咨邻省截留,不准擅自知会。其应解人犯,由发水最近州县分别留禁。此次送猺滋事,系在湖南永州府属地方,与河南中隔湖北一省,相距甚远。着河南、湖北、湖南各督抚察看情形,如实有道路难行之处,即照旧定章程,先由湖南附近永州各州县分别监狱大小,将监犯配禁一二十名,再令上站挨次留禁,由该州县开具犯名、事由,申报该省上司咨报查考。一俟前路疏通,即行起解。如有州县擅用公文私信,知会上站截留,着据实严参,以肃政体。"

## 主守不觉失囚

○凡狱卒不觉失囚者，减囚原犯之罪二等；以囚罪之最重者为坐。若囚自内反狱在逃，又减不觉罪二等；听给限一百日戴罪追捕。限内能自捕得，及他人捕得，若囚已死，及自首，狱卒皆免罪；司狱官典，减狱卒罪三等。其提牢官曾经躬亲逐一点视罪囚，锁杻俱已如法，取具狱官、狱卒牢固收禁文状者，不坐。若提牢官于该日不曾点视，以致失囚反逃者，与狱官同罪。若提牢官、狱卒、官典故纵者，不给捕限，官、役各与囚同罪。至死减等。罪虽坐定，若未断之间，能自捕得，及他人捕得，若囚已死，及自首，各减囚罪一等。受财故纵者，计赃以枉法从重论。若贼自外入狱劫囚，力不能敌者，官、役各免罪。若押解在狱罪囚中途不觉失囚者，罪亦如之。如狱卒减二等，仍责限捕获免罪；如有故纵及受财者，并与囚同罪；系劫者免科。

### 附律条例

○一、凡押解人犯中途脱逃者，短解及护送营兵，俱照长解治罪。

**谨案** 此条雍正三年(1725)定。

○一、疏纵解审军、流、徒犯之役卒，如审系受贿故纵者，即以囚罪全科，赃多者以枉法从重论。若止一时疏脱，及因别故致逃，并无受贿故纵者，限百日追捕。限内捕得者，将长解役卒减二等问拟，短解免罪。若限满无获，将长解、短解内之违例雇替等项人役，减囚罪一等问拟，余皆照律减二等治罪。

**谨案** 此条乾隆二十九年(1764)定。

一、凡解审军、流、徒犯中途脱逃者，如审系役卒受贿故纵，即以囚罪全科，赃多者以枉法从其重者论。若止一时疏脱，及因别故致逃，并无受贿故纵者，给限百日追捕。限内捕得者，将长解役卒减二等问拟，短解免罪。若限满无获，将长解、短解内之起意违例雇倩者，减囚罪一等问拟；其同行之长解、短解，及受雇之人，皆减二等治罪。

**谨案** 此条嘉庆六年(1801)改定。

一、凡解审军、流、徒犯，中途脱逃，审系役卒受贿故纵，即以囚罪全科，赃多者以枉法从其重者论。如系依法管解，偶致疏脱者，给限百日，能于限内捕得，均依律免罪。若限满无获，长解减囚罪二等，短解减三等。倘审有违例雇倩情弊，亦给限百日，限内捕得，将起意违例雇倩之犯，减囚罪二等，余皆免罪。若限满无获，起意违例雇倩者，减囚罪一等，余皆减二等。

**谨案** 此条嘉庆十九年(1814)改定。

一、押解军、流罪犯，中途脱逃，押解兵役人等，除有受贿故纵情事，仍从重定拟外，如系依法管解，偶致疏脱者，将押解兵役人等，照配所看守保甲例，拟杖八十；佥差不慎，及押解之员，交部议处。

**谨案** 此条道光二十六年(1846)定。

○一、凡发遣黑龙江、宁古塔等处人犯,沿途官员,亲身不行押解,交与兵丁解送,或不谨慎看守,以致罪人逃脱者,官交部严加议处,将兵丁照律治罪,再加枷号一月。

**谨案** 此条雍正三年(1725)定。嘉庆十六年(1811),因解役疏纵免死减发黑龙江人犯,监禁勒缉,限满无获,减逃犯罪一等问拟,另有专条,此系寻常遣犯,自应照徒流人逃本律问拟,例内"照律治罪"句,易致牵混,改为"照徒流人逃本律治罪"。

○一、枷号人犯脱逃,看守人役,亦照律拟断。

**谨案** 此条乾隆五年(1740)定。

○一、凡斩、绞重犯在监脱逃,审系禁卒贿纵者,即视其所纵囚犯之罪,全律科断。如本犯应入秋审情实者,亦入情实;应绞决者,亦拟绞决;应斩决以上者,亦即拟以斩决。其非得贿故纵者,仍照本律科断。

**谨案** 此条乾隆十八年(1753)定。

一、禁卒除贿纵狱囚依律全科,果系依法看守,偶致疏脱者,仍依律减囚罪二等治罪外,其有将在监斩绞重犯松放狱具,以致脱逃,审出松放之人,将该禁卒严行监禁。俟拿获正犯之日,究明贿纵属实,即照所纵囚罪全科。如系徇情松放狱具,或托故擅离,或倩人代守,防范疏懈,乘间潜逃者,亦照故纵律治罪,不准照旧例减囚罪二等问拟。

**谨案** 此条乾隆二十九年(1764)定。

一、监犯越狱,如狱卒实系一时疏忽,偶致脱逃,并无贿纵情弊,审有确据者,依律减囚罪二等,仍给限一百日。限内能自捕得,准其依律免罪。如他人捕获,或囚已死,及自首,概不准免罪。

**谨案** 此条乾隆三十五年(1770)定。

一、凡监犯越狱,如狱卒果系依法看守,一时疏忽,偶致脱逃,并无贿纵情弊,审有确据者,依律减囚罪二等治罪,仍给限一百日。能自捕得,准其依律免罪。如他人捕得,或囚已死,及自首,概不准免罪。其有将在监斩绞重犯松放狱具,以致脱逃,将松放之该禁卒严行监禁。俟拿获逃犯之日,究明贿纵属实,即照所纵囚罪全科。本犯应入秋审情实者,亦入情实;应绞决者,亦拟绞决;应斩决以上者,亦照拟以斩决。如系徇情松放狱具,或托故擅离,或倩人代守,防范疏懈,乘间潜逃者,亦照故纵律与囚同罪,至死减一等,不准照旧例减囚罪二等问拟。

**谨案** 嘉庆六年(1801),将前二条修并。十六年(1811)复将第三条并入,辑为此条。

○一、凡解审斩绞重犯,在途开放锁镣以致脱逃,本犯未获者,即将解役究审,严行监禁。俟拿获正犯之日,究明贿纵属实,即将该役照所纵囚罪全科。如无贿纵情弊,审有违例雇替,托故潜回,无故先后散行,止任一人押解,以致脱逃者,亦照故纵律与囚同罪,不准照旧例减囚罪二等问拟。果系依法管解,偶致疏脱,审有确据者,除依律治罪外,仍勒限缉拿。他人捕得,亦不准依律宽免。佥差不慎之地方官,视解役所得之罪,分别从重议处。

**谨案** 此条乾隆二十五年(1760)定。

一、疏脱斩绞重犯之解役,如果审系依法管解,偶致疏脱,除短解兵役仍照律减二等问拟外,将长解二名,均暂行监禁。本官另选干役,押同原解之亲属,上紧躧缉,酌限一年。如能限内拿获,审无贿纵别情,仍将该役依例减二等拟徒。或限内无获,即照逃犯本罪减一等问拟满流。

**谨案** 此条乾隆二十九年(1764)定。

一、凡解审斩绞重犯,在途开放锁镣,以致脱逃,本犯未获者,即将解役究审,严行监禁。俟拿获正犯之日,究明贿纵属实,即将解役照所纵囚罪全科。如无贿纵情弊,审有违例雇替,托故潜回,无故先后散行,止任一人押解,以致脱逃者,亦照故纵律与囚同罪,不准照旧例减囚罪二等问拟。果系依法管解,偶致疏脱,审有确据者,除短解兵役依律减二等治罪外,将长解二名,暂行监禁。本官另选干役,押同原解之亲属,上紧躧缉,酌限一年。如果限内拿获,审无贿纵别情,仍将长解依律减二等拟徒。或限内无获,即照逃犯本罪减一等问拟满流。他人捕得,亦不准依律宽免。佥差不慎之地方官,视解役所得之罪,分别议处。

**谨案** 嘉庆六年(1801),将前二条修改,并辑此条。

一、解审斩绞重犯,除解役受贿,徇情故纵,以致脱逃,本犯旋即就获,质审明确,分别依律定拟外,其在途开放锁镣,以致脱逃,本犯未获者,将解役究审,严行监禁。俟拿获正犯之日,究明贿纵属实,将解役照所纵囚罪全科。如无贿纵情弊,仍照故纵律与囚同罪,至死减一等发落。倘监禁已至十年,正犯尚未拿获,将解役照流犯监候待质十年限满之例,先行发配。俟缉获正犯质明,分别办理。如十年限内,遇有恩旨,不准查办。其未开放锁镣,但审有违例雇替,托故潜回,无故先后散行,止任一人押解,以致脱逃者,将违例雇替、潜回、散行之解役,即照故纵律与囚同罪,至死减一等发落,不准照旧例减囚罪二等问拟。果系依法管解,偶致疏脱,审有确据者,除短解兵役依律减二等治罪外,将长解二名,暂行监禁。本官另选干役,押同原解之亲属,上紧躧缉,酌限一年。如果限内拿获,审无贿纵别情,仍将长解依律减二等拟徒。或限内无获,即照逃犯本罪减一等问拟满流。他人捕得,亦不准依律宽免。佥差不慎之地方官,视解役所得之罪,分别议处。

**谨案** 此条嘉庆二十四年(1819)增定。

○一、解审斩绞重犯,审有违例雇替等情,其例应与囚同罪至死减等发落之解役,仍于本罪上加一等定拟。

**谨案** 此条同治九年(1870)定。

○一、押解新疆人犯,如有中途脱逃,除有心贿纵,仍照与囚同罪例定拟外,如系疏纵,将解送官兵、人役监禁,以俟缉获逃犯,治其应得之罪。若一年限满无获,将为首情重者,改发伊犁等处给予兵丁为奴;其余为从情轻之犯,仍以杖流问拟。其由新疆改发烟瘴,及黑龙江等处人犯,如有疏纵,亦照此例办理。

**谨案** 此条系乾隆三十二年(1767)遵旨定例。嘉庆六年(1801)奏准,疏脱新疆遣犯,未便反重于疏脱斩绞人犯之罪,应照疏脱斩绞人犯例,分别限内有无拿获,酌量减科,因将例文改定。

一、押解新疆人犯,如有中途脱逃,除有心贿纵,仍照与囚同罪例定拟外,如系疏纵,将解送官兵、人役监禁,以俟缉获逃犯,治其应得之罪。若一年限满无获,将为首者照逃犯本罪减一等问拟,其余为从之犯仍照律减二等发落。其由新疆改发烟瘴,及黑龙江等处人犯,如有疏纵,亦照此例办理。

一、押解发遣新疆人犯,中途脱逃,系免死减等例应正法之盗犯,除有心贿纵,仍照与囚同罪律定拟外,如审有违例雇替,托故潜回,或在途开放锁镣,止图便于行走,以致脱逃,并无故纵情弊者,将押解兵役,暂行监禁,另选干役,押同兵役亲属躧缉。百日限内捕得,将起意违例雇替、托故潜回及开放锁镣之犯,减逃犯本罪一等拟徒;限满无获,杖一百、流二千里。其余兵役,及代替之人,限内拿获,各减逃犯本罪二等;限满无获,各减一等发落。如系依法管解,偶致疏脱,亦将该兵役等暂行监禁一年。限满捕得者,各减逃犯本罪二等;限满无获,各减一等发落。如系寻常遣犯脱逃,将押解人等杖八十,再加枷号一月;故纵、贿纵者,仍照律与囚同罪。其由新疆改发烟瘴,及黑龙江等处人犯,中途脱逃者,亦照此分别办理。

**谨案** 此条嘉庆二十四年(1819),将疏脱之兵役,照逃遣本罪,分别免死减等,及寻常遣犯办理。道光五年(1825),将违例雇替之解役,与依法管解者,分别治罪。咸丰二年(1852),因军、流中途疏脱之兵役,照徒流人逃本律杖六十,较诸配逃之乡保例应杖八十者反轻,未为平允,是以改定。

○一、直隶等省,如遇紧要官犯等类,务择现任文武员弁,派委押解。其试用效力未经历练者,概不得滥行派委。如有违例滥派,以致疏失者,除押解之员,按照律例分别议罪外,仍将原委之文武各上司,分别有无误失,交部议处。

**谨案** 此条乾隆三十四年(1769)定。

○一、解役疏脱应拟斩绞重犯,审有违例雇替、托故潜回情事,应照故纵律与囚同罪者,如疏脱之犯,案情未定,将解役牢固监候,俟逃犯拿获定罪,再行照例办理。

**谨案** 此条,系乾隆三十五年(1770)遵旨定例。

○一、押解斩绞立决及秋审拟入情实重犯,如不小心佥解,致解役有违例雇替、开放锁镣、纵囚脱逃者,将佥差长解之州县官,照狱卒纵脱重犯管狱官杖八十徒二年例减一等,杖七十、徒一年半。其拨兵护解之武职,如所拨兵丁,亦有雇替情节,即与州县一例杖徒。

**谨案** 此条系乾隆四十三年(1778)奉旨议定。嗣于五十三年(1788),改定新例,将此条声请删除。

○一、解审斩绞重犯,中途脱逃,除原犯斩绞立决者,即行正法外,其原犯斩绞监候之犯,核其情罪,如秋审时应入情实者,即改为立决,应入缓决者,即改入情实。

**谨案** 此条乾隆五十四年(1789)定。

○一、解审罪应凌迟、斩绞立决、监候重犯,中途脱逃,佥差不慎之长解官,及拨兵添差护解之地方文武各官,俱参革,留于该处协缉五年。限满不获,审系解役贿纵、故纵脱逃,协缉各官,发往军台效力赎罪。若审明解役并无贿纵、故纵情事,果系依法管解,偶致疏纵脱逃者,协缉各官,拟以杖一百、徒三年。如所限五年期内,该员等能将正犯全行拿获,该督抚给咨送部引见,请旨开复。一犯不获,及他人捕得者,仍照例科罪。至军、流等犯,解审脱逃,其佥差、护解各官,仍照旧例交部分别议处。

**谨案** 解审斩绞重犯中途脱逃,佥差及护送各官,旧例限一年协缉,此条系乾隆五十三年(1788)奉旨改定。

一、解审罪应凌迟、斩绞立决、监候重犯,中途脱逃,佥差不慎之长解官,及拨兵添差护解之地方文武各官,俱照旧例参革,留于该处协缉。一年限满不获,审系解役贿纵、故纵脱逃者,协缉各官,俱发往军台效力赎罪。若审明解役并无贿纵、故纵情事,果系依法管解,偶致疏纵脱逃者,协缉各官,拟以杖一百、徒三年。如所限一年期内,该员等能将正犯全行拿获,该督抚给咨送部引见,请旨开复。倘一犯不获,及他人捕得者,仍照例科罪。至军、流等犯解审脱逃,及斩绞人犯解审脱逃拿获案内另有军、流等犯未获,其佥差、护解各官,仍照旧例交部分别议处。

**谨案** 嘉庆四年(1799)奏准,将重犯中途脱逃协缉五年之例删除,仍归协缉一年办理,因改定此条。

一、解审罪应凌迟、斩绞立决、监候重犯,中途脱逃,佥差不慎之长解官,及拨兵添差护解之地方文武各官,俱照吏部定例,分别拟以降留、降调、革职并革职留任,限一年缉拿。限内全获,题请开复。如限满不获,查系依法管解,偶致疏脱者,即照吏部例以降革完结,毋庸治罪。若审系解役贿纵、故纵,概行革职,拟以杖一百、徒三年。倘犯被他人捕得者,仍照例科罪。至军、流等犯解审脱逃,及斩绞人犯解审脱逃拿获案内另有军、流等犯未获,其佥差、护解各官,仍照旧例交部分别议处。

**谨案** 此条嘉庆八年(1803)定。

**历年事例**

○康熙九年(1670)题准:官员将斩绞犯人在狱不加肘锁,以致脱逃者革职。上司官不据实申报,降二级调用。若已加肘锁脱逃者,照越狱例,限一年缉拿,不获者照罪犯轻重处分。其起解斩绞重犯,不加肘锁,少差解役,以致脱逃者,降一级调用;军、流、徒罪人犯,罚俸一年缉拿。如已加肘锁、多差解役脱逃者,俱照越狱例,按罪犯轻重处分。若系差役得财,将人犯疏纵脱逃者,本管官照失察衙役犯赃例处分。

原解未经交付之先,疏纵脱逃者,将原地方各官议处;如已经交付明白脱逃者,将承接该管各官议处。

○雍正二年(1724)议准:外省解犯,及解京与京发之犯,其情罪重大者,于批上注明"要犯。该弁押送"字样,即从首先接递处,该千、把总亲督所派兵役,送往交替。若该弁公出,则令伊百队亲押。若该州县无设防武弁,令吏目、典史亲押,出境交替。俱于取获收管内,注明"某官、某弁送交"。倘有疏虞,该抚题参斥革。其寻常解犯,仍照例选差押送。

○又议准:押解盗犯,中途致有脱逃者,将佥差不慎之该县照例议处。其加级纪录,俱不准抵销。

○三年(1725)议准:嗣后该管知府并直隶州知州所属州县,若山海巨盗、斩绞重犯越狱脱逃,有一二案者罚俸一年,三四案者降一级,五六案以上者降二级,俱限一年催缉。限内全获,准其开复。逾限不获,照所降之级调用。若军、流、徒、杖、笞等犯越狱,有一二案者罚俸六月,三四案者罚俸九月,五六案以上者降一级,限一年催缉。限内全获,准其开复。逾限不获,再限一年。如不获,照所降之级调用。

○又议准:嗣后该管知府并直隶州知州所属州县,若山海巨盗、斩绞重犯中途脱逃,有一二案者罚俸九月,三四案者罚俸一年,五六案以上者降一级,限一年催缉。限内全获,准其开复。逾限不获,照所降之级调用。若军、流、徒、杖、笞等犯中途脱逃,有一二案者罚俸三月,三四案者罚俸六月,五六案以上者住俸,限一年催缉。限内全获,准其开复。逾限不获,降一级留任,仍着照案缉拿。

○又议准:山海巨盗、斩绞重犯,州县官已加肘锁,多差解役,有致脱逃者,降一级,限一年督缉。限内全获,准其开复。逾限不获,照所降之级调用。若军、流、徒、杖等轻犯,州县官已加肘锁,多差解役,有致脱逃者,罚俸六月。

○乾隆四十三年(1778)谕:"据三宝等奏《审拟谷城县知县邱德孚于起解斩犯王长时,佥差不慎,致解役疏纵脱逃,捏称落水》一折,已批交该部议奏矣。州县审解重犯,理应佥派妥役,饬令小心管押。乃邱德孚漫不经心,听凭解役出钱雇替,以致中途纵放重囚,非寻常佥差不慎可比。其点派兵丁,致令雇倩之千总詹如侯亦然。仅予革职,不足蔽辜。着该部将邱德孚、詹如侯另行拟罪具奏。钦此。"遵旨议准:狱卒纵脱重犯,管狱官例应杖八十、徒二年。解役中途纵脱重犯,其滥行佥差之州县,向无治罪专条,实未允协。嗣后遇有押解斩绞立决及秋审拟入情实重犯,如不小心佥解,致解役有违例雇替,开放锁镣,纵囚脱逃者,将佥差长解之州县,比照管狱官减一等治罪。如营员拨兵护解,亦有雇替情节,应与州县一例问拟。

○五十四年(1789)议准:斩绞人犯,越狱脱逃,如原犯应入秋审情实者,改为立决;应入缓决者,改为情实。其中途脱逃斩绞人犯,向俱随时酌核,有改立决者,亦有赶入情实者,办理未能划一。虽中途脱逃,与越狱情事不同,但究属藐法,自应一例办理。嗣后斩绞人犯,中途脱逃被获,除本犯斩绞立决者,即行正法外,其原犯斩绞监候之犯，即照越狱人犯之例，核其情节，应入秋审情实者，即改为立决，应入缓决者，即改入情实。如此明立科条，庶免引断参差之弊。

○道光十一年（1831）谕："嗣后须责成各省督抚，严饬州县，遇有派出管解差役，务须正身前往。倘有失事，即查明有无雇替情弊，于折内声明。如系雇替，即将原派差役，加等治罪。"

○光绪十三年（1887）奏准：嗣后如遇紧要军、流人犯起解，于例派员弁、兵役外，应由该营汛酌量加派二三名，帮同管押，倘有劫夺情事，仍按例惩办，以昭慎重而专责成。至该遣犯到配后，应令迅取收管，并原发传牌送部，以凭查核。

**知情藏匿罪人** 以非亲属，及罪人未到官者言。

○凡知他人犯罪事发，官司差人追唤，将犯罪之人藏匿在家，不行捕告，及指引所逃道路，资给所逃衣粮，送令隐匿他所者，各减罪人所犯罪一等。"各"字，指藏匿、指引、资给说。如犯数罪，藏匿人止知一罪，以所知罪减等罪之。若亲属纠合外人藏匿，亲属虽免罪减等，外人仍科藏匿之罪。其事未发，非官司捕唤而藏匿，止问不应。其已逃他所，有辗转相送，而隐藏罪人，知情转送、隐藏者皆坐，减罪人一等。不知者勿论。若知官司追捕罪人，而漏泄其事，致令罪人得以逃避者，减罪人所犯罪一等。亦不给捕限。未断之间，能自捕得者免漏泄之罪。若他人捕得，及罪人已死，若自首，又各减一等。"各"字，指他人捕得及囚死、自首说。

**谨案** 注内"如犯数罪，藏匿人止知一罪"以下，系乾隆五年（1740）增。

**附律条例**

○一、宛平县属西山门头沟地方，开采煤窑，该县设立印簿，给发窑户，令将佣工人等姓名、籍贯，来去缘由，十日一报该巡检考查。并令西路同知，就近稽查。如该窑户不将各项工人开报，照脱漏户口律治罪。若各项工人，有犯窃犯赌，或聚众逞凶，致成人命，该窑户知情不行报究，发觉之日，除本犯按律治罪外，该窑户照总甲容留棍徒例杖八十。其有开设连夏锅伙，诓诱贫民，逼勒入窑，关禁不容脱身者，照凶恶棍徒例，分别首从科断。窑户知情纵容者，照知情藏匿罪人律治罪。各窑锅伙内，若将工作患病之人，忍心抬弃，及病故不即报官者，照夫匠在工役之所有病官司不给医药救疗，及地界内有死人不申报官司辄移他处律，分别治罪。其殴打致毙者，仍照谋、故、斗杀各本律问拟。该管县丞失察开设连夏锅伙，及致毙人命私埋匿报等案，分别加等议处；受财故纵者，按枉法赃，及故出人罪各律，严参治罪；得受规礼者，计赃科断；失察病故之人私埋匿报者，照例议处。

**谨案** 此条乾隆七年（1742）定。道光二年（1822），将"巡检"二字改为"县丞"，增入"其有开设连夏锅伙"二百零六字。

○一、京城地方，责成步军统领衙门、顺天府、五城，各按所辖地面，严饬所属，随时访查,遇有兴贩、吸食鸦片烟者,无论满洲汉人、官民良贱,一体查拿,分别奏咨,送交刑部审明治罪。其客店、庙宇、会馆,如有知情窝藏留住,或得贿纵容者,查明按律惩治。并严禁番役、兵捕人等,借端讹索,以省扰累。

**谨案** 此条道光十九年(1839)定,同治九年(1870)删除。

**历年事例**

○康熙九年(1670)题准:凡州县官有潜逃反叛正犯未经查出,或出具并无印结,被人首发者,革职;将该管知府降四级调用,司、道降二级调用,督抚降一级留任。如系斩、绞要犯未经查出,或具结后被人首发者,降二级调用,该府、道罚俸一年。如系反叛牵连之人及军、流人犯未经查出者,罚俸一年。若将紧要重犯,官员自行藏匿者,革职。

○四十四年(1705)谕:"塞外蒙古,凡犯罪为盗后,俱投入喇嘛藏匿者多。嗣后喇嘛收留此等罪犯者,察出,与犯人一体治罪。"

○四十九年(1710)复准:杀人凶犯,藏匿本境,该管官员委不知情,系地方棍徒容隐者,止将容隐之人治罪。如先虽容隐,后仍自行出首,亦准免罪。

○雍正五年(1727)议准:嗣后藏匿之家,除不知情者,仍照律遵行外,若系民人知情藏匿罪人者,照本犯原罪治罪;若系职官知情窝隐者,除革职外,仍照本犯原罪治罪,不准折赎。至于犯罪之人,在于境内隐藏,地方官怠忽因循,不实力稽查,或被旁人首发,或被邻境官司拿获,将该地方官交该部照失察例议处。如有属员藏匿罪人,该管上司不行觉察纠参,亦交该部照失察例议处。仍通行直隶各省督抚,遍行所属州县,饬令悉心稽查,出示晓谕,于文到之日为始,限两个月内,准窝藏之家,自行出首,免其坐罪;如本犯自行出首,免其加罪,仍照伊原犯之罪治罪。倘本犯及窝匿之家,锢为朋比,不行出首,一经发觉,除将本犯及窝隐之家,照此所定之例治罪外,仍将该管保长、甲长、地方,及知情紧邻,照不应重律治罪。

# 卷八百三十六·刑部一百十四

## 刑律·捕亡 盗贼捕限一

### 盗贼捕限一

凡捕强、窃盗贼，以事发于官之日为始，限一月内捕获。当该捕役、汛兵一月不获强盗者，笞二十，两月笞三十，三月笞四十，捕盗官罚俸三月；捕役、汛兵一月不获窃盗者，笞一十，两月笞二十，三月笞三十，捕盗官罚俸一月。限内获贼及半者免罪。若被盗之人经隔二十日以上告官者，去事发日已远。不拘捕限。缉获。捕杀人贼，与捕强盗限同。凡官罚俸，必三月不获，然后行罚。

**谨案** 原文“弓兵”，雍正三年(1725)改为“捕役、汛兵”；原文强盗不获，捕盗官罚俸钱两月，窃盗不获，捕盗官罚俸钱一月，雍正三年(1725)，俱改为罚俸三个月。乾隆五年(1740)，将窃盗不获之捕盗官，改为罚俸一个月。

### 附律条例

〇一、凡府、州、县系有城池，及设有卫所，被贼打劫仓库、狱囚，或杀死职官，或聚至百人以上者，抚、按官就将各掌印、操备等官，先行参奏，住俸带罪缉捕。限半年以里，尽数拿获，亦准免罪。如过限拿获未尽，再限三个月尽获，亦准免罪。若全无拿获，及再限内不能尽数拿获者，不分军卫、有司，俱问罪，降二级，文官送部，武官仍于本卫所各调用。卫所失事，止坐卫所掌印、操备等官。兵备、守巡并守备官驻扎本城者，降一级调用；不系驻扎处所，止调用。若自来不曾设有城池者，掌印、巡捕等官，止降一级；兵备、守巡、守备等官，分别罚治。

**谨案** 此条系原例。雍正三年(1725)奏准，今盗案无初限半年、再限三月之例，亦无武官于本卫所调用之处，此例删。

〇一、各处民间被贼打劫，即时擒获者，不分城内城外，各掌印、巡捕等官俱免罪。一月之外不获，通行住俸，候拿获一半以上，方准开支。若中间能获别起，及别府州县正实强盗，及各越狱重囚，亦准抵数。但不许将照捕名数，朦胧捉拿，以图抵饰。仍通计一年之内，除尽数拿获，及拿获一半以上免罪者不计外，城内积至五起，城外及无城去处至十起以上，不分军卫有司、掌印巡捕等官，参究问罪，俱降一级，文官送部，武官于本卫所各调用，兵备、分巡官分别罚治。

**谨案** 此条系原例。雍正三年(1725)奏准，今盗案无一月之外，方行住俸，失察五起以上,方行降调,及拿获别案盗贼并越狱犯人,亦准抵算之处,此条删。

〇一、凡强盗打劫,各该有司军卫员役,不分事情轻重,务要登时从实申报。如有隐匿者,抚、按官即将各该员役,应提问者提问,应参奏者就便参奏,酌量情罪,轻则罚治,重则降黜,议拟上请不许容隐。其抚、按官遇有报到,若系杀官、劫库、劫狱,并聚至百人以上,或啸聚不散,及城内打劫至杀人者,即行奏报;其民间被劫事情稍轻者,汇入岁报册内,年终具奏;俱不许容隐。违者,部院该科参奏重治。

**谨案** 此条系原例。雍正三年(1725)奏准,今盗案概行奏闻,无年底汇奏之例;且讳盗即行革职,亦无酌量情罪降罚之例,此条删。

〇一、京城内外,但有强盗得财伤人者,巡捕、把总、兵马等官,即时擒获,免罪,仍论功叙录。若有脱逃,俱即住俸,限三个月以里,拿获一半以上,始准开俸;过限不获,各罚俸三月。仍总计一年之内,除尽数拿获,及拿获一半免罪者不计外,城内积至五起,城外十起以上,俱问罪,降一级,文官仍调外用。

**谨案** 此条系原例。雍正三年(1725)奏准,今京城内外失盗,并无即时拿获,将兵马等官叙录,及积至五起、十起,方行降调之例,此条删。

〇一、凡京城内有强盗劫财伤人者,该汛值宿领催、兵丁,俱枷号四十日,斥革发落;步军统领、总尉、副尉、步军校,俱交部分别降罚;贼犯限一年缉拿,获半者开复。如不获,又失事者,降调。若正阳、崇文、宣武三门,尤关紧要。正阳、崇文、宣武三门关厢内失事者,该汛兼辖三营武职,及文职兵马司官,俱交各该部降罚;专汛千、把总及马步兵丁,各杖一百;贼犯限一年缉拿,全获者开复。缉拿一半者,免其议处;不及一半者,仍照定例议处。不获者,兼辖各官俱降调,千、把总俱革职,兵丁枷号四十日,斥革发落,贼犯交接管官缉拿。

〇一、凡隔省关提人犯,承问官一面详请督抚移咨,一面差人关会隔省该地方官添差协缉。如擅给批牌,竟行拘提,及隔省地方官徇庇不行协缉,均交部议处。至本省内隔属关提人犯,亦行令该地方官添差拘提。如违例擅自拘拿者,捕役照诬良为盗例治罪,原差地方官交部议处。关提人犯,谓关提寻常对质人犯。若盗贼匪人,不用此例。

**谨案** 以上二条,均雍正三年(1725)定。

〇一、凡命、盗案件,如四个月限者,州县限两月解府州,府州限一月解司,司限二十日解督抚;如六个月限者,州县限三月解府州,府州限半月解司,司限一月解督抚;如一年限者,州县限七月解府州,府州限两月解司,司限个半月解督抚。督抚将州县、府、司起解年月日期,于疏内声明。如州县承审迟延,及督抚逾限不参者,仍照定例议处。倘州县已解府州,及府州已经解司,而府州、臬司迟延者,将迟延之员,计逾限月日,照例分别议处。如上司恃势,将属员解到日期,故为改迟,或肆意苛驳,以致迟延者,许属员详报督抚,据实题参,将改期及苛驳之上司,照例议处。至藩司,粮、盐、驿、河各道衙门,一应钦部案件,亦注明年月日期,如有迟延,亦照此例议处。再盗案如有各省关查口供,必需时日者,许该地方官申详督抚,咨部展限两月。其通省行查之事,令督抚查明,将最后送到逾限之府、州、县职名附参,照钦部事件例议处。

**谨案** 此条雍正三年(1725)定,原载"官文书稽程"律内。乾隆五年(1740),移附此律。

一、盗案如有隔省关查口供,必需时日者,许申详督抚,咨部展限两月。其通省行查之事,令督抚查明,将最后送到逾限之府、州、县职名附参,照钦部事件例交部议处。

**谨案** 此条系乾隆五年(1740)删节。

〇一、凡承缉各官,务期必获盗首。如限内不获盗首,虽获盗过半,仍罚俸一年;再限不获,罚俸二年;三限不获,降一级调用。如盗首果系病故,必须查验确实,方准免其处分。若有假借别州县所获之盗,指为本案盗首,别州县亦扶同搪塞,或先报盗首脱逃,后仍在该地方隐匿,或捏报盗首病故,后于别案发觉者,将从前假借、扶同、隐匿、捏报之该地方文武各官,照讳盗例革职。其邻境他省之文武官,有能拿获别案内首盗,质审明确者,该地方文武官,各加一级;兵役由巡抚酌量给赏,令原失事之地方文武官捐给,原失事之文武官,有已经离任者,令该抚暨武职统辖官捐给。若拿获别案内伙盗者,按每二名纪录一次;兵役缉获伙盗者,按每三名给予半赏。至伙盗之内,有首出盗首,即行拿获者,全免其罪。若不在伙内之人,首出盗首,即行拿获者,地方官从优给赏。再各直省州县捕役,务于本衙门额役工食内,每捕役一名,将他役工食,量为并给,使其养赡充裕。若拿获盗首者,令州县官从优给赏;如盗首不获,将承缉捕役家口监禁勒比;如获盗过半之外又获盗者,地方官亦酌量给赏。若州县贿盗狡供,辗转行查,希图销案者,照易结不结例治罪。

**谨案** 此条雍正三年(1725)定。

一、凡承缉各官,有假借别州县所获之盗,指为本案盗首,别州县亦扶同搪塞,或先报盗首脱逃,或捏报盗首病故,后经发觉者,将从前假借、扶同、隐匿、捏报之该地方文武各官,交部议处。其邻境他省之文武官,有能拿获别案内首盗、伙盗,质审明确者,该地方文武各官,交部分别议叙,兵役分别酌量给赏。若不在伙内之人,首出盗首,即行拿获者,地方官从优给赏。捕役拿获盗首者,亦从优给赏;若盗首不获,将承缉捕役家口监禁勒比;如获盗过半之外又获盗者,地方官亦酌量给赏。若州县贿盗狡供,辗转行查,希图销案者,照易结不结例治罪。

**谨案** 乾隆五年(1740),将雍正三年(1725)例内议叙、议处等句删改。三十二年(1767),复以伙盗首出盗首,已于雍正五年(1727)定有拟流之例,将拿获免罪一节删去,改定此条。

〇一、凡官兵拿获起意捏造谣言,煽惑人心,毁坏制钱,容留犯法人在家隐匿不报,及偷盗官银物件等犯,将拿获之兵赏银二十两,官纪录一次。拿获造作纸牌、骰子,贩卖纸牌一千以上、骰子五十以上,官员赌博,坐地虎光棍,隐匿入官银两物件等人,兵赏银十两,官拿获两次者,纪录一次。拿获配所逃回之人,宰卖牛肉之人,及官员越品用顶马,兵丁、旗下闲散人等赌博,并典当军器,潜卖纸牌、骰子之人,兵赏银五两。拿获贩卖牛肉,喜丧事违禁奢华,及违禁使用黄铜器皿,玩鹌鹑、斗鸡、蟋蟀赌钱,并民人、跟役等玩纸牌、骰子等犯,兵赏银三两。拿获逃人至五案者,亦赏银三两。以上各项,奖赏、纪录银两,俱给首先拿获之人。若有不肖官役,借端讹诈,图赖好人,或将实在犯法之人拿获,受贿释放等弊,该管官严查参奏,将讹诈图赖者,照诬告律治罪;受贿释放罪犯者,照枉法赃治罪。若该都统等不行查参者,罚俸一年。

**谨案** 此条雍正三年(1725)定。乾隆五年(1740),因获盗给赏,应入《处分则例》;至讹诈、图赖,及受贿释放等情,皆有专例,将此条删除。

〇一、凡交界地方失事,探实赃、盗之处,无论隔县隔府隔省,一面差役执持印票即行密拿,一面移文关会。拿获之后,仍报明地方官添差移解。其一应窃匪、窝赌、窝娼等类,有窜入邻境者,亦照此例一面差役往拿,一面关会协缉。倘有疏纵牵制,不行缉拿,交部分别议处。捕役借端骚扰,越境诬拿平民,照诬良为盗例治罪。

**谨案** 乾隆五年(1740),遵照雍正四年(1726)谕旨,及雍正十一年(1733)所定窝赌窝娼例,并纂此条。

〇一、直隶各省,审理人命事件定限六月,盗案定限一年。如案内正犯及要证未获,情事未得确实者,题明展限。按察司自理事件,限一月完结;府、州、县自理事件,俱限二十日审结;上司批审事件,限一月审报。若隔属提人及行查者,以人、文到日起限。如有迟延情弊,该督抚察参。若该督抚将违限各官,徇情不行题参,察出一并议处。

**谨案** 此条雍正五年(1727)定,原载"官文书稽程"律后。乾隆五年(1740),移附此律,并查照雍正六年(1728)定例,于"审理人命"下,增"及抢夺、发掘坟墓"七字。

一、直隶各省,审理命案定限六个月,盗案定限十个月,抢夺、发掘坟墓及一切杂案,俱定限四个月。如案内正犯及要证未获,情事未得确实者,题明展限。按察司自理事件,限一月完结;府、州、县自理事件,限二十日审结;上司批审事件,限一月审报。若隔属提人及行查者,以人、文到日起限。如有迟延情弊,该督抚察参。若该督抚将迟延各官,徇情不行题参,察出一并交部议处。

**谨案** 此条乾隆十五年(1750)改定。

一、直隶各省审理案件,寻常命案,限六个月;盗劫及情重命案,钦部事件,并抢夺、发掘坟墓、一切杂案,俱定限四个月。其限六个月者,州县三月解府州,府州一月解司,司一月解督抚,督抚一月咨题;限四个月者,州县两月解府州,府州二十日解司,司二十日解督抚,督抚二十日咨题。如案内正犯及要证未获,情事未得确实者,题明展限。按察司自理事件,限一月完结;府、州、县自理事件,俱限二十日审结。上司批审事件,限一月审报。若隔属提人及行查者,以人、文到日起限。如有迟延情弊,该督抚察参。若该督抚将迟延各官,徇情不行题参,察出一并交部议处。

**谨案** 此条嘉庆六年(1801)增定。

○一、凡承审命、盗及钦部事件,至限满不结,该督抚照例咨部,即于限满之日接算,再限四个月。如逾限不结,该督抚将易结不结情由,详查注明题参,照例议处。至承审官内有升任、革职、降级,及因公他往,委员接审者,准其展限一月完结,不许又另起限。如有不肖文武官员,承审案件,借端巧为掩饰,不行速结者,令该督抚题参,交该部严加议处。上司徇庇,不行题参,及下属已经解审,混行驳查,以致承审违限,并知属官例限将满,借端故为派委,希图展限者,一并交部从重议处。督抚参迟延时,将何月日解审、驳查次数声明,听部查核。

**谨案** 此条雍正五年(1727)定,原载"官文书稽程"律后。乾隆五年(1740),移附此准。

一、凡承审命、盗及钦部事件,至限满不结,该督抚照例咨部,即于限满之日接算,再限二参四个月。仍令州县两月解府州,府州、臬司、督抚,各分限二十日。如逾限不结,该督抚将易结不结情由,详查注明题参,照例议处。至承审官内有升任、革职、降调,及因公他往,委员接审者,如前官承审未及一月者,准其按审过日期扣展;一月以上离任者,准其展限一月;分限三月、两月事件,前官承审历限过半离任者,准其扣半加展。如前官于二参限内离任者,接任官准其以到任之日起,无论六个月、四个月事件,俱扣限四个月审结。至原问官审断未当,及犯供翻易情节,督抚另委贤员,或会同原问官审理,委审之员,扣限一月,该管各上司,亦统限一月核转具题,总以两月完结。如官员承审案件,借端巧为掩饰,不行速结,令该督抚题参,交该部严加议处。上司徇庇,不行题参,及下属已经解审,混行驳查,以致承审官违限,并知属官例限将满,借端故为派委,希图展限者,一并交部议处。督抚参迟延时,将何月日解审、驳查次数声明,听部查核。

**谨案** 此条嘉庆六年(1801)增定。

○一、凡承审土苗案件,俱以获犯到官日为始,盗案限一年,命案、窃案限六个月,杂案限四个月。限满不结,照例咨参,接扣限期完结。如仍不审结,该督抚照例题参。若该犯居土官所辖地方,该土官准州县移会,徇庇不行拿解,经督抚核实题参,将土官革职,择伊子弟之贤者承袭。若该犯居隔省隔邑者,以文到日为始,限四个月拿解。如庇匿不解,照徇庇例议处。如果该犯实系在逃,俱限六个月承缉。限满无获,照例分别议处。

**谨案** 此条雍正五年(1727)定,原载"官文书稽程"律后。乾隆五年(1740),移附此律,并将例内"隔省隔邑"改为"隔属隔省","照徇庇例议处"改为"交部议处"。

一、凡承审土苗案件,俱以获犯到官日为始,照内地限期审结。限满不结,照例咨参,接扣限期完结。如仍不审结,该督抚照例题参。若该犯居土官所辖地方,该土官准州县移会,徇庇不行拿解,经督抚核实题参,将土官革职,择伊子弟之贤者承袭。

若该犯居隔属隔省者,以文到日为始,限四个月拿解。如庇匿不解,交部议处。如果凶犯实系在逃,俱限六个月承缉。限满无获,交部分别议处。

**谨案** 嘉庆六年(1801),因新例土苗案件,俱照内地事件限期办理,改定此条。

○一、盗案果有虚实情形未分、盗赃未确,限内不能完结者,许承审有司据实详报,该管上司核实即行报部,准其展限四个月。倘承审官有将易结之盗案,滥请展限,该督抚漫为咨部者,有司官照易结不结例革职,转详之司、道、府、州,及咨部之督抚,一并交部分别议处。

**谨案** 此条雍正五年(1727)定,原载"官文书稽程"律后。乾隆五年(1740),移附此律。

一、盗案除虚实情形未分、盗赃未确之案,仍照旧例办理外,如盗犯到案之初,业已供认确凿、赃迹显明者,无论首从缉获几名,即以到案之日起限,审拟完结。若承审期内遇有续获之犯,如到案在州县承审五个月分限以内者,即一并审拟,毋庸另展限期;如到案已在州县分限以外,不能并案审拟,照续获盗犯之例,另行展限完结。如间有获犯到案时,在州县分限将满,不能依限审拟者,总不得逾违统限。抢、窃等案,一体遵照办理。

**谨案** 此条乾隆二十七年(1762)定。

一、州县无论初参承审限期,及监毙窃犯等案,俱以人犯到案之日起限。如遇犯系盘获,现无事主,及拿获贼犯,究出多案,必须事主到案认赃,方可拟罪者,照例预行咨明展限。如有混行展限者,交部议处。

**谨案** 此条乾隆二十八年(1763)定。

一、盗案获犯到官,无论首盗、伙盗,缉获几名,如供证确凿、赃迹显明者,一经获犯,概照命案例限六个月完结。如果虚实情形未分、盗赃未确,承审官立即据实详报,逐细声明,该管上司核明,预行咨部,准其以十个月完结。至已经审定之案,如有续获盗犯到官,在州县分限以外,不能并案审解者,俱扣限四个月审结。倘有迟延,照例查参。

**谨案** 此条乾隆三十年(1765)定。嘉庆六年(1801),查照《吏部则例》,将以上四条,删繁改并,分立二条。

一、官员审理命、盗、钦部事件,及一切杂案,有余犯到案,因正犯及要证未获,情词未得,或盘获贼犯,究出多案,事主未经认识,必须等候,方可审拟,或因隔省行查,限内实难完结者,承问官将此等情由,预行申详督抚,分别题咨展限。若正犯、要证,及盗窃案内首从人犯,已经到案,间有余犯未获者,即将现获之犯,据情研审,按限完结,不得借词展限,亦不得延至日久,应就现犯审结之日起限。若承审期内,遇有续获之犯,如到案在州县分限以内者,即行一并审拟,毋庸另展限期;如到案已在州县分限以外,不能并案审拟者,将续获人犯,另行展案,扣限四个月完结。如间有获犯到案时,在州县分限将满者,亦不得逾违统限。如该上司不遵定例,严加查核,听其借端迟延，捏词扣展限期者，承审官及各上司，俱交部分别议处。

一、盗案获犯到官，无论首盗、伙盗，缉获几名，如供证确凿、赃迹显明者，一经获犯，限四个月完结。如果虚实情形未分、盗赃未确，限内不能完结者，承审官立即据实详报，逐细声明，该管上司核明，预行咨部，准其展限两个月完结。倘承审官有将易结之盗案，滥请展限，该督抚漫为咨部者，承审官革职，各该上司交部分别议处。

〇一、苗蛮地方，一有失事，该防汛官即带兵追捕，地方官即差役严拿，一面申报上司，并移会邻近营汛，协力穷追。如未能弋获，查明凶犯本名，确系何处贼蛮，会同该衙门添差缉获。如徇庇不发，并承审官不严行追究，及文武官弁明知案犯下落，不实力擒拿，以致逃匿者，并交部议处。若捕役搜捕案犯，牵累良民，照诬指良民为盗例，从重治罪。

**谨案** 此条雍正六年(1728)定。

〇一、刑部行文五城兵马司、大宛二县查拿之案，如关系偷盗仓库钱粮，并隐匿要紧重犯，即于文内添注“要犯，勒限缉拿”字样，限满无获，照京城定例议处。其余寻常命、盗，如限满不获，照外省定例议处。倘该管官不行呈报题参，察出一并交部议处。其五城兵马司承追赃罚、变产等项，如限满不完，照大宛二县承追杂项钱粮例议处。如该御史不行开送，察出，将该御史一并交吏部议处。仍令该司坊官，将历年承追之项，造具清册三本，一送刑部，一送都察院，一送该城御史查核。

**谨案** 此条雍正七年(1729)定。

〇一、凡捕役串通盗犯，教供妄认别案盗犯，以图销案，州县官失于觉察，审出，交部议处。捕役照诬良为盗发边远充军例，减一等，杖一百、徒三年；如有贿买情弊，以枉法从重论。

**谨案** 此条乾隆二年(1737)定。

〇一、邻县关提人犯，限文到二十日拿解。逾限不发，交部议处。听信地保、差役捏称并无其人，并久经外出，空文回复，措不发人者，地方官议处外，其地保、差役，照不应律治罪；受财者，以枉法从重论。藏匿要犯，按律究拟，本犯从重问断。

**谨案** 此条乾隆三年(1738)定。

〇一、五城地方有失窃案件，该司坊官即申报该巡城御史及都察院山东道，于失事之日起，勒限四个月缉拿，山东道按限提比。如限内贼犯未获，及获不及半者，该城御史即行查参，交部议处。如承缉限满，该城不行报参，及山东道御史不实力稽察者，令都察院查参，一并议处。其三营所辖地方失窃，该管专汛武职，交步军统领，亦照司坊官一体参处。

**谨案** 此条乾隆八年(1743)定。

〇一、凡司道提比捕役，除积案久逃之犯，仍照旧例遵行外，其新报之案，司道不得即行提比，专令该管之府厅比缉。仍将比过各案，并捕役姓名，报明该道查核，按季汇报臬司，转申督抚查核。倘经年累月，总未获报，该府厅有徇隐之处，一并题参，交部议处。

〇一、凡五城地方事主报有失窃案件,该司坊官隐讳不报者,照步军校讳窃例议处。

**谨案** 以上二条,均系乾隆十四年(1749)定。

〇一、命、盗重案,内外问刑衙门,各宜迅速查办。应缉拿者,上紧缉拿;应定拟者,即行定拟。若承审官不能审出实情,以监候待质迁延时日者,该堂官、督抚察出,即严行参处。

**谨案** 此条系乾隆十七年(1752)遵旨定例。

# 卷八百三十七·刑部一百十五

## 刑律·捕亡 盗贼捕限二

**盗贼捕限二**

〇一、凡隔省关提人犯，承问官务将人犯紧要缘由及关提月日，通报各上司稽考。如准关之州县，迟延不即解送，及听信地保人等捏称并无其人，捎不发解者，该督抚立即严参。至审结题咨时，亦将关到日期，扣明程限，声明有无迟延，听候部议。如承审之州县，将并非紧要案犯，借称关提不到者，该督抚亦即查明严参议处。

**谨案** 此条乾隆十九年(1754)定。

〇一、凡命、盗一切重案，正犯脱逃，即行差役密拿，并开明年貌、事由，详请通饬本省州县一体协缉。倘未弋获，于初参限满，即请分咨邻省通缉，不得稽延，致犯远扬。逾限未获，仍将本案承缉官按限查参，照例分别议处。

**谨案** 此条乾隆二十一年(1756)定。嗣于五十三年(1788)另立新例，不待初参限满，始咨邻省通缉，因将此条删除。

〇一、凡各省州县，遇有强劫、拒捕等重案，立即选差干捕擒拿，一面将失盗情形，申报所辖之府州，及关移接壤别属之州县。其专辖之知府、知州，立即通饬阖属，各选派干捕，悬立赏格，分路侦缉，无获则一体比追。其非本府州所属，而境地相接之州县，如遇移关一到，亦即照此协力差捕搜拿。

**谨案** 此条乾隆二十四年(1759)定。

〇一、黔省苗疆地方承审命、盗案件，各照原定分限，命案三个月，盗案五个月，审理完结。其加展两月、三月之例，概行停止。

**谨案** 此条乾隆二十五年(1760)定。

一、黔省苗疆地方承审命、盗案件，州县各照原定分限，寻常命案三个月，盗案及情重命案，两个月审理完结。其加展两月、三月之例，概行停止。

**谨案** 此条嘉庆六年(1801)改定。

〇一、卑幼擅杀期功尊长、属下人殴伤本管官，并妻妾谋死本夫、奴婢殴故杀家长等案，承审官限一月内审解，府、司、督抚限十日审转具题。如州县官于正限届满，尚未审结，即于限满之日，接扣二参限期，州县限二十日，府、司、督抚仍各限十日完结。如有迟延，分别初参、二参，照例议处。至杀死三命、四命之案，该督抚即提至省城,督同速审。其审解限期,悉照卑幼擅杀期功尊长之例办理。

**谨案** 此条乾隆三十年(1765)定。道光十九年(1839),于"卑幼擅杀期功尊长"句下,添"子孙违犯教令,致祖父母、父母自尽"二句。

〇一、五城遇有承缉凶犯,选差干捕,勒限严缉。如一月不获,照例责比;三月至五月不获者,即将该捕役从重责革,枷号两月示惩,另选干捕躧缉。如捕役果能实力拿获者,照拿获盗案之例,于赃罚银两内,令巡城科道酌量赏给。至巡捕三营所属地方,原与五城联络,遇有不知姓名之人被伤身死,据指挥相验的实,该汛武职,即行呈报步军统领衙门,照例勒限严缉正凶,仍于限内报明兵部。俟文职审明是仇是盗,将武职各官照例查议。其三营捕役,应照五城限缉之例,令该汛武弁选差干捕,报明注册,勒限严缉,按期责比。如逾限不获,即行枷号、责革,仍令另差干捕,实力缉拿。如该汛捕役,有能于限内缉获正凶者,量加奖赏,于步军统领衙门房租项下,动支发给,汇入年终奏销。

**谨案** 此条乾隆二十九年(1764)定。

〇一、京城遇有仇盗未明之案,巡捕三营武职等官,照文职缉凶之例,一体扣限查参。俟获犯之日,如审系盗案,仍照例将专辖、兼辖各官,补参疏防。

**谨案** 此条乾隆三十二年(1767)定。

〇一、五城所辖地方,如有奴仆偷盗家长财物脱逃者,一经呈报,该坊官即照民人被窃之案,一体通报巡城御史及都察院山东道,照例比缉,勒限查参。倘隐匿不报,察出,照讳窃例参处。其营汛武职,亦照司坊官一体参处。

**谨案** 此条乾隆四十二年(1777)定。

〇一、凡各本省应缉外遣逃犯,分析年分、名数,登注事由,及已未就获,为一册;外省通缉者,于每年汇造寻常军流逃犯册内,划出另为一册,年终由臬司衙门汇册造报,督抚于开印后咨部查核。该督抚将本省及通缉各案,分折具奏。其通缉遣犯,各督抚于文到日,即饬属分差缉拿,将缉役姓名申报,责成该管道、府不时稽察。如有怠忽不实力奉行者,该道、府揭参,将该地方官议处。

**谨案** 此条乾隆四十三年(1778)定。

〇一、凡命、盗等案要犯负罪在逃,承缉官于事发之日,开明年貌、事由,一面差役密拿,一面具详。该省督抚接据详文,即径檄邻省接壤之州县,一体实力协缉,仍移咨邻省督抚,彼此督缉。倘接壤州县接奉文檄,以非本管督抚,心存畛域之见,视为通缉具文,致犯藏境内,别经发觉,即听原行之督抚查参,交部照例议处。

**谨案** 此条乾隆五十三年(1788)定。

〇一、营弁拿获盗、劫重犯,立即解交该弁所驻之地方有司衙门,严行究诘。如供出首伙姓名,该地方官一面通报各上司,一面迅速移咨该处营弁,设法缉拿,毋许稍有迟延。至地方捕役拿获盗犯,该州县讯出伙党姓名,亦即移会地方武弁,一体协缉。其承缉、招解,该地方官仍依例限办理,毋庸营弁先行会同讯供。

**谨案** 此条乾隆五十四年(1789)定。

○一、各省审办无关人命徒罪案件,即照承审一切杂案定限四个月之例,州县两个月解府州,府州二十日详司,司二十日详督抚,督抚二十日批结。批结之后,由该臬司按季汇齐,务于每季后二十日内,造册详报该督抚,该督抚务于十日内出咨报部,总不得过一月之限。其报部册内,务逐案详叙供招,并将人犯到案,及州县、府、司、督抚审转、批结各日期,详细注明,听候查核。倘有审办迟逾分限,及造册报部迟延者,交部议处。

**谨案** 此条道光十二年(1832)定。

**历年事例**

○顺治十三年(1656)谕:"近见各处盗贼生发,人民受害,地方官往往惧罪隐匿,以致益无顾忌。嗣后失事者立刻申报,速图缉捕自赎。若仍前隐讳不报,定行法外治罪。"

○康熙九年(1670)题准:捕役诬拿良民为盗,私用非刑致死人命者,将该管官革职,道、府降二级调用,按察使降一级调用,督抚罚俸一年。如未致死者,该管官降四级调用,道、府降一级调用,按察使罚俸一年,督抚罚俸三月。

○又题准:武职官获盗,即交有司审理。若不速送,私用非刑审理,及诬良为盗致死者,失察之总督,罚俸九月;未致死者,罚俸六月。

○又题准:凡承缉叛犯,将承缉文武各官俱革职,带罪限三年缉拿。如不获,将文职降一级,武职降二级,各调用,如有加级纪录,准其抵销,盗犯仍照案缉拿。武职兼辖各官降二级,带罪限三年缉拿。如不获,亦降一级调用,加级纪录,亦准抵销。该省总兵官罚俸一年,免其停升。其接缉、协缉文武各官,于贼犯发觉之日,计算未满三年者,仍停其升转。缉拿人犯,若已满三年,俱各罚俸一年,免其停升;未获贼犯,仍照案缉拿。

○十二年(1673)复准:凡审问强盗,有供出在先行劫之处,即行咨查督抚。当日失主曾经报官者,即将该地方官照讳盗例处分。若失主未报,无有实据者,令该督抚取地方官并无讳盗印结缴报。若具结之后,别有发觉,确查隐讳属实者,仍坐以讳盗不报之罪。

○又题准:失主被盗,不报该管官者,照不应重律治罪。

○十三年(1674)题准:地方民人,聚众千余,执持器械,两相对敌,焚烧房屋,杀伤多人,州县官虽报司、道,未报督抚者,降一级调用。

○十五年(1676)题准:凡地方有杀死人命重情,该管官知情隐讳不报者,革职;将不行查出之司、道,降一级调用,督抚罚俸一年。不知情不行查出者,降一级留任,上司官免议。

○二十三年(1684)议准:凡失主所报盗犯,止令存案,不为确数。俟严审初获之盗,供出实盗,方为确数,依限缉捕。如限内不能拿获者,照定例计数处分。

〇又议准:叛逆人犯,若令案缉,恐地方官员疏忽,仍令严行缉拿。

〇二十四年(1685)议准:叛逆人犯,三年未获者,仍照旧例照案缉拿。

〇三十二年(1693)谕:"近见有司官员,欲避盗案参罚,或讳强为窃,或讳盗杀为谋杀,缉捕不力,以致盗贼愈炽,民生不安,着再严议具奏。钦此。"遵旨议准:嗣后若再照前避罪,隐讳贼情者,或被部查出,或被科道指参,将隐讳地方官员、督抚,一并交部严加议处。

〇三十三年(1694)复准:嗣后将此案拿获之贼作彼案未获之贼,影射销案者,官员照例革职。

〇三十六年(1697)谕:"每见广东省所题盗案,纠集伙党,多至数十人,或恣行焚劫,或勒索子女,种种不法,皆由文武大小官员,不能化导百姓、禁戢奸顽所致。嗣后该督抚、提镇,及有司各官,务实心教养,绥靖地方,以副朕息盗安民至意。该部即行严饬。"

〇四十七年(1708)复准:凡命案,地方官从前不知不报,后能自行查出通报,将本案审明者,不论年月远近,俱免其议处。若系上司查出,或被旁人告发者,一概不免。

〇四十九年(1710)复准:承缉命案凶犯官,初次,仍照例以六个月扣限查参,将承缉官住俸,勒限一年缉拿。如限满不获,罚俸一年,准其照案缉拿。接缉之官,比盗案例照案缉拿,免其参处。

〇雍正元年(1723)谕:"览刑部议复盗案三本,皆以未经拿获之盗,作为首犯,明系地方官吏不肯追捕全伙,严审确情,避重就轻,草率结案。现获各犯,若概置重典,则原非首恶;若悉从末减,又何以惩凶暴而安善良。宽严之义,未得其中;滋盗长奸,莫此为甚。此三案首犯,交与该巡抚着落印捕各官,设立赏格,勒限严缉,务令就擒,毋使漏网。逾限不获,从重议处。庶几法无枉纵,盗风可望少息矣。"

〇又议准:嗣后州县官讳盗不报,或以强为窃,或以多为少,或贿嘱事主,通同隐匿者,仍照讳盗例革职外,其该管道、府,与捕盗同知、通判等官,漫无觉察者,降二级调用;扶同徇隐者,降三级调用;或州县官已经揭报不行转报者,降四级调用;若州县官以强为窃、以多为少,该管官不行详查,遽以转报,及解审时又不能审出者,亦降三级调用。若督抚不能稽察属员,一任隐讳减报,将该督抚照例降一级留任。再地方失事,文职州县官,与武职专汛官,共事一方,均畏参处,往往商同讳匿。嗣后若文职之该管上司失于觉察,或扶同隐匿,武职之兼辖官查出,即行申报提镇,提镇即移咨督抚,据实题参;若武职之兼辖等官失于觉察,或扶同隐匿,道、府等官查出,申报督抚,督抚据实题参,其专汛、兼辖之武官,俱照文职例议处。至窃盗,州县官若不照赃究拟,并不依律刺字者,照失出例议处。若窃盗自行除去面上刺字者,事犯,系旗人枷号两月、鞭一百,系民枷号两月、责四十板,所毁之字,仍行补刺。再皇城内、畅春园及凡行在之处，有犯窃盗三次，与所窃之赃至一百二十两以上者，俱照律究拟，余俱仍照康熙五十二年(1713)定例遵行。

○二年(1724)议准：凡奉特旨缉拿重犯，该地方官拿获一名者，加一级；其专城、专汛官弁，将奉旨缉拿重犯，拿获一名者，亦照州县官例，准其加一级；赏拿获人银三十两。若该文武各官所属地方无获，即出具印结报部。若于未出具印结之前，与已出具印结之后，如有隐匿，被旁人首告拿获，将该管地方官降二级调用，知府、直隶州罚俸一年，道罚俸九月，巡抚罚俸六月，所有加级纪录，不准抵销。如该管各官知情听其隐藏者，与罪人一体治罪。武职专城、专汛官弁，应照文职例，降二级调用，兼辖官罚俸一年，统辖官罚俸六月，所有加级纪录，亦不准抵销。如该管各官弁知情听其隐藏者，与罪人一体治罪。

○三年(1725)议准：嗣后不论本省及别省，有能拿获通缉人犯者，该督抚具奏，官予纪录，兵、民等给赏。如拿获者系要犯，另行议叙。

○又议准：嗣后承缉官初限不获，仍照旧例遵行外，至再限不获，例应调用、革职者，今议再留任一年。如一年内能获盗过半，照例开复；如再不获，始调用、革职。将一案盗犯全获者，每案纪录二次。

○又议准：嗣后再限不获盗首者，仍照旧例遵行外，三限不获盗首者，着改为降一级留任。

○又议准：嗣后遇有盗案，一面申报上司，即一面关会邻境州县、营汛等官，遍处察缉。有能一月内拿获邻境案内首盗者，加一级，再纪录一次；拿获伙盗者，每一名纪录一次。拿获之兵役，令原失事之地方官，给银二十两。至一月后拿获者，仍照旧例议叙、给赏。至接缉官能将前官未获盗犯全获者，纪录三次；拿获过半者，纪录二次。

○又议准：州县官如有讳盗不报，及以强为窃者，该厅官察出，即行揭报者免议。倘有失察者，罚俸一年；徇隐不报者，革职。再州县申报盗案，令该厅官遍檄所辖地方，协同缉拿。三月内全获一案盗犯者，将该厅官纪录一次。

○又议准：嗣后盗贼案件，扣限六个月审结。如逾限不结，照例查参。

○又谕："盗案疏防，文武各有处分，虽着有成例，但中间情事尚有分别。凡山海大盗，聚众多人，土獞苗蛮，成群劫夺，及响马、老瓜等贼，聚有窝穴，势难擒捕者，当责之弁兵。如兵无缉获，则文武一例处分，情罪俱当。若盗止十人以下，踪迹散处，则力能擒制，虽事发潜逃，不难躧探，而管汛弁兵，各有职守，势难远缉。此等盗犯，似当专责州县，武职处分，可否酌量从轻，庶情法得平，中无冤抑。钦此。"遵旨议准：嗣后村庄平常盗案，武职各官，凡遇盗贼十人以上，并未经申明伙盗确数者，仍与文职一例处分。如盗止十人以下者，专汛武职，初参到日，应停其升转，限一年缉贼；二参限满不获，罚俸一年；三参限满不获，罚俸二年；四参限满不获，降一级，无级可降之官革职，俱留任。其兼辖各官，定例初参罚俸六月，今议罚俸三月；一年限满不获，定例罚俸一年,今议罚俸六月,贼犯照案缉拿。至盗案所重在于盗首,若获贼一半,盗首未获,专汛官应仍照定例处分。

○四年(1726)谕:"安民必先弭盗。而捕盗之法,在于速拿。闻有交界地方失事,盗贼窜匿邻境,有司官以地非管辖,不便径拘,必用文移关提,挂号添差,方许缉拿,以致迟需时日,闻风远扬。即使日后拿获,而赃已花销,悬案不结。凡系地方官,均有弭盗之责,何分此疆彼界。嗣后交界地方失事,探实赃、盗藏匿之处,无论隔县隔府隔省,一面差役执持印票,即行密拿,一面移文关会。拿获之后,仍报明该管地方官添差移解。倘捕役借端诬害良民,照例从重治罪。各该有司,务须协力稽查,使奸宄无可潜藏,以副息盗安民至意。"

○五年(1727)议准:嗣后有劫失饷鞘事发,将该地方文武官员革职留任,勒限一年缉拿。限内全获,准其开复;限内获贼过半,已获盗首者,仍留任缉拿。倘逾限获贼不及过半,及获贼虽经及半,而盗首无获者,革任;未获贼犯,交与接任官照案缉拿。如一经失事,邻汛官员,及地方文武官员,即能获贼过半,已获盗首者,将该地方文武官员,免其处分。其劫失钱粮赔补分数,并解官、道府等员议处各款,仍照旧例遵行。

○乾隆十七年(1752)议准:查盗劫与窃贼,均为地方之害。盗案承缉处分,自初参停升住俸,以至四参降调,定例已为严密。至一切窃贼案件,向未定有承缉之例。查窃案赃物多寡不等,则情罪轻重有殊。窃贼赃至满贯,律应拟绞。此等重犯,令其兔脱,地方官反得置身事外,不勒限缉捕,洵无以戢奸匪而安善良。嗣后地方遇有被窃案件,一经事主报官,即确核赃数,未至满贯者,仍照旧办理外,如赃数已经满贯,即照承缉诱拐等犯之例,勒限六个月缉拿。限满不获,将承缉之地方官,照不实力察访例,罚俸一年,贼犯照案缉拿。限内全获,或拿获首犯,俱免其参处。如全获伙犯,而起意为首之犯未获者,仍照例查参议处。地方官如有将窃案满贯赃物,私心冀免处分,勒令事主少报,经上司查参到部者,将该地方官照不应重私罪律,降三级调用。若事主失物,本是无多,刁民有心捏报,故意浮开虚赃累累,计图挟制官府,及经查出,犹复妄控不休者,照律治罪。

○二十二年(1757)议准:嗣后寻常案件,例得监候秋后处决,及案涉疑难,犯逃未获各案,仍照定例办理外,如有卑幼擅杀期功尊长、属下人杀伤本管官,并妻妾谋杀亲夫、奴婢殴杀家长等案,伦常名分所关,应令承审官于人犯到案后,如已鞫讯明确,即行具详上司审转,核其供情确实者,即行具题,不得拘泥定限尚宽,致稽时日。刑部及法司于科抄到日,亦即速行会核,请旨正法。令各该督抚严饬司、府、州、县,遇此等案件,务须作速审理完结,不得稍有迟缓。再查刑部每年封印将届,案件较多,向例自十二月十三日以后,不进立决题本。除现有决本,已经赶办于十三日以前送阁外,但逐日交出科抄,尚有情罪重大之案,而自十四日至封印,尚有数日。谨酌议科抄十五日以前到部者,其重大之案,俱行赶办,于封印以前具题;其十六日以后

到部者,明年开印后具题。

○二十三年(1758)奏准:命、盗案犯,初获到官,无论案犯曾否缉获齐全,统将到官日期,先行造送,仍将应俟何犯到案起限之处,于册内登明。如因逸犯弋获无期,先就现犯审结者,应俟该州县详到之日,造入汇册,以凭查考。又命、盗人犯,初到案时,匿情不吐,及至复审,始将起意同谋下手加功、伙劫分赃之犯供明,必需提犯质认,方可定案者,令该州县详明督抚,造入汇册,以便扣限究拟。仍俟获犯到案之日,将起限日期,分析登明。又监犯患病,定例不得过三个月之限。如于限内在监病毙,案内别无重犯,应将病毙缘由,开具管狱官职名,咨请销案;内有余犯,罪止枷、杖,随详拟结。又案犯解审之时,中途脱逃,除照例查参外,应将该犯脱逃,及脱逃后复获日期,统于册内登明,以凭扣限。又疑难重案,承审官或因初任未谙,或因偏执已见,未能审悉实情,自应遴委能员,秉公会勘,仍照定例,将改委、改审缘由,确切声明。未经参展者,咨明刑部查核定议;已经参展者,具疏声明,请旨展限。又现奉部行,似系专言命盗案件,所有抢夺伤人、窃赃满贯及拒捕殴差等案,无论获犯是否齐全,均照盗案查办咨报外,其余一切奸拐、行凶、私销、私铸等案,罪至斩绞以上者,应将获犯到官起限日期,一体造送,以昭划一。

○四十三年(1778)议准:各省案件,惟刑部驳审之案,始准另行展限,其由该管督抚驳查者,向无此例。盛京刑部,系奉天等属该管衙门,未便一例加展。嗣后遇有由在京刑部驳审者,即照直省之例,展限一个月;其由盛京刑部驳审者,仍照向例。至盛京刑部有于州县应提应解之案,向例俱由奉天府转行,应并定奉天府以十日之限。

○光绪七年(1881)谕:“嗣后命、盗等案,例应题咨之件,着于各州县通报之后,由该督抚汇齐造册,按月报部一次,毋得视为具文。如查有迟逾等弊,该部立即严参,以儆玩泄。”

○八年(1882)奏准:嗣后各省督抚、将军、都统、府尹,于所属州县解审命、盗等案到省,督同臬司,按照例定审限,妥速审结。如果有情罪未符,或犯供歧异,必须委审方成信谳者,亦应分别发委首府、首县复审,不得委令近省近郡实任人员,叠次扣展审限,致违成例。

大清律例源流辑校

# 钦定大清会典事例（光绪朝）·刑部

下册

陈颐 点校

国家出版基金项目
NATIONAL PUBLICATION FOUNDATION

法律出版社
LAW PRESS·CHINA
北京

# 总　目

上册



中册

**下册**

# 下 册 详 目

## 【刑　律】

## 【刑律·断狱】

### 卷八百三十八·刑部一百十六



### 卷八百三十九·刑部一百十七



### 卷八百四十·刑部一百十八



### 卷八百四十一·刑部一百十九

## 卷八百四十二·刑部一百二十



## 卷八百四十三·刑部一百二十一



## 卷八百四十四·刑部一百二十二

## 卷八百四十五·刑部一百二十三



## 卷八百四十六·刑部一百二十四



## 卷八百四十七·刑部一百二十五



## 卷八百四十八·刑部一百二十六



## 卷八百四十九·刑部一百二十七



## 卷八百五十·刑部一百二十八



## 卷八百五十一·刑部一百二十九

## 卷八百五十二·刑部一百三十



## 卷八百五十三·刑部一百三十一



## 【工　律】

## 【工律·营造】

## 卷八百五十四·刑部一百三十二

## 【工律·河防】



## 【督捕例】

## 卷八百五十五·刑部一百三十三

## 卷八百五十六·刑部一百三十四



## 卷八百五十七·刑部一百三十五

## 卷八百五十八·刑部一百三十六

## 卷八百五十九·刑部一百三十七

## 卷八百六十 · 刑部一百三十八



## 【盛京刑部】

## 卷八百六十一 · 盛京刑部

## 附录一　钦定大清会典(光绪朝)节选



## 附录二　钦定大清会典事例(光绪朝)节选

## 附录三　钦定大清会典图(光绪朝)节选

# 【刑　律】

# 【刑律·断狱】

# 卷八百三十八·刑部一百十六

## 刑律·断狱　囚应禁而不禁

### 囚应禁而不禁

凡(鞫狱官于)狱囚应禁而不(收)禁，(徒犯以上、妇人犯奸收禁。官犯公私罪、军民轻罪、老幼废疾散禁。)应锁杻而不用锁杻，及(囚本有锁杻，而为)脱去者，(各随囚重轻论之。)若囚该杖罪，(当该官司)笞三十；徒罪，笞四十；流罪，笞五十；死罪，杖六十。若应杻而锁、应锁而杻者，各减(不锁杻罪)一等。若囚自脱去(锁杻)及司狱官典、狱卒私与囚脱去锁杻者，罪亦如(鞫狱官脱去)之。(罪。)提牢官知(自脱与脱之情)而不举者，与(官典、狱卒)同罪，不知者不坐。其(鞫狱官于囚之)不应禁而禁，及不应锁杻而锁杻者，(倚法虐民。)各杖六十。若(鞫狱、司狱、提牢官典，狱卒)受财(而故为操纵轻重)者，并计赃以枉法从重论。(有禄人八十两律绞。)

**谨案**　原律文作“应枷锁杻而不枷锁杻，及应枷而锁、应锁而枷”。雍正三年(1725)奏准，狱囚概不用枷，“枷”字均删。

**附律条例**

○一、凡枷号人犯，除例有正条，及催征税粮，用小枷枷号，朝枷夜放外，敢有将轻罪人犯，用大枷枷号伤人者，奏请降级调用；因而致死者，问发为民。

**谨案**　此条系原例。

一、凡枷号以满日责放，不许先责后枷。若遇患病，即行保释医治，痊日补枷。如不行医治，以致毙命，及违例滥用重枷，并连根带须竹板者，该督抚指参，俱交部严加议处。倘该督抚不行察参，或经科道纠参者，该督抚、司道一并议处。

**谨案**　此条雍正三年(1725)定。

一、凡枷号人犯，除例有正条，及催征税粮，用小枷枷号，朝枷夜放外，敢有将轻罪人犯,用大枷枷号,及用连根带须竹板伤人者,交部议处;因而致死者,照非法殴打致死律,杖一百、徒三年。应枷号者,定于满日责放,不许先责后枷。遇患病,即行保释医治,痊日补枷。若先责后枷,遇患病不即行保释医治,以致毙命者,交部严加议处。督抚不行察参,或经科道纠参,督抚、司道一并议处。

**谨案** 此条系乾隆五年(1740),将前二条修并。嘉庆六年(1801),复将"问发为民"句,改为"照非法殴打致死律,杖一百、徒三年"。

〇一、侵欺钱粮数至一千两以上、挪移钱粮数至五千两以上者,令该管官严行锁禁监追。其侵欺一千两以下、挪移不及五千两者,散禁官房,严加看守,勒限一年催比。如逾限不完,即锁禁监追。若应行监禁之犯,不行监追,及失于防范,以致自尽者,将该管之州县官,均照溺职例革职。其该管之上司官,或徇隐,或失察,交部分别议处。

**谨案** 此条雍正六年(1728)定,原例侵欺钱粮三百两以上,即锁禁监追。迨乾隆五年(1740),因侵欺钱粮,已改定至一千两以上始拟监候斩,奏将三百两滥追之例改为一千两以上。三十一年(1766),又因限内完赃不准减等,侵欺自一百两以上至一千两,分别拟流,照例俱应监禁,将一千两以上监追之例,改为一百两以上。嘉庆四年(1799)复准完赃减等,仍照乾隆五年(1740)旧例,一千两以上始行监追。

一、递回原籍人犯,如系奉特旨,及犯徒罪以上援免解交地方官管束之犯,经过州县,仍照例收监。其犯笞、杖等轻罪,递回安插者,承审衙门于递解票内,注明"不应收监"字样,前途接递州县,即差役押交坊店歇宿,仍取具收管,毋得滥行监禁。至递解人犯,有应行责惩者,亦于文移内声明,令原籍地方官折责,毋得先责后解。违者,交部分别议处。

**谨案** 此条乾隆五年(1740)定。

〇一、山海关外,往来解送人犯,住居歇店,该店主即通知该屯领催、乡约,按户派夫,帮同押解兵丁,看守支更。如有疏脱,即将押解官兵、更夫、领催、乡约等,一并送交盛京刑部审讯,分别治罪。

**谨案** 此条乾隆二十六年(1761)定。

〇一、解审军、流以上人犯,令各州县酌量地方情形。如有相距在五十里以外,不及收监者,先期拨役前往,于寄宿处所,传齐地保人等,知会汛兵、支更巡逻,往回一体办理。倘有疏虞,地保、营汛俱照原解兵役治罪,地方官从重议处。

**谨案** 此条乾隆二十七年(1762)定。

〇一、直省并无监狱地方,该管官遇有解犯到境,即行接收,多拨兵役,于店房内严加看守,毋致疏虞。如有借词推诿,不收人犯,仅令原解兵役看守,致犯脱逃者,该督抚即行严参,交部从重议处。

**谨案** 此条乾隆二十九年(1764)定。

〇一、各札萨克蒙古徒罪以上人犯,一面报部,一面委员解送应监禁之地方官监禁。

**谨案** 此条乾隆三十年(1765)定。

**历年事例**

○顺治十六年(1659)复准:五城人犯,有事关重大者,方许羁铺候审。其余小事,不得滥行羁铺。如各役有索诈等情,该御史指名题参,按例治罪。至在外各府、州、县重犯,应寄监候审。其轻罪人犯,亦不得滥行羁禁。如衙官禁役,将无辜之人,滥送监仓,及有索诈等弊者,该抚、按据实纠参。

○十七年(1660)议准:凡徒罪以上,带铁锁三条;笞、杖以下轻罪,止带铁锁一条。

○又复准:凡遇重大事情,该抚、按就近秉公审理。除有罪者监禁具题外,其有扳累无辜之人,即行释放。

○康熙四年(1665)复准:凡将不系重犯违例监禁者,题参治罪。

○八年(1669)复准:部内监禁人犯,止用细链,不用长枷。其应枷号人犯,重者七十斤,轻者六十斤,长三尺,阔二尺九寸。内外问刑衙门,俱照部式遵行。

○九年(1670)题准:官员将斩绞人犯,在狱不加杻锁,以致自尽者,降一级调用;上司不申报者,罚俸一年。如已上杻锁,自尽或病死者,免议。

○又复准:凡情轻事件一应人犯,俱在外候审。若问刑衙门迟延羁禁者,听科道指名参处。

○又题准:凡官员将斩绞重犯不行羁禁,令人取保,以致脱逃者,革职。将发到监犯,故推别衙门,以致脱逃者,降四级调用。该上司不行揭报,降二级调用。若将军、流、徒罪人犯取保脱逃者,降一级调用;笞、杖人犯脱逃者,罚俸六月。

○又题准:督抚所参贪劣属员,责令委官看守。如疏忽以致自尽者,承委官罚俸三月。

○十二年(1673)题准:凡关系强盗、人命等重罪人犯,脖项、手足,应用铁锁、杻镣各三条;其余人犯,用铁锁、杻镣各一条。

○三十六年(1697)议准:凡重犯案内干连人犯,州县官确审果系无辜牵连者,止录原供,申详上司结案。牵连之人,不必起解,即行释放。

○四十五年(1706)复准:问刑衙门设有监狱,将仓铺、所店尽行拆毁。除重犯羁监外,其干连轻罪人犯,即令保候审理。如有私设仓铺等项,将轻罪人犯,私禁致毙者,该督抚即行指参,将该管官照例治罪。

○又复准:枷犯患病,即行释放医治,病痊之日补枷。

○五十七年(1718)议准:拿送人犯,审系徒罪以下者,取具的保,免其收监,旗下交与各佐领,民人交与地方官,保候审结。俟汇题命下之日,照所拟之罪发落。

○雍正元年(1723)题准:刑部各司审理事件,不许擅行司坊拘拿,任意收禁释放。若情罪果有关系，回明堂官，唤同司狱谕明，方准收禁。若不回堂，滥行送监者，将该司官并听从收禁之司狱，一并参处。

○三年(1725)谕："朕每览审理案件，常有无辜之人，因稍有干连，即行解审。以致往返拖累，守候日久，必待结案之后，始得归业。使无辜之人，枉受拖累，深为可悯。乃承审各官，并不留心民瘼，视为故常，殊非朕爱育黎民之至意。嗣后刑部暨各直省审案，凡系干连之人，作何即行释放，或有待质者作何取保之处，刑部详议具奏。钦此。"遵旨议准：嗣后京城八旗、提督衙门、五城，顺天府所属大兴、宛平二县解部案件，刑部审明，除无干之人即行释放，应拟死罪并军、流、徒罪人犯监禁，俟具题完结外，其笞、杖人犯，先行惩责发落。至直隶所属霸州、东安等十四州县，山海关、古北口等八关口驻防总管、城守尉、防守御、防御，热河理事同知，陵寝各总管，游牧各总管，太仆寺羊马群各总管等，应解部完结之案，令各该处审明，将应拟死罪，并军、流、徒罪正犯，照常解部审理完结外，其案内应拟笞、杖人犯，并证佐、干连待质及无干之人，俱免解部，取具确供，缮写文册，连正犯一并送部。将无干之人，竟行释放；证佐、干连待质之人，取保释放；笞、杖人犯，亦暂取保，俟刑部审结之日，饬令先行发落。如部审时罪犯改供，别有应质之处，饬取供词送部。倘另有供出必须审讯之要犯，详明审确，再行拘提。如供出之人，不系要犯，亦止饬取供词送部。至命案内尸亲，亦止申送口供，免其解部。若有情愿随审者，听其赴部。至直隶各省州县衙门，其应申解上司之案，亦如解部之例遵行。其细事不应申解之案，俱令即行审结。如不能随即完结者，取保候审，不得滥行监禁，差押看守。

○又议准：案内干连人犯，既免解送，则审断全凭供词。如承审各官，不细心研鞫，讯取确供，以及徇情受贿，改捏口供等弊，致有情词互异，案件久悬者，或经首告，或于别案发觉，将承审官令各该上司题参，交与该部严加议处。

○五年(1727)议准：嗣后提督五城拿获轻犯，未经审理之先，应行收禁者，仍令该衙门照常收禁；若情罪甚轻，令取具的保候审，不必监禁。如有疏纵等弊，即将原保之人，一并究治。

○七年(1729)谕："据岳浚疏称'山东观城县有盗犯林琳拘禁在狱，其妻入监，私给伊夫银两。林琳将银付禁卒李玫，恳其照看。李玫即乘众人睡熟，将林琳锁铐放开，令其越狱脱逃'等语。夫盗犯乃秉性凶恶之徒，身虽系于囹圄，而作奸犯科之念，未尝止息。况强盗之罪，律应立斩，伊自料难逃国法，往往铤而走险，妄希免脱，则防范更当严紧。今乃许其妻子家口入监探视，此等不良之人，乘机滋弊，如串改口供，暗通信息，种种奸计，不可枚举。嗣后当严行禁约，不许往来。再如盗犯劫夺，其嫡属岂不知情。若果能劝阻于平时，未必不可使之改恶从善。其听从为盗而不行劝阻者，皆希图得财分赃、助盗为恶者也。嗣后积惯为盗，与屡次行劫之人，其妻子嫡属，应如何分别治罪之处，着九卿一并定议具奏。"

○十一年(1733)谕："直省州县重囚轻犯，例应分别监禁，不许混杂一处。其余干连人犯，即令取保候审，不得滥行监禁。定例昭然，且朕屡降谕旨，严饬奉行。乃近闻州县中有将一切斩、绞、流、徒罪犯，混杂监禁，全无分别，并将未经审结之笞、杖轻罪，与大案干连人犯，一概混行收禁。狱官、监卒，以流、徒、杖罪之人，不至于死，可无意外之虞，干连人犯，指日省释，谅无脱逃之事，因而任其亲属馈送探望，又利其出入之贿赂，不为严禁。此牵彼引，借探视轻犯为由，代重囚传递消息，或密送挖墙断锁行凶之具，致令重囚脱逃。种种弊端，总由轻重罪犯混杂监禁所致。着各省督抚严饬府、州、县等官，务将重囚轻犯，分别监禁，不许混杂，致滋弊端。或有州县房屋甚少，不能分别者，酌量另造数间于监狱之外，以收禁流、徒等犯。其杖罪以下及干连人犯，仍遵照定例取保看守，毋得滥禁。如不肖州县，仍蹈前辙，即行参处。"

○十三年(1735)议准：查律内"妇女除犯奸及死罪收禁外，其余杂犯，责付本夫收管，如无夫者，责付有服亲族、邻里保管，不许一概监禁，违者笞四十"，又例内"妇女有犯奸、盗、人命等重情，及别案牵连，身系正犯，仍行提审，其余小事牵连妇女者，提子侄兄弟代审"等语，原所以全妇女之廉耻而励风俗也。至亏空赔累、追赃搜查家产杂犯等案，在妇女原不与知，提讯家属，自得实情，拘拿妇女，殊属无益。嗣后内外各衙门承审案件，除律例内应行提取妇女收禁，照例提讯，其余小事牵连妇女，仍照例提子侄兄弟代审外，如遇亏空赔累、追赃搜查家产杂犯等案，概不许提审妇女。将妇女提审之处，永行禁止。嗣后倘有刻薄官员，阳奉阴违，仍蹈前辙，或经告发，或各该上司觉察，照违制律治罪。倘该上司有徇庇及失察等情，一经发觉，并将各该上司分别议处。

○乾隆四十八年(1783)谕："逆匪盗案重大立决之要犯，该督抚于审明题奏后，即交按察使监严行收禁。俟奉旨后，即于省城正法。其应行枭示者，于正法后传首犯事地方示众。著为令。钦此。"遵旨议定：向例发回原监者，止有寻常谋、故杀应入秋审情实之犯。一切罪干立决者，概禁司监。惟盗案内人数众多，其法无可贷之犯，因决不待时，自应留禁司监，俟奉到部复，即于省城正法。若情有可原例应免死之犯，情罪与立决重犯有间，司监窄狭，同禁一监，防范既虑难周，且若辈性非善良，聚集一处，亦多未便，应于审明后，将此项人犯，仍发回犯事地方监禁，俟奉到部复，分别请咨起解。至于误伤尊长等项，因有服制入罪，问拟立决，奉旨改为监候者，即与寻常谋、故杀人应入秋审人犯无异。又同谋杀死亲夫，罪应凌迟及斩决之奸妇，虽系决不待时之犯，但究属妇女，照例递解，中途易于防范。以上二项，均毋庸留禁司监，致免拥挤。应请将前项人犯，仍行递回犯事州县监禁，俾与逆匪盗案重大立决要犯，有所区别。

○又议准：秋审情实应禁省监之犯，如谋杀人命者，故杀人命者，一人连毙二命者，夺犯伤差者，盐枭拒捕杀人者，左道妖言惑众者，贿买顶凶者，光棍为从者，强盗自首者，聚众械斗者，共殴各毙一命者，诬良为盗逼毙人命者，捕役私拷吓诈非刑毙命者，因奸因盗威逼人致死者，偷盗蒙古牲畜十匹以上者，谋杀加功情重者，抢夺金刃伤人者,死罪重犯中途脱逃者,枉法赃实犯死罪者,开棺见尸者,窃盗满贯情重应禁省监之犯如窃盗衙署仓库饷鞘军装及将本章公文烧溺者,蓄谋放火窃财者,结伙入室肆行窃夺者,考棚丢包撞骗得财者,积匪猾贼在配犯窃多次者,一夜连窃数家者,奴仆忘恩负托、勾引外贼及婢女同窃主财者,窃盗军流在配脱逃肆窃者,僧、道、喇嘛、回民、番民结伙肆窃者,店家、船户、车夫、雇夫钻舱等贼积惯为匪贻害行旅者,蓄意谋窃官员客商沿途潜行乘机窃取者,犯案被获扭锁逃窜后肆窃者,屡次抢窃赃俱满贯者,乘人遭风失火肆窃者,以上三十四条,俱于犯案招解到省时,即留禁省监。其余服制缘坐、奸窃拐骗、寻常斗殴共殴,及妇女老幼之犯,易于防范者,俱仍于招解后发回各州县牢固监候。

〇五十一年(1786)议准:刑部原定三十四条,款目稍多,恐省监羁禁人犯愈众。兹将原定条款,核其情罪,分别应禁省监者十二条,一、夺犯伤差;一、盐枭拒捕杀人;一、左道妖言惑众;一、抢夺金刃杀人;一、聚众械斗;一、死罪重犯中途脱逃;一、窃盗衙署仓库饷鞘军装及将本章公文烧溺;一、积匪猾贼在配犯窃多次;一、窃盗军流在配脱逃肆窃;一、犯案被获杻锁逃窜后肆窃;一、光棍为从;一、强盗自首。仍发原监收禁者二十二条,分缮清单,恭呈御览。并将逆匪劫盗案情重大立决之凶恶要犯,俱遵前奉谕旨,留禁司监。其秋审情实案内应禁省监人犯,俱发交该督抚酌量人数,分拨省城、府、县各监分禁,则凶囚散处,防范更易。并令将监墙加高培厚,房屋栅栏修整坚固,一切应禁刀绳木石等物,屏除净尽。并行令各省臬司,将省城、府、县各监,照川省之例,自行酌添禁卒,严密巡察,不得稍有疏虞。

〇五十六年(1791)谕:"各省秋审情实人犯,解审后仍发回各州县监禁,中途每致脱逃。曾经降旨将应入情实要犯,概留司监,以免疏脱。嗣因保宁、李世杰及御史刘绍锦纷纷条奏,以留禁司监,人犯众多,恐致滋事。经军机大臣会同刑部分别条款议奏,择其案情重大者,在司监收禁。其寻常案犯,仍令发回原监。乃定例未及数年,云南宝宁县斩犯萧光祖,即于解审发回后,在邱北县地方脱逃。可见更定新例,究未妥善。其所云留禁司监人犯过多,自知必死,恐致商同越狱之说,不过借词推卸。试思各省司监,近在省城,墙垣坚固,禁卒众多,臬司为总理刑名大员,并无别项要务,亲加督察,严密巡查,原不致有意外疏虞之事。今不收禁司监,往返递解,距省较远州县,多有至千余里者。长途解送,要犯乘间脱逃,势所必至。倘不急为更正,留禁司监,使此等桀骜凶徒,得以稽诛漏网,更复成何事体。且省城为督抚大员驻扎之地,若司监重犯,尚不能留心防范,又安用此督抚、臬司为耶?嗣后各省秋审情实人犯,解审后俱即留于司监羁禁,不必发回各州县。并着该督抚就近派拨本标及城守营兵丁帮同巡逻,责成按察使督率兵役,实力稽查。倘有疏虞,必将该督抚、臬司一体治罪,决不稍为宽贷。"

〇又谕:"前因各省秋审情实人犯,解省后仍发回各州县监禁,中途每致脱逃,特降旨令将各犯概留司监收管,以专责成。今阅各省秋审情实人犯黄册,如直隶一省,监犯一百九十余名。虽司狱较大,足资羁禁,究恐人犯过多,一处拥挤,难于防范。

嗣后各省情实人犯,解审后若仍照旧发回各州县,往返递解,要犯乘间脱逃,其事断不可行,应令在司监及首府、首县监狱分禁。司监墙垣坚固,禁卒众多,该臬司自可督率兵役,严加管束。即府、县各监近在省城,亦必较外府州县监狱,宽敞严密。该督抚等近在同城,再派拨本标及城守营兵丁帮同巡逻查察,自可不致意外疏虞。于防禁要犯,更昭慎重而免拥聚。倘再有疏失之事,必将该督抚、臬司及该管府、县一体治罪,决不稍为宽贷。"

○嘉庆四年(1799)复准:秋审情实人犯,应仍照旧例分禁各州县,毋庸留禁省监。除台湾府斩绞监候人犯,系远隔重洋,仍照例留禁省监。并离省窎远府分,秋审仍照例由巡道审勘外,其余各省斩绞重犯,俟督抚审勘后,俱照旧例发回各州县监禁,即于犯事地方处决示众。如此省监不致多聚凶囚,且在本处正法,不特乡党可以触目儆心,即尸亲人等,见凶犯伏法,亦可以消其冤忿。其往返递解重囚,仍严饬沿途地方官,照例委员差派兵役,逐程小心护解,不得稍有疏虞。

# 卷八百三十九·刑部一百十七

## 刑律·断狱 故禁故勘平人

### 故禁故勘平人

〇凡官吏怀挟私仇，故禁平人者，杖八十；平人系平空无事，与公事毫不相干，亦无名字在官者，与下文公事干连之平人不同。因而致死者，绞。监候。提牢官及司狱官典、狱卒，知而不举首者，与同罪，至死者减一等；不知者不坐。若因该问公事干连平人在官，本无招罪而不行保管，误禁致死者，杖八十；如所干连事方讯鞫，有文案应禁者，虽致死勿论。若官吏怀挟私仇故勘平人者，虽无伤，杖八十；折伤以上，依凡斗伤论；因而致死者，斩。监候。同僚官及狱卒知情而与之共勘者，与同罪，至死者减一等。不知情而共勘及虽共勘而但依法拷讯者，虽致死伤，不坐。若因公事干连平人在官，事须鞫问，及正犯罪人赃仗、证佐明白，而干连之人，独为之相助匿非，不服招承，明立文案，依法拷讯，邂逅致死者，勿论。

#### 附律条例

〇一、内外问刑衙门，一应该问死罪，并窃盗、抢夺重犯，须用严刑拷讯，其余止用杖扑常刑。若酷刑官员，不论情罪轻重，辄用梃棍、脑箍非刑等项惨刻刑具，若但伤人不曾致死者，俱奏请，文官降级调用，武官降级，于本卫所带俸；因而致死者，文官发原籍为民，武官革职，随舍余食粮差操。若致死至三命以上者，文官发附近，武官发边卫，各充军。

**谨案** 此条系原例。雍正三年(1725)奏准，官员酷刑伤人及致死者，文武一体依律拟罪，此条删。

〇一、内外在监人犯，概不用枷，俱照常用细链。其在外大小衙门所用刑杖，并应枷罪犯所用木枷，俱照部式遵行。

**谨案** 此条雍正三年(1725)定。乾隆五年(1740)，以监犯用链及刑具，应照部式，均已载“名例”，此条重复，删。

〇一、凡强窃盗、人命等事，先已招认明白，后竟改供，或证据已明，再三详究，不吐实情者，始行夹讯。其余小事，不得乱用夹棍，违者题参治罪。在外衙门，除督抚、按察使、正印官，于强盗、人命，许酌用夹棍外，其余大小衙门，不许私用。

**谨案** 此条雍正三年(1725)定。

一、佐贰等官,不准乱用夹棍、拶指等刑。若系正印官批发审理者,呈请批准,方许刑审。若不呈请而擅用,及佐贰等官并武弁擅设夹棍、拶指等刑具者,该督抚题参,交该部议处,该管正印官亦照失察例处分。

一、凡谋反、叛逆十恶,并实犯死罪,及抢夺、强窃盗、贪污、蠹役、人命、光棍、赌博等情罪重大正犯,及干连有罪人犯,仍准夹讯外,其别项小事,概不许滥用夹棍。若内外问刑官,将案内不应夹讯之人擅用夹棍,及虽系应夹之人而因夹身死,并恣意叠夹致死者,将问刑官题参,交部分别议处。如有别项情弊,从重论。若属官将不应夹讯人犯,呈明堂官、上司夹讯者,其不详慎之堂官、上司官,亦交该部议处。

**谨案** 以上二条,均系雍正五年(1727)定。乾隆五年(1740),将三条例内分别不得滥用、不得擅用,列为两条。

一、强窃盗、人命,及情罪重大案件正犯,及干连有罪人犯,或证据已明,再三详究,不吐实情,或先已招认明白,后竟改供者,准夹讯外,其别项小事,概不许滥用夹棍。若将案内不应夹讯之人滥用夹棍,及虽系应夹之人因夹致死,并恣意叠夹致死者,将问刑官题参治罪。若有别项情弊,从重论。

一、内而法司,外而督抚、按察使、正印官,许酌用夹棍外,其余大小衙门概不许擅用。若堂官发司、上司官批发佐杂审理事件,呈请批准,方许刑审。若不呈请,而擅用夹棍、拶指、掌嘴等刑,及佐贰并武弁衙门擅设夹棍、拶指等刑具者,督抚题参,交部议处,正印官亦照失察例处分。

**谨案** 乾隆三十二年(1767),将"上司官批发佐杂"句节删。道光十二年(1832),因原例不准擅用掌嘴,系指佐杂奉上司批发审理而言,现行例已将"上司官批发佐杂"七字删去,自未便令问刑衙门,于掌嘴轻刑,亦待呈请,因节删"掌嘴"字样,改"方许刑审"句为"方许用夹棍、拶指"七字,而"擅用"下删"夹棍、拶指等刑"六字,"督抚题参"句上增"该堂官及"四字。

〇一、凡大小衙门问刑官员,将刑狱供招,无故迟延,不行速结,及无故淹禁平人者,承审官革职。因而致死,及故勘致死者,俱依律治罪。

**谨案** 此条雍正五年(1727)定。乾隆五年(1740),以无故迟延,有易结不结例;淹禁、故勘,皆有本律,此条删。

〇一、凡内外大小问刑衙门设有监狱,除监禁重犯外,其余干连并一应轻罪人犯,即令地保保候审理。如有不肖官员,擅设仓铺、所店等名,私禁轻罪人犯,及致淹毙者,该督抚即行指参,照律拟断。

**谨案** 此条雍正五年(1727)定。

〇一、凡用刑衙门,不照题定夹棍式样造用者,用刑官照酷刑例治罪,上司各官照徇庇例治罪。

**谨案** 此条雍正五年(1727)定。

一、凡用刑衙门一切刑具,不照题定式样造用,致有一二三号不等者,用刑官照酷刑例治罪。上司各官不即题参,照徇庇例治罪。

**谨案** 此条乾隆五年(1740)改定。

一、凡用刑衙门一切刑具,须遵照题定尺寸、式样,官为印烙颁发。如有私自创设,致有一二三号不等,及私造小夹棍等名目,或擅用数十斤大锁者,即行严参,照违制律杖一百;因而致毙人命者,照非法殴打致死律治罪。上司各官不即题参,照徇庇例议处。

**谨案** 此条系嘉庆六年(1801)遵旨改定。十五年(1810),复于"小夹棍"下增"木棒棰"三字,"大锁"下增"并联枷及滥置非刑"八字。

一、凡问刑各衙门一切刑具,除例载夹棍、拶指、枷号、竹板,遵照题定尺寸、式样,官为印烙颁发外,其拧耳、跪链、压膝、掌责等刑,准其照常行用。如有私自创设刑具,致有一二三号不等,及私造小夹棍、木棒棰、连根带须竹板,或擅用木架撑执、悬吊、敲踝、针刺手指,或数十斤大锁,并联枷,及例禁所不及赅载,一切任意私设者,均属非刑,仍即严参,照违制律杖一百,。将无辜之人滥行拷讯,及将应行审讯之犯恣意凌虐,因而致毙人命者,照非法殴打致死律治罪。上司各官不即题参,照徇庇例议处。

**谨案** 此条嘉庆十五年(1810)增定。十九年(1814),于"并联枷"句下,增"或用荆条互击其背"八字,将"决罚不如法"门内"永禁荆条击背"之例移并于此。

〇一、直隶各省督抚设立用刑印簿,分发问刑衙门,将某案某人因何事用刑讯,及用刑次数,逐细填注簿内,于年终申缴督抚查阅。如有滥用夹棍,及用多报少情弊,即将用刑各官指参议处。并设立循环簿,将每日出入监犯名姓,填注簿内,按月申送该府查对。如有滥用监禁,及怀挟私仇,故禁平人,照律拟罪。

**谨案** 此条乾隆元年(1736)定。乾隆三十一年(1766),以设立印簿等事,具文无益,奏准删除。

〇一、承审官吏,凡遇一切命案、盗案,将平空无事,并无名字在官之人,怀挟私仇,故行勘讯致死者,照律拟罪外,倘事实无干,或因其人家道殷实,勒诈不遂,暗行贿嘱罪人诬扳,刑讯致死者,亦照怀挟私仇故勘平人致死律拟斩监候。如有将干连人犯,不应拷讯,误执已见,刑讯致毙者,依决人不如法因而致死律杖一百。其有将干连人犯,不应拷讯,任意叠夹致毙者,照非法殴打致死律杖一百、徒三年。如有将徒、流人犯,拷讯致毙二命者,照决人不如法加一等,杖六十、徒一年;三命以上,递加一等;罪止杖一百、徒三年。其有将笞、杖人犯致毙二命者,照非法殴打致死律加一等,杖一百、流二千里;致毙三命以上者,递加一等;罪止杖一百、流三千里。若因公事干连人犯,依法拷讯,邂逅致死,或受刑之后,因他病而死者,均照邂逅致死律勿论。如有奸徒挟仇诬告平人,官吏知情受其嘱托,因而拷讯致死者,本犯依诬告律拟抵,官吏照为从律满流。如有诬告平人,官吏不知情,依法拷讯致死者,将诬告之人拟抵,官吏交部议处。若被诬之人,不肯招承,因而叠夹致毙,照非法殴打致死律定拟。均不得删改律文内“怀挟私仇”字样，混引故勘平人，概拟重辟。在外不按实具题，在内含糊照复，照官司出入人罪律分别治罪。

**谨案** 此条乾隆元年(1736)定。

○一、直省州县有曾经夹讯人犯，招解时，务将夹讯过缘由，于招册内详细声明。佐贰奉上司批发审理事件，有应夹讯者，详明上司，改委印官审理。系印官批发者，呈明印官，掣回自行审理。如有违例用刑者，督抚题参，交部严加议处。

**谨案** 此条乾隆五年(1740)定。

一、凡州县自理之案，不得擅用夹讯。其申报事件，将夹讯几次，或案内未曾夹讯之处，据实声明，该管上司于解审时详加察验。如有朦胧隐匿等弊，即行题参。

**谨案** 此条乾隆九年(1744)定。

一、直省州县自理之案，不得擅用夹讯。其申报事件，有曾经夹讯者，将夹讯几次，或未曾夹讯之处，于招册内据实声明，该管上司于解审时详加察验。如有朦胧隐匿情弊，即行题参。至佐贰奉上司批发审理事件，有应夹讯者，详明上司，改委印官审理。系印官批发者，呈明印官，掣回自行审理。如有违例用刑者，督抚题参，交部严加议处。

**谨案** 此条系乾隆五十三年(1788)将前二条删并。

○一、直省审办案件，轻罪及干连人证，交保看管。倘该书差串通需索凌虐，于凌虐罪囚本律上加一等治罪，赃重者以枉法从重论。其押保店名目，严行禁革。

**谨案** 此条同治九年(1870)定。

### 历年事例

○康熙四年(1665)复准：凡地方官将殷实平民，指称土豪，拘禁勒财者，督抚题参，从重治罪。

○九年(1670)题准：凡官员将重罪要犯致死，以图灭口者，革职提问。该上司不据实揭报，降二级调用。

○十二年(1673)复准：凡司、道、府、厅批审州县事件，将人犯发该州县监禁。其自审事件，将人犯即在本衙门监禁。本衙门无监者，方发州县。若有监而故发州县者，督抚查参议处。

○四十年(1701)议准：问刑官员，违例用刑，故勘平人，诬指良民为盗，擅责无罪生员者，该督抚指名题参，交该部严加议处。如督抚隐容，一并交部议处。

○乾隆元年(1736)议准：查例载“官吏怀挟私仇，故勘平人，因而致死者，斩监候。因公事干连平人在官事须鞫问，依法拷讯，邂逅致死者勿论”，又律内“官员决人不如法，因而致死者，杖一百。若因公事非法殴打致死者，杖一百、徒三年”等语，盖官吏有承审之责，谳狱有拷讯之条，刑罚为法吏所当用。特恶其草菅人命，以报复私仇，情同故杀，拟偿其命，以示重惩。是必因实有私仇怀挟，而后故勘；因怀挟故勘致死平空无事之人,而后拟斩。律文律注,本极明晰周详,按律定罪,不容稍有假借。若因公事在官,依法拷讯致死,及决人不如法致死,非法殴打致死,则其人非平人,并无私仇怀挟,各有本条定律应拟。乃辄删去"怀挟私仇"四字,概以故勘平人朦胧援引,平情核罪,按之本律,实属未孚。嗣后承审官吏,凡遇一切命盗等案,如有将平空无事、并无名字在官之人,怀挟私仇,故行勘讯致死者,被参审实,依怀挟私仇故勘平人因而致死律拟斩监候。倘有事实无干,或因其人家道殷实,官吏起意勒诈,不遂其欲,暗行贿嘱罪人诬扳,因而刑讯致死,后经被害之家告发,或上司自行查出,此等不法之员,因私图贪婪,戕贼人命,亦与怀挟私仇无异,应照故勘平人致死律拟斩。至如有干连人犯,不应拷讯,误执已见,刑讯致毙者,应依决人不如法因而致死律杖一百。其有将干连人犯,不应拷讯,任性叠夹致毙者,照非法殴打致死律,杖一百、徒三年。如将徒、流人犯,拷讯致毙二命者,照决人不如法加一等,杖六十、徒一年;三命以上者,递加一等,罪止杖一百、徒三年。其有将笞、杖人犯致毙二命者,照非法殴打致死律加一等,杖一百、流二千里;致毙三命以上者,递加一等,罪止杖一百、流三千里。若因公事干连人犯,依法拷讯,邂逅致死,或受刑之后,因病而死者,均依邂逅致死律勿论。再如奸徒挟仇诬告平人,官吏知情,受其嘱托,因而拷讯致死者,本犯依诬告律拟抵,官吏照为从律满流。如有诬告平人,官吏不知情,依法拷讯致死者,将诬告人拟抵,官吏照失于觉察例议处。若被诬之人,不肯招承,因而叠夹致毙者,照非法殴打致死律定拟。均不得删改律文内"怀挟私仇"字样,混引故勘平人,概拟重辟。嗣后各衙门定拟此等案件,务细心参酌,毋纵毋忽。倘不按实具题,及含糊照复,以致轻重失平,照官司出入人罪律,分别治罪。

〇又奏准:嗣后各省每府设立循环簿,饬令所属各州县,将每日出入监犯姓名,填注簿内,按月申送该府,逐一查阅。如有不应收禁之人,滥行收监,及怀挟私仇故禁平人者,均照律拟罪外,倘州县故将收禁人犯,隐漏不行填注者,照蒙混造册例降一级调用;如系遗漏未造,照造册遗漏例议处。再查监狱之设,止以拘系罪犯,勿令逋逃,原不容吏卒人等索诈铺监使费,吓骗财物。嗣后虽系应禁人犯,亦令该管官严行查禁,将一应铺监使费,永行革除。如有仍敢借端需索者,除将该犯计赃以枉法从重治罪外,并将失察之该管官,照失察衙役犯赃例议处;如知情故纵者,照纵役犯赃例革职。又定例内"番役将盗犯及死罪人犯私拷取供者,俱枷号一个月、杖一百;如将军、流以下等犯私拷取供者,各递加一等治罪;如有逼索银钱,计赃以枉法从重论。倘该犯有诬指捏诬情弊,照诬告例治罪。该管官失于觉察者,照失察衙役犯赃例,分别议处;如知情故纵者,照纵役贪赃例革职"等语,嗣后捕役人等,有将平素曾经犯窃,业经改悔,仍勒馈送,及地方遇有失事,任意私拿拷打者,将捕役照例治罪,该管之州县照例议处外,将不行查察之典史,亦照失察衙役犯赃例分别议处;故纵者,仍照纵役犯赃例革职;并失察之总捕,照失于查察例罚俸一年。再吏目、典史等官,除捕务外,不许滥行差调,久经著有定例。嗣后如滥行差委之上司,仍照定例议处外,其吏目、典史，如遇缉限届期，例当降革，谋差展限者，将该员照规避例革职。

○九年(1744)议准：嗣后凡犯奸妇女到案录供后，即交与本夫或亲属保领，不许仍行羁禁。至犯该死罪收禁者，必须另设女监，毋得纷纭杂处。并于申报上司文内，将另禁之处，明白声叙，以备查核。

○五十八年(1793)谕："山东参革诸城县知县王佩葵，审究宋起富行窃傅继魁家韭菜一案，因宋起富不肯承认，辄将宋起富叠加杖责，并将砖块支架脚腕，以致宋起富因伤毙命。宋起富偷窃韭菜，事甚微细，该县王佩葵叠杖致毙，虽与故勘平民有间，究属滥刑毙命，仅予革职，不足示惩。王佩葵着发往军台效力赎罪，以为酷暴者戒。"

○嘉庆四年(1799)谕："据都察院奏湖北安陆县生员沈从隆，控告知府盛德昌挟嫌锁押伊子沈逢巽一案，已降旨交姜晟前往审办矣。朕阅原呈内有将伊子'押入内监，用数十余斤大锁、脚镣、手肘'之语。前因地方官私设班馆及自新所，曾降严旨饬禁。至刑具等项，皆系按刑部制度，官为印烙颁发，有一定尺寸、式样。若私创刑具，任用非刑，例干严禁。苏州有新造小夹棍等名目，湖北又有数十斤之大锁，非私造而何？况官设刑具，原视犯者情罪之轻重，分别责罚。即施之邪教，亦应概用官刑，何况审办寻常案件。自设非刑，任情妄逞，借严峻之法，济贪酷之私，此而不严行查禁，何以肃吏治而服民心。着通谕直省各督抚，严饬所属，嗣后一切刑具，即用官定尺寸颁发印烙。如有私自创设刑具，非法滥用者，即行严参治罪，决不宽贷。"

○八年(1803)谕："给事中汪镛奏称'刑部接收步军统领以及五城送到案犯，将牵连待质之人，时或絷系在狱，并轻罪笞、杖等犯，于讯供后不暂行发保，遂致久淹囹圄，请敕令酌量案情，分别宁释，以寓矜恤'一折，所奏尚是。办理刑名事件，原应细核案情之大小，遵照定限，依期完结，庶一应牵连待质人证，不至久羁犴狱，有拖累瘐死情事。所谓明慎用刑而不留狱，实钦恤之务也。惟治狱固期敏速，然亦不可急图完结，致有草率，又不免有冤抑矣。其案内应行详加研鞫，并一切应备质讯之人，原当悉心推究，但毋令株连拖累耳。至接收人犯内，或应锁禁，或应散收，或应保释，自有一定章程，岂能任意轻重。其锁禁之犯，均按照情罪轻重，分用一路、三路，成例本自昭然，并非漫无区别。此惟在该部堂官平日督率司员，于各司当月，及承审事件，务当详核案情，分别妥办。毋任胥役从中需索，牵累无辜，以副朕矜恤庶狱至意。"

○十二年(1807)谕："汪镛奏《请禁止非刑》一折，据称'各省问刑衙门，于定例刑具外，往往私造刑具。如木棒棰一物，专敲内外脚踝，动至数十击或百余击不等，以致骨节损折，殊属违例'等语，所奏甚是。着通谕各省大小问刑衙门，如有似此滥置非刑，速行除毁，违者以违制论。"

○十四年(1809)谕："御史王开云奏《请清理积案以免冤抑》一折。各省呈控案件，由府、州、县审拟详报，本有一定限期，岂可任意迟延，致多拖累。自应申明旧例，以肃纲纪。嗣后各督抚于所属详报案件，均着按限招解。其有上控之案，毋得再行批发原官,任令回护。至非刑拷讯,例禁甚严,屡经降旨饬谕。今该御史奏外省竟有私用联枷及敲击踝骨等刑,胥役等亦有私押人犯,非刑拷逼者,恶习未除,殊为可恨。着该督抚随时访查参办,毋稍姑息瞻徇。”

○十五年(1810)议准:承问官员审办案件,果能虚衷研鞫,原不专事刑求。惟案情百出,遇有案犯狡黠,匿情不吐,或证据已明,而忽认忽翻,碍难定案。临时酌加熬讯,或拧耳跪链,或继以压膝,即可迅得实情。但此数项,并非例内载明应用之刑。若遇上司指摘,或被刁民借词讦告,竟与实在残酷滥刑者,同干吏议,殊不足以昭平允。谨将前项应用之刑,于例内明著其文,俾内外通行遵守。

○道光元年(1821)谕:“本日张映汉等奏钟祥县知县王余莒,因户书私雕假印,伪造串票,诓骗钱粮,该县以犯供狡展,辄用木棒敲击脚踝,以致案未审定,先将正犯拷毙,已降旨将王余莒革职讯问矣。凡问刑衙门审理案件,皆当平情推鞫。其犯罪至死者,亦于狱成之后,方丽于法。若于取供时,辄用非刑敲讯,加以惨毒,甚有因以致死者,是狱囚不死于法,而死于问刑之官,岂称祥刑之义。前御史余本敦曾奏‘近闻各省问官,多于常刑之外,擅用非刑。有天平架、阎王架、鹦哥架、燕子飞、美人桩等名目,皆以严酷勒供’等语。刑具设有定制,不容私行增减。若于定制之外,各以新意创造,此以施于情真罪当者,犹且不可,况酷虐相寻,或致无辜枉服,其冤滥更何可言。着通谕各直省督抚,各饬所属,如有私设一切非刑,概行禁绝。地方有司遇案,务各虚心研究,期得实情。倘有仍前滥用非刑者,查明据实严参,毋稍徇纵,以副朕明慎用刑之意。”

○十六年(1836)谕:“御史董宗远奏《请饬禁各省班馆》一折。州县为亲民之官,办理词讼,务宜速审速结,小民庶免拖累。即地方囹圄之设,所以待有罪,寻常案件,原不准其私押。近来外省州县,竟有设立班馆,羁押人证,甚至经年累月,随意拖延,以致胥役勒索,民冤难伸,不可不严行查禁。着各直省督抚督饬各州县,毋得设立班馆。审理词讼,务须遵照定限,即行审结。倘仍有久羁未结案件,即将该州县据实奏参。本管道、府,扶同捏饰,即由该上司一并参处。”

○光绪二年(1876)复准:查提省审办命盗等案,所有轻罪人犯,及干连人证,应保候审理者,不得私行禁押,例有明文。各省每于轻罪人犯,及干连人证,因一时骤无妥保,即交地方官派役看管,拥挤拘押,甚于牢狱。迨案延数载不结,该役等需索凌虐,百弊丛生,致令拖累瘐毙,殊堪矜悯。兹贵州巡抚与司、道、府、厅、州、县,共捐廉五千两,交贵阳府发商生息。嗣后该省臬司提案,将干连人证,另建房屋,每日准支每名口食若干文,按季支销,派仁明廉干一员,专司其事。凡待质之人,径发该所,每月由委员造具清册,详载旧押、新收、开释、实存各人数,随时详报院司。以年终核计瘐毙人数之多寡,定委员之功过,诚属善举。应饬各直省各就地方察看情形,仿照筹办。

# 卷八百四十·刑部一百十八

## 刑律·断狱 淹禁 凌虐罪囚

### 淹 禁

凡狱囚情犯已完，在内经法司、在外经督抚审录无冤，别无追勘未尽事理，其所犯笞、杖、徒、流、死罪应断决者，限三日内断决；系流、徒应起发者，限一十日内起发。若限外不断决、不起发者，当该官吏过三日笞二十，每三日加一等，罪止杖六十。因过限不断决、不起发而淹禁至死者，若囚该死罪，杖六十；流罪，杖八十；徒罪，杖一百；杖罪以下，杖六十、徒一年。惟重囚照例监候。

**谨案** 原文"监察御史、提刑按察司"，雍正三年(1725)奏准，监察御史，指巡按御史言，今无巡按御史，直省刑名俱督抚具题候旨定夺，无按察司审录无冤即行断决之事，删去"监察御史、提刑按察司"九字，改为"法司、督抚"。

**附律条例**

○一、凡恩诏颁到赦款内，除已经刑部法司复核明白，应免罪囚，逐一详查，登时释放，另行题明外，如有情罪可疑者，限赦到一月内即汇疏奏请。其未经法司复核明白者，俟法司核复文到之日，即时释放，毋得耽延时日。如赦到奏请违限，及将应免轻罪人犯，并无辜之人，仍滥行监禁者，交该部议处。

**谨案** 此条雍正五年(1727)定。

○一、各省审结叛案，凡有应解部流徙入官人口家产，俱立限两个月，自该省起解。解送人役，仍定行程限期。违者题参。

**谨案** 此条雍正五年(1727)定，原载"吏律·官文书稽程"律后。乾隆五年(1740)，移附此律。

○一、刑部现审事件，着令承审司官，每于月底各将所审案件，逐一开具简明略节，并监犯名数、收监日期，造具清册。其有行提应质人犯等项，不能依限完结者，将缘由一并造入册内，呈堂查核。若有滥行监禁，及无故迟延不结者，即将该司官指名题参，照例议处。若刑部不行题参，或被科道参出，或别经发觉，将堂官一并议处。其直省问刑各衙门，亦于每月一体造具清册，呈报督抚查核。如有滥禁等弊，该督抚即行题参，照例议处。若督抚不行题参，或被部院、科道纠参，或别经发觉，将该督抚一并议处。

**谨案** 此条雍正五年(1727)定。乾隆五年(1740),查刑部现审事件,除情罪重大者扣限单本具题外,徒罪以下人犯,每十日一次汇题。又每历三月,将未完事件,汇总具题一次。且例设督催所司官专司督催完结,稽查科道逐月按件注销。定例极为详密,毋庸月底再为造册呈堂。再直省监犯,设立循环簿,按月造册呈送上司之处,已备载"故禁故勘"条下,此条删。

○一、各直省府、厅、州、县,凡有监狱之责者,除照向例设立循环簿,填注每日出入监犯姓名,申送上司查阅外,并令与专管监狱之司狱吏目、典史等官,各将监禁人犯,无论新收、旧管,逐名开载,填注犯案事由、监禁年月,及现在作何审断之处,造具清册,按月申送该管守巡道。该管守巡道,认真查核。如有滥禁、淹禁情弊,即将有狱官随时参处。仍令该道因公巡历至府、厅、州、县之便,亲提在监人犯,查照清册,逐名点验。其有填注隐漏者,将有狱官及管狱官一并参处。并令该道每季将府、厅、州、县所报监犯清册,汇送督抚、臬司查核。若府、厅、州、县有淹禁、滥禁情弊,该道未行揭报,经督抚查出,或别经发觉,即将该道一并交部议处。

**谨案** 此条道光十三年(1833)定。

**历年事例**

○顺治十二年(1655)谕:"凡问刑事件,随至随结。如任意迟误者,决不轻恕。"

○十三年(1656)题准:凡有大案狱情,即应具招定罪。其州县等官自理事件,亦不得滥行监禁。违者,该抚、按指名参处。

○十五年(1658)题准:凡各府、州、县官,每季将现监罪犯姓名、年月、情节,并系何官未经审结缘由,造册申报司、道,转详抚、按。有无故系狱淹毙人命者,按察司指名开报抚、按,据实题参。

○十八年(1661)复准:凡案件未结,监毙多人者,该抚、按将承问官题参,按律治罪。

○康熙四年(1665)题准:凡督抚现在提问究拟人犯,无应追之赃者,遇赦即行释放,然后具题;其有应追之赃者,亦将人犯释放,审明赃物,具题候结。

○八年(1669)复准:凡承问各官迟延监毙多人者,该督抚逐件题参议处。督抚不行题参,一并议处。

○九年(1670)议准:凡承审各官,将正犯取定口供,在限内监毙者免议。限内不取口供,一案淹毙一二人者,罚俸六月;三四人者,罚俸一年;五六人者,降一级留任;七八人者,降二级调用;九人以上者,革职。若淹毙因事干连至一二人者,罚俸一年;三人者,降一级留任;四人者,降二级调用;五人者,革职。上司官不据实题参者,降二级调用。至已取口供,逾限不结,将正犯监毙者,照限内不取口供例处分。若将牵连无干之人监毙一人者,降一级调用;二人者,降二级调用;三人以上者,革职。上司官不据实题参者,亦降二级调用。若限内不能完结,虽经展限,有淹禁致死者,仍照限内监毙例处分。若在展限之外死者,亦照逾限例处分。其因私仇监毙人命者,照律议罪。

○十一年(1672)题准:凡承问各官,将正犯取定口供,限内不行题结,于一案内监毙一二人者,免议;三四人者,罚俸三月;五六人者,罚俸六月;七八人者,罚俸一年;九人十人以上者,降一级调用。若在具题之后监毙者,免议。

○十二年(1673)题准:凡承问官,将正犯及牵连无干之人迟延监毙者,查系某官承审,止将承审之官议处。

○十六年(1677)复准:凡遇恩诏到日,款内应免罪囚,已经部复明白者,即时详察释放。该管官滥行监禁,迟至十日不放者革职。其应候法司核复人犯,文到之后,不即遵照释放者亦革职。该上司不行查参,俱降二级调用;该督抚降一级留任。若人犯情罪可疑者,限赦到一月内,即详明奏请。迟至一月以上者,降一级调用,上司官罚俸一年,该督抚罚俸六月;违限二月以上者,该管官降二级调用,该上司降一级留任,督抚罚俸一年;违限三月以上者,该管官革职,该上司降二级调用,督抚降一级留任。如系该上司及督抚有迟延者,亦照此例处分,该管官免议。

○十七年(1678)题准:凡迟延监毙人犯,于一案内,或监毙,或中途病死,但至三名,即将承审各官,一并议处。督抚不据实题参者,亦议处。

○二十二年(1683)议准:凡京城内问刑衙门承审各官,将问理事件,于限内不取口供审明,或取供逾限不结,及不速行具题,以致正犯并牵连之人监禁毙命,或羁门毙命者,查一案内所毙人数,将承审司官照外官例处分。堂官不据实题参者,照督抚例处分。

○二十三年(1684)谕:"人犯虽系有罪,监毙亦属可悯。以后着该管官员加意存恤,毋致滥毙,以副慎重人命至意。"

○三十五年(1696)议准:外省并各州县狱内,监禁重犯甚少,不便照在京狱官例处分。嗣后外省狱内监毙一人者,罚俸三月;二人者,罚俸六月;三人者,罚俸九月;四人者,罚俸一年;五人以上者,革职。其州县监狱,系吏目、典史专管,亦照此例议处。

○五十三年(1714)谕:"朕听政多年,勤求民瘼。刑狱之事,尤所留心。详阅直隶及各省题奏命、盗各案,自审结以至题请,或逾时,或经岁,部议间有复驳再令详审者,案内牵连之人,虽笞、杖轻罪,不免羁禁以需完结,淹历岁时,离家失业,致于饥寒病毙者,往往有之。朕轸念民命,深用悯恻。嗣后直省刑名,除重犯案内,军、流、徒罪,仍行候旨完结外,所有杖罪以下轻罪,着该督抚于审结日,即行发落,不必羁候部复,止于疏内逐一声明。务使无知诖误之民,早得脱身宁家,以副朕哀矜体恤至意。其不关题请,各督抚应自行审结发落者,仍照旧例。"

○五十四年(1715)复准:嗣后各省具题案内应拟枷号者,俱照依杖罪先行发落。

○雍正二年(1724)题准:凡命、盗等案有监毙人犯者,或随招附参,或监毙在具题之后,仍行补参,毋得于正案未审结之先,咨参监毙,借端销案。其有重犯已毙,余犯毋庸具题者,务将原供全案,备细造报,刑部严加察核,不协者驳令改正。其允协者,务须注明"情罪允协,应照该督抚所咨完结"等语。监毙职名,交与吏部照例议处。

○又谕:"私刨人参者,旧例不论已得未得,俱解送刑部,往返拖累,故于盛京刑部监禁,每年差官前往审理。朕思伊等俱系图利穷民,春夏时被获,监至九月十月,方得审结,延挨月日,身受寒暑,多致疾病死亡,甚属可悯。宁古塔有将军、办事御史,盛京有将军、刑部并副都御史,嗣后各地方所获者,即行审理,作速完结,年底汇齐具本启奏。自今将审理偷刨人参之部院衙门堂官,停其遣往。"

○三年(1725)议准:嗣后除管狱官,将盗犯未经取供,案未审明监毙,及灭口致死者,仍照例议处外,如已经取供审明后,管狱官并无致毙情事,在监病故四人以下者,将管狱官免其议处。至将一案内盗犯监毙五人以上者,仍将管狱官罚俸一年。凡强盗案件,督抚具题,将监毙人数于本内声明,即行免议。

○五年(1727)议准:嗣后汇题事件,除奉旨所交,并情罪可恶者,仍俟奉旨后发落,其余平常罪犯,如窃盗三犯、赃数不多改遣,家奴吃酒行凶发遣,及赌博拟流,贩私拟徒,男妇通奸拟以枷责等项,凡与此相类罪犯,于审结之后,即照例先行发落,仍于汇题疏内声明。

○乾隆三十年(1765)议准:嗣后督抚同城省分,如遇抚臣公出,除一应题咨事件,并无人犯解省者,仍听抚臣携赴沿途核办外,其例应解审各案,抚臣起程之后,即令臬司解归督臣审题,仍于疏内声明,俟抚臣旋署接办。

○同治元年(1862)议准:嗣后各直省督抚,严饬所属各州县遵照定例,务将自理事件,按月册报该管上司察考。其有未完词讼,责成该管巡道随时稽核,勒限催审。倘有迟延、淹禁等弊,即行揭参,以清刑狱而重民命。

### 凌虐罪囚

凡狱卒纵肆非理在禁凌虐殴伤罪囚者,依凡斗伤论。验伤轻重定罪。克减官给罪囚之衣粮者,计克减之物为赃以监守自盗论。因殴伤、克减而致死者,不论囚罪应死不应死,并绞。监候。司狱官典及提牢官知而不举者,与同罪,至死者减一等。有不知,坐以不应。

**谨案** 乾隆五年(1740)查旧律总注云"言知而不举与同罪,不言不知不坐者,以司狱、提牢,以狱为职,狱卒之弊,不容不知也",《笺释》注云"有不知,坐以不应",今增注律后。

### 附律条例

○一、在内法司问发程递人犯,在外问刑衙门程递来京及递解别省人犯,除原有杻镣及牢固字样照旧外，其押解人役，若擅加杻镣，非法乱打，搜检财物，剥脱衣服，逼致死伤，及受财故纵，并听凭狡猾之徒买求杀害者，除实犯死罪外，徒罪以上，俱枷号两月，发烟瘴充军。

**谨案** 此条系原例。首二句原作"法司问断过各处进本等项人犯，发各衙门程递者"，雍正三年(1725)改。"俱枷号两月"二句，原作"属军卫者发边卫充军，属有司者发边外为民"，乾隆三十六年(1771)改，并于"杻镣"下，删"及牢固字样"五字。

○一、凡官员擅取病呈，致死监犯者，依谋杀人造意律，斩监候。狱官、禁卒人等，听从指使下手者，依从而加功律，绞监候；未曾下手者，依不加功律，杖一百、流三千里。

○一、凡问刑衙门，不许于狱内用匣床。违者，官革职，杖一百、流三千里；禁卒杖一百，革役。

**谨案** 以上二条均系原例。

○一、凡强盗、人命等案重罪人犯，项及手足，用铁锁、杻镣各三道；其余人犯，俱用铁锁、杻镣各一道。

**谨案** 此条雍正三年(1725)定。

一、除强盗、十恶、谋故杀重犯，用铁锁、杻镣各三道，其余斗殴、人命等案罪犯，以及军、流、徒罪等犯，止用铁锁、杻镣各一道；笞、杖等犯，止用铁锁一道。如狱官、禁卒，将轻罪滥用重锁，重罪私用轻锁，及应三道而用九道，应九道而用三道，将狱官题参，禁卒革役。受贿者，照枉法从重论；任意轻重者，照不应锁杻而锁杻律治罪。提牢官失于觉察，交部议处。

**谨案** 此条乾隆元年(1736)增定。

○一、凡部发递解，及外省解部并解别省人犯，佥差官员，务选有家业正役解送。如解役违禁沿途措勒，拷打人犯，事发者，所在官司，即将解役严行惩治。若因而致死人犯者，所在官司，申解督抚严审，照律从重定拟。其解役教唆人犯通同抢夺者，俱以光棍例治罪。中途患病者，原解即报明所在官司，亲身验明，出具印结。取结后犯人身死者，官、役免议。若未取病结在途身死者，一名以上，佥差官员，交该部照例按名议处，解役杖一百、徒三年；三名以上，杖一百、流三千里；五名以上，发边卫充军。

**谨案** 此条雍正三年(1725)定。

一、凡部发递解，及外省解部并解别省军、流、徒罪发回安插人犯，佥差官员，务选有家业正役解送。如解役在途教唆人犯通同抢夺者，俱照白昼抢夺律例治罪。中途患病者，原解即报明所在官司，亲身验明，出具印结，即着该地方官留养医治。随行亲属病者，亦准存留，候病痊起解，仍将患病日期报部。如不行留养，致有病故，及受财嘱托捏病迟延者，将该地方官交部议处。其取结后犯人身死者，官、役免议。若未取病结在途身死者，佥差官员，交该部照例按名议处；一名，解役杖六十、徒一年，每一名加一等,罪止杖一百、徒三年。

**谨案** 此条乾隆五年(1740)改定。

〇一、凡流徙宁古塔、尚阳堡等处人犯,及各省解京,并解别省军、流等犯,若押解兵役、驿夫人等,敢于中途擅加杻镣,及殴打逼勒财物者,照例治罪外,如奸污犯人妻女者,依奸囚妇律杖一百、徒三年。押解官虽不知情,亦交该部严加议处。如押解官自犯奸污,及凌虐勒财者,交该部从重议罪。其被害犯人系流徙宁古塔等处者,许赴盛京户部控告;系解京及解各省者,许赴刑部并所在官司控告。

**谨案** 此条雍正三年(1725)定。乾隆元年(1736),删例首"流徙宁古塔"以下二十六字,并"擅加杻镣"以下十八字。

〇一、凡在京、各省发回原籍安插,并流徙、充军等犯,有于中途患病者,即着该地方官留养医治。随行亲属病者,亦准存留。俟病痊起解,仍将患病日期报部。如不行留养,致有病故,及受财嘱托捏病迟延者,将该地方官交部议处。

**谨案** 此条雍正三年(1725)定。乾隆五年(1740)已并入"部发递解"条内,此条删。

〇一、刑部各司,如遇有应掌嘴讯问之事,请照刑例令具稿回堂,不许任意掌嘴。

**谨案** 此条雍正三年(1725)定,乾隆五年(1740)删。

〇一、凡狱卒有受罪人仇家贿嘱,谋死本犯者,依谋杀人首从律治罪。

〇一、凡犯人出监之日,提牢官、司狱细加查问。如有禁卒人等凌虐需索者,计赃治罪,仍追赃给还犯人。提牢官、司狱不行查问,事发之日,亦照失察例议处。

**谨案** 以上二条均系雍正五年(1727)定。

〇一、徒罪以下人犯患病者,狱官报明承审官,即行赴监验看是实,行令该佐领、骁骑校、地方官,取具的保,保出调治,俟病痊即送监审结。其外解人犯,无人保出者,令其散处外监,加意调治。如狱官不即呈报,及承审官不即验看保释者,俱照淹禁律治罪。若本犯无病,而串通狱官、医生,捏称有病者,该犯并狱官、医生,俱照诈病避事律治罪。或病已痊愈,而该佐领、骁骑校、地方官,不即送监审结者,将本犯及该佐领、骁骑校、地方官,亦俱照诈病避事律治罪。若保出故纵者,将保人治以本犯应得之罪;疏脱者,减二等。仍将取保不的之该佐领、骁骑校、该地方官,查参议处。若有受贿情弊,计赃以枉法从重论。至督抚题报监毙人犯,将本犯所犯罪名、所患病证,及有无凌虐、曾否保释,逐一声明。如有蒙混情弊,查出,交部分别议处。

**谨案** 此条雍正五年(1727)定。原文"疏脱者,减一等",乾隆五年(1740)改照失囚律。

〇一、番役将盗犯及死罪人犯,私拷取供者,枷号一月,杖一百;将军、流以下等犯私拷取供者,各递加一等治罪。如有逼索银钱,计赃以枉法从重论。该犯有诬指捏诬情弊,照诬告律治罪。该管官失察故纵,交部分别议处。

**谨案** 此条乾隆元年(1736)定。

○一、凡内外斩、绞监候之犯,每遇秋审时,责令狱官监看剃发一次;军、流人犯,每季剃发一次,仍令留顶心一片。

**谨案** 此条乾隆十一年(1746)定。

○一、秋审解省人犯,俟审毕发回后,方许剃发。

**谨案** 此条乾隆二十五年(1760)定。

○一、刑部监犯患病沉危,医生呈报救治后,提牢官回堂,移会满汉查监御史,即日赴部查验。如有监毙人犯,无论因病因刑,及猝患暴病身死,不及呈报救治者,均移会满汉查监御史,率领指挥一员,限一日内赴部,会同刑部司堂相验。倘承审官有非法拷打,及将不应刑讯之人,滥刑致毙,并禁卒有凌虐罪囚各情事,即严参究办。至步军统领、都察院、顺天府、五城各衙门,并各省送部之案,务将人犯是否患病,及曾否刑讯受伤之处,于文内详晰声明。若送到人犯,受有刑伤,及病势沉重者,刑部立即移咨查监御史,亦于一日内赴部查验立案。

**谨案** 此条嘉庆十七年(1812)定。

○一、刑部监犯越狱,并在狱滋事之案,该禁卒等,分别有无受财故纵治罪,除至死无可加外,余各于本罪上加一等。流罪以上,先于刑部门口枷号两月,徒罪以下枷号一月。如有挟嫌设法陷害本官情事,照恶棍设法诈官实在光棍拟斩例,分别首从严办。如该提牢官知情徇隐故纵,照私罪严参革职;若止疏于防范,失于觉察,照公罪交部议处。

**谨案** 此条同治九年(1870)定。

**历年事例**

○康熙二十二年(1683)议准:凡狱卒及守门人等,有将犯人凌虐、克减、需索者,承审官严察拘拿,照例治罪。若凌虐致毙一案内三四人者,司狱罚俸三月;五六人者,罚俸六月;七八人者,罚俸九月;九人十人者,罚俸一年;十一人以上者,革职。在门毙命者,该城门尉、城门校、千总,俱照司狱例处分。

○四十五年(1706)议准:人犯审后发回,行至中途带病进监即故,管狱官毋庸指参。

○雍正元年(1723)议准:狱官通同狱卒,勒索罪囚银钱者,该管官揭报督抚,即行题参,照例治罪。至狱卒有受罪人仇家贿嘱,谋死本犯者,均照谋杀人首从律治罪。其失察之该管官,交该部从重议处。

○三年(1725)议准:嗣后若非强盗,而解役人等擅用观音镯,并将应毁之背铐,凌虐罪囚者,一经受害之人告发,或经查出,即将该管官弁、司狱、禁卒、解役人等,一并交该部从重治罪。

○又议准:提牢、司狱,当不时严查在监人犯。有被禁卒人等设法凌虐,需索银钱者,将禁卒人等计赃治罪,仍追原赃给还犯人。提牢、司狱不行查问,事发之日,照失察例议处。

○四年(1726)谕:“朕钦恤刑狱,每遇谳决,无论罪之轻重,必原情酌理,再三推求,务使情罪允协。又念罪人幽囚丛棘,易致瘐毙,屡谕问刑衙门,修整监狱,督责禁卒,不时洒扫洁净,遇有疾病,必加意调治,务令痊可,此亦矜恤罪因之一端也。乃近阅各省本章,监毙人犯不少。多由羁禁之处,局隘倒敝,以致严寒暴暑,侵骨刻肌,潮湿秽恶之气,薰蒸传染之故也。况监狱不固,防御多疏,罪人越狱脱逃,亦所不免。特饬各直省督抚通查所属监狱,逐一修葺,并高筑墙垣,以资防范。其地势低洼者,改造高阜之处;狭隘者,酌量刑狱繁简,展宽盖造。凡枷号暂羁之门关、仓所,亦必缮治完固。正印官仍不时稽察,毋令狱官、狱卒任意凌虐,懈弛疏防。如此则罪人不致瘐病,而监禁既固,亦可免越逃之虞。该督抚其各仰体朕好生至意,督令有司遵行毋忽。”

○又谕:“从来监毙人犯,多由狱官疏忽,一任禁卒凌逼所致。若使本犯有应死之罪,又当别论。其军、流以下轻罪之人,瘐毙在狱,甚属可悯。向来监毙人犯之处分,不分本犯情罪之轻重,似属非协。嗣后监毙不应死之轻犯,与应死之重犯,其处分似应分别轻重,著为定例,着九卿议奏。其犯轻罪之人在狱病者,如何应否保释调治,再督抚题报监毙人犯本内,务将本犯情罪并病故缘由,如何声明不令蒙混之处,亦着议奏。钦此。”遵旨议准:嗣后狱卒凌虐罪囚,及司狱官典等知而不举者,仍照律治罪外,若非凌虐而病毙者,如系监毙斩、绞重犯,应比定例量为减轻。一案内监毙一人者,管狱官罚俸一月;二人者,罚俸三月;三人者,罚俸六月;四人者,罚俸九月;五人以上者,罚俸一年。监毙军、流罪犯者,仍照外省狱内定例处分。监毙徒罪以下人犯者,应比定例量为加重。如一案内徒罪以下监毙一人,管狱官罚俸六月;二人者,罚俸九月;三人者,罚俸一年;四人以上者,革职。至于刑部,乃刑名总汇之地,案件繁多,其司狱官典之处分,向例原与外省之处分有别。嗣后监毙斩、绞重犯者,应比定例量为减轻。一案内监毙三四人者,罚俸一月;五六人者,罚俸三月;七八人者,罚俸六月;九人十人者,罚俸九月;十一人以上,罚俸一年。监毙军、流罪犯者,仍照在京问刑衙门狱内定例处分。监毙徒罪以下人犯者,应比照定例量为加重。一案内徒罪以下监毙三四人者,司狱罚俸六月;五六人者,罚俸九月;七八人者,罚俸一年;九人以上者,革职。至有一案内监毙二三人以上,其间有斩、绞、军、流、徒、杖之犯,仍照以上各条分别议处。再徒罪以下轻罪人犯在监患病者,狱官即行报明,承审官即行赴监所验看是实,行令该佐领、骁骑校、地方官,取具的保,保出调治,俟病愈即送监审结。其外解人犯无人保出者,令其散处外监,加意调治。如狱官不即呈报,及承审官不即验看保释者,俱照淹禁律治罪。如本犯无病,而串通狱官、医生,捏称有病者,该犯并狱官、医生,俱照诈病避事律治罪。或病已痊愈,而该佐领、骁骑校、地方官,不即送监审结者,将本犯及该佐领、骁骑校、地方官,亦俱照诈病避事例治罪。

若保出故纵者,将保人治以本犯应得之罪;疏脱者,减一等。仍将取保不的之该佐领、骁骑校、地方官,题参议处。若有受贿情弊,并计赃以枉法从重论。至督抚题报监毙人犯,务将本犯所犯罪名、所患病证,及有无凌虐、曾否保释,逐一声明。如有蒙混情弊,查出,交部分别议处。

〇七年(1729)议准:查雍正五年(1727)定例,各州县管狱官,监毙盗犯至五名者,即行革职。其中有才堪驱使之员,概行废弃,殊属可惜。嗣后监毙盗犯,除未经取供审明,及致死灭口者,应照雍正五年(1727)定例议处外,如已经取供审明,在监病故,别无致毙情事,不论首盗伙盗,俱仍照雍正三年(1725)定例,监毙四人以下者,管狱官免议;其五人以上者,罚俸一年。再承问官将盗犯取有口供,未经题结,遽致监毙者,亦令该督抚疏内声明,无论首盗伙盗,一案内监毙四人以下者免议,五人以上者分别议处。其余监毙各项人犯,仍照定例处分。

〇嘉庆十七年(1812)谕:"御史嵩安奏《监犯患病及监毙人犯请交查监御史稽核》一折,所奏是。向来刑部监犯患病,管狱官仅止报明该堂官,分别保释、调治。即或监毙,札行五城坊官相验,出结完案,本不足以昭慎重。但如该御史所奏,凡遇监犯患病,将起病日期并医治等情,俱行移咨查监御史稽核,亦未免烦琐。着交刑部核议,嗣后监犯患病,其病势如何危笃,方咨明御史查验,至因病身故,即着该御史率领坊官会同刑部司员相验,如有情弊,据实查参,议定章程,奏明载入则例遵行。钦此。"遵旨议准:嗣后监犯患病沉危,医生呈报救治后,即令提牢司员回堂,移会满汉查监御史,即日赴部查验。至监毙之犯,毋论因病因刑,及猝患暴病身死不及呈报救治之犯,俱移会满汉查监御史,率领指挥一员,限一日内赴部,会同司员相验。若实系因病身死,或应行刑讯之犯,承审各员依法拷讯邂逅致死,及受刑后因他病身死者,均照律毋论。倘有非法拷打,及将不应刑讯之人,滥刑致毙,并禁卒有凌虐罪囚各情事,即据实严参究办。再查刑部现审案件,俱由步军统领、都察院、顺天府、五城各衙门解送到部,其应解人犯,每有在该衙门先行患病,或曾经刑讯受伤,迨经送部瘐毙,亦事所时有。嗣后各衙门送部之案,务将人犯是否患病,及曾否刑讯受伤之处,于文内详细声明。若送部人犯,受有刑伤,及病势沉重者,刑部立即移咨查监御史,亦于一日内赴部查验立案,俾有稽考。

〇道光十九年(1839)谕:"御史陈光亨奏《请严禁狱卒恶习》一折。狱卒凌虐人犯,例禁綦严。若如所奏,近来刑部收禁人犯,有罪尚未定而不免破家者,有身或无辜而几至毙命者,需索凌虐,悍黠不顾,必应严行禁止。着刑部堂官责成提牢、司狱各员,严行约束,惟期有犯必惩,毋任借端肆虐。仍着查监御史,随时细心查察。倘有前项情弊,即将管狱各员一并参处。"

〇咸丰六年(1856)议准:嗣后轻罪人犯,及干连人证,交保看管者,该书差如有需索、凌虐情事,即于凌虐罪囚本律上加一等治罪;计赃重者,以枉法从重论。仍严行禁革押保等名目,以符定例。

○同治八年(1869)奏准:捕役私拷取供及受财故纵,例禁綦严。至私立下处,尤属有干法纪。该管官果能认真稽查,有犯必惩,捕役人等,自不敢公然作奸犯科,无所顾忌。嗣后捕快人等,如有私立下处,逼供等情,即行尽法惩治。

# 卷八百四十一·刑部一百十九

## 刑律·断狱

与囚金刃解脱　主守教囚反异　狱囚衣粮　功臣应禁亲人入视　死囚令人自杀　老幼不拷讯

### 与囚金刃解脱

凡狱卒以金刃及他物如毒药之类。凡可以使人自杀，及解脱锁杻之具，而与囚者，杖一百；因而致囚在逃，及于狱中自伤，或伤人者，并杖六十、徒一年；若致囚狱中自杀者，杖八十、徒二年；致囚反狱而逃及在狱杀人者，绞。监候。其囚脱越反狱在逃，狱卒于未断罪之间，能自捕得，及他人捕得，若囚已死，及自首者，各减一等。若常人非狱卒。以可解脱之物与囚人，及子孙与在狱之祖父母、父母，奴婢、雇工人与在狱之家长者，各减狱卒一等。若司狱官典及提牢官知而不举者，与同罪，至死者减一等。若狱卒、常人及提牢、司狱官典受财者，计赃以枉法从重论。赃重论赃，赃轻论本罪。若狱囚失于检点防范致囚自尽原非纵与可杀之具。者，狱卒杖六十，司狱官典各笞五十，提牢官笞四十。

**谨案**　原文"枷锁"，雍正三年(1725)改"锁杻"。

#### 历年事例

○康熙六年(1667)题准：狱官防范不严，以致斩绞人犯，执持铁器等物在狱伤人，未出狱者，降一级调用。该管官罚俸一年。

### 主守教囚反异

凡司狱官典、狱卒，教令罪囚反异、成案，变乱已经勘定之事情，及与通传言语，于外人，以致罪人扶同，有所增入他人减去自己之罪者，以故出入人罪论。外人犯教令通传有所增减者，减主守一等。若狱官典卒容纵外人入狱，及与囚传通言语走泄事情，于囚罪无增减者，笞五十。若狱官典卒、外人受财者，并计 入己赃以枉法从重论。

#### 附律条例

○一、刑部乃总理刑名之地，如有闲杂人等，擅自出入，及跟随听审人犯，私入衙门窥探者,本犯及守门领催、兵皂俱责治,于刑部门首枷号。官员犯者,交该部议处。

**谨案** 此条雍正三年(1725)定例。道光二十年(1840),将例首"刑部"改为"在京问刑各衙门",并于"枷号"下增"一个月,责三十板","议处"下增"如因出入窥探,而又另犯教供勾串等弊,仍按律例从重治罪"二十四字。

○一、凡书办、皂隶及官员家仆人等,有擅自出入监所者,令提牢官、司狱、禁卒立拿回堂,将书、隶革役,责四十板,递回原籍;家人枷号一月,责四十板,家人之主交部议处。若不行拘拿,被查出者,提牢官、司狱,俱以失察例议处。

**谨案** 此条雍正三年(1725)定例。

○一、步军统领,酌量派出番役,在刑部衙门外左近密行访拿。若有探听之徒,照私入刑部衙门例,枷号一月,责三十板,系官交部议处。如有受贿通信教供情弊,察实,将书役并行贿之人,均计赃从重治罪。

**谨案** 此条雍正八年(1730)定。

**历年事例**

○雍正元年(1723)题准:现审事件,惟该承审满汉司官审问,该司之笔帖式与书办登记口供。若有别司司官与笔帖式过来同坐递话者,连容隐之官参处。

○嘉庆二十二年(1817)谕:"御史周鸣銮奏《严防监狱以杜刁健》一折。刑部为刑名总汇之地,监狱理宜严肃。凡有未经定案之犯,有讼师假托犯人亲属,进监探视教供,以致案情多有翻异,人证反受拖累,不可不预为防范。其外省监狱,亦当一律整饬。应如何严申例禁,加意慎密,及满汉提牢厅轮流住宿之处,着交刑部妥议章程具奏。钦此。"遵旨议准:嗣后申明旧例,饬令提牢、司狱各官严密稽查。所有现审案犯,除未结各案,仍不准亲属探视外,其已结各案,如有亲属进监探视,亦令定立号簿,将某日某案某犯某亲属入监看视,逐一详讯登记。并令嗣后满汉提牢司员,每日轮流一人在外厅值宿,严行查察。如有捏称犯属入监教供舞弊情事,一经察觉,严拿本犯究办。将未能查出之提牢、司狱各官,分别议处;自行查出免议。至各直省司、府、州、县监狱,向系责成司狱吏目、典史等官专管。其巡察防守,或不能如部监严密整肃。恐积惯讼棍,更易夤缘入监串通教供。亦应令各该督抚申明例禁,饬知司、府、州、县管狱、有狱各官,于未经结案监犯,严禁不许亲属探视;其已结各案犯属入监探视,亦逐一登记号簿,详密稽查。如有奸徒捏名入监舞弊,亦即据实分别拿究参处。

○二十五年(1820)谕:"御史佟济奏《请饬刑部稽查犯人亲友出入衙署》一折,所奏甚是。刑部总理讼狱,关防自应周密。若如该御史所奏,人犯到部,门皂、禁卒互相照应,于未经定案以前,任听亲友往来看视,通信串供诸弊,皆由此而起。着刑部严饬提牢、司狱等,轮流分别南北两监严密稽查。凡未经定案人犯,概不准亲属往来通信。其初二、十六放入家眷之例,亦系为爰书既定之后而设,未定之前,亦着饬禁。该部司务，仍遵照旧例在大门内公所办事，不准移入堂后，以便稽查门皂，禁止闲人。其各省问刑衙门，并着刑部行文一体严禁串供等弊，以慎刑法。”

### 狱囚衣粮

凡狱囚，（无家属者）应请给衣粮、（有疾病者应请给）医药而不请给，患病（重者，除死罪不开锁杻外，其余）应脱去锁杻而不（请）脱去，（犯笞罪者，）应保管出外而不（请）保管，（及疾至危笃者，）应听家人入视而不（请）听，（以上虽非司狱官典、狱卒所主，但不申请上司，）司狱官典、狱卒笞五十。因而致死者，若囚该死罪，杖六十；流罪，杖八十；徒罪，杖一百；杖罪以下，杖六十、徒一年。提牢官知而不举者，与（狱官典卒）同罪。若（司狱官）已申禀上司，（而上司官吏）不即施行者，一日笞一十，每一日加一等，罪止笞四十。因而致死者，若囚该死罪，杖六十；流罪，杖八十；徒罪，杖一百；杖罪以下，杖六十、徒一年。

**谨案**　原文“锁杻”上有“枷”字，雍正三年(1725)删。

#### 附律条例

〇一、凡各府司狱，专管囚禁，如有冤滥，许令检举申明。如本府不准，直申宪司。各衙门不许差占。府、州、县牢狱，仍委佐贰官一员提调。其男女罪囚，须要各另监禁，司狱官常加点视。州县无司狱去处，提牢官点视。若囚患病，提牢官检实给药治疗。除死罪不开枷杻外，其余徒、流、杖罪囚人病重者，开疏枷杻，令亲人入视。笞罪以下，保管在外医治，病痊依律断决。如事未完者，复收入禁，即与归结。

**谨案**　此条系原例。

一、凡司狱吏目、典史，专管囚禁。如犯人果有冤滥，许管狱官检举申明。如府、州、县不准，许即直申宪司各衙门提讯。其男女罪囚，须各另监禁，常加点视。若患病，除死罪不开锁杻外，其余军、流、徒罪等囚病重者，开疏锁杻，令亲人入视；杖罪以下，保管在外医治，痊日依律断决。如事未完者，仍收入禁，即予归结。

**谨案**　此条雍正三年(1725)改定。

一、凡司狱吏目、典史，专管囚禁。如犯人果有冤滥，许管狱官据实申明。如府、州、县不准，许即直申宪司各衙门提讯。

**谨案**　此条乾隆五年(1740)删定。

一、凡牢狱禁系囚徒，年七十以上、十五以下、废疾散收，轻重不许混杂。枷杻常须洗涤，席荐常须铺置。冬设暖床，夏备凉浆。无家属者，日给仓米一升，冬给絮衣一件，夜给灯油，病给医药，并令于本处有司在官钱粮内支放，狱官预期申明关给，毋致缺误。有官者犯私罪，除死罪外，徒、流锁收，杖以下散禁；公罪，自流以下皆散收。

**谨案**　此条系原例。雍正三年(1725)，改“枷杻”为“锁杻”。

一、凡牢狱禁系囚徒，年七十以上、十五以下、废疾散收，轻重不许混杂。锁杻常须洗涤，席荐常须铺置。冬设暖床，夏备凉浆。凡在禁囚犯，日给仓米一升，冬给絮衣一件,病给医药。看犯支更禁卒,夜给灯油。并令于本处有司在官钱粮内支放,狱官预期申明关给,毋致缺误。有官者犯私罪,除死罪外,徒、流锁收,杖以下散禁;公罪,自流以下皆散收。

**谨案** 乾隆五年(1740),将"无家属者"四字删去。四十四年(1779),遵旨裁去狱囚灯油,给予支更禁卒,改定此条。

〇一、各省解送到部免死减等发遣,现议军、流,应行充发人犯,如遇隆冬停遣,照重犯例给予衣帽,动支赃罚库银,俟年底奏销。

**谨案** 此条雍正三年(1725)定。

一、凡解部及递解外省各项犯人,有司官照支给囚粮之例,按程给予口粮。如遇隆冬停遣,照重囚例,每名给予衣帽。倘有官侵吏蚀,照冒销钱粮律治罪。

**谨案** 此条乾隆五年(1740)增定。

〇一、内外刑狱医治罪囚,各选用医生二名,每遇年底,稽考优劣。如医治痊愈者多,照例俟六年已满,在内咨授吏目,在外咨授典科、训科。不能医治,病死者多,即责革更换。

**谨案** 此条雍正三年(1725)定。

〇一、在监人犯,许令祖父母、父母、伯叔、兄弟、妻妾、子孙,一月两次入视,使役之人,不越两名。若有送饮食者,提牢官验明,禁子转送。

**谨案** 此条雍正三年(1725)定。

一、在监人犯,许令祖父母、父母、伯叔、兄弟、妻妾、子孙,一月两次入视,使役之人,不越两名。若有送饮食者,提牢官验明,禁子转送。其盗犯妻子家口,不许放入监门探视。违者,妻子家口枷号两月、责四十板,不准收赎;提牢、司狱官吏参处。

**谨案** 乾隆五年(1740),将雍正七年(1729)所定盗犯妻子不许入监之例,并定此条。嘉庆六年(1801),将"不准收赎"四字,改为"妇女照例收赎"。

一、刑部在监现审人犯,除未结各案,及监禁待质官常各犯,均不准亲属探视外,其已结各案,许令犯人祖父母、父母、伯叔、兄弟、妻妾、子孙,一月两次入视,其随从入视之使役人等,不越两名。提牢、司狱各官定立号簿,将某日某案某犯某亲属入监探视,逐一详讯登记。每日满汉提牢司员,轮流一人在外厅值宿;司狱二员,在南北两监内厅值宿,严行查察。如有捏称犯属,入监教供舞弊情事,一经察觉,严拿本犯究办。将未能查出之提牢、司狱各官,分别议处;自行查出免议。若有送饮食者,提牢官验明,禁子转送。至各直省司、府、州、县监狱,责成司狱吏目、典史专管。于未经结案,并待质监犯,严禁不许亲属探视。其已结各案犯属入监探视,亦逐一登记号簿,一体详密稽查。如有奸徒捏名入监舞弊,即据实分别拿究、参处。其盗犯妻子家口,均不许放入监门探视。违者,妻子家口枷号两月、责四十板,妇女照例收赎;提牢、司狱等官吏参处。

**谨案** 此条嘉庆二十二年(1817)遵旨增定。

○一、刑部赴仓支领囚粮,每石给脚价银五分。倘狱卒人等私行扣克,照律严加治罪。狱官通同作弊,一体治罪。其失察之提牢官,交部议处。

○一、刑部南北两监板棚,不许禁卒人等私相租赁。如有受贿顶租等弊,将狱卒人等从重治罪。

**谨案** 以上二条,均系雍正十一年(1733)定例。

○一、五城司坊羁禁人犯,及刑部等衙门发交各司坊枷号及看守牵连待质等犯,果系赤贫并无家属送饭者,每人每日给老米一升,按季造报户部核销。

**谨案** 此条乾隆六年(1741)定。

○一、斩、绞重犯,及军、流、遣犯,在监及解审、发配,俱着赭衣。

**谨案** 此条乾隆二十五年(1760)定。

○一、内外问刑衙门收禁人犯,如有禁卒人等私行传递,或代买鸦片烟与犯人吸食者,发极边烟瘴充军。其奉官解递、看守之犯,解役、看役人等有犯前项情弊,发近边充军。赃重者,计赃以枉法从重论。失察之该管各官,交部议处。

**谨案** 此条道光十九年(1839)定。

**历年事例**

○康熙十三年(1674)复准:凡内外监禁人犯,除有亲戚家人送饭者,不给口粮外,如无亲戚家人者,每囚月给米三斗,在内户部支取,在外直省各该抚,于年底开明事案、罪囚名数与给过口粮数目,造册报部销算。

○二十六年(1687)钦奉恩诏:"凡解部及递解外省各项犯人,沿途口食不敷,困于饥饿者可悯。应令有司按程给予口粮,毋致饥毙。"

○雍正三年(1725)议准:凡拟死罪监候人犯之亲属,许于每月初二、十六入监探视。嗣后须逐一查明伊父母、妻子、嫡亲弟兄姓名、年貌,登记号簿,交付狱官,遇放家口日期,严行查对放入。至未结案之犯,亲属人等,一概不许入监。如不应放入之人,蒙混放入者,将管狱官及该管禁卒,俱从重治罪。其顶冒混入之犯,照擅入衙门例,在刑部衙门前枷号示众。

○又议准:北监、南所两处囚犯,每日散饭两次,提牢官务必身领狱官阅视。若止委之司狱,不亲至监所,堂官查出,即以怠玩题参。

○十一年(1733)谕:"凡系狱囚犯,俱给口粮,久有定例。止因各省旧日额设之项,有无多寡不同,遂致奉行不一。即间有州县官自行捐助者,亦不可以为常。着通行各省督抚、藩臬悉心详查,若该府县额设之项,岁有余粮,则当分给于不足之府县;若本地原无额设之项,或额数不敷,则应公同酌量,动支存公银两,核实散给。令各处监禁之犯,日食有资,不致饥馁。倘有刑书、禁卒扣克等情,一经发觉,该管官员一并议处。"

○乾隆三年(1738)议准:监禁盗犯,不许家属探视,故官给口粮,著为定例。至于斩、绞重辟,军、流小窃,未经审结,有家属者则否。但其中实有赤贫无力送饭者,亦一体给予钱米。

○五年(1740)议准:递解人犯,程途既有远近,则口粮亦难归一款。军、流最远者曰极边、曰烟瘴,俱发四千里;其次曰边远,发三千里;近者曰边卫,发二千五百里;最近者曰附近,发二千里;流犯最远者发三千里,其次发二千五百里,最近者发二千里。至于徒犯不出本省,亦有五百里之遥。以上三项,或由刑部题结,咨送兵部及顺天府定地发遣,或由各该督抚题结,咨部发遣。若令糊口无资,必致中途饿毙。且刑部俱有案卷,自当如刑部原议,动支存公银两,给予口粮,年底造册报部。仍将并无虚冒捏饰,及程途远近实属相符之处,饬令该州县出具印结,由该督抚保题至部,查对原案,移咨户部核销。其或有命案内人犯远扬外省,后经缉获,移解犯事之地方收审,其程途亦有数百里及千余里不等。重案人犯,关系紧要,远路跋涉,必需口粮,亦应一体支给。仍令缉获起解之地方督抚,先期咨报刑部存案,年底汇题核销。至若督抚、司、道及府、州、县等衙门自理案件,或关提质讯,或递回安插,计程原不甚远,所需口粮无多,且丛杂烦琐,即各该上司亦无从稽核,如果有贫难之人,各该地方官自当照例酌量办理,不必著为定例,转滋胥吏侵渔之弊。至秋审人犯羁禁在狱,原有囚粮,至解省候审及审毕发回,所有沿途口粮,理应归入囚粮案内支给报销,亦不必另动存公银两。

○八年(1743)谕:"今岁夏至以后,天气炎热,甚于往年。省刑之典,允宜举行。着刑部堂官,将在京徒、杖以下轻罪,查明情节,或应释放,或应减等,即速分别请旨完结。其重罪人犯,虽法无可减,际此炎天,身系囹圄,实堪怜悯。着该部添盖席棚,给予冰汤药饵,毋致病渴。该部即遵谕行。"

○二十五年(1760)议准:羁禁解审斩绞重犯,例着赭衣。至军、流各犯,往往不尽衣红,难免疏脱。嗣后凡囚衣,于监禁、解审、发配时,上下表里,无论棉单,悉以红布制造。又秋审人犯,向例会勘后,即于省城剃发,惟山东系发回始剃。嗣后各直省,俱于会勘发回后再予剃发。

○四十四年(1779)谕:"向来刑部及各省监狱囚犯,有夜给灯油之例,甚属无谓。此等身系囹圄者,俱系犯法之人,罪由自取。如重囚给以衣食,其爰书已定,必须明正典刑,不应复令冻馁致毙,已属国家法外之仁。至灯油一项,并非衣食可比。罪囚在狱,夜间本无需灯火。且小民常时,入夕寝息,不留灯者居多。岂有犯罪禁狱,转彻夜予以火照,虽矜恤亦不宜及此。并恐奸徒因有灯火,或致放火以图越狱,尤非慎重监狱之道。至狱官、禁卒,稽查监口,原可各自携灯照看,并无借狱囚之有灯也。着传谕刑部堂官,查明此项灯油,因何给予,必系多年相沿陋例。如禁卒坐更看守,自应酌给灯油,至狱囚断不宜予以灯火。着即行妥议具奏,行知各省一体遵照。钦此。"查例载"凡在禁囚犯,日给食米一升,冬给絮衣一件,夜给灯油"等语,溯自雍正三年(1725)纂修黄册,于此条下,即注有"原条例"字样,是此条已属相沿旧例。随查刑部监狱司给灯油银六两,在秋审项下奏销。其银系南北两监分支,两监禁犯房屋共有十一处,每一处系通连房屋五间,屋内东西正中三墙,上悬设油灯三盏,禁卒四名,即在屋内坐更看守,每晚囚犯与禁卒,一并封锁在内,一应械禁众囚,得资防范,旧例相沿已久。盖因狱囚有应给之灯油,禁卒同在一室,通融燃照,是以守犯之禁役,即借狱囚之灯油,以为照察,并无另给之项。原例称禁囚夜给灯油,转置禁卒之燃照看守于不论,本未妥协,自宜裁此给彼,以符体制。应请于例内"夜给灯油"之上,添载"看犯支更禁卒"六字,通行直省督抚等,转饬有狱衙门一体遵照。应更正者更正,应裁汰者裁汰,酌定章程,咨部汇核,以归划一。

### 功臣应禁亲人入视

凡功臣,及五品以上文武官,犯罪应禁者,许令服属亲人入视。犯徒、流应发配者,并听亲人随行。若在禁及徒、流已至配所,或中途病死者,在京原问官、在外随处官司,开具在禁、在配、在途致死缘由,差人引领其人视、随行之亲人诣阙,奏请发放。违者,杖六十。

**谨案** 原文"面奏发放",雍正三年(1725)改。

### 死囚令人自杀

凡死罪囚已招服罪,而囚畏惧刑戮使令亲戚故旧自杀,或令亲故雇倩他人杀之者,亲故及雇倩下手之人,各依亲属、凡人斗殴本杀罪减二等。若囚虽已招服罪,不曾令亲故自杀,及虽曾令亲故自杀,而未招服罪其亲故辄自杀讫,或雇倩人杀之者,不令自杀,已有幸生之心;未招服罪,或无可杀之罪。亲故及下手之人,各以亲属、凡人斗杀伤论。不减等。若死囚虽已招服罪,而囚之子孙为祖父母、父母,及奴婢、雇工人为家长听令自下手,或令雇倩他人杀之者,皆斩。监候。雇倩之人,仍依本杀罪减二等。

### 老幼不拷讯

凡应八议之人,礼所当优。及年七十以上,老所当恤。十五以下,幼所当慈。若废疾疾所当矜。者,如有犯罪,官司并不合用刑拷讯,皆据众证定罪。违者,以故、失入人罪论。故入抵全罪,失入减三等。其于律得相容隐之人,以其情亲,有所讳。及年八十以上、十岁以下,若笃疾,以其免罪,有所恃。皆不得令其为证。违者,笞五十。皆以吏为首,递减科罪。

# 卷八百四十二·刑部一百二十

## 刑律·断狱　鞫狱停囚待对　依告状鞫狱　原告人事毕不放回　狱囚诬指平人

### 鞫狱停囚待对

凡鞫狱官推问（当处）罪囚，有（同）起内（犯罪）人伴现在他处官司，（当处）停囚专待（其人）对（问）者，（虽彼此）职分不相统摄，皆听直行（文书）勾取。（他处官司于）文书到后，限三日内（即待将所勾问人犯）发遣。违限不发者，一日笞二十，每一日加一等，罪止杖六十。（当处鞫狱者，无以其不发而中止，）仍行移（他处）本管上司，问（违限之）罪督（令将所取犯人解）发。若起内应合对问同伴罪囚，已在他处州县事发见问者，（是彼此俱属应鞫。）听轻囚（移）就重囚，（若囚罪相等者，听）少囚从多囚。若囚数相等者，以后发之囚，从先发官司并问。若两县相去三百里之外者，（往返移就，恐致疏虞。）各从事发处归断。（移文知会。）如违（轻不就重、少不从多、后不送先、远不各断）者，笞五十。若违法（反）将重囚移就轻囚、多囚移就少囚者，当处官司，随即收问。（不得互相推避。）仍申达（彼处）所管上司，究问所属违法移囚（笞五十）之罪。若（当处官司）囚到不受者，一日笞二十，每一日加一等，罪止杖六十。

#### 附律条例

〇一、问刑衙门行文军卫、有司提人，迁延三月以上不到，经该官吏住俸，候事完之日，方许关支；半年不到，经该官吏，参奏提问。

〇一、在京在外问刑，例应委官勘问。及行军卫、有司会勘者，如财产等项，限一月；勘检人命，限两月。驳勘者，亦限一月。如违，及托故推诿不即赴勘者，参奏提问，仍另行委官作急勘报。

**谨案**　以上二条，均系原例。雍正三年(1725)删。

〇一、凡校尉等有犯应提拿者，移咨銮仪卫提拿，不得差拘。

**谨案**　此条雍正三年(1725)定。

〇一、凡钦部等事件，直省督抚俱以文到日为始，限四个月具题。总督辖两省者，隔省事件，限六个月具题。两广总督、广东巡抚所属琼州，亦照隔省例限六个月；福建台湾府限十个月。其湖广衡州等府所属，有苗民二十六州县，及乾州、平溪等卫，距省窎远，凡命、盗案件，俱于定限外，各展限两个月。

〇一、督抚新任，及署理印务，如钦部等事件，原限内难于完结，准分别展限。原限四个月展两月，原限六个月展三月。遇公事出境，一切事件，准题请展限。若监临科场，准按日扣限；隔省提人，准到日扣限。

**谨案** 以上二条，均系雍正五年(1727)奏定，原载“吏律・官文书稽程”律后。乾隆五年(1740)移附此。又有“在京衙门承审事件”一条，亦自“吏律・官文书稽程”律后移此。道光十年(1830)，改并入本门“刑部现审事件”条内，见后。

〇一、刑部行文八旗、内务府、五城、顺天府提人，限文到三日内，即行查送过部。或人犯有他故不到，即将情由报明。如违，将该管官参处。倘人犯已至，而胥役勒索，不行放入，经司务厅查出，照例严加治罪。如徇隐不究，察出，或被首告，将该司务一并参处。

**谨案** 此条雍正五年(1727)定。

〇一、邻境关提人犯，照各省关查口供之例，展限两个月。倘逾限不发，照例参处。

**谨案** 此条雍正五年(1727)定。乾隆五年(1740)，增入“展限两个月”句。

〇一、凡在京衙门承审事件，限一个月完结。刑部现审事件，杖、笞等罪，限十日完结；遣、军、流、徒等罪，应入汇题者，限二十日完结；命、盗等案，应会三法司者，限一个月完结。其斗殴杀伤之犯，到案后以伤经平复，及因伤身死之日为始；内外移咨行查，及提质，并案犯患病，以查复及提到并病愈之日为始；接审者，以接审之日为始。仍将应行扣限，及三法司会审日期，并于科道衙门注销内声明。倘该司员任意因循，或三法司不即会审，以致逾限，书役得以乘机作弊者，将书役严加治罪；承审司员，及会审迟延之堂司官，交部分别议处。若内外移咨行查，催文至三次无回文者题参；行文八旗、内务府、五城、顺天府提人，于文到三日内无故不行送部者，亦照例参处。

**谨案** 在京衙门承审事件条例，雍正五年(1727)定，原在“吏律・官文书稽程”律后。乾隆五年(1740)，移入本门“钦部事件”条前。道光十年(1830)，始并“刑部承审事件”为一条，增行文八旗、内务府、五城、顺天府提人限期。

〇一、凡参审之案，督抚于具题后，即行提人犯、要证赴省。其无关紧要之证佐，及被害人等，止令州县录供保候。俟奉旨到日，率同在省司、道审理。其有应行委员查办之处，亦即就近酌委。以奉旨文到之日扣限起，旧限四个月者，限两个月具题；总督隔省旧限六个月者，限四个月具题。如果案情繁重，实有不能依限完结者，督抚据实先期奏明，请旨展限。如在旧限四个月、六个月内完结者，宽其议处；若逾旧限不结，照例查参议处。

**谨案** 此条系乾隆十八年(1753)遵旨定例。

〇一、盗犯已获，止须关取隔省人证等口供定案，无犯可审者，均照钦部事件例，州县分限两个月,府、司、督抚共限两个月,统扣四个月完结,不得照承审盗案全限例扣展。遇有迟延,照例参处。

**谨案** 此条乾隆二十五年(1760)定。

○一、各省军、流等犯,臬司审解之日,将人犯暂停发回,听候督抚查核。如有应行复讯者,即行提讯。其或情罪本轻,供证明确,毫无疑窦者,亦不必概行解送,致滋稽延拖累。

**谨案** 此条乾隆二十六年(1761)定。

○一、刑部发城取保犯证,如系五城送部之案,其案犯住址,即在原城所管地方,仍发交原城司坊官取保。其余各衙门移送案内应行取保人证,俱按其居址坐落何城,发交该城司坊官就近取保。其由外省州县提到人证,即令本人自举亲识寓居所在,交城就近发保,仍将保人姓名报部查核。其并无亲识者,酌量交城看守。

**谨案** 此条乾隆四十一年(1776)定。

**历年事例**

○康熙二十二年(1683)议准:凡控告案内人犯,有咨八旗并总管内务府行提者,即日查送过部。越二日不行查送者,将该管官议处。若行提屯内居住人等,每日定限五十里,照限送部。违限者,将差去之人鞭五十。其行直隶府州县提人者,亦每日定限五十里,文到五日内起解。若不照限申解,将该管官题参议处。或别有事故,限内不能起解者,据实报部。若刑部司官将应结事件,借名行查、提人推诿迟延者,指名题参,从重议处。

○五十五年(1716)谕:"此后部院行查到旗提人之事,如有迟误,令伊等将迟误之故举奏。如不自行举奏,部院即行奏闻。再缘事之人,或有疾病,或待伤愈,着部院派官往取口供,即便完结。"

○雍正十年(1732)谕:"凡监候待质人犯,除强盗案件,不应宽释外,如人命等案内,有正凶未获,将牵连余犯监候待质,已过三年者,着取具的保释放在外,俟缉获正凶之日,再行质审。倘暂行释放之际,有私自逃匿者,除保人重惩外,定将本犯严拿从重治罪。着直省一体遵行。"

○乾隆七年(1742)议准:除续获盗首未认,无凭质证,罪关斩决,仍应监候待质外,其有续获盗犯,审与原招相符,并非盗首,又未伤人,止因年久赃物花费,现在监候待质,此等人犯,供认既经确实,而监禁实无可待,其已入秋审者,不拘年限,令九卿、詹事、科道等会审时核明,即照未伤人伙盗例,拟以遣罪,另订招册进呈。俟命下之日,行令地方官查明有无妻室,分别发遣。如获犯并无赃证,屡审坚不承认,是其为盗为良,尚属未定,并于秋审时,九卿、詹事、科道等核其情节,酌量拟以保释,亦另订招册进呈。俟命下之日,令地方官取具的保释放在外。俟缉获正犯之日,再行质审。如有保后脱逃等弊,除保人重惩外,将该犯从重治罪。

○十七年(1752)谕:“朕命刑部查奏命、盗等案内赃证、情节未明,监候待质者,共五十四案。内康熙年间一案,雍正年间十一案,而自乾隆元年(1736)至十七年,统计已未入秋审者,积至四十五案。虽年远之案,渐消渐少,近者则积而见多。然使于办理之初,即能详慎研究,务在得情,则监候之案,不至如此。即此可见近来办事诸臣,不如从前之实心振作矣。此非使无辜之人,枉系囹圄,即使应辟重犯,久稽显戮。而犴狴之中,淹禁多人,亦非所宜。皆因承审官不能实力查办。又或刑部司员以有遵驳改正议叙之例,多寻罅隙,外省无以登答,转成疑案,一经题明监候待质,即束之高阁。而接任之员,又以非本任之事,率多因循。殊非明慎用刑而不留狱之意。着刑部将此等陈案,速行清理。嗣后内外问刑衙门,于一切命、盗重案,各宜留心迅速查办。应缉拿者,上紧缉拿,应定拟者,即行定拟,毋至尘案日积。若本非难结之案,承审官不能审出实情,惟以监候待质,为迁延时日之计,且借得邀免处分,希冀录叙,该堂官、督抚察出,即严行参处。此亦清理庶狱之一法,可通行晓谕知之。”

○十八年(1753)谕:“督抚参劾属员发审之后,往往迟久不行题结。朕屡降旨明切晓谕,并交部严立限期。凡以励治体,消尘牍,俾官不留狱,而虚实速明也。审案迟久不结之弊,或于其人不无偏护,特以劣迹昭著,无能代为掩饰,不得已挂之弹章。虽款证确凿,而旷日经时,冀可巧为开脱。又或素所憎恶之员,及误听人言,既已列款纠参,而证据不实,不能成谳。则故使之羁候囹圄,不肯遽伸其枉。此辗转迁延,由于不能秉公实心查办故也。今查各省督抚参案,自十四年(1749)至本年,未结者几及百余案,直隶、闽、浙、四川等省为多。如准泰在东省题参案件,或因伊获谴去官,后任及承审属员,未免有心玩延。若方观承、喀尔吉善、策楞皆现任地方,自应督率所属,速行查审,何至积案累累,逾限许久。着伊等三人,各自将逐案不能审结缘由,速行明白回奏。”

○又谕:“河南巡抚蒋炳复奏《参案限期》一折,称‘嗣后参案请提到省,酌量案情轻重,或委首邑审招,或委附近贤员赴省承审。设有情节未明,俱可就近指驳声复。两月之内,可以速结’等语。督抚参劾属员,发审之后,往往迟久不结。朕屡经降旨明切晓谕,并令该部改立限期。今据蒋炳所奏河南审案,已于两月内题结,可见现定之限,并非太迫。其所称赴省承审、就近指驳之处,亦属合宜。可传谕各省督抚,俱照此办理,毋得仍前因循怠玩,以致审案逾限不能归结。”

○道光十年(1830)奉旨:“向来刑部承审案件,本有定限完结。惟案内有提犯未到,或行查未复,及患病之犯,应行扣限,各衙门与刑部原定之例,尚未划一。至斗殴之案,必以辜限、伤痕,定罪名轻重。其疑难重案,遴员接审,应照例扣限,以专责成。若罪止杖、笞及无罪可科之人,分别交各旗及司坊官等带讯,亦应定立传限。原例均未赅备。着照刑部所拟,嗣后在京衙门承审事件,限一个月完结。刑部现审事件,杖责等罪,限十日完结;发遣、军、流等罪,应入汇题者,限二十日完结;命、盗等案,应会三法司者,限一个月完结。其斗殴杀伤之犯,到案后以伤经平复,及因伤身死之日为始;行查,及提质,并案犯患病,以查复及提到并病愈之日为始;接审者,以接审之日为始。仍将应行扣限,及三法司会审日期,并于科道衙门注销内声明。倘司员因循,或法司不即会审,以致逾限,如系书役作弊者,将书役严加治罪;承审司员,及会审迟延之堂司官,一并交部分别议处。内外移咨行查,如催文三次无回文者,照例题参。行文八旗、内务府、五城、顺天府提人,于文到三日内无故不行送部者,亦照例参处。至宗人府会审之案,例无明文,每于传审时不即到案,以致结案迟延。着宗人府定立限期,分别办理。并着各该衙门纂入则例,永远遵行。"

○光绪七年(1881)谕:"刑部奏《各省命盗案件办理迟逾,请旨办理》一折。各省办理命、盗案件,本有定限,其承审迟延者分别议处,定例綦严。近来各州县借端延宕,任意耽误,甚至捏词扣展,延搁数年,积压蒙混,弊端百出,殊非慎重刑章之道,自应汇总稽察,以期周密。着各省督抚等自此次奉旨之日起,先将现在各州县详报未结命盗案件,造册咨部。嗣后命盗例应题咨之件,由督抚造册按月报部一次,毋得视为具文。如有迟逾等弊,该部立即严参,以儆玩泄。"

## 依告状鞫狱

○凡鞫狱,须依原告人所告本状推问。若于本状外别求他事,摭拾被告人罪者,以故入人罪论。或以全罪科,或以增轻作重科。同僚不署文案者不坐。若因其所告本状事情,或法应掩捕、搜检,因掩捕而检得被犯别罪,事合推理者,非状外摭拾者比。不在此故入同论之限。

### 附律条例

○一、凡鞫狱,止将状内有名人犯审拟。如光棍案件,伙党人多,仍行严拿究审。无干牵连者,即行释放。

**谨案** 此条雍正五年(1727)定。

### 历年事例

○康熙三十三年(1694)议准:嗣后五城、大宛二县民人自尽命案,原、被审得实情,又借端株累两邻者,照定例治罪。有诈取财物者,从重治罪。

## 原告人事毕不放回

凡告词讼,对问得实,被告已招服罪,原告人别无待对事理,鞫狱官司当随即放回。若无待对事故稽留三日不放者,笞二十,每三日加一等,罪止笞四十。

### 附律条例

○一、督抚应题案件,有牵连人犯情罪稍轻者,准取的保,俟具题发落。其重案内有挟仇扳害者，承问官申解督抚详审。果系诬枉，即行释放，不得令候结案。若承问官审系无辜牵连者，不必解审，即行释放，止录原供申报。

**谨案** 此条雍正三年(1725)定。

○一、凡内外题奏案件内，有拟以杖、笞人犯，审结之日，即先行责释，仍于题奏之日声明。

**谨案** 此条系雍正三年(1725)遵旨定例。

### 历年事例

○康熙四年(1665)复准：直隶总督审理事件，除情罪重大要犯监禁外，如案内牵连人犯，有情罪稍轻者，取保候题发落。其有挟仇扳害，或无辜牵连，审明之日，不俟本犯之罪结案，即行释放。

○三十六年(1697)议准：凡重犯案内干连人犯，州县官确审，果系无辜牵连者，止录原供审详上司结案，牵连之人，不必起解，即行释放。

○雍正三年(1725)谕："刑部题奏案件，所拟笞、杖人犯，多禁一日，则多受一日之苦。嗣后凡此等人犯，刑部即先行责释，于题奏之日声明。"

## 狱囚诬指平人

凡囚在禁诬指平人者，以诬告人加三等论。其本犯罪重于加诬之罪者，从原重者论。若本囚无诬指平人之意，官吏鞫问狱囚，非法拷讯，故行教令诬指平人者，以故入人全罪论。若官司追征遭欠钱粮，逼令欠户诬指平人代纳者，计所枉征财物坐赃论，罪止杖一百、徒三年，以赃不入已也。其物给代纳本主。其被囚诬指之平人，无故稽留三日不放回者，笞二十，每三日加一等，罪止杖六十。若官司鞫囚而证佐之人有所偏徇不言实情，故行诬证，及化外人有罪，通事传译番语有所偏私不以实对，致断罪有出入者，证佐人减罪人罪二等，谓证佐不说实情，出脱犯人全罪者，减犯人全罪二等；若增减其罪者，亦减犯人所得增减之罪二等之类。通事与同罪。谓化外人本有罪，通事扶同传说出脱全罪者，通事与犯人同得全罪。若将化外人罪名，增减传说者，以所增减之罪坐通事。谓如化外人本招承杖六十，通事传译增作杖一百，即坐通事杖四十；又如化外人本招承杖一百，通事传译减作笞五十，即坐通事笞五十之类。

### 历年事例

○雍正七年(1729)议准：例内向无窃盗诬良治罪之条，故凶恶之徒，肆行扳害。嗣后窃盗有将良民诈陷，或指称窝赃，妄行扳害者，应加等比依三犯窃盗，分别赃数多寡治罪。如地方官故行徇纵，照失察诬良例，诬扳致死者，革职；未经致死者，降四级调用。再强盗扳害良民，较之窃盗诬扳，被害尤甚。嗣后除首盗杀人，及伤人伙盗，并行劫三次者，俱例应正法，毋庸加等外，其未伤人之伙盗，有诬扳良民者，加等照伙盗伤人例，拟斩立决。

○乾隆五年(1740)谕:“从来安民之要,莫先弭盗。而诬扳之弊,使盗贼逞其奸,良善受其害,尤不可不严为防也。盖贼盗中狡黠者多,平日之窝伙,不肯实供,每诬扳素封之家及向有嫌隙之人,以图陷害。而捕役从中播弄,借此索诈,弊端百出。纵有司审出诬扳实情,准予省释,而被拘审者已不胜扰累矣。朕思各省臬司为刑名总汇,审理盗案,是其专责。当檄行所属,凡盗贼供扳窝伙,必先详加讯问,得有确据,方可拘拿。随到随审,如系诬扳,立即省释。并将诬良之盗,先行重惩,以免再有妄扳。至于是盗是良,虽本人口供难以尽信,而其人平日行止如何,邻里断无不知之理。虚心传讯,自无遁情。倘有应搜贼赃,务令委员往查,不得专任捕役,以启借端抄掠之弊。各省督抚转饬臬司奉行,以副朕息盗安民之至意。”

○十七年(1752)谕:“云南巡抚爱必达奏‘江西省传抄伪稿案内,余有道供称丁得升带稿到店,看过仍系丁得升带去。又据丁得升胞弟丁廷选供称丁得升赴云南省城贸易,密咨查拿。而丁得升坚供并无伪稿,现在咨解江西质审完结’等语。爱必达乃据江西来咨办理,余有道、丁得升均属一面之辞,非面质无由得实。但此案余有道乃原供之犯,而丁得升虚实尚在未定。应将余有道解往云南,不应将丁得升解回江西。盖隔省咨提,道途遥远,如原供或系挟仇诬捏,即据供咨提,则被扳者无论虚实,先受长途押解之苦,而原供之犯,转得安坐羁所,迁延数月。此狡犯妄供,株连被累,流弊之所由滋也。嗣后如有此等供扳他往人犯,一面密咨拘查候质。俟本案情节逐一审明,即将原供之犯,解往彼处质对。则狡供者自知远解之可畏,不敢肆其仇扳拖累之奸谋。”

# 卷八百四十三·刑部一百二十一

## 刑律·断狱 官司出入人罪 辩明冤枉

### 官司出入人罪

凡官司故出入人罪,全出全入者,徒不折杖,流不折徒,以全罪论。谓官吏因受人财,及法外用刑,而故加以罪、故出脱之者,并坐官吏以全罪。若于罪不致全入,但增轻作重,于罪不致全出,但减重作轻,以所增减论,至死者坐以死罪。若增轻作重,入至徒罪者,每徒一等,折杖二十;入至流罪者,每流一等,折徒半年;入至死罪已决者,坐以死罪。若减重作轻者,罪亦如之。若断罪失于入者,各减三等;失于出者,各减五等。并以吏典为首,首领官减吏典一等,佐贰官减首领官一等,长官减佐贰官一等科罪。坐以所减三等、五等。若囚未决放,及放而还获,若囚自死,故出入、失出入,各听减一等。其减一等,与上减三等、五等,并先减而后算,算其剩罪以坐。不然,则其失增失减剩杖剩徒之罪,反有重于全出全入者矣。凡故增笞从徒者,如犯笞一十,故增作杖八十、徒二年,徒三等折杖六十,原包杖一百,通折杖一百六十,除犯该笞一十,合坐官吏剩杖一百五十。未决者减一等,杖七十、徒一年半,折杖一百四十,除犯该笞一十,合坐剩杖一百三十。其剩罪俱全抵,不在收赎之限。故增杖从徒者,如犯杖八十,故增作杖六十、徒一年,通折杖一百二十,除犯该杖八十,合坐官吏剩笞四十。未决者减一等,杖一百,除犯该杖八十,合坐剩笞二十。故增杖从流者,如犯杖八十,故增作杖一百、流二千五百里,流二等,折徒一年,三流原包五徒,折杖二百、徒一年,除犯该杖八十,合坐官吏剩杖一百二十、徒一年。未决者减一等,杖一百、徒三年,通折杖二百,除犯该杖八十,合坐剩杖一百二十。故增轻徒从重徒者,如犯杖六十、徒一年,故增作杖九十、徒二年半,徒四等,折杖八十,除犯该徒一年折杖二十,合坐官吏剩杖六十。以徒从徒,不必包杖一百算也,虽包算其罪亦同。未决者减一等,杖八十、徒二年,折杖六十,除犯该折杖二十,合坐剩笞四十。故增徒从流者,如犯杖七十、徒一年半,通折杖一百四十,故增作流二千里,折徒半年,三流原包五徒,折杖二百、徒半年,除犯该杖一百四十,合坐官吏剩杖六十、徒半年。未决者减一等,杖一百、徒三年,折杖二百,除犯该杖一百四十,合坐剩杖六十。故增近流从远流者,如犯杖一百、流二千里,折徒半年,故增作流三千里,折徒一年半,除犯该徒半年,合坐官吏剩徒一年。以流从流,不必包五徒折杖二百算。未决者,减尽无科。减远流从近流者仿此。故增笞、杖、徒、流至死者,死罪本无折法,已决者反坐以死。若未决及囚自死者,并听减等。流三千里,原包五徒,折杖二百、徒一年半,各随其本应得之罪除之,坐以剩罪。故减徒从笞者,如犯杖六十、徒一年,折杖一百二十,故减作笞五十,除已得笞五十,合坐官吏剩杖七十。未放者减一等,杖一百,除已得笞五十。合坐剩笞五十。故减徒从杖者,如犯杖九十、徒二年半,折杖一百八十,故减作杖一百,除已得杖一百,合坐官吏剩杖八十。未放者减一等,杖八十、徒二年,折杖一百六十,除已得杖一百,合坐剩杖六十。故减重徒从轻徒者,如犯杖一百、徒三年,折杖二百,故减作杖七十、徒一年半,折杖一百四十,除已得杖一百四十,合坐官吏剩杖六十。未放者减一等,杖九十、徒二年半,折杖一百八十,除已得杖一百四十,合坐剩笞四十。故减流从笞者,如犯杖一百、流二千里,折徒半年,故减作笞四十,三流原包五徒,折杖二百、徒半年,除已得笞四十,合坐官吏剩杖一百六十、徒半年。未放者减一等,杖一百、徒三年,折杖二百,除已得笞四十,合坐剩杖一百六十。减流从杖仿此。故减流从徒者,如犯杖一百、流三千里,折徒一年半,故减作杖八十、徒二年,折杖一百六十,三流原包五徒,折杖二百、徒一年半,除已得杖一百六十,合坐官吏剩笞四十、徒一年半。未放者减一等,杖一百、徒三年,折杖二百,除已得杖一百六十,合坐剩笞四十。故减死罪从笞、杖、徒、流者,如死囚已放者,反坐以死。若未放,及放而还获,若囚自死者,并听先减去一等,依律折除。失增笞从杖者,如犯笞三十,失增作杖一百,失入减三等该杖七十,除犯该笞三十,吏典为首,合坐剩笞四十。未决者又减一等,合坐吏典首罪笞三十。失增笞从徒者,如犯笞一十,失增作杖一百、徒三年,失入减三等,杖七十、徒一年半,折杖一百四十,除犯该笞一十,吏典为首,合坐剩杖一百三十。未决者又减一等,杖六十、徒一年,折杖一百二十,除犯该笞一十,合坐典吏首罪杖一百一十。增杖从徒仿此。失增杖从流者，如犯杖一百，失增作杖一百、流三千里，失入减三等，杖八十、徒二年，折杖一百六十，除犯该杖一百，吏典为首，合坐剩杖六十。未决者又减一等，杖七十、徒一年半，折杖一百四十，除犯该杖一百，合坐吏典首罪笞四十。失增轻徒从重徒者，如犯杖六十、徒一年，折杖二十，失增作杖一百、徒三年，失入减三等，杖七十、徒一年半，徒二等折杖四十，除犯该杖二十，吏典为首，合坐剩笞二十；首领官减一等，笞一十；佐贰官减尽无科。未决者又减一等，杖六十、徒一年，则与本该罪名同矣，虽吏典亦减尽无科。以徒从徒，及以徒从流，俱不包杖一百之数。失增徒从流者，如犯杖六十、徒一年，折杖二十，失增作杖一百、流三千里，失入减三等，杖八十、徒二年，折杖六十，除犯该杖二十，吏典为首，合坐剩笞四十。未决者又减一等，杖七十、徒一年半，折杖四十，除犯该杖二十，合坐吏典首罪笞二十。失增笞、杖、徒、流入死者，如死囚已决者，亦减三等。若未决，及囚自死，又减一等。吏典为首，其减至徒罪，亦折杖除之。失减杖从笞者，如犯杖一百，失减作笞三十，失出减五等，笞五十，除已得笞三十，吏典为首，合坐剩笞二十。未放者又减一等，笞四十，除已得笞三十，合坐吏典首罪笞一十。失减徒从笞者，如犯杖七十、徒一年半，失减作笞二十，失出减五等，杖七十，除已得笞二十，吏典为首，合坐剩笞五十。未放者又减一等，杖六十，除已得笞二十，合坐吏典首罪笞四十。减徒从杖仿此。失减流从笞者，如犯杖一百、流三千里，失减作笞一十，失出减五等，杖六十、徒一年，折杖一百二十，除已得笞一十，吏典为首，合坐剩杖一百一十。未放者又减一等，杖一百，除已得笞一十，合坐吏典首罪杖九十。失减流从徒者，如犯杖一百、流三千里，失减作杖六十、徒一年，失出减五等，杖六十、徒一年，吏典为首，减尽无科。失减死罪从流、徒、杖、笞者。如死囚已放者，亦减五等；若未放，及放而还获，或囚自死者，又减一等。其徒亦折杖除之。

**谨案** 乾隆五年（1740），增注“剩罪全抵之法，如故增笞从徒条内，官吏合坐剩杖一百三十，其剩罪俱全抵，不在收赎之限。所谓全抵者，非满杖以上，皆决杖也。凡增笞、杖从徒，减徒从笞、杖，及增减徒从徒者，每徒一等，折杖二十。若所剩杖数至满杖以上，则减杖加徒，如剩杖一百一十，应作笞五十、徒一年；一百二十，应作杖六十、徒一年；一百三十，应作杖六十、徒一年半；一百四十，应作杖七十、徒一年半之类。其增笞、杖、徒作流，减流作笞、杖、徒，及增减流、徒者，每流一等，折徒半年。如犯笞一十，故增作流二千五百里，流二等，折徒一年，三流原包五徒，除已得笞一十，合坐剩杖罪九十、徒四年；如犯流三千里，故减作笞二十，流三等，折徒年半，三流原包五徒，除已得笞二十，合坐剩罪杖八十、徒四年半之类。故曰全抵剩罪，不在收赎之限。总之折徒不得至五年，而决杖不得过一百也”。

**附律条例**

〇一、承审官改造口供，故行出入者，革职；故入死罪，已决者，抵以死罪。其草率定案，证据无凭，枉坐人罪者，亦革职。

**谨案** 此条康熙十八年（1679）议准。

〇一、凡初取供招，不许擅自删改，俱详载揭帖。若承审官增减原供，希图结案，按察使依样转详者，该督抚严察题参。若督抚不行察参，蒙混具题者，经法司察出，或科道纠参，将该督抚一并严加议处。

**谨案** 此条康熙三十六年（1697）议准。

一、凡初次供招，不许擅自删改，俱应详载揭帖。若承问官增减原供，希图结案，按察使依样转详，该督抚严察题参。不行察参，将该督抚交部一并议处。按察使亦不得借简招之名，故为删改。倘遇有意义不明、序次不顺，与情罪并无干碍，即就近核正申转，将改本备案，不得发换销毁。违者，依改造口供故行出入例议处。

**谨案** 此条乾隆五年（1740）增定。

一、凡谋反、谋叛之罪，照律连坐籍没，其余情罪详载律内，俱应照律拟议，不得存心陷害，借言情罪重大，诬指朋党，妄议株连父母兄弟妻子，籍没家产。若承审官于本罪外，捏造此等言语，株连父母兄弟妻子，籍没家产者，即照故入人死罪律治罪。

**谨案** 此条雍正三年(1725)定。

○一、凡督抚具题事件，内有情罪不协、律例不符之处，部驳再审，该督抚虚心按律例改正具题，将从前承审舛错之处，免其议处。若驳至三次，督抚不酌量情罪改正，仍执原议具题，部院复核，其应改正者，即行改正，将承审各官、该督抚，一并交该部议处。

**谨案** 此条雍正三年(1725)定。

一、凡督抚具奏事件，内有情罪不协、律例不符之处，部驳再审，该督抚及司、道等官，虚心按律例改正具题，将从前舛错之处，免其议处。其死生出入之案，原问之州县、核转之知府，俱毋庸复与会审。如有原拟徒、杖罪名，驳审后改为凌迟及斩绞立决者，将承审之州县、核转之知府，均照斩绞重犯不能审出实情例降一级调用。监候以下罪名错误，议应降调者，出具考语，送部引见。若驳至三次，督、抚、司、道等官，不酌量情罪改正，仍执原议具题，部院复核，其应改正者，即行改正，将督、抚、司、道等官，一并交部议处。

**谨案** 此条乾隆四十二年(1777)遵旨改定。道光十四年(1834)删，因与《吏部现行处分则例》不符，且议处无关刑例。

○一、凡将死罪人犯错拟军、流等罪，军、流等罪错拟死罪者，将承审错拟官员，照例交该部议处。军、流等以下错拟者，该部即行改正，概免纠参。

**谨案** 此条雍正三年(1725)定。乾隆五年(1740)移并"断罪引律令"例内。

○一、州县原拟情罪，果与律例吻合，上司偏私混驳，许承审官抄录原案供册，并批驳卷宗，直揭三法司、刑科。查核是实，将偏私混驳之上司，交部议处。如所拟情罪，与律例不符，固执不改，装点情词，混行直揭，照官吏挟诈欺公妄生异议律治罪。

**谨案** 此条雍正六年(1728)定。乾隆五年(1740)议准删除。

○一、州县承审逆伦罪关凌迟重案，如有故入失入，除业经定罪招解者，分别已决、未决，按律定拟外，其虽未招解，业已定供通详，经上司提审平反，究明故入失入，各照本律减一等问拟。其余寻常审案，仍照旧办理。

**谨案** 此条系乾隆四十一年(1776)遵旨议定。

○一、知府、直隶州，有将各州县审拟错误、关系生死出入大案，虚公研鞫，究出实情，改拟得当，经上司核定题达，部议准行者，交与吏部查明，奏请送部引见。

**谨案** 此条系乾隆四十一年(1776)遵旨著为令。

○一、凡驳饬改正之案，刑部即检查该府、州、县原详，据实核办。如原详本无错误，经上司饬驳，致错拟罪名者，该上司议处；若原详未奉饬驳，该上司代为承当，除原拟之员，仍按例处分外，将该管上司，照徇庇例严议。

**谨案** 此条系嘉庆六年(1801)遵旨定例。

〇一、拿获吸食鸦片烟人犯到案,承审官务须严行审讯,毋任漏网。如有徇情开脱者,照故出人罪例治罪。倘讯系无辜,其烟土烟具,实系查拿人役栽诬陷害,即将栽害之人役,照例惩办。

**谨案** 此条道光十九年(1839)定。咸丰九年(1859)删。

**历年事例**

〇顺治八年(1651)谕:"凡被参官审问涉虚,系道、府、厅开报不实者,察究原开报官;系承问官私出脱者,察究原承问官。若督抚、巡按不先行参究,经部院举奏,即以不职论。"

〇康熙九年(1670)题准:凡承审官将应拟斩绞人犯错拟凌迟者,降一级调用,司、道、督、抚罚俸一年;将军流等罪错拟凌迟者,降四级调用,司、道降二级,督、抚降一级调用;将军、流等罪错拟斩绞者,降三级调用,司、道降二级调用,督、抚降一级留任;将徒、杖、笞罪错拟军、流者,降一级调用,司、道罚俸一年,督、抚罚俸六月。其或应绞拟斩,应流拟军,应笞、杖拟徒者,该部即令改正,免其处分。如错拟人犯已决者,承问官革职,司、道降四级调用,督、抚降三级调用。将无干之人拟决者,亦照此处分。如经审各官曾经定罪者,一概处分。若承问官将应凌迟人犯错拟斩绞者,降一级调用,司、道、督、抚亦均罚俸一年;将凌迟人犯错拟军、流者,降二级调用,司、道降一级调用,督、抚降一级留任;将应斩绞人犯,错拟军、流者,降一级调用,司、道罚俸一年,督、抚罚俸六月;将军、流等犯,错拟徒、杖、笞罪者,罚俸一年,司、道罚俸六月,督、抚罚俸三月。将有罪人犯,不行拟罪者,照罪犯轻重处分。其或应斩拟绞,应军拟流,应徒拟笞、杖者,亦听该部行令改正,免其处分。

〇又题准:凡官员承问婪赃人犯,将原参赃银,不行审出,及数少者,降三级调用,转详之司、道降二级调用,督、抚降一级留任。如系督抚查出题参者,该督抚免议。若将审出赃银私行改删者,革职。

〇十八年(1679)议准:凡大小衙门问刑各官,有改造口供,故行出入者,革职。拟以死罪已决者,抵死。草率结案,枉坐人罪者,革职。

〇二十二年(1683)议准:凡督抚纠参贪赃官员,不将实赃实数,确注究参,及究参后,不据实审明者议处,至承问官将赃银辗转脱卸,或挪移赦前赦后,及故意迟延,以待热审减等等弊,俱照定例议处。

〇又议准:承问官将参款不行详审,以轻赃掩饰重罪,及将实赃脱卸衙役者,照原赃不行审出例议处。

〇二十四年(1685)议准:凡强盗重案,关系人命者,督抚务应亲审。如有不肖官员,图脱已罪,诬陷良民者,照律例从重治罪,督抚免议。如督抚不行审明,别经发觉者,一并议处。

○二十五年(1686)谕:“刑曹民命攸关,国典所系,必以中正之心,行平恕之道,使法蔽其辜,毋纵毋枉。豪强有力凶顽不逞之徒,无苟免于刑宪;贫贱孤茕孱弱无知之辈,必务得其实情。凡有可矜疑,罪未允协者,皆驳令复审。其各体朕怀,殚竭心虑,矢慎矢明,以副慎刑之意。”

○三十六年议准:承审各官,一应供招,不许擅自删改。初取之供,亦须详载揭帖。若承问官增减原供,臬司依样转详者,该督抚严行题参,照例议处。若督抚蒙混具题者,一并严加议处。

○乾隆五年(1740)议准:上司偏私混驳,为属员者,自应详悉禀复。倘固执不回,如系知府混驳,应诉之两司;两司混驳,应诉之两院。断无原谳情罪,与律例吻合,而知府、院司,遂无一明晰,群为批驳者。例内抄录卷宗,直揭三法司,是启属员凌上之渐,此风亦不可长。况混驳之上司,据例不过交部议处,为属员者,安敢以一事之批驳,擅揭部科,致通省之上司,尽成嫌隙。徒设例款,于事无益,应即删除。

○三十八年(1773)议奏:部驳改拟案件,如有将凌迟、斩绞立决重案错拟徒、杖罪名,经部驳复审改正者,将承问官照斩绞人犯未经审出实情例降一级调用,不能驳饬审实各上司,亦照例议处。奉旨:“嗣后遵驳改正之案,督抚、臬司、道员,仍照旧办理外,其承审之州县,核转之知府,于凌迟、斩绞立决重案,拟罪失之过轻者,俱应照例实降。若监候以下罪名错误,有议应降调离任者,俱着该督抚出具考语,送部引见,候朕酌量降旨。著为令。”

○四十一年(1776)谕:“据御史李廷钦奏‘已革英山县知县倪存谟,于僧广明因奸致死杜得正一案,不能审出实情,反将尸子杜如意叠加严讯,以致畏刑诬服,几成冤狱,仅予革职,实乃罪浮于律。请嗣后凡大逆极刑,并决不待时之案,如有任情颠倒,率意刑招之员,除严行参革外,即照诬告人死罪而未决定拟’等语,所奏亦是。地方官承审命案,其故入人死罪而已决者,即以其罪罪之,所以儆酷吏而重民命,定例不为不严。惟枉坐人罪,经上司审明改正者,向因囚尚未决,止照草率定案例参革。但遇事关逆伦重案,如此案尸子畏刑诬服,即应寸磔,若非该抚等审出实情,另行定拟,几至沉冤莫雪,自非寻常无心失入人罪可比,仅予革职,实不足蔽辜。但所冤之人,究未决讫,其应如何酌定条例之处,着该部详议具奏。”

○又谕:“闵鹗元审拟‘已革英山县知县倪存谟,于僧广明因奸致死杜得正,不能审出实情,转将尸子杜如意诬拟极刑一案,请照新例将倪存谟杖一百、徒三年,不准援减’等语,所拟尚不足蔽辜。此等重案,为县令者,不能悉心讯究,任听凶僧教唆奸妇,串供捏饰,转将尸子刑求,几成冤狱,其罪实难轻逭。如原详所云,‘杜如意撞遇伊父与伊妻有奸,持斧欲砍,广明见其手软,接斧连砍致毙’等语,试问杜得正如果拉奸伊媳,必系无人之处,或伊子归家撞遇尚可,僧人广明何由在旁,此乃情理之显而易见,不必详究而始知其情者。倪存谟并不能见及于此,一味严刑诬服,率议凌迟重辟,又复改删两次控词,捏作访闻,其情节甚属可恶,非寻常故入人罪可比,杖徒尚觉法轻情重。倪存谟着改发伊犁,永远不准回籍,以为州县滥刑诬枉者戒。至此案若非该州倪廷谟讯出实情,几令奸僧漏网,尸子含冤。倪廷谟可谓能事,着该抚即行送部引见。向来各省地方官,有拿获邻省盗犯,尚令引见录用,以示奖励。若为知府、直隶州者,能将审转之案,虚公研鞫,立予平反,则所属可无冤民,较之实心缉盗,尤为有益于吏治。嗣后凡知府、直隶州有将关系生死出入大案,审出实情,改拟得当,经上司核定题达,部议准行者,着该部查明奏请送部引见。著为令。”

○嘉庆五年(1800)谕:“昨据惠龄奏刑部议驳莒州民人陈怀仁殴伤尹祜身死一案,该州府司原拟绞罪,系该抚驳饬,改拟满徒,自请议处。又据阮元奏刑部议驳仙居县民林道恺刃伤张锡宽、林谷邱刃伤张太松各身死一案,该府县因原谋林日清监毙,照例拟抵,将下手之犯并请减流,经署臬司张映玑错拟一减一抵,禀明该抚奏请议处。以上二案,均系上司不肯诿过属员,自认处分。但各省审办案件,如果属员按律办理,并无错误,上司率行改拟,其失出失入处分,自不应卸过于人。若属员本已错拟罪名,该管上司惟恐该员一经部议,或致降黜,遂代为承认,自请处分,而督抚、两司等均属大员,部议处分上时,朕往往加恩从宽留任,其原拟之州县,转得置身事外。是该上司外博担当之誉,而阴遂其包庇之私,非所以昭核实。嗣后着刑部遇有驳饬改正之案,即检查该府、州、县原详,据实核办。如原详本无错误,经上司饬驳,其错拟罪名之咎,自应将该上司议处。如原详未奉饬驳,该上司代为承当,不但将原拟之员仍按例处分,定将该管上司照徇庇例严议。”

○道光九年(1829)谕:“谳狱以两造供词为据,岂容意为增减。外省办案,遇有情节支离,恐被饬驳,辄将原供任意删改完善,是不但关罪名出入,而秋审时应实应缓,由此区分,岂成信谳。着各该督抚转饬州县,嗣后审办案件,无论初审招解,悉照原供通详,不准稍有增减。该管上司过堂时,亦须逐层推问。如犯供与原报不符,务即虚衷研鞫,核实究办,期臻平允。”

○同治二年(1863)奏准:各省督抚通饬所属,审理案件,务当虚衷研鞫,必须情真罪当,以期无枉无纵。定稿时尤不得任听幕友弄笔,致与实情不符。倘查有前项情事,即行指名严参,以肃吏治而慎刑章。

○光绪九年(1883)谕:“御史何桂芳奏各省酷吏滥用非刑,并幕友删改犯供、荐引徒党,请饬严禁各折片。地方命、盗各案,全在承审官虚衷研鞫,不事刑求,方足以成信谳。刑部核议罪名,以各省解部招册为凭。若如该御史所奏,酷吏非刑逼供,种种残忍,其有情节可驳者,必经幕友删改送部,何以重民命而得确情。着各直省督抚严查属员中如有滥用非刑者,立即参办,毋稍宽纵。遇有提审要案,督同臬司亲讯明确。并严禁幕友删改犯供,务得情真罪当。以副朝廷明慎用刑之意。钦此。”遵旨议定:嗣后题咨命、盗等案,务须遵照定例,将初次供招全行载入。即使解省后,犯有翻异,亦将所以翻异之供,另册报部,以备查核。该臬司不得尽行删减,强归原供,致令实情隐灭。如有州县听从劣幕删改供招情事,该督抚即行严参治罪,以期力挽积习。

〇又谕："光禄寺少卿延茂奏《敬抒管见》一折。各直省问刑衙门承审案件，自应虚衷研鞫，以持情法之平，何得草率定拟，致有失入情事。若明知案情未确，或回护原审，或规避处分，以致冤及无辜，尤属不成事体。嗣后着各该督抚督同臬司，于人命重案，悉心推勘，以期无枉无纵。其所请现办各案，如有失入情节，准其奏明更正，宽免处分。钦此。"遵旨议定：命案有失入情节，准其更正，宽免处分，系为矜恤民命起见。嗣后审理命、盗等案，务须详细研鞫。果系情真罪当，毫无疑义者，详叙供勘招解。该臬司亦应亲提复审，如情罪不符，或实有冤抑者，即立予平反，不得稍涉回护。总期无枉无纵，俾成信谳。倘有规避处分，致有冤及无辜等情，亦即严行参办。如能据实更正，应由刑部临时移咨吏部酌核办理。

### 辩明冤枉

凡内外问刑衙门辩明冤枉，须要开具本囚所枉事迹，实封奏闻，委官追问其冤情得实，被诬之人，依律改正，所枉之罪坐原告、诬告。原问官吏。以故失入罪论。若罪囚事本无冤枉，朦胧辩明者，杖一百、徒三年。既曰朦胧，则原告、原问官为其诬矣。若所诬罪重于杖一百、徒三年者，以故出入人罪论。所辩之罪人知情，与朦辩同罪，如原犯重。止从重论。不知者不坐。

**谨案** 原文起句，系"凡监察御史、按察司"，雍正三年(1725)，改"内外问刑衙门"。

### 附律条例

〇一、法司凡遇一应称冤调问，及各衙门奏送人犯，如有冤枉，及情罪有可矜疑者，即与辩理，具奏发落，毋拘成案。若明知冤枉，不与辩理者，以故入人罪论。

**谨案** 此条系原例。

〇一、法司遇有重囚称冤，原问官员辄难辩理者，许该衙门移文会同三法司堂上官，就于京畿道会同辩理。果有冤枉，及情可矜疑者，奏请定夺。

**谨案** 此条系原例。雍正三年(1725)，删"就于京畿道会同"七字。

〇一、凡大小问刑衙门鞫问囚犯，务要参酌情法，如果情重例该发遣者，方许定拟充军，不许偏任喜怒，移情就例。其抚、按官，凡遇各该所属衙门申详充军人犯，亦要虚心参酌，必须法当其罪，方允定卫发遣。如于例有牵合，即便驳回改拟，照常发落。其各该府、司、州、县，但遇五年一次差官审录之期，一应充军人犯，除已经解发着伍外，其余不分曾否详允，及虽曾经定卫、尚未起解者，逐一开送审录官处审录。其经审录官辩释者，务要遵照发落，不许原问官偏拗阻挠。如有好名立威，酷法害人者，听抚、按、审录官各指实参奏。

**谨案** 此条系原例。雍正三年(1725)，将"抚、按官"改为"督抚"，"五年一次差官"改为"奉旨特差恤刑官"，"着伍"改为"入籍"。乾隆五年(1740)议准，溯查前代充军,在五刑之外,律文所无,恐问刑官于流罪人犯稍为加重,即拟问发,故定此例。嗣因"应流应充军"例内,皆已详为指定,刑官无可任情牵合,且特差恤刑审录之例,业经停止,此条删。

○一、凡在外审理事件,应照案内人犯籍贯,批委该管地方官审理明白,申详完结。既经批委,不得反复改批别属。如果情事未明,务须详细指驳。倘原问官仍复蒙混申详,即题参议处,另委别官审理。若督抚等官将事理已明之案,故生枝节,屡行批驳,迟延不结者,亦交该部议处。

**谨案** 此条雍正三年(1725)定。

○一、凡审理事件,除事涉两邑,或案情重大,发审之初,即委员会审者,仍令会同审详外,其因承审错误,另委别官审理者,专责委员虚心质讯,毋庸原问官会审。至定案后,如原问官果有徇私枉断,故出故入情弊,仍照例参处。其或供情疏漏,或援引拘泥,误出无心,经委员改正者,照审处错误例议处。

**谨案** 此条乾隆十五年(1750)定。

○一、命、盗案件,经该督抚、臬司驳审,除案情重大,须该知府赴省审理,或系委派会审,仍听该督抚随时酌量办理外,如果案情与原招并无出入,即由附省知府审转,仍许原审知府一体列衔申详。倘审理错谬关系重大者,即将承审之州县,及率转之知府,一并开参,照例分别议处。

**谨案** 此条乾隆二十七年(1762)定。

○一、民间词讼,如户婚田土,罪止枷杖之案,及吏胥蠹役,借端讹诈等情,州县审断不平,复赴督抚、藩臬等衙门具控者,即饬令各本管道、府,按其事之轻重,或亲提集讯,或委员另审,将审拟情由,详明该上司察核。其中稍有疑义,该上司即亲行提审。如赴道、府衙门呈诉者,即行亲审,遇有冤抑,即行昭雪。如有检验、查勘等事,即遴选贤员,不得仍会同原问官办理。倘有故违成例,仍发原问官收问,或仍令会审者,即行论罪如律。其所委之员,或有瞻徇、听嘱等弊,亦即题参。至于刁健之徒,本无冤抑,或因负罪受惩,掩饰己非,捏款枉控,或因斗殴、婚姻、田宅等事,不赴本管官控理,辄赴上司衙门架词妄控者,仍按律治罪。

**谨案** 此条乾隆二十九年(1764)定。

○一、各省督抚,凡遇事关重大,及案涉疑难,一切应行提审要件,务须率同司、道等亲行研审,毋得委员查讯。

**谨案** 此条乾隆三十五年(1770)遵旨定例。

一、各省督抚,遇有事关重大,案涉疑难,应行提审要件,及民人赴京控诉,奉旨发交审办之案,俱率同司、道等亲行研审。其督抚、藩臬、道府,遇有民人控告屈抑之案,亦无论所告事理轻重,概行亲提究办,不得仅委属员承审。如有检验、查勘等事,即遴委贤员,不得仍会同原问官办理。倘有故违成例,仍发原问官收问,或仍令会审者,论罪如律。其所委之员,若有瞻徇、听嘱等弊,亦即严参治罪。至于刁健之徒,本无冤抑,或因负罪受惩,掩饰已非,捏款诬控,或因斗殴、婚姻、田宅等事,不赴本管官控理,辄赴上司衙门架词妄控者,仍按律治罪。

**谨案** 乾隆六十年(1795),遵照五十六年(1791)谕旨,将前二条修并,改定此条。

〇一、凡藩、臬两司,遇有督抚批发之案,如系户婚、田土寻常案件,头绪纷繁,必须酌派妥员,代为查审者,于取供后,仍由该司亲提确审,拟议复详。至控官控吏之案,藩、臬两司即应亲身勘问,定拟具详,不得复派他员代讯。再道、府奉到上司批发控词,及自理词讼,无论事之巨细,亦应亲身提讯,自行加看定拟出详。违者,均照例议处。

**谨案** 此条乾隆四十一年(1776)定。

一、各省督抚,除事关重大,案涉疑难,应行提审要件,或奉旨发交审办,以及民人控告官员营私枉法滥刑毙命各案,俱令率同司、道等亲行研审,并司、道等官接受所属控词,遇有前项各情,或经上司批发之案,亦即亲提审办。间有户婚、田土案件,头绪纷繁,必须酌派妥员,代为查审者,于结案时,仍由该司、道等复勘定拟具详,不得仅委属员承审外,其余上控之件,讯系原问各官,业经定案,或案虽未定,而有抑勒画供,滥行羁押,及延不讯结,并书役诈赃舞弊情事,如在督抚处具控,即发交司、道审办,或距省较远,即发交该管守巡道审办;如在司、道处具控,即分别发交本属知府或邻近府州县审办;如在府、州处具控,即由该府、州亲提审办,概不准复交原问官,并会同原问官办理。审明后,按其罪名系例应招解者,仍照旧招解;系例不招解者,即由委审之员详结。其有委审之后,复经上控者,即令各上司衙门亲提研鞫,不得复行委审。若命、盗等案尚未成招,寻常案件尚无堂断,而上控呈词内,又无抑勒画供、滥行羁押,及延不讯结,并书吏诈赃舞弊各等情,应即照本宗公事未结绝者,发当该官司追问律,仍令原问官审理;该管上司,仍照例取具归结缘由勾销。倘有应亲提而委审,或应亲提委审而发交原问衙门者,即令该督抚指名严参,交部照例议处。其所委之员,若有瞻徇、听嘱等弊,亦即严参治罪。该督抚有违例委审者,亦照例议处。至于刁健之徒,本无冤抑,或因负罪受惩,掩饰已非,捏款诬控,或因斗殴、婚姻、田宅等事,不赴本管控理,辄赴上司衙门架词妄控者,仍按律治罪。

**谨案** 道光十二年(1832),又将前二条修并,改定此条。

〇一、凡处决人犯,有临刑时呼冤者,奏闻复鞫。如审明实有冤抑,立为申雪,将原审官参奏,照例惩治。如系妄行翻异,冀延显戮,除原犯斩罪仍即处斩外,如原犯绞罪者,亦改为斩罪,即行正法。

**谨案** 此条嘉庆十二年(1807)遵旨定。

## 历年事例

〇雍正元年(1723)谕:"部驳事件,督抚每固执原题具奏,一经驳回,往返迟误数月,干连人等,多致贻累。嗣后部内应驳事件,督抚若仍固执原题具奏,部内即将督抚一并议处具奏。如不应驳事件,部内故求疵隙题驳,该督抚将不应驳情由奏闻。"

○二年(1724)谕:"刑部关系重大,必须虚公详慎,尽得实情,不可疏忽遗漏,以致民有冤抑。君臣之义,本同一体,朕视臣下如手足,尔等若遇事有可疑不能决者,不妨面奏,待朕斟酌至当,然后施行。既不肯面奏,又以私心揣度,巧欲逢迎上意;及刑罚不中,则退有后言。尔等身为股肱大臣,而居此等卑污之心,岂不为人耻笑?或有未当之处,亦不妨直陈所见。人非圣人,孰能无过。君子之过,如日月之食,过而能改,善莫大焉。朕之不吝改过,谅尔诸臣素所共知。凡有功者加之以赏,有罪者加之以刑,此乃帝王驭世之大权。朕止知随事而应,并不先有成见。嗣后尔等皆宜体朕钦恤之意,不可自恃己见,亦不可彼此推诿,拖累罪人。和衷协恭,平心易气,毋得有意逢迎。务使用法如衡之平,如鉴之明,民不轻犯,国无冤狱,以共成咸中有庆之治。"

○五年(1727)议准:嗣后除咨题案件,细小事情,与例不符,应行驳诘外,其有将应拟重罪人犯,竟令脱网,该督抚咨题到部,刑部司官有能细心查核,驳行复审,果得实情改正者,将定稿司官应行议叙缘由,造具一册。有将无辜之人,罗织拟罪,该督抚咨题到部,刑部司官有能细心查核,驳行复审,果系无辜改正者,亦将定稿司官应行议叙缘由,造具一册。若该督抚咨题案件,所引律例,罪无出入,应行照复完结之事,司官妄生苛驳,将应拟重罪人犯,欲行开脱,应拟轻罪人犯,改作重罪,致有出入者,一经查出,将定稿司官应行议处缘由,亦造入册内。统于每年十二月缮册汇行奏闻,将应行量加议叙及量加议处,以示鼓舞、惩戒之处,请旨交与吏部。

○乾隆五十一年(1786),陕西巡抚奏民间上控词讼,或原问有司,审断未公,或健讼刁徒,希图翻异。若仍批交原审州县,则本官心存回护,小民必更受冤抑。即从前办理本公,而发原问官复审,亦不足以服其心。是以定例分别饬令大员审办。现在外省钦遵定例,虽不敢批发原问官审理,并违例转行批委,但督抚批交司道及两司批交府县之案,往往酌派各属及试用人员代讯定案,层层详叙,司道不过照加看语,出详请结。若有驳问,仍复层层驳发。名为未经转委,其实并非亲身鞫审。此系外省积习相沿,无非各图省便之故。若不严加饬禁,日久必仍归故辙,不但事件迟延,且控案势必日积日多,于政治甚有关系。

○五十六年(1791)谕:"外省习气,往往以州县民人在上司呈控之案,即发该管府县审办,以致扶同瞻徇,百弊丛生。嗣后不特民人赴京控诉事件,经朕降旨发交审办者,应提犯亲讯,即本省民人在督抚衙门控告屈抑之案,亦当亲提究办,不得仍委所属州县承审,致有辗转庇护,宕延不结之事。"

○嘉庆十二年(1807)谕:"昨朝审勾到绞犯钟宽,于临刑时极口呼冤,据供并无扶鸾收徒情事,前系番役诬赖,在部亦未画供,是以未将该犯处决,奏闻请旨等语。朕以该犯既心未折服,或案情竟未确实,不可不复加研鞫,当经特派未经审办此案之大学士庆桂等详细提讯。兹据庆桂等奏，提集犯证，逐一研讯。审明该犯毫无屈抑，辄敢肆意呼冤，妄希狡展，实出情理之外。若似此纷纷效尤，尚复成何事体。自应加等惩办，以昭炯戒。今庆桂等议请将该犯改为斩立决，应如所拟办理。钟宽一犯，着重责四十板，即行正法。嗣后遇有临刑呼冤之犯，仍应奏明重加详勘。果有覆盆之冤，必立为申雪，将原审官照例惩治。如系奸谲之徒，罚当其辜，而妄行翻异，冀延显戮，亦必照此加等治罪，以惩刁顽。"

○道光五年(1825)谕："嗣后凡有事关命、盗重情，及控涉官吏赃私劣迹者，无论特交及上控之案，均应亲提人证，率同司、道详加研鞫，速行拟结，庶足杜诪张而清讼牍。倘此次申谕之后，并不懔遵办理，经朕查出，或被科道纠参，必将该督抚从重惩处，不稍宽贷。"

○同治九年(1870)奏准：各省京控之案，层出不穷。阅其呈词，大约牵涉书差舞弊者为多，其中逞刁健讼者固不乏人，而实在负屈含冤者亦所不免。迨发回本省后，承审之员，率多意在消弭，于所控各情，审实者十不得一，而又不能遽坐以诬告之罪，非以事出有因，即以怀疑误控，迁就完结。应饬各省督抚、将军、都统、府尹，于上控之案，核其情节之轻重，分别亲提发审，认真惩办。倘查有违例仍发原问官办理情事，即行严参议处。其京控交审案件，无论奏咨，均应亲提审办。实则立予昭雪，虚则按律坐诬，毋得含混了结。庶冤抑不至无伸，而刁风亦可稍息矣。

# 卷八百四十四·刑部一百二十二

## 刑律·断狱 有司决囚等第一

### 有司决囚等第一

凡有司于狱囚始而鞫问明白，继而追勘完备，军、流、徒罪，各从府州县决配。至死罪者，在内法司定议，在外听督抚审录无冤，依律议拟，斩、绞情罪，法司复勘定议，奏闻候有回报，应立决者，委官处决。故延不决者，杖六十。其公司审录之际，若犯人自行反异，原招。或家属代诉称冤，审录官即便再与推鞫。事果违枉，即公同将原问原审官吏，通问改正。同将原问原审之官吏通行提问，改正其罪。若囚犯明称冤抑，审录官不为申理改正者，以入人罪故、或受赃挟私。失或一时不及参究。论。

**谨案** 原定律文，“凡狱囚鞫问明白，追勘完备，徒、流以下，各从府、州、县决配。至死罪者，在内听监察御史，在外听提刑按察司，审录无冤，依律议拟，转达刑部定议，奏闻回报。直隶去处，从刑部委官，与监察御史；在外去处，从布政司委官，与按察司官，公同审决”。雍正三年(1725)奏准，今徒、流、军罪，俱一体定配。又应决重犯，在内刑部，在外督抚，审拟具题，三法司核复无异，候旨处决，无御史、按察司审录径达刑部之例，亦无直隶地方刑部委官与监察御史公同审决，及外省布政司委官与按察司公同审决之例。因将律文内“徒、流以下，各从府州县决配”句，改为“军、流、徒罪，各从府州县决配”；又将律文内“至死罪者，在内听监察御史，在外听提刑按察司，审录无冤，依律议拟，转达刑部定议，奏闻回报。直隶去处，从刑部委官，与监察御史；在外去处，从布政司委官，与按察司官，公同审决”等句，改为“至死罪者，在内法司定议，在外听督抚审录无冤，依律议拟，法司复勘定拟，奏闻回报，委官处决”。

#### 附律条例

○一、在京法司监候枭首重囚，在监病故，凡遇春夏不系行刑时月，及虽在霜降以后冬至以前，若遇圣诞等节，或祭祀斋戒日期，照常相埋，通汇具奏。

**谨案** 此条系原例。雍正三年(1725)奏准，重囚病故，随时相验，原不拘时月，此条删。

○一、人命至重，死者不可复生。每至霜降后，但有该决重囚，着三法司奏请，会多官人等，从实审录，庶无冤枉。

**谨案** 此条系原例。雍正三年(1725)奏准,将"三法司奏请,会多官人等"句,改为"刑部奏请,会九卿等官"。乾隆五年(1740),霜降后朝审,本门已有定例,此条删。

○一、凡每年秋审,直省督抚,将监禁重犯,审拟情实、缓决、可矜具题,限七月十五日以内到部。刑部将各重犯原案贴黄,及三法司看语,并督抚看语,刊刷招册,进呈御览,仍送九卿、詹事、科道各一册。八月内在天安门外金水桥西,会同详核情实、缓决、可矜,分拟具题,请旨定夺。其盛京等处案件,亦造入各省秋审案内具题。俟命下日,先后咨行直省,将情实人犯,于霜降后冬至前正法。其咨文到地方限期,云南、贵州、四川、广西、广东、福建,限四十日;江西、浙江、湖南、甘肃,限二十五日;江南、陕西、湖北,限十八日;河南,限十二日;山东、山西,限九日;直隶,限四日;盛京,限十五日;宁古塔,限一个月。限内迟延不到者,该督抚将迟延地方官,察明指参。至于秋审具题后,如有新结重案,俱入次年秋审。

**谨案** 此条雍正三年(1725)定。乾隆三十二年(1767),查雍正十三年(1735)奏准,各省秋审题本,俱限五月到部,将例内"限七月十五日以内"改为"限五月内"。再秋审招册,系照原题叙稿,并不将贴黄叙入。其初次进呈黄册之例,亦于乾隆二十四年(1759)删除。所有原例内"贴黄"二字,并"进呈御览"四字,一并删除。

○一、刑部现监重犯,每年一次朝审。刑部于霜降前,摘重囚紧要情节,刊刷招册,进呈御览,仍分送九卿、詹事、科道各一册。于霜降后十日,在天安门外金水桥西,会同详审,拟定情实、缓决、可矜具题,请旨定夺。其情实者,俟命下之日,刑科三次复奏,经御笔勾除者正法,其余仍监固。

**谨案** 此条雍正三年(1725)定。原文"刊刷招册"下,亦有"进呈御览"字,乾隆三十二年(1767)删去。

一、刑部现监重犯,每年一次朝审。刑部堂议后,即请特派大臣复核。俟核定具奏后,摘叙紧要情节,刊刷招册,送九卿、詹事、科道各一册。于八月初间,在金水桥西,会同详审,拟定情实、缓决、可矜具题,请旨定夺。其情实者,与各省秋审情实人犯,刑科皆于本省勾到前五日复奏一次,经御笔勾除者正法,其余仍监固。

**谨案** 此条嘉庆二十年(1815),遵旨将刑科三次复奏改为复奏一次。二十三年(1818),遵旨增入"堂议后,奏请特派大臣复核"一层。

○一、凡杀人及强盗等罪监候质审人犯,如过三年逃犯未获者,即入秋审册内,一并详审。其叛逆案内牵连待质人犯,虽过三年,仍行监候。

**谨案** 此条雍正三年(1725)定。乾隆三十二年(1767),业将乾隆十七年(1752)所奉谕旨纂为定例,此条删。

○一、各省起解秋审人犯,各州县如有相距在七十里以外,不及收禁者,该地方官预期选拨干役,前赴寄宿之处,传齐地保,知会营汛,同原解兵役支更巡逻防范。审后发回,一体办理。倘有疏脱及纵放等情,将各该役照短解兵役例,与原解兵役分别治罪。

**谨案** 此条雍正三年(1725)定。原文"将各该役俱照原解兵役一体治罪",嘉庆六年(1801)改。

○一、秋审人犯解省之时,俱令各州县径行解司,仍报明该管各府。审后亦即由司给发护牌,分发各州县收禁,仍汇文行知各该府。

**谨案** 此条乾隆三年(1738)定。

○一、直省委员押解秋审人犯,止令逐程交替,不必长解守候。其交替之时,将人犯并解役,当面点交前站委员收明,始回本地。其审毕发回时,亦照此逐程发递。

**谨案** 此条乾隆三十年(1765)定。以上三条,原载"稽留囚徒"律后,乾隆三十三年(1768),因改议秋审人犯毋庸提省,此三条均已删除。乾隆四十二年(1777),又行提省会勘旧例,因仍载例册,并移附此门。

○一、笞、杖等轻罪,五城及提督衙门,俱照例自行完结。若罪重于杖、笞者,俱审明送刑部定拟。

**谨案** 此条雍正五年(1727)定。

一、五城及提督衙门审理案件,除笞、杖等轻罪,仍照例自行完结,若词讼内所控情节,介在疑似,及关系罪名出入,非笞、杖所能完结者,俱送刑部审拟,不得率行自结。如有例应送部之案,不行送部者,将承审官交部议处。

**谨案** 此条乾隆十二年(1747)改定。

一、五城及步军统领衙门审理案件,如户婚、田土、钱债细事,并拿获窃盗、斗殴、赌博,以及一切寻常讼案,审明罪止枷杖、笞责者,照例自行完结。其旗民词讼,各该衙门均先详审确情,如应得罪名,在徒、流以上者,方准送部审办,不得以情节介在疑似,滥行送部。若将不应送部之案,率意送部者,刑部将原案驳回,仍据实奏参。如例应送部之案,而自行审结,亦即查参核办。至查拿要犯,必须赃证确凿,方可分别奏咨,交部审鞫。若将案外无辜之人,率行拿送,一经刑部审明并非正犯,即将该管官员参奏;番捕人等,照例治罪。其斗殴养伤者,务当依限报痊,验明传讯,毋许借伤延宕。饬坊查拘人证要犯,限一两日送部。若逾限催至三次不到者,即将司坊官参处。

**谨案** 此条嘉庆十八年(1813)遵旨改定。

○一、刑部汇题事件内,如窃盗三犯赃数不多改遣、家奴吃酒行凶发遣,及赌博拟流、贩私拟徒、军民通奸拟以枷责等项平常罪犯,于审结之日,即照例先行发落,仍于汇题疏内声明。

**谨案** 此条雍正五年(1727)定。

一、刑部奉特交案件,即审明无罪可科,应具折复奏。如罪至斩绞,仍会同三法司核拟,特题完结。其他案件,除杖罪竟行发落外,犯该发遣、军、流、徒,及军、流、徒折鞭枷等罪,倘非寻常经见之事,若犯罪,文自生监以上、武自骁骑校以上,或本身虽白丁,系现任大员子弟,犯该断决者,仍照现行汇题之例,详叙供招文移,不拘件数、时日,随结随题,俟奉旨之日发落。若窃盗、赌博、斗殴、宰牛、奸拐、吃酒行凶之类,先行发落,挨次汇题。

**谨案** 此条乾隆六年(1741)定。

一、刑部现审案内,除寻常徒、流、军、遣等罪,照例定拟者,仍入于按季汇题外,如遇有酌重酌轻案件,即非生监、骁骑校及大臣子弟之案,亦俱不拘件数、时日,随结随题。仍于酌量改拟之处,黏贴黄签,进呈御览。

**谨案** 此条乾隆二十九年(1764)定。

一、刑部奉特交事件,即审明无罪可科,应具折复奏。如罪至斩绞,仍会同三法司核拟,特题完结。其他案件,除杖枷等罪,竟行发落外,犯该遣、军、流、徒,及军、流、徒折枷等罪,倘非寻常经见之事,及酌重酌轻之案,并犯罪文自生监以上、武自骁骑校以上,或本身虽白丁,系现任大员子弟,犯该断决者,俱详叙供招,不拘件数、时日,随结随题。内有酌重酌轻案件,仍于改拟之处,黏贴黄签,恭呈御览,俟奉旨之日发落。寻常军、流、徒、遣等罪,于审结之日,先行发落,按季汇题。

**谨案** 此条系乾隆五十三年(1788),将上三条修并。

〇一、凡立决之案,部文到日,如正印官公出,令同城之州同、州判、县丞、主簿等官,会同本城武职,遵查不停刑日期,代行监决。若该地方无佐贰官,令该知府于部文到时,即委府属之同知、通判、经历等官,速至该州县,会同武职,代行监决。该佐贰等官监斩后,将正印官因何事公出,并现委某官,于何年月日,会同武职某官,监决何犯,逐一详报各上司查核。

**谨案** 此条雍正六年(1728)定。

〇一、秋审斩绞重犯,有三次俱拟缓决,及三次俱拟情实,该督抚察其情罪,无可更定者,止令有司叙由详报,核招具题,停其解省。如该犯虽经三次审定,该督抚揆其情罪,尚多可疑者,仍提解亲鞫。至三次中有前拟情实后改缓决、前拟缓决后改情实者,仍照例解省。

**谨案** 此条雍正八年(1730)定。

一、秋审缓决人犯,解审二次之后,如情罪无可更定者,止令有司叙由详报,各督抚核招具题,不必复行提审。其曾拟情实未经勾决之犯,及前拟情实后改缓决、前拟缓决后改情实,并缓决人犯内情可矜疑者,仍照例饬提解省。

**谨案** 此条乾隆二十五年(1760)定。三十三年(1768)新例,令道员遍历查勘,毋庸解至省城,此二条均删。

一、直省每年应入秋审案犯,于应勘时,仍令各督抚提解省城,率同在省司、道,公同会勘,定拟具题。至缓决人犯,解审一次之后,情罪无可更定者,止令有司叙由详报,停其解审。其曾拟情实未经勾决之犯,及前拟缓决后改情实,并缓决人犯内情可矜疑者,仍照例解审。

**谨案** 乾隆四十一年(1776),仍照旧例提犯会勘,重辑此条。

○一、秋审应决重犯,迟误处决,已过冬至者,该督抚查明不停刑日期,即行处决。仍将迟延各官题参,照例议处。

**谨案** 此条雍正十年(1732)定。

一、秋审应决重犯,冬至以前文到者,照例行刑。已过冬至,或正值冬至斋戒日期文到者,仍牢固监禁,俟次年秋审应决人犯,一并题明处决。其迟延各官,交部议处。

**谨案** 此条乾隆五年(1740)改定。

一、秋审应决重犯,如文到正值冬至斋戒日期,或已过冬至者,于冬至七日以后,照例处决。

**谨案** 此条系乾隆十年(1745)遵旨改定。

一、秋、朝审处决重囚,及一应立决人犯,如遇冬至以前,十日为限,夏至以前,五日为限,俱停止行刑。若文到正值冬至、夏至斋戒日期,及已过冬至、夏至者,冬至七日、夏至三日以后,照例处决。

**谨案** 此条嘉庆十二年(1807)议定条例。

○一、各省每年题结斩绞重案,刑部于次年开印后,分类摘叙简明事由,缮折奏闻。

**谨案** 此条乾隆九年(1744)定。

○一、凡侵贪案犯,二限已满,察其获罪之由,如系动用杂项,及挪移核减,一应着赔,作为侵欺,并收受借贷等款,问拟贪婪,追监追后,多方设措,急图完公者,应酌量拟为缓决。若以身试法,赃私累累,至监追二限已满,侵蚀未完尚在一千两以上,贪婪未完尚在八十两以上者,秋审时即列入情实,请旨勾到。

**谨案** 此条系乾隆十二年(1747)遵旨议定。

一、凡侵贪案犯,二限已满,察其获罪之由,如系动用杂项,及挪移核减,一应着赔,作为侵欺,并收受借贷等款,问拟贪婪,追监追后,多方设措,急图完公者,应酌量拟为缓决。若以身试法,侵蚀钱粮入己,及枉法贪婪者,毋论赃项已完未完,秋审时即列入情实,请旨勾到。

**谨案** 此条乾隆三十二年(1767)改定。

○一、凡满洲殴死满洲之案,朝审时俱拟以情实。

**谨案** 此条系乾隆十四年(1749)遵旨定例。

○一、聚众械斗,互毙多命,实系各下手致死之人,一命一抵,俱列入秋审情实册内,请旨勾决。

**谨案** 此条乾隆十八年(1753)遵旨定例。以上三条,系专为秋审情实而设,已于乾隆三十二年(1767)奏准删除。

○一、凡秋审勾到时,遇某省本章,着某道御史承办。朝审案件,令京畿道专办。

行刑时，着刑科给事中及刑部侍郎一人监视。

**谨案** 此条乾隆十四年(1749)奉旨定。"京畿道"原作"河南道"，二十三年(1758)奉旨，京畿道着列于河南道之前，河南道事务，令京畿道办理。三十二年(1767)，将例内"河南道"改为"京畿道"。

〇一、凡每年秋审，遇审某省，即令某道御史与掌道一体上班。朝审，令京畿道御史同掌道与审。

**谨案** 此条乾隆十四年(1749)定。三十二年(1767)，遵旨将"河南道"改为"京畿道"。

〇一、凡职官实犯死罪，应入秋审、朝审者，另为一册，仍分别情实、缓决、可矜三项进呈。

**谨案** 此条系乾隆十四年(1749)遵旨定例。

一、凡罪干服制，由立决改为监候者，刑部于秋审时，俱列入情实，汇为一册，先期进呈，恭候钦勾。俟经两次免勾之后，大学士会同刑部堂官，将此等人犯招册，复加详勘。其有实在情节可宽者，摘叙案情，确加看语，请旨改入缓决。

**谨案** 此条系乾隆十八年(1753)遵旨定例。

一、凡官犯，及常犯罪干服制，由立决改为监候者，又卑幼听从尊长主使殴死本宗小功大功兄姊及尊属，例应斩候者，刑部于秋审时，俱列入情实，各另缮一册，列于各该省常犯情实黄册之前，进呈恭候钦勾。官犯俟十次免勾之后，服制常犯俟两次免勾之后，大学士会同刑部堂官，将人犯招册，复加详勘。其有实在情节可宽者，摘叙案情，确加看语，请旨改入缓决。

**谨案** 嘉庆六年(1801)，将前二条修并，增辑此条。

〇一、凡广东之琼州府属、甘肃哈密，斩绞人犯应监候者，于定案后，俱解交该按察使监禁。俟三届秋审后，发回原犯地方收禁。若福建之台湾府属斩绞监候人犯，专令按察使收监，毋庸发回。其应支钱粮、衣药，及遇有疏脱、监毙事件，俱查照定例，一体办理。

**谨案** 此条乾隆十五年(1750)定。三十二年(1767)奏准，秋审既令道员遍历复审，琼州有雷琼道，哈密有安西道，均可照例审勘，毋庸解至省城，将例内琼州、哈密人犯寄禁省监，及三届秋审发回原犯地方之处删去。

一、凡各省州县招解逆匪凶盗，罪应斩、枭立决，及情节凶横，桀骜不驯之罪应斩绞监候人犯内，如夺犯伤差者，盐枭拒捕杀人者，左道妖言惑众者，聚众械斗者，抢夺金刃伤人者，死罪重犯中途脱逃者，窃盗衙署仓库饷鞘军装及将本章公文烧溺者，积匪猾贼拟遣在配犯窃多次者，窃盗军、流、发遣在配脱逃肆窃者，犯案被获扭锁逃窜后肆窃者，光棍为从者，强盗自首者，该督抚于各州县解犯到省，审明题奏后，即留禁按察使监及首府、县监，牢固监禁，俟奉到逆匪凶盗案内部文，按察使会同督抚标中军，督率府、县，亲提各犯验明，绑赴市曹，监视处决。应枭示者，仍传首犯事地方示众。若接准斩绞监候勾决部文,按察使等一体监视行刑。其余服制缘坐,及寻常谋、故、斗殴,以及妇女老幼之犯,于院司复审后,仍发回本州县收禁,部文到时,即在本州县地方处决。至在省监禁,一次未勾情实常犯,仍发回各州县监禁。

**谨案** 此条乾隆五十三年(1788)遵旨定例。嘉庆六年(1801)修改,将"台湾及各省秋审人犯分别办理"为一条,"斩枭立决人犯仍留省监"为一条。

一、各省秋审斩、绞重犯,俟督抚审勘后,即发回各州县监禁,接准部文后,即于犯事地方处决。惟福建之台湾府属,甘肃之哈密、安西、玉门、敦煌等厅州县,斩绞监候人犯,专令按察使照旧收监。其应支囚粮、衣药,及遇有疏脱、监毙事件,俱查照定例,一体办理。

一、凡各省州县招解逆匪凶盗罪应斩、枭立决人犯,该督抚于各州县解犯到省,审明题奏后,即留禁按察使监及首府、县监,牢固监禁,俟奉到逆匪凶盗案内部文,按察使会同督抚标中军,督率府县,亲提各犯验明,绑赴市曹,监视处决。应枭示者,仍传首犯事地方示众。

○一、凡直省驻防旗人犯事应斩绞者,俱解刑部收监。旗下家奴,即在犯事地方监禁。

**谨案** 此条乾隆十六年(1751)定。四十二年(1777)纂有新例,此条删。

○一、凡停止勾决之年,其情实案内,有纠众聚匪劫犯辱官,及侵蚀亏空多赃情罪重大各犯,刑部仍开具事由清册,另行奏闻,请旨正法。

**谨案** 此条乾隆十九年(1754)定。嘉庆四年(1799),奉有不准赶入情实之旨,此条删。

○一、州县命案,于检验尸伤时,即讯取已经到案犯证初供,并将案内人犯是否齐全,及有无要犯未获之处,同验尸图格,于十日内造册申报督抚,按月汇册,转咨部、科备案。其有于复审时究出确情,与初供不合,将究诘改供缘由,据实详叙。若有心翻案改招,或因护初供,迁就纽合,及所取初供,改为闪烁含混,以图移改出入者,该督抚严察题参,将承审官照故行出入例议处。督抚不行查参,被法司纠举得实,亦照前例议处。

**谨案** 此条乾隆二十二年(1757)定。嗣于二十七年(1762)奏准,命案初供,止申报上司查核,俟定案后题达,不必先行报部,此条删。

○一、各省官犯,如系贪酷败检,侵亏狼藉,及有心巧诈,不尽臣职,罪应斩、绞之员,其审题结案,在行刑之日以前者,着皆补疏题请;情实予勾者,即行刑之日已过,亦着行刑;在行刑以后审结者,入下年新事册内,刑部仍黏签声明。其寻常私罪案犯,无前项情节者,着牢固监候,俟次年秋审办理,不得概请补入本年情实。

**谨案** 此条系乾隆二十二年(1757)遵旨定例。

○一、秋审案内抢窃满贯,及三犯窃赃数至五十两以上,问拟绞候之犯,如已经缓决三次者,各该督抚查明咨部,均照强盗免死减等发遣例,改发云贵两广极边烟瘴充军。其年老有疾者,仍入秋审具题。朝审人犯,亦照此办理。

**谨案** 此条乾隆二十三年(1758)定。三十二年(1767),已定有一次减等新例,将此条删除。

〇一、凡斩、绞罪犯,如一人连毙二命,妖言惑众,传习符咒,并官员侵渔帑项,勒敛民财,非残忍已极,即有关民俗官方,如定谳已在该省热审之后,刑部即补入本年秋审情实册内具题。如遇停勾之年,俱照情罪重大之例,另奏请旨正法。

**谨案** 此条系乾隆二十五年(1760)遵旨定例。嘉庆四年(1799)删。

〇一、各省秋审本揭,如系新事初次入秋审者,照旧备叙案由,确加看语,以凭会核。其旧事缓决三次者,止叙案由;未及三次者,摘取简明略节,依次汇为一本具题。俱不必叙入问供,以省繁冗。至九卿会审时,刑部分送招册内,有已经缓决三次,并无更改,不必重复备册,分送会审。其中或有一二案尚须商议之处,仍听刑部摘取,临期印册,分送九卿公同会议。其各省官犯,及在京朝审案犯,虽缓决三次以上,仍旧办理。

**谨案** 此条乾隆二十六年(1761)定。

一、各省秋审本揭,如系新事初次入秋审者,照旧备叙案由,确加看语,以凭会核。其旧事缓决人犯,摘叙简明略节,依次汇为一本具题。俱不必叙入问供,以省繁冗。至九卿会审时,刑部分送招册内,除情实未勾,及初次入秋审者,仍刷印招册分送详核外,其旧事已入缓决者,不必重复备册,分送会审,止于会审时逐一唱名,进呈秋审本内,亦开列起数、名数具题。若旧事内有一二案尚须商议,并该督抚前拟情实后改缓决、前拟缓决后改可矜之案,仍听刑部摘出,临期印册,分送九卿公同会议。朝审案犯,一体办理。

**谨案** 此条乾隆三十七年(1772)改定。

〇一、秋审可矜人犯内,如子妇不孝,詈殴翁姑,其夫忿激致毙,或因该犯之母,素有奸夫,已经拒绝,后复登门寻衅,以致拒殴致毙者,此等情切天伦,一时义激,与寻常狠斗者不同,刑部会同九卿,遇有似此罪犯,案情既确,俱量为区别,照免死减等例,再减一等发落,仍逐案随本声明请旨。

**谨案** 此条系乾隆二十七年(1762)遵旨定例。

〇一、各省奉到立决人犯部文,该督抚按程按日计算,如由府转行州县,在正、六、八月停刑期内者,即将部文密存按察使内署,仍按程日计算行至州县已非停刑日期,钉封专差驰递。该州县奉到部文,即日处决。

**谨案** 此条乾隆二十八年(1763)定。嘉庆六年(1801),改"正、六、八月"为"正、六、十月"。道光四年(1824),于"十月"上增入"八月",咸丰二年(1852)节删,并于"府"下增"厅、州"二字。

〇一、缌麻服属人犯,于停勾二次之后,亦照期功以上例,大学士会同刑部,一体查核,改入缓决。

**谨案** 此条系乾隆三十二年(1767)遵旨定例。

○一、各省每年秋审,臬司核办招册,务须先期定稿,陆续移咨在省司、道,会同虚衷商榷,联衔具详,督抚复核定拟。至期,会审司、道等官,俱赴督抚衙门办理。

**谨案** 此条乾隆三十二年(1767)遵旨定例。

○一、凡每年各省应入秋审人犯,毋庸提解省城会勘,俱令该道员以冬季为期,巡历所属,就便率同该府知府,亲诣各州县逐一讯勘。如与定案时并无异同,即行造册加结申送督抚查核定拟。若有情罪未协,临时呼冤之犯,讯非捏词翻异,亦即另缮招册,出具印结,派委众役,将犯证一并解送院司复审。倘有事本冤抑,该道等徇庇属员,不为辩明,及案无可疑,有心翻异者,该督抚查出,严参议处。督抚等不加觉察,亦一并议处。其直隶州知州,及并无统辖之厅员,俱照知府之例办理。直隶州本州案件,应专听道员复勘。至盛京刑部侍郎,及吉林、黑龙江将军衙门案件,仍照旧例行。其并无道员统辖之锦州、奉天二府,锦州府即着知府,奉天即着治中,今裁缺。前往复勘。该道、府巡历之时,务须轻骑减从,毋得稍有滋扰。经过之地方官,亦不得供应迎送。如该道巡历以后,应行续入者,仍令该道于秋审前,率同知府就案按临,补行审勘。

**谨案** 此条系乾隆三十二年(1767)定。三十七年(1772),于"直隶州本州案件"下,添入"并贵州贵阳等府知府自理之案,俱专听道员复勘。至监禁在省官犯,并常犯内如有监禁在省者,仍由该督抚率同司、道会勘"数语。四十二年(1777),复提省会勘之例,此条删。

○一、新疆地方定拟死罪监候人犯,凡经秋审缓决二次,及拟情实三次未勾者,俱发往雅尔地方,给种地兵丁为奴。

**谨案** 此条乾隆三十二年(1767)定。

一、凡新疆地方定拟死罪秋审人犯,缓决者必俟五次之后,情实者必俟十二次未勾,方准于新疆地方互相调发为奴。

**谨案** 此条乾隆四十二年(1777)遵旨改定。嘉庆十一年(1806),查新疆秋审人犯,向系专折具奏。嘉庆元年(1796),照各省之例,改用题本,恭缮黄册进呈。现在新疆各事宜,俱照内地一例办理。自元年以后,两次恭逢恩诏,凡新疆缓决三次以上各犯,一体援减调发,是情实人犯十次未勾,亦应照内地之例改入缓决,遇有恩旨分别减等,将此条缓决五次、情实十二次调发之例奏准删除。

# 卷八百四十五·刑部一百二十三

## 刑律·断狱 有司决囚等第二

**有司决囚等第二**

○一、秋、朝审案内抢窃满贯，及三犯窃盗赃至五十两以上，问拟绞候之犯，除情重应拟情实人犯外，其余应入缓决者，秋、朝审一次之后，改发云贵两广极边烟瘴充军。

**谨案** 此条乾隆三十二年(1767)定。

一、秋、朝审案内窃赃满贯，及三犯窃盗赃至五十两以上，问拟绞候之犯，除情重应拟情实人犯外，其余应入缓决者，秋、朝审一次之后，刑部察核奏明减等，于奉旨后，咨行各该省发遣伊犁、乌鲁木齐等处，给予兵丁为奴。其抢夺满贯人犯，不准拟减。

**谨案** 此条乾隆四十八年(1783)改定。

一、戏杀、擅杀、误杀，及窃赃满贯，并三犯窃盗赃至五十两以上，问拟绞候，应入缓决之案，秋、朝审一次之后，刑部查核奏明，将擅杀、戏杀、误杀之犯，减为杖一百、流三千里；窃赃满贯、三犯窃盗赃至五十两以上之犯，减发云贵两广极边烟瘴充军。其抢夺满贯人犯，及误杀案内，所杀系其人之祖父母、父母、伯叔父母、妻、兄弟、子孙、在室女者，俱俟查办缓决时，再行照例办理，不在此例。

**谨案** 此条嘉庆六年(1801)修并。八年(1803)删“擅杀”二字。

○一、距京路远各省，应入秋审案件，于每年冬季道员巡历复审之时，臬司衙门将已经审结具题，约计次年热审可以接准部咨者，逐一查明，移行该道、府，同已经接准部咨各案，一体预行复审，造册申送。如至期遇有未准部咨，及部驳另审者，臬司照例扣除，仍知会该道，归入下年秋审。

**谨案** 此条系乾隆二十三年(1758)定。

○一、各省官犯于定案时，即在按察使衙门收禁。秋审勾本到省，照刑部决囚之例，将情实官犯，全行绑赴市曹，即令按察使监视行刑，奉到谕旨，当场开读，按照予勾之犯，验明处决。

**谨案** 此条乾隆三十三年(1768)遵旨定例。

○一、刑部核复各省审题事件，内有余犯拟罪未当，应驳令复审，而正犯应立正典刑,毋庸质讯,其罪又无可加者,即先决正犯,不必一概驳令复审。

**谨案** 此条乾隆三十四年(1769)定。

○一、在京现审案件,有应行立决人犯,如适当雨泽愆期清理刑狱之时,刑部将此等应结案牍,暂行停止题奏。俟雨泽沾足,再行请旨。

**谨案** 此条乾隆三十六年(1771)定。

一、应行立决人犯,应在京处决者,如适当雨泽愆期清理刑狱之时,并祈雨祈雪期内,刑部将此等应结案牍,暂行停止题奏。俟雨泽沾足,再行请旨。如系应在外省处决者,俱照常题奏。

**谨案** 此条嘉庆二十年(1815)遵旨增改。

○一、云南省处决重囚,部文到日,如州县无同城佐贰,印官公出,除公出报府有案,并县在附郭者,仍照定例由府委员监决外,其非附郭首县,如有猝奉调遣不及报府者,部文到日,即准令该吏目、典史,会同营员,代为监决,仍将印官因何公出,及代为监决缘由,具报上司查核,毋庸申请本府另行委员。

**谨案** 此条乾隆三十六年(1771)定。

○一、每年朝审勾到,刑部将人犯绑出之日,步军统领衙门,派步军翼尉一员护送。

**谨案** 此条系乾隆三十八年(1773)遵旨定例。

○一、凡凶盗逆犯,干涉军机,应行立决,及须刑鞫者,均即随时办理,声明咨部,毋庸拘泥停刑旧例。其寻常案件,仍照定例月日停刑。

**谨案** 此条系乾隆三十八年(1773)遵旨定例。

○一、直省处决重囚,部文到省之日,除州县远而道府近者,仍照旧例办理外,其州县近而道府远者,不必由道府转行,该督抚即派委在省之同知等官,驰往监决。

**谨案** 此条乾隆三十九年(1774)定。

○一、凡五城、提督、顺天府各衙门,遇有应行递解之下贱匪类,并凶顽生事,及实患疯病等项人犯,除籍系直隶,就近递回者,听各该衙门照旧办理外,其余应解回别省人犯,均叙明案由,交送刑部,核明应解与否,分别办理,三月汇奏一次。

**谨案** 此条系乾隆三十九年(1774)遵旨定例。

○一、库尔喀喇乌苏地方,遇有一切命、盗等案,俱责令营员,会同粮员查验讯供,解送迪化州办理。

**谨案** 此条乾隆二十九年(1764)定。

○一、大、宛两县秋审勾决,及一应斩绞立决重犯,刑部于奉旨后即一面径行顺天府府尹,转饬该县就近办理,一面仍行文直隶总督备案。

**谨案** 此条乾隆四十年(1775)定例。

○一、滇省秋审,除曲靖等八府,及距省不远之直隶四厅州人犯,仍解省会鞫外,其离省窎远之永昌、顺宁、丽江、昭通、广南、普洱等六府,即责令不由审转之各道员,于冬季巡历时，亲加研鞫，不必会同该府；其由该道审转，如迤西之景东、永北两厅人犯，令迤南道亲审，迤南之镇沅直隶州及州属恩乐县人犯，令迤西道亲审。倘该道不亲加勘鞫，仅以册结了事，以致案有冤抑，该督抚严参究治。

**谨案** 此条系乾隆四十一年(1776)定。

○一、每年秋审勾到后，大学士会同刑部，将已勾未勾情节，摘叙简明事由奏闻，行知各督抚于处决时，揭示通衢晓谕。朝审，由刑部发交该城榜示。其各省官犯，俱俟朝审勾到后，奏闻颁发。

**谨案** 此条系乾隆四十二年(1777)奉旨定例。

○一、外省徒罪案件，如有关系人命者，均照军流人犯解司审转，督抚专案咨部核复，仍令年终汇题。其寻常徒罪，各督抚批结后，即详叙供招，按季报部查核。

**谨案** 此条乾隆四十二年(1777)定。

○一、秋、朝审情实官常犯，有经十次未勾者，刑部查明奏闻，下次改入缓决，不得擅改可矜。其官犯已改缓决后，如遇查办缓决三次以上时，不得与常犯一例减等。其中或有应行宽宥者，恭候谕旨办理。

**谨案** 此条系乾隆四十二年(1777)遵旨定例。

○一、各省驻防旗人，犯该斩、绞者，毋庸解部，即在理事同知衙门收禁。如有应入秋审人犯，令将军、都统等悉心确核，分别情实、缓决、可矜，造册题达，刑部、九卿会核具题。至勾到时，某省驻防，即另册同各省应勾人犯一体办理。

**谨案** 此条系乾隆四十二年(1777)遵旨定例。

○一、奉天所属十二州县，办理旗民事件，无分满汉，俱令自行审理。于讯明定拟之后，旗人笞、杖等罪，概行移旗发落，仍知照该州县备案。承审时，遇有旗人应刑讯之处，仍照例刑讯。

**谨案** 此条乾隆四十四年(1779)定。

○一、凡问拟五军及总徒、准徒罪名，俱于逐案引律出语内，添入"仍依名例至配所照应杖之数折责例，杖一百折责发落"语句。

**谨案** 此条乾隆四十四年(1779)定。

一、凡人犯到配，除五徒、三流照应得杖数折责外，其发遣新疆、黑龙江当差为奴者，到配时照例安插，俱不决杖。若问拟五军及总徒、准徒罪名，俱于逐案引律出语内，声明至配所杖一百折责发落。

**谨案** 此条嘉庆六年(1801)增改。

○一、凡绿营兵丁，因事斥革后，即移明地方官，另记年貌册档，严加管束，按季点验稽查。若有作奸犯科，除实犯死罪外，犯该军、流以下，俱照凡人加一等治罪。管束不严之本犯父兄，如犯在军、流以上，照不能禁约子弟为盗例杖一百；如在徒、杖以下，照不能禁约子弟为窃例笞四十。邻佑知情容隐者，即视其父兄应得罪名，减二等治罪。约束不严之地方官，交部议处。

**谨案** 此条系乾隆四十七年(1782)定。

○一、凡应拟斩、绞人犯,染患重病,该督抚接到州县通详,即先具文报部,仍责成该督抚详加查核。如有假捏情事,立将承审及核转各员,严行参处。倘督抚不行详察,经部核对原咨,查出弊窦,将该督抚一并严参。其秋审情实人犯,遇有病故,州县官立时详报,督抚于接到详文之日,先行题报,总不得过十日之限。其派员相验,及研讯禁卒人等有无凌虐情弊等项,除去程限日期,以一月为限,具文报部。若离省窎远之各厅、州、县,该管道、府据报,即派邻近之员,前往验讯明确,详请咨部。如有逾违,即查取职名交部议处。至若每年新事秋审人犯,遇有病故,无论情实、缓决,均照例派员验讯详报。如系情实人犯,该臬司即依限办理。其缓决及应入次年秋审情实人犯,遇有病故,仍照向例办理。

**谨案** 此条系乾隆四十八年(1783)定。

一、凡应拟斩、绞人犯,染患重病,该督抚接到州县通详,即先具文报部,仍责成该督抚详加查核。如有假捏情事,立将承审及核转各员,严行参处。倘督抚不行详察,经部核对原咨,查出弊窦,将该督抚一并严参。其前项人犯,遇有在监病故,无论曾否结案,及已未入秋审情实、缓决,该州县立时详报,该督抚据详,派员前往相验。若时逢盛暑,或离省窎远之各厅、州、县,该管道、府据报,即派邻近之员往验。如病故系新旧事情实人犯,该督抚于接到详文之日,先行题报,总不得过十日之限。其派员相验,及研讯刑禁人等有无凌虐情弊,除去程限日期,以一月为限,具文报部。若系缓决,及应入次年秋审情实人犯,仍照向例办理。如验报迟逾,分别交部议处。

**谨案** 此条道光十八年(1838),于“一并严参”下,增“其前项人犯”至“邻近之员往验”九十九字,并将新旧事情实人犯病故之处修改。

○一、广西省泗城、思恩、镇安、太平四府所属凌云、西林、西隆、百色、武缘、小镇安、天保、归顺、奉议、崇善、龙州、宁明、永康、左州、养利十五厅州县,湖北省郧阳、宜昌、施南三府所属各州县,湖南省永顺、沅州二府所属各县,及靖州所属各县,秋审人犯,均免其解省。广西省泗城、镇安、太平三府所属各厅、州、县人犯,责成左江道;思恩府属之武缘、百色人犯,责成右江道;湖北省郧阳府各县人犯,责成安襄郧道;宜昌、施南二府所属各州县,责成荆宜施道;湖南省永顺、沅州二府所属各县,及靖州所属各县,责成辰永沅靖道,各于冬季巡历时,逐一亲加研鞫,造册加结,移报院司汇核,不必会同该府。倘有鸣冤审办,捏控翻异者,即将本犯解省,听候院司发审。如有续行补入之案,补勘移报。倘该道不实力奉行,或有冤抑不为昭雪,或任犯混供,率行解省,该督抚严参究治。

**谨案** 此条乾隆四十八年(1783)定。

一、距省窎远之府州所属秋审人犯,均免其解省。如广西省泗城、镇安、太平三府所属之凌云、西林、西隆、小镇安、天保、归顺、奉议、崇善、龙州、宁明、永康、左州、养利等各厅州县人犯,责成左江道;思恩府属之武缘、百色人犯,责成右江道;贵州省黎平府本属，及所管之古州、下江、开泰、永从、锦屏各厅县，责成贵东道；江苏省徐州府所属各州县，责成徐州道；海州所属各县，及淮安府所属之阜宁、安东二县，责成淮海道；淮安府所属之山阳、盐城、清河、桃源四县，责成淮扬道；安徽省凤阳、颍州二府，及泗州所属各州县，责成庐凤道；河南省汝宁府及光州所属各州县，责成南汝光道；湖北省郧阳、襄阳二府所属各州县，责成安襄郧道；宜昌、施南二府所属各州县，责成荆宜施道；湖南省永顺、沅州二府所属各县，及靖州所属各县，责成辰永沅靖道；山西省大同、朔平二府所属各州县，责成雁平道；口外归化等五厅所属，责成归绥道；平阳、蒲州二府，及解州、绛州所属各州县，责成河东道；陕西省榆林、延安二府，及绥德州所属，责成延榆绥道；汉中、兴安二府各属，责成陕安道；江西省南安、赣州、宁都三府州各属，责成南赣宁道；四川省之宁远、重庆、夔州、绥定四府，及酉阳、忠州、叙永厅等府州所属，并广东省之高州、廉州、雷州、潮州四府所属，及浙江省之温州、处州二府所属，均责成该管道员；甘肃省西宁府所属之循化、贵德、丹噶尔三厅，并大通一县，责成西宁道；庆阳府所属五州县，泾州直隶州并所属三县，责成平庆泾道；宁夏府所属五州县，责成宁夏道；阶州直隶州并所属二县，责成巩秦阶道；肃州直隶州并所属一县，安西直隶州并所属敦煌、玉门二县及哈密厅，责成安肃道，各于冬季巡历时，逐一亲加研鞫，造册加结，移报院司汇核，不必会同该府。倘有鸣冤翻异者，即将本犯解省，听候院司复审。如有续行补入之案，补勘移报。倘该道不实力奉行，或有冤抑不为昭雪，或任犯混供，率行解省，该督抚严参治罪。

**谨案** 此条乾隆五十三年（1788）增定。嘉庆十一年（1806），将例内“汉兴道”改为“陕安道”，于“府州所属”下，增入“并广东省”至“该管道员”二十四字。道光元年（1821），又增定查照官制沿革，将“达州直隶州”改为“绥定府”，于“右江道”下增入“贵州省”至“南汝光道”一百三十三字，“辰永沅靖道”下增入“山西省”至“河东道”五十九字，“陕安道”下增入“江西省”至“赣宁道”二十字，“四府所属”下增入“及浙江省”至“二府所属”十三字，“该管道员”下增入“甘肃省”至“安肃道”一百十四字。

〇一、距省窎远府、厅、州所属之各厅、州、县，寻常遣军、流、徒人犯，及命案拟徒人犯，均毋庸解省。如广西省泗城、镇安、太平三府所属者，解赴左江道；思恩府所属之百色、武缘两处，解赴右江道；云南省昭通府所属者，解赴迤东道；大理、丽江、永昌、顺宁四府，及永北、景东、蒙化三厅，并所属者，解赴迤西道；普洱府，及镇沅、元江二州，并所属者，解赴迤南道；贵州省黎平府本属，及所管之古州、下江、开泰、永从、锦屏各厅县，解赴贵东道；大定府所属之威宁州、水城厅，解赴贵西道；贵阳、石阡、大定、兴义、遵义、安顺、都匀、镇远、思南、思州、铜仁十一府，及平越州所属者，解赴各该管府州；江苏省徐州府所属者，解赴徐州道；海州所属，及淮安府所属之阜宁、安东二县，解赴淮海道；淮安府所属之山阳、盐城、清河、桃源四县，解赴淮扬道；安徽省凤阳、颍州二府所属，及泗州，并所属者，解赴庐凤道；河南省汝宁府所属，及光州，并所属者,解赴南汝光道;湖北省郧阳、襄阳二府所属者,解赴安襄郧道;宜昌、施南二府所属者,解赴荆宜施道;湖南省永顺、沅州二府所属,及靖州凤凰、永绥、乾州、晃州、古丈坪五厅,并所属者,解赴辰永沅靖道;四川省宁远、重庆、夔州、绥定四府所属,及酉阳、忠州、叙永厅、石柱厅,并所属者,解赴该管巡道;山西省大同、朔平二府所属者,解赴雁平道;口外归化等五厅,并所属者,解赴归绥道;平阳、蒲州二府所属,及解州、绛州,并所属者,解赴河东道;陕西省榆林府所属者,解赴延榆绥道;汉中、兴安二府所属者,解赴陕安道;江西省南安、赣州二府所属,及宁都州,并所属者,解赴南赣宁道;广东省雷州、琼州二府所属者,解赴雷琼道;高州、廉州二府所属者,解赴高廉道;潮州府所属者,解赴惠潮嘉道;浙江省温州、处州二府所属者,解赴温处道;福建省台湾府所属者,解赴台湾道;直隶省承德府所属者,解赴热河道;宣化府所属,及张家口、独石口、多伦诺尔厅,并所属者,解赴口北道;永平府所属,及遵化州,并所属者,解赴通永道;顺德、广平、大名三府所属者,解赴大名道;甘肃省西宁府所属之循化、贵德、丹噶尔三厅,大通一县,解赴西宁道;庆阳府所属之五州县,泾州直隶州,并所属三县,解赴平庆泾道;宁夏府所属之五州县,解赴宁夏道;阶州直隶州,并所属二县,解赴巩秦阶道;肃州直隶州,并所属一县,安西直隶州,并所属敦煌、玉门二县,及哈密厅,解赴安肃道,就近审转,详报院司核办。倘有鸣冤翻异,分别提审解省。其命案内遣、军、流犯,仍各解省复审。

**谨案** 此条道光五年(1825)后四次增定。

○一、凡扈驾官员之跟随仆役,如有在途次殴毙人命等案,该督抚即行具奏,恭候钦派大臣,会同行在法司审明后,迅速办理,不得拘泥寻常例限。至日行事件,亦不得辗转稽迟。违者,将该督抚交部严加议处。

**谨案** 此条系乾隆五十一年(1786)遵旨定例。

○一、盛京刑部审办题奏案件,有经部议驳者,刑部即奏请交盛京将军,或别部侍郎内特派一员,会同复审。如系咨驳之案,即声明交与盛京将军详细会审。

**谨案** 此条系乾隆五十三年(1788)遵旨定例。

○一、凡命、盗案内,本例系由死罪减为发遣、军、流者,定案时仍专本具题,不得同寻常军、遣等案,咨部汇题完结。其罪应斩、绞、凌迟人犯,在监病故者,随案咨部完结,毋庸具题。

**谨案** 此条系嘉庆二年(1797)定。

○一、湖南省凤凰、乾州、永绥三厅命盗案犯,由厅径行招解臬司审转,毋庸解道。其秋审人犯,即责成不由审转之该管本道,亲历复勘。遇有异同,仍遵定例办理。

**谨案** 此条嘉庆八年(1803)定。

○一、凡罪应凌迟之案,除情可矜悯,例准夹签声请者,仍专本具题外,其余凌迟各案,并卑幼因图财强奸谋杀尊长,罪应斩决枭示,及谋、故杀一家二命,罪应斩枭,如死系父祖子孙，及服属期亲者，俱改为专折具奏。其谋、故杀一家二命，系功服以下亲属，及致死一家二命，一故一斗，罪应斩决，并殴死一家二命，罪应绞决各案，仍照旧专本具题。

**谨案** 此条系嘉庆十三年(1808)遵旨议定。

一、凡罪应凌迟之案，如谋反大逆但共谋者，谋杀祖父母、父母者，妻妾谋杀夫之祖父母、父母者，妻妾谋杀故夫祖父母、父母者，杀一家非死罪三人及支解人为首者，殴杀期亲尊长外祖父母者，情可矜悯，例准夹签声明之案，仍专本具题。采生折割人为首者，子孙殴死祖父母、父母者，纠众行劫在狱罪囚持械拒杀官弁为首及下手杀官者，尊长谋占财产图袭官职杀功缌卑幼一家三人者，发遣当差为奴之犯杀死伊管主一家三人者，罪囚由监内结伙反狱持械拒杀官弁为首及下手杀官者，妻妾因与有服亲属通奸同谋杀死亲夫者，若与平人通奸谋杀，仍专本具题。并罪应斩枭之案，如卑幼图财强奸谋杀尊长者，杀一家非死罪二人如死系父祖子孙及服属期亲者，洋盗会匪及强盗拒杀官差者，暨两造赴京呈控，奏交该省审办，或曾经刑部奏驳之案，俱专折具奏。其余寻常罪应凌迟、斩枭、斩决之案，仍循例具题。各督抚于专奏折尾，将援照刑部议定条款，例得专折陈奏之处声明。倘有强行比附，率意改题为奏，刑部参奏驳回，仍令照例具题。或应奏不奏，亦即查参。

**谨案** 此条系嘉庆十五年(1810)，遵旨改定。道光二十四年(1844)，于“强盗拒杀官差者”句下，增入“子孙殴祖父母、父母及妻妾殴夫之祖父母、父母”十九字。咸丰二年(1852)，因原例将前二项误入凌迟各项之内，又于“强盗拒杀”句下，增入“罪应斩决案内”六字，“子孙”句上增“如”字。

〇一、贵州直隶普安州一应命、盗重案，径行招解臬司，毋庸解道审转。

**谨案** 此条嘉庆十四年(1809)定。

〇一、秋、朝审官犯，刑部于每年年终，汇开清单，具奏一次。单内将所犯事由、罪名，及监禁年分，并该犯年岁，详细注明。

**谨案** 此条系嘉庆十五年(1810)遵旨定例。

〇一、凡审办逆伦重案，除子孙殴伤、误伤、误杀及过失杀祖父母、父母，仍各照定例办理外，其子孙殴杀祖父母、父母之案，无论是否因疯，悉照本律问拟。如距省在三百里以内，无江河阻隔者，均于审明后，即恭请王命，委员会同该地方官，押赴犯事地方，即行正法。若距省在三百里以外，即在省垣正法，仍将首级解回犯事地方枭示。

**谨案** 此条嘉庆十八年(1813)定。道光三年(1823)，遵旨增子孙殴杀祖父母、父母之案，无论是否因疯，即行正法一层。

〇一、凡遇南郊、北郊大祀之期，前五日后五日，刑部及顺天府衙门，凡在京立决重犯，俱停止题奏。其核复外省速议及立决本章，仍止回避斋戒日期。

**谨案** 此条嘉庆二十四年(1819)遵旨定。

○一、山东省凡有赌博、奸拐、窝藏窃盗、容留邪匪等案,在地窨内被获者,各就所犯本条,加一等治罪,并将地窨平毁。

**谨案** 此条嘉庆二十五年(1820)定。

○一、凡祖父母、父母,因子孙触犯,呈送发遣之案,该州县于讯明后,不必解勘,止详府、司核明,转详督抚核咨,俟部复准,即定地起解。若系嫡母、继母及嗣父母呈送发遣,仍照旧解勘。

**谨案** 此条道光三年(1823)定。

○一、广西东兰州属之那地土州、凌云县属之天峨哨,去州县城在三百里以外,及全州属之西延州同、西隆州属之八达州同,去州城在一百里以外之盗案,准令该处分驻州同、州判、县丞,会同营汛,前往代勘录供,送交该州县承审。如有查勘不实,照例议处。其东兰、凌云,去州县不及三百里,全州、西隆州,去州不及一百里之盗案,仍由该州县自行往勘。

○一、秋审查办留养承祀之案,如距省在八百里以内府州所属者,由该督抚督同臬司,亲提犯属、尸亲、族邻人等,逐加研讯。实系亲老丁单,及孀妇独子,方准查办。倘亲属实在老病不能就道者,州县查明,禀请督抚遴委道府大员前往,就近查讯,取具供结,详报督抚、臬司复核办理。其距省在八百里以外府州所属,及正犯例不解省,向由该管巡道审转者,即由该管巡道,就近提齐犯属、尸亲、族邻人等,查取供结详办。若犯属及尸亲等籍隶他省,即移咨所辖之该省督抚,按照离省道路远近,分别提审,讯取供结,报部核办。

**谨案** 以上二条,俱道光九年(1829)定。

○一、抢窃计赃、计次、计人数并勒赎得赃问拟军、流,及捉人勒赎仅止图利关禁暨听从掳捉罪止遣、军,并抢窃逾贯首犯已故从犯罪止拟流之案,除直隶州所属,向例由道审转者,仍由该管道审转,毋庸解司,及各道所辖直隶州,离道较远,仍照旧章径行解司外,其余各厅、州、县,概将人犯解该管府、厅、州审转具详,由司复核,专案请咨,毋庸转解司、道勘转。倘犯供翻异,由该管府、厅、州就近查提质讯,或发回另审。若有关系拒捕,及凌虐重情,并干碍参处之案,仍分别解司、解道,以昭详慎。倘承办之员,有故勘及捏饰情弊,致犯申诉冤抑,仍令各督抚严参提审。

**谨案** 此条道光十四年(1834)定。十九年(1839),增行窃、勒赎之犯。二十五年(1845),增抢夺案内问拟军、流。咸丰六年(1856),增捉人勒赎案内遣、军之犯。

○一、擅杀问拟绞候,入于秋审缓决办理之犯,除谋、故、火器杀人,或连毙二命,及各毙各命致毙人数在四名以上者,均不准一次减等外,其余俱于缓决一次后,即予减等发落。其遇有亲老丁单,应行查办留养者,仍照向例分别办理。

**谨案** 此条原与“戏杀误杀窃赃满贯各案”为一条,均缓决一次减等,毋庸问拟可矜。嘉庆八年(1803),因擅杀案内,多有谋、故及火器杀人、连毙二命之案,若一次即准减等,恐启残杀之端,奏定章程,擅杀中死者拒捕成伤有据,及捉奸实由义忿者,拟入可矜;其余均俟缓决三次后,再行查办,将原例内擅杀一项节删。道光二十二年(1842),因擅杀中之斗杀、共殴主使等项,均系情轻,若因未经拒捕成伤,遂与谋、故等犯,均久羁囹圄,无所区别。查旧例擅杀人犯,均一次减等;其案情较重者,仍不准减,本有等差可分。惟情重未经指定款项,尚未明晰,因改定此条。

〇一、滇省审办结盟扰害匪徒,除犯该死罪者,仍行解省审办外,其罪应遣、军、流罪人犯,无论离省道途远近,均令该管府州审转,臬司复核详咨,毋庸解省审勘。倘承办之员,有故勘及捏饰情弊,以致案犯申诉冤抑,仍令各督抚严行究参,提省审办。

**谨案** 此条咸丰元年(1851)定。

# 卷八百四十六 · 刑部一百二十四

## 刑律 · 断狱 有司决囚等第三

### 有司决囚等第三

#### 历年事例

○顺治十年(1653)题准:每年于霜降后十日,将刑部现监重囚,引赴天安门外,三法司会同九卿、詹事、科道官,逐一审录。刑部司官,先期将重囚招情略节删正呈堂,汇送广西司刊刻刷印进呈,并分送各该会审衙门。会审时,各犯有情实、矜、疑者,例该吏部尚书举笔,分为三项,各具一本,均由刑部具题请旨。内有奉旨勾除者,方行处决。其未经勾除者,仍旧监候。

○又题准:直隶监候重犯,刑部差司官二人,勒限会同抚、按详审具奏。

○又复准:凡情实各囚绑赴市曹,都察院委满、汉御史各一人,刑部委满、汉司官各一人,为监斩官,将各犯姓名具本题复,法场内候旨。奉旨勾除者,遵照行刑,其余监候。监斩毕,仍具本复命。

○十三年(1656)定:审决囚犯,关系重大。直隶地方,应差三法司堂官前往,会同该抚、按详审具题,候旨处决。

○十四年(1657)定:直隶秋审,停遣三法司堂官,照旧差司官二人,会同抚、按审录奏请,候旨定夺。

○又复准:处决重囚,于冬至前十日奏请,听刑科复奏。至本内各犯有同名同罪者,即于本犯名下注明籍贯及犯罪缘由题请,候旨行刑。

○十五年(1658)题准:重囚人犯,除畿辅照旧审录外,其各省秋审,务依地方远近,先将奉旨秋决重犯,各该巡按会同该抚及布、按二司等官,照在京事例详审,将情实应决、应缓并有可矜、可疑者各案,分别开列,均定期于霜降前具奏,候旨定夺。

○十七年(1660),停止秋决。

○十八年(1661)复准:审录重罪人犯,巡按已经停止,在外秋审,该抚照例举行。

○康熙四年(1665)题准:直省秋决人犯,督抚照例于霜降前审明具题。后有奉旨续到人犯,并霜降以后冬至以前续到者,该督抚于文到日,即陆续审明具题。内有可矜、可疑者,仍行核拟,题请减释。其情实应决者,于奉旨文到之日,照例行刑。如已过冬至,该督抚题明监候,于次年秋审之期,一并题明处决。

○五年(1666)题准:直隶各省监候秋后处决人犯,该抚会同总督审录具题,候旨咨行处决。其直隶地方差遣司官,永行停止。

○七年(1668)复准:朝审、秋决重犯,将矜疑、缓决、情实者,分别三项具题。俟命下之日,矜疑者照例减等,缓决者仍行监候,情实者刑科三复奏闻。俟命下之日,别本开列各犯姓名,奉旨勾除,方行处决。其未经勾除者,仍行监候。

○又复准:朝审重犯略节招册,应照会审各官,每人分送一帙。至会审时,仍将各犯原招口供,带赴核拟。

○又题准:奉天、江宁、西安、杭州、宁古塔等处秋决人犯,三法司于立秋之后,即将可矜、可疑、情实等项详审,先行具题,咨行该地方,于霜降以后冬至以前完结。

○九年(1670)题准:凡将应入秋审重犯不行解送,或已经解送,在路迟延,以致秋决愆期者,府、州、县官降一级调用,司、道罚俸一年,督抚罚俸六月。

○十六年(1677),停止秋决。

○十七年(1678)复准:直省秋审事件,止照原案定拟,毋得将案内牵连并被害之人,重提质审,以滋扰累。

○十九年(1680)定:人命关系重大,监候秋后重犯招册,每省着各为一本,陆续具奏。

○二十年(1681),停止秋决。

○二十三年(1684)复准:凡秋审人犯,定于长安右门内金水桥之西审理。

○是年,停止秋决。

○二十五年(1686)题准:各省监禁重犯,招案现在三法司者,即据各案会审具题。其有不应减等者,仍于秋审册内会审。

○二十六年(1687)题准:恩赦以后,现在监禁重犯为数无多,本年内外秋审,暂行停止。

○二十七年(1688)奉旨:"今年内外秋审,悉着停止。"

○二十八年(1689)奉旨:"此情实各犯,今年处决着停止。"

○二十九年(1690)谕:"今年内外秋决着停止。情实及缓决各案,皆不必具题。其情可矜疑者,着照例具奏。"

○三十一年(1692)谕:"今年秋审人犯,情实者停其正法,矜疑者照常完结。先经具题情实正法人等,亦着作速行文,停其正法。"

○三十二年(1693),停止秋决。

○三十四年(1695)奉旨:"内外秋审重犯,今年着停止处决。其情可矜疑者,仍照例具题发落。"

○三十五年(1696)奉旨:"今年朝审、秋审,悉着停止。"

○三十七年(1698),命停止盛京应决人犯。

○三十八年(1699)谕:“监禁缓决人犯甚多。今又增一年,人犯愈致繁多,秋审、朝审时亦甚冗剧。若久禁囹圄,死者必多。皆应从宽免死,各枷三月、鞭一百,分别发于黑龙江当差。”

○三十九年(1700)奉旨:“此情实各犯,今年着停止处决。其情有可矜各犯,着分别核拟,照例减等发落。”

○四十一年(1702)奉旨:“今年内外秋审案内情可矜疑者,照例具题发落。其情实缓决各犯,悉着于来年秋审具题。”

○四十二年(1703)奉旨:“今年三月已颁恩诏,所有罪犯无多,秋审着停止。”

○四十四年(1705)奉旨:“今年情实人犯,着停止处决。”

○四十六年(1707)奉旨:“今岁各省重犯甚少,秋审着停止。”

○四十七年(1708)恩诏:“今年内外秋审情实人犯,除已结省分外,其未经具题各案,情实者着处决,缓决者减等,矜疑者皆照例发落。”

○四十八年(1709)谕:“江南、浙江连年灾荒,地方困苦。又今年两省疾疫盛行,人命伤毙者甚众。虽该省督抚未经奏闻,朕访知灾病之状,深用恻然。民命至重,朕宵旰孜孜,惟以矜全百姓为念,一切刑狱奏谳,尤加钦恤。比年因江浙盗案叠见,凡犯盗劫者,悉皆依律坐罪。今阅秋审情实各案,所议情罪,均属允协。但念灾荒、疾疫之余,又将数十罪犯,一时正法,朕心殊为不忍。江、浙两省应处决情实人犯,悉着停止一年。”

○四十九年(1710)奉旨:“情可矜疑各犯,照例审拟具奏。情实各犯,今年着停审。”

○五十年(1711)奉旨:“情实人犯,今年着停止处决。”

○五十一年(1712)议准:直隶送部秋审招册,久经停止。如不肖官员仍借端科敛,该督抚即指名题参,从重治罪。

○五十二年(1713)奉旨:“今年恩诏颁行天下,事件皆已完结,现在事甚少,今年内外秋审、朝审,悉着停止。”

○五十三年(1714)奉旨:“今年秋审着停止。情可矜疑人犯,着照常审理具奏。现审人犯内罪不至死者,亦着减等发落。”

○五十四年(1715)奉旨:“情实各犯无几,今年着停止处决。”

○五十五年(1716)奉旨:“今年着停止处决。”

○五十六年(1717)奉旨:“情实各犯,今年着停止处决。”

○五十七年(1718)奉旨:“情实各犯,今年着停止处决。”

○五十八年(1719)奉旨:“重犯人等,去年恩诏释宥者甚多,现今内外所余人犯无几,今年朝审、秋审,着停止。”

○五十九年(1720)奉旨:“情实各犯,今年着停止处决。”

○六十年(1721)奉旨:“情实各犯,今年着停止处决。”

○六十一年(1722)奉旨:"内外情实人犯,今岁着停止处决。"

○雍正元年(1723)奉旨:"情实人犯,今年停止处决。"

○二年(1724)谕:"朕惟明刑所以弼教,君德期于好生。从来帝王于用刑之际,法虽一定,而心本宽仁。是以虞廷以钦恤垂训,周书以慎罚为辞,诚以民命至重,宁过乎仁,毋过乎义也。朕自临御以来,一切章奏,无不留心细览,于刑狱一事,尤加详慎。诚恐法司未能平允,轻重未能悉当,朕心深用恻然。故凡京城及各省题奏谳狱,但少有可矜者,无不法外施仁,量加末减。独念朝审重囚,其情实者,刑科必三复奏闻,勾除者方行处决。而外省情实重囚,惟于秋审后法司具题,即咨行该省,无复奏之例。朕思中外一体,岂在京诸囚,宜加详慎,在外省者,独可不用详慎乎?人命攸关,自当同仁一视。自今年为始,凡外省重囚,经秋审具题情实应决者,尔法司亦照朝审之例,三复奏闻,以副朕钦恤之至意。钦此。"遵旨议定:按朝审情实重犯,刑部具题后,刑科三复具奏,该御史将重犯姓名,开列具奏,捧出予勾之本,会同刑官,遵奉勾除正法,余者牢固监禁复奏。今外省秋审,亦照朝审例施行。应情实重犯,刑部具题后,刑科三复具奏,该御史将重犯姓名,开列具奏,捧出予勾之本到部,钦遵分别已未勾除,并将原议情实之处,明白抄录,咨行各省。其决过日期,该督抚奏闻。

○又奉旨:"情实人犯,今年停止处决。"

○又议准:秋审、朝审,民命攸关。九卿、詹事、科道有紧要公事,不能到班者,即知会刑部不必列衔。请派满、汉御史各一员到班稽查,其无故不到者,指名题参。

○三年(1725)谕:"人命至重,须平心研究,求其可生之路。至万无可生,然后勾决。则国法所不容,亦其自取耳。从来法宽则愚民易犯,非刑期无刑之意。"

○又奉旨:"将情实、缓决、可矜分为三项,各依省分,以云南省起,照该督抚看语,刊刻招册,并九卿看语,一并进呈。"

○四年(1726)奉旨:"秋审情实人犯,今年停止勾决。"

○五年(1727)奉旨:"秋审情实人犯,停止勾决。"

○六年(1728)奉旨:"秋审情实人犯,停止勾决。"

○又谕:"今年各省秋审情实人犯内,其情罪略有可原者,已于勾到之时,改为监候。刑部情实人犯,今年暂停处决。其中情罪略有可原者,已分别减等发落。至于督抚、九卿所拟缓决之犯,论法则均有应得之罪。而其中情事不一,尚有彼轻于此,稍可从宽者,或因一朝之忿,奋不顾身,或因纤毫之利,偶相争角,或因旁观不平而致斗,或因被打情急而还殴,似此类者,均非有谋害之念于平日,并无必杀之意于临时,止以愚民无知,好勇斗狠,遂致陷于重辟。虽悔难追,深可悯恻。兹朕再四酌量,特施法外之仁,将此等人犯,照可矜人犯免死减等之例发落。伊等试思生于人世,同为父母妻子所倚赖之身,何苦舍命轻生,自罹法网。纵使终身缓决,亦止于囹圄之中,幽囚待毙,骨肉捐弃,魂魄无依,不亦大可哀乎?今幸遇国家宽典,特予矜全,从此再生之年,皆为迁善之日。当知恩不可以幸邀,法不可以再试,痛自悔恨,悛改前非,共为良善之民。倘或再有过犯,则断乎不能苟免矣。着该督抚于各犯发落之时,将朕此旨明白宣谕,加意训诫。务令人人改过自新,以副朕矜恤下民之至意。”

○七年(1729)奉旨:“秋审情实人犯,停止勾决。”

○又谕:“凡官员侵欺钱粮及枉法贪赃者,皆系应行正法之人,从来律例所载甚悉。圣祖仁皇帝如天之仁,不忍加以诛戮者,欲以德化之之圣意也。而此辈不但不知感恩检束,且多肆行无忌,习为故然。凡为民生之害者,莫甚于贪污官吏,深可痛恨。朕于雍正元年(1723),屡经晓谕训诫,且有三年以后,此辈若不悛改,即行正法之旨。兹数年以来,侵盗贪婪之风稍减。然大约由于督抚大臣之实心察吏,禁约稽查,各怀畏惧之所致,非属员等之尽能洗心涤虑,砥砺廉隅也。朕览屡年秋审、朝审案件,凡官员侵盗婪赃,而不能依限完纳者,仍皆入于缓决之内。如此则贪吏何以示惩,贪风何由止息,非所以彰国宪而清吏治也。明年秋审、朝审时,着将此等人犯,量其情罪,按律入于情实之内,候旨勾到。将此通行晓谕各省督抚遵旨施行。”

○八年(1730)奉旨:“秋审情实人犯,停止勾决。”

○十年(1732)奉旨:“秋审情实人犯,停止勾决。”

○又奉旨:“秋审情实已勾之犯,皆再四商酌。情罪无可宽贷者,若因行文迟误已过冬至,待至下次秋审处决,时日太久。恐此等凶恶之徒,自知必无生路,致别生事故,贻累地方。着该部另行定拟具奏。钦此。”遵旨议准:嗣后凡有秋审情实应决重犯,迟误处决已过冬至者,该督抚查明不停刑日期,即行处决。

○十一年(1733)谕:“今年各省秋审人犯,有不应缓决之案,经九卿改为情实者甚多。督抚为通省大僚,臬司为刑名总汇,录囚定狱,何等重事,岂可因循苟且。如有司执法科罪,而九卿详情平反,或九卿据法定议,而朕酌夺从宽,方合政体。岂有执法之官,而任意于法外徇纵者乎。倘督抚、臬司,或谓九卿定议从刻,稍存迎合之见,遂于可矜可疑之案,概以情实奏谳,其弊尤不可言。尔等将改正各案,逐一核明,候朕另降谕旨,通行申饬。”

○又谕:“明刑所以弼教,除暴所以安民。朕临御万方,不能一道同风,俾我民免于刑戮,每以自咎。所望内外大臣,抱刑期无刑之心,执辟以止辟之法,先使民不敢犯,俾无漏网之奸凶,继则导人不为,渐化向风之顽懦。如此需之岁月,庶几习俗可移。朕十年以来,一切刑狱,莫不虚衷敛息,详慎推研。凡情有可原者,务从缓减,而意非主宽;凡法无可贷者,便依斩绞,而意非主严。本无成见,惟其自取。每见廷臣大吏,谆切开示,谅已悉朕心矣。今者秋审大典,详览直省各册,有法无可贷、情无可原,而各督抚概拟缓决,并无勘语;且有上次拟情实,而今年自改缓决者;有监候多年之犯,而每年秋审忽拟情实,忽拟缓决者;有本定缓决,因部改情实,即照拟情实,本定情实,因部改缓决,即照拟缓决者。试问该督抚等,岂竟漫不经心耶?抑竟漫无定见耶?夫疏纵之过,甚于苛刻;姑息之害,等于残忍。但本公诚之至意,达仁义之通权,此理大同,日久自见。若以为欲严,是负朕心;若以为欲宽,亦辜朕训。内外大臣,务筹远大,不任法,不弛刑。由此类推,庶政皆然。其各身体而勤求之,毋忽。"

〇十三年(1735)谕:"朕闻外省会审之时,不论案件多寡,悉于一天定议,均听督抚主张,司、道守令,不敢置喙。究其实督抚亦未必了然,不过凭幕宾略节,贴于册上,徒饰观瞻而已。夫刑者,不得已而用之者也。天以父母斯民之责,畀之吾君臣。平时不能抚绥化导,使之守法免罪,已忝厥职。及陷刑辟之后,又复视为泛常,不察情罪之轻重,率定爰书之出入,以致谳狱不平,冤情莫诉。劝惩两失,凶暴肆行,所谓明刑弼教者安在?清夜扪心,能无愧乎!朕临御以来,于一切刑名,莫不详慎推研。法司所进立决本章,亦令三次奏复。每年朝审、秋审,先期细览招册,至勾到时,复与廷臣往复讲论。盖哀矜恻怛之意,动于不得已,而发于不自知,并非欲博钦恤好生之名也。圣祖于当年勾到日,皆着素服,朕亦效法行之。凡受朕封疆之寄者,应同此心。乃克期草率定局,并不博采群议,且有结彩设筵,征歌演剧者,此则残忍性成,不学无术者之所为。嗣后各宜敬慎周详,殚心办理,不妨多宽时日,毋得视为具文。至于会集既久,除常餐外,倘有肆筵设席,仍蹈前习者,经朕访闻,必加严处。"

〇九月奏准:停止秋审。

〇乾隆元年(1736)奉旨:"本年秋审情实人犯,着停止勾决。"

〇二年(1737)奉旨:"本年秋审情实人犯,着停止勾决。"

〇三年(1738)复准:秋审人犯于起解时患病者,除系初次解审之犯,仍令照例提解,不准留养外,如已经秋审一次者,于起解时患病不能行动,该州县即报明上司,委官验实,取具印甘各结,准其留养,该督抚即凭原招核拟具题,捏饰者照例参处。

〇五年(1740)奉旨:"秋审情实人犯,着停止勾决。"

〇又议准:朝审案内女犯,另订招册一本。男犯审毕,将女犯押赴长安门内,照例审勘复奏,不必杂于男犯之内。

〇又议准:秋审应决重犯,冬至以前文到者,照例行刑。已过冬至,或正值冬至斋戒日期文到者,仍牢固监禁,俟次年秋审应决人犯,一并题明处决。其迟延各官,交部议处。

〇六年(1741)奉旨:"秋审情实人犯,着停止勾决。"

〇又议准:嗣后州县审理一切刑名案件,审解之后,通报道员。其该府如何核转,及该督抚、藩臬二司如何批示,并令该州县详悉录报该道员,以便随时稽查。

〇又议准:闽省所属州县,程途离省多有阻长之处,提解不易。除台湾府属审拟斩绞罪犯,向以远隔重洋,俱留禁省监,福州、兴化二府所属之县,附近省城,尚易提审外,其路远之建宁、邵武、汀州、漳州、龙岩州各府州所属各县,凡三月十五日以前督抚准到部复之案,俱入本年秋审;次远之泉州、福宁、延平、永春各府州所属各县,四月初一日以前督抚准咨之案,俱入本年秋审。路远各处,在三月十五日以后准咨,次远各处,在四月初一日以后准咨者,俱汇入来年秋审。部文随到随提,毋庸预先概行提解,则人犯免跋涉之苦,佥差无疏虞之咎。各省亦应划一办理。俟行令直省督抚、将军,将各该省所属州县离省远近,照闽省所定日期斟酌办理。咨部到齐之后,由刑部汇本具题,著为定例。

○七年(1742)议准:奉旨勾决斩、绞罪犯赖亚罗等二十三名,广东州县接到文行,正恭遇皇太后万寿圣诞,及冬至斋戒,并已过冬至之期,请入本年秋审,一并题明处决。

○八年(1743)议准:秋审应决重犯,奉旨勾决者,即与立决人犯同例,毋庸停决,应照雍正十年(1732)题定之例,秋审应决重犯,迟误处决,已过冬至者,令该督抚查明不停刑日期,即行处决。仍将迟误各官题参,照例议处。并行令各省督抚、将军一体遵行。

○又奉旨:"秋审情实人犯,着停止勾决。"

○又议准:盛京设立五部,原与在京六部一体,而奉天府尹,则与外省督抚相同。向例奉天府尹衙门,将秋后人犯,照直省督抚秋审之例,分别情实、缓、矜,审拟具题。而盛京刑部秋后人犯,则止以姓名、籍贯,咨明刑部查办。盖以盛京刑部,与各直省督抚不同,是以将秋审人犯,册送刑部办理。而盛京刑部,向无秋审具题之例。但秋审民命攸关,内外臣工,靡不亲审详核。而盛京刑部重囚,既不会审,又不具题,似非敬体钦恤之仁,且办理亦不划一。嗣后盛京刑部重囚,并奉天府尹衙门重囚,令该侍郎会同各部侍郎、府尹、巡察御史虚衷会审,分别具题。俟九卿会审时,照例核拟,请旨定夺。其奉天将军所有乾隆三年(1738)以前秋审人犯,亦令查明起数,移归盛京刑部,一并会审具题。

○又定:各省将军、副都统衙门,所有命、盗等案重囚,应入秋审者,亦应照奉天将军之例,于督抚秋审时,不必会审,将各原案移送督抚,一并分别审拟具题。又宁古塔、黑龙江等处,所有秋审人犯,与奉天路远,恐难移解,即令该将军会同巡察,照直省之例,分别审拟具题,九卿核复,即附于盛京刑部秋审招册之后,照例具题。至于口外蒙古秋审案件,向系理藩院审拟题结者,仍听理藩院遵照旧例会审具题,不在此例。

○九年(1744)奉旨:"秋审情实人犯,着停止勾决。"

○又议准:自乾隆乙丑年(1745)为始,凡缓决五次人犯,毋论斗杀及犯别项罪由,如有情罪稍轻者,该督抚于本内详细声明,九卿于秋审时,会同詹事、科道等官,详加察核,如果情罪尚可矜原,即另行折奏请旨。倘蒙恩准其宽减,即行文各督抚减等发落。朝审案件,亦照此办理。

○又奏准:缓决人犯,如果情轻,递年秋审,原有可矜减等之例,缓决五次以后者,率多情罪重大,难于减等之犯,故必奉有特旨,间一行之,以示哀矜至意,实不可必得之殊恩。今若于可矜之外,又添缓决五次之条,恐禁系之犯,皆有幸心,必致益逞刁风,殊非辟以止辟之义。令奉有岁逢甲子重犯停决之恩旨,应令刑部会同九卿、詹事、科道,将秋审、朝审五次缓决人犯情轻减等之美政,即于甲子年举行一次。其每岁查办之处,停止举行。

○十年(1745)谕:"向来冬至既届,一应秋审之犯,例不行刑。若远省地方奉到文书在冬至以后者,则留至次年冬至前正法。后因此等人犯尽属凶恶,罪无可缓,若迟至一年之久,未免别生事端,仍于奉到部文时处决。但诸犯既无可缓,适值冬至,亦须稍迟。嗣后如有过期接到部文者,着于冬至七日以后处决。该部行文各督抚知之。"

○十一年(1746)奉旨:"秋审情实人犯,着停止勾决。"

# 卷八百四十七·刑部一百二十五

## 刑律·断狱　有司决囚等第四

**有司决囚等第四**

○乾隆十三年(1748)奉旨:"秋审情实人犯,着停止勾决。"

○十四年(1749)谕:"秋审为要囚重典,轻重出入,生死攸关。直省督抚,皆应详慎推勘,酌情准法,务协乎天理之至公,方能无枉无纵,各得其平。朕于情实招册,皆反复省览,再三究极情状,毫不存从宽从严之成见。所勾者必其情之不可恕,所原者必其情之有可原,惟以一理为权衡,而于其人初无爱憎好恶之见者存也。今年各省招册,经九卿改定之案甚多,皆属允当。其中有缓决改入情实者,四川八名,湖北四名,江苏八名,河南、山东各五名,山西六名,直隶七名,或谋杀,或故杀,或拒捕,或诬良致死,或威逼致死,或奸民聚众不法,或邪术迷拐,或强奸幼女,或羞忿自尽,或连砍数人,或殴死有服尊属,皆情罪较重,万无可贷。虽各省情实人犯,临勾之时,稍有可原,必加宽宥,而此等凶徒,断不应拟以缓决。设非九卿改正,经朕裁酌置之典刑,则奸徒幸免,死伤屈辱者冤无可伸,而刑罚于是乎失中,岂得谓诘奸止辟之义耶?此于法纪、伦常、风化,所系甚重,督抚身任封疆,为国家明罚敕法,岂宜出入。所有审拟不当之各该督抚,皆着严行申饬。"

○又谕:"向来勾到本章,皆系新资御史承办。此相沿陋例,初无意义,不过备员塞责,非所以肃政典也。今既分定十五道,各有专责,自应分省办理。嗣后凡遇勾到某省本章,即着某道御史承办。近经去其冗复,本章已简,其令该御史悉心详对,设有鱼鲁,则咎在御史。其朝审,令河南道专办。监视行刑,着刑科给事中及刑部侍郎一人。著为例。"

○又谕:"朕于侵贪各案,谆谆垂戒,前后所降谕旨,不啻三令五申。此次勾到办理侵贪各案,有督抚轻拟,九卿改入情实者;有九卿混入缓决,经朕指示情节,改入情实者。所有二年限满之犯,完数如例者,业经分别原减。其逾限未完,营私入己,确然有凭者,予勾正法。诚以律不容弛,法当共守。与其失之宽而犯者众,不如显然示以无所假借,俾知所戒而不至更蹈覆辙,所全者实多也。朕前降旨,令刑部于秋、朝审时,将各省官犯汇为一册,得以详悉推勘,以昭慎重之意。此虽不仅指侵贪,而官犯内惟侵贪者常多。以理论之,洁己奉公,人臣之职分应尔。仓库钱粮,莫非小民脂膏，上以供军国经费，人君且不得私有，而乃漫无顾惜，如取如携，娄正供而入私橐，是闾里之输将，徒为若辈填溪壑也。夫取非其有谓之盗，况取国家之所有乎！贪人之财犹谓之盗，而况其贪国家之财乎！此其情尚可恕乎？乃向来锢习，以为宁盗毋贪。此在为上者爱民之深，权其轻重，谓与其厉民，毋宁损上，以是重言人臣之不可贪耳，而岂忍以盗待臣子哉，为臣子者又岂甘以盗自处哉！人徒知渔利于民者贪也，蠹食于官者侵也。援律傅罪，轻重判然，不知贪者固有害于下，而侵者实无所畏于上。以无畏之心，而济之以无穷之欲，则派累以肥橐者有之，因事而勒索者有之，甚至枉法受赃者有之。朝廷之府库，且所不顾，更何民瘼之可矜，民膏之足惜。此侵则必贪，势使然也。此等劣员，多留一日，则民多受一日之残，国多受一日之蠹。既已劣迹败露，尚可因循姑息，系之囹圄，获全首领，下愚不肖之辈，其何所儆惕，而绝其行险侥幸之心。又安知其不转以身被刑辟之虚名，而子孙享富厚之实惠，且自为得计耶！是斧锧一日未加，则侵贪一日不止。惟一犯侵贪，即入情实，且即予勾决，人人共知法在必行，无可幸免，身家既破，子孙莫保，则饕餮之私心，必能自禁，何至甘心扞网冒法。此狂澜之必不可不回，而膏肓之必不可不救。旋转之机，断在于此。用是再颁谕旨，详悉开导，俾共知洁己奉公之大义，懔服官典守之大防，杜绝侵渔，终远刑辟，为良有司，国家实嘉赖焉。如其不知畏惧，不知悛改，则三尺具在，断在必行，前鉴昭然，慎勿视为具文也。此谕着刊刻颁发，令内外文职衙门，入于交盘册内，永远传示，各宜懔遵。”

○又谕：“外省秋审情实人犯，定例概行处决。朝审情实，始面奉勾到。其停决亦但停朝审。至雍正初年，皇考特颁谕旨，外省情实，亦着候勾，以昭慎重。不知者见分日勾到，似乎从严，而岂知斟酌精详，因有免勾之犯，实则从宽。然朕御极时，外省情实人犯中，雍正年间所留未勾而牢固监禁者，亦不过数案而已。今年各省情实招册，朕详悉披览，其中有屡次未勾仍入情实者，如广东省即有林顺天等九案。盖缘朕御极之初，多方为之原宥，以致漏网。其实此等凶犯，论法律毫无可恕，揆情理毫无可宽，若令久系囹圄，无以彰明国宪，或且别生事端。人见其应死不死，众心无所儆惕；而该犯亦自恃不死，将一无忌惮。且虽不勾决，而按其情罪，至下年秋审，又不可不入情实。行恐积久生玩，将此等情实旧事，转成具文，亦非明罚敕法之道。是以朕今详加裁夺，情实人犯内情罪当勾者，即予勾以正其罪。所未勾者，下次秋审，即应入缓决。盖执两用中，必随时消息。当临御之初，因人命攸关，实心有所不忍，宁失之宽。今阅历既久，灼见事理，若一味姑息纵舍，则失之懦弱。裁度因时，方得权衡不爽。非有意从宽，亦非有意从严，且非前此从宽，而今又改为从严也。此中斟酌苦心，众人安能尽喻，是以详悉谕之。”

○又谕：“本年朝审缓决本内，有斩犯董朝佐、赵世纶、朱发、李廷栋、胡璘、刘钟、迟维璧、石鼐、金承诏等四案。内迟维璧、石鼐、金承诏一案，系乾隆十年（1745）勾到降旨改缓决之犯，其余三案，办理俱属错误。从来生杀予夺之权，操之自上。未有职任法司,而得高下其手,以意为轻重者。向来问刑衙门,于大员重辟,如去岁讷亲、张广泗等案,恐涉趋附之嫌,不敢不按法定拟,甚至有意从重,已属非理。至其他官犯,则因同居仕籍,存心袒护,彼此相蒙,竟成锢习。此风虽不自今日始,纲纪所关,不可不肃。朕思凡属官犯问拟罪名,即应候朕裁夺,不得于朝审时朦胧概入缓决。明系因缓决案犯繁多,且情罪稍轻,易于忽略,可以混过。不思人臣服官居职,皆有一命之荣,即应秉公奉法。及其干犯刑章,业于寻常人犯较重,可以其为官犯而反曲为宽宥乎!即如董朝佐侵挪茶规银两。茶规虽非正项,而既经查充公用养廉,即系官帑。有如外省藩司,将养廉公项恣意侵用,得谓其非正项钱粮而宥之乎?赵世纶侵欠银一万一千余两,虽经完缴三千余两,其在限内限外,亦未查明。若果已逾二限,即当照例入于情实。如以为旧定之案入于缓决,则旧案何幸,新案何辜?年来侵贪渐多,致烦朕一番办理者,皆此等相蒙恶习有以启之也。至朱发、李廷栋身为司牧,奸民哄闹,擒捕无方,比照武职攻破城池之例治罪。夫奸徒小蠢,本系子民,何至仓皇失措,以朝廷所付民社之寄,弃而不守。乃谓本非武职,比照治罪,缓其处决,岂城池仓库,专责武臣,而地方文职,可置不问乎?审尔,则张巡、许远,但委之雷万春、南霁云之流足矣,何事誓死坚守乎。胡璘以都司奉委协拿人犯,即系承上司调遣。其不速擒捕,即系逗遛观望,乃谓与临阵退缩不同。奸民哄闹,即望风不进,乃谓非逗遛观望,然乎?刘钟虽外委末弁,畏缩远避,以致偾事,何情可原?夫万泉、安邑刁民,岂得与巡远之事比,然而治国者防微杜渐,岂可以事小而忽之。刑章重大,如此办理,殊失明刑止辟之道,着另行改正。刑部堂官,姑念积习相蒙,此次免其议处。其各省秋审官犯入于缓决者,通行查具清单,奏闻请旨。嗣后寻常命盗案件,督抚、刑部、九卿照例审拟,其职官治罪,除杂犯外,凡实犯罪名,秋、朝审时或应缓决,或应情实,着另为一册进呈,则朕得以详阅,不致因烦混过,部臣亦不能施高下其手之技。而官犯与常犯有别,亦所以示廉耻等级之意,斯乃朕特恩也。朕临御万几,乾纲独揽,宽严之用,务在得中,生杀之柄,断不下移,法司九卿,不得稍有假借,以启威福之渐,期以肃官常而慎刑宪。传谕中外知之。"

〇十五年(1750)谕:"本年秋审情实人犯,停止勾决。"

〇十六年(1751)谕:"本年秋审情实人犯,停止勾决。"

〇十七年(1752)谕:"各省由立决改为监候人犯,皆系服制攸关。其改拟监候,已属原情酌减。若秋审时入于缓决,则减之又减,殊非慎重伦常、明刑弼教之意。是以上年降旨,令改入情实。此其中情节多端,如父母被殴致伤,或势在危急,救护乃其至情,使父殴叔而子助父以毙叔,亦得谓之救父,则是长不友不睦之风,非止辟之意。但散在各省招册中,有勾决者,有未勾决者。或未悉朕轻重权衡,反滋拟议。着该部将此等案犯汇为一册,与官犯招册,先期进呈候勾。其有应宥者,亦可即予减等发落。朕于各省招册,反复研究,务协理法之大中。人命至重,大德好生,何忍不以哀矜为念。但骩法违道,务在活人,斯乃妇人之仁。中外问刑者,其共知之。"

○十八年(1753)谕:“各省由立决改监候人犯,情罪本重,累次秋审,仍列入情实。上年四十起内,未勾者二十三人,此次已勾一起。但节次存留监禁,将积而愈多。是因缓死而累次绑赴市曹,亦非所以重刑章也。嗣后此项,除本年未勾人犯,下次仍入情实外,其余着大学士会同刑部堂官,将招册复加详勘。其有实在情节可宽者,如弟殴兄毙,或果因其兄干犯父母,迫于亲命,或素有疯疾,一时病发,凡似此类,酌量分别,叙入案情,确加勘语,请旨即入缓决。盖伦常所系,不厌周详。朕于勾决册内,已再三审量,更一番公同勘酌,则情节益明,庶协明慎用刑、矜恤民命之至意。著为令。”

○又谕:“各省由立决改监候入于秋审情实未勾各犯,朕念其中尚有情节可宽者,既已缓死,而犹屡次绑赴市曹,殊为可悯,特令大学士会同刑部复加详勘。今据将两次未勾各犯内滕昌荣等八名,仍入情实,侯正兴等十三名,改为缓决,分别请旨。今番勘定之案,允为刑名矜式。着将原奏简明案情,抄寄各督抚。人命所系,诚不厌详慎。但必实有可原,始贷其死,方不失弼教之意。向来督抚陋习,以死者不可复生,遂一任俗吏舞文,曲绘案情,多谓事由死者肇衅,预为凶徒设一开脱之地。明知法司必驳,亦宁任失出之咎。此皆妇人之仁,适以纵恶而不足示惩。现在各案,经朕勾到时再三审量,复命大学士等公同斟酌,实为无枉无纵。嗣后各督抚必悉能实得其情,朕始可酌量予以矜宥。倘因有此番缓矜,又误体朕意,一味仍前姑息,附会案情,转致实在情节不明,则朕将求其生而不得,大非明慎用刑之本意矣,朕必于该督抚是问。可通行传谕知之。”

○十九年(1754)谕:“本年秋审情实人犯,停止勾决。”

○又谕:“停决之年,有情罪极重之案,如聚众抗官、殴差夺犯、侵贪多赃者,由部节叙案情,请旨勾决。”

○二十二年(1757)谕:“内外问刑衙门办理刑名案件,往往惟事姑息。一切情罪之应正法者,苟可巧为开脱,辄文饰狱词,拟入监候缓决。一入缓决,则每年秋审,例得屡邀宽宥。该犯徒负一斩绞之名,转得偷生视息,以囹圄为送老之地。幸遇宽典,或且安然事外。坐使冤死者无偿命之期,而刁恶莠民,益无所儆畏。近来刑名案牍,日多一日,未必不由于此。即如一殴杀也,狱定成谳,必以为曲在死者。其有事关服制,以卑幼而伤及尊长,不曰救亲情切,即曰尊长起衅。凡若此类,招册中不可枚举,总以辗转回护,曲为之贷。殊不思人命关天,必期生死两无所憾。若徒于生者力为保全,则死者不且重被冤抑乎。将谓生者之命可惜,则死者独非命乎。在督抚、州县等,以为如此办理,可使该犯留一线之生,而部臣定拟,亦以已成之案,乐于从宽完结。不知事关刑狱,务期情罪允当。有意从宽与有意从严,其为刑罚不中一也。如今日山东省秋审情实册内各犯,该部照大逆缘坐律拟以斩决,朕改为监候,此等关系国家体制,非杀人抵命可比,转可谓之原情。至人命所系,朕倍加留心。狱词稍涉蒙混,必推究实情,不稍宽贷。是诸臣虽欲曲为开释,亦终不能也。且并有明知不能开释,而故为一可上可下之语,以为吾救命之心尽矣,此何为耶?昔皋陶曰杀之三,尧曰宥之三,朕亦何乐而不以宥贯为恩。但诸臣举无一执法之人,则朕转不得不存废法之惧。若果但为积阴德之举,则每年不勾到,即勾到而于情实者皆不勾,斯朕之所存阴德,必较诸臣为大,而天下政理,其尚可问乎?夫驭民之道,不贵刑治,而贵以德化。吾君臣不能以德化民,是可愧也。然德所不能化,非刑其何以治之。若徒博宽厚之美名,因循姑息,致奸匪毫无惩儆,谳狱日益繁多,岂所论于刑期无刑之道哉!将此通谕内外问刑衙门知之。"

○又谕:"秋审官犯,题结在行刑之日以前者,着皆补疏题请,或情实,或缓决。其情实予勾者,即行刑之日已过,亦着行刑。其在行刑以后审结者,乃入下年册内新事,该部仍黏签声明。如此庶有所差别。所谓制官刑儆于有位,持宪执纪,其慎体毋怠。"

○又谕:"情实官犯,令补入本年秋审,此专指贪酷败检,侵亏狼藉,及有心狡诈,不尽臣职者而言。若寻常私罪案犯,情罪虽亦可恶,然非法难姑待者可比,仍牢固监候,以俟明年秋审。著为令。"

○又谕:"律载斗殴杀人一条,均拟应绞,而案情轻重迥异。如系彼此互殴致毙,正与斗殴律意相符。若其人并未还殴,而逞凶肆殴,以致殒命,其去故杀一间耳。即如刑部审拟李四殴伤张氏身死一本,缘张氏索欠詈骂,该犯拳殴跌地,复连踢重伤致死。张氏因索欠不与而骂,人之常情,并未与斗,而李四直不欲偿其宿逋,毒殴毙命。即谓衅起一时,情非谋故,顾安得谓之斗殴杀乎?嗣后斗杀案内,遇有此等情节较重者,秋审时俱当拟入情实。或有类此而情轻者,即量从宽典,亦止可归入缓决,断不应在可矜之列。庶凶徒知儆,谳牍渐清,正辟以止辟之意也。着通行传谕问刑衙门知之。"

○二十四年(1759)议准:秋审、朝审初次进呈招册,俱属九卿未经审拟之案,应遵旨删除。其朝审第二次缓决、可矜二册,亦应删除。清字册向不进呈。嗣后除单清字及蒙古案件,仍用清册外,其余清字招册,应行删除。

○二十五年(1760)谕:"刑部秋审情实招册内,有定案时已逾热审之期,九卿秋审,即提入本年册内请勾者。此虽该犯情罪重大,法无可缓,用速宪典,以示惩创。但其中情罪等差,尚有应行区别者。如一人连毙二命,暨妖言惑众、传习符咒,并官员侵渔帑项、勒敛民财之类,非残忍已极,即有关于民俗官方,自不得不早正典刑,以昭炯戒。至寻常谋、故等案,虽情节本无可缓,而定案期限,适在秋审后,此亦时会偶值,自可令其幸延一年之生,何必亟亟为也。朕办理庶政,从不预存成见。其应行正法之犯,令其具奏入于秋审,固非有意从严。其可以不必速办之案,令其仍照往例,亦非有意从宽。惟斟酌情理,期适当于协中之治而已。将此通谕知之。"

○二十六年(1761)谕:"向来直省秋审,成例相沿,巡抚率同司、道,赴按察使衙门会同查审。虽一切预备陋规,久经斥禁,然以巡抚率属并会司署,随带员役,究不无供应之繁，非所以慎刑章而清吏治。本年安省秋审，会赴抚署办理，所见甚是。嗣后各省均照此例行。著为令。”

○又谕：“今年秋审情实各犯，着停勾决。”

○又谕：“今岁恭逢皇太后七旬万寿，所有庆典，自应次第举行。现在刑部办理秋审案件，内缓决人犯，其罪不至情实，而亦难遽从矜减者，阅时既久，淹系遂多，应酌量查办，以清谳牍。该部将朝审、秋审各犯，缓决至三次以上者，核其情罪，分别请旨减等发落，用昭推广慈恩、矜恤祥刑至意。”

○又议准：从前直省督抚办理秋审，例将各犯始末情由，备悉缮造黄册，随本具题。康熙十六年(1677)，经刑部议准，黄册情节繁多，一时难以遽毕，免其缮造，止拟情实、缓决、矜疑三项，缮本具题。刑部历年办理秋审，先将各犯原案，摘叙情节，刊刻招册，俟督抚本揭到日，加入看语，分别办理，缮本具题。其情实人犯，另造黄册进呈，恭候勾到。是督抚之本揭，虽繁简不一，俱经刑部汇齐重办，统归划一。各省督抚秋审本章，钦奉朱批，发科传抄后，存储内阁备案，以垂永久。嗣后本揭仍依旧例。其本内旧事缓决三次者，止叙案由；未及三次者，摘叙简明略节，照旧备叙案情，加具看语，依次汇为一本具题。所有问语供词，悉行删除，以节冗长。

○二十七年(1762)谕：“国家秋谳大典，上系刑章，下关民命。虑囚时，设情法未衷于至当，何以昭弼教之用心。每岁刑部进呈各省情实招册，朕必将逐案事由，一一披览，使狱情毫无遗漏，而各案适轻适重，又详为称量比拟。有其迹虽涉疑似，而情尚一线可原者，既于册内折角存记。即情罪重大，于法万无可贷，不得已而予勾之案，亦反复推勘，于所犯实款，随其节目次第折角。及勾到前一日，与临勾之时，必三经检核，务俾毫发无疑，然后予勾。所谓求其生而不得，则死者皆无憾也。第向来勾到事毕，原阅招册，止存贮内阁。其问刑衙门，不过预闻临时商榷之言，而先事全局折衷，所以一再不释者，未能尽喻，又何以定司宪之准。所有本年情实招册，可于勾到后即发交刑部。其近今二三年内阁所贮册，一并检发该部，俾详悉披绎，因端领会。庶几体朕意以求协中，则成牍不为无助。著为例。”

○又谕：“本年秋谳届期，九卿等将秋审、朝审各案核议，分别具题。所有可矜人犯，例应减等杖流。但其中有同在可矜之列，而情节各殊者。如子妇不孝，詈殴翁姑，而其夫忿激致毙，或因该犯之母，素有奸夫，已经拒绝，后复登门寻衅，以致拒殴致毙者。此等尚因情切天伦，一时义忿所致，与寻常斗殴者不同。然仅一例减流，而终身远徙，不得完聚，其情亦堪悯恻。着该部会同九卿，嗣后如有似此罪犯，俱量为区别，照免死减等例再减一等发落，仍逐案随本声明请旨，副朕矜恤庶狱至意。”

○二十九年(1764)谕：“向来期功服制情实人犯内停勾二次者，曾经降旨令大学士会同刑部省录改缓。其服系缌麻案件，因非由立决改监候者，散入各省谳册，本非前旨所概。虽勾到时有以情节稍轻，酌予免勾，而积至数年，竟未得与服重人犯，一体改缓，诚属不免向隅。嗣后遇此等缌麻服属人犯，亦照期功以上例，于停勾二次之后,着大学士会同该部,一体省核,改入缓决。著为令。”

〇又议准:刑部秋审,上年业经奏准,将各省招册,先期分给九卿等衙门,从容细阅会谳。外省司、道,事同一例。嗣后各省每年秋审,臬司核办招册,务须先期主稿,陆续移咨在省司、道,会同虚衷商榷,联衔具详督抚复核定拟。

〇又议准:嗣后直省秋审届期,令督抚预饬各该府、州,酌量所属之犯人数目,遴委一二干练佐杂,督同差役,将重犯押解省城候审。俟审毕之后,仍着原委员役,解回收禁。倘在途人犯或有疏脱,及解役有顶替、短少等弊,即将该委员参处,以专责成。

# 卷八百四十八·刑部一百二十六

## 刑律·断狱 有司决囚等第五

### 有司决囚等第五

〇乾隆三十一年(1766)议准:前奏请将抢窃满贯应绞,及三犯窃盗赃至五十两拟绞各犯,缓决至三次以上者,俱改发乌鲁木齐、伊犁等处给兵丁为奴,通行各省在案。嗣后此等人犯秋审一次之后,除情实外,其余缓决人犯,查明年在五十以内者,即佥妻改发新疆。

〇三十二年(1767)议准:嗣后已经汇入秋审情实人犯,奉旨勾决,尚未典刑,监毙在狱者,务遵定例专本具题,以昭慎重。

〇三十三年(1768)谕:"从古按部录囚,原有旧典。在督抚统辖全省,臬司亦刑名总汇,势难亲临州县,一一按问。至本管道、府,职司既专,而分辖地方,又不甚辽远,若令于每年审录之前,巡历所属,逐案悉心审勘,其情罪允符,毫无疑义者,自可汇册具申上司。间遇有狱成未孚,临时呼冤之犯,亦止什伯中之一二,仍应据实另缮招册,将本案犯证一并解送司、院复讯定拟。是于减除陋例之中,兼寓慎重祥刑之意,立法庶为尽善。至道、府录报各册,无论情罪与原案有无异同,俱令加结备案,以杜徇庇属员及有心翻驳诸弊,于责成尤有专属。着该部详议速奏。"

〇又谕:"向来各省应入秋审官犯,俱于各州县狱中监禁,勾决本到,转行该地方正法,办理尚未妥协。嗣后各省官犯,于定案时即在按察使衙门收禁。既与齐民犯罪者稍示区别,而臬司狱禁,稽察更为周密,亦可免疏虞、替代诸弊。于防微杜渐之中,仍寓仁至义尽之意。至勾本到省,并着照刑部决囚之例,将情实官犯,全行绑赴市曹,即令按察使监视行刑,将奉到谕旨当场开读,按照予勾之犯,验明处决。于体制既为划一,而省会之地,共见共闻。如此立法森严,益可使官僚共知儆惕。将此通谕知之。著为令。"

〇又议准:直隶秋谳,每年以五月为期。今既改令道员前往复勘,自应预定章程。如天津道所辖河间、天津二府,霸昌道所辖南路、西路、北路三厅,应入秋审人犯,于四月十五日以前准咨者,入本年秋审;四月十五日以后准咨者,汇入下年秋审。清河道所辖保定、正定二府,暨冀州、易州、定州、深州等处,应入秋审人犯,于四月初十日以前准咨者,统入本年秋审;四月初十日以后准咨者,汇入下年秋审。大名道所辖顺德、广平、大名三府,通永道所辖之永平、遵化,及东路厅三府州厅,口北道所辖之宣化一府,张家口、独石口、多伦诺尔三厅,热河道所辖之热河等五厅,应入秋审人犯,于四月初一日以前准咨者,入于本年秋审;四月初一日以后准咨者,汇入下年秋审。以上各道册结,统于四月二十五日以前移咨到司,听候会核。如情罪重大者,仍随到随入。若准咨在具题之后者,亦汇入下年秋审办理。

○三十四年(1769)议准:秋审人犯,既责令道、府亲临所属复勘,毋庸提解,无论新旧次数,应统行复勘。所有新旧各册,应将上年已入秋审者,俱作旧案;本年新入者,俱作新案,挨次分别造册报部。

○三十六年(1771)谕:"昨因京师毗近地方望雨甚殷,降旨将秋审缓决三次人犯,分别减等发落,以昭宽恤。至在京现审案件内有立决人犯,适当省刑之际,应予暂缓行刑。着刑部将此等应结案牍,暂行停止题奏,俟雨泽沾足,再行请旨。嗣后遇有清理刑狱时,俱照此例行。著为令。"

○又奉旨:"今年秋审情实各犯,着停止勾决。"

○三十七年(1772)谕:"本日刑部等衙门进呈云南省秋审缓决人犯本内,有阮国秀一名。寻阅原案,并未声叙。及细加检核,则该部将上年所定缓决人犯,亦概行列入旧事,竟不开明情罪具题,殊属非是。每年秋审时,该部将谳册进呈。其情实人犯,俱再三披阅,反复参详。至缓决各案,原不能逐一遍览。第其中有情节较重,于法司定案时即行存记,俟秋审进本,留心复阅。或所定尚属平允,即照拟入缓;亦有情法难宽,改为情实者。此等案犯,与情实册同为详核。及经勾到一次,则上届所定缓决,至下届毋庸更改,无须再为检核。是以曾经降旨,令刑部将旧事缓决,止列犯名,不必复具案由,以省繁复,此指曾经勾到者而言。至上年乃停勾之年,该部虽将情实、缓决各本照例具题,朕以既不勾到,则情实、缓决各犯,俱无可办。是以每次进本,不过照常批发,并未如每年详阅。原欲俟今岁秋审时,一并细加鉴核。此在刑部堂官等或未能深知朕意,刘统勋日在朕前,亦岂得诿为不知乎?是本年秋审,原属两年并办。虽系上年缓决,仍与新事无异,自应将各原案仍照上年全列备览,方为妥合。乃刑部竟视同积年旧事缓决,将案情一概删除,实为错误。此本已交内阁查取上年红本呈阅。但刑部所办一省如此,恐各省均属相同,凭何校核。着传谕刑部堂官,将上年所定缓决人犯,均详叙案情具题。其现在已经出本不及趱办者,或将上年进呈黄册及批发红本,赶送行在备阅。嗣后凡遇停勾次年,均照此旨妥办。将此饬谕刑部堂官知之。"

○又谕:"朝审情实人犯内,有屡次未经予勾者,所积渐多。着刑部将已阅五年之官犯、常犯,查明具奏,下次即改入缓决册内。"

○三十八年(1773)谕:"停止行刑月日,原指寻常案犯而言。若遇紧要重犯,应鞫应决者,均宜随时审办。设或拘泥旧文,系狱太久,难保无防守懈弛,乘间越狱、自戕等事,致令幸逃法网,殊有关系。朕于谳狱用刑,权审至为慎重。若遇罪无可贷者,即偶值令节庆辰,亦谕法司按律讯治,从不稍存忌讳。而外省督抚等因向有违例行刑处分,惧干吏议,不亦昧于轻重之宜乎?嗣后寻常案件,仍照定例月日停刑外,其有凶盗逆犯,干涉军机,应行立决,及当加刑鞫者,均即随时办理,声明咨部,不得拘泥旧例。著为令。"

○又谕:"每年勾到之日,由刑部将犯人捆缚押出之时,若步军统领事繁无暇,着派翼尉一员押送。"

○又谕:"秋谳大典,经九卿会核定拟,缮册进呈。朕亲为再三披阅,核其情罪轻重,分别勾存。其稍有一线可原者,必为求其可生之理,予以停勾;而实在情真罪当者,亦不能曲法市恩,稍存姑息,以期无枉无纵。并于勾到时,将应勾应免之故,详晰谕示,大学士、刑部等官皆备闻之。盖以民命至重,从不肯掉以轻心也。古云'刑人于市,与众弃之',原欲使家喻户晓,共知儆畏。今刑部及外省奉到秋审勾决之旨,不过遵照办理,而其人之所犯何罪、律应正法之故,民间不能周知。无怪乎岁举明刑之典,而犯法者仍众也。自当于秋后处决时,将该犯必应正法情节,摘出简明数语,揭示通衢,俾愚民触目儆心,庶不致轻罹法网。着自朝审勾到为始,大学士会同刑部,将予勾、不予勾各犯,并经朕酌核情罪分别办理之处,节录情由呈览,随时榜示市曹,俾众知朕明慎用刑至意。嗣后办理各省秋审勾到时,将各犯应勾、应缓情节,一体摘叙数语奏闻,行知各该督抚,于处决时出示晓谕,以昭炯戒。庶几穷乡僻壤,皆知辟以止辟之意。著为令。"

○三十九年(1774)谕:"刑部为刑名总汇,审断易得实情,定案亦较详慎。不但五城案件介在疑似者,应归部结,至递解人犯一事,五城、提督等衙门,向俱自行办理,究不免有流弊。京城五方云集,众所环依。苟非下贱匪类,凶顽生事,及实患疯病之人,原可毋庸摈归原籍,而递解之案,亦不可无所稽查。嗣后五城、提督、顺天府各衙门,遇有应行递解人犯,除籍系直隶,就近递回者,听各该衙门照旧办理外,其余应解回别省人犯,均着叙明案由,交送刑部,核明应解与否,妥协办理,交该地方官严行管束。并着刑部三月汇奏一次,以昭慎重。各该衙门不得仍前自行递解。著为令。"

○又谕:"嗣后秋审情实人犯,有经十次未勾者,着刑部查明,于下次改入缓决,但不得擅改可矜。著为令。"

○四十一年(1776)议准:嗣后滇省秋审,除曲靖等八府及距省不远之直隶四厅州人犯,仍行解省会鞫外,应将离省窎远之永昌、顺宁、丽江、昭通、广南、普洱等六府属人犯,即专责不由审转之各该道,于冬季巡历时亲加研鞫,不必会同该府。其由该道审转,如迤西之景东、永北两厅人犯,令迤南道亲审;迤南之镇沅直隶州及州属恩乐县人犯,令迤西道亲审。倘该道不亲加研鞫,仅以册结了事,以致案有冤抑,该督抚立即严参究治。

○四十二年(1777)谕:"嗣后秋审、朝审情实官犯,有经十次未勾者,着刑部查明改入缓决。但官犯非常犯可比,既改缓决后,如遇应查办缓决三次以上时,不得与常犯一例减等。其中或有应行宽宥者,俟朕随时特降谕旨。”

○又奉旨:“伊勒图等奏《请将秋审二次缓决之刘宗武等发遣为奴》一折,所拟未当。内地秋审人犯,缓决三次者,方准减等;情实十次未勾者,改缓决。新疆人犯治罪,应较内地为重,庶各犯不敢轻蹈法纪,岂可转较内地从轻。着交军机大臣会同刑部另拟具奏。”

○又刑部议复广州将军审拟克什布之妻杨氏违犯教令致姑王氏自尽一案,因杨氏系驻防旗人之妻,奏请解部监禁。奉旨:“折内称‘杨氏系驻防旗人之妻,例应解部监禁,令该将军等派员选人伴解’等语,固属照例办理。但各省驻防旗人内应入秋审者,亦所常有,若俱派人伴送,不胜其烦。向来东三省秋审常犯,并不解京办理,各省驻防,何独不然。况各省驻防将军、都统拘禁一二人犯,亦非难事;而理事同知衙门各有监狱,即可令其收禁,何必多此一番跋涉。嗣后各省驻防遇有应入秋审人犯,即令将军、都统等悉心确核,分别情实、缓决、可矜三种,造册题达,交刑部、九卿会核具题。至勾到时,某省驻防,即另册同各省应勾人犯,一体办理。”

○又谕:“杀人者死,汉初约法已然。今择其情轻者列入缓决,已属宽典。若纠众械斗,则为害于世道人心,渐不可长。是以朕于勾到时,遇有械斗各伤一命之案,并予勾决。至斗殴之案,情形本自不同。有并非互斗,亦援斗杀律例问拟者,因系积久相沿,姑仍其旧,而秋谳时分别情实、缓决,则轻重当有权衡。如彼此俱以手足相殴,及各持金刃互格,因而伤重致毙者,两造情事相等,原可入于缓决。若死者仅以詈骂起衅,或用手足先殴,而凶犯辄持金刃抵拒杀伤,其为逞强毙命,已可概见。且金刃本可杀人之物,若死者并未持械,岂能徒手相当。即非顿起杀机,其与故杀亦所差一间。此等而不入于情实,又何以惩暴除凶。况为法司者,惟当准酌情理,务得其平。若稍存阴骘之见,曲从开脱,实乖明允之道。嗣后内外问刑衙门,于秋审斗殴案犯,并当悉心定拟,毋有枉纵。庶好勇斗狠之徒,共知儆戒,不敢轻蹈法网,所全实多,是即辟以止辟也。”

○又谕:“昨刑部进呈秋审本内,有死者仅用手足先殴,而凶犯辄持金刃杀伤者,同一案而分拟情实、缓决,未为允协。因降旨令嗣后内外问刑衙门,于秋审斗殴案犯,悉心妥拟,毋有枉纵。今刑部奏请将本年已入缓决各案内,查明死者并未持械,凶犯以金刃格伤致毙者,俱补缮黄册,改拟情实进呈。所办又属过当,断不可行。朕昨降谕旨,通饬酌定情实之意,原因近年金刃伤人之案较多,而秋审时每列入缓决,且数年后仍得减等发落,于是好勇斗狠之徒,妄谓杀人可以幸生,遂罔知儆戒,轻蹈法网,不可不示以严惩。俾知用金刃杀伤徒手之人者,断难邀免,庶可稍戢其逞强之心,以免罹必诛之罪。是以前旨有嗣后之言,欲使众共知晓,懔刑章而不敢复犯。若教而不从,则是自取其死,于情理均无可恕矣。今刑部请于本年即行改正,竟似朕急欲多勾百十人,实属误会朕意。且立法自有次第,何不可待之有,而为是汲汲乎。着刑部转行各督抚,将朕先后两旨,遍行出示晓谕。虽穷乡僻壤,咸使闻知。如此晓谕之后,倘有仍用金刃杀伤徒手之人者,即当拟入情实。朕酌定其情,即不予勾,而以金刃斗杀者,概不予以减等,庶几辟以止辟之义。至明年秋审内,倘有未闻此旨以前之案,亦不必办及。俟后年各省秋审时,再行分别办理。俾共知朕仁义并施化民约法之意。"

○四十三年(1778)复准:向例秋审人犯,外省定拟情实,由部改缓决者,即于情实本内扣除,归入缓决题本,咨行遵照。勾决部文,期限紧急,所有缓决咨文,势难一并知照。嗣后外省定拟情实,经本部改为缓决题准各案,即于咨行勾决文后,填写"原拟情实之某人等几名,经九卿改为缓决,合并知照该抚"字样,俾各省得以按名稽核。

○又议准:嗣后直省情实重犯,遇有病故,各督抚一体知照法司衙门,互相核对开除。刑部仍照旧例于题咨到日,移会法司查照核对,庶无讹舛。

○又议准:各省驻防应入秋审人犯,应由该将军、都统遵照乾隆四十二年(1777)谕旨,分别情实、缓决、可矜,造册题达。至该将军、副都统办理秋审题本,应令照例缮用清字。各省驻防,离省远近不同,应通行各该督抚,按照各府截止秋审日期,转行各该将军、副都统等一体遵照办理,以免歧误。

○四十四年(1779)谕:"文绶题报四川松潘厅绞犯刘经柱在监病故一本,已批交法司矣。该犯于五月二十日病毙于狱,该督直至九月十六日始行具题,相距四月之久,稽延太甚,该督咎有难辞,文绶着交部议处。并着查明此案或系该厅呈报稽延,抑系具报后上司未即查办,必须逐一查明,将玩忽各员,查取职名,分别交部严议。至各省于监犯患病之事,上司漫无稽查,积习相沿,于吏治大有关碍。此不过借监犯患病为由,希图展限而已。是以曾降谕旨,定以限期。虽略有检制,而有司苍滑者,仍有以监犯患病,及因公出境,借词展限逾期者。立法尚未为尽善,其应作何酌定章程,不致捏混之处,着交刑部另行妥议具奏。"

○又奏准:已革福州府知府徐元,其所属知县杜锡龄纵令盗犯林添启出洋缉贼,以致林添启远扬无踪,徐元并不揭报,扶同讳饰,经该抚比照受财故纵与囚同罪。并声明所纵虽系应拟遣盗犯,从重依故纵凌迟斩绞律,止拟绞例拟绞,监固缓决。俟逃囚获日,另行办理。原拟并无"秋后处决"字样,与别项官犯应入秋审者不同。但系已革知府大员,未便照监候待质常犯不入秋审之例办理。所有徐元一犯,应令该抚即入于秋审具题。刑部于恭进官犯黄册时,另立一册,随同呈进。

○四十五年(1780)奉旨:"今年秋审情实各犯,着停其勾决。"

○四十六年(1781)奉旨:"秋审勾到事件,军机大臣办理熟谙,着同大学士一体承旨。"

○又谕:"谳狱大典,内外承办官均宜悉心详核,以期无枉无纵。若部驳未能妥协,朕亦未肯准行。今此次部中改拟各案,核其情罪,均属平允,自系外省问拟失当,不可不明定处分,俾知儆省。嗣后各省秋审案件,如经部驳五案以上,俱系问拟失出者,着交部议处;如五案之内,有问拟失入一案,即着交部严加议处,以示慎狱明刑之意。”

○又议准:嗣后每年新事秋审人犯,遇有病故,无论情实、缓决,均照新例派员验讯详报。如系情实人犯,该臬司即照本部通行限期办理。其缓决,及应入次年秋审情实人犯,遇有病故,仍照向例办理。

○四十七年(1782)谕:“刑部进呈云南省招册内有该抚原拟情实者二案,由九卿改入情实者二案。核其情节,俱有可原。皆因曾降谕旨,有金刃伤人应入情实一条,遂尔不权轻重,及伤痕多寡,未免过于拘泥,亦未免过当。夫金刃杀人,所以令入情实者,原以此等人犯,彼此逞忿,辄用金刃杀人,不可不严行惩儆。至其中情罪稍有可原者,勾到时原可不至予勾。此等人犯,经十次秋审,便可入于缓决。各该犯久坐图圄,既可抑其强悍之气,使众人亦知所儆惕。此朕辟以止辟,刑期无刑,原非有意从严也。且即以金刃伤而论,亦当核其情事之曲直、伤痕之多寡,今不详细确核,一概入于情实,又岂矜慎庶狱之意乎。秋谳大典,人命攸关,理宜悉心推究,以期无枉无纵。苏轼所谓‘皋陶曰杀之三、尧曰宥之三’,朕尝著论辟之。盖谳狱之道,必须准酌情理。其情真罪当,与夫一线可原者,应宥应杀,俱有一定权衡,不得存畸重畸轻之见。若罪应杀者,即尧亦应曰杀之三;罪应宥者,即皋陶亦应曰宥之三。设如所云,则是君臣相率为伪以取名,岂可以为法乎?总之凶暴之徒,不可不严加惩治。若意存姑息,欲积阴功,则每年秋审,竟可不办,令死者含冤地下,有是理乎?然欲避宽纵之名,而故为刻深周内,则失入之咎,比失出为尤重。凡内外问刑各官,皆不可不深体此意也。”

○四十八年(1783)谕:“本日勾到奉天省秋审情实人犯内二案,俱因拒奸起衅致死,问拟斩候,自应入于情实。但核其情罪,究因欲行鸡奸,该犯等一时气忿所致。而图奸既无死者生前确供,又无旁人见证,仅据该犯一面之辞,指称图奸。罪疑惟轻,是以免其勾决。此等案犯,指奸既属无凭,而杀命究难逭罪,不得以此次未勾,将来即可改缓,每年秋审时仍着入于情实。此朕斟酌情罪,以期协中之意。着刑部存记,嗣后遇有此等案件,均照此办理。”

○四十九年(1784)议准:嗣后秋审处决案犯,除原勘时核明发回本州县收禁者,部文到时,仍照原例由司密饬各该府、州、县办理外,其留禁省监秋审各犯,以及各府、州、县招解凶盗立决之犯,俟奉到处决部文,即令按察使会同抚标中军参将,督率府、县,亲提各犯验明绑赴市曹,监视处决。仍将监刑职名,照例汇题。

○五十年(1785)奏准:两江督臣,系轮年按赴江苏、安徽、江西三省审录。嗣后湖广北、南两省秋审,督臣亦按年轮流会勘,间岁一往,借可稽察地方情形,并抽阅营伍。

○五十一年(1786)谕:“嗣后行在勾到本,着随报发京,不必由驿单发。”

〇又谕:"刑部核复闵鹗元题侍卫富明阿家奴推跌张有禄致伤身死问拟斩候一本。此案张明于上年闰三月初四日,在南巡差次滋事,该抚理应即时奏闻审办,以示惩儆随从仆役。乃迟至九月十三日始经具题,而阁部迟延,于十月十九日始发抄到部,该部迄今方行题复。此事有何难办,而迟延若此,均有不合。着将该抚等及刑部堂司官俱交部察议。且此案系扈从人员家奴滋事,本应即在该地方审明立时办理,方足令跟随人役共知惩儆。况该督抚、两司等俱系随从在彼,而行在亦有该部,不难迅速定案,又何必照例审办,迁延时日,足见外省习于废弛也。嗣后凡有在扈从途次滋生事端者,着该督抚即行具奏,候钦派大臣,会同行在法司审明定案,迅速办理,毋得拘泥常例。即日行事件,亦毋得辗转稽迟。若似此被朕看出,必将该督抚严处。"

〇五十三年(1788),刑部议驳盛京刑部侍郎题七十五殴伤图仰阿身死一案。奉旨:"部驳是,依议。此案着交署将军庆桂会同该侍郎复审定拟具奏。盛京刑部侍郎仅止一员,若部驳事件,仍交原审之人办理,必有回护。此后盛京审办事件,有经部议驳者,该部即奏请交盛京将军或别部侍郎内特派一员会同复审。"

〇又议准:凡斩、绞重案,例应专本具题;军、流等罪,例止专案咨部,年终汇题。嗣后如系刑部题驳者,则奏交将军,或会同别部侍郎复审;止系咨部议驳之案,则交与将军详细会审,仍于汇题本内声明。

〇五十五年(1790)谕:"本年届朕八旬寿辰,自当照例将秋、朝审情实人犯,加恩停其勾决。但其中有情罪重大者,如纠众聚匪、夺犯伤差、妖言惑众、逞凶残杀,并官员侵渔帑项、勒敛民财之类,非残忍不法,即有关于民俗官方,予以监候,已属法外之仁。使更久稽显戮,不特死者含冤莫释,而莠民奸吏,日远渐忘,非所以肃刑章而昭炯戒。朕矜慎庶狱,不厌详推。所有此次刑部另开情重各犯,仍着会同九卿、科道,和衷复核。倘有情节尚可缓至明年者,九卿、科道等,不妨切实指出签商。谳狱大典,在常时尚宜详慎,况际此行庆施惠之时乎。"

〇又奉旨:"情实人犯,今年着停止勾决。"

〇五十六年(1791)谕:"各省秋审情实人犯,解审后仍发回各州县监禁,中途每致脱逃。曾降旨将应入秋审要犯,概留司监,以免疏脱。嗣因司监人犯众多,恐致滋事。经军机大臣会同刑部,分别条款议奏,择其案情重大者,在司监收禁;其寻常案犯,仍令发回原监。乃定例未及数年,云南省斩犯即于解省发回后脱逃。可见更定新例,究未妥善。嗣后各省秋审情实人犯,解省后俱即留于司监羁禁,不必发回各州县。并着该督抚就近派拨本标及城守营兵丁,帮同巡逻,责成按察使督率兵役,实力稽查。倘有疏虞,必将该督抚、臬司一体治罪,决不稍为宽贷。"

〇又谕:"前因各省秋审情实人犯,解审后仍发回各州县监禁,中途每致脱逃,特降旨令将各犯概行留于司监收管,以专责成。今阅各省秋审情实人犯黄册,如直隶一省监犯有一百九十余名,虽司监较大,足资羁禁,究恐人犯过多,一处拥挤,难于防范。嗣后各省情实人犯,解审后若仍照旧例发回各州县,往返递解,或致要犯乘间脱逃,其事断不可行,应令在司监及首府、首县监狱分禁。司监墙垣坚固,禁卒众多,该臬司自可督率兵役,严加管束。即府、县各监,近在省城,亦必较外府、州、县监狱宽敞严密。该督抚等近在同城,再派拨本标及城守营兵丁帮同巡逻查察,自可不至有意外疏虞。于防禁要犯,更昭慎重而免拥聚。倘再有疏失之事,必将该督抚、臬司及该管府、县一体治罪,决不稍为宽贷。"

○六十年(1795)奉旨:"本年秋审人犯,停止勾到。"

# 卷八百四十九·刑部一百二十七

## 刑律·断狱 有司决囚等第六

**有司决囚等第六**

嘉庆元年(1796)奉旨:“情实人犯,今年着停止勾决。”

○三年(1798)奉旨:“本年情实各犯,着暂停勾。”

○四年(1799)奉旨:“本年情实各犯,着停止勾决。”

○又奏准:各省秋审截止日期,俱以刑部题复奉旨之日为断。云南、贵州、广西、广东,以年前封印日为止;四川、福建,以正月三十日为止;奉天、陕西、甘肃、湖北、湖南、浙江、江西、安徽、江苏,以二月初十日为止;河南、山东、山西,以三月初十日为止;直隶,以三月三十日为止。

○又奏准:嗣后有职无任,并未食俸之员,有犯斩、绞监候等罪,俱分别情罪轻重,入于常犯册内进呈。

○又奉旨:“三法司具题秋审情有可矜一本。朕详核案情,各犯内有殴死伊妻,固因其詈骂翁姑,但俱系故杀,着免死减等发落,毋庸再减一等。”

○又谕:“朕阅安徽省情实人犯招册,具题缓决,经刑部改入情实者,共有九案。核其情节,该犯等或因金刃伤多毙命,或强夺良家妻女奸占为妻,或活埋堂弟以及殴毙老人幼孩等事,俱系逞忿淫凶,例应情实予勾之犯。拟为缓决,办理实属错误。朕自亲政以来,节次饬谕问刑衙门,不得擅用‘虽’‘但’字样,及例外援引从重之条。盖以原情定律,务协情法之平,岂可稍存轩轾。若因有前旨,而督抚等办理刑名,偏于宽厚,岂非误会朕意乎。《大清律例》,皆我祖宗执中定宪,法守所昭。朕惟谨率旧章,不敢稍参已意,督抚等何得以窥测之私,于律外有所增减?夫世俗以有意从宽,故出人罪,为好善阴功者,皆鄙陋不通之见,断不可以例爰书。若将本应抵偿之犯,概从宽纵,则死者宁不含冤于地下耶?所谓生人而当谓之仁,杀人而当亦谓之仁也。嗣后各督抚等问拟罪名,总当按律定案,不得预存从宽从重之见,用昭平允。”

○又议准:秋审为慎刑之典。若外省拟缓,部中改实,咎止失出,尚属罪疑惟轻之义,应将失出处分,竟予除免。其外省拟实,部中改缓之案,则咎在失入,除一二案仍毋庸议外,如失入至三案者,将臬司、巡抚,降一级调用,加级不准抵销;四案降二级调用,五案降三级调用;如过此数,以次递加。其无巡抚省分之总督,即照巡抚处分。

○五年(1800)谕:"谳狱大典,行刑之地,自应慎重严肃。着每年朝审决囚时,都察院及步军统领衙门,一体严饬营、城各员弁兵役等,于行刑处所,周围排列,严禁巡察,毋许街市闲人拥挤。并着派是日轮住城外京营总兵,亲往巡查弹压。倘派出城、营各员弁及兵役等,不能实力奉行,着监视行刑之侍郎、给事中,据实指名参奏。"

○又谕:"整饬吏治,以清廉为本,盖必有守然后可责以有为。若操守先不可问,则一切措施,皆属昏瞀。不能治己,焉能治人。此贪墨之风,所当严惩也。向来秋审、朝审案犯,其常犯内多系谋、故杀人,及因奸盗问拟死罪者。若官犯则少此等情节,自因身列仕途,习知法律,不敢任意妄为,而身罹重罪者,每由于贪黩,前车已覆,后辙相循。夫以寒素之士,一旦食禄于朝,已可赡及身家。若简擢外任,则养廉尤厚。焉有一行作吏,较之未经服官以前,转形匮乏?何欲壑之难盈,如蛾投火,实堪悲悼。推原其故,总由恣情糜费,日事奢华,以致廉俸所入,不足供其挥霍,因而败检逾闲,多方婪索。伊等岂不知得受赃款,律有明条,而利令智昏,遂自蹈重谴而不顾。当其计肥囊橐,虽不必显有干系民命之事。然督抚、司道等则取之州县,州县则取之百姓,层层朘削,无非苦累良民,罄竭脂膏,破家荡产。且有不胜搒掠,自戕躯命者,不知凡几。较之谋、故,罪孽更重。此等赃私败露之员,既经按律定拟,宪典昭然,岂能曲为宽贷?祖宗所定刑章,朕实不敢废法沽名。本日勾决朝审官犯二员,均因赃获罪。其所定罪名,皆系内外问刑衙门详细推鞫,始定爰书,朕岂预有成心,亦实不愿臣工等获此不赦之诛也。即如本年秋审案犯,因屡次停勾,经朕再三酌核,凡有一线可原,免其勾决者,共有一百八十余名,予勾者尚有一千三百八十名,此皆求其生而不得。朕实怀哀矜勿喜之诚,不但愚民犯法,务存钦恤,即邪教匪徒,每次军营报到,阅至官兵歼戮贼匪多名,亦系赤子,弄兵潢池,未尝不为之怜念,何况臣工屡经拔擢至大僚者。惟望其各矢公廉,共襄郅治,岂忍以一朝触法,即予刑诛。而贪吏之弊,必至害民,此而稍存姑息,势必无所顾忌,民困莫伸,酿成重案,转非辟以止辟之道。嗣后内外大小臣工,务当喻朕惩贪执法不得已之苦心,洁清自矢,俭以养廉,以期吏治澄清,闾阎安堵,无负朕谆谆训诫至意。"

○又谕:"每年刑部办理秋审进呈黄册,俱系将各省情实官犯及服制人犯,首先进呈。一经分别予勾后,该部即行文各该省,不论远近,部文到日,即遵照处决。其余常犯,则按照省分远近,进呈黄册,以次勾到。此向来办理成例也。惟念敕法明刑,务存矜恤。所有罪应斩、绞人犯,除立决外,余令监禁秋后处决者,原系于执法之中,寓哀矜之意。该犯等于未届勾到以前,或在监病毙,得免肆市,亦属法外之仁。今因系官犯、服制,即将黄册先行进呈,其予勾人犯,部文一经到省,即日行刑。是同一秋审,而此等官犯、服制,较之各该省情实常犯处决日期,近省或早至一二月,远省亦早至月余及数旬不等,先行受法。且各省官犯中,多有令其解交刑部监禁者,例应归入朝审办理,其勾到之期,又在各省常犯之后。是同一官犯,转因解部监禁,而处决日期,较之本省监禁,候勾决文到施刑,又复迟早悬殊,未为平允。着自本年为始,刑部办理秋审内官犯、服制黄册,毋庸先期进呈,俱于每次呈进各该省情实常犯招册,将此二项人犯另缮黄册,列于常犯黄册之前,一并呈览,听候勾到,以示格外矜全、务得其平至意。"

○七年(1802)谕:"据御史奏'请将刑部办理秋审章程缮册进呈,通行直省'等语。向来各省问刑衙门,俱有律例颁发遵办。至于秋审时某项应入情实,某项应入缓决,以及可矜、留养种种区别之处,全在该臬司衡情准法,随案详求,自无出入。若如所请,将刑部旧立章程,通行外省,即可划一,试思每年所办之案,纷纭万变,有同一罪名,而其中情节微有区别,即实、缓判然不同,岂能概将成式颁行。况刑部核办秋审,堂议、司议,详加商酌,原止就案折衷,焉有拘定章程,毫无变通之理。殊属不通事理。原折着发还。"

○又奏准:四川省秋审截止日期,以年前封印日题结之案为止。

○八年(1803)奏准:抢窃拒杀事主为从帮殴刃伤,并窃盗拒伤事主三伤,应入情实之案,如护伙并帮砍多伤者拟实,其刃伤止系带划,拒由事主扭住图脱者,酌拟缓决;刃伤事主之犯,如系弃赃逃走,被事主赶扭图脱情急者,虽三伤俱问缓决;其护伙及情凶伤重者,仍拟情实。

○九年(1804)谕:"我国家重熙累洽,世际承平。从前康熙二十三年(1684),皇曾祖圣祖仁皇帝以岁逢甲子,渥沛恩纶,停止秋审。逮乾隆九年(1744),甲子再逢,皇考高宗纯皇帝式循前典,解泽载敷,曾奉特旨,将是年情实人犯,停止勾决。兹又届甲子纪年,朕绍承洪绪,寰宇恬熙,允宜恪遵成宪,省岁恤刑。所有本年朝审、秋审各省情实人犯,着加恩停其勾决。一切条款,着该部查议具奏。钦此。"遵旨奏准:本年秋审、朝审入于情实官、常各犯,应照从前条款内摘其情罪尤重者,汇单具奏,请旨办理。

○又奉旨:"本年系停止勾决之年。据刑部将秋审各犯情罪尤重者,照前例摘叙案由,请旨正法。朕详加阅看,内官犯情节,俱不甚重,着仍牢固监禁,俟来年秋审时再行核办。所有常犯,或因奸因窃谋杀故杀连毙二命,或防兵遇贼先退,或轮奸妇女幼童,或假差诬窃,刃毙无辜,核其情节,均属法无可宽,着照拟即行正法。"

○又奉旨:"本年系停止勾决之年。据刑部将朝审情重官、常各犯,摘叙案由,具奏请旨。内已革书吏索诈毙命,情罪较重,着即处绞。其余各犯,俱俟来年归入情实核办。"

○十年(1805)谕:"向来秋审、朝审勾决日期,均在冬至十日以前。本年因上年停勾,将所有人犯,与本年新案一并办理,人数较多,次数加增,恐冬至十日以前,办理稍促。当饬令刑部查明自乾隆三十五年(1770)以后,遇有现审人犯,于冬至五日以前,奏请处决者,历次办有成案。冬至五日前,既可办理现审立决案件,则秋审、朝审勾决,亦事同一例。所有本年勾到日期,着核计次数,拟定在冬至五日以前,办理完竣。嗣后遇停勾之次年,办理勾决,一年并办两年者,即照此例,以冬至五日前为断。如专办本年者,仍遵照旧例,以冬至十日前为断。”

○又谕:“朕阅各直省本年秋审人犯册内,由刑部改实为缓者三起,而改缓为实者共有八十三起之多,其故殊不可解。向例秋审失入一案,及失出五案者,督抚、臬司,均有处分。嗣经降旨宽贷,各大吏自因吏议既宽,更无瞻顾考成之意,遂尔遇事从轻,欲博宽厚之名,而不思辟以止辟之道,于明刑弼教,大有关系。嗣后将办理秋审失入一案,及失出五案者,仍前定立处分,俾职司刑谳者,各知儆惕,遇事详慎。所有此次定拟错误之各督抚、臬司,姑从宽免议,仍于办理秋审完竣后,传旨严行申饬。此后如定拟错误,均照定例议处。但各督抚等不可因有此旨,辄又有意过严。总当详核案情,确引律条,虚衷定案,以副朕执法用中谆谆训诫至意。”

○十一年(1806)奉旨:“刑部具题江西会昌县民殴伤缌麻服叔身死,问拟斩候,在本年正月初四日恩旨以前,该犯秋审应入缓决,请减为边远充军。所办太觉宽纵,非辟以止辟之道,存积阴功之见矣。该犯撞见行窃,知为服叔,辨证明晰,辄取铁尺叠殴多伤,即刻身死,实属目无尊长,不但不应末减,亦不应列入缓决。着该部于秋审时归入情实办理。”

○十二年(1807)谕:“大学士会同刑部议奏《服制及盗劫案件,敕交大学士、九卿会议者,酌拟核实办理》一折。向来案关服制,罪干斩决人犯,情可矜悯者,俱援例双请。嗣于乾隆年间,经刑部奏请遇有服制情轻之犯,令该督抚按律定议,法司核复,亦照本条科罪。惟将所犯情节实可矜悯者,夹签声明,有奉特旨改为监候者,有敕交九卿议奏者。其劫盗重案,则自康熙、雍正年间,节经奉旨令大学士会同法司,将法无可贷、情有可原,分别详议。仰维我圣祖世宗皇考立法之初,原以明慎用刑。凡稍有一线可原者,必周咨博采,详审折衷。诚恐该督抚等于定案时,或有畸轻畸重,未协情法之平。是以集思广益,不厌详推。迄今遵循已久,自应仍照旧章。若谓会议时视为具文,竟致有名无实,辄改归刑部径行核复,不复敕令酌商,恐外议又将以刑部之权为过重矣。嗣后服制、劫盗案件,发交大学士、九卿会议者,仍着循照旧例,务须虚衷商榷,斟酌至当。如有意见不同者,不妨彼此签商,定议具奏。若于会议时既随同画稿,旋又退有后言,则是依违迁就。一经参奏,必当加以惩处。至上班时将奏稿宣读一遍,转似虚文,殊可不必,此后着即停止。”

○又谕:“在京立决人犯,如将届夏至日期,可仿照冬至之例,或在夏至五六日前奏请办理。着刑部酌议章程具奏。钦此。”遵旨议定:冬至既以前十日后七日为限,夏至亦应循照办理。请嗣后夏至以前五日后三日为限,一应立决人犯,俱停止行刑。

○十四年(1809)奏准:子孙违犯教令,致祖父母、父母自尽,并逼迫期亲尊长致死,及妻因细故与夫口角,并无逼迫情状,致夫轻生自尽,问拟绞候各犯,均归入服制办理。

○又奏准:嗣后凡聚众伙谋入人家内抢夺妇女已成者,为从之犯,以是否入室为断,其但经入室之犯,均入情实。虽未入室,而事后随同奸污,或拒捕伤人,或帮同架拉,持械吓逼,或伙抢不止一次,或抢夺数至三人,或酿成人命,或被抢之人尚无下落,及另有不法别情者,亦拟入情实。若并未入室,亦无前项情事者,拟入缓决。至伙众抢夺路行妇女已成之从犯,则以曾否动手为断,但经动手抢夺之犯,均入情实。其虽未动手抢夺,而有奸污及前项情事者,亦入情实。若并未动手抢夺,亦无前项情事者,拟入缓决。

○又谕:“今年秋审情实各犯,着停其勾决。”

○十五年(1810)谕:“朕恭阅皇祖世宗宪皇帝实录,内载雍正十一年(1733)十月谕刑部,‘从来明刑所以弼教,除暴所以安民。凡情有可原者,务从缓减,而意非主宽;凡法无可贷者,便依斩、绞,而意非主严。本无成见,惟其自取’等因钦此。圣训煌煌数百言,至公至正,实为万世法守。因于恭阅之下,寻绎朕躬节次所降谕旨,饬令直省各督抚明允用刑,期无枉纵,适与皇祖圣谕符合。缅惟我朝列圣御宇,仁育义正,矜慎庶狱,不事苛求,而辟以止辟,则必权衡至当。可见朕之心尚能仰体列圣之心,即再行申谕,亦不能出圣谕范围之外。本年刑部所进各省招册,因上年适届停勾,例应将两年招册先后呈进。朕于六月间即详加披览,其由缓改实者,俱系法无可宽之案,原拟疏纵显然,总由失入处分较重,各督抚等意存规避,遂于办理秋谳之时,曲从宽典。似此预设成见,何以昭情法之平。着将钦奉皇祖世宗宪皇帝谕旨,全行恭录一道,传谕内外问刑衙门,一体钦遵,即各刊刻恭悬,触目儆心,于执法定案,宽严务臻平允,庶几刑期无刑之治。”

○又谕:“本日刑部奏常犯情实改缓及常犯减等各折,系每年照例办理。因思在京及各省官犯,向无汇奏缓决之条,原以官犯与常犯不同,问刑衙门不敢轻拟宽减。但此内所犯案情,本有轻重之别,监禁年分,亦有久暂之殊。间有经朕记忆,特降谕旨加恩宥赦者。其余各犯,或尚有情罪较轻,未邀恩宥之人。着刑部自本年为始,将各官犯汇开名单,于年终具奏一次。单内将所犯事由、罪名,及监禁年分,并该犯年岁详细分注,奏上候朕酌核。该部载入则例,永远遵行。”

○十六年(1811)奏准:嗣后跟踪行窃逾贯之案,如独自起意,及仅止一二人暂时跟随,乘便攫取,为时无几者,秋审时,与寻常窃盗一律分别赃数是否逾五百两,定拟实、缓。其掉窃逾贯之犯,亦与寻常窃盗逾贯之案,一体按计赃数是否逾五百两,分别实、缓。如系跟踪掉窃者,仍按跟踪久暂、伙犯多寡,分别办理。

○又奏准:嗣后两犯斗杀共殴者,无论情节轻重,概拟情实。如前犯斗杀共殴,后犯擅杀、戏杀、误杀,及殴死妻与卑幼,或前犯擅杀等项,后犯斗杀共殴,实系理直情轻,酌拟缓决。再前犯斗杀共殴,后犯窃盗等项,或前犯窃盗,后犯斗杀共殴等案,总视其后次所犯情节应入情实、缓决,分别办理。

○十七年(1812)谕:“向来秋、朝审人犯内缓决三次以上者,人数积多,每届数年,谕令刑部查明奏请分别减等,以示法外之仁。今自嘉庆十四年(1809)查办之后,至本年秋谳,入缓决者,又积有一万一千九百余名。着刑部将本年秋、朝审缓决三次以上各犯,照节次查办之例,逐一查明所犯情节,分别减等发落,以昭矜恤。该部即遵谕行。"

○十八年(1813)谕:"御史夏修恕奏《请清厘刑狱以省拖累》一折,所奏深合事理。国家明刑弼教,意本期于无刑。有罪者不容轻纵,无罪者尤不可株连。刑部虽总理谳狱,然案情轻重、罪名大小,办理自有等差。近日五城及步军统领衙门,于寻常讼案罪止笞、杖以下者,往往不察事理,概以送部了事。以致刑部现审之案,日积日多,不能速为断结。迨至逐案审理,其事甚细,而到案之人,久羁缧绁,隶役中饱,资产荡然。又或查拿案犯,不辨真伪,辄请交部严鞫。及讯明无辜被累,而正犯转得远扬。纷纷株系,桎梏相望,皆足以上干天和。着刑部详查定例,并酌定条款。凡轻罪细故,可由五城及步军统领衙门审结者,俱令自行拟结。其应送部而不送部者,固当照例参处。如不应送部而率意送部者,刑部将原案驳回,并将该衙门参奏请旨。"

○又谕:"大学士会同刑部《议复御史嵩安条陈火器误杀等案秋审时应分别实缓》一折,所驳甚是。国家明罚敕法,律令为民命攸关。颁行四方,较若划一,不容轻易变更。问刑官吏谨守宪章,犹虑有上下其手之弊。若于不应区别者,而强为轩轾,将使析律例二端,深浅不平。科条既备,民多伪态,吏得以因缘为奸,甚无谓也。朕矜慎庶狱,钦哉惟恤。如鸟枪、竹铳杀人之案,律以其为害惨烈,概拟情实。至勾到之时,其中疑贼误毙,情节可原,免予勾决者,亦岁所时有。其共殴致毙四五命以上之案,聚众逞凶,从前乾隆年间,曾经钦奉谕旨,令执法研究,一命一抵,不得姑息养奸,历年均钦遵办理。而其中随行助殴,情介疑似之犯,亦间有免勾者。诚以人情万态,事变千端,狱讼之成,原有律例所不能赅者,法司随案声请。朕权衡轻重,区示宽严,或执不宥之律,或施法外之仁。所谓惟齐非齐,以成协中之治,此明慎用刑之精义,又岂更改科条所能执一而论者乎。嵩安不知刑政大体,念系言官,不加深责。嗣后各科道于国家颁行法令,不得私出已见,妄议纷更,以谨旧章而严法守。"

○十九年(1814)谕:"嗣后审办逆伦重犯,其距省三百里以内,无江河阻隔者,仍押赴犯事地方正法。其距省三百里以外者,审明后,即将该犯在省垣正法,首级解回犯事地方枭示儆众。"

○二十年(1815)谕:"嗣后每逢勾到日期,念单内倘有十名一起者,止读前一名某人等字。若起内九名者,读念单之学士,仍按名次读念。"

○又谕:"秋审、朝审情实人犯,旧例凡三复奏,本沿古者三刺三宥遗意。我朝钦恤民命,凡案犯供情原委,备载招册,每年黄册进呈,早经反复推求,慎之又慎,实不止于三复。其科臣循例题本,仅属具文。是以乾隆十四年(1749)将直省秋审,改为一复奏;朝审与秋审事同一例,嗣后朝审亦着改为一复奏,已足以存旧制。至向来复奏之本,皆于黄册进呈后,随即奏上,距勾到之时甚远。嗣后黄册仍于八月中旬呈进,其秋审、朝审复奏之本,皆于本省勾到前五日复奏一次。朕批阅时,再同黄册详加酌核,以昭慎重。著为令。”

〇二十一年(1816)谕:“着刑部将本年秋、朝审缓决三次以上各犯,照节次查办之例,逐一查明所犯情节,奏明分别减等发落,以昭矜恤。”

〇又谕:“御史孙世昌奏《请将秋审册籍早送详阅》一折。秋谳大典,与议各员,自应悉心详核。每年九卿、科道所阅招册,刑部于七月二十日后始行分送,距上班之期止三四日,未免稍促。嗣后堂议着较向年移前数日,其招册亦可赶早分送,俾得从容复阅,以昭详慎。”

〇二十二年(1817)议准:嗣后除例应永远监禁之新事情实、缓决人犯,应备叙具案由列入秋审外,其业经秋审一次,归入永远监禁,并特奉谕旨着永远监禁者,下届秋审本内,止开具犯名、事由,并已入秋审年分,声明扣除,毋庸归入秋审办理。所有本年秋审内已经造报,并未经造报永远监禁人犯,均应于下届秋审时,查明遵照。

〇二十三年(1818)谕:“向来直省秋审人犯,由各督抚分别情实、缓决,刑部再复加核议。其有原拟未协,经刑部改缓为实、改实为缓者,皆例有处分。惟朝审人犯,但由刑部分别情实、缓决,不加复核,立法尚未周备。着自明年为始,朝审人犯,经刑部堂官议后,即由该部奏请特派大学士、尚书、侍郎数员复核。其有部拟实缓未协,应行改拟者,着派出之员奏明请旨,以昭慎重。”

〇二十四年(1819)谕:“刑部等衙门题安徽省绞犯僧人允祥一本。‘允祥’之名,适与故怡贤亲王相同。虽例无回避明文,然究不应如此书写,已于签内将‘允祥’之名改为‘云祥’发下矣。嗣后内外问刑衙门,遇有犯人与王公及一品大臣同名者,俱着随时酌改。”

〇又谕:“本日刑部《议复顺天府审拟盗犯辛五请即处决》一折。初六日恭遇冬至南郊大祀,明日即应斋戒。此等立决重犯,自应暂行停待。着刑部查明大祀斋戒前期,如有停止立决重犯之例,此次办理错误,该堂官等,即自行奏请议处。若向无此例,嗣后每届南郊北郊大祀之期,前五日后五日,凡在京立决重犯,俱停止具奏。著为令。所有辛五一犯,着于十二日办理。”

# 卷八百五十 · 刑部一百二十八

## 刑律 · 断狱 有司决囚等第七

**有司决囚等第七**

○道光元年(1821)奉旨:“本年着停止勾决。”

○又谕:“军机大臣会同刑部议奏《奉天省旗民事件请仍照旧章悉归州县审理》一折,所议甚是。国家设官分职,各有专司。奉天省所属州县,自乾隆四十四年(1779)经刑部议定,凡遇旗民词讼事件,悉归州县审理。迄今四十余年,毫无窒碍。原以州县管理词讼,是其专责。若如该将军所奏,单旗事件,即令旗员办理,旗员于刑名例案,非所素习,强使听讼,必难保其明允。设武职人员,任性妄为,其弊尤不可言。至谓旗员一切处分,与州县一体查参,若无专司,旗人易于玩视。京城五营,与各省绿营武职,均与司坊、州县官一例开参,岂能令武职各员,俱赴文职衙门共理词讼。该将军所奏尤为非理。所有奉天州县旗民事件,着仍照定例,悉归州县自行办理,旗员不得干预。惟该州县于寻常人犯,并不移知旗员,率行查拿刑讯,殊干例禁。着奉天府尹饬知各州县,除紧要重案,仍照旧例准其自行查拿外,其余寻常案犯,均知会旗员拿解。如仍前率拿,交该将军指名参处,以符定制。”

○又谕:“军机大臣议复孙玉庭等奏《江西南赣宁三府州秋审及军流人犯请改归巡道核办》一折。外省各府秋审人犯,案经院、司审定,奏准部复之后,其有距省较远者,长途押解,恐致疏虞,原有巡道鞫审之例。嗣后江西南安、赣州、宁都三府州秋审人犯,俱着毋庸解省,即留南赣宁道鞫讯。如有鸣冤翻异者,再行解省复审。着刑部即载入则例,归入窎远府州一例办理。至该三府所属罪名遣戍、流、徒各官犯,亦着改归南赣宁道就近审转,以省拖累,并于年终季底,移会臬司汇核。其一切例限处分,均照臬司例分别核拟,仍责成该督抚随时察核。如该巡道有审断不公者,即据实劾参,毋稍徇隐。”

○三年(1823)谕:“前据陶澍奏定远县民周传用因疯戳毙伊父审拟凌迟一案。兹据刑部议称‘逆伦重犯,例应于审明后恭请王命即行正法,未便因其疯发无知,即令日久稽诛’等语。所有周传用一犯,自应即行凌迟,以惩枭獍。嗣后除子孙殴伤、误伤、误杀及过失杀祖父母、父母仍各照定例奏明办理外,其子孙殴杀祖父母、父母之案,无论是否因疯,悉照本律问拟,一面恭请王命即行正法,一面具折奏闻。着该部通行各督抚、将军、都统、府尹一体遵照办理,以免歧误。"

○又奏准:窃贼遗火,烧毙事主一命,及二命而非一家者,酌入缓决。遇查办缓决减等时,将烧死二命而非一家之犯,不准遽行减等。至烧毙事主一家二命,及三命而非一家,则较一命为重,应入情实。

○五年(1825)谕:"御史万方雍奏《请饬刑部将办理秋审改拟情实缓决等案出语,预行知照九卿詹事科道》一折,所奏甚是。秋谳为明刑巨典,与议诸臣,原应公同集议,以昭详慎。其案情有介于可实可缓之间者,尤关罪名生死出入。若如该御史所奏,刑部办理秋审各案,向止摘叙略节,刊刻招册,分送九卿、詹事、科道届期会议。其由缓改实、由实改缓,或由缓改矜、由矜改缓之案,并不将拟定看语方签,预行知照,仅于会议上班时,令书吏喧唱一次。会议诸臣,于匆遽之时,仅听书吏喧唱看语,焉能备悉案由,从而商榷。是徒有会议之名,而无核议之实,岂国家矜慎庶狱之意乎?嗣后着刑部将议定改拟各案看语,汇齐缮刻,于会议上班前五日,分送九卿、詹事、科道。俾预行查对招册案情,是否改拟允协,会议时得各摅所见,以重刑狱而昭核实。"

○又谕:"本年各省办理秋审人犯,朕将进呈黄册,详加披阅。除浙江、云南二省外,其余各省,俱有原拟缓决,经刑部改入情实者。内山东省多至五起,四川省除李红应一犯免勾外,尚有八起之多。朕详核案情,该部所改,均属平允,并非有意从严。该省大员,自因失出处分轻于失入,为避重就轻起见,殊非明刑弼教之义。嗣后各直省督抚,督率臬司,当虚衷定案,断不可惑于救生不救死之说,意存宽厚,故从轻减。亦不可因有此旨,刻意过严,妄事周内。总期惟允惟明,无枉无纵,用副朕执法用中至意。"

○又奏准:嗣后聚众伙抢妇女已成案内从犯,如业经入室,或虽未入室而事后奸污,或帮同架拉,或伙抢不止一次,或被抢数至三人,或系致酿人命之案帮同逼迫之犯,或系拒捕杀人案内在场助势之犯,或本犯自行拒捕伤人,或由本犯领卖致被抢之人尚无下落者,拟入情实。其无前项情事者,拟入缓决。至伙众抢夺路行妇女已成之从犯,则以曾否动手为断。但经动手抢夺之犯,均入情实。其虽未动手抢夺,而有奸污及前项情事者,亦入情实。并未动手抢夺,亦无前项情事者,拟入缓决。

○又谕:"着刑部将本年秋、朝审缓决三次以上者各犯,照节次查办之例,逐一查明所犯情节,奏明分别减等发落,以昭矜恤。"

○又奏准:嗣后除约期敛钱,起意纠众械斗之案,首犯仍照原定章程问拟,毋庸再议外,其听从纠斗下手毙命之犯,仍各依本律例拟抵,秋审时即照寻常共殴谋殴之案,将致毙四命以上者,拟入情实。若情节实可矜悯,及四命以下,各按情、伤轻重,临时分别实、缓。

○六年(1826)奏准:直隶宣化张家口、独石口、永平、遵化、顺德、广平、大名等府州厅所属,距省较远,嗣后遣、军、流、徒人犯,由口北道、通永道、大顺广道就近审勘。

○七年(1827)奏准:湖南辰沅永靖道所属凤凰、永绥、乾州、晃州、古丈坪五厅,距省较远,嗣后遣、军、流、徒人犯,并命案内罪止拟徒各犯,归本道就近审勘汇题。限期处分,如臬司例。

○又奏准:山西平阳、蒲州、解、绛四府州所属,距省较远,嗣后秋审及遣、军、流、徒各犯,归河东道就近审勘。

○又谕:"着刑部将本年秋审、朝审缓决三次以上各犯,照节次查办之例,逐一查明所犯情节,奏明分别减等发落,以昭矜恤。"

○又题准:福建巡抚题,马源开因无服族弟马幅周行窃伊家衣物,事后用竹铳将其轰伤身死一案。因马幅周虽系行窃罪人,惟例不得照擅杀科断,仍按凡人火器毙命例拟斩监候。经刑部查火器杀人之案,秋审时例应入实。而同姓亲属相盗,例虽不以擅杀科断,究与因事争斗者有间。定案时既拟以斩候,秋审时若概入情实,未免向隅,自应衡情酌入缓决。恐各省问刑衙门,拘于谋故杀人向系入实之例,以致概拟情实,应通行各省,如有似此之案,酌入缓决办理。

○八年(1828)谕:"前据李鸿宾等奏广东归善县绞犯林一溃捏供丁单,贿求邻保捏结,朦准留养,该县知县前此查报不实,事后访闻检举,且已获犯究办,是以加恩免其议处。试思该犯现有弟兄四五人,尚能捏报单丁,足见外省书吏舞弊不浅,深堪痛恨。嗣后各省审拟命盗军、流各犯,或据犯供亲老丁单,务当认真确查。实系独子,方准查办留养。其邻保、族长,必须取具切实甘结,毋许稍有假捏情事。倘承审之员,不能查讯明确,受其蒙混,甚至该犯贿求捏结,毫无闻见,一经发觉,不但将承审州县及审转道、府、臬司各员严加惩处,并将失察之该督抚一并处分,决不宽贷。"

○九年(1829)谕:"李鸿宾奏'查出秋审捏报留养,分别办理'等语。前因广东省归善县绞犯林一溃捏报留养各案,降旨谕令各省将留养人犯认真确查。兹据该督复行查明,又有归善县绞犯陈文棕一起,海阳县绞犯邵阿党、黄人和、吴方盛三起,均系捏报丁单,声请留养。广东一省如此,他省似此者想复不少。着通谕各督抚督同臬司,于秋审时遇有呈请留养者,务当亲提犯属、尸亲、邻族人等,逐加研讯。实系亲老丁单,及孀妇独子,方准查办。倘有捏报,即着据实惩治,不准稍涉蒙混,致令凶犯幸逃法网。"

○又谕:"着刑部将本年秋审、朝审缓决三次以上各犯,照节次查办之例,逐一查明所犯情节,奏明分别减等发落,以昭矜恤。"

○十一年(1831)谕:"本年秋、朝审情实各犯,着停其勾决。"

○十五年(1835)谕:"本年秋、朝审情实各犯,着停其勾决。"

○十六年(1836)谕:"着刑部将本年秋审、朝审缓决三次以上各犯,照节次查办之例,逐一查明所犯情节,奏明分别减等发落,以昭矜恤。"

○十八年(1838)奏准:本年秋审案内广东斩犯耿潮锦一起,因族孙耿有德将伊堂母舅陈万有刀伤,取竹铳点放,轰伤耿有德殒命,陈万有越二日身死,该省将耿潮锦拟以缓决。又奉天斩犯王均美一起,因牛起奉将赵谷顺殴伤,点放鸟枪将牛起奉致伤,赵谷顺逾时身死,牛起奉越二十四日殒命,该省将王均美拟以情实。详核此二起,均系火器致毙、当场杀人应抵之正凶,而一实一缓,办理两歧。查死者既系杀人应抵正凶,不但非捕贼疑贼致死平人者可比,即较之致毙族匪、盐匪,死虽有罪,不尽属应死者,情节尤轻。若仍照寻常火器杀人,一概拟实,是死者既毙一命,罪犯应抵,复将一命与罪人实抵,揆之情法,似未为平。现将原题拟缓之耿潮锦请仍拟缓决,原题拟实之王均美改入缓决。嗣后秋、朝审凡致毙当场杀人应抵正凶,案情与此相类者,一并仿照定拟。

○十九年(1839)奏准:火器捕贼误毙平人之案,秋审入于缓决。

○又奏准:广东省秋审案内谢得有诱拐幼孩何任沆一起,该抚以诱拐幼孩,虽未给亲完聚,业有代卖之中证,供有买主姓名籍贯,即属已有下落,拟入缓决。刑部查向来秋审办理略诱之案,被诱之人,如未给亲完聚者入实,业已给亲完聚者入缓。近来亦有虽未给亲完聚,但经供有下落,即入缓决成案。惟思所拐幼孩,虽有下落,其究竟能否给亲完聚,尚在未定。若入缓后,将来即准减等,未免与实已给亲完聚者无所区别。应查明被诱之人,如果给亲完聚,缓决三次后,准其减等。倘尚未给亲完聚,应暂行监禁,统计前后,予以十年限期,俟限满后方准减等。嗣后遇有此等案件,均即照此办理。

○二十年(1840)谕:"着刑部将本年秋审、朝审缓决三次以上各犯,照节次查办之例,逐一查明所犯情节,奏明分别减等发落,以昭矜恤。"

○又议准:户部以旗民互控事件,如有咨送刑部仍行送回者,即片行刑部,查明例文定期会审,经刑部以现审案件,必须罪在徒、流以上,方准收审。若止系控争地亩,并户婚、钱债等细事,及一切罪止枷、杖、笞责之案,均应由各该衙门自行完结,不得滥行送部,例有明文。至户部例内所载"旗民互控事件,应须刑讯,会同刑部严审"之条,系乾隆二年(1737)所定。而刑部例文,则系嘉庆九年(1804)及十九年(1814)先后纂入,在户部定例数十年以后。当时因各衙门或因犯供刁健,或因呈词闪烁,难于推鞫,即以罪关出入等空言送部,始行奏明徒、流以上,方准送部收审,以杜诿卸。即户部定例按语内,亦称"旗民争控等事,由户部令各该旗及地方官讯明,咨部断理。至必须刑讯者,方会同刑部严审"。查罪轻人犯,例不准擅用刑讯。户部例内,既有"必须刑讯"字样,自系专指徒罪以上人犯而言,与刑部例文,本属并行不背。是以刑部遇有户部咨送户口、田房案件,即照例驳回,听户部自行查明究结。兹户部以嗣后旗民互控事件,凡经刑部驳回后,即申明旧例,咨请会审,固为清理案牍起见。第刑部系刑名总汇,例不审理户口、田房细故,若不论有无罪名,悉行会同刑讯,无论与定例不符,且将来在京各衙门,遇有民人争控案件,皆得以例无刑讯为辞,纷纷送部,殊失设官分职之本意。复查户口、田房案件,全在查明档册,勘丈界址,确有实据,方能折服两造之心,本非可遽事刑求。嗣后户部遇有旗民互控事件,除止系细故涉讼者,应由户部照例行令该管官审明断理外,如查明档册、界址确有实据,而本犯又罪在徒、流以上,例准刑讯者,若匿情不吐,即将人证、卷宗,一并送交刑部,派员赴刑部会讯。

○二十一年(1841)谕:"本年秋、朝审情实各犯,着停其勾决。"

○二十二年(1842)谕:"着刑部将本年秋审、朝审缓决三次以上各犯,照节次查办之例,逐一查明所犯情节,分别减等发落,以昭轸恤。"

○又奏准:嗣后秋、朝审内擅杀罪人案件,如查系谋、故并火器杀人连毙二命,均应绞抵,及各毙各命致死彼造四命以上者,均俟缓决三次后,奉有恩旨,再行查办减流。其无前项重情,及应入可矜各犯,仍照旧例缓决一次后,即行减等。

○二十四年(1844)议准:嗣后审办命、盗等案,如本例载明应先行恭请王命正法者,方可于审办后,一面具奏,一面恭请王命先行正法。或定例虽无先行正法明文,核其情罪实在重大,不容稍稽显戮者,亦准该督抚等权宜办理,仍将实在情形随折声明。其余寻常案件,本例俱无请旨即行正法,均应俟奉到谕旨再行处决,庶与定制相符,而办理亦免歧异。

○二十五年(1845)谕:"本年秋、朝审情实各犯,着停其勾决。"

○二十六年(1846)谕:"着刑部将缓决三次以上各犯,照节次查办之例,逐一查明所犯情节,奏明分别减等发落,以昭矜恤。"

○二十七年(1847)谕:"明刑所以弼教,执法尤在平情。况刑部为刑名总汇,果能悉心推鞫,因端竟委,俾奸宄无所用其狡饰,断无不水落石出之理。近因御史乌陵阿奏参吏役骫法释放遣犯一案,经刑部堂司各官,讯出笔帖式常泰、文英,主事全寿,并销档为民之庆芬等,辗转嘱托,朋比为奸,使各犯不致漏网,而案情亦无难研究得实,办理实属认真可嘉。使外省理刑之官,皆能如此详慎秉公,何患讼狱难平,沉冤莫雪耶。近来人心不古,变幻多端。加以趋利若骛,勾串调唆,无所不至。惟在承审之员,细心根究,方能案无遁饰。嗣后承审各员,无论案情巨细,总当虚衷研鞫,悉心推求。固不可罗织株连,拖累无辜,尤不可因案情微细,稍涉颟顸,以致作奸犯科之辈,转得幸逃法网。务期无枉无纵,以清庶狱而息争端。朕实有厚望焉。"

○又谕:"每年各省办理秋审,详核律例,原为慎重民命起见。然往往惑于救生不救死之说,迁就定案者,恐亦在所不免。即如语言调戏致妇女羞忿自尽之案,山东、河南两省,前曾于一年之中,多至五六起。虽案情间或相同,亦何至如此之多,难保非地方官因此等案犯向免予勾,遂尔缘饰案情,预为开脱地步。叠经降旨令各该督抚等,于此等关系人命之案,详细推鞫,断不可使死者含冤。乃本年秋审招册,经朕详加披阅,河南一省,语言调戏致室女本妇羞忿自尽之案,又复多至八起。仍恐地方官办理此等案件,避重就轻,难免狃于积习,大非朕明慎用刑之意。特再申谕各直省督抚,督饬臬司及各地方官,嗣后遇有似此案情,虚衷研鞫,务得实情,期于毋枉毋纵,按律定拟,以除故习而平刑章。"

○二十八年(1848)谕:“本年各直省办理秋审人犯,经刑部由缓决改情实者,吉林六起,江苏五起。该将军及该抚、臬司等于秋谳大典,未能慎重详核,着交部查明分别议处。”

○又谕:“着刑部将缓决三次以上各犯,照节次查办之例,逐一查明,分别减等发落,以昭矜恤。”

○又谕:“前据林则徐奏查拿迤西匪犯,请审明立时惩办,毋庸解省审转,当交刑部议奏。兹据该部查核‘云南迤西一带,界在边隅。嗣后该地方除寻常命、盗各案,仍按例办理外,如有党羽众多匪犯,准其批解该管道、府,于审明移交臬司,具详督抚复准后,就地正法,以儆凶顽,并请酌定年限’等语。该处军务甫竣,余匪正当严办,着即予限五年。俟限满后,仍照例由督抚亲提审明题奏,以示限制。”

○咸丰元年(1851)谕:“本年着停止勾决。”

○又谕:“本年情重各犯,仍行停办。”

○三年(1853)谕:“裕诚等奏‘票签前后不符,查明检举,并请旨更正,以归划一’等语。此次内阁拟写勾到签式,与上年不符,着查取票本职名,交部照例议处。嗣后凡遇疯病杀人,并卑幼因疯致死尊长,及妻因疯致死夫者,均照票拟永远监禁。其应否查办,及不准释放之处,仍着刑部查照定例分别办理。所有上年勾到本内,四川省旧事熊黑儿、林怀毓,山西旧事石氏、叶庄娃四起,均着照例更正,以归划一。”

○四年(1854)谕:“前因刑部奏私铸大钱人犯,定为斩监候,俟秋审时分别酌办,所奏含混,谕令再行核议。兹据该部将问拟斩候各犯,分别情实、缓决,定拟具奏。现在大钱壅滞,皆由私铸日多。若如该部所议,仅止一次为数不及十千者,酌入缓决,奸民势必避重就轻,私铸仍难禁绝。嗣后私铸大钱案内,为首及匠人问斩候之犯,无论钱数、次数,均着入于秋审情实。”

○又谕:“刑部奏《遵旨加等严定私铸大钱罪名,并奸商阻挠钱法从重治罪》一折。近来私铸日多,官铸大钱日形壅滞。复有奸商任意阻挠,抗不行使。于国用民生,均有妨碍。若非严行惩办,何以肃法纪而儆奸顽。着照所请,嗣后私铸当百以下大钱人犯,如系为首及匠人,数至十千以上,或未及十千而私铸不止一次者,即于斩候罪上从重请旨即行正法。其私铸仅止一次,为数又在十千以下者,仍照前拟定为斩候,入于秋审情实。”

○六年(1856)奏准:嗣后每届二年,各省在监人犯,如缓决已至三次者,即未积至万名,亦得准予减等。仍俟奉有恩旨,再行查办。俟军务告竣,仍复旧章,积至万名,再行酌核查办。

○七年(1857)议准:查抢窃勒赎之犯,解该管府、厅、州审转具详,毋庸解司、道勘转,例内已有明文。至捉人勒赎一项,例内虽未提及,而较之抢窃勒赎者,其情并无二致。嗣后捉人勒赎之案,如审有拒捕、凌虐重情,仍行转解司、道勘转外,其仅止图利关禁勒赎,及听从掳捉,罪止遣、军之犯,援照抢窃勒赎得赃讯无拒捕之例,由该管府、厅、州审转具详,司、道复核,专案请咨,毋庸解司、道转解,以归简便。

○十年(1860)谕:“本年秋、朝审情实各犯,着停其勾决。”

○同治元年(1862)谕:“向来停止勾决年分,遇有情罪重大之犯,例由刑部开具事由,另行奏闻请旨正法。乾隆年间,屡奉谕旨,如三十六年(1771)系停勾年分,而官犯王钲等罪无可逭,即予正法,成案可稽。本日刑部具题朝审情实官犯一本,内已革两江总督何桂清一犯,自常州节节退避,辗转逃生,致苏、常等郡全行沦陷。迨奉文宗显皇帝严旨拿解来京,犹敢避匿迁延,迟至两年,始行到部。朝廷刑赏,一秉大公。因廷臣会议,互有异同,酌中定议,将该犯比照带兵大员失陷城寨本律,予以斩监候,秋后处决,已属法外之仁。今已秋后届期,若因停勾之年,再行停缓,致情罪重大之犯,久稽显戮,何以肃刑章而示炯戒,且何以谢死事诸臣暨江南亿万被害生灵于地下。何桂清着即行处决。派大学士管理刑部周祖培、刑部尚书绵森,即日监视行刑。嗣后如遇停勾年分,仍着刑部遵照向来成案,将情罪重大之犯,另行奏明请旨。”

○二年(1863)奉旨:“本日给事中张修育奏《来年上元甲子,请饬查案停勾》一折,着刑部溯查有无成案,迅即知照军机处。钦此。”遵旨复准:康熙二十三年(1684)甲子、乾隆九年(1744)甲子、嘉庆九年(1804)甲子,均钦奉特旨停止勾决,办理各在案。每甲子停止勾决,有案可循。惟停勾年分,由部循例奏请,核计月日,应在甲子年夏秋间。

○三年(1864)谕:“本年朝审各省情实人犯,着加恩停其勾决。”

○十一年(1872)谕:“本年秋、朝审情实各犯,着停其勾决。”

○十三年(1874)谕:“今年情实人犯,着停止勾决。”

○光绪元年(1875),恭逢恩赦,经刑部将斩、绞不准援免各犯,奏请停勾。

○又奉旨:“本年情重各犯,着停办。”

○二年(1876)谕:“今年情实人犯,着停止勾决。”

○五年(1879)奏准:查各省拿获土匪并强劫盗犯就地正法章程,彼时因军务吃紧,变通办理。乃各省遇有此等案件,有照例具题者,有声称照章就地正法,甚有寻常盗案,该州县拿获讯明后径行处决,随后始通详上司,备录供招送部者,办理未能一律。至职官犯罪,均应拟议具奏,请旨遵办,今各省亦有先行正法者,办理殊觉纷歧,似非慎重刑章之道。嗣后各省拿获马贼、土匪,并伙众持械强劫案件,如实系距省窎远,解犯中途堪虞,就近解归该管府、道复审明确,免其解省,由该管道、府核明情罪,禀候督抚批饬就地正法,按季汇案具奏。俟盗风稍息,仍照定例办理。其余距省较近州县,获有前项案犯,并职官犯罪,该地方官务须申详该管上司,解省审勘,由该督抚分别题奏,俟奉旨后再行处决,以重人命而慎刑章。

○七年(1881)谕:“本年情实人犯,着停止勾决。”

○又谕:“御史胡隆洵奏《请将盗案仍照旧例分别首从办理》一折,着刑部议奏。钦此。”遵旨议准:查刑律载“强盗但得财,不分首从皆斩”之文,乃惩治强盗本律。

雍正五年(1727),特命九卿定议,将盗案内法所难宥及情有可原者,分别正法、发遣,于乾隆八年(1743)纂入例册,乃列圣法外施仁之至意。议定盗劫案件,仍依强盗本律,不分首从俱拟斩决。其中把风、接赃等犯,亦系同恶相济,不得以情有可原量减。查各省盗案,向例系由该地方官申详该管上司,解省审勘,由该督抚分别题奏,将法所难宥及情有可原者,一一于疏内声明,大学士会同三法司详议,各该督抚俟奉准部复,始行分别正法、发遣。乃军兴以来,因剿办土匪定有就地正法章程。从此各省相沿,即寻常盗案,亦不待审转复核,概行就地惩办,题奏之件,十无一二,而成例遂成虚设。同治八年(1869),御史袁方城奏请盗案照旧核办,而直隶总督曾国藩仍奏请照章就地正法,并请令山东、河南一体照办。十二年(1873)御史邓庆麟请将盗贼、土匪,仍照旧例办理。各该省先后以游勇、马贼根株未尽具奏,均未便一时即复旧制。光绪五年(1879),刑部因各省拿获土匪、强劫盗犯,有照例具题者,有声称照章就地正法者,并有寻常盗案,该州县拿获讯明后径行处决,随后始行通详上司,备录供招送部者,办理未能一律,奏请各按距省远近,分别就地正法并解省审勘,奏准通行。迄今数年之久,各直省就地正法案件,每岁犹不下数千百人。其中法无可宥者,固所必有,情有可原者,亦难保必无。第各省既不按例题奏,而供招又或并不咨送,是否难宥,抑或可原,刑部无从得知,又复何从核办。窃谓法贵去其太甚,事必急所当先。必欲复情有可原旧例,莫若将就地正法章程,先行停止。请饬各省督抚、将军、都统、府尹体察地方情形,将伙众持械强劫案件,仍照成例,解由该管上司复勘,分别题奏请旨,不得先行正法,迅速妥议具奏,统俟刑部汇核办理。

〇八年(1882)谕:"御史陈启泰奏《各省盗案就地正法章程,流弊甚大,请饬停止》,又御史谢谦亨奏《盗犯就地正法章程,请分别有无军务省分办理》各一折,着刑部汇入各省复奏御史胡隆洵折,一并妥议具奏。钦此。"遵旨议准:现据奉天、黑龙江、直隶、热河、察哈尔、绥远城、乌鲁木齐、山西、山东、河南、陕西、四川、江苏、湖南、湖北、安徽、广东、广西、江西、云南等省,先后复奏就地正法之处,难以停止,自系实在情形。惟各该省所奏盗案尚多,碍难规复旧制。试问盗风何时方能止息?似此年复一年,安于简便,致令杀戮之权,操之臣下,亦殊非慎重民命之道。嗣后除甘肃省现有军务,广西为昔年肇乱之区,且剿办越南土匪,以及各省实系土匪、马贼、会匪、游勇案情重大,并形同叛逆之犯,均暂准就地正法,仍随时具奏,备录供招咨部查核外,其余寻常盗案,现已解勘具题者,仍令照例解勘,未经奏明解勘者,统予限一年,一律规复旧制办理。倘实系距省窎远地方,长途恐有疏虞,亦可酌照秋审事例,将人犯解赴该管巡道讯明,详由督抚分别题奏,不准援就地正法章程,先行处决,以重宪典而免冤滥。

〇又奏准:办理秋审,如遇钦奉恩旨停勾年分,所有情实人犯,向于次年六七月间,先行请旨勾到。其本年新事人犯,仍照例于霜降后冬至前,定期勾到。惟是六月系停刑之期,七月虽交秋令,万物尚在发荣滋长,不如并案进呈,以合缓刑之意。请将光绪七年(1881)旧事情实人犯,与本年新事,统计起数,缮具本册,一体于八九月间,分次进呈。届时知照内阁,会同钦天监选拟日期,候旨勾到。

○九年(1883)奏准:嗣后供获首伙盗犯,如曾经伤人,转纠党羽,持火执械,涂脸入室,架押事主送路,到案诬扳良民,并行劫已至二次,及滨海沿江过船搜赃者,俱入情实。其旧例所载在外瞭望,接递财物,并被人诱胁,随行上盗,或行劫止此一次,并无凶恶情状者,均酌入缓决。

○十年(1884)谕:"本年情实人犯,着停止勾决。"

○十一年(1885)谕:"本年情实人犯,着停止勾决。"

○又复准:嗣后四川懋功直隶厅同知所属五屯,遇有命案,如屯务系正印官阶,则以该屯为承审官,验讯拟罪,解由懋功厅审转,径自解司。若屯务系佐贰等官,则由该屯相验后,仍将人犯解归懋功厅承审,解道审转移司。

○十二年(1886)奏准:甘肃新疆巡抚奏《新疆命盗重案碍难遽照内地旧制》一折。刑部查就地正法章程,原因各省盗风未息,时有游勇土匪强劫杀人之案,解审堪虞,不得不为因时制宜之计。况新疆蒙回杂处,种类繁多,兼以游勇动辄滋事,视抢劫杀人为故常,较之内地情形尤重。既据该抚奏明,一时难以规复旧制,自应酌照变通办理。惟寻常命案,与强劫盗犯,情节迥不相同,审办即难强归一致。若将命案内罪应凌迟,并斩绞立决,及秋审例实入勾各犯,亦一概就地正法,未免毫无区别。且其中罪名出入等差,关系匪细,倘或引拟错误,更足长外省草菅人命之渐。至斩绞监候入缓人犯,虽据奏称现在关外新设州县,监狱未备,易致疏脱,势难遽归秋审,亦应同前项情重之犯,分别奏明,统由刑部核议,方昭详慎,岂得仅具清册咨部完结,致涉简率。况此等缓决人犯,一经减等,即与寻常军、流无异。现在该省开垦屯田,正在需人之时,与其监禁数年,即行责释,似不如于南北两路,酌量调发,拨给地亩,借可收其耕作之效。除该省抢劫盗案暂准就地正法,仍俟盗风稍息,即行归复旧制外,至审办命案,凡罪应凌迟、斩绞立决及监候各犯,均由该抚等详细核勘,照例拟定罪名,专折奏明请旨。俟奉到部复后,将罪应凌迟、斩绞立决及例实入勾之犯,再行处决。其监候入缓各犯,核其情节,应行减军、减流,即同寻常遣、军、流、徒等犯,一体于南北两路互相调发,按罪名之重轻,定地方之远近,均匀拨给地亩,责令认真耕种,以助屯政。

○又奏准:新疆秋审,从前系六月三十日截止,由陕甘总督转行各该处办事大臣,造具年岁清册送部,由刑部会同九卿定拟实缓。现在新疆已设行省,未便仍照旧章办理。该省距京道里,与云、贵二省相等,云南、贵州秋审,向系年前封印日截止,应将新疆省秋审截止日期,亦以封印题结之日为止。

○又奏准:云南永北厅秋审人犯,定例由迤南道于巡历时逐一亲鞫,造册移司核办。查该厅系隶迤西,迤南道无由巡历。若解犯赴审,而永北距迤南道驻扎之普洱府,计程一千五百余里,长途起解,疏脱堪虞。该厅距省仅一千零七十里,且系通衢。

嗣后永北厅秋审人犯，仍照例改归由省审录。

○又奏准：嗣后新疆除情罪重大，例应恭请王命，及实系决不待时人犯，暂准就地正法外，其余服制罪应凌迟、斩绞立决，并寻常命案问拟斩绞监候各犯，仍由该抚等详叙供勘，拟定罪名，专折奏明请旨。俟奉准部复后，将凌迟、斩绞立决暨情实之犯，再行处决。入缓各犯，即照前议，于南北两路，互相调发，匀拨种地开屯。该省诸凡草创，一切不能遽照内地，亦属实在情形。各属案件，如有承审逾限及引拟错误者，并请暂免查取职名议处。俟数年后察看情形，再行奏明规复旧制。

# 卷八百五十一 · 刑部一百二十九

## 刑律 · 断狱　检验尸伤不以实　决罚不如法　长官使人有犯

### 检验尸伤不以实

○凡官司初检验尸伤，若承委牒到，托故迟延不即检验，致令尸变，及虽即检验，不亲临尸所监视，转委吏卒，凭臆增减伤痕，若初检与复检官吏相见，扶同尸状，及虽亲临监视，不为用心检验，移易如移脑作头之类。轻重、如本轻报重、本重报轻之类。增减如少增作多、如有减作无之类。尸伤不实，定执要害致死根由不明者，正官杖六十，同检首领官杖七十，吏典杖八十。仵作行人检验不实，扶同尸状者，罪亦如吏典以杖八十坐之。其官吏、仵作因检验不实而罪有增减者，以失出入人罪论。失出减五等，失入减三等。若官吏、仵作受财故检验不实致罪有增减者，以故出入人罪论，赃重于故出故入之罪者，计赃以枉法各从重论。止坐受财检验不实之人。其余不知情者，仍以失出入人罪论。

#### 附律条例

○一、遇告讼人命，有自缢自残及病死而妄称身死不明，意在图赖诈财者，究问明确，不得一概发检以启弊窦。其果系斗杀、故杀、谋杀等项当检验者，在京委刑部司官及五城兵马司、京县知县，在外委州县正印官，务须于未检验之先，即详鞫尸亲、证佐、凶犯人等，令其实招以何物伤何致命之处，立为一案，随即亲诣尸所，督令仵作如法检报，定执要害致命去处，细验其圆长斜正青赤分寸，果否系某物所伤，公同一干人众，质对明白，各情输服，然后成招。或尸久发变，青赤颜色亦须详辨，不许听凭仵作混报拟抵。其仵作受财，增减伤痕，扶同尸状，以成冤狱，审实，赃至满数者，依律从重科断。不先究致死根由明确，概行检验者，官吏以违制论。

**谨案**　此条系原例。原文“当检验者”句下，系“在京初发五城兵马司，复检则委京县知县，在外初委州县正官，复检则委推官”；例末“赃至满数者”句下，原文系“查照诓骗情重事例枷号问遣”，均于雍正三年(1725)奏改。

○一、诸人自缢、溺水身死，别无他故，亲属情愿安葬，官司详审明白，准告免检。若事主被强盗杀死，苦主自告免检者，官与相视伤损，将尸给亲埋葬。其狱囚患病，责保看治而死者，情无可疑，亦许亲属告免复检。若据杀伤而死者，亲属虽告，不听免检。

**谨案**　此条系原例。

〇一、凡人命重案,必检验尸伤,注明致命伤痕。一经检明,即应定拟。若尸亲控告伤痕互异者,许再行复检。毋得违例三检,致滋拖累。如有疑似之处,委别官审理者,所委之官,带同仵作亲诣尸所,不得吊尸检验。

〇一、凡外省驻防旗人,遇有命案,该管旗员即会同理事同知、通判,带领领催、尸亲人等,公同检验,一面详报上司,一面会同审拟。如无理事同知、通判之处,即会同有司官公同检验,详报审拟。

〇一、凡人命呈报到官,该地方印官立即亲往相验,止许随带仵作一名、刑书一名、皂隶二名,一切夫马饭食,俱自行备用。并严禁书役人等,不许需索分文。其果系轻生自尽、殴非重伤者,即于尸场审明定案,将原、被、邻证人等释放。如该地方印官不行自备夫马,取之地方者,照因公科敛律议处;书役需索者,照例计赃分别治罪。如故意迟延拖累者,照易结不结例处分。若系自尽,并无他故,尸亲捏词控告,按诬告律科断。如刁悍之徒,借命打抢者,照白昼抢夺例拟罪,仍追抢毁物件给还原主。其勒索私和者,照私和律科断,勒索财物入官。至该管上司于州县所报自尽命案,果属明确无疑者,不得苛驳,准予立案。若情事未明,仍即秉公指驳,俟其详复核夺。

**谨案** 以上三条,均系雍正三年(1725)定。

〇一、大县额设仵作三名,中县额设二名,小县额设一名。仍于额设之外,再募一二人,令其跟随学习,预备顶补。每名给发《洗冤录》一本,选委明白书吏一人,与仵作逐细讲解。每人发给皂隶工食一名。学习者,两人共发给皂隶工食一名。若有暧昧难明之事,果能检验得法,洗雪沉冤,该管上司赏给银十两。其检验故行出入,审有受贿情弊者,照例治罪,不许充役。

**谨案** 此条雍正六年(1728)定。

一、州县仵作缺额不行募补,州县官及各上司,均交部分别议处。倘不将仵作补足,因而私侵工食银两者,州县官革职提问,该管各上司一并交部议处。

**谨案** 此条系乾隆五年(1740)遵旨议定。

一、州县平日督令仵作悉心讲读《洗冤录》,务期通晓。将额设仵作几名,及额外学习仵作几名,造具花名清册,每年开印后,申送该管府、州,汇册通送院、司存案。该府、州将附近所属仵作,按照册开名数、姓名,每年提考一次。其所属地方,有远在二三百里、四五百里者,令该管府、州,每年于因公出境经过时,就近考试,不必概行提考。其考试之法,即令每人讲解《洗冤录》一节。如果讲解明白,当堂从优赏给。倘讲解悖谬,即分别责革,饬令勒限学习,及另募充补。仍将提考已竣,及奖赏、责革各缘由,于册内登明,汇报院、司查核。并将召募非人、懈于稽察之州县,分别查参。其在京五城司坊额设仵作,即责成该巡城御史,每年照此例办理。

**谨案** 此条乾隆二十八年(1763)定。

一、凡州县额设仵作,大县三名,中县二名,小县一名。每于额设之外,再募一二名,令其跟随学习。每名给发《洗冤录》一部,选委明白刑书一人,与仵作逐细讲解。

每年开印后,该州县将额设、学习名数,造具花名清册,申送该管府、州,汇册通送院、司存案。该管府、州,每年随时就近提考一次。考试之法,即令每人讲解《洗冤录》一节。如果明白,当堂从优给赏。倘讲解悖谬,饬令分别责革,及勒限学习,另募充补。仍汇册申报院、司查核,并将召募非人、懈于查察之州县,分别查参。至仵作工食,每名拨给皂隶工食一分。学习者,两人共拨给皂隶工食一分。若有暧昧难明之事,检验得法,果能洗雪沉冤,该管上司赏给银十两。倘有故行出入,审有受贿情弊,照例治罪。若仵作额缺不行募补,州县官及各上司,均交部分别议处。倘州县不将仵作补足,因而私侵工食银两者,州县官革职提问,该管上司一并交部议处。在京五城司坊额设仵作,即责成该巡城御史,每年照此办理。

**谨案** 此条系乾隆五十三年(1788)将上三条修并。

〇一、地方呈报人命到官,正印官公出,壤地相接不过五六十里之邻邑印官未经公出,即移请代往相验。或地处穹远,不能朝发夕至,又经他往,方许派委同知、通判、州同、州判、县丞等官,毋得滥派杂职。其同知等官相验,填具结格通报,仍听正印官承审。如有相验不实,照例参处。

**谨案** 此条乾隆元年(1736)定。

〇一、检验自尽人命,如尸亲远居别属,一时不能到案,该地方官应即验明,立案殓埋。

**谨案** 此条乾隆六年(1741)定。

〇一、凡检验量伤尺寸,照工部颁发工程制尺,一律制造备用。不得任意长短,致有出入。

**谨案** 此条乾隆十一年(1746)定。

〇一、凡京师内城正身旗人,遇有命案,令本家禀报该佐领,转报刑部相验。街道命案,无论旗、民,令步军校呈报步军统领衙门,转咨刑部,票委该城指挥相验。其外城地方人命,亦无论旗、民,俱令总甲呈报该城指挥,该城指挥即速相验,呈报该城御史,转报刑部、都察院。若系旗人,并报该旗。

**谨案** 此条乾隆十三年(1748)定。

一、凡京师内城正身旗人,遇有命案,令本家禀报该佐领,径报刑部相验。街道命案,无论旗、民,令步军校呈报步军统领衙门,一面咨明刑部,一面飞行五城兵马司指挥星往相验,径报刑部。其外城地方人命,亦无论旗、民,俱令总甲呈报该城指挥,该城指挥即速相验,呈报该城御史,转报刑部、都察院。若系旗人,并报该旗。

**谨案** 此条系乾隆三十七年(1772)改定。嘉庆六年(1801),复于"内城正身旗人"下,添"及香山等处各营房旗人"十字。

〇一、凡黔、蜀等省遇有命案,其府、州、县原无佐贰,及虽有佐贰而不同城者,印官公出,准令经历、知事、吏目、典史等官,酌带谙练仵作,速往如法相验,写立伤单,报明印官,回日查验填图通报。如印官不能即回,仍请邻邑印官查验填报。其讯无别故之自尽、病毙等案,验明即准取结殓埋,仍由印官通详立案。如代验后,查有增减伤痕情弊,即将原验官照检验不实例分别议处。其各省所属府、州、县内,有与黔、蜀等省相似者,一体酌量办理,其余仍照定例遵行。

**谨案** 此条乾隆十六年(1751)定。

○一、凡各省州县同城并无佐贰,邻封穹远地方,遇有呈报人命,印官公出,如原系吏目、典史分辖地方,即日可以往返者,仍饬吏目、典史验立伤单,申报印官复验。其距城遥远,往返必需数日处所,该吏目、典史据报,一面移会该管巡检就近往验,填注伤单,一面申请印官复验通报。如印官不能即回,即申请邻邑代验通详。倘该巡检相验不实,或有受贿情弊,即行分别参究。

**谨案** 此条乾隆十八年(1753)定。

○一、广西凌云县属命案,在天峨哨地方,去县治在三百里者,准令该处分驻县丞,带领谙练吏仵,前往代验,填格取结,送交该县承审。如有勘验不实,照例议处。至去县不及三百里之命案,仍照旧例办理。

**谨案** 此条乾隆二十八年(1763)定。

一、广西东兰州属之那地土州,凌云县属之天峨哨地方,去州县城在三百里,及全州属之西延州同,西隆州属之八达州同,去州城在一百里以外之命案,准令该处分驻州同、州判、县丞,带领谙练吏仵,前往代验,填格取结,送交该州县承审。如有勘验不实,照例议处。其东兰、凌云,去州县不及三百里,全州、西隆州,去州不及一百里之命案,仍各照旧例办理。

**谨案** 此条道光九年(1829)增定。

○一、归化城各协厅所属,遇有呈报命案到官,即令该通判星往验明,填格录供通详,仍照例详请都统派委蒙古官员会同审拟,毋庸详派会验,致滋稽延。倘该通判等相验不实,以及迟延贻误,令该管上司分别参处。

**谨案** 此条乾隆二十九年(1764)定。

○一、在京五城司坊,每城额设仵作一名之外,各添设额外学习仵作一名,令该巡城御史召募考试充当。其工食照额设仵作减半赏给,每名月给工食银五钱,由户部支领,以资养赡。遇有额设仵作病故、革退,即以额外仵作顶补,再行考募学习之人。

**谨案** 此条乾隆三十四年(1769)定。

○一、凡五城遇有命案,除道途倒毙、客店病亡,经该城验讯属实,即自行完结外,其余金刃自戕、投井、投缳等案,即令该城指挥照例验报,由该城御史审讯,转报刑部核复审结。倘有漏报,将该城官员指名参处。

**谨案** 此条乾隆三十八年(1773)定。

○一、黔省州县命案,如逢盛暑,印官公出不能即回,邻封穹远,往返数日者,准代验之杂职等官取立伤单,将尸棺殓。其州县未能复验缘由,及原验杂职衔名,俱于原题内声叙。如有伤痕不符等弊,将原验官参处。若印官计日即回,邻封相距不远者,仍照旧例行。

**谨案** 此条乾隆四十一年(1776)定。

○一、京师五城吏役有犯命案,本城官员,概令回避,该城御史速调别城指挥,带领本管吏仵,前往相验办理。其各省州县,如本州县吏役有犯命案,即就近禀请该上司,立委别州县带领本管吏仵,前往验办。

**谨案** 此条乾隆四十六年(1781)定。

○一、京师五城指挥相验,城内不得过两日,关外不得过三日。如一时案件坌集,指挥不能分身者,准委副指挥、吏目代验,仍归指挥承办。倘指挥有心规避,委验之员有心推卸者,巡城御史稽查参奏。御史姑容,经他人查出参奏者,一并交部议处。

**谨案** 此条乾隆五十六年(1791)定。

○一、奉天省昌图、岫岩、凤凰城各厅所属命案,如距厅在三百里以外者,准令照磨及分防巡检,带领谙练吏仵,前往代验,填格取结,送交各该厅承审。如有勘验不实增减伤痕情弊,分别照例议处。其讯无别故自尽、病毙等案,亦准取结验埋,由各该厅通详立案。若距厅不及三百里者,仍照旧例办理。

**谨案** 此条道光二年(1822)定,专指昌图厅而言。七年(1827),增岫岩、凤凰城各厅。

○一、差役奉官暂行看押人犯,有在押身死者,无论有无凌虐,均令禀明本管官,传到尸亲,眼同验明,不得任听私埋。如有私埋情事,经尸亲控告破案者,官为究明致死根由,详请开验,毋庸取具尸亲甘结。检明后,除讯系差役索诈凌虐致毙者,仍照各本律例从重治罪外,若止系因病身死,即将私埋之差役,杖七十、徒一年半;控告之尸亲,讯无挟仇情节,仍按诬告各本律分别科断。地方官有任听私埋,及庇护差役,不即开检者,交部分别严加议处。至差役私押毙命之案,应令禀请邻封州县,传到尸亲,眼同验明究办。若有私埋匿报,以及一切凶徒挟仇谋财,致毙人命私埋灭迹者,经尸亲告发之后,如业将致死根由,究问明白,毫无疑义,而尸伤非检不明者,亦即详请开检,按例惩办,均毋庸取具尸亲甘结。

**谨案** 此条道光十二年(1832)定。

**历年事例**

○顺治十年(1653)题准:凡遇地方道毙之人,果系饥寒所致,查无别情者,即行瘗埋。司坊各官,不得借名检验,株连无辜,开奸人骗诈之端。

○十二年(1655)题准:凡自尽人命呈报到部,即差本部员役相验。查无打死伤痕及别情者,俱取尸亲与本佐领下领催甘结存案。若相有重伤及别情者,发司审理。

○十三年(1656)题准:凡呈报自缢投河身死人命,百里之内,差在部领催,百里之外，差各佐领下领催，同尸亲、邻佑人等，验明同报存案。其山海关外乡屯所住之人，有此等自尽者，即在盛京报明，照例查明存案。若有打死别情，审明咨部。

○康熙八年(1669)谕："近闻官民家人，以自缢投水身死报部者甚多。此皆本主不加爱养，逼勒过甚所致。以后务须体恤训养，毋得逼责致死人命。"

○九年(1670)题准：凡检尸官员，听信仵作埋没伤痕，或将打砍伤痕报称跌磕伤者，降二级调用；转详之上司，罚俸一年。如上司批令再检，不行检验，或不实报伤痕者，降一级调用。

○十二年(1673)谕："近闻刑部呈报缢死者甚多，关系人命，深为可悯。着将缢死人数，月底汇写启奏，不必用印。"

○十六年(1677)复准：凡有自缢、投水身死之人，当日总甲等带同尸亲据实呈报，地方官查自尽是实，别无他故者免检，即令殓葬。若并无他故，该地方官不即完结，及总甲与尸亲当日不即据实呈报，妄行措勒，并衙役检验之人，有吓诈情弊者，事发之日，将地方官议处，总甲人等俱枷号四十日、责四十板，若受财者，计所受之财，从重治罪。如有他故，听尸亲即日呈告，该地方官当时检验，将尸收殓审理。若实系自缢、赴水身死，捏词控告者，亦枷号四十日，责四十板。至旗下有此等自尽者，即令各该旗佐领下领催具报，差部内领催相验。别无他故，即行完结。或将家仆教令责打，虽有伤而自尽是实者，家主免罪。若往验领催等，因验有伤痕，妄称打死，恐吓索诈，及尸亲有措勒等弊，事发之日，俱枷号四十日、鞭一百。本佐领下领催不即行具报，照不应重律鞭八十；受财者，计所受之财，从重治罪。

○二十三年(1684)定：管理京城街道步军、官员、兵丁人等，查伊所管汛内有毙于道者，或车马撞死，或病死，或因别故而死，俱开明情由，具报刑部。不行开报者，听刑部题参。

○五十二年(1713)题准：旗人自缢、抹脖、投井身死等事，验明令其抬送。如不法棍徒勒措拦阻者，照例治罪。该堆子、该门、该班官兵，知而不即行擒拿，官交该部议处，兵交部治罪。

○雍正四年(1726)议准：路死人命，即以仇盗未明通报。自报出之日，扣至三个月内，查明是仇是盗，即按报出之日，扣限一年，缉获凶犯。若三个月内不能查明是仇是盗，先行题参，罚俸三月，仍按始初以仇盗未明报出之日，扣限一年缉获。如逾限不获，将该地方官照缉凶不力指参，吏部照例议处。

○五年(1727)议准：嗣后除实系因病倒卧、自死无伤者，许地方官验详掩埋外，如将受伤身死之人，作为病毙，擅自掩埋结案者，发觉之日，将该地方各官俱照例议处。再有不肖官员，虑凶犯莫缉，将仇盗命案，竟行隐匿不报者，事发之日，将地方各官并上司，俱仍照讳盗讳命例议处。

○乾隆元年(1736)复准：相验尸伤及斗殴伤重之人，除附郭及事简州县，仍令正印官亲诣验看外，其离城窎远之区及繁剧州县，准令佐贰、巡捕等官据实验报，仍听正印官填注伤单详报,受伤者定限保辜。倘代验官验报不实,照例议处。如州县实能往验,而怠于从事,辄委佐贰等官,致滋扰累、捏饰等弊,仍照例议处。

○又议准:查雍正六年(1728)内,刑部议复各该督抚所题设立仵作,将事繁之大州县额设三名,中州县额设二名,小州县额设一名。仍于额设之外,再募一二人跟随学习。将《洗冤录》选委明白刑书一人,与仵作逐细讲解,务使晓畅熟习。至仵作向无工食,请令大州县酌裁皂隶四名,中州县三名,小州县二名,即将所裁之皂隶工食,按月拨给,资其养赡等因具题。奉旨:"依议。仵作三年无弊,事繁之州县,赏银十两;稍简者,赏银六两;最简者,赏银四两。永著为定例。钦此。"钦遵在案。但恐直省地方官日久怠弛,奉行不力,将额设仵作并不募补足数,以致命案繁多,关取邻封仵作,耽延迟滞,检验不实,甚至道路招摇,两造贿嘱,妄报匿伤,复行蒸验等弊。嗣后应令各督抚转饬地方官,务遵定例。额设仵作,如数召募补足。如额外有情愿充当者,亦即多募一二名,遇仵作事故,将愿充之人顶补。并将此等仵作,及愿充之人,责成该地方官加意关防,将《洗冤录》等书,督令讲解熟习。相验时,带同随往亲验,验毕即带回署。至仵作如有招摇、贿嘱、妄报、匿伤等弊,将该仵作计赃从重治罪。其有留心检验,三年无弊者,仍照定例分别赏给,以示鼓励。

○五年(1740)谕:"州县设立仵作,因系命案所关,故从前定例甚详。并曾蒙世宗宪皇帝谕旨,将仵作三年无弊者,赏给银两以示鼓励。凡以慎重民命,至为周切。乃近年以来,外省并不实力奉行,照额募补,惟借邻封调取应用,以致命案迟延拖累,相验未能明确。此固州县之怠忽,亦该上司不能留心查察之故。着该督抚严饬查明,未设之州县,即行勒限募补,悉遵定例办理。嗣后若州县仍然忽视,督抚等不行查察,应如何分别定以处分之处,交部定议具奏。钦此。"遵旨议准:仵作一役,专以检验尸伤,所关綦重。如其相验明确,非惟无出入枉纵之虞,抑且罪犯易于速结。该地方官自应实力奉行。如有缺额,州县官即应补足。若因循怠忽,不照额募补,自应分别定以处分。嗣后直省州县,将额设仵作并不实力奉行,照数募补,仍然忽视者,将该州县照编排保甲地方官不实力奉行例,降二级调任;该管道、府失于查察,照巡绰失于查察例,罚俸一年;督抚罚俸六月。如州县官不将仵作补足,私侵工食银两者,将州县官照干没侵欺例革职提问;道、府不行查出,降一级调用;督抚不行查参,罚俸一年。

○十三年(1748)议准:黔省鸟道羊肠,府、州、县所管境内,每有广袤二三四站至五六七站不等,接壤州县,相悬更复过之。遇有命案,值印官公出,并无同城佐贰,不得不请邻封。若遇邻邑正印公出,更须另行移请。尸身业经发变,原、被混指互争,势必申详复检,死者受蒸刮之惨,生者蹈欺诬之条,情殊可悯。嗣后黔省命案,原无佐贰,及虽有佐贰而不同城之府、州、县,倘印官公出,准令经历、知事、吏目、典史等官,酌带谙练仵作,速往如法相验,写立伤单,报明印官,回日查验,填图通报。如印官不能即回,一面验立伤单,一面仍请邻邑印官查验填报。并通行各省督抚,所属府、州、县内,并无同城佐贰,又地方广袤与黔省情形相似者,一体酌量办理,其余仍照定例遵行。再经历、知事、吏目、典史等官,于初验时略有增减,后经查出,即将原验官照检验不实例分别议处。

〇二十二年(1757)议准:自尽、病毙案件,验讯果无别伤别故者,仍照旧例录供填册,专案通详院、司复核存案。若案情可疑,办理疏漏者,指驳究审。

〇又奏准:查酌归简易条内,凡有自尽、病毙案件,各州县免其逐件通详,止令按季汇报。又议准,嗣后随时详报该管府、州,直隶州详报该管道员,按季造报院、司。如道、府、直隶州迁就扶同,一并参处,固已慎重周详。惟民情诈伪,多以健讼为能。凡有户婚、田土等事,经州县审明定案,毫无疑义者,犹复赴上司衙门告官告吏,有自尽、病毙人命,更视为奇货可居。悬梁自尽者,则称殴死之后假装自缢,投河自溺者,则称斗殴推入河中毙命,实系病毙者,则称遍体鳞伤身死,地方官捏报病故。更有出嫁之女,因翁姑管教,愚妇无知,轻生自尽,其父母已查明确实,情愿殓埋者,而伯叔兄弟,捏称父母受贿私和。种种奸伪,难以枚举。此等刁徒,往往赴院、司控告,全凭州县验讯详审,与呈词查对,酌核情节。讯明如系假捏,立时责处,递籍收管,庶可惩诬告而遏刁风。今若仅报道、府、直隶州查核,按季汇报院、司,则未经报到之时,刁徒乘机赴控,无案可稽,虚实难以遽定。批准审虚,虽治以诬告之罪,而良善之拖累,已属难堪。况州县各官之才识不同,勤惰亦异,若仅详道、府、直隶州,仍按季汇题院、司,恐滋讳匿,转启不肖书役乘机舞弊之端。即道、府、直隶州,亦难保其必无疏漏。应令各州县仍即相验讯供,专案通详,该上司就案核结,随时参酌。于属员既可觇其才具,而刁徒亦可借以惩儆。

〇二十九年(1764)议准:归化城一带蒙古命案,向系各协厅据报,详请都统派员会验,往返动经旬日。嗣后悉令该通判往验通详,仍照例详请都统派蒙古官员审拟,其委派会验之处停止。

〇三十五年(1770)议准:尸身腐烂,及相验不实,必须检验之案,全赖尸骨为凭。而《洗冤录》第一卷中,虽载有检骨之法,沿身骨节一篇,未奉颁有骨格定式。查初验命案,男、妇止有下体一处不同,而检骨则男女大有区别之处。即如男子髑髅骨八片,妇人六片;男子左右肋骨各十二条,妇人则又各十四条;男子两手腕两臁肕皆有髀骨,妇人无髀骨;男子尾蛆骨有七窍,妇人止六窍。是男、妇骸骨,判然不同。倘验官填注时,一有舛错,即与生前原伤部位不符。伤有致命、不致命之分,罪有应抵、不应抵之别,若不颁发图格,定有准绳,检验之员,终属渺茫,难免书仵作弊。向来直省州县衙门,遇办检验之案,悉就现行相验尸图,于各部位之下,填注某骨某伤。其骨殖之完缺多寡,虽俱于揭帖内详悉注明,终不若专立检骨图格,俾检验尸骨者,当场依次填注,办理更觉周详。现遴派熟练司员,传集各衙门经习仵作,复汇查刑部历来办过检验成案,与《洗冤录》所论沿身骨脉名色、形式,逐细推究,详加考核。先绘仰面合面人形周身骨节全图,次列仰面合面周身骨格名目于后,并注明男女异同各处,绘就图格一本,恭呈御览。伏候钦定后,交律例馆刻板刷印,颁发直省。仍将检骨图格,续纂入《洗冤录》尸格之后,永远遵行。

○三十八年(1773)议准:据广西巡抚咨称,人命全重尸伤。伤有致命、不致命,验尸检骨,务期划一。兹先奉刑部颁发验尸图格,并《洗冤录》所开左右血盆骨,俱系不致命。迨续奉颁发检骨尸格,又系致命。两格互异,碍难遵循。且恐设有共殴人致死之案,一系殴伤血盆骨,一系殴伤脊背之类,如遇检骨,势必同为致命,转至混淆,难于定拟。是否续颁检格刊刻讹错,抑或另有考证等因?查检骨与验尸,其伤有内外深浅之不同,故图格内有致命、不致命之分别。左右血盆骨,在验尸图内注系不致命,系指在外伤痕而言。在《洗冤录》论沿身骨脉,内载髀骨中陷之缺盆,即血盆骨,注云"髀骨中陷之血盆,嗓喉上之结喉,曲鬓上之顶心,眉际末之太阳,与眦鼻山根、印堂、脑角,并钗骨下腰门,皆致命要处,检骨时最宜细看。他骨一伤,不过成残疾,此数处若伤,立致毕命"等语。是以乾隆三十五年(1770)所颁骨格图内,即按照《洗冤录》所载,将血盆注为致命,绘图颁发,并非刊刻讹错。至该抚所称共殴之案,一系殴伤血盆骨,一系殴伤脊背之类。查《洗冤录》"检验总论"内开,"如死人身上有两痕皆可致命,若两人下手,须两痕内斟酌最重者为致命",又注云"最重谓先论紧要处,次论伤痕浅深阔狭"等语,所论甚为明晰,自可查核办理,无虑混淆。

○五十六年(1791)奏准:五城地方,每城各设一司两坊。向来逃、盗、斗殴等事,副指挥、吏目分界管理;人命案件,统归正指挥相验。惟是京师五方杂处,人命案件颇多。城内所报,该指挥尚可速验;关外所报,有往返必需一两日者。顾此失彼,在所不免。隆冬虽尚可停留,至于夏日,往往伤痕发变,尸身腐溃,以致难于检验,实于罪名出入有关。查定例"外省州县人命,遇正印官公出,即委佐贰官代验,仍听正印官承审"等语,因思五城司坊,体制平行,遇缺亦可互相委署,原与外省之正印、佐贰无异,自可一体照办。嗣后五城相验,城内不得过两日,关外不得过三日。如一时案件坌集,正指挥不得分身者,即照佐贰代验之例,委副指挥、吏目代验,其承审则仍归本官办理。设本官有心规避,及委验之员,有心推卸姑容者,查出一并参奏。

○五十八年(1793),陕甘总督参奏署甘肃宁州知州环县知县于辉,于州民杨尔俭等殴毙胡常、胡久一案,漏验伤痕,错拟正凶,罪应杖徒一案。奉旨:"于辉于承审殴毙二命重案,并不详细相验,误将共殴之犯,定拟正凶。既经批驳,仍照原拟率详,几致罪名出入。拟以杖徒,尚不足以示儆,着发往军台效力赎罪。"

○同治九年(1870)谕:"额勒和布、恩锡奏《相验命案请变通成例》一折,据称'奉天昌图厅属幅员辽阔,向例遇有命案,印官公出,如在三百里以外,檄委照磨、经历往验,其在三百里以内,则由邻封往验。该厅毗连仅止开原一县,道路较远,请变通办理'等语,着照所请。嗣后该地方官公出期内,遇有呈报命案,无论三百里内外,如系照磨分防处所,暂由照磨往验,如系经历分辖,暂由经历往验,统候印官审办,以重人命而免耽延。"

○光绪七年(1881)奏准:广西西隆州地方辽阔,由州城东至者革计九站,西至坂桃计五站,设使两处命盗案件,同时并发,则印官往返奔驰勘验,必须一月程途。向来分设八达州同一员,旧州州判一员,专司粮捕等事。定例八达州同去州城在一百里以外之命案,准令该处州同、州判、县丞,带领练达吏仵,前往代验,填格取结,送交该州县承审。如勘验不实,照例议处。而旧州州判,遇有命盗案件,应否代往勘验,例内并无明文。查八达州同,在州西南陆路二百十里,旧州州判,在州东陆路一百六十里,各有该管地段,两不相涉。嗣后旧州州判,该管地方遇有命盗案件,仿照州同之例,即由该州判代往勘验,分别录供、填格、取结,送交该州承审,以免耽延。

○十年(1884)奏准:嗣后奉省之新民厅、辽阳州、宁远州、锦县、通化县、开原县、怀仁县,除距城二百里以内,遇有命盗案件,责成该印官亲验,不得借词委验外,其在二百里以外者,各该厅州县案牍不多,无须替代,仍由印官躬亲验勘。倘一时报案叠出,或署中有紧要事件,不能分身,准委令分防佐杂等官,就近代为勘验,分别录供、填格、取结,送交各厅州县承审。如有承验不实,及迟延贻误者,即将该员照例参处。

○十二年(1886)谕:"嗣后相验案件,各衙门务当循照例章,分别迅速办理,毋任吏役勒索滋弊等因。钦此。"遵旨议奏:查内城正身旗人及香山等处各营房旗人,遇有命案在家身死者,无论谋、故、斗杀及自尽等项,例应刑部派员往验。一经该旗佐领呈报到部,即由当月满汉司员于次日带领吏仵,前往相验,当场填格,并讯取尸亲人等大概供词,同署分司审办。尸身于验明后,即令尸属殓埋。其由步军统领及各城御史衙门咨送命案,如讯无别故,亦立即饬埋。并非案结后始行下票。历经遵照办理,从无延误之处。应仍谆饬该司员,以后遇有相验案件,不得稍有稽迟。并严禁吏役,毋许借端勒索。如查有刁难挟诈等弊,即行从严惩办。至城内街道命案,例由步军统领衙门飞行五城指挥,星往相验。外城地方人命,无论旗、民,由该城指挥即速往验,城内不得过两日,关外不得过三日。如一时案件坌集,该指挥不能分身者,准委副指挥、吏目代验,仍归该指挥承办,应由各该衙门查明办理。

## 决罚不如法

○凡官司决人不如法如应笞而用杖。者,笞四十;因而致死者,杖一百,当该官吏均征埋葬银一十两。给付死者之家。行杖之人,各减一等。不追银。其行杖之人,若决不及肤者,依验所决不及肤之数抵罪,或由主使,或由行杖;并罪坐所由。若受财而决不如法及决不及肤者,计赃以枉法从重论。若监临有司、管军等之官,因公事主令下手者,于人虚怯去处,非法殴打,及亲自以大杖或金刃、手足,殴人至折伤以上者,减凡斗伤罪二等;致死者,杖一百、徒三年,追埋葬银一十两。其听使下手之人各减一等,并罪坐所由。如由监临,坐监临;由下手,坐下手。若非公事,以故勘平人论。若官司决罚人、监临责打人,于人臀腿受刑去处,依法决打,邂逅致死,及决打之后自尽者,各勿论。

### 附律条例

○一、奉天地方审理事件,人犯到案,先将锁链盘于地上,令其膝跪,又以荆条互击其背,着永行禁止。

**谨案** 此条乾隆元年(1736)定。

### 历年事例

○顺治十七年(1660)题准:凡问刑衙门,无实赃确证,及户婚田土小事,不得滥用夹棍。

○康熙七年(1668)复准:凡擅用非刑者,俱照例治罪。

○九年(1670)题准:凡官员考鞫人犯,于夹棍、拶指外,用别样非刑,及将妇女擅用夹棍者,俱照例革职;该管上司不行查报,降一级调用;督抚不行题参,降一级留任。其犯妇有孕,亦不得擅用拶指,违者降一级调用,该管上司罚俸一年,督抚罚俸六月。凡官员将旗下人擅行夹责者,降一级调用。

○二十三年(1684)谕:"刑罚关系人命,凡审谳用刑,理应恪遵定制,精详慎重,不得恣行酷虐,致滋冤滥。内外问刑衙门,有不肖官员法外妄用重刑者,即行指参,从重治罪。"

○三十七年(1698)议准:查讯犯人之时,或有赃证明白,奸恶之徒,希图幸免,不肯承认,或将同伙不行首出,妄扳良人者,仍行掌嘴严讯外,其寻常细事,用皮底竹板、木板,按头于膝,或按头于石,批击审讯者,永行禁止。

○四十一年(1702)复准:嗣后内外问刑官员,将不应夹讯之人夹讯,即时身死,并应夹之人恣意叠夹致死者,将承审官俱照律治罪。其学、盐、关差官员,亦照州县佐贰官例,不许擅用夹棍。如有应用夹棍事件,俱送问刑衙门审理。若有故违夹讯者,交与该部从重治罪。

## 长官使人有犯

○凡在外各衙门长官,及在内奉制出使人员,于所在去处有犯一应公私等罪者,所部属官等,流罪以下,不得越分辄便推问,皆须开具所犯事由,申复本管上司区处。若犯死罪,先行收管,听候上司回报。所掌本衙门印信、及仓库、牢狱、锁钥,发付次官收掌。若无长官,次官掌印有犯者,亦同长官。违者,部属官吏笞四十。

# 卷八百五十二·刑部一百三十

## 刑律·断狱　断罪引律令　狱囚取服辩　赦前断罪不当　闻有恩赦而故犯　徒囚不应役　妇人犯罪

### 断罪引律令

○凡官司断罪,皆须具引律例。违者,如不具引,笞三十。若律有数事共一条,官司止引所犯本罪者听。所犯之罪,止合一事,听其摘引一事以断之。其特旨断罪,临时处治,不为定律者,不得引比为律。若辄引比致断罪有出入者,以故失论。故行引比者,以故出入人全罪及所增减坐之。失于引比者,以失出入人罪减等坐之。

### 附律条例

○一、凡承问各官,如徇私枉法,颠倒是非,故出故入,情弊显然,仍行指名参处。至于拟罪稍轻,引律稍有未协,遗错过失等项,将本案察明,果非徇私者,免其参究,即行改正。

一、各省督抚审拟案件,不许轻重两引,务须详核情罪,划一具题。如两引具题者,交部议处。

**谨案**　此两条,均系雍正三年(1725)定例。

一、督抚审拟案件,务须详核情罪,划一具题,不许轻重两引。承问各员,徇私枉法,颠倒是非,故出故入,情弊显然,及将死罪人犯错拟军、流,军、流人犯错拟死罪者,仍行指名参处。至于拟罪稍轻,引律稍有未协,遗错过失等项,察明果非徇私,及军、流以下等罪错拟者,免其参究,即行改正。

**谨案**　此条系乾隆五年(1740)将上二条删并,又将"官司出入人罪"例内雍正三年(1725)所定"死罪错拟军流军流错拟死罪"一条并入。道光十四年(1834),因系专为议处官员而设,无关刑例,是以删除。

○一、承问各官审明定案,须确引一定律例。若既引定,又云如此如此,情由可恶,不便照此律此例治罪,而更议重其罪者,以故入人罪论。

**谨案**　此条雍正三年(1725)定。

一、承问各官审明定案,务须援引一定律例。若先引一例,复云不便照此例治罪,更引重例,及加"情罪可恶"字样坐人罪者,以故入人罪论。

**谨案**　此条系乾隆五年(1740)将雍正六年(1728)钦奉谕旨并入前条纂定。

○一、例载比照光棍条款,仍照例斟酌定拟外,其余情罪相仿,尚非实在光棍者,不得一概照光棍例定拟。

**谨案** 此条乾隆元年(1736)定。

○一、除正律正例而外,凡属成案,未经通行著为定例,一概严禁,毋得混行牵引,致罪有出入。如督抚办理案件,果有与旧案相合,可援为例者,许于本内声明,刑部详加查核,附请著为定例。

**谨案** 此条乾隆三年(1738)定。八年(1743)奏准毋庸遵行。详见后。

**历年事例**

○顺治十年(1653)谕:"凡问拟人罪,务详审实情,引用本律。一切钩索罗织,悉宜痛革。亦不得借口故出,以致漏网。"

○康熙九年(1670)题准:督抚将重犯引律具题,或拟重,或拟轻,曾经三法司两议具题者,督抚并承问官俱免议。

○二十七年(1688)题准:一应审拟事件,有例者引例,无例者引律。与律例不吻合者,量其情罪,比照律例定拟。情罪轻而故入,情罪重而故出者,将承问各官,并该督抚,俱交该部议处。

○三十九年(1700)议准:问刑官不引正条,用"情罪可恶"字样,深刻定罪者,该部即照律例改正,将深刻定罪官员,交该部照失入议处。

○雍正二年(1724)谕:"嗣后凡本内有引例者,毋用'新'字。系何年所定之例,止写出其年。"

○六年(1728)谕:"律例之设,乃详察情理,揆度至当而后定者也。审拟罪案之时,应引某条则引之。断无轻重任意,或介两可之理。常见奏章内往往有先引一条,复云不便照此治罪,更引重罪以治之。此乃臣下营私之陋习,或欲以严刻之名归于上,或冀法外之恩,巧于开脱,均非明允之道。以后外省本章,有两引条例者驳回,将情由参奏。若当引轻律而故坐重罪,亦难逃朕之洞鉴。内外执法臣工,各宜懔遵。"

○乾隆六年(1741)谕:"律例一书,原系提纲挈领,立为章程,俾刑名衙门有所遵守。至于情伪无穷,而律条有限,原有不能纤悉必到、全然赅括之势,惟在司刑者体察案情,随时详酌,期于无枉无纵则可。不可以一人一事,而即欲顿改成法也。本朝《大清律》,周详明备。近年以来,又命大臣斟酌重条,朕详加厘定,现在刊刻颁行。而新到任之臬司、科道等,条陈律款者,尚属纷纷,至于奉天府府尹吴应枚竟奏请酌改三条。夫以已定之宪章,欲以一人之臆见,妄思变易,究竟不能尽民间之情弊,而朝更夕改,徒有乖于政体,嗣后毋得轻议纷更。如果所言实属有当,该部亦止可议存档案,亦不得擅改成书。"

○八年(1743)奏准:前御史王柯条奏,凡属成案,毋得援引。果有与旧案相合可援为例者,该督抚于本内声明,刑部著为定例等因,业经议准。惟司刑名者,倘引用律例,意为低昂,其弊亦不可不防。嗣后如有轻重失平、律例未协之案,仍听该督抚援引成案,刑部详加察核,将应准、应驳之处,于疏内声明请旨。所有御史王柯条奏将成案著为定例之处,毋庸遵行。

○九年(1744)议准:嗣后凡有关涉永远定例之部文,不论刑名、钱谷,或题奏,及咨准部复,一概随时通行藩、臬衙门,或于单行文内指明"转行"字样。迨到司后,即令专管该司于行府之外,分移各道。到府后,于行州县之外,分移丞倅,一体遵照。并令大小各衙门,将奉行条例,派拨专书经收,记明档案,务期汇总齐全,毋得纷纭散轶,入于新旧交盘之内,递相接授。倘有疏忽,别经举觉,即将该管官典,照遗漏行文例查议。

○二十一年(1756)谕:"地方凶棍扰害良民,拟以斩决,此定例也。此案刘么因妒奸谋死张二老,复拐卖幼童,假充捕役,吓诈财物,种种淫恶,实属光棍之尤。该抚乃依谋杀本律,从重拟斩立决,该部亦如所拟完结。夫断狱当准情酌理,务求至当,何庸设轻重于其间。若置本律不用,而谓未足蔽辜,加等比拟,则似该犯罪本不至即行正法,而故为从重。此外省陋习,该部不为改正,殊未允协。刘么即照光棍律治罪,不当照谋杀定拟,而加以'从重'字样。此本着发还另议,并通行传谕内外问刑衙门知之。"

○二十七年(1762)谕:"刑部奏《各省州县命案,毋庸先据初供报部,又同谋共殴致死人命之案,仍请止将正凶解审》一折,所奏甚为允当,俱依议行。国家设定律例,历经斟酌损益,条分缕析,已属周详。近来新任各省臬司,辄于律令内摭拾一二,奏请增改。其中固有旧例于情事未尽櫽括,应随时酌量变通者,而未能通彻律意;或就一时之见,率请更易者,亦复不少。在该部不过因陈奏之间,尚近情理,难于概行议驳。而其实多设科条,徒尘案牍,既无当于政简刑清,转滋窒碍难行之处。不知刑名案件,情伪微暧,变幻百出,若事事曲为逆亿,虽日定一例,岂能遍给乎?惟在司刑宪者,临时详察案情,参酌令典,期于平允协中。设徒鳃鳃然各逞己见,议改议增,适以变旧章而滋纷扰,于谳狱之道,有何裨益?着将此传谕中外问刑衙门知之。"

**狱囚取服辩** 服者心服,辩者辩理。不当则辩,当则服。或服或辩,故曰服辩。

○凡狱囚有犯徒、流、死罪,鞫狱官司各唤本囚及其家属到官,具告所断罪名,仍责取囚服辩文状。以服其心。若不服者,听其文状中自行辩理,更为详审。违者,徒、流罪笞四十,死罪杖六十。其囚家属远在三百里之外,不及唤告者,止取本囚服辩文状,不在具告家属罪名之限。

**赦前断罪不当**

○凡官司遇赦,但经赦前处断刑名,罪有不当,若处轻为重其情本系赦所必原。者,当依律改正从轻;以就恩宥。若处重为轻,其情本系常赦所不免者,当依律贴断。以杜幸免。若处轻为重、处重为轻,系官吏于赦前故出入而非失出入。者,虽会赦并不原宥。其故出入之罪,若系失出入者,仍从赦宥之。

### 附律条例

○一、遇直隶及十四省恤刑之期,凡原问官故入等罪,俱不追究。

**谨案** 此条系原例。雍正三年(1725)奏准,今查各省按期差官恤刑之事,业经停止;又故入人罪,未便免究,因将例文改定。

一、遇直省特差恤刑之时,有审豁者,原问官俱不追究。恐官虑罪及己,不肯辩明冤枉也。则会赦可以类推。

○一、承问官审理事件,错拟罪名者,不拘犯罪轻重,错拟官员,遇赦免议。

○一、督抚承问叩阍事件,除情罪重大不在赦款者,仍依限审结具题外,其余轻罪与赦款相符,即行释放,汇题销案。

**谨案** 以上二条,均系雍正三年(1725)定。

○一、奉恩诏以前,直省亏空已结各案,令各督抚分析造册送部。其案内人犯有罪名而会赦邀免者,俱准释回原旗、籍。如案内有不应豁免之项,即行文原旗、籍着追。其甫经审题各案,俟已结之日,将并无罪名各犯,查明任所有无赀财,取结报部,亦令释回原旗、籍。倘本案已清,别案有查追事件,清结之日,亦即报部释回原旗、籍。其奉恩诏以后之案,不在此例。

○一、原非侵盗入己,照侵盗拟罪之犯,较之实犯侵欺,情罪稍轻,及亏空军需钱粮,系由挪移获罪,或经核减着赔,尚与入己军需有间,遇恩赦豁免,行令各该旗、省咨报户部查明,会同刑部奏请定夺。

**谨案** 以上二条,系乾隆元年(1736)定例。

### 历年事例

○康熙九年(1670)题准:凡正犯不应援赦,承问各官错拟罪者,仍行议处。其正犯既经援赦免罪者,承问官免议。

○又题准:凡督抚将应赦斩绞人犯不与援免者,降一级调用;如将不应援免之斩绞人犯援免者,罚俸一年。将应赦之军、流等犯不与援免者,罚俸一年;将不应援免之军、流等犯援免者,罚俸六月。

○又题准:官员承问婪赃员役,因遇赦竟不提质,即行结案者,罚俸一年;转详之司、道,罚俸六月;督抚罚俸三月。

○二十九年(1690)谕:"罪人所犯已经援赦,承审官应免处分。"

## 闻有恩赦而故犯

○凡闻知将有恩赦而故犯罪以觊幸免者,加常犯一等,乾隆五年(1740),于"加常犯一等"句下,增"其故犯至死者,仍依常律"十字。虽会赦并不原宥。若官司闻知将有恩赦，而故论决囚罪者，以故入人罪论。若常赦所不原而论决者，不坐。

## 徒囚不应役

〇凡盐场、铁冶拘役徒囚，应入役而不入役，及徒囚因病给假，病已痊可，不令计日贴补假役者，其徒囚与监守者，各过三日笞二十，每三日加一等，罪止杖一百。若徒囚年限未满，监守之人故纵逃回，及容令雇人代替者，照依囚人应役未满月日，抵数徒役，其监守虽多，并罪坐所由。纵容之人。受财者，计赃以枉法从重论。仍拘徒囚之逃回、雇替者依律论罪、计日论其逃、雇之罪。贴役。贴补其逃、雇之役。

## 妇人犯罪

〇凡妇人犯罪，除犯奸及死罪收禁外，其余杂犯，责付本夫收管。如无夫者，责付有服亲属、邻里保管。随衙听候，不许一概监禁，违者笞四十。若妇人怀孕，罪犯应拷决者，依上保管，皆待产后一百日拷决。若未产而拷决，因而堕胎者，官吏减凡斗伤罪三等；致死者，杖一百、徒三年。产限未满而拷决致死者，减一等。若孕妇犯死罪，听令稳婆入禁看视，亦听产后百日乃行刑。未产而决者，杖八十；产讫限未满而决者，杖七十；其过限不决者，杖六十。失者，失于详审而犯者。各减三等。兼上文诸款而言。如不应禁而禁，笞一十；怀孕不应拷决而拷决堕胎杖七十，致死者杖七十、徒一年半；产限未满而拷决致死者，杖六十、徒一年；及犯死罪不应刑而刑，未产而决者，笞五十；未满限而决者，笞四十；过限不决者，笞三十。

### 附律条例

〇一、未产拷决不堕胎，及产限未满拷决不致死者，依不应轻律。

**谨案**　此条乾隆五年(1740)定。

〇一、妇女有犯奸、盗、人命等重情，及别案牵连，身系正犯，仍行提审。其余小事牵连妇女者，提子侄兄弟代审。

**谨案**　此条雍正五年(1727)定。

一、妇女有犯奸、盗、人命等重情，及别案牵连，身系正犯，仍行提审。其余小事牵连，提子侄兄弟代审。如遇亏空累赔、追赃、搜查家产、杂犯等案，将妇女提审，永行禁止，违者以违制治罪。

**谨案**　此条系乾隆五年(1740)，将乾隆元年(1736)所定“亏空等案不许拘拿妇女”之例并入纂定。

〇一、妇女除实犯死罪例应收禁者，另设女监羁禁外，其非实犯死罪者，承审官拘提录供，即交亲属保领，听候发落，不得一概羁禁。

**谨案**　此条乾隆元年(1736)定。

〇一、凡拟徒收赎妇女，除系案内紧要证犯，仍行转解质审外，其经该州县审讯明确,毋庸解审者,即交亲属收管,听候发落。

**谨案** 此条乾隆八年(1743)定。

○一、犯妇怀孕,律应凌迟、斩决者,除初审证据未确,案涉疑似,必须拷讯者,仍俟产后百日限满审鞫。若初审证据已明,供认确凿者,于产后一月起限审解。其罪应凌迟处死者,产后一月期满,即按律正法。

**谨案** 此条乾隆二十三年(1758)定。

○一、斩、绞监候妇女,秋审解勘经过地方,俱派拨官媒伴送。其业经解勘一次,情罪显然,无可改拟者,下次即停其解审。如有外省定拟情实、可矜具题,经九卿会核改拟缓决者,次年秋审核准无异,亦即停其解审。

**谨案** 此条乾隆二十五年(1760)定。

○一、妇女该斩枭者,即拟斩决,免其枭示。

**谨案** 此条嘉庆十六年(1811)定。

○一、妇女有犯殴差哄堂之案,罪至军、流以上者,实发驻防为奴;犯徒罪者,若与夫男同犯,一体随同实发,亦不准收赎。若妇女专犯徒罪者,仍照律收赎。

**谨案** 此条嘉庆二十三年(1818)定。

○一、各直省审理妇女翻控之案,实系挟嫌挟忿,图诈图赖,或恃系妇女,自行翻控,审明实系虚诬,罪应军、流以上,及妇女犯盗,后经发觉,致纵容袒护之祖父母、父母,并夫之祖父母、父母畏罪自尽,例应问拟云贵两广极边烟瘴充军者,均免其实发驻防为奴,各监禁三年。限满,由有狱、管狱官察看情形,实知改悔,据实结报,即予释放。倘在监复行滋事,犯该笞、杖者,仍准收赎。犯该徒罪以上,加监禁半年;军、流以上,加监禁一年,再行释放。若官吏、狱卒故意凌虐者,照凌虐罪囚例加等治罪。其妇女翻控,讯明实因伊夫及尊长被害,并痛子情切,怀疑具控,及听从主使,出名诬控,到官后供出主使之人,俱准收赎一次。如不将主使之人供明,仍照例监禁。俟三年限满,再行分别禁、释。

**谨案** 此条嘉庆二十三年(1818)定,系专指妇女翻控虚诬,罪应军、流以上发驻防为奴者,分别准赎、不准赎办理。道光二年(1822),因妇女翻控,究与犯奸不同,实发无以全廉耻,收赎无以示惩创,是以改定,并增入妇女因盗致纵容袒护之父母翁姑自尽一层。

○一、京城奸媒,有犯诱奸、诱拐罪坐本妇之案,如犯该军、流,俱实发各省驻防为奴;其罪止徒、杖者,准其收赎徒罪,所得杖罪,即照妇女犯奸之例一体的决,不准收赎。

**谨案** 此条道光十三年(1833)定。

○一、妇女犯军、流等罪,除例载实发驻防为奴,及酌量监禁免其实发各条外,若系积匪,并窝留盗犯多名,及屡次行凶讹诈罪应外遣者,实发驻防给官兵为奴。罪应军、流者,准其收赎一次,仍详记档案。如不知悛改,复犯前罪,即行实发驻防,不准收赎。犯该徒以下者,仍准收赎,不得加重实发。

**谨案** 此条同治七年(1868)定。

**历年事例**

○顺治十六年(1659)复准:凡旗下妇女犯奸、盗逃走,仍行的决。其余有犯,照汉人妇女例折赎。

○康熙四年(1665)复准:凡妇女犯奸及重罪者,依律收禁。直省解部流犯妻室,亦应收禁。至外省解到入官妇女,止令原解收押,三日内咨交户部,不必寄监。若在监孕妇将产者,除反叛重案外,俱准保出,俟生产后收禁。一应牵连候审妇女,责付本夫收管。无夫者,责令亲属、邻里具结领保听审。若孕妇犯罪,俟产后一百日,方行拷决。

○三十五年(1696)定:嗣后严禁轻行提审妇女。

○嘉庆二十三年(1818)谕:"温承惠奏《审讯寿光县民蒋柱呈控伊子被媳董氏谋毒毙命一案大概情形,请将指控贿和之县令解任质审》一折。寿光县知县陶钺着解任,交该臬司提同保正张梦陇等,一并归案研讯。至此案下毒情形,蒋柱与伊妻张氏所供不符,而蒋董氏供出同时中毒之蒋小兑妮系属要证,自应提案质对,以成信谳。乃该臬司饬县差提蒋小兑妮,蒋家妇女竟群出殴差。迨蒋小兑妮到案,蒋柱复与伊妻张氏闯入司堂,撞头肆闹,实属刁恶,目无法纪。将来定案时,无论所控虚实,所有殴差妇女,均照殴差例治罪,蒋柱、张氏均照哄堂例治罪。虽系妇女,不准收赎。嗣后各直省如有妇女殴差哄堂之案,俱照此办理。"

○又谕:"刑部议驳御史吴杰条奏《各省妇女及年老废疾之人翻控审虚,问拟军流,不准收赎》一折,所驳甚是。妇女及年老废疾之人罪至军、流者,准予收赎,原属法外施仁。定例遵行,历年久远。前因山东寿光县蒋柱诬控伊媳董氏一案,蒋张氏闯入司堂喧闹,特旨不准收赎,原系因事示惩,以儆刁健。乃御史吴杰因此一事,即奏请将各省翻控妇女并年老废疾军流收赎之例,概行停止,岂不大乖祥刑之义。部议直省妇女及年老废疾翻控之案,审属虚诬者,如因伊夫及尊长被害,并痛子情切,怀疑具控,准照律收赎,自应如此办理。即听从主使,出头诬控之案,承审官亦应当堂明白晓谕,令其供出主使之人,按律治罪。该犯听从出名,仍准其收赎。若坚不将主使之人供出,始不准其收赎,俾知据实自首。庶明刑之中,仍不失钦恤之意也。"

○道光二年(1822)奉旨:"大学士、军机大臣会议刑部奏改妇女实发为奴条例,内'妇女挟嫌图诈图赖虚诬,及因盗致纵容袒护之父母舅姑自尽二条,着照原议概免实发,视其原犯罪名,量予监禁年限,及在监复行滋事酌加年限'等语,该部即纂入例册,通饬遵行。"

# 卷八百五十三·刑部一百三十一

## 刑律·断狱　死囚复奏待报　断罪不当　吏典代写招草

### 死囚复奏待报

○凡死罪囚,不待复奏回报而辄处决者,杖八十。若已复奏回报应决者,听三日乃行刑。若限未满而刑,及过三日之限不行刑者,各杖六十。其犯十恶之罪应死及强盗者,虽决不待时,若于禁刑日而决者,笞四十。

#### 附律条例

○一、臣民有罪当死,三复五奏,毋辄行刑。

**谨案**　此条系原例。乾隆五年(1740),以朝审复奏之例,已载"名例·五刑"律后,将此条删除。

○一、直省人命、强盗,将全招开列奏疏内。其反叛案内人犯,决过即行题报。余概于年底汇奏。

**谨案**　此条系乾隆五年(1740)遵照康熙十三年(1674)谕旨定例。

○一、禁刑日期,每月初一、初二日,四月初八日。大祭飨日亦禁。

**谨案**　此条系原例。雍正三年(1725),以停刑日期未备,奏准增定。

一、凡庆贺穿朝服,及祭飨斋戒,封印,上元、端午、中秋、重阳等节,每月初一、初二,并穿素服日期,俱不理刑名。四月初八日,不宰牲,亦不理刑名。内外一体遵行。

○一、凡勾决重囚,向例刑科三次复奏。今简去二复,于勾到之后,再将原本进呈御览,遵奉施行。

**谨案**　此条系乾隆十六年(1751)遵旨定例。

#### 历年事例

○顺治十二年(1655)定:每年六月内审定立决重犯,俱俟七月具题正法。

○十七年(1660)复准:每年正月停刑。

○十八年(1661)议定:六月内违禁处决犯人者,杖八十。

○康熙元年(1662)定:将正月停刑之例停止。

○九年(1670)定:正月停刑,照顺治十七年(1660)例行。

○又题准：正月既经停刑，应将审定重犯监固，俟二月具题正法。

○又题准：凡官员将绞罪犯人误斩者，降一级调用；将应监候人犯立决者，降四级调用。若于停刑日期违例行刑者，罚俸六月。

○十二年（1673），刑部议，直省人命、强盗全招造送法司，奏章内应止将招由并审拟看语具题。至反叛案内人犯，决过即行题报。余概于年底汇奏。奉旨："人命、强盗，关系重大。其各省全招，俱着划一开列疏内。余依议。"

○十九年（1680）定：凡六月内应行正法之人，俱俟立秋后正法。部内正法事件，亦俟立秋后陆续具题。

○二十二年（1683）题准：每年正月、六月，照例停刑，不必具题。

○又题准：凡遇六月立秋之年，俟交七月初三日具题正法。

○二十五年（1686）谕："刑狱人命攸关，听断虽贵精详，而案牍务无留滞，庶事得速竣，民免株累。向来凡月朔、初二日，及斋戒等期，不理刑名，刑部衙门一切奏章，俱行停止。因而案件间有停积，恐听审人犯，久候拖累，复核案件，迁延滋弊。嗣后遇前项日期，循例不行刑外，其余照常章疏事件，仍行审理启奏。务期狱无稽缓，案得早清，以副朕明慎用刑之至意。"

○雍正七年（1729）谕："朕慎重民命，留心刑狱。每于谳决之际，往复审察，至再至三。是以外省每年秋审，亦照朝审之例，悉令三复奏闻。今思每日所进本章，内有拟以极典及斩绞立决之犯，虽其情罪俱属重大，律无可宽，然朕心犹欲审慎而后置之于法。嗣后如遇此等本章，已阅过票签，交与本房者，着批本官员照三复奏之例，进呈三次，候朕再加详慎，然后批发，以副朕钦恤矜慎之至意。"

○乾隆十三年（1748）谕："此案陆有山砍死胞弟陆启凤等四命，该抚照例定拟斩决。刑部以该犯杀死胞弟，罪止绞候，其杀死张氏母子三命，俱系凡人，当依律磔刑，驳令再行妥议。虽由轻入重，例应题驳，但罪犯原拟不至于死，而驳入大辟，自当候复到定案，以昭郑重。此案陆有山之凶恶残忍，允宜寸磔，在该抚已拟立斩，固系决不待时之人，该部即应按律改正，请旨完结。若因循常例，驳令再拟，不惟往返迁延，凶犯转得偷生苟活，且恐该犯畏罪自尽，或瘐毙囹圄，不获明正典刑，何以惩凶徒而彰国法。陆有山着照部议即凌迟处死。嗣后有似此者，该部于本内声明遵照办理。"

○十四年（1749）谕："朝审情实人犯，例由刑科三复奏。其后各省秋审，亦皆三复奏。慎重民命，即古三刺三宥遗制，谓临刑之际，必致详审，不可稍有忽略耳，非必以三为节也。朕每当勾到之年，置招册于旁，反复省览，常至五六遍，必令毫无疑义。至临勾时犹必与大学士等斟酌再四，然后予勾，岂啻三复也哉。若夫三复奏本章，科臣匆遽具题，不无豕亥。且阻于时日，岂能逐本全览。嗣后刑科复奏，各省皆令一次，朝审仍令三复。"

○又谕："朕因刑科三复奏之例，各省奏牍繁多，迫于时日，转致不能详览，已命简去二复以从务实。今思勾决之时，朕详阅招册，反复斟酌辩论，大学士在朕前，一面秉笔代勾,一面听受谕旨。虽殿廷咫尺,自无舛错。但多经一遍视览,于勾决更为慎重。嗣后着于勾到后,将原本进呈复阅,再行批发。著为例。"

○四十八年(1783)议准:黑龙江等处为奴人犯在配脱逃应行正法之例,系强盗案内情有可原免死减等发遣者,又未伤人之盗首闻拿自首,照情有可原免死减等例发遣者,又窝家盗线闻拿投首,照未伤人盗首闻拿投首例发遣者,又伙盗行劫二次以上闻拿投首,照未伤人盗首闻拿投首例发遣者,又伙盗有供出盗首逃匿所在,在一年限内拿获,照例免死发遣者,共五条。此等盗犯,本系应死之罪,因其情稍有可原,或畏罪投首,予以免死发遣。乃复胆敢逃窜,实属罪不容诛。今详细开列,行令盛京、吉林、黑龙江各将军,于拿获后一面正法,一面奏闻,毋庸请旨办理。其余东三省寻常发遣之犯,如有脱逃被获,均不在正法之例。行令各该将军俱按例审拟,咨部核复。

## 断罪不当

○凡断罪,应决配而收赎,应收赎而决配,各依出入人罪,减故失一等。若应绞而斩,应斩而绞者,杖六十。此指故者言也。若系失者,减三等。其已处决讫,别加残毁死尸者,笞五十。仇人砍毁其尸,依别加残毁。若反逆缘坐人口,应入官而放免,及非应入官而入官者,各以出入人流罪故失论。若系有故,则以故出入流罪论。无故而失于详审者,以失出入流罪论。

### 附律条例

○一、凡苗夷有犯军、流、徒罪折枷责之案,仍从外结,抄招送部查核。其罪应论死者,不准外结,亦不准以牛马银两抵偿,务按律定拟题结。如有不肖之员,或隐匿不报,或捏改情节,在外完结者,事发之日,照溺职例议处。

**谨案** 此条雍正五年(1727)定。乾隆五年(1740),改"溺职例议处"为"交部议处",增"其一切苗人与苗人自相争讼之事,俱照苗例归结,不必绳以官法,以滋扰累"三十字。

○一、凡斩、绞案件,如督抚拟罪过轻而部议从重者,应驳令再审。如拟罪过重而部议从轻,其中尚有疑窦者,亦当驳令妥拟。倘刑部所见既确,即改拟题复,不必展转驳审,致滋拖累。

**谨案** 此条系乾隆八年(1743)遵旨纂定。

○一、凡州县审解案件,如供招已符,罪名或有未协,该上司不必将人犯发回,止用檄驳。该州县改正申复,即行招解,督抚复核,分别咨题完结。

**谨案** 此条乾隆元年(1736)定。

○一、外省题本案件,遇有不引本律定拟,妄行援照别条减等者,刑部即将本案改正,并将该督抚、臬司参奏,毋庸再行驳令另拟。

**谨案** 此条系嘉庆十六年(1811)遵旨定例。

○一、卑幼殴死期功尊长之案,务令承审各员严究确情,按律定拟。仍将是否有心干犯之处,于疏内声明,不准稍涉含混。其有声叙未确,经刑部核复时改正具题,即将承审之员随本附参,交吏部分别从重议处。

**谨案** 此条道光十二年(1832)定。

○一、凡直省督抚,于一切刑名事件,务各研究确情,毋稍迁就。其由刑部驳审之案,无论失出失入,一经讯得实情,即当据实平反,毋得固执原题,含糊了结。如委审之员,有瞻徇回护情弊,即着从严参办。

**谨案** 此条咸丰二年(1852)定。

**历年事例**

○天聪五年(1631)谕:"凡讦告之事,不先取见证口供面鞫,致有冤抑者,按事大小,罪坐审事各官。"

○顺治十三年(1656)议准:凡推官审理事件,舛错一次者,罚俸三月;二次者,罚俸六月;三次者,罚俸一年;四次五次者,降一级调用;六次七次者,降二级调用;八次九次者,降三级调用;十次以上者,革职。

○十四年(1657)复准:按察司职掌刑名,有承审事件舛错者,该督抚于年底题报议处。

○康熙五年(1666)议准:按察司承问事件,一年内舛错二三次者,罚俸三月;四五六次者,罚俸六月;七八九次者,罚俸九月;十次至十二次者,罚俸一年;十三次至十五次者,降一级调用;十六七次者,降二级调用;十八九次者,降三级调用;二十次以上者,革职。

○七年(1668)议准:按察司承审舛错处分之例停止。

○九年(1670)题准:凡官员拟罪,将不应折赎之人违例折赎,及将应折赎之人不行折赎者,均罚俸六月。

○又题准:官员承审反叛人犯,不曾审出实情,后经别官审出,将原问官革职,转详之司、道降四级调用,未经查参之督抚降一级调用;若将紧要口供不行取供者,承问官降二级调用,司、道降一级调用,督抚罚俸一年。承审斩、绞人犯,不曾审出实情,后经别官审出者,将原问官降一级调用,司、道罚俸一年,督抚罚俸六月;若将应取紧要口供不行取供者,承问官罚俸一年,司、道罚俸六月,督抚罚俸三月。承审军、流等犯,不曾审出实情者,将原问官罚俸一年,司、道罚俸六月,督抚罚俸三月;如将应取紧要口供不行取供者,承问官罚俸六月,司、道罚俸三月。

○又题准:凡将应候秋决人犯拟为立决者,承问官降一级调用,司、道罚俸一年,督抚罚俸六月。如将应立决人犯拟为秋后者,承问官罚俸一年,司、道罚俸六月,督抚罚俸三月。

○十七年(1678)议准:凡督抚将不应入官流徙者,违例题请解部,咨请部示,耽延时日,或将本犯及妻子徇纵,反将不应追赔之人,滥追拖欠之银,株连无辜者,从重议处。

○二十九年(1690)议准:军、流以下错拟者,该部免其纠参,即行改正。

○雍正八年(1730)谕:"各省人命抵罪之案,其应轻应重,朕确有所见者,即降旨定夺。若其情罪在疑似之间,而拟罪在可轻可重之际,朕心不能即定者,方交与九卿定拟,以期平允。乃往往见九卿定议之案,概以减等发落复奏。如此则朕何不即令减等,而必多此曲折乎。凡此交与九卿定拟之案,其中有应行减等者,或有可以枷责完结者,亦有不可宽贷,仍应按律抵罪者,嗣后务期权衡允当,宽严适中,以副朕明罚敕法之至意。"

○十三年(1735)谕:"大凡发审事件,因是非真假,不能一时遽定,故命廷臣谳鞫。若其初情罪确实,无复疑似,便可即置于法,不待推问矣。至发审之后,实系无辜,何妨开释。倘因朕发审之故,而恐审虚免罪,有碍前旨,必欲周内其罪,则竟视朕为饰非文过之主矣。夫视朕为饰非文过之主,何如待朕为虚衷慎刑之主乎?况因系钦案而拟罪加重,则刑罚失平,启众人之议论,何以服远近而昭劝惩乎。若钦犯案件一例拟斩,是见为固然。不应斩者固冤抑,而应斩者亦为不应斩之人矣。至于恩出自上之说,尤为不可。倘朕一时不能详查,则失入者必多。粤稽我太祖高皇帝谕旨,'凡有罪之人,执讯不可不严,而定罪不可不慎',洵足垂戒万世,为用刑之准则。嗣后凡直省有刑名之责者,毋执成见,毋挟偏私,务各虚心听断,胥归平允,以共体上天好生之心,用襄国家祥刑之治。特谕。"

○乾隆三年(1738),刑部议奏,福建巡抚审题民人叶报,因伊父叶法被吕廷按倒水中殴打,当时奔救,以所执锄柄,殴伤吕廷右肋、右腹殒命,叶报应拟绞监候,但救父情切,与寻常斗殴杀人者有间,应令该抚再加详核,另行具题。奉旨:"此案部驳甚是。凡刑名案件,如督抚等拟罪过轻,而部议应从重者,自应驳令再审。如拟罪过重,而部议从轻,其中尚有疑窦者,亦当驳令妥拟。若情节显然,该部所见既确,即当改拟题复,不必辗转驳审,致滋拖累。此本着该部照所议改拟具奏。"

○嘉庆四年(1799)谕:"朕阅安徽省情实人犯招册,陈用敷具题缓决,经刑部改入情实者共有九案。核其情节,该犯等或因金刃伤多毙命,或强夺良家妻女,奸占为妻,或活埋堂弟,以及殴毙老人幼孩等事,俱系逞忿淫凶,例应情实予勾之犯。乃陈用敷皆拟为缓决,办理实属错误。推陈用敷之意,因伊春间审拟陈卿廷撞骗关饷一案,请旨即行正法,经朕降旨饬谕,并令该抚复核时,将该犯仍照本律拟绞监候。又因本年有人条奏请免失出处分,经部议准。陈用敷遂尔心存揣度,谓朕意在从宽,辄将秋审应行情实之犯,不问情节轻重,概拟缓决,以致刑部驳改九案之多。殊不知陈卿廷一案,本律止应绞候,陈用敷于律外加重,是以降旨改正。此案入于情实,将来自应予勾,仍系按律办理,并非有意从宽也。朕自亲政以来,节次饬谕问刑衙门,不得擅用‘虽’‘但’字样，及例外援引从重之条。盖以原情定律，务协情法之平，岂可稍存轩轾。若因有前旨，而督抚等办理刑名，偏于宽厚，岂非误会朕意乎。《大清律例》，皆我祖宗执中定宪，法守所昭。朕惟有谨率旧章，不敢稍参己意，督抚等何得以窥测之私，于例外有所增减。夫世俗以有意从宽，故出人死罪为好善阴功者，皆鄙陋不通之见，断不可以例爰书。若将本应抵偿之犯，概从宽纵，则死者宁不含冤于地下耶？所谓生人而当谓之仁，杀人而当亦谓之仁也。嗣后各督抚等问拟罪名，总当按律定案，不得预存从宽从重之见，用昭平允。陈用敷及臬司福庆，办理秋审失出多至九案，仍着交部议处。”

○十年(1805)谕：“本日刑部题驳河抚马慧裕审拟程小珠强奸穆周氏未成，刃伤本妇平复，闻拿投首，将该犯减等拟流一本。凡侵损于人及奸者，不在自首之律，载有明条。乃不此之引，而转引寻常投首减等之例问拟，奚得为情法之平。程小珠一犯，即着照该部所拟应绞监候，秋后处决。其原拟错误之巡抚及原办臬司，并着传旨申饬，仍一并交部议处。嗣后外省题本案件，遇有如此不引本律定拟，妄行援照别条者，着刑部堂官即将本案改正，并将督抚、臬司参奏，毋庸再行驳令另拟。”

○道光六年(1826)谕：“张师诚奏《阜阳县处决罪囚错误，审明定拟》一折。此案已革阜阳县知县李复庆等监视处决秋审罪囚，将斩、绞两犯错误，经该抚讯因人多拥挤，所有该兵役等应得罪名，着交刑部议奏。各省秋审情实人犯，一经予勾，各该州县营弁，自应慎重办理。乃近来各省屡有斩、绞错误之案，总因未能严肃弹压，押犯兵役，又复因忙乱拥挤，不克点验清楚，以致每有错误，实属不成事体。嗣后着各督抚严饬州县，于秋审勾决各犯，先期会营，多派兵役弹压，肃清地面，毋任人多嘈杂。并着各该营弁亲视行刑，毋得仍前玩忽。”

○咸丰二年(1852)谕：“近来各直省问刑衙门，多溺于救生不救死之说。遇有关系伦纪重案，往往装点情节，避重就轻，殊非明刑弼教之道。朕于刑部等衙门题本，见有情节可疑者，屡经饬令复讯，原以法贵持平，不可枉亦不可纵。即如湖北喻李氏同谋致死本夫一案，该抚原题，并未究出实情，经刑部驳令复审，该抚仍照原拟具题。若非朕指出疑窦，特旨交审，几致淫凶漏网，死者含冤。湖北如此，他省可知。嗣后各直省督抚于一切刑名事件，务各研究确情，毋稍迁就。其由该部驳审之案，无论失出失入，一经讯得实情，即当据实平反，毋得固执原题，含糊了结。如委审之员有瞻徇回护情弊，即着从严参办。以副朕明慎用刑之至意。”

○同治十年(1871)奏准：宁夏将军奏管队官员误杀别营差弁，遵驳复审定拟。奉旨：“巴尔佳布、鄂辍尔、莫依托，均着革职，留营效力赎罪。”经刑部查疑贼致毙人命案件，例以死者究属平人，故无论共殴斗杀，均应将下手毙命之犯，问拟抵偿，从无分别情节，随案量减明文。所以重人命而防残杀者，立法具有深意。至近年因军务紧要，将议罪之员，奏请留营效力，系专指因军务获咎者而言。此外有犯人命等案，并无亦准留营效力之条。此案骁骑校、洊保头品顶戴、记名副都统巴尔佳布等，疑贼致毙三命,例应均依斗杀律拟以绞抵,该将军率行减等定拟,不特与定例大相抵牾,且以惨毙三命重案,竟无拟罪之人,亦不足以昭情法之平。况近年直隶、山东等省,因防剿捻匪,疑贼毙命案件,不一而足,均系按照律例定拟,并无声请减等之案。原以朝廷设立刑章,内外均应遵守。刑部为执法衙门,尤不容畸轻畸重。在巴尔佳布等著有微劳,业奉特旨准其革职留营效力赎罪,毋庸再行置议。特恐外省未能仰体圣意,因有此免罪留营成案,将例应论死之犯,纷纷渎请,均借口于军营得力,率援此案免罪留营,为犯法者开巧避之门,殊非慎重刑章之道。嗣后军营官兵致毙人命案件,无论案情轻重,悉照各本律定拟,均不准率行量减,亦不得遽请留营,并通行各省一律遵照。

### 吏典代写招草

○凡诸衙门鞫问刑名等项,(必据犯者招草以定其罪,)若吏典人等为人改写,及代写招草,增减(其正实)情节,致(官司断)罪有出入者,以故出入人罪论。若犯人果不识字,许令(在官)不干碍之人(依其亲具招情)代写。(若吏典代写,即罪无出入,亦以违制论。)

#### 附律条例

○一、凡有司谳狱时,令招房书吏照供录写,当堂读与双方共听,果与所供无异,方令该犯画供,该有司亲自定稿,不得假手胥吏,致滋出入情弊。如有司将供词辄交经承,致有增删改易者,许被害人首告,督抚察实题参,将有司官照失出入律议处,经承、书吏照故出入律治罪。受财者,计赃以枉法从重论。

**谨案** 此条雍正七年(1729)定。

#### 历年事例

○康熙四十四年(1705)复准:审理强盗、人命等情,取明犯人口供,高声朗诵,纸尾填注该犯姓名,令其亲自画押,定拟具题。

○乾隆二十二年(1757)议准:嗣后州县遇有人命案件,务于检验尸伤时,讯取已经到案犯证切实供词,并将案内人犯是否齐全,及有无要犯未获之处,同验尸图格造册,于十日内申报督抚,该督抚即据州县验详,转咨部、科备案。定案之后,供吐相符,固为信谳。其于复审时究出实情,与初供不相吻合者,将究诘改正缘由,据实详叙。审转之上司,并核议之法司,虚衷体察,果无捏饰别情者,即行复结,亦不得指初供互异为名,借端苛驳。承审各官,有心翻案,删改原招,或回护初供,迁就扭合,及初次故为取具闪烁供词,以图改移出入者,该督抚严察题参,将承审官照故行出入例议处。督抚不行查察,被法司纠举得实者,将该督抚交部亦照前例议处。

○四十一年(1776)议准:嗣后各省承审命、盗及重要等案,于取供画押时,令要犯画供二纸,一纸存署,一纸申送督抚,随案送部。如有抑勒画押情弊,经上司究出,即据实揭参。若关罪名出入者,将该州县照故出入人罪律办理。如本府不能究出,经司、道究出者,并将该府劾参,交部议处。至寻常外结之案,亦照此例,将原供各画二纸,一存本署,一送臬司备案。

〇四十三年(1778)议准:嗣后要犯画押供单,申送上司审转,随案送部之例停止。仍责成督抚大吏,督率司、府,于命、盗重案,随时加意体察,反复推求,稍有可疑,即彻底究明,期于无枉无纵。倘州县一时疏忽,不能审出实情,或系另有规避,任意锻炼,删改供招,即行分别参办。

# 【工 律】

## 【工律·营造】

## 卷八百五十四·刑部一百三十二

### 工律·营造

擅造作　虚费工力采取不堪用　造作不如法　冒破物料　带造缎匹　织造违禁龙凤文缎匹　造作过限　修理仓库　有司官吏不住公廨

#### 擅造作

○凡军民官司有所营造，应申上而不申上，应待报而不待报，而擅起差人工者，（即不科敛财物，）各计所役人雇工钱，（每日八分五厘五毫。以）坐赃（致罪）论。若非法（所当为而辄行）营造，及非时（所可为而辄行）起差人工营造者，（虽已申请得报，其计役坐赃之）罪亦如（不申上待报者坐）之。其（军民官司如遇）城垣坍倒，仓库公廨损坏，（事势所不容缓，）一时起差丁夫军人修理者，（虽不申上待报，不为擅专。）不在此（坐赃论罪之）限。若营造计料申请（合用）财物及人工多少（之数于上，而）不实者，笞五十。若（因申请不实，以少计多，而于合用本数之外，或）已损财物，或已费人工，各并计所损物价，及所费雇工钱，（罪有）重（于笞五十）者，（以）坐赃（致罪）论。（罪止杖一百、徒三年。赃不入己，故不还官。）

#### 附律条例

○一、凡在京各处修理工程，工价银五十两以内、物料银二百两以内者，照依各处印文，准其修理。其工价银五十两以上、物料银二百两以上者，由该处料估启奏，工部差官复核，会同该处官员、首领监修，将用过钱粮，着管工官名下销算。如多用钱粮，不行启奏，即便承修者，将行文与承修堂、司官，交该部议处。若物料、工价甚多，而分为几段，陆续行文，俱称五十两以内不奏者，查出，亦交该部议处。

**谨案**　此条雍正三年(1725)定。

○一、凡修理行宫并各省仓廒等项工程，一应动用钱粮事件，令该督抚奏闻，该部议复，再行修理。工完之日，督抚亲自查明核减，造册具题，该部详核题销。如有不行启奏,擅自咨部请销,而该部据咨完结者,即行题参,交该部议处。

**谨案** 此条雍正三年(1725)定。乾隆五年(1740)议称,修理工程,一应工价、物料,必先确估核查,然后兴修。工完之日,逐一验明复核。果与原估相符,钱粮俱归实用,自应照数准销。倘有开报多余之处,则当核减。此条工完查验,不分有无浮多,概予核减,殊未明晰。因改为"督抚亲自查明。倘有开报浮多,据实核减"。

〇一、紧急工程,不及先行料估核算者,酌量工程之大小,预发钱粮,派员修造。俱以领银之日起限,如物料、工价二百两以内者限一月,五百两以内者限两月,一千两至二千两以内者限三月,三千两至五千两以内者限四月,如式完竣。工竣之后,限十日内呈递销算清册,限十五日该司核算呈堂。如不遵定限完工,及工竣之日,不照限呈递清册,或已递清册,该司不据实核算者,照例分别议处。如管工官或有限期已届,修理未完,而因避处分捏报工竣者,另行指参,交部议处。其工竣核销,如有应缴银两,不即交库完结者,将该员参革,照例勒限催追。限内全完,准其开复。逾限不完,照侵蚀正项钱粮例治罪,仍着落家产追银还库。该司官员扶同徇隐,并交部议处。

**谨案** 此条雍正七年(1729)定,原议勒限四个月催追。乾隆五年(1740),查"户律·仓库"条下,侵欺等项,分别勒追,俱有定例,因改为"照例勒限催追"。

〇一、凡各省修建一应工程,如物料价银五百两以上、工价银二百两以上者,该督抚将动支银两,及工料细数,预行确估题报,工部查明定议,会同户部指定款项题复,准其动用兴修。俟工竣之日,督抚亲自查核,造册题报,工部核明准销,仍知照户部查核。其物料价银五百两以下、工价银二百两以下者,该督抚咨明工部定议,知照户部,令其动项兴修。工竣,逐一造册题销。倘有需用物料、工价甚多,而分为几处,陆续咨报,并未题明,辄行修建者,查出题参。其有应动用存公银两者,该督抚将确估工料细数,咨报工部查明,知照户部,准其动用。工完造报,工部将准销银数,造入该年存公册内,咨送户部查核。

**谨案** 此条雍正十三年(1735)定。

〇一、各省委员修理城工,督、抚、布、按,每人各管一处。若城工有数处者,则令分管;一二处者,则令挨管。如有修筑不坚,三年之内倾圮者,着承修之员与专管之上司分赔。倘上司因干系己身赔修,故意隐匿者,一经发觉,责令专修,并交部治罪。

**谨案** 此条系乾隆五年(1740)遵照雍正七年(1729)谕旨纂定。

〇一、凡遇工程核减,除浮冒侵欺,仍按本律定拟外,如实系核减,本身现在无力完交,请豁银数在一千两以上者,照知府分赔属员侵欺不完治罪之例治罪。以十分为率,如未完之数在五分以内者,杖一百;至六分者,杖六十、徒一年,每一分加一等;十分无完者,杖一百、徒三年;均不准纳赎。如数不及一千两者,仍照旧例请豁,免其治罪。如本身已故,而子孙无力完缴者,仍照例请豁,毋庸议罪。至核减款内,采买水脚等项应追核减银两,如果力不能完,自应照例请豁,免其治罪。其余经费项下,若长支、溢领、误发，以及分赔之非由属员侵欺，并代赔、着赔之项，若查明欠项零星，不及一千两者，果系力不能完，照例豁免。如数在一千两以上者，请豁时，令该旗、籍于本折内声明，或将本身照现定工程核减治罪之例酌减一等问拟，或免其治罪之处，请旨定夺。

**谨案** 此条系乾隆三十年(1765)遵旨议定。

**历年事例**

○乾隆三十年(1765)谕："向例官员等有未完应追官项，果系无力完交者，取具承追各官印结，题请豁免。上年因参革葭州知州刘度昭，拖欠核减城堡工程银一千余两，该旗查奏请豁。朕以刘度昭本系获罪之人，而其拖欠之项，乃系工程银两，若既免其追赔，复宽其治罪，不足以示惩儆，是以降旨将刘度昭治罪。续有已故凤台县知县吉禄，应追修城核减银两一案，该旗已坐扣其子孙名粮，又将伊子送部治罪。刑部议以罪无重科，奏请此后款项有着者，其子孙即免治罪。虽视该旗所办，较为平允，但未将何项应行追赔，及为数若干，应作何治罪之处，分别定议。条例尚未明晰，恐各衙门仍不免误会谕旨，办理未能允协。夫工程核减之必须严追治罪者，原以承办工程人员，或草率误工，或任意浮冒，或上司原参，即以侵欺为核减，是较之显然侵欺者不大径庭。而玩延不完，自有应得之罪。若因已无可追，概行豁免，不复加之罪谴，则幸免之徒，转自以为得计。即如张宏运前在南河，糜帑误工，侵欺显然，而皆坐之以核减，应赔之项累累，至今未完，又岂可任其脱然事外，不加追究乎。至于核减内采买水脚等项，今昔时价不同，经部核驳后，该督抚有将实在情形奏闻者，朕每特加宽免，此与浮冒工程者判然不同。即经费项下长支、溢领、误发各款，情节亦非一律。若不论事情之重轻，概行议罪，并且累及子孙，则竟漫无区别，与胶柱鼓瑟何异。嗣后应如何酌定章程，使巧侵者不致漏网，获罪者知所创惩，无辜者免于拖累，着户、刑二部会同详悉定议具奏。"

## 虚费工力采取不堪用

○凡官司役使人工，采取木石材料及烧造砖瓦之类，虚费工力，而不堪用者，其役使之官司及工匠人役，并，计所费雇工钱坐赃论。罪止杖一百、徒三年。若有所造作，及有所毁坏，如拆屋坏墙之类。备虑不谨而误杀人者，官司、人役，并以过失杀人论。采取不堪，造毁不备，工匠、提调官，各以所由经手管掌之人为罪。不得滥及也。若误伤不坐。

## 造作不如法

○凡官司造作官局器用之类不如法者，笞四十。若成造军器不如法，及织造缎匹粗糙纰薄者，物尚堪用。各笞五十。若造作、织造各不如法，甚至全不堪用及稍不堪用应再改造而后堪用者，各并计所损财物，及所费雇工钱，罪重于笞四十五十者，坐赃论。罪止杖一百、徒三年。、其应供奉御用之物，加坐赃罪二等。罪止流二千五百里。工匠各以所由造作、织造之人为罪，局官减工匠一等，提调官吏又减局官一等。以上造作、织造不如法、不堪用等项，并着工匠、局官、提调官吏、均偿物价、工钱还官。

**附律条例**

〇一、各处军器局造作各项军器不如法者，将管局委员参问降级，都、布、按三司堂上委官，及府、卫掌印官，各治以罪。

**谨案**　此条系原例。雍正三年(1725)奏准，造作军器不如法，律文已明，此条删。

〇一、凡打造弓箭，擅改式样货卖者，笞五十。

**谨案**　此条雍正五年(1727)定。

**历年事例**

〇国初定：凡改造弓箭式样货卖者，鞭五十；将现获弓箭价值，一分给予拿获之人，一分入官。箭上不写姓名者，罚银十两，给拿获之人；不能给银者，鞭三十。

〇顺治十八年(1661)议定：改造弓箭式样货卖者，笞五十，价值免追。箭上不写姓名，或写他人姓名者，杖八十，仍追银十两，给拿获之人。

## 冒破物料

〇凡造作局院头目、工匠，有于合用数外，虚冒多破物料而侵欺入己者，计入己赃以监守自盗论，不分首从，并赃论罪。至四十两斩。追物还官。若未入己，止坐以计料不实之罪。局官并承委复实官吏，知情扶同捏报不举者，与冒破同罪。至死减一等。失觉察者减三等，罪止杖一百。

**附律条例**

〇一、各处巡按御史，都、布、按三司，分巡、分守官，查盘军器，若有侵欺物料，挪前补后，虚数开报者，不论官旗、军人，俱以监守自盗论。赃重者，照侵欺仓库钱粮事例拟断。卫所官三年不行造册，致误奏缴者，降一级。各该都司、守巡等官，怠缓误事，参究治罪。

**谨案**　此条系原例。雍正三年(1725)奏准，今无巡按御史，且收藏军器不止卫所衙门，亦无三年不造册始问罪之例，因将例文改定。

一、各处有司及营卫衙门，收藏军器，经上司官察盘，若有侵欺物料，挪前补后，虚数开报者，俱以监守自盗论。赃重者，照侵欺仓库钱粮事例拟断。该管官不行造册,致误奏缴者,降一级。察盘上司官怠慢误事,参究治罪。

**谨案** 乾隆五年(1740),查直省各营一切军器,现存标、镇、协、营等衙门,并无收藏各衙门及奏缴之例。至该管官止降一级,上司官参究治罪,与《兵部处分则例》不符,且例语亦烦冗应删。复将例文改定。

一、直隶各省督抚、将军、提镇所辖各标、营等衙门,收藏军器,经上司官查盘,若有侵欺物料,挪移掩饰,虚数开报者,俱以监守自盗论。赃重者,照侵欺仓库钱粮例治罪。该管官不查报,并失察之上司官,俱交该部照例分别议处。

○一、河工估计工程,总河、副总河及该督抚分司委员确查。如估计过多,存心浮冒,查出革职。承查之员扶同徇隐者,交部议处。至工完之日,再行确查。如工程单薄,钱粮不归实用,修筑不坚固者,将承修之员,照侵欺钱粮例分别治罪,侵欺银两,勒限追赔。

**谨案** 此条雍正四年(1726)议定。

一、河工估计工程,总河及该督抚分司委员确查。工段丈尺,桩扫料物,如果与所估物料数目相符,核实具题,发帑兴修。如估计过多,物料数目不符,查出即行指参。承查之员扶同徇隐,交部议处。至完工之日,再行确查。如工程单薄,物料克减,钱粮不归实用,以致修筑不坚固,将承修之员,立即参究,分别入己、不入己定罪,侵冒银两,勒限追赔。

**谨案** 此条乾隆五年(1740)改定。

○一、各省修造标营船只,由道员、副将会同领价,道员遴委同知、通判,副将遴委都司、守备,协同办料修造。如系将军标下船只,即遴委参领以下等官同领同办。倘承修之员修不如式,贻误军工,以及监验、查收之员需索掯勒,并船上什物不即交代清楚,兵丁私行盗卖,以致短少残缺者,该督抚等即将该管将弁指名题参,其头舵人等照例治罪,分别着追。如该管上司不行查察,故为徇隐,一经发觉,照例议处。

**谨案** 此条雍正十年(1732)定。

○一、直属抢修等工,每年应需物料,务于八月内预动银两,给发购办,按照漕规价值,据实称收,毋许重收累民。十月照额办足交工,取具并无短少印甘各结存案。倘承办之员,限内不能如数办足,将料物称收短少,希冀掩饰,并将旧烂物料搀入,或经厅、汛印官,于互相称收之时,查出揭报,或经该督访闻,立即严参议处。如过期发银,购办迟滞,分别查参。其上年余剩物料,该管河道查盘实数,出具并无亏空印结呈报。倘盘查缺少,扶同徇隐,及有霉烂、侵亏等弊,即将文武汛员,与盘查不实之上司,一并参处,照数分赔补项。

○一、浙省修筑塘工,估需银两,饬令承修之员专案请领,不得牵混并领,亦不得通融挪用。领银之后,将办过物料数目申报上司,委员查验。如堆存物料与所报相符,承查之员,加具保结,申详听用。倘有亏缺及挪移、掩饰情弊,即行揭参。查验官扶同徇隐,一并参处。至各塘保固限内,如有坍塌,即着落承修之员赔修。若遇有异常潮汐,委非人力可施,查明工程坚固,钱粮俱归实用者,准取结保题,免其赔修。如物料苟简,工程草率,钱粮不归实用,致有冲塌,照例题参,着落赔修。

**谨案** 以上二条,俱系雍正十三年(1735)定例。

○一、豫省应修水利地方,有动用帑项者,承修各员,果能实力办理,俟保固三年之后,该督抚核题,并交部分别议叙。倘有不预行修筑,以致田亩被淹,即将各员交部分别议处。若侵蚀钱粮,工程不能坚固,承修之员,照侵欺河工钱粮例参革治罪。该管各官徇隐不报,俱照例议处。

**谨案** 此条乾隆二年(1737)定。

○一、凡各省修建工程,所需物料,该督抚等转饬承办各员,不必拘泥各省从前造报物料定价,悉照时价确估造报。工竣之日,另行委员查勘,取具并无捏饰印结详报,该督抚等确访时价,详细核明,据实题咨,工部再行核销。倘承办各员浮开捏报,即照冒销钱粮例指参。所委各员查验不实,照扶同徇隐例参处。

**谨案** 此条乾隆四年(1739)定。

○一、京城物料价值,经工部会同内务府确访时价,酌中更定。一应采办,工部遵照定例给发。如有赢余,并无别项需用,承办官竟行侵蚀,查出照例参究。倘其中有匠作、搬运等费,许承办官将缘由呈明核夺。如该员并不呈报,照应申上而不申上例议处。

○一、凡修造工程,如夫头人等领帑侵蚀及私逃者,俱照常人盗仓库钱粮律,计赃治罪。

**谨案** 以上二条,均系乾隆十年(1745)定例。

### 带造缎匹

○凡监临、主守官吏,将自己物料,辄于官局带造缎匹者,杖六十,缎匹入官,工匠笞五十。局官知而不举者,与监守官吏同罪;亦杖六十。失觉察者,减三等。则笞三十。若局官违禁带造,监守官吏亦坐不举、失察之罪。

**谨案** 律后小注“若局官违禁带造”以下,系乾隆五年(1740)增注。

### 织造违禁龙凤文缎匹

○凡民间织造违禁龙凤文纻丝、纱罗货卖者,杖一百,缎匹入官。若买而僭用者,杖一百、徒三年;未用者,笞三十。机户及挑花、挽花工匠同罪。亦杖一百。

**谨案** 原文“工匠同罪”下,有“连当房家小,起发赴京,籍充局匠”十三字,雍正三年(1725)删。

### 造作过限

○凡各处每年额造常课缎匹、军器,工匠过限不纳齐足者,以所造之数十分为率,一分,工匠笞二十,每一分加一等,罪止笞五十。局官减工匠一等,提调官吏又减局官一等。若(官司)不依期计拨(额造之)物料(于工匠)者,局官笞四十,提调官吏减一等。(工匠不坐。)

## 修理仓库

○凡(内外)各处公廨、仓库、局院(一应)系官房舍,(非文卷所关,则钱粮所及。)但有损坏,当该官吏,随即移文(所在)有司(计料)修理,违者笞四十。若因(不请修)而损坏官物者,依律科(以笞四十之)罪,赔偿所损之物。(还官。)若(当该官吏)已移文有司,而失误(施行,不即修理)者,罪坐有司。(亦笞四十;损坏官物,亦追赔偿。当该官吏不坐。)

### 附律条例

○一、各省营房、墩台,该管地方文武员弁会同协办,修造完竣,严督兵丁加谨守护。如遇坍损,立即报明印、汛各员,公同查勘修理,造入交代。于离任时,取具接任官印结,详报该管上司查核存案。倘平日不随时修葺,以致坍塌,经后官详揭,即行题参,着落印、汛员弁分认赔修。如去任员弁无力赔修,文员即着落不严查之道、府赔修,武弁即着落不严查之将、备赔修。如兵丁作践拆毁,严惩责革,着落汛弁独赔。如汛弁无力,即着落该管将、备分赔。至交代之时,后官如有勒掯滥接等弊,该管上司查实,亦即题参,交部议处。

**谨案**　此条雍正十二年(1734)定。

## 有司官吏不住公廨

凡各府、州、县有司官吏,不住公廨内官房,而住街市民房者,杖八十。若埋没公用器物(有毁失而不还官)者,以毁失官物论。(毁者,计赃准窃盗加二等,免刺;失者,依减毁官物三等追赔。)

### 附律条例

○一、凡各省督抚、提镇及有属员等官到任,其属员派累兵民修理衙署,备办铺设,及州县守御等官到任,其属下人役预为铺设,修理衙署,派及兵民,并官员每年指称添换器物,修饰衙署,派累兵民者,该管上司即行指实题参,文员照科敛律治罪,武弁照克扣律治罪。如该上司徇庇不参,或勒令属员修理衙署,添换器物,发觉之日,将该上司一并交部分别议处。再官员升任或去任,除自置器皿外,署内一应物件,俱着清载簿籍,移交接任官员。倘将在官物件,被家人毁盗,将家人照毁盗官物律治罪。其毁盗物件,着落旧任官照数赔补。

**谨案**　此条雍正三年(1725)定。

# 【工律·河防】

## 工律·河防　盗决河防　失时不修堤防　侵占街道　修理桥梁道路

### 盗决河防

○凡盗决（官）河防者，杖一百；盗决（民间之）圩岸陂塘者，杖八十。若（因盗决而致水势涨漫，）毁害人家，及漂失财物，淹没田禾，计物价重（于杖）者，坐赃论。（罪止杖一百、徒三年。）因而杀伤人者，各减斗杀伤罪一等。（各字承河防、圩岸陂塘说。）若（或取利，或挟仇，）故决河防者，杖一百、徒三年；故决圩岸陂塘，减二等。漂失（计所失物价为）赃重（于徒）者，准窃盗论，（罪止杖一百、流三千里。）免刺。因而杀伤人者，以故杀伤论。

**附律条例**

○一、凡黄河一年之内，运河三年之内，堤工陡遇冲决，而所修工程实系坚固，于工完之日，已经总河、督抚保题者，止令承修官赔修四分，其余六分，准其开销。如该员修筑钱粮俱归实用，工程已完，未及题报，而陡遇冲决者，该总河、督抚将冲决情形，并该员工程果无浮冒之处，据实保题，亦令赔修四分，其余俱准开销。如黄河一年之外，运河三年之外，堤工陡遇冲决，而该管各官实系防守谨慎，并无疏虞懈弛者，该总河、督抚查明具题，止令防守该管各官共赔四分，内河道分司、知府共赔二分，同知、通判、守备、州县共赔一分半，县丞、主簿、千总、把总共赔半分，其余六分，准其开销。其承修、防守各员，俱令革职留任，戴罪效力。工完之日，方准其开复。倘总河、督抚有保题不实者，后经查出，照徇庇例严加议处，所修工程，仍照定例勒令各官分赔还项。若河员有将完固堤工故行毁坏，希图兴修，借端侵蚀钱粮者，该总河察访奏闻，于工程处正法。

**谨案**　此条系原例。

○一、故决、盗决山东南旺湖，沛县昭阳湖、蜀山湖，安山积水湖，扬州高宝湖，淮安高家堰、柳浦湾，及徐邳上下滨河一带各堤岸，并阻绝山东泰山等处泉源，有干漕河禁例，为首之人发附近卫所，系军调发边卫充军。其闸官人等，用草卷搁闸板，盗泄水利，串同取财，犯该徒罪以上，亦照前问遣。

**谨案**　此条系原例。“为首之人”以下十七字，雍正三年（1725）改为“军民俱发边卫充军”。

一、河南等处地方，盗决及故决堤防，毁害人家，漂失财物，淹没田禾，犯该徒罪以上，为首者，若系旗舍、余丁、民人，俱发附近充军；系军，调发边卫。

**谨案** 此条系原例。“为首者”以下二十三字，雍正三年(1725)改为“军民俱发边卫充军”。

一、凡盗决河南、山东等处临河大堤，为首者发边卫充军。盗决格月等堤，发附近充军。因而杀伤人者，仍照律定拟。

**谨案** 此条乾隆二十年(1755)定。

一、故决、盗决山东南旺湖。沛县昭阳湖、蜀山湖，安山积水湖，扬州高宝湖，淮安高家堰、柳浦湾，及徐邳上下滨河一带各堤岸，并河南、山东临河大堤，及盗决格月等堤，如但经故、盗决，尚未过水者，首犯先于工次枷号一月，发边远充军。其已经过水，尚未浸损、漂没他人田庐财物者，首犯枷号两月，发极边烟瘴充军。既经过水，又复浸损、漂没他人田庐财物者，首犯枷号三月，实发云贵两广极边烟瘴充军。因而杀伤人者，照故杀伤问拟。从犯均先于工次枷号一月，各减首犯罪一等。其阻绝山东泰山等处泉源，有干漕河禁例，军民俱发近边充军。闸官人等，用草卷搁闸板，盗泄水利，串同取财，犯该徒罪以上，亦发近边充军。

**谨案** 嘉庆十六年(1811)，将前三条修并，并将嘉庆九年(1804)遵旨议定之例增入。二十五年(1820)停发黑龙江遣犯，将原例“发黑龙江为奴”改为“发云贵两广极边烟瘴充军”。

**历年事例**

○康熙三十八年(1699)题准：擅自筑堤者，照故决河防律杖一百、徒三年；系旗人，枷号四十日，鞭一百。

○嘉庆九年(1804)谕：“陈大文等奏审拟私挖官堤人犯一案，讯出李元礼因黄水漫滩，淹浸田庐，纠众盗决大堤进水，以图自利；郭林高教令决堤，僧人木堂极力怂恿，纠人助决。经该督等审明将李元礼、郭林高二犯，问发近边充军；僧人木堂量减一等，问拟满徒，系照本例办理。但大堤以内，均系民田庐舍，该犯等以河滩自有之田被淹，辄敢决堤进水，设或堵闭稍迟，水势一经流入，则堤内田庐，岂不尽被淹毁。以邻为壑，损人利己，其居心实属忮忍。况当大汛到临，堤工吃紧之时，非寻常盗决可比。陈大文等所拟罪名尚轻，李元礼、郭林高、僧木堂三犯，着刑部另行核拟具奏。钦此。”遵旨议准：李元礼、郭林高，枷号两月，发极边烟瘴充军。所有酌改盗决堤防罪名各条，纂入则例。

**失时不修堤防**

○凡不先事修筑河防，及虽修而失时者，提调官吏，各笞五十。若毁害人家，漂失财物者,杖六十。因而致伤人命者,杖八十。若不先事修筑圩岸,及虽修而失时者,笞三十。因而淹没田禾者,笞五十。其暴水连雨损坏堤防,非人力所致者,勿论。

**附律条例**

○一、凡运河一带,用强包揽闸夫、溜夫二名之上,捞浅铺夫三名之上,俱问罪,旗军发边卫,民并军丁人等发附近,各充军。揽当一名,不曾用强生事者,问罪,枷号一月发落。

**谨案** 此条系原例。雍正三年(1725)奏准,"俱问罪"至"各充军"二十字,改为"俱问发附近充军"。

○一、遇河工紧要工程,如有浮议动众,以致众力懈弛者,将倡造之人拟斩监候;附和传播者杖一百,即于工所枷号一月。其指称夫头,包揽代雇,勒措良民者,二名以上,发附近充军;一名者,杖一百、枷号一月发落。

○一、楚省岁修堤塍,如有勒措业户,将夫土包折银钱者,照河工包揽闸夫溜夫捞浅铺夫例,分别名数定拟。

**谨案** 以上二条,均系雍正六年(1728)定。

○一、河工承修各员采办料物,如有奸民串保领银,侵分入己,以致亏帑误工,该总河将承办官参究,仍将亏帑奸民,发该州县严查追比。倘有徇纵等情,亦即查参,交部议处。其亏帑串保奸民审实,照常人盗仓库钱粮律,计赃治罪。应追银两逾限不完,着落原领官名下追赔。

**谨案** 此条雍正十二年(1734)定。

○一、凡堤工,宜加意慎重,以固河防。除现在已成房屋,无碍堤工者,免其迁移外,如再有违禁增盖者,即行驱逐治罪。并将徇纵、容隐之官弁,交部分别议处。

**谨案** 此条系乾隆五年(1740)遵照乾隆二年(1737)谕旨纂定。

**历年事例**

○乾隆二年(1737)谕:"江南黄、运两河堤工之上,向有民人盖房居住者,曾经河臣等议令拆毁迁移以防作践。旋以小民安土重迁,止令移去险要工所之房屋,其余仍旧存留。此国家体恤贫民之恩泽也。查各堤所有民房,俱无额征租税。惟高邮、宝应、江都、甘泉、山阳五州县,每年有应征租银三百八十余两,其间拖欠不完者,往往有之。朕念此等蔀屋茅檐,非有力之家可比。若留此输公之项,虽为数无多,而追呼不免,且恐有胥役借端苛索之弊。用是特颁谕旨,将此项租银永行停止,并将历年拖欠未清之数,悉予豁除。惟是上下堤工,乃河渠之保障,理宜加意慎重,以固河防。除现在已成房屋无碍堤工者,免其迁移外,将来不许再有增添。如有违禁增盖者,即行驱逐治罪,并将徇纵、容隐之官弁分别议处。"

## 侵占街道

〇凡侵占街巷道路，而起盖房屋，及为园圃者，杖六十，各令拆毁、修筑复旧。其所居自己房屋，穿墙而出秽污之物于街巷者，笞四十；穿墙出水者，勿论。

### 附律条例

〇一、在京内外街道，若有作践，掘成坑坎，淤塞沟渠，盖房侵占，或傍城使车，撒放牲口，损坏城脚，大清门前御道、棋盘街，并护禁门之栅栏，正阳门外御桥南北，本门月城、将军楼、观音堂、关帝庙等处，作践损坏者，俱问罪，枷号一月发落。

**谨案** 此条系原例。

## 修理桥梁道路

〇凡桥梁道路，府、州、县佐贰官职专提调，于农隙之时，常加点视修理，桥梁务要坚完、道路务要平坦。若损坏失于修理，阻碍经行者，提调官吏笞三十。此原有桥梁而未修理者。若津渡之处，应造桥梁而不造，应置渡船而不置者，笞四十。此原未有桥梁而应造置者。

# 【督捕例】

## 卷八百五十五·刑部一百三十三

**督捕例** 另户旗人逃走　窝逃及邻佑人等分别治罪　另户人不刺字　十日内拿获不刺字　逃人自回自首　同逃先回　携带同逃　亲属首逃　各主逃人前后通算次数

**另户旗人逃走**

○天命十一年(1626)谕:“凡逃人已经离家,被执者处死,其未行者,虽首告勿论。”

○又定:逃人犯至四次者处死。

○顺治九年(1652)议准:逃至二次者处死。

○十一年题准:凡逃一次者鞭一百,二次者正法。

○又题准:凡逃三次者正法。

○十三年题准:凡逃一次者,面上刺满汉文逃人字样,鞭一百;二次者仍正法。

○十七年题准:逃人初次逃者左面刺字,鞭一百;二次逃者右面刺字,鞭一百;三次逃者正法。

○十八年定:逃人犯至三四次者,虽遇赦,即处绞,不必候秋后。

○康熙四年(1665)谕:“停止逃人面上刺字,照窃盗例刺臂。”

○五年谕:“逃人改刺臂上,逃者日多,无凭稽察,仍刺其面。”

○七年复准:三次逃人,监候秋后绞。

○十二年定:逃人十五岁以下者,尚属愚蒙,逃走三次者亦免死。

○二十二年题准:三次逃人,奉旨免死减等发落者,将本身发宁古塔与穷兵为奴。

○二十五年议准:凡三次逃人,不必交与刑部正法,停其具题,即交户部给宁古塔穷兵为奴。

○乾隆五年(1740)定:旗人聘娶民妇为妻,其妇人逃走,免刺,鞭一百;逃至三次正法。窝家,地方官功过,照常究议。

○八年定:旗人家下妇女,初次逃走者,鞭一百。有犯,按次科断,鞭责的决,余罪照例收赎,均免其刺字。窝家照收留逃走妇女例,分别知情、不知情治罪。地方官功过,照常究议。

○十八年议准:凡在京旗人逃走,于一月内拿获,及自行投回,仍照旧例治罪,交旗管束外,其在一月以外,不论投回、被获,查系满洲、蒙古,佥妻发黑龙江等处当差,有子女愿随者听,该将军严加约束。岁底,将该犯等曾否改悔之处汇奏。如知儆惧改悔者,即入于本地丁册,一体食粮当差。怙恶不悛者,将该犯及随带子女,改发云贵川广边远地方,听其自行生理,令地方官与民人一体约束,旗册除名。系汉军,照民人犯流罪例,分别次数,按三流道里安抚为民,一次流二千里,二次流二千五百里,三次流三千里。同妻一并销除旗档。其在逃匪类,虽在一月内投回,而该旗奏明送部发遣者,系满洲、蒙古,发往拉林;汉军,仍照民人例分发各省。至汗闭迷路在逃,年在十五岁以下者,仍照旧例办理。若在十六岁以上,亦与逃人同罪。该管参、佐领等,均交兵部议处。刑部于岁终,将报逃人数汇疏以闻。

○二十四年奏准:凡各省驻防兵丁、闲散人等,初次逃走,无论被获、自首,俱鞭一百、枷号一月,交与该旗佐领官员等严加管束,充当苦差。半年后果能安分,仍准披甲当差。二次逃走,无论被获、自回,即发黑龙江等处折磨当差。再绥远城有从热河所拨驻防兵丁、右卫所拨驻防蒙古兵丁内逃走者,亦照此例办理。其逃走兵丁至三名者,将失察之该管佐领、防御、骁骑校,罚俸一年;至五名者,该管协领,罚俸六月;至十名者,将军、副都统等,罚俸三月。

○二十八年谕:"定例另户满洲、蒙古逃走,在一月内自行投回者,交旗管束;拿获者,分别初次、二次,鞭责、枷号,交旗管束。夫身为满洲、蒙古世仆,而至于逃走,必其素行卑鄙,或债负逼迫所致。伊等现食钱粮,尚且逃走,若革去钱粮,岂复能安分静守耶。即交与该都统、大臣等,亦难管辖,不过仍然逃走耳。与其令伊等既回复逃,莫若赏给钱粮,派往伊犁当差。着八旗都统等,将乾隆十八年(1753)以后,另户满洲、蒙古逃走在一月内投回及拿获者,俱查明,连家属一并派往伊犁,赏给步甲钱粮,当差行走。如赏给钱粮后仍不悛改,复致逃走,此则匪劣成性,终身不能改悔者,竟不必派人查拿,即拿获亦不必照军逃例即行正法,着于满洲、蒙古档册,即将伊等名籍削除,任其所之,毋庸办理。"

○三十二年定:满洲、蒙古逃走,一月外投回、被获,应发黑龙江之犯,不必佥妻,其妻妾子女愿随者听。汉军一月内投回免罪;拿获者,初次鞭一百,二次枷号一月、鞭一百。如逃至三次及在一月以外,不论投回、被获,即照民人犯流罪例,分别次数治罪。至在逃匪类一月内投回,除满洲、蒙古仍照例发伊犁外,如系汉军,亦照民人例,分发各省。

○三十三年定:另户满洲、蒙古发伊犁,赏给钱粮后复行逃走者,如自行投回,用重枷枷号六月,痛加责惩,折磨差使;拿获者,即行正法。

○四十一年奏准:另户满洲、蒙古逃走,一月以内投回及拿获,应发伊犁之犯,如于刑部审结交旗起程时，复犯逃走，被获者，拟绞监候；投回者，枷号三月，仍发伊犁，交该管官严行管束。

〇四十二年奏准：另户满洲、蒙古派往伊犁，赏给步甲钱粮当差行走之人，如于脱逃投回，枷号五月，痛加责惩折磨差使之后，复犯逃走，自行投回，拟斩监候，入于秋审办理。若奉旨免勾，将该犯永远监禁，遇赦不准援免。

〇又定：失察驻防兵丁逃走之该管各官，不必按名计算，交兵部分别议处。

〇嘉庆六年(1801)定：在京另户满洲、蒙古、汉军初次逃走，被获者，鞭一百；一年内自行投回免罪，一年以外投回鞭六十。二次逃走，被获者，枷号一月、鞭一百；六个月内投回免罪，六个月以外投回鞭八十。三次逃走，被获者，发黑龙江等处当差；三个月内投回免罪，三个月以外投回者鞭一百。被获不与投回并算，投回不与被获并算。投回三次后复逃者，虽系自行投回，不计年月，即照初次逃走例鞭一百，交旗管束，仍俱准其挑补差使。其罪应发遣者，妻妾子女愿随者听，该将军严加约束，岁底将该犯等曾否改悔之处汇奏。如果安静守法，亦即准其挑补差使。倘在配怙恶不悛及逃走者，削除旗档，改发云贵两广边远地方，听其自谋生理，令地方官与民人一体严加约束。刑部于岁终，将报逃人数汇疏以闻。至盛京等处，并各省驻防及屯居旗人，有犯逃走，俱照此例分别次数办理。其各省驻防失察逃走兵丁之该管各官，交部分别议处。至在京及各处旗下另户妇女，及旗下家人妇女，有犯逃走，亦照此科断，按律收赎。

〇道光五年(1825)定：在京旗下官员逃走，一次者革职，销除旗档。其另户满洲、蒙古、汉军闲散旗人，初次逃走，或实因病迷，一月以内投回者免罪，被获者鞭一百，俱仍准挑差。如已逾一月，无论投回、拿获，及二次逃走者，均销除旗档为民，听其自谋生理。刑部于岁终，将报逃人数汇疏以闻。若盛京并各省驻防及屯居旗人，有犯逃走，俱照此例分别办理。其各省驻防失察逃走兵丁之该管各官，交部分别议处。在京及各处旗下另户妇女，有犯逃走，亦照此科断。至吉林、黑龙江所属旗人，初次逃走，被获者鞭一百，一年以内自行投回者免罪，一年以外投回者鞭六十；二次逃走者，无论投回、拿获，俱销除旗档为民。

**谨案**　此条系道光十四年(1834)增入。

### 窝逃及邻佑人等分别治罪

〇顺治五年(1648)题准：窝家正法，妻子、家产籍没给主，仍给一分与出首之人。邻佑、十家长等，各责四十板，流徙边远。

〇九年谕："凡隐匿逃人者，止令本犯家产给主。其分家之父子兄弟等，不得株连。"

〇又议准：凡窝家，责四十板，同妻子一并流徙。两邻各责四十板，十家长各责二十板。

〇十年题准：凡窝逃之人，并家产给予逃人之主，房地入官。两邻、十家长，各责四十板。

○十一年题准:凡窝家,不准断给为奴,并家属人口充发盛京,父子兄弟分家者免罪,房地仍给户部。两邻、十家长不行出首,各责四十板。两邻各罚银五两,十家长罚银十两,该管官罚银二十两,给逃人之主,以一分与出首之人。

○又题准:凡窝隐逃人者,本犯正法,家产、房地入官。两邻各责四十板、流徙,十家长责四十板,所罚之银入官。

○又题准:旗下人窝隐逃人者,鞭一百,罚银五两。其主无论官民,罚银十两。另户人并宗室公以上各府庄头人等窝隐逃人者,俱鞭一百,罚银五两,管屯领催罚银十两,俱给逃人之主。

○十三年题准:十家长亦照邻佑例,责四十板、流徙。

○十四年题准:窝犯免死,责四十板,面上刺满汉“逃走”字样,家产人口一并给予八旗穷兵。地方官仍不行拿获窝家,地邻等亦不即行出首,或被逃人之主控告行提,或被旁人出首捕获者,仍照从前定例处分治罪。如不知情之窝家等免议。

○康熙十年(1671)题准:凡应罚银十两力不能纳者,枷号一月;应罚银五两力不能纳者,枷号二十日。

○十二年题准:凡另户人窝隐逃人者,鞭一百,罚银十两。其余窝隐逃人者,照例追罚银两,俱行入官。其不能纳者,仍照例枷号。

○十五年议准:凡窝逃正犯之祖父、父亲,有愿随去者,准其随去外,窝家责四十板,将妻及未分居子孙,一并流徙尚阳堡,房地入官。其两邻枷号三个月,各责四十板;十家长、地方,各责四十板,徒三年。

○乾隆八年(1743)定:凡民人不知系旗下逃人,误行容留,六个月以内者免议,过六个月杖一百;十家长、地方、邻佑人等,均照不应重律各杖八十。如知情窝留三月以内者,照知情不首律杖一百。过三个月者,杖九十、徒二年半;十家长、地方、邻佑人等,俱杖一百。若过一年以上者,窝家杖一百、徒三年;地方及十家长、邻佑人等,各杖六十、徒一年。其失察及明知逃人不行查拿之地方官,交部分别议处,武职亦照文职例议处。

○又定:凡旗人窝留逃人,不知情者,三个月以内免议,三个月以外鞭一百。知情窝留者,不拘限期,加枷号一个月发落。若旗下家人窝逃,除将窝逃之人照例治罪外,伊主知情,系闲散鞭一百,系官交部议处,不知者不坐。宗室公以上家下庄头人等窝留逃人者,照旗人窝逃例分别治罪,该管领催鞭一百。

○二十八年定:凡旗人不知情窝留逃人,三个月以外,杖六十、徒一年。知情窝留者,不拘限期,杖六十、徒一年,先加枷号一个月发落。

○嘉庆四年(1799)定:凡旗、民知情窝留旗下逃人者,照知情藏匿罪人律,各减罪人一等治罪。民人、邻佑、地方、十家长知情不首者,杖八十。旗下该管领催,及家奴之主知情者,鞭八十,系官交部议处,不知者俱不坐。其失察及明知逃人不行查拿之地方文武官，交部分别察议。

## 另户人不刺字

○顺治十八年(1661)题准：出征逃走之护军及甲兵被获者，仍行鞭、刺；私回家者，免刺字，鞭一百。咨送兵部，差官押送出兵处。跟役逃回者，鞭一百，本佐领、骁骑校及本主家，欲解送者押解，不必解者听。

○又题准：官员子弟逃走者，免其刺字，鞭一百；逃三次者，交刑部正法。

○康熙十二年(1673)议准：凡护军、兵丁及另户、闲散人逃走者，免刺字，鞭一百。如系奴仆兵丁，照例鞭、刺。其出兵处逃走之护军、兵丁，亦免刺字。

○十五年议准：凡护军、兵丁、奴仆兵丁逃走被人拿获者，不论官员子弟，拿送墩门，俟同出征之兵到日鞭、刺。又宗室公以上各府庄头及户部官庄头、光禄寺园头逃走者，照另户人例免刺字。其庄头下壮丁逃走者，照例鞭、刺。

○乾隆八年(1743)定：凡另户、护军、兵丁及闲散人逃走者，分别次数，鞭责、枷号，免其刺字。三犯者，发遣当差。宗室公以上家下庄头及户部官庄头、光禄寺园头，并开户人逃走者，亦照另户例免刺字。其庄头家下壮丁逃走者，仍照常刺字。

○三十二年定：凡另户、护军、兵丁及闲散人逃走者，免其刺字。宗室公以上家下庄头并户部官庄头、光禄寺园头逃走者，亦照另户人例免刺字。其庄头家下壮丁逃走者，仍照常刺字。

## 十日内拿获不刺字

○顺治十六年(1659)题准：旗下人畏主潜匿，或差往屯庄过限，在十日内者，免刺字，鞭一百；过十日者，照例鞭、刺。

○康熙八年(1669)题准：凡逃人十日内拿获者，免刺字，鞭一百，不算逃人次数。

○十二年题准：凡逃人被获，过十五日者鞭、刺。

○十五年议准：凡逃人免刺，仍以十日为率，过十日者鞭、刺。若盗器械、财帛、牲畜等物逃走者，不论十日即行鞭、刺。其窝家、地方官功过，过十日者，照例究议。

○乾隆八年(1743)定：凡逃人十日内拿获者，鞭一百，免刺字，不算逃走次数。凡逃人计算次数，家奴以曾经刺字为坐，另户以曾经鞭责记有档案为坐。过十日者，即照例治罪。若窃骑马骡，持带器械逃走，被获者，不论十日内外，枷号两月，鞭一百。系家奴仍照例刺字。其奴仆偷窃伊主财物逃走，计赃重者，照刑律从重治罪。

## 逃人自回自首

○顺治三年(1646)谕："凡逃人自行投回者，窝逃之人及两邻流徙，甲长并七家各鞭五十，该管官及乡约俱免议。"

○十二年定:凡逃人逃走,或自回投主,或自行出首者,俱免鞭、刺,窝家亦毋庸议。

○乾隆八年(1743)定:凡另户人及旗下家人初次逃走,一年内投回者免罪,一年以外投回者鞭六十;二次逃走,六个月内投回者免罪,六个月以外投回者鞭八十;三次逃走,三个月内投回者免罪,三个月以外投回者鞭一百,免其刺字。俱不算逃走次数。三次后复行逃走者,虽自行投回,即照初次拿获例治罪,窝家人等免议。其有经刑部发落之后,复在该旗吃酒行凶者,即行送部发遣。再该旗圈销逃档文内,务将投回逃犯在外有无为匪,及逃走次数月日多寡之处,声明咨部,照例治罪。

**谨案** 乾隆三十二年(1767),删"另户人"三字。

## 同逃先回

○康熙十五年(1676)定:凡一家数人同逃共谋归主,先令一二人投回,口称其余在某处,行提解来者,俱免鞭、刺,窝家免究。若不曾同商投主者,照常鞭、刺,窝家治罪。

○乾隆八年(1743)定:凡数人同逃后,商量一同投回,内一二人先回,供明余犯住处提来者,均照逃人自回例,分别年限、次数科断,窝家人等免究。若不曾同商投回者,除先回各犯,照自回例科断外,其余各犯,照常鞭、刺,窝家人等照例治罪。

## 携带同逃

○顺治十一年(1654)议准:逃人七十岁以上、十三岁以下者,无论男女,俱免鞭、刺,逃至三次亦免死。

○康熙十二年(1673)定:凡逃人七十岁以上、十五岁以下者,俱免鞭、刺,逃至二次亦免死。其窝家及地方官功过,仍照例议。其夫带妻逃,或父带女逃,或子带伊母、妹逃,妇女俱不得自专,跟随逃走,将妇女免刺字,鞭一百,其夫并子照常鞭、刺。若只身逃走之妇女,照常鞭、例。

○雍正三年(1725)定:凡祖父携带子孙,及伯叔兄带弟侄逃走者,将为首带逃之人,分别次数,照例刺字治罪。其随逃之子孙、弟侄,鞭一百,不算逃走次数。免其刺字。

○乾隆八年(1743)定:凡逃人年六十岁以上、十五岁以下者,俱免鞭、刺,至三次亦免发遣。其窝家及地方官功过,照例查议。其夫带妻逃,父带女、子带伊母,并兄弟带姊妹逃走者,本犯照例治罪外,随逃之妇女,俱免其鞭、刺。

○嘉庆六年(1801)定:凡逃人年六十岁以上、十五岁以下者,俱免鞭、刺,至三次亦免发遣。其窝家及地方官功过,照例核议。其祖父带子孙逃、伯叔兄带弟侄逃,及夫带妻逃、父带女逃、子带伊母并兄弟带姊妹逃走者,为首带逃者,分别次数,照例治罪,应刺字者,仍行刺字。其随逃之子孙、弟侄、妇女,俱免其鞭责、刺字。不算逃走次数。

## 亲属首逃

○康熙十二年(1673)题准:凡逃人祖父母、父母将亲子孙出首,或亲子孙出首亲祖父母、父母者,不论初次、二次,将逃人照自行出首例,免鞭、刺,不算逃走次数,地方官亦不记功。仍着地方官申解逃人时,取实系亲祖父母、父母、子孙甘结,及地方官印结,一并申送。情虚者,将为首保人枷号一月,责四十板;其余保人,责四十板;将地方官交与该部降一级调用。

○乾隆八年(1743)定:凡逃人被伊祖父母、父母、子孙出首者,将逃人照自首自回例科断,仍着地方官取具实系亲属甘结,加具印结申送。如有假捏情弊,将为首出结之人枷号一月、鞭一百,余人鞭一百,逃人仍照逃例治罪。加具印结之地方官,交部议处。

○四十二年定:凡逃人被伊祖父母、父母、子孙出首者,将逃人照自首自回例科断,仍着该管官取具实系亲属甘结申送。如有假捏情弊,将出结之人,照证佐不言实情律,减二等,逃人仍照逃例治罪。查报不实之该管官,交部议处。

## 各主逃人前后通算次数

○顺治十六年(1659)题准:逃人从原主家逃走一次,其主转卖,从买主家又复逃走者,止算逃走一次。

○康熙七年(1668)题准:凡换主之逃人,不论原主、后主家逃走,以鞭、刺计算,至三次者正法。

○乾隆八年(1743)定:凡逃人被获发落给主后,伊主转卖与人,复从后买之主家逃走者,以鞭、刺计算前后次数,共至三次者,即照例发遣。

# 卷八百五十六·刑部一百三十四

## 督捕例



### 逃人另犯他罪

○康熙十二年(1673)题准:逃人在逃处犯事,如一并发觉,已经刑部鞭责,咨送督捕者,免其重责,仍照例刺字。

○雍正四年(1726)谕:“逃人本身已经犯罪,又在逃生事,被人殴死,与寻常斗殴不同。嗣后逃人被殴身死者,不应拟抵。庶使逃走之人,知所儆惧。”

○乾隆八年(1743)定:凡逃人在逃走处犯事,一并发觉,拿送刑部,该堂官照例分司,会同督捕司官审定,从重归结。应刺“逃人”字样者,仍照例刺字。

### 赦后逃人

○顺治十七年(1660)钦奉恩诏:“逃人于赦后逃三次者拟死,赦前者俱免。”

○康熙十年(1671)题定:凡鞭、刺过逃人,俱自赦后计算三次。

○乾隆八年(1743)定:凡三次逃犯,有一二次逃走在赦前者,俱免其通算。其于赦后逃走三次者,方拟发遣。

○道光五年(1825)定:凡正身旗人二次逃走,其初次逃走在赦前者,免其并算,照初次逃走例,分别办理。旗下家人三次逃走,有二次逃走在赦前者,俱免通算。其于赦后逃走三次者,方拟发遣。

### 外省驻防属下人逃

○原定:凡外省驻防藩王、公等在京人役逃走者,应在督捕衙门审理。其在藩王、公等彼处人役逃走者,俱交与该督抚审理。若有窝家,具空文咨报,督捕衙门核议具奏。其无窝主之逃人,即于彼处照例鞭、刺。逃人逃走三次者,具空文咨报,督捕衙门核议具题。

○乾隆八年(1743)定:凡外省驻防大臣、官员人等属下人役在京逃走者,听刑部审拟。其在外所随人役逃走者,俱交与该督抚审理,照例造册咨送刑部查核。若有窝家及三次逃人,咨报刑部,照例办理。

**公主属下人逃**

○康熙十五年(1676)定:凡公主等家下人逃走者,照例鞭、刺;公主等所属另户逃走者,亦照旗下另户人例治罪,免其刺字;窝家、地方官,俱照常议。其口外蒙古之逃人拿解者,咨送理藩院归结,地方官功过毋庸议,将窝家责四十板。

○嘉庆六年(1801)定:口外蒙古逃人之窝家,分别知情、不知情,照例办理。

**逃人起除刺字**

○康熙四年(1665)题准:凡逃人将伊面上字毁去者,将毁去字补刺,鞭六十。

○雍正二年(1724)定:凡逃人用药起除面上所刺之字者,枷号三月、鞭一百。如央人代为起除者,将代为起除之人,枷号两月、鞭一百。所毁之字,仍行补刺。

**逃人不实供伊主住址**

○康熙九年(1670)题准:拿解之逃人,不实供伊主住处,谎供在别处者,照例鞭、刺外,枷号一月。

○二十年(1681)题准:凡逃人初供之主不认者,令审理逃人之督抚刑讯,照例治罪。

○乾隆八年(1743)定:凡逃人不实供伊主住址者,除照例鞭、刺外,枷号一月。

**私拿逃人**

○康熙十二年(1673)题准:凡逃人之主旗下认识之人,在京附近,或在屯庄等处,或出差遇获逃人者,仍照旧例外,不许私自差人拿获逃人,准其在督捕衙门控告行提,或首告附近之地方官拿解。若违此定例,私自往拿,地方官及窝家之罪毋庸议。逃人之主,若系白人,鞭一百;若系官员,交该部议处。

○乾隆八年(1743)定:凡逃人之主,及平素认识逃人之人,在京附近地方,或在屯庄等处,及出差遇见逃人者,准其拘拿外,至有访得逃人下落,令其在刑部控告,或向附近地方官呈告拿解,不许私自拘拿。若违例私自往拿者,地方官及窝家免议。违例私拿之人,若系闲散,鞭一百;系官,交部议处。

## 旗人私出境外

○康熙十九年(1680)定:凡旗人私自出境取债探亲者,系闲散,鞭一百;系官,交部议处。失察之佐领、骁骑校,亦交部议处;领催,鞭五十。如将家人明知差去者,鞭八十;系官,交部议处。其屯庄居住之另户人,及家人,私自出境者,除本犯照例治罪外,佐领、骁骑校、领催及本主,俱免议;屯领催,照领催例治罪。

○道光五年(1825)定:凡闲散旗人,及旗下官员,私自出境取债探亲者,均照逃走例,分别办理。庄屯居住之另户人,照闲散例办理。其另户家人私自出境者,本犯照例治罪,本主免议。

## 旗人出境索诈行私

○康熙十九年(1680)定:凡旗下人私自出境需索财物,借端挟诈,及嘱托行私者,枷号三月、鞭一百,系官革职,不准折赎,鞭一百;失察之佐领、骁骑校,交部议处;领催,鞭八十。如将家仆明知差去者,其主系闲散,鞭一百;系官,交部议处;其差去之家人,枷号一月、鞭一百。

○道光五年(1825)定:凡旗人私自出境需索财物,借端挟诈,及嘱托行私者,销除旗档,按其所犯罪名,照民人一例问拟,系官革职,亦销除旗档,犯罪重于杖一百者,照例治罪,不准折赎。如将家仆明知差去者,其主系闲散,鞭一百;系官,交部议处;差去之家人,枷号一月、鞭一百。

## 旗人告假领票

○雍正七年(1729)定:凡八旗兵丁及拜唐阿、闲散人等,如有告假前往各省以及口外者,俱令禀明该管官,系何事前往何处,及告假限期,详细声明存档,给领印票,回日圈销。倘有告假逾限不回,及回而不交纳原领印票者,鞭五十。如不领印票私行前往,或领有印票私往别处者,俱鞭一百。

○道光五年(1825)定:八旗闲散旗人告假出外营生,无论前往何处,俱报明该参领注册,由佐领给予图记,即准外出营生,不必勒定限期。如有事逗遛,准其报明地方官,行文该旗,回京仍准挑差。若已逾一年,并无地方官展限文书报明该旗者,即销除旗档。倘在外滋事,照民人例问拟。或投往亲族任所,自恃尊长,挟诈需索,准外任各官呈明上司究办。其告假时,该参领随时呈报都统存案,年终汇咨户、兵二部。倘该管参、佐领有勒掯情事,查出参处。八旗降革、休致之官员,已退钱粮之兵丁,未食钱粮之举贡生监,均照闲散例。其各省驻防旗人,亦一律分别办理。

## 逃人外娶之妻所生子女

○顺治十一年(1654)题准:凡逃人在逃走处所娶之妻,及所生子女,审明断归逃人,给予逃人之主。若有强夺霸娶者,照例治罪。

**逃人外生之女**

○康熙十年(1671)题准:凡逃人在外娶妻所生之女,已聘嫁民人者,不断与逃人之主,仍归给本夫。

○十二年(1673)题准:凡逃人从伊主家带逃之妻,有所生之女,已聘嫁民人者,追银四十两,给逃人之主。若不能纳银者,其女给予伊主。

○乾隆八年(1743)定:凡逃人将外娶妻所生之女聘嫁与人者,不论已婚、未婚,断给伊夫完娶外,若将带逃之妻外生之女私聘与人,未婚者,追还财礼,将女断给伊主;已婚者,不拘年限,俱免其离异,向私娶之人追银四十两给主,如贫难无力,量追一半。其嫁女之逃人,照例鞭、刺。知情聘娶者杖一百,媒合人等杖八十,不知者不坐。

**已卖逃人外娶妻所生子女**

○康熙十年(1671)题准:凡逃人被获交与伊主,其主转卖与人,有在外娶妻所生子女,俱归给逃人,断与后买之主。

○乾隆八年(1743)定:凡逃人在外娶有妻室,生有子女,被获时,将妻室、子女未曾供出,已经完结,其主随将逃人卖与他人之后,始行发觉者,将逃人外娶妻及所生子女,俱断归逃人,给予后买之主。

**奉天府江宁等处旗下逃人**

○顺治十三年(1656)题准:奉天府驻防旗下人逃一二次者,该将军审结;逃三次者,该将军具文报督捕衙门,复议具题,交刑部正法。

○又题准:西安府、江宁府、京口、杭州府、保定府、太原府、沧州、德州等驻防旗下逃走者,该将军、城守尉等审明,若有窝家,具文报督捕衙门,复议具题。其无窝家之逃人,即于彼处照例鞭、刺。逃走三次者,具文咨报督捕衙门,复议具题。

○康熙十年(1671)题准:宁古塔驻防旗下人,逃一二次者,该将军审结;三次者,该将军具文报督捕衙门,复议具题。若满洲窝隐逃人,及无窝主之逃人,即于本处照例审拟。

○乾隆八年(1743)定:凡奉天府居住旗下人逃走者,盛京刑部审理,分别次数,照例治罪。逃走三次,例该发遣者,照名例发西安、荆州等处,给驻防兵丁为奴。系另户,发遣当差。其江宁等处驻防旗人逃走者,俱交与该督抚审理,照例治罪,仍报明刑部查核。逃走三次者,咨部分别照例发遣。

○三十二年(1767)定:凡奉天等处居住旗下人逃走者,盛京刑部审理,分别次数,照例治罪。该发遣者,照名例发西安、荆州等处,给驻防兵丁为奴。系另户,发遣当差。其江宁等处驻防旗人逃走者,俱交与各该督抚审理,照例治罪,仍报明刑部查核。逃走二次者,咨部分别发遣。

○嘉庆六年(1801)定:凡奉天府等处居住旗下人逃走者,盛京刑部审理,分别次数,照例治罪。该发遣者,照名例发西安、荆州等处,给驻防当差。其江宁等处驻防旗人逃走者,俱交与各该督抚审理,照例治罪,仍报明刑部查核。逃走三次,查系被获者,咨部分别发遣。

○道光五年(1825)定:凡奉天府等处居住旗人逃走者,盛京刑部审理,其江宁等处驻防旗人逃走,俱交与各该督抚审理,均依逃走例,分别办理,仍报明刑部查核。

## 卖身行诈

○康熙四年(1665)议准:凡棍徒在地方犯事,潜逃来京,将身卖与旗下,回伊原籍,借逃行诈,若被拿解,审属情真者,交与刑部正法。

○乾隆八年(1743)定:凡棍徒在地方犯事,潜逃来京,卖身旗下,复回原籍,借逃行诈,除实犯死罪外,犯该徒罪以下者,照犯罪潜逃例加二等治罪;犯该流罪以上者,发宁古塔等处给披甲人为奴。

○嘉庆十八年(1813)定:凡棍徒在地方犯事,潜逃来京,卖身旗下,复回原籍,借逃行诈,除实犯死罪外,犯该徒罪以下者,照犯罪潜逃例加二等治罪;犯该流罪以上者,发各省驻防给官员兵丁为奴。

## 借逃行诈

○康熙四年(1665)定:凡奸棍结党,在地方借逃报仇,诈害良民者,无论旗下人或民人,俱照光棍例治罪。

○十三年(1674)题准:旗下民人,结伙三人以上,指称隐匿逃人,索诈财物者,不分得财与不得财,俱照光棍例,分别首从治罪。

○乾隆八年(1743)定:凡奸棍结党,在地方借逃报仇,诈害良民者,无论旗、民,照凶恶棍徒生事扰害良民例,发宁古塔等处给披甲人为奴。

○嘉庆六年(1801)定:凡奸棍结党,在地方借逃报仇,诈害良民者,照凶恶棍徒生事扰害良民例,旗人发黑龙江当差,系家奴给披甲人为奴,民人发极边足四千里充军。

○道光五年(1825)定:凡奸棍结党,在地方借逃报仇,诈害良民者,照凶恶棍徒生事扰害良民例,发极边足四千里充军;旗下家奴,发各省驻防给官员兵丁为奴。

## 地方官唆逃行诈

○康熙四年(1665)定:凡地方官唆令逃人指报富室,行诈情真者,将官革职,交与该部议罪。

○乾隆八年(1743)定:凡地方官教令逃人指扳富室为窝家,计图诈害者,革职,照指使犯人诬扳平人例分别治罪。得赃者,仍以枉法从重论。

## 首告逃人

○顺治十三年(1656)题准:凡旗下人在督捕首告逃人,行提审虚者,枷号一月、鞭一百。民人首告逃人者,先赴该督、抚、按处告理,如不准,方许到督捕告理。提审系诬害者,责四十板、枷号一月,仍发督、抚、按发落。

○康熙四年(1665)题准:凡奸棍改易姓名,借逃谎告,提审属虚者,系民人,责四十板,流徙尚阳堡;系旗下人,枷号三月、鞭一百。

○八年(1669)题准:凡首告逃人行提,地方官具文报称无有者,复行巡抚查解,仍咨称无有者,系旗下人鞭一百,系民责四十板。如逃人果在彼处发觉是实者,将地方官并巡抚,俱照失察逃人例处分。

○十年(1671)议准:凡出首逃人,查明谎告、仇告者,系旗下枷号两月、鞭一百,系民人枷号两月、责四十板。若串通纠合,图财行诈者,俱以光棍例治罪。若民人不在该地方官处告理,向督捕衙门越告者,不准行。至逃人,无论旗下及民人首告查解者,该管各官、邻佑、十家长、地方免罪;窝家免其流徒,枷号两月、责四十板,追银十两,给首告之人。如出首逃人,未经审理辄逃者,所告情节,注册不准行。后经拿获,或自行投回,仍照例治罪。

○乾隆八年(1743)定:凡旗人在部首告逃人,指名窝留处所,移咨该抚查拿。若无逃人,咨复到日,审系谎告、仇告者,将首告之人,照诬告例治罪。如民人首告逃人,许令在该管地方官处告理查拿。若无逃人,审系谎告、仇告者,将首告之民人,照诬告例治罪。若有希图财贿,串通谎告行诈,拖累平民者,不论旗、民,均照凶恶棍徒生事扰害良民例,发黑龙江等处给披甲人为奴。如首告逃人之人,不候审理逃避者,除所告不准,仍行注册,候拿获日,照诬告例治罪。若有人首告逃人,该地方官并不拿解,日后另行发觉者,将不行拿解之该管官,交部议处。

○嘉庆六年(1801)定:凡旗人在部及各衙门首告逃人,指明窝留处所,移咨该抚查拿。若无逃人,咨复到日,审系谎告、仇告者,将首告之人,照诬告例治罪。如民人首告逃人,许令在该管地方官处告理查拿。若无逃人,审系谎告、仇告者,将首告之民人,照诬告例治罪。若有希图财贿,串通谎告行诈,拖累平民者,均照凶恶棍徒生事扰害良民例,旗人发黑龙江当差,系家奴给披甲人为奴,民人发极边足四千里充军。如首告逃人之人,不候审理逃避者,除所告不准,仍行注册,候拿获日,照诬告例治罪。若有人首告逃人,该地方官并不拿解,日后另行发觉者,将不行拿解之该管各官,交部议处。

○道光五年(1825)定:凡旗人在部及各衙门首告逃人,指明窝留处所,移咨该抚查拿。若无逃人,咨复到日,审系谎告、仇告者,将首告之人,照诬告例治罪。如民人首告逃人,许令在该管地方官处告理查拿。若无逃人,审系谎告、仇告者,将首告之民人,照诬告例治罪。若有希图财贿,串通谎告行诈,拖累平民者,均照凶恶棍徒生事扰害良民例,发极边足四千里充军;旗下家奴,发各省驻防给官员兵丁为奴。如首告逃人之人,不候审理逃避者,除所告不准,仍行注册,俟拿获日,照诬告例治罪。若有人首告逃人,该地方官并不拿解,日后另行发觉者,将不行拿解之该管各官,交部议处。

### 投递逃牌

○顺治十五年(1658)谕:“凡旗下家人逃走,本主即报明该都统、副都统、佐领等官,具印结报部。如逃后多日方报,或既获逃人方称系伊家者,不许给主,着即入官。”

○又议准:凡旗下人逃走,本主不曾递逃牌者,逃人入官。其递送逃牌之期限,在京内者限五日,二百里内者限十日,四百里内者限十五日。

○康熙十二年(1673)题准:凡逃牌已给领催,而遗漏不递者,领催鞭一百,逃人免入官,仍给原主。若逃人自回投主,未销逃册,又复逃者,将不递新档逃人之主,鞭七十。

○又题准:各旗兵丁逃走,不在限期内投递逃牌者,佐领、骁骑校,俱罚俸一月。

○又题准:凡官员错写逃牌投递者,罚俸一年。

○乾隆八年(1743)定:凡投递逃牌,在京限五日,二百里以内者限十日,四百里以内者限十五日,赴该管衙门投递。若不递逃牌者,拿获逃人入官,给予八旗兵丁为奴。若逃人之主将逃牌已交领催,领催遗漏不递者,将该领催鞭一百。若从前已递逃牌,逃人自回,不销逃档,后逃人复逃,而伊主不递新档,仍留旧档者,将逃人之主鞭七十;拿获逃人,俱免其入官,仍给原主。

### 呈报逃人

○雍正二年(1724)定:凡有护军、披甲人逃走,该管佐领、骁骑校,务行据实呈报,不得瞻顾避忌,谎称患病发狂,蒙混呈报。如有蒙混谎报者,将该管各官交部议处。其满洲等家下、庄头拖欠地租,偷典地亩,并带家业逃走者,拿获之日,除将偷典地亩之处照例治罪外,仍将逃人带逃家业分为三分,一分给予出首之人,二分给予逃人之主。

### 遗漏逃牌

○康熙九年(1670)题准:凡逃人原主已故,其承受家产之人,未递逃牌者,仍将逃人断给承受家产之人。

○十年(1671)题准:凡夫妻、父子同逃,投递逃牌遗漏一半者,本主鞭一百,逃人俱断给伊主。

○十二年(1673)题准:凡遗漏逃牌之主,鞭七十。

○十四年(1675)议准:凡遗漏逃牌未递者,虽供有窝家,不准提审。

○乾隆八年(1743)定:凡遗漏投递逃牌,将逃人入官。若夫妻、父子同逃,一半递有逃牌,一半遗漏不递者,其夫妻、父子不便拆散,俱免其入官,将遗漏投递逃牌之人鞭七十,窝家人等及地方官俱照常究议。

**谎递逃牌**

○顺治初年定:职官逃走,各旗该管官诈称常人投递逃牌者,罚俸两月。将递过逃牌之逃人,谎称不曾逃走者,罚俸一月。

○康熙十二年(1673)题准:职官逃走,该管官捏作常人投递逃牌者,罚俸一年。递过逃牌,谎供不曾逃走者,罚俸六月。在屯庄居住不曾逃走,而谎递逃牌者,其主系常人,鞭七十;系官,交该部议处。

○乾隆八年(1743)定:凡旗下家人逃走属实者,准递逃牌。若将屯庄居住不曾逃走之人,谎递逃牌,系闲散,鞭七十;系官,交部议处。如有不服呼唤,抗拒避匿,以致伊主报逃者,将伊主免罪,家奴不科逃罪,照子孙违犯教令律鞭一百。

# 卷八百五十七·刑部一百三十五

## 督捕例



### 谎报逃人携带兵器

○雍正三年(1725)定:凡旗人并不制备兵器,遇查验之时,谎称家人携带逃去者,照私卖军器律治罪。

### 行提逃人带逃财物

○康熙六年(1667)题准:凡逃人逃走拐去财物,载在原递册内者,准行提;如不载在原递册内者,虽告不准行。如册内所载行提属虚者,将逃人鞭七十。

○乾隆八年(1743)定:凡逃人带逃物件,载在原递册内者,准行提;如不载在原递册内,虽告不准行。如册内所载审系虚开者,免其行提,将逃人仍治逃罪。

### 逃人告提妻子

○康熙六年(1667)题准:凡逃人告有外娶之妻,行提审虚者,枷号一月,鞭一百。

○十二年(1673)题准:逃人告有外生子女,行提审虚者,枷号一月,鞭一百。

○十五年(1676)题准:凡逃人诬认别人妻子,行提审虚者,枷号三月,鞭一百。

○乾隆八年(1743)定:凡逃人告有外娶之妻及所生子女,行提审虚者,即枷号一月,鞭一百。如将别人之妻子,仇诬系伊妻子,告提审虚者,枷号三月,鞭一百。

### 旗人契买民人

○康熙十五年(1676)题准:旗人契买民人,着用地方官印信。若有犯罪案缉之匪类卖身者,保人枷号三月,系旗人鞭一百,系民人责四十板,追价给主。将卖身之人递回原籍,枷号三月,责四十板;原犯罪重者,从重归结。

○二十六年(1687)议准:除直省大小文武官员,及驻防将军、都统等,不准买所属之民外,旗下官兵,许令买人。在京者,于大宛两县、五城兵马司用印;在外者,于各州县用印。问明卖身之人的实姓名、籍贯,取具情愿卖身口供及保人口供,申报户部。其流移之民有情愿卖身者,在何处地方,即在本处官用印。若故意勒措不行用印,交部议处。

○又复准:嗣后驻防满洲、汉军将军以下官兵,如在本省买人,不容行查原籍,勒令地方官用印者,该督抚题参议处。

○二十七年(1688)议准:各旗买人,俱令赴市买卖。写档之时,该翼确查明白,给付执照。人贩子不得在市贩卖。如有仍前贩卖者,所卖之人及价银一并入官,人贩子处绞。其牙子若带到伊家转卖,或留在别处出卖者,不分旗下、民人,俱发宁古塔给予穷披甲之人为奴。若不曾带到伊家,及留在别处,止从中说合者,免其治罪。该佐领、骁骑校、小领催、五城司坊不行严查禁止,官俱交与该部,领催鞭八十。

○三十九年(1700)题准:炉户卖身旗下者,事发,将卖身人枷责,引进保人亦枷责,行文该地方官追取身价,给还原主。如贫不能给,令引进保人偿还。

○乾隆八年(1743)定:凡旗人契买民人,着用该地方正印官印信。若有在地方犯罪案缉之匪类卖身者,保人枷号三月、杖一百,其原价向卖身之人追取给主。卖身之民,递回原籍,枷号三月、杖一百;如原犯之罪重者,从重归结。

## 保卖旗人

○康熙十五年(1676)题准:凡将旗下人称系民人保卖者,保人责四十板,流徙尚阳堡,系旗人,枷号三月、鞭一百。卖身之人,枷号三月、鞭一百;系逃人,照逃例治罪。

○乾隆八年(1743)定:凡将旗下人称系民人保卖者,将保人并卖身之人,俱枷号三月、杖一百。若卖身之人系逃人,照逃例治罪,保人照窝家例治罪。

○三十三年(1768)定:凡将旗下家人称系民人保卖者,将保人并卖身之人,俱枷号三月、杖一百。若卖身之人系逃人,除系初次、二次逃走,仍照本例治罪外;如逃至三次,照逃走三次例,发宁古塔、乌拉等处给披甲人为奴;保人照窝家例治罪。

**谨案** 嘉庆十八年(1813),将"宁古塔"以下十一字,改为"各省驻防给官员兵丁"九字。

## 谎开籍贯卖身

○康熙十五年(1676)定:凡将他人之名谎作己名卖身者,将卖身之人照光棍为首例、保人照光棍为从例治罪,买主之原价毋庸议。若谎开籍贯姓名卖身者,枷号两月、鞭一百,仍断与买主;保人枷号一月、责四十板,系旗人,枷号一月、鞭一百。

○乾隆八年(1743)定:凡卖身之人,谎开籍贯,假捏姓名卖身者,枷号两月、杖一百,仍断与买主,保人枷号一月、杖一百。若谎写他人姓名卖身,审系仇怨计图陷害者,即照光棍为首例治罪,知情之保人,俱照光棍为从例治罪。

### 冒称逃人

○顺治初年定:凡职官将民人冒认伊家逃人者,降一级,罚俸一年。

○康熙九年(1670)题准:旗下人将民人谎称逃人,投递逃牌者,枷号三月、鞭一百。民人串通者,责四十板,并妻子发与宁古塔穷兵为奴。

○十年(1671)题准:凡逃人中证已故,或失落文契,招称系某家所买,审实者,断与买主。若非买主冒认者,枷号三月、鞭一百。其并非卖身而谎称卖身之人,责四十板,并妻子发与宁古塔穷兵为奴。

○十二年(1673)议定:凡将民人冒认逃人者,旗下人枷号两月、鞭一百,谎称卖身之人责四十板,并妻流徙尚阳堡。若民人冒抵逃人姓名,谎称系某家逃人者,亦照此例治罪。其祖父、父及子孙有愿随去者听。

○乾隆八年(1743)定:凡雍正十三年(1735)十一月十九日以前白契所买之人,逃走被获者,中证明白,所买是实,断与所买之人。如中证不明,所买不实,应断为民。或无中证,或失落文契,但逃人招称系某人家所买属实者,即断与买主。若伊并未卖身,串通冒称系某人家人,并冒抵逃人姓名者,均杖一百、徒三年。其原非买主,串通谎称者,系官交部议处,系闲散枷号四十日、鞭一百。如有行诈得赃,及另犯他罪者,审明从重归结。

### 派往驻防满洲兵丁临行及中途脱逃

○乾隆三十年(1765)奏准:派往各省驻防满洲兵丁,有临行自京脱逃及中途脱逃者,俱即销除旗籍,责八十板,带锁发伊犁,充当步甲苦差。如再不安分,复行脱逃,拿获时,即令该将军奏明正法。

○嘉庆六年(1801)定:派往各省驻防满洲兵丁,有临行自京脱逃及中途脱逃,自行投回者,免其治罪,仍行派往;若被拿获者,削除旗籍,责八十板,带锁发往伊犁,充当步甲苦差。如在配复行脱逃,自行投回者,免其治罪,严加管束;拿获者,用重枷枷号三月、鞭一百。

### 察哈尔蒙古归并额鲁特逃走分别治罪

○顺治十四年(1657)议准:口外蒙古逃人拿解者,咨送理藩院归结。窝家及地方官,照例议处。

○乾隆二十六年(1761)议准:察哈尔蒙古等,如有逃走,或一月内自回,并一月外自回,或被拿获,俱照旗逃例一体办理。其归并察哈尔之陈额鲁特如有逃走者,亦照察哈尔蒙古等办理。其新归并之额鲁特如有逃走者,即于拿获之处正法;其自行投回者,不论年月,即发往广东、广西、云南、贵州烟瘴地方,如不安分,即在彼处正法。

### 白契所买之人逃走

○顺治十八年(1661)谕:"凡逃人自顺治元年(1644)以前者,年久免其察究,照旧安业。"

○康熙十年(1671)议准:凡顺治元年(1644)以前逃人,不给原主,放出为民。如仍投旗下者,有主识认,仍给原主。

○二十二年(1683)题准:本年十月以前白契所买之人,初次逃走者,鞭八十,断与伊主,拿获之官不记功;第二次逃走被获解来者,方行鞭、刺,交与伊主,将拿获之官记功。自本年十月以后白契所买之人逃走者,责三十板,暂交与伊主,俟交还身价之日,放出为民,拿获之官不记功。

○三十三年(1694)题准:康熙二十二年(1683)以后白契所买之人,仍照例完结外,其康熙二十二年(1683)十月以前白契所买之人,既系断归旗下,初次逃走,即令递逃牌,刺字,鞭一百,交与伊主,拿获之官记功。

○四十三年(1704)议准:康熙四十二年(1703)以前旗下白契所买之人,俱作红契,准递逃牌。四十二年(1703)以后白契所买之人,许其赎身,如有逃亡,不得投递逃牌。

○雍正元年(1723)议准:自康熙四十三年(1704)起至六十一年(1722)止,白契所买之人,照依四十二年(1703)之例,俱不准其赎身,若有逃走,准其递牌。雍正元年(1723)以后白契所买之人,若给原价,俱准赎身为民。其本人带妻卖身者,亦准赎出。若白契卖身后,买主配有妻室者,不准赎身。再未经卖身之先,或已定亲,未曾完娶,其卖身旗下,女家并不知情者,必问女家情愿,方许配合;如女家不情愿者,听其另配。

○十三年(1735)定:凡雍正十三年(1735)定例以前白契所买之家人,即同印契,如有逃走,准递逃牌。

○乾隆二十五年(1760)定:凡白契家人逃走,悉照红契家人例,报部记档。拿获之日,按照次数分别治罪。其有偷带器械等事,亦照例刺字问拟。如本主遗漏不报,将家奴照例入官。或本主已报,由佐领处遗漏者,将领催等按例惩治。

### 八旗家人逃走分别次数治罪

○乾隆八年(1743)定:凡旗人初次逃走者,左面刺清汉"逃人"字,鞭一百;二次逃走者,右面刺字,枷号一月、鞭一百;三次逃走者,右面刺所发地名,咨送兵部,发宁古塔、乌拉等处给披甲人为奴。

○二十七年(1762)定:盛京旗下家奴,如为匪畏罪逃走,初次枷号两月,二次酌发驻防兵丁为奴。

○又定:盛京旗下家奴,如为匪畏罪逃走,初次枷号两月,二次发往伊犁等处驻防兵丁为奴。

○三十二年(1767)定。凡旗下家人初次逃走者,左面刺清汉“逃人”字,鞭一百;二次逃走者,右面刺字,枷号一月、鞭一百;三次逃走者,右面刺所发地名,咨送兵部,发宁古塔、乌拉等处给披甲人为奴。

○嘉庆六年(1801)定:凡旗下家人初次逃走者,左面刺清汉“逃人”字,鞭一百;二次逃走者,右面刺字,枷号一月、鞭一百;均交旗给主领回。如伊主不愿领回,免其刺字,交县与民人一体管束。三次逃走者,右面刺所发地名,咨送兵部,发宁古塔、乌拉等处给披甲人为奴。

○二十二年(1817)定:盛京旗下家奴,如为匪畏罪逃走,初次枷号两月,二次改发各省驻防为奴。

○道光五年(1825)定:凡旗下家人初次逃走者,左面刺清汉“逃人”字,鞭一百;二次逃走者,右面刺字,枷号一月、鞭一百;均交旗给主领回。如伊主不愿领回者,免其刺字,交县与民人一体管束。三次逃走者,发各省驻防给官员兵丁为奴,照例刺字。旗下家人妇女有犯逃走者,亦照此科断,按律收赎,均免刺字。

**开除丁粮**

○康熙二十二年(1683)定:凡卖身旗下之人,有丁徭者,即开除丁粮。如原籍居址无可稽查,并无丁徭可除者,令地方官晓谕存案,倘日后逃回,仍作逃人查拿。

**断出为民纳粮当差**

○康熙二十二年(1683)定:凡审明逃犯,例应断为民者,即递解原籍,交与地方官令其纳粮当差。仍令地方官一面申详督抚,一面具文报部。

**拿获逃人地方官记功**

○乾隆三十二年(1767)定:凡旗下家人逃走,无论红契、白契,俱照例鞭、刺,交与伊主,拿获之地方官记功。

**无主认领之逃人计算次数**

○顺治十六年(1659)题准:凡无主认识逃人,入官分与旗下,从所给之主家逃走者,将入官一次不算,止算逃走一次。

○十七年(1660)题准:无主认领之逃人入官一次,通算次数。

○乾隆八年(1743)定:凡无主认领之逃人,分别鞭、刺,照例入官,给八旗兵丁为奴。若再逃者,连前计算次数至三次者发遣。

○嘉庆十八年(1813)定:凡无主认领之逃人,分别鞭、刺,照例入官,给八旗兵丁为奴。若再逃者,连前计算次数至三次者,发各省驻防给官员兵丁为奴。

**逃犯已故免提妻子**

○康熙十年(1671)题准:凡逃人在外娶妻及所生子女,或经首获,于未审之先,逃人亡故者,不断与逃人之主,释放为民。

○十五年(1676)题准:凡逃人亡故,其外娶妻及所生子女,审实者,断与逃人之主;若虚,释放为民。

○乾隆八年(1743)定:凡逃人逃走后,在外娶有妻室,及生有子女,或本主首告行提,或被地方官拿获,审明之后,逃人身故者,其外娶之妻及所生子女,仍断与原主。若未发觉之先,逃人已故,虽有外娶妻室及所生子女,伊主呈告,或旁人出首,俱不准行。

**逃人无主认领**

○康熙四年(1665)题准:凡逃人在地方官处指有旗色、佐领,至部供称忘记本主者,仍鞭、刺,入官。

○六年(1667)题准:无主认识入官之逃人,行文地方官,将窝家责四十板释放,地方、十家长、两邻各责三十板释放。

○十年(1671)题准:凡逃人无主认识者,鞭、刺,入官,给予八旗穷兵为奴。后被原主认识,仍给原主。地方官功过不议。窝家及地方、十家长、两邻,照例责释。

○十五年(1676)题准:凡有面上刺字无主认识之逃人,其窝家及地方官功过,俱照例议。

○乾隆八年(1743)定:凡地方官将逃人拿解到案,审明实系逃人,如无主认领,照例鞭、刺,入官,给八旗兵丁为奴。其窝家、地方人等及地方官,照例究议。若逃人入官后,有被原主认识者,仍给予原主。

**旗人所买蒙古人逃**

○康熙二十二年(1683)定:凡新买喀尔喀等处蒙古人初次逃走者,照白契所买之人逃走例,鞭八十;二次者,照逃人例治罪。

○乾隆八年(1743)定:凡旗人所买喀尔喀等处蒙古人逃走者,亦照逃人例分别治罪。

## 口外逃人娶妻

○顺治十四年(1657)定:凡口外蒙古逃人,逃进腹里娶妻者,将所娶之妻释放为民。其给予口外公主人役家下逃人,在逃走处所娶之妻,应归结所娶之夫。

○乾隆八年(1743)定:凡口外蒙古人逃进内地娶妻者,所娶之妻,断归母家。其公主属下人役,在逃走处娶妻者,拿获审明,断给逃人完聚。

## 外省驻防逃人

○原定:凡逃牌,其王等所属者,递与各该都统;公、将军、城守尉所属者,递与各公、将军、城守尉等,用印信转送该督抚存案;其盛京所属者,送盛京刑部存案。逃走之逃册,王所属之都统、公、将军、城守尉等,每年四月内咨送督捕衙门。其拿获鞭刺人姓名、主名、旗色、佐领、拿获年月日期及官员职名,该督抚、盛京刑部,每年三月内咨送督捕衙门叙功时,磨对议叙。令该督抚将逃人面上刺满汉字,鞭责。其续顺公、镇海将军、沧州、德州,此四处地方之逃人,若自行投主者,令逃人之主,同佐领及拨什库,带到各该公、将军、城守尉等处,公、将军、城守尉等,将伊处逃册圈销,具印信实文,知会审理逃人之督抚,令督抚照文圈销逃册。若因逃人尚有质讯之处,或逃人之主出差不在家内,或幼子寡妇,难以远赴督抚衙门者,该督抚移会各该公、将军、城守尉,取口供完结。

○乾隆八年(1743)定:凡外省驻防,及续顺公、镇海将军、沧州、德州等处逃人,属都统者,赴都统衙门投递逃牌;属公及将军、城守尉者,赴各该衙门投递逃牌。各该衙门用印文转行该督抚存案。其盛京所属逃人,将逃牌送盛京刑部存案。于每年四月内,造册咨送刑部备案存查。至盛京刑部及该督抚拿获逃人,应鞭、刺者照例鞭、刺,应发遣者咨部发遣。亦于每年四月内,将拿获过逃人姓名、旗色、佐领、主名,并拿获日期,及官员职名,造具清册,咨送刑部磨对议叙。若自回逃人,令该管佐领等,呈报各该管衙门圈销逃册,照例完结。仍将完结缘由,移会缉拿逃人之衙门,一体圈销逃册。

**谨案** 此条道光十二年(1832)删"及续顺公、镇海将军、沧州、德州等处"十四字,改"属公及将军、城守尉者"句为"属将军及城守尉者"。

# 卷八百五十八 · 刑部一百三十六

## 督捕例



### 外省获逃会审

○康熙十年(1671)题准:凡保定、太原、沧州、德州等四城驻防逃人,若有窝家,令伊所属官员转报巡抚,交该邻近按察司同城守尉审理。若按察司所驻地方遥远,除伊所属道员外,交邻近道员同城守尉审理。如窝隐情确,该抚核实,止将窝主解送督捕,复议具题。

○十一年(1672)题准:奉天府逃人,令盛京刑部审理;宁古塔逃人,令宁古塔将军审理;各省驻防旗下逃人,交该督抚审理。

○二十年(1681)题准:布忒海村逃人事件,交宁古塔将军发落。

○又题准:各省驻防旗下拿获逃人,仍令该将军、城守尉等,与同城督抚或官职大者,会同审理。

### 例前白契所买之人在例前逃走

○康熙二十二年(1683)定:凡例前白契所买之人,在未定例之前逃走者,亦照例后白契所买之人例,杖八十,交与伊主,令其交还身价,放出为民,窝家及地方官均免议。

**谨案**　此条原载“白契所买之人逃走”门内,乾隆八年(1743)奏准摘去,另立专条。

## 逃走卖身

○康熙二十二年(1683)定:凡例前白契所买之人逃走在外,称系民人,卖身与人者,无论白契、印契,将逃人俱仍断与原主。若例后白契所买之人逃走在外,称系民人,卖身与人者,系白契,将逃人断与原主;如系印契,将逃人断归用印契后买之主。

**谨案** 此条原载“白契所买之人逃走”门内,乾隆八年(1743)奏准摘去,另立专条。

## 末家断作窝家

○顺治三年(1646)题准:凡逃人逃走,换住数家被获,将末家断作窝家。

## 移寓窝逃

○康熙元年(1662)题准:凡移寓别处窝隐逃人者,将移寓之处两邻、十家长、地方及地方官,俱照例治罪。①

## 驻防窝带逃人

○顺治十八年(1661)题准:各省驻防旗下官员及常人窝带逃人者,俱正法。

○康熙七年(1668)题准:各省驻防旗下窝逃之人,系官,革职,罚银一百两;系常人,枷号三月,鞭一百。

○十年(1671)题准:凡窝带逃人者,系官革职,常人照例枷号、鞭责。

○乾隆八年(1743)定:凡往各省驻防官员及闲散人等窝带逃人者,俱照旗人窝逃例分别治罪。

## 盛京等处并各边口严查逃人

○康熙三十三年(1694)题准:凡盛京、宁古塔、黑龙江将军及边汛等官,各于所属内缉拿逃人,务期必获。如彼处土著之人,将逃人隐匿不行举出,经旁人出首拿获者,将隐匿之人,照窝逃例分别治罪。再沿边地方总兵官,责令所辖守边守口官弁,将出边之人严加盘查。若将逃人疏忽放出者,将守口之官弁、兵丁,照地方及地方官失于查察例究处;故纵者,从重论。

## 口外逃人交札萨克查拿

○雍正五年(1727)议准:沿柳条边之蒙古地方,有内地民人种地居住者,交与札

---

① 本条例目及例文“移寓”二字,《钦定大清会典事例(嘉庆朝)》《大清律例(同治九年)》皆作“移住”。

萨克等,十家内设立一长,逐户严查,不许无事闲人存留。令札萨克等,亦自十家长取具保结。如民人内有隐匿内地逃人者,着该札萨克查拿,将逃人一并送部。其逃人照定例治罪,将容留隐匿逃人之民人,亦交与该部治罪。

○又议准:发遣人犯,或有混入边地贸易、割草人中,偷渡河岸,逃入蒙古境内者,应令汛渡弁兵,将贸易、割草之人,于去时登记人数,回时仍查原数。若人数短少,显有脱逃隐匿,即行文知会蒙古。若有闲荡游手久留不归之人,即系脱逃凶犯,当即拿送该处,照本犯原罪分别治罪。倘有弁兵不行稽查,疏纵脱逃,漫无觉察者,将汛渡弁员照失察例议处,兵照失于盘诘例治罪。蒙古既知系内地脱逃之犯,仍容留隐匿者,将蒙古照窝藏逃人例治罪。

○又定:凡口外有旗下逃人,交与该札萨克及管辖之人,于各旗佐领下严加查拿,解部治罪。

## 游牧处所窝隐逃人

○康熙三十三年(1694)定:边外八旗游牧处所官员,凡游牧之处住有逃人者,应不时巡查缉拿。若将逃人隐匿不行举出,经旁人出首拿获者,将窝家人等俱照例治罪。

○又题准:各旗伐木、烧炭人等,领票出边口时,为首领之人,于各带往众人之内,十人放一头目,将所去之人年貌造册,令为首带往之人作保,其册籍用该部印信,与出边之文,同发与边汛之官,照册内年貌验数放出。倘若将逃人入于伐木、烧炭人群之内带往,以致逃人被获者,将窝隐逃人带往之人,断作窝家;其为首带往之人,照邻佑例治罪。

## 宁古塔水手等役窝逃

○康熙十二年(1673)题准:凡宁古塔驻防旗下逃人逃走三次者,具空文报督捕衙门,复议具题。水手、炮手等役窝隐逃人者,枷号三月,责四十板。

○又议准:枷号两月,责四十板。

○十五年(1676)议定:仍枷号三月,责四十板。

○乾隆八年(1743)定:凡宁古塔等处驻防地方水手、炮手等役,窝隐旗下逃人者,系旗人照旗人窝逃例,系民人照民人窝逃例,分别治罪。

## 边外屯庄窝逃

○康熙二十三年(1684)定:凡边外居住旗人窝隐逃人者,将窝家及该管领催照例治罪。

## 营伍窝逃

○顺治十五年(1658)题准:凡营伍内窝隐逃人者,若有保人,将保人断为窝家,其留住之房主责四十板。虽有保人,因其不行查出情由,将管队责四十板,流徙;外委百总责三十五板,把总责三十板,千总责二十五板。

○康熙十年(1671)议准:凡失察逃人之管队,免其流徙,枷号两月,责四十板。

○乾隆八年(1743)定:凡营伍内窝隐逃人者,若有保人,将保人断作窝家,留住之房主杖一百。其不行查出之管队及外委百总,均杖八十;该管之把总、千总,交部议处。

○嘉庆六年(1801)定:凡营伍内窝隐逃人者,若有保人,将保人断作窝家;知情留住之房主减窝家罪一等,罪止杖一百,不知者不坐。其不行查出之管队及外委百总,减房主罪二等,罪止杖八十;该管之把总、千总,交部议处。

**运粮等船窝逃**

○顺治十一年(1654)题准:运粮等船窝隐逃人者,船家处斩,船内财物入官。

○康熙十一年(1672)议准:凡粮船并回空之船,责成各该押运官及千总、百总,将人数写给印票,令其稽查。若有窝隐逃人者,将留住逃人之船主,断作窝家,责四十板,并妻子一并流徙尚阳堡;同船运丁,各责四十板;头船屯丁头目,照地方例枷号两月,责四十板;领运千总,照失察例革职;押空百总,既无品级,责三十五板,革去百总;其河南、山东二省押运督粮道,应罚俸一年;江西、浙江、湖北、湖南、江安、苏松等六处押运通判,品级较粮道虽小,但押运责任相同,亦应罚俸一年。

○乾隆八年(1743)定:凡粮船并回空船只,各该押运及千、百总,将人数填写印票,不时稽查。若有窝隐逃人者,将留住逃人之人,断作窝家;屯丁头目,照地方例治罪,运丁杖一百;百总杖八十,仍革去百总;领运千总并督运各官,均交部议处。

○嘉庆六年(1801)定:凡粮船并回空船只,各该押运官及千、百总,将人数填写印票,不时稽查。若有窝隐逃人者,将留住逃人之人,断作窝家;屯丁头目,照地方例治罪;运丁减窝家一等,罪止杖一百;百总减运丁二等,罪止杖八十,仍革去百总,不知者不坐;领运千总并督运各官,均交部议处。

**军船商船窝逃**

○顺治十三年(1656)题准:凡军船、商船,该管官将本船男妇数目,给予印票,抄关之官,查照票内数目放行。若有票内无名之人,即行拿解。如逃人过一关,至二关拿获,或被首告拿获者,将不行盘拿放过关之官,交部议处,船主断作窝家。

**官员赴任后家人窝逃**

○顺治十一年(1654)题准:凡汉文武官员赴任之后,有本家人窝隐逃人者,本官不知情免罪,将窝逃之人断作窝家。

## 僧道窝逃

○顺治九年(1652)议准:凡僧、尼、道士窝隐逃人者,照民例治罪。

## 笃疾废疾收赎

○康熙十年(1671)议准:凡瞽目之人窝隐逃人者,免责,仍将妻、子、家产、人口,一并流徙尚阳堡。

○乾隆八年(1743)定:凡窝留逃人,及邻佑、地方、十家长等犯,如有笃疾、废疾者,审验明确,俱准其照例收赎。

○四十二年(1777)定:逃人、窝家,及邻佑、地方、十家长等犯,如有笃疾、废疾者,审验明确,俱准其收赎。

## 老幼收赎

○顺治十一年(1654)题准:窝隐逃人之犯,七十岁以上者,男、妇俱免流徙。该地方官捏充年老免罪者,从重议处。

○十三年(1656)题准:凡窝隐逃人者,系七十岁以上、十三岁以下,俱免责,家产、人口,一并流徙尚阳堡。

○康熙十年(1671)题准:逃人寄居妻家,若有十三岁以上男丁,作为窝家,十二岁以下免罪。

○十二年(1673)题准:凡十五岁以下窝逃者,免流徙。十六岁以上者,仍照例流徙尚阳堡。

○乾隆八年(1743)定:凡窝留逃人,及邻佑、十家长、地方人等,如有年逾七十及年未及十六岁者,照例问拟,准其收赎,仍取具并无虚冒假捏甘结存案。

## 妇人窝逃

○顺治十二年(1655)题准:寡妇窝逃者入官。

○十五年(1658)题准:凡妇人伊夫不在家,窝隐逃人者,免其流徙,责四十板释放。邻佑、十家长、地方及地方官,照例治罪。

○康熙六年(1667)议定:凡寡妇窝逃者,责四十板,流徙尚阳堡。

○乾隆八年(1743)定:凡妇人窝隐逃人,应罪坐夫男。如夫男外出,实不知情,及只身孀妇,并无夫男者,应将本妇照窝隐逃人例分别问拟,依律收赎。邻佑、十家长、地方人等,照例治罪,地方官交部议处。

## 逃人原娶之妻

○顺治十一年(1654)题准:凡逃人逃去,在民间原娶之妻家居住者,将原娶妻归给本夫。若有十六岁以上之子,将一人断作窝家,十五岁以下者无罪。

〇乾隆八年(1743)定:凡逃人逃回原籍,在伊原娶之妻家居住被获者,审明,将逃人之妻,断给逃人完聚。其窝家人等,照例治罪。

### 出首逃人

〇顺治十一年(1654)题准:凡逃人被窝主出首者,窝主免罪。其邻佑、十家长、地方等,内有一人出首者,俱免罪,窝家仍治罪。

〇康熙十二年(1673)题准:凡窝逃之罪,其同居族人及主仆互相出首者,窝主亦免罪。

〇又题准:凡拿获逃人解部,审系实有窝家者,方行文地方官提取窝家审理。

〇十四年(1675)题准:地方官不候部文行提,将窝家拿解者,题参议处。如有借端诈害等情,从重治罪。

〇十五年(1676)题准:逃人称有窝家,地方官拘审羁候,俟督捕审实逃人,行文提审。若不系逃人,行文释放。

〇乾隆八年(1743)定:凡逃人被窝家出首者,窝家人等免罪。若窝家不行出首,或该管地方、十家长、邻佑人等,内有一人出首者,止将窝家照例治罪,其余邻佑、十家长、地方等俱免罪。如窝逃之人一村居住族中人等及主仆互相出首者,窝家亦免罪。至拿解逃人,地方官将窝家暂行拘禁,不许一并解送,须候该管衙门审明实系逃人,行文地方官,将窝家审拟发落。

### 雇觅逃人佣工

〇顺治十一年(1654)题准:旗下人、民人雇觅逃人做工,或赁房与住,有保人者,将保人坐以窝主之罪,雇觅、赁房人免议,该管官、十家长、地方、邻佑俱免罪。如该管官查获解部者,照例纪录。如无保人,留住过十日者,无论雇、赁俱处死,其家产入官。

〇康熙十二年(1673)题准:凡雇觅逃人做工,及赁房与住,过十日者,方断为窝家。保人亦以过十日者坐罪。

〇十四年(1675)题准:凡雇觅逃人做工,赁房与住,及保人之罪,过十五日者,断为窝家处治。

〇十五年(1676)题准:旗人、民人保隐逃人者,将保人不论日期,断为窝家,雇觅之人免罪。其无保人而留住及雇觅之人,过十日者,仍治罪。

〇乾隆八年(1743)定:凡将逃人雇觅佣工,及赁房与住,照窝家例,分别知情、不知情治罪。若有保人者,将保人照窝家例治罪,其雇主、房主,及十家长、地方、邻佑,并地方官,俱免议。

### 将房地卖与逃人

○康熙十二年(1673)题准:凡将房地卖与逃人,有保人者,将保人作为窝家。如无保人,将引进之人作为窝家。邻佑、十家长、地方及该管官,照例免议。如无保人及引进之人,将房地之主仍作窝家。或将房地卖后,搬移别处居住,事发,房地之主免罪,邻佑、十家长、地方及该管官仍照例议处。

○十五年(1676)题准:房地已卖,移寓他处,事发,将房地之主断作窝家,其原处之两邻、十家长、地方及该管官照例治罪。

○乾隆八年(1743)定:凡将房地卖与逃人者,如有保逃人之人,将保人作为窝家。如无保人,或有引进之人,将引进之人作为窝家。其邻佑、十家长、地方及地方官,俱免议。如无保人及引进之人,将房地之主仍断作窝家,邻佑、地方、十家长俱照例治罪。

### 文武官员窝逃

○顺治九年(1652)议准:凡生员窝隐逃人者,照民例治罪。

○十一年(1654)议准:凡现任汉文武官员,并有顶戴闲散官员,进士、举人、贡生、监生,及休致回籍闲居各官,窝隐逃人者,止将本身并妻子流徙尚阳堡,家产俱行入官。其邻佑、地方、十家长及地方官,照常治罪。

○乾隆八年(1743)定:凡汉文武官员,并进士、举人、贡监生员,及有顶戴人员,窝隐逃人者,俱照民人窝逃例,分别知情、不知情办理。知情者,照犯私罪例科断,不知者不坐。八旗文武官员有犯,亦照此例。邻佑、地方、十家长及地方官,俱照例究议。其误典误买及雇觅佣工,仍照例将保人或引进之人断作窝家。

### 窝家出首逃人妻子

○康熙十四年(1675)题准:凡逃人被获后,窝家将其妻子出首者,窝家、地方官一并免罪。若窝家不首,地方官不行察解者,仍照例治罪。

○十五年(1676)议定:凡逃人未经拿获之先,窝家将其妻子出首者,窝家免罪,地方官仍记功。若被获逃人后出首者,仍断为窝家,地方官照例议处。

○乾隆八年(1743)定:凡逃人,如被别处及旁人拿获后,窝家将逃人妻子出首者,将窝家照闻拿自首例减二等治罪,地方官免议。若逃人未被拿获之先,窝家将逃人妻子出首者,窝家免罪,地方官仍记功。

### 奉天锦州民并流徙人窝逃

○康熙十二年(1673)题准:凡奉天、锦州二府所属地方民人,及流徙尚阳堡、宁古塔之民人,窝隐逃人者,俱枷号三月,责四十板。

〇乾隆八年(1743)定:凡奉天等处所属民人,及流徙尚阳堡、宁古塔之民人,窝隐逃人者,俱照窝家例,分别年限及知情、不知情科断,仍照例折枷责发落。

〇五十三年(1788)定:凡奉天等处所属民人,及流徙尚阳堡、宁古塔之民人,窝隐逃人者,俱照窝家例,分别知情、不知情科断。

# 卷八百五十九·刑部一百三十七

## 督捕例



### 行提定限

○顺治十一年(1654)题准:行提逃人、窝主并质证之人,照地方远近立限。若行催三次不到者,将地方官指参。

○十三年(1656)题准:凡行文地方官提逃人、窝家及牵连人犯,不到者,行催一次;又不到者,地方官革职。

○康熙元年(1662)题准:凡行提逃人等犯,逾限一月者题参。

○又题准:凡行文提取逃人等犯与空文行查,如各官违两次定限者,降一级调用。

○十五年(1676)议定:凡道府、州县、卫所官员申解逃人、窝主,及窝主之妻子、家产、人口,并干连之人,与空文行查,在一百里以内者,往返限十日。如不到,再限十日,行催一次。二百里以内者,限十五日;三百里以内者,限二十日;四百里以内者,限二十五日;五百里以内者,限一月;六百里以内者,限三十五日;七百里以内者,限四十日;八百里以内者,限四十五日;九百里以内者,限五十日;一千里以内者,限两个月。如不到者,俱再照此定限行催一次。一千里以外,每一百里,往返加四日扣算。如违限两次不解不报者,官员革职;空文行查者,降一级调用。

○乾隆八年(1743)定:凡道府、州县、卫所官员,行文提取逃人,及行文移查案件,一百里以内者,往返限十日解复。如不解复,行催一次,再限十日解复。每百里,往返加限五日;一千里以外者,每百里,往返加限四日。递加扣算。若行催后逾限不解不复者,交部议处。

### 逃人在空地盖房居住

○康熙十五年(1676)题准:凡逃人逃在空地盖房居住者,将地主照窝家例分别治罪。如系无主之地,将乡长作为窝家,地方、十家长作为邻佑。如无乡长,将地方作为窝家,十家长作为邻佑。地方官功过,照常议。

## 逃人居住未过例限

○顺治十一年(1654)题准:逃人赁住店房在十日内者,店家免罪。如过十日,断为窝家。其邻佑、十家长、地方及地方官,照例治罪。

○康熙十四年(1675)题准:凡留住逃人之店家,过十五日,断为窝家治罪。

○十五年(1676)议定:凡留住逃人收取房租之人,过十日,仍断为窝家治罪。

○乾隆八年(1743)定:凡逃人逃走,或无一定住处,或雇觅佣工,或赁住店房,未过限者,其不知情之窝家、邻佑人等,均免治罪,地方官亦免议处。

## 妄扳窝家

○康熙四年(1665)议准:逃人初扳出之窝家,提质审虚者,逃人枷号三月、鞭一百;其续扳之窝家,不准行提。

○五年(1666)题准:凡逃人续扳之窝家,提审又虚者,逃人交刑部正法。

○乾隆八年(1743)定:凡逃人诬扳窝家,提来审虚者,将逃人照诬告例,依所诬之罪加三等治罪,仍刺字。若续供之窝家,提来审明,又属诬扳者,将逃人刺字,不论逃走次数,照奸棍诈害良民例发遣。逃罪重者,从重归结。

○又定:凡逃人诬扳窝家,提来审虚者,将逃人发遣,仍刺字。若续供之窝家,提来审明,又属诬扳者,将逃人刺字,不论逃走次数,照奸棍诈害良民例发遣。如年力强壮者,改发乌鲁木齐等处,分别种地为奴。逃罪重者,从重归结。

## 行提窝家

○康熙八年(1669)题准:凡逃人扳有窝家,行文地方官提解,具空文申报无有者,复行文巡抚详查,仍具空文报称无有者,将逃人枷号一月、鞭一百。后若窝家仍在彼处,被旁人出首,果有是实者,将前报无有之地方官并巡抚,照失察逃人例处分。

○乾隆八年(1743)定:凡逃人供有窝家,行文地方官查报并无其人,复行文该督抚详查,如果以并无窝家咨复者,除将逃人照逃例治罪外,仍加枷号一月。若逃人所供窝家属实,该地方官不行详查,蒙混率复,日后别经发觉者,将地方官并该督抚,均交部议处。

## 解送逃人

○康熙元年(1662)题准:云南省递解逃人一名,差解役二名,酌量逃人多寡,拨兵押送。如有疏脱,将解役流徙,兵丁责四十板。

○四年(1665)题准:凡逃人在地方犯杀人等死罪者,该地方官每逃人一名,解役四名,遣差有家产者,将逃人严加肘锁,申解刑部。如逃人三名以上,申报督抚,酌量添差人役护解。有逃脱者,照刑部脱逃强盗例治罪。其窝家、地方官功过,照常议。

○十年(1671)题准:凡直隶、山东、山西、河南四省,拿解逃人窝犯,地方官严加肘锁,每一名,差正身有家产解役二名径解。如不差正身有家产解役,及少差解役,以致疏脱,或解役同逃人逃走者,将地方官革职,疏脱之人责四十板释放。如逃人一名,差有家产正身差役二名押解,中途疏脱人犯,或同逃人逃走者,将解役各责四十板,并妻、子、家产、人口,一并流徙尚阳堡,地方官免议。其陕西、湖广、四川、江南、江西、浙江、福建、广西、广东、云南、贵州等省,拿解逃人窝犯,严加肘锁,每一名,差正身有家产解役二名递解。其经过地方官,将逃人肘锁验明,每一名,亦换差正身有家产解役二名递解。如不差正身有家产解役,少差解役,以致疏脱,或解役同逃人逃走者,地方官革职,将疏脱之人责四十板释放。如逃人一名,差有家产正身解役二名押解,若疏脱人犯,或同逃人逃走者,将解役责四十板,并妻、子、家产、人口,一并流徙尚阳堡,地方官免议。

○乾隆八年(1743)定:凡直隶各省拿解逃人,严加肘锁,每一名,差有家产正身解役二名递解。其经过地方官,将逃人肘锁验明,每一名,亦换差有家产正身解役二名递解。如不差有家产正身解役,及少差解役,以致疏脱,或解役同逃人逃走者,地方官交部议处。将解役审明,系疏脱者,照不觉失囚例,减本犯罪二等科断;如本犯罪轻,减尽无科者,将解役照不应轻律折责发落。故纵者与同罪,至死减一等。若有受贿情弊,计赃以枉法从重论。解役将逃人案内牵连人犯中途疏脱者,亦照此科断。如地方官照例佥差押解,而解役疏脱人犯,或同逃人逃走者,将解役审明,照例分别治罪,佥差不慎之地方官,亦交部议处。

### 逃人中途患病

○康熙三十二年(1693)定:凡解送逃人,中途患病,原解即报明该地方官,验明患病属实者,暂留看守,拨医调治,仍报明该管上司报部存案。俟病痊可以行走,即便转解前途。如将无病逃人谎称有病,故为留滞,或将实在患病者反不留住,即留而不拨医调治,及病愈后不即行转解者,将该地方官交部议处;解役不报及谎报者,照例治罪。

### 同解逃人一人患病

○雍正四年(1726)定:凡同批起解逃人,内一人患病,将患病之人留养调治,别犯先行起解。如系夫妻、父子,俱准其存留调治,俟病痊之日一同起解。

### 解役雇倩代解

○康熙十年(1671)题准:凡州县官申解逃人一名,差有家产正身解役二名押解。

如所差正身解役不行押解,伊私自转交与别人押解,或逃人疏脱者,将不行详慎之地方官罚俸一年,正身解役流徙,其代解之人责四十板。

○乾隆八年(1743)定:凡解送逃人之解役,不亲身押解,私自倩人代替者,将解役并代替之人各杖一百。若代替之人于中途疏脱逃人,或同逃人逃走者,审明,照例分别从重治罪。原佥差之地方官,交部议处。

### 递解逃人逾限

○顺治十六年(1659)题准:凡拿解逃人、窝犯及牵连人等,直隶、山东、山西、河南佥差长解;陕西、湖广、四川、江南、江西、浙江、福建、广东、广西、云南、贵州远省地方,将批文限定日期,俱令递解。经过地方官严加肘锁,差的当人役押解。如地方官逾限,及有疏失脱逃者,题参革职。

○康熙七年(1668)题准:凡各省递解逃人逾限者,地方官降一级调用。

○乾隆八年(1743)定:凡直隶各省州县拿获逃人,详报督抚,请咨起解,即于批文内限定日期。若逾限者,将逾限之地方官,交部议处。

### 买逃邀功

○康熙十三年(1674)题准:凡或有不肖官员,觅买旗下奴仆带去,谎称逃人,申解邀功者,事发之日,将官革职,交与刑部拿问。将卖逃之人及买逃之人,若系旗下人,枷号三月,鞭一百;系民,责四十板,并妻发宁古塔,给予穷兵为奴。将卖身之人,仍作逃人,刺字,枷号两月,鞭一百。如外省册报,或并无逃人,捏造空名,移送邀功者,亦照此从重治罪。

○乾隆八年(1743)定:凡或有地方官员,觅买旗下奴仆,谎称逃人,申解邀功者,交部严加议处。其知情卖逃之人,系官交部议处,系闲散及兵丁枷号一月、鞭一百;所卖之奴仆,照例入官,给予八旗兵丁为奴。若并无逃人,地方官捏写空名,造册报部,希图邀功者,亦照此例从重究议。

### 领催兵丁疏脱逃人

○顺治十七年(1660)题准:凡疏脱逃人之拨什库兵丁,审无受贿情弊者,枷号一月,鞭一百。如将逃人受财纵放者,枷号三月,鞭一百。

○乾隆八年(1743)定:凡领催、兵丁疏脱逃人,照解役疏脱逃人例,审明或系疏脱,或系故纵,分别治罪。受财卖放者,计赃以枉法从重论。

### 徒流留养

○康熙七年(1668)题准:窝逃之人,及疏脱逃人之解役,未经流徙之先身故者,其妻、子免流徙。

○十二年(1673)题准:凡流徙人犯之祖父母、父母,老疾无倚,无以次成丁,有控告者,咨查该抚取印结送到,照律责四十板,余罪收赎,存留养亲。若谎报者,交部议处。

○乾隆八年(1743)定:凡逃人案内各犯,罪应拟流,本身已故者,妻、子免流。若拟流拟徒各犯之祖父母、父母老疾,家无以次成丁者,取具该地方官印结,照刑例分别枷号折责,俱准其存留养亲。若有假捏情事,除本犯仍照原拟治罪外,将出结之该地方官,交部议处。

○四十二年(1777)定:凡逃人案内各犯,罪应拟流,本身已故者,妻、子免流。若拟流拟徒各犯之祖父母、父母老疾,家无以次成丁者,该地方官确实查报,照刑例分别枷号折责,俱准其存留养亲。若有假捏情事,除本犯仍照原拟治罪外,将查报不实之该地方官,交部议处。

### 解役疏脱逃人

○顺治十一年(1654)题准:解役押解逃人、窝家,有故意致死,及受贿纵逃者,责四十板,流徙。

○康熙十年(1671)题准:凡解役中途疏脱逃人,拟定流徙,于未流之先,得获逃人者,免流徙,责四十板。

○十二年(1673)题准:凡解役二名同押逃人,致有疏脱者,一并流徙。或一名有事在后,一名看守疏脱逃人者,将疏脱之解役流徙,其在后者免罪。

○十五年(1676)题准:凡疏脱逃人解役,若两名内,有一名实在患病,在经过地方官处递有病呈者,免罪,止将一名流徙。其有落后者,亦行流徙。

○乾隆八年(1743)定:凡解役押解逃人中途脱逃者,如审系疏脱,将解役减本犯罪二等科断,给限一百日戴罪追捕。限内能自捕得,及他人捕得,或逃人已死,及逃人自首,解役免罪。故纵者不给捕限,与逃人同罪。至死减一等。罪虽坐定,未断之先,能自捕得,及他人捕得,或逃人已死,及逃人自首,减逃人罪一等科断。受财者,不在此限。计赃以枉法从重论。其疏脱逃人之同行解役,有因患病落后,在经过地方官处呈明者,免罪。

○四十二年(1777)定:凡解役押解逃人中途脱逃者,如审系疏脱,将解役减本犯罪二等科断,给限一百日戴罪追捕。限内能自捕得,免罪。故纵者不给捕限,与逃人同罪。至死减一等。罪虽坐定,未断之先,能自捕得,减逃人罪一等科断。受财者,不在此限。计赃以枉法从重论。若他人捕得,及逃人已死或自首,均不准减免。其疏脱逃人之同行解役,如有实因患病落后,在经过地方官处呈明有据者,免罪。

### 热审减等

○康熙十年(1671)题准:窝逃之人,及疏脱逃人之解役,每遇热审,照例减等免流徙,责四十板,徒三年。其余别罪,亦照例减等。

○十二年(1673)题准:流徙人犯,遇热审减等拟定徒罪。若年老、有病及妇人,俱准照律折赎。

○十五年(1676)题准:凡窝逃之人,及疏脱逃人之解役,犯流徙者,照常流徙。其责治者,每一热审,照例减等。

○三十九年(1700)题准:凡窝隐逃人应发遣之人犯,遇热审时亦减等。

○乾隆八年(1743)定:凡逃人案内问拟枷号、杖责人犯,遇热审,每年于小满后十日起,至立秋前一日止。如立秋在六月内,以七月初一日为止。俱照例准其减等发落,笞罪宽免。

## 误行刺字

○原定:凡官员将应赦人误行刺字者,罚俸一月。

○乾隆八年(1743)定:凡官员将不应刺字人犯误行刺字者,交部议处。

## 解役逗遛

○顺治十五年(1658)题准:凡各处解到逃人及牵连人犯,解到之日,即交送督捕衙门。如歇宿店房,并不投文,捱过三日,将解役责四十板,流徙尚阳堡。店主如留住过十日者,枷号一月,责四十板;如系旗人,枷号一月,鞭一百。

○康熙十二年(1673)题准:凡解役在店房歇宿,不投文捱过三日者,免其流徙,责四十板;过十日者,责四十板,枷号一月。店主留住过十日者,责四十板;系旗下人,鞭一百。

○十五年(1676)题准:凡解役歇宿店房,并不投文,捱过三日,及留过十日之店主,仍照顺治十五年(1658)定例治罪。

○乾隆八年(1743)定:凡解役押送逃人到部,不即投文,歇宿店房,无故稽留三日者,笞二十,每三日加一等,罪止杖六十。店家知情留住者,减解役一等治罪,不知者不坐。若解投受贿诈赃,及有所规避者,审明,各从重论。

## 解役伙逃抢夺

○康熙四年(1665)定:凡解役伙同逃人沿途抢夺,扰害村庄,被该府、州、县官申报者,将解役并逃人,俱以光棍例治罪。

○乾隆八年(1743)定:凡解役伙同逃人沿途抢夺,扰害村庄,除伤人者照抢夺伤人律,分别首从从重问拟外,抢夺伤人,以下手伤人者为首。未伤人者,将解役照白昼抢夺为首例,杖一百、徒三年;逃人照为从律,减一等治罪。仍尽本法刺字。逃罪重者,科其逃罪。计赃重者,各从重论。

## 地方官拿解良民

○康熙十年(1671)题准:凡地方官将未离原籍土著之民,作逃人拿解者,降一级,留原任。

○乾隆八年(1743)定:凡地方官将实系平民,妄作逃人拿解者,交部议处。如教唆他人诬扳,计图诈害,或故行拿解,希图议叙者,照故入人罪例,分别治罪。

## 监禁迟滞

○顺治十年(1653)题准:地方官拿获逃人,即行起解督捕衙门。如监禁迟滞过一月者,地方官革职,罚银一百两,给予出首之人。

○康熙十年(1671)题准:凡地方官将逃人监禁迟滞过一月者,革职。如一月内不能查明申解者,预行申报督捕衙门展限。

○乾隆八年(1743)定:凡地方官拿获逃人,即申详该督抚给咨解部。如无故监禁迟留过一月者,或被告发,或被部内查知,将该地方官交部议处。

# 卷八百六十·刑部一百三十八

## 督捕例



**文武官员功过**

〇顺治九年(1652)题准:州县官查解逃人十二名者,纪录一次;二十四名者,纪录二次;三十六名者,俟应升时加升一级。知府所属州县内,查解逃人至一百二十名者,纪录一次;二百四十名者,纪录二次;三百六十名者,俟应升时加升一级。督、抚、按及各道等官,俟考察之日,查其报解多寡之数议功。其卫千总并守备、都司、游击,照州县官例;副将、参将,照知府例;提督、总兵、掌印都司,照督抚按各道例,议叙。

〇又题准:州县官所属地方隐匿逃人者,每一名,罚俸一月;至十二名,罚俸一年;十三名,降一级调用。知府所属州县内隐匿逃人,每十名,罚俸一月;至一百二十名,罚俸一年;至一百三十名,降一级调用。督、抚、按、各道员,查该属隐匿多寡之数议处。

〇十一年(1654)题准:凡地方官拿获逃人数多者,文官送吏部、武官送兵部纪录。卫千总、守备、都司各官,照州县例;参将、游击,照知府例;副将,照道员例;掌印都司、总兵,照巡抚例;提督,照总督例,议叙。

〇又题准:凡州县官所属地方隐匿逃人一名者,革职;知府所属州县内,有一官因失察逃人革职者,知府降一级;直隶州照知府例;道员罚俸九月,巡抚罚俸六月。卫千总、守备、都司各官,照州县例;参将、游击,照知府例;副将,照道员例;掌印都司、总兵,照巡抚例;提督,照总督例,议处。

〇又题准:僧道官失察逃人,照州县官例议处。

〇十三年(1656)题准:凡州县官查解逃人十名者,加一级;二十名者,不论俸满即升。知府所属查解二十名者,加一级;四十名者,不论俸满即升。直隶州照知府例。道员所属查解三十名者,加一级;六十名者,不论俸满即升。巡抚所属查解五十名者，纪录一次；一百名者，加一级；二百名者，加二级；如照此数多解者，递准加级，仍准功过相抵。盐运司所属拿获者，运司照道员例，分司照知府例，盐场官照典史例。内外钱局拿获逃人者，布政司照道员例，主事照知府例，同知照知县例。窑厂中拿获者，该管官照知府例。其同知、通判、吏目、典史等官，系有捕盗责任者，照各掌印官例。卫千总、守备、都司各官，俱照州县例；参将、游击，照知府例；副将，照道员例；总兵、掌印都司，照巡抚例；提督，照总督例，议叙。

○又题准：州县官查解逃人十名之后，若地方窝隐逃人一名者，功过不准相抵，仍革职。知府所属查解二十名之后，有一员革职者，功过不准相抵，仍降二级调用。直隶州照知府例。道员所属查解三十名之后，有一员革职者，罚俸一年；有二员革职者，功过不准相抵，仍降一级留任；有三员革职者，降二级调用。巡抚所属地方有一员至四员革职者，罚俸九月；五员者，降一级留任；若查解逃人至一百名者，功过相抵，准复一级；二百名者，准复二级。盐运司所属地方有隐匿逃人者，运司照道员例，分司照知府例，盐场官照典史例。内外钱局中有隐匿逃人者，布政司照道员例，主事照知府例，同知照知县例。窑厂中有隐匿逃人者，该管官照知府例。同知、通判、吏目、典史等官，系有捕盗责任者，各照掌印官例。卫千总、守备、都司，照州县例；参将、游击，照知府例；副将，照道员例；总兵、掌印都司，照巡抚例；提督，照总督例，议处。

○十四年(1657)议准：文武官署任内，有查获逃人、失察逃人者，俱各照所署之职，议其功过。

○十五年(1658)题准：凡州县官查解逃人十五名者，加一级；三十名者，不论俸满即升。知府所属查解三十名者，加一级；六十名者，不论俸满即升。直隶州照知府例。道员所属查解四十五名者，加一级；九十名者，不论俸满即升。惟直隶、山东、山西、河南道员所属地方，查解逃人四十五名之后，其属官有一人革职者，降一级，带罪留任。降级之后，所属地方有查解四十五名者，准复原降之级。其余别项，俱照他处道员例。巡抚所属查解七十五名者，纪录一次；一百五十名以上者，加一级；足三百名者，加二级；多解者照数递加。其盐运司运使、分司、盐场官，内外钱局布政司、主事、同知，窑厂地方该管官，通判、吏目、典史，及卫千总、守备、都司各官，参将、游击、副将、总兵、提督等官，查解逃人者，俱照新定各官之例，分别名数议叙。

○又题准：凡州县官查解逃人十五名之后，有隐匿逃人一名者，功过不准相抵，仍革职。知府、直隶州所属查解三十名之后，有一员革职者，功过不准相抵，仍降二级调用。道员所属查解四十五名之后，有一员革职者，罚俸一年；有二员革职者，功过不准相抵，降一级留任；有三员革职者，降二级调用。惟直隶、山东、山西、河南道员所属查解四十五名之后，有一员革职者，降一级戴罪留任；若查解逃人四十五名，准复原降之级；余仍照他处道员例。巡抚所属地方，若有一员至四员革职者，罚俸九月；五员者，降一级留任；如查解逃人一百五十名者，准复一级；三百名者，准复二级；

照此数多解者,功过相抵。其盐运司、内外钱局、窑厂,及卫所、营伍大小各官,隐匿逃人者,俱照新定各官之例,分别议处。

○又题准:各官升任后未离原任,若有窝隐逃人发觉者,仍行议处。其先有获解逃人之功,仍准议叙。

○又题定:凡查解逃人之司、道已升京堂,应加一级者,纪录二次;应不论俸满即升者,纪录四次。

○十七年(1660)题准:勒限查解逃人,接管官将不获情由预行申明者,免议。如过限不报者,罚俸半年。如申报不获之后,逃人在先被人拿获者,接管官革职。

○康熙二年(1663)题准:凡巡抚所属地方查解逃人二百名者,纪录一次;四百名者,加一级;比此数多者,照数记册加级。

○八年(1669)题准:因逃人事件牵连议处官员,移咨该抚,取地方官口供到日议结。若有徇庇不取确供,发觉者,将该督抚一并议处。

○又题准:同省各府查获逃人,将失察之州县官,并该管道、府,照例参处。

○十年(1671)题准:凡失察逃人,系隔省拿获,或伊主及旗下拿获者,巡抚以下典史以上题参。若隔府拿获,系别道员所属者,道员以下题参;系本道员所属者,知府以下题参。隔州县拿获者,止将州县官题参。

○又议定:道员及管卫所掌印都司,查解逃人九十名者,加二级。同知、通判、吏目、典史,自行拿获之逃人,照各掌印官例。五城兵马司掌印指挥,照知府例;副指挥、吏目,照知县例。守备、都司、佥书各官,照州县例;游击、参将、副将,照知府例;总兵官,照道员例;提督,照巡抚例。余俱如旧例议叙。凡文武各官一年一叙。若不至加级之数,俟次年一并议叙。仍不足者,将前一年之功截去,止留一年之功于次年接算,不准三年合算。

○又题准:凡知州、知县、吏目、典史,卫所守备、千总官员,失察逃人一名者,革职。如未失察之先,有查解逃人三十名者,准其功过相抵,免革职;有查解十五名者,所加之级销去,照原品降一级调用。知府、直隶州知州所属,有一员失察逃人革职者,降二级调用。如未失察之前,所属有查解逃人六十名者,准其功过相抵,免其降调;查解三十名者,所加之级销去,照原品降一级留任。道员、管卫所掌印都司所属,有一员失察逃人革职者,罚俸一年;二员革职者,降一级留任;三员革职者,降二级调用。其先有查解逃人四十五名者,准其抵降一级。巡抚所属,有一员至四员失察逃人革职者,罚俸九月;五员者,降一级留任。其先有查解四百名者,准抵降级。其盐运司、管内外钱局、窑厂官、五城兵马司官,及武职官员,失察逃人处分功过相抵之处,俱照前定例行。

○又议准:凡首告逃人,移咨巡抚不行拿解,别经发觉者,巡抚降一级留任,该管官照失察逃人例议处。

○又题准:官员因逃人事件牵连降级之后,知府、知州、知县,能拿解逃人足不论俸满即升之数;道员所属地方,足加二级之数;巡抚所属地方,足加一级之数者,俱准其复还所降之级。盐运司、管内外钱局、窑厂官、五城兵马司官,及武职官员,俱各照定例行。

○又题准:地方官称系逃人拿解,无主认识,发伊原籍地方官确查,实系民人,取保释放,具文申报。若有投充、俘获、卖身旗下情由,仍行解回,有主者给主,无主者入官。若将实在逃人称系民人,保结释放,后被伊主认识,或旁人出首,为首保人断作窝家,其余保人照邻佑例治罪,其不行详查取保释放之官革职。

○十二年(1673)题准:凡文武官员获解逃人记功者,直省知会各该抚,奉天府所属移会府尹,令巡抚、府尹,照督捕衙门移文,转行知照原拿获地方官议叙。

○二十一年(1682)议准:滇、黔土司,无论逃人、逃兵、逆属、旧人,拿解六十名者,准加一级,多获者照数递加。不及加级者,该督抚酌量奖赏。

○又议准:滇、黔土司地方,有失察逃人一名,被别土司拿解,或逃人自行供出,土司降一级。若知而隐讳者,照隐匿逃人例革职。若拿获逃人,照例解部发落。

○二十四年(1685)题准:凡逃人潜住地方,州县官不行查拿,被旗主认出,及他人已经拿获,地方官强行攘夺,冒称伊所拿获解部者,将州县等官,各降二级调用。

○二十五年(1686)议准:州县等文武各官,查解逃人十五名者,照例加一级;三十名者,加二级。知府与直隶州知州等文武各官,查解逃人三十名者,加一级;六十名者,加二级。于此数多者,照数递加。其查解逃人不论俸满即升之例,俱停止。

○三十年(1691)题准:步军校拿获逃人,照巡捕营官员拿获逃人例议叙;副尉,照巡捕营参将游击拿获逃人例议叙。

○又复准:嗣后将专汛官员拿获逃人十五名准加一级之处,改增五名,至二十名,准加一级;兼辖官拿获逃人三十名准加一级之处,改增十名,至四十名,准加一级。所加之级,仍准其抵销。

○三十三年(1694)题准:沿边地方总兵等,务期严行责令管辖各守边口武官,严查出边人等,不许放过逃人,令其拿解。若将逃人疏忽放出者,将看守之官兵,交该部照例治罪。

○三十四年(1695)复准:山海关兵丁,若拿获逃人者,着照堆子拿获人犯之例,令逃人之主给银一两。其拿获另户逃人者,向逃人追银一两给予。

○三十七年(1698)题准:步军校等一年内拿获逃人四十名者,加一级;副尉督率所属,拿获逃人八十名者,加一级;于此数多者,照数递加。

○乾隆八年(1743)定:凡知州、知县,卫所千总、守备,查解逃人十五名者,加一级;查解逃人三十名者,加二级。知府及直隶州知州所属地方,查解逃人三十名者,加一级;查解六十名者,加二级。道员,及管卫所掌印都司所属地方,查解逃人四十五名者,加一级;查解九十名者,加二级。巡抚所属地方,查解逃人二百名者,纪录一次;四百名者,加一级。以上获逃数多者,俱照此递加。同知、通判、吏目、典史,自行拿获之逃人,各照掌印官例。五城兵马司掌印指挥,照知府例;副指挥、吏目,照知县例。盐运司所属地方查解逃人,将运司照道员例,分司照知府例,管盐场大使照典史例。在京钱局查解逃人者,将所管之官照知府例;外省钱局查解逃人者,布政使照道员例,钱局同知照知县例。窑厂查解逃人者,将所管之官照知府例。营伍武官查解逃人者,将守备、都司、佥书各官,照州县例;游击、参将、副将,照知府例;总兵官,照道员例;提督,照巡抚例。将此功一年一叙。若不足议叙之数者,归并于下年通算议叙。如仍不足数,将前一年之功截去,止留一年之功于次年接算,不准三年合算。

### 总督府尹不议功过

○顺治十一年(1654)题准:总督所属地方,有一员因逃人革职者,罚俸三月。

○十三年(1656)题准:凡总督所属地方,查解逃人一百名者,纪录一次;二百名者,加一级;四百名者,加二级。照此数多解者,功过相抵。有一官革职者,罚俸六月;至十员者,降一级留任。

○十四年(1657)议准:顺天、奉天二府府尹,逃人功过免议。

○十五年(1658)题准:总督所属地方,查解逃人一百五十名者,纪录一次;三百名者,加一级;六百名者,加二级。照此数多解者,功过相抵。

○康熙五年(1666)议准:直省总督,逃人功过免议。

○乾隆八年(1743)定:凡拿获逃人并失察逃人,各省总督及顺天府、奉天府府尹,功过均免议。

### 上司议叙

○康熙十年(1671)题准:州县、卫所等官拿获逃人,不足加级之数者,不准议叙各该管上司之功。其盐运司,并管内外钱局、窑厂官、五城兵马司,及武职官员,亦照此例。

○乾隆八年(1743)定:凡州县、卫所等官拿获逃人未足议叙之数,而该上司官以所辖各属统算,虽已足议叙之数者,不准议叙。

### 拿获逃人解送册籍

○康熙八年(1669)题准:各省将军、城守尉等,将已获未获之逃人姓名,及逃走年月日期、旗色、佐领,造清册一本,每年四月内申送督捕。其获过逃人,及拿获官员职名,造清册一本,每年三月内申送督捕,逐名查对。如一年内不将获逃人数申报,至二三年汇报者,题参议处。

○十一年(1672)题准:凡将军、城守尉等,每年四月内将逃册咨送督捕。其拿获鞭刺逃人之姓名、本主、旗色、佐领、拿获年月日期及官员职名,该督抚、盛京刑部,每年三月内备造清册,咨送督捕,于叙功时磨对议叙。

○雍正二年(1724)议准:嗣后直隶、山东、山西、河南四省州县拿获逃人,令照陕西等省例详报巡抚,请咨递解。其直隶等十五省,该巡抚统于每年四月内,将各州县拿获逃人数目核实,造具清册二本,一本汇送刑部查核,一本汇送吏部备案。俟刑部查明,交与吏部照例议叙。

○乾隆八年(1743)定:凡文武官员获解逃人记功者,知会该巡抚,其奉天所属官员拿获逃人记功者,移会府尹,令巡抚、府尹转行知照原拿获之地方官。临叙功时,将拿获逃人年月、姓名,及获逃官员之职名,开造清册,每年四月内解部,与部内底册查核议叙。

## 拿获带逃幼小子女

○康熙十年(1671)题准:带逃十三岁以下之子女,同其父母拿获者,地方官不记功。若另行拿解者,照自行逃走十三岁之子女例,将地方官一体记功。如被伊主认获,及旁人出首者,窝家、邻佑等,及失察之地方官,仍照例治罪。

○十二年(1673)题准:凡十五岁以下之子女,同其父母拿解者,地方官不记功。另行拿解者,仍照例记功。

○乾隆八年(1743)定:凡拿获逃人,如带有十五岁以下之子女一同获解者,地方官不记功。另行拿解者,照十五岁之子女只身逃走例,将地方官一体记功。若被伊主认获,及旁人出首者,将失察之地方官,及窝家、邻佑人等,仍照例分别究议。

## 在京旗人逃后行窃

○乾隆五十三年(1788)定:在京满洲、蒙古正身旗人,逃后有犯抢窃,及犯抢窃、私逃同时并发,核其抢窃赃数,罪在流、徒以下,律应刺字者,无论在一月内外,俱照在京旗人逃走发遣当差在配怙恶不悛之例,削除旗档,改发云贵两广边远地方,令地方官与民人一体严加约束。驻防另户旗人逃窃并发,除犯该枷责之案,仍照本例办理外,若犯该发遣黑龙江当差者,亦照此例改发。至汉军正身旗人,但有犯应刺字者,亦即削除旗档;其逃窃治罪,仍照本例定拟。

○嘉庆六年(1801)定:凡在京满洲、蒙古、汉军正身旗人,逃后有犯抢窃,及犯抢窃、私逃同时并发,核其抢窃应得罪名,及逃走应得罪名,从其重者论,仍尽抢窃本法刺字。罪止枷杖者,销除旗档,交县与民人一体管束;应发遣者,销除旗档,发云贵两广边远地方,与民人一体管束。至各省驻防旗人有犯,亦照此例办理。

○道光五年(1825)定:凡在京满洲、蒙古、汉军正身、闲散旗人,逃后有犯抢窃,均销除旗档。其初犯罪止笞杖、枷责者,免其刺字,交县管束;徒罪以上,悉照民人一体刺字发配。各省驻防旗人有犯,亦照此例办理。

## 马兰泰宁等处兵丁逃回

○乾隆二十一年(1756)定:凡发往马兰口、泰宁镇二处壮丁,脱逃被获,或自行投回者,俱交送刑部,照旗人初次逃走例治罪,仍发回该处充绿旗兵丁,销去旗档。如再犯逃,即照绿营例办理。

○嘉庆六年(1801)定:凡发往马兰、泰宁二处壮丁,脱逃被获,或自行投回,照旗逃例分别治罪。

## 黑龙江三姓等处改发之旗人逃走

○乾隆二十二年(1757)定:八旗发遣拉林人犯,有私自逃回者,拿获之日,即行请旨拟斩立决。如在盛京等处拿获者,该将军等讯明情节,具奏请旨,即于现获处所正法;其在京暨各省拿获者,由刑部审明,请旨交旗正法。

○又定:八旗应发拉林、阿尔楚喀人犯,俱停其发往,改发黑龙江、三姓等处充当苦差。该将军于解到之时,均匀酌拨安置,不得令其群聚一处。如有私逃回京,查明原犯由匪类改发者,拿获之日,仍遵旨奏请即行正法。其在配行凶为匪不自悛改者,即销去旗档,改发云贵两广等省,交与地方官严行管束,有犯即照民人例治罪。并令该将军等将一年内有无另行改发之处,年终汇奏。

嗣删"如有私逃回京"二十九字。

○二十九年(1764)定:移居拉林闲散满洲内,如有越过边津,逃回京城者,拿获时遵旨正法外,其初次逃走,不出该管地方,无论不行告假,私自逃出,及自回、被获者,俱枷号一月、鞭一百;二次逃走者,连妻、子发往伊犁等处折磨差使。

○三十年(1765)奏准:凡旗下另户人等,因犯逃人匪类,及别项罪名,发遣黑龙江等处者,三年后果能悔罪改过,即入本地丁册,择其善者,挑选匠役、披甲,给予钱粮。三年内不行改过,及已过三年造入丁册后复行犯罪者,即解送刑部改发云南等省。仍于年终将复犯改发数目,该将军于汇题一年内收到人犯数目本内,一并汇题。至奉旨发遣旗下另户内,如有行凶为匪者,该将军另行请旨办理。

## 官庄壮丁脱逃

○乾隆三十五年(1770)定:官庄壮丁如有逃走,该管官即行具报缉拿,获日照例惩治。至发遣人犯入在官庄内者,如有脱逃,亦令报部缉获,究其有无行凶为匪,按其原犯罪名,照脱逃例分别议拟。该管各官,按照逃人名数,分别议处。

## 八旗逃人通行呈报

○乾隆四十年(1775)定:八旗一切逃人,该旗照例一面咨报刑部外,一面即将该犯实在逃走日期,径报步军统领衙门、顺天府、五城迅速查拿。其刑部接到旗咨之日,亦即速行知应行缉犯各衙门,一体严拿。

### 伊犁等处卡伦缉捕逃人不力

〇乾隆三十八年(1773)定:伊犁等处盘获逃犯,究出经过卡伦地方未经查拿者,将该处失察经过官员,并失察之地方官,及该管大臣,交部分别议处,兵丁鞭七十。如有藏匿负罪潜逃之犯,将失察官员,并失察之地方官,及该管大臣,交部从重分别议处,兵丁鞭八十。

### 额鲁特回子逃走

〇乾隆三十八年(1773)定:凡额鲁特回子逃走被获,如关系重情,仍听理藩院定拟奏闻请旨外,如止系犯逃,无论拿获、投回,初次枷号一月、鞭一百,给主严加管束;二次发福州、广州,赏给旗下官兵为奴。其京城居住,并王公等带来家下额鲁特回子逃走,仍照旗下家人逃走例,分别次数、年月办理。

# 【盛京刑部】

## 卷八百六十一·盛京刑部

**断　狱**　旗人逃亡　解送人犯　造卖赌具　窃盗
私入围场　私采人参　随本揭帖

### 旗人逃亡

○乾隆八年(1743)定:凡奉天府居住旗人逃走者,盛京刑部审理,分别次数,照例治罪。逃亡三次例应发遣者,照例发西安、荆州等处,给驻防兵丁为奴。系另户,发遣当差。

○又定:凡盛京所属逃人,将逃牌送盛京刑部存案,于每年四月内造册,咨送刑部,备案存查。至盛京刑部拿获逃人,应鞭、刺者,照例鞭、刺;应发遣者,咨部发遣。亦于每年四月内,将拿获日期及官员职名,造具清册,咨送刑部,磨对议叙。若逃人自回,令该管佐领等呈报,圈销逃册,照例完案。仍将完结缘由,移会缉拿逃人之衙门,一体圈销逃册。

### 解送人犯

○乾隆二十六年(1761)奏准:山海关外往来解送人犯,住居歇店,该店主即通知屯领催、乡约,按户派夫,帮同押解兵丁看守支更。如有疏脱,即将押解官兵、更夫、领催、乡约等,一并送交盛京刑部审讯,分别治罪。

○四十七年(1782)奏准:奉天省应发黑龙江等处人犯,即由盛京刑部、奉天府,按照人数多寡,定地刺字,径交盛京兵部发遣,毋庸解送在京刑部转发。

### 造卖赌具

○乾隆八年(1743)奏准:盛京等处造卖赌具,为首之旗人,除初犯、再犯,照例发落加枷外,三犯者,俱发遣西安等处驻防当差。

### 窃　盗

○乾隆三十五年(1770)谕:"盛京刑部侍郎审拟行劫一本。该侍郎等原拟,以递送财物及把风为情有可原，请免死发遣，经部改拟削去户籍，发乌鲁木齐等处为奴，于情法尚未允协。该犯等身系旗人，岂得仅照寻常盗案差等科罪。况强盗已行得财，律皆拟斩，原属不分首从。经皇祖圣祖仁皇帝法外施仁，分别情有可原，量为末减。此以加之民人犯法，尚可悯其愚氓无知。若我满洲素风淳朴，今以百余年来未有之事，而忽见此败类，安得不力挽浇风，大加惩创。我皇考世宗宪皇帝尝以旗人杀死旗人，情罪最为可恶，特命秋审时入于情实予勾，用昭炯戒。自后斗狠之风，因之敛戢。今该犯等不知畏法自爱，至犯盗案，无论原拟不足蔽辜，即削籍为奴，亦不足示儆，着刑部另议具奏。并将朕明罚饬法正所以保全爱护之苦心，通谕八旗知之。钦此。"遵旨奏准：嗣后满洲旗人有犯盗劫，俱照本律定拟，不得以情有可原声请。

○三十九年(1774)复准：朝鲜使臣来京，随带货物银两，遇有偷窃，将该管地方官及护送官，均照饷鞘被失例严加议处；所失银物，着落地方官并统辖、专管之各上司赔还。仍缉拿偷窃之人，照窃饷鞘科断，追赃入官。如来使人等借词妄报，滋生事端，由礼部行知该国王一体治罪。

**私入围场**

○乾隆三十九年(1774)复准：盛京围场内，有私入打枪、放狗，惊散牲畜者，不论次数，系旗人发各省驻防当差，家奴发遣为奴。民人发附近充军。其私入采取蘑菇，砍伐木植者，拟以满徒，分别旗、民办理。起获鸟枪入官，牲畜、器物赏给原拿之人。失察之该管员弁，查明边界，照例参处。

○四十五年(1780)奏准：盛京威远堡南至凤凰城边外山谷围场处所，拿获偷伐木植人犯，系身为财主，雇倩多人者，审拟满流。若一时会合，各出本钱，并雇人偷伐，越渡边关隘口者，审拟满徒。

○嘉庆四年(1799)奏准：私入围场，偷采菜蔬蘑菇，及割草，或砍取柴枝者，分别次数，枷号发落。若盗砍木植，偷打牲畜，已得者，不计赃数，初犯枷号三月；再犯满徒，系旗人折枷；三犯俱发乌鲁木齐等处种地。如打枪放狗，仅止惊散牲畜而未得，及盗砍木植未得者，各减已得一等。为从亦各减一等。

○八年(1803)奏准：私入围场，除偷窃柴草、菜蔬、蘑菇等项，仍照例分别枷号办理外，其盗砍木植，偷打牲畜，俱不论赃数，审系初犯，枷号三月，杖一百、徒三年；再犯，发乌鲁木齐种地；三犯及三犯以上，发乌鲁木齐等处给兵丁为奴；均照例面刺"盗围场"字样。旗人有犯，销除旗档，照民人一体办理。为从减为首一等，未得减已得一等。该围场兵丁，如有自行偷窃，即照例加重定拟。并令围场总管每年于五月内，将该围场结报之处，据实汇奏。倘奏报不实，请旨交部议处。

○九年(1804)议准：私入围场，盗砍木植，偷打牲畜，未得之犯，减已得一等，免刺；旗人免其销除旗档。围场看守之满洲、蒙古兵丁有犯，俱先插箭游示，枷号两月；绿营兵丁有犯，先插箭游示，免其枷号。仍各按次数，分别徒、遣办理。

○又奏准:围场边外,有拿获偷砍、私运木植人犯,其车马器物,均赏给原拿之人。如仅止拿获车马等物,而借称人犯逃逸者,除审明有无贿纵,按例治罪外,仍将所获物件入官。若拿获人犯,并无器物者,该将军自行酌量赏给。

○十年(1805)奏准:酌定围场偷窃人犯罪名,所有蒙古、民人,原系一例酌加。但查蒙古偷窃四项牲畜之例,死罪以下,以发云贵两广为极重,与民人之发乌鲁木齐无异。嗣后察哈尔及札萨克旗下蒙古,私入围场,偷打牲兽在十只以上,偷砍木植在五百斤以上者,发遣河南、山东;牲兽二十只以上,木植八百斤以上者,发遣湖广、福建、江西、浙江、江南;牲兽三十只以上,木植一千斤以上者,发遣云南、贵州、广东、广西。其零星偷窃,随时破案者,牲兽五只以内,木植一百斤以内,鞭一百、枷号两月;牲兽十只以内,木植五百斤以内,鞭一百、枷号三月。案内从犯,各减一等。

### 私采人参

○原定:偷采人参十两以下者,解送盛京刑部审理。在十两以上,及偷采未得者,由将军会本部侍郎,及管辖威远堡六边侍郎、今裁。府尹审拟。

○乾隆二年(1737)定:偷采一事,分别两处办理,致部员往往推诿承办武职。而武职不谙律例,且系本地之人,不免舛错瞻徇。嗣后奉天拿送偷采人参之犯,不论已得未得,赃十两上下,及私贩者,皆交盛京刑部,会同将军、管辖威远堡六边侍郎、今裁。府尹,照例分别审理。

### 随本揭帖

○乾隆四十五年(1780)谕:"各省遇有人命重案,俱将全案招供,揭送大理寺察核。惟盛京一处,向无随本揭帖。嗣后盛京遇有斩、绞重案,其招供揭帖,并着一体送大理寺,以凭查核。"

## 会谳 蒙古事件 旗民交涉事件 秋审 部驳复审

### 蒙古事件

○原定:盛京所属边外蒙古事件,每年一次,由本部委贤能司官前往,会同该处札萨克等审理取供,咨报理藩院题结。

○雍正八年(1730)定:盛京所属法库、柳条边等处蒙古事件,停止盛京刑部审理,令将军传该旗该札萨克副台吉会同办理。

○乾隆二年(1737)定:法库、柳条边等处,与盛京刑部相近,将军武职衙门,不谙律例。嗣后边外蒙古事件,悉交该侍郎,传该旗该札萨克副台吉会同办理。其人命及盗窃马匹牲畜之案,审明照例定拟具题。

## 旗民交涉事件

○雍正十三年(1735)定:盛京旗、民命盗案件,止有刑部侍郎一人办理,虽有草率、锻炼等弊,在内法司,无由指驳。嗣后令侍郎会同将军、府尹,详细审拟具题。

○乾隆二年(1737)定:盛京旗、民命盗案件,原应有司衙门审理,既有该侍郎会同府尹办理,将军乃属武职,嗣后毋庸会审。

○三年(1738)谕:"奉天所属旗、民交涉案件,向例由地方旗、民官略具案情,申送刑部审拟。但奉天府所属地方,远近不一,应质人犯,多属牵连。由部提解驳审,往返道路,耽延时日,拖累无辜。夫地方官驻扎本境,平日习知人情,临时自易体访。若令会同就近旗、民官承审定拟,止将有罪人犯,解部复讯定案,其余一切牵连对质之人,审明即行省释。则人犯既免拖累,而案件亦得速结。但府州县远近不一,其地方旗、民官,如何会同审理,可为成例,永远遵行,着将军、刑部侍郎、府尹,会同定议具奏。钦此。"遵旨议准:除附近盛京六十里以内地方,所有旗、民交涉案件,旗员及州县官会报盛京刑部。其各城旗、民交涉之户婚、田土等细事,交理事通判审理完结。嗣后凡锦州副都统所属之锦州府、宁远州、义州、广宁县等处,如有命盗案件,令该处旗员及州县官,就近会审取供定拟,将有罪人犯送部,其余牵连之人,审明即行保释。仍将取供释放缘由报部,并令旗员报明该副都统,转报将军衙门,州县官呈报府尹察核。其辽阳州,开原、铁岭、盖平等县,及牛庄等处,皆照锦州府例会同办理。至熊岳副都统所属之复州、宁海县、熊岳、旅顺水师营、岫岩、凤凰城等处,除复州、锦州均由该州会审,熊岳南界与复州相近,北界与盖平相近,凡南界命盗案件,会同复州知州,北界会同盖平县知县办理;旅顺水师营,与宁海县相近,照熊岳例,令该旗员会同宁海县知县办理。惟兴京、凤凰城、岫岩三处,与邻近州县相去三四百里,应仍令该城守尉讯取确供,将有罪人犯送部复审。再府尹所属吉林之永吉州(今裁。)地方,旗、民交涉案件,仍照旧例,由吉林将军衙门旗员、永利州(今裁。)知州,会同办理。打牲乌拉地方,所有旗、民交涉命盗等案,令打牲乌拉总管,与永吉州知州,(今裁归吉林理事同知。)会同办理报部。其牵连对质之人,取供后即令保释,俟部札到日完结。

○又定:嗣后奉天府所属旗、民事件承审限期,照定例于会审日起限,为首重犯系民人,令州县官主稿,会同旗员办理;系旗人,令旗员主稿,会同州县官办理。倘有迟延枉滥,及不能审出实情,或婪赃徇情等弊,州县官及旗员分别题参究处。

○六年(1741)谕:"据盛京将军奏称,各城应审旗、民交涉事件,自改令该地方旗、民官审理以来,每遇命盗案件,虽令审拟送部,但地方旗员,原系行伍出身,署中又无案卷可稽,多有不合律例,致令驳复。而管民官承行定稿,则有互相推诿、偏庇袒护之嫌,以致牵连人等,转有久候之苦。恳仍照旧例送部审拟。凡谳狱皆视初取之供定拟,若承审官有偏袒之处,则罪之轻重,难免颠倒,甚有关系。但无论事之大小,概送盛京刑部,则不胜纷繁,而易结之案,反致迟延。其琐屑案件,照常交地方官审拟报部。命盗大案,仍照旧例连人送部审拟。着刑部分析定议具奏。钦此。”遵旨议准:嗣后旗、民交涉命盗重案,及军、流、徒罪案内之首从罪犯,并紧要证佐等,一并解部外,其案内牵连,无关紧要,及罪止杖、笞者,悉免解部,听旗、民官讯供申详,即分别保释。将缘由逐一声明,听候部议。至赌博、斗殴,一应细小事务,罪止枷责者,仍归旗、民官就近审拟,依限完结,逐月造册送部察核。倘地方旗、民官,将人犯不应解者呈解,应解者不解,及例应承审,仍前庇护、推诿等弊,该侍郎照例参处。

○二十七年(1762)谕:“盛京向例,将军管辖旗人,奉天府府尹管理民人,原无统辖。嗣因盛京系满洲根本之地,所有州县官员,皆已定为满缺。凡有应行查拿私参人等,经将军派委官兵前往,其地方官理宜会同查缉。乃盛京地方拒捕殴差之事甚多,而地方官竟视同膜外,乡长、保甲,并不协力擒捕。此皆因将军、府尹不相关涉,各分畛域之所致。是以各属员等,亦存旗、民分管意见,并不和衷办理。于地方事务,甚无裨益,不可不为变通。在府尹为全省大吏,虽不便为将军属员,亦当令其听将军节制,庶旗、民事务归一,一切办理,不致参差。嗣后奉天府府尹,着听将军节制。遇有应行查拿人犯,该地方州县官,即同将军差委之人协力查拿。如仍有拒捕殴差以及脱逃等事,即将该地方官交部一并治罪。”

○又奏准:奉天所属州县,办理旗、民事件,无分满汉,俱令自行审理。于讯明定拟之后,旗人笞、杖等罪,概行移旗发落,仍知照该州县备案。至承审时,遇有旗人应刑讯之处,仍照例刑讯。

## 秋 审

○原定:盛京刑部,与各直省督抚不同。凡届秋审,将各重犯年貌、籍贯,咨明刑部,照案刷卷,令九卿会核具题。

○乾隆八年(1743)定:明刑折狱,民命攸关,推勘不厌详审。自九年(1744)为始,每遇秋审,令盛京刑部侍郎,会同四部侍郎、府尹、巡察御史,今裁巡察御史。将本部重犯,并奉天府衙门重犯,逐案虚衷确审,分别情实、缓决、可矜汇题。俟九卿会审时,复核请旨。

○三十四年(1769)奏准:奉天省秋审截止日期,以三月十五日题结之案为止。

○嘉庆四年(1799)奏准:奉天省秋审截止日期,以二月初十日题结之案为止。

## 部驳复审

○乾隆五十三年(1788)奉旨:盛京刑部侍郎,仅止一员。若部驳事件,仍交原审之人办理,必有回护。此后盛京审办事件,有经部议驳者,该部即奏请交盛京将军或别部侍郎内,特派一员,会同复审。

# 附录一　钦定大清会典（光绪朝）节选

# 卷五十三　刑　部

## 尚书侍郎职掌一

**提　要**　刑部　尚书满洲一人、汉一人；左侍郎满洲一人、汉一人；右侍郎满洲一人、汉一人。掌天下刑罚之政令，以赞上正万民。凡律例轻重之适，听断出入之孚，决宥缓速之宜，赃罚追贷之数，各司以达于部。尚书、侍郎率其属以定议。大事上之，小事则行，以肃邦纪。〇凡刑至死者，则会三法司以定谳。秋审、朝审，九卿、詹事、科道各入班以集议于天安门外，乃进黄册于上。及期予勾，尚书、侍郎咸侍。本下，侍郎一人接焉。决囚，则莅法场而监视。凡勾决，皆榜揭以示众。〇凡五刑：一曰笞罪，二曰杖罪，三曰徒罪，四曰流罪，五曰死罪。笞罪之等五，杖罪之等五，徒罪之等五，流罪之等三，死罪之等二。凡徒者、流者各予杖。杖罪情重者，则枷示。凡比于流者，轻则迁徙，重则充军、发遣；官犯，则令效力赎罪焉。凡流罪、死罪之杂犯者，皆通以徒。迁徙亦如之。凡笞通于杖，徒与流则折以杖而通焉。凡徒、流之等八，其差各杖二十。逾满杖，则减杖而加徒焉。凡杖无过一百，徒不至五年。凡犯刺字者，各刺于其面与臂而涅之。〇重十恶之辟。一曰谋反，二曰谋大逆，三曰谋叛，四曰恶逆，五曰不道，六曰大不敬，七曰不孝，八曰不睦，九曰不义，十曰内乱。犯者抵于法，虽恩赦不及焉。〇凡八议：一曰议亲，二曰议故，三曰议功，四曰议贤，五曰议能，六曰议勤，七曰议贵，八曰议宾。应议者有罪，实封以闻，取自上裁焉。〇凡律之类有七：一曰名例律，二曰吏律，三曰户律，四曰礼律，五曰兵律，六曰刑律，七曰工律。名例之目，四十有六。吏律之别，曰职制，其目十有四；曰公式，其目十有四。户律之别，曰户役，其目十有五；曰田宅，其目十有一；曰婚姻，其目十有七；曰仓库，其目二十有三；曰课程，其目八；曰钱债，其目三；曰市廛，其目五。礼律之别，曰祭祀，其目六；曰仪制，其目二十。兵律之别，曰宫卫，其目十有六；曰军政，其目二十有一；曰关津，其目七；曰厩牧，其目十有一；曰邮驿，其目十有六。刑律之别，曰盗贼，其目二十有八；曰人命，其目二十；曰斗殴，其目二十有二；曰骂詈，其目八；曰诉讼，其目十有二；曰受赃，其目十有一；曰诈伪，其目十有一；曰犯奸，其目十；曰杂犯，其目十有一；曰捕亡，其目八；曰断狱，其目二十有九。工律之别，曰营造，其目九；曰河防，其目四。凡为目四百三十有六，各附以例。〇凡律令，必察其字义，辨其称名，官司以时讲读，岁终则课试。〇凡定例，有服制之异，有良贱之异，有边腹之异。其得以凡论者，并著于律。若职官、若旗人、若天文生、若妇女、若老幼废疾，则各区其决罚。

**刑部** 尚书满洲一人、汉一人;左侍郎满洲一人、汉一人;右侍郎满洲一人、汉一人。

掌天下刑罚之政令,以赞上正万民。凡律例轻重之适,听断出入之孚,决宥缓速之宜,赃罚追贷之数,各司以达于部。尚书、侍郎率其属以定议。大事上之,小事则行,以肃邦纪。

○凡刑至死者,则会三法司以定谳。罪应斩绞之案,会同三法司核拟具题。惟罪至凌迟、斩决枭示案内,谋反、大逆但同谋者,谋杀祖父母、父母者,妻妾杀夫之祖父母、父母者,妻妾谋杀故夫祖父母、父母者,杀一家非死罪三人及支解人为首者,谋杀期亲尊长、外祖父母者,采生折割人为首者,子孙殴死祖父母、父母者,纠众行劫在狱罪囚持械拒杀官弁为首及下手杀官者,尊长谋占家产、图袭官职杀功缌卑幼一家三人者,发遣当差为奴之犯杀死伊管主一家三人者,罪囚由监内结伙反狱持械拒杀官弁为首及下手杀官者,妻妾因与有服亲属通奸同谋杀死亲夫者,卑幼图财强奸谋杀尊长者,杀一家非死罪二人如死系父祖子孙及服属期亲者,洋盗会匪及强盗拒杀官差者,子孙殴祖父母父母及妻妾殴夫之祖父母父母者,两造赴京呈控奏交该省审办,或曾经刑部奏驳者,俱专折具奏。其余罪应凌迟、斩决枭示之案,及罪应凌迟而情可矜悯、例准夹签声请者,仍会同三法司具题。至盗劫之案,兼会同大学士详议。秋审、朝审,九卿、詹事、科道各入班以集议于天安门外,秋审以八月上旬,九卿等会于天安门外金水桥西朝房,以各省秋审起数,按其实缓矜留逐案唱报。其与外拟不符,另行改拟之案,即将应改缘由朗诵。如九卿等有商签应准应驳之处,亦加朗诵。俾众共闻。议既定,将情实、缓决、可矜、承祀留养各犯分拟具题,恭候钦定。其缓决本内,将由实改缓者开列在前。如有蒙古人犯,并知会理藩院堂官到班会审。其照蒙古例治罪者,一体列衔。朝审于霜降前刊送招册。至霜降十日,九卿等亦于金水桥西朝房集议,各司俱带册并监提人犯唱名过堂,遂分拟具题候旨如秋审。乃进黄册于上。情实者,复详叙案由并督抚看语,本部加具出语于后,分缮黄册进呈。凡官犯为一册,罪干服制由立决改为监候者为一册。卑幼听从尊长主使殴死本宗小功大功兄姊及尊属例应斩候者,另缮一册附于服制册后。官犯、服制二册,俱列于情实常犯之前。存留养亲者,别为一册。秋审、朝审同。及期予勾,冬至前六十日,钦天监择期按各省道里远近,首云南、贵州,次四川、广西、广东、福建、盛京、陕西、甘肃、新疆,次湖北、湖南、浙江、江西,次安徽、江苏,次河南,次山东、山西,次直隶、热河。朝审则于冬至前十日。遇停勾之次年,则于冬至前五日。尚书、侍郎咸侍。是日清晨,预设于懋勤殿御案,设学士奏本案于前,候召入。奏本学士以名单捧置案上,向上跪;大学士、军机大臣、内阁学士、本部尚书、侍郎跪于右,记注官侍立于左。奏本学士奏勾到某省,大学士一人展汉字本于案,奏本学士奏各犯姓名,恭候御览黄册,大学士等各阅所携小折。俟皇帝降旨,大学士遵旨勾汉字本。勾讫,捧出照勾清字,缮写清汉票签,送批本处进呈。批出清字时,兼批汉字,密封交该道御史即交部办理。

如在圆明园御洞明堂勾到,大学士、军机大臣跪于右,内阁学士、本部尚书、侍郎跪于左,记注官分左右侍立。如遇行在勾到,大学士等亦分左右跪,记注官侍立于案下之右。批出时,密封交行在兵部发京,送内阁兼批汉字,遂交该道御史交部办理。本下,侍郎一人接焉。勾到本下部,预设黄案于大堂中,该道御史赍到,侍郎一人跪接,交司行文。勾到文限期,云南、贵州、四川、广西、广东、福建、新疆均限四十日,吉林限三十日,江西、浙江、湖南、甘肃限二十五日,江南、陕西、湖北限十八日,盛京限十五日,河南限十二日,山东、山西限九日,直隶、热河均限四日。决囚,则莅法场而监视。朝审决囚,本部侍郎一人监视绑犯毕,每司各派司员二人押赴市曹,步军统领衙门派步军翼尉一员护送。又侍郎一人,会同刑科给事中赴法场。京畿道御史赍本至,侍郎等恭接,遵旨行刑毕,遂复命。凡勾决,皆榜揭以示众。每年勾到后,大学士、军机大臣会同本部,将已勾未勾各案情节,摘叙简明事由奏闻。行知各督抚,于处决时揭示通衢晓谕。朝审则由部发交该城榜示。

〇凡五刑:一曰笞罪,笞用小竹板。二曰杖罪,杖用大竹板。三曰徒罪,徒,发本省驿递充徒。在京由顺天府尹于离京五百里州县定地充配;外省由督抚于通省州县内,核计道里远近,酌量人数多寡,均匀拨派。俱不论有无驿站。交各州县严行管束。徒限满日,释放回籍。四曰流罪,流,终身不返。各依犯人本籍,按《三流道里表》内应发省份,毋庸指定府州,听该督抚酌量州县大小远近、在配人犯多寡,均匀派发。起解省份,预咨应发省份督抚,先期定地,饬知入境首站州县随到随发。顺天直隶各州县为畿辅近地,奉天锦州二府为本朝根本重地,一应军、流人犯俱停止编发。其湖北、湖南、四川、贵州附近苗疆之府州县,甘肃新疆改设之府州,江苏之崇明县,浙江之玉环厅、定海县,孤峙海心,又系产盐之地,亦俱停止编发。入籍他省者,从新籍计算定地,不得仍发往旧籍。流寓他省者,从原籍计算定地,不得即发寄居之省。官犯不得发犯事任所。一案内有二三人、四五人情罪无别,发配同省者,当分别安置。在别省犯流者,除有应追银两须解回原籍追赔外,如赃项已完,原籍亦无产业,即按该犯原籍应发地方于犯事处起解发配。凡发遣人犯,酌定名数分起解送。如案内人犯众多至五名以上者,每五名作一起解送。起解时,皆如法锁铐。于批内载叙事由,开明年貌、疤痣、箕斗,接递官按批验明,于批内注明“锁铐全完”字样,钤盖印信,转递前途。五曰死罪。内外死罪人犯,除应决不待时外,俱牢固监禁。俟秋审、朝审,分别情实、缓决、可矜、承祀留养,进册恭候勾到。笞罪之等五,自一十至五十,为五等。每笞一十折责四板,仍除零计之。笞一十者折责四板;笞二十应责八板,除零责五板;笞三十应责十二板,除零责十板;笞四十者应责十六板,除零责十五板;笞五十者折责二十板。杖罪之等五,自六十至一百,为五等。四折除零,与笞同。杖六十与笞五十均折责二十板。遇热审,笞五十全免,杖六十之减笞不免。徒罪之等五,自一年至三年,每加半年为一等。凡徒限,俱连闰扣算。流罪之等三,自二千里至三千里,每加五百里为一等。以路之远近,别罪之重轻,道里不得过于参差。虽其中疆域相错,不能咫尺无差,总以不逾百里为限。死罪之等二。曰绞,曰斩。斩罪之重者,曰枭示,曰凌迟处死。凡徒者、流者各予杖。徒一年者,杖六十。每徒一等,加杖一十。至徒三年者,杖一百。流罪三等,皆杖一百。各于配所决之。惟缘坐问流者不杖。发遣新疆、黑龙江当差为奴者,到配时照例安插,俱不决杖。若问拟五军及总徒、准徒罪,即俱于逐案引律出语内,声明至配所杖一百折责发落。杖罪情重者,则枷示。凡枷号,或计日,或计月,或计年。计日者,如窃盗再犯计赃应杖六十者,加枷号二十日;杖七十者,二十五日;杖八十者,三十日;杖九十者,三十五日;杖一百者,四十日之类。计月者,如军犯脱逃,初次枷号一个月,二次枷号两个月,三次枷号三个月之类。计年者,如烟瘴充军复犯窃盗,计赃应徒者,枷号一年;应流者,枷号二年;应充军者,枷号三年。地方官按月点卯验封,发市示众。又黑龙江等处为奴人犯在配行窃者,亦计初犯、再犯、三犯,分别枷号一年、二年、三年,至四犯即拟以永远枷号,遇赦不准援免。若各省永远枷号人犯,于枷示已逾十年后,即咨部汇题分别发遣。倘在配在途脱逃,俱用重枷枷号三个月、杖一百发落。凡应枷号者,定于满日责放,不许先责后枷。患病即行保释医治,痊日补枷。凡比于流者,轻则迁徙,离乡一千里外安置。重则充军、军罪凡五等,曰附近,曰近边,曰边远,曰极边,曰烟瘴。附近充军者,发二千里;近边,二千五百里;边远,三千里;极边、烟瘴,俱四千里。各按《五军道里表》所定之地发配。如道里参差,不能适符里数,附近、近边,远近不得逾百里;边远、极边,不得逾二百里。其四至地方有表内注明抵边抵海不足里数者,按计可发之处改正编发。至指发云贵、两广四省烟瘴人犯,俱以足四千里为限。若籍隶烟瘴四省人犯,例应于隔远之烟瘴省份调发。广东省与云南省互调,广西省与贵州省互调。其邻近烟瘴省份之湖南、福建、四川三省应发烟瘴人犯,湖南省发往云南,福建省发往贵州,四川省发往广东。均不拘四千里之数。解交各该巡抚衙门酌拨安置。凡徒罪、军、遣等犯有妻子愿随者,听其自便。该衙门于起解文内开明妻子年岁并随往字样,配所该管官记档安插,毋得概同本犯一例羁管。有愿回旗、籍,及本犯身故后,情愿携骸回归者,即准回归,咨部存案。惟奉特旨着佥妻子及例应佥妻者,配所该管官一例管束。本犯身故后,仍准其携骸归籍。发遣;发往吉林、黑龙江、伊犁、迪化等处,酌量地方大小,均匀安插,分别当差、为奴。若一处人犯过多,恐其滋事,则拨发别处。或过少乏役,即从他处拨回。如应发黑龙江人犯,曾改发喀什、噶尔乌什、叶尔羌、阿克苏、和阗等处,应发新疆人犯,曾改发内地,后又分别改发黑龙江及各省驻防,皆随时调剂,不拘一例。到配后,或令种地,或准其在铅铁各厂捐资效力。如果悔过悛改,实心出力,定以年限,准其入册为民,并准其回籍。倘有不服管教及脱逃被获者,别其原罪轻重,或行正法,或行枷责,该将军、都统于每年十月截数,将该处一年内发到遣犯名数,同节年间发到配遣犯共计现存若干名,并有无脱逃、已未拿获各数目,详细声叙,咨报军机处及本部。限十二月初旬咨齐,照例汇奏。官犯,则令效力赎罪焉。发遣新疆及黑龙江、吉林等处效力官犯,如从前所犯仅止革职,及由徒杖等罪加重发遣者,到戍已满三年,听该将军、都统及新疆巡抚具奏。奉旨准其释回者,即令回旗、回籍。若原犯军流加重改发者,定限十年期满,该将军等遵例奏闻。如蒙允准,亦即令各回旗、籍,毋庸照原犯军流再行发配。若三年、十年期满具奏,奉旨再留几年者,俟所留年限满日,即行照例释回,不必复奏。其军台效力废员,三年期满,台费全数缴完者,由该都统抄录获罪原案具奏请旨。如不能完缴台费者,文职州县以上,武职都司以上,均由兵部行文各旗、籍、任所,查明果系赤贫,具结到部。兵部知照该都统,该都统即抄录获罪原案并声明无力完缴台费缘由,具奏请旨。如有隐匿、寄顿情弊,发往新疆地方永远充当苦差。其文职佐杂、武职守备以下各员弁,不能完缴台费者,于期满之日,例应杖一百、徒三年。仍令该都统抄录原案,声明不能完缴台费、例应改拟杖徒缘由,具奏请旨。此内有仰邀特恩释回者,兵部行文该都统将其释回。其照例改为杖徒者,行令该都统将旗员解交本部照例办理,汉员解交各该原籍督抚定驿充徒。凡台费在十台内者,每月银四十三两;在十台外者,每月三十三两。凡流罪、死罪之杂犯者,皆通以徒。杂犯三流,皆总徒四年;杂犯斩、绞,皆准徒五年。迁徙亦如之。迁徙准徒二年。凡笞通于杖,笞一十至五十、杖六十至一百,二罪本相通。徒与流则折以杖而通焉。凡徒、流之等八,其差各杖二十。徒包杖一百。如徒一年者,包杖一百,加杖二十,共折杖一百二十。每加徒一等者,加杖二十。至满徒,共折杖二百。流包杖一百、徒三年。流二千里者,包杖二百,加杖二十,共折杖二百二十。每加流一等者,加杖二十。至满流,共折杖二百六十。逾满杖,则减杖而加徒焉。如得杖一百一十者,应作笞五十、徒一年;杖一百三十者,应作杖六十、徒一年半。每杖二十,作徒半年,递加加至杖一百、徒四年半而止。凡杖无过一百,徒不至五年。惟死罪准徒五年,故非死罪不得至五年之限。而满流折杖之法,亦适止于杖一百、徒四年半。凡犯刺字者,各刺于其面与臂而涅之。刺面在鬓之下颊之上,刺臂在腕之上肘之下。字方一寸五分,画阔一分有半,并不得过限。初犯,杖罪以下刺右臂,徒罪以上刺右面。再犯、三犯,不论罪之轻重,并刺左面。窃盗者、抢夺者、监守常人盗官物及官粮官银者、积匪滑贼者,均以所犯之事刺之。事由刺左者,地名刺右;事由刺右者,地名刺左。发遣新疆人犯,有执持军器殴人等项,例不应刺事由者,令起解省份于该犯右面刺“外遣”字,解赴甘省酌量分发,补刺地名。由新疆改发内地者,面刺“改发”字,应刺事由者仍刺之。由烟瘴改发极边者,面刺“烟瘴改发”字。军犯脱逃者,刺“逃军”字。流犯脱逃者,刺“逃流”字。兵丁脱逃者,刺“逃兵”及“脱逃余丁”字。运粮旗丁中途潜逃者,刺“逃丁”字。粮船水手聚众滋事者,刺“不法水手”字。勾引赌博者,刺“诱赌匪犯”字。长随索诈地方者,刺“赃犯”字。蠹役犯赃者,刺“蠹犯”字。发掘坟冢者,刺“发冢”字;未殡埋者,刺“盗棺”字。私入木兰等处围场偷窃者,已得刺“盗围场”字,未得刺“私入围场”字。威远堡等处附近围场偷窃者,分别刺“偷窃木植牲畜”字。回民犯窃者,刺“窃贼”字。偷挖人参者,刺“盗官参”字。兴贩硝磺者,刺“硝犯”字。广东省打单匪徒,刺“打单匪犯"字。陕西省签匪、会匪,分别刺"签匪""会匪"字。旗人背主脱逃者,刺"逃人"字。凡旗人刺字,即销除旗档。另户刺臂,家奴刺面。旗人正身脱逃者,官员犯侵盗者,准窃盗论者,犯罪自首减罪者,妇人犯罪者,老幼及残废者,皆免刺。惟强盗自首例应外遣者,仍刺地名,不刺事由。命、盗案内重犯,督抚于具题日交按察使先行刺字,然后收禁。系强盗,面刺"强盗"字;系人命,面刺"凶犯"字。将已经刺字之处,于本内声明。其戏杀、误杀、斗殴杀,俱免刺。凡发遣人犯,其原刺字与现犯事同者,不重刺;不同者,仍另刺左面。凡窃盗刺字后,责令充当巡警。能改过擒捕盗贼,即与起除刺字,复为良民。其私自销毁者,枷示杖责,补刺原字。

○重十恶之辟。一曰谋反,谓谋危社稷。二曰谋大逆,谓谋毁宗庙、山陵及宫阙。三曰谋叛,谓谋背本国,潜从他国。四曰恶逆,谓殴及谋杀祖父母、父母、夫之祖父母、父母,杀伯叔父母、姑、兄姊、外祖父母及夫者。五曰不道,谓杀一家非死罪三人,及支解人,若采生折割、造畜蛊毒魇魅。六曰大不敬,谓盗大祀神御物、乘舆服御物,盗及伪造御宝,合和御药误不依本方及封题错误,若造御膳误犯食禁,御幸舟船误不坚固。七曰不孝,谓告言、咒骂祖父母、父母、夫之祖父母、父母,及祖父母、父母别籍异财,若奉养有阙,居父母丧身自嫁娶,若作乐释服从吉,闻祖父母、父母丧匿不举哀,诈称祖父母、父母死。八曰不睦,谓谋杀及卖缌麻以上亲,殴、告夫及大功以上尊长、小功尊属。九曰不义,谓部民杀本属知府、知州、知县,军士杀本管官,吏卒杀本部五品以上长官,若杀现受业师,及闻夫丧匿不举哀,若作乐释服从吉及改嫁。十曰内乱。谓奸小功以上亲、父祖妾,及与和者。犯者抵于法,虽恩赦不及焉。十恶为法所不容,其罪至死者,皆常赦所不原。惟不孝内别籍异财、不睦内殴告夫、不义内闻夫丧匿不举哀等项罪不至死,遇恩赦得援减。

○凡八议:一曰议亲,谓宗室袒免以上亲,皇太后缌麻以上亲,皇后小功以上亲。二曰议故,谓旧臣素得侍见,特蒙恩待日久者。三曰议功,谓能斩将搴旗、摧锋万里,或率众来归、安济一时,或开拓疆宇,有大勋劳,铭功太常者。四曰议贤,谓有大德行之贤人君子,其言行可以为法则者。五曰议能,谓有大才业,能整军旅、治政事,为国之良辅佐者。六曰议勤,谓有大将吏,谨守官职,早夜奉公,或出使远方,经涉艰难,有大勤劳者。七曰议贵,谓爵一品,及文武职事官三品以上,散官二品以上者。八曰议宾。谓承先代之后为国宾者。应议者有罪,实封以闻,取自上裁焉。凡应议者犯罪,官司不得擅自勾问,实封奏闻,得旨推问。开具所犯及应议之状,先奏请议,议定奏闻,取自上裁。其犯十恶者,不用此律。应议者之祖父母、父母、妻及子孙有犯,亦如之。若宗亲、戚畹,及功臣之外祖父母、伯叔父母、姑、兄、姊妹、女婿、兄弟之子,文武四品五品官之父母、妻及应袭荫子孙犯罪,依律追问,议拟奏闻,取自上裁。满洲、蒙古、汉军、绿营官员军民等,有犯寻常斗殴及非常赦不原之死罪,如父祖子孙有阵亡者,本部及督抚于取供定罪后,即移咨八旗兵部,查取确实简明事迹,声叙入本,于秋审时恭候钦定。倘蒙恩免,一人一次后,不准再行声请。宗室、觉罗犯罪时系红、黄带者,依宗室觉罗例办理。若系蓝带及不系带者,即照常人例。

〇凡律之类有七:一曰名例律,二曰吏律,三曰户律,四曰礼律,五曰兵律,六曰刑律,七曰工律。名例之目,四十有六。曰五刑,曰十恶,曰八议,曰应议者犯罪,曰应议者之父祖有犯,曰职官有犯,曰文武官犯公罪,曰文武官犯私罪,曰犯罪免发遣,曰军籍有犯,曰犯罪得累减,曰以理去官,曰无官犯罪,曰除名当差,曰流囚家属,曰常赦所不原,曰流犯在道会赦,曰犯罪存留养亲,曰天文生有犯,曰工乐户及妇人犯罪,曰徒流人又犯罪,曰老小废疾收赎,曰犯罪时未老疾,曰给没赃物,曰犯罪自首,曰二罪俱发以重论,曰犯罪共逃,曰同僚犯公罪,曰公事失错,曰共犯罪分首从,曰犯罪事发在逃,曰亲属相为容隐,曰处决叛军,曰化外人有犯,曰本条别有罪名,曰加减罪例,曰称乘舆车驾,曰称期亲父母,曰称与同罪,曰称监临主守,曰称日者以百刻,曰称道士女冠,曰断罪依新颁律,曰断罪无正条,曰徒流迁徙地方,曰充军地方。吏律之别,曰职制,其目十有四;曰官员袭荫,曰大臣专擅选官,曰文官不许封公侯,曰滥设官吏,曰信牌,曰贡举非其人,曰举用有过官吏,曰擅离职役,曰官员赴任过限,曰无故不朝参公座,曰擅勾属官,曰奸党,曰交结近侍官员,曰上言大臣德政。曰公式,其目十有四。曰讲读律令,曰制书有违,曰弃毁制书印信,曰上书奏事犯讳,曰事应奏不奏,曰出使不复命,曰官文书稽程,曰照刷文卷,曰磨勘卷宗,曰同僚代判署文案,曰增减官文书,曰封掌印信,曰漏使印信,曰擅用调兵印信。户律之别,曰户役,其目十有五;曰脱漏户口,曰人户以籍为定,曰私创庵院及私度僧道,曰立嫡子违法,曰收留迷失子女,曰赋役不均,曰丁夫差遣不平,曰隐蔽差役,曰禁革主保里长,曰逃避差役,曰点差狱卒,曰私役部民夫匠,曰别籍异财,曰卑幼私擅用财,曰收养孤老。曰田宅,其目十有一;曰欺隐田粮,曰检踏灾伤田粮,曰功臣田土,曰盗卖田宅,曰任所置买田宅,曰典买田宅,曰盗耕种官民田,曰荒芜田地,曰弃毁器物稼穑等,曰擅食田园瓜果,曰私借官车船。曰婚姻,其目十有七;曰男女婚姻,曰典雇妻女,曰妻妾失序,曰逐婿嫁女,曰居丧嫁娶,曰父母囚禁嫁娶,曰同姓为婚,曰尊卑为婚,曰娶亲属妻妾,曰娶部民妇女为妻妾,曰娶逃走妇女,曰强占良家妻女,曰娶乐人为妻妾,曰僧道娶妻,曰良贱为婚姻,曰出妻,曰嫁娶违律主婚媒人罪。曰仓库,其目二十有三;曰钱法,曰收粮违限,曰多收耗粮斛面,曰隐匿费用税粮课物,曰揽纳税粮,曰虚出通关朱钞,曰附余钱粮私下补码,曰私借钱粮,曰私借官物,曰挪移出纳,曰库秤雇役侵欺,曰冒支官粮,曰钱粮互相觉察,曰仓库不觉被盗,曰守支钱粮及擅开官封,曰出纳官物有违,曰收支留难,曰起解金银足色,曰损坏仓库财物,曰转解官物,曰拟断赃罚不当,曰守掌在官财物,曰隐瞒入官家产。曰课程,其目八;曰盐法,曰监临势要中盐,曰阻坏盐法,曰私茶,曰私矾,曰匿税,曰船商匿税,曰人户亏兑课程。曰钱债,其目三;曰违禁取利,曰费用受寄财产,曰得遗失物。曰市廛,其目五。曰私充牙行埠头,曰市司平物价,曰把持行市,曰私造斛斗秤尺,曰器用布绢不如法。礼律之别,曰祭祀,其目六;曰祭享,曰毁大祀丘坛,曰致祭祀典神祇,曰历代帝王陵寝,曰亵渎神明,曰禁止师巫邪术。曰仪制,其目二十。曰合和御药,曰乘舆服御物,曰收藏禁书,曰御赐衣物,曰失误朝贺,曰失仪,曰奏对失序,曰朝见留难,曰上书陈言,曰现任官辄自立碑,曰禁止迎送,曰公差人员欺凌长官,曰服舍违式,曰僧道拜父母,曰失占天象,曰术士妄言祸福,曰匿父母夫丧,曰弃亲之任,曰丧葬,曰乡饮酒礼。兵律之别,曰宫卫,其目十有六;曰太庙门擅入,曰宫殿门擅入,曰宿卫守卫人私自代替,曰从驾稽违,曰直行御道,曰内府工作人匠替役,曰宫殿造作罢不出,曰辄出入宫殿门,曰关防内使出入,曰向宫殿射箭,曰宿卫人兵仗,曰禁经断人充宿卫,曰冲突仪仗,曰行宫营川,曰越城,曰门禁锁钥。曰军政,其目二十有一;曰擅调官军,曰申报军务,曰飞报军情,曰漏泄军情大事,曰边境申索军需,曰失误军事,曰从征违期,曰军人替役,曰主将不固守,曰纵军掳掠,曰不操练军士,曰激变良民,曰私卖战马,曰私卖军器,曰毁弃军器,曰私藏应禁军器,曰纵放军人歇役,曰公侯私役官军,曰从征守御官军逃,曰优恤军属,曰夜禁。曰关津,其目七;曰私越冒度关津,曰诈冒给路引,曰关津留难,曰递送逃军妻女出城,曰盘诘奸细,曰私出外境及违禁下海,曰私役弓兵。曰厩牧,其目十有一;曰牧养畜产不如法,曰孳生马匹,曰验畜产不以实,曰养疗瘦病畜产不如法,曰乘官畜脊破领穿,曰官马不调习,曰宰杀马牛,曰畜产咬踢人,曰隐匿孳生官畜产,曰私借官畜产,曰公使人等索借马匹。曰邮驿,其目十有六。曰递送公文,曰邀取实封公文,曰铺舍损坏,曰私役铺兵,曰驿使稽程曰,多乘驿马,曰多支廪给,曰文书应给驿而不给,曰公事应行稽程,曰占宿驿舍上房,曰乘驿马赍私物,曰私役民夫抬轿,曰病故官家属还乡,曰承差转雇寄人,曰乘官畜产车船附私物,曰私借驿马。刑律之别,曰盗贼,其目二十有八;曰谋反大逆,曰谋叛,曰造妖书妖言,曰盗大祀神御物,曰盗制书,曰盗印信,曰盗内府财物,曰盗城门钥,曰盗军器,曰盗园陵树木,曰监守自盗仓库钱粮,曰常人盗仓库钱粮,曰强盗,曰劫囚,曰白昼抢夺,曰窃盗,曰盗马牛畜产,曰盗田野谷麦,曰亲属相盗,曰恐吓取财,曰诈欺官私取财,曰略人略卖人,曰发冢,曰夜无故入人家,曰盗贼窝主,曰共谋为盗,曰公取窃取皆为盗,曰起除刺字。曰人命,其目二十;曰谋杀人,曰谋杀制使及本管长官,曰谋杀祖父母、父母,曰杀死奸夫,曰谋杀故夫父母,曰杀一家三人,曰采生折割人,曰造畜蛊毒杀人,曰斗殴及故杀人,曰屏去人服食,曰戏杀误杀过失杀伤人,曰夫殴死有罪妻妾,曰杀子孙及奴婢图赖人,曰弓箭伤人,曰车马杀伤人,曰庸医杀伤人,曰窝弓杀伤人,曰威逼人致死,曰尊长为人杀私和,曰同行知有谋害。曰斗殴,其目二十有二;曰斗殴,曰保辜限期,曰宫内忿争,曰宗室觉罗以上亲被殴,曰殴制使及本管长官,曰佐职统属殴长官,曰上司官与统属官相殴,曰九品以上官殴长官,曰拒殴追摄人,曰殴受业师,曰威力制缚人,曰良贱相殴,曰奴婢殴家长,曰妻妾殴夫,曰同姓亲属相殴,曰殴大功以下尊长,曰殴期亲尊长,曰殴祖父母、父母,曰妻妾与夫亲属相殴,曰殴妻前夫之子,曰妻妾殴故夫父母,曰父祖被殴。曰骂詈,其目八;曰骂人,曰骂制使及本管长官,曰佐职统属骂长官,曰奴婢骂家长,曰骂尊长,曰骂祖父母、父母,曰妻妾骂夫期亲尊长,曰妻妾骂故夫父母。曰诉讼,其目十有二;曰越诉,曰投匿名文书告人罪,曰告状不受理,曰听讼回避,曰诬告,曰干名犯义,曰子孙违犯教令,曰见禁囚不得告举他事,曰教唆词讼,曰军民约会词讼,曰官吏词讼家人诉,曰诬告充军及迁徙。曰受赃,其目十有一;曰官吏受财,曰坐赃致罪,曰事后受财,曰官吏听许财物,曰有事以财请求,曰在官求索借贷人财物,曰家人求索,曰风宪官吏犯赃,曰因公科敛,曰克留盗赃,曰私受公侯财物。曰诈伪,其目十有一;曰诈为制书,曰诈传诏旨,曰对制上书诈不以实,曰伪造印信时宪书等,曰私铸铜钱,曰诈假官,曰诈称内使等官,曰近侍诈称私行,曰诈为瑞应,曰诈病死伤避事,曰诈教诱人犯法。曰犯奸,其目十;曰犯奸,曰纵容妻妾犯奸,曰亲属相奸,曰诬执翁奸,曰奴及雇工人奸家长妻,曰奸部民妻女,曰居丧及僧道犯奸,曰良贱相奸,曰官吏宿娼,曰买良为娼。曰杂犯,其目十有一;曰拆毁申明亭,曰夫匠军士病给医药,曰赌博,曰阉割火者,曰嘱托公事,曰私和公事,曰失火,曰放火故烧人房屋,曰搬做杂剧,曰违令,曰不应为。曰捕亡,其目八;曰应捕人追捕罪人,曰罪人拒捕,曰狱囚脱监及反狱在逃,曰徒流人逃,曰稽留囚徒,曰主守不觉失囚,曰知情藏匿罪人,曰盗贼捕限。曰断狱,其目二十有九。曰囚应禁而不禁,曰故禁故勘平人,曰淹禁,曰凌虐罪囚,曰与囚金刃解脱,曰主守教囚反异,曰狱囚衣粮,曰功臣应禁亲人入视,曰死囚令人自杀,曰老幼不拷讯,曰鞫狱停囚待对,曰依告状鞫狱,曰原告人事毕不放回,曰狱囚诬指平人,曰官司出入人罪,曰辨明冤枉,曰有司决囚等第,曰检验尸伤不以实,曰决罚不如法,曰长官使人有犯,曰断罪引律令,曰狱囚取服辩,曰赦前断罪不当,曰闻有恩赦而故犯,曰徒囚不应役,曰妇人犯罪,曰死囚复奏待报,曰断罪不当,曰吏典代为招草。工律之别,曰营造,其目九;曰擅造作,曰虚费工力采取不堪用,曰造作不如法,曰冒破物料,曰带造缎匹,曰织造违禁龙凤文缎匹,曰造作过限,曰修理仓库,曰有司官吏不住公廨。曰河防,其目四。曰盗决河防,曰失时不修堤防,曰侵占街道,曰修理桥梁道路。凡为目四百三十有六,各附以例。历年钦奉谕旨更定及奏准通行事例,分编于律文各条之后。

○凡律令,必察其字义,字义有八:一曰"以"。"以"者,非实犯而与实犯同罪。如监守贸易官物,无异实盗,故以枉法论、以盗论,并除名、刺字。罪至斩、绞,并全科。二曰"准"。"准"者,取彼例此,与实犯有间。如准枉法论、准盗论,但准其罪,不在除名、刺字之列。至死减一等,罪止杖一百、流三千里。三曰"皆"。"皆"者,不分首从,一等科罪。如"监临、主守、职役,同情盗所监守官物,并赃,满数皆斩"之类。四曰"各"。"各"者,彼此同科此罪。谓如"诸色人匠拨赴内务府工作,若不亲自应役,雇人冒名私自代替,及替之人,各杖一百"之类。五曰"其"。"其"者,变于先意。如论"八议之人犯罪,先奏请议。其犯十恶,不用此律"之类。六曰"及"。"及"者,因类而推。如"彼此俱罪之赃及应禁之物,则没官"之类。七曰"即"。"即"者,意尽而复明,如"犯罪事发在逃,众证明白,即同狱成"之类。八曰"若"。"若"者,文虽殊而会上意。如"犯罪时未老疾,事发时老疾,以老疾论。若在徒年限内老疾者,亦如之"之类。辨其称名,律中有"称乘舆车驾御物者,尚方服御之物并同""称制者,懿旨、令旨并同""称期亲及祖父母者,曾、高同""称孙者,曾、元同""嫡孙承祖,与父母同""缘坐者,各从祖孙本法""其嫡母、继母、慈母、养母,与亲母同。改嫁、义绝及殴杀子孙,不与亲母同""称子者,男女同。缘坐者,女不同""称监临者,内外诸司统摄所属,有文案相关涉,及别处驻扎衙门,带管兵粮、水利之类,虽非所管百姓,但有事在手者,即为监临""称主守者,内外各衙门该管文案吏典,专主掌其事,及守掌仓库、狱囚、杂物之类官吏、库子、斗级、攒拦、禁子,并为主守。其职非统属,但临时差遣管领、提调者,亦是""称一日者,以九十六刻。犯罪违律,计数满乃坐。计工者,从朝至暮,不以九十六刻为限。称一年者,以三百六十日。如秋粮违限,虽三百五十九日,亦不得为一年。称人年者,以籍为定""称众者,三人以上。称谋者,二人以上,谋状显著明白者。一人同二人之法""称道士女冠者,僧、尼同。若于其受业师,与伯叔父母同。其于弟子,与兄弟之子同"。官司以时讲读,岁终则课试。律令参酌事理轻重,定立罪名,颁行天下,永为遵守。百司官吏皆令讲读,明晰律意,以剖决事务。年终,在内在外,各从上司官考校。若有不能讲解、不晓律意者,官罚俸一月,吏笞四十。百工技艺诸色人等,有能熟读、讲解、通晓律意者,若犯过失及因人连累致罪,不问轻重,并免一次。如官吏人等挟诈欺公,妄生异议,擅为更改变乱成法者,重科其罪。

〇凡定例,有服制之异,民人犯事,有关服制者,承审官详细研鞫,取具宗图,及里邻族长各甘结,依律定拟。凡亲属相殴相告,各按服制远近。尊长有犯,比凡人减等科断。卑幼有犯,比凡人加等科断。亲属相盗,尊长、卑幼各比凡人减科。惟亲属相奸,不论尊卑长幼,但以服之远近,别罪之轻重。凡有祖父母、父母者,期亲以下,以疏远论。虽无祖父母、父母,尚有期亲服属者,功缌以下,以疏远论。如卑幼有罪,至亲服属并未起意致死,被疏远亲属致死者,仍照谋故殴杀卑幼本律定拟,不准减等。又期功尊长杀死卑幼之案,如系争夺财产、官职,或图奸,或平素挟有仇隙,惨毒致死者,悉依凡人谋故杀律论,不得以服制宽减。其外姻尊长,于非所自出之外孙及甥等,故加凌虐致死者,承审官临时权其曲直,按情治罪,不以服制为限。又如,祖父母、父母被有服亲属殴打,止宜救解,不得还殴。若还殴者,依服制科罪。倘实系事在危急,卑幼情切救护,因而殴死尊长者,于疏内声明,减为边远充军,照例两请,候旨定夺。又如殴伤及殴死期亲以下尊长,或因金刃误伤,或因迫于威吓,或死在余限内外,俱系情轻者,督抚按律例定拟,止于案内叙明,不得两请。法司核复,亦照本条科罪。若核其情节,实可矜悯者,夹签声明,恭候钦定。秋审时,服制攸关之犯,俱入情实,另册进呈。其改缓减等,皆大学士与部臣会议具奏。有良贱之异,凡良贱相殴、良贱相奸,良人有犯,减凡人一等科罪;奴婢有犯,加凡人一等科罪。有边腹之异。凡边外与腹地,立法不同。如新疆地方兵丁、跟役犯强盗及抢夺杀人者,巡抚审明后,一面奏闻,一面即行正法。川省匪徒场市抢劫、纠伙多人者,云贵、四川有流棍勾通土棍、诱拐子女捆掳贩卖者,俱拟斩决,杀人者枭示。商船图财害命者,照苗人图财害命例,亦斩决、枭示。凡沿江滨海有持枪执械混行斗殴者,即拟满流。又如民人与蒙古交涉之案,如蒙古在内地犯事,照刑律办理;如民人在蒙古犯事,即照蒙古律办理。其偷盗马匹案件,外藩蒙古,照蒙古律拟断;察哈尔蒙古偷盗官马、民马者,仍照例治罪。苗夷犯死罪,按律定拟题结,不准以牛马银两抵偿。其自相争讼之事,照苗例断结,不必绳以官法。西藏治以番律,各回城治以回律,俱各从其俗。其得以凡论者,并著于律。若职官,内外大小官员犯罪,所司开具事由奏闻,不得擅自勾问。若得旨推问,依律拟奏,仍候复准,方许判决。三品以上大员革职拿问,不得遽用刑夹。有不得不刑讯之事,请旨遵行。文职道府、武职副将以上,题参后,候旨提讯。其余于题参日即行拘质。凡参革讯问之员,审系无辜,即以开复定拟,不得称已经革职毋庸议题复。其原参重罪审虚,尚有轻罪应以降罚归结者,开复原职,再按所犯分别降罚。凡任满得代、改、除、致仕等官,与现任同。封赠官与其子孙正官同。若子孙缘事革职,其父祖诰敕不追夺者亦同。妇人犯夫,乃义绝,不改嫁者,得与其子之官品同。此等之人犯罪,应请旨者请旨,应径问者径问,并依职官之法。无官犯罪,有官事发,公罪笞杖以上,依律纳赎。卑官犯罪,迁官事发,在任犯罪,去任事发,公罪笞杖以下,依律降罚;杖一百以上,依律科断。凡失陷城池、行间获罪,及贪赃革职各官,封赠、诰敕俱行追夺。其别项革职者,免追。凡追夺、除名者,官、爵皆除。若旗人,旗人犯笞杖者,照数鞭责;军、流、徒免发遣,分别枷号。徒一年者,枷号二十日;每等递加五日。总徒、准徒亦递加五日。流二千里者,枷号五十日;每等亦递加五日。充军附近者,枷号七十日;近边者,七十五日;边远者,八十日;极边烟瘴者,九十日。在京满洲、蒙古、汉军,及外省驻防,并盛京、吉林等处屯居之无差使旗人,如系寡廉鲜耻,应削去旗籍者,依律发遣,仍逐案声明请旨。若寻常军、遣、流、徒、杖、笞等罪,仍照例折枷、鞭责。至内务府所属庄头、鹰户、海户人等,及附近住居庄屯旗人,王公各处庄头,俱照民人一例定拟。八旗家奴军、流等罪,酌发驻防为奴,不准折枷。犯徒罪者,汉军奴仆,问拟实徒,徒满押回该旗,交伊主管束;其满洲、蒙古奴仆,照旗下正身例折枷、鞭责。凡满洲、蒙古、汉军奴仆已入籍为民,俱照民人办理。至设法赎身,并未报明部旗之人,无论伊主曾否收得身价,仍作为原主户下家奴,有犯军、流等罪,照例问发。若天文生,钦天监天文生,习业已成,明于测验推步之法,能专其事者,犯军、流及徒,各决杖一百,余罪收赎,仍令在监习业。若系反逆缘坐应流,造畜蛊毒等犯家口会赦犹流,及犯斗殴伤人、抢夺、窃盗等罪,编配刺字,与常人一体科断,不在留监习业之限。其该监官员由天文生出身者,犯罪请旨提问,与职官一例问断。该为民者,送监,仍充天文生身役;该徒、流、充军者,请旨定夺。凡工匠、乐户犯徒罪者,依数决杖,留住衙门,照徒年限拘役,住支月粮。养象军奴犯徒、流罪,亦决杖、住粮,年限满日,仍旧食粮养象。若妇女,妇女罪应决杖者,奸罪去衣留裩受刑,余罪单衣决罚,皆免刺字。犯徒、流罪者,决杖一百,余罪收赎。若命妇、官员正妻,杖罪亦准纳赎。凡妇人非犯奸、盗、人命重案,一应小事牵连,俱提兄弟子侄代审。其经州县审讯明确,及非案内紧要证犯,均毋庸转解质审。秋审时,重犯妇女解勘,经过地方派拨官媒伴送。其解勘一次,情罪无可改拟者,下次即停解。孕妇应拷讯者,限产后百日;死罪应决者,亦如之。其应凌迟处死者,产后一月,即行正法。若老幼废疾,凡年七十以上、十五以下,及废疾之人,犯罪到官,不得拷讯,皆据证定罪。军、流以下,准其收赎。惟缘坐应流及会赦犹流者,不准赎。收赎一次后再犯罪,除连累、过失,仍准收赎外,其有心再犯,即不准收赎。若八十以上、十岁以下,及笃疾,犯杀人应死者,议拟奏闻,取自上裁。盗及伤人,罪不至死者,亦收赎。余皆勿论。其笃疾犯死罪者,除斗杀、戏杀、误杀,准依律办理外,谋杀、故杀,即照常人拟罪,不准声请。九十以上、七岁以下,虽死罪,不加刑。有教令者,坐之。受赃者,仍追征给主。凡老幼等犯罪收赎者,若例应枷号,一体放免;应得杖罪,仍令收赎。秋审、朝审人犯内,有犯罪时年十五以下,及现在年已七十,经九卿拟以可矜,蒙恩宥免减流者,俱准收赎。凡十岁以下斗殴毙命之案,如死者长于凶犯四岁以上,准其依律声请。若所长止三岁以下,一例拟绞监候,不准双请。至十五以下殴毙人命之案,亦必死者长于凶犯四岁,而又理曲逞凶,及无心戏杀者,方准援丁乞三仔之例声请。凡瞎一目之人,不得以废疾论赎。若殴人瞎一目者,仍照例科罪。则各区其决罚。

# 卷五十四　刑　部

## 尚书侍郎职掌二

**提　要**　○凡五刑之属三千,著于律。律不尽者,著于例。凡引律,必全引其本文。例亦如之。有例则置其律。例有新者,则置其故者。律与例无正条者,得比而科焉,必疏闻以候旨。○定加减之法。加者,笞、杖、徒、流,其等十有八,各按等而递加焉,不加入于死。减,则二死、三流各合为一等而减之;徒以下,乃别其等焉。凡犯罪得累减,减尽则无科。○凡民罹于辟者,罪有公私,犯有首从,情有轻重。自首者,有免科,有减科。累犯者,有并科,有再科。匿罪人者罪之,惟亲属得相容隐焉。○凡以赃获罪者,其款有六,曰枉法赃,曰不枉法赃,曰窃盗赃,曰监守盗赃,曰常人盗赃,曰坐赃,各计其赃之数以为等。凡枉法、不枉法赃,皆辨其有禄、无禄而科焉。凡赃入官者、给主者,各依其限而追之。亏国帑者,则籍其产以备抵。凡赃物,必平其估。○凡词讼,惩其越诉,察其虚诬,申其冤抑。干名犯义者有诛,教唆代控者有诛,匿名投贴者有诛。○凡民之诈伪者、凶暴者、邪僻者、奸慝者、游荡者,各申其禁,责所在官治焉。

○凡五刑之属三千,著于律。律不尽者,著于例。凡罪名应律例者,三千九百余条。笞一十者,三十一;笞二十者,四十九;笞三十者,四十二;笞四十者,一百一十八;笞五十者,一百二十三。凡笞之属,三百六十三。杖六十者,一百二十四;杖七十者,七十七;杖八十者,二百六十七;杖九十者,九十八;杖一百者,五百五。凡杖之属,一千七十一。徒一年者,九十五;徒一年半者,六十三;徒二年者,八十三;徒二年半者,一百一十九;徒三年者,三百五十二;总徒四年者,二;准徒五年者,二;迁徙准徒二年者,五。凡徒之属,七百二十一。迁徙安插者,三。杂犯流二千里者,二;流二千五百里者,二;流三千里者,一十一。实犯流二千里者,七十一;流二千五百里者,二十一;流三千里者,二百九十。凡流徙之属,四百。发遣者,一百四十三。附近充军者,五十六;近边充军者,一百二十三;边远充军者,一百五;极边充军者,六十五;烟瘴充军者,二十七;极边烟瘴充军者,一百。凡军遣之属,六百一十九。杂犯绞者,六;杂犯斩者,六。实犯绞监候者,二百六十六;斩监候者,二百一十二;立绞者,七十一;立斩者,二百二十二;凌迟处死者,三十。凡死刑之属,八百一十三。凡引律,必全引其本文。例亦如之。引用律例,一条止断一事者,不得任意删减。若数事共一条者,全引恐有不合,许其止引所犯本罪以断之。正律正例之外,有奉特旨断罪,临时处治不为定律者,及成案未经通行者,均不得混行牵引,以致罪有出入。承问官审明定案,务须援引一定律例。不得先引一例复云不便,仅照常律致滋轻纵,请照某律定拟。于本律之外,抑扬其词,深文曲笔,以失刑罚之平。如督抚办理案件,果有与旧案相合,可援为例者,许于本内声明,本部详加查核,附请著为定例。有例则置其律。律有一定,例则随时损益。有于律罪本重者,例或权其情节,量为宽减;有于律本轻者,例特重其科。皆体会律意,参酌变通。断罪者当以改定之例为准,不必拘泥律文。例有新者,则置其故者。事犯在未经定例之先,仍以律及已行之例定拟。其定例内有限以年月者,俱以限定年月为断。若例应从轻者,照新例遵行。律与例无正条者,得比而科焉,律令所载,不能该尽事理,其应比引科断。如僧道徒弟与师共犯罪,徒弟比引家人共犯律免科。强窃盗犯捕役带同投首,有教令,及贿求故捏情弊,比照受财故纵律治罪。发卖猪羊肉灌水,及米麦等搀和沙土货卖者,比照客商将官盐搀和沙土货卖律杖八十。男女定婚,未曾过门,私下通奸,比依子孙违犯教令律杖一百。打破信牌,比依毁官文书律杖一百。运粮一半在逃,比依凡奉制书有所施行而违者律杖一百。既聘未娶子孙之妇骂舅姑,比依子孙违犯教令律杖一百。遗失京城门锁钥,比依遗失印信律杖九十、徒二年半。妻之子打庶母伤者,比依弟妹殴兄姊律杖九十、徒二年半。杀义子,比依杀兄弟之子律杖一百、徒三年;故杀者,杖一百、流二千里。考职贡监生假冒顶替者,比照诈假官律治罪。奸义子妇,比依奸缌麻以上亲之妻律杖一百、徒三年;强者,斩。奸乞养子妇,比依奸妻前夫之女律科断,其子与妇断还本宗;强者,斩。奸义妹,比依奸同母异父姊妹律杖一百、徒三年;强者,斩。奸妻之亲生母者,比依奸母之姊妹论。奸义女,比依奸妻前夫之女律杖一百、徒三年;强者,斩。偷盗所挂犯人首级丢弃水中,比依拆毁申明亭板榜律杖一百、流三千里。夫弃妻之尸,比依尊长弃毁缌麻以下卑幼之尸律杖一百、流三千里。调戏弟妇,比依强奸未成律杖一百、流三千里。拖累平人致死,比依诬告人因而致死一人律绞。官吏打死监候人犯,比依狱卒非理凌虐罪囚致死律绞。弓兵奸职官妻,比依奴及雇工人奸家长期亲之妻律绞。伴当奸舍人妻,比依奴及雇工人奸家长期亲之妻律绞。奴婢诽谤家长,比依骂家长律绞。奴婢放火烧主房屋,比依奴婢骂家长律绞。弃毁祖宗神主,比依弃毁父母死尸律斩。义子骂义父母,比依子孙骂祖父母律立绞。骂亲王,比依骂祖父母律立绞。义子奸义母,比依雇工人奸家长妻律立斩。谋杀义父之期服兄弟,比依雇工人谋杀家长之期亲律,已行者立斩,已杀者凌迟。凡如此类,略举数条,余可例推。必疏闻以候旨。断罪无正条,援引他律比附者,本部会同三法司议定罪名,于疏内声明律无正条今比照某例科断或比照某律某例加一等减一等科断,奏明候旨遵行。若本有正条者,承审官不得故意出入,不引正条,比照别条,以致可轻可重。其应会三法司定拟者,如本部引例不确,许院寺自行查明律例改正。倘院寺驳改犹未允协,三法司堂官会同妥议。若院寺官扶同蒙混,草率疏忽,交部议处。至外省督抚具题案件,内有情罪不协、律例不符之处,部驳再审。该督抚及司道等官虚心按律例改正具题,将从前舛错之处免其议处。若驳至三次,不酌量情罪改正,仍执原议具题,经部院复核改正者,将督抚、司道等官一并议处。

○定加减之法。加者,笞、杖、徒、流,其等十有八,各按等而递加焉,不加入于死。笞、杖、徒各五等,流三等。应加罪者,依次递加。如笞五十加一等,则坐杖六十;满杖加一等,则坐徒一年;满徒加一等,则坐流二千里。若罪已至流三千里,不得因加而坐以死,故曰"至死以凡论"。其有本条加入死者,如奴婢殴家长亲自缌麻至大功递加一等加入于死、妾殴夫比妻加一等亦加入死之类,不在此例。减,则二死、三流各合为一等而减之;死罪不论斩、绞,减一等即坐流三千里,减二等即坐徒三年。流罪不论远近,减一等即坐徒三年。徒以下,乃别其等焉。徒、杖、笞仍分十五等,以次递减如加法。凡犯罪得累减,减尽则无科。若吏典故出人罪,放而获还减一等;首领官不知情以失论,失出减五等,比吏典又减一等,获还又减一等,通减七等。又同僚犯公罪,失入者,吏典减三等,若未决放,又减一等,通减四等;首领官减五等,佐贰官减六等,长官减七等。又如斗殴伤人后下手理直者减二等,保辜限内医治平复又减二等,通减四等。官吏听许财物准枉法论至死减一等,又减受财一等,通减二等之类。若减尽无科,则免罪。

○凡民罹于辟者,罪有公私,内外文武官员犯公罪,应笞一十者罚俸一月,二十、三十各递加一月,四十、五十各递加三月;杖六十者罚俸一年;七十者降一级,八十者降二级,九十者降三级,俱留任;杖一百者,降四级调用。吏典犯公罪者,笞杖的决,而留其役。官员犯私罪,应笞一十者罚俸二月,二十者罚俸三月,三十、四十、五十者各递加三月;杖六十者降一级,七十者降二级,八十者降三级,九十者降四级,俱调用;杖一百者,革职离任。吏典私罪,杖六十以上,即罢其役。凡同僚官吏,连署文案、判断公事失错而无私曲者,一人能检举改正,余人皆得免罪。官文书稽程应连坐者,亦如之。惟主典之吏不免。若主典吏自举,亦得减二等。其断罪失入已论决者,虽自检举,不免罪。凡不系私己而因公事得罪,曰公罪,如因人连累及断罪失出入之类皆是。若不因公事己所自犯者,为私罪,如枉法受赃及断罪故出入之类皆是。其事干埋没钱粮、遗失官物,虽系公罪,仍须追究明白,应赔偿者赔偿,应还官者还官。犯有首从,凡共犯罪,以造意者为首,随从者减一等。若一家共犯,止坐尊长,卑幼无罪。尊长年八十以上及笃疾者,则坐以次尊长。无以次尊长,方坐卑幼。若妇人与卑幼男夫同犯,虽妇人为首,仍独坐卑幼男夫。若窃盗财物、斗殴杀伤之类侵损于人者,以凡人首从论。至共犯罪而首从本律各别者,各依本律首从论。如甲引他人殴兄,甲依殴兄论徒,他人依凡斗殴论笞。又如卑幼引外人盗己家财物,卑幼依私擅用财物论笞,外人依窃盗为从论杖。凡本条言"皆"者,罪无首从;不言"皆"者,依首从法。其同擅入皇城宫殿门、同私越度关、同避役在逃、同犯奸之类,虽不言皆,亦无首从。凡二人犯罪,一人在逃,现获者称逃者为首,更无证佐,则且决其从罪。后获逃者称前人为首,鞫实,仍依首论,通计前决之罪,以充后问之数。若事发在逃者,或首或从众证明白,即同狱成。将来照提到官,止以原招决之,不须对问。如抢夺、拒捕、共殴、窃盗等案,现获之犯多于逸犯,供证确凿,以及逸犯虽多,而现获二三人系先后拿获,或虽同时并获,经隔别研讯,实系逃者为首,或事主、尸亲、旁人指证有据者,即先决从罪,毋庸监候待质。如案内人数众多,仅获一二名,无事主、尸亲、证佐指认者,仍将现犯拟罪候质。凡强盗引线,除盗首先已立意欲劫其家,仅止听从引路者,仍照例以从盗论,如首盗并无立意欲劫之家,其事主姓名、行劫道路悉由引线指出,又经分得赃物者,虽未同行,即与盗首一体拟罪,不得以情有可原声请。又抢夺窃盗杀人之案,数人共杀一人,无论金刃、他物、手足,以致命重伤者为首,在场助力或致命而非重伤或重伤而非致命者以为从论。如俱系致命重伤,以金刃者为首,手足、他物为从。如俱系金刃及俱系他物、手足,致命重伤无可区别者,有主使以主使者为首,下手者为从;无主使,以先下手者为首,后下手者为从。若两人同拒一人,系各自拒伤,并不同场者,即各科各罪,各以为首论。凡因人连累致罪,而正犯自死者,连累人听减本罪二等。若正犯自首得免,及遇赦原免,或蒙特恩减罪收赎者,连累人亦依罪人原免、减等赎罪法。情有轻重。凡本条自有罪名,与名例不同者,依本条科断。本条虽有罪名,而心有所规避,罪重者,自从所规避之重罪论。其本应罪重,而犯时不知者,依凡人论。如叔侄别处生长,素不相识,侄打叔伤,官司推问始知是侄,止依凡斗殴科断。别处行窃,偷得大祀神御之物而不知者,以常窃盗论。本应轻者,仍听从本法。如父不识子,殴打之后方知是子,止以打子论,不得以凡殴科断。自首者,有免科,有减科。凡犯罪未发而自首者,免罪,犹征正赃。轻罪发而因首重罪者,免其重罪。如窃盗事发,自首曾私铸铜钱,得免铸钱之罪,止科窃盗。因问被告之事,而别言余罪者,免其余罪。如因犯私盐事发被问,不加拷讯,又自言曾窃牛,曾欺诈人财物,止科私盐之罪。遣人代首者,不论亲疏,并同自首。同居若大功以上亲,及奴仆、雇工人为之首者,亦如之;小功、缌麻亲,则减三等;无服之亲,则减一等。若自首不实不尽者,以不实不尽之罪罪之,至死者,减一等。其损伤于人于物不可赔偿,事发在逃,若私越度关及奸者,并不在自首之律。凡强窃盗、诈欺取财而于事主处首服,受人枉法不枉法赃悔过还主,皆得免罪。知人欲告,而于财主处首还者,得减二等。凡自首,与闻拿投首有别。盗犯自首者,如系伤人首盗,拟斩监候;未伤人之首盗,发近边充军;窝家盗线,亦如之;伙盗伤人,并行劫二次以上者,亦如之。如系行劫止一次,并未伤人之伙盗,则免罪。若闻拿投首者,伤人首盗,亦拟斩候;未伤人首盗,照情有可原例发黑龙江等处给披甲人为奴。窝家盗线,亦如之;伤人伙盗,亦如之。未伤人之伙盗,则满徒。其余罪犯,于律自首得免罪者,若闻拿投首,均减本罪一等。洋盗案内被胁人犯,并未随行上盗者,如在盗所逃回欲行投首,尚未到官即被拿获者,仍同自首免罪;若已到家,并不到官呈首,旋被拿获者,不得同自首论。凡犯罪已被囚禁,越狱在逃而投首者,免其逃罪,正罪不免。累犯者,有并科,有再科。犯罪未决而又犯者,从重科断。已决而又犯者,再科后罪。重犯流者,三流并决杖一百,于配所拘役四年。重犯徒者,依后所犯杖数该徒年限,议拟明白,照数决杖,仍令应役,通前亦总不得过四年。其徒流人又犯笞杖者,各依数决之。妇女、天文生应加杖者,亦如之。斩绞之犯,在监年久,自号牢头,串通禁卒捕役,挟制同囚,吓诈财物,教供诬陷,少不遂意,恣意凌虐,凶恶显著者,即照原犯罪名立决。其寻常过犯,酌量严惩示儆。免死减等之犯复犯死罪,即行正法;复犯军、流、徒,拟斩监候。改发极边烟瘴充军之犯,复犯军、流、徒罪,分别年限枷号。军犯复犯徒罪,五徒各分限枷号;复犯军、流,照逃军调发例办理。杂犯死罪人犯纳赎未完、徒限未满,复犯流、徒以下各罪,照例决杖收赎。三犯杂犯死罪,请旨定夺。凡二罪俱发,以重者论罪;各等者,从一科断。一罪先发已决,余罪复发,其轻者、相等者勿论,重者更论之,通计前决之罪以充后发之数。如二次犯窃盗,一次先发,计赃一十两,已杖七十,一次复发,计赃四十两,该杖一百,合贴杖三十。其赃应入官、物应赔偿、罪应刺字者,仍各尽本法。匿罪人者罪之,凡知人犯罪官司追唤,藏匿在家不行捕告,及指引道路、资给衣粮、送令隐匿者,各减罪人罪一等。如犯数罪,藏匿人止知一罪,以所知罪减等罪之。若知官吏追捕而漏泄其事,致罪人得以逃避者,亦如之。未断之间能自捕获者,免罪。若他人捕得,及罪人已死,若自首者,各减一等。亲属纠合外人藏匿罪人,亲属虽免罪、减等,外人仍科藏匿之罪。其事未发,非官司捕唤而藏匿者,止问不应。惟亲属得相容隐焉。凡同财共居,若大功以上亲属,及外祖父母、外孙,妻之父母,女婿,若孙之妇,夫之兄弟及兄弟妻,有罪相为容隐。奴婢、雇工人为家长隐者,皆勿论。虽泄漏其事,通报消息,致罪人隐匿逃避者,亦不坐。若小功以下亲相容隐,及泄漏其事者,减凡人三等;无服之亲,减一等。其犯谋叛以上者,不用此律。父为母杀,其子隐忍,于破案后始供明者,以不应重论;经官审讯,犹复隐忍不言者,以违制论。若母为父杀,仍听依律容隐免科。

○凡以赃获罪者,其款有六,曰枉法赃,枉法赃,一两以下杖七十,一两至五两杖八十,一十两杖九十,一十五两杖一百,二十两杖六十、徒一年,二十五两杖七十、徒一年半,三十两杖八十、徒二年,三十五两杖九十、徒二年半,四十两杖一百、徒三年,四十五两杖一百、流二千里,五十两杖一百、流二千五百里,五十五两杖一百、流三千里,八十两绞监候。无禄人各减一等,至一百二十两绞监候。赃各主者,通算全科。假如受一主财固全科,即受十人财,一时事发,通算作一处,全科其罪。犯二事以上,一主先发已经论决,其他后发,虽轻者、相等者,亦并论之。如有禄人节次受人枉法赃,先二十两已发,科杖六十、徒一年,后二十两继发,合并取前赃通计四十两,更科全罪徒三年。曰不枉法赃,不枉法赃,一两以下杖六十,一两至十两杖七十,二十两杖八十,三十两杖九十,四十两杖一百,五十两杖六十、徒一年,六十两杖七十、徒一年半,七十两杖八十、徒二年,八十两杖九十、徒二年半,九十两杖一百、徒三年,一百两杖一百流、二千里,一百一十两杖一百、流二千五百里,一百二十两杖一百、流三千里,一百二十两以上绞监候。无禄人各减一等,罪止满流。各主者,通算折半科之。假如受十人财,一时事发,通算作一处,折半科罪。一主者,亦折半科罪。曰窃盗赃,按数定等,与不枉法赃同。其不同者,以一主为重,并赃论罪。假如盗得二家财物,从一家赃多者科罪,是为以一主为重。十人共盗得财物计赃四十两,虽各分四两,通算作一处,十人俱得四十两之罪,为首者杖一百,为从者各杖九十,是为并赃论罪。曰监守盗赃,监临主守官吏盗仓库钱粮者,一两以下杖八十,一两至二两五钱杖九十,五两杖一百,七两五钱杖六十、徒一年,一十两杖七十、徒一年半,一十二两五钱杖八十、徒二年,一十五两杖九十、徒二年半,一十七两五钱杖一百、徒三年,二十两杖一百、流二千里,二十五两杖一百、流二千五百里,三十两杖一百、流三千里,四十两斩。自流罪以上依杂犯,三流总徒四年,斩罪准徒五年。并赃论罪,如窃盗赃法,惟不分首从。三犯者绞,问实犯。曰常人盗赃,常人盗仓库钱粮者,一两以下杖七十,一两至五两杖八十,一十两杖九十,一十五两杖一百,二十两杖六十、徒一年,二十五两杖七十、徒一年半,三十两杖八十、徒二年,三十五两杖九十、徒二年半,四十两杖一百、徒三年,四十五两杖一百、流二千里,五十两杖一百、流二千五百里,五十五两杖一百、流三千里,八十两绞。自流罪以上,亦依杂犯总徒、准徒。亦不分首从,并赃论罪。曰坐赃,凡官吏非因事而受财,如被人盗财或殴伤,若于赔偿及医药之外因而受赃之类。又如擅科敛财物,或多收少征,如收钱粮税粮斛面及检踏灾伤田粮与私造斛斗秤尺各律所载,虽不入己,或造作虚费人工物料之类。凡罪由此赃者,皆名坐赃致罪。一两以下笞二十,一两至十两笞三十,二十两笞四十,三十两笞五十,四十两杖六十,五十两杖七十,六十两杖八十,七十两杖九十,八十两杖一百,一百两杖六十、徒一年,二百两杖七十、徒一年半,三百两杖八十、徒二年,四百两杖九十、徒二年半,五百两杖一百、徒三年。罪止满徒。各主者通算,折半科罪。各计其赃之数以为等。凡枉法、不枉法赃,皆辨其有禄、无禄而科焉。月俸一石以上者,为有禄人;不及一石者,为无禄人。凡无官犯赃,有官事发,照有官参提,以无禄人科断。有官时犯赃,革职后事发,不必参提,以有禄人科断。致仕及封赠官犯赃,与无禄人同科。凡赃入官者、给主者,凡彼此俱罪之赃,及犯禁之物,则入官。取与不和,用强生事,逼取求索之赃,则还主。各依其限而追之。还官赃十两以上,入官赃二十两以上,给主赃三十两以上,监追一年之外,勘实力不能完者,按季汇题,请旨定夺。不及前数者免追,照拟发落。其赃已费用,而犯人身死者,亦免征。计雇工赁值为赃者如之。监守盗仓库钱粮,分别侵盗、挪移。侵盗者,四十至一百两照律问拟准徒,一百两以上至三百三十两杖一百、流二千里,至六百六十两杖一百、流二千五百里,至一千两杖一百流、三千里,一千两以上拟斩监候。勒限一年,全完者,死罪减二等,流、徒以下免罪。若不完,再限一年。全完者,死罪及流徒以下各减一等发落。如不完,流徒即行发配,死罪监禁。均再限一年,着落犯妻及未分家之子名下追赔。三年限外不完,死罪人犯永远监禁。全完者,奏明请旨,均照二年全完减罪一等之例办理。挪移者,五千两以下,照律拟杂犯流总徒四年;五千两以上至一万两,拟实犯杖一百、流三千里,不准折赎;一万两以上至二万两,发近边充军;二万两以上,虽属挪移,亦照侵盗钱粮例拟斩监候。统限一年,全完俱免罪。其未至二万两者,仍准其开复。若不完,再限一年。追完,减二等发落。二年限满不完,再限一年。追完,减一等发落。若三年限满,不全完者,除完过若干之外,照现在未完之数治罪。又追赔各项银两,以一年为一限,计应追之数,按年分限完交。现任职官初限不完者,解任,令同二限银两戴罪完纳。全完者,准以原官补用。若二限内仅完初限银两者,仍令戴罪完纳。初限、二限均不能完,革去职衔,同三限银两一并严追。此三限内止完一限之数者,仍革职严追;如已完两限之数者,复其职衔,戴罪完纳。能照数全完者,准其开复补用。倘三限均不能完,交部治罪,所欠银两于家属名下严追。其奉旨准其宽限,及将养廉扣抵者,不在此限。若无禄人等初限不完者,监禁,令同二限银两一并追比。如照数全完,暂予释放。仅完初限银两,二限未能全完者,仍监禁追比。初限、二限均不能完者,令该旗、该地方官将财产查封,同三限银两一并严追。此三限内止完一限之数者,暂免变产;完两限之数者,将本身释放,财产仍行封守。照数全完者,本身释放免罪,财产给还。倘三限俱不能完,即将财产变充,交部治罪。至追比之项有分二年者,一年不完,照初限例处分;二年俱不完,即照三限例治罪。二年内完一年之数者,再限一年。仍不能完或完不足数者,即行治罪。州县亏空仓谷,及怠玩仓廒不行修理,以致米谷霉烂者,俱革职。令接任官先行动帑买补,勒限一年照数追赔。如逾限不完,各依律治罪。凡断付死者财产,虽遇赦不免追。亏国帑者,则籍其产以备抵。亏空题参时,一面于任所严追,一面行文原籍,将家产严查存案。如任所无完,即变价补完。若由原籍承追,督抚一面督属严追,一面行查该员历过任所有无隐寄。毋庸俟本籍无追,始行咨查。田房产业一经入官,即令犯属将契券呈堂出业,该管官眼同原主秉公确估,出示速售。有愿买者,即给予印照,不许原主勒索找价,亦不许家属据占、父兄隐射。其坟地及坟园内房屋,看坟人口祭祀田产,俱免入官。兄弟未经分产者,将所有产业查明,按其兄弟人数分股计算,只将本犯名下应得一股入官,其余兄弟名下应得者概行给予。又赃赔之项,止着落正犯追取,不得将无干之人肆行诬赖,承追官亦不得巧借认帮名目株连亲属,辗转拖累。如果任所、原籍查明财产尽绝,实在无可着追者,任所官出具切实印结,由原籍官加结题请豁免。倘有隐匿、寄顿别经发觉,将家属治罪,出结官议处、分赔。凡州县侵亏,上司徇隐不举,及被盗劫仓库等项,本人身故,力难完缴者,即令该管各上司分赔。其因公核减借欠之项,及本系分赔、代赔者,业经查明结报家产尽绝、无力完缴者,即照例题豁,毋庸于同案各员名下摊追。凡赃物,必平其估。估赃,据犯处地方当时中等物价估计定罪。计雇工钱者,一人一日为银八分八厘五毫。其牛、马、驼、骡、驴、车船、碾磨、店舍之类,照依犯时雇工赁值。赁钱虽多,各不得过其本价。其赃罚金银,并照犯供成色追征。若已费用无存者,追征足色。凡州县自理赎锾,岁底造册申报臬司;藩臬自理赎锾,岁底册报督抚;督抚汇造清册具题,报部查核。

〇凡词讼,惩其越诉,军民陈告词讼,皆自下而上,先赴州县衙门具控。倘事款干碍本官,不便控告,及审断不公,须于状内将控过衙门、审过情节开载明白,赴该上司衙门呈告。再有屈抑,方准来京呈诉。令其出结,如已在本省各衙门呈告有案,方与勘问。如未经在本籍具控,或现在审办未结,遽行来京诉告者,交部讯明,先治越诉之罪,仍将该犯解回本省,令督抚等秉公审拟题报。其已经本省审结题咨到部后,又来京翻控者,即交部将现控呈词核对原案。如所控情事与原案只小有异同,无关罪名轻重者,毋庸再为审理,即将翻控之犯照律治罪。若核与达部案情迥不相符,而又事关重大者,或曾在本省历控,尚未审结报部,虚实难以悬定者,或将该犯交部监禁,提取该省案卷来京核对质讯,或交督抚审办,或请钦派大臣前往,皆奏闻候旨遵行。凡户婚、田土、钱债、斗殴、赌博等细事,即于犯事地方告理,不得于原告所住之州县呈告。原籍之官亦不得滥准行关,彼处之官亦不得据关拘发。旗军有欲陈告运官不法事情者,许候粮运过淮,并完粮回南之日,赴漕督告理。如赴别衙门挟告诈财,听该管官拿问,从重科拟。在外刁徒身背黄袱,头插黄旗,口称奏诉,直入衙门挟制官吏者,所在官司拿问。若系干己事情,及有冤枉者,照例审断,仍治以不应重罪。其不系干己事情,别无冤枉,并究追主使之人,一体问发近边充军。若于车驾出郊及行幸西苑等处申诉者,擅入午门、长安门内叫诉冤枉者,跪午门、长安门及于长安门内正阳门外打石狮鸣冤者,违禁入堂子跪告者,越登闻院墙、突入鼓厅、妄行击鼓谎告者,俱分别照例治罪。察其虚诬,词状止许一告一诉。实犯实证,不许波及无辜。及陆续投词,牵连原状内无名之人,原告不即赴审,辄行脱逃,及并无疾病事故,两月不到案听审者,即将被诬及证佐之人释放,所告之事不与审理,拿获原告专治诬告之罪。控告人命不实,不得听其自行拦息。其或诬听人言,情急妄告,于未经验尸之先,尽吐实情,自愿认罪,递词求息者,讯明果无贿和等情,照不应重罪完结。凡军民实系干己之事,方许陈告。如将弁克饷,须营伍管队等头目率领兵丁公同陈告。州县征派,须里长率领众民公同陈告。如将非系公同陈告之事,捏名砌款,牵连罗织,除所告不准外,照律治以诬告之罪。若举首诗文书札悖逆,只系字句失检,涉于疑似,并无确实悖逆形迹,即坐举首之人以所诬之罪。捏造奸赃款迹,编造歌谣,挟仇污蔑,以致被诬之人忿激自尽者,以诬告致死人论。至怀挟私仇,或误执伤痕,诬告人命,以致尸遭蒸检;及捕役诬窃为盗,吓诈逼认,因而致死;或本系良民,捏称踪迹可疑,妄拿私拷;或因伙盗未获,将犯有窃案之人教供诬扳,滥拿充数等弊,俱分别严究。凡诬告人笞罪者,加所诬罪二等;流、徒、杖罪,加所诬罪三等,罪止满流,不加入死。诬告充军者,照所诬道里远近抵充。军役诬告人,罪应迁徒,于准徒二年上加三等,流二千里,并入所应得杖一百之罪论决之。若徒罪已役、流罪已发配,虽经改正放回,按日于犯人名下追征用过路费给还。若曾典卖田宅者,着落备价取赎。因而致死随行有服亲属一人者,绞监候,将犯人财产一半断付被诬之人。至死罪已决者,反坐以死;未决者,杖一百、流三千里,于配所加徒役三年。若告二事以上,重事告实,轻事招虚,及数事罪等,但一事告实者,皆免罪。若告二事以上,轻事告实,重事招虚,或告一事,诬轻为重者,皆反坐以所剩不实之罪。其笞、杖、徒,各按折杖法通计。惟从笞、杖、徒诬入流者,三流皆准徒四年,不计远近,俱折杖二百四十。若从近流诬入远流,仍按折杖本法计之。已论决者,全抵剩罪;未论决者,笞、杖收赎,徒、流止杖一百,余罪亦听收赎。若告二人以上,但有一人不实者,罪虽轻,犹以诬告论。其诬轻为重,死罪已决者,亦反坐以死;未决者,满流不加役。若被诬之人诈冒不实,本不曾致死亲属,诈作致死,或将他人死尸冒作亲属,诬赖犯人者,亦抵绞罪,犯人止坐诬告本罪。至狱囚已招伏罪,本无冤枉,而囚之亲属妄诉者,减囚罪三等,罪止杖一百。若囚已决配,而自妄诉冤枉,摭拾原问官吏者,加所诬罪三等,亦罪止满流。在徒限内妄诉者,当从已徒而又犯徒律。申其冤抑。法司遇有称冤人犯,察其情罪有可矜疑者,毋拘成案,即移文会同三法司堂上官办理,开具所枉事迹,实封奏闻。委官追问得实,被诬之人依律改正,所枉之罪坐原告及原问官吏。处决人犯有临刑时呼冤者,奏闻复鞫。如审明实有冤抑,立为申雪,将原审官参处。如系妄行翻异,冀延显戮,除原犯斩罪仍即处斩外,如原犯绞罪者,亦改为斩罪,即行正法。在外审理事件,应照案内人犯籍贯,批委该地方官审明详结。如果情事未明,务须详细指驳。倘原问官仍复蒙混申详,题参议处,另委别官审理。凡督抚、司道等官遇民人控告屈抑之案,毋论所告事理轻重,概行亲提究办,不得仅委属员承审。如有检验、查勘等事,即遴委贤员,不得仍会同原问官办理。至于刁健之徒,本无冤枉,因负罪受惩,掩饰己非,捏款诬告者,仍按律治罪。凡司狱吏目、典史,专管囚禁,如犯人果有冤滥,许管狱官据实申明。若府州县不准,许即直申宪司各衙门提讯。干名犯义者有诛,子孙告祖父母、父母、妻妾告夫及夫之祖父母、父母、卑幼告内外期亲以下尊长,虽实亦坐罪;父祖期亲、大功尊长、外祖父母、妻之父母并同。自首免罪。小功、缌麻尊长,得减本罪三等。奴婢告家长及家长缌麻以上亲,与子孙卑幼同;雇工人减一等。诬告者不减。其告反逆、谋叛、窝藏奸细,嫡母、继母、慈母、所生母杀其父,所养父母杀其所生父母,及被期亲以下尊长殴伤其身者,不在干名犯义之限,所告之事,各依本律理断。尊长告卑幼得实,期亲、大功及女婿亦免罪,小功、缌麻亦减罪三等。诬告者,期亲减所诬三等,大功减二等,小功、缌麻减一等。夫诬妻、妻诬妾,亦减三等。若祖父母、父母、外祖父母、家长诬告子孙、外孙、外孙之父妾及己之妾,若奴婢、雇工人者,各勿论。女婿与妻父母果有义绝之状许相告者,各依常人论。教唆代控者有诛,为人作词状,增减情罪以诬告人者,如原告之人并未起意诬告,系教唆之人起意主令者,以主唆之人为首,听从控告之人为从。如本人起意欲告,而教唆之人从旁怂恿者,依律与犯人同罪,至死者减一等。若止从旁谈论是非,并非唆令控告者,科以不应重杖,不得以教唆论。凡受雇诬告人者,与自诬告同,至死者不减等。其雇人诬告之人,照设计教诱人犯法律,与犯法人同罪。内外问刑衙门,择里民中之诚实识字者,考取代书。凡有呈状,皆令其照本人情词据实誊写,呈后登记代书姓名。该衙门验明,方许收受。如无代书姓名,即严行查究。其有教唆增减者,照律治罪。坊肆所刻讼师秘本,如《惊天雷》《相角》《法家新书》《刑台秦镜》等一切构讼之书,尽行查禁销毁,不许售卖。有仍撰造刻印者,将旧书印刻贩卖者、买看者、藏匿其板与书者分别治罪。该管官失察,亦分别次数议处。地方积惯讼棍,串通胥吏,播弄乡愚,恐吓诈财,一经审实,即依棍徒生事扰害例治罪。钦差驰审重案,审出虚诬,除赴京捏控之人照例治罪外,其有无讼师唆使扛帮情节,严究问拟。如无此种情弊,亦即随案声明。凡军民干已词讼,无故不行亲赍,并隐下壮丁,故令老幼残疾、妇女家人抱赍奏诉者,俱各立案不行,仍提本身及壮丁问罪。现禁之囚,不得告举他事。其为狱官、狱卒非理凌虐者,听告。若被问,更首己之别事及有干连之人,亦准依法推问。凡年八十以上、十岁以下,及笃疾者,若妇人,除告反逆及子孙不孝,得自赴官陈告外,其余公事,许令同居亲属代告。诬告者,罪坐代告之人。官吏有争论婚姻、钱债、田土等事,听令家人告官对理,不得用公文行移。匿名投贴者有诛。凡投贴隐匿姓名文书告言人罪者,绞监候,虽实亦坐。被告言者,虽有指实,不坐。若于方投时,能连人与文书捉获解官者,官给银一十两充赏。若诡写他人姓名词帖,讦人阴私陷人,或空纸用印,虚捏他人文书,买嘱铺兵递送,诈以他人姓名注附本牌进入官府,不销名字,陷人得罪者,皆依律绞候。其或系泛常骂詈之语,及虽有匿名文书,尚无投官确据者,不坐此律。凡凶恶之徒,不知国家事务,捏造悖谬言词,匿名投贴者,拟以绞决。其捏造寻常谬妄言词,无关国家事务者,仍依律绞候。驻防旗人,交结奸匪,起意捏写匿名揭帖倾陷平人者,亦拟绞决。若不肖官员,唆使恶棍黏贴揭帖,或令布散投递者,与犯人罪同。

○凡民之诈伪者,如诈为制书,及部院等衙门文书盗用印信、套画押字,或诈传诏旨及一二品以下各官言语,分付公事,或雕刻、描摹印信及钦给关防,事关军机,冒支钱粮,假冒官职。又如伪造文凭札付,假予人官,及诈称内使等官,在外体察事务,欺诈官府,煽惑人民,或假冒勋戚姻党,豪横乡里,巧立名色,强占田房,并出入衙门,把持公文,包揽钱粮,或假充衙役,捏造签票,执持锁练,占宿公馆,搜查客船,吓取财物。又如,私铸之犯,于山陬水滨及人烟稠密处所,伙党鸠工,大炉广铸,并销毁制钱,翦边图利,假借前代古钱名色,私铸私贩,经纪、铺户人等即买取搀和货卖,或用铅锡药煮,伪造假银,或将银挖孔倾入铜铅,或用铜铅等物倾成锭锞,外包银皮,骗人行使。又如设方略诱取良人为奴婢,或伙党开窑,诱买子女藏匿勒卖,或兴贩转卖与人,或假以乞养过房为名,买良家子女转卖,或以药饵、一切邪术,迷拐幼小子女,或将腹里人口,用强略卖与境外土官等去处。凡诈为制书,以造作之人为首从坐罪,转相誊写者非是。诈传诏旨,以传出之人为首从坐罪,转相传说者非是。伪造印信,但有篆文可以假诈行事者,虽非铜铸亦坐。凡形质相肖,而篆文俱全者,谓之伪造;有其质而文不全者,谓之造而未成;全无形质而惟描之于纸者,谓之描摹。凶暴者,如豪强恃财倚势,因事威逼挟制窘辱,令平民冤苦无申,情极自尽。又光棍设法索诈官民,或张贴揭帖,捏告官府,或纠众系颈,谎言欠债,逼写文券,吓诈取财。又不法之徒,乘地方荒歉,伙众抢夺,扰害闾阎,或因赈贷稍迟,喧闹公堂,挟制官长,及怀挟私愤,纠党罢市辱官。又如,苗人伏草捉人,横加枷肘,勒银取赎,及川省匪徒,纠伙于场市人烟辏集之所,横行抢劫,或在野拦抢,聚众二三人至十人以上。又如凶恶棍徒,纠众商谋,或图取财物,或怀挟私仇,放火故烧官民房屋、公廨、仓库,凡官私积聚之物,并街市、镇店人烟稠密之地,乘火抢劫,因而杀伤人及焚压人致毙。邪僻者,如妄布邪言,书写张贴,煽惑人心,及造谶纬妖书,传用惑众;或因事造言,编成歌曲,沿街唱和;及将一应淫词小说,刊印市卖。又各省抄房,在京探听事件,捏造言语录报各处。奸慝者,如异姓人年少居首,聚众多人,歃血订盟,焚表结拜弟兄;或土豪市棍、衙役兵丁,结会树党,阴作记认,鱼肉乡民,凌暴寡弱,甚至持械格斗,抗官拒捕。又如,发掘他人坟冢棺椁,开棺见尸,锯缝凿孔,抽取衣物首饰,及盗未殡未埋之尸柩,毁弃死尸;或因争坟阻葬,开棺易罐埋藏,或听地师教诱,以他骨暗埋,预立封堆,伪说阴基,恃强占葬;或惑于风水,擅称洗筋、检筋名色,将已葬父母及五服内尊长骸骨,发掘检视,占验吉凶。游荡者,游手好闲,不务本业之徒,自号教师,演弄拳棒教人,及投师学习,并轮叉舞棍,遍游街市,射利惑民者,坊店、寺院不许容留,拿获,枷号治罪,递回原籍。州县幕友、长随、书役,除诈赃诬拿等项,罪有正条外,其倚官滋事,怂令妄为,累及本官者,各按本官处分上加一等治罪,递回原籍,分别充徒管束,永远不准复充。又旗人、民人,将自己银钱,开场诱引赌博,经旬累月,聚集无赖,放头抽头者,分别旗、民,及初犯、再犯办理。容留房主及与赌之人,亦如之。摊场财物,并赌坊,俱入官。有赌博中人出首者,免其治罪,仍将在场财物一半充赏,一半入官。造卖纸牌。骰子及贩卖者,分首从治罪。描画纸牌者,照造卖之犯减一等。造卖未成者,照已成减一等。其左右紧邻,能据实举首,照例给赏。若得财徇隐,准枉法从重论。房主贪得重租,知情包庇,在一年以外者,与造卖为首同科;一年以内者,与造卖为从同科;半年以内者,与贩卖为从同科。官员有犯,无论赌钱、赌饮食,俱革职,枷杖,不准折赎,永不叙用。上司与属员斗牌、掷骰,及容隐属员赌博者,亦如之。凡以马吊、混江压宝赌财物,及开鹌鹑圈、斗鸡坑、蟋蟀盆者,开场与赌之人,俱论如赌博例。闽省有花会,旗人有抓金钱会,亦一体严禁。又如无籍之徒,窝顿流倡土妓,引诱局骗,及得受财物,挺身架护,或借充人牙,将领卖妇人逼勒卖奸图利者,分别治罪。其官员生监宿倡及挟妓饮酒之类,论以参革。有媒合人者,亦坐之。城市乡村,当街搭台悬灯,唱演夜戏,并乐人装扮前代帝王后妃、先圣先贤、忠臣烈士神像者,均拟满杖。惟神仙道扮及义夫节妇、孝子顺孙劝人为善者,不在禁限。各申其禁,责所在官治焉。在京责成步军统领衙门、五城、顺天府访拿。五城司坊等官,若于途次遇有凶徒不法等事,不论何城,并准当时拘执,录取口供,详解该城御史审讯,一面报明本城御史存案。其有暧昧隐避等事,亦许密详该城御史查拿,仍密详本城存案,造册送院注销。大兴、宛平两县,亦准拘执,详该府尹办理。各省责成地方官访拿。其分防之佐贰、巡检及营汛,并令稽查,交地方官办理。倘该役借端讹诈,架词妄禀,及司坊、佐贰、杂职、营汛等官擅作威福,拘拿自审者,分别议处治罪。

# 卷五十五　刑　部

## 尚书侍郎职掌三

**提　要**　○凡听断，依状以鞫情，如法以决罚，据供以定案。凡出入、增减，则别其故者、失者论之，以慎庶狱。○凡官非正印者，不得受民词。户婚、田土之案，皆令正印官理焉。罪至徒者，则达于上司以听核。若命案，若盗案，得报即通详。狱成，则解上司以审转。总督若巡抚审勘，乃具题焉。凡命案，有谋杀，有故杀，有斗殴杀，有戏杀，有误杀，有擅杀，有过失杀，有义杀。诘其证佐，验其尸伤。禁图赖者，与私和者。斗殴则辨其伤，各令保辜而予以限凡盗案，有劫，有抢，有窃，各辨其首从。凡劫盗得财则皆斩。其准以情法，有贷死者，大学士会三法司议上，得旨乃准焉。凡劫盗既报，正印官即会营以亲勘，验其赃物，究其窝伙。凡防盗、捕盗，各严其法。凡盗、抢者，窃者，皆计赃科之。若拒捕者，屡犯者，盗尚方服物者，各加罪焉。

○凡听断，依状以鞫情，依所告本状推问，不得于状外别求他事，摭拾人罪。若因所告事情，法应掩捕搜检，因而检得别罪合推理者，不以摭拾论。如法以决罚，官司决人，若应笞而杖之类，谓之不如法。因而致死者，杖一百。若因公事，主令于人虚怯去处非法殴打，及亲以大杖或手足、金刃殴人致死者，拟以满徒。均征埋葬银一十两。下手行杖之人，各减一等。其行杖之人决不及肤，依验所决之数抵罪，并罪坐所由。若于人臀腿受刑去处依法决打，邂逅致死者，勿论。因公干连之人，于正犯赃证已明，而相助匿非，不肯招承，承审官因而拷讯致毙者，亦勿论。若将平空无事，并无名字在官之人，怀挟私仇，或勒诈不遂，贿嘱诬扳，刑讯致死者，均拟抵。其误执己见，不应拷而拷，及不知诬告情由，因被诬者不承，刑夹致毙者，各分别问拟，不在故勘平人之列。据供以定案。凡有司谳狱，令招房书吏照供录写，当堂读与两造共听。果与所供无异，方令该犯画供。该有司亲自定稿，不得假手胥吏，致滋出入情弊。如有司将供词辄交与经承，致有增删改易者，许被害人首告，题参议处。书吏受财者，以枉法论。若犯人果不识字，许令在官不干碍之人依招代写。若吏典代写，即罪无出入，亦以违制论。初次供招，不许擅自删改，俱应详载揭帖。若承问官增减原供，希图结案，按察使依样转详，令督抚严察参处。按察使亦不得借简招之名，故为删改。倘遇有意义不明、序次不顺，与情罪并无干碍，即就近核正申转，将改本备案，不得发换销毁。如承审官改造口供，故行出入，或草率定案，证据无凭，枉坐人罪者，并行革职。凡出入、增减,则别其故者、失者论之,故出入人全罪者,以全罪坐之。增轻作重、减重作轻者,笞、杖、徒、流,以折杖法通计,除该犯应得本罪,坐官吏以增减余罪。致死者,坐以死罪。若失入者,减所入之罪三等;失出者,减五等;并以吏典为首。首领官减吏典一等,佐贰官减首领官一等,长官减佐贰官一等科罪。失增失减者,亦如之。若囚未决放,放而还获,及囚自死者,故、失出入,各听减一等。以慎庶狱。州县审解案件,如供招已符,惟拟罪稍轻,引律稍有未协,察明果非徇私,及军流以下错拟者,免其参究,该上司亦不必将人犯发回,止用檄驳。俟该州县改正申复,即行招解咨题。若徇私枉法,颠倒是非,故出故入情弊显然,及将死罪人犯错拟军流、军流人犯错拟死罪者,仍指名题参。若罪关凌迟重案,故入失入,除业经定罪招解,分别已决、未决,按律定拟外,其虽未招解,业已定供通详,经上司提审平反,究明故入失入,各照本律减一等问拟。至失出之案,原拟徒杖罪名,驳审后改为凌迟并斩、绞立决者,将承审之州县、核转之知府,照例降调。监候以下罪名错拟,议应降调者,出具考语,送部引见。知府、直隶州有将各州县审拟错误、关系生死出入大案,虚公研鞫,究出实情,改拟得当,经上司核题议准者,交吏部查明,奏请送部引见。凡部驳案件,如督抚拟罪过轻而部议重者,应驳令再审。如外拟过重而部议从轻,其中尚有疑窦者,亦驳令妥拟。倘所见既确,即改拟题复,不必辗转驳审,致滋拖累。

〇凡官非正印者,不得受民词。缉捕官除察访不轨、妖言、命盗重事外,其余军民词讼,不许干与。提镇、副参等官,惟有告叛逆机密重情,准接受词讼,会同有司追问。若户婚、田土、斗殴、人命,一应民词,均不得滥受。分防佐贰等官,所收呈词内有命盗等案,即移交州县拘提审讯。户婚、田土之案,皆令正印官理焉。罪至徒者,则达于上司以听核。其自理之案,如有听断不公,许民人将冤抑实情赴该上司衙门呈诉。上司立提案卷,查核改正。若命案,若盗案,得报即通详。命盗案件,诣验勘后,即用印文通详。如先未通详,仅止通禀,于开送职名时,声称业经具禀,及于招解时,声明通详者,均仍按详报迟延例议处。凡详报迟延,在十日内者,免议;十日以外未及一月者,州县官降一级留任,该管府州罚俸六月;一月以上未及三月者,州县降二级留任,该管府州罚俸九月;三月以上者,州县降一级调用,该管府州罚俸一年;四五月以上者,州县降二级调用,该管府州降一级留任;半年以上者,州县降三级调用,该管府州降二级留任;一年以上者,州县革职,该管府州降一级调用。其准前官移交,未即通详,复因卸事,移交后任者,亦照此例。若迟至获犯后始行通详,及准前官移交,迟至获犯后始行通详者,均照事件迟延例议处。凡通详后获犯取供,复将各供详报,上司批饬审拟详解。狱成,则解上司以审转。府属之厅州县,由府审转。顺天府四路厅属之州县,由该厅审转。直隶厅、直隶州属县,由该厅、州审转。直隶厅、直隶州本管者,由道审转。惟湖南乾州、凤凰、永绥三厅命盗案,移解辰州府审转。知府有亲辖地方者,其本管亦由道审转。惟贵州都匀、镇远、思南、思州、铜仁、安顺、兴义、大定八府,普安一厅,及直隶承德府,俱径解臬司审转。凡审转官如遇情节尚有可疑,及犯供翻易,即提集一干人证,遴员复审。总督若巡抚审勘,乃具题焉。倘有应专折具奏者,督抚接到详文,即提至省城,率同司道亲鞫。凡各省驻防旗人案件,由理事厅审详,将军、副都统题奏。承德府旗人案件,由该府审详,热河都统题奏。若系旗民交涉之案,仍详总督会同都统题奏。新疆地方旗人民人案件,由厅州县审详,巡抚会同伊犁将军题奏。凡命案,有谋杀,或谋诸心,或谋诸人。造意者为首,从者有加功、有不加功,或伤而不死,或已行而未伤人,皆分别科断。若谋而不行,造意者仍以首论,从者减行者一等。有故杀,有意欲杀,非人所知,或临时顿起杀机,立心致毙,曰故。虽共殴者不及知,故只为同谋共殴。凡争斗,擅将鸟枪竹铳施放杀人者,以故杀论。有斗殴杀,独殴曰殴,有从为同谋共殴。造意殴人者,不问共殴与否,皆为原谋。非原谋,又不曾下手致命者,为余人。凡斗殴杀人者,不论手足、他物、金刃,并同科罪。共殴人犯,除下手者拟绞外,必实系造意首祸之人,方以原谋拟流。其但曾与谋,而未造意者,不得概拟流罪。共殴案内下手应绞人犯,果于未经到官之前,遇有原谋及共殴余人内,殴有致死重伤之人,实因本案畏罪自尽,及到官以后、未结以前,监毙在狱,与解审中途病故者,准其抵命,将下手应抵之犯减等拟流。若系配发事结之后身故,及事前在家病亡,或因他故自尽,与本案全无干涉者,俱不准抵。凡共殴致死二命而非一家者,如原谋病故、自尽,仍将应绞之人一体减流;若非一家而三四命以上者,原谋按照致死人数以次加等问拟,下手致死之犯均各拟抵,虽原谋病故、自尽,不准减等。凡两家互殴,各殴毙一命者,果各系凶手本宗有服亲属,将应抵之犯免死减等。其原殴伤轻不至于死,越十日后因风身死,及保辜正限外余限内死者,于本罪上再减一等。两家均系同居亲属者,毋庸追埋葬银两。若一家被杀之人,与减等之犯不同居共财,仍各于犯人名下追银二十两,给付尸属。其两家互殴案内应抵正凶,当时被死者无服亲属殴死,将殴死凶手之人拟以满流;如系有服亲属,再减一等,拟以满徒;仍各追埋葬银两。凡一人独殴致死人,无论致命不致命,皆拟抵偿。若两人共殴致死,则以伤有致命者拟抵。若共殴伤皆致命,当时身死,则以后下手重者当其重罪;当时未死而过后身死者,究明何伤致死,以伤重者坐罪。若原谋共殴,亦有致命重伤,以原谋为首;如致命伤轻,则以殴有致命重伤者拟抵,原谋仍照律拟流。若乱殴不知先后轻重者,有原谋,则坐原谋为首;无原谋,则坐初斗者为首。有戏杀,以堪杀人之事为戏,致死者,以斗杀科罪,如比较拳棒之类。若知津河水深泥淖而诈称平浅,桥梁、渡船朽漏不堪渡人而诈称牢固,诳令人过渡,以致陷溺死者,皆与戏杀相等。又以一应能伤人之物,置人耳鼻及孔窍中,寒月脱去人衣服,饥渴之人绝其饮食,登高乘马私去梯辔,因而伤人至笃疾者,杖一百、流三千里,断付财产一半;至死者,绞监候。有误杀,凡欲杀人,或两人相殴,而伤及在旁无干之人致死者,为误杀。因斗殴而误杀者,以斗杀论;因戏而误杀者,以戏杀论;因谋故杀而误杀者,即以故杀论。致下手之人误杀者,仍坐造意人。凡误杀之案,秋审一次,即减为满流。惟所杀系其人之祖父母父母、伯叔、兄弟、妻、子孙、在室女者,俟查办缓决时,再行照例办理,不在一次减流之例。有擅杀,夜无故入人家,登时杀死者勿论。其已就拘执而擅杀者,减斗杀罪二等。又罪人已就拘执,及虽逃走不拒捕而擅杀者,以斗杀论。若罪人本犯应死之罪而擅杀者,杖一百。凡追捕窃盗,贼势强横,不能力擒送官,登时仓猝殴毙者,无论是否已离盗所、捕者人数多寡、贼犯已未得财,均照前律拟以满徒。若贼已弃赃,及未得财,辄复捕殴致毙,并已被殴跌倒地,及就拘获后,辄复叠殴,又捕人多于贼犯,倚众共殴致毙者,均照律以斗杀论。有过失杀,耳目所不及,思虑所不到,如弹射禽兽,因事投掷砖瓦,不期而杀人,或因升高险,足有蹉跌,累及同伴,或驾船使风,乘马惊走,驰车下坡,势不能止,或共举重物,力不能制,损及同举物者,凡初无害人之意,而偶致杀伤人者,准斗杀罪收赎,给付死伤者以为营葬、医药之资。凡民人无故向城市及有人居止宅舍,放弹射箭、投掷瓦石,及于街市镇店驰骤车马,因而伤人者,皆减凡斗一等;致死者,满流。施放鸟枪、竹铳致杀伤人者,亦如之。捕户于深山旷野猛兽往来去处,穿作坑阱,安置窝弓,不立望竿,及抹眉小索,因而伤人者,减斗伤二等;致死者,满徒。施放鸟枪竹铳致杀伤人者,亦如之。各追埋葬银十两。若庸医用药误不如本方致死人,审无故害之情者,因公务急速,驰骤车马,致杀伤人者,皆以过失论,依律收赎,给付其家。至以药毒鼠及兽,误毙人命之案,如置药饵之处人所罕到,或置放喂食牲畜处所,不期杀人,实系耳目、思虑所不及者,依过失杀人律收赎。若在人常经过处所置放,因而杀人者,依无故向有人居止宅舍放弹射箭律满流,仍追埋葬银十两。子孙于父祖犯过失杀者,照例拟绞立决,法司核其情节,实系耳目不及、思虑不到,与律相符者,准将可原情节,照服制情轻之例,夹签声明,恭候钦定,改为绞监候。妻妾之于夫、奴婢之于家长,俱照此例办理。有义杀。如罪人持仗拒捕,捕者格杀之;奸所获奸,登时杀死奸夫、奸妇;祖父母、父母被杀,子孙将行凶人实时杀死,皆得勿论。诘其证佐,官司鞫囚,而证佐之人不言实情,故行诬证,致出犯人全罪者,减犯人全罪二等;若增减其罪者,亦减犯人所得增减之罪二等。凡词内干证,令与两造同具甘结。审系虚诬,将不言实情之证佐按律治罪。凡于律得相容隐,及年八十以上,十岁以下,若笃疾之人,情亲者恐有所讳,得免罪者有恃而诬,皆不得令其为证。若非实系证佐之人,挺身硬证者,以诬告论。生员代人扛帮作证,审系虚诬,地方官立行详请褫革衣顶,照教唆词讼本罪上各加一等。验其尸伤。遇告讼人命,有自缢、自残及病死,而妄称身死不明,意在图赖诈财者,究问明确,不得一概发检,以启弊窦。其果系斗杀、故杀、谋杀等项当检验者,在京刑部司官及五城兵马司、京县知县,在外州县正印官,立即亲往相验,止许随带仵作一名、刑书一名、皂隶二名。一切夫马饭食,俱自行备用,并严禁书役人等,不许需索。未检之先,务须详鞫尸亲、证佐、凶犯人等,令其实招以何物伤何致命之处,立为一案。随即亲诣尸所,督令仵作如法检报,定执要害致命去处,细检其圆长、斜正、青赤、分寸,果否系某物所伤,公同一干人众,质对明白,各情输服,然后成招。或尸久发变,青赤颜色亦须详辨。凡相验,有致命之处,有致命之伤。仰面:顶心偏左偏右,囟门、额颅、额角、左右太阳穴、左右耳窍、咽喉、胸膛、两乳、心坎、肚腹、两胁、脐肚、肾囊;合面:脑后、左右耳根、脊背、脊膂、两后胁、左右腰眼,皆致命之处。肉青、黑皮、破肉、绽骨、裂脑、出血流,皆致命之伤。逐一辨视,亲填尸格。不可厌恶尸气,高坐远离,任听仵作喝报,吏胥填写,以致匿重报轻,减多增少。至行凶器仗,索之少缓,则藏匿移易,装成疑狱,干系甚重。初时必先急为收索,以凭参照伤痕,定验大小阔狭。凶器未到,不可分毫增减,防他日索到异同。凡验状,须开具尸首原在何处,如何顿放,彼处四至,有何衣服在彼,逐一检点名件。其尸首有无雕青、针灸瘢痕,生前有何缺折肢体,及伛偻、拳跛、秃头、青紫黑红色痣、肉瘤,诸般疾状,皆须于验状一一声说开载,以备推勘。如有不识姓名人尸首,后有亲属呈告者,当验状证辨。至狱囚、军人、无主死人,验状尤须详慎。凡四时尸变,各有不同。伤有真有伪,有生前之伤,有死后之伤。检尸有洗罨之法,检骨有蒸煮之法,检地有薪烧醋泼之法,皆宜审辨。凡自缢、溺水身死,别无他故者,官司详审明白,准亲属具结免检。狱囚病死,情无可疑者,亦如之。若杀伤而死者,亲属虽告,不听免检。命案检明,即应定拟。若尸亲控告伤痕互异者,许再复检。毋得违例三检,致滋拖累。凡地方呈报人命,正印官公出,即移请壤地相接不过五六十里之邻邑印官代验。或地处窎远,不能朝发夕至,又经他往,方许派委同知、通判、州同、州判、县丞等官,毋得滥派杂职。同知等官验后,填具结格通报,仍听印官承审。其府州县原无佐贰,及虽有而不同城者,准令经历、知事、吏目、典史等官验立伤单报明,印官回日查验,填图通报。如印官不能即回,仍请邻邑印官查验填报。其讯无别故之自尽、病死等案,验明即准取结殓埋,仍由印官通详立案,将州县未经复验,及原验杂职衔名,俱于原题内声叙。凡距城遥远处所,该管巡检就近往验者,亦照此办理。凡五城命案,除道途倒毙、客店病亡,经该城验讯属实,即自行完结外,其余金刃自戕、投井投缳等案,俱由该城御史报部核复审结。五城指挥相验,城内不得过两日,关外不得过三日。如一时案件坌集,不能分身,准委副指挥、吏目代验,仍归指挥承办。若吏役命案,本城官概令回避,该城御史速调别城指挥,带领本管吏仵往验办理。外省本州县吏役命案,亦如之。凡州县额设仵作,大县三名,中县二名,小县一名。额外再募一二人,跟随学习。每名给发《洗冤录》一部,选明白刑书一人,与仵作逐细讲解。每年开印后,州县将额设、学习名数,造具花名清册,申送该管府州汇册通送院司存案。该管府州,每年随时就近提考一次。考试之法,即令每人讲解《洗冤录》一节。如果明白,当堂从优给赏。倘讲解悖谬,饬令分别责革,及勒限学习,另募充补。仍汇册申报司院,并将召募非人之州县查参。至仵作工食,每名拨给皂隶工食一份;学习者,两人共一份。若果检验得法,洗雪奇冤,该上司赏银十两。倘有受贿情弊,照例治罪。五城司坊,每城额设仵作一名、学习一名。额设者,每名月给工食银二两,学习者一两。额设仵作缺出,即以学习之人充补。其召募、考试、赏罚,俱由该巡城御史办理。凡检验量伤尺寸,照工部颁发营造尺一例制造,不得任意短长,致有出入。禁图赖者,以尸身图赖人者,或父祖、家长故杀子孙、奴婢,或子孙、奴婢将父祖、家长已死尸身,或尊长将卑幼,或卑幼将尊长,或将他人尸身,俱依律科罪。已告官者,随所告轻重,以诬告论。其因而诈取、抢夺财物者,各从其重者科断。又有无赖凶徒,遇自尽之案,冒认尸亲,吵闹殴打,或将棺拦阻打坏,抬去尸首,勒掯行诈者,严拿责惩。与私和者。尸亲人等私和人命,除未经得财者,仍照律拟议外,如尸亲期服以下亲属受财私和,及凶犯期服以下亲属用财行求,俱计赃准枉法论,分别定罪。其父祖被杀,子孙受贿私和者,无论赃数多寡,俱拟满流。若父祖于子孙被杀,受贿私和者,杖一百。凶犯父祖以财行求者,亦如之。军、流减一等,徒罪减二等。说事过钱者,各减受财人一等。斗殴则辨其伤,相争为斗,相打为殴。皮肤青赤而肿者为伤。其重则拔发方寸以上、内损吐血,又重则折人一齿一指、眇人一目、破人骨、抉毁人耳鼻、用汤火铜铁汁伤人,又重则髡人发、折人二齿二指,又重则折人肋、眇人两目、堕人胎,又重则折跌人肢体、瞎人一目令成废疾;又重则折人两肢、瞎人两目及因旧患令成笃疾、断人舌、毁败人阴阳、殴伤人至笃疾者,断付财产一半给为养赡。凡斗殴,以手足为轻;重于手足者,为他物;金刃为最重。若执持腰刀、铁枪、弓箭,并铜铁锏、剑、鞭、钺、斧、扒头、流星、骨朵、麦穗,及库刀、梭镖、骟鸡尾、黄鳝尾、鲫鱼背、海蚌等刀,扑刀、顺刀,凡非民间常用之刀,伤人者,拟以军遣,不得与寻常刃伤同科。凡因斗互相殴伤者,各验其伤之轻重定罪。后下手理直者,减本罪二等。如甲、乙互相殴,甲被瞎一目,乙被折一齿,则甲伤重,当坐乙以杖一百、徒三年;乙伤轻,当坐甲以杖一百。若甲系后下手而又理直,则于杖一百上减二等,止坐杖八十;乙后下手理直,则于满徒上减二等,止坐杖八十、徒二年。惟至死则不减。常人于宗室觉罗、官吏于制使、部民于本属长官及佐贰首领官、军士于本管官、吏卒于本部长官、军民吏卒于大小职官、佐贰统属官于长官、九品以上官于非本管长官、儒及工艺弟子于受业师,或从重特科,或比照凡殴加等。良贱相殴,尊长与卑幼、夫与妻妾相殴,至折伤以上,各照凡殴加减。若子孙于父祖、奴婢于家长,则置诸重辟。凡以威力制缚人,私加拷打监禁,若伤至内损以上,加凡斗伤二等。其以威力主使他人殴打人致死伤者,并以主使之人为首,下手之人为从。若主使两人及数人殴一人者,以下手伤重者为从,其余皆为余人。凡工匠人役,如有于紫禁城内,暨圆明园大宫门、大东等门,及西厂等处,并各处内围墙以内,犯谋、故、斗殴杀人,及自伤者,从重定拟。其在午门以外、大清门以内,暨圆明园大宫门大东等门以外、鹿角木以内者,次之。均分别杀伤及金刃与手足、他物科断。各令保辜而予以限。手足及以他物殴伤人者,限二十日;以刃及汤火伤人者,限三十日;折跌肢体及破骨、堕胎者,无论手足、他物,皆限五十日;刃伤至筋断者,亦照破骨伤立限。其余限,手足、他物及金刃、汤火,皆十日;折跌肢体及破骨、堕胎,皆二十日。余限内果因本伤身死,情正事实者,拟以死罪,请旨定夺。如原殴并非致命之处,又非极重之伤,越数日因风身死者,免抵减流。如原殴致命而伤轻,或伤重而非致命,因风身死者,必在十日外,方准声请改流。其致命伤重,及虽非致命,伤至骨损、骨断,即因风身死在十日外,仍依律拟抵。若已逾正限,在余限内因风身死者,照殴人至废疾律拟以满徒。至因他故身死,与本伤无涉者,虽在限内,仍各从本殴伤法。若折伤以上,保辜限内医治平复者,各减二等。限内虽平复,而成残废、笃疾者,全科所殴伤残废笃疾之罪。凡斗殴伤重不能动履之人,不得扛抬赴验,该管官即带领仵作亲往验看,定限保辜。一面拨医调治,一面讯明确供,提集案犯,即行审理完结,不得以伤痊之日起限。除附近城郭及事简州县,照例正印官亲验外,其离城窎远之区及繁冗州县,委系不能逐起验看者,许委佐贰、巡捕等官代往验报,仍听州县官定限保辜。凡立辜限日期,如系隔月者,须查大建小建,并将被伤时刻明立文案。倘失调殒命,当算计时刻,以定辜限内外。凡盗案,有劫,强者为劫。以药迷人图财者同。有抢,人少而无凶器为抢夺,人多而有凶器为强劫。在白昼为抢夺,在夜间为窃盗。如在途截抢者,虽昏夜仍问抢夺。其因失火及行船遭风着浅,而乘时抢夺人财物及拆毁船只者同。有窃,乘人不知而取其财为窃。掏摸者同。如窃盗临时行强,即以强论。各辨其首从。造意纠伙者一人为首犯,余皆为从犯。凡劫盗得财则皆斩。盗器物、钱帛,移徙已离盗所者方为盗。珠玉宝货之类,入手隐藏,纵未将行者亦是。木石重器,虽移本处,未驮载者,不为盗。牛马驼骡已出栏圈者,鹰犬之类专制在己者,乃成盗。未成盗,而有显迹证见者,以已行未得财律科之;已成盗,以得财律科之。劫盗已行,但得财者,不论首从,皆斩;已行未得财者,皆杖一百、流三千里。惟杀人、放火、奸人妇女、打劫牢狱仓库、干系城池衙门、聚众至百人以上,六项有一于此,不论曾否得财,俱斩决、枭示。其准以情法,有贷死者,大学士会三法司议上,得旨乃准焉。强盗首犯,及伙犯内曾经转纠党羽,持火执械,涂脸入室,助势搜赃,架押事主,或到案诬扳良民者,均属法所难宥。其止被胁随行,在外瞭望接赃,并无凶恶情形,行劫止此一次者,均属情有可原。定案时,督抚将法所难宥及情有可原者,分析于疏内声明。大学士会同三法司详议,将法所难宥者,按律正法,情有可原者,免死减等发遣为奴。惟杀人、放火等六项,及响马强盗、江洋大盗、老瓜贼,仍照定例不分别原宥。凡劫盗既报,正印官即会营以亲勘,验视出入情形,及事主有无捆缚伤痕,讯取邻右及汛兵更练人等供词,绘图录供通详。验其赃物,事主呈报被盗,黏连失单,令逐细开明。如赃物繁多,一时失记,准于五日内续报。地方官将原报、续报缘由,于招内声明。履勘后,查验失单,饬传经纪确估值银若干,造册与勘图一并附卷。追获犯审实,先将各犯家产封记,现获之赃分别由印官、捕官给领,不得听捕役私自起赃。如有借名寻赃,逐店搜察,或嘱贼诬扳,指称收顿,或将贼犯己物作赃,或买物栽赃,或混认瞒赃等弊,事发治罪。如原赃花费,将无主赃物赔补。如仍不足,即将犯产变价。其盗劫之案,犯已获而原赃未起,数在一百两以内,着地方官罚赔;数百两至千两以上,罚赔十分之一二。寻常窃案,不在此例。至诸色人等典当、收买盗窃赃而不知情者勿论,止追原赃,其价于犯人名下追征给主。究其窝伙。强盗窝主造意,身虽不行但分赃者,斩。强盗引线,如首盗并无欲劫之家,其事主名姓、行劫道路悉由引线指出,又经分得赃物者,虽未同行,即与盗首一体拟罪。其但系知而不首,或强逼为盗,临时逃避,行劫后众盗分与赃物以塞其口,及盗首先行立意行劫某家,引线仅止领路者,各按例科罪,不得概与盗首同罪。强盗初到案时,即审明伙盗数目。初招既定,不许续报。如造意为首之盗脱逃,有伙盗供出逃匿所在,于一年限内缉获者,将供出之盗伙免死发遣为奴;如本系应减等之伙盗供出,改拟满流。接买盗赃者,至八十两为满数;受寄盗赃者,至一百两为满数;盗后分赃者,至一百二十两为满数。若窝主造意者,不在此例。凡防盗、地方编排保甲、保正、甲长、牌头,须选勤慎练达之人点充,不得容豪横之徒借名武断。如果访查盗贼,据实举报,按名给赏。倘有瞻徇隐匿,即予惩儆。甲长照牌头减一等,保正减二等。若牌头于保正、甲长处举报,而不行转报者,牌头免坐,甲长、保正照例治罪。赌博为盗贼渊薮,令保甲一并查举。再地方有堡子、村庄聚族百人以上,保甲不能编查,选族中有品望者,立为族正,如有匪类容隐,照保甲一体治罪。五城地方,有来历不明游荡奸伪之徒,令司坊官及大兴、宛平两县不时稽查。客店、庵院取具并无容留甘结,以凭各衙门查阅。赁房居住者,必询明保人、来历,并着两邻稽察。倘有此等游棍,协同斥逐。至编户居民住有常业,及候补、候选、读书、贸易诸色人等,确有凭据者,毋许借端扰累。捕盗,捕盗以事发日为始,强盗一月不获者,捕役、汛兵笞二十;两月,笞三十;三月,笞四十,捕官罚俸两月。窃盗一月不获者,兵役笞一十;两月,笞二十;三月,笞三十,捕官罚俸一月。若事主经隔二十日以上告官者,不拘捕限。凡州县遇强劫等案,立即选差干捕擒拿,一面将失事情形申报所辖之府州,及关移接壤别属之州县。其专辖之府州,立即通饬阖属选捕悬赏,分路侦缉,无获则一体比追。邻境州县,遇移关一到,亦协力捕拿,不得心存畛域,视为通缉具文,以致犯藏境内。督抚接据详文,即檄邻省州县协拿,仍移咨邻省督抚彼此督缉。承缉官不得假借别州县所获之盗,指为本案盗首,别州县亦不得扶同搪塞。或先报盗首脱逃,或捏报盗首病故,甚至贿盗狡供,辗转行查,希图销案。捕役承缉逾限,不获盗首,将家口监禁勒比。如有勾通豢窃,坐地分赃,从重治罪。积案久逃之犯,司道严提捕役比缉。其新报之案,专责令该管府厅比缉。将比过各案,并捕役姓名,报明司院查核。五城地方窃案,司坊官申报该巡城御史及都察院山东道,于失事日起勒限四月缉拿,山东道按限提比。如限内未获,与获不及半者,该城御史即行查参。步军统领衙门正身番役,俱照各部院经承贴写送查之例,将番役年貌、籍贯按季造册,并出具并无白役圆扁子印结,移送河南道御史考核。如有缉拿,每名预给印票一张,开明款项,发交收执,并将预给印票款项移明河南道查核。如系提拿审案人犯,务必给予印票,将应拿人犯姓名逐一开明。有应密者,给予密票,亦于票内开明人犯姓名。倘无票私拿,即将番役送部究讯。凡营弁拿获盗犯,即解交该地方有司衙门严行究诘,将供出首伙姓名,会同设法缉拿。其贼犯由兵弁拿获到县翻供者,许会同原获营员质审。如系良民被诬,并无赃证,将弁兵议处治罪。如果得实,仍计赃案多寡,分别奖励。邻境文武官有能拿获别案内首伙各犯,官员分别议叙,兵役分别给赏。不在伙内之人能供出盗首,即行拿获者,地方官从优给赏。捕役获盗首,及获盗过半之外又获盗者,亦酌赏之。各严其法。凡盗、抢者,窃者,皆计赃科之。白昼抢夺人财物者,杖一百、徒三年。计赃重者,加窃盗赃二等;至一百二十两以上,照窃盗满贯律拟绞监候。窃盗已行未得财者,笞五十;得财者,按窃盗赃科罪,并赃论罪;为从各减一等,罪止杖九十。若拒捕者,窃盗临时盗所拒捕,及虽未得财而未离盗所,逞凶拒捕,或虽离盗所而临时护赃格斗,因而伤人者,皆科以重辟。若弃财逃走,与未经得财逃走,被事主追逐拒捕,或伙贼携赃先遁,后逃之贼被追拒捕,及已经逃走,因见伙犯被获,帮护拒捕,因而杀伤人者,得稍从末减。其事主于盗后搜捕,起意拒捕者,仍依拒捕本律。凡罪人持杖拒捕,捕者格杀之,及在禁或押解已问结之犯逃走,捕者逐而杀之,或囚因追逐窘迫而自杀者,不分囚罪应死不应死,皆勿论。如官司勾摄罪人,或在家或中途敢有纠谋聚众打夺殴差者,俱分别杀伤,从重拟罪。若并未聚众,止系一时争斗,或被追情急,拒殴适毙者,仍各照本律办理。凡恭遇驻跸圆明园及巡幸地方,有因窃盗拒伤弁兵者,仿照紫禁城皇城内犯事之例拟罪。视相距宫墙一里以内、三里以内,并刃伤、他物伤,及伤之轻重,分别首从科断。如伤至死者,首犯拟以斩决、枭示。其非驻跸之日,仍照常例。屡犯者,白昼抢夺至三次者,绞立决。若抢夺、窃盗各不及三次者,免其并拟。窃盗三犯,计赃至五十两以上者,绞监候;五十两以下至三十两,发四省烟瘴;三十两以下至十两以上,发边远充军;不及十两者,流三千里;俱按其第三犯赃之多寡科断,不得将初犯、再犯业已治罪之赃通算,以致罪有重科。其窃盗再犯,计赃应科五等杖罪者,各加枷号,自二十日至四十日,每等以五日递加。凡窃盗、掏摸、抢夺等犯,将犯案次数并计科罪。若遇恩赦,其从前所犯之案,咸予赦除,免其并计,有犯仍以初犯论。如再犯窃,再遇赦后,复犯案到官,审系再犯、三犯,俱按照初次恩赦后所犯次数并计科罪。如系清理庶狱,恩旨免罪不免刺者,仍行并计。若于得免并计后,三犯拟流,又遇恩赦释放之犯,后复犯窃,仍以三犯科断。若于得免并计后,因窃问拟军、流、徒罪,在配释回,复行犯窃,如止一二次,同时并发者,按照得免并计后犯窃到官次数,分别初犯、再犯、三犯科罪;若不知悛改,连窃三次以上,同时并发者,照积匪猾贼例定拟。至未经得免并计之犯,在配释回,不知悛改,纠伙叠窃四次以上,或虽未纠伙而被纠叠窃及独窃至六次以上者,及初犯、再犯之贼纠窃在六次以上,或未纠伙而被纠叠窃及独窃至八次以上者,均照积匪猾贼例拟遣。其并未纠伙,行窃数少,而情节有类于积猾者,照积猾量减一等,拟以满徒。盗尚方服物者,凡大祀神祇御用祭器、帷帐等物,及飨荐玉帛、牲牢、馔具之属,已至祭所而盗者,制书,御宝,大内、圆明园、避暑山庄、静寄山庄、颐和园、静明园、静宜园、西苑、南苑等处乘舆服物,巡幸时行宫物件,有偷窃者,及山陵红桩以内,盗砍树木者,皆罪拟斩决。其各衙门印信、城关门钥,若在官物产,及民间应禁军器,与凡偷窃衙署、公馆等案,科罪亦重于凡窃盗。各加罪焉。

# 卷五十六　刑　部

## 尚书侍郎职掌四　清档房　汉档房　司务厅　督催所　当月处

**提　要**　○凡监狱,有内监,有外监,有女监,别其罪囚而系之。以时给其衣粮,治其疾病,严其防范,惩其凌虐。官司故禁平人者,罪之。私系者,亦如之。凡监犯越狱者,加其罪。在途、在配脱逃者,亦如之。罪其主守者。○凡捕亡,督役必严,佥差必慎。若通缉,若协缉,责其所司,而论其不力者。○凡审案,必定其期限。州县自理之案,则责其上司督之。农忙则停讼。案犯之应禁者、应保释者、应关提者、应解审者,必求其当,以无累于民。○凡赎刑之制三:一曰纳赎,军民犯公罪者准焉。生员以上,轻罪则赎,重罪则否。二曰收赎,老幼废疾、天文生及妇人犯非的决者准焉。三曰赎罪,命妇例应的决者准焉。各别以其等。过失杀伤人者亦如之,徒限内老疾者亦如之,诬轻为重未决者亦如之。皆著于赎例。不著于例者,曰捐赎,必叙其情罪以疏请,得旨乃准焉。○凡犯罪而亲老疾者,则留养。节妇之子,亦如之。有次丁则否;所杀者无次丁则否;为人后者可别继则否;忘亲不孝者则否;情罪之重者则否。应留者,得旨乃准焉。漏报者、捏报者,论如律。○凡恤刑之典,曰停刑,曰减刑,曰停遣,各定以时日。若停勾,若减等,则皆俟恩旨。其例得请减者,各按其情罪请焉。大赦则颁诏,乃会大学士而议其例款。

清档房　堂主事,满洲二人;缮本笔帖式,十有二人。掌守册档,缮清字、汉字之奏折。凡各司已结未结之案,三月而一奏。凡本衙门旗员之升补,皆掌焉。

汉档房　堂主事,满洲三人、汉军一人;缮本笔帖式,二十有八人。掌缮清字、汉字之题本。

司务厅　司务,满洲一人、汉一人。掌治吏役。收外省衙门之文书,记其号而分于司。解犯到,移司以收禁,给以批回。

督催所　掌催十八司题咨现审之件,而督以例限。凡各司现审之案,月终则汇奏。凡各省命盗之案,岁终则汇题。现审赃罚之数,亦如之。烟瘴充军者、窃蒙古牲畜者,则定其应发之地。

当月处　司员,满洲一人、汉一人。掌监用堂印。收在京衙门之文书,以付于各司。现审则呈堂而分司焉。凡旗人命案,应部验者,则往验之。送题本于内阁。内阁传抄,清字则满洲司员抄焉,汉字则汉司员抄焉。

○凡监狱,有内监,强盗及斩绞重犯居之。有外监,军流以下轻罪居之。监狱外垣周堆棘刺,内外监皆隔以垣墙。有女监,妇人犯奸及实犯死罪者居之。其余杂犯,责付本夫收管;如无夫者,责付有服亲属、邻里保管,随衙听候。别其罪囚而系之。或锁收,或散收。官犯公罪流以下、私罪杖以下,军民轻罪,老幼、废疾,皆散收。以时给其衣粮,在禁囚犯,日给仓米一升,冬给絮衣一件。锁杻常须洗涤,席荐常须铺置。冬设暖床,夏备凉浆。支更禁卒,夜给灯油。并于本处有司在官钱粮内支放。狱官预期申明关给,毋致缺误。赴仓支领囚粮,每石给脚价银五分。其递解人犯,按程给予口粮。如遇隆冬停遣,每名给予衣帽。五城司坊羁禁人犯,及部发各司坊枷号,并看守待质等犯,果系赤贫,无家属送饭者,每人日给老米一升,按季造报户部核销。凡斩绞重犯,及军流遣犯,在监及解审、发配,俱着赭衣。治其疾病,内外监狱,医治罪囚疾病,官给以药。选用医生二名,年底稽考优劣。如医治痊愈者多,照例俟六年已满,在内咨授吏目,在外咨授典科、训科。不能医治,病死多者,即责革更换。徒罪以下人犯患病,狱官报明,承审官即赴监验看是实,行令该地方官取具的保保出调治,俟病痊即送监审结;如系旗人,行令该佐领、骁骑校取保。外解人犯,无人保出者,令其散处外监,加意调治。如狱官不报,承审官不验看保释,以淹禁论。本犯无病,而串通狱卒、医生捏称有病,及病已痊愈,而该管等官不即送监,俱以诈病避事论。至督抚题报监毙人犯,必将所犯罪名、所患病证及有无凌虐、曾否保释,逐一声明。严其防范,强盗、十恶、谋故杀重犯,用铁锁、杻、镣各三道。其余斗殴、人命等案罪犯以及军流徒罪等犯,止用铁锁、杻、镣各一道。笞杖等犯,止用铁锁一道。如轻罪滥用重锁,重罪私用轻锁,及应三道而用九道,应九道而用三道,狱官题参,禁卒革役。凡获犯到案,及解审发回之时,州县官当堂细加搜检,无夹带金刃等物,方许进监。凡砖石树木、铜铁器皿之类,不许禁卒混行取入。有买酒入监者,将禁卒严行责治查办。皂隶及官员家仆人等,不许擅自出入监所。监犯祖、父、伯叔、兄弟、妻、子,许一月两次入视,随从使役不得过两名,入视旋出,不得久留。有送饮食者,提牢官验明,禁子转送。盗犯家口,不许放入监门探视,违者枷责,官吏参处。狱囚不得给予灯油,内外监俱不得搭盖天棚。斩绞监候之犯,每遇秋审,责令狱官监视剃发一次;军流人犯,每季剃发一次,仍令留顶心一片。秋审解省者,必俟审毕发回后,方许剃发。惩其凌虐。狱内禁用匣床。官员擅取病呈,致死监犯者,以谋杀造意论。狱官、禁卒听从下手,以从而加功论。其狱卒受罪人仇家贿嘱,谋死本犯者,亦以谋杀论。番役私拷死罪人犯者,枷号、杖责;私拷军流以下罪犯者,递加一等治罪。逼索银钱,计赃以枉法论。至程递人犯,如押解人役擅加杻镣,非法乱打,搜检财物,剥脱衣服,逼致死伤,或奸污犯人妻女者,照例重治,并许被害之犯在各该处衙门控告。官司故禁平人者,罪之。凡平空无事,亦无名字在官之人,及虽有公事干连而无罪者,官吏如有挟仇故禁,或淹禁致死者,分别治罪。又如笞杖轻犯,递回原籍安插者,承审衙门于递解票内注明“不应收监”字样。前途接递州县,即差役押交坊店歇宿,取具收管,毋得滥行监禁。私系者,亦如之。地方官私设班馆、自新所之类,皆屡经奉旨饬禁。凡监犯越狱者,加其罪。凡狱囚脱监,于本罪上加二等。因而窃放他囚罪重者,与同罪。若盗犯越狱,原拟斩决者,即行枭示;原拟免死发遣者,改拟斩决。若杀伤兵役,亦拟斩枭。若纠伙三人以上,穿穴逾墙,乘间越狱者,分别情罪,从重加拟。若果同监而守法不动者,则酌量轻减。在途、在配脱逃者,亦如之。军犯在配脱逃,如系附近充军者,初次,枷号一月,调发近边;二次,枷号两月,调发边远;三次,枷号三月,调发极边、烟瘴。其本犯近边、边远者,各以次递加调发。至极边、烟瘴脱逃者,改发黑龙江等处为奴。即令拿获之州县,详请咨部核拟完结,毋庸递回原配审断。其中途脱逃者,亦照此办理。流犯脱逃,亦以次递加调发,俱由原籍计程发配,仍按照次数枷号如军犯法。惟免死减流脱逃者,改近边;寻常满流人犯脱逃者,改附近,俱就现配地方计程。若所应发之地与该犯原籍相近,而又地处边境,无可改发者,即照表内应发之地加一等改发。免死发遣盗犯,逃逾五日者,请旨即行正法。缓决人犯减等发遣,如有逃后行凶,拿时拒捕,照原犯死罪即行正法。免死减军者亦如之。寻常发遣逃犯,有行凶拒捕等事,仍照现犯罪名从重定拟。罪其主守者。狱卒失囚,果系依法看守,偶致疏脱,非得贿故纵者,听减囚罪最重者二等,给限百日,戴罪追捕。捕得,即免罪。其有将斩绞重犯松放刑具,以致脱逃,即将该禁卒严行监禁。俟拿获逃犯之日,究明贿纵属实,即照所纵囚罪全科,应入秋审情实者亦入情实,应斩绞立决者亦拟立决。如系徇情松放,或托故擅离,或倩人代守者,照故纵律与囚同罪,至死减一等。重犯中途脱逃之解役,亦照此分别定罪。军流罪犯在配脱逃,亦给限追捕。限内捕得者,将看守之保甲革役,免罪。如逾限不获一名者,杖八十。徒犯脱逃,逾限不获一名者,杖六十。均每一名加一等,罪止杖一百。受财故纵者,计赃以枉法论。若军流等犯在途疏脱,于限内捕获者,将长解减二等问拟,短解免罪。

〇凡捕亡,督役必严,在官应捕人,承差追捕,而推故不行,或知而不即捕者,减罪人罪一等,限三十日捕得一半以上。虽不及半,但获最重之犯,皆免罪。犯人已死,及自首各尽者,亦如之。不尽者,依不尽之犯减等科罪。非应捕人临时差遣者,减一等。得财故纵者,不给捕限,与囚之最重者同罪;赃重者,计赃以枉法从重论。其未经得财,但通信息,致罪人逃避者,如所纵之囚罪在军流以下者,亦与囚同科,不准减等;若系斩、绞、外遣等罪,将该犯减发极边烟瘴充军。凡逃回原籍之军流人犯,本籍地方官于咨缉文到,即传该犯亲属、邻保人等,逐一讯问根由、下落。如果未逃回,即取确实供结,详请咨部及配所省份存案。仍令保邻不时侦缉,一经回籍,立即首报。倘容留不行举首,将房主、邻保照律治罪。亲属除祖父、子孙、夫妻、奴仆外,俱照律治罪。地方官率混详报,及不行查出者,交部分别议处。佥差必慎。州县广缉重犯,不得滥给缉票。先将该犯年貌、案由,并差役年貌、籍贯,及所差名数,一面详明督抚,知照各该省,一面改用通关,给予差役携带在身,密行侦缉。知有踪迹,即将通关呈报该地方官添差拿解。如缉无踪迹,仍投换回文,以为凭验。倘有滥给印票,及差人雇倩白役代缉,以及借端勒索,照例治罪。其佥差不慎之承缉官,严加议处。若通缉,州县脱逃要犯,将该犯年貌、籍贯开明,行文通缉。该处地方官于文到之日,差捕认缉。一面填写印票,分给各乡总甲,遍行访察。如果遍缉无踪,年底取具甘结转详咨部,仍令接缉务获,知照销案。其通缉遣犯,各督抚于文到日,即饬属分差缉拿,将缉役姓名申报,责成该管道府不时稽察。如有怠忽不力者,揭参议处。凡通缉已届四十年,即行查销。逃犯停缉,以年逾七十为准。如在逃时年已六十,勒限十年;年已五十,勒限二十年,逾限未获,即于汇咨通缉案内开除停缉。倘后经缉获,仍照例办理。若协缉,凡凌迟、斩绞立决、监候重犯,越狱脱逃,将管狱官革职拿问。除四月限内拿获,免其拿问外,如不能拿获,留于地方协缉。五年限满不获,审系禁役贿纵、故纵脱逃者,发往军台效力赎罪。若审明禁役并无贿纵、故纵情事,果系依法看守,偶致疏脱者,拟以杖一百、徒三年。有狱官暂行革职,留任。俟四月限满不获,仍留任一年督缉。如再不获,按其未获名数议降议革,留于该地方协同接任官缉捕。五年限内拿获,题请开复。限满不获,查系禁役贿纵、故纵者,毋论名数多寡,概行革职,发往军台效力赎罪。若并无贿纵等弊,系降调之员,仍照未获名数分别降革完结;系革职之员,拟以杖一百、徒三年。至一案内止系一名脱逃者,有狱官革职、留任。四月限满不获,仍留任一年督缉。如再不获,即行革任,留于该地方协缉。五年限内拿获,题请开复。限满不获,审系依法看守,偶致疏纵者,仍以革职完结;系禁役贿纵、故纵者,拟以杖一百、徒三年。倘犯被他人捕获者,仍照例科罪。其军流人犯越狱,及重犯越狱拿获案内尚有军流等犯未获者,亦仍交部议处。责其所司,而论其不力者。凡官司承缉之案,于限内获犯过半,或及半兼获首犯者,免其查取职名开参;获未及半,仍将职名开报咨参,听候部议;及半而未获首犯者,亦如之。

〇凡审案,必定其期限。凡审理寻常命案,限六月;盗劫及情重命案、钦部事件,并抢夺、掘坟一切杂案,俱定限四月。其限六月者,州县三月解府州,府州一月解司,司一月解督抚,督抚一月咨题。限四月者,州县两月解府州,府州二十日解司,司二十日解督抚,督抚二十日咨题。如案内正犯及要证未获,情事未得确实者,题明展限。按察司自理事件,限一月完结。府州县自理事件,俱限二十日审结。上司批审事件,限一月审报。若隔属提人及行查者,以人、文到日起限。限满不结,督抚照例咨部,即于限满之日接算,再限二参四月。仍令州县两月解府州,府州、臬司、督抚各分限二十日。如逾限不结,督抚将易结不结情由,详查注明题参议处。至卑幼擅杀期功尊长,属下人殴伤本管官,并妻妾谋死本夫,奴婢殴故杀家长等案,承审官限一月内审解,府、司、督抚各限十日审转具题。如限满未结,即接扣二参限期,州县限二十日,府、司、督抚仍各限十日完结。如有迟延,分别初参、二参,照例议处。其杀死三命四命之案,该督抚即提至省城,督同速审。其审解限期,即照此例。承审官内有升任、革职、降调,及因公他往、委员接审者,如前官承审未及一月者,准其接审过日期扣展;一月以上离任者,准其展限一月。分限两月、三月事件,前官承审历限过半离任者,准其扣半加展。如前官于二参限内离任者,接任官准其以到任之日起,无论六月、四月事件,俱扣限四月审结。至原问官审断未当,及犯供翻易情节,督抚另委贤员,或会同原问官审理,委审之员展限一月,该管各上司亦统限一月核转具题,总以两月完结。督抚参迟延时,将解审月日、驳查次数声明,听部查核。凡案内正犯、要证及首从人犯已经到案,间有余犯未获者,即将现获之犯据情研审,按限完结。遇有续获之犯,到案在州县分限以内者,即一并审拟,毋庸另展限期。如到案在分限外,不能并案审拟者,将续获人犯另行展案,扣限四月完结。如到案在州县分限将满者,亦不得逾违统限。凡总督兼辖两省,遇有钦部等事件例限四月具题者,隔省事件,准六月具题。两广总督、广东巡抚所属琼州,亦照隔省例。湖广衡州等府所属有苗民二十六州县,及乾州、平溪距省窎远,凡命盗案件,俱于定限外展限两月。督抚新任及署理印务,如钦部事件原限内难于完结,准分别展限。原限四月展两月,原限六月展三月。遇公事出境,一切事件,准题展限。若监临科场,准按日扣限。凡参审之案,督抚于具题后,即行提人犯、要证到省。俟奉旨文到日,率同司道审理。即扣限起,旧限四月者,限两月;总督隔省,旧限六月者,限四月具题。如果案情繁重,奏请展限,亦总须在四月、六月内完结。凡在京衙门承审事件,限一月内审结。被证在外者,以到齐日为始;内外移咨行查者,以文到为始。本部现审事件,应会三法司者,仍限一月;杖责等罪,限十日;发遣、军、流等罪,限二十日。案内有应行提质及患病之犯,以提到及病愈之日为始。仍将应行扣限,及三法司会审日期,并于科道衙门注销内声明。凡本部行文八旗、内务府、五城、顺天府提人,限文到三日内,即行查送过部。或人犯有他故不到,即将情由报明。如违参处。寻常移咨外省案件,如行查家产、关提人犯,俱以文到之日为始,依限查复。于复文内将何日接到部咨,有无逾限之处,随案声明。倘一时未得清晰,必须辗转咨查,不能依限查复者,亦即声请展限。凡州县承审案件,遇正犯、要证患病者,准其计日扣展期限。将起病、病痊月日,及医生医方,先后具文通报。成招时,出具甘结附送。令该管府州于审转时查察,加结转送,如府州、司道审转之时,或遇犯证患病,亦准报明扣除,毋论司府、州县。凡犯病逾一月以上者,止准扣限一月。若州县捏报借延,府州扶同加结,一并开参。州县自理之案,则责其上司督之。州县将每月自理事件,作何审断,与准理、拘提、完结之月日,逐件登记,按月造册,申送该府、道、司、抚、督查考。其有隐饰,按其干犯,别其轻重,轻则记过,重则题参。仍照在京衙门按月注销之例,设立循环簿,将一月内事件填注簿内,开明已未结缘由。其有应行展限,及复审者,亦即于册内注明。于每月底送该管知府、直隶州知州查核,循环轮流注销。其有迟延、隐漏,详报咨参。该管巡道巡历所至,即提该州县词讼号簿逐一稽查。如有未完之案,号簿未经造入,即系任意迁延。先提书吏责处,并将州县揭报督抚,分别严参。其事虽审结,断理不公,该道核其情节可疑者,立提案卷查核改正。若关系积贼、刁棍、衙蠹,及胥役弊匿等情,即令巡道亲提究治。凡民间词讼细事,如田亩之界址沟洫、亲属之远近亲疏,许令乡保查明呈报,该州县官当即亲加剖断,不得批令乡保处理完结。农忙则停讼。自四月初一日,至七月三十日,时正农忙,一切民讼,除反叛、命盗及贪赃坏法等重情,并奸牙铺户骗劫客货,查有确据者,俱照常受理外,其余户婚田土细事,一概不准受理。自八月初一日以后,方许听断。若查勘水利界址等事,现涉争讼,清理稍迟,必致有妨农务者,即令州县亲赴该处审断速结,不得票拘至城,或至守候病农。其一切呈诉无妨农业之事,照常办理。不许借称停讼,任意稽延。仍令该管巡道严密申报,据实参处。案犯之应禁者,如侵欺钱粮一千两以上,皆锁禁监追;奉旨递回原籍,及犯徒罪以上援免,解交地方官管束之犯,经过州县照例收禁之类。凡鞫狱、管狱等官,于罪囚应锁杻而不用锁杻,及应杻而锁、应锁而杻者,照例问拟。应保释者,问刑衙门,除重犯例应监禁外,其余干连,并一应轻罪人犯,即令地保保候审理。部发取保犯证,如系五城送部之案,其案犯住址,即在原城所管地方,仍发交原城司坊官取保。其余各衙门移送案内应行取保人证,俱按其居址坐落何城,发交该城司坊官就近取保。其由外省州县提到人证,即令本人自举亲识寓居所在,交城就近发保,仍将保人姓名报部查核。其并无亲识者,酌量交城看守。凡词讼对问得实,被告人已招认服罪,原告人别无应对事理者,随即放回,毋得拘留。其挟仇扳害者,申解督抚详审。果系诬枉,即行释放,不得令候结案。内外枷、杖轻罪,竟行发落;军、流、徒罪,于审结之日先行发落,按季汇题。若非寻常经见之事,及酌重酌轻之案,并犯罪文自生监以上、武自骁骑校以上,或本身虽白丁,系现任大员子弟,犯该遣、军、流、徒者,俱详叙供招,不拘件数、时日,随结随题。仍于酌重酌轻之处,黏贴黄签,恭呈御览。俟奉旨之日发落。至案内赃证未明,监候待质之犯,如发遣、军、流罪已过十年,徒罪已过五年,杖罪已过三年者,督抚查明,咨部核复。应遣、军、流、徒者,照原拟罪名即行发配;应杖罪者,取具的保释放在外。俟缉获正犯之日,再行质审。若监候年限内,恭遇恩赦,如在逃本犯拿获时例得减免者,待质之犯,准其即行查办省释。应关提者,凡推问罪囚,有起内人伴现在他处,官司停囚徒对者,虽彼此职分不相统摄,皆听直行勾取。若应对之囚,已在他处事发见问者,听轻囚就重囚;罪相等者,少囚从多囚;数相等者,以后发之囚送先发官司并问。若两县相去三百里之外者,往返移就,恐致疏虞,各从事发处归断,移文知会。若将重就轻、将多就少,当处官司随即收问,仍申达所管上司究问违法移囚之罪。凡邻县关提人犯,限文到二十日拿解。不得听信地保、差役捏称并无其人,及久经出外,空文回复,措不发人。寻常对质人犯,隔省关提者,一面详明督抚移咨,一面差人关会该地方官添差协缉。不得擅给批牌,竟行拘提。在本省隔属者,亦如之。若探实赃盗之处,无论隔县、隔府、隔省,一面差役执持印票即行密拿,一面移文关会。拿获之后,仍报明地方官添差移解。一应窝匪、窝赌、窝倡等类,有窜入邻境者,亦照此例。凡关提人犯,务将紧要缘由,及关提月日,通报各上司稽考。至审结题咨时,亦将关到日期,扣明程限,声明有无迟延,听候部议。其并非紧要案犯,不得借称关提,希图展限。凡关提人犯,及关查口供,皆得展限两月。应解审者,秋审案犯,缓决者,解审一次之后,情罪无可更定者,止令有司叙由详报,停其解审。其曾拟情实,未经勾决之犯,及前拟缓决,后改情实,并缓决人犯内,情可矜疑者,仍照例饬提解审。凡解审,令州县报明该管府州,径行解司。押解之员,逐程更替,将人犯并解役当面点交前站委员接解。审毕发回,由司给发护牌,逐程递回州县收禁,仍汇文行知各该府。其距省窎远之府州,秋审人犯免解审者,湖北省则郧阳、襄阳、宜昌、施南四府所属各州县,湖南省则永顺、沅州二府及靖州直隶州所属各县,并凤凰、乾州、永绥三直隶厅,江苏省则淮安、徐州二府及海州直隶州所属各州县,安徽省则凤阳、颍州二府及泗州直隶州所属名州县,河南省则汝宁府及光州直隶州所属各州县,山西省则大同、朔平、平阳、蒲州四府及解州、绛州二直隶州所属各州县,并口外归化等五厅,陕西省则榆林、延安、汉中、兴安四府及绥德直隶州所属各厅州县,江西省则南安、赣州二府及宁都直隶州所属各厅州县,浙江省则温州、处州二府所属各县,甘肃省则西宁府所属之大通县,并循化、贵德、丹噶尔三厅,庆阳、宁夏二府及泾州、阶州、肃州、安西四直隶州所属各州县,四川省则宁远、重庆、夔州、绥定四府及酉阳、忠州二直隶州、叙永直隶厅所属各州县,广东省则高州、廉州、雷州、潮州四府所属各州县,广西省则泗城、镇安、太平三府、归顺直隶州所属各厅州县,思恩府所属之武缘县,并百色直隶厅,云南省则永昌、顺宁、丽江、昭通、广南、普洱六府所属各州县,并景东、永北、镇沅三直隶厅,贵州省则黎平府所属各厅县,俱责成该管道员,或不由审转之道员,于冬季巡历时,逐一亲鞫,造册加结,移报院司汇核,不必会同知府。倘有鸣冤翻易者,即将该犯解省,听候院司复核。如有续行补入秋审之案,补勘移报。至寻常遣、军、流、徒人犯,距省窎远之各厅州县,亦令该管道府州就近审转,毋庸解省。必求其当,以无累于民。每遇清理庶狱恩旨,必将因事牵涉,拘系待质各犯,速行讯明省释。一切案件,俱令速为完结,以免拖累。凡地方官审理词讼,不得任意迟延,使民朝夕听候,以致废时失业,牵连无辜,小事累及妇女,甚至卖妻鬻子者。该管上司,不时查察,毋得徇庇。

○凡赎刑之制三:一曰纳赎,无力决配,有力纳赎。仍分有力、稍有力二等。有力者,每笞一十,赎银二钱五分,照数递加。至笞五十,赎银一两二钱五分。杖六十,赎银三两。自杖七十以上,每加五钱,至杖一百,赎银五两。徒一年,赎银七两五钱。自一年半以上,每加二两五钱。至徒三年,赎银十七两五钱。总徒四年,二十两。准徒五年,二十五两。稍有力者,每笞一十,照力役一月折银之数,赎银三钱。笞二十以上,每一等加役十五日,折银一钱五分,以次递加。至笞五十,赎银九钱。杖六十,赎银一两二钱。杖七十以上,每等亦递加一钱五分。至杖一百,赎银一两八钱。徒一年,赎银三两六钱。一年半以上,每等递加一两八钱。至徒三年,赎银十两八钱。总徒四年,十四两四钱。准徒五年,十八两。凡纳谷者,每一石折米五斗;纳米者,每一石折银五钱。军民犯公罪者准焉。一应军民人等,若僧道官,太常寺厨役、各坛祠祭署奉祀、祀丞,神乐观提点、协律郎、赞礼郎、司乐等官,并乐舞生,及养牲官军,犯非奸盗赃私及失误供祀之罪,但因人连累,及公事过误者,并听纳赎。生员以上,轻罪则赎,重罪则否。凡进士、举人、贡监生,及一切有顶戴官,有犯笞杖轻罪,照律纳赎。罪止杖一百者,分别咨参、除名。徒、流以上,照例发配。文武官员犯罪,杖一百以下者,分别降级、罚俸。犯该杖一百者,革职。如本案已革职,其笞杖轻罪,毋庸纳赎。若革职后,另犯笞杖罪者,照例纳赎。徒、流、军遣,亦依例发配。二曰收赎,笞一十,赎银七厘五毫。每等照数递加。至杖一百,赎银七分五厘。徒一年,则倍加七分五厘,共一钱五分。徒五等,每等以七分五厘折半为三分七厘五毫递加。至徒三年,赎银三钱。流二千里,复加七分五厘。流三等,每等亦折半以三分七厘五毫递加。至流三千里,赎银四钱五分。绞、斩死罪,复加七分五厘,赎银五钱二分五厘。老幼废疾、天文生及妇人犯非的决者准焉。天文生犯徒、流罪,决杖一百,余罪照此收赎。妇人除奸盗不孝外,其余有犯,不论有力无力,概准收赎,即依此法。三曰赎罪,笞一十,赎银一钱。每一等加一钱。至杖一百,赎银一两。徒、流以上,各按折杖法。并以杖一百为正罪,赎银一两外,余数为余罪,其赎银各有差。如徒一年者,折杖一百二十,除杖一百正罪赎银一两,余罪杖二十赎银七分五厘。每加徒一等,加余罪赎银三分七厘五毫。至流二千里,折杖二百二十,除正罪赎银一两外,余罪杖一百二十赎银三钱。每加流一等,加余罪赎银三分七厘五毫。至死罪,除正罪赎银一两外,余罪赎银为四钱五分。命妇例应的决者准焉。命妇及凡官员正妻犯罪应杖,非例应的决者,依收赎法外,其例应的决而听其赎者,用赎罪之数。各别以其等。过失杀伤人者亦如之,过失杀人,准斗殴杀拟绞,依律收赎,折银十二两四钱二分,付被杀家营葬。其过失伤人致笃疾者,罪拟满流,折银十两六钱四分五厘;致废疾者,罪拟满徒,折银七两九分七厘;折伤以上,罪应徒二年者,折银五两三钱二分二厘;罪应徒一年者,折银三两五钱四分八厘;罪应杖一百者,折银一两七钱七分四厘;折伤以下,罪应杖八十者,折银一两四钱一分九厘;罪应笞五十者,折银八钱八分七厘;罪应笞四十者,折银七钱九厘;罪应笞三十者,折银五钱三分二厘;罪应笞二十者,折银三钱五分四厘;各付被伤者以为医药之资。徒限内老疾者亦如之,如年六十九以下,犯徒役三年,役限未满年入七十,或入徒时无病,徒限内成废疾,并准收赎。收赎之法,若犯杖六十、徒一年者,合计全赎银一钱五分,除已受杖六十,准去四分五厘,剩徒一年,该赎银一钱零五厘。计算每徒一月,赎银八厘七毫五丝。如已役一月,准除去此数,以余数收赎。徒五等,以此类推。每受杖加一十,准去银七厘五毫,仍以剩徒年份与余该赎银之数计算。每徒一月该赎银若干,除去已役年月,而以其余数收赎。诬轻为重未决者亦如之。诬轻为重,各坐以剩罪。如被诬已决者,按剩罪全抵。未决者,笞、杖收赎;徒、流剩罪过杖一百者,止决杖一百,再有剩罪,亦准收赎。每笞一十,赎银七厘五毫。每加笞杖一十,加赎银七厘五毫。徒流折杖并同。皆著于赎例。不著于例者,曰捐赎,必叙其情罪以疏请,得旨乃准焉。乾隆元年(1736)三月二十六日奉旨:赎罪一条,原系古人金作赎刑之义。况在内由部臣奏请,在外由督抚奏请,皆属斟酌情有可原者,方准纳赎,其事尚属可行。嗣后将赎罪一条,仍照旧例办理。凡捐赎之数,斩、绞罪,三品以上官,一万二千两;四品官,五千两;五六品官,四千两;七品以下官及进士、举人,二千五百两;贡监生员,二千两;平人,一千二百两。军、流罪,各减十分之四。徒罪以下,各减十分之六。枷号、杖责,照徒罪捐赎。俱准免罪。至杖笞例应的决,而情有可赎者,分杖为一等、笞为一等。如贡监生杖罪,捐谷四百石、纳银二百两;笞罪,捐谷二百石、纳银一百两。平人杖罪,捐谷二百石、纳银一百两;笞罪,捐谷一百石、纳银五十两。职官革职,余罪例不纳赎者,三品以上杖罪捐谷二千四百石、纳银一千二百两,笞罪半之;四品杖罪捐谷二千石、纳银一千两,笞罪半之;五六品杖罪捐谷一千六百石、纳银八百两,笞罪半之;七品以下及进士、举人杖罪,捐谷一千二百石、纳银六百两,笞罪半之。在部具呈者,限一月交纳;在外具呈者,于文到州县之日,两月交纳。逾限不完,除本犯不准赎免外,将具呈之犯属,按本犯罪名减三等治罪。凡奏准赎罪,立限完交者,仍令前赴戍所。俟赎项完清之日,再令回籍。如有及早完项者,即可令其早回,不必拘定期限。

〇凡犯罪而亲老疾者,则留养。死罪人犯,父祖年七十以上,或有笃疾、废疾应侍,家无以次成丁年十六以上者,准开具所犯并应侍缘由,奏闻请旨。如准留养者,枷号两月,责四十板,斗杀等案追银二十两,给死者家属养赡。免死流犯,亦枷号两月;军、流,枷号四十日;徒罪,枷号一月;各照数决杖,准其存留养亲。凡兄弟犯罪俱拟正法者,例留一人养亲,仍奏闻请旨定夺。若问拟一死一遣,准其将遣犯留养。凡留养之犯,于未奉部文之先亲故,即不准留养。节妇之子,亦如之。嫠妇独子,其母守节已逾二十年者,如犯军、流、徒罪,及戏杀、误杀、斗杀等死罪,俱准其留养。若有意逞凶致死人者,虽寡妇守节二十年而又年逾五十者,不准留养。与人斗殴,致伤其母身死者,亦不准。有次丁则否,独子留养者,如该犯本有兄弟及侄出继,可以归宗,即不得以留养声请。若有兄弟废疾,不能侍养,及外出多年,查无音信,不知存亡者,仍准留养。所杀者无次丁则否,被杀之人亦系独子,亲老无人侍养,则杀人之犯不准留养。即其父母虽未老疾,而现在无次丁,即属无人侍养,不得以年齿尚壮,悬揣他日尚可生子,遂准凶犯留养。至孀妇独子被杀,尤为茕独无依,无论是否老疾,凶犯概不准留养。若被杀之人无姓名籍贯可以关查者,仍准声请留养。又被杀者虽系独子,已无应侍之亲,或律应归宗,非亲老无人侍奉可比,俱准凶犯留养。至擅杀罪人之案,与殴毙平人不同,如有亲老应侍,照例声请,毋庸查被杀之家有无父母、是否独子。为人后者可别继则否,死罪及军、流、遣犯,身为人后者,若所后之家可以另继,即不得以留养声请。惟徒罪人犯,为人后者,毋庸令所后之家另继,其兄弟等出继者,亦毋庸令其归宗,概准留养。忘亲不孝者则否,曾经触犯父母犯案,并素习匪类,为父母所摈逐,及在他省获罪,审系游荡他乡,远离父母者,俱属忘亲不孝之人,概不准留养。若系官役奉差者,客商贸易在外,寄资养亲,确有实据者,及两省地界毗连,相距在数十里以内者,或离在数百里外,逾时归省,及时有资财书信寄回者,俱不得以忘亲不孝论。该督抚于定案时,察核明确,按其情罪轻重,照例将应侍缘由,于题咨内声叙。情罪之重者则否。凡谋、故杀及连毙二命,秋审应入情实无疑之案,俱不准留养。卑幼殴死本宗期功尊长者,亦不准声请。若按其所犯情节,实可矜悯者,督抚于疏内声明,恭候钦定。若殴死本宗缌麻、外姻功缌尊长,统俟秋审时取结办理。其发遣等犯,依例载强盗窝主等三十项款不准留养。此外情节稍重之犯,俱可类推。至如抢窃满贯以至造卖赌具等情轻人犯应留养者,详记档案。一次之后,复犯遣、军、流、徒等罪,概不准再请留养。凡祖父母、父母同案犯罪者,不得以留养声请。应留者,得旨乃准焉。凡戏杀、误杀秋审缓决一次例准减等之案,并擅杀、斗杀情轻,及救亲情切、伤止一二处应入可矜者,该督抚查取各结,声明具题,法司随案核复,声请留养。其非秋审应入可矜,并不准缓决一次减等者,督抚定案时,止将应侍缘由声明,不必分别"应准""不应准"字样,统俟秋审时取结报部,九卿核定,入于另册进呈,恭候钦定。夫殴妻死应行留养承祀者,亦照此办理。若定案时,犯亲年岁不符,原题内未经声明,应俟秋审后,核其父祖现已老疾、孀妇守节年已合例,及成招时家有次丁,嗣经身故,被杀之家先有父母,嗣已物故,与留养之例相符,由督抚查明,已入秋审缓决可矜者,随时随案具题,本部核题复准。其未入秋审各案,亦酌其情节轻重,分别或随时查办,或俟秋审时办理。漏报者、捏报者,论如律。部内题结军、流、徒犯告称留养者,如属大兴、宛平二县民人,该县查明,府尹确查报部;如属五城民人,兵马司指挥查明,巡城御史确查报部;如属外省民人,州县官查明,督抚确查报部。若外省人犯咨解到部后始告留养者,取具该犯确供,一面解配,一面行查。如到配后告称留养者,该配所一面收管,一面行查。如果例应留养,取结报部,将该犯解籍留养,原审官照军流人犯未经审出实情例议处。凡人命案件,地方官于相验时,即将凶犯之亲有无老疾,该犯是否独子,讯证明确,一并详报。若并非独子,知情捏报,以故出论。受贿者,以枉法论。邻保、族长人等假捏出结者,减本犯罪二等科拟。若地方官查报后,复将假捏情弊自行查明,及邻保等自行首送,除本犯仍行发配外,官员、邻保等俱免议。

〇凡恤刑之典,曰停刑,每年正月、六月、十月,及元旦令节七日,上元令节三日,端午、中秋、重阳令节各一日,恭遇万寿圣节七日,各坛庙祭飨斋戒,以及忌辰素服等日,并封印日期,四月初八日,每月初一、初二日,皆不理刑名。秋审、朝审处决重囚,及一应立决人犯,如遇冬至,以前十日为限,夏至,以前五日为限,俱停止行刑。若文到正值冬至、夏至、斋戒日期,及已过冬至、夏至者,于冬至七日、夏至三日以后,照例处决。凡各省奉到立决部文,督抚按日按程计算,由府厅州转行州县,适在正、六、十等月停刑期内者,即将部文密存按察使内署,俟按计程日已过停刑日期,钉封专差驰递。该州县接奉部文,即日处决。惟凶盗逆犯,干涉军机,应行立决者,仍即随时办理,声明咨部,毋庸拘泥停刑之例。在京现审案件,有应行立决人犯,如适当雨泽愆期、清理刑狱之时,即将此等应结案牍,暂行停止题奏。俟雨泽沾足,再行请旨。曰减刑,每年小满后十日起,至立秋前一日止,如立秋在六月内,以七月初一日为止,内外问刑衙门,除军、流、徒犯,及窃盗、斗殴伤人罪应杖笞人犯,不准减免外,其余杖罪人犯,各减一等,递行八折发落;笞罪宽免;枷号者,暂行保释,俟立秋后照例减等补枷,满日发落。凡犯案审题在热审之先,而发落在热审期内者,照前减免。倘审题虽在热审期内,而发落已逾热审者,概不准减免。至热审期内监禁重犯,令管狱官量加宽恤。其情罪可疑,及牵连待质人等,暂予保出,俟秋后再行拘禁。若故为迟延,罪人希图漏网,胥吏夤缘作奸,除本犯不准减等外,官吏俱严加议处。曰停遣,直省军、流、遣犯,及实发新疆,并新疆改发内地人犯,未起解者,十月至正月终及六月,俱停其发遣。若已至中途,初冬十月,经过州县照常接递。至十一月初一日,方准停遣,俟次年二月转解。如遇六月,照前停遣。倘抵配不远,并发往东南省份各项人犯,有情愿前进赴配者,取具本犯确供,一体起解,并将不行停遣缘由,移咨前途接递,仍报部查核。惟云南省并无盛暑严寒,各省解往军流遣犯,已入该省边境者,不必停遣。其起解之时,有情愿前进者,亦照解往东南省份之例办理。至中途患病应留养者,原解报明所在官司亲验确实,具结申请,即着该地方官留养医治。随行亲属病者,亦准存留。候病痊起解。仍将患病日期报部,并饬各属将每年有无患病留养人犯,及已未起解之处,按季报明该督抚等,造册报部查核。解犯取结后身死者,官、役免议。如不行留养,致有病故,及受财嘱托,捏病迟延者,将地方官交部议处。其在配脱逃,例应解回原配,及改调他省者,虽遇隆冬盛暑,不准停遣。其民人在外省犯徒,例应递回原籍发配之犯,若离籍在一千里外者时,遇隆冬盛暑,亦准停解。各定以时日。若停勾,恭遇奉旨停止勾决之年,将秋审之案,并入次年办理。其情罪重大之案,如纠众聚匪、夺犯伤差、妖言惑众、逞凶残杀,并官员侵渔帑项、勒敛民财之类,非残忍不法,即有关民俗官方,不得久稽显戮,仍汇单具奏,请旨办理。若减等,秋审、朝审人犯,每届数年积数既多,即降旨敕部臣,将缓决三次以上各犯,核其情节,常犯摘叙案由,分别准减不准减、及减军减流之处,开单呈奏。官犯止叙案由,不分准减不准减,请旨定夺。或减至一二次缓决之犯,又或将情实未勾人犯内有一线可原者,亦量予宽减,则尤为特恩。又每遇京师雨泽愆期,及炎暑特甚,奉旨清理庶狱,将军流以下人犯,核其案情,分别减等;或将徒杖以下人犯,分别减等释放;或将各衙门永远监禁、永远枷号人犯,查明原案,摘叙事由,开单进呈,一体加恩减释。恭遇翠华巡幸,辇辂所经各省份,军流以下人犯,皆敕令查核案由,分别减等。又直省偶被水旱偏灾,一经奏闻,必特沛恩膏,将轻重罪囚酌予减等发落。又,凡比照大逆缘坐人犯,或发遣,或羁禁,俱分别释回、释放。官犯重案内子孙发遣释回后,有不准当差、应试者,亦量加宽宥。发遣新疆等处人犯,情罪本轻而年份久者,即予减等。到配未久者,扣满十年;情罪稍重,而到配未久者,扣满二十年,皆予减释。则皆俟恩旨。其例得请减者,秋审官常犯情实十次未勾,服制常犯情实二次未勾,俱查明奏请改入缓决,不得辄改可矜。至官犯已改缓决后,如遇查办缓决三次以上时,不得与常犯一例减等。其中有应行宽宥者,候旨办理。官犯、服制犯,俱会同大学士详勘请旨。各按其情罪请焉。戏杀、误杀,及窃赃满贯,并窃盗三犯赃逾五十两者,缓决一次之后,查核奏明,将戏杀、误杀之犯减为杖一百、流三千里,窃赃满贯及窃盗三犯赃逾五十两之犯,减为发云贵、两广极边烟瘴充军。其可矜人犯,例应随案请减。至如子妇不孝,詈殴翁姑,其夫忿激致毙,或因该犯之母素有奸夫,已经拒绝,后复登门寻衅,以致拒殴致毙,此等情切天伦,一时义忿,与寻常狠斗者不同,既入随本减流之内,九卿会审时,核其案情既确,即量为区别,照免死减等例再减一等。又如擅杀案内拒捕成伤有据,及杀奸实由义忿者,拟入可矜,俱得随本请减。大赦则颁诏,恭遇国家行庆大典,颁诏肆赦,其例款各有轻重。除徒杖以下,概行免罪外,其斩绞军流情轻人犯,有竟予赦免者,有量予减等者,各视诏书所载,谨遵办理。乃会大学士而议其例款。凡赦款皆比照旧例。如光绪元年(1875)恩诏事宜,俱遵照同治元年(1862)章程办理,光绪十一年(1885)恩赦事宜,俱遵照同治十一年(1872)章程办理。凡十恶、杀人、盗官财物、强窃盗、放火、发冢、受枉法不枉法赃、诈伪、犯奸、略人略卖和诱人,若奸党及谗言左使杀人、故出入人罪,若知情故纵、听行藏匿引送、说事过钱之类,一应实犯,俱不原宥。其过误犯罪、因人连累致罪、官吏犯公罪,并从原宥。若赦书临时指定罪名特免,及减降从轻者,不在此限。其斩绞情轻,及军流情轻,应援免之案,或仅予减等者,则将各犯应减等之案,摘叙事由,汇开清单,奏闻请旨。其官犯俱叙案由,不分应免不应免,恭候钦定。凡官吏犯赃,取问明白,罪虽减免,仍革去职役。钱粮、婚姻、田土等案,遇赦免罪,事须究明,应追取者仍行追取,应改正者仍行改正。凡军流人犯发遣在途,会赦即放免。已到配者不准放,到配而程限未满者仍准放。若虽在途,而计程已过限者,亦不放免。过限而有事故,如犯病、阻风之类,有所在官司报勘文凭者,听除去事故日数,不入程限。徒罪虽到配,亦准放免。凡与赦款相符之犯,题咨审结已在赦后,而核其犯事到官在恩诏前者,俱准减免。如恩诏内开有已发觉未发觉咸赦除之之语,虽到官羁禁在诏后,但犯事在诏前者,亦准减免。有以赦前事告言人罪者,以其罪罪之。若闻知将有恩赦,而故犯罪以觊幸免者,加常罪一等,会赦不宥。赦免后仍滋事不法者,亦加一等治罪。

**清档房**　堂主事,满洲二人;缮本笔帖式,十有二人。

掌守册档,缮清字、汉字之奏折。凡题本不由科抄者,亦由清档房承缮。凡各司已结未结之案,三月而一奏。各司奏折、科抄、咨申、现审事件已结未结,每届三月,汇数奏闻。恭遇巡幸,则一月一奏。凡本衙门旗员之升补,皆掌焉。满洲、蒙古、汉军司员、笔帖式题升题补,及保举奏留等事,回堂定夺,具稿以奏。

**汉档房**　堂主事,满洲三人、汉军一人;缮本笔帖式,二十有八人。

掌缮清字、汉字之题本。凡各省科抄、题本,俱由汉档房承缮。

**司务厅**　司务,满洲一人、汉一人。

掌治吏役。收外省衙门之文书,记其号而分于司。解犯到,移司以收禁,给以批回。解到人犯,移付承审之司,该司交提牢厅收禁。如有胥役勒索,不行放入者,察出严究。

**督催所** 管理司员无额缺,由堂委办。

掌催十八司题咨现审之件,而督以例限。凡速议事件,限五日具奏;核议事件,限十日具题。杀一家二命之案应速题者,亦限五日具题。立决案件,奉旨后限三日行文;监候者,限五日行文。咨申事件,限三十日行文。科抄,限三十日交抄;会外衙门者,限五十日交抄。现审,限三十日完结;如有须行查、行提,以文到、人到日起限。各司应会三法司书题事件,将稿面钤盖司印,注明缘由,交所汇齐,转交大值日司分,用印文移送法司衙门书题,限五日内亦用印文送回。如有酌改,即将应酌议改易之处,用印文声明缘由,亦于五日内送回本部查核定议。本部仍用印文,将应否改易之处声明,再行会送法司衙门,及移会科道注销。即于注销册内,将会稿衙门定议日期,逐一详开,听候科道查核。有迟延违误者,察参。凡各司现审之案,月终则汇奏。汇奏册内开明案由,某司若干件已结,某司若干件未结。司员以此分别记功记过。凡各省命盗之案,岁终则汇题。每岁命盗汇题册内,开载某省强盗案件若干、盐枭案件若干、奸淫案件若干、谋故杀案件若干、斗殴杀案件若干、干名犯义案件若干,于封印前,本所将题结之案汇齐。俟开印后,分类分省,逐案摘叙简明事由,及犯案题结年月,于三月底缮册具题。现审赃罚之数,亦如之。现审案内赃罚,应追银钱若干,除应豁免若干,人犯脱逃未追若干外,共追交户部银钱若干,未完银钱若干,逐案分析,每年于封印前三日缮册具题。烟瘴充军者,现审案内应实发云贵两广烟瘴充军人犯,如忤逆发遣者,盗仓库钱粮一百两以下者,积匪猾贼及抢夺伤人者,偷刨人参者,旗人怙恶不悛解部转发者,及犯窃盗刺字销除旗档、改发边远者,回子酗酒滋事者,各司俱交所照例定地。窃蒙古牲畜者,凡偷窃四项牲畜,以匹数多寡,别罪之轻重。除死罪外,其余应发遣者,分为三等。重者云贵、两广,其次湖广、福建、浙江、江西、江南,其次山东、河南。皆计其多寡、首从,照例定拟。凡蒙古牲畜,有牛、马、驼、羊四项,羊系小畜,以羊四只作牛、马、驼一只计算科罪。则定其应发之地。

**当月处** 司员,满洲一人、汉一人。以十八司郎中、员外郎、主事、七品小京官轮值。四川司自秋审上班起至大决日止、广西司自四月初一日起至大决日止,俱不轮值。

掌监用堂印。收在京衙门之文书,以付于各司。现审则呈堂而分司焉。五城及步军统领等衙门移送案件,其人犯有应收者,或散或锁,酌量收禁,开列清单呈堂。当堂掣签,分司注册。以事之轻重,分为三等。奏案为大签,窃盗为小签,其余为中签。各司内惟督捕司不办现审案件,广西司当朝审期内亦不分现审。凡司坊呈报无伤身死之案,经该坊验明属实,无可审理者,即由当月处具稿呈堂咨结,不必分司。凡旗人命案,应部验者,则往验之。内城正身旗人,及香山等处各营房旗人,遇有命案,本家禀报该佐领径报部相验,当月官即带吏仵往验,提人审办。其街道命案,无论旗、民,步军校呈报步军统领衙门,一面咨明本部,一面飞行五城兵马司指挥星往相验报部。外城地方人命,亦无论旗、民,总甲呈报该城指挥即速相验,详明该城御史转报本部及都察院。若系旗人,并报该旗。凡不由部验者,亦掣签分司。俟该城移报相验文书到日,即由该司提讯。送题本于内阁。内阁传抄,清字则满洲司员抄焉,汉字则汉司员抄焉。

# 卷五十七 刑部 盛京刑部

**刑　　部** 直隶清吏司　奉天清吏司　江苏清吏司　赎罪处
安徽清吏司　江西清吏司　福建清吏司　浙江清吏司
湖广清吏司　河南清吏司　山东清吏司　山西清吏司
陕西清吏司　四川清吏司　广东清吏司　广西清吏司
云南清吏司　贵州清吏司　督捕清吏司　秋审处
减等处　律例馆　提牢厅　赃罚库　饭银处

**盛京刑部** 侍郎职掌　档房　肃纪前司　肃纪左司　肃纪右司
肃纪后司　司库

**提　要**　直隶清吏司　郎中,满洲一人、汉一人;员外郎,满洲一人、蒙古一人、汉二人;主事,满洲一人、汉一人。掌核直隶省及察哈尔左翼刑名之事,分所理衙门之文移。〇凡外省刑名之案,题者、咨者到部,各凭其供、勘,察其证据,按其律例,复其断拟,具稿呈堂,而定以准驳。凡十有七司,皆仿焉。

奉天清吏司　郎中,蒙古一人、汉一人;员外郎,满洲一人、汉一人;主事,满洲一人、汉一人。掌核奉天府及盛京、吉林、黑龙江刑名之事,分所理衙门之文移。

江苏清吏司　郎中,满洲一人、汉一人;员外郎,满洲二人、汉一人;主事,满洲一人、汉一人。掌核江苏省刑名之事,分所理衙门之文移。恩赦,则察案以具奏。

赎罪处　掌赎罪之事。凡赎罪,开列所犯之案以闻。得旨准者,乃以赎锾之数,行于户部。

安徽清吏司　郎中,满洲一人、汉一人;员外郎,满洲一人、汉一人;主事,满洲一人、汉一人。掌核安徽省刑名之事,分所理衙门之文移。

江西清吏司　郎中,满洲一人、汉一人;员外郎,满洲一人、汉一人;主事,满洲一人、汉一人。掌核江西省刑名之事,分所理衙门之文移。

福建清吏司　郎中,满洲一人、汉一人;员外郎,满洲一人、汉一人;主事,满洲一人、汉一人。掌核福建省刑名之事,分所理衙门之文移。

浙江清吏司　郎中,满洲一人、汉一人;员外郎,满洲一人、汉二人;主事,满洲一人、汉一人。掌核浙江省刑名之事,分所理衙门之文移。凡本部汇题、汇奏之件,定稿以呈于堂。书吏役满者,行吏部而给以照。

湖广清吏司 郎中,宗室一人、汉二人;员外郎,满洲二人、汉一人;主事,满洲一人、汉一人。掌核湖北、湖南二省刑名之事,分所理衙门之文移。

河南清吏司 郎中,满洲一人、汉一人;员外郎,满洲一人、汉一人;主事,满洲一人、汉一人。掌核河南省刑名之事,分所理衙门之文移。凡热审,则定其期。

山东清吏司 郎中,满洲一人、汉一人;员外郎,满洲二人、汉一人;主事,满洲一人、汉一人。掌核山东省刑名之事,分所理衙门之文移。

山西清吏司 郎中,满洲一人、汉一人;员外郎,满洲一人、汉一人;主事,蒙古一人、汉一人。掌核山西省及察哈尔右翼与迤北各城刑名之事,分所理衙门之文移。凡各省年例咨报之件,则察而汇题。

陕西清吏司 郎中,满洲一人、汉二人;员外郎,满洲二人、汉一人;主事,满洲一人、汉一人。掌核陕西、甘肃、新疆三省刑名之事,分所理衙门之文移。掌给囚粮。

四川清吏司 郎中,满洲一人、汉一人;员外郎,满洲一人、汉一人;主事,满洲一人、汉一人。掌核四川省刑名之事,分所理衙门之文移。掌刑具。〇凡刑具:曰板,曰枷,曰杻,曰镣,曰钳,曰夹棍,曰拶指,皆辨其轻重小大之制,稽其数,而收发之。禁不合于制者。

广东清吏司 郎中,满洲一人、汉一人;员外郎,满洲二人、汉一人;主事,满洲一人、汉一人。掌核广东省刑名之事,分所理衙门之文移。

广西清吏司 郎中,满洲一人、汉一人;员外郎,宗室一人、汉一人;主事,宗室一人、汉一人。掌核广西省刑名之事,分所理衙门之文移。朝审,则具题稿。掌给囚衣。〇凡囚衣,支其值于赃罚库而制焉。以时散给之,岁题销其数。

云南清吏司 郎中,满州一人、汉一人;员外郎,满洲一人、汉一人;主事,满洲一人、汉一人。掌核云南省刑名之事,分所理衙门之文移。凡堂印之封启掌焉。

贵州清吏司 郎中,满洲一人、汉一人;员外郎,满洲一人、汉一人;主事,满洲一人、汉一人。掌核贵州省刑名之事,分所理衙门之文移。凡本衙门汉员之升补皆掌焉。书吏役满,则试之。得职者,咨吏部而给以照。

督捕清吏司 郎中,满洲一人、汉一人;员外郎,满洲一人;主事,满洲一人、汉一人。掌督捕旗人逃亡之事。〇凡旗人有逃者,则令递逃牌,报于部而缉焉。别其良贱年齿,与其逃之次数,而科其罪。投回者,按其次数与其岁月而减之。首告者,亦如之。凡出境无票者,即坐以逃。逃而别有犯者,从重科焉。〇凡逃人之余属不坐罪。〇凡缉逃,各记其功过。买逃者,诬逃者,妄报、私拿者,皆罪之。〇凡窝逃之罪,减逃者一等。保卖者亦如之。窝阅数家者,坐末家以窝罪。窝而首者,并其窝罪免焉。逃者就获而首其妻子者,减等科之。诬扳者,从重科焉。〇凡行提逃人,各定其限。解送亦如之。必慎其佥差。凡岁获逃人,各省汇册以报于部而察核。

秋审处 掌核秋审、朝审之案。〇凡各省秋决之囚,得旨则监候。越岁,审其应决与否而上之,曰秋审。在部之囚亦如之,曰朝审。凡秋审之别有四:曰情实,曰缓决,曰可矜,曰留养承祀。十七司拟而付于总办,总办拟而呈于堂,乃汇招册以送于九卿、詹事、科道而待集议。凡秋审情实者,皆缮黄册以呈御览。朝审亦如之。〇凡秋审、朝审岁支之款,皆核而题销。

减等处 凡有恩诏,则总各省及现审案件,汇而核之。

律例馆 掌修条例。五年则汇辑,十年则重编。皆予以限。既成,恭候钦定。命下乃颁行。

提牢厅 主事,满洲一人、汉一人;司狱,满洲四人、汉军二人、汉二人。掌管狱卒,稽查南北所之罪囚,支衣粮、药物而散给之。

赃罚库 司库,满洲一人;库使,满洲二人。掌收储现审赃款,及其支放之事。

饭银处 掌收储饭银,及其支放之事。

额外郎中、员外郎、主事、七品小京官。

笔帖式 满洲一百有五人,蒙古四人,汉军十有五人。掌翻译。

盛京刑部 侍郎,满洲一人。掌谳盛京旗人及边外蒙古之狱。凡盗参者皆治焉。〇凡秋审,会各衙门以定谳,别其情实、缓决、可矜者而汇题焉。奉天府囚亦如之。

堂主事 满洲一人,汉军一人。掌档案文移。

肃纪前司 郎中,满洲一人;员外郎,满洲二人;主事,满洲一人。

肃纪左司 郎中,满洲一人;员外郎,满洲二人;主事,满洲一人。掌治十五城旗人之狱,及其与民交涉者。〇凡听狱,近者亲听之。逾六十里,则界官以报于部,各以厅州县听焉。狱具,令解于部以定谳。

肃纪右司 郎中,满洲一人;员外郎,满洲一人;主事,满洲一人、蒙古二人。掌治边外蒙古之狱。

肃纪后司 郎中,满洲一人;员外郎,满洲一人;主事,满洲一人。掌治私刨参者与私贩者。

司狱 满洲一人,汉一人。掌狱。

司库 满洲一人;库使,满洲二人。掌守赃罚之镪。

笔帖式 满洲二十有三人,蒙古二人,汉军五人。掌翻译。

**直隶清吏司** 郎中,满洲一人、汉一人;员外郎,满洲一人、蒙古一人、汉二人;主事,满洲一人、汉一人。

掌核直隶省及察哈尔左翼 察哈尔镶黄、正白、镶白、正蓝四旗,又正黄东半旗。刑名之事,分所理衙门之文移。京畿道御史、顺天府府尹、东西陵、热河都统、围场总管、密云副都统、山海关副都统、古北口、张家口、独石口、喜峰口、芦峰口、塔子沟、三座塔、八沟、乌兰哈达、喀拉河屯、多伦诺尔各文移,由司收办。

○凡外省刑名之案,题者、咨者到部,各凭其供、勘,察其证据,按其律例,复其断拟,具稿呈堂,而定以准驳。凡十有七司,皆仿焉。惟督捕一司,不掌外省刑名。

**奉天清吏司**　郎中,蒙古一人、汉一人;员外郎,满洲一人、汉一人;主事,满洲一人、汉一人。

掌核奉天府及盛京、吉林、黑龙江刑名之事,分所理衙门之文移。宗人府、理藩院文移,由司收办。凡各司现审及外省题咨案内,免死减等之盗犯,应发吉林、黑龙江为奴者,移付本司定地。

**江苏清吏司**　郎中,满洲一人、汉一人;员外郎,满洲二人、汉一人;主事,满洲一人、汉一人。

掌核江苏省刑名之事,分所理衙门之文移。江南道御史、江宁将军、京口副都统、漕运总督、南河总督各文移,由司收办。恩赦,则察案以具奏。每遇恩诏肆赦,将应否准其减免各案,详细核定,按省份远近,分次具奏。得旨,则行知各省。

**赎罪处**　无定员,由堂官于郎中、员外郎、主事内酌委。行文用江苏司印。

掌赎罪之事。凡赎罪,开列所犯之案以闻。凡在部呈请赎罪之案,照吏部办理废员捐复之例,毋论准驳,俱开列案情具奏。得旨准者,乃以赎锾之数,行于户部。奉旨准赎者,由部以银数移行户部,令依限完缴。如官犯赎罪,不必依例定之数,或愿加倍,或愿加二倍、三倍,各按其所呈之数移知。

**安徽清吏司**　郎中,满洲一人、汉一人;员外郎,满洲一人、汉一人;主事,满洲一人、汉一人。

掌核安徽省刑名之事,分所理衙门之文移。镶红旗、宣武门文移,由司收办。

**江西清吏司**　郎中,满洲一人、汉一人;员外郎,满洲一人、汉一人;主事,满洲一人、汉一人。

掌核江西省刑名之事,分所理衙门之文移。江西道御史、中城御史、正黄旗、西直门各文移,由司收办。

**福建清吏司**　郎中,满洲一人、汉一人;员外郎,满洲一人、汉一人;主事,满洲一人、汉一人。

掌核福建省刑名之事,分所理衙门之文移。户部、户科、仓场衙门、左右两翼监督、镶蓝旗、阜成门、福州将军各文移,由司收办。又汉官之俸,及满洲汉官公费,由司关领。

**浙江清吏司**　郎中,满洲一人、汉一人;员外郎,满洲一人、汉二人;主事,满洲一人、汉一人。

掌核浙江省刑名之事,分所理衙门之文移。都察院、刑科、浙江道御史、南城御史、杭州将军、乍浦副都统各文移,由司收办。凡本部汇题、汇奏之件,定稿以呈于堂。有按季汇题者,如现审轻罪案件、赃银请豁之类;有年底汇题者,如题驳议叙、斩绞监犯病故、五城赃罚之类。其官犯等军流以下罪名,随结随题。各省递籍人犯,三月汇奏一次。书吏役满者,行吏部而给以照。繁缺书吏役满,由司具咨移吏部签掣职衔及执照到部,交该司取具领状,给付该吏。

**湖广清吏司** 郎中,宗室一人、汉二人;员外郎,满洲二人、汉一人;主事,满洲一人、汉一人。

掌核湖北、湖南二省刑名之事,分所理衙门之文移。湖广道御史、荆州将军文移,由司收办。

**河南清吏司** 郎中,满洲一人、汉一人;员外郎,满洲一人、汉一人;主事,满洲一人、汉一人。

掌核河南省刑名之事,分所理衙门之文移。礼部、礼科、河南道御史、太常寺、光禄寺、国子监、鸿胪寺、钦天监、太医院、东城御史、正红旗、德胜门各文移,由司收办。凡热审,则定其期。每年热审减等,本部照例题请,则审定日期,以咨行于各省。

**山东清吏司** 郎中,满洲一人、汉一人;员外郎,满洲二人、汉一人;主事,满洲一人、汉一人。

掌核山东省刑名之事,分所理衙门之文移。兵部、兵科、山东道御史、太仆寺、青州副都统、东河总督各文移,由司收办。又每岁步军营所获窃贼,准步军统领衙门移知,核其名数是否相符,咨兵部议叙。

**山西清吏司** 郎中,满洲一人、汉一人;员外郎,满洲一人、汉一人;主事,蒙古一人、汉一人。

掌核山西省及察哈尔右翼与迤北各城 察哈尔正黄半旗,正红、镶红、镶蓝三旗,及绥远城将军、归化城副都统、定边左副将军、科布多参赞大臣、库伦办事大臣所属。刑名之事,分所理衙门之文移。军机处、内阁、翰林院、詹事府、起居注、中书科、内廷各馆、内务府、奉宸苑、上驷院、武备院、山西道御史、北城御史、镶白旗、崇文门各文移,由司收办。又各司应用各色纸张,及黄绫、银朱、广胶、苏木、锭粉、硷矾、靛花、胭脂等项,皆由司具咨支领。岁底以用过若干、存剩若干,并上年领过若干,具折奏销。凡各省年例咨报之件,则察而汇题。各省汇咨之件,如命盗已未获破,窃案记功过,各项遣犯有无脱逃、已未拿获,盗赃未起,应令地方官罚赔,私藏鸟枪收缴数目,各处并无私设班馆、刑具,新疆等处并无邪教异端生事之人,又四川匪徒抢夺伤人,及新疆各厂局当差人犯年满为民数目,各城回子命案,福建民人私渡台湾等款,各省俱于每年十月截数,咨报本部及军机处,限十二月初咨齐。除咨军机处者,由军机大臣自行查核外,其咨报本部者,由部分别核议具题。其核对各款,与该省原咨并册造数目是否相符,又或有某款某省未经咨报,俟咨到再行核题,均于本内详细声叙。有应议叙、议处等件,咨送吏、兵二部办理。

**陕西清吏司** 郎中,满洲一人、汉二人;员外郎,满洲二人、汉一人;主事,满洲一人、汉一人。

掌核陕西、甘肃、新疆三省刑名之事,分所理衙门之文移。大理寺、陕西道御史、西城御史、西安将军、宁夏将军、凉州副都统、伊犁将军各文移,由司收办。掌给囚粮。凡支给囚粮,准提牢厅移知,则核其数,移咨户部关领。

**四川清吏司**　郎中,满洲一人、汉一人;员外郎,满洲一人、汉一人;主事,满洲一人、汉一人。

掌核四川省刑名之事,分所理衙门之文移。工部、工科、四川道御史、成都将军各文移,由司收办。又秋审条例有更定者,及九卿等商定之案应声复者,皆由司行文。掌刑具。

○凡刑具:曰板,以竹篦为之。小竹板大头阔一寸五分,小头阔一寸,重不过一斤八两。大竹板大头阔二寸,小头阔一寸五分,重不过二斤长。皆五尺五寸,须削去粗节毛根,照尺寸较准。应决者执小头,臀受。曰枷,以干木为之。长二尺五寸,阔二尺四寸,重二十五斤。斤数刻志枷上。凡例内有特用重枷者,不在此限。曰杻,所以械手者,一名手铐,以干木为之。长一尺六寸,厚一寸。死罪重囚用之,轻罪及妇人不用。曰镣,所以絏足者,一名钛,以铁为之。连环重一斤。徒罪以上用之。曰钳,所以絏颈者,一名练,以铁为之。承以贯索,共长七尺,重五斤。轻重囚皆用。曰夹棍,以梃木三根。中梃木长三尺四寸,旁木各长三尺,上圆径一寸八分,下方阔二寸。自下而上至六寸,于三木四面相合处,各凿圆窝,径一寸六分,深七分。尺寸长短、宽窄,刻于中梃之上。重案不输实情始用之,不得过二次。凡外省衙门夹棍,州县呈明知府验烙,知府呈明按察使验烙,按察使呈明督抚验烙。如有擅用未曾验烙夹棍者,以酷刑题参。曰拶指,以圆木五根为之。各长七寸,径围各四分五厘。妇人犯重案不得实者用之。皆辨其轻重小大之制,稽其数,本部刑具,凡夹棍十副、拶指十副、枷一百四十具、板二十副、镣铐锁各八百件,又扛子二十根。各项刑具,查有朽坏不足例数者,补造之。其尚可用者,修理之。而收发之。各司常用刑具,俱由司给发。其夹棍、拶指等不轻用。有堂发之案应刑讯者,呈请批准,移付于司乃给之。在京别衙门有请给刑具者,具咨移给之。禁不合于制者。凡各衙门一切刑具,须遵照题定尺寸式样,官为印烙颁发。不得私造脑箍、竹签、铁烙等刑。又如短夹棍止长尺许,大锁重至数十斤,大枷重百三十斤,连根带须瓦样重板,俱屡奉谕旨严禁。外省除督抚、按察使、正印官许酌用夹棍外,其余官员俱不准擅用。州县申报事件,必将夹讯几次,及未曾夹讯处,于招册内声明。上司于解审时,详加察验。佐贰官奉批审事有应夹讯者,详请改委印官。

**广东清吏司**　郎中,满洲一人、汉一人;员外郎,满洲二人、汉一人;主事,满洲一人、汉一人。

掌核广东省刑名之事,分所理衙门之文移。銮仪卫、正白旗、安定门、广东道御史、广州将军各文移,由司收办。

**广西清吏司**　郎中,满洲一人、汉一人;员外郎,宗室一人、汉一人;主事,宗室一人、汉一人。

掌核广西省刑名之事,分所理衙门之文移。通政司、广西道御史文移,由司收办。朝审,则具题稿。朝审应行事,先期题请。及九卿议定,复汇各司之案办题。掌给囚衣。

○凡囚衣,支其值于赃罚库而制焉。以时散给之,每年朝审重囚,动支赃罚库银两,按其名数制衣散给。又动支库银预制冬衣一百五十套,以给现审内隆冬停遣,并未结斩绞军流,及监禁行查、传讯各项人犯。如有余存,留俟次年给发。其给过数目,归于下届制衣时题销。岁题销其数。

**云南清吏司** 郎中,满州一人、汉一人;员外郎,满洲一人、汉一人;主事,满洲一人、汉一人。

掌核云南省刑名之事,分所理衙门之文移。镶黄旗、东直门、云南道御史各文移,由司收办。凡堂印之封启掌焉。

**贵州清吏司** 郎中,满洲一人、汉一人;员外郎,满洲一人、汉一人;主事,满洲一人、汉一人。

掌核贵州省刑名之事,分所理衙门之文移。吏部、吏科、贵州道御史、正蓝旗、朝阳门各文移,由司收办。凡本衙门汉员之升补皆掌焉。汉司员题升题补、保举奏留等事,回堂定夺,具稿以奏。书吏役满,简缺书吏。则试之。得职者,咨吏部而给以照。如繁缺役满之例。

**督捕清吏司** 郎中,满洲一人、汉一人;员外郎,满洲一人;主事,满洲一人、汉一人。

掌督捕旗人逃亡之事。

○凡旗人有逃者,则令递逃牌,凡投递逃牌,在京限五日;二百里以内者,限十日;四百里以内者,限十五日,赴该管衙门投递。若不递逃牌者,拿获逃人入官,给予八旗兵丁为奴。若逃人之主已将逃牌交领催,领催遗漏不递者,将该领催鞭一百。若从前已递逃牌,逃人自回不销逃档,后逃人复逃,而伊主不递新档,仍留旧档者,将逃人之主鞭七十,拿获逃人俱免入官,仍给原主。若夫妻父子同逃,一半递有逃牌,一半遗漏不递者,其夫妻父子不便拆散,俱免其入官,将遗漏递牌之人鞭七十。护军披甲人逃走,该管佐领、骁骑校务行据实呈报,不得瞻顾避忌,谎称患病发狂,蒙混呈报。报于部而缉焉。八旗一切逃人,该旗照例一面咨部外,一面即将该犯实在逃走日期,径报步军统领衙门、顺天府、五城迅速查拿。本部接到旗咨之日,亦即速行知应行缉犯各衙门一体严拿。别其良贱年齿,与其逃之次数,而科其罪。在京另户旗人初次逃走被获者,鞭一百;二次,枷号一个月,鞭一百;三次,发黑龙江等处当差,均免刺字。宗室公以上家下庄头、并户部官庄头、光禄寺园头,亦照另户例免刺。其庄头家下壮丁,仍照常刺字。如有用药私毁面上刺字者,枷号,鞭责,仍行补刺。盛京等处,并各省驻防,及屯居旗人逃走,俱照此分别次数办理。旗下家人初次逃者,左面刺“清汉逃人”字,鞭一百;二次逃者,右面刺字,枷号一个月,鞭一百;均交旗给主领回。如伊主不愿领回者,免其刺字,交地方官与民人一体管束。三次逃者,右面刺所发地名,咨送兵部,发宁古塔、乌拉等处给披甲人为奴。盛京旗下家奴,如为匪畏罪逃走,初次,枷号两个月;二次,发往伊犁等处给驻防兵丁为奴。凡逃人十日内拿获者,鞭一百,免刺,不算逃走次数。过十日,照例治罪。凡计算次数,家奴以曾经刺字为坐,另户以曾经鞭责记有档案为坐。被获发落后,伊主转卖与人,复从后买主家逃走者,仍以鞭、刺计前后通算。无主认领之逃人,入官后再逃者,亦连前计算。若有一、二次逃在赦前者,免其通算。于赦后逃至三次者,方拟发遣。逃人年六十以上、十五以下,俱免鞭、刺、发遣。凡窃骑马骡、携带器械逃走被获者,不论十日内外,枷号两月,鞭一百。其奴仆偷窃财物,计赃科罪。至带逃物件,载在原递册内者,准行提;不载原册,虽告不准行。册内虚开者,免其行提,将逃人仍治逃罪。其家下、庄头拖欠地租,偷典地亩,并带家业逃走者,拿获时,将带逃家业分为三分,一分给出首之人,二分给予逃人之主。若谎称逃人携带军器者,以私卖军器论。凡在逃处犯事发觉送部者,照例分司,会同督捕司官审定,从重归结。投回者,按其次数与其岁月而减之。另户初次逃走,一年内投回免罪,一年外投回鞭六十;二次逃走,六月内投回免罪,六月外投回鞭八十;三次逃走,三月内投回免罪,三月外投回鞭一百。投回三次后复逃者,虽自行投回,不计年月,即照初次逃走例鞭一百。交旗管束,仍俱准挑补差使。旗下家人逃走投回者,亦照此例,免其刺字,俱不算逃走次数。三次投回发落后,复吃酒行凶者,即送部发遣。凡该旗圈销逃档文内,务将投回逃犯在外有无为匪,及逃走次数、月日多寡之处,声明咨部。至数人同逃后,商量一同投回,内一二人先回,供明余犯住处提来者,均照逃人自回例,分别年限、次数科断,窝家人等免究。首告者,亦如之。凡逃人被伊祖父母、父母、子孙出首者,将逃人照自首自回例科断,仍着该管官取具实系亲属甘结申送。凡出境无票者,即坐以逃。八旗兵丁及拜唐阿闲散人等,如有告假前往各省及口外者,俱令禀明各该管官系何事前往何处,及告假限期,详晰声明存档,给领印票,回日圈销。倘有告假逾限不回,及回而不交纳原领印票者,鞭五十。如不领印票,私行前往,或领有印票,私往别处者,俱鞭一百。凡旗人私自出境取债探亲者,闲散鞭责,官员议处。若出境需索财物,借端挟诈,及嘱托行私者,枷号、鞭责,系官革职、鞭一百,不准折赎。逃而别有犯者,从重科焉。在京正身旗人,逃后有犯抢窃,及抢窃、私逃同时并发,俱从其重者论,仍尽抢窃本法刺字。罪止枷、杖者,销除旗档,交县与民人一体管束;应发遣者,销除旗档,发云贵、两广边远地方,与民人一体管束。至各省驻防旗人有犯,亦照此例办理。

〇凡逃人之余属不坐罪。凡祖父带子孙逃、伯叔兄带弟侄逃、夫带妻逃、父带女逃、子带母逃、兄弟带姊妹逃,为首带逃者,分别次数,照例治罪。其随逃之子孙、弟侄、妇女,俱免其鞭责、刺字,不算逃走次数。

〇凡缉逃,各记其功过。凡知州、知县、卫所千总、卫守备,查解逃人十五名者,加一级;三十名,加二级。知府、直隶州知州所属地方,查解逃人三十名者,加一级;六十名,加二级。道员所属地方,查解逃人四十五名者,加一级;九十名,加二级。巡抚所属地方,查解逃人二百名者,纪录一次;四百名者,加一级。同知、通判、吏目、典史自行拿获之逃人,各照掌印官例。五城兵马司掌印指挥,照知府例;副指挥、吏目,照知县例。盐运司所属地方查解逃人,运司照道员例;分司照知府例;盐场大使照典史例。在京钱局查解逃人者,将所管之官照知府例;外省钱局查解逃人者,布政使照道员例、钱局同知照知县例。窑厂查解逃人者,将所管之官照知府例。营伍武官查解逃人者,将守备、都司各官照州县例,游击、参将、副将照知府例,总兵、提督照道员例。将此功一年一叙。若不足议叙之数者,并于下年通算议叙。如仍不足数,将前一年之数截去,止留一年之功,于次年接算。不准三年合算。各省总督及顺天、奉天二府尹获逃及失察,功过均免议。凡州县、卫所官获逃未足议叙之数,而该上司官以所辖各属统算,虽已足议叙之数者,不准议叙。凡伊犁等处盘获逃犯,究出经过卡伦地方,未经查拿者,将该处失察官员,并失察之地方官,及该管大臣,交部分别议处。如有藏匿负罪潜逃之犯者,从重分别议处。买逃者,地方官觅买旗下奴仆,谎称逃人,申解邀功者,严加议处,奴仆入官。其并无逃人,捏写空名造册报部邀功者,亦从重究议。诬逃者,地方官将实系平人妄作逃人拿解者,交部议处。若故行拿解,希图议叙者,照故入人罪例治罪。妄报、凡将屯庄居住不曾逃走之人,谎递逃牌者,闲散鞭责,官员议处。如系不服呼唤,抗拒避匿,以致伊主报逃者,将伊主免罪,家奴不科逃罪,照子孙违犯教令律鞭一百。若旗人、民人首告逃人,指明窝所,及移咨查拿,并无逃人,审系谎告、仇告者,均照诬告例治罪。若有图财行诈等弊,照棍徒扰害例治罪。私拿者,凡逃人之主,及平素认识逃人之人,在京附近地方,或屯庄等处,及出差遇见逃人者,准其拘拿。其余访得逃人下落,令其在部控告,或向附近地方官呈告拿解,不许私自拘拿。违例私拿者,闲散鞭责,官员议处。皆罪之。

〇凡窝逃之罪,减逃者一等。旗民窝留逃人,照知情藏匿罪人例治罪。知情不首者民人、邻佑等,杖八十;旗人、领催等,鞭八十。凡各省驻防官员、闲散等窝带者,宁古塔驻防水手、炮手等窝隐者,边外游牧处所及屯庄旗人窝隐者,汉官家人窝隐者,营伍窝隐者,僧道窝隐者,粮船、军船、商船窝隐者,各照窝逃例治罪。凡窝逃之犯,如年逾七十,及未及十六者,笃疾、废疾者,依律收赎。妇人窝逃,罪坐夫男;若无夫男及外出不知情者,将本妇依律问拟,准其收赎。官员、生监等窝逃,亦照例治罪。如误典、误买,及雇觅佣工者,将保人及引进之人断作窝家。有将房地卖与逃人者,亦如之。若逃人在原娶之妻家居住被获者,其妻给予完聚,窝家人等照例治罪。保卖者亦如之。凡将旗下家人称系民人保卖者,保人及卖身之人俱枷号三个月、杖一百。若卖身之人系逃人,除初次、二次仍照本例治罪外,如逃至三次,即照三次逃走例发遣,保人照窝家例治罪。窝阅数家者,坐末家以窝罪。凡逃人换住数家,将末家断作窝家。其移寓别处窝隐逃人者,将移寓之处邻长、地方及地方官,均照例治罪。

窝而首者,并其窝罪免焉。凡逃人被窝家出首者,窝家人等免罪。若窝家不行出首,或该管地方、十家长、邻佑人等内,有一人出首者,止将窝家治罪,余人俱免。如窝逃之人一村居住,族中人等及主仆互相出首者,窝家亦免罪。逃者就获而首其妻子者,减等科之。逃人被别处及旁人拿获后,窝家将逃人妻子出首者,照闻拿投首例减二等治罪。若逃人未被拿获之先,窝家将逃人妻子出首者,免罪。诬扳者,逃人诬扳窝家审虚,续供窝家审明又属诬扳者,将逃人刺字,不论逃走次数,照奸棍诈害良民例发遣;如年力强壮者,改发新疆等处种地为奴。地方官教令逃人招扳富室为窝家,计图诈害者,革职,照指使犯人诬扳平人例治罪。受赃者,以枉法从重论。从重科焉。

〇凡行提逃人,各定其限。道府、州县、卫所官员,行文提取逃人,及行文移查案件,一百里以内者,往返限十日解复;如不解复,行催一次,再限十日解复。每百里往返,加限五日;一千里以外者,每百里往返,加限四日,递加扣算。若行催后,逾限不解、不复者,交部议处。解送亦如之。州县拿获逃人,详报督抚请咨起解,即于批文内限定日期。若逾限者,将逾限之地方官交部议处。必慎其佥差。凡拿获逃人,必严加肘锁,每名差有家产正身解役二名递解。经过地方换差者,亦如之。如有疏脱、贿纵及雇倩代替、伙逃抢夺等弊,除将解役各照例治罪外,仍将佥差不慎之地方官,分别交部议处。凡岁获逃人,各省汇册以报于部而察核。文武官员获逃记功者,将拿获逃人年月、姓名,及获逃官员之职名,开造清册,于每年四月内解部,与部内底册查核议叙。若自回逃人,令该佐领等呈报,各该管衙门圈销逃册,照例完结。仍将完结缘由,移会缉逃衙门一体圈销逃册。

**秋审处**　郎中、员外郎、主事无定员,由堂官酌委。有坐办,有兼行。

掌核秋审、朝审之案。

〇凡各省秋决之囚,得旨则监候。越岁,审其应决与否而上之,曰秋审。各省截止秋审日期,以本部题复奉旨之日为断。云南、贵州、广西、广东、四川,以年前封印日为止;福建,以正月三十日为止;奉天、陕西、甘肃、湖北、湖南、浙江、江西、安徽、江苏,以二月初十日为止;河南、山东、山西,以三月初十日为止;直隶,以三月三十日为止;新疆、察哈尔,以六月三十日为止。如题结在截止期后者,归入下年办理,不得遽请赶入本年秋审。间有情罪较重之案,审结在行刑期前者,补疏题请。予勾者虽已过大决,亦即行刑。凡距京路远省份,按察司于道员冬季巡历时,即将已经审结具题,约计次年可以接准部咨者,移行该道府,同已准部咨各案,一体复审,造册申送。如至期有未准部咨,及部驳另审者,照例扣除,仍移会该道归入下年秋审。及核办招册,按察司先期详审定稿,陆续移咨在省司道,会同虚衷商榷,联衔具详。至期,司道等齐赴督抚衙门,督抚率同会勘定拟。倘遇案件繁多,不妨多宽时日,不必于一日定议。其题本,各省俱限于五月内到齐,逾限者查参。凡外省决囚,常犯审勘后,即发回州县监禁。接准勾决部咨,由道府转行州县。其州县近而道府远者,不行道府,即派委在省同知、通判等官,驰往监决。惟官犯定案后,即在按察使衙门收禁。秋审勾本到省,照部内决囚之例,将情实官犯全行绑赴市曹,即令按察使监视行刑。奉到谕旨,当场开读,按照予勾之犯验明处决。又甘肃之哈密、安西、玉门、敦煌等属监候人犯,审勘后,按察使照旧收监。奉到部文,即于省城处决。其外州县处决者,若部文到日,正印官公出,令同城之佐贰官会同武职官代行监决。如该地方无佐贰官,知府即委府属之同知、通判、经历等官,速至该州县会同武职监决。其非附郭首县,及猝奉调遣,未及报府者,准令该吏目、典史会同营员代决。凡本部秋审勾决,及一应立决公文咨行各省者,俱钉封注明件数,"马上飞递"字样,派笔帖式送兵部转发。在部之囚亦如之,曰朝审。凡秋审之别有四:曰情实,曰缓决,曰可矜,曰留养承祀。十七司拟而付于总办,总办拟而呈于堂,总办司员,于年底即请堂派各司专办次年秋审官,满洲一员、汉二员,将各该司应入秋审人犯,依原案题结先后,以次摘叙案由,分别实、缓、矜、留,出具看语,名曰初看,用蓝笔标识,再为复看,用紫笔标识,陆续汇送本处。坐办司员将各司略节删繁补漏,交总看司员酌核允当,加具看语,呈堂批阅。仍于堂议之前,总看、坐办各司员,齐集核议,将情实、缓决、可矜、留养承祀各犯,详细参酌,平情定拟。如谋故杀应情实,而谋杀加功之犯,或止系听从,并无图财、图奸及凶暴情状者,拟缓决。斗杀之案应缓决,而攒殴多伤死未还手者,拟情实。窃盗临时拒捕,及抢夺杀伤人应情实,其有情急图脱,被追回殴致死者,拟缓决。窃赃满贯应缓决,如赃至五百两以上,拟情实;有虽未至五百两,而为害商旅者,亦拟情实。以此类推。凡同一罪名,而其中情节微有区别,即实缓判然,必准酌案情,一归允协。倘有与外省所拟不符者,另缮一册,俟堂议定夺。乃汇招册以送于九卿、詹事、科道而待集议。每年开印后,即具行催稿呈堂。传各司行文各省催取秋审后尾,限四月内到齐。及略节阅定,先发写红格,交匠刊刻。俟各省后尾到,合内外看语,一并刊入招册,分送九卿、詹事、科道。凡各省秋审本揭,如系新事初次入秋审者,备叙案由,确加看语,以凭会核;其旧事缓决人犯,摘叙简明略节,依次汇为一本具题,俱不叙入问供。至本部分送九卿招册内,除初次入秋审各案外,亦惟旧事情实未勾,并由实改缓,下年初入秋审缓决者,仍刷印分送,其已入缓决者,不复备册,止于会审时,逐一唱名。进呈本内,亦第开列起数、名数。若旧事内有一二案尚须商议,并该督抚前拟情实后改缓决、前拟缓决后改可矜之案,仍摘出临期印册,分送九卿公议。凡秋审情实者,皆缮黄册以呈御览。旧例缓决、可矜之案,俱缮招册进呈。乾隆二十四年(1759)奏准删除,止进情实册。朝审亦如之。

〇凡秋审、朝审岁支之款,皆核而题销。每年办理秋审,动支户部银五千两。凡黄册描边、缮写本章红格、刊刷装钉招册,及板片刨面锯边、修补旧字,又缮写命盗等案黄册,并监犯衣粮、药物等项,俱于秋审项内支取,按年核销。

**减等处** 郎中、员外郎、主事无定员,名为"总看减等",由堂官酌委。

凡有恩诏,则总各省及现审案件,汇而核之。如人所犯之罪,或在恩诏以前,或在恩诏以后,按之条款,或准减免,或不准减免,核定方行。

**律例馆**　常年由堂官设提调满、汉各四人,任稽核律例之事。凡各司案件,有应驳及应更正者,呈堂交馆稽核。

掌修条例。五年则汇辑,十年则重编。凡钦奉谕旨,及议准内外臣工条奏,除止系申明例禁,无关拟议罪名者,毋庸编辑外,若关系罪名轻重,应行修改,及新旧条例不符,应修应删者,必悉心参校,照奏定章程,分修改、修并、移改、续纂、删除各名目,开列本例之首,黏贴黄签,并于本条之下各加按语,分析陈明。有原例者,先叙原例于前,次叙新例于后,使眉目犁然不紊。皆予以限。五年小修,限十月告成;十年大修,限一年告成。如应修条例较多,开馆时即声请展限。既成,恭候钦定。命下乃颁行。既进黄册,复将新例翻译清文,另缮清汉黄册进呈。乃分写清汉样册,咨呈武英殿刊刻颁发。仍先刊草本,通行内外问刑衙门一体遵照。

**提牢厅**　主事,满洲一人、汉一人。例由本部试俸及额外主事内,拣选、引见、补授。一年期满,试俸者作为实俸,额外者咨吏部题请实授。司狱,满洲四人、汉军二人、由本部笔帖式内拣选、引见、补授,不开笔帖式缺,三年期满,回原任升用。如实缺司狱不敷差使,于笔帖式内拣派数人帮班办事,实缺期满,即将帮班奏补。汉二人。亦三年期满,咨吏部铨选。

掌管狱卒,凡狱卒将重犯故松刑具,及醉饮、熟睡,以致疏虞等类,必时加禁戒。犯人出监之日,提牢、司狱细加查问。如有禁卒人等凌虐需索者,计赃治罪,仍追赃给还。两禁板棚,不许禁卒人等私相租赁。如有受贿顶租者,从重治罪。稽查南北所之罪囚,现审人犯,由当月司发交;外省解到人犯,由承审司发交。皆准移付,验问名数,应散、应锁,严饬收禁。其提讯,亦准该司移付,验其名数发交。司狱八人,于两所轮班值宿,五日一代。每月本部派司员二人查视一次,都察院派御史二人查视一次。凡支更梆锣等物朽坏当更换者,移知浙江司备具交厅。支衣粮、药物而散给之。犯人衣粮,俱移各承办之司支领,察其侵蚀冒滥之弊。每日放饭,提牢官必亲监视。病则饬医调治,验其方剂。有病故者,实时呈报请验,移知浙江司汇题。额设医生二名,时考其疗治之绩而惩劝之。其余冬夏应用之物,如姜汤、冰水之类,皆饬令周给,毋阙乏。

**赃罚库**　司库,满洲一人;库使,满洲二人。

掌收储现审赃款,凡本部现审案内有赃罚、赃变、赃赎银两,行文该处追缴。立限一年,如逾限不追,将承追各官查参议处。及其支放之事。如制备囚衣,及关领囚粮、脚价之类,皆动支库项。

**饭银处**　由堂官于司员中派满、汉各一人管理,一年期满更换。

掌收储饭银,及其支放之事。每年各省应解饭银三万九百四十两。有不能如期完解者,随时咨催。又每年户部拨给银六千两,工部拨给银四千两。凡堂官、司官每月应支饭银之数,尚书各八十两,侍郎各六十两,郎中各六两六钱六分六厘,员外郎各五两八钱三分三厘,主事各五两,额外主事、司库、司务各四两一钱六分六厘,司狱、笔帖式、库使各二两,缮本笔帖式各一两,捐班各减半。书吏每节应支饭银之数,堂书二百两,清档房四十八两,汉档房四十八两,直隶司三百两,奉天司一百九十二两,江苏司二百二十两,安徽司一百九十二两,江西司一百九十二两,福建司一百九十二两,浙江司一百九十二两,湖广司二百二十两,河南司一百九十二两,山东司一百九十二两,山西司一百九十二两,陕西司二百七十二两,四川司二百四两,广东司二百二十两,广西司一百三十六两,云南司一百三十六两,贵州司一百三十六两,督捕司八十两,司务厅四十八两,督催所六十两,当月司四十两,秋审处一百九十二两,提牢厅六十四两,大库二十两。其余各役工食,及一应杂项应支领者,皆核实而给之。

**额外郎中、员外郎、主事、七品小京官**。无定员,由堂官分派十八司一体办事。

**笔帖式** 满洲一百有五人,蒙古四人,汉军十有五人。分派十八司,视事之繁简以为额。其额外行走者,亦如之。

掌翻译。

**盛京刑部** 侍郎,满洲一人。

掌谳盛京旗人及边外蒙古之狱。凡盗参者皆治焉。

○凡秋审,会各衙门以定谳,本部重犯,每岁秋审,会同四部侍郎、奉天府尹酌定。别其情实、缓决、可矜者而汇题焉。奉天府囚亦如之。奉天府重犯秋审,亦由本部会同酌定具题。

**堂主事** 满洲一人,汉军一人。

掌档案文移。

**肃纪前司** 郎中,满洲一人;员外郎,满洲二人;主事,满洲一人。

**肃纪左司** 郎中,满洲一人;员外郎,满洲二人;主事,满洲一人。

掌治十五城旗人之狱,及其与民交涉者。

○凡听狱,近者亲听之。案在盛京所属六十里以内,皆由部员审讯。应验视者,会同地方官往验。逾六十里,则界官以报于部,各以厅州县听焉。盛京城所属六十里以外,及各外城所属界址,各由该厅州县就近验讯。狱具,令解于部以定谳。命盗重案,及军流徒罪案内之首从,并紧要人证,俱解部审拟,其余讯供详报。若寻常案犯,罪止枷杖者,各州县审拟完结,按月造册详报。

**肃纪右司** 郎中,满洲一人;员外郎,满洲一人;主事,满洲一人、蒙古二人。

掌治边外蒙古之狱。盛京法库柳条边外蒙古犯窃盗、人命,与旗民交涉之案,由将军、奉天府尹或该蒙古札萨克咨送者,皆提犯到部审讯。应验视者,行奉天府尹酌派附近州县往验,填格录供报部。

**肃纪后司** 郎中,满洲一人;员外郎,满洲一人;主事,满洲一人。

掌治私刨参者与私贩者。私刨人参,无论已得未得一两至十两上下,及私贩者,俱会同将军、管辖六边侍郎、奉天府府尹审讯定拟。

**司狱**　满洲一人,汉一人。

掌狱。

**司库**　满洲一人;库使,满洲二人。

掌守赃罚之镪。

**笔帖式**　满洲二十有三人,蒙古二人,汉军五人。

掌翻译。

# 卷六十八　理藩院·理刑清吏司

**提　要**　理刑清吏司　郎中,蒙古二人;员外郎,满洲二人、蒙古四人;主事,蒙古一人。掌外藩各部刑罚之事。○凡蒙古犯罪皆论罚。罚牲,有一,有五,有七,有九。九以上则累之,至九九而止焉。罚马,有五,有七,有十。十以上则累之,至百而止焉。凡当罚而牲不足者鞭之,鞭止于百。无牲则令誓。疑狱亦如之。○凡蒙古之狱,各以札萨克听之。纳罚牲九之一。越旗,则纳罚牲十之一。其旗之札萨克取犙牛焉。不决,则盟长听之。不决,则报于院。驻司官者,司官会札萨克而听之。蒙古内属者,将军、都统、大臣各率其属而听之。与民讼,地方官会听之。凡罪至遣者,令报于院,以会于刑部而决焉。死者,则会三法司以定谳。若监候,则入于秋审。凡监皆寄。

**理刑清吏司**　郎中,蒙古二人;员外郎,满洲二人、蒙古四人;主事,蒙古一人。

掌外藩各部刑罚之事。

○凡蒙古犯罪皆论罚。罚牲,有一,或罚三岁牛一,或罚二岁牛一。有五,罚五者,罚犍牛一,乳牛一,三岁牛二,二岁牛一。有七,罚七者,罚犍牛二,乳牛二,三岁牛一,二岁牛二。有九。罚九者,于罚七牲数加马二。九以上则累之,至九九而止焉。九以上,自二九至九九,每等加一九,每九限三十日完交,各予五日余限。罚马,有五,有七,有十。十以上则累之,至百而止焉。凡当罚而牲不足者鞭之,鞭止于百。应罚牲数不足者,缺牲一,鞭二十五。至四牲以上,止于鞭一百。无牲则令誓。犯罪应罚,无牲者,除鞭一百外,令佐领或于佐领内择一人设誓。三九以上,令管旗章京设誓。有隐匿后经发觉者,仍以其所隐之牲罚取外,设誓之人罚一九。疑狱亦如之。犯罪应死不承,无证据者,令设誓完结。遗失马匹牲畜,踪迹至旧游牧处,值已迁移游牧者,令设誓。其踪迹去人居处在一箭以内者,亦令设誓。过一箭者,不设誓。管旗王、贝勒、贝子、公、台吉讳盗,及台吉为盗事发不认者,令其伯叔设誓。无伯叔,令伯叔之子设誓。出首事件,不令首告者誓,令犯者誓。

○凡蒙古之狱,各以札萨克听之。蒙古为匪者,各责成本旗札萨克拿治。有讼,亦令于札萨克呈诉。纳罚牲九之一。札萨克于罚牲内按九数取一。不足九数者不取。越旗,则纳罚牲十之一。别旗之蒙古应罚牲归本旗者,札萨克于十中取一,二十中取二,三十中取三。过此不准多取。其旗之札萨克取犙牛焉。输罚牲之旗,札萨克勒追罚牲交纳后,遣人取三岁牛一。不决,则盟长听之。蒙古之讼,札萨克不能决者,令报盟长公同审讯。或札萨克判断不公,亦准双方赴盟长呈诉。不决,则报于院。札萨克盟长俱不能决者,即将全案遣送赴院。其或札萨克盟长均判断不公,亦准双方赴院呈诉。驻司官者,司官会札萨克而听之。八沟、塔子沟、三座塔、乌兰哈达、神木、宁夏皆驻扎司官。喀喇沁、敖汉、奈曼、喀尔喀左翼、土默特、翁牛特、巴林、克什克腾之案,八沟、塔子沟、三座塔、乌兰哈达四司官分境管理;鄂尔多斯七旗之案,神木、宁夏二司官会同管理。又管理驿站司官,遇有驿站蒙古之案,亦就近管理。皆会同札萨克审办。其命案,则先会地方官检验,应报院者,八沟、塔子沟、三座塔、乌兰哈达由热河都统复核报院;驿站司官,由阿尔泰军台都统复核报院。惟神木、宁夏司官,径行报院。蒙古内属者,将军、都统、大臣各率其属而听之。归化城、土默特之案,归化城副都统、土默特旗员审拟,绥远城将军复核;察哈尔之案,察哈尔各旗司官审拟,都统复核;伊犁、塔尔巴哈台所属额鲁特察哈尔之案,伊犁司官审拟,将军复核;科布多所属乌梁海、札哈沁、明阿特、额鲁特之案,科布多大臣率司官审拟;唐努乌梁海之案,乌里雅苏台司官审拟,皆定边左副将军复核。应报院者,由将军、都统报院。与民讼,地方官会听之。直隶边民与卓索图、昭乌达二盟各旗蒙古交涉者,平泉州会八沟司官、建昌县会塔子沟司官、朝阳县会三座塔司官、赤峰县会乌兰哈达司官审拟,热河都统、直隶总督复核。盛京边民与科尔沁旗蒙古交涉者,由昌图府铁岭县会札萨克审拟,盛京将军会盛京刑部复核。吉林旗民与哲里木盟各旗蒙古交涉者,长春府伯都讷厅及旗员各会札萨克审拟,吉林将军复核。直隶、山西边民与察哈尔交涉者,多伦诺尔厅会正蓝、镶白二旗司官,独石口厅会正白旗司官,张家口厅会镶黄旗司官,丰镇厅会正黄、正红二旗司官,宁远厅会镶红、镶蓝二旗司官审拟。其与察哈尔游牧之外各札萨克旗蒙古交涉者,亦按各厅所管地方,会察哈尔司官审拟。张家口厅、独石口厅、多伦诺尔厅,由察哈尔都统、直隶总督复核;丰镇厅、宁远厅,由察哈尔都统、山西巡抚复核。山西边民与土默特交涉者,归化城厅和林格尔厅、萨拉齐厅、清水河厅、托克托城厅各会土默特旗员审拟;其与土默特游牧之外各札萨克旗蒙古交涉者,亦按各厅所管地方,会土默特旗员审拟;皆由绥远城将军、山西巡抚复核。如察哈尔、土默特与各札萨克旗蒙古交涉者,各由察哈尔、土默特旗内派员审拟,察哈尔都统、绥远城将军复核。山西边民与鄂尔多斯旗蒙古交涉者,雁平道会神木司员审拟,由雁平道报山西巡抚复核。陕西边民与鄂尔多斯旗蒙古交涉,甘肃边民与鄂尔多斯旗、阿拉善旗蒙古交涉者,各州县就近会神木、安边、宁夏三理事厅及札萨克审拟;陕西则延榆绥道、神木司员会核,再由延榆绥道报陕西巡抚复核;甘肃则宁夏道、宁夏司员会核,再由宁夏道报陕甘总督复核。甘肃边民与青海蒙古交涉者,各州县报西宁大臣派员会审,由西宁大臣、陕甘总督复核。新疆迪化府属之迪化、昌吉、绥来、阜康、奇台各县边民与蒙古交涉者,由各该县解归该府核转。镇西厅、库尔喀喇乌苏厅境内之民与蒙古交涉者,均由该厅解归镇迪道核转。伊犁府属之绥定、宁远各县境内之民与蒙古交涉者,由该县审解,再由该府勘转;塔尔巴哈台厅境内之民与蒙古交涉者,由该厅审解;均再由伊塔道勘转。南疆边民与蒙古交涉者,由各厅州县审解,该管道勘转,均由新疆巡抚复核。其各交涉案内,如遇人命,皆先由地方官检验通报,再行会审。应报院者,由将军、都统、司官报院。库伦、恰克图及喀尔喀图什业图汗、车臣汗部内商民,伊犁地方种地之民,与蒙古交涉者,由库伦司官审拟,大臣复核报院。乌里雅苏台及喀尔喀三音诺彦、札萨克图汗部商民与蒙古交涉者,由乌里雅苏台司官审拟;科布多商民与蒙古交涉者,由科布多大臣审拟,皆定边左副将军复核报院。凡拟罪名均依律。凡罪至遣者,遣罪以发河南、山东为一等,发湖广、福建、江西、浙江、江南为一等,发云南、贵州、广东、广西极边烟瘴为一等。令报于院,以会于刑部而决焉。死者,死罪有斩、有绞、有斩枭、有凌迟处死。则会三法司以定谳。若监候,则入于秋审。秋审,满洲九卿会院议奏。如命案应减等者,罚三九给死者之家。无牲者遣。凡监皆寄。科尔沁十旗应行寄监人犯,归昌图府寄监;札鲁特二旗,归赤峰县寄监;鄂尔多斯七旗及乌喇特东、西、中三旗,归靖边、定边、榆林、怀远、神木、萨拉齐、清水河、托克托城、河曲、偏关等厅县寄监;土默特、四子部落、茂明安、车臣汗等旗,归归化城寄监。

# 卷六十九　都察院　通政使司　大理寺

## 都察院　左都御史左副都御史职掌　经历厅　都事厅　六科　十五道　五城

## 通政使司　通政使副使参议职掌　经历司　登闻鼓厅

## 大理寺　卿少卿职掌　档房　司务厅　左寺　右寺

**提　要**　都察院　左都御史,满洲一人、汉一人;左副都御史,满洲二人、汉二人。掌司风纪,察中外百司之职,辨其治之得失,与其人之邪正。率科道官而各矢其言责,以饬官常,以秉国宪。率京畿道以治其考察、处分、辨诉之事,大政事下九卿议者,则与焉。凡重辟,则会刑部、大理寺以定谳。与秋审、朝审、大祭祀,则侍仪。朝会亦如之。皇帝御经筵亦如之。临雍亦如之。

右都御史。右副都御史。

经历,满洲一人、汉一人;都事,满洲一人、汉一人。掌出纳文移。

笔帖式十人。掌翻译。

六科　吏科,掌印给事中满洲一人、汉一人;给事中满洲一人、汉一人。户科,掌印给事中满洲一人、汉一人;给事中满洲一人、汉一人。礼科,掌印给事中满洲一人、汉一人;给事中满洲一人、汉一人。兵科,掌印给事中满洲一人、汉一人;给事中满洲一人、汉一人。刑科,掌印给事中满洲一人、汉一人;给事中满洲一人、汉一人。工科,掌印给事中满洲一人、汉一人;给事中满洲一人、汉一人。掌发科抄,稽察在京各衙门之政事而注销其文卷。皆任以言事。皇帝御门则侍班。御经筵亦如之。临雍亦如之。朝会则纠其仪。○凡科抄,给事中亲接本于内阁,各分其正抄、外抄而下于部,应封驳则以闻。岁终,则汇其本以纳于内阁。凡钞本,皆副以史书、录书。惟密本则不抄。○凡值,以给事中一人,二日而代。圣制台省箴之碑,即令守护焉。常朝,六科更番而察其朝单。若敕书、计籍、文凭、赋册、批回、试卷、学案、邮符、爰书,则科各分其职。

笔帖式八十人。掌翻译。

十五道　京畿道,掌印监察御史满洲一人、汉一人;监察御史满洲一人、汉一人。

河南道,掌印监察御史满洲一人、汉一人;监察御史满洲一人、汉一人。江南道,掌印监察御史满洲一人、汉一人;监察御史满洲三人、汉三人。浙江道,掌印监察御史满洲一人、汉一人;监察御史满洲一人、汉一人。山西道,掌印监察御史满洲一人、汉一人;监察御史满洲一人、汉一人。山东道,掌印监察御史满洲一人、汉一人;监察御史满洲二人、汉二人。陕西道,掌印监察御史满洲一人、汉一人;监察御史满洲一人、汉一人。湖广道,掌印监察御史满洲一人、汉一人;监察御史满洲一人、汉一人。江西道,掌印监察御史满洲一人、汉一人;监察御史满洲一人、汉一人。福建道,掌印监察御史满洲一人、汉一人;监察御史满洲一人、汉一人。四川道,掌印监察御史满洲一人、汉一人。广东道,掌印监察御史满洲一人、汉一人。广西道,掌印监察御史满洲一人、汉一人。云南道,掌印监察御史满洲一人、汉一人。贵州道,掌印监察御史满洲一人、汉一人。掌稽察在京各衙门之政事,而注销其限。分核各省之刑名,秋审、朝审各题,以俟勾决。皆任以言事。皇帝御门、御经筵、临雍,则偕给事中而侍班。朝会则纠其仪,祭祀亦如之,耕耤亦如之,救护日、月食亦如之。〇凡有旨令御史监察者、巡视者,皆并列以科道。惟稽察宗人府、内务府,以御史。若掣签、搭饷、刷卷、磨册、比缉、勘工,则道各分其职。

笔帖式三十有二人。掌翻译。

五城　中城,巡城御史满洲一人、汉一人;兵马司指挥一人;副指挥一人;吏目一人。东城,巡城御史满洲一人、汉一人;兵马司指挥一人;副指挥一人;吏目一人。南城,巡城御史满洲一人、汉一人;兵马司指挥一人;副指挥一人;吏目一人。西城,巡城御史满洲一人、汉一人;兵马司指挥一人;副指挥一人;吏目一人。北城,巡城御史满洲一人、汉一人;兵马司指挥一人;副指挥一人;吏目一人。掌分辖京师五城十坊之境,而平其狱讼,诘其奸慝,弭其盗窃。月吉,各率其乡约而宣条教。掌凡振恤之政令。凡五城街道沟渠、栅栏房舍,则会街道厅以稽察。

通政使司　通政使,满洲一人、汉一人;副使,满洲一人、汉一人;参议,满洲一人、汉一人。掌纳各省之题本,以达于内阁。凡大政事下九卿议者,则与焉。〇凡本,视其所题之繁简以断幅。幅六行,行二十格,而空其二,遇尊敬乃别而书之。具其衔名、月日,钤印而加贴黄焉。〇凡受本,则承以案,及校阅,乃送阁。五日,则以随本之揭帖畀提塘官,以投于部科。凡本违式者,逾限者,皆察焉。

经历司　经历,满洲一人、汉一人;知事,满洲一人、汉一人。掌出纳文移。

笔帖式,满洲六人、汉军二人。掌翻译。

登闻鼓厅　笔帖式,满洲一人、汉军一人。掌达冤民。

大理寺　卿,满洲一人、汉一人;少卿,满洲一人、汉一人。掌平天下之刑名。凡重辟,则率其属而会勘。大政事下九卿议者,则与焉。与秋审、朝审。

档房 堂评事,满洲一人。掌缮左、右寺之题本与其奏折,收在京衙门之文书。

司务厅 司务,满洲一人、汉一人。掌治吏役。收外省衙门之文书。凡案之注销者、卷之照刷者,皆汇而送焉。

左寺 寺丞,满洲一人、汉军一人、汉一人;评事,汉一人。

右寺 寺丞,满洲一人、汉军一人、汉一人;评事,汉一人。

掌分核内外之刑名。凡重辟,在京者,左、右寺各会其刑司与其道而听之,以质成于卿、少卿。在外者,寺受揭帖,各定谳以质成于卿、少卿,而参合于部谳。凡重辟,必三法司之议协于一而后狱成。不协,许两议,候上裁决焉。〇凡热审,左、右寺各会其刑司与其道而决之。〇凡枷犯拟以永远者,岁终,察其内外衙门之数而汇奏。

笔帖式 满洲四人、汉军二人。掌翻译。

**都察院** 左都御史,满洲一人、汉一人;左副都御史,满洲二人、汉二人。

掌司风纪,察中外百司之职,辨其治之得失,与其人之邪正。率科道官而各矢其言责,科道陈奏,或邀褒奖,或经训饬,奉旨后皆抄录呈堂。遇开列及引见,摘其事由,咨吏部开单进呈御览。以饬官常,以秉国宪。率京畿道以治其考察、处分、辨诉之事,京察大计、军政,都察院皆与考察。吏部官应议处、议叙者,由都察院议奏。官民冤抑陈诉,都察院鞫实奏闻。皆令京畿道查核,呈堂定议。大政事下九卿议者,则与焉。六部、都察院、通政使司、大理寺为九卿。凡重辟,则会刑部、大理寺以定谳。刑部、都察院、大理寺为三法司。与秋审、朝审、大祭祀,则侍仪。皇帝亲祭圜丘、祈年殿、太庙、历代帝王庙、先农坛、先师庙、关帝庙、文昌庙,侍仪左都御史、左副都御史满洲一人、汉一人,立于西班东向;方泽、社稷坛,立于东班西向;日坛,立于北班南向;月坛,立于南班北向。朝会亦如之。皇帝御殿,侍仪左都御史、左副都御史满洲二人、汉二人,于殿檐下西第三柱前东向立;又左都御史、左副都御史满洲一人、汉一人,于甬道旁品级山第一层前北向立。皇帝御经筵亦如之。经筵,侍仪左都御史满洲一人、汉一人。临雍亦如之。临雍,侍仪左都御史满洲一人、汉一人。有缺,皆以左副都御史补班。

右都御史。为总督兼衔。右副都御史。为巡抚、河道总督、漕运总督兼衔。

经历,满洲一人、汉一人;都事,满洲一人、汉一人。

掌出纳文移。

笔帖式十人。

掌翻译。

**六科** 吏科,掌印给事中满洲一人、汉一人;给事中满洲一人、汉一人。户科,掌印给事中满洲一人、汉一人;给事中满洲一人、汉一人。礼科,掌印给事中满洲一人、汉一人;给事中满洲一人、汉一人。兵科,掌印给事中满洲一人、汉一人;给事中满洲一人、汉一人。刑科,掌印给事中满洲一人、汉一人;给事中满洲一人、汉一人。工科,掌印给事中满洲一人、汉一人;给事中满洲一人、汉一人。

掌发科抄,稽察在京各衙门之政事而注销其文卷。吏科稽察吏部顺天府,户科稽察户部,礼科稽察礼部、宗人府、理藩院、太常寺、光禄寺、鸿胪寺、国子监、钦天监,兵科稽察兵部、太仆寺、銮仪卫,刑科稽察刑部、通政使司、大理寺及河南道刷卷,工科稽察工部。每月两次,以各衙门所办之事造册送科注销。其逾限有因者,皆令于册内声明。无故逾限者,由科指参。皆于月终具题,年终由河南道汇题。皆任以言事。皇帝御门则侍班。御门侍班,给事中满洲二人、汉二人,在西阶下东向立。御经筵亦如之。御经筵侍班,给事中满洲一人、汉一人。在文华殿内西向立。临雍亦如之。临雍侍班,给事中满洲一人、汉一人,在辟雍东西檐柱内东西向立。朝会则纠其仪。皇帝升殿,纠仪给事中与御史凡三十六人,于甬道旁每一层品级山之次北向立。

〇凡科抄,给事中亲接本于内阁,以给事中一人值日,赴内阁接本。各分其正抄、外抄而下于部,本章命下,事属某部者,即由某科抄清汉文交出某部,为正抄。如关涉数处者,即以本送于别科转发,为外抄。应封驳则以闻。部院督抚本章已经奉旨,如确有未便施行之处,许该科封还执奏。如内阁票签批本错误,及部院督抚本内事理未协,并听驳正。岁终,则汇其本以纳于内阁。凡钞本,皆副以史书、录书。红本发抄后,由科别录二通。供史官记注者曰史书,储科以备编纂者曰录书。皆校对钤印,史书送内阁,录书存科。惟密本则不抄。密本由科登号,以原封送部。该部办毕,仍密封送科。

〇凡值,以给事中一人,二日而代。六科官署皆在端门内。又于端门外东朝房内给吏科三间、户科六间、礼科二间,西朝房内给兵科、刑科各三间、工科二间,收储册卷。凡六科移取册卷,并知会护军营值班官同启封识。每日以给事中一人,在六科署轮值上宿。圣制台省箴之碑,即令守护焉。圣祖仁皇帝圣制台省箴:台省之设,言责斯专,寄以耳目。宁取具员,通明无滞,公正无偏,党援宜化,畛域宜捐,洞达政体,斯曰能贤。古昔诤臣,风规懔然,吁谟谠论,垂光简编。朕每览译,如鉴在悬。居是官者,表里方直,精白乃心,充广其识。国计民生,臧否黜陟,凡所敷陈,敬将悃愊。风霜之任,以惩奸慝,搏击之威,以儆贪墨。毋摭细务,苟塞言职,毋纷成宪,妄逞胸臆。书思入告,当宁对扬。沽名匪正,营私孔伤。或藏嫌怨,谬为雌黄,受人指嗾,尤为不臧,形诸奏牍,有玷皁囊。职司献替,亟宜审详。敬尔在公,风纪岩廊。辞箴用勖,诞告。联常。雍正八年(1730)奉世宗宪皇帝谕旨,午门外朝房之南、科垣之北,有碑亭一所,供奉圣祖仁皇帝御制台省箴碑文,着六科轮班拨人守护。常朝,六科更番而察其朝单。每月逢五常朝,给事中轮流稽察。吏部、礼部以各部院所送之朝单,及所收职名,交轮值之科核对。若敕书,总督、巡抚、布政使、按察使、道敕书,由吏科;漕运总督、仓场总督、坐粮厅监督、盐政各户关监督及户部钱法堂敕书,由户科;学政敕书,及旌表宗室、节妇敕谕,由礼科;提督、总兵官、副将、参将、游击敕书,由兵科;河道总督、各工关监督及工部钱法堂敕书,由工科。内阁预开省份、官衔,并敕书若干道,传知到科。每敕书一道,具印领一纸。本官在京者,传至午门亲领。如交提塘官赍送者,由科登号,取提塘官领状存案。计籍,京察大计册籍,由吏科察核。军政册籍,由兵科察核。文凭,各官赴任文凭,文职由吏部送吏科注限,武职由兵部送兵科注限,传各官到科画凭,仍送吏部、兵部给领。其文职凭限,顺天限十日;直隶限二十日;奉天,山东之济南府、兖州府、东昌府、青州府、泰安府、武定府、临清州、济宁州,山西之太原府、潞安府、汾州府、大同府、宁武府、朔平府、辽州、沁州、忻州、保德州、平定州、代州,河南之开封府、归德府、彰德府、卫辉府,限三十日;山东之曹州府,山西之绥远城、平阳府、泽州府、隰州,河南之怀庆府、河南府、陈州府、许州、汝州,限三十五日;山东之登州府、莱州府、沂州府,山西之蒲州府、解州、绛州、霍州,河南之南阳府、汝宁府,江苏之淮安府、扬州府、徐州府、海州,安徽之凤阳府,陕西之榆林府、绥德州,限四十日;河南之陕州、光州,江苏之江宁府、常州府、镇江府,安徽之颍州府,限四十五日;江苏之苏州府、松江府、通州,安徽之池州府、太平府、庐州府、泗州,浙江之嘉兴府、湖州府,湖北之武昌府、汉阳府、德安府、襄阳府,陕西之西安府、延安府、同州府、商州、鄜州,甘肃之秦州,限五十日;江苏之太仓州,安徽之安庆府、宁国府、滁州、六安州、和州,江西之九江府,浙江之杭州府、绍兴府、宁波府,湖北之安陆府、郧阳府、黄州府、荆州府、荆门州,陕西之凤翔府、汉中府、邠州、乾州,甘肃之兰州府、平凉府、巩昌府、阶州、泾州,限五十五日;安徽之徽州府,江西之南昌府、饶州府、广信府、建昌府、南康府、抚州府、临江府、瑞州府、袁州府,浙江之金华府、衢州府、严州府,甘肃之庆阳府、宁夏府,限六十日;安徽之广德州,江西之吉安府,浙江之温州府、处州府、台州府,湖南之岳州府、澧州,陕西之兴安府,限六十五日;江西之赣州府,福建之延平府、建宁府、汀州府,湖北之宜昌府,湖南之长沙府、常德府,甘肃之西宁府、凉州府、甘州府,限七十日;江西之南安府、宁都州,湖南之衡州府、辰州府,限七十五日;福建之福州府、兴化府、泉州府、邵武府,湖南之宝庆府、永州府、永顺府,四川之成都府、潼川府、绵州,广东之韶州府、南雄府,贵州之石阡府、黎平府,限八十日;福建之福宁府、漳州府,湖北之施南府,湖南之沅州府、桂阳州、郴州,甘肃之肃州,四川之宁远府、夔州府、眉州、邛州、茂州,限八十五日;福建之永春州,湖南之靖州,四川之顺庆府、嘉定府、资州,广东之广州府、肇庆府,贵州之铜仁府,限九十日;四川之叙州府、重庆府、泸州,广东之惠州府,贵州之思州府,限九十五日;四川之保宁府,广西之桂林府、平乐府,贵州之贵阳府、思南府、镇远府、都匀府、安顺府、兴义府、遵义府、平越州,限一百日;四川之雅州府,广东之廉州府、雷州府、罗定州,广西之柳州府、庆远府、梧州府、浔州府,限一百五日;甘肃之安西州,四川之龙安府,广东之潮州府、琼州府、嘉应州、连州,广西之思恩府、南宁府、太平府、泗城府,云南之云南府、临安府、楚雄府、澄江府、曲靖府、东川府、昭通府,广西州武定州,贵州之大定府,限一百十日;四川之绥定府、忠州,云南之大理府、顺宁府、永昌府、开化府、景东厅、蒙化厅、永北厅、元江州,限一百十五日;新疆之镇西厅,云南之广南府、丽江府、普洱府、镇沅厅,限一百二十日;四川之酉阳州,广西之郁林州,限一百二十五日;广西之镇安府,限一百三十日;新疆之迪化府,限一百四十日;伊犁府,限一百五十八日。如在籍候选,及在外推升,例不引见之员,由本省督抚给凭者,亦由科核定省份远近,预注凭限。江苏至安徽,陕西至甘肃,限二十日;顺天及直隶至奉天、山东、山西、河南,山东至山西、河南、江苏、安徽,山西至河南、陕西,河南至江苏、安徽,江苏至江西、浙江、湖北,安徽至江西、浙江、湖北,江西至福建、浙江、湖北、湖南,福建至浙江,湖北至湖南,湖南至四川、贵州,四川至贵州,广东至广西,云南至贵州,限三十日;山西至甘肃,河南至湖北,江西至广东,湖北至四川、贵州,限四十日;顺天及直隶至江苏、湖北、陕西,奉天至山西,山东至浙江、湖北,山西至湖北,河南至江西、甘肃,江苏至湖南,安徽至湖南,浙江至湖北,湖北至陕西,湖南至甘肃、广西,陕西至四川,四川至云南,限五十日;顺天至安徽、浙江,直隶至安徽,限五十五日;顺天至江西,直隶至浙江、陕西,奉天至陕西,山东至江西、陕西,山西至江苏、安徽、江西、湖南,河南至浙江、湖南,江苏至福建、陕西、四川、贵州,安徽至福建、陕西、四川,江西至四川、贵州,福建至湖北、广东,浙江至湖南、广东,湖北至广东、广西,湖南至陕西、广东、云南,陕西至贵州,甘肃至四川,四川至广西,广东至贵州,广西至贵州,限六十日;奉天及直隶至湖南、甘肃,直隶至江西,奉天至湖北,山东至福建、湖南,山西至浙江、四川,河南至贵州,安徽至贵州,江西至广西,福建至湖南,湖北至甘肃、云南,甘肃至贵州,四川至广东,限七十日;山东至甘肃,限七十五日;顺天及直隶至福建、四川,直隶至贵州,奉天至江苏、安徽、江西、浙江、甘肃,山东至四川、广东、贵州,山西至福建,河南至福建、四川,江苏至甘肃、广东、广西,安徽至甘肃、广东、广西,福建至广西,广西至云南,限八十日;顺天及直隶至广东,顺天至广西,奉天至湖南,山东至广西,山西至贵州,河南至广东、广西、云南,江苏至云南,安徽至云南,江西至陕西、云南,浙江至陕西、四川、广西,陕西至云南,广东至云南,限九十日;顺天至贵州,直隶至广西、云南,奉天至福建、四川,山西至广东、广西、云南,福建至四川、贵州,浙江至甘肃、贵州,甘肃至云南,限一百日;顺天至云南,奉天至广东、广西,限一百十日;奉天至云南、贵州,山东至云南,福建至陕西、甘肃、云南,浙江至云南,陕西至广东、广西,甘肃至广东、广西,限一百二十日。武职绿营赴任限期,按所在省份府州,与文职凭限同。其无文职凭限之处,四川之懋功营,限一百八日;崇化营,限一百十六日;抚边营,限一百十八日;绥靖营,限一百二十一日;庆宁营,限一百二十九日。又驻防引见后回任限期,盛京德州绥远城右卫,限三十日;吉林京口,限四十五日;乍浦,限五十五日;黑龙江,限六十日;甘肃庄浪,限七十日;新疆古城,限一百四十五日;伊犁,与文职凭限同。赋册,在京部院衙门支领户部银物月册、各省收成分数易知由单,并奏销钱粮册、钱粮交盘册、漕粮全单及漕运交兑册、各仓收放米豆册、坐粮厅岁报抵通漕白册、盐课奏销册、各户关一年汇报册,皆由户科察核。官兵俸饷册、朋桩奏销册、驿站奏销册,由兵科察核。赃赎银谷册,由刑科察核。工程奏销册、工关一年汇报册,由工科察核。批回,各省运解户部钱粮及各物料批回,由户科磨对。运解工部物料批回,由工科磨对。试卷,各省岁科试卷及乡、会试卷,皆由礼部会同礼科,并请旨派员磨勘。学案,各省学政造送文生童学册,由礼科察核。武生童学册,由兵科察核。邮符,各省督抚、提镇、学政、按察使等,每年领过勘合、火牌,皆由兵科察核。爰书,秋审情实人犯,刑科皆复奏一次;朝审情实人犯,复奏三次。其内外立决人犯,奉旨后,刑科发抄,密封下刑部施行。至朝审决囚,则刑科给事中监视行刑。则科各分其职。

笔帖式八十人。吏科、户科、兵科、刑科各十五人,礼科、工科各十人。

掌翻译。

**十五道**　京畿道,掌印监察御史满洲一人、汉一人;监察御史满洲一人、汉一人。河南道,掌印监察御史满洲一人、汉一人;监察御史满洲一人、汉一人。江南道,掌印监察御史满洲一人、汉一人;监察御史满洲三人、汉三人。浙江道,掌印监察御史满洲一人、汉一人;监察御史满洲一人、汉一人。山西道,掌印监察御史满洲一人、汉一人;监察御史满洲一人、汉一人。山东道,掌印监察御史满洲一人、汉一人;监察御史满洲二人、汉二人。陕西道,掌印监察御史满洲一人、汉一人;监察御史满洲一人、汉一人。湖广道,掌印监察御史满洲一人、汉一人;监察御史满洲一人、汉一人。江西道,掌印监察御史满洲一人、汉一人;监察御史满洲一人、汉一人。福建道,掌印监察御史满洲一人、汉一人;监察御史满洲一人、汉一人。四川道,掌印监察御史满洲一人、汉一人。广东道,掌印监察御史满洲一人、汉一人。广西道,掌印监察御史满洲一人、汉一人。云南道,掌印监察御史满洲一人、汉一人。贵州道,掌印监察御史满洲一人、汉一人。满洲御史二十八人内,有宗室御史四人、蒙古御史二人。汉御史二十八人内,兼用汉军。

掌稽察在京各衙门之政事,京畿道稽察内阁、顺天府、大兴县、宛平县;河南道稽察吏部、詹事府、步军统领衙门、五城;江南道稽察户部宣课司、宝泉局、三库、左右两翼税务衙门、在京十三仓;浙江道稽察礼部、都察院;山西道稽察兵部、翰林院、六科、中书科、总督仓场、坐粮厅、大通桥监督、通州二仓;山东道稽察刑部、太医院;陕西道稽察工部、宝源局;湖广道稽察通政使司、国子监;江西道稽察光禄寺;福建道稽察太常寺、四川道稽察銮仪卫;广东道稽察大理寺;广西道稽察太仆寺;云南道稽察理藩院、钦天监;贵州道稽察鸿胪寺。而注销其限。各衙门文卷,皆由稽察之道依限注销,与六科同。分核各省之刑名,京畿道掌直隶、盛京刑名,河南道掌河南刑名,江南道掌江苏、安徽刑名,浙江道掌浙江刑名,山西道掌山西刑名,山东道掌山东刑名,陕西道掌陕西、甘肃、新疆刑名,湖广道掌湖北、湖南刑名,江西道掌江西刑名,福建道掌福建刑名,四川道掌四川刑名,广东道掌广东刑名,广西道掌广西刑名,云南道掌云南刑名,贵州道掌贵州刑名。凡重辟会审会复,并热审减等,皆会刑部各司及大理寺左、右寺核议呈堂。秋审、朝审各题,以俟勾决。秋审勾决,由各道具题,刑科复奏。朝审由京畿道具题,刑科三复奏。命下,各道御史赍本授刑部施行。皆任以言事。皇帝御门、御经筵、临雍,则偕给事中而侍班。御门、御经筵、临雍,各以御史满洲一人、汉一人,于给事中之次侍班。朝会则纠其仪,皇帝升殿,以御史与给事中共三十六人,左右分立品级山之次纠仪。常朝,及天安门外宣诏、午门外颁时宪书、颁赏文武乡会试进士举人谢恩,临雍之次日,衍圣公率五经博士各氏后裔、国子监堂官率六堂及各学师生谢恩,各以御史满洲二人、汉二人,分东西二班纠仪。祭祀亦如之,坛庙祭祀,皇帝亲诣行礼,以御史满洲二人分左右班,于陪祀王公行礼处监仪;御史汉四人分左右班,于百官行礼处监仪;午门以御史满洲二人、汉二人分左右班,稽察迎送百官。如遣官恭代,则遣官行礼处,以御史满洲二人、汉二人监礼;百官行礼处,以御史满洲二人、汉二人监礼。告祭圜丘、方泽、太庙、社稷,祫祭前期一日告祭中殿、后殿,祈祷三坛报祀,各以御史满洲二人、汉二人监礼。祭祀宰牲,以京畿道御史满洲一人、汉一人监视。耕耤亦如之,耕耤,以御史满洲二人、汉二人,分东西班侍仪。救护日、月食亦如之。救护日、月食,以御史满洲一人、汉一人,分东西班纠仪。

○凡有旨令御史监察者,月选官,以掌科、掌道开列,候钦点,会九卿验看。大挑举人,亦以御史四人监视。孝廉、方正堪备召用者,以科道会九卿、翰、詹验看。会试、顺天乡试,内帘监试,以御史二人;内场监试,以御史四人;号舍巡绰,以御史四人;外场巡绰,以御史四人;棘墙外巡绰,以御史八人。武会试、顺天武乡试,外围监试,以御史四人,即为内场监试。武会试内帘监试,以御史二人。殿试监察,以御史四人。朝考监察,以御史四人。拔贡生朝考,内帘监试,以御史二人;内场监试,以御史四人;外场,以御史二人。各项考试,人数在百名以下者,监试以御史二人;百名以上者,监试以御史四人。至士子出场后,即以外场监试签掣一二人,入内帘监试。磨勘稽察、分卷,以御史四人。顺天府童试审音,以御史二人。巡视者,查旗,八旗满洲、蒙古、汉军骁骑营,每营以御史一人;前锋营、护军营,每翼各以御史一人;火器营,以御史一人。凡御史二十九人,于满洲、蒙古、汉军御史内点派。清理街道,以御史二人。查仓,京通仓以御史十五人,内仓以御史一人。通州抽查漕粮,以御史二人。皆并列以科、道。各处监察,由承办衙门咨取给事中、御史职名开列,请旨点派。巡城、巡仓,由都察院以给事中、御史引见,候旨简用。惟稽察宗人府、内务府,以御史。稽察宗人府,以宗室御史二人。另设印信于稽察二人内,一人掌印,一人协理。内有转补科缺者,仍行接办。出缺后复补用御史。稽查内务府,以满洲御史二人。若掣签,文职月选签,河南道御史监掣;武职月选签,山西道御史监掣。搭饷,局钱搭放兵饷,宝泉局以江南道御史监放,宝源局以陕西道御史监放。刷卷,在京部院诸司关系钱粮卷宗,皆由河南道照刷。磨册,三库月终奏销之册,由江南道磨勘。比缉,五城命盗缉捕之事,由山东道催比。勘工,在京工程,除内务府承办及特派大臣承办者,由承办大臣收工外,其由工部承办之工,皆由陕西道复勘。则道各分其职。

笔帖式三十有二人。京畿道、江南道各三人,河南道、浙江道、山西道、山东道、陕西道、湖广道、江西道、福建道、四川道、广东道、广西道、云南道、贵州道各二人。

掌翻译。

**五城**　中城,巡城御史满洲一人、汉一人、兵马司指挥一人;副指挥一人;吏目一人。东城,巡城御史满洲一人、汉一人;兵马司指挥一人;副指挥一人;吏目一人。南城,巡城御史满洲一人、汉一人;兵马司指挥一人;副指挥一人;吏目一人。西城,巡城御史满洲一人、汉一人;兵马司指挥一人;副指挥一人;吏目一人。北城,巡城御史满洲一人、汉一人;兵马司指挥一人;副指挥一人;吏目一人。五城御史,由都察院以科、道引见,请旨简派,一年更替。

掌分辖京师五城十坊之境,中城二坊,副指挥分管曰中西坊,吏目分管曰中东坊。东城二坊,副指挥分管曰朝阳坊,吏目分管曰崇南坊。南城二坊,副指挥分管曰东南坊,吏目分管曰正东坊。西城二坊,副指挥分管曰关外坊,吏目分管曰宣南坊。北城二坊,副指挥分管曰灵中坊,吏目分管曰日南坊。而平其狱讼,诘其奸慝,弭其盗窃。人命案件,五城指挥相验;盗贼案件,十坊副指挥、吏目踏勘,即准拿犯审解。其余词讼,皆由巡城御史听断。杖罪以下,自行完结;徒罪以上,送部按拟。月吉,各率其乡约而宣条教。五城各设公所,每月朔望,御史、司坊官督率乡约,宣讲世祖章皇帝六谕文、圣祖仁皇帝圣谕十六条、世宗宪皇帝广训。掌凡振恤之政令。五城设栖流所,收恤无依流民及街衢病卧者,给其衣食、医药。中城设所一、东城设所一、南城设所一、西城设所二、北城设所一,指挥司之。西城地方设有普济堂,东城地方设有育婴堂,皆由顺天府经理,交巡城御史稽察。冬季煮赈,五城设十厂,副指挥、吏目分司之。京城市粜价昂,有旨拨给仓米平粜者,于京城内外设厂十,五城指挥、副指挥分司之,皆由巡城御史督察。凡五城街道沟渠、栅栏房舍,则会街道厅以稽察。

**通政使司**　通政使,满洲一人、汉一人;副使,满洲一人、汉一人;参议,满洲一人、汉一人。

掌纳各省之题本,以达于内阁。凡大政事下九卿议者,则与焉。

○凡本,视其所题之繁简以断幅。幅六行,行二十格,而空其二,遇尊敬乃别而书之。本内称朝、称国、称宫殿者,上一格;称皇帝、称上谕、称旨、称御者,上二格;称天地、宗庙、山陵、庙号、列圣、谕旨者,逾格一字。具其衔名、月日,首列官衔、姓名,末书年月日。钤印而加贴黄焉。别纸摘录本中要语,粘于本之尾,曰贴黄。

○凡受本,则承以案,设黄案于司堂正中,堂官一人侍案旁,赍本人捧本至堂檐跪,经历接本陈案上,乃退。及校阅,乃送阁。五日,则以随本之揭帖畀提塘官,以投于部科。随本之揭帖三,一存司,一送部,一送科。题本封送内阁,后五日,乃以部科揭帖交提塘官分投。惟题本有关员缺者,送本内阁之日,即以揭帖移送吏部,不拘五日之期。凡本违式者,本内抬写错误、本面挖补折皱、沾污破损、讹字遗字、接缝处遗漏背印、空白空幅、首行官衔双列、年月下遗书官衔、前后官衔不符、本内仅书某官不书名者,均为违式,由司揭送内阁,请旨饬行,重者参处。贴黄违式同。逾限者,各省题本到京定限,直隶马兰镇、泰宁镇、密云副都统,均限二日;总督兼盐政、古北口提督、宣化镇、天津镇、通永镇,均限三日;察哈尔都统、副都统,山海关副都统,正定镇,均限四日;热河都统,限五日。盛京将军、奉天府尹,均限八日。吉林将军、副都统均限十二日;伯都讷副都统,限十五日;宁古塔副都统,限十六日。黑龙江将军、副都统,均限十八日;三姓副都统,限二十二日;阿尔楚喀副都统,限二十三日;珲春副都统,限十日。山东巡抚,限五日;河东河道总督驻扎山东济宁州,限七日,巡防黄、运两河,在河干拜进,按道里远近增减限期;青州副都统,限八日;兖州镇,五六七八月,限十六日,余月限十二日;登州镇,五六七八月限二十二日,余月限十六日。山西大同镇,限四日;巡抚、绥远城将军、归化城副都统,均限六日;太原镇,限九日。河南巡抚,限八日七时;河北镇,限八日十时;南阳镇,限十一日二时。江南徐州镇,限八日十一时;漕运总督,限十二日。京口副都统、狼山镇,均限十三日。两江总督,江宁将军、副都统,均限十三日四时;苏松镇,限十四日;江苏巡抚,限十四日四时;江南提督,限十七日。安徽巡抚,限十五日;寿春镇,限十四日。江西九江镇限十六日四时;巡抚限十八日;湖口镇,限十日;南赣镇,限二十二日六时。福建建宁镇,限二十三日;闽浙总督、福州将军、副都统,均限二十七日;汀州镇,限二十八日;陆路提督,限二十九日;水师提督,限三十日;漳州镇,限三十一日;福宁镇,限三十三日;南澳镇,限三十二日。浙江乍浦副都统,限十六日;巡抚,杭州将军、副都统,均限十七日;提督、衢州镇,均限二十日;定海镇,限二十二日;海门镇、处州镇,均限二十五日;温州镇,限二十七日。湖北提督,限十三日二时二刻;湖广总督、湖北巡抚,均限十四日六时;荆州将军、宜昌镇、郧阳镇,均限十六日。湖南巡抚,限十八日九时;提督,限二十日;永州镇,限二十一日一时四刻;镇筸镇,限二十二日;绥靖镇,限二十三日。陕西巡抚,西安将军、副都统,均限十三日;汉中镇,限十四日;延绥镇,限十五日;固原提督,限十七日;陕安镇,限十八日。陕甘总督,限十七日;宁夏将军、副都统,宁夏镇,均限二十三日;凉州副都统、凉州镇、西宁镇,均限二十四日;甘肃提督,限二十八日;肃州镇,限三十一日。甘肃、新疆巡抚,限三十六日七时六刻;巴里坤镇,限三十日十一时四刻;伊犁镇,限四十三日。四川川北镇,限二十三日;总督,成都将军、副都统,提督,松潘镇,均限二十四日;重庆镇,限二十九日;建昌镇,限三十四日。广东南韶连镇,限二十六日;两广总督,广东巡抚,广州将军、副都统,均限三十二日;提督,限三十四日;碣石镇,限三十五日六时;北海镇,限十日;高廉罗镇,限三十七日;潮州镇,限三十八日六时;雷琼镇,限四十四日。广西巡抚,限二十三日十一时四刻,提督,限二十六日十时四刻;柳庆镇,限十日;左江镇,限三十一日十一时四刻;右江镇,限三十八日。云贵总督、云南巡抚、临元镇、昭通镇,均限四十日;提督、开化镇,均限四十五日;鹤丽镇,限四十八日;普洱镇,限五十日;腾越镇,限五十日七时。贵州镇远镇,限二十五日;古州镇,限二十七日;巡抚,限二十八日;提督、安义镇,均限三十日;威宁镇,限三十五日。凡逾限者,皆移交部议。如途中猝遇大雨,或阴雨连绵,河水暴涨,路途泥淖者,察实则免议。皆察焉。

**经历司**　经历,满洲一人、汉一人;知事,满洲一人、汉一人。

掌出纳文移。

笔帖式,满洲六人、汉军二人。

掌翻译。

**登闻鼓厅**　以参议一人分值,以知事饬役巡查。笔帖式,满洲一人、汉军一人。

掌达冤民。有击鼓之人,由通政司讯供,果有冤抑确据,奏闻请旨,交部昭雪。若诬妄越诉,即送部按律治罪,加一等发落。

**大理寺**　卿,满洲一人、汉一人;少卿,满洲一人、汉一人。

掌平天下之刑名。凡重辟,则率其属而会勘。罪应斩绞之犯,在京由三法司会审,在外由三法司会复。大政事下九卿议者,则与焉。与秋审、朝审。

**档房**　堂评事,满洲一人。

掌缮左、右寺之题本与其奏折,收在京衙门之文书。

**司务厅**　司务,满洲一人、汉一人。

掌治吏役。收外省衙门之文书。凡案之注销者、卷之照刷者,皆汇而送焉。左、右寺承办之案,月终造册注销于陕西道。文卷应照刷者,每岁移送于河南道。

**左寺**　寺丞,满洲一人、汉军一人、汉一人;评事,汉一人。**右寺**　寺丞,满洲一人、汉军一人、汉一人;评事,汉一人。

掌分核内外之刑名。刑部奉天司、江苏司、安徽司、浙江司、山东司、四川司、广东司、贵州司,都察院山东道、江南道、浙江道、四川道、广东道、贵州道及京畿道所管盛京,会审、会复之案,左寺分掌。刑部江西司、福建司、湖广司、河南司、山西司、陕西司、广西司、云南司,都察院河南道、山西道、陕西道、湖广道、江西道、福建道、广西道、云南道,会审、会复之案,右寺分掌。刑部直隶司,都察院京畿道所管直隶,会审、会复之案,左、右二寺轮掌。凡重辟,在京者,左、右寺各会其刑司与其道而听之,以质成于卿、少卿。左、右寺官暨各道御史过部,与承办之司官会审,曰小三法司,各以供词呈堂。大理寺堂官复与部院堂官会审,无疑义者,俟刑部定稿送寺,堂属一体画题。在外者,寺受揭帖,各省总督、巡抚具题重辟,皆以随本揭帖投寺,各按其应分应轮发左、右寺。各定谳以质成于卿、少卿,而参合于部谳。左、右寺先据揭帖,详推案情与所拟罪名、所引律例是否符合,预定案语呈堂。俟刑部定稿送寺,谳语相合无疑义者,堂属一体画题。凡重辟,必三法司之议协于一而后狱成。三法司会核之案,由刑部定稿钤印,会都察院及寺画题,限八日送回。如有改易,亦限八日内声明缘由,交回酌议。刑部定期移知院、寺赴部,细绎案情,详推例意,各秉虚公,划一定谳。不协,许两议,候上裁决焉。三法司核拟重案,如迹涉两是,有一二人不能尽归划一者,许各抒所见,候旨酌夺。但不得一衙门立一意见,判然与刑部立异。其有两议者,刑部进本时,亦不得夹片申明前议之是、指驳后议之非。惟当两议并陈,静候上裁。

○凡热审,左、右寺各会其刑司与其道而决之。每年小满后十日起,至立秋前一日止。如立秋在六月内,以七月初一日为止。左、右寺会刑部各司与各道,将刑部现审之案审拟呈堂。笞罪宽免,枷、杖减等。其犯暂行保释,俟立秋后送部发落,按季汇题。重囚内有可矜疑者,请旨定夺。

○凡枷犯拟以永远者,岁终,察其内外衙门之数而汇奏。在京在外各衙门永远枷示之犯,由寺行查,岁终开列名单,并所犯略节汇奏一次。定以十年之限,由刑部疏枷发遣。

**笔帖式** 满洲四人、汉军二人。

掌翻译。

# 卷九十五　内务府·慎刑司

**提　要**　慎刑司　郎中二人,员外郎八人,主事一人,委署主事一人。掌谳三旗之狱。○凡谳狱,笞杖皆决之,徒以上则咨刑部按焉。旗民交涉者,亦如之。凡庄头、鹰户、海户,以民论。若奉旨交讯,罪应死者,会三法司以定拟。科罪各以律。文武官之处分,亦如之。凡太监之罪,比刑律以治之,轻重各以等。○凡监禁,男女以别。发遣者,准其罪以定地。凡赃赎之镪,纳于广储司。

笔帖式,十有九人。掌翻译,给使令。

**慎刑司**　郎中二人,员外郎八人,主事一人,委署主事一人。

掌谳三旗之狱。

○凡谳狱,笞杖皆决之,徒以上则咨刑部按焉。佐领管领下人,获罪及互控,并各部院衙门咨送审议者,罪在杖一百以下即议结。至徒以上,移送刑部定案。其军流徒罪折枷,及本罪应枷之犯,皆送刑部枷示,满日仍由部责放。应刺字者同。凡应杖责、鞭责者,司设鞭隶六人以掌刑。如审理重案有应夹讯者,移咨刑部取刑具并用刑人役。有应检验尸伤者,亦移咨刑部委官率仵作、稳婆会同检验。旗民交涉者,亦如之。旗民交涉之案,亦量其罪之轻重,分别办理。凡庄头、鹰户、海户,以民论。近京各州县居住之庄头、鹰户、海户人等,如犯军流徒罪,照民人例定拟,不准折枷。惟内管领下及旗鼓佐领下人,有犯军流徒罪者,照八旗汉军例折枷。若奉旨交讯,罪应死者,会三法司以定拟。凡奉特旨交讯,及首告机密,事干职官,奏请推鞫之案,罪应死者,皆会同三法司审拟,由府主稿具题。得旨,交刑部依原题治罪。科罪各以律。审拟罪案,俱依刑部律例定拟。文武官之处分,亦如之。本府文武官处分,俱依吏部、兵部则例,由司移咨都虞司,将应议各官查明有无加级、纪录、降罚等案,分别定拟。如奉旨查议外旗大臣官员,由司移咨各该旗查复办理。若奉特旨交部者,由司将职名咨部议处。凡太监之罪,比刑律以治之,轻重各以等。太监犯赌博、窃盗、酗酒、失火等罪,俱比照刑律核议。其初次私逃自行投回者,责六十板交进,减赏银半年。初次逃走被获,及二次逃走俱投回者,责六十板、枷三十日交进,拨下贱当差,减赏银半年。二次逃走内有一次投回者,责八十板、枷四十五日。二次俱被获者,责八十板、枷六十日交进,拨下贱当差,减赏银一年。三次逃走,无论投回、被获,责一百板,发吴甸铡草三年交进,拨外围当差。四次逃走,责八十板,发打牲乌拉给官兵为奴,三年释回,拨外围当差。五次逃走,责一百板,发黑龙江给官兵为奴,四年释回,拨外围当差。如释回复逃及未满年限潜逃者,俱永远枷号。太监内如擅动金刃者,发遣。无心遗失金刃于宫殿者,责四十板,充当苦差。如在宫内用金刃自伤者,斩立决。欲行自缢自尽,经人救活者,绞监候。在园庭欲行自缢自尽,经人救活者,发伊犁给兵丁为奴。如在宫内自缢自尽身死者,将尸骸抛弃荒野,其亲属发往伊犁给兵丁为奴。在园庭自缢自尽身死者,尸骸免其抛弃,其亲属发伊犁给兵丁为奴。至宫女用金刃自伤,罪与太监同。惟在园庭欲行自缢自尽,经人救活者,其罪准收赎。

○凡监禁,男女以别。监禁人犯,每日派三旗章京一人、领催一人、披甲人九名轮班看守。如监犯人多,移付都虞司酌量添派。其女犯另行监禁,移付内管领处,传该管领下年老妇人看守。每犯日给米一升、柴一斤八两。每年夏至日起至七月三十日,每日移付内管领处给冰二块置监所。监犯有病,移咨刑部传医官诊视。发遣者,准其罪以定地。发遣各人犯,应发黑龙江、吉林者,咨兵部;应发云、贵、川、广烟瘴等处者,咨刑部;应发打牲乌拉者,移都虞司;应发各庄屯安置者,移会计司。其安置庄屯之犯,妻子不愿随往者听。如妻子随往者,遇该犯身故,亦听其回京。如该犯遇有父母及切近亲属在京身故者,准禀明该管庄头给予执照来京,或随庄头赴京交差办公者,俱不以逃论。其无故逃走一次者,鞭一百;二次者,鞭一百、枷四十日,俱仍充原庄壮丁。三次者,鞭一百、枷二月,充当口外各庄壮丁。四次者,发烟瘴地方充军。如民充园户发往打牲乌拉者,移都虞司转咨兵部派兵押解。凡赃赎之锾,纳于广储司。各人犯应追还官、入官等赃,及收赎、纳赎诸锾,均缴广储司。

笔帖式,十有九人。

掌翻译,给使令。

# 附录二　钦定大清会典事例（光绪朝）节选

# 卷首·奏疏

大学士臣李鸿章等跪奏:为钦奉上谕事。

光绪十二年(1886)八月初六日内阁奉上谕:"《大清会典》一书自嘉庆二十三年(1818)修纂成书后,迄未续修。前于同治十二年(1873)奉旨,'准如内阁等衙门所议。先令各该衙门检查案件,分限编次'。嗣因编纂未就。复于光绪九年(1883)谕令各该堂官督饬司员悉心编辑,迄今又逾数载,计应一律告竣,正宜开馆汇编,俾臻完备。着将嘉庆十八年(1813)以后增定一切典礼,及修改各衙门则例,编辑成书,颁行中外。所有开馆事宜,着大学士、九卿酌定章程,妥议具奏。钦此。"

钦惟我皇上道隆乾健,治炳离明。十二年无怠无荒,钦承慈训,九五福有严有翼,祗迓天庥。于缉熙单厥心,圣功益懋,念终始典于学,家法恒虔。绍闻衣德言,昭乃辟之攸乂,克灼知厥若,曰皇极之敷言。辰维列圣之诒谋,寅念熙朝之《会典》。溯自嘉庆十八年(1813)至光绪十一年(1885),事历五朝,年逾七纪。仰惟我仁宗睿皇帝训政,亲承重华,袭庆宣宗成皇帝宸修祗遹、恭俭垂谟,文宗显皇帝宏济艰难、丕扬前烈。迨及皇太后躬亲戡定,光启中兴,穆宗毅皇帝仰秉慈谟,祗承世德。凡夫敬天法祖之经、勤政爱民之实、制治保邦之略、经文纬武之功,本自宸修,垂为道揆。监于成宪,猗与列圣之传心,钦乃攸司,散在诸曹之职掌。教治政令刑禁,综列辟之胪陈,康乐和亲安平,登生民于衽席。酌古今之通变,治协登三,凡体例之纷纶,端资画一。受祉施于孙子,成功焕乎文章。是训是行,爰究爰度。庸颁巽命,永式师承。绍前徽而立纪陈纲,宗群策以发凡起例。仰见我皇上孝隆继述德,懋觐扬谟训,钦崇仰丕显于重熙之代,劬劳仰报慰慈怀于归政之年。本祖功宗德之昭垂,诚输僾忾,诒圣子神孙之法守,祚启灵长。

臣等幸际昌期,亲承矩训。效编摩于六典,惭学识于三长。同测管以窥天,智穷槃籥,类倾蠡而酌海,思效涓埃。东观披研,共仰鸿猷之盛,南宫撰述,弥钦燕翼之谋。所有遵旨酌议事宜,谨案嘉庆六年(1801)所定各条,详加审定,开列于后:

一、盛典宜增辑也。谨案《会典》一书肇始于康熙二十三年(1684),续修于雍正五年(1727),又续修于乾隆十二年(1747),又续修于嘉庆六年,勤圣明之作述,括谟训之精微,球图并焕,鞮译咸遵。其纪载止于嘉庆十七年(1812),计今七十余年,并未续行修纂。钦惟仁宗睿皇帝、宣宗成皇帝、文宗显皇帝圣德神功、文谟武烈,暨皇太后垂帘听政,两朝中善政鸿谟,廓清海宇。穆宗毅皇帝大婚礼成,所有一切制度典章,理应续加编入,庶几布在方策,云汉为昭矣。

一、体例宜由旧也。谨案《会典》经高宗纯皇帝指授儒臣,亲加订正,以典为经,以例为纬,详略有体,巨细毕张。伏读御制序曰:“原议旧仪连篇,并载是典,与例无辨也。例可通,典不可变。缘典而传例,或摭例以淆典,区《会典》《则例》各为之部而辅以行,若网在网,咸正无缺。”圣谟洋洋,洵挈编摩之要领,著纂辑之良规已。嘉庆六年(1801)续修《会典》,遵照办理。此次续修,应即遵上届体例。凡庙朝典礼、官司职掌,皆据现在所行直书于典,其沿革损益,详著于例。导流溯源,犹述而不作之义也。

一、制作宜探原也。恭惟我国家列圣相承,重熙累洽,二百余年功成治定。议礼制度,损益得当,文质咸宜。在象魏所昭垂,臣民所法守,固属共见共闻。至于本睢麟之精意,著官礼之成规。是训是行,尽善尽美,尤莫备于《实录》。顾典册尊藏,非在外臣工所能窥见。乾隆十二年(1747)礼部奏准,纂修官亲赴皇史宬,详考列朝《实录》,敬谨抄录,成宪具在。应令会典馆纂修各官,亲赴皇史宬,敬谨详阅。凡于典例有关者,抄录备纂,挈群言之纲领,实著述所先图也。

一、例案宜分辨也。此次增修《会典》,皆系现行常例,查核案牍,最为紧要。伏查同治十二年(1873),经大学士瑞麟等议准,会典馆事宜,请令在京大小各衙门,遴派学识淹通、留心掌故者数员,先将嘉庆十八年(1813)以后一切案件,逐细检查,毋或遗漏。其事繁各衙门,予限三年;事简各衙门,予限二年。迄今已逾限期,应各纂辑成编,即令移送到馆。馆臣更加详核,其中微文胜义,小有抵牾,不妨即行订正。倘有格碍难行,及未能画一之处,应声明原委,请旨定夺。所送案件,如有舛错疏漏,应由馆臣驳回更正,大者指参移送。果能妥速,令各堂官将承办司员,开列等第,造册送馆,与在馆纂修各员,分别酌予甄叙。庶董率严而惩劝明,用力省而收功速矣。

一、功课宜勤核也。按雍正二年(1724)续修《会典》,阅九年而蒇事;乾隆十二年(1747)续修时,阅十八年而蒇事;嘉庆六年(1801)续修时,阅十二年而蒇事。此次为期更久,编辑愈繁。倘不勒限赶办,必旷日持久,难于蒇事。应请饬令总裁官,遵照历届成案,督率纂修官每日进馆,辰入申出。既集益于观摩,兼易稽其勤惰。固不得急遽凌躐,致启草率之端,更不可间断因循,徒蹈靡縻之弊。

一、纂修宜慎择也。按开馆修书总裁领其纲,纂修分其目。此次续修《会典》,除总载官应遵照旧例于大学士、尚书内,简派满汉总裁四员,侍郎、学士、詹事等官内,简派满汉副总裁七员,恭候命下,由内阁咨取职名具奏请旨外,至各馆纂修官,向用内间翰、詹人员。《会典》事备,诸曹自应更用部属。臣等谨仿上届事例,满纂修拟用内阁四员,吏、户、礼、兵、刑、工六部,理藩院,各二员;汉纂修拟用内阁三员,翰、詹三员,吏、户、礼、兵、刑、工六部各二员,共三十六员。令大学士、掌院学士及各该堂官,务择学问淹贯、熟习掌故,而且识见通敏,行走勤慎之员,保送充当。如到馆后不称厥职,许总裁官驳回另换。再此次额设纂修,倘不敷用,令总裁官再于各衙门咨取协修数员,帮同办理。纂修缺出,即以本衙门协修补本衙门之缺。庶集群策群力之勤,以收日计月计之效。

一、职掌宜分定也。按各馆修书,向例用提调、收掌等官,分襄厥事。臣等谨仿上届事例,拟设满提调二员、汉提调一员,满收掌八员、汉收掌六员,于内阁翰、詹衙门拣派。又翻译官二十员,满誊录官三十员,汉誊录官三十员,请饬下吏部除现在候补人员挨次送补外,倘有未敷,照例考试备用。其余供事及各色匠役,应由总裁酌量名数,行文咨取。再按《会典》内图式,自坛庙规制、职方舆地,以及刑具、服制之类,罔不备列。所关綦重,应令吏部出示召募工于绘事之人,严加考试,精取绘图、誊录数名,以备咨取,不得滥竽充数,致滋贻误。

一、馆局宜定所也。按乾隆二十二年(1757)《会典》修竣,后原用房屋改拨为纂修国史之所,应请饬交内务府,于禁城内拨给宽敞洁净房屋一所,以资应用。其开馆日期,行钦天监选择。开馆后一切文移,准钤用内阁典籍厅印。至需用卓饭工食、心红纸张、笔砚器具等项,应令总裁官查照各馆成规,酌量咨取。总以足用为度,毋得多有支销。

以上八条,臣等公同悉心酌议,意见相同,是否有当,伏乞皇太后、皇上圣鉴训示。如蒙俞尤,由内阁行知各衙门遵照办理。至开馆后,纂修条例,及应行添办事宜,并书成议叙,应由总裁官随时奏闻,请旨遵办。

此折系内阁主稿,合并声明。

谨奏。

光绪十二年(1886)九月初五奉旨:“依议。钦此。”

# 宗人府·职　制(议罪)

## 卷十·宗人府十

### 职　制 议　罪

**议　罪**

○国初定:王以下及宗室有过犯,或夺所属人丁,或罚金不加鞭责,非叛逆重罪,不拟死刑,不监禁刑部。

○又定:郡主以下宗女之夫,有犯发遣之罪者,应否随行,皆请旨。

○顺治九年(1652)题定:郡王以上缘事,或传至府问供,或在本府问供,具奏候旨定夺。

○十年(1653)议准:宗室有犯,除有大罪者请旨定夺外,余皆免其锁拿鞭责。所犯之罪,照例察议。

○十四年(1657)题准:郡王以上犯大罪,传至府讯问。若微罪,止在本府讯问。贝勒以下,皆传至府讯问。

○康熙八年(1669)题准:宗室有过犯者,分别轻重议处。其革去宗室之例,永行停止。

○雍正三年(1725)谕:"嗣后有应问诸王之处,行文讯问。如必当传至衙门者,奏闻后再传讯问。将此永为定例。"

○十年(1732)议准:觉罗因罪应发遣宁古塔、黑龙江者,永远圈禁空房。

○十二年(1734)谕:"旧例宗室等如犯枷责之罪,皆准折赎,觉罗等照平人例的决。朕思觉罗亦与宗室无异,如一准折赎,一照例治罪,则待宗室觉罗迥乎不同,觉罗竟与平人无别,宗室亦不知畏惧。嗣后宗室觉罗等,如犯枷责之罪,酌其情罪之轻重,分别年限,即于宗人府或拘禁或锁禁,俟日限满后释放抵罪。如此则觉罗之处分,与平人有别,而宗室等亦知畏惧矣。其如何酌量情罪之轻重,分别定为年限之处,宗人府会同该部定议具奏。钦此。"遵旨议定:嗣后除宗室、觉罗犯军、流以上之罪者,由宗人府酌其情罪之轻重,另行请旨定议外,其犯笞罪,有品级者,照官员降级罚俸例议处;无品级者,笞十至二十,罚养赡银一月,笞三十罚二月,笞四十罚三月,至满笞五十罚四月止。杖六十罚养赡银六月,杖七十罚七月,杖八十罚八月,至杖九十罚十月,杖一百罚一年止。犯徒罪者,于空室拘禁。犯军、流罪者,于空室锁禁。均照旗人折枷日期,以二日抵一日,俟限满日释放。重罪临时请旨。

○乾隆四年(1739)议准:革退宗室红带子、革退觉罗紫带子,议罪俱由刑部,照旗人例。

○二十一年(1756)谕:"将军清保,将询问宗室长智戳伤民人宋天祥身死缘由具奏。宗室分极贵重,迥非常人可比,理宜整饬行止,顾惜体面。似此卑污有玷宗室之人,应较常人加倍治罪,方属允协。着交清保将长智带子褫去,拿送来京,交宗人府请旨。仍晓谕彼处宗室等,今因长智不顾体面,玷辱宗室,戳伤人命,将伊拿送京城治罪。嗣后有似此者,俱如此办理。汝等俱系宗室,果能爱重行止,守分安常,朕必矜悯施恩。其行止卑贱,不思上进之人,既有玷宗室,复有何爱惜之处?朕必从重治罪,断不姑息。汝等惟以长智为戒,各思己身尊重,守分而行,切不可入于恶习。将此旨详悉晓谕,令其遵行。再宗学总管族长等所司何事,亦应一并议处。宗学总管成岱等,着交该衙门议处。清保仅将询问长智缘由具奏,并未声明如何治罪,亦未将宗室总管族长等参奏,均属不合。清保着一并交部察议具奏。"

○二十二年(1757)奉旨:"王公之格格、额驸等,赉以品级,原系国家优待宗室之典。额驸无罪自,有应得品级。设本身既因获罪革职,岂可仍留额驸品级,冒滥顶戴?且格格一经下嫁,即为其妇。如额驸品级既经革去,其格格品级亦当一例斥革。嗣后额驸因罪降革者,格格品级,一并降革之处,交该部会同宗人府定例具奏。钦此。"遵旨议定:嗣后如额驸等奉特旨革职及缘事斥革者,将额驸品级革退,格格品级亦革退,不准食俸。其守门兵丁,一并裁革。将原封制册,缴送礼部,转交内阁收存。如蒙开复,将所缴制册,照旧给还。如额驸在职官任内,有革职留任及降级留任者,又如,本身额驸品卑,而现任品秩高于额驸者,虽有降级调任,较额驸本衔尚优,所有额驸品级,皆免其降革,其格格亦随夫免其降革。如在任内降级调用,降一级者,将额驸品级降一等,如现系郡主额驸,即降为县主额驸;降二级者降二等,即降为郡君额驸;降三级者降三等,即降为县君额驸;降四级者降四等,即降为乡君额驸;其格格亦随夫降等;其俸银、俸米,并守门兵丁银米,亦照所降品级递减。如降至无等可降,将额驸、格格品级尽革。如遇格格得罪,将格格、额驸品级革去,仍留额驸本身职官。再降等之格格,从前所授制册,送内阁增注降等缘由,仍给还。如额驸后经开复,亦将格格所授制册,送内阁增注开复缘由,亦仍给还。嗣后额驸、格格降革之事,令各该旗报明宗人府、礼部存案。

○二十八年(1763)议准:宗人府空房圈禁之宗室、觉罗等原犯罪由,亦照大理寺永远枷号人等之例,每届年终汇奏一次。

○三十年(1765)谕:"殴打宗室觉罗之例,与殴打平人较重者,原系优待宗室、觉罗之意。伊等当自知尊贵,不与下贱之人斗殴,方为合理。倘身系黄带、红带,不期被平人殴辱,理应照此办理。今寅住并未系红带,人又何以知其身为觉罗耶?若照殴打宗室之例办理,伊等即因此放纵妄为,于情理亦未允协。寅住自取陵辱,罪所应得,着照该衙门所拟治罪。德亲着改照殴打平人例问拟。嗣后凡宗室、觉罗,若系黄带、红带被殴者,仍照旧例办理。其不系带被殴者,殴打之人,即照殴打平人之例办理。如此庶情罪允协,而宗室、觉罗等,亦知所儆惕,不敢卑污妄为。此朕保全宗室、觉罗,令其自知尊贵之意。将此传谕各宗室、觉罗知之。"

○四十一年(1776)谕:"刑部审讯宗室穆腾额因身有服制,未束黄带,路遇正红旗蒙古施氏之仆七儿,等错认为相识之人,欲同饮酒,穆腾额不允,七儿等遂将伊衣服撕破一案,将七儿定拟具奏。宗室、觉罗分至尊贵,束红、黄带以别常人,理宜自尊体统。若弃红、黄带不束,使人无从识别,辱由自取,宜加重惩。嗣后宗室、觉罗等犯罪之时,如束红、黄带者,依宗室觉罗例办理。如未束带者,即照常人治罪。永为例。"

○四十三年(1778)议准:宗室、觉罗并未与人争较,而常人寻衅擅殴者,仍照例治罪。如宗室、觉罗轻入茶坊酒肆,滋事召侮,与人斗殴,先行动手殴人者,不论曾否腰束红、黄带,即照寻常斗殴一体定拟。其宗室、觉罗应得罪名,按例定拟。犯军、流、徒罪者,照例锁禁、拘禁。其犯笞、杖者,酌量犯案情节。如较重者,即在宗人府责处,不准折赎。

○四十四年(1779)奏准:因罪发遣盛京宗室、觉罗,派协尉一员严查。如再行滋事,即报明该将军严加惩治。若惩治后仍不悛改,或圈禁三个月、半年之处,径行宗人府办理。

○四十七年(1782)题:宗室伊冲额殴死雇工人一案。奉旨:"此案奉恩将军宗室伊冲额殴死雇工人,宗人府会同刑部,拟以圈禁八十日,满日释放。虽系照例问拟,但人命至重,致死雇工,罪原不至抵偿,然由杖徒枷号本律,递减至圈禁数十日,未免太轻,不足以示惩儆。伊冲额着圈禁一年,满日再行释放。其所袭奉恩将军,着查明如系伊祖军功所得,自应另选伊近支请旨承袭。若止系恩封授职,即应停袭。嗣后宗室致死人命,如何酌量改拟,及所遗世袭如何办理之处,着军机大臣会同宗人府一并妥议定例具奏。钦此。"遵旨议定:宗室恩封袭职人员,本与祖父著有劳绩延赏者不同。伊冲额本由宗室恩封袭职,今以细故逞凶,辄将雇工人殴毙,除应得杖徒折枷罪名外,遵旨将伊冲额圈禁一年,满日再行释放。其奉恩将军世职,停其承袭。并嗣后有似此者,即照伊冲额之例办理。至宗室官员人等,嗣后如有犯边远及极边烟瘴充军者,应折圈禁三年,始准释放。即犯近边及附近充军之罪,亦折圈禁二年六个月释放。如犯流三千里及二千五百里者,应折圈禁二年,始准释放。即递减至二千里之罪,亦以圈禁一年六个月为限。至徒罪自三年递减至一年,计有五等,其问拟三年满徒及徒二年半者,遵旨俱改为圈禁一年;其徒二年及徒一年者,应行量减,俱以半年为限。其余笞、杖之罪,仍照向例办理。

○四十八年(1783)奉旨:"上年加恩宗室,一体给予四品顶戴,原所以示优荣而昭劝励。今明定乃贪利妄控,实属不知自爱。若仅照例圈禁一年,无以示儆。明定着革去顶戴。嗣后宗室有似此犯圈禁之罪者,即着革去顶戴。著为令。"

○嘉庆四年(1799)谕:"嗣后宗室内有逃走者,派司员赴伊家询问,不必将该逃人之妻传至宗人府。"

○十年(1805)谕:"都尔嘉前曾因犯赃获罪,嗣经弃瑕录用,荐擢西宁办事大臣,仍不知痛改前愆,肆意婪索,辜恩已极。都尔嘉着依议绞监候,交宗人府在空房内圈禁,入于本年秋审情实办理。"

○十三年(1808)议准:凡宗室犯边远及极边烟瘴军罪者,折圈禁三年;犯近边及附近军罪者,折圈禁二年六个月;俱改为加责四十板,减圈禁日期六个月。犯流三千里及二千五百里罪者,折圈禁二年;犯流二千里罪者,折圈禁一年六个月;均改为加责三十板,减圈禁日期四个月。犯徒三年及二年半罪者,折圈禁一年;犯徒二年及一年罪者,折圈禁半年;均改为加责二十五板,减圈禁日期三个月。犯枷罪者,折圈禁二日抵枷一日,改为加责二十板,减为圈禁一日抵枷一日。

○又议准:嗣后凡遇宗室犯案,罪在军、流以上,随时具奏。

○又谕:"敏学一犯,逞凶不法,大玷宗室颜面,不可不严行惩办。着先在宫门外重责四十板,派御前大臣、军机大臣看视,并派乾清门侍卫玉福,即日驰驿押解前赴热河,交与福长安,在空室内永远圈禁,以示炯戒。"

○十七年(1812)谕:"着交宗人府。嗣后遇有违犯之案,将如何分别三年、六年及永远圈禁。其圈禁三年、六年者,满日奏明释放。永远圈禁者,每届三年,向其原呈送之尊长询明,如愿将伊释放者,奏明责打四十板释放;如不愿释放,即照旧圈禁。其如何酌量违犯情罪之轻重,予以限制,及释放后再有干犯,如何加重治罪之处,详议具奏。钦此。"遵旨议定:宗室、觉罗呈送子孙案件,除触犯以上案,律有明条,仍照例会同刑部审办,如系违犯,查其事之轻重,详讯属实,若因年幼一时言语违犯,其情罪不至圈禁者,无论奏案、咨案,俱严行惩责,交该族长、学长领回,严加管束外,若系素不能承欢膝下,又复言语辞色不逊者,圈禁三年,满日奏明释放。若平日既不能敬谨依顺,又向来不甚安分者,圈禁六年,满日奏明释放。若赋性乖劣,其亲屡训不悛,时常违犯者,永远圈禁。其永远圈禁之案,遵旨每届三年,向其原呈送之尊长询明。如愿将伊释放者,奏明责打四十板释放。如不愿释放,仍复圈禁。其有释放后仍复干犯,以致再行呈送者,应照原拟圈禁罪名。如所犯系应圈禁三年者,加重圈禁六年;应圈禁六年者,永远圈禁;应永远圈禁者,发往盛京交该将军严加管束。至圈禁六年期满释放,及永远圈禁者,届期向其尊长询问之处,仍遵前旨办理。再违犯圈禁之有年限者,若系独子,其亲故后,即暂行省释。俟其丧葬事毕,百日服满,仍复圈禁,接算办理。其永远圈禁者,无论初犯、再犯,如系独子,其亲故后,亦暂行省释。俟其事毕,向伊近属询问其居丧是否克尽子道。若果哀恸悔恨,众所共见,系出实情,由其近族公同具保前来,虽系永远圈禁者,查明如已圈禁六年,即照违犯应圈禁六年例,奏明请旨释放;如未及六年者,仍复圈禁,俟扣满六年,再行奏明请旨释放。若毫无哀泣悔恨之容,则是毫无人子之心,永不释放。再宗室、觉罗圈禁后,即应停止养赡钱粮。间有其亲恃有子孙钱粮以资养赡,则其子孙虽有违犯,不行呈送者,亦所不免。嗣后呈送子孙之案,其亲本身若无钱粮,又别无支食钱粮之子孙,于呈送圈禁后,近支宗室交族长、远支宗室交总族长、觉罗交佐领自行酌量办给养赡。奉旨:"宗人府议奏宗室觉罗呈送子孙违犯分别圈禁年分各款,朕详加披阅,所议多有未协。如所称初次呈送之犯,查明素不能承欢膝下,又复辞色不逊者,请圈禁三年;平日不能敬谨依顺,又向不安本分者,请圈禁六年;赋性乖劣,屡训不悛者,永远圈禁等语。不能承欢,与不能依顺,及赋性乖劣,虽措词各异,止系空言,互较之有何区别?若据此定议,易涉含混,必致高下其手,转滋流弊。嗣后宗室、觉罗,经父母、祖父母呈送子孙违犯者,总令其将伊子若孙于何年何月因何事违犯之处,据实书写呈送到官,将伊子孙按拟审讯明确,再核其情节之轻重、次数之多寡,以分别其圈禁之年限,或三年,或六年,或永远圈禁,核实办理,方足以昭平允。又所称永远圈禁者,经释放后仍复干犯,再经呈送,发往盛京严加管束一节,所办亦殊非是。圈禁之法,亦同圜土。若永远圈禁,释放仍不知悛改再犯乃发往盛京管束,是较之在京圈禁,转得闲散自便,岂不失之宽纵?此等案犯,着改发往盛京永远监禁,以示惩儆。至所请圈禁之案,若系独子遇亲故暂行省释令其治丧一条,除三年、六年者准其治丧外,其永远圈禁者,既罔知孝道,难复望其丧葬尽礼。即遇亲故,亦不准省释。"

〇又谕:"宗室麟鉴,欲移住盛京,虑及宗人府选派不与,辄将官厅枪架板倒,冀因获罪遣往,实属不知主恩,胡涂胆大。麟鉴着交宗人府会同刑部严行究讯,审明后即奏请在京圈禁,不准发往盛京。"

〇十九年(1814)谕:"庄亲王绵课等奏会议裕丰罪名一折。裕丰上年九月初十日,闻知祝海庆等首告谋逆,若立时奏报,迅将匪党查拿,则十五日禁城之变,可以先事消弭,其功甚大。乃伊漠不关心,迟延不举,实属无福承受国恩。业已革去王爵,加恩免其圈禁,即令在王府外闲房居住,不准出门闲游,令其闭门思过。上年议罚王俸十年,除扣过本年春季俸银外,其余未扣者,着责令于两年内全数缴出,交纳部库。"

〇又谕:"裕瑞获咎谪居盛京,不知安分思过,复买有夫之妇为妾,即此一端,已属无耻妄为。其别项劣迹,亦毋庸再行查奏。裕瑞着在盛京严密圈禁,派弁兵看守,不拘年限。和宁、绪庄先未参奏,迨降旨查询,仍意存掩饰,仅自请查议,不足示惩。绪庄身系宗室,不免有心袒护,着交部严加议处。"

〇又议准:红带子巴图里、巴哈布本有正名,又复称为赵玉、赵景,虽系红带,亦照违制律杖一百。谨案:宗室、觉罗,罪犯杖一百者,折罚养赡银一半,革退宗室红带子,照旗人例鞭一百,交该旗领回管束。

〇二十年(1815)谕:"晋昌等奏审明移驻宗室喀勒明阿强奸良人妇女已成照例

定拟一折。宗室移驻盛京，原令其安静守法。乃喀勒明阿在彼恣意游荡，实属横肆不法，该将军等拟以绞监候。此等淫凶之徒，若不立即惩办，无以儆众。着晋昌即带同管理宗室之文弼、杰信、禄康三人，将喀勒明阿押赴本营，监视勒令自缢，以昭炯戒。”

○又谕：“平宁等与图克坦聚赌，平宁输给图克坦钱二百串，先自行划伤图赖，嗣图克坦向索赌欠，平宁又用刀砍伤图克坦三处。平宁着管理宗人府王公等看视，重责三十板，仍在空室锁禁一年，期满释放，罚养赡银七个月。图克坦本系永远锁禁之人，罪无可加，着免其板责。”

○二十二年（1817）谕：“礼亲王昭梿，于府内滥用非刑，着革去王爵，交宗人府于空室暂行圈禁。”

○又谕：“我朝自开国以来，宗室中贤才辈出。虽支分派别，谱系蕃衍，其中贤愚不一，然从未有干名犯义如海康、庆遥之自外生成者。该二犯拜奸民为师，学习邪教，甘心背叛，问拟凌迟处死，实属罪所应得。惟念其究属宗支，不忍处以极刑，海康、庆遥俱着改为绞立决，派奕颢将海康带往伊祖父坟前监视勒毙，派永珠将庆遥带往伊祖父坟前监视勒毙。该二犯尸棺，俱不准于该二家坟园内埋葬。海康妻女着照拟发往黑龙江，庆遥之妻子女亦着改发黑龙江，俱交该将军安插管束。即照绵课等所议章程，另记册籍办理。”

○二十三年（1818）谕：“宗室全胜，与伊弟全俸，有六黄七黄之称，已属荒谬。复敢开局聚赌，引诱多人，实属不安本分之尤。所有本案首从各犯，俱着照原拟军、流、徒、杖各罪名，分别圈责发落，一概不准援免。”

○二十四年（1819）谕：“赛冲阿奏宗室喜福同伊子敦柱先后与李康氏通奸主使李康氏将嫡妻塔他拉氏殴伤勒毙一案，蔑伦伤化，玷辱宗盟，按律罪应凌迟。惟宗室向无凌迟之例，着赛冲阿率同绷武布、庆杰，传集移居各宗室，并喜福一同看视，先将敦柱重责一百板，打至血肉溃烂，再将喜福、敦柱一同绞决。李康氏下手勒毙塔他拉氏，以邪淫陷害三命，着即斩决。审明后，赛冲阿等即奏明分别办理。”

○又谕：“嗣后宗室犯事到案，无论承审者何官，俱先将该宗室摘去顶戴，与平民一体长跪听审。俟结案时，如实系无干，仍奏明给还顶戴。”

○二十五年（1820）议准：嗣后亲王至奉恩辅国公，有私买民女为妾者，一经查出，即行革爵。

○是年九月谕：“裕兴身系宗室，袭爵亲王，乃不自爱惜，恣意妄为，大干法纪，着照永锡等所拟，裕兴即革去王爵，交宗人府折圈空室三年，期满释放。”

○道光四年（1824）谕：“全胜身系宗室，不知自爱，习为市井游谈，率人赴贝勒奕绮府内，恃强肆詈，着照成案改发吉林，交该将军严行管束。倘再滋生事端，即行奏明锁禁。”

○又谕：“宗室噶尔萨，先经犯罪折圈，遇赦释放，不知悛改，复以不干己事，直入户部衙门与琦琛喧闹滋事。噶尔萨不必圈禁,将伊本身革去黄带子,作为红带子,以为宗室不知自爱者戒。”

○五年(1825)谕:“向例宗室罪犯,止分别折罚圈禁。惟法轻则日久生玩,着管理宗人府王公等,随时稽察弹压,并出示晓谕。凡被害之人,即据实向问刑衙门呈诉,并饬番役等一体查拿,送官究治。其犯笞、杖、军、流、徒等罪,审系不安本分者,分别枷责、实发。如有酿成命案者,先行革去宗室,照平人例问拟斩、绞,分别实、缓。其呈进黄册,仍着由宗人府办理,以示区别。”

○六年(1826)奏准:嗣后宗室、觉罗妇女出名具呈者,除系呈送忤逆,仍照向例讯办外,其余案件,概不准理。如有收其呈词者,照擅受例参处。若实有冤抑,应令其成丁弟兄子侄,或母家至戚抱告。无亲丁者,遣家人抱告。控属虚诬,罪坐抱告。倘有仍前出名刁控,或自行赴案上堂,以及拟结后哓哓渎控者,无论所控曲直,均照违制律,有夫者,罪坐其夫,无夫者,罪坐其子,夫与子俱无者,折罚其孀妇钱粮。

○七年(1827)谕:“明瑛前经犯案拟杖,平时教习拳勇,已不安分,复因裕丰仓发放成色官麦,辄以为土麦夹带好麦,纠合棍徒,拦车入城,冀图讹诈得钱,实属藐法。明瑛前已革去顶戴,着宗人府堂官看视重责四十板,以昭炯戒,即行发往吉林,交该将军严加圈禁。”

○又谕:“宗室兴宝屡犯不法,实属怙恶不悛,着改发吉林,交该将军严加管束。倘敢复行滋事,即由该将军奏明,在彼锁禁。”

○又谕:“斌静前在喀什噶尔参赞大臣任内,行止不端,失于抚字。经刑部会同宗人府,照激变良民律问拟斩候。惟事隔数年,并无实在证据,罪疑惟轻,从宽免勾。斌静着宗人府永远监禁。”

○八年(1828)谕:“宗室祥佩,前因健讼刁诈各案,革去顶戴,发往盛京照例折圈责罚,不知畏惧改悔,辄以硕海犯案被审,竟敢私戴顶戴,挺身纠众渎禀,实属怙恶不悛。祥佩着奕颢当堂重责三十板,改发吉林,交博启图严加管束。”

○九年(1829)谕:“朕因宗室近来积习,往往以不干己事具控,借端讹诈,降旨令军机大臣会同宗人府、刑部,酌议条例具奏。兹据查明定例,分别从严酌议。嗣后宗室、觉罗人等告讦之案,察其事不干己,显系诈骗不遂者,该管衙门立案不行,仍将该原告咨送宗人府,照违制律杖一百,实行重责四十板。如敢妄捏干己情由耸准,及至提集人证质审,仍系讹诈不遂,串结捏控者,即将该原告先行摘去顶戴,严行审讯,并追究主使教诱之犯。倘狡辩不承,照例先行板责讯问。审系控款虚诬,除坐诬罪应斩绞者,仍照向例请旨办理外,其余诬控之案,无论诈赃多寡、已未入手,但经商谋捏控,不分首从,俱实发吉林安置,到配仍重责四十板,以示惩儆。”

○十一年(1831)谕:“宗室祥佑,系获罪发遣之人,辄敢率行呈请,告假来京,实属违例蒙混,着依议杖一百,照数实行责打,不准折罚钱粮,仍解往盛京,交该将军严加管束。”

○十三年(1833)谕:“宗室全煜,着交黑龙江将军,重责四十板,永远锁禁。并着该将军饬知沿途地方官,将全煜私带之家人妇女等,小心押解回京,交该旗分别办理。”

○十七年(1837)奉旨:“嗣后发遣宗室,均着兵部给予大车一辆,勒令即日起解,迅速到配。断不许托故逗遛,稍形迟滞。并着纂入则例遵行。”

○又谕:“宗人府奏申明旧例约束宗室一折。朕因宗室人等,往往以不干己事,借端具控,于道光九年(1829)间,令军机大臣会同宗人府、刑部酌议条例,永远遵行,并由宗人府刊刷条例,通传远近各族宗室、觉罗及八旗满洲旗分,咨行步军统领衙门,出示晓谕,务令周知。朕保全宗支,教养兼施之意,至为深切。凡属天潢,自应皆知自爱,无如日久因循,未除积习。兹据惇亲王绵恺等公同核议,择其简明易晓者,详加酌定,俾革非心。着照所议,嗣后凡遇宗室控告仓库案件,不论是否曲直,有无情弊,概置不问,亦毋庸会部,以免拖累。该衙门即将该宗室问以不应为而为,遵照道光九年所定条例,按律拟罪。如有素不安分,兼有绰号黄姓、赵姓者,该管亲、郡王等酌量责惩,并究明引诱怂恿之人,严行惩办。如系该宗室挟嫌妄供,审明加倍重责。如审明实系引诱为非之人,即将该宗室应行重责之处,核其情节轻重,酌量办理。其赌博、斗殴、地亩案件,并被仓库差役及商贾人等控告,照例应会部者,仍会部办理;应由该衙门自行查办者,照例查办。若该宗室控告仓库舞弊,以及钱铺小钱,凡不干己事,稍涉讹诈不遂,借端起衅等情,无论何处控告,但将该宗室送交宗人府,按此次新定章程自行惩办。若罪应发遣,亦由该衙门奏请,奉旨后先行重责四十板,再交兵部起解。被告之人,均毋庸传讯,以息讼端。经此次新定简明章程之后,该管王等,务当实力整顿,挽回陋习。并刊刷叠次所降谕旨,及该衙门会议条例,并现在新定章程,每年按季会同步军统领衙门,出示晓谕,务令八旗各族、宗室觉罗,以及旗民人等,家喻户晓。倘日久视为具文,惟该管王等是问。并着载入则例,咨照刑部、都察院、步军统领衙门,一体遵行。”

○十八年(1838),宗人府奏圈禁重地不得容闲杂人等擅自出入章程。奉谕:“嗣后该堂官务当随时严密稽查,毋许闲杂人等擅自出入,致滋疏纵。如圈禁之宗室、觉罗不遵约束,即着据实具奏,严行惩办。”

○十九年(1839)谕:“已革三等侍卫、宗室瑞珠,以现任职官,开设茶馆,已属行同市侩,复于茶馆内,开设蟋蟀盆,聚赌抽头,现据讯明。瑞珠着发往盛京,交该将军严加管束。”

○又谕:“宗室有麟,于因案革爵后,不知守法,辄敢擅徇私情,代为乡试武生请托,实属胆大妄为。着在宗人府重责三十板,再行发往盛京,交该将军严加管束。”

○又议准:宗室、觉罗买食鸦片烟者,从重发往盛京,交该将军严加管束。至宗室、觉罗职官,以及王公内有买食鸦片烟者,均从重革职、革爵,发往盛京,永不叙用。并遵照此次章程,予限一年六个月,如限满后不知悛改,加重拟绞监候。

○又议准:嗣后除红带子、紫带子有犯习教等重情,另行奏明办理外,其有犯寻常杖、枷、徒、流、军以及绞、斩等罪者,仍由刑部照旗人之例科断。惟遇有应照旗人之例销除旗档案件,应免其销档,仍准系本身带子,但此后不准给予养赡钱粮,并一切优恤旗人之典,均不准给予。

○二十年(1840)谕:"已革都统奕纪,以一品大员管理理藩院事务,抚绥外藩,系其专责。乃于沙布朗代送银物,并不正言拒绝,辄取回收存,至八日之久,方始退还,厥咎较重。奕纪着发往黑龙江充当苦差,以示惩儆。"

○又谕:"宗室奕賫、溥喜,于拟徒革爵之后,不安本分,滋事妄为,实属不法。均着交宗人府堂官监视,先行重责四十板,奕賫着发往吉林,溥喜着发往盛京,交该将军严加管束。如到配后,仍敢再滋事端,即着奏明严行锁禁。"

○二十一年(1841)议准:盛京宗室、觉罗,但经外来棍徒投托,知情为之护庇,或任令横河拦绠扰累,肆行抢夺,或在河沟道口,借搭桥为名,把持地方,向过往车辆,任意讹索,宗室觉罗知情护庇,主使棍徒不法,俱照棍徒扰害例,实发黑龙江严加管束。

○二十三年(1843)谕:"宗室奕賫于获罪遣戍后,不知悔过自新,辄娶民女为妻,虽因被控悔悟退婚,究属违例。奕賫着照议改发往黑龙江,圈禁三年,以示惩儆。期满释放后,交该将军严加管束。"

○三十年(1850)七月谕:"宗室奕纪以已革大员,叠经获咎释回,乃复不知自爱,辄从薛执中学习坐静按摩工夫,复听其在伊家求雨,实属任意妄为。着照宗人府所拟,实发吉林,交该将军严加管束。"

○咸丰元年(1851)奏准:秀昆身系宗室,听从营求说事,得受赃银,应革去四品顶戴,从重发往盛京,交该将军严加管束。

○五年(1855)谕:"已革马兰镇总兵宗室庆锡,于司泳茂承办本植,起意诈赃,未能查出,已属形同聋瞶,复向达魁借用银钱,种种乖谬,着从重发往黑龙江充当苦差。解任工部员外郎宗室耆英,于伊子庆锡在朝阳门外,违例设立马拨,并不阻止,复令递送信件,实属悖谬,着即革职,圈禁半年,仍罚养赡钱粮六个月。"

○又谕:"前据刑部奏,旗民与宗室觉罗斗殴重案,引断未能画一,请酌定章程,当降旨交宗人府查核具奏。兹据恭亲王奕欣等详查复奏,嗣后殴伤宗室觉罗至死者,均着照本律拟斩,以符例意。其殴伤未至死者,仍按下手曲直情形,分别办理。"

○八年(1858)谕:"耆英以负罪之员,复加擢用,原冀其收效桑榆,于事有济。且抵津后即有寄谕,令其不必与桂良附合。及桂良奏请令该员回京,朕料耆英断无不知之理,寄谕仍留津自酌办法。讵该员拜折后,即擅自回京,处处巧诈,有意欺罔,即立与骈诛,百喙奚辞。欲贷其一死,实不可得。不得已思尽情法两全之道,着派左宗正仁寿、左宗人绵勋、刑部尚书麟魁,迅即前往宗人府空室,令耆英看朕朱谕,传旨令伊自尽,以示朕饬纪加恩之至意。"

○九年(1859)谕:"绵城身系宗室,起意搜抢,事后分赃,凶暴众著,实难恩施法外。着派右宗人载岱,即日带领章京,将绵城带至伊坟茔处所,饬令自缢,以昭炯戒。"

○十一年(1861)八月谕:"宗人府会同大学士、六部九卿、翰詹科道等,定拟载垣等罪名,请将载垣、端华、肃顺照大逆律凌迟处死等因一折。载垣、端华、肃顺朋比为奸,专擅跋扈,种种情形,均经明降谕旨,示知中外。至载垣、端华、肃顺于七月十七日皇考升遐,即以赞襄政务王大臣自居,实则我皇考弥留之际,但面谕载垣等立朕为皇太子,并无令其赞襄政务之谕。载垣等乃造作赞襄名目,诸事并不请旨,擅自主持。即两宫皇太后面谕之事,亦敢违阻不行。御史董元醇条奏皇太后垂帘等事宜,载垣等非独擅改谕旨,并于召对时,有伊等系赞襄朕躬,不能听命于皇太后。伊等请皇太后看折,亦系多余之语。当面咆哮,目无君上情形,不一而足。且每言亲王等不可召见,意存离间。此载垣、端华、肃顺之罪状也。肃顺擅坐御位,于进内庭当差时,出入自由,目无法纪,擅用行宫内御用器物。于传取应用对象,抗违不遵。并自请分见两宫皇太后,于召对时,词气之间,互有抑扬,意在构衅。此又肃顺之罪状也。均经母后皇太后、圣母皇太后面谕议政王、军机大臣,逐款开列,传知会议王大臣知悉。兹据该王大臣等按律拟罪,请将载垣、端华、肃顺凌迟处死,当即召见议政王奕欣,军机大臣、户部左侍郎文祥,右侍郎宝鋆,鸿胪寺少卿曹毓英,惠亲王、惇亲王奕誴,醇亲王奕譞,钟郡王奕詥,孚郡王奕譓,睿亲王仁寿,大学士贾桢、周祖培,刑部尚书绵森,面询以载垣等罪名,有无一线可原。据该王大臣等佥称,载垣、端华、肃顺跋扈不臣,均属罪大恶极,于国法无可宽宥,并无异词。朕念载垣等均属宗支,遽以身罹重罪,悉应弃市,能无泪下?惟载垣等前后一切专擅跋扈情形,实属谋危社稷,是皆列祖列宗之罪人,非独欺凌朕躬为有罪也。在载垣等未尝不自恃为顾命大臣,纵使作恶多端,定邀宽宥。岂知赞襄政务,皇考并无此谕。若不重治其罪,何以仰副皇考付托之重,亦何以饬法纪而示万世?即照该王大臣等所拟,均即凌迟处死,实属情真罪当。惟国家本有议亲议贵之条,尚可量从末减。姑于万无可贷之中,免其肆市。载垣、端华,均着加恩赐令自尽。即派肃亲王华丰、刑部尚书绵森,迅即前往宗人府空室,传旨令其自尽。此为国体起见,非朕之有私于载垣、端华也。至肃顺之悖逆狂谬,较载垣等尤甚,亟应凌迟处死,以申国法而快人心。惟朕心究有所未忍,肃顺着加恩改为斩立决。即派睿亲王仁寿、刑部右侍郎载龄,前往监视行刑。以为大逆不道者戒。"

○同治元年(1862)谕:"绵性以宗室大员,出任边疆要地,种种谬妄情形,实属辜恩溺职。着照该王大臣等所拟,从重发往吉林效力赎罪。"

○光绪元年(1875)谕:"崇实等奏讯明不安本分之宗室请旨发遣一折。宗室德精额,行使假钱帖,讹诈商民。宗室惠龄,前于同治十二年(1873)间,因案连伊眷口,发往盛京,辄因赌生事,强抢刘德春家衣物。均属不安本分,胆大妄为。惠龄并伊眷口及德精额,着一并发往黑龙江,交该将军严加管束,以示惩儆。”

〇四年(1878)奏准:宗室得有斩绞监候罪名,仍行圈禁空室,毋庸解交盛京监禁。

〇十三年(1887)谕:“庆裕奏拿获临决潜逃要犯一折。宗室绞犯再锡,潜逃奉天,经宗室营委学长富明与已革宗人府副理事官恩景所差家人,协同访知,禀报庆裕,饬派官兵,于本年十月初二日,将该犯拿获。着该将军即饬委员迅速解京,交宗人府奏明办理。”

# 吏部·处分例（节选）

## 卷一百二十一·吏部一百五

### 处分例　用刑违式　部院承审事件

**用刑违式**

○顺治十八年（1661）议准：凡问刑衙门于狱内用柙床者，革职交部治罪。

○康熙九年（1670）题准：官员将犯人除夹棍、拶指之外，别用非刑者，革职。如将妇女用夹棍者，亦革职。该管上司不查实具报者，降二级调用；督抚不行题参者，降一级留任。犯妇有孕，亦不得用拶指，违者降一级调用。该管上司不查实具报者，罚俸一年；督抚罚俸六月。又官员将旗人擅自夹责者，降一级调用。

○又题准：官员将绞罪犯人误斩者，降二级调用；将应监候秋决正法人犯即行正法者，降四级调用。如将立决人犯于停刑之日违例处决者，罚俸六月。

○十一年（1672）议准：审问小事，不准用夹棍。内外审事官员，若将应夹案内罪不至死之人被夹即死者，罚俸一年；将不应夹讯之人擅行夹讯者，降一级留任；被夹之人即死者，降三级调用；恣意叠夹致死者，革职。若有别项情由，照情由议罪。若将不应夹讯之人，回堂行夹，堂官不行详慎轻听夹讯者，罚俸六月。

○十四年（1675）奏准：官员将监禁重犯，秋审不行解送，或已经解送，道路迟延，以致秋决愆期者，府州县官降一级调用，司道罚俸一年，督抚罚俸六月。

○四十五年（1706）复准：五城副指挥、吏目，除逃人盗案照旧管理外，其一切民词，非奉御史批发，正印官移行，不得即行准理，动用刑法。倘有擅准民词，及拘禁滥刑、纵役索诈等弊，照例议处。

○雍正七年（1729）议准：各省督抚设立印簿，分发各问刑衙门，将某案某人因何事用夹刑及用刑次数，逐细填注簿内，于年终申缴督抚衙门详查。若有滥用夹棍及用多报少情弊，查出指参，将滥用夹棍之员，照将不应夹之人行夹例降一级留任，将用多报少之员，照蒙混造册例，降一级调用。

○乾隆元年（1736）议准：凡内外问刑衙门所用刑具，务皆按照定例式样制造。其在外各省州县，令该管道府，遇赴州县盘查时，将所用刑具详加查验。倘有违例造用者，即详揭题参，将州县官照擅用非刑例革职。如道府不行详揭，发觉一并题参，将道府照不查实具报例,降二级调用。督抚失于查参,经科道纠参,将督抚照失于觉察例,罚俸一年。如道府已经详揭,而该督抚徇隐不行参奏者,将督抚照徇情例,降二级调用。在京衙门,如有不遵定例式样任意造用者,将用刑官照州县例议处。该管官失于查参者,照督抚例罚俸一年。如该管官明知,徇隐不行查参者,亦照徇情例处分。至强盗及十恶、谋杀、故杀等重案犯,仍照例用铁锁、杻、镣各三道,其余斗殴、人命等案罪犯,以及军流徒罪等犯,皆止用铁锁、杻、镣各一道。笞杖等犯,止用铁锁。倘有违例滥用,即行题参交部议处。

○三十年(1765)奏准:佐贰微员审理批发奉委事件,有应夹讯者,系上司批委,详明上司改委印官审理;系印官批发者,呈明印官撤回自行审理。倘该佐贰仍沿旧习,赴原委上司衙门请刑,该上司遽准夹讯者,令该督抚及该管上司严查确实,即行揭参。如夹讯之人已经致死者,佐贰官革职,原委上司降三级调用;未经致死者,佐贰官降三级调用,原委上司降一级调用。

○又奏准:凡佐贰杂职等官擅用夹棍、拶指等刑,其该正印官失于稽察者,降二级调用。自行据实详揭者,免议。

○又奏准:凡枷号旗下人犯,停其置放本旗门上,令城门尉等详验加封收受。或枷具脱松,或封皮拆皱,可以脱出者,将看封之司官照杖罪人犯应禁不禁律罚俸六月,仍将该犯送部枷号封固。发门之后,如有将人犯枷号松脱散放,或枷具松疏及封皮拆皱可以脱出,巡查官员不行查出,照应申上而不申上律罚俸九月。

○又奏准:上司将所属佐贰官员遇有事故不行题参,任意笞辱者,降二级调用。笞辱知县以上官员者,降三级调用。

○又议准:问刑官员用跪链等刑者,降一级调用。

○三十八年(1773)谕:"嗣后除寻常案件,仍照定例月日停刑外,其有凶盗逆犯,干涉军机,应行立决,及当加刑鞫者,均即随时办理,声明咨部,不得拘泥旧例。著为令。"

○四十九年(1784)谕:"知县身膺民社,如于所管人役,有因私挟忿,责处致毙情事,自应参奏革职治罪。如事属因公,按法责毙所属人役,该督抚止须奏请交部议处。部议时,亦不过议以降级留任,已足示儆,不得遽行革职,致启书役刁恶之渐。"

○嘉庆五年(1800)奏准:官员将人犯于满杖之外,违例叠责致死者,照擅用非刑例革职。将无辜之人杖责致死者,革职严审。上司不查实具报者,降二级调用。督抚不行题参,降一级留任。未致死者,照将不应夹之人行夹例,降一级留任,上司免议。

○又奏准:犯妇有孕,不得用拶指,违者降一级调用;致死者,照另用非刑例议处。

○十五年(1810)谕:"本日吏部具题《议处顺天府南路同知窦景燕于审详案犯辄用非刑照例议以革职等因》一本,已照签批发矣。朕详阅本内该部所引例文,内称

‘官员将人犯除夹棍、拶指之外,另用非刑者,革职;跪链、压膝等刑者,降一级调用’等语。因思内外问刑衙门承审案件,原当虚衷研鞫,不得专事刑求。然遇有狡猾之犯不供吐实情,承问官既不应遽用刑夹,亦不能不量加惩究。或柠耳、跪链,或继以压膝,借以得情定谳,尚不致伤其肢体,究非用木架撑执或悬吊拷踝及针刺手指等非刑可比也。若承审官审讯各犯,于案情未定之时,既不遽得确情,而一经柠耳、压膝,即例有应得处分,则凡属问刑各员,竟无不干吏议者。似此名实不符,殊不足以昭平允。所有承审案犯各员非刑一条,应如何酌中定例之处,着该部详议具奏。钦此。”遵旨议定:问刑官员,除刑部例载刑具之外,另用木架、拷踝、针刺以及小夹棍、木棒棰、连根带须竹板、联枷等项非刑,并例所不及赅载,任意私设者,照例革职。如将妇人用夹棍者,亦革职。该管上司不察实具报者,降二级调用;督抚不行题参,降一级留任。其承审命盗、抢窃及一切要案,如实系有罪之人,证据明确,犯供狡展,或用柠耳、跪链、压膝等刑者,免其置议。如系案内干连人犯,及无辜之人妄被扳指,承问官不能虚衷研鞫,辄用柠耳、跪炼、压膝等项刑求者,仍照向例降一级调用,或审理寻常案犯,率用柠耳、跪炼、压膝等刑,亦降一级调用。如将孕妇用拶指者,亦降一级调用。该管上司不察实具报者,罚俸一年;督抚罚俸六月。因而致死者,照擅用非刑例议处。

○光绪十二年(1886)奏定:官员将应斩人犯误行处绞者,降一级调用。系属失出,有加级纪录,准其抵销。将应绞人犯误行处斩者,降二级调用;将应斩、绞监候人犯误行立决者,降四级调用。系失入,虽有加级纪录,俱不准其抵销。如斩、绞人犯错决至二名者,革职。

**部院承审事件**

○顺治初年议定:凡刑部现审案内,如系杖、枷等罪,限十日完结;发遣、军犯等罪,应入汇题者,限二十日完结;命盗等案,应会同三法司审理者,限三十日完结。如案内有应行提质人犯,准以传提到案之日扣限。若正犯患病,准以病愈之日扣限。倘该司官任意因循,或三法司官员不即会审,以致逾限,其承审司官及会审迟延之员,令该堂官查明,分别交部照例议处。再现审案件审结之日,除应行监禁人犯照例监禁外,余皆即行发落。倘迟延不行发落,以致人犯淹禁,书役作弊者,除书役照例治罪外,承审之司官亦交部议处。

○康熙三十二年(1693)议准:凡行提控告案内人犯,咨行八旗并总管内务府行提,于文到之日,即行送部。若越二日不行送部者,将该管官交部议处。若行提庄屯居住人等,及行直隶府州县等处提人者,每日定限五十里,以文到五日内起解。若不照限申解,将该管官题参。或有别故,详开报部。其到部事件,在京城地内者,限一月审结;在外者,以被、证到齐日为始,限一月审结。如有内外移咨询问者,以回文到日为始。若刑部司官将应速结案件不行完结,故意推诿迟延者,堂官指名题参,交部议处。

○雍正元年(1723)议准:凡现审事件,其人、文送部,毋须又提犯证者,限十日内说堂完结;其提人质审,四五日内到部,毋庸会审者,限半月内说堂完结。若必须提人质审,并三法司会审,仍照定例一月限内完结。

○又复准:五城司坊案件,随到随审,定限五日内完结详报。其巡城案件,扣限十日内完结造册,送都察院查核注销。若不每日进署,将案件丛积迟延,不于限内完结,照钦部事件迟延例分别议处。或有纵容衙役混行讹诈等事,一经查出,或被受害人首告,照衙役犯赃例分别议处。

○又奏准:司坊官职守人命案件,指挥管理窃盗案件,副指挥、吏目按地分理。遇有尸亲、事主禀报者,该司官即行收受,一面报该城,一面亲往相验踏勘,其本案人犯即行拿审解院,不得迟延时刻。如有推诿迟延,以致贼犯潜逃,及借端滋事,拖累平民等弊,即将该司坊官照例参处。其逃人、土娼,亦责令该坊官按地分查。一经告发,准其收受缉拿。

○又奏准:赌博、打架,系议明司坊官应管之事。嗣后五城御史及该司坊官所属地方有殴赌等事,固宜随拿随审,即别城隔属途行夜宿,但遇酗酒骂街、口角打架、开场赌钱、小绺窃物等事,随见随拿,移交该管衙门审理。不得以地非所属,过而不问。至民间一切词讼,仍遵定例不许擅受,皆归该城御史衙门审理。

○五年(1727)议准:前三门内五城分管地方,除相验人命,及斗殴活伤验报不实等案,仍将该管之各司坊官照例参处外,其赌博、逃、盗等案,均免司坊官失察处分。

○七年(1729)议准:户部八旗司审理旗民房地家产主仆争告之案,亦照刑部现审之例,限一月内完结。如限内不完,将承审官员照钦件违限例议处。如有提人移讯之处,俟人、文到日扣限。

○又议准:凡朝审,九卿、詹事、科道务必每日到班。若有要紧公事及偶有疾病不能到班者,预行知会,将该员未到会审之省份事件,不必列名。每遇审期,都察院委满、汉御史各一人,稽察有无故不到者,指名题参,照推诿事件例,罚俸一年。

○八年(1730)谕:“两三处衙门会议会审之案,若一处曾经行催,而他处尚不办理,即着行催之衙门具折奏闻。将来迟误处分之时,免其议处。倘曾经行催而未奏闻者,日后因迟延议处,仍将该衙门一并交议。倘奏闻之后,以为既经具奏,此后迟延与已无涉,以致事件仍复耽搁者,亦将该衙门一并议处。着通行各旗、各部院衙门知之。”

○十三年(1735)奏准:刑部凡有题咨案件,其细小事情驳正者,毋庸置议,如各省将应拟重罪人犯竟令脱网,或无辜之人罗织拟罪,刑部司官细心查核,驳行复审,果得实情者,于呈堂行文之时,即将定稿司官注册,俟改正后,于每年十二月具题,交部议叙,每一案纪录二次。

○乾隆四年(1739)奏准:凡旗人争控户口田房等事,于各该旗具呈。该旗查明册籍,讯明证佐,出具印甘各结,将人、文咨送户部,详审定拟完结。如旗人控告民人者,令于各该旗具呈;民人控告旗人者,令于各该地方官处具呈。该管官取具原告确供,并出具印甘各结转详,咨送户部转行被告之该管官,秉公取具被告确供,亦令出具印甘各结,转详咨部。户部详核双方确供,分别曲直,断理完结。如双方匿情不吐,碍难断理者,即行提审,会同刑部严讯定议。其中或因地亩界址不清,必须双方亲身履亩、互相勘对,再将旗人押发州县,令该地方官会同该理事厅审明,报部完结。以上控告户口、田房等事文移,往返八旗咨文,定限于一月内复部。直隶咨文,定限于两月内复部。如有逾限之处,户部取其职名,咨送吏部、兵部核参,照钦部事件迟延例议处。如该管官有抑勒、徇隐等弊,许受屈之人据实声明,赴部控告,户部会同刑部严提审讯,或系该管官有意抑勒、瞻徇,抑或扶同依附之处,查明参奏,将有意抑勒、瞻徇及扶同依附之员,皆照会审事件偏袒不公例,降二级调用。若并无冤抑,妄行控告者,按其所诬情节,交送刑部治罪。

〇十八年(1753)谕:“刑部指驳案情,必有首先立议之人。因思吏部司官,向因议处之案较多,别部仅将承办之满汉司官各一人开送议处,此虽非正例,然以吏部议罚可以通刑部议叙,其于考课之法,方为平允。嗣后刑部各司遇有因题驳议叙者,着照此旨行。”

〇三十年(1765)奏准:各司审理案件,如有应提之人,回堂提取审明后,将应行监禁人犯,唤同司狱,回堂收禁,余俱即行发落。应释放者,回堂释放。倘有迟延不行发落释放,以致人犯淹禁者,照淹禁律按日议处。过三日笞二十,每三日加一等,罪止杖六十。若有擅行提禁、释放,竟不回堂者,将司员并司狱俱照应申上而不申上律议处。笞四十。

〇又奏准:提审事件,凡咨行内外衙门有催文三次全无回文者,刑部题参,照事件迟延例议处。

〇又奏准:户部八旗司改为现审处。

〇又奏准:八旗有将伊祖父时或系养子或系分户年久之人子孙复行混告者,该部题参,系官革职。如有讹诈、逼勒等情,被害人告发审实者,照吓诈律治罪。

〇又奏准:八旗有将家人为养子分户开户之人年久,值伊原主之子孙庸懦或至绝嗣,伊等自称原为养子或谎称近族兄长,反行欺压,希图占产争告者,审明,系官革职治罪,将养子分户开户之档销毁,仍给予原主子孙为奴。

〇又奏准:法司凡遇一应称冤及查出案内冤枉情节,并情罪有可矜疑者,即与辩理,具奏发落,毋拘成案。若明知冤枉不与辩理者,以故入人罪论。

〇又奏准:刑部办理各督抚咨题案件,所引律例罪无出入,司官妄行苛驳,致有出入者,刑部堂官随时查明参奏,请旨交与吏部,将主稿官照失出失入例分别议处,随同画稿官减等议处。

〇三十四年(1769)奏准:刑部司官驳正案件,原定议叙纪录二次之处,改为纪录一次。

○嘉庆四年(1799)奏准:刑部核复外省各项罪名,未经详查,驳令改拟,司官罚俸一年,堂官罚俸六月。

○五年(1800)议准:刑部现审案件,审结之日,应行发落人犯,迟延不行发落,以致人犯淹禁,书役作弊者,除书役照例治罪外,承审司官照失察书役犯赃舞弊例分别议处。

○又奏准:刑部司官将应速结案件不行完结,堂官指名题参,交部议处。逾限十日以上者,照州县官逾限不及一月例,罚俸三月;二十日以上者,照州县官逾限一月以上例,罚俸一年;三十日以上者,照州县官五月七月以上例,降一级留任;两月以上者,照州县官逾限二参例革职。

○道光十年(1830)谕:"嗣后在京衙门承审事件,限一个月完结。刑部现审事件,杖责等罪,限十日完结;发遣、军、流等罪,应入汇题者,限二十日完结;命盗等案,应会三法司者,限一个月完结。其斗殴杀伤之犯到案后,以伤经平复及因伤身死之日为始;行查及提质,并案犯患病,以查复及提到,并病愈之日为始;接审者,以接审之日为始,仍将应行扣限,及三法司会审日期,并于科道衙门注销内声明。倘司员因循,或法司不即会审,以致逾限,承审司员及会审迟延之堂司官,一并交部分别议处。内外移咨行查,如催文三次无回文者,照例题参。行文八旗、内务府、五城、顺天府提人,于文到三日内无故不行送部者,亦照例参处。并着该衙门纂入则例,永远遵行。"

○十二年(1832)谕:"嗣后顺天府衙门现审咨交案件有关罪名者,注明收审日月及已完未完,月终具奏一次,交吏科京畿道逐件核对,按限详查。若有应行扣限,于月折内注明。倘无故迟延,即据实核参。其余无罪可科之案,免其列入月折。该府尹等严饬承审之员,随到随结。如有逾限者,立即查取职名,送部核议。至该衙门遇有咨查各旗册档及传质人证之件,着照户部现在奏定章程,于接准咨文之日起,限半个月咨复。如仍任意迟延,致逾定限,即将该旗指参,照例议处。"

○十五年(1835)谕:"嗣后该省遇有咨查册档之案,着统以准到部复之日为始,起扣承审、委审限期。其现审八旗地亩必须勘丈之案,并以勘定之日为始,再行起限。仍先咨明户部暨都察院查照,该督务当严行督催,依限讯断。倘稍涉迁延,即行照例参处。"

○又奏定:勘丈八旗地亩,俱照勘丈入官地亩例限。千亩以上,限三月;百亩以上,限两月;百亩以下,限一月,绘图详报。即于勘竣之日,起扣承审限期。仍将何日起勘、何日勘竣随文声叙,以凭查核。其实有一时难以勘丈之处,俱令先期分别咨报,酌请展缓。其展缓之期,不得过三个月。如有迟延,即行照例查参。

# 卷一百二十二·吏部一百六

## 处分例　外省承审事件

### 外省承审事件

○雍正五年(1727)奏准:官员承审事件,命案限六月,盗案限一年,乾隆十五年(1750)奏准,盗案改限十月。钦部事件限四月,发冢、抢夺、窃贼事件皆限六月。乾隆十五年奏准,皆改限五月。其余案件,一切未经定有限期者,皆扣限六月完结。乾隆十五年奏准,皆改限四月。皆以人犯到案之日起限。如有隔属提人及行文询问者,以人、文到日起限。奉部交审事件,以州县奉文之日起限。

○又奏准:凡承审钦部一切事件,其四月限者,州县限两月解府州,府州限一月解司,司限二十日解督抚。乾隆十年(1745)奏准,四月限者,府州改限二十日解司,督抚以二十日分别题咨完结。命案六月限者,州县限三月解府州,府州限一月半解司,司限一月解督抚。乾隆十五年(1750)奏准,六月限者,府州改限一月解司,督抚限一月分别题咨完结。盗案一年限者,州县限七月解府州,府州限两月解司,司限一月半解督抚。乾隆十五年奏准,盗案改限十月,州县改限五月解府州,督抚限一月半分别题咨完结。

○又议准:承审命盗、钦部事件二参限期,亦令州县限两月解府州,府州限一月解司,司限二十日解督抚。如逾此分限不能完结,系何官迟延,该督抚查明题参,即将何官照易结不结例议处。乾隆十五年(1750)奏准,府州改限二十日解司,督抚限二十日分别题咨完结。

○又议准:按察使自理事件,限一月完结;府州县自理事件,限二十日审结;上司批审事务,限一月审报。如有迟延,该督抚查参。乾隆三十年(1765)奏准,照事件迟延例分别议处。

○又奏准:官员审理命盗、钦部案件,如案内正犯及要证未获,情辞未得确实,及等候提拿犯证,或因隔省行查,限内实难完结者,承问官将此等情由申详,督抚题明展限。至各省关取盗案口供,或黠盗不吐实供,希图延案,嗣后如有关取,必须时日者,许该地方官申详,督抚咨部展限。

○又议准:各省苗疆及边远地方审理一切钦部、命盗案件,其初限准展限两月,续参之四月亦照初参展限两月,以及解府、解司日期,黔省分驻苗疆之州同、州判承审案件,由州解府者,初参、复参均准其于展限两月之外再展限一月。展限两月者,州县展限一月,府州展限一月;展限三月者,州同、州判展限一月,府、州各展限一月。

○又复准:官员审理事件,将人犯审解,除台湾、琼州、各省苗疆已经定有展限之例者,不准扣除程途日期外,其直省各州县应核明各州县至府州、府州至省水陆程途里数,先行登册报部在案,各州县将人犯招解,每日限行五十里。遇有案件迟延,与原定道里日期相符者,令该督抚于限满查参时声明,免其议处。如解役中途逗遛者,除原限日期外,仍不准扣除。

○又议准:地方案件有二限,必不能完结者,许该督抚于二参限满题参时,即将难结缘由疏内声明,将承审各官革职留任,再限四月审结。如再不能审结,题参革任。其一应易结事件,不得混行题请展限,仍照旧例遵行。

○又奏准:承审事件初参、二参限内,如州县已经招解,上司将属官解到日期故为改迟,或苛驳以致迟延,许受抑属官详报督抚,据实题参,将故改日期上司照推诿事件例议处,苛驳上司照事件应结而故为驳诘例议处,属官免议。

○又议准:州县审理案件,于二参限满不结后,无论难结易结,将该管之府州职名一并开参。如系难结案件,承审之州县议以革职留任者,将揭报之知府、直隶州知州罚俸一年;如系易结不结,承审之州县议以革职。并三限不能审结,议以革任者,将揭报之知府、直隶州知州降一级留任。如州县官承审案件玩延不结,知府、直隶州知州并不揭报,照徇庇例,降三级调用。其知府、直隶州知州自行审理案件,督催之道员皆照知府例分别议处。至按察使为刑名之总汇,事务繁多,一时难以稽察,应准揭参免议。如有并非难结案件,该管府州捏饰难结缘由,蒙混详请展限者,令臬司查核揭参,将扶同捏饰之该管府州皆照易结不结例革职。若臬司不行查出揭参,据详率转,经督抚查出,将按察使照徇庇例议处。若督抚将违限各官徇情不行题参,查出一并议处。至承审二次限内,除升迁、事故,并差委紧要军务事件,许令委官署理外,若承审官夤缘卸事,照规避例革职;原委之督抚、上司各官,照徇庇例各降三级调用。

○八年(1730)议准:每岁农忙之期,例应停讼。凡州县官户婚、田土等案,务于农忙停讼之前逐一审结。倘有应加复核者,暂将双方释归农业,具详各上司。俟农隙之时,仍照例扣限审结。

○十二年(1734)复准:州县自理户婚、田土等项案件,限二十日完结者,各设立循环簿,于每月底将准告、审结事件填注簿内,开明已未完结缘由。其有应行展限及复审者,亦即于册内注明,送该管知府、直隶州知州查核,循环轮流注销。俟岁终,该道、府、直隶州将所属并无违限通详督抚、藩臬衙门存案。倘有违限不行审结者,详请咨参,照迟延不结例议处。或道、府、直隶州申报不实,照不行详查例,罚俸六月。其州县官委佐贰杂职审勘者,亦照不行详查例,罚俸六月。若州县所送册内有蒙混造报者,照蒙混造册例议处;遗漏少报者,照造册遗漏例议处。

○乾隆四年(1739)议准:各省办理一切事件,务照定例扣限审结。如有实在应行展限缘由,该上司亦必确实核明具题展限,不得仍前任意扣展,以杜借词延搁之弊。倘该上司不恪遵定例严加查核,任意扣展限期,查出,除将承办官照例议处,不准扣限外,仍照滥详展限例,将转详之司、道、府并直隶州等官各降一级留任,督抚罚俸一年。

○五年(1740)复准:承审命盗、钦部案件,州县、府、司仍照定例分限审解,该督抚将州县、府、司起解年月日期,于疏内声明,以便查核。其正限内完结之案,逾分限一月以上者,罚俸一年;逾分限不及一月者,罚俸三月。州县、府、司皆照此例处分。其督抚如有迟延,照例计月处分。若正限之内,州县官不能审结,该督抚即将迟延之员咨参到部,或限内并逾限不及一月者,罚俸三月;逾限一月以上者,罚俸一年;即于限满之日,接扣二参限期。

○又复准:官员承审案件,遇有事故离任,新任署事接审。州县官,如前官承审未及一月者,准其按审过日期扣明展限;一月以上离任者,准其展限一月。其分限事件,前官承审扣限过半,离任者准其扣半加展。如前官于二参限内离任者,接审官准其以到任之日起扣限四月审结,按照承审官例查参。其督抚、司、道、直隶州新任之员,如属官尚未经招解者,仍照应得分限招解题结;如已经招解,前官遗交办理者,亦准照应得分限扣半加展。其展限各官,皆照定限审结,不得再起限期。如逾限未行审解,该督抚分析查参,按照定例分别议处。

○六年(1741)复准:地方案件,原问官审断未当,固执成见,必应改委别员承审者,将应行改委、改限缘由确切声明。如上司明知属官例限将届,故为别委,希图展限者,将别委之上司照徇庇例议处。至案件发审之初,即委员会审,并部驳别委贤员审拟之案,准以该委员奉文之日照例扣限审结,附招声明,毋庸别行咨题。

○七年(1742)议准:承审案件,如印官有扑捕蝗蝻、勘灾监赈,并奉调入闱、檄委会审会勘,以及查河防险、邻邑相验等事公出,概准其于本限内扣除,该督抚于咨内声明,以凭核议。其委署别邑之员本任内应审之事,仍照原限复参,不准照公出之例扣展。再该管之道、府、厅员,如承审案件属官已经审解,该管上司遇有公出,照州县之例扣展。

○九年(1744)议准:州县官承审案件,除众证明确,即应速为审拟,依限转解,不得故延外,如果正当招解之时,案内正犯或紧要证佐染患沉疴,承审官即将患病日期及所患病证报明该管上司,该上司即委官验看患病属实,即拨医调治,取具医生、刑禁人等甘结,承审官及委官加具印结,详报该管府州核明加结,详送抚司备案,俟该犯病愈之日起解。其该犯病痊后,承审官有无报愈迟延,亦责令府州实力稽查,报明销案。其患病日期,准于原限内扣除。至府州审转案件,有犯证患病者,结报该管道员稽查属实,加结核转;再司道审转之时,或遇犯证患病,亦报明该管上司委官验看,取结详报,皆准其扣除。若承审官及审转之府州、司、道将人犯带病起解,以致中途病毙者,照解犯中途患病不行留养例,死一二名者罚俸一年,三四名者降一级留任,五六名者降二级调用。若无故迟延,捏报患病,及病已全愈,而迟延不报,希图扣限者,照无故迟延例革职。委官及各上司通同徇隐者,照徇庇例,降三级调用。

〇十五年(1750)奏准:奉天府所属审理民人事件,于审限内扣除府司分限完结。如系旗人及旗民交涉事件,在徒罪以上,例归盛京刑部办理。若证供已经确实者,一面详报,即将人犯解部;如供证未确,一面详报,一面即行审讯,不必等候部复。总以两月限内审解,奉天府限十日转解。其在京刑部驳审事件,以人犯递到该州县之日起限,一月审结解部。如有逾违,附参议处。

〇十六年(1751)复准:湖南乾州、凤凰、永绥三厅审理苗案自行完结,其余止须详报不必解犯之案,令该厅径自详司,毋庸由府核转。至命盗等项应行解审重案,就近移解辰州府核转解司。该厅照州县分限审解,该府仍照知府分限办理。

〇二十三年(1758)复准:云南鹤庆、丽江、永北、顺宁四府厅州本管境内命盗等案,由迤东道审转;景东、蒙化二厅命盗等案,由迤西道审转。该府州厅照州县例扣限,该道照知府例扣限。其五嶆、思茅、大关、鲁甸、威远、中甸等厅命盗等案,亦照州县例扣限。

〇二十五年(1760)复准:台湾承审事件,初参、复参盗案,厅县限四月解府,府连海洋程途共限四月解司,司限一月解督抚,督抚限一月咨题,统限十月完结;命案,厅县限三月解府,府连海洋程途共限三月解司,司限一月解督抚,督抚限一月咨题,统限八月完结;其抢窃等项杂案,厅县限两月解府,府连海洋程途亦限三月解司,司限一月解督抚,督抚限一月咨题,统限七月完结。其命盗重案府审后,即解巡道勘问,解司审解,督抚题咨完结。巡道审转限期,即在府审三月限内通融扣算。如有逾限不完,即照内地承审例,将迟延之员分别查参议处。

〇二十六年(1761)奏准:盛京刑部提讯人犯,同城各衙门奉文,限十五日内即行查缉送部;不同城者,除去程限外,限二十日内即传提送部;奉天府转查转提,均定限十日。如有他故,具文报部。倘有不按限期,及任意稽延袒护等情,或被邻封查缉,或别经发觉,将该衙门官员查参,照例议处。不按限送部,照事件迟延例议处;任意袒护,照匿犯不解例,降三级调用。

〇二十七年(1762)复准:距省遥远之州县解审案件,如有应行指驳之处,案情重大者,或令该管知府赴省再审,或委员会审,毋庸令原审州县官会审。其寻常指驳命盗事件,准令原审州县官赴省会审,均听督抚酌量办理。总不得发回原审州县另审,致稽时日。其州县官赴省会审之案,审明原审官并无出入者,即由附省知府审转,仍许原审知府一体列衔申详。

〇二十八年(1763)复准:承审命案内有卑幼擅杀期功尊长、属下人杀伤本管官、妻妾谋杀本夫、奴婢殴杀家长,并杀死三命、四命等案,州县官限一月内审解,其知府、直隶州、臬司、督抚各限十日审转具题。如州县官于正限届满尚未审结,即于限满之日接扣二参限期,州县限二十日,知府、直隶州、臬司、督抚仍按限十日完结。如有迟延,即照例查参,分别议处。

○又复准:各省有知府亲管地方审理事件,概照州县应得之限审解。其解司、解道,均照直隶州之例行。

○二十九年(1764)复准:民间词讼赴督抚衙门控告,发藩、臬两司审理。内有必须派员查案者,于取供后,仍由该司复加亲提研讯,定拟复详。其控告官吏之案,一经批发,即亲身勘问,定拟具详,不得复派他员代勘。其民间控司之案,亦照此办理。道、府奉到上司批发控词,无论事之巨细,均亲身勘讯,自行拟定具详,不得转委所属州县官先行审拟。其民间控府控道之案,亦照此行。如有故违,即照告状不受理律议处。律内"称诉冤枉,发原问官收问者,依告状不受理论罪",又"告状不受理,减犯人罪二等,罪止杖八十"。

○三十年(1765)奏准:官员承审事件,如余犯到案而正犯及要证未获,或盘获贼犯,究出多案,事主未经认赃,必须等候方可审拟,或因隔省行查,限内实难完结者,承问官将此等情由预行申详督抚,分别题咨展限。若正犯、要证已经到案,间有余犯未获者,即将现获之犯审究,按限完结。若承审期内遇有续获之犯到案,仍在州县分限以内者,即行一并审拟,毋庸另展限期。如到案已在州县分限以外,不能并案审拟者,将续获人犯专案另扣限四月审拟完结。如间有余犯到案,在州县分限将满者,准其扣满统限审解。如不遵定例,任意扣展限期者,除不准扣展外,已逾二参分限者,仍照二参例议处;如尚未逾违二参分限者,将任意扣展之承审官降一级调用,转详之司、道、府、直隶州等官各降一级留任,督抚罚俸一年。

○又奏准:承审官将犯人招解,遇有迟延,该督抚将该州县解府、解司程限日期,于咨题内声明,准其扣除。如有解役中途逗遛者,仍照原限日期扣除,不准将逗遛日期扣算。

○又奏准:凡盗案果有虚实情形未分、盗赃未确,限内不能完结者,许承审官声明详报咨部,展限四月。

○又奏准:凡州县承审事件,申详司、道、府州者,俱用副详申报督抚。如有驳回之件,即将驳查缘由并驳回月日开明具报。倘有苛驳索诈或捏改解到日期等弊,该督抚查明,将该上司各官题参革职。倘该督抚徇隐不参,降三级调用。

○又奏准:督抚劾参属员,请旨革审者,系道、府以上等官,于接到部文之日起,扣限两月审结;系同知以下等官,于具题之日起,亦扣限两月审结。如有迟延,照例查参。

○又奏准:凡总督参劾之员,令该巡抚审理;巡抚参劾之员,令该总督审理。其湖南、陕甘、浙江、江西、山西、广西、贵州等省督抚所参之员,即令原参该督抚自行就近审结。该布政、按察两司审转时,备详隔省督抚稽核。仍令审理之督抚,将审案移会隔省督抚,合词具题。无总督之省份,亦令巡抚自行审理。

○三十五年(1770)谕:"外省督抚,每遇应行审拟之案,动辄委员查讯,最为恶习。其在寻常案件,或可循用审转成规,若事关重大,及案涉疑难,亦复假手下僚,则瞻徇蒙蔽、颟顸了事诸弊,皆所不免,狱情何由得明?嗣后督抚于应行提审紧要案件,务须率同司、道等亲行研审,毋得仍沿委员陋习,自取咎戾。著为例。”

○又议定:各省案件,经督抚、两司派员复审,除细小事情,及原复审官所拟罪名不甚相悬者,毋庸置议外,如原问官承问不实,所拟罪名以致生死失当,经委审官究出实情,按律更正,该督抚将何官廉实驳正之处随案声明,照刑部司员之例,准其纪录一次。若该委员等因有议叙之条,附会文致,故意苛求,仍令该督抚查明题参,照上司苛驳之例议处。

○三十七年(1772)奏准:各省命案详请检验,上司屡经驳查方行批准,其实属迟延有因之案,该督抚声明报部,准其以开检之日起限。

○又奏准:承审卑幼擅杀期功尊长、属下人殴杀本管官,并妻妾谋杀本夫、奴婢殴杀家长,以及杀死三命、四命之案,如有情节中变,或经上司驳饬,不及请展,以致有逾例限,该督抚于审题时将此等情由附疏声明,吏部仍按其违限月日照例察议,并将该督抚声明限内实难完结缘由及可否免议之处声明,请旨恭候钦定。

○又复准:凡士民告官之案,以控告之日起限,统限四月。承审之员分限两月,审转之各上司分限二十日,分别题咨。如有迟延,照例议处。

○又奏准:贵州贵阳、石阡二府亲辖地方命盗等案,由粮驿道审转;黎平府亲辖地方命盗等案,由贵东道审转。该府照州县例扣限,该道照知府例扣限。其都匀、镇远、思南、思州、铜仁、安顺、兴义、大定等八府亲辖案件,径解臬司审转。至永丰州分驻册亨州同一员,定番州分驻罗斛、大塘州判二员,普安州分驻黄草坝州判一员,所辖地方命盗案件,准其验勘通报,其人犯仍解各州承审招解。如有验报不实,将州同、州判议处;承审迟延,将该州议处。

○四十二年(1777)谕:“刑部题复直隶省毛成问拟斩决,已依议行矣。而承审之知州,以会审检验、办差公出更易三任,辗转稽诛,殊属非是。此等淫恶之徒,一经就获,自应速行审办,早正刑诛,俾凶顽知所惩儆,死者得以申冤,方合辟以止辟之义。乃迟至两年,始行审结。设该犯有监毙、自戕等事,转得幸避显戮。即此可见外省吏治废弛,积习相沿,于地方紧要案件,全不依限速办,为上司者又不实力督催。至扣限时,辄以会审办差纷纷借口,尚复成何政体?况州县既有本任应审要件,即不应复差委会审别县之案,以致反迟其应审之本案也。督抚等何漫不经心若此!嗣后各省审办重犯案件,尤须上紧审转,依限题结,不得托故稽迟。倘有仍似此迟滞者,定将该管上司交部从重议处。”

○四十四年(1779)复准:奉天十二州县、熊岳等处地方,凡遇旗民交涉命盗等案,属州县界内者,令州县承审;属同知、通判界内者,令同知、通判承审。遇有旗民应用刑讯之处,仍行刑讯,毋庸旗员会审。于讯明定拟之后,旗人笞、杖等罪,移旗发落;徒罪以上,呈送盛京刑部核夺辨理。其旗人笞、杖等罪不移旗发落者,照违令公罪律,罚俸九月。

○四十七年(1782)奏准:州县自理户婚、田土等项案件,定限二十日完结,仍设立号簿,开明已未完结缘由,该管府州按月提取号簿查核督催,该道分巡所至,将该州县每月已结、未结若干件摘取简明一单,行知该州县勒限完结续报,并将一单移知两司,申详督抚查核。如有违限不行审结者,照事件迟延例分别议处。号簿内有将自理词讼遗漏,未经造入者,罚俸三月;案由蒙混填注者,降一级调用。系有心弊混,匿不造入号簿,或未结捏报已结者,革职。府州查出揭参者,免其议处。如不行查揭,州县应降调者,府州降一级留任;州县应革职者,府州降三级调用。巡道开报不实,罚俸六月;不随时查催者,降二级调用;查出弊混捏报,不申详督抚者,降三级调用。至上司批审事件,即责成批审之上司,凡有已违一月之限,催提不复者,即指案移司,详报督抚查参。

○五十二年(1787)题准:凡照盗案开参承缉处分者,审限俱照盗案例行。

○又奏准:承审州县于二参限内审解完结命案,并计初参历限已在七月以上盗案,并计初参历限已在五月以上者,降一级留任。

○五十五年(1790)奏准:原问官审断未当,或犯供翻易,该上司或另委贤员,或委员会同原问官审理,俱扣限一月,该管各上司亦统限一月核转具题,总以两月完结。

○又奏准:督抚、臬司应行提省审办紧要案件,以集齐人犯到省之日起限,一月完结。

○嘉庆四年(1799)奏准:各省命盗案件,州县官讳匿不报,及不知情不行申报,仍照旧例办理外,至已据事主呈报,未即通详,因卸事移交后任,其诣验诣勘至卸事移交之日在十日以内者,免其议处;其迟延十日以外未及一月者,州县官降一级留任,该管府州罚俸六月;一月以上至二月以上未及三月者,州县官降二级留任,该管府州罚俸九月;三月以上者,州县官降一级调用,该管府州罚俸一年;四五月以上者,州县官降二级调用;该管府州降一级留任;半年以上者,州县官降三级调用,该管府州降二级留任;一年以上者,州县官照讳命讳盗例革职,该管府州照失察讳命讳盗本例议处。其准前官移交,未即通详,因卸事移交后任者,亦照此例议处。如迟至获犯后自行通详,及准前官移交,迟至获犯后自行通详者,均照事件迟延例议处。前官获犯未及通详,移交后任详报者,与未获犯者有间,亦应照事件迟延例议处。

○五年(1800)奏准:官员承审案件,寻常命案统限六月;盗劫及情重命案、系斩绞立决命案。钦部一切杂案,俱统限四月完结;俱以人、文到案之日起限。奉文查审事件,以州县奉文之日起限。如四月限者,州县两月解府州,府州二十日解司,司二十日解督抚,督抚二十日咨题;六月限者,州县三月解府州,府州一月解司,司一月解督抚,督抚一月咨题。如有迟延,逾限不及一月者,罚俸三月;逾限一月以上者,罚俸一年。承审州县至初参统限将满,始行审解,以致上司于正限外核转,即扣算违限日期,将州县官议处。系上司核转迟延,即将上司议处。

○又奏准:承审二参限期,即于初参统限届满之日起再限四月完结,令州县两月解府州,府州二十日解司,司二十日解督抚,督抚二十日题咨。如再逾分限不能完结,系何官迟延,该督抚即将何官易结不结之处查参革职,不得于完结之后附参。府州自行揭报者免议;未经揭报者,降三级调用。知府、直隶州自理案件逾违二参,将督催之道员亦照知府例行初参、二参。该督抚将州县、府、司审转、核转日期于咨题文内一一声明,以凭核议。

○又奏准:州县官承审案件,如有案内正犯或紧要证佐患病,承审官即将患病月日具文通报督抚,该督抚即具文报部存案,准其展限一月。至府州、司、道审转时,或遇犯证患病,亦一例详报,准其扣除,亦不得过一月之限。如承审官及审转之府州、司、道捏报犯病,希图扣限者,将该员及各上司均照任意扣展之例议处。

○八年(1803)谕:"嗣后各督抚当严饬属员,于地方词讼申详事件,务须依限审结,不得迟逾。即自理词讼,亦须迅速完结。设有久延不结之案,在本省上控,该督抚等尤当迅速催结,将延玩之地方官照例参处。倘督抚狃于积习,仍不秉公查办,任意延宕,以致小民抱屈含冤,远来呈诉,审明后,必将该上司一并严惩,不稍姑贷。"

○又谕:"恭查乾隆四十九年(1784)钦奉皇考高宗纯皇帝谕旨:'各省民间词讼,经州县审断,复赴上司衙门控告者,该督抚、司道等往往仍批交原审之府州县审办,在该府州县心存回护,断不肯自翻前案,即派委邻近之府州县会办,亦不免官官相护。嗣后如有赴上司衙门控告者,该督抚即应亲提人证、卷宗至省秉公审办。设道路遥远,人证较多,恐致拖累,通省内岂无公正明干之道府大员?即当遴委前往研讯,毋枉毋纵,庶民情各得其平。'仰见圣训谆谆,勤恤民隐至意,允宜实力遵行。向来督抚寻常奏参各案,督参抚审、抚参督审,因其迹涉嫌疑,令原参者回避,立议綦严。至各省民间词讼,经州县审断不公,复赴上司衙门控告者,各督抚亦应令原审之州县回避,或亲提研鞫,或派员审办,方足以昭雪民冤。乃各督抚日久怠生,往往于上控之案,仍发交原审各员讯究。该州县心存回护,断不肯自翻前案,以致百姓抱屈莫伸,纷纷赴京呈控。朕亦常特派大员驰往查审,以期务得确情。督抚等皆系简任大员,于地方事务自应仰体朕怀,周察民情,不令少有屈抑。嗣后各省案件,如有离省较近地方赴上司衙门控告者,即着督抚提齐人卷至省,亲率藩、臬秉公审讯。其犯证较多、距省遥远,未便亲提者,若令邻近州县前往究办,或彼此袒护,亦不足恃,当于隔属道府内,择其公明干练者派委办理,庶可以杜瞻徇之弊,而小民等亦不致冤抑难伸。特此再行申谕,各督抚等务宜遵皇考圣训及朕之旨办理。倘仍沿恶习,犹将控案发交原审官员,或经朕察出,或被人参劾,必当惩治不贷。"

○九年(1804)议准:委审案件,原审官尚未招解者,无论六个月、四个月之限,委审官俱照接审官扣限之例。如承审官未及一月,经上司提省委审者,委审官准其按审过日期扣展;历限一月以上者,委审官准其展限一月;历限过半者,委审官准其照承审官分限扣半加展;承审官已逾分限,委审官以委审之日起,无论四个月、六个月事件,俱扣统限四个月审结。

○十二年(1807)谕:"求治以勤政为本。朕亲政以来,钦遵皇考高宗纯皇帝圣训,宵旰励精,兢兢业业,不敢一事怠缓,不敢一念自宽,以是日理万几,尚无丛脞。即在京大小臣工,经朕时时训诲,亦尚能仰体朕心,于一切事务不敢迟玩积压。朕犹恐日久玩惕,提撕儆觉,弗懈益虔,曾亲制勤政殿记勤政箴,以之自勖,兼勖励臣下,曾经颁发各省大吏,一体懔遵。乃外省习气,督抚等养尊处优,不思勤以率属。其初到任时,亦往往以清理积案为言。迨在任既久,仍复狃于积习,相率效尤。所谓纸上谈兵,何益于事!以致属员等罔知儆惕,任意废弛,于地方事件毫不介意,案件积压,狱讼滋繁,小民等冤屈莫伸,讦告愈炽。是以赴京控案,近更累累。阘冗因循,莫此为甚。即如本日金光悌奏到该抚到江西后,巡抚衙门未结词讼即有六百九十五起,藩司衙门未结者有二百六十八起,臬司衙门未结者有五百八十二起,盐、粮各巡道未结者有六十五起。试思省城附近已有一千六百余起未结之案,则其余府、厅、州、县未结词讼,当有若干?殆不下万余起。似此案悬不结,拖累日多,无怪小民等冤案莫伸,而健讼刁翻技俩,抑且因此滋长也。巡抚、两司大员,受朕委任,今吏治疲玩若此,不可不示以惩儆。该省巡抚内除景安、温承惠、张师诚等,或未经到任,或到任未久,毋庸交议外,秦承恩在该省巡抚任内最久,先福久任藩司,又屡护巡抚,此等积案繁多,伊二人无可辞咎,均着交部议处。其臬司任内系属何人最久,积案最多,并着金光悌查明奏闻,一并议处。所有江西省积案,着即照金光悌所请,在于省城设立总局,督同藩、臬两司,遴派明干委员,赶紧清查,分别核办,勒限完结,毋再逾缓。其另片所称,向来学政衙门发审事件,各属因无所稽查,均各任意延搁等语,亦系实在情弊。并着照该抚所请,凡有在学政衙门控告事件,一面批发,一面咨会督抚衙门,仍令该府、厅、州、县等,于奉到批词及审结后,随时详报院司,认真查核。至江西一省如此,其余各省情形大率相同。各督抚屡经朕训诫谆谆,岂得仍前泄泄?着各将自理及批发词讼,一一清厘审结,不许再有积压。每督抚莅任伊始,即将该省未结之案通行详细查明,究有若干起,一面设法赶办,及早清厘,据实具奏,以便酌核办理。但该督抚等,又不可因江西省现因查出积案太多,各罹处分,遂不核实奏明,以多报少,更蹈欺饰重咎。"

○又谕:"嗣后凡人命重案,有经呈控到案,复由上司批委提讯者,若不亲为审理,迟延至半年以上,即着实降三级调用,毋庸查级议抵。内阁进本时,亦毋庸票拟双签。著为令。"

○又奏准:各省督抚、司道各衙门,遇有自理及批发词讼案件,如有迟延,除仅止一二案,或在任不及一月者,免其议处。自三案以上至十案者,罚俸一年;自十一案至五十案者,降一级留任;自五十一案以上至数百案者,降二级调用。

○十三年(1808)谕:“近来外省地方官办理词讼,率多怠缓因循,甚至于命盗案件,有压搁数年,拖延不办者,即如本日安徽巡抚董教增参奏前署蒙城县知县张象鼎,及接任知县雷长春,于县民宋子康呈报被劫一案,既经拿获案犯,是劫是抢,均应研讯确情,迅速究办。乃自嘉庆十年(1805)十月中,经事主呈报,至今延搁三年,押毙四命,并不据实详报。试思此押毙四人,如果系强劫盗犯,仅听其在押病毙,则要犯转得幸逃显戮;倘止系寻常行窃,该犯等均罪不至死,岂非滥行拖毙?若竟系平人,则无辜更多冤抑。且在押病毙之人,均未据该县验报,更难保无刑拷致毙别情,不可不严切讯究。除前署蒙城县知县张象鼎,业于另案革职外,现任蒙城县知县委解川饷之雷长春,亦着革职,交该抚委员迎提,并提同张象鼎及案内有名人证,严审定拟具奏。该抚到任已久,并未早行查办,且事阅三年,前任巡抚及护抚等,均未能访查参奏,可见外省地方事件,似此疲玩耽延者,正复不少。着再通谕各督抚,务宜督率属员,恪勤供职,遇有案件,随时速办,力挽颓风,毋任稍有积压废弛,致干咎戾。”

○十五年(1810)谕:“向来州县审理词讼,无论案情大小,定例俱有限期。近日各省不能实力奉行,州县承审大案,于通详时报有起限日期,尚知虑干参处,不敢迟延。其自理词讼,多不详报起限,往往任意延搁。嗣后各省州县自理词讼,将所收呈词,每月造报该管道府,按例起限。其前报各案,已结未结,俱于续报册内,陆续声明,即责成道府依限督催,于年底具结申报藩、臬两司查核。如州县延搁案件,及该管道府有纵容徇庇等情,即当据实严参,以示惩儆。”

○道光十年(1830)谕:“嗣后着各该督抚、府尹,均将京控咨交逾限未结之案,每届半年汇奏请旨,交部议处一次,以归划一,俾承办各员咸知儆畏。至向例承审迟延,与提解迟延处分,轻重悬殊,并着各该督抚、府尹,嗣后每届半年汇奏之期,确切查明。如系承审迟延,即行据实指参,不得概以提解迟延为词,致启避重就轻情弊。”

○又谕:“嗣后一切控案,着该抚督司清厘严催审解。如实系未能依限完结者,方准照例咨部展限。其余命盗控案,分别按限查参,概不准详咨展限,以杜挪延而清庶狱。”

○咸丰五年(1855)奏准:地方官承审命盗等案,如必须提盗、提赃,及关提事主、人证者,务于承审分限以内切实声明,由该督抚照例咨部展限。如分限内并未咨部展限,而承审逾限者,仍查照本例分别初参、二参议处。

○六年(1856)奏准:督抚承审亏空案件,应自题参出本后,提齐人证之日起,扣限四个月完结。如有迟延,逾限不及一月者,罚俸六月;一月以上者,罚俸二年;半年以上者,降一级留任;一年以上者,降一级调用。接任之员,自到任之日起,亦照此办理。至亏空之员,即以定案之日,起限勒追。

○同治四年(1865)奏准:京控案件,督抚关提人证,地方官除去程途例限,尚未解到,督抚即将该地方官先行奏参,照违令公罪律,罚俸九月,仍严饬催提。俟拿解到日,或咨复到日,再按其逾限月日议处。迟延不及一月者,罚俸一年;一月以上者,降一级调用;半年以上者,降三级调用。如有正犯潜逃、要证外出,仍令确切查明,取具族邻甘结,加具印结,详报上司备案,仍一面查明该犯、证等现在何处,关提归案审办,总不得逾半年之限。倘有捏报正犯潜逃、要证外出者,即照不应重私罪律降三级调用,毋庸查级纪议抵。如该督抚扶同捏饰,即照徇庇例,降三级调用。或承审迟延,诿之提解迟延者,即照规避例革职。

# 卷一百二十三·吏部一百七

## 处分例 官员断狱不当

### 官员断狱不当

〇康熙九年(1670)题准:凡官员将承问人犯,以应拟斩绞人犯而错拟凌迟,应秋后处决人犯而错拟立决者,府州县官降一级调用,司道罚俸一年,督抚罚俸六月;如将应拟军流等人犯错拟凌迟者,府州县官降四级调用,司道降二级调用,督抚降一级调用;如将军流等罪错拟斩绞者,府州县官降三级调用,司道降二级调用,督抚降一级留任;如将应绞人犯拟斩,及将军流等罪以下错拟失入者,令该部改正,承问官免议;如错拟已决者,承问官革职,司道降四级调用,督抚降三级调用。如将无罪之人拟决者,亦照此处分。其初审、复审官员曾经定罪者,总一概处分。乾隆二十年(1755)议准:以上承问失入各官,不论已决未决,例应降调者,任内虽有加级纪录,俱不准抵销。嘉庆五年(1800)议准:如将应拟徒杖以下及无罪之人,错拟军流者,府州县官降一级留任,司道罚俸一年,督抚罚俸六月。错拟失入徒杖以下者,免议。若承问官将应凌迟人犯错拟斩绞者,府州县官降一级调用,督抚、司道皆罚俸一年;如将应立决人犯拟为秋后处决者,府州县官罚俸一年,司道罚俸六月,督抚罚俸三月;如将应凌迟人犯错拟军流等罪者,府州县官降二级调用,司道降一级调用,督抚降一级留任;如将应拟斩绞人犯错拟军流等罪者,府州县官降一级调用,司道罚俸一年,督抚罚俸六月;如将军流等犯错拟徒杖笞罪者,府州县官罚俸一年,司道罚俸六月,督抚罚俸三月。如将有罪人犯不议罪竟免者,亦照此定罪之轻重处分。其将应斩人犯拟绞,及军流等罪以下错拟失出者,令该部改正,承问官皆免议。

〇又议准:官员承审反叛人犯,未经审出实情,后经别官审出者,将未经审出各官革职,转详之司道降四级调用,未经查出之督抚降一级调用。若将应取紧要口供不行取供者,承问官降二级调用,转详之司道降一级调用,督抚罚俸一年。嘉庆五年(1800)奏准:凌迟人犯,未经审出实情者,承问官降二级调用,司道降一级调用,督抚罚俸一年。若将应取紧要口供不行取供者,承问官降一级留任,司道罚俸一年,督抚罚俸六月。如将斩绞人犯,未经审出实情,后经别官审出者,将未经审出各官降一级调用,转详之司道罚俸一年,未经查出之督抚罚俸六月。若将应取紧要口供不行取供者,承问官罚俸一年,司道罚俸六月,督抚罚俸三月。如将军流等犯,未经审出实情,后经别官审出者,将未经审出各官罚俸一年,司道罚俸六月,督抚罚俸三月。如将应取紧要口供不行取供者,承问官罚俸六月,司道罚俸三月。嘉庆五年(1800)奏准:督抚免议。徒杖以下,均免议。

○又题准:督抚将应行赦免之斩绞人犯,不与援免者,降一级调用。如将不应赦免之斩绞人犯援免者,罚俸一年。将应行赦免之军流等犯,不与援免者,罚俸一年。如将不应赦免之军流等犯援免者,罚俸六月。至官员承问婪赃员役,因遇赦竟不提质,即行完结者,罚俸一年,转详之司道罚俸六月,督抚罚俸三月。

○又题准:承问官错拟罪名,其正犯之罪应与赦免者,将承问官免议。

○又题准:督抚将重犯引律具题,或拟重,或拟轻,曾经三法司两议具题者,将督抚并承问官皆免议。

○又题准:官员拟罪,将不应折赎之人违例折赎,或将应折赎之人不行折赎者,罚俸六月。

○又题准:官员承问婪赃人犯,将原参赃银不行审出,复经别官审出,或本官审出之赃无几,又经别员审出多于前数者,将未经审出之府州县官降三级调用,转详之司道降二级调用,督抚降一级留任。如系督抚题参,其该督抚免议。嘉庆五年(1800)奏准:罪名有关出入者,照不能审出实情例议处;罪无出入者,照不取紧要口供例议处。如将审出赃银私自删改者,革职。

○十四年(1675)奏准:官员承问事件,或将应追赔赃银未断追赔,应给原主银失断给原主者,罚俸一年,转详之上司罚俸六月。

○又奏准:官员将应减等人犯遗漏,未经减等者,罚俸一年,转详之司道罚俸六月,督抚罚俸三月。

○又议准:官员将良民审为逃人,将奴仆错断为主,并以良家子断为奴仆者,或将应革应降之人不议革降者,皆罚俸一年。若将应承受家产之人不与承受,不应承受之人错断承受者,或将不应革降之人错拟革降者,皆罚俸六月。若将未革职之官即拟杖罪折赎等事,并不叙供者,皆罚俸两月。

○又奏准:佐贰等官,凡词讼不许准理。如正印官批行事件,方许审理。如佐贰等官擅准词状,降一级调用。正印官不行揭报,罚俸一年。如印官将地方词讼不行亲审,曲徇情面,批发佐杂者,将印官照徇庇例,降三级调用。该管各上司不行揭报,降一级留任;督抚不行参奏,罚俸一年。再佐杂等官,凡巡儆捕盗,以及仓库、驿站、水利等项,其职分各有专司,如系伊专管之事,应行查勘者,亦准印官批行办理,仍令不时稽察。或有营私差扰等弊,立即揭报,该督抚参革,照律治罪。若印官不行查参,亦照前定例议处。嘉庆五年(1900)奏准:或因滥批致毙人命者,印官革职。该管府州不查出揭报,降三级调用;不详报题参之司道、督抚,均降一级调用。至或正印官公出,及不同城之佐杂遇有窃盗、赌博等事,许佐杂等拘拿,随即解送印官审理。如迟延不行解送者,照解犯迟延例,罚俸一年。如有滥差需索苦累情事,正印官立即揭报,照佐贰官借捕扰民例分别议处。乾隆三十年(1765)奏准:借捕扰民,未经致死者,降三级调用;已经致死者,革职。并失察之上司,俱照例议处。

○又奏准:官员审事时,容有罪之举人等坐审者,罚俸一年。

○二十二年(1683)议准:督抚纠参贪婪官员,务将所得实赃年月、家人衙役确注题参。倘督抚不行据实纠参,及纠参后不行据实审明,仍照赃银未经审出例处分。至承问官有将赃银挪移赦前后者,照赃银私自删改例革职。

○二十五年(1686)议准:大小衙门问刑官员,将刑狱供招不行速结,无故迟延者,将承审官革职。无故将平人久禁囹圄者,亦革职。因而致死,及故勘致死者,革职,交部治罪。其改造口供,故行出入者,将承审官革职。拟以死罪,已决者革职,交刑部治罪。其草率定案,证据无凭,枉坐人罪者,将承审官革职。

○三十六年(1697)议准:承审各官,一应供招不许擅自删改。其初取之供,亦宜详载揭帖。若承问官增减原供,臬司依样转详,督抚不行核参,蒙混具题者,各照例分别议处。

○三十七年(1698)复准:州县官之事,其易结难结,督抚知之最确。若不令督抚注明,不分易结难结,一遇违限之事,人人有革职之惧。嗣后令督抚将易结不结情由,详确注明题参,照例议处。如督抚将易结之事,以为难结,不行注明,蒙混题参者,或经部察出易结不结情由,将该督抚照徇庇例处分。

○三十九年(1700)题准:各省捕役诬良为盗之案,经该管官复加研审,自行究出,未经致死者,免议;致死者,降二级留任。至盗赃诬良,承审各官,初次不能确审实情,经上司驳饬,自行改正,或被上司审出实情改正,如已经致死者,将承审之州县官降一级留任;未经致死者,罚俸一年。道府不能详察,据招率转,经司驳饬,始行改正,或被上司审出实情改正,如已经致死者,罚俸一年;未经致死者,罚俸九月。按察使不细心严鞫,经督抚驳饬,始行改正,或被审出实情改正,如已经致死者,罚俸九月;未经致死者,罚俸六月。其不行查出具题之督抚,经部驳始行改正,如已经致死者,罚俸六月;未经致死者,罚俸三月。若州县官膜视悠忽,或经上司驳饬至再,始行改正,或被上司审出实情,如已经致死者,将承审之州县官降二级调用;未经致死者,降一级调用。道府不能详察,据详率转,经司再驳,始行改正,或被上司审出实情,如已经致死者,降一级调用;未经致死者,降一级留任。按察使不细心严鞫,经督抚再驳,始行改正,或被审出实情,如已经致死者,降一级留任;未经致死者,罚俸一年。不行查出具题之督抚,经部再驳,始行改正,如已经致死者,罚俸一年;未经致死者,罚俸六月。若州县官自行审出,与饬驳之上司,皆照例免议。

○五十二年(1713)议准:凡违限初参各官,援赦免议,内有例限又满,仍未审结,又应题参,其初参之案,既经援免,其复参者,应照初参例处分。若未经遇赦免议之初参各官,以迟延复参者,仍照复参之例议处。

○雍正元年(1723)议准:刑部现审事件,其承审司分,惟该司之满、汉司官承审,该司之笔帖式与书办登记口供。若容别司司官与笔帖式过司同坐,阳为闲听,当面递话,暗拨供情者,将别司司官、笔帖式,并容隐之承审司官,皆照纵容外人入狱走泄事情律议处。各司审理事件,有应提审之人,回堂提取,审明后即回堂释放。若情罪果有关系,唤同司狱到堂回明,方准收禁。若有擅行拿禁释放,竟不回堂者,查出,将滥行送监之司官,并听从收禁之司狱,皆照应申上而不申上律议处。

〇又奉旨:“部驳事件,督抚每固执原题登答具奏,一经驳回,往返迟误数月,干连人等,多至受累。嗣后部内应驳事件,督抚若仍固执原题具奏,部内即将督抚一并议处奏闻。如不应驳事件,而部内故求疵隙题驳,该督抚将不应驳情由奏闻。”

〇三年(1725)议准:凡谋叛、谋反之罪,照律连坐、籍没,其余情罪详载律内,皆应照律拟议,不得存心陷害,借言情罪重大,诬指朋党,妄议株连父母兄弟妻子,籍没家产。若承审官于本罪外捏造此等言语,株连父母兄弟妻子,籍没家产者,即照故入人死罪律治罪。

〇又奏准:凡督抚具题事件,内有情罪不协、律例不符之处,部驳再审,该督抚虚心按照律例改正具题,将从前承审舛错之处,免其议处。若驳至第三次,督抚不酌量情罪改正,仍执原拟具题,部院复核其应改正者,即行改正,将承审各官、该督抚皆照失出失入例分别议处。

〇又奏准:凡将死罪人犯错拟军、流等罪,军、流等罪错拟死罪者,将承审错拟官员,仍照例议处。至军、流等罪以下错拟者,该部即行改正,概免纠参。

〇又奏准:承问官审理事件错拟罪名,不拘犯人之罪,其错拟官员,遇赦者应免议。

〇又奏准:凡遇各省特差恤刑之时,有审豁者,原问官皆免追究。

〇四年(1726)议定:承审命盗各官,如有误定重罪,草菅人命,被接任官审出实情者,将草菅人命官革职,永不叙用。审出实情官加一级。

〇七年(1729)议准:顺天府所属州县一切命盗事件定案后,即解该管同知复审,加看转司。如有扶同出入,照知府例议处。

〇又议准:有司官谳狱时,用招房书吏照供录写,将所录供辞当堂读与双方共听。果与所供无异,方令画供,该有司即将供辞带入内衙,亲自定稿,传唤经承缮写,不许携至外廊。倘各该有司,将所录供辞,不带入内衙亲自定稿,以致书吏得增删改易者,许被害人首告,该督抚即行题参,将该有司照承问官失入失出例分别议处。至凡供招内,如字样不合者,承问官须照依文义改正,仍将改正之处声明。若有混行书写,不即改正者,承问官皆罚俸一年,督抚罚俸六月。

〇又议准:刑部各司审事时,应令司务厅严行禁止家人衙役,毋许肆詈罪人,恐吓索钱。如有此等事发,该管官照失察衙役例处分,家人之主照约束不严例处分。

〇十二年(1734)复准:凡会审事件,如有偏袒、迟延等弊,许其通揭上司会参。约期不到者,照推诿例罚俸一年;偏袒不公者,照徇情例,降二级调用;将事件迟延不结者,照事件迟延违限日期分别议处。

○十三年(1735)议准:兵丁为窃,承审之文员将兵作民,代为开脱,照徇情例,降二级调用。

○又复准:官员承审赌博人犯,如已供出造卖之人,该地方官希图规避,失察蒙混结案者,或经上司查出,或经别官审明,将承审之员,照失察制造赌具例革职。如系该犯狡辞支饰,不将造卖之人据实供出,承审之员亦不根究实情,后经查出,审明原承审官并无规避失察情事,仍照不能审出实情例,按罪犯分别议处。

○又复准:衙役犯赃,内除致死人命,赃至满贯,罪应论死者,仍按律例定拟外,如有索诈贫民,致令卖鬻男女者,即十两以下,亦照衙门蠹役恐吓诈赃例治罪。至承审官将索诈实情审出,故为更改,避重就轻,将承审官照徇庇例议处。

○又复准:各衙门承审案件,除律例内应行提取妇女收禁,照例提讯,其余小事牵连妇女,应提子侄兄弟代审。至如遇亏空追赔、搜检家产杂犯等案,一概不许提审妇女,永行禁止。倘官员阳奉阴违,侮辱妇女,或经告发,或经各该上司觉察,照违制律治罪。倘各该上司有徇庇及失察等情,一经发觉,并将各该上司分别议处。

○乾隆三年(1738)复准:凡有赃赎银,无论内结外结,饬令该地方官先期出示,将应纳数目明白晓谕,令各犯照数交纳。如有胥役人等,借端苛索分肥者,将胥役人等照律分别治罪。该管官知情故纵,照纵役贪赃例革职;若失于觉察,照失察衙役犯赃例分别议处。

○四年(1739)复准:官员失察捕役诬窃为盗,及将曾经犯窃之人,指为现在强窃盗犯者,承审官自行查出,已经致死者,将承审之州县官降一级留任;未经致死者,免议。

○五年(1740)奏准:州县官将应审理事件,不即审究,以致酿成人命,降二级调用;如不即审究,以致迟延者,照事件迟延例议处。

○又奏准:凡承问各官,如徇私枉法,颠倒是非,故出故入,情弊显然者,仍行指名参处。至于官员审理案件,有情罪不协,律例不符,失出失入,经上司查明,驳令再审,承审官虚心按律例改正,免其纠参。若承审错误之员,已经缘事离任,无从改正,后官遵驳,定期改正,或案件尚未招解离任,经后官审出者,令该督抚于咨题内声明,将从前之承审官一例免议。若上司饬驳之后,承审官实系错误,固执原拟具详,经上司委别员审出改正,或案件已经题咨完结后,经查出者,仍照失出失入例议处。如委员逢迎迁就,互有出入,后经发觉,亦照例议处。

○六年(1741)议准:凡地方呈词,未经在下控告,辄赴院、司、道、府控告者,不得滥准。如院、司、道、府滥行准理,照上司违例受理例议处。

○七年(1742)奏准:问刑官员审理案件,须确引一定律例,按照正律、正例拟断。其有既引定例,而又云不便照此律此例治罪,而更议长其罪,及律例本有正条,问刑之官不引正律、正例,深刻定罪者,该部即行改正,引律例定罪,将更定重罪之员,依故入律定拟。

○又题准:凡斩绞重犯,如有以次成丁而称为无,捏报留养者,该管官不行查明,遽出印结,将出结之官,降三级调用;转报之上司,降一级留任;督抚罚俸一年。若地方官出结后,上司复令查出,或原官查出据实首送,准照检举定例办理。

○十五年(1750)复准:凡上司委官复审事件,如审出原问官有徇私枉法、颠倒是非、故出故入等弊,仍照定例处分外,其有供情疏漏,或援引拘泥,实出无心之误,后经委员改正者,照审处错误例,罚俸一年。

○十九年(1754)复准:凡官员被参革职发审者,审系全虚,该督抚并该衙门于本内声明,照例准其开复,不得称已经革职毋庸议完结。如革职发审之员,有别案降革者,本案审虚,止将审虚之案开复,其别案降革,不得概予开复。如革职发审之员,有别案革职留任、降级留任及罚俸案件者,本案审虚,亦将审虚之案开复,照例于补官日仍将从前降革留任、罚俸之案,俱带于新任。至原参重罪审虚,而该员尚有笞杖轻罪,例应降级、罚俸者,亦令本内声明,将该员原参革职之案,准其开复,按其所犯轻罪,应降级者降级,应罚俸者罚俸,照例分别议处。其审案内事属因公,照坐赃致罪律定拟;并非入已者,由刑部核明,如系革职外之余罪,刑部即照律办理。若罪止杖笞,不至革职者,将原参革职之案,送吏部开复,仍按其所犯轻罪,分别议处。

○二十二年(1757)议定:内外衙门一应事件,俱应按例发落,不许罚取纸札笔墨、银朱器皿、钱谷银两等项,违者计赃论罪。若民间词讼案件,所犯之罪本轻,酌量示罚,以充地方桥道等工之用,亦须详报奏明,不许擅自批结。其所罚银两并米谷等项,总计数在百两以内,地方官不详明上司擅罚者,降一级调用;如已报上司,遽行批准,不行奏明,亦降一级调用。数在百两以上,地方官不详明上司擅罚者,降三级调用;如上司遽行批准,不行奏明,亦降三级调用。

○又复准:凡州县带印公出,将详委代行之员,一并声明具报。一切地方事件,据报到案,即行拘提,分别保、押,候印官回署之日审办。倘不行查究,致成人命,该督抚即将代行之员,照州县例参处。其有并不解送,及需索苦累情事,照佐杂分驻之例参处。

○二十四年(1759)谕:"嗣后各省督抚等参劾属员,务在虚公持正,悉心体访,固不得姑息示恩,亦岂容挟嫌诬奏。倘有所参重款,一加审讯,全属子虚者,将原参之人,作何议处?至审案已结,该员例得开复,而督抚不为题请,应准本人赴部告理。如所控不实,即治以虚捏之罪。若承审之员,或因原参已经去任,有意为之开脱,或回护原参,及捋扯一二轻款以实之,亦应分别议处,以示惩创。着该部妥议具奏。钦此。"遵旨议定:督抚参劾属员,如所参重款审属全虚者,是其挟嫌诬奏,有忝封疆大臣之职,应将该督抚革职;系司、道、府等官挟嫌诬报者,将诬报官革职。至审案已结,事经昭雪,例得于本内声明,准其开复。或原参罪重审虚,而该员尚有轻罪,例应降级、罚俸者,亦应于本内声明,将原参革职之案,准其开复,按其所犯轻罪,分别议处。倘拘牵斥驳,不为题请,准本人赴部告理。经部查核得实,除将本人照例题请开复外,将该督抚降二级调用;系承审官不详请开复者,将承审官降二级调用。如所控虚捏不实,将本人交刑部照例治罪。其或承审之员,因原参上司已经去任,有意审虚,使参员幸图开复,或原参重罪全属虚罔,承审官回护原参,不行审雪,有心锻炼者,俱革职;并有重款虽已审虚,捋扯一二轻款以实之,代原参掩饰者,降二级调用。

○二十八年(1763)谕:"地方文武,均有缉匪之责。乃州县捕役中之狡猾者,平时以豢贼为故智,或经弁兵首先躧获,既不利于已,而有司等亦以非获自捕役,未免心存畛域,辄于送审之时,任其狡展,巧为开脱。外省积习相沿,已非一日。若遇有翻供之案,令州县官移询原获弁兵,据实确讯,诡计自无可施,而营伍缉捕责成更专,于民生殊有裨益。"

○又复准:佐杂等官,查出窝赌、窝娼、窝贼等事实据,准移送印官查缉,按法究处。倘并无指实,凭空将某家赌娼等事,以访闻移送印官者,革职究审。有诈赃情事者,治罪。倘印官审出诬害,而代为含糊掩饰,私自了结者,将印官降三级调用。

○三十年(1765)奏准:州县原谳情罪,果与律例吻合,上司混驳,许承审官抄录原审供册,并批驳案件,直揭三法司、刑科。查核是实,将混驳之上司照例议处。如上司批驳允当,州县官固执原拟,混行直揭三法司、刑科者,革职治罪。

○又奏准:凡官员亏空事发,承问官借称修理城池等项,审作挪移者,降二级调用。

○又奏准:案内有名人犯,不候结案回原籍者,承问官罚俸六月。若现任官、候补官不候问结,即行回去者,亦照此例议处。

○又奏准:各省臬司,毋得将州县招详,删改增减。如有借简招、妥招之名,故为删改,又令将改本缴销者,将该臬司革职。承审各官一任臬司删改,扶同改复者,查出亦革职。

○三十五年(1770)奏准:凡州县自理赎锾,岁底造册申报按察司;布按自理赎锾,岁底造报督抚;督抚岁底汇造清册,题报刑部查核。如有以多报少,及隐匿不报者,督抚参奏,以贪赃治罪。如遗漏未经造报,并无侵蚀情弊者,该督抚查参到日,照造册遗漏例,罚俸三月。

○又奏准:地方官遇有行查命盗等案内犯人紧要口供,无故不速行关复,以致重案不能完结者,革职。其余寻常事件,不按限关复者,照钦部事件迟延例分别议处。

○又奏准:盗犯限满无获,州县官将别案盗犯作为本案盗犯,或将邻邑所获别案盗犯嘱令作为本案盗犯者,捏报及嘱托之州县官俱革职。道府等官不行揭报,降三级调用。如系捕役串通盗犯,教供妄认,州县官不将串通情由审出者,罚俸一年。至盗犯初获到案时,即讯明曾经行劫某处、同伙几人、共劫几次。审拟定案以后,不许听其任意狡供。倘续获之盗,另有供出之案,仍应行查,亦以初供为主。如有不肖州县,贿买盗供,辗转行查,希图销案者,照易结不结例革职。

○三十六年(1771)奏准:官员审理盗案,如将诬拿妄扳人犯,并不虚衷研鞫,混以刑逼招认妄供者,革职。

○又奏准:地方官于人犯到案,一有拷逼痕据,即将差役照例治罪。若不行查验,别经发觉,降三级调用。

○又复准:凡州县等官,遇有民间一应词讼细事,如田亩之界址沟洫,及亲属之远近亲疏,许令乡约、地保呈报,地方官据复核明,亲加剖断。如不行亲审,批令乡约、地保处理完结者,罚俸一年。至一应命盗案内紧要情节,及重大事件,滥批乡约、地保查复者,降三级调用。

○又奏准:地方官于窃贼诬扳之案,不将情由详报加等治罪者,系故出,照律办理;系失出,照失出例议处。

○又奏准:凡窃盗三犯曾经刺字者,如州县官不依律究拟,从轻发落完结者,照失出例议处。其不照赃究拟者,亦照失出例议处。至承审窃犯,不依律刺字者,罚俸一年。

○又奏准:有因地方被盗,希图销案,删改供招,督抚严查题参,照删改供招例革职。上司不行题参,降三级调用。如上司审出改供情由,审出不即改拟者,照故入故出律治罪。若系失于查核,司道罚俸一年,督抚罚俸六月。

○又奏准:凡地方官所差衙役,将拘提审讯之犯,私用非刑拷逼致死者,将该管官降二级调用。若虽未用刑拷逼,而正犯及该犯家属,有因凌逼吓诈情急自尽者,将失察之该管官降二级调用。其止于用刑拷逼,索诈银钱,勒逼教供,未经致死人命者,将该管官降一级调用。或并未拷逼索诈,但因借差滋事,酿成人命者,该管官亦降一级调用。并未奉差,因别项滋事,酿成人命重案者,该管官亦降一级调用。若滋事并未酿命者,该管官降一级留任。系已革衙役,及地方、总甲、保正、乡约、甲长、墟长、社长等一切在官人役,滋事酿命者,亦降一级留任;滋事未酿命者,罚俸一年。

○又奏准:官员私征私派,酷刑虐民,罪恶显著者,一经告发,即行题参外,若一二人,或三四十人,捏写姓名款件控告,及里长率领公同呈告,虚实未定者,俱交布、按两司,秉公审明,再行题参。若上司因民控告,恐吓属员财物,或不合己意,阴嘱刁民控告等情,该督抚查出,即行题参,革职审拟。

○三十七年(1772)奏准:佐杂等官,擅受而未致毙人命,及毙人命而实系例应缉拿之罪犯,畏罪自戕,事出仓猝者,仍照前例议处。如本非佐杂应理之事,因擅受致酿人命,将佐杂咨革,印官降一级留任。如印官规避处分,匿不具报,照讳命例革职。不得于已经毙命之后,以揭报为辞,声请免议。

○又复准:承审官将蠹役诈赃实情审出,故为改重就轻,以及应刺不刺,均革职。若系帮差之役,犯赃无多,承审官遗漏不刺,原犯十两以下者,降一级留任;十两以上者,降二级留任。

○三十八年(1773)谕:“向来部驳案件,承问官仍令会审,改正后得免处分。揆之情理,原未允协。督抚、臬司为通省刑名总汇,遇有部驳案件,势不能屡派钦差及邻省大员代办,自当仍令复加审讯,改正后无论罪案大小,均可免其处分。即本管之道员,所辖地方较多,亦尚可令其会审免议。至于承审之州县,及核转之知府,案情由其勘定,若于凌迟、斩绞立决要犯,不能细心推鞫,至于徒杖问拟,则罪名轻重悬殊,即非有心故纵,而入死出生,所系匪浅,若亦令仍与复审,即已草率于前,复得幸免于后。庸劣之员,恃有此例,一切听断,皆以轻心掉之,吏治尚可问乎?其或监候以下等罪,一时援引失当,犹得以有司谳牍繁多,过出无心,曲为原谅。然欲如前次之滥厕改正宽免之例,亦断不可。第人材难得,或其人平日办事尚属勤能,乃以一眚概加镌调,亦未免稍觉可惜,自应略为分别。嗣后遵驳改正之案,督抚、臬司、道员仍照旧例办理外,其承审之州县、核转之知府,于凌、迟斩绞立决重案,拟罪失之过轻者,俱应照例实降;若监候以下罪名错误,有议应降调离任者,俱着该督抚出具考语,送部引见,候朕酌量降旨。著为令。"

○四十一年(1776)谕:"向来各省地方官,有拿获邻省盗犯,尚令引见录用,以示奖励。若为知府、直隶州者,能将审转之案,虚公研鞫,立予平反,则所属可无冤民,较之实心缉盗,尤有益于吏治。嗣后凡知府、直隶州,有将生死关系出入大案,审出实情,改拟得当,经上司核定题达,部议准行者,交该部查明,奏请送部引见。著为令。"

○四十五年(1780)复准:州县承问,定拟详报,经各上司改定,或驳回另拟者,即于咨题文内,据实声明。俟刑部核定后,若实系原审官错误,即将原审州县官,照部驳改正例,按罪名轻重,分别议处。如原拟本无错误,系该上司更改失当,将该上司亦照部驳改正例议处,原审官免议。若上司饬驳之后,承审官实系错误,固执原拟具详,后经上司或委员改正者,仍照各本例议处。

○五十年(1785)奏准:盛京刑部审拟事件,内有案情不确、律例不符之处,部驳改正,及刑部径行改正者,将主稿司员,照外省承问官减等之例议处;随同画稿司员,再减一等。主稿官应革职留任者,随同官降一级留任;主稿官应降级留任者,随同官罚俸一年;主稿官应罚俸一年者,随同官罚俸六月;主稿官应罚俸六月者,随同官罚俸三月。堂官照督抚之例免议。至承审官拟定罪名,系引律例正条,经刑部酌核案情,比照改拟者,承审官亦照前例议处。

○嘉庆四年(1799)谕:"罪名大小,律有明条,自应勘核案情,援引确当,务使法足蔽辜,不致畸轻畸重,方为用法之平。今既引本律,又称不足蔽辜,从重定拟,并有加至数等者,是仍不按律办理,又安用律例为耶?即案情内有情罪较重者,朕自可随案酌定。总之'不足蔽辜'之语,非执法之官所宜出。嗣后俱应恪遵宪典,专引本律,不得于律外又称'不足蔽辜'及'从重'字样。即'虽'字'但'字,抑扬文法,亦不准用。上谳后,经朕阅看案情,或有酌加增减者,亦不治以失出失入之咎,用副朕矜慎庶狱至意。"

○又奏准:各省秋审人犯,经刑部改拟,如原拟缓决,经刑部改入情实,咎止失出,概予免议。如原拟情实,经刑部改入缓决一二案者,仍毋庸议。其失入至三案者,将臬司、巡抚降一级调用,加级不准抵销;四案者,降二级调用;五案者,降三级调用。如过此数,以次递加。其无巡抚省份之总督,照巡抚议处。会衔之总督、藩司、道员,免其议处。

○又奏准:未定罪名押候审讯人犯,畏罪自尽者,将承审官照军流以下人犯中途自尽之例,降一级留任。

○五年(1800)奏准:官员审理事件,错拟罪名,其正犯之罪,遇赦援免,承问官亦免议。此项应免议者,即援此例免议,毋庸另援恩诏。若正犯未经免罪,而承问官处分遇恩诏宽免者,亦免议。此项若例应降调,恩诏内无宽免降调之文,仍照本例议处。若正犯遇恩旨减等,承问失入之员,仍照例议处。承问失出者,如应减之罪,与错拟之罪相等,如斩绞人犯,恩旨减流,承问官错拟罪名,即属军流之类。亦免议;如应减之罪,重于错拟之罪,如斩绞人犯,恩旨减流,承问官错拟徒杖之类。照检举之例减等议处。此项出入,如恩诏宽免处分,仍准援恩诏分别议减议免。

○又奏准:一应供招,不许擅自删改。其初取之供,亦宜详载揭帖。若承问官增减原供,罪有出入者,革职。臬司、督抚不行查出改正者,各照失出失入例分别议处。罪无出入者,照不取紧要口供例分别议处。

○又奏准:官员审理命盗等案,录供通报后,复审得实,定拟招解,与初详不符者,概免议处。若初审之员,案件尚未招解离任,经后官审出者,一体免议。

○九年(1804)奏准:凡督抚具题事件内,有案情不确、律例不符之处,部驳再审,该督抚转饬复审各官,遵驳改正具题,除审转之督抚、司、道免其议处外,承审及审转各官,原审律例不符者,照失出失入例减等议处。原审官未经审出实情,如罪有出入者,仍照失出失入例减等议处;罪无出入者,照不能审出实情例减等议处。例应革职者,减为革职留任;例应降级调用者,减为照所降之级留任;例应降级留任者,减为罚俸一年;例应罚俸一年者,减为罚俸六月;例应罚俸六月者,减为罚俸三月。如系刑部径行按律改正具题者,照失出失入本例议处,毋庸减等。

○又奏准:凡大小衙门问刑官员,于命盗案件不虚心研鞫,刑逼妄供者,革职;草率定案,证据无凭,枉坐凌迟、斩、绞重罪者,革职;枉坐发遣、军、流者,降四级调用;枉坐杖、徒以下者,降三级调用;毋庸查级议抵。至该管府州并各上司,不能平反,率据原招核转,该州县官应革职者,府州降四级调用,司道降三级调用,督抚降二级调用;州县应降四级调用者,府州降三级调用,司道降二级调用,督抚降一级调用;州县应降三级调用者,府州降二级调用,司道降一级调用,督抚降一级留任;亦毋庸查级议抵。如并非草率定案,枉坐人罪,仍照失出失入本例议处。如该上司有能驳审得实者,照例给予议叙。

○十年(1805)谕:"朕阅各直省本年秋审人犯册内,由刑部改实为缓者三起,而改缓为实者,共有八十三起之多。数省如出一律,其故殊不可解。外省办案,狃于救生不救死之说,最为陋习。今部改各案,经朕一一详阅情节,多系按律改正,均属平允,并非刑部堂官有意吹求。朕矜恤庶狱,罪疑惟轻,从未谕令该部将秋谳案件,严行勘核。夫律文自有正条,该督抚、臬司等办理各案,并不援照科断,转引他条迁就定拟,谓非有心轻减而何?护庇凶犯,不顾死者含冤,妄谓积阴功,不知获罪愈重矣!朕所以禁止从重定罪者,原指本律外加等问拟者而言。若舍本律而别引他条,则舛谬滋多,岂协中之义乎?况案情内或有一线可原之处,朕于勾到时自有权衡。该督抚等总当依律定拟,不得率行末减。人命至重,岂容稍有偏畸。向例秋审失入一案及失出五案者,督抚、臬司俱有处分,嗣经降旨宽贷。各省大吏,自因吏议既宽,更无瞻顾考成之虑,遂尔遇事从轻,欲博宽厚之名,而不思辟以止辟之道,于明刑弼教大有关系。嗣后着该部将办理秋审失入一案及失出五案者,仍照前定立处分,俾职司刑谳者,各知儆惕,遇事庶加详慎。本年系发令之初,所有此次定拟实缓错误失入一案及失出五案之各该省督抚、臬司,姑从宽免其交议,仍于办理秋审完竣后,各传旨严行申饬。此后如有定拟错误者,均照定例议处。但各直省督抚等,不可因有此旨,辄又有意过严,致失持平之意。若妄事周内,则获咎更重。总当详核案情,确引律条,虚衷定谳。务期无枉无纵,以副朕执法用中谆谆训诫至意。"

〇又议准:各省秋审人犯,原拟缓决,经刑部改入情实,未至五案者,免其议处。如在五案以上、十案以内者,将巡抚、臬司及兼管巡抚事之总督,均照承审失出例,降一级调用,加级纪录,准其抵销。如无加级抵销者,照所降之级留任。俟六年无过,方准开复。至十案以上者,亦降一级调用。如过此数,仍计五案,以次递加。其无加级抵销者,即行实降。五案之内,有一案系原拟情实改入缓决者,照承问失入例实降一级调用。二案者,实降二级调用。如过此数,以次递加,虽有加级纪录,不准抵销。兼辖两省、三省之会衔总督,及藩司、道员,系巡抚、臬司应行实降者,照所降之级留任,扣限六年无过,方准开复。其失出在十案以内,巡抚、臬司例止虚降者,统议降一级留任,三年无过开复。

〇十一年(1806)奏准:凡盗贼诬良,承审官初次不能确审实情,经上司驳查,始行更正,或上司审出实情改正,所诬之人,已经拖累致死者,将承审官照不行审定以致将干连之人监毙之例,按名数分别议处。一人,降一级调用;二人,降二级调用;三人以上,革职。若承审官经上司驳查,仍执原拟具详,经上司驳查至再,始行改正,及再驳之后,被上司审出实情,已经拖累致死,承审官再加一等议处。一人,降二级调用;二人,降三级调用;三人以上,仍革职。若在审限之内,未经成招,因病致死者,免议。审转官,经臬司驳审改正者,减承审官一等。致死一人,降一级留任;二人,降一级调用;三人以上,降二级调用。经臬司二次驳审改正者,致死一人,降一级调用;二人,降二级调用;三人以上,降三级调用。臬司不行驳审,经督抚驳审改正者,再减一等议处。致死一人,罚俸一年;二人,降一级留任;三人以上,降一级调用。经督抚二次驳审改正者,致死一人,降一级留任;二人,降一级调用;三人以上,降二级调用。不行查出具题之督抚,经刑部驳审改正者,再减一等议处。致死一人,罚俸六月;二人,罚俸一年;三人以上降一级留任。经刑部二次驳审改正者,致死一人,罚俸一年;二人,降一级留任;三人以上,降一级调用。未经致死者,仍照部驳改正例,将承审官议处,审转各官均免议。

○又奏准:官员承审反叛人犯,未经审出实情者,革职,审转官降四级调用,臬司降三级调用,督抚降一级调用。凌迟人犯,未经审出实情者,承问官降二级调用,审转官降一级调用,臬司降一级留任,督抚罚俸一年。斩绞人犯,未经审出实情者,承审官降一级调用,审转官降一级留任,臬司罚俸一年,督抚罚俸六月。军、流人犯,未经审出实情者,承审官罚俸一年,审转官罚俸六月,臬司罚俸三月,督抚罚俸一月。徒、杖人犯,未经审出实情者,承审官罚俸六月,审转官罚俸三月,臬司罚俸一月,督抚免议。其由臬司、道员审转之案,臬司、道员照审转官例议处。

○又奏准:将应取紧要口供,不行取供者,系反叛人犯,承问官降二级调用,审转官降一级调用,臬司降一级留任,督抚罚俸一年。系凌迟人犯,承审官降一级留任,审转官罚俸一年,臬司罚俸六月,督抚罚俸三月。系斩绞人犯,承审官罚俸一年,审转官罚俸六月,臬司罚俸三月,督抚罚俸一月。系军、流人犯,承审官罚俸六月,审转官罚俸三月,臬司罚俸一月,督抚免议。系徒、杖人犯,承审官罚俸三月,审转官罚俸一月,臬司、督抚免议。其由臬司、道员审转之案,臬司、道员照审转官例议处。

○又奏准:官员承问,引律不当,将应拟凌迟人犯,错拟斩绞者,承审官降一级调用,审转官降一级留任,臬司罚俸一年,督抚罚俸六月。如将应拟立决人犯,错拟秋后处决者,承审官罚俸一年,审转官罚俸六月,臬司罚俸三月,督抚罚俸一月。如将应拟凌迟人犯,错拟军、流以下及免罪者,承审官降二级调用,审转官降一级调用,臬司降一级留任,督抚罚俸一年。如将应拟斩绞人犯,错拟军、流以下及免罪者,承审官降一级调用,审转官降一级留任,臬司罚俸一年,督抚罚俸六月。如将军、流等犯,错拟杖、徒、笞及免罪者,承审官罚俸一年,审转官罚俸六月,臬司罚俸三月,督抚罚俸一月。如将徒、杖人犯,错拟失出者,承审官罚俸六月,审转官罚俸三月,臬司罚俸一月,督抚免议。其由臬司、道员审转之案,臬司、道员照审转官例议处。

○又奏准:官员将斩绞人犯,遗漏未经减等者,降一级留任,转详之司、道罚俸一年,督抚罚俸六月。如军、流人犯,遗漏未经减等者,罚俸一年,司、道罚俸六月,督抚罚俸三月。徒、杖以下人犯,未经减等者,罚俸六月,司、道罚俸三月,督抚罚俸一月。

○道光六年(1826)谕:“嗣后各省道、府、直隶州,务当激发天良,破除积习,毋徇情面,毋避嫌怨,果能于所属之案,审出实情,改拟得当,罪关生死出入者,着该督抚据实题奏,该部查明,随案奏请送部引见,以示鼓励。倘仍蹈徇庇故辙,致令冤狱难伸,一经发觉,定行加重治罪。钦此。”遵旨议定:知府、直隶州知州,能将州县审拟错误,有关生死出入大案,虚公研鞫,究出实情,改拟得当,经刑部核准后,交吏部查明奏请送部引见。

○二十五年(1845)奏定:各省命盗等案,审拟招解,经督抚、两司派员复审、委审,能将原问官审拟错误,有关生死出入大案,究出实情,改拟得当者,照审转官例,一体送部引见。如原问官拟罪有关出入,无关生死,委审官平反得实者,每案纪录二次。如原问官拟罪并无出入,止于未能审出实情,委审官研讯得实者,每案纪录一次。均由该督抚于定案时,将何官错误、何官驳正之处,随案声明。若该委员因有议叙之条,附会文致,故意苛求,该督抚亦即查明题参,照上司苛驳之例议处。

○二十八年(1848)奏定:一经获犯,该督抚特派委员审办,并无平反,仅止研讯出力者,如实系案情重大,非寻常命盗等案可比,凌迟、斩绞立决之案,准其加一级;斩绞监候之案,准其纪录二次。均由该督抚保奏,将该委员如何出力之处,详细叙明,不得以委审出力,空言声请。

○又奏定:委审人员研讯出力,实系一人审结要案至百案以上,内有凌迟、斩绞立决之案,至十案以上者,由该督抚专折保奏,奉旨交议者,准照委审官平反得实之例,送部引见。如奉旨允准者,除仅止请加升衔,毋庸核议外,如系有关升补,核与引见定例相符者,遵旨知照。如与引见之例不符者,即将不合例缘由,声明请旨。如委审并非一人,或案不及百起,并凌迟、斩绞立决之案,不及十案者,均照例给予级、纪。

○又奏定:应给加级人员,如审结不及十案者,每案给予加一级。案数较多者,酌加至十级为止。

○咸丰九年(1859)奏准:各省秋审人犯,原拟缓决,经刑部改入情实,或奉特旨派员核议更改,及由复勘朝审之员,奏驳更正者,其巡抚、臬司及兼管巡抚事务之总督,直隶、甘肃、四川三省。应议处分,就各该省秋审案数,合并计算,以五十起至二百五十起为率,五十起内,失出一案至五案,均降一级调用;六案至十案,均降二级调用;以次递加。一百起内,失出二案至五案,均降一级调用;六案至十案,均降二级调用;以次递加;一案免议。一百五十起内,失出三案至五案,均降一级调用;六案至十案,均降二级调用;以次递加;二案以下免议。二百起内,失出四案至五案,均降一级调用;六案至十案,均降二级调用;以次递加;三案以下免议。二百五十起内,失出五案,均降一级调用;六案至十案,均降二级调用;以次递加;四案以下免议。至二百五十起以外,即毋庸分别起数,统按五案降一级调用、十案降二级调用之例核办。以上处分,系失出,加级、纪录准其抵销。其无抵销者,应降一级调用,改为降一级留任。六年无过,方准开复。应降二级调用以外者,即行实降。

○又奏定:秋审会衔之督抚及藩司、道员,系失出者,无论案数多寡,俱各降一级留任,三年无过开复。有级、纪者,仍准抵销。系失入者,每案俱各降一级留任,六年无过,方准开复。

○又奏定:各省秋审人犯,原拟情实,经刑部改入缓决者,将巡抚、臬司及兼管巡抚事务之总督,每案俱各降一级调用。系失入,加级、纪录不准抵销。

○又奏定:各省秋审人犯,原拟情实,经刑部改为缓决,或奉特旨派员核议更改,及由复勘朝审之员,奏驳更正者,除一案、二案仍照例办理外,至三案应降三级调用者,降四级调用;四案,降五级调用;均不准抵销;五案以上,革任。

○又奏定:各省于题报秋审后尾时,将审定实缓之巡抚等官,均于疏内详细声明,由刑部咨送吏部核议。

○又奏定:刑部自行审理案件,定拟斩绞,归入秋审,分别实缓,如奉特旨派员核议更改,及由复勘朝审之员,奏驳改定者,将总办秋审司员,及该部堂官,均照外省巡抚、臬司之例,一律议处。如系失入,照外省失入例办理;如系失出,毋庸分别起数,每一案降一级留任,以次递加,至五案降一级调用。系失出,加级纪录准其抵销。如无抵销者,降一级调用改为降一级留任,六年无过,方准开复。

○又奏定:刑部核议秋审招册,如定拟实缓错误,经奉特旨派员另核更改,及复勘朝审之员,奏驳更正者,系失出,一二案,司员罚俸一年,堂官罚俸六月;三四案,司员罚俸二年,堂官罚俸一年;五案,司员降二级留任,堂官罚俸二年;六七案,司员降三级留任,堂官降一级留任;八九案,司员革职留任,堂官降二级留任;至十案,司员降一级调用,堂官降三级留任。以上降调、降留、罚俸处分,加级、纪录准其抵销。如无抵销者,司员降一级调用改为革职留任,再罚俸一年。其降留、革留之案,均扣限四年无过,方准开复。堂官应得降留处分,三年无过,方准开复。系失入,一案司员降三级留任,堂官降一级留任;二案,司员革职留任,堂官降二级留任;三案,司员降一级调用,堂官降三级留任;四案,司员降三级调用,堂官降一级调用;至五案,司员降五级调用,堂官降三级调用。以上降调、降留处分,均不准查级议抵。司员降留者,八年无过,方准开复;堂官降留者,四年无过,方准开复。

# 卷一百二十四·吏部一百八

## 处分例 提解人犯

### 提解人犯

○康熙九年(1670)题准:凡军、流、徒罪发遣人犯,或应本省发配,或应解部发遣,均以部文到日为始,定限两月起解。路途解送,每日定限五十里。如两月内不速行发解者,罚俸一年;过一年者,降一级调用。未经行催之上司,罚俸半年。或将此等人犯,两月内不行发解,以致狱毙者,降一级调用。未经行催之上司,罚俸一年。至各省审结案内应行解部之入官人口、家产,亦立限两月自该省起解。其解送人役,亦定行程限期。违者题参。若官员将应解人犯错解别处者,罚俸六月。

○又题准:凡叛逆人犯,及斩、绞、流、徒、笞、杖等犯,原解未交之先,途路脱逃者,皆将原地方该管各官议处。其起解之犯,已经交与该府州县脱逃者,原地方官免议,将承接府州县该管各官议处。其斩绞重犯,不加肘锁,少差解役,以致脱逃者,降一级调用。如军、流、徒罪等犯,不加肘锁,少差解役,以致脱逃者,罚俸一年。逃犯皆照案缉拿。如所差解役,得重犯贿赂纵脱者,将本官照衙役犯赃失于觉察例议处。

○十四年(1675)议准:官员将未经题结之军、流等犯,先行发遣者,降一级留任。

○又议准:官员将军、流、徒罪人犯,令人取保脱逃者,降一级调用。或该犯私回,不行查出者,罚俸一年。如笞、杖人犯脱逃者,罚俸六月。再官员如给军、流人犯出关印文或给执照者,降四级调用。

○二十五年(1686)议准:凡军、流、徒犯,及免死减等流犯,有祖父母、父母老疾无倚,家无以次成丁者,如系大兴、宛平民人,该县出结,府尹确查报部;如属五城民人,掌印兵马司指挥出结,巡城御史确查报部;如属外省民人,州县官出结,司、道、府官转详督抚,督抚确查报部。如并无年老祖父母、父母而称为有,实有以次成丁者而称为无,该管官不行查明,出具印结,将出结之官降二级调用,转详之上司罚俸一年,督抚罚俸六月。如有此等人犯,用财行贿,出具印结,将出结之官革职提问,转详之上司降三级调用,督抚降一级留任。兵马司照州县例议处,巡城御史、顺天府府尹照督抚例议处。若地方官出结后,上司复令查出,或原官查出,据实首送者,免议。

○雍正二年(1724)议准:外省解犯,及解京与京发之犯,其情罪重大者,于批牌之上注明“此系要犯,应令官弁管押递送”字样,即从首先接递处,该千总等亲身押送出境交代,取收管存案。若该州县无设防之武弁,则令吏目、典史亲身押送出境交代。皆于取获收管内,注明某官某弁送交。倘有疏虞,该抚题参黜革。其寻常解犯,仍照定例选差押送。

〇又议准:凡奉旨缉拿之重犯,各省督抚及地方官,务须严行缉拿解部。如果所属地方无获,亦并无人隐藏,地方官于年终申报督抚奏闻,仍令地方官出具印结报部存案。若该地方官出具印结后,被旁人首获,审出曾在某处隐藏某家,将出具印结之该地方官革职,知府、直隶州知州降二级调用,道员罚俸一年,巡抚罚俸九月。加级纪录,不准抵销。若该地方各官,未出具印结之前,如有隐藏,被旁人首告拿获者,将该管地方官降二级调用,知府、直隶州知州罚俸一年,道员罚俸九月,巡抚罚俸六月。加级纪录,亦不准抵销。如该管各官,知情听其隐藏者,与罪人一例治罪。如奉旨缉拿重犯,该地方官尽心拿获一名者,即准加一级。

〇三年(1725)议准:凡有斩绞重犯,州县官已加肘锁,多差解役,脱逃者,降一级,限一年督缉。限内全获,准其开复。逾限不获,照所降之级调用。至军、流、徒罪等犯,如已加肘锁,多差解役,脱逃者,罚俸六月。逃犯皆照案缉拿。

〇又议准:凡知府及直隶州知州所属州县,若山海巨盗、斩绞重犯中途脱逃,有一二案者,罚俸九月;三四案者,罚俸一年;五六案以上者,降一级;限一年催缉。限内全获,准其开复。逾限不获,照所降之级调用。若笞、杖、徒、流等犯中途脱逃,有一二案者,罚俸三月;三四案者,罚俸六月;五六案以上者,住俸;限一年催缉。限内全获,准其开复。逾限不获,降一级留任。仍照案缉拿。

〇又奏准:发回原籍安插,并流、徒、充军等犯,有在中途患病者,即着该管地方官留养医治。内有随行亲属病者,亦准留养。俟病痊起解,将患病日期报部。如不留养医治,以致病故一二名者,将该地方官罚俸一年;三四名,降一级留任;五六名以上,降二级调用。至凡解部及递解外省人犯,中途患病,原解即报该地方官,验明委系患病,出具印结。如取结后病毙者,其官、役免议。未取患病印结,途中毙一二名者,将佥差之官罚俸一年;三四名,降一级留任;五六名以上,降二级调用。

〇四年(1726)议准:满洲、蒙古、汉军之家奴犯军、流罪者,止将本身发遣,令该督抚酌发有驻汛弁兵之处,给予兵丁为奴。若发遣处将犯人疏脱者,该管官照军流人犯脱逃例议处。有受贿纵放者,照主守故纵受财律治罪。

〇五年(1727)议定:凡递回原籍,交与地方官收管之犯,果无生事出境,该地方官于每年冬底,出具印甘各结,并将递到人犯数目及有无生事出境之处,一并造册报部察核。若递回人犯,该地方官不严行管束,致令脱逃出境者,一名,罚俸一月;二三名,罚俸三月;四名至六名,罚俸六月;七名至九名,罚俸九月;十名以上者,罚俸一年;仍着落该地方官勒限一年缉拿。如逾限不获,每一名罚俸三月;四名以上,罚俸一年;十名以上,降一级留任。倘业已脱逃,该地方官捏称并未出境,或遇别处发觉,或被旁人首告,将该地方官照溺职例革职。该管上司知而不报,照徇庇例议处。

〇又题准:问拟徒罪之犯,除顺天府所属州县民人,仍送该府尹衙门发配,其余各省民人,皆递回各该督抚衙门,照伊原籍应发地方发配充徒。年限满日,交与原籍地方官安插管束,不许出境。如该地方官管束不严,致令脱逃出境者,经别邑拿获,除将该犯照例治罪外,将该管原籍地方官,照递回人犯出境例议处。倘各该地方有容留潜住者,事发,将各该地方官,亦照原籍地方官例处分。

〇又议定:凡犯法 嘉庆五年(1800)奏准:斩、绞改遣。后潜逃各犯,其藏匿之窝家,除不知情者,仍照律免议外,至若身系职官,而知情窝隐者,除革职外,仍照本犯原罪治罪,不准折赎。至于犯罪之人,在于所属境内藏匿,地方官怠忽因循,不实力稽查,或被旁人首发,或被邻境官司拿获,将该地方官降一级留任。如有属官藏匿罪人,该管上司不行查出揭参,该管上司亦照此例议处。

〇六年(1728)议准:民间词讼,不于犯事地方呈告,则原告易驾虚词,而关提质审被告,又易于抗延支饰。嗣后户婚、田土、钱债、斗殴、赌博等细事,必令于犯事地方告理,不得于原告所住之州县呈告。原籍之官,亦概不得滥准行关。彼处之官,亦不得据关文即为拘发。违者,将该地方官详参。滥准行关者,罚俸一年;据关拘发者,罚俸六月。如有于犯事之地方官处告准关提质审,而彼处地方官匿犯不解者,照徇庇例,降三级调用。

〇又议准:州县递解人犯,点解之后,或私行雇替,或解役短少,该管官皆不能觉察,直待人犯脱逃而后,严参究审,已属无及。嗣后递解人犯,解到之州县,务将解差点验。如人数不足,或有雇替情弊,即令就近究明惩治。倘解到之州县,瞻徇邻封情面,不行究惩,或解至伊境内失囚,与佥差不慎、少差解役之员一并参处,着落缉拿。如起解地方官袒护衙役,因解到之州县惩责其差,遂含怨致怒于邻封者,该督抚察访有据,即指名题参,将袒护之员照徇庇例,降三级调用。

〇又议准:凡发遣人犯,酌定名数,分起解送。如案内人犯众多,至五名以上者,每五名作一起,先后解送。至起解时,务必严加锁铐。倘解役人等受贿开放,若转解之该地方官,因前途未曾锁铐,不复稽查,听其散行,将该地方官与前途未曾锁铐官,皆按罪犯轻重,照不加肘锁脱逃例分别议处。如解犯于经过处所,辱官诈财,生事不法,州县官隐匿不报者,降二级调用。该管各上司未经查出者,罚俸一年。若地方官已经申报,而该管司、道、府不行揭报,督抚不行题参者,将该管司、道、府降二级调用,督抚降一级调用,其申报之州县官免议。

〇又议定:凡军、流人犯单身逃遁者,该管各官仍照例处分外,如携带妻子脱逃者,初参,将该管官罚俸一年,兼辖官罚俸六月,皆勒限一年缉拿。不行稽查之知府、同知等官,罚俸三月。限满不获,将该管官降一级留任,缉获之日,准其开复;兼辖官罚俸一年。

〇七年(1729)议准:凡外省官员,解送犯人到部,限十日内给发批回。倘于限内不行查收,及不给发批回者,该堂官即行题参,将该司官照逾限例议处。

○又议准:凡律载应流之犯内,如诈为制书、诈传诏旨、伪造印信、谋反、叛逆、强盗、私盐及左道妖言、妄言煽惑、商渔船夹带违禁物件、谋杀出使官吏、漏泄机密事情、采生折割、毒药杀人、以药迷人各等案内流犯,皆属情罪重大,在配所脱逃者,该管官及兼辖官,除初参、二参,仍照原定例议处外,于二参限满之后,再限一年缉拿。限满不获,系单身脱逃之犯,该管官二参罚俸一年者,三参即降一级留任。缉获之日,准其开复。兼辖官二参罚俸六月者,三参即罚俸一年。系携带妻子脱逃之犯,该管官二参降一级留任者,三参即降一级调用。未获逃犯,交与接任官照案缉拿。兼辖官二参罚俸一年者,三参即降一级留任。缉获之日,准其开复。再此等重犯,自配所脱逃,或私回原籍,或仍匿发遣地方,其各该地方官,原有缉拿之责,按限缉获,止应免其处分。至邻境各官,果能尽心协捕,应予议叙,以示鼓励。嗣后重罪流犯脱逃,于邻境经过之处,及潜匿之处,各该地方官将单身脱逃之犯盘获者,每一名纪录一次;将携带妻子脱逃之犯全获者,每一起纪录一次。其余别项流犯脱逃,该管各官,并原籍地方官,仍照定例遵行。

○又议定:凡充发烟瘴之军、流人犯,于解送之时,安插之所,犯人不服拘管,或因约束过严,以致轻生毙命者,该督抚查明,果无凌虐逼勒致死情弊,取具印甘各结,将地方官吏人等,概行免议。如此等充发烟瘴军、流人犯,于经过州县,及安插地方,有妄行不法等事,州县官徇情故纵,隐匿不报者,降二级调用。或有疏防脱逃者,将该管官降一级留任,限一年缉拿。限内拿获,准其开复。逾限不获,即照所降之级调用。未获逃犯,交与接任官照案缉拿。

○又议准:隔属提拿赃盗,及命案内斩绞重犯,而彼处地方官膜视隔属重案,乡地邻保袒护本地方民人,以致奸徒得以肆行劫夺,许提拿之地方官,据实详明督抚,将纵劫之该地方官题参解任。俟此案获犯审明题结之日,将解任之员出具考语,咨部引见,请旨开复。如在隔省,亦即详明本省督抚,移咨彼省督抚会疏题参,将纵劫之地方官,摘印解任。俟此案人犯既获,审明题结之日,方准将解任之员出具考语,咨部引见,请旨开复。至于隔属本无抢犯情弊,而捕役贿纵捏称被劫者,除捕役照例治罪外,其误听捕役捏禀,以致将隔属官详揭题参者,审明之日,将原参之官,即行开复,将误听捕役之员,照误揭例,降二级调用。

○又议准:各处免死减等发遣人犯,从发遣处逃回,其容留居住之房主,系官革职。不行查拿之州县官,降一级,罚俸一年;该管知府、直隶州知州各罚俸一年。五城正指挥照知府议处,副指挥照州县官议处。

○又议准:凡盗案内,地方官有向隔属当铺起赃,当商或支饰不认,或匿赃先勒当本,其该管官袒护当商,不即起出移解,以致盗案迟延,许承审官详明该督抚,将袒护之地方官题参,照徇庇例,降三级调用。隔省者,咨会题参,亦照此例议处。

○十三年(1735)议准:凡军、流人犯到配,交地方官收领,令府、厅严行稽查。如有乘间脱逃者,嘉庆五年(1800)奏准,一名单身脱逃,或二名同日单身脱逃,初参,将专管官罚俸六月,兼辖官罚俸三月,皆限一年缉拿。不行稽查之府、厅,罚俸三月。限满不获,专管官罚俸一年,兼辖官罚俸六月。军犯饬发该卫着伍,其出具收管之员,即为专管官。至管辖卫所之府、厅,若卫所已有兼辖官,则府、厅照统辖官例处分;若知府系兼辖之员,则知府已照兼辖官例议以罚俸限缉,其失于觉察之处,例不重复议处,毋庸再议。止将该统辖厅员照例议处。至军、流人犯到配,除专管官不时稽查外,仍令该印官每月将人犯点验二次,并造具年貌、籍贯册结,呈报府、厅稽核。如该印官不行点验,以致脱逃者,将该印官罚俸一年。若军、流人犯在配日久,或交通官弁,生事不法,贿嘱官吏,潜逃无踪,该府、厅据实查报,止将州县官分别参处,该府、厅免其核参。若该府、厅漫无觉察,照失于觉察例,罚俸一年,并将任其交通之州县等官,照徇情例,降二级调用。

○又议准:凡徒犯到配,发驿收管,仍令该印官不时稽查。倘该驿官将徒犯私自役使,印官即据实详参,将驿官罚俸九月。至如徒犯脱逃,嘉庆五年(1800)奏准,四名以下同日脱逃,初参,将专管官罚俸六月,兼辖官罚俸三月,皆限一年缉拿。限满不获,专管官罚俸一年,兼辖官罚俸六月。有驿丞者,以该驿丞为专管,知县为兼辖。若该县无驿丞,系知县管理者,以该知县为专管,知府为兼辖。至该驿原有驿丞,或因事故离任,该县知县暂行兼管,遇有疏脱,将该县知县照一人兼两任例就一任处分,其兼辖职名毋庸开参。再属府辖之该驿丞,应以知府为兼辖,其知县职名亦毋庸开报。若徒犯倩人替代,私自回籍,该驿丞受其贿嘱,私行纵放,将该驿官革职治罪。该印官觉察详报者,免议。若并无觉察,将该印官罚俸一年。

○乾隆元年(1736)复准:军、流人犯之妻,如有患病留养,本犯先行发遣者,其妻于病痊日补解时,许亲属随行,以免中途凌辱等弊。再军、流人犯之妻,如有年逾六十以上,本属老病不能随行,及患病遂成笃废,不能补解者,仍取具邻族甘结,该地方官勘验明白,加具印结,将不能随行及笃废不能补解缘由,申详该上司。应行报部者,报部查核。行文本犯遣所,俾令知之。倘有捏饰情弊,将具结之亲族里邻照例治罪,犯妻立即补解。其不行详查出结转详之地方官,照谎报出结例,降二级调用;转详之上司,罚俸一年。

○又复准:各属应拿人犯,若果文武同心,速行差缉,罪犯自难越境潜踪。嗣后一应缉捕事务,如文员先行访知,即移会武弁,或武弁先行访知,即移会文员,皆各遴选兵役,合力协拿,不得推诿。如文员已移会武弁,而武弁不即差兵协拿,或武弁已移会文员,而文员不即差役协拿者,皆照迟延推诿例议处。至如邻邑他省、沿边沿海通缉人犯,如于文到之后,以隔属歧视,文员不移会武弁协拿者,照申报盗案互相推诿例,降一级调用;或武弁不移会文员协拿者,亦照此例议处。再文武官弁不行移会协拿,既定有议处,如能实力缉获,亦当量予议叙。如邻邑官弁,接到关文之后,即能缉获罪犯,并他省、沿边沿海官弁,于文到之后,果能盘获匪犯者,皆照拿获邻境盗犯例,每案二名,纪录一次。再兵役人等,乘缉获人犯,最易借端滋事,倘有妄指平民,骚扰索诈,以及贿纵者,依律从重治罪外,其失察徇庇之该管官,如系知情故纵,照纵役贪赃例革职;若失于觉察,仍照失察衙役犯赃例议处。

〇三年(1738)议准:隔省关提人犯,以文到日为始,限四个月拿解。邻封关提人犯,限文到二十日拿解。如无故逾限不发,该地方官照事件迟延例,逾限不及一月者,罚俸三月;逾限一月以上者,罚俸一年。听信地保、差役捏称并无其人,并久经外出,以空文回复,不发人犯者,该地方官照匿犯不解例,降三级调用。嘉庆五年(1800)奏准:不能查出,系寻常案犯,罚俸六月;系命盗等项重犯,罚俸一年。或现有其人,地方官故意不肯发人者,系寻常案犯,罚俸一年;系命盗重犯,照匿犯不解例降三级调用。

〇四年(1739)奏准:凡递回原籍无罪之人,途路脱逃者,将佥差之员罚俸三月。

〇五年(1740)奏准:凡军、流、徒罪人犯,在配脱逃,有数案人犯同日脱逃者,乾隆三十七年(1772)奏准,军、流二名以上,徒罪四名以下,脱逃虽有数人,地方官失于防范实系一次,应并案察议。至一案内数人,分为数日前后脱逃者,脱逃日期既有不同,地方官失于防范亦有数次,按其脱逃次数,计案议处。

〇又奏准:番役拘拿罪犯,虽无私拷情弊,但不将该犯即行送官,或关禁在庙,或锁系在家,私自取供后送本官者,将私拷取供之番役,照例治罪。如该管官不行查究,将该管官照失于觉察例,罚俸一年。

〇六年(1741)复准:凡各衙门有差票事竣,即宜查销。如差票不销,以致衙役持票恐吓乡民,犯赃者,将该管官照失察衙役犯赃例处分。

〇又议准:凡在京问拟笞、杖、枷责,解回原籍人犯,应令该地方官安插之后,加意稽查管束,毋许出境生事。如有复逃来京者,除初次、二次,本犯仍递回原籍安插,免其治罪,该地方官免其查参外,其复逃来京至三次以上,怙终不悛之犯,拿获之日,虽审无犯案,亦按其原犯情罪之轻重,分别惩责,仍递回原籍,交与该地方官管束。如再犯案,从重归结。所有疏纵三次来京之地方官,照递回人犯出境例分别议处。

〇八年(1743)复准:凡军、流人犯,除未经起解者,六月照例停遣外,已解至中途,如遇六月盛暑之时,沿途州县,即照例停遣,不得遣令前往。如到配将近,及单身人犯自愿前进者,令该州县讯取确供,知会前途一例接递。仍将该犯不愿停遣缘由,报部察核。

〇十年(1745)复准:凡外省罪应徒者,除抵籍不远,即遇隆冬盛暑,仍行递解外,其离原籍一千里以上者,亦照军流之例,未经起解者,概行停解;若已至中途,初冬十月,经过地方照常接递,至十一月初一日一例停解,俟次年春融再递;如已将至原籍,讯明本犯情愿前进者,转移前途州县接递。六月盛暑之时,亦准留养。倘地方官违例发解,沿途州县滥行接递者,皆照应留人犯违例发遣例,罚俸六月。

〇十三年(1748)议准:地方官并营卫武职,拿获邻境逃犯,如系军、流罪犯单身脱逃者,每一名纪录一次;携带妻子脱逃之犯全获者,每一起纪录一次。其拿获脱逃徒犯者,二名纪录一次。准其前后接算,声明议叙。乾隆三十年(1765)奏准:其拿获发往巴里坤种地,及新疆改遣人犯脱逃者,亦照此例分别议叙。

○又复准:军、流人犯到配,若派拨州县等衙门充当夫役者,遇有脱逃事故,止将本管官劾参议处。初参罚俸六月,二参罚俸一年。该兼、统各官,毋庸开送。至奉天徒犯,分拨州县衙门充当夫役脱逃者,亦照此例办理。

○十四年(1749)议准:五城命盗重案,除未经到案脱逃,仍照定例议处外,如已经拿获到案,不行羁禁,擅行发保,未经脱逃者,将该司坊官罚俸一年;因而脱逃者,降一级留任,限一年缉拿。限内拿获,准其开复。限满不获,照所降之级调用,逃犯交与接任官勒限一年缉拿。能于限内拿获者,准其纪录一次。限满不获,罚俸一年。逃犯照案缉拿。如别城及邻邑地方官,有能拿获此等逃犯者,每一名准其纪录一次。

○二十四年(1759)复准:军、流、徒罪及解回发落管束之犯,均于批解长文内,载叙事由,并开明该犯年貌、疤痣、箕斗,以备查核。如不行开载,罚俸九月。接解地方官不行查出,即行转解,罚俸三月。至中途有贿差顶替等事者,将佥差之员照失察衙役犯赃例议处。如原解地方已经开载,仍有贿差情弊,转解官不行查出,罚俸六月。

○又复准:在配军、流、徒犯行窃为匪,该管官自行查拿者,免议。如失于查拿,别经发觉者,每名将专管官罚俸一年,兼辖官免议。如行凶滋事,致酿人命者,专管官降一级调用,兼辖官罚俸一年。

○二十八年(1763)复准:军、流在配脱逃,本籍地方官,于咨缉文到之日,即传该犯亲属、邻保人等,逐一询问,根究下落。如果未经回籍,即取具甘结,咨送刑部及配所省份存案。仍令亲属、邻保,如取结后回籍,即禀官拿究,地方官仍不时侦缉。一经回籍,自行拿获者,免其议处。别经发觉者,即将取结之地方官降二级调用。如该犯逃回,于未经咨缉之先,及逃回于取结地方官离任之后者,将失察之员罚俸一年。

○二十九年(1764)复准:直省所属,有并无监狱处所,遇有解犯到境,务令该管官即行接收,多拨兵役于店内严加看守,毋致疏虞。如有借词推诿,不收人犯,仅令原役看守,致犯脱逃者,该督抚即行严参,将该地方官照不应重私罪律,降三级调用。虽有加级纪录,不准抵销。该管上司,降二级留任。寻改"将该地方官照不加肘锁少差解役以致脱逃例议处"。

○三十年(1765)奏准:军、流、徒犯,及安插为民人犯脱逃,隐匿不报者,将配所该管官,初参降二级留任,限一年缉拿。限内拿获,准其开复。如限满不获,照所降之级调用。该管道、府容隐不举,该督抚将该道、府一并照此例参处。

○又奏准:凡系奉旨缉捕关系紧要人犯,该管衙门即行文八旗、步军统领及五城察院,转行所属地方,严行缉拿,并牌行附京之涿州等处,一体盘缉,限一月缉获。限内拿获者,免议。如限内不获,俱降一级调用,仍令接管官照案缉拿。若于一月之内,经管各官及该管上司大臣自行拿获,毋庸议叙。系他人拿获,将拿获之员,每一名纪录二次。在一月之外者,每一名纪录一次。如拿获之犯,审出在何地藏匿,不知情者,将该地方官降一级留任;如系知情容隐者,将该地方官革职,该管上司降二级调用。

○又奏准:旗、民同处地方,有命盗、造赌重犯,访知确实,不论旗、民,一面行文关会,一面差役持票径行拘拿。该旗、民官员,不即添差协拿,致使奸匪远遁,许令通揭该上司会参,将该管官降三级调用。若非命盗、造赌紧要重情,并无的实证据者,旗、民官员,仍知会拘审,不得令差役径行拘拿。违者,照滥准行关例,罚俸一年。致差役扰害地方者,照生事扰民例分别议处。

○又奏准:诱拐等犯,勒限六个月缉拿。逾限不获,将该地方官罚俸一年,人犯照案缉拿。

○又奏准:番役拿解人犯,属提督管辖者,限即日送该管营弁,转送提督衙门;属巡城御史管辖者,亦限即日送该管官,转送该御史衙门审讯。倘番役人等,将拿获人犯锁系羁留,不即送官,拷逼勒索,私行取供,该管官自行查究者,免议。如不行查究,别经发觉者,照失察捕役诬窃为盗例,分别致死、未致死议处。如有得财纵放,照失察衙役犯赃例议处。如止私行取供,并无拷逼勒索等弊者,罚俸一年。

○又奏准:凡各省府州县所属大小案内人犯,如有窜入邻境,一面差役执持印票往拿,一面移文关会,添差协缉。倘该地方官明知逃匿邻境,以非其管辖,不急往拿,及邻境之该管官,不行协缉者,系命盗等项重犯,均降三级调用;系逃窃、窝赌、窝娼等项寻常案犯,均罚俸一年。

○三十三年(1768)奏准:新疆改发内地遣犯,如系携带妻子脱逃者,初参,专管官降二级留任,兼辖官降职二级,俱限一年缉拿。不行巡查之府、厅,罚俸一年,道员罚俸九月。限满不获,专管官照所降之级调用,兼辖官照所降之级留任。拿获之日,准其开复。不获,照例扣限开复,逃犯照案缉拿。如系单身脱逃者,初参,专管官降一级留任,兼辖官罚俸一年,俱限一年缉拿。不行巡查之府、厅罚俸六月,道员罚俸三月。限满不获,专管官照所降之级调用,兼辖官降一级留任。拿获之日,准其开复。不获,照例扣限开复。逃犯照案缉拿。如专管官系无级可降之员,仍照例查询居官。居官平常者,即行革职;居官好者,改为革职留任。于正限满后,再限一年缉拿。限满不获,罚俸一年,仍限一年缉拿。再限不获,再罚俸一年。逃案照案缉拿。拿获之日,准其开复革职、留任处分。不获,照例扣限开复。如前官已经离任,即将接任之员,照此按限参处。

○又谕:"积匪猾贼,本系免死改发内地之犯,乃该州县等既不能严密周防于先,复不能密速追拿于后,致多犯久稽弋获,岂疏纵常犯可比?皆由向来督抚等,仅沿常例查参,直至四参不获,始行分别降调,以致地方有司,不知儆惕,事理实为未协。嗣后各省疏脱遣犯,如有逃逸多人,逾限不获者,其知县等官,均按依限期从重参处。钦此。"遵旨议定:改遣人犯,同日脱逃至五六名者,该管官革职留任,戴罪勒限一年缉拿,全获开复,逾限一名不获,降二级调用;二名不获,降三级调用;三名不获,即行革职。

○又复准:军、流人犯,同日脱逃至三名以上,初参,专管官罚俸一年,兼辖官罚俸六月,俱限一年缉拿。限满不获,专管官降一级留任。拿获之日,准其开复。不获,照例扣限开复。兼辖官罚俸一年。逃犯照案缉拿。脱逃至六名以上者,初参,专管官罚俸一年,兼辖官罚俸六月,俱限一年缉拿。限满不获,专管官降一级留任,兼辖官罚俸一年,仍限一年缉拿。限满不获,专管官照所降之级调用,逃犯交与接任官照案缉拿;兼辖官降一级留任;府、州、厅员均仍照前例议处。如专、兼各官,疏脱三名、六名以上,于限内拿获数名,未能全获者,仍按其未获名数,分别议处。如二参限满,未获在二名以下,专管官照二名同日脱逃二参之例,罚俸一年,余仿此。

○三十四年(1769)奏准:徒犯同日脱逃至五名以上,初参,专管官罚俸一年,兼辖官罚俸六月,俱限一年缉拿。限满不获,专管官降一级留任。拿获之日,准其开复。不获,照例扣限开复。兼辖官罚俸一年。逃犯照案缉拿。脱逃至十名以上,初参,专管官罚俸一年,兼辖官罚俸六月,俱限一年缉拿。限满不获,专管官降一级留任,兼辖官罚俸一年,仍限一年缉拿。限满不获,专管官照所降之级调用,逃犯交与接任官照案缉拿,兼辖官降一级留任。拿获之日,准其开复。不获,照例扣限开复。如专、兼各官,疏脱五名、十名以上,于限内拿获数名,未能全获者,展参限满,按其未获名数,分别议处。如二参限满,未获在四名以上,专管官照四名同日脱逃二参之例,罚俸一年,余仿此。

○又复准:各省遇有紧要官犯等类,务择现任文武员弁,派委押解。其试用效力者,概不得派委。如有违例滥派,以致疏失者,除押解之员,按照律例分别议罪外,将原委之上司,降一级调用。无有疏失者,罚俸一年。

○三十六年(1771)复准:新疆改发内地遣犯,逃回原籍居住,别经发觉,查明原籍曾经奉文密缉者,无论已未详复,将原籍地方官,降二级调用;未经奉文密缉者,原籍地方官,降二级留任。其原籍接缉之地方官,如有失察逃回原籍者,于应得降调、降留处分外,再照从前未获年份,初限、二限,各罚俸一年。若在别处逗遛一二名,在半月以上者,失察之地方官,降一级留任;逗遛在三名以上,失察在半月以上者,降二级留任;一月以上者,降二级调用。

○又复准:拿获新疆改遣逃犯,至六名以上者,并无本境逃犯未获,照拿获邻境劫掠大案之例,该督抚奏请送部引见。如有本境改遣逃犯未获之案,停其送部,照例议叙。系前官任内未获逃遣,仍准奏请送部引见。

○四十五年(1780)奏准:凡地方官因事累民,以致民情不服,聚众殴差者,将地方官严参究治外,系应行缉拿之案,凶徒恃众哄闹,夺犯殴差,未能实时擒获,将该地方官即照盗案例题参疏防。未获人犯,按限参处。倘有讳匿,亦即照讳盗例议处。

○又谕:"嗣后发遣伊犁、乌鲁木齐等处脱逃人犯,务须上紧查拿。倘不实力严缉,一经别处拿获,究出经过地方之官员,俱行治罪外,其各该管上司,一并交部议处。仍将此等在逃人犯共有若干、拿获正法者若干、未经拿获者尚有若干之处,该大臣等于年终查明汇奏。"

○五十六年(1791)议准:各省年终汇奏逃遣人犯,将未获名数,分析声明。承缉、接缉各官,照凶首、盗首之例,一二名不获,罚俸六月;三四名不获,罚俸九月;五六名以上不获,罚俸一年;再限一年缉拿。限满不获,仍照此例,按其未获名数,分别议处。逃犯照案缉拿。道、府、同知、通判、直隶州等官,总计所属地方,获不及半者,罚俸六月。如承缉官本身不致离任者,仍按年汇题。

○又谕:"嗣后拿获逃遣人犯,审明系由何省行走,即将沿途所过省份按察使一并议处。庶各省按察使知有处分,留心缉拿要犯。钦此。"遵旨议定:拿获各省逃遣,讯明经由何省,将沿途所过省份之按察使,罚俸六月。

○嘉庆四年(1799)奏准:决不待时重犯,中途脱逃,系少差解役,未加肘锁者,将该管官革职;系多差解役,已加肘锁者,该管官革职留任,限一年缉拿。限内拿获,准其开复。不获,即行革任。斩、绞监候重犯,中途脱逃,系少差解役,未加肘锁者,该管官降一级调用;系多差解役,已加肘锁者,该管官降一级留任,限一年缉拿。限内拿获,准其开复。不获,照所降之级调用。发遣新疆等人犯,中途脱逃,系少差解役,未加肘锁者,该管官降一级留任,限一年缉拿。限内拿获,准其开复。不获,照所降之级调用。系多差解役,已加肘锁者,该管官降职一级,限一年缉拿。限内拿获,准其开复。不获,照所降之级留任。逃犯照案缉拿。军、流以下人犯,中途脱逃,系少差解役,未加肘锁者,该管官罚俸一年;系多差解役,已加肘锁者,该管官罚俸六月。逃犯俱照案缉拿。

○又奏准:凡该管知府、直隶州,遇所属州县,有决不待时重犯,中途脱逃,州县官例应革职者,府、州降一级调用,司、道降一级留任,督、抚罚俸一年。系斩、绞重犯,州县官例应革职留任,府、州降一级留任,限一年督缉。限内拿获,准其开复。不获,照所降之级调用。司、道罚俸一年,督、抚罚俸六月。系新疆改遣人犯,府、州罚俸一年,司、道罚俸六月,督、抚免议。系寻常军、流以下人犯,府、州罚俸三月,道员免议。如属员于限内获犯,例得开复,该管上司一体开复。职名尚未送部者,即予免议。

○又奏准:各省秋审发回监候,及他省递解人犯,如系斩、绞重犯,少差解役,不加肘锁,以致自尽者,该管州县,及佥差不慎之营员,降一级调用;系多差解役,已加肘锁,该犯仓猝自尽者,降一级留任。军、流、徒罪,少差解役,不加肘锁,以致自尽者,降一级留任;多差解役,已加肘锁,竟致自尽者,罚俸一年。其递至中途寄监自尽者,将该州县有狱、管狱官,照监犯自尽例议处,原解之员免议。若在村庄坊店歇宿自尽者,止将原解之员,分别议处。原解之员应降调者,添解之员减为降留;原解之员应降留者,添解之员减为罚俸;原解之员应罚俸一年者,添解之员减为罚俸六月。其有在途仓猝跌毙、溺毙者,照监毙例议处。

○又奏准:改遣以上人犯,中途脱逃,承缉官未经限满离任者,逃犯交与接任官,限一年缉拿。限满不获,罚俸一年,再限一年缉拿。不获,再罚俸一年,逃犯照案缉拿。

○又奏准:解役与犯同逃者,亦照各项罪犯脱逃之例,一体限缉议处。如所差解役得受贿赂纵逃者,照失察衙役犯赃例议处。

○又奏准:凡各项起解人犯,递至邻境,未交之先,途路脱逃者,邻境地方官免议,将原佥差地方官议处。已交之后脱逃者,原佥差地方官免议,将邻境之地方官议处。

○五年(1800)奏准:各项逃犯逗遛不及半月者,地方官免议。

○又奏准:军、流等犯遇赦减等发落,未准部复,即行脱逃,刑部议以不准免缉者,疏脱之专管官,罚俸六月,兼辖官罚俸三月,府、厅免议。

○又奏准:官员将应拟徒罪人犯,令人取保脱逃者,罚俸六月。

○又奏准:军、流人犯,负罪潜逃,逗遛在境,失察之地方官,罚俸六月。

○又奏准:解役将文批遗失、销毁者,佥差官罚俸六月。

○七年(1802)奏准:凡问发新疆,及由新疆改发内地各遣犯,中途配所脱逃,并逃回原籍,及逗遛在境,拿获之日,例应正法者,佥差、护解各官,该管上司,及专、兼各官,失察之道、府、厅员,并地方官,均照新疆人犯脱逃之例办理。其遣犯拿获之日,仅止调发枷号、杖责,例不正法者,应议各官,均照寻常军流遣犯脱逃之例办理。

○又奏准:凡拿获邻境问发新疆,及由新疆改发内地遣犯,不论越狱中途配所脱逃,例不正法者,照拿获军流罪犯例,分别起数、名数议叙。如系例应正法之犯,拿获至六名以上者,仍准送部引见。其未及六名者,照缉拿重犯例,每一名准其加一级。如例不正法之犯,即获至六名以上,不准奏请引见。

○十八年(1813)奉旨:"直省州县,各有疆界,定例拘传邻境人犯,必关移本地方官票传移解,原以杜冒名妄拿、扰害平民之弊。若案关重大,如现在缉拿逆犯,自应量为变通,免致稽迟时日,漏泄风声。嗣后如查拿逆案要犯,邻县躧明住址,准其选派干役,就近速往掩捕。仍密具文移,另派妥役,关会本邑地方官,并免其不及协拿处分。庶冒充、延搁之弊,可以悉除。其寻常命盗、户婚、田土案件关提人犯,仍着照旧例行。"

○〔道光〕二十七年(1847)奏准:决不待时重犯,中途脱逃,系少差解役,未加肘锁者,该管官革职;系多差解役,已加肘锁者,该管官革职留任,限一年缉拿。限内获犯,准其开复。不获,即行革任。斩、绞监候重犯,中途脱逃,系少差解役,未加肘锁,疏脱一名者,该管官降一级调用;二三名者,降二级调用;四五名以上者,降三级调用。系多差解役,已加肘锁,疏脱一名者,该管官降一级留任;二三名者,降二级留任;四五名以上者,降三级留任。俱限一年缉拿。限内拿获,准其开复。不获,照所降之级调用。

〇又奏准:发遣新疆等处重犯,此指脱逃拿获例应正法者而言。中途脱逃,系少差解役,未加肘锁,疏脱一名者,该管官降一级留任;二三名者,降二级留任;四五名以上者,降三级留任;俱限一年缉拿。限内拿获,准其开复。不获,照所降之级调用。系多差解役,已加肘锁,疏脱一名者,该管官罚俸一年;二三名者,罚俸二年;四五名以上者,降一级留任;俱限一年缉拿。限满不获,原议罚俸一年者,降一级留任;罚俸二年者,降二级留任;降一级留任者,降三级留任。逃犯照案缉拿。

〇又奏准:寻常遣罪及军、流以下人犯,中途脱逃,系少差解役,未加肘锁,疏脱一名者,该管官罚俸一年;二三名者,罚俸二年;四五名以上者,降一级留任。系多差解役,已加肘锁,疏脱一名者,该管官罚俸六月;二三名者,罚俸一年;四五名以上者,罚俸二年。逃犯照案缉拿。

〇又奏准:递回原籍收管之人,中途疏脱一名者,该管官罚俸三月;二三名者,罚俸六月;四五名以上者,罚俸一年。

〇又奏准:该管上司,遇所属解犯脱逃之案,州县官应革职者,府、州降一级调用,道员降一级留任,臬司罚俸一年,督、抚罚俸六月。州县官应革职留任者,府、州降一级留任,限一年督缉,限内拿获,准其开复,不获,照所降之级调用;道员,罚俸一年;臬司,罚俸六月;督、抚,罚俸三月。州县官应降调者,府、州降一级留任,道员罚俸一年,臬司罚俸六月。州县官应降留者,府、州罚俸一年,道员罚俸六月,臬司罚俸三月。州县官应罚俸一年者,府、州罚俸三月。州县官应罚俸六月者,府州罚俸一月。光绪十二年(1886)奏准:参劾州县官应罚俸二年者,府、州罚俸六月,道员罚俸三月。如属员于限内获犯,例得开复,其上司应得处分,亦一体准其开复。若职名尚未送部,即予宽免。

〇又奏准:各州县于递回收管流民,如有复行脱逃出边滋事者,一名罚俸六月,二三名罚俸一年,四名至六名罚俸二年,七名至九名降一级留任,十名以上降二级留任。其出边后,失察在境潜住地方官,亦照此例议处。仍着落原籍地方官,勒限一年缉拿。逾限不获,一名罚俸二年,四名以上降二级留任,十名以上降三级留任。逃后不行申报,罚俸二年。若递回收管后,仅止出境,并未复行出边滋事者,仍照失察寻常递回收管人犯出境例议处。

# 卷一百二十五·吏部一百九

## 处分例 命案检验 命案缉凶

### 命案检验

○康熙九年(1670)题准:凡检尸官员,听信仵作,有伤报称无伤,或将打砍伤痕报称跌磕伤者,降二级调用,转详之上司,罚俸一年。如上司批令复验,竟不复检,将伤痕不行全报者,降一级调用。

○十四年(1675)议准:凡检尸,毋得三检。如违例三检者,罚俸一年。

○二十五年(1686)议准:委令武职、典史等官检尸者,将委令之上司降一级留任。

○又议准:凡命案实系殴伤致死,而捏报伤风及因他病死者,承问府、州、县官降一级调用,司、道罚俸一年,督、抚罚俸六月。

○雍正三年(1725)奏准:凡人命呈报到官,该地方官立即亲往相验,止许随带仵作一名、刑书一名、皂隶二名,一切夫马饭食,均自行备用。并严禁书役人等,不许需索分文。如果系轻生自尽,殴非重伤者,即于尸场审明定案,将原、被、邻证人等释放。如该地方印官不行自备夫马,取之地方者,照因公科敛律议处;书役需索者,照例计赃分别治罪。如故意迟延拖累,照易结不结例处分。

○七年(1729)议准:嗣后在京五城内外地方,遇有命案,如系民地,总甲呈报;如系旗地,领催呈报。倘迟延不报,别经发觉,将应管之领催、总甲,照律治罪。如已报而佐领、兵马司互相推诿,查明地界,将该管官照推诿事件例议处。

○又议准:凡控告人命,如有诬告情弊,将诬告人照律治罪,不得听其自行拦息。其间或有一时误听人言,情急妄告,于未经验尸之先,尽吐实情,自愿认罪,呈辞求息者,则是已知悔过,应予以自新之路,讯明该犯果无贿和等情,照例定拟完结。如有教唆情弊,将教唆之人照律治罪。该地方官有徇私贿纵者,该督抚题参,照故出人罪例分别议处。

○又议准:按律内检验尸伤,若牒到不即检验,致令尸变者,将该地方官降一级调用。如邻邑代验迟延,亦照此例行。凡州县官,如遇邻邑佐贰移请代验人命,将接文及起程时刻,于代验通报文内声明。据报人命之佐贰官,亦一面移请邻邑州县官相验,一面将移请代验情由,报明该管府州查核。如邻邑之州县官,并无别故,巧为诿卸,不往相验者,经上司查出,将邻邑之州县官,照不应重律,降三级调用。如邻邑之州县官,实在患病,并有紧要事务,不能前往代验者,该州县出具确实印结,并取同城官不致扶同捏结,通报上司存案。如有虚捏,将扶同出结之同城官,照徇情例,降二级调用。

〇乾隆元年(1736)议准:凡人命呈报到官,如正印官公出,本邑与邻邑壤地相距不过五六十里,而邻邑印官未经公出者,即申报邻邑印官,代往相验。其或邻邑地处窎远,不能朝发夕至,或印官又经他往,势难兼顾者,即派委佐贰代验,仍听正印官审理。而代验之员,必系同知、通判、州同、州判、县丞等官,毋得滥委杂职。仍令该督抚饬令代验各员,相验时必须稽查严密,详细验看初供伤痕,毋许草率蒙混,苟且塞责。其有日后复将尸伤详请复检,若检出别情,与初验伤痕不符,将代验官照检验不实例分别议处。

〇又复准:凡斗殴重伤之人,除附近城郭,以及事简州县,可以往验者,仍令正印官亲诣验看外,其离城窎远之区,及繁冗州县,实系不能逐起亲验者,应委佐贰、捕巡等官,速往据实验报,仍听州县定限保辜。倘佐贰、捕巡等官验报不实,照例议处。乾隆三十年(1765)改"照检验不确例议处"。如州县官实能往验,而怠弛推诿,概委之佐贰、捕巡等官,致滋扰累、捏饰等弊者,仍照定例议处。乾隆三十年改为"降一级调用"。

〇六年(1741)复准:人命案件,该州县官不立即亲诣相验,故意迟延,致滋扰累者,该管知府、司、道、督、抚不行揭报题参,将该管知府降一级调用,司、道罚俸一年,督、抚罚俸六月。

〇七年(1742)奏准:凡人命案内有致命伤痕,有不致命伤痕,或将致命伤痕报出,不致命伤痕遗漏未报,再或拳伤报称踢伤,木器伤报称铁器伤之类,罪无出入者,罚俸一年。

〇十二年(1747)复准:黔省所属,有原无佐贰,及虽有佐贰而府、厅、州县并不同城者,倘印官公出,准令经历、知事、吏目、典史等官,酌带谙练件作,如法相验,写立伤单,一面仍请邻邑印官验明填报。至直省各督抚所属州县内,并无同城佐贰,及地方广袤,与黔省情形相似者,亦一例酌量办理。其余仍照定例遵行。倘经历、知事、吏目、典史等官,于初验时略有增减,后经查出,即将原验之佐杂等官,亦照检验不实例分别议处。

〇三十年(1765)议定:凡人命呈报到官,该地方官亲往相验,一切夫马饭食,自行备用,并严禁书役人等,不许需索分文,如书役需索者,计赃治罪,该地方官照书役犯赃例分别议处。

〇嘉庆五年(1800)议定:凡控告人命,如有诬告情弊,将诬告人照律治罪,不得听其自行拦息。如该地方官听其拦息不究,照失出例议处。

〇六年(1801)奏准:命盗案件,诣验诣勘后,即用印文通详。如先未通详,仅止通禀,于开送职名时,声称业经具禀,及于招解时声明通详者,均仍按详报迟延本例议处。

○九年(1804)议准:凡例应详请委员相验之案,本员不遵例详请委验,并无别项情弊者,照违令公罪律罚俸九月。倘有规避蒙混等情,仍按其所犯各本例议处。

○十一年(1806)奏准:州县官遇有详请开棺检验之案,无论上司驳查与否,俱准其以开检之日另起承审限期。至接奉上司批准后,如有开检迟延,应以奉文之日起,按其违限月日,照命案详报迟延例分别议处。迟延在十日以内者,免议;迟延在十日以外未及一月者,降一级留任;一月以上至二月以上,未及三月者,降二级留任;三月以上者,降一级调用;四五月以上者,降二级调用;半年以上者,降三级调用;一年以上者,革职。

○咸丰二年(1852)题准:云南永北厅经历,分驻旧衙坪地方,如有呈报人命,应令该管土司实时转报,由该经历带领仵作驰往相验,勒限协同严缉。倘有相验不实,增减伤痕情弊,分别照例议处。如凶犯限满无获,将该经历照土司例开参议处。

○六年(1856)奏准:直省州县,于民人呈报斗殴伤重之案,无论离城窎远,事务冗繁,如有令刑书、仵作前往代验者,将州县官降三级调用。因刑仵代验,以致轻重任情,罪名出入者,将该州县官革职。

○十年(1860)奏准:地方人命案件,州县官于亲诣相验后,限五日内通禀。如迟至十日始行具禀者,记大过一次;十五日,记大过三次;二十日,照应申不申律,罚俸六月。倘有心讳匿不报,别经发觉,即照讳命例议处。其通禀、通详,均应以勘验之日起限,不准于通禀之后,再起通详之限。若已经获犯,延至二十日始行通禀,仍照应申不申律,罚俸六月。查系详报迟延,照事件迟延例议处。

**命案缉凶**

○康熙十五年(1676)题准:官员所属地方,有杀死人命,州县官知情隐匿,不行申报者,革职;不知情不行申报者,降一级留任。

○二十二年(1683)议准:旗下家人、庄头等倚势霸占,把持衙门,或将平民打死,此等事发者,若系内务府包衣下人,将该管官降一级留任;若系王、贝勒、贝子、公家人,将该管理家务官亦降一级留任;若系民公、侯、伯、大臣、官员家人,将各主降一级留任。公、侯、伯无级可降,照例罚俸一年。

○四十二年(1703)谕:"笔帖式等有打死家人,妄行不端之事者,着革退。"

○四十七年(1708)复准:凡遇命案,地方官从前不知不报,后即自行查出通报,将本案审明,不论年月远近,皆免其议处。若被上司查出,或被旁人告发者,仍照官员所属地方杀死人命不知情不行申报例处分。乾隆三十年(1765)改为"降一级留任。接任官不能查出,照失于查察例罚俸一年"。嘉庆五年(1800)增"自行查出者,免议"。

○四十九年(1710)复准:命案凶犯在逃,承缉官员,初参以六月扣限核参,将承缉官住俸,勒限一年缉拿。如限满不获,罚俸一年,再限一年缉拿。限满不获,罚俸二年,仍再限一年缉拿。限满不获,降一级留任,凶犯照案缉拿。其杀人凶犯,如果隐匿本境,该管官知而容隐,不行拿究,别经发觉,将容隐之官,照知情隐匿不行申报例革职。如该管官委不知情,系地方棍徒容隐者,止将容隐之人治罪。如先虽容隐,后仍自行出首,亦准免罪。

○雍正二年(1724)议定:八旗官员,有奴仆违犯教令,依法决罚,仓猝致死,及过失杀者,仍照律勿论外,凡官员将奴仆非故杀责打身死者,罚俸二年;故意殴杀奴仆者,降二级调用;持刃杀死奴仆者,革职治罪。将伊族中家奴非故意殴打致死者,降二级调用,追人一口给付死者之主;故意殴杀族中家奴者,降三级调用,追人一口给付死者之主;持刃杀死族中家奴者,革职治罪。

○四年(1726)议准:凡地方有路死人命,即以仇盗未明通报。自报出之日起,扣限一年缉获。乾隆十五年(1750)改为扣限六月。如逾限不获,将该地方官照缉凶不力例查参议处。如缉获之后,审系仇杀,仍照例定拟;审系盗杀,仍将疏防职名补参。

○五年(1727)议准:凡人命,除实系因病倒卧自死无伤者,许地方官验详掩埋外,如将受伤身死之人,作为病毙,擅自掩埋结案者,发觉之日,将该地方各官,照殴死捏报病死例议处。再有不肖官员,虑凶犯难缉,将仇盗命案,竟行隐匿不报者,事发之日,将地方各官并上司,皆照讳盗讳命例议处。

○七年(1729)议准:凡京城内命案,除倒卧身死无伤者,许该管官验详立案掩埋外,如有受伤身死无名之人,令五城、大兴、宛平二县该管各官,一面报部,一面缉拿。即详开年貌服色,多张告示,招人识认。设立首报赏格,务期弋获。按其初报到官之日,扣限一年,缉拿凶犯。乾隆十五年(1750)改为扣限六月。如限满不获,将承缉之该管本地方官,照缉凶不力例指参处分。如日后查明实系盗杀,仍照京城盗案例核参议处。若协缉、接缉等官,能于限内拿获凶犯一名者,纪录一次;拿获数多者,以次递加。如被旁人出首拿获者,给予奖赏。

○又议准:命案内如诬告反坐、教唆假命,及致死卑幼、威逼自尽等案,原无抵偿之犯,如果情节明显,罪应军、流者,各该督抚审明发落,仍将各案于年内汇题,原招送部查核。如有情节不符,分析题驳,令再行确审。查有弊端,照失出失入例议处。

○又议准:凡命案凶犯在逃,承缉州县官,一面详报上司,一面备文移知附近邻邑,遍行访缉。如能拿获别县正凶,于审明结案后,将拿获之邻邑地方官,随招附入,题请议叙。拿获一名者,纪录一次;二名者,纪录二次;三名者,纪录三次;至拿获四名以上者,准加一级。

○又议准:凡官员接缉命犯,能于一年限内,拿获一案首犯者,纪录一次;一案之内,首从悉行拿获,纪录二次。至前官任内有杀人凶犯,隐匿不报,接任各官,以到任日为始,限三月查出揭报。如逾限不能查报,别经发觉者,将接任州县官,降一级留任;同城知府,罚俸一年;后增"道员罚俸九月"。接任不同城知府,在百里以内者,罚俸九月,后增"道员罚俸六月"。在百里以外者,罚俸六月。后增"道员罚俸三月"。接任直隶州知州,照知府例议处。接署之官,亦照此例议处。未及三月者,免议。

○八年(1730)议准:凡承缉命案之本官,未经缉获,内有升迁、降调、因事离任者,仍按限咨参分别议处外,其接任官命犯案件,如前任官有正凶未获者,以到任之日起,限一年缉获。限满不获,罚俸一年,逃犯仍照案缉拿。

○十三年(1735)复准:凡命案内之首犯脱逃,其承缉、接缉各官,在勒缉限内,仍扣限核参议处。至勒缉年限已满,照案缉拿后,该管各官不实力查缉捕获者,令该督抚于年终汇题册内核参,按其不获名数,分别议处。州县、吏目、典史各官,一年内,二三名不获,罚俸六月;四五名不获,罚俸九月;六七名以上不获,罚俸一年。以上应行议处官员,核参一次之后,即免其重复参处,仍令照案缉拿。若接缉之员,果能于照案缉拿之后,年终汇题之前,拿获凶首者,除承缉各官毋庸议叙外,将接缉之州县、吏目、典史等官,按其拿获名数,二三名以上者纪录一次,六七名以上者纪录二次。其承缉、接缉各官,一年内拿获之数,与不获相当者,皆准其功过相抵。统令该督抚于汇题册内,将各案情由,以及承缉年份、一年内已获几名、未获几名,并各官职名,逐一声明。仍于贴黄内开叙简明总数,刑部细加查核,会同吏部察议。

○乾隆三年(1738)议准:官员故意殴死奴仆,及殴死族中家奴,议以降调者,虽有加级纪录,不准抵销。

○七年(1742)议准:凡州县所属地方,有杀死人命,州县官知情隐匿,不行申报,该管上司明知属员有讳命情弊,隐匿不行揭参者,各降三级调用。不知情失于觉察者,同城知府降一级留任,司、道罚俸一年,督、抚罚俸六月;不同城,在百里以内者,知府罚俸一年,司、道罚俸九月,督、抚罚俸六月;百里以外者,知府罚俸九月,司、道罚俸六月,督、抚罚俸三月。直隶州知州照知府例处分。仍令该督抚将知情与不知情,并道路远近,于疏内声明,以凭照例察议。州县官不知情不行申报者,降一级留任,上司免议。

○十一年(1746)复准:凡承审命案,上司并无批驳情节者,仍令按限审解外,其有屡经驳查,方经批准,实属迟延有因之案,令该督抚据实声明报部,以检验之日扣限起,如有假捏展限情弊,照例参处。

○二十五年(1760)复准:前官未获凶恶盗首,接缉官三参限满,本身未经离任者,仍照承缉凶首盗首例,入于汇题,按年核参。如一二名不获,罚俸六月;三四名不获,罚俸九月;五六名以上不获,罚俸一年。

○二十八年(1763)复准:外省通缉凶盗等犯,各该州县开载该犯姓名年貌、有无须痣,造册详送督抚,转咨各省,按照查缉。如该州县有遗漏开造者,照发遣人犯漏开年貌例,罚俸九月。

○又奏准:官员殴死赎身及放出奴婢,并该奴婢之子女者,照殴死族中奴婢例,减为降一级调用；故杀者，照故杀族中奴婢例，降三级调用。加级纪录，不准抵销。

○又复准：命案内有减等发落，应追埋葬银两之犯，俱勒限三个月，将埋葬银照数追完。如审系十分贫难，照例量追一半，给付尸亲收领。或本犯尚有物产可抵，即令于三月限内速行变交，毋许借端迟延。若限满勘实力不能完者，一面将该犯发配，一面取具地邻、亲族供结，州县官详请督抚核实，咨请豁免。倘豁免之后，如有资财隐匿，或经查出，或被尸亲告发，将出结之地邻人等，均照不应重律治罪，详请之州县官，照不行查明出结例，罚俸一年。

○二十九年（1764）复准：五城命案，司坊官照例承缉。其巡城科道，如一年之内，三案未获，罚俸三月；五案未获，罚俸六月；六七案以上未获，罚俸一年。

○三十年（1765）奏准：人命案内之脱逃为首凶犯，及盗案内之脱逃盗首，至勒缉年限一满，照案缉拿后，该管各官不实力查缉捕获者，令该督抚于年底汇题册内核参。命案首犯未获，将该州县官查参；盗首未获，将道、府、同知、通判、直隶州、州同、州判、州县、吏目、典史等官，一并查参。俱按其不获名数，分别议处。接缉之州县、吏目、典史各官，一年内，二三名不获，罚俸六月；四五名不获，罚俸九月；六七名以上不获，罚俸一年。道、府、同知、通判、直隶州、州同、州判各官，总计所属地方被劫案数，一年内，属员将首犯名数拿获不能及半者，罚俸六月。以上应行议处官员，核参一次之后，即免其重复议处，仍令照案缉拿。如系承缉官四参，本身不致离任者，仍按年汇题。一名至二三名不获者，罚俸六月。余照前例处分。若接缉及督接缉各员，果能于照案缉拿之后，年底汇题之先，拿获凶首、盗首者，将接缉之州县、吏目、典史等官，按其拿获名数，二三名以上者，纪录一次；六七名以上者，纪录二次。督缉、督接缉之道、府、同知、通判、直隶州、州同、州判等官，总计所属地方被劫案数，如能董率属员拿获过半者，纪录一次。其承缉、接缉、督缉各员，一年内拿获之数，与不获之数相当者，俱准其功过相抵。

○又奏准：命盗等项杂犯案内，在逃之伙盗从犯、余党，情实重大，罪该斩、绞重辟者，俱以结案咨题部复文到日为始，勒限一年缉拿。逾限不获，照承缉凶首盗首之例，于年底汇题，将承缉之员核议。一二名不获，罚俸六月；三四名不获，罚俸九月；五六名以上不获，罚俸一年；再限一年缉拿。限满不获，仍照此例，按其未获名数分别议处，人犯照案缉拿。接缉官免议。

○又奏准：命犯脱逃案件，如承缉官于初参限内离任者，接缉官限满不获，罚俸一年，再限一年缉拿；二限不获，再罚俸一年，凶犯照案缉拿。若系杀死三命以上之案，承缉官未届三参离任者，接缉官限满不获，罚俸一年，再限一年缉拿；二限不获，罚俸二年，凶犯照案缉拿。或接缉官未届二参，复因事故离任，令再接缉之官，限一年缉拿。限满不获，罚俸一年，凶犯照案缉拿。

○又奏准：凶徒聚众械斗，如系衅起一时，并非预谋聚众者，将失察之地方官，免其议处。其持械肆横，预先纠众，该地方官有心故纵者，照溺职例革职。实系失于觉察,不行查拿者,照命案不知不报例,降一级留任。如能将在场首从各犯,严拿全获,按律惩治者,从宽免其处分。若地方官于获犯到案时,不严行惩治,代犯开脱者,照故出人罪例议处。

○又复准:各省沿河州县,遇有被伤尸身,漂流过境,该地方官未经捞验,被下游收获,或别经发觉,或据凶犯供出,确有实据者,将未经捞验之各州县官,照失于查察例,罚俸一年。或地保人等已经呈报,而该地方官讳匿不报,照邻邑巧为诿卸不往相验例,降三级调用。

○三十三年(1768)复准:卑幼擅杀期功尊长、属下人殴杀本管官、奴婢殴杀家长,并杀死三命、四命之凶犯脱逃,初参,承缉官住俸,勒限一年缉拿。限满不获,降一级留任,再限一年缉拿。再限不获,即照所降之级调用。

○三十七年(1772)奏准:官员将奴仆之妻妾行占夺,或图奸仆妇不从,毒殴致死,审明如有确据,及本主自认不讳者,革职,照例治罪。若将奴仆打死,隐匿不行报部者,革职。私用夹拶奴仆者,降一级调用;致死者,革职。用刀背打奴仆者,降一级调用。加级纪录,不准抵销。

○四十五年(1780)奏准:凡地方有受伤身死无名之案,毫无失物者,照命案缉凶外,内有失物情形,及盗田野谷麦菜果、无人看守器物之案,至拒捕伤人致死者,俱照盗案题参,按限参处。

○五十九年(1794)奏准:官员祖母、母、妻,将家奴殴打致死,及犯有过失,照官员例应罚俸者,俱照伊夫、子、孙品级罚俸。至伊夫、子、孙原有官职,身故后无俸者,照伊夫、子、孙原官品级罚俸,交与该部追取银两。

○嘉庆九年(1804)奏准:凡卑幼殴打期功尊长、属下人殴打本管官、奴婢殴打家长,伤而未死,凶犯脱逃者,该督抚详核案情,如拿获之日,罪应斩、绞、军、流者,将承缉官照寻常命案缉凶例,按限查参。

○道光二十五年(1845)奏准:官员首先拿获邻境杀死本管官凶犯,罪应斩枭、斩决者,照拿获盐枭戕毙官弁例,送部引见。

○又奏准:地方官首先拿获邻境图财杀死一家二命下手致命凶犯,罪应斩枭、斩决者,照拿获杀死事主盗犯例,送部引见。如仅止杀死一命者,给予加二级。

# 卷一百二十六·吏部一百十

## 处分例 承缉叛逆 讳盗 京城缉捕窃盗

### 承缉叛逆

○顺治十八年(1661)议准:同城失守,将、道、府、州、县印捕官,皆革职提问;同知、通判、经历、照磨、知事、检校、州同、州判、县丞、主簿等官,皆革职。属邑失守,将该管道员住俸催剿。知府既无兵马之责,如不同城者,不议罪。

○又议准:承缉叛逆人犯官员,革职戴罪承缉,接缉官停其升转责缉,协缉官住俸戴罪协缉,督缉官罚俸六月催缉。将承缉官限三年缉拿。乾隆十五年(1750)改为"扣限二年缉拿"。如不获,降一级调用。如有加级纪录,准抵。将盗贼仍照案缉拿。其接缉、协缉官员,以贼案发觉之日计算,如未满三年,仍停其升转缉拿。俟满三年,将接缉、协缉官员罚俸一年,督缉道员罚俸六月,皆免其停升。其未获贼犯,照案缉拿。或所属地方,有奸徒潜住,左道惑众,结党作乱,或造写妖书、伪印迷惑等事,隐匿不报,皆革职提问。该管上司,各降四级调用;督抚,降一级调用。如将叛逆人犯,及人犯之父母、兄弟、妻、子,纵放脱逃,及逃犯未获,作为已获顶替者,叛逆未灭,谎报已灭者,亦照此例处分。如地方叛逆伙党,有即能除灭,或将脱逃叛逆人犯即获者,皆免议。如叛逆家属不行解部,或听其买赎,或谎称亡故,皆降二级调用。如起解迟延,并叛逆人犯出入境内,不能查获者,皆降一级调用。该管上司罚俸一年。

○又议准:接缉叛逆各官,停其具题,止将接管日期,咨部停升。俟年限满后,照例参处。

○又议准:官员将在逃反叛正犯并未查出,出具并无印结,后被旁人出首者,将未经查出之州县革职,知府降四级调用,司、道降二级调用,督、抚降一级留任。如斩、绞人犯及重要人犯脱逃,未经查出,出印结后,被旁人出首,州县官降二级调用,道、府罚俸一年。如将在逃叛逆牵连之人,及军、流人犯,未经查出者,州县官罚俸一年。如官员将重犯自行藏匿者,革职。至奸细出入境内,不能查拿者,州县官降四级调用,该管上司降二级调用。其京城奸细、放火凶徒,专责步军、五城、三营、大兴、宛平二县严拿。如被别处官员人等拿获者,该汛地官员,亦照此例议处。

○康熙十七年(1678)题准:凡亲身招抚伪官兵者,应行议叙,以示鼓励。若不行据实呈报上司,上司不行详查,以少称多,谎奏请功,将具题官降二级留任,谎报官革职。

〇乾隆六年(1741)议准:聚众为匪人犯脱逃,各省通缉之案,不论本省及外省,有能将通缉人犯拿获者,该督抚具奏,每一名纪录一次。如拿获要犯,每一名加一级。

## 讳盗

〇顺治初年定:州县官若将盗案隐讳不报,或讳强为窃者,皆革职。

〇康熙五年(1666)题准:州县官地方失事,勒令事主减报盗数,将未获贼犯,谎报溺死、杀死者,革职。司、道、府等官不行详查,遽以转报,罚俸一年;督抚不详查具题,罚俸六月。

〇十二年(1673)复准:拿获盗贼审问时,供出从先行劫之处,审明,仍行文该督抚。若事主已经报官,将地方官照讳盗例处分。如事主未报失事,未有实据者,该督抚取具该地方官并无讳盗印结缴报。若报后被旁人告发,或被科道官纠参,确查讳盗情实,将该管地方官,以讳盗不报例处分。

〇十五年(1676)题准:或本汛失盗,彼此推诿不报者,亦照讳盗例处分。如将盗案已经申报,彼此推诿者,将不应推诿之官降一级调用,转详官罚俸一年。如上司将州县申报盗数,擅自删减者,照州县例处分。如州县官不确查盗数申报,或不开载失事地方官职名申报者,皆罚俸一年。

〇雍正二年(1724)复准:州县有讳盗不报,该管之道、府、捕盗同知、通判扶同徇隐者,降三级调用。如止失于觉察,将同城之该管等官降二级调用;不同城,在百里内者,降一级调用;不同城,在百里外者,降一级留任。至督抚不能稽察属官,任其隐讳,如系知情,降一级留任;不知情,罚俸一年。仍令各该督抚于题参疏内,将同城、不同城及道里在百里内外,逐一声明,以便分别察议。

〇三年(1725)议准:如有地方官,畏疏防承缉处分,借端吓阻事主,抑勒改供,讳盗不报者,勘实题参,照讳盗例革职。若事主以窃报强,挟制官府,妄行控告者,亦即审明治罪。

〇又议准:州县官如有讳盗不报,及以强为窃者,其捕盗之丞倅专官,查出即行揭报者,免议;倘失察徇隐,分别议处。

〇七年(1729)议准:接任之官,于到任三月内,务将前官讳盗之案查出揭报。如逾限不能查出,或经发觉,将接任印捕官,皆革职留任;接任同城该管官,降一级留任;接任不同城该管官,罚俸一年。到任未及三月者,免议。接署各官,亦照此例议处。

〇乾隆元年(1736)议准:凡有呈报强劫盗案,仍照例令该管印官会同营员赴勘外,其以失窃具报者,讯供确实,毋庸会勘,仍出具并无抑勒讳饰印甘各结,随文申送该管上司存案。倘事主果有讳强为窃情弊,查出照例治罪。如该地方官有抑勒改报,讳强为窃者,别经发觉,仍照讳盗例革职。

○嘉庆十一年(1806)奏准:各省命盗案件,州县官讳匿不报,及不知情不行申报,仍照旧例办理外,至已据事主呈报,未即通详,因卸事移交后任,核其诣验、诣勘至卸事移交之日,在十日以内者,免其议处;其迟延十日以外,未及一月者,州县官降一级留任,该管府、州罚俸六月;一月以上至二月以上,未及三月者,州县官降二级留任,该管府、州罚俸九月;三月以上者,州县官降一级调用,该管府、州罚俸一年;四五月以上者,州县官降二级调用,该管府、州降一级留任;半年以上者,州县官降三级调用,该管府、州降二级留任;一年以上者,州县官革职,该管府、州降一级调用。其准前官移交,未即通详,复因卸事移交后任者,亦照此例议处。其迟延至获犯后始行通详,及准前官移交,迟延至获犯后始行通详者,均照事件迟延例议处。前官获犯,未及通详,移交后任详报者,与未获犯者有间,亦照事件迟延例议处。

○又奏准:捕役诬拿良民为盗,及诬良为窃,私用非刑致死者,将失察之州县印捕官革职,道、府、直隶州总捕厅官降二级调用,按察使降一级调用,督抚罚俸一年。诬良为盗,未经致死者,州县印捕官降四级调用,道、府等官降一级调用,按察使罚俸一年,督抚罚俸六月。诬良为窃,未经致死者,州县印捕官降一级调用,道、府等官降一级留任,按察使罚俸六月,督抚罚俸三月。上司查出揭参者,免议。

○十二年(1807)谕:"民间呈报盗案,地方官虑干处分,往往恐吓事主,抑令报窃,或勒改呈词,或逼递悔状,间有报案,或因供证未确,情节稍歧,先将事主多方苦累,其派出捕役,并不上紧缉拿正犯,转先向事主之家,诛求无已,索取酒食,讲说规礼,一切盘缠花用,无一不取给于事主。小民计算呈控到官,为费不赀,辄相率隐忍不报,可见胥役之为害,甚于贼盗。而地方官置若罔闻,一任胥役横索,贻害无穷。无怪盗风愈炽,而上控之案愈多也。向例事主报盗,止许听审一次,认赃一次,法禁綦严。嗣后凡遇民间盗案,地方官躧看明确,立时缉办。如有讳盗不报者,即当严参治罪。俾知失察之咎轻,而讳饰之罪重,庶可挽回锢习。其捕役人等,尤当严禁需索事主,勒限缉拿,速为断结,毋任往返拖累。倘仍有讳盗勒改呈词,故勘事主,或任听胥役等恣意勒索等事,一经告发,或被人参奏,必将地方官从严惩治。其该管上司,亦一体交部严议,决不姑贷。"

**京城缉捕窃盗**

○康熙十五年(1676)题准:京城关厢内,如有大盗二三十人,带弓矢将人砍伤,劫去财物,该管文职不便照平常盗案例议处,将该管之兵马司官革职,贼犯令接任官照案缉拿。乾隆三十七年(1772)增"接任官限满不获,照京城盗案例议处"十五字。

○三十七年(1698)复准:京城关厢内,遇白昼贼盗,致死人命,夺去财物,该管官员,将贼犯当场全获,以及一月之内全获者,免议。如一月之内拿获一半者,将专汛官罚俸一年,兼辖官罚俸六月,贼犯照案缉拿。如一月内该管官员不行缉拿,致贼脱逃者,将专汛官降二级调用,兼辖官降一级调用,所有加级纪录不准抵销,贼犯令接管官照案缉拿。其直隶各省城内,遇有白昼贼盗致死人命、劫去财物之事,该管各官不行严拿,照强盗入城池行劫之例议处。

○雍正七年(1729)议准:大兴、宛平二县承缉之案,原系直隶总督参处者,仍听直隶总督照定例参处外,其有刑部现审内,行文五城、大兴、宛平缉拿之案,如关系偷盗仓库钱粮,并隐匿紧要重犯等项,查明该管地方,即于文内增注"要犯,勒限缉拿"字样。该衙门于文到之日,按限缉拿。如限满无获,将该司坊官、大兴等县,初参,降二级留任,罚俸一年,限一年缉贼。全获者,准其开复。一年内缉贼一半者,免其议处。如一年之内,获贼不及一半,降三级调用。未获贼犯,交与接任官照案缉拿。其余现审内,寻常命盗行文缉拿之案,如限满无获,系司坊官承缉者,令该城御史呈报都察院,咨行该部题参;系大兴等县承缉者,令该府尹题参;皆照外省承缉不力例议处。倘该城御史不行呈报,都察院及顺天府不行题参,经刑部、都察院查出,将该御史、府尹题参,一并交部议处。乾隆三十七年(1772)增"照州县讳盗上司扶同徇隐例,降三级调用"十七字。

○乾隆三年(1738)复准:五城地方,令巡城御史督饬该管司坊等官,实力缉捕盗贼,设法严比捕役,务获正贼究拟。如司坊官纵容捕役养贼,及苦累事主等弊,或经该城御史查参,或被受害事主告发,审实,将该司坊官照溺职例革职。如一年限内,所辖地方窃贼稀少,或窃案虽多,缉获过半者,准予记功。遇有保题之时,许其开明保奏。如一年限内,窃盗甚多,拿获不能过半者,量予记过。其有玩盗殃民等弊,该管官题参,照例议处。

○六年(1741)奏准:五城、三营地方,遇有被盗案件,彼此关会,于被盗报官之日为始,扣限三月缉拿。无获,都察院会同步军统领,合疏题参,交部察议。

○八年(1743)题准:五城地方有失窃案件,该司坊官即行申报该城御史及都察院山东道御史,于失事之日起,勒限四月缉拿。如限内全获及半者,免其参处。如四月之内,贼犯尚未全获,或虽拿获不及半者,该城御史参送到部,将该司坊官住俸,勒限一年缉拿。限内全获,或拿获及半者,准其开复。如逾限不获,该城御史按限题参,将该司坊官罚俸一年,贼犯照案缉拿。其未经照案缉拿者,先由山东道御史按限提比。其有废弛怠玩者,听山东道御史据实参奏。该巡城御史有不据实报参,山东道御史有不实力稽察者,令都察院将该御史等查明参奏,交部议处。

○十四年(1749)题准:五城地方如有失窃案件,既经事主呈报,该司坊官隐讳不行详报,该城御史即行查参,将该司坊官照例降一级留任,窃犯限六月缉拿。限内拿获,准其开复。限满不获,降一级调用,窃犯交与接任官照案缉拿。其有未报,别经发觉者,免其讳窃处分,仍于发觉之日为始,将未获贼犯,限六月缉拿。限满不获,罚俸三月,窃犯照案缉拿。如贼已拿获者,免议。

○又复准:五城如有盗案要犯拿获到案,尚未审拟,该司坊官不行羁禁,擅自发保者,将该司坊官罚俸一年。因而脱逃者,将该司坊官降一级留任,限一年缉拿。如限内拿获,准其开复。限满不获,照所降之级调用,逃犯交与接任官勒限一年缉拿。能于限内拿获者,纪录一次。限满不获,罚俸一年,逃犯照案缉拿。如别城及邻邑地方官,有能拿获此等逃犯者,每一名纪录一次。五城命案要犯取保脱逃,亦照此例分别议处。

○三十年(1765)议准:五城窃案,该城御史徇隐不参,照坊官例处分。如事主未报,照五城窃案例,以发觉之日起,将该坊官住俸,限一年缉拿。限内获犯及半,准其开复。如未及半,罚俸一年,窃犯照案缉拿。

○三十七年(1772)议准:五城坊官,上一年限满照案缉拿之犯,该城御史分别已获、未获,于年终汇核咨部,照直省州县窃案记功记过例查议。有能拿获别城窃犯者,照邻近获犯例,计案抵销处分。

○又议准:司坊官躧缉窃贼,能于二参限内拿获贼犯,本任内并无限缉之案者,每案二名,纪录一次;每二名以次递加。如一年内承缉未及五案者,毋庸议处。承缉五案以上,未获一名者,该司坊官降一级留任;承缉十五案以上,未获一名者,降一级调用;至三十案以上,未获十分之二者,亦降一级调用,不得以已获一二案即予免议。均于年终汇题案内,分析查办。

○又奏准:凡五城地方,遇有家人偷盗其主财物,经事主呈明,该司坊官立即具详通报,按限查参。倘有隐匿不报,照讳窃例议处。

○嘉庆五年(1800)奏准:五城盗案限满无获,该坊官降三级留任,限一年缉拿。全获,准其开复。拿获一半,兼获盗首、窝家,免其复参,于获犯之日起,扣限三年无过,准其开复。限满获不及半,及全无获者,照所降之级调用,贼犯交与接任官照案缉拿。限内获贼及半,盗首、窝家未获,照盗首未获例议处。

○又奏准:司坊官躧缉窃贼,能于初参限内拿获贼犯,本任内并无限缉之案,每案二名,纪录一次;每二名以次递加。

○七年(1802)谕:"缉捕事件,原系五城司坊官专责。如有拿贼多名,并缉获紧要之犯,办理果能迅速,经朕加恩,或将该员量予议叙,或赏给缎匹,皆非可援以为例。乃自上年以来,步军统领、五城多有拿获寻常案犯,辄即奏请恩叙者,殊觉过滥。嗣后遇有拿获寻常案犯者,俱不准奏请议叙。"

○十四年(1809)谕:"近日五城等衙门,于缉获逃犯折内,往往将缉犯之员附请奖励。朕核其案关重大者,间予降旨施恩。但思向来外省缉获邻境盗犯,有送部引见之例,其各项人犯,亦有计算拿获次数,分别给予议叙者。所有步军统领、五城、顺天等衙门拿获逃犯,亦应视其案犯之重轻、次数之多寡,分别等差,定立章程。俾勤于捕务之员,知所奖励。亦复示以限制,不致妄生冀幸。着吏、兵二部详查例案,悉心妥议具奏。钦此。"遵旨议准:凡议叙之等差,总以人犯罪名之轻重为断。嗣后五城司坊各官,拿获邻境逃犯,实系外来潜匿,罪应凌迟、斩绞立决,并请旨即行正法者,准其送部引见,候旨升用。如系寻常斩、绞监候人犯,每名加一级;系军、流、遣罪人犯,每名纪录一次;徒罪人犯,每二名纪录一次。如并非外来潜匿,止系五城命盗案犯,由别城地方官拿获,以及前官任内逃犯,经接任官拿获者,俱仍照向例分别给予议叙。凡拿获逃犯,由该城御史奏请议叙。统俟刑部核复罪名,知照过部,照例核办。至大兴、宛平二县,向来开参承缉,以及获犯议叙职名,俱由直隶总督查开咨部。惟该县等系属京县,驻扎内城,凡有奉旨通缉案犯,俱令一体限缉。其有拿获外来潜匿凶盗各犯,以及五城命盗等项案犯,由顺天府奏请议叙者,亦照五城司坊官之例,一律办理。

〇十七年(1812)奉旨:“巡视南城御史恒麟等奏,吏目访获脱逃要犯,请交部审办,并将该吏目可否量加鼓励之处,请旨训示。吏目本有缉捕之责,所获人犯,并非要案重情奉旨指名侦缉之犯。该御史代为奏请鼓励,殊属非是。嗣后司坊各官拿获犯人,不准该御史市恩渎请。”

〇二十二年(1817)谕:“嗣后京城外七门以内,寻常窃盗案件,三月限满题参。如有执械吓禁强劫之案,二月无获,即行题参。其九门以内,寻常窃盗案件,二月题参;强劫之案,一月无获,即行题参。著为令。”

〇又定:京城外七门关厢以内,五城所属地方,遇有劫盗杀人之案,将专管地面坊官革职留任,予限两月缉拿。限内全获,准其开复。限满不获,题参革职。如系一二人行窃行抢,遇有杀人之案,勒限两月缉拿。限满不获,即行题参,将专管地面坊官革职留任,再限六个月缉拿。限内全获,准其开复。限满不获,革职,盗犯交与接任官限一年缉拿。限满不获,降一级留任,再限一年缉拿。限满不获,降一级调用,盗犯照案缉拿。

〇同治元年(1862)奏准:五城劫盗案件,该坊官于报案时,不确查盗数,罚俸一年。若抑勒事主,减报盗数,及自行删减盗数者,革职。该城御史失于查出,罚俸一年。至该坊捕役,如有豢贼分赃、遇事包庇之案,该坊官明知不行查拿,或已经查拿,止借端责革,不照例治罪,降四级调用。该城御史查知该坊官徇庇捕役,不行题参,降二级调用。如失于查察,降三级留任。倘捕役业已获盗,得财故纵,该坊官照失察书役犯赃例议处。

〇又奏准:五城劫盗案件,事主呈报后,该地面坊官如讳匿不报,革职。该城御史扶同徇隐,降三级调用。如系失于查出,减为降二级留任。如事主未经呈报,该坊官至获犯后始行补报,仍按其迟延月日,照事件迟延例议处。如该坊官未经查出补报,由别城地面获犯供出移查,始行申报,该城御史查明并无讳盗情事,即照地方命案不知情不行申报例,降一级留任,该城御史罚俸一年。

〇又奏准:五城盗劫案件,令该坊官按照呈报盗数,全行弋获。如获不及半,仍照例题参。若盗首不获,照承缉盗首例议处。倘能于参限内拿获及半,兼获盗首、窝家,系革留之案,自获犯日起,扣限四年无过开复;降留之案,自获犯日起,扣限三年无过开复。至巡城御史,于地面盗案,该坊官未获犯及半者,统归未获之案计算。其一年任内,未获六七案以下,仍照罚俸之例议处;十案以上,降一级留任。

○又奏准:刑部办理五城盗贼案件,如有在逃逸犯,于定案时,将该管地面官弁拿获盗贼名数,及逸犯名数,随案于稿尾声明,移咨吏、兵二部,查核办理。

# 卷一百二十七·吏部一百十一

## 处分例 地方缉捕窃盗一

### 地方缉捕窃盗一

○康熙七年(1668)议准:凡强盗入城池、仓库、卫所,杀官劫民,抢夺狱犯,将承缉州县印捕官并捕盗同知、通判住俸,于题参疏防之日扣算,限一年缉拿,尽获开复。若限满不获,降一级调用,有加级纪录,皆准抵销,未获贼犯存案缉拿。若一月内擒获一半者,初参,免其议处,仍停升,余贼限一年缉拿;全获者免议。如所限一年内不全获,罚俸一年,贼犯照案缉拿。接缉、协缉官员,既非其任内所出之事,免其停升,照案缉拿。同城知府,亦照州县例议处;不同城者免议。兼辖道员,罚俸六月,限一年催缉。限满不获,再罚俸一年,贼犯照案缉拿。署事官照离任官例,罚俸一年。

○九年(1670)题准:捕役诬拿良民为盗,私用非刑害人致死者,将该管官革职。如道、府不行据实查报者,降二级调用;按察使降一级调用;不行查出之督抚,罚俸一年。如未经致死者,降四级调用。道、府不行据实查报者,降一级调用;按察使罚俸一年;督抚不行查出,罚俸六月。

○又题准:武职属官、兼辖等官,如获贼讯明为盗情由,即速行交送有司官员审理。若不速行移送有司官,私用非刑审理,诬良为盗致死者,将不行查出之总督,罚俸九月;若未致死者,罚俸六月。乾隆三十七年(1772)奏准:如无总督省份,将巡抚亦照此例议处。

○十年(1671)题准:督抚题参地方失事,应照四月、六月之限,皆以失事之日为始,扣算具题。如该督抚将该管各官题参到部,本部不必具题,将所参各官,停其升转。俟兵部将武职核明后具题到部之日,将先经停升之案注销,照例议处。乾隆二十七年(1762)奏改,毋庸俟兵部核明再办。

○十一年(1672)题准:官员约束不严,致本衙门捕役伙贼为盗,或捕役雇觅人役持票伙盗者,皆革职。致抚绥之兵,复聚为盗者,降一级调用。乾隆三十七年(1772)议准,增"直隶州知州、知府降一级留任,道员罚俸一年"。

○十四年(1675)议准:总督有统辖全省兵马之责,如城内失事,及镇店道路劫去饷鞘,皆罚俸六月。如伙贼二三百人,掳掠乡村,勒人取赎,降二级留任。

○又议准:白日内有贼党竖旗,总督照平常失事例题参,将总督罚俸六月。

〇又议准:官员如二年之内,不论是否同伙,拿获别汛盗贼十五名者,将专管官加一级;拿获三十名者,不论俸满即升。其兼辖官员,访获三十名者,加一级;访获五十名者,不论俸满即升。京官具呈刑部,外官具呈督抚。具题到日,俟刑部核明属实,与此例相符者,交部议叙。如借端妄拿良民者,照诬拿良民例议处。

〇十五年(1676)题准:凡盗案,如有必须问明事主之处,应准取问。不得因事主以强贼具报,反借端吹求,纵役需索,更换衙门,将事主提审苦累。若有将事主苦累致死者,将该管官革职治罪;不行查报之上司,各降三级调用;不行查参之督抚,各降一级留任。若未致死者,将该管官各降三级调用,上司各降一级留任,督抚罚俸一年。

〇十八年(1679)题准:凡事主报明失盗,地方官不即行严缉,反勒索事主,被受害之人告发者,将该管官革职。如巡抚不行题参,别有纠参告发者,将巡抚降三级调用。

〇二十年(1681)议准:道路村庄被劫,承缉州县印捕官住俸,限一年缉拿;兼辖道员,罚俸六月,免其停升,限一年催缉。限内拿获一半者免罪,余贼照案缉拿。若限满不获,州县官皆降一级留任,再限一年缉拿;道员罚俸一年,贼犯照案缉拿。同城之知府,与捕盗同知、通判管辖数州县,应照兼辖官员例,初参停升,罚俸六月,限一年缉拿。限内不获,罚俸一年,照案缉拿。同城知府以下,既有承缉知县,其知府应照同知、通判例议处;不同城知府,免其处分。三限不获,州县印捕官再留任一年。如一年内能获盗过半,照例开复。如再不获,照例降一级调用,贼犯交与接缉官照案缉拿,有加级纪录准其抵销。若未满一年之限升迁,照离任官例罚俸一年。署事官照城内失事例议处。嘉庆五年(1800)增定:"不同城府、州,兼辖道员,初参罚俸六月,限一年催缉。限内不获,罚俸一年,贼犯照案缉拿。"

〇二十五年(1686)议准:直隶四路同知所辖地方失事,将该同知并失事地方官,仍照定例处分外,至该同知所属管辖地方失事,或于失事之际即行全获,或一月内全获者,该督审明,刑部核复,五伙者纪录一次,十伙者纪录二次,二十伙者加一级。其该同知所辖地方盗案,应一年考核一次。如一年内所出盗案获完者,免其议处;获完一半以上者,降一级留任;不及一半者,降一级调用;竟不获者,革职。令该督将各同知名下失事案件、获盗确数,扣算一年,明白造册,报部察核。

〇又议准:地方官遇有盗案,止报巡抚不报总督者,罚俸六月。

〇又议准:捕盗同知、通判等官,借捕窃盗名色,及人命、斗殴、犯奸等事,滥差衙役,苦累小民致死者,将该管官革职;不行查报之上司,降二级调用;不行查参之督抚,各降一级留任。若未致死者,将该管官各降三级调用,上司降一级留任,督抚罚俸一年。

〇二十九年(1690)议定:地方遇有盗案,迟延呈报者,查明并无别故,照疏防例议处。

○三十五年(1696)复准:地方失事,限年缉贼之后,该员等捐纳、加级、纪录,概不准抵销。

○三十六年(1697)题准:盗案初参并限满,该督抚将承缉之员,不照定例题参,仅以承查迟延题参,明系徇庇属官,规避处分,除该管官仍照盗案例处分外,将该管上司降三级调用,督抚降一级留任。

○又议准:直省督抚一切盗案,将获盗日期备载疏内,以凭详核。如有不行开载者,罚俸一年。乾隆二十七年(1762)议准:将失事地方在城在乡、有无防兵墩堡之处遗漏声明,罚俸六月。

○雍正元年(1723)议准:承缉盗案各官,务期必获盗首。如限内不获盗首,虽获盗过半,于免罪之外,仍罚俸一年。再限不获盗首者,罚俸二年。三限不获者,降一级留任。如盗首果系病故在某处者,必须查验供认实有确据,方准免其处分。若假借别州县之盗,指为本案盗首,别州县亦扶同搪塞,或先报盗首脱逃,后经审出仍在该地方隐匿,或捏报盗首病故,后于别案发觉者,将从前假借扶同隐匿捏报之该地方官,照讳盗例革职。

○又议准:凡邻境他省之地方官,有能拿获别案内首盗,质审明确者,该地方官加一级。若拿获失事州县案内伙盗者,每案二名纪录一次。

○又议准:盗犯于初获到案时,即讯明曾经行劫某处、同伙几人、共劫几次。审拟定案以后,不许听其任意狡供。倘续获之贼,复有供出之案,仍应行查,亦以初供为主。如有不肖州县,贿买盗供,辗转行查,希图销案者,革职。

○二年(1724)议准:押解盗犯,中途致有脱逃者,将佥差不慎之该县,照例议处,所有加级、纪录,不准抵销。

○三年(1725)议准:地方遇有盗案,一面申报上司,即一面关会邻境州县官,遍处查缉。有能于一月内拿获邻境案内盗首者,加一级,再纪录一次;拿获伙盗者,每一名纪录一次。至一月后拿获者,仍照前例议叙。

○又议准:州县申报盗案,该厅员遍檄所辖地方,协同缉拿,三月内全获一伙盗犯者,将厅员纪录二次。

○又奏准:凡窃盗三犯曾经刺字者,如州县官不依律究拟,擅自轻纵,督抚指参,照失出例议处。若不照赃究拟,并不依律刺字者,亦照失出例议处。

○又奏准:凡强盗惨杀事主,以及放火、行奸,又或劫夺仓库、城池、衙门,并积至百人以上者,此等凶恶之盗首脱逃,虽系接缉之员,亦照承缉盗首之例,按限处分。

○四年(1726)谕:"安民必先弭盗。而捕盗之法,在于速拿。闻有交界地方失事,盗贼窜匿邻境,有司以地非管辖,不便径拘,必用移文关提,挂号添差,方许缉拿。以致濡迟时日,闻风远扬。即使日后拿获,而赃已花销,悬案不结。凡系地方官,均有弭盗之责,何分此疆彼界?嗣后交界地方失事,探实赃盗之处,无论隔县隔府隔省,一面差役执持印票,即行密拿,一面移文关会。拿获之后,仍报明该地方官,添差移解。倘捕役借端诬害良民,照例从重治罪。各该有司,务须协力稽查,使奸宄无可潜藏,以副朕息盗安民之至意。”

○又议准:承缉盗犯官员,于获盗初审之时,如实无窝家之案,即于招内声明,毋得诬扳良民。其讯明盗犯有窝家者,于获盗过半之内,务获盗首,并获窝家,始准其免议。如年限内止获盗首,并获伙贼过半,而窝家无获者,将地方各官,亦照不获盗首例议处。若实有窝家之案,地方官畏避不获之处分,因将窝家删去,经上司审出,将该地方官照讳盗例议处。乾隆三十七年(1772)增定:未能审出窝家、窝线者,罚俸一年。

○又题准:盗犯越狱,及中途脱逃,并从遣所逃回,或从部发遣,在途脱逃之盗犯,地方官有能拿获一名者,纪录一次;拿获二名者,纪录二次;拿获三名者,加一级。如有能拿获三名以上者,应予加级、纪录,按此递加。

○又议定:地方编排保甲,该地方官有不实力奉行,稽查盗贼者,专管州县官,照不能查缉奸民例,降二级调用;兼辖官系同城,降一级调用;不同城,降一级留任;统辖官,降一级留任。如上司揭报题参者,免议。

○五年(1727)议准:凡苗蛮杀劫,或倚山负险,或恃众窝藏,令专汛文武官弁,各率兵役,协力擒拿。如有缉拿迟延,借端推诿,令文武互相揭报题参,将迟延推诿之官,降一级调用。

○又议准:凡有呈报强劫盗案,责令州县印官,不论远近,无分风雨,立即会同营汛,飞赴事主之家,详验前后出入情形,有无撞门毁户,有无遗下器械油捻之类,事主有无拷撩捆扎伤痕,并讯地邻、更夫、救护人等,有无见闻影响,当场讯取确供,皆填注通报文内。如州县官不亲诣详验,或竟将未曾目见之情形,捏作亲诣填报,将州县官照溺职例革职。该管道、府与直隶州知州,并管捕厅员,将不亲验情形之属官,徇庇不揭者,照徇庇例,降三级调用。如遇地方失事,而印官公出,佐贰捕官,一面会同汛弁验看,先行缉捕,一面申请邻邑印官复加验看,据实申报。倘邻邑印官推诿,不即赴验,或将未曾目见之情形,附会佐贰捕官,捏作亲验者,将邻邑印官,照徇庇例,降三级调用。至外地民人,行商过客有失事者,亦责令居停及该船户,与事主一同据实报官,地方官亦即亲身飞赴验看情形,严缉务获,追赃给主。倘民人有捏报等情,及地方官有隐讳抑勒,与不行亲验等弊,皆照例分别议处。其盗案内果有虚实情形未分,盗赃未确,限内不能完结者,许承审官将限内不能完结情形,逐细声明,据实详报该管上司。上司各官详细查明,如果是实,即行报部,准其展限四月。倘该承审官,有将易结之盗案,不行速结,滥请展限,该督抚等不能详情度理,漫为咨部,经部察出,将滥请展限之有司官,照易结不结例革职;转详咨部之司、道、府并直隶州等官,各降一级留任;督抚罚俸一年。

○又奏准:直省督抚,转饬府、州、县等官,将绅衿之家,一例编次保甲,听保长稽查。如有不入编次者,该地方官详报题参,比照脱户律治罪。地方官瞻徇情面,不据实详报者,照徇庇例议处。

〇又奏准:保正、甲长,须选勤慎练达之人点充。如有豪横之徒,藉名武断者,该地方官徇纵不究,照徇庇例议处。

〇又议准:凡地方容留面生可疑之人者,许保正、甲长、牌头据实首告,照例给赏。若知而不首,照例治罪。仍令州县及捕盗等官,于所属地方,不时稽察密访。或有面生可疑之人,出入其家,即是窝主,立时究问得实,将该犯拿禁,照例拟罪。拿获之州县捕盗等官,照承缉盗犯每案全获例,纪录二次。倘不实力奉行查访,或被别处拿获盗贼,供出窝家者,将该管州县捕盗等官,仍照例罚俸一年。

〇又议准:凡道路村庄,劫失饷鞘,护送官革职,地方官革职留任,同城知府住俸,不同城知府免议,道员罚俸六月,皆限一年缉拿,全获开复。若限内获贼过半,已获盗首者,将地方官仍留任,同城知府降一级留任,道员罚俸一年。未获贼犯,皆照案缉拿。倘逾限一年,获贼不及过半,或过半而盗首无获者,将地方官革任,同城知府降一级调用,未获盗犯交与接任官照案缉拿,有加级、纪录准其抵销。如一经失事,邻汛官员及地方官,即能获贼过半,已获盗首者,将地方官并同城知府及该管道员,皆免其处分。至劫失钱粮,交与该部照例行令分赔。

〇六年(1728)复准:凡偷挖山矿聚集地方,除该管官知情隐匿,不严行缉拿者,仍照例革职外,如虽非知情隐匿,但失于查缉,以致矿徒聚众潜匿地方,及经发觉,又不上紧缉拿,以致矿徒逃遁,全未捕获者,将该地方官降三级调用,未获矿犯交与接任官照案缉拿。若已经查缉,应按所获名数,分别处分。其获犯未及一半者,降二级留任,勒限一年缉拿。限满全获,准其开复。倘限内仅获一半者,降一级调用。限满获犯仍未及一半者,降二级调用。未获矿犯,交与接任官照案缉拿。如一经查缉,即获犯过半者,降一级留任,勒限一年缉拿。限满全获,准其开复。倘限满仍止获过半者,再罚俸一年,带所降之级,照案缉拿。全获之日,准其开复。

〇七年(1729)议准:各省直隶州,遇有盗案疏防失事之后,将该管之州同,与专汛印捕各官,一并指参。其无州同者,即以州判指参。皆照同知、通判例,分别议处,限年督缉。如限满不获,亦照同知、通判限满之例处分。其本州岛境内逃盗等案,亦责成州同、州判协同缉拿。如地方失事,以及限满未获,皆照例查参。

〇又议准:文武官员衙署被窃,失事之员,即行申报。其承缉、承审文职,仍照窃盗定例处分。若不行申报,别处发觉,将不行申报之员,降一级留任,窃犯限一年缉拿。限内全获,准其开复。限满不获,降一级调用。至衙署内实系强劫,或隐匿不报,及以强报窃,将本官题参革职,仍留该地方,勒令设法,出资悬赏,雇觅民壮,与接任官协同缉捕。如已获盗过半,准其回籍。若逾限不获,勒限协缉三年,方准其回籍。

〇又复准:盗案内窝线不获,止获伙盗者,承缉官照未获盗首例参处。

〇又议准:盗贼远扬他省窝藏,如已有实据,而隔省州县徇庇,不行实力擒拿,或纵令转窝邻境者，将州县印捕各官，皆照徇庇例，降三级调用。

○又议准：窃盗被获，将无辜良民挟仇诈陷，或指窝赃，妄行扳害，承审官随即讯明，除将被扳之人，即行释放外，其诬扳平人之贼犯，加等治罪。如地方官故意徇纵，不将窃贼诬扳情由详报加等治罪者，或经上司查出，或被受害之人告发，将承审官照失察诬良例，诬扳致死者革职，未经致死者降四级调用。

○八年(1730)复准：番人入内地为盗，该管之土司，有俸者住俸。俟三年无犯，仍予俸禄。若三年内连犯三案者，革去职衔。无俸土司，犯盗一案者，降职一级，戴罪图功，俟三年无犯销案。如三年内连犯二案者，革去职衔，择应袭之人承袭。并令该督抚于疏防本内，将土司有俸无俸之处注明，以便复议。

○又议准：城内地方及村庄道路，设有墩铺者，如遇失事，无论伙盗多寡，文武一例处分。至偏僻村庄、旷野道路，向无防汛兵丁，并未设有墩铺者，如遇失事，无论伙盗多寡，文职仍照定例，武职照盗贼十人以下之例议处。督令兵捕协同缉捕，毋许推诿。其失事地方，有无防汛兵丁、设立墩铺之处，令该督抚等于疏防本内声明，以便察议。

○又议准：捕盗同知、通判等官，如有不以缉盗安民为念，所属州县，盗犯无获，并不按限提比，徇情玩忽，将同知、通判照徇情例，降二级调用。倘厅员提比，而州县徇庇捕役，不行解比，厅员据实通详，将州县官照徇庇例，降三级调用。

○又复准：盗案接缉，向无处分。嗣后前官去任，将未获盗犯交与接缉之州县印捕官，限一年缉拿。限满不获，罚俸一年，贼犯照案缉拿。如限内有能获贼，虽不及半，亦免其议处。

○十年(1732)议准：盗案疏防，获贼过半，该地方官应得开复者，若必俟该抚审题结案，刑部核复后，始准开复，则盗案或有迟至数年未结，以致应行开复之员，不能升转，而应行议处之员，转得迁延。嗣后盗案疏防，照督抚所题，有应行开复者，准其开复，如有应行议处者，亦即为议处，仍知照刑部。如审题、核复之时，倘有徇隐、捏报等弊，将地方官并各上司，照例从重议处。

○十二年(1734)议准：窃盗结伙，至于十人以上，虽不行强，地方官亦难辞咎。统以获犯讯供之日，起承审限期。其疏防讳盗等项处分，皆照强盗例查参议处。

○又议准：奉天各州县，及旗庄各地方，照直省州县之例，令旗民官员，一例编立保甲，会同管束，互相稽查。倘有失事，同参疏防，一例处分。

○十三年(1735)议准：凡一人打劫，及一人行窃，临时行强之案，仍照旧例毋庸题参疏防。于限内拿获者，亦不得滥邀议叙。如限期已满不获，仍照例题参议处。

○又复准：凡盗案内首犯脱逃，其承缉、接缉各官，在勒缉限内，仍扣限核参议处。至勒缉年限已满，照案缉拿后，恐该管各官，不实力查缉捕获，应令该督抚于年终汇题册内核参，皆按其不获名数，分别处分。州县、吏目、典史各官，一年内二三名不获，罚俸六月；四五名不获，罚俸九月；六七名以上不获，罚俸一年；不能及半者，罚俸六月。道、府、同知、通判、直隶州知州、州同、州判各官,应总计所属地方被劫案数,一年内属官将首犯名数,拿获不能及半者,罚俸六月。以上应行议处官员,核参一次之后,即免其重复参处,仍令照案缉拿。若接缉及督接缉各官,果能于照案缉拿之后、年终汇题之先,拿获盗首者,除承缉各官,毋庸议叙外,将接缉之州县、吏目、典史等官,按其拿获名数,二三名以上者纪录一次,六七名以上者纪录二次;督缉、督接缉之道、府、同知、通判、直隶州知州、州同、州判等官,总计所属地方被劫案数,如能董率属官,拿获过半者,纪录一次;其承缉、接缉、督缉各官,一年内拿获之数,与不获之数相当者,功过相抵。统令该督抚于汇题册内,将各案情由,以及承缉年份、一年内已获几名、未获几名,并各官职名,逐一声明,仍于贴黄内开叙简明总数,刑部细加察核,会同本部察议。

〇乾隆元年(1736)议准:地方如有一家先后被劫,一夜屡次被劫之案,虽不知是否一案盗伙,但地方屡遭劫掠,明系文武各官视同膜外,不实力弭盗安民,该督抚、提镇立即指名题参,照不能查缉奸民例,降二级调用。

〇又议准:内洋失事,文武并参;外洋失事,专责官兵,文职免其参处。其内洋失事,文职处分,照内地无墩防处所武职处分之例,初参停其升转,二参罚俸一年,三参罚俸二年,四参降一级留任。

〇又议准:护送饷鞘官员,如有失鞘,若不由大道,不执票赴营伍、州县挂号,拨兵护送,并分赔银限内不能赔补,及虽经分赔还项,而地方官尚未缉获贼犯者,该解官革职之案,不准开复。如解官经由大道,执票挂号,所失钱粮,限内赔还者,俟该地方官获贼之日,将解官一并附请开复。如贼犯虽未缉获,该解官果能限内竭力将所失钱粮独赔还项者,革职之案,亦准其开复。

〇又复准:凡捕役豢养窃贼,坐地分赃,该管官平时不行稽查,或知风拿获,不依定例,按所豢名数多寡,分别治罪。止借端责革者,降二级调用。其该管上司不行查出,同城者,降一级调用;不同城者,降一级留任。

〇又复准:捕役人等,将平素虽曾犯窃,业经改悔,仍勒馈送,及地方偶有失事,任意私拿拷打者,除将捕役照例治罪,该管州县照例议处外,将不行察访之典史,亦照失察衙役犯赃例分别议处;若故纵者,仍照纵役犯赃例革职。其失察之总捕官,照失于觉察例,罚俸一年。

〇二年(1737)复准:各省督抚、提镇,饬行各营将弁,严饬塘兵,务于防汛昼夜巡逻。或遇抢夺劫掠,力行擒拿。倘有截劫不行救护,盗去不即尾追,甚至盗贼出没,漫不知觉者,该管官知情徇隐,照徇隐例,降三级调用;或失于觉察,照失于觉察例,罚俸一年。至恶役与盗贼声气相通,明知某案系某人偷窃,利贼馈献,抗不擒拿,应令各该督抚,即令印捕各官严加访察,如有前项不法情事,按律惩治。倘该管官知情故纵,照衙役犯赃知情故纵例革职;或失于觉察,照失察衙役犯赃例分别议处。

〇三年(1738)议准:凡已革捕役,令地保加意稽查。如有窝匿滋事,地保畏威不首,扶同徇隐者,将地保人等照例治罪。如州县官不实心奉行,经督抚核参,将不实心奉行之州县,照不能查缉奸民例议处。

○又复准:各省州县申报窃案,令该管上司详载册籍,于岁终汇核,按其缉获多寡,量记功过,以为劝惩。其有地方窃案甚多,并不实力缉拿,以及纵捕养奸,苦累事主等弊,该督抚据实题参,分别议处。

○四年(1739)议准:各衙门捕役,如将窃盗及为匪之人,不行详查,准其承充,将准其承充之本官,降一级调用。

○又奏准:捕役诬拿曾经犯窃之人,指为现在躧缉之强窃盗犯,拷逼教供致死者,将该管官照诬良为盗例,减为降三级调用;如拷逼教供未致死者,减为降一级调用。

○又议准:凡盗案疏防,其州县印捕、承缉等官,以及该管之各上司,如系带印公出者,初参免其处分,仍停升,勒限一年缉拿。如限满不获,仍照承缉限满不获例议处。若系交印公出,该督抚于疏内声明到部,免其承缉处分,毋庸停升限缉。回任之后,照接缉官察议。其丞倅等官及各上司,原无接缉处分者,皆免其议处。未获贼犯,照案缉拿。其署印官,照承缉官议处。

○又奏准:诱拐等犯,该地方官如不实力缉拿,经该督抚查参,将地方官罚俸一年,人犯照案缉拿。至承缉拐逃案犯,亦照承审奸拐等案之例,勒限四月缉拿。逾限不获,即照前例议处。

○五年(1740)议准:凡前任逸盗未获,接任厅员,能将前任全未拿获一案盗犯,缉拿全获者,纪录三次;拿获过半者,纪录一次;于获贼一半之外,能获盗首者,纪录二次。四路同知缉获前任逸盗者,亦照此例议叙。

○又议准:窃盗临时同伙拒捕,与白昼伙众抢夺杀伤人者,若未经获贼,并虽获贼,而为首及下手之凶犯未获者,皆照强盗案件,初限即将专、兼、统辖各官揭参疏防,勒限比缉,悉照强盗案件分别议处。若已获有为首、下手凶贼,惟伙贼未经拿获者,免其概参疏防,伙贼照案缉拿。果能限内全获,审实附招议叙,亦照拿获盗犯例分别议叙。

○又奏准:事主以强报窃之案,后经发觉,令地方官据实确核申报,该督抚取具专、兼、统辖各官,从前并无讳盗印结报部。其未经确核,蒙混出结者,察出将专辖官及扶同徇隐之出结各官,令该督抚参送到部,将捏结官照溺职例革职,扶同加结之该管官,照徇庇例议处。

○又题准:承缉官将一案盗犯,于四月限内全获者,每案纪录二次。如有一名逾限,不准议叙。

○又议准:凡盗田野谷麦菜果,及无人看守器物之案,所有专、兼、统辖各官,皆免开参疏防。如拒捕伤人致死,正犯在逃,仍照命案例按限勒缉正凶。限满不获,照例参处。

○又奏准:事主呈报失窃,地方官详细研究,如有强劫情节,即会同营汛,亲诣事主之家,详细验看。果系强劫,据实通报。如实系窃案,出具并无抑勒讳饰印甘各结,随文申送该管上司。地方官申详窃案时,亦令将事主原报呈辞,备细抄录呈报。呈辞内如有强劫情节,该地方官并未声明亲诣验看者,令该上司指驳验看。如因事主报窃,即以失窃定案,后经查明原报呈辞内,原有强劫情节,而地方官并未亲诣验看,及该上司并不指驳验看者,参送到部,即将不亲诣之地方官,降二级调用;不行指驳之上司,降一级调用;删减强劫情形转报者,革职。乾隆三十七年(1772)增定:扶同加结之上司,降三级调用。

○六年(1741)复准:凡老瓜贼,在旷野地方,肆行残害,不得以是仇非盗立案。凡道路掩埋无主身尸,如有背负及放气被勒戳伤情形,有系老瓜贼谋害者,查明确实,将专、兼、统辖文武各官,皆照盗案例揭参疏防,勒限缉拿。限满不获,照盗案例议处。倘有希图避重就轻,滥以是仇非盗立案者,查出照讳盗例议处。其直隶各省地方,如有老瓜贼居住,令该地方官实力严督保甲访拿。如该地方官有能拿获一名者,照拿获邻境盗首例议叙。有拿获别汛老瓜贼者,亦照此例议叙。倘地方官不能拿获,经犯事地方,及别州县拿获,或指名赴本地方关拿者,将该地方官照不实力编排保甲稽查例议处。至拿获老瓜贼,已经供出窝隐之家,承问官有心隐讳,止图草率结案者,照盗案删去窝家例革职。如该员不能穷究窝家,后经别官审出,承问官照不取紧要口供例,罚俸一年。

○七年(1742)议准:接缉官能将前官未获一案盗犯,全获者,准其加一级;拿获过半者,纪录二次;于获贼一半之外,能获盗首者,纪录三次。

○又议准:各省盗案,督抚亲行确审。如地方官将良民拟盗改供,督抚将此等情由审出,不即改拟者,皆照故入例议处。如已改拟,不将地方官指参者,照徇庇例,降三级调用。再地方官或希图销案,删改供招,督抚严查题参革职。如督抚瞻徇不举,照徇庇例,降三级调用。若失于确察,将不行详查遽以转报之司、道,罚俸一年;不详查具题之督抚,罚俸六月。

○又复准:凡遇事主被盗,不行呈报,后经本管州县查出,或拿获盗犯,审明补报者,无论前任后任,仍照例取具印结缴报,免其议处。如经上司访闻,饬令拿获,或经别处获盗,供出移拿,始据查明具报者,将该州县照所属地方有杀死人命不知不行申报例,降一级留任。该管府、厅、巡道,若访闻行拿,或本属州县查出补报者,皆免其议处。其别处发觉者,将同城之道、府、同知、通判等官,罚俸一年;不同城,在百里内者,罚俸六月;不同城,在百里外者,罚俸三月。

○十五年(1750)复准:本官失察捕役为窃,降一级调用。如有将捕役为窃之案,讳饰不报者,一经发觉,即将该管官革职。至捕役为盗,例应革职者,自行查出,减为革职留任;捕役为窃,例应降一级调用者,自行查出,减为降一级留任。

○十六年(1751)谕:“盗案承缉处分,例载印捕官限一年缉拿。若限满不获,州县等官降一级留任。至三限不获,州县印捕官再留任一年。如再不获,降一级调用。若未满一年之限升迁者,照离任官例,罚俸一年。其遇告假、丁忧等事离任,亦照此办埋。因而承缉各官,于例应降调之先,告请病假离任,皆得按例仅以罚俸完结,是明予以规避之路也。缉盗乃地方官专责,其例应处分,自不得巧图幸免。如果系干练循良之员,该上司据实保题,自属可行。若曲为瞻徇,令得卸事自全,处分不及,盗案之尘积日久,未必不由于此。着该部将此例别行定议具奏。钦此。”遵旨议定:嗣后凡州县官有承缉盗案,除该省遇有应行题补之缺,如无合例之人,不论何项参罚,均准保题。其特准升转,与回避别补,及别案革职降调、丁忧治丧离任者,仍照定例处分。至告病请假及终养者,如初参未获,例应住俸,处分既轻,为期尚远,亦应照例办理外,其二参、三参,例应降一级留任者,遇有病假终养离任,即议以补官日降一级留任,三年无过开复。其四参例应降一级调用者,遇有病假终养离任,即议以补官日降一级调用。再官员任内,有承督未完事件,如承缉案犯,并征收承追钱粮等项,款目繁多,处分互异,若未经限满之先离任者,向例皆以罚俸一年完结。今既将盗案遵旨别行定例,其别项例有展参各案,亦应统照此例。如参限未满,告请病假及终养离任,例应住俸、停升、降级、降俸,及罚俸三月、六月、九月者,仍皆以罚俸一年完结。其余处分,皆各照本例察议,不得概照离任官例,仅议罚俸。凡例有展参之案,皆将离任官员,因何事故离任之处,该督抚于咨题文内,随案声明,以凭核议。

○二十九年(1764)谕:“嗣后有能盘获劫掠等大案者,准督抚专折具奏,送部引见请旨。其查出寻常匪人贼匪,自一案至数案者,令各省于年终详具事实等差,汇折奏明,交部分别议叙,以示鼓励。”

○又议准:地方官拿获邻境劫掠巨盗、积年山海巨盗,并纠伙行窃,临时行强,捆殴事主案内首伙各犯,或系行劫数次之首犯,俱准该督抚等专折奏请引见。如所获之犯,止系行窃拒捕,并未捆殴事主,或系劫掠案内余盗,并非首盗,以及命案在逃之凶犯,止准照例议叙。

○又奏准:拿获邻境盗犯人员,该上司奏请引见,查明该员有本任内逃盗未获,仍照例议叙,不准送部引见。若该员能于年限内将本境逸盗拿获,仍准奏请送部引见。前议加级、纪录,即行注销。其逸盗未获,系接缉、再接缉之员,并照离任官例议结者,仍准奏请送部引见。系逃逸盗犯未获者,亦准送部引见。

○又奏准:本境内有承缉逃盗未获,准将拿获邻境盗犯之案抵销。其有本任二三案以上未获,将拿获邻境之案抵销后,有多获邻境一案者,即准其送部引见。

○又奏准:拿获邻境盗犯,例应引见,该督抚声请议叙者,由部查核合例,即题请送部引见。

○又奏准:地方官拿获各项紧要人犯,钦奉特旨送部引见,到部时另有革职留任特旨限年开复,并特旨不准升用等项事故者,于带领引见折内声明,恭候钦定。

# 卷一百二十八·吏部一百十二

## 处分例 地方缉捕窃盗二

### 地方缉捕窃盗二

○乾隆三十年(1765)议准:解送饷鞘,地方官遴委员弁,将所派兵役名数交给委员,至前途营汛、州县执票挂号,文武衙门添派兵役,委员护送。如有疏失,委解官革职。被失地方官,如未接有委解官知会,无防护者,照盗案疏防例议处。如已接准知会,失事地方官革职留任,同知、通判、同城知府住俸,道员及不同城知府罚俸六月;俱限一年缉拿。限内全获,准其查销。逾限一年,获犯不及半,或及半而盗首无获者,地方官革任,同知、通判、同城知府降一级调用,道员及不同城知府降一级留任,未获贼犯,照案缉拿。若限内获贼及半已获盗首者,地方官革职留任之案,于获犯之日起,接扣四年开复,未获贼犯,照案缉拿。如于疏防限内获贼过半,兼获盗首,疏防之地方官及府、厅、道员,俱免其处分。

○又议准:委解官并不知会前途营汛、州县,以致饷鞘有失者,佥差官降一级,限一年缉拿。限满不获,照所降之级调用。已知会前途者,佥差官免议。如原派兵役脚夫失鞘脱逃,无可质审,将佥差地方官,初参革职,留任一年。限内获犯及半,兼获盗首,革职留任之案,于获贼之日起,接扣四年开复。限满获不及半者,革任。所差兵役有代替、潜回等弊,饷鞘未有疏失,委解官罚俸一年,佥差官罚俸六月。

○又议准:委解官失鞘,不由大路,不执票赴营汛、州县挂号拨兵护送,并分赔银两未完,地方官未经获贼者,该解官革职之案,毋庸查办外,如由大路,执票挂号,所失钱粮赔完,地方官获贼之日,系京员,令其带革职之案在原衙门行走;系外任,带革职之案赴原省差委;均不准食俸,四年无过开复。

○又议准:饷鞘有失,总督及无总督之巡抚,俱罚俸六月。

○又议准:地方遇有窃盗案件,将印票滥给本人,令其自缉者,降一级调用。给票之后,致令借票滋事,降三级调用。借票滋事酿成人命,革职,该管上司罚俸一年。

○又议准:直隶口外蒙古藩封,地方辽阔,人居疏散,并无墩台、营汛足资防守,遇有劫盗案件,免其题参疏防,照命案缉凶之例查议。其承缉、接缉各官议处、议叙,悉照命案例办理。

○又议准:地方遇有发冢开棺见尸者,承缉、接缉各官,照命案缉凶例查参。倘隐匿不报,及见尸捏作见棺,即照杀死人命知情隐匿不报例革职。

○又议准:发冢止见棺椁之案,扣限六个月查参,将地方官罚俸一年,人犯照案缉拿。匿不详报者,亦罚俸一年。

○又议准:邻邑地方官能拿获发冢开棺见尸案内为首凶贼者,每名纪录一次。至拿获四名以上者,准其加一级。

○又议准:旗民祖茔木植,如有家奴盗卖,他人偷砍,及不肖子孙自行砍卖者,不行查拿之地方官,罚俸一年。

○又议准:各属当铺起赃,该管地方官袒护当商,不即将当赃查出移解,以致审断迟延,许承审官详明该督抚,将袒护之地方官题参,降三级调用。隔省者,咨会题参,亦照此例议处。

○又议准:各省申报窃案,令该管上司详记档案,于岁底汇查,量记功过,以为劝惩。统计一年内报窃之案,能拿获过半者,毋庸记功记过。其获不及半者,每五名记过一次;拿获及半之外,复有多获者,每五名记功一次。凡记过至四次者,罚俸六月;记功至四次者,纪录一次;俱以次递加。如缉获前官任内窃案,及本任内窃贼满贯之案,每一案记功一次,俱准其将记过之数抵销。其未过一年离任,及接任之员,一体分别功过,均开单咨部查核。

○又议准:采生折割人犯,该地方文武员弁,如能拿获凶拐正犯,照拿获邻境盗首例,分别议叙。若该管上司督缉拿获,道、府、直隶州,亦照厅员协同缉获之例议叙。倘该地方官不行查拿,经犯事地方及别州县拿获,指名赴籍关拿者,将专管之该地方文武官弁,兼辖、统辖之道、府、直隶州,照不实力编排保甲例议处。如该犯经过水陆地方,及幽僻处所潜匿,不能拿获者,将地方文武官弁降一级留任,该管各上司罚俸一年。至此等凶犯潜住境内,或经首报,或别州县关拿,该地方官并不查拿,或捏称并无其人,均照讳盗例革职。

○又议准:如有光棍结伙轮奸妇女孩童之案,无论首从,脱逃不获,照道路村庄被劫之例,按限参处。劫盗轮奸,已获轮奸之犯,查系获盗及半,兼获首盗,未获余犯并未轮奸者,仍准免参。如州县官讳匿不报,并该管上司徇隐不参,均照讳盗例分别议处。

○又奏准:一人强奸幼女幼童及妇女已成脱逃者,审非伙众,照窃盗满贯例,初参扣限六个月承缉。限满不获,罚俸一年,再限一年缉拿。限满不获,罚俸二年,逃犯照案缉拿。

○又复准:围场总管,有拿获盗伐木植、偷打牲畜人犯,将失察之该管地方官,及该管武弁,三案以内,每案罚俸六月;失察至四案以上者,自第四案起,每案降一级留任。该管道、府、副将所属,失察未至降级者,免其处分;若属员例应降级者,该管道、府、副将罚俸一年。至察哈尔蒙古人等,犯有砍木打牲之事,将该佐领暨捕盗官,亦照地方等官例议处;失察之该总管,照道府等官例议处;该札萨克,罚俸三月;协办台吉等,各罚俸两月;无俸者,各罚牲畜二匹。地方官拿获邻境砍木打牲人犯,每一案纪录一次。该管地方官,并蒙古本佐领及捕盗官,自行拿获砍木打牲人犯者,每二案纪录一次。

○又复准:州县官将邻封差役及佐杂等官所获之犯,捏报自行拿获者,系重犯奉旨送部引见之案,将该员革职,知情徇隐之上司降三级调用,不知情者降一级留任。如系寻常加级纪录之案,将本员降二级调用,知情徇隐之上司降一级调用,不知情者罚俸一年。

○三十七年(1772)议准:衙门被窃,管辖兵民之地方官,毋论赃数已未满贯,罚俸一年。其无兵民责任之员,衙署被窃不报者,罚俸六月,已报者免议。

○又复准:地方窃案,经事主报官,州县官讳匿不报者,每案罚俸六月。不行查揭之府州,罚俸三月。

○又奏准:盗案疏防,失事地方,系吏目、典史管辖,将吏目、典史查参。如系巡检管辖,止将巡检查参,以专责成。

○又复准:湖北武穴镇,系武昌、黄州二府兼辖,其黄州府属之黄冈、蕲水、广济、蕲州、黄梅,武昌府属之武昌、大冶、兴国等八州县,除陆路城乡窃劫案件,仍责成各州县承缉外,其沿江一带地方,统令武穴镇同知,率同沿江各该巡检,加意稽查。遇有疏防失察,分别查参,将该同知照知州例议处,该管之巡检照典史例议处。

○又议准:交界处所失事,呈报到官,地方官即关会接界州县公同踏勘,将该地方官开参疏防。限满不获,该管官照例查参;连界协缉之州县,罚俸一年。倘连界官因非本官地方,不上紧查拿者,降一级留任。

○又奏准:地方遇有丢包贼犯,赃至满贯,及拒捕杀伤人者,照白昼抢夺例,分别扣参议处。

○又奏准:州县失事,不同城之知府、直隶州,果能实力督缉,将一案盗犯,于三个月限内全获者,纪录二次。

○又议准:拿获邻境大盗窝主者,纪录二次;拿获邻境小盗窝主者,纪录一次。如不实力访察,被别处拿获,供出曾经潜匿某处境内,将该地方官罚俸一年。

○又议准:地方一应连劫之案,该管上司仍照盗案例议处。若地方官能于限内将一案盗伙全获者,免其议处,不准议叙;能获过半兼获盗首者,降二级留任。其内洋连劫,将地方官降二级留任。限内全获者,免议;能获贼过半兼获盗首者,罚俸一年。

○又奏准:捕役为窃,州县印捕官俱降一级调用,知府、直隶州知州罚俸一年,道员罚俸六月。如将捕役为窃盗之案,讳饰不报者,亦革职。若既经发觉,捏称革役在前,窃盗在后者,降二级调用。为窃为盗月日,在该管官因公出境之后,事发于未回之前者,免议。

○又议准:捕役豢窃分赃等事,月日在该管官因公出境之前,事发在回任一月之后者,照例议处;月日在该管官公出之后,事发于回任之前,及回任未及一月者,俱免议。

○又复准:外省地方,遇有被窃案件,自一百两至一百二十两,及已经满贯者,均勒限六个月缉拿。限满不获,一百两至一百二十两之案,将承缉官罚俸六月,再限一年缉拿。限满不获,罚俸一年,贼犯照案缉拿。已经满贯者,将承缉官罚俸一年,再限一年缉拿。限满不获,罚俸二年,贼犯照案缉拿。限内全获,或拿获首犯,俱免其参处。如全获伙犯,而起意为首之犯未获者,仍照例查参议处。如地方官将窃案赃物,勒令事主少报,冀免处分者,该上司查参,将地方官照不应重私罪律,降三级调用。

○又奏准:城内被劫,将承缉州县印捕官并同城督捕厅员住俸,限一年缉拿,全获开复。若限满不获,降一级调用,未获贼犯照案缉拿。同城府、州,初参住俸,限一年督缉,全获开复。限满不获,降二级留任,贼犯照案缉拿。同城道员,初参罚俸一年,限一年催缉。限满不获,降一级留任,贼犯照案缉拿。不同城府、州、督捕厅员兼辖道员罚俸六月,限一年催缉。限满不获,罚俸一年,贼犯照案缉拿。

○又奏准:官署被劫,仓库、监狱有失者,州县印捕官并同城督捕厅员,俱革职留任,限一年缉拿;同城府、州,降三级留任;道员,降一级留任;均限一年催缉,全获开复。限满不获,州县印捕官及同城督捕厅员俱革职,府、州、道员照所降之级调用,贼犯交与接任官照案缉拿。不同城之府、州、督捕厅员,初参降一级留任,限一年催缉。限满不获,降一级调用,贼犯交与接任官照案缉拿。不同城道员,初参罚俸一年,限一年催缉。限满不获,降一级留任,贼犯照案缉拿。其被劫之本署官,即照专管官例议处。仓库、监狱无失者,承缉、督缉官照城内被劫例参处,本署官亦照专管官例议处。

○又议准:城外大小文武衙门失事,据实申报,该督抚照限参处疏防,该州县严行缉拿。一年限满,获盗未全,降一级留任,再限一年缉获。如已全获,准其开复;如未全获,但已过半,再降一级留任,余盗照案缉拿。俟全获之日,仍予开复。如二年限满,获盗尚不及半,降二级调用。其失事之本衙门官,有管辖兵民之责,亦一体议处。

○四十四年(1779)议准:诬良为窃,未经致死者,州县印捕官降一级调用,道、府等官降一级留任,按察使罚俸一年,督抚罚俸六月。上司查出揭参者,免议。

○又议准:捕役诬窃为盗,及将曾经犯窃之人,指为现在强窃盗犯者,该管官自行访拿审出,已致死者降一级留任,未致死者免议。

○四十七年(1782)议准:白昼抢夺,未经伤人,赃至十两以上未满贯者,照窃案满贯例查议,不及十两者免议;赃至满贯者,照盗案例查议。

○五十八年(1793)谕:"吏部具题福建省承缉盗案四参限满降调一本,已照依议签下矣。州县官身任地方,遇有盗劫案件,督率缉捕,是其专责。至四参限满,盗尚未获,其于初参时懈弛,并未认真查缉,已可概见。若仍送部引见,复邀录用,则州县等因有此例,心存冀幸,缉捕转不认真。嗣后此等承缉盗案,四参限满人员,该部议处具题,内阁止须票拟依议,毋庸另票送部引见双签。如有平日居官实能留心民事,熟悉地方情形,该督抚欲仍留本省者,准其专折具奏,仍送部引见。俟朕察其才具,酌量以县丞佐杂等官录用。总之地方盗案,全在州县等随案留心,于初、二参限内,及早督缉,方可克期弋获。若迁延日久,盗犯必致远扬,而四参限满,仍可送部引见,幸邀录用原官,转非慎重缉捕之道。今如此办理,则州县自顾考成,遇盗劫一经破案时,即知实力缉捕,不致日久宕延,自干降黜,而平日奋勉者,仍不致废弃。此朕于惩创之中,仍寓爱惜人才之意。著为令。"

○又议准:已革捕役,如有窝匪滋事,系豢养窃贼,地保徇隐不首,将不实心稽查之州县印捕官,降二级调用。止于酗酒、斗殴等项,致生事端者,州县印捕官降一级留任。

○嘉庆六年(1801)议定:盗犯连劫之案,将地方官查参。除无级可抵之员,仍照例降调,令接任官缉拿外,其有级可抵,本身不致离任之员,照初参限内接缉官之例,按其报劫起数,分案参处。限满不获,罚俸一年,再限一年缉拿。再限不获,罚俸二年。至内洋连劫之案,照初参限外接缉官之例,限满不获,罚俸一年。盗犯俱照案缉拿。

○十年(1805)议定:失察私入围场偷打牲畜、偷砍木植等案,一年之内,查系何员任内,该督于咨参时,将次数逐案声叙明晰。其次数以正月初一日起至年底止扣算。次年复有失察之案,即另行起扣,毋庸递年接算。或一年而有两任,前任官之案不与后任官并计。若一年内前官又复回任,仍将其前任之案,在一年内者。与回任后之案前后接算。中间署任官之案,亦不与并计。一年内本任至失察四案以上,本员及上司照例议处。

○又谕:"本日兵部议叙总兵罗江太等拿获盗船一案,已降旨照军功给予加级纪录矣。外省海疆地方官员,出洋巡哨,擒捕盗匪,与带兵打仗无异。其被戕者,既照阵亡例赐恤,遇有奋勉出力之员,自应一体优加甄叙。嗣后闽、粤等省官员,有在外洋捕盗,著有劳绩,特旨交部议叙者,该部核议时,均着给予军功加级、纪录,以示奖励。"

○十一年(1806)奏准:城内失事,及官署被劫之案,犯未弋获,承缉官无论初参限内限外,离任、接任官均限一年缉拿。限满不获,罚俸一年,再限一年缉拿。二限不获,罚俸二年,盗犯照案缉拿。如接缉官未届二参,复因事故离任,再接缉之员,限一年缉拿。限满不获,罚俸一年,盗犯照案缉拿。

○又奏准:地方官拿获邻境劫掠巨盗,并纠伙行窃,临时行强,捆殴事主案内首伙各犯,或系行劫数次之首犯,俱准该督抚专折奏请,送部引见。如所获之犯,止系行窃拒捕,并未捆殴事主,或系劫掠案内余盗,并非首盗,以及命案在逃之凶犯,止准照例声请议叙。

○又奏准:海洋盗犯,多系叠劫伤人,情罪重大之犯。地方官果能留心缉获,或出洋巡缉拿获,数在三名以上,罪应斩枭、斩决者,准该督抚奏请,送部引见。倘所获实系重犯,罪应凌迟者,即一二名,亦准该督抚奏请,送部引见。如所获系绞罪以下,并斩枭、斩决等犯未及三名,止准照拿获伙盗例议叙。

○十二年(1807)谕:"赵璠系试用知府,分发湖北后,尚未铨补实缺,若遽准送部引见,恐将来试用人员,妄生冀幸,开便捷之门,于吏治殊有关系。赵璠着交该督抚遇缺尽先补用,毋庸送部引见。嗣后试用人员,有似此拿获劫掠巨盗者,均着照此办理。"

○又奏准:附近陵寝之遵化、蓟州、平谷、密云、滦平各州县,如遇风水禁地树株,被窃私运入境等事,审明该犯籍贯,将该地方官降一级调用。

○十三年(1808)奏准:凡道员果能留心缉捕,首先拿获邻境盗犯,核与丞倅以下等官引见之例相符者,给予加一级。其与引见之例不符者,仍照拿获伙盗例,每名纪录一次。倘所获之犯,若系督同属员协拿者,仍毋庸给予议叙。

○又奏准:丞倅以下等官,遇有拿获盗犯,核与引见定例相符者,无论实缺、试用,均照例题请引见。仍俟给咨到部时,查明试用人员拿获盗犯题准引见之后,曾否补用实缺,于折内详悉声明。其如何加恩录用之处,恭候圣裁。如所获之犯,核与引见定例未符者,仍照例分别给予加级、纪录。

○十五年(1810)谕:"军机大臣会同刑部议奏私入围场偷窃牲只砍伐木植人犯罪名一折。此等人犯潜入围场,于牲兽、木植私行偷窃,并窃取茸角,不可不严行禁止。该犯等多系围场外附近居民及蒙古人等,该管官若查拿严密,自不致奸民屡干例禁。嗣后拿获此等人犯,如审系附近围场外居民,将该管厅、县议处;如系蒙古,将该管札萨克议处。其如何立定处分,着原议军机大臣会同该衙门详议具奏。钦此。"遵旨议准:围场附近居民,有犯偷打牲兽、盗砍木植,罪应拟徒者,将失察之该地方厅、州、县官及武弁,俱罚俸六月;人犯罪应拟流者,该管官罚俸一年;人犯应发乌鲁木齐等处种地者,将该管官降一级留任;人犯应发乌鲁木齐给兵丁为奴者,将该管官降一级调用。该管道、府、副将,于所属失察仅止罚俸者,免其处分;若属员例应降级者,该管上司罚俸一年。其承德府失察所属境内人犯,仍照州县例议处。如地方官有能拿获邻境偷窃牲木人犯者,仍照向例,每一案纪录一次。自行拿获偷窃牲木人犯者,每二案纪录一次。至察哈尔及札萨克旗下蒙古人犯,私入围场偷打牲兽、盗砍木植,罪应枷责者,该管佐领捕盗官罚俸六月;人犯应发河南、山东者,该管官罚俸一年;人犯应发湖广等省者,该管官降一级留任;人犯应发云南等省者,该管官降一级调用。其该总管,于所属官至降级者,罚俸一年。附近围场之札萨克旗下蒙古,有犯偷打牲兽、偷砍木植,罪应枷责者,将失察之该管官罚牲畜一七,札萨克罚牲畜一五;人犯应发河南、山东者,该管官罚牲畜一九,札萨克罚牲畜一七;人犯应发湖广等省者,该管官罚牲畜二九,札萨克罚牲畜一九;人犯应发云南等省者,该管官罚牲畜三九,札萨克罚牲畜二九。其应罚牲畜,札萨克照例折抵罚俸。无俸者,实罚牲畜,存公备赏。

○又奏准:本籍绅衿,并无缉捕之责,其出洋捕盗,原为保护桑梓。如有首先拿获盗犯,数在三名以上,与地方官引见之例相符者,准其加一级;三名以下者,每名纪录一次。

○十六年(1811)谕:"毓秀、温承惠奏查办围场北栅外店铺窝铺一折。所有北栅外旧有大道旁开设各店,即着照所议分别留存、拆挪办理。其该处租种蒙古地亩民人,亦应立定章程,不得在距栅木三十里以内招认开垦,搭盖窝铺,以杜透漏围场鹿只茸角。嗣后距栅木三十里以内,有开设店铺,及开垦地亩者,如何责成查禁,其查禁不力之该管地方官,并召募民人开垦之蒙古札萨克、章京等,作何查参办理,并着直隶总督会同热河都统,妥议章程具奏。钦此。"遵旨议准:围场栅木三十里以内,蒙古札萨克王公等,此后再敢募民人私开地亩,并开设店座窝铺,责成该地方文武各官,随时查察,一面拆毁、驱逐,一面据实申报热河都统衙门,将违禁租给之蒙古札萨克王公等职名查开,咨送理藩院议处。倘该地方官失于查察,别经发觉,即将该府州县、各营汛各官查参,照管理围场章京员弁失察偷窃人数之例,分别议处。一名至五名者,罚俸六月;五名至十名者,罚俸一年;十名以上,降一级留任;二十名以上,降一级调用;三十名以上,降二级调用。如有兵役受贿纵放,亦不论人数多寡,将该管官降一级调用。仍令该地方文武各员,将查明并无民人开垦地亩、开设店铺之处,每月具结呈报热河都统、直隶总督衙门查核,并于每年岁底,由热河都统汇奏一次。

○又奏准:拿获各项盗犯人员,如有捐升,吏部查明品级考,凡系该员应升官阶,即于该员原衔内叙入;若非该员应升之阶,止照原衔缮写,并于折尾及绿头签后,将该员并非应升之处声明,以杜取巧。

○又奏定:凡拿获盗犯人员,该督抚于题奏结案之日起,即行查取职名。本员及接任之员,于奉文后,限一月开报,该管上司,各限一月转详,该督抚统限一年内出咨。如业经开送职名到部,声叙未能明晰,经部行查者,即以接准部咨之日起,本员及接任之员,并该管各上司,亦各限一月,该督抚亦统限一年内出咨。如出咨在一年以外,查系本员开送迟延,即将获盗之案,无论例应引见,及议叙级纪人员,概行注销,不准给予议叙。如系接任之员及该管上司迟延,将迟延之员议以降一级留任。倘有勒掯情事,不为开报转详者,即议以降二级调用,不准抵销。本员获盗之案,仍照例核办。其拿获盗犯,题准送部引见人员,于奉文后,定限三个月请咨赴部。如实有经手未完事件,应请暂缓给咨者,该督抚专案报部,以凭核办。

○十七年(1812)谕:"直省驿路,安设墩铺、营房,原以稽查盗贼。乃近日率皆有名无实,致令奸宄肆行,为害商旅,甚至将赍折员弁,中途戕毙,废弛已极。着通谕各督抚,严饬所辖文武员弁,于驿站、塘汛,认真整顿,实力巡缉。务使宵小屏迹,道途肃清,以靖盗风而安行旅。"

○又谕:"直省驿路通衢,设立塘汛,亭墩相望。即间有盗贼伏伺,而兵役巡逻,声气联络,不难立时擒捕,规制最为周密。乃近日奉行不力,渐就废弛。朕于来往奉使臣工,询问沿途所经,据称营房大半坍圮,兵丁驻守巡查者,甚属寥寥。甚至河南地方,竟有戕杀差弁之案。若不严加整饬,则奸宄肆行,尚复成何事体。向来各省塘汛辽阔之处,州县官并增设更铺夫役,往来梭巡,近亦相率裁汰,不以缉捕为事,宵小并无顾忌。着通谕各督抚,严饬所辖文武员弁,会同协办,将境内墩汛、塘铺查明,一律修整,派拨兵役,常川守望稽查。如有疏纵失事者,严参究办。若督抚讳匿不举,查出一律惩处。"

○又奏准:知府系方面大员,其有拿获盗犯者,除试用知府拿获盗犯,与引见之例相符者,仍照例遇缺尽先补用,与引见之例未符者,仍照拿获别境首伙盗犯之例,按名数分别议叙外,其现任知府,果有首先拿获盗犯,核与引见定例相符者,照道员拿获盗犯之例,准予加一级;所获盗犯,核与引见定例未符者,照道员拿获伙盗例,每名纪录一次。倘所获之犯,系知府督同所属协拿者,仍毋庸给予议叙。

○又奏准:海洋盗犯,多系叠劫伤人,情罪重大之犯,地方官果能留心缉捕,拿获罪应斩枭、斩决盗犯,数在三名以上,并罪应凌迟者,即一二名,均准送部引见。倘所获罪应斩枭、斩决,未及三名,照拿获别境盗首例,每名加一级。如所获系绞罪以下,照拿获别境伙盗例,每名纪录一次。

○十九年(1814)谕:"定例地方官遇有盗劫之案,四参限满,即应降调离任,原以专其责成。若于参限将满之前,将本任之员移调他处,其承缉之案转得置身事外,而接任之员,因无接缉降调之例,亦不认真缉捕,日久因循,盗风渐炽,必致奸民无所畏忌。嗣后地方官承缉盗劫等案,务责令专司缉捕,不得于四参限满之前,饰词迁调。如巧为规避,一经查出,除将本员勒缉参处外,并将该上司一并严惩不贷。"同治十二年(1873)奏定:盗劫等案,凡展参例关降调者,均应照不准迁调之例核办。限满不获例应降调,故不准饰词迁调。至以简调繁,及专折保升之员,系因人地相需,应照铨选例载因公处分毋庸核计办理。

○道光二十六年(1846)奏准:广东虎门同知所辖番禺、东莞二县,遇有地方失事,将该同知照兼辖官例参处。

○二十九年(1849)奏准:盗案于未满疏防例限以前,经该督抚奏请先行交议,或摘去顶戴先行交议者,将该地方官照防范不严例,降一级留任。

○又奏准:城内被劫,城外官署被劫,及寻常盗案,并疏防至二三案者,于未满疏防例限以前,经该督抚奏请摘去顶戴,勒限严缉,或先行交议,仍勒限严缉,或撤任勒限协缉,限满不获,从严参办者,俟限满严参到部,即将该地方官俱议以降一级调用。二三案并参者,每案降一级调用。如奏请严加议处,或奉旨严加议处者,于降一级调用例上,加等降二级调用。如并无勒限严缉,及"限满不获,从严参办"字样者,疏防限满,各照本例按限参处。

○又奏准:一夜连劫之案,及疏防二三案并参者,于未经限满之前,经该督抚奏请摘去顶戴,勒限严缉,或先行交议,仍勒限严缉,或撤任勒限协缉,限满不获,从严参办者,俟限满严参到部,将该地方官议以降二级调用。如奏请严加议处,或奉旨严加议处者,于降二级调用例上,加等降三级调用。如并无勒限严缉,及"限满不获,从严参办"字样者,限满开参到部,照各本例案限议处。二三案并参之案,分案议处。

○又奏准:衙署被劫,仓库、监狱有失之案,于未经疏防限满以前,经该督抚奏请先行交议,仍勒限严缉者,先照本例议以革职留任。限满不获,革职。

○又奏准:实缺人员,如任内有承缉盗案,尚在三参未满以前者,准其酌量委署。仍俟回任之日,前后接算例限,按限开参。如三参期满,四参业已起限,概不准委署他缺。凡委署之员,令该督抚声明有无已起四参盗案,随时具奏,不得俟按季报部。

○三十年(1850)奏准:城内城外寻常盗案,先经该督抚奏请摘去顶戴,勒限严缉,或先行交议,仍勒限严缉,或撤任勒限协缉,如未经限满之先,获犯过半,仅止盗首未获者,将原参摘顶撤任之案查销,仍照盗案二参例,降一级留任,再限一年缉拿。限满不获,再降一级留任。如该地方官于勒限之外,逾限在十日以内获犯者,应照勒限未获从严参办降一级调用例上,减为降一级留任;逾限十日以外拿获者,仍议以降一级调用。

○又奏准:寻常盗案,先经该督抚奏请勒限严缉,或撤任勒限协缉,如于未经限满之先,因各项事故离任者,照离任官例,罚俸一年上,加等降一级留任。如告请病假离任,即照病假离任官例,应降级调用者,即议以降几级调用。

○又奏准:各项盗案,于未经疏防限满之先,该督抚止将承缉印官奏请摘去顶戴,或先行交议,及勒限严缉者,承缉捕官及督缉各官,限满开参到部,仍照疏防本例议处。如捕官与印官一律严参者,即照印官议处。

○又奏准:寻常盗案,于未满疏防例限以前,曾经该督抚奏请勒限严缉,或撤任勒限协缉,限满不获,而该督抚不行严参,仍照道路村庄被劫例题参疏防者,吏部于题参疏防到部,将该地方官照盗案四参限满不获例,降一级调用,并将应严参而不严参之督抚,照应奏不奏公罪律议处。

○又奏准:连劫之案,例内扣限四个月查参,印捕官均应降调。如该督抚于印捕官参限将满之际,始行勒限两个月、三个月严缉奏参者,似属从严勒限,实乃展宽限期,应将该督抚奏请照徇隐例议处。如寻常盗案疏防限满,该督抚始行奏请摘顶勒限者,应照仅参摘顶之例议处。

○咸丰二年(1852)奏准:云南永北厅经历,分驻旧衙坪地方,遇有抢劫盗案,应令该经历立即会同武弁亲往勘验申报,并飞移该管上司协同缉拿。倘贼盗限满无获,将该经历照土司例开参议处。

○六年(1856)奏准:近京西山一带,如有民人偷挖矿土者,严拿从重治罪。该管巡检,有隐匿情弊,革职提问。知县、同知、道员不行详揭,俱革职。该督等不行指参,降三级调用。

〇又奏准:偷挖金银矿砂拒捕杀伤人,及并未拒捕,聚众至三十人以上者,每起,将失察之州县官降一级调用,知府降一级留任,道员罚俸一年。若未经拒捕,人数又未及三十名,每起,将失察之州县官降一级留任,知府罚俸一年,道员罚俸六月。如失察差保得规包庇,将州县官降二级调用,知府降一级调用,道员降一级留任。

〇又奏准:该管地方民人,有犯窃、窝窃,以积匪猾贼论遣者,系本任查拿,或协同拿获,均免其处分。如别经发觉,将该管官每名罚俸三月。地方官有能拿获邻境积匪猾贼,审明罪应发遣者,每一名纪录一次。

〇又奏准:民人有于蒙古地内偷挖黄芪者,除有拒捕夺犯情事,将地方官照例议处外,其止失于觉察,如犯该杖枷者,地方官罚俸六月;犯该徒者,地方官罚俸一年。

〇又奏准:地方官约束不严,以致抚绥人丁,于为民之后,复行为盗,降一级调用。

〇十年(1860)奏准:地方盗案,州县官于会营诣勘后,限三日内通禀。如延至十日始行具禀者,记大过一次;十五日,记大过三次;二十日,照应申不申律,罚俸六月。倘系有心讳匿不报,别经发觉,即照讳盗例议处。其通报、通详,均应以勘验之日起限,不准于通禀之后,再起通详之限。若已经获犯,延至二十日始行通禀,仍照应申不申律,罚俸六月。查系详报迟延,照事件迟延例议处。

〇同治元年(1862)奏准:直省督抚,于州县官拿获邻境逃盗应行议叙之案,速即议结,按限题咨。如州县盗案四参届满,即随案声明获犯月日,应否查抵,吏部据咨详核案由,将合例准抵者,声明请旨。

〇又奏准:地方强劫重案,州县官会同营员缉拿,并令州县于月终将营汛有无获案,据实详报督抚备查。倘州县、营员互相瞻徇情面,于获案时捏报协获,均照瞻徇例参处。如兵丁壮勇不愿联络文武员弁,各持意见,应均照偏袒不公降二级调用例查参议处。

〇二年(1863)谕:"向例获盗人员,俱系交部分别议叙。即所获盗犯较多,亦止于送部引见。自咸丰五年(1855)部议章程,凡获盗人员,有拿获斩枭、斩决一案六名以上,或两案三案,每案均在三名以上者,毋庸分案议叙,俱准该督抚核实保奏,给予应升官阶,免其送部引见。原以四方多故,盗贼横行,故奖励不妨稍优,庶缉捕可收实效。乃自此例一开,获盗请奖之案,层见叠出。其认真缉捕者,固不乏人,而诈伪日滋,竟或徇亲友之请托,以盗犯相赠贻。在予之者以首先获盗让人邀功,而自居协获仍免处分;在受之者毫无劳绩,优奖幸邀。似此夤缘为奸,巧于干进,殊于吏治有碍。嗣后获盗人员,仍着照旧例送部引见。其由督抚指定官阶专折保奏章程,着即停止,以杜幸进而重名器。"

〇三年(1864)奏准:各省地方,如有骑马贼拦抢之案,虽无持械伤人,及赃逾满贯情事,亦照盗案例题参疏防,将承缉、督缉各官按限议处。

○又奏准:各省获盗人员,如系举发巨案,拿获著名大盗,劳绩与战功无异。经该督抚指实案由,声明获犯确切详叙情形,奏请破格奖励,将首先拿获之员,准其指定应升官阶,免其送部引见,协获之员,准其加一级。系专指劫盗屡犯巨案,经盗伙供出姓名,久拿未获,负隅抗拒者而言。寻常获盗,不得援引。

○四年(1865)奏准:拿获马贼之案,如系大伙横行,攻围城寨,焚劫乡村,有抗拒官兵情事,地方官拿获著名马贼一名,或斩枭、斩决马贼五名以上者,或两案三案,每案均在三名以上者,俱照拿获捻匪之例,准该督抚保奏指定应升官阶,免其送部引见;拿获斩枭、斩决马贼三名以上者,仍照例送部引见;其拿获斩枭、斩决马贼不及三名,每名准其加一级。至各官任内,如有疏防马贼之案,照例准将拿获邻境之案抵销。其案数多者,亦准其逐案查抵。如抵销完结后,再有获盗之案,即按其所获名数,给予奖励。凡将功抵过之案,总以案情之轻重,与获犯之多寡,分别查抵。其拿获斩枭、斩决马贼三名以上者,准抵本任内降调革留之案;拿获著名马贼一二名,或斩枭、斩决马贼五名以上及十名以上者,准抵本任内议革之案。若所获止系胁从之犯罪,不至斩枭、斩决者,毋庸议奖,亦不准抵销。此系专指直隶、热河、奉天地方马贼肆扰窜入别省者而言,此外不得援引。如查与马贼情形迥异者,仍照获盗例办理。

○五年(1866)奏准:济宁州州同,移扎湖团地方,专令分司缉捕。该地方编排保甲,稽查盗贼,奉行不力,并遇有劫窃等案,即将该州同照分防地面失事之例查参。

○七年(1868)奏准:五城司坊官,拿获邻境一案内斩枭、斩决盗犯三名以上之案,准其核实保举,或保奏应升官阶,或酌予升衔,但不准两项并保。如任内已有应升官阶及得有升衔,止准于升阶上酌加班次,或给予加一级,概不准由升阶升衔上重复再保。未补实缺人员,或酌加班次,或保俟补缺后以应升之缺升用,亦不准两项并保。如任内已有保奏班次,及俟补缺后以应升之缺升用之案,止准给予加一级。如拿未及三名,仍照例给予加级、纪录。如有同案出力人员,应由各城会衔保奏。首先获盗之人不得过一员,会同获盗之人不得过二员。如已有一处保奏在先,即将后次保奏之员奏请撤销。仍令各城将是否会衔之处,于保奏折尾声明。

○八年(1869)奏定:直省各州县申报窃案,令该管上司详记册档,于岁底汇查,统计该州县一年内报窃之案,能拿获及半者,毋庸记功记过;其获不及半者,每五案记过一次;拿获及半之外,复有多获者,每五案记功一次。凡记过至四次者,罚俸六个月;记功至四次者,纪录一次;俱以次递加。不及五案者,俱毋庸议。如系缉获前官任内窃案,及本任内窃赃逾贯之案,每一案记功一次,俱准其以记功之数,将记过之数抵销。其有未及一年离任之员,无论本任、接任,均入于功过册内咨部查核。五城练勇局、司坊各官缉捕功过,均照直省窃案功过核办。

○光绪九年(1883)奏定:闽、粤等省在籍绅衿,本无巡缉之责,其出洋捕盗,究属保护地方。如能首先拿获盗犯,核与州县官引见之例相符者,每案准其加一级;与例不符者,每名纪录一次。山西省在籍绅士,如能首先拿获盗犯,亦照此例办理。

# 卷一百二十九·吏部一百十三

## 处分例 缉捕逃人

**缉捕逃人**

○顺治九年(1652)题准:州县官所属地方,隐匿逃人者,每一名罚俸一月,至十二名罚俸一年,十三名降一级调用。知府所属州县内隐匿逃人,每十名罚俸一月,至一百二十名罚俸一年,一百三十名降一级调用。督、抚、按,巡按今裁。各道员,查该属隐匿多寡之数议处。

○又题准:州县官查解逃人,十二名者,纪录一次;二十四名者,纪录二次;三十六名者,俟应升时加升一级。知府所属州县内,查解逃人至一百二十名者,纪录一次;二百四十名者,纪录二次;三百六十名者,俟应升时加升一级。督、抚、按及各道等官,俟考察之日,查其报解多寡之数议功。

○十一年(1654)题准:凡州县官所属地方,隐匿逃人一名者,革职。知府所属州县官内,有一官失察逃人革职者,知府降一级,道员罚俸九月,巡抚罚俸六月。

○又题准:行提逃人窝主并质证之人,照地方远近立限。若行催三次不到者,将地方官指参。

○又题准:总督所属地方,有一员因逃人革职者,罚俸三月。

○又题准:凡官员赴任之后,家人窝隐逃人者,本官不知情免议,将窝隐之人断作窝家。

○又题准:窝家之父子兄弟有分居者,准地方官保结,免其入官。若假称分居,及隐留家产,不尽行解送者,该管地方官革职。

○十三年(1656)题准:州县官查解逃人十名之后,若地方窝隐逃人一名者,功过不准相抵,仍革职。知府所属查解二十名之后,有一员革职者,功过不准相抵,仍降二级调用。道员所属查解三十名之后,有一员革职者,罚俸一年;有二员革职者,功过不准相抵,仍降一级留任;有三员革职者,降二级调用。巡抚所属地方,有一员至四员革职者,罚俸九月;五员者,降一级留任。若查解逃人至一百名者,功过相抵,准复一级,二百名者,准复二级。

○又题准:凡总督所属地方,查解逃人,一百名者,纪录一次;二百名者,准加一级;四百名者,准加二级。照此数多解者,功过相抵。有一官革职者,罚俸六月;至十员者,降一级留任。

○又题准:凡州县官查解逃人,十名者,加一级;二十名者,不论俸满即升。知府所属查解二十名者,加一级;四十名者,不论俸满即升。直隶州照知府例。道员所属查解三十名者,加一级;六十名者,不论俸满即升。巡抚所属查解五十名者,纪录一次;一百名者,加一级;二百名者,加二级。如照此数多解者,递准加级,仍准功过相抵。盐运司所属拿获者,运司照道员例、分司照知府例、盐场官照典史例。内外钱局拿获逃人者,内钱局监督之司员,照知府例;外钱局总理之布政司,照道员例;分管之厅员,照知县例。窑厂中拿获者,该管官照知府例。其同知、通判、吏目、典史等官,系有捕盗责任者,照各掌印官例议叙。

○又议准:凡旗人民人,雇觅逃人作工,及赁房与住,若有旗人民人作保者,地方官免议。其无保人,留住过十日,照例议处。

○又题准:凡逃人过一关,至二关拿获,或被首告拿获者,将不行盘获、误放过关之官,罚俸六月。

○又题准:凡行文地方官提逃人窝家,及牵连人犯,不到者,行催一次;又不到者,地方官革职。

○十四年(1657)议准:官员署任内,如拿获逃人、失察逃人者,皆各照所署之职,议其功过。

○又议准:口外蒙古逃人,拿解者咨送理藩院归结。窝家及地方官,照例议处。

○十五年(1658)题准:凡州县官查解逃人十五名之后,有隐匿逃人一名者,功过不准相抵,仍革职。知府所属查解三十名之后,有一员革职者,功过不准相抵,仍降二级调用。道员所属查解四十五名之后,有一员革职者,罚俸一年;有二员革职者,功过不准相抵,降一级留任;有三员革职者,降二级调用。惟直隶、山东、山西、河南道员所属查解四十五名之后,有一员革职者,降一级带罪留任;若查解逃人四十五名,准复原降之级。余仍照他处道员例。巡抚所属地方,若有一员至四员革职者,罚俸九月;五员者,降一级留任。如查解逃人一百五十名者,准复一级;二百名者,准复二级。照此数多解者,功过相抵。其盐运司、内外钱局、窑厂及卫所、营伍大小各官,隐匿逃人者,俱照新定各官之例,分别议处。

○又题准:凡查解逃人之司、道,已升京堂,应加一级者,纪录二次;应不论俸满即升者,纪录四次。

○又题准:凡州县、吏目、典史等官,查解逃人十五名者,加一级;三十名者,不论俸满即升。知府所属查解三十名者,加一级;六十名者,不论俸满即升。道员所属查解四十五名者,加一级;九十名者,不论俸满即升。巡抚所属查解七十五名者,纪录一次;一百五十名以上者,加一级;足三百名者,加二级。多解者,照数递加。其盐运使分司、盐场官,内外钱局布政使、主事、同知,窑厂地方该管官,通判、吏目、典史等官,查解逃人者,俱照新定各官之例,分别名数议叙。

〇又题准:凡官员升任,未离任之先,若有窝隐逃人事发,仍行议处;若先有获解逃人之功,仍准议叙。

〇十六年(1659)题准:凡拿解逃人窝犯,及牵连人等,直隶、山东、山西、河南佥差长解,陕西、湖广、四川、江南、江西、浙江、福建、广东、广西、云南、贵州远省地方,将批文限定日期,俱令递解。经过地方官,严加肘锁,差役押解。如地方官逾限,及有疏失脱逃者,题参革职。

〇十七年(1660)题准:凡勒限拿获逃人,接任官将不获情由预行申明者,免议。如过限不行申报者,罚俸六月。如申报不获之后,被旁人仍在先报之处拿获者,将接任官革职。

〇康熙元年(1662)题准:凡移住别处窝隐逃人者,将移住之处两邻、十家长、地方及地方官,照例治罪。

〇又题准:凡行提逃人等犯,逾限一月者,题参。

〇又题准:凡行文提取逃人等犯,与空文行查,如各官违两次定限者,降一级调用。

〇二年(1663)题准:凡巡抚所属地方,查解逃人二百名者,纪录一次;四百名者,加一级。比此数多者,照数记册加级。

〇四年(1665)议准:凡地方官唆令逃人指攀富室,行诈情实者,革职,交部议罪。

〇又题准:凡逃人逃在地方,犯杀人等死罪,将逃人申解刑部。如申解三名以下,地方官每一名差有家产解役四名,严加肘锁申解。如逃人至三名以上,申报该督抚酌量增差护解。如脱逃者,照脱逃强盗例议处。其窝家地方官功过,照常例办理。

〇五年(1666)复准:凡各省总督,顺天府、奉天府府尹,逃人功过,皆免议。

〇七年(1668)题准:凡各省递解逃人逾限者,地方官降一级调用。

〇八年(1669)题准:因逃人事件,牵连议处官员,移咨该抚,取地方官口供到日议结。不取确供,徇庇发觉者,将该抚一并议处。

〇又题准:同省各府查获逃人,将失察之州县官,并该管道、府,照例参处。

〇又题准:凡逃人攀有窝家,行文地方官提解,具文申报无有,复行文巡抚详查,仍具文报称无有后,若窝家仍在彼处,被旁人出首是实者,前报无有之地方官,并巡抚,照失察逃人例处分。

〇九年(1670)议准:官员于所属现任官内,有潜逃不行申报者,罚俸一年。

〇十年(1671)题准:凡失察逃人题参,如系隔省拿获逃人,或被本主及旗下人拿获逃人者,将巡抚以下、吏目典史以上题参。若隔府拿获逃人,系别道员所属者,将道员以下、典史吏目以上题参。若系一道所属者,将知府以下、典史吏目以上题参。若隔州县拿获逃人者,止将州县官及典史、吏目题参。

〇又题准:官员窝带逃人者,革职。

〇又题准:逃人无一定住处,或雇觅佣工,或赁住店房,未过十日者,其窝家、邻佑等既经免罪,地方官亦免议处。

〇又题准:凡州县、吏目、典史等官,失察逃人一名者,降二级调用。知府及直隶州知州所属地方,二年内有一员失察逃人者,罚俸一年;两员失察逃人者,降一级留任;三员失察逃人者,降二级调用。道员所属地方,二年内有一员失察逃人者,罚俸九月;有二员者,罚俸一年;三员者,降一级留任;四员者,降二级留任;五员者,降三级调用。巡抚所属地方,二年内有一员失察逃人者,罚俸六月;有二三四员者,仍罚俸六月;五员以上者,降一级留任。盐场失察逃人,将运使照道员例、分司照知府例、盐场官照典史例。在京钱局失察逃人,该管官照知府例;外省钱局失察逃人,布政使照道员例、钱局同知照知县例。窑厂中失察逃人,将该管官照知府例。五城地方失察逃人,兵马司掌印指挥照知府例,坊官、副指挥、吏目照知县例。乾隆三十年(1765)改"司坊官照知县例"。同知、通判有捕盗职任者,各照掌印官例处分。凡官员干系逃人事件处分,若有加级纪录,皆准抵销。

〇又题准:凡地方官于所属地方,如不设立十家长,不给木牌稽查逃人者,将地方官降一级留任。

〇又题准:凡州县官申解逃人,每一名差有家产正身解役二名押解。如所差正身解役不行押解,私自转交别人押解,或将逃人疏脱者,将佥差不慎之地方官,罚俸一年。

〇又题准:凡地方官将实在逃人指称民人,保结释放之后,或被本主识认,或被旁人出首,若果系逃人,将不行详察取保之官革职。

〇又题准:凡地方官拿获逃人,即行解部。如监禁迟滞过一月者,将该地方官革职。如一月内不能查明申解者,预行申报展限。乾隆三十年(1765)增"不预行申报展限,罚俸六月"。

〇又题准:凡地方官,将未离原籍土著之民,作逃人拿解者,降一级留任。

〇又题准:官员因逃人事件,降级留任后,知府、知州、知县能拿解逃人,足不论俸满即升之数;道员所属地方,足加二级之数;巡抚所属地方,足加一级之数者,俱准复还所降之级。如州县、卫所等官,拿获逃人不足加级之数者,不准议叙各该管上司之功。其盐运司,并管内外钱局、窑厂官,五城兵马司官,亦照此例。

〇又题准:凡首告逃人,移咨巡抚,不行拿解,别经发觉者,巡抚降一级留任,该管官俱照失察逃人例议处。

〇又题准:凡逃人无主识认者,地方官功过不议。至如面上刺字无主识认之逃人,窝家及地方官功过,仍照例查议。

〇又题准:凡父母带逃时十五岁以下之子女,如同父母拿获解来者,地方官不记功。别行拿获解来,与拿获只身逃走十五岁之子女者,将地方官记功。若被伊主认获,及旁人出首者,将失察之地方官及窝家,仍照例查议。

〇十一年(1672)议准:凡粮船并回空船,有窝隐逃人者,河南、山东之押运粮道,罚俸一年;江西、浙江、湖南、湖北、江安、苏松等处押运通判,罚俸一年。

○十二年(1673)题准:凡文武官员获解逃人记功者,直省知会各该抚,奉天府所属移会府尹,令巡抚、府尹照督捕衙门移文,转行知照原拿获地方官议叙。

○又题准:凡逃人之主,不准私自差拿逃人,准其在部控告行提,或首告该地方官拿解。若违例私自往拿,地方官及窝家之罪毋庸议,逃人之主系官,罚俸一月。

○又题准:逃人之主,私差家人往窝主家取讨衣物者,系官罚俸一月。

○又题准:凡逃走情实者,准递逃牌。其在庄屯居住,不曾逃走者,若递逃牌,其主系官,照违令律议处。

○又题准:凡逃人之祖父母、父母或子孙出首者,不论初次、二次,将逃人照自首例免鞭刺,不算逃走次数,地方官亦不记功。于申解逃人时,取实系祖父母、父母、子孙甘结,及地方官印结,一并申送。情虚者,将为首之保人枷号一月、责四十板,其余每人责四十板,地方官降一级调用。

○又题准:职官逃走,该管官捏作常人投递逃牌者,罚俸一年。递过逃牌,谎供不曾逃走者,罚俸六月。

○又题准:凡官员错写逃牌投递者,罚俸一年。

○又议准:凡公主等家下卖买人、庄屯人、在京居住之人,并所属正户逃走者,窝家、地方官皆照常例议。其口外蒙古之逃人,拿解者咨送理藩院归结,地方官功过毋庸议。

○十三年(1674)题准:不肖官员觅买旗下奴仆带去,谎充逃人申解邀功者,革职拿问。如外省册报,或并无逃人,捏造空名移送邀功者,亦照此例。

○十四年(1675)题准:凡逃人被获后,窝家将其妻子出首者,窝家、地方官一并免罪。若窝家不首,地方官不行察解者,仍照定例治罪。

○又题准:凡旗下人聘娶之民妇逃者,窝家、地方官俱免议。

○十五年(1676)议准:凡逃人被别处及旁人拿获之后,窝家虽将逃人之妻子出首,仍照例断作窝家,地方官照例议处。若未被他处及旁人拿获之先,窝家将逃人妻子出首者,窝家免罪,地方官仍记功。

○又议准:凡府州县、卫所官,行文提取逃人窝主,及窝主之妻子、家产、人口,并干连之人,及空文行查百里以内者,往返限十日内解至。如不到,又照此定限十日,行催一次,亦照此限内解至。二百里以内者限,十五日解至;三百里以内者,限二十日解至;四百里以内者,限二十五日解至;五百里以内者,限一月内解至;六百里以内者,限三十五日解至;七百里以内者,限四十日解至;八百里以内者,限四十五日解至;九百里以内者,限五十日解至;千里以内者,往返限两月解至。如不到,各照定限行催一次,亦各照限内解至。千里以外,百里者往返加四日扣算。如行提逃人窝家,并牵连人犯,及空文行查,违此两次定限不解不报者,罚俸一年。

○又议准:凡旗下人聘娶民妇逃者,窝家、地方官照例议处。

○又议准:投诚官员,弃札脱逃,地方官不行申报,或申报迟延者,州县官罚俸六月,知府、通判等官罚俸三月。

○二十一年(1682)议准:滇、黔土司,无论逃人逃兵、逆属旧人,拿解六十名者,准加一级。多获者,照数递加。不及加级者,该督抚酌量奖赏。

○又议准:滇、黔土司地方,有失察逃人一名,被别土司拿解,或逃人自行供出者,土司降一级。若知而隐讳者,照隐匿逃人例革职。其拿获逃人,照例解部发落。

○二十四年(1685)题准:凡逃人潜住地方,州县官不行查拿,被旗主认出,及他人已经拿获,地方官强行攘夺,冒称伊所拿获解部者,将州县等官各降一级调用。

○二十五年(1686)议准:州县等官,拿解逃人三十名者,加二级。知府及直隶州知州,拿解逃人三十名者,加一级;六十名,加二级。道员所属地方,有拿解逃人九十名者,加二级。于此数多者,各照数递加。巡抚所属地方,拿解逃人二百名者,纪录一次;四百名者,加一级。于此数多者,亦照数加级、纪录。其同知、通判、吏目、典史、指挥、盐运使分司、管盐场大使、钱窑厂等官,俱照例计数,分别办理。将功一年一叙。若不至加级之数者,又并一年议叙,若仍不足者,将前一年之功截去,止留一年之功,于次年接算,不准三年合算。

○又议准:兵马司正指挥拿获逃人三十名,副指挥、吏目拿获十五名,各加一级。如有特交缉拿之重犯,并逃人能照数拿获,准其加级。若止将逃人拿获,而不能拿获要犯者,不准加级。若知系逃人要犯,不行严拿,而纵容在地方者,事发题参,照藏匿重犯例革职。

○又题准:凡旗人民人首告逃人,该管官即拿解者,将该管各官免议。如将实在所有之逃人,谎称无有,不行拿解,或被别衙门查知,或被旁人首告,或被他处拿获,控告之时,该逃人在脱逃地方情实,将该巡抚罚俸六月,该管各官照失察逃人例议处。又行提逃人之妻,谎称病故,空文回复者,革职;不行详查转申之知府,降一级调用。乾隆二十四年(1759)增"道员降一级留任"。至逃人在脱逃地方所娶之妻,非系从家带逃,若以有为无,空文回复者,将地方官降一级调用,转报之知府罚俸一年。乾隆三十四年(1769)增"道员罚俸九月"。

○又议准:拿解逃人及窝犯者,地方官严加肘锁,每一名差正身有家产解役二名押解。如不差正身有家产解役,及少差解役,以致疏脱,或解役同逃人逃走,并不加肘锁脱逃者,将该地方官降一级调用。如逃人一名,差有家产正身解役二名押解,严加肘锁,中途犯人疏脱,或同逃人逃走者,地方官免议。如解逃人无护送之牌,或将护牌及部文遗失,中途脱逃,禀知州县,不行追赶,或因解逃文书擦损不收,或行拿之部文已到,称为未到,或逃人虽未脱逃,但违例止差解役一名者,罚俸六月。其逃人未经审实,在途疏脱者,免议,俟获日再议。至起解逃人,不加肘锁,致令在路途抢夺者,罪在解役,原起解官免议。

○又议准:逃人不即转解,以致脱逃者,革职。至凡拿获逃人,着令递解,仍将批文内限定日期。若逾限者,将逾限之地方官罚俸一年。

○又议准:凡解送逃人,若有中途患病者,原解役即报地方官验明,许其暂留,拨人看守,延医调治,报明该管上司,报部存案。俟病愈,即转解前途。如将无病逃人谎报有病,故为留滞,将实在患病逃人,不肯留养,或留养而不拨医调治,以致死亡,或病愈后不即行转解者,将任其谎报故为留滞,及病愈后不即行转解之员,照递解违限例,罚俸一年;不留养患病逃人以致病故之员,照军流等犯不留养以致病故例,按人数分别处分。

○又议准:凡官员将别官拿获之逃人,谎报系伊拿获,或将伊衙役拿获之逃人,谎报同别县拿获,或奉部行提之逃人,谎报未奉部文之先已经拿获者,皆降二级调用。如将逃人文册违限不解,报称赍送者,罚俸一年。或将所获之逃人,不行解部,私自释放者,革职。至凡窝逃之家产,解送一半,隐留一半不解者,将地方官罚俸一年。或将窝家未休之妇,称系休离回复者,亦照此例。

○又议准:凡粮船有窝隐逃人者,将失察之文职各官,皆罚俸九月。

○又议准:官员将应赦逃人,误行刺字者,罚俸一月。

○雍正二年(1724)议准:州县拿获逃人,详报巡抚,请咨递解。该巡抚于每年四月内,将各州县拿获逃人数目核实,造具清册二本,一本汇送刑部查核,一本汇咨吏部备案。俟刑部查明,咨部照例议叙。

○又议准:嗣后稽查匪类,并旗下逃人,应令顺天府、直隶各省督抚,并口外热河波罗和屯等处总管,严行所属设立十家长,给予木牌一面,细加清查。如地方不实力奉行,一经事发,照例题参。

○七年(1729)议定:旗下三品以上大员之家人,及王公等之辛者库即府属管领。人等,有犯命盗重罪脱逃者,该衙门查拿之时,即行知会本主,协同缉捕。如一年限满不获,令该衙门即行题参,并声明此案脱逃旗下凶犯协缉之家主,系何职衔,该部即将协缉不力之家主,罚俸一年。若系各王公等辛者库人等,将办理府属事务官员,亦罚俸一年。其各该管王、贝勒、贝子、公等,各罚俸一月。未获逃犯,仍令照案协同缉拿。

○乾隆三年(1738)议准:逃人逃在地方居住,在六月以内者,免议;六月以外,地方官不行查拿,邻佑、窝家等不行出首,或被逃人之主控告,或被旁人出首被获者,将知州、知县、吏目、典史等官降一级留任,十家长、地方、邻佑、窝家照律责惩。若过一年,地方官仍未拿获,窝家、邻佑等亦不行出首,或被逃人之主控告行提,或被旁人出首者,每一名,将失察之知州、知县、吏目、典史等官,降二级调用;十家长、地方、邻佑、窝家照例治罪。如不知情之窝家,免议。

○又议准:地方官明知逃人,不行拿解,而纵容居住者,照藏匿重犯例革职。

○四年(1739)复准:理事衙门所辖旗庄地方,如有屯庄户口不清,及入官人口,借名赎身,潜匿境内,未经察出者,将各官照脱漏户口例议处。

○八年(1743)复准:嗣后近京五百里以内,旗民杂处之州县文武各官,如遇失察逃人,在一年以内者,免议;若失察已过一年者,降一级留任;过二年者,降二级调用。其明知故纵者,仍照定例遵行。至古北口外四旗、承德等五厅,旗民杂处,实与近京州县无异,亦照此例分别宽减。

○三十年(1765)奏准:各省逃人,该地方官既准有该旗知会,不即票差协拿,其从前失察,虽在半年以内,亦照邻境不协拿逃犯例,罚俸一年。如旗员知会一到,立即添差协同拿解,无论失察年月远近,均照拿获赌具例免议。

○又奏准:拿解逃人及窝犯者,地方官选差妥役,严加肘锁押解。如少差解役,并不加肘锁,脱逃者,将该地方官降一级调用;未脱逃者,罚俸六月。如不加肘锁,纵放路途抢夺者,将原起解官降一级调用。如多差解役,又加肘锁,脱逃者,仍照佥差不慎例,将地方官按逃人罪名之轻重,分别议处。

○又奏准:凡现任休致各官,及有顶戴人员,窝隐逃人者,革职及职衔顶戴,仍交刑部治罪。地方官,仍照失察逃人本例议处。

○又奏准:凡窝逃之家产,例应入官,如地方官不行查出解送,致有隐留者,照徇庇例,降三级调用。

○又奏准:除失察逃人官员外,凡因逃人事件牵连议处官员,移咨该抚,取具地方官口供到日议结。该巡抚等若有徇庇,不取确供,一并议处。

○嘉庆十一年(1806)奏准:逃人被获之后,如窝家未将其妻子出首者,地方官仍照失察逃人例议处。若已将逃人妻子出首者,将失察之地方官,按其失察年月远近,照邻境获犯之例减等议处。至未被拿获之先,窝家将逃人妻子出首者,窝家免罪,地方官仍免议。

○二十年(1815)谕:"值年旗汇奏分赏八旗王公大臣官员等为奴人犯逃逸数目。此项分赏人犯,多系逆匪、邪教案内之人,非寻常罪犯可比。该王公、大臣、官员等,理宜不时严行管束服役,毋致纵逸。嗣后凡分赏为奴,关系逆匪、邪教案内人犯,若不守分为匪,即行送部加重治罪。一有逃窜,即行呈报该旗严行缉捕外,于年终汇奏之时,将逃逸人犯原案由开单具奏。此内设有关系逆匪、邪教案内之人,将该失察之王公、大臣、官员等,交部从重议处。如寻常分赏为奴人犯,若有逃窜,失察之王公、大臣、官员等,仍照旧例查议。"

○又奏准:分赏王公、大臣、官员为奴之逆犯妻子脱逃,将承缉之该地方官,与协缉之家主,俱勒限一年缉拿。限满不获,俱罚俸一年,逃犯照案缉拿。能于限内拿获者,俱免议。

○又奏准:凡满洲、蒙古、汉军之家奴,罪该军、流、发配者,令该省督抚酌发有驻汛官弁之处,给予官兵为奴。若有疏脱,将该管官照军流人犯脱逃例议处。地方官有受贿纵放者,革职治罪。

# 卷一百三十 · 吏部一百十四

## 处分例 逃　犯

### 逃　犯

○康熙九年(1670)题准:凡军罪人犯,在配所脱逃者,将该管官罚俸六月,统辖官罚俸三月。军、流、徒罪人犯,私自逃回原籍,地方官不行查出者,罚俸一年。

○又题准:凡官员将起解斩、绞重犯,不加肘锁,少差解役,以致脱逃者,降一级调用;军、流、徒罪人犯,罚俸一年。如已加肘锁,多差解役,脱逃者,俱照越狱例,按罪犯轻重处分。若系差役得财,将人犯疏纵脱逃者,本管官照失察衙役犯赃例处分。原解未经交付之先,疏纵脱逃者,将原地方各官议处;如经交付明白脱逃者,将承接该管各官议处。

○又题准:凡州县官有潜逃反叛正犯,未经查出,或出具并无印结,被人首发者,革职,将该管知府降四级调用,司道降二级调用,督抚降一级留任。如系斩、绞要犯,未经查出,或具结后被人首发者,降二级调用,该府、道罚俸一年。如系反叛牵连之人,及军、流人犯,未经查出者,罚俸一年。若将紧要重犯官员,自行藏匿者,革职。

○雍正二年(1724)议准:押解盗犯,中途致有脱逃者,将佥差不慎之该县,照例议处。其加级纪录,俱不准抵销。

○三年(1725)议准:嗣后该管知府并直隶知州所属州县,若山海巨盗、斩绞重犯中途脱逃,有一二案者,罚俸九月;三四案者,罚俸一年;五六案以上者,降一级,限一年催缉。限内全获,准其开复。逾限不获,照所降之级调用。若军、流、徒、杖、笞等犯中途脱逃,有一二案者,罚俸三月;三四案者,罚俸六月;五六案以上者,住俸,限一年催缉。限内全获,准其开复。逾限不获,降一级留任,仍着照案缉拿。

○又议准:山海巨盗、斩绞重犯,州县官已加肘锁,多差解役,有致脱逃者,降一级,限一年督缉。限内全获,准其开复。逾限不获,照所降之级调用。若军、流、徒、杖等轻犯,州县官已加肘锁,多差解役,有致脱逃者,罚俸六月。

○四年(1726)议准:嗣后凡减等盗犯,从遣所逃回,与不严加肘锁,少差兵役,致盗犯中途脱逃者,地方官俱仍照定例议处外,有能将别省越狱脱逃之犯,拿获一名者,纪录一次;二名者,纪录二次;三名者,加一级。如有拿获三名以上者,应与纪录、加级,按此递加。

○又议准:嗣后藏匿罪人之家,除不知情者,仍照律遵行外,若系民人知情藏匿者,照本犯原罪治罪。若系职官知情窝隐者,除革职外,仍照本犯原罪治罪,不准折赎。若犯罪之人,在境内隐藏,地方官怠忽因循,不实力稽查,或被旁人首发,或被邻境官司拿获,将该地方官照失察例议处。如有属员藏匿罪人,该管上司不行觉察纠参,将该管上司亦照失察例议处。

○乾隆三年(1738)议准:嗣后徒犯脱逃,照军流人犯在配脱逃例,初参,将该管官罚俸六月,兼辖官罚俸三月,俱限一年缉拿。限满不获,该管官罚俸一年,兼辖官罚俸六月。如有贿嘱、故纵等弊,仍照定例议处。其军、流、徒罪人犯私回,不行查出之该管官,亦仍照定例议处。

○四年(1739)复准:如旗人有犯一切赌博、私烧、私宰、逃盗、匪类、不法等事,其失察之该理事丞倅,如遇州县官同城驻扎,失于缉拿,与地方官一律处分;如遇州县非同城,有旗人不法等事,失于缉拿,照该管知府例分别议处。

○五年(1740)议准:嗣后徒犯脱逃,如有该管驿丞为专管,即以该县知县为兼辖。若该县并无驿丞,系知县兼管,应以该县知县为专管,该府知府为兼辖。至该驿原有额设驿丞员缺,或因事故离任,该县知县暂行兼管,遇有疏脱,应将该县知县照一人兼两任例,就一任处分,其兼辖职名,毋庸开参。再属府辖之该驿丞,应以该管知府为兼辖,其知县职名,亦毋庸开报。

○十年(1745)议准:罪犯越狱,及凶犯脱逃,并军、流、徒罪人犯在配脱逃,俱以准到刑部咨文之日,扣限查参。

○十二年(1747)议准:嗣后直隶各省,凡有疏脱流犯案件,除听其自为谋生,或发驿当差脱逃者,仍照定例遵行外,若各该犯拨派各衙门充当夫役,遇有脱逃事故,止将本管官查参议处,其兼辖各官职名,均免其开送。

○十三年(1748)议准:嗣后地方官,并营卫武职,拿获邻境逃犯,如系军、流罪犯单身脱逃者,每一名纪录一次;携带妻子脱逃之犯全获者,每一名纪录一次。其拿获脱逃徒犯者,二名纪录一次。准其前后接算,声明议叙。

○十四年(1749)议准:嗣后直隶州所属县分,遇有军、流人犯脱逃,其州同、州判照厅员之例一体查参,照例分别议处。至直隶州州同、州判,凡遇州属知县,每月点验军、流,饬令造具册结,报明该衙门查参。如有脱逃,督缉州同、州判照厅员之例,责令提比限缉。

○二十八年(1763)议准:决不待时之重犯,遇有中途脱逃,该督抚即于查参文内声明,仍先由刑部核明,该犯情罪重大,即交与吏、兵二部查办,将佥差长解之地方官,及添差护解之地方文武各官,俱革职留任,自脱逃之日为始,限一年缉拿。限满不获,即行革任。如能于限内拿获者,准其开复。至发新疆等处人犯,其疏纵之地方官,亦照寻常斩、绞脱逃之犯,加等定议。嗣后遇有前项人犯中途脱逃,将佥差解送之地方文武各官,俱降二级留任,亦以脱逃之日为始,限一年督缉。如能于限内拿获者,准其开复。限满不获,即降二级调用。

○三十年(1765)议准:嗣后遇有军、流、徒犯脱逃之案,俱扣限一百日。限满无获,即行查参。

○又奏准:满洲、蒙古、汉军之家奴,犯军、流罪发遣者,令该督抚酌发有驻汛弁兵之处,给予兵丁为奴。若在发遣地方,将犯人疏脱者,该管官照军流人犯脱逃例议处。地方官有受贿纵放者,照主守故纵受财律革职,交与刑部治罪。

○三十一年(1766)复准:嗣后新疆人犯,若逃回原籍居住,别经发觉,应查明原籍,曾经奉文密缉者,无论已未出结,将原籍地方官,概议以降二级调用;其未经奉文密缉者,将原籍地方官,议以降二级留任。若在别处逗遛,计时在半月以上者,将失察之地方官,议以降一级留任。

○三十三年(1768)议准:新疆改发内地遣犯,遇单身脱逃者,向来专、兼各官,俱例止罚俸处分。嗣后将专管官照佥解重犯脱逃例,初参,降一级留任,限一年缉拿,获犯之日开复。如限满不获,照所降之级调用。兼辖官,初参,罚俸一年。限满不获,降一级留任。其不行查察之府、厅,照不行详查例,罚俸六月。

○又议准:嗣后除寻常军、流人犯,同日脱逃一二名者,仍照例并案查议外,若脱逃在三名以上,专、兼各官,即照携带妻子脱逃之例,初参,该管官罚俸一年,兼辖官罚俸六月,俱限一年缉拿。限满不获,该管官降一级留任,缉获之日,准其开复,兼辖官罚俸一年。脱逃在六名以上者,即照重罪流犯携带妻子脱逃之例,初参,该管官罚俸一年,兼辖官罚俸六月,俱限一年缉拿。二参,该管官降一级留任,缉获之日,准其开复;兼辖官罚俸一年;仍限一年缉拿。三参,该管官降一级调用,逃犯交与接任官照案缉拿;兼辖官降一级留任,缉获之日,准其开复。如专、兼各官于疏纵之后,实力缉捕,能于限内拿获一二名及获半者,仍按其未获名数,分别议处。

○三十四年(1769)议准:嗣后除徒犯同日脱逃五名以下者,仍照例并案议处。若逃至五名以上,即照军流同日脱逃三名以上之例,初参,将专管官罚俸一年,兼辖官罚俸六月,俱限一年缉拿。限满不获,专管官降一级留任,缉获之日,准其开复;兼辖官罚俸一年;仍限一年缉拿。三参,专管官降一级调用,逃犯交与接任官照案缉拿;兼辖官降一级留任,缉获之日,准其开复。如专、兼各官,于疏纵之后,百日限内,拿获一二名及获半者,仍按其未获名数,分别议处。

○三十六年(1771)复准:嗣后凡接缉、再接缉之员,如有拿获邻境盗犯者,仍准其一体奏请引见。至拿获邻境改遣重犯,此等人员,任内既有本境逃遣重犯未获之案,即照本境未获逃盗之例,一体停其送部。其前官任内未获逃遣,接缉官本无处分,如果拿获邻境逃遣多犯,仍照例奏请引见。

○又奏准:嗣后改遣逃犯,除逗遛别处,该地方官失察在半月以上者,仍照例降一级留任外,其逗遛在三名以上,失察在半月以上者,该地方官降二级留任;失察在一月以上者,降二级调用。

○三十八年(1773)议准:定例从九品、未入流,系无级可降之员,如遇一案内止于降三级调用者,照例询问居官,好者议以革职留任,三年无过,准其开复。若新疆改遣重犯,则管束防范,是其专责,且安插在城,非若盗犯之潜行乡僻,猝不及防可比。该员既不能严加防范,以致脱逃,复不上紧拿获,其居官之平常,不问可知。嗣后改遣重犯脱逃,限满不获,即将无级可降之专管捕官革职,毋庸询问居官。

○又议准:定例充徒年满,及递回原籍取具收管之犯,该管地方官不严行管束,致令脱逃出境生事,一名罚俸一月,二三名罚俸三月,四名至六名罚俸六月,七名至九名罚俸九月,十名以上者罚俸一年。其容留潜住地方官,亦照此例,按名议处。仍着落地方官,勒限一年缉拿。如逾限不获,每一名罚俸三月,四名以上罚俸一年,十名以上降一级留任。倘业已脱逃,该地方官捏称并未出境,或遇别处发觉,或被旁人首告,将该地方官革职。该管上司知而不报者,降三级调用。

○又议准:嗣后除各省递回人犯出境生事,仍照定例议处外,其在京递回原籍安插人犯,取具地方官收管。其人犯令该地方官逐一造册,仍于每月朔望日期,按册点卯。如有私行脱逃出境来京者,无论生事为匪与否,该管官即申报该管上司并原犯事地方官查拿。仍将疏纵之地方官查参,悉照各省递回人犯出境生事例议处。如有隐匿不报者,将地方官照应申不申公罪例议处。

○三十九年(1774)议准:嗣后遇有解役兵丁与犯同逃,即照案犯脱逃之例,按限严缉逃差务获。如逾限不获,亦照各项人犯脱逃之例一体议处。至解差兵丁,或受贿潜逃,及畏罪脱逃,并文批是否遗失或销毁之处,均应俟缉获之日,讯明实情定拟,该督抚自可随案分析查参。吏部、兵部,除将差役兵丁畏罪潜逃,讯无贿纵情弊者,即照案犯脱逃例限议处外,其差役兵丁贿纵,及文批遗失销毁之处,仍照失察衙役犯赃,及在官人役犯赃,与解送逃人牌文遗失,并沉匿公文之例,分别议处。

○四十九年(1784)奏准:分赏王公大臣在京官兵为奴之逆犯妻子逃走,勒限一年缉拿。逾限不获,协缉不获之家主,罚俸一年,兵丁鞭六十,承缉不力之该地方官,照不实力查访逃窃例,罚俸一年,逃犯照案缉拿。如于限内缉获者,承缉、协缉官俱免议。

○又奏准:年终汇奏案内,脱逃应缉遣犯,脱逃时年已六十者,则勒限二十年未获,即可先行开除;年已五十者,勒限三十年未获,先行开除;不必概以四十年为限。后经缉获,仍照例质明办理。

○又议准:年终汇奏案内,邻省及本省逃徒,及贼匪逃人,能获五名以上者,列为一等,纪录二次;获至三名以上者,列为二等,纪录一次。其三等之员,照例毋庸议叙。

○五十年(1785)谕:"嗣后通缉人犯,于何省脱逃,但应责成该省州县,或问出本犯之原籍,亦止责成其原籍州县,实力缉捕。如仍年久无获,即当交部略予议处。此外无干之各直省州县,竟毋庸行文通缉,以省案牍而归核实。其应如何分别年份,比较命盗案件,酌量轻减予以处分之处,着大学士会同该部,详悉定议具奏。钦此。”遵旨议定:逃遣之案,配所地方官,于正限满后,再限一年缉拿。限满不获,罚俸一年,仍限一年缉拿。限满不获,再罚俸一年。如前官已经离任,即将接任之员,照此按限参处。其原籍接缉之地方官,如有失察逃回原籍者,于应得降调、降留处分外,再将从前未获年份,按照二限,各罚俸一年。

○五十四年(1789)议准:各省徒犯,照安插军、流之例,以吏目、典史为专管,州县为兼辖。有驿州县,仍以管驿之县丞等官为专管,分别办理。

○五十五年(1790)议准:凡新疆改发内地遣犯在配脱逃,该督抚特参奏请交部严加议处者,专管官革职,兼辖官降二级调用,加级不准抵销。不行查察之府、厅降二级调用,道员降一级调用,均准抵销。

○又议准:嗣后决不待时及斩绞重犯中途脱逃,将佥差之员革职留缉。限内拿获,送部引见,请旨开复。不获,照例拟罪。至发往新疆等处人犯,虽与决不待时者稍间,但此等要犯,情节较重,遇有中途脱逃,应将佥差不慎之员降二级调用,加级纪录,不准抵销。该员果能自备资斧弋获,准其奏请开复。至该管上司,于所属人犯中途脱逃,向例仅止罚俸。嗣后如决不待时重犯脱逃,该管知府降一级调用,加级不准抵销;司、道降一级调用;督、抚降一级留任,均准其抵销。如系秋审发回,照例监候,及解往归案审办,审明时罪应拟抵之犯,遇有脱逃,该管知府降一级调用,司、道降一级留任,督、抚罚俸一年。发往新疆遣犯脱逃,该管知府降一级留任,司、道罚俸一年,督、抚罚俸六月,加级俱准抵销。如有钦奉特旨交部严议者,该管知府例应降调之处,毋庸查级议抵。如属员于限内自行获犯,例得开复,而该管上司遇有降调、离任者,一体奏请开复。其尚未送部议处者,俟咨送职名到部时,酌减议结,将例应降调之案减为降留,降留之案减为罚俸。

○又谕:“富纲等奏‘遣犯在配脱逃,旋经拿获,请将失于防范之地方官职名,另行送部’等语。遣犯胡牛,于九月初四日脱逃,至初九日即行追获。该州等虽不能防范于前,而一闻该犯脱逃,即选派差役,上紧追捕,甫五日即经拿获,不致要犯稍稽显戮,尚可量予从宽。若将应议职名,仍行送部,则地方官于此等速行拿获脱逃要犯,终于不免处分,此后转致懈于缉捕,殊不足以示劝惩。所有此案应议职名,免其交部。”

○五十六年(1791)谕:“据吉林将军奏通省节年发到遣犯名数清单,内称脱逃未获遣犯五百二十二名。此等遣犯,积年脱逃未获,至五百余名之多,可见地方官于咨缉事宜,不过视为海捕具文,不能实力侦缉。但此等未获各犯,俱系各省通缉,且其中有年久之案,年年开单,照例汇奏,亦非核实之道。所有此项未获之犯,除行查各该犯原籍,有无潜逃回籍,一体严缉外,其应如何查核年份,分别停缉,并将承缉各员,再行酌定处分之处,着军机大臣会同吏、刑二部,详晰核议具奏。钦此。”遵旨议定:嗣后令各督抚于疏脱遣犯年终汇折内,声明已未获名数,即照凶首盗首未获之例,将承缉官,一二名不获,罚俸六月;三四名不获,罚俸九月;五六名以上不获,罚俸一年,再限一年缉拿。限满不获,仍照此例,按其未获名数,分别议处,逃犯照案缉拿。道、府、同知、通判、直隶州等官,总计所属地方,获不及半者,罚俸六月。如承缉官本身不至离任者,仍按年汇题。

○五十七年(1792)奉旨:"恒秀等所奏'逃犯内拿获二人正法,其脱逃未获四犯,即严行缉拿'。此等发遣人犯,如有逃者,该将军、副都统刻即派出能干之人,预防各关隘哨探追拿,断无越省年久不获之理。现今逃犯六人内,已获二人,其未获刘八十儿等,想来不能远遁,将此交于该将军等,务必奋力缉拿。若不奋力查拿,经别省拿获,必将由某卡逃出审明,将玩忽该管官兵治罪。此后有逃者,俱照此例办理。"

○嘉庆四年(1799)奏准:凡系改遣人犯,以及斩绞决不待时人犯,遇有疏脱,专、兼各官均照旧例按限勒缉,分别题咨参处,通饬各督抚,不得用"严加议处"字样。违者,除将所参之员照例议处外,仍由部将该督抚参奏,照误揭属员例议处。

○七年(1802)奏准:官员将押候审讯人犯脱逃,如众证确凿,罪无可疑者,即据实声明,按罪名轻重分别议处。其应拟军、流、遣罪人犯在押脱逃者,降一级调用;徒罪人犯在押脱逃者,罚俸一年;笞、杖人犯在押脱逃者,罚俸六月。至供证未确,罪难悬拟者,亦于文内声明,照军流以下人犯中途脱逃例,罚俸一年。俟日后获犯审明,仍按应得罪名,照各本例改议。

○又奏准:凡问发新疆及改发内地遣犯脱逃,除拿获之日,例应正法者,疏脱之员仍照旧例办理,其仅止枷号调发杖责,例不正法各犯,无论在途在配,及原籍逗遛,其失察各官,均照失察疏脱寻常军流遣犯之例核议。

○又奏准:拿获命盗军、流等犯之案,除协获之员,查系本境之犯,例有承缉、督缉失察处分者,功过相抵,仍毋庸议叙外,如系缉获邻境之犯,其首先获犯之员,照例送部引见者,将协获之员加一级;首先获犯之员,例应加一级者,将协获之员,纪录一次;首先获犯之员,例止纪录者,协获之员,令该督抚入于年终功过案内,分别等差,咨部办理。

○八年(1803)奏准:督抚、藩臬于接到咨文之日起,统计所属,一年内获不及半者,藩臬罚俸一年,督抚罚俸六月,均再限一年督缉。一年内获不及半者,藩臬罚俸二年,督抚罚俸一年。仍俟各属扣足一年限满,年终汇册送部。

○又奏准:军、流、徒、杖、笞等犯越狱,不论名数多寡,定限四个月,该督抚题参疏防,将管狱官革职留任,戴罪勒限一年缉拿,全获开复。逾限不获,仍照例革职,逃犯交与接任官,勒限一年缉获。该管有狱官住俸,戴罪勒限一年督缉,全获开复。逾限一二名不获,罚俸一年;三四名不获,降一级调用;五六名不获,降二级调用;七八名不获,降三级调用;九名十名不获者,降四级调用。逃犯俱交与接任官,勒限一年缉拿。凡问发新疆及由新疆改发内地遣犯越狱,系例不正法之犯,管狱、有狱各官,悉照此例办理。

○又奏准:前官未获越狱人犯,接任官以到任之日起,限一年缉拿。如山海巨盗、斩绞重犯,于一年限内,无论名数多寡,不拿获者,罚俸一年,再限一年缉拿。限满不获,罚俸二年,仍再限一年缉拿。三限不获,降一级留任,未获逃犯,俱照案缉拿。如军、流、徒、杖、笞等犯,逾限一名至四名不获者,罚俸三月;五六名不获者,罚俸六月;七八名不获者,罚俸九月;九名十名以上不获者,罚俸一年;未获逃犯,俱照案缉拿。

○又奏准:斩绞重犯中途脱逃,佥差、护解各官,如限内全获,题请开复。如限满不获,查系依法管解,偶致疏脱,仍议以降革完结,毋庸治罪。若审系解役受贿故纵者,概行革职,交刑部治罪。

○又奏准:凡解省复审,及邻邑归案审拟,未定罪名人犯,中途脱逃,除供证确凿,罪无可疑者,即据实声明,照例议处,至供证未凿,罪难悬拟者,亦于文内声明,照军流以下人犯中途脱逃例议处。俟日后获犯审明,如罪止军、流,毋庸更议,倘系军、流以上罪名,或罪止徒、杖,即按本例议处。

○十一年(1806)奏准:各省府州县所属大小案犯,如有窜入邻境,一面差役执持印票往拿,一面移文关会添差协缉。倘该地方官明知逃匿邻境,以非其管辖,不急往拿,及邻境之该管官,不行协缉者,系命盗等项重犯,均降三级调用;系逃窃、窝赌、窝娼等项寻常案犯,均降一级留任。

○又奏准:凡隔省关提人犯,以文到日为始,限四个月拿解。邻封关提人犯,限文到二十日拿解。如逾限不发,将该地方官照事件迟延例议处。若地保、差役,捏称并无其人,并久经外出,该地方官不能查出,空文回复者,系寻常案犯,罚俸六月;系命盗等项重犯,罚俸一年。或现有其人,地方官故意不肯发人者,系寻常案犯,降一级留任;系命盗等项重犯,降三级调用。

○十六年(1811)谕:“先福奏县监绞犯越狱即经拿获审明定拟一折。此案信丰县绞犯曾瘸瘇越狱脱逃,该县公出,典史亲督丁役,于三日内即将该犯拿获,尚属知惧知勉,若仍予革职,未免无所区别。黄思锦着革去顶戴,改为革职留任,四年无过,题请开复。嗣后管狱官遇有脱逃监犯,于五日内缉获者,即照此例办理。余着该部议奏。钦此。”遵旨议定:凡山海巨盗、斩绞重犯,并问发新疆人犯越狱,不论名数多寡,该督抚实时题参,管狱官革职拿问,该管有狱官革职留任。如管狱、有狱各官,能于五日内亲督丁役,将脱逃监犯缉获者,管狱官革去顶戴,改为革职留任,四年无过,题请开复;有狱官改为降一级留任,一年无过,题请开复。如系五日限外,四个月疏防限内拿获者,管狱官免其拿问,仍革职;有狱官自拿获之日起,扣限一年无过,将革职留任之案,准其开复。如四个月限内不能全获,有狱官仍留任一年,戴罪督缉。全获者,亦自拿获之日起,扣限一年无过开复。倘逾限一年,尚有一名未获者,降一级调用;二名未获者,降三级调用;三名未获一名者,革职,逃犯交与接任官,勒限一年缉拿。限满不获,照例议处。凡问发新疆,及由新疆改发内地越狱,系例应正法之犯,管狱、有狱各官,即照此例办理。

○十七年(1812)奉旨:“巡视南城御史恒麟等奏吏目访获脱逃要犯请交部审办并将该吏目可否量加鼓励之处请旨训示。吏目本有缉捕之责,所获人犯并非要案重情、奉旨指名侦缉之犯,该御史代为奏请鼓励,殊属非是。嗣后司坊各员拿获犯人,不准该御史市恩渎请。若果能将要犯如马谭氏案内正凶设法缉获,该管官于折内声叙,朕必立予施恩,亦不待伊等陈请也。”

○二十年(1815)谕:“值年旗汇奏分赏八旗王公大臣官员等为奴人犯逃逸数目。此项分赏人犯,多系逆匪、邪教案内之人,非寻常罪犯可比。该王公、大臣、官员等,理宜不时严行管束服役,毋致纵逸。嗣后凡分赏为奴,关系逆匪、邪教案内人犯,若不守分为匪,即行送部加重治罪。一有逃窜,即行呈报该旗严行缉捕外,于年终汇奏之时,将逃逸人犯原犯案由,开单具奏。此内设有关系逆匪、邪教案内之人,将该失察之王公、大臣、官员等,交部从重议处。如寻常分赏为奴人犯,若有逃窜,失察之王公、大臣、官员等,仍照例查议。”

○又议准:凡旗下家人,有犯命盗重罪脱逃者,系三品以上大员之家人,该衙门于查拿时,即知会伊主协同缉捕。如一年限满不获,令该衙门题参,并声明逃犯之主,现系何官,将协缉不力之家主,罚俸一年,仍令照案协同缉拿。若系王公等辛者库家人,一年限满,将办理包衣事务官员,罚俸一年;其该管之王、贝勒、贝子、公等,罚俸一月;未获逃犯,亦令照案协同缉拿。

○又奏准:五城司坊官拿获命盗重犯,不即羁禁,转行发保者,将该员罚俸一年。若因发保或交役看押脱逃者,照保押人犯脱逃例议处。接任之员,与别城司坊官、邻邑地方官,能将逃犯拿获者,每一名纪录一次。

○又奏准:官员将应拟斩绞人犯,令人取保,或在押脱逃者,革职留任,限一年缉拿。限内拿获,准其开复。不获,即行革任。军、流、遣罪人犯保押脱逃者,降一级留任,限一年缉拿。限内拿获,准其开复。不获,照所降之级调用。徒罪人犯保押脱逃者,罚俸一年。笞、杖人犯保押脱逃者,罚俸六月。人犯照案缉拿。

○道光二十二年(1842)议准:嗣后配所逃回人犯,另犯谋逆重案,罪应凌迟者,将配所专管官革职;罪应斩枭者,降三级调用;罪应斩决者,降二级调用。至并非谋逆重案,脱逃后另犯各项凌迟者,降一级调用;犯各项斩枭者,革职留任;犯各项斩决者,降三级留任;犯各项绞决者,降二级留任。兼辖官依次递减。均系公罪。若能于另犯后自行拿获,照例免议。其谋逆重案,在酿成以后,虽经本员拿获,仍不准免议。

# 卷一百三十一·吏部一百十五

## 处分例 赌博

### 赌　博

○顺治十五年(1658)复准:凡赌博人犯,五城司坊官不行严拿者,交部议处。

○康熙七年(1668)议准:凡赌博之人,不行查拿,被人首告,将失察之司坊官,每起罚俸三月;巡城御史,至二起者,罚俸三月。至家仆有犯赌,其主系旗员,罚俸一月;系汉员,罚俸三月;该管官免议。

○十五年(1676)议准:失察赌博之司坊官,每起罚俸一月;巡城御史,至二起者,罚俸一月。

○三十年(1691)议准:凡造卖纸牌、骰子,俱限一月内销毁。其直隶各省,俟文到日,亦限一月内销毁。若有违禁,仍然造卖者,地方官不行查拿,亦照不拿赌博例议处。但必有造牌、骰子之器,开铺贩卖确据,方许查拿,不得借端讹诈。

○雍正四年(1726)议准:造卖赌具之人,地方官不严行查禁,发觉时罚俸三月。若官员无论赌银钱、饮食等物,有打马吊、斗混江及与属员斗牌、掷骰为乐者,皆革职治罪,永不叙用。至官员赌博,县属职官,责之知县;府属职官,责之知府;知府责之司、道;司、道责之督、抚。如明知属官犯赌,不行揭参,别经发觉者,将专责之员,照徇庇例,降三级调用。如止系失察属官犯赌,系同城者,将专责之官降一级留任;不同城者,罚俸一年。其已经揭参者,免议。

○又议准:各衙门书役犯赌,本官自行察出申报者,免议。失于觉察者,罚俸三月。如明知赌博,不行查究,别经发觉者,将本官罚俸一年。若别衙门书役犯赌,既已察出,而瞻顾同寅情面,相为隐匿,后经发觉者,将瞻顾情面之员,亦罚俸一年。

○又议准:凡开鹌鹑圈、斗鸡坑、蟋蟀盆并赌斗者,照开局赌博例治罪。其该管官,亦照开局赌博之该管官员例议处。

○又议准:民人贩卖纸牌、骰子,地方官不严行查拿,一经发觉,将失察之地方官,罚俸三月。

○七年(1729)议准:凡拿获赌博,其制造赌具之家,审明确有证据,出于某州县,若失察已过半年,别经拿获,将该州县并典史、巡检、吏目等官,皆照溺职例革职;知府、直隶州知州、捕盗同知、通判、直隶州州同、州判等官,皆革职留任;督、抚、司、道等官,各降一级留任。如失察未及半年,别经拿获,该督抚于劾参文内声明,皆免其议处。该上司未及半年者,亦免其议处。如制造赌具不过半年,即能实心稽察拿获者,州、县、典史、巡检、吏目加二级,知府、捕盗同知、通判、直隶州知州、州同、州判加一级,督、抚、司、道纪录二次。若失察已过半年,虽经拿获,功过仅足相抵,止免其失察处分,不准送部议叙。倘境内有将牌版藏匿,并旧制赌具存留在家,该地方官在任半年以上,不行查出,降一级调用。

〇又议准:凡拿获赌具,照拿获私铸例,文官拿获,免同城武官处分;武弁拿获,亦免同城文职处分;接壤邻邑拿获,亦免失察地方官处分。如隔属州县,并非交界接壤者,仍将失察之该地方官议处。至本县有制造赌具之家,经别县访闻,差役拿捕,而本邑官差役协同拿获,或本县有制造赌具之家,携往别邑贩卖,经本邑访闻,差役往拿,而彼邑官差役协同拿获,此等拿获缘由,令拿获之员申报上司,该督抚查核得实,即于咨疏内逐一声明,始免本地方失察处分。邻邑协拿之员,一起纪录一次,二起纪录二次,三起纪录三次,四起加一级。邻邑拿获赌具,亦照此例议叙。该管上司,功过相抵,不准议叙。若并未协同拿获,希图规避失察处分,捏称协拿,将捏饰之员,照规避例革职;扶同捏报之州县,并扶同隐饰之知府,皆照徇情例,降二级调用;司、道并无觉察,照不据实查报例,罚俸一年;督、抚照不行详核例,罚俸六月。如该管知府据详转报,并非有心扶同隐饰者,将知府照不据实查报例,罚俸一年。嘉庆五年(1800)增"上司自行查出者,均免议"。如本境有造卖赌具之人,该州县平日漫无觉察,被知府以上等官,差役拿获者,将该州县照失察例议处;拿获之知府以上等官,照本例议叙。后官拿获造卖赌具之人,查明前任官如失察未及半年离任者,将前官免其议处;如失察已过半年,仍将原失察制造赌具之地方官,照例议处。至拿获之后官,其到任在半年之内,或因赌博发觉,究出现造之赌具,或系旧存之牌版,刷印不过半年,即能拿获者,皆予议叙。其该管上司,令该督抚核明到任、离任日期,于咨疏内声明,分别议处、议叙。

〇十年(1732)议准:凡失察赌具之员,该督抚于题参疏内,将该员先经拿获赌具几案,已经议叙之处声明,由部再加查核。从前止有拿获议叙一二案者,仍照例革职外,若曾经拿获议叙至三案以上者,将该员议以革职留任,俟三年无过,题请开复。如三年内有再犯失察赌具者,仍行革任。失察之州县,既因有拿获议叙之案,议以革职留任,其失察之该管上司,知府降三级留任,司、道、督、抚各罚俸一年。

〇十二年(1734)谕:"从前拿获赌具官员议叙从优者,原为力禁地方赌风起见。倘该员但察究数案,为幸叨议叙之举,其余仍怠于稽查,是徒邀国家之恩,而于地方赌风实无裨益。凡大小官员等,有因拿获赌具邀恩议叙者,嗣后所属地方有赌博之事,失于觉察,除照例议处外,将从前议叙之加级、纪录,俱照案销去。永著为例。钦此。"遵旨议定:失察赌具各员,经部内议处时,核明该员从前拿获赌具议叙之加级、纪录,无论几案,悉行注销。如该员已逾数任,后有失察赌博之案,将前任内拿获赌具议叙之纪录、加级,一并注销。其该管上司,除因所属别员,拿获赌具议叙之纪录、加级,毋庸注销外,如因失察赌博之属官,从前拿获赌具同案议叙之纪录、加级,亦应尽行销去。若属官失察赌博时,或该上司先已离任,或该员调任别省,其失察之处,已与原上司无涉,所有该上司从前因该员议叙之纪录、加级,免其注销。至上司亲身失察赌博,仍将从前所有自行拿获赌具议叙之纪录、加级,并因属官拿获赌具议叙之纪录、加级,尽行销去。其失察制造、存留、贩卖赌具等案,皆照此例行。

○十三年(1735)谕:"各省拿获赌具,查其制造年月在半年之内者,大小官员有议叙之例,所以奖励臣工,使之实心禁约赌博也。今朕访闻各省拿获赌具,均称造卖在半年以内,追细心根究,率多不实。盖地方官希冀议叙,未免支饰邀功。即新任、署任原在半年以内,毋庸支饰,又未免瞻顾前官失察之愆,为之改移迁就。不知造卖年月既属改移,则贩卖之多寡、伙党之有无,何由得实?所恃上司稽核精详,庶几功过不爽。然上司又例得并叙,苟非公正不欺者,势必苟且雷同。此朕访闻最确者。夫赌博之害,最关风俗人心。澄源端本,则赌具在所必严。计效责功,则劝惩诚难偏废。然州县身任查拿,而上司则不过申严督率,本属分内之事,今因并叙之例,转滋徇捏之端,而不能收劝惩之实效。其应作何分别定例之处,着九卿悉心妥议具奏。钦此。"遵旨议定:凡拿获赌具,除该犯制造未及半年者,仍照例议叙外,若制造已过半年,捏称在半年之内,及旧存赌具捏称新制者,将捏详之地方官,及转报之各上司,皆按其议叙之加级、纪录,分别议处。如州县官例应议叙加二级者,因其捏报,即降二级调用;知府、直隶州知州例应议叙加一级者,因其滥行转报,即降一级调用;司、道、督、抚例应议叙纪录二次者,因其不加详察,即罚俸一年。其各该上司中,有能查出捏报情由揭参者,除捏报之员照例议处,仍核明本案拿获赌具,如该上司例应议叙,即将揭参之上司,照例议叙;如例不准议叙者,因其查出揭参,亦照功过相抵例,免其议处。至新任、署任官,拿获赌具在半年以内,或为失察已过半年之前任官,捏详未及半年查出,除该员本任内拿获赌具,不准议叙外,仍照蒙混造册例,降一级调用。若上司未经查出,知府、直隶州知州等官,照不据实查报例,罚俸一年;司、道、督、抚,照不行详察例,罚俸六月。如上司已经查出者,免议。同城文武各官,拿获赌具,系文职首先访缉者,将文职照例加二级,协拿之武职纪录二次;系武职首先访缉者,将武职照例加二级,协拿之文职纪录二次。即同在文职武职中,此官首先访缉,彼官协同缉拿,亦照此例分别议叙。该管各上司,系文职首先访缉,即将文职之上司议叙;武职首先访缉,即将武职之上司议叙;其协拿官之上司,毋庸议叙。

○又议准:拿获赌具,除拿获之地方官于本案议叙外,其该管各上司,毋庸随案并叙。如该上司所属地方,一年内并无失察制造赌具,及旧藏赌具、贩卖赌具,与失察赌博等事,准其将所属拿获赌具之案,于岁终汇册报部。核明与例相符,知府、直隶州知州、同知、通判等官,每案照例加一级;司、道、督、抚,每案照例纪录二次。若该上司所属地方,一年内有一案失察者,将别案拿获赌具,概不准议叙。如所属有失察等案,该上司皆能自行查出者,将查出之上司,按其查出起数,仍照例议叙。倘上司因所属拿获赌具,希图议叙,将别案失察等案,通同徇隐不报,别经发觉者,即将徇隐之上司,照徇庇例议处。

○乾隆四年(1739)奏准:外省官员,失察赌博,照司坊官失察赌博之例,每案罚俸一月。其同城文武官员,拿获赌博,亦援照同城拿获赌具之例免议。

○又奏准:京城内文武各官,分管地方,亦照外省同城拿获赌具之例。凡京城内外地方,有犯赌博,如该管文官拿获者,免该管武弁处分;武弁拿获,亦免该管文官处分。其拿获制造赌具之案,亦照此例办理。

○又奏准:地方有描画纸牌者,将失察之州县,照地方失察赌具原例,减等降二级调用;知府、直隶州知州、同知、通判,降二级留任;督、抚、司、道,罚俸一年。至描画已成之牌,出境贩卖,仍照贩卖赌具例,罚俸三月;或存留在家,仍照存留赌具例,降一级调用。其拿获描画纸牌之地方官,仍照拿获制造赌具原例议叙。

○五年(1740)议准:京城制造赌具之家,该管官及该管上司,失察未及半年,别经拿获,皆免议。若失察已过半年,别经拿获,本处未经差役协拿,仍照例议处。

○又奏准:嗣后地方有制造赌具之家,经他邑差役查拿,如拿获之州县,与失察之地方,实系接壤邻邑,此县文武各官拿获,彼县亦免处分。如隔属州县,并非交界接壤者,仍照旧例差役协拿,始准免议。

○十三年(1748)谕:“据潘思榘奏‘请严压宝之禁,悉照制造赌具、开场诱赌定例治罪,地方文武各官,均定以失察处分、拿获议叙’等语。向因赌博中牌骰最盛,故牌骰之禁甚严。要之凡涉赌博,皆当严禁,非牌骰当禁,而压宝之禁遂不必严也。今如潘思榘所奏,明立宝局至数百人,此正地方官所亟应重惩之犯。所有制造宝盒及聚赌匪类,一体照牌骰治罪;官吏纵容失察,即行纠参,亦何不可?又何必定为新例,始行遵照办理乎?夫好赌之人,何所不至,禁牌骰则兴压宝,禁压宝又必变而别立新名。定一名从而定一例,例可胜定乎?此等案件,止在地方文武各官,实心协力,严拿重处,始知畏惧。务必令行禁止,方为有益,不在多定例条。任法不如任人,此之谓也。各省恐有似此者,着该督抚传谕知之。”

○十八年(1753)题准:嗣后除咨题案内,牵连赌博地方官员应行查参者,仍逐案咨题,随招附参,听候部议外,其仅止赌博,或斗殴、自尽命案牵连赌博,例应外结者,该州县通报臬司衙门,即详记档案。俟审明之后,察其是否该员自行拿获,抑系别经发觉,统于季终摘叙案由,将失察之员汇齐咨参,照例议处。倘地方官隐匿不报,或经告发,或被访闻,将隐匿不报之员,照应申上而不申上私罪律,罚俸九月。

○二十一年(1756)谕:“着交坐轿王大臣等,将抬轿人等,令其于各家左近居住,易于管辖。如令遥远居住,私设赌场,将该王大臣一并议处。此次降旨后,抬轿人等,若仍私设赌场,着步军统领衙门、查旗御史查参,从重议处。如不严查,仍蹈前辙,将失察衙门官员,一并治罪,断不宽恕。”

○三十年(1765)奏准:旗下家人,有犯赌博,伊主系官,罚俸两月。如有因公他往者,免其议处。内外地方官失察赌博,俱照此例免议。

○又奏准:派出查拿赌博之员,如有失察者,每次罚俸一年。

○又奏准:嗣后压宝赌博之案,查明实系寻常日用之盒,并非宝盒者,毋庸以失察赌具查参。即经拿获,亦不得滥请议叙。其确系雕镂铜锡等盒,专为压宝之用者,案内详悉声明,将失察及拿获文武各官,悉照牌骰例,一体议处、议叙。

○三十一年(1766)奏准:嗣后首先拿获赌具之员,应加二级者,改为加一级;协拿之员,应纪录二次者,改为纪录一次。其失察制造赌具,例应革职者,议以革职留任;描画纸牌,例应降二级调用者,议以降二级留任;旧存赌具,例应降一级调用者,议以降一级留任。至属员拿获赌具,督、抚、司、道、府、厅,毋庸予以议叙;属员遇有失察,亦毋庸将上司议处。

○三十七年(1772)奏准:拿获赌博,必穷究赌具之所由来。其制造赌具之家,果审明确有证据,出于某州县,别经拿获,将该州县并吏目、典史均革职留任。如制造赌具,自行拿获,令拿获之员,将如何访闻情由,据实申详督抚,将州县、吏目、典史等官加一级。倘境内有藏匿牌版,并存留旧制赌具,希图售卖者,该地方官不行查出,降一级留任。其将平日贩卖及聚赌之赌具存留在家者,别经发觉,将失察之地方官,照各本例议处。

○又奏准:同城文武各官,拿获制造赌具,将首先拿获者加一级,协拿者纪录一次。即同在文职武职中,此官首先访缉,彼官协同查拿,亦照此例分别议叙。

○又奏准:后官拿获造卖赌具之人,查明前官如有失察,仍将原失察赌具之地方官,照例议处。如新任、署任官拿获赌具,或为失察之前官捏详并未失察,查出,除该员本任内拿获赌具不准议叙外,仍照蒙混造册例,降一级调用。若上司未经查出,知府、直隶州知州等官,照不据实查报例,罚俸一年;司、道照不行详查例,罚俸六月。如上司已经查出者,免议。

○又奏准:拿获赌具,仍照例议叙外,若将旧存之赌具,捏称新制,将捏报之地方官,例应议叙加一级者,因其捏报,即降一级调用;转报之知府,罚俸一年;司、道、督、抚,罚俸六月。各该上司中,有能将捏报情由查出揭参者,免其议处。

○又奏准:官员因承审赌博、斗殴等案,究出赌具,始行拿获者,止应免其从前失察处分,毋庸议叙。

○又奏准:奉天拿获造贩赌具之案,除案犯系外省民人,或案内兼有奉属民人者,仍逐案具题外,如案犯俱系奉天民人,例应枷责完结者,统于年底汇题,仍将原委另造清册,送部查核。再盛京刑部、奉天将军拿获造贩赌具之案,例应拟绞,并应实军、实流等罪,仍逐案具题。如案犯俱应折枷责完结者,亦照例年底汇题。其奉天旗民各员,如有拿获赌具,及失察赌具外结各案,统于年底汇题报部,照各省地方官之例,分别议叙、议处。

○又奏准:内务府官员,虽无失察赌具处分,但能督同番役人等,实力奉行,将制造赌具拿获,亦应酌予议叙。如能拿获一起者,纪录一次;二起,纪录二次;三起,纪录三次;四起,加一级。各省理事同知,照此例行。

○又奏准:京城内外,凡公差之处,有犯赌博事者,官员照佐领例,罚俸一月。若该班当差处赌博,即将该班处失察官员,照例议处。

○四十四年(1779)复准:凡花会诱赌聚众,多者一二百人,少者或数十人,地方官能于旬日内拿获者,免其议处。遇有失察,即照失察赌具例革职留任。倘规避处分,讳匿不报,及有心纵容,经上司访拿,即严参革职,讯明如有贿纵情弊,照例治罪。

○五十一年(1786)复准:江西沿江匪船,设局诱赌,或冒差抢窃案内未获人犯,结案时,令臬司摘出姓名记档,岁底视其拿获名数之多寡,汇册报部。统计一年内,能于拿获及半之外,复有多获者,每一名记功一次;其获不及半者,每一名记过一次。记过至四次者,罚俸六月;记功至四次者,纪录一次;俱以次递加。如有心玩纵者,即指名查参革职。

○嘉庆五年(1800)奏准:坐轿王大臣等,令抬轿人等遥远居住,私设赌场,照家人犯赌例,罚俸两月。步军统领、查旗御史,照失察赌博例,罚俸一月。

○七年(1802)谕:“本日军机大臣会同刑部审讯袁锡等开圈聚赌一案,将袁锡供辞进呈,内有‘曾托鄂罗锡叶勒图向明安说情,交给一千两银票’等语。彼时朕以为必系鄂罗锡叶勒图从中取利,抑或明安家人借端勒索,亦未可定。兹复经承审大臣讯据鄂罗锡叶勒图供称,‘因与袁锡素相认识,代伊转求明安,并言事后致谢,明安当即应允。数日后,明安向鄂罗锡叶勒图当面提及,伊即赴袁锡家内,取得票银一千两。是日明安正差家人在彼坐索,鄂罗锡叶勒图先将五百两交明安家人收去,存留多日。其余五封,暂存鄂罗锡叶勒图家。迨明安探听外面风声不好,遂将原银退还’等语。是此案竟系明安听情受贿,殊出意料之外。明安本系世家旧族,向来在乾清门当差,行走尚勤。是以节次加恩,用为步军统领,原期于世族中成就一可用之材,以备任使。乃不料其骫法营私,竟不能全朕用人颜面。然朕于明安,亦非无先见之明也。上年明安曾奏请开采煤窑铜苗等事,朕彼时即觉其沾沾言利。嗣因欲请独对,炫耀高兴,叠经降旨严饬,冀其悛改。讵明安于袁锡开圈斗鹑之案,竟公然得受贿赂。虽先侵后吐,实已枉法得赃。则伊任提督一年以来,似此簠簋不饬之事,谅复不少。犹幸及早发觉,不至久玷要任。此皆仰蒙皇考默示启佑,益深钦感。明安以提督大员,而卑鄙无耻若此,实系自取罪戾,不能承受朕恩。此而不严加惩办,何以儆贪黩而肃官方?明安着革职拿问,交军机大臣会同刑部严审定拟具奏。鄂罗锡叶勒图、袁锡亦着革职拿问。李瀚、清昌俱着革职,一并归案办理。嗣后大小臣工,务当洁己奉公,廉隅共矢,以明安为戒。倘不知检束,自蹈刑章,一经发觉,朕必执法严惩,断不稍贷。”

○同治四年(1865)奏准:盛京、吉林、黑龙江三省,遇有放头设局、开场聚赌,并无抢夺酿命情事,地方官自行拿究者,免议。如别经发觉,即照失察制造赌具例,革职留任。如有讳匿及纵容情弊者,革职;受贿者,革职治罪。

# 卷一百三十二·吏部一百十六

## 处分例 禁止光棍 禁止邪教 禁止聚众

### 禁止光棍

○乾隆七年(1742)议准:地方光棍,潜住京城,流寓无定,其现在拿获地方,自难辞徇庇失察之咎。但从前或久居别坊,适值新迁发觉,则或以一二日失查,骤罹参处,而容留日久者,反得脱然,不免有冤抑侥幸之处。嗣后拿获光棍,务将新旧寓处,逐一讯明,分别处分。

○三十年(1765)奏准:凡地方官员所辖民人,弃耕聚众,习为不善之艺,地方官不能查缉,降二级调用。游手好闲之人,遍游街市,射利惑人,打降赌博,无所不至,该地方官不能查拿,照失于查察例,罚俸一年。

○又奏准:地方官员所辖民人,有卦子等类,不务正业,聚众习为不善之艺,扰害良民,带领妻子马骡游走于外,滋事不法者,将专汛地方官,照不能查缉奸民例,降二级调用;兼辖官,系同城各降一级调用,不同城各降一级留任;统辖官亦各降一级留任。经过地方官,不行查拿,照盗贼经过伊汛不行穷追例,降一级留任。上司各罚俸一年。如在别府州县地方,经年累月潜住,而该管地方各官,并不查拿,将专管官、兼辖官,亦照原籍地方官员议处。

○又奏准:地方有来历不明,生事妄行之人,潜匿境内,扰累地方,干犯法纪,在京令五城司坊、大、宛两县,在外令府、州、县官,不时稽查。凡客店、庵观、寺院,并通衢僻巷,赁房居住之所,遇有徇情受贿容留者,该管官立即查拿,究明旧寓何处,将不行查出之该管官参处。倘不行查拿,别经发觉,将新旧寓所之该管官,均照失于查察例,罚俸一年。自行访查者,免议。

○又奏准:扛抬揽头,把持勒措,或无藉之徒,私立水窝名色,分定界址,把持卖水,不容他人挑取,该地甲役不即举报,通同容隐者,均照律治罪。倘该地方官不行严禁,听无藉之徒,指称揽头、水窝等名色,肆行霸踞勒索者,照约束不严例,降一级调用。

○又奏准:凡有游手好闲之人,轮叉舞棍,演弄拳棒,遍游街市,射利惑人,打降赌博,无所不至,一经拿获,将本犯照律治罪。五城、步军统领,顺天府大、宛两县拿获之衙门,即行发落,仍递回原籍,令该地方官查明安插,严行管束,不许出境。坊店寺院、民间房屋,如容留不行首报,地保人等不行查拿,均照律治罪。地方文武官奉行不力,一经查出,均照失于查察例,罚俸一年。

○三十五年(1770)议准:凡五城地方,如有恶棍在街市借端挟诈,勒骗钱财,搅扰市肆行凶等事,司坊官一有见闻,即行拿究。如知情不即严拿者,革职;得财私纵者,交刑部治罪。不知情者,将该管之司坊官降一级留任,巡城御史罚俸六月。

○四十八年(1783)复准:川省匪徒,制造裤刀,有鸡尾、鳝尾等项名目,随身藏带,借为格斗行窃之用,令地方官实力查禁。如有私造私藏者,重加惩治。倘查禁不严,复致裤刀有杀伤之案,将该管官照失察私藏军器例议处。

○嘉庆二十三年(1818)奏准:奸棍隐匿姓名,捏造揭帖,阴行诬陷,布散内外,及向各衙门投送,地方官不行严拿,降四级调用;接受具题而为审理者,革职。如系有关军国重务,仍准密行陈奏,候旨密办。若不肖之官,唆使恶棍黏贴布散,除将本官按律治罪外,其布散黏贴之人,地方官不严行查拿,罚俸一年;该管上司,罚俸六月。

**禁止邪教**

○康熙十四年(1675)奏准:官员该管地方,有愚民自称为神为佛,不能查缉者,降二级调用。或不能禁止邪教,以致聚众张旗鸣锣者,降一级调用。如给予此辈执照告示者,革职。该管上司降一级调用,督抚罚俸一年。如愚民创建淫祠,不能查禁,反给告示者,罚俸一年。

○二十五年(1686)奏准:地方内有迎神进香,击鼓鸣锣,聚众张旗等项,肆行无忌,倡众为首者,若该管官不行查拿,如系民人,京城将司坊官,外省将府州县官,每案罚俸六月;京城巡城御史,外省司、道,每案罚俸三月;总督、巡抚,每案罚俸两月。若系僧道,将该管僧道官革职。

○三十年(1691)奏准:凡官员该管地方,有奸民自称为神为佛,传布符水经版,煽惑愚民,以致聚众敛钱,张旗鸣锣者,降三级调用;该管上司,降一级留任;督、抚,罚俸九月。或私行邪教,尚无敛钱聚众显迹,该地方官不行禁止者,降一级调用;该管上司,罚俸一年;督、抚,罚俸六月。有道人聚众念经者,将该管官照不禁止服饰例,罚俸三月。

○四十六年(1707)奏准:地方遇有邪教案件,州县官立赴搜讯,据实通禀院司,按核情罪轻重,分别办理。如有讳匿不报者,照讳盗例革职;曲法轻纵者,照故出律治罪。即罪止枷责,案无出入,亦照讳窃例加等议处,罚俸一年。

○雍正十一年(1733)议准:凡奸匪将各种避刑邪术私相传授学习者,地方官不行查拿,照不禁止邪教例,降一级调用。

○乾隆十二年(1747)谕:“朕闻闽省风俗,尚鬼信巫,偶遇雨旸失时,遂有无藉之徒,意在敛钱肥己,诡称某处神佛灵应,聚众迎赛,或将神像抬至街衢,挟令地方官跪拜迎送,种种恶习,殊属不经。凡地方官遇水旱,自督抚大吏以至州县有司,固当竭诚致祷,为民请命,岂有棍徒藉名聚众抬神,挟持官长,因而召争起衅,滋生事端,甚为风俗人心之害。此风断不可长,嗣后着严行禁止。倘有违犯,即照律治罪。地方官倘或悠忽从事,姑息养奸,即着该督抚参处。他省或有似此恶习者,着该督抚一体办理。”

○十四年(1749)题准:凡失察邪教地方官,向例奸民自称为神为佛,不能查缉者,该管地方官,降二级调用。或不禁止邪教,以致聚众张旗鸣锣者,降一级调用。如给此辈告示者,革职;该管官,降一级调用;督、抚,罚俸一年。若地方官止于失察降调,上司竟无处分。嗣后地方官失察邪教例,应降一级调用者,该管上司罚俸一年,督抚罚俸六月;地方官例应降二级调用者,该管上司定以降一级留任,督抚罚俸九月。

○三十三年(1768)谕:“昨因直隶省查出保安州逆犯孙显富等妄布逆词,希图复兴邪教一案。审拟时究出该犯于乾隆十五六年间,即有入教之事,该知州仅取改过甘结,从轻完案,实属姑息养奸,因交该督查参。今据杨廷璋将前任保安州知州乔淳参奏,已交部查议矣。邪教煽惑愚民,最为人心风俗之害,久经严禁。地方遇有此事,州县官一经访闻,即应禀明该上司彻底查办,该督抚等亦即当据实具奏,按律重惩,庶可尽绝根株,共知儆畏。若仅从轻完结,奸徒毫无顾忌,怙恶不悛,日久必复相煽诱,借邪教以图敛钱财,深为闾阎扰累。而无识愚民,亦以获罪甚轻,仍易被其簧鼓。如保安州一案,即有司轻纵酿成之明验也。嗣后着各督抚通饬所属州县,如有潜倡邪教之案,立即查拿,报明上司据实具奏,严行按法惩治,以靖奸匪而安善良。若州县讳饰不报,私自完结,即着该督抚查明参处。督抚等若存化有事为无事之见,匿不上闻,或徇庇劣员,不行纠劾,将来别经发觉,惟该督抚是问。”

○四十四年(1779)谕:“据文绶奏‘荣县富顺地方,访有奸民惑众之事,分饬司道前往各该处,率同该府县等严速查拿,并亲赴督办。已将收受伪照之毕登臣,及造谋为首之罗朝臣拿获。又续获要犯龚海、吴怀应、邓朝玉,及供出伙犯共五十八名。又起获绫片执照及黄布小旗,共五十九件。现在根究严缉,研讯确情,从重办理’等语。奸民胆敢假造印记执照,捏写伪职,传布邪言,招人入伙,不法已极。该督一闻禀报,立即亲往该处,督同司、道、府等严速查拿,于数日内将首伙各要犯缉获,并究明造谋、纠伙、惑众各情节,所办甚属妥速。文绶及该道德克进布、陈奉兹、陈夔等俱着交部照勒尔谨办理河州王伏林一案之例议叙。所有荣县知县符兆熊,首先访拿破案,甚属可嘉,着于事竣时送部引见。”

○五十六年(1791)谕:“据陕西解到八卦邪教案内刘照魁一犯,曾经喀什噶尔为邪教案内遣犯王子重传寄书信,因命军机大臣严加审讯,诘其如何出口。据供‘于乾隆五十五年(1790)四月内到陕西,五月到甘肃地方,打听出口的人,都要在甘肃肃州衙门起票,就假认王子重亲戚,带有家信,前往探望,到肃州衙门起票出口’等供。王子重系八卦邪教案内重犯,发遣回疆。从前该犯由甘肃出口时,地方官行文递解,该省各衙门皆有案册可稽。刘照魁出口时,既公然自称系王子重亲戚前往探望,该州知州理应拿住解部审问,乃竟给予口票,俾得沿途照验,往来无阻。如此则邪教重犯,何必发遣为奴乎?若其私偷出口,则不过失察,其过尚轻,岂有公然令发遣重犯往来外域之理。其过甚大,已令勒保查明,将该州知州即行革职,拿送刑部治罪,并令勒保明白回奏矣。各省地方关隘,稽查奸宄,最关紧要。今甘肃所属之肃州嘉峪关口,明知王子重为邪教发遣重犯,何得任听其亲属起票出口,传寄书信,何以错谬至此!设如反叛为从发遣者,亦与出口之票乎?可见各省督抚于稽查关隘、缉拿邪教匪犯要务视为具文,并不认真整饬,而该管地方官亦全不留心盘诘,一味废弛,殊属不成事体。嗣后各省督抚等,务须实力整饬,督率所属于各处关隘,严密查察,毋得疏纵。倘再有似此者,惟该督抚是问,恐不能当其咎也。"

○嘉庆八年(1803)谕:"嗣后文武官员,有失察邪教会匪滋事重案,其应议以降调者,均按所降之级实降,毋庸查级议抵。著为令。钦此。"遵旨议定:官员该管地方,有奸民倡设邪教,以致酿成叛逆不法者,革职;该管上司,降二级调用,毋庸查级议抵;督抚,降一级留任。自称为神为佛,传布符水经版,张旗鸣锣,煽惑愚民,聚众敛钱,并滋事而非重案者,该管官降二级调用,该管上司降一级留任,督抚罚俸九月。或私行邪教,尚无敛钱聚众显迹,地方官不行禁止者,降一级调用,该管上司罚俸一年,督抚罚俸六月。如给此辈执照告示者,革职,该管上司降一级调用,督抚罚俸一年。

○十六年(1811)奏准:地方有西洋人传教,刊刻经卷,倡立讲会,并内地民人转为传习西洋教,诵经立会者,不行查拿之州县官,降二级调用,该管各上司降一级留任,督抚罚俸九月。如州县能拿获过半,兼获首犯者,免其议处。如西洋人在地方潜住,并无传教情事,及内地民人习西洋教,并未转为传习、诵经立会者,不行查拿之州县官,降一级调用,该管各上司罚俸一年,督抚罚俸六月。如西洋人仅止过境,并未逗遛,失察之州县,降一级留任,该管各上司均罚俸六月,督抚免议。如地方有西洋人传教,及内地民人转传西洋教,地方官讳匿不报者,照讳盗例革职,该管上司,均照讳盗例分别议处。谨案此例咸丰十一年(1861)删。

○又谕:"外省地方本无需用西洋人之处,即不应有西洋人在境潜住。从前外省拿获习教人犯,每称传播始于京师。今京师已按名稽核,彻底清厘。若外省再有传习此教者,必系另有西洋人在彼煽惑,地方匪徒私自容留,不可不加之厉禁。除广东省有西洋人来往贸易,其居住之处,留心管束,毋任私行传教,有不遵禁令者,即按例惩治外,其余各直省,着该督抚等饬属通行详查。如现有西洋人在境,及续有西洋人潜来者,均令地方官即行查拿具报,一面奏闻,一面递交广东,遣令归国。地方官查办不力,致令传教惑众,照新定条例严参重处。若内地民人私习其教,复影射传惑者,着地方官一律查拿,按律治罪。"

○十七年(1812)谕:"据给事中叶绍楏奏'民间邪教,最干法纪,每因传播日久,奸宄丛生。请饬令各省督抚、臬司出示晓谕,将律定罪名,刊刷通行,俾小民深知远害,自行改悟,并饬令各督抚体访各该省习俗所易犯而大干法禁者,一一摘录律文,明白晓谕,广为禁止'等语。自古圣贤立教,惇叙彝伦,惟君臣父子之经,仁义礼智之性,为万世不易之道。朝廷之所修明,师儒之所讲习,必以此为正轨。故神佛祠宇,列入祀典,瞻礼祈祷,亦律所勿禁。至创立教名,私相授受,行踪诡秘,惟恐人知。斯则一二奸民,倡为邪说,其意专在传徒敛钱。而愚民无知,惑于祸福,其初不惜捐资破产,饱首恶之囊橐。迨经官府查办,则为从徒党,亦与为首之犯,同罹法网,贻害多人,深堪悯恻。如近日直隶、江西、福建、广东、广西、贵州等省,每有奏办邪教及会匪等案,此等顽民,既经破案,不能不严行惩办。若先时化导,可冀其觉悟改悔,陷法者少。着该督抚各就该省情形,叙次简明告示,通行晓谕,使乡曲小民,群知三纲五常之外,别无所谓教,天理王法之外,他无可求福。从正则吉,从邪则凶。间有一二莠民,设法煽诱,而附和无人,奇邪自日渐熄灭。风俗人心,庶可日臻淳朴。将此通谕知之。"

○又谕:"保甲为弭盗诘奸历来奉行良法。此事编查切近,全在责成牧令。所谓有治人无治法,近来地方官视保甲为虚应故事,虽章程周备,亦属徒托空言。着通谕各直省,分饬所属,各就地方情形,参酌保甲旧章,认真经理,期于行之有效,毋得以具文塞责。至各省民风,良莠不齐,间有传习邪教匪徒,地方官随时查缉,将为首正犯访获重惩,使其余被惑之徒,共知儆畏。从此加以化导,愚民觉悟顿开,自能革面革心,普臻经正民兴之治。将此通谕知之。"

○十八年(1813)谕:"吏、兵二部具奏酌议失察邪教处分各折。直省地方,遇有奸民倡立邪教,惑众敛钱,甚至酿成叛逆重案,该管文武各官,如能先事觉察,及早查拿破案,自应宽其既往,以劝缉捕而杜讳饰。即如此次直隶、山东、河南三省,均有奸民纠众滋事,该管督抚温承惠、同兴、长龄及所属府县,均未治罪。此内如同兴能先事查拿,究出首犯林清姓名住址,又能将山东滋事贼匪迅速翦除,是以叠加恩赏,优予甄叙。至温承惠因所属地方有逆首林清突犯禁门,为从来未有之事,又复剿办迟延,是以明示惩处,赏罚各有权衡,非一律科以失察之咎也。朕详阅吏、兵二部所议,如该管文武各官,于邪教叛案能先行访闻,将案犯迅速缉获,无论时之久暂,不特免其处分,亦毋庸照兵部所议送部引见。该督抚奏闻时,朕必立沛恩施,优加奖擢。或因匪党众多,职微力不能办,立时密报上司及咨会邻境查拿破案者,准其功过相抵,不必照本例减等议处。倘明知故纵,始终掩匿不报,事发从重治罪。若属员详报,而该上司隐饰不办者,则将该上司黜革治罪,详报之员,概免议处。其在任毫无觉察,经后任官举发者,将前任官俱照原例降革。如此明定章程,嗣后该管文武各官,当晓然于失察过轻,讳匿罪重,认真缉捕,毫无瞻顾。庶奸匪不能潜匿,吏治民风,可期日臻整肃。"

○又谕:"各省邪教之起,其始止于烧香拜会,聚众敛钱。或由数人至数十人,多亦不过百余人。地方官一经访闻,随时拿获,按律惩办,邪说自可渐熄。无如州县因循怠玩,于所属村镇,匪徒夜聚昼散、传教授徒等事,俱视为故常,不加究诘。久之奸民徒党众多,潜怀悖乱,养痈滋蔓,贻害至不可胜言。前特降旨宽免地方官失察处分,以除讳匿之弊。仍恐伊等存畏事之见,不认真查办。着再通行申谕:嗣后各直省州县官到任后,先周历村庄,稽查保甲。将境内有无邪教,申报该管上司。如访有萌蘖,立即查拿究办,毋稍玩泄。倘饰有为无,化大为小,经上司访闻,将该州县从重参处。若州县详报,而上司讳匿消弭,准该州县直揭部科,代为陈奏,将该管上司严惩不贷。"

○又奏准:地方奸民,倡设邪教,夜聚昼散,潜谋不轨,州县官能先自访闻,迅速缉获,或因匪党众多,力不能制,立即密禀上司,关会邻境,查拿破案,俱准功过相抵,免其从前失察处分。如有怠玩因循,以致酿成叛逆重案,将州县官革职,府、州降二级调用,道员降一级调用,两司降二级留任,督抚降一级留任,俱毋庸查级议抵。其或由上司、邻境访拿在先,该员能随同拿获首犯者,即照本例减等议处。例应革职者,减为革职留任;例应降调者,减为照所降之级留任。倘州县官明知故纵,始终掩匿不报,事发之后,革职从重治罪。若属员已经详报,而上司隐饰不办,将该上司革职治罪,详报之员免议。其有前官在任毫无觉察,经后任州县查出举发者,即将前任官革职。

○又奏准:邪教叛逆案内之匪犯脱逃,如系供有籍贯、住址者,责令本籍州县,以奉文之日起,协同武弁,限一年缉拿。限满不获,将州县官降一级留任,匪犯照案缉拿。仍令本籍州县,以并无隐匿在籍详报咨部。倘具详后,该犯仍回籍隐匿,别经发觉,将州县官降二级调用。其无的实住址者,照通缉之例,行文各州县严缉。如一年后果无踪迹,亦令各自具详咨部。倘具详后,仍在该地方隐匿,别经发觉,亦将州县官降二级调用。若该犯一经隐匿,州县官即能访获究办,无论本籍别籍、已详未详,均一律免其议处。

○又奏准:凡邪教案内,果有聚众焚劫、伪称名号等事,经刑部依叛逆不法律定拟,并将其家属缘坐者,该地方官即应照邪教滋事重案例议处,不准抵销。如止系辗转传徒,歃血订盟,并无滋事实迹,系比照叛逆不法律定拟,并免其缘坐者,仍应照邪教惑众敛钱例议处,准其抵销。

○又奏准:凡守业良民,讽诵释道常行经卷,止图邀福,并未学习邪教,编造符咒,传徒惑众敛钱者,不得妄行指拿。如地方胥役借端诈害,本管官系失察者,照失察诬执平民例分别议处;故纵者,照借捕扰民例革职。自行查出究办者,免议。

○道光三十年(1850)谕:"近来邪教流传,蔓延各省,始不过烧香敛钱,煽惑愚民,渐至聚众滋事,总因地方官平日化导无方,民间父兄师长,又不能随时训迪。俾颛蒙服教畏刑,不致为邪说所惑,我皇考曾命儒臣恭阐《圣谕广训》'黜异端以崇正学'一条,编撰四言韵文,颁行各省,启发愚氓。朕思性理诸书,均为导民正轨。着各直省督抚会同各该学政,转饬地方官及各学教官,于书院家塾教授生徒,均令以《御纂性理精义》《圣谕广训》,为课读讲习之要,使之家喻户晓,礼义廉耻油然自生,斯邪教不禁而自化。经正民兴,庶收实效。各该督抚等,务当实力奉行,毋得视为迂阔具文,日久生懈。则风俗人心,蒸蒸日上。朕实有厚望焉。"

○咸丰四年(1854)谕:"定例地方文武员弁,失察习教传徒、敛钱聚众重案,处分綦严。原以无业莠民,所在多有。查拿不力,每致酿成巨患。是以严定科条,使地方官自顾考成,随时觉察。该管文武果能认真查办,消患未萌,何至自蹈愆尤。乃近来地方官往往规避处分,因循讳饰。其有举发惩办者,该上司或又以遇事张皇,转加申饬,遂至相率弥缝,逆匪得肆其猖獗。推原酿乱之由,实堪痛恨。当此军务未竣,各省匪徒潜伏,尚复不少。若地方官恐干吏议,仍存避就之心,何以除奸慝而安善良?着通谕各省督抚:嗣后遇有匪徒潜匿,及奸细勾结重案,无论被人呈告,或被邻境查拿,本地方官审有确据,即行申详严办者,准将应得处分奏请免议。其本地方官自行访拿首要逆匪,及通贼奸细,实有劳绩可称者,并准其酌量鼓励。倘事前既不能查察,事发到官,又复畏难徇隐,即立予革职,治以应得之罪,决不宽贷。各该督抚务宜严加督率,惩劝兼施,痛改从前因循讳饰之锢习,以期尽绝奸萌,毋负朕谆谆诰诫之至意。"

○五年(1855)奏准:地方官于奸民倡设邪教,能立时访闻拿获,罪应拟斩首犯一名者,准其加一级;伙犯每名准其纪录一次,拿获五名以上者,准其送部引见;十名以上者,准该督抚指定应升官阶保奏,免其送部引见。如犯由州县以下等官拿获,核与州县官引见之例相符,准其分别试用、实缺,或以遇缺尽先补用,或以应升之缺保题;核与州县官指定应升之阶保奏之例相符者,亦准其指定应升之阶保题,毋庸送部引见。至邻境拿获邪教之案,照此一律办理。

○又奏准:奸民倡设邪教,州县官能立时访闻拿获,经该督抚奏闻时,钦奉特旨指明以何官升用,或以何官尽先补用,应钦遵谕旨办理。其并非特旨恩施,系该督抚指明保奏以何官升用,或以何官尽先补用,奉旨允准者,仍由吏部奏明请旨。

## 禁止聚众

○康熙五十三年(1714)题准:凡有司牧民之官,平日失于抚字,激变良民,因而聚众者,仍照例治罪外,其刁恶顽梗之辈,假地方公事,聚众联谋,抗粮构讼,辱官塞署,或有冤抑,不向上司控告,擅自聚众至四五十人者,地方官与同城武职,无论是非曲直,协同擒拿,解送上司,秉公审究。若不将实在为首之人拟罪,滥行指人为首,事发,将承审各官革职治罪。其该地方文职,不能弹压抚恤,以致百姓纠众妄行者,皆照溺职例革职。其该管之府、道,徇庇不即申报者,令该督抚严查题参,照徇庇例议处。如督抚不行题参,事发,将该督抚亦照例议处。

○雍正二年(1724)议准:地方如有借事聚众,罢市罢考殴官等事,其不行严拿之文武官弁,皆照溺职例革职。

○乾隆三年(1738)奏准:嗣后凶徒逞凶结党,或雇募凶徒,持械肆横,该管地方文武各官,知情故纵者,照溺职例革职;失于觉察,不行查拿者,照不知不报例,降一级留任。

○八年(1743)谕:"国家爱养斯民,惟恐一夫失所。为百姓者,正当奉公守法,以受国家惠济之恩。乃看近来情形,地方偶尔歉收,米粮不足,价值稍昂,督抚未尝不筹划办理,而刁顽之民,遂乘机肆恶,招呼匪类,公行抢夺,目无法纪。如果系穷民乏食,自当赴州县衙门告籴。若官员办理不善,亦当赴上司衙门申诉。岂有借谷少之名,遂扰害良善,挟制官长,逞其凶锋,行同光棍。此则乡邑之大蠹,不可不重加惩治,以儆颓风。乃无识之督抚,间遇聚众抢夺等事,欲自讳其平时化导之不力,与随时禁约之无方,止将州县官参劾一二员,以卸已责,而于抢夺之案,蒙混归结,毋怪乎刁风日长,而无有底止也。至于有司,或营私作弊,激成事端,或玩视民饥,困苦莫恤,该督抚自应据实严参。未有百姓罢市哄堂,恃强凌弱,而可以姑息养奸者。又如国家设立营制,原以弹压地方。乃近日汛地兵丁,遇有抢夺之事,类皆观望,淡漠视之,岂设兵卫民之本意?着督抚、提镇,严饬所属弁兵,协同文员实力查拿。若有推诿不前者,亦即严参,交部议处。"

○十二年(1747)谕:"山西万泉、安邑刁民聚众二案,经大学士讷亲审明,将倡首、附和各犯,分别治罪,并将起衅始末,详悉奏闻。揆厥滋事之端,由该地方官始则不能洞烛民隐,调协舆情,继则蒙蔽因循,希图不致决裂。迨构衅日深,声势渐炽,而地方官仍复畏葸退怯,于是刁民敢于肆意横行。及至钦差查审,文武员弁擒捕,一人不致漏网,可见百姓未尝不知有法。及以身试法,而不见法之可畏,是以无所顾忌,正子产所谓'水懦弱,民狎而玩之'者。观此则地方官之办理不善,其奚所辞咎?朕初阅爱必达奏报,疑其过为张皇,措置失当。从事后观之,则其据实上闻,较之地方官惟以弥缝了事为心者,尚属有间。假使爱必达亦如伊等之迁延讳饰,尚不知更生何变端矣。古称善御者,必利其衔策。设当群情汹涌之初,有一二明干之员,能剖晰事理,使之豁然心折,自可立时散遣。即不然而擒首恶以儆余凶,亦可销萌于事后。此之谓化大事为小事,化有事为无事。不此之图,而惟事姑息养奸,致使蚩蚩之氓,骈罹重辟,司民社之谓何?而懦怯召侮一至此也。朕前已降旨明晰戒谕,该督抚等当严饬所属守令,俾殚心治术,宽猛适宜。民情倘有壅滞,必当明敏裁决,导之使迎。民俗稍或强悍,必当断制当机,折之使服。毋或委靡观望,养恶容奸。所冀去莠滋良,宁谧闾井,庶无负抚字循良之任。"

○二十七年(1762)奏准:嗣后如有衅起一时,并非预谋聚众者,将失察之地方官,免其议处。其持械肆横,预先纠众,该地方官失于觉察,不行查拿者,仍照例降一级留任。如能将在场首从各犯,严拿全获,按例惩治,从宽免其议处。如案犯未能全获,仍照例议处,以示区别。若地方官有心故纵,一经查出,仍照知情故纵例革职。

如于获犯到案时,不严行惩治,代犯开脱,即照故出人罪例,从重议处。

○三十七年(1772)议准:凡刁恶顽梗之辈,假地方公事,强行出头,逼勒平民,约会抗粮,聚众联谋,敛钱构讼,抗官塞署,妄行聚众至四五十人,罢市罢考殴官等事,地方官与同城文武,无论是非曲直,协同擒拿,解送上司,秉公审究,将地方官免议。如地方官于此等重犯,不即实力协拿,致令当场兔脱,将地方官降二级,戴罪限一年缉拿。限满不获,降二级调用。其该管地方州县官,平日漫无抚恤,或于民人审办不公,或凌辱士子,生童身受其害,以致士民纠众妄行,罢市罢考殴官,将该管州县官革职。该管之道、府,徇隐不即申报者,照徇庇例,降三级调用。如督抚不将徇隐之道、府一并题参,事发,将该督抚亦照徇庇例,降三级调用。

○嘉庆十年(1805)奏准:凶徒聚众械斗,如系衅起一时,并非预谋聚众者,地方官免议。其持械肆横,预先纠众,该地方官有心故纵者,革职;失于觉察,不行查拿者,降一级留任。如拿获在场首要各犯,并将从犯拿获及半者,免其失察处分。

○十五年(1810)谕:"方维甸奏遵旨酌筹约束械斗章程一折。台湾远隔重洋,漳、泉、粤三处民人在彼错处,各分气类,动滋事端,必须约束严明,经筹久远。前经节降谕旨,谆饬方维甸到彼熟筹办理。兹据该督体察南北两路情形,酌议奏闻。内如总董一项,向在村庄包庇抗违,甚至地方官号令不行,诸多掣肘;而隶役等亦擅自分保,互相党护,不服拘传,最为该处恶习,自应亟行革除。所有方维甸奏请严禁总董,及本保隶役党护把持,立法究治,并佥设约长、族长,责令管束本族、本庄等事,均照所议办理。嗣后倘有纠斗之案,即并未杀伤,亦将为首究办。如不听晓谕,即行派兵严拿,以示惩儆。至所请酌减官员处分一节,地方官遇有械斗、会匪、抢夺之案,其失察处分,均予降调,每有讳饰情弊。嗣后如该地方官果能随时访查,据实禀报,俾奸党得以破露,虽不能全宽处分,该督等具奏到时,朕尚可酌量加恩,免其实降实革。若能认真缉获首伙多名,办理迅速,则不但宽其处分,并当施恩鼓励。设仍前讳饰疏纵,即着照方维甸所奏,分别革职治罪不贷。"

○十七年(1812)谕:"着传谕各督抚:嗣后应严饬地方官,平日务当留心化导,俾无知小民,皆知安分畏法。如或有不肖匪徒,倡谋滋事,或小有抢掠,或造作逆词,该州县一有风闻,即当乘其未经蠢动之初,将为首者上紧缉拿,立时办竣,毋任彼此勾结,致启事端。即如博罗一案,幸该匪等尚未肆窜蔓延,得以克期捕获。然已歼戮多人,同案抵罪者,亦复不少。虽顽民自作不靖,而朕心良用恻然。该督抚等惟当勉思抚驭,禁暴戢奸,毋俾萑蘖潜滋,以副朕谆谆教诫至意。"

○又奏准:愚民因事忿争,执持器械,互相格斗,致有杀伤者,谓之共殴。其或衅起一时,纠众往殴泄忿,虽亦执持器械,互相杀伤,而双方并非约期会斗者,谓之谋殴。二者准照命案例开参,不在械斗之列。如州县官将真正械斗之案,讳匿不报,或改作共殴、谋殴命案分起开报者,俱革职。

○又奏准:凶徒挟有宿仇,彼此约期聚众,持械肆斗,州县官知情故纵者,革职。

如系失于觉察,能于百日限内,将主谋之首犯并从犯拿获及半者,免其处分;能全获首从各犯者,准其加一级。倘限满获不及半,降一级调用。

○又奏准:邻境地方官,能将械斗案内主谋之凶犯拿获者,准其加一级;拿获从犯者,每名纪录一次。

○又奏准:械斗之案,首重主谋。如承审官已将主谋之犯审出,而徇纵回护,不行查拿,辄将顶凶之人,草率定拟完案,别经发觉,即照故出入人罪律参革治罪。或未能究出首犯,经上司及委员等审出,即按首犯应得斩、绞、军、流等项罪名,照不能审出实情例,分别议处。

○同治四年(1865)奏准:浙江台州府所属州县,遇有凶徒约期聚众械斗之案,除州县官知情故纵,讳匿不报,及百日限内拿获首从各犯及半或全获者,仍照各本例办理外,如仅止失于觉察,百日限内获不及半,降一级留任,限一年缉拿。限满不获,降一级调用。

# 卷一百三十三·吏部一百十七

**处分例** 匪徒滋事 偏信地师 私造假印 牙行客欠 重利盘剥 卖空买空 看守疯病 私宰耕牛 禁止夜戏 驱逐流娼 招摇挟制 家人私出扰害 居官燕游 官员犯奸

## 匪徒滋事

○康熙二十五年(1686)议准:地方如有豪强之人,窝养凶恶之徒,作为牙爪,该地方官不严拿查报,纵容隐匿者,照溺职例革职。该督抚徇庇不行题参,将督抚照徇庇例,降三级调用。

○雍正元年(1723)议准:地方有歃血定盟,结连土豪,及衙役兵丁为害良民,据邻佑、乡保首告,地方官如不准理,又不缉拿,或致蜂起为盗,掳掠横行,将不行准理又不缉拿之地方文武各官,该督抚题参,革职治罪。其平时失察,迨首告之后,不自隐讳,即能擒获之地方官,免其议处。

○乾隆五年(1740)议准:地方有顽民倡设邪教,附和邪术,煽惑聚众,以致酿成不法,将平日漫无觉察之该地方官革职,该管上司降二级调用,督抚降一级留任。

○二十六年(1761)谕:"前据熊学鹏奏广西兴安县缉获湖南湘乡人邓廷贤等私刻印票冒差需索一折。以该犯楚人,历经楚地,该抚冯钤并未奏闻,传旨令其查复。今据奏到自请交部议处,并将藩、臬、司、道、府、州、县等一概列参,未免惶遽失措。且以邻省获犯,不无中存芥蒂,均非封疆大臣持正奉公之道。督抚统辖全省,地方遇有匪徒越境滋事,在本县本府,自不能辞失察之咎,至司、道以上,所辖既广,即不当尽干严谴,况在抚臣?朕岂即以一二缉案督办不前,定其殿最耶?谅中外臣工所宜共喻者,是冯钤所奏过当之处。于率属已不得其平,若因此而归咎熊学鹏,自生嫌隙,则于政体官方所系,尤为重大。督、抚同驻省会,凡事固当和衷共理。即地属邻封,其中咨会协济之处,在国家并非二事。如冯钤于此案知会到省,方当深服熊学鹏。嗣后每有见闻,共期实心欣助,方为见大。设以私心未化,因而膜视掣肘,几置公事于不问,在督抚为不知大体,在朝廷亦安用此大臣?从前鄂尔泰等,在封疆中已为不数见之材,然以意见不合,遂与李卫等抵牾生衅,特因朝纲整肃,势不能成党援门户之渐。然自来外吏畛域相持,久成恶习,不可不深引为炯戒也。"

○三十六年(1771)谕:"据钟音奏拿获安溪县奸民王添送等分别定拟一折。所请将失察之文武大小各员交部察议之处,竟可不必。王添送等同谋纠党,未及一月,即经败露全获,尽法究治,办理颇为妥速,不得谓之失察,均毋庸交部。匪徒滋事不法,原当责成地方官。如平时漫无稽查,迨发觉后,又复迁延怠缓,不即勇往擒治,酿成事端,其咎自所应得。若当端倪初露,即能上紧查拿,迅速获犯结案,尚属有功无过。倘仍加以议处,既不足以昭劝惩,且恐庸劣员弁,遇有地方奸匪重案,惧干吏议,致启弥缝匿讳之渐,于除奸转为无益。嗣后凡匪犯纠众等案,如事在三月以内,即能查办擒捕者,毋庸复予失察处分。著为令。"

○三十七年(1772)奏准:邪教案内之脱逃匪犯,如系供有住址者,责令本籍州县实力查拿,限一年缉获,并知照武职一体协缉。限满不获,州县官降一级留任,人犯照案缉拿。仍令专管州县官,以并无隐匿详报。倘具详后,该犯隐匿该处,别经发觉,将州县官降二级调用。其无的实住址者,照通缉之例,严缉一年后果无踪迹,专管官具详报部。倘具详后,仍有隐匿,别经发觉,照前例降二级调用。

○又议准:地方豪强之人,窝养凶恶之徒,作为爪牙,该地方官不行严拿查报,纵容隐匿者,照溺职例革职;该道、府不行揭报,降三级调用。如地方官失察,降一级留任。自行查拿者,免议。

○又议准:地方有歃血订盟,结连土豪,及衙役兵丁为害良民,该地方官平时失于查察,别经发觉者,降一级调用。

○嘉庆八年(1803)谕:"嗣后文武官员,有失察邪教会匪滋事重案,其应议以降调者,均按所降之级实降,毋庸查级议抵。著为令。"

○道光二十五年(1845)奏准:捻匪、幅匪,强当讹索,业已得财之案,无论人数多寡,地方官如有疏防讳匿,均照盗案例参处。

○又奏准:地方官遇有本境捻匪、幅匪滋事之案,于一月限外获犯过半兼获盗首者,功过相抵。若于一月限内获犯过半,兼获盗首,或俱系斩枭、斩决从犯三名,或系斩决首犯一名、斩候、绞候从犯四名,或系斩决绞决首犯一名、遣罪从犯六名,或系斩候绞候首犯一名、从犯八名,俱给予加一级。总以一案内获犯过半,兼获首犯,方准议叙。如仅拟军、流、徒罪等犯,俱毋庸给予议叙。

○又奏定:地方官拿获邻境捻匪、幅匪案内斩枭、斩决首伙三名以上者,准其送部引见;五名以上者,准其给予应升官阶,免其送部引见;拿获斩枭、斩决首犯,每名准其加一级、纪录二次;斩枭、斩决从犯,斩候、绞候首犯,每名准其加一级、纪录一次;斩候、绞候从犯,每名准其加一级;遣罪首犯,每名准其纪录二次;遣罪从犯,每名准其纪录一次。军、流、徒、杖以下人犯,毋庸给予议叙。

○又奏准:邻境地方官遇有捻匪、幅匪滋事之案,不即协力堵拿,以致窜入本境滋事者,照本境疏防例开参。如已接到协拿知会,任令潜匿,不为严缉者,降三级调用。

○又奏准:地方士民,有能确知捻匪、幅匪踪迹,随同官弁指线搜捕者,分别案情轻重,奏请给予职衔。其余并非捻匪、幅匪之案,概不得援以为例。

〇咸丰元年(1851)奏准:凡不逞之徒,歃血订盟,结为弟兄,为害良民,及并无歃血焚表情事,止序齿结拜弟兄之案,地方官或自行访闻,或因人首告,无论滋事未滋事,能于结拜一二月内查拿擒捕,或协同邻境及后任官,将首伙全行缉获,或获犯及半兼获首犯者,准其加一级;三月以内,能获犯及半兼获首犯,或半年以内首伙全获者,毋庸议叙,免其议处。如三月以内,获犯尚未及半,尚有首犯未获,将该管官罚俸一年。半年以内,获犯及半兼获首犯,仍议以罚俸一年;如已获首犯,而获犯未半,或获犯及半,而首犯未获,均议以罚俸二年;全未拿获,即议以降一级留任。一年以内,始将首伙各犯全行拿获者,仍议以降一级留任;未能全获者,降二级留任;全未拿获者,革职留任。至一年以外,毫无查察,别经发觉,未滋事者,降一级调用;业经滋事者,降二级调用。若已据乡保、邻佑人等首告,不为准理,又不会营缉捕,虽经邻境、别汛及后任官拿获,查系未经滋事者,地方官降三级调用,失察之该管府、州降一级留任,道员罚俸一年,督抚罚俸六月;已滋事者,地方官革职,失察之该管府、州降一级调用,道员降一级留任,督抚罚俸一年。若督抚意存讳饰,该管道、府、州及地方官迎合不办,以致酿成不法巨案者,均革职拿问。若属员已经禀报,而上司隐饰不办,禀报之员免议,该上司革职拿问。其有前官任内,经人首告,不为准理查拿,经后任官查出举发者,亦将前官照滋事未滋事,分别议处。如地方胥役借端诈害,诬良为匪,本管官失察者,革职留任;故纵者,革职。

〇又奏准:拿获邻境香把匪犯,审系罪应斩绞立决者,每名加一级;罪应斩绞监候者,每名纪录二次;罪应军、流者,每名纪录一次。若将邻境香把案内,歃血订盟,焚表结拜弟兄,数至二十人以上,首犯罪应斩绞立决,或仅止结拜弟兄,数至四十人以上,首犯罪应斩绞监候之案,获犯及半兼获首犯之员,其拿获一案者,于加级纪录之外,量加优叙,准其不论俸满即升;其拿获二案者,系州县以上,令该督抚查明该员任内如无失察匪犯滋事之案,准其送部引见;其拿获三案,令该督抚查无失察匪犯之案,准其指定应升之阶保奏,免其送部引见。若前案已经引见邀恩,尚未升补,其续获之案,仍准其按照罪名,每名给予加级、纪录,不得再邀优叙。如已经升补者,仍准保奏。若每案内仅能拿获首犯从犯者,止照例按名给予加级、纪录。

〇又奏准:所获匪犯,如另有抢劫重案,杀死事主,及轮奸妇女等情,罪应斩决、斩枭,系照盗案定拟者,即照获盗之例请叙,毋庸再照匪犯给予级、纪。如仍照匪犯本案从重定拟者,即不准比照获盗之例请叙。

〇又奏准:该管道、府、直隶州,能于一年限内,督饬所属拿获香把聚众之案,首伙全获,或获犯及半兼获首犯,每三案加一级,十案以上,准该督抚专折奏明,请旨加恩。

〇又奏准:州县以下等官,如有拿获邻境香把匪犯,核与州县官引见之例相符者,准其分别试用、实缺,或以遇缺尽先补用,或以应升之缺升用保题;核与州县官指定应升之阶保奏之例相符者,亦准其指定应升之阶保题,毋庸送部引见。若仅能拿获首犯从犯,与州县官应行议叙级、纪之例相符者,亦照例按名给予级、纪。

○又奏准:拿获匪犯调取人员,如有另案升补者,均比照获盗之例给予限期,亦不准分案引见。

○光绪十年(1884)奏准:各省剿捕要匪之案,如系匪徒聚党盘踞,滋事不法,有焚劫抢掠、抗拒官兵情事,经该督抚派兵剿捕,尽数斩擒,地方已就安谧,并详叙剿捕情形,择优保奖,准其将出力各员,指定应升官阶,免其送部引见。不准越级保升,及免补、免选各项。

**偏信地师**

○雍正十二年(1734)复准:除民间有将已葬棺椁依礼改葬者,听其自便外,其有偏信地师之说,无故改葬,地方官勘明详报,须究出地师,不得隐讳宽纵。如有不实力究治者,经上司查出,将该地方官照不行查出讼师例,罚俸一年。

**私造假印**

○乾隆三十年(1765)奏准:地方有奸棍私造假印,执持假票,冒称系官,或谎戴羽翎,或假称差官,不行查拿者,该管官降一级调用。如给此等奸棍印结执照者,革职。

○又奏准:凡吏役有私造本官印信,将不行查拿之本管官,照失察书役舞文弄法例,降二级调用。奸徒私雕假印,持往别处地方行用,其行用处之地方官,不能查拿者,照例降一级调用。失察潜匿雕刻,未经在本地方行用者,将地方官照失于查察例,罚俸一年。行用之后,续经自行查拿者,无论访闻、告发,概行免议。

○嘉庆十一年(1806)奏准:吏役私造本官印信,本官不行查拿,降二级调用。失察奸徒私雕假印,未经行用者,罚俸一年;已经行用者,查明在何处行用,将失察行用之地方官,降一级调用。行用之后,续经自行访拿者,免议。若行用后,直至告发始行查拿者,减为降一级留任;未能拿获者,仍降一级调用。

○十七年(1812)议准:本官失察吏役雕造印信,于未经行用之先,自行访拿者,免议;别经发觉,始行查拿,降一级留任;别经拿获,降一级调用。若已经行用,别经发觉,始行查拿,或自行访拿者,俱降二级留任;别经拿获,降二级调用。描摹印信,于未经行用之先,本官能先自访拿者,亦免议;别经发觉,始行查拿,罚俸一年;别经拿获,降一级留任。若已经行用,别经发觉,始行查拿,或自行访拿者,俱降一级留任;别经拿获,降一级调用。至奸徒雕造印信,于未经行用之先,地方官能先自访拿者,免议;别经发觉,始行查拿,罚俸一年;别经拿获,降一级留任。已经行用,别经发觉,始行查拿,或自行访拿者,俱降一级留任;别经拿获,降一级调用。描摹印信,于未经行用之先,地方官能先自访拿者,免议;别经发觉,始行查拿,罚俸九月;别经拿获,罚俸一年。若已经行用,别经发觉,始行查拿,或自行访拿者,俱罚俸一年;别经拿获,降一级留任。

### 牙行客欠

○乾隆八年(1743)谕:"民间贸易,官为设立牙行,以评市价,所以通商便民,彼此均有利益也。是以定例投认牙行,必系殷实良民,取有结状,始准给帖充应。盖殷实则有产业可抵,良民则无护符可恃,庶几顾惜身家,懔遵法纪,不敢任意侵吞,为商人之害。乃闻各省牙行,多有以衿监认充者,每至侵蚀客本,拖欠货银,或恃情面而曲为迟延,或借声势而逞其勒掯,以致羁旅远商,含忍莫诉,甚属可悯。从前外省衙门胥役,有更名换姓兼充牙行者,已经降旨敕部定议,严行禁革,积弊始除。而衿监充行,其弊与胥役等。应将现在牙行,逐一详查,如有衿监充认者,即行追帖,令其歇业,永著为例。嗣后如有仍蹈故辙,而州县官失于查察者,着该上司查参议处。其如何定议之处,该部妥议具奏。钦此。"遵旨议奏:从前有胥役更名换姓兼充牙行者,令该地方官严查确实,勒令歇业。若该地方官奉行不力,失于查察者,照一切无藉之徒违禁把持该地方官失于查察例,罚俸一年;有意徇纵者,照徇情例,降二级调用;如有受财故纵者,计赃以枉法从重论。至于衿监认充牙行,或依恃护符,侵吞客本,或凭借声势,勒掯迟延,其扰市渔利,以为商民之害,直与胥役承充无异,不可不明定处分,以严考核。嗣后如有不肖衿监,藐视法纪,仍蹈前辙,州县官奉行不力者,令该管上司查参,俱照胥役兼充牙行例,分别失察、徇纵及枉法受赃等项,按照律例处分。

○二十三年(1758)题准:嗣后遇有控追之案,令经理之员,按月册报巡道稽查。逾限不结者,听巡道按册提比。如怠忽从事,拖延累商者,该巡道据实揭报详参,照事件迟延例议处;有意徇纵者,照徇情例,降二级调用;如有受财故纵者,计赃以枉法论。

### 重利盘剥

○乾隆三十年(1765)奏准:兵民违禁重利放债,该管之文武官员等,如能实力查拿,及有官职之族长首报者,并计所查拿案数,每二案纪录一次。倘该管官不准自首,硬作查出者,将谎报之该管地方官降二级调用。若纵容兵丁民人违例放债者,将各该管文武地方官,均照徇庇例,降三级调用。如该管文武地方官,及有官职之族长,不能实力查拿,止于失察者,每案照失于查察例,罚俸一年。

○五十年(1785)谕:"前闻康熙、雍正年间,外官借债,即有以八当十之事,已觉甚奇。今竟至有三扣、四扣者,尤出情理之外。且向来文武官员出京赴任,均有在部借支养廉之例。自道、府、副、参,以至微末员弁,准借银数,自千两至百十两不等,已属优厚。此项银两,因恐需次人员,资斧缺乏,是以准其借支,原系格外体恤。在各该员果能自行撙节,已足敷用。若任意花费,正复何所底止。而市井牟利之徒,因得以重扣挟制,甚至随赴任所,肆意索偿,逼胁官吏,实属不成事体。嗣后赴任各官,务宜各知自爱,谨守节用,勿堕市侩奸计之中。若有不肖之员,不知节俭,甘为所愚,仍向若辈借用银两,亦难禁止,但总不准放债之人,随往任所。并令各该督抚严行查察,如有潜赴该员任所追索者,准该员即行呈明上司,按律究办。倘隐忍不言,即致被逼索酿成事端,亦不官为办理。庶可杜市侩刁风,而不肖无耻之员,亦知所儆戒。"

○嘉庆四年(1799)谕:"给事中德连奏请严禁放官吏债一折。据称京官初膺外任,及京中候补州县等官,每多借官吏债使用。以一千而除去扣头等项,所得不过数百两。不一二年间,遂至数千。抵任后亏挪库项,剥削小民,希图弥补。种种贪黩,自此而生。向来放债人等,私用短票扣折,重利盘剥,例禁綦严。乃日久废弛,仍行违例巧取。候选官员等,既不知自爱,堕其术中,又复自顾考成,隐忍甘受,遂使谋利之徒,罔知顾忌,而所借债账,日久累重,无以清偿。因而挪移官项,朘削小民。此等弊端,实所不免,不可不严申例禁。着步军统领、顺天府、五城各衙门,严行禁止,并密访查拿。倘有前项情事,即随时惩办,毋得阳奉阴违,致干咎戾。"

### 卖空买空

○咸丰七年(1857)定:市侩仅凭虚言,卖空买空,将失察之地方官,照兵丁民人重利放债失于查禁例,罚俸一年;纵容者,降三级调用。

### 看守疯病

○乾隆三十七年(1772)奏准:各省及八旗,凡有疯病之人,其亲属、邻佑人等,即报明该地方官、该佐领处,令伊亲属,严行锁锢看守。如无亲属,即责令邻佑、乡约、地方、族长人等,严行锁锢看守。倘亲属、邻佑、乡约、地方、族长人等,容隐不报,不行看守,以致疯病之人自杀,及杀他人者,照律治罪。如亲属、邻佑人等,已经报明该地方官、该佐领,而该地方官、该佐领不严饬亲属、邻佑人等,严行锁锢看守,以致疯病之人自杀者,将该地方官、该佐领照看守疏防例,罚俸三月;若致杀他人者,将该地方官、该佐领照防范不严例,罚俸一年。

○又奏准:凡永远锁锢之疯犯,在监坠链身死,管狱、有狱各官,照军流以下人犯在监自尽之例议处。

### 私宰耕牛

○乾隆三十年(1765)奏准:地方有私宰耕牛,该管官不行查拿,将该州县照失察宰杀马匹例,一二只者罚俸三月,三四只者罚俸六月,五只以上者罚俸九月,十只以上者罚俸一年,三十只以上者降一级留任。若能拿获究治者,均免其处分。

### 禁止夜戏

○雍正十三年(1735)复准:城市乡村,有深夜悬灯当街演剧者,应责成该地方文武各官,力为严禁。倘该地方文武各官不实力奉行,照失于觉察例,罚俸一年。

## 驱逐流娼

○乾隆三十七年(1772)奏准:民间妇女中,有一种秧歌脚、堕民婆,及土妓流娼、女戏游唱之人,无论在京在外,该地方官务尽行驱逐回籍。若有不肖之徒,将此等妇女容留在家者,有职人员革职,照律拟罪。其平时失察窝留此等妇女之地方官,照买良为娼不行查拿例,罚俸一年。

## 招摇挟制

○康熙九年(1670)议准:官员任所,如有亲戚朋友,听其招摇诈骗者,本官革职。

○十七年(1678)议准:官员将游客、星卜及优伶人等,转送府州县,并贻书荐引者,俱分别议处。

○十八年(1679)议准:科道各官条奏,如隐附私情,希图作弊,互相嘱托,肆行妄为,外播威势,挟制恐吓督抚等官者,发觉之日,俱革职提问。至大臣、科道各官子弟,挟制地方官员,经督抚题参有据者,照例处分。在京父兄不行约束,俱革职。若果挟制有据,而督抚不行题参者,亦革职。

○二十五年(1686)复准:科道官有希图利己,允受嘱托,妄行引奏,及交结朋党,作奸诬陷者,事发革职,送刑部治罪。其告假、丁忧、终养之科道官,有包揽钱粮,干预词讼,侵害小民,及遍游各省晋谒督抚,挟诈有据者,令该地方官申报督抚题参,本官革职,交刑部治罪。如该地方官及督抚隐匿徇庇,不行揭报、题参者,一并从重议处。

○乾隆三十七年(1772)奏准:凡有职人员,假借公事,挟制官府,及将暧昧奸赃事情,污人名节,报复私仇者,革职审明,按律分别治罪。

○嘉庆十一年(1806)奏准:在籍官员,有倚仗势力,干预公事,行凶不法,作害地方,或将奸赃暧昧之事,污人名节,报复私仇者,革职治罪。地方官明知故纵者,均革职。不知情者,照不揭报劣员例,分别议处。州县照同城知府例,知府照司道例议处。

## 家人私出扰害

○乾隆六年(1741)谕:"外吏之治,系于督抚。督抚果能清正公明,则属员咸知效法,而成大法小廉之治。朕御极以来,训谕督抚者屡矣。其间能体朕心者固不乏人,而持躬不谨,致蹈愆尤者,亦未尝无之。细察其故,固由于本人之居心不正、操守不坚,亦由于信用家人,为其所愚。日积月深,遂成尾大不掉之患。盖家人本系至庸极劣之人,识见生来卑鄙,心性又复贪污,日以小忠小信,要结主心。及至用为堂官,凡文武官吏谒见禀事者,借其先容,赖其传达,与之分庭抗礼,视若朋侪。若辈遂虚张声势,窃弄威柄,甚且导主营私,陷以不义。彼得从中舞弊,挟制要求,虽欲疏远之而不可得。更有赍送奏折之人,经过本省驿站,而不肖州县,希图探听信息,往往馈送盘费什物,得其欢心。其有不能应付周全者,则借端需索,归向主人横加谗谤。奸蠹种种,不可悉数。是以我皇考洞悉其弊,严降谕旨,将堂官及家丁出入生事扰累属员之处,永行禁止。无如日久渐弛,颇有仍蹈前辙者。用是再降谕旨,通行训饬。嗣后各督抚等复用堂官,或差遣家人出入,在所属地方生事,若经朕查出,或御史参奏,必从重议处,决不宽贷。此亦澄清吏治之一端,毋得玩忽。”

〇三十年(1765)奏准:旗人违禁,私自越出所居之地,需索财物,借端挟诈,嘱托行私扰民等弊,系官,革职治罪。若将家仆差出扰民者,本主系官,革职。其取债探亲,系官,革职。如将家仆差出者,本主系官,罚俸一年。

〇又奏准:奴仆有犯殴寻官员者,本主系官,罚俸两月。

〇又议准:凡内务府包衣下及王、贝勒、贝子、公、大臣、官员家人,领本生理,霸占要地关津,不令商民贸易,倚势欺凌者,或旁人及受累之人具告,或科道查出纠参,其人若系内务府包衣下人,将该管官革职;宗室王以下、公以上家人,将其家主交与宗人府从重议处,其管理家务官俱革职;系公、侯、伯、大臣、官员,俱革职。该地方官不行查拿,俱革职;兼辖官降一级调用,统辖官罚俸一年。至此等事发,差官稽查,若徇隐不据实回报者,亦俱革职。至于王公以下大臣各官,将银借贷民人,擅行贸易,霸占要地关津,倚强贻累地方民人者,亦照此例办理。内务府包衣下人,及诸王、贝勒、大臣家人,所在指称名色,以网市利,干预词讼非法,有司不敢犯其锋,反行财贿,将行贿之官革职。其家主知情者,系官革职;内务府包衣、王、贝勒家下该管官,知情者,亦革职;王以下、宗室以上知情者,交与宗人府从重议处。

〇四十六年(1781)谕:“各省督抚管门家人,有向属员需索门包陋习,而司道以下家人,亦相率效尤。积弊相沿,不可不力为饬禁。业经明降谕旨,令各督抚严行禁止,并着于年终汇奏一次。近又闻各省上司,留待属员饭食,有押席银两一项,更不应有此等陋习,其事尤可鄙笑。督抚等养廉优厚,用度宽余,即司、道、府、厅等官,所得分例,亦不为薄。乃既听家人索取门包,而又收受属员押席银两,此必督抚先开其端,以致上行下效,甚属无耻,实非整饬官方之道。况上司属员燕会,本干例禁,若借此为婪取属员之地,尤大不可。此在巧于逢迎者,必欣然乐就,而无力者,或转以为苦。甚至力有不支,取资百姓,则更于吏治民生大有关系,自应一体严禁。着再行通饬各省督抚,务率属员一体遵照裁革,亦入于年终汇奏。如有阳奉阴违,仍蹈故辙,或经科道参奏,或于别事发觉,亦惟该督抚是问。”

### 居官燕游

〇康熙二十一年(1682)议准:在外官员居住各城,如偷安燕游,以致事务丛积,至夜办理者,革职。

○雍正二年(1724)谕:"外官畜养优伶,殊非好事,朕深知其弊。非倚仗势力,扰害平民,则送与属员、乡绅,多方讨赏,甚至借此交往,夤缘生事。二三十人,一年所费不止数千金。府、道以上有司官员,事务繁多,日日皆当办理,何暇及此?家有优伶,即非好官。各省府、道以上至督抚、提镇,若各官家有优伶者,着该督抚访查,指名密折奏闻。虽养一二人,亦断不可徇隐,亦必即行奏闻。其有先曾畜养,闻此谕旨,不敢存留,即行驱逐者,免其具奏。既奉旨之后,督抚不细访察,所属府、道以上官员,以及提镇家中,倘有私自畜养者,或因事发觉,或被揭参,定将本省督抚,照徇隐不察之例,从重议处。"

○乾隆三十四年(1769)谕:"朕恭阅皇考谕旨,有饬禁外官畜养优伶之事。圣谕周详,恐其耗费多金,废弛公务,甚且夤缘生事,敕督抚不时访查究参。虽有一二人,亦不可徇隐。圣谕久经编刊颁行督抚、藩臬等,并存署交代,自当敬谨循遵,罔敢违越。何以近日尚有揆义托黄肇隆代买歌童之事?岂伊等到官后,于衙门尊藏上谕,庋之高阁,全不寓目耶?一省如此,他省之未经发觉者,恐尚不少;一事如此,他事之不能由旧者,并可类推。皇考十三年(1735)整纲饬纪,所为吏道人心计者,无微不至。朕每披寻谟典,省懔实深。诸臣何竟冥然罔觉,于训型成宪,视若弁髦乎!可见外省恶习,锢蔽已深。凡禁令所布,始则具文塞责,久且并具文而忘之。即朕所降谕旨,尚有阅数载而虚应故事者,似此玩不率教,何以副朕孜孜求治之意!思之实可痛恨。着通谕直省督抚藩臬等,各宜正己率属,于曾奉禁革之事,实力遵行,毋稍懈忽。若再不知儆悟,甘蹈罪愆,非特国法难宽,亦为天鉴所不容矣。"

○嘉庆四年(1799)谕:"朕阅郑源璹供内,称'署中有能唱戏之人,喜庆宴客,与外间戏班一同演唱'等语。民间扮演戏剧,原以借谋生计,地方官偶遇年节,雇觅外间戏班演唱,原所不禁。若署内自养戏班,则习俗攸关,奢糜妄费,并恐启旷废公事之渐。况朕闻近年各省督抚、两司署内,教演优人,及宴会酒食之费,并不自出己资,多系首县承办。首县复敛之于各州县,率皆朘小民之脂膏,供大吏之娱乐。辗转苛派,受害仍在吾民。湖南地方,虽尚未激变,而川楚教匪,借词滋事,未必不由于此。嗣后各省督抚司道署内,俱不许自养戏班,以肃官箴而维风化。再郑源璹供内'有眷属人口几及三百人'之语。伊系一藩司,而署内食指,如此其众,用度浩繁,其侵贪数逾八万两,亦势所必至。督抚中如书麟、朱珪,操守廉洁,署内不过数十人,所得廉俸,未尝不敷日用,此朕所素知者。地方大吏,惟当俭以养廉,不可从事奢华,以致簠簋不饬也。至藩司于收发库项,加增平余,任意克扣,恐不独郑源璹一人为然。州县等因藩司扣平过多,征收钱粮时,亦必多取于民,闾阎深受其累,所关甚重。并着通谕各直省藩司,务当洗心涤虑,悛改积习,勉为廉吏,毋负朕谆谆训诲至意。"

## 官员犯奸

○康熙二十三年(1684)议准:官员奸家下有夫之妇者,罚俸六月。

○雍正三年(1725)奏准:职官奸职官妻及奸军民妻者,皆革职治罪。

○又议准:官员奸家人有夫之妇者,罚俸九月;奸军民妻者,革职治罪。

# 卷一百三十四·吏部一百十八

## 处分例 禁狱一

**禁狱一**

〇康熙三年(1664)复准:凡提牢官有纵容狱卒凌虐罪囚,及给以尘饭土羹者,指名题参,依律治罪。至各直省按察司及府州县等官,遇有罪不致死之人,久淹狱中,致狱官将犯人饿毙,并纵容狱卒私自拷打等弊,督抚查参议处。

〇六年(1667)题准:狱官防范不严,以致斩绞人犯,执持铁器等物,在狱伤人者,如未经出狱,降一级调用;该管有狱官,罚俸一年。

〇九年(1670)议准:官员将斩绞人犯,越狱脱逃,隐匿不行申报,或不行羁禁,准人取保,以致脱逃者,革职。或发到收监之犯,不收自监,推付别衙门,以致脱逃者,降四级调用。如该管上司不据实具报者,降二级调用。

〇又题准:官员将斩绞人犯,在狱不加杻锁,以致自尽者,降一级调用;上司不据实申报者,罚俸一年。如已加杻锁自尽者,免议。

〇又题准:督抚所参贪劣官员,委官看守,如疏忽看守,以致自尽者,将看守之官罚俸三月。

〇又议准:官员凡承审案件,将正犯于限内并不取供,审理迟延,一案之内,监毙一二人者,罚俸六月;三四人者,罚俸一年;五六人者,降一级留任;七八人者,降二级调用;九人以上者,革职。如将干连之人监毙一二人者,罚俸一年;三人者,降一级留任;四人者,降二级调用;五人者,革职。若上司不据实题奏,降二级调用。至逾限不行审结,将正犯监毙,虽已取口供,亦照限内不取口供致死例处分。若将干连之人监毙一人者,降一级调用;二人者,降二级调用;三人以上者,革职。上司不据实题奏者,降二级调用。若限内不能完结,再行展限,仍不能定,有淹禁致死者,亦照限内并不取供监毙例处分。

〇又议准:官员将重罪要犯致死,以图灭口者,革职提问。如上司不据实具报,降二级调用。

〇又题准:凡官员将斩绞犯人,在狱不加杻锁,以致脱逃者,革职。上司不据实申报,降二级调用。若已加杻锁脱逃者,照越狱例,限一年缉拿。不获者,照罪犯轻重处分。其起解斩绞重犯,不加杻锁,少差解役,以致脱逃者,降一级调用;军、流、徒罪人犯,罚俸一年;照案缉拿。如已加杻锁,多差解役,脱逃者,俱照越狱例,按罪犯轻重处分。若系差役得财,将人犯疏纵脱逃者,本管官照失察衙役犯赃例处分。原解未经交付之先,疏纵脱逃者,将原地方各官议处。如已经交付,脱逃者,将承接该管各官议处。

○十一年(1672)题准:承问官将正犯取有口供,于限内不早行题结,监毙一二人者,免议;三四人者,罚俸三月;五六人者,罚俸六月;七八人者,罚俸一年;九人十人以上者,降一级留任。其事结具题之后,将人犯监毙者,免议。

○十四年(1675)议准:反叛斩罪人犯越狱,不论名数多寡,将狱官革职拿问。该管有狱官,亦革职,戴罪勒限一年督缉,全获开复。逾限不全获者,革职。

○又议准:凡巨盗斩绞重罪人犯越狱者,不论名数多寡,将狱官革职拿问。该管有狱官,革职,戴罪勒限一年督缉,全获者开复。逾限一名不获者,降二级调用;二名者,降三级调用;三名不获一名者,革职,其越狱人犯,交与接管官,亦勒限一年督缉。如能全获者,不论俸次,即照其应升之官升用。如一名不获者,罚俸三月;二三名者,罚俸六月;四五名者,罚俸九月;六名以上者,罚俸一年。未获逃犯,照案缉拿。

○又议准:笞、杖、徒、流等犯越狱者,不论名数多寡,乾隆三十七年(1772)增定"限四月题参疏防"。将该管狱官革职留任,戴罪勒限一年缉拿,全获开复。逾限不获,仍照例革职,逃犯交与接任官勒限缉拿。该管有狱各官住俸,戴罪勒限一年督缉,全获者开复。逾限一二名不获者,罚俸一年;三四名者,降一级调用;五六名者,降二级调用;七八名者,降三级调用;九名十名者,降四级调用,越狱人犯,交与接任官,亦勒限一年缉拿。全获者,不论俸次,即照其应升之官升用。如一名至四名不获者,罚俸三月;五六名者,罚俸六月;七八名者,罚俸九月;九名十名以上者,罚俸一年。未获逃犯,照案缉拿。

○又议准:凡官员将逃犯正在缉拿之间,或经别案降革,及丁忧离任者,责令接任官再限一年缉拿。前官全未拿获,接任官全获者,不论俸次,即照其应升之官升用。如前官止获一二名,其所余逃犯,接任官如能全获者,不论名数多寡,纪录一次。逾限不获,仍以罪犯之轻重、名数多寡,照接任官例议处。其原参有名戴罪督缉官员,年限之内,未经全获,照名数降级调用。如有纪录、加级抵销,仍留原任者,应再限一年缉拿。如不获,照接缉官例分别议处。全获者,原系本任内脱逃人犯,不准议叙。

○又奏准:官员将别案缉获贼犯,作此案越狱之犯,谎称被获、被杀、缢死、溺死者,皆革职。司、道、府等官,不行确查,遽行转详,罚俸一年;督抚不行详查具题,罚俸六月。至署事官在署事任内,有越狱之事,仍照现任官例处分外,凡虚革、虚降官员,未满一年之限,正在缉贼之间离任者,皆照离任官例,罚俸一年。

○又议准:官员将越狱逃犯即行拿获,或被官兵追迫,投水而死,或自尽者,皆免其处分。

〇又议准:斩绞重犯越狱,该管有狱各官,因公出境,非系亲身在任越狱者,初参,应免其处分,仍限一年督缉。如逾限一二名不获者,罚俸六月;三四名者,罚俸一年;五六名者,降一级调用;七八名以上者,降二级调用。笞、杖、徒、流等犯越狱,因公出境官员,初参,免其处分,亦限一年督缉。如逾限一二名不获者,罚俸三月;三四名者,罚俸六月;五六名者,罚俸一年;七八名以上者,降一级调用。至反叛人犯越狱,因公出境官员,仍照承缉官例处分。

〇十五年(1676)题准:凡有反叛人犯越狱,不论名数多寡,将狱官革职拿问。该管各官俱革职,戴罪勒限一年督缉,全获者开复。逾限不全获者,即行革职。若系斩绞人犯越狱,不论名数,狱官革职拿问。自一名至五名者,将该管各官革职,戴罪照限一年督缉,全获者开复,限外一名不获者降一级,二名者降二级,三名者降三级,四名者降四级,俱调用;五名全不获者,革职;六名以上者,亦照例督缉。如限满不获,仍按名数多寡,分别议处。如原参戴罪督缉官员,限满降调,有抵销留任者,再限一年缉拿。如仍不获,照接缉官例分别议处,全获者免议。至接缉官,亦勒限一年缉拿。能全获者,不论俸满即升。一名不获者,罚俸三月;二三名者,罚俸六月;四五名者,罚俸九月;六名以上者,罚俸一年;人犯照案缉拿。若军、流、徒、杖、笞等犯越狱者,不论名数,狱官革职。该管各官,自一名至十名者,俱住俸,戴罪仍限一年督缉,全获开复。逾限不获一二名者,照原品调闲散用;三四名者,降一级;五六名者,降二级;七八名者,降三级;九名十名者,降四级俱调用;十一名以上者,革职,戴罪照限督缉。限满不获,照例计名数多寡,分别议处。其原参戴罪督缉官员,限满降调,有抵销留任者,再限一年缉拿。不获,照接缉官例议处;全获,亦不议叙。接缉各官,亦勒限一年督缉。全获者,不论俸满即升。一名至四名不获者,罚俸三月;五六名者,罚俸六月;七八名者,罚俸九月;九名十名以上者,罚俸一年;未获人犯,照案缉拿。凡署印官有越狱之事者,照现任官例处分。其虚革、虚降官员,限内有事故离任者,即照离任官例,罚俸一年,逃犯责令接任官,再限一年缉拿。如全获者,不论俸次即升。若前官已获一二名,接任官将所余逃犯全获者,不论名数多寡,纪录一次。逾限不获,仍按罪犯轻重、名数多寡,照接缉官例议处。至于监犯越狱,该管官当时拿获,或穷追自尽者,俱免处分。若将别案缉获贼犯,诈作越狱案内之犯,谎报已获、已死者,俱革职;将转详官罚俸一年,具题之督抚罚俸六月。如该管官将斩绞重犯越狱隐讳不报者,即行革职。

〇十六年(1677)复准:凡遇赦诏到日,将应赦人犯,即行释放。如将应赦人犯,仍滥行监禁,或应放人犯,不即释放,迟误十日者,将该管官革职。其有未经法司核复明白者,该法司核明,文到之日不即释放,亦革职。该管上司不行详查揭参者,皆降二级调用;督抚降一级留任。若有情罪可疑,该管官不于一月内详明奏请,违限一月以上者,降一级调用;该管上司不行详查揭参者,罚俸一年;督抚罚俸六月。违限二月以上者,该管官降二级调用;该管上司降一级留任,督抚罚俸一年。违限三月以上者,该管官革职,该管上司降二级调用,督抚降一级留任。如有上司、督抚迟延者,将上司、督抚亦照此例处分,该管官免议。

○二十二年(1683)议准:在京问刑各部院衙门,承审官员,将问理案件,于限内并不取供审理,迟延逾限,虽取供不行审结,及虽限内取录口供,不速行题结,以致犯人并牵连之人监禁毙命,或羁禁门监淹毙者,应照一案所毙人数,将承审司官,皆照外官之例处分。若堂官不据实题参者,照督抚之例处分。若禁卒守门人役,将羁禁门监人犯,恣行凌虐致毙,应处分司狱、城门尉等官。致毙三四人者,罚俸三月;五六人者,罚俸六月;七八人者,罚俸九月;九人十人者,罚俸一年;十一人以上者,革职。

○二十五年(1686)议准:司、道、府官,未奉督抚行文,遽将无罪之官,擅自拿禁,并将不至于拿禁之官拿禁者,革职。

○又题准:贪婪革职官员,并提问之犯,不监候具题完结,纵回原籍,或听其散处脱逃者,皆革职,逃犯交与接任官,照越狱例,限一年缉拿。如解饷官失银,纵放脱逃,及挪用钱粮官,未经追完,纵往他处者,皆降一级留任,限一年缉拿。如限内不获,降一级调用。

○二十九年(1690)复准:刑部满、汉司官,每年委一人,一同提牢轮值点验。若不将监内严行约束,以致闲杂人等出入行走,将提牢满汉司员、司狱官,皆照纵容外人入狱律议处。

○四十五年(1706)复准:各府州县问刑衙门,原设监狱,除重犯羁监外,其余干连轻罪人犯,令地保保候审理。如有不肖官员,私设仓铺等项,怀挟私仇,受嘱恐吓,将轻罪犯人私禁致毙者,该督抚即行指参,将该管官照怀挟私仇故禁平人律治罪。

○雍正元年(1723)议准:山海巨盗及斩绞重犯,越狱脱逃,将狱官革职拿问,该管官革职,戴罪勒限一年督缉。限内全获,准其开复。如逾限一名不获者,降一级调用;二名者,降二级调用;如三名不获一名者,革职。至狱卒有受罪人仇家贿嘱,谋死本犯者,依谋杀首从律治罪。其失察之该管官,交与该部从重议处。再狱官内果有堪膺荐举者,该督抚据实题奏,交该部酌加议叙。

○又议准:狱卒有受罪人仇家贿嘱,谋死本犯等弊者,照律治罪。其失察之该管官,革职。

○二年(1724)题准:凡命盗等案有监毙人犯者,或随招附参,或监毙在具题之后,仍令补参,毋得于正案未经审结之先,咨参监毙,借端销案。其有重犯已毙,毋庸具题者,务将原供全案,备细报部,刑部严加查核。不协者,仍驳令改正。其允协者,注明情罪允协,照该督抚所咨完结。其监毙职名,咨部照例议处。

○三年(1725)议准:盗犯如已经取供审明后,管狱官并无致毙情事,在监病故,不论首盗、伙盗,四名以下者,管狱官免其议处。至将一案内盗犯,监毙五名以上者,管狱官罚俸一年。凡强盗案件有监毙者,各该督抚务于本内分别声明。

○又议准:在监人犯,有被禁卒人等凌虐需索者,将禁卒人等计赃治罪,仍追原赃,给还本人。提牢、司狱,不行查出,事发,照失察衙役犯赃例议处。

〇又议准:嗣后该管知府并直隶州知州所属州县,若山海巨盗、斩绞重犯越狱脱逃,有一二案者,罚俸一年;三四案者,降一级;五六案以上者,降二级;俱限一年催缉。限内全获,准其开复。逾限不获,照所降之级调用。若军、流、徒、杖、笞等犯越狱,有一二案者,罚俸六月;三四案者,罚俸九月;五六案以上者,降一级;限一年催缉。限内全获,准其开复。逾限不获,再限一年。如不获,照所降之级调用。

〇又议准:凡拟死罪监候人犯之亲属,许于每月初二、十六,入监探视。将现在监中重犯,逐一询明父母妻子、嫡亲弟兄姓名、年貌,登记号簿。其各省解京,及刑部陆续审结各重犯,于未入监时,即行审明注册,交付狱官。遇放家口日期,详加验对放入。至未结案之犯,其亲属人等,一概不许入监。如不应放之人,蒙混放入,查出,将管狱官,照纵容外人入狱律议处。

〇又议准:书办、皂隶以及官员家仆,有擅自出入监所,私通消息,教令串改口供情弊者,提牢官、司狱立即拘拿回堂,将书吏责革,家人之主一并议处。若不行拘拿,被查出者,提牢官、司狱,皆照纵容外人入狱律议处。

〇四年(1726)谕:"魏二系为首恶盗,知县高大有并不严行监禁,竟至越狱脱逃,殊属不合。着交与该抚并高大有,务将魏二拿获。如不能拿获,将该抚议处,高大有从重治罪。至奏疏内称高大有因公出境,并未声明前往何处。着将高大有因何事派委前往何处等情,交与该抚察明具奏。倘有徇隐,将该管各上司一并治罪。再各省似有此奏称因公出境者甚多,此内每有上司官员瞻顾情面,受属员请托,掩饰具奏等弊,部中不行详查,即照该督抚所请议复,以致地方官员,俱漫不经心,疏忽怠玩。此等应如何分别议处之处,着定例具奏。钦此。"遵旨议定:凡斩绞重犯越狱,该管官除赴部引见,委解钱粮,奉调审理案件,承办要务,因公出境,以及奉调入闱者,该督抚即于疏内声明,仍照因公出境例议处外,至该管官,或委署邻邑,或檄调赴省等项,此等公出,斩绞重犯越狱脱逃者,仍照越狱定例处分。至军、流、徒罪等犯,与斩绞重犯有间,该管官员,或因公出境,一时防检偶疏,以致越狱脱逃,该督抚亦务将该员于某月日、因何事公出何处,逐一声明,送部查核,仍照因公出境例议处。如有并非因公出境,该管上司瞻顾情面,受属员请托,捏称因公出境,掩饰具奏,将该管上司,照徇情例,降二级调用。该管有狱官,照规避例革职。

〇五年(1727)议准:狱卒凌虐罪囚,其司狱官、典史等,知而不举,仍照例治罪外,若非凌虐而病毙者,如系斩绞重犯,一案内监毙一人者,管狱官罚俸一月;二人,罚俸三月;三人,罚俸六月;四人,罚俸九月;五人以上,罚俸一年。如系军、流罪犯,一案内监毙一人者,管狱官罚俸三月;二人,罚俸六月;三人,罚俸九月;四人,罚俸一年;五人以上者,革职。徒罪以下人犯,一案内监毙一人者,管狱官罚俸六月;二人,罚俸九月;三人,罚俸一年;四人以上者,革职。至于刑部,乃刑名总汇之地,案件繁多,非一州一县可比。其司狱官监毙斩绞重犯,一案内监毙三四人者,司狱罚俸一月;五六人者,罚俸三月;七八人者,罚俸六月;九人十人者,罚俸九月;十一人以上者,罚俸一年。军、流罪犯,一案内监毙三四人者,司狱罚俸三月;五六人者,罚俸六月;七八人者,罚俸九月;九人十人者,罚俸一年;十一人以上者,革职。徒罪以下人犯,一案内监毙三四人者,司狱罚俸六月;五六人者,罚俸九月;七八人者,罚俸一年;九人以上者,革职。如一案内一时监毙斩绞、军罪、徒流之犯数人以上者,照内外所定各条,分别议处。其徒罪以下人犯患病,狱官即行报明承审官,承审官即亲赴验看。患病果实,取具甘结,旗人交与该佐领、骁骑校,民人交与该地方官,保出调治,病愈即送监审结。其外解人犯,无人保出者,令其散出外监医治。如本犯有病,而狱官不即呈报,将狱官照淹禁律治罪。如本犯无病,而串通狱官、医生,捏报有病者,将本犯并狱官、医生,皆照诈病避事律治罪。或病已痊愈,而该佐领、骁骑校、该地方官不即送监审结者,将本犯与该佐领、骁骑校、该地方官,亦照诈病避事律治罪。若保出故纵者,将保人治以本犯应得之罪,疏脱者减一等,仍将取保不的之该佐领、骁骑校、该地方官,照例题参议处。以上各项内,若有受贿情弊,并计赃以枉法从重论。

〇又议准:督抚题报监毙人犯,务将本犯所犯罪名、所患病症,及有无凌虐,并轻罪人犯,曾否保释缘由,逐一声明。如有蒙混情弊,经刑部查出,将该督抚每案罚俸三月。若承审各官不行详报声明,各罚俸六月。

〇又议准:刑部现审事件,令承审司官,每于月终,各将所审案件,逐案开具简明略节,并监犯名数、收监日期,造具清册。其有行提应质人犯等项,不能依限完结者,将缘由一并造入册内,呈堂查核。若有滥行监禁,及无故迟延不结者,即将该司官指名题参,照例分别议处。若刑部不行题参,或被科道查出,或别经发觉,将堂官一并议处。其直省问刑各衙门,亦于每月造具清册,呈报督抚查核。如有滥禁等弊,该督抚即行题参,照例议处。若督抚不行题参,或被部院、科道纠参,或别经发觉,将该督抚一并议处。

〇又复准:递回原籍人犯内,凡犯笞、杖等轻罪,递回原籍安插人犯,令承审衙门于递解文移票内,注明该犯罪名,并“不应收监”字样。其前途接递州县,如遇该犯住宿之夜,即遴选妥役,将该犯押交坊店歇宿,不许滥行监禁。仍取具前途收管,毋得疏纵。如接递之州县,将不应收监人犯滥行收监者,将该州县官,照不应禁而禁公罪律,罚俸一年。凡犯笞、杖等轻罪,承审衙门,于文内移明该犯原籍地方官折责,毋得先行杖责,致令长途苦累。如承审衙门先责后解者,将该州县官照违令公罪律,罚俸九月。

〇六年(1728)议准:各省亏欠帑项人员,除侵欺不及三百两,挪移不及千两,应散禁者,如看守疏忽,以致自尽,仍照委官看守疏忽例处分,侵欺至三百两以上,挪移至一千两以上,应行监追人员,在监自尽者,仍照在狱缢死例处分外,其应行监追之犯,不行监追,令其在外居住者,将该管之州县官,照溺职例革职。其令本犯在外居住,失于防范,以致自尽者,亦照溺职例革职。本犯应追银,家属不能完纳,即令该管官赔补。其该管司、道、府等官,如系同城,明知徇隐,不行揭报者,皆照徇庇例,降三级调用。不同城之司、道、府等官,失于觉察者,照不知不报例,降一级留任。如已有闻见,不行查明揭报,经督抚题参者,亦照同城例,各降三级调用。直隶州知州,照知府例分别议处。其督抚失于觉察者,照预先不行查出例,罚俸一年。倘已有闻见,不行题参,或被科道纠参,或别经发觉者,照徇情例,降二级调用。

○七年(1729)议准:承问官将盗犯取有口供,未经题结监毙者,令该督抚于疏内声明。无论首盗、伙盗,一案监毙四人以下者,免议;五六人者,罚俸三月;七八人者,罚俸六月;九人十人以上者,罚俸一年。事结具题之后监毙者,免议。至其余监毙各项人犯,仍照原定例处分。

○又议准:人命重案,正犯已获,证佐未明,难以定招者,将难结缘由,于初参文内声明,听部查核。二限之内,该犯病故者,照承审限内并不取供审理例,监毙一二人者,罚俸六月;三四人者,罚俸一年;五六人者,降一级留任;七八人者,降二级调用;九人以上者,革职。若犯证已齐,承审官不讯取口供,以致该犯于限外监毙者,若系正犯,仍照承审限内并不取供审理例议处;若系案内证佐人等监毙者,照监毙干连人犯例,一二人罚俸一月,三人降一级留任,四人降二级调用,五人者革职。

○又议准:州县监内斩绞重犯越狱,该管知府、直隶州知州,分别罚俸、降级,限一年督缉。如逾限不获,一二案者,再罚俸一年,逃犯照案缉拿;三四五六案者,照所降之级调用,未获逃犯,交与接任官照案缉拿。督抚、按察使,有一二案者,罚俸三月;三四案者,罚俸六月;五六案以上者,罚俸一年;皆限一年督缉。逾限不获一二案者,罚俸六月;三四案者,罚俸一年;五六案以上者,降一级留任;逃犯照案缉拿。全获之日,准其开复。

○又议准:越狱重犯,承审各官,务究贿纵实情。若能究出,免其从前失察犯赃处分。如不严究实情,照未经审出赃银例,降三级调用。

○又议准:狱官及有狱各官,务须常诣监所察视。如不亲视,以致监墙倾圮、吏卒疏忽者,虽无越狱事犯,亦将狱官照禁役防范不严例,降一级调用,该管有狱官罚俸一年。

○又议准:狱官于狱内重犯,能董率提牢吏役,严加防守,除一二名外,一年内有三名以上重犯并无疏失者,纪录一次;每三名加一等;十五名以上者,加一级。再有数多而并未疏失者,以次递加。

○又议准:重犯越狱,邻境文武正杂等官,有能拿获者,按其名数,照拿获盗首例,一月内拿获者,每一名加一级,再纪录一次;一月外拿获者,每一名加一级。

○又议准:管狱之司狱司,不许滥行差调。吏目、典史除捕务外,亦不许滥行差调。如有滥行差调者,上司照虚悬城守例议处。乾隆三十六年(1771)增:“贵州省并无佐杂闲员,遇有紧要差务,典史、吏目,准酌量委用。”其吏目、典史,如遇缉限届期例当降革,谋差展限者,将该员照规避例革职。至于官员署事任内,有重犯越狱脱逃,狱官、有狱官,皆照现任官分别议处,勒限缉拿。如未经限满,即行离任者,仍照离任官例,罚俸一年。

○九年(1731)奏准:嗣后凡给发狱囚棉衣并口粮盐菜等项,该管官务须亲身照例散给,毋得假手胥役家人,以致狱囚有名无实。仍不时体察禁役人等,有无凌虐情弊。倘狱囚内有患病者,即令医生诊视调治,应取保者取保,应散禁者散禁,务使痊可有期。如有医治不痊,病故在狱者,务将刑禁人等严行究审,取具图结详报,该上司核实具题。倘有捏供详报者,即将该有狱、管狱各官,照例指参。

○十二年(1734)议准:未经拟定罪名人犯,越狱脱逃,定限四个月题参疏防。该督抚先于限内,将所犯事由,与应拟何罪之处,逐细严察。如取供已明,众证有据,虽经脱逃,而罪无可疑者,即于疏防文内,声明该犯应得罪名,以凭照例议处。如果系监候待质,供证未确,罪难悬拟者,亦于疏防文内据实声明,照军流等犯越狱例,初参,不论名数多寡,将狱官革职留任,戴罪勒限一年缉拿,全获开复。逾限不获,照例革职,逃犯交与接任官,勒限缉拿。该管有狱官,一名至十名,皆住俸,戴罪勒限一年缉拿,全获开复。逾限一二名不获者,罚俸一年;三四名不获者,降一级调用;五六名不获者,降二级调用;七八名不获者,降三级调用;九名十名不获者,降四级调用,未获逃犯,交与接任官,勒限一年缉拿。如越狱至十一名以上,初参,将该管有狱官革职,戴罪限一年督缉,全获开复。限满不获,仍照例计名数多寡,分别议处。其逾限未获十一名以上者,革职,未获逃犯,亦交与接任官,勒限一年缉拿。至越狱逃犯,有罪无可疑,仍捏称罪难悬拟者,将该管有狱官照规避例革职。该管上司不行确查具报者,知府、直隶州知州,照失于觉察例罚俸一年;转详之司、道,罚俸六月;督抚,罚俸三月。若受属员请托,代为转报者,知府、直隶州知州,照徇情例,降二级调用;转详之司、道,降一级留任;督抚罚俸一年。

# 卷一百三十五·吏部一百十九

## 处分例 禁狱二

### 禁狱二

○乾隆元年(1736)复准:嗣后每省设立循环簿,饬令所属各州县,将每日出入监犯名姓,填注簿内,按月申送该府,逐一查阅。如有不应收禁之人,滥行监禁,及怀挟私仇,故禁平人者,均照律拟罪外,倘该州县故将收禁人犯隐漏不行填注者,照蒙混造册例,降一级调用;如系遗漏未造,照造册遗漏例议处。倘吏卒人等索诈铺监使费,吓骗财物,除将该犯计赃以枉法从重治罪外,并将失察之该管官,照失察衙役犯赃例分别议处。如知情故纵者,照纵役犯赃例革职。

○三年(1738)复准:各省州县监狱,系吏目、典史管理。如州县监狱,遇有越狱之案,其人犯轻重,将吏目、典史俱照狱官定例议处。如三年之内,并无疏失,亦照狱官定例议叙。

○四年(1739)奏准:越狱疏防案件,该管有狱官,以及该管之各上司,如系带印公出者,仍照定例察议。若系交印公出,该督抚亦于疏内声明到部,免其承缉处分,毋庸限缉。回任之后,照接缉官察议。其无接缉处分者,免其议处。未获逃犯,照案缉拿。署事官照承缉官议处。

○又议准:军、流、徒罪人犯,在狱伤人,管狱官降一级留任,有狱官罚俸九月。若系笞、杖人犯,与干连应质之人,散寄外监,狱官失于防范,以致殴伤人命者,罚俸一年,该管有狱官罚俸六月。

○五年(1740)谕:"谳案务严滥及,治狱无令淹留,所以重民命也。朕钦恤为怀,凡于刑狱案件,无不至详至审诰诫叮咛,期成协中之治,谅廷臣亦莫不共知朕心矣。惟是外省之监狱,核之在京,事势不同。缘督抚驻扎省城,府县散居远近不一,上司耳目不尽周知。虽有监犯月报之虚文,不无隐匿遗漏之积弊。每有一案,人犯、证佐未齐,或拘唤不至,或关解不前,有司又不上紧催提,以致经时累月,囚系不释者有之;又有事涉牵连,因人诖误,有司不分轻重,概与正犯同系囹圄,遂有无辜受累,滥被拘禁者有之。是以圜扉之内,常见充盈。屋既湫隘,人复众多。浊气蒸薰,疾病传染。因此致毙者,不一而足。其在问拟重罪,尚须附疏题达,然亦处分甚轻。若罪轻谴薄,及拖累干连之人,每至患病垂危,始令的属具保。详报在外病故,督抚无可纠参。至于州县自理事件,并不报闻上司,更无稽考。草菅人命,视为固然。此皆朕留心访察而知。种种情弊,外省实有不免者。朕矜全民命,每于重犯之中,有一线可原者,必谕令廷臣,往复商酌,而后定案。无如牧民之有司,不能仰体朕心,遂致刑狱不慎,上干天和。凡地方之旱涝灾祲,未必不由乎此。用是特颁此旨,着各督抚严饬司、府、州、县,现在刑狱,逐一清厘。有尘积经久未结者,勒限审详。有一案牵涉多人者,速为开豁,或应省释宁家,或应取保候质。其已经拟罪,应行监禁各犯,务饬该管官加意清查,毋使禁卒凌虐,至于困苦。并将牢狱不时扫除,以免疫疠传染。倘有狱各官奉行不力者,着上司即行查参,不得宽纵,以副朕哀矜庶狱之意。"

○十年(1745)复准:不肖有司,听信狱卒设立非刑,将囚徒排卧一头于镣铐之中,横穿长木,锁逼两头,压住手足,实为非法。嗣后直省督抚严切查禁,如有私用穿木束囚,并各项非法者,即行题参,照违制律论。该督抚失察者,交部议处。

○十五年(1750)奏准:凌迟重犯在监病毙,该管官处分,从前俱照监毙斩绞之犯办理。但此等罪犯,以监毙为幸,应较斩绞罪犯加重处分。嗣后监毙凌迟重犯,即照监毙徒罪以下人犯例议处。其不加杻锁,以致自尽者,将该管官降二级调用。

○十七年(1752)谕:"朕命刑部查奏命盗等案内,赃证情节未明,监候待质者,共五十七案。康熙年间一案,雍正年间十一案,而自乾隆元年(1736)至十七年,统计已未入秋审者,积至四十五案。此非使无辜之人,久系囹圄,即使应辟重犯,久稽显戮。而犴狴之中,淹禁多人,亦非所宜。皆因承审各官,不能实力查办,又或刑部司员,以有遵驳改正议叙之例,多寻罅隙,外省无以登答,转成疑案,一经题明监候待质,即束之高阁。而接任之员,又以非本任之事,率多因循。殊非明慎用刑而不留狱之意。着刑部将此尘案速行清理。嗣后内外问刑衙门,于一切命盗重案,各宜留心迅速查办。应缉拿者,上紧缉拿;应定拟者,即行定拟,毋至尘案日积。若本非难结之案,承审各官不能审出实情,惟以监候待质,为迁延时日之计,且借得邀免处分,希冀录叙,该堂官、督抚察出,即行参处。此亦清理庶狱之一法,可通行晓谕知之。"

○二十一年(1756)奏准:嗣后斩绞罪犯,不加杻锁,以致自尽,该管官应降一级调用者,即将有狱官罚俸一年;凌迟罪犯,不加杻锁,以致自尽,该管官应降二级调用者,即将有狱官降一级留任。

○二十二年(1757)谕:"据鹤年奏称'疏防限满,留于地方协缉之革职知县何志倬,现在患病,请如部议高晋折,令回籍'等语。阅之颇觉不当,因令详查原案。乃知雍正六年(1728)定例,重犯越狱,州县官限满不获者,革职,仍留地方协缉,以惩疏玩。此实整饬吏治之道法,至善也。乾隆二年(1737),嵇曾筠、尹会一先后奏停协缉之例,其时朕御极之初,于庶务情弊,实未周悉,遂依部议停止。今春高晋奏请仍复旧例,所奏甚是。朕令部议,该部自应准行。乃遽以乾隆二年业有成例议驳,得旨允行。此朕日理万几,一时疏忽之误。此本既下,不肖劣员,益得恃为护符。以致鹤年亦复援例,为该革令奏请。不知监狱系地方有司专责,若重犯脱逃,迄无弋获,一经离任,辄得晏然以去,其何以儆玩纵而重职守耶?若谓留于地方,恐致滋事,则是以废员而重干法纪,益当重治其罪,岂可转为开脱之路?嗣后州县官疏防限满,着仍照雍正六年定例,革职,留于该地方协缉。其蒙混议驳高晋折之该部堂官,着交部严加议处。鹤年并不权事理之轻重,遽尔奏请,亦属不合,着一并交部议处。”

〇又奏准:旧例疏脱监狱重犯,定以降革协缉,限以三年。恐该革员不肯实力缉捕,嗣后改为五年,令其实力躧访,协同接任官缉捕。其限满分别开复、议处、治罪之处,仍照雍正六年(1728)之例办理。奉旨:“嗣后协缉五年限满,仍不能弋获之革职州县,着该督抚等查明请旨。”

〇又奏准:嗣后除管狱、有狱各官,遇有本任内疏防越狱处分,仍各照本例查议外,至州县正印暂行兼摄狱务各官员,遇有疏脱重犯之案,即照管狱官之例题参,革职拿问。倘能实心选差悬赏,上紧追捕,于百日限内缉获,请旨令该督抚给咨送部引见,酌量开复。

〇二十三年(1758)奏准:山海巨盗、斩绞重罪并问发新疆人犯越狱,不论名数多寡,将管狱官仍革职拿问,该管有狱官革职留任。如能于四月疏防限内拿获者,管狱官免其拿问,仍革职;有狱官自拿获之日起,扣限一年无过,将革职留任之案,咨请开复。如四月限内不能全获,有狱官仍留任一年,戴罪督缉。全获者,亦自拿获之日起,扣限一年,无过开复。倘逾限一名不获者,降一级调用;二名不获者,降三级调用;三名不获一名者,革职,逃犯交与接任官,勒限一年督缉。凡问发新疆及由新疆改发内地越狱,系例应正法之犯,管狱、有狱各官,仍照此例办理。

〇二十四年(1759)奏准:凡缉捕越狱重犯,遇有告病及终养等项,无论在任承缉及离任协缉,俱不准回籍外,其有承缉、协缉限内,遇丁忧治丧事故,俱暂令回籍,给假百日,经理丧事。假满,原籍督抚催令起程,咨明任所督抚,仍留地方协缉,接扣前限,满日照例查办。

〇二十九年(1764)复准:嗣后接缉斩绞越狱重犯,除限内全获者,仍照原例,以应升之品级升用外,如一年限内,无论名数多寡,不行拿获者,即照凶恶盗首之例,罚俸一年,再限一年缉拿。限满不获,罚俸二年,仍再限一年缉拿。三限不获,降一级留任,逃犯照案缉拿。

〇又复准:嗣后除情重要犯,乘机自戕,幸逃显戮者,听督抚等严行查参,分别治罪,至军、流以下自尽之案,仍照例查参议处外,其斩绞人犯在狱自尽,不论已未上有杻锁,管狱官降一级调用,有狱官罚俸一年。原例内已上杻锁免议之条,应行删除。

〇又复准:凌迟重犯在狱自尽,管狱官降二级调用,有狱官降一级留任,向例亦系已上杻锁,即予免议。今斩绞人犯,既不准照已加杻锁自尽即得免议,其凌迟人犯,亦应一例办理。

〇又谕:“辅德奏参革安义县知县郭孙锦在监病故一折。虽该犯或系适当自毙,未必尽出畏罪戕身。然以滥毙无辜,栽赃捏详之官犯,谳案未定,典守者不知防范,竟令自毙,虽经勘验结报,又焉知不与近日山东参革寿光县知县萧应柱闻参自缢,同一鬼蜮伎俩?此风断不可长。夫有司不能奉法,自干例议,其在情罪重大者,固当束身归罪,自伏厥辜,其事本非重谴,原可不至于死,甚至审属子虚,并可立予昭雪,何至一挂弹章,辄图乘隙自尽?盖由督抚等平时姑息疏玩,于此等劣员,每谓一经参劾,上司已无瞻徇,而监守不严,审拟不速,往往酿成懈弛,使罪大者不得明正典刑,罪小者不得昭雪。而地方无识之徒,未必不转为犯官负屈,或且重疑执法之苛。是非封疆大吏以宽纵之习,招严刻之尤乎!此于官常刑法,大有关系。着传谕各督抚:嗣后务应悉心饬属防检,毋得甘蹈疏虞,自取罪戾。"

○三十年(1765)奏准:州县监狱,重在坚固完好,以备疏虞。地方官入境之初,勘验明确,造册具结,申送上司存案。倘有废坏,实时修理。直省督抚,转饬该管道、府随时勘验。如所属州县,有本任之内,废坏不修,交代之时,捏饰结报情事,即行揭报,督抚题参。废坏不修之员,照不亲诣监所察视以致监墙倾圮例,降一级调用。如接任之员捏饰结报,照不行查报例,降一级留任。如上司徇隐不报,照不据实揭报例,罚俸一年。

○三十二年(1767)复准:斩绞重犯越狱,系贿纵脱逃者,除管狱官革职拿问,有狱官革职留于地方协缉外,将该管府、州革职,司、道降一级调用。不行严参之督抚,降二级留任;已经严参者,降一级留任。并非贿纵者,将该管府、州罚俸一年,限一年督缉。逾限不获,降一级留任。或前案发觉以后及未经开复以前,又遇所属重犯越狱者,即降一级调用。督、抚、司、道,初参,罚俸六月,限一年督缉。限满不获,罚俸一年。其问发新疆人犯越狱,俱照斩绞重犯越狱例议处。如军、流、徒、杖、笞等犯越狱,将该管府、州随案查参,罚俸六月;道员罚俸三月。

○三十三年(1768)谕:"钱度奏贺县疏纵逃军熊俊越狱脱逃一案,请将典史谢霖革职拿问,而于知县郑之翀请革职留任,殊属非是。该县监禁脱逃匪犯,既不上紧办理,又不严密巡防,致要犯夤夜兔脱,非寻常疏纵盗犯可比,自应将该县即行革职,仍留该处协缉,事理方为允协。今钱度初到粤西,辄尔心存宽纵,请将该县留任,使庸玩劣员,仍得优游恋栈,何足以示惩儆?明系钱度有意沽名,沾染外省恶习,不知悛改。钱度着交部严加议处,郑之翀着革职,仍留该地方协缉。嗣后有似此者,均照此办理。著为令。至改发新疆积匪猾贼,在配及中途脱逃,情罪甚为可恶,一经拿获,即应立正典刑,又何必关查原案,往返需时,致令匪犯在狱日久,得以乘间潜逃,办理本属未善。将来各省如盘获此等要犯,讯究明确,即行正法,毋致旷时贻误。"

○又谕:"此案焦绍祖系亏空库银仓谷情实官犯,在狱自戕,非寻常监毙人犯可比。部议照例将化州知州呼延华国仅拟革职,高州府知府张若[火函]拟以降一级留任,尚未允协。臬司虽系刑名总汇,但通省州县甚多,其势自难遍及。至知府乃亲临上司,所属既有监候紧要官犯,并不严饬该州加意防闲,致令自尽,其玩慢旷职,咎无可逭,岂可与臬司同科?此而不予以重处,则官官相护,将来必有纵放而报以监毙者矣。至知州于监禁官犯,是其专责,乃竟任其畏罪投缳,安知无徇情故纵情弊?革职不足蔽辜,张若[火函]着革职,呼延华国着革职拿问,交该督等与吏目韩培基一并严审具奏。著为令。”

○又奏准:斩绞重犯越狱,限满不获,按其未获名数,照例分别议降、议革,将议以革职者,饬令离任,降调者,暂停补用,俱仍留该地方,协同接任官缉捕。如能于五年限内拿获,该督抚给咨送部引见,请旨开复。限满不能拿获,或不能全获,如系革职之员,该督抚奏明,请旨交与刑部,按其不能拿获,与不能全获之处,分别治罪;如系降调之员,仍照未获名数,一名不获降三级调用,二名不获革职,二名不获后止拿获一名者,仍降三级调用。

○又奏准:署事官在署事任内,有越狱之事,如系州县正印官暂行兼摄管狱官事务者,遇有疏脱重犯之案,即照管狱官之例题参,革职拿问。倘能实心选差,于百日限内缉获,将可否令该督抚给咨送部引见之处,恭候钦定。

○又奏准:斩绞重犯越狱,限满不获,州县官降调,例应留于地方协缉五年。其有纪录加级抵销,免其降调之员,仍限五年缉拿。逾限不获,照例查参,分别降、革。

○又奏准:前官未获人犯,接任官以到任之日起,扣限一年缉拿。如能于限内,将前官全未拿获人犯全获者,不论俸次,即照其应升之品升用。如前官已获一二名,其余逃犯,接任官如能全获者,不论名数多寡,纪录一次。如山海巨盗、斩绞重犯,于一年限内,无论名数多寡,不拿获者,罚俸一年,再限一年缉拿。限满不获,罚俸二年,仍再限一年缉拿。三限不获,降一级留任,未获逃犯,俱照案缉拿。

○又奏准:文武正杂等官,如有拿获邻境越狱军、流罪犯者,每一名纪录一次;徒罪人犯,每二名纪录一次。准其前后接算,声明议叙。

○三十五年(1770)谕:“据熊学鹏奏《应发新疆改发烟瘴之窃犯陆贵珑在司监收禁,越狱脱逃,现经拿获正法,请将管狱各官分别革职议处》一折。司狱华灿,于司狱所禁要犯,任其乘间脱逃,实属有乖职守,罪应褫革,固不待言。至按察使为通省刑狱总司,所属囹圄,尤宜申严防禁,毋稍疏虞,方为无忝厥职。乃于专管之司监,毫无防范,致有越狱之犯,尚复成何事体。则其平日阘茸玩公,更可概见。曾曰理向为道府时,尚知黾勉,自擢任臬司以来,即意存满足,不肯实心出力。闻其近日办事,声名甚属平常。今复有此越狱之案,非寻常疏防可比。曾曰理即着革职,熊学鹏等着交部分别议处。”

○三十七年(1772)奏准:官员造报狱内重犯文册,遗漏已决人犯未造者,罚俸一年。该管各官未经查出者,罚俸六月。

○又奏准:盐犯除大伙兴贩,持械拒捕,有窝囤地棍卖私店主者,仍照定限审结。至实系老幼贫难男妇,肩挑背负四十斤以下,易米度日者,例不缉捕,毋庸监禁外,其余拿获私盐,肩挑背负四十斤以上等犯,易结之案,该地方官将现获之犯,随获即行审结。其有迟延,在四月内,将人犯监毙者,该盐政会同,督抚将迟延缘由咨部,照承审官例议处。倘再有任意不结,拖累至四月以外,以致一案监毙至三人、一年监毙至三案者,该盐政会同督抚查参,将州县照狱官监毙例议处。

○四十一年(1776)谕:"吴虎炳奏'于二月初二日到广西巡抚任后,查有革职道员秦廷基因袒护属员,授意改供,拟斩监候,系旗人应在部监禁之犯,尚未起解,当经饬催,据报患病调治。嗣据署臬司黄邦宁面禀,该犯在监病故。随率同司、道等,亲往相验。秦廷基实系生前自缢身死,并非病故。并访知该犯原寓省城边耳巷张姓公馆内,并未收监杻锁,以致在寓投缳。黄邦宁于该犯死后,连夜抬入司监各情节。请将署臬司黄邦宁、司狱宋绂一并革职审拟,并自请严加议处'等语。览奏殊堪骇异,实为从来未有之案。秦廷基系问拟斩候,应行解京监禁要犯,黄邦宁署理臬司,胆敢瞻徇同寅情面,任听安住旅馆,推病挨延,不即起解,已属玩法。及秦廷基自缢,复敢捏称在监病故,移尸狱中,希图掩饰,其情罪尤为可恶。黄邦宁着革职拿问,该抚即派委妥员,速行押解赴京,交刑部从重治罪。此案系熊学鹏任内之事,熊学鹏既将秦廷基授意改供情节审讯属实,拟以斩候,自应一面具奏,一面将秦廷基照例收监。乃自十一月二十一日定案后,任听其在省安居,并不即行收禁,致该犯得以在寓投缳,其事实由熊学鹏酿成。况秦廷基袒护改委一案,熊学鹏近在粤西,并未查出参奏,难保无徇情曲庇之处。直待李侍尧秉公参劾,熊学鹏乃不得不严行定拟。其隐微已不问可知。朕以熊学鹏素常办事,尚属勤慎小心,是以调赴粤东大省。竟不料其荒唐一至于此,实为辜负朕恩。朕于督抚等公过处分,应行降革者,概予从宽留任。今熊学鹏敢于违例宽纵,系属私罪,难以曲为原宥。熊学鹏即着革职,发往川省办理军需奏销事务。其军营各员所有亏短官项,如温福遗失银米等款,若力不能完者,即着令熊学鹏赔补,以为督抚徇情沽名者戒。至司狱宋绂,虽系专狱之员,但将秦廷基抬尸入监一节,出自署臬司黄邦宁之意,该司狱一微末属员,其力自不能违抗。予以革职,已足蔽辜,毋庸审讯治罪。吴虎炳到任未及一月,即将秦廷基应行解部监禁之处,饬属严催,并将黄邦宁捏报监毙、移尸入狱各情弊查出,据实参奏,颇属认真办事。其失察秦廷基原未收禁之处,尚可从宽,吴虎炳毋庸交部议处。又据苏尔德奏'身任藩司,近在同城,不能早为觉察,请一并交部议处'等语。苏尔德若止系藩司,监狱之事与伊无涉,原可毋庸置议。但熊学鹏于正月初十日起程赴粤东新任后,苏尔德即护理抚篆,至二月初二日始行卸事,其间几及一月。既未将秦廷基未经收禁之处查明,又不催令将秦廷基解部,其罪实在于此,岂得仅以藩司同城为词自行检举,思欲避重就轻乎?苏尔德着交部严加议处。"

○四十三年(1778)复准:问拟发遣之官犯易鸿猷于按察司监自缢身死一案。奉旨:"图思德着降一级留任。其署按察司粮驿道国梁,吏部以其系革职留任之员,无级可降,议以革任。向来降革之案,核其情节轻重,原有仍予留任注册者。今国梁于署臬司任内,重犯在监自缢者,前后共有两案。是该员于监狱重任,漫无整理,不可不示以惩创,是以照议革任。并非以票签例不出名,未经详阅,率依部议也。因将其故明白宣谕,使各省臬司及有狱各官,咸知儆懔,毋稍疏略干咎。”

○四十四年(1779)议准:嗣后凡秋审情实人犯,遇有病故,州县官立即详报,该督抚于接到详文之日,先行题报,总不得过十日之限。其派员相验,及研讯禁卒人等有无凌虐情弊等项,除去程途日期,总以一月为限,具文报部。如有逾违,即查取职名,交部议处。

○四十五年(1780)复准:嗣后各厅、州、县,有离省远者,遇有秋审情实人犯,在监病故,令管狱官立即通详,该督抚于接文之日,一面先行题报,该管道、府据报,一面速派邻近之员,前往验讯明确,详请咨部,总以一月为限。如有逾违,仍照原奏查取职名,交部议处。

○四十八年(1783)谕:“李世杰参奏夏邑县知县、李光德典史刘应连,于殴死亲嫂化氏一家三命之凶犯欧阳十,既不赶紧审办,又不严行锁锢看守,以致该犯乘间磨铐欲逃,复殴死禁卒二命,请将李光德等革职一折。此等连杀数命之凶犯,一经拿获,自应立即审解,决不待时。况该犯自知罪重,既拚一死,必致逞恶行凶,乃情事所必有。今欧阳十杀死亲嫂化氏一家三命,收禁在狱,又磨铐欲逃,经禁卒喊拿,复逞凶殴毙二命,凶恶已极。欧阳十着即凌迟处死。至该县等,于此等重案,既不赶紧审办,又不严行锁锢,以致酿成该犯复有在狱逞凶之事,实属怠玩。知县李光德、典史刘应连固应革职,其该管知府,平日率属无方,督饬不力,非寻常失察可比,并着交部严加议处。看来外省迟缓懈弛恶习,牢不可破。即如查拿逃犯等事,并不认真办理。屡经降旨饬谕,亦不过以一奏塞责。至审办重案,动辄稽迟,致屡有越狱逞凶等事,竟成积弊。如豫省欧阳十之案,若该抚等早能督饬速办,又何至酿成事端耶?所有各省督抚,俱着饬行。嗣后各督抚,务须督率属员,实力整顿,毋得仍前疏缓。”

○又谕:“萨载、闵鹗元奏‘江苏按察司监犯邓二等五名一同越狱,于八月二十九、九月初三日先后拿获,业经审明,问拟斩决,具题在案。其署按察司、苏粮巡道秦学溥,交部严加议处’等语。此案先经闵鹗元审明具奏,将邓二等五犯,拟以斩决,即行正法,并将司狱刑禁人等,讯明尚无贿纵情弊,分别问拟发往伊犁、新疆,已批该部知道矣。至邓二等俱系行劫重犯,收禁司监后,自应严密防范。乃该犯等,竟敢扒墙越狱,同日脱逃至五名之多,实非寻常疏纵可比。秦学溥系朕特加擢用之人,署理臬篆后,自应留心督率,实力稽查,乃辜恩负职若此。不得以该犯等,旋即拿获,宽其处分。秦学溥应如该督所奏,交部严加议处。至邓二等五犯在狱脱逃时,扳开栅木,扭抻锁铐,所有刑禁人等,何至竟无闻见?难保无知情贿纵之事。着萨载、闵鹗元再行彻底究讯,如有别项情弊,另行从重定拟具奏,毋任丝毫狡卸。嗣后司监并各属监狱,务须严行稽查,小心防范,毋得再行疏虞,致干咎戾。”

○五十一年(1786)谕:“据明兴奏‘七月二十五日,历城县监禁斩绞重犯许四妮等九名,同时拧脱刑具,打伤禁卒,扒墙越狱,缒链逸出城墙。请将管狱之典史朱连杰革职拿问,知县宋其伟革职,留于地方协缉,济南府知府李炤一并革职,按察使杨廷桦交部严加议处,并自请交部严议’等语。历城系省城首县,该处为审解要犯汇禁之地,理应严密防范,毋得稍有疏虞。乃许四妮等九名,俱系斩绞重犯,辄敢同时拧脱刑具,打伤禁卒,缒城而逸,则是该地方官平日漫不经心,毫无防范,以致多犯黉夜脱逃,实属懈弛已极。典史朱连杰,着革职拿问;知县宋其伟着革职,留于地方协缉;知府李熠,平日不能稽查防范,着革职,一并留于地方协缉。按察使杨廷桦,有通省监狱之责,历城近在同城,尤非隔属可比,乃省城同日越狱之犯多至九名,则其平日之废弛玩纵,已可概见。杨廷桦前于福建布政使任内,因事降调,经朕加恩,以按察使衔补授台湾道,令其随同黄仕简办理台湾械斗一案。彼时赖有黄仕简办理妥协,伊不过因人成事。朕念其微劳,事竣后复简用按察使。伊自应感激朕恩,愈加出力,以盖前愆。今于省城监狱,并不小心稽察,以致重犯脱逃九名,可见其从前办理台湾械斗一案,并无片长自效,不过随同出名而已。杨廷桦实属辜恩旷职,仅予革职,不足蔽辜,着革职,拿交刑部治罪。明兴为该省巡抚,于省城监狱废弛至此,平日之漫无表率稽查可知,咎实难辞,着交部严加议处。至逸犯许四妮等,俱系斩绞重犯,辄敢越狱缒城,四出逃逸,则守城兵弁所司何事?俱着明兴查参治罪。”

〇五十二年(1787)谕:“闵鹗元奏‘江都县监犯有葛小鬐仔、王三仔、李二等三犯越狱脱逃,随即根究查拿。将葛小鬐仔拿获正法,尚有王三仔、李二等二名未获。请将署江都县之甘泉县赵增革职,典史陈恭礼革职拿问,知府恒豫交部严加议处’等语。葛小鬐仔等,俱系戳伤人命及行劫逃遣重犯,该县理应加意防范,严密监禁。乃并不督饬禁卒小心看守,以致重犯同时脱逃,致有三名之多,未便稍为宽假。至恒豫近在同城,于首邑监狱,不能整顿稽查,以致重犯越狱多名,亦非寻常失察可比。典史陈恭礼、知县赵增,俱着革职拿问;知府恒豫,着革职,一并留于该省地方协缉,以为玩视监狱者戒。”

〇五十三年(1788)议准:疏防重犯越狱脱逃,较之签差不慎,解审中途脱逃为尤重,乃例内止留缉五年,限满不获,管狱官亦止按例拟以杖八十、徒二年,未免轻纵。嗣后凡羁禁罪应凌迟、斩绞立决、监候重犯,越狱脱逃,将参革玩纵之管狱各官,俱勒限留缉,于该地方协缉十年。如限满不获,审系禁役受贿故纵,照所纵囚罪同科者,协缉各官,从重发往军台效力赎罪。若审明并无受贿故纵情弊,止系偶致疏脱,例得减等定罪者,协缉各官,俱于纵囚越狱本例杖八十、徒二年上,从重加等,拟以杖一百、徒三年。如所限期内,能将正犯全行拿获者,照旧例该督抚给咨送部引见,请旨开复。倘有一犯不获,仍照例科罪。

〇五十五年(1790)奏准:凌迟及斩绞立决重犯,在监自尽者,管狱官革职,有狱官降三级调用。斩绞监候人犯自尽者,管狱官降三级调用,有狱官降二级调用。军、流人犯以下自尽者,管狱官降一级调用,有狱官降一级留任。

〇五十七年(1792)谕:“归景照奏‘参革知县严承夏,于五月三十日晚押解到省。因时值深夜,暂委按察使照磨张克谦看守,饬于次早收禁。不料严承夏即于是夜自缢身死。请将照磨张克谦革职拿问,署按察使事、杭嘉湖道良柱革职,一并严审,并自请交部’等语。严承夏系因署守备林凤鸣等听从贿嘱帮争网地放枪滋事一案,匿不禀报,特旨拿问之员,一经解到,即应收禁,何得复交照磨看守?竟是虚语。又不小心防范,致令自缢,实出情理之外。省城重地,以拿问官犯,辄任自尽,此而不严加惩创,设有大员拿问,亦复徇情宽纵,与以自戕之暇,尚复成何事体?张克谦着革职拿问,交与福崧,提同看守人役,将有无知情受贿之处,严审定拟具奏。良柱着革职,讯明后,发往军台效力赎罪。至归景照,不过一循分供职之员,因念其系尚书归宣光之子,不次加恩,擢用藩司,现护抚篆。又近在同城,乃于此等拿问官犯,并不留心查察,委蛇取誉,致有要犯自尽之事,其罪实无可逭。归景照亦着革职,发往军台效力赎罪。福崧并无紧要必须面奏事件,冒昧起程来京陛见,转置地方于不问,酿成重案,殊属非是。福崧即着交部严加议处。”

○嘉庆四年(1799)谕:“据陈嗣龙奏州县积弊一折。外省州县于审办案件,延搁不讯,借端需索,又复祖役病民,株连搜剔,种种情弊,皆朕所深知。前已明降谕旨,严行饬禁,以肃吏治而儆官邪。至私设班房,及自新所名目,滥拘滥押之事,本干例禁,从前久经声明,入于汇奏,近年改为汇咨。或地方官日久玩生,视为具文。又复萌其故智,拖累无辜,不可不严行查察。着通谕各督抚,饬属一体查禁。如有阳奉阴违,私行设立者,即当严参究办。若大吏袒庇属员,有心徇隐,一经查出,必当一并治罪,不稍宽贷。”

○五年(1800)奏准:问刑衙门,差役人等私设班馆,押禁轻罪干连人犯,在官署内者,该管官照故禁平人杖八十私罪律,降三级调用;因而致死者,革职治罪。失察之府、州,降一级留任;司、道,罚俸一年。在官署外者,该管官罚俸一年;因而致死者,降二级留任。失察之府、州,罚俸九月;司、道,罚俸六月。

○又奏准:直省亏欠仓谷,侵欺至三百两以上,挪移至一千两以上,拟斩情实,应行监追之员,在监自尽者,管狱、有狱官革职拿问。府、州不行揭报者,革职。同城司、道,仍降三级调用。不同城司、道,仍降一级留任;如已有见闻,不行揭报,降三级调用;督抚罚俸一年;如有见闻,不行题参,亦降二级调用。将应行监追之员,令其在外居住自尽者,州县以上官,亦照此例议处。

○又议定:刑部现审事件,承审司官,若有滥行监禁,及无故迟延不结者,照不应禁而禁公罪律,罚俸一年。

○八年(1803)议准:斩绞重犯越狱,管狱官系专司狱务之员,应即行革职拿问。除四月限内拿获,免其拿问外,如有不能全获,留于地方协缉五年。限满不获,系禁役贿纵脱逃者,发往军台效力赎罪。若审明禁役并无贿纵故纵情事,果系依法看守,偶致疏纵脱逃者,拟以杖一百、徒三年。至有狱官,系兼辖之员,与专司狱务者有间,暂行革职留任。俟四月限满不获,仍留任一年督缉。如再不获,按其未获名数,议降、议革,留于地方协同接任官缉捕。五年限内拿获,题请开复。限满不获,系禁卒受贿故纵者,无论名数多寡,概行革职,交刑部发往军台效力赎罪。若并无贿纵情弊,系降调之员,仍照未获名数,分别降革完结;系革职之员,交刑部拟以杖一百、徒三年。至一案内止系一名脱逃者,有狱官革职留任。四月限满不获,仍留任一年督缉。如再不获,即行革任,留于该地方协缉。五年限内拿获,题请开复。限满不获,审系依法看守,偶致疏纵者,仍革职完结;系禁卒受贿故纵,交刑部拟以杖一百、徒三年。

〇十一年(1806)议准:凡问拟凌迟、斩绞立决及监候重犯越狱,管狱、有狱各官,协缉限内,除告病终养等事,仍不准回籍外,如遇丁忧治丧事故,管狱官应照旧例,暂行给假百日,令其回籍经理丧事。假满,原籍督抚催令起程,咨明任所,仍留地方协缉,接扣前限满日,按例查办。如有狱官于未经革职之先,遇有丁忧治丧事故,照现任官员丁忧治丧之例,回籍守制,服满后,仍赴任所,协同接任官,接扣前限缉捕。若该督抚等参奏革职,留于地方协缉,奉旨准行,及奉特旨革职留缉官员,并有狱官于革职后协缉限内,遇有丁忧治丧事故,俱照管狱官之例,给假百日,回籍经理丧事。假满,仍赴协缉地方协缉。至接任官将应缉人犯拿获者,其给假回籍各官,限满应降调、革职并革职留任者,悉照邻境获犯之例,酌减议结。

〇十七年(1812)奏准:凡刑部监犯患病沉危,医生呈报救治,即令提牢司员回堂,移会满汉查监御史,赴部查验。至监毙之犯,无论因刑身死,及猝患暴病身死,不及呈报究治之犯,俱移会查监御史,率领指挥一员,限一日内赴部,会同刑部司员相验。若实系因病身死,或应行刑讯之犯,承审各员依法拷讯,邂逅致死,及受刑后,因他病身死者,均照律毋论。倘有非法拷打,及将不应刑讯之人,滥行致毙,并禁卒有凌虐罪囚各情事,即据实参奏究办。其各衙门送部之案,务将人犯是否患病,及曾否刑讯受伤之处,于文内详晰声明。若送到人犯受有刑伤,及病势沉重者,刑部立即会同查监御史,亦于一日内赴部查验立案,俾有稽考。

〇咸丰五年(1855)奏准:书差私设仓铺所店及班馆、押保店等项名目,押禁轻罪干连人犯,致毙人命,如本管官知情故纵者,革职提问;未经致死,知情故纵者,降三级调用。如仅止失于觉察,因而致毙人命者,降二级调用;未经致死者,降二级留任。自行查出究办,未经致死者,免议;查出在致毙人命以后者,仍照例议处。

〇又奏准:臬司、道、府、直隶州,失察所属私设班馆等项名目,同城之府、州降一级留任,道员罚俸一年,臬司罚俸九月;其不同城之府、州罚俸一年,道员罚俸九月,臬司罚俸六月。

〇又奏准:每逢夏季热审届期,该督抚遴选诚实佐贰人员,委赴各州县明察暗访。如有书差私设班馆等情,立即密禀查参。如无私设情事,由该委员出结存案。倘日后仍有私设管押,别经发觉,或被人控告,审明得实者,该督抚将委员职名,随案附参。如系扶同捏饰,照徇隐例,降二级调用。如仅止未能查出,降二级留任。倘委员有借端勒索情事,由该地方官揭报,该督抚严参究办。

〇同治二年(1863)奏准:刑部监狱如有疏失,值班之提牢,降三级调用;不值班之提牢,减为降一级调用。

# 兵　部·发　配

# 卷七百二十一·兵部一百八十

## 发　配 军流　外遣

### 军　流

○顺治十六年(1659)题准:刑部问拟充军人犯,开明籍贯送部,照《军卫道里表》开载卫所。附近充军者,发二千里;边卫充军者,发二千五百里;边远充军者,发三千里;极边充军者,发四千里;烟瘴充军者,发烟瘴地方,亦四千里,如无烟瘴,即以极边为烟瘴。以上充军人犯,给传牌一纸,札行顺天府,令沿途府州县差役递解,取具收管送部,仍移咨该抚取具地方官文结,并原发传牌缴部查核。其在外省问拟军犯,由巡抚定卫发遣,抄录本犯供词送部。若于定卫充发之时,恭遇恩赦者,咨送刑部援免。军犯起解时,或于途中病故,即委官相验。果系患病身故,并无别情者,移咨刑部销案;例应佥妻者,免其发遣。在配所病故者,该抚查明病故情由,取具该管官印结送部,所遣妻室,准其回籍。

○康熙五年(1666)题准:遣犯应给车辆,由车驾司拨给。罪犯有家口者,每六人一车。若内有老幼男女病废者,即一二人亦给一车。

○六年(1667)题准:军犯配所脱逃,拿获之日,杖一百折责四十板,发原卫充军。遇赦免其杖责,仍发原卫充军。

○十一年(1672)复准:军犯到配,该管官加意防范抚恤,毋令至于饥寒。若军犯有单身逃逸者,初参该管官罚俸六月,兼辖官罚俸三月,限一年缉拿。限满不获,该管官罚俸一年,兼辖官罚俸六月。有携妻同逃者,初参该管官罚俸一年,兼辖官罚俸六月,限一年缉拿。限满不获,该管官降一级留任,获日开复;兼辖官罚俸一年。

○又题准:军犯中途脱逃,押解官住俸,勒限一年督缉。限内不获,罚俸一年。行文各省照案缉拿。

○二十三年(1684)奉旨:"凡充军、流、徒犯人,于盛暑严寒时发遣,在途苦累。嗣后冬十月至正月,夏六月,停其发遣。"

○又议准:军、流遣犯未经起解者,遇盛暑隆冬,仍照例停遣外,若已至中途者,初冬十月照常接递,至十一月初一日方准停遣,俟次年春融起解。如抵配所不远,本犯情愿前进者,将不停遣缘由,移咨前途州县,一例接递。其从配所逃回被获者,照逃人例解回原配,虽盛暑隆冬,不准停遣。

○二十八年(1689)复准:永远充军本犯,身故无子,仅存妻室,有欲回籍者,查明报部,准其各回原籍。

○雍正三年(1725)奏准:充发人犯,酌定名数,分起解送。如案内人犯众多,至五名以上者,每五名作一起,先后解送。押解官役,严加约束,在途毋致生事,扰累地方。

○又奏准:凡充发军犯,各计罪人原籍之府属,照所限道里远近,定卫发配,皆不得任意充发,致有趋避。

○四年(1726)复准:各省卫所有改为州县及裁汰归并州县者,嗣后充发军犯,即发于改设、归并之府州县管辖。仍注军籍当差,以该州县为专管官,该府为统辖官。有脱逃、疏纵等事,照例参处。

○十三年(1735)奉旨:"从前发往各处安置人犯,有情罪尚轻,而在外已过三年,能安静悔过者,各该督抚开明所犯情罪,具奏请旨。"

○乾隆二年(1737)奉旨:"军、流人犯已到配所者,向例遇赦不准放回。今特加恩,此等人犯内,除情罪重大,及免死减等实系凶恶棍徒外,其余因事议遣,在配已过三年,安静悔过,情愿回籍者,令该督抚核奏请旨,准其回籍。"

○又复准:闽省收到军流人犯,令各州县安插。如军犯年逾六十,不能自食其力,拨入养济院,按名给以孤贫口粮。年未六十已成笃疾者,亦准拨给。若本犯挟有微资,习有艺业者,听其各自谋生,交地保管辖。其少壮军犯,实系贫穷,又无艺业者,初到配所,该管官就近酌量安插管束,仍按本犯妻室子女,每名每日照孤贫给以口粮,自到配日为始,以一年为率。所给口粮,各州县于存储仓谷项下动用报销。迨至一年后,本犯习于风土,不难自食其力,且年力强壮,尚可使用,各州县有驿递之所,即令充当夫役,一例给以工食,毋许胥役克扣滋扰。该管官仍于每月朔日按名点验。

○七年(1742)复准:各直省收到军犯,无论有卫无卫,均照闽省之例办理。其应给口粮,各州县有存储仓谷者,照仓谷项下开销;无存储仓谷者,于存公项下报销。

○十年(1745)复准:各直省收到军犯,除老疾孤贫,及充驿站水草等项夫役,仍照定例办理外,其按里充配之处,止照军犯应遣府份,转行各该抚,于该府所属州县核明里数,均匀拨令充役,毋令拥聚一处,以致扰累地方。

○十一年(1746)谕:"自古明法敕法,所以弼教。而大辟之外,又设有军、流之条。此即移郊移遂,屏诸寄棘之遗意也。朕今岁特沛恩纶,将斩绞人犯,量加酌减。夫大辟人犯,情罪较重,尚已从宽,而军流所犯罪轻,转使之远离故土,殊堪悯恻。其令直省督抚,各就所在地方,将从前军流人犯内,已过十年,安分守法,别无他犯者,分别咨部核议,该部奏请省释。其有居住已久,自能谋生,不愿回籍者听。"

○十二年(1747)复准:贵州各属,苗多民少,充军人犯,聚集太多,与苗人日相往来,所关匪细。嗣后各省应发贵州军犯,径解巡抚衙门,就地方情形,通融安插。他省有苗民杂处之州县,亦照此例行。

○又复准:各省发遣广西军犯,统于所属州县内,照该犯应配道里远近,酌量安置,不得拨发土司所属地方,致生事端。又太平府属之宁明州,庆远府属之东兰州,镇安府属之天保县、归顺州、奉议州五处,烟瘴极重,免其分拨安置。

○十六年(1751)复准:奉天府为国家留都,根本重地。凡发往军犯,聚集兹土,大为风俗之害。嗣后《军卫道里表》内,所载顺天等处充军人犯,编发奉天安置者,悉行停止。如有应遣之犯,照道里相符之江南、山西、山东、陕西等省,分别发遣。

○十九年(1754)复准:《军卫道里表》内载各省编发军犯,附近则有直隶河间、天津等府,边卫则有顺天、保定等府,边远则有宣化、顺德等府,极边则有永平府、易州,畿辅之地,外省岂得指为边远、极边?嗣后外省编发军犯,止照各省应发地方,计里充配。其编发直隶府州之处,永行停止。

○二十四年(1759)奏准:流犯家属,除例应缘坐者,仍照旧例办理外,其余一应军、流、遣犯家属,毋庸佥配。如有愿随者听,不得官为资送。

○又议准:极边烟瘴充军人犯,停发四川,止发云南、贵州、广东、广西四省。

○又定:军犯脱逃,附近者,初次,枷号一月,调发边卫;二次,枷号两月,调发边远;三次,枷号三月,调发极边烟瘴。本犯边卫者,以次递加调发。至极边烟瘴脱逃者,改发黑龙江等处,给披甲人为奴。

○二十八年(1763)议准:广东、广西、云南、贵州四省,应发烟瘴人犯,不必拘泥里数,改发极边,均于隔远本籍之烟瘴省份,互相递发,交该督抚酌拨安置。

○又复准:顺天府军、流、遣犯,除盛暑概行停遣,如遇隆冬发往西北严寒地方人犯,仍照例停遣外,其发往东南和暖省份,情愿赴配者,取具该犯亲供,一体起解,不愿者听。

○又奏准:蒙古遣犯在配脱逃,均照民人例分别枷、调。如系原发山东、河南者,初次,枷号一月,调发福建、湖广等省;二次,枷号两月,调发云贵、两广极边烟瘴;三次,枷号三月,仍发回原调处。其原发福建、湖广等省者,以次调发,至极边烟瘴而止。

○又奏准:蒙古罪应发遣人犯,佥遣之妻子,随从本犯者,照例交与河南、山东驿地当差。其本犯已经正法,妻子单行发遣者,将该犯等酌发南省驻防兵丁为奴。至佥解递送之处,悉照缘坐犯属之例办理。

○三十二年(1767)奏准:奉天府编发烟瘴人犯,照附近之直隶永平府,一体佥发广西、贵州二省,交各巡抚酌拨安置。

○又奏准:边卫充军条款,改为近边充军。

○三十三年(1768)议准:原犯流三千里,及免死减等问拟人犯,在配脱逃,俱就各该犯现配地方,计程定地,改发充军,不得仍从原籍计算,并回避各犯本省相近之处。

○三十五年(1770)复准:刑部现审及奉天省应发内地近边、极边各项军犯,由刑部先咨兵部定地,将人犯仍行监禁,俟兵部定地后提发,毋庸转交五城兵马司看守。

○又复准:军、流、徒罪人犯,俱以奉文之日为始,定限两月起解。如无故逾限不行发解者,将州县官降一级调用。未经行催之上司,罚俸六月。

○三十九年(1774)复准:各省佥发军、流人犯,于起解之先,预行咨明应发省份巡抚,先期定地,饬知该省入境首站。一俟人犯解到,照所定地方,径解配所投收,毋庸仍解巡抚衙门,以免拖累。

○四十年(1775)谕:"京城满洲、蒙古、汉军,现食钱粮当差服役之人,及外省驻防之食钱粮当差者,如犯流、徒等罪,仍照旧鞭责外,其居住庄屯旗人,及各处庄头,并驻防之无差使者,犯该流、徒罪名,俱照民人一例发遣。著为例。"

○又谕:"前经降旨,直省军、流人犯内已过十年者,查明省释回籍。今自乾隆十一年(1746)查办之后,历时已久。各省到配人犯,所积渐多。自应再沛恩施,用照矜恤。况近年以来,屡命将朝谳缓决至三次各犯,概予减等,而此项军、流人犯,其从前情罪,本属稍轻,转未得仰邀旷典,亦殊可悯。着交各省督抚,查明各该地方,从前军、流人犯内,已过十年,安分守法,别无过犯者,分别咨部,照十一年(1746)之例核拟,奏请省释。其在配年久,自能谋生,不愿回籍者,仍听其自便。"

○又奏准:各省邪教为从之犯,罪应拟军,及照名例发遣者,俱改发云贵、两广烟瘴地方充军其云贵、两广四省邪教从犯,发四川、福建二省安插。所有奉天、吉林及新疆等处,均停止编发。

○又议准:军罪脱逃改发人犯,均照流罪人犯脱逃改发之例,由配所定地。若现配地方,应配之所,即系原籍相近之处,而又地处边境,再无别处可以改发者,仍从其原籍改发。倘原籍改发之所,又较原配相近,则视其拿获地方改发。并令各该省督抚,于咨文内将由配所改发,及较原籍地方远近里数,一体声明报部。

○又奏准:发遣各省驻防当差人犯,复行犯罪,应发云南等省者,将军等准部复后,即移交该督抚径行转发,毋庸解部。其由黑龙江改发者,路由京城,仍解部转发。

○五十三年(1788)奏准:各省寻常军犯,及由流加发军犯,脱逃被获,应由配所计程定地发配者,如表内配所应发近边、边远地方,与该犯原籍相近,他无可以改发者,即加一等改发,应近边者,以边远计发;应边远者,以极边计发;均以距原籍四千里为限。

○嘉庆十四年(1809)定:烟瘴充军,除例应改发极边四千里者,俱照表载省份编发外,其应指发烟瘴人犯,仍照例发往云南、贵州、广东、广西四省,俱以四千里为限。至各省,地方,如有距烟瘴省份在四千里之外者,惟计至烟瘴地方安置,不拘四千里之数。其距离烟瘴省份在四千里之内者,仍按计四千里核定地方,以存限制。至籍隶烟瘴四省人犯,例应于隔远之烟瘴省份调发,广东省与云南省互调,广西省与贵州省互调。其邻近烟瘴省份之湖南、福建、四川三省,应发烟瘴人犯,湖南省发往云南,福建省发往贵州,四川省发往广东,均不拘四千里之数,解交各该巡抚衙门,酌拨安置。

〇又定:江苏省太仓州属之崇明县,孤峙海心,又系产盐之地,乾隆四十三年(1778),经该巡抚咨明停止安插,应仍照原议。各省军犯,凡有应发该县者,俱停止编发。浙江省之玉环厅,宁波府属之定海县,四面环海,岛势孤悬,又系产盐之地,乾隆三十一年(1766)议准,停止佥发人犯,应仍照原议。凡各省应发该二处者,俱停止编发。湖北省宜昌府属之鹤峰州、长乐县,施南府属之恩施县、宣恩县、咸丰县、来凤县、利川县,俱系苗疆,乾隆二十年(1755)议准,停止安插军犯,应仍照原议。凡各省应发各该州、县者,俱停止编发。湖南省永顺府属之永顺县、龙山县、保靖县、桑植县,辰州府属之乾州厅、永绥厅、凤凰厅,永州府属之江华县,宝庆府属之城步县,沅州府属之芷江县,靖州并所属之绥宁县、通道县,均系苗疆紧要之区,乾隆三十二年(1767)议准,停发军、流人犯,应仍照原议。凡各省应发各该厅、州、县者,俱停止编发。甘肃省之镇西府、今改厅。迪化州,今改府。俱系新疆改设,乾隆四十二年(1777)奏准,停止安插军犯,应仍照原议。凡各省应发该二处者,俱停止编发。四川省之宁远府、雅州府、龙安府、茂州、酉阳州、叙永厅,俱系附近苗疆,乾隆十九年(1754)议准,军、流人犯,不便与苗民杂处,应仍照原议。凡各省应发各该府、州、厅者,俱停止编发。贵州省之黎平府、镇远府,俱系附近苗疆,乾隆十二年(1747)议准,不便聚积军、流人犯。查该省平越府已改直隶州,其所属之黄平州,改隶镇远府管辖。凡各省编发黄平州人犯,里数相符者,自应仍循其旧,于表内声明纂入,其余悉照原议。应发各该府者,俱停止编发。

〇又定:凡免死减等流犯中,中途在配脱逃被获者,改发近边充军,及原犯寻常案内流三千里人犯,中途在配脱逃被获者,改发附近充军,均就其现配地方,计程发配。若表内现配应发之地,与该犯原籍相近,而又地处边境,再无别处可以改发,即照表内应发地方,加一等改发。各按照脱逃次数,分别枷号。其原犯附近、近边、边远、极边、烟瘴各犯,仍各由原籍,以次递加,照例调发。

〇道光元年(1821)议准:凡内地回民犯罪,应发回疆,及回民在新疆地方,犯至军、流,例应调发回疆者,俱实发云贵两广极边烟瘴充军。

〇二十年(1840)定:云南军犯拥挤,所有例内应发云贵两广极边烟瘴情重十八条,仍照例实发四省,其余各项应发云贵两广极边烟瘴人犯,无论例内载明改发、实发,均以极边足四千里为限。

〇二十四年(1844)议准:旧时新疆改发内地各条,业经照旧发往,所有本例内应实发云贵两广极边烟瘴各条,改以足四千里为限者,仍实发四省,毋庸以足四千里为限。

○二十七年(1847)复准:嗣后遇有本例应发四省烟瘴人犯,无"实发""改发"字样者,均照定例以极边足四千里为限。

○咸丰二年(1852)奏准:嗣后应将例内实发烟瘴各犯,均以极边足四千里为限,面刺"烟瘴改发"四字。如有脱逃,仍照实发四省人犯脱逃本例,改发新疆种地当差。俟军务告竣,仍照旧例办理。

○四年(1854)奏准:各省道路梗阻,所有应发极边四千里充军之犯,酌量变通,改发陕甘安置。俟道路疏通,再行照旧编发。

○同治元年(1862)奏准:现审案内,问拟遣、军人犯,监禁过多,所有烟瘴改发极边足四千里,并例内本应发极边足四千里充军,及发遣新疆各犯,均暂行改发黑龙江,酌量安插。

○三年(1864)复准:边远、近边人犯,如遇道途梗阻,即由附近州县分别留禁,毋庸改发。俟道路疏通,即行起解。

○四年(1865)奏准:各省道路疏通,所有由烟瘴改发极边足四千里,并例内本应发极边足四千里充军各犯,仍照本例发往各省安置,以符旧制,毋庸改发黑龙江安插。

○七年(1868)咨准:各省应发陕甘人犯,由该督抚按照道里表相等酌量四千里无军务省份,暂行改发。俟道路疏通,仍照旧例办理。

○十年(1871)谕:"御史佘培轩奏军流等犯藐法潜逃请饬查禁一折。军、流、徒罪,及递解回籍人犯,理宜依法管解,毋任乘间脱逃。乃近来地方官吏,往往视为具文,致令前项人犯,或中途疏脱,或到配潜逃,甚至为匪滋事,怙恶不悛,殊属不成事体。着各直省将军、督抚、都统、府尹严饬所属,遇有军、流、徒罪,及递解回籍人犯过境,务当遴派干役,认真管解。倘有松刑贿纵情弊,即着该管地方官从严惩办,不得饰词开脱。其已至配所及到籍者,尤应严加管束,毋任出外生事,仍照定例随时按名点验。如有脱逃,立即申报查拿。并着步军统领衙门、顺天府、五城一体稽查,遇有此等人犯潜逃来京,即行拿交刑部惩办,以肃法纪。"

○光绪元年(1875)奏准:吉林押解人犯,向章每犯人一名,派兵二名,随同差官护解。嗣后解送斩、绞、军、流等犯,每犯一名至三名,派兵十名;犯人四名,派兵十五名;犯人五名,派兵二十名;差官一员,谨慎护解。如遇犯人过多,则以五犯作为一起,均令携带枪械,由官发给口食、铅丸、火药。倘被匪徒抢夺,即将该官兵等,照疏脱斩、绞、遣、军、流、徒等犯各本律例,减一等治罪。

○又奏准:山东省递解军、流人犯,向例每名日给口粮制钱十二文,由各州县随时垫发,按照季首银价,年终造册请销。自咸丰九年(1859)核减二成,以致军、流中途糊口无资。嗣后免扣二成,以示矜恤。

○二年(1876)奏准:定例回民结伙抢夺及持械凶殴者,俱实发四省烟瘴,不得编发甘肃等省回民聚集之地。惟四省烟瘴,云贵甫经平定,云南尤属汉回杂处之区,未便遽行安置。嗣后此等回犯,酌发两广地方安插。其非重情回犯,仍按表办理,不得概行发往。

○七年(1881)谕:"刑部奏各省军流徒人犯请仍复年终汇报旧例一折。各省军、流、徒人犯,向系年终汇报,嗣经停止。现在查办减等,散漫无稽,各省未经造报者甚多,殊属迟延,且恐有遗漏情事,非所以溥仁施而昭周密。其有因案牵涉之犯,亦以辗转行查,办理需时。嗣后着各省督抚、将军、都统、府尹等,仍照旧例将遣、军、流犯定地发配。及到配安置,除专咨报部外,均于年终逐案摘叙事由,并声明何司案呈,造册汇报。徒罪人犯,一体办理。该部即纂入例册遵行。并着各该省查明本年六月部定章程,迅即备录各犯案由,分别官常犯、准减不准减,造册声叙名口总数,赶紧题咨报部。其已报各省,有应行补报之犯,亦着一体迅速造报,毋再稽延。"

## 外 遣

○顺治十六年(1659)定:刑部审拟外遣之犯,应发宁古塔、吉林、黑龙江等处安置,咨部差役递解。

○乾隆二十三年(1758)议准:各省军、流人犯,情罪重大者,改发巴里坤等处,分别当差、为奴。

○二十四年(1759)议准:旗人发遣至配所,该将军、大臣严行管束,折磨差使。至三年后,果系悔罪改过,差使谨慎者,挑补匠役步甲,给予钱粮。如能始终效力奋勉,再行挑补马甲。

○二十六年(1761)谕:"发遣巴里坤人犯,本属去死一间之匪徒,以之投畀远方,既不致渐染腹地民俗,而现在新疆屯垦处所,在在丰收,该犯等到彼,又可力耕自给,实为一举两得。第各省督抚遣送此等罪犯,亦须随时调度,经理尽善。如每次起解人数太少,佥派差役,既恐滋繁;若汇积过多,又恐沿途食用顿宿,不免壅滞,均属未协。各督抚等宜量其人数,或十余名,或二十名内外,分作一起,节次转解,乃为合宜。至甘肃为遣犯总汇之地,而西安尤为切近上游,该抚等于各省遣犯解到时,相其多寡,为之酌剂通融。零星者顿蓄之,丛集者疏导之。两省巡抚既彼此先后知会,而该督又为之统辖照应,至既到遣所之后,该处办事大臣,更当严加管束,俾各尽力耕作,毋令游手滋事,则办理俱不失当。斯能奉行良法者,着将此详细传谕各省督抚、将军,并驻扎巴里坤、乌鲁木齐、辟展等处办事大臣知之。"

○又奏准:发往巴里坤、哈密、安西等处遣犯,均酌拨辟展、乌鲁木齐屯所安插。

○又复准:奉天刨参流犯,应发山西安置者,俱改发山东、河南、陕西三省,由部轮流匀发安插,令地方官严加管束,造册报部查核。

○二十九年(1764)奏准:应发辟展遣犯,俱转解乌鲁木齐酌量安插。

○又复准:应发巴里坤人犯,俱发往伊犁、乌鲁木齐等处安插。

○又议准:奉天、宁古塔、黑龙江等处发遣人犯,轮流编发各省驻防兵丁为奴,毋庸专发西安、荆州、杭州、成都四省。

○又谕:“旗人发遣家奴,如有同妻子一并送部发遣者,俱一体赏给兵丁为奴。著为令。”

○又奏准:应发新疆各项人犯,俱解交陕甘总督衙门,酌发伊犁等处。

○又议准:发遣刨参贼犯,随到随发。虽遇隆冬盛暑,不准停遣。

○又复准:各省分遣新疆人犯,有一案至十数名者,均以五名一起递解。至陕省西安府,该府酌量所到人犯,如一案数至十名,点五名一起,隔日起解。其每案不过一二名至三四名者,亦即随到随递,毋庸拘五名之数。至甘肃接递川省人犯,应于秦州城内停留,该州酌量办理。

○三十一年(1766)谕:“嗣后解送新疆要犯,经过州县,俱着专派头役正身严密押送,毋许私相代替。如有玩法舞弊者,断不稍为姑恕。”

○又议准:各省发往新疆为奴人犯,递解到甘肃,除奏明指定地方者,仍照所定地方解往外,其照例拨乌鲁木齐、伊犁等处者,俱由总督衙门,以伊犁三人、乌鲁木齐一人,周流派拨。

○三十三年(1768)谕:“前因各省积匪猾贼,情罪较重,定例改发新疆。嗣以此等匪犯,在新疆聚集太多,不无怙恶滋事,降旨停止,仍发云贵、两广极边烟瘴充军。第思阅时既久,各处遣犯,又将日积日众。此等原系生事不法之人,虽经投畀远方,岂能尽知惩创。况居处相近,引类呼朋,尤易复萌故智,甚至酿成事端,皆势所必至。何如先事立法稽查,严行管束,使奸徒不致轻罹法网,尤为缉匪安良正道。着传谕各督抚、将军、都统等,各就本管地方,所有发遣积匪猾贼,以及定地问拟流、徒各犯,俱责成该管官实力体察防范,毋令其彼此群集,勾结生事。如有不遵约束,量其所犯轻重,随时查办。俾之共知懔畏,杜防未形,庶足以儆奸宄而资绥靖。”

○三十六年(1771)复准:应发新疆人犯,除奉旨发往及例应发遣为奴种地者,照旧发往外,其例发当差情罪稍轻者,改发云贵、两广极边烟瘴充军;情罪稍重者,发黑龙江等处充当苦差。

○三十七年(1772)谕:“向来旗下家奴,有酗酒行凶者,经本主报明该旗,即送部发遣。其妻室有年老、残疾及不愿随带者,俱不同发,定例未为周密。盖家奴犯法,其妻亦属有罪之人,自当一体发遣,但不值官为资送。若其中果有实在不能随带者,或令于亲族依栖,或听本妇另嫁,自不便仍留服役,以杜嫌疑。嗣后遇有发遣家奴之案,俱照此办理。著为令。”

○又复准:巴里坤、奇台二处,遇有犯该军、流、徒罪,以及减等流犯,除隔省别属民人,仍照各该犯原籍定地发遣外,如原系彼处遣犯,改归民籍之后,复犯军、流等罪者,照内地民人在新疆犯罪之例,酌发乌鲁木齐等处,分别安插为奴。

○四十三年(1778)谕:“赏给为奴人犯,除例赏功臣外,其应发各省驻防为奴者,俱赏给该处官兵为奴。所有赏给将军、副都统之处,永行停止。”

○又奏准:新疆遣犯内,已过十年,安分守法,并无过犯之人,其中年逾七十,及衰病无能,不能耕作者,令其回籍;其年力强壮者,仍留各该处,归入内地送往种地民人之内,起除刺字,俾令永为良民。

○四十六年(1781)奏准:发遣当差汉军人犯,与满洲人犯,一体轮发有八旗驻防省份当差。

○四十七年(1782)奏准:原犯军、流,从重改发新疆官犯,十年期满,该将军遵例奏闻,将该犯解交陕甘总督,照原犯罪名,查明该犯原籍,按表定地解配安插。遇有恩赦,再行奏请释回。旗人到配期满者,奏明解部,按照该犯应得军、流罪名,分别折枷,满日鞭责释放。

○四十八年(1783)奏准:奉天府应发黑龙江等处人犯,即由盛京刑部、奉天府,按人数多寡,定地刺字,径交盛京兵部发遣,毋庸解京转发。

○又奏准:内地民人于新疆地方罪犯军、流,如在乌鲁木齐一带者,即发往伊犁等处;在伊犁一带者,发往乌什、叶尔羌等处;在乌什各城者,亦发往伊犁等处。并视情罪酌定,轻者发各处编管,重者给额鲁特及回人为奴。

○五十年(1785)复准:部发黑龙江等处遣犯,无论当差、为奴,均令沿途地方官,每犯一名,添干役二名,协同营弁,小心递解。如有疏虞,将地方官役与弁兵一体查参治罪。其他省有止派营兵管解者,亦令地方官添差护送。

○五十四年(1789)议准:情重军、流人犯,应从重外遣者,发往吉林、黑龙江分别为奴、当差,毋庸改发新疆。

○五十六年(1791)谕:"传习邪教之犯,着改发黑龙江,给索伦、达呼尔为奴。"

○五十七年(1792)谕:"向来哈密地方所属屯田,俱系发往伊犁、乌鲁木齐两处遣犯内截留种地,年满后,再行分别送往原定处所为民及当差、为奴。但该遣犯等原犯情罪,情重不同,若不区别,则情罪较重之犯,俱可就近截留,一经种地年满,即可侥幸安插为民,未免启避重就轻之弊,不足以示惩儆。嗣后该处应留种地遣犯,如原犯情罪本轻者,方准截留;其情罪较重者,概不得截留,以归核实而杜弊混。"

○嘉庆二年(1797)谕:"大逆缘坐人犯,俱着发往黑龙江给索伦、达呼尔为奴。"

○又复准:洋盗案内,被胁服役,应发回疆人犯,俱改发伊犁、乌鲁木齐等处,分给各地种地兵丁为奴。

○四年(1799)奏准:缘坐人犯,除男年十六岁以上者,仍发往黑龙江为奴外,其十岁以上、十五岁以下者,俱令监禁。俟成丁时,发往新疆安插。

○八年(1803)奏准:应发回城五项人犯,照例发遣回城,给伯克为奴。其例发新疆人犯,行令陕甘总督,照例均匀酌拨,毋庸专发伊犁。至洋盗案内各犯,亦照旧例发遣黑龙江等处为奴。再伊犁等处遣犯,自嘉庆四年(1799)后,所有办理章程,两次奏请更易,此等遣犯,时多时寡,应令该将军酌量各该处人数,随时酌拟调剂,以免屡次更易成例。

○十年(1805)谕:“近年来闽、广等省案犯,发吉林安插者,有三百余名,闻黑龙江较此更多。此等人犯,均系犷悍无赖之徒,到配后无人管束,又无口食,三五成群,易于滋事。安插各犯,自因其原犯罪案,比之为奴各犯较轻,是以量为末减。但为奴之犯,各有本主约束,给予口食,转可相安。至安插各处之犯,若因其无人管束,概令为奴,则竟与缘坐家属等项免死减等重犯,一律办理,未免太无区别。若任其散处,则此等匪徒,既无随时禁辖之人,又复穷苦乏食,必致聚而为匪,滋生事端。且每年发遣人犯,愈积愈多,亦属不成事体。着刑部详查旧时例案,悉心筹酌,将此项人犯,如何位置,如何管束,俾糊口有资,共知畏法,可期行之永久,妥议章程具奏。钦此。”遵旨议定:此项安插人犯,均系闽、广会匪案内,听从被胁,并未转纠伙党,于首犯死罪上减等拟流,照叛案干连流徙乌喇地方例,发遣吉林之犯,不便与寻常军、流人犯,散置内地,而究非大逆缘坐免死减等可比,亦不便概令为奴。向来安置外遣人犯,除吉林、黑龙江外,惟新疆各处幅员最为广阔,当差、种地,在在需人。莫若将从前酌拨新疆之积匪猾贼窃盗临时拒捕伤非金刃伤轻平复者,抢夺伤人伤非金刃伤轻平复者,发掘他人坟冢见棺椁为首,及开棺见尸为从者,回民行窃结伙三人以上执持绳鞭器械者,抢夺金刃伤人及折伤下手为从者,六项,仍照旧例改发内地,将会匪一项,全行发往新疆安插。

○十七年(1812)谕:“东三省为我朝龙兴之地,因吉林、黑龙江二处地气苦寒,从前定例,将获罪人犯,发往该处给兵丁等为奴。彼时人数有限,到配后尚易于管束。近缘广东、福建等省,办理洋盗、会匪等案,将伙犯情重者,俱照拟发往,人数积至数十名以外。该处兵丁,岁支钱粮,本有定额,止敷养赡身家。今发给为奴者,日增日众,责令收养,其生计必愈形苦累。且该处习尚淳朴,此等为奴人犯,大率皆凶狡性成,百千群聚,故习未悛,甚或渐染风俗,于根本重地,尤属非宜,甚有关系。着刑部即速详查该二处现在业经到配为奴之犯,共有若干,此内核其在彼年久者量减军、流,分别改发烟瘴、极边等处;其到配未久,未便减等者,即着改发新疆。并着改定条例,嗣后各省案犯,有例应发遣该二处为奴者,量予区别,酌留数条,其余洋盗、会匪,人数较多之案,均酌拟改发新疆及烟瘴等处。奏明条款,纂入律例遵行。钦此。”遵旨议定:嗣后强盗免死减等等项共十八条,改发新疆,分别为奴、当差安插。未伤人之盗首闻拿投首等项共六条,改发云贵、两广极边烟瘴充军。其民人谎称卖身在旗等项共二十五条,此等案犯无多,情节亦非甚凶恶,仍发吉林、黑龙江给披甲人为奴,俾资各兵丁役使。至业经到配为奴遣犯,查现在黑龙江将军单开共六千一百余名,吉林将军上年年终汇报遣犯共二千七百四十九名。此内邪教为从,并嘉庆十年(1805)以前所发酌留当差之会匪二项,若改发内地,诚恐该犯等故智复萌,结会煽惑,应均改发新疆,仍照例分别为奴安插。其余强盗、洋盗并大逆缘坐三项,分别到配年份,减发内地,并改发新疆。又杂案常犯内,如前遇嘉庆十一年(1806)及十四年(1809)两次恩旨,经刑部议定年限减徒者,此时既清厘该处遣犯,应无论已未期满,均行减徒。其未定年限,及原拟不准减等各犯,亦照现在改议新例,核计到配年份,分别改发、减等。至新疆各处,若数年后遣犯亦行拥挤,即照此分别年限办理。

○道光元年(1821)咨准:嗣后遣犯,除例内指明应发伊犁、乌鲁木齐,并无“等处”字样者,仍径发该处外,其余发新疆并伊犁、乌鲁木齐,有“等处”字样者,均由陕甘总督核计遣犯数目,于伊犁、乌鲁木齐两处均匀酌发。

○又议准:内地回民犯罪,应发回疆者,实发云贵、两广极边烟瘴充军。

○二十四年(1844)谕:“本日据军机大臣会同刑部议奏‘贵州军犯拥挤,酌减调剂’等语。新疆遣犯,改发内地,恐人数众多,不特约束难周,且于民风大有关碍。非若新疆地方辽阔,外遣人犯,易于安插。所有旧时改发内地各条,着仍照旧例发往新疆,交该将军设法妥为安插,并严饬所属,认真查核,严加管束,毋令滋生事端,以期积久无弊。”

○咸丰二年(1852)咨准:嗣后凡拟外遣,情节较轻者,仍照例办理外,其情节较重,并例无正条酌量拟遣之犯,即照旧例改发黑龙江地方,分拨各城,分别安置为奴。

○八年(1858)奏准:新疆遣犯壅滞,所有将情罪稍轻,及因拒捕、逃罪加等拟遣者,改发极边足四千里充军三十八条,改发驻防为奴三条,通行遵照办理。

○又议准:所有元年(1851)、二年(1852)奏准通行条款,拟发黑龙江各犯,仍照旧例,改发新疆给官兵为奴。

○同治元年(1862)奏准:现审案内,拟遣人犯监禁过多。所有发遣新疆各犯,暂行改发黑龙江,分别种地、为奴。俟新疆、甘肃军务告竣,再行照旧发往。

○四年(1865)奏准:现审案内,应发新疆遣犯,仍暂行改发黑龙江安插。俟该省军务告竣,道路疏通,再行照旧发往。

○五年(1866)奏准:各省应发新疆及改发黑龙江遣犯,系例应发往为奴者,俱改发各省驻防,给官兵为奴,仍照旧例核计该犯原籍及犯事地方,道里俱在四千里以外,均匀酌发,面刺“外遣”二字;系例应发往当差安置者,俱改发极边足四千里充军,面刺“改发”二字。如有脱逃,仍照免死及寻常各遣犯在配脱逃本例,分别办理。

○又奏准:曾为职官,及进士、举贡生员、监生,或职官子弟,并八旗另户正身,及曾为职官官犯,应发遣吉林、黑龙江等处当差者,俱酌发各省驻防,交该将军酌量安插。

○八年(1869)奏准:各省应发新疆官犯,毋庸改发贵州,均暂行改发黑龙江。俟新疆道路疏通,仍照旧例办理。

# 理藩院·刑 法

# 卷九百九十四·理藩院三十二

## 刑 法 名例 盗贼一

### 名 例

○国初定:边内人在边外犯罪,依刑部律;边外人在边内犯罪,依蒙古律。八旗游牧、蒙古牧厂人等有犯,均依蒙古律治罪。

○又定:凡罚以九论者,马二,犍牛二,乳牛二,犕牛 二岁牛。二,犙牛 三岁牛。一;以五论者,犍牛一,乳牛一,犕牛一,犙牛二。

○又定:凡罪应罚牲畜而言无有者,三九以上,择令其旗内大员设誓;一九以下,令其佐领设誓。

○又定:凡犯罪应罚称无牲畜者,令该佐领或佐领内择一人设誓。后有隐瞒发觉者,仍将其牲畜罚取,设誓之人罚一九。

○又定:凡王、贝勒、贝子、公、额驸、协理旗务台吉,不令设誓,于其旗台吉内择令一人设誓。

○又定:凡罪罚牲畜,少一数者鞭二十五,二数鞭五十,三数鞭七十五,四数以上罪止鞭一百。

○又定:凡罪罚牲畜,交该盟长、札萨克等照数追取,赏给旗内实心效力之人,仍将赏过牲畜报部查核。

○又定:受犯人所罚牲畜者,其札萨克使人,取犕牛一;被罚牲畜人之札萨克使人,于十畜内取一,二十内取二,三十内取三,此外不准多取。

○又定:凡取罚牲畜,本主计九数取一,不足九者不取。

○又定:凡首告者,于所罚牲畜内,取一半给之。

○康熙二十六年(1687)定:凡食俸之蒙古王、贝勒、贝子、公、台吉官员,有犯私罪,应罚取马匹牲畜者,照常罚取;若犯公罪,律应罚马匹牲畜者,皆视所犯之罪罚其俸币,无俸者,仍罚马匹牲畜。

○又定:凡犯罪,两造毋得私和。如私自议结,有职者罚三九,庶人罚一九。着该旗札萨克使人,至罪人之札萨克处会议。迟至二日不使人者,计日将札萨克罚犕牛一。每二日罚犕牛一。罪未结之前,不骑乌拉,不与供给。罪已结给罚之时,议骑罪人旗乌拉,与以供给。授罚牲畜之札萨克使人,无论几九牲畜,所取不得越三数,此外给札萨克礼马一匹。受罚牲畜之札萨克使人,无论几九,止取犕牛一。十日内不全给所罚牲畜者,罪人之旗,系王,罚马十匹;贝勒、贝子、公等罚马七匹;台吉罚马五匹,即于彼牧厂内拿取。如将拿取之马抢夺者,将情由声明报部,除抢夺所罚王、贝勒等马匹,及罪人应罚之马匹牲畜照数追取外,王、贝勒等皆罚俸三月。

○又定:凡首告人罪,不令出首之人设誓,令被告设誓。

○又定:凡出首人罪之人,及诖误之人,有应于本旗内听其情愿归投者,不准归投管旗之王、贝勒、贝子、公、协理台吉及伊等之子孙名下,于不管旗之王、贝勒、贝子、公、闲散台吉内,任其择主归投。

○又定:凡不招承应死重罪,又无证据,概为疑狱,令设誓完结。

○又定:凡蒙古殴人至死应拟绞者,遇赦免罪,于免罪之人追罚三九牲畜,给死者亲属。

○又定:凡犯死罪于事未发觉之前来部首控者,免死,鞭一百,并妻子发遣邻境,给予效力之台吉等为奴,畜产给予事主。

○又定:凡收赎蒙古死罪人犯,令给九九马准赎。赎其妻子者,听两造家主之便。如蒙古人犯死罪,事关内地民人者,其妻子向无给内地民人之例。欲赎此等罪人,视其妻及十岁以上子女数目,各取二九牲畜,妻子一并令赎。如不赎妻子,其罪人亦不准赎。

○又定:凡收赎蒙古死罪人犯,令出九九马匹入官,再令其出三九牲畜给付尸亲。如无尸亲,将三九牲畜存公备赏。

○又定:盗犯未至十岁者,不以盗论。

○又定:台吉官员等袒护贼盗,设誓后原赃发觉,称非袒护贼盗发誓不承认者,令其伯叔设誓。如不设誓,台吉罚五九,官员及十家长罚三九。

○又定:凡籍没盗犯之畜产,如事主系喇嘛,不准给主,按法罚取。盗旗人、民人牲畜正法之犯人妻子,亦不准给事主,皆赏给蒙古内公务效力之台吉为奴。

○又定:凡蒙古人犯罪,照刑部拟以笞、杖者,各照数鞭责;拟以军、流、徒者,免其发遣,分别枷号。徒一年者,枷号二十日,每等递加五日,总徒、准徒亦递加五日。流二千里者,枷号五十日,每等亦递加五日。附近充军者,枷号七十日;近边者七十五日;边远、沿海、边外者八十日;极边、烟瘴者九十日。

○乾隆六年(1741)定:蒙古王等犯公罪应罚马百匹或九九牲畜,贝勒、贝子、公等应罚马七十匹或七九牲畜,台吉等应罚马五十匹或五九牲畜者,皆定为罚俸一年。王等若应罚马四十匹或五九牲畜,贝勒、贝子、公等应罚马三十匹或四九牲畜,台吉等应罚马二十匹或三九牲畜者,皆定为罚俸九月。王等若应罚马三十匹或二十匹或三九牲畜,贝勒、贝子、公等应罚马二十匹或十五匹或二九牲畜,台吉等应罚马十匹或一九牲畜者,皆定为罚俸六月。王等若应罚马十匹或一九牲畜,贝勒、贝子、公等应罚马七匹或一七牲畜,台吉等应罚马五匹或一五牲畜者,皆定为罚俸三月。如系私罪,及所犯虽公而无俸者,仍依本罪罚其马匹、牲畜。

○二十七年(1762)议准:嗣后罪罚牲畜,除本案具题者毋庸议外,其照例罚取并未题奏之案,札萨克等将一年内罚过牲畜若干、于某项公事效力人员赏给牲畜若干之处,详细造册报院,年终汇奏一次。

○二十九年(1764)奏准:罪罚牲畜,停止年终汇奏,仍于年终将一年内罚过数目、用去数目、所余数目,及原办案情,一并详细报院,以备查核。

○四十三年(1778)奏准:未得品级之台吉行窃者,将应得品级停止,给予邻近盟长严加管束。

○四十四年(1779)谕:"嗣后台吉内有因犯他罪革退者,过三年后若知改悔,照例准给原衔。其因行窃革退台吉者,概不准其开复。如此办理,庶蒙古等人知儆惧,行窃之风渐息,于伊等实大有裨益。著为令。"

○又谕:"从前准噶尔时,各城伯克,今裁。实有向属下回子勒索者。自回部平定以来,伯克等均有俸廉赏赐。如仍蹈旧习,一经控告,审明属实,自应将该伯克治罪。若并非勒取,诬告倾陷,亦不可不防其渐。嗣后回子等控告伯克勒索等事,各该处办事大臣审明属实,即将伯克治罪。如系虚妄诬控,即将诬告之回子拟斩,在本处正法。"

○嘉庆十四年(1809)奏准:内外札萨克等蒙古地方,凡故杀、谋杀情重者,概不准收赎外,其寻常斗殴致死情轻者,仍照旧例收赎。

○二十二年(1817)定:凡办理蒙古案件,如蒙古例所未备者,准照刑例办理。

○又定:失察行窃之台吉官员所罚牲畜,均赏给获贼之人。若系事主拿获,所罚牲畜存公。如该管台吉官员自行拿获者,免罚。

○二十三年(1818)谕:"嗣后蒙古地方抢劫案件,如俱系蒙古人,专用蒙古例;俱系民人,专用刑律。如蒙古人与民人伙同抢劫,核其罪名,蒙古例重于刑律者,蒙古与民人俱照蒙古例问拟;刑律重于蒙古例者,蒙古与民人俱照刑律问拟。"

○道光十九年(1839)定:各案首从贼犯应发遣者,均照例刺字交驿站充当苦差;应鞭责者,蒙古照例鞭责,民人折责发落。

○又定:行窃者,十五岁以下照刑例收赎,十六岁以上照例科罪。

○二十年(1840)定:内外札萨克应议处分,凡蒙古例所未备者,准咨取吏、兵、刑三部则例,比照引用。

○又定:蒙古等在内地犯事,照依刑律定拟;民人在蒙古地方犯事,照依蒙古律定拟。

○又定:蒙古王公等有犯奉旨交议处分,除蒙古例有专条,仍照定例办理外,如犯律不应为而为之事轻者,公罪罚俸三月,私罪罚俸六月;重者,公罪罚俸三年,私罪罚俸五年。如犯奉旨严加议处者,公罪革职留任,私罪革任。不兼职任者,罚世职俸六年。无俸台吉以下应罚俸者,折罚牲畜。应革职留任者,革去顶戴,应革职者革职。不兼札萨克之闲散王公、世职官员等,应罚俸者,均照无俸各官一律罚九;应革职留任者,罚世职俸三年;应革职者,罚世职俸六年。倘案情较重,临时加重酌拟请旨。

〇二十三年(1843)定:绥远城土默特世职兼管参佐领官,私罪降级调用者,照兵部职任兼世职罚俸例办理。无俸官员,折罚牲畜。

〇又定:因公处分罚俸者,均罚札萨克俸。其议罚世职俸者,随案声明"罚世职俸"字样。

〇又定:缘案罚俸者,无论所罚系扎萨克俸,系世职俸,均止罚银两,免罚缎匹。其罪至革职,折罚世职俸者,连俸缎一并议罚。

〇又定:罚俸者,均由本年应领俸银内全行坐扣完结,不得分年坐扣。

〇二十四年(1844)定:凡应罚牲畜,每九限三十日完交,各予五日余限。届限不交,台吉官员革去顶戴,展限勒交。展至三限,实在无力完交者,革去台吉,三年无过开复,免其追交,官员径行革职。平人短交牲畜,一二数者,鞭二十五;三四数者,鞭五十;五六数者,鞭七十五;七数至九数者,鞭一百;九数以上,加枷号一月,免其追交。

〇二十六年(1846)定:王公、台吉,无论公私罪,均将应罚马匹牲畜折罚俸外,但犯有应罚马匹牲畜给付事主之案,仍罚交给付事主。

〇又定:本犯恃无赃证踪迹,坚不承认者,令其设誓具保完结。不肯设誓,即照案科罪。

〇又定:设誓完结后,别经发觉,按本案加等治罪。其原保设誓之佐领等官,各减本犯一等。

〇二十七年(1847)定:事出两造私议完结,王公、台吉等罚俸一年,不管旗王公、台吉官员均罚二九,平人鞭八十,仍由官审理。

〇二十八年(1848)定:蒙古家奴犯罪,亲老丁单,准一体留养。

〇咸丰五年(1855)议准:各旗属下人等,缘事发往邻盟,如系亲老丁单,及因病未能起解者,查照所犯非赃私及军营重情,令其收赎。

〇同治元年(1862)谕:"嗣后各路定拟罪名,均着照律定拟。所有查经议罪一节,着永远停止。"

### 盗贼一

〇国初定:失去牲畜过三日,禀明附近札萨克缉捕。若不禀明缉捕,每牲罚羊一。冒认亡失牲畜者罚三九,错认者罚一九,因无失主隐匿者罚一九,收骑遗失牲畜者罚一五。

○又定:遗失牲畜,行人毋得擅取,取者以盗论。为人收留失羊过一宿者,二十以下准取一羊,多则每二十取一,给予收留之人。

○又定:窝隐盗贼者,王罚九九,札萨克、贝勒、贝子、公罚七九,台吉罚五九。台吉为盗者,罚七九。若事发不承认者,令其伯叔设誓;无伯叔,令伯叔之子设誓。但知盗情而不首者,王罚三九,札萨克、贝勒、贝子、公罚二九,台吉罚一九。

○又定:贼已发觉,王等不行拿解,致疏脱者,以窝盗论。

○又议准:失察所属数人行窃,该管旗章京、梅楞章京,照台吉失察例议处。

○康熙四年(1665)题准:外藩蒙古各旗佐领下有为盗者,该佐领罚二九,骁骑校罚一九,领催罚一七,十家长鞭一百、罚一九。佐领下有盗二次者,佐领罚二九,骁骑校罚一九,皆革职;领催鞭一百、罚一九,革役;十家长鞭一百,籍其家。一参领下有盗三次者,参领罚三九。一旗下有盗三次者,管旗王、贝勒、贝子、公等各罚五九,管旗章京、副章京各罚三九。所属人为盗者,该王、贝勒、贝子、公、台吉各罚三九。庶人家奴为盗,其主罚一九。王以下若能严察所属,将为盗人拿解者,免罪,仍给所罚之半。若失于稽察,被他人拿获者,管旗章京以下所罚并给之,王等所罚入官。八旗游牧察哈尔蒙古人为盗,被获二次者,该总管罚三九,副管及佐领各罚二九,骁骑校、领催、十家长等,咸照外藩例科之。牧厂人为盗,其牧长亦照佐领例治罪。

○五年(1666)题准:外藩地方,有伙劫喀尔喀马匹等物者,除照例治罪,如数赔还外,共罚给一九,所余家产、妻子入官。若喀尔喀人多报失物,令其设誓,照数赔给;不设誓,止赔现在之数。若喀尔喀人伙劫内地者,为首一人斩,二人以上斩一人,余人鞭一百,罚该本主一九,移文令其送至。

○又定:台吉为匪为盗者,即革去台吉为庶人,将马匹牲畜取回,给予被盗之人,将其所属人丁撤出,给予近支兄弟,该札萨克照疏忽例议处。若为匪之台吉,仍不悛改,复为匪者,该札萨克即充作奴仆服役。若改过不复为匪,三年后,该札萨克将情由报院转奏,复给台吉原衔。

○六年(1667)题准:捉获盗贼,不报院私议完结者,以盗论。所罚牲畜,给首告人,管旗王以下至十家长,一并治罪。

○又定:凡蒙古偷盗他人马、驼、牛、羊四项牲畜,一人盗者,不分主仆绞决;二人盗者,一人绞决;三人盗者,二人绞决;纠众伙盗者,为首二人绞决;为从者皆鞭一百、罚三九。其正法之盗犯妻子、畜产,皆籍没给事主。

○十六年(1677)题准:在边界禁地偷窃、劫夺被获者,该管王、贝勒等以下并该本主严行治罪。若不获,将所入汛地该管王、贝勒治罪,兼令赔偿窃夺之物。

○十七年(1678)题准:旁人捉获盗马贼者,所籍没家产牲畜,以一分给之,一分给事主。

○又定:王、贝勒等讳盗者,无论管旗不管旗,各罚俸一年;无俸之台吉,各罚五九。

○又定:凡被盗牲畜,务将数目、毛齿及失事月日,报明札萨克存案。日后有一不符及并未报明存案者,皆不准行。

○又定:凡被盗牲畜,本主认出,有言他人所给者,即令其人对质。其人不承认,即令原人设誓。如设誓,不治罪,但将所认牲畜还本主。

○又定:被盗马匹,在围场军前认识,其人别有所得情由者,别给以马,将所认之马取回。

○又定:偷盗牲畜,被旁人邀获者,一牲给价;二牲以上、十牲以下者,给一牲;多则每十给一。事主称非被盗而不给者,令佐领、骁骑校设誓。设誓者不取价,否则取价。若并未邀获贼物,诈取发觉者,其诈取之人以盗论。

○又定:偷宰牲畜遗去,旁人收取其肉者,即令赔补原赃。踪迹在界内,令管旗章京设誓。如不设誓者,治以罪。

○又定:凡失去马匹,访有踪迹而无见证者,不令设誓。行人若于旷野失去并无见证,跟踪追寻,于经过村庄访取见证。

○又定:凡失去牲畜,于旧游牧处访有踪迹,虽经他往游牧,仍令设誓。

○又定:凡踪迹去人居处一箭之内者,令其设誓。过一箭者,毋庸设誓。

○又定:凡搜检,须同见证。不容搜者,以盗论。

○又定:被盗牲畜,因人潜来密告,认出原物,即将藏牲畜者以盗论。

○又定:凡被盗之人,因人密告具控者,务将其人姓名指出。所告属虚,或别经寻获,罚密告之人三九牲畜,令前设誓之台吉及被诬之人平分;罚具控人三九牲畜,全给被诬者。

○又定:凡偷盗金银器皿,及皮张布匹,并衣服食物,均按数赔补。所盗物件至二岁牛价者,罚三九;至羊价者,罚一九;未至牛价者,罚一九;未至羊价者,罚犙牛一。

○又定:盗猪、狗者,罚牲畜五;盗鸡、鹅、鸭者,罚犙牛一,仍追赔所盗物件。

○二十二年(1683)题准:外藩蒙古人入内地为盗者,事发,令赔所盗物,仍籍其妻子、畜产入官。

○四十四年(1705)奉旨:"前此数年口外偷马之事断绝,今又有盗者,殊属可恶。将此为从贼人,皆解进京,给予大臣之家为奴。"

○又复准:偷马为从贼盗,仍留在外,必复为贼,应将伊等本身妻子,及正法或在逃为首贼盗之妻子,皆令解送内务府。其疏脱贼犯之骁骑校,皆着来京当苦差行走。

○雍正元年(1723)谕:"偷盗一二牲饩,即将蒙古立绞。人命重大,嗣后应改为拟绞监候,暂行一年。若蒙古盗案从此渐少,则照此例行。倘比往年较多,则照原定之例拟罪。"

○四年(1726)奏准:八旗游牧察哈尔及各牧厂马群内,差出捕盗兵丁,若拿获盗犯,即将盗犯所骑之马,给予原拿之人。拿获三次之后,系护军,于护军校、骁骑校内列名;马甲,选取护军;闲散,选取马甲;牧厂马群人等,亦俟有应升之缺录用。若行窃之人,系承缉兵丁之亲属,而瞻徇不拿,照隐匿盗贼例治罪。

○五年(1727)奏准:凡盗四项牲畜为数无多,情节甚轻者,拟绞监候,仍籍没畜产,给付事主,其妻子暂留该旗。俟本犯减等,佥解邻近盟长,给效力台吉为奴。

○又定:凡官员庶人伙众,或一二人行劫至杀人者,不分首从斩枭;伤人已得财者,不分首从斩决;妻子、畜产皆籍没,给付事主。若止伤人未得财者,为首拟斩监候,畜产给事主,妻子暂寄该旗。俟本犯减等,佥发邻近盟长,给效力台吉为奴。为从盗犯,籍没畜产给付事主外,并妻子佥发邻近盟长,给效力台吉为奴。

○又定:一人行劫未至杀伤人者,将本犯妻子、畜产,一并解送邻近盟长,给效力台吉为奴。如二三人以上,将起意一人拟绞监候,籍没畜产,给付事主,妻子暂寄该旗。俟本犯减等,佥发邻近盟长,给效力台吉为奴。为从盗犯妻子、畜产,一并解送邻近盟长,给效力台吉为奴。

○又定:凡盗贼被事主或旁人追赶,致拒捕杀人者,为首斩决,妻子、畜产籍没,给付事主;从犯并妻子发遣南省,给驻防兵丁为奴,畜产给事主。伤人不致死者,为首拟斩监候,畜产给事主,妻子暂寄该旗,俟本犯减等,佥发邻近盟长,给效力台吉为奴;从犯并妻子、畜产,解送邻近盟长,给效力台吉为奴。

○乾隆五年(1740)议准:嗣后一二人盗牲畜者,仍照前例。若三人以上偷盗者,止将起意之一人为首,余皆以为从论。若偷盗之际分路而行,或偷盗二三处,或从前偷盗数次者,各按其情节,分别首从治罪。

○又定:官员庶人,或一二人伙同抢夺物件,杀人伤人,或偷窃牲畜等物,被事主人等知觉追赶,以致杀人伤人者,旧例不分首从皆斩,妻子、牲畜给予失主。嗣后除行强之盗案,仍不分首从外,其偷窃牲畜以致杀伤人者,将为首一人拟斩立决,从犯拟斩监候,家产、牲畜,仍追给事主。

○七年(1742)定:嗣后八旗游牧察哈尔蒙古偷盗牲畜及犯别项罪名者,皆照《蒙古律例》。如《蒙古律例》所未载,再照刑部律例办理。

○十四年(1749)奏准:蒙古地方均系游牧,并无墙垣,易于偷窃,是以定例綦严。但蒙古一切衣食等物,大半买之内地。内地人持货赴边,日积月累,迄今归化城、八沟、多伦诺尔数处所集之人,已至数十余万。今蒙古偷窃内地人牲畜,皆照蒙古律拟绞;内地人偷窃蒙古牲畜,仍依内地窃盗计赃治罪。蒙古内地人相聚一处,未免情同罪异。嗣后内地人如在边外地方偷窃蒙古牲畜者,照蒙古例为首拟绞监候,为从议罚三九。

○又定:蒙古偷窃四项牲畜,为从之犯,发遣邻近盟长,虽属定例。但此等不肖蒙古,妻子、家产仍在一处,究亦罔知畏惧,徒有益于邻近盟长。按喀尔喀行窃从犯,既改为鞭一百、罚三九牲畜给予事主,人犯仍留本旗,嗣后各蒙古行窃为从之犯,皆照此例行,将发遣邻近盟长给台吉为奴之处停止。

○二十四年(1759)议准:蒙古偷窃四项牲畜,因而杀人伤人者,仍照旧例办理。其偷窃十牲以上,为首之犯拟绞,入于秋审情实;窃六牲至九牲为首之犯,发遣云南、贵州、广东、广西极边烟瘴;窃三牲至五牲为首之犯,发遣湖广、福建、江西、浙江、江南等省;窃一二牲为首之犯,发遣山东、河南等省,皆交各该处驿站充当苦差。其民人在蒙古地方偷窃九牲以下者,亦照此例分别治罪。为从之犯,均仍照旧例办理。如有在围场中偷窃马匹者,不论蒙古、民人,五匹以上拟绞立决,三匹以上发遣云贵、两广极边烟瘴,一二匹者发遣湖广、闽、浙、江西、江南等省,均交驿站充当苦差。为从及知情故买者,民人照正犯减一等,蒙古仍照旧例办理。

○二十五年(1760)议准:蒙古行劫伤人得财者,将首、从、加功人等,法应立决,并偷四项牲畜等犯内秋审予勾者,俱解往原犯事地方正法。应枭示者,枭首示戒。

○二十六年(1761)核准:蒙古偷窃四项牲畜不能赔偿者,着落该管台吉照数赔补。旗民偷窃四项牲畜不能赔偿者,着落该管官员照数赔补。

○二十八年(1763)奏准:旧例内蒙古强盗夺劫等案内,将妻子给效力台吉者,改照偷窃四项牲畜数少之例,发遣山东、河南等省驿站充当苦差。

○二十九年(1764)议准:偷窃四项牲畜为从之犯,俱就近解交地方官监禁勒追。应罚牲畜,限满不交,仍照例停罚发遣。其三次失察所属盗案之该管官员,交部分别查议。罚取牲畜,分别赏给事主及捕盗之人。

○又奏准:蒙古强窃劫盗等案内原发遣山东、河南之犯,逃亡者,照民例初次枷号一月,改发福建、湖广等省;二次,枷号两月,改发云贵、两广极边烟瘴;至三次,枷号三月,仍发回原遣。其免决减等充军,由配所逃亡者,亦照民例,一体加罪改遣。仍分别逃亡次数枷号、刺字,并审明逃亡后有无凶横不法情事,分别定拟。

○又奏准:蒙古充军发遣罪犯,家口例不一并发遣。有情愿随往者,听其自便,毋庸官为解往。其例应一并发遣之妻子,随同该犯发往各省驿站充当苦差。至原犯已经正法,止发遣妻子者,酌发近南各省,给驻防兵丁为奴。其一并发遣递解之处,俱照连坐罪犯家口之例办理。

○四十三年(1778)奏定:台吉未授职衔以前,初次行窃者,不准授职,发往邻近盟长处,严加管束,将伊所有牲畜给予事主。倘不悛改,复行偷窃,照平人例治罪。

○四十五年(1780)奉旨:"杜尔伯特乃新归顺之人。今贼犯乌尔精起意二次窃伊等马五匹,不得仍照内地蒙古例拟罪,着解至科布多即行处绞。"

○四十八年(1783)奏定:台吉等收留惊逸马匹不报,照窃盗例革去台吉。六年无过,该札萨克等据实保奏,由院奏请开复。

○四十九年(1784)奏准:蒙古偷窃牲畜之案,犯在各札萨克地方者,虽遇恩赦,不准援减。其事犯在内地者,准其援减。

○五十年(1785)奏定:偷窃牲畜三十匹以上者,不分首从,绞监候,秋审俱入情实;为从并未同行,但于窃后分赃者,减等发遣云南、贵州、广东、广西烟瘴地方。偷窃牲畜二十匹以上至三十匹者,首从俱绞监候,为首者入于情实,为从同行分赃者入于缓决;虽经同谋并未同行,但于窃后分赃者,减等发遣湖广、福建等省,均交驿站充当苦差。偷窃牲畜十匹至二十匹者,为首者,绞监候,秋审入于情实;为从同行分赃者,发遣云南、贵州、广东、广西烟瘴地方;虽经同谋并未同行,但于窃后分赃者,发遣山东、河南地方,均交驿站充当苦差。

○偷窃牲畜六匹至九匹,为首者,发遣云南、贵州、广东、广西烟瘴地方;为从同行分赃者,发遣湖广、福建等省,交驿站充当苦差;虽经同谋并未同行,但于窃后分赃者,鞭一百。偷窃牲畜三匹至五匹,为首者,发遣湖广、福建、江西、浙江、江南;为从同行分赃者,发遣山东、河南,交驿站充当苦差;虽经同谋并未同行,但于窃后分赃者,鞭一百。偷窃牲畜一二匹,为首者,发遣河南、山东,交驿站充当苦差;为从同行分赃者,鞭一百;虽经同谋并未同行,但于窃后分赃者,鞭九十。至羊只一项,与牛、驼、马匹价值迥异,以羊四只作牛、驼、马一只,计算所窃之羊。不及四只者,为首,鞭一百;为从同行分赃者,鞭九十;虽经同谋并未同行,但于窃后分赃者,鞭八十。

○五十三年(1788)复准:蒙古行窃,应发山东、河南、湖广、福建、江西、江南等省者,所属台吉罚一九牲畜;应发云南、贵州、广东、广西等省者,所属台吉罚二九牲畜;应行正法者,所属台吉罚三九牲畜。

○五十四年(1789)议定:蒙古偷窃马匹,首犯逃匿,即将为从者拟以正犯应得之罪,严行监禁。俟正犯拿获时,再照例定拟。如正犯不获,将为从者永远监禁。

○又奉旨:“嗣后凡偷马贼犯,一年内行窃数次,一并计赃科罪。逾年者不并计。”

○五十七年(1792)定:凡偷窃案件现获之犯,若供首犯在逃,即将现获之犯,按其所犯本罪发遣各省。将来拿获逃犯,审出该犯实系起意为首,由配所提审,治以应得本罪。

○五十八年(1793)奉旨:“哈萨克偷盗伊犁察哈尔马畜,拿获后将被窃马匹入官,虽系照例办理,但伊等究系贫乏兵丁,若被窃马匹全行入官,恐失生计。嗣后此等被窃马匹,一半入官,一半给还失主。”

# 卷九百九十五·理藩院三十三

## 刑　法　盗贼二　捕逃　疏脱罪囚　发冢

### 盗贼二

○嘉庆元年(1796)奏定:凡聚众行劫及同谋殴伤事主等案,如获犯讯供首犯在逃,将为从者照例定拟羁禁。俟逃犯弋获时,质讯明确,再行定拟。

○三年(1798)议准:蒙古盗窃微物,折价值牸牛一、羊一等案,仍照旧例罚九办理。其折价值银至八两以上者,即照盗窃马驼牲畜之例,按数分别定拟。

○四年(1799)奏:偷盗杜尔伯特马十二匹之乌梁海,照蒙古例新投诚乌梁海盗窃十牲之数,不论首从,俱拟绞监候,秋审时入于情实。奉旨:"边内杜尔伯特、土尔扈特等,若偷盗马匹等物,皆立行正法。今乌梁海偷盗杜尔伯特马十二匹,定拟绞候,不足示儆。嗣后边内如有此等偷盗事件,即照此将为首者拟绞立决,为从者拟绞监候,入于秋审情实。"

○五年(1800)奏准:偷窃马匹牲畜,一年内数次者,毋庸并赃计算,仍照二罪并发,从其重者科断办理。

○七年(1802)定:蒙古地方偷窃四项牲畜者,不论首从,如其祖父母、父母年老有疾者,由该札萨克等详细查核,取具甘结后,均准其存留养亲。

○八年(1803)议准:偷窃金银、皮张、布匹、粮米等物,如赃自十两至四十两,仍照旧例鞭责;五十两至七十两者,发山东、河南等处;八十两至一百两者,发湖广、福建、江西、浙江、江南等处;自一百两以上至一百二十两者,发云南、贵州、广东、广西等处;一百二十两以上者,绞监候。

○九年(1804)奏准:蒙古地方喇嘛等,有犯偷窃等罪,声明亲老丁单,援请留养之例,查明该犯亲老丁单属实,平日在该旗当差,仍与老亲同居借以养赡者,方照例留养。如居住庙宇不养老亲者,不准。

○又定:蒙古地方偷窃牛、马、驼案内,有四岁牛犊、五岁马驹、五岁驼驹者,照偷羊之例,以四匹为一匹办理;不及四匹者,照偷羊不及四只例,分别鞭责发落。

○十年(1805)奏准:蒙古地方牧厂官兵,偷窃官牧牛马、驼只,或私行售卖,或宰杀私食,或为己产者,一匹至九匹,牧官革职,发往黑龙江当差;牧兵不分首从,佥妻子发往黑龙江给兵丁为奴;虽经同谋并未同行,无论窃后已未分赃,均枷号六十日,满日鞭一百。十匹以上者,无论官兵、首从,一并拟绞,将首犯立决,同行为从者监候,秋审入于缓决;虽经同谋并未同行,无论窃后已未分赃,均拟发遣云南、贵州、广东、广西烟瘴地方,交驿站充当苦差;其并未同谋,仅止窃后知情分赃、换赃、故买、代卖、代存者,均枷号六十日,满日鞭一百。其蒙古、民人伙同官牧人等偷窃牛、马、驼只者,照官役人等一律问拟。其并未同谋,仅止窃后知情分赃、换赃、故买、代卖、代存者,亦枷号六十日,满日鞭一百。其蒙古、民人偷窃官牧牲畜,照此办理。其官牧羊只一项,仍按四只合一问拟。至牧厂官兵自行偷窃之案,其失察之该管札萨克罚俸二年,台吉官员罚二九牲畜。他人偷窃之案,该札萨克罚俸一年,台吉官员罚一九牲畜。

○十五年(1810)定:蒙古地方偷窃银两什物,其价值自一两至十两,为首者,鞭九十;为从同行分赃者,鞭八十;虽经同谋并未同行,但于窃后分赃者,鞭七十。偷窃十两以上至四十两,为首者,鞭一百;为从同行分赃者,鞭九十;虽经同谋并未同行,但于窃后分赃者,鞭八十。偷窃四十两至七十两,为首者,发遣山东、河南,交驿充当苦差;为从同行分赃者,鞭一百;虽经同谋并未同行,但于窃后分赃者,鞭九十。偷窃七十两以上至一百两,为首者发遣湖广、福建、江西、浙江、江南,为从同行分赃者发遣山东、河南,均交驿充当苦差;虽经同谋并未同行,但于窃后分赃者,鞭一百。偷窃一百两以上至一百二十两,为首者发遣云南、贵州、广东、广西烟瘴地方,为从同行分赃者发遣湖广、福建等省,均交驿充当苦差;虽经同谋并未同行,但于窃后分赃者,鞭一百。偷窃一百二十两以上,为首者,绞监候,秋审入于缓决;为从同行分赃者发遣云南、贵州、广东、广西烟瘴地方,虽经同谋并未同行但于窃后分赃者,发遣山东、河南,均交驿充当苦差。台吉等有犯以上各项罪名者,俱照偷窃四项牲畜之例办理。

○又定:首犯拟死罪案内,如有虽经同谋并未同行分赃,及并未同谋、并未同行仅止窃后分赃者,台吉等罚三九牲畜,平人鞭一百。首犯拟遣案内,如有虽经同谋并未同行分赃,及并未同谋、并未同行仅止窃后分赃者,台吉等罚二九牲畜,平人鞭八十。首犯拟鞭责案内,如有虽经同谋并未同行分赃,及并未同谋、并未同行仅止窃后分赃者,台吉等罚一九牲畜,平人鞭六十。

○又定:凡有知情窝赃、买赃、代卖、换赃,无论首犯定拟何罪,台吉等罚七牲畜,平人鞭五十。不知情者不坐。

○又定:偷窃各案知情隐匿不报者,台吉等罚五牲畜,平人鞭四十。不知情者不坐。

○十六年(1811)奏定:官员平人伙众强劫什物,除杀人伤人从而加功者,仍照旧例办理外,其仅止随从入伙,并未加功杀人伤人者,比照刑例未伤人伙盗,情有可原免死,发遣云南、贵州、广东、广西烟瘴地方,充当苦差。

○二十二年(1817)定:台吉亲属相盗者,期亲罚五牲畜,大功罚一九,小功罚二九,缌麻罚三九,无服之本宗罚四九,俱仍追赃给主。

○又定:哈萨克私入卡伦偷窃牲畜贼犯就获,将赃马一半给事主,一半存公。于存公马匹内,以一半给获贼之人。

○又定:台吉行劫罪至斩立决者,该札萨克罚俸二年;罪至斩、绞监候,及发遣伊犁、乌鲁木齐者,该札萨克罚俸一年;罪至革去台吉职衔发邻盟者,该札萨克罚俸九月;罪至革去台吉职衔不准开复者,该札萨克罚俸六月。

○又定:偷窃牲畜人犯,例发山东、河南、湖广、福建、江南、江西、浙江者,该管台吉罚一九;应发云贵、两广者,罚二九;应正法者,罚三九。

○二十四年(1819)议准:大青山外界连之蒙古札萨克,一体安设卡伦巡缉。缉捕不力蒙古员弁,分别三限惩处。俟数年后一无劫案,再停止此例。

○又定:被劫案件,经同知详报将军,派员带同事主,赴就近札萨克处守候缉贼。其札萨克属下人拿送者奖赏,窝留者治罪。

○又定:沙毕诺尔窝藏抢劫黑徒,应交锡勒图呼图克图严拿。倘有窝留及不查缉者,该管十家长发遣,札萨克喇嘛斥革。

○道光十九年(1839)定:哈萨克私入卡伦窃案,得财者,首犯正法,从犯发极边烟瘴;劫案得财者,不分首从,即行正法。

○又定:台吉强劫,罪至斩决者,虽亲老丁单,不准留养。若罪至斩、绞监候,及发往邻盟者,准其留养一次,再犯不准留养。

○又定:强劫未伤人之案,在恩诏以前,内有窃劫牲畜未及十匹者,免其强劫之罪,仍照偷窃牲畜分别发遣、鞭责。十匹以上者,不准援减。

○又定:台吉强劫问拟斩、绞缓决各犯,将来减等时,发往邻盟严加管束。

○二十年(1840)定:凡偷窃牲畜遣配逾二十年,或未及年限,犯年已逾七十及因病成废者,如遇恩诏,准令释回。其在配行窃及脱逃被获调发者,俱不准查办。

○又定:台吉亲属相盗,罪犯罚九。无力完交者,革去台吉,六年无罪开复。

○又定:捕盗兵丁拿获盗犯,即将盗犯所骑马给原拿之人。

○又定:王公等有为盗贼窝主者,罚俸三年;无俸台吉,罚六九牲畜。

○二十二年(1842)定:新疆土尔扈特、杜尔伯特、额鲁特、和硕特、辉特、乌梁海等处蒙古偷窃马、牛、驼只,照各札萨克一律办理。其羊只一项,仍以四羊作一牲畜合计科罪。

○又定:官员平人偷窃牲畜拒捕杀死事主,为首者拟斩立决,为从者并妻子佥发云贵、两广烟瘴地方。首从均籍没产畜,给付被死者之家。

○又定:偷窃牲畜拒捕伤人未死,为首者拟绞监候,籍没产畜,付被伤之人;为从者并妻子发河南、山东,交驿当差。

○二十三年(1843)定:承缉盗贼之官员兵役,将已获盗贼之牲畜、财物侵蚀入己者,罚五牲畜,追赃给付事主。系贼犯财物,给付贼犯。

○又定:蒙古偷窃俄罗斯马匹,照例赔罚,仍照蒙古例拟罪。

○二十四年(1844)定:青海及各蒙古抢夺未经伤人得财,数在三人以下者,首犯发云贵、两广,从犯发湖广、福建、江西、浙江、江南。如四人以上至九人,不分首从,俱发云贵、两广极边烟瘴地方,交驿充当苦差。但有伤人及捆缚事主者,绞监候;杀人者斩立决,为从绞监候。抢夺牲畜在十匹以上,财物在一百二十两以上者,为首斩监候。纠伙至十人以上者,无论伤人与否,为首斩立决,为从绞监候。所有各犯产畜,均籍没给付事主。

○又定:台吉强劫杀人,为首及为从动手者,皆斩;为从同行并未动手,但于劫后分赃者,斩监候;造意不行,无论分赃未分赃,革去台吉,枷号三月、鞭一百,发往伊犁;同谋未同行分赃,及已行未分赃者,均革去台吉,枷号两月,同谋未同行亦未分赃者,革去台吉,枷号一月,均鞭一百,发往邻盟严加管束。

○又定:台吉强劫伤人未死得财者,首犯斩监候;为从动手者,革去台吉,枷号两月、鞭一百,发往乌鲁木齐;同行未动手但分赃者,革去台吉,枷号一月;造意不行,无论分赃未分赃,革去台吉,枷号两月;同谋未同行分赃,及已行未分赃者,革去台吉,均鞭一百,发往邻盟;同谋未同行又未分赃者,革去台吉,鞭一百;永不准开复。

○又定:台吉强劫伤人未死未得财者,首犯绞监候;为从动手及造意未行者,革去台吉,枷号一月;同行未动手者,革去台吉,均鞭一百,发往邻盟;同谋未同行者,革去台吉、鞭一百;永不准开复。

○又定:台吉强劫未伤人得财者,不分首从革去台吉,发往邻盟;同谋未同行亦未分赃,暨未同谋又未同行仅于劫后分赃者,俱革去台吉,鞭一百。未得财造意之犯,革去台吉,鞭一百;同谋无论已未同行,革去台吉。均永不准开复。

○又定:台吉强劫之案,除罪应斩绞,并发往邻盟各犯,其产畜、家奴毋庸查议外,如罪止革去台吉不准开复者,产畜、家奴,俱照台吉行窃例办理。

○二十五年(1845)定:强盗案内,为从妇女情有可原者,发往邻盟,给效力台吉为奴。

○又定:蒙古各居亲属相盗者,期亲减凡人五等,大功减四等,小功减三等,缌麻减二等,无服之亲减一等。

○又定:蒙古地方遇有窃案,该管十家长罚马一,十家长自首免罚,三年无窃赏马一。该盟长年终汇册报院。

○又定:台吉塔布囊平人名下未入册档之庄头及家奴行窃,该管台吉、塔布囊家长分别罚九。其已入档册之披甲人等行窃,该管佐领分别罚九。

○二十六年(1846)奏准:再犯偷窃牲畜一二匹,为首者,加枷号二十日;为从同行分赃者,加枷号十五日;同谋未同行但分赃者,加枷号十日。三犯,为首者,加枷号四十日;为从同行分赃者,加枷号三十日;同谋未同行但分赃者,加枷号二十日。

○同治二年(1863)谕:"蒙古各札萨克旗与内地州县有间,如遇抢劫盗匪,一体照依内地章程,准其格杀毋论,并拿获者立即讯明正法,恐办理未能详慎,或致妄杀无辜。嗣后蒙古缉捕盗贼,及拿获抢劫重案者,均遵照旧章办理。”

〇五年(1866)议准:嗣后贼盗聚众在三人以上,执持兵器,倚强肆掠,以及伙同拒捕,持械杀伤官兵者,不分首从皆斩。

〇又议准:蒙古官兵获盗三次,如有升阶,即行升用;如无升阶,官员赏一九牲畜,兵赏五牲畜。

## 捕逃

〇国初定:外藩逃人被获者,罚逃人之主一半,给拿获之人,逃人鞭一百。窝隐逃人者,罚牲畜一九,给逃人之主;窝主之什长,罚牲畜一九给逃人之什长。

〇又定:外藩蒙古全旗逃者,不拘邻近与否,即刻往追,以军法从事。若王等不追者,罚马百匹,札萨克、贝勒、贝子、公七十匹,台吉五十匹。

〇又定:王、贝勒等遇有他处逃来之人,于二日内将为首逃来者解院。若过二日,王罚马十匹,兼札萨克贝勒、贝子七匹,贝勒、贝子五匹。

〇又定:带弓矢逃者,二十人以下,止令本旗追捕;二十人以上,并令邻旗札萨克王、贝勒等,量逃人多寡,备马匹行粮,穷其所往。若不紧追,王罚马二十匹,贝勒、贝子、公十五匹,台吉十匹。中道而返者,为首罚牲畜一九,余各罚牲畜五。匿逃不速题报者,王罚马十匹,贝勒、贝子、公七匹,台吉五匹。

〇又定:见逃故纵者,王等罚十户,札萨克贝勒、贝子、公罚七户,台吉罚五户,庶人罚牲畜三九。

〇又定:卡伦官兵疏纵逃犯及追赶不力者,佐领罚三九,骁骑校罚二九,皆革职;领催革役,鞭一百,罚牲畜五;马甲鞭一百。

〇又定:凡捕逃人与逃人斗死者,逃人如有奴仆,偿还一人,并罚给牲畜三九。

〇又定:蒙古买人出边者,永行禁止。

〇顺治五年(1648)题准:蒙古王、贝勒等所属人有私来内地者,一概发还。

〇又议准:食俸之札萨克王、贝勒、贝子、公等,失察窝留逃人者,罚俸一年。

〇又题准:蒙古地方,有流离散失,游食糊口,卖身年久之疏远族人,恳求归宗者,均不准行。倘于住久之旗逃赴别旗,即着逐回。别旗不即逐回者,照窝逃论,逃人亦鞭一百,仍发回原住之旗。

〇康熙五年(1666)题准:他处逃来之人至各卡伦者,卡伦人即送至所投王、贝勒处。

〇又题准:与逃人斗死者,逃人如无奴仆,向逃人原主札萨克王、贝勒等取三九赏给。

〇十三年(1674)题准:出卡伦逃往外国之人,如追时不曾抗拒者,被获之日,将为首一人斩,余绞;若持兵抗拒,皆斩。逃往外国被执送院,曾拒捕伤人者斩;未伤人者鞭一百,交还原主。逃而未伤人自还者,免罪,交原主。

○十六年(1677)题准:追杀率先逃走之人,即以其人家产牲畜给之,不更给赏。如逃人无畜产可给者,卡伦佐领赏给蟒缎缘领缎袍一件、缎三匹、布二十匹,骁骑校赏给妆缎缘领缎袍一件、缎二匹、布十五匹;骁骑校给缎一匹,布十匹。

○又定:他处逃来之人,不于二日内解院者,王、贝勒、贝子、公、台吉等皆罚俸三月。无俸者,仍照例罚马。

○二十六年(1687)复准:蒙古四十九旗及索伦、达呼尔等,将内地民人及满洲家下逃人窝留,以为奴仆、子孙、妻妾者甚多。嗣后蒙古等雇内地民人耕种之处,永行禁止。凡边外生事流民,及旗下家奴逃人,交与各该管札萨克各旗佐领,不时严加缉捕送院,照例从重治罪。窝留内地逃民之窝主,系官革职,鞭一百,罚牲畜三九;闲散鞭一百,亦罚三九;将所罚牲畜给拿获之人。若该札萨克所管人等不加严察,经院察出,或被旁人出首,将窝隐正犯照例治罪。出首之人,奴仆开为另户,闲散人从窝主罚出牲畜三九给予。失察之该札萨克,及协理旗务台吉等,皆罚牲畜九九;管旗章京、副章京、参领等罚五九;佐领、骁骑校皆革职罚三九;皆入官。领催、什长等各鞭一百。

○三十一年(1692)奏准:蒙古犯罪,发遣山东、河南者复行逃脱,初次,枷号一月,调发福建、湖广等省;二次,枷号两月,调发云南、贵州、广东、广西最远极边烟瘴等处;至三次,枷号三月,仍发回原调发处。原发福建、湖广者,按照脱逃次数,止调发最远极边烟瘴处所。蒙古等免死减等充军自配所脱逃,拿获时审未为匪者,亦一体加等调发,仍分别脱逃次数,初次枷号两月,二次枷号三月,刺字。再人犯已经正法,其妻子应流者,酌发南省驻防处所给兵丁为奴。

○三十二年(1693)复准:凡无票私自出口之民,被获杖一百,其妻及未分居之子,安插山海关外辽阳等处。

○三十八年(1699)奏准:官兵等自军营带来之额鲁特回子内,另有关涉重情者,仍令声明缘由具奏,恭候钦定,遵照办理。如非关紧要,并无别情之逃犯,无论拿获及自行投回,系初次,枷号一月、鞭一百,交原主严加管束;二次,发福州、广州,给予旗下官兵为奴。其在京居住之额鲁特回子王公等,自原籍带来之额鲁特回子家奴,如有逃走者,仍照八旗逃奴例,计其逃走次数年月,分别办理。

○四十九年(1710)奏准:嗣后凡发遣为奴之犯逃至蒙古地方,如有知情容留藏匿者,杖一百、徒三年,官员革职,照例治罪。其不知情冒昧容留者,杖八十。已未管旗之王、贝勒、贝子、公、台吉、塔布囊等,如有知情容留发遣为奴人犯者,罚俸一年;无俸者,罚二九牲畜。其不知情冒昧容留者,已未管旗之王、贝勒、贝子、公罚俸六月,副台吉、塔布囊各罚一九牲畜,其失察之该盟长罚俸三月。

○五十一年(1712)复准:喀尔喀因前噶尔丹之战,失散人口,若于会集处未经收回之人,离居已久,均在各旗分编佐领载入丁册,难以给还。嗣后有恳请归族等事,概不准行。如从久住地方逃往别处者,追回照逃人例治罪。有不追回隐匿者,照隐匿逃人律治罪。晓谕各旗内外众札萨克、八旗游牧察哈尔各旗下,永著为例。

○又复准:鄂尔多斯七旗内,有卖去壮丁及马甲人口逃散糊口甚多。委官查明弃卖逃亡是实,该管王、贝勒、贝子等罚俸三年;协理台吉等罚三九;管旗章京、副章京罚二九;其前未协理旗务,至补授后不查明呈报之台吉等,罚一九。本旗未卖人丁听属下逃散不能收养者,贝勒罚俸一年半,协理台吉等罚二九,管旗章京、副章京罚一九。其擅卖人丁之台吉罚二九。台吉已故者,其妻罚一九。擅卖人丁之骁骑校鞭一百。骁骑校已故,其妻罚牲畜五。若买主有籍贯姓名者,行文该管札萨克及地方官追还人丁,交该旗收领,不给原价;无籍贯姓名者,行文内札萨克众喀尔喀,及沿边神木等处,概行严查,限一年送还。如一年内不能查交,或被告发,将该管札萨克官员等治罪。其查出送还者,该旗收领,行文报院。嗣后各旗养育人丁,不时严查。若再有卖去壮丁及逃散人口者,将该札萨克经管之人,皆从重治罪。

○嘉庆二十二年(1817)定:归化城土默特地方命盗案内逃犯,派员承缉。初次勒限六月,逾限不获,展限一年。二次逾限不获,再限一年。三次逾限不获,罚五牲畜。

○又定:归化城土默特逃犯不知旗分佐领者,另行派员承缉。如知其实系土默特人犯,即责成该佐领照承缉之例,勒限缉捕。如系别旗之人,一面派员缉捕,仍行令该札萨克严拿。如人犯在该旗地方藏匿,不行缚送,经归化城官员访获,或他人首出者,罚该扎萨克一九牲畜。

○道光十九年(1839)定:口外游民、满洲家奴逃至蒙古地方,各札萨克立即缉拿,解交地方官照例治罪。如有知情容隐不报,经他人出首拿获者,台吉官员革职,平人鞭一百,俱罚三九。不知情者,免其革职、鞭责,仍照罚牲畜。失察之札萨克罚俸一年,管旗章京、参领等各罚二九,佐领、骁骑校俱革职、罚二九,领催、十家长等鞭一百。

○又定:凡发遣为奴人犯逃至蒙古地方,如有容隐者,台吉官员革职、鞭一百,平人鞭一百、枷号一月,俱罚三九。不知情者免其鞭责、枷号,仍革职,照罚牲畜。失察之札萨克,罚俸二年;管旗章京、参领等,俱革职,罚二九;佐领、骁骑校,俱革职,鞭一百,罚二九牲畜;领催、十家长等,鞭一百,加枷号一月。

○又定:札萨克旗下蒙古及家奴无故逃走,由该管札萨克派员查拿到案,鞭一百。他人拿获,赏给一牲畜。隐匿者,均罚一九牲畜。

○二十年(1840)定:王公、台吉等知人逃往外国,给马遣往者,革退封爵职衔,撤其属下之人;官员绞,抄没家产;平人斩,仍抄没家产。

○又定:台吉逃走,失察之札萨克罚俸六月。缉获后,讯明无别项情弊者,交札萨克严行管束。

○又定:阖旗逃走,若札萨克王、贝勒、贝子、公、台吉等不追者,各罚俸一年。

○又定:系撒袋人逃走,王公、台吉等不追者,各罚俸六月;并不即将逃亡缘由报院者,各罚俸三月。

○二十三年(1843)定:故纵贼人不擒,令其脱逃者,照窝盗例治罪。贼已发觉,不即查拿,以致脱逃者,照窝盗例减一等治罪。

○二十四年(1844)定:缉捕命盗逃犯,初次勒限三月,限内缉获,官员赏一九牲畜,兵丁赏五牲畜;限满无获,官员罚三牲畜,兵丁鞭六十。二次勒限六月,限内缉获,官员赏六牲畜,兵丁赏四牲畜;限满无获,官员罚四牲畜,兵丁鞭八十。三次勒限九月,限内缉获,官员赏四牲畜,兵丁赏三牲畜;限满无获,官员罚五牲畜,兵丁鞭一百。四次勒限一年,限内缉获,官员赏三牲畜,兵丁赏二牲畜;限满无获,官员革职,鞭六十,兵丁枷号一月。四次限内人犯就获,该札萨克加一级;无获,罚俸一年。

○二十五年(1845)奏准:缉捕谋杀人命重犯,四参限满未获者,将该札萨克照罚俸一年例上,加等再罚俸半年。如系两案重犯至二名者,加等再罚俸一年,再予限半年。限满仍未获,将承缉官照二参限例,折罚牲畜;该札萨克,再行罚俸一年。

## 疏脱罪囚

○康熙二年(1663)题准:死罪犯人逃脱者,收管官罚三九,骁骑校革职、罚二九,领催鞭一百,兵丁鞭八十。若非死罪犯人脱逃者,收管官罚二九,骁骑校罚一九,领催鞭八十,兵丁鞭五十。如被旁人拿获,即以所罚牲畜给之,所拿获人给札萨克王、贝勒等。

○十三年(1674)定:劫夺死罪犯人者,不分首从皆斩。劫夺非死罪人犯者,为首人罚三九,余各罚一九。

○道光十七年(1837)定:解审死罪人犯中途脱逃,佥差不慎之札萨克罚俸一年;非死罪人犯,罚俸六月。如有贿纵情弊,加一等科断。

○又定:抢夺拟定罪名人犯,照刑律劫囚例治罪。

## 发　冢

○康熙十三年(1674)题准:发掘王、贝勒、贝子、公等墓者,为首一人拟斩监候,妻子、家产籍没,余各鞭一百、罚三九。发掘台吉墓者,为首一人拟绞监候,余各鞭一百、罚二九。发掘官员墓者,为首一人鞭一百、罚三九,余各鞭一百、罚一九。发掘庶人墓者,为首一人鞭一百、罚一九,余各鞭八十、罚一九。所籍没家产及牲畜,皆给予墓主。

○又定:平人发掘王、贝勒、贝子、公、札萨克台吉及福晋夫人等坟冢,已行未见棺者,为首拟绞监候,为从发山东、河南交驿充当苦差;见棺者,为首绞立决,为从绞监候;开棺见尸者,为首斩立决,为从绞立决;毁弃撇撒死尸者,不分首从,皆斩立决。

○又定:平人发掘平人坟冢,未见棺者,为首鞭一百、罚三九牲畜,为从鞭九十、罚二九牲畜;见棺者,为首发山东、河南交驿充当苦差,为从鞭一百、罚三九牲畜;开棺见尸者,为首发极边烟瘴,为从发山东、河南,均交驿充当苦差;毁弃撇撒死尸者,为首绞监候,为从发极边烟瘴,交驿充当苦差。若盗未殡、未埋尸棺,及发年久穿陷之冢未开棺椁者,为首鞭一百、罚三九牲畜,为从鞭九十、罚二九牲畜。开棺见尸一次者,为首发山东、河南交驿充当苦差,为从鞭一百、罚三九牲畜;二次者,发江南、浙江、江西、湖广、福建等省,为从发山东、河南;三次者,为首发云南、贵州、广东、广西等省,为从发江南、浙江、江西、湖广、福建等省,均交驿充当苦差;三次以上者,为首绞监候,入于缓决,为从发云南、贵州、广东、广西等省,交驿充当苦差。

# 卷九百九十六·理藩院三十四

## 刑　法　违禁采捕　人命　失火　犯奸　略卖

### 违禁采捕

○康熙十七年(1678)题准:外藩蒙古王、公主、郡主等所属人,私向禁地盗采人参者,为首拟斩监候,妻子、家产、牲畜并所获皆入官;为从鞭一百,家产、牲畜并所获入官,妻子免其籍没。王、公主、郡主以下,台吉以上,遣属下人往者,各罚九九。管旗章京以下、骁骑校以上,遣家奴往者,皆革职。领催、十家长、另户遣家奴往者,鞭一百,革去领催、十家长,各罚一九。所遣家奴,本身、妻子、家产、牲畜并所获,皆入官。遣另户人往者,管旗王以下、十家长以上,皆照遣家奴例治罪。另户人及家奴偷采人参,其该管与家主不知情者,皆鞭一百、罚三九。旁人首发者,交户部照入官之参折半价给赏。私买私卖者,系蒙古,鞭一百、罚一九。

○又定:私入禁地采参捕貂被获,其主明知故遣者,不分王、贝勒、贝子、公、台吉,皆罚俸九月;无俸之台吉及官员庶人,皆罚三九。所获参、貂入官,车及牲畜,均赏给旗下效力之人。

○又定:王、公主、郡主等所属旗人及家人捕牲人,有私赴禁地采参捕貂被获者,财主及为首之人皆拟绞监候,家产牲畜籍没;为从者,另户鞭一百、罚三九,家奴枷两月、鞭一百,罚伊主三九。现获参、貂尽行入官。

○又定:凡偷采参、貂私行买卖,被旁人拿获者,将参、貂交纳户部,买者、卖者各鞭一百、罚一九,赏给拿获出首之人。

○又定:王以下庶人以上,有往黑龙江瓜尔察索伦买貂,明知违禁,遣人邀取贩卖者,王、贝勒、贝子、公、台吉罚俸一年,无俸之台吉罚五九,官员、庶人罚三九。携商私往,为首者拟绞监候,为从者罚三九,所携价本人官。

○乾隆四年(1739)议准:拿获围场内偷捕牲畜之犯,若系蒙古,交八沟理事同知,初犯、再犯皆鞭一百,三犯罚一九,毋庸送部。

○六年(1741)奏准:偷捕围场内牲畜者,初犯枷一月,再犯枷两月,三犯枷三月,令在围场附近地方示众,满日皆鞭一百。系蒙古,交札萨克严行约束。

○十年(1745)奉旨:"此汇奏在围场内私行采捕之案,皆民人及察哈尔蒙古,并无札萨克蒙古,可见附近围场之札萨克等,平素留心公事,能将所属人等严加约束,殊属可嘉。着传谕奖励,俾益加勉力。再察哈尔总管及同知等,平素疏忽,不严行管束所属,并交部察议。"

○十三年(1748)奉旨:"从前拿获偷入围场射猎樵采之人,由该总管送部治罪。后因设立地方官,将此等人犯停止送部,即交地方官办理。但禁约围场,究与地方官无涉。嗣后如有斗殴、词讼等事,照常令地方官办理完结外,倘围场内有偷入射猎樵采等事,该总管拿获时,仍照旧例送部治罪,即交该地方官转行解部,岁终该总管将拿获数目报部汇查。"

○二十七年(1762)议奏:围场禁地,向例拿获贼犯,分别初犯、再犯、三犯递加枷号,殊不足以示惩。嗣后有犯,除偷采蔬果及割草者,仍照定例办理外,其盗砍木植、偷打牲畜之犯,审系初次、二次,发往乌鲁木齐等处种地,犯至三次,即发乌鲁木齐等处给种地兵丁为奴。地方同知、通判等官照约束不严例,降一级调用,道员照失于查察例,罚俸一年,该总管照兼辖官例,降一级留任,该札萨克照疏忽例,加一等,罚札萨克俸一年,协理台吉罚俸九月,无俸者罚牲畜七。现获偷木民犯十一名,打鹿民犯四名,及应议各官,即照此例办理。奉旨:"旗民私入围场盗伐木植,偷打牲畜,及防范不严之该地方蒙古札萨克等,自应照现定之例惩治。但此次拿获贼犯及应议各员,尚在未定新例之前,俱着从宽照旧办理。嗣后有犯,即照新例定拟。传谕蒙古札萨克等知之。"

○嘉庆十五年(1810)奏准:察哈尔及各札萨克旗下蒙古,有私入围场偷打牲兽在十只以上、偷砍木植在五百斤以上者,发遣河南、山东;牲兽二十只以上、木植八百斤以上者,发遣湖广、福建、江西、浙江、江南;牲兽三十只以上、木植一千斤以上者,发遣云南、贵州、广东、广西,均交驿站充当苦差。其零星偷窃随时破案者,牲兽五只以内、木植一百斤以内,鞭一百、枷号两月;牲兽十只以内、木植五百斤以内,鞭一百、枷号三月。案内从犯,各减一等。

○又定:附近围场之各札萨克旗下蒙古,有犯偷窃牲兽木植,罪应枷责者,将失察之该管官罚一七牲畜,札萨克罚一五牲畜;犯应发河南、山东者,该管官罚一九牲畜,札萨克罚一七牲畜;犯应发湖广等省者,该管官罚二九牲畜,札萨克罚一九牲畜;犯应发云南等省者,该管官罚三九牲畜,札萨克罚二九牲畜。其札萨克应罚二九牲畜者,折罚札萨克俸一年;应罚一九牲畜者,折罚札萨克俸六月;应罚一七牲畜者,折罚札萨克俸五月;应罚一五牲畜者,折罚札萨克俸三月。无俸者,实罚牲畜,存公备赏。

○二十三年(1818)谕:"嗣后拿获私入围场人犯,除照例分别拟罪外,不论首从,已得赃者,皆面刺'盗围场'字;未得赃者,皆面刺'私入围场'字。"

○道光七年(1827)议准:嗣后私入木兰等处围场及南苑,偷窃菜蔬、柴草、野鸡等项者,初犯枷号一月,再犯枷号两月,三犯枷号三月,满日各杖一百。若盗砍木植、偷打牲畜者,初犯杖一百、徒三年;再犯、三犯,及虽系初犯而偷窃木植至五百斤以上、牲畜至十只以上,或身为财主,雇倩多人者,改发极边足四千里充军。为从及偷窃未得者,各照为首及已得减一等,贩卖者又减一等。旗人销除旗档,照民人一体办理。兵丁俱先插箭游示,加一等治罪。受贿故纵者与犯同罪,失察者杖一百;再犯折责革伍。该管员弁失于觉察者,交部议处。察哈尔及札萨克旗蒙古,私入围场盗砍木植、偷打牲畜,亦照此例办理。蒙古人犯应拟徒罪者,照例折枷;应充军者,发遣湖广、福建、江西、浙江、江南,交驿充当苦差。以上盗围场人犯,均面刺"盗围场"字样;偷窃未得之犯,均面刺"私入围场"字样。

○十九年(1839)定:私往禁地偷捕偷挖貂鼠人参,除人犯照例治罪外,其失察之王公、台吉、塔布囊均罚俸一年,不管旗者罚二九牲畜。

○又定:黑龙江瓜尔察索伦貂皮违禁购买者,王公、台吉、塔布囊均罚俸一年,不管旗者罚二九,平人鞭一百,仍将价物追出入官;其遣往购买之人,鞭八十。

## 人　命

○国初定:外藩蒙古斗殴,伤人目、折人手足,致成残疾者,罚牲畜三九;平复者,罚一九。伤孕妇致堕胎,及殴损人齿牙者,各罚一九。断人发辫及帽缨,或以鞭杆殴人者,各罚牲畜五。互殴有伤相等者,无罪。

○又定:凡未管旗王、贝勒、贝子、公、札萨克台吉、塔布囊等,将别旗之人故杀、仇杀、谋杀者,罚六九牲畜给被杀者之妻子,罚三九牲畜给被杀者之主人,仍罚俸一年;闲散台吉、塔布囊等,罚三九牲畜给被杀者之妻子,罚二九牲畜给被杀者之主人,仍革去台吉、塔布囊职衔;平人照刑例办理。至擅动金刃之物伤人,若未致重伤者,各罚俸六月;无俸台吉、塔布囊等,罚一九牲畜;平人罚五牲畜。

○顺治十五年(1658)题准:斗殴伤重,五十日内死者,将殴人之犯拟绞监候。

○又题准:无故杀妻者,拟绞监候。

○康熙五年(1666)题准:射砍家奴割截耳鼻者,王罚五九,贝勒、贝子、公罚四九,台吉罚三九,职官罚二九,庶人罚一九,赏给被伤家奴。致死者,以故杀论。

○又定:王等以刃刺杀所属人及家奴,并故杀、仇杀、醉杀者,罚马四十匹,贝勒、贝子、公罚马三十匹,台吉罚牲畜三九;死者亲属一并开出,赏给所罚,于旗内听所欲往投主。若无仇隙,误伤致死者,报明情由。不报者,王等各罚俸九月,无俸之台吉等仍罚三九入官;死者亲属不准开出。管旗章京、副章京杀死家奴者,罚三九,参领、佐领、骁骑校罚二九,庶人罚一九,皆给死者亲属,听所欲往投主。误伤致死者,于札萨克处报明情由;不报者,仍按数罚牲。

○六年(1667)题准:奴仆杀家主者凌迟。

○十三年(1674)题准:因戏误伤人致死,有人见证者,罚三九。无见证可疑者,令其设誓。设誓者罚三九,不设誓者拟绞监候。

○又题准:官民人等与妻斗殴误伤致死者,罚三九给妻家。妻有罪不报明而擅杀死者,罚三九入官。

○又题准:故杀他旗之人及谋杀、仇杀者,除偿人外,王罚马百匹,贝勒、贝子、公七十匹,台吉五十匹,给死者亲属。庶人为首拟斩,为从拟绞,各监候,皆籍没家产牲畜,给死者亲属。为从不加功者,本身并妻子、家产、牲畜,皆解送邻近盟长,给效力台吉为奴。

○又题准:为首迎杀投到之逃人者,官拟绞,庶人拟斩,各监候;为从者,罚三九。

○乾隆三十七年(1772)奏准:蒙古伤人致死,拟绞缓决,遇赦减等者,仍照向例罚三九牲畜给予尸亲。其无力交纳者,照偷窃四项牲畜为从应罚牲畜不能交纳例,发遣山东、河南等省驿站充当苦差。

○四十三年(1778)谕:“嗣后回子等有寻常命案,应照回子例绑于巴咱尔立行打死,即行办理,于年终汇奏,毋庸专折请旨。”

○四十五年(1780)议定:科布多地方命案,毋庸解送刑部,即由该参赞大臣审明定案后,将该犯解往乌里雅苏台将军处,由该将军复核,入于秋审汇奏。

○五十七年(1792)奉旨:“嗣后驻扎新疆大臣办理一切事务,均应相机酌办,不可拘泥内地律例。即如回民内若有侄杀胞伯叔、弟杀胞兄、侄孙杀胞伯叔祖之案,自应照内地律例定拟,其远宗命案,仍应照回民之例办理,不必拘泥内地服制律例。”

○道光十九年(1839)定:凡管旗之汗、王、贝勒、贝子、公、台吉、塔布囊,故将人鞭殴致死者,系家奴罚俸一年,系闲散属下人罚俸二年,系旗下官员、披甲罚俸三年。致死闲散王公、台吉名下者,罪同。仍各罚三九牲畜,给付死者之家。其妻子弟兄,一并遣赴别旗,听其自便。其闲散王公、台吉有犯,各视其致死之人,照管旗之王公台吉罚俸年分,分别折罚牲畜存公。仍各罚二九牲畜,给付死者之家。其妻子兄弟止令出户,听其择主自投,毋庸遣往别旗。如致死者系札萨克名下,及同旗王公、台吉名下人,各视本例加一等科罪。其管旗章京、副章京、参佐领、骁骑校有犯,各视其致死之人,照闲散王公台吉例办理。如致死者系札萨克名下,及同旗王公、台吉名下人,均照刑例以凡论。如实系由误致死,各减半科罪,死者之妻子兄弟,均毋庸令其出旗、出户。

○又定:王公等故将人鞭殴成伤者,系家奴罚俸半年,系闲散属下人罚俸一年,系旗下官员、披甲罚俸二年。致伤闲散王公、台吉名下者罪同。仍各罚一九牲畜给付伤者之家,其妻子兄弟均令出户。其闲散王公、台吉有犯,各照管旗之王公台吉罚俸年分,分别折罚牲畜存公,仍各罚五牲畜给付伤者之家,其妻子兄弟均令出户。如致伤者系札萨克名下及同旗王公台吉名下人,各视本例加一等科罪。其管旗章京、副章京、参佐领、骁骑校有犯,各视其致伤之人,照闲散王公台吉例办理。如致伤者系札萨克名下及同旗王公台吉名下人,均照刑例以凡论。如实系由误致伤,各减半科罪,伤者之妻子兄弟均毋庸令其出户。

○二十三年(1843)定:王公等擅用金刃伤人者,罚俸二年;无俸台吉、塔布囊,罚四九牲畜。因而致残废者,罚俸三年;无俸台吉、塔布囊罚六九;仍各罚一九,给予残废者之家。其因而致死,并擅用金刃杀人者,闲散台吉、塔布囊照刑例定拟,汗、王、贝勒、贝子、公、札萨克均查照刑例声明请旨。其以手足他物伤人及因而致残废者,各减一等科罪。其以手足他物伤人因而致死,并以手足他物杀人者,各照擅用金刃例分别科断。

○又定:蒙古官员平人擅用金刃伤人者,官员革职,罚二九牲畜,平人鞭一百。因而致残废者,官员革职,罚四九,平人加枷号一月;仍各罚一九,给残废者之家。其因而致死,并擅用金刃杀人,及以手足他物伤人因而致死,并以手足他物杀人者,照刑例科断。

○又定:假捏人命冒认尸亲移尸讹诈者,照刑例问拟。徒罪发山东、河南,军、流发湖广、福建等省,均交驿充当苦差,不准折枷。

○二十五年(1845)定:过失杀妻者,官员革职,枷号六十日、鞭一百,平人鞭一百、枷号六十日,各罚二九牲畜给妻之母家。汗、王、贝勒、贝子、札萨克有犯,仍查照刑例声明请旨。

○又定:蒙古戏杀、过失杀伤人,俱照刑例定拟。

○二十七年(1847)定:凡以手足他物伤人案内,系妇人因而堕胎者,汗、王、贝勒、贝子、公罚俸二年,无俸台吉、塔布囊罚四九牲畜,官员革职、罚四九牲畜,平人鞭一百加枷号一月;仍各罚一九,给堕胎者之家。其因而致死,并讯有谋故等情者,均照刑例办理。

○又定:斗殴偺落帽缨者,罚三牲畜。

## 失　火

○国初定:因薰野兽窟穴致失火者,罚一九给见证人;延烧致毙人者,罚三九给死者之家。其余失火者,罚牲畜五给见证人;延烧致毙人者,罚一九给死者之家;延烧致毙牲畜者,照数赔偿。

○康熙十三年(1674)题准:挟仇放火致毙人者,官拟绞,平人拟斩,各监候,除妻子外,皆籍没畜产给予事主;致伤牲畜者,官革职,庶人鞭一百,除妻子外,畜产皆给予事主。

○乾隆十八年(1753)复准:嗣后内地民人出口贸易,不戒于火,致延烧牧厂者,皆照蒙古薰野兽窟穴失火例罚取牲畜。无牲者,比照牲畜折价罚银。

○五十八年(1793)奏定:凡蒙古打牲失火延烧民人货物者,查明所烧货物若干,如数追出赔给民人。若民人失火延烧者,亦照此例办理。

○道光十九年(1839)定:各旗因不戒于火,致延烧档案、军器等物者,未能先事预防之札萨克罚俸一年,协理台吉折罚二九牲畜;其监守之协理台吉罚四九,台吉罚三九,蒙古官员革职,兵丁鞭一百、革退。但讯有旷班致失守护情形,协理台吉革任,台吉革去台吉,官员革职、鞭一百,兵丁革退,鞭一百加枷号一月。

## 犯 奸

○原定:王等奸人妻者罚九九,贝勒、贝子、公等罚七九,台吉、官员、庶人等罚五九,皆给予本夫。以他人之妻为妾者罚三九。与主母私通者,奸夫凌迟,奸妇斩决,将奸夫妻子没为家奴服役。

○又定:凡台吉等之家奴奸台吉妻妾者,照刑例家奴奸家长妻妾办理。家奴当喇嘛者,亦照此例办理。至兼辖之属下阿勒巴图等奸台吉等之妻者,奸夫、奸妇俱绞监候;奸台吉等之妾者,奸夫、奸妇俱鞭一百。兼辖之属下阿勒巴图当喇嘛者,亦照此例办理。

○又定:平人和奸者,奸夫枷号一月、鞭一百,奸妇枷号一月、鞭一百。奸拐妇人者,奸夫枷号两月,发遣山东、河南交驿当差,奸妇鞭一百、枷号两月。奸妇鞭决枷赎,交本夫领回,听其去留。

○道光十九年(1839)定:王、贝勒、贝子、公、台吉、塔布囊奸平人妻者,罚俸三年;仍罚三九牲畜,给奸妇之夫。无俸台吉、塔布囊折罚六九牲畜存公,仍罚一九牲畜给奸妇之夫。

○又定:平人与福晋通奸,奸夫凌迟处死,福晋斩决,奸夫妻子发邻盟为奴。

## 略 卖

○康熙二十二年(1683)定:凡蒙古人将内地男妇子女诱骗贩卖或为妻妾奴婢者,不论良贱、已未卖成,如被诱之人不知情,将为首诱人者拟绞监候,为从者鞭一百、罚牲畜三九,被诱之人不坐。若被诱之人知情,为首鞭一百、罚牲畜三九,为从及被诱之人各鞭一百。

○又定:蒙古人诱骗良人为妻妾、子孙、奴仆,贩卖与人者,不论已卖未卖,皆鞭一百,罚三九。被诱之人知情,鞭一百。

○乾隆三十七年(1772)议准:已入档之蒙古属下人,不准擅行售卖与内地旗人。即未入档之庄头,亦止准本旗互相买卖,不准卖与别旗及内地之人。违者,将承买、售卖之人罚三九牲畜存公,失察之札萨克盟长罚俸三月,协理台吉罚一九牲畜。所卖之人不给原价,撤出交本旗充当差使。

○四十七年(1782)议准:凡回子等买外藩之人,若无诱买强骗等情,按原买价罚十分之三,赏给拿获之人,所买之人留与买主。若有诱买强骗等情,罚原买价十分之一,赏给拿获之人,所买之人撤出赏有功之伯克今裁。等。将该回子量其情节轻重,或枷号或惩责示儆。

○道光十九年(1839)定:蒙古私卖私买壮丁附丁在十名以内者,罚五九牲畜,追还人丁,交本旗收领,不给原价。其失察之该管札萨克罚俸半年,协理台吉罚一九,管旗章京罚二九，佐领罚三九，骁骑校责革。十名以上者，以次递增。查出不送还本旗，加一等治罪。

〇又定：蒙古虽无私卖私买人口情形，但任听属下人丁逃散不能收养，经别旗查出，在十名以内者，其失察之札萨克等，照私卖减半科罪。

# 卷九百九十七·理藩院三十五

## 刑 法 杂犯 审断

### 杂 犯

○国初定:帽纬长出帽檐,及戴卧兔帽,剪开沿毡帽,胁间系偏练垂,皆系违禁,被人见者,王、贝勒等罚马一匹,庶人罚犙牛一。

○又定:庶人在王前明出恶言者罚三九,犯札萨克、贝勒、贝子、公等罚二九,犯台吉等罚一九。虽非面言而审实者,亦坐。诟骂管旗章京者罚一九,犯副章京罚七,犯参领罚五,犯佐领罚三。

○又定:札萨克所遣人,贝勒等擅责罚三九,庶人擅责罚一九。

○又定:凡挟仇首罪而取牲畜者,王罚三九,贝勒、贝子、公罚二九,台吉罚一九,仇取牲畜给还原主,随所愿处发往。

○又定:外藩蒙古以他日为岁朝者,王罚一九,札萨克、贝勒、贝子、公罚七,台吉罚五,庶人罚马一,皆给予出首之人。

○又定:射砍他人牲畜致死者,除抵偿外,罚一九。致死马者加赔抵偿,未致死者罚犙牛一。

○又定:蒙古人等有欲修筑坟墓者,准其修筑。若伊等欲从蒙古例葬埋,各听其便。人死毋许杀马,毋插嘛呢杆子,渡口山岭毋许挂幡哈达。如违,被人首告者,罚五牲畜给首告之人。

○又定:奉差之人,由某旗经过,其旗下卡伦章京等,宜妥为照料护送。倘不照料护送,以致被窃,将卡伦章京等罚三九牲畜,披甲人等鞭一百。

○康熙十三年(1674)题准:庶人在不管札萨克事之贝勒、贝子、公、台吉前明出恶言者,亦照札萨克例罚取牲畜。

○十七年(1678)题准:外藩各旗,庶人冒称台吉进贡者鞭一百,骁骑校冒称佐领进贡者革职,仍各罚牲三九。同来台吉知情冒赏者,革去台吉,罚牲五九。

○二十八年(1689)定:王、贝勒、贝子、公、台吉等出边口,除票内开载军器外,带出金刃者,各罚俸六月,无俸之台吉等罚一九;庶人有犯罚一五。

○又定:不令行人歇宿,致冻死者,罚一九,未致死者,罚牸牛一。令其歇宿,而被盗者,所失财物牲畜,概令房主赔偿。

○又定:将行人所乘牲口,以为伊所遗失而误取者,罚牲畜五,给被取之人。

○又定:出痘病人歇宿人家,或设法禳病,因而传染致死人者,罚三九,虽痊可罚一九。如未传染,罚马一匹。

○又定:凡有疯疾之人,令其祖父、伯叔、兄弟、子侄亲属看守。如无亲属,令邻舍里长看守。如失于看守,致伤人者,鞭八十。

○又定:凡行凶之人,不可留于本旗者,并妻子解送邻近盟长,给效力之台吉为奴。

○嘉庆二年(1797)奏定:伊犁等处,如有哈萨克迷路擅入卡伦拒捕者,照窃马例,拟以绞决。

○道光十六年(1836)议准:蒙古金银矿砂处所民人偷挖,该蒙古无包庇情形,承缉官罚一九牲畜,札萨克罚俸三月。如蒙古本身偷挖,承缉官革职,札萨克罚俸六月。如蒙古招留民人得钱包庇伙挖,承缉官革职、鞭一百,札萨克罚俸一年。倘承缉官有知情故纵等弊,加枷号一月,札萨克罚俸二年。

○十九年(1839)定:汗、王、贝勒、贝子、公等之封号,应全行称写。如有任意举出数字者,管旗之王公等罚俸半年,未管旗者折罚一九牲畜。

○又定:官员失查商民偷渡出口者,降一级。无级可降,折罚二九牲畜。

○二十三年(1843)定:科布多住班乌里雅苏台牧放牲畜之喀尔喀四部落公、札萨克,每空班一次,罚俸三年。若至三次者,罚世职俸三年。

○又定:青海年例祭海,该处王公等陪祀。无故不到者,罚俸二年。

○二十四年(1844)定:科布多屯田收获不及五分者,该管官员罚一九,兵丁责惩。

○又定:赁唱戏文者,管旗王公罚俸二年,不管旗王公、台吉等罚四九牲畜,失察之盟长、札萨克罚俸半年。在家教幼丁演戏者,管旗王公视本例加等治罪,不管旗王公罚世职俸一年,台吉、塔布囊革职,三年无过开复,蒙古官员径行革职,平人鞭一百;失察之盟长、札萨克,罚俸一年。

○二十七年(1847)定:内外札萨克遇有该处将军、都统、大臣差官到境,滥送财物者,管旗王公、台吉均降三级调用。官员无级可降,折罚札萨克俸。不管旗及无俸者,折罚牲畜。

○又定:先后贺年者,王公、台吉、官员均罚一九,平人鞭八十。

○二十八年(1848)定:盗挖金银矿砂者,除首从各犯仍照刑例定拟外,将得钱招留之地主,均于本罪上加一等科断,罪止极边烟瘴充军。

○又定:服饰丧葬违禁,王公、台吉、塔布囊均罚俸三月,不管旗王公、台吉、官员均罚五牲畜,平人鞭五十。

○又定:平人诽谤王、公、台吉、塔布囊等者罚三九,诽谤管旗章京、副章京等者罚一九。

○又定:私行雕造描摹假印者,照内地例办理。

○二十九年(1849)定:王公等奉旨派出寺庙拈香差使,临期不到,罚俸六月。无俸人员,折罚牲畜。

## 审 断

○国初定:凡王等审理已决之事复行控告,复审无冤抑者,罚妄告人一九。札萨克、贝勒、贝子、公等所审者,罚告人牲畜五。官员所审者,罚告人马一匹。

○又定:凡词讼,令本人控告。若旁人代控,及罪已审结,本人不告,旁人代诉者,皆罚马一匹,给原审人。

○顺治八年(1651)题准:外藩蒙古人有讼,赴各管旗王、贝勒等处伸告。若审理不结,令协同会审旗分之王、贝勒等公同审讯。仍不结,王等遣送赴院。如未在王、贝勒处伸告,越次赴院者,一概发回。

○康熙元年(1662)题准:蒙古拟定死罪犯人,由札萨克审明报院,由院会三法司定拟具奏。其应监候秋后处决者,照刑部秋审例会满洲九卿议奏。

○九年(1670)题准:凡已结事件称有冤枉者,仍赴本院告理。又称冤枉,许赴通政使司鼓厅告理。

○十三年(1674)题准:不兼札萨克之贝勒、贝子、公、台吉等有犯,照札萨克贝勒等一例议处。

○三十三年(1694)复准:山海关外科尔沁、土默特等旗,凡偷盗争夺之事,旧例皆由盛京刑部行文到院会审,往返定议,方得完结。嗣后遴选应升蒙古旗员一人、笔帖式二人,令往盛京居住,除人命大案确审取供咨部具题外,一应细事,即会盛京刑部审结。其有与口外札萨克会审、与该将军会审之事,并令一并审结,毋得迟延。

○雍正二年(1724)议准:蒙古人告状必列姓名,方与准理。若诬告者,原告及见证皆罚三九。

○又定:蒙古王等以下、庶人以上,因争户口致讼,雍正元年(1723)以后者审理,雍正元年以前者不准审理。

○又定:凡提拿大盗致脱逃者,王、贝勒、贝子、公、台吉等皆罚俸一年。无俸之台吉等,罚牲畜五九。

○又定:凡捕获盗贼,送该札萨克处收禁。若在盛京及归化城等处拿获者,即在犯事处收禁,该札萨克率领会审之台吉审讯。

○乾隆六年(1741)议准:凡应拟斩绞监候之蒙古等,系科尔沁、札赉特、杜尔伯特、郭尔罗斯十旗,喀喇沁三旗,土默特两旗,札鲁特两旗,敖汉旗,奈曼旗,喀尔喀左翼旗者,送八沟理事同知监禁;巴林两旗、阿巴哈纳尔两旗、翁牛特两旗、乌珠穆沁两旗、阿巴噶两旗、苏尼特两旗、浩齐特两旗、阿鲁科尔沁贝勒旗、克什克腾札萨克台吉旗,及喀尔喀土谢图汗部落十九旗、车臣汗部落二十一旗、额鲁特旗者,送多伦诺尔理事同知监禁;鄂尔多斯七旗、归化城土默特两旗、乌喇特三旗、喀尔喀右翼旗、茂明安札萨克台吉旗、四子部落旗、喀尔喀三音诺彦部落二十一旗、札萨克图汗部落十五旗者,送归化城理事同知监禁。

○又议准:凡在多伦诺尔地方蒙古民人互讼事件,令该同知会该旗审拟完结。凡八旗游牧察哈尔命盗重案,呈报刑部会院完结。其喀尔喀札萨克各旗蒙古命盗重案,呈院完结。至商民事件,仍由口北道转报该督完结。

○七年(1742)议准:八旗游牧察哈尔命盗案件,如凶犯、盗犯、尸亲、失主皆系蒙古,并无内地民人者,令该总管等会同该同知、通判审明定拟。鞭责轻罪,照例发保;徒、流以上罪犯,即交该同知、通判等收禁,一面报部,一面将鞭责之犯先行发落。俟院会刑部等衙门奏准之后,将应决之人犯,即于犯事处正法。军、流以下人犯,照例折枷完结。其定拟斩、绞监候之犯,并令严行监禁,秋审时,该总管造具年貌清册报部。若蒙古、内地人交涉命盗案件,该总管委官会该同知、通判审明定拟。应保出者准其保出,应监禁者交该同知、通判等收禁。系直隶民人,该同知等即呈报口北道、直隶按察使、总督,该督复核具题;系山西民人,即呈报归绥道、山西按察使、巡抚,该抚复核具题,仍各咨该总管存案。若所定之罪与该总管意见不同,亦着申文报部。俟刑部会本院详加改正,定拟复奏。立决人犯,于犯事处正法;军、流以下,照例完结;监候人犯,仍令该同知、通判监禁,秋审时,由该督、抚详查具奏。

○十一年(1746)议准:八旗游牧察哈尔蒙古,应入直省秋审之犯,令该同知等于每年四月初旬,查明各犯年貌、旗分、佐领及犯罪原由,出具切实看语,申送该督、抚核题,免其提审,以省拖累。再口外蒙古人犯,分定旗分,解送多伦诺尔同知等处监禁者,原指各旗自行审理案犯而言。至沿边理事同知、通判均有办理蒙古、内地民人之责,所有承审人犯,自应本处监禁,不得借词解送。

○十二年(1747)议准:八旗游牧察哈尔蒙古民人交涉事件,仍会同同知、通判审理。如案犯专系蒙古,与内地人无涉者,令各总管自行审理。

○又议准:八旗游牧察哈尔蒙古,偷盗牲畜拟绞减等之犯,正身蒙古,照旗人例折枷;家奴,仍照旧例发邻近盟长,给效力台吉为奴。

○十五年(1750)议准:八旗游牧察哈尔左翼四旗蒙古,与民人交涉之案,在镶黄旗地方犯事,附近张家口者,即归张家口同知收禁;在正白旗地方犯事,附近独石口者,即归独石口同知收禁;在镶白、正蓝二旗地方犯事,附近多伦诺尔者,仍归多伦诺尔同知收禁。

○二十五年(1760)复准:归化城同知、通判,承办蒙古命盗等案,及蒙古、民人交涉命盗事件,由该厅等呈报绥远城将军,就近会同土默特参领等官办理。蒙古事件,由将军咨院具奏完结;蒙古与民人交涉事件,由巡抚咨院具奏完结。其由札萨克派员会审之处,永行停止。

○又复准:张家口、独石口、多伦诺尔等三处同知,与察哈尔交涉案件,仍照例会同察哈尔游牧处部院章京审办外,八沟、塔子沟二厅与各部落札萨克交涉案件,会同乌兰哈达、三座塔部院章京审办。多伦诺尔同知与喀尔喀交涉案件,会同察哈尔游牧处理事部院章京审办。其由札萨克会审之处,均行停止。

○又复准:山西省丰镇厅所属,与察哈尔正黄旗、正红旗接界;宁远厅所属,与察哈尔镶红旗、镶蓝旗接界。此四旗又与苏尼特、四子部落旗接界。所有四旗地方蒙古、民人交涉命盗案件,并二厅所辖境内蒙古、民人交涉命盗案件,不论察哈尔旗下蒙古及苏尼特等旗蒙古,俱令该厅员等会同察哈尔四旗官员审办。其行取札萨克旗下官员会审之例均停止。至察哈尔各旗蒙古,往归化城各同知、通判所属地方,与土默特蒙古,并民人交涉命盗案件,亦毋庸由察哈尔旗分行取会审官员,即令归化城厅员会同土默特官员审办。

○二十六年(1761)复准:伯都讷地方办理蒙古命盗案件,毋庸专派司官,由院于笔帖式内遴选办事好、通蒙古语者一员引见,以委署主事遣往,三年一次更换。三年内办事果好,准吉林将军保题坐补主事。倘有劣迹,即参奏治罪。派出之员,令其驰驿来往。遇有大事,会同该将军审理。日支廪给银,照库伦等处减半,定为七钱五分,于该处地丁银内支销。

○二十九年(1764)复准:蒙古民人交涉命案,一经报官,该地方官即往相验,取供通详。其蒙古官员会验之例停止。

○又奏准:陕西、甘肃两省交涉蒙古案件,在延榆绥道所属境内者,会同神木部员办理;在宁夏道所属境内者,会同宁夏部员办理;在山西保德州、河曲县等处,仍由神木部员会同雁平道办理。其鄂尔多斯蒙古民人案件,仍照例会同两处部员办理。

○三十一年(1766)议准:归化城土默特两旗命盗重案,如正犯系蒙古,由归化城参领会同同知审明拟罪,该参领呈报归化城副都统,该同知亦即申报归绥道。复审相符后,呈明将军咨院办理。其审供案情,仍由该道详报按察使司,转由巡抚存案,以备查核。

○三十三年(1768)奏准:各处台站地方命盗重案,如系蒙古民人交涉案件,仍交该地方官办理;若止系蒙古,照察哈尔旗办理之例,审明后,报察哈尔都统复核,咨院完结。

○三十五年(1770)奉旨:"嗣后归化城土默特命盗重案,着绥远城将军亲往归化城复审后,再行定拟。"

○三十七年(1772)议准:归化城土默特命盗各案,有关取各札萨克旗分之犯,及行查事件,并特拿要犯,应各定限期。喀尔喀等处定限六月,内札萨克等处定限四月。无故逾限者,将该札萨克等照例察议。

○三十九年(1774)奏准:蒙古等词讼,不先在札萨克盟长处具控,竟赴院越诉者,无论事之虚实,系台吉官员罚三九,系属下家奴鞭一百。寻常案件,仍交该札萨克盟长办理。其命盗重案,由院详讯,应派大臣办理之处,具奏请旨。如已在札萨克盟长处呈控,或不为秉公办理,复赴院呈控者,由院按事之轻重,或派员办理,或奏遣大臣办理。如札萨克等办理不公,将该盟长札萨克等照例议处。倘所告虚诬,原告之人反坐。

○四十年(1775)奏准:蒙古与民人有关人命事件,仍照向例办理。若止系蒙古有关人命,应行相验事件,各处驻扎部员会同该处附近地方官,带领仵作详细检验,仍会同该札萨克办理后报院,照例会同刑部复核定拟。

○四十一年(1776)议准:鄂尔多斯、阿拉善两旗蒙古民人交涉命案,就近地方官会同蒙古官员相验后,仍与宁夏、神木、安边三处同知就较近者,会同蒙古官员审明定拟,咨报该处部员及该处道员复审完结。

○四十二年(1777)奉旨:"嗣后库伦办事部员,即令驻扎库伦大臣兼管所有蒙古民人交涉案件,俱着呈报该大臣办理。"

○四十四年(1779)奏准:库伦等处贸易民人,有不守本分,滋生事端者,解至赛尔乌苏部员处,转解交张家口都统递回原籍,严加管束。

○四十五年(1780)奏准:库伦等处商民,在库伦地方有人命案件,仍交库伦部员办理。其库伦、恰克图两处商民出张家口,在察哈尔、苏尼特等处地方有人命案件,即交察哈尔部员办理,由张家口都统定拟具奏。若在喀尔喀所属地方有人命案件,亦就近交库伦部员办理,俱由驻扎库伦大臣定拟具奏。其往恰克图之商民,或在恰克图界内,或在边外,有人命案件,交恰克图部员办理,一面报院,一面申报驻扎库伦大臣,将罪犯一并解送库伦定拟具奏。

○四十六年(1781)议准:札萨克图汗、三音诺彦部落蒙古与商民交涉案件,由该盟长于乌里雅苏台将军驻扎科布多、库伦两处大臣内,就近具报办理。其应报院者,仍行报院。

○嘉庆十六年(1811)议定:内札萨克乌兰察布、伊克昭二盟各旗遣犯,俱就近在山西归化城同知衙门监禁,接准院文起解,仍将起解日期申详该抚报院。其锡林郭勒盟各旗遣犯,就近在直隶多伦诺尔同知衙门监禁,接准院文起解,亦将起解日期申详该督报院。

○又议定:土谢图汗、车臣汗二部落蒙古民人交涉人命盗案,由库伦办事大臣办理。蒙古与蒙古盗案,由盟长办理。其蒙古与蒙古寻常人命案件,该盟长审明拟罪,报明库伦办事大臣详审无异,转为报院。倘案情不确,录供拟罪与例不符者,该大臣饬驳另审。如紧要命案,该盟长实不能审办者,该大臣亲提案内人犯审拟。应报院者报院,应奏者具奏。其札萨克图汗、三音诺彦二部落案件,由定边左副将军照库伦办事大臣一体办理。

○二十年(1815)谕:"理藩院管理蒙古事务,向无与该王、贝勒等议析私产之例。嗣后蒙古王公等有以析产私事涉讼者,概令驳回,毋庸准理。"

○二十二年(1817)定:青海蒙古抢劫之案,如有被伤人命,必须报明西宁办事大臣,验系被伤,方为查缉。倘呈报抢劫并无踪迹,被伤人命毫无证据,除驳斥不行准理外,仍将捏报之札萨克严行参处。

○道光十年(1830)奏定:热河绥远城各旗,奉旨关提人命抢劫重案人犯,逾限一月,章京等革职,三年无过,方准开复;札萨克罚俸六月,台吉罚五牲畜,盟长罚俸三月。逾限三月以上,章京等革职,札萨克罚俸九月,台吉罚一九牲畜,盟长罚俸六月。如现有其人,该盟长札萨克延不起解,从重治罪。寻常命盗案件,以次递减。其解犯程限,定日行六十里。凡系奉旨关提之犯,无论何案,但逾限期,各照本例加一等拟议。

○十九年(1839)定:承审反叛人犯,未经审出实情者革职;凌迟人犯,罚俸三年;斩、绞人犯,罚俸二年;军、流人犯,罚俸一年;徒、杖人犯,罚俸半年。无俸台吉等,折罚牲畜。

○又定:应审事件不即收审者,罚俸一年。因致酿成人命,罚俸三年。

○又定:蒙古越诉,台吉官员加罚一九牲畜,属下家奴加枷号两月。

○又定:各札萨克应拟徒罪以上人犯,一面报院,一面即解赴应禁地方官,暂令监禁。

○又定:科尔沁十旗应行寄监人犯,归昌图厅寄监。札鲁特二旗,归赤峰县寄监。鄂尔多斯七旗及乌喇特东西中三旗,附近靖边、定边、榆林、怀远、神木、萨拉齐、清水河、托克托城、河曲、偏关等处,各归就近之州县寄监。土默特、四子部落、达尔汉贝勒、茂明安、车臣汗等旗,归归化城同知寄监。

○又定:盛京、吉林、黑龙江及直隶等省,关提哲哩木、锡林郭勒、乌兰察布三盟人犯,如遇命盗重案,该将军、大臣专差径赴该旗守提,该旗加差解送。其寻常案件,于行提文内照例定限期解送。

○又定:各盟长札萨克等办理案件,除去往返行查日期,于奉到该管札文,及接准所属呈报之日起,限二十日办结报院。违限一月以上罚俸三月,半年以上罚俸六月,一年以上罚俸一年。无俸官员照例罚九。如遇特旨交查及院查钦案事件,违限者各加一等拟议。

○又定:发遣人犯内遣发之省份,其路途由京经过者,解部发遣;其路途迂远者,毋庸解部,由院议奏后,由彼就近照部定配所递解发遣。

○二十五年(1845)议准:札萨克被人控告抑勒赃私重情,不候交审之将军、大臣讯办完结,任意借词咨行公文于该将军、大臣者,罚俸五年。

○咸丰七年(1857)议准:汗、王、台吉等奉本盟长及该管上司委办要案,有托故推诿规避情形,罚俸二年。无俸之员,罚四九牲畜。

# 大理寺

## 卷一千四十三 · 大理寺

### 官 制 设官 职掌

### 谳 狱 会题 会核 会审 朝审 秋审 热审

#### 官 制

#### 设 官

○原定:二品满洲卿一员,三品汉卿一员,三品满洲少卿一员,四品汉少卿二员,五品汉寺丞一员,与刑部、都察院为三法司,与六部、都察院、通政使称九卿。四品满洲左右寺寺正各一员,四品汉军左右寺寺正各一员,六品汉左右寺寺丞各一员,从六品汉左右寺寺副各一员,七品汉左右寺评事各一员,与刑部司官及都察院各道御史称小三法司。

○顺治元年(1644),改左右寺满洲、汉军寺正为寺丞。

○十六年(1659),改二品满洲卿为三品,三品满洲少卿为四品,四品满洲、汉军左右寺寺丞为六品。汉卿,汉少卿、寺丞,汉左右寺寺丞、寺副,满洲、汉军堂评事,汉左右寺评事,满洲、汉司务,各仍其旧。

○康熙六年(1667),改三品满洲、汉军左右寺寺丞为五品。

○九年(1670)定:满洲、汉卿俱改为正三品,满洲、汉少卿俱改为正四品,满洲、汉左右寺寺丞俱改为正六品。

○三十一年(1692),增置满洲笔帖式二员。

○三十八年(1699),裁汉寺丞一员。

○又裁左右寺寺副各一员。

○又裁汉军堂评事一员。

○又裁满洲笔帖式三员。

○乾隆十三年(1748),裁汉少卿一员。

## 职 掌

○原定:凡各直省刑名案件,左寺分掌顺天府属通州、霸州、蓟州、大兴、永清、东安、三河、宝坻、密云、文安等州县,直隶省保定府属祁州、安州、清苑、满城、安肃、定兴、新城、唐县、博野、望都、容城、完县、蠡县、雄县、束鹿、高阳、新安 今改乡。等州县,天津府属沧州、天津、青县、静海、南皮、盐山、庆云等州县,永平府属滦州、卢龙、迁安、抚宁、昌黎、乐亭、临榆等州县,广平府属磁州、永年、曲周、肥乡、鸡泽、广平、邯郸、成安、威县、清河等州县,顺德府属邢台、沙河、南和、平乡、广宗、巨鹿、唐山、内邱、任县等县,遵化州亲辖及州属玉田、丰润等县,冀州亲辖及州属南宫、新河、枣强、武邑、衡水等县,定州亲辖及州属曲阳、深泽等县,并奉天、山东、江苏、安徽、浙江、四川、广东、贵州等省刑名,兼吏部、户部、礼部、都察院、内务府、光禄寺、太常寺、太仆寺、钦天监、太医院、步军统领等衙门文移关白事件;右寺分掌顺天府属昌平州、涿州、宛平、良乡、固安、香河、武清、宁河、顺义、怀柔、房山、平谷等州县,直隶省正定府属晋州、正定、获鹿、井陉、阜平、栾城、行唐、灵寿、平山、元氏、赞皇、无极、藁城、新乐等州县,宣化府属蔚州、延庆、保安、宣化、赤城、万全、龙门、怀来、西宁、怀安等州县,河间府属景州、河间、献县、阜城、肃宁、任丘、交河、宁津、吴桥、故城、东光等州县,承德府属平泉、滦平、丰宁、建昌、赤峰、朝阳等州县,大名府属开州、元城、大名、南乐、清丰、东明、长垣等州县,易州亲辖及州属涞水、广昌等县,赵州亲辖及州属柏乡、隆平、高邑、临城、宁晋等县,深州亲辖及州属武强、饶阳、安平等县,并山西、河南、江西、福建、湖北、湖南、陕西、甘肃、广西、云南等省刑名,兼宗人府、内阁、兵部、刑部、工部、通政使、翰林院、起居注、詹事府、国子监、鸿胪寺、顺天府等衙门文移关白事件。其八旗、五城现审之件,均与刑部签掣承办司分会谳。堂评事掌理本衙门档案,官员升除事故,暨理藩院所属蒙古地方刑名,及八旗清字文移。司务掌收发文移,稽察吏役,承受一切案牍,支领官员俸薪、吏役工食。笔帖式掌翻译清汉章奏文移。

○雍正六年(1728)谕:"朕前曾降谕旨,在京在外有奉旨永远枷示之人,令各衙门该管官于岁底奏明。今着各衙门将奏折交于大理寺,大理寺汇齐,开列名单,开具所犯略节进呈,并将各案情由详细缮折,随名单一并呈进,均用汉字缮写。"

○十年(1732)谕:"大理寺所奏永远枷示人犯,于岁底汇奏时,即将各该犯曾否改悔之处,由该旗、该管处保送,开注该犯名下,一并进呈。若释放之后,仍不知悛改,生事妄行,定将保送人员,照徇庇欺罔例治罪。"

○乾隆二十五年(1760)谕:"永远枷号人犯,俱系身获重罪,怙终不悛,然后加以严惩。大理寺每于岁底分别能否改悔汇奏一次,虽系循照旧例,但此等人犯,既经枷号拘管,即欲复蹈前辙,亦所不能,又何从知其改悔与不改悔?不过该管各官奉行故事,究无裨于实政。嗣后该衙门汇奏时,止将各犯原案罪由摘叙折内,其分别能否改悔之例着停止。"

○嘉庆十六年(1811)谕:"大理寺向有汇奏永远枷号人犯之例。朕因京城现有贿嘱疏枷案件,于召见该寺卿员时,询以向来有无稽察条例。本日据该寺酌议章程具奏,京城暨各直省永远枷号人犯,向例大理寺仅行查各衙门,于年终摘叙案由汇奏一次,并无稽查,殊属有名无实。嗣后京城各衙门永远枷犯,着大理寺专司稽察。每月轮派堂官二员、司官四员,五日一次前往查验。如有疏纵等弊,即时参奏。每届三个月后,将稽察情形具奏一次。至枷号轻重,本有定式。着刑部等衙门将各枷犯所带枷号尺寸斤两开具印册,随时知照大理寺以凭查核。其外省永远枷号人犯,恐贿嘱疏脱之弊,尤所不免。着各该督抚、将军、都统等派员严查。如有情弊,指参重惩。仍于年终咨报大理寺汇奏,以符定制。"

○道光十五年(1835)奉旨:"各直省咨报有无永远枷号人犯,嗣后着该督抚等扣算程限,务于十月内咨报到齐,由该寺查核具奏。"

## 谳 狱

### 会 题

○原定:凡奉旨三法司核拟者,直省揭帖到寺,左右寺官即据揭详核,查所拟罪名是否与律例相符,出具谳语呈堂。俟刑部定稿送寺画题时,视其谳语意见相同无疑义者,堂属一同画题。或情罪未明,律例未协,将稿送还刑部,再为参酌。若彼此意见仍有异同,该左右寺官即拟稿别为一议呈堂,送刑部、都察院酌量议复。其在京现审重辟,左右寺官司谳者,诣刑部会御史及刑部司官听其狱。狱成,各质成于其长。卿及少卿诣刑部,会刑部、都察院堂官听之。务期平允,乃画题会疏。

○顺治十年(1671)题准:凡奉旨三法司核拟事件,刑部审明,成招定罪,注定谳语,送都察院参核。都察院参核既确,送大理寺平反,会稿具题。三衙门议同者,合具谳语;不同者,各出谳语具奏。

### 会 核

○凡应会三法司画题事件,刑部将稿面钤盖司印,注明缘由,付督催所汇齐,转交值日司分,用印文移送法司衙门画题,限十日内亦用印文送回。如稿内有酌议改易之处,用印文声明缘由,送回刑部察核定议。刑部仍用印文,将应否改易之处声明,再送法司衙门。

○乾隆十四年(1749)定:刑部移送三法司画题事件,限五日内用印文送回。如有酌议改易之处,亦于五日内定议。

○四十二年(1777)谕:"各省遇有人命重案,俱将全案招供揭帖送大理寺察核。惟盛京一处,向无随本揭帖。嗣后盛京遇有斩绞重案,其招供揭帖,并着一体送大理寺,以凭查核。"

○道光元年(1821)定:刑部应会三法司事件,用印文移送法司衙门画题,限八日内亦用印文送回。如有酌议改易之处,即用印文声明缘由,亦于八日内送回刑部查核定议。刑部仍用印文将应否改议之处声明,再行汇送法司衙门。

## 会　审

○凡遇有应三法司会审事件,刑部即知会都察院及本寺。本寺堂官率属官至刑部衙门,秉公会审,定案画题。倘饰辞推故,竟无堂上官到部者,交部议处。

○又定:会审限期,限一月完结。有应行提质及患病之犯,以提到及病愈之日为始,仍将应扣限期及三法司会审日期,并于科道衙门注销册内声明。倘三法司不即会审,以致逾限,吏役得以乘机舞弊者,其会审迟延之堂司官,交部分别议处。

○又定:重囚称冤,原问官难办理者,许移文会三法司堂官复审。果有冤枉及情可矜疑者,奏请定夺。

○道光十年(1830)定:刑部现审命盗等案,应会三法司者,限一个月完结。其斗殴杀伤之犯,到案后以伤经平复,及因伤身死之日为始,内外移咨行察及提质并案犯患病,以查复及提到并病愈之日为始,仍将应行扣限及三法司会审日期,并于科道衙门注销册内声明。倘三法司不即会审,以致逾限,书役得以乘机作弊者,将书役严加治罪;会审迟延之堂、司官,交部分别议处。

## 朝　审

○刑部监候秋决重囚,每年于复核具奏后,摘叙紧要情节,刊册进呈御览,仍分送本寺。八月初间,本寺会同九卿、詹事、科道,于天安门外金水桥西,详核情实、缓决、可矜,分拟具题。

## 秋　审

○凡秋审案件,刑部随各省具题到部先后,将原案贴黄,及法司、督抚谳语,刊册进呈御览,仍分送本寺。八月内,本寺会同九卿、詹事、科道,亦于天安门外金水桥西,详核情实、缓决、可矜,分拟具题。

## 热　审

○每年于小满后十日起,至立秋前一日止,如立秋在六月内,以七月初一日为止,左右寺官,同都察院掌道御史,各就所管司分,会刑部司官,将刑部现审案件审拟呈堂。枷责等轻罪人犯,照例减等发落;笞罪宽免。十日一次汇题。其人犯交该旗、该地方官暂行保释,俟立秋后送部发落。如重囚内有可矜疑者,请旨定夺。其杖责人犯,无论题达重案及一应事件,统于减等之中递行八折发落。谨案:乾隆六年(1741)改为按季汇题。

# 内务府·刑　制

## 卷一千二百十二·内务府四十三

## 刑　制 处分　审谳　发遣　设监　矜恤监犯　追比赃赎　内监犯罪

### 处　分

○康熙十一年(1672)奏准:议处内务府官员,有与吏、兵二部颁定律例相符者,即照依吏部、兵部律例定议。

○雍正十二年(1734)奏准:内务府官员应议降级调用之案,免其调用。应降一级调用者,加罚俸一年;应降二级调用者,加罚俸二年。虽有纪录,不准抵销。

○乾隆七年(1742)奏准:嗣后内务府官员,遇有降调之案,将有加级可抵者,照依抵降,免其罚俸。其无级可抵者,仍照雍正十二年(1734)原议,虽有纪录,不准抵销。

○五十三年(1788)谕:"嗣后内务府官员,遇有降级调用之案,着照《吏部处分则例》办理,分别实降、抵销。其从前降调改为罚俸之例,即行停止。"

○道光二十五年(1845)奏准:由内管领降一级调用者,以副内管领补用。由内管领降二级、副内管领降一级调用者,均以六品虚衔委署主事补用,支食七品笔帖式俸。由内管领降三级、四级、五级,副内管领降二级、三级、四级调用者,均以七、八、九品笔帖式补用。

○二十八年(1848)奏准:嗣后各该处应交参斤变价银两,如有限满未完,照关税赢余银两未完例,由内务府按其未完分数交部议处。欠不及一分者,免议;一分以上者,罚俸一年;二分以上者,罚俸二年;三分以上者,降一级留任;四分以上者,降一级调用;五分以上者,降二级调用。其分年代交之项,如有未完者,照关税赢余银两例,酌减议处。欠不及一分者,免议;一分以上者,罚俸六月;二分以上者,罚俸一年;三分以上者,罚俸二年;四分以上者,降一级留任;五分以上者,降一级调用。系公罪,均准其将寻常议叙,及事前捐加之级、纪议抵。再每年各处应领参斤,以各该处应领之日起,按限具文请领。如有逾限未领者,将承领之员降一级留任,勒限饬令赶领。如再未领,即照所降之级调用,从严议以不准抵销。

## 审谳

○顺治十八年(1661)定:凡首告机密,及干涉职官之事,皆请旨鞫问。

○又奏准:凡审理重案,有应夹讯者,呈堂移咨刑部,取用刑具,并取用刑人役。有应检验尸伤者,移咨刑部,委司官率领仵作、稳婆会同检验,填录尸格。

○康熙十一年(1672)奏准:审拟罪案,皆依刑部律例定拟。凡拟罪律例及处分则例,均于各该部移取。

○又奏准:凡奉特旨,及奏准交慎刑司审理之案,有情罪重大,应拟死罪者,移咨三法司会审,由内务府主稿具题。奉旨后,交刑部照原题治罪。

○十六年(1677)奏准:凡奉旨交审,及各衙门咨送审拟,并内务府佐领、内管领下人互相控告,及有职官控告等案内,如有执持兵器,并罪至杖一百以上,及事关旗民者,皆送刑部定拟。其一切枷示、刺字人犯,皆交刑部枷示、刺字。

○乾隆三年(1738)奏准:内管领下汉人,及旗鼓佐领下人,有犯军、流、徒罪者,皆照八旗汉军之例折枷。

○三十五年(1770)谕:"内务府所属庄头、鹰户、海户人等,俱系散处近京州县,与民人无异,不当与在京居住当差之旗人一例问拟。嗣后如犯军、遣、徒等罪,俱照民人一律定拟。"

○道光十三年(1833)奉旨:"嗣后逆案律应拟凌迟之犯,其子孙讯明,实系不知谋逆情事者,无论已未成丁,均照乾隆五十四年(1789)之例,解交内务府阉割,发往新疆等处,给官兵为奴。其年在十岁以下者,令该省牢固监禁,俟年届十一岁时,解交内务府照例办理。并着内务府大臣,遇解到阉割人犯,即遴派司员认真看验,并出具无弊切结送交刑部。刑部堂官于该犯送交后,即派司员再行复验。如有情弊,即回堂奏参。总须查验明确,再交兵部发往新疆,给官兵为奴。着内务府、刑部存记,遇修例时纂入则例。"

## 发遣

○顺治十六年(1659)奏准:凡内务府应发遣打牲乌拉人犯,及各部院衙门咨送发遣打牲乌拉人犯,均呈堂移送都虞司发遣。应发黑龙江、宁古塔等处,及云贵等省烟瘴地方人犯,呈堂咨送兵部发遣。

○雍正五年(1727)奏准:凡拨发庄屯之犯,将伊妻及同居之子一并发往。其分居当差之子,准其存留。至已经拨发庄屯人等,有私自逃回潜住京师者,或被番役拿获,或被旁人首告,皆发遣广西、云南、贵州等省烟瘴地方。其窝藏之家,系旗人鞭八十,民人责三十板。如庄头呈过逃牌者,免其治罪。未呈逃牌者,鞭一百。倘有受贿、徇情等弊,审明按律重惩。

○乾隆二年(1737)奏准:拨发庄屯人犯,如遇父母切近亲属在京身故等情,准其禀明该管庄头,给予执照来京。再跟随庄头赴京办差者,不以逃论。其无故初次逃走者,鞭一百;二次者,鞭一百、枷四十日,皆仍充原庄庄丁;三次者,鞭一百,枷两月,发充口外壮丁;四次者,发遣云贵等省烟瘴地方。再拨发庄屯人等,其妻子一同发往。至本犯身故之后,其妻子向无回旗之例。嗣后照发遣打牲乌拉人犯之例,其妻子有不愿随往者听。至本犯身故后,其妻子愿来京者,呈报该管官查明,准其来京。

## 设　监

○雍正五年(1727)奏准:内务府佐领、内管领下犯罪人,除现审及奉旨交慎刑司枷示锁禁者,照常在慎刑司监禁。其已经审明定罪,及尚在候审,并欠帑催追人等,将入官房屋修理三所,分别男女监禁。内务府、三旗各委官一人、领催三名、马甲七名,每日轮班看守。女犯移付掌关防内管领处传唤年老妇人看守。

## 矜恤监犯

○雍正三年(1725)奉旨:"慎刑司监禁人犯,并无官饭。伊身虽有应得之罪,亦照刑部之例,赏给官饭。钦此。"遵旨议定:照刑部之例,每人日给老米一升,移咨户部领取。其运米车及煮饭锅,均移文各该处取用。罪犯五十名以内,日给煮饭煤三十三斤、炭三斤四两,咨工部领取。合计一年所用米、煤、炭数目,各造清册二份,一呈堂存案,一送户部核销。

○六年(1728)奏准:煤炭改用木柴,每人日给木柴一斤八两,移付营造司。每年夏至日起,至七月三十日止,日用冰二块,移付掌关防内管领处交送。

○又奏准:监犯有患病者,移咨刑部,传医官诊视。

## 追比赃赎

○康熙十一年(1672)奏准:凡老幼废疾收赎,职官纳赎银,追交广储司库。

○雍正四年(1726)奉旨:"嗣后内务府催追拖欠官帑,及应完赃私,应枷禁、锁禁者,着枷禁、锁禁催追。俟交完日,再行治罪。著为例。"

## 内监犯罪

○顺治十八年(1661)奏准:内监有罪,由上驷院拘禁。

○康熙三十年(1691)奉旨:"有罪拘禁内监,着发往新设瓮山马厂铡草。"

○雍正五年(1727)奉旨:"发往瓮山铡草人犯,皆极恶之徒,该管人员不行严加管束,怠忽从事,以致犯罪内监近有脱逃者,不可无专管稽察之人。嗣后着内务府总管稽察。如果有遵法改过自新者,即着宽免。怙终不悛者,再加惩治。若厩长、厩副等仍然怠忽,不严行管束者,亦加惩治。"

○又奏准:瓮山拘禁内监等,亦照慎刑司监犯之例,由上驷院日给官饭。

○六年(1728)奏准:瓮山铡草内监等,每年春季,各给粗蓝布夹袄一件、单裤一条;冬季,各给粗蓝布棉袄一件、棉裤一条、棉袜一双。三年一次,冬给老羊皮袍一件。均呈堂移咨广储司支领。

○乾隆八年(1743)奏准:将拿获逃走二次之内监,定为鞭一百,发往瓮山永远铡草。

○十年(1745)议奏:内监初次逃走被获,仍照例发往瓮山铡草。一年期满,内廷行走者,交畅春园当差,不许出门;掌仪司、营造司所属者,交该司当差。其二次逃走被获者,改为发瓮山带锁铡草。三年后,均交掌仪司严加管束,充当苦差。其三次逃走被获者,比照刑部《督捕则例》三次逃走发宁古塔、黑龙江之例,发往打牲乌拉充当苦差。至瓮山地方,地敞墙低,惟厩长、厩副二三人,稽察难周,不免疏纵之虞。将内监等现在居住房屋墙垣,交与该处酌量修整,务令住宿一处。增委内务府领催一名、马甲五名,严加看守。此内如系限年铡草者,该厩长于将满之前呈报,该司仍照旧例奏请释放。如缘罪发往铡草,不定以年限者,每年查明数目呈司,于岁终声明情罪奏闻。再按向例,内监逃走自行投回者,枷三月、鞭一百,交掌仪司充当苦差。嗣后内监初次逃走,六月以内自行投回者,鞭八十;六月以外者,枷一月、鞭八十。二次逃走,三月以内自行投回者,枷一月、鞭八十;三月以外者,枷两月、鞭一百。三次逃走,一月以内自行投回者,枷两月、鞭一百;一月以外者,枷三月、鞭一百。皆令在掌仪司充当苦差。三次后复行逃走者,虽自行投回,亦照初次逃走被获发瓮山铡草一年例治罪。奉旨:"嗣后瓮山铡草年满内监,不必交畅春园当差,发往热河当差。令彼处总管内监严行管束,不许出门。如畅春园当差内监数目不敷,于热河旧内监内拨给。"

○十三年(1748)奏准:逃走内监内,有更名改姓,私投王公、宗室、宗室女及大臣,并口外蒙古王、额驸门下潜身者,限一年准其投首。如果于限内将逃出私投王公门下情节,据实首出,除将本犯免罪外,其收留之家,概从宽免。倘仍照前隐忍不报,过限不行首出,一经拿获,不论逃走次数,除将本犯发遣打牲乌拉充当苦差外,其不行详查即行收留之家,一并交该衙门查议。嗣后凡王公、宗室、宗室女及大臣,并各蒙古王、额驸等,收留内监时,务须留心询访的确,方准收留。倘情形稍有可疑者,即咨送内务府查验。

○十七年(1752)奉旨:"三次逃走内监,发往黑龙江给兵丁为奴。永著为令。"

○又奉旨:"嗣后拿获逃走内监,着交宫殿监督、领侍等办理。"

○十八年(1753)奉旨:"嗣后初次逃走内监拿获者,交吴甸铡草一年,期满交进。自行投回者,免其铡草一年,交宫殿监督、领侍等办理。"

○二十八年(1763)奏准:嗣后二次逃走内监,拿获者,发往黑龙江给索伦为奴。

○三十年(1765)奏准:传心殿、门神库、帘子库内监,如有逃走,拿获之日,照内外围当差内监之例,按照次数,一体治罪。

○三十一年(1766)奏准:嗣后王公大臣,召募内监,呈报内务府查明素无劣迹,非在逃者,方许收留当差。若私相汲引,并不呈报内务府查对,一经事发,将王公大臣议处外,内监照例加倍治罪。

○嘉庆五年(1800)奏准:逃走内监,二次逃走,俱系自行投回者,交吴甸铡草一年,期满交进。初次逃走拿获,二次逃走投回者,责二十板,交吴甸铡草二年,期满交进。初次逃走投回,二次逃走拿获,及三次逃走俱系自行投回者,责四十板,交吴甸铡草三年,期满交进。初次、二次逃走俱拿获者,发黑龙江给兵丁为奴。三次逃走内有一次拿获者,责四十板,枷号一月,发黑龙江给兵丁为奴。发遣后遇赦释回,复行逃走者,无论投回、拿获,责六十板,枷号一月,发黑龙江给兵丁为奴。其初次逃走自行投回,并铡草期满应行交进内监,俱交总管内监分拨外围当差。

○六年(1801)奏准:逃走内监应行发遣者,照旧办理外,初次逃走自行投回者,责三十板交进,分别在一月之内者,减食一两钱粮一年;在两月之内者,减食钱粮二年;在三月之内者,减食钱粮三年;在三月之外者,责四十板,减食钱粮四年。初次逃走拿获,及二次逃走俱系自行投回者,停其铡草,枷号一月,责三十板交进,拨在外围当差,减食一两钱粮十年。初次逃走拿获,二次逃走自行投回者,停其铡草,枷号两月,责四十板交进,拨在外围当差,减食一两钱粮十年。初次逃走自行投回,二次逃走拿获,及三次逃走俱系自行投回者,发往吴甸铡草三年,责四十板交进,拨在外围当差,减食一两钱粮十年。以上逃走内监减食钱粮,俱俟应减年限满日,仍给二两钱粮。

○十一年(1806)奉旨:"着总管内务府大臣,将发遣太监,嗣后定以年限释回。钦此。"遵旨议定:嗣后除酗酒偷窃、擅动金刃,拟以发遣之太监,毋庸定以年限外,其二次拿获逃走太监,发往黑龙江,三年期满赦回;三次复行逃走,发往黑龙江,六年期满赦回。四次若再逃走,仍发黑龙江,永不赦回。

○又奏准:嗣后发遣年满应行释回太监,由各该处派拨兵役,严行递解。沿途地方官照依前途即行转递,以免在途逗遛滋事。

○十三年(1808)奉旨:"嗣后太监等进殿当差,如遗金刃之物,未经带出者,枷号一年,满日责四十板,罚当下贱差使。如遗失零星物件,交总管责四十板,仍在本处当差。永著为例。"

○又奉旨:"嗣后太监在宫内欲行自戕、自缢、自尽,经人救活者,本人绞监候。在园庭欲行自戕、自缢、自尽,经人救活者,本人发伊犁给兵丁为奴。在宫内自戕、自缢、自尽身死者,将尸骸抛弃荒野,其亲属发伊犁给兵丁为奴。在园庭自戕、自缢、自尽身死者,尸骸免其抛弃,其亲属发往乌鲁木齐给兵丁为奴。即载入《宫中现行则例》。钦此。"遵旨改定:太监在宫内用金刃自伤者,斩立决。欲行自缢、自尽,经人救活者,绞监候。在园庭欲行自缢、自尽,经人救活者,发伊犁给兵丁为奴。

○十五年(1810)议奏:膳房太监于进忠,将伊侄德林容留在内,复因责打,以致伊侄在内投井,将该太监拟责四十板,发黑龙江给兵丁为奴。奉旨:“已革首领太监安平安,着加恩免罚月银。总管太监马喜,着减罚月银三月,仍罚月银三月。孙进朝着减罚月银一月,仍罚月银两月。太监于进忠着照所议责处发遣。嗣后如有似此容留不应在内居住之人,即照此案办理。并着传谕宫内各处总管首领太监等知之。”

○十七年(1812)奉旨:“着传知吉林、黑龙江、伊犁将军:嗣后遇有发往各该处年满应行释回太监,着该将军等,先将各太监发遣案由,行文内务府,由总管内务府大臣开单具奏,候朕酌核案情。准其释回者,再行释回。再凡遇庆典肆赦之年,亦着该将军等,将发往该处永不释回之太监等,详叙案由,行文内务府,着总管内务府大臣开单具奏,候朕降旨。嗣后释回之太监,俱着总管内务府挑选。如年力衰迈,仍拨换亲王、郡王家太监进内当差。”

○十八年(1813)谕:“所有现在发黑龙江给披甲为奴之太监,人数无多,着即全行改拨于黑龙江官员名下为奴,俾其役使管束,毋许再蹈赎身陋习。如有故违者,太监加重治罪。”

○又奏:太监初次逃走被获者,枷号两月、责四十板交进,拨在外围当差,减食五钱赏银六年。初次、二次逃走俱被拿获者,枷号一月、责四十板;三次逃走,内有一次被获者,枷号两月、责八十板;均发黑龙江赏给官员为奴,三年期满释回。发遣释回后复行逃走者,毋论投回被获,枷号两月、责八十板,再行发黑龙江赏给官员为奴,六年期满释回。初次逃走,自行投回,枷号二十日、责四十板交进。在一月内者,减食五钱赏银一年;两月内者,减食二年;三月内者,减食三年;三月外者,枷号一月,责六十板,减食四年。初次、二次逃走,俱系自行投回者,枷号两月、责四十板;初次逃走被获、二次逃走自行投回者,枷号三月、责六十板交进。初次逃走自行投回、二次逃走被获,及三次逃走俱系自行投回者,枷号一月、责六十板,发吴甸铡草四年,期满交进。均拨外围当差,减食五钱赏银六年。如系越省远扬被获,初次逃走被获者,枷号一月、责四十板;初次逃走自行投回、二次逃走被获者,枷号两月、责六十板;二次逃走俱被获,及三次逃走内有一次被获者,枷号三月、责八十板;均发黑龙江赏给官员为奴,三年期满释回。发遣释回后复行逃走者,枷号四月、责八十板,发黑龙江赏给官员为奴,六年期满释回。发遣释回后应行送进者,均减食五钱赏银六年。随围太监初次逃走被获,枷号两月、责八十板,发吴甸铡草二年,期满交进,拨在外围当差,减食五钱赏银六年;初次逃走投回者,枷号两月、责四十板交进,减食二年;二次逃走投回者,枷号两月、责六十板,发吴甸铡草二年,期满交进,减食三年;二次逃走被获者,枷号两月、责八十板,发黑龙江赏给官员为奴,三年期满释回应送进者,减食六年。如从前逃走有案,仍按次数核计,照本例治罪。发吴甸铡草,期满交进,复行逃走投回者,枷号一月、责四十板;拿获者,枷号两月、责四十板;越省远扬被获者,枷号三月、责六十板;均发黑龙江赏给官员为奴。俟三年期满,由该将军咨行内务府具奏,请旨遵行。应送进者,均仍食二两钱粮,减食五钱赏银六年。奉旨:“应减食钱粮十年,尚欠一年者,着加恩过半年后赏给二两钱粮;尚欠二年、三年者,着加恩过一年后赏给二两钱粮;尚欠四年、五年、六年者,着加恩过二年后赏给二两钱粮;尚欠七年、八年、九年、十年者,着加恩过三年后赏给二两钱粮。均着扣满十年原限,再给赏银五钱。"

○十九年(1814)奏:初次逃走太监被获。奉旨:"太监崔成,着改为枷号三个月,满日责六十板。嗣后内殿太监逃走,俱照此治罪。"

○二十四年(1819)奉旨:"逃走太监,嗣后初次逃走投回,原拟减食赏银一年者,改为二年;其初次、二次、三次逃走被获,均原拟减食赏银六年者,改为七年。如至四次逃走者,着毋庸拟减食年限,永不准赏给。"

○二十五年(1820)奏准:逃走太监治罪,酌复嘉庆六年(1801)条例。嗣后无论随围、越省,均照依逃走次数科罪。

○道光四年(1824)奏准:酌增太监犯赌则例五条:

一、压宝诱赌及斗鹌鹑蟋蟀,开场及同赌者,俱照赌博例治罪,出首者免。

一、开场诱赌放头抽头者,初犯枷号两月、责四十板,发黑龙江给官兵为奴;再犯拟绞监候。附近赌场处所,徇隐不举首者,责三十板;得财者,计赃准窃盗从重论。

一、首领与所属太监同赌者革职,枷号三月、责四十板。作为太监,永不升用。

一、邀集抓金钱会、终身会等名目,邀约者枷号两月、责四十板;上会者,枷号一月、责三十板;均永拨外围当差。失察之总管、首领,照失察赌博例科罪。

一、在园及随围犯事,不随往之本管总管、首领免议;住班代管并本地面总管、首领,照该管总管、首领失察罪名处治。

○六年(1826)奏定逃走太监治罪例:初次逃走投回,责六十送进当差,减食五钱赏银一年;被获及二次逃走俱系投回,均责六十,发吴甸铡草一年;二次逃走内有一次投回,责八十,发吴甸铡草一年半;俱系被获,责一百,发吴甸铡草二年。三、四、五次逃走,无论投回、被获,均责一百;三次发吴甸铡草三年,四次四年,五次五年。铡草未满年限逃走,及五年期满交进后复行逃走,无论投回、被获,俱永远枷号。

○七年(1827)谕:"嗣后凡逃走太监,无论投回、被获,到案时,俱着慎刑司详细查验,再行定拟罪名。"

○又谕:"嗣后黑龙江等处年满释回太监,俱着当差。三年无过,再给加赏银五钱。著为例。"

○又奏准昇平署应差太监逃走治罪专条:初次投回,责四十交回,三月不准告假。初次被获,及两次俱系投回,均责六十,仍交回,半年不准告假。两次内有一次投回,责八十,仍交回,二年不准告假。三、四、五次,无论投回、被获,俱责一百;三次加枷号一月,四次两月,五次三月;均仍交回,二年不准告假。至六次,无论投回、被获,俱永远枷号。

○八年(1828),奏定太监犯赌条款:

一、太监初犯,枷号三月、责四十板,发往东陵、西陵当差。再犯,拟绞监候。

一、无分禁地、外围,偶然会聚开场窝赌,抽头无多者,初犯,照旧例治罪;再犯,即行正法。有敢开场诱引赌博,经旬累月,聚集多人,放头抽头者,初犯,即拟绞监候。左右附近处所,虽未同赌,如有通同徇隐,不即举首者,照不应重律,折责三十板,再枷号两月;得财者,计赃准窃盗从重论。

一、稽查赌博太监,责之首领;首领责之总管。查出呈报者,免其处分。如明知犯赌,隐匿不报,有心纵容者,首领革去官职,再罚月银六个月;总管降为首领,再罚月银二个月。如止系失察者,总管罚月银一年,首领罚月银二年。如审有贿纵情事,从重论罪。其同伴太监,如有知觉,即告知该管首领,首领即呈报总管查办。同伴太监免其治罪。如同伴太监心存瞻顾,不行举发,无论知情不知情,一概照初犯旧例,枷号两个月、责四十板,交原处当差。并令该管首领太监,逐日详查,每月出具本管太监并无赌博情事甘结,报明总管太监,由总管太监,派人随时密察核实据奏,仍加结交敬事房存案。

○九年(1829),奏定行营太监滋事罪名条款:

一、行走前营太监,如有向地方官借端讹诈,一经发觉,计赃无论多少、得受与否,枷号三个月、责六十板,发往打牲乌拉给兵丁为奴。首领犯者罪同。前营总管及敬事房首领纵容知而不举,别经发觉者,总管降为首领,罚月银三月;首领革去官职,罚月银六月。不随往之本管首领免议。如首领查出,告知总管,总管不行查办,别经发觉者,总管降为首领,罚月银三月,首领免议。如该管总管、首领止于失察者,总管罚月银一年,首领罚月银二年。其不行走前营失察之总管,罚月银三月;本管之首领,罚月银半年。

一、本营太监如有滋事之人,照例治罪。其失察之总管,罚月银半年;本管之首领,罚月银一年。如有向地方官讹诈之人,亦照前营之例治罪。

一、随围时沿途如有向地方官借端讹诈情事,事后发觉,当日之首领及代管之总管、首领,均罚月银二年。其不随往之本管总管、首领免议。

一、随往总管、首领太监,如有亲戚潜行跟随,或行走前营,借端诈索者,查出,除将其人交刑部加等治罪外,将带往之总管、首领太监,照本人犯罪例惩治。

一、随往各他坦之披甲、苏拉人等,如有指称招摇撞骗等事,一经查拿,除将本人交刑部治罪外,严讯主使之人,一并交刑部审办。如本处太监即时举发,由内务府奏明量加鼓励。若虽无通同染指,而瞻徇情面,知而不举者,本处首领罚月银三月,太监责四十板。询不知情者,免议。

○又谕:"此次随往盛京之总管、首领太监等,人数众多,恐有不法之人,沿途生事,业经谕令总管内务府大臣,定立章程,严查需索讹诈之人,按例究治矣。因思寿康宫及寿康东宫、储秀宫、钟粹宫之首领太监等,恃无见证,难保无假捏指称诸弊。着随扈之总管内务府大臣等,随时严密稽查。此四处之首领太监内,如有向随扈大臣官员,或地方官员,指称传行情事,无论事之大小,着禧恩等即行指名封奏,立将该首领太监锁拿,交慎刑司重责八十板,即日发黑龙江给兵丁为奴,遇赦不赦。该管之总管罚月银半年,首领罚月银半年,革退首领。如系首领犯法,其该管之总管罚月银一年,决不宽恕。此系朕防微杜渐之深意。如有此等情弊,必当随时具奏。如缮折不及,面告军机大臣可也。"

○十一年(1831)谕:"内监潜逃,例有应得之罪。嗣后各直省督抚、府尹等,遇有逃走太监,一经地方官盘获,无论有无滋扰情事,着一面具奏,一面解交内务府。"

○十三年(1833)奏准:初次逃走太监投回者,责六十板交进,减赏银半年。初次逃走被获,及二次逃走俱投回者,责六十板、枷三十日交进,拨下贱当差,减赏银半年。二次逃走内有一次投回者,责八十板、枷四十五日;二次俱被获者,责八十板、枷六十日交进;拨下贱当差,减赏银一年。三次逃走,无论投回、被获,责一百板,发吴甸铡草三年,交进拨外围当差。四次逃走,责八十板,发打牲乌拉给官兵为奴,三年释回,拨外围当差。五次逃走,责一百板,发黑龙江给官兵为奴,四年释回,拨外围当差。如释回复逃及未满年限潜逃者,俱永远枷号。

○二十四年(1844)谕:"嗣后刑部案件内有应行传讯太监之处,着行文内务府,该大臣据文传到太监,派送刑部。其情节较重者,自应照例收禁。即使情节稍轻,供据确实,亦应备文咨送内务府。其应否发还本处当差之处,由内务府奏明,请旨办理。"

○又谕:"嗣后刑部如有传讯首领太监之案,着内务府缮写奏片,并将其原文一并呈览。送回时亦必有该部文书,方准收留具奏。如无文书,连人犯不准收留,驳回该部。其文书无论印文白文,俱着呈览。"

○二十七年(1847)奏准:凡因病为民之太监,倘有病痊不报者,将为民执照追销,发吴甸铡草三年,交进当差。

○二十八年(1848)谕:"太监郭洪鹏逃走四次,曾经发打牲乌拉为奴,期满释回后,仍敢潜逃在外,持刀伤人,怙恶逞凶,不法已极。着发往黑龙江给官兵为奴,遇赦不赦。嗣后遇有在逃太监在外滋事,除伤人至死,按律问拟外,但有执持金刃伤人,确有可据者,俱着照此办理。"

○咸丰元年(1851)谕:"总管内务府奏援案请将永远枷示之逃走太监改为发往黑龙江永远监禁一折。向来逃走太监永远枷号,均在慎刑司羁禁。原以该太监等愚顽性成,就近枷示,以昭惩儆。若改发黑龙江监禁,恐稽查难周,或仍致在配脱逃,转不足以示儆。其如何变通之处,着总管内务府大臣等,再行妥议具奏。钦此。"遵旨议准:近来太监纷纷报逃,愍不畏法,即遵谕就近枷示。查番役衙门,距慎刑司衙门较近。嗣后永远枷号之太监,若积聚较多,即令在番役衙门分禁枷示,由管辖番役司员等妥为稽查。

○同治四年(1865)谕:"太监并各项厮役人等,随驾外出,着内务府堂官晓谕首领太监等,毋得恃众滋事。如有强取民间什物者,一经查出,即照抢夺例治罪。"

# 附录三　钦定大清会典图（光绪朝）节选

**卷三十·礼三十 服　制**

五服总图

九族五服正服图

为人后者为其本族服图

妻为夫族服图

出嫁女为本宗降服图

外亲服图

妻亲服图

妾为家长族服图

# 卷三十·礼三十　服　制

## 五服总图

<table>
<tr><td colspan="4">斩衰三年</td></tr>
<tr><td colspan="4">用至粗麻布为之,不缝下边</td></tr>
<tr><td>齐衰五月</td><td>齐衰杖期</td><td>齐衰不杖期</td><td>齐衰三月</td></tr>
<tr><td colspan="4">用稍粗麻布为之,缝下边</td></tr>
<tr><td colspan="4">大功九月</td></tr>
<tr><td colspan="4">用粗布为之</td></tr>
<tr><td colspan="4">小功五月</td></tr>
<tr><td colspan="4">用稍粗熟布为之</td></tr>
<tr><td colspan="4">缌麻三月</td></tr>
<tr><td colspan="4">用稍细熟布为之</td></tr>
</table>

# 九族五服正服图

| | | | | | | | | | |
|---|---|---|---|---|---|---|---|---|---|
| | | | | 高祖母 三月 | 高祖父 齐衰 | | | | |
| | | | 族曾祖姑 谓曾祖之亲姊妹 在室缌麻 出嫁无服 | 曾祖母 五月 | 曾祖父 齐衰 | 族曾祖父母 谓曾祖之亲兄弟及妻 缌麻 | | | |
| | | 族祖姑 谓祖之同堂姊妹 在室缌麻 出嫁无服 | 祖姑 谓祖之亲姊妹 在室小功 出嫁缌麻 | 祖母 不杖期 | 祖父 齐衰 | 祖伯叔父母 谓祖之亲兄弟及妻 小功 | 族祖父母 谓祖之同堂兄弟及妻 缌麻 | | |
| | 族姑 谓父之再从姊妹 在家缌麻 出嫁无服 | 从姑 谓父之同堂姊妹 在室小功 出嫁缌麻 | 姑 谓父之亲姊妹 在室期年 出嫁大功 | 母 三年 | 父 斩衰 | 伯叔父母 谓父之亲兄弟及妻 期年 | 从伯叔父母 谓父之同堂兄弟及妻 小功 | 族伯叔父母 谓父之再从兄弟及妻 缌麻 | |
| 族姊妹 谓同高祖姊妹 出嫁无服 | 再从姊妹 谓父同堂兄弟之女 在室小功 出嫁缌麻 | 从姊妹 谓同祖姊妹 在室大功 出嫁小功 | 姊妹 谓己之亲姊妹 在室期年 出嫁大功 | 妻 齐衰杖期 父在则不杖 | 己 | 兄弟 谓己之亲兄弟 期年<br>兄弟妻 小功 | 从兄弟 谓同祖兄弟 大功<br>从兄弟妻 缌麻 | 再从兄弟 谓父同堂兄弟之子 即同曾祖兄弟 小功<br>再从兄弟妻 无服 | 族兄弟 谓三从兄弟 即同高祖兄弟 缌麻<br>族兄弟妻 无服 |
| | 再从侄女 谓再从兄弟之女 出嫁无服 | 从侄女 谓同祖兄弟之女 在室小功 出嫁缌麻 | 侄女 谓兄弟之女 在室期年 出嫁大功 | 女 在室期年 出嫁大功 | 适长子 期年<br>适长子妇 期年<br>众子 期年<br>众子妇 大功 | 侄 谓兄弟之子 期年<br>侄妇 大功 | 从侄 谓同祖兄弟之子 小功<br>从侄妇 缌麻 | 再从侄 谓再从兄弟之子 缌麻<br>再从侄妇 无服 | |
| | | 从侄孙女 谓同祖兄弟之孙女 在室缌麻 出嫁无服 | 侄孙女 谓兄弟之孙女 在室小功 出嫁缌麻 | 孙女 在室大功 出嫁小功 | 适孙 期年<br>适孙妇 小功<br>众孙 大功<br>众孙妇 缌麻 | 侄孙 谓兄弟之孙 小功<br>侄孙妇 缌麻 | 从侄孙 谓同祖兄弟之孙 缌麻<br>从侄孙妇 无服 | | |
| | | | 曾侄孙女 谓兄弟之曾孙女 在室缌麻 出嫁无服 | 曾孙女 在室缌麻 出嫁无服 | 曾孙 缌麻<br>曾孙妇 无服 | 曾侄孙 谓兄弟之曾孙 缌麻<br>曾侄孙妇 无服 | | | |
| | | | | 元孙女 在室缌麻 出嫁无服 | 元孙 缌麻<br>元孙妇 无服 | | | | |

凡适孙父卒，为祖父母承重，服斩衰三年；为曾高祖父母承重，服亦同。

凡姑、姊妹、女及孙女已嫁被出而归，服并与在室同。

凡同五世祖祖属在缌麻绝服之外皆为袒免亲，遇会丧，则男摘冠缨、女去耳环。

# 为人后者为其本族服图

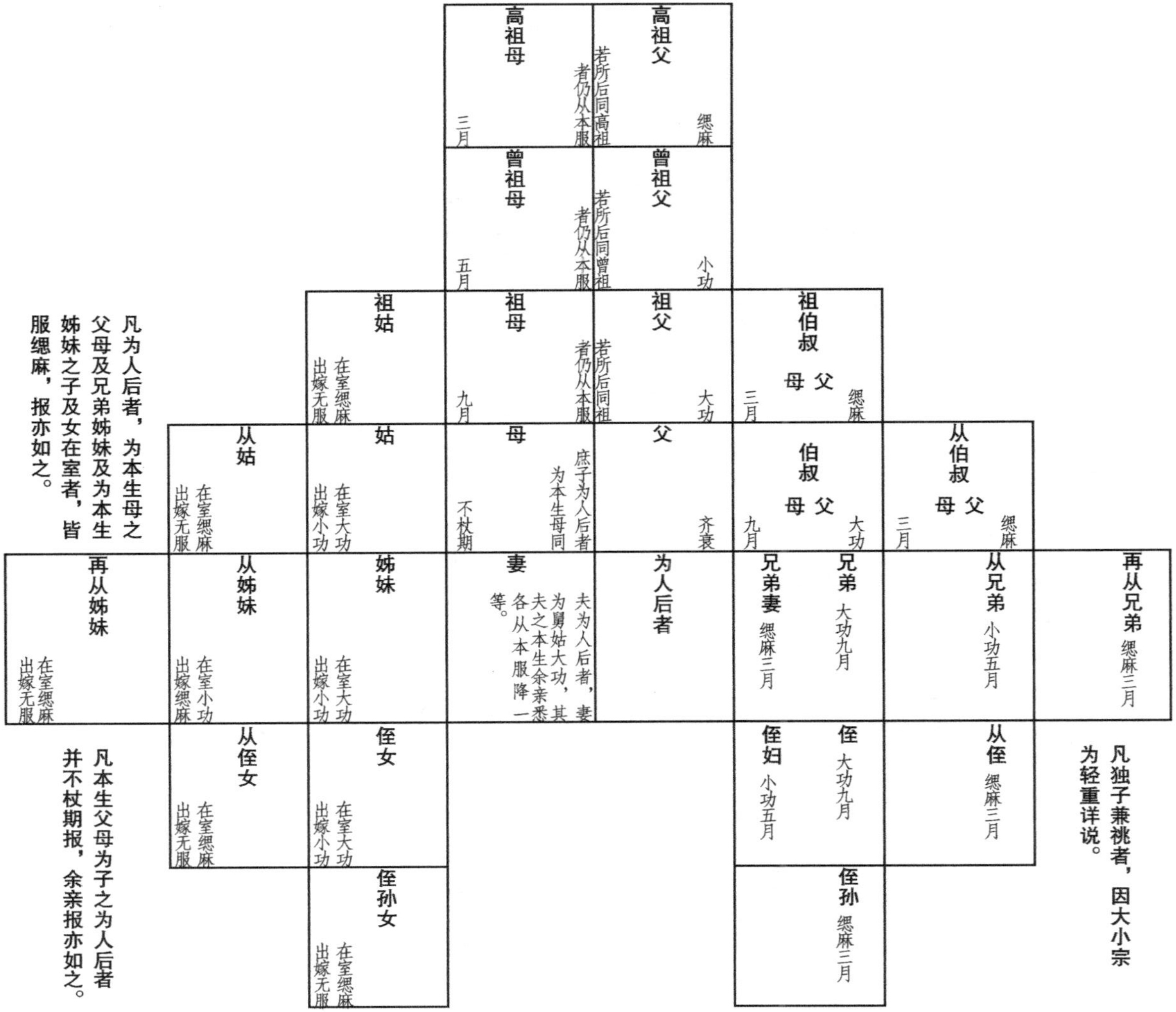


凡独子兼祧者，因大小宗为轻重详说。

凡本生父母为子之为人后者并不杖期报，余亲报亦如之。

凡为人后者，为本生母之父母及兄弟姊妹及为本生姊妹之子及女在室者，皆服缌麻，报亦如之。

## 妻为夫族服图

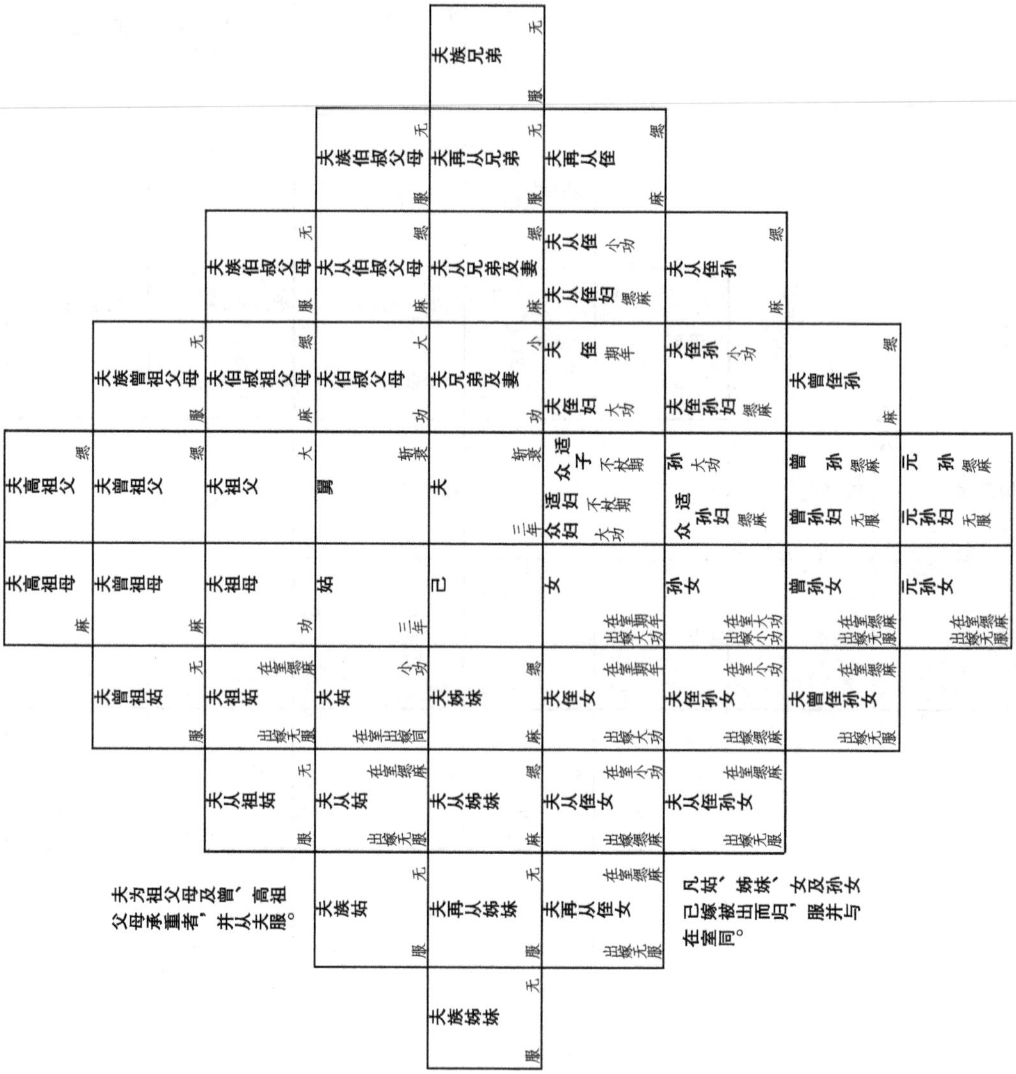


夫为祖父母及曾、高祖父母承重者，并从夫服。

凡姑、姊妹、女及孙女已嫁被出而归，服并与在室同。

## 出嫁女为本宗降服图

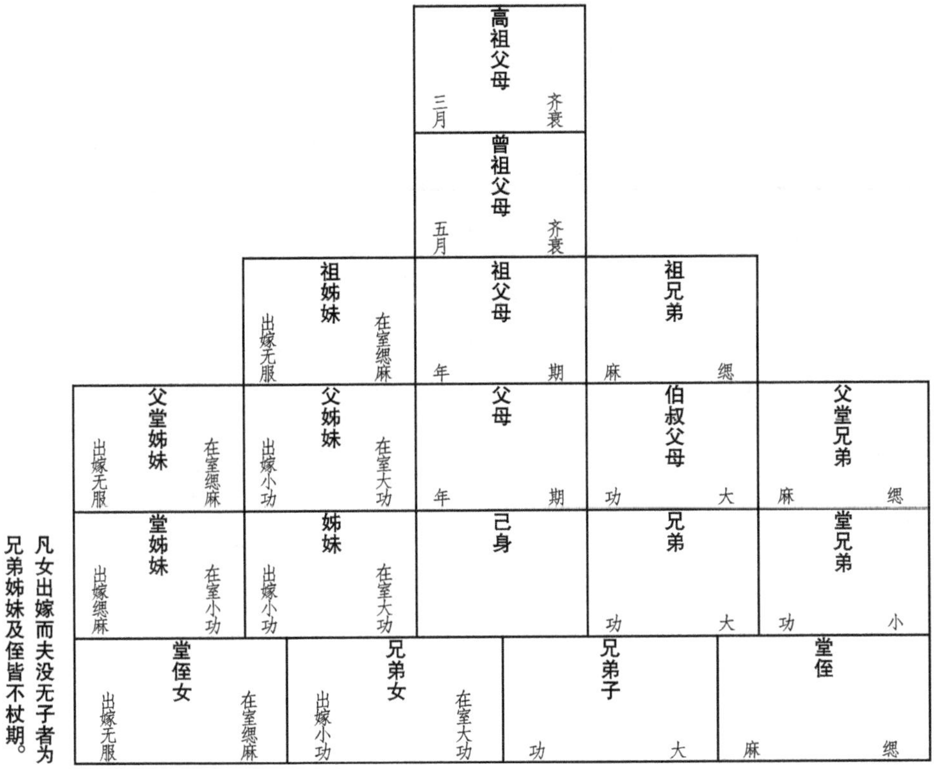
高祖父母 齐衰 三月
曾祖父母 齐衰 五月
祖姊妹 在室缌麻 出嫁无服
祖父母 期年
祖兄弟 缌麻
父堂姊妹 在室缌麻 出嫁无服
父姊妹 在室大功 出嫁小功
父母 期年
伯叔父母 大功
父堂兄弟 缌麻
堂姊妹 在室小功 出嫁缌麻
姊妹 在室大功 出嫁小功
己身
兄弟 大功
堂兄弟 小功
堂侄女 在室缌麻 出嫁无服
兄弟女 在室大功 出嫁小功
兄弟子 大功
堂侄 缌麻
凡女出嫁而夫没无子者为兄弟姊妹及侄皆不杖期。

## 外亲服图

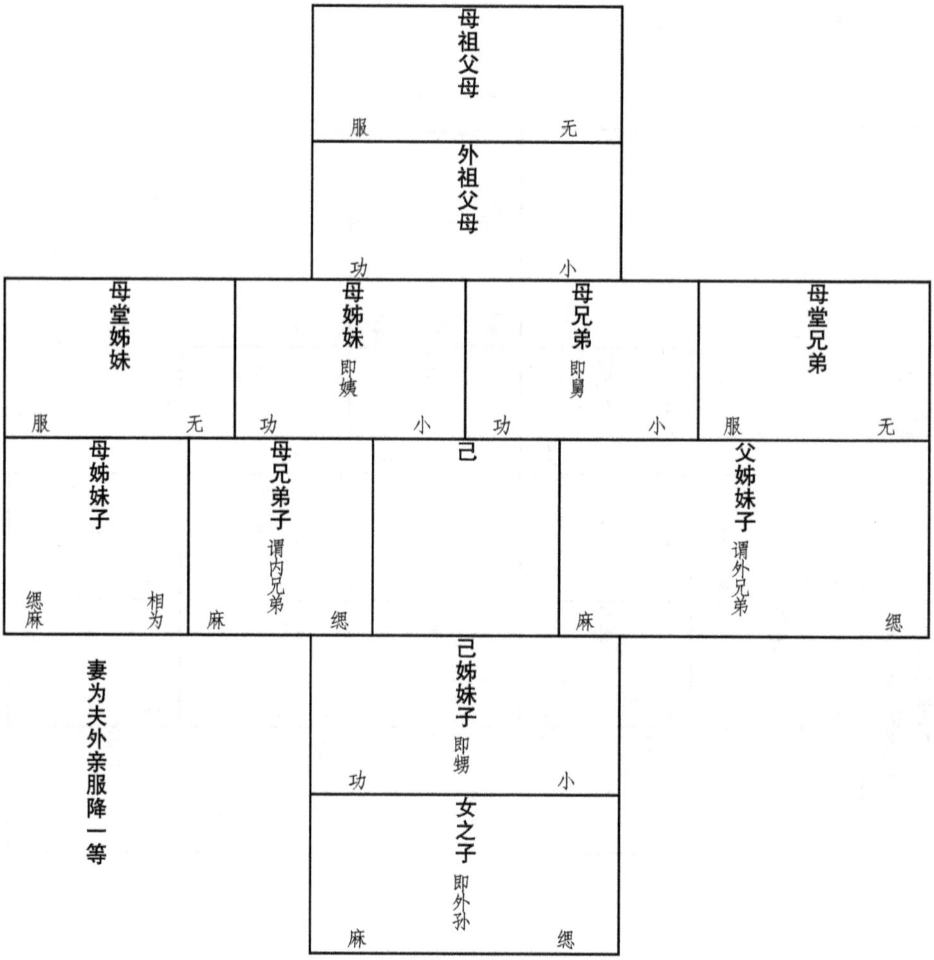
母祖父母
无服
外祖父母
小功
母堂兄弟
无服
母兄弟
即舅
小功
母姊妹
即姨
小功
母堂姊妹
无服
父姊妹子
谓外兄弟
缌麻
己
母兄弟子
谓内兄弟
缌麻
母姊妹子
相为缌麻
己姊妹子
即甥
小功
女之子
即外孙
缌麻
妻为夫外亲服降一等

## 妻亲服图

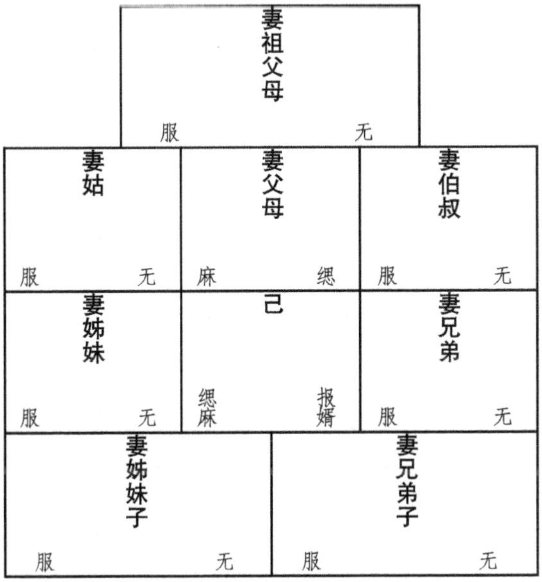


## 妾为家长族服图

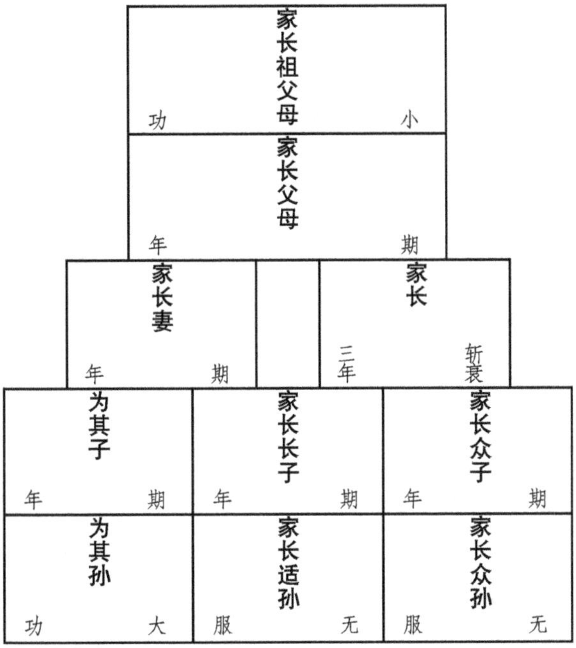

服制有五:曰斩衰三年;曰齐衰杖期、齐衰不杖期、齐衰五月、齐衰三月;曰大功九月;曰小功五月;曰缌麻三月。

斩衰三年者,子为父母、为继母,子之妻同;庶子为适母、所生母、慈母,妾子无母,父命他妾抚育者。庶子之妻同;为人后者,为所后父母,为人后者之妻同;大宗兼祧小宗、小宗兼祧大宗之独子,为大宗父母;小宗兼祧小宗独子,为本生父母;其均系小宗,先经出嗣,至本生无嗣后始兼祧者,如已经为出嗣父母丁忧持服,则于本生父母只服期年;如尚未为出嗣父母丁忧持服,兼祧之本生父母先没,仍服三年。至兼祧独子之子,则不分大宗小宗,皆服三年。女在室为父母,已嫁被出而反在室者同;适孙为祖父母及高、曾祖父母承重,嫡孙之妻同;为人后者承重同。妻为夫;妾生有子女者,后同。为家长。

齐衰杖期者,适子、众子为庶母,父妾有子女者。适子、众子之妻同;子为出母、亲生母为父出者。嫁母;亲生母父没改嫁者。父母没,夫为妻。

齐衰不杖期者,祖为适孙;父母为子,适长子、众子同。为适长子之妻,继母、适母、生母、庶母同。为子为人后者,为女在室,及已嫁夫没无子者;子为从居改嫁继母,父没继母改嫁从去者。为同居继父,父没从母嫁两无大功以上亲,嫁母夫又为之立庙祀先者。为养母,抚同宗及三岁以下遗弃子,而不为人后者,专为养母。为养父母;若三岁下遗弃子,不知本宗,即从所养家姓氏应考、出仕者,兼为养父母,并令辍考、解任。小宗兼祧大宗、与小宗兼祧小宗之独子,为本生父母;并令辍考、解任。此小宗独子,系已为出嗣小宗父母丁忧持服者。从子为伯叔父母及姑在室者;为亲兄弟及姊妹在室者,为从子及从女在室者;孙为祖父母,孙女同;虽嫁不降。庶孙为生祖母;若父没无与父同母伯叔者,并令辍考、解任。慈母、养母孙同。兼祧独子父没,为大宗生祖母,大宗兼祧小宗、小宗兼祧大宗同。并令辍考、解任。为大宗庶母,大宗兼祧小宗、小宗兼祧大宗者。为本生庶母;小宗兼祧小宗者。为人后者为本生父母;庶子为人后者为本生生母、并令辍考、解任。为所后庶母;女已嫁为父母,父没,为兄弟之为父后者;父在仍服大功。女在室,及已嫁而夫没无子者,为兄弟、姊妹,及侄与侄女之在室者;妇为夫亲兄弟之子及女在室者;妾为家长之父母,家长之妻,家长之长子、众子与其所生子;父母存者,夫为妻。

齐衰五月者,为曾祖父母,女孙同。虽嫁不降。

齐衰三月者,为高祖父母,女孙同;虽嫁不降。为继父先同居今不同居者;未尝同居者无服。为同居继父两有大功以上亲者。

大功九月者,祖父母为众孙,及孙女在室者;祖母为适孙;生祖母慈、养祖母同。为庶孙;父母慈母、养母同。为众子妇,及女已嫁者;伯叔父母为从子妇,及兄弟之女已嫁者;为从兄弟及从姊妹在室者,为姑、姊妹已嫁者,为伯叔及兄弟与兄弟之子之凡为人后者;为人后者,为本生祖父母,若所后同祖者,仍从本服,余仿此。为本生伯叔父母,为本生兄弟及本生兄弟之子,为本生姑、姊妹及本生兄弟之女在室者;为人后者之妻,为夫本生父母;于夫之本生余亲,悉各从本服降等,报亦如之。女出嫁,为本宗伯叔父母,及兄弟与侄,为姑、姊妹及侄女之在室者;妇为夫之祖父母、夫之伯叔父母。

小功五月者，为伯叔祖父母；祖之亲兄弟。适孙、众孙为祖庶母；兼祧独子为小宗生祖母，大宗兼祧小宗，小宗兼祧大宗，兼祧父是否先故均同。并令辍考、解任。为小宗庶母；小宗兼祧小宗之庶母，非本生者同。为从伯叔父母，父之堂兄弟。为从姊妹之已嫁者，为再从兄弟及再从姊妹之在室者，为从兄弟之子及女之在室者，为祖姑祖之亲姊妹。及从姑父之堂姊妹。之在室者；祖为适孙妇；为兄弟之妻，及兄弟之孙，与兄弟之孙女在室者；为外祖父母，亲母之父母，与在堂继母之父母。庶子不为父后者，为己母之父母；为人后者，为所后母之父母，均同外祖父母。报服亦同。其母庶兄弟姊妹服及报服皆同。为人后者为本生母之亲属降服一等。其庶子不为父后者，为己母之父母。若己母系由奴婢家生女收买为妾，及其父系属贱族者，不在此例。为母之兄弟姊妹，为姊妹之子及女在室者；为人后者为本生曾祖父母，若所后同曾祖者，仍从本服。余仿此。为本生庶母，为本生姑、姊妹之已嫁者，为本生从兄弟及从姊妹之在室者，为本生兄弟之子妇及本生兄弟之女已嫁者；曾祖父母为曾孙为人后者；妇为夫之伯叔为人后者，为夫之姑、姊妹、在室、出嫁同。兄弟及夫兄弟之妻，为夫从兄弟之子及女在室者，为夫兄弟之孙及孙女在室者；女出嫁为本宗姊妹之已嫁者，为本宗从兄弟及从姊妹之在室者，为本宗伯叔及兄弟与兄弟之子凡为人后者；妾为家长之祖父母。

缌麻三月者，祖为众孙妇；祖母为适孙、众孙妇；曾祖父母为曾孙、曾孙女及曾孙之为人后者；高祖父母为元孙、元孙女及元孙之为人后者；为曾伯叔祖父母，为从伯叔祖父母，为再从伯叔父母，为三从兄弟及姊妹在室者，为曾祖姑、从祖姑、再从姑之在室者，为兄弟之曾孙、曾孙女在室者，为兄弟之孙女已嫁者，为从兄弟之孙及孙女在室者，为再从兄弟之子及女在室者，为祖姑、祖之亲姊妹。从姑父之堂姊妹。及再从姊妹已嫁者，为从兄弟之女已嫁者，为伯叔祖、从伯叔、再从兄弟之凡为人后者，为兄弟之孙、从兄弟之子为人后者，为母之兄弟为人后者，为姊妹之子为人后者，为父姊妹之子，为母兄弟姊妹之子，继母、所后母兄弟姊妹之子同。为妻之父母，为婿，为外孙、外孙女及外孙为人后者，为兄弟孙之妻，为从兄弟之妻及从兄弟之子妻；为人后者，为本生高祖父母，若所后同高祖者，仍从本服。余仿此。为本生伯叔祖父母、祖姑之在室者，为本生从伯叔父母、从姑之在室者、从姊妹之已嫁者，为本生再从兄弟、再从姊妹之在室者，为本生兄弟之妻、本生从兄弟之子及女在室者，为本生兄弟之孙及孙女在室者，为本生父母之父母及兄弟姊妹，为本生姊妹之子及女在室者；妇为夫高、曾祖父母，为夫伯叔祖父母及祖姑在室者，为夫从伯叔父母及从姑在室者，为夫从兄弟姊妹在室、出嫁同。及从兄弟之妻，为夫从兄弟之女已嫁者，为夫从兄弟子之妻、从兄弟之孙及孙女在室者，为夫再从兄弟之子及女在室者，为夫兄弟孙之妻、兄弟之孙女已嫁者，为夫兄弟之曾孙及曾孙女在室者，为夫之兄弟为人后者；女出嫁为本宗伯叔祖父母及祖姑在室者，为本宗从伯叔父母及从姑在室者，为本宗从兄弟之为人后者，为本宗从姊妹之已嫁者，为本宗从兄弟之子及女在室者；为乳母；为父母改葬。既葬除之。妻为夫、孙为祖后同。期、功亲，吊服加麻。